NomosPraxis

Prof. Dr. Andreas Jurgeleit [Hrsg.]

Freiwillige Gerichtsbarkeit

Handbuch

Roberto Bučić, Richter am Landgericht Bochum | **Ulf Johannes Dieker,** Richter am Oberlandesgericht Dresden | **Dr. Andrea Diekmann**, Vorsitzende Richterin am Landgericht Berlin | **Dr. Frank Eckert**, Mag. rer. publ., Notar in Marktheidenfeld | **Roswitha Edenharter**, Rechtspflegerin am Amtsgericht Traunstein | **Peter Fölsch**, Richter, Amtsgericht Kiel | **Lutz Grimm**, Richter am Amtsgericht Bochum | **Prof. Dr. Andreas Jurgeleit**, Richter am Oberlandesgericht Hamm, Honorarprofessor der Ruhr-Universität Bochum | **Dr. Rainer Kemper**, Westfälische Wilhelms-Universität Münster | **Dr. Matthias Locher**, Richter am Oberlandesgericht Hamm | **Dr. Kerstin Niethammer-Jürgens**, Rechtsanwältin und Fachanwältin für Familienrecht, Potsdam | **Katja Noltemeier**, Rechtsanwältin und Fachanwältin für Familienrecht, Dresden | **Dr. Jens Rass**, LL.M. (N.U.I.), Vorsitzender Richter am Landgericht Bückeberg | **Dr. Björn Sommer**, Richter am Landgericht Wiesbaden | **Dr. Wolfram Viefhues**, weiterer aufsichtführender Richter am Amtsgericht Oberhausen | **Günter Vihar**, Rechtsanwalt, Oberhausen | **Dr. Matthias Wagner**, Notar in Leipzig

Die Deutsche Nationalbibliothek verzeichnet diese Publikation in
der Deutschen Nationalbibliografie; detaillierte bibliografische
Daten sind im Internet über http://dnb.d-nb.de abrufbar.

ISBN 978-3-8329-3352-4

1. Auflage 2010
© Nomos Verlagsgesellschaft, Baden-Baden 2010. Printed in Germany. Alle
Rechte, auch die des Nachdrucks von Auszügen, der fotomechanischen Wiedergabe und der Übersetzung, vorbehalten.

Vorwort

Das Recht der freiwilligen Gerichtsbarkeit begleitet uns von der Wiege bis zur Bahre, von der Klärung abstammungsrechtlicher Fragestellungen über den Erwerb eines Grundstücks und die Gründung eines Unternehmens bis zur Umsetzung des eigenen Willens am Lebensende und die Regelung der Rechtsnachfolge.

Seit 1.9.2009 hat die freiwillige Gerichtsbarkeit im FamFG eine umfassende Kodifizierung erfahren, ohne aber einerseits alle Spezialgebiete erfassen zu können und andererseits die Verfahrensnormen des BGB, des HGB, des GmbHG, des AktG usw. zu integrieren. Diesen Ansatz des Gesetzgebers nimmt das vorliegende Handbuch auf, indem es nicht eine kommentierende Darstellung der im FamFG geregelten allgemeinen Vorschriften und Spezialgebiete der freiwilligen Gerichtsbarkeit enthält. Ziel des Handbuches ist es vielmehr, typische Verfahrenswege unter Einbeziehung aller materiellrechtlichen und verfahrensrechtlichen Normen der freiwilligen Gerichtsbarkeit darzustellen. Das Handbuch enthält deshalb zusätzlich zu den im FamFG geregelten Spezialgebieten Darstellungen zu Grundbuchsachen und Notarbeschwerdesachen. Damit soll in allen Kerngebieten der freiwilligen Gerichtsbarkeit dem Praktiker eine Richtschnur an die Hand gegeben werden, die ihm als Rechtsanwalt, Notar, Richter, Rechtspfleger oder sonst professionell Beteiligten eine Orientierung in dem Zusammenspiel von FamFG, ZPO, weiteren Verfahrensrechten, internationalen Bezügen und materiellem Recht ermöglicht.

Zu diesem Zweck enthält das Handbuch zunächst die Darstellung der allgemeinen Vorschriften des FamFG, um darauf aufbauend die Besonderheiten der jeweiligen Spezialgebiete zu erörtern. Dabei berücksichtigen die Ausführungen alle verfahrensrechtlichen und materiell-rechtlichen Gesetzesänderungen bis zum 31.8.2009.

Die Autoren des Handbuchs sind erfahrene Praktiker und Wissenschaftler, die sich seit vielen Jahren mit den Problemen der freiwilligen Gerichtsbarkeit auseinandersetzen und die Diskussionen der letzten Zeit begleitet haben. Angesichts der umfassenden Kodifizierung, die insbesondere im Rahmen der allgemeinen Vorschriften grundlegende Neuerungen beinhaltet, deren Praxistauglichkeit sich erst noch erweisen muss, begreifen wir uns nicht nur als Lehrende, sondern auch Lernende. Wir sind deshalb besonders dankbar für Anregungen, Kritik und die Mitteilung von außergewöhnlichen Sachverhalten.

Bochum, im Dezember 2009

Andreas Jurgeleit

Inhaltsübersicht

Vorwort 5
Autorenverzeichnis 13
Abkürzungsverzeichnis 15
Allgemeines Literaturverzeichnis 39

Teil 1:
Allgemeine Grundsätze des FamFG

§ 1 **Allgemeiner Teil des FamFG** *(Jurgeleit)* 43
    I. Einleitung 46
    II. Verfahren im ersten Rechtszug 47

§ 2 **Beschwerdeverfahren** *(Dieker)* 143
    I. Einführung 144
    II. Beschwerdeverfahren 146
    III. Rechtsbeschwerdeverfahren 164
    IV. Sonstige Rechtsbehelfe 171

§ 3 **Verfahrenskostenhilfe** *(Fölsch)* 186
    I. Grundlagen 187
    II. Voraussetzungen der Bewilligung von Verfahrenskostenhilfe 190
    III. Wirkungen der Verfahrenskostenhilfe 197
    IV. Anwaltsbeiordnung 197
    V. Verfahren 203
    VI. Entscheidung 208
    VII. Rechtsmittel 212
    VIII. Nachträgliche Änderung oder Aufhebung 215
    IX. Kosten des Verfahrenskostenhilfeprüfungsverfahrens 217

Teil 2:
Familiensachen

§ 4 **Familiensachen im Allgemeinen; Ehe- und Scheidungssachen** *(Sommer)* ... 221
    I. Die Familiensachen im Allgemeinen 222
    II. Das Verfahren in Ehe- und Scheidungssachen 237
    III. Das Verfahren in Scheidungs- und Folgesachen 244
    IV. Ehesachen mit Auslandsbezug *(Niethammer-Jürgens)* 253

§ 5 **Kindschaftssachen** *(Sommer)* 261
    I. Allgemeines 262
    II. Definition 264

Inhaltsübersicht

III. Wichtige Änderungen im materiellen Recht	264
IV. Verfahrensrechtliche Besonderheiten	267
V. Internationale Kindschaftssachen *(Niethammer-Jürgens)*	291

§ 6 Abstammungssachen *(Kemper)* ... 309

I. Einführung	310
II. Der Begriff der Abstammungssachen	312
III. Das Verfahren in Abstammungssachen	314
IV. Die Entscheidung in Abstammungssachen	330
V. Rechtsmittel in Abstammungssachen	334
VI. Die Wiederaufnahme von Verfahren in Abstammungssachen	334

§ 7 Adoptionssachen *(Rass)* ... 338

I. Überblick	339
II. Verfahrensarten	341
III. Verfahrenseinleitung	352
IV. Entscheidungsfindung	358
V. Entscheidung	365
VI. Rechtsmittel	368
VII. Weitere Hinweise	369
VIII. Adoptionssachen mit Auslandsbezug *(Niethammer-Jürgens)*	371

§ 8 Wohnungszuweisung *(Vihar)* ... 374

I. Überblick	375
II. Verfahrensarten	379
III. Verfahrenseinleitung	380
IV. Verfahren	405
V. Entscheidungsfindung	407
VI. Entscheidung	408
VII. Rechtsmittel	413
VIII. Kosten und Gebühren	414
IX. Vollstreckung	417

§ 9 Haushaltssachen *(Noltemeier)* ... 419

I. Überblick	420
II. Verfahrensarten	421
III. Verfahrenseinleitung	428
IV. Verfahren	431
V. Entscheidung	433
VI. Rechtsmittel	433
VII. Einstweiliger Rechtsschutz	435
VIII. Zwangsvollstreckung	437
IX. Weitere Hinweise	437

§ 10 Gewaltschutzsachen *(Vihar)* 439
  I. Überblick 440
  II. Verfahrensarten 443
  III. Verfahrenseinleitung 443
  IV. Verfahren 463
  V. Entscheidungsfindung 464
  VI. Entscheidung 464
  VII. Rechtsmittel 470
  VIII. Kosten und Gebühren 471
  IX. Vollstreckung 474

§ 11 Versorgungsausgleichssachen *(Kemper)* 476
  I. Einführung 479
  II. Der Begriff der Versorgungsausgleichssachen 492
  III. Die Zuständigkeit in Versorgungsausgleichssachen 494
  IV. Die Beteiligten im Versorgungsausgleichsverfahren 498
  V. Verfahrensgrundsätze im Versorgungsausgleichsverfahren 504
  VI. Besonderheiten des Verfahrens in Versorgungsausgleichssachen 508
  VII. Die Entscheidung in Versorgungsausgleichssachen 524
  VIII. Die Beendigung des Verfahrens in Versorgungsausgleichssachen durch Vereinbarung 537
  IX. Die Anfechtung von Entscheidungen in Versorgungsausgleichssachen 543
  X. Die Abänderung von Entscheidungen und Vereinbarungen 544
  XI. Die Anpassung des Versorgungsausgleichs bei der Scheidung 555
  XII. Die Fortsetzung von nach dem VAÜG ausgesetzten Verfahren 559

§ 12 Unterhaltssachen 561
  A. Hauptsacheverfahren und einstweilige Anordnung *(Viefhues)* 564
    I. Überblick 564
    II. Verfahrensarten 565
    III. Verfahrenseinleitung 580
    IV. Verfahren allgemein 584
    V. Entscheidung 593
    VI. Vorläufige Vollstreckbarkeit 601
    VII. Rechtsbehelfsbelehrung 602
    VIII. Verkündung und Zustellung 602
    IX. Rechtsmittel 602
    X. Zwangsvollstreckung 602
    XI. Einstellung der Zwangsvollstreckung 602
    XII. Rückforderung überzahlten Unterhaltes 603
    XIII. Ersatzansprüche wegen sachlich nicht gerechtfertigter einstweiliger Anordnung 604

Inhaltsübersicht

B. Vereinfachtes Verfahren über den Unterhalt Minderjähriger *(Grimm)* 605
    I. Überblick 605
    II. Verfahrenseinleitung 607
    III. Weiteres Verfahren 613
    IV. Entscheidungsfindung 618
    V. Entscheidung 620
    VI. Beschwerde (§ 256) 622

§ 13 Güterrechtssachen *(Jurgeleit)* 625
    I. Einführung 625
    II. Begriff der Güterrechtssachen 626
    III. Güterrechtsverfahren der freiwilligen Gerichtsbarkeit 630
    IV. Güterrechtsstreitverfahren 640
    V. Verfahren mit internationalem Bezug 644

§ 14 Sonstige Familiensachen *(Kemper)* 645
    I. Einführung 645
    II. Der Begriff und die Feststellung der sonstigen Familiensachen 647
    III. Die besonderen Verfahrensregeln für Verfahren in sonstigen Familiensachen 654

§ 15 Lebenspartnerschaftssachen *(Sommer)* 658
    I. Überblick 658
    II. Definition der Lebenspartnerschaftssachen 658
    III. Anwendbare Vorschriften 659

Teil 3:
Betreuungs- und Unterbringungssachen

§ 16 Betreuungssachen *(Bučić)* 660
    I. Überblick 663
    II. Zuständigkeit 663
    III. Verfahrensarten 666
    IV. Verfahrenseinleitung 667
    V. Verfahren 667
    VI. Vollstreckung betreuungsgerichtlicher Entscheidungen 739
    VII. Betreuungsgerichtliche Zuweisungssachen 741

§ 17 Unterbringungssachen *(Diekmann)* 742
    I. Überblick 744
    II. Anwendungsbereich 745
    III. Zuständigkeit der Gerichte 749
    IV. Durchführung des gerichtlichen Verfahrens in der ersten Instanz 751

V. Entscheidung des Gerichts 766
VI. Wirksamwerden von Beschlüssen 770
VII. Zuführung zur Unterbringung 771
VIII. Vollzugsangelegenheiten 772
IX. Dauer der Unterbringung 775
X. Befristete Beschwerde 776
XI. Rechtsbeschwerdeverfahren vor dem Bundesgerichtshof 782
XII. Einstweilige Anordnungen und Maßregeln 785
XIII. Mitteilungen und Benachrichtigungen in Unterbringungsverfahren 789
XIV. Verfahrenskostenhilfe 790
XV. Kosten und Auslagen 790

Teil 4:
Sonstige Verfahren

§ 18 Nachlass- und Teilungssachen *(Dieker)* 793
    I. Überblick 794
    II. Verfahrensarten 795
    III. Zuständigkeit und Instanzenzug 798
    IV. Rechtsmittel in Nachlass- und Teilungssachen, Instanzenzug 802
    V. Einzelne Nachlassverfahren 803
    VI. Teilungssachen 884

§ 19 Registersachen und unternehmensrechtliche Verfahren *(Edenharter)* 890
    I. Überblick 891
    II. Eintragungsverfahren 893
    III. Amtslöschungsverfahren 902
    IV. Ordnungs- und Zwangsgeldverfahren 907
    V. Weitere Verfahren in Registersachen 912
    VI. Weitere Verfahren in Vereinssachen 915
    VII. Unternehmensrechtliche Verfahren nach § 375 917

§ 20 Verfahren in weiteren Angelegenheiten der freiwilligen Gerichtsbarkeit *(Locher)* 925
    I. Überblick 925
    II. Eidesstattliche Versicherung (§ 410 Nr. 1) 926
    III. Feststellung des Zustandes oder Wertes einer Sache durch einen Sachverständigen (§ 410 Nr. 2) 934
    IV. Bestellung eines Verwahrers (§ 410 Nr. 3) 937
    V. Pfandverkauf (§ 410 Nr. 4) 939

§ 21 Freiheitsentziehungssachen *(Diekmann)* 944
    I. Überblick 946
    II. Anwendungsbereich 947

Inhaltsübersicht

III. Zuständigkeit der Gerichte 949
IV. Durchführung des gerichtlichen Verfahrens in der ersten Instanz 950
V. Vollzugsangelegenheiten 960
VI. Dauer der Freiheitsentziehung 961
VII. Verwaltungsgewahrsam 963
VIII. Beschwerdeverfahren 965
IX. Einstweilige Anordnungen 970
X. Verfahrenskostenhilfe 972
XI. Mitteilungen und Benachrichtigungen in Unterbringungsverfahren 972
XII. Kosten und Auslagen 973

§ 22 Aufgebotssachen *(Rass)* 975
I. Überblick 975
II. Verfahrensarten 977
III. Verfahrenseinleitung 981
IV. Verfahren 983
V. Entscheidungsfindung 984
VI. Entscheidung 984
VII. Rechtsmittel 985
VIII. Weitere Hinweise 985

§ 23 Grundbuchsachen *(Eckert)* 987
I. Überblick 991
II. Verfahrensarten 1019
III. Verfahrenseinleitung 1028
IV. Verfahren 1046
V. Entscheidungsfindung 1051
VI. Entscheidung 1053
VII. Rechtsmittel und Rechtsbehelfe im Grundbuchverfahren 1057
VIII. Zwangsvollstreckung 1067
IX. Weitere Hinweise 1068

§ 24 Notarbeschwerdesachen *(Wagner)* 1074
I. Überblick 1075
II. Beschwerde nach § 15 Abs. 2 BNotO 1080
III. Beschwerde nach § 54 BeurkG 1090
IV. Einwendungen gegen die Kostenberechnung nach § 156 KostO 1094
V. Beschwerde nach § 78 c BNotO 1107

Stichwortverzeichnis 1111

Autorenverzeichnis

Roberto Bučić, Richter am Landgericht Bochum

Ulf Johannes Dieker, Richter am Oberlandesgericht Dresden

Dr. Andrea Diekmann, Vorsitzende Richterin am Landgericht Berlin

Dr. Frank Eckert, Mag. rer. publ., Notar in Marktheidenfeld

Roswitha Edenharter, Rechtspflegerin am Amtsgericht Traunstein

Peter Fölsch, Richter, Amtsgericht Kiel

Lutz Grimm, Richter am Amtsgericht Bochum

Prof. Dr. Andreas Jurgeleit, Richter am Oberlandesgericht Hamm, Honorarprofessor, Ruhr-Universität Bochum

Dr. Rainer Kemper, Westfälische Wilhelms-Universität Münster

Dr. Matthias Locher, Richter am Oberlandesgericht Hamm

Dr. Kerstin Niethammer-Jürgens, Rechtsanwältin und Fachanwältin für Familienrecht, Potsdam

Katja Noltemeier, Rechtsanwältin und Fachanwältin für Familienrecht, Dresden

Dr. Jens Rass, LL.M. (N.U.I.), Vorsitzender Richter am Landgericht Bückeberg

Dr. Björn Sommer, Richter am Landgericht Wiesbaden

Dr. Wolfram Viefhues, weiterer aufsichtführender Richter am Amtsgericht Oberhausen

Günter Vihar, Rechtsanwalt, Oberhausen

Dr. Matthias Wagner, Notar in Leipzig

Abkürzungsverzeichnis

aA	anderer Ansicht
aaO	am angegebenen Ort
AAÜG	Anspruchs- und Anwartschaftsüberführungsgesetz
Abb.	Abbildung
abgedr.	abgedruckt
Abh.	Abhandlung
ABl.	Amtsblatt
abl.	ablehnend
ABl. EG	Amtsblatt der Europäischen Gemeinschaft
Abs.	Absatz
Abschl.	Abschluss
Abschn.	Abschnitt
Abschr.	Abschrift
Abt.	Abteilung
abw.	abweichend
AbzG	Gesetz betr. Abzahlungsgeschäfte
abzgl.	abzüglich
AcP	Archiv für die civilistische Praxis (Zeitschrift)
AdoptG	Adoptionsgesetz
AdÜbAG	Adoptionsübereinkommens-Ausführungsgesetz
AdVermG	Adoptionsvermittlungsgesetz
AdVermiStAnKoV	Adoptionsvermittlungsstellenanerkennungs- und -kostenverordnung
AdWirkG	Adoptionswirkungsgesetz
aE	am Ende
AEAO	Anwendungserlass zur AO
aF	alte Fassung
AfA	Absetzung für Abnutzung
AG	Amtsgericht
AGB	Allgemeine Geschäftsbedingungen
AgrarR	Agrarrecht (Zeitschrift)
AGS	Anwaltsgebühren Spezial (Zeitschrift)
AJP	Aktuelle Juristische Praxis (Zeitschrift)
AK	Alternativ-Kommentar
AktG	Aktiengesetz
AktO	Aktenordnung
aktRW	aktueller Rentenwert

Abkürzungsverzeichnis

ALB	Allgemeine Lebensversicherungsbedingungen
ALG	Gesetz über die Alterssicherung der Landwirte
Alg II	Arbeitslosengeld II
Alg II-V	Arbeitslosengeld II/Sozialgeld-Verordnung
allg.	allgemein
allgM	allgemeine Meinung
Alt.	Alternative
AltZertG	Gesetz über die Zertifizierung von Altersvorsorgeverträgen
aM	anderer Meinung
amtl.	amtlich
Amtl. Anz.	Amtlicher Anzeiger
ÄndG	Änderungsgesetz
AnfG	Anfechtungsgesetz
Anh.	Anhang
Anl.	Anlage
Anm.	Anmerkung
AnO	Anordnung
AnwBl.	Anwaltsblatt (Zeitschrift)
AO	Abgabenordnung
AR	Allgemeines Register (am Bundesverfassungsgericht)
ARB	Allgemeine Bedingungen für die Rechtsschutzversicherung
arg.	argumentum
arg. e	argumentum e (Argument aus)
Art.	Artikel
ARW	aktueller Rentenwert
ASOG Bln	Allgemeines Gesetz zum Schutz der öffentlichen Sicherheit und Ordnung in Berlin
AsylbLG	Asylbewerberleistungsgesetz
AsylVfG	Asylverfahrensgesetz
AT	Allgemeiner Teil
AUAS	Schnelldienst Ausländer- und Asylrecht
AufenthG	Aufenthaltsgesetz
Aufl.	Auflage
AUG	Auslandsunterhaltsgesetz
ausf.	ausführlich
AuslG	Ausländergesetz
AV	Ausführungsverordnung
AVB	Allgemeine Versicherungsbedingungen

Abkürzungsverzeichnis

AVBl	Amts- und Verordnungsblatt
Az	Aktenzeichen
BaFin	Bundesanstalt für Finanzdienstleistungsaufsicht
BAföG	Bundesausbildungsförderungsgesetz
BAnz	Bundesanzeiger
BarwertVO	Barwert-Verordnung
BauGB	Baugesetzbuch
Bay.	Bayern/bayerisch
BauR	Zeitschrift für das gesamte öffentliche wie zivile Baurecht
BayJMBl.	Justizministerialblatt für Bayern
BayObLG	Bayerisches Oberstes Landesgericht
BayObLGZ	Entscheidungen des Bayerischen Obersten Landesgerichts in Zivilsachen
BayRS	Bayerische Rechtssammlung
BayVBl	Bayerische Verwaltungsblätter
BayVGH	Bayerischer Verwaltungsgerichtshof
BB	Der Betriebsberater (Zeitschrift)
Bd.	Band
BEA-Freibetrag	Freibetrag für den Betreuungs-, Erziehungs- und Ausbildungsbedarf
Bearb.	Bearbeiter
BEEG	Bundeselterngeld- und Elternzeitgesetz
BEG	Bundesentschädigungsgesetz
Begr.	Begründung
Bekl.	Beklagte(r)
BerHG	Beratungshilfegesetz
BErzGG	Bundeserziehungsgeldgesetz
ber.	berichtigt
bes.	besonders
Beschl.	Beschluss
BetrAVG	Gesetz zur Verbesserung der betrieblichen Altersversorgung (Betriebsrentengesetz)
BetrG	Betreuungsgesetz
BeurkG	Beurkundungsgesetz
BewG	Bewertungsgesetz
bez.	bezüglich
BezG	Bezirksgericht
BfA	Bundesversicherungsanstalt für Angestellte

Abkürzungsverzeichnis

BFH	Bundesfinanzhof
BFH/NV	Sammlung der Entscheidungen des Bundesfinanzhofs ab 1950 (Zeitschrift)
BFHE	Sammlung der Entscheidungen des Bundesfinanzhofs, hrsg. v. den Mitgliedern des BFH
BG	Berufsgenossenschaft
BGB	Bürgerliches Gesetzbuch
BGBl.	Bundesgesetzblatt
BGH	Bundesgerichtshof
BGHR	BGH-Rechtsprechung, hrsg. von den Richtern des Bundesgerichtshofs
BGHSt	Entscheidungen des Bundesgerichtshofs in Strafsachen
BGHZ	Entscheidungen des Bundesgerichtshofs in Zivilsachen
BGH VGrS	Bundesgerichtshof, Vereinigter Großer Senat
BKGG	Bundeskindergeldgesetz
BKR	Zeitschrift für Bank- und Kapitalmarktrecht
Bl.	Blatt
BMF	Bundesministerium der Finanzen
BNotO	Bundesnotarordnung
BORA	Berufsordnung für Rechtsanwälte
BKAG	Gesetz über das Bundeskriminalamt und die Zusammenarbeit des Bundes und der Länder in kriminalpolizeilichen Angelegenheiten
ZdFdG	Zollfahndungsdienstgesetz
BPolG	Bundespolizeigesetz
BR	Bundesrat
BRAGO	Bundesgebührenordnung für Rechtsanwälte
BRAK	Bundesrechtsanwaltskammer
BRAK-Mitt.	Bundesrechtsanwaltskammer-Mitteilungen
BRAO	Bundesrechtsanwaltsordnung
BR-Drucks.	Bundesratsdrucksache
BReg.	Bundesregierung
Breithaupt	Sammlung von Entscheidungen aus dem Sozialrecht, begründet von Breithaupt
Brem.	Bremen/bremisch
BRep.	Bundesrepublik Deutschland
BRH	Bundesrechnungshof
BSeuchG	Bundesseuchengesetz
BSG	Bundessozialgericht

BSGE	Entscheidungen des Bundessozialgerichts
BSHG	Bundessozialhilfegesetz
Bsp.	Beispiel
bspw	beispielsweise
BStBl.	Bundessteuerblatt
BT	Besonderer Teil; Bundestag
BtÄndG	Betreuungsrechtsänderungsgesetz
BT-Drucks.	Bundestagsdrucksache
BtG	Betreuungsgesetz
BtBG	Betreuungsbehördengesetz
BtMan	Betreuungsmanagement (Zeitschrift)
BtMG	Betäubungsmittelgesetz
BtPrax	Betreuungsrechtliche Praxis (Zeitschrift)
Buchholz	Sammel- und Nachschlagewerk der Rechtsprechung des Bundesverwaltungsgerichts, hrsg. v. K. Buchholz
Buchst.	Buchstabe
BUZ	Berufsunfähigkeitszusatzversicherung
BVerfG	Bundesverfassungsgericht
BVerfGE	Entscheidungen des Bundesverfassungsgerichts
BVerfGG	Gesetz über das Bundesverfassungsgericht
BVerfGK	Kammerentscheidungen des Bundesverfassungsgerichts
BVersG	Bundesversorgungsgesetz
BVerwG	Bundesverwaltungsgericht
BVG	Bundesvertriebenengesetz
BVormVG	Gesetz über die Vergütung von Berufsvormündern
BvR	Verfahrensregister (am Bundesverfassungsgericht)
BW	Baden-Württemberg
BWG	Bankwesengesetz
BWNotZ	Mitteilungen aus der Praxis Zeitschrift für das Notariat in Baden-Württemberg
BwpVerwG	Bundeswertpapierverwaltungsgesetz
bzgl	bezüglich
BZRG	Bundeszentralregistergesetz
bzw	beziehungsweise
ca.	circa
CC	Code Civil
cic	culpa in contrahendo

Abkürzungsverzeichnis

DA	Dienstanweisung – hier: DA für die Standesbeamten und ihre Aufsichtsbehörde
DA-FamEStG	DA zur Durchführung des Familienleistungsausgleichs nach dem X. Abschnitt des EStG
DAVorm	Der Amtsvormund (Zeitschrift)
DBA	Doppelbesteuerungsabkommen
DDR	Deutsche Demokratische Republik
ders.	derselbe
DEuFamR	Deutsches und europäisches Familienrecht
DFG	Zeitschrift für Deutsche Freiwillige Gerichtsbarkeit
DFGT	Deutscher Familiengerichtstag
DGVZ	Deutsche Gerichtsvollzieherzeitung
dgl.	dergleichen
dh	das heißt
dies.	dieselbe
DIJuF	Deutsches Institut für Jugendhilfe und Familienrecht e.V.
DIS	Deutsches Institut für Schiedsgerichtsbarkeit e.V.
Diss.	Dissertation
DIV	Deutsches Institut für Vormundschaftswesen e.V.
DJ	Deutsche Justiz (Zeitschrift)
DJT	Deutscher Juristentag
DJZ	Deutsche Juristen-Zeitung
DM	Deutsche Mark
DNotI	Deutsches Notarinstitut
DNotIR	DNotI-Report
DNotZ	Deutsche Notar-Zeitschrift
DONot	Dienstordnung für Notare
DRiG	Deutsches Richtergesetz
DRiZ	Deutsche Richterzeitung
Drucks.	Drucksache
DRV	Deutsche Rentenversicherung
DRZ	Deutsche Rechtszeitschrift
DStR	Deutsches Steuerrecht (Zeitschrift)
DStRE	DStR-Entscheidungsdienst (Zeitschrift)
DStZ	Deutsche Steuerzeitung
DT	Düsseldorfer Tabelle
dt.	deutsch
DV; DVO	Durchführungsverordnung
DVBl.	Deutsches Verwaltungsblatt

DZWiR	Deutsche Zeitschrift für Wirtschaftsrecht
E	Entwurf
EBAO	Einforderungs- und Beitreibungsanordnung vom 20.11.1974
ebd	ebenda
ECU	European Currency Unit (Europäische Währungseinheit)
EFG	Entscheidungen der FG
EG	Europäische Gemeinschaft; Vertrag zur Gründung der Europäischen Gemeinschaft
EGBGB	Einführungsgesetz zum Bürgerlichen Gesetzbuch
EGGVG	Einführungsgesetz zum Gerichtsverfassungsgesetz
EGHGB	Einführungsgesetz zum Handelsgesetzbuch
EG-PKHVV	EG-Prozesskostenhilfevordruckverordnung
EGRL	Richtlinie der Europäischen Gemeinschaft
EGStGB	Einführungsgesetz zum Strafgesetzbuch
EGV	Vertrag zur Gründung der Europäischen Gemeinschaft
EGVP	Elektronisches Gerichts- und Verwaltungspostfach
EheG	Ehegesetz
ehel.	ehelich
ehem.	ehemalig/ehemals
EheRG	Erstes Gesetz zur Reform des Ehe- und Familienrechts
EheVO 2000	EG-Verordnung Nr. 1347/2000 (Brüssel II-Verordnung)
EheVO 2003	EG-Verordnung Nr. 2201/2003 (Brüssel IIa-Verordnung)
EHUG	Gesetz über elektronische Handelsregister und Genossenschaftsregister sowie das Unternehmensregister
Einf.	Einführung
eingetr.	eingetragen
EinigungsV	Einigungsvertrag
Einl.	Einleitung
einschl.	einschließlich
einschr.	einschränkend
EKMR	Europäische Kommission für Menschenrechte
eLP	eingetragene Lebenspartnerschaft
EMRK (G)	Europäische Menschenrechtskonvention (Gesetz)
Entsch.	Entscheidung
entspr.	entsprechend
Entw.	Entwurf
EP	Entgeltpunkt/e

Abkürzungsverzeichnis

ErbbauRG	Gesetz über das Erbbaurecht
ErbbRVO	Erbbaurechtsverordnung
ErbGleichG	Erbrechtsgleichstellungsgesetz
ErbSt.	Erbschaftsteuer
ErbStDV	Erbschaftsteuer-Durchführungsverordnung
ErbStG	Erbschaft- und Schenkungsteuergesetz
ErbStR	Erbschaftsteuerrichtlinien
ErbStRG	Gesetz zur Reform des Erbschaftsteuer- und Bewertungsrechts
Ergeb.	Ergebnis
Erkl.	Erklärung
Erl.	Erläuterung; Erlass
ES	Entscheidungssammlung
ESchG	Embryonenschutzgesetz
ESt.	Einkommensteuer
EStDB	Durchführungsbestimmungen zum Einkommensteuergesetz
EStDV	Einkommensteuer-Durchführungsverordnung
EStG	Einkommensteuergesetz
EStH	Einkommensteuerrichtlinien, Amtliche Hinweise
EStR	Einkommensteuerrichtlinien
EStRG	Einkommensteuerreformgesetz
etc.	et cetera
ESÜ	Europäisches Sorgerechtsübereinkommen
EU	Europäische Union
EÜ	Einnahmeüberschuss
EuGH	Gerichtshof der Europäischen Gemeinschaften
EuGHMR	Europäischer Gerichtshof für Menschenrechte
EuGRZ	Europäische Grundrechte Zeitschrift
EuGVVO	Verordnung über die gerichtliche Zuständigkeit und die Vollstreckung gerichtlicher Entscheidungen in Zivil- und Handelssachen
EuGVÜ	Übereinkommen über die gerichtliche Zuständigkeit und die Vollstreckung gerichtlicher Entscheidungen in Zivil- und Handelssachen
EuR	Europarecht
EUR	Euro
EuroEG	Euroeinführungsgesetz
e.V.	eingetragener Verein
EV	Einwilligungsvorbehalt

EVG	Einigungsvertrag
evtl	eventuell
EW	Einheitswert
EWG	Europäische Wirtschaftsgemeinschaft
EWGRL	EWG-Richtlinie
EWGV	Vertrag zur Gründung der Europäischen Wirtschaftsgemeinschaft
EWIV	Europäische Wirtschaftliche Interessenvereinigung
EWiR	Entscheidungen zum Wirtschaftsrecht (Zeitschrift)
EWS	Europäisches Wirtschafts- und Steuerrecht (Zeitschrift)
EZB	Europäische Zentralbank
EzFamR	Entscheidungssammlung zum Familienrecht
EzFamR-SD	Schnelldienst zur EzFamR
f, ff	folgende, fortfolgende
FA	Finanzamt
FAG	Finanzausgleichsgesetz
FamFG	Gesetz über das Verfahren in Familiensachen und in den Angelegenheiten der freiwilligen Gerichtsbarkeit
FamFördG	Familienförderungsgesetz
FamG	Familiengericht
FamNamRG	Gesetz zur Neuordnung des Familiennamensrechts
FamR	Familienrecht
FamRÄndG	Familienrechtänderungsgesetz
FamRB	Der Familienrechts-Berater (Zeitschrift)
FamRBint	Der Familienrechts-Berater international (Zeitschrift)
FamRZ	Zeitschrift für das gesamte Familienrecht
FArch	Finanzarchiv (Zeitschrift)
FeststG	Feststellungsgesetz
FEVG	Gesetz über das gerichtliche Verfahren bei Freiheitsentziehungssachen
FEVS	Fürsorgerechtliche Entscheidungen der Verwaltungs- und Sozialgerichte
FF	Forum Familienrecht (Zeitschrift)
FG	Freiwillige Gerichtsbarkeit
FG	Finanzgericht
FGB	Familiengesetzbuch (DDR)
FGG	Gesetz über die Angelegenheiten der freiwilligen Gerichtsbarkeit

Abkürzungsverzeichnis

FGG-RG	Gesetz zur Reform des Verfahrens in Familiensachen und in den Angelegenheiten der freiwilligen Gerichtsbarkeit
FGO	Finanzgerichtsordnung
FGPrax	Praxis der Freiwilligen Gerichtsbarkeit (Zeitschrift)
FiWi	Finanzwirtschaft (Zeitschrift)
FK	Familienrecht kompakt
FMBl.	Finanzministerialblatt
Fn	Fußnote
FPR	Familie, Partnerschaft, Recht (Zeitschrift)
FRG	Fremdrentengesetz
FS	Festschrift
FuR	Familie und Recht (Zeitschrift)
GB	Grundbuch
GBA	Grundbuchamt
GBl.	Gesetzesblatt
GBMaßnG	Grundbuchmaßnahmengesetz
GBO	Grundbuchordnung
GbR	Gesellschaft des bürgerlichen Rechts
GBV	Verordnung zur Durchführung der Grundbuchordnung (Grundbuchverfügung)
geänd.	geändert
gem.	gemäß
GemS-OGB	Gemeinsamer Senat der obersten Gerichte des Bund
GenG	Genossenschaftsgesetz
GenRegV	Genossenschaftsregisterverordnung
GeschbehAV	Allgemeine Verfügung über die geschäftliche Behandlung der Grundbuchsachen vom 25.2.1936
GewSchG	Gewaltschutzgesetz
GG	Grundgesetz
ggf	gegebenenfalls
Ggs.	Gegensatz
GKG	Gerichtskostengesetz
GKG-KV	Kostenverzeichnis zum GKG
GleichberG	Gesetz über die Gleichberechtigung von Mann und Frau auf dem Gebiet des bürgerlichen Rechts
GmbH	Gesellschaft mit beschränkter Haftung
GmbHG	GmbH-Gesetz
GmbH-Stpr	GmbH-Steuerpraxis (Zeitschrift)

Abkürzungsverzeichnis

GMBl.	Gemeinsames Ministerialblatt
GoA	Geschäftsführung ohne Auftrag
GoB	Grundsätze ordnungsgemäßer Buchführung
GOBVerfG	Geschäftsordnung des Bundesverfassungsgerichts
grds.	grundsätzlich
GrEStG	Grunderwerbsteuergesetz
GrstVG	Grundstückverkehrsgesetz
GRV	Gesetzliche Rentenversicherung
GRZS	Großer Senat in Zivilsachen
GS	Großer Senat
GüterrechtsänderungsG-E	Entwurf eines Gesetzes zur Änderung des Zugewinnausgleichs- und Vormundschaftsrechts (BR-Drucks. 635/08)
GV	Gebührenverzeichnis
GVBl.	Gesetz- und Verordnungsblatt
GVG	Gerichtsverfassungsgesetz
GVGA	Geschäftsanweisung für Gerichtsvollzieher
GVKostG	Gesetz über die Kosten der Gerichtsvollzieher
GVO	Grundstücksverkehrsordnung
hA	herrschende Auffassung
Hamb.	Hamburg/hamburgisch
HausratsVO	Hausratsverordnung
HAÜ	Haager Übereinkommen über den Schutz von Kindern und die Zusammenarbeit auf dem Gebiet der internationalen Adoption
Hbd.	Halbband
HBÜ	Haager Übereinkommen über die Beweisaufnahme im Ausland in Zivil- u. Handelssachen
HeimG	Heimgesetz
Hess.	Hessen/hessisch
HFR	Höchstrichterliche Finanzrechtsprechung (Zeitschrift)
HGB	Handelsgesetzbuch
HintO	Hinterlegungsordnung
Hinw.	Hinweis
HJ	Halbjahr
HK	Handkommentar
HKÜ	Haager Übereinkommen über die zivilrechtlichen Aspekte internationaler Kindesentführung
hL	herrschende Lehre

Abkürzungsverzeichnis

hM	herrschende Meinung
HöfeO	Höfeordnung
HöfeVfO	Verfahrensordnung für Höfesachen
Hrsg.	Herausgeber
hrsg.	herausgegeben
HRV	Verordnung über die Einrichtung und Führung des Handelsregisters
Hs	Halbsatz
HZPÜ	Haager Übereinkommen v. 1.3.1954 über den Zivilprozess
HZÜ	Haager Übereinkommen v. 15.11.1965 über die Zustellung gerichtlicher und außergerichtlicher Schriftstücke im Ausland in Zivil- u. Handelssachen
iA	im Auftrag
idF	in der Fassung
idR	in der Regel
idS	in diesem Sinne
IDW	Institut der Deutschen Wirtschaft
iE	im Ergebnis
ieS	im engeren Sinne
IFF info	Zeitschrift des interdisziplinären Frauenforschungs-Zentrums
IfSG	Infektionsschutzgesetz
IGH	Internationaler Gerichtshof
IHK	Industrie und Handelskammer
iHv	in Höhe von
INF	Die Information über Steuer und Wirtschaft (Zeitschrift)
InfAuslR	Informationsbrief Ausländerrecht
info also	Informationen zum Arbeitslosen- und Sozialhilferecht (Zeitschrift)
inkl.	inklusive
insb.	insbesondere
insg.	insgesamt
IntFamRVG	Internationales Familienrechtsverfahrensgesetz
InsO	Insolvenzordnung
intern.	international
IPR	Internationales Privatrecht
IPrax	Praxis des Internationalen Privat- und Verfahrensrecht (Zeitschrift)
IStR	Internationales Steuerrecht (Zeitschrift)

iSd	im Sinne des/der
iSv	im Sinne von
iÜ	im Übrigen
iVm	in Verbindung mit
i. Vorb.	in Vorbereitung
IWB	Internationale Wirtschaftsbriefe
JA	Juristische Arbeitsblätter (Zeitschrift)
JAmt	Das Jugendamt (Zeitschrift)
JArbSchutzG	Jugendarbeitsschutzgesetz
JBeitrO	Justizbeitreibungsordnung
JBl.	Justizblatt
JGG	Jugendgerichtsgesetz
Jhg.	Jahrgang
JKostG	Justizkostengesetz
JMBl.	Justizministerialblatt
JR	Juristische Rundschau (Zeitschrift)
JStG	Jahressteuergesetz
JurBüro	Juristisches Büro (Zeitschrift)
Juris-PR FamR	Juris Praxisreport Familienrecht
JuS	Juristische Schulung (Zeitschrift)
Justiz	Die Justiz (Zeitschrift)
JVBl.	Justizverwaltungsblatt
JVEG	Justizvergütungs- und -entschädigungsgesetz
JWG	Gesetz zur Änderung und Ergänzung des Reichsjugendwohlfahrtsgesetzes, aufgehoben mit Wirkung vom 1.1.1991 durch das Gesetz zur Neuordnung des Kinder- und Jugendhilferechts (KJHG)
JZ	Juristenzeitung
Kap.	Kapitel
KapESt	Kapitalertragsteuer
KAUG	Konkursausfallgeld
KG	Kammergericht; Kapitalgesellschaft; Kommanditgesellschaft
KGaA	Kommanditgesellschaft auf Aktien
KGReport	Rechtsprechungsreport des Kammergerichts Berlin
KiG	Kindergeld
KindPrax	Kindschaftsrechtliche Praxis (Zeitschrift)
KindRG	Kindschaftsrechtsreformgesetz

Abkürzungsverzeichnis

KindUG	Gesetz zur Vereinheitlichung des Unterhaltsrechts minderjähriger Kinder
KindVerbG	Kinderrechteverbesserungsgesetz
KiSt	Kirchensteuer
KiStG	Kirchensteuergesetz
KJ	Kritische Justiz (Zeitschrift)
KJHG	Gesetz zur Neuordnung des Kinder- und Jugendhilferechts
KO	Konkursordnung
Komm.	Kommentar
KonsG	Konsulargesetz
KostO	Kostenordnung
KostRÄndG	Kostenrechtsänderungsgesetz
KostRMoG	Kostenrechtsmodernisierungsgesetz
KostRsp	Kostenrechtsprechung (Naschschlagewerk)
KostVfg	Kostenverfügung
krit.	kritisch
KSt	Körperschaftsteuer
KStG	Körperschaftsteuergesetz
KSÜ	Haager Kinderschutzübereinkommen vom 19.10.1996
KSVG	Künstlersozialversicherungsgesetz
Kto.	Konto
KV	Kostenverzeichnis
KVSt	Kapitalverkehrsteuer
KWG	Kreditwesengesetz
LBG-NRW	Landesbeamtengesetz für Nordrhein-Westfalen
lfd.	laufend
Lfg.	Lieferung
LFGG	Landesgesetz über die freiwillige Gerichtsbarkeit
LG	Landgericht
lit.	littera
Lit.	Literatur
Lkr.	Landkreis
LL	(Unterhalts-)Leitlinien
LMK	Kommentierte BGH-Rechtsprechung Lindenmaier-Möhring
LPartG	Lebenspartnerschaftsgesetz
LPartGErgG	Lebenspartnerschaftsgesetzergänzungsgesetz
LPartÜG	Gesetz zur Überarbeitung des Lebenspartnerschaftsrechts
LS	Leitsatz

LSA	Sachsen-Anhalt
LSG	Landessozialgericht
LSt	Lohnsteuer
LStR	Lohnsteuer-Richtlinien
lt.	laut
LuftfzRG	Gesetz über Rechte an Luftfahrzeugen
LuganoÜ	Lugano-Übereinkommen über die gerichtliche Zuständigkeit und die Vollstreckung gerichtlicher Entscheidungen in Zivil- und Handelssachen
LVA	Landesversicherungsanstalt
LwVG	Gesetz über das gerichtliche Verfahren in Landwirtschaftssachen
m. Anm.	mit Anmerkung
MDK	Medizinischer Dienst der Krankenkassen
MDR	Monatsschrift für Deutsches Recht (Zeitschrift)
mE	meines Erachtens
Meck-Pom.	Mecklenburg-Vorpommern
MinBl.	Ministerialblatt
mind.	mindestens
Mio.	Millionen
Mitt.	Mitteilung
MittBayNot	Mitteilungen des Bayerischen Notarvereins, der Notarkasse und der Landesnotarkammer Bayern (Zeitschrift)
MittRhNK	Mitteilungen der Rheinischen Notarkammer (Zeitschrift)
MiZi	Anordnung über Mitteilungen in Zivilsachen
mN	mit Nachweisen
Mrd.	Milliarden
Mot.	Motive zum BGB
MPU	Medizinisch-psychologische Untersuchung
MSA	Übereinkommen über die Zuständigkeit der Behörden und das anzuwendende Recht auf dem Gebiet des Schutzes von Minderjährigen (Haager Minderjährigenschutzabkommen)
MSchG	Mieterschutzgesetz
mtl.	monatlich
MuSchG	Mutterschutzgesetz
MV	Mitteilungsverordnung
mwN	mit weiteren Nachweisen
mWv	mit Wirkung vom
MwSt.	Mehrwertsteuer

Abkürzungsverzeichnis

nachf.	nachfolgend
Nachw.	Nachweis/e
NamÄndG	Gesetz über die Änderung von Familiennamen und Vornamen
NamensänderungsDV	Erste Verordnung zur Durchführung des Gesetzes über die Änderung von Familiennamen und Vornamen
Nds.	Niedersachsen/niedersächsisch
NdsRpfl	Niedersächsische Rechtspflege
NDV	Nachrichtendienst des Deutschen Vereins für private und öffentliche Fürsorge
ne.	nichtehelich
NEheLG	Gesetz über die rechtliche Stellung der nichtehelichen Kinder
nF	neue Fassung
NJ	Neue Justiz (Zeitschrift)
NJOZ	Neue Juristische Online-Zeitschrift
NJW	Neue Juristische Wochenschrift (Zeitschrift)
NJWE-FER	NJW-Entscheidungsdienst Familien- u. Erbrecht
NJW-RR	NJW-Rechtsprechungsreport
NordÖR	Zeitschrift für Öffentliches Recht in Norddeutschland
not.	notariell
NotBZ	Zeitschrift für die notarielle Beratungs- und Beurkundungspraxis
Nov.	Novelle
n.r.	nicht rechtskräftig
Nr.	Nummer
NRW	Nordrhein-Westfalen
n.v.	nicht veröffentlicht
NVwZ	Neue Zeitschrift für Verwaltungsrecht (Zeitschrift)
NVwZ-RR	NVwZ-Rechtsprechungsreport
NWB	Neue Wirtschaftsbriefe (Zeitschrift)
NZS	Neue Zeitschrift für Sozialrecht
o.a.	oben angegeben/angeführt
o.ä.	oder ähnlich
o.g.	oben genannt
obj.	objektiv
od.	oder
OFD	Oberfinanzdirektion
OFH	Oberster Finanzgerichtshof

OHG	Offene Handelsgesellschaft
OLG	Oberlandesgericht
OLGE	Entscheidungssammlung der Oberlandesgerichte
OLG-NL	OLG-Rechtsprechung Neue Länder
OLGReport	(nicht offizieller) Rechtsprechungsdienst einiger Oberlandesgerichte
OLGRspr	Rechtsprechung der Oberlandesgerichte auf dem Gebiete des Zivilrechts
OLGZ	Entscheidungen der OLG in Zivilsachen
OpferschG	Opferschutzgesetz
OVG	Oberverwaltungsgericht
OWiG	Ordnungswidrigkeitengesetz
p.a.	pro anno (jährlich)
PAngG	Preisangaben- und Preisklauselgesetz
PAngV	Preisangabenverordnung
PartG	Gesetz über die politischen Parteien
PartGG	Partnerschaftsgesellschaftsgesetz
PassG	Passgesetz
PersGes	Personengesellschaft
Pfdg.	Pfändung
PflegeVG	Pflege-Versicherungsgesetz
PKH	Prozesskostenhilfe
PKHBegrenzG	Prozesskostenhilfebegrenzungsgesetz
PKHG	Prozesskostenhilfegesetz
PKHVVO	Prozesskostenhilfevordruckverordnung
PkRL	Richtlinie 2003/8/EG v. 27.1.2003 für Prozesskostenhilfe in grenzüberschreitenden Streitsachen
PKV	Prozesskostenvorschuss
Pkw	Personenkraftwagen
PrKV	Preisklauselverordnung
Prot.	Protokoll
PRV	Partnerschaftsregisterverordnung
PStG	Personenstandsgesetz
PStV	Personenstandsverordnung
PStRG	Gesetz zur Reform des Personenstandsrechts
PsychKG	Psychischkrankengesetz
PublG	Publizitätsgesetz
pVV	positive Vertragsverletzung

Abkürzungsverzeichnis

R&P	Recht und Psychiatrie
RA	Rechtsanwalt
RabelsZ	Zeitschrift für ausländisches u. internationales Privatrecht
RBerG	Rechtsberatungsgesetz
RBerGAV	Verordnung zur Ausführung des RBerG
rd.	rund
RdErl.	Runderlass
RdJB	Recht der Jugend und des Bildungswesens (Zeitschrift)
RdLH	Rechtsdienst der Lebenshilfe
RdSchr.	Rundschreiben
RdW	Das Recht der Wirtschaft (Zeitschrift)
Red.	Redaktion
Ref.	Reform
Reg.	Regierung
RegBl.	Regierungsblatt
RegEntw.	Regierungsentwurf
RegelbedVO	Regelbedarfs-Verordnung
RegelbetrVO	Regelbetrags-Verordnung
RegUnterhVO	Regelunterhalts-Verordnung
ReichsschuldbuchG	Reichsschuldbuchgesetz
RelKErzG	Gesetz über die religiöse Kindererziehung
RFH	Reichsfinanzhof
RFID	Radiofrequenz-Identifikation
RG	Reichsgericht
RGBl.	Reichsgesetzblatt
RGZ	Entscheidungen des Reichsgerichts in Zivilsachen
Rh.-Pf.	Rheinland-Pfalz/Rheinland-pfälzisch
RiA	Das Recht im Amt (Zeitschrift)
RiG	Richtergesetz
RIW	Recht der internationalen Wirtschaft (Zeitschrift)
rkr.	rechtskräftig
RL	Richtlinie
Rn	Randnummer
RNotZ	Rheinische Notar-Zeitschrift
Rpfleger	Der Deutsche Rechtspfleger (Zeitschrift)
RPflAnpG	Rechtspflegeanpassungsgesetz
RPflG	Rechtspflegergesetz
RPflStud	Rechtspfleger-Studienhefte

RR	Rechtsprechungs-Report
RRG	Rentenreformgesetz
Rspr	Rechtsprechung
RsprEinhG	Gesetz zur Wahrung der Einheitlichkeit der Rechtsprechung der obersten Gerichtshöfe des Bundes
RStBl.	Reichssteuerblatt
RÜ	Rechtsprechungsübersicht
RÜG	Rentenüberleitungsgesetz
RuStAG	Reichs- und Staatsangehörigkeitsgesetz
RVG	Rechtsanwaltsvergütungsgesetz
RVG-B	Der RVG-Berater (Zeitschrift)
RVO	Rechtsverordnung; Reichsversicherungsordnung
RW	Rentenwert
S.	Satz/Seite
s.	siehe
s.a.	siehe auch
SachBezV	Sachbezugsverordnung
SachenRBerG	Sachenrechtsbereinigungsgesetz
sächs.	sächsisch
SchiffsRegO	Schiffsregisterordnung
SchiffsRG	Gesetz über Rechte an eingetragenen Schiffen und Schiffsbauwerken
SchlHA	Schleswig-Holsteinische Anzeigen
SchuldRÄndG	Schuldrechtsänderungsgesetz
SchuldRModG	Schuldrechtsmodernisierungsgesetz
SchwbG	Schwerbehindertengesetz
SFHÄndG	Schwangeren- und Familienhilfeänderungsgesetz
SG	Sozialgericht
SGb	Die Sozialgerichtsbarkeit (Zeitschrift)
SGB	Sozialgesetzbuch
SGB I	Sozialgesetzbuch 1. Buch – Allgemeiner Teil
SGB IV	Sozialgesetzbuch 4. Buch – Gemeinsame Vorschriften für die Sozialversicherung
SGB V	Sozialgesetzbuch 5. Buch – Ges. Krankenversicherung
SGB VI	Sozialgesetzbuch 6. Buch – Ges. Rentenversicherung
SGB VIII	Sozialgesetzbuch 8. Buch – Kinder- und Jugendhilfe
SGB IX	Sozialgesetzbuch 9. Buch – Rehabilitation und Teilhabe behinderter Menschen

SGB X	Sozialgesetzbuch 10. Buch – Sozialverwaltungsverfahren
SGB XI	Sozialgesetzbuch 11. Buch – Soziale Pflegeversicherung
SGG	Sozialgerichtsgesetz
s.o.	siehe oben
sog.	so genannte/r/s
SoldatenG	Gesetz über die Rechtsstellung der Soldaten
SorgeRG	Sorgerechtsreformgesetz
SorgeRÜbkAG	Ausführungsgesetz zum Europäischen Übereinkommen über die Anerkennung und Vollstreckung von Entscheidungen über das Sorgerecht für Kinder und die Wiederherstellung des Sorgerechtsverhältnisses
StAG	Staatsangehörigkeitsgesetz
StAnz	Staatsanzeiger
StAZ	Das Standesamt (Zeitschrift)
StBGebV	Steuerberatergebührenverordnung
StGB	Strafgesetzbuch
Stkl.	Steuerklasse
staatl.	staatlich
StPO	Strafprozessordnung
StR	Steuerrecht
str.	streitig/strittig
StrEG	Gesetz über die Entschädigung für Strafverfolgungsmaßnahmen
StVollzG	Strafvollzugsgesetz
StZG	Stammzellgesetz
s.u.	siehe unten
subj.	subjektiv
SüdL	Unterhaltsrechtliche Leitlinien der Familiensenate in Süddeutschland
tats.	tatsächlich
TDM	Tausend DM
teilw.	teilweise
TestG	Testamentsgesetz
thür.	thüringisch
TSG	Transsexuellengesetz
u.	und
u.a.	unter anderem
u.Ä.	und Ähnliche(s)

Abkürzungsverzeichnis

UÄndG	Unterhaltsänderungsgesetz
Überbl.	Überblick
UBG	Unterbringungsgesetz
ÜbV	Überleitungsvertrag
u.E.	unseres Erachtens
UmwG	Umwandlungsgesetz
UN	United Nations = Vereinte Nationen
unstr.	unstreitig
unzutr.	unzutreffend
UrhG	Urheberrechtsgesetz
Urt.	Urteil
USG	Unterhaltssicherungsgesetz
usw	und so weiter
uU	unter Umständen
u.v.a.	und vieles andere
UVG	Unterhaltsvorschussgesetz
UWG	Gesetz gegen den unlauteren Wettbewerb
UBG	Unterbringungsgesetz
v.	vom/von
VAG	Versicherungsaufsichtsgesetz
VAHRG	Gesetz zur Regelung von Härten im Versorgungsausgleich
VAÜG	Versorgungsausgleichsüberleitungsgesetz
VAWMG	Gesetz über weitere Maßnahmen auf dem Gebiet des Versorgungsausgleichs
VBL	Versorgungsanstalt des Bundes und der Länder
VBVG	Vormünder- und Betreuervergütungsgesetz
Vereinb.	Vereinbarung
Verf.	Verfasser/Verfassung
VerfGH	Verfassungsgerichtshof
VermG	Vermögensgesetz
VersAusglG	Versorgungsausgleichsgesetz
VerschG	Verschollenheitsgesetz
VersR	Versicherungsrecht (Zeitschrift)
Vertr.	Vertrag
Verz.	Verzeichnis
VG	Verwaltungsgericht
VGH	Verwaltungsgerichtshof
vgl	vergleiche

Abkürzungsverzeichnis

v.H.	vom Hundert
VIZ	Zeitschrift für Vermögens- und Immobilienrecht
VKH	Verfahrenskostenhilfe
VO	Verordnung
Vor	Vorbemerkung
VOB	Verdingungsordnung für Bauleistungen
VOBl.	Verordnungsblatt
Vor	Vorbemerkung
vorl.	vorläufig
VorSt	Vorsteuer
VRegV	Vorsorgeregisterverordnung
VRV	Vereinsregisterverordnung
VStG	Vermögenssteuergesetz
VStR	Vermögenssteuer-Richtlinien
VVG	Versicherungsvertragsgesetz
VV	Vergütungsverzeichnis
VwGO	Verwaltungsgerichtsordnung
VWL	vermögenswirksame Leistungen
VwV	Verwaltungsvorschriften
VwVfG	Verwaltungsverfahrensgesetz
VwVG	Verwaltungsvollstreckungsgesetz
VwZG	Verwaltungszustellungsgesetz
VZ	Veranlagungszeitraum
WährG	Währungsgesetz
WDO	Wehrdisziplinarordnung
WE	Wohnungseigentum
WEG	Wohnungseigentumsgesetz
WertErmVO	Wertermittlungsverordnung
WG	Wechselgesetz
wg.	wegen
WGV	Verordnung über die Anlegung und Führung der Wohnungs- und Teileigentumsgrundbücher
WiVerw	Wirtschaft und Verwaltung (Zeitschrift)
WM	Wertpapiermitteilungen (Zeitschrift)
wN	weitere Nachweise
WoGG	Wohngeldgesetz
WP	Wirtschaftsprüfer
WRV	Weimarer Reichsverfassung

WuM	Wohnungswirtschaft und Mietrecht (Zeitschrift)
ZAP	Zeitschrift für die Anwaltspraxis
ZAR	Zeitschrift für Ausländerrecht und Asylpolitik
zB	zum Beispiel
ZblFG	Zentralblatt für Freiwillige Gerichtsbarkeit und Notariat
ZblJugR	Zentralblatt für Jugendrecht und Jugendwohlfahrt
ZErb	Zeitschrift für die Steuer- und Erbrechtspraxis
ZEV	Zeitschrift für Erbrecht und Vermögensnachfolge
ZFE	Zeitschrift für Familien- und Erbrecht
ZfJ	Zentralblatt für Jugendrecht
ZfL	Zeitschrift für Lebensrecht
ZfPP	Zeitschrift für Pädagogische Psychologie
ZfSH	Zeitschrift für Sozialhilfe
ZfSH/SGB	Zeitschrift für Sozialhilfe und Sozialgesetzbuch
ZGS	Zeitschrift für das gesamte Schuldrecht
Ziff.	Ziffer
ZInsO	Zeitschrift für das gesamte Insolvenzrecht
ZIP	Zeitschrift für Wirtschaftsrecht und Insolvenzpraxis
zit.	zitiert
ZKJ	Zeitschrift für Kindschaftsrecht und Jugendhilfe (seit 2006 Gesamtblatt von Kind-Prax und ZfJ)
ZNotP	Zeitschrift für die Notarpraxis
ZOV	Zeitschrift für Offene Vermögensfragen
ZPO	Zivilprozessordnung
ZRP	Zeitschrift für Rechtspolitik
ZS	Zivilsenat
ZSEG	Gesetz über die Entschädigung von Zeugen und Sachverständigen
zT	zum Teil
ZugabeVO	Zugabeverordnung
zul.	zulässig
zust.	zustimmend
zutr.	zutreffend
ZV	Zusatzversorgung
ZVG	Zwangsversteigerungsgesetz
ZWE	Zeitschrift für Wohnungseigentum
zzgl	zuzüglich
zzt.	zurzeit

Allgemeines Literaturverzeichnis

Werk	Zitierweise
Andrae, Internationales Familienrecht, 2. Aufl. 2006	Andrae
Assenmacher/Mathias, vormals Göttlich/Mümmler, Kostenordnung, Kommentar, 16. Aufl. 2008	Göttlich/Mümmler-KostO/Bearbeiter
Bäumel/Bienwald/Häußermann/Hoffmann/Maurer/Meyer-Stolte/Rogner/Sonnenfeld/Wax, Familienrechtsreformkommentar, 1998	FamRefK/Bearbeiter
Bamberger/Roth (Hrsg.), Kommentar zum Bürgerlichen Gesetzbuch, 2. Aufl. 2008	BR/Bearbeiter
Bassenge/Roth, Gesetz über die Angelegenheiten der freiwilligen Gerichtsbarkeit, Rechtspflegergesetz, Kommentar, 11. Aufl. 2007	Bassenge/Roth/Bearbeiter
Baumbach/Lauterbach/Albers/Hartmann, Zivilprozessordnung mit Gerichtsverfassungsgesetz und anderen Nebengesetzen, Kommentar, 67. Aufl. 2009	BLAH/Bearbeiter
Bergmann/Ferid/Henrich (Hrsg.), Internationales Ehe- und Kindschaftsrecht mit Staatsangehörigkeitsrecht, Loseblatt, Stand	BFH/Bearbeiter
Bergerfurth/Rogner, Der Ehescheidungsprozess und die anderen Eheverfahren, 15. Aufl. 2006	Bergerfurth/Rogner
Bergschneider, Verträge in Familiensachen, 3. Aufl. 2006	Bergschneider, Eheverträge
Börger/Engelsing, Eheliches Güterrecht, 2. Aufl. 2005	Börger/Engelsing
Borth, Versorgungsausgleich in anwaltlicher und familiengerichtlicher Praxis, 4. Aufl. 2008	Borth
Bumiller/Winkler, Freiwillige Gerichtsbarkeit: FG, Kommentar, 8. Aufl. 2006	Bumiller/Winkler
Dose, Einstweiliger Rechtsschutz in Familiensachen, 2. Aufl. 2005	Dose
Erman (Hrsg.), Handkommentar zum BGB, 12. Aufl. 2008	Erman/Bearbeiter
Eschenbruch/Klinkhammer (Hrsg.), Der Unterhaltsprozess, 5. Aufl. 2009	Eschenbruch/Klinkhammer/Bearbeiter
Garbe/Oelkers, Praxishandbuch Familienrecht, Loseblatt	Garbe/Oelkers
Garbe/Ullrich (Hrsg.), Verfahren in Familiensachen, 2. Aufl. 2009	Garbe/Ullrich
Gerhardt/v. Heintschel-Heinegg/Klein (Hrsg.), Handbuch des Fachanwalts Familienrecht, 6. Aufl. 2008	FA-FamR/Bearbeiter
Gernhuber/Coester-Waltjen, Lehrbuch des Familienrechts, 5. Aufl. 2006	Gernhuber/Coester-Waltjen

Allgemeines Literaturverzeichnis

Gerold/Schmidt/v. Eicken/Madert/Müller-Rabe, Rechtsanwaltsvergütungsgesetz, Kommentar, 18. Aufl. 2008	Gerold/Schmidt/Bearbeiter
Gießler/Soyka, Vorläufiger Rechtsschutz in Familiensachen, 4. Aufl. 2005	Gießler/Soyka
Göppinger/Wax (Hrsg.), Unterhaltsrecht, Kommentar, 9. Aufl. 2008	Göppinger/Wax/Bearbeiter
Göttlich/Mümmler/Rehberg/Xanke, RVG – Rechtsanwaltsvergütungsgesetz, Kommentar, 2. Aufl. 2006	Göttlich/Mümmler-RVG/Bearbeiter
Eckebrecht/Große-Boymann/Gutjahr ua., Verfahrenshandbuch Familiensachen, 2001	FamVerf/Bearbeiter
Friederici/Kemper (Hrsg.), Handkommentar Familienverfahrensrecht, 2009	HK-Familienverfahrensrecht/Bearbeiter
Hartmann, Kostengesetze, 38. Aufl. 2008	Hartmann
Haußleiter/Schulz, Vermögensauseinandersetzung bei Trennung und Scheidung, 4. Aufl. 2004	Haußleiter/Schulz
Heiß, Das Mandat im Familienrecht, 2. Aufl. 2009	Heiß
Heiß/Born, Unterhaltsrecht, 34. Auflage 2008	Heiß/Born/Bearbeiter
Herberger/Martinek/Rüßmann, Juris Praxiskommentar BGB, Bd. 4, Familienrecht, 4. Aufl. 2009	Herberger/Martinek/Bearbeiter
Hoppenz (Hrsg.), Familiensachen, Kommentar, 8. Aufl. 2005	Hoppenz/Bearbeiter
Johannsen/Henrich (Hrsg.), Eherecht - Trennung, Scheidung, Folgen, Kommentar, 4. Aufl. 2003	JH/Bearbeiter
Jauernig (Hrsg.), Bürgerliches Gesetzbuch, Kommentar, 12. Aufl. 2007	Jauernig/Bearbeiter
Jurgeleit (Hrsg.), Handkommentar Betreuungsrecht, 2006	Hk-BetrR/Bearbeiter
Jürgens (Hrsg.), Betreuungsrecht, Kommentar, 3. Aufl. 2005	Jürgens/Bearbeiter
Kaiser/Schnitzler/Friederici (Hrsg.), AnwaltKommentar BGB, Band 4: Familienrecht, 2005	AnwK-BGB/Bearbeiter
Kalthoener/Büttner/Niepmann, Die Rechtsprechung zur Höhe des Unterhalts, 10. Aufl. 2008	Kalthoener/Büttner/Niepmann
Kalthoener/Büttner/Wrobel-Sachs, Prozesskostenhilfe und Beratungshilfe, 4. Aufl. 2005	Kalthoener/Büttner/Wrobel-Sachs
Keidel/Kuntze/Winkler, Freiwillige Gerichtsbarkeit, Kommentar, 15. Aufl. 2003	KKW/Bearbeiter
Kemper, Der Rechtsstreit um Wohnung und Hausrat, 2004	Kemper, Wohnung und Hausrat
Kemper, FamFG – FGG – ZPO, Kommentierte Synopse, 2. Aufl. 2009	Kemper

Allgemeines Literaturverzeichnis

Kersten/Bühling (Hrsg.), Formularbuch und Praxis der freiwilligen Gerichtsbarkeit, 22. Auflage 2008	Kersten/Bühling/Bearbeiter
Korintenberg (Hrsg.), Kostenordnung, Kommentar, 17. Aufl. 2008	Korintenberg/Bearbeiter
Kroiß/Seiler, Das neue FamFG, 2. Aufl. 2009	Kroiß/Seiler
Luthin (Hrsg.), Handbuch des Unterhaltsrechts, 10. Aufl. 2004	Luthin/Bearbeiter
Maier/Michaelis, Versorgungsausgleich, 7. Aufl. 2004	Maier/Michaelis
Münchener Kommentar zum Bürgerlichen Gesetzbuch, 5. Aufl., Bd. 7: Familienrecht I, 4. Aufl. 2000; Bd. 8: Familienrecht II, 5. Aufl. 2008; Bd. 9 Erbrecht, 4. Aufl. 2004.	MK/Bearbeiter
Münchener Kommentar zur Zivilprozessordnung, 3. Aufl. 2007	MK-ZPO/Bearbeiter
Münchener Anwalts-Handbuch, hrsg. von Schnitzler, 2. Aufl. 2008	MAH/Bearbeiter
Münchener Prozessformularbuch, hrsg. von Gottwald, 2. Aufl. 2003	Gottwald/Bearbeiter
Musielak (Hrsg.), Kommentar zur Zivilprozessordnung, 6. Aufl. 2008	Musielak/Bearbeiter
Palandt, Bürgerliches Gesetzbuch u.a., 68. Aufl. 2009	Palandt/Bearbeiter
Prütting/Wegen/Weinreich, BGB-Kommentar, 3. Aufl. 2008	PWW/Bearbeiter
Rahm/Künkel (Hrsg.), Handbuch des Familiengerichtsverfahrens, Loseblatt Stand	Rahm/Künkel/Bearbeiter
RGRK, BGB-Kommentar, hrsg. von Reichsgerichtsräten und Bundesrichtern, 12. Aufl. 1983 ff.	RGRK/Bearbeiter
Rühl/Greßmann, Kindesunterhaltsgesetz, 1998	Rühl/Greßmann
Saenger (Hrsg.), Handkommentar Zivilprozessordnung, 2. Aufl. 2007	HK-ZPO/Bearbeiter
Scholz/Stein (Hrsg.), Praxishandbuch Familienrecht, 15. Aufl. 2008	Scholz/Stein/Bearbeiter
Schuckmann/Sonnenfeld (Hrsg.), FGG, Gesetz über die Angelegenheiten der freiwilligen Gerichtsbarkeit, Großkommentar, begründet von Paul Jansen, 3 Bände, 3. Aufl. 2006	SchuSo/Bearbeiter
Schulz/Hauß (Hrsg.), Handkommentar Familienrecht, 2008	HK-FamR/Bearbeiter
Schulze u.a., Handkommentar Bürgerliches Gesetzbuch, 6. Aufl. 2010	HK-BGB/Bearbeiter

Allgemeines Literaturverzeichnis

Schröder/Bergschneider (Hrsg.), Familienvermögensrecht, 2. Aufl. 2007	Schröder/Bergschneider/Bearbeiter
Schwab, Familienrecht, 16. Aufl. 2008	Schwab, FamR
Schwab (Hrsg.), Handbuch des Scheidungsrechts, 5. Aufl. 2004	Schwab/Bearbeiter
Soergel/Siebert, Kommentar zum Bürgerlichen Gesetzbuch mit Einführungsgesetz und Nebengesetzen, 13. Aufl. 1999 ff	Soergel/Bearbeiter
Staudinger, Kommentar zum Bürgerlichen Gesetzbuch, 14. Bearbeitung 1993 ff., Bd. IV: Familienrecht, Bearbeitung 2000-2007; Bd. V: Erbrecht §§ 2197–2264 (Testament 2), 2003 und §§ 2239–2385 (Erbunwürdigkeit, Erbverzicht, Erbschein, Erbschaftskauf), 2004	Staudinger/Bearbeiter
Stein/Jonas, Kommentar zur Zivilprozessordnung, 22. Aufl. 2002 ff	Stein/Jonas/Bearbeiter
Strohal, Unterhaltsrechtlich relevantes Einkommen bei Selbständigen, 3. Aufl. 2006	Strohal
Thomas/Putzo, Zivilprozessordnung mit Gerichtsverfassungsgesetz und europarechtlichen Vorschriften, 29. Aufl. 2008	Thomas/Putzo/Bearbeiter
Weinreich/Klein (Hrsg.), Kompaktkommentar Familienrecht, 3. Aufl. 2008	KK-FamR/Bearbeiter
Weinreich/Klein (Hrsg.), Fachanwaltskommentar Familienrecht, 4. Aufl. 2009	FAKomm-FamR/Bearbeiter
Wendl/Staudigl, Das Unterhaltsrecht in der familienrichterlichen Praxis, 7. Aufl. 2008	Wendl/Staudigl/Bearbeiter
Zöller, Zivilprozessordnung, 27. Aufl. 2009	Zöller/Bearbeiter

Teil 1: Allgemeine Grundsätze des FamFG

§ 1 Allgemeiner Teil des FamFG

I. Einleitung 1	a) Einleitung 83
II. Verfahren im ersten Rechtszug.. 3	b) Überblick zur Neuregelung 89
1. Verfahrenseinleitung 4	c) Antragsteller (§ 7 Abs. 1) 93
a) Antragsverfahren 4	d) Muss-Beteiligte (§ 7 Abs. 2 Nr. 1) 94
aa) Form des Antrags 6	e) Muss-Beteiligte nach § 7 Abs. 2 Nr. 2 1. Fall.... 98
bb) Inhalt/Begründung des Antrags 13	f) Muss-Beteiligte nach § 7 Abs. 2 Nr. 2 2. Fall.... 102
cc) Antragsberechtigung 16	g) Kann-Beteiligte nach § 7 Abs. 3 106
b) Verfahrenseinleitung von Amts wegen 17	h) Vorabentscheidung über Beteiligtenstellung 112
aa) Einleitung 17	4. Die Beteiligtenfähigkeit 114
bb) Anregungsbefugnis und Form 18	a) Einleitung 114
cc) Unterrichtung des Anregenden 19	b) § 8 Nr. 1 115
2. Zuständigkeit 23	c) § 8 Nr. 2 118
a) Einleitung 23	d) § 8 Nr. 3 120
b) Zulässigkeit des Rechtswegs 25	5. Verfahrensfähigkeit 121
c) Zulässigkeit des Verfahrens in Familiensachen oder der freiwilligen Gerichtsbarkeit 33	a) Einleitung 121
	b) Verfahrensfähigkeit natürlicher Personen 122
d) Sachliche Zuständigkeit.. 37	aa) § 9 Abs. 1 Nr. 1 123
e) Örtliche Zuständigkeit.... 47	bb) § 9 Abs. 1 Nr. 2 124
aa) Einleitung 47	cc) § 9 Abs. 1 Nr. 3 127
bb) Grundsätze 50	dd) § 9 Abs. 1 Nr. 4 128
cc) Verweisungsverfahren 53	c) Vertretung verfahrensunfähiger natürlicher Personen 130
dd) Abgabeverfahren 55	
f) Gerichtliche Bestimmung der Zuständigkeit 61	d) Verfahrensfähigkeit von Organisationseinheiten... 135
aa) Einleitung 61	e) Prüfung der Verfahrensfähigkeit von Amts wegen.. 140
bb) Fallgruppen 62	aa) Einleitung 140
cc) Verfahren 63	bb) Antragsverfahren: Antragsteller ist eine natürliche minderjährige Person 142
g) Funktionelle Zuständigkeit 67	
aa) Einleitung 67	cc) Antragsverfahren: Antragsteller ist eine natürliche volljährige Person 144
bb) Vollübertragungen 68	
cc) Vorbehaltsübertragungen 69	dd) Antragsverfahren: Antragsteller ist eine juristische Person, Personenvereinigung oder Behörde 147
dd) Einzelübertragungen 70	
ee) Vorlage an den Richter ... 72	
ff) Streit über funktionelle Zuständigkeit 76	
gg) Gültigkeit von Geschäften 77	
3. Die Beteiligten 83	

§ 1 Allgemeiner Teil des FamFG

ee) Antragsverfahren: Antragsgegner oder ein weiterer Beteiligter ist eine natürliche Person 151
ff) Antragsverfahren: Antragsgegner oder ein weiterer Beteiligter ist eine juristische Person, Personenvereinigung oder Behörde 155
gg) Verfahren von Amts wegen 157
f) Folgen fehlender Verfahrensfähigkeit 161
6. Postulationsfähigkeit – Bevollmächtigte 163
   a) Einleitung 163
   b) Gesetzesentwicklung 164
   c) Notwendige Vertretung durch Rechtsanwälte 166
   d) Zugelassene Personen als Bevollmächtigte 168
     aa) § 10 Abs. 2 S. 2 Nr. 1 169
     bb) § 10 Abs. 2 S. 2 Nr. 2 172
     cc) § 10 Abs. 2 S. 2 Nr. 3 178
   e) Zurückweisung eines Bevollmächtigten 179
   f) Verfahren vor dem Bundesgerichtshof 182
   g) Verfahrensvollmacht 183
     aa) Entstehen und Beachtlichkeit der Verfahrensvollmacht 184
     bb) Umfang der Vollmacht ... 188
     cc) Beschränkung des Vollmachtsumfangs 191
     dd) Wirkungen der Vollmacht 194
     ee) Erlöschen und Fortbestand der Vollmacht 197
     ff) Vefahrensbevollmächtigte ohne Vertretungsmacht ... 199
7. Beistände 203
   a) Einleitung 203
   b) Begriff und Abgrenzung .. 206
   c) Zugelassene Personen als Beistände 209
   d) Zurückweisung eines Beistands 211
   e) Wirkungen der Beistandschaft 214
8. Akteneinsicht 215
   a) Einleitung 215

b) Spezialgesetzliche Regelungen 218
   aa) Nachlasssachen 219
   bb) Grundbuchsachen 220
   cc) Registersachen 221
   dd) Personenstandssachen 222
c) Akteneinsichtsrecht Beteiligter 223
d) Akteneinsichtsrecht Nichtbeteiligter 227
   aa) Einleitung 227
   bb) Berechtigtes Interesse des Nichtbeteiligten 229
   cc) Schutzwürdige Interessen eines Beteiligten oder eines Dritten 233
   dd) Ermessen 237
e) Durchführung der Akteneinsicht 239
f) Entscheidung über Akteneinsicht 242
9. Ermittlung des maßgeblichen Sachverhalts 249
   a) Einleitung 249
   b) Inhalt und Umfang des Amtsermittlungsgebotes 251
     aa) Gegenstand 251
     bb) Inhalt 252
     cc) Umfang 254
     dd) Verfahrensgrundsatz der einfachen und zügigen Erledigung 257
   c) Einbeziehung der Beteiligten 260
     aa) Einleitung 260
     bb) Antragsbegründung 261
     cc) Mitwirkungspflichten der Beteiligten 263
   d) Art der Beweiserhebung .. 269
     aa) Einleitung 269
     bb) Grundlegende Unterschiede der Beweisverfahren 272
     cc) Anwendungsbereich des Strengbeweises 276
     dd) Spezialgesetzliche Regelungen 279
     ee) Streitige Tatsachen 281
     ff) Weitere Ermessenskriterien 286
     gg) Folgen fehlerhafter Ermessensausübung 289
   e) Durchführung des Freibeweises 290

§ 1 Allgemeiner Teil des FamFG

- aa) Einleitung 290
- bb) Grundsatz 291
- cc) Amtsverschwiegenheit und Zeugnisverweigerungsrecht 293
- dd) Persönliche Anhörung der Beteiligten 300
- ee) Ergebnisse der Beweiserhebung und ihre Verwertung 316
- f) Durchführung des Strengbeweises 319
- aa) Einleitung 319
- bb) Anwendbare Normen der ZPO 320
- cc) Verfahrensablauf 322
- dd) Ergebnisse der Beweiserhebung und ihre Verwertung 336
- g) Tatsachenfeststellung 340
- 10. Verfahrensleitung 345
  - a) Einleitung 345
  - b) Nichteinleitung und sofortige Beendigung des Verfahrens 346
  - c) Feststellung der Beteiligten 349
  - d) Stoffsammlung und Sachverhaltsaufklärung 350
  - aa) Hinweispflicht 351
  - bb) Zwangsmittel 352
  - e) Rechtliches Gehör durch persönliche Anhörung 355
  - f) Vergleich, einvernehmliche Beendigung und Antragsrücknahme 368
  - aa) Einleitung 368
  - bb) Antragsrücknahme 369
  - cc) Einvernehmliche Beendigung 372
  - dd) Vergleich 374
- 11. Endentscheidung durch Beschluss 381
  - a) Einleitung 381
  - b) Inhalt des Beschlusses 383
  - aa) Rubrum und Tenor 384
  - bb) Begründung 389
  - cc) Rechtsbehelfsbelehrung 395
  - c) Wirksamwerden des Beschlusses 398
  - aa) Einleitung 398
  - bb) Bekanntgabe 401
- cc) Beschluss über Genehmigung eines Rechtsgeschäfts (§ 40 Abs. 2) 405
- dd) Beschluss nach § 40 Abs. 3 408
- d) Bekanntgabe an die übrigen Beteiligten 410
- e) Berichtigung und Ergänzung des Beschlusses 413
- 12. Kostenentscheidung 414
  - a) Einleitung 414
  - b) Kostenbegriff 415
  - c) Entscheidungsmöglichkeiten des Gerichts 417
  - d) Auferlegung der Kosten auf einen Beteiligten 419
  - aa) Einleitung 419
  - bb) § 81 Abs. 2 Nr. 1–4 421
  - cc) § 81 Abs. 2 Nr. 5 425
  - dd) Billiges Ermessen 427
  - e) Auferlegung der Kosten auf einen Dritten 428
  - f) Absehen von der Kostenerhebung 431
  - g) Kostenfestsetzung 432
- 13. Durchsetzung gerichtlicher Anordnungen 433
  - a) Einleitung 433
  - b) Zwangsmittel 435
  - aa) Verfahrensleitende Anordnungen 435
  - bb) Andere Bestimmungen 439
  - cc) Zwangsgeld 440
  - dd) Zwangshaft 441
  - ee) Andere Zwangsmittel 442
  - ff) Kosten 444
  - gg) Funktionelle Zuständigkeit 445
  - hh) Rechtsbehelfe 446
  - c) Vollstreckung 447
  - aa) Überblick 447
  - bb) Verfahrenseinleitung 450
  - cc) Titel 451
  - dd) Vollstreckungsklausel 452
  - ee) Zustellung 454
  - ff) Kosten 455
  - gg) Rechtsbehelfe 456
  - hh) Generalverweisungsnorm 457
- 14. Einstweilige Anordnung 458
  - a) Einleitung 458
  - b) Grundlegende Voraussetzungen für eine einstweilige Anordnung 461
  - c) Verfahren 462

Jurgeleit

aa) Antrag 463	aa) Antragsverfahren 475
bb) Zuständigkeit 464	bb) Verfahren, die von Amts wegen eingeleitet werden 477
cc) Umfang der Ermittlungen und Aussetzung des Verfahrens 465	e) Aufhebung oder Änderung 479
dd) Mündliche Verhandlung und Versäumnisentscheidung 466	aa) Antragsverfahren 480
	bb) Verfahren, die von Amts wegen eingeleitet werden 482
ee) Anhörungen 468	cc) Zuständigkeit 483
ff) Rechtsbehelfsbelehrung ... 469	f) Außerkrafttreten 484
gg) Vollstreckungsverfahren 470	
d) Verhältnis von einstweiligem Anordnungsverfahren zur Hauptsache 474	

I. Einleitung

1 Der Allgemeine Teil (Buch 1) des FamFG (§§ 1–110) gilt grundsätzlich (für Ehesachen und Familienstreitsachen s. § 113 Abs. 1) für die in den weiteren Büchern des FamFG geregelten Verfahren in Familiensachen und Angelegenheiten der freiwilligen Gerichtsbarkeit sowie für alle Verfahren der freiwilligen Gerichtsbarkeit, die durch Bundesgesetz **den Gerichten zugewiesen** sind (§ 1). Mit den §§ 1–110 werden die nur lückenhaften Regelungen der §§ 1–34 FGG ersetzt und zu einem geschlossenen System erweitert, das an die Stelle des bisher durch Richterrecht geprägten Verfahrensrechtes treten soll.[1] Ziel und Absicht der Reform ist es, ein **bürgernahes, flexibles, möglichst wenig formalistisches und pragmatisches** Verfahren zu schaffen, das zugleich rechtsstaatlichen Anforderungen genügt.[2] Dazu soll den Gerichtsorganen eine freie Kompetenz zur individuellen Verfahrensgestaltung ermöglicht werden, die eine einfache und zügige Erledigung nichtstreitiger Verfahren erlaubt, in streitigen Verfahren aber die Einhaltung **rechtsstaatlicher Verfahrensgarantien** sicherstellt.[3] Diese Ziele sind für das Verständnis der Neuregelung elementar und als Verfahrensgrundsätze der Anwendung der Normen des Allgemeinen Teils zugrunde zu legen.

2 Verfahren in Familiensachen und Angelegenheiten der freiwilligen Gerichtsbarkeit können aufgrund eines **Antrags** (beispielsweise §§ 1671, 1961, 2353 BGB) oder **von Amts wegen** (beispielsweise §§ 1666, 1684 Abs. 3 und 4, 1904, 1906 Abs. 2, 1960 BGB) oder sowohl auf Antrag als auch von Amts wegen (§ 1896 BGB) eingeleitet werden. Teilweise gelten für Antragsverfahren besondere Regelungen (beispielsweise §§ 22, 23, 36). Grundsätzlich besteht aber kein Unterschied im Verfahrensablauf, so dass die Verfahrensschritte einheitlich dargestellt werden können. Im Einzelnen notwendige Differenzierungen werden herausgestellt.

---

[1] Gesetzesbegründung, BR-Drucks. 309/07, 350, 355.
[2] Gesetzesbegründung, BR-Drucks. 309/07, 355.
[3] Gesetzesbegründung, BR-Drucks. 309/07, 350.

II. Verfahren im ersten Rechtszug

Gegenstand dieses Unterabschnitts sind typische Abläufe von der Einleitung des Verfahrens bis zur Entscheidung im ersten Rechtszug mit Ausnahme des Prozesskostenhilfeverfahrens, das gesondert dargestellt wird.

1. Verfahrenseinleitung
a) Antragsverfahren

Antragsverfahren sind nur solche, die ausschließlich aufgrund eines Antrags eingeleitet werden können, der Antrag also Verfahrensvoraussetzung ist. Die **Notwendigkeit des Antrags** muss ausdrücklich im materiellen Recht geregelt sein.[4] Das Antragserfordernis ist eine von Amts wegen zu prüfende Verfahrensvoraussetzung.[5] Der Antrag kann in jeder Lage des Verfahrens nachgeholt werden.[6]

Der verfahrenseinleitende Antrag ist in § 23 Abs. 1 und § 25 geregelt. Während § 25 Abs. 1, 2 auf § 11 FGG beruht, enthalten §§ 23 Abs. 1, 25 Abs. 3 Neuregelungen.

aa) Form des Antrags

Der Antrag kann **schriftlich** eingereicht[7] oder, soweit eine Vertretung durch einen Rechtsanwalt nicht notwendig ist, zur **Niederschrift der Geschäftsstelle** abgegeben werden (§ 25 Abs. 1).

Der Antrag ist durch Einwurf in den Posteinwurfskasten des Gerichts, durch Telefax (Gewohnheitsrecht),[8] durch Computerfax (vgl § 130 Nr. 6 Hs 2 ZPO) oder durch Übermittlung eines elektronischen Dokuments (§ 14 Abs. 2 FamFG, §§ 130 a Abs. 1, 3, 298 ZPO) **schriftlich** einzureichen.

Der Antrag „soll von dem Antragsteller oder seinem Bevollmächtigten **unterschrieben** werden" (§ 23 Abs. 1 S. 4).[9] Die Verwendung des Begriffs „soll" deutet nach dem allgemeinen verfahrensrechtlichen Sprachgebrauch darauf hin, dass eine Missachtung des Erfordernisses nicht die **Unwirksamkeit** der Verfahrenshandlung zur Folge hat. Diese Auslegung des § 23 Abs. 1 S. 4 entspräche der **bisherigen** in der **Rechtsprechung** entwickelten Handhabung zum FGG. Danach war ausreichend, wenn sich aus dem Schriftstück der Inhalt des Antrags, die antragstellende Person und der Wille, das Schriftstück an das Gericht zu senden, hinreichend zuverlässig ergab.[10] Bei Unklarheiten musste das Gericht von Amts wegen aufklären, von wem das Schriftstück herrührt.[11] Die Begründung zu § 23 Abs. 1 S. 4 lässt aber daran zweifeln, ob mit der Neuregelung eine Fort-

---

[4] KKW/Schmidt § 12 FGG Rn 7; Bumiller/Winkler § 12 FGG Rn 9; Bassenge/Roth Einleitung Rn 4.
[5] BayObLGZ 1997, 77.
[6] BayObLG NJW-RR 1998, 727.
[7] Unter der Geltung des FGG wurde auch ein mündlicher oder fernmündlicher Antrag für wirksam gehalten: KKW/Schmidt § 12 FGG Rn 14; Bassenge/Roth § 11 FGG Rn 8.
[8] Zöller/Greger § 130 ZPO Rn 18.
[9] Bei der Übermittlung durch Telefax genügt die Unterschrift auf dem Original, BGH NJW 1990, 187, 188; bei der Übermittlung durch Computerfax ist eine gescannte Unterschrift erforderlich, BGH-GemS NJW 2000, 2340; bei der Übermittlung durch elektronischen Dokument soll dieses mit einer elektronischen Signatur versehen werden, § 14 Abs. 2 S. 2 FamFG, § 130 a Abs. 1 S. 2 ZPO.
[10] GemS-OGB NJW 1980, 172, 174; BGH NJW 1984, 1974; OLG Hamm NZM 2003, 648; OLG Frankfurt/M. FamRZ 2003, 321; KKW/Zimmermann § 11 FGG Rn 28; Bumiller/Winkler § 11 FGG Rn 5; Bassenge/Roth § 11 FGG Rn 7.
[11] KKW/Zimmermann § 11 FGG Rn 28; Bumiller/Winkler § 11 FGG Rn 5.

führung des alten Rechtszustandes beabsichtigt ist. In der Gesetzesbegründung[12] heißt es: „Satz 4 bestimmt, dass der Antrag zu unterschreiben ist. Das geltende Recht schreibt diese Form nicht vor. Sie entspricht dem Standard anderer Verfahrensordnungen (§ 253 Abs. 4 iVm § 130 Nr. 6 ZPO) und erscheint aus Gründen der Rechtsklarheit geboten."

9 Zum Unterschriftserfordernis nach den in Bezug genommenen §§ 253 Abs. 4, 130 Nr. 6 ZPO entspricht es der ständigen Rechtsprechung des Bundesgerichtshofs, dass die Unterschrift – wie bei allen bestimmenden Schriftsätzen[13] – entgegen dem Wortlaut des § 130 ZPO („soll") zwingendes Wirksamkeitserfordernis ist.[14] Vor diesem Hintergrund wäre jede nicht unterzeichnete Antragsschrift unwirksam und deshalb unbeachtlich.

10 Der Gesetzesbegründung lässt sich nicht entnehmen, ob diese Rechtsfolge herbeigeführt werden sollte – Rechtsklarheit lässt sich im Einzelfall auch ohne Unterschrift gewinnen. In den Wortlaut des § 23 Abs. 1 S. 4 ist die gegebenenfalls vorhandene Absicht des Gesetzgebers jedenfalls nicht eingeflossen. Zudem widerspräche eine restriktive Auslegung des § 23 Abs. 1 S. 4 der grundsätzlichen Zielrichtung des FamFG, ein weniger formalistisches und pragmatisches Verfahren zu schaffen (s. Rn 1). **Die Unterschrift ist deshalb kein zwingendes, zur Unwirksamkeit des Antrags führendes Verfahrenserfordernis.**

11 Neben der schriftlichen Einreichung besteht in Verfahren ohne Anwaltszwang (s. Rn 166) die Möglichkeit, den Antrag zur **Niederschrift der Geschäftsstelle** abzugeben. Ebenso wenig wie § 11 FGG enthält § 25 FamFG Regelungen zur Form der Niederschrift der Geschäftsstelle. Es ist daher auf die zu § 11 FGG entwickelten Grundsätze der Rechtsprechung zurückzugreifen. Danach ist die Niederschrift vom Urkundsbeamten zu verfassen und zu unterschreiben. Ort und Datum der Aufnahme sowie die Bezeichnung desjenigen, dessen Erklärung beurkundet wurde, müssen sich aus der Niederschrift ergeben.[15] Nicht notwendig sind die Vorlesung und die Genehmigung der Niederschrift sowie die Unterschrift des Antragstellers.[16] § 23 Abs. 1 S. 4 findet keine Anwendung. Aus der notwendigen Form der Niederschrift folgt mit hinreichender Klarheit, von wem der Antrag herrührt.

12 Der Antrag kann **vor der Geschäftsstelle jedes Amtsgerichts** zur Niederschrift erklärt werden (§ 25 Abs. 2). Wirksam wird der Antrag aber erst, wenn die Niederschrift bei dem Gericht eingeht, das in dem Antrag genannt ist (§ 25 Abs. 3 S. 2). Das Amtsgericht, das die Niederschrift aufgenommen hat, ist deshalb verpflichtet, die Niederschrift unverzüglich, dh ohne schuldhaftes Zögern (§ 121 Abs. 1 S. 1 BGB), an das im Antrag genannte Gericht zu übermitteln (§ 25 Abs. 3 S. 2). Das kann neben der Zusendung per Post durch Telefax, durch Computerfax oder durch Übermittlung eines elektronischen Dokuments erfolgen (s. Rn 7). Erfolgt die Übermittlung nicht unverzüglich und ver-

---

[12] Gesetzesbegründung, BR-Drucks. 309/07, 407, 408.
[13] Damit sind alle Schriftsätze gemeint, die das Verfahren unmittelbar gestalten, Zöller/Greger § 129 ZPO Rn 3.
[14] BGH NJW 2005, 2086; BGH NJW 2001, 1581; BGH-GemS NJW 2000, 2340.
[15] BayObLG Rpfleger 1991, 450; KKW/Zimmermann § 11 FGG Rn 19; Bumiller/Winkler § 11 FGG Rn 7; Bassenge/Roth § 11 FGG Rn 2.
[16] BayObLG FamRZ 2005, 834; KKW/Zimmermann § 11 FGG Rn 19; Bassenge/Roth § 11 FGG Rn 2; aA zur Notwendigkeit des Vor- oder Durchlesens und der Genehmigung Bumiller/Winkler § 11 FGG Rn 7.

säumt der Beteiligte dadurch eine gesetzliche Frist, kommt eine Widereinsetzung in den vorigen Stand in Betracht (§§ 17–19).[17]

bb) Inhalt/Begründung des Antrags

Das bisherige Recht kannte weder gesetzlich noch im Wege richterlicher Verfahrensgestaltung eine allgemeine Pflicht, den Antrag zu begründen.[18] Ausschließlich spezialgesetzlich – beispielsweise in § 2354 BGB, § 8 GmbHG – waren Antragsinhalte vorgegeben. Nunmehr enthalten § 23 Abs. 1 S. 1, 2, 3 allgemeine, für jeden Antrag geltende **inhaltliche Anforderungen**, die sich an §§ 130, 131 ZPO orientieren.[19] Die weitergehenden spezialgesetzlichen Vorgaben bleiben davon unberührt. Im Einzelnen: 13

- Der Antrag soll **begründet** werden.
- Die zur Begründung dienenden Tatsachen und **Beweismittel** sollen angegeben werden.
- Die Personen, die als **Beteiligte** in Betracht kommen, sollen benannt werden.
- In Bezug genommene **Urkunden** sollen in Urschrift oder Abschrift beigefügt werden. Sind nur einzelne Teile einer Urkunde maßgeblich, findet nach der Gesetzesbegründung § 131 Abs. 2 ZPO Anwendung.[20] Es genügt dann die Beifügung eines Auszugs, der die wesentliche Stelle, den Schluss, das Datum und die Unterschrift enthalten soll.
- Nicht erforderlich ist dagegen ein bestimmter **Sachantrag**.[21]
- Nicht erforderlich ist die Einreichung von **Abschriften** in der für die Übermittlung an die Beteiligten (§ 23 Abs. 2) erforderlichen Zahl, da häufig die Zahl der Beteiligten noch nicht feststeht.[22]

Sinn und Zweck der Neuregelung ist es, im frühest möglichen Stadium einerseits das **Verfahren zu strukturieren** und andererseits die Grundlage für eine **sachgerechte Förderung** zu schaffen, insbesondere das Gericht bei der Ermittlung des entscheidungserheblichen Sachverhalts (§ 26) zu unterstützen. Die Begründung ermöglicht dem Gericht, den Antrag gezielt zu prüfen, durch die nach **§ 23 Abs. 2 vorgesehene Übermittlung des Antrags alle Beteiligten frühzeitig einzubinden** und damit das Verfahren zu beschleunigen. Umgekehrt ist es aus der Sicht des Antragstellers zumutbar, sein Rechtsschutzziel (kurz) darzulegen.[23] 14

Kommt der Antragsteller seiner **Begründungspflicht** nicht nach, hat das nicht die Unzulässigkeit des Antrags zur Folge, da § 23 Abs. 1 S. 1, 2, 3 als Soll-Vorschrift ausgestaltet ist.[24] Es ließe sich mit dem Amtsermittlungsprinzip (§ 26), das auch in Antrags- 15

---

17 Gesetzesbegründung, BR-Drucks. 309/07, 409.
18 OLG Karlsruhe OLGZ 1985, 133, 140; Bassenge/Roth Einleitung Rn 5.
19 Gesetzesbegründung, BR-Drucks. 309/07, 407.
20 Gesetzesbegründung, BR-Drucks. 309/07, 407.
21 Gesetzesbegründung, BR-Drucks. 309/07, 407, s. zusätzlich Anm. Fn 24.
22 Gesetzesbegründung, BR-Drucks. 309/07, 407.
23 Gesetzesbegründung, BR-Drucks. 309/07, 407.
24 Gesetzesbegründung, BR-Drucks. 309/07, 407; Der Unterschied zu § 253 Abs. 2 ZPO ist inhaltlich zutreffend. Im kontradiktorischen Verfahren der ZPO bilden Sachverhalt und Antrag als Streitgegenstand die Grundlage für das Prozessrechtsverhältnis und damit für die Rechtshängigkeit und die Rechtskraft. Darum geht es bei § 23 Abs. 1 S. 1, 2, 3 nicht.

verfahren gilt, nicht vereinbaren, einen Antrag mangels Begründung als unbeachtlich zu behandeln. Davon zu unterscheiden ist die Frage, welche Ermittlungspflichten das Gericht treffen, wenn der Antragsteller nicht bereit ist, das Verfahren durch sachdienliche Angaben zu fördern (s. Rn 265 ff).

cc) Antragsberechtigung

16 Die Antragsberechtigung folgt aus den Bestimmungen des **materiellen Rechts**. Teilweise bestimmt das materielle Recht ausdrücklich, wer zur Antragstellung befugt ist (beispielsweise §§ 1365 Abs. 2, 1671 Abs. 1, 1961 BGB). Teilweise steht das Antragsrecht denjenigen zu, die materiell berechtigt sind (beispielsweise § 2253 BGB).[25]

b) Verfahrenseinleitung von Amts wegen
aa) Einleitung

17 Die Verfahren der freiwilligen Gerichtsbarkeit sind, soweit das Gesetz keinen Antrag ausdrücklich vorsieht, Amtsverfahren. Das Gericht **muss von Amts wegen tätig werden**, wenn es, auf welchem Weg auch immer, von Umständen Kenntnis erhält, die ein Eingreifen nach den Bestimmungen des materiellen Rechts erfordern.[26] Eine entsprechende Kenntnis kann dem Gericht durch Mitteilungen anderer Gerichte oder Behörden,[27] Medienberichte oder Informationen von Bürgern vermittelt werden. Erhält das Gericht durch einen sog. „Antrag" Kenntnis von wesentlichen Umständen, hat dieser „Antrag" für das Verfahren nur die Qualität einer **Anregung**.[28] Das und wie mit einer Anregung zu verfahren ist, der das Gericht nicht folgt, regelt nunmehr § 24.

bb) Anregungsbefugnis und Form

18 Nach § 24 Abs. 1 kann **jeder** – also jede beliebige Privatperson oder Behörde – die Einleitung eines von Amts wegen zu betreibenden Verfahrens **anregen**.[29] Eine persönliche Betroffenheit oder ein berechtigtes Interesse sind nicht erforderlich. Für die Anregung ist eine bestimmte Form nicht vorgesehen. Sie kann mündlich, schriftlich (§ 25 Abs. 1) oder zur Niederschrift der Geschäftsstelle eines jeden Amtsgerichts (§ 25 Abs. 1, 2) abgegeben werden. Der Aussteller muss nicht erkennbar sein. Anonyme Telefonanrufe und Schreiben können die Grundlage bilden, von Amts wegen tätig zu werden.

cc) Unterrichtung des Anregenden

19 **Folgt das Gericht inhaltlich der Anregung**, indem es beispielsweise Maßnahmen zum Schutz eines Kindes ergreift (§ 1666 BGB), einen Betreuer bestellt (§ 1896 BGB) oder einen Betreuer veranlasst, eine Unterbringung des Betreuten zu prüfen (§ 1906 BGB), bedarf es **keiner besonderen Unterrichtung** des Anregenden, der die Umsetzung seiner Anregung tatsächlich verfolgen kann. Wie ist aber zu verfahren, wenn das Gericht der Anregung nicht folgen will? Das war im FGG nicht geregelt. Die Praxis differenzierte. Hatte eine Behörde eine Verfahrenseinleitung angeregt, sollte ihr eine ablehnende Ent-

---

25 Palandt/Edenhofer § 2253 BGB Rn 10.
26 KKW/Schmidt § 12 FGG Rn 7 f; Bumiller/Winkler § 12 FGG Rn 8 f.
27 S. zB § 48 PStG, § 22 a FamFG, § 50 Abs. 3 SGB VIII.
28 BayObLG Rpfleger 1986, 302; BayObLG NJW-RR 1995, 387.
29 KKW/Schmidt § 12 FGG Rn 8.

scheidung bekannt gegeben werden. Privatpersonen sollten dagegen grundsätzlich keine Nachricht erhalten, es sei denn, sie hatten als sog. Interessenwahrer ein Tätigwerden des Gerichts angeregt.[30]

Diese Rechtslage, die nicht der Bedeutung von Anregungen für die Tätigkeit der Gerichte in der freiwilligen Gerichtsbarkeit entsprach, hat § 24 Abs. 2 geändert. Nunmehr soll jeder, der ein von Amts wegen einzuleitendes Verfahren angeregt hat, über die Ablehnung des Gerichts unterrichtet werden, soweit ein berechtigtes Interesse an der Unterrichtung ersichtlich ist. Diese Regelung wirft in zweifacher Weise Fragen auf. Wann liegt ein berechtigtes Interesse vor? Wie verhält sich der Unterrichtungsanspruch zum Schutz der persönlichen Daten der Betroffenen? 20

Der Gesetzesbegründung ist eine allgemeine Definition für ein berechtigtes Interesse nicht zu entnehmen. Als Beispiel für ein **berechtigtes Interesse** werden diejenigen Personen genannt, die in einem späteren Verfahren als Beteiligte hinzuziehen gewesen wären.[31] Ausgehend vom Gesetzeszweck, das bürgerliche Engagement gegen eine Kultur des Wegsehens zu stärken, ist der Kreis derjenigen, denen ein berechtigtes Interesse zuzubilligen ist, umfassender zu verstehen. Auszuschließen wären nur diejenigen, deren Anregung beispielsweise auf bloßem Voyeurismus oder Missgunst beruht. 21

Die Pflicht zur Unterrichtung ist verfassungskonform unter Beachtung des Rechts auf **informationelle Selbstbestimmung** (Art. 1 Abs. 1, Art. 2 Abs. 1 GG) auszugestalten. Die Begründung für die ablehnende Entscheidung ist kurz zu halten.[32] Je nach den Umständen des Einzelfalls kann es notwendig sein, auf eine Begründung zu verzichten und allein das Ergebnis unter Hinweis auf den Datenschutz mitzuteilen. 22

2. Zuständigkeit

a) Einleitung

Zur Bestimmung der Zuständigkeit ist zu unterscheiden zwischen der Zulässigkeit des Rechtswegs, der Zulässigkeit des Familienverfahrens oder Verfahrens der freiwilligen Gerichtsbarkeit, der sachlichen Zuständigkeit und der örtlichen Zuständigkeit. Zusätzlich stellt sich gerichtsintern die Frage der funktionellen Zuständigkeit, dh der Abgrenzung der richterlichen Aufgaben von den der Rechtspflegerschaft zugewiesenen Rechtsgebieten. 23

Regelungen für die Zulässigkeit des Rechtsweges, der Zulässigkeit des Verfahrens der freiwilligen Gerichtsbarkeit und der sachlichen Zuständigkeit finden sich nunmehr im GVG, das bisher ausschließlich für die Verfahren der ordentlichen streitigen Gerichtsbarkeit Anwendung fand.[33] Die freiwillige Gerichtsbarkeit ist damit neben der streitigen Zivilgerichtsbarkeit und der Strafgerichtsbarkeit als eigenständiger Bestandteil der ordentlichen Gerichtsbarkeit im GVG verankert.[34] 24

---

30 KKW/Schmidt § 12 FGG Rn 8.
31 Gesetzesbegründung, BR-Drucks. 309/07, 408.
32 Gesetzesbegründung, BR-Drucks. 309/07, 408.
33 S. § 2 EGGVG aF, § 12 GVG aF; in den jeweiligen Neufassungen ist das Wort „streitige" gestrichen.
34 Gesetzesbegründung, BR-Drucks. 309/07, 359.

Jurgeleit

b) Zulässigkeit des Rechtswegs

25 Nach § 13 GVG gehören vor die ordentlichen Gerichte als Zivilsachen die bürgerlichen Rechtsstreitigkeiten, die Familiensachen und die Angelegenheiten der freiwilligen Gerichtsbarkeit.[35] Ergeben sich **Abgrenzungsprobleme zur Verwaltungs-, Sozial-, Finanz- oder Arbeitsgerichtsbarkeit**, gelten die §§ 17–17 b GVG. Es ist zu differenzieren, ob das angerufene Gericht den gewählten Rechtsweg für zulässig oder unzulässig erachtet.

26 Hält das Gericht den gewählten **Rechtsweg für zulässig**, muss es, wenn eine Partei oder ein Beteiligter die Zulässigkeit des Rechtswegs rügt, über die Rechtswegzuständigkeit vorab durch Beschluss entscheiden (§ 17 a Abs. 3 S. 2 GVG). Sinn und Zweck der Vorabentscheidung ist es, die Frage der Zulässigkeit vor einer Entscheidung zur Hauptsache abschließend zu klären.[36] Rügt keine Partei oder kein Beteiligter die Zuständigkeit des gewählten Rechtswegs, steht es deshalb im Ermessen des Gerichts, gleichwohl über die Zulässigkeit des Rechtswegs vorab zu entscheiden (§ 17 a Abs. 3 S. 1 GVG). Auch ohne Rüge bietet sich eine Vorabentscheidung an, wenn die Frage des Rechtswegs zweifelhaft ist.[37]

27 Gegen den **Beschluss**, mit dem die Zulässigkeit des Rechtswegs festgestellt wird, besteht das Rechtsmittel der **sofortigen Beschwerde** nach der jeweiligen Verfahrensordnung des angerufenen Gerichts (§ 17 a Abs. 4 S. 3 GVG). Eine **weitere Beschwerde** an den obersten Gerichtshof des Bundes des jeweiligen Rechtszugs steht den Parteien oder Beteiligten zu, wenn sie in der Erstbeschwerdeentscheidung zugelassen ist (§ 17 a Abs. 4 S. 4 GVG). Die weitere Beschwerde ist zuzulassen, wenn die Abgrenzungsfrage grundsätzliche Bedeutung hat oder das Beschwerdegericht von der Entscheidung eines Bundesgerichts abweichen will (§ 17 a Abs. 4 S. 5 GVG). An die Zulassung der (weiteren) Beschwerde ist das Bundesgericht gebunden (§ 17 a Abs. 4 S. 6 GVG).

28 Mit dem Verfahren nach § 17 a Abs. 3 S. 2, Abs. 4 GVG ist die Zulässigkeit des Rechtswegs **abschließend geklärt** und kann im Rahmen eines Rechtsmittels gegen die Hauptsacheentscheidung nicht wieder aufgegriffen werden (§ 17 a Abs. 5 GVG). Das gilt ebenso, wenn keine Partei oder kein Beteiligter die Zulässigkeit des Rechtswegs rügen und deshalb keine Vorabentscheidung ergeht. Wurde aber die Zulässigkeit des Rechtswegs gerügt und hat das Gericht gleichwohl keine Vorabentscheidung getroffen, ist § 17 a Abs. 5 GVG nicht anzuwenden.[38]

29 Hält das Gericht den gewählten **Rechtsweg für unzulässig**, hat es diesen für unzulässig zu erklären und den Rechtsstreit an das zuständige Gericht des zulässigen Rechtswegs zu **verweisen** (§ 17 a Abs. 2 S. 2 GVG). Bei mehreren zuständigen Gerichten kann der Kläger oder Antragsteller wählen. Übt dieser seine Wahl nicht aus, bestimmt das angerufene Gericht, an welches Gericht verwiesen wird (§ 17 a Abs. 2 S. 2 GVG). Der Verweisungsbeschluss ist für das Gericht, an das das Verfahren verwiesen wird, bindend (§ 17 a Abs. 2 S. 3 GVG).

---

35 Anm. für Baden-Württemberg: Die Erweiterung des Begriffs der „Zivilsachen" berührt die dortige landesrechtliche Sonderzuständigkeit der Notare im Landesdienst nicht, Gesetzesbegründung, BR-Drucks. 309/07, 724.
36 Zöller/Gummer § 17 a GVG Rn 8.
37 Zöller/Gummer § 17 a GVG Rn 5.
38 BGH NJW 1993, 470, 471; BGH NJW 1993, 1799, 1800; BAG AP 7 zu § 48 ArbGG 1979; BVerwG NJW 1994, 956.

Gegen den Verweisungsbeschluss bestehen die **Beschwerdemöglichkeiten** des § 17 a   30
Abs. 4 GVG. Auf die Erörterungen zu Rn 27 wird verwiesen.

Mit dem Verfahren nach § 17 a Abs. 2, 4 GVG ist die Zulässigkeit des Rechtswegs   31
abschließend geklärt und kann im Rahmen eines Rechtsmittels gegen die Hauptsacheentscheidung nicht wieder aufgegriffen werden (§ 17 a Abs. 5 GVG).

Für die **Kosten des Verweisungsverfahren** bestimmt § 17 b Abs. 3 GVG, dass § 17 b   32
Abs. 2 S. 2 GVG, der die Kosten auch im Fall des Obsiegens in der Hauptsache dem Kläger auferlegt, in Familiensachen und Verfahren der freiwilligen Gerichtsbarkeit keine Anwendung findet. Damit wird in den Fällen, in denen entweder das verweisende Gericht oder das Gericht, an das verwiesen wird, ein Familiengericht oder ein Gericht der freiwilligen Gerichtsbarkeit ist, das Ermessen nach § 81 Abs. 1 für die Auferlegung von Mehrkosten erweitert.[39]

c) Zulässigkeit des Verfahrens in Familiensachen oder der freiwilligen Gerichtsbarkeit

Bestehen Zweifel oder besteht Streit über die Frage, ob es sich bei dem anhängigen   33
Verfahren entweder um eine bürgerliche Rechtsstreitigkeit oder eine Familiensache oder ein Verfahren der freiwilligen Gerichtsbarkeit handelt, finden nach § 17 a Abs. 6 GVG die Regelungen des § 17 a Abs. 1–5 GVG entsprechende Anwendung.

Die Klärung der verfahrensrechtlichen Zulässigkeit ist nach § 17 a Abs. 6 GVG in **An-**   34
tragsverfahren bedeutsam. Insbesondere in sonstigen Familiensachen des § 266, dessen Anwendungsbereich im Detail noch einer Klärung durch die gerichtliche Praxis bedarf, dürfte es zu Abgrenzungsproblemen kommen.

In **Verfahren, die von Amts wegen** eingeleitet werden, ist dagegen für § 17 a Abs. 6 GVG   35
kein Raum, da es an einem „beschrittenen" Verfahrensweg fehlt.[40] Hat das Gericht der freiwilligen Gerichtsbarkeit oder das Familiengericht ein Verfahren von Amts wegen eingeleitet und stellt es selbst oder das Beschwerdegericht fest, es fehlt die verfahrensrechtliche Zuständigkeit, ist das Verfahren einzustellen.[41]

Ebenso wie bei der Klärung des Rechtswegs (Rn 25) ist zu differenzieren, ob das Gericht   36
seine verfahrensrechtliche Zuständigkeit bejaht oder verneint. Bejaht das Gericht seine verfahrensrechtliche Zuständigkeit, hat es nach § 17 a Abs. 3, 4 GVG zu verfahren (s. dazu Rn 26, 27). Verneint das Gericht seine verfahrensrechtliche Zuständigkeit, findet § 17 a Abs. 2, 4 GVG Anwendung (s. dazu Rn 29, 30). Es muss dann an das zuständige Gericht des zuständigen Verfahrensrechts verweisen. **Typische Konstellationen** dürften je nach sachlicher und örtlicher Zuständigkeit sein:

- Verweisung vom Familiengericht oder dem Gericht der freiwilligen Gerichtsbarkeit an die Prozessabteilung des eigenen oder eines anderen Amtsgerichts.
- Verweisung vom Familiengericht oder dem Gericht der freiwilligen Gerichtsbarkeit an das für den Zivilprozess zuständige Landgericht.

---

39 Gesetzesbegründung, BR-Drucks. 309/07, 724.
40 Gesetzesbegründung, BR-Drucks. 309/07, 724; BGH NJW 2001, 2181; KKW/Schmidt § 1 FGG Rn 20; Zöller/Gummer Vor §§ 17–17 b ZPO Rn 11.
41 KKW/Schmidt § 1 FGG Rn 20.

- Verweisung von der Prozessabteilung des Amtsgerichts an das Familiengericht oder das Gericht der freiwilligen Gerichtsbarkeit des eigenen oder eines anderen Amtsgerichts.
- Verweisung vom Landgericht an das Familiengericht oder das Gericht der freiwilligen Gerichtsbarkeit.

d) Sachliche Zuständigkeit

37 Für **Familiensachen** (§ 111) sind nach § 23 a Abs. 1 Nr. 1 GVG die Amtsgerichte zuständig.

38 In **Angelegenheiten der freiwilligen Gerichtsbarkeit iSv** § 23 a Abs. 2 GVG sind ebenfalls die Amtsgerichte zuständig (§ 23 a Abs. 1 Nr. 2 GVG). § 23 a Abs. 2 GVG nennt als Angelegenheiten der freiwilligen Gerichtsbarkeit Betreuungssachen (§ 271), Unterbringungssachen (§ 312), betreuungsgerichtliche Zuweisungssachen (§ 340), Nachlass- und Teilungssachen (§ 342), Registersachen (§ 374), unternehmensrechtliche Verfahren nach § 375, die weiteren Angelegenheiten der freiwilligen Gerichtsbarkeit (§ 410), Verfahren in Freiheitsentziehungssachen nach § 415 und Aufgebotsverfahren (§ 433).[42]

39 In **Angelegenheiten der freiwilligen Gerichtsbarkeit iSv** § 71 Abs. 2 Nr. 4 GVG sind die Landgerichte zuständig (§ 71 Abs. 1 GVG). § 71 Abs. 2 Nr. 4 GVG nennt als Angelegenheiten der freiwilligen Gerichtsbarkeit Verfahren nach § 324 HGB, §§ 98, 99, 132, 142, 145, 260, 293 c, 315 AktG, § 26 SE-Ausführungsgesetz, § 10 UmwG, dem Spruchverfahrensgesetz und §§ 39 a, 39 b des Wertpapiererwerbs- und Übernahmegesetzes. Die Landesregierungen werden in § 71 Abs. 4 GVG ermächtigt, durch Rechtsverordnung die Entscheidung in diesen Verfahren auf einzelne Landgerichte zu konzentrieren.[43]

40 Unberührt von den Regelungen des GVG bleiben **Einzelzuweisungen** in den Gesetzen, die ein Verfahren der freiwilligen Gerichtsbarkeit zuweisen, das nicht Gegenstand der §§ 23 a Abs. 2, 71 Abs. 2 Nr. 4 GVG ist. So verbleibt es beispielsweise für Grundbuchsachen als Verfahren der freiwilligen Gerichtsbarkeit[44] bei der Regelung des § 1 Abs. 1 S. 1 GBO, wonach die Grundbücher von den Amtsgerichten als Grundbuchämter geführt werden.

41 **Das Verfahren bei sachlicher Unzuständigkeit** des angerufenen Gerichts regelte das FGG nicht. Formlose Abgabeverfügungen sollten ausreichend sein, sofern sie eine als verbindlich gewollte Unzuständigkeitserklärung enthielten und die Verfügung den Beteiligten bekannt gemacht wurde.[45] Nunmehr regelt § 3 das Verfahren der **Verweisung** in Anlehnung an § 48 Abs. 1 ArbGG, § 83 S. 1 VwGO, § 70 S. 1 FGO.[46]

---

[42] Diese Gesamtregelung ersetzt die bisherigen Einzelzuweisungen und nimmt zusätzlich das bisher in der ZPO geregelte Aufgebotsverfahren auf, da es typische Strukturelemente der rechtsvorsorgenden Kernverfahren der freiwilligen Gerichtsbarkeit wie die Nichtstreitigkeit und die Amtsermittlung enthält: Gesetzesbegründung, BR-Drucks. 309/07, 725.

[43] Diese Gesamtregelung ersetzt die bisherigen Einzelzuweisungen einschließlich der verschiedenen einzelgesetzlichen Konzentrationsermächtigungen: Gesetzesbegründung, BR-Drucks. 309/07, 727.

[44] Demharter § 1 GBO Rn 27.

[45] BGH NJW-RR 1992, 579; BayobLGZ 1991, 387, 388; BayObLG FamRZ 1998, 376; KKW/Sternal § 5 FGG Rn 16.

[46] Gesetzesbegründung, BR-Drucks. 309/07, 383.

Ist das angerufene Gericht sachlich unzuständig, hat es sich – sofern das zuständige 42
Gericht bestimmt werden kann – nach § 3 Abs. 1 S. 1 für **unzuständig** zu erklären und
die Sache an das zuständige Gericht **zu verweisen**. Vor dieser Entscheidung sind die
Beteiligten anzuhören (§ 3 Abs. 1 S. 2).

Die zwingend vorgesehene **Anhörung der Beteiligten** führt zu der Frage, ob das unzu- 43
ständige Gericht bereits in dem frühen Verfahrensstadium gezwungen ist, alle Beteiligten iSv § 7 zu ermitteln, insbesondere alle möglichen Beteiligten, die nur auf Antrag hinzuzuziehen sind (§ 7 Abs. 2 Nr. 2, Abs. 3), von der Einleitung des Verfahrens zu benachrichtigen (§ 7 Abs. 4) (ausführlich zum Beteiligtenbegriff Rn 83 ff). Eine entsprechend umfassende Verpflichtung des unzuständigen Gerichts widerspräche aber sowohl dem Prinzip verfahrensökonomischen Handelns[47] als auch dem Grundsatz, dass über die Hinzuziehung von Beteiligten nach § 7 Abs. 2 Nr. 2, Abs. 3 das zuständige Gericht zu entscheiden hat (vgl § 7 Abs. 5). Vor diesem Hintergrund ist **§ 3 Abs. 1 S. 1 teleologisch einschränkend auszulegen**. Das unzuständige Gericht muss vor der Verweisung nur die Beteiligten anhören, die ihm namentlich bekannt sind.[48]

Sind **mehrere Gerichte sachlich zuständig**, an die das Verfahren verwiesen werden kann, 44
ist zu differenzieren. In **Antragsverfahren** hat der Antragsteller ein Wahlrecht (§ 3
Abs. 2 S. 1). Übt der Antragsteller sein Wahlrecht nicht aus, bestimmt das angerufene
Gericht, an welches Gericht das Verfahren verwiesen wird (§ 3 Abs. 2 S. 2). In von Amts
wegen eingeleiteten Verfahren bestimmt ausschließlich das angerufene Gericht, an welches Gericht das Verfahren verwiesen wird (§ 3 Abs. 2 S. 2).

Der **Verweisungsbeschluss** ist **nicht anfechtbar** und für das als zuständig bezeichnete 45
Gericht **bindend** (§ 3 Abs. 3). Die Bindungswirkung gilt auch bei Rechtsirrtümern und
Verfahrensfehlern.[49] Sie tritt nur dann nicht ein, wenn der Verweisungsbeschluss als
objektiv willkürlich zu bewerten ist, weil ihm jede rechtliche Grundlage fehlt.[50]

Die **Kosten** der Verweisung sind Teil der Kosten des Verfahrens vor dem zuständigen 46
Gericht und unterliegen damit § 81 (s. dazu Rn 414 ff).

e) Örtliche Zuständigkeit
aa) Einleitung

Die örtliche Zuständigkeit ist – anders als in der ZPO – **nicht allgemein geregelt**, son- 47
dern richtet sich nach den besonderen Bestimmungen.

Regelungen zur örtlichen Zuständigkeit enthalten § 122 (Ehesachen), § 152 (Kind- 48
schaftssachen), § 170 (Abstammungssachen), § 187 (Adoptionssachen), § 201 (Wohnungszuweisungs- und Hausratssachen), § 211 (Gewaltschutzsachen), § 218 (Versorgungsausgleichssachen), § 232 (Unterhaltssachen), § 262 (Güterrechtssachen), § 267 (sonstige Familiensachen), § 272 (Betreuungssachen), § 313 (Unterbringungssachen), §§ 343, 344 (Nachlasssachen), § 377 (Registersachen), § 411 (weitere Angelegenheiten der freiwilligen Gerichtsbarkeit), § 416 (Freiheitsentziehungsverfahren), §§ 442, 446, 447, 452 Abs. 3, 454 Abs. 2, 465 Abs. 2, 466 (Aufgebotssachen).

---

47 Gesetzesbegründung, BR-Drucks. 309/07, 383.
48 Gesetzesbegründung, BR-Drucks. 309/07, 383.
49 Gesetzesbegründung, BR-Drucks. 309/07, 383; BGH NJW-RR 1992, 902; BayObLG NJW-RR 2001, 646.
50 Gesetzesbegründung, BR-Drucks. 309/07, 383, 384; BGH NJW 2004, 3201; BGH NJW 1993, 1273.

Jurgeleit

49 Zur Ergänzung der besonderen Bestimmungen regelt § 2 ausschließlich einige allgemeine Grundsätze.[51]

bb) Grundsätze

50 Unter **mehreren örtlich zuständigen** Gerichten ist das Gericht zuständig, das zuerst mit der Angelegenheit befasst ist (§ 2 Abs. 1).[52] In **Antragsverfahren** ist zunächst das Gericht befasst, bei dem der Antrag mit dem Ziel der Erledigung zuerst eingegangen ist.[53] In **von Amts wegen einzuleitenden Verfahren** kommt es darauf an, welches Gericht als erstes Kenntnis von Umständen erlangt, die die Verpflichtung begründen, ein Verfahren einzuleiten.[54]

51 **Ändern sich die Umstände**, die die örtliche Zuständigkeit begründen, verbleibt es bei der Zuständigkeit des einmal zu Recht angerufenen Gerichts (§ 2 Abs. 2 – perpetuatio fori).[55] Möglich ist aber eine Abgabe des Verfahrens nach § 4 (s. dazu Rn 55 ff).

52 Handlungen, die ein örtlich unzuständiges Gericht vornimmt, sind nicht allein wegen der fehlenden örtlichen Zuständigkeit unwirksam (§ 2 Abs. 3).[56]

cc) Verweisungsverfahren

53 Ist das angerufene Gericht örtlich unzuständig, richtet sich das **Verweisungsverfahren** nach § 3. Auf die Erläuterungen dazu im Rahmen der sachlichen Zuständigkeit (Rn 42 ff) wird verwiesen.

54 Für **Kindschaftssachen** regelt § 154 den Sonderfall der Verweisung trotz örtlicher Zuständigkeit.

dd) Abgabeverfahren

55 Von der Verweisung zu unterscheiden ist die **Abgabe** des Verfahrens (§ 4). Das Verweisungsverfahren soll die förmliche und bindende Befassung des zuständigen Gerichts herbeiführen. Das Abgabeverfahren ist dagegen darauf gerichtet, **ohne Bindungswirkung und trotz bestehender Zuständigkeit** des angerufenen Gerichts ein anderes Gericht mit der Sache zu befassen.[57] Eine entsprechende Regelung bestand bisher in vormundschaftsgerichtlichen Verfahren (§ 46 Abs. 1 S. 1 FGG). § 4 verallgemeinert die bisherige Spezialnorm und ist darauf gerichtet, das Abgabeverfahren zu vereinfachen.[58]

56 Nach § 4 S. 1 ist eine Abgabe möglich, wenn ein **wichtiger Grund** dafür vorliegt und das Gericht, an das das Verfahren abgegeben werden soll, sich zur **Übernahme** der Sache **bereit erklärt**. Vor der Abgabe sollen die Beteiligten gehört werden (§ 4 S. 2).

---

51 Gesetzesbegründung, BR-Drucks. 309/07, 382.
52 Diese Regelung knüpft an § 4 FGG an, modifiziert ihn aber, indem nunmehr entscheidend auf das Befassen mit der Sache und nicht darauf abgestellt wird, welches Gericht zuerst tätig wurde. Insoweit ist nunmehr allgemein geregelt, was nach § 43 Abs. 1 aE FGG für Verrichtungen des Vormundschaftsgerichts galt: Gesetzesbegründung, BR-Drucks. 309/07, 382.
53 Gesetzesbegründung, BR-Drucks. 309/07, 382; OLG Hamm FGPrax 2006, 222; KKW/Sternal § 5 FGG Rn 40; Bumiller/Winkler § 43 FGG Rn 7; Bassenge/Roth § 5 FGG Rn 5.
54 Gesetzesbegründung, BR-Drucks. 309/07, 382; OLG Frankfurt/M. FamRZ 1998, 34; KKW/Sternal § 5 FGG Rn 41; Bumiller/Winkler § 43 FGG Rn 7; Bassenge/Roth § 5 FGG Rn 5.
55 BGH NJW-RR 1993, 1091; Bassenge/Roth § 4 FGG Rn 3.
56 Das entspricht § 7 FGG.
57 Gesetzesbegründung, BR-Drucks. 309/07, 384.
58 Gesetzesbegründung, BR-Drucks. 309/07, 384.

Ein **wichtiger Grund** ist anzunehmen, wenn das Verfahren vor einem anderen Gericht **57**
im Interesse der Beteiligten und des Gerichts zweckmäßiger und einfacher betrieben
werden kann.[59] Für die Beantwortung der Frage, wann im Einzelnen ein wichtiger
Grund vorliegt, ist zu differenzieren. In Verfahren, in denen der **Personenbezug im
Vordergrund** steht, stellt die Nähe des Gerichts zu der betroffenen Person ein wichtiges
Kriterium dar. So bestimmt § 273 S. 1 für **Betreuungssachen**, dass ein wichtiger Grund
für die Abgabe eines Betreuungsverfahrens in der Regel anzunehmen ist, wenn sich der
gewöhnliche Aufenthalt des Betroffenen geändert hat und die Aufgaben des Betreuers
im Wesentlichen am neuen Aufenthaltsort des Betroffenen zu erfüllen sind. § 314 regelt
für **Unterbringungssachen** die Möglichkeit der Abgabe, wenn der Betroffene sich im
Bezirk eines anderen Gerichts aufhält und die Unterbringungsmaßnahme dort vollzogen werden soll. Wie wirken sich diese Beispiele auf die allgemeine Vorschrift des § 4
aus? Denkbar wäre es, für die anderen Verfahren, in denen der Personenbezug ebenfalls
im Vordergrund steht, aber eine Abgabe in den Spezialvorschriften nicht geregelt ist,
eine Abgabemöglichkeit wegen eines Aufenthaltswechsels zu verneinen – denn wenn
der Gesetzgeber zusätzlich beispielsweise in Adoptionssachen eine Abgabe gewollt hätte, warum hat er es dann nicht entsprechend §§ 273, 314 bestimmt? Aus der Gesetzesbegründung folgt aber eine andere Absicht des Gesetzgebers. Die §§ 273, 314 sollen
nur Beispiele sein, deren Zweck über § 4 für alle Verfahren heranzuziehen ist. Der
Wechsel des Aufenthaltsortes soll in Verfahren mit Personenbezug ein wichtiges Indiz
für einen wichtigen Grund darstellen.[60] So ist in Adoptionssachen der Wechsel des
Wohnsitzes durch den Annehmenden und das Kind ebenso von erheblicher Bedeutung
wie in Sachen, die die Personensorge eines Kindes betreffen.[61] **Der Aufenthaltswechsel
führt aber nicht zwingend zur Annahme eines wichtigen Grundes.** Ebenso ist der **Verfahrensstand** zu berücksichtigen. Hat das Gericht bereits in erheblichem Umfang ermittelt und Beteiligte persönlich angehört, ist es trotz des Aufenthaltswechsels nicht
zweckmäßig, das Verfahren abzugeben. Die Abgabe führte nur zu einer Verfahrensverzögerung, die mit dem Zweck des FamFG, ein pragmatisches, einfaches und zügiges
Verfahren zu schaffen (s. Rn 1), nicht vereinbar wäre.

Steht der **Personenbezug nicht im Vordergrund** des Verfahrens, kann aufgrund eines **58**
Aufenthaltswechsels eines oder mehrerer Beteiligter kein wichtiger Grund angenommen werden.[62] Maßgeblich dürften in diesen Verfahren insbesondere Erwägungen zur
Effektivität der nach §§ 26, 29, 30 von Amts wegen zu betreibenden Ermittlungen sein.
Da über § 46 FGG hinaus bisher nicht die Möglichkeit der Abgabe bestand, bleibt
abzuwarten, welche Konstellationen sich in der Praxis der ganz unterschiedlichen Verfahren der freiwilligen Gerichtsbarkeit ergeben.

Das Gericht, an das das Verfahren abgegeben werden soll, muss sich **zur Übernahme** **59**
bereit erklären. Ob eine Übernahme erfolgt, ist nach pflichtgemäßem Ermessen zu prü-

---

59 Vgl zu § 46 FGG: BayObLGZ 1980, 6; BayObLGZ 1985, 429, 430; BayObLGZ 1993, 7; OLG Brandenburg FGPrax 2000, 18; KKW/Engelhardt § 46 FGG Rn 3; Bumiller/Winkler § 46 FGG Rn 3; Bassenge/Roth § 46 FGG Rn 3.
60 Gesetzesbegründung, BR-Drucks. 309/07, 384.
61 BayObLG Rpfleger 1996, 343; KKW/Engelhardt § 46 FGG Rn 3, 7; Bumiller/Winkler § 46 FGG Rn 4; Gesetzesbegründung, BR-Drucks. 309/07, 384.
62 Anders anscheinend die Gesetzesbegründung, BR-Drucks. 309/07, 384.

Jurgeleit

fen.[63] Können sich die Gerichte nicht über eine Abgabe verständigen, kann jedes Gericht nach § 5 Abs. 1 Nr. 5 eine Bestimmung der Zuständigkeit durch das nächsthöhere gemeinsame Gericht herbeiführen.[64] Zu Einzelheiten des Verfahrens nach § 5 s. Rn 61 ff.

60 Vor der Abgabe des Verfahrens sollen nach § 4 S. 2 die **Beteiligten angehört** werden. Die Ausgestaltung als Soll-Vorschrift ermöglicht dem Gericht, in besonders eiligen Fällen oder in solchen, in denen eine Anhörung nur mit einem zu einer Verfahrensverzögerung führenden Zeitaufwand möglich ist, von einer Anhörung abzusehen. Besonders in Betreuungs- und Unterbringungssachen ist oft eine rasche Entscheidung zu treffen, und die Betroffenen sind oft nicht in der Lage, sich zu äußern.[65]

f) Gerichtliche Bestimmung der Zuständigkeit
aa) Einleitung

61 Nach § 5 Abs. 1 wird in den dort genannten fünf Fällen das zuständige Gericht durch das nächsthöhere gemeinsame Gericht bestimmt. Diese Vorschrift ersetzt die bisherige Regelung des § 5 FGG. Mit der Neuregelung soll die Bestimmung detaillierter als bisher und in Angleichung an die Bestimmungen der ZPO (§ 36 ZPO) gefasst werden.[66]

bb) Fallgruppen

62 Die gerichtliche Bestimmung der Zuständigkeit kommt in folgenden Fallgruppen in Betracht:

- Das zuständige Gericht ist an der Ausübung der Gerichtsbarkeit **rechtlich oder tatsächlich verhindert** (§ 5 Abs. 1 Nr. 1). Rechtliche Verhinderung tritt ein, wenn alle Richter in einem Einzelfall nach § 6 vom Richteramt ausgeschlossen oder wegen Befangenheit abgelehnt sind. Eine tatsächliche Verhinderung liegt vor, wenn alle Richter wegen Krankheit, Urlaub, Pensionierung oder ähnlichen Gründen verhindert sind.[67]

- Mit Rücksicht auf die Grenzen verschiedener Gerichtsbezirke oder sonstigen **tatsächlichen Gründen ist ungewiss, welches Gericht für das Verfahren zuständig ist** (§ 5 Abs. 1 Nr. 2). Eine tatsächliche Ungewissheit liegt beispielsweise vor, wenn ein Aufenthaltsort nicht eindeutig einem Gerichtsbezirk zugeordnet werden kann.[68]

- Mehrere Gerichte haben sich rechtskräftig für zuständig erklärt, sog. **positiver Kompetenzkonflikt** (§ 5 Abs. 1 Nr. 3).

- Verschiedene Gerichte, von denen eines zuständig ist, haben sich rechtskräftig für unzuständig erklärt, sog. **negativer Kompetenzkonflikt** (§ 5 Abs. 1 Nr. 4).

- Eine **Abgabe** soll aus wichtigem Grund erfolgen, die Gerichte können sich aber nicht einigen (§§ 5 Abs. 1 Nr. 5, 4; s. Rn 59).

---

63 OLG München FGPrax 2008, 67; KKW/Engelhardt § 46 FGG Rn 16.
64 Vgl zu § 46 FGG: KKW/Engelhardt § 46 Rn FGG 34; Bassenge/Roth § 46 FGG Rn 9.
65 Gesetzesbegründung, BR-Drucks. 309/07, 385.
66 Gesetzesbegründung, BR-Drucks. 309/07, 385.
67 KKW/Sternal § 5 FGG Rn 32, 33.
68 KKW/Sternal § 5 FGG Rn 28.

cc) Verfahren

Zuständig für die gerichtliche Bestimmung der Zuständigkeit ist das **nächsthöhere ge-** **63**
meinsame Gericht. Wäre das nächsthöhere gemeinsame Gericht der Bundesgerichtshof,
bestimmt das Oberlandesgericht die Zuständigkeit, zu dessen Bezirk das Gericht gehört, das zuerst mit der Sache befasst war (§ 5 Abs. 2). In **Antragsverfahren** war das
Gericht zuerst mit der Sache befasst, bei dem der Antrag mit dem Ziel der Erledigung
durch dieses Gericht eingegangen ist. In Verfahren, die **von Amts wegen** betrieben werden, ist das Gericht zuerst mit der Sache befasst, das als erstes von Tatsachen Kenntnis
erhielt, die den Anlass für gerichtliche Ermittlungen bilden.[69]

Das **Bestimmungsverfahren wird eingeleitet** durch Vorlage eines der beteiligten Ge- **64**
richte, auf Anrufen eines Beteiligten, der an der Bestimmung des zuständigen Gerichts
ein Interesse hat, und von Amts wegen, wenn das obere Gericht von den Umständen,
die eine Bestimmung erforderlich machen, Kenntnis erhält.[70]

Das nächsthöhere gemeinsame Gericht kann den entscheidungserheblichen Sachverhalt **65**
selbst ermitteln oder das zuerst befasste Gericht damit beauftragen.[71] Neben der für
§ 5 Abs. 1 Nr. 2, 3, 4 wesentlichen Frage, welches Gericht zuständig ist, gelten für die
übrigen Fallgruppen und bei Zuständigkeit mehrerer Gerichte Zweckmäßigkeitserwägungen.[72] Entscheidend ist, wo das Verfahren am einfachsten und zügig durchgeführt
werden kann.

Der Beschluss, der das zuständige Gericht bestimmt, ist **nicht anfechtbar** (§ 5 Abs. 2). **66**

g) Funktionelle Zuständigkeit
aa) Einleitung

Die funktionelle Zuständigkeit, dh die innergerichtliche Zuordnung der Verfahren zum **67**
Richter oder Rechtspfleger, folgt aus §§ 3, 14–25 a RPflG, die im Zuge der Reform der
freiwilligen Gerichtsbarkeit teilweise modifiziert wurden. Für alle Bereiche der freiwilligen Gerichtsbarkeit ist grundsätzlich der Richter zuständig, soweit keine Übertragung
auf den Rechtspfleger normiert ist. Zu unterscheiden sind drei Bereiche: Vollübertragungen, Vorbehaltsübertragungen und Einzelübertragungen.

bb) Vollübertragungen

§ 3 Nr. 1 RPflG überträgt die dort genannten vom Amtsgericht wahrzunehmenden Ge- **68**
schäfte in vollem Umfang dem Rechtspfleger. Dazu gehören insbesondere Vereinssachen, Grundbuchsachen, Verfahren nach dem ZVG, verschiedene Verteilungsverfahren
und – neu – die **Aufgebotssachen**, die aus der ZPO ausgegliedert wurden und nunmehr
in §§ 433 ff geregelt sind.

cc) Vorbehaltsübertragungen

§ 3 Nr. 2 RPflG überträgt die dort genannten Geschäfte dem Rechtspfleger, soweit **69**
nicht §§ 14–19 b RPflG anderes bestimmen. Dazu gehören:

---

69 KKW/Sternal § 5 FGG Rn 40, 41; Bumiller/Winkler § 5 FGG Rn 7; Bassenge/Roth § 5 FGG Rn 5.
70 OLG Hamm NJW 2006, 2707; KKW/Sternal § 5 FGG Rn 46; Bumiller/Winkler § 5 FGG Rn 9; Bassenge/Roth § 5 FGG Rn 6.
71 BayObLGZ 1987, 463.
72 OLG Hamm OLGZ 1984, 268; Bumiller/Winkler § 5 FGG Rn 11; Bassenge/Roth § 5 FGG Rn 7.

§ 1 Allgemeiner Teil des FamFG

- **Kindschafts- und Adoptionssachen** sowie entsprechende Lebenspartnerschaftssachen nach §§ 151, 186, 269 FamFG (§ 3 Nr. 2 a RPflG). Davon sind nach § 14 Abs. 1 RPflG dem Richter insbesondere die Maßnahmen nach § 1666 BGB, die Übertragung elterlicher Sorge nach §§ 1671, 1672, 1678 Abs. 2, 1680 Abs. 2 und 3, 1681 Abs. 1 BGB, Umgangsregelungen nach §§ 1684 Abs. 3 und 4, 1685 Abs. 3 BGB, Ansprüche auf Kindesherausgabe nach § 1632 Abs. 1 und 4 BGB, die Ersetzung der Einwilligung oder der Zustimmung zu einer Annahme als Kind nach §§ 1746 Abs. 3, 1748, 1749 Abs. 1 BGB und die Entscheidung über die Annahme des Kindes vorbehalten.

- **Betreuungssachen und betreuungsgerichtliche Zuweisungssachen** nach §§ 271, 340 FamFG (§ 3 Nr. 2 b RPflG). Davon sind nach § 15 RPflG dem Richter insbesondere Verrichtungen nach §§ 1896–1900, 1903–1905, 1908 a, 1908 b Abs. 1, 2 und 5, 1908 d BGB vorbehalten.

- **Nachlass- und Teilungssachen** nach § 342 FamFG (§ 3 Nr. 2 c RPflG). Davon sind nach § 16 RPflG dem Richter insbesondere die Geschäfte vorbehalten, die bei einer Nachlasspflegschaft oder Nachlassverwaltung erforderlich werden, die Ernennung und Entlassung von Testamentsvollstreckern, die Erteilung von Erbscheinen, wenn eine letztwillige Verfügung vorliegt, und die Einziehung von Erbscheinen, die von einem Richter erteilt wurden oder wegen einer letztwilligen Verfügung einzuziehen sind.

- **Handels-, Genossenschafts- und Partnerschaftsregistersachen** sowie unternehmensrechtliche Verfahren nach §§ 374, 375 FamFG (§ 3 Nr. 2 d RPflG). Davon sind nach § 17 RPflG dem Richter insbesondere bei einer AG, einer KGaA, einer GmbH und Versicherungsvereinen auf Gegenseitigkeit Verfügungen auf erste Eintragung, auf Eintragung von Satzungsänderungen, auf Eintragung der Eingliederung oder der Umwandlung, auf Löschung im Handelsregister nach §§ 394, 395, 397, 398 FamFG und nach § 43 Abs. 2 KreditwesenG, Beschlüsse nach § 399 FamFG und grundsätzlich die nach § 375 Nr. 1–6, 9–15 FamFG zu erledigenden Geschäfte sowie die in § 394 FamFG geregelten Angelegenheiten vorbehalten.

dd) Einzelübertragungen

70 §§ 20–25 a RPflG übertragen in einzelnen Angelegenheiten der dort genannten Rechtsgebiete die Geschäfte auf den Rechtspfleger. Für die Verfahren nach dem FamFG sind wesentlich die neu geschaffenen §§ 25, 25 a RPflG.

71 § 25 RPflG überträgt folgende Geschäfte in Familiensachen auf den Rechtspfleger:
- In **Unterhaltssachen** Verfahren nach § 231 Abs. 2, soweit nicht ein Verfahren nach § 231 Abs. 1 anhängig ist, die Bezifferung des Unterhaltstitels nach § 245 und das vereinfachte Verfahren über den Unterhalt Minderjähriger.

- In **Güterrechtssachen** Entscheidungen nach § 1452 BGB und §§ 1382, 1383 BGB, § 6 S. 2 LPartG, mit Ausnahme der Entscheidungen in Fällen der §§ 1382 Abs. 5, 1383 Abs. 3 BGB, § 6 S. 2 LPartG.

II. Verfahren im ersten Rechtszug

- Nach §§ 25a, 20 Nr. 4 und 5 RPflG sind dem Rechtspfleger in **Verfahrenskostenhilfesachen** die Maßnahmen nach § 76 FamFG iVm §§ 118 Abs. 2, 120 Abs. 3 und 4, 124 Nr. 2, 3 und 4 ZPO übertragen.

ee) Vorlage an den Richter

Eine Vorlage der dem Rechtspfleger übertragenen Geschäfte an den Richter kann einerseits **aus rechtlichen Gründen notwendig und andererseits aus praktischen Gründen geboten** sein, wenn in Sachen der freiwilligen Gerichtsbarkeit für einzelne Verfahren einerseits der Richter und andererseits der Rechtspfleger zuständig ist. Da der Rechtspfleger sachlich unabhängig ist und damit keinem Weisungsrecht des Richters unterliegt (§ 9 RPflG), regeln §§ 4, 5 RPflG, in welchen Fällen der Rechtspfleger das Verfahren dem Richter vorlegen muss (Vorlagepflicht) und in welchen Fällen der Rechtspfleger vorlegen kann (Vorlagerecht).

Eine **Vorlagepflicht** trifft den Rechtspfleger in vier Fällen:

- Notwendigkeit einer **Beeidigung** (§ 4 Abs. 2 Nr. 1, Abs. 3 RPflG). Diese Vorlagepflicht erfasst nicht die Entgegennahme eidesstattlicher Versicherungen, soweit sie das Gesetz zur Glaubhaftmachung zulässt (§ 31 Abs. 1).[73]
- **Freiheitsentziehende Maßnahmen** mit Ausnahme der Vollstreckung einer Ordnungshaft nach § 890 ZPO (§ 4 Abs. 2 Nr. 2, Abs. 3 RPflG).
- Einholung einer Entscheidung nach Art. 100 GG (§ 5 Abs. 1 Nr. 1 RPflG).
- **Enger Zusammenhang** zwischen einem übertragenen und einem vom Richter wahrzunehmenden Geschäft, weshalb eine getrennte Sachbehandlung nicht sachdienlich ist (§ 5 Abs. 1 Nr. 2 RPflG). Der enge Zusammenhang kann sich aus tatsächlichen oder rechtlichen Gründen ergeben.[74] Dem entspricht die Pflicht des Richters, bei Sachdienlichkeit Geschäfte, die dem Rechtspfleger übertragen sind, mit zu bearbeiten (§ 6 RPflG).

Ein **Vorlagerecht** steht dem Rechtspfleger zu, wenn die Anwendung ausländischen Rechts in Betracht kommt (§ 5 Abs. 2 RPflG). Ob ausländisches Recht anzuwenden ist, bestimmt sich nach den Regeln des internationalen Privatrechts (Art. 3 ff EGBGB). Ist danach unklar, ob deutsches Recht anzuwenden ist, erfasst das Vorlagerecht zusätzlich Fragen des internationalen Privatrechts.[75]

In den Fällen von § 5 Abs. 1 Nr. 1 und Abs. 2 RPflG wird der Richter tätig, soweit dies erforderlich ist. Danach kann er das Verfahren dem Rechtspfleger zurückgeben, der an die ihm vom Richter mitgeteilte Rechtsauffassung gebunden ist (§ 5 Abs. 3 RPflG). Von der Bindungswirkung werden rein tatsächliche Würdigungen nicht erfasst.[76]

---

73 Bassenge/Roth § 4 RPflG Rn 3.
74 Bassenge/Roth § 5 RPflG Rn 9.
75 Bassenge/Roth § 5 RPflG Rn 6.
76 Bassenge/Roth § 5 RPflG Rn 10.

ff) Streit über funktionelle Zuständigkeit

76 Bestehen zwischen Richter und Rechtspfleger Differenzen, welches Gerichtsorgan zur Wahrnehmung des Geschäfts berufen ist, entscheidet durch unanfechtbaren Beschluss der Richter (§ 7 RPflG). Der Beschluss ist den Beteiligten bekannt zu geben.[77]

gg) Gültigkeit von Geschäften

77 Die Frage der Gültigkeit von Geschäften, die entgegen der innergerichtlichen Zuständigkeitsordnung wahrgenommen werden, regelt § 8 RPflG. Daraus folgt:

78 Hat der **Richter ein Geschäft wahrgenommen, das dem Rechtspfleger zugewiesen ist,** berührt das die Wirksamkeit nicht (§ 8 Abs. 1 RPflG).

79 Hat der **Rechtspfleger ein ihm nicht zugewiesenes Geschäft wahrgenommen, das ihm der Richter übertragen kann,** so ist das Geschäft nicht deshalb unwirksam, weil keine Übertragung erfolgt ist oder die Voraussetzungen für eine Übertragung im Einzelfall nicht gegeben waren (§ 8 Abs. 2 RPflG).

80 Unterlässt der Rechtspfleger eine Vorlage nach § 5 Abs. 1 RPflG, beeinträchtigt das nicht die Wirksamkeit des Geschäfts (§ 8 Abs. 3 RPflG).

81 Nimmt der **Rechtspfleger ein Geschäft wahr, das ihm nicht zugewiesen ist und nicht zugewiesen werden kann,** ist das Geschäft unwirksam (§ 8 Abs. 4 S. 1 RPflG). Die Entscheidung des Rechtspflegers ist also nichtig und kann keine Rechtswirkungen entfalten. Die sachliche Billigung des Richters heilt den Mangel nicht.[78] Im Rechtsmittelverfahren ist deshalb die Entscheidung aufzuheben, und zwar unabhängig davon, ob sie sachlich zutreffend ist.[79] Von diesem Prinzip nimmt § 8 Abs. 4 S. 2 RPflG die Fälle aus, in denen der Richter durch Beschluss nach § 7 **RPflG,** der den Beteiligten bekannt gemacht wurde, die Wahrnehmung der Aufgabe entgegen dem Gesetz dem Rechtspfleger zugewiesen hat. In diesen Fällen ist es aus Gründen der Rechtssicherheit nicht gerechtfertigt, einer Entscheidung des Rechtspflegers keine Rechtswirkungen zukommen zu lassen.[80] Der Gedanke der Rechtssicherheit ist ebenfalls von besonderer Bedeutung, wenn der Rechtspfleger ohne funktionelle Zuständigkeit Eintragungen in ein öffentliches Register vornimmt oder einen Erbschein erteilt und damit einen **für den Rechtsverkehr wesentlichen Rechtsschein** setzt.

82 Im **Erbscheinsverfahren** ist zu differenzieren. Erteilt der Rechtspfleger einen Erbschein aufgrund gesetzlicher Erbfolge, obwohl Verfügungen von Todes wegen vorliegen, ist das Problem unter Beachtung von § 16 Abs. 2 RPflG zu lösen. Nach § 16 Abs. 2 RPflG kann der Richter die Erteilung eines Erbscheins trotz Vorliegens einer Verfügung von Todes wegen auf den Rechtspfleger übertragen, wenn gleichwohl aufgrund gesetzlicher Erbfolge der Erbschein zu erteilen ist. Es findet also nicht § 8 Abs. 4 S. 1 RPflG, sondern § 8 Abs. 2 RPflG (Rn 79) Anwendung; der Erbschein ist wirksam.[81] Erteilt dagegen der Rechtspfleger einen Erbschein aufgrund gewillkürter Erbfolge, findet § 16 Abs. 2 RPflG

---

77 BGH Rpfleger 2005, 520, 521; OLG München Rpfleger 2006, 263.
78 BayObLG Rpfleger 1988, 472.
79 BGH Rpfleger 2005, 520; BGH NJW-RR 2003, 955, 956; OLG München Rpfleger 2006, 263; OLG Hamm Rpfleger 2001, 99, 100; Bassenge/Roth § 8 RPflG Rn 4.
80 Bassenge/Roth § 8 RPflG Rn 4.
81 BayObLG Rpfleger 1997, 370; KKW/Schmidt § 1 FGG Rn 132.

keine Anwendung; der Erbschein ist nichtig. Von ihm kann kein Rechtsschein ausgehen, da er für den Rechtsverkehr ersichtlich von keinem Richter ausgestellt wurde (§ 12 RPflG). Entsprechendes gilt für **Registereintragungen**. Wenn aber dem Erbschein oder der Registereintragung nicht entnommen werden kann, welches Gerichtsorgan die Erteilung/Eintragung veranlasst hat, ist es gerechtfertigt, zum Schutz des Rechtsverkehrs keine Nichtigkeit anzunehmen.[82]

3. Die Beteiligten
a) Einleitung

Die Verfahren der freiwilligen Gerichtsbarkeit sind nur selten kontradiktorisch geprägt. Es stehen sich grundsätzlich nicht – wie in den Verfahren der ZPO – zwei Parteien gegenüber, die ihren Streit unter sich austragen. In einem rechtlichen, wirtschaftlichen und sozialen Sinn sind von vielen Verfahren der freiwilligen Gerichtsbarkeit unterschiedlichste Personen betroffen. Es ist häufig interessengerecht, Personen in das Verfahren einzubeziehen, in deren eigenen Rechten- und Pflichtenkreis zwar nicht eingegriffen wird oder eingegriffen werden könnte, deren Verfahrensteilnahme aber erforderlich ist, um sachlich und tatsächlich richtige und sinnvolle Entscheidungen treffen zu können. Die Frage, wer an einem Verfahren der freiwilligen Gerichtsbarkeit teilnehmen darf oder muss, wer also in die Lage versetzt werden muss, Beteiligtenrechte wahrzunehmen, wem insbesondere rechtliches Gehör zu gewähren ist, stellt deshalb **eines der zentralen Probleme** der freiwilligen Gerichtsbarkeit dar.[83]

Das bisherige Recht nahm in unterschiedlichen Bereichen auf den Begriff des Beteiligten Bezug (beispielsweise §§ 6 Abs. 1, 13, 13a Abs. 1, 15 Abs. 2, 41, 53b Abs. 2, 86 Abs. 1, 150, 153 Abs. 1, 155 Abs. 3 FGG aF), enthielt aber – trotz der zentralen Bedeutung des Begriffs – keine allgemeine Definition.[84] Die gerichtliche Praxis unterschied **Beteiligte im materiellen Sinn und Beteiligte im formellen, prozessualen Sinn.**

Materiell Beteiligter war jede Person, die unabhängig von ihrer Teilnahme am Verfahren durch die zu erwartende oder erlassene gerichtliche Entscheidung in ihren Rechten und Pflichten unmittelbar betroffen wurde oder hätte betroffen werden können.[85] Formell Beteiligte wurden materiell Beteiligte aber nur, wenn sie am Verfahren teilnahmen. Die bloße (mögliche) Beeinträchtigung eigener Rechtspositionen reichte nicht.[86]

Formell Beteiligte waren die Personen, die am Verfahren teilnahmen. Dazu gehörten einerseits diejenigen, die von sich aus in das Verfahren zur Wahrnehmung materieller Rechte oder in Ausübung gesetzlicher Antrags- oder Beschwerderechte eingriffen. Andererseits war formell Beteiligter, wer vom Gericht, ob zu Recht oder zu Unrecht,[87]

---

82 Bassenge/Roth § 8 RPflG Rn 4 und § 4 FGG Rn 4; Bumiller/Winkler § 7 FGG Rn 10 aE; Dallmayer/Eickmann § 8 RPflG Rn 22.
83 Baur/Wolf, S. 42.
84 KKW/Zimmermann § 6 FGG Rn 18; Bumiller/Winkler Vor § 13 FGG Rn 1.
85 BayObLGZ 1989, 292; KKW/Zimmermann § 6 FGG Rn 18; Bumiller/Winkler Vor § 13 FGG Rn 2; Bassenge/Roth Einl. FGG Rn 22.
86 Bassenge/Roth Einl. FGG Rn 21.
87 BayObLGZ 1966, 66.

zum Verfahren hinzugezogen wurde.[88] Ein formell Beteiligter musste nicht auch materiell Beteiligter sein.[89]

87 Diese im Gesetz nicht verankerte, nicht deutlich umrissene und deshalb hinsichtlich der Mitwirkungsrechte nicht in eigenen Rechten betroffener Personen problematische Begriffsbildung hat sich in der Rechtspraxis **nicht vollständig bewährt**. Oft konnte erst im Rechtsmittelzug geklärt werden, wer an dem Verfahren beteiligt war und wer hätte beispielsweise angehört werden müssen.[90] Damit gingen Verstöße gegen das Grundrecht auf rechtliches Gehör einher, die im Interesse eines zügigen und eine zutreffende Entscheidung ermöglichenden Verfahrens nicht hinnehmbar sind. Umgekehrt kann aus Gründen der informationellen Selbstbestimmung der unmittelbar Betroffenen der Beteiligtenkreis nicht beliebig erweitert werden.[91]

88 Die nunmehr im FamFG gesetzlich verankerten Regelungen zum Beteiligtenbegriff sind ein **Kernstück der Reform der freiwilligen Gerichtsbarkeit**. Ziel ist es, der freiwilligen Gerichtsbarkeit ein klar strukturiertes Verfahrensrecht zu geben.[92] Es soll frühzeitig Klarheit herrschen, wer als Beteiligter zu hören ist, nicht allein um grundlegenden Verfahrensanforderungen gerecht zu werden, sondern insbesondere um die umfassende Aufklärung der entscheidungserheblichen Tatsachen bereits im erstinstanzlichen Verfahren zu fördern.[93]

b) Überblick zur Neuregelung

89 Die gesetzliche Definition der Beteiligten erfolgt durch die **Generalklausel** des § 7 im allgemeinen Teil. Die Generalklausel wird ergänzt durch die **Beteiligtenkataloge in den weiteren Büchern des FamFG**, die die allgemeine Regelung ausformen und teilweise modifizieren (§ 172 Abstammungssachen, § 188 Adoptionssachen, § 204 Wohnungszuweisungs- und Hausratssachen, § 212 Gewaltschutzsachen, § 219 Versorgungsausgleichsverfahren, § 274 Betreuungssachen, § 315 Unterbringungsverfahren, § 345 Nachlasssachen, § 412 Verfahren in weiteren Angelegenheiten der freiwilligen Gerichtsbarkeit, § 418 Freiheitsentziehungssachen).

90 **Ziel der Neuregelungen** ist, den Beteiligtenbegriff der freiwilligen Gerichtsbarkeit in Anlehnung an andere Verfahrensordnungen, insbesondere die ZPO, stärker als bisher von materiell-rechtlichen Elementen zu trennen und deutlicher an formelle Kriterien anzulehnen. Damit soll zum einen größere Rechtsklarheit und damit Rechtssicherheit geschaffen werden. Zum anderen ist es die Absicht, den Kreis der nur formell durch das Verfahren berührten Personen im Interesse einer effektiven Verfahrensführung zu beschränken.[94]

91 Die Bemühungen des Gesetzgebers, den Beteiligtenbegriff ähnlich dem Parteibegriff der ZPO an formale Kriterien zu binden, haben ihre **Grenze in der Eigenart des Verfah-**

---

88 KKW/Zimmermann § 6 FGG Rn 18; Bumiller/Winkler Vor § 13 FGG Rn 3; Bassenge/Roth Einl. FGG Rn 23, 24.
89 Bassenge/Roth Einl. FGG Rn 21.
90 Gesetzesbegründung, BR-Drucks. 309/07, 388.
91 OLG Saarbrücken FGPrax 2001, 70; Bassenge/Roth Einl. FGG Rn 25.
92 Gesetzesbegründung, BR-Drucks. 309/07, 387.
93 Gesetzesbegründung, BR-Drucks. 309/07, 360.
94 Gesetzesbegründung, BR-Drucks. 309/07, 389.

rens der freiwilligen Gerichtsbarkeit. Die Struktur einer Vielzahl unterschiedlichster Verfahrensgegenstände mit jeweils spezifischen Interessen der beteiligten Personen, lässt einen rein formell ausgerichteten Beteiligtenbegriff nicht zu. Es verbleibt weiterhin die Unterscheidung zwischen Personen, die in einem engeren und weiteren Sinn am Verfahren teilhaben. Dementsprechend unterscheidet § 7 zwischen Beteiligten kraft Gesetzes und kraft Hinzuziehung.[95] Ausgeschlossen ist aber der Erwerb der Beteiligteneigenschaft der Personen, die zwar anzuhören sind oder Auskunft zu geben haben, die aber die Voraussetzungen des § 7 Abs. 1–3 nicht erfüllen (§ 7 Abs. 6).

§ 7 Abs. 1–3 differenziert insgesamt **fünf Beteiligtenbegriffe** in drei Kategorien: Antragsteller (§ 7 Abs. 1), Muss-Beteiligte (§ 7 Abs. 2) und Kann-Beteiligte (§ 7 Abs. 3). Die fünf Beteiligtenbegriffe werden nachstehend erörtert. **92**

c) Antragsteller (§ 7 Abs. 1)

Nach § 7 Abs. 1 ist in Antragsverfahren (s. Rn 4) der **Antragsteller kraft Gesetzes** stets Beteiligter, weil über seinen Antrag entschieden werden muss.[96] Für die Beteiligtenstellung kommt es daher nicht darauf an, ob der Antragsteller antragsbefugt oder durch eine Entscheidung in eigenen materiellen Rechten betroffen ist.[97] Das entspricht der bisherigen Rechtslage.[98] **93**

d) Muss-Beteiligte (§ 7 Abs. 2 Nr. 1)

Gemäß § 7 Abs. 2 Nr. 1 muss das Gericht Personen als Beteiligte hinzuziehen, die **durch das Verfahren unmittelbar betroffen** werden. **94**

Der Gegenstand des Verfahrens muss ein Recht des Beteiligten betreffen. Einer Prognose, ob es zu einer Beeinträchtigung des Rechts kommen wird, bedarf es nicht. Es reicht, wenn das Verfahren darauf gerichtet ist, eine unmittelbare **Rechtsbeeinträchtigung** zu bewirken.[99] **95**

Das Tatbestandsmerkmal der **Unmittelbarkeit** ist erfüllt, wenn subjektive Rechte betroffen sind, das Verfahren also direkte Auswirkungen auf materielle nach öffentlichem oder privatem Recht geschützte Positionen hat. Ideelle, soziale oder wirtschaftliche Interessen genügen ebenso wenig wie mittelbare Auswirkungen einer Entscheidung oder deren präjudizielle Wirkung auf gleichgelagerte Fälle.[100] **96**

Der Beteiligtenbegriff des § 7 Abs. 2 Nr. 1 gilt nicht uneingeschränkt. Das Gesetz regelt **Ausnahmen**. So bestimmt beispielsweise § 345 Abs. 1 S. 2 Nr. 1, dass in Verfahren auf Erteilung eines Erbscheins die unzweifelhaft unmittelbar betroffenen gesetzlichen Erben und Erben aufgrund einer Verfügung von Todes wegen nicht von Amts wegen als Beteiligte hinzugezogen werden müssen. **97**

---

95 Gesetzesbegründung, BR-Drucks. 309/07, 389.
96 Gesetzesbegründung, BR-Drucks. 309/07, 390.
97 Gesetzesbegründung, BR-Drucks. 309/07, 390.
98 BayObLGZ 1998, 82; KKW/Zimmermann § 6 FGG Rn 18; Bumiller/Winkler Vor § 13 FGG Rn 3; Bassenge/Roth Einl. FGG Rn 24.
99 Gesetzesbegründung, BR-Drucks. 309/07, 390.
100 Gesetzesbegründung, BR-Drucks. 309/07, 390, 391.

e) Muss-Beteiligte nach § 7 Abs. 2 Nr. 2 1. Fall

98 Nach § 7 Abs. 2 Nr. 2 1. Fall muss das Gericht als Beteiligte diejenigen hinzuziehen, die aufgrund einer Regelung im FamFG oder anderer Gesetze **von Amts wegen zu beteiligen** sind.

99 Das FamFG enthält in mehreren Büchern Regelungen darüber, wer kraft Gesetzes als Beteiligter anzusehen ist: s. § 172 (Abstammungssachen), § 188 (Adoptionssachen), § 204 (Wohnungszuweisungs- und Hausratssachen), § 219 (Versorgungsausgleichsverfahren), § 274 (Betreuungssachen), § 315 (Unterbringungsverfahren), § 345 (Nachlasssachen), § 412 (Verfahren in weiteren Angelegenheiten der freiwilligen Gerichtsbarkeit), § 418 (Freiheitsentziehungssachen). Diese – formellen – Regelungen überschneiden sich teilweise mit § 7 Abs. 2 Nr. 1. Damit geht eine **erhebliche Vereinfachung der Rechtsanwendung** einher. In den genannten Verfahren bedarf es nicht mehr der Prüfung, bei welchen Personen eine unmittelbare Betroffenheit durch das konkrete Verfahren angenommen werden kann. Die Kataloge der Bücher 2 bis 8 des FamFG entheben iVm § 7 Abs. 2 Nr. 2 1. Fall durch ihre rein formelle Anknüpfung den Rechtsanwender von materiellen Prüfungsansätzen. Das Ziel der Reform, den Beteiligtenbegriff stärker an formelle Kriterien zu binden, ist damit erreicht.

100 Das gilt ebenfalls für die rechtliche Stellung von **Verfahrensbeiständen** und **Verfahrenspflegern**. Verfahrensbeistände in Kindschafts-, Abstammungs- und Adoptionssachen (§§ 158, 174, 191) sowie Verfahrenspfleger in Betreuungs-, Unterbringungs- und Freiheitsentziehungssachen (§§ 276, 317, 419) sind mit ihrer Bestellung kraft Gesetzes als Beteiligte hinzugezogen (§§ 158 Abs. 3 S. 2, 174 S. 2, 191 S. 2, 274 Abs. 2, 315 Abs. 2, 419 Abs. 2).

101 **Außerhalb des FamFG** ist insbesondere auf § 92 GBO hinzuweisen. Dort ist geregelt, wer in Rangbereinigungsverfahren (§ 90 GBO) als Beteiligter kraft Gesetzes hinzuziehen ist.

f) Muss-Beteiligte nach § 7 Abs. 2 Nr. 2 2. Fall

102 Nach § 7 Abs. 2 Nr. 2 2. Fall muss das Gericht als Beteiligte diejenigen hinzuziehen, die aufgrund einer Regelung im FamFG oder anderer Gesetze **auf Antrag** zu beteiligen sind.

103 Diese Regelung zielt zuvörderst auf die Stellung der in den verschiedenen Verfahren anzuhörenden **Behörden:** Jugendamt, Betreuungsbehörde, Verwaltungsbehörde. Nach § 7 Abs. 6 sind diese Behörden nicht deshalb am Verfahren beteiligt, weil sie anzuhören sind oder Auskünfte zu erteilen haben. Den Behörden steht aber das Recht zu, auf Antrag beteiligt zu werden. Das folgt für das **Jugendamt** aus § 162 Abs. 1 (Kindschaftssachen), § 172 Abs. 2 (Abstammungssachen), § 188 Abs. 2 (Adoptionssachen), § 204 Abs. 2 (Wohnungszuweisungssachen) und § 212 (Gewaltschutzsachen). **Betreuungsbehörden und Verwaltungsbehörden** sind auf Antrag zu beteiligen nach § 274 Abs. 3 in bestimmten Betreuungssachen und nach § 314 Abs. 3 in Unterbringungssachen.[101] Stellen die Behörden den Antrag, sind sie zwingend hinzuzuziehen und haben damit alle Rechte eines Verfahrensbeteiligten, können aber auch mit Verfahrenskosten belastet

---

[101] In Freiheitsentziehungssachen ist die Verwaltungsbehörde, die den Antrag auf Freiheitsentziehung gestellt hat, beteiligt nach § 7 Abs. 1 iVm §§ 417 Abs. 1, 418 Abs. 1.

werden. Die den Behörden eingeräumten Beschwerderechte (Jugendamt: §§ 176 Abs. 2 S. 2, 194 Abs. 2 S. 2, § 205 Abs. 2 S. 2, 213 Abs. 2 S. 2; Landesjugendamt: § 195 Abs. 2 S. 2; Betreuungsbehörde: §§ 303 Abs. 1, 335 Abs. 4) können aber unabhängig vom Beteiligtenstatus ausgeübt werden. Es ist damit nicht notwendig, dass Behörden sich nur vorsorglich zur Wahrung ihrer Rechte an einem Verfahren beteiligen.[102]

Über die Einbindung der Behörden hinaus, ist die zwingende Beteiligung auf Antrag von besonderer Bedeutung in **Nachlasssachen**. Wie bereits dargestellt (Rn 97), modifiziert in Nachlasssachen § 345 den Grundsatz, dass jeder unmittelbar durch das Verfahren Betroffene als Beteiligter hinzuzuziehen ist (§ 7 Abs. 2 Nr. 1). Die gesetzlichen Erben, diejenigen, die aufgrund einer Verfügung von Todes wegen als Erben in Betracht kommen, und alle Übrigen, deren Recht am Nachlass unmittelbar durch das **Verfahren auf Erteilung eines Erbscheins** betroffen wird, müssen aber hinzugezogen werden, wenn sie dies beantragen (§ 345 Abs. 1 S. 3). In **Verfahren zur Ernennung eines Testamentsvollstreckers und zur Erteilung eines Testamentsvollstreckerzeugnisses** sind auf Antrag die Erben und ein Mitvollstrecker hinzuzuziehen (§ 345 Abs. 3 S. 2 und 3). Und schließlich hat das Gericht in allen **übrigen Antragsverfahren** die unmittelbar Betroffenen auf Antrag hinzuzuziehen. 104

Die auf Antrag hinzuzuziehenden Personen sind, soweit dem Gericht bekannt, von der Einleitung des Verfahrens zu **unterrichten und über das Antragsrecht zu belehren** (§ 7 Abs. 4). Das Gericht ist nicht verpflichtet, die Namen und Anschriften unbekannter Rechtsinhaber zu ermitteln. Die Benachrichtigungspflicht des § 7 Abs. 4 soll nicht zu aufwändigen gerichtlichen Ermittlungen und damit verbundenen Verfahrensverzögerungen führen.[103] 105

g) Kann-Beteiligte nach § 7 Abs. 3

Nach § 7 Abs. 3 kann das Gericht **von Amts wegen oder auf Antrag** als Beteiligte diejenigen **hinzuziehen**, die **aufgrund einer Regelung im FamFG oder anderer Gesetze beteiligt werden können**. Für diese Art der Beteiligung finden sich im FamFG normative Anknüpfungen, die ganz unterschiedliche Verfahren betreffen. Einerseits die von Fürsorge geprägten und von Amts wegen einzuleitenden Verfahren in Betreuungs- und Unterbringungssachen, andererseits die auf Antrag betriebenen Nachlass- und Freiheitsentziehungsverfahren, wobei im Rahmen letzteren Verfahrens ebenfalls der Fürsorge für den Betroffenen eine besondere Bedeutung zukommt. 106

In **Betreuungssachen** (§ 274 Abs. 4), **Unterbringungssachen** (§ 315 Abs. 4) und **Freiheitsentziehungssachen** (§ 414 Abs. 3) ist es häufig im Interesse des Betroffenen sinnvoll, nahe Angehörige, eine Person des Vertrauens und – in Unterbringungssachen – den Leiter der Einrichtung, in der der Betroffene lebt, als Beteiligte in das Verfahren einzubeziehen. Damit können ideelle und soziale Interessen von Personen gewahrt werden, die nicht iSv § 7 Abs. 2 Nr. 1 durch das Verfahren unmittelbar in ihren Rechten betroffen sind.[104] 107

---

102 Gesetzesbegründung, BR-Drucks. 309/07, 391.
103 Gesetzesbegründung, BR-Drucks. 309/07, 393.
104 Gesetzesbegründung, BR-Drucks. 309/07, 392.

108 Ob die genannten Personen in das Verfahren als Beteiligte eingebunden werden, steht im **Ermessen** des Gerichts. Das Gericht hat im Einzelfall zu entscheiden, ob eine Beteiligung sachgerecht und verfahrensfördernd ist. Maßstab ist das wohlverstandene Interesse des vom Verfahren unmittelbar Betroffenen, da die Beteiligung naher Angehöriger und Vertrauenspersonen allein in seinem Interesse erfolgt. Eine vorhergehende Anhörung des Betroffenen wird daher im Regelfall notwendig sein, um festzustellen, ob er mit der Hinzuziehung einverstanden ist. Lehnt der Betroffene die Beteiligung aus nachvollziehbaren Gründen ab, ist von einer Hinzuziehung grundsätzlich abzusehen.[105]

109 In **Nachlasssachen** ist der bereits dargestellten besonderen Situation (Rn 97, 104) Rechnung zu tragen. Die unmittelbar durch ein Verfahren Betroffenen, für die § 7 Abs. 2 Nr. 1 nicht gilt und die keinen Antrag auf Hinzuziehung als Beteiligte gestellt haben (§ 7 Abs. 2 Nr. 2), können nach § 345 Abs. 1 S. 3, Abs. 3 S. 3, Abs. 4 S. 2 von Amts wegen hinzugezogen werden.

110 Ob die unmittelbar von einem Nachlassverfahren betroffenen Personen in das Verfahren als Beteiligte eingebunden werden, steht im **Ermessen** des Gerichts. Das Gericht hat im Einzelfall zu entscheiden, ob eine Beteiligung sachgerecht und verfahrensfördernd ist. Maßstab ist insbesondere die Notwendigkeit, im Rahmen der Ermittlung von Amts wegen die Betroffenen in die Mitwirkungspflichten nach §§ 27, 28 Abs. 1 einzubinden (s. Rn 260 ff).

111 Die auf Antrag hinzuzuziehenden Personen sind, soweit dem Gericht bekannt, von der Einleitung des Verfahrens zu **unterrichten und über das Antragsrecht zu belehren** (§ 7 Abs. 4). Das Gericht ist nicht verpflichtet, die Namen und Anschriften unbekannter Rechtsinhaber zu ermitteln. Die Benachrichtigungspflicht des § 7 Abs. 4 soll nicht zu aufwändigen gerichtlichen Ermittlungen und damit verbundenen Verfahrensverzögerungen führen.[106]

h) Vorabentscheidung über Beteiligtenstellung

112 Will das Gericht einem **Antrag auf Hinzuziehung** nach § 7 Abs. 2, 3 nicht entsprechen, entscheidet es darüber durch Beschluss, der mit der sofortigen Beschwerde in entsprechender Anwendung der §§ 567–572 ZPO anfechtbar ist (§ 7 Abs. 5). Die Beschwerdefrist beträgt also zwei Wochen, die mit der Zustellung der Entscheidung beginnt (§ 569 Abs. 1 S. 1 und 2 ZPO). Mit dieser Regelung ist gewährleistet, frühzeitig den Kreis der Beteiligten zu klären, das Verfahren klar zu strukturieren und Rechtssicherheit herbeizuführen (zu diesen Reformgedanken Rn 1).

113 Auf dieser Grundlage ist der **Anwendungsbereich** von § 7 Abs. 5 zu klären. Ausgehend vom Wortlaut (Antrag auf Hinzuziehung) erfasst die Vorabentscheidung über die Hinzuziehung als Beteiligter jedenfalls die Fälle, in denen Personen auf Antrag hinzuzuziehen sind (§ 7 Abs. 2 Nr. 2 2. Fall) oder auf Antrag hinzugezogen werden können (§ 7 Abs. 3). Vor dem Hintergrund der grundlegenden Ziele, die mit der Regelung des Beteiligtenbegriffs einhergehen (Rn 88), ist eine derartige Beschränkung des Anwendungs-

---

105 Gesetzesbegründung, BR-Drucks. 309/07, 392.
106 Gesetzesbegründung, BR-Drucks. 309/07, 393.

bereichs aber nicht gerechtfertigt. Auch in den Fällen, in denen Streit über eine unmittelbare Betroffenheit (§ 7 Abs. 2 Nr. 1) oder die Voraussetzungen zwingend von Amts wegen hinzuziehender Personen (§ 7 Abs. 2 Nr. 2 1. Fall) besteht, ist es notwendig, im Wege einer Vorabentscheidung die Beteiligtenstellung zu klären, um das Verfahren klar zu strukturieren und Rechtssicherheit herbeizuführen. Der Terminus „Antrag" in § 7 Abs. 5 bezieht sich deshalb nicht ausschließlich auf die Fälle des § 7 Abs. 2 Nr. 2 2. Fall und des § 7 Abs. 3, sondern auf alle **Konstellationen** des **§ 7 Abs. 2, 3**, in denen eine Person meint, als Beteiligter übergangen zu werden.

4. Die Beteiligtenfähigkeit

a) Einleitung

Die Fähigkeit, Beteiligter eines Verfahrens zu sein, war im bisher geltenden Recht nicht geregelt. Es entsprach aber allgemeiner Meinung, dass die Beteiligtenfähigkeit eine von Amts wegen zu prüfende Verfahrensvoraussetzung darstellte,[107] die sich im Wesentlichen nach der Rechtsfähigkeit des materiellen Rechts richtete.[108] Nunmehr bestimmt § 8 die Beteiligtenfähigkeit in Anlehnung an § 61 VwGO.[109] Die **drei Fallgruppen** des § 8 werden nachfolgend erörtert. 114

b) § 8 Nr. 1

Beteiligtenfähig sind **natürliche Personen**, dh jeder Mensch mit der Vollendung der Geburt (§ 1 BGB) bis zu seinem Tod. Ein Mensch ist tot, wenn die Gesamtfunktion des Großhirns, Kleinhirns und Hirnstammes endgültig und nicht behebbar ausgefallen ist und dauerhaft Gehirnkurven nicht geschrieben werden können.[110] **Ausländer** sind beteiligtenfähig, wenn sie nach dem Recht des Staates, dem sie angehören, rechtsfähig sind (Art. 7 Abs. 1 S. 1 EGBGB).[111] Bei **mehrfacher Staatszugehörigkeit** gilt das Recht des Staates, mit dem die Personen am engsten verbunden sind (Art. 5 Abs. 1 S. 1 EGBGB). Besteht auch die deutsche Staatsangehörigkeit, geht deutsches Recht vor (Art. 5 Abs. 1 S. 2 EGBGB). Für **Staatenlose** gilt das Recht des Aufenthaltsortes (Art. 5 Abs. 2 EGBGB) bzw des Wohnsitzes (s. Art. 12 Abs. 1 Übereinkommen über die Rechtsstellung der Staatenlosen). 115

Beteiligtenfähig sind **juristische Personen des Privatrechts**. Das sind rechtlich geregelte Organisationen, denen die Rechtsordnung Rechtsfähigkeit verliehen und damit als Träger eigener Rechte und Pflichten verselbständigt hat.[112] Darunter fallen insbesondere nach deutschem Recht die AG (§ 1 Abs. 1 S. 1 AktG), die GmbH (§ 13 Abs. 1 GmbHG), die Genossenschaft (§ 17 Abs. 1 GenG) und der eingetragene Verein (§ 21 BGB). Die Rechtsfähigkeit besteht nach der Auflösung der juristischen Person fort, bis die Liquidation beendet ist (s. § 264 Abs. 3 AktG, § 69 Abs. 1 GmbHG, § 87 GenG, § 49 Abs. 2 BGB). Ob eine **ausländische Organisation des Privatrechts** als juristische Person anzusehen ist, richtet sich grundsätzlich nach dem Recht des Staates, in dem die 116

---

[107] KKW/Schmidt § 12 FGG Rn 143; Bassenge/Roth Einl. FGG Rn 31.
[108] BayObLG NJW-RR 1990, 1446; KKW/Zimmermann § 13 FGGRn 51; Bassenge/Roth Einl. FGG Rn 31–33.
[109] Gesetzesbegründung, BR-Drucks. 309/07, 394.
[110] BayObLG NJW-RR 1999, 1309; Palandt/Ellenberger § 1 BGB Rn 3; vgl auch § 3 Abs. 2 Nr. 2 TPG.
[111] KKW/Zimmermann § 13 FGG Rn 51.
[112] Raiser AcP 199, 104.

Organisation den tatsächlichen Sitz ihrer Hauptverwaltung hat (Sitztheorie).[113] Im Geltungsbereich des europäischen Gemeinschaftsrechts (und damit der Niederlassungsfreiheit) gilt abweichend die Gründungstheorie. Danach ist entscheidend, ob die Organisationsform nach dem Recht des Mitgliedstaates, in der sie gegründet wurde, den Status einer juristischen Person besitzt.[114] Steht ausländischen Organisationen entsprechend den vorgenannten Grundsätzen der Status einer juristischen Person zu, sind sie im Inland rechts- und damit beteiligtenfähig, ohne dass es einer besonderen Anerkennung bedarf.[115]

117 Beteiligtenfähig sind **juristische Personen des öffentlichen Rechts.** Darunter fallen der Bund, die Länder, Kommunen sowie Bistümer und Kirchengemeinden der katholischen Kirche.

c) § 8 Nr. 2

118 Beteiligtenfähig sind **Vereinigungen, Personengruppen und Einrichtungen,** soweit ihnen ein Recht zustehen kann. Darunter fallen insbesondere generell die OHG (§§ 124 Abs. 1, 156 HGB), die KG (§§ 161 Abs. 2, 124 Abs. 1, 156 HGB), die Partnerschaftsgesellschaft (§§ 7 Abs. 2, 10 Abs. 1 PartGG iVm §§ 124 Abs. 1, 156 HGB), die EWIV (§ 1 EWIV-Ausführungsgesetz iVm §§ 124 Abs. 1, 156 HGB), die WEG, soweit sie bei der Verwaltung des gemeinschaftlichen Eigentums am Rechtsverkehr teilnimmt,[116] die GbR, wenn sie als Außengesellschaft am Rechtsverkehr teilnimmt,[117] Parteien (§ 3 PartG) und Gewerkschaften.[118] Zusätzlich sind in einzelnen Sachen, insbesondere in Grundbuch- und Registersachen, die Erben-, Güter- und Bruchteilsgemeinschaft, der Vorstand einer AG (§§ 98 ff AktG) und weitere beispielsweise in § 98 Abs. 2 AktG genannte Vereinigungen beteiligtenfähig.[119]

119 **Ausländische** Vereinigungen, Personengruppen und Einrichtungen sind beteiligtenfähig nach den Regeln, die für juristische Personen gelten (Rn 116).[120]

d) § 8 Nr. 3

120 Beteiligtenfähig sind alle **Behörden** ohne eigene Rechtspersönlichkeit. Darunter fallen insbesondere das Jugendamt und die Betreuungsbehörde.

5. Verfahrensfähigkeit

a) Einleitung

121 Verfahrensfähigkeit ist die Kompetenz, Verfahrenshandlungen selbst oder durch einen selbst bestellten Verfahrensvertreter wirksam vor- und entgegenzunehmen.[121] Die Ver-

---

113 BGHZ 151, 204, 206; BGH NJW 2003, 1607.
114 BGH NJW 2005, 1648; BGH NJW 2004, 3706; BGH NJW 2003, 1461.
115 BayObLGZ 1986, 61; Palandt/Thorn Anhang zu Art. 12 EGBGB Rn 20; KKW/Zimmermann § 13 FGG Rn 51.
116 BGH NJW 2005, 2061.
117 BGH NJW 2001, 1056; Entsprechendes dürfte für den nicht rechtsfähigen Verein gelten, für den nach § 54 BGB die Regelungen der GbR Anwendung finden, Karsten Schmidt, Die BGB-Außengesellschaft: rechts- und parteifähig, NJW 2001, 993, 1002. Für den Zeitraum der Liquidation s. § 730 Abs. 2 BGB.
118 BGHZ 42, 210; KKW/Zimmermann § 13 FGG Rn 51.
119 KKW/Zimmermann § 13 FGG Rn 51.
120 Palandt/Thorn Anhang zu Art. 12 EGBGB Rn 22.
121 BayObLG NJW-RR 2005, 1384; OLG Stuttgart NJW 2006, 1887; KKW/Zimmermann § 13 FGG Rn 32; Bumiller/Winkler Vor § 13 Rn 14; Bassenge/Roth Einl. FGG Rn 34.

fahrensfähigkeit war im bisher geltenden Recht nicht geregelt. Es entsprach aber allgemeiner Meinung, dass sie eine von Amts wegen zu prüfende Verfahrensvoraussetzung darstellte,[122] die sich grundsätzlich nach §§ 104 ff BGB und nicht nach §§ 51 ff ZPO richtete.[123] Sonderregelungen gab es für die Verfahrensfähigkeit von Kindern, die das 14. Lebensjahr vollendet hatten, in Verfahren, die die elterliche Sorge oder Personensorge des Vormunds betrafen (§ 59 FGG), und für Geschäftsunfähige in Betreuungs- und Unterbringungssachen (§§ 66, 70a FGG). Nunmehr bestimmt § 9 die Verfahrensfähigkeit in Anlehnung an § 62 VwGO, § 58 FGO und §§ 51 ff ZPO.[124] § 9 differenziert nach der Verfahrensfähigkeit natürlicher Personen (§ 9 Abs. 1, 2) und der Verfahrensfähigkeit von Organisationseinheiten (§ 9 Abs. 3). Dem entspricht die nachfolgende Darstellung.

b) Verfahrensfähigkeit natürlicher Personen

Welche natürlichen Personen verfahrensfähig sind, regelt § 9 Abs. 1 in vier Fallgruppen. 122

aa) § 9 Abs. 1 Nr. 1

Verfahrensfähig sind die nach bürgerlichem Recht **voll Geschäftsfähigen**. Die Geschäftsfähigkeit ist nach §§ 2, 104 ff BGB zu bestimmen. Es darf weder eine Pflegschaft gem. §§ 1911, 1913 BGB vorliegen noch im Verfahren ein Prozesspfleger gem. § 9 Abs. 5 FamFG iVm § 57 ZPO (s. dazu Rn 140 ff) bestellt sein.[125] Für einen **Ausländer** ist grundsätzlich maßgeblich, ob er nach seinem Heimatrecht als geschäftsfähig anzusehen ist (Art. 7 Abs. 1 S. 1, Abs. 2 EGBGB). Fehlt danach die Geschäftsfähigkeit, gilt er gleichwohl als verfahrensfähig, wenn er nach inländischem Recht verfahrensfähig ist (§ 7 Abs. 5 FamFG iVm § 55 ZPO). Praktisch geht damit das Recht des Gerichtsstands (lex fori) dem Heimatrecht vor.[126] Bei **mehrfacher Staatszugehörigkeit** gilt das Recht des Staates, mit dem die Personen am engsten verbunden sind (Art. 5 Abs. 1 S. 1 EGBGB). Besteht auch die deutsche Staatsangehörigkeit, geht deutsches Recht vor (Art. 5 Abs. 1 S. 2 EGBGB). Ergänzend finden § 7 Abs. 5 FamFG, § 55 ZPO Anwendung. Für **Staatenlose** gilt für die Frage der Geschäftsfähigkeit das Recht des Aufenthaltsortes (Art. 5 Abs. 2 EGBGB) bzw des Wohnsitzes (s. Art. 12 Abs. 1 Übereinkommen über die Rechtsstellung der Staatenlosen). Ebenso findet wie bei Ausländern § 55 ZPO über § 7 Abs. 5 FamFG Anwendung.[127] 123

bb) § 9 Abs. 1 Nr. 2

Verfahrensfähig sind die nach bürgerlichem Recht **beschränkt Geschäftsfähigen**, soweit sie für den Gegenstand des Verfahrens nach bürgerlichem Recht als geschäftsfähig anerkannt sind. Von dieser Regelung werden alle Minderjährigen erfasst, die das siebente Lebensjahr vollendet haben (§§ 2, 106 BGB), soweit ihnen §§ 112, 113 BGB unbeschränkte Geschäftsfähigkeit zuweisen. 124

---

122 BayObLG WuM 2000, 565; KKW/Zimmermann § 13 FGG Rn 44; Bassenge/Roth Einl. FGG Rn 34.
123 BGHZ 35, 1 (4); KKW/Zimmermann § 13 FGG Rn 32; Bumiller/Winkler Vor § 13 FGG Rn 14; Bassenge/Roth Einl. FGG Rn 34.
124 Gesetzesbegründung, BR-Drucks. 309/07, 394, 395.
125 Gesetzesbegründung, BR-Drucks. 309/07, 394.
126 Zöller/Vollkommer § 55 ZPO Rn 1.
127 Zöller/Vollkommer § 55 ZPO Rn 1.

125 § 112 BGB erfasst die Fälle, in denen der gesetzliche Vertreter den Minderjährigen mit Genehmigung des Familiengerichts zum **selbständigen Betrieb eines Erwerbsgeschäftes** ermächtigt. Darunter ist jede erlaubte, selbständige, berufsmäßig ausgeübte und auf Gewinn gerichtete Tätigkeit zu verstehen. Erfasst wird mit dieser Definition auch die selbständige Ausübung eines künstlerischen Berufs.[128] Der Umfang der vollen Geschäftsfähigkeit beschränkt sich auf die Geschäfte, die der Betrieb des Erwerbsgeschäftes zum Gegenstand hat. Die Abgrenzung zu anderen Geschäften erfolgt unter Berücksichtigung der Verkehrsanschauung. Unerheblich ist dagegen, ob die im Rahmen des Betriebs zu treffenden Maßnahmen von erheblicher Bedeutung oder außergewöhnlich sind.[129] Von diesem Grundsatz nimmt § 112 Abs. 1 S. 1 BGB Rechtsgeschäfte aus, zu denen der gesetzliche Vertreter der Genehmigung des Familiengerichts bedürfte. Wird der Minderjährige durch die Eltern oder ein Elternteil vertreten, gilt für die genehmigungspflichtigen Geschäfte § 1643 Abs. 1 BGB iVm § 1821 BGB (grundstücksbezogene Rechtsgeschäfte) und § 1821 Nr. 1, 3, 5, 8–11 BGB (insbesondere Miet- und Pachtverträge, Kreditaufnahme, Bürgschaft, Erteilung einer Prokura). Für den Vormund (§ 1773 BGB) und den Ergänzungspfleger (§ 1909 BGB) findet zusätzlich § 1822 BGB vollständig Anwendung (für den Ergänzungspfleger über § 1916 BGB). Das hat zur Konsequenz, dass der Minderjährige in den das Erwerbsgeschäft betreffenden Grundbuchsachen, die unter § 1821 BGB fallen, und in Handelsregistersachen, die eine Prokura betreffen, nicht nach § 9 Abs. 1 Nr. 2 verfahrensfähig ist.

126 § 113 BGB erfasst die Fälle, in denen der gesetzliche Vertreter den Minderjährigen ermächtigt hat, in ein **Dienst- oder Arbeitsverhältnis** zu treten. Die Ermächtigung umfasst den Abschluss eines Dienst- oder Arbeitsvertrags (s. § 113 Abs. 4 BGB) und sämtliche Maßnahmen, die im Rahmen der Vertragsabwicklung vorzunehmen sind. Ausgenommen sind solche Geschäfte, für die der gesetzliche Vertreter einer familiengerichtlichen Genehmigung bedürfte (§ 113 Abs. 1 S. 2 BGB). Der Minderjährige kann deshalb insbesondere keinen Kredit bei seinem Vertragspartner oder einer Gewerkschaft aufnehmen (§§ 1643 Abs. 1, 1822 Nr. 5, 1915 Abs. 1 S. 1 BGB). Auf **öffentlich-rechtliche Dienstverhältnisse** findet § 113 BGB entsprechende Anwendung.[130]

cc) § 9 Abs. 1 Nr. 3

127 Verfahrensfähig sind die nach bürgerlichem Recht **beschränkt Geschäftsfähigen** (§§ 2, 106 BGB), soweit sie das **14. Lebensjahr vollendet** haben und sie in einem Verfahren, das ihre Person betrifft, ein ihnen nach bürgerlichem Recht zustehendes Recht geltend machen. Von dieser Regelung werden beispielsweise folgende Verfahren erfasst:

- § 1303 Abs. 2 BGB (Antrag auf Befreiung von der **Ehemündigkeit**).
- § 1315 Abs. 1 S. 3 BGB (**Eheaufhebung:** Ersetzung der verweigerten Zustimmung zur Bestätigung einer aufhebbaren Ehe), wenn der antragstellende Ehegatte nicht volljährig ist.

---

128 Palandt/Ellenberger § 112 BGB Rn 3.
129 Palandt/Ellenberger § 112 BGB Rn 4.
130 Palandt/Ellenberger § 113 BGB Rn 2.

- § 1316 Abs. 2 S. 2 BGB (**Eheaufhebungsantrag**), wenn der antragstellende Ehegatte nicht volljährig ist.
- § 1357 Abs. 2 S. 1 BGB (Ausschluss der gesetzlichen Ermächtigung zur Vornahme von Rechtsgeschäften zur Deckung des **allgemeinen Lebensbedarfs**), wenn der antragstellende Ehegatte nicht volljährig ist.
- § 1600a Abs. 2 S. 2 BGB (**Anfechtung der Vaterschaft**), wenn die Anfechtungsberechtigten nach § 1600 Abs. 1 Nr. 1–3 BGB (rechtlicher Vater, mögliche/r biologische/r Vater/Mutter) noch nicht volljährig sind.
- § 1626c Abs. 2 S. 3 BGB (Ersetzung der Zustimmung eines gesetzlichen Vertreters zu einer **Sorgeerklärung**), wenn der antragstellende Ehegatte nicht volljährig ist.
- § 1746 Abs. 1 S. 2 und 3, Abs. 2 BGB (**Adoption**: Einwilligung des Kindes und dessen Widerruf).
- § 1748 Abs. 1 S. 1 BGB (**Adoption**: Ersetzung der Einwilligung eines Elternteils auf Antrag des Kindes).
- § 1749 Abs. 1, S. 2, Abs. 2 BGB iVm § 1750 Abs. 3 BGB (**Adoption**: Einwilligung von minderjährigen Ehegatten).
- § 1762 Abs. 1 S. 2 und 4 BGB (Aufhebung der **Adoption**), wenn das antragstellende Kind noch nicht volljährig ist.
- § 1778 Abs. 1 Nr. 5 BGB (**Vormundschaft**: Widerspruch gegen Bestellung eines berufenen Vormunds), wenn das widersprechende Kind noch nicht volljährig ist.
- § 1887 Abs. 2 S. 2 BGB (Antrag des Kindes auf **Entlassung des zum Vormund** bestellten Jugendamtes oder Vereins).

dd) § 9 Abs. 1 Nr. 4

Verfahrensfähig sind diejenigen, die, obwohl sie nicht unter § 9 Nr. 1–3 fallen, **aufgrund des FamFG oder eines anderen Gesetzes dazu bestimmt** werden. 128

In **Betreuungs- und Unterbringungssachen** sind die Betroffenen ohne Rücksicht auf ihre Geschäftsfähigkeit beteiligtenfähig (§§ 275, 316). 129

c) Vertretung verfahrensunfähiger natürlicher Personen

Soweit ein Geschäftsunfähiger oder in der Geschäftsfähigkeit Beschränkter nicht verfahrensfähig ist, handeln für ihn die nach bürgerlichem Recht dazu befugten Personen (§ 9 Abs. 2). Das Verschulden seiner Vertreter muss sich der verfahrensunfähige Beteiligte zurechnen lassen. Im Einzelnen: 130

Minderjährige werden **gesetzlich vertreten** durch die **Eltern** (§§ 1626 Abs. 1 S. 1, 1629 Abs. 1 S. 1 BGB) oder die **Mutter**, wenn die Eltern nicht verheiratet sind und keine gemeinsamen Sorgeerklärungen abgegeben haben (§ 1626a Abs. 2 BGB), oder dem **Jugendamt als Beistand** für die Feststellung der Abstammung und die Geltendmachung von Unterhaltsansprüchen, wenn dies ein Elternteil beantragt, dem die alleinige elterliche Sorge zusteht (§§ 1712, 1713, 1716 S. 2, 1915, 1793 Abs. 1 S. 1 BGB, §§ 173, 234 FamFG), oder **einem Elternteil**, dem die Sorge alleine zusteht (§§ 1671 Abs. 1, 1678, 1680, 1681 BGB), oder einem **Ergänzungspfleger**, wenn den Eltern die elterliche 131

Sorge in Teilbereichen nicht zusteht (§§ 1909 Abs. 1 S. 1, 1915 Abs. 1 S. 1, 1793 Abs. 1 S. 1 BGB), oder einem **Vormund**, wenn den Eltern die elterliche Sorge vollständig nicht zusteht oder von ihnen vollständig nicht ausgeübt werden kann (§§ 1773, 1793 Abs. 1 S. 1 BGB). Eine **gewillkürte Vertretung** Minderjähriger kennt das bürgerliche Recht nicht. Eine Vollmachtserteilung (§ 167 BGB) durch einen Minderjährigen wäre nach §§ 104 Nr. 1, 105 Abs. 1 BGB nichtig oder nach §§ 107, 111 S. 1 BGB unwirksam.

132 **Volljährige** werden durch einen **Betreuer** gesetzlich vertreten (§ 1902 BGB). Zusätzlich besteht nach § 1896 Abs. 2 S. 2 1. Fall BGB das Recht, einen **Bevollmächtigten** mit der Wahrnehmung der nicht mehr selbst wahrnehmbaren Aufgaben zu bestellen. Die Erteilung einer solchen (Vorsorge-)Vollmacht verdrängt das Betreuungsrecht. An die Stelle des gesetzlichen Vertreters tritt der Bevollmächtigte.[131]

133 Für das **Verschulden einer zur Vertretung befugten Person** muss der Beteiligte so einstehen, als wenn er selbst schuldhaft gehandelt hätte. Das folgt für gesetzliche Vertreter aus § 9 Abs. 4 und für den im Rahmen des Betreuungsrechts zur Verfahrensführung Bevollmächtigten aus § 11 S. 4 FamFG iVm § 85 Abs. 2 ZPO.[132]

134 Mit dieser Regelung knüpft der Gesetzgeber an § 22 Abs. 2 S. 2 FGG aF an, der hinsichtlich der Fristversäumung bei der sofortigen Beschwerde das Verschulden des Vertreters mit dem des Vertretenen gleichsetzte. Über diesen engen Rahmen hinaus wird der Rechtsgedanke, für das Verschulden eines Vertreters einstehen zu müssen, verallgemeinert.[133]

d) Verfahrensfähigkeit von Organisationseinheiten

135 Nach § 9 Abs. 3 handeln für Vereinigungen sowie für Behörden deren gesetzliche Vertreter und Vorstände. Der Begriff der „Vereinigung" ist nicht identisch mit der Terminologie des § 8 Nr. 2 (s. Rn 118). Im Rahmen von § 9 Abs. 3 erfasst er sämtliche juristischen Personen des privaten und öffentlichen Rechts (§ 8 Nr. 1) sowie zusätzlich nicht rechtsfähige Vereinigungen, Personengruppen und Einrichtungen iSv § 8 Nr. 2.[134] **Zusammengefasst:** § 9 Abs. 3 erfasst die Vertretung aller in § 8 Nr. 1–3 genannten Organisationseinheiten. Entsprechend dieser Systematik wird nachfolgend die Vertretung juristischer Personen sowie Vereinigungen, Personengruppen, Einrichtungen und Behörden dargestellt.

136 **Juristische Personen des Privatrechts** werden durch die dafür gesetzlich bestimmten Organe vertreten.

- Für die **AG** handelt der Vorstand in seiner Gesamtheit, wenn nicht die Satzung oder der Aufsichtsrat aufgrund Ermächtigung der Satzung die Vertretung durch einzelne Vorstandsmitglieder allein oder in Gemeinschaft mit einem Prokuristen bestimmt (§ 78 Abs. 1–3 AktG). Zudem kann der Vorstand einzelne Vorstandsmitglieder zur Vertretung in einem bestimmten Verfahren ermächtigen (§ 78 Abs. 4 AktG).

---

131 S. HK-BetrR/Jurgeleit § 1896 BGB Rn 71 zur Rechtslage nach § 58 Abs. 2 S. 1 FGO, der § 9 Abs. 2 FamFG entspricht.
132 Gesetzesbegründung, BR-Drucks. 309/07, 395.
133 Gesetzesbegründung, BR-Drucks. 309/07, 395.
134 Gesetzesbegründung, BR-Drucks. 309/07, 395; für die Wahrung einer transparenten Systematik ist die unterschiedliche Terminologie, deren Sinn verschlossen bleibt, nicht hilfreich.

II. Verfahren im ersten Rechtszug 1

- Für die **GmbH** handelt der Geschäftsführer (§ 35 Abs. 1 GmbHG). Sind mehrere Geschäftsführer bestellt, vertreten diese die Gesellschaft gemeinschaftlich, wenn nichts anderes bestimmt ist (§ 35 Abs. 2 S. 2 GmbHG).
- Für die **Genossenschaft** handelt der Vorstand in seiner Gesamtheit, wenn das Statut nichts anderes bestimmt (§ 25 Abs. 1 S. 1 und 2 GenG). Die andere Bestimmung kann auch die Vertretung durch einzelne Vorstandsmitglieder allein oder in Gemeinschaft mit einem Prokuristen bestimmen (§ 25 Abs. 2 GenG). Zudem kann der Vorstand einzelne Vorstandsmitglieder zur Vertretung in einem bestimmten Verfahren ermächtigen (§ 25 Abs. 3 GenG).
- Für den **eingetragenen Verein** handelt der Vorstand (§ 26 Abs. 2 S. 1 BGB). Die Satzung bestimmt, ob bei mehreren Vorstandsmitgliedern eine Einzel- oder Gesamtvertretung stattfindet. Enthält die Satzung keine Regeln, gilt nicht der Grundsatz der Gesamtvertretung, sondern das Mehrheitsprinzip.[135]
- Für **ausländische juristische Personen** (zur Beteiligtenfähigkeit s. Rn 116 ff) entscheidet das Recht ihres Personalstatuts über die Vertretungsmacht der Organe.[136] Das Personalstatut richtet sich grundsätzlich nach dem Recht des Staates, in dem die Organisation den tatsächlichen Sitz ihrer Hauptverwaltung hat (Sitztheorie).[137] Im Geltungsbereich des europäischen Gemeinschaftsrechts und damit der Niederlassungsfreiheit gilt abweichend die Gründungstheorie. Danach ist für die gesetzliche Vertretung einer juristischen Persondas Recht des Mitgliedstaates entscheidend, in dem sie gegründet wurde.[138]

Juristische Personen des öffentlichen Rechts werden entsprechend den Regelungen des Grundgesetzes, der Landesverfassungen, der Geschäftsordnungen der Regierungen, der Gemeindeordnungen, Verwaltungsvorschriften, Kirchenordnungen usw vertreten.   137

Vereinigungen, Personengruppen und Einrichtungen iSv § 8 Nr. 2 (s. Rn 118) werden durch die Personen, die dazu aufgrund Gesetzes oder Statut ermächtigt sind, vertreten. Herauszuheben ist: 138

- Die **OHG** wird durch jeden ihrer Gesellschafter vertreten (Einzelvertretungsgrundsatz), soweit dieser nicht kraft Gesellschaftsvertrages von der Vertretung ausgeschlossen ist (§ 125 Abs. 1 HGB). Der Gesellschaftsvertrag kann zudem regeln, dass ein Gesellschafter einzeln nur in Gemeinschaft mit anderen Gesellschaftern vertretungsberechtigt ist (Gesamtvertretung) oder ein Gesellschafter einzeln nur zusammen mit einem Prokuristen die Gesellschaft vertreten kann (§ 125 Abs. 2, 3 HGB).
- Die **KG** wird durch ihre persönlich haftenden Gesellschafter vertreten (Komplementäre), während die Kommanditisten von der Vertretung ausgeschlossen sind, (§§ 161 Abs. 2, 125 HGB sowie § 170 HGB). Für die persönlich haftenden Gesellschafter gelten die vorstehenden Ausführungen zur OHG entsprechend.

---

135 Palandt/Ellenberger § 26 BGB Rn 6; Karsten Schmidt, Gesellschaftsrecht, S. 688.
136 BGH NJW 2003, 3270; BGH NJW 2001, 305; Palandt/Thorn Anh. zu Art. 12 EGBGB Rn 13.
137 BGHZ 151, 204, 206; BGH NJW 2003, 1607.
138 BGH NJW 2005, 1648; BGH NJW 2004, 3706; BGH NJW 2003, 1461.

- Die **Partnerschaftsgesellschaft** wird durch die Partner entsprechend den für die OHG geltenden Regelungen in § 125 Abs. 1 und 2 HGB vertreten (§ 7 Abs. 3 PartGG).
- Die **EWIV** wird durch den Geschäftsführer, bei mehreren durch jeden Geschäftsführer vertreten (Art. 20 Abs. 1 S. 1 EWIV-VO). Der Gründungsvertrag kann bestimmen, dass die Gesellschaft nur durch zwei oder mehrere Geschäftsführer vertreten wird (Art. 20 Abs. 2 EWIV-VO). Dritten gegenüber kann das unter Beachtung von § 9 Abs. 1 EWIV-VO nur entgegengehalten werden, wenn die Bestimmung des Gründungsvertrags nach Art. 8 EWIV-VO bekanntgemacht worden ist (§ 20 Abs. 2 EWIV-VO).
- Die **WEG** wird im Rahmen ihrer Teilrechtsfähigkeit (s. Rn 118) grundsätzlich durch den Verwalter vertreten (§ 27 Abs. 3 S. 1 Nr. 1, 2, 6 WEG). Fehlt ein Verwalter oder ist er nicht zur Vertretung berechtigt, vertreten alle Wohnungseigentümer die Gemeinschaft. Die Wohnungseigentümer können durch Beschluss mit Stimmenmehrheit einen oder mehrere Wohnungseigentümer zur Vertretung ermächtigen (§ 27 Abs. 3 S. 2 und 3 WEG).
- Die **Außen-GbR** wird im Zweifel durch jeden Gesellschafter vertreten, der nach dem Gesellschaftsvertrag zur Geschäftsführung berufen ist (§ 714 BGB). Der Gesellschaftsvertrag kann anderes bestimmen.
- **Ausländische** Vereinigungen, Personengruppen und Einrichtungen werden nach den Regeln, die für juristische Personen gelten, vertreten (Rn 136).[139]

139 **Behörden** werden durch ihren Leiter oder dessen Vertreter oder einem vom Leiter beauftragten Sachbearbeiter vertreten.[140]

e) Prüfung der Verfahrensfähigkeit von Amts wegen
aa) Einleitung

140 Nach § 9 Abs. 5 iVm § 56 Abs. 1 ZPO hat das Gericht den Mangel der Verfahrensfähigkeit **von Amts wegen zu berücksichtigen**.[141] Das gilt für das gesamte Verfahren und in jedem Rechtszug, dh auch im Verfahren der Beschwerde (§§ 58 ff) und Rechtsbeschwerde (§§ 70 ff).[142] Hat das Gericht Bedenken gegen die Verfahrensfähigkeit eines Beteiligten, ist zu klären, wie das Verfahren unter Berücksichtigung der eventuellen oder feststehenden Verfahrensunfähigkeit eines Beteiligten zu betreiben ist. Für die Darstellung der **Verfahrensoptionen** ist zu differenzieren zwischen Antragsverfahren und Verfahren, die von Amts wegen betrieben werden (s. zur Terminologie Rn 4, 17). Zusätzlich sind in Antragsverfahren zur Handhabung von Bedenken gegen die Verfahrensfähigkeit fünf Fallgruppen zu unterscheiden:
- Der Antragsteller ist eine natürliche minderjährige Person.
- Der Antragsteller ist eine natürliche volljährige Person.

---

139 Palandt/Thorn Anhang zu Art. 12 EGBGB Rn 22.
140 KKW/Zimmermann § 13 FGG Rn 49.
141 Das entspricht der nicht normierten bisherigen Rechtslage: KKW/Zimmermann § 13 FGG Rn 44; Bumiller/Winkler Vor § 13 FGG Rn 19; Bassenge/Roth Einl. FGG Rn 43.
142 Vgl Zöller/Vollkommer § 56 ZPO Rn 2; BGH NJW 2004, 2523; BGH NJW 1997, 658.

- Der Antragsteller ist eine juristische Person, Personenvereinigung oder Behörde.
- Der Antragsgegner oder ein weiterer Beteiligter ist eine natürliche Person.
- Der Antragsgegner oder ein weiterer Beteiligter ist eine juristische Person, Personenvereinigung oder Behörde.

Die einzelnen Fallgruppen werden nachfolgend erörtert. 141

bb) Antragsverfahren: Antragsteller ist eine natürliche minderjährige Person

Ist der Antragsteller eine natürliche minderjährige Person, die selbst nicht nach § 9 142
Abs. 1 Nr. 2–4 verfahrensfähig ist (s. dazu Rn 122 ff), wird er durch die nach bürgerlichem Recht Befugten gesetzlich vertreten (Rn 131). Vor diesem Hintergrund können Bedenken gegen die Verfahrensfähigkeit des Minderjährigen bestehen, wenn der gesetzliche Vertreter von der Vertretung ausgeschlossen ist (s. beispielsweise §§ 1629 Abs. 2 S. 1 und 3, 1795, 1796; 1638[143] BGB). In diesen Fällen wird der Minderjährige durch einen vom Familiengericht zu bestellenden Ergänzungspfleger (§ 1909 Abs. 1 S. 1 BGB, § 151 Nr. 5 FamFG) vertreten (§§ 1915 Abs. 1 S. 1, 1793 Abs. 1 S. 1 BGB).

Auf dieser Grundlage ist wie folgt zu verfahren: Da der Ergänzungspfleger im Bedarfsfall von Amts wegen zu bestellen ist, ist nach § 22 a Abs. 1 dem Familiengericht der Tatbestand mitzuteilen. Nach Bestellung eines Ergänzungspflegers kann dieser das Verfahren für den Minderjährigen aufnehmen und fortführen oder durch Antragsrücknahme beenden (§ 22 Abs. 1). Bis das Familiengericht über die Bestellung eines Ergänzungspflegers entscheidet, ist das Verfahren nach § 21 Abs. 1 S. 1 auszusetzen, weil das familiengerichtliche Verfahren vorgreiflich ist. Die Aussetzung hat gem. § 21 Abs. 1 S. 2 FamFG die Wirkungen des § 249 ZPO. Während der Aussetzung laufen keine prozessualen Fristen,[144] und Verfahrenshandlungen bleiben ohne Wirkung. Neben der Aussetzung bestehen keine weiteren verfahrensrechtlichen Optionen. Nach § 9 Abs. 5 iVm § 57 ZPO kann nur Passivbeteiligten ein Prozesspfleger bestellt werden.[145] Einem besonderen Eilbedürfnis des minderjährigen Antragstellers muss im familiengerichtlichen Verfahren Rechnung getragen werden. 143

cc) Antragsverfahren: Antragsteller ist eine natürliche volljährige Person

Ist der Antragsteller eine natürliche volljährige Person, können aufgrund seines Geisteszustands Bedenken gegen seine Geschäfts- und damit Verfahrensfähigkeit bestehen (§ 9 Abs. 1 Nr. 1). Ist ein (Vorsorge-)Bevollmächtigter nicht vorhanden, müsste der Volljährige durch einen Betreuer gesetzlich vertreten werden (§ 1902 BGB). 144

Auf dieser Grundlage ist wie folgt zu verfahren: Da der Betreuer im Bedarfsfall (auch) von Amts wegen zu bestellen ist (§ 1896 Abs. 1 S. 1 BGB), ist nach § 22 a Abs. 1 dem Betreuungsgericht der Tatbestand mitzuteilen. **Nach Bestellung eines Betreuers** kann dieser das Verfahren für den Volljährigen aufnehmen und fortführen oder durch Antragsrücknahme beenden (§ 22 Abs. 1), und zwar unabhängig davon, ob die Erkrankung des Antragstellers bereits zur Geschäftsunfähigkeit geführt hat. Der Antragsteller 145

---

143 Zu Konstellationen nach § 1638 BGB s. BGH FamRZ 1989, 271; BGH NJW 1989, 984.
144 Zur Verjährung s. § 204 Abs. 2 BGB.
145 BGH FamRZ 1989, 271; Zöller/Vollkommer § 57 ZPO Rn 1 a.

wird nach Bestellung eines Betreuers als ein nicht verfahrensfähiger Beteiligter angesehen (§ 9 Abs. 5 FamFG, § 53 ZPO). Bis das Betreuungsgericht über die Bestellung eines Betreuers entscheidet, ist das Verfahren nach § 21 Abs. 1 S. 1 auszusetzen, weil das betreuungsgerichtliche Verfahren vorgreiflich ist. Die Aussetzung hat gem. § 21 Abs. 1 S. 2 FamFG die Wirkungen des § 249 ZPO. Während der Aussetzung laufen keine prozessualen Fristen,[146] und Verfahrenshandlungen bleiben ohne Wirkung. Neben der Aussetzung bestehen keine weiteren verfahrensrechtlichen Optionen. Nach § 9 Abs. 5 FamFG iVm § 57 ZPO kann nur Passivbeteiligten ein Prozesspfleger bestellt werden.[147] Einem besonderen Eilbedürfnis des volljährigen Antragstellers muss im betreuungsgerichtlichen Verfahren Rechnung getragen werden.

146 **Lehnt das Betreuungsgericht die Bestellung eines Betreuers ab**, weil nach Einholung eines Gutachtens (§ 280) keine psychische Krankheit, geistige oder seelische Behinderung feststellbar ist, kann das erkennende Gericht das Verfahren fortsetzen. Den von Amts wegen zu beachtenden Bedenken gegen die Verfahrensfähigkeit ist es dann hinreichend nachgegangen.

dd) Antragsverfahren: Antragsteller ist eine juristische Person, Personenvereinigung oder Behörde

147 Ist der Antragsteller eine juristische Person, Personenvereinigung oder Behörde, die nicht durch das dazu berufene Organ oder die dazu berufenen Personen vertreten wird, ist der Antrag unzulässig. Darauf hat das Gericht hinzuweisen und dem Antragsteller Gelegenheit zu geben, den Verfahrensmangel zu beheben (§ 28 Abs. 1 S. 2).

148 **Fehlt einer juristischen Person des Privatrechts das zur Vertretung berufene Organ** oder fällt dieses im Laufe des Verfahrens aufgrund von Tod, Geschäftsunfähigkeit, Absetzung, Amtsniederlegung, Amtsablauf, längerer Krankheit oder dauernder Abwesenheit weg,[148] ohne dass eine Neubestellung erfolgt, ist wie folgt vorzugehen: Nach § 85 Abs. 1 S. 1 AktG und § 29 BGB, der unmittelbar für den Verein gilt und analog auf alle juristischen Personen des Privatrechts außer der AG Anwendung findet,[149] kann auf Antrag eines Beteiligten ein Organ gerichtlich bestellt werden. Beteiligter iSv § 85 Abs. 1 AktG, § 29 BGB ist jeder, dessen Rechte oder Pflichten durch die Bestellung unmittelbar beeinflusst werden.[150] Dazu gehören alle Mitglieder der juristischen Person und ihrer Organe.[151] Um diesen Personen Gelegenheit zu geben, die Handlungs- und damit Verfahrensfähigkeit der juristischen Person wiederherzustellen, hat das Gericht eine Frist zur Stellung eines Antrags nach § 85 Abs. 1 AktG, § 29 BGB zu setzen und ggf sein Verfahren nach § 21 Abs. 1 S. 1 FamFG auszusetzen.

149 Fällt bei einer Personenhandelsgesellschaft oder einer Außen-GbR der **einzig zur Vertretung berufene Gesellschafter** durch Tod weg,[152] findet § 29 BGB keine Anwen-

---

146 Für die Verjährung s. § 204 Abs. 2 BGB.
147 BGH FamRZ 1989, 271; Zöller/Vollkommer § 57 ZPO Rn 1 a.
148 Palandt/Ellenberger § 29 BGB Rn 2.
149 Palandt/Ellenberger § 29 BGB Rn 1.
150 BayObLG NJW-RR 2000, 1198; BayObLGZ 1971, 178.
151 Palandt/Ellenberger § 29 BGB Rn 5.
152 Eine Entziehung der Vertretungsmacht kommt in Konstellationen, in denen die Gesellschaft ansonsten handlungsunfähig wäre, nicht in Betracht: BGHZ 51, 198.

dung.¹⁵³ Die nicht körperschaftlich strukturierte Personengesellschaft bildet ihre Organe aus sich heraus. Die organschaftliche Vertretung liegt zwingend in der Hand der Gesellschafter.¹⁵⁴ Der Gesellschaft ist daher eine Frist zur Bestimmung eines weiteren Gesellschafters zum Vertreter zu setzen. Nach Ablauf der Frist kann der Antrag als unzulässig zurückgewiesen werden. Entsprechendes gilt für eine **WEG**.

In allen Fällen scheidet die Bestellung eines Prozesspflegers aus, da nach § 9 Abs. 5 FamFG iVm § 57 ZPO nur Passivbeteiligten ein Prozesspfleger bestellt werden kann.¹⁵⁵   150

ee) Antragsverfahren: Antragsgegner oder ein weiterer Beteiligter ist eine natürliche Person

Ist der Antragsgegner oder ein weiterer Beteiligter eine natürliche Person, gilt das zu Rn 142–146 Ausgeführte. Zusätzlich besteht die Möglichkeit, nach § 9 Abs. 5 FamFG, § 57 ZPO einen **Prozesspfleger** zu bestellen,¹⁵⁶ soweit nicht die spezialgesetzlich geregelte Bestellung eines Verfahrensbeistandes (s. §§ 158, 174, 191) oder eines Verfahrenspflegers (§§ 276, 317, 419) vorrangig ist.¹⁵⁷ Die Bestellung eines Prozesspflegers ist über den Wortlaut des § 57 Abs. 1 ZPO hinaus in jeder Lage des Verfahrens möglich. Es ist deshalb unerheblich, ob Verfahrensunfähigkeit von Beginn an bestand oder während des Verfahrens eingetreten ist.¹⁵⁸   151

Die Bestellung eines Prozesspflegers setzt nach § 9 Abs. 5 FamFG, § 57 Abs. 1 ZPO **Gefahr im Verzug** voraus. Gefahr im Verzug liegt nach dem **Wortlaut** des § 57 Abs. 1 ZPO in Antragsverfahren vor, wenn ohne die Bestellung eines Prozesspflegers, die Verwirklichung der Rechte des Antragsgegners ernstlich gefährdet oder vereitelt würde. Dafür reicht es, dass ein Aufschub des Verfahrens bis zur Bestellung eines gesetzlichen Vertreters durch die zuständige Stelle mit erheblichen Nachteilen für den Antragsteller verbunden wäre.¹⁵⁹   152

Darüber hinaus sollen § 9 Abs. 5 FamFG, § 57 ZPO nach der **Gesetzesbegründung** unter Bezugnahme auf die Rechtsprechung des Bundesgerichtshofs Anwendung finden, um einem nicht verfahrensfähigen Antragsgegner rechtliches Gehör zu gewähren.¹⁶⁰ Das ist unzutreffend. Die Interessen eines nicht verfahrensfähigen Minderjährigen oder Volljährigen werden hinreichend durch die Einleitung familien- und betreuungsgerichtlicher Verfahren (§ 22 a Abs. 1) in Verbindung mit der Aussetzung des Antragsverfahrens (§ 21 Abs. 1 S. 1) gewahrt. Die Gewährung sofortigen rechtlichen Gehörs durch die Bestellung eines Prozesspflegers erfolgt ausschließlich im Interesse des Antragstellers, damit eine Entscheidung sofort oder zumindest schneller ergehen kann. Anderes folgt nicht aus der Rechtsprechung des Bundesgerichtshofs, der darauf abstellt, dass die Sache keinen längeren Aufschub duldet.¹⁶¹ Würde demgegenüber der Anwendungsbereich des § 57 ZPO erweitert, wäre das für die verfahrensunfähigen Minder-   153

---

153 BGHZ 51, 198, 200.
154 K. Schmidt, Gesellschaftsrecht, S. 249 f.
155 BGH FamRZ 1989, 271; Zöller/Vollkommer § 57 ZPO Rn 1 a.
156 S. bereits zur alten Rechtslage BGH FamRZ 1989, 271.
157 Gesetzesbegründung, BR-Drucks. 309/07, 395.
158 BGH NJW 1990, 1736; Zöller/Vollkommer § 57 ZPO Rn 2.
159 Zöller/Vollkommer § 57 ZPO Rn 4.
160 Gesetzesbegründung, BR-Drucks. 309/07, 395 unter Hinweis auf BGH FamRZ 1989, 271.
161 BGH FamRZ 1989, 271.

jährigen und Volljährigen mit dem Nachteil verbunden, von einer nicht im ordentlichen Auswahlverfahren ausgewählten Person vertreten zu werden, ohne dass dafür ein Bedürfnis bestünde.

154 Vor diesem Hintergrund ist schließlich zu klären, ob in Antragsverfahren, gemäß dem Wortlaut von § 57 Abs. 1 ZPO, die Bestellung eines Prozesspflegers nur auf **Antrag** des Antragstellers erfolgt. Einer wortlautgetreuen Auslegung ist der Vorzug zu geben, da die Interessen des Antragstellers geschützt werden sollen. Kennt der Antragsteller sein Recht aus § 9 Abs. 5 FamFG, § 57 Abs. 1 ZPO nicht, kann das Gericht im Rahmen seiner Verfahrensleitung darauf hinweisen (s. § 28 Abs. 2). Wird gleichwohl kein Antrag gestellt, ist es dabei zu belassen.

ff) Antragsverfahren: Antragsgegner oder ein weiterer Beteiligter ist eine juristische Person, Personenvereinigung oder Behörde

155 Ist der Antragsgegner oder ein weiterer Beteiligter eine juristische Person, Personenvereinigung oder Behörde, gilt das zu Rn 147–150 Ausgeführte. Zusätzlich besteht die Möglichkeit, nach § 9 Abs. 5 FamFG, § 57 ZPO einen **Prozesspfleger** zu bestellen. § 57 ZPO gilt für alle möglichen Passivbeteiligten.[162]

156 Für die Voraussetzungen des § 57 Abs. 1 ZPO wird auf die Ausführungen zu Rn 153 ff verwiesen. Zusätzlich ist anzumerken: Die Möglichkeit, nach § 85 Abs. 1 AktG, § 29 BGB ein **Organ gerichtlich zu bestellen** (s. Rn 148), schließt die Bestellung eines Prozesspflegers nicht aus, da der gerichtliche Eingriff nach § 57 ZPO weniger einschneidend ist als der nach § 85 Abs. 1 AktG, 29 BGB.[163]

gg) Verfahren von Amts wegen

157 In Verfahren, die von Amts wegen betrieben werden, gelten die vorgehend (Rn 140 ff) dargestellten Verfahrensoptionen grundsätzlich entsprechend. Ergänzend ist zu erörtern, ob und in welchen Konstellationen § 9 Abs. 5 FamFG § 57 ZPO Anwendung finden. Dazu ist auszuführen:

158 **Anwendungsbereich:** § 57 ZPO ist auf kontradiktorische Verfahren ausgerichtet. Der Bundesgerichtshof hatte § 57 ZPO in einem Antragsverfahren in Nachlasssachen für entsprechend anwendbar gehalten.[164] Die Gesetzesbegründung[165] ist ambivalent. Einerseits wird auf die Voraussetzungen des § 57 ZPO und die bereits erwähnte Rechtsprechung des Bundesgerichtshofs verwiesen. Andererseits wird ausgeführt, über § 57 ZPO solle allgemein nicht ordnungsgemäßen Beteiligten rechtliches Gehör gewährt werden können. Wenn diese Begründung auch nicht zutreffend ist (s. Rn 153), so folgt daraus jedenfalls der Wille, § 57 ZPO über § 9 Abs. 5 FamFG auf alle Verfahren der freiwilligen Gerichtsbarkeit anzuwenden. Das ist zudem inhaltlich gerechtfertigt. In vielen Verfahren, die von Amts wegen betrieben werden, kann zum Schutz eines Beteiligten ein Bedürfnis bestehen, das Verfahren zu beschleunigen und deshalb von § 57

---

162 Zöller/Vollkommer § 57 ZPO Rn 1 a.
163 OLG München OLGReport 2007, 865; OLG Zweibrücken OLGReport 2007, 260; Zöller/Vollkommer § 57 ZPO Rn 2.
164 BGH FamRZ 1989, 271.
165 Gesetzesbegründung, BR-Drucks. 309/07, 395.

ZPO Gebrauch zu machen. Zudem befindet sich jeder Beteiligte in einer passiven Verfahrensrolle, da das Gericht die Sache aktiv betreibt.

Gefahr im Verzug: In Verfahren, die von Amts wegen betrieben werden, kann die Frage, ob Gefahr in Verzug gegeben ist, nicht aus der Sicht eines Antragstellers bewertet werden. Maßgeblich sind die Interessenlagen aller Beteiligten. Gefahr im Verzug liegt also vor, wenn ohne die Bestellung eines Prozesspflegers, die Verwirklichung der Rechte eines Beteiligten ernstlich gefährdet oder vereitelt würde. Dafür reicht es, dass ein Aufschub des Verfahrens bis zur Bestellung eines gesetzlichen Vertreters durch die zuständige Stelle mit erheblichen Nachteilen für einen Beteiligten verbunden wäre. 159

Antrag: Ein Antrag ist nicht erforderlich. Das Gericht hat von Amts wegen die Interessen der Beteiligten zu wahren. 160

f) Folgen fehlender Verfahrensfähigkeit

Die Verfahrensfähigkeit ist **Sachentscheidungsvoraussetzung und Bedingung für die Wirksamkeit einer Verfahrenshandlung.**[166] Ist ein Beteiligter verfahrensunfähig, sind grundsätzlich sämtliche Verfahrenshandlungen, die er vorgenommen hat oder die ihm gegenüber vorgenommen wurden (beispielsweise Zustellungen), unwirksam.[167] Die Unwirksamkeit wird rückwirkend geheilt durch die Genehmigung des gesetzlichen Vertreters oder – bei Volljährigen – des (Vorsorge-)Bevollmächtigten oder des verfahrensfähig gewordenen Beteiligten.[168] Die Genehmigung kann in jedem Verfahrensstadium, auch noch im Rechtsbeschwerdeverfahren, erteilt werden.[169] 161

Von der **Rechtsfolge der Unwirksamkeit sind die Verfahrenshandlungen ausgenommen**, die der Beteiligte ergreift, um seine Verfahrensfähigkeit zu klären.[170] So ist eine Beschwerde gegen einen Beschluss, der einen Antrag mangels Verfahrensfähigkeit des Antragstellers als unzulässig zurückweist, zulässig. Die Beschwerde kann nicht ohne Sachprüfung als unzulässig verworfen werden, weil diese an demselben Mangel leidet, der auch dem verfahrenseinleitenden Antrag anhaftet.[171] 162

6. Postulationsfähigkeit – Bevollmächtigte

a) Einleitung

Grundsätzlich können die Beteiligten das Verfahren selbst betreiben (§ 10 Abs. 1), dh wirksam selbst oder durch ihren gesetzlichen Vertreter (s. Rn 121 ff) Verfahrenshandlungen vornehmen oder entgegennehmen (**Postulationsfähigkeit**). Sie können sich aber auch eines Bevollmächtigten bedienen, der mit Wirkung für und gegen sie das Verfahren führt (§§ 10 Abs. 2, 11 S. 5 FamFG, § 85 Abs. 1 S. 1 ZPO). Abweichend von diesem Prinzip sieht das Gesetz teilweise vor, dass Beteiligte nicht postulationsfähig sind, sondern sich zwingend durch einen Rechtsanwalt vertreten lassen müssen (s. § 114). Die 163

---

166 KKW/Zimmermann § 13 FGG Rn 44; Bumiller/Winkler Vor § 13 FGG Rn 19.
167 Bumiller/Winkler Vor § 13 FGG Rn 19; Bassenge/Roth Einl. FGG Rn 43.
168 BGH NJW 1989, 984; BayObLGZ 1980, 289; Bumiller/Winkler Vor § 13 FGG Rn 19; Bassenge/Roth Einl. FGG Rn 43.
169 BGH NJW 1989, 984.
170 BGH NJW 1989, 984; Bumiller/Winkler Vor § 13 FGG Rn 19; einschränkend KKW/Zimmermann § 13 FGG Rn 44; ablehnend Bassenge/Roth Einl. FGG Rn 43.
171 BGH NJW 1989, 984.

vor diesem Hintergrund mit der Bevollmächtigung einhergehenden Fragen werden nachfolgend erörtert.

b) Gesetzesentwicklung

164 § 13 S. 2 FGG aF sah für die Verfahren der freiwilligen Gerichtsbarkeit die Möglichkeit der Vertretung eines Beteiligten durch einen Bevollmächtigten vor, soweit nicht das Gericht das persönliche Erscheinen angeordnet hatte. Der Bevollmächtigte musste grundsätzlich keine besonderen Voraussetzungen erfüllen und konnte entsprechend § 165 BGB beschränkt geschäftsfähig sein.[172] Anderes galt, wenn das Gesetz eine Vertretung durch einen Rechtsanwalt anordnete. Das betraf die weitere Beschwerde (§ 29 Abs. 1 S. 1 FGG, § 80 Abs. 1 S. 2 GBO aF) und die Familiensachen, für die § 78 Abs. 2, 3 ZPO die Vertretung durch einen Rechtsanwalt bestimmte.

165 Während der Arbeiten zur Reform des familiengerichtlichen Verfahrens und der Verfahren der freiwilligen Gerichtsbarkeit legte die Bundesregierung den **Entwurf eines Gesetzes zur Neuregelung des Rechtsberatungsgesetzes**[173] vor. Dieser Gesetzentwurf sah eine Neufassung des § 13 FGG vor,[174] die zum 1.7.2008 in Kraft trat.[175] Dieser Neufassung entspricht – mit Ausnahme von Abs. 4 – der nunmehrige § 10 FamFG.[176]

c) Notwendige Vertretung durch Rechtsanwälte

166 Gem. § 10 Abs. 1, Abs. 2 S. 2 müssen sich die Beteiligten durch einen Rechtsanwalt vertreten lassen, wenn dies geboten, dh gesetzlich bestimmt ist. Eine solche Bestimmung enthält § 114 für **Ehesachen** (§ 121), **Folgesachen** (§ 137 Abs. 2, 3) und **Familienstreitsachen** (§ 112).

167 Des Weiteren bedarf es einer Vertretung in **Rechtsbeschwerdeverfahren** vor dem Bundesgerichtshof, § 10 Abs. 4 (s. Rn 182).

d) Zugelassene Personen als Bevollmächtigte

168 Ist eine Vertretung durch einen Rechtsanwalt nicht geboten, kann der Beteiligte, will er das Verfahren nicht selbst betreiben, zwischen der Bevollmächtigung eines Rechtsanwalts oder einer anderen der in § 10 Abs. 2 S. 2 genannten Personen wählen. Daraus ergeben sich folgende Optionen:

aa) § 10 Abs. 2 S. 2 Nr. 1

169 **Jeder Beteiligte** kann sich unabhängig davon, ob er eine natürliche Person, eine juristische Person des öffentlichen oder Privatrechts, eine Vereinigung, Personengruppe, Einrichtung oder Behörde ist,[177] durch einen **Beschäftigten** vertreten lassen. Der Begriff des Beschäftigten ist weit auszulegen und umfasst sämtliche öffentlich-rechtlichen und privatrechtlichen Beschäftigungsverhältnisse.[178] § 10 Abs. 2 S. 2 Nr. 1 gestattet es dem Arbeitgeber oder Dienstherrn, den Beschäftigten zur eigenen Interessenwahrung als

---

172 KKW/Zimmermann § 13 FGG Rn 11; Bumiller/Winkler § 13 FGG Rn 10; Bassenge/Roth § 13 FGG Rn 3.
173 BT-Drucks. 16/3655.
174 BT-Drucks. 16/3655, 17, 18.
175 Art. 10 des Gesetzes vom 12.12.2007, BGBl. I, 2840.
176 Gesetzesbegründung, BR-Drucks. 309/07, 396.
177 BT-Drucks. 16/3655, 87.
178 BT-Drucks. 16/3655, 87.

II. Verfahren im ersten Rechtszug

Bevollmächtigten einzubinden. Dem Beschäftigten ist es grundsätzlich nicht gestattet, für Kunden des Dienstherrn oder andere Mitglieder einer Vereinigung das Verfahren zu führen.[179]

Von dem Grundsatz, dass nur eigene Beschäftigte von dem Beteiligten bevollmächtigt werden können, sieht § 10 Abs. 2 S. 2 Nr. 1 **zwei Ausnahmen** vor. Mitarbeiter **verbundener Unternehmen** iSv § 15 AktG können die Vertretung innerhalb des Verbundes für andere Unternehmen übernehmen. Parallel dazu[180] können sich juristische Personen des öffentlichen Rechts und Behörden zusätzlich durch Beschäftigte anderer Behörden oder juristische Personen des öffentlichen Rechts einschließlich der von ihnen zur Erfüllung ihrer öffentlichen Aufgaben gebildeten Zusammenschlüsse vertreten lassen. 170

Die Einbindung von Beschäftigten allgemein und zusätzlich im Rahmen verbundener Unternehmen, anderer Behörden, juristischer Personen des öffentlichen Rechts und Zusammenschlüsse zur Erfüllung öffentlicher Aufgaben führt zu der Frage, wie weit die Verpflichtung des Gerichts reicht, **Mängel der Vollmacht von Amts wegen zu berücksichtigen** (§ 11 S. 4). Muss dem Gericht das Beschäftigungsverhältnis nachgewiesen werden? Sind die Anforderungen, die §§ 16–19, 291, 292 AktG an die Annahme verbundener Unternehmen stellt, nachzuprüfen? Nach der Gesetzesbegründung soll es ausreichend sein, wenn sich aus der schriftlichen Vollmacht (§ 11 S. 1) ergibt, dass der Vertreter für ein verbundenes Unternehmen auftritt. Dies indiziere das besondere Näheverhältnis, welches die Einbindung von Beschäftigten als Bevollmächtigte rechtfertige.[181] Ausgehend von dieser Gesetzesbegründung zur Prüfung des § 15 AktG dürfte es ebenfalls zu verantworten sein, für die Annahme eines Beschäftigungsverhältnisses und anderer Voraussetzungen allein auf den Inhalt der schriftlichen Vollmacht abzustellen, soweit sich keine Bedenken aufdrängen. 171

bb) § 10 Abs. 2 S. 2 Nr. 2

§ 10 Abs. 2 S. 2 Nr. 2 regelt die Zulässigkeit einer **unentgeltlichen** Verfahrensvertretung durch die dort genannten **drei Personengruppen**.[182] Im Einzelnen: 172

Unentgeltlichkeit liegt nicht vor, wenn für die Vertretung eine Gegenleistung vereinbart ist. Als Gegenleistung kommt jeder Vermögensvorteil in Betracht. Darunter fällt auch eine unentgeltliche Vertretung, die mit einer anderen, beruflichen Tätigkeit in Verbindung steht.[183] Innerhalb der Familie und dem Bekanntenkreis übliche Geschenke stehen dagegen der Unentgeltlichkeit ebenso wenig entgegen wie der Ersatz von Aufwendungen für Schreib-, Porto- und Fahrtkosten.[184] Schließlich ist eine Verfahrensvertretung unentgeltlich, wenn der Bevollmächtigte sich generell durch öffentlich-rechtliche Zuwendungen oder private Spenden finanziert.[185] 173

---

179 BT-Drucks. 16/3655, 87.
180 BT-Drucks. 16/3655, 87; BT-Drucks. 16/12717, 69.
181 BT-Drucks. 16/3655, 87.
182 BT-Drucks. 16/3655, 87.
183 BT-Drucks. 16/3655, 57.
184 BT-Drucks. 16/3655, 57.
185 BT-Drucks. 16/3655, 57.

174 Unter den Begriff der **volljährigen**[186] **Familienangehörigen** iSv § 15 AO, § 11 LPartG fallen Verlobte, Ehegatten, Lebenspartner (§ 1 LPartG), Verwandte und Verschwägerte in gerader Linie (§§ 1589 S. 1, 1590 BGB, § 11 Abs. 2 LPartG), Geschwister, Kinder der Geschwister, Ehegatten und Lebenspartner (§ 1 LPartG) der Geschwister und Geschwister der Ehegatten und Lebenspartner (§ 1 LPartG), Geschwister der Eltern, Pflegeeltern und Pflegekinder.

175 Außerhalb des weiten Familienkreises ist die Vertretung durch Personen möglich, die über die **Befähigung zum Richteramt** verfügen. Damit wird ehrenamtliches Engagement juristisch qualifizierter Personen zugelassen.[187] Richter dürfen aber nicht vor dem Gericht als Bevollmächtigte auftreten, dem sie angehören (§ 10 Abs. 5).

176 Schließlich kann ein **Beteiligter** sich selbst vertreten und zusätzlich als Bevollmächtigter anderer Beteiligter auftreten. Das dient in erster Linie der Prozessökonomie bei gleichgelagerten Interessen mehrerer Beteiligter.[188]

177 Wie weit reicht die Verpflichtung des Gerichts, **Mängel der Vollmacht von Amts wegen zu berücksichtigen** (§ 11 S. 4)? Nach der Gesetzesbegründung haben die Bevollmächtigten ihre Zugehörigkeit zu einer der Personengruppen und die Unentgeltlichkeit darzulegen. Das Gericht hat die Voraussetzungen erforderlichenfalls im Wege des Freibeweises festzustellen. Es kann ausreichend sein, wenn sich aus der schriftlichen Vollmacht (§ 11 S. 1) ergibt, dass der Vertreter für einen Familienangehörigen auftritt. Dies indiziere das besondere Näheverhältnis, welches die Einbindung von Beschäftigten als Bevollmächtigte rechtfertige. An die Prüfung der Berechtigung zur Verfahrensführung sollen jedenfalls keine höheren Anforderungen gestellt werden als nach der bisherigen Rechtslage.[189] Vor diesem Hintergrund wird es häufig reichen, auf der Grundlage der Vollmacht und ggf Nachfragen die Berechtigung zur Vertretung zu klären. Bleiben Zweifel, insbesondere bei Personen, die die Befähigung zum Richteramt in Anspruch nehmen, ist die Vertretungsberechtigung näher zu prüfen (§ 29).

cc) § 10 Abs. 2 S. 2 Nr. 3

178 § 10 Abs. 2 S. 2 Nr. 3 regelt die Möglichkeit, **Notare** zu bevollmächtigen, da diese in vielen Verfahren die Funktion eines Vertreters übernehmen. Der Umfang der Vertretungsbefugnisse der Notare folgt aus ihren Zuständigkeiten und Befugnissen nach der BNotO.[190]

e) Zurückweisung eines Bevollmächtigten

179 Nach § 10 Abs. 3 kann das Gericht Bevollmächtigte zurückweisen, wenn die **Voraussetzungen des** § 10 Abs. 2 S. 2 nicht gegeben sind (§ 10 Abs. 3 S. 1). Die Entscheidung über die Zurückweisung ergeht durch Beschluss. Verfahrenshandlungen, die ein nichtberechtigter Bevollmächtigter bis zu seiner Zurückweisung vorgenommen oder entgegengenommen hat, insbesondere Zustellungen, sind wirksam (§ 10 Abs. 3 S. 2).

---

186 Abweichung von § 165 BGB.
187 BT-Drucks. 16/3655, 88.
188 BT-Drucks. 16/3655, 88.
189 BT-Drucks. 16/3655, 87.
190 BT-Drucks. 16/3655, 92.

Des Weiteren kann das Gericht Bevollmächtigte nach § 10 Abs. 2 S. 2 Nr. 1 und 2, die nicht in der Lage sind, den Sach- und Streitstand darzulegen (§ 10 Abs. 3 S. 3), zurückweisen. Die Entscheidung ergeht durch Beschluss. Bis zu seiner Zurückweisung ist der Bevollmächtigte berechtigt, für den Beteiligten zu handeln. Die von ihm bis zur Zurückweisung vorgenommenen und entgegengenommenen Verfahrenshandlungen sind deshalb wirksam, ohne dass es dafür einer gesetzlichen Regelung bedürfte. 180

Die **Beschlüsse** nach § 10 Abs. 3 S. 1 und 3 sind **unanfechtbar**. Fehlentscheidungen, die mit einer Verletzung des rechtlichen Gehörs einhergehen, können mit der Beschwerde überprüft werden.[191] 181

f) Verfahren vor dem Bundesgerichtshof

In Verfahren vor dem Bundesgerichtshof haben sich die Beteiligten grundsätzlich durch einen beim **Bundesgerichtshof zugelassenen Rechtsanwalt** vertreten zu lassen (§ 10 Abs. 4 S. 1). Davon ausgenommen sind Verfahren über die Ausschließung und Ablehnung von Gerichtspersonen und über die Verfahrenskostenhilfe (§ 10 Abs. 4 S. 1). Zudem können Behörden und juristische Personen des öffentlichen Rechts eigene Beschäftigte mit Befähigung zum Richteramt oder Beschäftigte mit Befähigung zum Richteramt anderer Behörden oder juristische Personen des öffentlichen Rechts einschließlich der von ihnen zur Erfüllung ihrer öffentlichen Aufgaben gebildeten Zusammenschlüsse bevollmächtigen (§ 10 Abs. 4 S. 2). 182

g) Verfahrensvollmacht

§ 11 regelt die Vorlage der Verfahrensvollmacht und das Verfahren bei Vollmachtsmängeln. § 11 S. 1–4 entsprechen im Wesentlichen § 13 Abs. 5 FGG in der seit 1.7.2008 in Kraft getretenen Fassung. Zusätzlich gelten über § 11 S. 5 die §§ 81–87, 89 ZPO entsprechend.[192] 183

aa) Entstehen und Beachtlichkeit der Verfahrensvollmacht

Die Vollmacht entsteht nach § 167 Abs. 1 BGB durch eine **einseitige empfangsbedürftige Willenserklärung**, die dem Bevollmächtigten, dem Gericht oder den anderen Beteiligten zugeht (§ 130 BGB). Ob die Vollmachtserteilung wirksam und zu beachten ist, richtet sich aber nicht nach den Regeln des BGB, sondern nach dem Verfahrensrecht.[193] Die Erteilung der Verfahrensvollmacht ist **Verfahrenshandlung**.[194] Der Vollmachtgeber und der Vollmachtnehmer müssen daher **verfahrensfähig** (§ 9; s. Rn 121 ff) sein. 184

Nach § 11 S. 5 FamFG, § 89 Abs. 2 ZPO ist die Vollmacht im Verhältnis zum bevollmächtigenden Beteiligten **wirksam**, wenn sie formlos, insbesondere mündlich, oder stillschweigend erteilt wird.[195] 185

---

191 BT-Drucks. 16/3655, 89.
192 Eine entsprechende Anwendung der Regelungen der ZPO wurde unter Geltung des FGG abgelehnt: KKW/Zimmermann § 13 FGG Rn 13; Bumiller/Winkler § 13 FGG Rn 11; Bassenge/Roth § 13 FGG Rn 7, 8.
193 Ausgeschlossen ist damit insbesondere § 165 BGB, vgl § 10 Abs. 2 S. 2 Nr. 2 FamFG: „volljähriger" Familienangehöriger.
194 BGH NJW 2007, 772, 773; Zöller/Vollkommer § 80 ZPO Rn 2 a, 5.
195 BGH NJW 2004, 844; BGH NJW 2002, 1957; Zöller/Vollkommer § 80 ZPO Rn 5.

186 Für das Gericht und die anderen Beteiligten ist die Vollmacht nach § 11 S. 1 aber grundsätzlich nur **beachtlich**, wenn sie **schriftlich** zu den Gerichtsakten gereicht wird. Zur Wahrung der Schriftform ist grundsätzlich eine unterschriebene Vollmachtsurkunde vorzulegen.[196] Zulässig ist aber auch die Vollmachtserteilung zu Protokoll der Geschäftsstelle oder zum Sitzungsprotokoll,[197] da damit ebenfalls die im öffentlichen Interesse und im Interesse der anderen Beteiligten liegende zweifelsfreie Feststellung der Bevollmächtigung erfolgen kann.[198] Die Vollmacht kann nachgereicht werden, wofür das Gericht eine Frist bestimmen kann (§ 11 S. 2). Vorzulegen ist das Original oder eine öffentliche Beglaubigung, eine (Tele-)Kopie genügt nicht.[199] Wird keine schriftliche Vollmacht vorgelegt, fehlt es an einer **Verfahrenshandlungsvoraussetzung**. Verfahrenshandlungen sind unwirksam, Anträge sind als unzulässig zurückzuweisen.[200]

187 Das Gericht hat **Mängel der Vollmacht**, einschließlich ihrer formgerechten Vorlage, **von Amts wegen zu prüfen** (§ 11 S. 4). Anderes gilt, wenn als Bevollmächtigter ein Rechtsanwalt oder Notar auftritt (§ 11 S. 4). Dann prüft das Gericht **grundsätzlich** nur auf **Rüge eines Beteiligten**, die in jeder Lage des Verfahrens erhoben werden kann (§ 11 S. 3), die Wirksamkeit der Vollmacht einschließlich der formgerechten Vorlage (§ 11 S. 5 FamFG iVm § 88 Abs. 1 ZPO). Die Rüge kann auch der Beteiligte erheben, für den der Rechtsanwalt oder Notar vorgibt, handeln zu dürfen.[201] Als **Ausnahme** von § 11 S. 5 FamFG, § 88 Abs. 1 ZPO prüft das Gericht die Vollmacht ohne Rüge, wenn der Rechtsanwalt oder Notar selbst ernsthafte Zweifel an der Wirksamkeit seiner Vollmacht erweckt.[202]

bb) Umfang der Vollmacht

188 Nach § 11 S. 5 FamFG, § 81 ZPO ermächtigt die Verfahrensvollmacht zur **Führung des gesamten Verfahrens** einschließlich der Abänderung und Wiederaufnahme (§ 48) und der Entgegennahme der von einem Beteiligten oder der Staatskasse zu erstattenden Kosten. Die umfassende Vertretungsbefugnis gilt für **alle Instanzen**, und zwar selbst dann, wenn der Bevollmächtigte nicht in allen Instanzen zugelassen ist (s. § 10 Abs. 4 für Verfahren vor dem Bundesgerichtshof). Denn die Vollmacht umfasst das Recht, einen zugelassenen Vertreter zu beauftragen.[203]

189 Wird dem Vertreter eine Verfahrensvollmacht für die Hauptsache erteilt, umfasst das zugleich die Befugnis ein **einstweiliges Anordnungsverfahren** einzuleiten (§ 11 S. 5 FamFG, § 82 ZPO).

190 Bevollmächtigt ein Beteiligter eine Personenmehrheit, insbesondere eine **Anwaltssozietät**, mit der Wahrnehmung seiner Interessen, ist jeder Einzelne der Sozien bevollmächtigt und kann einzeln den Beteiligten vertreten (§ 11 S. 5 FamFG, § 84 S. 1 ZPO).

---

196 Zöller/Vollkommer § 80 ZPO Rn 8.
197 BT-Drucks. 16/3655, 90.
198 BGH NJW 2007, 772, 773; BGH NJW-RR 2002, 933.
199 BGH NJW 2007, 772, 773.
200 BGH NJW 2007, 772, 773; BGH NJW 1992, 627.
201 BGH NJW 2007, 3640, 3644; Zöller/Vollkommer § 88 ZPO Rn 2.
202 BGH NJW 2001, 2095; Bumiller/Winkler § 13 FGG Rn 13.
203 BGH NJW-RR 1991, 1214; Zöller/Vollkommer § 86 ZPO Rn 11.

cc) Beschränkung des Vollmachtsumfangs

Die Verfahrensvollmacht kann im **Innenverhältnis** von Vollmachtgeber und Bevollmächtigten beschränkt werden. Für eine Überschreitung der Innenvollmacht haftet der Bevollmächtigte ggf auf Schadensersatz. Ob Beschränkungen der Vollmacht im Innenverhältnis für das **Außenverhältnis** zum Gericht und den anderen Beteiligten bedeutsam sind, regelt § 11 S. 5 FamFG iVm §§ 83, 84 S. 2 ZPO. Danach ist zu differenzieren, ob für das Verfahren eine Vertretung durch einen Rechtsanwalt geboten ist oder nicht. **191**

Ist eine **Vertretung durch einen Rechtsanwalt geboten** (s. dazu Rn 166, 167), sind Beschränkungen des gesetzlichen Umfangs der Vollmacht (§ 11 S. 5 FamFG, §§ 81, 82 ZPO) **grundsätzlich unerheblich**. Anderes gilt für den Vergleich (§ 36), den Verzicht und das Anerkenntnis (§§ 38 Abs. 4 Nr. 1, 11 S. 5 FamFG, §§ 83 Abs. 1, 84 S. 2 ZPO). In diesen Fällen wird eine Beschränkung im Innenverhältnis wirksam, wenn sie dem Gericht und den anderen Beteiligten gegenüber unzweideutig mittels Schriftsatz oder mündlich mitgeteilt wird[204] oder bereits in der Vollmachtsurkunde enthalten ist. Beschränkungen, die nicht einen Vergleich, einen Verzicht oder ein Anerkenntnis betreffen, sind im Außenverhältnis unbeachtlich, selbst wenn sie in die Vollmachtsurkunde aufgenommen werden.[205] Die Verfahrenshandlung ist trotz der allen Beteiligten und dem Gericht bekannten Innenbeschränkung voll wirksam. Von diesem Prinzip abweichend kann eine andere Bewertung veranlasst sein, wenn eine **evidente Interessenkollision**[206] oder ein **Vollmachtsmissbrauch** im Sinne eines kollusiven Zusammenwirkens des Bevollmächtigten mit den anderen Beteiligten vorliegt.[207] **192**

In Sachen, in denen die **Beteiligten das Verfahren selbst betreiben können** (§ 10 Abs. 1 FamFG; Rn 163), gelten die Beschränkungen von § 11 S. 5 FamFG, § 83 Abs. 1 ZPO nicht. Die Beteiligten können die Beschränkungen des Innenverhältnisses durch entsprechende Hinweise in der Vollmachtsurkunde oder in Schriftsätzen oder mündlich gegenüber dem Gericht und den anderen Beteiligten in das Außenverhältnis transformieren. Das folgt aus § 11 S. 5 FamFG, § 83 Abs. 2 ZPO, der es gestattet, eine Verfahrensvollmacht für einzelne Verfahrenshandlungen zu erteilen, soweit kein Anwaltszwang besteht.[208] Ohne Wirkungen sind in Verfahren ohne Anwaltszwang nur Regelungen des Innenverhältnisses, die bei der Beauftragung einer Personenmehrheit, insbesondere einer Anwaltssozietät, die Einzelvertretungsbefugnis auf bestimmte Personen einschränkt (§ 11 S. 5 FamFG, § 84 S. 2 ZPO). **193**

dd) Wirkungen der Vollmacht

Nach § 11 S. 5 FamFG, § 85 Abs. 1 S. 1 ZPO sind von und gegenüber einem Bevollmächtigten vorgenommene Verfahrenshandlungen in gleicher Weise verpflichtend, als hätte sie der Beteiligte selbst vorgenommen. Von dieser uneinschränkbaren Wirkung **194**

---

204 BGHZ 16, 167; Zöller/Vollkommer § 83 ZPO Rn 1.
205 BGH NJW 2001, 1356; BGH NJW 1987, 131.
206 BGH NJW 1991, 1176, 1177 für den Fall, dass im Rahmen eines Verkehrsunfalls von beiden Parteien wechselseitig Ansprüche geltend gemacht wurden und der jeweils zusätzlich in Anspruch genommene Haftpflichtversicherer identisch war.
207 Vgl Zöller/Vollkommer § 83 ZPO Rn 3; die in Bezug genommene Entscheidung des BFH in NJW 1997, 1030 betraf aber einen anderen Fall. Dort ging es nicht um einen Vollmachtsmissbrauch, sondern um den Umfang einer Generalvollmacht bei Führung eines offensichtlich unsinnigen Verfahrens.
208 BGHZ 92, 137, 143; Zöller/Vollkommer § 83 ZPO Rn 5.

sieht § 11 S. 5 FamFG, § 85 Abs. 1 S. 2 ZPO eine Ausnahme für **Geständnisse und andere tatsächliche Erklärungen** im Termin vor, wenn der zugleich erschienene Beteiligte seinem Bevollmächtigten sofort widerspricht. Das gilt unabhängig davon, ob eine Vertretung durch Rechtsanwälte geboten ist. Auch in Verfahren mit Anwaltszwang, in denen der Beteiligte selbst nicht postulationsfähig ist, kann Tatsachenvortrag klargestellt werden.[209] Die Bedeutung dieser Norm ist im Rahmen des FamFG nicht deshalb geringer, weil die Gerichte bei der Ermittlung des Sachverhalts nach § 29 Abs. 1 S. 2 nicht an das Vorbringen der Beteiligten gebunden sind. Denn die Reichweite des Amtsermittlungsprinzips wird häufig durch den Tatsachenvortrag der Parteien bestimmt (s. Rn 252).

195 Der Beteiligte muss sich zudem ein **Verschulden seines Bevollmächtigten** wie eigenes Verschulden anrechnen lassen (§ 11 S. 5 FamFG, § 85 Abs. 2 ZPO). Ein Verschulden der Mitarbeiter des Bevollmächtigten wird dagegen nicht zugerechnet. Der Bevollmächtigte ist aber für Mängel in der Büroorganisation, insbesondere für das Fehlen hinreichender Sicherungsvorkehrungen, verantwortlich.[210]

196 Von der Zurechnung des Verschuldens des Bevollmächtigten ist zum einen die **Zurechnung von Wissen** zu unterscheiden, die nach § 166 BGB zu beurteilen ist. Zum anderen ist abzugrenzen zum **Verschulden gesetzlicher Vertreter**, das über § 9 Abs. 4 (s. Rn 133) zugerechnet wird.

ee) Erlöschen und Fortbestand der Vollmacht

197 Die Vollmacht **erlischt** in folgenden Fällen:
- **Widerruf der Vollmacht (§ 168 S. 2 BGB) und Kündigung des Vollmachtsvertrages durch den Beteiligten (§ 168 S. 1 BGB).** Dem Gegner und dem Gericht[211] gegenüber wird diese erst durch die Anzeige von Widerruf oder Kündigung wirksam (§ 11 S. 5 FamFG, § 87 Abs. 1 S. 1 ZPO). In Verfahren, in denen eine Vertretung durch Anwälte geboten ist, bedarf es zusätzlich der Anzeige der Bestellung eines anderen Rechtsanwalts, um Widerruf oder Kündigung wirksam werden zu lassen (§ 11 S. 5 FamFG, § 87 Abs. 1 S. 2 ZPO). Bis dahin ist der gekündigte Rechtsanwalt im Verhältnis zum Gericht und zum Gegner Bevollmächtigter des Beteiligten und damit zur Entgegennahme von Zustellungen und Ladungen ermächtigt und verpflichtet (§ 15 Abs. 2 FamFG, § 172 Abs. 1 ZPO).[212] Den Beteiligten hat er unverzüglich zu unterrichten.[213] Verweigert der Rechtsanwalt trotz dieser Pflichten die Entgegennahme eines Schriftstücks, scheidet eine Zustellung nach § 15 Abs. 2 FamFG iVm § 174 ZPO (Zustellung durch Empfangsbekenntnis) aus.[214]
- **Kündigung des Vollmachtsvertrages durch den Bevollmächtigten (Niederlegung des Mandats, § 168 S. 1 BGB).** Für diesen Fall des Erlöschens der Vollmacht gilt ebenfalls § 11 S. 5 FamFG, § 87 Abs. 1 ZPO, wie aus § 11 S. 5 FamFG, § 87 Abs. 2 ZPO

---

209 Zöller/Vollkommer § 85 ZPO Rn 7.
210 BGH NJW 2006, 2414; BGH NJW 1996, 998; zu weiteren Einzelfragen s. Zöller/Vollkommer § 85 ZPO Rn 10 ff.
211 Erweiternde Auslegung von § 87 Abs. 1 ZPO: BGH NJW 1980, 999.
212 BGH MDR 2007, 1330.
213 BGH NJW 1980, 999.
214 BGHZ 30, 305; Zöller/Stöber § 174 ZPO Rn 6.

folgt. Zusätzlich gilt: Ist die Vollmacht wirksam erloschen, ist der (ehemalige) Bevollmächtigte gleichwohl berechtigt, nicht verpflichtet,[215] für den Beteiligten so lange zu handeln, bis dieser für die Wahrnehmung seiner Rechte anderweitig gesorgt hat (§ 11 S. 5 FamFG, § 87 Abs. 2 ZPO). Nimmt also der bisherige Bevollmächtigte in einem Verfahren ohne Anwaltszwang (für Verfahren mit Anwaltszwang s. § 11 S. 5 FamFG, § 87 Abs. 1 S. 2 ZPO) Zustellungen entgegen, sind diese wirksam.[216] Es findet aber keine Zurechnung eines Verschuldens des ehemaligen Bevollmächtigten über § 11 S. 5 FamFG, § 85 Abs. 2 ZPO statt. Informiert also der ehemalige Bevollmächtigte den Beteiligten nicht über die Zustellung, ist dem Beteiligten bei Versäumung von gesetzlichen Fristen Wiedereinsetzung in den vorigen Stand (§ 17 Abs. 1) zu gewähren.[217]

- **Tod des Bevollmächtigten** (s. §§ 168 S. 1, 673 S. 1, 675 Abs. 1 BGB).
- **Verlust der Vertretungsfähigkeit des Bevollmächtigten.** Das ist der Fall, wenn der Bevollmächtigte verfahrensunfähig wird (§ 9 Abs. 1).[218] In Verfahren mit Anwaltszwang entfällt zudem die Vertretungsfähigkeit, wenn die Zulassung als Rechtsanwalt erlischt oder widerrufen wird.[219]
- **Insolvenz des Beteiligten als Vollmachtgeber** (§ 117 Abs. 1 InsO). Der Bevollmächtigte hat aber die Vertretung bei Gefahr in Verzug fortzusetzen, bis der Insolvenzverwalter anderweitig Fürsorge treffen kann (§§ 117 Abs. 2, 115 Abs. 2 S. 1 InsO).

Die Vollmacht **erlischt nicht, sondern besteht fort** in folgenden Fällen:

- **Tod des Beteiligten als Vollmachtgeber** (§ 11 S. 5 FamFG, § 86 Hs 1 ZPO). Tritt der Bevollmächtigte anschließend als Vertreter des Erben auf, hat er eine Vollmacht des Erben vorzulegen (§ 11 S. 5 FamFG, § 86 Hs 2 ZPO).
- **Nachträgliche Verfahrensunfähigkeit des Beteiligten als Vollmachtgeber** § 11 S. 5 FamFG, § 86 Hs 1 ZPO).
- **Aufhebung oder Veränderung der gesetzlichen Vertretung für den Beteiligten als Vollmachtgeber** (§ 11 S. 5 FamFG, § 86 Hs 1 ZPO).
- **Insolvenz des Bevollmächtigten.** Die Eröffnung des Insolvenzverfahrens über das Vermögen des Bevollmächtigten hat keinen Einfluss auf seine Verfahrensvollmacht, da diese nicht Bestandteil der Insolvenzmasse ist (§ 35 InsO).

ff) Vefahrensbevollmächtigte ohne Vertretungsmacht

Verfahrenshandlungen eines nicht bevollmächtigten Vertreters oder eines Vertreters, der seine Vollmacht nicht in schriftlicher Form nachweisen kann, sind **unwirksam und deshalb unbeachtlich.** Ein Antrag ist als unzulässig zurückzuweisen. Ein Rechtsbehelf ist als unzulässig zu verwerfen.[220]

---

215 BGHZ 43, 135, 137.
216 BGH NJW 2008, 234.
217 BGH NJW 2008, 234.
218 Zöller/Vollkommer § 86 ZPO Rn 5.
219 Zöller/Vollkommer § 86 ZPO Rn 5; dazu neigend BGH MDR 2008, 873, 874; BGH NJW 2006, 2260, 2261.
220 BGH NJW 2007, 772, 773; BayObLGZ 1986, 203; Bassenge/Roth § 13 FGG Rn 6.

200 Die Verfahrenshandlungen eines **Bevollmächtigten ohne Vollmacht** werden **rückwirkend**[221] wirksam, wenn der Beteiligte sie ausdrücklich oder stillschweigend **genehmigt** (§ 11 S. 5 FamFG, § 89 Abs. 2 ZPO).[222] Die Genehmigung setzt voraus, dass der Beteiligte die Unwirksamkeit der bisherigen Verfahrensführung kennt oder zumindest mit ihr rechnet, und durch sein Verhalten zum Ausdruck bringt, die Verfahrensführung für und gegen sich gelten zu lassen.[223] Die Genehmigung bezieht sich auf die gesamte Verfahrensführung. Eine Beschränkung auf bestimmte Verfahrenshandlungen ist nicht möglich.[224] Die Genehmigung kann bis zur Entscheidung über die Zurückweisung eines Antrags oder bis zur Verwerfung eines Rechtsbehelfs erklärt werden.[225] Ist der Mangel der Vollmacht dagegen in unteren Instanzen unentdeckt geblieben, kann die Genehmigung noch im Beschwerde- oder Rechtsbeschwerdeverfahren erfolgen. Das folgt aus der schwebenden Unwirksamkeit der Verfahrenshandlungen, die erst durch eine Zurückweisung als unzulässig endgültig unwirksam werden.[226]

201 Die Verfahrenshandlungen eines **Bevollmächtigten, der seine Vollmacht nicht in schriftlicher Form nachweisen kann,** werden rückwirkend[227] wirksam, wenn die Vollmacht in schriftlicher Form vorgelegt wird. Die bereits während der Tatsacheninstanzen gefertigte schriftliche Vollmacht kann noch im Rechtsbeschwerdeverfahren vorgelegt werden mit der Folge, dass die einen Rechtsbehelf als unzulässig verwerfende Entscheidung der Beschwerdeinstanz aufgehoben und die Sache zurückverwiesen wird.[228] Wird aber die Vollmacht erstmals in Schriftform im Rechtsbeschwerdeverfahren erteilt, wird sie nicht mehr berücksichtigt.[229]

202 Das Recht des Beteiligten, den Mangel der Vollmacht zu heilen, hat **verfahrensrechtliche Konsequenzen**. Beruht der Mangel der Vollmacht allein darauf, dass eine schriftliche Vollmacht (§ 11 S. 1) nicht vorgelegt wird, kann ein Antrag oder ein Rechtsbehelf nicht als unzulässig zurückgewiesen oder verworfen werden, bevor dem Bevollmächtigten **Gelegenheit** gegeben wurde, **die schriftliche Vollmacht vorzulegen** (s. § 11 S. 5 FamFG, § 89 Abs. 1 S. 2 ZPO).[230] Ebenso muss, bevor das Gericht einen Antrag als unzulässig zurückweist oder einen Rechtsbehelf als unzulässig verwirft, dem Beteiligten grundsätzlich die **Möglichkeit** eingeräumt werden, die Verfahrenshandlungen eines vollmachtlosen Vertreters zu **genehmigen** (§ 11 S. 5 FamFG, § 89 Abs. 1 S. 2 ZPO), indem der vollmachtlose Vertreter einstweilen zum Verfahren zugelassen und ihm eine Frist zur Beibringung der Genehmigung gesetzt wird (§ 11 S. 5 FamFG, § 89 Abs. 1 S. 1 und 2 ZPO). Die vorläufige Zulassung zum Verfahren kann durch unanfechtbaren

---

[221] BGH NJW 1995, 1902; Zöller/Vollkommer § 89 ZPO Rn 12.
[222] OLG Hamm NJW-RR 1988, 323; Bassenge/Roth § 13 FGG Rn 6.
[223] BGH NJW 2004, 59, 61; BGHZ 154, 283, 288; Zöller/Vollkommer § 89 ZPO Rn 9.
[224] BGH NJW 1987, 130.
[225] BGH NJW 2006, 2260, 2262; BGH NJW 1995, 1902; GemS-OGB NJW 1984, 2149; Bassenge/Roth § 13 FGG Rn 6.
[226] Zöller/Vollkommer § 89 ZPO Rn 11.
[227] BGH NJW 1995, 1902; Zöller/Vollkommer § 89 ZPO Rn 12.
[228] BGH NJW 1992, 627.
[229] BGH NJW 1992, 627.
[230] Vgl BGH NJW 2007, 772, 773; KKW/Zimmermann § 13 FGG Rn 15; Bumiller/Winkler § 13 FGG Rn 13.

Beschluss oder stillschweigend erfolgen.[231] Anderes gilt, wenn die Behebung des Vollmachtsmangels ausgeschlossen ist.[232]

7. Beistände

a) Einleitung

Neben dem Recht, einen Bevollmächtigten zu bestellen, der an Stelle des Beteiligten mit Wirkung für und gegen diesen Verfahrenshandlungen vor- und entgegennimmt, ermöglicht § 12, in einem Termin mit einem **Beistand** zu erscheinen. 203

§ 13 S. 1 FGG aF räumte für die Verfahren der freiwilligen Gerichtsbarkeit den Beteiligten das Recht ein, im Termin mit Beiständen zu erscheinen. Der Beistand musste grundsätzlich keine besonderen Voraussetzungen erfüllen und konnte entsprechend § 165 BGB beschränkt geschäftsfähig sein.[233] 204

Während der Arbeiten zur Reform des familiengerichtlichen Verfahrens und der Verfahren der freiwilligen Gerichtsbarkeit legte die Bundesregierung den Entwurf eines Gesetzes zur Neuregelung des Rechtsberatungsgesetzes vor.[234] Dieser Gesetzentwurf sah eine Neufassung des § 13 FGG vor,[235] die zum 1.7.2008 in Kraft trat.[236] Dieser Neufassung in § 13 Abs. 6 FGG entspricht der nunmehrige § 12 FamFG.[237] 205

b) Begriff und Abgrenzung

Im Unterschied zum Bevollmächtigten, der an Stelle des Beteiligten handelt, tritt der Beistand im Termin **neben dem Beteiligten auf**. Die Anwesenheit des Beteiligten ist daher für die Tätigkeit des Beistands die Legitimationsgrundlage, die mit der Entfernung des Beteiligten erlischt.[238] Der Beistand begleitet den anwesenden Beteiligten und übt dessen Rechte im Termin aus.[239] Der Beistand ist daher in Verfahren mit Anwaltszwang nicht postulationsfähig, selbst wenn er als Rechtsanwalt zugelassen ist.[240] 206

Der Beistand nach § 12 ist nicht zu verwechseln mit dem **Verfahrensbeistand** in Kindschafts-, Abstammungs- und Adoptionssachen (§§ 158, 174, 191). Dieser ist nicht auf eine Begleitung des Kindes im Rahmen eines Termins beschränkt, sondern hat das Interesse des Kindes festzustellen, im gerichtlichen Verfahren zur Geltung zu bringen, ggf Gespräche mit anderen Beteiligten zu führen und an einer einvernehmlichen Regelung mitzuwirken (§§ 158 Abs. 4, 174 S. 2, 191 S. 2). 207

Der Beistand nach § 12 ist zudem nicht zu verwechseln mit der **Beistandschaft des Jugendamtes nach § 1712 BGB**. Diese ermächtigt das Jugendamt als gesetzlichen Vertreter des Kindes, Verfahren auf Feststellung der Vaterschaft zu betreiben und Unterhaltsansprüche des Kindes geltend zu machen (§§ 1712, 1716 S. 2, 1915 Abs. 1 S. 1, 1793 Abs. 1 S. 1 BGB). 208

---

231 Zöller/Vollkommer § 89 ZPO Rn 3.
232 BGH NJW 2007, 772, 773; GemS-OGB BGHZ 91, 111, 114.
233 KKW/Zimmermann § 13 FGG Rn 2.
234 BT-Drucks. 16/3655.
235 BT-Drucks. 16/3655, 17, 18.
236 Art. 10 Gesetz vom 12.12.2007, BGBl. I, 2840.
237 Gesetzesbegründung, BR-Drucks. 309/07, 397.
238 KKW/Zimmermann § 13 FGG Rn 2.
239 BT-Drucks. 16/3655, 92.
240 BT-Drucks. 16/3655, 90.

c) Zugelassene Personen als Beistände

209 Als Beistände sind **grundsätzlich** die Personen zugelassen, die in Verfahren, die die Beteiligten selbst betreiben können, als **Bevollmächtigte** zur Vertretung befugt sind (§ 12 S. 2, 4). Erfasst werden damit alle in § 10 Abs. 2, 5 genannten Personen (s. dazu Rn 168 ff), und zwar unabhängig davon, ob eine Vertretung durch Rechtsanwälte geboten ist. In Verfahren mit Anwaltszwang kann daher neben dem postulationsfähigen Rechtsanwalt ein Beistand für den Beteiligten handeln, aber beschränkt auf die dem Beteiligten im Termin zustehenden Rechte.[241]

210 Zusätzlich kann das Gericht **andere Personen** zulassen, wenn dies sachdienlich ist und hierfür nach den Umständen des Einzelfalls ein Bedürfnis besteht (§ 12 S. 3). Die Zulassung von Personen soll nur in Ausnahmefällen erfolgen, um die Vorschriften über die Bevollmächtigten nicht auszuhöhlen.[242] Insbesondere in Betreuungs-, Unterbringungs- und Freiheitsentziehungssachen (§§ 271, 312, 415) dürfte aber in einer nicht unerheblichen Zahl von Fällen ein Bedürfnis bestehen, außenstehende Personen zur Unterstützung des Betroffenen zuzulassen.[243] Dem entspricht die in diesen Verfahren eröffnete Möglichkeit, Personen des Vertrauens als Beteiligte in das Verfahren einzubeziehen (§§ 274 Abs. 4 Nr. 1, 315 Abs. 4 Nr. 2, 418 Abs. 3 Nr. 2; s. Rn 107).

d) Zurückweisung eines Beistands

211 Nach §§ 12 S. 4, 10 Abs. 3 S. 1 kann das Gericht Beistände zurückweisen, wenn die **Voraussetzungen des § 10 Abs. 2 S. 2 nicht gegeben** sind und eine Zulassung als andere Person iSv § 12 S. 3 nicht in Betracht kommt. Die Entscheidung über die Zurückweisung ergeht durch Beschluss.

212 Des Weiteren kann das Gericht Beistände, die **nicht in der Lage sind, den Sach- und Streitstand darzulegen,** zurückweisen (§§ 12 S. 4, 10 Abs. 3 S. 3). Die Entscheidung ergeht durch Beschluss. Bis zu seiner Zurückweisung ist der Beistand berechtigt, für den Beteiligten zu handeln.

213 Die Beschlüsse nach § 10 Abs. 3 S. 1, 3 sind **unanfechtbar**. Fehlentscheidungen, die mit einer Verletzung des rechtlichen Gehörs einhergehen, können mit der Beschwerde überprüft werden.[244]

e) Wirkungen der Beistandschaft

214 Nach § 12 S. 5 gilt das von dem Beistand im Termin Vorgetragene als von dem Beteiligten vorgebracht, wenn es nicht von diesem sofort widerrufen oder berichtigt wird (vgl für Bevollmächtigte § 11 S. 5 FamFG, § 85 Abs. 1 S. 2 ZPO).

8. Akteneinsicht

a) Einleitung

215 Die Beteiligten können ihre Rechte nur hinreichend wahrnehmen, wenn ihnen der Inhalt der Gerichtsakten bekannt ist. Zudem kann ein rechtliches Interesse nichtbeteiligter Personen bestehen, auf den Inhalt der Gerichtsakten zuzugreifen. Die damit ver-

---

241 BT-Drucks. 16/3655, 91; Zöller/Vollkommer § 90 ZPO Rn 3.
242 BT-Drucks. 16/3655, 91, 92.
243 BT-Drucks. 16/3655, 92.
244 BT-Drucks. 16/3655, 89.

bundenen grundlegenden Fragestellungen regelt § 13, dessen Inhalt nachfolgend dargestellt wird.

§ 34 Abs. 1 S. 1 FGG aF gestattete jedem die Einsicht in die Gerichtsakten, soweit er ein berechtigtes Interesse glaubhaft machte. Das berechtigte Interesse war zum einen für die Gewährung des Akteneinsichtsrechts konstitutiv und beschränkte zum anderen dessen Umfang.[245] Unter Berücksichtigung des **Anspruchs auf rechtliches Gehör** (Art. 103 Abs. 1 GG) war § 34 FGG nur unzulänglich gefasst. Denn aus Art. 103 Abs. 1 GG folgt für jeden Beteiligten in Verfahren, die von einem Richter geführt werden, das Recht auf Information über den Verfahrensstoff und Einsicht in die Gerichtsakten.[246] In Verfahren, die von einem Rechtspfleger geführt werden, gilt dieses Prinzip über den rechtsstaatlichen Grundsatz der Gewährung eines fairen Verfahrens (Art. 20 Abs. 3 GG) entsprechend.[247] Dementsprechend haben die Gerichte das Akteneinsichtsrecht von Beteiligten nicht aus § 34 FGG hergeleitet und von einem berechtigten Interesse abhängig gemacht, sondern auf Art. 103 Abs. 1 GG oder Art. 20 Abs. 3 GG gestützt.[248] 216

§ 13 regelt nunmehr ausdrücklich das Akteneinsichtsrecht Beteiligter[249] und schließt weitere normative Lücken unter Heranziehung von § 299 ZPO. 217

b) Spezialgesetzliche Regelungen

In den Sachen der freiwilligen Gerichtsbarkeit enthalten viele Gesetze Sonderbestimmungen, die § 13 ergänzen oder verdrängen. Das betrifft insbesondere: 218

aa) Nachlasssachen

In Nachlasssachen bestehen besondere Einsichtsrechte im Fall der Ausschlagung (§ 1953 Abs. 3 S. 2 BGB), der Anfechtung der Ausschlagung (§§ 1957 Abs. 2 S. 2, 1953 Abs. 3 S. 2 BGB), der Errichtung eines Inventars (§ 2010 BGB), der Anfechtung einer letztwilligen Verfügung (§ 2081 Abs. 2 S. 2 BGB), des Eintritts der Nacherbfolge (§ 2146 Abs. 2 BGB), der Bestimmung und Ernennung eines Testamentsvollstreckers sowie der Annahme, Ablehnung und Kündigung des Amtes (§ 2228 BGB), der Anzeige des Verkaufs der Erbschaft (§ 2284 Abs. 2 BGB), der Eröffnung einer Verfügung von Todes wegen (§ 357 Abs. 1),[250] der Erteilung eines Erbscheins (§ 357 Abs. 2) und der Erteilung eines Zeugnisses nach § 354 (§ 357 Abs. 2). 219

bb) Grundbuchsachen

Für die Einsicht in das Grundbuch, die Grundakten und andere Verzeichnisse des Grundbuchamtes wird § 13 FamFG ersetzt[251] durch §§ 12, 12 a, 12 b, 142 GBO, §§ 43–46 GBV. 220

---

245 KKW/Kahl § 34 FGG Rn 13, 15; Bumiller/Winkler § 34 FGG Rn 2; Bassenge/Roth § 34 FGG Rn 5.
246 BVerfG NJW 1983, 1043; KKW/Kahl § 34 FGG Rn 1; Bumiller/Winkler § 34 FGG Rn 8; Bassenge/Roth § 34 FGG Rn 5.
247 BVerfG NJW 2000, 1709.
248 OLG München FGPrax 2007, 227, 228; KKW/Kahl § 34 FGG Rn 13 a; Bumiller/Winkler § 34 FGG Rn 8; Bassenge/Roth § 34 FGG Rn 5.
249 Gesetzesbegründung, BR-Drucks. 309/07, 397.
250 Zur alten Rechtslage s. § 2264 BGB aF, der nur für Testamente Anwendung fand.
251 KKW/Kahl § 34 FGG Rn 5.

Jurgeleit

cc) Registersachen

221 In Registersachen bestehen besondere Einsichtsrechte u.a. für das Vereinsregister (§ 79 BGB), das Güterrechtsregister (§ 1563 BGB), das Handelsregister (§ 9 HGB) und das Genossenschaftsregister (§ 156 Abs. 1 S. 1 GenG, § 9 HGB). Diese Normen verdrängen § 13.[252]

dd) Personenstandssachen

222 Das Einsichtsrecht in Personenstandssachen ist in § 61 PStG geregelt, der § 13 vorgeht.[253]

c) Akteneinsichtsrecht Beteiligter

223 Nach § 13 Abs. 1 hat **jeder Beteiligte** (s. zur Beteiligtenfähigkeit Rn 114 ff), auch juristische Personen des öffentlichen Rechts und Behörden,[254] grundsätzlich das Recht, die Gerichtsakte einzusehen. Dieses Recht gilt aber nicht schrankenlos. Schwerwiegende Interessen eines Beteiligten oder Dritter dürfen nicht entgegenstehen (§ 13 Abs. 1).

224 Für die Beantwortung der Frage, wann ein **schwerwiegendes Interesse** angenommen werden kann, ist die verfassungsrechtliche Grundlage des § 13 Abs. 1 zu beachten (s. Rn 216). Da Art. 103 Abs. 1, 20 Abs. 3 GG das rechtliche Gehör eines Verfahrensbeteiligten durch Gesetze uneinschränkbar gewährleisten, kann ein schwerwiegendes Interesse nur bejaht werden, wenn dieses einerseits ebenfalls den Schutz der Verfassung für sich in Anspruch nehmen kann und andererseits die im Einzelfall vorzunehmende Abwägung ihm eine Vorrangstellung einräumt.

225 Wann im vorgenannten Sinn ein schwerwiegendes Interesse zu bejahen ist, entzieht sich naturgemäß einer abstrakten Betrachtung. Typischerweise wird es aber in **Gewaltschutzsachen** (§ 210) zu bejahen sein, soweit der (vermeintliche) Täter Einsicht in die Gerichtsakte begehrt, aus der er die neue Anschrift des (vermeintlichen) Opfers entnehmen kann.[255] Ebenso kann in **Betreuungs- und Unterbringungssachen** (§§ 271, 312) eine Einsicht in die psychiatrische Begutachtung verwehrt werden, wenn dies mit erheblichen Nachteilen für den Betroffenen verbunden wäre.[256] In diesem Sinne ist auch der Betroffene Beteiligter iSv § 13 Abs. 1, dessen objektive Interessen einer vollständigen Akteneinsicht entgegenstehen können (s. §§ 288 Abs. 1, 325 Abs. 1).

226 Ist das **Akteneinsichtsrecht** eines Beteiligten im Einzelfall vollständig oder teilweise **ausgeschlossen**, ist wie folgt zu verfahren: Zur Wahrung des Anspruchs auf rechtliches Gehör ist der Beteiligte über den Akteninhalt in geeigneter Form zu informieren. Das kann durch Übermittlung von Auszügen der Gerichtsakten oder eine schriftliche oder mündliche Zusammenfassung erfolgen. Reicht dies nicht aus, um hinreichend rechtliches Gehör zu gewähren, dürfen die Erkenntnisse aus den betroffenen Unterlagen grundsätzlich nicht zur Grundlage der Entscheidung gemacht werden.[257]

---

252 KKW/Kahl § 34 FGG Rn 4.
253 KKW/Kahl § 34 FGG Rn 6.
254 KKW/Kahl § 34 FGG Rn 21.
255 Gesetzesbegründung, BR-Drucks. 309/07, 397.
256 Gesetzesbegründung, BR-Drucks. 309/07, 397.
257 Gesetzesbegründung, BR-Drucks. 309/07, 397, 398.

d) Akteneinsichtsrecht Nichtbeteiligter
aa) Einleitung

Nichtbeteiligten kann das Gericht nach § 13 Abs. 2 S. 1 die Einsicht in die Gerichtsakten nur gestatten, soweit sie ein berechtigtes Interesse glaubhaft machen und schutzwürdige Interessen eines Beteiligten oder eines Dritten nicht entgegenstehen. 227

Nichtbeteiligte können grundsätzlich alle Personen sein, die beteiligtenfähig sind (s. dazu Rn 114 ff). Davon ausgenommen sind am Verfahren nicht beteiligte Behörden. Diese können im Wege der Rechtshilfe Akteneinsicht verlangen (§§ 156 ff GVG, Art. 35 GG). In diesen Fällen obliegt es den die Akteneinsicht begehrenden Behörden, die Wahrung datenschutzrechtlichen Bestimmungen sicherzustellen.[258] Die Entscheidung über die Akteneinsicht trifft in diesen Fällen die zuständige Justizbehörde als Justizverwaltungsakt iSv Art. 23 ff EGGVG.[259] 228

bb) Berechtigtes Interesse des Nichtbeteiligten

Das Erfordernis, ein berechtigtes Interesse glaubhaft zu machen, entspricht der Rechtslage nach § 34 Abs. 1 S. 1 FGG. Auf die bisherige Rechtsprechung zu § 34 Abs. 1 S. 1 FGG kann daher zurückgegriffen werden. 229

Berechtigt ist **jedes nach vernünftiger Erwägung durch die Sachlage gerechtfertigte Interesse** an der Akteneinsicht. Das Interesse muss kein rechtliches oder auf das Verfahren bezogenes sein,[260] sondern kann sich auch aus wissenschaftlichen oder wirtschaftlichen Erwägungen ergeben. Es ist insbesondere zu bejahen, wenn ein künftiges Verhalten des Nichtbeteiligten von der Kenntnis des Akteninhalts abhängig sein kann.[261] Die bloße Ermittlung von in der Akte möglicherweise enthaltenden Fakten begründet deshalb kein berechtigtes Interesse.[262] 230

Das berechtigte Interesse ist **glaubhaft zu machen**. Der Nichtbeteiligte muss Umstände glaubhaft machen, aus denen sich nach dem gewöhnlichen Lebensablauf ein berechtigtes Interesse ergibt.[263] Dazu kann sich der Nichtbeteiligte aller Beweismittel bedienen und zur Versicherung an Eides statt zugelassen werden (§ 31 Abs. 1). 231

Besteht kein berechtigtes Interesse, stellt sich die Frage, ob der Nichtbeteiligte Einsicht verlangen kann, wenn der oder die **Beteiligten** dem **zustimmen**. Die Gewährung von Akteneinsicht bei Zustimmung der Beteiligten entspräche der Regelung in § 299 Abs. 2 ZPO für die ordentliche streitige Gerichtsbarkeit. Der dahinter stehende Gedanke der **Dispositionsbefugnis** in einem **Zweiparteienverhältnis** kann auf Familiensachen und Verfahren der freiwilligen Gerichtsbarkeit aber nicht übertragen werden. Das gilt ohne Weiteres für die von Amts wegen zu betreibenden Verfahren. Für **Antragsverfahren** bestehen einerseits **spezialgesetzliche Regelungen für Nachlass-, Grundbuch- und Registersachen** (Rn 218 ff) und unterliegen andererseits **Ehesachen** (§ 121) und **Familienstreitsachen** (§ 112) nicht § 13, es gilt vielmehr § 299 ZPO (§ 113 Abs. 1 232

---

258 Gesetzesbegründung, BR-Drucks. 309/07, 398; KKW/Kahl § 34 FGG Rn 21 a.
259 OLG Hamm FGPrax 2009, 20; KKW/Kahl § 34 FGG Rn 21 b; Zöller/Lückemann Art. 23 EGGVG Rn 12.
260 BayObLG FamRZ 2005, 237; KG NJW-RR 2006, 1292.
261 KKW/Kahl § 34 FGG Rn 13; Bumiller/Winkler § 34 FGG Rn 5; Bassenge/Roth § 34 FGG Rn 5.
262 OLG Hamm NJW-RR 1997, 1489; KKW/Kahl § 34 FGG Rn 13.
263 KKW/Kahl § 34 FGG Rn 14.

FamFG). In den verbleibenden Antragsverfahren ist zusätzlich zu beachten, dass das Gericht von Amts wegen zu ermitteln hätte (§ 26), ob eine Zustimmung aller Beteiligten vorliegt. Ein solches, mit erheblichem Aufwand zu führendes Verfahren hat der Gesetzgeber erkennbar nicht gewollt. Denn § 13 FamFG ist zwar an Einzelregelungen des § 299 ZPO orientiert, aber gerade § 299 Abs. 2 ZPO ist hinsichtlich eines Akteneinsichtsrechts aufgrund der Zustimmung der Beteiligten nicht normativ umgesetzt. Die Einwilligung der Beteiligten ersetzt deshalb nicht das berechtigte Interesse des Nichtbeteiligten.

cc) Schutzwürdige Interessen eines Beteiligten oder eines Dritten

233 Zusätzliche Voraussetzung für die Gewährung von Akteneinsicht ist, dass dem Einsichtsbegehren ganz oder teilweise schutzwürdige Interessen eines Beteiligten oder eines Dritten nicht entgegenstehen. Diese Formulierung ist neu. Die Belange der Beteiligten und Dritter fanden im Wortlaut von § 34 Abs. 1 S. 1 FGG aF keine Berücksichtigung. Es war aber allgemein anerkannt, dass **Geheimhaltungsinteressen** Beteiligter oder Dritter der Akteneinsicht entgegenstehen konnten.[264] Die entgegenstehenden Interessen berücksichtigte die Rechtsprechung im Rahmen der Ermessensabwägungen.[265] Das entsprach und entspricht für die ordentliche Zivilgerichtsbarkeit der Interpretation des § 299 Abs. 2 ZPO.[266]

234 § 13 Abs. 2 S. 1 **modifiziert die bisherige Rechtslage** zugunsten der Beteiligten und Dritten. Besteht ein schutzwürdiges Interesse eines Beteiligten oder eines Dritten, findet nunmehr keine Abwägung mehr statt.[267] Das Akteneinsichtsrecht ist zu versagen. Auf die bisherige Rechtsprechung kann daher nur eingeschränkt Bezug genommen werden.

235 Ob und inwieweit ein schutzwürdiges Interesse der Akteneinsicht entgegensteht, ist anhand der **Persönlichkeits- und Vermögenssphäre** der Beteiligten oder Dritter zu bestimmen. Von besonderer Bedeutung ist das aus dem allgemeinen Persönlichkeitsrecht (Art. 2 Abs. 1, 1 Abs. 1 GG) abgeleitete Recht auf informationelle Selbstbestimmung.[268] Dieses Grundrecht ist in Familiensachen und Verfahren der freiwilligen Gerichtsbarkeit besonders sensibel zu handhaben, da die **Termine** grundsätzlich **nichtöffentlich** sind und gegen den Willen eines Beteiligten die Öffentlichkeit nicht zugelassen werden kann (§ 170 Abs. 1 GVG; s. Rn 311).[269] Auf die in der streitigen Zivilgerichtsbarkeit zu § 299 Abs. 2 ZPO diskutierte Frage, ob und in welchem Umfang das Recht auf informationelle Selbstbestimmung einer Akteneinsicht entgegensteht, wenn eine (öffentliche) mündliche Verhandlung stattgefunden hat,[270] kommt es im Bereich des FamFG grundsätzlich nicht an.

---

264 KKW/Kahl § 34 FGG Rn 1 b; Bumiller/Winkler § 34 FGG Rn 6; Bassenge/Roth § 34 FGG Rn 8.
265 KKW/Kahl § 34 FGG Rn 15; Bumiller/Winkler § 34 FGG Rn 8; Bassenge/Roth § 34 FGG Rn 6.
266 Zöller/Greger § 299 ZPO Rn 6 b.
267 Nach bisheriger Rechtslage war bereits anerkannt, dass ein Akteneinsichtsrecht zu Forschungszwecken nicht unter Verdrängung anderer Interessen unmittelbar aus Art. 5 Abs. 3 GG hergeleitet werden konnte: BVerwG NJW 1896, 1277, 1278; KKW/Kahl § 34 FGG Rn 15 d.
268 KKW/Kahl § 34 FGG Rn 1 b; Bassenge/Roth § 34 FGG Rn 8; zum informationellen Selbstbestimmungsrecht s. BVerfG NJW 1988, 2031 und 3009.
269 OLG Hamm FGPrax 2009, 20; KKW/Kahl § 34 FGG Rn 15 d.
270 S. OLG München OLGZ 84, 477; Zöller/Greger § 299 ZPO Rn 6 b.

Für die **Adoption Minderjähriger** regelt § 13 Abs. 2 S. 2 einen **Sonderfall schutzwürdi-** 236
gen Interesses. Die Adoption Minderjähriger beabsichtigt, das Kind vollständig aus seinen bisherigen Familienbeziehungen herauszulösen und in ein neues Familiensystem einzubinden (vgl nur §§ 1754, 1755 BGB). Dieses Ziel könnte vereitelt werden, wäre es möglich, die alten Familienbeziehungen des Kindes durch Einsicht in die Personenstandsakten zu ermitteln und offen zu legen.[271] Deshalb verbietet § 13 Abs. 2 S. 2 die Einsicht in alle Akten des Adoptionsverfahrens und solcher Verfahren, in denen die Adoption als Vorfrage zu prüfen ist, beispielsweise einem Erbscheinsverfahren.[272] Anderes gilt, wenn der Annehmende und das Kind zustimmen oder besondere Gründe des öffentlichen Interesses eine Akteneinsicht erfordern. Ein öffentliches Interesse kann sich aus der Notwendigkeit ergeben, Straftaten aufzuklären und zu verfolgen.[273]

dd) Ermessen

Besteht ein berechtigtes Interesse des Nichtbeteiligten und stehen keine schutzwürdigen 237
Interessen eines Beteiligten oder eines Dritten entgegen, liegt es im Ermessen des Gerichts („kann"), **ob und in welchem Umfang** die Akteneinsicht gestattet wird.

Da das schutzwürdige Interesse der Beteiligten und Dritter nunmehr Tatbestandsvor- 238
aussetzung ist, verbleiben für die Ermessenserwägungen noch öffentliche Interessen, die in Abwägung mit dem berechtigten Interesse auf Akteneinsicht im Einzelfall als vorrangig eingestuft werden können.

e) Durchführung der Akteneinsicht

Die zur Einsicht Berechtigten bzw ihre gesetzlichen Vertreter können das Einsichtsrecht 239
persönlich oder durch einen **Bevollmächtigten** wahrnehmen.[274] Von der Einsicht sind Entwürfe zu Beschlüssen und Verfügungen, entscheidungsvorbereitende Voten sowie Dokumente, die Abstimmungen des Gerichts betreffen, ausgenommen (§ 13 Abs. 6).

Ort der Einsichtnahme ist die **Geschäftsstelle** des Gerichts. Das folgt für das Einsichts- 240
recht der Beteiligten unmittelbar aus § 13 Abs. 1 und ergibt sich für Nichtbeteiligte mittelbar aus der Bezugnahme in § 13 Abs. 2 S. 1 („Einsicht"). Anderes gilt für **Rechtsanwälte, Notare und Behörden,** denen die Akten zur Einsicht in die eigenen Amts- oder Geschäftsräume überlassen werden können (§ 13 Abs. 4 S. 1), da sie grundsätzlich als zuverlässig einzustufen sind.[275] Bestehen im Einzelfall keine Bedenken gegen die Zuverlässigkeit und sind die Akten kurzfristig zu entbehren, wird im Regelfall eine Überlassung der Akten anzuordnen sein.[276] Das gilt aber nicht für in den Akten befindliche Beweisstücke (§ 13 Abs. 4 S. 2).[277]

Im Rahmen ihres Einsichtsrechts, dh des glaubhaft gemachten Interesses,[278] können die 241
Berechtigten sich auf ihre Kosten von der Geschäftsstelle **Ausfertigungen, Auszüge und Abschriften** erteilen und beglaubigen lassen (§ 13 Abs. 3).

---

271 Palandt/Diederichsen § 1758 BGB Rn 1.
272 KKW/Kahl § 34 FGG Rn 30; Bassenge/Roth § 34 FGG Rn 9.
273 Palandt/Diederichsen § 1758 BGB Rn 2; KKW/Kahl § 34 FGG Rn 30.
274 KKW/Kahl § 34 FGG Rn 19; Bassenge/Roth § 34 FGG Rn 4.
275 Gesetzesbegründung, BR-Drucks. 309/07, 398.
276 Gesetzesbegründung, BR-Drucks. 309/07, 398.
277 Vgl OLG Köln FGPrax 2008, 71, 73 zu Nachlassakten.
278 KKW/Kahl § 34 FGG Rn 20.

Jurgeleit

f) Entscheidung über Akteneinsicht

242 Die Entscheidung über das Akteinsichtsgesuch trifft das **Gericht** (§ 13 Abs. 7). Welcher Entscheidungsträger **funktionell** zuständig ist, richtet sich nach den für das jeweilige Verfahren geltenden Vorschriften[279] (zur funktionellen Zuständigkeit des Rechtspflegers s. Rn 67 ff).

243 Ist für das Verfahren die Zuständigkeit eines Kollegialgerichts gegeben, entscheidet der Vorsitzende allein (§ 13 Abs. 7). Damit soll das Verfahren gestrafft und beschleunigt werden.[280]

244 **Gegenstand der Entscheidung** ist das Ob, der Umfang und die Art der Akteneinsicht.

245 Hinsichtlich der **Rechtsmittel** ist zu differenzieren: Wird einem **Beteiligten Akteneinsicht versagt,** kann er, soweit er beschwert ist, gegen die Endentscheidung Beschwerde einlegen (§§ 58 Abs. 1, 38 Abs. 1 S. 1). Im Rahmen der Beschwerdeentscheidung überprüft das Beschwerdegericht die Entscheidung über die Verweigerung der Akteneinsicht (§ 58 Abs. 2). So kann die Endentscheidung aufgrund der Verweigerung der Akteneinsicht mangels hinreichender Gewährung rechtlichen Gehörs verfahrensrechtlich fehlerhaft zustande gekommen sein.[281] Besteht daneben das Recht des Beteiligten, die Versagung der Akteneinsicht isoliert mit der Beschwerde anzufechten? Grundsätzlich nicht, da Zwischenentscheidungen mit der Beschwerde nicht angegriffen werden können (§§ 58 Abs. 1, 38 Abs. 1 S. 1).

246 Wird gegen **die Interessen eines Beteiligten oder eines Dritten einem Beteiligten Akteneinsicht gewährt,** handelt es sich hinsichtlich des Rechtes auf informationelle Selbstbestimmung um eine Endentscheidung.[282]

247 Beantragt ein **Dritter Akteneinsicht,** stellt die Entscheidung über deren Verweigerung oder Gewährung eine Endentscheidung dar, die nach § 58 Abs. 1 mit der Beschwerde angefochten werden kann.[283]

248 Davon ausgenommen ist die Entscheidung, einem Rechtsanwalt oder Notar die Akten nicht in seinen Geschäftsräumen zu überlassen. Diese Entscheidung über die Art der Akteneinsicht ist unanfechtbar (§ 13 Abs. 4 S. 3).

9. Ermittlung des maßgeblichen Sachverhalts
a) Einleitung

249 Nach § 26 hat das Gericht von Amts wegen die zur Feststellung der entscheidungserheblichen Tatsachen erforderlichen Ermittlungen durchzuführen.[284] Diese Regelung entspricht inhaltlich § 12 FGG.[285] Das FamFG belässt es aber nicht dabei, die alte Rechtslage fortzuführen. Viele in der Rechtsprechung zur Ausprägung des Amtsermittlungsprinzips entwickelten Grundsätze sind gesetzgeberisch umgesetzt worden. Das

---

279 Gesetzesbegründung, BR-Drucks. 309/07, 398, 399.
280 Gesetzesbegründung, BR-Drucks. 309/07, 398.
281 KKW/Kahl § 34 FGG Rn 25.
282 BayObLG FGPrax 1995, 72; KKW/Kahl § 34 FGG Rn 26; Bassenge/Roth § 34 FGG Rn 14.
283 KKW/Kahl § 34 FGG Rn 24; Bassenge/Roth § 34 FGG Rn 13.
284 Keine Anwendung findet dieser Grundsatz in Ehe- und Familienstreitsachen (§ 113 Abs. 1 S. 1). Eingeschränkt ist das Amtsermittlungsgebot beispielsweise in Verfahren auf Anfechtung der Vaterschaft (§ 177 Abs. 1).
285 Gesetzesbegründung, BR-Drucks. 309/07, 409.

betrifft die Mitwirkungspflichten der Beteiligten (§§ 23 Abs. 1, 27, 28 Abs. 1 S. 1, 33), die Art der Beweiserhebung (§§ 29, 30, 34) und die Tatsachenfeststellung (§ 37).

Da der Gesetzgeber grundsätzlich beabsichtigte, an die bisherige, durch die Rechtsprechung geprägte Rechtslage anzuknüpfen, können die zu § 12 FGG ergangenen Entscheidungen zum Verständnis und zur Interpretation der Neuregelungen im FamFG herangezogen werden. 250

b) Inhalt und Umfang des Amtsermittlungsgebotes
aa) Gegenstand

Das Amtsermittlungsgebot bezieht sich auf die **Verfahrensvoraussetzungen** (s. § 9 Abs. 5 FamFG, § 56 Abs. 1 ZPO), die weiteren Zulässigkeitsvoraussetzungen eines Antrags, die für die **materiell-rechtliche Entscheidung wesentlichen Tatsachen** und die Feststellung des **anzuwendenden ausländischen Rechts**.[286] Für Inhalt und Umfang des Amtsermittlungsgebotes gilt: 251

bb) Inhalt

In den Verfahren der freiwilligen Gerichtsbarkeit und in Familiensachen gilt über das Amtsermittlungsgebot das Prinzip der **objektiven Wahrheit**. Das Gericht ist nicht wie im Zivilprozess (Prinzip der formellen Wahrheit; Verhandlungsgrundsatz) daran gebunden, was die Parteien vorbringen (§ 29 Abs. 1 S. 2), sondern trägt unabhängig davon die volle Verantwortung für die Tatsachengrundlage seiner Entscheidung.[287] Das Gericht kann daher Tatsachen, die von keinem Beteiligten vorgetragen sind, berücksichtigen und bedarf keiner **Beweisanträge**. Das **Geständnis** eines Beteiligten hat ebenso wie sein **Schweigen** keine Beweiskraft.[288] Das Gericht kann jedoch im Rahmen der Tatsachenfeststellung von einem **übereinstimmenden Vortrag** oder einem Geständnis auf die Richtigkeit der Tatsache schließen, sofern keine Umstände ersichtlich sind, die dagegen sprechen.[289] Darin liegt aber kein Automatismus. Bei Zweifeln ist weiter zu ermitteln, und ggf kann eine entscheidungserhebliche Tatsache trotz übereinstimmenden Vortrags der Beteiligten nicht festgestellt werden.[290] 252

Dieser **Grundsatz** gilt unabhängig davon, ob das Verfahren nur auf Antrag oder von Amts wegen eingeleitet werden kann.[291] 253

cc) Umfang

Den Umfang der Ermittlungen bestimmt das Gericht unter Berücksichtigung des konkreten Verfahrenszwecks und der anzuwendenden Normen nach **pflichtgemäßem Ermessen**.[292] Das Gericht ist auf dieser Grundlage nicht gezwungen, allen denkbaren 254

---

286 BayObLG FGPrax 1998, 240; KKW/Schmidt § 12 FGG Rn 58, 125; Bassenge/Roth § 12 FGG Rn 2.
287 Baur/Wolf, S. 63, 64; KKW/Schmidt § 12 FGG Rn 53; Bumiller/Winkler § 12 FGG Rn 43; Bassenge/Roth § 12 FGG Rn 1.
288 BayObLG FamRZ 1999, 819; BayObLG NJW-RR 1997, 971; BayObLG FamRZ 1992, 1353; Baur/Wolf, S. 65; KKW/Schmidt § 12 FGG Rn 53; Bumiller/Winkler § 12 FGG Rn 44; Bassenge/Roth § 12 FGG Rn 13.
289 BayObLG NZM 2001, 196; BayObLG FamRZ 1992, 1353; Baur/Wolf, S. 65; KKW/Schmidt § 12 FGG Rn 53; Bumiller/Winkler § 12 FGG Rn 44; Bassenge/Roth § 12 FGG Rn 13.
290 Baur/Wolf, S. 65; Bumiller/Winkler § 12 FGG Rn 44; Bassenge/Roth § 12 FGG Rn 12.
291 BayObLGZ 1988, 148, 150; KKW/Schmidt § 12 FGG Rn 55; Bumiller/Winkler § 12 FGG Rn 42.
292 BVerfG FamRZ 2002, 1021; OLG Celle FGPrax 2008, 227, 228; BayObLG NJW-RR 1997, 7; OLG Köln Rpfleger 1989, 238; KKW/Schmidt § 12 FGG Rn 54; Bumiller/Winkler § 12 FGG Rn 42; Bassenge/Roth § 12 FGG Rn 13.

Möglichkeiten nachzugehen, sondern kann die Ermittlungen einstellen, wenn kein Anlass zu der Annahme besteht, weitere Ermittlungen könnten erfolgversprechend sein.[293] Diese Annahme scheidet aus, wenn ein Beteiligter unter Stellung eines Beweisantrags anregt, die Ermittlungen fortzusetzen. Dem kann sich das Gericht nicht dadurch entziehen, dass es eine vorweggenommene Beweiswürdigung zulasten des Beteiligten vornimmt.[294]

255 **Offenkundige Tatsachen** bedürfen keines Beweises. Offenkundig sind Tatsachen, die aufgrund der Allgemeinheit zugänglichen und zuverlässigen Quellen allgemein bekannt[295] oder gerichtsbekannt sind. Letzteres ist der Fall, wenn dem zur Entscheidung berufenen Kollegialgericht, dem Richter oder dem Rechtspfleger die Tatsache aus einem anderen, selbst geführten Verfahren amtlich bekannt ist.[296]

256 **Private Kenntnisse** darf der Richter/der Rechtspfleger dagegen nur verwerten, wenn er die Tatsachen den Beteiligten mitgeteilt hat und diese sie nicht bestreiten. Ansonsten ist er als Zeuge zu vernehmen (s. § 30 Abs. 3) mit der Folge, dass er das Richter- oder Rechtspflegeramt nicht weiter ausüben darf (§ 6 Abs. 1 S. 1 FamFG, § 41 Nr. 5 ZPO).[297]

dd) Verfahrensgrundsatz der einfachen und zügigen Erledigung

257 Das Amtsermittlungsgebot, wie es auf der Grundlage der zum FGG ergangenen Rechtsprechung vorstehend beschrieben wurde, ist mit den Verfahrensgrundsätzen des FamFG zu vereinbaren. Ziel und Absicht des FamFG ist es, ein bürgernahes, flexibles, möglichst wenig formalistisches und pragmatisches Verfahren zu schaffen, das zugleich rechtsstaatlichen Anforderungen genügt.[298] Dazu soll den Gerichtsorganen eine freie Kompetenz zur individuellen Verfahrensgestaltung ermöglicht werden, die eine **einfache und zügige Erledigung nichtstreitiger Verfahren** erlaubt, in streitigen Verfahren aber die Einhaltung rechtsstaatlicher Verfahrensgarantien sicherstellt.[299]

258 Mit dem Verfahrensgrundsatz der einfachen und zügigen Erledigung **nichtstreitiger Sachen** scheinen Inhalt und Umfang des Amtsermittlungsgebots nicht kompatibel. Das täuscht. Durch die den Beteiligten auferlegten **Mitwirkungspflichten** (Rn 263 ff) wird das Gericht in nichtstreitigen Sachen in die Lage versetzt, sich zügig eine tatsächliche Grundlage zu schaffen, vor deren Hintergrund entschieden werden kann, ob und in welchem Umfang Beweiserhebungen erforderlich sind. Die Beweise können in nichtstreitigen Verfahren grundsätzlich im Wege des **Freibeweises** (Rn 290 ff) erhoben werden (§§ 29 Abs. 1 S. 1, 30 Abs. 3).

---

293 Gesetzesbegründung, BR-Drucks. 309/07, 410; OLG München, FGPrax 2008, 67, 68; OLG Frankfurt/M. FGPrax 2008, 261 und FGPrax 1998, 62; OLG Köln NJW-RR 1991, 1285, 1286; Bassenge/Roth § 12 FGG Rn 13.
294 OLG München FGPrax 2008, 67, 68; BayObLGZ 1997, 197, 205; KKW/Schmidt § 12 FGG Rn 123; Bassenge/Roth § 12 FGG Rn 13; vgl zusätzlich OLG Hamm FGPrax 2008, 245, 246.
295 S. dazu BGH NJW 2007, 3211.
296 Bassenge/Roth § 12 FGG Rn 13.
297 Bassenge/Roth § 12 FGG Rn 13.
298 Gesetzesbegründung, BR-Drucks. 309/07, 355.
299 Gesetzesbegründung, BR-Drucks. 309/07, 350.

259 Es besteht deshalb kein Grund, das Amtsermittlungsgebot in der Ausprägung der bisherigen Rechtsprechung im Rahmen der Verfahrensgrundsätze des FamFG zu modifizieren.

c) Einbeziehung der Beteiligten
aa) Einleitung

260 Das FamFG regelt in §§ 23 Abs. 1, 27, 28 Abs. 1 S. 1, 33 die Mitwirkung der Beteiligten an der Amtsermittlung. Die Einbeziehung der Beteiligten in die Ermittlung des maßgeblichen Sachverhalts ermöglicht einerseits dem Gericht, sich bereits zu Beginn des Verfahrens einen möglichst fundierten Überblick zu verschaffen. Andererseits gibt es den Beteiligten das Recht, frühestmöglich ihre Tatsachen vorzubringen. Nachfolgend werden die einzelnen Mitwirkungspflichten und die Konsequenzen ihrer Nichtbeachtung dargestellt.

bb) Antragsbegründung

261 In Antragsverfahren soll der Antrag begründet werden (§ 23 Abs. 1 S. 1). Zudem sollen die zur Begründung dienenden **Tatsachen und Beweismittel** ebenso angegeben werden wie die Personen, die als Beteiligte in Betracht kommen (§ 23 Abs. 1 S. 2). Schließlich sollen in Bezug genommene **Urkunden** in Ur- oder Abschrift beigefügt werden (§ 23 Abs. 1 S. 3). Mit einem diesen Anforderungen entsprechenden Antrag wird bereits zu Beginn des Verfahrens eine Arbeitsgrundlage geschaffen, die Voraussetzung für eine zügige Erledigung des Verfahrens ist. Es liegt daher im ureigensten Interesse des Antragstellers, die Antragschrift sorgfältig aufzusetzen.

Hinweis: Die Aufgabe der Anwaltschaft und des Urkundsbeamten der Geschäftsstelle, der Anträge nach § 25 Abs. 2 aufzunehmen hat, ist es, mit dem Antragsteller sorgfältig die entscheidungserheblichen Tatsachen festzustellen und Beweismittel möglichst vollständig anzugeben.

262 Missachtet der Antragsteller seine Begründungspflicht, hat das nicht die **Unzulässigkeit des Antrags** zur Konsequenz, da § 23 Abs. 1 S. 1, 2 und 3 als Soll-Vorschrift ausgestaltet ist.[300] Es ließe sich mit dem Amtsermittlungsprinzip (§ 26) nicht vereinbaren, einen Antrag mangels Begründung als unbeachtlich zu behandeln. Der Antragsteller muss aber vermeidbare Verfahrensverzögerungen hinnehmen.

cc) Mitwirkungspflichten der Beteiligten

263 Nach § 27 Abs. 1 sollen die Beteiligten bei der Ermittlung des Sachverhalts mitwirken.[301] Ihre Erklärungen haben die Parteien vollständig und der Wahrheit gemäß abzugeben (§ 27 Abs. 2).[302] Damit sind die Beteiligten in der Pflicht, durch Angabe von Tatsachen und Beweismitteln eine gerichtliche Aufklärung zu ermöglichen.[303] Dazu gehört zusätzlich, im eigenen Besitz befindliche Urkunden dem Gericht zur Verfügung zu stellen (vgl § 23 Abs. 1 S. 2). Das Gericht hat darauf hinzuwirken, dass die Parteien

---

[300] Gesetzesbegründung, BR-Drucks. 309/07, 407.
[301] Eine Mitwirkungslast war unter Geltung des FGG allgemein anerkannt; BayObLG FamRZ 1993, 366, 367; KKW/Schmidt § 12 FGG Rn 121; Bumiller/Winkler § 12 FGG Rn 44; Bassenge/Roth § 12 FGG Rn 14.
[302] Unter der Geltung des FGG wurde die sich aus § 138 Abs. 1 ZPO ergebende Wahrheitspflicht entsprechend angewandt: KKW/Schmidt § 12 FGG Rn 53.
[303] Gesetzesbegründung, BR-Drucks. 309/07, 409.

ihrer Mitwirkungspflicht **möglichst frühzeitig** nachkommen (§ 28 Abs. 1 S. 1). Verspricht eine schriftliche Äußerung der Beteiligten keine hinreichende Sachaufklärung, kann das Gericht das **persönliche Erscheinen des Beteiligten in einem Termin** anordnen (§§ 33 Abs. 1 S. 1, 32 Abs. 1 S. 1),[304] damit die Beteiligten ihrer Mitwirkungspflicht nachkommen können.

264 Die Bedeutung dieser **Pflicht** wird umso größer, je stärker das Gericht auf die Mitwirkung bei der Sachaufklärung angewiesen ist. Das betrifft insbesondere die Aufklärung von Vorgängen aus dem persönlichen Lebensbereich, die einer Sachaufklärung von außen nicht oder nur eingeschränkt zugänglich sind.[305]

265 **Verweigert** ein Beteiligter die Mitwirkung, hat dies **Auswirkungen auf den Umfang des Amtsermittlungsgebotes.**[306] Das Gericht ist nicht von sich aus verpflichtet, allen denkbaren Umständen nachzugehen. Eine Aufklärungspflicht besteht nur, wenn der Sachverhalt als solcher oder der Vortrag der Beteiligten bei sorgfältiger Überlegung dazu Anlass geben.[307] Das Gericht darf davon ausgehen, dass die Beteiligten für sie günstige Tatsachen vortragen, soweit sie über ein entsprechendes Bewusstsein verfügen.[308] Das Bewusstsein über die wesentlichen Umstände ist den Beteiligten zu vermitteln (§ 28 Abs. 1). Verweigern die Beteiligten gleichwohl die Mitwirkung und versprechen weitergehende Ermittlungen keinen Erfolg, hat das Gericht seine Ermittlungspflicht erfüllt.[309]

266 Diese Konsequenz ist hinzunehmen, wenn sie sich zulasten des die Mitwirkung verweigernden Beteiligten auswirkt. Können aber aufgrund der Verletzung der Mitwirkungspflicht Ermittlungen zu Umständen nicht geführt werden, die für andere Beteiligte günstig sind, oder liegt es im öffentlichen Interesse, den Sachverhalt weiter aufzuklären, stellt sich die Frage, ob und welche **Sanktionsmöglichkeiten** bestehen. Erscheint der Beteiligte nicht zu einer persönlichen Anhörung, kann ein Ordnungsgeld verhängt und schlussendlich eine Vorführung angeordnet werden (§ 33 Abs. 3). Das hilft aber nicht weiter, da über § 33 Abs. 3 nur das Erscheinen, nicht aber die Mitwirkung bei der Sachverhaltsaufklärung erzwungen werden kann. In den Verfahren der ordentlichen streitigen Gerichtsbarkeit besteht die Sanktion darin, über §§ 138 Abs. 3, 427 ZPO zugunsten des Gegners den von diesem vorgetragenen Sachverhalt der Entscheidung zugrunde zu legen. Dieser Weg ist unter der Geltung des Amtsermittlungsgebots nicht gangbar.

267 Nach § 35 FamFG (s. dazu Rn 352) kann das Gericht aber – erfüllt ein Beteiligter die ihm aufgrund gerichtlicher Anordnung aufgegebene Pflicht, Tatsachen und ggf Beweismittel vorzutragen und vorzulegen, trotz Fristsetzung[310] nicht – durch Beschluss

---

304 Gesetzesbegründung, BR-Drucks. 309/07, 420.
305 BayObLG ZWE 2001, 102; OLG Köln FGPrax 2002, 52; OLG Köln FamRZ 1991, 117; KKW/Schmidt § 12 FGG Rn 121; Bumiller/Winkler § 12 FGG Rn 44; Bassenge/Roth § 12 FGG Rn 14; Gesetzesbegründung, BR-Drucks. 309/07, 409, 410.
306 Gesetzesbegründung, BR-Drucks. 309/07, 410.
307 BGHZ 16, 378, 383; BayObLG NJW-RR 1997, 7; OLG Köln FamRZ 1991, 117; KG NJW-RR 1989, 841; KKW/Schmidt § 12 FGG Rn 121; Bumiller/Winkler § 12 FGG Rn 43; Bassenge/Roth § 12 FGG Rn 14.
308 BGH NJW 1988, 1839; BayObLG NJW-RR 1988, 117; OLG Karlsruhe FamRZ 1992, 689.
309 Gesetzesbegründung, BR-Drucks. 309/07, 410; OLG Köln NJW-RR 1989, 1285, 1286; KKW/Schmidt § 12 FGG Rn 122.
310 S. dazu BayObLG NJW-RR 2002, 726.

ein **Zwangsgeld**, ersatzweise Zwangshaft, oder nur **Zwangshaft** festsetzen (§ 35 Abs. 1 S. 1–3).[311] In der gerichtlichen Anordnung ist auf diese Möglichkeiten hinzuweisen (§ 35 Abs. 2). Gegen die Verhängung des Zwangsgeldes ist die **sofortige Beschwerde** statthaft (§ 35 Abs. 5 FamFG, §§ 567 ff ZPO), die **aufschiebende Wirkung** hat (§ 35 Abs. 5 FamFG, § 570 Abs. 1 ZPO). Die damit verbundene Verfahrensverzögerung ist hinzunehmen.

Praktisch schwierig zu lösen ist die Frage, wie mit einem Beteiligten zu verfahren ist, von dem erhebliche Kenntnisse vermutet werden, der seiner Mitwirkungspflicht aber durch den Hinweis nachkommt, nichts weiter vortragen zu können. Ein Zwangsgeld kann in diesen Fällen nur verhängt werden, wenn sich die Vermutung, der Beteiligte verfüge über zusätzliche Kenntnisse, zu einer Überzeugung verdichtet.

d) Art der Beweiserhebung
aa) Einleitung

Das **FGG** unterschied zwischen dem aus § 12 FGG abgeleiteten Grundsatz des **Freibeweisverfahrens** und dem an den Beweisvorschriften der ZPO ausgerichteten **Strengbeweisverfahren** (§ 15 FGG). Über die Art des Beweisverfahrens entschied das Gericht nach **pflichtgemäßem Ermessen**,[312] soweit nicht spezialgesetzlich eine förmliche Beweisaufnahme vorgesehen war (s. für das Betreuungs- und Unterbringungsverfahren §§ 68 b, 70 e FGG).

Diese Rechtslage hat das FamFG übernommen und weiterentwickelt.[313] § 29 Abs. 1 S. 1 führt den Grundsatz des Freibeweises fort. Das Prinzip der Wahlfreiheit ist über § 30 Abs. 1 weiterhin gültig. Kriterien für die Ermessensausübung finden sich nur in § 30 Abs. 3, um die Flexibilität der Verfahrensführung zu wahren.[314] Spezialgesetzliche Regelungen sind weiter vorrangig (§ 30 Abs. 2).

Nachfolgend werden die grundlegenden Unterschiede der Beweisverfahren erörtert, der Anwendungsbereich des Strengbeweises geklärt, spezialgesetzliche Regelungen dargestellt und die Kriterien für das Auswahlermessen entwickelt.

bb) Grundlegende Unterschiede der Beweisverfahren

Nach dem **Grundsatz des Freibeweises** (§ 29 Abs. 1 S. 1) erhebt das Gericht die Beweise in der ihm geeignet erscheinenden Form, ohne an förmliche Regeln gebunden zu sein. Es bedarf deshalb keines Beweisbeschlusses, keiner Ladungen und keines Termins (§ 32 Abs. 1 S. 1). Der Grundsatz der Unmittelbarkeit, dh die Beweisaufnahme durch den Entscheidungsträger, findet keine Anwendung.[315] Die Beteiligten haben keinen Anspruch darauf, der Beweisaufnahme beizuwohnen und deshalb kein Recht, Fragen an einen Zeugen oder Sachverständigen zu stellen.

---

311 Gesetzesbegründung, BR-Drucks. 309/07, 409, 423; anders zur Rechtslage nach § 33 FGG: OLG Karlsruhe NJOZ 2006, 2651; Bassenge/Roth § 12 FGG Rn 14.
312 BayObLG NJW-RR 1996, 583, 584; KKW/Schmidt § 12 FGG Rn 195, 196; Bumiller/Winkler § 15 FGG Rn 1; Bassenge/Roth § 12 FGG Rn 4.
313 Gesetzesbegründung, BR-Drucks. 309/07, 412, 413.
314 Gesetzesbegründung, BR-Drucks. 309/07, 415.
315 OLG München FGPrax 2008, 211, 212; BayObLGZ 1990, 63, 66; KKW/Schmidt § 15 FGG Rn 10.

273 Der Freibeweis liefert dem Gericht ein **flexibles Erkenntnisinstrument**, das ein zügiges, effizientes und ergebnisorientiertes Arbeiten ermöglicht.[316]

274 Das **Strengbeweisverfahren** ist auf der Grundlage der **Zivilprozessordnung** durchzuführen (§ 30 Abs. 1). Erforderlich ist ein Beweisbeschluss (§§ 358–359 ZPO). Es bedarf grundsätzlich eines Termins zur Zeugenbefragung (s. § 377 Abs. 3 ZPO) oder zur Erläuterung eines Gutachtens durch den Sachverständigen (s. § 411 Abs. 3 ZPO). Es gilt der Grundsatz der Unmittelbarkeit (§ 355 Abs. 1 ZPO). Den Beteiligten ist es gestattet, an der Beweisaufnahme teilzunehmen (§ 357 Abs. 1 ZPO). Die Beteiligten haben das Recht, Fragen an Zeugen (§ 397 ZPO) und Sachverständige (§ 411 Abs. 4 ZPO) zu richten.

275 Der Strengbeweis gewährt ein **transparentes Verfahren**, das es den Beteiligten ermöglicht, unmittelbar auf die Beweisaufnahme Einfluss zu nehmen. Die Strengbeweiserhebung ist daher das zur Erforschung der Wahrheit überlegene Verfahren.[317]

cc) Anwendungsbereich des Strengbeweises

276 Der Strengbeweis kann nur in den Bereichen zur Anwendung kommen, für die der Zivilprozess ihn vorsieht.[318] Für die Feststellung der **materiell-rechtlich erheblichen Tatsachen** kann daher stets auf das Strengbeweisverfahren zugegriffen werden.

277 Ausgenommen vom Strengbeweis ist die Prüfung der **Verfahrensvoraussetzungen**, die im Wege des Freibeweises erfolgt.[319]

278 Für die **Feststellung ausländischen Rechts** (§ 293 ZPO) kann das Gericht im Wege des Freibeweises alle ihm zugänglichen Erkenntnisquellen heranziehen (§ 293 S. 2 ZPO).[320] Reicht das nicht, und will das Gericht Beweis erheben, sind die Beweiserhebungsvorschriften der ZPO anzuwenden. Damit gilt das Strengbeweisverfahren.[321] Das ermöglicht dem im Rahmen des FamFG tätigen Gericht die Wahl des Beweisverfahrens nach pflichtgemäßem Ermessen.

dd) Spezialgesetzliche Regelungen

279 Nach § 30 Abs. 2 ist das Strengbeweisverfahren anzuwenden, wenn das FamFG eine förmliche Beweisaufnahme vorschreibt. Das FamFG regelt die Notwendigkeit einer förmlichen Beweisaufnahme in **Abstammungssachen** (§§ 169 Nr. 1–4, 177 Abs. 2 S. 1), in **Verfahren zur Bestellung eines Betreuers oder der Anordnung eines Einwilligungsvorbehaltes** (§ 280 Abs. 1 S. 1 – Einholung eines Gutachtens) und **Unterbringungssachen** (§§ 312, 321 Abs. 1 S. 1 – Einholung eines Gutachtens).

280 Der Grund für die Anordnung des Strengbeweisverfahrens liegt in der **Grundrechtsrelevanz** und damit in der **herausgehobenen Bedeutung** der genannten Sachen.[322]

---

316 Gesetzesbegründung, BR-Drucks. 309/07, 412.
317 OLG München FGPrax 2007, 274, 275; KKW/Schmidt § 15 FGG Rn 4; Gesetzesbegründung, BR-Drucks. 309/07, 416.
318 Gesetzesbegründung, BR-Drucks. 309/07, 416.
319 BGH NJW 2000, 814; Zöller/Vollkommer § 56 ZPO Rn 8.
320 Zöller/Geimer § 293 ZPO Rn 20.
321 BGH NJW 1975, 2142; Zöller/Geimer § 293 ZPO Rn 21.
322 Gesetzesbegründung, BR-Drucks. 309/07, 416, 546; für Betreuungs- und Unterbringungssachen galten entsprechende Regelungen in §§ 68 b, 70 e FGG; das Abstammungsverfahren war bisher in §§ 640 ff ZPO geregelt, so dass ausschließlich das förmliche Beweisverfahren der ZPO Anwendung fand.

ee) Streitige Tatsachen

Nach § 30 Abs. 3 soll eine förmliche Beweisaufnahme über die Richtigkeit einer Tatsachenbehauptung stattfinden, wenn das Gericht seine Entscheidung maßgeblich auf die Feststellung dieser Tatsache stützen will und ein Beteiligter die Richtigkeit der Tatsache ausdrücklich bestreitet.[323] 281

Die **maßgebliche Bedeutung einer Tatsache** kann aus unterschiedlichen Gründen zu bejahen sein. Es kann sich um eine **Haupttatsache** handeln, die die für die Entscheidung wesentliche Norm unmittelbar ausfüllt. Es kann sich um eine **Anknüpfungstatsache** handeln, die für die Ausfüllung eines unbestimmten Rechtsbegriffs erheblich ist. Und schließlich kann es sich um eine **Indiztatsache** handeln, die dem Gericht die Überzeugung von einer Haupttatsache vermittelt.[324] 282

Weiteres Tatbestandsmerkmal ist die **Richtigkeit der Tatsachenbehauptung.** Das setzt voraus, dass das Gericht auf der Grundlage des Freibeweisverfahrens die Tatsache für wahr hält und sie deshalb seiner Entscheidung zugrunde legen will, was den Beteiligten mitzuteilen ist (§ 37 Abs. 2). Bezweifelt das Gericht den Wahrheitsgehalt der Tatsachenbehauptung, ist § 30 Abs. 3 nicht anwendbar. Tatsachen, die sich im Freibeweisverfahren nicht als richtig erwiesen haben, muss das Gericht grundsätzlich nicht zusätzlich im Strengbeweisverfahren nachgehen. Es hat aber zu prüfen, ob nach § 30 Abs. 1 in das Strengbeweisverfahren überzugehen ist.[325] 283

Schließlich muss die Tatsache von einem Beteiligten **ausdrücklich bestritten** werden. Ein ausdrückliches Bestreiten setzt grundsätzlich eine substantiierte Darlegung voraus, warum das Ergebnis des Freibeweises für falsch gehalten wird. Es bedarf unter Berücksichtigung der individuell unterschiedlichen Fähigkeiten zur Darstellung abweichender Auffassungen eines Mindestmaßes an einer objektiv nachvollziehbaren Begründung. Ein einfaches Bestreiten kann demgegenüber nur akzeptiert werden, wenn der Beteiligte aufgrund seines Erkenntnisstandes nicht näher vortragen kann. Keinesfalls reicht ein konkludentes oder pauschales Bestreiten.[326] Es soll den Beteiligten nicht ermöglicht werden, ohne Weiteres das Gericht in das Strengbeweisverfahren zu zwingen und damit eine sofortige Beendigung des Verfahrens zu verhindern. 284

Liegen die Tatbestandsvoraussetzungen vor, soll das Gericht eine förmliche Beweisaufnahme durchführen. Damit wird dem Gericht kein Ermessen eingeräumt. Das Gericht muss in das Strengbeweisverfahren übergehen. Ein Verstoß gegen § 30 Abs. 3 stellt einen Verfahrensfehler dar, der aber nicht zwingend zu einer Aufhebung der Entscheidung führt. 285

ff) Weitere Ermessenskriterien

Das FamFG verzichtet darauf, über § 30 Abs. 3 hinaus ermessensleitende Kriterien aufzustellen, um eine möglichst große Flexibilität des Verfahrens zu wahren. Die zur Er- 286

---

323 S. zu dieser Konstellation im Rahmen von § 12 FGG OLG München FGPrax 2007, 724, 725, wonach trotz Bestreitens einer im Freibeweis gewonnenen Überzeugung des Gerichts zur Testierfähigkeit ein Übergang in den Strengbeweis nicht erforderlich war.
324 Gesetzesbegründung, BR-Drucks. 309/07, 416, 417.
325 Gesetzesbegründung, BR-Drucks. 309/07, 417.
326 Gesetzesbegründung, BR-Drucks. 309/07, 417.

messensausübung nach altem Recht entwickelten Grundsätze sind weiter anzuwenden.[327] Danach ist für die Ermessensentscheidung einerseits die hinreichende Verwirklichung des **Amtsermittlungsgebotes** und andererseits die **besondere Bedeutung der Sache** maßgeblich.[328]

287 Zur Verwirklichung des **Amtsermittlungsgebotes** ist das förmliche Beweisverfahren zu wählen, wenn dies zur **ausreichenden Sachaufklärung** notwendig ist,[329] insbesondere den Beteiligten Gelegenheit gegeben werden muss, auf der Grundlage eigener Erkenntnisse Zeugen zu befragen.[330] Das wird der Fall sein, wenn informelle Auskünfte im Rahmen des Freibeweises widersprechende Aussagen ergeben haben und die Beteiligten durch ihre Mitwirkung im Rahmen des Strengbeweisverfahrens durch eigene Fragen zu einer Klärung der Widersprüche beitragen können. Notwendig wird der Übergang in das förmliche Verfahren zudem, wenn sich Urkunden oder Augenscheinobjekte im Besitz eines nicht herausgabewilligen Dritten befinden. Dann bieten §§ 142, 144 ZPO eine allgemeine gesetzliche Grundlage, die **Urkundenvorlage gegen Dritte** durchzusetzen (s. §§ 142 Abs. 2 S. 2, 144 Abs. 2 S. 2 ZPO iVm § 390 ZPO). Das FamFG ermächtigt das Gericht nur in Ausnahmefällen (§§ 358, 404 Abs. 2), insbesondere für die Ablieferung von Testamenten (§ 358 FamFG, § 2259 Abs. 1 BGB), Anordnungen auf Urkundenvorlage gegen Dritte zu erlassen, die nach § 35 durchgesetzt werden[331] (s. allgemein zu § 35 Rn 352).

288 Die **Bedeutung der Sache** für einen Beteiligten kann zur Anwendung des Strengbeweisverfahrens führen, wenn dies erforderlich ist, um eine sichere Tatsachengrundlage für einen **Grundrechtseingriff** zu schaffen.[332] Dieses Kriterium ist, so bestechend es auf den ersten Blick wirkt, in dieser Allgemeinheit nicht brauchbar. Denn jede gerichtliche Anordnung führt zu einem Eingriff in grundrechtlich geschützte Positionen eines Beteiligten, zumindest in Art. 2 Abs. 1 GG. Das FamFG hat daher zu Recht davon abgesehen, einen allgemeinen Strengbeweisvorbehalt für alle Tatsachen anzuordnen, die einen Eingriff in Grundrechte eines Beteiligten rechtfertigen sollen.[333] Selbst in den Verfahren, die in den Anwendungsbereich von § 30 Abs. 2 fallen (Rn 279), gilt nicht generell und uneingeschränkt das Strengbeweisverfahren. In Verfahren zur Bestellung eines **Betreuers und in Unterbringungssachen** beziehen sich §§ 280 Abs. 1 S. 1, 321 Abs. 1 S. 1 ausschließlich auf die Einholung des Gutachtens. In **Abstammungssachen** sieht § 177 Abs. 2 S. 2 Ausnahmen vom Strengbeweisverfahren vor. Es verbietet sich deshalb eine schematische Gleichstellung von Grundrechtseingriff und Strengbeweis.[334] Das ist verfassungsrechtlich auch nicht geboten. Wesentlich ist die sichere Feststellung der für die

---

327 Gesetzesbegründung, BR-Drucks. 309/07, 415.
328 OLG Zweibrücken NJW-RR 1988, 1211; KKW/Schmidt § 15 FGG Rn 4, 6; Bumiller/Winkler § 15 FGG Rn 3; Bassenge/Roth § 12 FGG Rn 5.
329 OLG Zweibrücken NJW-RR 1988, 1211.
330 BayObLG NJW-RR 1996, 583; OLG Zweibrücken NJW-RR 1988, 1211.
331 Gesetzesbegründung, BR-Drucks. 309/07, 423.
332 KKW/Schmidt § 15 FGG Rn 6; Bumiller/Winkler § 15 FGG Rn 3; vgl auch Gesetzesbegründung, BR-Drucks. 309/07, 415, 416.
333 Gesetzesbegründung, BR-Drucks. 309/07, 416.
334 Gesetzesbegründung, BR-Drucks. 309/07, 416.

Entscheidung maßgeblichen Umstände. Reicht dafür das Freibeweisverfahren aus, kann die Entscheidung darauf gestützt werden.

gg) Folgen fehlerhafter Ermessensausübung

Die fehlerhafte Ausübung des Ermessens stellt einen Verfahrensfehler dar. 289

e) Durchführung des Freibeweises
aa) Einleitung

Das FamFG enthält keine Aufzählung der im Freibeweis zulässigen Beweismittel, um 290 die Flexibilität des Freibeweisverfahrens zu wahren.[335] Für das Freibeweisverfahren ist aber nunmehr ausdrücklich den Gerichten auferlegt, die Regelungen der ZPO über Amtsverschwiegenheit und Zeugnisverweigerung zu beachten (§ 29 Abs. 2).

bb) Grundsatz

Zum Zwecke des Freibeweises kann das Gericht Auskunftspersonen persönlich, tele- 291 fonisch oder schriftlich befragen, Behörden um Informationen bitten, dienstliche Äußerungen von Behördenmitarbeitern einholen, Auskünfte heranziehen, die einem Sachverständigen oder einer Behörde bei der Vorbereitung eines Gutachtens oder Berichts gemacht wurden, Akten beiziehen, Feststellungen anderer Verfahren verwerten, Örtlichkeiten in Augenschein nehmen.[336]

Für die den Gerichten im Freibeweisverfahren nach § 29 eingeräumte **Ermessensent-** 292 **scheidung** gibt das FamFG in den **Büchern 2–9 Kriterien** vor. So hat das Gericht das **Jugendamt** anzuhören in Kindschaftssachen (§ 162 Abs. 1) und Adoptionssachen (§§ 189 S. 2, 194 Abs. 1). Das Jugendamt soll angehört werden in Abstammungssachen (§ 176), Wohnungszuweisungssachen (§ 205 Abs. 1) und Gewaltschutzsachen (§ 213 Abs. 1). Die **zuständige Behörde** ist ggf anzuhören in Betreuungssachen (§ 279 Abs. 2) und Unterbringungssachen (§ 320 S. 2). Eine **nahestehende Person** ist in Betreuungssachen unter den Voraussetzungen des § 279 Abs. 3 anzuhören. Die **Adoptionsvermittlungsstelle** ist nach § 189 S. 1 anzuhören. **Berufsständische Organisationen** können in Registersachen angehört werden (§ 380 Abs. 2 S. 1).

cc) Amtsverschwiegenheit und Zeugnisverweigerungsrecht

Nach § 29 Abs. 2 gelten die Vorschriften der ZPO über die Vernehmung bei Amtsver- 293 schwiegenheit und das Recht der Zeugnisverweigerung für die Befragung von Auskunftspersonen entsprechend. Daraus folgt:

Vor der Vernehmung von **Richtern** (Berufsrichter und ehrenamtliche Richter, § 1 294 DRiG), **Beamten** und **anderen Personen des öffentlichen Dienstes** (Arbeiter und Angestellte des Bundes, der Länder, Gemeinden, Gemeindeverbände sowie Körperschaften, Stiftungen und Anstalten des öffentlichen Rechts) ist eine **Genehmigung** der zuständigen Aufsichtsbehörde einzuholen (§ 376 Abs. 3 ZPO). Bis zur Erteilung der Genehmigung besteht ein **unverzichtbares Vernehmungsverbot**.[337] Für **Richter** ist zusätzlich die

---

335 Gesetzesbegründung, BR-Drucks. 309/07, 412.
336 KKW/Schmidt § 12 FGG Rn 81; Bassenge/Roth § 12 FGG Rn 6; Gesetzesbegründung, BR-Drucks. 309/07, 412.
337 Zöller/Greger § 376 ZPO Rn 8.

besondere Verschwiegenheitspflicht in Bezug auf **Beratungen und Abstimmungen** zu beachten (§§ 43, 45 Abs. 1 DRiG), von der auch der Dienstvorgesetzte nicht entbinden kann.

295 Für **Mitglieder des Bundestags, der Landtage, der Bundes- oder einer Landesregierung** sowie für **Angestellte einer Bundes- oder Landtagsfraktion** gelten über § 376 Abs. 2 ZPO die für diese Personenkreise maßgeblichen Vorschriften. Das sind auf Bundesebene Art. 47 GG, §§ 44 c, 49 AbgG, §§ 6, 7 BundesministerG).

296 Für **Notare** findet § 18 BNotO Anwendung.[338] Die Pflicht zur Verschwiegenheit entfällt, wenn die Beteiligten Befreiung erteilen. Ist ein Beteiligter verstorben oder eine Äußerung von ihm nicht oder nur mit unverhältnismäßigen Schwierigkeiten zu erlangen, kann die Befreiung von der Aufsichtsbehörde erteilen (§ 18 Abs. 2 BNotO).

297 Für **alle Zeugen** gelten die **Auskunftsverweigerungsrechte** der §§ 383, 384 ZPO. Das betrifft die in § 383 Abs. 1 Nr. 1–3 ZPO genannten nahen Angehörigen der Beteiligten und die in § 383 Abs. 1 Nr. 4–6 ZPO genannten Berufsgruppen. Zudem braucht kein Zeuge sich selbst oder nahe Angehörige zu schädigen oder Kunst- oder Gewerbegeheimnis zu offenbaren (§ 384 ZPO).

298 Steht ein **Aussageverweigerungsrecht fest oder ist es glaubhaft** gemacht (§ 386 Abs. 1, 2 ZPO), ist das auch im Freibeweisverfahren zu akzeptieren.

299 Besteht **Streit** zwischen dem Gericht und der Auskunftsperson **über ein Aussageverweigerungsrecht**, können im Freibeweisverfahren **keine Ordnungsmittel** zur Erzwingung einer Aussage verhängt werden.[339] Ist das Gericht im Rahmen des Amtsermittlungsgebotes auf die Aussage der Auskunftsperson angewiesen, muss es für deren Vernehmung vom Freibeweis in das Strengbeweisverfahren wechseln. Dann gelten über § 30 Abs. 1 sämtliche Normen der ZPO über den Zeugenbeweis, und damit auch § 390 ZPO.

dd) Persönliche Anhörung der Beteiligten

300 Das Gericht darf sich im Freibeweisverfahren nicht darauf beschränken, die Informationen Dritter auszuwerten. Es muss sich aufgrund eigener Ermittlungen eine Überzeugung verschaffen. Dazu wird es oft notwendig sein, einen persönlichen Eindruck von einzelnen oder allen Beteiligten zu gewinnen.[340] Deshalb gibt § 33 dem Gericht die Befugnis, nach **pflichtgemäßem Ermessen** das persönliche Erscheinen eines Beteiligten anzuordnen und ihn persönlich anzuhören, wenn dies zur **Aufklärung des Sachverhalts** sachdienlich erscheint. Das wird insbesondere anzunehmen sein, wenn eine schriftliche Äußerung nicht ausreichend ist oder von vornherein nicht erfolgversprechend erscheint,[341] weil beispielsweise keine hinreichenden Sprachkenntnisse vorhanden sind. Diese allgemeine Regelung im Sinne eines Auffangtatbestandes flankiert das

---

338 Gesetzesbegründung, BR-Drucks. 309/07, 414.
339 BayObLGZ 1978, 319; KKW/Schmidt § 12 FGG Rn 196; Gesetzesbegründung, BR-Drucks. 309/07, 414.
340 OLG Frankfurt/M. FamRZ 1992, 206; OLG München OLGZ 1980, 191, 197; KKW/Schmidt § 12 FGG Rn 82; Bassenge/Roth § 12 FGG Rn 6.
341 Gesetzesbegründung, BR-Drucks. 309/07, 420.

FamFG mit **Spezialregelungen** in den Sachen, in denen die persönliche Anhörung von Beteiligten unabdingbar ist, um den Sachverhalt hinreichend aufzuklären.[342]

Hinweis: Von der persönlichen Anhörung, die der Aufklärung des Sachverhalts dient, ist die persönliche Anhörung nach § 34 zu unterscheiden, die zum Zwecke der Gewährung rechtlichen Gehörs erfolgt (zu § 34 s. Rn 355 ff).[343]

Spezialregelungen zur persönlichen Anhörung zum Zwecke der Sachverhaltsaufklärung enthält das FamFG für Kindschaftssachen (persönliche Anhörung des Kindes, der Eltern und Pflegepersonen, §§ 159, 160, 161 Abs. 2), für Abstammungssachen (persönliche Anhörung des Kindes und der Eltern nach § 175 Abs. 2), für Adoptionssachen (persönliche Anhörung des Kindes und des Annehmenden, § 192 Abs. 1), für Betreuungssachen (persönliche Anhörung des Betroffenen, § 278), für Unterbringungssachen (persönliche Anhörung des Betroffenen, § 319) und für Freiheitsentziehungssachen (persönliche Anhörung des Betroffenen, § 420). Diese Norminhalte treten an die Stelle der nach pflichtgemäßem Ermessen zu treffenden Entscheidung gem. § 33 Abs. 1 S. 1. Im Übrigen ist § 33 auf die spezialgesetzlichen Anhörungserfordernisse anzuwenden, soweit diese nicht noch zusätzlich den Terminsort bestimmen (s. §§ 278 Abs. 1 S. 2, 319 Abs. 1 S. 2). 301

Für die persönlichen Anhörungen zum Zwecke der Sachverhaltsaufklärung gilt folgender **Verfahrensablauf**: 302

Anberaumung eines Termins: Die persönliche Anhörung findet im Rahmen eines Termins statt (§ 33 Abs. 1 S. 1 iVm § 32). Die Terminsbestimmung erfolgt bei Kollegialgerichten durch den Vorsitzenden (§ 216 Abs. 2 ZPO analog). Eine Aufhebung oder Verlegung des Termins kommt nur aus erheblichen Gründen in Betracht (§ 32 Abs. 1 S. 2 FamFG, § 227 Abs. 1, 2, 4 ZPO). Terminsort ist grundsätzlich die Gerichtsstelle (§ 32 Abs. 1 S. 2 FamFG, § 219 Abs. 1 ZPO), soweit nicht §§ 278 Abs. 1 S. 2, 319 Abs. 1 S. 2 FamFG anderes bestimmen oder darüber hinaus die Anhörung des Beteiligten sinnvoll nur außerhalb der Gerichtsstelle erfolgen kann.[344] 303

Ladung: Der **verfahrensfähige Beteiligte** (§ 9) ist mit Hinweisen zu den Folgen seines Ausbleibens (§ 33 Abs. 3, 4) **selbst zu laden**, auch wenn er einen Bevollmächtigten hat (§ 33 Abs. 2 S. 1 Hs 1). Die Ladung erfolgt grundsätzlich durch Aufgabe zur Post (§§ 33 Abs. 2 S. 2, 15 Abs. 2 S. 1 2. Fall). Anderes gilt, wenn das Erscheinen des Beteiligten ungewiss ist. Dann hat eine Zustellung der Ladung nach §§ 166–195 ZPO zu erfolgen (§§ 33 Abs. 2 S. 2, 15 Abs. 2 S. 1 1. Fall). Hat der verfahrensfähige Beteiligte einen **Bevollmächtigten**, ist dieser von der Ladung zu **benachrichtigen** (§§ 33 Abs. 2 S. 1 Hs 2, 15 Abs. 2 S. 1). 304

Der **verfahrensunfähige Beteiligte** ist über seinen gesetzlichen Vertreter oder Bevollmächtigten zu laden. Hinsichtlich der Ladungsmodalitäten wird auf vorstehende Ausführungen verwiesen. 305

---

342 Gesetzesbegründung, BR-Drucks. 309/07, 420.
343 Gesetzesbegründung, BR-Drucks. 309/07, 421.
344 Gesetzesbegründung, BR-Drucks. 309/07, 419.

306 Das Gericht kann zusätzlich **weitere Beteiligte** laden (vgl § 33 Abs. 1 S. 2), muss es aber im Rahmen des Freibeweises nicht. Hinsichtlich der Ladungsmodalitäten wird auf vorstehende Ausführungen verwiesen.

307 Zwischen Ladung und Termin soll eine **angemessene Frist** liegen (§ 32 Abs. 2).

308 **Unentschuldigtes Fernbleiben des Beteiligten:** Bleibt der persönlich zum Zwecke der Sachaufklärung anzuhörende Beteiligte unentschuldigt im Termin aus, kann gegen ihn durch Beschluss ein Ordnungsgeld verhängt werden (§ 33 Abs. 3 S. 1). Die Höhe des **Ordnungsgeldes** bestimmt sich nach Art. 6 Abs. 1 S. 1 EGStGB. Zurzeit liegt das Mindestmaß bei 5 EUR und das Höchstmaß bei 1000 EUR. Die Festsetzung kann wiederholt werden (§ 33 Abs. 3 S. 2). Im Falle des wiederholten unentschuldigten Ausbleibens kann die **Vorführung** des Beteiligten angeordnet werden (§ 33 Abs. 3 S. 3). Gegen die Verhängung des Ordnungsgeldes und die Anordnung der Vorführung kann der Beteiligte sofortige Beschwerde unter entsprechender Anwendung der §§ 567–572 ZPO einlegen (§ 33 Abs. 3 S. 5).

309 Im Unterschied zu § 34 Abs. 3 **kann das Verfahren nicht ohne eine persönliche Anhörung beendet werden,** da § 34 Abs. 3 ausschließlich der Gewährung rechtlichen Gehörs dient, während die Anhörung im Rahmen des § 33 Voraussetzung für die Tatsachenfeststellung zur Erfüllung des Amtsermittlungsgebotes ist.

310 **Persönliche Anhörung mehrerer Beteiligter:** Hat das Gericht zu einem Termin mehrere Beteiligte geladen, so können sie grundsätzlich in Anwesenheit der jeweils anderen persönlich angehört werden. Das gilt nicht, wenn eine getrennte Anhörung zum Schutz eines Beteiligten (insbesondere in Gewaltschutzsachen) oder aus anderen Gründen erforderlich ist (§ 33 Abs. 1 S. 2). Andere Gründe ergeben sich insbesondere aus dem Amtsermittlungsgebot, wenn eine ertragreiche Anhörung in Anwesenheit mehrerer Beteiligter nicht sinnvoll durchgeführt werden kann.

311 **Öffentlichkeit:** Anhörungen in Familiensachen und in Angelegenheiten der freiwilligen Gerichtsbarkeit sind nach § 170 Abs. 1 S. 1 GVG **grundsätzlich nicht öffentlich.** Das Gericht kann die Öffentlichkeit zulassen, jedoch nicht gegen den Willen eines Beteiligten (§ 170 Abs. 1 S. 2 GVG). Besteht kein entgegengesetzter Wille eines Beteiligten, hat das Gericht nach pflichtgemäßem Ermessen im Einzelfall zu entscheiden, ob das Interesse der Beteiligten am Schutz ihrer Privatsphäre oder der aus dem Rechtsstaatprinzip folgende Grundsatz der Öffentlichkeit konkret überwiegt.[345]

312 Unabhängig von der Zulassung der Öffentlichkeit ist jedenfalls in **Betreuungs- und Unterbringungssachen** auf Verlangen des Betroffenen einer **Person seines Vertrauens** die Anwesenheit zu gestatten (§ 170 Abs. 1 S. 3 GVG).[346]

313 **Dolmetscher:** Für die Hinzuziehung von Dolmetschern gilt nunmehr in allen Familiensachen und Angelegenheiten der freiwilligen Gerichtsbarkeit § 185 GVG. Nach § 185 Abs. 1 S. 1 GVG ist grundsätzlich ein Dolmetscher hinzuzuziehen, wenn nicht alle Beteiligten der deutschen Sprache mächtig sind. Das gilt aber speziell für Familiensachen

---

345 Mit dieser Regelung geht der Gesetzesbegründung, BR-Drucks. 309/07, 729 davon aus, sowohl dem Rechtsstaatprinzip des GG als auch Art. 6 Abs. 1 S. 2 EMRK zu genügen.
346 Das entspricht der bisherigen Regelung in §§ 68 Abs. 4 S. 2, 70 c S. 5 FGG.

und Angelegenheiten der freiwilligen Gerichtsbarkeit nicht, wenn das Gericht der Sprache, in der sich die Beteiligten verständigen, mächtig ist (§ 185 Abs. 3 GVG).[347]
Der Dolmetscher ist grundsätzlich zu beeidigen (§ 189 Abs. 1, 2 GVG). In Familiensachen und Angelegenheiten der freiwilligen Gerichtsbarkeit gilt das aber nicht, wenn alle Beteiligten auf eine Beeidigung verzichten (§ 189 Abs. 3 GVG).[348]   314

Sitzungspolizei: Für die Sitzungspolizei gelten nunmehr unmittelbar §§ 176 ff GVG.[349]   315

ee) Ergebnisse der Beweiserhebung und ihre Verwertung

Das Gericht hat die Ergebnisse der Freibeweiserhebung aktenkundig zu machen (§§ 28 Abs. 4, 29 Abs. 3). Das Gericht ist aber nicht verpflichtet, die in Vermerken festgehaltenen Ergebnisse an die Beteiligten zu versenden, um den organisatorischen und finanziellen Aufwand zu beschränken.[350] Zur **Grundlage einer Entscheidung**, die die Rechte eines Beteiligten beeinträchtigt, kann das Gericht die Erkenntnisse im Freibeweisverfahren nur heranziehen, **wenn der Beteiligte sich dazu äußern konnte** (§ 37 Abs. 2).   316

Vor der Entscheidung muss sich deshalb das Gericht vergewissern, ob den Beteiligten, die durch die beabsichtigte Beschlussfassung in ihrer Rechtsstellung negativ betroffen sind, die tatsächlichen Grundlagen, auf die sich das Gericht stützen will, bekannt sind. Soweit das nicht der Fall ist, muss das nachgeholt und den Beteiligten Gelegenheit zur Stellungnahme gegeben werden.[351]   317

Wie das Gericht den Beteiligten die Kenntnis der wesentlichen Beweisergebnisse vermittelt, ist nicht geregelt. Das Gericht kann die nach §§ 28 Abs. 4, 29 Abs. 3 gefertigten Vermerke oder gutachtlichen Stellungnahmen übersenden oder das Beweisergebnis in einem Termin darstellen (§ 34 Abs. 1 Nr. 1). Eine Übersendung der Vermerke und Gutachten scheidet aus, wenn dem Beteiligten insoweit kein Akteneinsichtsrecht zusteht (§ 13 Abs. 1; s. dazu Rn 223 ff). Dann obliegt es dem Gericht, das Beweisergebnis unter Wahrung der Geheimhaltungsinteressen zusammengefasst schriftlich zu übermitteln und/oder mündlich zu erläutern.[352] Reicht das nicht aus, um dem Beteiligten rechtliches Gehör zu gewähren, kann eine Entscheidung auf die festgestellte Tatsache nicht gestützt werden.[353]   318

f) Durchführung des Strengbeweises
aa) Einleitung

Das förmliche Beweisverfahren ist entsprechend der Zivilprozessordnung durchzuführen (§ 30 Abs. 1). Diese Regelung wird ergänzt durch § 28 Abs. 4, wonach das Gericht über einen Termin einen Vermerk zu fertigen hat, und § 30 Abs. 4, der den Beteiligten das Recht einräumt, zum Ergebnis der förmlichen Beweisaufnahme Stellung zu nehmen. Vor diesem normativen Hintergrund ist zu klären, welche Regelungen der ZPO Anwendung finden, wie sich der Verfahrensablauf darstellt, in welcher Weise die Ergeb-   319

---

347 Das entspricht der bisherigen Regelung in § 9 S. 1 Hs 1 FGG.
348 Das entspricht der bisherigen Regelung in § 9 S. 1 Hs 2 FGG.
349 Das entspricht der bisherigen Regelung in § 8 FGG.
350 Gesetzesbegründung, BR-Drucks. 309/07, 427.
351 Gesetzesbegründung, BR-Drucks. 309/07, 427.
352 Gesetzesbegründung, BR-Drucks. 309/07, 428.
353 Gesetzesbegründung, BR-Drucks. 309/07, 397, 398.

bb) Anwendbare Normen der ZPO

320 Die Beweisvorschriften der ZPO sind nach § 30 Abs. 1 **entsprechend** anzuwenden. Damit sind alle Regelungen des Beweisverfahrens der ZPO einbezogen (im Wesentlichen §§ 142, 144, 355–484 ZPO), die mit den Verfahrensgrundsätzen des FamFG, insbesondere dem Amtsermittlungsgebot, zu vereinbaren sind.[354] **Keine Anwendung** finden daher die Vorschriften über die Benennung von Beweismitteln (§§ 371 Abs. 1 S. 1, 373, 403, 420, 445, 447 ZPO),[355] den Verzicht auf Beweismittel (§§ 399, 436 ZPO),[356] die Anforderung von Auslagenvorschüssen als Beweiserhebungsvoraussetzung (§§ 379, 402 ZPO),[357] die Zurückweisung neuer Beweismittel (§ 296 ZPO)[358] und die Folgen einer Beweisvereitelung (§§ 371 Abs. 3, 427, 446 ZPO).[359]

321 **Stets anwendbar** sind die Normen der ZPO, die in Abgrenzung zum Freibeweis die Grundlagen des förmlichen Beweisverfahrens bilden. Es gelten daher die Regelungen über die **Unmittelbarkeit** der Beweisaufnahme (§ 355 ZPO),[360] die **Beteiligtenöffentlichkeit** der Beweisaufnahme (§ 357 ZPO)[361] und das **Fragerecht** der Beteiligten (§§ 397, 411 Abs. 4, 451 ZPO).[362]

cc) Verfahrensablauf

322 Das förmliche **Beweiserhebungsverfahren ist auf die Beweismittel der ZPO beschränkt.** Neben den für alle Beweismittel geltenden Vorschriften (§§ 355–370 ZPO) finden für den Beweis durch Augenschein §§ 144, 371–372 a ZPO, für den Zeugenbeweis §§ 373–401 ZPO, für den Beweis durch Sachverständige §§ 402–414 ZPO, für den Beweis durch Urkunden §§ 415–444 ZPO, für den Beweis durch Beteiligtenvernehmung §§ 445–455 ZPO und für die Abnahme von Vereidigungen und Bekräftigungen §§ 478–484 ZPO Anwendung. Da die über § 30 Abs. 1 in Bezug genommenen Regelungen der ZPO nicht originär die Verfahren nach dem FamFG betreffen, wird an dieser Stelle darauf verzichtet, das Beweisverfahren der ZPO im Einzelnen darzustellen. Soweit für die förmliche Beweisaufnahme ein Termin notwendig ist, werden nachfolgend die Besonderheiten dargestellt.

323 Die Anberaumung eines **Termins** zur Beweiserhebung ist notwendig bei der Vernehmung von Zeugen (Ausnahme: § 377 Abs. 3 S. 1 ZPO), der Erläuterung eines Gutachtens durch den Sachverständigen (§ 411 Abs. 3 ZPO), der Beteiligtenvernehmung und – je nach Art des Objekts – bei dem Beweis durch Augenschein (§ 372 ZPO). In diesen

---

[354] BayObLGZ 1970, 173, 177; KKW/Schmidt § 15 FGG Rn 2, 8; Bumiller/Winkler § 15 FGG Rn 6; Bassenge/Roth § 15 FGG Rn 7.
[355] KKW/Schmidt § 15 FGG Rn 9; Bassenge/Roth § 15 FGG Rn 7.
[356] Bassenge/Roth § 15 FGG Rn 7.
[357] Bassenge/Roth § 15 FGG Rn 7.
[358] Bumiller/Winkler § 15 FGG Rn 21.
[359] KKW/Schmidt § 15 FGG Rn 54, 57 für §§ 427, 446 ZPO; Bassenge/Roth § 15 FGG Rn 11, 37; aA KKW/Schmidt § 15 FGG Rn 17 für § 371 Abs. 3 ZPO.
[360] OLG München FGPrax 2008, 211, 212; BayObLG FGPrax 1997, 220; KKW/Schmidt § 15 FGG Rn 10; Bumiller/Winkler § 15 FGG Rn 3; Bassenge/Roth § 15 FGG Rn 5.
[361] BayObLGZ 1990, 63, 66; KKW/Schmidt § 15 FGG Rn 13; Bumiller/Winkler § 15 FGG Rn 17; Bassenge/Roth § 15 FGG Rn 4.
[362] Bassenge/Roth § 15 FGG Rn 4.

Fällen ist das durch § 32 Abs. 1 S. 1 dem Gericht eingeräumte Ermessen, die Sache in einem Termin zu erörtern, auf Null reduziert. Es muss ein Termin durchgeführt werden.

Anberaumung eines Termins: Die Terminsbestimmung erfolgt bei Kollegialgerichten durch den Vorsitzenden (§ 216 Abs. 2 ZPO analog). Eine Aufhebung oder Verlegung des Termins kommt nur aus erheblichen Gründen in Betracht (§ 32 Abs. 1 S. 2 FamFG, § 227 Abs. 1, 2, 4 ZPO). Terminsort ist grundsätzlich die Gerichtsstelle (§ 32 Abs. 1 S. 2 FamFG, § 219 Abs. 1 ZPO). Anderes gilt für die Inaugenscheinnahme an Ort und Stelle, die Vernehmung eines am Erscheinen verhinderten Zeugen oder Beteiligten oder bei anderen Gründen, die einer Beweisaufnahme am Gerichtsort entgegenstehen (§ 32 Abs. 1 S. 2 FamFG, § 219 Abs. 1 ZPO). 324

Ladung der Beteiligten: Aufgrund der **Beteiligtenöffentlichkeit** der Beweisaufnahme (§ 357 Abs. 1 ZPO) sind **alle** Beteiligten zu laden. Für die Durchführung der Ladung gilt § 15 FamFG (nicht § 329 Abs. 2 S. 2 ZPO). Die Ladung kann durch Aufgabe zur Post (§ 15 Abs. 2 S. 1 2. Fall FamFG) oder durch Zustellung nach §§ 166–195 ZPO erfolgen (§ 15 Abs. 2 S. 1 1. Fall FamFG). Welche der Möglichkeiten das Gericht wählt, liegt im pflichtgemäßen Ermessen. Für die Ermessensausübung wesentlich ist, ob das Gericht davon ausgehen darf, die Ladung werde den Beteiligten über die Aufgabe zur Post zuverlässig erreichen.[363] Hat der verfahrensfähige Beteiligte einen **Bevollmächtigten**, ist dieser zu laden (§ 11 S. 5 FamFG, § 81 ZPO). Der **verfahrensunfähige Beteiligte** ist über seinen gesetzlichen Vertreter oder Bevollmächtigten zu laden. 325

Hinweis: Die Ladung zur Herstellung der Beteiligtenöffentlichkeit nach § 357 Abs. 1 ZPO ist nicht zu verwechseln mit der Ladung im Rahmen der Anordnung des persönlichen Erscheinens nach § 33 FamFG (Freibeweisverfahren) zum Zwecke der Sachverhaltsaufklärung (s. Rn 303 ff).

Zwischen Ladung und Termin soll eine angemessene Frist liegen (§ 32 Abs. 2). 326

Ladung der Zeugen, Sachverständigen und Beteiligten als Beweismittel: Zeugen sind nach § 377 Abs. 1 S. 2 formlos zu laden, wenn das Gericht anderes iSv § 15 Abs. 2 nicht bestimmt. Denkbar ist daher auch eine (fern-)mündliche Ladung. In jedem Fall muss der Zeuge mit der Ladung erfahren, wer die Beteiligten sind, über welchen Gegenstand er vernommen werden soll und welche Konsequenzen es hat, wenn er am Terminsort zum Termin nicht erscheint (§ 377 Abs. 2 ZPO). 327

Für die Ladung eines **Sachverständigen** gilt § 377 Abs. 1, 2 ZPO über § 402 ZPO entsprechend. 328

Verfahrensfähige Beteiligte sind zum Zwecke der Beteiligtenvernehmung persönlich zu laden, selbst wenn sie einen Bevollmächtigten haben (§ 450 Abs. 1 S. 3 ZPO). Der Beweisbeschluss (§ 450 Abs. 1 S. 1 ZPO) ist dem Beteiligten mit der Ladung mitzuteilen, einer Zustellung der Ladung bedarf es nicht (§ 450 Abs. 1 S. 3 ZPO). Verfahrensfähige Beteiligte, für die ein Betreuer bestellt ist, gelten außerhalb eines Betreuungs- oder Unterbringungsverfahrens (§§ 275, 316) als nicht verfahrensfähig (§ 9 Abs. 5 FamFG, § 53 ZPO). Sie können aber gleichwohl als Beteiligte vernommen werden (§ 455 Abs. 2 S. 2 ZPO). 329

---

[363] Gesetzesbegründung, BR-Drucks. 309/07, 400.

330 Bei der Vernehmung **nicht verfahrensfähiger Beteiligter** ist grundsätzlich an der Stelle des Beteiligten der gesetzliche Vertreter zu vernehmen (§ 455 Abs. 1 ZPO) und damit zu laden. Anderes gilt für Minderjährige, die das 16. Lebensjahr vollendet haben. Diese können, soweit das Gericht ihre Vernehmung für angemessen hält, als Beteiligte vernommen werden (§ 455 Abs. 2 S. 1 ZPO). Davon zu unterscheiden ist die **persönliche Anhörung von Kindern im Freibeweisverfahren** (s. §§ 33, 159, 175 Abs. 2, 192).

331 **Öffentlichkeit: Anhörungen und Verhandlungen** in Familiensachen und in Angelegenheiten der freiwilligen Gerichtsbarkeit sind nach § 170 Abs. 1 S. 1 GVG **grundsätzlich nicht öffentlich.** Das Gericht kann die Öffentlichkeit zulassen, jedoch nicht gegen den Willen eines Beteiligten (§ 170 Abs. 1 S. 2 GVG). Besteht kein entgegengesetzter Wille eines Beteiligten, hat das Gericht nach pflichtgemäßem Ermessen im Einzelfall zu entscheiden, ob das Interesse der Beteiligten am Schutz ihrer Privatsphäre oder der aus dem Rechtsstaatprinzip folgende Grundsatz der Öffentlichkeit konkret überwiegt.[364]

332 Unabhängig von der Zulassung der Öffentlichkeit ist jedenfalls in **Betreuungs- und Unterbringungssachen** auf Verlangen des Betroffenen einer Person seines Vertrauens die Anwesenheit zu gestatten (§ 170 Abs. 1 S. 3 GVG).[365]

333 **Dolmetscher:** Für die Hinzuziehung von Dolmetschern gilt nunmehr in allen Familiensachen und Angelegenheiten der freiwilligen Gerichtsbarkeit § 185 GVG. Nach § 185 Abs. 1 S. 1 GVG ist grundsätzlich ein Dolmetscher hinzuzuziehen, wenn nicht alle Beteiligten der deutschen Sprache mächtig sind. Das gilt aber speziell für Familiensachen und Angelegenheiten der freiwilligen Gerichtsbarkeit nicht, wenn das Gericht der Sprache, in der sich die Beteiligten verständigen, mächtig ist (§ 185 Abs. 3 GVG).[366]

334 Der Dolmetscher ist grundsätzlich zu beeidigen (§ 189 Abs. 1, 2 GVG). In Familiensachen und Angelegenheiten der freiwilligen Gerichtsbarkeit gilt das aber nicht, wenn alle Beteiligten auf eine Beeidigung verzichten (§ 189 Abs. 3 GVG).[367]

335 **Sitzungspolizei:** Für die Sitzungspolizei gelten nunmehr unmittelbar §§ 176 ff GVG.[368]

dd) Ergebnisse der Beweiserhebung und ihre Verwertung

336 Die Ergebnisse der Beweisaufnahme müssen nicht nach § 160 Abs. 3 Nr. 4, 5 ZPO protokolliert werden. Diese Regelung wird verdrängt durch § 28 Abs. 4 S. 1 Hs 1, der die Pflicht des Gerichts begründet, über die förmliche Beweisaufnahme einen **Vermerk** zu fertigen. Der Vermerk muss die **durchgeführte Beweisaufnahme** als wesentlichen Vorgang des Termins **dokumentieren** (§ 28 Abs. 4 S. 2). Zur Aufnahme des Vermerks sind Richter oder Rechtspfleger befugt. Ein Urkundsbeamter der Geschäftsstelle kann aus wichtigem Grund hinzugezogen werden (§ 28 Abs. 1 S. 1 Hs 2).

337 Mindestvoraussetzungen zu **Form und Inhalt** des Vermerks normiert § 28 Abs. 4 nicht, um das Verfahren des FamFG flexibel handhaben zu können.[369] Der Vermerk muss

---

[364] Mit dieser Regelung geht der Gesetzesbegründung, BR-Drucks. 309/07, 729 davon aus, sowohl dem Rechtsstaatprinzip des GG als auch Art. 6 Abs. 1 S. 2 EMRK zu genügen.
[365] Das entspricht der bisherigen Regelung in §§ 68 Abs. 4 S. 2, 70c S. 5 FGG.
[366] Das entspricht der bisherigen Regelung in § 9 S. 1 Hs 1 FGG.
[367] Das entspricht der bisherigen Regelung in § 9 S. 1 Hs 2 FGG.
[368] Das entspricht der bisherigen Regelung in § 8 FGG.
[369] Gesetzesbegründung, BR-Drucks. 309/07, 411.

aber so aussagekräftig sein, dass er eine hinreichende Grundlage für die Information nicht anwesender Beteiligter bietet und dem Beschwerdegericht die Entscheidung nach § 68 Abs. 3 S. 2 erleichtert, ob eine Wiederholung der Beweisaufnahme erforderlich ist.[370] Nach der Gesetzesbegründung sollen aber nur Umstände aufgenommen werden, denen unmittelbare Entscheidungserheblichkeit zukommt.[371] Das ist abzulehnen. Ob ein Umstand entscheidungserheblich ist oder nicht, kann nicht allein aus der Sicht des erstinstanzlichen Gerichtsorgans beurteilt werden. Die Beteiligten und das Beschwerdegericht müssen auf der Grundlage des Vermerks die Möglichkeit haben, umfassend eine eigene Bewertung vornehmen zu können. Ansonsten würde der Anspruch der Beteiligten auf Gewährung rechtlichen Gehörs unmittelbar in erster Instanz und mittelbar in zweiter Instanz unzulässig verkürzt. Das widerspräche dem Grundgedanken des FamFG, in streitigen Verfahren die Einhaltung rechtsstaatlicher Verfahrensgarantien sicherzustellen.[372]

Die **Beteiligten** haben nach § 30 Abs. 4 einen Anspruch darauf, zum Ergebnis der förmlichen Beweisaufnahme **Stellung zu nehmen**, wenn dies zur Sachaufklärung oder der Gewährung rechtlichen Gehörs erforderlich ist. Anders als § 279 Abs. 3 ZPO normiert § 30 Abs. 4 FamFG keine Pflicht des Gerichts, das Ergebnis mit den Beteiligten zu erörtern, um die Flexibilität des Verfahrens zu wahren.[373] Das ist im Hinblick auf Verfahren mit vielen Beteiligten, die in ganz unterschiedlicher Weise von der Beweisaufnahme betroffen sein können, sinnvoll. Es ist daher nach den Umständen des Einzelfalls zu prüfen, mit welchen Beteiligten und in welcher Form (persönliche Anhörung nach § 34 oder schriftlich) das Ergebnis der Beweisaufnahme erörtert wird.[374] 338

Verwertbar ist das Beweisergebnis zulasten eines Beteiligten jedenfalls nur, wenn dieser Gelegenheit hatte, sich zu äußern (§ 37 Abs. 2). 339

g) Tatsachenfeststellung

Das Gericht entscheidet nach § 37 Abs. 1 nach seiner **freien, aus dem gesamten Inhalt des Verfahrens gewonnenen Überzeugung**. Da das FamFG nicht den Grundsatz der Mündlichkeit kennt, kann der gesamte Akteninhalt ohne Rücksicht auf eine Erörterung in einem Termin verwertet werden.[375] 340

Tritt **in der Person des Richters oder Rechtspflegers ein Wechsel** ein, stellt sich das Problem, inwieweit das Unmittelbarkeitsprinzip einer Verwertung der im Strengbeweisverfahren erhobenen Beweise entgegensteht. Das ist dann nicht der Fall, wenn sich aus dem Akteninhalt alle Informationen ergeben, die erforderlich sind, um eine Überzeugung bilden zu können. Ist beispielsweise der persönliche Eindruck von einem Zeugen maßgeblich, muss sich dieser aus dem Vernehmungsvermerk ergeben. Unter dieser Voraussetzung bestehen keine Bedenken, auch bei einem Wechsel in der Besetzung des 341

---

370 Gesetzesbegründung, BR-Drucks. 309/07, 411, 412.
371 Gesetzesbegründung, BR-Drucks. 309/07, 412.
372 Gesetzesbegründung, BR-Drucks. 309/07, 350.
373 Gesetzesbegründung, BR-Drucks. 309/07, 418.
374 Gesetzesbegründung, BR-Drucks. 309/07, 418.
375 BayObLG FamRZ 1990, 1156; KKW/Meyer-Holz Vor §§ 8–18 FGG Rn 10; Bumiller/Winkler § 12 FGG Rn 35.

Gerichts das Unmittelbarkeitsprinzip als gewahrt anzusehen, obwohl die förmlichen Beweisaufnahmen nicht wiederholt werden.[376]

342 Das Gericht muss von der **Wahrheit seiner Feststellungen überzeugt** sein. Wie in § 286 Abs. 1 S. 1 ZPO ist dafür keine absolute, über jeden Zweifel erhabene Gewissheit erforderlich. Es reicht eine subjektive, persönliche Gewissheit, welche Zweifel zurückstellt, ohne sie ganz auszuschließen.[377] In welchem Beweisverfahren das Gericht seine Erkenntnisse gewonnen hat, ist unerheblich. Das Gericht muss sowohl im Freibeweisverfahren als auch im Strengbeweisverfahren von der Wahrheit einer Tatsache im vorstehenden Sinne überzeugt sein.

343 Das FamFG enthält keine § 286 Abs. 1 S. 2 ZPO entsprechende Vorschrift, die dem Gericht aufgibt, die **Erwägungen darzulegen**, die seiner Überzeugung zugrunde liegen. § 38 Abs. 3 S. 1 verzichtet bewusst darauf, inhaltliche Maßstäbe für die Begründung des Beschlusses zu normieren, um die Flexibilität des Verfahrens zu wahren.[378] Das Argument der Flexibilität ist hier aber nicht recht verständlich. Meint der Gesetzgeber, die Erwägungen des Gerichts sollten zum Schutz von Beteiligten nicht niedergeschrieben werden? Aber selbst in Betreuungs- und Unterbringungssachen entbindet dieser Gesichtspunkt das Gericht nicht davon, seine Entscheidung zu begründen. Zur Vermeidung erheblicher Nachteile kann allein von der Bekanntgabe des Beschlusses an den Betroffenen abgesehen werden (§§ 288 Abs. 1, 325 Abs. 1). Die vom FamFG beabsichtigte Sicherstellung rechtsstaatlicher Verfahrensgarantien in streitigen Fällen[379] erfordert eine Begründung der subjektiven Gewissheit des Gerichts, damit sich das Gericht einerseits selbst eine rationale Grundlage gibt und andererseits die subjektive Gewissheit den Beteiligten nachvollziehbar vermittelt wird.[380] Die deshalb im FamFG bestehende Lücke ist durch eine entsprechende Anwendung von § 286 Abs. 1 S. 2 ZPO zu schließen.

344 Kann das Gericht sich **keine Überzeugung** von der Wahrheit einer Tatsache verschaffen, können die darauf aufbauenden rechtlichen Konsequenzen nicht gezogen werden. In diesem Sinne besteht zulasten der Beteiligten eine **objektive Beweislast**, und zwar unabhängig davon, ob es sich um ein Antragsverfahren oder ein Verfahren handelt, das von Amts wegen eingeleitet wird.[381]

10. Verfahrensleitung
a) Einleitung

345 Das FamFG lässt dem Gericht – anders als die ZPO – erhebliche **Freiräume bei der Gestaltung des Verfahrens**. Das Gericht entscheidet nach Zweckmäßigkeitserwägungen, welche Vorgehensweise im Einzelfall angemessen ist.[382] § 28 regelt deshalb nur Teilaspekte der gerichtlichen Verfahrensleitung, um die Flexibilität des Verfahrens zu

---

376 OLG München FGPrax 2008, 211, 212.
377 BGH NJW 1993, 935, 937; KKW/Schmidt § 15 FGG Rn 63; Zöller/Greger § 286 ZPO Rn 19; Gesetzesbegründung, BR-Drucks. 309/07, 426.
378 Gesetzesbegründung, BR-Drucks. 309/07, 429.
379 Gesetzesbegründung, BR-Drucks. 309/07, 350.
380 Vgl KG FGPrax 2008, 200; OLG Celle FGPrax 2008, 227, 228; Zöller/Greger § 286 ZPO Rn 21.
381 KKW/Schmidt § 15 FGG Rn 66.
382 KKW/Meyer-Holz Vor §§ 8–18 FGG Rn 8; Bumiller/Winkler § 12 FGG Rn 35.

wahren.[383] Die Inhalte des § 28 zur Verfahrensleitung sind aber nicht isoliert zu betrachten. Sie werden flankiert durch viele Einzelregelungen im Normgefüge des FamFG. Das betrifft im Bereich der allgemeinen Vorschriften und des Verfahrens im ersten Rechtszug §§ 7 Abs. 4 (Rn 111), 10 Abs. 3 (Rn 179), 13 (Rn 215 ff), 22 a (Rn 143, 145), 22, 23 Abs. 2 (Rn 14), 24 Abs. 2 (Rn 20), 29 Abs. 3 (Rn 316), 30 Abs. 4 (Rn 338), 34, 35 (Rn 267), 36 und das gesamte Ermittlungsverfahren (§§ 26–33; s. dazu Rn 249 ff). In ihrer Gesamtheit bilden die Regelungen ein Gerüst, das zwar dem Gericht keinen bestimmten Verfahrensablauf vorgibt, aber einen Weg sinnvoller Verfahrensgestaltung in Form von Bausteinen aufzeigt. Typische Bausteine werden nachfolgend dargestellt, ohne damit einen Anspruch auf Vollständigkeit zu erheben. In die Darstellung sind § 28 und die anderen die Verfahrensgestaltung betreffenden Normen eingebunden. Sie werden daher nicht für sich, sondern im Verfahrenszusammenhang erläutert.

b) Nichteinleitung und sofortige Beendigung des Verfahrens

In Rechtsstreiten, die der ZPO unterfallen, kann das Gericht eine Entscheidung erst treffen, wenn der Streitgegenstand rechtshängig ist (§§ 261 Abs. 1, 2, 696 Abs. 3, 700 Abs. 2 ZPO), darauf aufbauend ein Prozessrechtsverhältnis entsteht[384] und – grundsätzlich – eine mündliche Verhandlung stattgefunden hat. Das gilt unabhängig davon, ob die Klage oder der Antrag unzulässig oder offensichtlich unbegründet ist. Im Anwendungsbereich des Buches 1 des FamFG finden diese Grundsätze weder für Antragsverfahren noch Verfahren, die von Amts wegen eingeleitet werden, Anwendung.   346

In **Antragsverfahren** bestimmt § 23 Abs. 2, dass der Antrag an die übrigen Beteiligten übermittelt werden soll. Diese Bestimmung dient nicht der Begründung eines Verfahrensrechtsverhältnisses, sondern ausschließlich der Gewährung rechtlichen Gehörs. Von der Übermittlung des Antrags kann daher abgesehen werden, wenn der Antrag unzulässig oder offensichtlich unbegründet ist. In diesem Fall kann der Antrag sofort durch Beschluss zurückgewiesen werden.[385] Zu diesem Grundsatz bestehen **drei Ausnahmen**. Hinsichtlich der Zulässigkeit des Antrags ist der vorgenannte Grundsatz insoweit einzuschränken, als die Unzulässigkeit auf einer Unzuständigkeit des Gerichts, die durch **Verweisung** an das zuständige Gericht behoben werden kann (s. dazu Rn 29, 36, 42, 53), oder einem **Formfehler** (s. § 28 Abs. 3) beruht. Als offensichtlich unbegründet darf ein Antrag nicht allein deshalb angesehen werden, weil er nicht **sachdienlich** ist. In diesem Fall hat das Gericht auf einen Antrag hinzuwirken, der den materiell-rechtlichen Erfordernissen entspricht (§ 28 Abs. 2, 3).   347

In Verfahren, die von Amts wegen betrieben werden, muss das Gericht einer entsprechenden Anregung (§ 24 Abs. 1) nicht folgen (§ 24 Abs. 2). Es kann die Einleitung eines Verfahrens ablehnen (Rn 19).   348

Hinweis: Zu Beginn eines Verfahrens ist daher unabhängig von der Verfahrensart zu prüfen, ob neben den Zulässigkeitsvoraussetzungen die materiell-rechtlichen Bedingungen für eine Beschlussfassung des Gerichts gegeben sind.

---

383 Gesetzesbegründung, BR-Drucks. 309/07, 410.
384 Zöller/Vollkommer Einl. Rn 52 ff.
385 Gesetzesbegründung, BR-Drucks. 309/07, 406.

c) Feststellung der Beteiligten

349 Das gesamte Verfahren des FamFG wird durch den **Anspruch der Beteiligten auf rechtliches Gehör** geprägt. Das betrifft die Übermittlung der Antragsschrift an die übrigen Beteiligten (§ 23 Abs. 2), die Information der Beteiligten über die Einleitung des Verfahrens, die Information derjenigen, die auf ihren Antrag als Beteiligte hinzuzuziehen sind oder hinzugezogen werden können (§ 7 Abs. 4), das Akteneinsichtsrecht der Beteiligten (§ 13 Abs. 1), die den Beteiligten obliegenden Mitwirkungspflichten (§§ 27, 28 Abs. 1 S. 1, Abs. 3), die den Beteiligten zu gebenden Hinweise (§ 28 Abs. 1 S. 2, Abs. 3), die den Beteiligten mitzuteilenden Ergebnisse der Beweisaufnahme (§ 37 Abs. 2) und die persönliche Anhörung der Beteiligten zum Zwecke der Gewährung rechtlichen Gehörs (§ 34).

Hinweis: Um die Verfahrensrechte der Beteiligten hinreichend zu wahren und ihre Mitwirkungspflichten zur Stoffsammlung und Sachverhaltsaufklärung effektiv zu nutzen, muss sich das Gericht zu einem frühestmöglichen Zeitpunkt einen umfassenden Überblick über die (möglichen) Beteiligten verschaffen (s. dazu Rn 83 ff). Eine Auslassung oder fehlerhafte Bewertung zu Beginn des Verfahrens verzögert das Verfahren und kann, wird die Auslassung nicht entdeckt, zu einer verfahrensfehlerhaften Entscheidung führen.

d) Stoffsammlung und Sachverhaltsaufklärung

350 An der Stoffsammlung und Sachverhaltsaufklärung haben die Beteiligten mitzuwirken (§§ 23 Abs. 1, 27, 33; s. dazu eingehend Rn 260 ff). Diese **Mitwirkungspflicht** hat das Gericht einzufordern und unterstützend zu begleiten, und zwar in zweifacher Weise.

aa) Hinweispflicht

351 Das Gericht hat **so früh wie möglich** die Parteien auf die wesentlichen tatsächlichen und rechtlichen Gesichtspunkte **hinzuweisen** und unter Fristsetzung auf eine rechtzeitige Erfüllung der Mitwirkungspflichten **hinzuwirken** (§ 28 Abs. 1). Die Hinweise müssen konkret und unmissverständlich formuliert sein.[386] Entsprechende Hinweise und Fristsetzungen hat das Gericht **aktenkundig** zu machen (§ 28 Abs. 3). § 28 Abs. 3 FamFG ist § 139 Abs. 4 S. 1 ZPO nachgebildet.[387] Welche Rechtsfolgen sich ergeben, wenn das Gericht seine Hinweise und Fristsetzungen nicht aktenkundig macht, regelt § 28 Abs. 3 FamFG anders als § 139 Abs. 4 S. 2 ZPO jedoch nicht. Die Gesetzesbegründung schweigt dazu.[388] Es ist deshalb zu klären, ob § 139 Abs. 4 S. 2 ZPO entsprechende Anwendung findet. Nach § 139 Abs. 4 S. 2 ZPO kann die Erteilung der Hinweise nur durch den Inhalt der Akten bewiesen werden. Diese Regelung ist als Teil des ZPO-Reformgesetzes[389] zusammen mit der Umgestaltung des Novenrechts für das Berufungsverfahren (§ 531 ZPO) geschaffen worden. Während im Berufungsverfahren neue Angriffs- und Verteidigungsmittel grundsätzlich nicht zuzulassen sind, verstärkt § 139 Abs. 4 ZPO die Hinweispflichten des Prozessgerichts.[390] Daraus folgt für die

---

[386] BGH NJW 2002, 3317 und NJW 2005, 2624 zu § 139 Abs. 4 S. 1 ZPO.
[387] Gesetzesbegründung, BR-Drucks. 309/07, 411.
[388] Vgl Gesetzesbegründung, BR-Drucks. 309/07, 411, 412.
[389] BT-Drucks. 14/472.
[390] S. BGH NJW 2005, 2624.

Verfahren im ersten Rechtszug nach FamFG, dass § 139 Abs. 4 S. 2 ZPO keine Anwendung findet, da das Beschwerderecht des FamFG vor dem Hintergrund des Amtsermittlungsgebotes den Ausschluss neuer Tatsachen nicht kennt (s. § 68 Abs. 3).

bb) Zwangsmittel

Erfüllt ein Beteiligter die Anordnungen des Gerichts nicht, findet § 35 Abs. 1 Anwendung, der dem Gericht die Befugnis einräumt, durch die Festsetzung von **Zwangsgeld und Zwangshaft** seine Anordnungen durchzusetzen (siehe zu Zwangsmitteln bereits Rn 267). § 35 Abs. 1 erfasst u.a. alle **verfahrensleitenden Maßnahmen**, die das Ziel der Sachaufklärung verfolgen. Davon zu **unterscheiden** sind die Zwangsmittel im Rahmen der **Vollstreckung** verfahrensabschließender Entscheidungen, die in §§ 86–96 a geregelt sind. Damit ist die bisherige Vermischung von Zwangsmitteln im Verfahren und in der Vollstreckung (§ 33 FGG) beseitigt.[391]

352

Das Gericht kann also, erfüllt ein Beteiligter die ihm aufgrund gerichtlicher Anordnung aufgegebene Pflicht, Tatsachen und ggf Beweismittel vorzutragen und vorzulegen, trotz Fristsetzung[392] nicht, durch Beschluss ein **Zwangsgeld**, ersatzweise Zwangshaft, oder nur **Zwangshaft** festsetzen (§ 35 Abs. 1 S. 1–3).[393] In der gerichtlichen Anordnung ist auf diese Möglichkeiten hinzuweisen, eine Androhung ist nicht erforderlich (§ 35 Abs. 2). Das einzelne Zwangsgeld darf den Betrag von 25.000 EUR nicht überschreiten. Die Zwangshaft darf für die Dauer von bis zu sechs Monaten angeordnet werden (§ 35 Abs. 3 S. 3 FamFG, § 913 ZPO). Der Vollzug der Haft richtet sich gem. § 35 Abs. 3 S. 3 FamFG nach §§ 901 S. 2, 904–906, 910 ZPO.

353

Gegen den Beschluss, der das Zwangsgeld oder die Zwangshaft anordnet, ist die **sofortige Beschwerde** statthaft (§ 35 Abs. 5 FamFG, §§ 567 ff ZPO), die **aufschiebende Wirkung** hat (§ 35 Abs. 5 FamFG, § 570 Abs. 1 ZPO).

354

e) Rechtliches Gehör durch persönliche Anhörung

Das rechtliche Gehör, das in jeder Phase des Verfahrens den Beteiligten umfassend zu gewähren ist, bedarf vor allem am **Ende der Sachverhaltsermittlung** einer Kontrolle. Liegen den Beteiligten alle Ergebnisse der Beweisaufnahme, auf die die Entscheidung gestützt werden soll, vor (§ 37 Abs. 2)? Hat das Gericht die Beteiligten hinreichend auf alle rechtlich wesentlichen Gesichtspunkte hingewiesen (§ 28 Abs. 1 S. 2)?

355

Wenn nicht, sind die Beteiligten entsprechend zu informieren. Das kann schriftlich geschehen, wenn die Beteiligten aufgrund ihrer sprachlichen und intellektuellen Fähigkeiten in der Lage sind, schriftliche Hinweise wahrzunehmen und zu verstehen. Wenn nicht, muss das Gericht den Beteiligten nach § 34 Abs. 1 Nr. 1 **persönlich anhören, um ihm rechtliches Gehör zu gewähren**. Davon zu unterscheiden ist die persönliche Anhörung eines Beteiligten zum Zwecke der Sachverhaltsaufklärung nach § 33 (s. dazu Rn 300, 301).

356

---

391 Gesetzesbegründung, BR-Drucks. 309/07, 423.
392 S. dazu BayObLG NJW-RR 2002, 726.
393 Gesetzesbegründung, BR-Drucks. 309/07, 409, 423; anders zur Rechtslage nach § 33 FGG: OLG Karlsruhe NJOZ 2006, 2651; Bassenge/Roth § 12 FGG Rn 14.

Jurgeleit

357 Unabhängig von den konkreten **Verständnismöglichkeiten** des Beteiligten ist eine persönliche Anhörung zur Gewährung rechtlichen Gehörs immer notwendig, wenn dies das FamFG oder ein anderes **Gesetz vorschreibt** (§ 34 Abs. 1 Nr. 2). In den Verfahren, die das FamFG regelt, ist diese Art der Anhörung beispielsweise in Betreuungs- und Unterbringungssachen (§§ 278, 319) vorgesehen. Diese Regelungen übernehmen eine **Doppelfunktion**, da sie zugleich und zusätzlich der Sachverhaltsaufklärung dienen.[394]

358 Ist der Beteiligte zur Gewährleistung seines rechtlichen Gehörs persönlich anzuhören, obliegt es dem pflichtgemäßen Ermessen des Gerichts, **an welchem Ort** die Anhörung sinnvollerweise stattfindet.[395] Das Gericht kann zu einem **Anhörungstermin** in das Gericht oder in den privaten Lebensbereich des Beteiligten laden (§ 32 Abs. 1 FamFG, § 219 Abs. 1 ZPO). Letzteres sehen §§ 278 Abs. 1 S. 3, 319 Abs. 1 S. 2 für Betreuungs- und Unterbringungssachen ausdrücklich vor.

359 Die persönliche Anhörung des Beteiligten kann nach § 34 Abs. 2 **unterbleiben**, wenn von der Anhörung Nachteile für seine Gesundheit zu besorgen sind oder er offensichtlich nicht in der Lage ist, seinen Willen kundzutun. In Betreuungs- und Unterbringungssachen ist diese Ausnahme einschränkend spezialgesetzlich geregelt (§§ 278 Abs. 4, 319 Abs. 3).

360 Im Unterschied zu § 33 wird das persönliche Erscheinen zur Gewährung rechtlichen Gehörs **nicht zwangsweise durchgesetzt**. Da § 34 ausschließlich die Verfahrensrechte der Beteiligten schützt, bedarf es keiner Ordnungs- und Zwangsmittel. Der Beteiligte muss Verfahrensrechte nicht wahrnehmen. Erscheint der Beteiligte zu einem Anhörungstermin nicht, kann das Verfahren beendet werden (§ 34 Abs. 3 S. 1). Darauf ist der Beteiligte hinzuweisen (§ 34 Abs. 3 S. 2).

361 Zum **Ablauf des Anhörungstermins**:

362 **Ladung**: Der **Beteiligte** ist zu laden. Die Ladung erfolgt grundsätzlich durch Aufgabe zur Post (§ 15 Abs. 1, 2 S. 1 2. Fall). **Zwischen Ladung und Termin** soll eine angemessene Frist liegen (§ 32 Abs. 2).

363 **Öffentlichkeit: Anhörungen** in Familiensachen und in Angelegenheiten der freiwilligen Gerichtsbarkeit sind nach § 170 Abs. 1 S. 1 GVG **grundsätzlich nicht öffentlich.** Das Gericht kann die Öffentlichkeit zulassen, jedoch nicht gegen den Willen des Beteiligten (§ 170 Abs. 1 S. 2 GVG). Besteht kein entgegengesetzter Wille des Beteiligten, hat das Gericht nach pflichtgemäßem Ermessen im Einzelfall zu entscheiden, ob das Interesse der Beteiligten am Schutz ihrer Privatsphäre oder der aus dem Rechtsstaatprinzip folgende Grundsatz der Öffentlichkeit konkret überwiegt.[396]

364 Unabhängig von der Zulassung der Öffentlichkeit ist jedenfalls in **Betreuungs- und Unterbringungssachen** auf Verlangen des Betroffenen einer **Person seines Vertrauens** die Anwesenheit zu gestatten (§ 170 Abs. 1 S. 3 GVG).[397]

---

394 Gesetzesbegründung, BR-Drucks. 309/07, 422.
395 Gesetzesbegründung, BR-Drucks. 309/07, 421.
396 Mit dieser Regelung geht der Gesetzesbegründung, BR-Drucks. 309/07, 729 davon aus, sowohl dem Rechtsstaatprinzip des GG als auch Art. 6 Abs. 1 S. 2 EMRK zu genügen.
397 Das entspricht der bisherigen Regelung in §§ 68 Abs. 4 S. 2, 70 c S. 5 FGG.

Dolmetscher: Für die Hinzuziehung von Dolmetschern gilt nunmehr in allen Familiensachen und Angelegenheiten der freiwilligen Gerichtsbarkeit § 185 GVG. Nach § 185 Abs. 1 S. 1 GVG ist grundsätzlich ein Dolmetscher hinzuzuziehen, wenn nicht alle Beteiligten der deutschen Sprache mächtig sind. Das gilt aber speziell für Familiensachen und Angelegenheiten der freiwilligen Gerichtsbarkeit nicht, wenn das Gericht der Sprache, in der sich die Beteiligten verständigen, mächtig ist (§ 185 Abs. 3 GVG).[398] 365

Der Dolmetscher ist grundsätzlich zu beeidigen (§ 189 Abs. 1, 2 GVG). In Familiensachen und Angelegenheiten der freiwilligen Gerichtsbarkeit gilt das aber nicht, wenn alle Beteiligten auf eine Beeidigung verzichten (§ 189 Abs. 3 GVG).[399] 366

Sitzungspolizei: Für die Sitzungspolizei gelten nunmehr unmittelbar §§ 176 ff GVG.[400] 367

f) Vergleich, einvernehmliche Beendigung und Antragsrücknahme
aa) Einleitung

In Verfahren, die ausschließlich aufgrund eines Antrags eingeleitet werden können (Rn 4), sowie in allen Verfahren, in denen die Beteiligten über den Verfahrensgegenstand Verfügungsmacht besitzen, können die Parteien auf die Beendigung des eingeleiteten Verfahrens Einfluss nehmen. In **ausschließlichen Antragsverfahren** sieht § 22 Abs. 1, 4 die Antragsrücknahme und § 22 Abs. 3, 4 die übereinstimmende Beendigungserklärung vor. In allen Verfahren, in denen der **Verfahrensgegenstand zur Disposition der Beteiligten steht,** ist der Abschluss eines Vergleichs möglich (§ 36). Damit wird sowohl für die Beteiligten als auch das Gericht ein Gestaltungsspielraum eröffnet. 368

bb) Antragsrücknahme

Der verfahrenseinleitende Antrag kann **bis zur formellen Rechtskraft** (§ 45) der Endentscheidung (§ 38 Abs. 1 S. 1) zurückgenommen werden (§ 21 Abs. 1 S. 1). Bis zum Erlass der Endentscheidung bedarf der Antragsteller für die Rücknahme nicht des Einverständnisses der anderen Beteiligten. Erklärt er die Antragsrücknahme **nach Erlass der Endentscheidung,** müssen alle übrigen Beteiligten zustimmen (§ 22 Abs. 1 S. 2). Mit dem Begriff „Erlass" der Endentscheidung knüpft das Gesetz weder an das Wirksamwerden des Beschlusses (§ 40) noch die Bekanntgabe des Beschlusses (§ 41) an. Das wäre inhaltlich auch nicht sinnvoll, da das Wirksamwerden von der formellen Rechtskraft abhängig sein kann und die Bekanntgabe an alle Beteiligten zu erfolgen hat. Von dem Zufall, wann die Endentscheidung den letzten Beteiligten erreicht, kann das Antragsrücknahmerecht nicht abhängen. § 22 Abs. 1 S. 2 nimmt vielmehr Bezug auf die Terminologie zu § **38 Abs. 3 S. 3.** Danach ist eine Endentscheidung erlassen, wenn die Beschlussformel in einem Termin verlesen oder der Beschluss an die Geschäftsstelle übergeben wird. Mit dieser Definition weicht das FamFG von der zu §§ 16, 18 FGG entwickelten Formel ab. Danach war bei nicht verkündeten Beschlüssen ein Erlass erst anzunehmen, wenn der Beschluss mit Wissen und Wollen des Gerichtsorgans aus der Verfügungsgewalt des Gerichts gelangt ist. Das wurde angenommen, wenn die für einen 369

---

398 Das entspricht der bisherigen Regelung in § 9 S. 1 Hs 1 FGG.
399 Das entspricht der bisherigen Regelung in § 9 S. 1 Hs 2 FGG.
400 Das entspricht der bisherigen Regelung in § 8 FGG.

Beteiligten bestimmte Beschlussausfertigung von der Geschäftsstelle der Post (§ 15 Abs. 2) übergeben wurde.[401]

370 Nach § 22 Abs. 2 S. 1 bewirkt die Antragsrücknahme, dass eine bereits „ergangene", **noch nicht rechtskräftige Endentscheidung** kraft Gesetzes **wirkungslos** wird. Diese Wirkung stellt das Gericht auf Antrag durch deklaratorischen und deshalb unanfechtbaren Beschluss fest (§ 22 Abs. 2 S. 2, 3). Mit der Formulierung „ergangene" hat der Gesetzgeber die Regelung des § 269 Abs. 3 S. 1 ZPO übernommen, ohne sie an die Begrifflichkeiten des FamFG anzupassen.[402] Das Tatbestandsmerkmal „ergangen" ist deshalb im Sinne von „erlassen", anknüpfend an die Terminologie in § 22 Abs. 1 S. 2, zu verstehen.

371 Die **Kostenverteilung** nach Antragsrücknahme richtet sich nach §§ 83 Abs. 2, 81 (s. dazu Rn 417 ff).

cc) Einvernehmliche Beendigung

372 Nach § 23 Abs. 3 ergeht keine Entscheidung über einen verfahrenseinleitenden Antrag, wenn **sämtliche Beteiligte erklären, das Verfahren beenden zu wollen**. Damit ist den Beteiligten die Option übereinstimmender Erledigungserklärungen eingeräumt, ohne dass eine Prüfung von Amts wegen (§ 26) erfolgen müsste, ob sich das Verfahren tatsächlich erledigt hat.[403]

373 Die **Kostenverteilung** nach der einvernehmlichen Beendigung richtet sich nach §§ 83 Abs. 2, 81 (s. dazu Rn 417 ff).

dd) Vergleich

374 § 36 Abs. 1 S. 1 gibt den Beteiligten die Möglichkeit, sich in allen Verfahren zu vergleichen, soweit sie über den **Gegenstand des Verfahrens verfügen können**. Damit werden alle Verfahren in Bezug genommen, die ausschließlich aufgrund eines Antrags eingeleitet werden (s. § 22 Abs. 4). Der **Anwendungsbereich** geht aber über reine Antragsverfahren hinaus. So bedarf beispielsweise das Familiengericht, um Regelungen zum Umgangsrecht zu treffen, keines Antrags, da § 1684 Abs. 3, 4 BGB einen solchen nicht vorsieht.[404] Das Verfahren kann also als Kindschaftssache (§ 151 Nr. 2) von Amts wegen eingeleitet werden. Gleichwohl können und sollen sich die Beteiligten im Interesse des Kindes einigen, was bereits § 52 FGG vorsah, nunmehr in § 156 FamFG geregelt ist und von § 18 Abs. 3 S. 4 SGB VIII vorausgesetzt wird.

375 Im Rahmen der Dispositionsbefugnis der Beteiligten soll das Gericht auf eine **gütliche Einigung der Parteien hinwirken** (§ 36 Abs. 1 S. 2). Damit wird dem Gericht die Pflicht auferlegt, bereits in einem frühen Verfahrensstadium eine konsensuale Lösung zu suchen und den Beteiligten ggf Vergleichsvorschläge zu unterbreiten.[405] Umgekehrt können die Beteiligten sich **ohne Mithilfe des Gerichts einigen**. Ein entsprechender Vor-

---

401 BGH Rpfleger 2004, 506; KKW/Schmidt § 16 FGG Rn 6; Bumiller/Winkler § 18 FGG Rn 8; Bassenge/Roth § 16 FGG Rn 3.
402 Vgl Gesetzesbegründung, BR-Drucks. 309/07, 406.
403 Gesetzesbegründung, BR-Drucks. 309/07, 406; vgl KKW/Kahl § 19 FGG Rn 90.
404 Palandt/Diederichsen § 1684 BGB Rn 13.
405 Gesetzesbegründung, BR-Drucks. 309/07, 425.

schlag der Beteiligten ist grundsätzlich verfahrensrechtlich umzusetzen (Ausnahme: § 156 Abs. 2).

Von der Pflicht, auf eine gütliche Einigung hinzuwirken, nimmt § 36 Abs. 1 S. 2 Gewaltschutzsachen (§ 210) aus. Hintergrund ist der Umstand, dass nur ein Verstoß gegen gerichtliche Anordnungen auf der Grundlage von §§ 1, 2 GewSchG nach § 4 GewSchG strafbewehrt sind. Das Gericht soll deshalb eine gütliche Einigung nicht fördern.[406] Einigen sich die Beteiligten, ist das Gericht aber verpflichtet, an einer verfahrensmäßigen Umsetzung mitzuwirken. 376

Die **verfahrensrechtliche Umsetzung** kann wie in der ZPO auf drei Wegen erfolgen. Einigen sich die Beteiligten **in einem Termin** (§ 32), ist über den Vergleich eine Niederschrift entsprechend §§ 160 Abs. 3 Nr. 1, 162, 163 ZPO anzufertigen (§ 36 Abs. 2). **Außerhalb eines Termins** können die Beteiligten dem Gericht einen schriftlichen Vergleichsvorschlag unterbreiten (§ 36 Abs. 3 FamFG, § 278 Abs. 6 S. 1 1. Fall ZPO) oder einen schriftlichen Vergleichsvorschlag des Gerichts durch Schriftsatz gegenüber dem Gericht annehmen (§ 36 Abs. 3 FamFG, § 278 Abs. 6 S. 1 2. Fall ZPO). In beiden Fällen des § 36 Abs. 3 FamFG, § 278 Abs. 6 S. 1 ZPO stellt das Gericht durch Beschluss das Zustandekommen und den Inhalt des Vergleichs fest (§ 36 Abs. 3 FamFG, § 278 Abs. 6 S. 2 ZPO). Ist Gegenstand des Vergleichs ein **Rechtsgeschäft**, das **nur bei gleichzeitiger Anwesenheit der Beteiligten** wirksam zustande kommen kann (s. §§ 925 Abs. 1 S. 1, 1410, 2276 Abs. 1 S. 1 BGB), soll ein Vergleichsschluss nach § 36 Abs. 3 FamFG, § 278 Abs. 6 ZPO ausgeschlossen sein.[407] 377

Unrichtigkeiten der Niederschrift oder des Beschlusses können nach § 164 ZPO berichtigt werden (§ 36 Abs. 4). 378

Für die Beteiligten können ihre Bevollmächtigten handeln. Ist aber Gegenstand des Vergleichs ein Rechtsgeschäft, das die Beteiligten **nur persönlich** vornehmen können (s. § 2274 BGB), müssen die Beteiligten persönlich den Vergleich genehmigen (§ 36 Abs. 2 FamFG, § 162 Abs. 1 S. 1, 3 ZPO), damit das Rechtsgeschäft und damit der Vergleich wirksam zustande kommt.[408] 379

Die **Kostenverteilung** richtet sich nach dem Inhalt des Vergleichs. Treffen die Beteiligten keine Regelung, fallen die Gerichtskosten jedem Beteiligten zu gleichen Teilen zur Last. Seine außergerichtlichen Kosten trägt jeder Beteiligte selbst (§ 83 Abs. 1). 380

11. Endentscheidung durch Beschluss

a) Einleitung

Die Entscheidung, mit der das Gericht den Verfahrensgegenstand ganz oder teilweise erledigt (**Endentscheidung**), ergeht einheitlich durch **Beschluss** (§ 38 Abs. 1 S. 1). Diese Regelung gilt für alle Verfahren des FamFG, auch für Ehesachen und Familienstreitsachen (§ 113 Abs. 1 lässt die Anwendbarkeit von § 38 unberührt). Nur für **Registersachen** kann anderes gesetzlich bestimmt werden (§ 38 Abs. 1 S. 2). Von dieser Befugnis hat das FamFG in § 382 Abs. 1 S. 1 für Registereintragungen Gebrauch gemacht, wäh- 381

---

406 Gesetzesbegründung, BR-Drucks. 309/07, 425.
407 OLG Düsseldorf FGPrax 2007, 8; Zöller/Greger § 278 ZPO Rn 31.
408 OLG Düsseldorf FGPrax 2007, 27.

rend die Ablehnung eines Eintragungsantrags ebenfalls durch Beschluss erfolgt (§ 382 Abs. 3).

382 Eine **Endentscheidung** ist immer gegeben bei einer Entscheidung in der **Hauptsache**. Bei Wegfall der Hauptsache ist eine **Kostenentscheidung als Endentscheidung** zu bewerten. **Neben- und Zwischenentscheidungen** werden von § 38 Abs. 1 nicht erfasst. Soweit diese durch Beschluss zu entscheiden sind, ist das im Gesetz ausdrücklich bestimmt (s. beispielsweise §§ 3 Abs. 1, 5 Abs. 1, 6 Abs. 2, 7 Abs. 5, 10 Abs. 3, 21 Abs. 2, 22 Abs. 2, 33 Abs. 3, 35 Abs. 1, 4 FamFG; § 17a Abs. 4, 6 GVG).[409]

b) Inhalt des Beschlusses

383 Den Inhalt des Beschlusses bestimmen vorbehaltlich der Spezialregelungen der einzelnen Verfahren §§ 38 Abs. 2–6, 39. Daraus ergibt sich im Einzelnen:

aa) Rubrum und Tenor

384 § 38 Abs. 2 FamFG regelt in Anlehnung an § 313 Abs. 1 Nr. 1, 2, 4 ZPO, dass die Beteiligten, ihre gesetzlichen Vertreter und Bevollmächtigten, die Bezeichnung des Gerichts, die Namen der Gerichtspersonen, die bei der Entscheidung mitgewirkt haben, sowie die Beschlussformel Gegenstand des Beschlussinhalts sind.

385 Die **Beschlussformel** (Tenor) hat möglichst kurz und genau die Entscheidung des Gerichts zur **Hauptsache** wiederzugeben. Eine **Kostenentscheidung** muss der Beschluss stets in **Familiensachen** treffen (§§ 81 Abs. 1 S. 3, 82), ansonsten grundsätzlich aber nicht enthalten. § 81 Abs. 1 S. 1 begründet keine Pflicht zur Entscheidung über die Kosten (s. dazu Rn 417).[410] Wenn eine Kostenentscheidung veranlasst ist, muss diese in der Endentscheidung getroffen werden (§ 82).

386 Ebenso ist grundsätzlich keine Entscheidung zu einer **Vollstreckbarkeit** des Beschlusses erforderlich. Beschlüsse sind grundsätzlich mit ihrer Wirksamkeit (§ 40; s. dazu Rn 398 ff) vollstreckbar (§ 86 Abs. 1 Nr. 1, Abs. 2). Dazu bedarf es grundsätzlich keines Ausspruchs. Anderes gilt, wenn

- die Wirksamkeit der Beschlüsse abweichend von § 40 Abs. 1 statt mit der **Bekanntgabe** erst mit der **Rechtskraft** eintritt. In diesen Fällen sehen die spezialgesetzlichen Bestimmungen teilweise vor, die **sofortige Wirksamkeit** des Beschlusses anzuordnen (beispielsweise §§ 40 Abs. 3 S. 2, 215 Abs. 1 S. 2, 324 Abs. 2).

- die **sofortige Wirksamkeit** des Beschlusses angeordnet werden kann, weil die Bekanntgabe an den dafür im Gesetz vorgesehenen Beteiligten nicht erfolgen kann (s. § 287 Abs. 2).

- Beschlüsse erst mit **Rechtskraft** wirksam werden und diese Rechtsfolge in dem Beschluss **auszusprechen** ist (s. § 40 Abs. 2 S. 2).

- bei einem Beschluss, der eine **Geldforderung** zum Gegenstand hat, die **Vollstreckung bis zur Rechtskraft auszusetzen** ist, weil dem Verpflichteten ein nicht zu ersetzender Nachteil droht (§ 95 Abs. 3 S. 1).

---

409 Gesetzesbegründung, BR-Drucks. 309/07, 428.
410 Gesetzesbegründung, BR-Drucks. 309/07, 475.

II. Verfahren im ersten Rechtszug

Vorstehende Grundsätze zur Entscheidung über Kosten und vorläufige Vollstreckbarkeit gelten nicht für **Ehesachen und Familienstreitsachen**, für die zwar §§ 38, 39, nicht aber §§ 81, 86 Anwendung finden (§ 113 Abs. 1). Es gelten die Sonderregelungen in §§ 116 Abs. 2 S. 2 und 3, 132, 150, 243. 387

Ergänzende Regelungen zur Beschlussformel finden sich zudem in den die einzelnen Verfahren betreffenden Sonderbestimmungen, wie für Abstammungssachen (§§ 182, 183), Adoptionssachen (§ 197), Gewaltschutzsachen (§ 216), Betreuungssachen (§ 286), Unterbringungssachen (§ 323) und Freiheitsentziehungssachen (§ 421). 388

bb) Begründung

§ 38 Abs. 3–6 enthält Bestimmungen zu der Frage, ob ein Beschluss zu begründen ist. Daraus folgt: 389

Ein Beschluss ist nach § 38 Abs. 5 **ausnahmslos zu begründen** in Ehesachen nach § 121 Nr. 2, 3, in Abstammungssachen, in Betreuungssachen und in allen Verfahren, in denen davon auszugehen ist, der Beschluss werde im **Ausland** geltend gemacht. Soll ein ohne Begründung hergestellter Beschluss entgegen der Erwartung zum Zeitpunkt der Entscheidung im Ausland durchgesetzt werden, gelten die Vorschriften über die Ergänzung von Versäumnis- und Anerkenntnisentscheidungen entsprechend (§ 38 Abs. 6). Damit nimmt § 38 Abs. 6 insbesondere auf § 30 AVAG Bezug.[411] Hintergrund ist die mangelnde Anerkennungsfähigkeit deutscher Beschlüsse im Ausland, wenn eine Begründung nicht vorliegt.[412] 390

In den weiteren Verfahren ist der Beschluss **grundsätzlich zu begründen** (§ 38 Abs. 3 S. 1). Das gilt nicht, wenn 391

- der Beschluss als **Anerkenntnis- oder Verzichts- oder Versäumnisentscheidung** ergeht und entsprechend bezeichnet ist (§ 38 Abs. 4 Nr. 1). Der Erwähnung dieser Entscheidungsformen, die der freiwilligen Gerichtsbarkeit fremd sind, bedarf es, weil § 38 für alle Verfahren des FamFG gilt und damit auch die Ehesachen und Familienstreitsachen erfasst (zu Säumnisentscheidungen in Ehesachen s. § 130).[413]

- der Beschluss **gleichgerichteten Anträgen** der Beteiligten stattgibt oder der **nicht im Widerspruch zu dem erklärten Willen** eines Beteiligten steht (§ 38 Abs. 4 Nr. 2). Damit soll dem Gericht eine rasche und unkomplizierte Entscheidung in solchen Verfahren ermöglicht werden, die in der Sache zwischen den Beteiligten nicht streitig sind oder in denen nur der Antragsteller beteiligt ist.[414] Die Feststellung der „Unstreitigkeit" setzt aber zwingend voraus, dass alle Beteiligten ihren Willen erklärt haben. Allein das Schweigen eines Beteiligten entbindet nicht von der Begründungspflicht.

- der Beschluss **mündlich** bekannt gegeben wird (§ 41 Abs. 2 S. 1) und alle Beteiligten auf **Rechtsmittel** verzichten. In diesen Fällen ist eine Anfechtung des Beschlusses ausgeschlossen und damit eine Begründung entbehrlich.[415] Von einem Rechtsmit-

---

411 Gesetzesbegründung, BR-Drucks. 309/07, 430.
412 Zöller/Vollkommer § 313 a ZPO Rn 13, 14 und § 313 b ZPO Rn 5.
413 Gesetzesbegründung, BR-Drucks. 309/07, 429.
414 Gesetzesbegründung, BR-Drucks. 309/07, 429.
415 Gesetzesbegründung, BR-Drucks. 309/07, 430.

Jurgeleit

telverzicht kann aber nur ausgegangen werden, wenn die Beteiligten eindeutig erklären, die mündlich bekannt gegebene Entscheidung als endgültig zu akzeptieren.[416] Die bloße Mitteilung, sich nicht beschweren zu wollen, reicht dafür nicht.[417] Erklärt ein Beteiligter den Verzicht, für den ein Verfahrensbeistand oder Verfahrenspfleger hätte bestellt werden müssen, ist der Verzicht unwirksam.[418]

392 Zum **Inhalt der Begründung** enthält § 38 im Interesse der Verfahrensflexibilität bewusst keine Vorgaben.[419] Zur Wahrung rechtsstaatlicher Mindeststandards ist es aber stets erforderlich, die festgestellten Tatsachen und die daraus abgeleiteten Rechtsfolgen darzustellen. Zudem bedarf es in den Fällen, in denen die Beteiligten um die zutreffende Tatsachenfeststellung streiten, einer Begründung der vom Gericht nach § 37 Abs. 1 zu gewinnenden freien Überzeugung (s. dazu Rn 343).

393 Der Beschluss ist durch die Gerichtspersonen zu **unterschreiben**, die die Entscheidung getroffen haben (§ 38 Abs. 3 S. 2).

394 Das **Datum des Erlasses** ist auf dem Beschluss zu vermerken (§ 38 Abs. 3 S. 3; zum Begriff s. Rn 369). Das Datum des Erlasses ist wichtig für die Voraussetzungen und die Wirkungen der Antragsrücknahme (§ 22 Abs. 1, 2; s. dazu Rn 369) und die Beschwerdefrist in den Fällen des § 63 Abs. 3 S. 2.

cc) Rechtsbehelfsbelehrung

395 Nach § 39 hat jeder Beschluss im Sinne einer Endentscheidung eine Rechtsbehelfsbelehrung zu enthalten. Diese Regelung ist Ausdruck des rechtsfürsorgerischen Charakters der Verfahren der freiwilligen Gerichtsbarkeit.[420] Die Rechtsbehelfsbelehrung muss beinhalten:

- die Bezeichnung des statthaften Rechtsbehelfs,
- das Gericht, bei dem der Rechtsbehelf einzulegen ist,
- die Form des Rechtsbehelfs,
- die Frist des Rechtsbehelfs.

396 Unter dem Begriff „statthafter Rechtsbehelf" sind alle **ordentlichen Rechtsbehelfe** zu verstehen. Eine Rechtsbehelfsbelehrung im Hinblick auf außerordentliche Rechtsbehelfe, wie die Wiedereinsetzung, die Urteilsberichtigung und Urteilsergänzung oder die Rüge der Verletzung rechtlichen Gehörs (§ 44), ist nicht erforderlich.[421]

397 Fehlt die Rechtsbehelfsbelehrung oder ist sie unrichtig, werden **Rechtsbehelfsfristen nicht in Gang gesetzt.**[422]

---

416 BGH NJW 1989, 295; KKW/Kahl § 19 FGG Rn 97; Bassenge/Roth § 20 FGG Rn 3.
417 BayObLGZ 1998, 62; Bumiller/Winkler § 19 FGG Rn 21; Bassenge/Roth § 20 FGG Rn 3.
418 OLG Hamm OLGZ 1990, 401; KKW/Kahl § 19 FGG Rn 97; Bumiller/Winkler § 19 FGG Rn 21.
419 Gesetzesbegründung, BR-Drucks. 309/07, 429.
420 Gesetzesbegründung, BR-Drucks. 309/07, 430.
421 Gesetzesbegründung, BR-Drucks. 309/07, 430, 431.
422 BayObLG FamRZ 2000, 493.

II. Verfahren im ersten Rechtszug

c) Wirksamwerden des Beschlusses
aa) Einleitung

Ein Beschluss wird nach § 40 Abs. 1 grundsätzlich mit der **Bekanntgabe** (§ 15) an den Beteiligten, für den er seinem wesentlichen Inhalt nach bestimmt ist, wirksam. Die Regelung entspricht inhaltlich § 16 Abs. 1 FGG. Durch die Anknüpfung an die Bekanntgabe des Beschlusses und nicht an dessen formelle Rechtskraft wird dem Bedürfnis nach einer schnellen Wirksamkeit der FamFG-Entscheidungen entsprochen. Dieses Bedürfnis besteht besonders in den Fürsorgeverfahren der freiwilligen Gerichtsbarkeit.[423]

398

Davon abweichend bedarf es zum Eintritt der Wirksamkeit der **formellen Rechtskraft** (§ 45) des Beschlusses, wenn das Gesetz dies anordnet. Zwei Fallkonstellationen regeln § 40 Abs. 2 und Abs. 3. Darüber hinaus tritt die Wirksamkeit des Beschlusses erst mit Rechtskraft in Abstammungssachen (184 Abs. 1 S. 1), Adoptionssachen (§ 198 Abs. 1 S. 1), Wohnungszuweisungs- und Hausratssachen (§ 209 Abs. 2 S. 1), Unterbringungssachen (§ 324 Abs. 1) und Freiheitsentziehungssachen (§ 422 Abs. 1) ein.

399

Nachfolgend werden die Voraussetzungen der Grundnorm des § 40 Abs. 1 und der in § 40 Abs. 2 und Abs. 3 geregelten Ausnahmetatbestände dargestellt.

400

bb) Bekanntgabe

Vorbehaltlich spezialgesetzlicher Bestimmungen (s. § 287 Abs. 1 – Bekanntgabe an den Betreuer) ist für den Eintritt der Wirksamkeit die Bekanntgabe an den **Beteiligten** maßgeblich, für den der Beschluss **seinem wesentlichen Inhalt nach bestimmt ist** (zur Bekanntgabe an die übrigen Beteiligten s. Rn 410). Damit ist der Beteiligte gemeint, auf dessen Rechtsstellung der Beschluss unmittelbar einwirkt[424] und dessen Kenntnis der Zweck der Entscheidung erfordert.[425] Das ist bei der Zurückweisung eines Antrags der Antragsteller.[426] Im Übrigen ist anhand des Beschlussinhalts zu definieren, welcher Beteiligte durch die Entscheidung einen Rechtsverlust erleidet oder einen Zuwachs an Rechten erhält.

401

Betrifft der Beschluss **mehrere Beteiligte** in ihrer Rechtsstellung, ist zu differenzieren. Tenoriert der Beschluss einen **untrennbaren Inhalt**, ist er mit der Zustellung an den letzten unmittelbar betroffenen Beteiligten wirksam. Bei einem **trennbaren Inhalt** des Tenors, wird jeder Teil des Beschlusses mit der Bekanntgabe an den jeweils unmittelbar betroffenen Beteiligten wirksam.[427]

402

Für die **Durchführung der Bekanntgabe** gelten §§ 15 Abs. 2, 41 Abs. 1 S. 2 und Abs. 2. Daraus folgt:

403

- Im Rahmen eines **Termins** (§ 32) kann die Bekanntgabe an die unmittelbar betroffenen Beteiligten durch **Verlesung der Beschlussformel** erfolgen, was in den Akten zu vermerken ist (§ 41 Abs. 2 S. 1, 2). Die Verlesung der Beschlussformel erfolgt grundsätzlich öffentlich (§ 173 GVG). Einer Verlesung der Gründe bedarf es

---

423 Gesetzesbegründung, BR-Drucks. 309/07, 431.
424 KKW/Schmidt § 16 FGG Rn 10; Bumiller/Winkler § 16 FGG Rn 5.
425 OLG Hamm Rpfleger 1987, 251; KKW/Schmidt § 16 FGG Rn 10; Bassenge/Roth § 16 FGG Rn 16.
426 KKW/Schmidt § 16 FGG Rn 11; Bassenge/Roth § 16 FGG Rn 16.
427 BayObLG NJW-RR 1991, 938; OLG Hamm Rpfleger 1980, 298; KKW/Schmidt § 16 FGG Rn 10; Bumiller/Winkler § 16 FGG Rn 6.

nicht.[428] Die Gründe sind vorbehaltlich § 38 Abs. 4 Nr. 3 unverzüglich nachzuholen (§ 41 Abs. 2 S. 3). Der Beschluss ist einschließlich der Gründe[429] zusätzlich schriftlich bekannt zu geben (§ 41 Abs. 2 S. 4). Die Wirksamkeit des Beschlusses ist davon aber nicht abhängig.

- Im **schriftlichen Verfahren** ist der Beschluss den unmittelbar betroffenen Beteiligten **zuzustellen**, deren **erklärtem Willen der Beschluss widerspricht** (§§ 41 Abs. 1 S. 2, 15 Abs. 2 FamFG, §§ 166–195 ZPO).

- Im **schriftlichen Verfahren** ist der Beschluss den unmittelbar betroffenen Beteiligten, deren **erklärtem Willen der Beschluss nicht widerspricht**, nach § 15 Abs. 2 durch Zustellung oder durch Aufgabe zur Post bekannt zu geben. Das hat das Gericht nach pflichtgemäßem Ermessen zu entscheiden. Für die Ermessensausübung wesentlich ist die Prognose, ob der Beschluss den unmittelbar betroffenen Beteiligten erreicht.

404 Die Bekanntgabe erfolgt an den **Bevollmächtigten** des unmittelbar betroffenen Beteiligten (s. §§ 15 Abs. 2 S. 1 FamFG, § 172 Abs. 1 ZPO). Ist ein Bevollmächtigter nicht bestellt und der Beteiligte nicht verfahrensfähig, hat die Bekanntgabe gegenüber dem **gesetzlichen Vertreter** zu erfolgen (s. § 15 Abs. 2 S. 1 FamFG, § 170 ZPO).

cc) Beschluss über Genehmigung eines Rechtsgeschäfts (§ 40 Abs. 2)

405 Beschlüsse, die die (Außen-)Genehmigung eines Rechtsgeschäfts zum Gegenstand haben (s. §§ 1643, 1812–1822, 1824–1832, 1907, 1908, 1908i Abs. 1 S. 1, 1915 Abs. 1 S. 1, 1962 BGB), werden erst mit formeller Rechtskraft (§ 45) wirksam (§ 40 Abs. 2 S. 1). Diese Regelung beruht auf folgendem **Hintergrund**: Für die Genehmigungsentscheidung ist der Rechtspfleger funktionell zuständig (s. Rn 69 ff). Genehmigte der Rechtspfleger das Rechtsgeschäft und machte der gesetzliche Vertreter (Eltern, Vormund, Betreuer, Pfleger) von der Genehmigung Gebrauch (§ 1829 Abs. 1 S. 2 BGB), bestand nach §§ 55, 62 FGG aF auch im Beschwerdeweg keine Möglichkeit mehr, die Entscheidung zu ändern. Diese Rechtslage, die einen endgültigen Rechtszustand ohne Mitwirkung eines Richters schuf, verstieß gegen die Rechtsschutzgarantie von Art. 19 Abs. 4 GG.[430] Daran knüpft § 40 Abs. 2 S. 1 FamFG an, durch dessen Regelung das **Recht auf Überprüfung durch einen Richter** gesichert wird. Damit hat der Gesetzgeber der in der Praxis vorherrschenden Lösung, vor Erlass der Endentscheidung einen Vorbescheid zu erlassen,[431] eine Absage erteilt.[432] In unstreitigen Genehmigungsverfahren muss mit der Neuregelung keine Verzögerung verbunden sein, da die Beteiligten durch einen Rechtsbehelfsverzicht (s. dazu Rn 391) die Rechtskraft und damit die Wirksamkeit des Beschlusses herbeiführen können.[433] Zusätzlich ist die Beschwerdefrist auf zwei

---

[428] Gesetzesbegründung, BR-Drucks. 309/07, 433; aA zur Rechtslage nach § 16 Abs. 3 S. 1 FGG: BayObLG NJW-RR 1999, 957.
[429] Gesetzesbegründung, BR-Drucks. 309/07, 433.
[430] BVerfGE 101, 397, 407.
[431] KKW/Engelhardt § 55 FGG Rn 12.
[432] Gesetzesbegründung, BR-Drucks. 309/07, 431, 432.
[433] Gesetzesbegründung, BR-Drucks. 309/07, 432.

Wochen verkürzt (§ 63 Abs. 2 2. Fall), um eine zügige Abwicklung des Rechtsgeschäfts zu erreichen.[434]

Die erst mit Rechtskraft eintretende Wirksamkeit ist in der **Beschlussformel** auszusprechen (§ 40 Abs. 2 S. 2), damit der Rechtsgeschäftspartner, dem nach § 1829 Abs. 1 S. 2 BGB die Genehmigungsentscheidung zu übermitteln ist, Klarheit über die Rechtslage gewinnt.[435] Das hat zur Konsequenz, dass ein Geschäftspartner auf die Genehmigungsentscheidung nur vertrauen kann, wenn ihm zugleich ein **Rechtskraftzeugnis** (§ 46 S. 1) übermittelt wird. Die Auswirkungen dieses Umstandes auf § 1829 Abs. 1 S. 2 und Abs. 2 BGB sind noch zu klären. Beide Regelungsbereiche bezwecken aber den Schutz des Geschäftspartners vor unklaren Rechtslagen. Die Wirkungen von § 1829 Abs. 1 S. 2 und Abs. 2 BGB dürften daher erst eintreten, wenn Genehmigungsbeschluss und Rechtskraftzeugnis übermittelt sind. 406

Zu Besonderheiten bei der Bekanntgabe s. Rn 411. 407

dd) Beschluss nach § 40 Abs. 3

Beschlüsse, die die **Zustimmung zu einem ansonsten unwirksamen Rechtsgeschäft** betreffen[436] (beispielsweise §§ 113 Abs. 3, 1365 Abs. 2, 1369 Abs. 2, 1618 S. 4 BGB) oder die Berechtigung des **Ehegatten oder Lebenspartners zur Besorgung von Geschäften** mit Wirkung für und gegen den anderen Ehegatten oder Lebenspartner (§ 1357 Abs. 2 S. 1 BGB, § 8 Abs. 2 LPartG) betreffen, werden nach § 40 Abs. 3 S. 1 mit formeller Rechtskraft (§ 45) wirksam. Das entspricht der Regelung in § 53 Abs. 1 FGG. 408

Bei **Gefahr in Verzug** kann das Gericht die sofortige Wirksamkeit des Beschlusses anordnen, der in diesem Fall mit seiner Bekanntgabe wirksam wird (§ 40 Abs. 3 S. 2, 3). Gefahr in Verzug liegt vor, wenn mit dem Aufschub der Wirksamkeit bis zur formellen Rechtskraft eine nicht hinnehmbare Gefährdung der durch die Entscheidung zu schützenden Interessen verbunden ist.[437] 409

d) Bekanntgabe an die übrigen Beteiligten

Der Beschluss ist nach § 41 Abs. 1 S. 1 an alle Beteiligten bekannt zu geben, unabhängig davon, ob das zur Wirksamkeit des Beschlusses erforderlich ist (§ 40 Abs. 1). Für die Art der Bekanntgabe wird auf Rn 403 verwiesen. 410

Im Rahmen von Beschlüssen, die die **Genehmigung eines Rechtsgeschäfts** zum Gegenstand haben (s. § 40 Abs. 2; Rn 405), ist die Sonderregelung des § 41 Abs. 3 zu beachten. Der Beschluss ist nicht nur dem gesetzlichen Vertreter mitzuteilen, sondern zusätzlich dem gesetzlich Vertretenen, für den als Rechtsinhaber das Rechtsgeschäft genehmigt wird. Damit soll sichergestellt werden, dass das Rechtsgeschäft nicht ohne **Beteiligung des Rechtsinhabers** abgewickelt wird.[438] 411

Wenn der für die Durchführung des Rechtsgeschäfts berufene Vertreter nicht zugleich generell gesetzlicher Vertreter des Rechtsinhabers ist (Ergänzungspfleger, Nachlass- 412

---

[434] Gesetzesbegründung, BR-Drucks. 309/07, 432.
[435] Gesetzesbegründung, BR-Drucks. 309/07, 432.
[436] Bassenge/Roth § 53 FGG Rn 2.
[437] KKW/Engelhardt § 53 FGG Rn 12.
[438] Gesetzesbegründung, BR-Drucks. 309/07, 433 in Umsetzung von BVerfGE 101, 397, 407.

pfleger)[439] ist die Regelung unproblematisch. Ebenso, wenn das Kind als Rechtsinhaber bereits 14 Jahre alt ist. Dann kann die Entscheidung ihm gegenüber bekannt gegeben werden (§ 164 iVm § 60 S. 2). Wie ist aber zu verfahren bei Kindern, die noch nicht 14 Jahre alt sind, oder bei Betreuten, die zwar als verfahrensfähig gelten (§ 276), oftmals aber nicht in der Lage sind, ihre Rechte wahrzunehmen? Für Betreute ist in dieser Konstellation ein **Verfahrenspfleger** zu bestellen (§ 276). Für Kinder ist ein **Ergänzungspfleger** (§ 1909 BGB) zu bestellen, da die Eltern oder der Vormund als „Gegner" nicht dazu berufen sind, die Interessen des Kindes im Verfahren wahrzunehmen.[440]

e) Berichtigung und Ergänzung des Beschlusses

413 §§ 42, 43 regeln die Berichtigung und Ergänzung des Beschlusses in Anlehnung an §§ 319, 321 ZPO.[441] Das entspricht bisheriger Rechtslage.[442]

12. Kostenentscheidung

a) Einleitung

414 Die Grundsätze zur Kostenentscheidung einschließlich der Kostenfestsetzung sind in §§ 80–85 geregelt. Diese Regelungen gelten **für alle Verfahren des FamFG mit Ausnahme der Ehesachen und der Familienstreitsachen**, für die die Bestimmungen der ZPO Anwendung finden (§ 113 Abs. 1). Ergänzt werden die Kostennormen der Allgemeinen Vorschriften und der ZPO durch spezialgesetzliche Regelungen, so u.a. für die Aufhebung der Ehe (§ 132), in Scheidungssachen und Folgesachen (§ 150), in Abstammungssachen (§ 183), in Unterhaltssachen (§ 243), in Betreuungssachen (§ 307), in Unterbringungssachen (§ 337) und in Freiheitsentziehungssachen (§ 430). Weitere bundesrechtliche Vorschriften, die die Kostenpflicht abweichend regeln, bleiben unberührt (§ 81 Abs. 5).

b) Kostenbegriff

415 **Kosten** sind nach § 80 S. 1 die Gerichtskosten (Gebühren und Auslagen) und die zur Durchführung des Verfahrens notwendigen Aufwendungen der Beteiligten. Zu den notwendigen Aufwendungen zählen insbesondere die Kosten für die Beauftragung eines Anwalts.[443] Nach § 80 S. 2 FamFG iVm § 91 Abs. 1 S. 2 ZPO ist zudem eine **Entschädigung für Zeitversäumnisse** zu zahlen, die durch notwendige Reisen oder durch die notwendige Wahrnehmung von Terminen entstanden sind. Zur Berechnung sind die für die Entschädigung von Zeugen geltenden Bestimmungen anzuwenden.

416 Mit diesem Kostenbegriff, der dem neuen Kostenrecht zugrunde liegt, unterscheidet sich § 80 FamFG von § 13a FGG, der lediglich für außergerichtliche Kosten Anwendung fand. Nunmehr besteht auch für Gerichtskosten die Möglichkeit, eine Kostenentscheidung nach § 81 zu treffen.[444]

---

439 Der Entscheidung des BVerfGE 101, 397, 407 lag eine Nachlasspflegschaft zugrunde.
440 Vgl KKW/Engelhardt § 55 FGG Rn 13.
441 Gesetzesbegründung, BR-Drucks. 309/07, 433, 434.
442 BGH NJW 1989, 1281; BayObLG NZM 2002, 708; KKW/Schmidt § 18 FGG Rn 60, 67.
443 Gesetzesbegründung, BR-Drucks. 309/07, 475.
444 Gesetzesbegründung, BR-Drucks. 309/07, 475.

c) Entscheidungsmöglichkeiten des Gerichts

Eine Kostenentscheidung ist **nur in Familiensachen verpflichtend** (§ 81 Abs. 1 S. 3). Im Übrigen besteht keine Verpflichtung, über die Kostenverteilung zu entscheiden.[445] Trifft das Gericht keine Entscheidung, gelten für die Gerichtskosten §§ 2 ff KostO und jeder Beteiligte trägt seine notwendigen Aufwendungen selbst. Von diesen Rechtsfolgen kann das Gericht abweichen, und zwar in drei Varianten:

417

- Das Gericht kann die Kosten ganz oder teilweise einem oder mehreren **Beteiligten auferlegen** (§ 81 Abs. 1 S. 1, Abs. 2, Abs. 3).
- Das Gericht kann Kosten des Verfahrens **einem Dritten auferlegen** (§ 81 Abs. 4).
- Das Gericht kann anordnen, dass von der **Erhebung von Kosten abzusehen** ist (§ 81 Abs. 1 S. 2).

Diese Optionen werden nachfolgend erörtert.

418

d) Auferlegung der Kosten auf einen Beteiligten
aa) Einleitung

Jedem Beteiligten können grundsätzlich Kosten auferlegt werden. Davon ausgenommen sind minderjährige Beteiligte in Verfahren, die ihre Person betreffen (§ 81 Abs. 3).

419

Ob einem Beteiligten Kosten auferlegt werden, entscheidet das Gericht **grundsätzlich** nach **billigem Ermessen** (§ 81 Abs. 1 S. 1), wenn nicht eine der in § 81 Abs. 2 genannten fünf Konstellationen einschlägig ist. Dann soll das Gericht die Kosten ganz oder teilweise dem betroffenen Beteiligten auferlegen. Durch das Merkmal „ganz oder teilweise" wird deutlich, dass der pflichtwidrig handelnde Beteiligte nur für die Kosten des Verfahrensgegenstandes einzustehen hat, auf den sich seine Pflichtwidrigkeit erstreckt.[446]

420

bb) § 81 Abs. 2 Nr. 1–4

Hat ein Beteiligter durch **grobes Verschulden Anlass für das Verfahren** gegeben, sollen ihm die Kosten auferlegt werden. Damit knüpft § 81 Abs. 2 Nr. 1 FamFG an § 13 a Abs. 1 S. 2 2. Fall FGG an, verändert aber die bisherige Regelung in einem entscheidenden Punkt. Es kommt nicht darauf an, ob das grobe Verschulden ursächlich für die Kosten war. Es ist noch nicht einmal erheblich, ob zusätzliche Kosten überhaupt entstanden sind. Für die Kostenüberbürdung ist eine Bewertung von Kostenverursachungsbeiträgen unerheblich.[447]

421

Grobes Verschulden ist zu bejahen bei Vorsatz oder der Außerachtlassung der nach den Umständen gebotenen Sorgfalt in besonders hohem Maße unter Nichtbeachtung dessen, was jedem einleuchten muss.[448]

422

In Ausfüllung dieser Definition regelt § 81 Abs. 2 Nr. 2–4 konkrete Fälle groben Verschuldens:[449]

423

---

445 Gesetzesbegründung, BR-Drucks. 309/07, 475.
446 Gesetzesbegründung, BR-Drucks. 309/07, 476.
447 Gesetzesbegründung, BR-Drucks. 309/07, 476.
448 OLG Hamm FamRZ 1983, 1264; KKW/Zimmermann § 13 a FGG Rn 25; Bumiller/Winkler § 13 a FGG Rn 20; Bassenge/Roth § 13 a FGG Rn 9.
449 Gesetzesbegründung, BR-Drucks. 309/07, 476, 477.

- Das Stellen eines **erkennbar aussichtslosen Antrags**. Allein die Unbegründetheit des Antrags reicht nicht aus, ebenso wenig eine Antragsrücknahme (s. § 83 Abs. 2).
- Der **schuldhaft unwahre Vortrag** zu einer wesentlichen Tatsache (zur Wahrheitspflicht der Beteiligten s. § 27 Abs. 2).
- Die **schuldhafte Verletzung der Mitwirkungspflichten** (s. dazu Rn 263 ff), die zu einer erheblichen Verzögerung des Verfahrens geführt hat.

424 Das **Verschulden eines gesetzlichen Vertreters und eines Bevollmächtigten** muss sich der Beteiligte zurechnen lassen (§§ 9 Abs. 4, 11 S. 5 FamFG, § 85 Abs. 2 ZPO).

cc) § 81 Abs. 2 Nr. 5

425 § 81 Abs. 2 Nr. 5 sanktioniert im Interesse des Kindeswohls[450] die Missachtung der richterlichen Anordnung zur **Teilnahme an einer Beratung** nach § 156 Abs. 1 S. 4. Damit soll die Verpflichtung des Gerichts, in **Kindschaftssachen** auf ein Einvernehmen der Beteiligten hinzuwirken (§ 156 Abs. 1 S. 1), unterstützt werden.[451]

426 Die Kostenfolge tritt nicht ein, wenn der Beteiligte sein Nichterscheinen **genügend entschuldigt**.

dd) Billiges Ermessen

427 Liegen die Voraussetzungen des § 81 Abs. 2 nicht vor, hat das Gericht gem. § 81 Abs. 1 S. 1 zu prüfen, ob nach billigem Ermessen ein Abweichen von der grundsätzlichen Kostentragungslast nach den Umständen des Einzelfalls gerechtfertigt ist. Allein das Unterliegen oder die Rücknahme eines Antrags genügt nicht. Es müssen weitere Umstände hinzutreten, um vom Regelfall abzuweichen.[452] Solche Umstände können zB in den wirtschaftlichen und persönlichen Verhältnissen[453] oder in einer materiell-rechtlichen Kostenerstattungspflicht[454] liegen.

e) Auferlegung der Kosten auf einen Dritten

428 Nach § 81 Abs. 4 kann das Gericht einem Dritten Kosten des Verfahrens auferlegen, soweit die Tätigkeit des Gerichts durch ihn veranlasst wurde und ihn ein grobes Verschulden (s. dazu Rn 422) trifft. Damit verallgemeinert § 81 Abs. 4 die bisher für Betreuungs- und Unterbringungsverfahren geltende Bestimmung des § 13 a Abs. 2 S. 2 FGG.

429 In **Fürsorgeverfahren** ist die Vorschrift anzuwenden, wenn ein Dritter die Einleitung eines Verfahrens mit bewusst falschem Tatsachenvortrag anregt.

430 In **Antragsverfahren** werden Konstellationen erfasst, in denen ein Rechtsanwalt ohne Vollmacht ein Verfahren für einen Beteiligten einleitet, obwohl er weiß oder wissen muss, nicht zur Vertretung des Beteiligten berechtigt zu sein.

---

450 Gesetzesbegründung, BR-Drucks. 309/07, 477.
451 Gesetzesbegründung, BR-Drucks. 309/07, 476, 477.
452 BayObLG FGPrax 2002, 79; KKW/Zimmermann § 13 a FGG Rn 21; Bumiller/Winkler § 13 a FGG Rn 14; Bassenge/Roth § 13 a FGG Rn 11.
453 KKW/Zimmermann § 13 a FGG Rn 23; Bumiller/Winkler § 13 a FGG Rn 14; Bassenge/Roth § 13 a FGG Rn 11.
454 BGH NJW 1998, 755, 756.

f) Absehen von der Kostenerhebung

Nach § 81 Abs. 1 S. 2 kann das Gericht anordnen, dass von der Erhebung von (Gerichts-)Kosten abzusehen ist. Das ist dann angezeigt, wenn es nach dem Verlauf oder dem Ausgang des Verfahrens unbillig erscheint, den Beteiligten mit den Gerichtskosten des Verfahrens zu belasten.[455] 431

g) Kostenfestsetzung

Für die Kostenfestsetzung gelten über § 85 FamFG die Regelungen der §§ 103–107 ZPO entsprechend. Der Kostenfestsetzungsbeschluss ist ein Vollstreckungstitel nach § 86 Abs. 1 Nr. 3 FamFG iVm § 794 Abs. 1 Nr. 2 ZPO. 432

13. Durchsetzung gerichtlicher Anordnungen

a) Einleitung

In Verfahren der freiwilligen Gerichtsbarkeit stellt sich das Problem der **Durchsetzung gerichtlicher Anordnungen** in doppelter Weise. Zum einen bedarf es der Umsetzung **verfahrensleitender Entschließungen**, um dem Amtsermittlungsgebot (s. dazu Rn 249 ff) und dem häufig bestehenden öffentlichen Interesse an der richtigen Entscheidung zu genügen. Zum anderen müssen den obsiegenden Beteiligten effektive **Vollstreckungsmöglichkeiten** zur Verfügung gestellt werden. Das bisherige Recht regelte beide Bereiche einheitlich in § 33 FGG. Das war aufgrund der unterschiedlichen Zielsetzungen grundsätzlich misslich.[456] Zudem enthielt § 33 FGG und die diesen ergänzenden Spezialnormen nur eine lückenhafte Regelung. Ziel der Reform ist es, die beiden Bereiche der Durchsetzung gerichtlicher Anordnungen zu trennen und ein umfassendes System vollstreckungsrechtlicher Regelungen zur Verfügung zu stellen.[457] 433

Zur Umsetzung des gesetzgeberischen Ziels unterscheidet das FamFG zwischen **Zwangsmitteln** zur Durchsetzung verfahrensleitender Anordnungen (§ 35; s. dazu bereits Rn 267, 352) und der **Vollstreckung** zugunsten eines Beteiligten ergangener Entscheidungen (§§ 86 ff). 434

b) Zwangsmittel
aa) Verfahrensleitende Anordnungen

Verfahrensleitende Anordnungen sieht das FamFG in verschiedenen Konstellationen vor. Von besonderer Bedeutung sind Anordnungen zur Umsetzung der Pflicht der Beteiligten, an der **Aufklärung des Sachverhalts** mitzuwirken (§ 27; s. dazu Rn 263 ff). Inhalt entsprechender Anordnungen kann eine Auskunft zu einer bestimmten Tatsache oder die Vorlage von Urkunden (s. § 30 Abs. 1 FamFG, §§ 142, 420 ff ZPO) sein. 435

Diese allgemeinen Pflichten **konkretisiert das FamFG** für bestimmte Verfahren. Beispielsweise regelt § 220 die verfahrensrechtliche Auskunftspflicht in **Versorgungsausgleichsverfahren**, begründen §§ 280, 283, 321 in **Betreuungs- und Unterbringungssachen** für den Betroffenen die Pflicht, sich psychiatrisch untersuchen zu lassen, bestimmt § 358 den Zwang zur Ablieferung von Testamenten in **Nachlasssachen** und normieren 436

---

455 Gesetzesbegründung, BR-Drucks. 309/07, 475, 476.
456 Gaul, Festschrift für Ishikawa, 2001, S. 87 ff.
457 Gesetzesbegründung, BR-Drucks. 309/07, 365, 423.

§§ 404, 405 Abs. 2 die Aushändigung von Unterlagen bei der Dispache in **unternehmensrechtlichen Verfahren**.

437 Zusätzlich enthält das **BGB** verfahrensrechtliche Regelungen zur Verfahrensleitung, die der Sachaufklärung dienen. Das betrifft beispielsweise die Einreichung von **Vermögensverzeichnissen** in familiengerichtlichen Verfahren (§§ 1640, 1802 BGB).

438 Neben den verfahrensleitenden Anordnungen, die der Sachaufklärung dienen, begründet § 82 S. 1 GBO in **Grundbuchsachen** das Recht des Gerichts, vom Grundstückseigentümer oder Testamentsvollstrecker die Stellung eines Berichtigungsantrages zu verlangen. Damit sollen im **öffentlichen Interesse** an der Zuverlässigkeit des Grundbuchs (§ 891 BGB) Unrichtigkeiten des Grundbuchs beseitigt werden.[458]

bb) Andere Bestimmungen

439 Zur Durchsetzung sämtlicher verfahrensleitenden Maßnahmen findet § 35 Anwendung, **sofern ein Gesetz nichts anderes bestimmt**. So wird § 35 verdrängt durch §§ 388–392 in **Registersachen**, durch §§ 1837 Abs. 3, 1915 BGB in Verfahren, die die Aufsicht über einen **Vormund oder Pfleger** betreffen, oder § 1788 BGB zur Umsetzung der Pflicht, das Amt eines Vormunds zu übernehmen (§ 1785 BGB).

cc) Zwangsgeld

440 Das Gericht kann, kommt ein Beteiligter einer verfahrensleitenden Anordnung trotz Fristsetzung[459] nicht nach, durch Beschluss ein Zwangsgeld festsetzen (§ 35 Abs. 1 S. 1). In der gerichtlichen Anordnung ist auf diese Möglichkeiten hinzuweisen. Einer Androhung bedarf es – anders als nach § 33 Abs. 3 S. 1 FGG – nicht (§ 35 Abs. 2). Das einzelne Zwangsgeld darf den Betrag von 25.000 EUR nicht überschreiten (§ 35 Abs. 3 S. 1).

dd) Zwangshaft

441 Durch Beschluss kann Zwangshaft einerseits für den Fall angeordnet werden, dass das **Zwangsgeld nicht beitreibbar** ist (§ 35 Abs. 1 S. 2). Andererseits kann Zwangshaft originär verhängt werden, wenn die Anordnung eines Zwangsgeldes **von vornherein keinen Erfolg** verspricht (§ 35 Abs. 1 S. 3). Die Zwangshaft darf für die Dauer von bis zu **sechs Monaten** angeordnet werden (§ 35 Abs. 3 S. 3 FamFG, § 913 ZPO). Der **Vollzug** der Haft richtet sich gem. § 35 Abs. 3 S. 3 FamFG nach §§ 901 S. 2, 904–906, 910 ZPO.

ee) Andere Zwangsmittel

442 Ist Inhalt der verfahrensleitenden Anordnung die **Herausgabe einer Sache oder die Vornahme einer vertretbaren Handlung**, gibt § 35 Abs. 4 S. 1 dem Gericht das Recht, anstelle von Zwangsgeld und Zwangshaft durch Beschluss und nach Anhörung des betroffenen Beteiligten (§ 35 Abs. 4 S. 2 FamFG, § 891 S. 1, 2 ZPO) Maßnahmen nach §§ 883, 886 ZPO (Herausgabevollstreckung) und § 887 ZPO (Ersatzvornahme) zu ergreifen. Damit soll dem Gericht eine möglichst effektive Durchsetzung verfahrenslei-

---

458 Demharter § 82 GBO Rn 1.
459 S. dazu BayObLG NJW-RR 2002, 726.

tender Maßnahmen ermöglicht werden.⁴⁶⁰ Eine Ersatzvornahme sehen bereits jetzt §§ 1640 Abs. 3, 1802 Abs. 3 BGB vor.

Zusätzlich können **spezialgesetzlich** zusätzliche Maßnahmen eröffnet sein. So regeln §§ 283, 284, 322 die Durchführung einer psychiatrischen Untersuchung in **Betreuungs- und Unterbringungssachen**. In Grundbuchsachen gibt § 82a GBO das Recht, in den Fällen des § 82 GBO eine Berichtigung von Amts wegen vorzunehmen. 443

ff) Kosten

Die Kosten des Zwangsmittelverfahrens trägt der Verpflichtete. Das folgt für Zwangsgeld und Zwangshaft aus § 35 Abs. 3 S. 2 FamFG und für die Maßnahmen nach § 35 Abs. 4 S. 1 FamFG aus § 35 Abs. 4 S. 2 FamFG, §§ 891 S. 3, 91 Abs. 1 S. 1 ZPO. 444

gg) Funktionelle Zuständigkeit

Funktionell zuständig (s. dazu Rn 67 ff) ist grundsätzlich das Gerichtsorgan, das in der Hauptsache entscheidet. Der Rechtspfleger ist aber nicht befugt, eine Zwangshaft anzuordnen (§ 4 Abs. 1 Nr. 2 RPflG). Insoweit hat er die Sache dem Richter zur Entscheidung vorzulegen (§ 4 Abs. 2 RPflG). 445

hh) Rechtsbehelfe

Gegen Beschlüsse, die Maßnahmen nach § 35 anordnen, ist die **sofortige Beschwerde** statthaft (§ 35 Abs. 5 FamFG, §§ 567 ff ZPO; § 11 RPflG), die **aufschiebende Wirkung** hat (§ 35 Abs. 5 FamFG, § 570 Abs. 1 ZPO). 446

c) Vollstreckung
aa) Überblick

In §§ 86–96a wird das Vollstreckungsverfahren grundlegend neu gestaltet und umfassend geregelt.⁴⁶¹ Durch die Verweise auf die **Regelungen der ZPO** (§ 86 Abs. 1 Nr. 3, 87 Abs. 3 S. 2, Abs. 4, 89 Abs. 3 S. 2, 94, 95, 96 FamFG), die im weiten Umfang die Vollstreckungsnormen der streitigen Zivilgerichtsbarkeit einbeziehen, soll eine möglichst umfassende und flexible Vollstreckung ermöglicht werden.⁴⁶² 447

Soweit die Vollstreckungsvorschriften die **Herausgabe von Personen und die Regelung des Umgangs** (§§ 88–94), die Vollstreckung in Verfahren nach dem **Gewaltschutzgesetz und in Wohnungszuweisungssachen** (§ 96) sowie in **Abstammungssachen** (§ 96a) zum Gegenstand haben, wird auf die Darstellungen zu den weiteren Büchern des FamFG verwiesen. 448

Gegenstand nachfolgender Erörterungen sind allein die **Besonderheiten des Vollstreckungsverfahrens des FamFG** im Verhältnis zu den in Bezug genommenen Normen der ZPO. 449

bb) Verfahrenseinleitung

Für die Einleitung des Vollstreckungsverfahrens ist zu differenzieren. In **Antragsverfahren** kann entsprechend den Regelungen der ZPO auch das Vollstreckungsverfahren 450

---

460 Gesetzesbegründung, BR-Drucks. 309/07, 424.
461 Gesetzesbegründung, BR-Drucks. 309/07, 365.
462 Gesetzesbegründung, BR-Drucks. 309/07, 365.

Jurgeleit 135

nur auf Antrag eingeleitet werden. In Verfahren, die **von Amts wegen** eingeleitet werden, wird das Gericht im Rahmen der Vollstreckung ebenfalls von Amts wegen tätig (§ 87 Abs. 1 S. 1). Das schließt eine Initiative des von der zu vollstreckenden Entscheidung begünstigten Beteiligten (Berechtigter) aber nicht aus. Dieser kann die **Vornahme von Vollstreckungshandlungen beantragen.** Will das Gericht dem nicht folgen, hat es darüber durch Beschluss zu entscheiden (§ 87 Abs. 1 S. 2). Der Beschluss ist nach § 87 Abs. 4 anfechtbar (s. dazu Rn 456).

cc) Titel

451 Nach § 86 Abs. 1 kann die Vollstreckung auf der Grundlage folgender Titel erfolgen:
- Alle **gerichtlichen Beschlüsse**, die einem Beteiligten zugunsten eines anderen Beteiligten eine Verpflichtung auferlegen, sind Vollstreckungstitel (§ 86 Abs. 1 Nr. 1). Das betrifft sowohl **Endentscheidungen** (§ 38 Abs. 1 S. 1) als auch **anderweitige Beschlüsse** mit verfahrensabschließendem Inhalt, wie Kostenfestsetzungsbeschlüsse (§ 85 FamFG, § 104 ZPO) oder Beschlüsse nach § 95 Abs. 1 FamFG iVm §§ 887, 888, 890 ZPO.[463] Keine Beschlüsse iSv § 86 Abs. 1 Nr. 1 sind dagegen **verfahrensleitende Anordnungen**, die nach § 35 durchzusetzen sind (s. dazu Rn 435 ff).
- Die Beschlüsse iSv § 86 Abs. 1 Nr. 1 sind nach § 86 Abs. 2 mit ihrem **Wirksamwerden** (§ 40; s. dazu Rn 398 ff) **vollstreckbar**, soweit nichts anderes bestimmt ist (s. für Titel wegen einer Geldforderung § 95 Abs. 3 S. 1; Rn 386).
- **Gerichtlich gebilligte Vergleiche** iSv § 156 Abs. 2 (§ 86 Abs. 1 Nr. 2; zu dieser Besonderheit in Kindschaftssachen s. Rn 374).
- Weitere **Vollstreckungstitel nach § 794 ZPO**, soweit die Beteiligten über den Gegenstand des Verfahrens verfügen können (§ 86 Abs. 1 Nr. 3). Das betrifft insbesondere **Vergleiche** nach §§ 794 Abs. 1 Nr. 1 und 4 b, 796 b, 796 c ZPO, die in den Anwendungsbereich des § 36 FamFG fallen (s. dazu Rn 374 ff).

dd) Vollstreckungsklausel

452 In Verfahren des FamFG bedarf es für einen Vollstreckungstitel **keiner Klausel** iSv §§ 724, 725 ZPO, wenn die Vollstreckung durch das Gericht erfolgt, das den Titel erlassen hat (§ 86 Abs. 3). Den Titel erlassen hat das Gericht, das den zu vollstreckenden Beschluss gefasst oder den Vergleich iSv § 156 Abs. 2 gebilligt hat.

453 **Anderes gilt**, wenn für die Vollstreckung ein **neues Gericht** örtlich zuständig ist (s. § 88 Abs. 1) oder eine **Geldforderung** durch die dafür nach der ZPO vorgesehenen Vollstreckungsorgane durchgesetzt werden soll.[464]

ee) Zustellung

454 § 87 Abs. 2 bestimmt für Beschlüsse, dh Titel nach § 86 Abs. 1 Nr. 1, dass die Vollstreckung erst beginnen darf, wenn der **Beschluss bereits zugestellt ist oder gleichzeitig zugestellt wird.** Eine Regelung für die weiteren Titel des § 86 Abs. 1 trifft § 87 Abs. 2 nicht. Eine bestimmte Absicht ist damit nach der Gesetzesbegründung nicht verbun-

---

463 Gesetzesbegründung, BR-Drucks. 309/07, 478.
464 Gesetzesbegründung, BR-Drucks. 309/07, 479.

den.[465] Die deshalb bestehende Lücke ist nach § 95 Abs. 1 FamFG, §§ 795 S. 1, 750 Abs. 1 ZPO für die in **§ 86 Abs. 1 Nr. 3 FamFG** geregelten Titel sowie den **gerichtlich gebilligten Vergleich** zu schließen.

ff) Kosten

Für die Kosten der Zwangsvollstreckung gelten die gleichen Grundsätze wie für das Hauptsacheverfahren (§ 87 Abs. 5 iVm §§ 80–82, 84; s. dazu Rn 414 ff). Einer Kostenfestsetzung (§ 85) bedarf es nicht. Die Kosten werden gem. § 95 Abs. 1 FamFG, § 788 ZPO zugleich mit dem zu vollstreckenden Anspruch beigetrieben. 455

gg) Rechtsbehelfe

Gegen Beschlüsse im Vollstreckungsverfahren ist die **sofortige Beschwerde** statthaft (§ 87 Abs. 4 FamFG, §§ 567 ff ZPO, § 11 RPflG), die **aufschiebende Wirkung** hat (§ 87 Abs. 4 FamFG, § 570 Abs. 1 ZPO). 456

hh) Generalverweisungsnorm

§ 95 verweist vorbehaltlich der vollstreckungsrechtlichen Vorschriften des FamFG generell auf die Normen der ZPO. Diese Generalverweisung wird ergänzt durch **zwei Sonderregelungen** in § 95 selbst. 457

- **Alle Entscheidungen** im Vollstreckungsverfahren erfolgen durch **Beschluss** (§ 95 Abs. 2).
- In den Vollstreckungsverfahren auf **Herausgabe einer Sache** oder der Durchsetzung einer **vertretbaren Handlung** kann das Gericht zusätzlich oder an Stelle der Maßnahmen nach §§ 883, 885–887 ZPO durch Beschluss Anordnungen gem. § 888 ZPO treffen (§ 95 Abs. 4 FamFG). Damit soll dem Gericht eine effektive Vollstreckung ermöglicht werden. Ob das Gericht von der Option des § 95 Abs. 4 Gebrauch macht, entscheidet es nach pflichtgemäßem Ermessen.[466] Wesentlich für die Ermessensentscheidung ist der tatsächliche oder zu prognostizierende Erfolg der Vollstreckung entsprechend den originär anzuwendenden Vorschriften.

14. Einstweilige Anordnung

a) Einleitung

Die §§ 51 ff regeln das bisher im Bereich der freiwilligen Gerichtsbarkeit in weiten Bereichen kraft Richterrechts geltende Rechtsinstitut der einstweiligen Anordnung **für alle Bereiche des FamFG**, auch für Familienstreitsachen (§§ 113 Abs. 1, 119 Abs. 1 S. 1) grundlegend neu. 458

Der **Hauptunterschied** zur bisherigen Rechtslage liegt darin, dass die Anhängigkeit einer Hauptsache keine Voraussetzung mehr für das einstweilige Anordnungsverfahren ist (§ 51 Abs. 3). Hauptsache und einstweilige Anordnung sind getrennte Verfahren, wie es in der ZPO der Rechtslage für den Arrest und die einstweilige Verfügung entspricht. Damit wird das Verfahren vereinfacht und beschleunigt. In vielen Verfahren besteht nach einer Entscheidung im einstweiligen Anordnungsverfahren kein Bedürfnis 459

---

465 Gesetzesbegründung, BR-Drucks. 309/07, 480.
466 Gesetzesbegründung, BR-Drucks. 309/07, 486.

für eine Hauptsacheentscheidung. Das betrifft häufig Umgangsrechtssachen[467] und Gewaltschutzsachen, in denen besondere Beschleunigungsinteressen bestehen. Sind die Verhältnisse einmal geregelt, wird häufig der Rechtsfrieden hergestellt sein. Es bedarf dann keiner Hauptsacheentscheidung mehr. Entsprechende Kosten werden vermieden.

460 Nachfolgend werden die grundlegenden Voraussetzungen, das zu beachtende Verfahren, das Verhältnis der einstweiligen Anordnung zu einer Hauptsache und das Außerkrafttreten erörtert. Zusätzlich sind die für die einzelnen Verfahrensarten normierten **Spezialregelungen** zu beachten (Famliensachen, § 119; Gewaltschutzsachen, § 214; Versorgungsausgleichssachen, § 226; Unterhaltssachen, §§ 246–248; Betreuungssachen, § 300; Unterbringungssachen, § 331; Freiheitsentziehungssachen, § 427).

b) Grundlegende Voraussetzungen für eine einstweilige Anordnung

461 Die grundlegenden Voraussetzungen der einstweiligen Anordnung entsprechen denen der ZPO für den Arrest und die einstweilige Verfügung:[468]

- Eine einstweilige Anordnung kann getroffen werden, wenn das für das zu gestaltende Rechtsverhältnis geltende **materielle Recht** die beabsichtigte Regelung **rechtfertigt** (§ 49 Abs. 1 – Anordnungsanspruch).

- Für ein sofortiges Tätigwerden muss ein **dringendes Bedürfnis** bestehen (§ 49 Abs. 1 – Anordnungsgrund). Die beabsichtigte Regelung kann einen bestehenden Zustand sichern oder vorläufig regeln, Handlungen gebieten oder verbieten, Verfügungen über einen Gegenstand untersagen und die zur Durchführung erforderlichen Anordnungen beinhalten (§ 49 Abs. 2). Die Regelung darf aber nur eine **vorläufige** sein (§ 49 Abs. 1). Es gilt der Grundsatz des **Verbots der Vorwegnahme** der Hauptsache, von dem nur abgewichen werden kann, wenn ein Beteiligter dringend auf die sofortige Erfüllung seines Interesses angewiesen ist und ansonsten ein **effektiver Rechtsschutz** nicht gewährleistet werden könnte.[469]

- In **Antragsverfahren** hat der Antragsteller die Voraussetzungen für die beantragte einstweilige Anordnung **glaubhaft zu machen** (§ 51 Abs. 1 S. 1). Zur Glaubhaftmachung kann sich der Antragsteller aller Beweismittel bedienen und zur Versicherung an Eides statt zugelassen werden (§ 31 Abs. 1). Zugelassen sind ausschließlich **präsente Beweismittel** (§ 31 Abs. 2), um eine schnelle Beweisaufnahme zu sichern. Die Herbeischaffungspflicht ist Ausdruck der in § 27 vorgesehenen Mitwirkung der Beteiligten.[470]

c) Verfahren

462 Das Verfahren richtet sich nach dem **für die entsprechende Hauptsache vorgesehenen Verfahren**, soweit sich nicht aus den Besonderheiten des einstweiligen Rechtsschutzes etwas anderes ergibt (§ 51 Abs. 2 S. 1). Besonderheiten sind:

---

467 Gesetzesbegründung, BR-Drucks. 309/07, 438.
468 Gesetzesbegründung, BR-Drucks. 309/07, 438, 439.
469 Vgl Zöller/Vollkommer § 940 ZPO Rn 6.
470 Gesetzesbegründung, BR-Drucks. 309/07, 418.

aa) Antrag

Würde ein entsprechendes Hauptsacheverfahren nur auf Antrag eingeleitet, bedarf es auch für die einstweilige Anordnung eines Antrags (§ 51 Abs. 1 S. 1), der zu begründen ist und dessen Voraussetzungen **glaubhaft zu machen** sind (§§ 51 Abs. 1 S. 2, 31). 463

bb) Zuständigkeit

Hinsichtlich der Zuständigkeit für das einstweilige Anordnungsverfahren ist zu differenzieren. Ist ein **Hauptsacheverfahren bereits anhängig**, ist das bereits befasste Gericht erster Instanz oder das Beschwerdegericht zuständig (§ 50 Abs. 1 S. 2). Ist **keine Hauptsache anhängig**, ist grundsätzlich das Gericht zuständig, das für die Hauptsache zuständig wäre (§ 50 Abs. 1 S. 1). In **besonders dringenden Fällen** kann in beiden vorgenannten Konstellationen das Amtsgericht tätig werden, in dessen Bezirk ein Bedürfnis für ein gerichtliches Tätigwerden bekannt wird oder sich die Person oder Sache befindet, auf die sich die einstweilige Anordnung bezieht (§ 50 Abs. 2 S. 1). Dieses an sich unzuständige Gericht hat das Verfahren unverzüglich an das nach § 50 Abs. 1 zuständige Gericht abzugeben. Das ist von besonderer Bedeutung, wenn ein Hauptsacheverfahren bereits anhängig ist.[471] Ein besonders dringender Fall ist gegeben, wenn der mit der Anrufung des an sich zuständigen Gerichts verbundene Zeitverlust unter dem Gesichtspunkt des effektiven Rechtsschutzes nicht hinnehmbar ist.[472] Diese Voraussetzung ist in Antragsverfahren glaubhaft zu machen (§§ 51 Abs. 1 S. 2, 31). 464

cc) Umfang der Ermittlungen und Aussetzung des Verfahrens

Aufgrund des **Beschleunigungsgebotes** in einstweiligen Anordnungsverfahren bedarf es keiner vollumfänglichen Beweisaufnahmen (§ 26), insbesondere nicht der Einholung eines schriftlichen Sachverständigengutachtens. Ebenso wenig kommt eine **Aussetzung des Verfahrens** (§ 21) in Betracht.[473] 465

dd) Mündliche Verhandlung und Versäumnisentscheidung

Für **Familienstreitsachen** gelten im Hauptsacheverfahren grundsätzlich die Vorschriften der ZPO über das Verfahren vor den Landgerichten entsprechend (§ 113 Abs. 1 FamFG). Deshalb eröffnet § 51 Abs. 2 S. 2 die Möglichkeit, ohne mündliche Verhandlung zu entscheiden (Ausnahme: In **Unterhaltssachen** ist eine mündliche Verhandlung erforderlich, § 246 Abs. 2). Ergeht die einstweilige Anordnung ohne mündliche Verhandlung, ist aber auf Antrag aufgrund mündlicher Verhandlung erneut zu entscheiden (§ 54 Abs. 2). 466

§ 51 Abs. 2 S. 3 schließt **Versäumnisentscheidungen** aus, selbst wenn sie im Hauptsacheverfahren zulässig wären. 467

ee) Anhörungen

Das Eilbedürfnis in einstweiligen Anordnungsverfahren gestattet es dem Gericht, vor seiner Entscheidung nicht alle vom Gesetz vorgesehenen Anhörungen durchzuführen 468

---

471 Gesetzesbegründung, BR-Drucks. 309/07, 440.
472 Vgl Zöller/Vollkommer § 942 ZPO Rn 1.
473 Gesetzesbegründung, BR-Drucks. 309/07, 441.

(vgl § 54 Abs. 1 S. 3). Diese sind aber nachzuholen, um ggf von Amts wegen die Entscheidung aufzuheben oder abzuändern (§ 54 Abs. 1 S. 3).

ff) Rechtsbehelfsbelehrung

469 Die nach § 39 erforderliche Rechtsbehelfsbelehrung hat die Rechte der Beteiligten im Rahmen der Einleitung eines Hauptsacheverfahrens nach § 52 zu beinhalten.[474]

gg) Vollstreckungsverfahren

470 Für das Vollstreckungsverfahren gelten die Besonderheiten der §§ 53, 55:

471 ■ Eine **Vollstreckungsklausel** ist nur erforderlich, wenn die Vollstreckung gegen eine andere Person als die in der Entscheidung bezeichneten Beteiligten erfolgen soll (§ 53 Abs. 1).

472 ■ In **Gewaltschutzsachen** kann die Wirksamkeit der Entscheidung auf den Erlass (§ 38 Abs. 3 S. 2) der einstweiligen Anordnung vorverlagert werden, wenn dafür ein besonderes Bedürfnis besteht (§ 53 Abs. 2).

473 ■ Die **Vollstreckung** kann durch nicht anfechtbaren Beschluss auch von Amts wegen ausgesetzt oder beschränkt werden (§ 55 Abs. 1 S. 1, 2).

d) Verhältnis von einstweiligem Anordnungsverfahren zur Hauptsache

474 Wie bereits dargestellt, ist das einstweilige Anordnungsverfahren ein selbständiges, von der Anhängigkeit einer Hauptsache unabhängiges Verfahren (Rn 459). Das schließt aber nicht aus, in einem Hauptsacheverfahren die Rechtsverhältnisse abschließend zu klären. Entsprechende Regelungen stellt § 52 zur Verfügung.

aa) Antragsverfahren

475 In Verfahren, die nur auf Antrag eingeleitet werden können, kann einer der Beteiligten, der durch die einstweilige Anordnung in seinen Rechten beeinträchtigt ist, beantragen, dass dem Antragsteller aufgegeben wird, binnen einer **Frist von bis zu drei Monaten das Hauptsacheverfahren einzuleiten** oder einen entsprechenden Verfahrenskostenhilfeantrag zu stellen (§ 52 Abs. 1 S. 1, 2). In welcher **Form** die Anordnung der Fristsetzung zu erfolgen hat (Verfügung oder Beschluss), regelt § 52 Abs. 2 S. 1, 2 nicht. § 38 findet keine Anwendung, da die Fristsetzung keine Endentscheidung darstellt. Die Fristsetzung begründet aber zulasten des Antragstellers Rechtswirkungen. Gegen diese kann er sich zwar nicht wehren, wenn ein Richter die Anordnung erlässt. Als Zwischenentscheidung ist die Fristsetzung nicht anfechtbar (§ 57 S. 1). Ordnet aber ein Rechtspfleger die Fristsetzung an, findet die Erinnerung nach § 11 Abs. 2 S. 1 RPflG Anwendung. Diese setzt eine Entscheidung des Rechtspflegers voraus, dh jede mit Rechtswirkungen versehene Maßnahme unabhängig von ihrer Form als Verfügung oder Beschluss.[475] Das Gericht ist daher frei darin, die Fristsetzung durch Beschluss oder Verfügung anzuordnen.

---

474 Gesetzesbegründung, BR-Drucks. 309/07, 442.
475 Bassenge/Roth § 11 RPflG Rn 9.

Wird der Anordnung des Gerichts nicht Folge geleistet, ist die einstweilige Anordnung aufzuheben (§ 52 Abs. 2 S. 3). Leitet der Antragsteller das Hauptsacheverfahren ein, kann aber seinen Antrag nicht durchsetzen, tritt die einstweilige Anordnung **außer Kraft** (§ 56 Abs. 2; s. dazu Rn 484 ff). 476

bb) Verfahren, die von Amts wegen eingeleitet werden

In Verfahren, die von Amts wegen eingeleitet werden können, hat das Gericht von Amts wegen zu prüfen, ob es in Folge des einstweiligen Anordnungsverfahrens ein Hauptsacheverfahren einleitet. Leitet das Gericht ein **Hauptsacheverfahren** ein, findet § 52 Abs. 1 keine Anwendung. Mit dem Wirksamwerden einer Entscheidung im Hauptsacheverfahren tritt die einstweilige Anordnung außer Kraft (§ 56 Abs. 1 S. 1; s. dazu Rn 484 ff). 477

Hält das Gericht die Einleitung eines Hauptsacheverfahrens nicht für erforderlich, können die Beteiligten die Einleitung eines Hauptsacheverfahrens beantragen. Diesem Antrag muss das Gericht entsprechen (§ 52 Abs. 1 S. 1). Das Gericht kann aber mit der einstweiligen Anordnung bestimmen, dass ein solcher **Antrag innerhalb einer Frist von bis zu drei Monaten nach Erlass der einstweiligen Anordnung unzulässig** ist (§ 52 Abs. 1 S. 2, 3). Damit wird dem Gericht ermöglicht, die verfahrensrechtliche Dynamik zu bremsen. Die Beteiligten sollen zunächst abwarten und in Ruhe bewerten, ob die im einstweiligen Anordnungsverfahren getroffene Regelung sich als interessengerecht erweist. 478

e) Aufhebung oder Änderung

Als Ausgleich dafür, dass Entscheidungen im einstweiligen Anordnungsverfahren grundsätzlich nicht der Beschwerde unterliegen (§ 57), kann das Gericht seine Entscheidung aufheben oder ändern (§ 54 Abs. 1 S. 1). Das Gericht kann also eine erlassene einstweilige Anordnung modifizieren und eine abgelehnte einstweilige Anordnung nachträglich erlassen. 479

aa) Antragsverfahren

In Antragsverfahren erfolgt die Aufhebung oder Änderung der Entscheidung **grundsätzlich nur auf Antrag** eines Beteiligten (§ 54 Abs. 1 S. 2). Antragsberechtigt ist – wenn der Erlass der einstweiligen Anordnung abgelehnt wurde – der Antragsteller, ansonsten die in ihrer Rechtsstellung beeinträchtigten übrigen Beteiligten. 480

Anderes gilt, wenn das Gericht seine Entscheidung getroffen hat, ohne eine nach dem Gesetz notwendige Anhörung durchgeführt zu haben. Dann kann das Gericht auch in Antragsverfahren von Amts wegen seine Entscheidung aufheben oder ändern (§ 54 Abs. 1 S. 3). Damit wird zum einen die Bedeutung der Anhörung hervorgehoben und zum anderen sichergestellt, dass auch ohne Antrag das Ergebnis einer nachgeholten Anhörung verwertet werden kann.[476] 481

---

476 Gesetzesbegründung, BR-Drucks. 309/07, 444.

bb) Verfahren, die von Amts wegen eingeleitet werden

482 In Verfahren, die von Amts wegen eingeleitet werden können, ist das Gericht jederzeit von Amts wegen befugt, seine Entscheidung zu ändern.

cc) Zuständigkeit

483 Die Zuständigkeit regelt § 54 Abs. 3, 4. Danach ist für die Aufhebung oder Änderung der einstweiligen Anordnung das Gericht zuständig, das aktuell mit der Sache befasst ist. Dafür bestehen **drei Varianten**. Grundsätzlich ist das Gericht zuständig, das die Entscheidung erlassen hat (§ 54 Abs. 3 S. 1). Hat dieses Gericht die Sache abgegeben oder verwiesen (s. dazu Rn 33 ff, 53 ff), ist das neue Gericht zuständig (§ 54 Abs. 3 S. 2). Ist ein Beschwerdeverfahren über die Entscheidung im einstweiligen Anordnungsverfahren anhängig, ist die Zuständigkeit des Beschwerdegerichts vorrangig (§ 54 Abs. 4).

f) Außerkrafttreten

484 Das Außerkrafttreten der einstweiligen Anordnung sieht § 56 in folgenden Konstellationen vor:

485 ■ In allen Verfahren tritt die einstweilige Verfügung mit dem **Zeitpunkt** außer Kraft, den das Gericht in seiner Entscheidung bestimmt hat (§ 56 Abs. 1 S. 1).

486 ■ In allen Verfahren tritt die einstweilige Verfügung bei **Wirksamwerden** (s. § 40) einer **anderweitigen Regelung** außer Kraft (§ 56 Abs. 1 S. 1). Ist die anderweitige Regelung eine **Endentscheidung in Familienstreitsachen**, gilt nicht der Zeitpunkt des Wirksamwerdens, sondern der **formellen Rechtskraft** (§ 45), soweit nicht die Wirksamkeit zu einem noch späteren Zeitpunkt eintritt (§ 56 Abs. 1 S. 3).

487 ■ In **Antragsverfahren** gilt zusätzlich: Die einstweilige Anordnung tritt außer Kraft wenn im Hauptsacheverfahren der Antrag zurückgenommen, rechtskräftig abgewiesen oder übereinstimmend für erledigt erklärt wird, oder der Antrag sich anderweitig erledigt (§ 56 Abs. 2).

488 Die **Wirkungen des Außerkrafttretens**, ggf auch den Zeitpunkt, hat das Gericht, das zuletzt im ersten Rechtszug entschieden hat, auf Antrag auszusprechen (§ 56 Abs. 3 S. 1). Gegen den Beschluss findet die Beschwerde statt (§ 56 Abs. 3 S. 2).

§ 2 Beschwerdeverfahren

I. Einführung 1
  1. Umfassende Neuregelung 1
  2. Struktur 6
II. Beschwerdeverfahren 9
  1. Zuständigkeit 9
  2. Statthaftigkeit 11
    a) Endentscheidungen: Beschwerde als regelmäßiges Rechtsmittel; Ausnahmen 11
    b) Zwischen- und Nebenentscheidungen: kein Rechtsmittel oder sofortige Beschwerde entsprechend §§ 567–572 ZPO; Ausnahmen 15
    c) Rechtspflegererinnerung .. 18
    d) Beschwerdewert, Zulassungsbeschwerde 19
    e) Beschwerde nach Erledigung der Hauptsache 22
    f) Rechtsmittelverzicht 23
  3. Beschwerdeberechtigte 27
    a) Allgemeines 27
    b) Beschwerdeberechtigte bei Zurückweisung eines Antrags 28
    c) Beschwerderecht und Beteiligtenstellung; Minderjährige 30
    d) Beschwerdeberechtigung von Behörden und berufsständischen Organen 32
  4. Beschwerdefrist 34
    a) Regelmäßige Beschwerdefrist 35
    b) Zweiwöchige Beschwerdefrist 36
    c) Ausnahmsweise unbefristete Beschwerde 40
    d) Ausnahmsweise dreimonatige Beschwerdefrist 41
    e) Beginn der Beschwerdefrist 42
  5. Beschwerdeform 46
    a) Einlegung der Beschwerde beim Ausgangsgericht 46
    b) Schriftform; Anwaltszwang 49
    c) Inhalt der Beschwerde 51
  6. Gang des Beschwerdeverfahrens 54
    a) Abhilfe durch das Ausgangsgericht 54
    b) Prüfung der Zulässigkeit durch das Beschwerdegericht 59
    c) Besetzung des Beschwerdegerichts 62
    d) Verfahren; Rücknahme; Öffentlichkeit 63
  7. Anschlussbeschwerde 68
  8. Beschwerdeentscheidung 72
    a) Form und Inhalt 72
    b) Zurückverweisung 75
  9. Kosten 77
III. Rechtsbeschwerdeverfahren 81
  1. Zuständigkeit 81
  2. Statthaftigkeit, Zulassung der Rechtsbeschwerde 82
  3. Anwaltszwang; Ausnahmen 87
  4. Einlegung der Rechtsbeschwerde beim BGH; Frist ... 89
  5. Form 90
  6. Begründung der Rechtsbeschwerde 91
  7. Verfahrensgang 96
  8. Anschlussrechtsbeschwerde .. 102
  9. Entscheidung des Bundesgerichtshofs 104
  10. Bindung der Vorinstanzen bei Zurückverweisung; weiteres Verfahren 107
  11. Sprungrechtsbeschwerde 108
IV. Sonstige Rechtsbehelfe 112
  1. Gehörsrüge (§ 44) 112
    a) Rügefähige Entscheidung; Beschwer 116
    b) Form und Frist 120
    c) Verfahren; Wirkung der Gehörsrüge auf die angegriffene Entscheidung; vorläufige Einstellung der Zwangsvollstreckung 122
    d) Besetzung und Entscheidung des Gerichts, Fortsetzung des Ausgangsverfahrens 125
    e) Kosten 129
  2. Keine außerordentliche Beschwerde wegen greifbarer Gesetzeswidrigkeit 132
  3. Gegenvorstellung 133

4. Untätigkeitsbeschwerde 137
5. Verfassungsbeschwerde; Anrufung des EuGHMR 141
6. Wiederaufnahme 144
   a) Allgemeines 144
   b) Statthaftigkeit 148
   c) Zuständiges Gericht, Form und Frist 151
   d) Wiederaufnahmegründe 155
   e) Verfahren; Entscheidung des Gerichts; Rechtsmittel 158
7. Abänderung nach § 48 161
   a) Anwendungsbereich 162
   b) Frist; Form 166
   c) Zuständigkeit 167
   d) Verfahren 168

I. Einführung

1. Umfassende Neuregelung

1 Das **FGG-Reformgesetz** (FGG-RG) schafft mit Änderungen des Gerichtsverfassungsgesetzes und dem neuen Abschnitt 5 des 1. Buches des FamFG eine umfassende Neuregelung des Rechtsmittelrechts auf dem Gebiet der freiwilligen Gerichtsbarkeit und des familiengerichtlichen Verfahrens. Damit einher gehen entsprechende Änderungen in den Verfahrensgesetzen, die der freiwilligen Gerichtsbarkeit zuzurechnen sind, auf die das FamFG jedoch entweder insgesamt nicht anwendbar ist (wie beispielsweise die Grundbuchordnung) oder die hinsichtlich des Verfahrens nur teilweise auf das FamFG verweisen und daneben eigenständige Vorschriften für die Rechtsmittel oder den Instanzenzug beinhalten (beispielsweise die Verfahren über die Anfechtung von Justizverwaltungsakten nach den §§ 23 ff EGGVG).

2 Das FGG-RG führt einen **dreistufigen Instanzenzug** ein. Eingangsinstanz ist meist – nicht immer – das Amtsgericht; die Beschwerdeinstanz liegt nach Rechtsgebieten untergliedert entweder bei den Oberlandesgerichten (als Regelfall) und bei den Landgerichten (als häufige Ausnahme). Dritte Instanz – wenn zugelassen – ist stets der Bundesgerichtshof; die Divergenzvorlage des FGG entfällt.

3 Die **Beschwerde** übernimmt als Hauptsacherechtsmittel im FamFG sowohl die Funktion der Berufung nach der ZPO in den bisherigen ZPO-Familiensachen als auch diejenige der einfachen und sofortigen Beschwerde nach dem FGG. Zugleich werden viele spezielle Reglungen in anderen Verfahrensordnungen gestrichen (vgl zB die Aufhebung der §§ 21–29, 31 LwVG) und dem generellen Verweis auf das FamFG unterworfen. In der Grundbuchordnung wird allerdings – wie in einigen anderen Verfahrensordnungen – das Rechtsmittelrecht des FamFG und der Instanzenzug des GVG durch ein Gemenge von Verweisen auf das FamFG und eigenständigen (teils gleichlautende) Regelungen nur weitgehend, aber nicht vollständig nachvollzogen.[1]

4 Die für den Regelfall **befristete**[2] **Beschwerde** ist gegen erstinstanzliche Endentscheidungen der Amts- und Landgerichte bei Erreichen eines **Mindestbeschwerdewertes** statthaft. Die stets **befristete Rechtsbeschwerde** ist – außer in Unterbringungs- und Freiheitsentziehungssachen sowie in bestimmten Betreuungssachen – von einer Zulassung

---

[1] Der Gesetzgeber hat beispielsweise die generelle Befristung der Rechtsmittel im FamFG in der Grundbuchordnung und in der Schiffsregisterordnung nur für die Rechtsbeschwerde, nicht aber für die Beschwerde übernommen.
[2] Ausnahmen in der Grundbuch- und Schiffsregisterordnung.

durch das Beschwerdegericht abhängig; daneben wird die Möglichkeit einer Sprungrechtsbeschwerde eingeführt. Gegen **Neben- und Zwischenentscheidungen** sind Rechtsmittel nur noch bei ausdrücklicher gesetzlicher Zulassung statthaft; die nach dem FGG erforderliche Abgrenzung[3] danach, ob eine gerichtliche Zwischenverfügung in nicht unerheblicher Weise in die Rechtssphäre eines Beteiligten eingreift, entfällt.

Verfahrensrechtlich wird das Rechtsmittelrecht im FamFG dem Beschwerderecht der Zivilprozessordnung angenähert, wobei jedoch Abweichungen aufgrund des für die freiwillige Gerichtsbarkeit geltenden Amtsermittlungsgebots bestehen bleiben. In Ehe- und Familienstreitsachen hat der Gesetzgeber berücksichtigt, dass hier grundsätzlich die Parteimaxime gilt; auch wenn die Rechtsmittelverfahren für diese Rechtsgebiete nicht mehr unmittelbar in der Zivilprozessordnung geregelt werden, so entspricht das Verfahren hier doch in weiten Teilen dem Berufungsrecht der Zivilprozessordnung. Dass hier nicht wie im Zivilprozess über einen abgeschlossenen Sachverhalt gestritten wird, sondern dass dieser Änderungen unterworfen ist – beispielsweise in Unterhaltssachen durch sich ändernde Einkommensverhältnisse[4] –, hat der Gesetzgeber allerdings berücksichtigt, indem er das Beschwerdeverfahren auch in diesem Bereich stärker als volle Tatsacheninstanz ausgestaltet als das Berufungsrecht der ZPO.

2. Struktur

Der **Instanzenzug** für die Verfahren der freiwilligen Gerichtsbarkeit wird nicht mehr in den einzelnen Verfahrensordnungen bestimmt. Vielmehr wird die bisherige Beschränkung des Anwendungsbereichs von GVG und EGGVG auf die streitige ordentliche Gerichtsbarkeit aufgegeben und die Bestimmung des Instanzenzuges auch für die meisten Verfahren der freiwilligen Gerichtsbarkeit in das GVG aufgenommen; allerdings bislang noch ohne in voller Konsequenz sämtliche Zuständigkeitsbestimmungen aus den spezialgesetzlichen Verfahrensordnungen zu entfernen, so dass zum Teil (übereinstimmende) Doppelzuweisungen verbleiben.[5]

Das Verfahrensrecht für die Rechtsmittelverfahren in der Hauptsache findet sich im Abschnitt 5 des Allgemeinen Teils des FamFG; dabei behandelt der Unterabschnitt 1 in den §§ 58–69 das Beschwerdeverfahren und Unterabschnitt 2 in den §§ 70 bis 75 das Rechtsbeschwerdeverfahren.

Daneben bestehen jedoch ergänzende Vorschriften – und zwar sowohl im Allgemeinen Teil (§ 57: Rechtsmittel im Verfahren der einstweiligen Anordnung; § 87 Abs. 4: Rechtsmittel im Vollstreckungsverfahren) als auch in den weiteren Büchern des FamFG. Besondere Bedeutung hat insoweit vor allem § 117, durch den das Rechtsmittelrecht in Ehesachen und Familienstreitsachen dem Berufungsrecht der ZPO angeglichen wird.

---

3 Vgl hierzu KKW/Kahl § 19 FGG Rn 9 ff.
4 BT-Drucks. 16/6308, 225.
5 Vgl beispielsweise § 23 a Abs. 2 Nr. 8 iVm § 119 Abs. 1 Nr. 1 b GVG und § 72 GBO, die gleichermaßen die Beschwerden in Grundbuchsachen dem Oberlandesgericht zuweisen.

II. Beschwerdeverfahren

1. Zuständigkeit

9 Durch die Erweiterung des Geltungsbereichs des Gerichtsverfassungsgesetzes auf die Angelegenheiten der freiwilligen Gerichtsbarkeit in § 13 FGG[6] war es dem Gesetzgeber möglich, die Regelungen zur funktionalen Zuständigkeit im GVG zu bündeln. Daher findet sich im FamFG keine Nachfolgeregelung für § 19 Abs. 2 FGG, der bislang die Zuständigkeit des Landgerichtes für die einfache und sofortige Beschwerde begründet hat. Auch die Einzelzuweisungen in den weiteren Verfahrensordnungen von Angelegenheiten der freiwilligen Gerichtsbarkeit wurden zumeist aufgehoben.

10 Vielmehr werden nunmehr in § 119 Abs. 1 GVG die **Beschwerdeverfahren** in sämtlichen von den Familiengerichten entschiedenen Sachen sowie in den Angelegenheiten der freiwilligen Gerichtsbarkeit den **Oberlandesgerichten** zugewiesen. Als Ausnahme verbleiben die Beschwerdeverfahren in Freiheitsentziehungssachen und in den von den Betreuungsgerichten entschiedenen Sachen wie bisher bei den **Landgerichten** (§ 72 Abs. 1 S. 2 GVG).

2. Statthaftigkeit

a) Endentscheidungen: Beschwerde als regelmäßiges Rechtsmittel; Ausnahmen

11 Gegen alle im ersten Rechtszug ergangenen Endentscheidungen der Amts- und Landgerichte findet die Beschwerde statt (§ 58 Abs. 1), sofern nicht durch Gesetz etwas anderes bestimmt ist. Der Begriff der **Endentscheidung** hat in § 38 Abs. 1 S. 1 eine Legaldefinition erhalten; danach handelt es sich dabei um einen Beschluss, durch den der Verfahrensgegenstand ganz oder teilweise erledigt wird.

12 In Ehe- und Familienstreitsachen ist – wie im Zivilprozess – ein erster **Versäumnisbeschluss** gem. § 113 Abs. 1 S. 2 FamFG iVm § 331 ZPO nicht mit der Beschwerde zur nächsthöheren Instanz, sondern nur mit dem Einspruch anfechtbar. Wie im Zivilprozess gegen ein Zweites Versäumnisurteil steht zudem gegen einen Zweiten Versäumnisbeschluss die Beschwerde nur insoweit offen, als sie darauf gestützt wird, dass ein Fall der Säumnis nicht vorgelegen habe (§ 117 Abs. 2 S. 1 FamFG iVm § 514 ZPO).

13 Zudem wurden im Buch 5 des FamFG – Verfahren in **Registersachen, unternehmensrechtliche Verfahren** – einige spezielle Rechtsmittel aus dem FGG weitgehend übernommen: Der Einspruch im registergerichtlichen Zwangsgeldverfahren in den §§ 388–390 entspricht in großen Teilen den bisherigen Regelungen in den §§ 132 ff FGG; der Widerspruch als Rechtsmittel im registergerichtlichen Löschungsverfahren in den §§ 393 Abs. 1 und 4, 394 Abs. 2 und 4, 395 Abs. 2 und 399 sowie im Dispacheverfahren nach §§ 406 und 407 hat seinen Ursprung in den §§ 141 ff, 156 f FGG.

14 Daneben ist in einer ganzen Reihe von Spezialnormen angeordnet, dass bestimmte Endentscheidungen **nicht anfechtbar** sind. Als Beispiele aus dem FamFG sind hier zu nennen: Entscheidung im Verfahren über einstweilige Anordnungen (§ 57 S. 1; s. Rn 15 ff), sofern keine der in § 57 S. 2 genannten Ausnahmen vorliegt, Abtrennung von Folgesachen aus dem Verbund (§ 140 Abs. 6), Adoptionsbeschluss (§ 197 Abs. 3),

---

6 Ergänzt durch eine Auflistung der Angelegenheiten der freiwilligen Gerichtsbarkeit in § 23 a Abs. 2 GVG.

Beschluss über die Befreiung vom Eheverbot (§ 198 Abs. 3), Zurückweisung eines Antrags auf Festsetzung des Unterhalts eines Minderjährigen im Vereinfachten Verfahren (§ 250 Abs. 2), Anordnung der Nachlassverwaltung auf Antrag des Erben (§ 359 Abs. 1), Eintragung in ein Register nach § 383, Beschluss zur Benennung, Vereidigung oder Vernehmung von Sachverständigen nach §§ 410 Nr. 2, 414.

b) Zwischen- und Nebenentscheidungen: kein Rechtsmittel oder sofortige Beschwerde entsprechend §§ 567–572 ZPO; Ausnahmen

Zwischen- und Nebenentscheidungen sind dagegen **im Regelfall nicht anfechtbar**, sondern nur dann, wenn dies durch ausdrückliche gesetzliche Bestimmung zugelassen ist. Damit entfällt die im Hinblick auf § 19 FGG nach bisherigem Recht notwendige Differenzierung im Einzelfall, ob eine Verfügung/Entscheidung nur den inneren Dienstbereich betrifft oder durch sie Rechte der Beteiligten verletzt werden können.[7] 15

Soweit das FamFG die Anfechtbarkeit von Zwischen- oder Nebenentscheidungen durch ausdrückliche gesetzliche Bestimmung zulässt, kommt nicht das Beschwerdeverfahren nach dem FamFG, sondern die sofortige Beschwerde in **entsprechender Anwendung der §§ 567–572 ZPO** zur Anwendung.[8] Dies gilt auch für Entscheidungen im Verfahren über die Verfahrenskostenhilfe (§ 76 Abs. 2). Eine Ausnahme beinhaltet § 382 Abs. 4 S. 2, da dort ein Rechtsmittel gegen die Zwischenverfügung des Registergerichts zugelassen, aber in Abweichung von der sonstigen Systematik des Gesetzes nicht als sofortige Beschwerde in entsprechender Anwendung der ZPO, sondern als „normale" Beschwerde nach dem FamFG ausgestaltet ist. In Ehe- und Familienstreitsachen ist die Entscheidung über die Verteilung der Kosten nach übereinstimmender Erledigungserklärung bzw. nach Rücknahme des Antrags gem. § 113 Abs. 1 S. 2 FamFG iVm §§ 91a Abs. 2 und 269 Abs. 5 ZPO gleichfalls nach den Vorschriften der §§ 567 ff ZPO anfechtbar. 16

Auch die Entscheidungen in Verfahren der **einstweiligen Anordnung** sind grundsätzlich nicht anfechtbar (§ 57 S. 1). Vielmehr können diejenigen, die durch die einstweilige Anordnung beschwert werden, über § 52 die Einleitung eines Hauptsacheverfahrens erzwingen.[9] Nach § 57 S. 2 sind jedoch solche einstweiligen Anordnungen mit der Beschwerde anfechtbar, die vom erstinstanzlichen Gericht nach mündlicher Erörterung in Verfahren über die elterliche Sorge, über die Herausgabe des Kindes an den anderen Elternteil, über einen Antrag auf Verbleiben eines Kindes bei einer Pflege- oder Bezugsperson, über einen Antrag nach den §§ 1 und 2 GewaltschutzG sowie in einer Wohnungszuweisungssache ergangen sind oder solche, mit denen der – vollständige – Ausschluss des Umgangs mit einem Elternteil angeordnet wurde. 17

---

7 Vgl hierzu mit umfangreicher Kasuistik KKW/Kahl § 19 FGG Rn 9 ff.
8 ZB Zurückweisung eines Ablehnungsgesuchs: § 6 Abs. 2; Ablehnung eines Antrags auf Beiziehung als Beteiligter: § 7 Abs. 5; Aussetzung des Verfahrens: § 21 Abs. 2; Ordnungsmittel bei Fernbleiben eines Beteiligten: § 33 Abs. 3; Anordnung von Zwangsmaßnahmen: § 35 Abs. 5; Berichtigungsbeschluss: § 42 Abs. 3; Beschlüsse im Verfahrenskostenhilfeverfahren: § 76 Abs. 2; Beschlüsse im Vollstreckungsverfahren: § 87 Abs. 4; Fristsetzungsbeschluss zur Annahme des Amtes als Testamentsvollstrecker: § 355 Abs. 1; Fristbestimmungen für den nicht erschienenen Beteiligten in Teilungssachen: § 372 Abs. 1; Entscheidungen über die Wiedereinsetzung in den vorigen Stand in Teilungssachen: § 372 Abs. 1; Zurückweisung eines Antrags auf Zahlungssperre in Aufgebotsverfahren zur Kraftloserklärung von Urkunden: § 480 Abs. 2 sowie die Aufhebung einer angeordneten Zahlungssperre: § 482 Abs. 3.
9 Vgl BT-Drucks. 16/6308, 202.

c) Rechtspflegererinnerung

18 Gegen Entscheidungen des Rechtspflegers ist – unabhängig davon, ob es sich um eine End-, Zwischen- oder Nebenentscheidung handelt – dann, wenn nach den allgemeinen Vorschriften kein Rechtsmittel zugelassen ist, die Rechtspflegererinnerung nach § 11 Abs. 2 RPflG zulässig.[10]

d) Beschwerdewert, Zulassungsbeschwerde

19 In vermögensrechtlichen Angelegenheiten ist die Beschwerde gem. § 61 Abs. 1 nur zulässig, wenn der **Wert** des Beschwerdegegenstandes 600 EUR übersteigt. Die Regelung gleicht damit auch für geringfügige vermögensrechtliche Streitigkeiten das Beschwerdeverfahren des FamFG dem Berufungsverfahren der ZPO an, welche die Statthaftigkeit der Berufung in vermögensrechtlichen Streitigkeiten ebenfalls an das Erreichen einer Beschwer von mehr als 600 EUR bindet (§ 511 Abs. 2 Nr. 1 ZPO). In Versorgungsausgleichssachen gilt die Wertgrenze jedoch nur für die Anfechtung von Kostenentscheidungen, während die Beschwerde gegen die Hauptsache nicht an das Erreichen eines Beschwerdewerts gebunden ist.[11] Anders als die ZPO verzichtet das FamFG jedoch ansonsten auf Sonderregelungen für die Anfechtbarkeit von Kosten- und Auslagenentscheidungen, da es – so zu Recht die Gesetzesbegründung[12] – keinen wesentlichen Unterschied für den Beteiligten ausmacht, ob er durch eine Kosten- oder eine Hauptsacheentscheidung mit 600 EUR beschwert ist.

20 Das Gericht erster Instanz hat die Beschwerde gem. § 61 Abs. 3 zuzulassen, sofern ein Beteiligter mit nicht mehr als 600 EUR beschwert ist und der Rechtssache grundsätzliche Bedeutung zukommt oder die Fortbildung des Rechts oder die Sicherung einer einheitlichen Rechtsprechung eine Entscheidung des Beschwerdegerichts erfordern. Dies führt gem. § 61 Abs. 2 zur Zulässigkeit der Beschwerde; das Beschwerdegericht ist an die **Zulassung** gebunden. Auch insoweit gleicht das FamFG die Verfahrensordnung der freiwilligen Gerichtsbarkeit an die ZPO an (vgl § 511 Abs. 4 ZPO).

21 Die **Nichtzulassung** der Beschwerde ist grundsätzlich **unanfechtbar**. Allerdings ist dann, wenn der erstinstanzliche Beschluss vom Rechtspfleger getroffen wurde, die Erinnerung nach § 11 RPflG gegen die Nichtzulassung möglich.[13]

e) Beschwerde nach Erledigung der Hauptsache

22 § 62 kodifiziert Entscheidungen des Bundesgerichtshofs zum effektiven Rechtsschutz bei schwerwiegenden **Grundrechtseingriffen**. Insbesondere in Abschiebehaft- und Unterbringungssachen ist nicht selten die Hauptsache aufgrund der zwischenzeitlichen Freilassung oder Abschiebung des Betroffenen erledigt, bevor das Beschwerde- oder Rechtsbeschwerdeverfahren abgeschlossen ist. In Umsetzung der verfassungsrechtlichen Vorgaben[14] sieht § 62 Abs. 1 vor, dass im Falle der **Erledigung der Hauptsache**

---

10 Vgl zur Ausnahme bei wirksamen Beschlüssen § 11 Abs. 3 S. 1.
11 § 228; begründet hat dies der Gesetzgeber damit, dass ein Rechtsmittel für die Rentenversicherungsträger auch unabhängig von der Höhe der Beschwer zugunsten der Versichertengemeinschaft geboten sei, und dass die Wertgrenze aus Gründen der Gleichbehandlung dann auch nicht für die übrigen Beteiligten gelten solle, BT-Drucks. 16/6308, Seite 254.
12 BT-Drucks. 16/6308, 204.
13 Vgl BT-Drucks. 16/6308, 205.
14 BVerfGE 104, 220 ff.

II. Beschwerdeverfahren

das Beschwerdegericht – nur auf Antrag – ausspricht, dass die (mittlerweile erledigte) Entscheidung des Gerichts des ersten Rechtszuges den Beschwerdeführer in seinen Rechten verletzt, wenn der Beschwerdeführer ein berechtigtes Interesse an dieser Feststellung hat. Abs. 2 nennt – entsprechend den verfassungsrechtlichen Vorgaben – als Regelbeispiele für ein derartiges berechtigtes Interesse des Beschwerdeführers die Fälle, dass ein schwerwiegender Grundrechtseingriff erfolgt ist sowie eine Wiederholung konkret zu erwarten sei. Damit wird zugleich auch verdeutlicht, dass die Beschwerde bei Erledigung der Hauptsache nur zulässig ist, wenn der Beschwerdeführer entweder erhebliche Belastungen durch die erstinstanzliche Entscheidung zu erdulden hatte, wie es bei Haft oder Unterbringung der Fall ist, oder wenn eine Wiederholung des angefochtenen Beschlusses durch das erstinstanzliche Gericht konkret zu erwarten ist; allein die abstrakte Gefahr einer theoretisch möglichen späteren Wiederholung genügt nicht, um das Vorliegen eines Regelfalles nach Abs. 2 anzunehmen. Zwar sind die in Abs. 2 genannten Regelfälle nicht abschließend für das Vorliegen der Voraussetzungen für eine statthafte Beschwerde nach § 62 Abs. 1, sie geben jedoch den Maßstab für dessen Anwendungsbereich vor.

f) Rechtsmittelverzicht

§ 67 Abs. 1 kodifiziert die bisherige obergerichtliche Rechtsprechung,[15] dass ein **Rechtsmittelverzicht** gegenüber dem Gericht nach Bekanntgabe des erstinstanzlichen Beschlusses wirksam ist und zur Unzulässigkeit der Beschwerde führt. Der Verzicht kann sowohl gegenüber dem erstinstanzlichen Gericht wie auch gegenüber dem Beschwerdegericht[16] oder gegenüber einem weiteren Beteiligten erklärt werden. Sofern der Verzicht auf das Rechtsmittel lediglich gegenüber einem weiteren Beteiligten erklärt wurde, führt dies jedoch nur dann zur Unzulässigkeit der Beschwerde, wenn sich dieser darauf beruft (§ 67 Abs. 3).

23

Noch etwas unklar bleibt die Rechtslage für den Fall, dass der Beschwerdeführer bereits vor der Bekanntgabe oder dem Erlass des Beschlusses auf ein Rechtsmittel verzichtet hat. Diese Frage war bereits vor Inkrafttreten des FamFG umstritten.[17] Der Wortlaut des Gesetzes, der in § 67 Abs. 1 ausdrücklich (nur) für den Fall der **Verzichtserklärung nach Bekanntgabe des Beschlusses** die Unzulässigkeit der Beschwerde anordnet, lässt gerade durch die Begrenzung auf diesen Sachverhalt im Umkehrschluss allein die Schlussfolgerung zu, dass ein Verzicht zu einem früheren Zeitpunkt keine Wirkungen entfaltet und mithin nicht zur Unzulässigkeit der Beschwerde führt.[18] Dieses Verständnis ist sachgerecht – man denke nur an den Fall, dass nach unrealistischer Einschätzung der Sachlage ein psychisch Kranker auf ein Rechtsmittel verzichtet und anschließend eine Unterbringung über einen Zeitraum von zwei Jahren (§ 329 Abs. 1) angeordnet wird.

24

Befremdlich ist allerdings der Inhalt der Gesetzesbegründung des Regierungsentwurfs zu dem unverändert verabschiedeten § 67. Dort[19] wird – im direkten Widerspruch zum

25

---
15 BayObLG Beschl. v. 4.11.1993, 3 Z BR 246/93; vgl auch KKW/Kahl § 19 FGG Rn 98 mwN.
16 BLAH/Hartmann § 67 Rn 1.
17 Vgl BayObLG FamRZ 1997, 1238; KKW/Kahl § 19 FGG Rn 100 mwN zum Meinungsstreit.
18 Vgl hierzu auch Maurer, Das Rechtsmittel in Familiensachen nach dem FamFG, FamRZ 2009, S. 465.
19 BT-Drucks. 16/6308, 207.

Gesetzeswortlaut – ausgeführt, dass § 67 Abs. 1 „nunmehr einheitlich im Interesse aller Beteiligten die Möglichkeit" eröffne, „sowohl vor als auch nach Erlass des Beschlusses gegenüber dem Gericht wirksam auf Rechtsmittel zu verzichten." Nach meinem Verständnis hat der Deutsche Bundestag den Streit gerade umgekehrt entschieden; es ist jedoch zu befürchten, dass die Gesetzesbegründung des Regierungsentwurfs Anlass geben wird, die offene Rechtsfrage, die eigentlich geklärt werden sollte, noch länger offen zu halten.

26 Auch im Falle eines Rechtsmittelverzichts steht dem Verzichtenden allerdings die **Anschlussbeschwerde** offen, wenn ein anderer Beschwerdeberechtigter Beschwerde einlegt, § 66 S. 1 (vgl Rn 68 ff). Dies gilt allerdings dann nicht, wenn der Anschlussbeschwerdeführer nach Einlegung der Beschwerde durch einen anderen Beteiligten bereits gegenüber dem Gericht auf die Anschlussbeschwerde verzichtet hat (§ 67 Abs. 2).

3. Beschwerdeberechtigte
a) Allgemeines

27 Wie bereits nach § 20 Abs. 1 FGG ist jeder **beschwerdeberechtigt**, der durch die erstinstanzliche Entscheidung in seinen Rechten beeinträchtigt ist, § 59 Abs. 1. Allerdings bestehen spezialgesetzliche Einschränkungen, nach denen gegen manche Beschlüsse nicht sämtliche Beteiligte, sondern nur bestimmte Personengruppen beschwerdeberechtigt sind.[20] Daneben besteht in manchen Rechtsgebieten für bestimmte Personengruppen auch die Möglichkeit, für fremdes Interesse Beschwerde einzulegen. So weisen §§ 303 Abs. 2– 4, 335 Abs. 1–3 und 429 Abs. 2–4 in Betreuungs-, Unterbringungs- und Freiheitsentziehungssachen näher bezeichneten Angehörigen eines Betroffenen sowie einer Vertrauensperson Beschwerderechte im Interesse des Betroffenen zu. In Betreuungs-, Unterbringungs- und Freiheitsentziehungssachen bestehen auch besondere Beschwerderechte für Verfahrenspfleger.

b) Beschwerdeberechtigte bei Zurückweisung eines Antrags

28 Wie im bisherigen Recht steht in **Verfahren**, die nur auf **Antrag** eingeleitet werden können, die **Beschwerde** gegen einen zurückweisenden Beschluss grundsätzlich nur dem **Antragsteller** zu. Da der dies bestimmende § 59 Abs. 2 unverändert aus § 20 Abs. 2 FGG übernommen worden ist, bestehen aber keine Bedenken dagegen, die den Wortlaut des § 20 Abs. 2 FGG erweiternde Auslegung des Bundesgerichtshofs auch auf § 59 Abs. 2 FamFG zu übertragen. Danach haben gegen einen den Antrag zurückweisenden Beschluss neben dem Antragsteller auch diejenigen ein Beschwerderecht, die zwar keinen Antrag gestellt haben, aber zum Zeitpunkt der Einlegung der Beschwerde zur Stellung des gleichen Antrags berechtigt gewesen sind, ihn also noch hätten stellen können.[21] Dem liegt der prozessökonomische Gedanke zugrunde, dass es für alle Beteiligten unwirtschaftlich ist, einen Beteiligten allein aus formalen Gründen auf ein erneutes Durchlaufen der ersten Instanz zu verweisen.[22] Da sich an dieser Situation durch das FGG-RG nichts geändert hat und den Gesetzesmaterialien keine Anhaltspunkte dafür

---

20 Vgl zB § 359 Abs. 2 für die Beschwerde gegen die Anordnung der Nachlassverwaltung auf Antrag eines Nachlassgläubigers.
21 BGHZ 30, 220; BGHZ 120, 396.
22 BGHZ 120, 396.

zu entnehmen sind, dass das Festhalten an dem Wortlaut des § 20 Abs. 2 FGG in § 59 Abs. 2 FamFG dazu dienen sollte, der Entwicklung in der Rechtsprechung entgegenzutreten,[23] sollte diese Rechtsprechung beibehalten werden.

Eine weitere Ausnahme enthält § 303 Abs. 1. Danach steht der **Betreuungsbehörde** in bestimmten betreuungsrechtlichen Angelegenheiten ein Beschwerderecht sogar gegen den Willen des Betroffenen zu, wenn ein Antrag des Betroffenen zu der Entscheidung geführt hat. Dies eröffnet der Behörde die Möglichkeit, gegen kostenintensive Betreuungsverfahren vorzugehen, wenn der Betroffene in der Lage ist, seine Angelegenheiten selbst zu regeln.[24]

29

c) Beschwerderecht und Beteiligtenstellung; Minderjährige

Im Übrigen ist das **Beschwerderecht** davon **unabhängig**, ob der Beschwerte **Beteiligter** des erstinstanzlichen Verfahrens war. Das Beschwerderecht geht nicht dadurch verloren, dass beispielsweise ein Kann-Beteiligter im Erbscheinsverfahren wie beispielsweise der gesetzliche Erbe (§ 345 Abs. 1 S. 2 Nr. 1) im erstinstanzlichen Verfahren auch nach der Belehrung über sein Antragsrecht nach § 7 Abs. 4 keinen (im Erbscheinsverfahren bindenden, § 345 Abs. 2 S. 3) Antrag auf Hinzuziehung gestellt hat. Es bestehen in diesen Fällen jedoch praktische Probleme hinsichtlich der Ausübung des Beschwerderechts für diese Personen, da einerseits ihre Beschwerdefrist nach Auffassung des Gesetzgebers endet, sobald für den letzten der Beteiligten die Beschwerdefrist abläuft,[25] ihnen andererseits aber der Beschluss nicht bekannt gegeben wird und sie daher keine unmittelbare Kenntnis vom Beginn der Frist und vom Inhalt des erstinstanzlichen Beschlusses erhalten (§ 15 Abs. 1: Bekanntgabe nur gegenüber den Beteiligten). Dies gilt auch dann, wenn die Person keine Belehrung über ihr Antragsrecht auf Beteiligung erhalten hat, weil sie dem Gericht unbekannt war. In den zuletzt genannten Fällen wird innerhalb der Jahresfrist des § 18 Abs. 3 häufig eine Wiedereinsetzung in den vorigen Stand gegen die Versäumung der Beschwerdefrist möglich sein; andererseits werden sich diejenigen, die trotz Belehrung nach § 7 Abs. 4 keinen Antrag auf Beiziehung als Beteiligter gestellt haben, im Regelfall dieses Verhalten als Verschulden iSd § 17 Abs. 1 entgegenhalten lassen müssen.

30

Minderjährige, die das vierzehnte Lebensjahr vollendet haben, sowie unter Vormundschaft stehende Mündel können gem. § 60 auch ohne Mitwirkung eines gesetzlichen Vertreters ihr Beschwerderecht ausüben. Betroffene in Betreuungs- und Unterbringungsverfahren sind gem. § 275 bzw § 316 unabhängig von ihrer Geschäftsfähigkeit stets verfahrensfähig.

31

d) Beschwerdeberechtigung von Behörden und berufsständischen Organen

Behörden und berufsständischen Organen wird unabhängig von einer Beeinträchtigung eigener Rechte in bestimmten Angelegenheiten eine besondere Beschwerdebefugnis zugebilligt (§ 59 Abs. 3). Dies betrifft beispielsweise die Beschwerdeberechtigung

32

---

23 Im Gegenteil: Die Gesetzesbegründung verweist allein auf die Fortgeltung des bisherigen § 20 Abs. 2 FGG.
24 BT-Drucks. 16/6308, 271.
25 BT-Drucks. 16/9733, 359.

Dieker

a) des **Jugendamtes** in Kindschaftssachen nach § 162 Abs. 3 S. 2, in Abstammungssachen nach § 176 Abs. 2 S. 2, in Adoptionssachen nach § 194 Abs. 2 S. 2, in Wohnungszuweisungssachen nach § 205 Abs. 2 S. 2, in Gewaltschutzsachen (wenn Kinder in dem Haushalt leben) nach § 213 Abs. 2 S. 2, bei Beschlüssen über die Rückgabe eines Kindes nach § 40 Abs. 2 S. 3 des Internationalen Familienrechtsverfahrensgesetzes;

b) des **Landesjugendamtes** in den Fällen des § 11 Abs. 1 Nr. 2 Adoptionsvermittlungsgesetzes nach § 195 Abs. 2 S. 2;

c) der **Betreuungsbehörde** gegen bestimmte betreuungsgerichtliche Entscheidungen nach § 303 Abs. 1 und in Unterbringungssachen nach § 335 Abs. 4;

d) der **Staatskasse** gegen bestimmte betreuungsgerichtliche Entscheidungen nach § 304 Abs. 1;

e) der **Aufsichtsbehörde in Personenstandssachen** nach § 53 Abs. 2 PStG;

f) der **berufsständischen Organe** nach Maßgabe des § 380 Abs. 5;

g) der jeweils **zuständigen Behörde** in Freiheitsentziehungssachen nach § 429 Abs. 1.

33 Da § 5 Abs. 4 AdWirkG weder der **Bundeszentralstelle für Auslandsadoption** in den Verfahren nach § 2 AdWirkG noch dem Jugendamt und der zentralen Adoptionsstelle des Landesjugendamtes in den Verfahren nach § 3 AdWirkG ein Beschwerderecht zuweist und diese auch nicht in eigenen Rechten betroffen sind, sind sie nach § 59 Abs. 3 FamFG nicht beschwerdeberechtigt. Beschwerdeberechtigt ist allerdings das **Standesamt** nach § 59 Abs. 2 FamFG, sofern sein Feststellungsantrag nach §§ 2 Abs. 1, 4 Abs. 1 Nr. 1 d) AdWirkG zurückgewiesen wird.

4. Beschwerdefrist

34 § 63 führt als Grundsatz die **Befristung** der Beschwerde in das Verfahrensrecht der freiwilligen Gerichtsbarkeit ein; die unbefristete Beschwerde des FGG wird abgeschafft. Schon das bisherige Recht sah in einer erheblichen Zahl von Verfahren mit der fristgebundenen sofortigen Beschwerde eine Beschwerdefrist vor; die bisherige Verteilung von unbefristeter einfacher und befristeter sofortiger Beschwerde war aber nur schwer überschaubar und nicht immer sachlich nachzuvollziehen.[26] Die Einführung einer Befristung führt in den Verfahren, die bislang mit der einfachen Beschwerde anfechtbar waren, durch einen rechtskräftigen Abschluss des Verfahrens mehr Rechtssicherheit für die Beteiligten herbei.[27] Lediglich die Grundbuch- und Schiffsregisterordnung sehen weiterhin die unbefristete Beschwerde als Rechtsmittel vor (vgl Rn 17).

a) Regelmäßige Beschwerdefrist

35 Im Regelfall und damit insbesondere dann, wenn gesetzlich keine andere Frist bestimmt ist, beträgt die **Beschwerdefrist** einen Monat (§ 63 Abs. 1). Diese Frist gilt nicht nur für die meisten derjenigen Rechtsmittel, die nach dem bisherigen Recht des FGG der einfachen Beschwerde unterworfen waren, aber auch für die meisten derjenigen Rechts-

---

26 Vgl BT-Drucks. 16/6308, 205.
27 Vgl BT-Drucks. 16/6308, 166.

II. Beschwerdeverfahren

mittel, die bislang der (zweiwöchigen) sofortigen Beschwerde unterworfen waren. Schließlich gilt diese Frist auch für Beschwerden in Ehe- und Familienstreitsachen, die nach früherem Recht durch Urteil entschieden wurden und mit der Berufung nach der ZPO angreifbar waren. Die Monatsfrist gilt auch für Beschwerden gegen Beschlüsse im Rahmen der Verfahrenskostenhilfe (§ 76 Abs. 2 FamFG iVm § 127 Abs. 3 ZPO).

b) Zweiwöchige Beschwerdefrist
Für verschiedene Rechtsmittel sieht das FamFG jedoch eine verkürzte **zweiwöchige Rechtsmittelfrist** vor.

36

Dies gilt zum einen für Beschwerden, die sich gegen eine **einstweilige Anordnung** richten (§ 63 Abs. 2 Nr. 1), sofern sie ausnahmsweise zulässig sind (vgl Rn 17). Hier liegt der Grund für die verkürzte Frist in dem dringenden Bedürfnis für eine vorläufige Maßnahme, die auch Voraussetzung für deren Erlass ist (vgl § 49 Abs. 1).

37

Des Weiteren sieht § 63 Abs. 2 Nr. 2 vor, dass auch gegen Beschlüsse, die die **Genehmigung eines Rechtsgeschäfts** zum Gegenstand haben, die Beschwerdefrist zwei Wochen beträgt. Hier ist es häufig im Interesse aller Beteiligten, dass der Beschluss bald wirksam wird, was bei derartigen Beschlüssen gem. § 40 Abs. 2 S. 1 die Rechtskraft des Genehmigungsbeschlusses erfordert.

38

Schließlich führen die Verweise bei den ausnahmsweise zugelassenen Rechtsmitteln gegen **Neben- und Zwischenentscheidungen** auf die Beschwerdevorschriften der ZPO meist zu einer zweiwöchigen Beschwerdefrist gem. § 569 Abs. 1 ZPO. Hier liegen die Gründe für die verkürzte Frist sowohl darin, dass der Fortgang des Hauptsacheverfahrens nicht behindert werden soll, als auch in der erstrebten Gleichbehandlung mit den streitigen Zivilsachen. Bei der **Verfahrenskostenhilfe** beträgt die Beschwerdefrist allerdings einen Monat (76 Abs. 2 FamFG iVm § 127 Abs. 3 ZPO).

39

c) Ausnahmsweise unbefristete Beschwerde
Lediglich in den **Grundbuch- und Schiffsregistersachen** verbleibt es bei der bisherigen unbefristeten Beschwerde für die Anfechtung der erstinstanzlichen Entscheidung (§ 71 GBO, § 75 ff SchiffsRegO). Die Begründung des Regierungsentwurfs zum FGG-RG verweist insoweit u.a. auf die teils stark zeitverzögerte Feststellung von fehlerhaften Eintragungen im Grundbuch, die bei einer Befristung häufig nicht mehr angreifbar wären.[28]

40

d) Ausnahmsweise dreimonatige Beschwerdefrist
Die **Staatskasse** kann abweichend von den allgemeinen Vorschriften noch bis zu drei Monate nach formloser Mitteilung (§ 15) Beschwerde gegen bestimmte betreuungsgerichtliche Beschlüsse einlegen, soweit Belange der Staatskasse berührt sind (§ 304 Abs. 2). Hierdurch wird sichergestellt, dass die Bezirksrevisoren in der Justizverwaltung an ihrer bisherigen Praxis festhalten können, in regelmäßigen Abständen Revisionen vorzunehmen. Bei Beschlüssen, auf die § 304 Abs. 2 anwendbar ist, tritt dementsprechend auch erst nach Ablauf dieser dreimonatigen Frist Rechtskraft ein.

41

---

28 Vgl BT-Drucks. 16/6308, 327 zu Art. 36 Nr. 8.

e) Beginn der Beschwerdefrist

42 Die **Beschwerdefrist** beginnt für jeden Beteiligten mit der **schriftlichen Bekanntgabe** des Beschlusses gem. § 41 Abs. 1 an ihn, sofern keine spezialgesetzlichen Vorschriften etwas anderes bestimmen.[29] Gem. § 15 Abs. 2 kann die Bekanntgabe entweder durch (förmliche) Zustellung nach den §§ 166–195 ZPO, aber auch dadurch bewirkt werden, dass der Beschluss unter der Anschrift des Adressaten zur Post gegeben wird; in diesem Fall gilt das Schriftstück drei Tage nach Bekanntgabe zur Post als bekannt gegeben.

43 Das Ermessen des (erstinstanzlichen) Gerichts, zwischen der Bekanntgabe durch förmliche Zustellung und durch Aufgabe zur Post zu wählen, wird allerdings durch die Vorgabe des § 41 Abs. 1 S. 2 eingeschränkt, dass anfechtbare Beschlüsse demjenigen **zuzustellen** sind, „dessen erklärtem Willen er nicht entspricht". Nach welchen Kriterien allerdings das Gericht zu bemessen hat, wann welcher Beschluss dem „**erklärten Willen**" eines der Beteiligten (vermutlich) **nicht entspricht** und – wichtiger – welche Folgen eine fehlerhafte Beurteilung des erstinstanzlichen Gerichts in dieser Frage für den Fristbeginn hat, wird erst die Anwendung des FamFG in der Praxis erweisen. § 41 Abs. 1 S. 2 sollte meines Erachtens lediglich die Bedeutung einer Ordnungsvorschrift zukommen. Das vom Gesetzgeber mit den Regelungen der §§ 15 Abs. 2, 41 Abs. 1 S. 1 verfolgte Ziel, die Anzahl der (teuren) förmlichen Zustellungen zu reduzieren, kann nur erreicht werden, sofern ein fehlerhaft nur durch Aufgabe zur Post bekanntgegebener Beschluss auch dann die Rechtsmittelfrist des § 63 Abs. 1 in Gang setzt, wenn der Beschluss dem zuvor „erklärten Willen" des Beteiligten nicht entspricht. Ansonsten wären die Gerichte gezwungen, aus reiner Vorsorge in nahezu allen Verfahren die förmliche Zustellung beizubehalten.

44 **Kann** einem Beteiligten der Beschluss **nicht bekannt gegeben werden**, beginnt für diesen der Lauf der **Beschwerdefrist** in Anlehnung an § 517 ZPO fünf Monate nach Erlass des Beschlusses; erlassen ist der Beschluss gem. § 38 Abs. 3 S. 2 mit der Übergabe an die Geschäftsstelle oder der Bekanntgabe durch Verlesen der Beschlussformel. Die Formulierung dieser Vorschrift beruhte auf einer Änderung durch den Rechtsausschuss des Bundestages: In der Sachverständigenanhörung war aufgefallen, dass die Fassung des Regierungsentwurfs einige Sachverständige zu der Annahme verleitet hatte, dass sich alle Personen, die am erstinstanzlichen Verfahren nicht beteiligt waren und denen deshalb der Beschluss nicht bekannt gegeben wurde, immer auf die fünfmonatige Frist bis zum Beginn der Beschwerdefrist würden berufen können. Dies war jedoch nicht gemeint. Die Begründung der Ausschussempfehlung des Rechtsausschusses des Bundestages stellt klar, dass in diesen Fällen der Beschwerte nur bis zum Ablauf der Beschwerdefrist für den Beteiligten, dem der Beschluss zuletzt bekannt gegeben wurde, ein Rechtsmittel einlegen kann.[30]

45 Bei unverschuldetem **Versäumen** der Beschwerdefrist besteht unter Umständen die Möglichkeit der **Wiedereinsetzung in den vorigen Stand**, die sich im Regelfall nach

---

[29] Vgl beispielsweise § 360 Abs. 1, nach dem die Frist zur Einlegung einer Beschwerde gegen Beschlüsse, mit denen dem Erben eine Inventarfrist bestimmt wird, für alle Nachlassgläubiger mit der Bekanntgabe an denjenigen Nachlassgläubiger beginnt, der den Antrag nach § 1994 Abs. 1 S. 1 BGB gestellt hat.
[30] BT-Drucks. 16/9733, 379 f.

§ 17 FamFG und in den Ehe- und Familienstreitsachen nach den §§ 233, 234 Abs. 1 S. 2 ZPO richtet (§ 117 Abs. 5).

5. Beschwerdeform
a) Einlegung der Beschwerde beim Ausgangsgericht

Während die Beschwerde nach dem FGG sowohl bei dem erst- als auch bei dem zweitinstanzlichen Gericht eingelegt werden konnte, ordnet § 64 Abs. 1 an, dass die Beschwerde ausschließlich bei dem Gericht eingelegt werden kann, welches den angefochtenen Beschluss erlassen hat. Dies dient der Beschleunigung des Beschwerdeverfahrens, wie die Erfahrungen mit § 569 Abs. 1 S. 1 ZPO im Beschwerdeverfahren im Zivilprozess zeigen: In den Fällen, in denen der Beschwerdeführer die Beschwerde beim Beschwerdegericht einlegt, entstehen nicht selten Verzögerungen dadurch, dass dieses Gericht die Verfahrensakte zunächst beim Ausgangsgericht anfordert, um sie anschließend an dieses mit der Beschwerdeschrift zurückzureichen, damit das Ausgangsgericht darüber befinden kann, ob es der Beschwerde abhilft. Da auch das Beschwerdeverfahren nach dem FamFG ein Abhilfeverfahren beim **Ausgangsgericht** vorsieht, beschleunigt es das Verfahren,[31] wenn auch die Beschwerde bei diesem Gericht einzulegen ist. 46

Untergebrachte Personen können Beschwerden in Betreuungs- und Unterbringungssachen auch bei dem Amtsgericht einlegen, in dessen Bezirk sie untergebracht sind (§ 305 bzw § 336). Entsprechendes gilt für Betroffene eines Freiheitsentziehungsverfahrens (§ 429 Abs. 4). 47

Soweit das FamFG für Beschwerden gegen **Zwischenentscheidungen** auf die Regelungen zur ZPO-Beschwerde verweist, kann bei diesen Beschwerden die Beschwerde sowohl beim Rechtsmittelgericht als auch beim Ausgangsgericht eingereicht werden (§ 569 Abs. 1 S. 1 ZPO). 48

b) Schriftform; Anwaltszwang

Die Beschwerde kann durch Einreichung einer **Beschwerdeschrift** oder zur **Niederschrift durch die Geschäftsstelle** des Ausgangsgerichts eingelegt werden. In beiden Fällen ist sie von dem Beschwerdeführer oder dessen Bevollmächtigtem zu unterzeichnen (§ 64 Abs. 2). Auch wenn dies im Gesetz nicht vorgesehen ist, dürfte die Einlegung der Beschwerde zum richterlichen Sitzungsprotokoll die Form wahren; der Richter ist aber nicht verpflichtet, eine Beschwerde zu Protokoll zu nehmen.[32] In **Ehe- und Familienstreitsachen** kann die Beschwerde allerdings nicht zu Protokoll der Geschäftsstelle gegeben werden, § 64 Abs. 2 S. 2. 49

Hinsichtlich der Vertretung durch einen Rechtsanwalt bestehen keine besonderen Vorschriften für die Beschwerdeinstanz. Dies bedeutet, dass in den Verfahren, in denen sich die Beteiligten in erster Instanz selbst vertreten konnten, auch in der Beschwerdeinstanz **kein Anwaltszwang** besteht. Dies gilt auch in den Verfahren, in denen aufgrund der Änderung des Instanzenzuges nunmehr das Oberlandesgericht für das Beschwerdeverfahren zuständig ist.[33] **Allerdings** müssen sich Ehegatten in Ehesachen und Folgesachen 50

---
31 Vgl Zöller/Heßler § 569 ZPO Rn 2.
32 Vgl hierzu Zöller/Heßler § 569 ZPO Rn 9; Thomas/Putzo/Reichold § 569 ZPO Rn 12; bestr.
33 BT-Drucks. 16/6308, 181.

sowie die Beteiligten in selbständigen Familienstreitsachen wie in erster Instanz auch im Beschwerdeverfahren vor dem Oberlandesgericht von einem Rechtsanwalt vertreten lassen (§ 114 Abs. 1). Insoweit gelten allerdings auch die Ausnahmen vom Anwaltszwang in § 114 Abs. 4 gleichfalls für die zweite Instanz.

c) Inhalt der Beschwerde

51 § 64 Abs. 2 S. 3 normiert – anders als das FGG – einen **Mindestgehalt**, den die Beschwerde aufweisen muss, indem er weitgehend den Inhalt des § 569 Abs. 2 ZPO in das Verfahrensrecht der freiwilligen Gerichtsbarkeit überführt. Die Beschwerde muss danach den angefochtenen Beschluss bezeichnen und die Erklärung enthalten, dass gegen diesen Beschluss Beschwerde eingelegt werde. Ohne diesen Inhalt liegt keine formgerecht eingelegte Beschwerde vor. Ein konkreter Sachantrag ist allerdings – außer in Ehe- und Familienstreitsachen – nicht vorgeschrieben. Er ist jedoch dann erforderlich, wenn die erstinstanzliche Entscheidung nur teilweise angefochten werden soll.[34]

52 Daneben enthält § 65 Abs. 1 die Vorgabe, dass die Beschwerde begründet werden soll; auch hier hat das Beschwerderecht der ZPO dem Gesetzgeber als Vorbild gedient (§ 571 Abs. 1 ZPO). Allerdings führt die Ausgestaltung als Soll-Vorschrift dazu, dass auch eine nicht mit einer **Begründung** versehene Beschwerde (außer in Ehe- und Familienstreitsachen) nicht als unzulässig verworfen werden kann. Prozessuale Folgen sind daher mit dem Fehlen einer Begründung der Beschwerde nicht verbunden; dies beruht auf der Überlegung des Gesetzgebers, dass dies nicht mit dem in den FamFG-Verfahren grundsätzlich geltenden Amtsermittlungsgrundsatz vereinbar wäre.[35] Unabhängig davon liegt es jedoch stets im Interesse des Rechtsmittelführers, gegenüber dem Gericht durch eine Beschwerdebegründung deutlich zu machen, aus welchen Gründen er die erstinstanzliche Entscheidung anficht.[36]

53 In **Ehe- und Familienstreitsachen** hat der Gesetzgeber berücksichtigt, dass hier grundsätzlich die Parteimaxime gilt, und sich bei der Gestaltung des Beschwerdeverfahrens stärker an dem Berufungs- statt dem Beschwerderecht der ZPO orientiert als in den übrigen Familien- und FG-Sachen. Gem. § 117 Abs. 1 S. 1 hat der Beschwerdeführer daher in diesen Verfahren einen **Sachantrag** zu stellen und diesen zu begründen. Die Begründungsschrift ist gem. § 117 Abs. 1 S. 2 beim Beschwerdegericht einzureichen. Die **Frist zur Begründung** der Beschwerde beträgt zwei Monate und beginnt mit der schriftlichen Bekanntgabe des Beschlusses, spätestens aber mit Ablauf von fünf Monaten nach Erlass des Beschlusses (§ 117 Abs. 1 S. 2). Die Beschwerdebegründungsfrist kann auf Antrag vom Vorsitzenden des Beschwerdegerichts um einen Monat verlängert werden, wenn der Beschwerdeführer erhebliche Gründe darlegt oder der Rechtsstreit nicht verzögert wird. Eine darüber hinaus gehende Verlängerung kann der Vorsitzende auf Antrag nur gewähren, wenn der Beschwerdegegner in die Verlängerung der Beschwerdebegründungsfrist einwilligt (§ 117 Abs. 1 S. 3 FamFG iVm § 520 Abs. 2 S. 2 und 3 ZPO). Fehlt es an einer Begründung oder ist diese nicht fristgerecht eingereicht worden, ist die Beschwerde als unzulässig zu verwerfen (§ 117 Abs. 1 S. 3 FamFG iVm

---

[34] Vgl Zöller/Heßler § 569 ZPO Rn 8.
[35] BT-Drucks.16/6308, Gegenäußerung der Bundesregierung zur Stellungnahme des Bundesrates, Seite 409 zu Ziffer 26 und 28.
[36] Vgl Zöller/Heßler § 571 ZPO Rn 2.

§ 522 Abs. 1 S. 1 und 2 ZPO). Bei Säumnis richtet sich das Verfahren zur Wiedereinsetzung gegen die Versäumung der Beschwerdebegründungsfrist nicht nach § 17 FamFG, sondern aufgrund des Verweises in § 117 Abs. 5 FamFG nach den §§ 233, 234 Abs. 1 S. 2 ZPO.

6. Gang des Beschwerdeverfahrens
a) Abhilfe durch das Ausgangsgericht

Entsprechend § 572 Abs. 1 S. 1 ZPO sieht auch § 68 Abs. 1 S. 1 FamFG in den Verfahren der **Freiwilligen Gerichtsbarkeit** die Durchführung eines **Abhilfeverfahrens** durch das Ausgangsgericht vor. Dagegen sind die **Familiengerichte** bei Beschwerden gegen Endentscheidungen in Familiensachen – entsprechend dem Berufungsverfahren der ZPO – **nicht zur Abhilfe** berechtigt (§ 68 Abs. 2). 54

Die Entsprechung des Abhilfeverfahrens des FamFG zu § 572 Abs. 1 S. 1 ZPO lässt es zu, die bisher zu dieser Vorschrift ergangene Rechtsprechung weitgehend auch auf diese Vorschrift zu übertragen. Daher ist das Ausgangsgericht nicht nur berechtigt, seine Entscheidung abzuändern, sondern es hat vielmehr die Pflicht, ernsthaft zu prüfen, ob eine Abhilfe geboten ist, und hierüber zu befinden.[37] Lediglich dann, wenn eine Beschwerde gar nicht statthaft ist, ist das Abhilfeverfahren entbehrlich.[38] Enthält die Beschwerdeschrift neues Vorbringen, ist dieses in dem Nichtabhilfebeschluss zu berücksichtigen.[39] Enthält die Beschwerdeschrift allerdings keine Begründung, kann das Ausgangsgericht das Verfahren direkt dem Beschwerdegericht vorlegen; auch der Nichtabhilfebeschluss bedarf in diesem Fall keiner Begründung. Hat der Beschwerdeführer jedoch in der Beschwerdeschrift angekündigt, eine Begründung nachzureichen, muss das Ausgangsgericht jedenfalls eine angemessene Frist mit der Vorlage abwarten, um die Beschwerdebegründung noch in seiner Entscheidung über die Abhilfe berücksichtigen zu können.[40] Hilft das Ausgangsgericht nicht ab, so hat es die Beschwerde (mit seinem Nichtabhilfebeschluss) unverzüglich dem Beschwerdegericht vorzulegen. Die Entscheidung über die Abhilfe oder Nichtabhilfe erfolgt als Beschluss (§ 38 Abs. 1). Der Beschluss ist zu begründen und den Beteiligten bekannt zu geben. 55

Will das Gericht der Beschwerde abhelfen, muss es den anderen Beteiligten zuvor **rechtliches Gehör** gewähren.[41] Wird der Beschwerde im vollen Umfang abgeholfen, erledigt sich damit das Beschwerdeverfahren; nur in diesem Fall bedarf der Abhilfebeschluss einer Entscheidung über die Kosten des Beschwerdeverfahrens.[42] Ein abhelfender Beschluss bedarf gem. § 39 auch einer **Rechtsmittelbelehrung**, da gegen den Abhilfebeschluss ein anderer Beteiligter Beschwerde einlegen kann. 56

Auch eine **teilweise Abhilfe** ist möglich. Auch in diesem Fall muss das Ausgangsgericht seinen Beschluss begründen und – hinsichtlich des abgeholfenen Teils – mit einer Rechtsmittelbelehrung versehen sowie sodann das Verfahren dem Beschwerdegericht 57

---
37 BLAH/Hartmann § 572 ZPO Rn 4.
38 Zöller/Heßler § 572 ZPO Rn 6.
39 OLGReport Köln 2005, 582.
40 Vgl OLG Koblenz FamRZ 2008, 288.
41 Vgl Zöller/Gummer § 572 ZPO Rn 9.
42 Zöller/Heßler § 572 ZPO Rn 15.

zur Entscheidung über den nicht abgeholfenen Teil der Beschwerde vorlegen. Wird nachfolgend gegen den abhelfenden Teil des Beschlusses von einem anderen Beteiligten Beschwerde eingelegt, ist das Beschwerdegericht mit zwei Beschwerdeverfahren befasst.[43]

58 Die Abhilfe soll im Rahmen der ZPO-Beschwerde auch dann möglich sein, wenn die Beschwerde unzulässig ist.[44] Dies lässt sich auf die FamFG-Beschwerde meines Erachtens nach nur mit der Einschränkung übertragen, dass die Frist für die Einlegung eines statthaften Rechtsmittels für zumindest einen der Beschwerdeberechtigten noch nicht abgelaufen sein darf. Nach Ablauf aller Fristen für die Einlegung eines Rechtsmittels steht die dann eingetretene **formelle Rechtskraft** nach § 45 einer Änderung der angefochtenen Entscheidung im Abhilfeweg entgegen.

b) Prüfung der Zulässigkeit durch das Beschwerdegericht

59 Das Beschwerdegericht prüft zunächst, ob die Beschwerde zulässig, also insbesondere statthaft ist und innerhalb der Beschwerdefrist eingelegt wurde. Ist dies nicht der Fall, **verwirft** es – nach Gewährung des rechtlichen Gehörs an den Beschwerdeführer - die Beschwerde als unzulässig (§ 68 Abs. 2). Gleiches geschieht, wenn in einer Ehesache oder einer Familienstreitsache die Beschwerde nicht oder nicht fristgerecht begründet wurde (§ 117 Abs. 1 S. 3 FamFG iVm § 522 Abs. 1 S. 1 und 2 ZPO).

60 Soweit allerdings die Beschwerde nicht darauf gestützt werden kann, dass das Gericht des ersten Rechtszuges seine Zuständigkeit zu Unrecht angenommen habe (§ 65 Abs. 4), führt aber ein Rechtsmittel, das allein mit der Unzuständigkeit des erstinstanzlichen Gerichts begründet wird, nicht zur Unzulässigkeit der Beschwerde. Die Beschwerde kann lediglich mit dieser Begründung keinen Erfolg haben.

61 Die ordnungsgemäße Durchführung des **Abhilfeverfahrens** durch das Ausgangsgericht ist keine Voraussetzung für die Durchführung des Beschwerdeverfahrens;[45] es steht im Ermessen des Beschwerdegerichts, ob es das Verfahren bei einem Mangel im Abhilfeverfahren an das Ausgangsgericht zurückverweist oder zur Beschleunigung des Verfahrens direkt entscheidet.[46]

c) Besetzung des Beschwerdegerichts

62 Das Beschwerdegericht – am Landgericht eine Kammer, am Oberlandesgericht ein Senat – entscheidet grundsätzlich in voller **Besetzung**. Es kann jedoch gem. § 68 Abs. 4 FamFG iVm § 526 ZPO das Verfahren durch (unanfechtbaren) Beschluss einem seiner Mitglieder als **Einzelrichter** übertragen, wenn die angefochtene Entscheidung von einem Einzelrichter erlassen wurde,[47] der Rechtsstreit keine besonderen Schwierigkeiten tatsächlicher oder rechtlicher Art aufweist und keine grundsätzliche Bedeutung hat und noch nicht zur Hauptsache verhandelt worden ist.[48] Allerdings hat der Gesetzgeber –

---

43 Vgl Zöller/Heßler § 572 ZPO Rn 13.
44 Zöller/Heßler § 572 ZPO Rn 14; BLAH/Hartmann § 572 ZPO Rn 4.
45 Zöller/Heßler § 572 ZPO Rn 4.
46 Vgl Zöller/Heßler § 572 Rn 4 mwN.
47 Dies ist in amtsgerichtlichen FG- und Familiensachen stets der Fall.
48 Es sei denn, es ist danach ein Vorbehalts-, Teil- oder Zwischenbeschluss ergangen; dies kommt praktisch vor allem in Familiensachen in Betracht.

gegen den Widerstand der Landesjustizverwaltungen[49] – vorgegeben, dass eine Übertragung nicht auf einen Proberichter erfolgen darf. Im Hinblick auf den Umstand, dass in einer ganzen Reihe von Ländern eine Probezeit von fünf Jahren mittlerweile keine Seltenheit mehr ist, führt dies zu einer Beschränkung der Verwendungsbreite von Proberichtern und zu einer Verschärfung der ohnehin schon angespannten Personalressourcen an den Gerichten. Auch überzeugt das alleinige Kriterium „Proberichter" nicht. Denn ein Proberichter, der beispielsweise seit zwei Jahren in einer Beschwerdekammer mit Betreuungssachen befasst ist, wird häufig größere Fachkunde aufweisen als ein auf Lebenszeit ernannter Kollege, der die letzten zehn Jahre in einer Strafkammer tätig war und das Dezernat in der Beschwerdekammer neu übernommen hat. Dann aber ist es nicht einzusehen, dass auch ein einfach gelagertes Beschwerdeverfahren dem Lebenszeitrichter, nicht aber dem Proberichter übertragen werden darf.[50]

d) Verfahren; Rücknahme; Öffentlichkeit

Das Beschwerdegericht kann dann, wenn der Beschwerdeführer die Beschwerde abweichend von § 65 Abs. 1 nicht in der Beschwerdeschrift begründet hat, eine **Frist** zur Begründung der Beschwerde **setzen** (§ 65 Abs. 2). Allerdings sieht das Gesetz keine Sanktion dafür vor, wenn der Beschwerdeführer diese Frist ohne Einreichung einer Begründung verstreichen lässt. Das weitere Beschwerdeverfahren richtet sich dann nach den Vorschriften des ersten Rechtszuges (§ 68 Abs. 3); es findet mithin eine **volle zweite Tatsacheninstanz** statt. Insbesondere sind die Vorschriften zur Einschränkung neuen Tatsachenvortrags und neuer Beweismittel in zweiter Instanz auch in Ehe- und Familienstreitsachen nicht aus dem Berufungsrecht in das FamFG übernommen worden (§ 65 Abs. 3). Lediglich in den Ehe- und Familienstreitsachen eröffnet die – auch erstinstanzlich geltende – **Präklusions**vorschrift des § 115 dem Beschwerdegericht die Möglichkeit, aufgrund grober Fahrlässigkeit verspätet vorgebrachte Angriffs- und Verteidigungsmittel zurückzuweisen, wenn ihre Zulassung die Erledigung des Verfahrens verzögern würde. Gegenstand des Beschwerdeverfahrens kann nur die Angelegenheit sein, die auch in erster Instanz Verfahrensgegenstand war.[51]

63

Jedoch wird das gerichtliche Verfahren in zweiter Instanz insoweit vereinfacht, als dass nicht alle **Verfahrenshandlungen** aus erster Instanz wiederholt werden müssen. Das Beschwerdegericht kann gemäß § 68 Abs. 3 S. 2 von der Durchführung eines mündlichen Termins oder einzelner Verfahrenshandlungen **absehen**. Wie bislang bereits im Betreuungsverfahren (§ 69g Abs. 5 FGG) steht es mithin künftig in allen Verfahrensarten, die dem FamFG unterliegen, im Ermessen des Beschwerdegerichts, ob beispielsweise eine erneute mündliche Verhandlung oder eine erneute Beweisaufnahme erfolgt. Dies ermöglicht es dem Beschwerdegericht insbesondere in solchen Verfahren, in denen ohne eigene Tatsachenermittlung allein aufgrund der Aktenlage entschieden werden kann, von einem mündlichen Termin abzusehen. Die Entscheidung hierüber obliegt – sofern das Verfahren nicht auf den Einzelrichter übertragen wurde – dem vollständigen

64

---

49 Vgl Stellungnahme des Bundesrates, BT-Drucks. 16/6308, 368, die nur den Proberichter im ersten Jahr der Probezeit ausschließen will.
50 Das Problem stellt sich allerdings ausschließlich bei den Landgerichten, da an den Oberlandesgerichten weiterhin keine Proberichter eingesetzt werden können.
51 Vgl. Maurer, Die Rechtsmittel in Familiensachen nach dem FamFG, FamRZ 2009, 465

Senat bzw. der vollständigen Kammer. Allerdings hat das Beschwerdegericht bei seiner Ermessensentscheidung zu beachten, dass auch die Europäische Menschenrechtskonvention gebieten kann, bei schwierigen tatsächlichen Fragen mit erheblicher Bedeutung für die Beteiligten eine mündliche Verhandlung und ggf auch eine erneute Beweisaufnahme durchzuführen.[52] Zudem können die auch in zweiter Instanz geltenden Vorschriften zum Vorrang- und Beschleunigungsgebot in § 155 und die Verpflichtung zum Hinwirken auf ein Einvernehmen der Beteiligten in § 156 in Kindschaftssachen das Ermessen des Familiensenats einschränken.

65 Besonderheiten gelten für den **Verfahrensablauf in Ehe- und Familienstreitsachen:** Hier muss das Gericht gem. § 117 Abs. 3 die Beteiligten zuvor darauf hinweisen, wenn es beabsichtigt, von der Wiederholung einzelner Verfahrensschritte aus erster Instanz abzusehen. Der in Ehe- und Familienstreitsachen in erster Instanz vorgesehenen Güteverhandlung bedarf es in zweiter Instanz nicht (§ 117 Abs. 2 S. 2). Das Beschwerdegericht kann dem Beschwerdegegner eine Frist zur Beschwerdeerwiderung setzen.[53] Sofern der Beschwerdeführer zur mündlichen Verhandlung nicht erscheint, ist seine Beschwerde durch Versäumnisbeschluss zurückzuweisen (§ 117 Abs. 2 S. 1 FamFG iVm § 539 Abs. 1 ZPO). Erscheint der Beschwerdegegner nicht, kann der Beschwerdeführer den Erlass eines Versäumnisbeschlusses beantragen. In diesem Fall hat das Beschwerdegericht das tatsächliche Vorbringen des Beschwerdeführers als zutreffend zugrunde zu legen und – nur wenn auf dieser Basis die Berufung als begründet erscheint – durch Versäumnisbeschluss zulasten des Beschwerdegegners zu entscheiden; andernfalls hat es die Beschwerde zurückzuweisen (§ 117 Abs. 2 S. 1 FamFG iVm § 539 Abs. 2 ZPO).

66 Die **Rücknahme** der Beschwerde ist gemäß § 67 Abs. 4 bis zum Erlass[54] der Beschwerdeentscheidung möglich, ohne dass es zu ihrer Wirksamkeit der Zustimmung des Beschwerdegegners bedarf. In Ehe- und Familienstreitsachen führt die Rücknahme der Beschwerde gemäß § 117 Abs. 2 S. 1 FamFG iVm § 516 Abs. 3 ZPO zum Verlust des Rechtsmittels und zur Pflicht, die Kosten des Rechtsmittelverfahrens zu tragen.

67 Wie in erster Instanz sind die Verhandlungen, Erörterungen und Anhörungen im Beschwerdeverfahren im Regelfall gem. § 170 Abs. 1 S. 1 GVG **nicht öffentlich**. Es steht allerdings im Ermessen des Gerichts, die Öffentlichkeit zuzulassen, soweit es der Ansicht ist, dass der aus dem Rechtsstaatsprinzip entstandene Grundsatz der Öffentlichkeit im konkreten Verfahren gegenüber den Interessen der Beteiligten am Schutz ihrer Privatsphäre überwiegt. Dieses Ermessen ist jedoch dahingehend eingeschränkt, dass jeder Beteiligte der Zulassung der Öffentlichkeit widersprechen kann und das Gericht an diesen Widerspruch gebunden ist (§ 170 Abs. 1 S. 2 GVG).[55] In Betreuungs- und Unterbringungsverfahren kann allerdings der Betroffene die Teilnahme einer Person seines Vertrauens verlangen (§ 170 Abs. 1 S. 3 GVG).

---

52 BT-Drucks. 16/6308, 207 f.
53 § 117 Abs. 2 S. 1 FamFG iVm § 524 Abs. 2 S. 2 ZPO.
54 Maßgeblicher Zeitpunkt dürfte gemäß § 38 Abs. 3 die Übergabe der Beschwerdeentscheidung an die Geschäftsstelle oder das Verlesen des Beschlusses sein.
55 Vgl – auch zur Vereinbarkeit des § 170 GVG mit Art. 6 EMRK – BT-Drucks. 16/6308, 320.

7. Anschlussbeschwerde

Das bisherige Verfahrensrecht der freiwilligen Gerichtsbarkeit normierte lediglich vereinzelt[56] die **Zulässigkeit** der Anschlussbeschwerde ausdrücklich; allerdings wurde sie zudem auch in allen Verfahren, in denen die reformatio in peius gilt, ganz überwiegend für zulässig erachtet.[57] Künftig kann jeder Beteiligte gem. § 66 S. 1 auch noch nach Ablauf der Beschwerdefrist Anschlussbeschwerde einlegen, wenn ein anderer Beteiligter zuvor Beschwerde eingelegt hat. Die Anschlussbeschwerde ist zudem auch demjenigen eröffnet, der nach § 67 Abs. 1 auf sein Beschwerderecht verzichtet hat. Dies gilt allerdings dann nicht, wenn der Anschlussbeschwerdeführer nach Einlegung der Beschwerde durch einen anderen Beteiligten bereits gegenüber dem Gericht auf die Anschlussbeschwerde verzichtet hat (§ 67 Abs. 2). Die Möglichkeit einer Anschlussbeschwerde hilft dem Anschlussbeschwerdeführer nicht nur über den Ablauf der Beschwerdefrist hinweg; auch das Erreichen des Beschwerdewertes von mehr als 600 EUR ist nicht erforderlich.[58] War zum Zeitpunkt der Einlegung der Anschlussbeschwerde das Abhilfeverfahren des Ausgangsgerichts bereits abgeschlossen, so findet bezüglich der Anschlussbeschwerde kein weiteres Abhilfeverfahren statt.[59] 68

Die Anschlussbeschwerde erfolgt gem. § 66 S. 2 durch Einreichung einer **Beschwerdeschrift** beim **Beschwerdegericht** (nicht beim Ausgangsgericht!). Sie ist – außer in Ehe- und Familienstreitsachen – an keine Frist gebunden und kann daher noch bis zur Entscheidung[60] des Beschwerdegerichts eingelegt werden. Ist jedoch noch kein Beschluss über die Abhilfe oder Nichtabhilfe der Hauptbeschwerde ergangen, hat das Ausgangsgericht auch darüber zu befinden, ob es der Anschlussbeschwerde abhilft. 69

In **Ehe- und Familienstreitsachen** kann die **Anschlussbeschwerde** nur bis zum Ablauf der dem Beschwerdegegner gesetzten Beschwerdeerwiderungsfrist eingelegt werden (§ 117 Abs. 2 S. 1 FamFG iVm § 524 Abs. 2 S. 2 ZPO). 70

Die Anschlussbeschwerde ist allerdings gegenüber dem Hauptrechtsmittel, also der eingelegten Beschwerde eines anderen Beteiligten, **unselbständig**. Wird das Hauptrechtsmittel als unzulässig verworfen oder vom Beschwerdeführer zurückgenommen, so verliert die Anschlussbeschwerde ihre Wirkung. 71

8. Beschwerdeentscheidung
a) Form und Inhalt

Die **Entscheidung des Beschwerdegerichts** erfolgt durch **Beschluss**, der gem. § 69 Abs. 2 stets zu begründen ist.[61] Im Übrigen gelten nach § 69 Abs. 3 zudem die Vorschriften des ersten Rechtszugs über den Beschluss – also vor allem die §§ 38–46 über Inhalt, Berichtigung, Ergänzung, Wirksamwerden, Bekanntgabe und Rechtskraft des 72

---

56 Vgl zB §§ 22 Abs. 2, 28 LwVfG; vgl auch BT-Drucks. 16/6308, 206.
57 SchuSo/Briesemeister § 22 LwVfG Rn 16; KKW/Sternal § 22 LwVfG Rn 9.
58 Vgl zu § 567 Abs. 3 ZPO, dem § 66 FamFG nachgebildet ist: OLG Nürnberg NJW-RR 2005, 397; Zöller/Heßler § 567 ZPO Rn 61 und BLAH/Hartmann § 567 ZPO Rn 20: Erreichen der Beschwerdesumme nicht erforderlich; Thomas/Putzo/Reichold § 567 ZPO Rn 22: nicht einmal Beschwer nötig.
59 Zöller/Heßler § 568 ZPO Rn 61.
60 Maßgeblicher Zeitpunkt dürfte gemäß § 38 Abs. 3 die Übergabe der Beschwerdeentscheidung an die Geschäftsstelle oder das Verlesen des Beschlusses sein.
61 Eine Möglichkeit, wie in erster Instanz nach § 38 Abs. 4 in bestimmten Fällen auf eine Begründung zu verzichten, sieht das FamFG für die Beschwerdeinstanz nicht vor.

Beschlusses sowie die Gehörsrüge - entsprechend. Insbesondere hat die Beschwerdeentscheidung auch eine Rechtsmittelbelehrung zu beinhalten. In dem Fall, dass die – von Amts wegen zu prüfenden – Voraussetzungen für die Zulassung der Rechtsbeschwerde vorliegen, muss der Beschluss auch die Zulassung der Rechtsbeschwerde aussprechen; dies kann, muss aber nicht im Tenor erfolgen.[62] Liegen die Voraussetzungen zur Zulassung der Rechtsbeschwerde nicht vor, bedarf es hierzu keiner ausdrücklichen Feststellung (die gleichwohl insbesondere dann sinnvoll ist, wenn ein Beteiligter die Zulassung angeregt hat).[63]

73 Sofern die Beschwerde unzulässig ist, wird sie verworfen. Wenn sie zulässig ist, hat das Beschwerdegericht – als Tatsacheninstanz – in der Sache grundsätzlich selbst zu entscheiden. Hat die Beschwerde aus materiell-rechtlichen Gründen keinen Erfolg, wird sie als unbegründet zurückgewiesen. Hat sie Erfolg, ändert das Beschwerdegericht die angefochtene Entscheidung ab. In Ehe- und Familienstreitsachen ist das Gericht dabei allerdings auf die Prüfung der Beschwerdeanträge beschränkt; eine Abänderung der angefochtenen Entscheidung darf hier nur insoweit erfolgen, wie auch eine Abänderung beantragt worden ist (§ 117 Abs. 2 S. 1 FamFG iVm § 528 ZPO). Wirksam wird die Beschwerdeentscheidung mit Bekanntgabe an den Beteiligten, für den sie ihrem wesentlichen Inhalt nach bestimmt ist, § 40; dem unterlegenen Beteiligten ist sie gemäß § 41 Abs. 1 S. 2 förmlich zuzustellen. In Ehe- und Familienstreitsachen sind die Beschlüsse allen Beteiligten gemäß § 113 förmlich zuzustellen; sie werden – ebenso wie die Entscheidungen in einigen anderen Verfahrensarten - erst mit Rechtskraft wirksam, wenn nicht das Beschwerdegericht die sofortige Wirksamkeit nach § 116 Abs. 3 S. 2 anordnet.

74 Hinsichtlich der übrigen dem FamFG unterworfenen Verfahren findet sich eine derartige Einschränkung – und ein Verweis auf § 528 ZPO – nicht. Meines Erachtens kann daraus gefolgert werden, dass auch das Verbot der reformatio in peius für das Beschwerdeverfahren außerhalb der Ehe- und Familienstreitsachen nicht gilt, sondern das Beschwerdegericht – als volle Tatsacheninstanz – zu allen Entscheidungen befugt ist, die auch das Ausgangsgericht hätte treffen können.

b) Zurückverweisung

75 Das Gericht darf das Verfahren unter Aufhebung des angefochtenen Beschlusses nur unter eingeschränkten Voraussetzungen an das Gericht des ersten Rechtszugs zurückverweisen. In Ehe- und Familienstreitsachen kann dies gem. § 117 Abs. 2 FamFG nur unter den Voraussetzungen des § 538 Abs. 2 ZPO erfolgen; in den anderen dem FamFG unterliegenden Verfahren unter den Voraussetzungen des § 60 Abs. 1 S. 2 und 3 FamFG. Das Verfahren kann zurückverwiesen werden, wenn dies von einem Beteiligten beantragt wurde, das erstinstanzliche Verfahren an einem schwerwiegenden Mangel leidet und eine umfangreiche oder aufwändige Beweisaufnahme erforderlich ist (§ 69 Abs. 1 S. 3 FamFG bzw für Ehe- und Familienstreitsachen § 538 Abs. 2 Nr. 1 ZPO). Zudem ist die Zurückverweisung möglich, wenn das Ausgangsgericht in der Sache noch nicht entschieden hat, also wenn sich das Gericht ausschließlich mit Zulässigkeitsfragen

---

62 Vgl Zöller/Heßler § 574 ZPO Rn 14.
63 Vgl Zöller/Heßler § 574 ZPO Rn 14.

befasst hat (§ 69 Abs. 1 S. 2);[64] in Ehe- und Familienstreitsachen ist aber auch in diesem Fall ein Antrag eines Beteiligten auf Zurückverweisung nach § 538 Abs. 2 Nr. 3 ZPO erforderlich. In Ehe- und Familienstreitsachen eröffnet § 538 Abs. 2 Nr. 2 und 4–7 ZPO die Zurückverweisung bei Anfechtung eines Versäumnisbeschlusses, eines Beschlusses über einen Teil des Rechtsstreits und Ähnlichem.

Im Falle der Zurückverweisung hat das Gericht des ersten Rechtszuges die rechtliche Beurteilung des Beschwerdegerichts gem. § 69 Abs. 1 S. 4 seiner (erneuten) Entscheidung zugrunde zu legen. 76

9. Kosten

Die Beschwerdeentscheidung hat eine **Entscheidung** über die Kosten des Beschwerdeverfahrens zu enthalten. Hat das Ausgangsgericht bereits der Beschwerde in vollem Umfang abgeholfen, hat dieses im Abhilfebeschluss über die Kosten zu entscheiden;[65] Gleiches gilt, wenn die Beschwerde zurückgenommen wird, bevor das Verfahren dem Beschwerdegericht vorgelegt wurde.[66] Hat die Beschwerde Erfolg, richtet sich die Kostenentscheidung wie in erster Instanz nach § 81.[67] Hatte die Beschwerde keinen Erfolg, soll das Gericht gemäß § 84 die Kosten dem Beschwerdeführer auferlegen; das Beschwerdegericht hat jedoch nach den Umständen des Einzelfalls auch die Möglichkeit, die Kosten ganz oder teilweise anderen Beteiligten aufzuerlegen. In Ehe- und Familienstreitsachen gelten für die Kostenentscheidung gemäß § 113 Abs. 1 S. 2 die ZPO-Vorschriften. 77

In Familiensachen bestimmt sich der **Verfahrenswert** für das Beschwerdeverfahren nach den Anträgen des Beschwerdeführers (§ 40 Abs. 1 FamGKG). Wurde das Verfahren ohne Stellung von Anträgen beendet, ist die Beschwer maßgebend. 78

Die **Gerichtsgebühren** für Beschwerdeverfahren in **Familiensachen** bestimmen sich nach den KV FamGKG Nr. 1120 ff in Ehe- und Folgesachen, den KV FamGKG Nr. 1211 f in Verfahren zur Festsetzung von Unterhalt Minderjähriger im vereinfachten Verfahren, den KV FamGKG Nr. 1314 f in Kindschaftssachen und den KV FamGKG Nr. 1222 ff in den anderen selbständigen Familienstreitsachen. In den anderen Familiensachen der freiwilligen Gerichtsbarkeit richten sich die Gerichtsgebühren nach den KV FamGKG Nr. 1322 ff. In Beschwerdeverfahren über Einstweilige Anordnungen in Kindschaftssachen fällt eine halbe Gebühr an, die sich bei Erledigung des Verfahrens ohne Endentscheidung auf 0,3 Gerichtsgebühren reduziert.[68] In anderen Beschwerdeverfahren[69] über einstweilige Anordnungen in Familiensachen fallen zwei Gebühren an, die sich unter bestimmten Voraussetzungen auf eine halbe bzw eine Gebühr vermindern. Für weitere Beschwerdeverfahren in Familiensachen legen die KV FamGKG Nr. 1720 ff und Nr. 1910 ff bestimmte Festgebühren zwischen 50 und 150 EUR fest. 79

---

64 BT-Drucks. 16/6308, 208.
65 Vgl Zöller/Heßler § 572 ZPO Rn 15.
66 Vgl Zöller/Heßler § 567 ZPO Rn 56.
67 Vgl auch BLAH/Hartmann § 97 ZPO Rn 4.
68 Vgl KV FamGKG Nr. 1411 f.
69 Vgl KV FamGKG Nr. 1422 ff.

80 Die **Gerichtsgebühren** für Beschwerdeverfahren in **FG-Sachen** richten sich nach § 131 KostO.

III. Rechtsbeschwerdeverfahren

1. Zuständigkeit

81 Die Rechtsbeschwerdeverfahren werden in allen Verfahren der freiwilligen Gerichtsbarkeit nunmehr einheitlich in § 133 GVG dem **Bundesgerichtshof** zugewiesen, der mithin für alle Rechtsbeschwerdeverfahren in Zivilsachen zuständig ist.[70] Unerheblich ist, welches Gericht die angefochtene Entscheidung erlassen hat.

2. Statthaftigkeit, Zulassung der Rechtsbeschwerde

82 Die Rechtsbeschwerde ist grundsätzlich nur **statthaft**, wenn das Beschwerdegericht – oder das Oberlandesgericht im ersten Rechtszug – sie **zugelassen** hat. Nur gegen Beschlüsse des Beschwerdegerichts in Unterbringungs- und Freiheitsentziehungssachen (einschließlich der Verfahren zur Anordnung oder Genehmigung einer freiheitsentziehenden Unterbringung eines Minderjährigen nach § 151 Nr. 6 und 7) sowie in solchen Betreuungssachen, die die Bestellung eines Betreuers, die Aufhebung einer Betreuung oder die Anordnung oder Aufhebung eines Einwilligungsvorbehaltes zum Gegenstand haben, ist eine Rechtsbeschwerde gem. § 70 Abs. 3 auch **ohne Zulassung** statthaft. In Unterbringungs- und Freiheitsentziehungssachen gilt dies allerdings nur, wenn sich die Rechtsbeschwerde gerade gegen den Beschluss richtet, mit dem die Unterbringung angeordnet worden ist; für andere Beschlüsse in Unterbringungssachen wie beispielsweise den Beschluss über die Vergütung eines Verfahrenspflegers ist dagegen die Zulassung der Rechtsbeschwerde erforderlich. Die Ausnahmen von dem Erfordernis der Zulassung sind auf Vorschlag des Rechtsausschusses des Deutschen Bundestags erst kurz vor Verabschiedung des Gesetzentwurfs mit der Begründung eingefügt worden, der Bundesgerichtshof solle angerufen werden können, wenn in höchstpersönliche Rechte des Betroffenen eingegriffen werde. Zwingend ist dieses Argument nicht. Beispielsweise wird im Strafrecht vom Amtsgericht bei Verurteilungen zu Haftstrafen noch weitaus massiver als bei einer Betreuerbestellung in höchstpersönliche Freiheitsrechte des Verurteilten eingegriffen, ohne dass dies zu einer Eröffnung des Rechtsweges zum Bundesgerichtshof führt. Es steht vielmehr zu befürchten, dass die Bundestagsabgeordneten einen Ausgleich dafür schaffen wollten, dass in diesen Rechtsgebieten die Landgerichte und nicht – wie in den anderen FG-Verfahren – die Oberlandesgerichte Beschwerdeinstanz sind.

83 Die Rechtsbeschwerde ist von dem Beschwerdegericht zuzulassen, wenn die Rechtssache **grundsätzliche Bedeutung** hat oder eine Entscheidung des Bundesgerichtshofs zur **Fortbildung des Rechts** oder zur **Sicherung einer einheitlichen Rechtsprechung** erforderlich ist. Grundsätzliche Bedeutung iSd § 70 Abs. 2 Nr. 1 liegt vor, wenn eine klärungsbedürftige Rechtssache zu entscheiden ist, deren Auftreten in einer unbestimmten Vielzahl von Fällen denkbar ist.[71] Zur Fortbildung des Rechts ist die Zulassung erfor-

---

[70] Der Begriff der Zivilsachen umfasst nach der neuen Legaldefinition in § 13 GVG die bürgerlichen Rechtsstreitigkeiten, die Familiensachen und die Angelegenheiten der freiwilligen Gerichtsbarkeit.
[71] BT-Drucks. 16/6308, 209.

III. Rechtsbeschwerdeverfahren

derlich, wenn der Einzelfall Veranlassung gibt, Leitsätze für die Auslegung von Gesetzesbestimmungen des materiellen oder des Verfahrensrechts aufzustellen oder Gesetzeslücken auszufüllen.[72] Zur Sicherung einer einheitlichen Rechtsprechung ist die Rechtsbeschwerde zuzulassen, wenn vermieden werden soll, dass schwer erträgliche Unterschiede in der Rechtsprechung entstehen oder fortbestehen; dabei ist darauf abzustellen, welche Bedeutung die angefochtene Entscheidung für die Rechtsprechung hat.[73] Das Beschwerdegericht hat kein Ermessen, ob es die Rechtsbeschwerde zulässt; vielmehr muss es die Rechtsbeschwerde von Amts wegen zulassen, wenn eine der Voraussetzungen hierzu vorliegt. Unerheblich ist, ob es die Zulassung im Tenor oder nur in den Gründen der Entscheidung ausspricht; ein Schweigen zu der Frage der Zulassung der Rechtsbeschwerde steht jedoch der Nichtzulassung gleich.[74]

Es gibt kein Rechtsmittel gegen die Nichtzulassung der Rechtsbeschwerde durch das Beschwerdegericht; eine **Nichtzulassungsbeschwerde** sieht das FamFG nicht vor. 84

Der Bundesgerichtshof ist an die Zulassung gebunden (§ 70 Abs. 2 S. 2). Der ursprüngliche Gesetzentwurf der Bundesregierung hatte zwar noch vorgesehen, dass der Bundesgerichtshof nicht gebunden sein sollte; allerdings hatte der Bundesrat in seiner Stellungnahme zu dem Gesetzentwurf zu Recht darauf hingewiesen, dass eine von den §§ 543 Abs. 2 S. 2, 574 Abs. 3 S. 2 ZPO und dem § 132 Abs. 3 VwGO abweichende Regelung nicht geboten ist.[75] Derartige Unterschiede in den Verfahrensordnungen erschweren den Rechtsanwendern unnötig die Gewissheit über die zulässigen Rechtsmittel. Die **Bindung des Rechtsbeschwerdegerichts** an die Zulassungsentscheidung des Beschwerdegerichts schützt das Vertrauen derjenigen, die diese in Ansehung der Zulassung der Rechtsbeschwerde eingelegt haben.[76] Schließlich hätte der Vorschlag der Bundesregierung auch zu einer Mehrbelastung des Bundesgerichtshofs geführt, da dieser zunächst immer die Zulassungsentscheidung des Beschwerdegerichts hätte überprüfen müssen.[77] 85

Nicht statthaft ist die Rechtsbeschwerde gegen einen Beschluss in Verfahren über die Anordnung, Abänderung oder Aufhebung einer einstweiligen Anordnung oder eines Arrestes (§ 70 Abs. 4). Der Bundesgerichtshof[78] hat zu der vergleichbaren Rechtslage im Rechtsbeschwerderecht der ZPO (§ 574 Abs. 1 S. 2 ZPO) entschieden, dass dann, wenn das Gesetz gegen bestimmte Entscheidungen keine Rechtsbeschwerde vorsieht, diese auch nicht dadurch statthaft wird, dass ein (Beschwerde-)Gericht in Verkennung der Rechtslage die Rechtsbeschwerde ausdrücklich zulässt. In einem solchen Fall ist die eingelegte Rechtsbeschwerde als unzulässig zu verwerfen. 86

3. Anwaltszwang; Ausnahmen

Gem. § 10 Abs. 4 S. 1 müssen sich die Beteiligten vor dem Bundesgerichtshof durch einen nach den §§ 164 ff BRAO **beim Bundesgerichtshof zugelassenen Rechtsanwalt** 87

---

72 BT-Drucks. 16/6308, 209.
73 BT-Drucks. 16/6308, 209.
74 Zöller/Heßler § 574 ZPO Rn 14.
75 Bundesrat, BT-Drucks. 16/6308, 369.
76 Bundesrat, BT-Drucks. 16/6308, 369.
77 Bundesrat, BT-Drucks. 16/6308, 369.
78 BGH NJW 2003, 211.

Dieker

vertreten lassen. Schon nach früher geltendem Recht galt dieser Anwaltszwang für Revisionen gegen familiengerichtliche Urteile, während sich die Beteiligten in Verfahren der weiteren Beschwerde in FG-Sachen bislang auch durch einen allgemein zugelassenen Rechtsanwalt vertreten lassen konnten.

88 **Ausnahmsweise** keines Rechtsanwalts beim Bundesgerichtshof bedarf es,

- wenn sich die Rechtsbeschwerde gegen eine Entscheidung über die Ausschließung oder Ablehnung von Gerichtspersonen richtet (§ 10 Abs. 4 S. 1 Alt. 1 und 2). Insoweit muss es sich bei dem Ausgangsbeschluss der ersten Instanz um eine Entscheidung nach § 6 Abs. 1 FamFG iVm § 45 ZPO gehandelt haben, mit der ein Ablehnungs- oder Ausschließungsgesuch als unbegründet abgelehnt worden ist, da nur gegen solche eine sofortige Beschwerde statthaft ist (§ 6 Abs. 2 und Abs. 1 FamFG iVm § 46 Abs. 2 ZPO);

- wenn sich die Rechtsbeschwerde gegen einen Beschluss im Verfahren über die Verfahrenskosten richtet (§ 10 Abs. 4 S. 1 Alt. 3);

- wenn sich Behörden und juristische Personen des öffentlichen Rechts durch einen bei ihnen, ihrer Aufsichtsbehörde oder dem für sie zuständigen kommunalen Spitzenverband beschäftigten Volljuristen vertreten lassen (§ 10 Abs. 4 S. 2).

4. Einlegung der Rechtsbeschwerde beim BGH; Frist

89 Die Rechtsbeschwerde ist gem. § 71 Abs. 1 S. 1 binnen einer **Frist** von einem Monat nach der schriftlichen Bekanntgabe des angefochtenen Beschlusses einzulegen. Diese Regelung ist § 575 Abs. 1 S. 1 ZPO nachgebildet. Einzulegen ist das Rechtsmittel beim Rechtsbeschwerdegericht (Bundesgerichtshof); die Einlegung bei den Gerichten erster oder zweiter Instanz genügt nicht.

5. Form

90 Die von einem beim Bundesgerichtshof zugelassenen Rechtsanwalt zu unterschreibende Rechtsbeschwerde muss den angefochtenen Beschluss bezeichnen und eine Erklärung enthalten, dass gegen diesen Beschluss Rechtsbeschwerde eingelegt werde (§ 71 Abs. 1 S. 2). Ihr soll eine beglaubigte Abschrift oder Ausfertigung des angefochtenen Beschlusses beigefügt werden, was jedoch keine Zulässigkeitsvoraussetzung ist.

6. Begründung der Rechtsbeschwerde

91 Die Rechtsbeschwerde ist zu begründen. Dies kann bereits in der Beschwerdeschrift erfolgen; ansonsten muss die **Beschwerdebegründung**sschrift jedenfalls wie die Beschwerdeschrift binnen eines Monats nach der schriftlichen Bekanntgabe des angefochtenen Beschlusses beim Bundesgerichtshof eingehen (§ 71 Abs. 2 S. 2). Die **Frist** kann vom Senatsvorsitzenden ohne Einwilligung der weiteren Beteiligten um bis zu zwei Monate verlängert werden, sofern nach dessen Überzeugung der Rechtsstreit nicht verzögert wird oder erhebliche Gründe für die Verlängerung dargelegt sind. Falls dem Rechtsbeschwerdeführer auch innerhalb dieser Frist keine hinreichend lange Akteneinsicht gewährt werden kann, ist eine Verlängerung um bis zu zwei Monate nach Übersendung der Prozessakten an den Rechtsanwalt des Rechtsbeschwerdeführers

möglich. Im Übrigen ist eine Verlängerung der Rechtsbeschwerdefrist nur möglich, wenn die weiteren Beteiligten zustimmen (vgl hierzu § 71 Abs. 2 S. 3 FamFG iVm § 551 Abs. 2 S. 5 und 6 ZPO).

Nach § 71 Abs. 3 muss die Begründung neben den **Rechtsbeschwerdeanträgen**, bestehend aus einer Erklärung, inwieweit der Beschluss angefochten und seine Aufhebung beantragt wird, auch eine Angabe der **Rechtsbeschwerdegründe** enthalten: Es sind die Umstände, aus denen sich die geltend gemachte Rechtsverletzung ergibt, konkret zu bezeichnen. Zudem ist eine sachliche Auseinandersetzung mit den Urteilsgründen erforderlich, wofür pauschale Bezugnahmen auf Fachliteratur oder die Schriftsätze in den vorangegangenen Instanzen regelmäßig nicht ausreichen.[79] Soweit die Verletzung von Verfahrensrechten geltend gemacht wird, sind auch die Tatsachen, aus denen der Verfahrensmangel abgeleitet wird, konkret zu benennen.

92

Hierbei ist zu beachten, dass die Rechtsbeschwerde nur darauf gestützt werden kann, dass eine **Rechtsverletzung** vorliegt. § 72 Abs. 1 S. 2 definiert dies dahingehend, dass das Recht dann verletzt ist, wenn eine Rechtsnorm nicht oder nicht richtig angewendet worden ist. Hier kommt zum Ausdruck, dass es sich bei der Rechtsbeschwerde – wie bei der Revision im Zivilprozess – um eine reine Rechtskontrollinstanz handelt. Das Vorbringen neuer Tatsachen und Beweise ist regelmäßig ausgeschlossen. Auch eine neue Beweiswürdigung findet durch den Bundesgerichtshof grundsätzlich nicht statt; allerdings kann die Beweiswürdigung des Tatgerichts daraufhin überprüft werden, ob sie in sich widersprüchlich ist, den Denkgesetzen oder allgemeinen Erfahrungsgrundsätzen zuwiderläuft[80] oder nicht den gesamten Inhalt des Prozessstoffes und des Beweisergebnisses berücksichtigt.[81]

93

Ausgeschlossen ist es des Weiteren, die Rechtsbeschwerde darauf zu stützen, dass das Gericht des ersten Rechtszuges zu Unrecht seine Zuständigkeit angenommen hat (§ 72 Abs. 2). In Ehe- und Familienstreitsachen kann die Rechtsbeschwerde zudem gem. § 72 Abs. 3 FamFG iVm § 556 ZPO nicht mehr solche Verfahrensfehler rügen, bei denen der Beschwerdeführer sein Rügerecht bereits gem. § 113 Abs. 1 S. 2 FamFG iVm § 295 ZPO durch Verzicht oder rügelose Einlassung verloren hat.[82]

94

Absolute Revisionsgründe sind Sachverhalte, bei denen stets von einer Rechtsverletzung iSd § 72 Abs. 1 auszugehen ist. Dies ist gem. § 72 Abs. 3 FamFG iVm § 547 ZPO der Fall, wenn das Gericht nicht vorschriftsmäßig besetzt war, ein kraft Gesetzes ausgeschlossener oder ein für befangen erklärter Richter mitgewirkt hat, eine Partei nicht wirksam vertreten war, die Vorschriften über die Öffentlichkeit der Verhandlung nicht eingehalten wurden oder die Entscheidung entgegen den Verfahrensvorschriften nicht mit Gründen versehen war.

95

---

79 Vgl Zöller/Heßler § 551 ZPO Rn 10 f.
80 Zöller/Heßler § 546 ZPO Rn 13.
81 BLAH/Hartmann § 546 ZPO Rn 10.
82 Soweit § 72 Abs. 3 FamFG auch einen Verweis auf § 560 ZPO enthält, bewirkt dies keine Beschränkung der Revisionsgründe. Es handelt sich um ein Redaktionsversehen, da der Gesetzgeber die Aufgabe der Beschränkung des § 545 ZPO aF, nach dem der Bundesgerichtshof Landesrecht nur dann überprüfen durfte, wenn sein Geltungsbereich sich über den Bezirk eines Oberlandesgerichts hinaus erstreckte, versehentlich in den § 560 ZPO und § 72 FamFG nicht nachvollzogen hat.

Dieker

7. Verfahrensgang

96 Sowohl die Rechtsbeschwerde- als auch Rechtsbeschwerdebegründungsschrift werden vom Bundesgerichtshof den anderen Beteiligten zugeleitet (§ 71 Abs. 4).

97 Der Bundesgerichtshof prüft sodann, ob das Rechtsmittel zulässig ist (§ 74 Abs. 1). Fehlt es an der Statthaftigkeit oder wurde es nicht frist- oder formgerecht eingelegt und begründet, so verwirft er die Rechtsbeschwerde als unzulässig.

98 Sofern der Bundesgerichtshof zu der Überzeugung gelangt, dass – trotz Zulassung der Rechtsbeschwerde durch das Beschwerdegericht – die Voraussetzungen für die Zulassung der Beschwerde nicht vorliegen und zugleich die Rechtsbeschwerde in der Sache keine Aussicht auf Erfolg hat, weist er die Rechtsbeschwerde durch – einstimmig zu fassenden – Beschluss ohne mündliche Verhandlung oder mündlichen Termin gem. § 74a Abs. 1 zurück. Zuvor weist der Bundesgerichtshof die Beteiligten auf das beabsichtigte Vorgehen hin (§ 74a Abs. 2) und gibt ihnen Gelegenheit zur Stellungnahme. Der **Zurückweisungsbeschluss** bedarf nur insoweit einer Begründung, wie die Gründe für die Zurückweisung noch nicht in dem zuvor ergangenen Hinweis enthalten waren (§ 74a Abs. 3); in der Praxis wird sie sich daher auf eine Auseinandersetzung mit der Stellungnahme der Beteiligten zu dem ergangenen Hinweis beschränken.

99 Der Zurückweisungsbeschluss erfolgt nicht nur dann, wenn das Beschwerdegericht fehlerhaft eingeschätzt hat, dass die Voraussetzungen für die Zulassung nach § 70 Abs. 2 vorliegen. Vielmehr wird der Bundesgerichtshof auch dann nach § 74a verfahren, wenn die Voraussetzungen des § 70 Abs. 2 vom Beschwerdegericht zum Zeitpunkt seiner Entscheidung zutreffend festgestellt worden sind, dann aber später – beispielsweise durch eine zwischenzeitlich ergangene Entscheidung des Bundesgerichtshofs in einem anderen Verfahren – wegfallen. Auch dann kann – sofern das Rechtsmittel in der Sache keine Aussicht auf Erfolg hat – die Rechtsbeschwerde durch einstimmigen Beschluss zurückgewiesen werden.[83]

100 Ist das Rechtsmittel zulässig und ergeht auch kein Zurückweisungsbeschluss nach § 74a, so richtet sich das weitere Verfahren nach den **Vorschriften des ersten Rechtszuges** (§ 74 Abs. 4). Der Prüfung des Bundesgerichtshofs unterliegen allerdings nur die gestellten Anträge (§ 74 Abs. 3). Dabei legt er als **Prozessstoff** grundsätzlich nur dasjenige zugrunde, das sich aus der Beschwerdeentscheidung und den Terminsprotokollen ergibt (§ 74 Abs. 3 S. 3 FamFG iVm § 559 Abs. 1 S. 1 ZPO). Dies schließt dasjenige schriftsätzliche Vorbringen der Parteien mit ein, auf das im Verfahren vor dem Bundesgerichtshof Bezug genommen wird.[84] Allerdings berücksichtigt der Bundesgerichtshof solche Umstände, die die Prozessvoraussetzungen betreffen, ebenso wie Umstände, die die Zulässigkeit der Beschwerde und der Beschwerdeentscheidung betreffen, von Amts wegen. Denn insoweit handelt es sich um Umstände, die eine Entscheidung des Bundesgerichtshofs zur Sache unmöglich machen, falls beispielsweise eine Entscheidung bereits rechtskräftig geworden ist. Der Bundesgerichtshof muss sich bei seiner Prüfung zwar auf die von den Beteiligten gestellten Anträge beschränken (§ 74 Abs. 3 S. 1); er ist dabei allerdings nicht an die geltend gemachten Rechtsbeschwerdegründe

---

83 Vgl BT-Drucks.16/9733, 362 f.
84 BGH NJW-RR 2002, 381.

gebunden, dh er kann einem Antrag auch aus anderen Gründen als den geltend gemachten stattgeben (§ 74 Abs. 3 S. 2).

Besonderheiten bestehen hinsichtlich der **Öffentlichkeit**. Zwar ist auch das Verfahren des Rechtsbeschwerdegerichts in familiengerichtlichen Verfahren und Verfahren der freiwilligen Gerichtsbarkeit grundsätzlich nicht öffentlich (§ 170 Abs. 1 S. 1 GVG). Abweichend von den Vorschriften für die beiden ersten Instanzen bestimmt § 170 Abs. 2 GVG jedoch, dass das Rechtsbeschwerdegericht die Öffentlichkeit nach seinem pflichtgemäßen Ermessen zulassen kann, wenn nicht das Interesse eines Beteiligten an der Nichtöffentlichkeit überwiegt, ohne dass dies ein Beteiligter durch einen Widerspruch verhindern kann. 101

8. Anschlussrechtsbeschwerde

Ein weiterer Beteiligter kann sich gem. § 73 bis zum Ablauf einer **Frist** von einem Monat nach der Bekanntgabe der Rechtsbeschwerdebegründungsschrift[85] der Rechtsbeschwerde durch Einreichen einer Anschlussschrift anschließen. Die unterschriebene Rechtsmittelschrift muss von einem Rechtsanwalt beim Bundesgerichtshof stammen und ist beim Bundesgerichtshof einzureichen. Die – unselbständige – Anschlussrechtsbeschwerde muss bereits in der **Anschlussschrift** begründet werden. Die Anschlussrechtsbeschwerde ist – wie die Revision und die Rechtsbeschwerde nach der ZPO – auch dann zulässig, wenn die Rechtsbeschwerde für den Rechtsbeschwerdeführer nicht zugelassen worden ist[86] oder wenn er auf die Rechtsbeschwerde verzichtet hatte. Da die Anschlussrechtsbeschwerde unselbständig ist, verliert sie ihre Wirkung, wenn die Rechtsbeschwerde zurückgenommen oder als unzulässig verworfen wird (§ 73 S. 3). 102

Auch wenn die Rechtsbeschwerde durch einstimmigen Beschluss ohne mündliche Verhandlung nach § 74 a zurückgewiesen wird, verliert die Anschlussrechtsbeschwerde gemäß § 73 S. 3 ihre Wirkung. Dies entspricht der Regelung des § 554 Abs. 4 ZPO zur Anschlussrevision. 103

9. Entscheidung des Bundesgerichtshofs

Sofern der Bundesgerichtshof die Rechtsbeschwerde nicht verworfen (siehe oben Rn 97) oder nach § 74 a zurückgewiesen (s. oben Rn 98 f) hat, weist er – ggf nach mündlicher Verhandlung (§ 74 Abs. 4 iVm § 32) – die Rechtsbeschwerde durch Beschluss zurück, wenn sie entweder unbegründet ist oder die angefochtene Entscheidung zwar Rechtsfehler aufweist, aber sich aus anderen Gründen im Ergebnis als richtig erweist (§ 74 Abs. 2). 104

Ist die Rechtsbeschwerde dagegen begründet und stellt sich die angefochtene Entscheidung auch nicht aus anderen Gründen als im Ergebnis richtig dar, hebt der Bundesgerichtshof den angefochtenen Beschluss auf (§ 74 Abs. 5). Wenn die Sache zur Entscheidung reif ist, entscheidet der Bundesgerichtshof selbst abschließend. Andernfalls verweist er die Sache zur anderweitigen Behandlung und Entscheidung an das Beschwerdegericht zurück. Wenn dies aus besonderen Gründen im Einzelfall geboten ist, kann 105

---

85 Die ihm nach § 71 Abs. 4 FamFG bekannt zu geben ist, s.o. Rn 96.
86 ZB, wenn die Rechtsbeschwerde nur für einen Streitgenossen zugelassen wurde.

§ 2 Beschwerdeverfahren

es die Sache auch an das Gericht des ersten Rechtszuges zurückverweisen, wie dies bereits auch nach früher geltendem Recht für zulässig erachtet worden ist[87] und nunmehr ausdrücklich in § 74 Abs. 6 S. 1 gesetzlich normiert wurde. Ein derartiges Vorgehen kommt vor allem dann in Betracht, wenn es auch für das Beschwerdegericht bei richtiger Entscheidung geboten gewesen wäre, die Sache an das Ausgangsgericht zurückzuverweisen. Zudem steht dem Bundesgerichtshof auch die Möglichkeit offen, wie in den Revisionsverfahren nach der ZPO die Sache an einen anderen Spruchkörper des Beschwerdegerichts zurückzuverweisen (§ 74 Abs. 6 S. 2). Hiervon wird der Bundesgerichtshof – wie auch in den Revisionsverfahren nach der ZPO – allenfalls dann Gebrauch machen, wenn besondere Umstände den Eindruck erwecken, dass der Spruchkörper, der die angefochtene Entscheidung erlassen hat, in seiner Beurteilung bereits so festgelegt ist, dass Zweifel an seiner Unvoreingenommenheit bestehen.[88]

106 Der Beschluss des Bundesgerichtshofs ist im Regelfall zu begründen. Allerdings kann gem. § 74 von einer Begründung abgesehen werden, wenn sie nicht geeignet wäre, zur Klärung von Rechtsfragen grundsätzlicher Bedeutung oder zur Sicherung einer einheitlichen Rechtsprechung beizutragen.

10. Bindung der Vorinstanzen bei Zurückverweisung; weiteres Verfahren

107 Im Falle der Aufhebung der angefochtenen Entscheidung und Zurückverweisung sind die Vorinstanzen an die rechtliche Beurteilung des Bundesgerichtshofs gebunden (§ 74 Abs. 6 S. 4). Die § 563 Abs. 2 ZPO nachgebildete Vorschrift bewirkt eine **Bindung** allerdings nur an diejenigen Rechtsansichten des Bundesgerichtshofs, die der Aufhebung zugrunde liegen.[89] Keine Bindung besteht dagegen an Rechtsansichten, die für die Aufhebung nicht tragend waren; zudem kann die Vorinstanz neue Tatsachenfeststellungen selbständig würdigen.[90]

11. Sprungrechtsbeschwerde

108 Die Parteien haben die Möglichkeit, die erstinstanzliche Entscheidung des Amts- oder Landgerichts statt mit der Beschwerde gem. § 75 mit der **Sprungrechtsbeschwerde** anzufechten. Sinnvoll kann sie für die Beteiligten dann sein, wenn es – bei unstreitigem Tatbestand – für die Entscheidung allein auf die Beurteilung einer bislang ungeklärten Rechtsfrage von grundsätzlicher Bedeutung ankommt, da dann die Kosten für die Beschwerdeinstanz gespart werden können.

109 **Voraussetzung** ist, dass gegen die angefochtene Entscheidung eine Beschwerde ohne Zulassung statthaft wäre; es müssen daher die allgemeinen Voraussetzungen für die Einlegung einer Beschwerde nach den §§ 58 ff erfüllt sein. Insbesondere muss in vermögensrechtlichen Angelegenheiten der Beschwerdewert des § 61 Abs. 1 in Höhe von 600 EUR überschritten sein. Weitere Voraussetzungen sind, dass alle Beteiligten in die Übergehung der Beschwerdeinstanz einwilligen und der Bundesgerichtshof die Sprung-

---

[87] Vgl SchuSo/Briesemeister § 27 FGG Rn 126.
[88] Vgl BT-Drucks. 16/6308, 211; vgl aber auch Zöller/Heßler § 563 ZPO Rn 1: Hierdurch werden nicht die konkreten Richter ausgeschlossen, die an der Beschwerdeentscheidung mitgewirkt haben, so dass sie bei Wechsel des Senats durchaus wieder zuständig sein können.
[89] Vgl Zöller/Heßler § 563 ZPO Rn 3 a mwN.
[90] Vgl Zöller/Heßler § 563 ZPO Rn 3 a.

rechtsbeschwerde zulässt. Der Antrag auf Zulassung der Sprungrevision erfolgt durch Einreichen einer – von einem beim Bundesgerichtshof zugelassenen Rechtsanwalt zu unterschreibenden – Zulassungsschrift beim Bundesgerichtshof (§ 75 Abs. 2 FamFG iVm § 566 Abs. 2 S. 1 ZPO). Der Antrag muss binnen eines Monats nach Bekanntgabe eingelegt werden, im Falle einer fehlenden Bekanntgabe an den Beschwerdeberechtigten beginnt die Frist spätestens fünf Monate nach Erlass des Beschlusses (§ 75 Abs. 2 FamFG iVm § 566 Abs. 2 S. 2 ZPO iVm § 548 ZPO). Der Antrag muss neben der Erklärung, dass Sprungrechtsbeschwerde eingelegt wird, und der Bezeichnung, gegen welchen Beschluss sich diese richtet (§ 75 Abs. 2 FamFG iVm § 566 Abs. 2 S. 2 ZPO iVm § 549 Abs. 1 S. 2 ZPO), auch eine Darlegung der Voraussetzungen für die Zulassung der Sprungrevision durch den Bundesgerichtshof enthalten (§ 75 Abs. 2 FamFG iVm § 566 Abs. 2 S. 3 ZPO). Weiterhin ist dem Zulassungsantrag die schriftliche Einwilligungserklärung des oder der anderen Beteiligten, gegen die sich das Rechtsmittel richtet, – im handschriftlich unterzeichneten Original[91] – beizufügen. Diese muss nicht von einem beim Bundesgerichtshof zugelassenen Rechtsanwalt unterzeichnet sein, sondern es genügt die Unterzeichnung durch den erstinstanzlichen Prozessbevollmächtigten. Bestand in erster Instanz kein Anwaltszwang, kann die Einwilligungserklärung von dem Beteiligten auch zu Protokoll der Geschäftsstelle erklärt werden (§ 75 Abs. 2 FamFG iVm § 566 Abs. 2 S. 4 ZPO).

Der Bundesgerichtshof lässt die Sprungrechtsbeschwerde durch Beschluss zu, wenn die Rechtssache grundsätzliche Bedeutung hat oder die Fortbildung oder die Sicherung einer einheitlichen Rechtsprechung dies erfordern; ein Verfahrensfehler der ersten Instanz kann die Zulassung aber nicht bewirken (§ 75 Abs. 2 FamFG iVm § 566 Abs. 4 ZPO). In diesem Fall wird das Verfahren als Rechtsbeschwerdeverfahren fortgesetzt. Der (erfolgreiche) Antrag auf **Zulassung** gilt als Beschwerdeschrift; mit der Bekanntgabe des Zulassungsbeschlusses beginnt die Frist zur Begründung der Rechtsbeschwerde nach § 71 Abs. 2 S. 1 zu laufen (§ 75 Abs. 2 FamFG iVm § 566 Abs. 7 ZPO). 110

Lehnt der Bundesgerichtshof dagegen den Zulassungsantrag ab, wird die erstinstanzliche Entscheidung gem. § 75 Abs. 2 FamFG iVm § 566 Abs. 6 ZPO rechtskräftig. Da der Antrag auf Zulassung der Rechtsbeschwerde ebenso wie die Einwilligungserklärungen der anderen Beteiligten als Verzicht auf das Rechtsmittel der Beschwerde gelten (§ 75 Abs. 1 S. 2), ist auch die Anrufung der zweiten Instanz nicht mehr möglich. 111

IV. Sonstige Rechtsbehelfe
1. Gehörsrüge (§ 44)

Wie bereits aufgrund der Vorgaben des Bundesverfassungsgerichts[92] seit Ende 2004 in allen Verfahrensordnungen (vgl. § 29 a FGG, § 321 a ZPO) verankert, sieht auch das FamFG in § 44 einen eigenständigen außerordentlichen Rechtsbehelf für die Geltendmachung der Verletzung des rechtlichen Gehörs durch die letztinstanzliche Entscheidung vor. 112

---

91 BGHZ 92, 76 zu § 566 Abs. 2 S. 4 ZPO.
92 BVerfGE 107, 339, 418.

§ 2 Beschwerdeverfahren

113 Voraussetzung ist stets, dass kein Rechtsmittel gegeben und das angestrebte Ziel auch nicht durch einen Ergänzungs- oder Berichtigungsbeschluss nach den §§ 42 f zu erreichen ist.[93]

114 Dabei ist anhand des (FamFG-)Verfahrensrechtes zu bemessen, ob eine Gehörsverletzung vorliegt: Ein Gehörsverstoß kann daher bereits dann vorliegen, wenn die Schwelle einer Verletzung des Art. 103 GG im Rahmen einer verfassungsrechtlichen Überprüfung noch nicht erreicht ist. Unerheblich ist auch, ob es sich bei der Verletzung um ein Versehen (sog. „Pannenfälle") oder um ein vorsätzliches Verhalten des Gerichts gehandelt hat. Demnach kann beispielsweise ein Verstoß gegen das Recht auf **rechtliches Gehör** nicht nur dann vorliegen, wenn die Äußerungsrechte eines Beteiligten durch falsche Rechtsanwendung eingeschränkt werden, sondern auch, wenn ein fristgerecht eingegangener Schriftsatz nicht zur Akte gelangt, entscheidungserhebliches Vorbringen oder Beweisangebote übersehen werden oder das Gericht den zu beurteilenden Sachverhalt ersichtlich falsch erfasst hat. Dabei ist aber zu beachten, dass das Gericht nicht verpflichtet ist, sich im Beschluss zu sämtlichem Vortrag der Beteiligten zu äußern; allein aus dem Umstand, dass das Vorbringen in der Entscheidung nicht erwähnt wird, kann regelmäßig nicht geschlossen werden, dass es vom Gericht nicht zur Kenntnis genommen worden wäre.

115 Schließlich lassen sich auch Sachverhalte mittels § 44 durch die entscheidende Instanz selbst reparieren, in denen die Verletzung anderer Grundrechte mit einer Verletzung des rechtlichen Gehörs einhergeht. Insbesondere Verstöße gegen das Gebot eines fairen Verfahrens und gegen das Willkürverbot können mit einer Verletzung des rechtlichen Gehörs einhergehen. Nach der bisherigen – aber in Veränderung befindlichen – Rechtsprechung der Verfassungsgerichte ist auch in solchen Fällen aufgrund der Subsidiarität der Verfassungsbeschwerde vor deren Erhebung erst die Rüge nach § 44 zu erheben, da bei einer Fortsetzung des Verfahrens als Folge der Gehörsrüge auch die übrigen Verfahrensfehler behoben werden können.[94] Allerdings betont der Bundesgerichtshof, dass eine entsprechende Anwendung der Gehörsrüge auf andere Verfahrensgrundrechte nicht in Betracht komme.[95]

a) Rügefähige Entscheidung; Beschwer

116 Die Gehörsrüge kann nur gegenüber **Endentscheidungen** erhoben werden. Es kann sich hierbei sowohl um einen unanfechtbaren Beschluss in der Hauptsache als auch um eine unanfechtbare Entscheidung in einem Nebenverfahren – wie zum Beispiel in einem Verfahren der Verfahrenskostenhilfe oder eine nach § 19 Abs. 2 FamFG unanfechtbare Wiedereinsetzung[96] – handeln. Gleichgültig ist, in welcher Instanz die Entscheidung ergangen ist. Gegen eine unanfechtbare Zwischenentscheidung ist die Gehörsrüge dagegen nicht statthaft (§ 44 Abs. 1 S. 2).

117 Soweit gegen die Entscheidung ein Rechtsmittel zulässig ist, ist die Gehörsrüge **subsidiär**. Der Beschwerdeführer muss daher das ihm eröffnete reguläre Rechtsmittel er-

---

93 Vgl BLAH/Hartmann § 321 a ZPO Rn 7 ff.
94 Vgl beispielsweise Verfassungsgerichtshof des Landes Berlin Beschl. v. 11.7.2008, 99 A/08.
95 BGH MDR 2008, 1175.
96 Vgl BGH Beschl. v. 20.1.2009, Xa ZB 34/08.

172 Dieker

greifen, eine Gehörsrüge ist unzulässig. Dies gilt nicht nur für den Fall, dass eine Beschwerde oder Rechtsbeschwerde zulässig ist, sondern auch dann, wenn sich der Beteiligte an ein Rechtsmittel des Gegners anschließen und dadurch die Verletzung des rechtlichen Gehörs rügen kann.[97] Da strittig und vom Bundesgerichtshof noch nicht entschieden ist, ob bei Rücknahme des Hauptsacherechtsmittels das Anschlussbeschwerde- oder Anschlussrechtsbeschwerdeverfahren ausnahmsweise aus prozessökonomischen Gründen bei der Rechtsmittelinstanz zur Prüfung der Gehörsrüge fortzuführen ist[98] oder ob das Anschlussrechtsmittel seine Wirkung verliert und ein neues Rügeverfahren bei der Ausgangsinstanz durchzuführen ist,[99] ist jedenfalls bis zu einer Klärung dieser Frage zu empfehlen, vorsorglich fristwahrend neben dem Anschlussrechtsmittel hilfsweise stets auch eine Gehörsrüge bei dem Ausgangsgericht zu erheben.[100] Sofern es zu einer Entscheidung im Anschluss(rechts-)beschwerdeverfahren kommt, ist die hilfsweise erhobene Gehörsrüge erledigt; verliert die Anschlussbeschwerde – beispielsweise aufgrund einer Verwerfung oder Rücknahme des Hauptrechtsmittels – ihre Wirkung, hat das Ausgangsgericht über die Gehörsrüge zu befinden.

Ferner kann die Gehörsrüge nur durch einen Beteiligten erhoben werden, der durch die Entscheidung auch beschwert ist, ohne dass es auf einen Beschwerdewert ankommt. Denn nur dann kann der Anspruch auf rechtliches Gehör in entscheidungserheblicher Weise verletzt worden sein (§ 44 Abs. 1 Nr. 2). Dies ist dann anzunehmen, wenn nicht ausgeschlossen werden kann, dass die Entscheidung bei Gewährung des rechtlichen Gehörs für den die Rüge führenden Beteiligten günstiger ausgefallen wäre.[101] 118

Nicht zulässig ist die Gehörsrüge gegen Beschlüsse, durch die die Genehmigung für ein Rechtsgeschäft erteilt oder verweigert worden ist, sofern die Genehmigung oder deren Verweigerung bereits einem Dritten gegenüber wirksam geworden ist (§ 48 Abs. 3). 119

b) Form und Frist

Die Gehörsrüge muss die angefochtene Entscheidung benennen und eine Darlegung der entscheidungserheblichen Gehörsverletzung enthalten. Sie ist bei dem Gericht schriftlich oder zur Niederschrift der Geschäftsstelle nach § 25 einzureichen. 120

Ferner muss die zweiwöchige **Frist** des § 44 Abs. 2 S. 1 gewahrt werden. Die Frist beginnt mit dem Zeitpunkt der Kenntniserlangung der Verletzung des rechtlichen Gehörs. Dies ist im Regelfall das Datum der Zustellung der belastenden Entscheidung; der Fristbeginn kann aber auch später liegen, zum Beispiel wenn sich die Gehörsverletzung erst aus einer späteren Einsichtnahme in die Gerichtsakte ergibt. Nach überwiegender Ansicht kommt es auf positive Kenntnis der Gehörsverletzung an, ein „Kennenmüssen" 121

---

97 Vgl Zöller/Vollkommer § 321 a ZPO Rn 4; Thomas/Putzo/Reichold § 321 a ZPO Rn 2 a; SchuSo/Briesemeister § 29 a FGG Rn 7.
98 So Zöller/Vollkommer § 321 a ZPO Rn 4.
99 Vgl. Thomas/Putzo/Reichold § 321 a ZPO Rn 2 a auch dazu, ob in diesem Fall die vorherige Einlegung des Anschlussrechtsmittels die Verfristung der Gehörsrüge verhindert.
100 SchuSo/Briesemeister § 29 a FGG Rn 8; vgl zur Problematik auch OLG Saarbrücken Beschl. v. 23.12.2008, 4 U 2/06-1.
101 Vgl Zöller/Vollkommer § 321 a ZPO Rn 12; Thomas/Putzo/Reichold § 321 a ZPO Rn 4; SchuSo/Briesemeister § 29 a FGG Rn 23.

soll den Fristbeginn nicht auslösen.[102] Dies dürfte allerdings dahingehend einzuschränken sein, dass jedenfalls eine grobe Verletzung der gebotenen Sorgfalt einer Kenntnis gleichsteht.[103] Die Wahrung der Frist ist in der Rügeschrift darzulegen und mit den Mitteln des § 31 glaubhaft zu machen. Im Falle unverschuldeter Versäumung der Frist ist Wiedereinsetzung in den vorigen Stand nach den §§ 17 ff möglich. Endgültig ausgeschlossen ist die Gehörsrüge gem. § 44 Abs. 2 S. 2 nach Ablauf eines Jahres seit Bekanntgabe der angefochtenen Entscheidung gegenüber dem betroffenen Beteiligten; ab diesem Zeitpunkt ist damit auch die Wiedereinsetzung in den vorigen Stand ausgeschlossen.

c) Verfahren; Wirkung der Gehörsrüge auf die angegriffene Entscheidung; vorläufige Einstellung der Zwangsvollstreckung

122 Nach § 44 Abs. 3 hat das Gericht nach Eingang der Stellungnahme dann, wenn es erforderlich ist, den anderen Beteiligten Gelegenheit zur Stellungnahme zu geben. Kein Erfordernis zur **Anhörung** des Gegners besteht aber, wenn die Rüge als unzulässig zu verwerfen oder offensichtlich unbegründet ist.

123 Die erhobene Gehörsrüge hat keinen Einfluss auf die eingetretene **Rechtskraft** der angefochtenen Entscheidung. § 44 gestaltet die Gehörsrüge nicht als Rechtsmittelverfahren, sondern als Anhang oder Fortsetzung des ursprünglichen Verfahrens aus, ohne dass vor einer Entscheidung des Gerichts die Folgen der angegriffenen Entscheidung beeinflusst werden.

124 Der die Gehörsrüge führende Beteiligte kann allerdings in den meisten Fällen[104] gem. § 95 Abs. 3 S. 2 FamFG iVm § 707 Abs. 1 S. 1 Alt. 3 ZPO beantragen, dass die Zwangsvollstreckung vorläufig eingestellt wird. Das Gericht kann dem Antrag, wenn die Gehörsrüge zulässig ist und nicht völlig aussichtslos erscheint, nach seinem Ermessen die Zwangsvollstreckung dann gegen Sicherheitsleistung einstellen oder stattdessen auch anordnen, dass die Vollstreckung nur gegen Sicherheitsleistung fortgesetzt werden darf. Das Gericht kann auch gegen Sicherheitsleistung bereits erfolgte Vollstreckungsmaßnahmen aufheben. Die Zwangsvollstreckung ohne Sicherheitsleistung durch den Schuldner vorläufig einstellen darf das Gericht allerdings nur dann, wenn der die Gehörsrüge Führende mit den Mitteln des § 31 glaubhaft macht, dass er zur Leistung einer Sicherheit nicht in der Lage ist und durch die Vollstreckung einen nicht zu ersetzenden Nachteil erleiden würde. Die Entscheidung des Gerichts über die **vorläufige Einstellung**

---

102 Vgl BAG NJW 2006, 2346; Zöller/Vollkommer § 321 a ZPO Rn 14; Thomas/Putzo/Reichold § 321 a ZPO Rn 6; BLAH/Hartmann § 321 a ZPO Rn 23; Rensen, Beginn der Rügefrist gemäß § 321 a Abs. 2 S. 1 ZPO, MDR 2007, 695; aA BGH FamRZ 2006, 1029.
103 Vgl SchuSo/Briesemeister § 29 a FGG Rn 16 mit dem überzeugenden Beispiel desjenigen, der die zugestellte Entscheidung wochenlang ungeöffnet liegen lässt und sich später auf fehlende Kenntnis der Gerichtsentscheidung und der darin übergangenen Beteiligtenvorbringen berufen will.
104 Der Verweis auf § 707 Abs. 1 ZPO in § 95 FamFG bezieht sich nur auf die Vollstreckung von Geldforderungen, Herausgabe von Sachen, Vornahme von Handlungen, Erzwingung von Duldungen und Unterlassungen sowie die Abgabe von Willenserklärungen. Nach der Systematik des Abschnitts 8 des ersten Buches des FamFG ist die Vollstreckung von Entscheidungen über die Herausgabe von Personen und die Regelung des Umgangs von § 95 nicht erfasst; hierzu finden sich eigenständige Regelungen im Unterabschnitt 2 (§§ 88–94). Nach der Begründung des Gesetzes sollte für diese Fälle der Inhalt des § 707 ZPO nicht durch einen Verweis, sondern durch ausdrückliche Regelung in § 93 Abs. 1 gelten, BT-Drucks. 16/6308, 219. Dabei hat es der Gesetzgeber – offenbar versehentlich – jedoch versäumt, auch den Fall der Gehörsrüge in § 93 Abs. 1 aufzunehmen.

der Zwangsvollstreckung ist nicht anfechtbar (§ 95 Abs. 1 FamFG iVm § 707 Abs. 2 S. 2 ZPO).

d) Besetzung und Entscheidung des Gerichts, Fortsetzung des Ausgangsverfahrens

Zuständig für das Verfahren der Gehörsrüge ist der gleiche Spruchkörper, der auch den angegriffenen Beschluss erlassen hat, in der regulären Besetzung des Geschäftsverteilungsplans des Gerichts.[105] Dies gilt auch dann, wenn zwischenzeitlich ein Richterwechsel wegen einer Änderung des Geschäftsverteilungsplans erfolgt ist.[106]

Nach Eingang der Gehörsrüge prüft das Gericht, ob sie zulässig ist. Ist dies nicht der Fall, wird die Gehörsrüge als **unzulässig** verworfen (§ 44 Abs. 4 S. 1). Ist die Gehörsrüge zulässig, aber **unbegründet**, weist das Gericht sie als unbegründet zurück (§ 44 Abs. 4 S. 2). In beiden Fällen erfolgt die Entscheidung durch unanfechtbaren Beschluss, der nur kurz begründet werden soll. Dem Führer der Gehörsrüge steht in diesen Fällen nur noch die Verfassungsbeschwerde offen, die gegen die Ausgangsentscheidung und den die Gehörsrüge zurückweisenden Beschluss zu richten ist.[107]

Ist die Gehörsrüge dagegen zulässig und begründet, wird das Ursprungsverfahren – nachdem die übrigen Beteiligten Gelegenheit zur Stellungnahme hatten – **fortgesetzt** (§ 44 Abs. 5). In diesem Fall bedarf es keines ausdrücklichen Beschlusses; es ist jedoch sinnvoll im Rahmen einer Verfügung oder eines anderen Beschlusses (zB Beweisbeschluss oder Beschluss über Maßnahmen nach § 95 FamFG iVm § 707 ZPO) klarzustellen, dass der „Rüge abgeholfen"[108] oder „das Verfahren fortgesetzt" wird.

Soweit die Behebung des Gehörsverstoßes weitere Verfahrensschritte erfordert oder nach sich zieht, sind diese durchzuführen. Sodann wird durch eine neue abschließende Entscheidung die frühere Entscheidung entweder aufrechterhalten oder abgeändert. Das Gericht ist bei seiner Entscheidung in keiner Weise an den vorangegangenen Beschluss gebunden, ein Verbot der reformatio in peius besteht nicht.[109] Die neue Entscheidung kann daher im Falle einer Abänderung sogar für den Führer der Gehörsrüge erstmals rechtsmittelfähig werden, wenn nunmehr ein zuvor nicht erreichter Beschwerdewert von 600 EUR übertroffen wird.

e) Kosten

Gerichtskosten: Wenn die Gehörsrüge vollständig erfolglos geblieben ist, entsteht für den Rügeführer unabhängig davon, ob sie verworfen oder zurückgewiesen wurde, eine Pauschalgebühr in Höhe von 50 EUR. Dies ergibt sich für die familiengerichtlichen Verfahren aus KV 1800 FamGKG und für die übrigen Verfahren aus § 131 d S. 1 KostO. Die Gebühr fällt nicht an, wenn die Gehörsrüge zurückgenommen wurde (§ 131 d S. 2 KostO bzw aus der Formulierung der Nr. 1800 KV FamGKG) oder wenn sie von einem Betreuten oder Pflegling oder im Interesse dieser Personen gegen eine Entscheidung des Betreuungsgerichts eingelegt wurde (§ 131 d S. 3 KostO iVm § 131 Abs. 5 KostO).

---

105 BGH MDR 2006, 168.
106 BGH MDR 2006, 168, vgl Zöller/Vollkommer § 321 a ZPO Rn 15 a.
107 Zuck, Die Berufungszurückweisung durch Beschluss und rechtliches Gehör , NJW 2006, 1706.
108 Vgl Zimmermann § 321 a ZPO Rn 3.
109 Vgl Zöller/Vollkommer § 321 a ZPO Rn 18 mwN.

Dieker

130 **Rechtsanwaltsgebühren:** Derjenige Rechtsanwalt, der bereits Prozessbevollmächtigter des Ausgangsverfahrens war, erhält für das Verfahren der Gehörsrüge keine gesonderte Gebühr (§ 19 Abs. 1 S. 2 Nr. 5 RVG). Ein Rechtsanwalt, der nur für das Verfahren der Gehörsrüge beauftragt wird, erhält nach VV 3330 RVG eine halbe Verfahrensgebühr und bei – seltener – mündlicher Erörterung eine weitere halbe Gebühr nach VV 3332 RVG.

131 Das Gericht kann in der abschließenden Entscheidung, insbesondere in einem die Gehörsrüge zurückweisenden Beschluss, einem Beteiligten auch die außergerichtlichen Kosten des Gehörsrügeverfahrens eines anderen Beteiligten nach § 81 auferlegen.

2. Keine außerordentliche Beschwerde wegen greifbarer Gesetzeswidrigkeit

132 Das ursprünglich vom Bundesgerichtshof entwickelte Institut der Anfechtung an für sich nicht anfechtbarer Entscheidungen bei der nächsthöheren Instanz im Wege der **außerordentlichen Beschwerde** wegen greifbarer Gesetzeswidrigkeit wird vom Bundesgerichtshof nicht mehr für zulässig erachtet.[110] Dies entspricht der Entscheidung des Bundesverfassungsgerichts vom 30.4.2004,[111] nach der die von der Rechtsprechung entwickelten außerordentlichen Rechtsbehelfe dem Gebot der Rechtsmittelklarheit widersprechen. Vor dem Hintergrund dieser verfassungsgerichtlichen Rechtsprechung ist fraglich, ob – insbesondere nach der gesetzlichen Ausgestaltung der Gehörsrüge in allen Verfahrensordnungen – die bislang noch vielfach als zulässig erachteten, aber gleichfalls ohne gesetzliche Grundlage von den Gerichten entwickelten Institute der Gegenvorstellung und der Untätigkeitsbeschwerde Bestand haben können. Derzeit gehen die Gerichte überwiegend von der Zulässigkeit der Gegenvorstellung bei Verletzung der Verfahrensgrundrechte aus.

3. Gegenvorstellung

133 Anders als die gleichfalls von der Rechtsprechung entwickelte außerordentliche Beschwerde richtet sich die Gegenvorstellung nicht an ein im Instanzenzug übergeordnetes Gericht, sondern sie strebt eine **Überprüfung** einer gerichtlichen Entscheidung **durch die gleiche Instanz** an, die die Entscheidung erlassen hat. Aufgrund der Vorgabe des Bundesverfassungsgerichts zum Gebot der Rechtsmittelklarheit[112] ist allerdings zweifelhaft, ob die Gegenvorstellung als nicht gesetzlich gefasstes Mittel zur Abänderung rechtskräftiger Beschlüsse – insbesondere nach Einführung einer gesetzlichen Regelung zur Gehörsrüge in alle Verfahrensordnungen – noch lange Bestand haben kann.[113] Einerseits ist ein Bedürfnis nicht zu verkennen, dass es den Gerichten möglich sein sollte, erkannte schwere Fehler mit Grundrechtsrelevanz für die Betroffenen selbst einer Korrektur zuführen zu können, andererseits stehen das Bedürfnis nach Rechtssicherheit und das Vertrauen in rechtskräftige Entscheidungen einer fortschreitenden Ausweitung der Gegenvorstellung auf weitere Fallgruppen entgegen.

---

110 BGHZ 150, 133; BauR 2006, 1019; MDR 2007, 1276; vgl zur Entwicklung Zöller/Gummer Vor § 567 ZPO Rn 6–10 und SchuSo/Briesemeister Vor §§ 19–30 FGG Rn 29–31.
111 BVerfGE 107, 395.
112 BVerfGE 107, 395.
113 Vgl Zöller/Heßler § 567 ZPO Rn 25.

IV. Sonstige Rechtsbehelfe 2

Der Bundesgerichtshof[114] ist der Ansicht, dass auch die o.g. Entscheidung des Bundesverfassungsgerichts[115] dafür spreche, bei Verstößen gegen die Verfahrensgrundrechte eine Selbstkontrolle der Fachgerichte im Instanzenzug oder durch analoge Anwendung von Prozessrechtsnormen zu beheben. Der Umstand, dass das Bundesverfassungsgericht in der gleichen Entscheidung einen Verstoß gegen das Rechtsstaatsprinzip festgestellt hat, weil eine Verfahrensordnung keine gesetzliche Abhilfemöglichkeit für den Fall vorsieht, dass ein Gericht in entscheidungserheblicher Weise den Anspruch auf rechtliches Gehör verletzt, schließe eine analoge Anwendung des § 321a ZPO auf die Verletzung anderer Verfahrensgrundrechte wie dasjenige des gesetzlichen Richters nach Art. 103 Abs. 1 GG nicht aus, da diese nicht Gegenstand des Plenarbeschlusses des Bundesverfassungsgerichts waren.[116] Bei der Verletzung von Verfahrensgrundrechten außerhalb des unmittelbaren Anwendungsbereichs der in den Verfahrensordnungen nunmehr normierten Gehörsrüge sei die Gegenvorstellung das geeignete Mittel, eine fachgerichtliche Kontrolle zu erreichen; die Möglichkeit einer Gegenvorstellung verschaffe dem Justizgewährungsanspruch Geltung, wobei auf ihn (im Zivilprozess) die Verfahrensregelung des § 321a ZPO anzuwenden sei.[117]

134

Allerdings dürfte es im Hinblick auf die die **Rechtssicherheit** herstellende Funktion der Rechtskraft nicht haltbar sein, die Gegenvorstellung auch dann für zulässig zu erachten, wenn keine Verfahrensgrundrechte berührt sind. Denn dies würde einer beliebigen Abänderbarkeit bereits rechtskräftiger Beschlüsse Tür und Tor öffnen.

135

Im Ergebnis dürfte derzeit Folgendes gelten:

136

- Im Fall der Verletzung von verfassungsrechtlich geschützten Verfahrensgrundsätzen, die dem rechtlichen Gehör des Art. 103 GG gleichstehen (insbesondere gesetzlicher Richter[118] und Willkürverbot;[119] wohl auch Fälle der „greifbaren Gesetzeswidrigkeit",[120] die ohnehin kaum von dem verfassungsrechtlichen Willkürbegriff abzugrenzen sind), ist die Gegenvorstellung subsidiär zulässig, wenn kein gesetzlich vorgesehener Rechtsbehelf genutzt werden kann. Das Verfahren richtet sich im Anwendungsbereich des FamFG nach § 44 analog;[121] insbesondere sind dessen Frist- und Formvorschriften zu beachten. Zuständig ist, wie bei § 44, das Gericht, dessen Entscheidung angegriffen wird.

- Bei nicht rechtskraftfähigen Entscheidungen, wie zum Beispiel Beweisbeschlüssen oder ähnlichen verfahrensleitenden Beschlüssen, ist die Gegenvorstellung gleichfalls statthaft. In einem solchen Fall kommt sie inhaltlich einer Anregung oder Bitte an das Gericht gleich, den eigenen – ohnehin abänderbaren – Beschluss nochmals zu überdenken. Insoweit ist sie an keine Frist gebunden.

---

114 BGH NJW 2006, 1978; BGH MDR 2007, 1276; ebenso der BFH NJW 2005, 526.
115 BVerfGE 107, 395.
116 BGH NJW 2006, 1978; BGH MDR 2007, 1276, aA, jedoch offenbar BGH MDR 2008, 1175.
117 BGH MDR 2007, 1276; vgl zur analogen Anwendung der Frist des § 321a ZPO auf die Gegenvorstellung auch OLG Dresden MDR 2006, 771; ablehnend zur Anwendung auch der Fristen des § 321a ZPO ohne ausdrückliche gesetzliche Grundlage: Zöller/Heßler § 567 ZPO Rn 22.
118 BGH MDR 2007, 1276; Thomas/Putzo/Reichold Vor § 567 ZPO Rn 14; Zöller/Heßler § 567 ZPO Rn 25; SchuSo/Briesemeister Vor §§ 19–30 FGG Rn 23.
119 Thomas/Putzo/Reichold Vor § 567 ZPO Rn 14; Zöller/Heßler § 567 ZPO Rn 25.
120 Thomas/Putzo/Reichold Vor § 567 ZPO Rn 14.
121 AA: BGH MDR 2008, 1175.

§ 2 Beschwerdeverfahren

- Daneben verbleibt meines Erachtens im Interesse der Rechtsmittelklarheit und der Rechtssicherheit kein Raum für die Statthaftigkeit von Gegenvorstellungen gegen rechtskräftige Beschlüsse, wenn keine Verletzung von verfassungsrechtlich geschützten Verfahrensgrundsätzen geltend gemacht wird. In diesen Fällen muss es – auch wenn die Entscheidung fehlerhaft sein mag – bei der Rechtskraft des Beschlusses verbleiben.

4. Untätigkeitsbeschwerde

137 Weil die Rechtsmittel des FamFG stets voraussetzen, dass eine Entscheidung, die angefochten werden kann, ergangen ist, fehlt es – wie auch in den anderen Verfahrensordnungen – an einer gesetzlichen Regelung, wie sich Beteiligte gegen Untätigkeit des Gerichts und ungebührlich lange Verfahrensdauern wehren können. Durch Dienstaufsichtsbeschwerden kann keine Abhilfe erzwungen werden, da der Dienstvorgesetzte aufgrund der richterlichen Unabhängigkeit keine Weisungsbefugnisse für das konkrete Verfahren hat.

138 Die Rechtsprechung des EuGHMR zu **Art. 6 Abs. 1 der Europäischen Menschenrechtskonvention**, nach der jede Person ein Recht darauf hat, dass über Streitigkeiten über zivilrechtliche Ansprüche und Verpflichtungen von einem Gericht in angemessener Zeit entschieden wird, hat jedoch bereits mehrfach zu Verurteilungen der Bundesrepublik Deutschland zur Zahlung von Schadensersatz wegen übermäßig langer Verfahrensdauer geführt.[122] Nach der Rechtsprechung des Bundesverfassungsgerichts[123] gebietet zudem auch die aus dem Rechtsstaatsprinzip abgeleitete Pflicht zur Gewährung wirkungsvollen Rechtsschutzes und zur Herstellung von Rechtssicherheit, dass strittige Rechtsverhältnisse in angemessener Zeit geklärt werden.

139 Dies hat dazu geführt, dass zunehmend die Untätigkeitsbeschwerde zur nächsthöheren Instanz für **statthaft** erachtet wird, wenn die Unterlassung des Gerichts auf willkürlichem Verhalten beruht, einer Rechtsverweigerung gleichkommt und der Beschwerdeführer eine unzumutbare, deutlich über das Normalmaß hinausgehende Verzögerung darlegt.[124] Aufgrund der fehlenden gesetzlichen Regelung ist es jedoch bei Untätigkeit des Gerichts nicht erforderlich, vor Erhebung einer Verfassungsbeschwerde zur Erschöpfung des Rechtswegs eine Untätigkeitsbeschwerde einzulegen.[125]

140 Wird die Untätigkeitsbeschwerde für zulässig erachtet, so beinhaltet im Falle ihres Erfolges die Entscheidung der nächsthöheren Instanz eine Anweisung an die Vorinstanz,

---

122 Vgl. Entscheidung des EUGHMR NJW 2006, 2389, in der der EUGHMR auch kritisiert, dass es in Deutschland kein wirksamer Rechtsbehelf gegen überlange Verfahrensdauern zur Verfügung steht. In den letzten Jahren hatte die Bundesrepublik Deutschland drohende Verurteilungen dadurch abgewendet, dass sie erklärte, an den vor dem EuGHMR eine Beschwerde führenden Betroffenen Schadensersatz zu zahlen, worauf der EuGHMR das Verfahren regelmäßig einstellte, vgl. z.B. Beschluss vom 3.6.2008, 10823/05. Der EuGHMR hat jedoch angekündigt, diese Vorgehensweise nicht länger hinzunehmen.
123 BVerfG NJW-RR 2002, 649.
124 Sehr strittig; zustimmend: Zöller/Heßler § 567 ZPO Rn 21; OLG Naumburg OLGReport 2006, 408; KG MDR 2005, 455; OLG Jena FamRZ 2003, 1673; OLG Brandenburg, Beschluss vom 22.1.2009, 10 WF 253/08, ablehnend: OLG Koblenz MDR 2008, 817; OLG München OLGReport 2007, 149; wohl auch BGH, Senat für Anwaltssachen, Beschluss vom 25.9.2008, AnwZ (B) 15/08.
125 Verfassungsgericht Brandenburg, Beschluss vom 19.2.2009, 7/09; vgl. auch Rn 141.

das Verfahren in angemessener – möglicherweise vorzugebender – Frist fortzuführen; eine Entscheidungskompetenz in der Sache besteht nicht.[126]

5. Verfassungsbeschwerde; Anrufung des EuGHMR

Gegen die letztinstanzlichen Entscheidungen kann ein Beteiligter gem. § 90 BVerfGG Verfassungsbeschwerde zum Bundesverfassungsgericht erheben und geltend machen, in seinen Grundrechten oder in seinen Rechten nach den Art. 20 Abs. 4, 33, 38, 101, 103 und 104 GG verletzt zu sein. Voraussetzung ist die vorherige **Erschöpfung des Rechtsweges**. Die Beschwerde**frist** beträgt einen Monat. Die Erhebung der Verfassungsbeschwerde hat keine Auswirkungen auf die Rechtskraft der angefochtenen Entscheidung; die Beantragung und der Erlass einstweiliger Anordnungen durch das Verfassungsgericht sind möglich. **141**

In einigen Ländern können die letztinstanzlichen Entscheidungen der Amts-, Land und Oberlandesgerichte auch mit Verfassungsbeschwerden zu den **Landesverfassungsgerichten** angefochten werden. Dabei ist die Verfassungsbeschwerde zum Bundesverfassungsgericht gem. § 90 Abs. 3 BVerfGG gegenüber der Verfassungsbeschwerde zum Landesverfassungsgericht nicht subsidiär;[127] beide Verfassungsbeschwerden können (und müssen zur Fristwahrung)[128] daher nebeneinander betrieben werden. **142**

Schließlich können die Beteiligten eine Individualbeschwerde an den **Europäischen Gerichtshof für Menschenrechte** richten, sofern innerstaatlich keine Rechtsmittel mehr möglich sind. Damit kann die Verletzung der in der Europäischen Menschenrechtskonvention und den Zusatzprotokollen geschützten Grundrechte gerügt werden. **143**

6. Wiederaufnahme

a) Allgemeines

Mit § 48 FamFG wurde gegenüber der in § 18 Abs. 1 FGG vorgesehenen generellen Abänderbarkeit ergangener Entscheidungen nunmehr eine grundsätzliche **Bindung** auch des erstinstanzlichen Gerichtes an seine Entscheidungen begründet. Die Begründung des Gesetzentwurfs weist zutreffend darauf hin, dass die freie Abänderbarkeit nicht mit der grundsätzlichen Befristung der Rechtsmittel im FamFG in Einklang gebracht hätte werden können.[129] Daraus ergab sich aber auch die Notwendigkeit, die Voraussetzungen der Wiederaufnahmeverfahren gesetzlich zu regeln, um in bestimmten Fällen ein rechtskräftiges Urteil beseitigen zu können. **144**

Für die **Wiederaufnahme** des Verfahrens verweisen § 48 Abs. 2 und für Ehe- und Familienstreitsachen § 118 FamFG auf die entsprechende Anwendung der Wiederaufnahmevorschriften in den §§ 578–591 ZPO. Bereits nach altem Recht wurden die §§ 578 ff ZPO jedenfalls auf Entscheidungen in echten Streitverfahren der freiwilligen Gerichtsbarkeit für analog anwendbar gehalten.[130] **145**

---

126 Vgl Zöller/Heßler § 567 ZPO Rn 21 a; OLG Naumburg OLGReport 2006, 408.
127 BVerfG Beschl. v. 5.10.1996, 2 BvR 1630/96; Thüringer Verfassungsgerichtshof NVwZ 2007, 950.
128 BVerfG Beschl. v. 1.6.2006, 1 BvR 1096/05.
129 BT-Drucks. 16/6308, 197; vgl auch § 18 Abs. 2 FGG zur Unabänderbarkeit derjenigen Beschlüsse, die nach altem Recht nur befristet anfechtbar waren.
130 BGH MDR 2006, 1422; SchuSo/Briesemeister § 18 FGG Rn 60; KKW/Schmidt § 18 FGG Rn 69; Thomas/Putzo/Reichold Vor § 578 ZPO Rn 1 a.

146 Fraglich ist die Anwendbarkeit auf Entscheidungen, die noch nach dem FGG ergangen sind, da es im FGG-RG an einer diesbezüglichen ausdrücklichen **Übergangsvorschrift** fehlt. Art. 111 Abs. 1 S. 2 FGG-RG ordnet lediglich für ab dem 1.9.2009 eingeleitete Abänderungs-, Verlängerungs- und Aufhebungsverfahren die Geltung des FamFG an. Art. 111 FGG-RG verhält sich lediglich zu den bis zum 31.8.2009 eingeleiteten Verfahren; die Wiederaufnahmeverfahren sind jedoch keine Rechtsmittel im eigentlichen Sinn, so dass sie nicht ohne Weiteres als Teil des ursprünglichen Verfahrens angesehen werden können. Dennoch halte ich es für allein sachgerecht, die Vorschriften des FamFG, soweit sie in Abweichung von der früheren Rechtslage die Wiederaufnahmemöglichkeit gegen Beschlüsse ermöglichen, auf vor dem 1.9.2009 erlassene Beschlüsse nicht anzuwenden, da ein erfolgreicher Wiederaufnahmeantrag zur Fortsetzung des ursprünglichen Verfahrens führt (vgl § 590 ZPO), welches wiederum wegen Art. 111 FGG-RG nach dem FGG zu führen ist. Es wäre widersprüchlich, das Wiederaufnahmeverfahren nach neuem Recht zu führen, bei Erfolg des Antrags aber das Ursprungsverfahren nach altem Recht fortzuführen.

147 Es bestehen zwei Wege zur Wiederaufnahme des Verfahrens, der **Nichtigkeitsantrag** (§ 579 ZPO) und der **Restitutionsantrag** (§ 580 ZPO). Mit beiden Verfahren wird die Aufhebung einer rechtskräftigen Entscheidung mit zeitlicher Rückwirkung angestrebt. Zusätzliche Bestimmungen für Restitutionsverfahren in Abstammungssachen enthält § 185 FamFG.

b) Statthaftigkeit

148 Die Wiederaufnahmeverfahren finden nur gegen rechtskräftige Beschlüsse statt (§ 578 ZPO iVm § 48 Abs. 2 FamFG bzw § 118 FamFG). **Beteiligte** können nur die Beteiligten des Vorverfahrens oder deren Gesamtrechtsnachfolger sein. In Ehesachen ist die Wiederaufnahme nach dem Tod eines Ehegatten unzulässig.[131] Der das Wiederaufnahmeverfahren führende Beteiligte muss durch die Entscheidung beschwert sein; dies gilt gem. § 185 Abs. 2 nicht für Restitutionsanträge in Abstammungssachen.

149 Weitere Zulässigkeitsvoraussetzung ist, dass der Antragsteller darlegt, dass es ihm ohne sein Verschulden nicht möglich gewesen ist, den **Restitutionsgrund** in erster oder zweiter Instanz des Ursprungsverfahrens geltend zu machen (§ 582 ZPO). Dagegen ist es dem Beteiligten nicht anzulasten,[132] wenn der Restitutionsgrund nicht im Rechtsbeschwerdeverfahren geltend gemacht worden ist, da dieses nicht der Überprüfung von Tatsachenfeststellungen dient, auch wenn es der Bundesgerichtshof in Zivilverfahren aus prozessökonomischen Gründen für eingeschränkt möglich hält, im Revisionsverfahren neu vorgebrachte Tatsachen, die einen Restitutionsgrund bilden können, in besonderen Konstellationen zu berücksichtigen.[133] Streitig ist, inwieweit der Restitutionsantrag auch dadurch ausgeschlossen ist, dass der Restitutionsgrund bereits im Vorverfahren (erfolglos) geltend gemacht worden ist.[134] Meines Erachtens ist der Antrag

---

131 BGH NJW 1965, 1137 unter Hinweis auf § 628 ZPO aF.
132 Wie hier: Zöller/Greger Vor § 578 ZPO Rn 16.
133 BGH NJW 2003, 2088; vgl hierzu und auch zu der Möglichkeit des Bundesgerichtshofs, das Verfahren ausnahmsweise zur Nachprüfung der tatsächlichen Voraussetzungen des Restitutionsgrundes an die Vorinstanz zurückzugeben: BGHZ 3, 65 und Zöller/Greger Vor § 578 ZPO Rn 16.
134 Für Ausschluss: Zöller/Greger § 582 ZPO Rn 8; Thomas/Putzo/Reichold § 582 ZPO Rn 3; dagegen oder nur eingeschränkt: LAG Frankfurt/M. NJW 1962, 1886; BLAH/Hartmann § 582 ZPO Rn 2.

jedenfalls dann unzulässig, wenn sich das Vorbringen in dem Restitutionsantrag auf die Wiederholung des bereits im Ausgangsverfahren geltend gemachten beschränkt. Anderes dürfte gelten, wenn der Antragsteller nunmehr einen neuen Sachverhalt darlegen oder neue Beweise anbieten kann, deren er sich im Ausgangsverfahren schuldlos nicht bedienen konnte.

Nicht zulässig sind die Wiederaufnahmeverfahren gegen Beschlüsse, durch die die Genehmigung für ein Rechtsgeschäft erteilt oder verweigert worden ist, sofern die Genehmigung oder deren Verweigerung bereits einem Dritten gegenüber wirksam geworden ist (§ 48 Abs. 3). Denn der am Rechtsgeschäft beteiligte Dritte – zB der Käufer eines Grundstücks von einem unter Vormundschaft stehenden Verkäufer – muss auf die Erteilung der erforderlichen Genehmigung – im Beispielsfall der Genehmigung durch das Familiengericht nach § 1821 Abs. 1 Nr. 1 BGB nF – vertrauen dürfen, sobald sie ihm gegenüber (beispielsweise nach § 1829 Abs. 1 S. 2 BGB) wirksam geworden ist.[135] **150**

c) Zuständiges Gericht, Form und Frist

Der Wiederaufnahmeantrag ist bei demjenigen **Gericht** einzureichen, welches den angefochtenen Beschluss erlassen hat (§ 584 Abs. 1 ZPO). Wurde die angefochtene Entscheidung von der Rechtsbeschwerdeinstanz erlassen, gilt dies allerdings für den Restitutionsantrag dann nicht, wenn dieser auf einen der in § 580 Nr. 1–3, 6 und 7 ZPO genannten Gründe gestützt wird; in diesen Fällen ist die Beschwerdeinstanz zuständig.[136] Für Wiederaufnahmeanträge gegen Vollstreckungsbescheide ist das Gericht zuständig, welches auch für das Streitverfahren im Falle eines Einspruchs zuständig gewesen wäre. **151**

Der Wiederaufnahmeantrag ist vor Ablauf eines Monats nach dem Tag einzureichen, an dem der Antragsteller sichere[137] Kenntnis von den Tatsachen hat, aus denen sich der Anfechtungsgrund ergeben soll. Die **Frist** beginnt frühestens mit Rechtskraft der angefochtenen Entscheidung zu laufen; nach Ablauf von fünf Jahren nach Rechtskraft der angefochtenen Entscheidung sind Wiederaufnahmeanträge unzulässig (§ 586 ZPO). Die Fristen gelten nicht für den Sonderfall des Restitutionsantrags in Abstammungssachen bei Vorlage eines neuen Gutachtens über die Abstammung nach § 185 FamFG. Die Fünfjahresfrist gilt zudem nicht für eine Nichtigkeitsklage wegen mangelnder Vertretung im Vorprozess; in diesem Fall beginnt die Monatsfrist an dem Tag, an dem die angefochtene Entscheidung dem Beteiligten (oder bei fehlender Prozessfähigkeit seinem gesetzlichen Vertreter) zugestellt wird. **152**

Die **Antragsschrift** muss die angefochtene Entscheidung bezeichnen und eine Erklärung beinhalten, dass ein Nichtigkeits- oder Restitutionsantrag gestellt wird. Die Schrift muss erkennen lassen, welcher dieser Anträge verfolgt wird (§ 587 ZPO). Ein Antrags- und Begründungszwang besteht nicht, § 588 ZPO gibt jedoch als Soll-Vorschrift Vor- **153**

---

135 BT-Drucks. 16/6308, 199.
136 Aufgrund des Fehlens einer Folgeänderung in § 584 ZPO im Rahmen der Ergänzung des § 580 Nr. 8 ZPO ist allerdings unklar, wer zuständig ist, wenn dieser Restitutionsgrund gegen eine Entscheidung des Rechtsbeschwerdegerichts geltend gemacht wird; mit Zöller/Greger § 584 ZPO Rn 9 sollte aber aus systematischen Gründen der Bundesgerichtshof zuständig sein.
137 BGH NJW 1995, 332; vgl dort auch dazu, dass das „klar bewußteSich-Verschließen", nicht aber das „Kennenmüssen" einer positiven Kenntnis iSd § 586 ZPO gleichsteht.

Dieker

gaben für den Inhalt der Antragsschrift (insbesondere die Bezeichnung des Anfechtungsgrunds und die Angabe der Beweismittel zum Nachweis der Einhaltung der Frist des § 586 ZPO).

154 Soweit **Anwaltszwang** in der Hauptsache besteht – zum Beispiel (bei Zuständigkeit des Bundesgerichtshofs) nach § 10 Abs. 4 oder (in Ehe- und Familienstreitsachen) nach § 114 Abs. 1 – gilt dieser auch für die Antragsschrift und das Verfahren bei einem Wiederaufnahmeantrag. Die Vollmacht des Verfahrensbevollmächtigten für das Hauptsacheverfahren gilt gem. § 11 S. 5 FamFG iVm § 81 ZPO auch für das Wiederaufnahmeverfahren.[138]

d) Wiederaufnahmegründe

155 Der gegen die Verletzung von Verfahrenvorschriften gerichtete **Nichtigkeitsantrag** kann auf folgende Gründe gestützt werden:

- die fehlerhafte **Besetzung** des **Gerichts** (§ 579 Nr. 1 ZPO);
- die Mitwirkung eines kraft Gesetzes gem. § 6 Abs. 1 FamFG iVm § 41 ZPO **ausgeschlossenen Richters** (§ 579 Nr. 2 ZPO), sofern nicht im Ausgangsverfahren ein Verstoß hiergegen bereits erfolglos mittels eines (erfolglosen) Ablehnungsgesuchs oder Rechtsmittels geltend gemacht worden ist;
- die Mitwirkung eines erfolgreich wegen der Besorgnis der Befangenheit nach § 6 FamFG iVm §§ 42–48 ZPO **abgelehnten Richters** (§ 579 Nr. 3 ZPO);
- die **nicht ordnungsgemäße Vertretung des Beteiligten** im Verfahren, sofern keine Genehmigung erfolgt ist (§ 579 Nr. 4 ZPO); hierzu gehören Fälle fehlender Vollmacht der im Verfahren als Vertreter auftretenden Person ebenso wie fehlende Beteiligtenfähigkeit.[139]

156 In den Fällen der Nr. 1 und Nr. 3 ist der Nichtigkeitsantrag nur zulässig, wenn die Nichtigkeit nicht mittels eines Rechtsmittels im Ursprungsverfahren hätte geltend gemacht werden können.

157 Der **Restitutionsantrag** kann auf folgende Gründe gestützt werden:

- vorsätzliche oder fahrlässige **Verletzung der Eidespflicht** durch den Gegner, sofern die angefochtene Entscheidung hierauf beruht (§ 580 Nr. 1 ZPO);
- **Urkundenfälschung**, sofern die angefochtene Entscheidung hierauf beruht (§ 580 Nr. 2 ZPO);
- strafbare **Verletzung der Wahrheitspflicht** durch Zeugen oder Sachverständige, sofern die angefochtene Entscheidung hierauf beruht (§ 580 Nr. 3 ZPO);
- **Erwirken des angefochtenen Urteils durch eine Straftat** des eigenen Verfahrensbevollmächtigten, des Gegners oder dessen Vertreter (§ 580 Nr. 4 ZPO), insoweit kommen sämtliche Straftatbestände – insbesondere Prozessbetrug, Parteiverrat, Untreue, Erpressung – in Betracht;

---

138 In Ehesachen ist allerdings das Erfordernis einer besonderen Vollmacht nach § 114 Abs. 5 zu beachten.
139 Vgl Zöller/Greger § 579 ZPO Rn 5 ff m. weiteren Beispielen.

IV. Sonstige Rechtsbehelfe **2**

- **strafbare Handlung eines Richters** – insbesondere Bestechung oder Rechtsbeugung – zu Lasten des Antragstellers im Vorverfahren (§ 580 Nr. 5 ZPO);
- rechtskräftige **Aufhebung** einer für die angefochtene Entscheidung **präjudiziellen Entscheidung** (§ 580 Nr. 6 ZPO);
- das **Auffinden** eines in derselben Sache ergangenen, früher als die angefochtene Entscheidung **rechtskräftig gewordenen Beschlusses** (§ 580 Nr. 7 a ZPO);
- das **Auffinden oder Erlangen einer Urkunde,** die vor der letzten mündlichen Tatsachenverhandlung errichtet[140] worden ist, im Vorverfahren unverschuldet nicht vorgelegt werden konnte und geeignet ist, einen für den Antragsteller günstigeren Ausgang des Ursprungsverfahrens herbeizuführen (§ 580 Nr. 7 b ZPO);[141]
- die **Feststellung des EuGHMR,** dass die Europäische Menschenrechtskonvention einschließlich der Zusatzprotokolle verletzt worden ist und die angefochtene Entscheidung auf dieser Verletzung beruht (§ 580 Nr. 8 ZPO).

e) Verfahren; Entscheidung des Gerichts; Rechtsmittel

Das Gericht prüft von Amts wegen, ob Frist und Form eingehalten wurden (§ 589 Abs. 1 ZPO). Tatsachen, aus denen sich die Einhaltung der Frist ergeben, sind vom Antragsteller glaubhaft zu machen (§ 589 Abs. 2 ZPO). Es gelten die allgemeinen **Verfahrensvorschriften** (§ 585 ZPO). Das Gericht führt im Regelfall eine mündliche Verhandlung durch, wobei diese zugleich als Verhandlung über Zulässigkeit und Grund des Wiederaufnahmeantrags als auch als Verhandlung über die Hauptsache des Ausgangsverfahrens erfolgt; das Gericht kann aber auch Fortsetzungstermine anberaumen (§ 590 Abs. 2 ZPO). **158**

Das Gericht entscheidet durch **Beschluss.** Bei Fehlen der Zulässigkeit wird der Wiederaufnahmeantrag verworfen. Ist der Antrag dagegen zulässig, wird in einem zweiten Verfahrensabschnitt von Amts wegen geprüft, ob der geltend gemachte Wiederaufnahmegrund vorliegt. Sofern der Bundesgerichtshof nach § 584 ZPO für das Wiederaufnahmeverfahren zuständig ist, handelt er ausnahmsweise auch als Tatsachengericht (§ 590 Abs. 3 ZPO). Liegt der Wiederaufnahmegrund im Ergebnis der Ermittlungen zur Überzeugung des Gerichts nicht vor oder ist er nicht erwiesen, so weist es den Wiederaufnahmeantrag als unbegründet zurück. Liegt dagegen ein Wiederaufnahmegrund vor, so hebt das Gericht den angefochtenen Beschluss auf, und zwar grundsätzlich zugleich mit einer neuen Entscheidung in der Hauptsache des Ausgangsverfahrens. Auch wenn die Fortsetzung des Verfahrens zum gleichen Ergebnis wie die angegriffene Entscheidung führen sollte, wird diese nicht bestätigt, sondern aufgehoben und durch einen neuen Beschluss ersetzt.[142] **159**

Gegen die Entscheidungen im Wiederaufnahmeverfahren sind die allgemeinen **Rechtsmittel** zulässig (§ 591 ZPO). **160**

---

140 Vgl Zöller/Greger Vor § 580 ZPO Rn 16 a.
141 Vgl hierzu mit vielen Einzelheiten Zöller/Greger § 580 ZPO Rn 16–27.
142 Zöller/Greger § 590 ZPO Rn 16 mwN.

Dieker

§ 2 Beschwerdeverfahren

7. Abänderung nach § 48

161 § 48 Abs. 1 erlaubt für Beschlüsse mit Dauerwirkung die **Abänderung** im Falle einer wesentlichen nachträglichen Änderung der zugrunde liegenden Sach- und Rechtslage. Daneben bestehen noch – der allgemeinen Regelung des § 48 vorgehende – Sonderregelungen in den §§ 166 (Kindschaftssachen), 230 (Versorgungsausgleich), 238 ff (wiederkehrende Unterhaltsleistung), 294 (Aufhebung Betreuung oder Einwilligungsvorbehalt) und 330 (Aufhebung Unterbringung), 426 (Aufhebung Freiheitsentziehung). Auch die Vorschriften zur Einziehung eines Erbscheins haben Vorrang vor § 48. Wenn das Abänderungsverfahren nach dem 31.8.2009 eingeleitet worden ist, richtet es sich gem. Art. 111 S. 2 FGG-RG auch dann nach dem FamFG, wenn die Ausgangsentscheidung noch nach dem FGG (oder der ZPO) ergangen ist.

a) Anwendungsbereich

162 Die Abänderung eines Beschlusses ist statthaft, wenn von dem Beschluss eine **Dauerwirkung** ausgeht. Das FamFG enthält keine Definition des Begriffs der „Dauerwirkung", auch die Gesetzesbegründung verhält sich zu diesem – auch im FGG unbekannten – Begriff nicht. Da diese als Ausnahmeregelung ausgestaltete Vorschrift jedoch nicht die beliebige Abänderbarkeit rechtskräftiger Beschlüsse ermöglichen sollte, wird der Begriff der Dauerwirkung eng auszulegen und auf diejenigen Fälle zu beschränken sein, in denen von einem Beschluss in der Zukunft (wiederkehrend) neue Rechte, Pflichten oder Beeinträchtigungen für die Betroffenen ausgehen und der rechtskräftige Beschluss trotz den neuen Sachlage einer erneuten erstinstanzlichen Befassung des Gerichts entgegensteht.

163 Nicht anwendbar ist § 48 Abs. 1 daher auf alle Beschlüsse, die eine einmalige Zahlung eines Geldbetrages zum Gegenstand haben, und zwar auch dann, wenn zum Zeitpunkt einer erneuten Befassung die Zahlung noch nicht erfolgt ist. Eine Abänderung von Endentscheidungen in Abstammungssachen ist ausdrücklich ausgeschlossen (§ 184 Abs. 1). Ausgeschlossen ist auch die Abänderung von Beschlüssen in Verfahren über die Genehmigung von Rechtsgeschäften, sofern die Entscheidung gegenüber einem Dritten bereits wirksam geworden ist (§ 48 Abs. 3).

164 Gleichfalls nicht anwendbar ist § 48 Abs. 1 auf Beschlüsse, mit denen über Anträge eines Beteiligten entschieden wurde, wenn dieser berechtigt ist, aufgrund der geänderten Sachlage einen **neuen Antrag** zu stellen. Denn es bedarf auch bei einer neuen Sachlage keiner Änderung beispielsweise einer rechtskräftig ablehnenden Entscheidung über ein Akteneinsichtsgesuch im Verfahren nach § 23 EGGVG, wenn es dem Beteiligten möglich ist, unter Darlegung der neuen Sachlage eine erneute Entscheidung des erstinstanzlichen Gerichts zu beantragen. Im Hinblick auf die neue Sachlage entfaltet der ursprüngliche Beschluss keine Dauerwirkung.

165 Anwendbar ist § 48 Abs. 1 dagegen auf Beschlüsse, die eine Verurteilung zu **wiederkehrenden Leistungen** zum Inhalt haben, da ein solcher Beschluss unzweifelhaft Dauerwirkung entfaltet. Dies gilt im praktisch häufigsten Fall der Verurteilung zu Unterhaltsleistungen, aber auch für andere Beschlüsse, die Dauerwirkung entfalten können.

Dieker

b) Frist; Form

In Antragsverfahren ist die Abänderung nur auf Antrag statthaft; in Amtsverfahren kann das Gericht auch ohne Antrag den Beschluss abändern. Eine Frist ist für den Antrag nicht zu beachten; der Antrag ist auch zulässig, wenn seit Eintritt der Änderung der Sach- oder Rechtslage ein längerer Zeitraum vergangen ist. **166**

c) Zuständigkeit

Zuständig für das Abänderungsverfahren ist stets das erstinstanzliche Gericht unabhängig davon, welche Instanz die abzuändernde Entscheidung getroffen hat. **167**

d) Verfahren

Das Abänderungsverfahren setzt lediglich eine wesentliche Änderung der zugrunde liegenden Sach- oder Rechtslage voraus. Ist diese Voraussetzung gegeben, richtet sich das Abänderungsverfahren nach den Vorschriften des Verfahrens des ersten Rechtszuges. Das Gericht kann die Ausgangsentscheidung je nach Sachlage durch Beschluss abändern oder aufheben. Wirkung entfaltet die Abänderung erst mit der Wirksamkeit der Abänderungsentscheidung. In Unterhaltssachen enthält § 238 Abs. 2 engere Regelungen zu der Frage, welche Gründe berücksichtigt werden können; § 238 Abs. 3 enthält zudem Sonderregelungen für den Zeitpunkt der Wirkung der Abänderung. Die Abänderungsentscheidung ist nach den allgemeinen Vorschriften anfechtbar. **168**

§ 3 Verfahrenskostenhilfe

Literatur: Dörndorfer, Prozesskosten- und Beratungshilfe für Anfänger, 4. Aufl. 2006; Fölsch, Das neue FamFG in Familiensachen, 2009; Kalthoener/Büttner/Wrobel-Sachs, Prozesskostenhilfe und Beratungshilfe, 4. Aufl. 2005; Schoreit/Groß, Beratungshilfe/Prozesskostenhilfe, 9. Aufl. 2008; Zimmermann, Prozesskostenhilfe, 3. Aufl. 2007.

I. Grundlagen 1	b) Muster: Antrag auf Bewilligung von Verfahrenskostenhilfe ohne Antragserhebung 59
1. Wesen von Verfahrenskostenhilfe 1	
2. FamFG-Vorschriften zur Verfahrenskostenhilfe im Überblick 3	2. Zuständiges Gericht 60
	3. Rechtliches Gehör 61
a) Regelungen im Allgemeinen Teil des FamFG 3	4. Weiterer Verfahrensgang 65
	5. Seitenblick: Bedingte Antragserhebung in der Hauptsache 68
b) Besonderheiten in bestimmten Familiensachen (Buch 2) 6	VI. Entscheidung 69
	1. Umfang und Prüfungsumfang 69
3. Aktuelle Gesetzesvorhaben zur Prozess- und Verfahrenskostenhilfe 9	a) Umfang der Bewilligung .. 69
	b) Prüfungserleichterungen in der Rechtsmittelinstanz der Hauptsache 72
4. Beratungshilfe 11	
II. Voraussetzungen der Bewilligung von Verfahrenskostenhilfe 13	2. Entscheidungsform: Beschluss 73
1. Beteiligter 13	3. Rechtsbehelfsbelehrung 76
2. Beabsichtigte Rechtsverfolgung oder Rechtsverteidigung 14	4. Muster: Beschluss über Teilablehnung von Verfahrenskostenhilfe 77
3. Erfolgsaussichten 16	VII. Rechtsmittel 78
4. Keine Mutwilligkeit 19	1. Grundkonzeption des Gesetzgebers zur Anfechtung von Zwischen- und Nebenentscheidungen 78
5. Bedürftigkeit (kein ausreichendes Einkommen und Vermögen) 20	
	2. Sofortige Beschwerde 81
6. Beteiligte kraft Amtes und juristische Personen 30	3. Rechtsbeschwerde? 82
7. Internationale Bezüge 31	VIII. Nachträgliche Änderung oder Aufhebung 87
III. Wirkungen der Verfahrenskostenhilfe 33	1. Abänderung gem. § 120 Abs. 4 ZPO 87
IV. Anwaltsbeiordnung 36	
1. Überblick 36	2. Aufhebung gem. § 124 ZPO 93
2. Verfahren mit Anwaltszwang 38	
3. Verfahren ohne Anwaltszwang 40	IX. Kosten des Verfahrenskostenhilfeprüfungsverfahrens 95
4. Mehrkostenverbot 47	1. Gerichtskosten 95
V. Verfahren 55	2. Rechtsanwaltskosten 96
1. Antrag 55	3. Ausschluss der Kostenerstattung 101
a) Anforderungen 55	

I. Grundlagen
1. Wesen von Verfahrenskostenhilfe

Verfahrenskostenhilfe ist eine staatliche Fürsorgeleistung.[1] Sie wird als Sozialhilfe in besonderen Lebenslagen angesehen.[2] Verfassungsrechtlich fußt die Verfahrenskostenhilfe auf Art. 3 GG, Art. 19 Abs. 4 GG, dem Rechtsstaats- und dem Sozialstaatsprinzip.[3] Dieser verfassungsrechtliche Hintergrund ist bei der Auslegung der einfachgesetzlichen Vorschriften über die Verfahrenskostenhilfe und bei der Verfahrensweise unbedingt zu berücksichtigen. Die Verfahrenskostenhilfe muss aber nicht zu einer vollständigen Angleichung der Situation eines Bedürftigen mit der Situation eines Unbedürftigen führen. Das GG verlangt nur, dass dem bedürftigen Beteiligten die Verfahrensführung nicht unmöglich gemacht wird.

Die Verfahrenskostenhilfe wird für gerichtliche Verfahren gewährt. Für die außergerichtliche Rechtsverfolgung kann hingegen nur Beratungshilfe nach dem Beratungshilfegesetz in Betracht kommen. Das Verfahrenskostenhilfeprüfungsverfahren ist formell Teil des FamFG-Verfahrens, inhaltlich ist es ein Verwaltungsverfahren zwischen Antragsteller und Gericht beziehungsweise Staatskasse unter Anhörung des Antragsgegners, der so gesehen nicht Beteiligter des Verfahrens ist.[4]

2. FamFG-Vorschriften zur Verfahrenskostenhilfe im Überblick
a) Regelungen im Allgemeinen Teil des FamFG

Die Vorschriften zur Verfahrenskostenhilfe finden sich in den §§ 76–78 im Abschnitt 6 des Allgemeinen Teils (Buch 1) des FamFG. **Kernvorschrift** ist der § 76 Abs. 1. Nach dieser Regelung finden auf die Bewilligung von Verfahrenskostenhilfe die Vorschriften der ZPO über die Prozesskostenhilfe entsprechende Anwendung, soweit nichts Abweichendes im FamFG bestimmt ist. Dieser Verweis bezieht sich trotz des eingeschränkten Wortlauts in § 76 Abs. 1 („auf die Bewilligung") auf alle Vorschriften in §§ 114–127 ZPO. Zwar befassen sich die ZPO-Vorschriften nicht nur mit der Bewilligung, sondern zum Beispiel auch mit der nachträglichen Abänderung und Aufhebung (§§ 120 Abs. 4, 124 ZPO). Jedoch ist den Begründungen des Gesetzgebers zu entnehmen, dass eine vollständige Einbeziehung der §§ 114–127 ZPO gewollt war.[5]

Eigene Maßgaben zur Verfahrenskostenhilfe enthalten §§ 76 Abs. 2, 77, 78.[6] § 77 Abs. 1 regelt die Anhörung der Beteiligten im Verfahrenskostenhilfeprüfungsverfahren. § 77 Abs. 2 benennt den Umfang der Bewilligung von Verfahrenskostenhilfe für die Vollstreckung in das bewegliche Vermögen. Mit der Beiordnung eines Rechtsanwalts befasst sich die Vorschrift des § 78. Die Anfechtung eines Beschlusses über die Verfah-

---

1 Musielak/Fischer Vor § 114 ZPO Rn 1; HK-ZPO/Pukall Vor §§ 114–127 a ZPO Rn 1.
2 BVerfG NJW 1974, 229.
3 Vgl näher zu den verfassungsrechtlichen Grundlagen: Zöller/Philippi Vor § 114 ZPO Rn 2, 3; BVerfG NJW 1974, 229; BVerfG NJW 1988, 2231; BVerfG NJW 1991, 413.
4 BGH NJW 2002, 3554.
5 Vgl BT-Drucks. 16/6308, 212–215; BT-Drucks. 16/9733, 291.
6 Das vormals geltende FGG enthielt für die Prozesskostenhilfe keine Sondervorschriften. § 14 FGG aF lautete: „Die Vorschriften der Zivilprozessordnung über die Prozesskostenhilfe finden entsprechende Anwendung." Vgl zu dieser Vorschrift noch: Bumiller/Winkler, 8. Aufl. 2006, § 14 FGG; KKW/Zimmermann § 14 FGG; SchuSo/König Bd. 1, 3. Aufl. 2006, § 14 FGG.

Fölsch

renskostenhilfe mit der sofortigen Beschwerde (§§ 567–572 ZPO entsprechend) ergibt sich aus § 76 Abs. 2.

5 Auf das Verfahren der freiwilligen Gerichtsbarkeit sind die §§ 114–127 ZPO demnach mit folgenden **Einschränkungen** anzuwenden:
- §§ 114–117 ZPO gelten ohne Einschränkung.
- § 118 Abs. 1 S. 1 ZPO wird durch § 77 Abs. 1 verdrängt. § 118 Abs. 1 S. 2–5, Abs. 2, 3 ZPO gilt entsprechend.
- § 119 Abs. 1 ZPO ist entsprechend anzuwenden. § 119 Abs. 2 ZPO entspricht § 77 Abs. 2.
- § 120 ZPO gilt ohne Einschränkungen.
- § 121 ZPO wird durch § 78 verdrängt.
- § 122 Abs. 1 ZPO gilt ohne Einschränkungen. § 122 Abs. 2 ZPO gilt, soweit ein Antragsgegner vorhanden ist.[7]
- § 123 ZPO ist anwendbar, soweit ein Antragsgegner vorhanden und eine Kostenerstattungsverpflichtung angeordnet worden ist.[8]
- § 124 ZPO gilt ohne Einschränkungen und geht als lex specialis der Abänderungsvorschrift des § 48 vor.[9]
- §§ 125, 126 ZPO finden auf den Antragsgegner Anwendung.[10]
- § 127 Abs. 1 ZPO gilt ohne Einschränkungen.
- Für die sofortige Beschwerde verweist § 76 Abs. 2 auf § 127 Abs. 2–4 iVm §§ 567–572 ZPO.

b) Besonderheiten in bestimmten Familiensachen (Buch 2)

6 Nach § 113 Abs. 1 S. 1 finden in sog. **Familienstreitsachen** (§ 112) und in **Ehesachen** (§ 121) die Vorschriften über die Verfahrenskostenhilfe (§§ 76–78) keine Anwendung. Stattdessen ordnet § 113 Abs. 1 S. 2 die unmittelbare Geltung der §§ 114–127 ZPO an. Für Familienstreitsachen und Ehesachen sind also ausschließlich die Vorschriften über die Prozesskostenhilfe nach §§ 114–127 ZPO ohne Einschränkungen durch die §§ 76–78 anzuwenden. Gesetzgeberischer **Hintergrund** des § 113, der noch weitergehende Verweisungen enthält, ist die Beibehaltung der verfahrensrechtlichen **Differenzierung** von Familienstreitsachen (früher: ZPO-Familiensachen), Ehesachen und Familiensachen der freiwilligen Gerichtsbarkeit (FG-Familiensachen) auch nach dem FGG-RG.[11]

7 Inhaltlich sind aber die **Unterschiede** der Anwendung von §§ 76–78 in Verbindung mit §§ 114–127 ZPO in FG-Familiensachen und sonstigen Verfahren der freiwilligen Gerichtsbarkeit gegenüber der uneingeschränkten Anwendung von §§ 114–127 ZPO in

---

7 BT-Drucks. 16/6308, 214.
8 BT-Drucks. 16/6308, 214.
9 BT-Drucks. 16/6308, 214.
10 BT-Drucks. 16/6308, 214.
11 Vgl BT-Drucks. 16/6308, 163. Zu dieser Differenzierung ausführlich: Fölsch, Das neue FamFG in Familiensachen, § 3 Rn 1–26.

Familienstreitsachen und Ehesachen – abgesehen von der Anwaltsbeiordnung – eher gering.

In **Scheidungssachen** ist eine Sondervorschrift zur Prozesskostenhilfe vorgesehen. Nach § 149 erstreckt sich die Bewilligung von Prozesskostenhilfe für die Scheidungssache auf eine Versorgungsausgleichssache, sofern nicht eine Erstreckung ausdrücklich ausgeschlossen wird.

3. Aktuelle Gesetzesvorhaben zur Prozess- und Verfahrenskostenhilfe

Innerhalb des Gesetzgebungsverfahrens zum FGG-RG hat der Bundesrat an seinen von ihm in den Bundestag eingebrachten Entwurf für ein **Prozesskostenhilfebegrenzungsgesetz** erinnert.[12] Dieser Entwurf[13] hat das Ziel, die Aufwendungen der Staatskasse für die Prozesskostenhilfe deutlich zu senken. Der Bundestag hat den Entwurf nach erster Lesung federführend an den Rechtsausschuss überwiesen. Der Rechtsausschuss hat zu dem Gesetzesentwurf im vierten Quartal 2007 eine öffentliche Anhörung durchgeführt.[14] Es kann nun bevorstehen, dass der Gesetzesentwurf des Bundesrats – wenn auch wohl in abgeänderter Form – vom Bundestag und Bundesrat verabschiedet wird und Gesetzeskraft erlangt. Die Bundesregierung signalisierte zu Teilen des Entwurfs bereits ihre Zustimmung, meldete zu anderen Teilen aber durchaus verfassungsrechtliche Zweifel an.[15] Auch in der Literatur sind aufgrund der erheblichen Einschränkungen bei der Prozesskostenhilfe **verfassungsrechtliche Bedenken** erhoben worden.[16]

Vorgesehen sind in dem Entwurf für ein **Prozesskostenhilfebegrenzungsgesetz** vor allem:[17]

- eine Definition der Mutwilligkeit,
- eine Neubestimmung des einzusetzenden Einkommens,
- eine Gerichtsgebühr für die Bewilligung von Prozesskostenhilfe unter Festsetzung von Raten,
- eine Verpflichtung zum vollen Einsatz des aus dem Prozess Erlangten,
- eine erweiterte Mitwirkung des Rechtspflegers bei der Prüfung der persönlichen und wirtschaftlichen Voraussetzungen sowie
- eine Verbesserung der Aufklärungsmöglichkeiten des Gerichts.

4. Beratungshilfe

Außerhalb eines gerichtlichen Verfahrens kann einem Bedürftigen Beratungshilfe nach dem Beratungshilfegesetz gewährt werden. Die Beratungshilfe besteht in der Beratung

---

12 Vgl BT-Drucks. 16/6308, 370.
13 BT-Drucks. 16/1994.
14 Die Stellungnahmen im Rahmen der öffentlichen Anhörung vor dem Rechtsausschuss des Bundestags vom 14.11.2007 können unter www.bundestag.de abgerufen werden.
15 BT-Drucks. 16/1994, 38 ff
16 Büttner, Prozesskostenhilfe (PKH) – restriktive Tendenzen in Rechtsprechung und Gesetzgebung, AnwBl. 2007, 477; Rakete-Dombek, Entwurf eines Prozesskostenhilfebegrenzungsgesetzes aus Sicht des Familienrechts, NJW 2007, 3162; aA: Heister-Neumann, Reform der Prozesskostenhilfe – Notwendigkeit und Möglichkeiten einer Begrenzung der Aufwendungen, ZRP 2006, 241.
17 Vgl näher: Zöller/Philippi Vor § 114 ZPO Rn 1; SchuSo/König § 14 FGG Rn 93–105.

und außergerichtlichen Vertretung (§ 2 Abs. 1 BerHG). Sie wird im Zivilrecht und in weiteren Angelegenheiten nach § 2 Abs. 2 BerHG gewährt. Die Beratungshilfe erfasst damit auch diejenigen Gegenstände, die bei einem Fortgang als gerichtliches Verfahren Gegenstand eines FamFG-Gerichtsverfahrens sein können. Beratungshilfe wird in aller Regel durch einen Rechtsanwalt erteilt (§ 3 Abs. 1 BerHG). Auf Antrag gewährt das Amtsgericht die Beratungshilfe und erteilt einen sog. Beratungshilfeschein (§§ 4, 6 BerHG). Voraussetzungen der Bewilligung von Beratungshilfe sind (§ 1 BerHG), dass

- der Bedürftige die erforderlichen Mittel nach seinen persönlichen und wirtschaftlichen Verhältnissen nicht aufbringen kann,
- nicht andere Möglichkeiten für eine Hilfe zur Verfügung stehen, deren Inanspruchnahme dem Bedürftigen zuzumuten ist,
- die Wahrnehmung der Rechte nicht mutwillig ist.

12 Der Bundesrat hat im vierten Quartal 2008 Änderungen im Beratungshilferecht vorgeschlagen.[18] Der **Gesetzesentwurf** führt zu ganz erheblichen Einschränkungen für die Bewilligung von Beratungshilfe. Insbesondere wirkt sich der Entwurf dahingehend aus, dass die Inanspruchnahme von Rechtsanwälten auf ein deutlich verringertes Maß zurückgeführt wird. Im Einzelnen: Die gesetzlichen Voraussetzungen für die Beratungshilfe werden verengt. Die Prüfungsmöglichkeiten des Gerichts für das Vorliegen der Voraussetzungen werden erweitert. Die Eigenbeteiligung des Bedürftigen wird erweitert. Die Staatskasse erhält ein Erinnerungsrecht. Die RVG-Vorschriften zu den Beratungshilfegebühren werden verändert, ohne dass aber in den Familiensachen klarstellende Regelungen zu den gebührenrechtlichen Angelegenheiten vorgeschlagen werden.[19]

II. Voraussetzungen der Bewilligung von Verfahrenskostenhilfe
1. Beteiligter

13 Antragsberechtigt ist nach § 76 Abs. 1 iVm § 114 S. 1 ZPO jeder Beteiligte. Die Vorschriften machen insoweit keine Einschränkung. Verfahrenskostenhilfe können Antragsteller und Antragsgegner eines kontradiktorischen Antragsverfahrens erhalten. Aber auch jeder sonstige Beteiligte in nichtkontradiktorischen Antragsverfahren sowie in Amtsverfahren ist aufgrund des umfassenden Beteiligtenbegriffs in § 7, der wiederum durch verfahrensspezifische Beteiligungskataloge ausgefüllt wird, einbezogen. Zum Beispiel sind die Beteiligten in nichtkontradiktorischen Antragsverfahren wie Nachlass- und Adoptionsverfahren vollständig erfasst.[20]

Hinweis: Die Bewilligung von Verfahrenskostenhilfe insbesondere bei sog. Kann-Beteiligten iSv § 7 Abs. 3 hängt entscheidend davon ab, ob Rechte verfolgt oder verteidigt werden sollen (vgl § 114 S. 1 ZPO).

---

18 BR-Drucks. 648/08 (B).
19 Vgl zu derartigen Vorschlägen aber noch im Gesetzgebungsverfahren zum FGG-Reformgesetz BT-Drucks. 16/6308, 341 f; BT-Drucks. 16/9733, 303.
20 BT-Drucks. 16/6308, 212.

2. Beabsichtigte Rechtsverfolgung oder Rechtsverteidigung

Verfahrenskostenhilfe kann im Grundsatz für jedes Verfahren nach dem FamFG gewährt werden. Aus § 76 Abs. 1 iVm § 114 S. 1 ZPO ergeben sich unmittelbar keine Einschränkungen, dass bestimmte Verfahrensarten ausgeschlossen wären. Keine Verfahrenskostenhilfe ist jedoch für ein **Verfahrenskostenhilfeprüfungsverfahren** zu gewähren.[21] Im Fall des Abschlusses eines Vergleiches im Erörterungstermin nach § 118 Abs. 1 S. 3 ZPO kann aber Verfahrenskostenhilfe für den Vergleich, nicht jedoch für das gesamte Verfahrenskostenhilfeverfahren bewilligt werden.[22] Denn das Verfahrenskostenhilfeprüfungsverfahren dient nicht unmittelbar der Rechtsverfolgung oder Rechtsverteidigung.[23] Eine gerichtsinterne Mediation ist von einer Verfahrenskostenhilfebewilligung umfasst. Nach streitiger Auffassung in der Rechtsprechung kann Verfahrenskostenhilfe nicht für eine **außergerichtliche Mediation** gewährt werden, auch dann nicht, wenn sie durch ein Gericht angeordnet oder angeregt wurde.[24] Eine Rechtsprechungsänderung erscheint jedoch denkbar. Denn das FGG-RG hat die Elemente einer gütlichen Streitbeilegung verstärkt und den Ansatz verfolgt, das Bewusstsein über die Möglichkeiten einer gütlichen Streitbeilegung bei den Beteiligten zu erhöhen. In Kindschaftssachen legt § 156 Abs. 1 S. 3 die Soll-Pflicht auf, in geeigneten Fällen auf die Möglichkeit der Mediation oder der sonstigen außergerichtlichen Streitbeilegung hinzuweisen. In Scheidungssachen gibt § 135 Abs. 1 S. 1 die Möglichkeit, die Teilnahme an einem kostenfreien Informationsgespräch über Mediation oder eine sonstige Möglichkeit der außergerichtlichen Streitbeilegung anhängiger Folgesachen anzuordnen. Die Beteiligten, die aufgrund eines Beratungsgesprächs eine Mediation durchführen möchten, ggf auf Anordnung des Gerichts iVm der Anordnung des Ruhens des Verfahrens, könnten und müssten sich hieran gleichwohl gehindert sehen, wenn sie nicht über die finanziellen Mittel für eine Mediation verfügen. Dies würde dem im FGG-RG verfolgten Ansatz letztlich zuwiderlaufen.

14

Die Bewilligung von Verfahrenskostenhilfe setzt voraus, dass der Beteiligte eine Rechtsverfolgung oder Rechtsverteidigung beabsichtigt. Es muss dem Beteiligten also um die Geltendmachung von **Rechten** oder ggf rechtsähnlichen Interessen gehen. Wer sich dagegen nur aufgrund besonderer persönlicher Nähe im Interesse eines anderen Beteiligten am Verfahren beteiligt, ohne Rechte geltend zu machen, kann keine Verfahrenskostenhilfe erhalten.[25] Deshalb bedarf es insbesondere bei den sog. Kann-Beteiligten iSv § 7 Abs. 3 in Betreuungs- und Unterbringungssachen einer konkreten Einzelfallprüfung, ob Rechte verfolgt oder verteidigt werden. Für eine bloß verfahrensbegleitende Rechtswahrnehmung, die weder einen eigenen Antrag ankündigt noch sich dem gegnerischen Begehren widersetzt, kann Verfahrenskostenhilfe nicht bewilligt werden.[26] Hiervon abzugrenzen sind aber Beteiligte, die fremde Rechte kraft Abtretung oder Verfahrensstandschaft geltend machen; bei ihnen kommt Verfahrenskostenhilfe wiederum in Betracht.

15

---

21 BGH NJW 2004, 2595; BGH NJW 1984, 2106.
22 BGH NJW 2004, 2595; str., vgl Zöller/Philippi § 118 ZPO Rn 8.
23 Vgl BGH NJW 1984, 2106.
24 OLG Dresden FamRZ 2007, 489; aA AG Eilenburg FamRZ 2007, 1670.
25 Vgl zu diesem Problemkreis BT-Drucks. 16/6308, 213.
26 OLG Zweibrücken FamRZ 1999, 1092.

Hinweis: Völlig umstritten war bisher, ob und inwieweit Prozesskostenhilfe für eine Stufenklage zu bewilligen ist.[27] Dieser Streit wird auch nach dem FGG-RG seinen Fortgang finden. Bei FamFG-Sachen kommt die „Stufenklage" (Stufenantrag) vor allem bei Unterhaltssachen nach § 231 Abs. 1 in Betracht. Für diese Unterhaltssachen gelten aber wegen § 113 Abs. 1 nicht die §§ 76–78 FamFG iVm §§ 114–127 ZPO, sondern ausschließlich und unmittelbar die §§ 114–127 ZPO.

3. Erfolgsaussichten

16   Die Bewilligung von Verfahrenskostenhilfe setzt voraus, dass die beabsichtigte Rechtsverfolgung oder Rechtsverteidigung hinreichende Aussicht auf Erfolg bietet (§ 76 Abs. 1 FamFG iVm § 114 S. 1 ZPO). In den vom Amtsermittlungsgrundsatz beherrschten FamFG-Sachen ist die hinreichende Erfolgsaussicht gegeben, wenn der Antragsteller in dem Hauptsacheverfahren seine Lage verbessern kann.[28]

17   Hinreichende Aussicht auf Erfolg heißt nicht Erfolgsgewissheit.[29] Die Anforderungen an die Erfolgsaussichten dürfen aus verfassungsrechtlichen Erwägungen heraus nicht überspannt werden.[30] Das Verfahrenskostenhilfeverfahren soll nicht den Rechtsschutz selbst bieten, sondern den Zugang dazu ermöglichen.[31] Es ist daher verfassungsrechtlich unzulässig, schwierige und nicht geklärte Rechtsfragen im Verfahrenskostenhilfeprüfungsverfahren durchzuentscheiden.[32]

18   Hinreichende Erfolgsaussichten bestehen, wenn der vom Antragsteller eingenommene tatsächliche und rechtliche Standpunkt zumindest vertretbar erscheint und eine Beweisführung möglich ist.[33] Es muss bei summarischer Prüfung eine gewisse Wahrscheinlichkeit dafür bestehen, dass der Antragsteller mit seinem Begehren durchdringen kann.[34] Eine vorweggenommene Beweiswürdigung ist allenfalls in Grenzen möglich.[35] Das Verbot der Beweisantizipation gilt in Verfahrenskostenhilfeprüfungsverfahren nur begrenzt.[36] Die Erfolgsprognose bezieht sich nämlich auch auf eine Beweisbarkeit.[37] Bei gegnerischen Beteiligten können hinreichende Erfolgsaussichten gleichzeitig bestehen. Stehen schwere Eingriffe in die Rechte und die Lebensstellung des Beteiligten – etwa in Betreuungssachen – im Raum, kann dies die Gewährung von Verfahrenskostenhilfe rechtfertigen.[38] Grundsätzlich gilt, dass die Anforderungen an die hinreichenden Erfolgsaussichten geringer sind, wenn sich der Beteiligte dem gerichtlichen Verfahren nicht entziehen kann,[39] wie es etwa in den Amtsverfahren Kindschaftssache oder Abstammungssache der Fall sein kann. Wird zum Beispiel von Amts wegen

---

27 Vgl nur Musielak/Fischer § 114 ZPO Rn 10–12.
28 OLG Nürnberg FamRZ 2002, 109; SchuSo/König § 14 FGG Rn 5; KKW/Zimmermann § 14 FGG Rn 7.
29 Musielak/Fischer § 114 ZPO Rn 19.
30 Z.B.: BVerfG NJW-RR 1993, 1090; BVerfG NJW 2003, 3190; BGH NJW 1994, 1160.
31 BVerfG NJW 1991, 413; BVerfG NJW-RR 1993, 1090; BVerfG NJW 2000, 1936.
32 BVerfG NJW 1991, 413; BVerfG NJW 2000, 1936; BVerfG NJW-RR 2005, 500; BVerfG NJW 2005, 1567.
33 BGH NJW 1994, 1160.
34 OLG München FamRZ 1989, 199; OLG Karlsruhe FamRZ 1996, 1288.
35 BGH NJW 1994, 1160.
36 BVerfG NJW 1997, 2745; BVerfG NJW-RR 2005, 140.
37 OLG Köln MDR 1987, 62; vgl auch: BVerfG NJW-RR 2005, 140: keine Verlagerung der Beweiserhebung in das Bewilligungsverfahren.
38 LG Karlsruhe FamRZ 1999, 1091; vgl BT-Drucks. 16/6308, 212; BT-Drucks. 16/9733, 291.
39 Vgl Musielak/Fischer § 114 ZPO Rn 28.

II. Voraussetzungen der Bewilligung von Verfahrenskostenhilfe

ein Verfahren nach § 1666 BGB eingeleitet und soll einem oder beiden Elternteilen die elterliche Sorge entzogen werden, muss einem bedürftigen Elternteil aus dem Grundsatz der grundgesetzlich gewährten Rechtsschutzgarantie, aber auch aus Art. 6 Abs. 3 GG bereits aufgrund des Eingriffscharakters Verfahrenskostenhilfe bewilligt werden.[40]

4. Keine Mutwilligkeit

Die beabsichtigte Rechtsverfolgung oder Rechtsverteidigung darf nach § 114 S. 1 ZPO nicht mutwillig erscheinen. Eine Rechtsverfolgung ist mutwillig, wenn ein verständiger, nicht hilfsbedürftiger Beteiligter seine Rechte nicht in gleicher Weise verfolgen würde, wie vom Antragsteller beabsichtigt.[41] Es muss also feststehen, dass ein **verständiger Antragsteller** auch ohne Gewährung von Verfahrenskostenhilfe seine Rechte in gleicher Weise verfolgen würde.[42] Etwa kann eine erkennbar dauerhafte Vermögenslosigkeit des Gegners regelmäßig das Werturteil der Mutwilligkeit stützen.[43] Mutwillig ist der Antrag auf eine Umgangsregelung, wenn der Antragsteller über seine Wünsche noch nicht mit dem sorgeberechtigten Elternteil und dem Jugendamt gesprochen hat.[44] Ebenso ist die Durchführung eines gerichtliches Umgangsverfahren für ein gemeinsames Kind mutwillig, wenn und solange die Eltern ein Mediationsangebot des Jugendamts nicht wahrgenommen haben.[45] Angesichts der Vereinheitlichung im FamGKG und der Überführung der Vorschriften über die Kostengrundentscheidung in die §§ 80-84 erscheint es nicht ausgeschlossen, dass die Auffassung, die Geltendmachung einer Scheidungsfolgesache außerhalb des Scheidungsverbundes sei grundsätzlich nicht mutwillig, erneut in Zweifel gezogen wird.[46] Eine beabsichtigte Rechtsverteidigung ist aber nicht schon deswegen mutwillig, weil das Verfahren von dem Amtsermittlungsgrundsatz beherrscht wird.[47]

19

5. Bedürftigkeit (kein ausreichendes Einkommen und Vermögen)

Verfahrenskostenhilfe erhält nur, wer nach seinen persönlichen und wirtschaftlichen Verhältnissen die Kosten der Verfahrensführung nicht, nur zum Teil oder nur in Raten aufbringen kann (§ 76 Abs. 1 FamFG iVm § 114 S. 1 ZPO). Ob und inwieweit ein Beteiligter sein Einkommen und Vermögen für die Kosten einzusetzen hat, ergibt sich aus § 115 ZPO. Hierzu muss das Gericht eine Prognose treffen, in welcher Höhe die Kosten der Verfahrensführung in dem betroffenen Rechtszug liegen. Zu den zu prognostizierenden Kosten gehören die Gerichtskosten sowie die Kosten des vom Beteiligten beauftragten Rechtsanwalts.

20

Soweit ein Beteiligter sein **Einkommen** einzusetzen hat, ist wie folgt zu rechnen: Zunächst wird das Einkommen bestimmt. Hierzu gehören alle Einkünfte in Geld oder Geldeswert (§ 115 Abs. 1 S. 2 ZPO). Dazu gehören Einkünfte aus nichtselbständiger

21

---

40 Borth FamRZ 2007, 1925, 1930.
41 OLG Nürnberg NJW-RR 1995, 388; OLG Dresden NJW-RR 2004, 1078; OLG Köln FamRZ 2005, 743.
42 BT-Drucks. 16/6308, 212.
43 OLG Koblenz JurBüro 2001, 99; OLG Köln MDR 1990, 1020.
44 OLG Brandenburg FamRZ 2003, 1760; OLG Hamm FamRZ 2004, 1116.
45 AG Bochum FamRZ 2003, 772.
46 Vgl dazu nur BGH NJW 2005, 1497; BGH NJW 2005, 1498.
47 BVerfG NJW 1957, 1228; SchuSo/König § 14 FGG Rn 6; Bumiller/Winkler § 14 FGG Rn 4; KKW/Zimmermann § 14 FGG Rn 8.

und selbständiger Arbeit, Renten, Einkünfte aus Kapitalvermögen und aus Vermietung und Verpachtung, Unterhalt, Wohngeld, Arbeitslosengeld I und II,[48] Kindergeld,[49] nicht aber Hilfe zum Lebensunterhalt.[50] Hiervon werden abgezogen:

- Einkommensteuern, Versicherungsbeträge, Werbungskosten (§ 115 Abs. 1 S. 3 Nr. 1 a ZPO iVm § 82 Abs. 2 SGB XII) einschließlich Freibeträge für Erwerbstätige (§ 115 Abs. 1 S. 3 Nr. 1 b ZPO). Fahrtkosten als Werbungskosten können in aller Regel lediglich mit 5,20 EUR je Entfernungskilometer zwischen Wohnsitz und Arbeitsstätte pro Monat angesetzt werden (vgl. § 3 Abs. 6 Nr. 2 a DVO zu § 82 SGB XII).[51]

Der Freibetrag für selbständig und unselbständig Erwerbstätige liegt bei 50 % des höchsten durch VO nach § 28 Abs. 2 S. 1 SGB XII festgesetzten Eckregelsatzes. Den Betrag gibt das Bundesjustizministerium jährlich im BGBl. bekannt. Er beträgt seit dem 1.7.2008 176 EUR.[52]

- Beträge, die der Beteiligte für seinen Lebensbedarf und den Lebensbedarf der Familie benötigt (§ 115 Abs. 1 S. 3 Nr. 2 ZPO):

Hierbei handelt es sich um Freibeträge für den Beteiligten und den Ehegatten bei 110 % und bei jedem weiteren Unterhaltsberechtigten bei 70 % des höchsten durch VO nach § 28 Abs. 2 S. 1 SGB XII festgesetzten Eckregelsatzes. Die Beträge gibt das Bundesjustizministerium jährlich im BGBl. bekannt. Sie betragen seit dem 1.7.2008 386 EUR (Beteiligter, Ehegatte) bzw 270 EUR (je weiteren Unterhaltsberechtigten).[53]

- Kosten der Unterkunft und Heizung (§ 115 Abs. 1 S. 3 Nr. 3 ZPO):

Zu den Kosten der Unterkunft gehören der Nettokaltmietzins und die Betriebskosten. Die Stromkosten hingegen sind bereits bei den Freibeträgen in § 115 Abs. 1 S. 3 Nr. 2 ZPO erfasst und werden nicht noch einmal bei den Kosten der Unterkunft aufgenommen.[54] Dasselbe gilt für Wasserkosten.[55] Weiterhin gehören nicht zu den Kosten der Unterkunft die Kosten für Telefon, Garage, Rundfunkgeräte und Kabelanschluss.

- Notwendige Belastungen (§ 115 Abs. 1 S. 3 Nr. 4 ZPO).

- Besondere Belastungen sind vom Einkommen absetzbar, soweit die Beträge angemessen sind und nicht bereits über die Nr. 1–3 berücksichtigt wurden. Bei Nr. 4 handelt es sich um eine Härteklausel, die verhindern soll, dass sich der Beteiligte in seiner bisherigen Lebensführung wegen des Verfahrens wesentlich einschränken muss.[56] Die Angemessenheit ist nach pflichtgemäßem Ermessen zu beurteilen.[57]

---

48 BGH NJW-RR 2008, 595.
49 BGH NJW 2005, 2393.
50 OLG Düsseldorf JurBüro 1994, 480; aA BVerfG NJW 1988, 2231.
51 OLG Düsseldorf FamRZ 2007, 644; aA OLG Karlsruhe OLGReport 2008, 735.
52 BGBl. 2008 I, 1025.
53 BGBl. 2008 I, 1025.
54 BGH NJW-RR 2008, 595.
55 OLG Brandenburg MDR 2007, 1338.
56 Thomas/Putzo/Reichold § 115 ZPO Rn 13.
57 Thomas/Putzo/Reichold § 115 ZPO Rn 13.

II. Voraussetzungen der Bewilligung von Verfahrenskostenhilfe   3

Steht hiernach das einzusetzende Einkommen fest, so ergibt sich aus der Tabelle des   22
§ 115 Abs. 2 ZPO, ob und in welcher Höhe der Beteiligte Kosten der Verfahrensführung durch Monatsraten aufbringen muss. Beträgt das einzusetzende Einkommen bis 15 EUR, wird dem Beteiligten Verfahrenskostenhilfe ohne monatliche Raten bewilligt. Beträgt das einzusetzende Einkommen mehr als 15 EUR, so wird Verfahrenskostenhilfe nur unter Ratenzahlungsanordnung bewilligt (vgl. auch § 120 Abs. 1 S. 1 ZPO). Der Beteiligte hat höchstens 48 Monatsraten aufzubringen (§ 115 Abs. 2 ZPO). Übersteigen aber die Kosten der Verfahrensführung des Beteiligten vier Monatsraten nicht, wird Verfahrenskostenhilfe nicht bewilligt (§ 115 Abs. 4 ZPO).

Vermögen hat der Beteiligte einzusetzen, soweit ihm dies zumutbar ist (§ 115 Abs. 3   23
S. 1 ZPO). Entsprechend gilt § 90 SGB XII für die Bestimmung des Vermögens (§ 115 Abs. 3 S. 2 ZPO). Vermögen ist danach das gesamte **verwertbare** Vermögen. § 90 Abs. 2 SGB XII benennt katalogartig nicht verwertbare Vermögensgegenstände. Zum Vermögen gehören alle beweglichen und unbeweglichen Sachen, Forderungen und sonstigen Vermögensrechte. Unverwertbar sind zum Beispiel kleinere Barbeträge (§ 90 Abs. 2 Nr. 9 SGB XII). Die Schongrenze liegt derzeit bei 2.600 EUR zuzüglich 256 EUR je Unterhaltsberechtigtem. Auch selbstgenutzte angemessene Hausgrundstücke o.ä. sowie angemessener Hausrat sind unverwertbar (§ 90 Abs. 2 Nr. 8, 4 SGB XII).

Wer kein Vermögen hat, darf nicht darauf verwiesen werden, einen **Kredit** für die Kos-   24
ten der Prozessführung aufzunehmen.[58] Jedoch wird von einem vermögenden Antragsteller verlangt, dass er seine Kreditmöglichkeiten ausschöpft.[59]

Besteht eine **Rechtsschutzversicherung**, die für das konkrete Verfahren eine Deckungs-   25
zusage – ohne Selbstbeteiligung – gegeben hat, liegt eine Hilfebedürftigkeit des Antragstellers nicht vor.[60]

Ansprüche gegen Dritte auf Vorleistung rechnen ebenfalls zum Vermögen. Insbeson-   26
dere gehört hierzu ein **Anspruch auf Prozesskostenvorschuss** gegen Ehegatten, Lebenspartner oder Eltern (vgl §§ 1360a Abs. 4 S. 1, 1610 BGB, § 3 LPartG). Der Anspruch entsteht, wenn der Ehegatte, Lebenspartner bzw das Kind nicht in der Lage ist, die Kosten der Verfahrensführung zu tragen, die eine persönliche Angelegenheit betrifft. Dann ist der andere Ehegatte, Lebenspartner bzw sind die Eltern verpflichtet, ihm diese Kosten vorzuschießen, soweit dies der Billigkeit entspricht. Kein Prozesskostenvorschuss kann verlangt werden, wenn der Zahlungspflichtige durch den Vorschuss den eigenen angemessenen Unterhalt gefährden würde.[61]

Verfahrenskostenhilfe darf nicht mit der Erwägung verweigert werden, dass der Betei-   27
ligte sein **Vermögen** zu einer Zeit **ausgegeben** hat, zu der er noch nicht mit dem konkreten Verfahren rechnen musste.[62] Wird aber das Vermögen veräußert, obwohl der Beteiligte weiß, dass ein Gerichtsverfahren bevorsteht, kommt eine Bewilligung von

---

58 OLG Karlsruhe FamRZ 2004, 1499.
59 Vgl BGH NJW-RR 1990, 450; OLG Karlsruhe FamRZ 2004, 1499; OLG Köln FamRZ 2004, 1121.
60 BGH NJW 1991, 109.
61 OLG Köln FamRZ 1994, 1409; OLG Brandenburg FamRZ 2002, 1414.
62 OLG Hamm MDR 2002, 1208.

Verfahrenskostenhilfe nicht in Betracht.[63] Eine Pflicht zur Rücklagenbildung für Gerichtsverfahren besteht aber nicht.[64]

28 Der Einsatz des sich daraus ergebenden verwertbaren Vermögens muss **zumutbar** sein. Geht es um die Verwertung von Sachen, so kommt es auf die Dringlichkeit der Verfahrensführung und die Zeit an, die die Verwertung voraussichtlich dauern wird.[65] Die Verwertung von Forderungen scheidet aus, wenn sie noch nicht tituliert oder nicht realisierbar sind.[66] Der Einsatz von Schmerzensgeld ist nicht zumutbar,[67] der Einsatz von Arbeitgeberabfindungen bei Verlust des Arbeitsplatzes – soweit die Schongrenze (s. Rn 23) übersteigend – dagegen schon.[68]

29 Ist der Einsatz von Vermögen zumutbar und reicht dies für die voraussichtlichen Kosten der Verfahrensführung aus, ist keine Verfahrenskostenhilfe zu bewilligen (vgl. § 115 Abs. 4 ZPO). Kann ein Teil der Kosten der Verfahrensführung aus dem Vermögen bestritten werden, ist Verfahrenskostenhilfe zu bewilligen, verbunden mit der Anordnung im Beschlusstenor, dass und in welcher Höhe der Beteilige einen Kostenanteil aus dem Vermögen zu zahlen hat (vgl. auch § 120 Abs. 1 S. 1 ZPO).

6. Beteiligte kraft Amtes und juristische Personen

30 Besondere zusätzliche Voraussetzungen für die Bewilligung von Verfahrenskostenhilfe bestehen für Beteiligte kraft Amtes und juristische Personen (vgl. § 116 ZPO). Einem Beteiligten kraft Amtes (zB Insolvenzverwalter, Testamentsvollstrecker, Nachlassverwalter) kann Verfahrenskostenhilfe gewährt werden, wenn die Kosten aus der verwalteten Vermögensmasse nicht aufgebracht werden können und dem am Verfahren wirtschaftlich Beteiligten (zB Gläubiger, Erben, Pflichtteilsberechtigte) nicht zuzumuten ist, die Kosten aufzubringen (§ 116 S. 1 Nr. 1 ZPO). Eine juristische Person oder parteifähige Vereinigung, die im Inland, in einem anderen EU-Mitgliedstaat oder in einem Vertragsstaat des EWR-Abkommens gegründet worden oder dort ansässig ist, kann Verfahrenskostenhilfe nur erhalten, wenn die Kosten weder von ihr noch von am Gegenstand des Verfahrens wirtschaftlich Beteiligten (zB Gesellschafter, deren Angehörige, Gläubiger, Mitglieder des Aufsichtsrats, Mitglieder des Vorstands) aufgebracht werden können und wenn die Unterlassung der Rechtsverfolgung oder Rechtsverteidigung allgemeinen Interessen zuwiderlaufen würde (§ 116 S. 1 Nr. 2 ZPO).

7. Internationale Bezüge

31 Verfahrenskostenhilfe kann grundsätzlich nur für Verfahren bewilligt werden, die bei deutschen staatlichen Gerichten anhängig sind oder anhängig werden sollen.[69] Gewährt wird die Verfahrenskostenhilfe allen natürlichen Personen, auch Staatenlosen und Aus-

---

63 Vgl etwa OLG Koblenz FamRZ 1985, 301; OLG Hamm MDR 2002, 1208; OLG Bamberg NJW-RR 1986, 5; dazu auch BGH NJW 2008, 953.
64 OLG Celle FamRZ 2007, 485.
65 Zöller/Philippi § 115 ZPO Rn 58.
66 OLG Hamm FamRZ 1984, 724; OLG Bamberg FamRZ 1985, 504.
67 BVerwG NJW 1995, 3001; OLG Stuttgart FamRZ 2007, 1661; vgl auch BGH NJW 2006, 1068 zur Geldentschädigung für Persönlichkeitsrechtsverletzungen.
68 BAG NJW 2006, 2206.
69 Musielak/Fischer vor § 114 ZPO Rn 8; Zöller/Philippi § 114 ZPO Rn 1.

ländern, selbst wenn sie im Ausland leben.[70] Dies gilt auch für europäische juristische Personen und Vereinigungen unter den zusätzlichen Voraussetzungen des § 116 ZPO.[71] Andere ausländische juristische Personen erhalten keine Verfahrenskostenhilfe.[72]

Für die grenzüberschreitende Prozesskostenhilfe innerhalb der EU trifft § 114 S. 2 iVm §§ 1076-1078 ZPO nähere Regelungen.[73] Sie gelten entsprechend für die Verfahrenskostenhilfe in FamFG-Sachen, weil der Verweis in § 76 Abs. 1 FamFG den § 114 S. 2 ZPO erfasst. **32**

III. Wirkungen der Verfahrenskostenhilfe

Die Wirkungen der Verfahrenskostenhilfe ergeben sich primär aus § 122 ZPO. Die Bewilligung der Verfahrenskostenhilfe bewirkt, dass die Staatskasse Gerichtskosten und die auf sie übergegangene Ansprüche des beigeordneten Rechtsanwalts gegen den Beteiligten nur nach den Bestimmungen, die das Gericht trifft, geltend machen kann (§ 122 Abs. 1 Nr. 1 a, b ZPO). Des Weiteren kann ein beigeordneter Rechtsanwalt Ansprüche auf Vergütung gegen den Beteiligten nicht geltend machen (§ 122 Abs. 1 Nr. 3 ZPO). Diese sog. Forderungssperre gilt aber nur im Umfang der Beiordnung.[74] Ist Verfahrenskostenhilfe ohne Ratenzahlungsanordnung bewilligt, so hat dies für den Verfahrensgegner – falls es ihn in der konkreten FamFG-Sache gibt – die einstweilige Befreiung von Gerichtskosten zur Folge (§ 122 Abs. 2 ZPO). Die einstweilige Befreiung endet, wenn er rechtskräftig die Verfahrenskosten zu tragen hat (§ 125 ZPO). **33**

Keinen Einfluss hat die Bewilligung von Verfahrenskostenhilfe auf die Verpflichtung, die dem Gegner entstandenen Kosten zu erstatten (§ 123 ZPO). Ob dem Gegner Kosten zu erstatten sind, ergibt sich aus dem Kostenausspruch zur Hauptsache nach den §§ 80–84. **34**

§ 126 ZPO räumt zudem für den dem Beteiligten beigeordneten Rechtsanwalt ein Beitreibungsrecht im eigenen Namen gegen den Gegner ein. Es geht also um den Kostenerstattungsanspruch des von ihm vertretenen Beteiligten gegen dessen Gegner. Das Beitreibungsrecht umfasst die volle gesetzliche Vergütung eines Wahlanwalts.[75] Der Kostenerstattungsanspruch des Beteiligten und das Beitreibungsrecht des Rechtsanwalts bestehen grundsätzlich nebeneinander.[76] **35**

IV. Anwaltsbeiordnung

1. Überblick

§ 78 regelt die Beiordnung eines Rechtsanwalts im Rahmen der Bewilligung von Verfahrenskostenhilfe. Die aus fünf Absätzen bestehende Vorschrift befasst sich mit der **36**

---

70 OLG Düsseldorf MDR 1994, 301.
71 OLG Düsseldorf MDR 1994, 301.
72 OLG Düsseldorf MDR 1994, 301.
73 Vgl dazu näher Bumiller/Winkler § 14 FGG Rn 23–25.
74 Vgl hierzu auch BGH NJW-RR 2007, 285: Zahlungspflicht des bedürftigen Mandanten in Bezug auf die Umsatzsteuer bei Vorsteuerabzugsberechtigung.
75 HK-ZPO/Pukall § 126 ZPO Rn 2.
76 BGH NJW 1994, 3292; vgl in diesem Zusammenhang auch: OLG Celle OLGReport 2008, 881.

Fölsch

Frage, wann bei bewilligter Prozesskostenhilfe nicht nur eine Gerichtskostenbefreiung beziehungsweise Zahlungserleichterung eintritt, sondern in welchen Fällen darüber hinaus der bedürftige Beteiligte auf Kosten der Staatskasse einen Rechtsanwalt beigeordnet bekommt.[77] Beigeordnet werden kann ein einzelner Rechtsanwalt, aber auch eine Rechtsanwaltsgesellschaft wie die Sozietät in der Form der Gesellschaft bürgerlichen Rechts.[78] Eine Beiordnung setzt die Bewilligung von Prozesskostenhilfe voraus. § 78 Abs. 1, 2 beschreiben die Voraussetzungen einer Beiordnung in Verfahren mit oder ohne Anwaltszwang. § 78 Abs. 3 enthält das sog. Mehrkostenverbot. § 78 Abs. 4 beschreibt die Voraussetzungen für die Beiordnung eines Beweis- beziehungsweise eines Verkehrsanwalts. § 78 Abs. 5 gestattet die Anordnung eines Rechtsanwalts durch das Gericht, wenn der Beteiligte keinen zur Vertretung bereiten Rechtsanwalt findet.

37 Von § 121 ZPO **unterscheidet** sich § 78 vornehmlich bei den Voraussetzungen über eine Anwaltsbeiordnung im Verfahren ohne Anwaltszwang.

2. Verfahren mit Anwaltszwang

38 § 78 Abs. 1 enthält den **Beiordnungszwang**, wenn im Verfahren die Vertretung durch einen Rechtsanwalt vorgeschrieben ist. Ein gesonderter Beiordnungsantrag ist im Fall des Beiordnungszwangs des § 78 Abs. 1 nicht notwendig. Das Gericht muss die Beiordnung aussprechen, wenn es auf den Prozesskostenhilfeantrag Prozesskostenhilfe bewilligt. § 10 Abs. 4 enthält die allgemeine Regelung, in welchen Verfahren sich die Beteiligten durch einen Rechtsanwalt vertreten lassen müssen. Dies betrifft lediglich Verfahren vor dem BGH.

39 Für Familiensachen trifft § 114 eine gesonderte Regelung zum Anwaltszwang. Wegen der Verweisvorschrift des § 113 Abs. 1 ist für Teile der in § 114 genannten Familiensachen ohnehin nicht § 78 Abs. 1, sondern der vergleichbare § 121 Abs. 1 ZPO anzuwenden.

3. Verfahren ohne Anwaltszwang

40 § 78 Abs. 2 regelt die Voraussetzungen für eine Anwaltsbeiordnung in Verfahren ohne Anwaltszwang. Zunächst ist ein gesonderter Antrag auf Beiordnung neben dem Antrag auf Bewilligung von Prozesskostenhilfe notwendig. Des Weiteren erfolgt eine Beiordnung nur unter der Voraussetzung, dass die Vertretung durch einen Rechtsanwalt wegen der **Schwierigkeit der Sach- und Rechtslage** erforderlich erscheint. Bei wortgenauer Auslegung muss sich die Schwierigkeit **kumulativ** auf die Sach- und Rechtslage beziehen. Nach Ansicht des Gesetzgebers soll die Erforderlichkeit einer Anwaltsbeiordnung allein nach objektiven Kriterien zu beurteilen sein.[79] Beispielsweise Verfahren über das Umgangsrecht sowie das Sorgerecht sind im Regelfall rechtlich und tatsächlich schwierig und gebieten die Beiordnung eines Rechtsanwalts.[80] Etwas anderes gilt nur dann, wenn die Unterstützung durch einen Rechtsanwalt entbehrlich ist, weil zum Beispiel

---

77 Vgl Musielak/Fischer § 121 ZPO Rn 1.
78 BGH NJW 2009, 440.
79 BT-Drucks. 16/6308, 214.
80 SchuSo/König § 14 FGG Rn 49; Büte FPR 2009, 14, 15; aA: OLG Hamm FamRZ 1990, 892.

IV. Anwaltsbeiordnung

kein Streit hinsichtlich des Umgangs besteht.[81] Auch das Verfahren in Ehewohnungssachen ist häufig schwierig.[82]

Außer in den Fällen der Schwierigkeit der Sach- und Rechtslage kommt nach dem Wortlaut des § 78 Abs. 2 eine Beiordnung eines Rechtsanwalts in Verfahren ohne Anwaltszwang nicht in Betracht. Die Vorschrift ist damit deutlich **enger gefasst als § 121 Abs. 2 ZPO**.[83] Denn einerseits wird in § 78 Abs. 2 im Gegensatz zu § 121 Abs. 2 ZPO bei der Erforderlichkeit nicht auf subjektive und objektive Kriterien wie Umfang, Schwierigkeit, Bedeutung und Fähigkeiten abgestellt.[84] Anderseits räumt § 78 Abs. 2 nicht wie § 121 Abs. 2 ZPO auch dann die Möglichkeit einer Beiordnung ein, wenn der Gegner durch einen Rechtsanwalt vertreten ist. 41

Letztlich dürfte sich die Beschränkung der Erforderlichkeit der Beiordnung eines Rechtsanwalts auf das Kriterium der Schwierigkeit der Sach- und Rechtslage in § 78 Abs. 2 als **verfassungswidrig** erweisen.[85] Die Regelung widerspricht Art. 3 Abs. 1 GG iVm dem Rechtsstaatsprinzip iVm Art. 19 Abs. 4 GG. § 78 Abs. 2 ist verfassungswidrig, weil er nicht die Beiordnung eines Rechtsanwalts wegen der Schwere des Eingriffs (Bedeutung der Sache), der mangelnden subjektiven Fähigkeiten des Beteiligten und aus Gründen der Waffengleichheit erfasst. 42

Hinweis: Die Schwere des Eingriffs, mangelnde subjektive Fähigkeiten des Beteiligten, aber auch die Herstellung der Waffengleichheit, weil der Gegner anwaltlich vertreten ist, sind Kriterien, die in den Verfahren der freiwilligen Gerichtsbarkeit regelmäßig anzutreffen sind. Ob § 78 Abs. 2 in seinen Voraussetzungen verfassungswidrig zu eng gefasst ist, ist demnach eine Frage, die die anwaltliche Praxis häufig betreffen wird und die die Gerichte in näherer Zeit zu beantworten haben.

Im Einzelnen: Nach dem Wortlaut des § 78 Abs. 2 ist die **Schwere des Eingriffs** in die Rechte eines Beteiligten (**Bedeutung der Sache**) kein Grund für die Beiordnung nach § 78 Abs. 2. Der Gesetzgeber sieht in solchen Fällen die Interessen des Beteiligten durch die Bestellung eines Verfahrenspflegers wie §§ 276, 317 ausreichend gewahrt.[86] Hiergegen spricht, dass die Interessen eines Beteiligten im Falle der Schwere des Eingriffs nicht ausreichend gewahrt sind, soweit Verfahrensvorschriften die Bestellung eines Verfahrenspflegers für die jeweiligen Beteiligten gar nicht vorsehen. Dieses ist etwa in allen FG-Familiensachen, soweit sie im konkreten Verfahren keine Folgesachen sind, ganz oder teilweise der Fall (zB: Kindschaftssachen in Bezug auf erwachsene Beteiligte; Abstammungssachen in Bezug auf erwachsene Beteiligte;[87] Gewaltschutzsachen). In diesen Verfahren bleibt der Beteiligte auf sich allein gestellt. Eine Beiordnung nach § 78 Abs. 2 erfolgt nicht, da, wie geschildert, die Schwere des Eingriffs kein Kriterium der Erforderlichkeit ist. Demnach ist § 78 Abs. 2 verfassungswidrig, weil er die existentielle Bedeutung einer Sache vollständig außer Acht lässt und den Beteiligten jeden- 43

---

81 SchuSo/König § 14 FGG Rn 49.
82 SchuSo/König § 14 FGG Rn 49; OLG Hamm FamRZ 1990, 892.
83 Insoweit darf die Rechtsprechung zu § 121 Abs. 2 ZPO iVm § 14 FGG aF kaum für § 78 Abs. 2 FamFG herangezogen werden.
84 Vgl zB: BVerfG Rpfleger 2002, 212; BGH NJW 2003, 3136; BGH FamRZ 2003, 1921.
85 Krit. zu dieser Vorschrift auch Schürmann FamRB 2009, 58, 60.
86 BT-Drucks. 16/6308, 214.
87 Vgl dazu BGH NJW 2007, 3644.

falls in den Fällen schutzlos lässt, in denen auch die Bestellung eines Verfahrenspflegers nach den Verfahrensvorschriften nicht vorgesehen ist.

44 Die Interessen des Beteiligten sind im Übrigen auch dann nicht immer in den Fällen der Schwere des Eingriffs gewahrt, wenn dem Beteiligten nach den Verfahrensvorschriften ein **Verfahrenspfleger** bzw **Verfahrensbeistand** bestellt werden kann.[88] Denn der Aufgabenkern eines Verfahrenspflegers ist ein anderer als derjenige eines Rechtsanwalts als Verfahrensbevollmächtigter.

Hinweis: Die Nichtberücksichtigung des Kriteriums der Schwere des Eingriffs beziehungsweise der Bedeutung der Angelegenheit für eine Beiordnung nach § 78 Abs. 2 wirkt sich insbesondere bei vielen Familiensachen, aber auch bei Betreuungs- und Unterbringungssachen aus. In der Rechtsprechung erfolgte zu § 14 FGG aF iVm § 121 Abs. 2 ZPO oftmals eine Beiordnung in diesen Angelegenheiten gerade (auch) wegen der Bedeutung der Sache.[89]

45 Verfügt der Beteiligte nur über **mangelnde subjektive Fähigkeiten**, sich mündlich und schriftlich auszudrücken, kommt nach dem Wortlaut des § 78 Abs. 2 eine Beiordnung nicht in Betracht.[90] Eine den Gleichbehandlungsgrundsatz im gerichtlichen Verfahren wahrende Regelung über die Anwaltsbeiordnung muss aber berücksichtigen, ob ein vermögender Beteiligter in der Lage des nicht vermögenden Beteiligten vernünftigerweise einen Rechtsanwalt mit der Wahrnehmung seiner Interessen beauftragt hätte.[91] Davon ist regelmäßig auszugehen, wenn im Kenntnisstand und in den Fähigkeiten der Verfahrensbeteiligten ein deutliches Ungleichgewicht besteht.[92] Diese vom BVerfG[93] aufgestellten Grundsätze achtet § 78 Abs. 2 nicht, weil er die Erforderlichkeit der Beiordnung wegen mangelnder subjektiver Fähigkeiten des Beteiligten nicht gestattet.

46 Der Wortlaut des § 78 Abs. 2 räumt nicht die Möglichkeit einer Beiordnung zur Herstellung der **Waffengleichheit** ein. Beiordnung zur Herstellung einer Waffengleichheit meint, dass dem Antragsteller ein Rechtsanwalt beizuordnen ist, weil der Gegner durch einen Rechtsanwalt vertreten ist. Der Gesetzgeber hielt eine Übertragung des Grundsatzes der Waffengleichheit von der ZPO auf das FamFG für nicht sachgerecht und für nicht geboten.[94] Dies bezieht der Gesetzgeber auch auf die Fälle, in denen die Beteiligten entgegengesetzte Ziele verfolgen würden, wie zum Beispiel in Umgangsverfahren.[95] Auch in diesen Verfahren stünde nicht die Durchsetzung der Interessen der sich mit entgegengesetzten Anliegen gegenüberstehenden Eltern im Vordergrund, sondern das Finden einer dem Wohl des Kindes angemessen Lösung.[96] Stattdessen verwies der Gesetzgeber zur Begründung des Verzichts auf die Beiordnung zur Herstellung einer Waf-

---

88 Vgl hingegen: BVerfG NJW 2003, 3544.
89 Vgl zur streitigen Kasuistik in der Rechtsprechung: Musielak/Fischer § 121 ZPO Rn 13, 14; Zöller/Philippi § 121 ZPO Rn 6–7 a; HK-ZPO/Pukall § 121 ZPO Rn 7.
90 BVerfG NJW 1997, 2103; BVerfG FamRZ 2002, 531; BVerfG NJW-RR 2007, 1713; vgl auch: BVerfG NJW 1983, 1599.
91 BVerfG NJW 1997, 2103; BVerfG FamRZ 2002, 531; BVerfG NJW-RR 2007, 1713.
92 BVerfG NJW 1997, 2103; BVerfG FamRZ 2002, 531; BVerfG NJW-RR 2007, 1713.
93 BVerfG NJW 1997, 2103; BVerfG FamRZ 2002, 531; BVerfG NJW-RR 2007, 1713; vgl aber auch: BVerfG NJW 1983, 1599.
94 BT-Drucks. 16/6308, 214.
95 BT-Drucks. 16/6308, 214.
96 BT-Drucks. 16/6308, 214.

fengleichheit auf den Fürsorgecharakter der FamFG-Verfahren und auf den dort geltenden Amtsermittlungsgrundsatz.[97] Dies dürfte jedoch verfassungsrechtlich den Grundrechtseingriff nicht rechtfertigen. Der Grundsatz der Waffengleichheit ist Ausdruck des Gleichheitsgrundsatzes aus Art. 3 Abs. 1 GG. Der Grundsatz der Waffengleichheit gilt damit grundsätzlich auch in FamFG-Verfahren, auch in solchen mit Amtsermittlungspflicht, weil und soweit die Beteiligten Gegner sein können.[98] § 78 Abs. 2 greift in diesen Grundsatz ein, indem er eine Beiordnung zur Wahrung der Waffengleichheit ausschließt, ohne dass eine verfassungsrechtliche Rechtfertigung für diesen Ausschluss zu bestehen scheint. Das pauschale Abstellen auf einen geltenden Amtsermittlungsgrundsatz dürfte verfassungsrechtlich nicht ausreichend sein.[99] Dies verstößt nämlich gegen das Prinzip der Rechtsschutzgleichheit und die Garantie des effektiven Rechtsschutzes.[100] Insbesondere kann ein Anwalt verpflichtet sein, auch solche tatsächlichen Ermittlungen anzuregen und zu fördern, die für den Richter aufgrund des Beteiligtenvorbringens nicht veranlasst sind.[101] Die gerichtliche Fürsorge ist kein Ersatz dafür, dass ein Beteiligter seine Interessen nicht sachgerecht wahrnehmen kann.[102] Die Aufklärungs- und Beratungspflicht des Anwalts geht über die Reichweite der Amtsermittlungspflicht des Richters hinaus.

4. Mehrkostenverbot

Nach § 78 Abs. 3 kann ein nicht in dem Bezirk des Verfahrensgerichts niedergelassener Rechtsanwalt nur beigeordnet werden, wenn hierdurch besondere Kosten nicht entstehen. Für das Mehrkostenverbot des § 78 Abs. 3 wie auch bei § 121 Abs. 3 ZPO kommt es auf die sog. **Bezirksansässigkeit** an, nicht auf eine Ortsansässigkeit.[103] § 121 Abs. 3 ZPO wurde durch das Gesetz zur Stärkung der Selbstverwaltung der Rechtsanwaltschaft,[104] das am 1.6.2007 in Kraft trat, neu gefasst. Durch die Aufgabe des Lokalisationsprinzips knüpft nunmehr auch § 78 Abs. 3 nicht an die Zulassung bei einem Gericht, sondern eben an die Niederlassung im Bezirk des Prozess- oder Verfahrensgerichts an.

Rechtsanwälte, die **innerhalb des Bezirks** des Verfahrensgerichts niedergelassen sind, müssen ohne Einschränkungen beigeordnet werden.[105] Denn § 78 Abs. 3 erfasst nach dessen Voraussetzungen diese Rechtsanwälte nicht. Für sie gilt das Mehrkostenverbot nicht. Ihnen sind die notwendigen Reisekosten zum Verfahrensgericht aus der Staatskasse vollständig zu erstatten.[106]

---

97 BT-Drucks. 16/6308, 214.
98 Vgl Zöller/Philippi § 121 ZPO Rn 11.
99 BVerfG NJW 1997, 2103; BVerfG FamRZ 2002, 531; BVerfG NJW-RR 2007, 1713; BGH NJW 2007, 3644; vgl auch: BVerfG NJW 1983, 1599.
100 BVerfG FamRZ 2002, 531; BVerfG NJW-RR 2007, 1713; vgl auch: BVerfG NJW 1983, 1599.
101 BVerfG FamRZ 2002, 531; BVerfG NJW-RR 2007, 1713; vgl auch: BVerfG NJW 1983, 1599.
102 Zöller/Philippi § 121 ZPO Rn 3 a.
103 Vgl näher hierzu: Fölsch, Das Mehrkostenverbot (§ 121 III ZPO) im Arbeitsgerichtsverfahren seit dem Gesetz zur Stärkung der Selbstverwaltung der Rechtsanwaltschaft, NZA 2007, 418. Die dortigen Ausführungen zur Arbeitsgerichtsbarkeit lassen sich auf die FamFG-Gerichtsbarkeit übertragen. Vgl auch: Musielak/Fischer § 121 ZPO Rn 19. AA Zimmermann Rn 194, allerdings ohne Begründung.
104 BGBl. 2007 I, 358.
105 Fölsch, NZA 2007, 418; Musielak/Fischer § 121 ZPO Rn 19; LAG Köln v. 26.7.2007, 11 Ta 166/07.
106 Fölsch, NZA 2007, 418; Musielak/Fischer § 121 ZPO Rn 19.

Hinweis: Wird ein im Bezirk des Verfahrensgerichts niedergelassener Rechtsanwalt nur unter Einschränkungen beigeordnet (zB „zu den Bedingungen eines ortsansässigen Rechtsanwalts"), so müssen diese Einschränkungen mit der sofortigen Beschwerde nach § 76 Abs. 2 angefochten werden. Ansonsten können Reisekosten im Vergütungsfestsetzungsverfahren nicht mehr erstattet werden, weil das Gericht an den Beiordnungsbeschluss gebunden ist.

49 Bei Rechtsanwälten, die ihren Kanzleisitz nicht innerhalb des Bezirks des Gerichts haben, kann eine dem Mehrkostenverbot entsprechende Einschränkung der Beiordnung nur „zu den Bedingungen eines im Bezirk des Verfahrensgerichts niedergelassenen Rechtsanwalts" ausgesprochen werden.[107]

Hinweis: Wird dennoch für den nicht im Bezirk ansässigen Rechtsanwalt eine Beiordnung „zu den Bedingungen eines am Sitz des Verfahrensgerichts ansässigen Rechtsanwalts" ausgesprochen, so muss auch diese Einschränkung mit der Beschwerde angefochten werden. Denn die Einschränkung schließt jede, auch die anteilige **Erstattung von Reisekosten** aus. Das Gericht wäre im Vergütungsfestsetzungsverfahren an den Beiordnungsbeschluss gebunden.

50 Der im Bezirk des Verfahrensgerichts nicht niedergelassene und deshalb nur „zu den Bedingungen eines im Bezirk des Verfahrengerichts niedergelassenen Rechtsanwalts" beigeordnete Rechtsanwalt kann die Erstattung von Reisekosten verlangen, wenn auch nur teilweise.[108] Eine vollständige Versagung der Erstattung von Reisekosten kommt dagegen nicht in Betracht, denn bei dem Mehrkostenvergleich muss berücksichtigt werden, dass ein im Bezirk des Verfahrensgerichts niedergelassener Rechtsanwalt eine Erstattung von Reisekosten hätte beanspruchen können.[109] Aus der Staatskasse nicht erstattungsfähig ist allerdings derjenige Anteil an Reisekosten, der für die Reise vom Kanzleisitz bis zum Eintritt in den Bezirk des Verfahrensgerichts verauslagt wird. Diesen Reisekostenanteil hätte ein im Bezirk des Verfahrensgerichts niedergelassener und uneingeschränkt beigeordneter Rechtsanwalt keinesfalls aufwenden müssen.[110]

51 Der von dem Mehrkostenverbot betroffene, also nicht im Bezirk des Verfahrensgerichts niedergelassene Rechtsanwalt kann nur mit seinem **Einverständnis** einschränkend „zu den Bedingungen eines im Bezirk des Verfahrensgerichts niedergelassenen Rechtsanwalts" beigeordnet werden.[111] Dem Beiordnungsantrag eines nicht im Bezirk des Verfahrensgerichts niedergelassenen Rechtsanwalts kann regelmäßig dessen **konkludentes** Einverständnis mit einer dem Mehrkostenverbot entsprechenden Einschränkung der Beiordnung entnommen werden.[112] Besteht ein solches Einverständnis nicht, muss dies ausdrücklich in den Antrag auf Beiordnung aufgenommen werden.[113] Wird etwa die

---

107 Fölsch, NZA 2007, 418; Musielak/Fischer § 121 ZPO Rn 19; LSG Essen v. 5.6.2008, L 8 B 7/08 R; weitergehend sogar: LAG München v. 4.12.2008, 8 Ta 473/08.
108 Fölsch NZA 2007, 418; Musielak/Fischer § 121 ZPO Rn 19; LSG Essen v. 27.6.2008, L 20 B 60/08 AS; großzügiger: LAG München v. 4.12.2008, 8 Ta 473/08.
109 Fölsch NZA 2007, 418; Musielak/Fischer § 121 ZPO Rn 19; LSG Essen v. 27.6.2008, L 20 B 60/08 AS.
110 Fölsch NZA 2007, 418; Musielak/Fischer § 121 ZPO Rn 19; LSG Essen v. 27.6.2008, L 20 B 60/08 AS; großzügiger: LAG München v. 4.12.2008, 8 Ta 473/08.
111 Str.
112 BGH NJW 2006, 3783 m.Anm. Fölsch.
113 Fölsch NJW 2006, 3784.

"uneingeschränkte" Beiordnung beantragt, so enthält dieser Antrag kein konkludentes Einverständnis für eine nur eingeschränkte Beiordnung.[114]

Das vorstehend genannte Einverständnis darf das Gericht von dem Rechtsanwalt erst und nur dann verlangen, wenn für das Gericht feststeht, dass keine **besonderen Umstände** vorliegen, die die Beiordnung eines Verkehrsanwalts nach § 78 Abs. 4 ermöglichen würden. Liegen derartige besondere Umstände vor, so ist der nicht im Bezirk niedergelassene Rechtsanwalt von dem Verfahrensgericht uneingeschränkt beizuordnen.[115] Solche Umstände können in folgenden Fällen zu bejahen sein: 52

- Der Beteiligte ist schreibungewandt, und eine Informationsreise zu einem Rechtsanwalt am Verfahrensgericht ist ihm nicht zuzumuten.[116]

- Umfang, Bedeutung oder Schwierigkeit der Sache machen eine schriftliche Information unzumutbar und eine mündliche Information verursacht unverhältnismäßigen Aufwand.[117]

- Nach Ansicht des BGH[118] soll ein besonderer Umstand auch darin liegen, dass die Kosten des weiter beizuordnenden Verkehrsanwalts die sonst entstehenden Reisekosten des nicht im Bezirk des Verfahrensgerichts niedergelassenen Rechtsanwalts nicht wesentlich übersteigen würden.[119]

- Auch in dem besonderen Vertrauensverhältnis zwischen dem Beteiligten und seinem Rechtsanwalt kann ein besonderer Umstand liegen.[120]

Hieraus wird zum Beispiel gefolgert, dass in Ehesachen immer eine uneingeschränkte Beiordnung erfolgen müsse.[121] 53

Der Beiordnungsbeschluss entfaltet **Bindungswirkung** für das spätere Vergütungsfestsetzungsverfahren nach §§ 55, 56 RVG.[122] Je nachdem, ob der Beiordnungsbeschluss eine das Mehrkostenverbot nachvollziehende Einschränkung enthält oder eben gerade nicht, muss dies im Vergütungsfestsetzungsverfahren, insbesondere für die Erstattung von Reisekosten, zugrunde gelegt werden, soweit sich nicht aus §§ 45 ff RVG im Einzelfall ein anderes ergibt.[123] 54

V. Verfahren

1. Antrag

a) Anforderungen

Die Bewilligung von Verfahrenskostenhilfe erfolgt nur auf Antrag (§ 114 S. 1 ZPO). Die Vorschrift des § 117 ZPO trifft nähere Bestimmungen zum Antrag. Grundsätzlich 55

---

114 Fölsch NJW 2006, 3784.
115 Vgl BGH NJW 2004, 2749.
116 BGH NJW 2004, 2749.
117 BGH NJW 2004, 2749.
118 Vgl BGH NJW 2004, 2749.
119 Krit. Musielak/Fischer § 121 ZPO Rn 18, der aber auch auf die „Anwaltsfreundlichkeit" dieser Rechtsprechung hinweist.
120 OLG Schleswig OLGReport 2007, 32.
121 OLG Hamm Rpfleger 2007, 33; vgl auch OLG Brandenburg FamRZ 1999, 1357.
122 Vgl Musielak/Fischer § 121 ZPO Rn 31; Zöller/Philippi § 121 ZPO Rn 42, 13; str.
123 Vgl Musielak/Fischer § 121 ZPO Rn 31; Zöller/Philippi § 121 ZPO Rn 42, 13; str.

bedarf es eines ausdrücklichen Antrags.[124] Das Verfahrenskostenhilfegesuch kann vor der Geschäftsstelle des Verfahrensgerichts (§ 117 Abs. 1 S. 1 ZPO) oder jedes Amtsgerichts (§ 25 Abs. 2) zu Protokoll erklärt werden. Natürlich kann der Antrag auch schriftlich gestellt werden. Dann muss er aber unterschrieben sein.[125] Ein Anwaltszwang besteht nicht, auch nicht vor dem BGH (vgl § 10 Abs. 4).[126]

56 In dem Antrag ist das „Streitverhältnis" unter Angabe der Beweismittel **darzustellen** (§ 117 Abs. 1 S. 2 ZPO). Die nur entsprechende Anwendung dieser Vorschrift über § 76 Abs. 1 gebietet, den Begriff Streitverhältnis im Sinne von **Sachverhältnis** zu verstehen.[127] Die Notwendigkeit der Darstellung bezieht sich auf die Bewilligungsvoraussetzungen der hinreichenden Aussicht auf Erfolg sowie der mangelnden Mutwilligkeit. Der Antrag muss neben der tatsächlichen Begründung und der Angabe von Strengbeweis- oder Freibeweismitteln die Angabe des **erstrebten Verfahrensziels** bzw des **beabsichtigten Antrags in der Hauptsache** enthalten.[128] Eine formgerechte Antragsschrift zur Hauptsache (vgl dazu die Sollvorschrift des § 23) muss mit dem Verfahrenskostenhilfeantrag noch nicht vorgelegt werden.

57 Dem Antrag sind eine **Erklärung** des Beteiligten über seine **persönlichen und wirtschaftlichen Verhältnisse** (Familienverhältnisse, Beruf, Vermögen, Einkommen und Lasten) sowie entsprechende Belege beizufügen (§ 117 Abs. 2 S. 1 ZPO). Es besteht nach § 117 Abs. 4, 3 ZPO **Formularzwang**. Den amtlichen Vordruck müssen aber nur natürliche Personen verwenden, nicht die in § 116 ZPO genannten (vgl § 1 PKHVV). Der Formularzwang ist jedoch keine prozessuale oder materielle Entscheidungsvoraussetzung.[129] Er dient der Gerichtsentlastung.[130] Unter besonderen Umständen kann also auf den vollständig ausgefüllten Vordruck verzichtet werden, wenn sich etwaig bestehende Lücken im Vordruck durch beigefügte Belege schließen lassen.[131] Auch muss der Vordruck nicht zwingend gesondert unterschrieben werden, wenn sich auf andere Weise ergibt, dass der Beteiligte für die Angaben einsteht.[132] Eine Zurückweisung des Antrags wegen nicht oder nicht vollständig ausgefülltem Vordruck ist nur zulässig, wenn der Antragsteller vorher unter Fristsetzung zur Vervollständigung aufgefordert wurde (vgl § 118 Abs. 2 S. 4 ZPO).[133]

58 Die Erklärung des Antragstellers über seine persönlichen und wirtschaftlichen Verhältnisse sowie die Belege dürfen dem Gegner grundsätzlich nur mit Zustimmung des Antragstellers zugänglich gemacht werden (§ 117 Abs. 2 S. 2 Hs 1 ZPO). Seit dem FGG-RG besteht hierzu in § 117 Abs. 2 S. 2 Hs 2 ZPO eine Ausnahme.[134]

---

124 Musielak/Fischer § 117 ZPO Rn 3.
125 BGH NJW 1994, 2097.
126 In Familiensachen siehe auch: § 114 Abs. 4 Nr. 5 FamFG.
127 Vgl SchuSo/König § 14 FGG Rn 25.
128 SchuSo/König § 14 FGG Rn 25.
129 Musielak/Fischer § 117 ZPO Rn 18.
130 Musielak/Fischer § 117 ZPO Rn 18.
131 BGH NJW 1983, 2145; BGH FamRZ 2005, 2062; BGH NJW 1986, 62.
132 BGH NJW 1986, 62; BGH FamRZ 1985, 1018.
133 BVerfG NJW 2000, 275.
134 Vgl zu dieser Ausnahme näher unter Rn 63 f bei der Anhörung des Gegners im Verfahrenskostenhilfeprüfungsverfahren.

V. Verfahren 3

b) Muster: Antrag auf Bewilligung von Verfahrenskostenhilfe ohne Antragserhebung

Antrag auf Bewilligung von Verfahrenskostenhilfe ohne Antragserhebung 59

An das Amtsgericht ...

In Sachen

des ... (Antragstellers)

Verfahrensbevollmächtigter: ...

gegen

den ... (Antragsgegner)

wegen ...

wird beantragt,

dem Antragsteller Verfahrenskostenhilfe für das Verfahren ... in erster Instanz zu bewilligen und ihm den Unterzeichner als Rechtsanwalt beizuordnen.

Der Antragsteller ist einkommens- und vermögenslos. Dies ergibt die beigefügte Erklärung über seine persönlichen und wirtschaftlichen Verhältnisse. Der Antrag hat auch hinreichende Aussicht auf Erfolg. Insoweit wird Bezug genommen auf den beigefügten Antragsentwurf zur Hauptsache. Der Antrag ist auch nicht mutwillig.

Rechtsanwalt

Anlage: Entwurf der Antragsschrift zur Hauptsache

2. Zuständiges Gericht

Das Verfahrenskostenhilfegesuch ist bei dem **Verfahrensgericht der Hauptsache** zu stellen (§ 117 Abs. 1 S. 1 ZPO). Das Verfahrensgericht der Hauptsache ist dasjenige Gericht, welches zurzeit in der ersten Instanz oder im Rechtsmittelzug mit der Hauptsache befasst ist oder befasst werden soll (vgl. § 127 Abs. 1 S. 2 ZPO). 60

3. Rechtliches Gehör

Dem Antragsgegner ist im Verfahrenskostenhilfeprüfungsverfahren rechtliches Gehör zu gewähren, auch wenn er formal gesehen nicht Beteiligter dieses Verfahrens ist. § 77 Abs. 1 regelt die Anhörung des Antragsgegners, differenziert aber nach dem Verfahren der Hauptsache. Grundsätzlich stellt § 77 Abs. 1 S. 1 die Anhörung eines Beteiligten in das freie **Ermessen** des Gerichts. Der Anhörung bedarf es dann, wenn die verfahrensrechtliche Stellung des Beteiligten durch die Gewährung von Verfahrenskostenhilfe berührt werden würde, so dass sich die Situation wie in einem kontradiktorischen Verfahren darstellt.[135] Das wird in der Regel nur der Fall sein, wenn der andere Beteiligte das Verfahren mit entgegensetzter Zielrichtung zum Begehren des die Verfahrenskostenhilfe beantragenden Antragstellers führt.[136] 61

Hinweis: Das Gericht ist verpflichtet, die Bekanntgabe des Verfahrenskostenhilfegesuchs an die Gegenseite zu veranlassen, wenn der Antragsteller dies beantragt.[137] Denn nach § 204 Abs. 1 Nr. 14 BGB bewirkt nicht schon die Einreichung des Verfahrenskostenhilfeantrags die Verjährungshemmung, sondern erst die durch das Gericht ver-

---

135 BT-Drucks. 16/6308, 213.
136 BT-Drucks. 16/6308, 213.
137 BGH NJW 2008, 1939.

anlasste Bekanntgabe.[138] Das Gericht darf sich dem Ersuchen nicht verschließen, weil § 204 Abs. 1 Nr. 14 BGB sicherstellen soll, dass dem bedürftigen Beteiligten für die Durchsetzung seiner Rechte dieselbe Zeit zur Verfügung steht wie jedem, der das Verfahren selbst finanzieren kann.[139]

62 Für **Antragsverfahren** sieht § 77 Abs. 1 S. 2 vor, dass dem Antragsgegner Gelegenheit zur Stellungnahme gegeben werden muss, wenn dies nicht aus besonderen Gründen unzweckmäßig ist. Unzweckmäßig ist die Anhörung beispielsweise dann, wenn die Bewilligung von Verfahrenskostenhilfe schon nach dem Vorbringen des Antragstellers ausgeschlossen ist.[140] Sie kann auch dann unzweckmäßig sein, wenn die vorherige Anhörung die beabsichtigte Rechtsverfolgung vereiteln würde, was etwa in einem Verfahren auf Erlass einer einstweiligen Anordnung in Gewaltschutzsachen denkbar ist (vgl dazu: §§ 214, 216). In aller Regel kommt im Antragsverfahren eine Anhörung des Antragsgegners nur infrage, wenn ein Beteiligter im entgegengesetzten Sinn vorhanden ist.[141]

63 Das Anhörungsrecht des Antragsgegners bezieht sich grundsätzlich nur auf die Erfolgsaussichten, nicht auf die persönlichen und wirtschaftlichen Verhältnisse des Antragstellers.[142] Im Ausnahmefall ist jedoch aufgrund einer Ergänzung des **§ 117 Abs. 2 ZPO** durch das FGG-RG auch eine Anhörung zu den persönlichen und wirtschaftlichen Verhältnissen möglich. § 117 Abs. 2 S. 2 Hs 2 ZPO gestattet ausnahmsweise, dass dem Gegner ohne Zustimmung des Antragstellers die Erklärung über die persönlichen und wirtschaftlichen Verhältnisse nebst Belegen im Verfahrenskostenhilfeprüfungsverfahren zum Zwecke der Stellungnahme zugeleitet werden dürfen, wenn der Gegner gegen den Antragsteller einen materiell-rechtlichen Anspruch auf Auskunft über dessen Einkünfte und Vermögen hat. Dieses kann vor allem Verwandte in gerader Linie (§ 1605 BGB), getrennt lebende Ehegatten (§ 1361 Abs. 4 S. 4 iVm § 1605 BGB) und geschiedene Ehegatten (§ 1580 BGB) betreffen.[143] Es entspricht nach Ansicht des Gesetzgebers der Verfahrensökonomie, den Gegner sogleich in das Verfahrenskostenhilfeprüfungsverfahren einzubeziehen, um etwaige Unrichtigkeiten in der Erklärung so früh wie möglich korrigieren zu können, wenn der Gegner ohnehin einen zivilrechtlichen Anspruch auf die Kenntnis der Angaben, die Gegenstand der Erklärung des Antragstellers sind, hat.[144] Unterbleibt die Zuleitung trotz Vorliegens der Voraussetzungen aus § 117 Abs. 2 S. 2 Hs 2 ZPO, so steht dem Gegner gleichwohl kein Beschwerderecht zu (vgl § 127 Abs. 2 S. 2 ZPO). Findet die Zuleitung statt, obwohl die Voraussetzungen der Vorschrift nicht vorliegen, so verstößt das Gericht gegen das Grundrecht auf informationelle Selbstbestimmung. Das Gericht darf die tatsächlichen Angaben und Belege des Gegners auf die verfahrenswidrig erfolgte Zuleitung zur Vermeidung der Fortsetzung

---

138 BGH NJW 2008, 1939.
139 BGH NJW 2008, 1939.
140 Zöller/Philippi § 118 ZPO Rn 3.
141 SchuSo/König § 14 FGG Rn 29.
142 Zöller/Philippi § 118 ZPO Rn 2; HK-ZPO/Pukall § 118 ZPO Rn 2.
143 BT-Drucks. 16/6308, 325. Einschränkend Schürmann FamRB 2009, 58, 59: Der Auskunfts- bzw Unterhaltsanspruch muss auch Gegenstand des Hauptsacheverfahrens sein.
144 BT-Drucks. 16/6308, 325.

des Verstoßes gegen das Grundrecht auf informationelle Selbstbestimmung nicht verwenden.

Das Gericht hat den Antragsteller auf die Absicht einer Zuleitung hinzuweisen (§ 117 Abs. 2 S. 3 ZPO) und ihn von einer erfolgten Zuleitung zu unterrichten (§ 117 Abs. 2 S. 4 ZPO). 64

4. Weiterer Verfahrensgang

Das Gericht hat zu prüfen, ob die Voraussetzungen für eine Bewilligung der Verfahrenskostenhilfe vorliegen. 65

Das Gericht kann im Rahmen der Prüfung nach § 118 Abs. 2 S. 1 ZPO verlangen, dass der Antragsteller seine tatsächlichen Angaben glaubhaft macht. Es kann Erhebungen anstellen (§ 118 Abs. 2 S. 2 ZPO). Aufgrund dieser Bestimmung ist ein Gericht beispielsweise befugt, auch ohne konkreten Anlass Bankkontoauszüge der letzten Monate von dem Antragsteller anzufordern.[145] Zeugen und Sachverständige werden nicht vernommen, es sei denn, auf andere Weise lässt sich nicht klären, ob hinreichende Erfolgsaussichten bestehen (§ 118 Abs. 2 S. 3 ZPO). Hat der Antragsteller innerhalb der von dem Gericht gesetzten Frist Angaben über seine persönlichen und wirtschaftlichen Verhältnisse nicht glaubhaft gemacht oder bestimmte Fragen nicht oder ungenügend beantwortet, so lehnt das Gericht gem. § 118 Abs. 2 S. 4 ZPO die Bewilligung von Verfahrenskostenhilfe insoweit ab. Der Beteiligte kann dann aber die sofortige Beschwerde einlegen und die Auflagen nachträglich erfüllen.[146] 66

Das Gericht kann die Beteiligten zur mündlichen Erörterung laden, wenn eine Einigung zu erwarten ist (§ 118 Abs. 1 S. 3 ZPO); ansonsten ist eine mündliche Verhandlung nicht vorgeschrieben (§ 127 Abs. 1 S. 1 ZPO). Ein dort geschlossener Vergleich ist vollstreckungsfähig. Kommt es zu einem solchen Vergleich, so wird streitig diskutiert, ob, auf welchen Zeitpunkt bezogen und in welchem Umfang Verfahrenskostenhilfe zu bewilligen ist.[147] 67

5. Seitenblick: Bedingte Antragserhebung in der Hauptsache

Die Erhebung des Antrags in der Hauptsache unter der Bedingung der Bewilligung von Verfahrenskostenhilfe ist nach eindeutiger Ansicht des BGH[148] **unwirksam**.[149] Zwar können grundsätzlich Verfahrenshandlungen mit der Bedingung verknüpft werden, das Gericht möge nur bei Eintritt eines bestimmten innerprozessualen Vorgangs entschei- 68

---

145 AA LG Kiel v. 11.2.2009, 1 T 10/09: Wenn der Antragsteller Leistungen zur Sicherung des Lebensunterhalts nach dem SGB II bezieht und der dem Gericht vorgelegte Leistungsbescheid die finanziellen Verhältnisse vollständig ausweist, darf das Gericht ohne konkreten Anlass die ausreichende Glaubhaftmachung der Bedürftigkeit nicht zusätzlich an die Vorlage von Kontoauszügen knüpfen.
146 OLG Koblenz FamRZ 1990, 537; aA: BAG MDR 2004, 415.
147 Vgl nur Musielak/Fischer § 118 ZPO Rn 6, auch auf BGH NJW 2004, 2595 entgegnend.
148 BGH NJW-RR 2003, 1558: „Der Kläger hat... lediglich einen Antrag auf PKH und einen als Klageentwurf sowie die bedingte Klage bezeichneten Schriftsatz eingereicht. (...) Stellt eine Partei in dieser Weise klar, dass sie den Klageantrag nur unter der Voraussetzung der Gewährung von PKH stellen will, so hat sie trotz gleichzeitiger Einreichung des PKH-Gesuchs und eines inhaltlich den Anforderungen einer Klageschrift entsprechenden Schriftsatzes die Klage noch nicht bei Gericht anhängig gemacht (...). Prozesshandlungen, die wie die Klageerhebung, unmittelbare Rechtswirkungen auslösen, können nicht unter der Bedingung gestellt werden (...).".
149 Ebenso: Thomas/Putzo/Reichold § 117 ZPO Rn 4; aA OLG München MDR 1988, 972.

Fölsch

den.[150] Der unter den Vorbehalt der Bewilligung von Verfahrenskostenhilfe eingereichte Antrag stellt jedoch eine unzulässige innerprozessuale Bedingung dar. Die Erklärung der „Antragserhebung unter der Bedingung der Bewilligung von Verfahrenskostenhilfe" kann aber ggf dahingehend ausgelegt werden, dass die Zustellung des Antrags nur im Falle der Bewilligung von Verfahrenskostenhilfe begehrt wird.[151] Es steht also nicht die Erhebung des Antrags, sondern die Durchführung des Verfahrens unter einer (zulässigen) Bedingung. Dann aber wird der Antrag bereits als anhängig angesehen, was kostenrechtliche Folgen haben kann. Bedeutsam wird die Diskussion um die Frage der Wirksamkeit der Antragserhebung vor allem bei der Einhaltung von Fristen, zB Verjährungsfristen, Anspruchsausschlussfristen, Klagefristen. Oft aber sieht die Rechtspraxis aus pragmatischen Erwägungen heraus über die Unzulässigkeit einer bedingten Antragserhebung in der Hauptsache in erster Instanz hinweg.

Für die Rechtsmittelinstanz findet die Problematik ihre Entsprechung in der Frage, ob eine **bedingte Rechtsmitteleinlegung** zulässig ist und Rechtsmittelfristen wahrt. In der Rechtsprechung wird die Einlegung eines Rechtsmittels unter der Bedingung der Bewilligung von Verfahrenskostenhilfe als unzulässig angesehen.[152]

Hinweis: Es wird empfohlen, einen Antrag nicht unter der Bedingung der Bewilligung von Verfahrenskostenhilfe zu erheben. Unter den Zweckmäßigkeitserwägungen mag zwar dieser Punkt diskutiert und auf eine pragmatische Handhabung hingewiesen werden, der sicherste Weg ist aber, zunächst Verfahrenskostenhilfe unter Beifügung eines Antragsentwurfs zu beantragen und nach der Entscheidung über die Bewilligung von Verfahrenskostenhilfe den Antrag zur Hauptsache zu erheben.

VI. Entscheidung
1. Umfang und Prüfungsumfang
a) Umfang der Bewilligung

69 Die Bewilligung erfolgt **für jeden Rechtszug** besonders (§ 119 Abs. 1 S. 1 ZPO). Der Begriff Rechtszug ist kostenrechtlich zu verstehen.[153] Ein Rechtszug ist jeder Verfahrensabschnitt, der besondere Kosten verursacht.[154] Mehrere kostenrechtlich selbständige Verfahrensabschnitte bilden einen einheitlichen Rechtszug iSd § 119 Abs. 1 S. 1 ZPO nur, soweit sie nach ihrem Sinn und Zweck nicht getrennt werden können.[155] Die Bewilligung der Verfahrenskostenhilfe umfasst demnach das gesamte Erkenntnisverfahren in einer Instanz,[156] auch das Abänderungsverfahren nach § 48 Abs. 1 und das Verfahren über die Anhörungsrüge nach § 44, ebenso die Fortsetzung des Verfahrens nach Anfechtung eines gerichtlichen Vergleichs. Nicht zum Rechtszug der Hauptsache gehört der selbständige einstweilige Rechtsschutz nach §§ 49 ff. Insoweit ist jeweils gesondert über die Bewilligung von Verfahrenskostenhilfe zu entscheiden.

---

150 Vgl BGH NJW 1995, 1353 zu den Voraussetzungen einer zulässigen innerprozessualen Bedingung.
151 Thomas/Putzo/Reichold § 117 ZPO Rn 4.
152 Vgl BGH NJW 2008, 2855; BGH NJW-RR 2007, 1565; BGH NJW 2006, 693; BGH FamRZ 2004, 1553; Musielak/Fischer § 117 ZPO Rn 10–14.
153 BGH NJW 2004, 3260.
154 BGH NJW 2004, 3260.
155 BGH NJW 2004, 3260.
156 SchuSo/König § 14 FGG Rn 35; HK-ZPO/Pukall § 119 ZPO Rn 2.

VI. Entscheidung

Ein Verfahrenskostenhilfebeschluss wird formell **wirksam** mit seiner Verkündung oder Mitteilung an den Beteiligten. Inhaltlich wirkt die Bewilligung von Verfahrenskostenhilfe grundsätzlich zurück.[157] Jedoch gibt es grundsätzlich keine Verfahrenskostenhilfe für die Zeit vor Antragstellung.[158] Eine **Rückwirkung** kann das Gericht frühestens auf den Zeitpunkt belegen, in dem ihm der Antrag nebst den erforderlichen Erklärungen und Unterlagen vorlag.[159] Unter diesen Voraussetzungen ist eine Bewilligung von Verfahrenskostenhilfe auch nach einer Antragsrücknahme[160] oder nach rechtskräftiger Entscheidung noch möglich.[161] Die Rückwirkung muss nicht ausdrücklich in den Beschluss aufgenommen werden.[162]

Maßgebender Zeitpunkt für die **Beurteilung** der Voraussetzungen ist grundsätzlich derjenige der Beschlussfassung.[163] Im Fall einer Verzögerung durch das Gericht ist der Beurteilungszeitpunkt der Zeitpunkt der Entscheidungsreife.[164]

b) Prüfungserleichterungen in der Rechtsmittelinstanz der Hauptsache

Nach § 119 Abs. 1 S. 2 ZPO ist bei der Bewilligung von Verfahrenskostenhilfe in einem höheren Rechtszug nicht zu prüfen, ob die Rechtsverfolgung oder Rechtsverteidigung hinreichende Aussicht auf Erfolg bietet oder mutwillig erscheint, wenn der Gegner das Rechtsmittel zur Hauptsache eingelegt hat. Diese **Prüfungserleichterung** setzt voraus, dass sich im Verfahren der Hauptsache Beteiligte mit gegensätzlichen Interessen gegenüberstehen. Einschränkend ist in der Rechtsprechung zu § 119 Abs. 1 S. 2 ZPO die ungeschriebene Voraussetzung anerkannt, dass dem Antragsteller Verfahrenskostenhilfe erst bewilligt wird, wenn feststeht, dass eine Rechtsmittelverteidigung „notwendig" ist.[165] Fraglich ist, ob diese kostenrechtliche „Notwendigkeit" auch bei der Verfahrenskostenhilfe in FamFG-Sachen zu berücksichtigen ist. Denn eine solche Notwendigkeitsbetrachtung passt nicht ohne Weiteres in die Konzeption des FamFG, wie dies aus §§ 80–84 ersichtlich wird.[166] Ist jedoch anzunehmen, dass diese Voraussetzung auch in FamFG-Sachen gelten soll, so könnte eine anwaltliche Vertretung bei einem unzulässigen Rechtsmittel[167] oder ggf bei einem von vornherein unbegründeten Rechtsmittel nicht notwendig sein.[168]

---

157 Zöller/Philippi § 119 ZPO Rn 39; str.
158 Vgl BGH NJW 1982, 446.
159 BGH NJW 1982, 446; BGH NJW 1985, 921; str.
160 OLG Köln JurBüro 1998, 650.
161 Vgl BGH NJW 1982, 446.
162 BGH NJW 1982, 446.
163 Musielak/Fischer § 119 ZPO Rn 14; Zöller/Philippi § 119 ZPO Rn 44; Thomas/Putzo/Reichold § 119 ZPO Rn 4; str.
164 Musielak/Fischer § 119 ZPO Rn 14; Zöller/Philippi § 119 ZPO Rn 45 f; Thomas/Putzo/Reichold § 119 ZPO Rn 4.
165 BGH FamRZ 1988, 942; BGH NJW-RR 2001, 1009; Musielak/Fischer § 119 ZPO Rn 16; Zöller/Philippi § 119 ZPO Rn 55; Thomas/Putzo/Reichold § 119 ZPO Rn 13.
166 Zu § 14 FGG aF iVm § 119 Abs. 1 S. 2 ZPO, allerdings aA: SchuSo/König § 14 FGG Rn 37.
167 Vgl SchuSo/König § 14 FGG Rn 37; Musielak/Fischer § 119 ZPO Rn 16; Zöller/Philippi § 119 ZPO Rn 55; Thomas/Putzo/Reichold § 119 ZPO Rn 13.
168 Vgl SchuSo/König § 14 FGG Rn 37; vgl Musielak/Fischer § 119 ZPO Rn 16; Zöller/Philippi § 119 ZPO Rn 55; Thomas/Putzo/Reichold § 119 ZPO Rn 13, jeweils mit Blick auf § 522 Abs. 2 ZPO; str.; vgl auch Fölsch NJW 2006, 3521.

2. Entscheidungsform: Beschluss

73 Das Gericht hat über die Bewilligung durch Beschluss zu entscheiden.[169] Dies ergibt sich nicht aus § 38 Abs. 1. Denn diese Vorschrift schreibt die Entscheidungsform des Beschlusses nur für Endentscheidungen vor. Vielmehr ergibt sich die **Beschlussform im Verfahrenskostenhilfeverfahren** laut der Begründung des Gesetzgebers aus der Verweisung auf die Vorschriften der ZPO.[170] Allerdings ist dem § 76 Abs. 1 FamFG iVm §§ 114–127 ZPO eine solche Maßgabe nicht ausdrücklich zu entnehmen. Auf das Erfordernis der Entscheidung durch Beschluss deutet jedoch § 76 Abs. 2 („Ein Beschluss, der im Verfahrenskostenhilfeverfahren ergeht, ist mit der sofortigen Beschwerde ... anfechtbar") hin. Zum anderen ist die Bewilligung oder Ablehnung von Verfahrenskostenhilfe für den Beteiligten eine Entscheidung von gewichtiger Bedeutung. Dies gebietet letztlich die Entscheidungsform des Beschlusses.

74 Der Verfahrenskostenhilfebeschluss des Gerichts muss den **Maßgaben** des § 38 Abs. 2–6 entsprechen. § 38 Abs. 2–6 gilt nicht nur für Beschlüsse, die Endentscheidungen zur Hauptsache erhalten, sondern für jeden Beschluss.[171]

75 Den formellen **Mindestinhalt** des Beschlusses bestimmt § 38 Abs. 2. Der Beschluss enthält die Bezeichnung der Beteiligten, die Bezeichnung des Gerichts, die Namen der Gerichtspersonen, die bei der Entscheidung mitgewirkt haben, und die Beschlussformel. § 38 Abs. 3 S. 1 schreibt grundsätzlich die Pflicht zur **Begründung** des Beschlusses vor. Inhaltliche Anforderungen an die Begründung werden nicht aufgestellt. § 38 Abs. 4 eröffnet dem Gericht die Möglichkeit, unter bestimmten Voraussetzungen auf eine Begründung zu verzichten. Eine Begründung soll im Grundsatz immer dann entbehrlich sein, wenn eine Beschwer eines Beteiligten erkennbar nicht vorliegt. Die Verfahrenskostenhilfebewilligung braucht deshalb nicht begründet zu werden. Die Ablehnung der Verfahrenskostenhilfe ist dagegen begründungspflichtig. Soweit die Entscheidung in den Gründen Angaben über die persönlichen und wirtschaftlichen Verhältnisse des Beteiligten enthält, darf sie dem gegnerischen Beteiligten nur mit Zustimmung des Antragstellers zugänglich gemacht werden (§ 127 Abs. 1 S. 2 ZPO). Eine zu § 117 Abs. 2 S. 2 ZPO vergleichbare Ausnahme enthält § 127 Abs. 1 S. 2 ZPO nicht. Der Beschluss ist zu unterschreiben (§ 38 Abs. 3 S. 2). Erlassen ist der Beschluss nach § 38 Abs. 3 S. 3 mit Übergabe an die Geschäftsstelle oder der Bekanntgabe durch Verlesen der Beschlussformel. Das Datum ist auf dem Beschluss zu vermerken. Der Beschluss ist dem Antragsteller, aber auch den weiteren Beteiligten, bekanntzugeben (§ 41 Abs. 1 S. 1). Wird die Verfahrenskostenhilfe abgelehnt, so ist dem Antragsteller der Beschluss zuzustellen (§ 41 Abs. 1 S. 2).

3. Rechtsbehelfsbelehrung

76 § 39 zwingt zu einer Rechtsbehelfsbelehrung im Verfahrenskostenhilfebeschluss. Nach dieser Vorschrift hat jeder Beschluss eine Belehrung über das statthafte Rechtsmittel, den Einspruch, den Widerspruch oder die Erinnerung sowie das Gericht, bei dem diese

---

169 BT-Drucks. 16/6308, 195.
170 BT-Drucks. 16/6308, 195.
171 So kann wohl BT-Drucks. 16/6308, 195 verstanden werden. Andererseits könnte § 38 FamFG aber auch so ausgelegt werden, dass sich die Abs. 2–6 nur auf Beschlüsse iSv Abs. 1 beziehen.

Rechtsbehelfe einzulegen sind, dessen Sitz und die einzuhaltende Form und Frist zu enthalten. Zu den in § 39 erwähnten statthaften Rechtsmitteln gehören auch die **sofortige Beschwerde** entsprechend §§ 567–572 ZPO und die mE (s. Rn 82 ff zur Rechtsbeschwerde in Verfahrenskostenhilfesachen) statthafte **Rechtsbeschwerde** entsprechend §§ 574–577 ZPO. Eine Rechtsbehelfsbelehrung zu außerordentlichen Rechtsbehelfen wie der Anhörungsrüge ist nicht notwendig.

Hinweis: Unterbleibt die Belehrung oder ist sie fehlerhaft, so wird gesetzlich nach § 17 Abs. 2 vermutet, dass derjenige Beteiligte, der keine Rechtsbehelfsbelehrung erhalten hat, ohne Verschulden gehindert war, die Frist zur Einlegung des Rechtsmittels oder des Rechtsbehelfs einzuhalten. Nach Ansicht des Gesetzgebers erfordert die gesetzliche Vermutung einen ursächlichen Zusammenhang zwischen Belehrungsmangel und Fristsäumnis.[172] Damit sei eine Wiedereinsetzung in denjenigen Fällen ausgeschlossen, in denen der Beteiligte wegen vorhandener Kenntnis über seine Rechtsmittel keiner Unterstützung durch eine Rechtsmittelbelehrung bedarf.[173] Auf diese Weise werde vor allem der geringeren Schutzbedürftigkeit (!) anwaltlich vertretener Beteiligter Rechnung getragen.[174]

4. Muster: Beschluss über Teilablehnung von Verfahrenskostenhilfe

Beschluss 77

In dem Verfahrenskostenhilfeverfahren

des ... (Antragstellers)

Verfahrensbevollmächtigter: ...

gegen

den ... (Antragsgegner)

wegen ...

hat das Amtsgericht Lübeck durch den Richter am Amtsgericht ... am ... beschlossen:

Dem Antragsteller wird Verfahrenskostenhilfe für das Hauptsacheverfahren ... im ersten Rechtszug bewilligt. Der Antragsteller hat ab dem ... monatliche Raten von ... EUR zu leisten.[175] Der Antrag auf Beiordnung eines Rechtsanwalts wird zurückgewiesen.

Gründe:

I. ... (Sachverhalt)

II. Dem Antragsteller ist auf seinen Antrag Verfahrenskostenhilfe zu gewähren, weil die Voraussetzungen des § 76 Abs. 1 FamFG iVm §§ 114, 115 ZPO gegeben sind. Jedoch erfolgt die Bewilligung nur mit der Maßgabe einer Ratenzahlungsanordnung von monatlich ... EUR ab dem .... Die Einkommensberechnung hat nämlich Folgendes ergeben: ... Unter Anwendung der in § 115 Abs. 1 ZPO enthaltenen Tabelle hat der Antragsteller demnach die ausgesprochene Monatsrate von ... EUR zu zahlen. Den Beginn der Zahlungspflicht hat das Gericht auf den ... festgesetzt.

III. Der Antrag auf Beiordnung eines Rechtsanwalts ist zurückzuweisen. Denn die Sache ist nicht tatsächlich und rechtlich schwierig ... . Die Angelegenheit ist für den Antragsteller auch nicht bedeutend und erbringt auch nicht einen schweren Eingriff in seine Rechte .... Eine Beiordnung

---

172 BT-Drucks. 16/6308, 183 unter Verweis auf BGHZ 150, 390, 403; vgl auch BGH NJW-RR 2008, 1084.
173 BT-Drucks. 16/6308, 183.
174 BT-Drucks. 16/6308, 183.
175 Die Zurückweisung des Antrags auf Bewilligung von Verfahrenskostenhilfe „im Übrigen", weil schließlich die Bewilligung ohne Ratenzahlungsanordnung versagt wird, wird in der Praxis nicht ausgesprochen. Sie wäre jedoch die zutreffende Tenorierung.

wegen eines Mangels an subjektiven Fähigkeiten war auch nicht geboten, da dieser Mangel bei dem Antragsteller nicht gegeben ist .... Die Beiordnung war auch nicht zur Herstellung einer Waffengleichheit erforderlich, da der Antragsgegner nicht anwaltlich vertreten war. Demnach kann offen bleiben, welche rechtlichen Auswirkungen es hat, dass in § 78 Abs. 2 FamFG die Merkmale der Bedeutung der Angelegenheit bzw der Schwere des Eingriffs, die mangelnden subjektiven Fähigkeiten und die Herstellung einer Waffengleichheit nicht genannt sind.

IV. ... (Rechtsbehelfsbelehrung)

(Richter)

Datum der Übergabe des Beschlusses an die Geschäftsstelle: ...

VII. Rechtsmittel

1. Grundkonzeption des Gesetzgebers zur Anfechtung von Zwischen- und Nebenentscheidungen

78 Das FamFG enthält keinen eigenen Abschnitt über Rechtsmittel gegen Zwischen- und Nebenentscheidungen.[176] Für die Anfechtung von Zwischen- und Nebenentscheidungen gelten nicht die Vorschriften über die Beschwerde nach den §§ 58–69. Sie betreffen im Ausgangspunkt nur die Anfechtung von Endentscheidungen zur Hauptsache.

79 Zwischen- und Nebenentscheidungen sind grundsätzlich **nicht selbständig anfechtbar**.[177] Sie sind entweder überhaupt nicht oder aber nur zusammen mit der Hauptsacheentscheidung anfechtbar.[178] Soweit das Gesetz abweichend davon die selbständige Anfechtbarkeit von Zwischen- und Nebenentscheidungen zulässt, orientiert es sich an den Verhältnissen im Zivilprozess.[179] Das Gesetz sieht demgemäß an verschiedenen Stellen die sofortige Beschwerde in entsprechender Anwendung der §§ 567 bis 572 ZPO vor.[180]

80 Diese Unvollkommenheit im FamFG bringt Auslegungsschwierigkeiten mit sich, die vor allem bei der Frage der Statthaftigkeit und Zulässigkeit einer Rechtsbeschwerde gegen die Beschwerdeentscheidung in Zwischen- und Nebenverfahren zum Ausdruck kommen.[181]

2. Sofortige Beschwerde

81 Ein Beschluss, der im Verfahrenskostenhilfeverfahren ergeht, ist gem. § 76 Abs. 2 mit der sofortigen Beschwerde in entsprechender Anwendung der §§ 567–572, 127 Abs. 2–4 ZPO anfechtbar. Das bedeutet im Einzelnen:

- Die **Statthaftigkeit** der sofortigen Beschwerde folgt aus § 567 Abs. 1, § 127 Abs. 2, 3 ZPO. Für den Antragsteller ist die sofortige Beschwerde gegen jede ungünstige Verfahrenskostenhilfeentscheidung des Amts- oder Landgerichts in erster Instanz statthaft. Zweifelhaft ist dagegen, ob ablehnende Entscheidungen des Landgerichts

---

176 BT-Drucks. 16/6308, 203.
177 BT-Drucks. 16/6308, 203.
178 BT-Drucks. 16/6308, 203.
179 BT-Drucks. 16/6308, 203.
180 BT-Drucks. 16/6308, 203.
181 Auch bei §§ 13a, 27 FGG aF bestand die Auslegungsschwierigkeit, ob und unter welchen Voraussetzungen Beschwerdeentscheidungen angefochten werden konnten; vgl etwa: BGH NJW-RR 2008, 305; BGH NJW 2007, 158; BGH NJW 2006, 2495; BGH NJW 2004, 3412; BGH NJW-RR 2004, 356; BGH NJW 2003, 3133.

oder des Oberlandesgerichts als Beschwerdegericht in der Hauptsache mit der sofortigen Beschwerde angefochten werden können (s. Rn 82 ff zur Rechtsbeschwerde in Verfahrenskostenhilfesachen). Die Bewilligung von Verfahrenskostenhilfe kann nur von der Staatskasse nach Maßgabe des § 127 Abs. 3 ZPO angefochten werden. Dem Antragsgegner steht kein eigenes Anfechtungsrecht zu, da er nicht beschwert ist.[182]

- Die Zulässigkeit der sofortigen Beschwerde folgt entsprechend § 127 Abs. 2 S. 2 ZPO dem Konvergenzgedanken, falls nicht das Gericht ausschließlich die persönlichen und wirtschaftlichen Voraussetzungen für die Verfahrenskostenhilfe verneint hat. Eine sofortige Beschwerde gegen Entscheidungen in Verfahrenskostenhilfeverfahren ist nicht zulässig, wenn gegen einen Beschluss in der Hauptsache die Beschwerde wegen Nichterreichens der Beschwerdesumme (isV § 511 Abs. 2 Nr. 1 ZPO bzw § 61 Abs. 1) von über 600 EUR unzulässig wäre. Für das Verfahren über die Verfahrenskostenhilfe soll kein weitergehender Instanzenzug zur Verfügung stehen als in der Hauptsache, um die Gefahr widersprüchlicher Entscheidungen zu vermeiden.[183]

- Für die Anfechtung der Verfahrenskostenhilfeentscheidung gilt nicht das weitere Erfordernis nach **§ 567 Abs. 2 ZPO**, dass der Wert des Gegenstandes der sofortigen Beschwerde 200 EUR übersteigen muss. Es muss also nicht um einen Nachteil von nicht bewilligten Gerichts- und Rechtsanwaltskosten gehen, der den Betrag von 200 EUR übersteigt. § 567 Abs. 2 ZPO bezieht den **Beschwerdewert** nur auf **Kostenentscheidungen**. Entscheidungen zur Verfahrenskostenhilfe sind aber keine Kostenentscheidungen in diesem Sinne.[184]

- Die **Frist** zur Einlegung der sofortigen Beschwerde in Verfahrenskostenhilfesachen beträgt einen Monat. Die Fristenbestimmungen des § 127 Abs. 2 S. 3 ZPO und § 127 Abs. 3 S. 3 ZPO sind im FamFG-Verfahren entsprechend anzuwenden. Auf der Grundlage des bisherigen § 14 FGG aF herrschte noch Rechtsunklarheit darüber, ob für Beschwerden in Prozesskostenhilfesachen der freiwilligen Gerichtsbarkeit eine einmonatige Beschwerdefrist oder eine zweiwöchige Frist galt.[185]

- Die sofortige Beschwerde ist bei dem Gericht, dessen Entscheidung angefochten wird, oder bei dem Beschwerdegericht einzulegen (**§ 569 Abs. 1 ZPO**). Zuständiges Beschwerdegericht ist das Landgericht (§ 72 GVG) oder das Oberlandesgericht (§ 119 GVG).

- **Form und Inhalt** der Beschwerdeschrift beziehungsweise der Erklärung der Beschwerde zu Protokoll der Geschäftsstelle ergeben sich aus §§ 569 Abs. 2, 3 ZPO. Die sofortige Beschwerde soll gem. § 571 Abs. 1 ZPO begründet werden. Eine fehlende Begründung macht die sofortige Beschwerde jedoch nicht unzulässig, da das Erfordernis der **Begründung** nicht zwingend vorgeschrieben ist.

---

182 BGH NJW 2002, 3554.
183 BT-Drucks. 16/6308, 215.
184 Musielak/Ball § 567 ZPO Rn 20.
185 BGH NJW 2006, 2122: Monatsfrist.

- Der **Gang des Beschwerdeverfahrens** folgt § 572 ZPO. Das Gericht, dessen Entscheidung angefochten wird, entscheidet über eine Abhilfe. Hilft das Gericht nicht ab, hat es die Beschwerde unverzüglich dem Beschwerdegericht vorzulegen. Das Beschwerdegericht entscheidet dann über die sofortige Beschwerde durch Beschluss.

- Über die sofortige Beschwerde entscheidet am Beschwerdegericht der **originäre Einzelrichter**, der institutionell beim Landgericht (§ 122 GVG) und beim Oberlandesgericht (§ 75 GVG) vorgesehen ist.[186] Voraussetzung ist, dass die angefochtene Entscheidung von einem Einzelrichter oder einem Rechtspfleger erlassen wurde. Der Einzelrichter beim Beschwerdegericht überträgt das Verfahren auf das vollbesetzte Kollegium zur Entscheidung, wenn die Sache besondere Schwierigkeiten aufweist oder die Rechtssache grundsätzliche Bedeutung im weiteren Sinne hat.

- Eine aufschiebende Wirkung der sofortigen Beschwerde sowie einstweilige Anordnungen können entsprechend § 570 ZPO beschlossen werden.

- Den **Ausschluss der Kostenerstattung** im Beschwerdeverfahren regelt § 127 Abs. 4 ZPO.

3. Rechtsbeschwerde?

82 Weder aus dem Wortlaut des FamFG noch aus der Gesetzesbegründung[187] lässt sich entnehmen, ob Beschwerdeentscheidungen gegen Zwischen- und Nebenentscheidungen mit der Rechtsbeschwerde anfechtbar sind oder nicht. Diese Fragestellung erfasst auch die Verfahrenskostenhilfesachen. Denn das Verfahren über die Verfahrenskostenhilfe ist ein selbständiges Nebenverfahren.[188]

83 Für eine Unanfechtbarkeit der Beschwerdeentscheidungen könnte einerseits die nur beschränkte Verweisung in den FamFG-Vorschriften auf die §§ 567–572 ZPO (entsprechend) sprechen. Die Verweisung erfasst nicht die §§ 574–577 ZPO über die ZPO-Rechtsbeschwerde. Andererseits könnte gegen eine Unanfechtbarkeit der Beschwerdeentscheidung in Zwischen- oder Nebenverfahren sprechen, dass das FamFG nicht die Unanfechtbarkeit von Beschwerdeentscheidungen anordnet. Die **Statthaftigkeit eines Rechtsmittels gegen Beschwerdeentscheidungen** könnte sich möglicherweise sowohl aus § 574 Abs. 1 S. 1 Nr. 2 ZPO als auch aus § 70 Abs. 1 ergeben. Zum einen ist nach § 574 Abs. 1 S. 1 Nr. 2 ZPO die zugelassene ZPO-Rechtsbeschwerde gegen jede nicht ausdrücklich unanfechtbare Beschwerdeentscheidung eröffnet. Zum anderen verbietet der Wortlaut von § 70 Abs. 1 nicht die Auslegung, dass die FamFG-Rechtsbeschwerde auch gegen Entscheidungen über eine sofortige Beschwerde möglich ist.

84 Unterstellt, Beschwerdeentscheidungen in Zwischen- und Nebenverfahren sind mit einer Rechtsbeschwerde anfechtbar, so schließt sich die Frage an, ob die Statthaftigkeit und Zulässigkeit der Rechtsbeschwerde im Grundsatz den Regeln der §§ 70–75 oder der §§ 574–577 ZPO (entsprechend) folgt. Die Anfechtbarkeit mit der Rechtsbeschwerde ergibt sich nicht aus den §§ 70–75.[189] Diese Annahme folgt allerdings noch

---

186 So auch: Schürmann FamRB 2009, 58, 60.
187 Vgl insbesondere BT-Drucks. 16/6308, 203, 209.
188 Vgl BT-Drucks. 16/6308, 203.
189 So aber: Schürmann FamRB 2009, 58, 60.

nicht aus dem insoweit offenen Wortlaut. Jedoch sind nach der Konzeption des Gesetzgebers[190] die im FamFG selbst geregelten Rechtsmittel in den §§ 58–75 nur Hauptsacherechtsmittel. Gegen eine entsprechende Heranziehung der §§ 574–577 ZPO könnte wiederum sprechen, dass die Verweisvorschriften im FamFG die §§ 574–577 ZPO nicht ausdrücklich umfassen. Für eine **entsprechende Anwendung der §§ 574–577 ZPO** spricht hingegen, dass der Gesetzgeber für das Rechtsmittel gegen Zwischen- und Nebenentscheidungen die Konzeption der sofortigen Beschwerde nach den §§ 567–572 ZPO zugrunde gelegt hat, zu der eben auch die Anfechtbarkeit mit der Rechtsbeschwerde nach den §§ 574–577 ZPO gehört.

Ergebnis: Eine Auslegung dürfte insgesamt ergeben, dass sich die Statthaftigkeit und Zulässigkeit der Rechtsbeschwerde gegen Beschwerdeentscheidungen in Zwischen- und Nebenverfahren nach den §§ 574–577 ZPO (entsprechend) richtet.

Hinweis: Der vorstehende Auslegungsvorschlag steht unter dem Vorbehalt, dass andere Auslegungsergebnisse mindestens ebenso gut vertretbar sind. Die Rechtsprechung des Bundesgerichtshofs ist deshalb sorgfältig zu beobachten. **Für den Rechtsanwalt**, der sich für die Einlegung der Rechtsbeschwerde entscheidet, bedeutet dies, dass der Vorsorge halber die Rechtsbeschwerde den Zulässigkeitsanforderungen sowohl nach §§ 574–577 ZPO als auch nach §§ 70–75 genügen muss.

Dasselbe Problem zur Statthaftigkeit und Zulässigkeit der Rechtsbeschwerde ergibt sich, wenn ein Hauptsacheverfahren vor dem FamFG-Beschwerdegericht anhängig ist und es um die Anfechtung einer Entscheidung des Hauptsachebeschwerdegerichts über die Bewilligung von Verfahrenskostenhilfe für die Hauptsachebeschwerde geht. Soweit Vorschriften eine Anfechtbarkeit von Entscheidungen im Zwischen- und Nebenverfahren mit der sofortigen Beschwerde nach §§ 567–572 ZPO (entsprechend) anordnen, ist die sofortige Beschwerde nicht statthaft, weil § 567 Abs. 1 ZPO die sofortige Beschwerde nur erlaubt, wenn die Zwischen- oder Nebenentscheidung innerhalb des erstinstanzlichen Hauptsacherechtszugs ergangen ist. Innerhalb der ZPO waren deshalb Zwischen- und Nebenentscheidungen des Berufungsgerichts nur mit der Rechtsbeschwerde (§§ 574 ff ZPO) anfechtbar.

VIII. Nachträgliche Änderung oder Aufhebung
1. Abänderung gem. § 120 Abs. 4 ZPO

Änderungen der Einkommens- und Vermögensverhältnisse können nach § 76 Abs. 1 FamFG iVm § 120 Abs. 4 ZPO zur Abänderung des Bewilligungsbeschlusses führen. Die Änderung kann zugunsten oder zulasten des Beteiligten erfolgen.[191] Die Abänderungsentscheidung entfaltet keine Rückwirkung, sondern gilt nur mit Wirkung für die Zukunft. Zum Vorteil des Beteiligten darf die Abänderungsentscheidung jedoch auf den Zeitpunkt des Antrags oder der Anzeige über die veränderten Verhältnisse zurückbezogen werden, im Ausnahmefall sogar auf den Zeitpunkt des Eintritts der Verschlechterung der Verhältnisse.[192]

---

190 Vgl BT-Drucks. 16/6308, 166 f, 203, 209.
191 HK-ZPO/Pukall § 120 ZPO Rn 11.
192 Vgl zu dieser Besonderheit: Musielak/Fischer § 120 ZPO Rn 13.

88 Die Änderung der maßgebenden persönlichen oder wirtschaftlichen Verhältnisse muss nach § 120 Abs. 4 S. 1 ZPO wesentlich sein. Sie muss nachhaltig und darf nicht nur vorübergehend sein. Wesentlich ist eine Veränderung der Einkommens- und Vermögensverhältnisse, wenn sich der Lebensstandard des Beteiligten spürbar verändert hat, wobei auf den jeweiligen Einzelfall abzustellen ist.[193] Pauschale Betrachtungen, etwa dergestalt, dass eine Änderung der Einkommens- und Vermögensverhältnisse von 10 % wesentlich sei, dürften demgegenüber abzulehnen sein.[194] Eine Verschlechterung der Einkommens- und Vermögensverhältnisse wird bereits dann anzunehmen sein, wenn die veränderten Verhältnisse eine andere Höhe der von dem Beteiligten an die Staatskasse zu zahlenden Monatsraten zur Folge haben, also zu einer für den Beteiligten „besseren" Einstufung in der Tabelle nach § 115 Abs. 2 ZPO führen.[195] Eine Änderung zum Nachteil des Beteiligten ist ausgeschlossen, wenn seit der rechtskräftigen Entscheidung oder sonstigen Beendigung des Verfahrens vier Jahre vergangen sind (§ 120 Abs. 4 S. 3 ZPO). Bei einer Änderung zugunsten des Beteiligten wegen Verschlechterung der Verhältnisse gilt die Zeitgrenze des § 120 Abs. 4 S. 3 ZPO nicht.

89 § 120 Abs. 4 ZPO kann nicht angewendet werden, wenn sich nachträglich herausstellt, dass **schon im Zeitpunkt der Bewilligung** die Voraussetzungen für die Verfahrenskostenhilfe nicht vorgelegen haben. Denn die Vorschrift spricht ausdrücklich von einer Änderung der Verhältnisse.[196] Aus demselben Grund kommt eine Änderung des Bewilligungsbeschlusses nach § 120 Abs. 4 ZPO nicht in Betracht, wenn das Gericht die Sach- und Rechtslage anders als im Zeitpunkt der Bewilligung beurteilt.[197]

90 § 120 Abs. 4 ZPO erlaubt nicht die vollständige Aufhebung der Bewilligung von Verfahrenskostenhilfe. Es dürfen nach dieser Regelung ausschließlich die zu leistenden **Zahlungen geändert** werden.[198] Jedoch ist die Anordnung der sofortigen Zahlung aller Kosten aus dem Vermögen beziehungsweise der Festsetzung höherer Monatsraten möglich.[199]

91 Da auch die Bewilligung von Prozesskostenhilfe ohne **Ratenzahlungsanordnung** eine Entscheidung über die zu leistenden Zahlungen enthält, nämlich dass keine Monatsraten zu leisten sind, kann nach § 120 Abs. 4 ZPO auch erstmals eine Ratenzahlungsanordnung ergehen.[200]

92 Das Gericht hat den Beteiligten vor einer Abänderung des Bewilligungsbeschlusses **anzuhören**. Der Beteiligte ist nicht verpflichtet, unaufgefordert eine Änderung seiner Verhältnisse anzuzeigen. Vielmehr muss er sich erst auf eine Aufforderung des Gerichts erklären (§ 120 Abs. 4 S. 2 ZPO). Das Gericht muss das Erklärungsverlangen direkt an den Beteiligten übersenden, nicht an dessen Prozessbevollmächtigten.[201] Zur Erfüllung

---

193 HK-ZPO/Pukall § 120 ZPO Rn 11.
194 HK-ZPO/Pukall § 120 ZPO Rn 11; differenzierend jedoch: Musielak/Fischer § 120 ZPO Rn 17, 18: bei Einkommen sei die 10 %-Grenze anwendbar, bei Vermögen sei die 10-%Grenze nicht ausreichend; im Einzelnen str.
195 HK-ZPO/Pukall § 120 ZPO Rn 11.
196 OLG Koblenz NJW-RR 2003, 1163; OLG Celle FamRZ 1991, 207.
197 HK-ZPO/Pukall § 120 ZPO Rn 11.
198 BGH NJW 1994, 3292.
199 Vgl BGH NJW 1994, 3292; HK-ZPO/Pukall § 120 ZPO Rn 12.
200 Musielak/Fischer § 120 ZPO Rn 12.
201 OLG Brandenburg FamRZ 2002, 403; OLG Brandenburg FamRZ 2005, 47; aA BAG NZA 2005, 1128.

seiner Erklärungsverpflichtung muss der Beteiligte nicht den amtlichen Vordruck verwenden, sondern kann formlos die erforderlichen Erklärungen zu etwaigen wesentlichen Änderungen abgeben.[202] Das Gericht darf dem Beteiligten aber aufgeben, seine Angaben zu belegen oder glaubhaft zu machen.[203]

2. Aufhebung gem. § 124 ZPO

Eine vollständige Aufhebung der Bewilligung kann sich nur aus § 76 Abs. 1 iVm § 124 ZPO ergeben. Hierzu sind in § 124 ZPO vier **Aufhebungstatbestände** vorgesehen: 93

- Der Beteiligte hat durch unrichtige Darstellung des Sachverhältnisses die für die Bewilligung der Verfahrenskostenhilfe maßgebenden Voraussetzungen vorgetäuscht.

- Die Partei hat absichtlich oder aus grober Nachlässigkeit unrichtige Angaben über die persönlichen oder wirtschaftlichen Verhältnisse gemacht oder eine Erklärung nach § 120 Abs. 4 S. 2 ZPO nicht abgegeben.

- Die persönlichen oder wirtschaftlichen Voraussetzungen haben nicht vorgelegen. In diesem Fall ist die Aufhebung ausgeschlossen, wenn seit der rechtskräftigen Entscheidung oder sonstigen Beendigung des Verfahrens vier Jahre vergangen sind.

- Der Beteiligte ist länger als drei Monate mit der Zahlung einer Monatsrate oder mit der Zahlung eines sonstigen Betrages im Rückstand.

Wird die Verfahrenskostenhilfebewilligung aufgehoben, bedeutet dies für den Beteiligten, dass alle in § 122 ZPO genannten Wirkungen rückwirkend entfallen, und zwar bezogen auf den Zeitpunkt der Bewilligung.[204] Der Beteiligte kann somit von der Staatskasse für alle Gerichtskosten und alle sonstigen bereits von der Staatskasse erstatteten Kosten in Anspruch genommen werden.[205] Die Beiordnung des Rechtsanwalts entfällt jedoch in aller Regel nicht rückwirkend. Sind also vor der Aufhebung bereits Gebührenansprüche des beigeordneten Rechtsanwalts gegen die Staatskasse entstanden, bleiben diese unberührt,[206] es sei denn, der Rechtsanwalt hat selbst an der Täuschung des Gerichts mitgewirkt.[207] 94

IX. Kosten des Verfahrenskostenhilfeprüfungsverfahrens

1. Gerichtskosten

Das Verfahrenskostenhilfeprüfungsverfahren in der ersten Instanz ist **gerichtsgebührenfrei**.[208] Die Tenorierung im Beschluss „Die Entscheidung ergeht gerichtsgebührenfrei" ist in der Praxis allgemein üblich, aber rechtlich nicht geboten.[209] Schuldner von gerichtlichen Auslagen ist der Antragsteller (§ 2 Nr. 1 a KostO, § 23 Abs. 3 FamGKG, 95

---

202 OLG Zweibrücken JurBüro 1995, 310; OLG Dresden FamRZ 1998, 250; OLG Koblenz FamRZ 1999, 1144; OLG Naumburg JurBüro 2002, 539.
203 OLG Zweibrücken JurBüro 1995, 310.
204 OLG Karlsruhe FamRZ 1990, 1120.
205 OLG Karlsruhe FamRZ 1990, 1120.
206 OLG Köln JurBüro 2005, 544.
207 LAG Düsseldorf JurBüro 1990, 763.
208 Vgl zB: Musielak/Fischer § 118 ZPO Rn 16; HK-ZPO/Pukall § 118 ZPO Rn 8; SchuSo/König § 14 FGG Rn 32.
209 Musielak/Fischer § 118 ZPO Rn 16.

auch § 28 Abs. 3 S. 1 GKG). Wird Verfahrenskostenhilfe bewilligt, so erstreckt sich die Gerichtskostenbefreiung auch auf die Auslagen des Verfahrenskostenhilfeprüfungsverfahrens. Sie sind nunmehr Kosten des Verfahrens über die Hauptsache.[210] Als Gerichtskosten trägt sie nach Abschluss des Verfahrens über die Hauptsache derjenige, zu dessen Lasten der Kostenausspruch nach den §§ 80–84 (Kostengrundentscheidung) ergangen ist (§ 76 Abs. 1 FamFG iVm § 118 Abs. 1 S. 5 ZPO).

2. Rechtsanwaltskosten

96 Für die Vertretung im Verfahrenskostenhilfeprüfungsverfahren erster Instanz erhält der Anwalt nach Nr. 3335 VV RVG eine **Verfahrensgebühr** in Höhe der Verfahrensgebühr für das Verfahren, für das die Verfahrenskostenhilfe beantragt wird, höchstens 1,0. Im Verfahrenskostenhilfeprüfungsverfahren für ein erstinstanzliches FamFG-Verfahren beträgt die Verfahrensgebühr damit in aller Regel 1,0. Die Verfahrensgebühr Nr. 3335 VV RVG im Verfahrenskostenhilfeprüfungsverfahren entsteht gleichermaßen für die Vertretung des Antragstellers beziehungsweise des Antragsgegners. Für die Wahrnehmung eines Termins erhält der Anwalt zusätzlich die 1,2-Terminsgebühr der Nr. 3104 iVm Vorbem. 3 Abs. 3 VV RVG (Vorbem. 3.3.6 VV RVG). Die Terminsgebühr kann nach Vorbem. 3 Abs. 3 VV RVG auch für außergerichtliche Besprechungen entstehen.[211] Zudem kann der Rechtsanwalt eine 1,0-Einigungsgebühr nach Nr. 1003 VV RVG verdienen. Der Gegenstandswert bemisst sich für die Gebühren nach dem Wert der Hauptsache (Nr. 3335 Anm. Abs. 1 VV RVG). Im Übrigen erhält der Rechtsanwalt die Auslagen nach Teil 7 VV RVG.

97 Wird Verfahrenskostenhilfe bewilligt und ist der Anwalt weiterhin tätig, gehen die bereits entstandenen Gebühren in den entsprechenden Gebühren des Hauptsacheverfahrens auf, da das Verfahrenskostenhilfeprüfungsverfahren und das nachfolgende Hauptsacheverfahren **eine Angelegenheit** darstellen (§ 16 Nr. 2 RVG).[212]

98 Soweit dem Mandanten **Verfahrenskostenhilfe bewilligt** worden ist, erhält der Anwalt seine **gesetzliche Vergütung aus der Landeskasse** nach Maßgabe insbesondere der §§ 45–50 RVG. Genau wie der Wahlanwalt erhält der im Rahmen der Verfahrenskostenhilfe beigeordnete Anwalt seine Vergütung wertbezogen bis zu dem Gegenstandswert von 3.000 EUR nach der Tabelle zu § 13 RVG (§ 49 RVG). Erst bei einem Gegenstandswert von über 3.000 EUR steht der im Wege der Verfahrenskostenhilfe beigeordnete Anwalt schlechter; die Tabelle des § 49 RVG sieht im Vergleich eine geringere Vergütung vor. Liegt der Gegenstandswert über 30.000 EUR, so erhält der im Wege der Verfahrenskostenhilfe beigeordnete Anwalt in Bezug auf die jeweils verdiente Gebühr eine Festgebühr in Höhe von 391 EUR, die mit dem jeweiligen Satz der verdienten

---

210 SchuSo/König § 14 FGG Rn 32.
211 Im Einzelnen str., weil das Verfahrenskostenhilfeverfahren keine mündliche Verhandlung voraussetzt: OLG Dresden OLGReport 2008, 678; Fölsch, Die „Besprechungsgebühr" in Verfahren ohne vorgeschriebene mündliche Verhandlung, MDR 2008, 1; Madert/Müller-Rabe, Entwicklungen zum Rechtsanwaltsvergütungsgesetz in Zivilsachen, NJW 2007, 1920, 1925; Musielak/Ball § 522 ZPO Rn 30; aA: BGH NJW 2007, 1641 m. krit. Anm. Mayer; BGH NJW 2007, 2644 m. abl. Anm. Schons AnwBl. 2007, 632, und Schneider AGS 2007, 398.
212 Zu den umstrittenen Berechnungen, wenn der Partei nur teilweise Prozesskostenhilfe bewilligt ist, vgl vertiefend: Gerold/Schmidt/Müller-Rabe § 48 RVG Rn 11–21, und Gerold/Schmidt/Müller-Rabe Nr. 3335 VV RVG Rn 66.

IX. Kosten des Verfahrenskostenhilfeprüfungsverfahrens

Gebühr zu multiplizieren ist. Auslagen werden gem. § 46 Abs. 1 RVG nicht vergütet, wenn sie zur sachgemäßen Durchführung der Angelegenheit nicht erforderlich waren.

Die Anrechnung einer außergerichtlich verdienten Geschäftsgebühr (Nr. 2300 VV RVG) auf die von der Staatskasse im Wege der Verfahrenskostenhilfe zu vergütende Verfahrensgebühr (Nr. 3100 VV RVG) gem. der Anm. 3 Abs. 4 VV RVG kommt nur in Betracht,

- wenn der Mandant tatsächliche Zahlungen auf die Geschäftsgebühr vorgenommen hat,
- wobei der Anrechnungsbetrag vorrangig auf die Differenz zwischen der Verfahrenskostenhilfevergütung und der Wahlanwaltsvergütung zu verwenden ist und erst der dann verbliebene Rest des Anrechnungsbetrags auf die Verfahrensgebühr anzurechnen ist.[213]

Seit der neuen Anrechnungsvorschrift in § 15a RVG, die den Begriff der Anrechnung definiert und ihre Wirkungen beschreibt, ist die Rechtslage nun geklärt.

Die von der Staatskasse an den Rechtsanwalt zu zahlende Vergütung wird im **Vergütungsfestsetzungsverfahren** gem. § 55 RVG festgesetzt. Die Vergütungsfestsetzungsentscheidung ist mit Erinnerung nach § 56 RVG anfechtbar, ohne dass es der Einhaltung einer Zulässigkeitsfrist oder des Erreichens einer Mindestbeschwer bedarf. Gegen die Erinnerungsentscheidung ist die Beschwerde nach § 56 RVG statthaft, wenn der Wert des Beschwerdegegenstandes 200 EUR übersteigt oder wenn die Beschwerde zugelassen wurde. Die Beschwerde ist nur binnen einer Frist von zwei Wochen zulässig.

Soweit dem Mandanten **keine Verfahrenskostenhilfe** bewilligt worden ist, erhält der Anwalt die Vergütung für die Vertretung in der Hauptsache von dem **Mandanten** selbst. Ist für einen Streitgegenstand teilweise keine Verfahrenskostenhilfe bewilligt worden, so gilt für diesen Teil des Streitgegenstandes die Forderungssperre des § 76 Abs. 1 FamFG iVm § 122 Abs. 1 Nr. 3 ZPO (Ansprüche im Verhältnis des Rechtsanwalts zum Mandanten) nicht.[214] Gleiches kann gelten, wenn der Beschluss des Gerichts über die Bewilligung von Verfahrenskostenhilfe und über die Beiordnung besondere Begrenzungen zum Umfang enthält. Sind zum Beispiel Reisekosten von der Beiordnung ausdrücklich ausgenommen, so kann der Anwalt den Mandanten wegen dieser Kosten in Anspruch nehmen.[215]

---

213 Sehr str.; vgl. Fölsch, Anwaltsvergütung im Verkehrsrecht, Rn 220; Fölsch SchlHA 2008, 149; vgl aus der uneinheitlichen Rspr: OLG Bamberg v. 1.7.2008, 2 WF 92/08; OLG Braunschweig AGS 2008, 606; OLG Celle OLGReport 2009, 37; OLG Dresden v. 26.11.2008, 20 WF 839/08; OLG Düsseldorf OLGReport 2009, 121; OLG Düsseldorf v. 27.1.2009, I-10 W 120/08; OLG Frankfurt/M. v. 2.3.2009, 18 W 373/08; KG v. 13.1.2009, 1 W 496/08; OLG Jena JurBüro 2009, 23; OLG Oldenburg v. 8.5.2008, 8 W 57/08; OLG Oldenburg AGS 2008, 352; OLG Oldenburg JurBüro 2008, 528; OLG Oldenburg JurBüro 2008, 527; OLG Oldenburg JurBüro 2009, 21; OLG Schleswig OLGReport 2008, 457; OLG Schleswig v. 3.7.2008, 9 W 89/08; OLG Stuttgart AnwBl. 2008, 301; OLG Stuttgart MDR 2009, 113; OLG Stuttgart v. 13.01.2009, 8 WF 211/08.
214 Zöller/Philippi § 121 ZPO Rn 45.
215 OLG Brandenburg Rpfleger 2000, 279; OLG Nürnberg FamRZ 2001, 1157; Enders, Vorschuss von PKH-Mandanten, JurBüro 2003, 225, 228; aA: Musielak/Fischer § 122 ZPO Rn 8; Zöller/Philippi § 122 ZPO Rn 11.

3. Ausschluss der Kostenerstattung

101 § 118 Abs. 1 S. 4 ZPO schließt eine Kostenerstattung im Verfahrenskostenhilfeprüfungsverfahren aus. Entsprechendes gilt nach § 127 Abs. 4 ZPO im Verfahren über die sofortige Beschwerde gegen eine Verfahrenskostenhilfeentscheidung. Kommt es zu einem Hauptsacheverfahren, so ist umstritten, ob die Vorschriften im Fall der den Antragsteller **belastenden** Kostengrundentscheidung (§§ 80-84) die Erstattung der Kosten des Verfahrenskostenhilfeprüfungsverfahrens ausschließt.[216] Des Weiteren ist streitig, ob der Antragsteller, dem Verfahrenskostenhilfe bewilligt worden ist, bei einer für ihn **günstigen** Kostengrundentscheidung in der Hauptsache Kosten des Verfahrenskostenhilfeprüfungsverfahren erstattet verlangen kann.[217] Materiell-rechtliche Kostenerstattungsansprüche sind durch §§ 118 Abs. 1 S. 4 und 127 Abs. 4 ZPO nicht ausgeschlossen.[218]

---

216 Vgl Zöller/Philippi § 118 ZPO Rn 27; HK-ZPO/Pukall § 118 ZPO Rn 10; OLG Düsseldorf MDR 1987, 941; OLG München MDR 1989, 267.
217 Vgl Zöller/Philippi § 118 ZPO Rn 27; HK-ZPO/Pukall § 118 ZPO Rn 10; OLG Düsseldorf MDR 1987, 941; OLG München MDR 1989, 267.
218 Zöller/Philippi § 118 ZPO Rn 26.

Teil 2:
Familiensachen

§ 4 Familiensachen im Allgemeinen; Ehe- und Scheidungssachen

Literatur: Borth, Die Reform des Verfahrens in Familiensachen, FamRZ 2007, 1925 ff; Brehm, Der Allgemeine Teil des Referentenentwurfs eines Gesetzes zur Reform des Verfahrens in Familiensachen und in den Angelegenheiten der freiwilligen Gerichtsbarkeit, FPR 2006, 401 ff; Bundeskonferenz für Erziehungsberatung, Stellungnahme zur FGG-Reform, ZKJ 2006, 154 ff; Dastmaltchi, Das formelle Scheidungsverfahren nach geltendem Recht und nach der geplanten Änderung des familiengerichtlichen Verfahrens, FPR 2007, 226 ff; Flügge, Gerichtssaal als Elternschule? Neue Gefährdungen durch die geplante Reform des familiengerichtlichen Verfahrens, FPR 2008, 1 ff; Flügge, Grenzen der Pflicht zur gemeinsamen Sorge im Persönlichkeitsrecht der Sorgenden – Zugleich eine Anmerkung zur geplanten FGG-Reform, FPR 2008, 135 ff; Giers, Die Vollstreckung familiengerichtlicher Entscheidungen nach dem FamFG, FPR 2006, 438 ff; Giers, Die Vollstreckung nach dem Entwurf zum FamFG, FGPrax 2006, 195 ff; Gießler, Das einstweilige Anordnungsverfahren, FPR 2006, 421 ff; Groß, Systematik der Kostenregelungen für Familiensachen im FamFG, Verfahrenskostenhilfe, Anwaltszwang, FPR 2006, 430; Grziwotz/Hagengruber, Das innere Maß des Scheidungsfolgenrechts – Teilhabegerechtigkeit in der Ehe, DNotZ 2006, 32 ff; Gutjahr, Reform des Verfahrensrechts in Familiensachen durch das FamFG – Rechtsmittel in Familiensachen, FPR 2006, 433 ff; Jacoby, Der Regierungsentwurf für ein FamFG, FamRZ 2007, 1703 ff; Jaeger, Verfahren in Kindschaftssachen, FPR 2006, 410 ff; Kindler/Fichtner, Die gemeinsame elterliche Sorge aus der Sicht der Bindungs- und Scheidungsforschung, FPR 2008, 139 ff; Kuntze, Referentenentwurf eines FGG-Reformgesetzes, FGPrax 2005, 185 ff; Menne, Reform des Verfahrenspflegschaftsrechts: Vom Verfahrenspfleger zum Verfahrensbeistand, FPR 2006, 44 ff; Meyer-Seitz/Kröger/Heiter, Auf dem Weg zu einem modernen Familienverfahrensrecht – die familienverfahrensrechtlichen Regelungen im Entwurf eines FamFG, FamRZ 2005, 1430 ff; Philippi, Das Verfahren in Scheidungssachen und Folgesachen nach neuem Recht, FPR 2006, 406 ff; Rausch, Aktuelles zur Reform des familiengerichtlichen Verfahrens, FuR 2006, 337 ff; Schulz, Ehe und Familie in Europa, ZRP 2001, 477 ff.

I. Die Familiensachen im Allgemeinen 1	cc) Zurückweisung von Angriffs- und Verteidigungsmitteln 38
1. Überblick 1	dd) Rechtsmittel 39
2. Begriffsbestimmungen 10	ee) Einstweilige Anordnung und Arrest 52
3. Das Verfahrensrecht 12	ff) Vollstreckung 57
a) Allgemeines 12	II. Das Verfahren in Ehe- und Scheidungssachen 66
b) Zuständigkeit des großen Familiengerichts 15	1. Allgemeines 66
aa) Überblick 15	2. Definition der Ehesachen 68
bb) Auswirkungen auf die gerichtliche Praxis 17	3. Verfahrensrechtliche Besonderheiten in Ehesachen 69
cc) Folgen für die Parteien und Rechtsanwälte 23	a) Allgemeines 69
c) Verweis auf die Vorschriften der ZPO 30	b) Örtliche Zuständigkeit 71
d) Besonderheiten im familiengerichtlichen Verfahren 32	c) Verfahrensfähigkeit 76
aa) Allgemeines 32	d) Persönliches Erscheinen der Ehegatten 77
bb) Vertretung durch einen Rechtsanwalt 35	e) Mitwirkung der Verwaltungsbehörde oder dritter Personen 82
	f) Säumnis der Beteiligten ... 87

g) Kosten bei Aufhebung der Ehe 89
III. Das Verfahren in Scheidungs- und Folgesachen 91
1. Allgemeines 91
2. Die Antragsschrift 93
3. Außergerichtliche Streitbeilegung über Folgesachen 97
4. Prozessuale Besonderheiten 100
   a) Grundsatz 100
   b) Aussetzung des Verfahrens 101
   c) Verbund von Scheidungs- und Folgesachen 103
   d) Beiordnung eines Rechtsanwalts 110
   e) Einbeziehung weiterer Beteiligter und dritter Personen 111
   f) Abtrennung 112
   g) Die Rücknahme des Scheidungsantrags ... 118
5. Die Endentscheidung 120
6. Die Rechtsmittel 123
7. Prozesskostenhilfe und Verfahrenskostenhilfe 129
IV. Ehesachen mit Auslandsbezug ... 132
1. Überblick 132
   a) Allgemeines 132
   b) Neuerungen durch das FamFG 136
2. Verfahrensarten 137
3. Internationale Entscheidungszuständigkeit 140
   a) Die allgemeine Zuständigkeit nach Art. 3 Brüssel IIa-VO 142
   b) Die besonderen Zuständigkeiten nach Art. 4 und 5 Brüssel IIa-VO 150
   c) Die Restzuständigkeiten nach autonomen Recht gem. § 98 152
4. Zuständigkeitskonflikte 158
5. Anerkennung ausländischer Entscheidungen in Ehesachen 160
   a) Die Anerkennung ausländischer Entscheidungen in Ehesachen im Anwendungsbereich der Brüssel IIa-VO 161
   b) Die Anerkennung von Entscheidungen in einer Ehesache außerhalb des Anwendungsbereiches der Brüssel IIa-VO 168

I. Die Familiensachen im Allgemeinen

1. Überblick

1 Das zweite Buch des Gesetzes über das Verfahren in Familiensachen und in den Angelegenheiten der freiwilligen Gerichtsbarkeit (**FamFG**) beschäftigt sich mit dem Verfahren in Familiensachen. Es gibt hier einige organisatorische Änderungen. Die Gliederung erfolgt nach Verfahrensgegenständen. Wichtige Änderungen sind die Einführung eines großen Familiengerichts, die Schaffung einer speziellen Vollstreckungsregelung für Umgangsentscheidungen und die Beschleunigung von Umgangs- und Sorgeverfahren.[1]

2 Das nunmehr große **Familiengericht** soll nach § 111 für Ehe-, Kindschafts-, Abstammungs-, Adoptions-, Ehewohnungss- und Haushaltssachen zuständig sein, ferner für Gewaltschutz-, Versorgungsausgleichs-, Unterhalts-, Güterrechts-, Lebenspartnerschafts- und sonstige Familienrechtssachen.[2]

3 Das FamFG sieht eine vollständige **Neukodifizierung** des familiengerichtlichen Verfahrens vor, indem die in der ZPO, dem FGG, der Hausratsverordnung und in sonstigen Gesetzen sowie in der höchstrichterlichen Rechtsprechung entwickelten Grundsätze in einem Gesetz zusammengefasst werden. Jedoch bleiben die wesentlichen Grundstruk-

---

1 BT-Drucks. 16/9733, 1.
2 Jacoby FamRZ 2007, 1703, 1708.

I. Die Familiensachen im Allgemeinen

turen des familiengerichtlichen Verfahrens erhalten. Dazu gehören vor allem das Verbundprinzip nach § 137 FamFG (bisher §§ 622 ff ZPO) und die Unterscheidung zwischen FG-Sachen und Folgesachen. Letztere werden als Familienstreitsachen bezeichnet und richten sich auch künftig überwiegend nach den Bestimmungen der ZPO.[3]

Durch die einheitliche Zuweisung zum FamFG ändert sich also nichts daran, dass zwischen echten FamFG- und ZPO-Sachen zu unterscheiden ist. Zu den ZPO-Sachen sind die Ehesachen und die sonstigen Familienstreitsachen zu zählen. Dabei definiert § 112 als **Familienstreitsachen** die Unterhaltssachen, die Güterrechtssachen sowie sonstige Familiensachen und die entsprechenden Streitigkeiten in den Lebenspartnerschaftssachen. Aus den bisherigen ZPO-Familiensachen werden also die Abstammungssachen in das echte FamFG-Verfahren überführt. Das Abstammungsverfahren wird generell als Antragsverfahren ausgestaltet (§ 171). Das bedeutet, dass zur Einleitung des Verfahrens nur noch ein – ggf auch unbegründeter – Antrag ausreicht, der das Verfahrensziel und die betroffenen Personen bezeichnen muss (§ 171 Abs. 2). Damit wird es möglich, ohne großen verbalen und prozessualen Aufwand und unter Vermeidung persönlicher Verletzungen die Abstammung eines Kindes ohne förmlichen Gegner und unter Beteiligung mehrere potentieller Väter zu klären.

Die Ehe- und Familienstreitsachen lassen sich nach wie vor als **ZPO-Sachen** bezeichnen, weil nach § 113 FamFG auf sie die Regeln der ZPO und nicht nur die des FamFG angewendet werden sollen.[4] Nach § 113 Abs. 1 S. 2 gelten die Allgemeinen Vorschriften der ZPO über das Verfahren vor den Landgerichten entsprechend.

Eine weitere wesentliche Änderung ist die **Beschleunigung** von Umgangs- und Sorgeverfahren. Es wird eine kurz bemessene Frist von einem Monat zur Durchführung eines ersten Termins eingeführt, um längere Umgangsunterbrechungen zu vermeiden (vgl § 155 Abs. 2 S. 2). Diese wird ergänzt durch eine Pflicht zur Förderung der gütlichen Einigung der Eltern über das Umgangs- und Sorgerecht (vgl § 156 Abs. 1 S. 1).

Weitere Punkte sind die Präzisierung der Voraussetzungen zur Bestellung eines Verfahrenspflegers (künftig: Verfahrensbeistand) zur Wahrung der Interessen des Kindes (vgl § 158) und die Einführung eines Umgangspflegers zur Erleichterung der Durchführung des Umgangs in Konfliktfällen (vgl § 1684 Abs. 3 BGB) sowie die Straffung des gerichtlichen Verfahrens durch Erweiterung der Auskunftspflichten der Parteien und der gerichtlichen Auskunftsbefugnisse gegenüber Behörden und Versorgungsträgern in Unterhalts- und Versorgungsausgleichssachen.

Von der Bestellung eines **Umgangspflegers** sollte allerdings aus Sicht der Parteien nur dann Gebrauch gemacht werden, wenn es regelmäßig zu Schwierigkeiten bei der Ausübung des Umgangs kommt.

Beispiel: Aufgrund des Konflikts in der akuten Trennungssituation sind die Eltern nicht in der Lage, die Übergabemodalitäten beim Umgang einzuhalten. Diese Situation kann dadurch entschärft werden, dass der **Umgangspfleger** Zeit und Ort der Übergabe des

---

3 Borth FamRZ 2007, 1925, 1926.
4 Jacoby FamRZ 2007, 1703, 1708..

Kindes festlegt, dieses von dem betreuenden Elternteil abholt, dem umgangsberechtigten Elternteil übergibt und später zurückbringt.

2. Begriffsbestimmungen

10 Das nunmehr große **Familiengericht** soll nach § 111 für Ehe-, Kindschafts-, Abstammungs-, Adoptions-, Ehewohnungs- und Haushaltssachen zuständig sein, ferner für Gewaltschutz-, Versorgungsausgleichs-, Unterhalts-, Güterrechts-, Lebenspartnerschafts- und sonstige Familienrechtssachen.[5]

11 Systematisch gehören die Lebenspartnerschaftssachen hinter die Ehe- und Scheidungssachen. Die Verfahren nach § 661 Abs. 1 Nr. 3a–7 ZPO werden nämlich im FamFG der jeweils inhaltlich einschlägigen Art von Familiensachen (Unterhaltssachen, Versorgungsausgleichssachen etc.) zugeordnet und sind keine Lebenspartnerschaftssachen im eigenständigen Sinn mehr.[6] Eine begriffliche Trennung findet insoweit nicht mehr statt. In § 270 Abs. 1 werden die Vorschriften betreffend die Scheidung und die Feststellung des Bestehens und Nichtbestehens einer Ehe für entsprechend anwendbar erklärt. In § 270 Abs. 2 werden für sonstige Lebenspartnerschaftssachen nach § 269 Abs. 2 und 3 die in sonstigen Familiensachen nach § 111 Nr. 10 geltenden Vorschriften für entsprechend anwendbar erklärt. Da das Gesetz ein neues ist und auf die **Gliederung** des Vorgängerrechts keine Rücksicht genommen werden muss, wäre es aus systematischer Sicht von Vorteil gewesen, die Lebenspartnerschaftssachen direkt hinter die Ehesachen einzuordnen, da dies die gesetzliche Bezugnahme erleichtert hätte. Die sonstigen Familiensachen sind zutreffend am Schluss eingeordnet.

3. Das Verfahrensrecht

a) Allgemeines

12 Sämtliche Verfahren nach dem FamFG unterliegen dem Geltungsbereich des GVG. Die nach § 2 EGGVG bestehende Beschränkung auf die ordentliche streitige **Gerichtsbarkeit** wird aufgehoben. Aufgegeben wird die unterschiedliche Entscheidungsform in familiengerichtlichen Verfahren. Das FGG verwandte die Ausdrücke „Verfügung" in §§ 16, 19 FGG, „Anordnung" in § 24 Abs. 3 FGG, „Entscheidung" in § 69 FGG, „Beschluss" in § 84 FGG, „Maßregel" in §§ 44, 74 FGG und „Verrichtung" in § 35 FGG.[7] Das FamFG sieht in §§ 38 ff eine einheitliche Entscheidungsform durch Beschluss vor.[8]

13 In § 113 ist für die sog. **Familienstreitsachen** die Anwendung der Vorschriften der ZPO mit einigen Ausnahmen vorgesehen. Familienstreitsachen sind Unterhaltssachen nach § 231 Abs. 1, Güterrechtssachen und sonstige Familiensachen sowie die entsprechenden Lebenspartnerschaftssachen. Sonstige Familiensachen sind solche, die Ansprüche aus einem Verlöbnis, einer Ehe, einer Lebenspartnerschaft oder aus einem Eltern-Kind-Verhältnis betreffen[9] oder aus dem Umgangsrecht herrührende Ansprüche (vgl § 266).

---

5 Kuntze FGPrax 2005, 185, 190.
6 Meyer-Seitz/Kröger/Heiter FamRZ 2005, 1430, 1435.
7 Jacoby FamRZ 2007, 1703, 1706.
8 Borth FamRZ 2007, 1925, 1926 f.
9 Kuntze FGPrax 2005, 185, 190.

224 *Sommer*

Die Neuerung, die mit dem FamFG im Verfahren der freiwilligen Gerichtsbarkeit eingeführt wird – einheitlicher Instanzenzug (Amtsgericht – Oberlandesgericht – Bundesgerichtshof) mit Ausnahme der Betreuungssachen (vgl § 119 Abs. 1 Nr. 2 GVG) bei gleichzeitiger Abschaffung der Vorlage nach § 28 Abs. 2 FGG –, bedeutet für die Familiensachen keine Veränderung. Insoweit bleibt es bei dem gewohnten **Instanzenzug**.[10]

b) Zuständigkeit des großen Familiengerichts
aa) Überblick

Das FamFG weitet die **Zuständigkeit** der Familiengerichte weiter aus. Die Adoptionssachen, alle Gewaltschutzsachen, Unterhaltssachen und sonstige Familiensachen nach § 266 sowie Lebenspartnerschaftssachen nach § 269 werden künftig vor dem neu geschaffenen großen Familiengericht verhandelt.[11] Der Kreis der Familiensachen wird damit in Richtung auf ein „großes Familiengericht" erweitert; diesem werden auch die bisherigen Aufgaben des Vormundschaftsgerichts übertragen. Deshalb kann das Vormundschaftsgericht aufgelöst werden.[12] Die Zuständigkeitskonzentration für Adoptionssachen gilt allerdings nur für die Fälle, die unter das Adoptionswirkungsgesetz fallen.[13] Neu ist die Möglichkeit der Bestellung eines Verfahrensbeistands für einen minderjährigen Beteiligten.[14] Ziel ist es, dem Willen des Minderjährigen gerade bei eskalierenden Konflikten der Eltern untereinander Geltung zu verschaffen. Vormundschaftsgerichtliche Angelegenheiten, die nicht auf die Familiengerichte übertragen werden, sollen in die Zuständigkeit des neu geschaffenen Betreuungsgerichts übergehen.[15]

Die Intension des Gesetzgebers im Hinblick auf das „große Familiengericht" ist grundsätzlich zu begrüßen. Allerdings wurde auch mit dem vorgelegten Gesetz die Grundschwierigkeit des Familienverfahrensrechts, nämlich dass zwei Verfahrensordnungen (bisher ZPO und FGG) mit ganz unterschiedlichen **Verfahrensgrundsätzen** nebeneinander stehen, nicht gelöst, was wohl auch kaum machbar sein dürfte. Deswegen wurde in diesem Zusammenhang von kritischen Stimmen die Frage aufgeworfen, ob es der umfangreichen Neuregelung überhaupt bedurfte. Meines Erachtens ist allerdings die größere systematische Stringenz und Übersichtlichkeit bereits ein Vorteil, der die Neuregelung rechtfertigt.

bb) Auswirkungen auf die gerichtliche Praxis

Auch wenn die dargestellten Änderungen aus systematischer Sicht zu begrüßen sind, muss entscheidender Maßstab die **Anwenderfreundlichkeit** des neuen Verfahrensgesetzes sein. Dabei ist vor allem die Handhabbarkeit durch die Familiengerichte entscheidend. Das Argument, der Bürger solle in ihn betreffenden Verfahren deren Gang verstehen, um nicht zum Zuschauer zu werden, ist für Verfahrensgesetze, die der Nichtjurist nie vollständig durchdringen wird, nicht überzeugend.[16]

---

10 Gutjahr FPR 2006, 433.
11 Borth FamRZ 2007, 1925, 1927.
12 Kuntze FGPrax 2005, 185, 190.
13 OLG Stuttgart, Urt. v. 20.11.2006, NJW-RR 2007, 297 und Urt. v. 19.1.2007, NJW-RR 2007, 732.
14 Meyer-Seitz/Kröger/Heiter FamRZ 2005, 1430 1436.
15 Brehm FPR 2006, 401.
16 Staudinger/Rauscher § 1684 BGB Rn 447 a.

§ 4 Familiensachen im Allgemeinen; Ehe- und Scheidungssachen

18 Durch die Stärkung des Amtsermittlungsgrundsatzes besteht die Gefahr, dass die Verfahren vor dem Familiengericht aufwendiger werden, da die **Aufklärung** umfangreicher ist.

19 Dies zeigt sich etwa bei der Erweiterung der **Prüfpflichten** des Familiengerichts in § 166 Abs. 3. Dort wird eine gerichtliche Überprüfung nach drei Monaten als Regelfall vorgegeben, wenn von Maßnahmen im Interesse des Kindeswohls nach §§ 1666 f BGB abgesehen wurde.[17] Das Gleiche gilt für den Mehraufwand, den die Bestellung eines Verfahrensbeistands mit sich bringt, der für minderjährige Kinder nun regelmäßig bestellt werden soll. Vor allem wird sich der Mehraufwand für die Gerichte in Verfahren auswirken, die bisher dem Amtsermittlungsgrundsatz nicht unterlagen. Dies betrifft vor allem einen Großteil der Gewaltschutzsachen, die bisher vor dem Zivilgericht nach den Grundsätzen der ZPO verhandelt wurden. In § 26 FamFG ist geregelt, dass das Gericht von Amts wegen die zur Feststellung der entscheidungserheblichen Tatsachen erforderlichen Ermittlungen durchzuführen hat. Der Grundsatz der Amtsermittlung aus § 26 FGG wird damit übernommen. Im FGG ist nicht bestimmt, wann und mit welchen Maßgaben ein Verfahren einzuleiten ist. Das ist nunmehr in § 28 FamFG gesetzlich geregelt worden. Abs. 1 stellt klar, dass das Gericht von Amts wegen tätig wird, sofern die Verfahrensart nicht ein Antragsverfahren vorsieht.[18]

20 Es besteht sicher eine gewisse Fehlerträchtigkeit durch die Einschränkung der allgemeinen FGG-Verfahrensgrundsätze durch die allgemeinen ZPO-Regeln in Familienstreitsachen (vgl § 113 FamFG). Die Fehlerträchtigkeit des normierten Verhältnisses von Grundsatz und Ausnahme wird erhöht durch den Umstand, dass die Familienstreitsachen wiederum besonderen Regelungen nach dem zweiten Buch unterliegen, weil sie auch Familiensachen sind. Insbesondere die Frage, ob der **Amtsermittlungsgrundsatz** (§ 26) greift, wird wegen der wiederholt an verschiedenen Stellen des Gesetzes für besondere Verfahren vorgesehenen Einschränkungen zu Problemen führen (vgl zB §§ 95, 124, 127). Diesbezüglich ist im Übrigen aus meiner Sicht darauf hingewiesen, dass unter allen Umständen sicherzustellen und zu bewahren ist, dass die Familienstreitsachen nicht von Amts wegen geführt werden, sondern weiterhin Ergebnis des Parteivortrages sind und weiterhin der Beibringungsgrundsatz gilt. Denn eine Amtsermittlung etwa in Unterhaltssachen, die ständig wechselnden tatsächlichen Verhältnissen unterworfen sind, hätte zum Ergebnis, dass die Verfahren nicht zum Abschluss gebracht werden können, weil jeweils auf Veränderungen erneut mit Amtsermittlung zu reagieren wäre.

21 Außerdem ist kritisch anzumerken, dass der Gesetzestext zum Teil zu **weitschweifig** gefasst wurde, weil auch Selbstverständlichkeiten nunmehr kodifiziert werden, zB die Verbindung mehrerer Ehesachen in § 126, die Erledigung der Hauptsache bei Tod eines Ehegatten in § 131 oder die Aussetzung des Verfahrens bei voraussichtlicher Fortsetzung der Ehe in § 136. Eine Straffung wäre durchaus wünschenswert gewesen.

---

17 Borth FamRZ 2007, 1925, 1933.
18 Kuntze FGPRax 2005, 185, 186.

Soweit in sämtlichen Familiensachen als Entscheidungsform nur noch der **Beschluss** 22
vorgesehen ist,[19] kann dies für die gerichtliche Praxis problematisch sein. Auch wenn
die Neuregelung grundsätzlich zu begrüßen ist, weil damit die Unterscheidung zu den
sonstigen Zivilsachen deutlich wird, dürfte sie für die Parteien gewöhnungsbedürftig
sein, zB dass die Ehescheidung durch Beschluss statt durch Urteil erfolgt. Es ist zunächst
mit Irritationen bei den Betroffenen zu rechnen, da im Verständnis der Bevölkerung der
Entscheidung durch Urteil ein höherer Stellenwert zukommt als einer Beschlussentscheidung. Trotzdem halte ich die Änderung aus systematischen Gründen für gerechtfertigt.

cc) Folgen für die Parteien und Rechtsanwälte

Eine wichtige Änderung sowohl für die Gerichtspraxis als auch für die Rechtsanwälte 23
und Parteien ist die Neuausgestaltung des Verfahrens der einstweiligen Anordnung.
Erhebliche Auswirkung dürfte die **Abkopplung** der einstweiligen Anordnung von der
Anhängigkeit einer gleichartigen Hauptsache haben. Dies wird damit begründet, dass
ein dringendes Bedürfnis für ein sofortiges Tätigwerden bestehe.

Die Regelungen der **Verfahrenskostenhilfe**, die vor allem Parteien und Rechtsanwälte 24
betreffen, sind grundsätzlich positiv zu bewerten. Andererseits dürfte durch die Bestimmung des § 77 Abs. 1 eine unnötige Verfahrensverzögerung eintreten, weil in Verfahren, die nicht die finanziellen Auseinandersetzungen betreffen, unnötig ein Nebenkriegsschauplatz eröffnet wird. Eine Benachteiligung der mittellosen Partei gegenüber
der vermögenden Partei ist zu befürchten, was im Hinblick auf die Rechtsschutzgarantie
des Art. 19 Abs. 4 GG problematisch ist. Die vermögende Partei, die der Verfahrenskostenhilfe nicht bedarf, kann sich über ihre wirtschaftlichen Verhältnisse bedeckt halten. Die arme Partei muss ihre wirtschaftlichen Verhältnisse gegenüber dem Gegner
offenbaren. Eine derartige Ungleichbehandlung ist meines Erachtens im familiengerichtlichen Verfahren anders als im allgemeinen Zivilverfahren problematisch, da die
konkreten wirtschaftlichen Verhältnisse hier unter Umständen – zB in Unterhaltssachen
– streitentscheidend sein können.

Sinnvoll ist, dass im Rahmen der **Anhörungspflicht** des Gerichts vorgesehen ist, dass 25
die Ehegatten bei Vorhandensein minderjähriger Kinder nicht nur zum Sorgerecht,
sondern auch zum Umgangsrecht angehört werden müssen und auf bestehende Möglichkeiten der Beratung hinzuweisen ist. Das kann ggf langwierige Auseinandersetzungen zulasten des Kindes vermeiden helfen.

Beispiel:[20] H ist 12 Jahre alt, lebt seit der Trennung der Eltern vor zwei Jahren bei 26
seinem Vater und dessen Lebenspartnerin und trifft die wenige Kilometer entfernt lebende Mutter einmal wöchentlich in deren Wohnung. Zwischen den Eltern gibt es anhaltend erhebliche **Auseinandersetzungen** sowohl um finanzielle Fragen als auch um
die Besuchsregelung. Darüber hinaus entstehen regelmäßige Konflikte bei Angelegenheiten, die der Zustimmung beider Elternteile bedürfen. So musste unter anderem ein

---

19 Vgl Meyer-Seitz/Kröger/Heiter FamRZ 2005, 1430, 1433.
20 Kindler/Fichtner FPR 2008, 139.

geplanter Auslandsurlaub mit einem Elternteil wegen fehlender Zustimmung des anderen Elternteils kurzfristig abgesagt werden.

27 In solchen Fällen kann eine frühe **Anhörung** zum Umgangsrecht bestehende Probleme aufdecken und das Gericht kann ggf Maßnahmen zur Beseitigung der Konfliktsituation treffen.

28 Die in § 156 Abs. 1 S. 4 vorgesehene Möglichkeit, die Wahrnehmung einer **Beratung** anzuordnen, wird teilweise kritisch gesehen.[21] Dies ist nicht von der Hand zu weisen, da die Erfolgsaussicht einer gerichtlich erzwungenen Beratung fraglich erscheint. Dieser Eindruck wird auch dadurch verstärkt, dass die Beratung nicht mit Zwangsmitteln durchgesetzt werden kann. Sie wird aber bei Nichtteilnahme gem. § 81 Abs. 2 Nr. 5 mit der Auferlegung der Verfahrenskosten sanktioniert.[22]

29 Zu begrüßen ist, dass Sorge- und Umgangsrechtssachen während der Anhängigkeit des Scheidungsverfahrens nicht mehr zwangsläufig in den **Verbund** aufzunehmen sind.

c) Verweis auf die Vorschriften der ZPO

30 Gelungen ist der Ansatz des Gesetzes, das **Regelungsgeflecht** zwischen ZPO, FGG und HausratsVO aufzulösen und die verstreuten Regelungen in einer geschlossenen Kodifizierung zusammenzufassen.[23] Allerdings verzichtet das Gesetz auch nicht auf Weiterverweisungen. Vor allem in § 113 Abs. 1 wird in Ehesachen und Familienstreitsachen auf die allgemeinen Vorschriften der ZPO und auf die Vorschriften der ZPO über das Verfahren vor den Landgerichten entsprechend verwiesen.[24] Die in § 113 gewählte Regelungstechnik einer lediglich thematisch angedeuteten Bezugnahme auf die ZPO mit thematisch angedeuteten Ausnahmen ist unbefriedigend, da sie unpräzise ist. Die Folge wird Rechtsunsicherheit sein. Es ist naturgemäß schwierig, die beiden Gesetze FGG und ZPO mit den unterschiedlichen Maximen zusammenzuführen. Dies führt zwangsläufig zu einer gewissen Unübersichtlichkeit.

31 Trotzdem erscheint das neue Recht deutlich übersichtlicher als etwa die Regelung in § 621 a ZPO, der die systematische Einbindung der FGG-Verfahren in die Bestimmungen zu den Familiensachen regelt. Ferner werden durch die neue Regelungstechnik die komplexen und in der Praxis häufig zu Fehlern verleitenden Regelungen der §§ 629 ff ZPO zum Verbundverfahren aufgelöst. Die im bestehenden Recht erfolgte Einordnung aller Familienverfahren des Verbunds nach den dominierenden Bestimmungen der ZPO ist wenig gelungen, wird in der Praxis häufig nicht verstanden und ist somit fehlerträchtig. Die Regelungen der §§ 137 ff FamFG sind hingegen deutlich klarer und besser strukturiert. Dies beruht unter anderem auch auf der Tatsache, dass künftig sämtliche Entscheidungen, auch soweit es sich um klassische Zivilprozessverfahren handelt, als **Beschluss** und nicht mehr in Urteilsform erlassen werden. Dies mag bei Entscheidungen zum Güterrecht oder zur Vermögensauseinandersetzung zwischen Ehegatten zunächst als befremdlich und in Bezug auf sonstige allgemeine Zivilsachen auch widersprüchlich erscheinen, weil die Entscheidungen nicht nur in ihrer äußeren Form, sondern teilweise

---

21 Flügge FPR 2008, 1, 4.
22 Flügge FPR 2008, 1, 4.
23 Borth FamRZ 2007, 1925, 1926.
24 Brehm FPR 2006, 401.

auch in Bezug auf Folgeregelungen (zB vorläufige Vollstreckbarkeit) unterschiedlich ausgestaltet sind. Aufgrund der Regelungstechnik des Gesetzes sind jedoch die tatsächlichen Unterschiede in den praktischen Auswirkungen gering, so dass die Überleitung der Unterhaltssachen, Güterrechtssachen und sonstigen Familiensachen (iSv § 111 Nr. 8–10) in selbständigen Verfahren im Hinblick auf eine einheitliche Regelung akzeptabel ist.

d) Besonderheiten im familiengerichtlichen Verfahren
aa) Allgemeines

Durch den Wegfall der Vorschrift des § 630 ZPO ist eine Einigung über die Folgesachen keine Voraussetzung für eine einverständliche Scheidung nach § 1566 Abs. 1 BGB mehr.[25] Es soll vielmehr lediglich eine einjährige **Trennungszeit** genügen, um die Ehescheidung beantragen zu können. Allerdings werden jetzt strengere Anforderungen an den notwendigen Inhalt der Scheidungsantragsschrift nach § 133 gestellt.

32

Bisher gab es zwei Möglichkeiten, einen **Ehescheidungsantrag** nach einem Jahr Trennungszeit zu begründen:

33

- einverständlich, indem eine Einigung über die Folgesachen gem. § 630 ZPO dem Gericht bei Einreichung des Ehescheidungsantrags bereits vorgelegt wurde;
- „streitig", indem zum Scheitern der Ehe substantiiert vorgetragen wurde.

Tatsächlich scheint die Vorschrift von vielen Familiengerichten nicht befolgt worden zu sein. In der überwiegenden Anzahl der OLG-Bezirke genügte es vielmehr, auf das **Trennungsjahr** zu verweisen. Dies verstößt allerdings deutlich gegen die Systematik des Gesetzes und vor allem gegen den Schutzgedanken des § 630 ZPO und bedeutet im Grunde eine – gegenüber der ursprünglich vorgesehenen „vereinfachten" Ehescheidung – sogar deutlich verschärfte „Scheidung light". Hierbei ist zunächst zu beachten, dass weder der unparteiliche Richter noch der unparteiliche Notar derartige Einigungen widerstreitender Interessen der Parteien sachgerecht herbeiführen kann. Beide können zwar versuchen, den Schwächeren zu stützen und zu belehren. Eine Aufklärung über dessen (einseitige) Rechte und darüber, worauf er möglicherweise verzichtet, erfolgt jedoch in der Praxis nicht. Die Gefahr, befangen zu erscheinen, will schließlich von beiden Berufsgruppen vermieden werden. Die Ehe ist zudem ein Vertrag zu gesetzlichen Bedingungen, den die Ehegatten – jedenfalls in der Regel – nie gelesen haben. Sie kennen deshalb die Folgen der Ehescheidung nicht. Ist eine Partei jedoch über ihre Rechte und Ansprüche parteilich durch ihren Anwalt im vertraulichen Gespräch aufgeklärt, kann sie selbstbewusst entscheiden, welche dieser Rechte sie tatsächlich (mit Aussicht auf Erfolg) in Anspruch nehmen will und welche nicht oder nur in geringerem Umfang. Einigungen und Vergleiche sind so im Vorfeld möglich, ohne einseitig auf Ansprüche ohne eine erforderliche Kompensation zu verzichten. Auch wenn aber § 630 ZPO bereits bisher durch die Gerichte offenbar umgangen wurde, kam der Vorschrift doch in der Praxis und von der damaligen Intention des Gesetzgebers her eine erhebliche Schutzwirkung zu. Zu begrüßen ist, dass nunmehr eine Scheidungsantragsschrift nach § 133 Abs. 1 Nr. 2 eine Erklärung des Antragstellers darüber zu enthalten hat, ob die

34

---

25 Meyer-Seitz/Kröger/Heiter FamRZ 2005, 1430, 1435.

Eheleute Einvernehmen über die elterliche Sorge, das Umgangsrecht und den Kindesunterhalt sowie über den Ehegattenunterhalt und die Rechtsverhältnisse an der Ehewohnung erzielt haben. Hierdurch werden nämlich die Eheleute dazu veranlasst, sich vor Einleitung des Scheidungsverfahrens über die bedeutsamsten Scheidungsfolgen Klarheit zu verschaffen.[26]

bb) Vertretung durch einen Rechtsanwalt

35 Der ursprüngliche Referentenentwurf hat die Möglichkeit einer vereinfachten Scheidung ohne Anwaltszwang (sog. **Scheidung light**) vorgesehen, die zu einer erheblichen Benachteiligung der wirtschaftlich Schwächeren geführt hätte. Das Einsparpotential durch diese Regelung wäre im Bereich der Familiengerichtsbarkeit gering gewesen.

36 Im Ergebnis hätte die Regelung mehr Probleme aufgeworfen als sie gelöst hätte, da vielfach in Nachfolgeprozessen die Wirksamkeit der vor Rechtsanwälten oder Notaren geschlossenen Verträge hätte geklärt werden müssen.[27] Der Adressatenkreis, dem das vereinfachte Scheidungsverfahren hätte bedenkenlos empfohlen werden können, beschränkt sich auf wenige **Sonderfälle** (zB ein seit kurzem verheiratetes Studentenehepaar), bei denen keine erheblichen Ausgleichsansprüche bestehen können.

37 Außerdem hätte eine entsprechende Regelung zur Bagatellisierung der Scheidung geführt, die der gesellschaftspolitischen Bedeutung der Ehe nicht gerecht wird. Die Scheidung stellt sowohl ideell als auch wirtschaftlich einen ganz erheblichen Einschnitt im Leben eines Menschen dar, der auch entsprechend gesetzlich behandelt werden sollte. Die Argumente der Kostenersparnis und der **Vereinfachung** überzeugen nicht. Das Institut der Ehe als solches würde herabgestuft werden, wenn eine Scheidung ohne jeden Verfahrensaufwand möglich wäre. Außerdem wären auch rechtliche Nachteile für den Partner nicht ausgeschlossen, der nicht rechtsanwaltlich vertreten ist. Zwar wird zu Recht eingewandt, dass ein Verzicht auf berechtigte Ansprüche nicht möglich sei, weil die Vereinbarung dann unsittlich und unwirksam wäre. Das setzt aber voraus, dass der benachteiligte Partner dies auch erkennt und konkret bemängelt. Dies dürfte nur nach rechtskundigem Rat möglich sein.

cc) Zurückweisung von Angriffs- und Verteidigungsmitteln

38 Nach § 115 können in Ehesachen und Familienstreitsachen Angriffs- und Verteidigungsmittel, die nicht rechtzeitig vorgebracht werden, zurückgewiesen werden, wenn ihre Zulassung nach der freien Überzeugung des Gerichts die Erledigung des Verfahrens verzögern würde und die **Verspätung** auf grober Nachlässigkeit beruht. Damit belässt es die Regelung des § 115 in Ehe- und Familienstreitsachen inhaltlich bei den in den §§ 615, 621d ZPO enthaltenen Grundsätzen, die weniger stringent sind als § 296 Abs. 1 und 4 ZPO. Ferner bestimmt § 115 S. 2, dass die Angriffs- und Verteidigungsmittel abweichend von den allgemeinen Vorschriften zuzulassen sind. Dies bezieht sich auch auf die Zurückweisung verspäteten Vorbringens in der zweiten Instanz, so dass die strengen Präklusionsvorschriften der §§ 530, 531 Abs. 1 und 2 ZPO – wie bei

---

26 BT-Drucks. 16/9733, 363.
27 Dastmaltchi FPR 2007, 226, 230.

§§ 615, 621 d ZPO – nicht anwendbar sind.[28] Insoweit greift das FamFG auf die Motive zurück, die zur Fassung der §§ 615, 621 d ZPO durch das ZPO-Reformgesetz geführt haben, wonach die Besonderheiten des familiengerichtlichen Verfahrens berücksichtigt werden sollen, das davon geprägt ist, dass die zu beurteilenden Sachverhalte in Verfahren der ersten Instanz in den wirtschaftlichen und persönlichen Verhältnissen einem ständigen Wandel unterworfen sind und deshalb von den Beteiligten nicht vor Abschluss der ersten Instanz vorgebracht werden.[29] Ein späteres Vorbringen beruht deshalb in der Regel nicht auf einer groben Nachlässigkeit. Entsprechend geht auch das FamFG davon aus, dass die Rechtsmittelinstanz in Familienstreitsachen als volle zweite Tatsacheninstanz ausgestaltet ist.[30] Jedoch wird das Beschwerdeverfahren in Familienstreitsachen weiterhin als Streitverfahren unter Geltung des Beibringungsgrundsatzes geführt. Dies folgt aus § 68 Abs. 3, wonach sich das Beschwerdeverfahren im Übrigen nach den Vorschriften über das Verfahren im ersten Rechtszug richtet. Ferner verweist § 117 Abs. 2 FamFG u.a. auf § 528 ZPO, der die Grenzen der Abänderbarkeit in Bezug auf Berufungsanträge bestimmt, also auch das Verbot der Schlechterstellung.[31]

dd) Rechtsmittel

Die **Vereinheitlichung** des Rechtsmittelrechts, das die komplizierte Rechtsmittelstruktur des FGG-Verfahrens ablöst, ist zu begrüßen. Der dreigliedrige Instanzenzug lehnt sich an die Regelungen im ZPO-Reformgesetz vom 27.7.2001[32] an. Eingangsgericht ist grundsätzlich das Amtsgericht. Die Beschwerdezuständigkeit liegt beim Oberlandesgericht (§ 119 Abs. 1 Nr. 1 GVG). Gericht der Rechtsbeschwerde, die nur auf Zulassung stattfindet (§ 70 Abs. 1 FamFG), ist der Bundesgerichtshof (§ 133 GVG).[33] Die Konzentration der Rechtsbeschwerde beim Bundesgerichtshof ist zu begrüßen.

Die Beschränkung des Zugangs zur dritten Instanz durch das Zulassungserfordernis (§ 70 Abs. 1 FamFG-E) bedeutet eine **Verkürzung** von Rechtsschutzmöglichkeiten. Das Rechtsbeschwerdegericht ist nämlich nicht an die Zulassung des Rechtsmittels gebunden. Dies ermöglicht es dem Bundesgerichtshof, nur solche Verfahren zuzulassen, die insbesondere der Fortbildung des Rechts sowie der Sicherung einer einheitlichen Rechtsprechung dienen.[34] Die Regelung führt aber zu einer zu begrüßenden Harmonisierung von FamFG- und ZPO-Verfahren.

Der Umstand, dass die Beschwerde bei dem Gericht eingelegt werden muss, das die Entscheidung erlassen hat, ist aus Gründen der einfacheren Handhabbarkeit zu begrüßen. Andererseits besteht die Gefahr, dass diese Neuregelung zumindest in der **Übergangsphase** bei Parteien und Rechtsanwälten für Verwirrung sorgen wird. Zu kritisieren ist die Begründung für die Neuregelung, nämlich dass wegen der EDV die Einlegung beim Ausgangsgericht erforderlich sein soll. Eine solche Begründung ist nicht tragfähig,

---

28 Borth FamRZ 2007, 1925, 1931.
29 BT-Drucks. 14/4722.
30 BR-Drucks. 309/07, 498.
31 Borth FamRZ 2007, 1925, 1931.
32 BGBl. I, 1887.
33 Jacoby FamRZ 2007, 1703, 1707.
34 Borth FamRZ 2007, 1925, 1932.

da der PC die Rechtsfindung erleichtern soll, nicht aber sich das Recht nach einfacheren EDV-Anwendungen richten sollte.

42 Auch nach der neuen Regelung muss in Verfahren der Familienstreitsachen die Beschwerde begründet werden (vgl § 117 Abs. 1 S. 1). Allerdings ist im allgemeinen Teil des FamFG, der für alle FGG-Sachen gilt, eine Begründungspflicht nicht vorgesehen. In § 65 Abs. 1 ist nur bestimmt, dass die Beschwerde begründet werden soll.[35] Das Gericht kann dem Beschwerdeführer nach § 65 Abs. 2 eine **Frist** zur Begründung einräumen. Es ist zu beachten, dass eine Verlängerungsmöglichkeit der Begründungsfrist nicht ausdrücklich im Gesetz vorgesehen ist. Dies sollten Rechtsanwältinnen und Rechtsanwälte auf jeden Fall beachten.

43 Nach § 117 Abs. 1 S. 1 hat der Beschwerdeführer in Familienstreitsachen zur Begründung der Beschwerde einen bestimmten Sachantrag zu stellen und diesen zu begründen. Die Frist zur **Begründung** der Beschwerde beträgt zwei Monate und beginnt mit der schriftlichen Bekanntgabe des Beschlusses, spätestens mit Ablauf von fünf Monaten nach Erlass des Beschlusses (vgl § 117 Abs. 1 S. 2). In § 117 Abs. 1 S. 3 ist angeordnet, dass §§ 520 Abs. 2 S. 2 und 3 sowie 522 Abs. 1 S. 1, 2 und 4 der ZPO entsprechend gelten. Diese Regelung geht auf einen Änderungsantrag des Bundesrates zurück, dem sich Bundesregierung und Bundestag angeschlossen haben.[36] Sie hat einen Gleichlauf von Familien- und ZPO-Verfahren zu Ziel. Auch in Familiensachen soll bei offensichtlicher Unbegründetheit der Beschwerde eine einfache Zurückweisung durch Beschluss möglich sein. Wie im allgemeinen Zivilverfahren ist demnach klargestellt, dass abweichend von den allgemeinen Regeln in §§ 58–69 der Beschwerdeführer verpflichtet ist, sein Rechtsmittel fristgemäß zu begründen. Das Ausbleiben der Beschwerdebegründung soll die Unzulässigkeit des Rechtsmittels zur Folge haben. § 522 Abs. 1 S. 3 ZPO ist von der Verweisung ausgenommen worden, weil – anders als im Berufungsverfahren – alle familiengerichtlichen Entscheidungen durch Beschluss ergehen. Die Geltung von § 522 Abs. 1 S. 4 ZPO wurde angeordnet, um einen Gleichklang mit der Berufung zu erreichen. Ebenso wie die Verwerfung der Berufung soll auch die entsprechende Entscheidung des Beschwerdegerichts in Ehe- und Familienstreitsachen mit der Rechtsbeschwerde angefochten werden können, ohne dass diese zugelassen wurde.[37]

44 In § 117 Abs. 2 S. 1 FamFG wird angeordnet, dass die §§ 514, 524 Abs. 2 S. 2 und 3, 528, 538 Abs. 2 und 539 der ZPO im Beschwerdeverfahren von Ehe- und Familienstreitsachen entsprechend gelten sollen. Die Beschwerdevorschriften des FamFG sehen somit allein für Ehe- und Familienstreitsachen eine **Befristung** der Beschwerdebegründung vor. Das liegt daran, dass der Bundestag nur in den Familienstreitsachen bezüglich der Befristung der Anschlussbeschwerde einen Gleichlauf der Beschwerdevorschriften mit den Berufungsvorschriften der ZPO für sachgerecht hält. Mit der Regelung findet auf einen Teil der Anschlussbeschwerden in Familienstreitsachen – insbesondere in Güterrechtssachen und in sonstigen Familiensachen – die Befristung des § 524 Abs. 2 S. 2 ZPO Anwendung. Keine Anwendung findet die Befristung demgegenüber, wie bereits nach bisheriger Rechtslage, gem. § 524 Abs. 2 S. 3 ZPO bei wiederkehrenden

---

35 Gutjahr FPR 2006, 433, 435.
36 BT-Drucks. 16/9733, 362.
37 BR-Drucks. 309/07, 31.

Leistungen, insbesondere also in Unterhaltssachen.[38] Der Bundesrat hatte eine Bezugnahme auch auf § 522 Abs. 2 ZPO gefordert, da diese Vorschrift nach bisheriger Rechtslage in allen Verfahren nach der ZPO einschließlich der Ehe- und Familienstreitsachen eine prozessökonomische Behandlung von Berufungen ermöglichte, in denen das Berufungsgericht von der offensichtlichen Erfolglosigkeit des Rechtsmittels überzeugt war.[39] Dem Bundestag war das zu weitgehend.

Problematisch ist insoweit, dass Familiensachen teilweise abweichend von den allgemeinen Zivilsachen behandelt werden sollen. **Besonderheiten**, die es in Unterhaltssachen insoweit gibt, als häufig im Laufe des Prozesses Veränderungen der tatsächlichen Verhältnisse stattfinden, deren Berücksichtigung erforderlich wird, ist durch die nur teilweise Bezugnahme auf § 524 Abs. 2 ZPO Rechnung getragen worden (s. Rn 44). Der Berufungsführer kann schon nach geltendem Recht seine Berufung auch nach Ablauf der Begründungsfrist erweitern, wenn sich im Rechtsmittelverfahren Änderungen der tatsächlichen Verhältnisse ergeben haben. **45**

Außerhalb der Unterhaltssachen in sonstigen familiengerichtlichen Streitverfahren gibt es im Regelfall abgeschlossene Sachverhalte, in denen das Geschehen nicht im Fluss ist. Insofern gibt es keinen Anlass, das **Rechtsmittelverfahren** in Familienstreitsachen anders zu behandeln als in der Zivilprozessordnung. Insofern ist es zu begrüßen, dass der Bundestag in seinem Gesetzesbeschluss die Regelungen im FamFG an die gegenwärtigen zivilprozessualen Regelungen, die sich auch in Familiensachen bewährt haben, angepasst hat. **46**

Es ist ferner darauf hinzuweisen, dass nach der Gesetzesformulierung die Möglichkeit, von einer mündlichen Verhandlung abzusehen, über die Möglichkeit des § 522 Abs. 2 und 3 ZPO hinausgeht, da nicht nur eine **Zurückweisung** des Rechtsmittels ohne mündliche Verhandlung, sondern wohl auch eine Abänderung möglich ist. Wenn die Entscheidung ohne mündliche Verhandlung zu einer Abänderung der angefochtenen Entscheidung führen kann, gilt die Hinweispflicht auch gegenüber dem Beschwerdegegner. **47**

§ 522 Abs. 2 S. 2 ZPO verpflichtet das Gericht, den Berufungsführer auf die Gründe der beabsichtigten Zurückweisung hinzuweisen und ihm die Möglichkeit zur **Stellungnahme** zu geben. Dies dürfte im Ergebnis maßgeblich sein, auch wenn das Gesetz eine solche Verpflichtung in § 117 nicht ausdrücklich enthält. **48**

Auch ist zu beachten, dass im Rechtsmittelverfahren gegen Endentscheidungen die Möglichkeit des vorbereitenden **Einzelrichters** nicht mehr gegeben ist. Dies erscheint allerdings nicht sinnvoll, da es nach wie vor Fälle gibt, in denen es besser ist, wenn die Entscheidung durch den vollbesetzten Senat getroffen wird, dass aber zunächst zur Vorbereitung vor dem Einzelrichter verhandelt wird. Dies gilt etwa für in tatsächlicher und rechtlicher Hinsicht komplexe und schwierige Verfahren. **49**

§ 116 Abs. 3 S. 2 ersetzt die Bestimmungen der ZPO zur vorläufigen Vollstreckbarkeit. § 116 Abs. 3 S. 3 ordnet für Unterhaltssachen wegen deren existenzieller Bedeutung **50**

---

38 BT-Drucks. 16/9733, 362.
39 BR-Drucks. 309/07, 32.

ausdrücklich an, dass das Familiengericht die sofortige Wirksamkeit anordnen soll. Diese Regelung ist sinnvoll. Sie stellt aber eine Ausnahme der im allgemeinen Zivilprozess geltenden Bestimmungen der §§ 708 ff ZPO dar. Der in § 116 Abs. 3 S. 2 enthaltene Begriff der „**sofortigen Wirksamkeit**" ist auf die echten FGG-Verfahren abgestimmt und passt nicht für ZPO-Verfahren.

51 Es ist zu berücksichtigen, dass zwischen der **Anordnung** der Wirksamkeit einer Entscheidung und der Sicherstellung der vorläufigen Vollstreckbarkeit nach den §§ 708 ff ZPO zu unterscheiden ist. Die Sicherstellung des Existenzminimums im Unterhalt erfolgt bis zur Rechtskraft der Unterhaltsentscheidung regelmäßig durch den Erlass einer einstweiligen Anordnung in Form einer Leistungsverfügung nach §§ 246 ff FamFG. Nach § 246 Abs. 3 S. 2, 3 iVm § 120 Abs. 2 kann zwar vor Eintritt der Rechtskraft der Entscheidung vollstreckt werden. Diese Bestimmung ist aber nicht mit § 56 Abs. 1 S. 1, 2 (Außerkrafttreten einer einstweiligen Anordnung) abgestimmt. Nach § 56 Abs. 1 S. 2 bleibt die einstweilige Anordnung bis zur Rechtskraft der Entscheidung wirksam. Je nachdem, ob die durch einstweilige Anordnung festgelegte Unterhaltspflicht über oder unter dem durch die frühere Entscheidung in der Familiensache festgesetzten Betrag liegt, kann es zu verfahrensrechtlichen Problemen kommen, weil aus zwei verschiedenen Regelungen Unterhalt verlangt werden kann.

ee) Einstweilige Anordnung und Arrest

52 Für den einstweiligen Rechtsschutz in familienrechtlichen Angelegenheiten standen bisher vier Mittel zur Verfügung: Der in der ZPO geregelte Arrest und die einstweilige Verfügung, daneben für Angelegenheiten aus dem Bereich der freiwilligen Gerichtsbarkeit die kraft richterlicher **Rechtsfortbildung** entwickelte vorläufige Anordnung sowie die einstweilige Anordnung, die schon frühzeitig von der einstweiligen Verfügung abgespalten und deren Anwendungsbereich im Laufe der Zeit über den Bereich der Ehesachen hinaus auf andere Sachgebiete (Kostenvorschuss, Unterhalt, selbständige FG-Sachen, Gewaltschutz) erweitert wurde. Als Fortführung der bisherigen Rechtsentwicklung ist es anzusehen, dass die vier verschiedenen Mittel des einstweiligen Rechtsschutzes in Familiensachen grundsätzlich zu einem einheitlichen Mittel, der einstweiligen Anordnung, zusammengefasst wurden.[40] Eine Ausnahme gibt es unter anderem in § 119, wonach in Familienstreitsachen des § 112 (Unterhalt, Güterrecht, sonstige Familien-/Lebenspartnerschaftssachen) der Arrest und die einstweilige Anordnung möglich sind.[41]

53 Das Gesetz enthält in den §§ 49 ff allgemeine Regelungen über die **einstweilige Anordnung**, dem zentralen Rechtsinstitut des einstweiligen Rechtsschutzes in Familiensachen und sonstigen Verfahren der freiwilligen Gerichtsbarkeit. Gegenüber der bisherigen Rechtslage besteht die wesentliche Neuregelung darin, dass die Anhängigkeit einer Ehesache oder eines Hauptsacheverfahrens nicht mehr Voraussetzung für eine einstweilige Anordnung ist.[42] Damit werden die Zulässigkeitsbedingungen, die formalen Eingangshürden zur Erlangung des einstweiligen Rechtsschutzes, verringert. Im famili-

---

40 Gießler FPR 2006, 421 f.
41 Borth FamRZ 2007, 1925, 1929.
42 Jacoby FamRZ 2007, 1703, 1707.

enrechtlichen Verfahren kodifiziert sie die Realität, nach der das formal vorläufige Verfahren der einstweiligen Anordnung in einer sehr beachtlichen Zahl der Fälle zu einem faktisch endgültigen Verfahren mutiert ist. Es erfolgt eine strukturelle Angleichung an das ZPO-Verfahren von einstweiliger Verfügung und Arrest. § 49 Abs. 1 und 2 FamFG regeln die Voraussetzungen einer Sicherungs- bzw Regelungsverfügung entsprechend §§ 935, 940 ZPO. Sie ist nur zulässig, wenn ein dringendes Bedürfnis für ein sofortiges Tätigwerden besteht.[43] Das Antragserfordernis in § 52 Abs. 1 passt allerdings nicht zu den allgemeinen Grundsätzen des Amtsverfahrens. Durch die bisherige Regelung wurde den Beteiligten eindeutig klar, dass mit der einstweiligen Anordnung nur eine vorläufige Regelung erwirkt werden kann, die noch im Laufe des anhängigen Verfahrens in der Hauptsache überprüft wird.

Hinsichtlich der Intention des Gesetzgebers ist auf den Allgemeinen Teil der Gesetzesbegründung zu verweisen, in dem ausgeführt ist, dass die Hauptsacheunabhängigkeit der einstweiligen Anordnung zahlreiche Hauptsacheverfahren, insbesondere Unterhaltsverfahren, vermeidet, die bisher nur deswegen anhängig gemacht werden mussten, um eine Eilentscheidung zu erwirken. Dem ist aber entgegen zu halten, dass gerade in Unterhaltssachen das Gericht einen Zeitpunkt des Außerkrafttretens der einstweiligen Anordnung bestimmen soll. Damit ist aber zwangsläufig ein anschließender **Hauptsacheprozess** erforderlich, so dass Einsparungen nicht zu verzeichnen sein dürften. Außerdem ist zu bedenken, dass sich die Parteien gerade in Zeiten knapper Ressourcen der Rechtsprechung noch mehr ins einstweilige Verfahren flüchten, um scheinbar schneller zu ihrem Recht zu kommen. Dies ist kritisch zu sehen, da der Prüfungsumfang sich in den Eilverfahren notwendigerweise auf eine summarische Prüfung beschränken muss. Die Selbständigkeit der Verfahren der einstweiligen Anordnung dürfte aus den vorgenannten Gründen nicht zu nennenswerten Entlastungen der Familiengerichte führen. Fühlbare Auswirkungen auf Parteien und Rechtsanwälte dürften ausbleiben. 54

Außerdem erweitert § 57 die **Rechtsmittelmöglichkeit** gegen einstweilige Anordnungen auf den Fall, in dem über einen Antrag auf Übertragung der elterlichen Sorge entschieden wird[44] oder über die Herausgabe des Kindes an den anderen Elternteil oder über einen Antrag auf Verbleiben des Kindes bei einer Pflege- oder Bezugsperson oder über einen Antrag nach den §§ 1 und 2 des Gewaltschutzgesetzes oder in einer Wohnungszuweisungssache über einen Antrag auf Zuweisung der Wohnung. 55

Problematisch ist die Regelung in § 114 Abs. 4 Nr. 1, nach der bei einstweiligen Anordnungen kein Anwaltszwang besteht. Das könnte insbesondere in Unterhaltssachen zu Schwierigkeiten führen, in denen Spezialkenntnisse – insbesondere hinsichtlich der **Berechnung** des Unterhalts – erforderlich sind. 56

ff) Vollstreckung

Das FGG enthielt bisher keinen eigenen Abschnitt über die Vollstreckung. § 33 FGG regelte lediglich den Vollzug gerichtlicher Entscheidungen. In Familiensachen galt, soweit es sich um Zivilprozesse handelte, das 8. Buch der ZPO. Das FamFG enthält einen 57

---

43 Borth FamRZ 2007, 1925, 1929.
44 Gutjahr FPR 2006, 433, 437.

eigenen Abschnitt über die Vollstreckung (Buch 1, Abschn. 8, §§ 86–96). § 88 Abs. 1 bestimmt für Entscheidungen über die Herausgabe von Personen und die Regelung des Umgangs, dass die Vollstreckung durch das Gericht erfolgt, in dessen Bezirk die Person zum Zeitpunkt der Einleitung der Vollstreckung ihren gewöhnlichen **Aufenthalt** hat. Diese Vorschrift enthält eine, von § 33 Abs. 2 FGG bisher eher vorausgesetzte als normierte Bestimmung der sachlichen Zuständigkeit, die den §§ 887 Abs. 1, 888 Abs. 1 und 890 Abs. 1 ZPO entspricht.[45]

58   Gem. § 87 Abs. 1 S. 1 wird das Gericht grundsätzlich von Amts wegen tätig und bestimmt die vorzunehmenden **Zwangsvollstreckungshandlungen**. Jedoch kann der Berechtigte nach § 87 Abs. 1 S. 2 deren Vornahme beantragen. Sofern das Gericht dem Antrag nicht entspricht, ist durch Beschluss zu entscheiden.

59   Dies ist insbesondere für die rechtsanwaltliche **Praxis** von besonderer Bedeutung. Wenn ein Beschluss ergeht, ist dieser nämlich nach § 87 Abs. 4 mit der sofortigen Beschwerde anfechtbar und unterliegt dann der Kontrolle durch das Beschwerdegericht.

60   Für den familienrechtlichen Bereich bestimmt die Spezialnorm des § 120 Abs. 1, dass an Stelle des vollstreckungsrechtlichen Abschnitts des FamFG die Vorschriften der ZPO entsprechend anzuwenden sind. Familienstreitsachen sind danach die Unterhalts- und Güterrechtsverfahren sowie sonstige Familiensachen, die vor dem „großen Familiengericht" zu verhandeln sind (vgl § 112). Nach der Gesetzesbegründung soll damit nicht auf das gesamte 8. Buch der ZPO verwiesen werden, sondern nur auf die §§ 704– 915 h ZPO.[46] Ausgenommen bleiben also die Vorschriften über Arrest und einstweilige Verfügung, die ohnehin ein besonderes **Erkenntnisverfahren** regeln und deshalb nicht in das 8. Buch der ZPO gehören. Diese sind nunmehr im Allgemeinen Teil des familiengerichtlichen Verfahrens in §§ 49–57 geregelt.[47]

61   Die Vollstreckung von Entscheidungen über die Herausgabe von Personen und die Regelung des Umgangs wird in den §§ 88–94 behandelt. § 86 bestimmt, dass die Vollstreckung in Sorge- (Herausgabe-) und Umgangsrechtsverfahren nur stattfindet aus wirksamen Endentscheidungen sowie gerichtlich gebilligten Vergleichen.[48] Damit wird die zu § 33 FGG vertretene Auffassung, dass nur ein vom Gericht durch eigene Entscheidung gebilligter Vergleich eine Verfügung im Sinne dieser Vorschrift ist,[49] gesetzlich fixiert. § 89 FamFG weicht insoweit von § 33 FGG ab, als an Stelle von Zwangsmitteln Ordnungsmittel verhängt werden können, und zwar unabhängig von einem Erfolg der Vollstreckung. Problematisch ist die Einführung des Zwangsmittels der Ordnungshaft nach § 89. Es bestehen meines Erachtens Zweifel, ob es dem Verhältnismäßigkeitsgrundsatz entspricht, über das in § 33 FGG vorgesehene Zwangsgeld hinauszugehen. Zweck ist nämlich nur, einen nichtwilligen Elternteil dazu zu bringen, dass er eine Verfügung des Gerichts erfüllt. Da Ordnungsmittel nicht nur Beuge-, sondern auch Sanktionscharakter haben,[50] dürfen sie noch festgesetzt und vollstreckt wer-

---

45 Giers FGPrax 2006, 195.
46 Giers FPR 2006, 438.
47 Gießler FPR 2006, 421, 422.
48 Giers FGPrax 2006, 195, 196.
49 BGH FamRZ 2005, 1471.
50 BGH NJW 2004, 506, 509.

den, wenn die geschuldete Handlung wegen Zeitablaufs nicht mehr vorgenommen werden kann. Die nachgelagerte Bestrafung dürfte hinsichtlich der **Ordnungshaft** unter dem Gesichtspunkt des Verhältnismäßigkeitsgrundsatzes problematisch sein. Allerdings enthält § 44 des Internationalen Familienverfahrensrechtsgesetzes schon diese Regelung für die internationalen Verfahren.[51]

Die Festsetzung des Ordnungsmittels soll unterbleiben, wenn der Verpflichtete Gründe vorträgt, aus denen sich ergibt, dass er die Zuwiderhandlung nicht zu vertreten hat. Dieser Vortrag ist noch nachträglich möglich und führt dann zur Aufhebung der Festsetzung. Der Verpflichtete trägt also die **Darlegungslast** dafür, dass es ihm nicht möglich war, seine Verpflichtung zu erfüllen. Diese Regelung hat besondere Bedeutung für die Vollstreckung von Umgangsregelungen, gegen welche gern eingewandt wird, das Kind wolle den Umgang nicht. Nun muss im Einzelnen dargelegt werden, wie versucht wurde, das Kind zum Umgang zu bewegen.[52] **62**

In §§ 88–94 ist die Vollstreckung im Zusammenhang mit Sorgerechtsverfahren (Herausgabe des Kindes) und die Durchsetzung von Umgangsregelungen geregelt. Neu ist, dass Ordnungs- und Zwangsmittel nicht mehr **angedroht** werden müssen und dem Verpflichteten die Beweislast dafür obliegt, dass er die Zuwiderhandlung nicht zu vertreten hat.[53] **63**

Unmittelbarer Zwang kann gem. § 90 aufgrund einer gesonderten Entscheidung angeordnet werden, wenn die Festsetzung des Ordnungsmittels erfolglos geblieben ist oder keinen Erfolg verspricht oder eine alsbaldige Vollstreckung der Entscheidung unbedingt erforderlich ist. Weiterhin befasst sich § 90 Abs. 2 mit der Anwendung unmittelbaren Zwangs gegen das Kind. Danach ist unmittelbarer Zwang gegen ein Kind nur zulässig, wenn dies unter Berücksichtigung des Kindeswohls gerechtfertigt und eine Durchsetzung der Verpflichtung mit milderen Mitteln nicht möglich ist. Eine Sondervorschrift für die Vollstreckung von Unterhalts- und güterrechtlichen Folgesachen, die wie bisher als Scheidungsfolgesachen anhängig gemacht werden können, enthält § 129,[54] nach der mit einigen, nur das Erkenntnisverfahren betreffenden Ausnahmen auf die ZPO verwiesen wird. **64**

Für die Vollstreckung von **Geldforderungen** gilt kraft der Verweisung in § 95 Abs. 1 FamFG die ZPO. Für Kostenfestsetzungsbeschlüsse aus dem Bereich des FamFG dürfte nach wie vor § 794 Abs. 1 Nr. 2 ZPO gelten.[55] **65**

II. Das Verfahren in Ehe- und Scheidungssachen

1. Allgemeines

Das bisherige Scheidungsverfahrensrecht beruht auf dem **1. Eherechtsreformgesetz** vom 14.6.1976 (1. EheRG), mit dem das Verfahren in Ehesachen neu ausgestaltet wurde. Eine Ehe kann gem. § 1564 S. 1 BGB nur durch ein gerichtliches Urteil auf Antrag eines **66**

---

51 Staudinger/Rauscher § 1684 BGB Rn 225.
52 Giers FGPrax 2006, 195, 196.
53 Giers FPR 2006, 438, 441.
54 Giers FPR 2006, 438, 439.
55 Giers FPR 2006, 438, 439.

oder beider Ehegatten geschieden werden. Eingeleitet wird das Scheidungsverfahren durch die Scheidungsantragsschrift. Mit Rechtskraft des gerichtlichen Urteils wird die Ehe aufgelöst (§ 1564 S. 2 BGB). Von dem Grundsatz der ZPO abweichend, gilt in Ehesachen nicht der Verhandlungs-, sondern der Untersuchungsgrundsatz.[56]

67 Insgesamt übernehmen die Regelungen des FamFG über das **Scheidungsverfahren** im Wesentlichen die Regelung der alten ZPO. Neu ist die von § 135 FamFG eröffnete Möglichkeit des Richters, die Ehegatten zunächst darauf zu verweisen, einzeln oder gemeinsam an einem Informationsgespräch über Mediation oder einer sonstigen Form der außergerichtlichen Streitbeilegung teilzunehmen. Allerdings ist eine entsprechende Anordnung des Gerichts nicht mit Zwangsmitteln durchsetzbar und nicht anfechtbar (§ 135 Abs. 1 S. 2). Die Weigerung eines Beteiligten, an einem entsprechenden Informationsgespräch teilzunehmen, kann aber Folgen in der Kostengrundentscheidung nach sich ziehen (vgl § 150 Abs. 4 S. 2).[57]

2. Definition der Ehesachen

68 Das gegenwärtige Verständnis der bürgerlichen Familie und ihres „Kerns", der Ehe, ist im 19. Jahrhundert entstanden. Die Sphäre der Familie bildet danach einen Ort der **Privatheit**. Sie beruht auf der dauerhaften Lebensgemeinschaft der beiden Ehegatten.[58] Der rechtliche Rahmen im Zusammenleben der Menschen wird derzeit in zahlreichen europäischen Staaten neu gefasst. Diskutiert werden unter anderem die grundlegenden eherechtlichen Institute des Versorgungsausgleichs und des Güterrechts.[59] Die Vorschrift des § 121 enthält die gesetzliche Definition der Ehesachen. Sie unterscheidet sich von der in § 606 Abs. 1 S. 1 ZPO enthaltenen lediglich dadurch, dass Verfahren auf Herstellung des ehelichen Lebens nicht mehr zu den Ehesachen zählen. Die zahlenmäßige und praktische Bedeutung dieser Verfahren ist gering. Die zugrunde liegenden Ansprüche können als sonstige Familiensachen (§ 266 Abs. 1 Nr. 2) vor dem Familiengericht weiterhin geltend gemacht werden. Es handelt sich dabei jedoch um eine Familienstreitsache, also um ein Verfahren, für das die Besonderheiten des Verfahrens in Ehesachen, insbesondere der Amtsermittlungsgrundsatz, nicht gelten.

3. Verfahrensrechtliche Besonderheiten in Ehesachen

a) Allgemeines

69 Sachlich zuständig für Ehe- und Scheidungssachen sind, wie nach geltendem Recht, die Amtsgerichte. Gerichtsintern ist die Abteilung für Familiensachen (Familiengericht) zuständig.[60] § 114 Abs. 1 FamFG regelt in Anlehnung an § 78 ZPO den **Anwaltszwang** vor dem Familiengericht. In der Sache stimmt die Regelung mit dem bisherigen Rechtszustand in Ehesachen und Folgesachen überein. § 116 Abs. 1 bringt zu Ausdruck, dass in allen Ehesachen die Entscheidungsform des Urteils durch die des Beschlusses ersetzt werden soll. Urteile soll es in Ehesachen nicht mehr geben. Hinsichtlich des Beschlusses

---

56 Dastmaltchi FPR 2007, 226.
57 Jacoby FamRZ 2007, 1703, 1708.
58 Grziwotz/Hagengruber DNotZ 2006, 32, 35.
59 Schulz ZRP 2001, 477.
60 Philippi FPR 2006, 406.

II. Das Verfahren in Ehe- und Scheidungssachen

gelten, vorbehaltlich besonderer Regelungen, die Vorschriften der §§ 38 ff. § 126 Abs. 1 ermöglicht die Verbindung sämtlicher Ehesachen, die dieselbe Ehe betreffen.

§ 130 regelt, teilweise abweichend vom bisherigen Rechtszustand, die Folgen der **Säumnis** eines Beteiligten für sämtliche Ehesachen in gleicher Weise. Abs. 1 behandelt die Säumnis des Antragstellers. Für diese Konstellation wird die bislang nach § 632 Abs. 4 ZPO nur für die Feststellungsklage geltende Regelung, wonach das Versäumnisurteil dahin zu erlassen ist, dass die Klage als zurückgenommen gilt, auf alle Ehesachen erstreckt. Bislang ergeht in Verfahren auf Scheidung oder Aufhebung der Ehe in diesem Fall nach § 330 ZPO ein Versäumnisurteil auf Abweisung des Antrags. Da in Ehesachen ein erhöhtes Interesse an einer materiell richtigen Entscheidung besteht, sollte allein aufgrund des Umstands der Säumnis keine grundsätzlich der materiellen Rechtskraft fähige Entscheidung ergehen. Die Rücknahmefiktion als Inhalt der Versäumnisentscheidung bei Säumnis des Antragstellers ist daher für alle Ehesachen vorzugswürdig. Auch bei Säumnis der Antragsgegners ist jede Säumnisentscheidung ausgeschlossen (§ 130 Abs. 2). Es wird jetzt klargestellt, dass dies auch für die Entscheidung nach Aktenlage gilt. Wie bisher kann in Abweichung zu den allgemeinen Regeln der Vortrag der Antragstellerseite nicht als wahr unterstellt werden. Vielmehr hat das Gericht dessen Richtigkeit sachlich nachzuprüfen.

b) Örtliche Zuständigkeit

Die örtliche Zuständigkeit richtet sich für alle Ehesachen und damit auch für die Scheidungssachen (§ 121 Nr. 1) nach § 122. Dieser ist dem § 606 ZPO nachgebildet. Wie dieser legt er die **Rangfolge** der Gerichtsstände fest und bestimmt, dass die sachliche und örtliche Zuständigkeit ausschließlich ist.[61] Zur Erleichterung der Bezugnahme sind die einzelnen Tatbestände mit Nummern versehen. Dies ist wesentlich übersichtlicher als bisher. Die zuständigkeitsbegründenden Umstände entsprechen den in § 606 Abs. 1 und 2 ZPO genannten. Verzichtet wird aber auf das Kriterium des gemeinsamen gewöhnlichen Aufenthalts beider Ehegatten aus § 606 Abs. 1 S. 1 ZPO. Dieses wird heute dahingehend verstanden, dass die Ehegatten nicht nur ihren jeweiligen gewöhnlichen Aufenthalt im Bezirk desselben Gerichts haben, sondern dass sie einen gemeinsamen gewöhnlichen Aufenthalt haben müssen. Bei Einleitung einer Ehesache leben die Ehegatten jedoch regelmäßig getrennt, so dass auf diesen Gesichtspunkt verzichtet werden kann[62] und sollte.

Neu eingefügt wurde am Ende der Beratungen im Deutschen Bundestag § 122 Nr. 2. Danach ist in der Rangfolge der zweite Anknüpfungspunkt für die Zuständigkeit das Gericht, in dessen Bezirk einer der Ehegatten mit einem Teil der gemeinsamen Kinder seinen gewöhnlichen **Aufenthalt** hat, sofern bei dem anderen Ehegatten keine gemeinschaftlichen minderjährigen Kinder ihren gewöhnlichen Aufenthalt haben. Die Ergänzung bewirkt, dass sich die örtliche Zuständigkeit des Gerichts auch in den Fällen an dem gewöhnlichen Aufenthalt der gemeinschaftlichen minderjährigen Kinder orientiert, in denen nur ein Teil der Kinder bei einem Elternteil, der andere Teil jedoch bei Dritten (Großeltern, sonstige Verwandte, Pflegepersonen etc.) lebt.

---

61 Philippi FPR 2006, 406.
62 Begründung des Regierungsentwurfs, S. 469.

Sommer

73 Die bislang vorgesehene **Zuständigkeitskonzentration**, die den Aufenthalt eines Elternteils mit allen gemeinschaftlichen minderjährigen Kindern voraussetzt, führt im Einzelfall dazu, dass (nach anderen Vorschriften) die Zuständigkeit eines Gerichts begründet wird, in dessen Bezirk sich keines der gemeinschaftlichen Kinder aufhält. Dies ist im Hinblick darauf, dass das Gericht gegebenenfalls auch über eine Kindschaftsfolgesache zu entscheiden hat, keine sachgerechte Lösung gewesen.[63] Die neu eingefügte Zuständigkeitsnorm dient demnach auch dem Interesse des Ehegatten, der minderjährige Kinder zu betreuen hat. Dieser und die Kinder sollen eine leichtere Anreisemöglichkeit zum Gericht bekommen.

74 Eine Neuerung ergibt sich aus § 123 (Abgabe an ein anderes Gericht). Die Vorschrift, die bislang keine Entsprechung hat, sieht eine Zusammenführung sämtlicher gleichzeitig bei einem deutschen Gericht im ersten **Rechtszug** anhängiger Ehesachen vor, die dieselbe Ehesache betreffen. Regelungstechnisch ist sie in Anlehnung an § 623 Abs. 3 ZPO konzipiert. Die Abgabe ist unabhängig davon angeordnet, ob die Ehesachen denselben Streitgegenstand haben oder nicht. Bislang steht bei Identität des Streitgegenstandes dem zeitlich nachfolgenden Verfahren der Einwand der anderweitigen Rechtshängigkeit entgegen. Sofern nicht ein Verweisungsantrag gestellt wird, wäre der Antrag also als unzulässig abzuweisen. Durch die vorgesehene Abgabe von Amts wegen werden die bisherigen Regelungen des § 606 Abs. 2 S. 3 und 4 ZPO entbehrlich.[64]

75 S. 1 behandelt in der genannten Konstellation die Abgabe von Amts wegen an das Gericht der **Scheidungssache**, wenn eine der Ehesachen eine Scheidungssache ist. Im Hinblick auf den Verbund soll dem Scheidungsverfahren stets Vorrang zukommen, unabhängig davon, welches Verfahren zuerst rechtshängig geworden ist. Ist keine der bei einem inländischen Gericht anhängigen Ehesachen eine Scheidungssache, ordnet S. 2 an, dass die Abgabe von Amts wegen an dasjenige Gericht zu erfolgen hat, bei dem die zuerst rechtshängig gewordene Ehesache noch anhängig ist. Insoweit bleibt es bei dem bekannten Prioritätsprinzip. S. 3 erklärt, wie § 621 Abs. 3 S. 2 ZPO, bestimmte Vorschriften der ZPO über die Verweisung auf die Abgabe nach den Sätzen 1 und 2 für entsprechend anwendbar. Insbesondere ist die Abgabe nicht anfechtbar und für das Adressatgericht grundsätzlich bindend.

c) Verfahrensfähigkeit

76 § 125 ergänzt für Ehesachen die Regelungen des allgemeinen Teils über die Verfahrensfähigkeit. Abs. 1 der Vorschrift entspricht dem bisherigen § 607 Abs. 1 ZPO. § 125 Abs. 2 S. 1 FamFG entspricht § 607 Abs. 2 S. 1 ZPO. Von § 607 Abs. 2 S. 2 ZPO unterscheidet sich § 125 Abs. 2 S. 2 dadurch, dass Verfahren auf Herstellung des ehelichen Lebens nicht mehr erwähnt werden, da sie keine Ehesachen mehr sind.[65] Für die erforderliche Genehmigung ist künftig nicht mehr das **Vormundschaftsgericht**, sondern das Familiengericht zuständig.

---

63 BT-Drucks. 16/9733, 363.
64 Begründung des Regierungsentwurfs, S. 470.
65 Meyer-Seitz/Kröger/Heiter FamRZ 2005, 1430, 1434.

d) Persönliches Erscheinen der Ehegatten

Nach § 128 Abs. 1 S. 1 soll das Gericht das persönliche Erscheinen der Ehegatten anordnen und sie anhören. Die Ergänzung in Abs. 1 S. 2 der Vorschrift, nach der die Anhörung eines Ehegatten in Abwesenheit des anderen Ehegatten stattzufinden hat, falls dies zum Schutz des anzuhörenden Ehegatten oder aus anderen Gründen erforderlich ist, geht zurück auf eine Prüfbitte des Bundesrats und soll nun ausdrücklich klarstellen, dass ein Anwesenheitsrecht des anderen Ehegatten bei Vorliegen der in § 128 Abs. 1 S. 2 genannten Voraussetzungen nicht besteht.[66] Die Vorschrift dürfte vor allem Fälle **häuslicher Gewalt** im Blick haben und ist noch kurz vor Abschluss der Beratungen im Deutschen Bundestag eingefügt worden, wohl aufgrund zahlreicher berechtigter Forderungen nach Schutz des unterdrückten Ehepartners. Häufig werden demnach überwiegend Frauen Opfer von gewalttätigen Reaktionen des Ehepartners in der Trennungsphase.[67]

77

In § 128 Abs. 2 gibt es die Neuerung, dass das Gericht in dem Fall, dass gemeinschaftliche Kinder vorhanden sind, die Ehegatten nicht nur wie bisher zur elterlichen Sorge, sondern auch zum Umgangsrecht anhören muss. Diese Erweiterung entspricht dem politischen Anliegen, die tatsächliche Wahrnehmung von **Umgangskontakten** zu verbessern.

78

Neu ist auch die von § 135 im Scheidungsverfahren eröffnete Möglichkeit des Richters, die Ehegatten zunächst darauf zu verweisen, einzeln oder gemeinsam an einem Informationsgespräch über **Mediation** oder einer sonstigen Form außergerichtlicher Streitbeilegung teilzunehmen. Zwar ist die entsprechende Anordnung des Gerichts nicht mit Zwangsmitteln durchsetzbar und nicht selbständig anfechtbar, die Weigerung eines Beteiligten, an einem entsprechenden Informationsgespräch teilzunehmen, kann aber gem. § 150 Abs. 4 S. 2 Folgen bei der Kostengrundentscheidung nach sich ziehen.[68]

79

Völlig unabhängig von der legislatorischen FGG-Reform und eher angestoßen durch die Große Kindschaftsrechtsreform (1998) haben sich in der Vergangenheit auf verschiedenen regionalen Ebenen Bestrebungen entwickelt, neue Wege für die Sorge- und Umgangsregelungsverfahren zu finden, die dem zeitgemäßen Verständnis von elterlichen Konflikten um das Kind entsprechen. Ein Beispiel dafür ist der „Kölner Fachkreis Familie", in welchem verschiedene Professionen (Familienrichter, Anwaltschaft, Jugendamt, Beratungsstellen, Sachverständige) auf der Basis interdisziplinärer Zusammenarbeit mit Blick auf die bei Trennung und Scheidung betroffenen Kinder zusammenwirken.[69] Ein weiteres Beispiel ist die Cochemer Praxis, die nach einem erstmaligen Treffen der Mitglieder des Jugendamts und der Lebensberatungsstelle Cochem (Mosel) im Jahr 1992 entstand und nach baldiger Einbeziehung des Cochemer Familienrichters Rudolph in Richtung konfliktmindernder interdisziplinärer Zusammenarbeit weiterentwickelt wurde. Sie wird heute zumeist als **Cochemer Modell** bezeichnet.[70] Im Wesentlichen handelt es sich um ein Arbeitsmodell, das aufgrund der engen Vernetzung

80

---

66 BT-Drucks.16/9733, 363; BR-Drucks. 309/07, 33.
67 Vgl etwa Flügge FPR 2008, 135, 138.
68 Jakoby FamRZ 2007, 1703, 1708.
69 Rausch FuR 2006, 337, 339.
70 Pressemitteilung des BMJ vom 15.2.2006.

und Zusammenarbeit der am Trennungs- und Scheidungsprozess beteiligten Professionen dazu beitragen will, dass das Kindeswohl wirksam durchgesetzt wird. Im Detail bedeutet dies, dass Rechtsanwälte, Erziehungs-, Familien- und Lebensberatungsstellen, das Familiengericht, das Jugendamt, Mediatoren und Gutachter konsequent kooperativ miteinander umgehen. Rechtsanwälte verzichten auf konfliktschärfende Schriftsätze, Richter erklären sich bereit, binnen zwei bis drei Wochen nach Antragseingang in Kindschaftssachen zu terminieren, Jugendamtsmitarbeiter erscheinen zu den Gerichtsterminen und erstatten alle Stellungnahmen mündlich im Termin. Beratungsstellen und Sachverständige verpflichten sich zu lösungsorientiertem Arbeiten. Das kann gegebenenfalls langwierige Auseinandersetzungen zulasten des Kindes vermeiden helfen.

81 Ein wesentliches Ziel des FGG-Reformgesetzes ist in Anlehnung an die genannten Modelle die Verkürzung der **Verfahrensdauer** in umgangsrechtlichen Verfahren. Die Verfahren sollen zeitnah verhandelt werden. Das Gericht soll den Fall spätestens einen Monat nach Eingang des Antrags mit allen Beteiligten erörtern. Dabei hat es die Eltern getrennt anzuhören, wenn dies zum Schutz eines Elternteils notwendig ist.[71] Gemeint sind damit vor allem die Fälle von häuslicher Gewalt. Diese Neuerung ist allerdings bereits durch das Gesetz zur Erleichterung familiengerichtlicher Maßnahmen bei Gefährdung des Kindeswohls in Kraft getreten.

e) Mitwirkung der Verwaltungsbehörde oder dritter Personen

82 Veränderungen gibt es bei den Beteiligungs- und Mitwirkungsrechten. Während im FGG eine Regelung über Beteiligte fehlt, soll § 7 FamFG diese Lücke nun schließen. Wie auch unter dem FGG anerkannt, sind zwei Möglichkeiten vorgesehen, formell Beteiligter und damit Verfahrenssubjekt zu werden: Beteiligter ist zum einen der Antragsteller (§ 7 Abs. 1), zum anderen derjenige, der vom Gericht als Verfahrenssubjekt zum Verfahren hinzugezogen wird (§ 7 Abs. 2 und Abs. 3).[72] § 7 Abs. 2 Nr. 1 knüpft allein an den materiellen Beteiligungsbegriff an: Das Gericht hat diejenigen zum Verfahren hinzuzuziehen, deren Recht durch das Verfahren unmittelbar betroffen wird.[73] § 7 Abs. 2 Nr. 2 nimmt auf Kataloge von Betroffenen Bezug, die das Gericht beteiligen muss. Diese **Beteiligungspflicht** kann von Amts wegen bestehen. Von Amts wegen ist etwa in Ehewohnungssachen nach § 204 auch der Vermieter zu beteiligen und § 219 regelt, welche Versorgungsträger in Versorgungsausgleichssachen zu beteiligen sind.[74]

83 § 7 Abs. 3 nimmt auf Kataloge von Betroffenen Bezug, die das Gericht nach seinem Ermessen beteiligen kann, soweit dies im FamFG oder einem anderen Gesetz vorgesehen ist. Dazu gehören auch solche Personen, die nicht materiell, sondern nur ideell beteiligt sind. Ein wichtiges Beispiel sind Pflegepersonen in Kindschaftssachen, deren fehlende materielle Betroffenheit der Bundesgerichtshof festgestellt hat.[75] Zu berücksichtigen ist dabei der Wille des Gesetzgebers, dass die Mitwirkungsrechte vor allem hinsichtlich der beteiligten Kinder verbessert werden sollen, die durch einen Verfahrensbeistand vertreten werden sollen, aber auch hinsichtlich der Pflegepersonen, wie zB

---

71 Pressemitteilung des BMJ vom 27.6.2008.
72 Jakoby FamRZ 2007, 1703, 1704.
73 Brehm FPR 2006, 401.
74 Jakoby FamRZ 2007, 1703, 1705.
75 BGH NJW 2005, 2149 und BGH FamRZ 2004, 102.

der Pflegeeltern. Zudem soll es auch möglich sein, einen Umgangspfleger zu bestellen. Dieser soll bei schwierigen Konflikten über den Umgang sicherstellen, dass der Kontakt des Kindes zu dem **Umgangsberechtigten** nicht abbricht.[76]

Gut gemeint ist die Regelung, mit dem Antrag auf Scheidung der Ehe die Heiratsurkunde und die Geburtsurkunden der gemeinschaftlichen minderjährigen Kinder vorzulegen (vgl § 133 Abs. 2). Aus Sicht der Praxis wäre es jedoch sinnvoller, einen aktuellen Auszug aus dem **Familienbuch** vorzulegen, weil in diesem die Personenstandsänderung (zB Wechsel der Staatsangehörigkeit) und die ehelichen Kinder mit den Geburtsurkunden aufgeführt werden, während die Heiratsurkunde nur die Verhältnisse zum Zeitpunkt der Eheschließung wiedergibt.[77]   84

Die Verfahrensgestaltung obliegt auf Grundlage des in § 26 normierten Untersuchungsgrundsatzes dem Richter. In § 27 werden aber auch bereits die im FGG anerkannten **Mitwirkungspflichten** der Beteiligten ausdrücklich normiert. Die Pflichten stoßen freilich zum einen an die Grenzen dessen, was dem jeweils Beteiligten möglich ist (zB Vorlage von bestimmten Urkunden). Zum anderen sind die eingeschränkten Sanktionen einer Pflichtverletzung zu bedenken.   85

Eine **Präklusion** verspäteten Vorbringens ist nach wie vor im Gesetz nicht vorgesehen. Daher ist jede Präklusion, die eine Beeinträchtigung des rechtlichen Gehörs iSv Art. 103 Abs. 1 GG bedeutete, mangels gesetzlicher Ermächtigung ausgeschlossen. Das persönliche Erscheinen und die Vornahme bestimmter Handlungen und Unterlassungen lässt sich nach §§ 33, 35 allerdings zwangsweise durchsetzen. Insbesondere in Antragsverfahren reduziert schließlich ein Verstoß gegen Mitwirkungspflichten die Amtsermittlungspflicht des Gerichts.[78]   86

f) Säumnis der Beteiligten

Abweichend von den allgemeinen **Säumnisregelungen** in der ZPO ist in Ehesachen nach § 130 Abs. 1 bei Säumnis des Antragstellers eine Versäumnisentscheidung dahingehend zu erlassen, dass der Antrag als zurückgenommen gilt. Eine Versäumnisentscheidung gegen den Antragsgegner sowie eine Entscheidung nach Lage der Akten ist nach § 130 Abs. 2 FamFG – anders als in der ZPO – nicht zulässig.   87

Im Übrigen richtet sich in Familienstreitsachen das **Säumnisverfahren** nach der ZPO (vgl § 113 Abs. 1 FamFG).[79] In zweiter Instanz verweist § 117 Abs. 2 FamFG auf die Vorschriften der §§ 514, 524 Abs. 2 S. 2 und 3, 528, 538 Abs. 2 und 539 ZPO.   88

g) Kosten bei Aufhebung der Ehe

Nach § 132 Abs. 1 S. 1 gilt der Grundsatz, dass die Kosten des Verfahrens gegeneinander aufzuheben sind, wenn die Aufhebung der Ehe ausgesprochen wird. Etwas anderes gilt nach § 132 Abs. 1 S. 2 nur dann, wenn ein Ehegatte bei Eheschließung die Aufhebbarkeit der Ehe gekannt hat oder ein Ehegatte durch arglistige Täuschung oder widerrechtliche Drohung seitens des anderen Ehegatten oder mit dessen Wissen zur   89

---

76 Pressemitteilung des BMJ vom 27.6.2008.
77 Borth FamRZ 2007, 1925, 1932.
78 Jacoby FamRZ 2007, 1703, 1706.
79 Gutjahr FPR 2006, 433, 437.

Eingehung der Ehe bestimmt worden ist und die **Kostenentscheidung** nach § 132 Abs. 1 S. 1 im Hinblick darauf als unbillig erscheint. Dann kann das Gericht die Kosten nach billigem Ermessen anderweitig verteilen. Unter § 132 Abs. 1 S. 2 werden in der Praxis vor allem die Fälle der Zwangsehe fallen. Dann dürfte das Ermessen des Gerichts in der Regel dahingehend eingeschränkt sein, dass das Opfer einer solchen Tat keine Kosten zu tragen hat.

90   Nach § 132 Abs. 2 gilt die Kostenregelung nach § 132 Abs. 1 dann nicht, wenn eine Ehe auf Antrag der zuständigen **Verwaltungsbehörde** oder bei Verstoß gegen § 1306 BGB auf Antrag des Dritten aufgehoben wird. Dies betrifft die Fälle der Scheinehe, die meist der Erlangung eines Aufenthaltstitels dient, und der Doppelehe.

III. Das Verfahren in Scheidungs- und Folgesachen
1. Allgemeines

91   Die gegenwärtigen Regelungen zum Scheidungsverbund werden im Prinzip beibehalten. Konsequent – wenn auch nicht unproblematisch – ist, dass sich die in der Praxis weitgehend nicht angewendete Vorschrift des § 630 ZPO zur einverständlichen Scheidung im FamFG nicht wiederfindet.[80] Außerdem fehlt die bisher obligatorische Übernahme einer Folgesache zum Sorgerecht in den Scheidungsverbund. Bisher verhielt es sich so, dass eine Folgesache zum Sorgerecht nach § 623 Abs. 1 S. 1 ZPO iVm § 623 Abs. 2 S. 1 Nr. 1 ZPO zwingend im **Scheidungsverbund** zu führen ist und sodann auf einen entsprechenden Antrag – ebenfalls zwingend – abzutrennen ist (§ 623 Abs. 2 S. 2 ZPO). Der Sinn bestand vor allem darin, eine Vorabentscheidung zu ermöglichen. Das FamFG sieht demgegenüber in § 137 Abs. 3 iVm § 137 Abs. 1 eine Einbeziehung nur auf Antrag eines Ehegatten vor, die das Gericht „aus Gründen des Kindeswohls" ablehnen kann, und in § 140 Abs. 2 S. 2 Nr. 3 wiederum ein Abtrennungsermessen des Gerichts.[81] Endgültig überflüssig ist demnach allerdings die schon derzeit ohnehin fragwürdige Abtrennung einer Unterhaltsfolgesache wegen des Zusammenhangs mit der Sorgerechtssache (vgl § 623 Abs. 2 S. 3 ZPO einerseits und § 140 Abs. 3 FamFG andererseits). Da es beim Unterhalt im Scheidungsverbund nur um Unterhalt ab Rechtskraft der Scheidung („für den Fall der Scheidung") gehen kann, war es von vorneherein widersinnig, die Abtrennung dieser Folgesache aus ähnlichen Gründen wie zur Folgesache Sorgerecht für notwendig zu halten.

92   Bedenken bestehen gegen den ersatzlosen Wegfall der gesetzlichen Mindestvoraussetzungen für eine unstreitige Scheidung nach Ablauf eines Trennungsjahres (§§ 1565, 1566 Abs. 1 BGB, § 630 ZPO). Nach dem FamFG kann eine Ehe jetzt auf der Basis einer **Zerrüttungsvermutung** ohne vorherige Einigung der Parteien über regelungsbedürftige Folgesachen, insbesondere über die Zukunft der gemeinsamen Kinder, geschieden werden. Das war – unter eher grenzwertiger Dehnung des Gesetzeswortlauts – in der Praxis zwar faktisch auch schon bisher so, weil die Gerichte dazu übergegangen sind, das Scheitern einer Ehe wegen behaupteter einjähriger Trennung kurzerhand zu unterstellen. Die engen Voraussetzungen des § 630 ZPO, nach denen entsprechend dem

---

80   Vgl Dastmaltchi FPR 2007, 226, 229.
81   Philippi FPR 2006, 406, 409.

seinerzeitigen Willen des Gesetzgebers eine einverständliche Scheidung ursprünglich nur unter den dort genannten Voraussetzungen möglich sein sollte, hat die Praxis auf diesem Wege faktisch ausgehebelt. Der Gesetzgeber folgt dieser Praxis jetzt. Damit gibt er aber ein erklärtes Ziel des Scheidungsverbunds auf, nämlich über die staatlichen Gerichte im Zuge der Auseinandersetzung einer Ehe der Garantenstellung des Staats gegenüber den minderjährigen Kindern aus Art. 6 Abs. 2 S. 2 GG, aber auch der gegenüber dem wirtschaftlich Schwächeren gerecht zu werden. Teilweise aufgefangen wird der Wegfall von § 630 ZPO durch die strengeren Anforderungen an die Scheidungsantragsschrift gem. § 133.

2. Die Antragsschrift

In Scheidungssachen muss der Antragsteller im **Scheidungsantrag** künftig angeben, ob die Ehegatten sich über die Regelung der elterlichen Sorge, des Umgangs und des Unterhalts verständigt haben. Das soll die Eltern dazu anhalten, vor Einleitung des Scheidungsverfahrens die künftigen Lebensumstände der Kinder zu klären.[82] Die Antragsschrift muss nach § 133 Abs. 1 Nr. 1 neben den Namen und Geburtsdaten der gemeinschaftlichen minderjährigen Kinder die Mitteilung ihres gewöhnlichen Aufenthalts enthalten und die Angabe, ob Familiensachen, an denen beide Ehegatten beteiligt sind, anderweitig anhängig sind (§ 133 Abs. 1 Nr. 3). 93

Nach § 133 Abs. 1 Nr. 2 hat die **Antragsschrift** auch eine Erklärung darüber zu enthalten, ob die Ehegatten eine Regelung über die elterliche Sorge, den Umgang und die Unterhaltspflicht gegenüber den gemeinschaftlichen minderjährigen Kindern sowie die durch die Ehe begründete gesetzliche Unterhaltspflicht, die Rechtsverhältnisse an der Ehewohnung und am Hausrat getroffen haben. Hierdurch sollen die Eheleute veranlasst werden, sich vor Einleitung des Scheidungsverfahrens über die bedeutsamsten Scheidungsfolgen Klarheit zu verschaffen. Das Gericht kann dann bereits zu Beginn des Verfahrens feststellen, ob und in welchem Ausmaß über die genannten Punkte Streit besteht und den Ehegatten gezielte Hinweise auf entsprechende Beratungsmöglichkeiten erteilen, um zu einer möglichst ausgewogenen Scheidungsfolgenregelung im Kindesinteresse und im Interesse eines wirtschaftlich schwächeren Ehepartners beizutragen. Die Änderung des Verfahrensrechts soll an dieser Stelle dem Rechtsgedanken des bisherigen § 630 Abs. 1 ZPO Rechnung tragen. Bisher lief die Norm in der familiengerichtlichen Praxis überwiegend leer, da das Scheitern der Ehe nach dem Vortrag einer zumindest einjährigen Trennungszeit zur Vermeidung unnötiger Formalismen in Fällen unstreitiger Scheidungen schlicht unterstellt wurde. Deshalb wird die hinter dieser Vorschrift stehende Absicht, dass die staatlichen Gerichte ihrer Schutzpflicht gegenüber minderjährigen Kindern und dem wirtschaftlich schwächeren Ehepartner gerecht werden müssen, nunmehr dadurch verwirklicht, dass höhere Anforderungen an den notwendigen Inhalt und damit an die Zulässigkeit des Scheidungsantrags gestellt werden. Zusätzliche formale Hürden werden durch die Änderung nicht geschaffen, da die Beteiligten das Gericht nicht über den Inhalt einer Einigung informieren müssen. Sollte ein Scheidungsantrag wegen einer unterbliebenen Erklärung über das Vorliegen einer 94

---

82 Pressemitteilung des BMJ vom 27.6.2008.

Einigung unzulässig sein, hat das Gericht den Antragsteller hierauf nach § 113 Abs. 1 FamFG iVm § 139 Abs. 3 ZPO hinzuweisen.[83]

95 Nach § 133 Abs. 2 sollen der Antragsschrift die Heiratsurkunde und die Geburtsurkunden der gemeinschaftlichen minderjährigen **Kinder** beigefügt werden. Als Grund für diese Regelung wurde im Gesetzgebungsverfahren angeführt, dass es dem Antragsteller auch dann, wenn er im Einzelfall nicht an die Urkunden gelange, unschwer möglich sei, sich vom Standesamt andere öffentliche Urkunden ausstellen zu lassen, in denen die Eheschließung und die Geburt der gemeinschaftlichen minderjährigen Kinder bescheinigt werden. Da es nicht Aufgabe des Gerichts sein kann, sich diese Urkunden zu beschaffen, ist der Antragsteller dazu zu verpflichten, sie dem Gericht vorzulegen.[84]

96 Die in § 133 statuierten Anforderungen verschaffen dem Familienrichter einen schnellen Überblick über den **Verfahrensgegenstand** und dienen damit einem geordneten und beschleunigten Verfahren.

3. Außergerichtliche Streitbeilegung über Folgesachen

97 Erstmals findet mit der Regelung des § 135 **Mediation** Eingang in die Regelungen zu streitigen Familiensachen.[85] Danach kann das Gericht anordnen, dass die Ehegatten einzeln oder gemeinsam an einem kostenfreien Informationsgespräch über Mediation oder einer sonstigen Möglichkeit der **außergerichtlichen Streitbeilegung** anhängiger Folgesachen bei einer von dem Gericht benannten Person oder Stelle teilnehmen und eine Bestätigung hierüber vorlegen. Die Anordnung ist nach § 135 Abs. 1 S. 2 allerdings nicht selbständig anfechtbar und nicht mit Zwangsmitteln durchsetzbar.

98 Die Bestimmung ist neu und hat im bisherigen Recht kein direktes Vorbild, aber Anklänge an § 278 Abs. 5 ZPO. Sie ist vor dem Hintergrund der Bemühungen auf europäischer Ebene zu sehen, Mediation und sonstige Möglichkeiten außergerichtlicher Streitbeilegung zu fördern. Sie gilt nicht für die Scheidungssache selbst und bezweckt nicht, die eheliche Lebensgemeinschaft wiederherzustellen. Sie gilt ausdrücklich nur für die Scheidungsfolgen.[86] Eine Anordnung zur Teilnahme an einem kostenlosen **Informationsgespräch** über Mediation ist nur sinnvoll, wenn ein Ehegatte Interesse an einem solchen Gespräch hat. Das Gericht darf die Ehegatten nicht zur Mediation zwingen. Sie können frei entscheiden, ob sie einem derartigen Vorgehen näher treten wollen oder nicht.[87]

99 Kritische Stimmen in der gerichtlichen Praxis werten die Regelung daher eher als realitätsfremd, da die Bereitschaft zur außergerichtlichen **Streitbeilegung** nicht erzwungen werden könne. Aus meiner Sicht ist die Vorschrift durchaus von ihrer Intention her zu begrüßen. Allerdings ist die Regelung nicht konkret genug ausgestaltet. Die Vorschrift macht deutlich, dass eine Mediation zwar gewünscht ist, sie wird jedoch nicht mit dem nötigen Nachdruck anzuordnen sein.

---

83 BT-Drucks. 16/9733, 363.
84 BR-Drucks. 309/07, 34.
85 Bundeskonferenz für Erziehungsberatung, ZKJ 2006, 154.
86 Philippi FPR 2006, 406, 408.
87 Philippi FPR 2006, 406, 408.

4. Prozessuale Besonderheiten

a) Grundsatz

Sämtliche familienrechtlichen Verfahrensvorschriften befinden sich nach dem FGG-Reformgesetz in dem neuen FamFG. Es soll keine unterschiedlichen **Regelungsstandorte** für das familiengerichtliche Verfahren mehr geben.[88] Die wichtigsten prozessualen Besonderheiten sind die Folgenden: 100

b) Aussetzung des Verfahrens

Nach § 136 Abs. 1 soll das Gericht das Verfahren von Amts wegen aussetzen, wenn nach seiner freien Überzeugung Aussicht auf **Fortsetzung** der Ehe besteht. Leben die Ehegatten länger als ein Jahr getrennt, darf das Verfahren nicht gegen den Widerspruch beider Ehegatten ausgesetzt werden. Wenn der Antragsteller die Aussetzung des Verfahrens beantragt hat, ist es dem Gericht sogar nach § 136 Abs. 2 verwehrt, die Scheidung der Ehe auszusprechen, bevor das Verfahren ausgesetzt war. Zu der Aussetzung des Verfahrens bestimmt § 136 Abs. 3, dass diese nur einmal wiederholt werden darf und insgesamt die Dauer von einem Jahr nicht überschreiten darf. Bei einer mehr als dreijährigen Trennung ist die Dauer der Aussetzung auf maximal sechs Monate zu beschränken. 101

Problematisch dürfte wegen der faktischen Nichtdurchsetzbarkeit die in § 136 Abs. 4 angeordnete regelmäßige Nahelegung einer **Eheberatung** durch das Gericht sein. Der die Teilnahme verweigernde Ehepartner kann aber durch Auferlegung der Verfahrenskosten sanktioniert werden. Dies ist nicht unproblematisch, das es sich letztlich um eine private Angelegenheit der Ehegatten handelt, in die sich der Staat nicht einmischen kann und auch nicht einmischen sollte. Die Sanktionierung widerspricht auch den Standards für soziale Beratungen, die auf Freiwilligkeit beruhen.[89] 102

c) Verbund von Scheidungs- und Folgesachen

§ 137 regelt – weitgehend überstimmend mit § 623 ZPO, aber übersichtlicher – den Verbund von Scheidungssachen und Folgesachen.[90] Durch diesen wird den Ehegatten vor Augen geführt, welche Auswirkungen ihre Scheidung haben wird.[91] Er dient auch dem Schutz des sozial schwächeren Ehepartners, der sich der Scheidung nicht mit Erfolg widersetzen kann.[92] Auch im neuen Recht setzt der Begriff der **Folgesache** voraus, dass eine Entscheidung für den Fall der Scheidung zu treffen ist. Eine solche Sache wird nach § 137 Abs. 2 S. 1 nur zur Folgesache, wenn ein Ehegatte sie spätestens zwei Wochen vor der mündlichen Verhandlung im ersten Rechtszug der Scheidungssache anhängig macht. 103

Scheidungsfolgesachen sollen künftig nicht mehr auch noch in der mündlichen Verhandlung des ersten Rechtszugs anhängig gemacht werden können. In der bisherigen Praxis wurde diese Möglichkeit oft dazu genutzt, Folgesachen zum spätestmöglichen Zeitpunkt (zB durch Übergabe eines Schriftsatzes in der mündlichen Verhandlung) an- 104

---

88 Dastmaltchi FPR 2007, 226, 228.
89 Flügge FPR 2008, 1, 4.
90 Philippi FPR 2006, 406, 408.
91 BGH NJW 1983, 1317.
92 OLG Stuttgart FamRZ 2005, 121; OLG Köln FamRZ 1998, 301.

hängig zu machen, um dadurch „Verhandlungsmasse" zu schaffen und taktische Vorteile zu sichern. Da eine Vorbereitung auf die neuen Streitpunkte zumindest für das Gericht nicht mehr möglich ist, müssen Termine dann kurzfristig verlegt werden. Es ist daher eine Regelung eingeführt worden, nach der die Möglichkeit zur Anhängigmachung von Verbundsachen bereits vor dem Termin endet. Eine Frist von zwei Wochen vor dem Termin zur mündlichen Verhandlung erscheint dabei angemessen, um der missbräuchlichen Anhängigmachung von Scheidungsfolgesachen entgegenzuwirken.[93]

105 Auch die Regelung, dass der **Wertausgleich** von Versorgungsanwartschaften iSv § 1587 b BGB nach § 137 Abs. 2 S. 2 FamFG immer Folgesache ist, selbst wenn keiner der Ehegatten dies beantragt, entspricht der bisherigen Regelung des § 623 Abs. 1 S. 3 ZPO. § 137 Abs. 2 FamFG zählt die Familiensachen auf, die Folgesachen sein können. Die Aufzählung entspricht inhaltlich dem bisherigen § 623 Abs. 1 ZPO, ist jedoch übersichtlicher als die dortige Verweisung auf § 621 ZPO.

106 Neu ist die gesetzliche Fixierung des Grundsatzes, dass vereinfachte Verfahren über den **Unterhalt** Minderjähriger keine Folgesachen sein können (vgl § 137 Abs. 2 Nr. 2). Dies ist aus Gründen der Rechtsklarheit zu begrüßen. Nach § 137 Abs. 2 Nr. 3 ist nun ausdrücklich bestimmt, dass auch Ehewohnungssachen Folgesachen sein können. Der sachliche Gehalt der Neuregelung entspricht trotz unterschiedlicher Formulierung dem bisherigen Recht.[94]

107 Folgesachen können nach § 137 Abs. 3 auch Kindschaftssachen sein. Hiermit sind abweichend von dem bisherigen § 640 ZPO nicht mehr Klagen zur Vaterschaftsfeststellung oder -anfechtung und der Streit über die Wirksamkeit einer Vaterschaftsanerkennung gemeint. Diese Verfahren werden nun als **Abstammungssachen** bezeichnet und sind in §§ 169 ff geregelt. Kindschaftssachen sind nach § 151 vor allem Streitigkeiten betreffend die elterliche Sorge, das Umgangsrecht, die Kindesherausgabe und die Vormundschaft. § 137 Abs. 3 benennt die Kindschaftssachen, die Folgesachen sein können. Er entspricht der Regelung des bisherigen § 623 Abs. 1 ZPO. Kindschaftssachen werden nach § 137 Abs. 3 zu Folgesachen, wenn ein Ehegatte ihre Einbeziehung in den Verbund vor Schluss der mündlichen Verhandlung in der ersten Instanz beantragt, es sei denn das Gericht hält die Einbeziehung aus Gründen des Kindeswohls nicht für sachgerecht.

108 Das Gericht kann nach § 140 Abs. 2 Nr. 3 die Kindschaftssache vom **Verbund** abtrennen, wenn es dies aus Gründen des Kindeswohls für sachgerecht hält oder wenn das Verfahren in der Kindschaftssache ausgesetzt ist.

109 Es ist aus praktischer Sicht zu begrüßen, dass Sorge- und Umgangsrechtssachen während der Anhängigkeit des Scheidungsverfahrens nicht mehr zwangsläufig in den Verbund aufzunehmen sind. Der von Teilen der Gerichtspraxis geäußerte Vorschlag, darüber nachzudenken, ob dem Gericht die Möglichkeit eingeräumt werden könne, gestellte Verbundanträge unter engen Voraussetzungen als verspätet zurückweisen zu können, ist nicht in das Gesetz aufgenommen worden. Aus meiner Sicht besteht dafür auch kein zwingendes Bedürfnis, zumal **Verspätungsregelungen** dem als Amtsverfahren

---

93 BR-Drucks. 309/07, 35.
94 Philippi FPR 2006, 406, 409.

ausgestalteten familiengerichtlichen Verfahren in dieser Form fremd sind. Nach § 137 Abs. 4 werden Familiensachen, die an das Gericht der Scheidungssache verwiesen werden, automatisch zu Folgesachen, wenn sie sich dazu eignen. Dies gilt auch dann, wenn keiner der Ehegatten es beantragt.[95]

d) Beiordnung eines Rechtsanwalts
Nach § 138 Abs. 1 S. 1 hat das Gericht einem in einer Scheidungssache nicht anwaltlich vertretenen Antragsgegner für die Scheidungssache und eine Kindschaftssache als Folgesache von Amts wegen zur Wahrnehmung seiner Rechte im ersten Rechtszug einen Rechtsanwalt beizuordnen, wenn diese Maßnahme nach der freien Überzeugung des Gerichts zum **Schutz** des Beteiligten unabweisbar erscheint. Nach § 138 Abs. 1 S. 2 soll der Beteiligte vor einer Beiordnung persönlich angehört und dabei auch darauf hingewiesen werden, dass und unter welchen Voraussetzungen Familiensachen gleichzeitig mit der Scheidungssache verhandelt und entschieden werden können. Hintergrund dieser Regelung ist es, eine Benachteiligung des schwächeren Partners zu vermeiden, der von dem überlegenen Teil in ein Scheidungsverfahren gezwungen wird und dabei seine eigenen Interessen aufgrund wirtschaftlicher Abhängigkeit und fehlender Sachkunde nicht angemessen vertreten kann. Nach § 138 Abs. 2 hat der beigeordnete Rechtsanwalt die Stellung eines Beistands.

110

e) Einbeziehung weiterer Beteiligter und dritter Personen
In Ergänzung zu den allgemeinen Vorschriften über Verfahrensbeteiligte regelt § 139 Abs. 1, dass in Streitigkeiten betreffend Scheidungs- und Folgesachen vorbereitende Schriftsätze, Ausfertigungen oder Abschriften Beteiligten, die nicht die Ehegatten sind, insofern mitgeteilt oder zugestellt werden, als der Inhalt der **Schriftstücke** sie betrifft. Das gilt nach § 139 Abs. 1 S. 2 auch für die Zustellung von Entscheidungen an dritte Personen, die zur Einlegung von Rechtsmitteln berechtigt sind. Wenn die Familiensache, die einen Beteiligten nicht betrifft, Gegenstand der Verhandlung ist, kann dieser insoweit nach § 139 Abs. 2 von dem Gericht an der Teilnahme der mündlichen Verhandlung ausgeschlossen werden. Diese Regelung dient dem Schutz der Privatsphäre der Ehegatten und ist sachgerecht.

111

f) Abtrennung
In § 140 sind die bislang an verschiedenen Stellen geregelten Möglichkeiten, eine **Folgesache** abzutrennen, zusammengefasst und weitgehend einheitlich ausgestaltet. Die Regelung gleicht dem bisherigen § 623 ZPO. Wenn in Unterhalts- oder Güterrechtsfolgesachen ein Dritter Verfahrensbeteiligter wird, ist das Familiengericht nach § 140 Abs. 1 verpflichtet, die Folgesache abzutrennen.[96]

112

§ 140 Abs. 2 enthält die Regelungen, die im Wesentlichen bisher in § 628 ZPO enthalten waren. § 140 Abs. 2 Nr. 3 regelt die **Abtrennungsvoraussetzungen** für Kindschaftssachen vollständig neu. Hier steht nunmehr der Grundsatz der Beschleunigung im Interesse des Kindeswohls im Vordergrund. Das Familiengericht kann zur Wahrung des Kindeswohls ein Sorgerechtsverfahren abtrennen und vorab entscheiden, wenn sich et-

113

---
95 So zutreffend Philippi FPR 2006, 406, 409.
96 Philippi FPR 2006, 406, 409.

wa wegen eines anderen Verfahrens eine erhebliche Verzögerung ergibt und dessen Entscheidungsreife ungewiss ist.[97] § 140 Abs. 2 Nr. 4 enthält eine neue Regelung, die es besser ermöglicht, das Scheidungsverfahren zu beschleunigen.[98] Erleichtert wird dadurch die Abtrennung des Versorgungsausgleichs. Danach kann nach Ablauf von drei Monaten seit Rechtshängigkeit des Scheidungsantrags auf Antrag beider Ehegatten die Abtrennung erfolgen, sofern diese die erforderlichen Mitwirkungshandlungen zum Versorgungsausgleich vorgenommen haben. Entscheidend hierbei ist, dass die erforderlichen Mitwirkungshandlungen vorliegen. Ob diese etwa in Bezug auf Fehlzeiten des Versicherungsverlaufs zur gesetzlichen Rentenversicherung tatsächlich erbracht wurden, stellt sich oft erst zu einem späteren Zeitpunkt im Rahmen der Kontenerklärung durch die Träger der gesetzlichen Rentenversicherung heraus. In diesen Fällen wird der Zweck dieser Bestimmung, eine Abtrennung erst dann vorzunehmen, wenn die Ermittlungen zum Versorgungsausgleich abgeschlossen sind, um den Familiengerichten nicht einen zu hohen Aufwand an Ermittlungsmaßnahmen aufzuerlegen, verfehlt.[99]

114   Die Herabsetzung der ursprünglich auf sechs Monate angesetzten Frist auf drei Monate erschien dem Bundestag angemessen, um vermeidbare Verfahrensverzögerungen nach Vornahme der **Mitwirkungshandlungen** durch die Ehegatten auszuschließen, zugleich aber eine der Bedeutung der Folgesache Versorgungsausgleich angemessene, sorgfältige Prüfung der Auskünfte durch das Gericht zu ermöglichen.[100]

115   § 140 Abs. 2 Nr. 5 entspricht im Wesentlichen der Regelung des bisherigen § 628 S. 1 Nr. 4 ZPO. Beide Bestimmungen unterscheiden sich aber dadurch, dass es nach § 628 S. 1 Nr. 4 ZPO darauf ankommt, ob eine **Verzögerung** droht, während § 140 Abs. 2 Nr. 5 darauf abstellt, dass die Verzögerung sicher eintreten würde, wenn die Abtrennung nicht vorgenommen wird und ein Ehegatte die Abtrennung beantragt.[101]

116   § 140 Abs. 3 enthält die bereits aus dem § 623 Abs. 2 S. 3 ZPO bekannte Möglichkeit, im Fall der Abtrennung einer Kindschaftsfolgesache auch eine **Unterhaltsfolgesache** abzutrennen, die mit der Kindschaftssache zusammenhängt.

117   Insgesamt wird durch die genannten Neuerungen in § 140 die **Abtrennung** von Kindschafts- und Versorgungsausgleichsfolgesachen vereinfacht. Problematisch kann dies in der gerichtlichen Praxis dann werden, wenn die Parteien regelmäßig auf eine schnelle Abtrennung drängen mit der Folge, dass anschließend das Versorgungsausgleichsverfahren nicht weiter betrieben werden kann.

g) Die Rücknahme des Scheidungsantrags

118   Wird ein Scheidungsantrag zurückgenommen, erstrecken sich nach § 141 S. 1 die Wirkungen der Rücknahme auch auf die Folgesachen. Dies gilt nach § 141 S. 2 nicht für Folgesachen, die die Übertragung der elterlichen Sorge oder eines Teils der elterlichen Sorge wegen Gefährdung des Kindeswohls auf einen Elternteil, einen Vormund oder einen Pfleger betreffen, sowie für Folgesachen, hinsichtlich derer ein Beteiligter vor

---

97 Borth FamRZ 2007, 1925, 1932.
98 Philippi FPR 2006, 406, 409.
99 Borth FamRZ 2007, 1925, 1932.
100 BT-Drucks. 16/9733, 364.
101 Philippi FPR 2006, 406, 409.

Wirksamwerden der Rücknahme ausdrücklich erklärt hat, sie fortführen zu wollen. Diese werden nach § 141 S. 3 als selbständige Familiensachen fortgeführt. Im ursprünglichen Referentenentwurf war noch bestimmt, dass alle Folgesachen iSv § 137 Abs. 3 auch bei Rücknahme des Scheidungsantrags **fortzuführen** sind. Es ist zu begrüßen, dass die Vorschrift enger gefasst wurde, denn die Rücknahme des Scheidungsantrags beruht in aller Regel auf einer Versöhnung der Ehegatten oder zumindest auf einer Vereinbarung der Ehegatten, die ihr Verhältnis auf einem für sie akzeptablen Niveau festigen soll. Für den somit erzielten Fortschritt im Verhältnis der Eheleute zueinander dürfte es aber abträglich sein, wenn die Kindschaftssache zwingend fortgesetzt würde. Auch für das Verhältnis zwischen dem Kind und seinen Eltern ist die Durchführung der Kindschaftssache in Fällen, in denen sich die Familienverhältnisse wieder zu stabilisieren beginnen, eher von Nachteil als von Vorteil und sollte nicht gegen den Willen der Beteiligten erfolgen. Daher sollte auch die Kindschaftssache im Grundsatz nur fortgeführt werden, wenn dies ausdrücklich erklärt wird.[102]

Allerdings sind von den Wirkungen der **Scheidungsantragsrücknahme** solche Kindschaftsfolgesachen auszunehmen, die die Übertragung der elterlichen Sorge wegen Kindeswohlgefährdung zum Gegenstand haben. Denn im Fall der Kindeswohlgefährdung sollte – im Interesse des Kindeswohls – die Durchführung des Verfahrens gerade nicht der Disposition der Eltern unterliegen.[103] Dies war auch bereits nach der bisherigen Rechtslage der Fall. 119

5. Die Endentscheidung

Nach § 142 Abs. 1 S. 1 ist im Fall der Scheidung über sämtliche im Verbund stehende Familiensachen durch einheitlichen Beschluss zu entscheiden. Dies gilt nach § 142 Abs. 1 S. 2 auch, soweit eine **Versäumnisentscheidung** zu treffen ist. Wird der Scheidungsantrag abgewiesen, werden nach § 142 Abs. 2 S. 1 konsequenterweise die Folgesachen gegenstandslos, wenn es sich nicht um Folgesachen nach § 137 Abs. 3 (Kindschaftssachen) handelt, hinsichtlich derer ein Beteiligter vor der Entscheidung ausdrücklich erklärt hat, sie fortführen zu wollen. Diese werden nach § 142 Abs. 2 S. 3 als selbständige Folgesachen fortgeführt. Hierbei ist zu bemerken, dass die Abweisung des Scheidungsantrags nach § 142 Abs. 2 alle Folgesachen nach § 137 Abs. 3 betrifft, während eine Rücknahme des Scheidungsantrags nur die in § 141 genannten Folgesachen betrifft. 120

Die bisher in § 629 a Abs. 3 ZPO enthaltene Regelung zur **Anfechtbarkeit** einer Verbundentscheidung ist in § 145 FamFG weitgehend übernommen worden, infolge der Vereinheitlichung der Rechtsmittel für alle Familiensachen aber deutlich übersichtlicher formuliert.[104] 121

In §§ 146–150 werden die Auswirkungen von Entscheidungen betreffend die Scheidungssache auf die Folgesachen geregelt. Hervorzuheben ist die Vorschrift des § 148, wonach die Entscheidungen in **Folgesachen** nicht vor Rechtskraft des Scheidungsausspruchs wirksam werden. 122

---

102 BR-Drucks. 309/07, 35 f.
103 BR-Drucks. 309/07, 36.
104 Borth FamRZ 2007, 1925, 1932.

6. Die Rechtsmittel

123 Im Fall der Scheidung hat das Familiengericht nach § 142 Abs. 1 S. 1 über sämtliche im Verbund stehenden Familiensachen durch **einheitlichen** Beschluss zu entscheiden. Gegen diesen findet nicht mehr – wie bisher – die Berufung, sondern nach § 58 Abs. 1 die Beschwerde statt.[105] Das Familiengericht darf ihr nicht abhelfen. Beschwerdegericht ist das Oberlandesgericht. Gegen dessen Entscheidung findet nicht mehr die Revision, sondern die Rechtsbeschwerde zum Bundesgerichtshof statt.[106] Beschwerde und Rechtsbeschwerde sind binnen einer Notfrist von einem Monat einzulegen, die mit der schriftlichen Bekanntgabe des Beschlusses des Familiengerichts beginnt (vgl § 63).

124 Um zu verhindern, dass sich Scheidungen durch Rechtsmittel in Folgesachen unzumutbar verzögern, war 1986 der § 629a Abs. 3 ZPO geschaffen worden. Dieser befristet nach dem Vorbild des § 554 Abs. 2 S. 2 ZPO Anträge auf Änderung von Gegenständen des Verbundurteils, die nicht **fristgerecht** angefochten worden sind. Dem § 629a Abs. 3 ZPO ist § 145 FamFG nachgebildet. Die Neuregelung vermeidet die etwas umständliche Ausdrucksweise des § 629a Abs. 3 S. 1 ZPO, dass „eine Änderung von Teilen der einheitlichen Entscheidung, die eine andere Familiensache betreffen", nur noch bis zum Ablauf eines Monats nach Zustellung der **Rechtsmittelbegründung** erreicht werden kann. Um eine bessere begriffliche Abgrenzung von verfahrensrechtlichen Regelungen zu erreichen, durch die ein Gericht seine Entscheidung außerhalb eines Rechtsmittelverfahrens ändern kann, wird nun ausdrücklich von Erweiterung des Rechtsmittels und Anschließung an das Rechtsmittel gesprochen.[107]

125 Ein **Anschlussrechtsmittel** kann unbefristet eingelegt werden (§ 66). Die Beschränkungen des § 524 Abs. 1 S. 2, Abs. 2 und 3 ZPO gelten nicht. Damit ist auch die Streitfrage, ob in Unterhaltssachen wegen § 524 Abs. 2 und 3 ZPO stets ohne Beachtung einer Frist Anschlussberufung eingelegt werden kann oder ob dies nur hinsichtlich des künftig fällig werdenden Unterhalts der Fall ist, nicht mehr von Bedeutung.[108]

126 Einer Entscheidung des Beschwerdegerichts bedarf es nicht mehr, soweit der Beschwerdeführer auf sein Rechtsmittel bzw der Beschwerdegegner auf seine **Anschlussbeschwerde** verzichtet hat. Der Verzicht ist in § 67 geregelt.

127 In § 143 ist bestimmt, dass im Fall eines Einspruchs gegen eine Versäumnisentscheidung iSv § 142 Abs. 1 S. 2 zunächst über diesen zu verhandeln und zu entscheiden ist, bevor über weitere Rechtsmittel in derselben Familiensache (Verbund) entschieden werden kann. Im Übrigen sind im **Säumnisverfahren** der Familienstreitsachen grundsätzlich die Bestimmungen der ZPO entsprechend anwendbar (vgl § 113 Abs. 1 S. 2). In zweiter Instanz gelten die Säumnisvorschriften der §§ 514, 539 ZPO entsprechend (§ 117 Abs. 2 S. 1).[109]

128 In Familiensachen der freiwilligen Gerichtsbarkeit (zB Sorgerechtsverfahren) ist grundsätzlich anerkannt, dass eine Bindung an die Anträge im Rechtsmittelverfahren nicht

---

105 Jacoby FamRZ 2007, 1703, 1707.
106 Gutjahr FPR 2006, 433.
107 Philippi FPR 2006, 406, 410.
108 Gutjahr FPR 2006, 433, 435.
109 Gutjahr FPR 2006, 433, 436.

besteht.¹¹⁰ Wie weit die Entscheidungskompetenz des Beschwerdegerichts, losgelöst von den Beschwerdeanträgen, reicht, ist nach derzeitiger Rechtslage aber nicht abschließend geklärt, insbesondere auch hinsichtlich der Frage, inwieweit zwischen Antrags- und Amtsverfahren zu unterscheiden ist. So soll das Beschwerdegericht ausnahmsweise an den Beschwerdeantrag gebunden sein, wenn es nur um private Interessen der Ehegatten geht, zB wenn mit der Beschwerde die Herabsetzung des Versorgungsausgleichs gem. § 1587c BGB begehrt wird. Probleme treten auch bei der Teilanfechtung auf. Teilweise angefochten werden können im Verfahren über Angelegenheiten der freiwilligen Gerichtsbarkeit Entscheidungen über mehrere Verfahrensgegenstände oder über einen teilbaren Verfahrensgegenstand.¹¹¹ Ist die **Teilanfechtung** wirksam, darf das Beschwerdegericht den nicht angefochtenen Teil der erstinstanzlichen Entscheidung nicht abändern.¹¹²

7. Prozesskostenhilfe und Verfahrenskostenhilfe

Das FamFG verweist für die Ehesachen, Lebenspartnerschafts-, Folgesachen und die selbständigen Familienstreitsachen weiterhin auf die §§ 114 ff ZPO (§§ 113 Abs. 1 S. 2 FamFG). In § 149 FamFG ist geregelt, dass sich die Bewilligung von Prozesskostenhilfe für die Scheidungssache auf eine Versorgungsausgleichssache erstreckt, sofern eine **Erstreckung** nicht ausdrücklich ausgeschlossen wird. 129

Die selbständigen **FG-Sachen** hingegen erhalten eine eigene Regelung in den §§ 76–78, um den Besonderheiten des FG-Verfahrens gerecht zu werden. Die §§ 114 ff ZPO werden ergänzend herangezogen (§ 76 Abs. 1). In den FG-Antragsverfahren gelten hiernach die gleichen Regeln für die Bewilligung der Prozesskostenhilfe wie im Zivilprozess (Bedürftigkeit, Erfolgsaussicht, fehlender Mutwille, § 76 Abs. 1).¹¹³ 130

Auslegungsprobleme im Zusammenhang mit der Prozesskostenhilfe sind in den zahlreichen **Abtrennungsfällen**, die die ZPO vorsieht, entstanden. In den Fällen sog. echter Abtrennung (oder auch Fortführung als selbständige Familiensachen nach dem Ende des Ehescheidungsverfahrens) ist streitig, ob die bereits bewilligte Prozesskostenhilfe weiter gilt. Es wäre zweckmäßig gewesen, wenn im FamFG hierzu eine Regelung getroffen worden wäre.¹¹⁴ 131

IV. Ehesachen mit Auslandsbezug

1. Überblick

a) Allgemeines

Allgemeine Ehesachen iSd § 121 (Trennungssachen, Aufhebung der Ehe und Ehefeststellungsverfahren) haben dann einen **Auslandsbezug**, wenn mindestens einer der Beteiligten die ausländische Staatsangehörigkeit besitzt oder der Wohnsitz bzw Aufenthalt einer der Beteiligten im Ausland liegt. 132

---

110 Vgl BGH NJW 1984, 2879.
111 BGH NJW 1984, 2879.
112 Gutjahr FPR 2006, 433, 436.
113 Groß FPR 2006, 430, 431.
114 Groß FPR 2006, 430, 432.

133 Die allgemeinen Ehesachen fallen damit in den sachlichen Anwendungsbereich der vorrangigen **Brüssel II-VO**.[115] Nach Art. 1 Abs. 1 lit. a) Brüssel IIa-VO bezieht sich der Anwendungsbereich dieses supranationalen Regelwerkes auf das Verfahren der Ehescheidung, auf das Verfahren bezüglich einer Trennung ohne Auflösung des Ehebandes oder auf das Verfahren hinsichtlich der Ungültigkeitserklärung einer Ehe. Diese Begriffe entsprechen der Regelung in § 121. Damit werden insbesondere auch Eheaufhebungsverfahren erfasst, die nach dem Wortlaut der VO mit dem Begriff „Ungültigkeitserklärung einer Ehe" gleichzusetzen sind.[116]

134 In den gegenständlichen und sachlichen Anwendungsbereich der Verordnung der Brüssel IIa-VO fällt nicht die kollisionsrechtliche Frage des anzuwendenden materiellen Rechts.

135 Nachrangig regeln nach autonomem deutschem Verfahrensrecht § 98 die internationale Entscheidungszuständigkeit deutscher Gerichte für diese Verfahren sowie § 107 die Anerkennung im Ausland getroffener Entscheidungen in Ehesachen.

b) Neuerungen durch das FamFG

136 Mit der Einführung des § 97 stellt der Gesetzgeber klar, dass das supranationale Recht einschließlich der Rechtsakte der Europäischen Gemeinschaft **Vorrang** vor den Regelungen des FamFG genießen und insoweit unberührt bleiben, § 97 Abs. 1. Damit sind die Rechtsakte der Europäischen Gemeinschaft, soweit sie als „Verordnung (EG)" im Amtsblatt der EG verkündet und damit gem. Art. 249 EG-Vertrag in der Bundesrepublik Deutschland unmittelbar anzuwendendes Recht geworden sind, einschließlich der Ausführungsvorschriften vorrangig vor den insoweit autonomen Regelungen der §§ 98 ff.

2. Verfahrensarten

137 Soweit eine Ehesache mit Auslandsbezug vorliegt, geht es vornehmlich um die Frage der **internationalen Entscheidungszuständigkeit** deutscher Gerichte für das gesamte Verfahren. Liegt eine solche internationale Entscheidungszuständigkeit vor, folgt das gerichtliche Verfahren den Vorschriften des Verfahrensrechts nach dem FamFG.

138 Liegt die internationale Zuständigkeit eines deutschen Gerichtes für eine Entscheidung in einer Ehesache nicht vor, ist das ausländische Gericht für die Durchführung des Verfahrens international zuständig. Dieses ausländische Gericht hat dann sein eigenes Verfahrensrecht anzuwenden.

139 Des Weiteren stellt sich in Ehesachen die Frage nach der Wirkung einer in diesem Bereich ergangenen Entscheidung im Inland und damit nach der **Anerkennung** einer ausländischen Entscheidung im Inland. Für die Anerkennung einer ausländischen Entscheidung im Hinblick auf eine Ehesache ist ebenfalls wegen des Vorrangs der supra-

---

115 Verordnung Nr. 2201/2003 des Rates vom 27.11.2003 über die Zuständigkeit und Anerkennung und Vollstreckung von Entscheidungen in Ehesachen und in Verfahren betreffend die elterliche Verantwortung zur Aufhebung der Verordnung (EG) Nr. 1347/2000 (ABl. EG 2003 Nr. I L 338 S. 1), in Kraft getreten für die Mitgliedstaaten der EG mit der Ausnahme Dänemarks (vgl Erwägungsgrund 31).
116 Nicht erfasst werden alle anderen Familiensachen (Versorgungsausgleich, Unterhalt, Güterrecht, Ehewohnung, Hausrat).

nationalen Verträge und damit auch der einschlägigen EG-Verordnung vorrangig auf diese abzustellen, einschließlich des Ausführungsgesetzes, des IntFamRVG.[117]

3. Internationale Entscheidungszuständigkeit

In jeder Ehesache iSd § 121, die einen Auslandsbezug aufweist, ist vorab die internationale Entscheidungszuständigkeit des deutschen Gerichtes zu prüfen und damit die Vorfrage, ob ein deutsches Gericht in der Angelegenheit entscheiden darf, zu beantworten. 140

Die internationale Zuständigkeit ist Zulässigkeitsvoraussetzung und **von Amts wegen** zu prüfen. 141

a) Die allgemeine Zuständigkeit nach Art. 3 Brüssel IIa-VO

Die internationale Zuständigkeit eines Gerichtes der Mitgliedstaaten der Brüssel IIa-VO[118] folgt aus der maßgeblichen Kollisionsnorm des Art. 3 Brüssel IIa-VO. Die insoweit alternativ anwendbaren **Anknüpfungspunkte** sind als gleichwertige Regelungen normiert. Anknüpfungspunkte sind die gemeinsame Staatsangehörigkeit der Ehegatten, Art. 3 Abs. 1 lit. b), gemeinsamer gewöhnlicher Aufenthalt der Ehegatten, Art. 3 Abs. 1 lit. a), gewöhnlicher Aufenthalt des Antragsgegners, Art. 3 Abs. 1 lit. a) 1. Spiegelstrich und 3. Spiegelstrich, gewöhnlicher Aufenthalt des Antragstellers, Art. 3 Abs. 1 lit. a), 2. und 4.–6. Spiegelstrich. 142

Die Anknüpfungspunkte können im Einzelfall nebeneinander stehen mit der Folge, dass eine internationale Zuständigkeit der Gerichte mehrerer Mitgliedstaaten vorliegen kann. 143

Sind beide Ehegatten deutsche Staatsangehörige (gemeinsame Staatsangehörigkeit gem. Art. 3 lit. b) Brüssel IIa-VO), ist die internationale Zuständigkeit des deutschen Gerichtes unabhängig von dem gewöhnlichen Aufenthalt der Ehegatten gegeben. Die gemeinsame Staatsangehörigkeit muss zum Zeitpunkt der Antragstellung vorliegen, und zwar zum Zeitpunkt der „Anrufung" des Gerichtes, gem. Art. 16 Brüssel IIa-VO. Dies ist nicht mit der Rechtshängigkeit des deutschen Prozessrechtes gleichzusetzen, sondern mit Anhängigkeit der Sache. 144

Der **gemeinsame gewöhnliche Aufenthalt der Ehegatten** in Deutschland führt gem. Art. 3 Abs. 1 lit. a) Brüssel IIa-VO zu einer internationalen Zuständigkeit deutscher Gerichte selbst in den Fällen, in denen beide Ehegatten eine ausländische Staatsangehörigkeit besitzen. 145

Soweit der **Antragsgegner seinen gewöhnlichen Aufenthalt in Deutschland** hat, ist gem. Art. 3 Abs. 1 lit. a) 1. und 3. Spiegelstrich Brüssel IIa-VO unabhängig von seiner Staatsangehörigkeit ebenfalls die internationale Zuständigkeit deutscher Gerichte gegeben. Der Antragsgegner muss seinen gewöhnlichen Aufenthalt in Deutschland zum Zeitpunkt der Antragstellung haben. 146

---

117 Internationales Familienrechtsverfahrensgesetz v. 26.1.2005 (BGBl. I, 162), zuletzt geändert am 22.12.2008. Die geänderte Fassung wird mit dem FamFG in Kraft treten.
118 Alle Mitgliedstaaten der EU mit Ausnahme von Dänemark, einschließlich der neuen Beitrittsländer Rumänien und Bulgarien.

147 Hat der **Antragsteller** in Deutschland seinen gewöhnlichen Aufenthalt, so kann über die Alternativen des Art. 3 Abs. 1 lit. a) 2., 4.–6. Spiegelstrich der Brüssel IIa-VO die internationale Zuständigkeit des deutschen Gerichtes begründet sein. Dieses ist der Fall, wenn die Ehegatten zuletzt beide ihren gewöhnlichen Aufenthalt in Deutschland hatten und der Antragsteller zum Zeitpunkt der Antragstellung seinen gewöhnlichen Aufenthalt dort noch hat, Art. 3 Abs. 1 lit. a) 2. Spiegelstrich Brüssel IIa-VO.

148 Bei gemeinsamer Antragstellung durch beide Ehegatten sowie für den Fall, dass der Antragsgegner dem Scheidungsantrag gem. § 134 Abs. 1 zustimmt, ist die internationale Zuständigkeit deutscher Gerichte ebenfalls gegeben.

149 Gem. Art. 3 Abs. 1 lit. a) 5. Spiegelstrich Brüssel IIa-VO wird die internationale Zuständigkeit des deutschen Gerichtes auch dann begründet, wenn der gewöhnliche Aufenthalt des Antragstellers im Inland seit einem Jahr unmittelbar vor der Antragstellung vorliegt. Besitzt der Antragsteller die deutsche Staatsangehörigkeit, reicht der gewöhnliche Aufenthalt des Antragstellers im Inland von weniger als einem Jahr, mindestens aber für sechs Monate, aus, Art. 3 Abs. 1 lit. a) 6. Spiegelstrich Brüssel IIa-VO.

b) Die besonderen Zuständigkeiten nach Art. 4 und 5 Brüssel IIa-VO

150 Art. 4 Brüssel IIa-VO eröffnet die internationale und auch örtliche Zuständigkeit für **Gegenanträge** in Ehesachen. Dabei handelt es sich um alle Anträge, die in den Anwendungsbereich der Verordnung gem. Art. 1 Brüssel IIa-VO fallen und unter Verfahren in Ehesachen subsumiert werden. Bei Anhängigkeit mehrerer Ehesachen, fußend auf Gegenanträgen des Antragsgegners, kommt es in Deutschland damit zu einer Verbindung gem. § 126 Abs. 1.

151 Gem. Art. 5 Brüssel IIa-VO ist die internationale und damit auch örtliche Zuständigkeit für dasjenige Gericht, das eine Entscheidung über eine Trennung ohne Auflösung des Ehebandes erlassen hat, auch für die Umwandlung dieses Verfahrens in ein Scheidungsverfahren gegeben. Deutsche Gerichte können damit – soweit sie unter Rückgriff auf das anzuwendende materielle Ehescheidungsstatut ausländisches Recht anzuwenden haben, das ein Ehetrennungsverfahren kennt – international auch für die Umwandlung dieses Verfahrens in ein Ehescheidungsverfahren zuständig sein.

c) Die Restzuständigkeiten nach autonomen Recht gem. § 98

152 Da der räumlich-persönliche Anwendungsbereich durch Art. 3 Brüssel IIa-VO sehr weit ist, ergibt sich eine internationale Restzuständigkeit des deutschen Gerichtes nach autonomen Recht, hier § 98, nur in den Fällen, in denen eine Zuständigkeit der inländischen Gerichtsbarkeit nach Art. 3–5 Brüssel IIa-VO nicht bejaht werden kann. Nur dann, wenn über Art. 3–5 Brüssel IIa-VO kein inländischer Gerichtsstand gegeben ist, ist auf § 98 zurückzugreifen.

153 Diese Fälle werden wiederum begrenzt durch **Art. 6 und 7 Brüssel IIa-VO**, deren Voraussetzungen kumulativ vorliegen müssen. Art. 6 Brüssel IIa-VO verbietet es deutschen Gerichten, ihre internationale Zuständigkeit zu bejahen, wenn diese sich nicht bereits aus den Art. 3–5 Brüssel IIa-VO ergibt und der Antragsgegner zum Zeitpunkt der Antragstellung seinen gewöhnlichen Aufenthalt in einem anderen Mitgliedstaat hat, Art. 6 lit. a) Brüssel IIa-VO, oder Staatsangehöriger eines anderen Mitgliedstaates ist bzw sein „domicile" in Großbritannien oder Irland hat, Art. 6 lit. b) Brüssel IIa-VO. Dies gilt auch dann, wenn der Antragsteller deutscher Staatsangehöriger ist und sein gewöhnlicher Aufenthalt noch keine sechs Monate in Deutschland besteht. Dieses ist die Sperrwirkung des Art. 6 Brüssel IIa-VO.

Nur wenn diese **Sperrwirkung** nicht greift und außerdem nach Art. 7 Brüssel IIa-VO die internationale Zuständigkeit eines anderen Gerichtes eines Mitgliedstaates nach der Brüssel IIa-VO nicht gegeben ist, ist die internationale Zuständigkeit des deutschen Gerichtes aus § 98 herzuleiten. Dies ist bspw dann der Fall, wenn der Antragsgegner in einem Drittstaat lebt, dessen Staatsangehörigkeit besitzt und die Antragstellerin mit deutscher Staatsangehörigkeit auch im Drittstaat lebt. 154

§ 98 bestimmt die internationale Zuständigkeit eines deutschen Gerichtes für Ehesachen also dann, wenn einer der Ehegatten Deutscher ist oder bei der Eheschließung war, beide Ehegatten ihren gewöhnlichen Aufenthalt im Inland haben oder ein Ehegatte Staatenloser mit gewöhnlichem Aufenthalt im Inland ist. 155

Die internationale Zuständigkeit nach § 98 Abs. 1 Nr. 4 ist aber auch dann gegeben, wenn keiner der Ehegatten Deutscher ist und nur einer von ihnen seinen gewöhnlichen Aufenthalt im Inland hat. In diesen Fällen muss inzident geprüft werden, ob die in Deutschland ergehende Entscheidung nach dem Heimatrecht der Ehegatten anerkannt werden wird. Denn nach § 98 Abs. 1 Nr. 4 ist die internationale Zuständigkeit dann nicht gegeben, sofern der Entscheidung offensichtlich nach keinem der Heimatrechte der Ehegatten anerkannt werden würde. Ist dieses der Fall, muss das deutsche Gericht seine internationale Zuständigkeit nach autonomem Recht gem. § 98 Abs. 1 Nr. 4 verneinen. 156

Durch die ausdrückliche Regelung in § 98 Abs. 2 erstreckt sich die internationale Zuständigkeit des deutschen Gerichtes auch auf die Folgesachen im Fall des Verbunds von Scheidungs- und Folgesachen. 157

4. Zuständigkeitskonflikte

Art. 19 Abs. 1 Brüssel IIa-VO iVm Art. 19 Abs. 3 Brüssel IIa-VO regelt im Anwendungsbereich der Verordnung den internationalen Kompetenzkonflikt bei gleichzeitiger Anhängigkeit derselben Ehesache. Es gilt das strikte **Prinzip der zeitlichen Priorität**. Das Gericht, das in einer Ehesache später angerufen wurde, hat sein Verfahren von Amts wegen auszusetzen, bis die Zuständigkeit des zuerst angerufenen Gerichtes geklärt ist. Aus Art. 16 Brüssel IIa-VO ergibt sich, dass es insoweit auf den Zeitpunkt der Anhängigkeit der Angelegenheit und nicht der Rechtshängigkeit ankommt. Ist das zuerst angerufene Gericht international zuständig, ist der Antrag beim später angerufenen Gericht als unzulässig zu verwerfen. Der Antrag, der bei dem später angerufenen Gericht gestellt wurde, kann dann dem zuerst angerufenen Gericht durch den Antragsteller vorgelegt werden. 158

Im Verhältnis zu den Staaten, die nicht Mitgliedstaat der Brüssel IIa-VO sind, gilt autonomes Recht. In diesen Fällen ist auf eine analoge Anwendung des § 261 Abs. 3 159

Nr. 1 ZPO abzustellen. Auch in diesem Fall ist das Verfahren gem. § 148 ZPO analog auszusetzen.[119]

5. Anerkennung ausländischer Entscheidungen in Ehesachen

160 Soweit eine Ehe im Ausland geschieden worden ist, geht es um die Frage, ob diese ausländische Entscheidung im Inland anzuerkennen ist und damit eine **Wirksamkeitserstreckung** auf den deutschen Rechtsbereich vorliegt.

a) Die Anerkennung ausländischer Entscheidungen in Ehesachen im Anwendungsbereich der Brüssel IIa-VO

161 Im Anwendungsbereich der Brüssel IIa-VO, dh bei Vorliegen von Scheidungsurteilen und anderen Entscheidungen in Ehesachen, die in einem Mitgliedstaat der EU außer Dänemark ergangen und rechtskräftig geworden sind, ist die vorrangig einschlägige Kollisionsnorm zur Anerkennung von Urteilen **Art. 21 Abs. 1 Brüssel IIa-VO**. Danach sind Scheidungsurteile und Entscheidungen, welche die Aufhebung oder die Feststellung des Nichtbestehens der Ehe (Ungültigkeitserklärung) aussprechen, und damit alle Ehesachen iSd § 121 grundsätzlich ohne weitere Nachprüfung in jedem anderen Mitgliedstaat anzuerkennen. Ein gesondertes Anerkennungsverfahren im Inland ist nicht erforderlich, die Entscheidungen sind ipso iure anzuerkennen.

162 Für die Anerkennung im Inland hat der die Anerkennung begehrende Ehegatte eine Bescheinigung nach Art. 39 Brüssel IIa-VO unter Verwendung des Formblattes des Anhang I der Brüssel IIa-VO vorzulegen, die das ausländische Gericht ausstellt.

163 In Deutschland ergangene Ehescheidungen, die im Ausland im Anwendungsbereich der Brüssel IIa-VO anerkannt werden sollen, bedürfen ebenfalls einer Bescheinigung nach Art. 39 Brüssel IIa-VO unter Verwendung des Formblattes des Anhang I der Brüssel IIa-VO, wobei die Bescheinigung von dem Urkundsbeamten der Geschäftsstelle des Gerichtes des ersten Rechtszuges und, wenn das Verfahren bei einem höheren Gericht anhängig ist, von dem Urkundsbeamten der Geschäftsstelle dieses Gerichtes ausgestellt wird, § 48 Abs. 1 S. 1 IntFamRVG.

164 Gem. Art. 21 Abs. 3 Brüssel IIa-VO besteht allerdings die Möglichkeit, für jeden Verfahrensbeteiligten, der ein Interesse daran hat, zur Klarstellung einer zweifelhaften Anerkennungsfähigkeit der Entscheidung, ein **Feststellungsverfahren** einzuleiten. Für dieses Verfahren zuständig ist gem. Art. 21 Abs. 3 S. 2 Brüssel IIa-VO iVm §§ 10, 12 IntFamRVG das Familiengericht am Sitz des Oberlandesgerichtes, in dessen Bezirk der Antragsgegner sich gewöhnlich aufhält.

165 Nur ausnahmsweise kann die Versagung der Anerkennung einer in einem Mitgliedstaat der EU außer Dänemark ergangenen Entscheidung in Ehesachen in Betracht kommen. Die Versagung der Anerkennung kann dabei lediglich auf die Gründe gestützt werden, die in dem abschließenden Katalog des Art. 22 Brüssel IIa-VO normiert sind. Insbesondere ist bei der Frage der Anerkennung nicht zu prüfen, ob die Gerichte des Mitgliedstaates, die in der Ehesache entschieden haben, überhaupt für die Entscheidung der Ehesache international zuständig waren, Art. 24 Brüssel IIa-VO.

---

[119] Andrae, S. 119.

Die Anerkennung ist zu versagen, wenn das Recht des Antragsgegners auf rechtliches Gehör insoweit verletzt wurde, als verfahrenseinleitende Schriftstücke nicht rechtzeitig zugestellt werden konnten, damit er sich verteidigen konnte, Art. 22 lit. b) Brüssel IIa-VO. Ein Anerkennungshindernis liegt auch vor, wenn die ausländische Entscheidung mit einer Entscheidung unvereinbar ist, die in einem Verfahren zwischen denselben Parteien in dem Inlandsmitgliedstaat, also dem Staat, in dem die Anerkennung beantragt wird, bereits ergangen ist oder mit einer solchen früheren Entscheidung unvereinbar ist, Art. 22 lit. c) und lit. d) Brüssel IIa-VO. **166**

Schließlich ist eine ausländische Entscheidung nicht anzuerkennen, wenn sie offensichtlich gegen den inländischen **ordre public** verstößt. Von diesem Anerkennungshindernis muss aber im Einzelfall mit gebotener Zurückhaltung Gebrauch gemacht werden. Dies kann der Fall sein, wenn durch die ausländische Entscheidung von den tragenden Grundprinzipien des deutschen Verfahrensrechts so stark abgewichen worden ist, dass Zweifel an einem geordneten rechtsstaatlichen Verfahren bestehen. Entsprechendes gilt, wenn durch die ausländische Entscheidung hiesige Grundrechte im Hinblick auf die Eheschließungsfreiheit, die Religionsfreiheit oder Gleichstellung von Mann und Frau verletzt sind.[120] **167**

b) Die Anerkennung von Entscheidungen in einer Ehesache außerhalb des Anwendungsbereiches der Brüssel IIa-VO

Auf die Anerkennung von Entscheidungen in einer Ehesache aus einem Nichtmitgliedstaat der Verordnung ist Art. 21 Brüssel IIa-VO nicht anzuwenden. Es gilt insoweit das autonome Verfahrensrecht, nunmehr geregelt in § 107.[121] **168**

§ 107 normiert zur Anerkennung einer ausländischen Entscheidung in Ehesachen eine spezielle behördliche Zuständigkeit. Für die Anerkennungsentscheidung ist die **Landesjustizverwaltung am gewöhnlichen Aufenthalt eines Ehegatten** zuständig bzw. soweit keiner der Ehegatten seinen gewöhnlichen Aufenthalt im Inland hat, die Justizverwaltung des Landes, in dem eine neue Ehe geschlossen oder eine Lebenspartnerschaft begründet werden soll, hilfsweise die Justizverwaltung des Landes Berlin, § 107 Abs. 2. Die Landesjustizverwaltung hat inzident die materiellen Anerkennungsvoraussetzungen zu prüfen. **169**

Gem. § 109 Abs. 1 S. 1 ist die Anerkennung einer ausländischen Ehescheidung ausgeschlossen, wenn das ausländische Gericht nach deutschem Verfahrensrecht international nicht zuständig war. Dieses kann nur der Fall sein, wenn die Voraussetzungen des § 98 nicht vorliegen oder sich die internationale Zuständigkeit des ausländischen Gerichtes auch nicht aus bilateralen Verträgen ergibt.[122] Durch § 109 Abs. 2 wird dieses wiederum eingeschränkt und damit die Anerkennungszuständigkeit erweitert in den Fällen, in denen einer der Ehegatten die Staatsangehörigkeit des Staates besitzt, der die anzuerkennende Entscheidung erlassen hat, oder wenn einer der Ehegatten sich in diesem Staat gewöhnlich aufgehalten hat, § 109 Abs. 2 S. 1. Schließlich ist die Anerken- **170**

---

120 Vgl dazu auch ausführlich Andrae, S. 248 f.
121 Art. 7 § 1 Familienrechtsänderungsgesetz (FamRÄndG), nachdem Art. 7 mit Einführung des FamFG aufgehoben wurde.
122 Solche Verträge bestehen mit der Schweiz und Tunesien, vgl dazu ausführlich Streicher/Köblitz, Familiensachen mit Auslandsberührung, S. 80 f.

nung nicht zu versagen, wenn nach dem Heimatrecht der Ehegatten die Entscheidung in Ehesachen anerkannt werden würde, § 109 Abs. 2 S. 2.

171 Ein **Anerkenntnishindernis** liegt gem. § 109 Abs. 1 S. 2 auch dann vor, wenn verfahrenseinleitende Dokumente nicht ordnungsgemäß oder nicht rechtzeitig mitgeteilt worden sind, mit der Folge, dass ein Ehegatte seine Rechte nicht hat wahrnehmen können, wobei hinsichtlich der Zustellungsvorschriften auf das Verfahrensrecht des ausländischen Staates abzustellen ist.

172 § 109 Abs. 1 S. 3 normiert ein Anerkennungshindernis, sofern die anzuerkennende Entscheidung mit einer höheren Entscheidung eines deutschen Gerichtes kollidiert und unvereinbar ist.

173 Schließlich darf die anzuerkennende Entscheidung nicht gegen den deutschen ordre public verstoßen, dh mit wesentlichen Grundsätzen des deutschen Rechts offensichtlich unvereinbar sein.[123] Im Ausland ausgesprochene Privatscheidungen können nur dann anerkennungsfähig sein, wenn eine ausländische Behörde mitgewirkt hat. Eine im Ausland vollzogene Privatscheidung kann in keinem Fall anerkannt werden, wenn nach deutschem IPR für die Scheidung deutsches Recht als Scheidungsstatut berufen ist.[124]

---

123 Vgl dazu Streicher/Köblitz, S. 82 f.
124 Vgl zu der Frage des Wirkungsstatuts bei Privatscheidungen im Ausland, Andrae, S. 356 ff. Zur Nichtanerkennungsfähigkeit einer Privatscheidung nach mosaischem Recht BGH JurisPR-FamR 1/2009.

§ 5 Kindschaftssachen

Literatur: Balloff, § 165 FamFG-Entwurf. Das Beschleunigungsgebot des Verfahrens aus psychologischer und sachverständiger Sicht, ZKJ 2006, 289 ff; Borth, Die Reform des Verfahrens in Familiensachen, FamRZ 2007, 1925 ff; Büchner, § 165 FamFG-Entwurf aus der Sicht der Verfahrenspflege, ZKJ 2006, 412 ff; Fellenberg, Entwurf eines Gesetzes zur Erleichterung familiengerichtlicher Maßnahmen bei Gefährdung des Kindeswohls, FPR 2008, 125 ff; Flügge, Gerichtssaal als Elternschule? Neue Gefährdungen durch die geplante Reform des familiengerichtlichen Verfahrens, FPR 2008, 1 ff; Flügge, Grenzen der Pflicht zur gemeinsamen Sorge im Persönlichkeitsrecht der Sorgenden – Zugleich eine Anmerkung zur geplanten FGG-Reform, FPR 2008, 135 ff; Giers, Die Vollstreckung familiengerichtlicher Entscheidungen nach dem FamFG, FPR 2006, 438 ff; Giers, Die Vollstreckung nach dem Entwurf zum FamFG, FGPrax 2006, 195 ff; Heumann, § 165 FamFG-Entwurf aus Sicht des Anwalts, ZKJ 2006, 200 ff; Jaeger, Verfahren in Kindschaftssachen, FPR 2006, 410 ff; Maier, Hinwirken auf das Einvernehmen nach § 52 FGG und das Vermittlungsverfahren nach § 52 a FGG, FamRZ 2007, 301 ff; Menne, Reform des Verfahrensbeistandsschaftsrechts: Vom Verfahrenspfleger zum Verfahrensbeistand, FPR 2006, 44 ff; Profitlich/Zivier, Verfahrenspflegschaft aus der Sicht des Familienrichters, FPR 2006, 29 ff; Raack, Der verfahrensübergreifende „Verfahrenspfleger", ZKJ 2006, 72 ff; Reichert, § 165 FamFG-Entwurf aus der Sicht einer Familienrichterin an einem Großstadtgericht, ZKJ 2006, 230 ff; Röchling (Hrsg.), Handbuch Anwalt des Kindes, 2. Aufl. 2009; Salgo, Neue Perspektiven bei der Verfahrenspflegschaft für Kinder und Jugendliche – § 166 FamFG-E, FPR 2006, 12 ff; Völker, Die Ablehnung des Sachverständigen im ZPO-/FGG-/FamFG-Verfahren, FPR 2008, 287 ff; Weber, § 165 FamFG-Entwurf aus der Sicht der Familien- und Erziehungsberatung, ZKJ 2006, 196 ff; Willutzki, Die FGG-Reform – Chance für ein stärker kindorientiertes Verfahren, ZKJ 2006, 224 ff.

I. Allgemeines 1	aa) Hintergrund 49
II. Definition 9	bb) Voraussetzungen für die
III. Wichtige Änderungen	Bestellung 55
im materiellen Recht 10	cc) Konsequenzen für das
1. Überblick 10	Verfahren 65
2. Erleichterung bei der Einrichtung einer Umgangspflegschaft 18	f) Die Anhörung des Kindes und der Eltern 68
	g) Mitwirkung Dritter 72
3. Abänderung von Entscheidungen und Vergleichen bei Kindeswohlgefährdung 20	aa) Ziel des Gesetzgebers 72
	bb) Die Pflegeperson 74
IV. Verfahrensrechtliche Besonderheiten 22	cc) Das Jugendamt 76
	dd) Der Sachverständige 80
1. Überblick 22	ee) Die Ablehnung des Sachverständigen 84
2. Örtliche Zuständigkeit 23	
3. Abgabe an ein anderes Gericht 27	h) Inhalt eines etwaigen Sachverständigengutachtenauftrags 86
4. Das Kindeswohl – der vorrangige Wunsch des Gesetzgebers 30	i) Die gerichtliche Entscheidung 89
a) Ausgangslage 30	aa) Grundsatz 89
b) Vorrang- und Beschleunigungsgebot 31	bb) Bekanntgabe an das Kind 90
c) Hinwirken auf Einvernehmen 43	cc) Das Vermittlungsverfahren 92
d) Erörterung der Kindeswohlgefährdung; einstweilige Anordnung 46	dd) Überprüfung von Entscheidungen und Vergleichen 97
e) Verfahrensbeistand 49	ee) Vollstreckung von Entscheidungen 99

j) Sonstiges 107
aa) Überblick 107
bb) Anwendbare Vorschriften
   bei Unterbringung Min-
   derjähriger 108
cc) Beschluss über Zahlungen
   des Mündels 110
dd) Mitteilungspflichten des
   Standesamts 114
V. Internationale Kindschaftssachen 117
1. Überblick 117
   a) Allgemeines 117
   b) Änderungen durch das
      FamFG 122
2. Verfahrensarten 124
3. Internationale Entscheidungszuständigkeit 127
   a) Die internationale Ent-
      scheidungszuständigkeit
      nach der Brüssel IIa-VO .. 129
   aa) Die Grundsatzanknüp-
      fung gem. Art. 8 Abs. 1
      Brüssel IIa-VO 132
   bb) Die Sonderanknüpfungen 136
   b) Die internationale Zustän-
      digkeit außerhalb des
      Anwendungsbereiches der
      Brüssel IIa-Verordnung ... 147
   aa) Internationale Entschei-
      dungszuständigkeit nach
      dem MSA und KSÜ 149
   bb) Internationale Entschei-
      dungszuständigkeit nach
      dem KSÜ (noch nicht in
      Kraft getreten) 151
   cc) Internationale Entschei-
      dungszuständigkeit im
      Anwendungsbereich des
      HKÜ 152
   dd) Internationale Entschei-
      dungszuständigkeit nach
      dem deutschen autono-
      men Verfahrensrecht 154

c) Die internationale Annexzuständigkeit 155
d) Die internationale Entscheidungszuständigkeit
   für einstweilige Maßnahmen im Anwendungsbe-
   reich der Brüssel IIa-VO .. 158
e) Zuständigkeitskonflikte .. 159
4. Verfahren 161
   a) Die örtliche und sachliche
      Zuständigkeit 161
   aa) Zuständigkeitskonzentra-
      tion bei Schwerpunktge-
      richten 162
   bb) Zuständigkeit des Wohn-
      sitzgerichtes 170
   b) Sonstige Verfahrensvor-
      schriften 171
   aa) Zentrale Behörden gem.
      Art. 53 ff Brüssel IIa-VO
      iVm §§ 3 ff IntFamRVG .. 171
   bb) Anträge/Amtsermittlung 175
5. Entscheidungsfindung/Ent-
   scheidung 177
6. Rechtsmittel 183
7. Vollstreckung und Durchsetzung inländischer Entscheidungen 185
8. Anerkennung ausländischer
   Entscheidungen 190
   a) Anerkennung einer im
      Anwendungsbereich der
      Brüssel IIa-VO ergange-
      nen ausländischen Ent-
      scheidung 191
   b) Anerkennung einer außer-
      halb des Anwendungsbe-
      reichs der Brüssel IIa-VO
      ergangenen ausländischen
      Entscheidung 198
9. Abänderung ausländischer
   Entscheidungen 205
10. Vollstreckung ausländischer
    Entscheidungen 208

I. Allgemeines

1 Die wesentlichen Neuerungen im dritten Abschnitt des zweiten Buches (Kindschaftssachen) liegen im Verfahren über Sorge- und Umgangsrecht, die Herausgabe eines Kindes und die Vormundschaft. Allein zwei von sieben Zielen, die mit der Stärkung konfliktvermeidender und konfliktlösender Elemente durch die Reform erreicht werden sollen, entfallen auf den Bereich der Kindschaftssachen: Verstärkung der Beteiligungs-

und Mitwirkungsrechte betroffener Kinder sowie **Beschleunigung** von Verfahren über Umgangs- und Sorgerecht.[1] Es empfiehlt sich daher, diesen Teil des Gesetzes näher kennenzulernen.

Dringliche Kindschaftssachen, insbesondere Streitigkeiten über das Umgangsrecht, müssen künftig **vorrangig** und beschleunigt bearbeitet werden. Die Verfahrensdauer in umgangsrechtlichen Verfahren soll verkürzt werden. Die Verfahren sind zeitnah zu verhandeln. Das Gericht soll den Fall spätestens einen Monat nach Eingang des Antrags mit allen Beteiligten erörtern. Dabei hat es die Eltern getrennt anzuhören, wenn dies zum Schutz eines Elternteils notwendig ist. Diese wichtigen Neuerungen sind bereits mit dem Gesetz zur Erleichterung familiengerichtlicher Maßnahmen bei Gefährdung des Kindeswohls in Kraft getreten.[2] 2

Eine wichtige Neuerung ist auch, dass das Gericht den Versuch einer einvernehmlichen Lösung des Konflikts unternehmen soll, wenn dies dem Kindeswohl nicht widerspricht. Einvernehmliche Lösungen der Eltern müssen vom Gericht gebilligt werden. Gelingt eine Einigung nicht, muss das Gericht über eine **einstweilige Anordnung** nachdenken. Über das Umgangsrecht soll das Gericht in der Regel schnell entscheiden, damit der Kontakt zwischen Kind und einem umgangsberechtigten Elternteil aufrechterhalten bleibt und die Beziehung keinen Schaden nimmt. 3

Die Beteiligungs- und **Mitwirkungsrechte** des betroffenen Kindes werden verstärkt. In schwierigen Fällen wird das Kind künftig von einem Verfahrensbeistand unterstützt. Dessen Aufgabe ist es, im gerichtlichen Verfahren die Interessen des Kindes zu vertreten und das Kind über den Ablauf des Verfahrens und die Möglichkeiten der Einflussnahme zu informieren. Im Gegensatz zum bisherigen Verfahrenspfleger kann der Verfahrensbeistand auf Anordnung des Gerichts eine aktive Rolle in dem Konflikt übernehmen und zu einer einvernehmlichen Umgangsregelung – etwa durch Gespräche mit den Eltern – beitragen. Das über 14-jährige Kind kann sich künftig zur Durchsetzung eigener Rechte selbst vertreten (vgl § 9 Abs. 1 Nr. 3). 4

Schließlich wird die Beteiligung von **Pflegepersonen** am Verfahren erweitert. Pflegepersonen – zB Pflegeeltern – können künftig in allen Verfahren, die das Kind betreffen, hinzugezogen werden, wenn das Kind seit längerer Zeit bei ihnen lebt. In solchen Fällen kennen die Pflegeeltern häufig besser die Bedürfnisse der Kinder als die leiblichen Eltern. Es sollen möglichst alle Beteiligten zusammenwirken, um dem Kindeswohl besser Geltung verschaffen zu können.[3] 5

Auch die Vollstreckung von Sorge- und Umgangsentscheidungen wird effektiver. Bei Verstößen gegen Umgangsentscheidungen kann das Gericht **Ordnungsmittel** verhängen. Diese können – anders als Zwangsmittel – auch noch nach Ablauf der Verpflichtung wegen Zeitablaufs festgesetzt und vollstreckt werden. 6

Künftig wird es auch möglich sein, einen **Umgangspfleger** zu bestellen. Dieser soll bei schwierigen Konflikten über den Umgang sicherstellen, dass der Kontakt des Kindes zu dem Umgangsberechtigten nicht abbricht. Gegebenenfalls wird das Kind bei dem einen 7

---

1 Jaeger FPR 2006, 410.
2 Pressemitteilung des Bundesjustizministeriums vom 27.6.2008.
3 Willutzki ZKJ 2006, 224, 226.

Elternteil abgeholt und zu dem anderen Elternteil gebracht, wenn diese nicht dazu in der Lage sind, sich über die Umgangszeiten zu einigen.

8 **Beispiel:** Aufgrund des Konflikts in der akuten Trennungssituation sind die Eltern nicht in der Lage, die Übergabemodalitäten beim Umgang einzuhalten. Diese Situation kann dadurch entschärft werden, dass der Umgangspfleger Zeit und Ort der Übergabe des Kindes festlegt, dieses von dem betreuenden Elternteil abholt, dem umgangsberechtigten Elternteil übergibt und später zurückbringt.

II. Definition

9 Der verfahrensrechtliche Begriff der Kindschaftssachen wird in § 151 neu definiert. Aus dem neuen Begriff der **Kindschaftssachen** werden die die Abstammung betreffenden Verfahren entfernt. Stattdessen werden ihm diejenigen Verfahren zugeordnet, die im Wesentlichen die Verantwortung für die Person oder das Vermögen eines Minderjährigen oder dessen Vertretung betreffen.[4]

III. Wichtige Änderungen im materiellen Recht
1. Überblick

10 Die wichtigsten Änderungen im materiellen Recht sind die neu eingeführte Möglichkeit der Einrichtung einer **Umgangspflegschaft** in § 1684 Abs. 3 BGB und die Einführung einer Abänderungspflicht gerichtlicher Entscheidungen und gerichtlich gebilligter Vergleiche bei triftigen, das Wohl des Kindes nachhaltig berührenden Gründen (vgl § 1696 Abs. 1 BGB).

11 Darüber hinaus ist zu erwähnen, dass durch das **Gesetz** zur Erleichterung familiengerichtlicher Maßnahmen bei Gefährdung des Kindeswohls mit Wirkung vom 12.7.2008 bereits einige Änderungen im materiellen Recht eingeführt wurden, um den Schutz gefährdeter Kinder zu verbessern. Die Änderungen sollen eine frühzeitige Einschaltung der Familiengerichte fördern, die Handlungsmöglichkeiten des Familiengerichts verbessern und Möglichkeiten schaffen, stärker auf die Eltern einzuwirken, damit sie notwendige Angebote der Kinder- und Jugendhilfe annehmen.[5] Im Einzelnen gab es die folgenden Änderungen:

12 In § 1666 BGB entfiel das bisherige Erfordernis, dass die Gefährdung des Kindeswohls auf einem elterlichen Erziehungsversagen („durch missbräuchliche Ausübung der elterlichen Sorge, durch Vernachlässigung des Kindes, durch unverschuldetes Versagen der Eltern") oder dem Verhalten eines Dritten beruhen muss. Die Streichung sollte praktische Schwierigkeiten beseitigen, die auf einem letztlich unnötigen Prüfschritt beruhen.[6] In vielen Fallkonstellationen sind den Eltern ein konkretes Fehlverhalten und seine Ursächlichkeit für die Gefährdung des Kindeswohls nur schwer nachzuweisen.[7] Die Rechtsprechung greift daher häufig auf den Auffangtatbestand des „unverschuldeten Versagens" zurück oder schließt aus der Kindeswohlgefährdung auf ein elterli-

---

4 Jaeger FPR 2006, 410.
5 BT-Drucks. 16/6815, 7.
6 BT-Drucks. 16/6815, 10, 14.
7 Fellenberg FPR 2008, 125, 126.

III. Wichtige Änderungen im materiellen Recht

ches Erziehungsversagen.[8] Allerdings ist zur Feststellung eines Erziehungsversagens eine vergangenheitsorientierte Ermittlung erforderlich, die den Blick auf die für eine effektive Intervention maßgeblichen Gesichtspunkte verstellen kann. Vor allem aber wird die ausdrückliche Feststellung eines „elterlichen Versagens" im gerichtlichen Beschluss von den Eltern leicht als Vorwurf verstanden. Die Eltern nehmen dann häufig eine Verteidigungshaltung ein, die ihrer Kooperationsbereitschaft abträglich ist und den weiteren Hilfeprozess erheblich beeinträchtigt.[9]

Mit der Streichung des „elterlichen Erziehungsversagens" soll eine unnötige Tatbestandshürde abgebaut und die frühzeitige Anrufung des Familiengerichts gefördert werden. Ziel der Änderung ist es dagegen nicht, die zentrale **Eingriffsschwelle** der Kindeswohlgefährdung zu senken. Da die staatliche Schutzverantwortung für das Kind erst eingreift, wenn die Eltern in ihrer vorrangigen Schutzfunktion ausfallen, bleiben die Kindeswohlgefährdung und die fehlende Abwendungsfähigkeit oder -bereitschaft der Eltern als maßgebliche Voraussetzungen für Eingriffe in die elterliche Sorge unverändert bestehen.[10]

Nach § 1666 Abs. 1 BGB hat das Familiengericht die „zur Abwendung der Gefahr erforderlichen Maßnahmen zu treffen". Dem Familiengericht steht dabei eine große Bandbreite von Maßnahmen zur Verfügung. Diese **Bandbreite** soll durch folgende Konkretisierung der Rechtsfolgen in § 1666 Abs. 3 BGB verdeutlicht werden:

(3) Zu den gerichtlichen Maßnahmen nach Absatz 1 gehören insbesondere
1. Gebote, öffentliche Hilfen, wie zum Beispiel Leistungen der Kinder- und Jugendhilfe und der Gesundheitsfürsorge in Anspruch zu nehmen,
2. Gebote, für die Einhaltung der Schulpflicht zu sorgen,
3. Verbote, vorübergehend oder auf unbestimmte Zeit die Familienwohnung oder eine andere Wohnung zu nutzen, sich in einem bestimmten Umkreis der Wohnung aufzuhalten oder zu bestimmende andere Orte aufzusuchen, an denen sich das Kind regelmäßig aufhält,
4. Verbote, Verbindung zum Kind aufzunehmen oder ein Zusammentreffen mit dem Kind herbeizuführen,
5. die Ersetzung von Erklärungen des Inhabers der elterlichen Sorge,
6. die teilweise oder vollständige Entziehung der elterlichen Sorge.

Diese Konkretisierung soll dem Gericht die Bandbreite möglicher **Schutzmaßnahmen** aufzeigen, die häufig nicht in vollem Umfang ausgeschöpft werden. Statistischen Erhebungen zufolge ordnen Familiengerichte in etwa 70 % aller Kindesschutzverfahren die vollständige oder teilweise Entziehung der elterlichen Sorge an.[11] Die Anordnung niederschwelliger Maßnahmen spielt dagegen in der Praxis bislang eine untergeordnete Rolle. Vor diesem Hintergrund enthält die Neufassung des § 1666 Abs. 3 BGB einen exemplarischen Katalog möglicher familiengerichtlicher Maßnahmen, der insbesondere auch niederschwellige Maßnahmen umfasst. Genannt werden unter anderem das Gebot, Leistungen der Kinder- und Jugendhilfe oder der Gesundheitsfürsorge in An-

---
8 Vgl BayObLG FamRZ 1980, 1062; FamRZ 1980, 1064; KG FamRZ 1981, 590; OLG Hamm FamRZ 2000, 1239; OLG Koblenz NJW-RR 2005, 1164.
9 Fellenberg FPR 2008, 125, 126.
10 BT-Drucks. 16/6815, 14.
11 Stellungnahme der Arbeitsgemeinschaft für Jugendhilfe (AGJ), ZKJ 2007, 313.

spruch zu nehmen (Nr. 1), und das Gebot, für die Einhaltung der Schulpflicht zu sorgen (Nr. 2). Die vorgesehene Konkretisierung soll klarstellen, welche familiengerichtlichen Maßnahmen unterhalb der Sorgerechtsentziehung möglich sind und damit beispielhaft das Spektrum der familiengerichtlichen Handlungsmöglichkeiten aufzeigen. Der Maßnahmenkatalog bietet den Beteiligten mehr Orientierung und soll die Jugendämter ermutigen, die Gerichte künftig frühzeitiger anzurufen und verstärkt niederschwellige Maßnahmen zu beantragen.[12]

16 Um Kinder nachhaltig vor einer Gefährdung zu schützen, wurde mit dem Gesetz zur Erleichterung familiengerichtlicher Maßnahmen bei Gefährdung des Kindeswohls in § 1696 Abs. 3 S. 2 BGB eine neue **Überprüfungspflicht** des Familiengerichts für seine Entscheidungen geschaffen. Bislang enthielt § 1696 Abs. 3 BGB nur die – aus dem Grundsatz der Verhältnismäßigkeit folgende – Pflicht, Anordnungen nach §§ 1666, 1666a BGB auf ihre Erforderlichkeit zu überprüfen. Nach der vorgesehenen Neuregelung soll das Familiengericht seine Entscheidung künftig auch überprüfen, wenn es im Verfahren nach §§ 1666 ff BGB von der Anordnung einer Kindesschutzmaßnahme abgesehen hat. Nach § 1696 Abs. 3 S. 2 BGB soll das Familiengericht – sieht es von Maßnahmen nach den §§ 1666–1667 BGB ab – seine Entscheidung in angemessenem Zeitabstand, in der Regel nach drei Monaten, überprüfen. Ziel der Regelung ist es zu verhindern, dass sich die Situation für das Kind nach der Beendigung des gerichtlichen Verfahrens verschlechtert oder nicht entsprechend den Erwartungen des Gerichts verbessert. Hintergrund ist die Befürchtung, dass das Absehen von einer Maßnahme nach § 1666 BGB oftmals ungewollt negative Auswirkungen hat. Zum einen wächst die Zurückhaltung des Jugendamtes, das Familiengericht erneut mit dem Fall zu befassen. Zum anderen besteht die Gefahr, dass sich die Eltern durch die gerichtliche Entscheidung in ihrer Haltung bestätigt fühlen. Im schlimmsten Fall sind sie danach nicht mehr bereit, Hilfen des Jugendamtes anzunehmen. Die Überprüfung der Entscheidung durch das Gericht soll der Gefahr vorbeugen, dass Eltern nach einem für sie folgenlosen Gerichtsverfahren nicht mehr mit dem Jugendamt kooperieren und ihrem Kind notwendige Hilfen vorenthalten. Nehmen die Eltern beispielsweise – entgegen ihrer Zusage im Gerichtstermin – Jugendhilfeleistungen nicht in Anspruch, soll das Gericht zeitnah weitergehende Maßnahmen prüfen. Nicht beabsichtigt ist allerdings eine Dauerkontrolle der Familie. Weder ist es Aufgabe des Familiengerichts, den Hilfeprozess zu überwachen, noch wäre eine dauerhafte Überwachung der Familie im Hinblick auf das Elternrecht aus Art. 6 Abs. 2 S. 1 GG gerechtfertigt.[13]

17 Die wesentlichen **Neuregelungen** des materiellen Rechts, die durch dass FGG-Reformgesetz eingeführt werden, sind die Folgenden:

2. Erleichterung bei der Einrichtung einer Umgangspflegschaft

18 Nach § 1684 Abs. 2 S. 1 BGB haben die Eltern alles zu unterlassen, was das Verhältnis des Kindes zum jeweiligen anderen Elternteil beeinträchtigt oder die Erziehung erschwert. Nach den im Rahmen des FGG-Reformgesetzes angefügten Ergänzungen in

---

12 Fellenberg FPR 2008, 125, 126.
13 Fellenberg FPR 2008, 125, 127.

§ 1684 Abs. 3 BGB soll zugunsten des umgangsberechtigten Elternteils die Einrichtung einer Umgangspflegschaft nicht mehr das Vorliegen der Voraussetzungen des § 1666 Abs. 1 BGB erfordern, sondern schon dann zulässig sein, wenn der andere Elternteil seine aus § 1684 Abs. 2 BGB entspringende **Wohlverhaltenspflicht** „dauerhaft oder wiederholt erheblich verletzt" (vgl § 1684 Abs. 3 BGB). Die Gerichte bekommen mithin die Möglichkeit, neben dem in solchen Fällen zu bestellenden Verfahrensbeistand, einen Umgangspfleger bestellen können. Dieser darf, unter Eingriff in das Elternrecht, das Kind zum Zwecke des Umgangs von der betreuenden Person herausverlangen und für die Dauer des Umgangs den Aufenthalt des Kindes bestimmen. Dies ist im Prinzip zu begrüßen, da so die Pflicht der Eltern, sich einvernehmlich und gemeinsam um das Kind zu kümmern, effektiv durchgesetzt werden kann. Kritische Stimmen wenden ein, dass sich das Kind dann nicht nur dem Spannungsfeld zwischen seinen Eltern ausgesetzt sieht, sondern auch noch dem zwischen dem Umgangspfleger und den Eltern.[14]

Allerdings ist zu bedenken, dass eine neutrale **dritte Person** durchaus in der Lage sein könnte, die emotional gegeneinander aufgebrachten Eltern zu beruhigen. Das den Gerichten mit § 1684 Abs. 3 BGB an die Hand gegebene Mittel soll ja nicht die Regel, sondern die Ausnahme bei besonders emotionsgeladenen Konflikten der Eltern darstellen.

3. Abänderung von Entscheidungen und Vergleichen bei Kindeswohlgefährdung

Nach § 1696 Abs. 1 BGB ist eine Entscheidung zum Sorge- oder Umgangsrecht oder ein gerichtlich gebilligter Vergleich zu ändern, wenn dies aus „triftigen, das Wohl des Kindes nachhaltig berührenden Gründen angezeigt ist". Problematisch ist, wann diese engen Voraussetzungen in der Praxis zu bejahen sind. Weil sie einen weiten **Auslegungsspielraum** eröffnen, führen sie zu einer nicht zu unterschätzenden Rechtsunsicherheit.

Rechtsanwälte sollten hier ausloten, inwieweit das zuständige Gericht von dieser vom Gesetz eingeräumten Möglichkeit Gebrauch macht.

IV. Verfahrensrechtliche Besonderheiten

1. Überblick

§ 152 enthält für die Bestimmung der örtlichen Zuständigkeit in seinen ersten drei Absätzen eine Anknüpfungsleiter, die sich mit drei **Anknüpfungspunkten** begnügt: Anhängigkeit der Ehesache (sofern gemeinschaftliche Kinder der Ehegatten betroffen sind), gewöhnlicher Aufenthalt des Kindes, Fürsorgebedürfnis. Diese Reihenfolge ist zugleich die Rangfolge der Anknüpfungspunkte.

2. Örtliche Zuständigkeit

Solange eine Ehesache anhängig ist, ist für Kindschaftssachen, die gemeinschaftliche Kinder der Ehegatten betreffen, ausschließlich das Familiengericht zuständig, bei dem die Ehesache noch anhängig ist oder im ersten Rechtszug anhängig war (§ 152 Abs. 1). Damit führt diese Bestimmung den Grundsatz der **Zuständigkeitskonzentration** beim

---

14 Vgl Flügge FPR 2008, 1, 2.

Gericht der Ehesache, der bisher schon in § 621 Abs. 2 Nr. 1-3 ZPO normiert ist, in erweitertem Rahmen fort.

24 Wenn der erste Anknüpfungspunkt nicht in Betracht kommt (entweder wegen Fehlens der Anhängigkeit einer Ehesache oder dann, wenn die gleichzeitig anhängige Kindschaftssache ein Kind betrifft, das kein gemeinschaftliches Kind der Ehegatten ist), führt die **Anknüpfungsleiter** zum nächstrangigen Anknüpfungspunkt, dem Ort des gewöhnlichen Aufenthalts des Kindes und damit zur Zuständigkeit des Familiengerichts, in dessen Bezirk dieser Ort liegt (§ 152 Abs. 2). Der Aufenthalt des Kindes wird – nicht zu Unrecht – als das zentrale Anknüpfungskriterium für die Zuständigkeit bewertet.[15] Es soll nicht mehr – wie bisher – durch Spezialregelungen relativiert werden; so entfällt etwa – in Abänderung des § 36 Abs. 1 FGG – die Relevanz des Wohnsitzes (im Rechtssinne) des Kindes für die Zuständigkeitsbestimmung.

25 Eine scheinbare Ausnahme von dieser dem gegenwärtigen gewöhnlichen Aufenthalt des Kindes folgenden Zuständigkeitsregel enthält § 154. Danach kann das Gericht, das nach den Voraussetzungen des § 152 Abs. 2 – isoliert betrachtet – zuständig ist, das Verfahren über eine Kindschaftssache an das Gericht des früheren gewöhnlichen Aufenthaltsortes des Kindes abgeben, wenn ein Elternteil den Aufenthalt des Kindes eigenmächtig, also ohne Zustimmung des anderen Elternteils, geändert hat, ohne dass dies durch ein ihm allein zustehendes Aufenthaltsbestimmungsrecht gerechtfertigt war. Mit dieser Regelung soll dem gewöhnlichen **Aufenthaltsort** des Kindes, der vor der illoyalen, manipulativen Beeinflussung des gewöhnlichen Aufenthalts des Kindes bestand, wieder Geltung verschafft werden, selbst dann, wenn sich der neue Aufenthalt des Kindes schon zu einem gewöhnlichen Aufenthalt verdichtet hat. Allerdings besteht für das am neuen gewöhnlichen Aufenthaltsort des Kindes angerufene Familiengericht keine zwingende Verpflichtung zur Abgabe der Kindschaftssache; es steht in seinem Ermessen. Freilich sollte das Familiengericht von dieser seiner Befugnis in der Regel Gebrauch machen, damit der Zweck der Vorschrift nicht leer läuft. Allerdings steht der Schutz des Kindes und des betreuenden Elternteils im Vordergrund, wie der erst später hinzugefügte zweite Halbsatz in § 154 S. 2 deutlich macht. Die Einschränkung der Verweisungsoption hielt der Bundestag zur Gewährleistung eines effektiven Schutzes für Opfer häuslicher Gewalt für sachgerecht.[16]

26 Wenn auch die zweite Sprosse der Anknüpfungsleiter nicht zu einer klaren Bestimmung der örtlichen Zuständigkeit eines deutschen Gerichts führt, wenn sich also der (schlichte) Aufenthalt des Kindes noch nicht zu einem gewöhnlichen Aufenthalt verdichtet hat oder wenn ein solcher – aus welchen Gründen auch immer – nicht feststellbar ist oder er als im Ausland belegen festgestellt wird, außerdem dann, wenn das Kind noch gar nicht geboren ist (wenn zB das Verfahren die Pflegschaft für eine Leibesfrucht betrifft, § 1912 BGB), kommt das dritte Anknüpfungskriterium zum Zuge: der Ort oder der Bezirk, in dem das Bedürfnis der Fürsorge bekannt wird. Dieser Anknüpfungspunkt ist als weit auszulegendes Auffangkriterium zu verstehen.[17] Er führt in den in § 152 Abs. 4 enumerativ aufgezählten Fällen der §§ 1693 und 1846 BGB sowie des Art. 24

---

15 Jaeger FPR 2006, 410, 411.
16 BT-Drucks. 16/9733, 364.
17 Jaeger FPR 2006, 410, 412.

IV. Verfahrensrechtliche Besonderheiten

Abs. 3 EGBGB zur einzigen Doppelzuständigkeit im neuen Zuständigkeitssystem: Neben dem gegebenenfalls nach § 125 Abs. 1 oder Abs. 2 S. 1 des FamFG zuständigen Familiengericht ist auch dasjenige zuständig, in dessen Bezirk das Bedürfnis der **Fürsorge** bekannt wird. Es stellt sich dann für die Rechtsanwältin bzw den Rechtsanwalt die prozesstaktische Überlegung, bei welchem Gericht er die Familiensache anhängig machen will bzw ob eine Abgabe der Sache an ein anderes Gericht in Betracht kommt.

3. Abgabe an ein anderes Gericht

Der in § 152 Abs. 1 festgelegte Grundsatz der **Zuständigkeitskonzentration** wird durch die Regelung in § 153 (Abgabe von Amts wegen an ein anderes Gericht) verstärkt. Danach entfällt bei einer erst später rechtshängig werdenden Ehesache die Zuständigkeit eines anderen Familiengerichts ipso iure, wenn bei einem anderen Gericht eine die gemeinschaftlichen Kinder der Ehegatten betreffende Kindschaftssache vorher anhängig geworden ist (und noch im ersten Rechtszug anhängig ist). Dies ist bislang in § 621 Abs. 3 ZPO geregelt gewesen. Nach § 154 S. 1 kann das nach § 152 Abs. 2 zuständige Gericht ein Verfahren an das Gericht des früheren gewöhnlichen Aufenthaltsorts des Kindes verweisen, wenn ein Elternteil den Aufenthalt des Kindes ohne vorherige Zustimmung des anderen geändert hat. 27

Durch den Begriff der „Verweisung" soll zum Ausdruck gebracht werden, dass der Abgabe des Verfahrens bindende Wirkung zukommen soll.[18] Dies ergibt sich aus der Regelung in § 3 Abs. 3. Durch die Bindung des Empfangsgerichts an die Abgabeverfügung des abgebenden Gerichts sollen **Zuständigkeitsstreitigkeiten** zwischen den Gerichten vermieden werden, die verfahrensverzögernde Wirkung hätten und so das Wohl des Kindes beeinträchtigen könnten. Es soll daher das Empfangsgericht an die Abgabe gebunden sein.[19] 28

Eine Einschränkung der Verweisungsoption enthält § 154 S. 2. Danach gilt die Regel des § 154 S. 1 nicht, wenn dem anderen Elternteil das Recht der **Aufenthaltsbestimmung** nicht zusteht oder die Änderung des Aufenthaltsortes zum Schutz des Kindes oder des betreuenden Elternteils erforderlich war. Die Einschränkung in Satz 2 ist zur Gewährleistung eines effektiven Schutzes für Opfer häuslicher Gewalt sachgerecht.[20] 29

4. Das Kindeswohl – der vorrangige Wunsch des Gesetzgebers

a) Ausgangslage

Die Dauer eines gerichtlichen Verfahrens ist für die Beteiligten immer belastend. Für kindschaftsrechtliche Verfahren gilt dies wegen der engen persönlichen Verbundenheit von Eltern und Kind in ganz besonderem Maße. Da Kinder zudem ein anderes Zeitempfinden haben als Erwachsene und Veränderungen schneller als endgültig erleben, können **Verfahrensverzögerungen** gravierende Folgen haben und faktisch zu einer Vorentscheidung führen.[21] In Vorwegnahme einer Regelung durch die FGG-Reform statuierte das Gesetz zur Erleichterung familiengerichtlicher Maßnahmen bei Gefährdung 30

---

18 BT-Drucks. 16/9733, 364.
19 BR-Drucks. 309/07, 38.
20 BT-Drucks. 16/9733, 364.
21 BVerfG NJW 2001, 961.

des Kindeswohls in § 50e Abs. 1 FGG ein ausdrückliches Vorrang- und Beschleunigungsgebot für Verfahren, die den Aufenthalt des Kindes, das Umgangsrecht oder die Herausgabe des Kindes betreffen, sowie für Verfahren wegen Gefährdung des Kindeswohls.[22]

b) Vorrang- und Beschleunigungsgebot

31   Das in § 155 normierte Vorrang- und Beschleunigungsgebot soll klarstellen, dass die genannten Verfahren bevorzugt und notfalls auf Kosten anderer Verfahren durchzuführen sind. Gleichwohl ist das Gebot kein Selbstzweck und darf nicht schematisch gehandhabt werden. Es wird vielmehr durch das **Kindeswohlprinzip** geprägt und begrenzt: Als verfahrensrechtliche Regelung dient das Vorrang- und Beschleunigungsgebot des § 155 der Umsetzung des materiellen Rechts und hat sich daher an dessen allgemeiner Ausrichtung am Kindeswohl (§ 1697a BGB) zu orientieren.[23]

32   Darüber hinaus enthält § 155 Abs. 2 eine Verpflichtung des Familiengerichts, einen (ersten) Termin in der Sache innerhalb eines Monats nach Beginn des Verfahrens anzuberaumen. Der **frühe Termin** soll eine zügige und einvernehmliche Konfliktlösung zwischen den Beteiligten, insbesondere in trennungsbedingten Sorge- und Umgangskonflikten fördern.[24] Der innerhalb der Frist von einem Monat anberaumte Termin hat zum Ziel, eine Eskalation des Elternkonflikts zu vermeiden und die durchschnittliche Verfahrensdauer von 6,7 Monaten in Umgangssachen und 7,5 Monaten in Sorgerechtssachen zu reduzieren.[25] In dem Anhörungstermin hört das Gericht auch das Jugendamt an. Wie beim Cochemer Modell ist ein schriftlicher Bericht nicht mehr vorgesehen. Das Jugendamt erstattet den Bericht mündlich in der Verhandlung, so dass der aktuelle Sachstand in der Verhandlung angeführt werden kann. Der beschleunigt angesetzte Termin dient der nicht oder nur teilweise schriftlich vorbereiteten Aufklärung des Sachverhalts und soll in kooperativem Zusammenwirken aller am Termin Beteiligten möglichst zu einer einvernehmlichen Erledigung im ersten Termin führen. Dabei geht das Gesetz davon aus, dass es dem Jugendamt in der Frist von einem Monat gelingt, mit den Eltern und den betroffenen Kindern Kontakt aufzunehmen und in der Sitzung eine Stellungnahme abzugeben, die trotz der knappen Vorbereitungszeit so fundiert ist, dass es im ersten Termin zu einem verfahrensbeendenden Vergleich kommen kann.[26]

33   Es reicht nach dem Sinn und Zweck des § 155 nicht aus, wenn der Termin zwar binnen eines Monats anberaumt ist, dann aber wegen **Terminverlegungsanträgen** verschoben werden muss, so dass es sich für das Gericht zukünftig empfiehlt, Termine frühzeitig bereits telefonisch abzustimmen, wenigstens mit dem Jugendamt.[27]

34   § 155 bezieht das Beschleunigungsverbot auf Verfahren in Kindschaftssachen, die den Aufenthalt des Kindes, das Umgangsrecht oder die Herausgabe des Kindes betreffen.

---

22   Fellenberg FPR 2008, 125, 128.
23   Fellenberg FPR 2008, 125, 128.
24   BT-Drucks. 16/6815, 16f.
25   Die Zahlen beruhen nach der Begründung des Referentenentwurfs, S. 495, auf einer Erhebung aus dem Jahr 2003.
26   Reichert ZKJ 2006, 230, 231.
27   Heumann ZKJ 2006, 200.

IV. Verfahrensrechtliche Besonderheiten

Diese Verfahren bzw Verfahrensbestandteile sind **vorrangig** durchzuführen. Die genannten Bereiche dürften dabei im Wesentlichen die Kernaufgaben der jugendamtlichen Beratungs- und Unterstützungsleistungen gegenüber den betroffenen Familien ausmachen, insbesondere im Zusammenhang mit der sog. Familiengerichtshilfe.[28]

Die Nachteile eines langjährigen Familiengerichtsverfahrens liegen auf der Hand. Gerade das Kleinkind verliert bei Umgangsstreitigkeiten den Kontakt, die Beziehung und Bindung mit dem betreffenden Elternteil. Bei anhaltenden Sorgerechtsstreitigkeiten bzw Streit um das Aufenthaltsbestimmungsrecht wird das Kind regelmäßig massiv verunsichert und gerät meist in schwere **Loyalitätskonflikte**. In langwierigen Sorgerechts- und Herausnahmefällen nach § 1666 BGB können neben der aktuellen (primären) vorliegenden Kindeswohlgefährdung u.a. auch wegen der Unklarheit über den künftigen Aufenthaltsort (Pflegefamilie oder Heim) erhebliche weitergehende (sekundäre) Kindeswohlgefährdungen auftreten. Lange dauernde gerichtliche Auseinandersetzungen zu der Frage der Rückführung in das Elternhaus aus einer Familienpflegestelle nach § 1632 Abs. 4 BGB können gerade bei sehr jungen Kindern schwerwiegende Vertrauenskrisen und Beziehungs- sowie Bindungsverluste nach sich ziehen.[29]

Die Praxis zeigt allerdings, dass bei hohem Konfliktniveau ein sofortiges Drängen auf einen dichten und regelmäßigen Umgang mit dem getrennt lebenden Elternteil mit erheblichen Schwierigkeiten und Risiken behaftet sein kann. Nicht nur, weil der Widerstand von Vätern und/oder Müttern gegen einen dichten Kontakt nicht einfach gebrochen werden kann. Der Umgang und die damit verbundenen Kontakte (Absprachen/Übergabe) zwischen den zerstrittenen Eltern werden von diesen allzu oft zum Austragen ihrer Feindseligkeiten genutzt, und eben dies ist mit einer hohen Belastung für die Kinder verbunden. Es gilt also, mit verschiedenen Faktoren umzugehen. Richtig ist sicher die Forderung, strittige Eltern nach der Trennung nicht längere Zeit allein zu lassen. Es gilt, mit den gegebenen Möglichkeiten rasch auf eine **Konfliktreduzierung** und auf ein Einvernehmen hinzuarbeiten, auch mit der Anordnung einer Beratung. Doch ist in vielen Fällen die Regelung konkreter Umgangsvereinbarungen von diesem Aspekt zu trennen. Die Gestaltung von Umgangsregelungen muss im Auge haben, dass die Kontakte zum getrennt lebenden Elternteil nicht abreißen, aber auch, dass sehr belastete Umgangsregelungen negative Wirkungen haben können. Die amtliche Begründung zu dem Gesetzentwurf betont, dass das Beschleunigungsgebot nicht schematisch gehandhabt werden darf und dass es durch den Grundsatz des Kindeswohls geprägt und begrenzt wird. Es wäre klärend, wenn auch die eben genannten Risiken eines hohen Koalitionsdrucks als Kriterium der Umgangsregelung benannt worden wären.[30]

§ 155 Abs. 2 S. 2 schreibt dem Gericht nun vor, dass in einem Umgangsverfahren wie in Verfahren, die den Aufenthalt eines Kindes oder dessen Herausgabe betreffen, der gerichtliche Termin zur Anhörung der Beteiligten und des dann präsenten Vertreters des Jugendamtes spätestens einen Monat nach gerichtlicher **Anhängigkeit** (nicht Rechtshängigkeit) zu erfolgen hat. Eine Anhörung des Kindes soll nach der Begründung des Entwurfs in diesem frühen Termin nicht stattfinden, sondern bei Bedarf in einem

---

28 Rüting ZKJ 2006, 203.
29 Balloff ZKJ 2006, 289, 290.
30 Weber ZKJ 2006, 196, 197.

gesonderten Anhörungstermin nachgeholt werden. Diese Handhabung war auch bislang unter dem Gesichtspunkt des Kindeswohls in der Regel angezeigt.[31] Nicht nur mit dem Beschleunigungsgebot, sondern auch mit der Verpflichtung zur engen Zusammenarbeit zwischen Gericht, Beratungsstellen und Jugendhilfe sind Elemente des Cochemer Modells in das Gesetz aufgenommen worden.[32]

38 Dieses Modell hat aber dort seine Grenze, wo eine **Kindeswohlgefährdung** in Betracht kommt. Im Kindesschutzverfahren sollte die „Erörterung der Kindeswohlgefährdung" nach § 157 deshalb nicht bereits in dem frühen Termin nach § 155 Abs. 2 durchgeführt werden. Dies wurde nach altem Recht teilweise anders gehandhabt. Dabei hat das Gericht auf **öffentliche Hilfen** hinzuweisen und das Jugendamt zu dem Termin zu laden.

39 § 156 FamFG nimmt den Appell des § 52 FGG auf, eine einvernehmliche Lösung anzustreben, gibt jedoch in § 156 Abs. 1 S. 4 FamFG dem Familiengericht zusätzlich die Möglichkeit, die Teilnahme der Eltern an einer außergerichtlichen **Beratung** bei den Beratungsstellen und -diensten der Träger der Kinder- und Jugendhilfe unanfechtbar anzuordnen, wobei jedoch eine Durchsetzung dieser Anordnung mit Zwangsmitteln ausgeschlossen ist (vgl § 156 Abs. 1 S. 5). Die erst im Gesetzesbeschluss des Deutschen Bundestages vorgenommene Einfügung des Halbsatzes in Abs. 1 S. 1 „wenn dies dem Kindeswohl nicht widerspricht" stellt klar, dass das Gericht in den genannten Kindschaftssachen nicht auf ein Einvernehmen der Eltern hinwirken darf, wenn dies dem Kindeswohl widerspricht. Der Bundestag macht durch diese Änderung deutlich, dass der Grundsatz, die konsensuale und nachhaltige Bereinigung des Elternkonflikts im gerichtlichen Verfahren aktiv zu unterstützen, an Grenzen stoßen kann. Dies betrifft insbesondere die Fälle, in denen die Situation des Kindes im Elternkonflikt eine gerichtliche Regelung zwingend erforderlich macht, die von den Eltern in eigener Verantwortung nicht oder nicht ausreichend klar erreicht werden kann. Hier kommen insbesondere Fälle der Traumatisierung des Kindes nach erlebter häuslicher Gewalt in Betracht.[33]

40 Im Gegensatz zur bisherigen Rechtslage wird während der Zeit der Beratung das gerichtliche Verfahren nicht ausgesetzt, sondern läuft weiter. Nach § 156 Abs. 3 S. 2 soll das Gericht in einem **Umgangsverfahren** bei Anordnung einer solchen Beratung (ebenso wie bei einer Beauftragung eines Sachverständigen) den Umgang für die Übergangszeit durch eine einstweilige Anordnung regeln. Nach der amtlichen Begründung soll der Erlass einer einstweiligen Anordnung den Regelfall darstellen und nur dann entbehrlich sein, wenn bereits im Anhörungstermin absehbar ist, dass der Beratungsprozess nur zu einer unwesentlichen Verzögerung führt.[34]

41 In § 156 Abs. 3 S. 2 wurde nach den Beratungen im Deutschen Bundestag der Zusatz eingefügt, dass der Umgang auch durch **einstweilige Anordnung** ausgeschlossen werden kann. Dies betrifft die Fälle, in denen der Umgang im Hinblick auf die Anordnung einer Beratung oder einer schriftlichen Begutachtung im Wege der einstweiligen Anordnung vorläufig geregelt oder ausgeschlossen werden soll. Hierdurch wird die Änderung des

---

31 Maier FPR 2007, 301, 304.
32 Büchner ZKJ 2006, 412, 414.
33 BT-Drucks. 16/9733, 364 f.
34 Maier FPR 2007, 301, 304.

§ 52 Abs. 2 FGG durch Art. 2 Nr. 3 des Gesetzes zur Erleichterung familiengerichtlicher Maßnahmen bei Gefährdung des Kindeswohls[35] nachvollzogen. Der angefügte S. 3, nach dem das Gericht das Kind vor dem Erlass einer einstweiligen Anordnung persönlich anhören soll, dient dem Zweck, dass sich die Richterin bzw der Richter einen persönlichen Eindruck von ihm verschaffen soll. Dies entspricht der bisherigen Regelung in §§ 620a Abs. 3, 621g S. 2 ZPO.[36]

Kritisch ist anzumerken, dass zumindest bei überlasteten Großstadtgerichten und ebenso bei überlasteten Großstadtjugendämtern die Gefahr besteht, dass der erste (frühe) Termin nicht sachgerecht vorbereitet werden kann. Das zieht die weitere Gefahr nach sich, dass das Einvernehmen, auf das das Gericht schon im ersten Termin hinwirken soll, ein hastiger, nicht abgewogener Kompromiss ist. Noch schwieriger ist es, in dem engen Zeitplan des § 155 einen Verfahrensbeistand zu bestellen, der sich rechtzeitig zu dem Termin mit der gebotenen Sorgfalt in die Sache einarbeitet. Kritisch zu sehen ist in diesem Zusammenhang auch die ersatzlose Streichung des § 52 Abs. 2 FGG (Möglichkeit der Aussetzung des Verfahrens, Rn 41).[37] Die Monatsfrist dürfte auch aus einem anderen Grund zu starr sein. Sie passt nicht bei Fällen von häuslicher Gewalt. Dies zeigt auch die zahlreiche Kritik an dem sog. **Cochemer Modell**, das hier Eingang in das Gesetz gefunden hat.[38] Das Ziel der Verfahrensbeschleunigung ist begrüßenswert, aber es wird Probleme bei der praktischen Umsetzung geben. Aufgrund der Belastung der Jugendämter wird es diesen kaum möglich sein, die Termine wahrzunehmen und insbesondere vor den Terminen bereits mit den Kindern und den Eltern gesprochen zu haben.[39] Bereits jetzt terminieren die Familiengerichte in aller Regel diese Verfahren besonders eilig. Die starre Fristsetzung dürfte dazu führen, dass die Termine selbst nur mit umfangreichen und zeitaufwändigen Sachverhaltsermittlungen überfrachtet werden, was sich nachteilig auf die Bemühungen, ein Einvernehmen zwischen den Beteiligten zu erreichen, auswirken könnte. Insgesamt ist zwar eine Beschleunigung der Kindschaftsverfahren durchaus sinnvoll und zu begrüßen. Dies sollte aber nicht auf Kosten der Bereitschaft gehen, eine für alle Verfahrensbeteiligten sinnvolle und einvernehmliche Konfliktlösung zu suchen. Es bleibt zu hoffen, dass das neue Gesetz das beabsichtigte Ziel erreicht, mehr Frieden in die Familien zu bringen.

c) Hinwirken auf Einvernehmen

Nach § 156 Abs. 1 S. 1 soll das Gericht in Kindschaftssachen, die die elterliche Sorge bei Trennung und Scheidung, den Aufenthalt des Kindes, das Umgangsrecht oder die Herausgabe des Kindes betreffen, in jeder Lage des Verfahrens auf ein Einvernehmen der Beteiligten hinwirken, wenn dies dem Kindeswohl nicht widerspricht. Dabei soll es auch auf die Hinzuziehung von Beratungsstellen und -diensten, Mediatoren und sonstige Möglichkeiten außergerichtlicher **Streitbeilegung** hinweisen (vgl § 156 Abs. 1 S. 2).

Dieses Hinwirken auf eine einvernehmliche Lösung ist nur dann unproblematisch, wenn das Gericht das Ergebnis der Einigung einer Kontrolle in Bezug auf das Kindes-

---

35 Vom 4.7.2008, BGBl. I, 1188.
36 BT-Drucks. 16/9733, 365.
37 Jaeger FPR 2006, 410, 414.
38 Flügge FPR 2008, 1 ff.
39 Jaeger FPR 2006, 410, 414.

wohl unterziehen kann. Wie die Begründung des Referentenentwurfs zu § 156 Abs. 2 zu Recht ausführt, steht das Umgangsrecht nicht zur Disposition der Parteien. Es ist jedoch nicht ersichtlich, warum die **Kontrollmöglichkeiten** des Gerichts auf Umgangsregelungen beschränkt sein sollte. Sie hat der Sache nach für alle Kindschaftssachen zu gelten. Die Figur des „gerichtlich gebilligten Vergleichs" ist daher auf Antrag des Bundesrats auf alle Kindschaftssachen des § 156 Abs. 1 erstreckt worden.[40] Dies betrifft vor allem auch die Verfahren über die Herausgabe des Kindes.

45 Wie wichtig dem Gesetzgeber die Erzielung einer einvernehmlichen Lösung in Kindschaftssachen ist, zeigt auch die Regelung des § 158 Abs. 4 S. 3. Nach dieser Vorschrift kann das Gericht sogar dem Verfahrenspfleger die zusätzliche Aufgabe übertragen, „am Zustandekommen einer **einvernehmlichen Regelung** über den Verfahrensgegenstand mitzuwirken". Für den Erfolg einer solchen für Verfahrenspfleger als parteiliche Interessenvertreter des Kindes nicht leichten Aufgabe kommt es auf dessen frühzeitige Bestellung an. Je länger und „verfahrener" ein Verfahren ist, desto geringer sind die Chancen für einvernehmliche Regelungen. Trotz dieser Möglichkeit, die auch vergütungsrechtliche Folgen haben wird, bleibt festzuhalten, dass Verfahrenspfleger keine Mediatoren, sondern parteiliche Interessenvertreter des Kindes bleiben.[41]

d) Erörterung der Kindeswohlgefährdung; einstweilige Anordnung

46 Nach § 157 Abs. 1 soll das Gericht in Verfahren nach den §§ 1666 und 1666 a BGB mit den Eltern und in geeigneten Fällen auch mit dem Kind erörtern, wie einer möglichen Gefährdung des Kindeswohls, insbesondere durch öffentliche Hilfen, begegnet werden kann und welche Folgen die Nichtannahme notwendiger Hilfen haben kann. Das Gericht soll auch das Jugendamt zu dem Termin laden. Die Vorschrift bedeutet, dass Richterinnen und Richter von Amts wegen die Eltern in der Phase der stärksten emotionalen Verbitterung und Verletzung an die Hand nehmen und durch ein Gespräch zur Kooperation befähigen sollen. Zugleich soll das Gericht in einem frühen **Erörterungstermin** insbesondere das Umgangsrecht für das Kind durch eine einstweilige Anordnung regeln – auch wenn die Eltern dies aus eigenem Antrieb nicht beantragen. Ob eine Eskalation des Elternkonflikts oder ein Festfahren der elterlichen Positionen durch ein solches Verfahren verhindert werden kann, wird von kritischen Stimmen bezweifelt.[42]

47 Nach § 157 Abs. 2 S. 2 führt das Gericht die Erörterung in **Abwesenheit** eines Elternteils durch, wenn dies zum Schutz eines Beteiligten oder aus anderen Gründen erforderlich ist. Dieser Satz übernimmt die im Rahmen des am 24.4.2008 vom Deutschen Bundestag beschlossenen Gesetzes zur Erleichterung familiengerichtlicher Maßnahmen bei Gefährdung des Kindeswohls[43] eingefügte Regelung in § 50 f Abs. 2 S. 2 FGG.[44]

48 § 157 Abs. 3 ordnet an, dass in Verfahren nach §§ 1666 und 1666 a BGB das Gericht unverzüglich den Erlass einer **einstweiligen Anordnung** zu prüfen hat.

---

40 BR-Drucks. 309/07, 40; BT-Drucks. 16/9733, 365.
41 So zutreffend: Salgo FPR 2006, 12, 14.
42 Flügge FPR 2008, 1.
43 BT-Drucks. 16/8914.
44 BT-Drucks. 16/9733, 365.

IV. Verfahrensrechtliche Besonderheiten **5**

e) Verfahrensbeistand
aa) Hintergrund

Ein wichtiges Anliegen der Reform des familiengerichtlichen Verfahrens ist die Stärkung der Beteiligungs- und Mitwirkungsrechte des betroffenen Kindes. Diese verspricht sich der Gesetzgeber unter anderem dadurch, dass das Kind zukünftig in allen schwierigen Fällen durch einen **Verfahrensbeistand** unterstützt werden soll. Dessen Aufgabe ist es, im gerichtlichen Verfahren die Interessen des Kindes zu vertreten und das Kind über den Ablauf des Verfahrens und die Möglichkeit der Einflussnahme zu informieren. Herkömmlich wird die Aufgabe des Verfahrenspflegers darin gesehen, den kindlichen Willen festzustellen und für seine Kenntnisnahme durch das Gericht und die übrigen Verfahrensbeteiligten zu sorgen. Der kindliche Wille erhält dadurch einen völlig neuen Stellenwert im Verfahren. Durch die Stellungnahme des Verfahrenspflegers wird der kindliche Wille als zusätzlicher Streitstoff in das Verfahren eingebracht.[45]

49

Im Gegensatz zum bisherigen Verfahrenspfleger kann der Verfahrensbeistand auf Anordnung des Gerichts eine aktive Rolle in dem Konflikt übernehmen und zu einer einvernehmlichen **Umgangsregelung** – etwa durch Gespräche mit den Eltern – beitragen. Das über 14-jährige Kind kann sich zur Durchsetzung seiner Rechte künftig selbst vertreten.[46] Dem entsprechend sieht § 158 eine Neuregelung der Verfahrenspflegschaft vor.[47] Diese Vorschrift greift eine Reihe von Kritikpunkten an der bisherigen Regelung in § 50 FGG und an der Praxis einiger Gerichte auf, die sehr zurückhaltend mit der Bestellung von Verfahrenspflegern waren. Insgesamt werden die Voraussetzungen, unter denen eine – jetzt als Verfahrensbeistand bezeichnete Person zur Wahrnehmung der Interessen des Kindes – zu bestellen ist, erheblich erweitert.

50

In einigen Fällen wird die Bestellung eines Verfahrenspflegers oder Verfahrensbeistands allerdings von einem oder beiden Elternteilen **nicht akzeptiert**.

51

Beispiel: Die Kindesmutter, die die Übertragung der alleinigen Sorge beantragt, beschwert sich gegen die Bestellung einer Verfahrenspflegerin. Sie sieht darin einen erheblichen Eingriff in ihre Rechte und hält eine Verfahrenspflegschaft nicht für erforderlich, weil ein Interessengegensatz zwischen ihr und dem Kind nicht bestehe.

52

Der völlige Ausschluss des Umgangsrechts für ein Elternteil ist nach den neueren wissenschaftlichen Erkenntnissen allerdings ein schwerwiegender **Eingriff** in die Interessen eines Kindes, der nur in besonders gelagerten Fällen gerechtfertigt ist. Ob ein solcher Fall vorliegt und die Interessen der Kindesmutter und des Kindes deswegen tatsächlich gleichgerichtet sind, bedarf einer sorgfältigen Überprüfung. In diesem Zusammenhang war auch schon nach der bisherigen Rechtslage die Bestellung eines Verfahrenspflegers jedenfalls nicht ermessensfehlerhaft, da zumindest ein ähnlich bedeutender Fall wie die in § 50 Abs. 2 FGG genannten Regelfälle vorliegt.

53

Die Voraussetzungen für die Bestellung eines Verfahrenspflegers werden nach neuem Recht erheblich **ausgeweitet**.

54

---

45 Raack ZKJ 2006, 72, 73.
46 Pressemitteilung des BMJ vom 27.6.2008.
47 Vgl hierzu insgesamt Röchling, Handbuch Anwalt des Kindes, 2. Aufl. 2009.

Sommer

bb) Voraussetzungen für die Bestellung

55 § 158 Abs. 1 und 2, der die Voraussetzungen der Bestellung eines Verfahrensbeistands regelt, lautet wie folgt:

(1) Das Gericht *hat* dem minderjährigen Kind in Kindschaftssachen, die seine Person betreffen, einen geeigneten *Verfahrensbeistand zu bestellen*, soweit dies zur Wahrnehmung seiner Interessen erforderlich ist.

(2) Die Bestellung ist in der Regel erforderlich,
1. wenn das Interesse des Kindes zu dem seiner gesetzlichen Vertreter in erheblichem Gegensatz steht,
2. in Verfahren nach den §§ 1666 und 1666 a des Bürgerlichen Gesetzbuchs zum Gegenstand haben, wenn die teilweise oder vollständige Entziehung der Personensorge in Betracht kommt,
3. wenn eine Trennung des Kindes von der Person erfolgen soll, in deren Obhut es sich befindet,
4. in Verfahren, die die Herausgabe des Kindes oder eine Verbleibensanordnung zum Gegenstand haben oder
5. wenn der Ausschluss des Umgangsrechts oder eine wesentliche Beschränkung des Umgangsrechts in Betracht kommt.

56 Anders als in § 50 FGG enthält § 158 FamFG die unmissverständliche Formulierung „Das Gericht hat ... zu bestellen". Es handelt sich daher um keine **Ermessensentscheidung**, die allerdings auch nach der bisherigen Regelung nach herrschender Meinung nicht bestand.[48] Nach der Gesetzeskonzeption scheint Abs. 1 der Vorschrift als Auffangvorschrift gedacht zu sein, gefolgt von Regelbeispielen, bei deren Vorliegen die Bestellung eines Verfahrensbeistandes in der Regel erforderlich ist.

57 Der Deutsche Bundestag hat entsprechend der Stellungnahme des Bundesrates die Aufgabenkreise des Verfahrenspflegers gegenüber dem Referentenentwurf der Bundesregierung beschränkt und eine **Pauschalierung** der Vergütung eingeführt, um die Belastungen der Länderhaushalte infolge der Ausweitung der Bestellungspflicht gegenüber der bisherigen Rechtslage in kalkulierbaren Grenzen zu halten. Zudem heißt es in der Beschlussempfehlung des Rechtsausschusses des Deutschen Bundestages, dass die mit der Ausweitung der Bestellungspflicht intendierte Stärkung der Kinderrechte nur verwirklicht werden kann, wenn das Gericht die Eignung des Verfahrensbeistandes in jedem Einzelfall sorgfältig prüft.[49]

58 Der Bundesrat hat sich vor allem darauf berufen, dass bei Einführung des Rechtsinstituts des Verfahrenspflegers im Jahr 1997 vorgesehen war, dass die Bestellung **nur in Ausnahmefällen**, nämlich bei einem „schwerwiegenden Interessenkonflikt in einer für das weitere Schicksal des Kindes bedeutsamen Angelegenheit" infrage kommen sollte. Nur in diesem engen Rahmen sei wegen des damit verbundenen Eingriffs in das Elternrecht eine Verfahrenspflegerbestellung gerechtfertigt. Außerdem haben wissenschaftliche Forschungen zu den konkreten Auswirkungen der Rechtsfigur des Verfahrenspflegers bisher keine abschließenden Ergebnisse geliefert. Zu bedenken sei auch, dass die regelmäßige Bestellung von Verfahrenspflegern für die Länder ganz erhebliche finanzielle Auswirkungen hätte.[50] Ferner sei das Gericht in Kindschaftssachen kraft des Amtsermittlungsgrundsatzes ohnehin gehalten, den Sachverhalt in alle Richtungen zu

---

48 Salgo FPR 2006, 12, 13.
49 BT-Drucks. 16/9733, 365.
50 BR-Drucks. 309/07, 43.

IV. Verfahrensrechtliche Besonderheiten

erforschen und dabei auch die Belange des Kindes zu berücksichtigen. Dies gebe bereits das materielle Recht vor, so zB § 1666 Abs. 1 und 2 oder § 1684 Abs. 2 BGB. In Kindschaftssachen stehen daher die Interessen des Kindes ohnehin im Mittelpunkt des Verfahrens. Auch dem Jugendamt obliege es nach dem SGB VIII als originäre Aufgabe, die Interessen des minderjährigen Kindes zu fördern. In der Praxis sei daher zu beobachten, dass Verfahrensbeistände eher selten von effektivem Nutzen für das Verfahren und für die Interessen des Kindes sind.[51]

Trotz der Stellungnahme des Bundesrats ist an der Generalklausel des § 158 Abs. 1 (s. Rn 55 f) keine Änderung vorgenommen worden. Allerdings ist die ursprünglich von der Bundesregierung vorgesehene generelle Bestellung eines Verfahrensbeistands für das 14-jährige Kind vom Bundestag für entbehrlich angesehen worden, weil das Aufgabenprofil des Verfahrensbeistandes auf die Wahrnehmung der Interessen jüngerer Kinder zugeschnitten sei und in Einzelfällen eine Bestellung eines Verfahrensbeistands für ältere Kinder aufgrund der anderen Regelbeispiele nicht ausgeschlossen sei. Im Übrigen solle einem Kind, das das 14. Lebensjahr erreicht hat, die Wahrnehmung eigener materieller Rechte (wie in § 1671 Abs. 2 Nr. 1 BGB) im Verfahren unabhängig von seinen gesetzlichen Vertretern durch die Erweiterung seiner Verfahrensfähigkeit gem. § 9 Abs. 1 Nr. 3 ermöglicht werden. Zur Unterstützung des verfahrensfähigen Kindes könne diesem gegebenenfalls **Verfahrenskostenhilfe** bewilligt und ein Rechtsanwalt gem. § 78 beigeordnet werden.[52] Der Bundesrat argumentierte darüber hinaus, dass ein Kind über 14 Jahre in der Regel schon aufgrund seines Alters besser in der Lage sein dürfte, seine Interessen selbst zum Ausdruck zu bringen und wahrzunehmen als ein jüngeres Kind.[53]

59

Auch die Pflicht zur Bestellung eines Verfahrenspflegers nach § 158 Abs. 2 Nr. 5 ist auf die Umgangsverfahren beschränkt worden, die einen Ausschluss oder eine wesentliche Beschränkung des Umgangsrechts zum Gegenstand haben. Der Regierungsentwurf sah vor, dass bei jeder Beschränkung des Umgangsrechts regelmäßig ein Verfahrenspfleger bestellt werden sollte. Nunmehr braucht in **Umgangsverfahren**, die nur die einmalige oder vorübergehende Einschränkung des Umgangsrechts zum Gegenstand haben, ein Verfahrensbeistand nicht mehr bestellt werden.[54]

60

In § 158 Abs. 3 ist klargestellt, dass die Bestellung des Verfahrenspflegers so früh wie möglich erfolgen soll. Es ist darauf hinzuweisen, dass die Begriffswahl „soll" nicht einen weiten Ermessensspielraum eröffnet, sondern lediglich für **Ausnahmefälle** die Möglichkeit eines begründeten Abweichens von der Regel aus besonderen Gründen zulässt.[55]

61

Die Regelungen in § 158 Abs. 4 S. 3 und 4 gehen zurück auf die Stellungnahme des Bundesrates und sind vom Bundestag übernommen worden. Im Hinblick darauf, dass die originäre Aufgabe des Verfahrenspflegers die Wahrnehmung der Interessen des Kindes sei, biete es sich an, dass das Gericht diesen auch mit der Aufgabe betrauen

62

---

51 BR-Drucks. 309/07, 44.
52 BT-Drucks. 16/9733, 365 f.
53 BR-Drucks. 309/07, 45.
54 BT-Drucks. 16/9733, 366.
55 Salgo FPR 2006, 12, 14.

könne, Gespräche mit Eltern und anderen **Bezugspersonen** zu führen, um am Zustandekommen einer einvernehmlichen Regelung mitzuwirken.[56] Dies soll das Gericht nach dem jetzigen Gesetzeswortlaut aber nur dann tun, wenn nach den Umständen des Einzelfalls ein Erfordernis dafür besteht. Das Gericht hat Art und Umfang der Beauftragung in diesem Fall konkret festzulegen und die Beauftragung zu begründen. Der Bundesrat hatte dafür plädiert, eine Ausweitung der originären Aufgaben des Verfahrensbeistands durch § 158 Abs. 4 ganz zu streichen. Eigentliche Aufgabe des Verfahrensbeistands sei die Wahrnehmung der Interessen des Kindes in einem konkreten familiengerichtlichen Verfahren. Gespräche mit den Eltern und weiteren Bezugspersonen des Kindes sowie die Mitwirkung am Zustandekommen einer einvernehmlichen Regelung über den Verfahrensgegenstand seien nicht die klassischen Aufgaben des Verfahrensbeistands. Dies obliege dem Jugendamt. Eine Ausweitung der originären Aufgaben des Verfahrensbeistands führe zu einer unzulässigen Vermischung der den Verfahrensbeteiligten zugedachten Rollen. Es müsse daher von einer konkreten, nach Art und Umfang präzisierten Beauftragung durch das Gericht im Einzelfall abhängen, ob der Verfahrensbeistand Aufgaben nach § 158 Abs. 4 S. 3 wahrnehmen dürfe.[57] Dieser Kritik hat der Bundestag in seinem Gesetzesbeschluss Rechnung getragen.

63 Die **frühzeitige Bestellung** des Verfahrenspflegers spielt im Zusammenhang mit der in § 158 Abs. 4 S. 3 vorgenommenen Klarstellung eine beachtliche Rolle: Kann der Verfahrenspfleger auch „am Zustandekommen einer einvernehmlichen Regelung über den Verfahrensgegenstand mitwirken", so kommt es für den Erfolg einer solchen für Verfahrenspfleger als parteiliche Interessenvertreter des Kindes nicht leichten Aufgabe auch auf eine frühzeitige Bestellung an. Es bleibt aber festzuhalten, dass Verfahrenspfleger keine Mediatoren, sondern parteiliche Interessenvertreter des Kindes bleiben. Maßstab ist und bleibt für sie die Wahrung oder Wiederherstellung der Kindesinteressen. Immer wieder kommt es im Bereich des Umgangs- und Sorgerechts zu Kompromissen unter den Erwachsenen, welche die kindlichen Interessen zu wenig berücksichtigen oder gar missachten. Zudem sind die Grenzen für einvernehmliche Lösungen in den Fallkonstellationen mit erheblicher **Kindeswohlgefährdung** oft noch enger: Die Kindeswohlgefährdung und die Sicherheit des Kindes sind nicht – wie etwa ein Mehr oder Weniger an Umgang – verhandelbar. Solange die Sicherheit des Kindes nicht gewährleistet ist, bleibt kein Raum für langwierige Verhandlungen um einvernehmliche Regelungen. Zudem haben die Jugendämter in der Regel die Möglichkeiten für einvernehmliche Lösungen ausgeschöpft, und die Anrufung des Gerichts wegen Kindeswohlgefährdung ist oft der Ausdruck des Scheiterns oder Nichtzustandekommens von einvernehmlichen Lösungen. Es gibt aber auch Eltern, die erst unter dem erheblichen Druck eines Gerichtsverfahrens die Bereitschaft zeigen, Hilfen zur Erziehung anzunehmen.[58]

64 Nach § 158 Abs. 7 S. 2–4 wird die Vergütung für den berufsmäßig handelnden Verfahrensbeistand auf eine **Fallpauschale** umgestellt. Eine fallbezogene Vergütung in Höhe von 350 EUR inklusive Aufwendungsersatz und Umsatzsteuer sei angemessen. Ordnet das Gericht einen erweiterten Aufgabenkreis nach § 158 Abs. 4 S. 3 an, erhöht sich

---

56 BT-Drucks. 16/9733, 366.
57 BR-Drucks. 309/07, 45.
58 Salgo FPR 2006, 12, 14 f.

IV. Verfahrensrechtliche Besonderheiten 5

die fallbezogene Vergütung auf 550 EUR. Hintergrund dieses Vergütungssystems sei, dass sich die Fallpauschale unaufwändig und unbürokratisch darstelle. Sie erspare sowohl dem Verfahrensbeistand als auch der Justiz erheblichen Abrechnungs- und Kontrollaufwand und ermögliche es dem Verfahrensbeistand, sich auf seine eigentliche Tätigkeit, die Wahrnehmung der Kindesinteressen, zu konzentrieren. Sie bewirke zudem eine wünschenswerte Annäherung der Vergütung des Verfahrensbeistandes an die gebührenorientierte Vergütung der Rechtsanwälte. Der Rechtsausschuss des Deutschen Bundestages hat die Höhe der Fallpauschale an den entsprechenden Gebührensätzen für einen in einer Kindschaftssache tätigen Rechtsanwalt unter Zugrundelegung des Regelstreitwerts von 3.000 EUR orientiert. Der Bundestag hat dabei berücksichtigt, dass der Bundesrat sich aus fiskalischen Gründen, aber auch um einen Gleichlauf mit der Vergütung der Rechtsanwälte in Kindschaftssachen herzustellen, für eine Obergrenze der Vergütung in Höhe einer Gebühr mit dem Gebührensatz 2,0 ausgesprochen hat.[59] Die Pauschalierung der Vergütung ist wohl auch nach dem Vorbild der pauschalierten Vergütung der Berufsbetreuer und Berufsvormünder konzipiert worden. Nachträglich wurde in § 158 Abs. 7 S. 2 das Entstehen eines weiteren Vergütungsanspruchs in derselben Höhe für das Tätigwerden des Verfahrensbeistands in der nächsten Instanz eingefügt.[60] Der Vergütungsanspruch entsteht aber nicht bereits durch Einlegung eines Rechtsmittels. Vielmehr soll sichergestellt werden, dass konkret Kindesinteressen auch in der nächst höheren Instanz vertreten werden.[61]

cc) Konsequenzen für das Verfahren

Mit der Bestellung eines Verfahrensbeistands (früher: Verfahrenspfleger) erhofft sich 65
der Familienrichter in der Regel eine Auflockerung einer komplexen Konfliktsituation, indem ein bisher unbeteiligter Dritter aufgrund seiner besonderen Qualifikation – sei es als Psychologe, sei es als Pädagoge – die Stellung des Kindes beleuchtet. Sein Auftauchen vermag Anstoß zu neuen Gesprächen zwischen den Eltern zu geben und damit vorherige **Kommunikationsprobleme** zu lösen, so dass Raum für eine einvernehmliche, am Kindeswohl orientierte Lösung geschaffen wird.[62] Mit seiner unabhängigen Stellung kann er leichter das Vertrauen der Beteiligten gewinnen, und im Rahmen seiner gesetzlichen Aufgabe hat er Gelegenheit, sich vertiefter mit dem betroffenen Kind und seiner Situation zu beschäftigen. Dadurch können die vorherigen Ermittlungen um wichtige Zusatzinformationen ergänzt werden, und das Gericht erhält eine bessere Grundlage für eine spätere Entscheidung. Gleichzeitig erlangt man die Einschätzung einer weiteren Fachkraft, die unter Umständen von der Empfehlung des Jugendamts abweicht, diese unterstützt oder andere Gesichtspunkte in den Vordergrund rückt. Insofern kann der Verfahrenspfleger – eine entsprechende Ausbildung unterstellt – dazu beitragen, dass die Bestellung eines Sachverständigen gar nicht erst erforderlich wird.[63] Es mag außerdem auch Gegenden in Deutschland geben, in denen die Jugend-

---

59 BT-Drucks. 16/9733, 367.
60 Durch das Gesetz zur Modernisierung von Verfahren im anwaltlichen und notariellen Berufsrecht, zur Errichtung einer Schlichtungsstelle der Rechtsanwaltschaft sowie zur Änderung der Verwaltungsgerichtsordnung, der Finanzgerichtsordnung und kostenrechtlicher Vorschriften v. 30.7.2009, BGBl. I, 2449.
61 BT-Drucks. 16/12717, 72.
62 Profitlich/Zivier FPR 2006, 29, 30.
63 Profitlich/Zivier FPR 2006, 29, 30.

ämter personell und sachlich schlecht ausgestattet sind und dem Gericht daher nicht die eigentlich erforderliche Unterstützung zukommen lassen können. In diesen Fällen kann der Verfahrenspfleger diese Lücke füllen.

66 Mit Blick auf die Vergütung der Verfahrensbeistände befürchten Kritiker der FGG-Reform, durch die Aufgabenerweiterung könnten die für die Länder entstehenden **Kosten** erheblich steigen. Dies ist allerdings nicht unbedingt zwingend. Jeder hoch streitige Familienkonflikt im Bereich der elterlichen Sorge oder des Umgangs bringt ein erhebliches Streitpotenzial mit sich, das sich – sofern sich nicht rechtzeitig eine Einigung erzielen lässt – in einer Vielzahl von langjährigen Gerichtsverfahren niederschlagen kann. In Zeiten knapper Kassen werden zunehmend mehr dieser Verfahren durch Prozesskostenhilfe finanziert und verursachen dadurch erhebliche Belastungen bei der Landeskasse. Je intensiver ein solcher Streit geführt wird, desto wahrscheinlicher ist es, dass ein psychologisches Gutachten eingeholt werden muss, das in der Regel deutlich höhere Kosten als ein Verfahrenspfleger verursacht. Ferner führt eine streitige Entscheidung in erster Instanz leider häufig zu keiner endgültigen Befriedung der Familiensituation. Stattdessen werden die Verfahren in zweiter Instanz fortgeführt – in seltenen Fällen sogar mit einem weiteren Gutachten – und erst dort beendet. Im schlimmsten Fall beginnt – da Rechtskraft in Sorge- und Umgangsverfahren nicht eintritt – nach wenigen Monaten das nächste Verfahren mit dem Ziel, die bisherigen Regelungen abzuändern oder einen weiteren Schauplatz der Auseinandersetzung zu eröffnen. Ganz abgesehen davon, dass ein solches Szenario für die betroffenen Kinder (und auch für ihre Eltern) sicherlich die schlechteste Variante darstellt, ist eine Vielzahl von langen Gerichtsverfahren auch schlicht teuer. Für die Landeskasse wäre es in solchen Fällen stattdessen günstiger, wenn bereits im Ausgangsverfahren durch den intensiveren Einsatz eines Verfahrenspflegers oder „Verfahrensbeistands" der noch junge Konflikt einvernehmlich gelöst und dadurch das Gericht entlastet werden könnte. Vor diesem Hintergrund erscheint daher die geplante Gesetzesänderung nicht nur im Interesse der Kinder zu liegen, sondern auch für die Arbeit der Gerichte willkommen zu sein.[64]

67 Andererseits ist zu berücksichtigen, dass das hochstreitige familiengerichtliche Verfahren nicht den **Regelfall** darstellt. Bei „normal" verlaufenden Verfahren darf auch die Frage erlaubt sein, ob nicht die Gefahr besteht, dass sich der Richter dann darauf verlässt, dass der Verfahrenspfleger die Rechte des Kindes wahrnimmt und die Fürsorge für das Wohl des Kindes leidet. Zu begrüßen ist jedenfalls die Unanfechtbarkeit der Anordnung der Verfahrensbeistandschaft.

f) Die Anhörung des Kindes und der Eltern

68 Als in aller Regel unverzichtbares Mittel der **Sachaufklärung** hält das FamFG (§§ 159–161) die schon im bisherigen Recht (§§ 50a–c FGG) vorgesehenen Pflichten des Gerichts zur Anhörung des Kindes, der Eltern und gegebenenfalls der Pflegeperson aufrecht. Dabei wird die Bedeutung der (in der Regel persönlichen) Anhörung des Kindes durch einen geänderten Aufbau der Norm des § 159 FamFG gegenüber § 50 b FGG und rein optisch auch dadurch noch mehr betont, dass das FamFG die Norm über die Kindesanhörung nunmehr vor derjenigen über die Elternanhörung an die erste Stelle

---

64 Profitlich/Zivier FPR 2006, 29, 32.

rückt.⁶⁵ Der in § 159 Abs. 1 an den Anfang gestellte Grundsatz, dass das Gericht ein Kind ab der Vollendung des 14. Lebensjahrs in Verfahren, die nicht ausschließlich sein Vermögen betreffen, immer persönlich anhören muss (Ausnahme nur bei schwerwiegenden Gründen, Abs. 3), wird im neuen Recht besonders betont.

Die Bestimmung in § 159 Abs. 4 S. 3 stellt klar, dass im Regelfall ein **Anwesenheitsrecht** des Verfahrensbeistands bei der persönlichen Anhörung des Kindes besteht. Die Anwesenheit des Verfahrenspflegers soll dem Kind helfen, die für ihn ungewohnte und möglicherweise als bedrohlich empfundene Anhörungssituation zu meistern und sich den Fragen des Gerichts zu öffnen. Insofern ist das freie Ermessen des Gerichts bei der Gestaltung der persönlichen Anhörung eingeschränkt. Der Verfahrensbeistand ist daher zu dem Anhörungstermin zu laden.⁶⁶ Der Bundesrat hatte sogar gefordert, dass von einer persönlichen Anhörung des Kindes Abstand genommen werden sollte, wenn ein Verfahrenspfleger für das Kind bestellt ist. Die persönliche Anhörung sei immer mit einer erheblichen Belastung des Kindes verbunden. Wenn ein Verfahrensbeistand bestellt ist, habe dieser nach § 158 Abs. 4 S. 1 das Interesse des Kindes festzustellen und im gerichtlichen Verfahren zur Geltung zu bringen. Die zusätzliche persönliche Anhörung durch das – dem Kind fremde – Gericht erscheine zur weiteren Aufklärung dann nicht erforderlich, könne jedoch erheblich zur Belastung des Kindes beitragen. Die Formulierung als Ermessensentscheidung halte die Möglichkeit der persönlichen Anhörung des Kindes trotz Verfahrensbeistandschaft offen.⁶⁷ Diesem Änderungsantrag ist der Deutsche Bundestag zwar nicht gefolgt. Trotzdem kann nach dem Gesetzeswortlaut die Anhörung in für das Kind unpassenden Fällen sehr kurz gehalten werden. § 159 Abs. 4 S. 1 und 2 fordert nämlich nur altersgerechte Information über das Verfahren und die Gelegenheit des Kindes zur Äußerung.

69

Die wichtigste Änderung enthält jedoch § 159 Abs. 4 S. 4: Danach steht die Gestaltung der persönlichen Anhörung des Kindes – abgesehen von den Geboten, das Kind in geeigneter, altersentsprechender Weise zu informieren und ihm Gelegenheit zu geben, sich zu äußern – im Ermessen des Gerichts. Das wurde zwar schon bisher zum geltenden Recht überwiegend für richtig gehalten. Die Ermessensfreiheit ins Gesetz zu schreiben, steigert aber die Fähigkeit des Gerichts, die für angemessen gehaltene Gestaltung der **Kindesanhörung** (zB in Abwesenheit der Eltern und ihrer Anwälte) ohne Schwierigkeiten durchzusetzen.⁶⁸

70

§ 160 schreibt vor, dass die Eltern in der Regel in Verfahren angehört werden müssen, die ihr Kind betreffen. In Verfahren nach §§ 1666 und 1666a BGB, die am stärksten in das Sorge- und Umgangsrecht eingreifen, ist dies zwingend vorgeschrieben. Von der Anhörung darf nur aus **schwerwiegenden Gründen** abgesehen werden (vgl § 160 Abs. 3).

71

---

65 Jaeger FPR 2006, 410, 412.
66 BT-Drucks. 16/9733, 367.
67 BR-Drucks. 309/07, 46.
68 Jaeger FPR 2006, 410, 414.

g) Mitwirkung Dritter
aa) Ziel des Gesetzgebers

72 Das neue Verfahren in Familiensachen setzt bei der Suche nach einer einvernehmlichen **Konfliktlösung** zum Wohl des Kindes verstärkt auf die fachkundige Hilfe Dritter, die aufgrund ihrer persönlichen Stellung (etwa Pflegeeltern) oder aufgrund ihrer beruflichen Qualifikation besonders befähigt sind, den Eltern Wege aufzuzeigen, wie sie dem Wohl ihres Kindes oder ihrer Kinder am besten entsprechen können. Dabei ist eine Kooperation der einzelnen Verfahrensbeteiligten wünschenswert, die auch schon im Rahmen des sog. Cochemer Modells zu Erfolgen geführt hat.[69]

73 Als dritte Personen, die bei Kindschaftsverfahren mitwirken können, kommen Pflegepersonen, Verfahrensbeistand, Umgangspfleger, das Jugendamt und Sachverständige in Betracht, denen nach dem neuen FamFG jeweils auch eine **Vermittlerrolle** zur Schlichtung von Streitigkeiten innerhalb der Familie übertragen wird.

bb) Die Pflegeperson

74 Die Beteiligungsmöglichkeiten von Pflegepersonen – zum Beispiel Pflegeeltern – am Verfahren wird erweitert.[70] Nach § 161 Abs. 1 S. 1 kann das Gericht in Verfahren, die die Person des Kindes betreffen, die Pflegeperson im Interesse des Kindes als Beteiligte hinzuziehen, wenn das Kind seit längerer Zeit in Familienpflege lebt. Dies gilt nach § 161 Abs. 1 S. 2 auch dann, wenn das Kind aufgrund einer Entscheidung nach § 1682 BGB bei dem dort genannten Ehegatten, Lebenspartner oder **Umgangsberechtigten** lebt.

75 Daneben sind selbstverständlich auch der von einem Gericht bestellte Verfahrensbeistand und/oder der Umgangspfleger zu beteiligen. Ein **Umgangspfleger** ist etwa dann zu bestellen, wenn aufgrund des Konflikts in der akuten Trennungssituation die Eltern nicht in der Lage sind, die Übergabemodalitäten beim Umgang einzuhalten. Diese Situation kann dadurch entschärft werden, dass der Umgangspfleger Zeit und Ort der Übergabe des Kindes festlegt, dieses von dem betreuenden Elternteil abholt, dem umgangsberechtigten Elternteil übergibt und später zurückbringt.

cc) Das Jugendamt

76 Für ein sinnvoll ausgestaltetes, kinderorientiertes, familiengerichtliches Verfahren ist die Möglichkeit der **Mitwirkung** des Jugendamtes unerlässlich.[71]

77 Als Mittel der **Sachaufklärung** verbleibt es daher bei der zwingenden Anhörung des Jugendamtes, wobei die Aufzählung der von der Anhörungspflicht erfassten Verfahrensgegenstände in § 49a Abs. 1 FGG durch eine allgemeine Bezeichnung ersetzt werden soll:

78 Das Gericht muss nach § 162 Abs. 1 künftig in allen Verfahren, die „die Person des Kindes betreffen", das Jugendamt anhören. Mit dieser allgemeinen Bestimmung sollen nicht nur die Verfahren über die elterliche Sorge oder die Personensorge, sondern alle Kindschaftssachen, die das Kind als Person betreffen, also nicht ausschließlich vermö-

---

69 Willutzki ZKJ 2006, 224, 226.
70 Pressemitteilung des BMJ vom 27.6.2008.
71 Willutzki ZKJ 2006, 224, 228.

gensrechtlicher Art sind, erfasst werden. Aus dieser Verallgemeinerung der Bezeichnung folgt zugleich eine gewisse Erweiterung der von der **Anhörungspflicht** betroffenen Verfahren.[72] Außerdem soll dem Jugendamt selbst die Befugnis gegeben werden, den Kreis der Beteiligten zu erweitern: Es ist an allen in § 162 Abs. 1 S. 1 bezeichneten Verfahren auf seinen Antrag hin zu beteiligen (vgl § 162 Abs. 2). Auch ohne eine solche formelle Beteiligung soll das Jugendamt in allen Kindschaftssachen, in denen es gem. § 162 Abs. 1 S. 1 anzuhören war, gegen Entscheidungen des Gerichts zur sofortigen Beschwerde nach § 162 Abs. 3 S. 2 berechtigt sein. Allein aufgrund der Anhörung wird das Jugendamt allerdings noch nicht zum Verfahrensbeteiligten. Es hat somit die Möglichkeit, bewusst auf eine Verfahrensbeteiligung verzichten zu können. Für die Regelung, das Jugendamt nur auf Antrag zum Verfahrensbeteiligten zu machen, war die Überlegung maßgeblich, dass die ausnahmslose Beteiligung das Verfahren schwerfälliger machen und einen unnötigen Arbeitsaufwand für Gerichte und Jugendämter bedeuten könnte.[73] Wenn auch für das Jugendamt dieses Wahlrecht aufgrund der bestehenden knappen Kapazitäten sinnvoll erscheint, so wird erst die Praxis erweisen, ob sich dies für den Einzelfall bewährt.

Aufgrund des in § 162 Abs. 2 ausdrücklich normierten Erfordernisses eines **Beteiligungsantrags** wird dieser wohl Voraussetzung für eine Beteiligtenstellung sein. Ob ein Sach- und Verfahrensantrag des Jugendamtes ausreicht, ist nach der Gesetzesformulierung zweifelhaft. Dieser könnte allenfalls als konkludenter Antrag auf Verfahrensbeteiligung interpretiert werden.[74] Diese Frage wird allerdings mit letzter Gewissheit die gerichtliche Praxis zu klären haben.

dd) Der Sachverständige

Mit dem Sachverständigen soll sich nach dem Willen des Gesetzgebers künftig eine weitere Profession effektiv an einem kindeswohlorientierten Verfahren beteiligen. Zwar geht das FamFG wie bisher davon aus, dass die Rechtsstellung des Gutachters sich auch in Familiensachen nach den §§ 402 ff ZPO richtet, also grundsätzlich kein Unterschied zwischen einem Gutachter in einem normalen Zivilverfahren und in einem Familien- und Kindschaftsverfahren besteht.[75] Aber das FamFG bringt jedenfalls für das kindschaftsrechtliche Verfahren zwei **Modifikationen**, die, wenn auch sehr unterschiedlicher Natur, in einer Vorschrift, dem § 163, zusammengefasst worden sind.[76]

Zum einen möchte der Gesetzgeber in Zukunft den psychologischen **Sachverständigen** zusätzlich zur Begutachtung eine Vermittlerrolle übertragen. In § 163 Abs. 2 ist bestimmt, dass das Gericht anordnen kann, dass der Sachverständige bei der Erstellung des Gutachtenauftrags auch auf die Herstellung des Einvernehmens zwischen den Beteiligten hinwirken soll. Teilweise wird kritisiert, dass der Sachverständige dadurch seine Funktion als unparteiischer Beobachter verliere, der dem Gericht eine möglichst objektive Beschreibung der Verhältnisse liefert. Eine Befolgung eines Auftrags entspre-

---

72 So zutreffend Jaeger FPR 2006, 410, 412 f.
73 Willutzki ZKJ 2006, 224, 228.
74 Vgl Jaeger FPR 2006, 410, 412.
75 Willutzki ZKJ 2006, 224, 228.
76 Willutzki ZKJ 2006, 224, 228.

chend dem § 163 Abs. 2 könne daher eine Ablehnung des Sachverständigen wegen Besorgnis der Befangenheit rechtfertigen.[77]

82 Eine weitere Modifikation besteht in Ausprägung des **Beschleunigungsgebots** darin, dass das Gericht – anders als in § 411 ZPO – stets anordnet, dass mit der schriftlichen Begutachtung in einer Kindschaftssache dem Sachverständigen zugleich eine Frist für die Einreichung des Gutachtens gesetzt wird (§ 163 Abs. 1).[78] Die Regelung, dass die Fristsetzung zugleich mit der Anordnung der Begutachtung vorgenommen werden muss, hat den Sinn, dass der Sachverständige dann sofort bei Eingang des Auftrags prüfen und entscheiden kann, ob es ihm möglich sein wird, innerhalb der gesetzten Frist voraussichtlich den Gutachtenauftrag zu erledigen oder aber, wenn er Zweifel daran hat, das Gericht frühzeitig informieren kann.[79] Grundsätzlich ist das Anliegen des Gesetzgebers zu begrüßen. In der Praxis wird sich allerdings meines Erachtens das Problem stellen, dass die Möglichkeit der Fristsetzung eher theoretischer Natur ist, da nicht überblickbar sein wird, in welchem Zeitraum die Gutachtenerstattung insgesamt erfolgen kann.

83 Die Bestimmung in § 163 Abs. 3 bewirkt, dass die in § 30 Abs. 3 begründeten Verpflichtungen des Gerichts zur Durchführung einer förmlichen **Beweisaufnahme** in Kindschaftssachen nicht dazu führt, dass das Kind als Zeuge vernommen wird. Hierdurch soll eine zusätzliche Belastung des Kindes, dessen Anhörung nach § 159 kein Akt der förmlichen Beweisaufnahme ist, durch eine Befragung als Zeuge in Anwesenheit der Eltern und anderer Beteiligter ausgeschlossen werden.[80]

ee) Die Ablehnung des Sachverständigen

84 In den FamG-Sachen ist regelungstechnisch – ohne dass dies praktische Auswirkungen hätte – zu unterscheiden: In den sog. Ehesachen (Legaldefinition: § 121) und den sog. Familienstreitsachen (Legaldefinition: § 112) kommt § 406 ZPO über die in § 113 Abs. 1 S. 2 FamFG enthaltene Verweisung zur Anwendung. Wegen der Spezialnorm des § 113 Abs. 1 S. 1 gilt § 30 Abs. 1 (Verweisung auf die ZPO-Vorschriften im Falle förmlicher Beweisaufnahme) hier nicht. Anders ist es in den übrigen Familiensachen (das sind die in § 111 genannten unter Ausnahme der vorgenannten Ehe- und Familienstreitsachen). Dort findet § 406 ZPO in Folge der Verweisung des § 30 Abs. 1 Anwendung. Allerdings erfasst die Verweisung jeweils nur die Vorschriften der ZPO, die sich spezifisch mit der Ablehnung des Sachverständigen befassen und als solche im FamFG nicht geregelt sind. Das sind vor allem die §§ 406 und 41 f ZPO.[81]

85 Die Möglichkeit, den Sachverständigen wegen der Besorgnis der **Befangenheit** abzulehnen, beruht auf seiner Austauschbarkeit einerseits und seiner Stellung als unabhängiger Helfer des Gerichts andererseits. Wie beim Richter soll schon der Anschein der Parteilichkeit oder Unsachlichkeit des Sachverständigen vermieden werden. Schließlich ist nicht zu übersehen, dass der Sachverständige regelmäßig erheblichen Einfluss auf

---

77 Flügge FPR 2008, 1.
78 Jaeger FPR 2006, 410, 413.
79 Willutzki ZKJ 2006, 224, 228.
80 BT-Drucks. 16/9733, 367.
81 Völker FPR 2008, 287 f.

das Verfahrensergebnis hat.[82] Nach § 406 Abs. 1 S. 1 ZPO kann ein Sachverständiger aus denselben Gründen abgelehnt werden, aus denen ein Richter abgelehnt werden kann. Damit wird auf § 41 ZPO (absolute Befangenheitsgründe) und § 42 ZPO (relative Ablehnungsgründe) verwiesen. Allerdings ist gem. § 406 Abs. 1 S. 2 ZPO von dieser Verweisung § 41 Nr. 5 ZPO ausgenommen. Folglich kann ein Sachverständiger nicht abgelehnt werden, soweit er in derselben Sache als bloßer oder (§ 414 ZPO) sachverständiger Zeuge vernommen worden ist. Als solcher kann sogar der erfolgreich abgelehnte Sachverständige vernommen werden.[83] Nach § 406 Abs. 5 Hs 1 ZPO findet gegen den die Ablehnung für begründet erklärenden Beschluss kein Rechtsmittel statt.

h) Inhalt eines etwaigen Sachverständigengutachtenauftrags

Die Funktion des Gutachtens im geltenden Recht besteht darin, den fehlenden Sachverstand des Richters bei bestimmten entscheidungserheblichen Tatsachen durch den Sachverstand des Gutachters auszugleichen. Der Sachverständige hat sein Gutachten zu den im **Beweisbeschluss** bezeichneten Punkten zu erstatten, wobei das Gericht bei streitigem Sachverhalt zu bestimmen hat, welche Tatsachen der Begutachtung zugrunde zu legen sind. Es ist davon auszugehen, dass die gerichtliche Beweisfrage üblicherweise so gestellt wird, welcher Elternteil zur Wahrnehmung der elterlichen Sorge besser geeignet oder in welchem Umfang ein Umgang des Kindes mit dem anderen Elternteil zu empfehlen sei.

86

In der Gesetzesbegründung wird die Auffassung vertreten, dass sich derartige Gutachtenaufträge in der **Praxis** nur als eingeschränkt brauchbar erwiesen haben.

87

Daraus wird die Konsequenz gezogen, dass in den Kindschaftssachen der herkömmliche **Gutachtenauftrag** mit den entsprechenden Beweisfragen künftig um den Auftrag an den Gutachter ergänzt werden kann, auf das Einvernehmen der Eltern hinzuwirken. Dabei könne der Sachverständige die Eltern zunächst über die negativen psychologischen Auswirkungen der Trennung auf die Familienmitglieder aufklären und dadurch bei den Eltern die Sensibilität für die abweichenden Bedürfnisse der Kinder und deren psychologische Situation wecken.[84] Dieser Ansatz stößt in der Literatur vielfach zu Recht auf Kritik. Der Auftrag an den Sachverständigen, auch auf eine Einigung hinzuwirken, kann nämlich nicht alleine erteilt werden, sondern nur ergänzend zu dem eigentlichen Gutachtenauftrag. Daraus folgt aber logisch zwingend, dass er in allen Fällen, in denen der Vermittlungsversuch des Gutachters scheitert, dann verpflichtet ist, ein herkömmliches diagnostisches Gutachten zu erstellen, das die ihm aufgegebenen Beweisfragen klärt und beantwortet. Hier wird dem Gutachter ein Rollenwechsel zwischen der Funktion eines Mediators zu der des klassischen Gutachters abverlangt, die sehr problematisch erscheint. Dies gilt insbesondere auch für die Eltern, die mit diesem Rollenwechsel konfrontiert werden und den Gutachter letztendlich in einer ganz anderen Rolle erleben.[85] Außerdem steht der Gutachterauftrag, auf die Herstellung eines Einvernehmens zwischen den Beteiligten hinzuwirken (s. Rn 81), im Widerspruch zu der eigentlichen

88

---

82 BLAH/Hartmann § 406 ZPO Rn 2.
83 Völker FPR 2008, 287, 288.
84 Willutzki ZKJ 2006, 224, 229.
85 Willutzki ZKJ 2006, 224, 229.

Aufgabe eines Sachverständigen und erhöht das Risiko einer Ablehnung durch die Beteiligten.[86]

i) Die gerichtliche Entscheidung
aa) Grundsatz

89 Hinsichtlich der Entscheidungsform durch Beschluss gelten die **allgemeinen Regelungen** der §§ 38–48. In Kindschaftssachen sind darüber hinaus die Vorschriften der §§ 164–168 zu beachten.

bb) Bekanntgabe an das Kind

90 Nach § 164 S. 1 ist die Entscheidung, gegen die das Kind das Beschwerderecht ausüben kann, dem Kind selbst bekannt zu machen, wenn es das **14. Lebensjahr** vollendet hat und nicht geschäftsunfähig ist.

91 Gem. § 164 S. 2 soll dem Kind eine Begründung nicht mitgeteilt werden, wenn **Nachteile** für dessen Entwicklung, Erziehung oder Gesundheit zu befürchten sind.

cc) Das Vermittlungsverfahren

92 Trotz des Mauerblümchendaseins des damaligen § 52 a FGG findet sich im FamFG unverändert in § 165 eine Vorschrift über das Vermittlungsverfahren, welches mit der damaligen Regelung des § 52 a FGG nahezu identisch ist. Sie wurde lediglich redaktionell ausdrücklich dahingehend ergänzt, dass dem Vermittlungsverfahren nicht nur eine gerichtliche Entscheidung, sondern auch ein gerichtlich gebilligter Vergleich vorangehen kann.[87] Gem. § 165 Abs. 1 FGG vermittelt das Familiengericht zwischen den Eltern, wenn ein Elternteil geltend macht, dass der andere Elternteil die Durchführung einer gerichtlichen Entscheidung oder eines gerichtlich gebilligten Vergleichs über den Umgang mit dem gemeinschaftlichen Kind vereitelt oder erschwert und einer der Eltern auch einen Vermittlungsantrag bei Gericht stellt. Aus dem Gesetzestext ergibt sich zweifelsfrei, dass lediglich die um den **Umgang** streitenden Eltern berechtigt sind, einen Vermittlungsantrag bei Gericht zu stellen, nicht jedoch die weiteren an einem gerichtlichen Umgangsverfahren Beteiligten, wie beispielsweise die betroffenen, über 14 Jahre alten Kinder, Verfahrenspfleger oder das Jugendamt. Auch von Amts wegen, so etwa bei Kenntniserlangung von Problemen über das Jugendamt, kann das Gericht ein Vermittlungsverfahren nicht einleiten, was hingegen für ein Umgangsverfahren nach § 1648 BGB zwar ungewöhnlich, aber rechtlich möglich wäre.[88] Weiterhin kommt ein Vermittlungsverfahren nur dann in Betracht, wenn bereits eine gerichtliche Verfügung über den Umgang vorliegt. Dies schließt die Anwendung des § 165 aus, wenn die Eltern erstmals über die Ausübung des Umgangs streiten oder bislang lediglich eine außergerichtliche Regelung, sei es auch unter Vermittlung des Jugendamtes, getroffen hatten. Außerdem ist erforderlich, dass es sich hierbei um eine vollstreckbare Entscheidung des Familiengerichts handeln muss. Dies war auch schon bei der alten Rechtslage nach § 52 a FGG herrschende Meinung.[89]

---

86 Flügge FPR 2008, 1.
87 Maier FPR 2007, 301, 303.
88 Maier FPR 2007, 301.
89 Maier FPR 2007, 301 f.

Nach § 165 Abs. 2 S. 1 lädt das Gericht die Eltern unverzüglich zu einem **Vermitt-** 93
lungstermin. Zu diesem Termin ordnet das Gericht – damit das Vermittlungsverfahren
Sinn macht – das persönliche Erscheinen der Eltern an. In diesem Termin ist nach
§ 165 Abs. 3 die Bedeutung des Umgangsrechts für das Wohl des Kindes zu thematisieren und die Rechtsfolgen bei einer Umgangsvereitelung.

Nach § 165 Abs. 4 soll das Gericht darauf hinwirken, dass die Eltern **Einvernehmen** 94
über die Ausübung des Umgangs erzielen. Ein gerichtlich gebilligter Vergleich tritt in
diesem Fall an die Stelle der bisherigen Umgangsregelung.

Ähnlich wie im Gütetermin eines allgemeinen Zivilverfahrens stellt das Gericht nach 95
§ 165 Abs. 5 durch nicht anfechtbaren Beschluss fest, wenn weder eine einvernehmliche
Regelung des Umgangs noch Einvernehmen über eine nachfolgende Inanspruchnahme
außergerichtlicher Beratung erreicht wurde. In diesem Fall prüft das Gericht, ob **Ord-**
nungsmittel ergriffen, Änderungen der Umgangsregelung vorgenommen oder Maßnahmen in Bezug auf die Sorge ergriffen werden sollen. Im letzten Satz des § 165
Abs. 5 wird angeordnet, dass die Kosten des Vermittlungsverfahrens als Teil der Kosten
des anschließenden Verfahrens behandelt werden, wenn ein entsprechendes Verfahren
von Amts wegen oder auf einen binnen einen Monats gestellten Antrag eines Elternteils
eingeleitet wird.

In der **Praxis** ist zu erwarten, dass die Vorschrift des § 165 zunehmend in die Bedeu- 96
tungslosigkeit absinken wird, nachdem die tatsächliche Entwicklung in Sorge- und
Umgangsstreitigkeiten eher weg von der gerichtlichen und hin zu einer außergerichtlichen Mediation bzw Beratung tendiert.[90] Dies zeigen die Bemühungen um eine einvernehmliche **Streitschlichtung** im Rahmen des immer häufiger vor Gerichten angewendeten sog. „Cochemer Modells".

dd) Überprüfung von Entscheidungen und Vergleichen

Nach § 166 Abs. 1 gilt der Grundsatz, dass das Gericht eine Entscheidung oder einen 97
gerichtlichen Vergleich nach Maßgabe des § 1696 BGB ändert. Danach hat das Familiengericht seine Anordnung zu ändern, wenn dies aus Gründen des **Kindeswohls** angezeigt ist (vgl § 1696 Abs. 1 BGB). Außerdem sind Maßnahmen nach §§ 1666
und 1667 BGB aufzuheben, wenn eine Gefahr für das Wohl des Kindes nicht mehr
besteht (vgl § 1696 Abs. 2 BGB).

In § 166 Abs. 2 wird – wie bisher in § 1696 Abs. 3 BGB – angeordnet, dass lange an- 98
dauernde Kinderschutzmaßnahmen (auf der Grundlage des SGB VIII) in angemessenen
Zeitabständen zu **überprüfen** sind. Damit wurde der bisherige § 1696 Abs. 3 aus dem
BGB herausgelöst und in das FamFG integriert.[91] Entsprechendes gilt, wenn von einer
Maßnahme nach den §§ 1666–1667 BGB abgesehen wurde (vgl § 166 Abs. 3). Dort
wird eine Überprüfung nach drei Monaten als Regelfall vorgesehen.[92] Dies wird zum
Teil in der Literatur kritisiert, da aufgrund der Regelung die Zurückhaltung des Ju-
gendamtes wachse, sich mit dem Fall zu befassen. Zum anderen bestehe die Gefahr,

---

90 Maier FPR 2007, 301, 303.
91 Jaeger FPR 2006, 410, 413.
92 Borth FamRZ 2007, 1925, 1933.

dass die Eltern sich durch die Entscheidung des Gerichts bestätigt fühlen und nicht mehr bereit sind, die Hilfe des Jugendamtes anzunehmen.[93] Dem ist teilweise zuzustimmen. Das Jugendamt ist im Alltag näher an den Problemfamilien als das Gericht und kann Gefahren besser einschätzen. Eine Dauerkontrolle durch das Gericht ist nicht sinnvoll und aufgrund der gesetzlichen Regelung auch nicht erforderlich.

ee) Vollstreckung von Entscheidungen

99 Das Vollstreckungsverfahren ist – wie oben erwähnt – in den §§ 86–96a geregelt. In Kindschaftssachen ist vor allem der Unterabschnitt 2 (Vollstreckung von Entscheidungen über die Herausgabe von Personen und Regelungen des Umgangs) von Relevanz. Die Vorschriften regeln den besonders problematischen Bereich der Vollstreckung in Sorge- (Herausgabe-) und Umgangsverfahren. Eine **Besonderheit** ist, dass nach § 88 Abs. 2 das Jugendamt dem Gericht bei der Vollstreckung in geeigneten Fällen Unterstützung leistet.

100 § 89 weicht insoweit von § 33 FGG ab, als an Stelle von Zwangsmitteln **Ordnungsmittel** verhängt werden können. In Betracht kommen Ordnungsgeld, ersatzweise Ordnungshaft, oder sogleich Ordnungshaft, wenn die Anordnung eines Ordnungsgeldes keinen Erfolg verspricht.[94] Da Ordnungsmittel nicht nur Beuge-, sondern auch Sanktionscharakter haben, dürfen sie noch festgesetzt und vollstreckt werden, wenn die geschuldete Handlung wegen Zeitablauf nicht mehr vorgenommen werden kann.[95] Nach § 89 Abs. 1 kann das Gericht bei der Zuwiderhandlung gegen einen Vollstreckungstitel zur Herausgabe von Personen und zur Regelung des Umgangs gegenüber den Verpflichteten ein **Ordnungsgeld** erlassen, für den Fall, dass dies nicht beigetrieben werden kann oder keinen Erfolg verspricht sogar Ordnungshaft. Eine Besonderheit ist, dass die Ordnungsmittel auch noch nach erfolgter Verletzung des Umgangsrechts verhängt werden können.[96]

Dies verdeutlicht etwa folgendes Beispiel: Entgegen vorheriger Vereinbarung lässt eine Mutter das Kind über Ostern nicht zum getrennt lebenden Vater gehen. Wegen der Feiertage verhängt das Gericht erst nach Ostern ein **Ordnungsgeld** von 200 EUR gegen die Frau. Diesen Betrag muss sie zahlen, obwohl das Kind Ostern nicht mehr beim Vater verbringen kann. Das wird die Mutter davon abhalten, sich auch zukünftig nicht an solche Absprachen zu halten. Anders verhält es sich mit dem bislang verhängten Zwangsgeld. Dieses kann nur angeordnet werden, solange sich die Verpflichtung auch tatsächlich durchsetzen lässt – also nur während der Ostertage, was in der Praxis schwierig sein dürfte.

101 **Unmittelbarer Zwang** kann gem. § 90 aufgrund einer gesonderten Entscheidung angeordnet werden, wenn die Festsetzung des Ordnungsmittels erfolglos geblieben ist oder keinen Erfolg verspricht oder eine alsbaldige Vollstreckung der Entscheidung unbedingt erforderlich ist. Die Vorschrift ist Ausdruck des Verhältnismäßigkeitsprinzips, welches auch bei einer Anordnung nach § 33 FGG zu beachten war. In § 90 Abs. 2 ist die Anwendung unmittelbaren Zwangs gegen das Kind geregelt. Die ehemalige Regelung des § 33 Abs. 2 S. 2 FGG wurde als unzureichend bezeichnet, weil ausdrücklich nur die Gewaltanwendung zur Erzwingung des Umgangsrechts angesprochen wurde. Zu die-

---

[93] Fellenberg FPR 2007, 125, 127.
[94] Giers FGPrax 2006, 195, 196.
[95] BGH NJW 2004, 506, 509.
[96] Staudinger/Rauscher § 1684 BGB Rn 225.

IV. Verfahrensrechtliche Besonderheiten

sem Zweck wird unmittelbarer Zwang nach § 90 Abs. 2 nicht mehr zugelassen. Unmittelbarer Zwang gegen ein Kind ist nach der Neuregelung nur zulässig, wenn dies unter Berücksichtigung des Kindeswohls gerechtfertigt ist und eine Durchsetzung mit milderen Mitteln nicht möglich ist.[97] Diese Voraussetzungen werden nur in den seltensten Ausnahmefällen vorliegen, wenn etwa ein Kind sich gegen seinen eigenen Willen bzw sein eigenes Interesse bei einem Elternteil aufhält. Hier wäre eine genauere Regelung von Voraussetzungen wünschenswert, etwa auch eine Berücksichtigung des Alters des Kindes.

In § 91 sind die Voraussetzungen der **Wohnungsdurchsuchung** geregelt, die natürlich einen richterlichen Durchsuchungsbeschluss erfordert. **102**

Nach § 92 Abs. 1, der das **Vollstreckungsverfahren** regelt, ist der Verpflichtete vor der Festsetzung des Ordnungsmittels zu hören. Das gilt auch vor der Anordnung unmittelbaren Zwangs, sofern die Vollstreckung dadurch nicht vereitelt oder wesentlich erschwert wird.[98] Mit der Festsetzung von Ordnungsmitteln sind dem Verpflichteten gem. Abs. 2 die Kosten des Verfahrens aufzuerlegen. Abs. 3 der Vorschrift bestimmt, dass vor der Festsetzung von Ordnungsmitteln oder der Androhung unmittelbaren Zwangs ein Vermittlungsverfahren nach § 165 nicht durchgeführt werden muss und Ordnungsmittel bzw unmittelbarer Zwang auch neben einem solchen Verfahren festgesetzt bzw angedroht werden können. Bisher war streitig, ob das Vermittlungsverfahren dem Antrag nach § 33 FGG vorgeht.[99] **103**

§ 93 regelt die Fälle, bei denen eine **Vollstreckungseinstellung** in Betracht kommt, v. a. bei Durchführung eines Vermittlungsverfahren nach § 165, aber auch bei Rechtsmitteln gegen die zu vollstreckende Entscheidung. In § 93 Abs. 2 wird Bezug genommen auf die Vorschriften der §§ 775 Nr. 1 und 2, 776 ZPO, die die Aufhebung von Vollstreckungsmaßregeln und die Beschränkung der Vollstreckung regeln. Bei der Kindesherausgabe hätte sich auch angeboten, dem Gerichtsvollzieher in entsprechender Anwendung von § 765 a Abs. 2 ZPO zu gestatten, im Fall einer nicht vorhersehbaren Änderung der Situation die Vollstreckung einzustellen.[100] Eine solche Verweisung ist leider unterblieben. **104**

Es stellt sich daher an dieser Stelle die Frage, ob aus prozesstaktischen Erwägungen Rechtsmittel gegen die gerichtliche Entscheidung eingelegt werden oder die Durchführung eines Vermittlungsverfahrens beantragt werden soll, um eine Einstellung der Vollstreckung zu erreichen. Es könnte etwa folgender prozessualer **Antrag** gestellt werden: **105**

Es wird die Durchführung eines Vermittlungsverfahrens nach § 165 FamFG beantragt. Um eine gütliche Einigung nicht zu gefährden, bitte ich, die Vollstreckung aus der Entscheidung vom ... nach § 93 Abs. 1 Nr. 5 FamFG einstweilen einzustellen.

§ 94 bestimmt, dass das Gericht anordnen kann, dass der Verpflichtete eine **eidesstattliche Versicherung** über den Verbleib der herauszugebenden Person (in der Regel das Kind) abzugeben hat, wenn diese nicht vorgefunden wird. **106**

---

97 Giers FGPrax 2006, 195, 196.
98 Giers FGPrax 2006, 195, 196.
99 OLG Zweibrücken FamRZ 2000, 299 dafür und OLG Bamberg FamRZ 2001, 169 dagegen.
100 Giers FGPrax 2006, 195, 196.

Sommer

j) Sonstiges
aa) Überblick

107 In den §§ 167 ff sind noch einige **Besonderheiten** bei den Verfahren in Kindschaftssachen geregelt, die dem Gesetzesleser nicht unmittelbar ins Auge springen, aber an dieser Stelle trotzdem Erwähnung finden sollen. Es geht um die Unterbringung Minderjähriger, Zahlungen des Mündels an die Staatskasse bzw den Vormund und die Mitteilungspflichten des Standesamts.

bb) Anwendbare Vorschriften bei Unterbringung Minderjähriger

108 Die mit einer Freiheitsentziehung verbundene („geschlossene") Unterbringung eines Minderjährigen durch den Personensorgeberechtigten bedarf nach § 1631 b S. 1 BGB der familiengerichtlichen **Genehmigung**. Bislang sind die Voraussetzungen dieser Genehmigung inhaltlich wenig bestimmt. Dies ist mit Blick auf den damit verbundenen erheblichen Eingriff in die Freiheitsrechte des Minderjährigen problematisch. Nach § 1631 b S. 2 BGB ist die Unterbringung zulässig, wenn sie zum Wohl des Kindes, insbesondere zur Abwendung einer erheblichen Selbst- oder Fremdgefährdung, erforderlich ist und der Gefahr nicht auf andere Weise, auch nicht durch andere öffentliche Hilfen, begegnet werden kann. Die Konkretisierung soll klarstellen, dass die „geschlossene" Unterbringung aus Gründen des Kindeswohls, insbesondere einer erheblichen Selbst- oder Fremdgefährdung, erforderlich und verhältnismäßig sein muss; insbesondere ist der Vorrang anderer öffentlicher Hilfen zu beachten.[101] Durch die Konkretisierung sollen vor allem Unsicherheiten der Praxis darüber ausgeräumt werden, in welchem Verhältnis die geschlossene Unterbringung zu anderen öffentlichen Hilfen steht.[102] Da die geschlossene Unterbringung erheblich in die Freiheitsrechte des Kindes eingreift, kommt sie nur als letztes Mittel und für die kürzeste angemessene Zeit in Betracht.

109 Das Gesetz regelt darüber hinaus die **Qualifikationsanforderungen** für den Sachverständigen neu, der das nach § 70 e FGG vor einer Unterbringung einzuholende Gutachten erstellt. Danach soll das Gericht in der Regel einen Arzt für Kinder- und Jugendpsychiatrie beauftragen; im Ausnahmefall kann es aber auch einen in Fragen der Heimerziehung ausgewiesenen Psychotherapeuten, Psychologen, Pädagogen oder Sozialpädagogen mit der Erstattung eines Gutachtens beauftragen (§ 167 Abs. 6).

cc) Beschluss über Zahlungen des Mündels

110 In § 168 sind die Voraussetzungen genannt, unter denen das Gericht durch Beschluss feststellt, in welcher **Höhe** und zu welchem **Zeitpunkt** das Mündel Zahlungen an die Staatskasse nach den §§ 1836 c und 1836 e BGB zu leisten hat.

111 Zunächst ist ein **Antrag** erforderlich, den der Vormund, der Gegenvormund oder das Mündel stellen kann. Auch ohne Antrag kann das Gericht die Zahlungen festsetzen, wenn es sie für angemessen hält. Festgesetzt werden können Vorschuss, Ersatz von Aufwendungen und Aufwandsentschädigung, soweit der Vormund oder Gegenvormund sie aus der Staatskasse verlangen kann oder ihm nicht die Vermögenssorge über-

---

101 Fellenberg FPR 2008, 125, 128.
102 BT-Drucks. 16/6815, 12.

tragen wurde (Ziff. 1) bzw eine dem Vormund oder Gegenvormund zu bewilligende Vergütung oder Abschlagszahlung (Ziff. 2). Nach § 168 Abs. 1 S. 4 gelten hilfsweise die Vorschriften über das Verfahren bei Entschädigung von Zeugen hinsichtlich ihrer baren Auslagen, wenn keine Festsetzung nach § 168 Abs. 1 S. 1 erfolgt und sich die dort genannten Ansprüche gegen die Staatskasse richten.

Nach § 168 Abs. 2 S. 2 wird hinsichtlich der wirtschaftlichen und persönlichen Verhältnisse auf die Vorschriften der ZPO zur **Prozesskostenhilfe** verwiesen. Nach § 168 Abs. 2 S. 3 gibt es die Besonderheit, dass das Gericht ohne weitere Prüfung den Anspruch festsetzen kann oder von einer Festsetzung der vom Mündel zu leistenden Zahlungen absehen kann, wenn nach der freien Überzeugung des Gerichts der Aufwand zur Ermittlung der persönlichen und wirtschaftlichen Verhältnisse des Mündels außer Verhältnis zur Höhe des aus der Staatskasse zu begleichenden Anspruchs oder zur Höhe der voraussichtlich vom Mündel zu leistenden Zahlungen steht. Die Vorschrift, die in dieser Form in der ZPO keine Entsprechung hat, dient dem Schutz des Mündels. § 168 Abs. 3 behandelt den Fall, dass das Mündel stirbt. Dann ist der Erbe zur Auskunft über den Bestand des Nachlasses und ggf zur Zahlung an die Staatskasse verpflichtet. 112

Nach § 168 Abs. 4 ist das Mündel vor der Festsetzung von Zahlungen zu hören. Das gebietet der Grundsatz des **rechtlichen Gehörs** und gilt im Fall des § 168 Abs. 3 auch für den Erben. Die Abs. 1–4 finden nach § 168 Abs. 5 auch auf die Pflegschaft entsprechende Anwendung. 113

dd) Mitteilungspflichten des Standesamts

In § 168a sind die Mitteilungspflichten des Standesamts geregelt. Nach § 168a Abs. 1 hat das Standesamt dem Familiengericht mitzuteilen, wenn ihm der Tod einer Person angezeigt wird, die ein minderjähriges Kind hinterlassen hat. Das Gleiche gilt, wenn die Geburt eines Kindes nach dem Tod des Vaters oder das Auffinden eines Minderjährigen, dessen **Familienstand** nicht zu ermitteln ist, angezeigt wird. 114

Nach § 168a Abs. 2 hat das **Standesamt** dem Familiengericht mitzuteilen, wenn die Eltern, die gemeinsam für ein Kind sorgeberechtigt sind, keinen Ehenamen führen und von ihnen binnen eines Monats nach der Geburt des Kindes der Geburtsname des Kindes nicht bestimmt worden ist. 115

Die Vorschriften des § 168a sollen sicherstellen, dass das Familiengericht über Zustände in der Familie erfährt, die für das Kind schädlich sein können und seiner **Amtsermittlungspflicht** nachkommen kann. 116

V. Internationale Kindschaftssachen

1. Überblick

a) Allgemeines

Soweit eine Fallkonstellation vorliegt, in der das Kind und/oder die Eltern eine ausländische Staatsangehörigkeit besitzen, einer der Beteiligten seinen gewöhnlichen Aufenthalt im Ausland hat und/oder eine ausländische Entscheidung zum Sorge- und Umgangsrecht bereits ergangen ist, liegt eine Kindschaftssache mit Auslandsbezug vor. Zu den internationalen Kindschaftssachen gehören damit alle Regelungsbereiche, die in 117

Niethammer-Jürgens

den internationalen Regelwerken unter dem Begriff „elterliche Verantwortung" zusammengefasst sind.

118 Der Begriff der elterlichen Verantwortung ist umfassend gemeint und schließt Regelungen über das Sorge- und Umgangsrecht genauso ein wie solche über die Vormundschaft und Pflegschaft für Minderjährige. So findet sich in Art. 2 Nr. 7 der VO (EG) 2201/2003[103] (Brüssel IIa-VO) eine Legaldefinition. Danach ist die elterliche Verantwortung definiert als „die gesamten Rechte und Pflichten, die einer natürlichen oder juristischen Person durch Entscheidung oder kraft Gesetzes oder durch eine rechtlich verbindliche Vereinbarung betreffend die Person oder das Vermögen eines Kindes übertragen wurden".

119 Unter dem Begriff der elterlichen Verantwortung fallen auch Schutzmaßnahmen, die dem staatlichen Schutz des Kindes vor seinen Eltern dienen, wie die Entziehung oder Einschränkung des Sorgerechts, Anordnungen zum Verbleib bei Pflegeeltern sowie sämtliche Maßnahmen im Rahmen von Beistandschaft oder Vormundschaft.

120 Nicht erfasst von dem Begriff elterliche Verantwortung sind Status- und Adoptionsangelegenheiten, das Namensrecht und die Volljährigkeitserklärung.

121 Internationale Kindschaftssachen sind auch die Angelegenheiten, die auf eine Wiederherstellung des Sorgerechtsverhältnisses abzielen. Diesen Angelegenheiten liegen grenzüberschreitende Kindesentziehungen zugrunde und damit zumeist ein Sachverhalt, bei dem ein Elternteil gegen den Willen des anderen Elternteils das Kind ins Ausland von Deutschland bzw vom Ausland nach Deutschland entführt oder während eines Besuches zurückhält.

b) Änderungen durch das FamFG

122 Änderungen haben sich in dem Verfahren der internationalen Kindschaftssachen lediglich durch die Ablösung des § 35 b FGG bei der internationalen Zuständigkeit beruhend auf dem autonomen deutschen Verfahrensrecht ergeben. Dieses ist nunmehr geregelt in § 99.

123 Der Vorrang der einschlägigen supranationalen Regelwerke zum internationalen Kindschaftsrecht findet sich jetzt ausdrücklich in § 97 FamFG. Sämtliche Regelungen in den völkerrechtlichen Vereinbarungen gehen, soweit sie unmittelbar anwendbares innerstaatliches Recht geworden sind, den Vorschriften des FamFG vor. Die Regelungsakte der EG wie die Brüssel IIa-VO bleiben durch das FamFG weiterhin unberührt (§ 97 Abs. 1 S. 1). Gem. § 97 Abs. 2 gilt dieses auch für die Ausführungsgesetze wie das IntFamRVG.[104]

---

103 Verordnung Nr. 2201/2003 des Rates vom 27.11.2003 über die Zuständigkeit und Anerkennung und Vollstreckung von Entscheidungen in Ehesachen und in Verfahren betreffend die elterliche Verantwortung zur Aufhebung der Verordnung (EG) Nr. 1347/2000 (ABl. EG 2003 Nr. L 338, 1), in Kraft getreten für die Mitgliedstaaten der EU mit der Ausnahme Dänemarks und seit 1.1.2007 in Geltung für die weiteren osteuropäischen Beitrittländer Rumänien und Bulgarien.
104 Gesetz zur Aus- und Durchführung bestimmter Rechtsinstrumente auf dem Gebiet des internationalen Familienrechts (Internationales Familienrechtsverfahrensgesetz) v. 26.1.2005 (BGBl. I, 162), zuletzt geändert am 26.3.2009. Die geänderte Fassung wird mit dem FamFG in Kraft treten.

2. Verfahrensarten

Prozessual geht es den internationalen Kindschaftssachen vornehmlich um die Frage der internationalen Zuständigkeit deutscher Gerichte für die beantragte Entscheidung. Liegt eine solche internationale Entscheidungszuständigkeit vor, folgt das gerichtliche Verfahren den Vorschriften des deutschen Verfahrensrechts nach FamFG und IntFamRVG.

Liegt die internationale Zuständigkeit eines deutschen Gerichtes nicht vor, weil beispielsweise das Kind keinen gewöhnlichen Aufenthalt in Deutschland hat und sich eine andere Rechtsgrundlage für die internationale Zuständigkeit für Angelegenheiten, die das Kind betreffen, auch nicht aus völkerrechtlichen Verträgen oder dem autonomen Recht ergeben, ist das ausländische Gericht international zuständig. Dieses Gericht hat dann sein eigenes Verfahrensrecht anzuwenden.

Des Weiteren stellt sich die Frage der Wirkung einer ausländischen Entscheidung im Inland und damit die der Anerkennung sowie der Vollstreckung und Durchsetzung von ausländischen Entscheidungen im Bereich der elterlichen Verantwortung durch deutsche Gerichte.

3. Internationale Entscheidungszuständigkeit

In jedem gerichtlichen Verfahren, das eine Konstellation betrifft, in der es um die Eingriffe in das elterliche Sorgerecht geht, dh um eine umfassende oder teilweise Zuweisung der elterlichen Sorge an einen Elternteil, die Beibehaltung der elterlichen Sorge, die Regelung von Umgang oder anderen Maßnahmen hinsichtlich der elterlichen Verantwortung, ist vorab die **internationale Entscheidungszuständigkeit** des deutschen Gerichtes zu prüfen und damit die Vorfrage zu beantworten, ob ein deutsches Gericht in der Angelegenheit entscheiden darf.

Die internationale Zuständigkeit ist eine Zulässigkeitsvoraussetzung und ist **von Amts wegen** zu prüfen.

a) Die internationale Entscheidungszuständigkeit nach der Brüssel IIa-VO

Die seit 1.3.2005 in Kraft getretene Brüssel IIa-VO ist als supranationale Regelung **vorrangig** in jeder Ehesache oder in jedem isolierten Verfahren zu prüfen, das die elterliche Verantwortung betrifft.

Die Brüssel IIa-VO gilt für sämtliche die Personen- und Vermögenssorge über Minderjährige betreffende Verfahren und auch dann, wenn sie nicht im Zusammenhang mit einer Ehesache stehen oder die Eltern nicht miteinander verheiratet sind.

Die internationale Zuständigkeit muss im Zeitpunkt der Antragstellung vorliegen, sie dauert fort bis zu dem Zeitpunkt des Abschlusses des Verfahrens (perpetuatio fori), es sei denn, es erfolgt eine Verweisung an ein anderes Gericht gem. Art. 15 Brüssel IIa-VO (vgl Rn 146).

aa) Die Grundsatzanknüpfung gem. Art. 8 Abs. 1 Brüssel IIa-VO

Die Grundsatzanknüpfung des Art. 8 Abs. 1 Brüssel IIa-VO bestimmt die internationale Zuständigkeit für die elterliche Verantwortung betreffende Verfahren durch einen einzigen Anknüpfungspunkt, dem gewöhnlichen Aufenthalt des Kindes in einem der Mitgliedstaaten der EU mit Ausnahme Dänemarks. Diese Grundzuständigkeit besteht unabhängig von der Staatsangehörigkeit der Eltern und des Kindes, somit auch für Ausländer, die in Deutschland leben und die Staatsangehörigkeit eines Drittstaates haben, eines Staates, der nicht Mitgliedstaat der EU ist.

133 Maßgeblich ist der Zeitpunkt der Antragstellung, dh der Zeitpunkt der Einreichung des Antrages bei dem Gericht (vgl unten Rn 159).

134 Der **Begriff des gewöhnlichen Aufenthaltes** ist einerseits autonom, dh durch das materiell berufene anwendbare Recht auszulegen, andererseits ist eine Orientierung an der Auslegung der multinationalen völkerrechtlichen Übereinkommen wie dem MSA[105] bzw dem KSÜ[106] gegeben. In räumlicher und zeitlicher Hinsicht (objektives Element) wird der gewöhnliche Aufenthalt bestimmt durch den Daseinsmittelpunkt, der gekennzeichnet ist durch familiäre und berufliche Beziehungen und/oder eine sonstige soziale Integration.[107] In objektiver Hinsicht muss der Aufenthalt auf längere Dauer bestehen, wobei im Regelfall international solches nach Ablauf von sechs Monaten vermutet wird,[108] bei einem kleineren Kind jedenfalls nach 15 Monaten.[109] In subjektiver Hinsicht muss der Aufenthalt auf Dauer angelegt sein, wobei bei minderjährigen Kindern ein gewöhnlicher Aufenthalt zunächst unabhängig vom Wohnsitz des oder der Sorgeberechtigten zu ermitteln ist, aber von dem objektiv und subjektiv begründeten Aufenthalt des Sorgeberechtigten abgeleitet werden kann.

135 Ist kein gewöhnlicher Aufenthalt des Kindes festzustellen, reicht gem. Art. 13 Abs. 1 Brüssel IIa-VO auch die bloße Anwesenheit des Kindes in diesem Staat aus. Dies gilt auch gem. Art. 13 Abs. 2 Brüssel IIa-VO für minderjährige Kinder, die Flüchtlinge sind.

bb) Die Sonderanknüpfungen

136 Die Sonderanknüpfungen ergeben sich aus Art. 8 Abs. 2 Brüssel IIa-VO. Ausnahmsweise ist unter vier besonderen Voraussetzungen die internationale Zuständigkeit eines Mitgliedstaates gegeben, obwohl das Kind seinen gewöhnlichen Aufenthalt nicht dort hat:

137 Für die **Abänderung von Umgangsentscheidungen** gilt, dass eine in einem Mitgliedstaat ergangene Entscheidung erst nach drei Monaten in dem neuen Aufenthaltsstaat des Kindes abgeändert werden kann, wenn der zum Umgang berechtigte Elternteil in dem Herkunftsmitgliedstaat verbleibt, Art. 9 Brüssel IIa-VO.

138 Bei einem **widerrechtlichen Verbringen des Kindes** von einem Mitgliedstaat (Herkunftsmitgliedstaat) in einen anderen Mitgliedstaat (Zufluchtsmitgliedstaat) bzw bei einem widerrechtlichen Zurückhalten des Kindes in einem (Zufluchts-)Mitgliedstaat

---

105 Haager Übereinkommen über die Zuständigkeit der Behörden und das anzuwendende Recht auf dem Gebiet des Schutzes von Minderjährigen vom 5.10.1961, BGBl. II 1971, 219.
106 Haager Übereinkommen vom 19.10.1996 über die Zuständigkeit, das anzuwendende Recht, die Anerkennung, Vollstreckung und Zusammenarbeit auf dem Gebiet der elterlichen Verantwortung und der Maßnahmen zum Schutz von Kindern, derzeit noch nicht in Kraft getreten, aber von der Bundesrepublik Deutschland in 2008 gezeichnet; das Übereinkommen soll durch die Mitgliedstaaten der EU gemeinsam bis zum 5.6.2010 ratifiziert werden.
107 BGH FamRZ 1981, 136; BGH FamRZ 2001, 412.
108 OLG Stuttgart FamRZ 2003, 960.
109 BGH FamRZ 2005, 1543.

muss das Gericht, das über die elterliche Verantwortung entscheiden soll, auf die Sonderzuständigkeit des Art. 10 Brüssel IIa-VO zurückgreifen.

Denn im Verhältnis zwischen den Mitgliedstaaten der EU (außer Dänemark) normiert Art. 60 lit. e) Brüssel IIa-VO den grundsätzlichen Vorrang der Verordnung gegenüber dem HKÜ[110] mit der Folge, dass bei Kindesentziehungen von einem Mitgliedstaat in einen anderen Mitgliedstaat eine vom HKÜ teilweise abweichende Regelung zur internationalen Zuständigkeit für Entscheidungen über die elterliche Verantwortung gilt. Dieser Vorrang der Brüssel IIa-VO besteht aber nicht zu allen anderen Vertragsstaaten des HKÜ, also nicht bei Kindesentziehungen von einem Mitgliedstaat der Brüssel IIa-VO in einen Vertragsstaat des HKÜ, der nicht Mitgliedstaat der Brüssel IIa-VO ist oder umgekehrt. 139

Nach Art. 10 Brüssel IIa-VO bleibt zunächst die internationale Zuständigkeit des Herkunftsmitgliedstaates aufrechterhalten. Den Gerichten des Staates, in denen sich das Kind befindet, ist die internationale Zuständigkeit vorerst entzogen. Damit soll es bei einem Wechsel des Aufenthaltes des Kindes von seinem Herkunfts- zu dem Zufluchtsmitgliedstaat nur unter bestimmten Voraussetzungen zu einem Wechsel der internationalen Zuständigkeit kommen. Denn die internationale Zuständigkeit des Herkunftsmitgliedstaates endet und die internationale Zuständigkeit des Gerichtes des Zufluchtsstaates, in dem sich das Kind befindet, beginnt, wenn das Kind dort seinen gewöhnlichen Aufenthalt erlangt hat und der (Mit-)Sorgerechtsinhaber dem neuen Aufenthalt zustimmt, Art. 10 lit. a) Brüssel IIa-VO. 140

Darüber hinaus endet die internationale Zuständigkeit des Gerichtes des Herkunftsmitgliedstaates durch **Zeitablauf**, wenn der Sorgerechtsinhaber seit einem Jahr Kenntnis von dem neuen, mindestens einjährigen Aufenthalt des Kindes hatte oder Kenntnis hätte haben müssen sowie eine der in Art. 10 lit. b) Brüssel IIa-VO normierten Voraussetzungen vorliegen: Es wurde kein Rückgabeantrag nach dem HKÜ gestellt bzw nach Rücknahme neu gestellt oder ein Gericht des Herkunftsmitgliedstaates hat eine Entscheidung zur Sorge getroffen, ohne die Rückgabe anzuordnen. 141

Gem. Art. 12 Brüssel IIa-VO kann die internationale Zuständigkeit des angerufenen Gerichtes durch die Parteien vereinbart werden (**Prorogation**). 142

Soweit eine Ehesache anhängig ist und der Antrag auf Entscheidung hinsichtlich der elterlichen Verantwortung mit dem Ehescheidungsverfahren verbunden ist, kann eine Vereinbarung zur internationalen Annexzuständigkeit erfolgen. Voraussetzung ist, dass mindestens einer der Elternteile die elterliche Verantwortung für das Kind hat und dass das ausdrückliche und schlüssig erklärte **Einverständnis der Ehegatten** zum Zeitpunkt der Anrufung des Gerichtes vorliegt. Wird die Zustimmung später entzogen, bleibt die internationale Zuständigkeit erhalten. Eine konkludent erklärte Zustimmung zur Annexzuständigkeit ist nur in Ausnahmefällen anzunehmen, da Art. 12 Brüssel IIa- 143

---

110 Haager Übereinkommen über die zivilrechtlichen Aspekte internationaler Kindesentführung vom 25.10.1980, BGB II 1990, 207, für die Bundesrepublik Deutschland in Kraft getreten am 1.12.1990. Das Übereinkommen gilt nur zwischen den Vertragsstaaten, der Beitritt bedarf im Verhältnis zu jedem Vertragsstaat der Annahme, das Übereinkommen gilt im Verhältnis zur Bundesrepublik Deutschland inzwischen in über 70 Staaten; der Vertragsstand ist zu entnehmen unter der Website der Haager Konferenz für Internationales Privatrecht: http://www.hcch.net.

Niethammer-Jürgens

VO eine Sonderzuständigkeit gegenüber der Grundzuständigkeit des Art. 8 Brüssel IIa-VO begründet und in der Regel davon auszugehen ist, dass unabhängig von einem Scheidungsverfahren das Gericht des gewöhnlichen Aufenthaltes des Kindes sachnäher entscheiden kann.

144 Deshalb muss die Zuständigkeitsvereinbarung auch dem Kindeswohl entsprechen, was nur der Fall sein dürfte, wenn bei dem mit der Ehescheidung befassten Gericht die Möglichkeit zur **Anhörung des Kindes** besteht.

145 Eine Zuständigkeitsvereinbarung kann ohne Anhängigkeit einer Ehesache erfolgen, wenn das Kind eine **wesentliche Bindung zu dem Mitgliedstaat** hat. Dies kann dann vorliegen, wenn ein Elternteil seinen gewöhnlichen Aufenthalt in diesem Mitgliedstaat hat oder das Kind dessen Staatsangehörigkeit besitzt. Außerdem muss ebenfalls zum Zeitpunkt der Anrufung des Gerichtes das ausdrückliche und schlüssig erklärte Einverständnis der Eltern, nicht des Kindes, vorliegen und die Vereinbarung im Einklang mit dem Wohl des Kindes stehen. Eine Zuständigkeitsvereinbarung liegt nicht vor, wenn ein Ehegatte oder ein Elternteil sich rügelos auf das Verfahren einlässt; eine Anerkennung der internationalen Zuständigkeit ist dann nicht gegeben.[111]

146 Nach Art. 15 Brüssel IIa-VO kann auf Antrag einer Partei,[112] auf Antrag eines an sich international zuständigen Gerichts oder von Amts wegen eine **Verweisung** an das Gericht eines anderen Mitgliedstaates stattfinden, wenn dieses den Fall besser beurteilen kann und die Verweisung dem Wohl des Kindes entspricht. Diese Sonderanknüpfung ist eine restriktiv auszulegende Ausnahmevorschrift, die nur in Betracht kommt, wenn der Sachverhalt im Wesentlichen in die Zuständigkeit des ausländischen Gerichtes fällt. Zudem muss bei einer von Amts wegen durch das Gericht des gewöhnlichen Aufenthalts des Kindes beabsichtigten Verweisung an das ausländische Gericht die Zustimmung mindestens einer Partei vorliegen, Art. 15 Abs. 2 Brüssel IIa-VO.

b) Die internationale Zuständigkeit außerhalb des Anwendungsbereiches der Brüssel IIa-Verordnung

147 Der weite Anwendungsbereich der Brüssel IIa-VO und ihr Vorrang gem. Art. 60 lässt kaum noch Raum für die Begründung der internationalen Zuständigkeit nach dem autonomen Recht der Staaten der EU.

148 Wenn sich das Kind gewöhnlich in Deutschland aufhält, ergibt sich die internationale Zuständigkeit ausschließlich und vorrangig aus der Brüssel IIa-VO. Entsprechendes gilt auch für die internationale Zuständigkeit eines Gerichtes eines anderen Mitgliedstaates (außer Dänemark), wenn das Kind dort seinen gewöhnlichen Aufenthalt hat.

aa) Internationale Entscheidungszuständigkeit nach dem MSA[113] und KSÜ

149 Nur noch im Verhältnis zur **Türkei** und der **Schweiz** entfaltet das **MSA** als völkerrechtlicher Vertrag seine Wirkung. Für ein Kind, das seinen gewöhnlichen Aufenthalt in der Türkei und der Schweiz hat, kann sich die internationale Zuständigkeit deutscher

---

111 Zöller/Geimer Anh. II, Art. 12 Rn 9.
112 Nicht Beteiligter iSd § 7 FamFG, s. dazu Klinkhammer, Internationale Verweisung von Kindschaftsverfahren nach der Brüssel IIa-VO, FamRBInt 2006, 88, 89.
113 Mitgliedstaaten: Deutschland, Frankreich, Italien, Luxemburg, Litauen, Niederlande, Österreich, Polen, Portugal, Schweiz, Spanien, Türkei und China-Macau.

Gerichte nur über die Eil- und Gefährdungszuständigkeit nach Art. 8 und Art. 9 MSA ergeben. Denn das MSA normiert in Art. 1 ebenfalls die internationale Aufenthaltszuständigkeit, lässt aber vorgenannte Eil- und Notzuständigkeiten zu. In den sachlichen Anwendungsbereich fallen sämtliche Schutzmaßnahmen für ein Kind, wie Eingriffe in die elterliche Sorge, Anordnung der Herausgabe, Regelungen des Umgangs, Maßnahmen zur Sicherung des Vermögens des Kindes wie auch Schutzmaßnahmen der Jugendhilfe. Die internationale Zuständigkeit deutscher Gerichte für ein Kind, das (noch) keinen gewöhnlichen Aufenthalt in Deutschland hat, sondern in einem der Vertragsstaaten des MSA, ist nur dann gegeben, wenn eine Maßnahme in diesen Bereichen zum Schutz des Kindes dringend geboten ist. Dies gilt auch in den Fällen, in denen in Deutschland ein Scheidungsverfahren rechtshängig ist und das Kind seinen gewöhnlichen Aufenthalt in einem der Vertragsstaaten hat.[114]

Im Gegensatz zu den Regelungen im Anwendungsbereich der Brüssel IIa-VO gilt für diese Verfahren **keine perpetuatio fori**. Das angerufene Gericht muss für die zu treffende Schutzmaßnahme international zuständig sein und zwar zum Zeitpunkt der Entscheidung. Wechselt das Kind seinen gewöhnlichen Aufenthalt, gegebenenfalls auch während des Rechtsmittelverfahrens, verliert das frühere Aufenthaltsgericht seine internationale Entscheidungszuständigkeit.[115]

bb) Internationale Entscheidungszuständigkeit nach dem KSÜ (noch nicht in Kraft getreten)

Das **KSÜ**, das das MSA ablösen wird, wird neben Regelungen des Kollisionsrechts, der Anerkennung und Vollstreckung und der Zusammenarbeit der Behörden der Mitgliedstaaten, Regelungen zur internationalen Entscheidungszuständigkeit enthalten. Angeknüpft wird ebenfalls an den gewöhnlichen Aufenthalt des Kindes, Art. 5 KSÜ, wobei für die Mitgliedstaaten der EU der Vorrang der Brüssel IIa-VO gilt. Die internationale Zuständigkeit des angerufenen Gerichtes für dringende Maßnahmen zum Schutz des Kindes, soweit ein gewöhnlicher Aufenthalt im Inland nicht vorliegt, wird durch die Art. 11 f KSÜ bestimmt.

cc) Internationale Entscheidungszuständigkeit im Anwendungsbereich des HKÜ

Bei einem widerrechtlichen Verbringen oder Zurückhalten eines Kindes von einem Mitgliedstaat der EU in einen Vertragsstaat des HKÜ und umgekehrt ist die internationale Zuständigkeit für Entscheidungen hinsichtlich der Rückgabe des entführten Kindes im HKÜ selbst nicht ausdrücklich geregelt. Sie ergibt sich aber aus Art. 12 HKÜ. Danach hat das Gericht oder die **Behörde im Zufluchtstaat**, dem Staat, in dem sich das Kind befindet, zu entscheiden, soweit es um einen Antrag auf Rückführung eines gem. Art. 3 HKÜ widerrechtlich entzogenen oder zurückgehaltenen Kindes geht. Das HKÜ regelt auch nicht, ob insoweit Behörden oder Gerichte zuständig sind.

Wird das Kind in die Bundesrepublik Deutschland entführt, ist der ordentliche Gerichtsweg gegeben.

---

114 Denn Deutschland hat von dem Vorbehalt einer Annexzuständigkeit nach Art. 15 MSA keinen Gebrauch gemacht.
115 BGH FamRZ 2005, 1540.

dd) Internationale Entscheidungszuständigkeit nach dem deutschen autonomen Verfahrensrecht

154 Wenn das Kind seinen gewöhnlichen Aufenthalt weder in einem EU-Mitgliedstaat noch in einem Vertragsstaat des MSA (Türkei, Schweiz, China-Macau) hat (sog. **Drittstaat**), ergibt sich in den isolierten Verfahren im Bereich der elterlichen Verantwortung die internationale Zuständigkeit aus Art. 14 Brüssel IIa-VO (Restzuständigkeit) iVm § 99 FamFG. Das deutsche Gericht ist international zuständig, wenn das Kind die deutsche Staatsangehörigkeit besitzt, § 99 Abs. 1 Ziff. 1 FamFG. Nach § 99 Abs. 1 Ziff. 2 oder bei einem einfachen, noch nicht gewöhnlichen Aufenthalt des Kindes mit ausländischer Staatsangehörigkeit ergibt sich die Zuständigkeit dann, wenn das Kind der Fürsorge durch das Gericht bedarf, § 99 Abs. 1 Ziff. 3. Diese Vorschrift der **Fürsorgezuständigkeit** ist eine Hilfszuständigkeit und eng auszulegen. Sie kommt in Betracht bei dringenden gerichtlichen Maßnahmen, wie der gerichtlichen Genehmigung der Ausschlagung der Erbschaft durch den Sorgeberechtigten.[116] Soweit ein Scheidungsverfahren anhängig ist, folgt in diesen Fällen die internationale Annexzuständigkeit deutscher Gerichte aus § 98 Abs. 2.

c) Die internationale Annexzuständigkeit

155 Im Anwendungsbereich der Brüssel IIa-VO gibt es dem Grundsatz nach **keine Annexzuständigkeit** bei Anhängigkeit eines Ehescheidungsverfahrens.[117]

156 Soweit ein Ehescheidungsverfahren, ein Verfahren auf Trennung ohne Auflösung des Ehebandes oder auf Ungültigkeitserklärung gem. Art. 3 Brüssel IIa-VO anhängig ist, kann sich die Annexzuständigkeit für Angelegenheiten der elterlichen Verantwortung nur unter den Voraussetzungen des Art. 12 Brüssel IIa-VO ergeben (vgl Rn 143).

157 Auch das MSA kennt grundsätzlich keine Annexzuständigkeit. Eine Ausnahme besteht nur, soweit die Voraussetzungen des Art. 4 MSA vorliegen. Danach kann ein Gericht des Heimatstaates des Kindes, dh ein Gericht des Staates, dessen Staatsangehörigkeit das Kind besitzt, zuständig sein, wenn das Wohl des Kindes den Erlass einer Schutzmaßnahme gebietet und das Gericht des gewöhnlichen Aufenthaltes des Kindes nicht in der Lage oder nicht Willens ist, eine Schutzmaßnahme zu ergreifen. Die Behörden des Aufenthaltstaates sind vorher über die beabsichtigte Maßnahme zu informieren.

d) Die internationale Entscheidungszuständigkeit für einstweilige Maßnahmen im Anwendungsbereich der Brüssel IIa-VO

158 Art. 20 Abs. 1 Brüssel IIa-VO regelt die internationale Zuständigkeit des Gerichtes für einstweilige Maßnahmen und Schutzmaßnahmen **in dringenden Fällen**. Der gewöhnliche Aufenthalt des Kindes im Staat des angerufenen Gerichtes ist nicht Voraussetzung, das Kind muss sich aber im Staat des angerufenen Gerichtes befinden.[118] Die Maßnahme bleibt solange in Kraft, bis das eigentlich international zuständige Gericht in der Hauptsache entschieden hat, Art. 20 Abs. 2 Brüssel IIa-VO.

---

116 Andrae, S. 304.
117 Anders noch nach der Vorgängerverordnung: Verordnung (EG) Nr. 1347/2000 des Rates vom 29.5.2000 über die Zuständigkeit und die Anerkennung und Vollstreckung von Entscheidungen in Ehesachen und in Verfahren betreffend die elterliche Verantwortung für die gemeinsamen Kinder.
118 Andrae, S. 306.

e) Zuständigkeitskonflikte

Art. 19 Abs. 2 Brüssel IIa-VO regelt auch im Bereich der elterlichen Verantwortung ein striktes Prinzip der zeitlichen Priorität. Das Gericht, das in einer Angelegenheit hinsichtlich der elterlichen Verantwortung später angerufen wurde, hat sein Verfahren von Amts wegen auszusetzen bis die Zuständigkeit des zuerst angerufenen Gerichtes geklärt ist. Aus Art. 16 Brüssel IIa-VO ergibt sich, dass es insoweit auf den Zeitpunkt der Anhängigkeit der Angelegenheit und nicht auf den Zeitpunkt der Rechtshängigkeit ankommt. 159

Ist das zuerst angerufene Gericht international zuständig, ist der Antrag beim später angerufenen Gericht als unzulässig zu verwerfen. Der Antrag, der bei dem später angerufenen Gericht gestellt wurde, kann dann dem zuerst angerufenen Gericht durch den Antragsteller vorgelegt werden. 160

4. Verfahren

a) Die örtliche und sachliche Zuständigkeit

Liegt die internationale Entscheidungszuständigkeit eines deutschen Gerichtes vor, ergibt sich die örtliche und sachliche Zuständigkeit des angerufenen Gerichtes aus dem **FamFG** oder dem **IntFamRVG**, das als Ausführungs- und Durchführungsgesetz der Durchführung der Brüssel IIa-VO und der Ausführung des HKÜ dient, § 1 IntFamRVG. 161

aa) Zuständigkeitskonzentration bei Schwerpunktgerichten

Wird ein **Antrag auf Rückführung** eines nach Deutschland entzogenen Kindes nach dem HKÜ gestellt, ist örtlich das Familiengericht zuständig, in dessen Bezirk ein Oberlandesgericht seinen Sitz hat, § 12 IntFamRVG, für den Bezirk des Kammergerichtes das Familiengericht Pankow-Weißensee. Entscheidend ist der Zuständigkeitsbereich des Oberlandesgerichtes zu dem Zeitpunkt, in dem sich das Kind beim Eingang des Antrages bei der Zentralen Behörde aufgehalten hat, § 11 Ziff. 1 IntFamRVG, oder – falls eine solche Zuständigkeit nicht gegeben ist – dort, wo das Bedürfnis der Fürsorge besteht, § 11 Ziff. 2 IntFamRVG. Die Zentrierung bei den Schwerpunktgerichten soll die besondere Sachkunde und Erfahrung der Gerichte fördern und unterstützen sowie gleichzeitig die Verfahren nach dem HKÜ schneller und effektiver gestalten. 162

Für Entscheidungen hinsichtlich der **elterlichen Verantwortung sowie Schutzmaßnahmen** nach dem MSA bzw KSÜ gelten grundsätzlich die §§ 151–154 FamFG, dh auch die Regelungen zur örtlichen und sachlichen Zuständigkeit gem. §§ 98, 99 FamFG. 163

Im Anwendungsbereich der Brüssel IIa-VO finden sich allerdings bei Entscheidungen hinsichtlich der elterlichen Verantwortung **Spezialvorschriften zur Zuständigkeitskonzentration im IntFamRVG:** 164

Gem. § 10 IntFamRVG ist in den Verfahren nach Art. 21 Abs. 3 Brüssel IIa-VO (Anerkennung bzw Nichtanerkennung ausländischer Entscheidungen eines anderen Mitgliedstaates, vgl Rn 193, 194), in den Verfahren gem. Art. 48 Abs. 1 Brüssel IIa-VO (Ergänzung einer im Ausland ergangenen Umgangsentscheidung, vgl Rn 207) und in den Verfahren gem. Art. 41 sowie 42 Brüssel II-VO (Zwangsvollstreckung, vgl Rn 210) das Schwerpunktgericht zuständig. 165

166 Für Entscheidungen hinsichtlich der elterlichen Verantwortung, die **die elterliche Sorge, den Umgang und auch Herausgabeverfügungen** iSd § 151 FamFG betreffen, kann darüber hinaus gem. **§ 13 Abs. 1** IntFamRVG eine Zuständigkeitskonzentration dann vorliegen, wenn im Hinblick auf dasselbe Kind ein Verfahren, ein Anerkennungs- oder Vollstreckungsverfahren einer ausländischen Entscheidung gem. § 10 IntFamRVG oder ein Rückführungsverfahren gem. § 11 IntFamRVG anhängig ist. Ungeachtet der allgemeinen Vorschriften ist dann für diese anderen Familiensachen, die das Kind betreffen, das zentrierte Gericht zuständig. Eine Ausnahme hierzu besteht nur dann, wenn ein unbegründeter Antrag gem. §§ 10–12 IntFamRVG vorliegt (§ 13 Abs. 1 S. 2 IntFamRVG) oder sich das angegangene Gericht aufgrund unanfechtbarer Entscheidung für unzuständig erklärt hat, § 13 Abs. 1 S. 3 IntFamRVG.

167 § 13 Abs. 1 IntFamRVG gibt damit dem zentrierten Gericht insbesondere in einem Rückführungsverfahren nach dem HKÜ auch die Zuständigkeit für Entscheidungen in sorge- und umgangsrechtlichen Verfahren, einschließlich der Vollstreckungsmaßnahmen. Falls bei einem anderen Familiengericht, insbesondere bei dem Wohnsitzgericht des Kindes, ein solches Verfahren bereits anhängig ist, hat es gem. § 13 Abs. 3 S. 1 IntFamRVG von Amts wegen die Angelegenheit an das zentrierte Gericht abzugeben, sobald ein Verfahren nach den §§ 10 und 11 IntFamRVG anhängig ist.

168 Durch § 13 Abs. 2 IntFamRVG wird die **Zuständigkeit der zentrierten Gerichte erweitert**, so dass sie auch für Einscheidungen, die die elterliche Sorge, den Umgang und eine Herausgabeverfügung betreffen, zuständig sind, falls das Kind sich in ihrem Bezirk aufhält und ein Elternteil sich gewöhnlich in einem anderen Mitgliedstaat der EU oder einem Vertragsstaat des ESÜ bzw HKÜ aufhält. Damit soll verhindert werden, dass zunächst ein Antrag beim Wohnsitzgericht anhängig gemacht wird und später wegen der Zuständigkeitskonzentration an das zentrierte Gericht abzugeben ist, falls bspw. ein Rückführungsverfahren nach HKÜ eingeleitet wird.

169 Schließlich ist dem zentrierten Gericht durch § 13 Abs. 3 S. 2 IntFamRVG die Zuständigkeit für die Verfahren der elterlichen Sorge, Umgang und Herausgabeverfügung zugewiesen, sofern ein übereinstimmender Antrag beider Elternteile vorliegt.

bb) Zuständigkeit des Wohnsitzgerichtes

170 Liegen die Voraussetzungen des § 13 IntFamRVG nicht vor, sind für alle Entscheidungen, die die elterliche Verantwortung betreffen, sowie für Maßnahmen nach dem MSA und KSÜ grundsätzlich die **Vorschriften des FamFG** einschlägig. Damit gelten insbesondere die §§ 152 Abs. 1 und 2, 153 und 154.

b) Sonstige Verfahrensvorschriften
aa) Zentrale Behörden gem. Art. 53 ff Brüssel IIa-VO iVm §§ 3 ff IntFamRVG

171 Sowohl in den Verfahren, die die elterliche Verantwortung betreffen, als auch in den Kindesentziehungsfällen ist es Aufgabe der in jedem Mitgliedstaat der EU (außer Dänemark) eingerichteten Zentralen Behörde,[119] unter Inanspruchnahme des Europä-

---

119 In Deutschland: Bundesamt für Justiz, www.bundesjustizamt.de, Stichwort: Int. Sorgerechtskonflikte.

ischen Netzes für Zivil- und Handelssachen,[120] **Informationen zu dem jeweiligen innerstaatlichen Recht** und Verfahrensvorschriften zur Verfügung zu stellen, Art. 54 Brüssel IIa-VO, § 6 IntFamRVG. Des Weiteren arbeiten die Zentralen Behörden zusammen in Fällen, die speziell die elterliche Verantwortung betreffen, indem sie Informationen über das Kind, das Verfahren und das Kind betreffende Entscheidungen einholen und austauschen, die Träger der elterlichen Verantwortung informieren und beraten sowie eine gütliche Einigung durch Mediation oder auf ähnlichem Wege grenzüberschreitend fördern, Art. 55 Brüssel IIa-VO.

In den **Rückführungsverfahren** nach dem HKÜ ergeben sich die Aufgaben der Zentralen Behörden darüber hinaus aus Art. 7 HKÜ. Durch die Förderung der Zusammenarbeit von Behörden und Gerichten soll die sofortige Rückführung von entzogenen und zurückgehaltenen Kindern sichergestellt werden. Besondere Bedeutung kommt Art. 7 Abs. 2 lit. c) HKÜ zu, wonach die Zentrale Behörde in jedem Verfahrensstadium, dh auch vor Einleitung eines gerichtlichen Verfahrens, auf eine freiwillige Rückkehr des Kindes in die Jurisdiktion des Herkunftsstaates hinzuwirken hat. 172

Die Ausführungsvorschriften der §§ 3 ff IntFamRVG konkretisieren die durch die Brüssel IIa-VO und das HKÜ vorgegebenen Aufgaben insbesondere dahingehend, dass die Zentrale Behörde alle erforderlichen Maßnahmen zur **Aufenthaltsermittlung** des Kindes treffen kann (u.a. Einschaltung der Polizeivollzugsbehörden, Halterabfragen beim Kraftfahrt-Bundesamt und Ausschreibung durch das Bundeskriminalamt zur Aufenthaltsermittlung), § 7 IntFamRVG. 173

Die Zentrale Behörde wird allerdings nur **auf Antrag** tätig. Dabei muss durch eine Person oder Behörde geltend gemacht werden, dass das Kind unter Verletzung des Sorge- und Umgangsrechts ins Ausland verbracht oder dort zurückgehalten wird. Der Antrag muss Angaben enthalten über die Identität des Antragstellers, des Kindes und der Person, die das Kind zurückhält, zu den Gründen, weshalb eine Rückgabe des Kindes beansprucht wird, und alle vorhandenen Angaben über den Aufenthaltsort des Kindes. Er kann an die Zentrale Behörde des Staates des gewöhnlichen Aufenthaltes des Kindes (Herkunftsstaat) oder die des Zufluchtstaates gerichtet werden. 174

bb) Anträge/Amtsermittlung

Die Verfahren in internationalen Kindschaftssachen bedürfen des verfahrenseinleitenden Antrages gem. § 23. Auch in Kindschaftssachen mit Auslandsbezug können Verfahren von Amts wegen eingeleitet werden, eine Anregung hierzu gem. § 24 ist möglich. Antragsberechtigt ist jede Person, die eine Regelung im Bereich der elterlichen Sorge, des Umgangs, der Pflegschaft und Vormundschaft begehrt. 175

In den Kindesentziehungsfällen ist diejenige Person **antragsberechtigt**, die geltend macht, sorgeberechtigt bzw mitsorgeberechtigt zu sein (nach dem Recht des gewöhnlichen Aufenthaltes des Kindes zum Zeitpunkt der Entziehung bzw des Zurückhaltens des Kindes in Deutschland). Gestellt wird ein Antrag auf Rückführung des Kindes. Der Antrag kann unter Zuhilfenahme der Zentralen Behörde sowohl des Herkunftslandes 176

---

120 Art. 65 EGV (Römischer Vertrag zur Gründung der Europäischen Gemeinschaft v. 25.3.1957 idF des Vertrages von Nizza v. 26.2.2001 (BGBl. II, 1667).

des Kindes als auch des Zufluchtslandes (in Deutschland das Bundesamt für Justiz, Bonn) gestellt werden, Art. 8 Abs. 1 HKÜ. Der Antrag kann daneben durch den Antragsteller selbst gestellt werden, Art. 29 HKÜ.

5. Entscheidungsfindung/Entscheidung

177 In den Verfahren hinsichtlich der elterlichen Verantwortung nach Brüssel IIa-VO wie auch in den Verfahren, in denen es um Schutzmaßnahmen nach dem MSA bzw KSÜ geht, erfolgt durch das deutsche Gericht die Entscheidung im **Beschlusswege**, § 38, unter Berücksichtigung der allgemeinen Verfahrensvorschriften der §§ 23 ff und damit insbesondere unter Berücksichtigung des **Amtsermittlungsgrundsatzes** gem. § 26. Ebenso finden die Vorschriften über den Erlass von einstweiligen Anordnungen gem. §§ 49 ff Anwendung. Im Übrigen gelten die besonderen Vorschriften des Abschnitts 3 FamFG hinsichtlich des Verfahrens in Kindschaftssachen, dort insbesondere das **Beschleunigungsgebot** des § 155.

178 Diese Verfahrensvorschriften gelten auch in den Kindesentziehungsfällen im Anwendungsbereich des **HKÜ**. Allerdings ist in den Kindesentziehungsfällen ein durch Art. 11 Abs. 3 Brüssel IIa-VO normiertes und über das FamFG hinausgehendes Beschleunigungsgebot zu beachten, das ausdrücklich normiert ist in § 38 IntFamRVG. Die Verfahren sind insbesondere vorrangig in allen Rechtszügen zu betreiben.

179 Die erstinstanzliche Entscheidung – nicht der Erörterungstermin gem. § 155 Abs. 2 FamFG – ist bereits sechs Wochen nach Antragseingang zu treffen, es sei denn, es liegen ungewöhnliche Umstände vor, die eine Verzögerung rechtfertigen, Art. 11 Abs. 3 S. 2 Brüssel IIa-VO.

180 Das Kind ist im Verfahren zu beteiligen. Ausdrücklich normiert nunmehr Art. 11 Abs. 2 Brüssel IIa-VO, dass das Kind auch im Rückführungsverfahren zu hören ist, soweit dieses nicht durch sein Alter und Reifegrad für unangebracht erscheint.

181 Darüber hinaus kann das Gericht in den Kindesentziehungsfällen gem. § 15 IntFamRVG auf Antrag oder von Amts wegen einstweilige Anordnungen treffen, um Gefahren von dem Kind abzuwenden, insbesondere um den Aufenthaltsort des Kindes während des Verfahrens abzusichern.

182 Auch für dieses Verfahren gilt grundsätzlich der Amtsermittlungsgrundsatz. Die restriktiv auszulegenden Ausnahmegründe, unter deren Voraussetzungen das Gericht von einer Rückführung des Kindes gem. Art. 13 HKÜ absehen kann, unterliegen allerdings der Beibringungslast des Antragsgegners und entführenden Elternteils.

6. Rechtsmittel

183 Gegen Endentscheidungen im Bereich der elterlichen Verantwortung nach der Brüssel IIa-VO sowie im Rahmen von Endentscheidungen erlassenen Schutzmaßnahmen für das Kind nach dem MSA gilt das Rechtsmittelrecht der §§ 58 ff.

184 In den Verfahren nach dem HKÜ ist die Beschwerde zum Oberlandesgericht innerhalb von zwei Wochen einzulegen und zu begründen, § 40 Abs. 2 IntFamRVG. § 40 Abs. 2 IntFamRVG in der mit der Einführung des FamFG geänderten Fassung normiert nunmehr ausdrücklich, dass die Beschwerde innerhalb der zweiwöchigen Beschwerdefrist

zu begründen ist und eine Übertragung auf den Einzelrichter wie auch eine Zurückverweisung auf das Gericht des ersten Rechtszuges nicht statthaft sind. §§ 65 Abs. 2, 68 Abs. 4 und 69 Abs. 1 Hs 1 sind ausdrücklich nicht anzuwenden.

7. Vollstreckung und Durchsetzung inländischer Entscheidungen

Im Inland erfolgt die Vollstreckung und Durchsetzung in Deutschland getroffener Entscheidungen zur elterlichen Verantwortung im Anwendungsbereich der Brüssel IIa-VO, wie auch die nach dem MSA und KSÜ getroffenen Entscheidungen über Schutzmaßnahmen nach den neuen Vollstreckungsvorschriften der §§ 88 ff. 185

Im Ausland können inländische Entscheidungen in einem vereinfachten Verfahren in einem anderen Mitgliedstaat der EU vollstreckt werden. Benötigt wird eine Bescheinigung nach Art. 39 Brüssel IIa-VO (Anhang II Entscheidung zur elterlichen Verantwortung), die durch das Gericht, das die Entscheidung zur elterlichen Verantwortung gefällt hat, erteilt wird. Die Bescheinigung nach Art. 39 Brüssel IIa-VO wird beim Urkundsbeamten der Geschäftsstelle des Erstgerichtes bzw soweit das Verfahren beim Oberlandesgericht entschieden wurde, bei dem Urkundsbeamten dort beantragt, § 48 Abs. 1 IntFamRVG. Soweit es sich um Umgangsentscheidungen handelt, ist eine Bescheinigung nach Anhang III der Brüssel IIa-VO notwendig. 186

Soll eine solche Entscheidung in einem anderen Mitgliedstaat der EU vollstreckt werden, so ist diese Bescheinigung beim Gericht des ersten Rechtszuges (nicht Urkundsbeamten der Geschäftsstelle) zu beantragen, in Verfahren vor dem Oberlandesgericht ist der Vorsitzende des Senates für Familiensachen zuständig.

Für die **Kindesentziehungsfälle** normiert § 40 Abs. 1 IntFamRVG, dass die positive Rückführungsentscheidung erst mit Rechtskraft wirksam wird. Das Oberlandesgericht ist gem. § 40 Abs. 3 IntFamRVG aufgerufen, unverzüglich zu prüfen, ob die sofortige Vollziehung der angefochtenen Entscheidung über die Rückgabe des Kindes anzuordnen ist. Die sofortige Vollziehung soll unter den Voraussetzungen des § 40 Abs. 3 S. 2 IntFamRVG angeordnet werden, dh in den Fällen, in denen die Beschwerde offensichtlich unbegründet ist oder die Rückgabe des Kindes vor einer Entscheidung über die Beschwerde unter Berücksichtigung der berechtigten Interessen der Beteiligten, mit dem Wohl des Kindes vereinbar ist. 187

Die Vollstreckung einer Rückgabeverpflichtung erfolgt nach § 44 IntFamRVG. Das IntFamRVG hat die Ordnungsmittel (Ordnungsgeld oder -haft), die im FamFG durch § 89 die Zwangsmittel des § 33 FGG ersetzt haben, bereits mit dem Inkrafttreten des IntFamRVG „vorweggenommen". Die Ordnungsmittel des FamFG haben Sanktionscharakter und können auch dann noch festgesetzt und vollstreckt werden, wenn die Handlung nicht mehr vorgenommen werden kann.[121] Das IntFamRVG, in der mit Inkrafttreten des FamFG geänderten Fassung, hat das Ordnungsmittelrecht und die Vollstreckung nochmals verschärft. Gem. § 44 Abs. 1 IntFamRVG soll das Gericht Ordnungsgeld und – falls dieses nicht beigetrieben werden kann – Ordnungshaft anordnen. 188

---

121 Dutta/Scherpe, Die Durchsetzung von Rückführungsansprüchen nach dem Haager Kindesentführungsübereinkommen durch deutsche Gerichte, FamRZ 2006, 901 ff.

189 Die Vollstreckung hat von Amts wegen zu erfolgen, soweit es um die Herausgabe oder Rückgabe eines Kindes geht, § 44 Abs. 2 IntFamRVG. § 44 Abs. 2 IntFamRVG beinhaltet in der geänderten Fassung keine Vorschriften mehr zu Anwendung unmittelbaren Zwangs entsprechend § 44 Abs. 3 IntFamRVG aF. Rechtsgrundlage für die Anwendung unmittelbaren Zwangs im Rahmen der von Amts wegen zu erfolgenden Vollstreckung in den Rückführungsverfahren nach HKÜ ist nunmehr in § 90 geregelt.

8. Anerkennung ausländischer Entscheidungen

190 Eine im Ausland ergangene Entscheidung zur elterlichen Sorge, zu Teilbereichen der elterlichen Sorge oder zum Umgang ist im Inland mit gleicher Wirkung wie eine entsprechende inländische Entscheidung anzuerkennen, wenn die Voraussetzungen der insoweit einschlägigen supranationalen Rechtsgrundlagen oder die Voraussetzungen des autonomen Verfahrensrechtes vorliegen.

a) Anerkennung einer im Anwendungsbereich der Brüssel IIa-VO ergangenen ausländischen Entscheidung

191 Eine in einem Mitgliedstaat der EU (außer Dänemark) ergangene ausländische Entscheidungen zur elterlichen Verantwortung ist in allen anderen Mitgliedstaaten grundsätzlich ohne weitere Nachprüfung anzuerkennen, Art. 21 Abs. 1 Brüssel II-VO.

192 Die Anerkennung in den anderen Mitgliedstaaten der EU setzt kein förmliches Anerkennungsverfahren im Inland voraus, die Entscheidung ist ipso iure anzuerkennen.

193 Gem. Art. 21 Abs. 3 S. 1 Brüssel II-VO besteht allerdings die Möglichkeit für jeden Verfahrensbeteiligten, der ein Interesse daran hat, zur Klarstellung der möglicherweise zweifelhaften Anerkennungsfähigkeit der Entscheidung ein **Feststellungsverfahren** einzuleiten.

194 Gem. Art. 21 Abs. 3 S. 2 Brüssel II-VO iVm §§ 10, 12 IntFamRVG ist das Familiengericht am Sitz des Oberlandesgerichts zuständig, in dessen Bezirk sich der Antragsgegner oder das Kind aufhält, hilfsweise dasjenige, bei dem das Bedürfnis der Fürsorge besteht, im Bezirk des Kammergerichts das Familiengericht Pankow/Weißensee, Art. 68 Brüssel II-VO iVm § 12 Abs. 1 und 2 IntFamRVG (Zuständigkeitskonzentration). Diese örtliche Zuständigkeit gilt unabhängig davon, ob die Ehesache anderweitig anhängig ist oder nicht. Für das Anerkennungsfeststellungsverfahren gelten im Übrigen die Vorschriften des § 108 FamFG.

195 Soweit lediglich ausnahmsweise eine **Nichtanerkennung** einer in einem anderen Mitgliedstaat ergangenen Entscheidung zur elterlichen Sorge infrage kommt, kann diese Nichtanerkennung nur auf den abschließenden Katalog der in Art. 23 Brüssel IIa-VO normierten Gründe gestützt werden, die ihrerseits zusätzlich eingeschränkt werden durch Art. 24–26 Brüssel IIa-VO. Art. 24–26 Brüssel IIa-VO enthalten Nachprüfungsverbote, insbesondere das Verbot, die internationale Zuständigkeit des ausländischen Gerichtes für die Entscheidung infrage zu stellen, Art. 24 Brüssel IIa-VO.

196 Die Nichtanerkennung einer Entscheidung über die elterliche Verantwortung kann insbesondere nach Art. 23 lit. a) Brüssel IIa-VO versagt werden, wenn die Entscheidung des Ursprungsmitgliedstaates dem ordre public des Mitgliedstaates widerspricht, in

dem die Entscheidung anerkannt werden soll, wobei das Wohl des Kindes zu berücksichtigen ist.

Gem. Art. 23 lit. b) Brüssel IIa-VO ist die Anerkennung auch zu versagen, wenn das Kind nicht die Möglichkeit hatte, gehört zu werden, und damit wesentliche verfahrensrechtliche Grundsätze im Anerkennungsstaat, wie in Deutschland durch § 159 normiert, verletzt wurden. 197

b) Anerkennung einer außerhalb des Anwendungsbereichs der Brüssel IIa-VO ergangenen ausländischen Entscheidung

Ist eine Entscheidung zur elterlichen Verantwortung in Dänemark, Island, Liechtenstein, Norwegen, der Schweiz oder der Türkei ergangen, richtet sich die Anerkennung solcher Entscheidung nach Art. 7, 9, 10 ESÜ,[122] verfahrensrechtlich nach Art. 13–16 ESÜ iVm dem IntFamRVG. 198

Art. 7 ESÜ normiert den Grundsatz, dass Sorgerechtsentscheidungen, die in einem Vertragsstaat ergangen sind, regelmäßig **in jedem anderen Vertragsstaat anerkannt** werden. Nur bei Vorliegen bestimmter Gründe, die im abschließenden Katalog der Art. 9 und 10 ESÜ geregelt sind, darf eine Anerkennung versagt werden. Auf keinen Fall darf auch hier eine inhaltliche Nachprüfung erfolgen, Art. 9 Abs. 3 ESÜ. 199

Auch diese Anerkennung bedarf keines besonderen Anerkennungsverfahrens, allerdings kann auch insoweit ein Anerkennungsfeststellungsverfahren betrieben werden, und zwar gem. § 32 IntFamRVG. Auch in diesen Verfahren ist nach § 10 IntFamRVG das Familiengericht am Sitz des Oberlandesgerichts zuständig, in dessen Bezirk sich das Kind oder Antragsgegner sich aufhält, hilfsweise dort wo das Bedürfnis der Fürsorge besteht. 200

Die Anerkennungsfähigkeit ausländischer Entscheidungen beruhend auf autonomem Recht regeln die §§ 108, 109. Auch insoweit ist ein förmliches Anerkennungsverfahren im Bereich des Sorge- und Umgangsrechtes nicht erforderlich und nicht möglich. 201

Ausdrücklich bestimmt § 108 Abs. 2 nunmehr auch die Möglichkeit eines fakultativen Anerkennungsfeststellungsverfahrens, um über die Anerkennung bzw Nichtanerkennung der Entscheidung aus dem Ausland im Inland eine Vorabentscheidung zu erhalten. 202

In § 109 werden die Gründe für eine **Nichtanerkennung** gem. Abs. 1 Nr. 1–4, abschließend geregelt. Die Gründe für eine Nichtanerkennung einer ausländischen Entscheidung sind insbesondere dann gegeben, wenn die internationale Zuständigkeit durch das entscheidende Gericht nicht vorgelegen hat. 203

Des Weiteren kann ein anerkennendes Hindernis in einer **nicht ordnungsgemäßen Beteiligung** einer der Verfahrensbeteiligten liegen. Die ist der Fall, wenn verfahrenseinleitende Schriftstücke nicht ordnungsgemäß oder nicht rechtzeitig zugestellt worden sind, so dass ein Verfahrensbeteiligter seine Rechte nicht hat wahrnehmen können. 204

---

122 Luxemburger Europäisches Übereinkommen über die Anerkennung und Vollstreckung von Entscheidungen über das Sorgerecht für Kinder und die Wiederherstellung des Sorgeverhältnisses vom 20.5.1980 (BGBl. II 1990, 220). Dem ESÜ gehören außer den Mitgliedstaaten der EU an: Island, Liechtenstein, Mazedonien, Norwegen, Schweiz, Serbien, Montenegro und Türkei.

Auch wenn eine ausländische Entscheidung im Widerspruch zu einer früheren im Inland ergangenen und hier anzuerkennenden Entscheidung oder einem im Inland früher rechtshängig gewordenen Verfahren steht, kann sie nicht anerkannt werden. Schließlich entsteht ein Anerkennungshindernis bei der Unvereinbarkeit des ausländischen Verfahrens oder des Inhaltes der ausländischen Entscheidung mit wesentlichen Grundsätzen des deutschen Rechtes (ordre-public-Verstoß). Dies kommt bei Sorgerechtsentscheidungen insbesondere in Betracht, wenn das Kindeswohl so grob missachtet worden ist, dass Grundrechtsverstöße gegen Art. 2 Abs. 1 iVm Art. 6 Abs. 2 GG vorliegen.

9. Abänderung ausländischer Entscheidungen

205 Eine Entscheidung über das Sorge- und Umgangsrecht, die im Ausland getroffen und in Deutschland nach vorgenannten Grundsätzen anzuerkennen ist, kann nur nach Veränderung von Umständen abgeändert werden.

206 Ist in einem Mitliedstaat der EU (außer Dänemark) und damit im Anwendungsbereich der Brüssel IIa-VO eine Entscheidung hinsichtlich der elterlichen Sorge getroffen worden, ist diese Entscheidung nur unter den Voraussetzungen des § 1696 BGB abänderbar, soweit die internationale Zuständigkeit des deutschen Gerichtes vorliegt. Es gibt insoweit keine weiteren Besonderheiten der materiellen und prozessualen Voraussetzungen dieses Abänderungsverfahrens. Eine im Abänderungsverfahren getroffene Entscheidung ist ihrerseits in den anderen Mitgliedstaaten anzuerkennen. Gleiches gilt auch für Entscheidungen hinsichtlich der elterlichen Sorge im Anwendungsbereich außerhalb der Brüssel IIa-VO, auch hier ist ein Abänderungsverfahren im Inland zu führen.

207 Eine **Ausnahme** gilt im Anwendungsbereich der Brüssel IIa-VO für im Ausland getroffene Entscheidungen zum Umgang. Gem. Art. 9 Abs. 1 Brüssel IIa-VO ist eine in einem Mitgliedstaat ergangene Umgangsentscheidung erst durch ein Gericht eines anderen Mitgliedstaates nach drei Monaten abänderbar, wenn ein Umzug in den anderen Mitgliedstaat rechtmäßig, dh entsprechend der getroffenen Umgangsentscheidung bzw mit Zustimmung des anderen Elternteils, erfolgte und ein Elternteil im Ursprungsstaat verblieben ist. Das Gericht des Ursprungsmitgliedstaates behält damit die internationale Zuständigkeit für Abänderungen von Umgangsentscheidungen für weitere drei Monate trotz Umzuges und damit Wechsel des gewöhnlichen Aufenthaltes des Kindes in einen andern Mitgliedstaat.

10. Vollstreckung ausländischer Entscheidungen

208 Entscheidend ist für das Vollstreckungsverfahren der Inhalt der in Deutschland zu vollsteckenden Entscheidung und die Tatsache, aus welchem Staat die Entscheidung stammt.

209 Die Brüssel IIa-VO sieht eine **Erleichterung der Vollstreckung** von Entscheidungen vor, die in einem anderen Mitgliedstaat ergangen sind, soweit es sich dabei um eine Entscheidung über das **Umgangsrecht** sowie über die **Herausgabe eines Kindes** nach HKÜ handelt. Ein förmliches Vollstreckungsverfahren nach deutschem Recht mit Vollstreckbarkeitserklärung und Klauselerteilung ist nicht notwendig.

Eine in einem Mitgliedstaat ergangene Umgangsentscheidung ist dann wie ein inländischer Titel, der für vollstreckbar erklärt und mit Vollstreckungsklausel versehen wurde, zu behandeln, wenn eine Bescheinigung gem. Art. 41 Brüssel IIa-VO vorgelegt wird. Diese Bescheinigung hat das Gericht des Ursprungsmitgliedstaates auszufüllen, und zwar entsprechend des Formblattes nach Anhang III der Brüssel IIa-VO. 210

Im Falle einer **Versäumnisentscheidung** ist in diesem Formblatt anzugeben, dass die das Verfahren einleitenden Schriftstücke der Partei, die sich nicht auf das Verfahren eingelassen hat, zur Kenntnis gegeben wurden. Des Weiteren ist anzugeben, dass alle Parteien, einschließlich des Kindes, Gelegenheit hatten, gehört zu werden. Ausdrücklich muss für das Kind bescheinigt werden, dass dieses die Möglichkeit hatte, gehört zu werden, es sei denn, es erschien dem erkennenden Gericht aufgrund seines Alters und Reifegrades für unangebracht. 211

Auch für die Herausgabe- bzw Rückgabeentscheidungen nach dem HKÜ gilt im Anwendungsbereich der Brüssel IIa-VO eine entsprechende Erleichterung. Eine in einem Mitgliedstaat ergangene Herausgabeentscheidung ist durch das Gericht des Ursprungsmitgliedstaates gem. Art. 42 Brüssel IIa-VO zu bescheinigen, und zwar entsprechend des Formblatts des Anhang VI. Diese Bescheinigung ersetzt wie bei den Umgangsentscheidungen die Vollstreckbarkeitserklärung und Klauselerteilung. In der Bescheinigung ist neben der Bezeichnung der Parteien und des Kindes insbesondere anzugeben, dass die Parteien und das Kind die Möglichkeit hatten gehört zu werden sowie dass das Ursprungsgericht in seinem Urteil die Gründe und Beweismittel berücksichtigt hat, auf die sich die nach Art. 13 HKÜ ergangene Entscheidung stützt. Sollte das die Entscheidung fällende Gericht Maßnahmen für erforderlich gehalten haben, um den Schutz des Kindes nach einer Rückführung zu gewährleisten, sind die Einzelheiten dieser Maßnahme anzugeben. 212

Die Vollstreckung einer in einem Mitgliedstaat der Brüssel IIa-VO ergangenen Entscheidung über die Rückgabe eines Kindes oder einer Umgangsentscheidung selbst erfolgt im Inland nach § 44 IntFamRVG. Zuständig ist das zentrierte Gericht gem. § 11 IntFamRVG. Die in § 44 IntFamRVG genannten Ordnungsmittel mit Sanktionscharakter (Ordnungsgeld und Ordnungshaft) sind zuvor anzudrohen, § 44 Abs. 2 S. 1 IntFamRVG. Die Androhung des Ordnungsmittels ist nicht isoliert anfechtbar, die Beschwerde gegen die Festsetzung von Ordnungshaft hat keine aufschiebende Wirkung, § 44 Abs. 4 IntFamRVG. 213

Im Vollstreckungsverfahren ist die **Anwendung von Gewalt,** auch gegen das Kind, soweit es sich um eine reine Rückgabeentscheidung handelt, ausdrücklich in § 44 Abs. 3 S. 1 IntFamRVG vorgesehen. Nur soweit es sich um die Vollstreckung einer Entscheidung handelt, die die Herausgabe des Kindes anordnet, um das Umgangsrecht auszuüben, darf die Gewaltanwendung gegen das Kind nicht zugelassen werden, § 44 Abs. 3 S. 2 IntFamRVG. 214

Alle anderen ausländischen Entscheidungen hinsichtlich der elterlichen Verantwortung wie Sorgerechtsentscheidungen und Entscheidungen über Teilbereiche der elterlichen Sorge sind im Anwendungsbereich der Brüssel IIa-VO nach Art. 28 ff Brüssel IIa-VO zu vollstrecken, soweit sie im Ursprungsstaat für vollstreckbar erklärt und zugestellt 215 wurden. Zu beantragen ist eine Vollstreckbarkeitserklärung gem. Art. 28 Abs. 1 Brüssel IIa-VO, zuständig ist das zentrierte Gericht, Art. 29 Brüssel IIa-VO iVm § 10 IntFamRVG. Vorgelegt werden muss eine Ausfertigung der Entscheidung sowie eine Bescheinigung nach Art. 39 Brüssel IIa-VO.

216 Abgelehnt werden darf ein Antrag auf Vollstreckbarkeitserklärung nur aus den engen Gründen, bei deren Vorliegen eine Anerkennung der ausländischen Entscheidung gem. Art. 22, 23 und 24 Brüssel IIa-VO abzulehnen ist, Art. 31 Abs. 2 Brüssel IIa-VO.

217 Das Verfahren über die Vollstreckbarkeitserklärung ist ein **Eilverfahren**, weder die Person, gegen die die Vollsteckung erwirkt werden soll, noch das Kind sind in diesem Verfahren zu hören, Art. 31 Abs. 1 Brüssel IIa-VO.

§ 6 Abstammungssachen

Literatur: Coester-Waltjen, Besonderheiten in Abstammungsverfahren, Jura 2009, 427; Helms/Balzer, Das neue Verfahren in Abstammungssachen, ZKJ 2009, 348; Krause, Das Verfahren in Abstammungssachen nach dem FamFG, FamRB 2009, 180; Löhnig, Probleme des neuen Verfahrens in Abstammungssachen nach §§ 169 ff. FamFG, FamRZ 2009, 1798; Niethammer-Jürgens, Die Verfahren mit Auslandsbezug nach dem FamFG, FamRBInt 2009, 80; Schmidt, FamFG und Abstammungssachen, JAmt 2009, 465; Stößer, Das neue Verfahren in Abstammungssachen nach dem FamFG, FamRZ 2009, 923.

I. Einführung 1	4. Die Beteiligten in Abstammungssachen 54
II. Der Begriff der Abstammungssachen 13	a) Grundlagen 54
1. Verfahren auf Feststellung des Bestehens oder Nichtbestehens eines Eltern-Kind-Verhältnisses 15	b) Die Mussbeteiligten in Abstammungssachen 57
	c) Die Stellung des Jugendamts 60
2. Verfahren auf Ersetzung der Einwilligung in eine genetische Abstammungsuntersuchung und die Anordnung der Duldung einer Probeentnahme 21	5. Das Jugendamt als Beistand des Kindes 63
	a) Vertretung des Kindes als Beistand aus materiellrechtlichen Gründen 64
3. Verfahren auf Einsicht in ein Abstammungsgutachten oder Aushändigung einer Abschrift 22	b) Das Jugendamt als Verfahrensbeistand 66
	aa) Erforderlichkeit der Bestellung eines Verfahrensbeistands 67
4. Verfahren zur Anfechtung der Vaterschaft 23	bb) Die Stellung des Verfahrensbeistands 68
5. Verfahren zur Feststellung des Bestehens oder Nichtbestehens der elterlichen Sorge 25	cc) Aufwendungsersatz, Vergütung, Kosten 74
	dd) Verfahren 75
III. Das Verfahren in Abstammungssachen 26	ee) Aufhebung der Bestellung 77
1. Einordnung als einfache Familiensache 27	6. Erörterung und Anhörungen im Abstammungsverfahren ... 78
2. Antragserfordernis 28	a) Anhörung der Beteiligten im Erörterungstermin 79
a) Antragsprinzip 29	b) Anhörung des Jugendamts 83
b) Anforderungen an den Inhalt des Antrags 30	7. Die Feststellung der Abstammung 87
aa) Allgemeines 31	a) Beweisgrundsätze im Abstammungsverfahren .. 88
bb) Besonderheiten bei Anfechtung der Vaterschaft durch den Vater 33	b) Förmliche Beweisaufnahme 94
cc) Besonderheiten bei Anfechtung der Vaterschaft durch die Behörde 37	c) Untersuchungen zur Feststellung der Abstammung 97
3. Die Zuständigkeit in Abstammungssachen 40	8. Die Verbindung von Verfahren in Abstammungssachen .. 100
a) Internationale Zuständigkeit 41	a) Objektive Antragshäufung 101
b) Sachliche Zuständigkeit .. 48	
c) Örtliche Zuständigkeit 49	

§ 6 Abstammungssachen

    b) Subjektive Antragshäufung 103
9. Erklärungen in Verfahren in Abstammungssachen 106
10. Die Auswirkungen des Todes eines Beteiligten 111
IV. Die Entscheidung in Abstammungssachen 113
  1. Der Inhalt der Entscheidung in Abstammungssachen 114
  2. Die Kosten in Abstammungssachen 121
    a) Grundsatz 121
    b) Sonderregelung für Vaterschaftsanfechtungsverfahren 122
    c) Verfahrenswert und Gebühren 126

  3. Die Wirksamkeit von Beschlüssen in Abstammungssachen 127
  4. Die Reichweite der Beschlüsse in Abstammungssachen 130
V. Rechtsmittel in Abstammungssachen 133
VI. Die Wiederaufnahme von Verfahren in Abstammungssachen 137
  1. Grundlagen 137
  2. Anwendungsbereich der Sonderregelung 140
  3. Voraussetzungen des Restitutionsantrags 141
  4. Das Verfahren der Wiederaufnahme 146

I. Einführung

1 Durch das FamFG wurde das Verfahrensrecht des Abstammungsverfahrens **vollkommen neu gestaltet**. Bislang wurden diese Verfahren unter dem Begriff Kindschaftssachen grundsätzlich nach den Vorschriften der ZPO als ZPO-Familiensachen in einem Klageverfahren geführt (§§ 640 ff ZPO aF). Nur für den seltenen Fall, dass die Person, gegen die die Klage zu richten wäre, schon verstorben war, sah der bisherige § 1600 e Abs. 2 BGB ein gesondertes Verfahren der freiwilligen Gerichtsbarkeit vor (vgl § 55 b FGG aF).

2 Nach neuem Recht werden die bisherigen Kindschaftssachen als **Abstammungssachen** bezeichnet, weil das den **Inhalt dieser Verfahren besser kennzeichnet**. Zugleich wird das Verfahren in sämtlichen Abstammungssachen einheitlich als Verfahren der freiwilligen Gerichtsbarkeit ausgestaltet. Abstammungssachen sind in Zukunft also einfache Familiensachen und keine Familienstreitsachen (vgl § 112). Für diese Lösung spricht vor allem die größere Flexibilität der Regelungen des Allgemeinen Teils des FamFG gegenüber den Vorschriften der ZPO. Die Einbeziehung weiterer Beteiligter und des Jugendamts ist dadurch problemloser möglich als bisher. Die für das zivilprozessuale Verfahren nach §§ 640 ff ZPO aF typischen besonderen Elemente, wie der Strengbeweis, die Wirkung der Entscheidung für und gegen alle sowie die besonderen Vorschriften für eine Wiederaufnahme bleiben aber erhalten. Sie ergeben sich jetzt aus besonderen Verfahrensregeln, welche dem Allgemeinen Teil des FamFG vorgehen.

3 Der **Begriff der Abstammungssachen** ist in § 169 definiert.[1] Es handelt sich im Prinzip um die Verfahren, die bislang als Kindschaftssachen bezeichnet wurden (§ 640 ZPO aF). Gegenüber der bisherigen Rechtslage wurde die Norm vor allem um die Verfahren nach § 1600 e Abs. 2 BGB erweitert. Dagegen sind die Verfahren zur Feststellung des Bestehens oder Nichtbestehens der elterlichen Sorge der einen Partei für die andere

---

1 Zu Einzelheiten vgl Rn 13 ff.

(§ 640 Abs. 2 Nr. 3 ZPO aF) keine Abstammungssachen mehr. Diese Verfahren sind jetzt Kindschaftssachen.

Die internationale **Zuständigkeit** für Abstammungssachen ergibt sich aus § 100.[2] Die sachliche Zuständigkeit der AG für Abstammungssachen als Familiensachen (vgl § 111 Nr. 3) ergibt sich aus § 23 a Abs. 1 Nr. 1 GVG, die jeweilige örtliche Zuständigkeit für Abstammungssachen folgt aus § 170 und die funktionelle Zuständigkeit aus dem geänderten § 23 b GVG. **4**

Das Verfahren kommt durch einen **Antrag** iSd § 23 zustande (§ 171).[3] Ein von Amts wegen eingeleitetes Abstammungsverfahren gibt es nicht. Jedoch sind in bestimmten Fällen (vgl § 1600 Abs. 1 Nr. 5 BGB) auch Behörden antragsbefugt. **5**

Die möglichen **Beteiligten** in Abstammungssachen sind in § 172 genannt: Neben dem Antragsteller können das das Kind, der Vater und die Mutter sein.[4] Das Jugendamt ist Mussbeteiligter auf Antrag (§ 172 Abs. 2). Weiterer Beteiligter ist schließlich der Verfahrensbeistand des Kindes (§ 174 iVm § 158 Abs. 3 S. 2). **6**

Das Kind wird durch einen **Verfahrensbeistand** vertreten, für den im Wesentlichen die Regelungen für den Verfahrensbeistand in Kindschaftssachen (§ 158) gelten (§ 173).[5] **7**

Regelungen über die im Verfahren erforderlichen **Anhörungen** finden sich in § 175 (Grundsatz der persönlichen Anhörung der verfahrensfähigen Beteiligten)[6] und § 176 (Anhörung des Jugendamts).[7] **8**

In Abstammungssachen gilt wie bisher ein **eingeschränkter Amtsermittlungsgrundsatz** (§ 177): Im Verfahren auf Anfechtung der Vaterschaft dürfen von den beteiligten Personen nicht vorgebrachte Tatsachen nur berücksichtigt werden, wenn sie geeignet sind, dem Fortbestand der Vaterschaft zu dienen, oder wenn der die Vaterschaft Anfechtende einer Berücksichtigung nicht widerspricht.[8] Im Übrigen wird das Prinzip, dass das Gericht über die Art der Beweisaufnahme nach pflichtgemäßem Ermessen entscheidet (§ 30 Abs. 1), durch § 177 Abs. 2 eingeschränkt. In Verfahren nach § 169 Nr. 1 und 4 muss immer eine förmliche Beweisaufnahme stattfinden (§ 177 Abs. 2 S. 1).[9] Verwertungsregeln in Bezug auf schon vorliegende Gutachten enthält § 177 Abs. 2 S. 2.[10] Die Regeln für Untersuchungen zur Klärung der Abstammung und die entsprechenden Duldungspflichten ergeben sich aus § 178.[11] **9**

Die **Entscheidung** ergeht durch Beschluss (§ 39), für dessen Inhalt sich aus § 182 Spezialregeln ergeben.[12] Der Beschluss wird mit Rechtskraft wirksam (§ 184 Abs. 1 S. 1). **10**

---

2 Zu Einzelheiten vgl Rn 41 ff.
3 Zu Einzelheiten vgl Rn 29 ff.
4 Zu Einzelheiten vgl Rn 54 ff.
5 Zu Einzelheiten vgl Rn 66 ff.
6 Zu Einzelheiten siehe Rn 79 ff.
7 Zu Einzelheiten siehe Rn 83 ff.
8 Zu Einzelheiten siehe Rn 88 ff.
9 Zu Einzelheiten siehe Rn 94.
10 Zu Einzelheiten siehe Rn 95 f.
11 Zu Einzelheiten siehe Rn 97 ff.
12 Zu Einzelheiten siehe Rn 114 ff.

§ 6 Abstammungssachen

Eine Abänderung ist ausgeschlossen (§ 184 Abs. 1 S. 2).[13] Er wirkt für und gegen jedermann (§ 184 Abs. 2).[14]

11 Sonderregeln für die **Beschwerde** finden sich in § 184 Abs. 3, mit denen allen Personen, die am Verfahren beteiligt waren oder die hätten beteiligt werden müssen, ein Beschwerderecht erhalten, unabhängig davon, ob sie in ihren Rechten verletzt sind oder nicht.[15]

12 Einen besonderen **Wiederaufnahmegrund** enthält § 185.[16]

II. Der Begriff der Abstammungssachen

13 Der Begriff der Abstammungssachen ergibt sich aus § 169. Erfasst werden mit Modifikationen im Detail die **Kindschaftssachen des früheren Rechts**. Im Unterschied zur früheren Rechtslage sind diese Verfahren aber keine streitigen (ZPO-)Verfahren mehr, sondern Verfahren der Freiwilligen Gerichtsbarkeit, die allen Regeln dieser Verfahren unterliegen, auf die also auch das erste Buch des FamFG komplett anwendbar ist.

14 Die **Aufzählung** des § 169 ist **abschließend**; andere als die genannten Verfahren sind daher niemals Abstammungssachen. Vor allem Unterhaltsverfahren gehören aus diesem Grund nicht zu ihnen. Auch die einstweilige Regelung des Unterhalts in der Zeit des Abstammungsverfahrens ist deswegen heute richtigerweise den Unterhaltssachen zugewiesen (früher § 641 d ZPO aF, jetzt § 248). Ebenfalls keine Abstammungssachen sind Verfahren, in denen ein Kind erreichen will, dass seine Mutter ihm Auskunft über seinen wahren Erzeuger erteilt.[17]

1. Verfahren auf Feststellung des Bestehens oder Nichtbestehens eines Eltern-Kind-Verhältnisses

15 Abstammungssachen sind zunächst Verfahren auf Feststellung des Bestehens oder Nichtbestehens eines Eltern-Kind-Verhältnisses, vor allem der Wirksamkeit oder Unwirksamkeit einer Anerkennung der Vaterschaft (§ 169 Nr. 1). Einbezogen sind **auch die bisher von § 1600 e Abs. 2 BGB erfassten Feststellungsverfahren nach dem Tod der Person**, gegen welche die Klage zu richten gewesen wäre;[18] denn § 1600 e BGB wurde aufgehoben.

16 Zu diesen Verfahren gehören vor allem **Anträge auf Feststellung einer Vaterschaft**. Regelmäßig wird es sich um Anträge eines Mannes oder gegen einen Mann handeln, der mit der Mutter des Kindes **nicht verheiratet** ist und auch keine Vaterschaftsanerkennung abgegeben hat (§ 1600 d BGB). Das Verfahren gegen den Mann ist erforderlich, wenn er nicht bereit ist, die Vaterschaft anzuerkennen, die Einleitung des Verfahrens durch den Mann dann, wenn er nicht die Zustimmung der Mutter erhält (§ 1595 Abs. 1 BGB).[19] Kein Verfahren auf Feststellung des Bestehens oder Nichtbestehens eines

---

13 Zu Einzelheiten siehe Rn 127 ff.
14 Zu Einzelheiten siehe Rn 130 ff.
15 Zu Einzelheiten siehe Rn 133 ff.
16 Zu Einzelheiten siehe Rn 137 ff.
17 OLG Hamm FamRZ 2000, 38; HK-ZPO/Kemper § 169 Rn 2; Keidel/Engelhardt § 169 Rn 2.
18 BT-Drucks. 16/6308, S. 244; Krause FamRB 2009, 180.
19 HK-Familienverfahrensrecht/Fritsche § 169 Rn 11; aA Palandt/Diederichsen § 1595 BGB Rn 3.

Eltern-Kind-Verhältnisses liegt dagegen vor, wenn ein Dritter die Vaterschaft als Vorfrage eines anderen Rechtsstreits inzident in diesem Rechtsstreit geklärt wissen möchte. Das lässt der BGH in Ausnahmefällen zu, weil der Dritte sonst rechtlos gestellt wäre (Hauptfall: Unterhaltsregress).[20] Dieses Verfahren ist wie die Hauptsache einzuordnen; die erforderliche Inzidentfeststellung ändert daran nichts.[21]

Ein **Vaterschaftsfeststellungsantrag des Ehemannes** der Mutter kommt wegen der Vermutung des § 1592 BGB nur in Ausnahmefällen vor, etwa wenn ein Mann geltend macht, das Kind sei im Krankenhaus verwechselt worden oder der Geburtstag sei falsch eingetragen, so dass das Kind außerhalb der Empfängniszeit zur Welt gekommen ist. 17

Bei **Adoptionen** kann geltend gemacht werden, bei der adoptierten Person handele es sich um eine andere oder ein Adoptionsbeschluss existiere überhaupt nicht. 18

Anträge auf **Feststellung der Mutterschaft** können außer in den Kindesverwechslungsfällen bei Geltung eines ausländischen Sachrechts vorkommen, das entsprechende Verfahren kennt (zB im französischen Recht, vgl Art. 341 f code civil).[22] 19

Als Unterfall des Verfahrens zur Feststellung eines Eltern-Kind-Verhältnisses sieht § 169 Nr. 1 Hs 2 das Verfahren zur **Feststellung der Wirksamkeit oder Unwirksamkeit einer Vaterschaftsanerkennung** an. Gemeint ist nur der Streit darüber, ob die Anerkennung der Vaterschaft den Anforderungen der §§ 1594–1597 BGB genügt;[23] die Anfechtung der Vaterschaftsanerkennung fällt nicht unter § 169 Nr. 1 Hs 2, sondern unter § 169 Nr. 2.[24] Mit dem Antrag nach § 169 Nr. 1 Hs 2 können daher geltend gemacht werden: die Rüge, dass die Vaterschaftsanerkennung verfrüht erfolgt ist (vgl § 1594 Abs. 2 BGB), das Fehlen der Zustimmung der Mutter bzw des Kindes zur Vaterschaftsanerkennung (§ 1595 BGB),[25] Mängel der Geschäftsfähigkeit (§ 1596 BGB) und Formfehler (vgl § 1597 BGB). Der Antrag kann auch damit begründet werden, dass es an den Zustimmungserklärungen fehle, weil diese wirksam angefochten worden seien. Verfahrensgegenstand ist allein die Frage, ob die Vaterschaftsanerkennung wirksam ist, nicht dagegen die Vaterschaft selbst. Bei einer Abweisung des Antrags auf Feststellung der Unwirksamkeit der Vaterschaftsanerkennung kann daher noch ein Antrag auf Anfechtung der Vaterschaftsanerkennung (§ 169 Nr. 4)[26] gestellt werden. 20

2. Verfahren auf Ersetzung der Einwilligung in eine genetische Abstammungsuntersuchung und die Anordnung der Duldung einer Probeentnahme

Abstammungssachen sind auch alle Verfahren auf Ersetzung der Einwilligung in eine genetische Abstammungsuntersuchung und die Anordnung der Duldung einer Probeentnahme (§ 169 Nr. 2). Die Regelung bezieht sich auf **§ 1598 a BGB**. Nach dieser Regelung besteht ein Anspruch des Vaters gegenüber der Mutter und dem Kind bzw umgekehrt des Kindes gegenüber beiden Elternteilen auf Einwilligung in die genetische 21

---

20 BGH FamRZ 2008, 1424 ff
21 Unklar HK-Familienverfahrensrecht/Fritsche § 169 Rn 11.
22 HK-Familienverfahrensrecht/Fritsche § 169 Rn 12.
23 HK-Familienverfahrensrecht/Fritsche § 169 Rn 10.
24 Rn 21.
25 Vgl OLG Hamm FamRZ 1988, 101.
26 Rn 23.

Untersuchung zur Klärung der leiblichen Abstammung. Das Ergebnis dieses Verfahrens ändert am Status des Kindes nichts: Das ergibt sich schon aus dem Verfahrensziel, der Einwilligung in die Mitwirkung bei der Begutachtung.

3. Verfahren auf Einsicht in ein Abstammungsgutachten oder Aushändigung einer Abschrift

22 Abstammungssachen sind weiter alle Verfahren auf Einsicht in ein Abstammungsgutachten oder Aushändigung einer Abschrift (§ 169 Nr. 3). Auch diese Regelung bezieht sich auf § 1598 a BGB.

4. Verfahren zur Anfechtung der Vaterschaft

23 Abstammungssachen sind schließlich die Verfahren zur Anfechtung der Vaterschaft (§ 169 Nr. 4). Hierher gehören sowohl die **Anfechtung der Vaterschaft des Ehemannes** der Mutter des Kindes, der wegen der Vermutung des § 1592 Nr. 1 BGB als Vater des Kindes gilt, auch wenn das Kind in Wirklichkeit von einem anderen Mann gezeugt wurde, und die **Anfechtung der Vaterschaftsanerkennung**, die dazu geführt hat, dass ein nicht mit der Mutter verheirateter Mann zum Vater des Kindes geworden ist (§ 1592 Nr. 2 BGB). Einbezogen sind **auch** die bisher von § 1600 e Abs. 2 BGB erfassten **Feststellungsverfahren nach dem Tod der Person,** gegen welche die Klage zu richten gewesen wäre;[27] denn § 1600 e BGB wurde aufgehoben.

24 Bei diesen Anfechtungsverfahren handelt es sich um auf eine **richterliche Gestaltung** gerichtete Verfahren. Bis zum Abschluss des durch sie eingeleiteten Verfahrens bleibt das Kind dem durch die Ehe oder Vaterschaftsanerkennung als Vater geltenden Mann zugeordnet.

5. Verfahren zur Feststellung des Bestehens oder Nichtbestehens der elterlichen Sorge

25 Die früher zu den Kindschaftssachen alten Rechts (entsprechend den Abstammungssachen neuen Rechts) zu rechnenden Verfahren zur Feststellung des Bestehens oder Nichtbestehens der elterlichen Sorge der einen Partei für die andere gehören heute nicht mehr zu den Abstammungssachen. Es sind aber Familiensachen nach §§ 111 Nr. 2, 151 (Kindschaftssachen).

III. Das Verfahren in Abstammungssachen

26 Das Verfahren in Abstammungssachen wird zum einen dadurch bestimmt, dass diese Verfahren als einfache Familiensachen einzuordnen sind, so dass grundsätzlich auch der allgemeine Teil des FamFG auf diese Verfahren in seiner Gesamtheit anzuwenden ist. Zum anderen enthalten die §§ 170 ff Modifikationen der allgemeinen Regeln in Bezug auf das Antragserfordernis (§ 171),[28] die internationale (§ 100) und die örtliche (§ 170) Zuständigkeit,[29] die Beteiligten (§ 172),[30] die Vertretung des Kindes

---

27 BT-Drucks. 16/6308, S. 244; Krause FamRB 2009, 180.
28 Siehe dazu Rn 28 ff.
29 Siehe dazu Rn 40 ff.
30 Siehe dazu Rn 54 ff.

III. Das Verfahren in Abstammungssachen 6

(§§ 173 f),[31] den Erörterungstermin und die Anhörungen (§§ 175 f),[32] die Beweisaufnahme (§ 177),[33] die Untersuchungen zur Feststellung der Abstammung (§ 178),[34] die Verfahrensverbindung (§ 179), die Abgabe von Erklärungen zur Niederschrift des Gerichts (§ 180)[35] und die Auswirkungen des Todes eines Beteiligten (§ 181).[36]

1. Einordnung als einfache Familiensache

Abstammungsverfahren sind keine Familienstreitsachen, sondern einfache Familiensachen, da § 112 sie nicht nennt. Auf sie findet deswegen grundsätzlich das gesamte Verfahrensrecht des FamFG Anwendung und nicht das der ZPO. Vor allem gelten auch die Regelungen des Allgemeinen Teils, soweit sich nicht aus den §§ 170–183 etwas anderes ergibt.   27

2. Antragserfordernis

Besonderheiten gegenüber den allgemeinen Regelungen bestehen zunächst in Bezug auf das Antragserfordernis. Diese finden sich in § 171.   28

a) Antragsprinzip

Das Verfahren in einer Abstammungssache wird nur auf Antrag eingeleitet (§ 171 Abs. 1). Eine Einleitung von Amts wegen ist ausgeschlossen.[37] Die Antragsbefugnis ergibt sich aus den Regelungen des materiellen Rechts.[38] Die rechtzeitige Einreichung des Antrags bei Gericht bewirkt bei der Anfechtung der Vaterschaft zugleich die Einhaltung der materiell-rechtlichen Anfechtungsfrist nach § 1600 b Abs. 1 BGB. Durch die Überführung des Abstammungsverfahrens in ein Verfahren der freiwilligen Gerichtsbarkeit kommt es auf eine Klageerhebung – und damit auf die Zustellung bzw Bekanntgabe des Antrags an die weiteren Beteiligten – nicht mehr an. Allerdings reicht die Einreichung des Antrags bei einem unzuständigen Gericht zur Fristwahrung nicht aus. Seine Wirkungen treten in einem solchen Fall erst mit Eingang beim zuständigen Gericht ein (§ 25 Abs. 3 S. 2).   29

b) Anforderungen an den Inhalt des Antrags

Auch die Anforderungen an den Inhalt des Antrags sind gegenüber dem bisherigen Rechtszustand verringert worden. Das bisherige Vaterschaftsanfechtungsverfahren kannte strenge Anforderungen in Bezug auf die Darlegung des Anfechtungsgrundes.[39] Das konnte den Anfechtungswilligen in erhebliche Schwierigkeiten bringen. Dem trägt die neue Regelung Rechnung.   30

---

31 Siehe dazu Rn 63 ff.
32 Siehe dazu Rn 78 ff.
33 Siehe dazu Rn 87 ff.
34 Siehe dazu Rn 100 ff.
35 Siehe dazu Rn 106 ff.
36 Siehe dazu Rn 111 ff.
37 HK-Familienverfahrensrecht/Fritsche § 169 Rn 20; Keidel/Engelhardt § 171 Rn 2; Schulte-Bunert/Weinreich/Schwonberg § 171 Rn 2.
38 Löhnig FamRZ 2009, 1798, 1799. In den Fällen des § 169 Nr. 1 fehlt es wegen der Aufhebung des § 1600 e Abs. 1 an einer entsprechenden Regelung. Wie bisher ist aber anzunehmen, dass das Kind, die Mutter und der genetische Vater antragsbefugt sind, weil der Gesetzgeber nichts am bisherigen Rechtszustand ändern wollte.
39 Vgl nur BGH NJW 1998, 2976; BGH FamRZ 2003, 155.

Kemper

aa) Allgemeines

31 § 171 Abs. 2 S. 1 verlangt generell, das **Verfahrensziel** und die **betroffenen Personen** zu bezeichnen. Das sind die für die Abgrenzung des Verfahrensgegenstands erforderlichen Mindestangaben. Welche das sind, richtet sich nach dem materiellen Recht, ob also eine Feststellung oder eine Anfechtung der Vaterschaft oder der Vaterschaftsanerkennung gewollt ist. In den Verfahren nach § 1598a BGB ist das Verfahrensziel die Einwilligung in die Begutachtung.

32 Noch nicht einmal diese Angaben sind aber zwingend in jedem Fall zu machen. Bei § 171 Abs. 2 S. 1 handelt es sich um eine **Soll-Vorschrift**. Werden zunächst ungenügende Angaben gemacht, darf der Antrag deswegen nicht sofort als unzulässig zurückgewiesen werden. Das Gericht muss vielmehr zunächst einen entsprechenden Hinweis erteilen, damit der Antrag ergänzt werden kann.[40]

bb) Besonderheiten bei Anfechtung der Vaterschaft durch den Vater

33 In einem Verfahren auf Anfechtung der Vaterschaft (§ 1600 Abs. 1 Nr. 1–4 BGB) sollen die Umstände angegeben werden, die gegen die Vaterschaft sprechen, sowie der Zeitpunkt, in dem diese Umstände bekannt wurden (§ 171 Abs. 2 S. 2). Die Regelung übernimmt damit wenigstens zT das Prinzip des früheren Rechts, dass der Antragsteller den Grund für seine Anfechtung darlegen musste. Die Anforderungen bleiben aber gegenüber denjenigen des früheren Rechts zurück.[41]

34 Die **Umstände, die gegen eine Vaterschaft sprechen,** sind die Umstände, die bei objektiver Betrachtung geeignet sind, Zweifel an der Abstammung zu wecken. Dabei ist allerdings zu berücksichtigen, dass an die Darlegung derartiger Umstände keine zu hohen Anforderungen gestellt werden dürfen. Es ist nicht erforderlich, dass die vorgetragenen Umstände die Nichtvaterschaft wahrscheinlich oder gar überwiegend wahrscheinlich machen. Es genügt, wenn sie bei objektiver Betrachtung geeignet sind, Zweifel an der Vaterschaft zu wecken und die Möglichkeit einer anderweitigen Abstammung des Kindes als nicht ganz fern liegend erscheinen lassen.[42] Werden diese Umstände vorgetragen, muss das Gericht den Sachverhalt von Amts wegen aufklären. In der Praxis werden in Zukunft häufig Gutachten aus dem Verfahren nach § 1598a BGB zur Begründung der Zweifel an der Vaterschaft vorgelegt werden. Aus diesen lässt sich der Zweifel am Bestehen der Vaterschaft eindeutig begründen, wenn in ihnen festgestellt worden ist, dass der Vater nicht der Erzeuger des Kindes ist.

35 Der Antragsteller soll in der Antragsbegründung auch den **Zeitpunkt der Kenntniserlangung** von diesen Umständen darlegen. Hierdurch wird dem Gericht eine Ermittlung der Einhaltung der Anfechtungsfrist nach § 1600b Abs. 1 BGB von Amts wegen ermöglicht. Für die Anforderungen in Bezug auf den Umfang des Vortrags gilt das in der vorhergehenden Rn Gesagte entsprechend. Die Feststellungslast für den Ablauf der Anfechtungsfrist richtet sich dabei nach dem materiellen Recht (§ 1600b Abs. 1 BGB). Soweit nach Ausschöpfen der verfügbaren Beweismittel von Amts wegen noch Zweifel

---

40 HK-Familienverfahrensrecht/Fritsche § 169 Rn 21.
41 HK-Familienverfahrensrecht/Fritsche § 171 Rn 3.
42 BT-Drucks. 16/6308, S. 244; Keidel/Engelhardt § 171 Rn 5.

an der Einhaltung der Anfechtungsfrist durch den Antragsteller verbleiben, gehen diese demnach zu Lasten der weiteren Beteiligten an einem Anfechtungsverfahren.

Problematisch ist, auf welchen **Zeitpunkt** abzustellen ist, wenn ein Verfahren **nach § 1598a BGB vorausgegangen** ist. Durch das Klärungsverfahren wird nach § 1600b Abs. 5 BGB der Lauf der Anfechtungsfrist gehemmt. Die Hemmung endet mit Ablauf von sechs Monaten nach der rechtskräftigen Entscheidung oder anderweitigen Beendigung des Klärungsverfahrens (vgl § 204 Abs. 2 BGB). In diesen Fällen läuft die Anfechtungsfrist also schon von einem Zeitpunkt an, der spätestens am Beginn des Klärungsverfahrens nach § 1598a BGB liegt. Zu diesem Zeitpunkt muss der Mann Zweifel an seiner Vaterschaft gehabt haben; denn sonst hätte er das Verfahren nicht eingeleitet. 36

cc) Besonderheiten bei Anfechtung der Vaterschaft durch die Behörde

In einem von der zuständigen Behörde angestrengten Verfahren auf Anfechtung der Vaterschaft nach § 1600 Abs. 1 Nr. 5 BGB müssen die Umstände angegeben werden, die die Annahme rechtfertigen, dass die **Voraussetzungen des § 1600 Abs. 3 BGB** vorliegen,[43] sowie der Zeitpunkt, in dem diese Umstände bekannt wurden (§ 171 Abs. 2 S. 3). Die Regelung trägt den Besonderheiten der behördlichen Anfechtung Rechnung. Bei den anzugebenden Umständen handelt es sich um die Tatsachen, die den Tatbestand des behördlichen Anfechtungsrechts ergeben: Die Anfechtung nach § 1600 Abs. 1 Nr. 5 BGB setzt nach § 1600 Abs. 3 BGB voraus, dass zwischen dem Kind und dem Anerkennenden keine sozial-familiäre Beziehung besteht oder im Zeitpunkt der Anerkennung oder seines Todes bestanden hat und durch die Anerkennung rechtliche Voraussetzungen für die erlaubte Einreise oder den erlaubten Aufenthalt des Kindes oder eines Elternteiles geschaffen werden. Diese Tatsachen müssen zusätzlich zur fehlenden biologischen Vaterschaft gegeben sein, um das behördliche Anfechtungsrecht zu begründen. Deswegen muss die anfechtungsberechtigte Behörde diese Tatsachen angeben. 37

Nicht erforderlich ist dagegen in diesem Fall die Darlegung der Behörde in Bezug auf **Zweifel an der biologischen Abstammung**. Diese ist der Behörde nicht zumutbar, da diese Umstände zum Kernbereich der Privatsphäre der Betroffenen zählen.[44] 38

Die **Darlegungslast** ist mit Rücksicht auf die Aufklärungsmöglichkeiten der anfechtungsberechtigten Behörde **abgestuft:** Die Behörde muss in der Lage sein, den staatsangehörigkeits- bzw ausländerrechtlichen Teil des Tatbestands umfassend darzulegen, weil diese Anknüpfung bewusst objektiv gehalten ist. Sie kann dagegen mit Rücksicht auf die Privatsphäre der Betroffenen das (Nicht-)Vorliegen einer sozial-familiären Beziehung vielfach nur eingeschränkt ermitteln und darlegen. Sie kann vor allem das (Nicht-)Vorliegen des Zusammenlebens in häuslicher Gemeinschaft vortragen und diesen Umstand in Beziehung zur ausländerrechtlichen Situation der Beteiligten setzen. Es ist in diesen Fällen Sache von Vater und Kind als den Anfechtungsgegnern, im Einzelnen zu ihrer Beziehung vorzutragen. Die von der Behörde dargelegten Tatsachen sind Ausgangspunkt für die Sachverhaltsermittlung durch das Gericht. Ihm stehen dafür insbe- 39

---

43 Zu den erforderlichen ausländerrechtlichen Vorteilen vgl Keidel/Engelhardt § 171 Rn 16 ff
44 Horndasch/Viefhues § 171 Rn 20.

sondere die Anhörung von Mutter, rechtlichem Vater, Jugendamt und gegebenenfalls dem Kind als Erkenntnisquellen zur Verfügung.

3. Die Zuständigkeit in Abstammungssachen

40 In Bezug auf die Zuständigkeit enthält das FamFG nur Regeln in Bezug auf die internationale (§ 100) und die örtliche Zuständigkeit (§ 170).

a) Internationale Zuständigkeit

41 Die internationale Zuständigkeit für Abstammungssachen ergibt sich aus § 100.[45] Die Norm ist die Nachfolgeregelung zu § 640a Abs. 2 ZPO aF. Im Hinblick auf § 106 wurde lediglich die Klarstellung, dass die internationale Zuständigkeit nicht ausschließlich ist, gestrichen. Vorrangige internationale Abkommen, die den Bereich der Kindschaftssachen betreffen, hat Deutschland nicht abgeschlossen.

42 Die Zuständigkeitsregelung für Abstammungssachen ist wegen der großen Bedeutung dieser Frage sehr **weit gefasst:** § 100 stellt alternativ auf die **deutsche Staatsangehörigkeit** eines der Beteiligten oder ihren **gewöhnlichen Aufenthalt** im Inland ab. Es reicht, dass das Kind, die Mutter, der Vater oder der Mann, der die Beiwohnung in der Empfängniszeit an Eides statt versichert, Deutscher ist oder seinen gewöhnlichen Aufenthalt in Deutschland hat. Deutsche Gerichte sind also schon immer dann international zuständig, wenn es sich um ein deutsches Kind oder ein in Deutschland sich gewöhnlich aufhaltendes Kind handelt, gleichgültig wer seine Eltern sind oder die Personen, die die Vaterschaft für sich in Anspruch nehmen.

43 Die **deutsche Staatsangehörigkeit braucht nicht die effektive** zu sein. Es reicht, dass eine der beteiligten Personen auch Deutscher ist. Das ist eine sehr weit reichende Zuständigkeitszuweisung an die deutschen Gerichte. Zwar hat der Gesetzgeber die große Ausdehnung der Zuständigkeit dadurch gemildert, dass er die internationale Zuständigkeit als nicht ausschließlich ausgestaltet hat (§ 106). Trotzdem erscheint es nicht ganz unproblematisch, dass deutsche Gerichte selbst dann für Kindschaftssachen zuständig sind, wenn alle Beteiligten seit Jahrzehnten im Ausland gelebt haben und keinerlei Bindungen mehr nach Deutschland haben.[46] Im Einzelfall sollte aber eine Korrektur der Zuständigkeit nach den Prinzipien der forum non conveniens-Regel zugelassen werden.[47]

44 Die **Staatsangehörigkeit** des Kindes, die ja auch gerade davon abhängen kann, wer seine Eltern sind, braucht nicht geklärt zu werden, wenn das Kind jedenfalls seinen gewöhnlichen Aufenthalt in Deutschland hat. Fehlt es an dem gewöhnlichen Aufenthalt, reicht es, dass eine Vermutung auf die Abstammung von einem deutschen Elternteil hindeutet, weil sich aus dieser Vermutung zugleich eine Vermutung für die deutsche Staatsangehörigkeit ergibt. Stellt sich dann im Verfahren heraus, dass es gerade an dieser Abstammung fehlt, ändert das an der internationalen Zuständigkeit nichts mehr; das Verfahren ist in der Sache zu entscheiden.

---

45 Zu Einzelheiten siehe Rn 49 ff.
46 HK-ZPO/Kemper § 100 Rn 4.
47 Vgl OLG Frankfurt/M. StAZ 1975, 98; IPRax 1983, 294, 295 f; aA OLG München IPRax 1984, 319 zum insoweit gleichen früheren Recht.

Für die Begründung des gewöhnlichen Aufenthalts reicht idR, vor allem bei Minderjährigen, ein Aufenthalt von etwa **sechs Monaten** im Inland aus.[48] 45

Die Zuständigkeit nach § 100 ist **keine ausschließliche** (§ 106). Die Norm gilt umgekehrt aber auch dann, wenn sie mit einer ausländischen ausschließlichen Zuständigkeit konkurriert. Die Zuständigkeit ist selbst dann begründet, wenn von vornherein feststeht, dass das Urteil in dem Land, dem eine oder beide Parteien angehören, nicht anerkannt werden wird. 46

Die Regelung ist **nicht abdingbar**. 47

b) Sachliche Zuständigkeit

Die sachliche Zuständigkeit der Amtsgerichte für Abstammungssachen als Familiensachen (vgl § 111 Nr. 3) ergibt sich aus § 23 a Abs. 1 Nr. 1 GVG und die funktionelle Zuständigkeit des Familiengerichts aus dem geänderten § 23 b GVG. 48

c) Örtliche Zuständigkeit

Die örtliche Zuständigkeit für Abstammungssachen folgt aus § 170. Die Norm ist die Nachfolgeregelung zu § 640 a ZPO aF. Sie regelt die örtliche Zuständigkeit für Abstammungsverfahren unter Abkehr vom Wohnsitzprinzip in Anknüpfung an den gewöhnlichen Aufenthalt (vor allem denjenigen des Kindes). 49

§ 170 enthält eine **Anknüpfungsleiter** verschiedener (ausschließlicher und damit nicht abdingbarer)[49] Zuständigkeiten. Primär wird dabei an den gewöhnlichen Aufenthalt des Kindes angeknüpft (§ 170 Abs. 1), weil dieses in erster Linie durch das Abstammungsverfahren betroffen ist. 50

Nachrangig sind die Zuständigkeiten, welche an den **gewöhnlichen Aufenthalt der Mutter und des Vaters** anknüpfen (§ 170 Abs. 2). Unter ihnen geht der Gerichtsstand des gewöhnlichen Aufenthaltsortes der Mutter demjenigen des Vaters vor. Diese Gerichtsstände kommen nur dann in Betracht, wenn das Kind keinen gewöhnlichen Aufenthalt in Deutschland hat. Das kommt nur in Betracht, wenn das Kind nicht bei einem sich gewöhnlich in Deutschland aufhaltenden Elternteil lebt. Hinzuweisen ist darauf, dass die Terminologie des Gesetzes ungenau ist: Vater iSd § 170 kann auch derjenige Mann sein, um dessen Vaterschaft gerade gestritten wird. 51

Subsidiär ist die Zuständigkeit des **AG Berlin Schöneberg** begründet (§ 170 Abs. 3). 52

Unter **gewöhnlichem Aufenthalt** ist wie bei der Bestimmung der internationalen Zuständigkeit der Lebensmittelpunkt zu verstehen, der sich durch einen Aufenthalt von längerer Dauer (idR sechs Monate) an diesem Ort verfestigt hat.[50] 53

4. Die Beteiligten in Abstammungssachen

a) Grundlagen

Die Beteiligung in Abstammungssachen ist in § 172 geregelt. Dabei ist aber zu beachten, dass sich hier nur Besonderheiten finden. Die Norm knüpft in Abs. 1 an § 7 Abs. 2 54

---

48 BGH FamRZ 1981, 135.
49 Zöller/Greger § 170 Rn 2.
50 Vgl Rn 45.

Nr. 2 an, indem sie bestimmt, wer im Abstammungsverfahren als Beteiligter hinzuzuziehen ist, wer also in diesen Fällen neben dem Antragsteller (vgl § 7 Abs. 1) Mussbeteiligter am Verfahren ist.[51] § 170 Abs. 2 ergänzt die Norm um eine Spezialregelung für das Jugendamt. Wie in anderen Fällen auch ist das Jugendamt Mussbeteiligter auf Antrag, dh es kann beantragen, zum Verfahren hinzugezogen zu werden. Wenn es den Antrag stellt, muss es beteiligt werden.[52]

55   Die Neugestaltung des Rechts der Beteiligung im Verfahren führt dazu, dass bestimmte **Konstruktionen des bisherigen Rechts** (die Nebenintervention gem. § 640 e Abs. 1 S. 2 ZPO aF und die Streitverkündung gem. § 640 e Abs. 2 ZPO aF) **überflüssig geworden** sind. Kommen in einem Verfahren auf Feststellung der Vaterschaft das Kind oder die Mutter im Laufe des Verfahrens zu der Ansicht, dass ihr Antrag voraussichtlich abgewiesen werden wird, können sie den Antrag auf einen anderen Mann umstellen. Das Gericht muss dann im Rahmen seiner Aufklärungspflicht diesen Mann beteiligen und eine neue Beweisaufnahme nach § 177 vornehmen.

56   Die **Beteiligungsfähigkeit** richtet sich nach § 8, die **Verfahrensfähigkeit** nach § 9.

b) Die Mussbeteiligten in Abstammungssachen

57   § 172 Abs. 1 Nr. 1, 2 und 3 nennen das **Kind**, die **Mutter** und den **Vater** als in Abstammungssachen zu beteiligende Personen. Es handelt sich dabei um den im § 640 e Abs. 1 S. 1 ZPO aF genannten Personenkreis. Diese Beteiligten sind Mussbeteiligte iSd § 7 Abs. 2 Nr. 2. Sie müssen zum Verfahren hinzugezogen werden, **gleichgültig wer den Antrag** in der Abstammungssache gestellt hat. Unterbleibt ihre Beteiligung, ist das Verfahren fehlerhaft.

58   Ursprünglich hatte der Entwurf des § 172 noch einen Abs. 1 Nr. 4 enthalten, nach dem der **Mann**, der an Eides statt versichert, **der Mutter während der Empfängniszeit beigewohnt** zu haben, ebenfalls hinzuzuziehen sein sollte. Das Gleiche galt ursprünglich für die anfechtungsberechtigte **Behörde** (§ 172 Abs. 1 Nr. 5 Entwurf). Diese beiden Nummern sind dann wieder gestrichen worden, weil der Gesetzgeber meinte, diese Fälle seien hinreichend dadurch abgedeckt, dass der Antragsteller immer Beteiligter des von ihm eingeleiteten Verfahrens sei (§ 7 Abs. 1).[53] Dabei ist aber nicht ausreichend bedacht worden, dass die im Jahr 2008 hinzugekommenen Verfahren nach § 1598 a BGB andere Rollenverteilungen haben, so dass in diesen Fällen gerade der Mann, der an Eides statt versichert, der Mutter während der Empfängniszeit beigewohnt zu haben, nicht automatisch zum Beteiligten nach § 7 Abs. 1 wird.

59   Auch in anderen Fallkonstellationen kann es dazu kommen, dass andere Personen als die in § 172 Abs. 1 genannten beteiligt werden müssen, weil sie durch das Verfahren in ihren eigenen Rechten betroffen werden. Das sind die Fallgestaltungen des **Feststellungsverfahrens:** Der Mann, dessen Vaterschaft festgestellt werden soll, ist weder Antragsteller noch eine der in § 172 Abs. 1 genannten Personen, denn auch zum Vater würde er erst durch die Feststellung, also den Abschluss des Verfahrens. Er wird aber durch die Feststellung seiner Vaterschaft naturgemäß direkt in seiner Rechtsstellung

---

51 Rn 57 ff.
52 Rn 60 ff.
53 BT-Drucks. 16/9733, S. 367.

betroffen und ist deswegen Beteiligter iSd § 7 Abs. 2 Nr. 1. Entsprechendes gilt für nahe Angehörige, die die Vaterschaft eines Verstorbenen feststellen lassen wollen.[54] Es ist bedauerlich, dass der Gesetzgeber nicht die gesamten Fälle möglicher Beteiligungen erfasst und damit zur Übersichtlichkeit des Verfahrens beigetragen hat.[55]

c) Die Stellung des Jugendamts

§ 172 Abs. 2 gibt dem Jugendamt die **Möglichkeit**, in den Fällen, in denen es angehört werden soll, auch die **volle Beteiligtenstellung zu erlangen**. Es ist auf seinen Antrag durch das Gericht in den genannten Fällen als Beteiligter hinzuzuziehen, es ist also Mussbeteiligter auf Antrag (vgl § 7 Abs. 2 Nr. 2).

Erfasst werden die **Fälle des § 176 Abs. 1 S. 1**, also die Anfechtung der Vaterschaft nach § 1600 Abs. 1 Nr. 2 BGB (Anfechtung durch den Mann, der an Eides statt versichert, der Mutter während der Empfängniszeit beigewohnt zu haben), nach § 1600 Abs. 1 Nr. 5 BGB (Anfechtung durch die zuständige Behörde) in allen Fällen und die Anfechtung der Vaterschaft nach § 1600 Abs. 1 Nr. 4 BGB (Anfechtung durch das Kind), wenn die Anfechtung durch den gesetzlichen Vertreter erfolgt. Nicht von § 172 Abs. 2 erfasst werden die Fälle des § 176 Abs. 2.

Stellt das Jugendamt **keinen Antrag** auf Beteiligung, wird es **auch nicht zum Beteiligten**. Ob es den Antrag stellt, entscheidet es nach pflichtgemäßem Ermessen. Erzwingbar ist das nicht. Unterbleibt die Antragstellung aber, kann das Jugendamt auch seine Anhörung nicht erzwingen, denn bei § 176 Abs. 1 S. 1 handelt es sich um eine Soll-Vorschrift.

5. Das Jugendamt als Beistand des Kindes

Das Jugendamt kann in Abstammungssachen nicht nur zum Beteiligten werden. Auch in denjenigen Fällen, in denen es nicht am Verfahren als Beteiligter teilnimmt, kann es am Verfahren teilnehmen. Zu unterscheiden sind insoweit die Teilnahme aus materiellrechtlichen Gründen und die Teilnahme aus verfahrensrechtlichen Gründen.

a) Vertretung des Kindes als Beistand aus materiellrechtlichen Gründen

Auf schriftlichen Antrag eines Elternteils kann das Jugendamt Beistand des Kindes werden (§ 1712 BGB). Die elterliche Sorge wird durch die Beistandschaft grundsätzlich nicht eingeschränkt (§ 1716 S. 1 BGB). Damit aber im Abstammungsverfahren gegensätzliche Erklärungen des Jugendamts und des sorgeberechtigten Elternteils verhindert werden, wird in § 173 dem Jugendamt der Vorrang eingeräumt: Vertritt das Jugendamt das Kind als Beistand, ist die Vertretung durch den sorgeberechtigten Elternteil ausgeschlossen.

Durch die Beistandschaft **wird das Jugendamt nicht zum Verfahrensbeteiligten**. Die Beteiligung regelt sich allein nach §§ 172 Abs. 2, 176 Abs. 1.[56]

---

54 Löhnig FamRZ 2009, 1798, 1799.
55 Kritisch auch HK-Familienverfahrensrecht/Fritsche § 172 Rn 6.
56 Horndasch/Viefhues § 173 Rn 5; Zöller/Greger § 173 Rn 2.

Kemper

b) Das Jugendamt als Verfahrensbeistand

66 § 173 ermöglicht es dem Gericht nunmehr, auch in Abstammungsverfahren dem minderjährigen Kind einen Verfahrensbeistand zu bestellen. Hierfür kann insbesondere im Fall einer Interessenkollision in der Person des gesetzlichen Vertreters ein Bedürfnis bestehen. Wegen der weiteren Ausgestaltung der Rechtsfigur des Verfahrensbeistands verweist § 173 S. 2 auf bestimmte Regelungen des § 158, der die Beteiligung des Jugendamts als Verfahrensbeistand in Kindschaftssachen anordnet:[57]

aa) Erforderlichkeit der Bestellung eines Verfahrensbeistands

67 Die Bestellung des Verfahrensbeistands ist idR erforderlich, wenn das **Interesse des Kindes zu dem seiner gesetzlichen Vertreter in erheblichem Gegensatz steht** (§ 158 Abs. 2 Nr. 1). Das entspricht der bisherigen Regelung in § 50 Abs. 2 Nr. 1 FGG aF. Der Verfahrensbeistand ist so früh wie möglich zu bestellen (§ 158 Abs. 4 S. 1). Dabei soll das Gericht nur eine Person zum Verfahrensbeistand bestimmen, die persönlich und fachlich geeignet ist, das Interesse des Kindes festzustellen und sachgerecht in das Verfahren einzubringen. Die Bestellung eines Verfahrensbeistands soll trotz des Vorliegens der Bestellungsvoraussetzungen aber unterbleiben, wenn die Interessen des Kindes von einem Rechtsanwalt oder einem anderen geeigneten Verfahrensbevollmächtigten angemessen vertreten werden (§ 158 Abs. 5).

bb) Die Stellung des Verfahrensbeistands

68 Der Verfahrensbeistand ist **nicht gesetzlicher Vertreter** des Kindes (§ 158 Abs. 4 S. 6). Die Bestellung ändert an den Vertretungsverhältnissen in Bezug auf das Kind also nichts. Der Verfahrensbeistand handelt in eigenem Namen und hat nicht die Funktion, rechtliche Willenserklärungen für das Kind abzugeben oder entgegenzunehmen. Daraus folgt eine gewisse Abhängigkeit seiner Stellung von derjenigen Person, welche das Abstammungsverfahren für das Kind beantragt hat (idR der Mutter des Kindes): Führt eine allein sorgeberechtigte Mutter das Verfahren nicht weiter oder nimmt sie einen Antrag zurück, endet dieses Verfahren. Der Verfahrenspfleger ist dann nicht dazu in der Lage, das Verfahren selbst weiter zu betreiben. In diesen Fällen muss das Gericht gegebenenfalls der Mutter die elterliche Sorge entziehen (§ 1666 BGB) und einen Ergänzungspfleger bestellen (§ 1909 BGB), der dann ein neues Verfahren einleitet.

69 Der **Verfahrensbeistand wird** durch seine Bestellung als **Beteiligter** zum Verfahren hinzugezogen (§ 158 Abs. 3 S. 2). Die Regelung entspricht § 274 Abs. 2 und § 315 Abs. 2. Der Verfahrensbeistand muss die Rechte des Kindes wahrnehmen, ohne an Weisungen gebunden zu sein. Vor allem hat er deswegen auch eigene Anhörungsrechte (§ 34) u kann Rechtsmittel gegen die Entscheidungen des Familiengerichts einlegen (§ 158 Abs. 4 S. 4). Die Regelung des § 158, dass ihm niemals die Kosten des Verfahrens auferlegt werden können (§ 158 Abs. 8), gilt aber in Abstammungssachen nicht.

70 Der Verfahrensbeistand muss das **Interesse des Kindes feststellen** und im gerichtlichen Verfahren zur Geltung zu bringen (§ 158 Abs. 4 S. 1). Gemeint ist das objektive Interesse des Kindes. In den Abstammungssachen ist dieses regelmäßig dahin gerichtet, die wahre Abstammung des Kindes zu klären.

---

57 Vgl dazu ausführlich § 5 Rn 49 ff.

III. Das Verfahren in Abstammungssachen 6

Außerdem hat er das **Kind** über Gegenstand, Ablauf und möglichen Ausgang des Verfahrens in geeigneter Weise zu **informieren** (§ 158 Abs. 4 S. 2). Diese Aufgabe bildet das Gegenstück zur Geltendmachung des Interesses des Kindes. Dieses wäre ohne Unterstützung oftmals nicht in der Lage, die verfahrensmäßigen Abläufe zu verstehen. Erforderlich ist eine altersgemäße Information.[58] Durch die sach- und kindgerechte Information wird das Kind erst dazu in die Lage versetzt, einen verfahrensrelevanten Willen zu bilden. Viele Abstammungsverfahren werden allerdings geführt, wenn das Kind noch so klein ist, dass es gar nicht dazu in der Lage ist, einen entsprechenden Willen zu bilden. 71

In die Verweisung einbezogen ist auch § 158 Abs. 4 S. 3, nach dem das Gericht dem Verfahrensbeistand die zusätzliche Aufgabe übertragen kann, **Gespräche mit den Eltern und weiteren Bezugspersonen** des Kindes zu führen sowie am Zustandekommen einer einvernehmlichen Regelung über den Verfahrensgegenstand mitzuwirken. In Abstammungssachen wird das kaum einmal in Betracht kommen, weil die Eltern über den Gegenstand des Verfahrens nicht verfügungsbefugt sind. 72

Der Verfahrensbeistand kann im Interesse des Kindes **Rechtsmittel** einlegen (§ 158 Abs. 4 S. 5). 73

cc) Aufwendungsersatz, Vergütung, Kosten

Für den Aufwendungsersatz und die Vergütung gilt § **158 Abs. 7** entsprechend. Ansprüche des Verfahrensbeistands auf Vergütung und Aufwendungsersatz richten sich gegen die Staatskasse und nicht gegen das Kind, mit dessen Interessenwahrnehmung er beauftragt war (§ 158 Abs. 7 S. 5). Merkwürdig ist, dass der Gesetzgeber in § 174 die Regelung des § 158 Abs. 8, dass dem Verfahrensbeistand keine Kosten auferlegt werden können, nicht in die Verweisung einbezogen hat. Es liegt nahe, insoweit ein Redaktionsversehen anzunehmen und die Norm trotzdem auch auf den Verfahrensbeistand in Abstammungssachen anzuwenden.[59] 74

dd) Verfahren

Sieht das Gericht im Fall des § 158 S. 1 **von der Bestellung** eines Verfahrensbeistands **ab**, muss das in der Endentscheidung **begründet** werden (§ 158 Abs. 3 S. 3). 75

Die Bestellung eines Verfahrensbeistands oder deren Aufhebung sowie die Ablehnung einer derartigen Maßnahme sind **nicht selbständig anfechtbar** (§ 158 Abs. 3 S. 4). Der Ausschluss der selbständigen Anfechtbarkeit verhindert Verfahrensverzögerungen durch Rechtsmittel. Weder in der Bestellung des Verfahrensbeistands noch im Fall des Unterlassens der Bestellung liegt ein derart schwerwiegender Eingriff in Rechte der Beteiligten vor, dass eine isolierte Anfechtbarkeit geboten wäre. 76

ee) Aufhebung der Bestellung

Die Bestellung des Verfahrensbeistands soll **aufgehoben** werden, wenn die Interessen des Kindes von einem Rechtsanwalt oder einem anderen geeigneten Verfahrensbevollmächtigten angemessen vertreten werden (§ 158 Abs. 5). Die Bestellung des Verfah- 77

---

58 HK-ZPO/Kemper § 173 Rn 8.
59 So Zöller/Greger § 174 Rn 2.

rensbeistands endet außerdem mit ihrer Aufhebung, mit der Rechtskraft der das Verfahren abschließenden Entscheidung (§ 158 Abs. 6 Nr. 1) und mit dem sonstigen Abschluss des Verfahrens (§ 158 Abs. 6 Nr. 2). Die Regelung knüpft an den bisherigen § 50 Abs. 4 FGG aF an.

6. Erörterung und Anhörungen im Abstammungsverfahren

78 Im Abstammungsverfahren sind wegen der großen Bedeutung der Angelegenheit für alle Beteiligten in besonderem Maße persönliche Anhörungen und Erörterungen vorgeschrieben (vgl § 175). Darüber hinaus ist im Interesse einer das Kindeswohl ausreichend berücksichtigenden Entscheidung das Jugendamt auch in den Fällen anzuhören, in denen es nicht Beteiligter des Verfahrens ist (§ 176).

a) Anhörung der Beteiligten im Erörterungstermin

79 Vor einer Beweisaufnahme über die Abstammung **soll die Angelegenheit mit den Beteiligten in einem Termin erörtert werden** (§ 175 Abs. 1 S. 1). Auf diese Weise kann zB die Frage der Einhaltung der Anfechtungsfrist geklärt werden, bevor eine kostspielige Abstammungsbegutachtung in Auftrag gegeben wird.[60] Zu dem Termin soll deswegen das persönliche Erscheinen der verfahrensfähigen Beteiligten (§§ 7, 172) angeordnet werden. Es handelt sich um eine **Soll-Vorschrift**, dh die Anhörung ist als gesetzlicher Regelfall anzusehen, kann aber im Ausnahmefall unterbleiben.

80 Auch die materiellrechtlich bedeutsamen **Zustimmungs- und Anerkennungserklärungen** und Widerrufe von Anerkennungen können in dem Termin zur Niederschrift des Gerichts erklärt werden (§ 180). Das Gleiche gilt für die etwa erforderliche Zustimmung des Mannes, der im Zeitpunkt der Geburt mit der Mutter des Kindes verheiratet ist, des Kindes oder eines gesetzlichen Vertreters. Über den Termin ist ein Vermerk anzufertigen (§ 28 Abs. 4).

81 Von einem Termin in einem Verfahren auf Anfechtung der Vaterschaft kann **ausnahmsweise abgesehen werden,** wenn sich die Beteiligten schriftlich geäußert haben und keine Anhaltspunkte für den Ablauf der Anfechtungsfrist ersichtlich sind. In diesem Fall könnte im Termin nur das festgestellt werden, und es müsste die Begutachtung angeordnet werden. Das kann auch ohne den Termin erfolgen.

82 Eine Sonderregelung für die **Abstammungsklärungsverfahren nach § 1598 a BGB,** die auf § 56 FGG aF zurückgeht, enthält § 175 Abs. 2: Vor einer Entscheidung über die Ersetzung der Einwilligung in eine genetische Abstammungsuntersuchung und die Anordnung der Duldung der Probeentnahme (§ 1598 a Abs. 2 BGB) soll das Gericht die Eltern und ein Kind, das das 14. Lebensjahr vollendet hat, persönlich anhören, damit die Abstammungsklärung nicht „zur Unzeit" erfolgt.[61] Die Anhörung ist also hier der Regelfall, so dass ein Absehen von ihr begründet werden muss. Ein jüngeres Kind kann das Gericht in diesen Verfahren persönlich anhören (§ 175 Abs. 2 S. 2), dh die Anhörung kann im Regelfall unterbleiben und muss nur dann stattfinden, wenn ausnahms-

---

60 Horndasch/Viefhues § 175 Rn 3; Keidel/Engelhardt § 175 Rn 2.
61 Horndasch/Viefhues § 175 Rn 5; Horndasch ZFE 2007, 404, 408.

weise besondere Gründe dafür bestehen. Will das Jugendamt eine Anhörung erreichen, muss es einen Antrag stellen, als Beteiligter hinzugezogen zu werden (§ 172).[62]

b) Anhörung des Jugendamts

Die Anhörung des Jugendamts ist in § 176 für den Fall der **Anfechtung der Vaterschaft** in bestimmten Fällen als **Soll-Vorschrift** geregelt (§ 176 Abs. 1). Das Gericht kann von der Anhörung absehen, wenn es sich um einen eindeutigen Fall handelt, in dem die zusätzliche Anhörung nur unnötige Arbeit und unnötigen Zeitaufwand bedeuten würde.[63] Ergänzt wird diese Anhörungspflicht durch die Verpflichtung zur Mitteilung der Entscheidung (§ 176 Abs. 2 S. 1) und die Einräumung eines Anfechtungsrechts an das Jugendamt (§ 176 Abs. 2 S. 2). 83

Anwendungsbereich der Vorschrift sind nach § 176 Abs. 1 S. 1 die Vaterschaftsanfechtung durch den Mann, der an Eides statt versichert, der Mutter des Kindes während der Empfängniszeit beigewohnt zu haben (§ 1600 Abs. 1 Nr. 2), durch die anfechtungsberechtigte Behörde in den Fällen des § 1592 Nr. 2 BGB (§ 1600 Abs. 1 Nr. 5; Scheinvaterschaft zur Schaffung von aufenthaltsbegünstigenden Fakten) in jedem Fall und Anfechtungen durch das Kind (§ 1600 Abs. 1 Nr. 4), soweit die Anfechtung durch den gesetzlichen Vertreter erfolgt. Durch die Mitwirkung des Jugendamtes soll die Einschätzung der Fragen, ob eine sozial-familiäre Beziehung isd § 1600 Abs. 3 BGB besteht und ob eine Anfechtung isd § 1600 a Abs. 4 BGB dem Wohl des Kindes dient, erleichtert werden. In diesen genannten Fällen soll das Jugendamt angehört werden, dh die Anhörung soll die Regel sein. Die gesonderte Anhörung des Jugendamts kann dann entfallen, wenn das Jugendamt bereits in einer anderen Rolle in das Verfahren einbezogen ist, etwa als Beistand (§ 1712 BGB, § 173) oder als Verfahrensbeistand (§ 174), gegebenenfalls auch als Ergänzungspfleger (§ 1909 BGB). 84

Darüber hinaus kann das Gericht das Jugendamt anhören, wenn ein **Beteiligter minderjährig** ist (§ 172 Abs. 1 S. 2). In diesem Fall handelt es sich um eine reine Ermessensentscheidung und nicht einmal um eine Sollvorschrift. 85

Durch die Anhörung wird das Jugendamt **nicht Beteiligter** (§ 7 Abs. 6), eine Beteiligtenstellung kann sich aber aus § 172 Abs. 2 ergeben.[64] Liegt eine Anfechtung nach § 176 Abs. 1 S. 1 vor oder ist das Jugendamt im Fall des § 176 Abs. 1 S. 2 (minderjähriger Beteiligter) tatsächlich angehört worden, ist ihm die Entscheidung mitzuteilen (§ 176 Abs. 2 S. 1). Das Jugendamt hat dann ein eigenes, von § 59 unabhängiges Beschwerderecht. 86

7. Die Feststellung der Abstammung

Das Abstammungsverfahren ist nun kein streitiges Verfahren mehr, sondern ein reines **Verfahren der Freiwilligen Gerichtsbarkeit**. An den Grundsätzen, welche die Feststellung der Abstammung beherrschen, hat sich jedoch im Vergleich zum bisherigen Recht kaum etwas verändert. Lediglich die Regelungstechnik hat sich geändert, weil jetzt der Ausgangspunkt ein diametral entgegengesetzter ist: Wie bisher (§ 640 d ZPO aF) gilt 87

---

62 Zöller/Greger § 176 Rn 1.
63 Horndasch/Viefhues § 176 Rn 4.
64 Rn 66 ff.

Kemper 325

ein eingeschränkter Amtsermittlungsgrundsatz für Verfahren auf Anfechtung der Vaterschaft (§ 177 Abs. 1). Abweichend von § 30 wird in Abstammungssachen nach § 169 Nr. 1 (Verfahren auf Feststellung des Nichtbestehens eines Eltern-Kind-Verhältnisses)[65] und Nr. 4 (Anfechtung der Vaterschaft)[66] die förmliche Beweisaufnahme angeordnet.

a) Beweisgrundsätze im Abstammungsverfahren

88   Die **normalen Beweisgrundsätze** des FamFG-Verfahrens (Amtsermittlungsprinzip, § 26) gelten in den Fällen des § 169 Nr. 1 (Feststellung des Bestehens oder Nichtbestehens eines Eltern-Kind-Verhältnisses), § 169 Nr. 2 (Ersetzung der Einwilligung in eine genetische Abstammungsuntersuchung und Anordnung der Duldung einer Probeentnahme) und § 169 Nr. 3 (Einsicht in ein Abstammungsgutachten oder Aushändigung einer Abschrift).

89   Für die **Anfechtungsverfahren** ordnet § 177 Abs. 1 einen eingeschränkten Amtsermittlungsgrundsatz für die Anfechtungsverfahren an. Es handelt sich bei der Norm um ein Gegenstück zu § 127. Wie im Scheidungsverfahren in Bezug auf die Ehe, besteht im Anfechtungsverfahren in Bezug auf die Vaterschaft des Kindes kein öffentliches Interesse daran, dass die Anfechtung erfolgreich ist und dem Kind der Status als Kind des Anfechtenden genommen wird. Der sonst geltende Amtsermittlungsgrundsatz ist daher eingeschränkt. Das Gericht darf gegen den Widerspruch des Anfechtenden nur solche Tatsachen berücksichtigen, die anfechtungsfeindlich sind. Der Anfechtende kann durch seinen Widerspruch erreichen, dass bestimmte, ihm unliebsame Tatsachen nicht in das Verfahren eingeführt werden.

90   Das Verbot des § 177 Abs. 1 **bezieht sich nur auf Tatsachen**, nicht dagegen die Anwendung bestimmter Beweismethoden oder die Berücksichtigung bestimmter Rechtsansichten. Anders als der Wortlaut erwarten lässt, bezieht es sich aber nicht nur auf solche Tatsachen, die das Gericht von sich aus in das Verfahren einführt, sondern auch auf solche, die der Anfechtungsgegner in den Prozess einbringt.[67]

91   In Verfahren, in denen ein **ausländisches Sachrecht** anzuwenden ist, gilt § 177 Abs. 1 nur, wenn das ausländische Recht eine entsprechende Vorschrift kennt.

92   Das Verwertungsverbot besteht nur, wenn der Anfechtende der Berücksichtigung der Tatsachen **widersprochen** hat. Da jemand, der die Vaterschaft eines Kindes anficht, grundsätzlich in erster Linie am Erfolg seiner Anfechtung interessiert ist, nicht aber daran, wie dieser Erfolg erreicht wird, ist zu verlangen, dass der Widerspruch unmissverständlich erklärt wird. Es reicht nicht, dass der Anfechtende einen bestimmten Sachvortrag des Beklagten nicht übernimmt oder lediglich Tatsachen vorträgt, die den von dem Beklagten vorgetragenen Tatsachen widersprechen.[68] Die gegenteilige Auffassung des BGH ist zu großzügig und gibt der Amtsermittlung einen unangemessen weiten Anwendungsbereich.

---

65   Rn 15 ff.
66   Rn 23 f.
67   BGH FamRZ 1990, 507, 508.
68   So zum bisherigen Recht Wieczorek/Schütze/Schlüter § 640 d Rn 3; aA BGH FamRZ 1979, 1007, 1009; 1990, 507, 508; Stein/Jonas/Schlosser Rn 39.

Tatsachen, gegen deren Berücksichtigung sich der Widerspruch richtet, dürfen **im Ver-** 93
fahren nicht verwertet werden.

b) Förmliche Beweisaufnahme

§ 177 Abs. 2 modifiziert die Beweisregeln in Abstammungssachen nach § 169 Nr. 1 94
(Feststellungsverfahren) und nach § 169 Nr. 4 (Vaterschaftsanfechtungsverfahren) gegenüber den Regeln für einfache Familiensachen im Allgemeinen. Eine Beweisaufnahme über die Frage der Abstammung muss **stets als förmliche Beweisaufnahme** nach den Vorschriften der ZPO erfolgen. Der Freibeweis ist insoweit ausgeschlossen. Nach dem bisherigen Recht war das selbstverständlich, da das Abstammungsverfahren ein ZPO-Verfahren war, das ohnehin den ZPO-Beweisregeln unterlag. Das Regelungsbedürfnis ergibt sich daraus, dass das Abstammungsverfahren jetzt eine einfache Familiensache ist, auf die grundsätzlich die §§ 29, 30 anzuwenden wären.

§ 177 Abs. 2 S. 2 eröffnet dem Gericht abweichend von den Beweisregeln der ZPO die 95
Möglichkeit, im Einverständnis mit den Beteiligten ein **privates Abstammungsgutachten** zu verwenden, wenn es an den dort getroffenen Feststellungen nicht zweifelt. Die Vorschrift dient der Verfahrensökonomie. Wenn die Beteiligten mit der Verwertung eines privat eingeholten Abstammungsgutachtens einverstanden sind, wäre der Zwang zur Einholung eines gerichtlichen Abstammungsgutachtens lediglich ein Kosten verursachender Formalismus, der den Beteiligten nicht zu vermitteln wäre.[69] Betroffen von dieser Regelung werden in erster Linie die Gutachten sein, welche nach einem vorausgegangenen Vaterschaftsklärungsverfahren nach § 1598a BGB eingeholt wurden.

Das private Abstammungsgutachten muss mit **Einwilligung aller Beteiligten** eingeholt 96
worden sein. Dazu gehören vor allem auch das Kind und das Jugendamt, wenn es einen Antrag auf Beteiligung gestellt hat. Heimlich eingeholte Gutachten sind nicht verwertbar.[70]

c) Untersuchungen zur Feststellung der Abstammung

Untersuchungen zur Feststellung der Abstammung **muss jede Person dulden**, sofern 97
nicht ausnahmsweise die Untersuchung unzumutbar ist (§ 178 Abs. 1). Die Regelung entspricht § 372a ZPO in seiner neuen Fassung. Sie ist die Ermächtigungsgrundlage für den körperlichen Eingriff, der mit der Untersuchung verbunden ist.

Für die Durchführung der Untersuchung gelten **§§ 386–390 ZPO entsprechend** (§ 178 98
Abs. 2 S. 1), dh bei Verweigerung der Beteiligung an der Untersuchung wird in einem Zwischenstreit über die Berechtigung der Verweigerung entschieden. Dabei sind die Gründe (zB Einwände wegen der Gesundheitsgefahren der Untersuchung oder ihrer sonstigen Folgen)[71] durch die Person, die die Untersuchung verweigert, zu Protokoll zu erklären und glaubhaft zu machen. Für Minderjährige, denen die erforderliche Reife fehlt, ist der gesetzliche Vertreter hierfür zuständig.[72] Das Gericht entscheidet über die Verweigerung nach Anhörung der Beteiligten durch Beschluss, der mit sofortiger Be-

---

69 Keidel/Engelhardt § 177 Rn 8.
70 BVerfG FamRZ 2007, 441; BGH FamRZ 2008, 501; Horndasch/Viefhues § 177 Rn 4.
71 Zur Zulässigkeit dieses Einwands vgl Prütting/Helms/Stößer § 178 Rn 4 f; Zöller/Greger § 372a ZPO Rn 11.
72 Prütting/Helms/Stößer § 178 Rn 13.

schwerde binnen einer Frist von zwei Wochen (§§ 62, 390 Abs. 3, 569 Abs. 2 ZPO) anfechtbar ist.

99 Die Anwendung von **Zwangsmitteln** richten sich zunächst nach § 390 ZPO.[73] Bei wiederholter unberechtigter Verweigerung der Untersuchung kann auch unmittelbarer Zwang angewendet, insbesondere die zwangsweise Vorführung zur Untersuchung angeordnet werden (§ 178 Abs. 2 S. 2). Das gilt allerdings nur, wenn durch das Gericht zur Untersuchung geladen wurde. Für Verweigerungen nach Ladung durch den Sachverständigen gilt § 178 Abs. 2 entgegen der im Gesetzgebungsverfahren zunächst beabsichtigten Lösung nicht.

8. Die Verbindung von Verfahren in Abstammungssachen

100 Die Verbindung von Verfahren in Abstammungssachen hat sich gegenüber dem bisherigen Recht nicht verändert, soweit es um die objektive Antragshäufung geht. § 179 entspricht § 640 c Abs. 1 ZPO aF. Verändert haben sich dagegen die Voraussetzungen für eine subjektive Antragshäufung.

a) Objektive Antragshäufung

101 Eine objektive **Antragshäufung** kann es im Abstammungsverfahren – vorbehaltlich der Ausnahme für ein Unterhaltsverfahren anlässlich der Vaterschaftsfeststellung nach § 237[74] – nur in Bezug auf **Abstammungssachen in Bezug auf dasselbe Kind** untereinander geben (§ 179 Abs. 1 S. 1). Die Bedeutung derartiger Antragshäufungen ist gering. Möglich ist es zB, einen negativen Abstammungsfeststellungsantrag mit einem Antrag auf Feststellung der Unwirksamkeit der Vaterschaftsanerkennung zu verbinden oder einen Antrag auf Feststellung der Wirksamkeit der Vaterschaftsanerkennung mit einem positiven Vaterschaftsfeststellungsantrag. Auch im Eventualverhältnis stehende Antragshäufungen kommen in Betracht: Ein Antrag auf Feststellung der Unwirksamkeit einer Vaterschaftsanerkennung kann etwa mit dem hilfsweise gestellten Antrag auf Anfechtung der Vaterschaftsanerkennung verbunden werden. Ein negativer Abstammungsfeststellungsantrag kann hilfsweise mit einem Antrag auf Anfechtung der Vaterschaft eines Kindes verbunden werden.

102 Mit **Unterhaltssachen** kann der Antrag in einer Abstammungssache grundsätzlich ebenso wenig verbunden werden wie mit anderen Anträgen. Etwas anderes gilt nur für den auf die Zahlung des Mindestunterhalts für die Zeit des Vaterschaftsfeststellungsverfahrens gerichteten Antrag nach § 237. Dieser kann mit dem Verfahren auf Feststellung der Vaterschaft (nicht aber mit anderen Abstammungssachen) verbunden werden (§ 179 Abs. 1 S. 2). Die Privilegierung gilt aber nur für den auf die Zahlung des Mindestunterhalts gerichteten Antrag nach § 237 (Unterhalt während des Vaterschaftsfeststellungsverfahrens); sonstige Anträge in Bezug auf Unterhalt fallen nicht unter die Ausnahmeregelung.

---

73 Keidel/Engelhardt § 178 Rn 19.
74 Siehe dazu § 12 Rn 244.

b) Subjektive Antragshäufung

Eine **subjektive Antragshäufung**, die nach bisherigem Recht schon dann möglich war, wenn alle zu verbindenden Verfahren Abstammungssachen betreffen, ist nach neuem Recht nur noch eingeschränkt zulässig. § 179 Abs. 1 S. 1 verlangt, dass die Abstammungssachen dasselbe Kind betreffen müssen, und ist somit enger als § 640 c ZPO aF. Ein gemeinsamer Antrag mehrerer Geschwister in Bezug auf die Feststellung der Vaterschaft eines Mannes, kommt daher nicht mehr in Betracht.[75]

Möglich ist es dagegen weiter, **parallele Anträge** in Bezug auf mehrere Männer auf Vaterschaftsfeststellung zu stellen und diese Verfahren zu verbinden. Da aber eine derartige subjektive Antragshäufung – wie in den Normalverfahren auch – nicht im Eventualverhältnis stehen kann, ist dieser Weg wenig praktisch: Das Antrag stellende Kind kann allenfalls in einem der Verfahren erfolgreich sein, während es gegenüber den anderen Antragsgegnern unterliegen muss. Das bringt erhebliche Kostennachteile.

Unzulässigerweise mit Anträgen in Abstammungssachen **verbundene Anträge** mit anderen Anträgen als solchen in Abstammungssachen in Bezug auf dasselbe Kind oder Anträge auf Leistung des Unterhalts nach § 237 müssen von den Abstammungssachen **abgetrennt** und gesondert verhandelt und entschieden werden.[76]

9. Erklärungen in Verfahren in Abstammungssachen

§ 180 erlaubt, dass die Vaterschaftsanerkennung und die materiell-rechtlich für deren Wirksamkeit erforderlichen **Erklärungen auch zur Niederschrift des Gerichts** erklärt werden können. Die Regelung dient dazu, die Abgabe einer materiell-rechtlichen Vaterschaftsanerkennung im Vaterschaftsfeststellungsverfahren zu erleichtern. Sie betrifft nur die Erklärungen nach §§ 1594, 1595, 1597 Abs. 3, 1599 Abs. 2 S. 2 BGB, nicht dagegen Anerkenntnisse im prozessualen Sinne.

Die **Formerfordernisse des § 1597 BGB brauchen** bei Erklärung zur Niederschrift des Gerichts **nicht eingehalten zu werden**. Auf diese Weise wird die Abgabe der Erklärungen beschleunigt: Die Beteiligten des Verfahrens und die sonstigen zustimmungspflichtigen Personen brauchen nicht erst einen Notar aufzusuchen, der die Erklärungen dann beurkundet. Die Aufnahme der Anerkennung in einen gerichtlichen Vergleich (vgl § 36) kommt nur in Betracht, wenn ein Unterhaltsvergleich oder ein Vergleich in einem Vaterschaftsklärungsverfahren nach § 1598 a BGB abgeschlossen wird, weil ein Vergleich in anderen Abstammungssachen unzulässig ist.

Andere Erleichterungen gegenüber den im BGB enthaltenen Regeln enthält § 180 nicht. Die Vaterschaftsanerkennung und die Zustimmungserklärungen müssen daher alle im BGB aufgestellten Anforderungen erfüllen. Fehlt es daran, ist die Anerkennung materiellrechtlich unwirksam.

Die Vaterschaftsanerkennung muss **in der mündlichen Verhandlung persönlich vom Erzeuger des Kindes erklärt werden**. Anwaltszwang besteht dafür auch in einer höheren Instanz nicht, weil es sich um einen höchstpersönlichen Rechtsakt handelt. Das Gleiche

---

[75] Zu weit Horndasch/Viefhues § 180 Rn 5.
[76] BGH FamRZ 1974, 249 zum bisherigen Recht.

gilt für die Zustimmungserklärungen. Die Erklärung muss in den Vermerk nach § 28 Abs. 4 aufgenommen werden.[77]

110   Mit der **Anerkennung erledigt** sich das **Vaterschaftsfeststellungsverfahren**.[78] Erklären die Beteiligten die Erledigung, ist nur noch nach § 83 Abs. 2 über die Kosten des Verfahrens zu entscheiden. Bestehen sie auf einer sachlichen Entscheidung des Gerichts, ist der Antrag abzulehnen.

10. Die Auswirkungen des Todes eines Beteiligten

111   Die Auswirkungen des Todes eines Beteiligten auf das Abstammungsverfahren sind nun **einheitlich für alle Beteiligten** in § 181 geregelt: Wenn ein Beteiligter vor der Rechtskraft der Endentscheidung stirbt, muss das Gericht die übrigen Beteiligten darauf hinweisen, dass das Verfahren nur fortgesetzt wird, wenn ein Beteiligter innerhalb einer Frist von einem Monat dies durch Erklärung gegenüber dem Gericht verlangt. Wird die Fortsetzung des Verfahrens verlangt, wird dasselbe Verfahren nunmehr ohne den verstorbenen Beteiligten fortgesetzt. Das Sonderverfahren nach dem bisherigen § 1600e Abs. 2 BGB aF gibt es nicht mehr.

112   **Verlangt kein Beteiligter** innerhalb der vom Gericht gesetzten Frist die **Fortsetzung** des Verfahrens, gilt dieses als in der **Hauptsache erledigt**. Es ist nur noch über die Kosten zu entscheiden, wenn die Beteiligten das Verfahren für erledigt erklären (§ 83 Abs. 2), sonst ist die Erledigung festzustellen. Weder Rechtsmittel[79] noch Wiedereinsetzungsanträge[80] (in Bezug auf das ursprüngliche Verfahren) sind noch möglich (wohl aber ein Wiedereinsetzungsantrag wegen der Fristversäumung in Bezug auf die Abgabe der Fortführungserklärung).[81]

IV. Die Entscheidung in Abstammungssachen

113   Für die Entscheidung finden sich in Bezug auf die Verfahren in Abstammungssachen Sonderregeln in Bezug auf den Inhalt der Entscheidung (§ 182), in Bezug auf die Kosten (§ 183) und in Bezug auf das Wirksamwerden von Entscheidungen.

1. Der Inhalt der Entscheidung in Abstammungssachen

114   Für den Inhalt von Entscheidungen in Abstammungssachen trifft § 182 einige besondere Regelungen:

115   § 182 Abs. 1 betrifft die Tenorierung bei einer **Anfechtung nach §§ 1592, 1600 Abs. 1 Nr. 2 BGB** durch den Mann, der an Eides statt versichert, der Mutter des Kindes während der Empfängniszeit beigewohnt zu haben. Damit das Kind nach dessen erfolgreichem Verfahren nicht vaterlos ist, bestimmt die Norm, dass mit der Rechtskraft des Beschlusses, durch das das Nichtbestehen der Vaterschaft des bislang als Vater geltenden Mannes festgestellt wird, gleichzeitig die Vaterschaft des anfechtenden Mannes

---

77   Prütting/Helms/Stößer § 180 Rn 3.
78   KG FamRZ 1994, 911.
79   OLG Celle FamRZ 1980, 70.
80   OLG Stuttgart FamRZ 2000, 1029; Horndasch/Viefhues § 181 Rn 5.
81   Prütting/Helms/Stößer § 181 Rn 4.

IV. Die Entscheidung in Abstammungssachen

festgestellt ist. Dass dieser Erzeuger des Kindes ist, steht fest, denn sonst wäre sein Antrag bereits unzulässig gewesen.

Wegen der doppelten Bedeutung der Entscheidung muss die **Feststellung der Vater-** 116 **schaft des Anfechtenden im Tenor der Entscheidung ausgesprochen** werden (§ 182 Abs. 1 S. 2). Das Fehlen des Ausspruchs hindert die Wirkung des § 182 Abs. 1 S. 1 nicht. Der Ausspruch hat nur klarstellende Wirkung:

Der Antragsteller ist der Vater des Antragsgegners.

§ 182 Abs. 2 betrifft die Tenorierung bei **Abweisung eines negativen Vaterschaftsfest-** 117 **stellungsantrags.** Wird ein negativer Feststellungsantrag abgewiesen, so enthält der Tenor nach den allgemeinen Regeln nur den Ausspruch:

Der Antrag wird abgewiesen.

Damit steht zugleich positiv fest, dass der Mann der Vater ist. Das ist jedoch für Au- 118 ßenstehende nur schwer zu erkennen. Um auch dem Standesbeamten für die Beischreibung der Vaterschaft (vgl § 30 PStG) die Kenntnisnahme von dem Inhalt des Beschlusses zu erleichtern, schreibt § 182 Abs. 2 vor, dass der Tenor die **positive Feststellung ausspricht**, welcher Beteiligte der Vater des Kindes ist. In Betracht kommt etwa die Formulierung:

Der Antragsteller ist der Vater des Antragsgegners.

oder

Der Antragsgegner ist der Vater des Antragstellers.

Anwendbar ist § 182 Abs. 2 **nur, wenn ein negativer Feststellungsantrag abgelehnt** 119 **wird.** Die erweiterte Tenorierung erfolgt auch nur, wenn der negative Feststellungsantrag durch Sachentscheidung abgelehnt wird. Bei einer Ablehnung durch Prozessentscheidung bleibt es bei den allgemeinen Regeln, weil das Gericht sich in diesem Fall nicht mit der Vaterschaftsfrage befasst hat. Aus welchem Grund das Gericht dagegen den negativen Feststellungsantrag sachlich ablehnt, ist unerheblich. Deswegen ist § 182 Abs. 2 auch dann anzuwenden, wenn die Ablehnung des Antrags auf einer Beweislastentscheidung beruht.

Ist der Ausspruch nach § 182 Abs. 2 im Beschluss versehentlich **unterblieben**, kann er 120 noch in der Beschwerdeinstanz aufgenommen werden. Da es sich insofern nur um eine Klarstellung handelt, wird der Antragsteller dadurch nicht beeinträchtigt. Die Ergänzung kann daher selbst dann erfolgen, wenn ausschließlich der Antragsteller Beschwerde eingelegt hat. Auch wenn sie aber gänzlich unterbleibt, wirkt die im Beschluss getroffene Vaterschaftsfeststellung für und gegen jedermann (§ 184 Abs. 2).

2. Die Kosten in Abstammungssachen
a) Grundsatz

Die Verteilung der Kosten richtet sich in Abstammungssachen grundsätzlich nach 121 § 81, also grundsätzlich nach **billigem Ermessen**.

§ 6 Abstammungssachen

b) Sonderregelung für Vaterschaftsanfechtungsverfahren

122 Eine besondere Regelung über die Kosten in Verfahren auf **Anfechtung der Vaterschaft** findet sich aber in § 183. Voraussetzung für die Anwendung der Regelung ist, dass der Antrag auf Anfechtung der Vaterschaft Erfolg hat. Entsprechend anwenden wird man sie bei Erledigung des Verfahrens können, wenn das Verfahren nach dem Sach- und Streitstand zur Zeit der Erledigung erfolgreich gewesen wäre.[82] Bei Ablehnung des Antrags richtet sich die Kostenentscheidung ebenfalls nach § 81.

123 Folge der Norm ist, dass die **Gerichtskosten** (vor allem die Kosten der Begutachtung) von allen Beteiligten zu gleichen Teilen getragen werden. Das folgt dem Gedanken, dass in Abstammungssachen alle Beteiligten ein Interesse an der Klärung des Status haben. Das kann auch das Jugendamt betreffen, wenn es Beteiligter ist (§ 172 Abs. 2). Ausgenommen ist lediglich das minderjährige Kind.

124 Die **außergerichtlichen Kosten** (vor allem die Rechtsanwaltsgebühren) tragen alle Beteiligten jeweils selbst. Insofern gibt es keine Ausnahme für minderjährige Kinder.

125 Die Regelung betrifft nur die **prozessuale Seite** der Kostentragung. Sie schließt es nicht aus, dass der Obsiegende einen materiell-rechtlichen Anspruch gegen den wahren Vater des Kindes auf Erstattung der Kosten des Anfechtungsverfahrens geltend macht.[83]

c) Verfahrenswert und Gebühren

126 Der Verfahrenswert in Abstammungssachen beläuft sich fix auf 2.000 EUR (§ 47 FamGKG). Für das Verfahren fallen idR zwei Gebühren nach Anlage 2 zum FamGKG an (Nr. 1320 FamGKG-KV), für die Beschwerde gegen die Endentscheidung fallen drei Gebühren an (Nr. 1322 FamGKG-KV).

3. Die Wirksamkeit von Beschlüssen in Abstammungssachen

127 Für Abstammungssachen gelten von den allgemeinen Grundsätzen **abweichende Regelungen in Bezug auf das Wirksamwerden der Entscheidungen**. Diese sind durch die besondere Natur dieser Verfahren bedingt und finden sich in § 184 Abs. 1. Die Norm bestimmt, dass die Endentscheidung in Abstammungssachen **erst mit der Rechtskraft** wirksam wird. Dies entspricht inhaltlich der bisherigen Rechtslage nach der ZPO (§ 640 h Abs. 1 ZPO aF) sowie der Regelung des bisherigen § 55 b Abs. 2 FGG aF für das frühere FG-Abstammungsverfahren (§ 1600 e Abs. 2 BGB aF). Ob es sich um eine stattgebende oder ablehnende Entscheidung handelt, ist irrelevant. Rechtskraft bedeutet Unanfechtbarkeit.

128 Die **Entscheidung ist auch dem Jugendamt mitzuteilen,** wenn eine Anfechtung nach § 176 Abs. 1 S. 1 vorliegt[84] oder wenn es im Fall des § 176 Abs. 1 S. 2 tatsächlich angehört wurde.[85] Dem Jugendamt steht ein eigenes Beschwerderecht zu (§ 176 Abs. 2 S. 2), für das die Frist von der Mitteilung der Entscheidung an läuft.

---

82 Vgl OLG Brandenburg MDR 2000, 1380 zum bisherigen Recht.
83 HK-Familienverfahrensrecht/Fritsche § 183 Rn 4.
84 Rn 84.
85 Rn 85.

IV. Die Entscheidung in Abstammungssachen

Die **Abänderung** von Entscheidungen in Abstammungssachen nach § 48 ist ausgeschlossen (§ 184 Abs. 1 S. 2). Dies entspricht ebenfalls der bisherigen Rechtslage. Angreifbar sind rechtskräftige Entscheidungen nur mit der Wiederaufnahme (§ 185).[86]

4. Die Reichweite der Beschlüsse in Abstammungssachen

Eine im Abstammungsverfahren ergehende Entscheidung **wirkt für und gegen jedermann** und nicht nur zwischen den Beteiligten (§ 184 Abs. 2). Die in § 640 h Abs. 1 ZPO aF noch enthaltene Einschränkung auf den Eintritt der Rechtskraft zu Lebzeiten der Parteien ist im Hinblick auf § 181 weggefallen. Auch die Übernahme von § 640 h Abs. 1 S. 2, 3 ZPO aF erfolgte nicht, da Verfahren auf Feststellung des Bestehens oder Nichtbestehens der elterlichen Sorge keine Abstammungssachen mehr sind und deswegen eine § 640 h Abs. 1 S. 2 ZPO aF gleichende Bestimmung in seinem gesamten verbliebenen Anwendungsbereich durch eine § 640 h Abs. 1 S. 3 ZPO aF entsprechende Regelung aufgehoben worden wäre.

Die inter omnes-Wirkung **setzt nur voraus, dass das Abstammungsverfahren durch Beschluss rechtskräftig abgeschlossen wurde**. § 184 Abs. 2 gilt dagegen nicht, wenn das Verfahren sich durch die Nichtaufnahme des Verfahrens nach dem Tod eines Beteiligten (§ 181) erledigt hat. Allerdings muss das Abstammungsverfahren durch Sachentscheidung entschieden worden sein. Für Entscheidungen, durch die der Antrag in der Abstammungssache als unzulässig abgewiesen wurde, gilt die Rechtskrafterstreckung nicht, weil durch diese Entscheidung sachlich über das Bestehen des Eltern-Kind-Verhältnisses nichts gesagt ist.

Die im Abstammungsverfahren ergangenen Sachentscheidungen **binden** nicht nur die Beteiligten des Verfahrens, sondern **auch Dritte**. Mit der Rechtskraft der Statusentscheidung ist deren Inhalt in Zukunft allen weiteren Entscheidungen zugrunde zu legen, in denen die Statusfrage eine Rolle spielt. Die Rechtskrafterstreckung bezieht sich aber immer nur darauf, was in dem Abstammungsverfahren tatsächlich entschieden wurde. Das bedeutet zunächst, dass nur der Tenor der Entscheidung, nicht aber die in der Begründung enthaltenen Begründungsteile von der Rechtskrafterstreckung umfasst wird.[87] Das relativiert die Bedeutung der Rechtskrafterstreckung erheblich; denn es führt dazu, dass diese nur für die Frage der rechtlichen, nicht aber auch diejenige nach der leiblichen Abstammung relevant ist. Auch nach einem erfolgreichen Vaterschaftsanfechtungsverfahren kann daher der als Vater festgestellte Mann die Tatsachenbehauptung aufstellen, das Kind stamme in Wirklichkeit doch vom Ehemann der Mutter ab. Die Entscheidung in einer Abstammungssache bezieht sich auch ausschließlich auf das Rechtsverhältnis, das Gegenstand dieses Verfahrens war. Rechtsverhältnisses außerhalb des Verfahrensgegenstands werden selbst dann nicht von der Rechtskrafterstreckung erfasst, wenn sie denklogisch so eng mit dem Rechtsverhältnis des Abstammungsverfahrens verbunden sind, dass jede andere Entscheidung widersinnig erscheint: Die Feststellung der Vaterschaft eines Mannes erstreckt sich daher nicht einmal dann auf Geschwister, wenn diese eineiige Zwillinge sind.

---

[86] Rn 137 ff.
[87] BGHZ 83, 391; BGH FamRZ 1994, 694.

§ 6 Abstammungssachen

V. Rechtsmittel in Abstammungssachen

133 In Abstammungssachen gelten grundsätzlich die **allgemeinen Regeln** über Rechtsmittel. Besonderheiten bestehen jedoch in Bezug auf die Beschwerdebefugnis:

134 § 184 Abs. 3 stellt klar, dass in Abstammungssachen **alle Personen beschwerdebefugt** sind, die an dem **Verfahren beteiligt waren oder zu beteiligen gewesen wären**. Die Regelung ist nötig, weil die Beschwerde nach § 59 Abs. 1 grundsätzlich voraussetzt, dass der Beschwerdeführer in seinen Rechten beeinträchtigt ist. In Abstammungsverfahren sind das Kind, die Mutter und der Vater (§ 172 Abs. 1) sowie gegebenenfalls das Jugendamt (§ 172 Abs. 2) Beteiligte des Verfahrens, während die Feststellung oder Anfechtung der Vaterschaft in erster Linie nur die Rechte des Vaters und des Kindes betrifft. Ohne § 184 Abs. 3 könnten deswegen Zweifel daran bestehen, ob der Mutter ein Beschwerderecht nach den allgemeinen Bestimmungen zusteht. Dagegen geht die Regelung nicht soweit, ganz auf eine Beschwer zu verzichten: Nicht beschwerdebefugt ist deswegen derjenige Beteiligte, der in der ersten Instanz voll obsiegt hat.[88]

135 Nur **mittelbar Betroffene** (Großeltern, weitere Verwandte) haben keine Beschwerdebefugnis.[89]

136 Das **Jugendamt** hat in den Fällen, in denen ihm die Entscheidung mitzuteilen ist (Anfechtung nach § 176 Abs. 1 S. 1 oder nach Anhörung bei minderjährigem Beteiligten),[90] ein eigenes Beschwerderecht. Dieses ist von § 59 unabhängig, setzt also keine eigene Beschwer voraus. Legt das Jugendamt die Beschwerde ein, wird es damit zum Beteiligten des Verfahrens, denn dadurch stellt es einen Antrag nach § 172 Abs. 2.[91]

VI. Die Wiederaufnahme von Verfahren in Abstammungssachen

1. Grundlagen

137 Die **Abänderung** von Entscheidungen in Abstammungssachen nach § 48 Abs. 1 ist ausgeschlossen (§ 184 Abs. 1 S. 2). Dies entspricht der bisherigen Rechtslage. Angreifbar sind rechtskräftige Entscheidungen nur mit der Wiederaufnahme (§ 185).

138 § 185 übernimmt den **Regelungsgehalt des** § 641 i ZPO aF. Zweck des Abstammungsverfahrens ist es, möglichst die zutreffende Zuordnung des Kindes zu seinem Vater vorzunehmen.[92] Bei der Feststellung der Vaterschaft kann es aber zu Fehlern kommen, weil letztlich jede Vaterschaftsermittlung auf Wahrscheinlichkeitsannahmen beruht. Diese Fehler werden regelmäßig erst so spät bemerkt, dass sie in den Rechtsmittelinstanzen des Vaterschaftsverfahrens nicht mehr korrigiert werden können. Nach den normalen Regeln über die Wiederaufnahme könnte die fehlerhafte Vaterschaftsfeststellung auch durch ein Restitutionsverfahren nicht korrigiert werden; denn die bloße Änderung der Erkenntnis über die Richtigkeit einer Entscheidung ist kein Wiederaufnahmegrund. Diesen Mangel soll § 185 beheben. Die Norm gestattet über die in § 48 Abs. 2, § 580 ZPO genannten Gründe hinaus die Wiederaufnahme auch in dem Fall,

---

88 Zöller/Greger § 184 Rn 4; aA Prütting/Helms/Stößer § 184 Rn 12.
89 Zöller/Greger § 184 Rn 3.
90 Rn 128.
91 Rn 60 ff.
92 Keidel/Engelhardt § 185 Rn 1.

dass ein neues Gutachten über die Vaterschaft vorgelegt wird, das allein oder iVm den in dem früheren Verfahren erhobenen Beweisen eine andere Entscheidung herbeigeführt haben würde.

Die Möglichkeiten, nach den **allgemeinen Regeln** eine **Wiederaufnahme** des Verfahrens zu betreiben, werden durch die Spezialregelung in § 185 **nicht eingeschränkt**. 139

2. Anwendungsbereich der Sonderregelung

Anwendbar ist § 185 auf alle Entscheidungen über die **Vaterschaftsfeststellung oder -anfechtung**, gleichgültig, ob dem Antrag stattgegeben oder ob er abgewiesen wurde. Allein bei reinen Zulässigkeitsentscheidungen kann die Norm grundsätzlich nicht eingreifen (Ausnahme: Fälle des § 1600 Abs. 1 Nr. 2 BGB, weil in diesen Fällen die Klage als unzulässig abzuweisen ist, wenn der Anfechtende nicht Erzeuger des Kindes ist). 140

3. Voraussetzungen des Restitutionsantrags

Die erweiterte Wiederaufnahme findet statt, **wenn ein Beteiligter des Vorverfahrens (§ 172) ein neues Gutachten über die Vaterschaft vorlegt**, das allein oder iVm den in dem früheren Verfahren erhobenen Beweisen eine andere Entscheidung herbeigeführt haben würde (§ 185 Abs. 1). Den Erben eines Beteiligten ist dieser Weg verschlossen.[93] 141

Erforderlich ist ein „**neues Gutachten**" über die Vaterschaft. **Gutachten** ist dabei jede schriftlich abgefasste Stellungnahme über die Vaterschaft, die von einer Person stammt, deren Fachwissen gerichtsbekannt ist oder leicht festgestellt werden kann. Um welche Art von sachverständiger Stellungnahme es sich handelt, ist irrelevant. Gegenstand des Gutachtens müssen grundsätzlich das Kind und die Mutter sein. Der im Vorverfahren beteiligte Mann muss dagegen nicht unbedingt in das Gutachten einbezogen sein. Es reicht, dass er durch die Feststellungen des Gutachtens von der Vaterschaft ausgeschlossen wird. 142

Neu ist das Gutachten, wenn es so spät erstellt wurde, dass es im Vorverfahren nicht mehr berücksichtigt wurde.[94] Das ist ohne weiteres der Fall, wenn es erst nach der letzten mündlichen Verhandlung des Vorverfahrens ausgearbeitet wurde. Ob in dem Vorverfahren ein anderes Gutachten verwendet wurde, ist unerheblich. Eine Wiederaufnahme ist daher auch möglich, wenn das neue Gutachten das erste überhaupt eingeholte Gutachten ist.[95] Es ist nicht erforderlich, dass sich das Gutachten auf neues Tatsachenmaterial stützt.[96] Neu ist es auch dann, wenn die aus dem Vorverfahren vorhandenen Proben noch einmal mit verbesserten Methoden untersucht werden oder wenn es nach Aktenlage erstellt wird.[97] Auch eine verbesserte Untersuchungstechnik ist aber nicht zwingend erforderlich. Es reicht, dass in dem neuen Gutachten Fehler eines früheren Gutachtens korrigiert werden. 143

Das Gutachten muss so beschaffen sein, dass es, hätte es bereits im Vorverfahren vorgelegen, zu einer **anderen Entscheidung** über die Vaterschaft geführt hätte. Die Praxis 144

---

93 OLG Stuttgart FamRZ 1982, 193; OLG Celle FamRZ 2000, 1510.
94 BGH NJW 1982, 2128; FamRZ 1989, 374; 1989, 1067.
95 BGHZ 61, 186; BGH FamRZ 1993, 943, 945; Keidel/Engelhardt § 185 Rn 4.
96 BGH FamRZ 1989, 374, 375.
97 BGH NJW 2003, 3708.

versteht dieses Erfordernis so, dass die Möglichkeit bestehen muss, dass das Gericht anders entschieden hätte.[98]

145 Der Antragsteller muss das **Gutachten zugleich mit der Einreichung des Wiederaufnahmeantrags vorlegen.** Anderenfalls ist der Restitutionsantrag unzulässig. Die Rechtsprechung lässt es aber zu, dass ein zunächst unzulässiger Antrag dadurch zulässig gemacht wird, dass das Gutachten nachträglich eingereicht wird.[99] Entgegen dem Wortlaut ist der Beweis auch ohne Vorlage geführt, wenn der Antragsteller sich auf Gutachten bezieht, die sich bereits im Gewahrsam des Gerichts oder einer anderen Behörde befinden, so dass sie unschwer vom Gericht beigezogen werden können. Der bloße Antrag, ein neues Gutachten einzuholen, reicht dagegen nicht.[100]

4. Das Verfahren der Wiederaufnahme

146 Für die Wiederaufnahme ist das Gericht des ersten Rechtszuges **zuständig**, wenn sich die Wiederaufnahme gegen eine erstinstanzliche Entscheidung richtet. Das Beschwerdegericht ist zuständig, wenn die Wiederaufnahme des Verfahrens gegen einen vom Beschwerde- oder Rechtsbeschwerdegericht erlassenen Beschluss betrieben wird (§ 185 Abs. 3 S. 1). Das Rechtsbeschwerdegericht ist nur für Wiederaufnahmeanträge zuständig, wenn der Antrag nach § 185 mit einer solchen nach § 48 Abs. 2, § 580 ZPO verbunden ist (§ 185 Abs. 3 S. 2). Der genaue Sinn dieser Regelung ist unklar. Will man nicht annehmen, dass der Gesetzgeber für diesen Fall eine Gesamtzuständigkeit des BGH anordnen wollte, was wegen der fehlenden Möglichkeit einer weiteren Beweisaufnahme problematisch wäre, muss man die Norm entweder so auslegen, dass es bei einer Gesamtzuständigkeit des OLG bleibt, oder eine gespaltene Zuständigkeit annehmen. Insgesamt spricht mehr für die Aufspaltung der Zuständigkeit; denn bei Annahme einer Gesamtzuständigkeit des OLG wäre die Verweisung in § 185 Abs. 3 S. 2 auf § 584 bedeutungslos. Die Zuständigkeit ist eine ausschließliche.

147 Eine besondere **Antragsbefugnis** ist für die Erhebung des Wiederaufnahmeantrags **nicht erforderlich.** Der Antrag kann daher auch von demjenigen Beteiligten gestellt werden, der im Vorverfahren obsiegt hatte (§ 185 Abs. 2).

148 Eine **Antragsfrist** besteht für den Wiederaufnahmeantrag **nicht** (§ 185 Abs. 4). Die Ausnahmeregelung gilt für Nichtigkeitsanträge nach § 579 ZPO und Wiederaufnahmeanträge nach § 580 ZPO nicht.[101] Entsprechendes gilt für den Wiederaufnahmeantrag nach § 580 ZPO.

149 Das **Wiederaufnahmeverfahren** in Abstammungssachen ist wie das Wiederaufnahmeverfahren nach den allgemeinen Regeln in mehrere Phasen unterteilt:[102] Zunächst prüft das Gericht, ob die formalen Voraussetzungen für die Wiederaufnahme vorliegen, dh vor allem, ob ein Wiederaufnahmegrund behauptet und das Gutachten vorgelegt ist. Bejaht es das, wird geprüft, ob der Wiederaufnahmegrund besteht, dh ob das Gutachten das Erstverfahren zu einem anderen Ergebnis geführt hätte. Der Wiederaufnahmean-

---

98 BGH FamRZ 1980, 880, 881; 1982, 690; 1984, 681.
99 BGH NJW 1982, 2128.
100 OLG Celle FamRZ 1971, 592, 593; OLG Stuttgart FamRZ 1982, 193, 194.
101 BGH NJW 1994, 589.
102 Vgl Keidel/Engelhardt § 185 Rn 14 ff.

VI. Die Wiederaufnahme von Verfahren in Abstammungssachen 6

trag muss daher als unbegründet abgewiesen werden, wenn das Gericht meint, dass das neue Gutachten nicht zu einem anderen Ergebnis geführt hätte.[103] Hält es dagegen die Möglichkeit eines anderen Ergebnisses des Vorprozesses für gegeben, muss es erneut über die Abstammungssache verhandeln. Es gilt der Amtsermittlungsgrundsatz, so dass das Gericht gegebenenfalls von sich aus weitere Beweise erheben muss, um die Vaterschaft zu klären.

Die **Entscheidung** über die Wiederaufnahme kann zusammen mit der Entscheidung über die Vaterschaftsfeststellung erfolgen. Das Wiederaufnahmeverfahren gilt als neuer Rechtsstreit. Es fallen daher erneut Gebühren nach den allgemeinen Regeln an. 150

Die **Kosten und Gebühren** im Wiederaufnahmeverfahren entsprechen denen im Erstverfahren. 151

---

103 BGH FamRZ 1984, 681.

§ 7 Adoptionssachen

Literatur: Dethloff, Adoption durch gleichgeschlechtliche Paare, ZRP 2004, 195; Dodegge, Das formelle und materielle deutsche Adoptionsrecht, FPR 2001, 321; Eckebrecht, Rechtsprechungsübersicht zum Adoptionsrecht, FPR 2001, 357; Enders, Stiefkindadoption, FPR 2004, 60; Fendrich/Schilling, Einblicke in die quantitative Entwicklung der Adoption in Deutschland – eine Analyse auf der Grundlage der amtlichen Kinder- und Jungendhilfestatistik, FPR 2001, 305; Jayme, Erwachsenenadoption und Internationales Privatrecht, NJW 1989, 3069; Knobbe, Psychologische Aspekte der Adoption, FPR 2001, 309; Kunze, „Scheitern" von Adoptionsverhältnissen, FPR 2001, 339; Lange, Die Adoption nach internationalem Recht, FPR 2001, 327; Maurer, Gestärkte Rechte des Vaters bei der Adoption, FPR 2005, 196; Maywald, Internationale Adoptionen – Stärkung oder Schwächung von Kinderrechten?, FPR 2008, 499; Muscheler, Offene und verdeckte Adoption – Recht des Kindes auf Kenntnis seiner Abstammung, FPR 2008, 10; Neukirchen, Die rechtshistorische Entwicklung der Adoption, Frankfurt 2005; Pätzold, Die gemeinschaftliche Adoption Minderjähriger durch eingetragene Lebenspartner, FPR 2005, 7; Paul, Rechtsprechungsübersicht zum Vormundschafts- und Personenstandsrecht, FGPrax 2001, 1 und FGPrax 2005, 93; Paulitz, Adoption: Positionen – Impulse – Perspektiven. Ein Praxishandbuch, München 2006; Peschel-Gutzeit, Welcher Nachteil ist bei der Stiefkindadoption unverhältnismäßig?, NJW 2005, 3324; Reinhardt, Gewollt oder nicht? Die private Adoption von Kindern aus dem Ausland, ZRP 2006, 244; Salgo, Zur Stellung des Vaters bei der Adoption seines nichtehelichen Kindes durch die Mutter und deren Ehemann, NJW 1995, 2129; Steiger, Im alten Fahrwasser zu neuen Ufern: Neuregelungen im Recht der internationalen Adoption mit Erläuterungen für die notarielle Praxis, DNotZ 2002, 184; Stockelsdorf, Rechtsfolgen der Verletzung rechtlichen Gehörs bei Volljährigenadoption, NJW 1995, 306; Weitzel, Das Haager Adoptionsübereinkommen vom 29.5.1993 – Zur Interaktion der zentralen Behörden, NJW 2008, 186; Wuppermann, Adoption – Ein Handbuch für die Praxis, Köln 2006.

I. Überblick 1	bb) Aufhebung aus schwerwiegenden Gründen 24
1. Geschichtliche Entwicklung .. 1	b) Aufhebung der Annahme eines Volljährigen 25
2. Änderungen durch das FamFG 4	c) Aufhebung wegen Verletzung des rechtlichen Gehörs 26
II. Verfahrensarten 5	
1. Die Annahme als Kind 6	
a) Annahme Minderjähriger 7	d) Eheverbot und Rückübertragung der elterlichen Sorge 27
b) Annahme Volljähriger 10	
2. Ersetzung der Einwilligung zur Annahme als Kind 12	e) Wirkung der Aufhebung 28
a) Ersetzung der Einwilligung eines Elternteils 13	4. Die Befreiung vom Eheverbot des § 1308 Abs. 1 BGB 29
aa) Anhaltende gröbliche Pflichtverletzung 15	III. Verfahrenseinleitung 30
bb) Gleichgültigkeit 16	1. Sachliche Zuständigkeit 30
cc) Besonders schwerer Pflichtverstoß 17	2. Örtliche Zuständigkeit 31
dd) Besonders schwere psychische Störung 18	3. Antrag 33
	a) Annahmeverfahren 33
ee) Nichteheliche Väter 19	b) Aufhebungsverfahren 35
b) Ersetzung der Einwilligung des Ehegatten 20	4. Beteiligte 36
	a) Beteiligte im Annahmeverfahren 37
3. Aufhebung des Annahmeverhältnisses 21	b) Beteiligte im Ersetzungsverfahren 38
a) Aufhebung der Annahme Minderjähriger 22	c) Beteiligte im Aufhebungsverfahren 39
aa) Aufhebung wegen fehlender Erklärungen 23	

d) Beteiligte im Verfahren über die Befreiung vom Eheverbot	40
5. Verfahrensbeistand	41
IV. Entscheidungsfindung	42
1. Materielle Voraussetzungen	42
2. Formelle Voraussetzungen ...	44
a) Vorliegen der erforderlichen Einwilligungen	44
aa) Minderjährigenadoption	45
(1) Einwilligung des Kindes ..	45
(2) Einwilligung der Eltern des Kindes	48
(3) Einwilligung des Ehegatten	50
bb) Volljährigenadoption	51
b) Anhörungen	52
aa) Anhörung der Beteiligten	52
bb) Anhörung weiterer Personen	55
cc) Anhörung des Jugendamtes	56
dd) Anhörung des Landesjugendamtes	59
c) Fachliche Äußerung der Adoptionsvermittlungsstelle	61
d) Bescheinigung über den Eintritt einer Vormundschaft	62
V. Entscheidung	63
1. Beschluss über die Annahme als Kind	63
a) Tenor	64
aa) Adoptionsausspruch	64
bb) Angabe der gesetzlichen Vorschriften	65

cc) Mangelnde Erforderlichkeit der Einwilligung	67
dd) Ausspruch über die Namensführung	68
ee) Volljährigenadoption mit den Wirkungen der Minderjährigenannahme	69
ff) Kosten	70
b) Begründung	71
c) Bekanntmachung	72
d) Eintritt der Wirksamkeit	73
2. Unabänderlichkeit des Annahmebeschlusses	74
3. Mitteilungspflichten	76
4. Ausforschungsverbot, Akteneinsicht und Verbindungsverbot	77
VI. Rechtsmittel	80
VII. Weitere Hinweise	82
1. Anwendung des Adoptionswirkungsgesetzes	82
2. Staatsangehörigkeit	83
3. Kostenrechtliche Regelungen	84
a) Gerichtskosten	84
b) Notargebühren	85
VIII. Adoptionssachen mit Auslandsbezug	86
1. Überblick	86
2. Neuerungen durch das FamFG	91
3. Internationale Zuständigkeit bei Inlandsadoptionen mit Auslandsbezug	92
4. Anerkennung und Wirksamkeit einer im Ausland erfolgten Adoption	96

I. Überblick

1. Geschichtliche Entwicklung

Die ursprüngliche Regelung zur Adoption (Annahme an Kindes statt), die mit dem BGB am 1.1.1900 in Kraft trat, bezweckte nicht die Vermittlung Minderjähriger unter dem Gesichtspunkt des Kindeswohls, sondern die Adoption Volljähriger zur Beschaffung eines **Erben** und zur **Daseinssicherung** im Alter.[1] § 1744 BGB aF legte deshalb das Mindestalter des Annehmenden auch auf 50 Jahre fest. Erst 1961 wurde es auf 35 Jahre gesenkt. Grundsätzlich erfolgte die Adoption mittels Vertrag (Vertragssystem), wobei die Annehmenden kinderlos sein mussten. Das Vormundschaftsgericht musste nur bei der Adoption Minderjähriger zustimmen. Die ursprünglichen Verwandtschaftsverhält-

---

[1] Vgl hierzu den Beitrag von Knobbe, Psychologische Aspekte der Adoption, FPR 2001, 309, 310.

nisse blieben bestehen, es wurden auch keine neuen begründet. Der Annehmende erwarb keine erbrechtlichen Ansprüche und das Erbrecht des Anzunehmenden konnte vertraglich ausgeschlossen werden.

1973 wurde das Mindestalter des Annehmenden auf 25 Jahre gesenkt (§ 1743 BGB). Ferner konnte die Einwilligung der leiblichen Eltern zur Adoption nunmehr unter bestimmten Voraussetzungen ersetzt werden (§ 1748 BGB). Mit der Reform des Adoptionsrechts 1976[2] erhielt das Verfahren seine bis heute geltenden Grundzüge.[3] Die Minderjährigenadoption wurde als **Volladoption** ausgestaltet. Das angenommene minderjährige Kind erlangt jetzt durch die Adoption die gleiche Stellung wie ein leibliches Kind einschließlich der gesamten Verwandtschaftsverhältnisse zur Familie der Aufnehmenden. Folgerichtig erlöschen die Verwandtschaftsverhältnisse zur Ursprungsfamilie.[4] Ein ausländisches minderjähriges Kind erhält aufgrund der Adoption durch deutsche Eltern auch die deutsche Staatsangehörigkeit. Das bis dahin bestehende Vertragssystem der Adoption wurde in das heute gültige **Dekretsystem** umgewandelt, dh, die Adoption wird ausschließlich durch gerichtlichen Beschluss ausgesprochen.[5]

2   1993 wurde das **Haager Übereinkommen über den Schutz von Kindern und die Zusammenarbeit auf dem Gebiet der internationalen Adoption** verabschiedet.[6] Es will das Kindeswohl sichern und die Grundrechte bei internationalen Adoptionen durch Beachtung fachlicher Standards wahren. Ferner erkennen alle Vertragsstaaten die Adoptionsentscheidungen gegenseitig an. Jeder Vertragsstaat soll jedoch zunächst dafür sorgen, dass ein Kind in seiner ursprünglichen Familie bleiben kann. Erst als letzter Schritt ist die internationale Adoption vorgesehen.[7]

Mit dem **Kindschaftsrechtsreformgesetz**[8] sind die Rechte **unehelicher Väter** gestärkt worden. Wurde ihnen zuvor nur ein Anhörungsrecht zugestanden,[9] müssen sie nunmehr in die Adoption ihres Kindes einwilligen. Die Reform war aufgrund einer Entscheidung des Bundesverfassungsgerichts zur Stellung des Vaters im Adoptionsverfahren erforderlich geworden.[10] Da mit der Reform die Unterschiede zwischen ehelich und unehelich geborenen Kindern aufgegeben worden sind, wurde konsequent die Möglichkeit der Adoption des eigenen nichtehelichen Kindes abgeschafft.[11] 2004 wurde

---

2   Gesetz über die Annahme als Kind und zur Änderung anderer Vorschriften vom 2.7.1976 (BGBl. I, 1749).
3   Enders, Stiefkindadoption, FPR 2004, 60.
4   Maurer, Gestärkte Rechte des Vaters bei der Adoption, FPR 2005, 196.
5   Eckebrecht, Rechtsprechungsübersicht zum Adoptionsrecht, FPR 2001, 357, 369.
6   In der Bundesrepublik wurde das Übereinkommen durch das Gesetz zur Regelung von Rechtsfolgen auf dem Gebiet der internationalen Adoption und zur Weiterentwicklung des Adoptionsvermittlungsrechts vom 5.11.2001 (BGBl. I, 2950) zum 1.1.2002 in deutsches Recht umgesetzt.
7   Ausführlich hierzu Lange, Die Adoption nach internationalem Recht, FPR 2001, 327 ff; Reinhardt, Gewollt oder nicht? Die private Adoption von Kindern aus dem Ausland, ZRP 2006, 244 ff; Weitzel, Das Haager Adoptionsübereinkommen vom 29.5.1993 – Zur Interaktion der zentralen Behörden, NJW 2008, 186 ff und Steiger, Im alten Rahmen zu neuen Ufern: Neuregelungen im Recht der internationalen Adoption mit Erläuterungen für die notarielle Praxis, DNotZ 2002, 184 ff.
8   Vom 16.12.1997 (BGBl. I, 2942).
9   Maurer FPR 2005, 196, 197.
10 BVerfG NJW 1995, 2155. Salgo bespricht diese Entscheidung und ihre Auswirkungen auf das Adoptionsverfahren in: Zur Stellung des Vaters bei der Adoption seines nichtehelichen Kindes durch die Mutter und deren Ehemann, NJW 1995, 2129. Peschel-Gutzeit setzt sich in: Welcher Nachteil ist bei der Stiefkindadoption unverhältnismäßig?, NJW 2005, 3324, kritisch mit der Reform und einer darauf beruhenden Entscheidung des BGH vom 23.3.2005 (NJW 2005, 1781) auseinander.
11 Eckebrecht FPR 2001, 357.

schließlich die Möglichkeit der Adoption durch **gleichgeschlechtliche Lebenspartner** eingeführt.[12]

Bei den Adoptionen ist in Deutschland seit Jahren eine rückläufige Entwicklung zu erkennen. Während es 1998 noch 7.119 Minderjährigenadoptionen gab, wurden 2007 nur 4.509 Minderjährige adoptiert.[13] Gut die Hälfte der Minderjährigen wurde von einem Stiefelternteil oder von Verwandten als Kind angenommen.[14] Knapp ein Drittel der adoptierten Kinder waren Nichtdeutsche. Insgesamt wurden 709 Kinder zur Adoption nach Deutschland geholt (16 %), die meisten davon aus Europa (310). Ende 2007 waren 886 Kinder und Jugendliche für eine Adoption vorgemerkt und 2.942 befanden sich in einer Adoptionspflege (Aufnahme des Kindes in die adoptionswillige Familie für eine Probezeit, § 1744 BGB). Den Adoptionsvermittlungsstellen lagen demgegenüber 8.914 Adoptionsbewerbungen vor. 7 Adoptionen wurden wieder aufgehoben und 133 Adoptionspflegen abgebrochen.[15] 3

2. Änderungen durch das FamFG

Das FamFG führt erstmals die Bezeichnung „Adoptionssachen" als Gesetzesbegriff ein. Unter Adoptionssachen werden die Verfahren auf Annahme als Kind sowie bestimmte weitere Einzelverfahren mit Bezug zur Adoption verstanden. Sie alle sollen wie bisher dem Verfahrensrecht der freiwilligen Gerichtsbarkeit unterfallen. Auch wenn die vorhandenen verfahrensrechtlichen Sonderbestimmungen im Rahmen des FamFG weitgehend bestehen bleiben,[16] sind die Adoptionssachen als Familiensachen den Familiengerichten übertragen worden. Aufgrund der sachlichen Nähe und den vielfältigen Bezügen zu den Familiensachen erscheint dies auch als sachgerecht. Mit der Einführung des großen Familiengerichts wurde das Vormundschaftsgericht als gesonderter Spruchkörper aufgelöst. Damit sind auch die gerichtsverfassungsrechtlichen Regelungen des Familiengerichts anzuwenden: zum Beispiel ist Rechtmittelgericht in Adoptionssachen nicht mehr das Landgericht, sondern das Oberlandesgericht. Soweit es erforderlich erscheint, kann in allen Adoptionssachen ein Verfahrensbeistand für einen minderjährigen Beteiligten bestellt werden. 4

II. Verfahrensarten

§ 186 definiert die einzelnen Verfahren, die unter den Begriff der Adoptionssachen fallen. Dies sind die Verfahren über Annahme als Kind (Nr. 1), die Ersetzung der Einwil- 5

---

12 Siehe hierzu insbesondere die Aufsätze von Pätzold, Die gemeinschaftliche Adoption Minderjähriger durch eingetragene Lebenspartner, FPR 2005, 269 ff und Dethloff, Adoption durch gleichgeschlechtliche Paare, ZRP 2004, 195 ff.
13 In diesem Zahlenmaterial sind die unbegleiteten privaten Adoptionen aus dem Ausland nicht enthalten, da hierüber in Deutschland keine Statistik geführt wird. Siehe dazu Reinhardt ZRP 2006, 244, 246 ff.
14 Zur Problematik der Stiefkindadoption siehe den Beitrag von Enders FPR 2004, 60 ff, der sich kritisch mit dem Thema auseinandersetzt.
15 Sämtliche Zahlen stammen vom Statistischen Bundesamt, Statistiken der Kinder- und Jugendhilfe, Wiesbaden 2008. Eine genauere Analyse der statistischen Daten bis zum Jahre 2000 liefert der Beitrag von Fendrich/Schilling, Einblicke in die qualitative Entwicklung der Adoption in Deutschland – Eine Analyse auf der Grundlage der amtlichen Kinder- und Jugendhilfestatistik, FPR 2001, 305 ff.
16 Obwohl es auch Stimmen gab, die eine weitergehende Reform forderten, wie zum Beispiel Reinhardt, der sich in seinem Beitrag: Gewollt oder nicht? Die private Adoption von Kindern aus dem Ausland, ZRP 2006, 244 ff dafür ausspricht, die sog. Selbstbeschaffungsadoption von Kindern aus dem Ausland im Zuge der Reform der Freiwilligen Gerichtsbarkeit durch innerstaatliche Nichtanerkennung zu beschränken.

ligung zur Annahme als Kind (Nr. 2), die Aufhebung des Annahmeverhältnisses (Nr. 3) und die Befreiung vom Eheverbot des § 1308 Abs. 1 BGB (Nr. 4).

1. Die Annahme als Kind

6 Die Annahme als Kind fällt unter den Begriff der Adoptionssachen (§ 186 Nr. 1). Hiervon sind sowohl die Annahme **Minderjähriger** als auch die **Volljähriger** erfasst. Einbezogen ist das gesamte Verfahren einschließlich seiner unselbständigen Teile, wie etwa dem Ausspruch zur Namensführung nach § 1757 BGB. Auch die gerichtliche Genehmigung zur Erteilung der Einwilligung des Kindes in die Adoption bei unterschiedlicher Staatsangehörigkeit der Beteiligten (§ 1746 Abs. 1 S. 4 BGB) gehört zum Verfahren auf Annahme als Kind.

a) Annahme Minderjähriger

7 Die Adoption eines Minderjährigen ist zulässig, wenn sie seinem **Wohl** dient und zu erwarten ist, dass zwischen dem Annehmenden und dem Kind ein **Eltern-Kind-Verhältnis** entsteht (§ 1741 Abs. 1 S. 1 BGB). Ein Eltern-Kind-Verhältnis ist ein Verhältnis, das unter objektiven und subjektiven Aspekten einem zwischen leiblichen Eltern und Kindern bestehenden Verhältnis entspricht.[17] Nach einhelliger Meinung darf die Adoption nur ausgesprochen werden, wenn sie die Lebensbedingungen des Kindes im Vergleich zu seiner gegenwärtigen Lage so ändert, dass eine merklich **bessere Entwicklung** seiner Persönlichkeit zu erwarten ist.[18] Um dies besser beurteilen zu können, wird in der Regel eine Annahme erst ausgesprochen, wenn der Annehmende das Kind eine angemessene Zeit in Pflege hatte (§ 1744 BGB).

8 Die Adoption durch Verwandte, wie zum Beispiel die eigenen Großeltern, ist zwar nicht ausgeschlossen, unterliegt aber strengen Anforderungen. Die **Verwandtenadoption** begründet nämlich notwendigerweise künstliche Verwandtschaftsverhältnisse. Dies birgt ein Konfliktpotential, das in der Regel mit dem Kindeswohl nur schwer zu vereinbaren ist. Deshalb ist eine positive Prognose zur Entstehung eines echten Eltern-Kind-Verhältnisses nur im Ausnahmefall möglich.[19]

9 Grundsätzlich kann ein **Ehepaar** ein Kind nur **gemeinschaftlich** annehmen (§ 1741 Abs. 2 S. 2 BGB). Allerdings kann ein Ehegatte[20] im Rahmen der sog. **Stiefkindadoption** das Kind seines Ehegatten annehmen (§ 1741 Abs. 2 S. 3 BGB). Die alleinige Annahme ist darüber hinaus möglich, wenn der andere Ehegatte nicht geschäftsfähig (§ 1741 Abs. 2 S. 4 Alt. 1 BGB) oder unter 21 Jahre alt ist (§ 1741 Abs. 2 S. 4 Alt. 2 BGB). Überdies kann ein Ehegatte das von seinem Ehegatten bereits vor der Eheschließung angenommene Kind ebenfalls adoptieren (§ 1742 BGB). Davon unabhängig können aber auch **Einzelpersonen** Kinder adoptieren (§ 1741 Abs. 2 S. 1 BGB).

Die Annahme darf nicht ausgesprochen werden, wenn ihr **überwiegende Interessen** der Kinder des Annehmenden oder des Anzunehmenden entgegenstehen, oder wenn zu be-

---

17 BGHZ 35, 75, 80.
18 BayObLG FamRZ 1997, 839; Eckebrecht FPR 2001, 357, 358; Enders FPR 2004, 60 mwN.
19 OLG Oldenburg NJW-RR 1996, 709.
20 Diese Möglichkeit besteht nach § 9 Abs. 7 LPartG auch für eingetragene Lebenspartner. Sie ist als Lebenspartnerschaftssache iSd § 269 Abs. 1 Nr. 4 zu behandeln, worauf aber die allgemeinen Verfahrensvorschriften anzuwenden sind (§ 270 Abs. 1 S. 2).

fürchten steht, dass die Interessen des Anzunehmenden durch Kinder des Annehmenden **gefährdet** werden (§ 1745 S. 1 Alt. 2 BGB). Grundsätzlich sind die Interessen aller Kinder gegeneinander abzuwägen. Da **vermögensrechtliche Aspekte**, die stets durch die Verkürzung der erbrechtlichen Ansprüche berührt sein dürften, nicht den Ausschlag geben sollen, müssen **besondere Umstände** hinzutreten, um die Annahme zu verweigern. Dies kann zum Beispiel die Gefährdung der Unterhaltsansprüche von Kindern des Annehmenden in der Form sein, dass diese auf staatliche Hilfe angewiesen wären.[21]

Neben den **Eltern** des Kindes (§ 1747 Abs. 1 S. 1 BGB) muss das **Kind** (§ 1746 Abs. 1 S. 1 BGB) bzw dessen gesetzlicher **Vertreter** (§ 1746 Abs. 1 S. 2 BGB) selbst in die Adoption **einwilligen**, wobei die Einwilligung der Eltern unter bestimmten Umständen durch das Familiengericht ersetzt werden kann (§ 1748 BGB). Gleiches gilt für die Einwilligung des Ehegatten des Annehmenden (§ 1749 Abs. 1 S. 1 BGB) und deren Ersetzung (§ 1749 Abs. 1 S. 2 BGB).

Die Annahme des Kindes wird auf **Antrag** des Annehmenden vom Familiengericht ausgesprochen (§ 1752 Abs. 1 BGB). Das angenommene Kind erlangt damit die rechtliche Stellung eines Kindes des Annehmenden (§ 1754 BGB). Seine Verwandtschaftsverhältnisse zu den bisherigen Verwandten erlöschen in der Regel (§ 1755 BGB). Das Kind erhält als Geburtsnamen den Familiennamen des Annehmenden (§ 1757 BGB).[22] Durch die Annahme des Kindes sind konsequenterweise sämtliche Rechte, auch die Umgangsrechte mit dem Kind, des abgebenden Elternteils erloschen.[23]

b) Annahme Volljähriger

Für die Adoption Volljähriger gelten die Vorschriften über die Annahme Minderjähriger sinngemäß (§ 1767 Abs. 2 S. 1 BGB). Die Adoption eines Volljährigen ist möglich, wenn diese **sittlich gerechtfertigt** ist (§ 1767 Abs. 1 BGB). Dies ist der Fall, wenn zwischen dem Annehmenden und dem Anzunehmenden bereits ein **Eltern-Kind-Verhältnis** entstanden ist. Das Eltern-Kind-Verhältnis wird bei der Erwachsenenadoption wesentlich durch die **auf Dauer angelegte Bereitschaft zu gegenseitigem Beistand** geprägt, wie ihn sich leibliche Eltern und Kinder typischerweise leisten.[24] Dieses kann zum Beispiel im Hinblick auf die Pflegebedürftigkeit des 81-jährigen Annehmenden vorliegen[25] oder durch eine langjährige gemeinsame Arbeit in der Landwirtschaft.[26] Ein nur **geringer Altersunterschied** zwischen Annehmenden und Anzunehmenden steht nicht generell der sittlichen Rechtfertigung einer Adoption entgegen, stellt aber ein gewichtiges Anzeichen gegen ein zu erwartendes Eltern-Kind-Verhältnis dar und bedarf deshalb eingehender Prüfung und Begründung.[27]

Ein Eltern-Kind-Verhältnis liegt unter anderem nicht vor, wenn es das Ziel der Adoption ist, einem im Ausland Lebenden ein Aufenthaltsrecht für eine qualifizierte Berufsausbildung zu verschaffen,[28] wenn die Adoption hauptsächlich der Fortführung eines

---

21 Vgl BayObLG FamRZ 2000, 767.
22 Dies gilt auch im Rahmen der Erwachsenenadoption, BayObLG StAZ 2003, 136.
23 Enders FPR 2004, 60, 62.
24 BayObLG FGPrax 2002, 223.
25 BayObLG FGPrax 2002, 223.
26 BayObLG NJW-RR 2002, 1658.
27 BayObLG FamRZ 1998, 505.
28 OLG Köln NJW-RR 2004, 155.

§ 7 Adoptionssachen

Adelstitels dienen soll,[29] wenn die Adoption als Schutz vor Abschiebung gedacht ist, wenn rein wirtschaftliche Gründe im Vordergrund stehen[30] oder rein freundschaftliche Beziehungen bestehen.[31]

Das Familiengericht spricht auf **Antrag** des Annehmenden und des Anzunehmenden die Annahme aus (§ 1768 BGB). Dies darf nicht geschehen, wenn die überwiegenden Interessen der Kinder des Annehmenden oder des Anzunehmenden entgegenstehen (§ 1769 BGB).

Auch im Rahmen der Erwachsenenadoption ist die Annahme durch einen Verheirateten alleine grundsätzlich ausgeschlossen (§ 1741 Abs. 2 S. 2 iVm § 1767 Abs. 2 BGB). Dies gilt sogar, wenn die Ehegatten seit längerem getrennt leben und der andere Ehegatte der Adoption zustimmt, ohne selbst die Annahme zu beantragen.[32]

11 Die **Wirkungen** der Annahme eines Volljährigen erstrecken sich nicht auf die Verwandten des Annehmenden (§ 1770 BGB). In Ausnahmefällen kann aber die Volljährigenadoption den gleichen Umfang haben wie die Minderjährigenadoption (§ 1772 BGB). Dies ist möglich, wenn ein minderjähriges Geschwister gleichzeitig angenommen wird (§ 1772 Abs. 1 S. 1 lit. a) BGB), der Anzunehmende bereits als Minderjähriger in die Familie des Annehmenden aufgenommen wurde (lit. b), der Annehmende ein Kind seines Ehegatten annimmt (lit. c) oder der Anzunehmende zum Zeitpunkt der Verfahrenseinleitung noch nicht volljährig war (lit. d). Gerade in letzteren Fällen hat das Gericht auf die geänderten Annahmevoraussetzungen und die Möglichkeit einer Annahme nach § 1772 Abs. 1 S. 1 lit. d) BGB **hinzuweisen**.[33]

Der Antrag muss zurückgewiesen werden, wenn **überwiegende Interessen** der Eltern des Anzunehmenden entgegenstehen (§ 1772 Abs. 1 S. 2 BGB). Das können unterhaltsrechtliche wie erbrechtliche Interessen der leiblichen Eltern sein, so zum Beispiel, wenn bereits zum Zeitpunkt der Adoption feststeht, dass die leibliche Mutter auf Unterhaltsansprüche gegen ihr Kind angewiesen sein wird.[34]

2. Ersetzung der Einwilligung zur Annahme als Kind

12 § 186 Nr. 2 betrifft die Verfahren über die Ersetzung der Einwilligung zur Annahme als Kind. Dies sind insbesondere die selbständigen Verfahren nach §§ 1748, 1749 Abs. 1 S. 2 BGB. Ein Ersetzungsbeschluss wird notwendig, wenn die zur Adoption erforderlichen Einwilligungen nicht erteilt wurden. Er wird grundsätzlich erst mit Rechtskraft wirksam (§ 198 Abs. 1). Bei **Gefahr im Verzug** kann das Gericht allerdings die sofortige Wirksamkeit des Beschlusses anordnen (§ 198 Abs. 1 S. 2), die mit der Bekanntgabe des Beschlusses an den Antragsteller eintritt (§ 198 Abs. 1 S. 3). Eine Abänderung oder Wiederaufnahme ist ausgeschlossen.

---

29 BayObLG FamRZ 1993, 236.
30 BayObLG FamRZ 1982, 644.
31 BayObLG FamRZ 1985, 832.
32 OLG Hamm NJW-RR 1999, 104.
33 Eckebrecht FPR 2001, 357, 363.
34 Palandt/Diederichsen § 1772 BGB Rn 2.

a) Ersetzung der Einwilligung eines Elternteils

Zur Adoption eines Kindes ist grundsätzlich die **Einwilligung** der leiblichen Eltern erforderlich (§ 1747 Abs. 1 S. 1 BGB). Wurde sie verweigert, kann nach § 1748 BGB die Einwilligung des betroffenen Elternteils ersetzt werden. Dies ist nicht notwendig, wenn der betroffene Elternteil zur Abgabe seiner Einwilligung dauernd **außerstande** oder sein Aufenthalt **unbekannt** ist (§ 1748 Abs. 4 BGB). 13

Wegen des einschneidenden Eingriffs in das **verfassungsrechtlich** geschützte Eltern-Kind-Verhältnis müssen die Voraussetzungen des § 1748 BGB besonders sorgfältig geprüft werden.[35] Hierbei hat das Familiengericht alle Aufklärungsmöglichkeiten auszuschöpfen und alle wesentlichen Umstände zu berücksichtigen.[36] So darf eine Ersetzung nur bei einem besonders schweren und vollständigen **Versagen** des Elternteils in seiner Verantwortung gegenüber dem Kind erfolgen.[37] In subjektiver Hinsicht ist ein Mindestmaß an **Einsichtsfähigkeit** des betroffenen Elternteils erforderlich, so dass es ihm möglich ist, das Unrecht seiner Handlungsweise zu erkennen.[38] Böswilligkeit oder eine verwerfliche Gesinnung müssen aber nicht vorliegen.[39]

Das Verfahren über die Ersetzung der Einwilligung wird nur auf **Antrag** des Kindes eingeleitet (§ 1748 Abs. 1 S. 1 BGB). Ab dem 14. Lebensjahr hat es diesen Antrag selbst zu stellen (vgl § 1746 Abs. 1 S. 3 BGB; § 60 S. 3 FamFG), ansonsten erfolgt dies durch seinen gesetzlichen Vertreter.[40] Liegen bei diesem erhebliche Interessenkonflikte vor, muss für das Kind ein **Ergänzungspfleger** zur Entscheidung über die Ersetzung der Zustimmung bestellt werden.[41] 14

Da das Gericht die Ersetzungsgründe von Amts wegen prüft, bedarf der Antrag keiner **Begründung**, obwohl eine solche stets sachdienlich sein dürfte. Erforderlich ist zudem die **Anhörung** aller Beteiligten (§ 192).

Das Gericht prüft die subjektiven und objektiven **Ersetzungsvoraussetzungen**. Als Ersetzungsgründe kommen eine anhaltende gröbliche Pflichtverletzung, Gleichgültigkeit, ein besonders schwerer Pflichtverstoß oder eine besonders schwere psychische Störung in Betracht. Für **nichteheliche Väter** gelten besondere Ersetzungsvoraussetzungen (§ 1748 BGB). Gegen den Beschluss über die Ersetzung, der **begründet** werden muss, stehen dem Kind und dem betroffenen Elternteil die **Beschwerde** zu (§ 59 Abs. 1).

aa) Anhaltende gröbliche Pflichtverletzung

Eine anhaltende, also eine über einen längeren Zeitraum erfolgende, gröbliche Pflichtverletzung liegt vor, wenn der sorgeberechtigte Elternteil sein Sorgerecht derart **missbraucht** oder das Kind **vernachlässigt**, dass sich Maßnahmen nach § 1666 BGB rechtfertigen.[42] Für die Bestimmung einer Pflichtverletzung ist dabei auf die konkreten el- 15

---

35 So bereits BVerfG NJW 1968, 2233.
36 Eckebrecht FPR 2001, 357, 362.
37 Palandt/Diederichsen § 1748 BGB Rn 1.
38 BayObLG NJW-FER 2000, 147, 148.
39 Eckebrecht FPR 2001, 357, 359.
40 Vgl Palandt/Diederichsen § 1748 BGB Rn 13.
41 OLG Nürnberg FamRZ 2001, 573.
42 Palandt/Diederichsen § 1748 BGB Rn 3. Die Voraussetzungen müssen sich aber nicht zwingend decken; so OLG Frankfurt/M. FamRZ 1983, 531, in einem Fall, in dem die Voraussetzungen nach § 1666 BGB, aber nicht nach § 1748 BGB vorgelegen haben (Drogenabhängigkeit).

terlichen Pflichten abzustellen. Nach dem Entzug der elterlichen Sorge können nur noch die verbliebenen Pflichten, wie zB Besuchspflichten, verletzt werden.[43] Die Verletzung der Unterhaltspflicht durch einen leistungsfähigen Elternteil stellt für sich genommen noch keine gröbliche Verletzung isd § 1748 BGB dar.[44] Hinzutreten müssen weitere Umstände, zum Beispiel, dass das Kind dadurch Not erlitten hat.[45] Deshalb sollte das Gericht genau erforschen, aus welchen Gründen Unterhaltszahlungen nicht geleistet wurden.[46]

Die Pflichtverletzung setzt keine individuelle Schuld voraus. Sie muss aber **vorwerfbar** sein, dh, es muss ein gewisses Maß an Einsicht bestehen, das Unrecht seines Handelns erkennen zu können.[47] Hinzukommen muss ein **unverhältnismäßiger Nachteil** für das Kind, soweit die Adoption unterbliebe. In Betracht kommen u.a. das Fehlen einer kontinuierlichen Unterbringungsmöglichkeit, überdurchschnittliche Entwicklungsstörungen durch eine außerfamiliäre Pflege oder eine dauerhafte rechtlich unsichere Beziehung zu den Pflegeeltern.[48] Abzuwägen ist also unter dem Grundsatz der Verhältnismäßigkeit das Wohl des Kindes gegenüber den Interessen des betroffenen Elternteils. Es ist dabei nicht darauf abzustellen, ob der Elternteil seine Pflichten gegenüber dem Kind weiter gröblich verletzen wird. Es kommt allein darauf an, ob dies in der Vergangenheit geschehen ist.[49] Für die Bewertung ist allerdings auf den Zeitpunkt der Entscheidung abzustellen.[50]

bb) Gleichgültigkeit

16 Gleichgültigkeit ist eine aus objektiv feststellbaren Tatsachen herzuleitende subjektive Einstellung. Gleichgültig ist ein Elternteil, wenn er gegenüber dem Kind und seiner Entwicklung **teilnahmlos** ist, ihn sein Kind und dessen Schicksal nicht interessiert, er es an persönlicher Zuwendung fehlen lässt oder ihm eine gefühlsmäßige Bindung zum Kind fehlt.[51] Im Rahmen der häufig vorkommenden **Stiefkindadoption** reicht es aber noch nicht aus, wenn der Stiefelternteil faktisch die größere Erziehungsverantwortung als der leibliche Elternteil wahrnimmt.[52] Auch im Rahmen dieser Prüfung muss ein **unverhältnismäßiger Nachteil** für das Kind hinzukommen, falls die Adoption unterbliebe.

Die Ersetzung der Einwilligung wegen Gleichgültigkeit darf nur erfolgen, wenn das Jugendamt den betroffenen Elternteil zuvor **beraten** und **belehrt** hat und seither mindestens 3 Monate vergangen sind (§§ 1748 Abs. 2 BGB, 51 Abs. 2 SGB VIII). Allerdings ist eine durchgeführte Beratung anders als die Belehrung hierüber keine zwingende Voraussetzung, die die Ersetzung der Einwilligung anfechtbar machte.[53] Nach § 51

---

43 OLG Frankfurt/M. FamRZ 1983, 531.
44 BayObLG FamRZ 1998, 55.
45 BayObLG FGPrax 1997, 148.
46 BayObLG NJW-RR 1997, 1364, das in seiner Entscheidung allerdings die Verletzung der Unterhaltspflichten unter dem Tatbestandsmerkmal der Gleichgültigkeit geprüft hat.
47 BayObLG NJWE-FER 2000, 147.
48 Eckebrecht FPR 2001, 357, 360.
49 OLG Braunschweig FamRZ 1997, 513.
50 OLG Köln FamRZ 1999, 889, 890.
51 OLG Hamm FamRZ 1991, 1103; BayObLG NJW-RR 2004, 578.
52 Enders FPR 2004, 60, 63.
53 OLG Hamm FamRZ 1991, 1103, 1105; BayObLG FamRZ 1997, 514, 516.

Abs. 2 SGB VIII steht nämlich dem Jugendamt bezüglich der Durchführung der Beratung ein **Ermessensspielraum** zu. Es darf zum Beispiel von einer Beratung absehen, wenn das Kind sich bereits seit längerem in der Familienpflege des Annehmenden befindet und das Kindeswohl durch eine Situationsänderung gefährdet würde.[54]

cc) Besonders schwerer Pflichtverstoß

Für die Ersetzung der Einwilligung reicht ein **einmaliger** besonders schwerer Pflichtverstoß aus, sofern das Kind voraussichtlich nicht mehr der Obhut des Elternteils anvertraut werden kann.[55] Auf das Vorliegen eines unverhältnismäßigen Nachteils kommt es hierbei nicht an. Daher schließt auch die Unterbringungsmöglichkeit bei Verwandten die Ersetzung der Einwilligung bei einem einmaligen besonders schweren Pflichtverstoß nicht aus.[56] Eine besonders schwere Pflichtverletzung liegt bei einer erheblichen **Straftat** gegenüber dem Kind stets vor, wie zum Beispiel der Entführung in das Ausland. Aber auch bei einer sonstigen Straftat kann sie gegeben sein, wenn die Tat konkrete und schwerwiegende Auswirkungen auf das Kind hat.[57] Dies kann zum Beispiel vorliegen, wenn der sich mittlerweile in Strafhaft befindliche Vater die Mutter des Kindes getötet hat.[58]

17

dd) Besonders schwere psychische Störung

Die Einwilligung des Elternteils darf auch bei einer besonders schweren psychischen Störung ersetzt werden (§ 1748 Abs. 3 BGB). Dies ist die **dauernde Unfähigkeit** des Elternteils zur Pflege und Erziehung des Kindes wegen einer besonders schweren psychischen Krankheit bzw wegen einer geistigen oder seelischen Behinderung. Schwere Depressionen und geistige Erkrankungen, auch wenn sie nur schubweise auftreten, reichen bereits aus.[59] Ein unverhältnismäßiger Nachteil für das Kind durch die Erkrankung des Elternteils alleine genügt noch nicht.[60] Hinzukommen muss als Folge dieser Störung die Notwendigkeit einer **Heimunterbringung**, nicht bloß der Unterbringung in einer Pflegefamilie, und einer daraus resultierenden **schweren Gefährdung** der Entwicklung des Kindes.[61] Die Ersetzung der Einwilligung darf mithin nicht erfolgen, wenn das Kind auch ohne Adoption in einer Pflegefamilie aufwachsen kann.[62]

18

ee) Nichteheliche Väter

Das Gericht kann die Einwilligung des nichtehelichen Vaters ersetzen, der weder sorgeberechtigt war noch ist, wenn das Unterbleiben der Annahme dem Kind zu einem **unverhältnismäßigen Nachteil** gereichen würde (§ 1748 Abs. 4 BGB). Ein unverhältnismäßiger Nachteil iSd § 1748 Abs. 4 BGB ist bereits dann anzunehmen, wenn das Unterbleiben der Adoption für das Kind nachteilig ist und die Abwägung der **Interes-**

19

---

54 BayObLG FamRZ 1997, 514, 516.
55 Das BVerfG hat diese Voraussetzung als im Rahmen von Art. 6 Abs. 2 GG zulässige Ausübung des staatlichen Wächteramtes angesehen, FPR 2002, 264.
56 OLG Zweibrücken FGPrax 2001, 113, 114.
57 OLG Zweibrücken FGPrax 2001, 113, 114.
58 OLG Zweibrücken FGPrax 2001, 113, 114.
59 Palandt/Diederichsen § 1748 BGB Rn 9; siehe hierzu auch Schleswig-Holsteinisches OLG StAZ 2003, 140.
60 BGH FamRZ 1997, 85; OLG Frankfurt/M. FGPrax 1996, 109.
61 BGH FamRZ 1997, 85.
62 BayObLG FamRZ 1999, 1688.

sen von Kind und Vater zu dem Ergebnis führt, dass das Interesse des Kindes an der Adoption überwiegt.[63] Das Gericht muss dabei prüfen, welche Gründe beim Vater die Aufrechterhaltung eines gelebten Eltern-Kind-Verhältnisses verhindert haben.[64] Ein Fehlverhalten des Vaters oder auch nur ein (unverschuldeter) Eignungsmangel muss nicht vorliegen, da Väter von außerhalb der Ehe geborenen Kindern keine Primärverantwortung tragen und damit auch keine Pflichten gröblich verletzen können.[65]

b) Ersetzung der Einwilligung des Ehegatten

20 Zur Annahme eines Kindes durch einen Ehegatten allein ist die Einwilligung des anderen Ehegatten erforderlich (§ 1749 Abs. 1 S. 1 BGB). Diese kann auf Antrag des Annehmenden ersetzt werden (§ 1749 Abs. 1 S. 2 BGB). Das ist nicht möglich, wenn **berechtigte Interessen** des anderen Ehegatten und der Familie der Annahme entgegenstehen (§ 1749 Abs. 1 S. 3 BGB). Eine Ersetzung hat zu erfolgen, wenn die Einwilligung aus **unsachlichen Gründen** verweigert wurde, zum Beispiel wenn das Kind bereits beim Annehmenden lebt und die Annahme dem Wohl des Kindes dient.[66]

3. Aufhebung des Annahmeverhältnisses

21 § 186 Nr. 3 umfasst die Verfahren über die Aufhebung des Annahmeverhältnisses.[67] Hierzu gehören auch die unselbständigen Teile eines Aufhebungsverfahrens, wie etwa die Entscheidung zur Namensführung. Die Aufhebung kommt nur bei beiderseitigen schwersten Grundlagenstörungen innerhalb des Annahmeverhältnisses und nur dann in Betracht, wenn dies zum **Wohl des Kindes** als letzter Ausweg zwingend erforderlich ist.[68]

a) Aufhebung der Annahme Minderjähriger

22 Die Annahme eines Minderjährigen kann wegen der Verletzung von Mitwirkungsrechten (§ 1760 BGB) und wegen eines besonders schwerwiegenden Grundes (§ 1763 BGB) wieder aufgehoben werden.

aa) Aufhebung wegen fehlender Erklärungen

23 Ein überragendes Interesse an der Aufhebung der Adoption kann bestehen, wenn die **Mitwirkungsrechte** der Beteiligten (§§ 1752, 1746, 1747, 1749 BGB; §§ 188, 192 FamFG), im Verfahren **verletzt** wurden. Auf der anderen Seite ist durch die Adoption in der Regel ein neues Eltern-Kind-Verhältnis entstanden, das einen gewissen **Vertrauensschutz** genießt. Soweit lediglich Verfahrensfehler vorliegen, erscheint es daher gerechtfertigt, die Adoption nur unter den engen Voraussetzungen des § 1760 BGB wieder aufzuheben.[69]

---

63 OLG Karlsruhe FamRZ 2001, 573, 574.
64 Maurer FPR 2005, 196, 199; BayObLG FPR 2004, 473.
65 OLG Karlsruhe FamRZ 2001, 573.
66 Palandt/Diederichsen § 1749 BGB Rn 2.
67 Diese Verfahren sind äußerst selten. 2007 wurden zum Beispiel nur 0,16 % aller Minderjährigenadoptionen wieder aufgehoben (7 von 4509). Kunze, „Scheitern" von Adoptionsverhältnissen, FPR 2001, 339 ff, berichtet von den Gründen, die zu einer solchen Aufhebung führen können.
68 Eckebrecht FPR 2001, 357, 367.
69 Palandt/Diederichsen § 1760 BGB Rn 1.

Das Annahmeverhältnis kann auf **Antrag** wieder aufgehoben werden, wenn es ohne Antrag des Annehmenden, ohne Einwilligung des Kindes oder ohne erforderliche Einwilligung eines Elternteils begründet worden ist (§ 1760 Abs. 1 BGB). Das Fehlen anderer gesetzlicher Erfordernisse ist kein Aufhebungsgrund, so wie die fehlende Einwilligung des Ehegatten (§ 1749 BGB) oder die fehlende Zustimmung des gesetzlichen Vertreters zur Einwilligung des Kindes (§ 1746 Abs. 1 S. 3 BGB).[70]

§ 1760 Abs. 2 BGB macht noch weitere Einschränkungen. So ist die **Einwilligung** grundsätzlich nur **unwirksam**, wenn diese im Zustand der Bewusstlosigkeit oder einer vorübergehenden Störung der Geistestätigkeit abgegeben wurde oder der Antragsteller geschäftsunfähig war oder das geschäftsunfähige Kind die Einwilligung selbst erteilt hat (lit. a). Zu berücksichtigen sind auch ein beachtlicher Irrtum (lit. b), eine arglistige Täuschung (lit. c) und eine widerrechtliche Drohung (lit. d), genauso wie die Nichteinhaltung der Acht-Wochen-Frist ab der Geburt des Kindes nach § 1747 Abs. 2 S. 1 BGB (lit. e).

Die Aufhebung ist ausgeschlossen, wenn der Erklärende nach Wegfall des beeinträchtigenden Ereignisses den Antrag oder die Einwilligung nachholt oder sonst zu erkennen gegeben hat, dass das Annahmeverhältnis **aufrecht erhalten** bleiben soll (§ 1760 Abs. 3 und 5 BGB). Ferner kann die Annahme nicht aufgehoben werden, wenn die Voraussetzungen für eine **Ersetzung** der Einwilligung bei Ausspruch der Annahme vorgelegen haben oder wenn sie zum Zeitpunkt der Entscheidung über den Aufhebungsantrag vorliegen (§ 1761 Abs. 1 BGB). Letztlich darf nicht aufgehoben werden, wenn dadurch das **Wohl des Kindes** erheblich gefährdet würde, es sei denn, dass überwiegende Interessen des Annehmenden die Aufhebung erfordern (§ 1761 Abs. 2 BGB).

bb) Aufhebung aus schwerwiegenden Gründen

Die Aufhebung des Adoptionsverhältnisses kann zum Schutz des Minderjährigen auch **von Amts wegen** erfolgen (§ 1763 BGB). Da der Staat nur sehr eingeschränkt berechtigt sein soll, in ein Adoptionsverhältnis einzugreifen, an dem die Beteiligten festhalten wollen,[71] muss § 1763 BGB als Ausnahmevorschrift eng ausgelegt werden.[72] Beachtlich ist hierbei nur der Schutz des **Kindeswohls**, so dass alle Gründe ausscheiden, die der Annehmende für eine Aufhebung des Verhältnisses vorbringen könnte.

Soweit ein **Ehepaar** das Kind angenommen hat, kann die Aufhebung auch auf das Annahmeverhältnis zu einem Ehegatten beschränkt werden (§ 1763 Abs. 2 BGB). Dies ist nach § 1763 Abs. 3 BGB aber nur möglich, wenn der andere Ehegatte oder ein leiblicher Elternteil bereit ist, die Pflege und Erziehung des Kindes zu übernehmen und wenn die Ausübung der elterlichen Sorge durch ihn dem Wohl des Kindes nicht widersprechen würde oder wenn die Aufhebung eine erneute Annahme des Kindes ermöglichen soll. Dazu genügt es nicht, dass nach der Aufhebung eine neue Adoption rechtlich zulässig

24

---

70 KKW/Engelhardt § 56 f FGG Rn 3.
71 Palandt/Diederichsen § 1763 BGB Rn 1; zu den Voraussetzungen und dem Verfahren der Aufhebung eines Adoptionsbeschlusses nach § 1763 BGB siehe OLG Oldenburg FamRZ 2004, 399.
72 OLG Karlsruhe FGPrax 1998, 1196, 1197.

wäre; es muss vielmehr die begründete Aussicht für die Vermittlung des Kindes in eine geeignete Familie bestehen.[73]

Als **schwerwiegender Grund** iSd § 1763 BGB sind die Tötung des anderen Adoptivelternteils, sexueller Missbrauch des Adoptivkindes oder ein sonstiger verbrecherischer oder unsittlicher Lebenswandel des Annehmenden anerkannt.[74] Nicht ausreichend sind die Zerrüttung und Scheidung der Ehe des Annehmenden mit dem leiblichen Elternteil, mangelnder Kontakt zwischen dem Annehmenden und dem Angenommenen oder dass eine andere rechtliche Gestaltung für das Kind günstiger erscheint, indem es zum Beispiel durch die Aufhebung der Adoption wieder Unterhaltsansprüche erlangt.[75]

Eine Aufhebung nach § 1763 BGB ist nur während der **Minderjährigkeit** des Angenommenen möglich. Das zu einem Minderjährigen begründete Annahmeverhältnis kann daher, wenn er inzwischen volljährig geworden ist, nur nach § 1760 BGB aufgehoben werden.

Eine Aufhebung nach § 1771 BGB kommt nur bei der Adoption eines **Volljährigen** in Betracht. Eine analoge Anwendung auf die Minderjährigenadoption, wenn der Annehmende volljährig geworden ist, scheidet aus.[76]

b) Aufhebung der Annahme eines Volljährigen

25 Die Adoption eines Volljährigen kann nur auf **Antrag** und bei Vorliegen eines **wichtigen Grundes** aufgehoben werden (§ 1771 S. 1 BGB). Ein solcher ist gegeben, wenn ein Verbrechen gegen einen Adoptivverwandten oder ein sonstiger schwerer Verstoß gegen die Familienbande begangen wurde.[77] Ein Missbrauch des Adoptionsverhältnisses reicht hierzu noch nicht aus.[78]

Darüber hinaus kommt in sinngemäßer Anwendung des § 1760 Abs. 1 bis 5 BGB eine Aufhebung nur in Betracht, wenn die zur Adoption erforderlichen **Einwilligungen** nicht vorliegen (§ 1772 Abs. 2 BGB). Das ist der Fall, wenn zumindest einer der Anträge iSd § 1768 Abs. 1 BGB fehlt oder unwirksam war. Eine Aufhebung von Amts wegen ist nicht möglich.

c) Aufhebung wegen Verletzung des rechtlichen Gehörs

26 Eine Aufhebung der Adoption kommt ferner wegen der generellen Verletzung des rechtlichen Gehörs in Betracht. Dies gilt sowohl für die Minderjährigen- als auch für die Volljährigenadoption. Das Bundesverfassungsgericht hat sich in zwei Grundsatzentscheidungen mit dieser Problematik befasst.[79] Dabei hat es ausdrücklich festgestellt, dass nur die **Rechtskraft** des Adoptionsbeschlusses aufgehoben wird, wenn eine Adoption unter Verletzung des Anspruchs auf rechtliches Gehör vollzogen wurde.[80] Das Fachgericht hat das rechtliche Gehör nachzuholen und sodann selbst zu entscheiden,

---

73 Palandt/Diederichsen § 1763 BGB Rn 7.
74 Palandt/Diederichsen § 1763 BGB Rn 5.
75 Palandt/Diederichsen § 1763 BGB Rn 5.
76 OLG Zweibrücken FamRZ 1997, 577; BayObLG FamRZ 1991, 227.
77 Palandt/Diederichsen § 1771 BGB Rn 2.
78 OLG Schleswig FamRZ 1995, 1016.
79 Siehe die Entscheidungen des BVerfG v. 14.4.1988 für die Minderjährigenadoption FamRZ 88, 1247 und v. 8.2.1994 für die Volljährigenadoption NJW 1994, 1053.
80 BVerfG NJW 1994, 1053.

ob der Adoptionsbeschluss rückwirkend aufzuheben oder aufrechtzuerhalten ist.[81] Eine rückwirkende Aufhebung ist hierbei geboten, anderenfalls wären die erbrechtlichen Interessen der Abkömmlinge des Annehmenden nicht hinreichend geschützt. Demgegenüber haben die Beteiligten der Adoption regelmäßig kein überwiegendes Interesse daran, dass ein rechtswidriger Adoptionsbeschluss für die Vergangenheit aufrecht erhalten bleibt.[82]

Diese Regelung trägt allen Interessen Rechnung. Dem Betroffenen wird nicht zugemutet, mehrfach seinen Status zu wechseln, soweit die ursprüngliche Adoptionsentscheidung aufgehoben wird. Der im Ausgangsverfahren Übergangene wird in seinen **erbrechtlichen Ansprüchen** nicht gefährdet, da das Gericht die unrechtmäßige Adoption ex tunc aufzuheben hat, was besondere Relevanz erlangt, wenn der Annehmende im Laufe des Verfahrens verstirbt.[83]

d) Eheverbot und Rückübertragung der elterlichen Sorge

Ohne besonderes Verfahren wird iSd § 1766 BGB das Adoptionsverhältnis aufgehoben, wenn ein Annehmender mit dem Angenommenen oder einem seiner Abkömmlinge den eherechtlichen Vorschriften zuwider die **Ehe** schließt. Nicht umfasst von § 186 Nr. 3 ist ebenso das selbständige Verfahren auf Rückübertragung der **elterlichen Sorge** (§ 1751 Abs. 3 BGB) bzw Bestellung eines **Vormunds** oder Pflegers (§ 1764 Abs. 4 BGB). Es handelt sich hierbei um **Kindschaftssachen**.

27

e) Wirkung der Aufhebung

Mit der Aufhebung der Annahme **erlöschen** die neu begründeten Verwandtschaftsverhältnisse des Kindes und seiner Abkömmlinge und die daraus resultierenden Rechte und Pflichten (§ 1764 Abs. 2 BGB). Gleichzeitig leben die ursprünglichen Verwandtschaftsverhältnisse wieder auf. Dies gilt jedoch nicht für die **elterliche Sorge** (§ 1764 Abs. 3 BGB), die nicht automatisch wieder auf die leiblichen Eltern übergeht. Das Familiengericht überträgt sie in einem gesonderten Verfahren nur dann auf die leiblichen Eltern zurück, wenn und soweit dies dem Wohl des Kindes nicht widerspricht; anderenfalls bestellt es einen **Vormund** oder **Pfleger** (§ 1764 Abs. 4 BGB).

28

Wenn die Adoption durch ein **Ehepaar** ausgeführt wurde und nur gegenüber einem Ehegatten wieder aufgehoben wird, erlischt das Verwandtschaftsverhältnis des Kindes nur zu dem betroffenen Ehegatten und seinen Verwandten; die verwandtschaftlichen Beziehungen zu dem anderen Ehegatten bleiben weiter bestehen (§ 1764 Abs. 5 BGB). Die alten Verwandtschaftsverhältnisse zur ursprünglichen Familie leben nicht wieder auf.

Die Aufhebung wirkt grundsätzlich nur für die **Zukunft** (§ 1764 Abs. 1 S. 1 BGB). Nur, sofern die Aufhebung durch das Gericht erst nach dem Tod des Antragstellers erfolgt, wirkt sie auf den Zeitpunkt der Antragstellung zurück (§ 1764 Abs. 1 S. 2 BGB), um eventuell bestehende erbrechtliche Ansprüche auszuschließen.[84]

---

81 BVerfG NJW 1994, 1053.
82 BVerfG NJW 1994, 1053, 1055.
83 Luther, Rechtsfolgen der Verletzung rechtlichen Gehörs bei Volljährigenadoption, NJW 1995, 306.
84 Palandt/Diederichsen § 1764 BGB Rn 1.

4. Die Befreiung vom Eheverbot des § 1308 Abs. 1 BGB

29 Eine Ehe zwischen Verwandten in gerader Linie sowie zwischen vollblütigen und halbblütigen Geschwistern darf nicht geschlossen werden (§ 1307 BGB). Dies gilt grundsätzlich auch für ein durch Adoption entstandenes Verwandtschaftsverhältnis (§ 1308 Abs. 1 BGB). Von diesem Verbot einer Eheschließung kann aber eine **Befreiung** erteilt werden (§ 1308 Abs. 2 BGB). § 186 Nr. 4 bestimmt aufgrund der sachlichen Nähe zum Adoptionsverfahren folgerichtig, dass auch ein solches Verfahren als Adoptionssache anzusehen ist. Allerdings ist eine Befreiung zwischen Adoptionsverwandten in gerader Linie nicht möglich (§ 1308 Abs. 2 BGB). Zulässig ist sie lediglich zwischen **Adoptionsgeschwistern**. Die Befreiung soll aber versagt werden, wenn **wichtige Gründe** entgegen stehen (§ 1308 Abs. 2 S. 2 BGB). Soweit eine Ehe entgegen der Vorschrift des § 1308 BGB geschlossen wurde, wird nach § 1766 BGB das durch die Adoption zwischen den Ehepartnern bestehende Rechtsverhältnis aufgehoben.[85] Die Ehe selbst bleibt gültig.[86] Eines besonderen Ausspruchs hierüber bedarf es nicht.

Der Beschluss, durch den die Befreiung vom Eheverbot nach § 1308 Abs. 1 BGB erteilt wird, ist nicht anfechtbar (§ 198 Abs. 3). Eine Abänderung oder Wiederaufnahme ist ausgeschlossen, wenn die Ehe geschlossen worden ist.

III. Verfahrenseinleitung
1. Sachliche Zuständigkeit

30 Für Adoptionssachen iSd § 186 ist das am Amtsgericht angesiedelte Familiengericht zuständig (§ 1752 Abs. 1 BGB, § 111 Nr. 4 FamFG). Diese sind nach § 3 Nr. 2 a) RPflG grundsätzlich dem **Rechtspfleger** übertragen. Nach § 14 Abs. 1 Nr. 13 RPflG bleiben dem Richter hiervon vorbehalten:

- die Ersetzung der Einwilligung oder der Zustimmung zu einer Annahme als Kind nach § 1746 Abs. 3 sowie nach den §§ 1748 und 1749 Abs. 1 BGB,
- die Entscheidung über die Annahme als Kind einschließlich der Entscheidung über den Namen des Kindes nach den §§ 1752, 1768 und 1757 Abs. 4 des BGB,
- die Genehmigung der Einwilligung des Kindes zur Annahme nach § 1746 Abs. 1 S. 4 BGB,
- die Aufhebung des Annahmeverhältnisses nach den §§ 1760, 1763 und 1771 BGB sowie
- die Entscheidungen nach § 1751 Abs. 3, § 1764 Abs. 4, § 1765 Abs. 2 BGB und nach dem Adoptionswirkungsgesetz, soweit sie eine richterliche Entscheidung enthalten.

Nach § 14 Abs. 1 Nr. 14 RPflG bleibt ebenfalls dem Richter vorbehalten:

- die Befreiung vom Eheverbot der durch die Annahme als Kind begründeten Verwandtschaft in der Seitenlinie nach § 1308 Abs. 2 BGB.

---

85 Nähere Ausführungen hierzu bei Palandt/Diederichsen § 1766 BGB Rn 1.
86 Palandt/Diederichsen § 1308 BGB Rn 4.

2. Örtliche Zuständigkeit

Für Verfahren nach § 186 Nr. 1 bis 3 besteht eine ausschließliche Zuständigkeit des Gerichts, in dessen Bezirk der Annehmende oder einer der Annehmenden seinen gewöhnlichen Aufenthalt hat (§ 187 Abs. 1). Der gewöhnliche Aufenthalt ist durch eine auf längere Dauer angelegte soziale Eingliederung abhängig und allein von der tatsächlichen – ggf vom Willen unabhängigen – Situation gekennzeichnet, die den Aufenthaltsort als Mittelpunkt der Lebensführung ausweist.[87] Der gewöhnliche Aufenthalt bestimmt sich in der Regel durch den Wohnsitz; ist dieser nicht feststellbar, durch den tatsächlichen Mittelpunkt der Lebensführung.[88] Soweit mehrere Zuständigkeiten in Betracht kommen, zum Beispiel aufgrund eines Doppelwohnsitzes, gilt zur Zuständigkeitsbestimmung § 2 Abs. 1: Das erste mit der Sache befasste Gericht bleibt zuständig. Gleiches gilt, soweit die annehmenden Ehegatten verschiedene Wohnsitze haben.[89] Der für die Feststellung der örtlichen Zuständigkeit maßgebliche **Zeitpunkt** bestimmt sich danach, wann das Gericht mit der Sache befasst wurde: Im Antragsverfahren mit dem Eingang eines Antrages mit dem Ziel der Erledigung durch das Gericht, im Amtsverfahren mit amtlicher Kenntniserlangung von Tatsachen, die Anlass für gerichtliche Maßnahmen geben können.[90] Nach § 4 kann das Gericht die Sache aus **wichtigem Grund** an ein anderes Gericht **abgeben**, wenn sich dieses zur Übernahme der Sache bereit erklärt hat. In Adoptionssachen kann ein solcher wichtiger Grund vorliegen, wenn der Annehmende und das Kind ihren Wohnsitz in den Bezirk eines anderen Gerichts verlegt haben.[91] Soweit die Zuständigkeit eines **deutschen Gerichts** nicht gegeben sein sollte (§ 187 Abs. 1), ist der gewöhnliche Aufenthalt des Kindes maßgebend (§ 187 Abs. 2). Die Zuständigkeit des Gerichts in Verfahren zur Befreiung vom **Eheverbot** nach § 1308 Abs. 2 BGB richtet sich nach dem gewöhnlichen Aufenthalt eines der Verlobten (§ 187 Abs. 3). 31

Wenn sich nach diesen Vorschriften keine Zuständigkeit ergibt, gilt die **Auffangzuständigkeit** des Amtsgerichts Schöneberg (§ 187 Abs. 4). Dieses kann aber die Sache aus wichtigem Grund an ein anderes Gericht **verweisen** (§ 187 Abs. 4 S. 2). Der Verweisungsbeschluss ist für das andere Gericht bindend (§ 3 Abs. 3 S. 2). 32

Die in § 5 Abs. 1 des **Adoptionswirkungsgesetzes** vorgesehene Konzentration der örtlichen Zuständigkeit auf das Familiengericht, in dessen Bezirk das OLG seinen Sitz hat, greift nur dann ein, wenn die Annahmeentscheidung nach Art. 22 EGBGB auf Anwendung ausländischen Rechts beruht.[92]

Die **internationale Zuständigkeit** ist in § 101 geregelt. Danach besteht die Zuständigkeit deutscher Gerichte, wenn der Annehmende, einer annehmenden Ehegatten oder das Kind Deutscher ist oder seinen gewöhnlichen Aufenthaltsort im Inland hat. Allerdings sind diese Zuständigkeiten nicht ausschließlich (§ 106). So kann die Adoption auch im Ausland erfolgen, wenn dort ebenfalls ein Gerichtsstand begründet worden ist. Soweit

---

87 Vgl Gesetzesbegründung, BT-Drucks. 16/6308, 226.
88 KKW/Engelhardt § 35 b FGG Rn 7.
89 KKW/Engelhardt § 43 b FGG Rn 8.
90 Vgl Gesetzesbegründung, BT-Drucks. 16/6308, 234.
91 Vgl Gesetzesbegründung, BT-Drucks. 16/6308, 176.
92 So u.a. OLG Hamm FGPrax 2003, 75. Nach § 5 Abs. 2 AdWirkG werden die Landesregierungen ermächtigt, ein anderes Gericht zu bestimmen.

die Adoption in Deutschland durchgeführt wird, hat das international zuständige deutsche Gericht insgesamt, also auch bei der Beteiligung eines Ausländers, deutsches Verfahrensrecht anzuwenden.[93]

3. Antrag
a) Annahmeverfahren

33 Das Gericht prüft zunächst, ob ein wirksamer **Antrag** vorliegt, da es ansonsten die Adoption nicht aussprechen darf. Dieser kann bis zum Wirksamwerden der Entscheidung über die Adoption formlos zurückgenommen werden.[94] Bei der Minderjährigenadoption muss der Annehmende den Antrag gestellt haben (§ 1752 Abs. 1 BGB), bei der Volljährigenadoption müssen dies sowohl der Annehmende als auch der Anzunehmende tun (§ 1768 Abs. 1 BGB). Soweit im Laufe des Verfahrens der Minderjährige volljährig wird, müssen beide Anträge vorliegen und nicht nur die Zustimmung des ehemals Minderjährigen zur Adoption.[95] Der Antrag darf weder unter einer Bedingung noch einer Zeitbestimmung oder durch einen Vertreter gestellt werden (§ 1752 Abs. 2 S. 1, § 1767 Abs. 2 BGB). Er muss notariell beurkundet werden (§ 1752 Abs. 2 S. 2, § 1767 Abs. 2 BGB). In der Praxis reicht regelmäßig der beurkundende Notar den Antrag bei Gericht ein, was iSd § 1753 Abs. 2 BGB zulässig ist.[96]

34 Zur Vereinfachung und Beschleunigung des Verfahrens sollten dem Antrag bereits folgende Unterlagen beigefügt werden:[97]

- Personalien von ehelichen Kindern, nichtehelichen Kindern, Eltern und Geschwistern und deren Bestätigung, dass sie von der Adoption wissen,
- die erforderlichen Einwilligungserklärungen (Kind, Kindeseltern, Ehegatten des Annehmenden bzw des Kindes),
- die Sterbeurkunde, soweit der Einwilligungspflichtige bereits verstorben ist,
- im Falle der Verweigerung der Einwilligung der bereits ergangene – rechtskräftige – Ersetzungsbeschluss (soweit dieser noch nicht vorliegt, sollte er wegen der zu erwartenden Verfahrensdauer frühzeitig erwirkt werden),
- Heiratsurkunden des Annehmenden sowie ggf der Kindeseltern und des Anzunehmenden,
- ggf Scheidungsurteil mit Sorgerechtsentscheidung,
- polizeiliches Führungszeugnis des Annehmenden, ggf auch des Anzunehmenden bzw ein Auszug aus dem Erziehungsregister,
- Staatsangehörigkeitsnachweis der Beteiligten (wird in der Regel vom Einwohnermeldeamt ausgestellt),
- ggf Aufenthaltsbescheinigung des Anzunehmenden,

---

93 KKW/Engelhardt § 43 b FGG Rn 4.
94 KKW/Engelhardt § 56 e FGG Rn 3.
95 KG FGPrax 2004, 113; AG Mainz FamRZ 2001, 1641.
96 Dodegge, Das formelle und das materielle deutsche Adoptionsrecht, FPR 2001, 321, 322.
97 Aus Dodegge FPR 2001, 321, 322 und aus dem Vordruck zur Anforderung von Urkunden im Adoptionsverfahren des Amtsgerichts Hannover.

III. Verfahrenseinleitung

- ärztliche Zeugnisse vom Annehmenden und Anzunehmenden (diese sollen belegen, dass der aktuelle Gesundheitszustand eine langfristige Eltern-Kind-Beziehung ermöglicht und aus gesundheitlichen Aspekten keine Kindeswohlgefährdung besteht),
- ggf fachliche Stellungnahme der Adoptionsvermittlungsstelle (§ 189),
- ggf fachliche Äußerung des Landesjugendamtes (§ 195),
- ggf psychologisches Gutachten, zB wenn das Kind noch nicht seit längerer Zeit in der Familie des Annehmenden lebt,
- beglaubigte Abschrift des Familienbuchs vom Standesbeamten des Wohnortes oder Abstammungsurkunde,
- Lebenslauf beider,
- Verdienstbescheinigung des Annehmenden.

b) Aufhebungsverfahren

Für ein Verfahren zur Aufhebung nach §§ 1760, 1771 BGB ist derjenige **antragsberechtigt**, ohne dessen Antrag oder Einwilligung die Adoption vorgenommen wurde (§ 1762 Abs. 1 S. 1 BGB).

Im Rahmen der **Minderjährigenadoption** können dies der Annehmende (§ 1752 Abs. 1 BGB), das Kind (§ 1746 Abs. 1 S. 1 BGB) und die Eltern des Kindes (§ 1747 Abs. 1 BGB) sein. Der Antrag kann grundsätzlich nicht durch einen Vertreter gestellt werden (§ 1762 Abs. 1 S. 3 BGB). Dies gilt jedoch nicht für das geschäftsunfähige bzw jünger als 14 Jahre alte Kind sowie für geschäftsunfähige Annehmende. Für diese ist eine Vertreterbestellung ausdrücklich vorgesehen (§ 1762 Abs. 1 S. 2 BGB).

Bei einer **Erwachsenenadoption** sind Annehmender und Angenommener antragsberechtigt (§ 1771 Abs. 1 S. 1 BGB). Im Falle von Geschäftsunfähigkeit ist gem. § 1767 Abs. 2 iVm § 1762 Abs. 1 S. 2 BGB ebenfalls eine Vertreterbestellung zulässig. Nach herrschender Meinung müssen sowohl der Annehmende als auch der Angenommene gemeinsam einen Antrag auf Aufhebung stellen.[98] Nicht antragsberechtigt sind die leiblichen Eltern, weil deren Einwilligung in die Adoption nicht erforderlich ist, so dass auch keine Beschwer vorliegt (§ 1768 Abs. 1 S. 2, § 1747 BGB).[99]

Die Antragsberechtigung ist **fristgebunden**. Ein Antrag kann nur innerhalb eines Jahres gestellt werden, wenn seit der Annahme noch keine drei Jahre vergangen sind (§ 1762 Abs. 2 S. 1 BGB). Der Beginn der Jahresfrist ergibt sich aus § 1762 Abs. 2 S. 2 BGB. Soweit die Dreijahresfrist abgelaufen ist, kann eine Adoption gemäß § 1763 BGB nur noch von Amts wegen aufgehoben werden.

Der Aufhebungsantrag bedarf der **notariellen Beurkundung** (§ 1762 Abs. 3 BGB).

Im **Amtsverfahren** nach § 1763 BGB kann eine Auflösung lediglich **angeregt** werden. Da die Folgen einer Auflösung für die Beteiligten sehr einschneidend sind, muss das Gericht vor einer Aufhebung prüfen, ob nicht mildere Maßnahmen, wie zum Beispiel solche nach § 1666 BGB, ausreichen, um dem Kindeswohl zu genügen.[100]

---

98 Palandt/Diederichsen § 1771 BGB Rn 1.
99 BayObLG FamRZ 2001, 122, 123.
100 KKW/Engelhardt § 56 f FGG Rn 11.

4. Beteiligte

36 § 188 Abs. 1 regelt, wer als Beteiligter zum Verfahren hinzuzuziehen ist. Die Aufzählung ist jedoch nicht abschließend, da unter den allgemeinen Voraussetzungen des § 7 Abs. 2 Nr. 1 weitere Personen hinzugezogen werden können.[101] Nach § 188 Abs. 2 sind sowohl das **Jugendamt** als auch das **Landesjugendamt** zu beteiligen, wenn sie dies beantragen. Dem Gericht steht diesbezüglich kein Ermessensspielraum zu, sondern es muss dem Antrag entsprechen.

a) Beteiligte im Annahmeverfahren

37 Soweit **Annehmender** und **Anzunehmender** nicht bereits nach § 7 Abs. 1 als Antragsteller Beteiligte sind, sind sie im Verfahren über die Annahme als Kind (§ 186 Nr. 1) zu beteiligen (§ 188 Abs. 1 Nr. 1 a)).

Ist der Anzunehmende minderjährig, sind auch dessen **Eltern** zu beteiligen (§ 188 Abs. 1 Nr. 1 b)). Hiervon gibt es zwei Ausnahmen: Zum einen die sog. **Inkognitoadoption**[102] (§ 1747 Abs. 2 S. 2 BGB). Eine solche liegt vor, wenn die Annehmenden zwar feststehen, die Eltern des Anzunehmenden diese aber nicht kennen. Es steht nämlich den Annehmenden zu, dass den leiblichen Eltern ihre Identität nicht offenbart wird, um die neue Familie iSd Art. 6 GG vor störenden Einflüssen von außen zu schützen. In diesen Fällen werden den leiblichen Eltern nur die wichtigsten **Lebensumstände** wie Staatsangehörigkeit, Konfession, wirtschaftliche und soziale Lage sowie die familiären Verhältnisse mitgeteilt, und dies auch nur, wenn diese Informationen das Inkognito nicht gefährden.[103]

Zum anderen werden die Eltern nicht beteiligt, wenn der Elternteil entweder zur Abgabe der Einwilligung **dauernd außerstande** (zB andauernde Geschäftsunfähigkeit) oder gänzlich **unbekannten Aufenthalts** ist (§ 1747 Abs. 4 BGB). Dies ist bei **Findelkindern** der Fall, oder wenn die **Identität** des Vaters durch die Mutter nicht preisgegeben wird.[104] Nimmt das Gericht die Voraussetzungen des § 1747 Abs. 4 BGB zu Unrecht an, kann die vollzogene Adoption unter den Voraussetzungen des § 1760 BGB aufgehoben werden, wobei die Erfordernisse des § 1760 Abs. 5 BGB, also die nachträgliche Billigung der Adoption durch die leiblichen Eltern, beachtet werden müssen.[105]

Bei einer **Volljährigenadoption** sind die Eltern des Anzunehmenden grundsätzlich nicht zu beteiligen. Dies ergibt sich mit Umkehrschluss aus § 188 Abs. 1 Nr. 1 b) Hs 2, der eine Beteiligungspflicht bei einer Volljährigenadoption vorschreibt, wenn die Wirkungen einer Minderjährigenadoption nach § 1772 BGB erzielt werden sollen. In diesem Verfahren sind die **leiblichen Eltern** des Anzunehmenden wegen der Auswirkungen auf die Verwandtschaftsverhältnisse zu beteiligen. Den leiblichen Eltern steht allerdings kein eigenes Antragsrecht zu.[106]

---

101 Vgl Gesetzesbegründung, BT-Drucks. 16/6308, 247.
102 Siehe hierzu auch Knobbe, Psychologische Aspekte der Adoption, FPR 2001, 309, 310.
103 Muscheler, Offene und verdeckte Adoption – Recht des Kindes auf Kenntnis seiner Abstammung, FPR 2008, 496, zeigt in seinem Beitrag die Problematik um das Recht auf Kenntnis der Kinder auf ihre Abstammung auf, die durch die am 1.4.2008 eingeführte Regelung des § 1598 a BGB hinsichtlich der heimlichen Vaterschaftstests verstärkt aufgetreten ist.
104 Palandt/Diederichsen § 1747 BGB Rn 7.
105 Palandt/Diederichsen § 1747 BGB Rn 7.
106 Palandt/Diederichsen § 1772 BGB Rn 4.

Falls eine Beteiligung unterbleibt, kann die Adoption dennoch nur aufgehoben werden, wenn sie auf der Verletzung rechtlichen Gehörs beruht.[107] Soweit die Adoption rechtskräftig erfolgt ist, kann die Volladoption nur noch aus den Verfahrensmängeln des § 1760 Abs. 1 bis 5 BGB (§ 1772 Abs. 2 S. 1 BGB) und nicht mehr aus wichtigem Grund, wie in § 1771 S. 1 BGB, aufgehoben werden.

Ist der Anzunehmende oder der Annehmende verheiratet, wird nach § 1749 BGB grundsätzlich die Einwilligung des **Ehegatten** zur Adoption erforderlich. Folglich sind die jeweiligen Ehegatten am Adoptionsverfahren zu beteiligen (§ 188 Abs. 1 Nr. 1 c)). Soweit ein Ehegatte zur Abgabe der Einwilligung in die Adoption dauernd außerstande oder dessen Aufenthalt dauernd unbekannt sein sollte, ist selbstverständlich von dessen Beteiligung abzusehen (§ 1749 Abs. 3 BGB).

b) Beteiligte im Ersetzungsverfahren

In dem Verfahren über die Ersetzung der Einwilligung (§ 186 Nr. 2) ist gem. § 188 Abs. 1 Nr. 2 derjenige zu beteiligen, dessen Einwilligung ersetzt werden soll. Dies betrifft insbesondere die Verfahren bezüglich der Ersetzung der Einwilligung eines **Elternteils** (§ 1748 BGB) und im Hinblick auf die Ersetzung der Einwilligung des **Ehegatten** (§ 1749 BGB). Natürlich bleibt es dem Gericht unbenommen, iSv § 7 Abs. 2 Nr. 1 Weitere zu beteiligen, deren Interessen durch die Adoption beeinträchtigt werden. **38**

c) Beteiligte im Aufhebungsverfahren

Im Aufhebungsverfahren ist der **Antragsteller** stets Beteiligter (§ 7 Abs. 1). Aber auch der **Antragsgegner** ist zu beteiligen, da er durch die Aufhebung des Annahmeverhältnisses in seinen materiellen Rechten betroffen wird (§ 7 Abs. 2 Nr. 1). Bei der Aufhebung einer Minderjährigenadoption sind zusätzlich die **leiblichen Eltern** nach § 7 Abs. 2 Nr. 1 Beteiligte, da für den Fall der Aufhebung des Annahmeverhältnisses eine Rückübertragung der elterlichen Sorge in Betracht kommt.[108] **39**

Eine unmittelbare Betroffenheit materieller Rechte **weiterer Personen** wird regelmäßig nicht vorliegen, denn die übrigen Verwandten des Annehmenden oder des Anzunehmenden werden in der Regel nur mittelbar betroffen sein. Dies gilt insbesondere, weil eine mögliche Beeinträchtigung eines zukünftigen Erbrechts für eine unmittelbare materielle Betroffenheit nicht ausreicht.[109] Anderes gilt lediglich dann, wenn durch die Aufhebung **Rechte Dritter** unmittelbar berührt werden, zum Beispiel weil Unterhaltspflichten Verwandter entstehen, da die Eltern bereits verstorben sind.[110]

Da bei der Aufhebung einer Volljährigenadoption nach § 1771 BGB in keinem Fall Rechte Dritter beeinträchtigt werden, sind dort lediglich der Annehmende und der Anzunehmende Beteiligte des Verfahrens.

---

107 BayObLG FamRZ 2001, 122, 123.
108 Vgl Gesetzesbegründung, BT-Drucks. 16/6308, 247.
109 KKW/Engelhardt § 56 f FGG Rn 13.
110 KKW/Engelhardt § 56 f FGG Rn 13.

d) Beteiligte im Verfahren über die Befreiung vom Eheverbot

40 In dem Verfahren über die Befreiung vom Eheverbot des § 1308 Abs. 1 BGB (§ 186 Nr. 4) sind die **Verlobten** zu beteiligen, soweit sie nicht bereits als Antragsteller automatisch Beteiligte sind.

5. Verfahrensbeistand

41 Das Gericht kann einem **minderjährigen** Beteiligten einen Verfahrensbeistand beiordnen, soweit dies zur Wahrnehmung seiner Interessen **erforderlich** ist (§ 191). Über § 191 S. 2 iVm § 158 Abs. 2 Nr. 1 besteht die Erforderlichkeit der Bestellung eines Verfahrensbeistandes in der Regel nur dann, wenn das Interesse des Kindes zu dem seiner gesetzlichen Vertreter in erheblichem **Gegensatz** steht. Danach dürfte die Erforderlichkeit der Bestellung eines Verfahrensbeistandes in der Regel nur dann bestehen, wenn ein Elternteil die Einwilligung in die Adoption verweigert und diese im Verfahren nach § 1748 BGB ersetzt werden soll.

Sobald die Interessen des Kindes durch einen **Rechtsanwalt** oder einen anderen geeigneten Verfahrensbevollmächtigten angemessen vertreten werden können, soll eine Bestellung unterbleiben oder aufgehoben werden (§ 158 Abs. 5). Das Gericht hat seine Entscheidung zu **begründen**, wenn es von der Bestellung eines Verfahrensbeistandes absehen will (§ 158 Abs. 3 S. 2).

Der **Wirkungskreis** des Verfahrensbeistandes umfasst die Vertretung des Kindes in dem speziellen Adoptionsverfahren. Er ist dabei als **Vertreter** des Kindes – nicht jedoch als gesetzlicher Vertreter – beteiligt (§ 158 Abs. 4 S. 6). Die Bestellung endet mit der Rechtskraft der Entscheidung oder mit einem sonstigen Abschluss des Verfahrens; sie gilt also für alle Instanzen (§ 158 Abs. 6). Die Vergütung des Verfahrensbeistandes regelt § 158 Abs. 7.

IV. Entscheidungsfindung

1. Materielle Voraussetzungen

42 Die materiellen Voraussetzungen des jeweiligen Verfahrens sind zu prüfen. Der Annehmende muss unbeschränkt geschäftsfähig sein. Überdies müssen vorliegen:

43
- § 1741 Abs. 1 BGB: Kindeswohl und die Erwartung eines Eltern-Kind-Verhältnisses bei der Minderjährigenadoption,
- § 1767 Abs. 1 BGB: sittliche Rechtfertigung, insbesondere durch das Bestehen eines Eltern-Kind-Verhältnisses bei der Volljährigenadoption,
- § 1743 BGB: Überprüfung des Mindestalters,
- § 1745 BGB: Abwägung der Interessen der Kinder des Annehmenden und des Anzunehmenden bei der Minderjährigenadoption,
- § 1769 BGB Abwägung der Interessen der Kinder des Annehmenden und des Anzunehmenden bei der Volljährigenadoption.

2. Formelle Voraussetzungen
a) Vorliegen der erforderlichen Einwilligungen

Die erforderlichen Einwilligungen in die Adoption müssen vorliegen. Soweit dies nicht der Fall ist, hat das Gericht zu prüfen, ob es die fehlenden Einwilligungen ersetzen kann. 44

aa) Minderjährigenadoption
(1) Einwilligung des Kindes

Wenn das Kind jünger als 14 Jahre alt oder geschäftsunfähig ist, muss seine Einwilligung durch seinen **gesetzlichen Vertreter** erfolgen (§ 1746 Abs. 1 S. 2 BGB). Anderenfalls hat es die Einwilligung unter **Zustimmung** seines gesetzlichen Vertreters selbst zu erteilen (§ 1746 Abs. 1 S. 3 BGB). Verweigert der Vertreter seine Zustimmung, kann diese durch gerichtlichen Beschluss ersetzt werden (§ 1746 Abs. 3 BGB). Gesetzlicher Vertreter ist in der Regel jeder **sorgeberechtigte Elternteil**. Einer Zustimmung des gesetzlichen Vertreters bedarf es nicht, wenn er bereits selbst in die Adoption wirksam eingewilligt hat oder seine Einwilligung zur Adoption gerichtlich ersetzt wurde (§ 1746 Abs. 3 BGB). Gleiches gilt, wenn ihm unter den Voraussetzungen des § 1666 BGB das Recht zur Vertretung des Kindes in persönlichen Angelegenheiten entzogen worden ist. In diesen Fällen wird zum gesetzlichen Vertreter des Kindes ein **Vormund** oder **Pfleger** bestellt.[111] 45

Die Einwilligung wird zu dem Zeitpunkt **wirksam**, in dem sie notariell beglaubigt dem Familiengericht zugeht (§ 1750 Abs. 1 BGB). Sie ist bedingungsfeindlich (§ 1750 Abs. 2 BGB) und kann nicht durch einen Vertreter erklärt werden (§ 1750 Abs. 3 BGB). Das Kind kann seine Einwilligung **widerrufen** (§ 1746 Abs. 2 S. 1 BGB). Dies ist öffentlich zu beurkunden (§ 1746 Abs. 2 S. 2 BGB). Das über 14 Jahre alte Kind muss den Widerruf persönlich erklären, selbst wenn die Einwilligung vor seinem 14. Geburtstag von seinen Eltern, einem Vormund oder Pfleger erklärt worden war.[112] 46

Besitzen Kind und Annehmender unterschiedliche Staatsangehörigkeiten, bedarf die Einwilligung des Kindes der familiengerichtlichen **Genehmigung**, es sei denn, die Adoption richtet sich nach deutschem Recht (§ 1746 Abs. 1 S. 4 BGB). 47

(2) Einwilligung der Eltern des Kindes

Die leiblichen Eltern des Kindes müssen **beide** in die Adoption einwilligen (§ 1747 Abs. 1 S. 1 BGB). Die Einwilligung wird zu dem Zeitpunkt wirksam, in dem sie notariell beglaubigt dem Familiengericht zugeht (§ 1750 Abs. 1 BGB). Die Einwilligung kann erst erteilt werden, wenn das Kind **acht Wochen** alt ist (§ 1747 Abs. 2 S. 1 BGB). Sie verliert ihre Kraft, wenn der Antrag zurückgenommen oder die Annahme versagt wird (§ 1750 Abs. 4 S. 1 BGB). Dies gilt ebenso, wenn das Kind nicht innerhalb von drei Jahren seit dem Wirksamwerden der Einwilligung angenommen wird (§ 1750 Abs. 4 S. 2 BGB). Soweit ein Elternteil zur Abgabe der Erklärung dauernd außerstande oder sein Aufenthalt dauernd unbekannt ist, ist dessen Einwilligung nicht erforderlich. Verweigert ein Elternteil seine Einwilligung, kann diese unter den Voraussetzungen des § 1748 BGB ersetzt werden. 48

---

111 Dodegge FPR 2001, 321, 323.
112 Dodegge FPR 2001, 321, 323.

Ist der Vater nicht mit der Kindesmutter verheiratet, kann er durch einen Antrag auf Übertragung der **alleinigen** elterlichen Sorge die Adoption zunächst verhindern (§ 1672 Abs. 1 BGB). Das Jugendamt muss den Vater über dessen Rechte aus § 1747 Abs. 1 und 3 BGB **belehren** (§ 51 Abs. 3 SGB VIII). Er kann durch eine unwiderrufliche und nicht fristgebundene Erklärung auf seine Rechte **verzichten**.[113] Der Antrag ist begründet, wenn er dem Kindeswohl dient. Erst wenn der Antrag auf Übertragung der alleinigen elterlichen Sorge abschlägig beschieden wurde, darf über die Adoption durch den Annehmenden entschieden werden (§ 1747 Abs. 3 Nr. 2 BGB).

49 Die Erklärung der Einwilligung in eine Adoption, bei der der Einwilligende den feststehenden Annehmenden nicht kennt, ist zulässig (**Inkognitoadoption**). Unzulässig ist hingegen die sog. **Blankoadoption**, dh die Einwilligung zu einer Annahme durch beliebige Annehmende.[114]

(3) Einwilligung des Ehegatten

50 Wird ein Kind von einem Ehegatten alleine angenommen, ist hierzu gleichwohl die Einwilligung des anderen Ehegatten erforderlich (§ 1749 Abs. 1 S. 1 BGB). Verweigert dieser seine Einwilligung, kann sie ersetzt werden (§ 1749 Abs. 1 S. 2 BGB). Das geht allerdings nicht, wenn der Annahme **berechtigte Interessen** des anderen Ehegatten oder der Familie des Annehmenden entgegenstehen (§ 1749 Abs. 1 S. 3 BGB). Soweit das zu adoptierende Kind bereits verheiratet ist, muss auch dessen **Ehegatte** in die Adoption einwilligen (§ 1749 Abs. 2 BGB). Diese Einwilligung kann nicht ersetzt werden. Von der Einholung einer Einwilligung kann lediglich abgesehen werden, wenn der Ehegatte zur Abgabe der Erklärung dauernd außerstande oder sein Aufenthalt dauernd unbekannt ist (§ 1749 Abs. 3 BGB).

bb) Volljährigenadoption

51 Bei einer Volljährigenadoption kann die Einwilligung des **Ehegatten** nach § 1749 BGB erforderlich werden. Ansonsten sind keine Einwilligungen Dritter notwendig.

b) Anhörungen
aa) Anhörung der Beteiligten

52 In allen Verfahren auf **Annahme** als Kind oder auf **Aufhebung** des Annahmeverhältnisses müssen der Annehmende und das Kind persönlich angehört werden (§ 192 Abs. 1). Angesichts der besonderen Tragweite der zu treffenden Entscheidung ist es erforderlich, dass sich das Gericht einen persönlichen Eindruck verschafft.[115] Nur so kann es sich vom Vorliegen der materiellen Adoptionsvoraussetzungen überzeugen.[116] Gleichwohl kann eine Anhörung auch durch einen **beauftragten** oder **ersuchten** Richter durchgeführt werden, soweit es nicht aus Gründen der Sachaufklärung auf den **persönlichen Eindruck** der Mitglieder des Gerichts ankommt.[117] Eine Anhörung kann unter Umständen sogar gänzlich **unterbleiben**, wenn die Adoption aufgrund des Fehlens zwingender Verfahrensvorschriften – zB Einwilligung des Kindes – ohnehin

---

113 Dodegge FPR 2001, 321, 324.
114 BGHZ 2, 287.
115 Vgl Gesetzesbegründung, BT-Drucks. 16/6308, 248.
116 Dodegge FPR 2001, 321, 322.
117 BayObLG FamRZ 1997, 576.

IV. Entscheidungsfindung

scheitern würde. Es ist nicht die Aufgabe des gerichtlichen Verfahrens, diese Voraussetzungen erst zu schaffen.[118]

Mit dem Kindschaftsrechtsreformgesetz vom 16.12.1997[119] wurde der **nichteheliche Vater** infolge der Einführung des Einwilligungserfordernisses ein materiell am Verfahren Beteiligter, dem seither auch formell ein Anhörungsrecht zusteht.[120] In Verfahren über die Adoption eines Minderjährigen kann es überdies geboten sein, **Familienangehörige**, **Verwandte** oder mit den Verhältnissen **vertraute Personen** anzuhören (§ 192 Abs. 2). Auch die künftigen **Großeltern** des Kindes sollten in die Anhörung mit einbezogen werden.[121]

Bei einer **Volljährigenadoption** wird die Anhörung stets als zwingend erachtet.[122] Bislang forderte die obergerichtliche Rechtsprechung in Verfahren bezüglich der Annahme eines **Kindes unter 14 Jahren**, das Kind grundsätzlich vom Gericht persönlich anzuhören, wenn dessen Neigungen, Bindungen oder Wille für die Entscheidung von **Bedeutung** sind oder wenn zur Feststellung des Sachverhalts ein **unmittelbarer Eindruck** angezeigt erscheint.[123] Gleichwohl haben in der Vergangenheit Teile der gerichtlichen Praxis von einer Anhörung des Kindes abgesehen.[124] Dem ist das BVerfG in seiner Entscheidung vom 14.8.2001 entgegengetreten und hat eine Anhörung auch von Kindern grundsätzlich vorgeschrieben. Nur ausnahmsweise, wenn dem **schwerwiegende Gründe** entgegenstehen, darf von der Kindesanhörung abgesehen werden.[125] Eine solche Ausnahmesituation liegt vor, wenn durch die Anhörung das Kind aus seinem seelischen Gleichgewicht gebracht würde und eine Beeinträchtigung seines Gesundheitszustandes zu besorgen wäre[126] oder wenn das Kind schon aus tatsächlichen Gründen keine Bindungen und Neigungen zu den Eltern oder einem Elternteil entwickeln konnte.[127]

Diese Rechtsprechung wurde durch die Neuregelung im FamFG aufgegriffen. Gem. § 192 Abs. 3 kann von der Anhörung des minderjährigen Beteiligten nur noch abgesehen werden, wenn **Nachteile** für dessen Entwicklung, Erziehung oder Gesundheit zu befürchten sind oder wenn wegen des **geringen Alters**[128] von einer Anhörung eine Aufklärung nicht zu erwarten ist. Die Kriterien, nach denen ausnahmsweise von einer Anhörung abgesehen werden kann, werden damit deutlicher als bisher hervorgehoben.[129]

Die **leiblichen Eltern** sind nicht mehr gesondert anzuhören, da sie bereits regelmäßig im Verfahren um die Erteilung der Einwilligung zur Adoption gehört wurden. Ein Anhörungsrecht besteht jedoch bei der **Volljährigenadoption**, da hier die Eltern nicht ein-

---

118 Eckebrecht FPR 2001, 357, 359.
119 BGBl. I, 2942.
120 Maurer FPR 2005, 196, 197.
121 KKW/Engelhardt § 56 d FGG Rn 7.
122 BayObLG FamRZ 2005, 131.
123 BayObLG FamRZ 1988, 871, 872 mwN.
124 Dodegge FPR 2001, 321, 322.
125 Das Bundesverfassungsgericht hat einer Verfassungsbeschwerde eines sieben Jahre alten Kindes stattgegeben, das im Rahmen der Ersetzung einer elterlichen Einwilligung nicht angehört worden ist, BVerfG FamRZ 2002, 229.
126 BayObLG FamRZ 1988, 871, 873 mwN.
127 BayObLG FamRZ 1984, 312 und FamRZ 1988, 871, 873.
128 Dieses dürfte ab dem vierten Lebensjahr nicht mehr gegeben sein.
129 Vgl Gesetzesbegründung, BT-Drucks. 16/6308, 248.

§ 7 Adoptionssachen

willigen müssen und in das Verfahren auch sonst nicht einbezogen sind.[130] Im Rahmen der Volljährigenadoption mit den **Wirkungen** einer **Minderjährigenadoption** ergibt sich eine solche Anhörungspflicht ohnehin aus dem Umstand, dass anderenfalls ggf bestehende überwiegende Interessen der Eltern nach § 1772 Abs. 2 BGB nicht ermittelt werden könnten. Die Anhörung der Eltern wird in der Regel **schriftlich** mit dem Hinweis erfolgen, dass auch eine mündliche Anhörung beantragt werden kann.

Auch im Verfahren über die **Aufhebung** der Adoption sind die leiblichen Eltern anzuhören, da nach § 1764 Abs. 3 BGB durch die Aufhebung die ursprünglichen verwandtschaftlichen Verhältnisse wieder hergestellt werden könnten. Von einer Anhörung der Beteiligten im Aufhebungsverfahren kann ausnahmsweise **abgesehen** werden, wenn es von vorneherein an konkreten Anhaltspunkten dafür fehlt, dass die Aufhebung der Adoption zum Wohle des Kindes erforderlich wäre.[131]

bb) Anhörung weiterer Personen

55 Die **Kinder** des Annehmenden und des Anzunehmenden sind weder in § 186 genannt, noch sind sie im Regelfall Beteiligte aufgrund der allgemeinen Vorschrift des § 7. Um die in §§ 1745, 1769 BGB vorgesehene Berücksichtigung der Interessen der Abkömmlinge sicherzustellen, schreibt daher § 193 S. 1 die Anhörung möglicher Kinder von Annehmenden und Anzunehmenden vor.[132] Das Gericht hat deshalb das Vorhandensein weiterer Kinder **von Amts wegen** zu ermitteln.[133] § 193 S. 2 erklärt § 192 Abs. 3 für entsprechend anwendbar. Dies ermöglicht es, bei der Befürchtung von Nachteilen für das Kind oder wegen des geringen Alters von der Anhörung abzusehen.

cc) Anhörung des Jugendamtes

56 Die Anhörungspflicht des § 194 ist eine besondere Form der Sachaufklärung. Sie stellt eine Ermittlungs- und Entscheidungshilfe für das Gericht dar, die es wahrnehmen muss. Das Gericht hat das Jugendamt daher **zwingend**[134] anzuhören, wenn der Anzunehmende oder Angenommene **minderjährig** ist (§ 194 Abs. 1 S. 1). Die Anhörungspflicht des Jugendamtes besteht grundsätzlich bei allen Kindern, egal ob diese die deutsche oder eine ausländische Staatsangehörigkeit besitzen und ob deutsches oder ausländisches Recht angewandt werden soll.[135] Die Anhörungspflicht besteht selbst dann, wenn das Gericht die beantragte Maßnahme ablehnen will.[136] Das Gericht darf von der Anhörungspflicht nur **absehen**, wenn das Jugendamt bereits nach § 189 eine **fachliche Stellungnahme** abgegeben hat.

Das Jugendamt muss die erforderlichen Ermittlungen anstellen und die bekannt gewordenen Tatsachen dem Gericht mitteilen. Es muss zu den beabsichtigten Maßnahmen des Gerichts seine fachliche Stellungnahme abgeben.[137] Dabei soll es alle für das konkrete Verfahren maßgebenden Aspekte zur Geltung bringen und dem Gericht einen

---

130 Dodegge FPR 2001, 321, 322.
131 BayObLG FamRZ 2000, 768, 769.
132 Vgl Gesetzesbegründung, BT-Drucks. 16/6308, 248.
133 BVerfG NJW 1995, 316.
134 Vgl Gesetzesbegründung, BT-Drucks. 16/6308, 248.
135 OLG Hamm FamRZ 1972, 309.
136 OLG Hamm FamRZ 1974, 29.
137 BGH FamRZ 1954, 219; OLG Köln FamRZ 1995, 1593.

bestimmten **Entscheidungsvorschlag** unterbreiten.[138] Die Mitwirkungspflicht des Jugendamtes ergibt sich aus § 50 Abs. 1 S. 2 Nr. 3 SGB VIII.

Die Form und der Zeitpunkt der Anhörung sind nicht näher bestimmt. Sie erfolgt in aller Regel **schriftlich**, kann aber auch mündlich, in Eilfällen sogar telefonisch durchgeführt werden.[139] Nach Sinn und Zweck dieser Vorschrift hat die Anhörung zwingend vor der Entscheidung des Gerichts zu erfolgen, so dass die Übersendung der Entscheidung an das Jugendamt keine Anhörung isd § 194 darstellt.[140] Soweit der Gesetzestext vom „Angenommenen" spricht, verdeutlicht dies nur, dass in der Beschwerdeinstanz ebenfalls eine Anhörung zu erfolgen hat.

Sofern die Anhörung des Jugendamtes unterlassen wurde, stellt dies einen gravierenden Verfahrensfehler dar, der im Fall der Ablehnung der Adoption in der Beschwerdeinstanz zur **Aufhebung** der Entscheidung führt. Das Jugendamt kann seine Rechte dabei im Beschwerdeverfahren durchsetzen, da ihm nach § 194 Abs. 2 S. 2 ein gesetzliches **Beschwerderecht** zusteht. Damit es seine Rechte auch wahrnehmen kann, hat das Gericht ihm nach § 194 Abs. 2 S. 1 seine Entscheidung **mitzuteilen**. 57

Im **Beschwerdeverfahren** braucht die Anhörung grundsätzlich nicht wiederholt zu werden,[141] es sei denn, die entscheidungsrelevanten Verhältnisse haben sich seit der Anhörung im erstinstanzlichen Verfahren maßgeblich verändert.[142]

Die **örtliche Zuständigkeit** des Jugendamtes begründet sich nach § 87 b SGB VIII aufgrund des gewöhnlichen Aufenthalts des Jugendlichen (§ 87 b Abs. 1 iVm § 86 Abs. 1 S. 1 SGB VIII). Einmal begründet, bleibt sie bis zum Abschluss des Verfahrens bestehen (§ 87 b Abs. 2 S. 1 SGB VIII). 58

dd) Anhörung des Landesjugendamtes

In Fällen des § 11 Abs. 1 Nr. 2 und 3 Adoptionsvermittlungsgesetz muss vor dem Ausspruch der Annahme auch die **zentrale Adoptionsstelle** des Landesjugendamtes[143] angehört werden, die nach § 11 Abs. 2 Adoptionsvermittlungsgesetz beteiligt worden ist (§ 195 Abs. 1). Dies betrifft **Auslandsadoptionen**, das heißt, wenn der Annehmende oder das Kind eine ausländische Staatsangehörigkeit besitzen oder staatenlos sind oder ihren gewöhnlichen Aufenthalt im Ausland haben. Ist die zentrale Adoptionsstelle nicht beteiligt worden, tritt an ihre Stelle das Landesjugendamt, in dessen Bereich das Jugendamt liegt, das nach § 194 Gelegenheit zur Äußerung erhält oder das nach § 189 eine fachliche Stellungnahme abgegeben hat (§ 195 Abs. 1 S. 2). Die Vorschrift bezieht sich ebenso auf im Ausland ausgesprochene Adoptionen. 59

Dem Landesjugendamt sind ebenfalls die Entscheidungen **mitzuteilen**, in denen es anzuhören war (§ 194 Abs. 2). Ihm steht gegen den Beschluss genauso wie dem Jugendamt ein eigenes **Beschwerderecht** zu (§ 195 Abs. 2 S. 2). 60

---

138 BGH FamRZ 1986, 895, 896.
139 OLG Köln FamRZ 1995, 1593.
140 Vgl KKW/Engelhardt § 49 FGG Rn 6.
141 BayObLG FamRZ 1997, 685.
142 BayObLG FamRZ 1995, 185.
143 Es können auch mehrere Länder eine gemeinsame zentrale Adoptionsstelle einrichten, (vgl das Gesetz zu dem Abkommen über die Gemeinsame Zentrale Adoptionsstelle für die Länder Freie Hansestadt Bremen, Freie und Hansestadt Hamburg, Niedersachsen und Schleswig-Holstein vom 8.10.2008, Nds. GVBl. 319).

c) Fachliche Äußerung der Adoptionsvermittlungsstelle

61 Im Rahmen der Minderjährigenadoption ist eine fachliche Äußerung der Adoptionsvermittlungsstelle einzuholen (§ 189). Diese Regelung soll gegenüber dem bislang maßgeblichen § 56 d FGG keine Änderung darstellen, obgleich die alte Regelung noch von einer gutachterlichen Äußerung sprach. Die Änderung dient lediglich der sprachlichen **Klarstellung**, da ansonsten ungerechtfertigte Parallelen zu einer förmlichen Beweisaufnahme gezogen werden könnten.[144]

Auf andere Verfahren, wie zum Beispiel zur Ersetzung einer Einwilligung oder Zustimmung (§§ 1746 Abs. 3, 1748, 1749 Abs. 1 BGB) oder Genehmigung einer Einwilligung (1746 Abs. 1 S. 4 BGB) oder die Aufhebung des Annahmeverhältnisses (§§ 1760, 1763 BGB), ist diese Vorschrift nicht anwendbar.[145] Gleichwohl kann das Gericht in diesen Verfahren auf eine fachliche Äußerung der Adoptionsvermittlungsstelle oder des Jugendamtes zurückgreifen, soweit es dies für geboten hält. Dies ergibt sich bereits aus der ihm obliegenden Amtsermittlungspflicht (§ 26).

Die Pflicht zur Äußerung der Adoptionsvermittlungsstelle wurde vor dem Hintergrund der **Qualitätssteigerung** eingeführt. So ist sichergestellt, dass die Adoptionsvermittlungsstelle ihre Kenntnisse in das Verfahren einbringt. Denn ihr ist in der Regel der Sachverhalt am besten bekannt. Sie ist deshalb am ehesten in der Lage, dem Gericht die entscheidungserheblichen Informationen zukommen zu lassen.[146]

Die fachliche Äußerung soll regelmäßig als eine **ausführliche Stellungnahme** erfolgen, die zunächst alle Fakten darstellt und dann aufgrund einer psychosozialen Beurteilung dem Richter einen **Entscheidungsvorschlag** unterbreitet.[147] Die Stellungnahme hat sich primär zu der Frage zu verhalten, ob sowohl das Kind als auch die Familie des Annehmenden für die Annahme geeignet sind. Dies soll dem Gericht die Entscheidung erleichtern, ob die vorgesehene Adoption des Kindes dessem Wohle dient.[148]

Die Einholung der fachlichen Äußerung ist **zwingend**. In Fällen des Ausspruchs der Annahme rechtfertigt die Nichteinholung jedoch weder die Zulassung eines Rechtsmittels noch die Aufhebung des Annahmeverhältnisses nach § 1760 BGB. Lediglich bei der **Zurückweisung** des Annahmeantrages stellt die Nichteinholung einen Beschwerdegrund dar.[149]

d) Bescheinigung über den Eintritt einer Vormundschaft

62 Nach der Einwilligung in die Adoption seines leiblichen Kindes hat ein Elternteil von seiner Seite aus alles Erforderliche getan, um die rechtliche Verbindung zu seinem Kind zu lösen. Deshalb wird seine **elterliche Sorge** ausgesetzt, bis sie bei Rechtskraft der Adoption vollends erlischt. Für die Zwischenzeit geht die Vormundschaft über das Kind auf das **Jugendamt** über, wenn nicht das Kind vom Ehegatten seines Vaters oder seiner Mutter adoptiert werden soll (§ 1751 BGB).[150] Das Familiengericht hat deshalb in Fäl-

---

144 Vgl die Begründung des BT-Rechtsausschusses in 16/9733, 295.
145 KKW/Engelhardt § 56 d FGG Rn 1.
146 BT-Drucks. 7/5087, 24.
147 KKW/Engelhardt § 56 d FGG Rn 3.
148 BT-Drucks. 7/3061, 58.
149 KKW/Engelhardt § 56 d FGG Rn 4.
150 Palandt/Diederichsen § 1751 BGB Rn 2.

len des § 1751 Abs. 1 S. 1 und 2 BGB dem Jugendamt unverzüglich eine **Bescheinigung** über seine Vormundschaft zu erteilen (§ 190). Das Jugendamt soll frühzeitig Kenntnis von der elterlichen Einwilligung zur Adoption erhalten, damit es sogleich auf die Notwendigkeit der Pflegeerlaubnis nach § 44 SGB VIII hinweisen und diese versagen kann, wenn es das Kindeswohl erfordert.[151] Die Vorschrift des § 190 ist rein verfahrensrechtlicher Natur, da sie eine Pflicht des Gerichts regelt und nicht das Rechtsverhältnis der Beteiligten untereinander. Die Übernahme in das FamFG ist daher konsequent.[152]

V. Entscheidung

1. Beschluss über die Annahme als Kind

Der Beschluss über die Annahme als Kind ergeht nach den Vorgaben des § 197. Auf die Verfahren nach § 186 Nr. 2–4 findet die Vorschrift keine Anwendung. **63**

a) Tenor
aa) Adoptionsausspruch

Der Beschluss des Familiengerichts spricht im Tenor zunächst die Annahme als Kind aus: „A nimmt B als Kind an." (§ 1752 Abs. 1 BGB). **64**

bb) Angabe der gesetzlichen Vorschriften

Ferner ist anzugeben, auf welche Vorschriften sich die Annahme als Kind gründet (§ 197 Abs. 1 S. 1). Diese Angaben können sowohl in den Tenor als auch in die Begründung des Beschlusses aufgenommen werden.[153] Durch die Angabe der Normen, auf die sich die Annahme stützt, werden Unsicherheiten im Rechtsverkehr vermieden, da die Wirkungen der Annahme verschieden sind, je nachdem welche Form der Adoption angeordnet wird.[154] **65**

Daher sind alle relevanten Vorschriften anzugeben: **66**

- §§ 1754, 1755 Abs. 1 und 2 BGB: Volladoption eines Minderjährigen,
- § 1756 Abs. 1 BGB: Verwandtenadoption im zweiten oder dritten Grad mit eingeschränkter Wirkung,
- § 1756 Abs. 2 BGB: Stiefkindadoption des Kindes des Ehegatten dessen Ehe durch Tod aufgelöst worden ist mit eingeschränkter Wirkung,
- §§ 1767, 1770 BGB: Volljährigenadoption,
- § 1772 BGB: Volladoption eines Volljährigen.

cc) Mangelnde Erforderlichkeit der Einwilligung

Soweit die Einwilligung eines Elternteils in die Adoption nicht eingeholt wurde, weil dieser nach Auffassung des Gerichts zur Abgabe der Erklärung dauernd **außerstande** oder sein Aufenthalt dauernd **unbekannt** war (§ 1747 Abs. 4 BGB), ist dies ebenfalls in **67**

---

151 Palandt/Diederichsen § 1751 BGB Rn 5.
152 Vgl Gesetzesbegründung, BT-Drucks. 16/6308, 247.
153 BT-Drucks. 7/3061, 79.
154 BT-Drucks. 7/3061, 58.

den Beschluss mit **aufzunehmen** (§ 197 Abs. 1 S. 2), um diesbezüglich sichere Feststellungen zu ermöglichen. Denn im Falle einer fehlerhaften Annahme der Voraussetzungen des § 1747 Abs. 4 BGB könnte die Adoption wieder aufgehoben werden (vgl § 1760 Abs. 5 BGB).[155]

dd) Ausspruch über die Namensführung

68 Wenn der Annehmende mit Einwilligung des Kindes einen Antrag nach § 1757 Abs. 4 BGB auf Namensänderung gestellt hat und das Gericht die Voraussetzungen hierfür für gegeben hält, hat der Adoptionsausspruch ebenfalls die beantragte Änderung des Namens des Kindes zu enthalten.[156]

ee) Volljährigenadoption mit den Wirkungen der Minderjährigenannahme

69 In Fällen, in denen das Gericht eine Volljährigenadoption mit den Wirkungen der Minderjährigenannahme ausspricht, ist dies ausdrücklich im Tenor festzuhalten. Dieser Ausspruch ist konstitutiv und für jedes Gericht **bindend**.[157] Ohne seinen Ausspruch ist die Adoption zwar wirksam, doch die in § 1772 BGB festgelegten Rechtswirkungen treten nicht ein.[158]

ff) Kosten

70 Das Gericht kann den Beteiligten nach **billigem Ermessen** die Kosten des Verfahrens auferlegen (§ 81 FamFG). Dabei ist grundsätzlich Kostenschuldner der Antragsteller (§ 21 Abs. 1 FamGKG), es sei denn, dieser ist minderjährig (§ 21 Abs. 1 Nr. 4 FamGKG).

b) Begründung

71 Der Beschluss ist zu begründen (§ 38 Abs. 3 S. 1). Die materiellen und formellen Voraussetzungen der Adoption sind darzulegen.

c) Bekanntmachung

72 Der Beschluss, der die Annahme als Kind ausspricht, ist dem **Annehmenden** bekannt zu geben (§ 15 Abs. 1). Dies kann entweder durch **Zustellung** oder mit **Aufgabe zur Post** geschehen (§ 15 Abs. 2). Gleichzeitig hat die Bekanntgabe an die übrigen **Beteiligten** zu erfolgen. Das ist in der ersten Line das Kind bzw dessen gesetzlicher Vertreter, falls das Kind in seiner Geschäftsfähigkeit beschränkt ist, sowie das Jugendamt (§ 194 Abs. 2 S. 1) und ggf das Landesjugendamt (§ 195 Abs. 2 S. 1).

Im Falle des Ausspruchs der Annahme nach dem **Tode** des Annehmenden (§ 1753 Abs. 2 BGB iVm § 197 Abs. 2 FamFG) erfolgt die Bekanntmachung durch Zustellung an das **Kind** bzw an dessen gesetzlichen Vertreter. Ferner ist der Beschluss den **Erben** des Annehmenden und dessen überlebenden **Ehegatten** bekannt zu machen.[159] Die Bekanntmachung des Beschlusses über die **Aufhebung** erfolgt in gleicher Weise.

---

155 BT-Drucks. 7/3061, 79.
156 Ein Adoptionsantrag ist jedoch insgesamt zurückzuweisen, der erkennbar auf den Ausspruch einer Adoption mit namensrechtlichen Rechtsfolgen gerichtet ist, die nach dem Gesetz ausgeschlossen sind (zB Änderung des Geburts- oder des Familiennamens); vgl OLG Hamm StAZ 1979, 121.
157 BayObLG StAZ 1979, 121.
158 KKW/Engelhardt § 56 e FGG Rn 16.
159 KKW/Engelhardt § 56 e FGG Rn 19.

d) Eintritt der Wirksamkeit

Der Beschluss, mit dem die Adoption ausgesprochen wird, wird mit **Zustellung** an den **Annehmenden** für alle Beteiligten wirksam, also auch für den Anzunehmenden bzw das Kind (§ 197 Abs. 2). Bei der Annahme durch ein **Ehepaar** tritt iSd § 1741 Abs. 2 S. 2 BGB die Wirksamkeit erst mit Zustellung an beide Ehegatten, also mit der **zuletzt** erfolgten Zustellung ein.[160] Die Zustellung an die anderen Beteiligten ist für die Wirksamkeit ohne Bedeutung. Der Beschluss wirkt nicht zurück. Durch Rücknahme des Adoptionsantrags vor Zustellung des Beschlusses wird dieser nicht nichtig, sondern lediglich iSd § 1760 Abs. 1 BGB aufhebbar. 73

Der Beschluss über die **Aufhebung** der Annahme ist erst mit **Rechtskraft** wirksam; eine Abänderung oder Wiederaufnahme ist ausgeschlossen (§ 198 Abs. 2).

2. Unabänderlichkeit des Annahmebeschlusses

Der Annahmebeschluss ist **unabänderlich** (§ 197 Abs. 3 S. 2). Dies gilt für das ihn erlassende Gericht ebenso wie für die Beschwerdeinstanz, jedes andere Gericht oder den Standesbeamten.[161] Selbst ein Beschluss, der gegen das Verbot der Zweitannahme verstößt, ist nicht nichtig.[162] 74

Der Verlust der Abänderungsbefugnis tritt bereits ein, wenn der Beschluss vom Richter **unterschrieben** ist und mit dessen Willen aus der Verfügungsgewalt des Gerichts gelangt und zur **Zustellung** an den Annehmenden hinausgegeben ist.[163]

Wenn die nach § 197 erforderlichen Angaben im Beschluss zunächst fehlerhaft unterblieben sind, können sie später in einem **Ergänzungs-** oder **Berichtigungsbeschluss** nachgeholt werden. Gleiches gilt, wenn fälschlicherweise ein Antrag nach § 1757 Abs. 4, § 1772 BGB nicht beschieden wurde.[164] Es ist aber unzulässig, erst einen im Nachhinein gestellten Antrag auf Namensänderung durch einen **Ergänzungsbeschluss** zu bescheiden.[165] 75

3. Mitteilungspflichten

Der rechtskräftige Adoptionsbeschluss ist dem **Standesbeamten** zur Anlegung einer **Folgeurkunde** zum Geburtseintrag des Kindes mitzuteilen (§ 27 Abs. 3 Nr. 1 Personenstandsgesetz (PStG) iVm § 56 Abs. 1 Nr. 1 c) Personenstandsverordnung (PStV)). Diese dem Familiengericht obliegende Pflicht ist auch in XIV/1 der Mitteilungen in Zivilsachen (MiZi) niedergelegt. 76

4. Ausforschungsverbot, Akteneinsicht und Verbindungsverbot

Tatsachen, die die Adoption und deren Umstände aufdecken könnten, dürfen ohne **Zustimmung** des Annehmenden und des Kindes nicht offenbart oder ausgeforscht werden (§ 1758 BGB). Ausnahmen sind nur möglich, wenn besondere Gründe des **öffentlichen Interesses** dies erfordern. Diese Wirkungen können bereits durch Anordnung des 77

---

160 KKW/Engelhardt § 56 e FGG Rn 20.
161 BayObLG FamRZ 1996, 1034.
162 BayObLG FamRZ 1996, 1034.
163 BayObLG FamRZ 1999, 1667, 1669.
164 KKW/Engelhardt § 56 e FGG Rn 37.
165 BayObLG StAZ 2003, 44.

Familiengerichts eintreten, wenn lediglich ein Antrag auf Ersetzung der Einwilligung eines Elternteils gestellt ist (§ 1758 Abs. 2 BGB).[166]

78 **Akteneinsicht** kann gestattet werden. Die Gewährung von Akteneinsicht setzt jedoch ein **berechtigtes Interesse** des Antragstellers voraus (§ 13 Abs. 2). Bei Vorliegen dieses Interesses kann das Akteneinsichtsrecht – auch im Aufhebungsverfahren – auf bestimmte Aktenteile beschränkt werden.[167] Die Akteneinsicht und die Erteilung von Abschriften sind aber zu **versagen**, wenn ein Fall des § 1758 BGB vorliegt (§ 13 Abs. 2 S. 2).

Das adoptierte **Kind** hat mit Vollendung des 16. Lebensjahres ein **Recht** auf Einsicht in seinen Geburtseintrag, der seine leiblichen Eltern und den Umstand der Adoption ausweist (§ 63 Abs. 1 S. 1 PStG). Ansonsten steht dieses Recht nur den **Annehmenden** und deren **Eltern** sowie dem gesetzlichen **Vertreter** des Kindes zu. Auch hier bleiben die Beschränkungen des § 1758 BGB unberührt (§ 63 Abs. 1 S. 2 PStG).

79 Mit dem in § 1758 BGB geregelten Offenbarungs- und Ausforschungsverbot ist die Verbindung eines anderen Verfahrens mit der Adoptionssache nicht zu vereinbaren. § 196 schließt daher eine **Verbindung** von Adoptionssachen mit anderen Verfahren aus und stellt damit eine Ausnahme zu dem in § 20 niedergelegten Grundsatz der Möglichkeit der Verfahrensverbindung dar.

VI. Rechtsmittel

80 Der Beschluss über die Annahme als Kind ist **unanfechtbar** (§ 197 Abs. 3 S. 1). Eine Abänderung oder **Wiederaufnahme** ist ebenso ausgeschlossen. Hintergrund ist, dass die Wirksamkeit einer vom Annehmenden und vom Kind gleichermaßen angestrebten Annahme nicht unnötig hinausgeschoben werden soll. Das bei einer möglichen Anfechtung allein beschwerdeberechtigte Kind ist dadurch geschützt, dass es vor der Aussprache der Adoption seine Einwilligung persönlich und notariell beurkundet erklärt haben muss und dass es diese bis zum Ausspruch der Annahme widerrufen kann (§ 1746 Abs. 2 BGB).[168] Die Unanfechtbarkeit umfasst nicht nur den Ausspruch der Annahme, sondern die gesamte Entscheidung.[169] Weder formelle Verfahrensverstöße noch die irrtümliche Annahme der Voraussetzungen der Adoption schaden, sofern nur ein sachlich **zuständiges** Gericht entschieden hat. So ist der Annahmebeschluss selbst dann nicht nichtig, wenn ein Volljähriger nach den Vorschriften der Minderjährigenadoption angenommen wird[170] oder der leibliche Vater im Annahmeverfahren nicht beteiligt worden war.[171]

Unanfechtbar ist auch ein Beschluss, der feststellt, dass dem Ausspruch der Annahme ein bestimmtes Hindernis nicht entgegensteht.[172] Gleiches gilt für den Beschluss des Beschwerdegerichts, der den versagenden Beschluss des Amtsgerichts aufhebt und die

---

166 BayObLG FamRZ 1996, 1436.
167 BayObLG FamRZ 2001, 122.
168 BT-Drucks. 7/3061, 58, 59.
169 KKW/Engelhardt § 56 e FGG Rn 24.
170 BayObLG FamRZ 1996, 134.
171 BayObLG FamRZ 2000, 768.
172 KG FamRZ 1957, 184.

VII. Weitere Hinweise

Annahme ausspricht,[173] ebenso wie ein Beschluss, der das Amtsgericht anweist, die Adoption nicht aus einem bestimmten Grunde zu versagen.[174] Auch der eine beantragte Namensänderung nach § 1757 Abs. 4 BGB aussprechende Beschluss oder der Ausspruch, der den sich aus § 1757 Abs. 1 S. 1 BGB ergebenden Namen feststellt, sind unanfechtbar.[175]

Mit der **Beschwerde** nach §§ 58 ff anfechtbar ist hingegen die **Ablehnung** von Anträgen, wie die Änderung des Namens des Kindes nach § 1757 Abs. 4 BGB oder die Volljährigenadoption mit den Wirkungen des § 1772 BGB. **Beschwerdeberechtigt** ist nur der Antragsteller, also bei einem Antrag nach § 1752 Abs. 1 BGB der Annehmende und bei einem Antrag nach § 1768 Abs. 1 BGB der Annehmende und der Anzunehmende (§ 59 Abs. 1). Die **Beschwerdefrist** beträgt nach allgemeinen Regeln einen Monat (§ 63 Abs. 1). 81

VII. Weitere Hinweise

1. Anwendung des Adoptionswirkungsgesetzes

Das Adoptionswirkungsgesetz (AdWirkG) regelt die Anerkennung und die Wirkungen einer auf ausländischem Recht beruhenden Adoption eines minderjährigen Kindes im Inland.[176] § 199 bestimmt, dass die Vorschriften des AdWirkG vom FamFG unberührt bleiben, also insoweit diesem **vorgehen**. Es enthält damit eine Ergänzung zu § 97 Abs. 2 zur Wirkung von internationalem Recht.[177] Diese Ergänzung ist erforderlich, da das AdWirkG über die Umsetzung und Ausführung von Rechtsakten nach § 97 Abs. 1 FamFG hinausgeht.[178] 82

2. Staatsangehörigkeit

Ein zum Zeitpunkt des Antrags minderjähriges ausländisches **Kind** erwirbt mit der nach deutschen Gesetzen wirksamen Annahme die deutsche Staatsangehörigkeit (§ 6 StAG). Eine **Erwachsenenadoption** bewirkt dies selbst dann nicht, wenn sie unter den Voraussetzungen einer Minderjährigenadoption erfolgt, da § 1772 BGB keine staatsangehörigkeitsrechtliche Wirkung hat.[179] 83

3. Kostenrechtliche Regelungen

a) Gerichtskosten

Gem. Vorbemerkung 1.3.2 Abs. 1 Nr. 2 des Kostenverzeichnisses des FamGKG zählen Adoptionssachen, die einen **Volljährigen** betreffen, zu den übrigen Sachen der freiwilligen Gerichtsbarkeit. Für das Verfahren im Allgemeinen wird nach Nr. 1320 KV FamGKG eine **zweifache Gebühr** erhoben. Nach 1.3.2 Abs. 2 KV FamGKG werden in Adoptionssachen für Verfahren auf Ersetzung der Einwilligung zur Annahme als Kind 84

---

173 OLG Celle Nds. RPfl. 1953, 221.
174 OLG Köln NRWJMBl. 1963, 9.
175 OLG Zweibrücken FGPrax 2001, 75.
176 Steiger DNotZ 2002, 185, 195.
177 Steiger DNotZ 2002, 184, 195 ff, beschäftigt sich ausführlich mit den Regelungszielen des Adoptionswirkungsgesetzes.
178 Siehe Gesetzesbegründung, BT-Drucks. 16/6308, 248.
179 OVG Hamburg FamRZ 1997, 1146.

§ 7 Adoptionssachen

keine gesonderten Gebühren erhoben. Dies soll sicherstellen, dass in Adoptionssachen, die einen Volljährigen betreffen, nur eine Gebühr anfällt.[180]

Zur Feststellung des Wertes **einer Gebühr** ist § 28 FamGKG heranzuziehen. In einem Adoptionsverfahren bezüglich eines Volljährigen wurde bislang unter Zugrundelegung des Regelwertes von 3.000 EUR eine Gebühr in Höhe von 26 EUR erhoben. Nunmehr entsteht eine Gebühr in Höhe von 178 EUR. Die Anhebung erfolgte, da die bisherige Gebühr in keinem angemessenen Verhältnis zu dem **Aufwand** des Gerichts und der für die Beteiligten erheblichen Bedeutung des Verfahrens stand.[181] Den Wert der Gebühr bestimmt das Gericht nach § 42 Abs. 2 FamGKG unter Berücksichtigung aller Umstände des Einzelfalls, insbesondere des Umfangs und der Bedeutung der Sache und der Vermögens- und Einkommensverhältnisse der Beteiligten nach **billigem Ermessen**. Nur wenn das Gericht keine genügenden Anhaltspunkte für eine entsprechende Wertbestimmung hat, soll es nach Abs. 3 wie bisher von einem Wert von 3.000 EUR ausgehen. Im FamGKG nicht genannt werden Adoptionsverfahren, die die Annahme eines **Minderjährigen** als Kind betreffen. Diese sollen – wie nach geltendem Recht – **gebührenfrei** bleiben.[182]

Gerichtliche Kosten von beträchtlichem Ausmaß können in Adoptionsverfahren mit **Auslandsbezug** (vgl hierzu Rn 86 ff) entstehen. Da in solchen Fällen das Gericht den Inhalt **ausländischen Rechts** gegebenenfalls zu ermitteln hat (Art. 23 EGBGB), liegt es in seinem pflichtgemäßen Ermessen, ein **Rechtsgutachten** über die adoptionsrechtliche Anwendung des ausländischen Heimatrechts des Kindes einzuholen. Die dafür entstehenden Gutachterkosten führen gelegentlich zu Überraschungen bei den Verfahrensbeteiligten.[183] Eine **Niederschlagung** dieser Kosten kommt aber nicht in Betracht, da diese regelmäßig nicht durch eine unrichtige Sachbehandlung verursacht werden.[184]

b) Notargebühren

85 Die Notargebühren ergeben sich aus der Kostenordnung (KostO). Für die Beurkundung zur Annahme als Kind wird ¼ einer vollen Gebühr erhoben (§ 38 Abs. 4 KostO). Für die Beurkundung in Angelegenheiten, die die Annahme eines **Minderjährigen** betreffen, beträgt der Gegenstandswert 3.000 EUR (§ 39 Abs. 4 KostO). Gemäß § 32 Abs. 1 KostO beläuft sich die entsprechende Gebühr mithin auf 26 EUR, wovon nach § 38 Abs. 4 KostO nur ¼ anfällt, nach § 33 KostO aber mindestens 10 EUR.

Bei einer **Volljährigenadoption** bestimmt sich der Geschäftswert nach § 30 Abs. 2 KostO (Regelstreitwert 3.000 EUR), denn es handelt sich um eine nichtvermögensrechtliche Angelegenheit iSd § 30 Abs. 1 S. 1 KostO.[185] Als Obergrenze sind 500.000 EUR festgelegt (§ 30 Abs. 2 S. 2 KostO). Die Wertbestimmung richtet sich nach mit der Adoption verbundenen **Interessen**, zum Beispiel wirtschaftlichen Erwä-

---

180 Vgl Gesetzesbegründung, BT-Drucks. 16/6308, 312.
181 Vgl Gesetzesbegründung, BT-Drucks. 16/6308, 313.
182 Vgl Gesetzesbegründung, BT-Drucks. 16/6308, 312. Nach § 23 Abs. 1 S. 2 RVG sollen dennoch die Wertvorschriften des FamGKG auf die rechtsanwaltliche Tätigkeit entsprechend anzuwenden sein. Damit soll sichergestellt werden, dass in Verfahren ohne Gerichtsgebühren, wie es die Minderjährigenadoption darstellt, die allgemeinen Wertvorschriften herangezogen werden können (Vgl BT-Drucks. 16/9733, 303).
183 Eckebrecht FPR 2001, 357, 363.
184 BayObLG FamRZ 1999, 101.
185 Hartmann § 30 KostO Rn 60.

gungen. Auch hier beträgt die Gebühr nur ¼ der vollen Gebühr (§ 38 Abs. 4 KostO), jedoch mindestens 10 EUR (§ 33 KostO).

Schreibauslagen und **sonstige Kosten** kann der Notar nach § 152 KostO erheben. Danach kann er Auslagen oder eine Dokumentenpauschale für die sich aus §§ 136, 137 KostO ergebenen Auslagentatbestände ersetzt verlangen (zB für Mitteilungen an Behörden, Postgebühren).

VIII. Adoptionssachen mit Auslandsbezug

1. Überblick

Für die Verfahren in Adoptionssachen mit Auslandsbezug ist zu unterscheiden zwischen dem Inlandsadoptionsverfahren mit Auslandsbezug und dem Verfahren, dem eine im Ausland vollzogene Adoption zugrunde liegt. **86**

Bei den **Inlandsadoptionen** geht es um die Frage des Vollzuges einer Adoption in Deutschland in den Fällen, in denen ein ausländisches Adoptionsstatut und damit ausländische Sachvorschriften Anwendung finden. Dieses kann dann der Fall sein, wenn entweder die Annehmenden oder der Anzunehmende eine ausländische Staatsangehörigkeit besitzen und über Art. 22 EGBGB das Adoptionsstatut nicht deutsches, sondern ein ausländisches Recht ist. **87**

Dies bedeutet, dass in den Fällen nach FamFG vorzugehen ist, in denen das deutsche Gericht nach ausländischem Recht über folgende Fragen zu entscheiden hat: liegt eine Volladoption oder eine schwache Adoption vor, bestehen die Voraussetzungen für die Adoption des Annehmenden oder des Anzunehmenden tatsächlich, bestehen weitere Zustimmungserfordernisse nach ausländischem Recht bzw müssen diese durch das Gericht ersetzt werden. **88**

Dabei geht es darum, ob nach deutschem Verfahrenrecht das angerufene deutsche Gericht international zuständig und in welcher Form das Adoptionsverfahren in Deutschland abzuschließen ist. **89**

Soweit **ausländische Adoptionen** vorliegen, dh Adoptionen, die im Ausland vorgenommen worden sind, geht es um die Frage der Anerkennung der im Ausland vollzogenen Adoption. **90**

2. Neuerungen durch das FamFG

Das Adoptionsrecht als Familiensache wird auf das **Familiengericht** übertragen. In Adoptionssachen mit Auslandsbezug findet sich in § 199 eine besondere Vorschrift, nach der die Regelungen des Adoptionswirkungsgesetzes unberührt bleiben. **91**

3. Internationale Zuständigkeit bei Inlandsadoptionen mit Auslandsbezug

Für das Adoptionsverfahren im Inland, das unter Anwendung eines ausländischen Adoptionsstatutes darauf gerichtet ist, die Annahme als Kind auszusprechen, vgl § 197, **92**

gibt es keine gesonderte Vorschrift und keine supranationalen Regelungswerke; weder die Brüssel IIa-VO noch das MSA beziehen sich auf Adoptionen.[186]

93 Das deutsche Gericht ist international zuständig gem. § 101, wenn der Annehmende, einer der annehmenden Ehegatten oder das Kind entweder Deutscher ist oder seinen gewöhnlichen Aufenthalt im Inland hat.

94 Während § 43 b Abs. 2 S. 2 FGG normierte, dass in den Fällen, in denen ausländische Sachvorschriften zur Anwendung kommen, ergänzend § 5 Abs. 1 S. 1 und Abs. 2 des AdWirkG[187] gilt, fehlt diese Verweisung in § 101. Die Zuständigkeitskonzentration des § 5 Abs. 1 S. 1 und Abs. 2 AdWirkG bei den Amtsgerichten am Sitz eines Oberlandesgerichtes ist damit in § 101 nicht geregelt.

95 Nachdem dadurch eine Unsicherheit dahingehend bestand, ob bei Inlandsadoptionen, in denen ausländisches Sachenrecht zur Anwendung kommt, eine Zuständigkeitskonzentration über § 5 Abs. 1 S. und Abs. 2 AdWirkG vorliegt, hat der Gesetzgeber nunmehr[188] in § 187 Abs. 4 diese Unsicherheit beseitigt. Gem. § 187 Abs. 4 sind nunmehr für Inlandsadoptionen unter Anwendung ausländischen Sachrechts örtlich zuständig die Amtsgerichte am Sitz eines Oberlandesgerichtes. Da es Sinn des § 5 AdWirkG ist, durch die **Zuständigkeitskonzentration am Sitz eines Oberlandesgerichts** die besondere Sachkunde durch Erfahrungen mit ausländischen Rechtsordnungen zu sammeln und herauszubilden, ist die Aufnahme dieser Vorschrift sinnvoll.[189]

Ebenso ist es sinnvoll, diese Vorschrift zur Zuständigkeitskonzentration in die allgemeine Vorschrift der örtlichen Zuständigkeit für Adoptionssachen einzufügen.

Das Gericht entscheidet in diesen Verfahren im Beschlusswege, § 197.

4. Anerkennung und Wirksamkeit einer im Ausland erfolgten Adoption

96 § 199 stellt klar, dass die Vorschriften des AdWirkG unberührt bleiben.

97 Damit verweist § 199 auf das in § 2 AdWirkG vorgesehene Verfahren. Dieses Verfahren ist darauf gerichtet, eine Anerkennung oder die Wirksamkeit einer auf ausländischem Recht beruhenden Annahme eines minderjährigen Kindes in Deutschland zu klären sowie zu klären, ob das Eltern-Kind-Verhältnis des Kindes zu seinen bisherigen Eltern durch die Annahme erloschen ist.

98 Damit ist die Anerkennung einer im Ausland ausgesprochenen Dekretadoption oder die Wirksamkeit einer im Ausland ausgesprochenen Vertragsadoption zu prüfen (§ 2 Abs. 1 AdWirkG).

99 Das Gericht hat gem. § 2 Abs. 2 AdWirkG festzustellen, ob eine Volladoption vorliegt und damit die ausländische Adoption einer nach deutschem Sachrecht durchgeführten Adoption gleichsteht. Im Falle einer schwachen Adoption ist festzustellen, dass in An-

---

[186] Dem „Haager Übereinkommen über die behördliche Zuständigkeit, das anzuwendende Recht und die Anerkennung von Entscheidungen auf dem Gebiet der Annahme an Kindes statt" vom 15.11.1965 ist die Bundesrepublik Deutschland nicht beigetreten.
[187] Adoptionswirkungsgesetz vom 5.11.2001 (BGBl. I, 2950).
[188] Vgl. Art. 8 Ziff. 1 q, aa) des Gesetzes zur Modernisierung von Verfahren im anwaltlichen und notariellen Berufsrecht vom 30.7.2009 (BGBl. I, 2449).
[189] Vgl ausführlich dazu MK/Klinkhardt Art. 22 EGBGB Rn 78 mwN, der schon für eine großzügige Auslegung der Zuständigkeitsvorschriften, die der Konzentration mit Auslandsbezug dienen, plädierte.

sehung der elterlichen Sorge und der Unterhaltspflicht die ausländische Adoption einer Adoption nach den deutschen Sachvorschriften gleichsteht.[190]

---

[190] Zum Verfahren im Anwendungsbereich des Haager Adoptionsübereinkommens ((Haager Übereinkommen über den Schutz von Kindern und die Zusammenarbeit auf dem Gebiet der internationalen Adoption vom 29.5.1993, (BGBl. II, 1035), HAÜ)) ausführlich Andrae § 7; MK/Klinkhardt Anhang zu Art. 22 EGBGB.

§ 8 Wohnungszuweisung

Literatur: Bamberger/Roth, Beck'scher Online-Kommentar BGB, 11. Aufl. 2008 (zitiert: BeckOK BGB/Bearbeiter); Haußleiter/Schulz, Vermögensauseinandersetzung bei Trennung und Scheidung, 4. Aufl. 2004.

I. Überblick 1	ee) Rechtsverhältnisse an der
1. Allgemeines 1	Ehewohnung 52
2. Gegenüberstellung neu – alt . . 7	f) Sachvortrag gem.
a) Funktionelle Zuständig-	§ 1361 b Abs. 2 BGB 53
keit 7	aa) Gewalttat 54
b) Örtliche Zuständigkeit 8	bb) Drohung 55
c) Antrag 9	cc) Widerrechtlichkeit 56
d) Beteiligte 10	dd) Verschulden 57
e) Anhörung des Jugendam-	ee) Ausschlussgründe 58
tes 11	(1) Wiederholungsgefahr 58
f) Verfahrensende 12	(2) Unzumutbarkeit wegen
g) Wirksamkeit 13	der Tatschwere 59
II. Verfahrensarten 14	g) Keine Rückkehrabsicht... 60
1. Eilverfahren 14	h) Wohlverhaltensauflagen .. 61
2. Hauptsacheverfahren 16	i) Nutzungsvergütung 62
3. Sonstige Verfahren 18	j) Weitere Schutzanträge 63
III. Verfahrenseinleitung 19	k) Sachvortrag gem.
1. Vorbereitungen des	§ 1568 a BGB nF
Anwalts 19	(§§ 2–6 HausratsVO aF) 64
a) Interessenlage	aa) Allgemeines 64
(Opfer oder Täter) 19	(1) Einigung der Beteiligten .. 65
b) Personenkreis 22	(2) Grundsätzliche Entschei-
c) Prüfung der Tatbestands-	dungskriterien nach
voraussetzungen 23	§ 1568 a Abs. 1 BGB nF . . 66
d) Beweise/Glaubhaftma-	bb) Wohnung im eigenen
chung 24	Haus eines Ehegatten,
e) Einschaltung der Polizei .. 26	§ 1568 a Abs. 2 BGB nF . . 68
f) Einschaltung des Jugend-	(1) Eigentum des Antragstel-
amtes 29	lers allein oder zusammen
g) Einstweilige Anordnung.. 30	mit einem Dritten 69
2. Antrag 31	(2) Eigentum des Antragsgeg-
a) Zuständigkeiten 31	ners allein oder mit einem
aa) Anhängigkeit einer Ehesa-	Dritten 70
che 32	(3) Gemeinsames Eigentum
bb) Keine Anhängigkeit einer	der Ehegatten 71
Ehesache 34	cc) Normales Mietverhältnis,
b) Antragsschrift 35	§ 1568 a Abs. 3 BGB nF . . 72
c) Haupt-/Eilverfahren 39	dd) Dienst- und Werkwoh-
d) Amtsermittlung 42	nung,
e) Sachvortrag gem.	§ 1568 a Abs. 4 BGB nF . . 73
§ 1361 b Abs. 1 BGB 44	ee) Befristung,
aa) Ehewohnung 45	§ 1568 a Abs. 5 BGB nF . . 74
bb) Getrenntleben/Trennungs-	ff) Miete/Nutzungsvergü-
absicht 48	tung/Ausgleichszahlung ... 76
cc) Unbillige Härte 49	l) Kostenantrag 78
dd) Belange des anderen Ehe-	m) Vollstreckungsantrag 79
gatten 51	n) Muster 83

374 Vihar

aa) Muster: Antrag nach § 1361 b BGB	83	4. Wirksamkeit	108
bb) Muster: Antrag nach § 1568 a BGB nF	84	5. Muster	109
		a) Muster: Entscheidung nach § 1361 b BGB	109
IV. Verfahren	85	b) Muster: Entscheidung nach §1568 a BGB nF	110
1. Beteiligte	85		
a) Verfahren nach § 1361 b BGB	86	VII. Rechtsmittel	111
		1. Beschwerde	112
b) Verfahren nach § 1568 a BGB nF	87	2. Sofortige Beschwerde	113
		3. Rechtsbeschwerde	114
2. Termin/Anhörung	88	4. Sprungrechtsbeschwerde	115
a) Mündliche Verhandlung	88	5. Gehörsrüge	116
b) Beweiserhebung/Beweisaufnahme	91	6. Fristen	117
		VIII. Kosten und Gebühren	118
aa) Amtsermittlung	91	1. Verfahrenswerte	118
bb) Förmliche Beweisaufnahme	92	2. Verfahrenskosten	123
		3. Rechtsanwaltsgebühren	128
3. Vorzeitiges Verfahrensende	93	4. Verfahrenskostenhilfe	129
V. Entscheidungsfindung	94	a) Grundsätzliches	129
VI. Entscheidung	95	b) Muster: Verfahrenskostenhilfeantrag durch gesonderten Schriftsatz	132
1. Anzuordnende Maßnahmen	96		
a) Zuweisung gem. § 1361 b BGB	97		
		IX. Vollstreckung	133
b) Überlassung gem. § 1568 a BGB nF	98	1. Allgemeines	133
		2. Vollstreckung der Wohnungszuweisung	134
2. Kostenentscheidung	102		
3. Rechtsbehelfsbelehrung	105		

I. Überblick

1. Allgemeines

Wohnungszuweisungssachen sind in das FamFG integriert worden. Es handelt sich dabei um die Verfahren nach § 1361 b BGB sowie **§ 1568 a BGB nF** als Nachfolger der §§ 2–6 HausratsVO ab 1.9.2009 (§ 200 Abs. 1 FamFG). Die Verfahrensvorschriften sind vollständig im Abschnitt 6 (§§ 200–209 FamFG) geregelt.[1] Zunächst sind die entsprechenden Bestimmungen der HausratsVO (§§ 1, 7, 11, 13–17, 18 a, 20 und 23 HausratsVO) durch das FGG-RG und sodann durch das **Gesetz zur Änderung des Zugewinnausgleichs- und Vormundschaftsrechts** vom 6.7.2009 die HausratsVO insgesamt aufgehoben und der neue § 1568 a BGB in das BGB eingefügt worden.[2] Wohnungszuweisungssachen heißen fortan nach § 1568 a BGB **Ehewohnungssachen**.

1

Der Gesetzestext des neuen § 1568 a BGB lautet:

§ 1568 a Ehewohnung

(1) Ein Ehegatte kann verlangen, dass ihm der andere Ehegatte anlässlich der Scheidung die Ehewohnung überlässt, wenn er auf deren Nutzung unter Berücksichtigung des Wohls der im Haushalt lebenden Kinder und der Lebensverhältnisse der Ehegatten in stärkerem Maße angewiesen ist als der andere Ehegatte oder die Überlassung aus anderen Gründen der Billigkeit entspricht.

---

1 Kroiß/Seiler § 3 Rn 343.
2 BGBl. I, 1696.

§ 8 Wohnungszuweisung

(2) ¹Ist einer der Ehegatten allein oder gemeinsam mit einem Dritten Eigentümer des Grundstücks, auf dem sich die Ehewohnung befindet, oder steht einem Ehegatten allein oder gemeinsam mit einem Dritten ein Nießbrauch, das Erbbaurecht oder ein dingliches Wohnrecht an dem Grundstück zu, so kann der andere Ehegatte die Überlassung nur verlangen, wenn dies notwendig ist, um eine unbillige Härte zu vermeiden. ²Entsprechendes gilt für das Wohnungseigentum und das Dauerwohnrecht.

(3) ¹ Der Ehegatte, dem die Wohnung überlassen wird, tritt
1. zum Zeitpunkt des Zugangs der Mitteilung der Ehegatten über die Überlassung an den Vermieter oder
2. mit Rechtskraft der Endentscheidung im Wohnungszuweisungsverfahren

an Stelle des zur Überlassung verpflichteten Ehegatten in ein von diesem eingegangenes Mietverhältnis ein oder setzt ein von beiden eingegangenes Mietverhältnis allein fort. ² § 563 Absatz 4 gilt entsprechend.

(4) Ein Ehegatte kann die Begründung eines Mietverhältnisses über eine Wohnung, die die Ehegatten auf Grund eines Dienst- oder Arbeitsverhältnisses innehaben, das zwischen einem von ihnen und einem Dritten besteht, nur verlangen, wenn der Dritte einverstanden oder dies notwendig ist, um eine schwere Härte zu vermeiden.

(5) ¹Besteht kein Mietverhältnis über die Ehewohnung, so kann sowohl der Ehegatte, der Anspruch auf deren Überlassung hat, als auch die zur Vermietung berechtigte Person die Begründung eines Mietverhältnisses zu ortsüblichen Bedingungen verlangen. ²Unter den Voraussetzungen des § 575 Absatz 1 oder wenn die Begründung eines unbefristeten Mietverhältnisses unter Würdigung der berechtigten Interessen des Vermieters unbillig ist, kann der Vermieter eine angemessene Befristung des Mietverhältnisses verlangen. ³Kommt eine Einigung über die Höhe der Miete nicht zustande, kann der Vermieter eine angemessene Miete, im Zweifel die ortsübliche Vergleichsmiete, verlangen.

(6) In den Fällen der Absätze 3 und 5 erlischt der Anspruch auf Eintritt in ein Mietverhältnis oder auf seine Begründung ein Jahr nach Rechtskraft der Endentscheidung in der Scheidungssache, wenn er nicht vorher rechtshängig gemacht worden ist.

2 Von dieser Gesetzesänderung bleiben aber die Bestimmungen des § 1361 b BGB für die Trennungszeit der Eheleute unberührt.

Die in der HausratsVO für die Ehewohnung enthaltenen materiell-rechtlichen Regelungen sind mit der Erstfassung des FamFG weitgehend übernommen worden.³ Hingegen ist nun insgesamt der neue § 1568 a BGB ein System von Anspruchsgrundlagen und die Billigkeit nach der alten HausratsVO nunmehr eine von mehreren alternativen Anspruchsvoraussetzungen.⁴ Insoweit korrespondiert § 1568 a BGB nF für die Zeit nach Rechtskraft der Scheidung mit § 1361 b BGB für die Trennungszeit, die Vorschriften sind aufeinander abgestimmt.⁵ Regelungsgegenstand ist die „Ehewohnung": Das sind die Räumlichkeiten einschließlich der Nebenräume, die den Eheleuten als gemeinsame Unterkunft gedient haben oder nach den konkreten Lebensumständen dafür bestimmt waren (im Einzelnen s. Rn 45 ff).

3 Im Folgenden sind Unterschiede und Gemeinsamkeiten zwischen §§ 1361 b und 1568 a BGB nF darzustellen.

4 Verfahrensrechtlich sind Ehewohnungssachen keine Ehesachen (§ 121) oder Familienstreitsachen (§ 112), sie sind Familiensachen (§ 111 Nr. 5). Die Verweisung in § 112 Nr. 3 auf § 266 (sonstige Familiensachen), hier insbesondere auf Abs. 1 Nr. 2 („aus der Ehe herrührende Ansprüche"), führt nicht zur Anwendung der ZPO. Damit sind neben

---

3 BR-Drucks. 309/07, 554.
4 Götz/Brudermüller, Wohnungszuweisung und Hausratsteilung – Aufhebung der HausratsVO und Neuregelungen im BGB, NJW 2008, 3025, 3026.
5 BT-Drucks. 16/10798, 33.

den Ansprüchen aus § 1353 BGB diejenigen gemeint, die das absolute Recht zur ehelichen Lebensgemeinschaft verwirklichen sollen, wie etwa Abwehr- und Unterlassungsansprüche über Ehestörungsklagen.[6] Dementsprechend gelten für Ehewohnungssachen zunächst nicht die Vorschriften der ZPO (§ 113); damit herrscht grundsätzlich kein Anwaltszwang. Werden Ehewohnungssachen nach § 1568 a BGB nF aber im Zusammenhang mit einer Ehesache anhängig, wird auch das Hausratsverfahren dort konzentriert (§ 202). In Ehesachen herrscht Anwaltszwang, was dann auch die Folgesachen erfasst (§ 114 Abs. 1).

Wie im Bereich des Gewaltschutzes ist ein wesentlicher Bereich des Anwendungsspektrums des § 1361 b BGB die häusliche Gewalt, während § 1568 a BGB nF den Eheleuten, die sich während der Trennung nicht über die Ehewohnung haben einigen können, Maßstäbe für die Lösung eines Konfliktes geben soll.[7]

Besonders hervorzuheben ist § 1568 a Abs. 3 S. 1 Nr. 1 BGB nF, der den Eheleuten erstmals die Möglichkeit eröffnet, ohne das Gericht, nur durch gemeinsame Erklärung gegenüber dem Vermieter, einen Ehegatten aus dem Mietverhältnis zu entlassen und den anderen in das Mietverhältnis eintreten zu lassen oder einen mit beiden Ehegatten bestehenden Mietvertrag nur von einem Ehegatten fortsetzen zu lassen.[8]

2. Gegenüberstellung neu – alt
a) Funktionelle Zuständigkeit

neu	alt
§ 200 FamFG	keine Regelung
Wohnungszuweisungssachen nach § 1361 b und Ehewohnungssachen nach § 1568 a BGB nF werden verfahrensrechtlich zusammengefasst	
und diejenigen nach § 1568 a BGB nF gem. § 202 FamFG beim Gericht der anhängigen Ehesache konzentriert.	entspricht dem bisherigen § 11 Abs. 3 HausratsVO und § 621 Abs. 3 ZPO.

b) Örtliche Zuständigkeit

neu	alt
§ 201 FamFG	inhaltlich wie § 11 HausratsVO iVm § 606 Abs. 2, 3 ZPO
Ausschließliche Rangfolge nach:	
– Anhängigkeit einer Ehesache,	
– Ort der gemeinsamen Wohnung,	
– Wohnsitz des Antragsgegners,	
– Wohnsitz des Antragstellers.	

---

6 BR-Drucks. 309/07, 588.
7 BT-Drucks. 16/10798, 33.
8 Münch, Die Scheidungsimmobilie, 2009, Rn 513.

§ 8 Wohnungszuweisung

c) Antrag

9

neu	alt
§ 203 FamFG	
Verfahrenseinleitung auf Antrag mit Angabe über Kinder im Haushalt, auch ohne Problem der Nichteinigung.	Parteieneinigung als ausdrückliches Verfahrenshindernis ohne Bezug auf Kinder (§ 1 Abs. 1 HausratsVO).

d) Beteiligte

10

neu	alt
§ 204 FamFG	wie bisher in § 7 HausratsVO
Ohne abschließende Aufzählung sollen bei endgültiger Zuweisung diejenigen Personen einbezogen werden, die in einem Rechtsverhältnis zur Wohnung stehen.	
Einbeziehung des Jugendamtes auf dessen Antrag bei Kindern im Haushalt.	und § 49 a FGG: Einbeziehung des Jugendamtes nur bei negativer Entscheidung.

e) Anhörung des Jugendamtes

11

neu	alt
§ 205 FamFG	§ 49 a Abs. 2 FGG
Das Jugendamt soll bei Kindern im Haushalt unabhängig vom Ausgang angehört werden. Seine wegen Gefahr in Verzug unterbliebene Anhörung ist nachzuholen.	Anhörung des Jugendamtes nur bei negativer Entscheidung
	wie § 49 a Abs. 3 iVm § 49 Abs. 4 FGG
Mitteilung der Entscheidung und eigenes Beschwerderecht.	wie § 49 a Abs. 3 iVm § 49 Abs. 3 FGG

f) Verfahrensende

12

neu	alt
§ 208 FamFG	keine Regelung
Der Tod eines Ehegatten vor Abschluss des Verfahrens beendet dieses.	

g) Wirksamkeit

neu	alt
§ 209 Abs. 2 FamFG	keine Regelung
Die Wirksamkeit der Wohnungszuweisung soll sofort angeordnet werden.	
Die Zulässigkeit der Vollstreckung vor Zustellung kann angeordnet werden.	
Wirksamkeit mit Übergabe an Geschäftsstelle und Vermerk hierüber.	

II. Verfahrensarten

1. Eilverfahren

Im Rahmen der Bestimmungen über die Ehewohnungssachen fehlt eine ausdrückliche Regelung über die **einstweilige Anordnung** wie in § 214 für die Gewaltschutzsachen. Das führt aber nicht dazu, dass eine solche nicht möglich wäre. § 49 ermöglicht ein solches Eilverfahren insbesondere dann, wenn ein dringendes Bedürfnis für ein sofortiges Einschreiten besteht. Das ist bei den Tatbeständen des § 1361 b BGB, insbesondere bei Gewalttaten nach Abs. 2 regelmäßig naheliegend.

Die entscheidende Änderung zur bisherigen Rechtslage besteht in der nun zu beachtenden **Unabhängigkeit des einstweiligen Anordnungsverfahrens vom Hauptsacheverfahren**. Nicht mehr erforderlich ist die Anhängigkeit einer gleichartigen Hauptsache oder eines Verfahrenskostenhilfeantrags hierfür (§ 51 Abs. 3). Für das Eilverfahren gelten die Verfahrensvorschriften des Hauptsacheverfahrens, soweit sich aus der Besonderheit einstweiligen Rechtsschutzes nichts anderes ergibt (§ 51 Abs. 2). Daher dürfte sich das Eilverfahren im Regelungsumfeld des § 1361 b BGB in der Praxis noch weiter durchsetzen.

2. Hauptsacheverfahren

Das Hauptsacheverfahren verliert bei § 1361 b BGB dadurch keineswegs an Bedeutung, denn hier sind die Beweisführungen mit gerichtlichen Zeugenladungen etc. anders gestaltet als bei der Glaubhaftmachung im Eilverfahren. Unterschiede gibt es auch bei den Rechtsmitteln: Ist eine einstweilige Anordnung ohne vorherige Anhörung der Beteiligten erfolgt, ermöglicht das Gesetz zur Abänderung nur den Antrag auf mündliche Verhandlung (§ 54 Abs. 2). Entscheidend ist aber, dass das Gericht gem. § 52 Abs. 2 in nur auf Antrag einzuleitenden Verfahren, wozu gem. § 203 Abs. 1 Ehewohnungssachen gehören, das Hauptsacheverfahren einzuleiten hat, wenn ein Beteiligter, im Regelfall der Antragsgegner, das beantragt.

Wenn sich während der Trennung bereits die Notwendigkeit einer Wohnungszuweisung ergibt, weil Gewalt oder Drohungen damit gegenwärtig sind oder ein erhebliches Regelungsbedürfnis wegen der Kinder im Haushalt besteht, kann die Zuweisung nach § 1568 a BGB nF als Folgesache zum Ehescheidungsverfahren frühzeitig anhängig gemacht werden, so dass darüber zusammen mit dem Scheidungsantrag zu entscheiden ns ist. Wegen der üblichen Dauer des Scheidungsverfahrens besteht in der Regel ausreichender zeitlicher Vorlauf für die Entscheidungsfindung. Ein Eilverfahren nach § 1568 a BGB nF ist zu erwägen, wenn nach Beendigung des Scheidungsverfahrens die Wohnungszuweisung als isoliertes Verfahren verfolgt werden muss.

Hinweis: Während der Trennung kann eine einstweilige Anordnung gem. § 1361 b BGB bis zur Rechtskraft der Scheidung beantragt werden; für die Zeit danach kann im später einzuleitenden Scheidungsverfahren die Zuweisung nach § 1568 a BGB nF als Folgesache betrieben werden.

3. Sonstige Verfahren

18 Hier ist insbesondere an Wohnungszuweisungssachen nach § 2 GewSchG zu denken. Zur Abgrenzung s. Rn 19 und im Übrigen § 10 Gewaltschutzsachen.

III. Verfahrenseinleitung

1. Vorbereitungen des Anwalts

a) Interessenlage (Opfer oder Täter)

19 Die grundsätzliche Interessenlage der Beteiligten ist trotz einiger Unterschiede in § 1361 b BGB gleich gelagert wie in § 2 GewSchG: Schutz des Schwächeren vor Gewalt oder Drohung nach dem Grundsatz „Wer schlägt, der geht".

Abgrenzung	
§ 1361 b BGB	§ 2 GewSchG
▪ nur Wohnung von Ehegatten	▪ auf Dauer angelegter gemeinsamer Haushalt der (auch nicht miteinander verheirateten) Parteien
▪ Trennungsabsicht mindestens erforderlich	▪ Unabhängigkeit von Trennungsabsicht
▪ jede Gewalt ist unbillige Härte iSd § 1361 b Abs. 2 BGB, aber auch andere Härtegründe	▪ zur Abwendung unbilliger Härte bei jeder Gewalt/Drohung iSd § 2 Abs. 6 S. 1 GewSchG
▪ Beeinträchtigungen des Kindeswohls kann unbillige Härte sein (§ 1361 b Abs. 1 S. 2 BGB)	▪ Beeinträchtigungen des Kindeswohls kann unbillige Härte sein (§ 2 Abs. 6 S. 2 GewSchG)
▪ Rückkehrverlangen des Täters binnen sechs Monaten	▪ Überlassungsverlangen des Opfers binnen drei Monaten
▪ grds. keine Befristung der Zuweisung, längstens aber bis zur Scheidung	▪ Befristung bei Mit- oder Alleinberechtigung des Täters an der Wohnung

20 Während der Richter als unparteiische Institution wirkt, ist der Anwalt häufig mit unterschiedlichen Interessen konfrontiert, je nach dem, ob er das Opfer oder den Täter vertritt. Das führt dazu, dass der Anwalt beide Seiten argumentativ und strategisch vertreten können muss. In der Frühzeit der Mandatsbearbeitung, insbesondere unmittelbar nach den Taten, ist die Aufregung der Beteiligten am größten, sind Emotionen

häufig kaum zu beherrschen. Sofern nicht schon Polizeibeamte haben einschreiten müssen, ist der Anwalt der erste, der mit den Parteien die Situation erörtern muss. Hier ist Fingerspitzengefühl gefordert. Der Anwalt sollte bemüht sein, bei aller gebotenen Interessenwahrnehmung beruhigend auf die Partei einzuwirken und eine sachliche Bearbeitung vorzunehmen.

Besonderes Augenmerk ist schon in dieser Phase darauf zu legen, dass eine **Zuweisung** 21 nach § 1361 b BGB längstens bis zur Scheidung gilt. Bereits hier können aber die Weichen für die spätere Zuweisung während des Scheidungsverfahrens oder nach dessen Beendigung gestellt werden.

b) Personenkreis

§ 1361 b BGB ist nur auf **miteinander verheiratete Eheleute** anwendbar. Hier liegt ein 22 gravierender Unterschied zur Wohnungszuweisung nach § 2 GewSchG, denn dort ist eine Ehe zwischen den Beteiligten nicht Anspruchsvoraussetzung. Auf eine **nichteheliche Lebensgemeinschaft** sind die Bestimmungen des § 1361 b BGB nicht – auch nicht analog – anwendbar.[9] Bei **Lebenspartnerschaften** sieht § 14 LPartG für gleichgeschlechtliche Partner entsprechende Anwendungsvoraussetzungen vor.

c) Prüfung der Tatbestandsvoraussetzungen

Das Mandantengespräch hat sich zunächst auf den oder die Tathergänge und Hintergründe zu konzentrieren und die Tatbestandsvoraussetzungen hervorzubringen, wie zB: 23

- Trennung der Eheleute oder Trennungsabsicht eines Ehegatten;
- evtl. bestehende Anhängigkeit einer Ehesache (Scheidung);
- Verhalten des anderen Ehegatten, das als unerträgliche Belastung empfunden wird (zB Alkohol- oder Drogenkonsum);
- Rechtsgutverletzung (Körper, Gesundheit, Freiheit) oder Drohungen damit oder gar Lebensbedrohungen;
- im Haushalt lebende Kinder und deren Empfinden und ggf deren Verhaltensveränderungen;
- Widerrechtlichkeit (eigenes Verhalten des Opfers, zB Provokationen etc.);
- Rechtsverhältnisse an der Wohnung;
- Wiederholungsgefahr.

Im Einzelnen hierzu Rn 44–63.

---

9 BeckOK BGB/Neumann § 1361 b BGB Rn 2.

d) Beweise/Glaubhaftmachung

24 Zur Vorbereitung des gerichtlichen Verfahrens nach § 1361 b BGB sind die **Beweismittel** zusammenzustellen, wie zB:

- Zeugenaussagen (ggf Zeugenbefragung durch den Anwalt);
- Dokumente (Arztatteste, Briefe, E-Mails, SMS, behördliche Schriftstücke, polizeiliches Einsatzprotokoll nebst Anzeige etc.);
- **eidesstattliche Versicherung** des Mandanten oder Zeugen. Bei eidesstattlichen Versicherungen wird häufig nur Bezug genommen auf die Schilderung der Geschehnisse in der Antragsschrift. Das wird von manchen Gerichten als unzureichend angesehen.

25 Für Maßnahmen nach § 1568 a BGB nF sind darüber hinaus insbesondere **Dokumente über die Rechtsverhältnisse an der zuzuweisenden Ehewohnung** zu beschaffen, wie zB:

- Grundbuchauszug, evtl notarielle oder sonstigen Urkunden;
- Mietvertrag;
- Belege über die eigenen wirtschaftlichen Verhältnisse und/oder die des Ehegatten;
- Belege über die Lebensumstände der Kinder (Zeugnisse, schulpsychologische Befundberichte etc.).

e) Einschaltung der Polizei

26 Schon in der Frühphase der Auseinandersetzungen zwischen den Beteiligten empfiehlt sich zur Vorbereitung von Maßnahmen nach § 1361 b BGB die Einschaltung der Polizei unabhängig von zivilrechtlichen Schritten. Täter lassen sich in der Regel von mit dem Recht auf Einsatz körperlicher Gewalt versehenen Beamten zunächst einmal beeindrucken. Das wirkt häufig schneller und effizienter als die gerichtliche Verfahrenseinleitung. So sehen landesrechtliche Regelungen die Befugnis der Beamten vor, eine **Platzverweisung** (zB § 34 Abs. 1 PolG NRW) mit vorübergehendem Aufenthalts- und Betretensverbot (ausgenommen Wohnung) für maximal drei Monate (§ 34 Abs. 2 PolG NRW) auszusprechen. Bei häuslicher Gewalt besteht (gem. § 34 a PolG NRW) die Möglichkeit, den Täter ganz oder teilweise aus der Wohnung zu verweisen und gegen ihn ein **Rückkehrverbot** zu verhängen. Der Täter kann auch in polizeilichen Gewahrsam genommen werden (§ 35 PolG NRW), Wohnungsschlüssel können sichergestellt werden. Dem verwiesenen Täter ist es jedoch zu ermöglichen, persönliche Sachen mitzunehmen. **Polizeiliche Maßnahmen sind befristet**, sie enden (gem. § 34 a Abs. 5 PolG NRW) mit dem Ablauf des zehnten Tages nach ihrer Anordnung. Sofern innerhalb dieser Frist eine zivilgerichtliche einstweilige Anordnung beantragt wird, enden die Schutzmaßnahmen mit dem Tag der gerichtlichen Entscheidung.

Hinweis: Innerhalb der Zehntagesfrist sollte unbedingt eine einstweilige Anordnung zur Wohnungszuweisung beantragt werden und ein effektiver Anfangsschutz aufrecht erhalten bleiben.

27 Solche – mit sofortigem Vollzug versehenen – polizeilichen Maßnahmen sind zwar vor den Verwaltungsgerichten anfechtbar, ein Widerspruch hat aber **keine aufschiebende Wirkung** (§ 80 Abs. 2 VwGO). Denn zu den unaufschiebbaren Maßnahmen in diesem

Sinne gehören auch von Polizeivollzugsbeamten angeordnete Maßnahmen der Wohnungszuweisung und des Rückkehrverbots (zB nach § 34 a PolG NRW).[10] Bei der im Verfahren nach § 80 Abs. 5 VwGO auf Wiederherstellung der aufschiebenden Wirkung vom Verwaltungsgericht lediglich vorzunehmenden summarischen Prüfung ist eine Abwägung zu treffen zwischen dem öffentlichen Interesse und dem gleichgerichteten Interesse des beizuladenden Opfers an der sofortigen Vollziehung der Ordnungsverfügung einerseits und dem Interesse des Täters andererseits, hiervon verschont zu bleiben.[11] Da der tatsächliche Geschehensablauf in diesen Verfahren regelmäßig nicht vollständig aufgeklärt werden kann, stützt sich das Gericht ebenso regelmäßig auf eine Abwägung der Folgen seiner Entscheidung. Diese **Gefahrenprognose** kommt wegen der betroffenen höherwertigen Rechtsgüter des Opfers häufig zu einer Zurückweisung des Antrags auf Wiederherstellung der aufschiebenden Wirkung.[12] Eine solche Interessenabwägung in summarischen Verfahren ist vom Bundesverfassungsgericht für unbedenklich erachtet worden.[13]

Polizeiliche Maßnahmen sind aber nur dann möglich, wenn tatsächlich ein Fall häuslicher Gewalt gegeben ist, dh bei gewalttätigen Angriffen auf Leib, Leben und Freiheit; hingegen nicht zwangsläufig bei Situationen, die vom Ehegatten als „unbillige Härte" empfunden werden. **28**

f) Einschaltung des Jugendamtes

Das Jugendamt ist gem. § 204 Abs. 2 auf seinen Antrag zu beteiligen, **wenn ein Kind im Haushalt der Eheleute lebt.** Im Übrigen soll das Gericht gem. § 205 Abs. 1 eine Anhörung des Jugendamtes unter den vorgenannten Voraussetzungen durchführen. Diese ist bei allein aufgrund von Gefahr in Verzug ergangenen Eilmaßnahmen nachzuholen. Das gilt sowohl für angestrebte Maßnahmen nach § 1361 b BGB als auch nach § 1568 a BGB nF. **29**

Hinweis: Das Jugendamt sollte auf jeden Fall unabhängig vom Gericht von den Beteiligten eingeschaltet werden. Gewaltexzesse oder für den Ehegatten unerträgliche Situationen treten regelmäßig nicht plötzlich auf, sondern sind Ergebnisse zT längerer Entwicklungen. Daher besteht ggf schon frühzeitig zum Schutz der Kinder Bedarf an der Einschaltung kompetenter Personen. Darüber hinaus erleichtert das eventuelle Vorliegen von Jugendamtsberichten über bereits getroffene Maßnahmen sowohl Antragstellung als auch Entscheidung.

g) Einstweilige Anordnung

Wegen des häufig bestehenden Bedürfnisses unverzüglichen Handelns hat ein Antrag auf Erlass einer einstweiligen Anordnung ohne vorherige Anhörung des Täters zur Herbeiführung von Schutzmaßnahmen für das Opfer große Bedeutung. Regelmäßig wird „ein dringendes Bedürfnis für ein sofortiges Tätigwerden" gem. § 49 Abs. 1 bestehen, wenn eine oder mehrere Gewalttaten oder Drohungen iSd § 1361 b BGB begangen wurden oder mit Wiederholungen zu rechnen ist oder wegen der Schwere der Tat **30**

---

10 VG Köln Beschl. v. 7.2.2002, 20 L 284/02, BeckRS 2004, 26825.
11 OVG Münster NJW 2002, 2195.
12 ZB VG Aachen Beschl. v. 23.4.2004, 6 L 367/04, BeckRS 2004, 27278.
13 BVerfG NJW 2002, 2225 f.

ein weiteres Zusammenleben nicht zuzumuten ist. Für dieses Verfahren sind besondere Anforderungen an den Sachvortrag und das Bedürfnis von Eilmaßnahmen zu stellen. Diese sind glaubhaft zu machen. Das bedeutet zunächst die Vorlage zumindest von eidesstattlichen Versicherungen. Da häufig die Antragsgegnerseite ihrerseits entgegenstehende eidesstattliche Versicherungen vorlegt, ist großer Wert auf weitere Mittel der Glaubhaftmachung zu legen. So wird bei der Durchführung eines gerichtlichen Termins nur auf präsente Beweismittel zurückgegriffen, es erfolgt keine Zeugenladung. Daher sind eventuelle Zeugen zum Termin mitzubringen.

2. Antrag

a) Zuständigkeiten

31 Zuständig ist das Familiengericht. Die weiteren Zuständigkeiten richten sich danach, ob bereits eine Ehesache anhängig ist oder nach Einleitung der Ehewohnungssache anhängig wird.

aa) Anhängigkeit einer Ehesache

32 § 201 sieht eine bestimmte Reihenfolge der örtlichen Zuständigkeit vor. In erster Linie ist nach § 201 Nr. 1 Alt. 1 das Gericht zuständig, bei dem eine Ehesache (§ 121) anhängig ist. Wird eine Ehesache rechtshängig, während eine Ehewohnungssache bei einem anderen Gericht erster Instanz anhängig ist, hat das Gericht der Wohnungssache das Verfahren **an das Gericht der Ehesache abzugeben** (§ 202 S. 1).

33 Die Ehewohnungssache nach § 1568 a BGB nF kann zwar auch als isoliertes Verfahren nach Beendigung des Scheidungsverfahrens betrieben werden. Auch dann bleibt es aber bei der Zuständigkeit des vormals mit der Ehesache befassten Gerichts (§ 201 Nr. 1 Alt. 2).

bb) Keine Anhängigkeit einer Ehesache

34 Im Übrigen bestimmt § 201 Nr. 2–4 die weitere Zuständigkeitsreihenfolge nach dem Ort der gemeinsamen Wohnung, des gewöhnlichen Aufenthalts des Antragsgegners und zuletzt des gewöhnlichen Aufenthalts des Antragstellers. Das betrifft regelmäßig das Verfahren nach § 1361 b BGB.

b) Antragsschrift

35 Das Verfahren wird durch den **Antrag eines Ehegatten** eingeleitet (§ 203 Abs. 1), sei es bzgl § 1361 b BGB oder § 1568 a BGB nF. Von Amts wegen erfolgt keine gerichtliche Tätigkeit.

36 Während noch das Vorliegen einer Einigung der Ehegatten nach § 1 Abs. 1 HausratsVO aF ein ausdrückliches Verfahrenshindernis war, bedeutet das nunmehr den Wegfall des Regelungsinteresses für den Antrag.[14] Im Antrag soll angegeben werden, ob Kinder im Haushalt leben (§ 203 Abs. 3). Damit soll frühzeitig eine Beteiligung des Jugendamtes gewährleistet werden,[15] wenn nicht ohnehin bereits im Vorfeld gerichtlicher Maßnahmen eine Einschaltung erfolgt war (siehe Rn 29).

---

14 BR-Drucks. 309/07, 555.
15 BR-Drucks. 309/07, 556.

Der Antrag „soll" begründet werden. Es besteht zwar grundsätzlich kein Begründungszwang, jedoch ist eine Begründung für eine frühzeitige Strukturierung und sachgerechte Förderung des Verfahrens wie beim Antrag nach § 2 GewSchG angebracht. Angesichts des Anspruchssystems nach § 1568 a BGB nF ist eine Begründung im wohlverstandenen Interesse des Antragstellers. Die Antragsbegründung ermöglicht es dem Gericht, den Antrag gezielt nachzuprüfen, und beschleunigt auf diese Weise das Verfahren. Aufgrund der Mitwirkungspflichten des Antragstellers gem. § 27 kann das Gericht ihn auch auffordern, sein Ziel konkret darzulegen. Trotz des Amtsermittlungsgrundsatzes sind daher die relevanten Umstände detailliert vorzutragen.[16] Je umfassender von vornherein der Tatsachenstoff aufbereitet vorgetragen wird, desto leichter wird dem Gericht die Entscheidungsfindung im Sinne des Antragsziels gemacht. Die Begründung ist nicht nur im Hinblick auf die angestrebte Zuweisung geboten, sondern auch für die Beiordnung des Anwalts bei der Verfahrenskostenhilfe. Grundsätzlich besteht in Verfahren der vorliegenden Art für den Antrag kein Anwaltszwang (§ 114), weil Ehewohnungssachen nicht zu den Familienstreitsachen gehören. Eine anwaltliche Tätigkeit ist aber geboten, um eine sachgerechte Entscheidung des Gerichts herbeizuführen. Das anwaltliche Sachlichkeitsgebot ist besser geeignet, den Sachverhalt mit Konzentration auf das Wesentliche darzustellen, als emotionsgeladene Eigendarstellungen der Beteiligten. 37

Die Ausgestaltung des § 23 Abs. 1 S. 1 als Sollvorschrift soll zwar eine Zurückweisung des Antrags als unzulässig vermeiden, der Antragsteller riskiert aber eine Zurückweisung als unbegründet. 38

c) Haupt-/Eilverfahren

Es besteht **keine Abhängigkeit des Eilverfahrens** mehr von einer anhängigen Hauptsache. Obwohl auch häufig mit Gewalthintergrund versehen, fehlt für Wohnungszuweisungssachen in §§ 200 ff FamFG iVm § 1361 b BGB eine eigene Regelung für einstweilige Anordnungen wie die des § 214 bei Gewaltschutzsachen. Für einstweilige Anordnungen in Ehewohnungssachen gelten daher die allgemeinen Regelungen der §§ 51 ff. 39

Aufgrund der Unabhängigkeit bleibt die Eilsache aber auch dann noch selbständig, wenn eine Hauptsache anhängig gemacht wird (§ 51 Abs. 3). Darin wird die verfahrensrechtliche Trennung nach FamFG in derselben Weise wie bei Arrest und einstweiliger Verfügung gesehen.[17] Die Unabhängigkeit soll nach Meinung des Gesetzgebers zahlreiche Hauptsacheverfahren vermeiden, die bisher nur deswegen anhängig gemacht werden mussten, um eine Eilentscheidung zu erwirken.[18] Die Parteien können auch mit dem Ergebnis einer Eilentscheidung zufrieden sein, weil schon durch das Verfahren ihre Einsicht in die Notwendigkeit der getroffenen gerichtlichen Maßnahmen entstanden oder gewachsen sein kann.[19] Dem trägt das Gesetz auch Rechnung, indem das Gericht nach § 52 Abs. 1 **auf Antrag eines Beteiligten** das Hauptsacheverfahren einzuleiten hat. Bei Antragsverfahren wie den Ehewohnungssachen hat das Gericht daher gem. § 52 Abs. 2 auf Antrag dem Antragsteller, der die einstweilige Anordnung erwirkt hat, aufzugeben, binnen einer Frist von maximal drei Monaten Antrag auf Einleitung des 40

---

16 Kroiß/Seiler § 2 Rn 53 ff; OLG Düsseldorf FamRZ 1988, 1058; OLG Brandenburg FamRZ 1996, 743.
17 Borth, Die Reform des Verfahrens in Familiensachen, FamRZ 2007, 1925, 1929; Kroiß/Seiler § 3 Rn 75.
18 BT-Drucks. 16/6308, 173.
19 Schürmann, Die einstweilige Anordnung nach dem FamFG, FamRB 2008, 375, 376.

Hauptsacheverfahrens oder einen Verfahrenskostenhilfeantrag hierfür zu stellen. Bei Nichtbeachtung ist die einstweilige Anordnung aufzuheben (§ 52 Abs. 2 S. 3).

41 Zu bedenken bei der Frage, welches Verfahren eingeleitet werden soll, sind aber die unterschiedlichen Nachweise, denn im Eilverfahren sind die Behauptungen (nur) glaubhaft zu machen, u.a. mit eidesstattlichen Versicherungen, Zeugen werden vom Gericht nicht geladen. Auch die unterschiedlichen Anfechtungsmöglichkeiten sind zu bedenken, hier insbesondere die nicht gegebene Anfechtbarkeit einer ohne Anhörung ergangenen einstweiligen Anordnung. Denn hier besteht nur die Möglichkeit, Antrag auf mündliche Verhandlung zu stellen (§ 54 Abs. 2).

Hinweis für Antragsteller: Es bietet sich an, die Hauptsache zumindest vorzubereiten, wobei regelmäßig der Inhalt des Antrags auf Erlass der einstweiligen Anordnung vorbehaltlich zwischenzeitlicher Änderung der Umstände verwendet werden kann. Im Übrigen ist wegen der erforderlichen Eilbedürftigkeit bei einer einstweiligen Anordnung die Antragstellung **zeitnah zu den Vorfällen** geboten und auszuführen, warum eine eilige Regelung erforderlich ist. Dabei helfen die polizeilich angeordneten Maßnahmen und die Zehntagesfrist (gem. § 34 a PolG NRW).

Hinweis für Antragsgegner: Im Hinblick auf die o.g. Möglichkeit, dem Antragsteller über einen Antrag durch das Gericht die Einleitung eines Hauptsacheverfahrens aufgeben zu lassen, kann er sich eine intensivere Beweisführung mit zu ladenden (auswärtigen) Zeugen vorbehalten und hat weitergehende Rechtsmittelmöglichkeiten.

d) Amtsermittlung

42 Das Gericht hat von Amts wegen die entscheidungserheblichen Tatsachen zu ermitteln. Es ist zunächst **nicht an Anträge gebunden**. Bei der Wohnungszuweisung wird es aber regelmäßig nur um die Zuweisung der Wohnung insgesamt gehen, insbesondere unter dem Aspekt von Gewalttaten (§ 1361 b Abs. 2 S. 1 BGB). Jeder Beteiligte trägt trotz des Amtsermittlungsgrundsatzes die **Darlegungs- und Beweislast** für die Voraussetzungen der ihn begünstigenden Norm[20] (s. zur Antragsbegründung Rn 37).

43 Zwar hat das Gericht gem. § 28 Abs. 2 auf Stellung sachgerechter Anträge hinzuwirken. So haben die Beteiligten gem. § 27 bei der Sachverhaltsaufklärung mitzuwirken, denn vom Gericht kann nicht erwartet werden, allen denkbaren Möglichkeiten von Amts wegen nachzugehen.[21] Das ist ihm aber nur möglich, wenn umfassend vorgetragen wird, was insbesondere angesichts häufig detailreicher Geschehensabläufe bei häuslicher Gewalt auch sinnvoll ist. Gerade für die „unbillige Härte" ist substantiiert vorzutragen (zB nach Art der Handlung, Zeit und Ort); pauschale Angaben genügen nicht.

e) Sachvortrag gem. § 1361 b Abs. 1 BGB

44 Grundsätzliche Voraussetzung für eine Anwendung nach § 1361 b BGB ist eine bestehende Ehe zwischen den Beteiligten. Für gleichgeschlechtliche Lebenspartnerschaften sind entsprechende Regelungen in § 14 LPartG vorgesehen.

---

20 Kroiß/Seiler § 2 Rn 54.
21 Kroiß/Seiler § 2 Rn 56.

III. Verfahrenseinleitung **8**

aa) Ehewohnung

Der Begriff der Ehewohnung in § 1361 b BGB entspricht demjenigen in der früheren HausratsVO – jetzt § 1568 a BGB nF – und umfasst die Räumlichkeiten, die den Eheleuten als gemeinsame Unterkunft gedient haben oder nach den konkreten Lebensumständen dafür bestimmt waren, einschließlich Nebenräumen wie Keller, Speicher, Garage, Fitnessraum. 45

Danach kann Ehewohnung sein u.a.: 46

- in erster Linie die von den Eheleuten genutzte Miet- oder Eigentumswohnung;
- ein Wochenendhaus, eine Zweitwohnung, ein Wohnwagen oder fest installiertes Wohnmobil, wenn sie zum Lebensmittelpunkt der Eheleute gehören und nicht nur tageweise genutzt werden.[22]

Räumlichkeiten können nicht mehr als Ehewohnung angesehen werden, wenn die Eheleute durch freiwilligen Auszug eines Gatten ohne Rückkehrabsicht bereits getrennt leben. Jedoch verliert die Wohnung den Charakter einer Ehewohnung nicht durch den Auszug eines Ehegatten aufgrund von Spannungen.[23] Vorbehaltlich der Regelungen aus § 1361 b Abs. 4 BGB kann der insoweit bereits ausgezogene Ehegatte die Zuweisung an sich noch verlangen.[24] Keine Ehewohnung ist anzunehmen, wenn der Ehegatte, der Alleinmieter der Wohnung ist, auszieht und das Mietverhältnis kündigt.[25] Nicht zur Ehewohnung gehören ferner **gewerblich oder beruflich genutzte Räume**, auch wenn sie nicht eindeutig von der Ehewohnung abgetrennt sind oder sich nicht eindeutig den wirtschaftlichen Zwecken eines Ehegatten zuordnen lassen.[26] Die an der Ehewohnung bestehenden Rechtsverhältnisse (Miete/Eigentum/Wohnrecht o.Ä.) sind an dieser Stelle nicht entscheidungserheblich. 47

Hinweis: Sofern nicht im Regelfall bei einer gemeinsam genutzten Miet- oder Eigentumswohnung der Wohnungsbegriff unproblematisch sein dürfte, ist bei anderen Räumlichkeiten, die unter den Begriff der Ehewohnung fallen sollen, eine genaue Darstellung des Antragstellers geboten. Gleiches gilt in Fällen, in denen ein Ehegatte bereits die Wohnung verlassen hat.

bb) Getrenntleben/Trennungsabsicht

Die Trennung der Eheleute muss entweder bereits erfolgt oder von einem Ehegatten gewünscht sein. Dabei ist der Begriff Trennung im Sinne der **Scheidungsvoraussetzung** des § 1567 BGB zu verstehen, dh Aufhebung der ehelichen Lebensgemeinschaft. Nicht erforderlich ist jedoch, damit eine Scheidungsvoraussetzung anzustreben. Auch ohne eine Scheidungsabsicht kann die Zuweisung erreicht werden.[27] Wesentlich ist die nach außen deutlich gewordene Absicht eines Ehegatten, die häusliche Gemeinschaft nicht weiter fortsetzen zu wollen. Das kann durch schlüssiges Verhalten erfolgen, wie 48

---

22 Im Einzelnen umstritten: BeckOK BGB/Neumann § 1361 b BGB Rn 2; Erman/Gamillscheg § 1361 b BGB Rn 5 und Staudinger/Reinhard/Voppel § 1361 b BGB Rn 6; Herberger/Martinek/Leis § 1 HausratsVO Rn 50 ff; jeweils mwN.
23 BeckOK BGB/Neumann § 1361 b BGB Rn 3.
24 OLG Bamberg FamRZ 1990, 1353.
25 OLG Köln FamRZ 2005, 1993, 1994.
26 Herberger/Martinek/Faber § 1361 b BGB Rn 12 unter Bezug auf OLG Koblenz OLGReport 1997, 129.
27 Hierzu OLG Naumburg FamRZ 2003, 1748; BeckOK BGB/Neumann § 1361 b BGB Rn 4.

Vihar

räumliche Trennung innerhalb der Wohnung und Einstellung von Versorgungsleistungen etc., aber auch, insbesondere wenn das vom anderen Gatten verhindert oder erschwert wird, durch unmissverständliche Erklärung des Trennungswunsches – so zB durch ein entsprechendes Anwaltschreiben.

cc) Unbillige Härte

49 Die reine Trennungsabsicht genügt nicht für eine Wohnungszuweisung. Erforderlich ist ergänzend, dass die Zuweisung **zur Vermeidung einer „unbilligen Härte"** auch unter Berücksichtigung der Belange des anderen Gatten notwendig ist. Der Begriff der Härte hat mit der letzten Änderung des § 1361 b BGB eine Abschwächung und damit Herabsetzung der Eingriffsschwelle erfahren, indem nicht mehr eine „schwere Härte", sondern eine „unbillige Härte" gefordert wird.[28] Ist das Wohl von in der Wohnung lebenden Kindern (auch Stiefkindern) gefährdet, wird das Gericht in der Regel eine unbillige Härte annehmen müssen.[29] Dabei entspricht das Kindeswohl in § 1361 b BGB demjenigen aus § 2 Abs. 6 S. 2 GewSchG. Sind Fälle der in § 1361 b Abs. 2 BGB genannten Rechtsgutverletzungen aufgetreten, ist von einer „schweren Härte" auszugehen, die eine „unbillige Härte" indiziert.[30] Im Übrigen findet sich keine Legaldefinition der „unbilligen Härte". Es ist auf die Gesamtumstände abzustellen. Dabei muss die unbillige Härte ihre **Ursache** im Zusammenleben der Ehegatten haben.[31] Dieses muss derart mit Spannungen über den in der Trennungsphase hinausgehenden typischen Umfang belastet sein, dass ein weiteres Festhalten daran nicht mehr zumutbar erscheint.[32] Durch ein schwerwiegendes Verhalten eines Ehegatten muss die häusliche Gemeinschaft tiefgreifend gestört sein. Bloße, mit einer Trennung innerhalb der ehelichen Wohnung verbundene, übliche Unannehmlichkeiten oder Belästigungen reichen nicht aus.[33]

50 Beispiele für „unbillige Härte":

- Beeinträchtigung des Kindeswohls in Form von erheblichen Störungen (zB psychische oder schulische Störungen), ausgelöst durch ständigen Streit der Eltern.[34] Je jünger die Kinder sind, desto intensiver und schwerwiegender werden Spannungen zwischen den Eltern empfunden.

- Störungen gegenüber Kindern wie körperliche Gewalt oder schwere dauerhafte Belästigungen und Rücksichtslosigkeiten oder Miterleben von Gewalt gegen einen Ehegatten.[35]

- Gewalttätigkeiten oder Drohungen damit, wie sie in Abs. 2 für eine alleinige Nutzungszuweisung genügen.

---

28 BT-Drucks. 14/5429, 33.
29 BT-Drucks. 14/5429, 33.
30 OLG Stuttgart FamRZ 2006, 126.
31 Staudinger/Reinhard/Voppel § 1361 b BGB Rn 6.
32 OLG Hamburg FamRZ 1993, 190; OLG Frankfurt/M. FamRZ 1996, 289, 290.
33 AG Tempelhof-Kreuzberg FPR 2003, 26, 28.
34 OLG Koblenz FamRZ 1987, 852.
35 Staudinger/Reinhard/Voppel § 1361 b BGB Rn 37.

III. Verfahrenseinleitung 8

- Ständiges Randalieren unter Alkohol- oder Drogeneinfluss oder exzessiver Konsum von Drogen, Mitbringen von Zechkumpanen.[36]
- Schwere Störungen des Familienlebens, auch allgemein grobes und unbeherrschtes Verhalten.[37]
- Gesundheitsgefährdung/schwere, lebensbedrohende Erkrankung und besondere psychische Belastung bei weiterem Zusammenleben.[38]
- Nachhaltiges Hinwegsetzen über eine vereinbarte Wohnungsaufteilung.[39]
- Aufnahme des Partners einer neuen außerehelichen Beziehung in die Wohnung.[40]
- Belästigungen, die als Einzelfall hinzunehmen wären, aber in der Vielzahl mit Ausdruck von Rücksichtslosigkeit gegenüber dem anderen Gatten als unerträglich zu empfinden sind – so beispielhaft die der Entscheidung des AG Tempelhof-Kreuzberg zugrunde liegenden anschaulichen feindseligen Verhaltensweisen des Störers.[41]

Hinweis: Es bedarf eines genauen substantiierten Vorbringens, wann, bei welcher Gelegenheit, wem gegenüber, auf welche Weise als unerträglich empfundene Störungen, Gewalttaten oder Drohungen vorgefallen sind. Das gilt auch im Hinblick auf die für die Abwägung maßgebenden Umstände.[42]

dd) Belange des anderen Ehegatten

Bei der Frage, ob sich aus der unbilligen Härte die Notwendigkeit der Wohnungszuweisung ergibt, sind auch die „Belange" des anderen Ehegatten gem. § 1361 b Abs. 1 S. 1 BGB zu berücksichtigen. Es hat insoweit eine **Gesamtabwägung aller Umstände** stattzufinden, die das Verhältnis der Ehegatten zueinander, ihre gegenwärtigen Lebensbedingungen und ihre Beziehungen zur Ehewohnung betreffen.[43]

Hierzu können gehören:
- das Alter der Ehegatten und ihr Gesundheitszustand;[44]
- gesundheitliches Angewiesensein eines Gatten auf die Wohnung wegen ihrer besonderen Lage – zB im Erdgeschoss;[45]
- Einkommens- und Vermögensverhältnisse der Ehegatten;[46]
- ein Ehegatte hat die Wohnung schon vor der Eheschließung allein bewohnt;[47]
- Quasi-Rauswurf aus der Wohnung während der Abwesenheit.[48]

---

36 Erman/Gamillscheg § 1361 b BGB Rn 7.
37 OLG Schleswig NJW 1990, 2826; OLG Naumburg FamRZ 2006, 1207.
38 OLG Thüringen FamRZ 1997, 560.
39 OLG Braunschweig NJW-RR 1996, 578.
40 OLG Hamm FamRZ 1993, 1442.
41 AG Tempelhof-Kreuzberg FPR 2003, 26, 28.
42 OLG Brandenburg FamRZ 1996, 743, 744; OLG Schleswig NJW 1990, 2826; OLG Düsseldorf FamRZ 1988, 1058.
43 Palandt/Brudermüller § 1361 b BGB Rn 14.
44 OLG Thüringen FamRZ 1997, 560.
45 OLG Hamm FamRZ 1993, 1441.
46 KG FamRZ 1988, 182, 184; OLG Karlsruhe FamRZ 1981, 1087, 1088.
47 KG FamRZ 1988, 182, 184.
48 OLG Hamm FamRZ 1993, 1441.

Je nach Art der Räumlichkeiten und deren Nutzungen kann auch eine Aufteilung der Wohnung und damit nur eine **Teilzuweisung** denkbar sein.[49] Bei häufig anzutreffenden Dreieinhalb-Zimmer-Wohnungen wird das schwierig und daher bei einem als Ehewohnung dienenden Haus eher in Betracht zu ziehen sein. Letztlich soll aber die Wohnungszuweisung zur alleinigen Nutzung „ultima ratio" sein, wenn ein erträgliches Nebeneinander in der aufgeteilten Wohnung nicht mehr gewährleistet erscheint.[50] Sind Kinder im Haushalt und ist deren Wohl beeinträchtigt, werden die Belange des „Störer"-Gatten gleichwohl zurückzustehen haben.[51] Oftmals ist die Neigung von Elternteilen zu beobachten, die Kinder zu instrumentalisieren, um eine Wohnungszuweisung zu erreichen. Das sollte möglichst verhindert werden, was in der Praxis schwierig ist. Kinder verstehen in der Regel die zT subtilen Methoden der Provokation des einen Elternteils nicht und können die darauf erfolgten Reaktionen des anderen Elternteils oft nicht richtig einschätzen. Eine Befragung der Kinder durch das Jugendamt zur Ermittlung der Kindeswohlbeeinträchtigung ist für die beteiligten Eltern daher häufig unbefriedigend.

Hinweis: Leben die Ehegatten bereits längere Zeit trotz der vorgetragenen Vorfälle weiter gemeinsam unter einem Dach, können Bedenken gegen die Annahme einer „unbilligen Härte" entstehen. Auch insoweit ist daher ein Antrag auf Wohnungszuweisung zeitnah zu den Vorkommnissen zu stellen.

ee) Rechtsverhältnisse an der Ehewohnung

52 Im Rahmen der Billigkeitsabwägung sind nun auch die Rechtsverhältnisse an der Ehewohnung von Bedeutung, insbesondere wenn die Ehewohnung im **Eigentum, Dauerwohnrecht oder dinglichen Wohnrecht** eines Gatten allein oder zusammen mit einem unbeteiligten Dritten steht (§ 1361 b Abs. 1 S. 3 BGB). Soweit aber minderjährige Kinder zu betreuen sind, ist die Wohnungszuweisung auch ohne Berücksichtigung der Rechtsverhältnisse an der Wohnung zu rechtfertigen.[52]

f) Sachvortrag gem. § 1361 b Abs. 2 BGB

53 Gewalttaten iSd § 1361 Abs. 2 BGB müssen sich gegen die **absoluten Rechtsgüter Körper, Gesundheit oder Freiheit** richten oder es muss eine **Drohung mit einer solchen Verletzung** gegenwärtig sein.

aa) Gewalttat

54 Erforderlich ist danach eine körperliche Gewaltanwendung gegen den anderen Ehegatten. Andere Arten der Gewalt, zB gegen Sachen (Psychoterror) oder gegen Kinder, sind hiervon nicht erfasst, können dann aber als „unbillige Härte" nach Abs. 1 erfasst werden. Die Tatbestandsmerkmale der Rechtsgüterverletzungen in § 1361 b Abs. 2 S. 1 BGB sind wie in § 1 GewSchG und § 823 BGB zu verstehen.[53] Insoweit kann auch auf die Ausführungen zum Gewaltschutzgesetz verwiesen werden (s. § 10 Rn 38 f).

---

49 OLG Schleswig NJW 1990, 2826, 2827.
50 OLG Düsseldorf FamRZ 1988, 1088, 1089.
51 OLG Bamberg FamRZ 1990, 1353, 1354; OLG Stuttgart FamRZ 2004, 876.
52 OLG Stuttgart FamRZ aaO.
53 Staudinger/Reinhard/Voppel § 1361 b BGB Rn 28 mwN.

bb) Drohung

Die Drohung mit einer Gewalttat gegen die geschützten Rechtsgüter sowie die der Verletzung des Lebens stehen den tatsächlichen Gewalttaten gleich. Wie in § 1 Abs. 2 S. 1 Nr. 1 GewSchG kommt es für die Drohung nicht auf eine objektive Betrachtung, sondern auf das **subjektive Empfinden des Bedrohten** an.[54]

55

cc) Widerrechtlichkeit

Ebenso wie in § 823 BGB ist die Rechtswidrigkeit durch die Tatbestandsmäßigkeit der Handlung indiziert.[55]

56

Hinweis: Das Opfer hat daher zur Rechtswidrigkeit **keine Vortragslast**. Vielmehr hat der Täter Umstände vorzutragen, aus denen sich ggf ein Rechtfertigungsgrund (zB Notwehr) ergeben könnte.

dd) Verschulden

Wie in § 1 GewSchG ist auch hier **Vorsatz**, also Wissen und Wollen der Rechtsgutsverletzung erforderlich; fahrlässiges Verhalten genügt nicht.[56] Dabei sind die für die Trennung oder das Scheitern der Ehe heranzuführenden Umstände unbeachtlich.[57]

57

ee) Ausschlussgründe

(1) Wiederholungsgefahr

§ 1361 b Abs. 2 S. 2 Hs 1 BGB schließt die angestrebte Rechtsfolge der Wohnungszuweisung aus, soweit keine Wiederholungen der Rechtsgüterverletzungen oder Drohungen zu befürchten sind. Die Wiederholungsgefahr wird vermutet; nach der Begehung von Gewalttaten sei mit weiteren Taten zu rechnen.[58] Damit ist eine Beweislastumkehr verbunden. Der Täter hat daher Umstände darzulegen und zu beweisen, aus denen sich der Ausschluss der Wiederholungsgefahr ergeben soll.[59]

58

Hinweis: Der **Antragsteller** braucht zunächst auch keine weiteren Angaben zur Wiederholungsgefahr zu machen. Der **Antragsgegner** hat dagegen sehr spezifiziert zum Ausschlussgrund vorzutragen und nachzuweisen. Daran werden wegen des Rechtsgüterschutzes hohe Anforderungen gestellt.[60] Das bloße Versprechen, von weiteren Angriffen Abstand zu nehmen, wird nicht genügen. Hier ist auch die Verhaltensweise in der Vergangenheit zu würdigen.

(2) Unzumutbarkeit wegen der Tatschwere

Selbst wenn dem Täter der Nachweis gelingen sollte, eine Wiederholungsgefahr sei nicht gegeben, kann das weitere Zusammenleben wegen der Schwere der Tat für den anderen Ehegatten unzumutbar sein (§ 1361 b Abs. 2 S. 2 Hs 2 BGB). Hier ist an Taten wie **schwere Körperverletzung, versuchte Tötung und Vergewaltigung** zu denken.[61]

59

---

54 Brudermüller WuM 2003, 250 ff.
55 Staudinger/Reinhard/Voppel § 1361 b BGB Rn 31.
56 BT-Drucks. 14/5429, 28.
57 Palandt/Brudermüller § 1361 b BGB Rn 12.
58 BT-Drucks. 14/5429, 33.
59 OLG Stuttgart FamRZ 2004, 2225.
60 Palandt/Brudermüller § 1361 b BGB Rn 16.
61 BT-Drucks. 14/5429, 31.

g) Keine Rückkehrabsicht

60 Hat der ausgezogene Ehegatte zu erkennen gegeben, nicht mehr in die Ehewohnung zurückkehren zu wollen, wird damit sein Wille deutlich, dem Zurückgebliebenen die Nutzung nicht mehr streitig machen zu wollen. Der **Auszug muss ein freiwilliger sein**, nicht ein über § 1361 b BGB erzwungener. Der Ausgezogene muss daher einen neuen Lebensmittelpunkt gebildet haben.[62] § 1361 b Abs. 4 BGB enthält eine unwiderlegbare Vermutung fehlender Rückkehrabsicht zulasten des zur Herbeiführung der Trennung Ausgezogenen, wenn er seinen Rückkehrwillen nicht binnen sechs Monaten nach dem Auszug ernsthaft bekundet hat. Im Gegensatz zu § 2 Abs. 3 Nr. 2 GewSchG reicht hier die lediglich mündliche Erklärung.

Hinweis: Zur Rechtssicherheit ist eine **schriftliche Kundgabe des Rückkehrwillens** sinnvoll. Die bloße Behauptung des Willens genügt nicht, hierzu bedarf es näherer Begründung, um die Ernsthaftigkeit prüfen zu können.

Im Ergebnis braucht dann der Zurückgebliebene die Rückkehr des Ausgezogenen nicht mehr zu dulden – allerdings wegen der Vorläufigkeit der Regelungen aus § 1361 b BGB nur bis zur Rechtskraft der Scheidung oder Wiederaufnahme der ehelichen Lebensgemeinschaft.

h) Wohlverhaltensauflagen

61 Gem. § 1361 b Abs. 3 S. 1 BGB hat der weichende Ehegatte alles zu unterlassen, was die Ausübung der dem anderen Gatten ganz oder teilweise überlassenen Wohnungsnutzung erschweren oder vereiteln würde. Hiermit soll ein Unterlaufen der Wohnungsüberlassung verhindert werden. Damit kann das Gericht auch dem alleinberechtigten Antragsgegner (Mieter oder Eigentümer) mit der Wirkung eines **relativen Veräußerungsverbotes** nach §§ 135, 136 BGB untersagen, die Wohnung zu kündigen oder zu veräußern oder sonst in beeinträchtigender Weise hierüber zu verfügen.[63] Gleichzeitig sind weitergehende Schutzmaßnahmen des Gerichts möglich, wie **Betretens-, Näherungs- und Kontaktverbote oder Einzelgebote**.[64] Das ergibt sich aus § 209 Abs. 1, der dem § 15 HausratsVO aF entpricht und insoweit dem Gericht die Anordnung der aus seiner Sicht ergänzenden Maßnahmen zur zweckgerichteten Durchsetzung der ungestörten Wohnungsnutzung nach Zuweisung ermöglicht.

Hinweis: Wegen des regelmäßig besonderen Schutzbedürfnisses sollten sich aus der Begründung der Antragsschrift die Umstände ergeben, die das Gericht zu solchen weiteren Anordnungen veranlassen können.

i) Nutzungsvergütung

62 Gem. § 1361 b Abs. 3 S. 2 BGB hat der weichende Ehegatte gegen den Zurückgebliebenen einen Anspruch auf **Nutzungsvergütung**.

---

62 OLG Koblenz FamRZ 2006, 1207.
63 BT-Drucks. 14/5429, 33.
64 OLG Karlsruhe FamRZ 1994, 1185; Schwab, Zivilrechtliche Schutzmöglichkeiten bei häuslicher Gewalt, FamRZ 1999, 1317, 1322.

Über diesen ist **auf Antrag zu entscheiden**, nicht von Amts wegen.[65] Das ergibt sich aus der insoweit mit § 2 Abs. 5 GewSchG identischen Formulierung in § 1361 b Abs. 3 S. 2 BGB: „Er kann ... verlangen ...". Dies wird auch deutlich an der beim Hausrat in § 1361 a Abs. 3 S. 2 BGB anders gestalteten Regelung, nach der das Gericht bei einer Entscheidung mangels Einigung die Zahlung einer Vergütung für die Benutzung bestimmen kann. Das setzt dann auch eine vorherige Zahlungsaufforderung voraus.[66] Eine Nutzungsvergütung ist auch zu zahlen, wenn sich die Ehegatten selbst über die Nutzung geeinigt haben. Die Höhe der Vergütung wird sich am Mietwert der Wohnung zu orientieren haben. Hierzu kann auf den örtlich maßgebenden Mietspiegel als Kriterium der Obergrenze ortsüblicher Miete zurückgegriffen werden,[67] so wie es nun auch § 1568 a Abs. 5 S. 3 BGB nF bei der Wohnungsüberlassung anlässlich der Scheidung ermöglicht.

Hinweis: Es empfiehlt sich demnach für den weichenden Antragsgegner, Einzelheiten zur Wohnung (Lage, Größe, Ausstattung und ggf auch den aktuell gültigen örtlichen Mietspiegel) vorzutragen und nötigenfalls zu belegen.

Die Festsetzung einer Nutzungsvergütung muss der **Billigkeit** entsprechen. Ist der Zurückbleibende nicht in der Lage, eine Vergütung auch nur teilweise zu zahlen, kann eine Vergütung unbillig sein.[68] Das ist auch anzunehmen, wenn ihm die Alleinnutzung aufgedrängt worden ist.[69] Sofern bereits bei einer Unterhaltsregelung die Nutzung berücksichtigt worden ist, geht das vor. Wird beim Unterhaltsgläubiger ein Wohnvorteil einkommenserhöhend berücksichtigt, kann daneben vom Unterhaltsschuldner nicht zusätzlich eine Nutzungsvergütung beansprucht werden.[70]

j) Weitere Schutzanträge

Grundsätzlich ist neben einem Antrag auf Wohnungszuweisung nach § 1361 b BGB auch an einen solchen nach § 2 GewSchG zu denken. Die hM sieht in § 1361 b BGB für Eheleute die vorrangige Spezialvorschrift.[71] Demgegenüber ist nach § 2 GewSchG die Durchsetzung einer Trennung denkbar, wenn sich das Opfer noch nicht zeitlich festlegen will, eine dauerhafte Trennung zu verfolgen.[72]

Hinweis: Zur Unterscheidung muss im Beschluss die **Anspruchsgrundlage** benannt werden, weil eine Strafbarkeit eines Verstoßes gegen die Anordnung nur nach § 4 GewSchG entstehen kann.[73]

k) Sachvortrag gem. § 1568 a BGB nF (§§ 2–6 HausratsVO aF)
aa) Allgemeines

Während eine Wohnungszuweisung nach § 1361 b BGB vorläufig nur bis zur Rechtskraft der Scheidung wirkt, erfolgen Zuweisungen durch das Gericht nach § 1568 a BGB

---

65 Herberger/Martinek/Faber § 1361 b BGB Rn 26, 28; AnwK-BGB/Heinke § 2 GewSchG Rn 21; aA OLG Brandenburg NJW-RR 2004, 5; hierzu insgesamt Staudinger/Reinhard/Voppel § 1361 b BGB Rn 72.
66 OLG Braunschweig FamRZ 1996, 548, 549; OLG Köln FamRZ 1992, 886.
67 Palandt/Brudermüller § 1361 b BGB Rn 22.
68 OLG Köln FamRZ 1997, 943.
69 OLG Hamm FamRZ 1996, 1476, 1477.
70 BGH FamRZ 2006, 930.
71 Palandt/Brudermüller § 2 GewSchG Rn 2.
72 Herberger/Martinek/Leis § 3 GewSchG Rn 8.
73 Herberger/Martinek/Leis § 3 GewSchG Rn 9.

nF (§§ 2–6 HausratsVO aF) **anlässlich oder nach der Scheidung und endgültig**, es sei denn, bei fremdem Eigentum ist eine Befristung geboten (s. Rn 67). Die neuen Vorschriften sind nunmehr als Anspruchsgrundlagen ausgestaltet, das Gesetz spricht nun nicht mehr von „Zuweisung", sondern vom Anspruch auf Überlassung der Ehewohnung.

In allen Wohnungszuweisungssachen und damit auch in denen nach § 1568 a BGB nF ist dem Gericht gem. § 203 Abs. 3 FamFG mitzuteilen, ob Kinder im Haushalt der Eltern leben.

Hinweis: Ein Antrag auf Auseinandersetzung über die Ehewohnung ist nach § 1568 a Abs. 6 BGB nF (§ 12 HausratsVO aF) tunlichst **innerhalb eines Jahres nach Rechtskraft der Scheidung** rechtshängig zu machen, weil das Gericht danach nur noch mit Zustimmung des Drittbeteiligten (zB Vermieter) in dessen Rechte eingreifen darf und sich dann auf Regelungen des Innenverhältnisses zwischen den vormaligen Eheleuten beschränken muss (s.u.).

(1) Einigung der Beteiligten

65   Einigten sich die Eheleute nach altem Recht nicht über die künftige Nutzung der Ehewohnung, hatte das Gericht auf Antrag die Rechtsverhältnisse daran zu regeln (§ 1 HausratsVO aF). Eine Einigung war ein Verfahrenshindernis.[74] Mit Einführung des FamFG ist aber § 1 HausratsVO aufgehoben worden. Daher wurde eine Einigung der Beteiligten zunächst als **fehlendes Regulierungsinteresse** angesehen.[75] Die neue Vorschrift soll nun für den Fall ausgebliebener Einigung der Ehegatten Maßstäbe für die Konfliktlösung geben.[76]

Hinweis: Eine eventuelle Einigung ist also noch immer dem Gericht vorzulegen, insbesondere durch den Antragsgegner. Das gilt auch vor dem Hintergrund eines eventuellen Anspruchs des weichenden Ehegatten auf Mietzahlung aus einem mit dem zurückbleibenden Ehegatten begründeten Mietverhältnis.

§ 1568 a Abs. 3 BGB nF eröffnet nun den Eheleuten durch übereinstimmende Erklärung an den (an diese gebundenen) Vermieter die grundsätzliche Möglichkeit, sogar ohne richterliche Entscheidung den Eintritt eines Ehegatten in den Mietvertrag bzw. die Fortführung des Mietvertrages mit nur einem der Ehegatten zu bewirken. Dann fehlt das Rechtsschutzbedürfnis für ein gerichtliches Verfahren. Bei Weigerung des zurückbleibenden Gatten, an der gemeinsamen, nicht notwendig zeitgleichen Erklärung mitzuwirken, kann der weichende Gatte ihn auf Zustimmung zur Abgabe der Kündigungserklärung verklagen; ein Anspruch auf Zuweisung der Ehewohnung an den „Antragsgegner" ist nicht vorgesehen.[77] Der Vermieter seinerseits hat dann gem. § 1568 a Abs. 3 S. 2 BGB nF iVm § 563 Abs. 4 BGB die Möglichkeit der Kündigung wegen eines wichtigen Grundes, der in der Person des zurückbleibenden Ehegatten liegt.

---

74   BeckOK BGB/Neumann § 1 HausratsVO Rn 2.
75   BR-Drucks. 309/07, 555.
76   BT-Drucks. 16/10798, 33.
77   Götz/Brudermüller, Wohnungszuweisung und Hausratsteilung – Aufhebung der HausratsVO und Neuregelungen im BGB, NJW 2008, 3025, 3029; Götz/Brudermüller, Die „Rechtsnachfolger" der HausratsVO, FamRZ 2009, 1261, 1262 f.

III. Verfahrenseinleitung   8

Hinweis: Da die übereinstimmende Erklärung der Ehegatten gegenüber dem Vermieter vertragsgestaltendende Wirkung hat, ist auf deren Zugangsnachweis zu achten.

Muster: Übereinstimmende Erklärung der Ehegatten

An ... (Anschrift Vermieter)

per Einschreiben mit Rückschein

Übernahme des Mietverhältnisses allein durch ...

Sehr geehrte ...,

wir haben mit Mietvertrag vom ... von Ihnen die Wohnung ... (nähere Lagebeschreibung) gemietet. Unsere Ehe ist durch Urteil vom ... des Amtsgerichts ... seit dem ... rechtskräftig geschieden. Erforderlichenfalls kann Ihnen ein Auszug des Urteils vorgelegt werden. Gemäß § 1568a Abs. 3 Nr. 1 BGB teilen wir Ihnen mit, uns darüber geeinigt zu haben, dass die Wohnung mit Wirkung vom ... (Tag der Rechtskraft) von mir, ..., allein genutzt wird. Die Wohnung ist mir überlassen worden.

Das Mietverhältnis wird ab dem vorgenannten Zeitpunkt nur noch von mir allein fortgesetzt. ... scheidet damit zum gleichen Zeitpunkt aus dem Mietverhältnis aus.

... (Unterschriften beider ehemaligen Eheleute)

(2) Grundsätzliche Entscheidungskriterien nach § 1568a Abs. 1 BGB nF

Das Gericht entscheidet gem. § 1568a Abs. 1 BGB nF, der mit seinen Anspruchsvoraussetzungen den von der Rechtsprechung zu § 2 HausratsVO aF herausgebildeten Grundsätzen entspricht,[78] nach **billigem Ermessen** unter Berücksichtigung des **Kindeswohls** und der Lebensverhältnisse der Ehegatten über die Nutzung der Wohnung. Die Kinder müssen keine gemeinsamen sein.[79] Dabei wird das Gericht zu berücksichtigen haben, dass es Müttern mit minderjährigen Kindern, die an ihr bisheriges Umfeld mit Kindergarten, Schule und Freunde gewohnt sind, regelmäßig sehr schwer fällt, Ersatzwohnraum zu finden. Daher wird dem kindesbetreuenden Ehegatten regelmäßig die Ehewohnung zu überlassen sein;[80] dagegen ist es dem anderen Ehegatten als Alleinstehendem eher zuzumuten, eine andere Wohnung zu finden.[81] Entscheidend ist danach, wer in stärkerem Maße auf die Wohnung angewiesen ist.   66

Ein Antrag nach Ablauf der Jahresfrist gem. § 12 HausratsVO aF konnte Einfluss auf die Billigkeitserwägung haben.[82] Das wird für den Überlassungsanspruch nach § 1568a Abs. 1, 2 und 4 BGB nF auch jetzt noch in Erwägung zu ziehen sein, denn der Ausschluss aufgrund Verfristung betrifft nach dem Wortlaut des Gesetzes nur Überlassungsansprüche nach § 1568a Abs. 3 und 5 BGB nF.   67

Die Lebensverhältnisse der Ehegatten betreffen wie schon das Gemeinschaftsleben nach § 2 HausratsVO aF die Verhältnisse der Ehegatten zur Umwelt, zum Hauseigentümer und den übrigen Hausbewohnern.[83]

Grundsätzlich sind für die Billigkeitsgründe die **Gesamtumstände des Einzelfalles** zu würdigen, insbesondere, wenn keine Kinder vorhanden sind. Hier kann es u.a. von Bedeutung sein, ob einer der Ehegatten in der Vergangenheit Vertragsverletzungen be-

---

78 BT-Drucks. 16/10789, 33.
79 9 KG FamRZ 1991, 467.
80 BeckOK BGB/Neumann § 2 HausratsVO Rn 3 mwN
81 Palandt/Brudermüller § 2 HausratsVO Rn 7; Herberger/Martinek/Leis § 2 HausratsVO Rn 7.
82 BeckOK BGB/Neumann § 1 HausratsVO Rn 9.
83 Palandt/Brudermüller § 2 HausratsVO Rn 8; Herberger/Martinek/Leis § 2 HausratsVO Rn 11.

Vihar

gangen hat.[84] Die wirtschaftlichen und finanziellen Verhältnisse der Beteiligten können ebenso von Bedeutung sein wie Alter, Gesundheitszustand, Nähe zum Arbeitsplatz oder zu pflegende Verwandte, aber auch, wer schon vor der Ehe in der Wohnung gelebt und in die Wohnung investiert hat,[85] oder in ihr aufgewachsen ist.[86]

Hinweis: Daraus ergibt sich die Notwendigkeit detaillierten Vorbringens, um das Gericht in die Lage zu versetzen, die gewünschten Billigkeitserwägungen vornehmen zu können.

Weitere Beurteilungskriterien und Anspruchsvoraussetzungen richten sich nach den Rechtsverhältnissen an der Wohnung.

bb) Wohnung im eigenen Haus eines Ehegatten, § 1568 a Abs. 2 BGB nF

68 Die Vorschrift entspricht dem ehemaligen § 3 HausratsVO.[87]

Dem Eigentum stehen eigentumsähnliche Rechte wie Nießbrauch, Erbbau- oder dingliches Wohnrecht, aber auch Wohnungseigentum und Dauerwohnrecht gleich. Maßgebend ist danach der zu ermittelnde **Grundbuchstand**.

(1) Eigentum des Antragstellers allein oder zusammen mit einem Dritten

69 Diese Fälle dürften unproblematisch sein, denn gem. § 1568 a Abs. 2 BGB nF ist regelmäßig dem antragstellenden Miteigentümer-Ehegatten die Wohnung zuzuweisen, insbesondere dann, wenn dieser auch noch die Kinder betreut.

Bei einer **Konkurrenz zwischen dem Eigentum des einen und dem dinglichen Wohnrecht** des anderen Ehegatten werden zT wegen des Gleichranges die Kriterien gem. § 1568 a Abs. 1 BGB nF wie nach § 2 HausratsVO aF herangezogen.[88] Nach anderer Ansicht soll dem beschränkt dinglich Berechtigten der Vorrang gebühren.[89] Dem Oberlandesgericht Stuttgart[90] zufolge soll das den Eigentümer von der Mitbenutzung ausschließende Wohnungsrecht nach § 1093 BGB dem Eigentum vorgehen, nicht aber die die Mitbenutzung ermöglichende Wohnungsdienstbarkeit gem. §§ 1090–1092 BGB. In letzterem Falle soll eine Regelung gem. § 2 HausratsVO eröffnet werden,[91] nun nach § 1568 a Abs. 1 BGB nF.

Hinweis: Neben der Vorlage eines Grundbuchauszuges mit dem Grundbuchstand ist es zur Untermauerung des Vorranges geboten, auch die **Urkunde über die Wohnrechtsbestellung** vorzulegen. Denn das Grundbuch beinhaltet in Abtl. II nur die Eintragung: „... beschränkt persönliche Dienstbarkeit (Wohnungsrecht) für ... unter Bezug auf die Bewilligung vom ...".

(2) Eigentum des Antragsgegners allein oder mit einem Dritten

70 Steht die Ehewohnung hingegen im Eigentum des Antragsgegners allein oder zusammen mit einem Dritten, soll die Wohnungsüberlassung nur bei Vorliegen „**unbilliger Här-**

---

84 MAH/Müller § 16 Rn 100.
85 S. im Einzelnen Herberger/Martinek/Leis § 2 HausratsVO Rn 15–17 mwN.
86 BT-Drucks. 16/10798, 33.
87 BT-Drucks. 16/10798, 33.
88 Palandt/Brudermüller § 3 HausratsVO Rn 1.
89 OLG Düsseldorf FamRZ 1980, 172.
90 OLG Stuttgart FamRZ 1990, 1260, 1261.
91 Vgl hierzu Herberger/Martinek/Leis § 3 HausratsVO Rn 6, 7; BeckOK BGB/Neumann § 3 HausratsVO Rn 4.

III. Verfahrenseinleitung 8

te" an den Nichteigentümer-Ehegatten erfolgen. Dabei erfolgt **keine Eigentumsübertragung** durch das Gericht, sondern lediglich zum Gebrauch. Da kein Mietverhältnis besteht, hat der bleibende Ehegatte gem. § 1568 a Abs. 5 BGB nF einen Anspruch auf Begründung eines Mietverhältnisses. Die früher diskutierte Befristung der Zuweisung bis zur Beschaffung angemessenen Ersatzwohnraums ist nun durch den gesetzlichen Anspruch auf Begründung eines Mietverhältnisses zu den ortsüblichen Bedingungen auch in diesen Fällen[92] geklärt.

An das Kriterium der unbilligen Härte für den bleibenden Ehegatten werden hohe Anforderungen gestellt: Die Zuweisung an den Nichteigentümer-Ehegatten muss zwingend notwendig sein, um für ihn unerträgliche Belastungen zu vermeiden, die ihn außergewöhnlich beeinträchtigen würden:[93]

- Alter oder Gesundheitszustand, ein behindertengerechter Ausbau der Wohnung für einen an einen Rollstuhl gefesselten Gatten.[94]
- Der Nichteigentümer-Ehegatte kann für ihn und die von ihm betreuten Kinder keine für ihn geeignete und erschwingliche Ersatzwohnung finden.[95]
- Der Nichteigentümer-Ehegatte betreibt im Haus seine Praxis oder seinen Gewerbebetrieb.[96]

Keine zwingende Notwendigkeit der Zuweisung besteht in folgenden Fällen:

- Der Nichteigentümer-Ehegatte benötigt die Wohnung lediglich dringender.[97]
- Kosten des Umzugs,[98] nunmehr Belastung mit Mietzahlungen.
- Mit jedem Umzug verbundene Unbequemlichkeiten auch bei älteren, sich zusehends verselbständigenden Kindern.[99]
- Bloße Mithaftung für die Hauskredite ohne weitere besondere Umstände.[100]
- U.U. fehlende oder unzureichende Unterhaltszahlungen des Eigentümers.[101]
- Verfehlungen des Eigentümer-Ehegatten gegen den anderen.[102]

Die Überlassungsentscheidung des Gerichts führt nicht zwangsläufig zu einer Begründung eines Mietverhältnisses. Das ist gesondert zu beanspruchen und zu beantragen. Erst dann kann durch **richterlichen Hoheitsakt** ein Mietvertrag zwischen den Parteien an der Ehewohnung zu den ortsüblichen Bedingungen zustandekommen. Dabei kann der Richter auf einen Mustermietvertrag zurückgreifen, ansonsten gelten die §§ 535 ff BGB.[103] Zu den weiteren Einzelheiten s. Rn 76. Die Umsetzung in der täglichen Spruchpraxis wird interessant werden.

---

92 Götz/Brudermüller NJW 2008, 3025, 3029.
93 OLG Hamm FamRZ 2004, 888, 889.
94 MAH/Müller § 16 Rn 111.
95 OLG Köln FamRZ 1996, 492.
96 Herberger/Martinek/Leis § 3 HausratsVO Rn 11.
97 OLG Köln NJW-RR 1992, 1155, 1156.
98 Herberger/Martinek/Leis § 3 HausratsVO Rn 9.
99 OLG Köln FamRZ 1992, 1155, 1156; BeckOK BGB/Neumann § 3 HausratsVO Rn 5.
100 OLG Oldenburg FamRZ 1998, 571.
101 OLG Hamm FamRZ 2004, 888, 889.
102 BeckOK BGB/Neumann § 3 HausratsVO Rn 5.

Den Anspruch auf Begründung eines Mietvertrages hat auch der nun als Vermieter anzusehende weichende Eigentümer-Ehegatte. Bei diesem besteht darüber hinaus nach § 1568a Abs. 5 S. 2 BGB nF ein Anspruch auf angemessene Befristung des Mietverhältnisses, wenn die Voraussetzungen nach § 575 Abs. 1 BGB erfüllt sind oder ein unbefristetes Mietverhältnis für ihn als Vermieter seinerseits unbillig wäre.

(3) Gemeinsames Eigentum der Ehegatten

71 Obwohl sicherlich der häufigste Fall, findet sich hierzu in § 1568a BGB nF (ebenso wie in der ehemaligen HausratsVO) keine ausdrückliche Regelung. Demgemäß richten sich die gerichtlichen Anordnungen nicht nach § 1568a Abs. 2 BGB nF (§ 3 HausratsVO aF), sondern nach § 1568a Abs. 1 BGB nF (§ 2 HausratsVO aF),[103] und damit danach, wer in stärkerem Maße auf die Wohnung angewiesen ist, oder nach billigem Ermessen; das Kindeswohl ist hierbei vorrangig.[104] Auch hier ist ein Anspruch auf Begründung eines Mietverhältnisses mit entsprechender Festsetzung der Miethöhe gegeben (§ 1568a Abs. 5 BGB nF), da ein Mietverhältnis zwischen den Ehegatten zuvor nicht bestanden hat und auch hier ein Eingriff in die Eigentumsverhältnisse nicht möglich ist.[105]

cc) Normales Mietverhältnis, § 1568a Abs. 3 BGB nF

72 Im Gegensatz zum Eigentum an der Ehewohnung eröffnet sich dem Gericht bei einem bestehenden Mietverhältnis gem. § 1568a Abs. 3 bis 5 BGB nF als Koppelung zum Überlassungsanspruchs die Möglichkeit, **bestehende Mietverhältnisse neu zu regeln**. Denn mit Rechtskraft der Überlassungsentscheidung tritt der übernehmende Ehegatte entweder in das bestehende Mietverhältnis des anderen bei dessen gleichzeitigem Ausscheiden ein oder setzt ein vormals gemeinsam eingegangenes Mietverhältnis allein fort. Dabei kann ein bestehendes Mietverhältnis dann nicht mehr angenommen werden, wenn der Mietvertrag vom Vermieter bereits wirksam gekündigt worden ist und der Herausgabeanspruch feststeht. Dann wird es zur Begründung eines Mietverhältnisses durch das Gericht gem. § 1568a Abs. 5 BGB nF kommen.[106]

Daher ist der Vermieter auch gem. § 204 Abs. 1 iVm § 200 Abs. 1 Nr. 2 zu beteiligen. Dieser hat aber grundsätzlich kein Recht, der richterlichen Entscheidung zu widersprechen.[107] Er hat aber bei einem **wichtigen Grund in der Person des übernehmenden Ehegatten** ein besonderes Kündigungsrecht gem. § 1568a Abs. 3 S. 2 nF iVm § 563 Abs. 4 BGB. Hingegen sind besondere Schutzmaßnahmen zugunsten des Vermieters (wie eine zeitweise Mithaftung des ausscheidenden Ehegatten) nicht vorgesehen.

Hinweis: Die Vorlage des Mietvertrages mit dem Überlassungsantrag ist erforderlich, damit dem Gericht die genauen Rechtsverhältnisse dargestellt werden können. Es gibt noch immer zahlreiche Mietverträge, in denen nur ein Ehegatte als Mietpartei im Ver-

---

103 Götz/Brudermüller NJW 2008, 3025, 3027.
104 Palandt/Brudermüller § 2 HausratsVO Rn 7, § 3 HausratsVO Rn 2.
105 Münch, Die Scheidungsimmobilie 2009 Rn 511; Herberger/Martinek/Leis aaO § 3 HausratsVO Rn 3; Palandt/Brudermüller § 3 HausratsVO Rn 3.
106 Götz/Brudermüller FamRZ 2009, 1261, 1264.
107 OLG Karlsruhe FamRZ 1995, 45.

tragseingang aufgeführt ist, aber beide unterschrieben haben oder umgekehrt. In solchen Fällen bedarf es ergänzenden und klarstellenden Vorbringens.

Durch die Überlassungsentscheidung wird in diesen Fällen lediglich die neue **Person des Mieters** bestimmt, aber nicht in die sonstigen Vertragsbestimmungen (wie Miethöhe, Zahlungsmodalitäten oder Kündigungsfristen) eingegriffen. Auch eine Genossenschaftswohnung, die satzungsgemäß nur an Mitglieder vermietet werden darf, kann neu geregelt und einem Nichtmitglied überlassen werden.[108] Wem die Wohnung überlassen wird, bestimmt sich nach den Kriterien des § 1568 a Abs. 1 BGB nF. Daneben besteht, wie schon ausgeführt, für die Ehegatten auch die Möglichkeit, durch ihre übereinstimmende Erklärung gegenüber dem Vermieter selbst die mietvertragliche Änderung herbeizuführen.

dd) Dienst- und Werkwohnung, § 1568 a Abs. 4 BGB nF

Bei dieser besonderen Art von Mietverhältnissen zwischen einem Ehegatten und seinem Dienstherrn oder Arbeitgeber sind wie bei § 4 HausratsVO aF dessen Interessen besonders zu berücksichtigen. Hier kann der jeweils andere Ehegatte die Überlassung an sich als Nichtbeschäftigten entweder nur mit **Einverständnis des Dienstherrn** verlangen oder, wenn das notwendig ist, um eine **schwere Härte** zu vermeiden. Die Abstufung des Härtegrades zur „unbilligen Härte" aus Abs. 2 rechtfertigt sich aus der besonderen Zweckbindung der Wohnungsüberlassung zwischen Dienstherrn und Dienstverpflichtetem.[109] Z.T. stellt die Dienstwohnung sogar das Entgelt oder einen Teil davon dar.

Für das Merkmal der „schweren Härte" kann auf die in der Praxis entwickelten Voraussetzungen für eine Zuweisung gegen den Willen des Dritten zurückgegriffen werden.[110] Eine schwere Härte kann vorliegen, wenn der nicht im Dienstverhältnis stehende Ehegatte psychisch schwer krank ist und sich die mit dem Fortzug veranlasste Veränderung seiner Umwelt negativ auf seinen Gesundheitszustand auswirkt[111] oder eine Behinderung den Wohnungswechsel als nicht hinnehmbar charakterisieren würde.[112][13]

Hinweis: Wegen des sog. Regel-Ausnahme-Verhältnisses bedarf es insoweit für den nicht beim Dienstherrn-Vermieter beschäftigten Ehegatten eines detaillierten Vortrags zur Ausnahme.

ee) Befristung, § 1568 a Abs. 5 BGB nF

Die Begründung eines Mietverhältnisses durch das Gericht auch gegen den Willen des weichenden Allein- oder Miteigentümergatten soll den Berechtigten vor allem vor einem Verkauf der Ehewohnung durch den Alleineigentümer oder einer möglichen Teilungsversteigerung bei Miteigentum schützen.[113]

---

108 BVerfG FamRZ 1991, 1413; BT-Drucks. 16/10798, 34.
109 BT-Drucks. 16/10798, 34.
110 BT-Drucks. 16/10798, 34; Johannsen/Heinrich-Brudermüller, Eherecht, 4. Aufl. 2003, § 4 HausratsVO Rn 6 mwN.
111 AG Kerpen FamRZ 1997, 1344, 1345.
112 OLG Frankfurt/M. FamRZ 1992, 695 (fast blinde Ehefrau, die auf die vertraute Umgebung angewiesen war).
113 BT-Drucks. 16/10798, 35.

Hinweis: Zwischen den Beteiligten ist eine ausgewogene Interessenbalance zu schaffen. Denn der Mietvertrag kommt nicht aufgrund freier Entscheidung zwischen den Ehegatten zustande, sondern weil der Berechtigte aus den genannten Gründen einen Anspruch auf den Vertrag hat und der (Mit-)Eigentümer diesen erfüllen muss.[114]

75 Dementsprechend hat der weichende (Mit-)Eigentümergatte seinerseits gem. § 1568 a Abs. 5 S. 2 BGB nF einen Anspruch auf **angemessene Befristung** des Mietverhältnisses
- bei Vorliegen der Voraussetzungen des § 575 Abs. 1 BGB (beabsichtigte Eigennutzung, Modernisierung oder Überlassung an Dientsverpflichtete) oder
- wenn ein unbefristeter Mietvertrag bei Würdigung der Gesamtumstände für den Vermieter unbillig wäre.

Insbesondere der letzte Aspekt schafft Abwägungsmöglichkeiten wegen verfassungsrechtlicher Bedenken gegen die weitreichende Ermöglichung eines unbefristeten Mietverhältnisses oder auch zur Vermeidung unzumutbarer Situationen für den anderen Ehegatten bei sofortiger Wohnungsräumung.[115]

ff) Miete/Nutzungsvergütung/Ausgleichszahlung

76 Während im Fall eines bereits bestehenden Mietverhältnisses die mietvertraglichen Bestimmungen auch nach der Überlassung fortgelten, kann im Falle des Anspruchs auf Begründung eines Mietverhältnisses gem. § 1568 a Abs. 5 S. 1 BGB nF dabei die Berücksichtigung der ortsüblichen Bedingungen verlangt werden. Dabei ist die **ortsübliche Vergleichsmiete** heranzuziehen, wie sie sich zB aus dem jeweils gültigen Mietspiegel ergibt,[116] wenn auch hier noch durch „angemessene Miete" und „im Zweifel" Interpretationsmöglichkeiten eröffnet werden.[117]

Eine Nutzungsentschädigung sehen die Neuregelungen in § 1568 a BGB nF für die Wohnungsüberlassung bei Scheidung im Gegensatz zu § 1361 b BGB während der Trennung nicht vor. Stattdessen hat eben auch der weichende (Mit-)Eigentümer den Anspruch auf einen Mietvertrag mit Festsetzung der Miete.

77 Als weitere Möglichkeit der „Entschädigung" wurde unter Geltung der HausratsVO eine Ausgleichszahlung als eine Art Abstandszahlung für Aus- und Aufbauarbeiten, Aufwendungen oder entgangene Nutzungen der Ehegatten diskutiert. Im Bereich der Wohnungszuweisung fehlte eine entsprechende Regelung, es gab sie nur im Bereich des Hausrats. Daher wurde zT mit einer analogen Anwendung der §§ 8 Abs. 3 S. 2, 9 Abs. 2 S. 2 HausratsVO als Anspruchsgrundlage gearbeitet.[118] Nach anderer Ansicht wurde eine Analogie mangels Vergleichbarkeit der Tatbestände abgelehnt und ein Ausgleich u.a. über Unterhaltssonderbedarf oder Wegfall der Geschäftsgrundlage bei unbenannter Zuwendung in Erwägung gezogen.[119] Auch nach §§ 1568 a und 1568 b Abs. 3 BGB nF ist das geblieben, so dass der Streit fortbesteht.

---

114 BT-Drucks. 16/10798, 36.
115 BT-Drucks. 16/10798, 36; Götz/Brudermüller FamRZ 2009, 1261, 1265.
116 Brudermüller FamRZ 1989, 7, 11.
117 Götz/Brudermüller FamRZ 2009, 1261, 1264.
118 So noch OLG Hamm, 6. Senat, FamRZ 1988, 745.
119 OLG Hamm, 12. Senat, FamRZ 1993, 1462; Brudermüller FamRZ 1989, 7 ff.

III. Verfahrenseinleitung **8**

l) Kostenantrag
Über die Kostentragungspflicht in Familiensachen entscheidet das Gericht von Amts **78**
wegen (§ 81 Abs. 1 S. 3), daher ist ein entsprechender **Antrag nicht erforderlich.** Dabei
soll der Beteiligte die Kosten tragen, der durch sein grobes Verschulden Veranlassung
für das Verfahren gegeben hat (§ 81 Abs. 2 Nr. 1). Das dürfte bei § 1361 b BGB regelmäßig der Täter gewesen sein. Im Übrigen hat das Gericht die Kosten des Verfahrens
nach billigem Ermessen zu verteilen, ggf einem Beteiligten ganz oder teilweise aufzuerlegen oder von einer Kostenerhebung abzusehen (§ 81 Abs. 1).

m) Vollstreckungsantrag
Das Gericht „soll" gem. § 209 Abs. 1 im Rahmen seiner Entscheidung die zu dessen **79**
Durchführung erforderlichen Anordnungen treffen. Wie schon nach den Regelungen
des alten § 64 b FGG besteht die Möglichkeit, eine solche Anordnung vorzunehmen,
um deren Durchsetzung bereits vor Eintritt der Rechtskraft einzuleiten. Denn regelmäßig ist die Vollstreckung erst mit Rechtskraft der Entscheidung möglich. Diese setzt
jedoch die vorherige Zustellung voraus, was uU problematisch sein könnte. Ferner löst
durchaus häufig die Zustellung der Entscheidung eine Eskalation und weitere Gefährdung des Opfers aus.

In Fällen der Eilbedürftigkeit oder massiver Rechtsgüterverletzung ist es daher angeraten, einen Antrag auf Vollstreckung aus dem Beschluss vor dessen Zustellung zu stellen (§ 209 Abs. 3), was vom Gericht angeordnet werden kann. Um das in Ehewohnungssachen nach § 200 Abs. 1 Nr. 1 FamFG iVm § 1361 b BGB zu erreichen, ist das
Gericht anzuhalten, die **sofortige Wirksamkeit des Beschlusses anzuordnen** (§ 209
Abs. 2 S. 2). Die für die Vollstreckung erforderliche Wirksamkeit des Beschlusses tritt
bei einer Anordnung der Zulässigkeit der Vollstreckung vor Zustellung mit dessen
Übergabe an die Geschäftsstelle zur Bekanntmachung ein (§§ 209 Abs. 3 S. 2, 216
Abs. 2 S. 2). Das ist auf der Entscheidung zu vermerken.

Trotz regelmäßig gleicher Interessenlage fehlt aber für Verfahren gem. § 1361 b BGB **80**
in § 209 FamFG eine Regelung wie in Gewaltschutzsachen gem. § 214 Abs. 2 Hs 2
FamFG, auf entsprechenden Antrag anzuordnen, dass die Zustellung nicht vor Vollstreckung erfolgen darf.

Im Wohnungsverfahren nach §§ 200 ff fehlt ferner eine dem § 214 Abs. 2 Hs 1 in Gewaltschutzsachen entsprechende Vorschrift, nach der eine antragsgemäß ergangene
einstweilige Anordnung ohne Anhörung gleichzeitig als **Auftrag zur Zustellung an den
Gerichtsvollzieher nebst Vollstreckung** gilt.

Hinweis: Daher hat das Opfer die Vollstreckung durch Gerichtsvollzieherbeauftragung selbst zu veranlassen. Dabei ist dann darauf zu achten, den Gerichtsvollzieher auf
die ggf angeordnete Vollstreckung vor Zustellung hinzuweisen, auch wenn die Übergabe an die Geschäftsstelle auf der Entscheidung vermerkt sein muss. Damit können
Verzögerungen durch eventuelle Rückfragen vermieden werden.

Der Tenor muss einen **vollstreckungsfähigen Inhalt** haben. Enthält im Rahmen der **81**
Wohnungszuweisung die Anordnung nur die Formulierung: „hat zu überlassen" oder
„wird zugewiesen", bestehen Bedenken gegen die Vollstreckbarkeit. Das gilt auch vor

Vihar

dem Hintergrund der Begründung eines Miet- oder Nutzungsverhältnisses. Daher sollte auf jeden Fall ein Antrag mit den Formulierungen des § 885 Abs. 1 ZPO gestellt werden, wonach der Täter die Wohnung zu überlassen bzw zu räumen hat.[120] Dabei sind die zuzuweisenden Räume genau zu kennzeichnen, damit der Gerichtsvollzieher eine Identifizierung vornehmen kann. Das gilt auch vor dem Hintergrund, dass gem. § 209 Abs. 1 das Gericht die zur Durchsetzung seiner Endentscheidung notwendigen Anordnungen treffen „soll". Von der Räumungsvollstreckung im Tenor sind zweckmäßigerweise Wohnungseinrichtung und bewegliche Sachen auszunehmen.

82 Dem Gerichtsvollzieher obliegt zwar gem. § 885 Abs. 1 S. 2 ZPO von Amts wegen die Ermittlung der neuen Anschrift des Täters oder des Bevollmächtigten zum Zwecke der Zustellung; der Vertreter des Opfers sollte dies sicherheitshalber nachhalten.

n) Muster
aa) Muster: Antrag nach § 1361 b BGB[121]

83 Der Fall geht von einer bestehenden Ehe der Beteiligten mit einem gemeinsamen Kind sowie dem Vorliegen unbilliger Härte gem. § 1361 b Abs. 1 BGB aus. Der Wohnungsmietvertrag ist von beiden Ehegatten geschlossen worden.

An das Amtsgericht ...
– Familiengericht –

Antrag auf Erlass einer einstweiligen Anordnung
der Frau ...

– Antragstellerin –

Verfahrensbevollmächtigte: ...
gegen
Herrn ...

– Antragsgegner –

wegen vorläufiger Wohnungszuweisung gem. § 1361 b BGB
Namens und kraft anliegender Vollmacht der von mir vertretenen Antragstellerin beantrage ich wegen der Dringlichkeit ohne vorherige Anhörung gegen den Antragsgegner den Erlass einer einstweiligen Anordnung folgenden Inhalts:
1. Der Antragstellerin wird bis zur Rechtskraft der Ehescheidung die Wohnung in ... (Stadt), ... (Straße) ... (Nr.) im Erdgeschoss rechts, bestehend aus 1 Wohn-, 1 Schlaf- und 1 Kinderzimmer, Küche, Diele und Bad sowie 1 Kellerraum Nr. ... einschließlich der darin befindlichen beweglichen Gegenstände zur alleinigen Nutzung zusammen mit dem gemeinsamen Kind ... zugewiesen.
2. Dem Antragsgegner wird aufgegeben, die Wohnung gem. Ziff. 1 – ausgenommen der darin befindlichen beweglichen Sachen – zu räumen und an die Antragstellerin herauszugeben.
3. Der Antragstellerin wird gestattet, für die Dauer der alleinigen Nutzung der Wohnung gem. Ziff. 1 das Schloss der Wohnungseingangstür auszuwechseln.

---

120 Giers, Der Antrag nach dem Gewaltschutzgesetz, FamRB 2005, 303, 306; Kogel, Die Umsetzung des Gewaltschutzgesetzes in der anwaltlichen Praxis, FamRB 2004, 303 f, jeweils zum insoweit inhaltsgleichen § 2 GewSchG.
121 Weitere Formulierungsbeispiele finden sich als Download beim Bundesministerium für Familie, Senioren, Frauen und Jugend unter www.bmfsfj.de.

III. Verfahrenseinleitung

4. Dem Antragsgegner wird untersagt, alles zu unterlassen, was geeignet ist, die Ausübung des Nutzungsrechts zu erschweren oder zu vereiteln und die Wohnung für die Dauer der alleinigen Nutzungszuweisung zu betreten.

5. Dem Antragsgegner wird für jeden Fall der Zuwiderhandlung ein Ordnungsgeld von bis zu 5.000 EUR und für den Fall, dass dieses nicht beigetrieben werden kann, ersatzweise Ordnungshaft von bis zu sechs Monaten angedroht.

6. Die sofortige Wirksamkeit der einstweiligen Anordnung und Zulässigkeit ihrer Vollstreckung vor Zustellung an den Antragsgegner wird angeordnet.

Begründung:

Die Beteiligten sind miteinander verheiratet, aus ihrer Ehe ist die am ... geborene, jetzt dreijährige Tochter ... hervorgegangen. Das Kind wird ausschließlich von der Antragstellerin betreut, sie ist die maßgebende Bezugsperson.

Die Beteiligten bewohnen die im Antrag zu Ziff. 1 näher bezeichnete, gemeinsam angemietete, 75 qm große Wohnung, für die eine mtl. Bruttomiete iHv 530 EUR zu zahlen ist.

Glaubhaftmachung: anl. Kopie des Mietvertrages

Während die Antragstellerin keiner beruflichen Tätigkeit nachgeht, verdient der Antragsgegner mtl. durchschnittlich netto ca. 1.500 EUR.

Die Parteien leben innerhalb der Wohnung getrennt. Vor ca. einem Monat ist die Antragstellerin aus dem vom Antragsgegner weiter benutzten gemeinsamen Schlafzimmer ausgezogen und nächtigt seither im Kinderzimmer auf einer Luftmatratze.

Sie erbringt dem Antragsgegner seit dieser Zeit keine Versorgungsleistungen mehr. Die Antragstellerin hat dem Antragsgegner zusammen mit Vollzug der Trennung unmissverständlich zu verstehen gegeben, die Scheidung anzustreben und deshalb die Trennung von ihm zu wollen. Das ist das Ergebnis eines schon länger andauernden Zerwürfnisses der Beteiligten. Der Antragsgegner trinkt viel und kommt mehrfach wöchentlich angetrunken mit Arbeitskollegen nach Hause, um dort mit diesen bis in die späten Abendstunden weiterzutrinken, lautstark zu diskutieren und laute Musik zu hören, so dass sich Hausnachbarn bereits über diese Ruhestörungen bei der Antragstellerin und beim Vermieter beschwert haben. Es kommt deshalb regelmäßig zu Streitigkeiten zwischen den Eheleuten, die auch bis in die Nacht andauern. Sie setzen sich am nächstfolgenden Tag auch noch fort und werden zwangsläufig auch in Anwesenheit des Kindes ausgetragen.

Dadurch hat die Tochter begonnen, nachts einzunässen, nicht mehr zu schlafen und ständig zu weinen. Die Antragstellerin hat auch ein leichtes Stottern des sehr schüchtern gewordenen Kindes feststellen müssen. Sie hat bereits einen Kinderarzt konsultiert, der die psychische Belastung des Kindes durch die häusliche Situation bestätigt hat. Das hat sich seit Beginn der Trennung noch verschlimmert, denn der Antragsgegner ist nicht mit der Trennung einverstanden. Da die Eheleute regelmäßig in Küche und Bad aufeinandertreffen, können sie sich nicht aus dem Weg gehen und es entstehen dabei immer wieder neue Streitigkeiten, die vom Antragsgegner initiiert werden. Immer wieder verlangt er von der Antragstellerin, sie solle sich um den Haushalt kümmern, er gehe ja arbeiten und bringe das Geld nach Hause.

Diese Gesamtsituation ist der Antragstellerin nicht weiter zuzumuten. Da auch das Kind bereits gesundheitlich geschädigt ist, hat zur Vermeidung einer unbilligen Härte die Zuweisung der Ehewohnung an die Antragstellerin allein zu erfolgen. Denn auch ein Umzug ist ihr wegen des Kindes und mangels Bezahlbarkeit nicht möglich.

Wegen der besonderen Situation ist sicherzustellen, dass der Antragsgegner die Zuweisung zu akzeptieren hat. Daher sind die Wohlverhaltensauflagen ebenso geboten wie die Androhung des Ordnungsgeldes.

Zur Vermeidung einer Eskalation ist es ferner geboten, die Vollstreckung vor Zustellung des Beschlusses anzuordnen, denn in angetrunkenem Zustand ist der Antragsgegner unberechenbar.

Glaubhaftmachung für alles Vorstehende: anl. eidesstattliche Versicherung der Antragstellerin vom ...

§ 8 Wohnungszuweisung

Für das Verfahren wird Verfahrenskostenhilfe mit gesondertem Schriftsatz vom heutigen Tage beantragt.

(Rechtsanwalt)

Zum Verfahrenskostenhilfeantrag s. Rn 132.

bb) Muster: Antrag nach § 1568 a BGB nF

84 Der Fall geht von einem anhängigen Scheidungsverfahren aus. Der weichende Ehegatte hat den Wohnungsmietvertrag allein geschlossen.

An das Amtsgericht ...
– Familiengericht –
In der Familiensache Geschäftszeichen ...
der Frau ...

– Antragstellerin –

Verfahrensbevollmächtigte: ...
gegen
Herrn ...

– Antragsgegner –

weiterer Beteiligter: Herr ... (Vermieter)

wegen Ehescheidung, **hier: Zuweisung der Ehewohnung**

nehme ich Bezug auf die im Scheidungsverfahren vorgelegte Verfahrensvollmacht und beantrage namens der Antragstellerin:

1. Die Ehewohnung in ... (Stadt), ... (Straße) ... (Nr.) im Erdgeschoss rechts, bestehend aus 1 Wohn-, 1 Schlaf- und 1 Kinderzimmer, Küche, Diele und Bad sowie 1 Kellerraum Nr. ... einschließlich der darin befindlichen beweglichen Gegenstände wird der Antragstellerin zusammen mit den gemeinsamen Kindern ... und ... ab Rechtskraft der Scheidung zur alleinigen Nutzung überlassen.

2. Die Antragstellerin tritt zu diesem Zeitpunkt in das aufgrund Mietvertrages des Antragsgegners mit Herrn ... vom ... bestehende Mietverhältnis ein und führt dieses dann alleine fort. Der Antragsgegner scheidet zu diesem Zeitpunkt aus dem Mietverhältnis aus.

3. Dem Antragsgegner wird aufgegeben, die Wohnung gem. Ziff. 1 innerhalb von sechs Wochen ab Rechtskraft der Scheidung – mit Ausnahme der beweglichen Sachen – zu räumen und an die Antragstellerin herauszugeben.

4. Der Antragsgegner hat alles zu unterlassen, was geeignet ist, die Ausübung des Nutzungsrechts der Antragstellerin zu erschweren oder zu vereiteln.

Begründung:

Die Parteien sind getrennt lebende Eheleute. Das Scheidungsverfahren ist vor dem erkennenden Gericht unter dem Geschäftszeichen ... rechtshängig. Ein Termin ist auf den ... bestimmt worden. Da Scheidung einschließlich Versorgungsausgleich entscheidungsreif sind, ist mit dem Scheidungsausspruch in diesem Termin zu rechnen.

Aus der Ehe sind die am ... und ... geborenen Kinder, die jetzt knapp dreijährige Tochter ... und der jetzt sechsjährige Sohn ..., hervorgegangen.

Die Eheleute leben nach wie vor in der Ehewohnung, wie im Antrag zu 1. näher bezeichnet. Diese ist vom Antragsgegner durch Mietvertrag vom ... allein angemietet worden und hat bei 3 $^1/_2$ Zimmern eine Größe von 75 qm. Die mtl. Bruttomiete beträgt 530 EUR.

Beweis: anl. Kopie des Mietvertrages

IV. Verfahren **8**

Die Antragstellerin kümmert sich um den Haushalt und die Kinder und hat daher keine eigenen Einkünfte, der Antragsgegner verdient netto mtl. ca. 1.600 EUR. Er zahlt an die Antragstellerin Kindes- und Ehegattenunterhalt iHv 600 EUR, hat aber noch weiteres ererbtes Anlagevermögen.

Obwohl die Ehegatten bereits 15 Monate lang getrennt leben, war es ihnen noch nicht möglich, eine Einigung über die Ehewohnung zu finden. Der Antragsgegner hat erklärt, die Antragstellerin erhalte so viel Unterhalt für sich und die Kinder, dass sie in der Lage sei, sich eine neue Wohnung zu suchen und diese auch zu bezahlen. Er sehe jedenfalls nicht ein, die von ihm allein angemietete Wohnung, für die er auch noch bezahle, ihr zu überlassen.

Die Überlassung der Wohnung an die Antragstellerin ist geboten, da sie hierauf in stärkerem Maße angewiesen ist als der Antragsgegner und das auch dem Kindeswohl entspricht. Die Kinder leben seit ihrer Geburt in der vertrauten Umgebung, haben hier Freunde und auch nahe Verwandte. Kindergarten und Schule sind gefahrlos zu Fuß binnen fünf Minuten zu erreichen. Die Kinder haben auch gute Kontakte zu den Mitmietern und deren Kindern im Hause. Eine Hausnachbarin hat eine vierjährige Tochter, hier hat sich sowohl zwischen den Töchtern als auch den Müttern ein freundschaftliches Verhältnis entwickelt.

Die Zuweisung der Wohnung an die Antragstellerin bei gleichzeitigem Ausscheiden des Antragsgegners aus dem Mietvertrag eröffnet diesem auch die Möglichkeit, eine etwas näher zu seiner Arbeitsstelle gelegene Wohnung zu finden, denn derzeit hat er einen Anfahrtsweg von 15 km.

Für die vorliegende Folgesache wird unter Bezugnahme auf die Unterlagen zur bewilligten Verfahrenskostenhilfe im Scheidungsverfahren ebenfalls um Verfahrenskostenhilfe nachgesucht.

(Rechtsanwalt)

IV. Verfahren

1. Beteiligte

Neben den „normalen" Beteiligten wie Antragsteller und Antragsgegner sind bei Wohnungszuweisungen noch besondere Beteiligte je nach Verfahren zu beachten. 85

a) Verfahren nach § 1361 b BGB

Da die Wohnungszuweisung gem. § 200 Abs. 1 Nr. 1 FamFG iVm § 1361 b BGB zwischen den Ehegatten nur bis zur Rechtskraft der Scheidung wirkt und im Hinblick auf die Zuweisung auf Rechte Dritter (Vermieter etc.) letztlich noch keine Außenwirkungen hat, besteht auch nicht die Notwendigkeit einer Einbeziehung Dritter. Auf seinen Antrag ist aber das Jugendamt bei Wohnungszuweisungen zu beteiligen, soweit Kinder im Haushalt leben. Da in der Antragsschrift bereits anzugeben ist, ob Kinder im Haushalt leben, ist auch dessen Informationserteilung durch das Gericht gewährleistet. Im Übrigen hat das Gericht dem Jugendamt die Endentscheidung auch mitzuteilen (§ 205 Abs. 2 S. 1), ihm steht ein eigenes Beschwerderecht gegen den Beschluss zu (§ 205 Abs. 2 S. 2). 86

b) Verfahren nach § 1568 a BGB nF

Anders ist es in den Fällen des § 200 Abs. 1 Nr. 2 FamFG iVm § 1568 a BGB nF, denn hier geht es um die endgültige – rechtsgestaltende – Regelung der Rechtsverhältnisse an der Wohnung. Daher sieht hierfür § 204 Abs. 1 die Beteiligung derjenigen Personen vor, die an den Rechtsverhältnissen der Wohnung allein- oder mitbeteiligt sind. Der in der Vorschrift genannte Personenkreis ist nicht abschließend, § 7 Abs. 2 ist ergänzend heranzuziehen – damit sind insbesondere die Personen zu beteiligen, deren Rechte durch 87 das Verfahren unmittelbar betroffen werden.[122] Das ist u.a. beim Miteigentum des weichenden Ehegatten mit einem Dritten dieser Dritte, bei einem bestehenden Mietverhältnis der Vermieter. Diesen ist rechtliches Gehör zu gewähren. Gleichwohl hat zB der Vermieter – mit Ausnahme des § 1568 a Abs. 6 BGB nF nach Ablauf der Jahresfrist[123] – kein Widerspruchsrecht. Auch in diesen Fällen ist das Jugendamt auf seinen Antrag hin zu beteiligen, wenn Kinder im Haushalt leben. § 204 Abs. 2 unterscheidet nicht zwischen Verfahren nach § 1361 b BGB und § 1568 a BGB nF.

2. Termin/Anhörung

a) Mündliche Verhandlung

88 Grundsätzlich soll das Gericht die Angelegenheit gem. § 207 mit den Beteiligten erörtern. Das entspricht dem bisherigen § 13 Abs. 2 HausratsVO.

Hierzu soll es deren persönliches Erscheinen anordnen. Leben Kinder im Haushalt der Ehegatten, soll ohnehin das Jugendamt angehört werden. Im Gegensatz zum Gewaltschutzverfahren ist hier eine gütliche Einigung der Beteiligten anzustreben und soll vom Gericht auch gefördert werden (§ 36 Abs. 1). Soweit es um die Zuweisung nach § 200 Abs. 1 Nr. 2 FamFG iVm § 1568 a BGB nF geht, wird das Gericht regelmäßig gem. § 207 **nicht ohne vorherige Anhörung der Beteiligten** entscheiden. Spätestens im Rahmen der Anhörung soll das Gericht dann die notwendige Sachverhaltsaufklärung vornehmen, auf sachdienliche Anträge hinwirken und möglichst darin enthaltene Fehler beseitigen.

89 Das Gericht kann eine Entscheidung über eine beantragte einstweilige Anordnung bei dringendem Bedürfnis aber auch **ohne mündliche Verhandlung** treffen. Das ist in der Regel bei Taten nach § 1361 b Abs. 2 BGB wie auch zum Schutz von Gewaltopfern und/ oder Kindern geboten. Eine nur wegen Gefahr im Verzug unterbliebene Anhörung des Jugendamtes ist unverzüglich nachzuholen (§ 205 Abs. 1).

90 Die wesentlichen Vorgänge im Termin, Hinweise und Anhörungen sind durch einen Vermerk aktenkundig zu machen. Zu vermerken sind aber insbesondere auch die Beweisermittlungen außerhalb eines Termins.

Hinweis: Das Gericht kann sich nach wie vor der Unterstützung des Urkundsbeamten der Geschäftsstelle oder der Aufzeichnung auf Datenträger bedienen (§ 28 Abs. 4 S. 3 iVm § 14 Abs. 2 FamFG und §§ 130 a Abs. 1 u. 3, 298 ZPO).

b) Beweiserhebung/Beweisaufnahme

aa) Amtsermittlung

91 Da der Amtsermittlungsgrundsatz herrscht, ist das Gericht **nicht an das Parteivorbringen gebunden**. So ist es denkbar, dass es bereits vor oder noch im Termin eigene Sachverhaltsaufklärungen oder Beweisermittlungen vornimmt, zB durch Telefonanrufe, Telefaxe uä, und diese im Wege des sog. Freibeweises würdigt. Das Gericht erhebt die ihm

---

122 Kroiß/Seiler § 3 Rn 354.
123 BT-Drucks. 16/10798, 36; Münch Rn 517.

als erforderlich erscheinenden Beweise in der ihm geeignet erscheinenden Weise ohne Bindung an das Vorbringen der Beteiligten.[124] Ergebnisse sind aktenkundig zu machen.

bb) Förmliche Beweisaufnahme

Beweisanträge sind möglich. Insbesondere können die Beteiligten die Durchführung einer förmlichen Beweisaufnahme beantragen. Das Gericht entscheidet darüber nach **pflichtgemäßem Ermessen**. Eine förmliche Beweisaufnahme nach den Bestimmungen der ZPO soll aber stattfinden, wenn das Gericht seine Entscheidung maßgeblich auf eine ausdrücklich bestrittene Tatsache stützen will (§ 30 Abs. 3). Dann ist bei weiter bestehender Streitigkeit einer Tatsache die förmliche Beweisaufnahme mit dem Strengbeweis geboten.[125] Im Bereich der häuslichen Gewalt stößt der Strengbeweis häufig an seine Grenzen, weil sich die Vorgänge in einer Ehe oft unter Ausschluss der Öffentlichkeit ereignen. Gerade hier ist daher eine Entscheidungsfindung unter **Heranziehung des Freibeweises** nützlich. Es gibt keine Beweisaufnahme, die nicht sofort stattfinden kann (§ 31 Abs. 2). Daher sind im Termin präsente Beweismittel – wie schon dargelegt – insbesondere im Eilverfahren (Mitbringen von Zeugen, Dokumenten etc.) von großer Bedeutung. Soweit zur Sachaufklärung oder Wahrung des rechtlichen Gehörs notwendig, ist den Beteiligten Gelegenheit zu geben, zum Ergebnis einer förmlichen Beweisaufnahme Stellung zu nehmen.

3. Vorzeitiges Verfahrensende

Neu aufgenommen worden ist durch § 208 die Regelung, nach der bei **Tod eines Beteiligten** vor Abschluss des Verfahrens dieses als erledigt gilt. Das ist Ausdruck der Qualifizierung der Rechte der Ehegatten im Zusammenhang mit der Wohnungszuweisung als höchstpersönlich und nicht vererblich.[126] Im Übrigen kann natürlich jederzeit der Antrag zurückgenommen werden. Sollte eine Entscheidung zwar bereits ergangen, aber noch nicht rechtskräftig sein, wird sie dadurch wirkungslos (§ 22 Abs. 2). Die Rücknahme bedarf aber in diesem Stadium der Zustimmung der übrigen Beteiligten (§ 22 Abs. 1 S. 2). Vor Erlass der Entscheidung ist hingegen eine solche Zustimmung nicht erforderlich.[127]

V. Entscheidungsfindung

Maßgebend ist die freie Überzeugungsfindung (§ 286 ZPO, § 261 StPO) des Tatrichters aufgrund gesamten Verfahrens- einschließlich Akteninhalts (auch ohne das Erfordernis einer mündlichen Erörterung), dh es genügt „ein für das praktische Leben brauchbarer Grad an Gewissheit"[128] einschließlich der Wahrung rechtlichen Gehörs.

---

124 Kroiß/Seiler § 2 Rn 68.
125 Kroiß/Seiler § 2 Rn 66.
126 BR-Drucks. 309/07, 559.
127 BR-Drucks. 309/07, 405.
128 BGH NJW 1993, 935.

VI. Entscheidung

95 Das Gericht hat zur ganz oder teilweisen Erledigung der Angelegenheit eine Endentscheidung **durch Beschluss** zu treffen (§ 38), es sei denn, die Beteiligten haben sich auf eine gütliche Erledigung durch Vergleich verständigt. Im Gegensatz zu den Gewaltschutzsachen, bei denen das Gericht gem. § 36 Abs. 1 S. 2 nicht auf eine gütliche Einigung hinwirken soll, ist bei Wohnungszuweisungen nach § 1361 b BGB und § 1568 a BGB nF ein Vergleich angezeigt, weil er flexiblere Gestaltungsmöglichkeiten eröffnet und eine solche Einigung geeignet ist, das Verhältnis der Ehegatten zu entspannen. Wenn das Gericht auch nicht an Anträge gebunden ist, muss es aufgrund des Beteiligtenvorbringens in die Lage versetzt werden, die zur Durchführung seiner Endscheidung notwendigen Anordnungen zu treffen.

1. Anzuordnende Maßnahmen

96 Das Hauptziel ist natürlich die Zuweisung der Wohnung, entweder als vorläufige Regelung gem. § 1361 b BGB oder als endgültig rechtsgestaltende gem. § 1568 a BGB nF. In beiden Verfahrensarten können **begleitende Sicherungsmaßnahmen** angeordnet werden, wie das Verbot, den verbleibenden Ehegatten zu misshandeln, zu bedrohen oder die Wohnung zu betreten, Schlösser auszutauschen etc.[129]

a) Zuweisung gem. § 1361 b BGB

97 Das Gericht weist dem Opfer die alleinige oder teilweise Nutzung der Wohnung oder des Hauses unter Ausschluss des Täters zu, soweit das der Billigkeit und den sonstigen Voraussetzungen nach Abs. 1 oder 2 entspricht. Aufgrund der Regelung in § 1361 b Abs. 2 S. 1 BGB erfolgt dies bei Vorliegen der Voraussetzungen regelmäßig zur alleinigen Nutzung. Wegen der weiteren Einzelheiten über Art und Umfang der Zuweisung wird auf Rn 44 ff verwiesen.

Das Gericht hat korrespondierend hierzu auf Antrag dem weichenden Ehegatten eine **Nutzungsvergütung** zuzusprechen. Obwohl § 209 Abs. 1 dem Gericht die Möglichkeit weiterer Maßnahmen eröffnet, darf es aber auch nicht mehr zusprechen, als begehrt wird. Eine Nutzungsvergütung ist sicherlich nicht zur Durchsetzung der Endentscheidung, deren Ziel der Schutz des Opfers ist, geboten. Daher wird eine solche nicht von Amts wegen festzusetzen sein. Hingegen können im Einzelfall notwendige flankierende Maßnahmen zur Umsetzung der Wohnungszuweisung zum Schutz des verbleibenden Ehegatten von Amts wegen erfolgen (s. Rn 61).

b) Überlassung gem. § 1568 a BGB nF

98 Zusammen mit der Überlassung zur Nutzung hat das Gericht als richterlichen Hoheitsakt auf Antrag ein Mietverhältnis zu begründen. Bei Eigentum eines oder beider Ehegatten erfolgt nur eine Zuweisung zur Nutzung, ohne dass Eigentum übertragen werden darf, und das auch nur befristet. Wegen der Einzelheiten wird auf Rn 64 ff verwiesen.

99 Bei einem Mietverhältnis greift das Gericht in das bestehende Mietverhältnis ein, soweit die Vertragsparteien betroffen sind. Besondere Schutzanordnungen zugunsten des Ver-

---

[129] Hierzu BeckOK BGB/Neumann § 15 HausratsVO Rn 5 mwN; Götz/Brudermüller FamRZ 2009, 1261, 1268.

mieters sind nicht (mehr) zu treffen, eine Fortdauer der Mithaftung des weichenden Ehegatten ist nicht mehr vorgesehen (s. Rn 72).

Die Ursprungskaution bleibt beim Vermieter. Aufgrund der Neugestaltung des Mietverhältnisses hat der verbleibende Ehegatte gegen den Vermieter bei der späteren Beendigung des Mietverhältnisses den Anspruch auf Kautionsrückzahlung. Durch die gerichtliche Entscheidung über die Änderung der Rechtsverhältnisse an der Mietwohnung wird gleichzeitig die Willenserklärung des Vermieters hierzu ersetzt. 100

Neben dem Tenor über die Räumung hat das Gericht den vertragsgestaltenden Hoheitsakt die **Umgestaltung oder Begründung von Mietverhältnissen** zu formulieren, wenn das beantragt worden ist. Von Amts wegen kann das Gericht auch bei einer Überlassung nach § 1568a BGB nF sog. flankierende Schutzmaßnahmen für den bleibenden Ehegatten gem. § 209 Abs. 1 anordnen.[130] Die Vorschrift des § 209 Abs. 1 entspricht damit dem bisherigen § 15 HausratsVO. 101

2. Kostenentscheidung

Für alle Familiensachen, damit auch für Wohnungssachen gem. § 111 Nr. 5, sieht § 81 Abs. 1 S. 3 zwingend eine Kostenentscheidung vor. Das Gericht kann gem. § 81 über die Verfahrenskosten **nach billigem Ermessen** entscheiden, in diesem Zusammenhang über die Gerichtskosten und außergerichtlichen Kosten der Beteiligten. Dazu gehören die Anwaltskosten. Gem. § 81 Abs. 1 S. 2 kann das Gericht auch von der Kostenerhebung Abstand nehmen, auch hier regelmäßig nach Verlauf und Ergebnis des Verfahrens. Das Gericht soll in besonders aufgelisteten Fällen nach § 81 Abs. 2 einen Beteiligten ganz oder teilweise mit den Kosten belasten. 102

Für auf § 1361b BGB gestützte Entscheidungen dürfte insbesondere § 81 Abs. 2 Nr. 1 von Bedeutung sein. Diese Bestimmung knüpft an den bisherigen § 13a Abs. 1 S. 2 Alt. 2 FGG an. Bei vom Antragsgegner verursachten Situationen, die zur unbilligen Härte iSd § 1361b Abs. 1 BGB geführt haben, bzw bei Gewalt oder Drohung damit gem. § 1361b Abs. 2 BGB, wird er im Regelfall auch das gerichtliche Verfahren und die entsprechenden Schutzmaßnahmen verursacht haben. 103

Bei Ehewohnungsverfahren nach § 1568a BGB nF wird es, vorbehaltlich der Regelungen aus § 81 Abs. 2 Nr. 2–4, bei der Kostenentscheidung gem. § 81 Abs. 1 **nach billigem Ermessen** bleiben. Eine durch grobes Verschulden veranlasste Verfahrenseinleitung gem. § 81 Abs. 2 Nr. 1 wird hier weniger gegenwärtig sein. Da eine Entscheidung getroffen werden muss, kann das Gericht auch bei der Ausübung seines Ermessens Konstellationen berücksichtigen, wie sie aufgrund der Bindungen an Obsiegen und Unterliegen in den zivilprozessualen Bestimmungen über die Kostenverteilung geregelt sind.[131] 104

Die Unabhängigkeit einer einstweiligen Anordnung von der Hauptsache bleibt gem. § 51 Abs. 3 S. 1 auch bei deren Anhängigkeit bestehen. Das hat auch Auswirkungen auf die Kostenentscheidung. § 51 Abs. 4 bestimmt, dass für die Verfahrenskosten der

---

130 Götz/Brudermüller FamRZ 2009, 1261, 1268.
131 BR-Drucks. 309/07, 475.

einstweiligen Anordnung die allgemeinen Vorschriften gelten und daher mit der Endentscheidung im Eilverfahren auch über deren Kosten zu befinden ist.

3. Rechtsbehelfsbelehrung

105 Grundsätzlich ist nunmehr eine Rechtsbehelfs-/Rechtsmittelbelehrung **erforderlich**, die das statthafte Rechtsmittel, das angerufene Gericht, Form und Frist beinhalten muss (§ 39). Die Belehrung im Eilverfahren hat auch über den nach einer Entscheidung ohne vorherige Anhörung nur möglichen – unbefristeten – Antrag auf mündliche Verhandlung zu erfolgen.[132] Dabei sollen die Formalien des § 39 für alle ordentlichen Rechtsbehelfe gelten.[133]

106 **Muster: Rechtsmittelbelehrung**
Gegen diese Entscheidung ist das Rechtsmittel der Beschwerde gegeben. Sie ist innerhalb von einem Monat nach Zustellung beim Amtsgericht ... in ... einzulegen, und zwar schriftlich oder zur Niederschrift der Geschäftsstelle. Die Beschwerde muss die Bezeichnung des angefochtenen Beschlusses sowie die Erklärung enthalten, dass Beschwerde gegen diesen Beschluss eingelegt wird. Sie ist vom Beschwerdeführer oder seinem Bevollmächtigten zu unterzeichnen.

107 **Muster: Antrag auf mündliche Verhandlung beim Eilverfahren ohne Anhörung**
Gegen diese Entscheidung besteht die Möglichkeit, einen Antrag auf mündliche Verhandlung zu stellen. Der Antrag ist beim Amtsgericht ... in ... zu stellen und zwar schriftlich oder zur Niederschrift der Geschäftsstelle. Der Antrag muss die Bezeichnung des angefochtenen Beschlusses sowie die Erklärung enthalten, dass Antrag auf mündliche Verhandlung gegen diesen Beschluss gestellt wird. Er ist vom Antragsteller oder seinem Bevollmächtigten zu unterzeichnen.

4. Wirksamkeit

108 Die Endentscheidungen werden grundsätzlich **wirksam mit Zustellung** an die Beteiligten (§ 40 Abs. 1), diejenigen in Wohnungssachen gem. § 209 Abs. 2 S. 1 erst mit Rechtskraft, damit also grundsätzlich mit Ablauf der Rechtsmittelfrist nach vorheriger Zustellung. Die Vorschrift entspricht grundsätzlich dem alten § 16 Abs. 1 S. 1 Hausrats-VO. Bei Ehewohnungssachen gem. § 1361 b BGB sieht die Neuregelung des § 209 Abs. 2 S. 2 als „Soll"-Vorschrift die Möglichkeit für das Gericht vor, die sofortige Wirksamkeit anzuordnen, um die Effizienz der Durchsetzung wie bei § 2 GewSchG zu steigern.[134] **Die Wirksamkeit ist damit insoweit unabhängig von der formellen Rechtskraft**, denn mit Übergabe der Entscheidung zur Bekanntgabe an die Geschäftsstelle tritt deren Wirksamkeit ein (§ 209 Abs. 3 S. 2), was auf der Entscheidung zu vermerken ist.

5. Muster

a) Muster: Entscheidung nach § 1361 b BGB

109 (Die nachstehende Entscheidung knüpft an das Antragsbeispiel Rn 83 an)

Beschluss
In der Familiensache
der Frau ...

– Antragstellerin –

---

132 Schürmann FamRB 2008, 375, 379.
133 BR-Drucks. 309/07, 430.
134 BR-Drucks. 309/07, 559, 562.

VI. Entscheidung 8

Verfahrensbevollmächtigte: ...
gegen
Herrn ...

– Antragsgegner –

weiterer Beteiligter: Jugendamt der Stadt ...
wegen vorläufiger Wohnungszuweisung gem. § 1361 b BGB
hat das Amtsgericht ... – Familiengericht – im Wege einstweiliger Anordnung wegen der Dringlichkeit ohne vorherige Anhörung durch den Richter am Amtsgericht ... am ... beschlossen:

1) ... *(s.o. Antragsschrift zu Ziff. 1–6)*

2) Die Übergabe an die Geschäftsstelle erfolgte am ....

3) Das Jugendamt der Stadt ... ist nachträglich anzuhören.

4) Die Kosten des Verfahrens und die zu seiner Durchführung notwendigen Aufwendungen der Antragstellerin werden dem Antragsgegner auferlegt.

5) Der Antragstellerin wird für das Anordnungs- und Vollstreckungsverfahren Verfahrenskostenhilfe unter Beiordnung von Rechtsanwalt ... bewilligt.

Gründe:

Die einstweilige Anordnung wird gestützt auf § 1361 b Abs. 2 BGB.

Die Antragstellerin hat glaubhaft gemacht, dass die Zuweisung der Ehewohnung zu ihrer alleinigen Nutzung notwendig ist, um eine unbillige Härte zu vermeiden. Sowohl für die Antragstellerin als auch das dreijährige Kind der Parteien ist eine umgehende Entscheidung auch ohne vorherige Anhörung des Antragsgegners geboten. ... *(es folgen Ausführungen wie in der Antragsschrift)*

Der Antragstellerin ist ein Umzug wegen des Kindes und der gewohnten Umgebung nicht zuzumuten. Dagegen hat der Antragsgegner eher die Möglichkeit, kurzfristig Ersatzwohnraum zu finden. Von der Räumung sind die darin befindlichen beweglichen Sachen, insbesondere die Einrichtungsgegenstände auszunehmen. Ferner sind dem Antragsgegner seine persönlichen Sachen zu belassen, die er mitnehmen kann.

Wegen des dringenden Regelungsbedarfs hat das Gericht ferner von einer vorherigen Anhörung des Jugendamtes abgesehen; sie ist nachzuholen.

Wegen der besonderen Situation ist ferner sicherzustellen, dass der Antragsgegner die Zuweisung akzeptiert. Daher sind die Wohlverhaltensauflagen ebenso geboten wie die Androhung des Ordnungsgeldes.

Zur Vermeidung einer Eskalation ist es aus den glaubhaft gemachten Umständen schließlich geboten, die Vollstreckung vor Zustellung des Beschlusses anzuordnen.

Die Kostenentscheidung folgt aus § 81 Abs. 2 FamFG. Der Antragsgegner hat durch sein grobes Verschulden Veranlassung für das Verfahren gegeben.

Die Entscheidungen über die sofortige Wirksamkeit und Anordnung der Zulässigkeit der Vollstreckung vor der Zustellung ergeben sich aus § 209 Abs. 2, 3 FamFG.

(Richter)

Rechtsbehelfsbelehrung: ... (s. Rn 106)

b) Muster: Entscheidung nach §1568 a BGB nF

(Die nachstehende Entscheidung knüpft an das Antragsbeispiel oben Rn 84 an und betrifft nur ausschnittweise die Endentscheidung über die Ehewohnung im Verbund mit derjenigen über Scheidung und Versorgungsausgleich)

110

§ 8 Wohnungszuweisung

Beschluss

In der Familiensache

der Frau ...

– Antragstellerin –

Verfahrensbevollmächtigte: ...

gegen

Herrn ...

– Antragsgegner –

weitere Beteiligte: Jugendamt der Stadt ...

Herr ... (Vermieter)

wegen Ehescheidung und Folgesachen

hat das Amtsgericht – Familiengericht – ... auf die mündliche Verhandlung vom ... durch den Richter am Amtsgericht ... beschlossen:

1. ... *(Ausspruch zur Scheidung)*

2. ... *(Ausspruch zum Versorgungsausgleich)*

3.

a) Die Ehewohnung in ... (Stadt), ... (Straße) ... (Nr.) im Erdgeschoss rechts bestehend aus 1 Wohn-, 1 Schlaf- und 1 Kinderzimmer, Küche, Diele und Bad sowie 1 Kellerraum Nr. ... einschließlich der darin befindlichen beweglichen Gegenstände wird der Antragstellerin zusammen mit den gemeinsamen Kindern ... und ... ab Rechtskraft der Scheidung zur alleinigen Nutzung überlassen.

b) Die Antragstellerin tritt zu diesem Zeitpunkt in das aufgrund Mietvertrages des Antragsgegners mit Herrn ... vom ... bestehende Mietverhältnis ein und führt dieses dann alleine fort. Der Antragsgegner scheidet zu diesem Zeitpunkt aus dem Mietverhältnis aus.

c) Dem Antragsgegner wird aufgegeben, die Wohnung gem. Ziff. 1 innerhalb von sechs Wochen ab Rechtskraft der Scheidung – mit Ausnahme der beweglichen Sachen – zu räumen und an die Antragstellerin herauszugeben.

d) Der Antragsgegner hat alles zu unterlassen, was geeignet ist, die Ausübung des Nutzungsrechts der Antragstellerin zu erschweren oder zu vereiteln.

4. Die Kosten des Verfahrens einschließlich die zur Durchführung des Verfahrens notwendigen Aufwendungen der Beteiligten werden gegeneinander aufgehoben.

Gründe:

1. ... *(Ausführungen zur Scheidung)*

2. ... *(Ausführungen zum Versorgungsausgleich)*

3. ... *(Ausführungen zur Ehewohnung)*

Die Entscheidung zur Wohnungszuweisung wird gestützt auf § 1568 a Abs. 1, 3 S. 1 Nr. 2 BGB.

Die Antragstellerin ist in stärkerem Maße auf die eheliche Wohnung angewiesen als der Antragsgegner, ihr ist die Ehewohnung zur alleinigen Nutzung zu überlassen und sie in das Mietverhältnis bei gleichzeitigem Ausscheiden des Antragsgegners einzusetzen. ... *(es folgen nähere Ausführungen wie in der Antragsschrift)*

Es entspricht dem Wohl der beiden minderjährigen Kinder, sie in ihrer gewohnten Umgebung zu belassen und sie nicht dem Stress eines Umzugs, verbunden mit dem Neuaufbau von Beziehungen auszusetzen. ... *(es folgen nähere Ausführungen wie in der Antragsschrift)*

Demgegenüber ist es dem Antragsgegner, der ihr die Wohnung streitig macht, als Alleinstehendem eher möglich, Ersatzwohnraum zu finden. Das ist ihm nach dem Sach- und Streitstand finanziell auch eher möglich als der Antragstellerin.

VII. Rechtsmittel 8

Zugleich mit der Zuweisung ist angesichts der abweisenden Haltung des Antragsgegners die ungestörte Nutzung sicher zu stellen.

Der Antragsgegner hat innerhalb von sechs Wochen ab Rechtskraft der Scheidung die Wohnung zu räumen und an die Antragstellerin heraus zu geben. Die Einrichtungs- und sonstigen Gegenstände haben in der Wohnung zu verbleiben, damit der Antragstellerin eine vernünftige Nutzung auch für die Kinder ermöglicht wird. Die Frist ist zur Suche von Ersatzwohnraum angemessen.

Die Wohnungszuweisung erfolgt schließlich mit der Anordnung, dass die Antragstellerin in das bestehende Mietverhältnis mit dem weiteren Beteiligten ... als Vermieter bei gleichzeitigem Ausscheiden des Antragsgegners eintritt. Der Vermieter hat sich bereit erklärt, das Mietverhältnis mit der Antragstellerin allein fortzuführen. Die Unterhaltszahlungen des Antragsgegners werden sie in die Lage versetzen, ggf unter Zuhilfenahme öffentlicher Mittel, die Miete aufzubringen.

Die Kostenentscheidung folgt aus § 81 Abs. 1 FamFG. Ein Ausnahmegrund, einem Beteiligten die Kosten allein aufzuerlegen, ist nicht gegeben.

(Richter)

Rechtsmittelbelehrung: (s. Rn 106)

VII. Rechtsmittel

Da es sich bei Ehewohnungssachen um Familiensachen handelt, ist eine Abhilfemöglichkeit des Ausgangsgerichts aufgrund einer Anfechtung seiner Endentscheidung nicht möglich (§ 68 Abs. 1 S. 2). Grundsätzlich unterliegen Entscheidungen in einstweiligen Anordnungen in Familiensachen nicht der Beschwerdemöglichkeit. § 57 S. 2 Nr. 5 sieht jedoch bei Entscheidungen nach vorheriger mündlicher Anhörung für Ehewohnungssachen eine Ausnahme hiervon vor. Ist eine einstweilige Anordnung ohne Anhörung ergangen, gibt es nur die Möglichkeit des **Antrags auf mündliche Verhandlung** (§ 54 Abs. 2). 111

1. Beschwerde

Sie ist binnen eines Monats (§ 63) als **Hauptrechtsmittel** gem. § 58 bei einem Beschwerdewert von mehr als 600 EUR in vermögensrechtlichen Angelegenheiten oder bei Zulassung durch das Gericht erster Instanz (§ 61) vorgesehen. 112

Hinweis: Gegen einstweilige Anordnungen gilt eine Beschwerdefrist von zwei Wochen (§ 63 Abs. 2 Nr. 1).

Die Beschwerde soll gem. § 65 begründet werden (wie § 571 Abs. 1 ZPO). Das soll einerseits sicherstellen, dass die **Beschwerde bei ausbleibender Begründung nicht als unzulässig verworfen** wird, andererseits dient das der Verfahrensförderung[135] und der Erreichung des angestrebten Ziels, wie sich aus § 65 Abs. 3 (Möglichkeit neuer Tatsachen und Beweismittel) ergibt. Da Ehewohnungssachen weder zu Ehe- noch Familienstreitsachen gehören, gilt ebenso wenig die zweimonatige Begründungsfrist gem. § 117 FamFG (deckungsgleich im Übrigen mit § 520 ZPO) wie die Möglichkeit der Zurückweisung verspäteten Vorbringens in jenen Verfahren.

---

[135] BR-Drucks. 309/07, 454.

§ 8 Wohnungszuweisung

2. Sofortige Beschwerde

113 Sie ist in entsprechender Anwendung der §§ 567–572 ZPO binnen zwei Wochen einzulegen, allerdings nur in den vom FamFG genannten Fällen. Die Verfahrensvorschriften zu Ehewohnungssachen sehen in §§ 200–209 einen solchen Fall jedoch nicht vor. Daher beschränkt sich hier die Rechtsmittelmöglichkeit auf die einfache, aber fristengebundene Beschwerde. Hingegen sind Entscheidungen zur Verfahrenskostenhilfe gem. § 76 Abs. 2 mit sofortiger Beschwerde entsprechend §§ 567–572, 127 Abs. 2–4 ZPO anfechtbar, aber mit der besonderen Frist von einem Monat (§ 127 Abs. 2 S. 3 ZPO). Damit ist die vom Bundesgerichtshof[136] zu § 14 FGG geklärte Rechtsunsicherheit zur Beschwerdefrist nun auch ausdrücklich in diesem Sinne gesetzlich geregelt.[137]

3. Rechtsbeschwerde

114 Sie ist gem. § 71 binnen eines Monats unter denselben Voraussetzungen wie § 543 Abs. 2 ZPO zum Bundesgerichtshof zu erheben. Sie ist innerhalb derselben Frist zu begründen (§ 71 Abs. 2 S. 1).

4. Sprungrechtsbeschwerde

115 Sie ist gem. § 75 wie die Sprungrevision gem. § 566 ZPO binnen eines Monats einzulegen, wenn die Beteiligten einwilligen und das Rechtsbeschwerdegericht die Sprungrechtsbeschwerde zugelassen hat.

5. Gehörsrüge

116 Sie ist uU gem. § 44 innerhalb von zwei Wochen ab Kenntnis der Rechtsverletzung angebracht, wenn die Entscheidung unanfechtbar ist und eine entscheidungserhebliche Verletzung des rechtlichen Gehörs vorliegt. Die Vorschrift entspricht dem durch das Anhörungsrügegesetz vom 9.12.2004 eingefügten § 29 a FGG.[138]

6. Fristen

117 Fristen beginnen, soweit nichts anderes bestimmt ist, mit Bekanntgabe an den betreffenden Beteiligten (§§ 16, 63 Abs. 3). Das gilt auch in Ehewohnungssachen. § 16 ist eine redaktionelle Neufassung des alten § 16 Abs. 2 S. 1, Abs. 3 FGG samt Vereinheitlichung mit anderen Verfahrensvorschriften.[139]

VIII. Kosten und Gebühren

1. Verfahrenswerte

118 Gem. § 48 Abs. 1 FamGKG beträgt der Verfahrenswert in Ehewohnungssachen nach § 1361 b BGB in der **Hauptsache** 3.000 EUR, in solchen nach **§ 1568 a BGB nF** 4.000 EUR.

Nach § 48 Abs. 3 FamGKG besteht bei besonderen Umständen des Einzelfalles die Möglichkeit, einen höheren oder niedrigeren Wert anzusetzen. Die unterschiedliche

---

136 BGH NJW 2006, 2122 ff.
137 AA zu § 79 FamFG, der jedoch im verkündeten Gesetz entfallen ist: Borth FamRZ 2007, 1925, 1929.
138 BR-Drucks. 309/07, 434.
139 BR-Drucks. 309/07, 400 f

VIII. Kosten und Gebühren 8

Bewertung wie auch die im Einzelfall mögliche Abweichung entspricht den Regelungen nach § 49 FamGKG für Gewaltschutzsachen. Bei einstweiligen Anordnungen ist gem. § 41 FamGKG wegen der (vermeintlich) geringeren Bedeutung gegenüber der Hauptsache von der Hälfte des Hauptsachewertes auszugehen. Das bedeutet bei einem **Anordnungsverfahren** nach § **1361 b BGB einen Wert iHv** 1.500 EUR, bei einem nach § **1568 a BGB nF einen solchen iHv 2.000 EUR.**

Diese Werte erscheinen angesichts der häufig schwierigen Beweislage, der Hartnäckigkeit des Täterhandelns, der ebenso häufig unterschätzten psychischen wie auch physischen Leiden des schutzbedürftigen Opfers und der sich daraus ergebenden Notwendigkeit, dem Täter das Unrecht seiner Tat auch nachhaltig vor Augen zu führen, nicht ausreichend angemessen zu sein, soweit die vorläufigen Maßnahmen nach § 1361 b BGB betroffen sind. Kann der Täter die Ordnungsmittel noch umgehen, indem er sich konform verhält, empfindet er die Kostentragungspflicht als eine Art Strafe für sein Verhalten. Sie ist damit auch eine Art der Abschreckung, je höher sie aufgrund der Streitwerte ausfällt. Insoweit gilt dasselbe wie in Gewaltschutzsachen. 119

Daher sollte in der Praxis durchaus von der Möglichkeit genauer Prüfung vorgenannter **besonderer Umstände des Einzelfalles** gem. § 48 Abs. 3 FamGKG zur Werterhöhung Gebrauch gemacht werden. Allein schon ein Verfahrenswert von 3.000 EUR führt bei einem Anwalt ggf bei Verfahrens- und Terminsgebühr nebst 20 % Post- und Telekommunikationsentgelte und 19 % Umsatzsteuer zu einem Kostenfaktor iHv 586,08 EUR. 120

Dem (üblichen) Kosten-Schreck beim Opfer kann mit einem Verfahrenskostenhilfeantrag bei Vorliegen der Voraussetzungen begegnet werden. 121

Wird die Ehewohnungssache nach § 1568 a BGB nF mit der Ehesache zur Folgesache im Verbund (§ 137 Abs. 2 Nr. 4), werden die Verfahrenswerte zusammengerechnet und die Verfahren gelten als ein Verfahren (§ 44 Abs. 1 FamGKG), an dem sich dann die Gebühren orientieren. 122

2. Verfahrenskosten

Die Gerichtsgebühren werden in der Hauptsache pauschal mit 2,0 nach FamGKG KV Nr. 1320 berechnet, wobei sich gem. FamGKG KV Nr. 1321 eine Ermäßigung auf 0,5 einstellen kann bei Verfahrensbeendigung insgesamt, insbesondere ohne Endentscheidung oder Antragsrücknahme vor Ablauf des Tages, an dem die Endentscheidung zur Geschäftsstelle gelangt oder die Endscheidungsformel durch Verlesen bekannt gemacht worden ist. Im einstweiligen Anordnungsverfahren gilt eine Gebühr nach FamGKG KV Nr. 1420 mit 1,5 und einer Ermäßigung auf 0,5 gem. FamGKG KV Nr. 1421 wie vor. 123

Wird über die Sache im Verbund entschieden, fällt gemäß FamGKG KV Nr. 1110 unter Einbeziehung des Gesamtstreitwerts hierfür ebenfalls eine Gerichtsgebühr von 2,0 an, allerdings auch mit der Ermäßigungsmöglichkeit auf 0,5 bei Antragsrücknahme. 124

Für das Beschwerdeverfahren fällt gem. FamGKG KV Nr. 1322 eine Gebühr von 3,0 an, die sich unter bestimmten Voraussetzungen auf 1,0 (FamGKG KV Nr. 1324) bzw 0,5 (FamGKG KV Nr. 1323) reduziert. 125

Vihar

§ 8 Wohnungszuweisung

126 Für die Rechtsbeschwerde fällt gem. FamGKG KV Nr. 1325 sogar eine Gebühr von 4,0 mit Reduzierungsmöglichkeit auf 2,0 bzw 1,0 an.

127 Bei Ehewohnungssachen nach § 1361 b BGB und § 1568 a BGB nF ist im Gegensatz zu Gewaltschutzsachen bei Antragstellung ein **Verfahrenskostenvorschuss** zu zahlen (§§ 12, 14 Abs. 3 FamGKG). Die Ausnahmebestimmungen des § 21 Abs. 1 S. 2 gelten hier nicht.[140]
In einstweiligen Anordnungsverfahren ist kein Vorschuss zu zahlen.

3. Rechtsanwaltsgebühren

128 Im Haupt- und einstweiligen Anordnungsverfahren sind die Rechtsanwaltsgebühren nach RVG VV Nr. 3100 ff zu ermitteln, wobei das Anordnungsverfahren eine gesonderte Angelegenheit ist (wie schon nach altem Recht), es können also für beide Verfahren jeweils sowohl die Verfahrens- als auch Termins- und Einigungsgebühr entstehen.

4. Verfahrenskostenhilfe

a) Grundsätzliches

129 Unter Berücksichtigung der Besonderheiten gem. §§ 76–78 zur Verfahrenskostenhilfe gelten im Übrigen die Bestimmungen zur Prozesskostenhilfe gem. §§ 114 ff ZPO.

130 In Antragsverfahren ist Verfahrenskostenhilfe unter den Voraussetzungen des § 76 Abs. 1 FamFG zu bewilligen (deckungsgleich mit PKH gem. § 114 Abs. 1 S. 1 ZPO). In von Amts wegen einzuleitenden Verfahren ist auf den Eingriffscharakter der anstehenden gerichtlichen Entscheidung abzustellen sowie darauf, ob die beabsichtigte Rechtsverfolgung oder Rechtsverteidigung nicht offensichtlich ohne Erfolgsaussicht ist (§ 76 Abs. 2 FamFG). Die Beiordnung eines Anwalts gem. § 78 Abs. 1 FamFG ist wie in § 121 ZPO geregelt. D.h. in allen Angelegenheiten mit Anwaltszwang (§ 114 Abs. 1 FamFG) ist die Anwaltsbeiordnung geboten. Das sind insbesondere die Ehesachen beim Familiengericht, Oberlandesgericht etc. nach § 112. Ehewohnungssachen gehören nicht dazu, da es sich dabei nicht um Familienstreitsachen handelt. Daher gilt gem. §§ 114 Abs. 2, 78 Abs. 2 FamFG hierfür grundsätzlich kein Anwaltszwang. Aufgrund des Amtsermittlungsgrundsatzes ist auch hier nicht das Prinzip der Waffengleichheit heranzuziehen, wenn auf der Gegenseite ein Anwalt tätig ist (Abweichung vom Grundsatz des § 121 Abs. 2 Alt. 2 ZPO).[141] Es ist daher ein sorgsamer und detailreicher Sachvortrag erforderlich, um das Gericht von der Notwendigkeit anwaltlicher Beiordnung zu überzeugen.

Hinweis: Bei Eilbedürftigkeit sollte der Anwalt vom Regelfall absehen, bei einer einstweiligen Anordnung vorab über den Antrag auf Verfahrenskostenhilfe entscheiden zu lassen. Das könnte zu Zweifeln eben an der Eilbedürftigkeit führen. Bei zeitgleicher Einleitung des Hauptsacheverfahrens sollten auch zwei gesonderte Verfahrenskostenhilfeanträge vorgelegt werden.

---

140 BR-Drucks. 309/07, 684.
141 BR-Drucks. 309/07, 472 f.

IX. Vollstreckung **8**

Zur Vereinfachung und Übersichtlichkeit sollten Sach- und Verfahrenskostenhilfeantrag in getrennten Schriftsätzen vorgelegt werden. Dabei kann im Verfahrenskostenhilfeantrag hinsichtlich des Vorbringens zur Erfolgsaussicht der Rechtsverfolgung/-verteidigung Bezug genommen werden auf den gesonderten Schriftsatz mit den Sachanträgen. Gesonderte Schriftsätze für Eil- und Hauptsacheantrag rechtfertigen sich im Hinblick auf deren Unabhängigkeit (auch hinsichtlich der Kosten) voneinander, weil der Eilantrag mit einem unbedingten Verfahrenskostenhilfeantrag verbunden und regelmäßig auch beschieden, der Hauptsacheantrag jedoch regelmäßig erst als gestellt bezeichnet wird, nachdem zuvor Verfahrenskostenhilfe bewilligt worden ist. Hier können Verzögerungen vermieden werden. Im Übrigen ist es angeraten, zur Vermeidung von Verzögerungen die Verfahrenskostenhilfe auch schon für die Vollstreckung aus dem angestrebten Beschluss zu beantragen. 131

b) Muster: Verfahrenskostenhilfeantrag durch gesonderten Schriftsatz

An das Amtsgericht ... 132

– Familiengericht –

In der Familiensache

... *(volles Rubrum)*

wird beantragt, der Antragstellerin Verfahrenskostenhilfe unter Beiordnung des Unterzeichners für die Anträge lt. beigefügtem Schriftsatz vom heutigen Tage einschließlich der Vollstreckung aus dem Beschluss zu bewilligen.

Begründung:

Hinsichtlich der Erfolgsaussicht der Rechtsverfolgung wird Bezug genommen auf den gleichzeitig mit Schriftsatz vom heutigen Tage eingereichten Antrag auf Erlass einer einstweiligen Anordnung und das dortige Vorbringen.

Im Übrigen wird in der Anlage das Formular „Erklärung über die persönlichen und wirtschaftlichen Verhältnisse" mit weiteren Anlagen zur Akte gereicht.

(Rechtsanwalt)

IX. Vollstreckung

1. Allgemeines

Die allgemeinen Vollstreckungsvoraussetzungen müssen erfüllt sein. Dazu gehören neben dem Titel auch **Vollstreckungsklausel und Zustellung**.[142] 133

Hinweis: Vollstreckungstitel bedürfen dann nicht der Vollstreckungsklausel, wenn die Zwangsvollstreckung durch das Gericht erfolgt, das den Titel erlassen hat (86 Abs. 3). Da aber regelmäßig im Parteibetrieb vollstreckt wird, ist auch die Klausel erforderlich. Bei einer einstweiligen Anordnung ist gem. § 53 Abs. 1 ferner eine Klausel erforderlich, wenn die Vollstreckung gegen andere als im Beschluss bezeichnete Beteiligte erfolgen soll. Sofern es nach §§ 88 ff keiner Vollstreckungsklausel bedarf, bleibt es auch in den Fällen des § 53 Abs. 1 dabei.[143] Da aber § 95 Abs. 1 die Anwendung der Vollstreckungsvorschriften der ZPO für den Fall vorsieht, dass in den Unterabschnitten 1 und 2 zu Abschnitt 8 (Vollstreckung) nichts Abweichendes vorgesehen ist und insbe-

---

142 OLG Karlsruhe MDR 2007, 1453 f.
143 Kemper, S. 77 Fn 124.

Vihar

sondere in §§ 95, 96 FamFG keine ausdrückliche Regelung über die Vollstreckungsklausel enthalten ist, wird sie notwendig sein. Die Vollstreckung kann vom Gericht als vor der Zustellung der Entscheidung zulässig angeordnet werden (§ 209 Abs. 3 S. 1). Sie erfolgt nach §§ 95, 96 FamFG in Verbindung mit den Bestimmungen der ZPO, hier insbesondere nach §§ 883, 885–888, 890 und 891 ZPO.

2. Vollstreckung der Wohnungszuweisung

134 Hierfür sind die Bestimmungen der ZPO ergänzend heranzuziehen, hier insbesondere § 885 ZPO. Die Ersatzvornahmemöglichkeit nach § 95 Abs. 1 Nr. 3, Abs. 4 gibt dem Gericht in Ehewohnungssachen umfassende effektive Möglichkeiten, wie zB die Räumung der Wohnung,[144] aber auch die Einschränkung, von der Räumungsvollstreckung bewegliche Sachen wie die Einrichtungsgegenstände auszunehmen. § 95 Abs. 1 Nr. 2, Abs. 4 soll nach Giers die Herausgabevollstreckung im Rahmen der Wohnungszuweisung ermöglichen.[145] Darüber hinaus kann das Gericht von Amts wegen auch gem. 209 Abs. 1 die zur Sicherung der Vollstreckung notwendigen Maßnahmen treffen.

135 Insbesondere Zuweisungen per einstweiliger Anordnung ermöglichen gem. § 96 Abs. 2 FamFG iVm 885 ZPO ohne Neuzustellung die mehrfache Besitzeinweisung: Der Gerichtsvollzieher hat den Täter „aus dem Besitz zu setzen" und das Opfer „in den Besitz einzuweisen" (§ 885 Abs. 1 S. 1 ZPO).

Hinweis: Der Täter kann weitere Vollstreckungen bei Anordnungen aufgrund mündlicher Verhandlung verhindern, indem er ein Abänderungsverfahren gem. § 54 einleitet, weil neue Tatsachen aufgetreten sind (das Opfer lässt den Täter wieder in die Wohnung zurück). Denn das Gericht kann bei Anhängigkeit eines Abänderungsantrags die Vollstreckung aussetzen.

---

144 BR-Drucks. 309/07, 485.
145 Giers, Die Vollstreckung nach dem FamFG - Ausblick, FPR 2008, 441, 444.

§ 9 Haushaltssachen

Literatur: Brudermüller, Regelungen der Nutzungs- und Rechtsverhältnisse an Ehewohnung und Hausrat, FamRZ 2006, 1157 ff; Götz/Brudermüller, Wohnungszuweisung und Hausratsteilung, NJW 2008, 3025 ff; Götz/Brudermüller, Regelungen der Nutzungs- und Rechtsverhältnisse an Ehewohnung und Hausrat, FamRZ 2008, 1895 ff; Götz/Brudermüller, Wohnungszuweisungs- und Hausratssachen, FPR 2009, 38 ff; Götz/Brudermüller, Die „Rechtsnachfolger" der Hausratsverordnung – Darstellung der Neuregelungen in §§ 1568 a, 1568 b BGB und in §§ 200 bis 2009 FamFG –, FamRZ 2009, 1261 ff; Kemper, Hausratsteilung und Zugewinnausgleich – Konkurrenz und Reformfragen, FPR 2007, 202 ff; Miesen, Entfernung von Hausratsgegenständen, FamRZ 2006, 488 ff; Roth, Die Zuweisung von Hausrat und Ehewohnung nach dem Entwurf eines Gesetzes zur Änderung des Zugewinnausgleichs- und Vormundschaftsrechts, FamRZ 2008, 1389 ff; Vomberg, Begriff Hausratsgegenstände i.S.d. § 1361 a BGB, §§ 1, 8 HausratsVO, FPR 2000, 67 ff.; Wönne, Abgrenzung von Zugewinnausgleich zu Hausratsverordnung und Versorgungsausgleich unter Berücksichtigung der Strukturreform, FPR 2009, 293 ff.

I. Überblick 1	7. Rückschaffungsanspruch
II. Verfahrensarten 2	(verbotene Eigenmacht an
1. Begriff Haushaltssachen 2	Haushaltsgegenständen) 17
2. Begriff Haushaltsgegen-	III. Verfahrenseinleitung 18
stände 3	1. Zuständigkeit 18
3. Eigentumsverhältnisse an	a) Sachliche Zuständigkeit.. 18
Haushaltsgegenständen 6	b) Örtliche Zuständigkeit.... 19
4. Verteilung der Haushaltsge-	2. Gerichtskostenvorschuss 20
genstände bei Getrenntleben	3. Verfahrenshindernis der Eini-
(§ 1361 a BGB) 9	gung oder Teileinigung? 21
a) Herausgabeanspruch der	4. Antragserfordernis 23
im Alleineigentum stehen-	a) Verfahrensantrag 23
den Haushaltsgegenstände	b) Antrag auf Durchfüh-
(§ 1361 a Abs. 1 S. 1	rungsanordnungen 26
BGB) 10	IV. Verfahren 28
b) Gebrauchsüberlassungs-	1. Anwaltszwang 28
anspruch der im Alleinei-	2. Isoliertes Verfahren, Ver-
gentum des anderen Ehe-	bundverfahren 29
gatten stehenden Haus-	3. Amtsermittlungsgrundsatz ... 30
haltsgegenstände	4. Mündliche Verhandlung 33
(§ 1361 a Abs. 1 S. 2	V. Entscheidung 35
BGB) 11	VI. Rechtsmittel 38
c) Anspruch auf vorläufige	1. Die Beschwerde 38
Verteilung der im gemein-	a) Statthaftigkeit 38
samen Eigentum der Ehe-	b) Form und Frist der Einle-
gatten stehenden Haus-	gung 39
haltsgegenstände	c) Gang des Beschwerdever-
(§ 1361 a Abs. 2 BGB).... 12	fahrens und Beschwerde-
d) Nutzungsvergütung	entscheidung 40
(§ 1361 a Abs. 3 S. 2	2. Rechtsbeschwerde 41
BGB) 13	3. Abänderungsverfahren 42
5. Endgültige Verteilung der	VII. Einstweiliger Rechtsschutz 43
Haushaltsgegenstände bei	1. Verfahren und Zuständig-
Rechtskraft der Scheidung	keit 44
(§ 1568 b BGB) 14	2. Inhalt und Umfang des einst-
6. Auskunftsanspruch 16	weiligen Rechtsschutzes 45
	3. Aufhebung und Änderung der
	Entscheidung 46

4. Außerkrafttreten der einstweiligen Anordnung 47	2. Kosten 50
VIII. Zwangsvollstreckung 48	a) Kostengrundentscheidung 50
IX. Weitere Hinweise 49	b) Gerichtskosten/Anwaltsgebühren 51
1. Verfahrenswert 49	

I. Überblick

1 Haushaltssachen betreffen Streitigkeiten von Eheleuten anlässlich von Trennung und/oder Scheidung über die Aufteilung der in ihrem Haushalt befindlichen Haushaltsgegenstände.

Bislang waren die Verfahrensvorschriften für die Haushaltssachen in der HausratsVO geregelt (vgl §§ 2, 11–19 HausratsVO). Das Gesetz zur Reform des Verfahrens in Familiensachen und in den Angelegenheiten der freiwilligen Gerichtsbarkeit hebt diese Verfahrensvorschriften auf[1] und regelt diese nunmehr im **Buch 2 Abschn. 6 §§ 200–209 des Gesetzes über das Verfahren in Familiensachen und in den Angelegenheiten der freiwilligen Gerichtsbarkeit (FamFG)**.[2] Inhaltlich werden die bisherigen Verfahrensregelungen weitgehend übernommen. Mit dem Ziel, den Umfang der Nachermittlung durch das Gericht und damit die Verfahrensdauer zu verkürzen, wurde die Mitwirkungspflicht der Ehegatten stärker betont und konkretisiert.[3] Teilweise – zum Beispiel im Hinblick auf die Kosten oder die Vollstreckung – werden nunmehr die Vorschriften des allgemeinen Teiles des FamFG anzuwenden sein.

Die materiell-rechtlichen Regelungen für die Aufteilung der Haushaltsgegenstände für die Zeit des Getrenntlebens der Ehegatten enthält § 1361a BGB, während sich das diesbezügliche materielle Recht für die Zeit nach der Ehescheidung bisher in den §§ 1, 8–10 HausratsVO befand. Das am 1.9.2009 ebenfalls in Kraft getretene **Gesetz zur Änderung des Zugewinnausgleiches und Vormundschaftsrechtes**[4] hebt die HausratsVO insgesamt auf.[5] Das materielle Recht wird in das BGB eingefügt. Da es sich um Regelungen zu den Scheidungsfolgen handelt, wird im BGB ein neuer Untertitel mit dem Namen „Behandlung der Ehewohnung und der Haushaltsgegenstände anlässlich der Scheidung" im Anschluss an § 1568 BGB geschaffen. **§ 1568 b BGB**[6] betrifft dabei die Verteilung der Haushaltsgegenstände. Die bisherige Terminologie ändert sich: aus Hausratssachen werden **Haushaltssachen**. Der Gesetzgeber hat damit die Begrifflich-

---

1 Art. 62 FGG-RG (BGBl. I 2008, 2586, 2728).
2 Über §§ 270 Abs. 1 S. 2, 269 Abs. 1 Nr. 4 und 5, 115 Nr. 5 gelten die §§ 200 ff für Wohnungszuweisungs- und Haushaltssachen unter Lebenspartnern entsprechend.
3 Gesetzesbegründung, BT-Drucks. 16/6308, 249.
4 BGBl. I 2009, 1696.
5 Art. 2 des Gesetzes zur Änderung des Zugewinnausgleichs- und Vormundschaftsrechts (BGBl. I 2009, 1696).
6 § 1568 b BGB lautet:
„(1) Jeder Ehegatte kann verlangen, dass ihm der andere Ehegatte anlässlich der Scheidung die im gemeinsamen Eigentum stehenden Haushaltsgegenstände überlässt und übereignet, wenn er auf deren Nutzung unter Berücksichtigung des Wohles der im Haushalt lebenden Kinder und der Lebensverhältnisse der Ehegatten in stärkerem Maße angewiesen ist als der andere Ehegatte oder dies aus anderen Gründen der Billigkeit entspricht.
(2) Haushaltsgegenstände, die während der Ehe für den gemeinsamen Haushalt angeschafft wurden, gelten für die Verteilung als gemeinsames Eigentum der Ehegatten, es sei denn, das Alleineigentum eines Ehegatten steht fest.
(3) Der Ehegatte, der sein Eigentum nach Absatz 1 überträgt, kann eine angemessene Entschädigung verlangen."

keit der des § 1361 a BGB angepasst. Diese terminologischen Änderungen werden auch in das Verfahrensrecht übertragen.[7]

II. Verfahrensarten

1. Begriff Haushaltssachen

Haushaltssachen sind gem. § 111 Nr. 5 **Familiensachen**. Da sie nicht unter den Begriff der Familienstreitsachen in § 112 fallen, handelt es sich wie bisher um Verfahren der freiwilligen Gerichtsbarkeit.[8]   2

Gem. der **Legaldefinition** in § 200 Abs. 2 sind Haushaltssachen Verfahren

1. nach § 1361 a BGB
2. nach § 1568 b BGB.

Nr. 1 des § 200 Abs. 2 betrifft demgemäß die vorläufige Verteilung der Haushaltsgegenstände während der Trennung der Ehegatten bis zur Scheidung. Nr. 2 erfasst demgegenüber die endgültige Regelung an den Haushaltsgegenständen für die Zeit nach der Rechtskraft der Scheidung.

2. Begriff Haushaltsgegenstände

Der Begriff der Haushaltsgegenstände entspricht inhaltlich dem des früheren Hausrates oder Hausratsgegenstandes und ist wie dieser weit auszulegen.[9] Er erfasst alle beweglichen Sachen, die nach den Lebens- und Vermögensverhältnissen der Eheleute für die Wohnung, die Hauswirtschaft und das Zusammenleben der Familie einschließlich der Kinder bestimmt sind.[10] Entscheidend ist damit die Eignung der Gegenstände als Haushaltsgegenstand (**Funktion**) und ihre tatsächliche Verwendung im Rahmen der gemeinsamen Lebensführung der Familie (**Zweckbestimmung**), nicht jedoch Anschaffungsmotiv, Finanzierung oder Eigentumslage bzw Wert oder Qualität des Gegenstandes.[11]   3

Demnach sind **Gegenstände des persönlichen Gebrauchs** und der individuellen Bedürfnisse (Kleidungsstücke, Versicherungsunterlagen, Ausweise etc.) und der persönlichen Interessen (alleiniges Hobby oder Sammlungen) ebenso keine Haushaltsgegenstände wie Gegenstände, die der Berufsausübung eines Ehegatten dienen.[12]   4

Auch fallen solche Gegenstände aus dem Anwendungsbereich der Haushaltssachen, die wegen ihres Wertes ausschließlich der Kapitalanlage dienen (Antiquitäten, wertvolle Gemälde und Teppiche etc.), es sei denn, diese Gegenstände haben der Ausgestaltung der Ehewohnung gedient.[13]

---

7 Art. 3 des Gesetzes zur Änderung des Zugewinnausgleichs- und Vormundschaftsrechts (BGBl. I 2009, 1696).
8 Umkehrschluss aus §§ 112, 113.
9 Götz/Brudermüller, Die „Rechtsnachfolger" der Hausratsverordnung – Darstellung der Neuregelungen in §§ 1568 a, § 1568 b BGB und in §§ 200 bis 209 FamFG –, FamRZ 2009, 1261, 1266.
10 BGH FamRZ 1984, 575 (seither st. Rspr): Palandt/Brudermüller § 1361 a BGB Rn 3.
11 Götz/Brudermüller, Regelungen der Nutzungs- und Rechtsverhältnisse an Ehewohnung und Hausrat, FamRZ 2008, 1895, 1898.
12 Palandt/Brudermüller § 1361 a BGB Rn 9 mwN.
13 OLG Brandenburg OLGReport 2002, 487 f, OLG Naumburg FamRZ 2004, 889 ff mwN.

Noltemeier

Auf **Haustiere** werden in der Rechtsprechung die Grundsätze der Haushaltsteilung entsprechend angewandt,[14] obwohl diese keine Sachen sind (§ 90 a BGB).

5 In der Praxis entstehen häufig Abgrenzungsprobleme beim **Pkw**, dessen Einordnung als Haushaltsgegenstand nach wie vor umstritten ist.[15] Grundsätzlich ist dieser nach der Verkehrsauffassung und dem allgemeinen Sprachgebrauch kein Haushaltsgegenstand. Nach einer Ansicht soll etwas anderes – unabhängig von der Frage des Eigentums und der Haltereigenschaft – dann gelten, wenn der Pkw aufgrund gemeinsamer Zweckbestimmung der Eheleute zur Haushalts- und privaten Lebensführung, insbesondere zum Einkauf, zur Betreuung der Kinder oder zu Schul- und Wochenendfahrten, genutzt wird.[16] Bei gemischter Nutzung scheide eine Eigenschaft als Haushaltsgegenstand aus, wenn die berufliche Nutzung überwiegt.[17] Nach einer im Vordringen befindlichen Ansicht gilt dies demgegenüber auch – wenn nur ein Pkw zur Verfügung steht – bei gelegentlicher familiärer Nutzung.[18] Gegen eine solche Eigenschaft als Haushaltsgegenstand spricht aber, wenn beide Ehegatten berufstätig sind und jeder einen Pkw besitzt.[19] Dann wird der Wert beim Zugewinn ausgeglichen.

Nach der Trennung angeschaffte Haushaltsgegenstände unterliegen nicht der Verteilung, da diese nicht für das Zusammenleben der Familie bestimmt sind. Diese Gegenstände stellen aber Vermögen dar und unterliegen daher dem Zugewinnausgleichsverfahren.[20]

3. Eigentumsverhältnisse an Haushaltsgegenständen

6 Eine Klärung der Eigentumsverhältnisse an den Haushaltsgegenständen ist von Bedeutung, da diese auch Vermögen im Sinne des Güterrechtes sind. Das **Verhältnis von Hausratsteilung und Zugewinnausgleich** bestimmt sich nach der Rechtsprechung des Bundesgerichtshofes, wonach die Haushaltsgegenstände, die der Sonderregelung über die Behandlung der Haushaltsgegenstände anlässlich der Scheidung unterfallen, nicht den güterrechtlichen Regelungen unterliegen.[21] Dies sind grundsätzlich Haushaltsgegenstände im Miteigentum der Ehegatten (§ 1568 b Abs. 1 BGB bzw. § 8 Abs. 1 HausratsVO).[22] Demgegenüber unterfallen Haushaltsgegenstände im Alleineigentum eines Ehegatten zukünftig den Regelungen des Güterrechtes.[23]

7 Die Vorschrift des § 9 Abs. 1 HausratsVO, wonach **Hausrat im Alleineigentum eines Ehegatten** dem anderen Ehegatten nur zu überlassen war, wenn es sich um notwendige Gegenstände handelte, auf deren Weiterbenutzung der andere Ehegatte angewiesen war und dies für den Eigentümer zumutbar war (§ 9 Abs. 1 HausratsVO), entfällt mit der

---

14 OLG Schleswig NJW 1998, 3127; OLG Zweibrücken FamRZ 1998, 1432; OLG Naumburg FamRZ 2001, 481; OLG Celle, Beschluss vom 9.3.2009, 15 WF 44/09.
15 Aktuelle Rechtsprechungsübersicht in: Götz/Brudermüller FamRZ 2008, 1895, 1898.
16 BGH FamRZ 1991, 43, 49; BGH FamRZ 1992, 538.
17 BGH FamRZ 1991, 43, 49; OLG Köln FamRZ, 2002, 322; OLG Naumburg FamRZ 2004, 889; OLG Zweibrücken FamRZ 2005, 902.
18 OLG Düsseldorf FamRZ 2007, 1325; KG FamRZ 2003, 1927; Palandt/Brudermüller § 1361 a BGB Rn 5.
19 KK-FamR/Weinreich § 1 HausratsVO Rn 20; Wönne, Abgrenzung von Zugewinnausgleich zu Hausratsverordnung und Versorgungsausgleich unter Berücksichtigung der Strukturreform, FPR 2009, 293, 294.
20 Wönne, FPR 2009, 293, 294.
21 Kemper, Hausratsteilung und Zugewinnausgleich – Konkurrenz und Reformfragen, FPR 2007, 202 f.
22 Siehe Gesetzestext des § 1568 b BGB in Fn 5.
23 Götz/Brudermüller FamRZ 2009, 1261, 1266.

Neuregelung der materiellen Vorschriften der Hausratssachen in § 1568 b BGB.[24] § 9 Abs. 1 HausratsVO wurde in der Vergangenheit ohnehin wegen des Eigentumsschutzes aus Art. 14 GG eng ausgelegt und auf seltene Ausnahmefälle beschränkt.[25] Bezüglich der während **der Ehe angeschafften Haushaltsgegenstände** besteht nach § 1568 b **Abs. 2** BGB eine widerlegbare **Vermutung**, dass diese im **Miteigentum** der Ehegatten stehen. Die Vorschrift gilt im Verfahren nach § 1361 a BGB analog.[26] Da § 1568 b Abs. 2 BGB der bisherigen Regelung in § 8 Abs. 2 HausratsVO entspricht, kann die Rechtsprechung zu § 8 Abs. 2 HausratsVO übernommen werden.

Die Vermutungswirkung endet mit der Trennung, da danach (oder schon im Hinblick auf die Trennung) angeschaffte Haushaltsgegenstände nicht mehr für den gemeinsamen Haushalt angeschafft werden.[27] Die Vermutung ist widerlegt, wenn das Alleineigentum eines Ehegatten unstreitig ist oder der Alleineigentümer insoweit den vollen Beweis geführt hat. Dabei konnte sich der Alleineigentümer bisher auch auf § 1370 BGB berufen, der gegenüber der früher in § 8 Abs. 2 HausratsVO geregelten Miteigentumsvermutung für Hausratsgegenstände vorrangig war. **Gem. § 1370 BGB a.F.** wurden Hausratsgegenstände, die als Surrogat für nicht mehr vorhandene oder wertlos gewordene Gegenstände angeschafft werden, Eigentum des Ehegatten, der Eigentümer des ursprünglichen Gegenstandes war (sog. **dingliche Surrogation**). Dieser trug dann aber die Beweislast dafür, dass es sich um ein Surrogat handelte. Mit dem Gesetz zur Änderung des Zugewinnausgleichs- und Vormundschaftsrechts wird die **Vorschrift des § 1370 BGB** insgesamt aufgehoben,[28] da die dingliche Surrogation „von Anfang an rechtspolitisch fragwürdig" war und Qualitäts- und Quantitätsverbesserungen bei der Ersatzbeschaffung ohne Grund den Eigentümer der ersetzten Gegenstände bereicherten.[29] Alleineigentum wird somit in der Praxis zukünftig seltener sein.[30] Zu **beachten** ist aber **Art. 229 § 20 Abs. 1 EGBGB**, welcher die **Übergangsvorschriften** zum Gesetz zur Änderung des Zugewinnausgleichs- und Vormundschaftsrecht vom 6.7.2009 enthält. Danach bleibt § 1370 BGB a.F. und damit die **dingliche Surrogation auf solche Haushaltsgegenstände anwendbar, die vor dem 1.9.2009 angeschafft worden sind.**

4. Verteilung der Haushaltsgegenstände bei Getrenntleben (§ 1361 a BGB)

Leben die Eheleute nicht nur vorübergehend getrennt (§ 1567 Abs. 1 BGB), können sie gem. § 1361 a BGB **vorläufige Regelungen von Besitz- und Nutzungsrechten** bezüglich einzelner Haushaltsgegenstände herbeiführen. § 1361 a BGB beinhaltet dabei drei Anspruchsgrundlagen:

---

24 Götz/Brudermüller, Wohnungszuweisung und Hausratsteilung, NJW 2008, 3025, 3030.
25 Palandt/Brudermüller § 9 HausratsVO Rn 1.
26 OLG Hamburg FamRZ 1980, 250.
27 Götz/Brudermüller FamRZ 2009, 1261, 1266
28 Art. 1 Nr. 4 des Gesetzes zur Änderung des Zugewinnausgleichs- und Vormundschaftsrechts, BGBl. I 2009, 1696.
29 Gesetzesbegründung, BT-Drucks. 16/10798, 19.
30 Roth, Die Zuweisung von Hausrat und Ehewohnung nach dem Entwurf des Gesetzes zur Änderung des Zugewinnausgleichs- und Vormundschaftsrechts, FamRZ 2008, 1388, 1390.

§ 9 Haushaltssachen

a) Herausgabeanspruch der im Alleineigentum stehenden Haushaltsgegenstände (§ 1361 a Abs. 1 S. 1 BGB)

10 Jeder Ehegatte kann danach die in seinem Alleineigentum stehenden Haushaltsgegenstände herausverlangen. Das aus § 1353 BGB folgende Recht zum Mitbesitz kann nicht mehr entgegengehalten werden.[31] Aufgrund der Modifizierung dieses Herausgabeanspruches durch die Billigkeitsregelung in § 1361 a Abs. 1 S. 2 BGB ist § 1361 a BGB gegenüber § 985 BGB lex specialis und schließt die Anwendung der allgemeinen Vorschriften des Eigentümer-Besitzer-Verhältnisses aus.[32]

b) Gebrauchsüberlassungsanspruch der im Alleineigentum des anderen Ehegatten stehenden Haushaltsgegenstände (§ 1361 a Abs. 1 S. 2 BGB)

11 Der Alleineigentümer muss ausnahmsweise dem anderen Ehegatten den Haushaltsgegenstand zum Gebrauch überlassen, soweit der andere ihn zur Führung eines abgesonderten Haushaltes benötigt und die Überlassung der Billigkeit entspricht (Gebrauchsüberlassungsanspruch, § 1361 a Abs. 1 S. 2 BGB). Die Vorschrift berührt die Eigentumsverhältnisse nicht, schafft aber ein eigenständiges Besitzrecht des Ehegatten, der nicht Eigentümer des zum Gebrauch überlassenen Gegenstandes ist. Der Eigentümer schuldet nur die Überlassung, nicht aber eine Beschaffung der Haushaltsgegenstände,[33] den Transport oder die Übernahme der Transportkosten.[34]

„Abgesondert" ist ein Haushalt, wenn der Ehegatte in vom ehelichen Lebensbereich getrennten Räumlichkeiten lebt.[35] „Benötigen" richtet sich nach den ehelichen Lebensverhältnissen, den Erwerbs- und Vermögensverhältnissen sowie den Bedürfnissen minderjähriger Kinder[36] und scheidet in der Regel aus, wenn der Nichteigentümer nach seinen wirtschaftlichen Verhältnissen in der Lage wäre, sich den geforderten Gegenstand selbst zu beschaffen.[37] Eine besondere Dringlichkeit ist indessen nicht erforderlich. Ob die Überlassung der „Billigkeit" entspricht, ist eine Entscheidung des Einzelfalles, wobei insbesondere die Interessen der minderjährigen Kinder zu berücksichtigen sind.[38]

c) Anspruch auf vorläufige Verteilung der im gemeinsamen Eigentum der Ehegatten stehenden Haushaltsgegenstände (§ 1361 a Abs. 2 BGB)

12 Im Miteigentum beider Ehegatten stehende Haushaltsgegenstände werden gem. Abs. 2 nach den Grundsätzen der Billigkeit zur vorläufigen Nutzung während der Dauer des Getrenntlebens zugewiesen. Auf ein „Benötigen" kommt es hier nicht an. Zur Beurteilung der „Billigkeit" kann auf die Kriterien zum Gebrauchsüberlassungsanspruch nach § 1361 a Abs. 1 S. 2 BGB zurückgegriffen werden. Eine Verpflichtung des aus der Ehewohnung ausziehenden Ehegatten zur Mitnahme von Haushaltsgegenständen besteht demgegenüber nicht.[39]

---

31 BGH FamRZ 1984, 575.
32 OLG Zweibrücken FamRZ 1991, 848 mwN.
33 OLG Frankfurt/M. FamRZ 2004, 1105.
34 Palandt/Brudermüller § 1361 a BGB Rn 15.
35 Palandt/Brudermüller § 1361 a BGB Rn 13.
36 BayObLG FamRZ 1972, 139.
37 FA-FamR/Klein 8. Kap. Rn 205.
38 Zur Billigkeitsabwägung gem. § 1361 a Abs. 1 S. 2 BGB s. OLG Köln FamRZ 1986, 703, für die Überlassung des Pkw beispielhaft: OLG Karlsruhe FamRZ 2001, 760.
39 LG Traunstein FamRZ 2008, 894; Götz/Brudermüller FamRZ 2008, 1895, 1899.

d) Nutzungsvergütung (§ 1361 a Abs. 3 S. 2 BGB)

Im Fall der Überlassung von Haushaltsgegenständen nach § 1361 a Abs. 1 S. 2 oder Abs. 2 BGB kann eine Nutzungsvergütung gefordert werden, wenn dies der Billigkeit, insbesondere den Einkommens- und Vermögensverhältnissen der Eheleute, entspricht.[40]

5. Endgültige Verteilung der Haushaltsgegenstände bei Rechtskraft der Scheidung (§ 1568 b BGB)

Nach dem Gesetz zur Änderung des Zugewinnausgleichs- und Vormundschaftsrechts wurde die Hausratsverordnung aufgehoben und die Hausratsteilung für die Zeit nach Rechtskraft der Ehescheidung in § 1568 b BGB[41] neu geregelt. Das Gesetz trat am 1.9.2009 in Kraft.

Grundsätzlich unterliegen nur die im **Miteigentum der Ehegatten** stehenden, noch vorhandenen[42] Haushaltsgegenstände der Verteilung der Haushaltsgegenstände nach Scheidung. Im Gegensatz zum bisherigen Recht (§ 8 Abs. 1 HausratsVO) – wonach die Verteilung der Haushaltsgegenstände durch den Richter gerecht und zweckmäßig, mithin nach billigem Ermessen erfolgte – enthält § 1568 b BGB eine Anspruchsgrundlage. § 1568 b Abs. 1 BGB sieht einen **Anspruch auf Überlassung und Übereignung der im gemeinsamen Eigentum stehenden Hausratsgegenstände** vor. Nach der Begründung des Gesetzesentwurfes soll die Vorschrift im Wesentlichen den § 8 HausratsVO übernehmen.[43] Es ist daher davon auszugehen, dass der Gesetzgeber nicht den Grundsatz der Gesamtverteilung des Hausrates zwischen den Ehegatten aufgeben wollte. Vielmehr sollen sich die Verfahren bezüglich der Überlassung auf die streitigen Gegenstände beschränken. Es besteht kein Bedürfnis, dass das Gericht in bestehende Einigungen der Parteien eingreift. Ein etwaiges danach bestehendes Ungleichgewicht der Verteilung kann durch den Antrag eines Ehegatten auf Ausgleichszahlung behoben werden.

Voraussetzung des Anspruches ist, dass ein Ehegatte auf die Nutzung des Haushaltsgegenstandes unter Berücksichtigung des Wohls der im Haushalt lebenden Kinder sowie der Lebensverhältnisse der Ehegatten in stärkerem Maße angewiesen ist als der andere oder die Überlassung und Übereignung aus anderen Gründen der Billigkeit entspricht. Die Anknüpfung an die Lebensverhältnisse soll sicherstellen, dass wie bisher alle Umstände des Einzelfalles Berücksichtigung finden können. Insgesamt sollen nach der Gesetzesbegründung die Grundsätze, die sich zur Hausratsverordnung herausgebildet haben, angewandt werden.[44] Überragendes Gewicht hatte danach das Wohl der Kinder. Daneben waren Umstände wie die persönlichen Lebensumstände (Alter, Gesundheit, etc.), die beidseitigen Einkommens- und Vermögensverhältnisse, die Bedürfnisse und wirtschaftlichen Möglichkeiten zur Ersatzbeschaffung sowie besondere Beziehungen zu einem Haushaltsgegenstand (sog. Affektionsinteresse) zu berücksichti-

---

40 Palandt/Brudermüller § 1361 a BGB Rn 17.
41 Siehe Gesetzestext des § 1568 b BGB in Fn 5.
42 Hausratsgegenstände, über die vor Entscheidung verfügt wurde oder die untergegangen sind, bleiben bei der Verteilung unberücksichtigt. Möglicherweise dann bestehende Schadensersatzansprüche können als Surrogat der Sache Gegenstand der Regelung zum Hausrat sein – OLG Frankfurt/M. FamRZ 1981, 375
43 Begründung Regierungsentwurf, BT-Drucks. 16/10798, 37.
44 Begründung Regierungsentwurf, BT-Drucks. 16/10798, 33.

gen.⁴⁵ Die sonstigen Billigkeitsgründe können insbesondere dann Bedeutung erlangen, wenn keine Kinder vorhanden sind und sich aufgrund der Lebensverhältnisse auch nicht feststellen lässt, ob ein Ehegatte stärker auf die Nutzung des Haushaltsgegenstandes angewiesen ist als der andere. Gleiches muss gelten, wenn keiner der Ehegatten auf die Nutzung angewiesen ist. Solche „anderen Gründe" können sein, dass ein Ehegatte die Anschaffung des Gegenstandes veranlasst oder diesen während der Ehe auf eigene Kosten gepflegt und erhalten hat.⁴⁶

Der Regelungsinhalt des bisherigen § 9 HausratsVO zur Übereignung von im Alleineigentum eines Ehegatten stehender Haushaltsgegenstände an den anderen Ehegatten wird insgesamt aufgegeben (dazu schon ausführlich Rn 7). Eine Zuteilung von Haushaltsgegenständen, die im Alleineigentum eines Ehegatten stehen, an den anderen im Rahmen des Haushaltssachenverfahrens scheidet daher zukünftig aus. Diese Haushaltsgegenstände werden bei einem etwaigen güterrechtlichen Ausgleich berücksichtigt.

Ebenfalls nicht übernommen werden die Regelungen in § 10 HausratsVO, wonach das Gericht im Innenverhältnis der Ehegatten die Verpflichtung zur Zahlung der mit dem Hausrat zusammenhängenden Schulden regeln konnte. **Schulden** für Haushaltsgegenstände werden daher nicht mehr in den Verfahren betreffend Haushaltssachen verteilt. Sie mindern künftig **im Zugewinnausgleich** das Endvermögen desjenigen Ehegatten, der im Außenverhältnis Schuldner ist.⁴⁷ Auch Haushaltsgegenstände, die ein Ehegatte unter Eigentumsvorbehalt erworben hat, werden nicht nach § 1568 b BGB verteilt – was dem Änderungsvorschlag entspricht, dass Gegenstände, die im Alleineigentum eines Ehegatten stehen oder stehen werden, nicht Gegenstand der Verteilung der Haushaltsgegenstände sein sollen.⁴⁸

15 § 1568 b Abs. 3 BGB sieht vor, dass der Ehegatte, der sein Eigentum nach Abs. 1 überträgt, eine **angemessene Ausgleichszahlung** verlangen kann. Nach der Begründung des Gesetzentwurfes soll die Ausgleichszahlung grundsätzlich dem **Verkehrswert des Gegenstandes zum Zeitpunkt der Verteilung** entsprechen.⁴⁹ Anders als im bisherigen § 8 Abs. 3 HausratsVO werden Billigkeitskriterien nicht mehr erwähnt. Damit gewinnt die neue Fassung deutlich an Praktikabilität.⁵⁰ Nur bei einem groben Widerspruch zwischen Ausgleichszahlung und Billigkeit werden daher zukünftig Korrekturen – wenn überhaupt nur in engeren Grenzen als nach früheren Recht – möglich sein. Eventuelle wechselseitige Ausgleichszahlungen können verrechnet werden.⁵¹

Nach dem ursprünglichen Regierungsentwurf des Gesetzes zur Änderung des Zugewinnausgleichs- und Vormundschaftsrechts war offen, ob es mit der Ausgleichszahlung sein Bewenden hat oder ob darüber hinaus auch ein **Wertausgleich** im Zugewinn zu erfolgen hat. Danach sollte § 1568 b Abs. 3 BGB-E nur dann eine Sonderregelung dar-

---

45 Vgl. zu den Entscheidungskriterien nach der bisher geltenden HausratsVO: Palandt/Brudermüller § 2 HausratsVO Rn. 7 ff.
46 Begründung Regierungsentwurf, BT-Drucks. 16/10798, 37.
47 Begründung Regierungsentwurf, BT-Drucks. 16/10798, 37, mit Verweis auf BGH NJW-RR 1986, 1325 f.
48 Götz/Brudermüller NJW 2008, 3025, 3031.
49 Begründung Regierungsentwurf, BT-Drucks. 16/10798, 37.
50 Götz/Brudermüller NJW 2008, 3025, 3031
51 Götz/Brudermüller FamRZ 2009, 1261, 1266

stellen, wenn tatsächlich von ihr Gebrauch gemacht wurde.[52] Dagegen sprach nicht nur die erhebliche Einschränkung der Praktikabilität der Vorschrift – die Familiengerichte wären gezwungen, in einem zeitlich nachfolgenden Zugewinnausgleichsverfahren das Thema Hausrat wieder aufzugreifen –, sondern auch die Rechtsprechung des Bundesgerichtshofes zu §§ 8 Abs. 3, 9 Abs. 2 HausratsVO,[53] wonach diese Vorschriften spezielle abschließende Regelungen für den Wertausgleich im Hausratsverfahren enthalten.[54] Diese Lösung wurde daher im Gesetz nicht beibehalten.

6. Auskunftsanspruch

Das Gesetz sieht weder in § 1361a BGB noch in §§ 1568b BGB einen Auskunftsanspruch vor. Auch die frühere HausratsVO enthielt keinen Auskunftsanspruch. Grund hierfür ist, dass jeder Ehegatte regelmäßig Kenntnis vom Umfang der gemeinsamen Haushaltsgegenstände bei der Trennung hat. Ob gleichwohl ein **Auskunftsanspruch über §§ 1353, 242 BGB** bejaht werden kann, ist **umstritten**. Jedenfalls wird er nur dann bejaht werden können, wenn unverschuldete Unkenntnis über Art und Umfang der Haushaltsgegenstände besteht[55] oder ein Ehegatte aus tatsächlichen Gründen gehindert ist, sich selbst die erforderliche Kenntnis zu verschaffen, und der andere Ehegatte die Auskünfte zur Beseitigung der Ungewissheit ohne Weiteres erteilen kann.[56]

16

7. Rückschaffungsanspruch (verbotene Eigenmacht an Haushaltsgegenständen)

Entfernt ein Ehegatte Haushaltsgegenstände ohne Zustimmung des anderen Ehegatten, verletzt er dadurch dessen Besitzrecht und übt somit verbotene Eigenmacht aus. Damit ist das umstrittene **Verhältnis** der Vorschriften bezüglich der Haushaltssachen **zu den possessorischen Besitzschutzansprüchen aus** §§ 858 ff BGB angesprochen. Werden eigenmächtig entfernte Haushaltsgegenstände herausverlangt und mit dem Begehren auf vorläufige Benutzungsregelung an den Haushaltsgegenständen während des Getrenntlebens verbunden, wird nach herrschender Ansicht § 1361a BGB als lex specialis zu §§ 858 ff BGB angesehen.[57] Begründet wird dies damit, dass das Verfahren nach § 1361a BGB speziell auf die Trennungssituation zugeschnitten ist. Dabei wird aber im Rahmen der Regelung nach § 1361a BGB der Regelungsgehalt des possessorischen Besitzschutzes und insbesondere die Rückverschaffungsverpflichtung einbezogen.[58] Nach der vermittelnden Meinung soll dies auch dann gelten, wenn der in seinem Besitzrecht verletzte Ehegatte nur die Rückverschaffung der eigenmächtig entfernten Haushaltsgegenstände begehrt, ohne eine Verteilung der Haushaltsgegenstände zu verlangen.[59] Zuständig soll in allen Fällen das Familiengericht sein,[60] um insbesondere sich widersprechende Entscheidungen zu vermeiden und um dem anderen Ehegatten die

17

---

52 Begründung Regierungsentwurf, BT-Drucks. 16/10798, 37.
53 BGH FamRZ 1984, 144.
54 Götz/Brudermüller NJW 2008, 3025, 3031.
55 OLG Frankfurt/M. FamRZ 1988, 645; OLG Zweibrücken FamRZ 1995, 1211 f.
56 KG FamRZ 1982, 68.
57 OLG Karlsruhe FamRZ 2007, 59 ff; vgl auch Brudermüller FamRZ 2006, 1157, 1161 mwN.
58 OLG Karlsruhe FamRZ 2001, 760 f; OLG Köln FamRZ 2001, 173.
59 OLG Karlsruhe FamRZ 2007, 59; OLG Frankfurt/M. FamRZ 2003, 47; Götz/Brudermüller FamRZ 2008, 1895, 1899, aA für die Anwendbarkeit von §§ 858 ff BGB in diesen Fällen FA-FamR/Klein 8. Kap. Rn 12.
60 BGH FamRZ 1982, 1200; 1991, 928; OLG Frankfurt/M. FamRZ 2003, 47 ff; OLG Nürnberg FamRZ 2006, 486; Miesen, Entfernung von Hausratsgegenständen, FamRZ 2006, 488.

§ 9 Haushaltssachen

Einwendungen des § 1361 a BGB – beispielsweise den Gebrauchsüberlassungsanspruch – zu erhalten.

III. Verfahrenseinleitung

1. Zuständigkeit

a) Sachliche Zuständigkeit

18 Sachlich ausschließlich zuständig für die Regelungen der Rechtsverhältnisse an den Haushaltsgegenständen ist das **Amtsgericht – Familiengericht –** (§§ 23 a Abs. 1 Nr. 1, 23 b Abs. 1 GVG iVm § 111 Nr. 5 FamFG).

Im Zuge der Einführung der umfassenden Zuständigkeit des Familiengerichtes für Streitigkeiten zwischen Eheleuten (sog. Großes Familiengericht) wurde die Zuständigkeit auch auf bestimmte Verfahren erstreckt, die bislang vor den Zivilgerichten geführt wurden. Hierzu gehört im vorliegenden Zusammenhang das Herausgabeverlangen persönlicher Gegenstände.[61] Auch insoweit ist nunmehr das Amtsgericht Familiengericht zuständig (§§ 23 a Abs. 1 Nr. 1, 23 b Abs. 1 GVG iVm §§ 111 Nr. 10, 266 FamFG). Damit ist auch der nach alter Rechtslage bestehende Streit[62] bezüglich der Zuständigkeit des Familiengerichtes in sog. „Mischfällen" (ein Ehegatte verlangt überwiegend Haushaltsgegenstände, daneben aber auch einzelne persönliche Gegenstände heraus) erledigt.

b) Örtliche Zuständigkeit

19 Die örtliche Zuständigkeit richtet sich nach § 201, der in den Nr. 1–4 eine **Anknüpfungsleiter** aufstellt. Dabei schließt eine vorrangige Zuständigkeit eine nachfolgende aus. Die örtliche Zuständigkeit richtet sich in erster Linie danach, ob eine Ehesache anhängig ist oder war. In diesem Fall ist das Gericht, bei dem die Ehesache im ersten Rechtszug anhängig ist oder war, auch für das Haushaltssachen örtlich zuständig (§ 201 Nr. 1). Ist diese Voraussetzung nicht gegeben, ist das Gericht zuständig, in dessen Bezirk sich die gemeinsame Wohnung der Ehegatten befindet (§ 201 Nr. 2). Fehlt eine gemeinsame Wohnung der Ehegatten, ist das Gericht zuständig, in dessen Bezirk der Antragsgegner seinen gewöhnlichen Aufenthalt hat (§ 201 Nr. 3). Ist auch danach eine örtliche Zuständigkeit nicht begründet, ist das Gericht zuständig, in dessen Bezirk der Antragsteller seinen gewöhnlichen Aufenthalt hat (§ 201 Nr. 4).[63]

Wird während der Anhängigkeit einer isolierten Haushaltssache im ersten Rechtszug eine Ehesache bei einem anderen Familiengericht anhängig, regelt § 202 die Abgabe der Haushaltssache von Amts wegen an das Gericht der Ehesache.[64]

---

61 Nach alter Rechtslage war das Familiengericht in diesen Fällen nur im Rahmen einer einstweiligen Anordnung zur Ehesache zuständig (§ 620 Nr. 8 ZPO), im Übrigen das Familiengericht.
62 JH/Brudermüller § 1361 a BGB Rn 44 mwN.
63 Diese Regelung der örtlichen Zuständigkeit entspricht der früheren Reihenfolge nach § 11 Abs. 1, Abs. 2 HausratsVO iVm § 606 Abs. 2 ZPO.
64 Nach früherer Rechtslage war dieser Sachverhalt doppelt in § 11 Abs. 3 HausratsVO und § 621 Abs. 3 ZPO geregelt.

III. Verfahrenseinleitung **9**

2. Gerichtskostenvorschuss

Gem. § 14 Abs. 3 FamGKG wird – mit Ausnahme in den Fällen des § 15 FamGKG – **20**
das Gericht eine Tätigkeit erst nach Zahlung der Gerichtsgebühr für das Verfahren im
Allgemeinen aufnehmen. Gem. Nr. 1320 KV FamGKG beträgt die Gebühr in isolierten
Haushaltssachen 2,0 (zu dem der Berechnung des Gerichtskostenvorschusses zugrunde
liegenden Verfahrenswert vgl Rn 51).

3. Verfahrenshindernis der Einigung oder Teileinigung?

Nach der früheren Rechtslage war ein gerichtliches Hausratsverfahren gem. § 1 Abs. 1 **21**
HausratsVO unzulässig, wenn und soweit die Ehegatten sich über die Rechtsverhältnisse am Hausrat bereits geeinigt haben. Im Wortlaut des § 203 Abs. 1 ist dieses Verfahrenshindernis nicht mehr ausdrücklich erwähnt. Das Vorliegen einer Einigung lässt aber auch zukünftig nach den allgemeinen Verfahrensgrundsätzen insoweit das **Rechtsschutzbedürfnis** für ein gerichtliches Verfahren **entfallen**.[65] Auf eine Einigung sollte daher vorprozessual hingewirkt werden.

Muster: Vereinbarung über die Haushaltsgegenstände **22**

Die Eheleute sind sich darüber einig, dass die endgültige Auseinandersetzung ihrer Haushaltsgegenstände gemäß den dieser Vereinbarung beigefügten Listen A und B erfolgen soll. Die in der Liste A aufgeführten Gegenstände stehen der Ehefrau, diejenigen in der Liste B dem Ehemann. Sie verpflichten sich hiermit, die dem jeweils anderen zustehenden Gegenstände herauszugeben. Sie sind sich einig, dass die dem jeweiligen Ehegatten zustehenden und die bereits in seinem Besitz befindlichen Gegenstände in sein Alleineigentum übergehen bzw in seinem alleinigen Eigentum stehen. Weiterhin verpflichtet sich die Ehefrau, an den Ehemann eine Ausgleichszahlung für die Verteilung der Haushaltsgegenstände in Höhe von ... EUR zu zahlen. Mit Abschluss dieser Vereinbarung ist die Auseinandersetzung der Haushaltsgegenstände erledigt.

4. Antragserfordernis

a) Verfahrensantrag

Die Haushaltssachen werden **nur auf Antrag eines Ehegatten eingeleitet** – sog. An- **23**
tragsverfahren (§ 203 Abs. 1). Nach alter Rechtslage musste der Antrag nicht bestimmt sein.[66] Gleichwohl war in der Praxis bereits danach eine individualisierbare Beschreibung der Gegenstände im Antrag empfohlen worden, um der Entscheidung einen vollstreckungsfähigen Inhalt zu geben. Gem. § 203 Abs. 2 S. 1 soll der Antrag nun Angaben zu den Gegenständen enthalten, deren Herausgabe begehrt wird. Fehlt im Antrag eine solche **Präzisierung des Verfahrenszieles**, kann der Antrag allerdings nicht als unzulässig zurückgewiesen werden, da es sich lediglich um eine Soll-Vorschrift handelt.[67] Gegebenenfalls muss der Antragsteller unter Mitwirkung des Gerichtes nachbessern (§ 28 Abs. 2; vgl zu den Mitwirkungspflichten in Haushaltssachen Rn 32 f).

Wird eine endgültige Regelung der Haushaltsgegenstände für die Zeit nach Rechtskraft der Scheidung begehrt, soll überdies eine **Aufstellung sämtlicher Haushaltsgegenstände unter genauer Bezeichnung** beigefügt werden (§ 203 Abs. 2 S. 2). Dadurch erhält der Familienrichter Kenntnis, welche Haushaltsgegenstände insgesamt vorhanden sind,

---

65 Gesetzesbegründung, BT-Drucks. 16/6308, 249; Götz/Brudermüller FPR 2009, 38, 39.
66 FA-FamR/Klein 8. Kap. Rn 248.
67 Gesetzesbegründung, BT-Drucks. 16/6308, 249; Götz/Brudermüller FPR 2009, 38, 39.

und ihm wird es so möglich, entsprechend dem Auftrag des Gesetzes (§ 1568 b Abs. 1 BGB) die Billigkeitsprüfung vorzunehmen. Es empfiehlt sich weiter, außer der genauen Beschreibung des Haushaltsgegenstandes selbst, dessen Alter oder Anschaffungsjahr und seinen heutigen geschätzten Verkehrswert sowie letztendlich die Eigentums- und Besitzverhältnisse anzugeben, um dem Gericht auch die Prüfung einer Ausgleichszahlung (§ 1568 b Abs. 3 BGB) zu erleichtern.

24 **Muster: Antrag auf vorläufige Verteilung der Haushaltsgegenstände bei Getrenntleben**

Namens und im Auftrag der Antragstellerin beantragen wir,

1. Herausgabe bzgl der Haushaltsgegenstände im Alleineigentum der Antragstellerin:

dem Antragsgegner aufzugeben, der Antragstellerin die bislang im ... (Zimmer) der Ehewohnung ... (Lagebeschreibung im Zimmer) befindliche ... (Benennung und genaue Beschreibung des Haushaltsgegenstandes) herauszugeben.

2. Herausgabe bzgl der Haushaltsgegenstände im Alleineigentum der Antragstellerin mit Rückverschaffungsgebot, wenn der Antragsgegner aus der Ehewohnung ausgezogen ist und Haushaltsgegenstände entfernt hat:

dem Antragsgegner aufzugeben, an die Antragstellerin die aus der Ehewohnung in ... (Wohnort) entfernten Haushaltsgegenstände ... (Benennung und genaue Beschreibung der Haushaltsgegenstände) herauszugeben.

3. Gebrauchsüberlassung bzgl der Haushaltsgegenstände, die im Alleineigentum des Antragsgegners stehen:

dem Antragsgegner aufzugeben, der Antragstellerin die Haushaltsgegenstände ... (Benennung und genaue Beschreibung der Haushaltsgegenstände) für die Dauer des Getrenntlebens der Parteien zum Gebrauch zu überlassen.

4. Gebrauchsüberlassung bzgl der Haushaltsgegenstände, die im Alleineigentum des Antragsgegner stehen, mit Rückverschaffungsgebot, wenn dieser aus der Ehewohnung ausgezogen ist und Haushaltsgegenstände entfernt hat:

dem Antragsgegner aufzugeben, der Antragstellerin die am ... aus der Ehewohnung in ... (Wohnort) entfernten Haushaltsgegenstände ... (Benennung und genaue Beschreibung der Haushaltsgegenstände) herauszugeben und für die Dauer des Getrenntlebens der Parteien zum Gebrauch zu überlassen.

5. Zuteilung von Haushaltsgegenständen im Miteigentum der Eheleute:

der Antragstellerin folgende, den Parteien gemeinsam gehörende Haushaltsgegenstände für die Dauer des Getrenntlebens zuzuteilen:

- ... (Benennung und genaue Beschreibung des Haushaltsgegenstandes)
- ...

6. Zuteilung von Haushaltsgegenständen im Miteigentum der Eheleute mit Herausgabeverpflichtung an den Antragsgegner:

dem Antragsgegner aufzugeben, an die Antragstellerin die noch in seinem Besitz befindlichen, der Antragstellerin gemäß vorstehender Ziffer zugewiesenen Haushaltsgegenstände ... (Benennung und genaue Beschreibung der Haushaltsgegenstände) herauszugeben.

25 **Muster: Antrag auf Überlassung und Übereignung gemeinsamer Haushaltsgegenstände für die Zeit nach der Scheidung nach § 1568 b Abs. 1 BGB**

Namens und im Auftrag des Antragstellers **beantragen** wir,

1. die Antragsgegnerin zu verurteilen, dem Antragsteller folgende Haushaltsgegenstände zu überlassen und zu übereignen:

- ... (Benennung und genaue Beschreibung des Haushaltsgegenstandes)

- ...

2. *(falls veranlasst:)* der Antragsgegnerin aufzugeben, an den Antragsteller ab Rechtskraft der Scheidung einen Ausgleichsbetrag in Höhe von ... EUR zu zahlen.

Gem. § 202 Abs. 2 S. 2 FamFG fügen wir als Anlage 1 eine Aufstellung sämtlicher Haushaltsgegenstände unter Angabe von Alter bzw. Anschaffungsjahr, Verkehrswert sowie Eigentums- und Besitzverhältnis bei.

b) Antrag auf Durchführungsanordnungen

Gem. § 209 Abs. 1 soll das Gericht mit der Entscheidung die Maßnahmen anordnen, die die **Vollstreckung der Entscheidung erleichtern und sichern** sollen.[68] Auch wenn diese Maßnahmen von Amts wegen angeordnet werden, erscheint die Stellung eines Antrages als Anregung an das Gericht sinnvoll. 26

Muster: Anordnungen zur Durchführung der Entscheidung 27

Veräußerungsverbot:
dem Antragsgegner zu verbieten, die Haushaltsgegenstände ... (Benennung und genaue Beschreibung der Haushaltsgegenstände) zu veräußern.

Entfernungsverbot:
dem Antragsgegner zu verbieten, die Haushaltsgegenstände ... (Benennung und genaue Beschreibung der Haushaltsgegenstände) aus der Ehewohnung in ... (Wohnort) zu entfernen.

Rückschaffungspflicht:
dem Antragsgegner aufzugeben, aus der Ehewohnung in ... (Wohnort) entfernte Haushaltsgegenstände ... (Benennung und genaue Beschreibung der Haushaltsgegenstände) in die Ehewohnung zurückzuschaffen.

Zwangsgeldandrohung:
dem Antragsgegner zugleich für jeden Fall der Zuwiderhandlung ein Zwangsgeld in Höhe von ... EUR anzudrohen.

IV. Verfahren

1. Anwaltszwang

Gem. § 114 Abs. 1 besteht für Haushaltssachen ein Anwaltszwang, sofern sie als Folgesache im Ehescheidungsverbund geführt werden. In isolierten Haushaltssachen ist demgegenüber eine Vertretung durch einen Rechtsanwalt nicht erforderlich, da es sich nicht um selbständige Familienstreitsachen iSv § 112 handelt. Gleiches gilt gem. § 114 Abs. 4 Nr. 1 im Verfahren auf Erlass einer einstweiligen Anordnung. 28

2. Isoliertes Verfahren, Verbundverfahren

Haushaltssachen sind gem. § 137 Abs. 2 Nr. 3 mögliche Folgesachen im Ehescheidungsverbund. Als Verbundverfahren kommen dabei nur Verfahren nach § 200 Abs. 2 Nr. 2 FamFG, dh nach § 1568 b BGB in Betracht, da nur in diesen Fällen eine Regelung für den Fall der Ehescheidung begehrt wird. Verfahren nach § 1361 a BGB auf Verteilung der Haushaltsgegenstände für die Zeit des Getrenntlebens sind stets als isolierte Verfahren zu führen. 29

---

[68] Die Vorschrift entspricht inhaltlich dem bisherigen § 15 HausratsVO.

Zu beachten ist, dass nach dem FamFG Folgesachen zukünftig **spätestens zwei Wochen vor dem Termin zur mündlichen Verhandlung** anhängig gemacht werden müssen (§ 137 Abs. 2).

3. Amtsermittlungsgrundsatz

30 Die Haushaltssachen unterliegen als Verfahren der freiwilligen Gerichtsbarkeit dem Grundsatz der Amtsermittlung (§ 26). Das Gericht hat von Amts wegen die zur Feststellung der entscheidungserheblichen Tatsachen erforderlichen Ermittlungen durchzuführen.

31 Gem. § 27 sind die Eheleute verpflichtet, an der Aufklärung des Sachverhaltes mitzuwirken. In Haushaltssachen wird diese allgemeine **Mitwirkungspflicht der Parteien** durch die Vorschrift des § 206 noch stärker betont, indem das Gericht mehr Befugnisse erhält. So kann das Gericht jeweils unter Fristsetzung eine Präzisierung des Verfahrenszieles aufgeben (§ 206 Abs. 1 Nr. 1), eine Aufstellung der Haushaltsgegenstände oder deren Ergänzung anfordern (§ 206 Abs. 1 Nr. 2), eine Erklärung oder Ergänzung des Vortrages verlangen (§ 206 Abs. 1 Nr. 3) oder die Vorlage von Belegen[69] anordnen (§ 206 Abs. 1 Nr. 4).

32 In § 206 Abs. 2 werden die **Rechtsfolgen einer Versäumung dieser Mitwirkung** in Anlehnung an § 296 Abs. 1 ZPO geregelt. Verspätet vorgebrachte „Umstände", werden daher nur berücksichtigt, wenn die Erledigung das Verfahren nicht verzögert oder die Verspätung genügend entschuldigt wird. Die mögliche Präklusion betrifft nach dem Wortlaut des Gesetzes aber nur „Umstände", also Sachvortrag oder Beweisangebote. Eine Änderung des Verfahrenszieles, dh eine Änderung des Antrages, welche Gegenstände sie zugeteilt haben möchten, wird nicht ausgeschlossen.[70]

Schließlich regelt Abs. 3 des § 206 eine Ausnahme von der Pflicht zur Amtsermittlung, wenn die Auflage nach Abs. 1 nicht erfüllt wird oder Umstände nach Abs. 2 nicht zu berücksichtigen sind. Dies gilt aber nach der Gesetzesbegründung nur für Umstände, die für den Beteiligten, gegen den sich die Auflage richtet, günstig sind; andernfalls bleibt es beim Grundsatz der Amtsermittlung.[71]

4. Mündliche Verhandlung

33 Der Richter soll mit den Ehegatten die Angelegenheit in einem Termin erörtern, dh eine mündliche Verhandlung durchführen (§ 207 S. 1). Hiervon darf das Gericht – wie nach bisheriger Rechtslage – nur aus triftigen Gründen absehen.[72] Solche Gründe können sein, dass die Sach- und Rechtslage völlig geklärt ist, ein Versuch einer gütlichen Einigung keinerlei Erfolg verspricht oder das Erscheinen eines Beteiligten zum Termin bezogen auf den Wert des Objektes zu umständlich oder zu kostspielig ist.[73]

---

69 Beispielsweise Belege über den Kauf von Haushaltsgegenständen, die über den Zeitpunkt der Anschaffung, die Person des Käufers und den Anschaffungspreis Auskunft geben können.
70 Begründung Regierungsentwurf, BT-Drucks. 16/6308, 250; Kroiß/Seiler § 3 Rn 351.
71 Begründung Regierungsentwurf, BT-Drucks. 16/6308, 250; Kroiß/Seiler § 3 Rn 352.
72 Götz/Brudermüller FPR 2009, 38, 40.
73 MK/Müller-Gindullis, 4. Aufl., § 13 HausratsVO Rn 4.

Dabei soll der Richter das persönliche Erscheinen der Parteien anordnen (§ 207 S. 2), welches nach § 33 Abs. 3 durch Ordnungsgeld und Vorführung auch erzwungen werden kann.

Dadurch soll das Gericht Gelegenheit erhalten, auf eine gütliche Einigung der Parteien hinzuwirken.[74] Kommt ein **Vergleich im Termin** zustande, ist eine Niederschrift nach den Vorschriften der Zivilprozessordnung anzufertigen (§ 36 Abs. 2), dh die Einigung ist gem. §§ 160 Abs. 3, 162 ZPO zu protokollieren. Diese Niederschrift wird Teil des Vermerkes, welchen das Gericht nach § 28 Abs. 4 über Termine und Anhörungen zu fertigen hat. Weiterhin erhalten das Gericht und Parteien mit dem FamFG nunmehr die Möglichkeit, eine Vereinbarung wirksam über § 278 Abs. 6 ZPO zu schließen, denn § 278 Abs. 6 ZPO ist ausdrücklich über § 36 Abs. 3 entsprechend anwendbar.[75]

34

V. Entscheidung

Sowohl in isolierten Haushaltssachen als auch in Verfahren innerhalb des Ehescheidungsverbundes – dabei grundsätzlich einheitlich mit der Scheidungssache – ist durch **Beschluss** zu entscheiden (vgl § 38 iVm § 116 Abs. 1 bzw § 142 Abs. 1 S. 1). § 38 Abs. 2 behandelt den Inhalt des Beschlusses, der gem. § 38 Abs. 3 und 4 in der Regel zu begründen ist. Neu ist, dass § 39 die Notwendigkeit einer Rechtsmittel- und Rechtsbehelfsbelehrung für jeden Beschluss bestimmt.

35

Die Entscheidung wird gem. § 209 Abs. 2 S. 1 – abweichend von der allgemeinen Regelung in § 40 – nicht bereits mit Bekanntgabe, sondern erst **mit Rechtskraft wirksam.** Für Folgesachen ist darüber hinaus zu beachten, dass diese gem. § 148 nicht vor der Rechtskraft des Scheidungsausspruches selbst wirksam werden.

36

Stirbt einer der Ehegatten vor Abschluss des Verfahrens, ist die Hauptsache – in Anlehnung an § 131 für Ehesachen – gem. § 208 erledigt, da die Rechte der Ehegatten in Verfahren Haushaltssachen betreffend höchstpersönlich und nicht vererblich sind.[76] Die typischerweise durch das persönliche Verhältnis der Ehegatten geprägten Haushaltssachen sollen mit dem Tod eines Ehegatten endgültig abgeschlossen sein.[77]

37

VI. Rechtsmittel

1. Die Beschwerde

a) Statthaftigkeit

Das Rechtsmittel gegen die Endentscheidungen bezüglich der Haushaltssachen in Verbundverfahren oder in isolierten Haushaltssachen ist gem. § 58 **Abs. 1 die Beschwerde** (vgl zum Beschwerdeverfahren § 2 Rn 1 ff). Das Beschwerdeverfahren ist in den §§ 58 ff geregelt und stellt gem. § 65 Abs. 3 eine vollwertige Tatsacheninstanz dar. Ein Ehegatte kann sich auch der Beschwerde des anderen Ehegatten anschließen – sog. Anschlussbeschwerde (vgl § 66).

38

---

74 Zwar ist dies im Gegensatz zur alten Rechtslage – § 13 Abs. 2 HausratsVO – nicht mehr ausdrücklich in den Vorschriften über die Haushaltssachen in den §§ 200 ff geregelt, ergibt sich aber bereits aus § 36 Abs. 1 S. 2 des Allgemeinen Teils des FamFG.
75 Dies war nach früherer Rechtslage umstritten. Vgl dazu: OLG Nürnberg FamRZ 2005, 920.
76 Kroiß/Seiler § 3 Rn 356.
77 Gesetzesbegründung, BT-Drucks. 16/6308, 251.

Die Beschwerde ist nur **zulässig**, wenn der Wert des Beschwerdegegenstandes 600 EUR übersteigt (§ 61 Abs. 1)[78] oder das Ausgangsgericht die Beschwerde zugelassen hat (§ 61 Abs. 2). In der Praxis sollte im Rahmen des erstinstanzlichen Verfahrens ggf vorsorglich ein Antrag auf Zulassung der Beschwerde gestellt werden, wenn die Beschwer 600 EUR unterschreitet.

b) Form und Frist der Einlegung

39 Die Beschwerde ist gem. § 63 Abs. 1 und 3 binnen einer **Frist von einem Monat ab schriftlicher Bekanntgabe** des Beschlusses einzulegen.[79] Abweichend vom bisherigen Recht ist die Beschwerde gem. § 64 Abs. 1 durch Einreichung einer Beschwerdefrist oder zur Niederschrift der Geschäftsstelle **bei dem Gericht einzulegen, dessen Beschluss angefochten wird**. Eine Begründung ist nicht zwingend erforderlich (§ 65 Abs. 1), das Gericht kann aber eine Frist zur Begründung setzen (§ 65 Abs. 2). In der Praxis sollte auf eine Begründung nicht verzichtet werden, um der Gefahr einer Abweisung der Beschwerde als unbegründet zu entgehen.

c) Gang des Beschwerdeverfahrens und Beschwerdeentscheidung

40 Das Ausgangsgericht hat die Beschwerde unverzüglich dem Beschwerdegericht vorzulegen, zu einer Abhilfe ist das Ausgangsgericht bei Beschwerden gegen Entscheidungen in Familiensachen nicht befugt (§ 68 Abs. 1). Das Beschwerdegericht kann die Entscheidung auf einen Einzelrichter übertragen (§ 68 Abs. 4 FamFG iVm § 526 ZPO). Die Beschwerdeentscheidung ergeht durch Beschluss (§ 69).

2. Rechtsbeschwerde

41 Gegen die Entscheidung des Beschwerdegerichtes ist keine zulassungsfreie weitere Instanz eröffnet. Das Beschwerdegericht muss vielmehr über die **Zulassung** des weiteren Rechtsmittels der Rechtsbeschwerde (vgl zur Rechtsbeschwerde § 2 Rn 81 ff) entscheiden (vgl § 70).[80] Auch hier sollte ggf vorsorglich ein entsprechender Antrag bereits im Rahmen der zweiten Instanz gestellt werden.

Im Falle ihrer Zulassung ist die Rechtsbeschwerde binnen einer **Frist von einem Monat** nach der schriftlichen Bekanntgabe durch Einreichung einer Beschwerdeschrift beim Rechtsbeschwerdegericht einzulegen (§ 71 Abs. 1).[81] Sofern die Beschwerdeschrift keine Begründung enthält, ist die Rechtsbeschwerde binnen einer Frist von einem Monat zu begründen (§ 71 Abs. 2).[82] Dabei kann die Rechtsbeschwerde nur auf die Verletzung formellen oder materiellen Rechts gestützt werden (vgl § 72). Die Entscheidung ergeht dann nach § 74.

---

[78] Die Wertbemessung folgt dabei den Regelungen zum Verfahrenswert – s. dazu Rn 49 – mit der Maßgabe, dass darüber hinausgehend in die Wertberechnung nur der Wert der im Vergleich zur Vorinstanz änderungsbetroffenen Gegenstände einbezogen wird.

[79] Erfolgt keine schriftliche Zustellung, beginnt die Frist mit Ablauf von fünf Monaten ab Erlass des Beschlusses. Mit dieser Regelung findet eine Harmonisierung der Prozessordnungen statt, indem eine Anlehnung an § 517 ZPO erfolgt.

[80] Zu den Zulassungsgründen vgl § 70 Abs. 2 FamFG, der dem Rechtsbeschwerderecht der §§ 574 ff ZPO nachgestaltet ist.

[81] In Haushaltssachen ist für die Rechtsbeschwerde der Bundesgerichtshof zuständig, mit der Folge, dass sich die Beteiligten durch einen beim Bundesgerichtshof zugelassenen Rechtsanwalt vertreten lassen müssen, § 114.

[82] Die Begründungsfrist kann unter den Vorgaben der §§ 551 Abs. 2 S. 5 und 6 ZPO, die gem. § 71 Abs. 2 S. 3 FamFG entsprechend gelten, verlängert werden.

3. Abänderungsverfahren

§ 48 Abs. 1 sieht ein Abänderungsverfahren **gegen rechtskräftige Entscheidungen** mit Dauerwirkung – wozu auch die Verteilung der Haushaltsgegenstände gehört – vor. Zuständig ist das Familiengericht, welches die Erstentscheidung getroffen hat. Voraussetzung einer solchen Abänderung ist, dass sich die der Entscheidung **zugrunde liegende Sach- oder Rechtslage wesentlich geändert** hat. Eine wesentliche Änderung liegt dabei vor, wenn das Gericht bei Kenntnis der neuen Umstände anders entschieden hätte.[83] Beachtlich sind daher nur Umstände, die Grundlage der Erstentscheidung waren.[84] Unbeachtlich ist die Veränderung von Umständen, deren zukünftige Entwicklung der Richter in seiner Entscheidung bereits in Betracht gezogen hat.[85] Der nachträglichen Änderung von Umständen werden in erweiternder Auslegung auch weiterhin Umstände gleichstehen, die zwar bei der Erstentscheidung bereits vorhanden waren, jedoch in Unkenntnis des Gerichtes nicht berücksichtigt wurden, da die Entscheidung dann auf falschen Tatsachenvoraussetzungen beruhte.[86] Gleiches gilt im dem Fall, dass die Erstentscheidung arglistig herbeigeführt wurde.[87]

42

Nach der alten Rechtslage gem. § 17 Abs. 1 HausratsVO war weitere Voraussetzung der Änderung, dass diese notwendig sein musste, um eine unbillige Härte zu vermeiden. Außerdem durfte mit der Änderung in Rechte Dritter nur eingegriffen werden, wenn diese einverstanden waren. Diese Einschränkungen der Abänderung sind mit dem FamFG entfallen, da der Wortlaut des § 48 Abs. 1 sie nicht mehr vorsieht.

§ 17 Abs. 2 HausratsVO sah die gleiche Abänderungsmöglichkeit für gerichtliche Vergleiche vor. Die Vorschrift wurde in analoger Anwendung auch auf außergerichtliche Vereinbarungen erstreckt.[88] § 48 Abs. 1 sieht insoweit keine ausdrückliche Regelung vor. Die Änderungsbefugnis dürfte aber auch künftig vergleichsweise Regelungen umfassen.[89]

VII. Einstweiliger Rechtsschutz

Einstweiliger Rechtsschutz in Haushaltssachen wird im Wege **einstweiliger Anordnungen** gewährt (§§ 49–57; zum einstweiligen Rechtsschutz nach dem FamFG ausführlich § 1 Rn 458 ff). Das FamFG gibt dabei den nach bisheriger Rechtslage bestehenden Grundsatz der Abhängigkeit einer einstweiligen Anordnung von einer gleichartigen Hauptsache oder eines Ehescheidungsverfahrens bzw eines entsprechenden Gesuchs auf Bewilligung von Prozesskostenhilfe auf. Das Verfahren auf Erlass einer einstweiligen Anordnung ist **selbständig** (vgl § 51 Abs. 3). Den Beteiligten steht es frei, daneben ein Hauptsacheverfahren einzuleiten.

43

---

83 So für die alte Rechtslage nach § 17 HausratsVO: OLG München FamRZ 1997, 892, OLG Naumburg FamRB 2004, 316.
84 OLG Koblenz FamRZ 2002, 1716.
85 AG Neustadt a. Rbge FamRz 2007, 920; FA-FamR/Klein 8. Kap. Rn 310.
86 OLG Zweibrücken FamRZ 2000, 1105; Palandt/Brudermüller § 17 HausratsVO Rn 3.
87 OLG Köln FamRZ 1997, 892, 893; 1105; Palandt/Brudermüller § 17 HausratsVO Rn 3.
88 BayObLG FamRZ 1975, 582; BGH FamRZ 2004, 98, 101.
89 Götz/Brudermüller FPR 2009, 38, 41.

§ 9 Haushaltssachen

1. Verfahren und Zuständigkeit

44 Voraussetzung in formeller Hinsicht ist ein entsprechender **Antrag** auf Erlass einer einstweiligen Anordnung (§ 51 Abs. 1 S. 1), da Haushaltssachen sog. Antragsverfahren sind (§ 203 Abs. 1). Die **sachliche und örtliche Zuständigkeit** des Gerichtes für die einstweilige Anordnung folgt gem. § 50 Abs. 1 S. 1 den Vorschriften über die Hauptsache (vgl zur Zuständigkeitsregelung in der Hauptsache Rn 18 f). Ist bereits eine Hauptsache bei einem Gericht anhängig, ist dieses gem. § 50 Abs. 1 S. 2 auch für die einstweilige Anordnung zuständig.

Dem Antrag muss eine **Begründung** beigefügt sein (§ 51 Abs. 1 S. 2). Dabei müssen die Voraussetzungen der einstweiligen Anordnung der **Anordnungsgrund**, dh das Eilbedürfnis bzw die Dringlichkeit eines sofortigen Tätigwerdens des Gerichtes, sowie der **Anordnungsanspruch** dargelegt und glaubhaft gemacht werden (§ 51 Abs. 1 S. 2 aE). Die Glaubhaftmachung kann gem. § 31 auch durch Versicherung an Eides statt erfolgen.

2. Inhalt und Umfang des einstweiligen Rechtsschutzes

45 Trotz der Selbständigkeit der einstweiligen Anordnung darf mit ihr die **Hauptsacheentscheidung nicht vorweggenommen** werden.[90] Nach dem Wortlaut des § 49 Abs. 1 kann daher nur eine „vorläufige" Benutzung der Haushaltsgegenstände geregelt werden, nicht jedoch die dingliche oder schuldrechtliche Rechtslage betreffend der Haushaltsgegenstände. Daneben kann zum Schutz der Durchsetzung eines entsprechenden Anspruches auch der Erlass von Veräußerungs- und Entfernungsverboten sowie von Rückverschaffungspflichten begehrt werden (vgl § 49 Abs. 2 S. 2 und 3).

3. Aufhebung und Änderung der Entscheidung

46 Ist eine einstweilige Anordnung in einer Haushaltssache ohne mündliche Verhandlung ergangen, können die Beteiligten **beantragen, aufgrund mündlicher Verhandlung erneut zu entscheiden** (§ 54 Abs. 2).

Unabhängig davon, ob eine mündliche Verhandlung stattgefunden hat oder nicht, kann zur Überprüfung der Entscheidung im einstweiligen Anordnungsverfahren stets ein **Antrag auf Aufhebung oder Abänderung der einstweiligen Anordnung** gestellt werden (§ 54 Abs. 1). Dieser sollte auf die Änderung der tatsächlichen Verhältnisse oder auch auf neu bekannt gewordene Tatsachen und neue rechtliche Gesichtspunkte gestützt werden. Daneben kann das Gericht die **Vollstreckung der einstweiligen Anordnung aussetzen** (§ 55).

Da die Haushaltssachen gem. § 203 Abs. 1 Antragsverfahren sind, kann ein Beteiligter gem. § 52 Abs. 2 S. 1 auch den Antrag stellen, dass dem Beteiligten, der die einstweilige Anordnung erwirkt hat, eine **Frist zur Einreichung eines Hauptsacheantrages** bzw eines Antrages auf Bewilligung von Verfahrenskostenhilfe für das Hauptsacheverfahren bestimmt wird. Leistet derjenige dann dieser Aufforderung nicht Folge, ist die einstweilige Anordnung gem. § 52 Abs. 2 S. 3 durch das Gericht aufzuheben.

---

90 Kroiß/Seiler § 3 Rn 87.

4. Außerkrafttreten der einstweiligen Anordnung

Grundsätzlich tritt die einstweilige Anordnung **bei Wirksamwerden einer anderweitigen Regelung von Amts wegen** außer Kraft (§ 56 Abs. 1 S. 1). Wird der Hauptsacheantrag zurückgenommen, rechtskräftig abgewiesen, übereinstimmend erledigt erklärt oder anderweitig in der Hauptsache erledigt, kann die einstweilige Anordnung ebenfalls keinen Bestand mehr haben.[91] Sie muss von Amts wegen außer Kraft treten (§ 56 Abs. 2). Zu beachten ist, dass aufgrund der Selbständigkeit der einstweiligen Anordnung von der Ehesache der Verfahrensverlauf und die Entscheidung in der Ehesache keine Auswirkung auf die einstweilige Anordnung hat. 47

Auf Antrag eines Beteiligten gem. § 56 Abs. 3 spricht das Gericht, welches im Rahmen der ersten Instanz zuletzt mit der Angelegenheit befasst war, die Wirkungen des Abs. 1 und 2 durch Beschluss aus, gegen welchen das Rechtsmittel der Beschwerde statthaft ist.

VIII. Zwangsvollstreckung

Die Zwangsvollstreckung in Haushaltssachen erfolgt gem. §§ 86 ff. Die Vollstreckung von Endentscheidungen ist mit Wirksamwerden, in Haushaltssachen demnach mit Rechtskraft des Beschlusses möglich (vgl § 86 Abs. 2 iVm § 209 Abs. 2 S. 1). Auf die Vollstreckung der Herausgabepflicht der Haushaltsgegenstände sind gem. § 95 Abs. 1 die Vorschriften der Zivilprozessordnung über die Zwangsvollstreckung entsprechend anzuwenden. Mithin kann die Herausgabepflicht ggf **durch Wegnahme durch den Gerichtsvollzieher gem. § 883 ZPO** vollstreckt werden. Außerdem besteht die Möglichkeit, daneben oder anstelle des § 883 ZPO gem. § 95 Abs. 4 FamFG iVm **§ 888 ZPO einen Antrag auf Verhängung eines Zwangsgeldes oder Zwangshaft** zu stellen, um den anderen Ehegatten zur Herausgabe anzuhalten. Insbesondere für die Veräußerungs- und Entfernungsverbote sowie die Rückverschaffungspflicht ist außerdem die Vorschrift des § 95 Abs. 2 FamFG iVm § 890 ZPO und die darin enthaltene Möglichkeit der Festsetzung eines Zwangsgeldes beim Prozessgericht zu beachten. Einer grundsätzlich möglichen Vollstreckungsabwehrklage nach § 767 ZPO wird in der Regel wegen der Abänderungsmöglichkeit nach § 48 Abs. 1 (vgl dazu Rn 42) das Rechtsschutzbedürfnis fehlen.[92] 48

IX. Weitere Hinweise

1. Verfahrenswert

Gem. § 48 Abs. 2 FamGKG beträgt der Verfahrenswert in Haushaltssachen nach § 1361a BGB 2.000 EUR und in Haushaltssachen für den Fall der Scheidung nach § 1568 b BGB 3.000 EUR. Ist die Haushaltssache als Folgesache anhängig, wird dieser Wert dem Wert der Ehesache hinzugerechnet (§ 44 Abs. 2 S. 2 FamGKG). Sind diese Werte nach den besonderen Umständen des Einzelfalles unbillig, kann das Gericht einen höheren Wert ansetzen (§ 48 Abs. 3 FamGKG bzw im Verbund § 44 Abs. 3 FamGKG). 49

---

91 Kroiß/Seiler § 3 Rn 113.
92 Palandt/Brudermüller § 16 HausratsVO Rn 2.

§ 9 Haushaltssachen

Der Verfahrenswert der einstweiligen Anordnung beträgt in der Regel die Hälfte des für die Hauptsache bestimmten Wertes (§ 41 FamGKG), mithin 1.000 EUR bzw 1.500 EUR, je nach dem, ob eine vorläufige Regelung zu den Haushaltsgegenständen für die Dauer des Getrenntlebens oder eine endgültige Regelung für den Fall der Ehescheidung begehrt wird.

Hinweis: Führt man während der Trennung eine über die Benutzung hinausgehende endgültige Regelung zu den Haushaltsgegenständen herbei, können die Werte für die vorläufige und die endgültige Regelung zusammengerechnet werden.

2. Kosten

a) Kostengrundentscheidung

50 Die Kostenentscheidung über die Haushaltssachen als Folgesache im Verbund folgt der Kostenentscheidung über die Ehesache. Gerichtskosten und außergerichtliche Kosten werden gegeneinander aufgehoben (§ 150 Abs. 1).

Demgegenüber richtet sich die Kostengrundentscheidung in isolierten Haushaltssachen nach dem allgemeinen Teil des FamFG – hier §§ 80 ff. Für Familiensachen und mithin auch für Haushaltssachen ist eine Kostenentscheidung gem. § 81 Abs. 1 S. 3 obligatorisch. Grundsätzlich bestimmt das Gericht gem. § 81 Abs. 1 S. 1 nach billigem Ermessen, wem die Kosten ganz oder teilweise aufzuerlegen sind. Eine grundsätzliche Erstattungsfähigkeit, insbesondere von Anwaltskosten, besteht daher nicht. § 81 Abs. 2 enthält lediglich eine Sollvorschrift, unter welchen Voraussetzungen eine Kostentragung – ganz oder teilweise – durch einen Beteiligten erfolgen soll. Dies könnte zum Beispiel gem. § 81 Abs. 2 Nr. 4 die Verletzung der aus § 206 Abs. 1 resultierenden Mitwirkungspflichten in Haushaltssachen sein.

Für die Kosten des Verfahrens der einstweiligen Anordnung gelten gem. § 51 Abs. 4 die vorstehenden Ausführungen entsprechend. Im Falle eines Vergleiches sind – sofern die Beteiligten keine anderweitige Regelung getroffen haben – die Gerichtskosten den Beteiligten zu gleichen Teilen aufzuerlegen. Die außergerichtlichen Kosten trägt jeder Beteiligte selbst (vgl § 83). Die Kosten eines Rechtsmittels, welches ohne Erfolg eingelegt wird, trägt derjenige, der es eingelegt hat (§ 84). Hat das Rechtsmittel erfolgt, bestimmt sich die Kostenregelung wiederum nach § 81 Abs. 1 nach billigem Ermessen.

b) Gerichtskosten/Anwaltsgebühren

51 In isolierten Haushaltssachen werden für die Kosten des Gerichtes zwei volle Gebühren erhoben (§ 3 FamGKG iVm Nr. 1320 KV FamGKG). Für Verbundverfahren gilt die gleiche Gebührenhöhe (Nr. 1110 KV FamGKG), für den Antrag auf Erlass einer einstweiligen Anordnung ergibt sich demgegenüber eine 1,5 Gebühr (Nr. 1420 KV FamGKG).

Der Gegenstandswert für die Vergütung des Rechtsanwaltes ist nach den für die Gerichtsgebühren geltenden Wertvorschriften zu bestimmen (§ 23 Abs. 1 S. 1 RVG). Nach Nr. 3100 des VV RVG entsteht im Falle der gerichtlichen Auseinandersetzung erster Instanz eine 1,3 Verfahrensgebühr und nach Nr. 3104 VV RVG eine 1,2 Terminsgebühr.

§ 10 Gewaltschutzsachen

Literatur: Bamberger/Roth, Beck'scher Online-Kommentar BGB, 11. Aufl. 2008 (zitiert: BeckOK BGB/Bearbeiter); Haußleiter/Schulz, Vermögensauseinandersetzung bei Trennung und Scheidung, 4. Aufl. 2004.

I. Überblick 1	(2) Eindringen in die Wohnung oder in befriedetes Besitztum (§ 1 Abs. 2 S. 1 Nr. 2 a GewSchG) 40
1. Allgemeines 1	
2. Gegenüberstellung neu – alt .. 6	
a) Funktionelle Zuständigkeit 6	
b) Örtliche Zuständigkeit 7	(3) Unzumutbare Belästigung (§ 1 Abs. 2 S. 1 Nr. 2 b GewSchG) 43
c) Beteiligte 8	
d) Anhörung des Jugendamtes 9	cc) Widerrechtlichkeit/Wahrnehmung berechtigter Interessen 46
e) Einstweilige Anordnung .. 10	
f) Entscheidung 11	dd) Vorsatz 48
g) Wirksamkeit 12	ee) Schuldfähigkeit 50
h) Mitteilungen 13	ff) Wiederholungsgefahr 51
II. Verfahrensarten 14	f) Sachvortrag gem. § 2 GewSchG 52
1. Einstweilige Anordnung 14	
2. Hauptsacheverfahren 15	aa) Führen eines auf Dauer angelegten gemeinsamen Haushalts 53
III. Verfahrenseinleitung 16	
1. Vorbereitungen des Anwalts 16	
a) Interessenlage (Opfer oder Täter) 16	bb) Vollendete Tat nach § 1 Abs. 1 S. 1 GewSchG 55
b) Personenkreis 17	cc) Drohung mit einer Tat nach § 1 Abs. 2 S. 1 Nr. 1 GewSchG 56
c) Prüfung der Tatbestandsvoraussetzungen 18	
d) Beweise/Glaubhaftmachung 20	dd) Kein Ausschlussgrund nach § 2 Abs. 3 GewSchG 59
e) Einschaltung der Polizei .. 21	
f) Einschaltung des Jugendamtes 23	ee) Befristung 60
g) Einstweilige Anordnung .. 24	ff) Beeinträchtigungs-/Vereitelungsverbot (§ 2 Abs. 4 GewSchG) 63
2. Antrag 26	
a) Zuständigkeiten 26	gg) Nutzungsvergütung 66
b) Antragsschrift 27	g) Weitere Schutzanträge 69
c) Haupt-/Eilverfahren 29	h) Kostenantrag 70
d) Amtsermittlung 31	i) Vollstreckungsantrag 71
e) Sachvortrag gem. § 1 GewSchG 33	j) Muster 76
	aa) Muster: Antrag gem. § 1 GewSchG (Gewaltabwehr) 76
aa) Voraussetzungen des § 1 Abs. 1 GewSchG 34	
(1) Verletzung von Körper und Gesundheit 34	
(2) Verletzung der Freiheit ... 36	bb) Muster: Antrag gem. § 2 GewSchG (Wohnungszuweisung) 78
bb) Voraussetzungen des § 1 Abs. 2 GewSchG 38	
(1) Drohung (§ 1 Abs. 2 Nr. 1 GewSchG) 38	IV. Verfahren 81
	1. Beteiligte 81
	2. Termin/Anhörung 82
	a) Mündliche Verhandlung 82

Vihar

§ 10 Gewaltschutzsachen

    b) Beweiserhebung/Beweisaufnahme 83
        aa) Amtsermittlung 83
        bb) Förmliche Beweisaufnahme 84
V. Entscheidungsfindung 87
VI. Entscheidung 88
  1. Beschluss 88
  2. Anzuordnende Maßnahmen 94
    a) Nach § 1 GewSchG (Gewaltabwehr) 94
    b) Nach § 2 GewSchG (Wohnungszuweisung) 97
  3. Befristung 100
    a) Nach § 1 GewSchG 100
    b) Nach § 2 GewSchG 100
  4. Kostenentscheidung 101
  5. Rechtsbehelfsbelehrung 103
  6. Wirksamkeit 105
  7. Muster 106
    a) Muster: Entscheidung gem. § 1 GewSchG 106
    b) Muster: Entscheidung gem. § 2 GewSchG 107

VII. Rechtsmittel 108
  1. Beschwerde 109
  2. Sofortige Beschwerde 112
  3. Rechtsbeschwerde 113
  4. Sprungrechtsbeschwerde 114
  5. Gehörsrüge 115
  6. Fristen 116
VIII. Kosten und Gebühren 117
  1. Verfahrenswerte 117
  2. Gerichtsgebühren 122
  3. Rechtsanwaltsgebühren 126
  4. Verfahrenskostenhilfe 128
    a) Grundsätzliches 128
    b) Muster: Antrag auf Verfahrenskostenhilfe mit gesondertem Schriftsatz .. 131
IX. Vollstreckung 132
  1. Voraussetzungen 132
  2. Vollstreckung nach § 1 GewSchG 134
  3. Vollstreckung nach § 2 GewSchG 136
  4. Mitteilungspflichten 137

I. Überblick

1. Allgemeines

1 Der Begriff der Gewaltschutzsachen knüpft auch im FamFG (§ 210) an die Definitionen aus §§ 1 und 2 Gewaltschutzgesetz (GewSchG) an. Gewalt kann jegliche – physische wie auch psychische – Art von Gewalteinwirkung sein: zB die Verletzung der körperlichen Unversehrtheit, die Einschränkung der Bewegungsfreiheit, das Drohen mit der Verletzung absoluter Rechtsgüter, aber auch unzumutbare Belästigungen oder Nachstellungen, das sog. „Stalking" (s. im Einzelnen Rn 33).

2 Oftmals beginnt Gewalt harmlos und steigert sich bis hin zur Erzwingung sexueller Handlungen und zu (versuchten) Tötungen.[1]

3 Sämtliche Gewaltschutzsachen fallen in den Zuständigkeitsbereich des Familiengerichts.

4 Die Aufspaltung in Verfahren vor dem Familiengericht und solche, für die die allgemeinen Zivilgerichte zuständig sein sollen, entfällt.

5 Damit ist das Familiengericht auch für die Fälle zuständig, in denen kein familienrechtliches Verhältnis besteht. Gewaltschutzsachen sind keine Ehesachen (§ 121) oder Familienstreitsachen (§ 112), sie sind Familiensachen (§ 111 Nr. 6), für die nicht die Vorschriften der ZPO gelten.

---

1 MAH/Müller § 15 Rn 2 mwN.

2. Gegenüberstellung neu – alt

a) Funktionelle Zuständigkeit

neu	alt
§ 111 Nr. 6 FamFG iVm § 23a Abs. 1 GVG nF bei gleichzeitiger Aufhebung § 23b Abs. 1, S. 2 GVG (aF)	(a) **Familiengericht** §§ 23a Nr. 7, 23b Nr. 8 GVG, § 621 Abs. 1 Nr. 13 ZPO Entweder ein gemeinsamer Haushalt mit Täter – Opfer (oder) ein solcher in den letzten sechs Monaten
Es gibt nur noch die Zuständigkeit des Familiengerichts.	(b) **Zivilgericht** §§ 23, 71 GVG, §§ 12 ff ZPO Weder ein gegenwärtiger gemeinsamer Haushalt noch ein solcher vor mehr als sechs Monaten

b) Örtliche Zuständigkeit

neu	alt
§ 211 Nr. 1 FamFG Die Vorschrift entspricht im Wesentlichen dem alten § 64b Abs. 1 FGG: zuständig ist nach Wahl des Antragstellers ausschließlich das Gericht des Tatortes/ der gemeinsamen Wohnung/des gewöhnlichen Aufenthaltes des Antragsgegners.	§ 64b Abs. 1 FGG (aufgehoben), §§ 12–16, 32, 35 ZPO

c) Beteiligte

neu	alt
§ 212 FamFG Das Jugendamt ist bei Verfahren nach § 2 GewSchG auf seinen Antrag hin zu beteiligen, wenn ein Kind im Haushalt lebt.	Keine Regelung

§ 10 Gewaltschutzsachen

d) Anhörung des Jugendamtes

9

neu	alt
§ 213 FamFG	§ 49 a Abs. 2, 3 FGG iVm § 49 Abs. 3, 4 FGG
Das Jugendamt soll grundsätzlich in Verfahren nach § 2 GewSchG auch angehört werden, wenn ein Kind im Haushalt lebt. Seine wegen Gefahr in Verzug unterbliebene Anhörung ist nachzuholen. Das Jugendamt hat ein eigenes Beschwerderecht.	Das Jugendamt soll (nur) vor negativer Entscheidung gehört werden. Eine Anhörung findet statt bei Gefahr in Verzug und einstweiliger Anordnung.

e) Einstweilige Anordnung

10

neu	alt
§ 214 FamFG	§§ 1, 2 GewSchG, § 620 Nr. 9 ZPO; § 64 b Abs. 3 FGG
Das Gericht kann auf Antrag **unabhängig** von einer Hauptsache eine einstweilige Anordnung treffen. Dringendes Bedürfnis für sofortiges Tätigwerden bei Taten nach § 1 GewSchG.	Bei Maßnahmen des Gerichts nach §§ 1, 2 GewSchG muss gleichzeitig eine Hauptsache oder ein Prozesskostenhilfeantrag hierzu anhängig sein.

f) Entscheidung

11

neu	alt
§§ 38, 215 FamFG	Endentscheidungen ergehen als Beschluss oder Urteil.
Das Familiengericht hat notwendige Entscheidungen als sog. Endentscheidungen nur noch im Beschlusswege zu treffen.	

g) Wirksamkeit

12

neu	alt
§ 216 FamFG	§ 64 b Abs. 2, S. 1 u. 2 FGG
Das Familiengericht **soll** die sofortige Wirksamkeit der Entscheidung anordnen.	Das Gericht **kann** die sofortige Wirksamkeit anordnen.

III. Verfahrenseinleitung **10**

h) Mitteilungen

neu	alt
§ 216 a FamFG Das Familiengericht teilt Anordnungen der zuständigen Polizei und anderen öffentlichen Stellen bei Interessenabwägung bzgl der Beteiligten mit.	Keine Regelung

13

II. Verfahrensarten

1. Einstweilige Anordnung

Sie ist in ihrer praxisnahen Bedeutung gestärkt worden, indem sie nun unabhängig von einer Hauptsache oder einem Verfahrenskostenhilfeantrag ist. Sie bleibt es auch dann, wenn eine Hauptsache anhängig gemacht wird, und in kostenrechtlicher Hinsicht. Die einstweilige Anordnung hat den großen Vorteil, dass man mit ihr recht kurzfristig auf Situationen dort reagieren kann, wo langwierige Hauptsacheverfahren keinen wirklichen Schutz mehr bewirken, weil häufig die Gewaltsituationen stattgefunden haben, bevor das Gericht tätig werden konnte. Hingegen ist mit dem schnellen Zusammenwirken von Polizei, Jugendamt und Zivilgerichten in eilbedürftigen Fällen **effektiver Rechtsschutz für die Opfer** zu erzielen, und die einstweilige Anordnung kann mit ihrer Selbständigkeit auch zur Rechtsfrieden schaffenden Erledigung führen (siehe im Einzelnen Rn 29, 82).

14

2. Hauptsacheverfahren

Das Hauptsachverfahren verliert dadurch allerdings nicht an Bedeutung, denn ein solches kann nach wie vor gleichzeitig oder später eingeleitet werden und hat hinsichtlich der Beweismittel und Beweisbarkeit von Behauptungen andere Möglichkeiten. Schließlich hat das Gericht auf entsprechenden Antrag dem Antragsteller aufzugeben, binnen einer zu bestimmenden Frist Antrag auf Einleitung des Hauptsacheverfahrens oder einen Verfahrenskostenhilfeantrag zu stellen mit der Sanktion der Aufhebung der Anordnung bei Fristversäumnis. Das eröffnet dann dem Antragsgegner die Möglichkeit, Beweismittel zu sammeln und zu präsentieren, die im Anordnungsverfahren nicht zur Geltung kommen konnten (siehe im Einzelnen Rn 30, 84–86).

15

III. Verfahrenseinleitung

1. Vorbereitungen des Anwalts

a) Interessenlage (Opfer oder Täter)

Während der Richter als unparteiische Institution wirkt, ist der Anwalt häufig mit unterschiedlichen Interessen konfrontiert, je nach dem, ob er das Opfer oder den Täter vertritt. Das führt dazu, dass der Anwalt beide Seiten argumentativ und strategisch vertreten können muss. In der Frühzeit der Mandatsbearbeitung, insbesondere unmittelbar nach den Taten, ist die Aufregung der Beteiligten am größten, sind Emotionen häufig kaum zu beherrschen. Sofern nicht schon Polizeibeamte haben einschreiten müssen, ist der Anwalt der erste, mit dem den Parteien die Situation erörtern muss. Hier

16

ist Fingerspitzengefühl gefordert. Der Anwalt sollte bemüht sein, bei aller gebotenen Interessenwahrnehmung beruhigend auf die Partei einzuwirken und eine sachliche Bearbeitung vorzunehmen.

b) Personenkreis

17 Für die Anwendung von § 1 GewSchG ist eine besonders nahe Beziehung zwischen den Beteiligten nicht erforderlich, sie müssen nicht miteinander verheiratet sein oder in Lebens- oder Hausgemeinschaft miteinander leben. Die Vorschrift schützt jede Person, die Opfer von Gewalt jeglicher Art geworden ist oder durch Gewalt bedroht ist. Die Politik hat hierzu den Grundsatz ausgegeben: „Wer schlägt, der geht". Damit werden auch Eltern vor ihren Kindern geschützt.[2] Umgekehrt erfahren Kinder vor ihren Eltern oder sonstigen Sorgeberechtigten vorrangigen Schutz über §§ 1666, 1666 a BGB.[3] Insbesondere die Änderung des § 1666 Abs. 1, 3 Nr. 3 und 4 BGB[4] ermöglicht es dem Familiengericht nun, in Anlehnung an das GewSchG Eltern zB aufzugeben, die Familienwohnung vorübergehend nicht zu nutzen, oder ihnen zu verbieten, bestimmte Orte aufzusuchen, an denen sich das Kind regelmäßig aufhält, oder gar Kontakt mit dem Kind aufzunehmen.

c) Prüfung der Tatbestandsvoraussetzungen

18 Das Mandantengespräch hat sich zunächst auf den Tathergang oder die Tathergänge und Hintergründe zu konzentrieren und die Tatbestandsvoraussetzungen hervorzubringen, wie zB:

- Körper- und Gesundheitsverletzung, Freiheitsberaubung (§ 1 Abs. 1 GewSchG),
- Drohung mit Maßnahmen nach § 1 Abs. 1 GewSchG sowie Eindringen und unzumutbare Belästigung (§ 1 Abs. 2 GewSchG),
- evtl. Einbeziehung von Kindern bei deren Misshandlungen (§§ 1666, 1666 a BGB),
- Widerrechtlichkeit,
- keine Wahrnehmung berechtigter Interessen bei Belästigungen.

19 Für den Fall einer von beiden Beteiligten gemeinsam genutzten Wohnung sind die Besonderheiten des § 2 GewSchG genau zu prüfen, wie insbesondere die Frage, ob bereits eine Gewalttat nach § 1 Abs. 1 GewSchG stattgefunden hat, oder ob eine entsprechende Drohung gem. § 1 Abs. 2 GewSchG erfolgt ist, und wer privatrechtlicher Nutzungsberechtigter oder Eigentümer der Wohnung ist. Des Weiteren sind gesondert die Voraussetzungen des § 1361 b BGB für den Fall einer Ehe zwischen den Beteiligten zu prüfen und gegen Maßnahmen nach dem GewSchG abzuwägen (im Einzelnen hierzu Rn 38–43).

---

2 AG Hamburg FamRZ 2004, 473.
3 BT-Drucks. 14/5429, 17.
4 Durch Gesetz vom 4.7.2008, BGBl. I, 1188.

III. Verfahrenseinleitung 10

d) Beweise/Glaubhaftmachung

Zur Vorbereitung des gerichtlichen Verfahrens sind die **Beweismittel** zusammenzustellen, wie zB: 20

- Zeugenaussagen (ggf Zeugenbefragung durch den Anwalt),
- Dokumente (zB Arztatteste, Briefe, E-Mails, SMS, behördliche Schriftstücke, polizeiliche Einsatzprotokolle nebst Anzeigen etc.),
- eidesstattliche Versicherung des Mandanten oder Zeugen (bei eidesstattlichen Versicherungen des Mandanten wird häufig nur Bezug genommen auf die Schilderung der Geschehnisse in der Antragsschrift. Das wird von manchen Gerichten als unzureichend angesehen).

e) Einschaltung der Polizei

Schon in der Frühphase der Auseinandersetzungen zwischen den Beteiligten sollte die Polizei vom Opfer unabhängig von zivilrechtlichen Schritten eingeschaltet werden. Täter lassen sich in der Regel von mit dem Recht auf Einsatz körperlicher Gewalt versehenen Beamten zunächst einmal beeindrucken. Das wirkt häufig schneller und effizienter als die gerichtliche Verfahrenseinleitung. So sehen landesrechtliche Regelungen die Befugnis der Beamten vor, eine **Platzverweisung** (zB § 34 Abs. 1 PolG NRW) mit vorübergehendem Aufenthalts- und Betretensverbot (ausgenommen Wohnung) für maximal drei Monate (§ 34 Abs. 2 PolG NRW) auch unter Anwendung des sog. „Stalking"-Paragraphen (§ 238 StGB) auszusprechen. Bei häuslicher Gewalt besteht (gem. § 34 a PolG NRW) die Möglichkeit, den Täter aus der Wohnung ganz oder teilweise zu verweisen und gegen ihn ein **Rückkehrverbot** zu verhängen. Der Täter kann auch in polizeilichen Gewahrsam genommen werden (§ 35 PolG NRW) und Wohnungsschlüssel können sichergestellt werden. Dem verwiesenen Täter ist es jedoch zu ermöglichen, persönliche Sachen zuvor mitzunehmen. **Polizeiliche Maßnahmen sind befristet**, sie enden (gem. § 34 a Abs. 5 PolG NRW) mit dem zehnten Tag nach ihrer Anordnung. Sofern innerhalb dieser Frist eine zivilgerichtliche einstweilige Anordnung beantragt wird, enden diese Schutzmaßnahmen mit dem Tag der gerichtlichen Entscheidung, die dann den Schutz fortschreibt. 21

Hinweis: Der Rechtsanwalt sollte unbedingt innerhalb der zehntägigen Frist die zivilrechtlichen Schritte unternehmen.

Solche – mit sofortigem Vollzug versehenen – polizeilichen Maßnahmen sind zwar vor den Verwaltungsgerichten anfechtbar, ein Widerspruch hat aber **keine aufschiebende Wirkung** (§ 80 Abs. 2 VwGO). Bei der im Verfahren nach § 80 Abs. 5 VwGO vom Verwaltungsgericht lediglich vorzunehmenden summarischen Prüfung ist eine Abwägung zu treffen zwischen dem öffentlichen Interesse und dem gleichgerichteten Interesse des beizuladenden Opfers an der sofortigen Vollziehung der Ordnungsverfügung einerseits, und dem Interesse des Täters andererseits, hiervon verschont zu bleiben.[5] Da der tatsächliche Geschehensablauf in diesen Verfahren regelmäßig nicht vollständig aufgeklärt werden kann, stützt sich das Gericht ebenso regelmäßig auf eine Abwägung der Folgen seiner Entscheidung. Diese Gefahrenprognose kommt wegen der betroffe- 22

---

5 OVG Münster NJW 2002, 2195.

nen höherwertigeren Rechtsgüter des Opfers häufig zu einer Zurückweisung des Antrags auf Wiederherstellung der aufschiebenden Wirkung.[6] Eine solche Interessenabwägung in summarischen Verfahren ist vom Bundesverfassungsgericht für unbedenklich erachtet worden.[7]

f) Einschaltung des Jugendamtes

23   Das Jugendamt wird auf Antrag gem. § 212 beteiligt, wenn in Verfahren nach § 2 GewSchG ein Kind im Haushalt lebt. Im Übrigen soll das Gericht gem. § 213 eine solche Anhörung unter den vorgenannten Voraussetzungen vornehmen. Diese ist bei ergangenen Eilmaßnahmen allein aufgrund von Gefahr in Verzug nachzuholen.

g) Einstweilige Anordnung

24   Wegen des häufig bestehenden Bedürfnisses unverzüglichen Handelns hat ein Antrag auf Erlass einer einstweiligen Anordnung ohne vorherige Anhörung des Täters zur Herbeiführung von Schutzmaßnahmen für das Opfer große Bedeutung – insbesondere dann, wenn eine oder mehrere Taten iSd § 1 GewSchG begangen wurden oder damit konkret zu rechnen ist (§ 214 Abs. 1).

25   Der Antrag auf Erlass einer solchen einstweiligen Anordnung ohne mündliche Verhandlung gilt bei einem entsprechendem gerichtlichen Beschluss gleichzeitig als Auftrag über die Geschäftsstelle an den Gerichtsvollzieher zur Vollstreckung; auf **Verlangen des Opfers** darf die Zustellung der gerichtlichen Entscheidung nicht vor deren Vollstreckung erfolgen (§ 214 Abs. 2). Als weiteres Druckmittel gegen den Täter sind bereits die Sanktionen für den Fall von Verstößen gegen die angeordneten Maßnahmen einzuplanen, wie die Androhung von Ordnungsgeld/-haft für jeden Fall der Zuwiderhandlung.

2. Antrag

a) Zuständigkeiten

26   Während sich Probleme der funktionellen Zuständigkeit durch die nur noch allein gegebene Zuständigkeit des Familiengerichts erledigt haben, steht nach wie vor die örtliche Zuständigkeit des Gerichts nach Wahl des Opfers zur Disposition: Tatort/Ort der gemeinsamen Wohnung oder der gewöhnliche Aufenthalt des Täters.

b) Antragsschrift

27   Grundsätzlich ist ein **Antrag erforderlich** (§ 23), von Amts wegen wird das Gericht nicht tätig. Allerdings ist der Richter, der im Rahmen der Anhörung nach § 128 im Ehescheidungsverfahren von den Voraussetzungen des § 1666 BGB erfahren hat, gehalten, von Amts wegen ein entsprechendes Verfahren einzuleiten.[8] Der Antrag kann auch zur Niederschrift der Geschäftsstelle gestellt werden.

28   Der Antrag „soll" begründet werden. Es besteht zwar kein Zwang zur Begründung. Jedoch ist eine solche für eine frühzeitige Strukturierung und sachgerechte Förderung

---

6 ZB VG Aachen Beschl. v. 23.4.2004, 6 L 367/04, BeckRS 2004, 27278.
7 BVerfG NJW 2002, 2225 f.
8 Borth, Die Reform des Verfahrens in Familiensachen, FamRZ 2007, 1925, 1928.

des Verfahrens angebracht.⁹ Gerade im Bereich des Gewaltschutzes drängt sich eine Begründung nachgerade auf. Das gilt nicht nur im Hinblick auf die anzustrebenden Schutzmaßnahmen für das Opfer, sondern auch auf die anzustrebende Beiordnung des Anwalts bei der Verfahrenskostenhilfe. Grundsätzlich besteht in Verfahren der vorliegenden Art für den Antrag kein Anwaltszwang (§ 114), weil Gewaltschutzsachen Familiensachen sind und nicht zu den Familienstreitsachen gehören. Eine anwaltliche Tätigkeit ist aber geboten, um eine sachgerechte Entscheidung des Gerichts herbeizuführen. Das anwaltliche Sachlichkeitsgebot ist besser geeignet, den Sachverhalt mit Konzentration auf das Wesentliche darzulegen, als emotionsgeladene Eigendarstellungen der Beteiligten.

Hinweis: Dabei ist das **Schutzbedürfnis des Opfers** bzgl seiner Adresse zu beachten. Weiß der Täter erst gar nicht (mehr), wo sich sein Opfer aufhält, welche anderen Kontaktmöglichkeiten bestehen, wird die eigentlich effektivste Schutzzone errichtet, was auch zur allgemeinen Beruhigung der Emotionen beiträgt. Hierzu kann der **Rechtsanwalt** sowohl im außergerichtlichen Schriftverkehr als auch über das Antragsrubrum im angestrebten gerichtlichen Beschluss seine Kanzleiadresse als Korrespondenzadresse anführen oder die Opferadresse wird (nur) dem Gericht in einem gesonderten Schriftsatz mit Geheimhaltungshinweis mitgeteilt. Zu diesem Geheimhaltungsbedürfnis muss der Rechtsanwalt aber Ausführungen machen (zB notwendiger Schutz vor weiteren Übergriffen).

c) Haupt-/Eilverfahren

Der Antragsteller hat die Wahl zwischen einstweiliger Anordnung und Hauptsache. **29** Wegen der Eilbedürftigkeit wird er regelmäßig das **schnellere Anordnungsverfahren** wählen. Auch damit kann er Rechtsfrieden schaffen und eine Endentscheidung herbeiführen. Es besteht keine Abhängigkeit mehr des Eilverfahrens von einer anhängigen Hauptsache (§ 214) – das ist auch nach altem Recht wegen in der Regel gebotener Eile wenig sinnvoll gewesen (vorläufige Regelungen nach §§ 1, 2 GewSchG). Aufgrund dieser Unabhängigkeit bleibt die Eilsache auch dann noch selbständig, wenn eine Hauptsache anhängig gemacht wird (§ 51). Darin wird die verfahrensrechtliche Trennung nach FamFG in derselben Weise wie bei Arrest und einstweiliger Verfügung gesehen.¹⁰ Daher ist es auch nicht gesichert, ob überhaupt ein Hauptsacheverfahren eingeleitet wird, wenn zB die Beteiligten mit dem Ergebnis der **einstweiligen Anordnung zufrieden** sind.¹¹ Denn gem. § 52 Abs. 2 hat der Richter bei Antragsverfahren – wozu auch regelmäßig die Gewaltschutzsachen gehören – nach Erlass einer einstweiligen Anordnung auf entsprechenden Antrag des Antragsgegners dem Antragsteller aufzugeben, binnen maximal drei Monaten ein Hauptsacheverfahren einzuleiten oder einen darauf gerichteten Verfahrenskostenhilfeantrag zu stellen. Bei Nichtbeachtung ist die einstweilige Anordnung aufzuheben (§ 52 Abs. 2 S. 3).

Andererseits lässt die ggf eingeschränkte Anfechtbarkeit der Eilentscheidung gem. § 54, **30** die den Regelungen in § 620 b ZPO entspricht, die Einleitung des Hauptsacheverfah-

---

9 BR-Drucks. 309/07, 407.
10 Borth FamRZ 2007, 1925, 1929; Kroiß/Seiler § 3 Rn 75.
11 Schürmann, Die einstweilige Anordnung nach dem FamFG, FamRB 2008, 375, 380.

rens mit der dann gegebenen Überprüfbarkeit durch die Rechtsmittelinstanz uU sinnvoll erscheinen. Denn ist die Anordnung ohne vorherige Anhörung ergangen, besteht lediglich die Möglichkeit, mittels **Antrags auf mündliche Verhandlung** neu entscheiden zu lassen. Die Aussicht, dass der Ausgangsrichter nun anders entscheiden wird, ist regelmäßig nicht groß. Ist die Anordnung aufgrund einer vorherigen Anhörung ergangen, kann Beschwerde eingelegt werden. Das ist dann hilfreich, wenn sich abzeichnet, dass das Gericht eine nach Meinung eines Beteiligten zB unzutreffende Rechtsauffassung vertritt.

Hinweis für den Antragsteller: Es bietet sich an, die Hauptsache zumindest vorzubereiten, wobei regelmäßig der Inhalt des Antrags auf Erlass der einstweiligen Anordnung vorbehaltlich zwischenzeitlicher Änderung der Umstände verwendet werden kann.

Hinweis für den Antragsgegner: Im Hinblick auf die vorgenannte Möglichkeit, dem Antragsteller über einen Antrag durch das Gericht die Einleitung eines Hauptsacheverfahrens aufgeben zu lassen, kann er sich eine intensivere Beweisführung mit zu ladenden (auswärtigen) Zeugen vorbehalten und hat weitergehende Rechtsmittelmöglichkeiten.

d) Amtsermittlung

31 Das Gericht hat von Amts wegen die entscheidungserheblichen Tatsachen zu ermitteln (§ 26). Es ist nicht an Anträge gebunden.

32 Die möglichst genaue Formulierung des Antrags zur Vorgabe des erstrebten Ziels ist aber sinnvoll (wie § 253 Abs. 2 S. 2 ZPO iVm § 308 Abs. 1 ZPO). Denn § 1 Abs. 1 S. 3 Nr.1–5 GewSchG gibt einen **nicht abschließenden Rechtsfolgenkatalog.** Das gilt auch vor dem Hintergrund, dass das Gericht gem. § 28 Abs. 2 auf Stellung sachgerechter Anträge hinwirken muss. Das ist ihm nur möglich, wenn umfassend vorgetragen wird, was insbesondere angesichts häufig detailreicher Geschehensabläufe bei Gewaltsachen auch sinnvoll ist. Gem. § 27 haben die Beteiligten bei der Sachverhaltsaufklärung mitzuwirken, denn vom Gericht kann nicht erwartet werden, allen denkbaren Möglichkeiten von Amts wegen nachzugehen.[12] Dabei ist von einer objektiven Beweislast (Feststellungslast) bei Nichtaufklärbarkeit auszugehen, dh jeder Beteiligte trägt die Darlegungs- und Beweislast für die Voraussetzungen der ihn begünstigenden Norm.[13]

e) Sachvortrag gem. § 1 GewSchG

33 Hierzu ist zunächst grundsätzlich an die vorgenannten Ausführungen anzuknüpfen. § 1 GewSchG ist nur **Verfahrensvorschrift** ohne materiell-rechtliche Anspruchsgrundlage – Schutzanordnungen ergehen daher nach Maßgabe der Unterlassungsansprüche gem. §§ 823, 1004 BGB analog.[14] So letztlich auch die Begründung des Gesetzesentwurfs: „Verfahrensrechtliche Grundlage anstelle einer materiell-rechtlichen Anspruchsgrundlage".[15]

---

12 Kroiß/Seiler § 2 Rn 56.
13 Kroiß/Seiler § 2 Rn 54.
14 Herberger/Martinek/Leis § 1 GewSchG Rn 6.
15 BT-Drucks. 14/5429, 17.

aa) Voraussetzungen des § 1 Abs. 1 GewSchG
(1) Verletzung von Körper und Gesundheit

Hierunter fallen physische wie psychische Gesundheitsverletzungen. Dazu gehören zunächst Eingriffe in die körperliche Unversehrtheit. Aber auch solche Verletzungen unterfallen dem Schutzzweck der Norm, die sich als psychische Erkrankungen auswirken, wie Depressionen, Neurosen, Psychosen. Treten als Folgen psychischer Einwirkungen Störungen auf, die sich körperlich auswirken, wie zB Schlafstörungen, Zittern, Appetitlosigkeit[16] oder ähnliche Beeinträchtigungen, ist auch das Rechtsgut „Körper" über § 823 Abs. 1 BGB erfasst. 34

Zu beachten sind aber auch die Fälle, in denen der Täter das Opfer veranlasst, sich die Verletzung selbst (ggf sogar nur fahrlässig) zuzufügen (zB: das Opfer flieht vor dem Täter und stürzt, sog. Herausforderungsfall).[17] 35

(2) Verletzung der Freiheit

Hierunter versteht man die Beeinträchtigung der körperlichen Bewegungsfreiheit iSd § 823 BGB, § 239 StGB. Hierzu soll es auch reichen, wenn eine Person durch Drohung, Zwang oder Täuschung zu einer Handlung gezwungen wird.[18] Strittig ist, ob das „Aussperren" als Freiheitsberaubung anzusehen ist. Nach allg. Meinung betrifft die Freiheitsberaubung nur Vorgänge, die das Verlassen eines Ortes verhindern, nicht jedoch den Zutritt hierzu.[19] 36

Verletzungshandlungen müssen nicht unbedingt im häuslichen Bereich stattgefunden haben (so zB bei Übergriffen außerhalb der Wohnung nach bereits erfolgter räumlicher Trennung der Eheleute). Der Schutz soll sich nach dem Willen des Gesetzgebers auch darauf erstrecken.[20] 37

bb) Voraussetzungen des § 1 Abs. 2 GewSchG
(1) Drohung (§ 1 Abs. 2 Nr. 1 GewSchG)

Der Begriff „Drohung" ist identisch mit demjenigen aus § 240 StGB (Nötigung), dh Drohung mit einer Verletzung von Körper, Gesundheit oder Freiheit und betrifft damit die Gewalttaten aus Abs. 1. Nicht geschützt wird durch das GewSchG die allgemeine Handlungsfreiheit.[21] 38

Durch die Gleichstellung mit § 1 GewSchG gilt auch das Erfordernis vorsätzlicher und widerrechtlicher Vorgehensweise. Maßgebend ist die Sichtweise des Opfers, die Maßnahme als Drohung zu empfinden. Unerheblich ist, ob der Täter die Drohung ernst meint.[22] 39

(2) Eindringen in die Wohnung oder in befriedetes Besitztum (§ 1 Abs. 2 S. 1 Nr. 2 a GewSchG)

Geschützt wird danach die Wohnung (Haus) oder das befriedete Besitztum einer Person iSd § 123 StGB. Ein dauernder Aufenthalt ist nicht gefordert, daher sind auch Hotel- 40

---

16 OLG Rostock NJW-RR 2007, 661.
17 Herberger/Martinek/Leis § 1 GewSchG Rn 10.
18 MAH/Müller § 15 Rn 2.
19 OLG Köln FamRZ 2003, 1281 mwN.
20 Garbe, Gewaltschutzgesetz und familiengerichtliches Verfahren, FamRB 2003, 17, 19.
21 OLG Rostock NJW-RR 2007, 661, 662.
22 Herberger/Martinek/Leis § 1 GewSchG Rn 14.

zimmer und Ferienwohnung geschützt. Befriedetes Besitztum ist jedes umzäunte Gelände, zB ein Garten oder ein Hofraum.

41 Ungeschützt sind jedoch die Geschäftsräume des Opfers, da diese nicht zur Privatsphäre gehören.[23]

42 Allein der Versuch eines Eindringens genügt nicht für den Tatbestand.[24]

(3) Unzumutbare Belästigung (§ 1 Abs. 2 S. 1 Nr. 2 b GewSchG)

43 Definitorisch geht es um **wiederholtes Nachstellen** gegen den ausdrücklich erklärten Willen des Opfers oder Verfolgung unter Verwendung von Fernkommunikationsmitteln. Hierunter zu fassen ist auch das sog. „Stalking" gem. § 238 StGB („Nachstellung"). Zu bekämpfende erhebliche Belästigungen gegen das Opfer sind u.a.:[25]

- wiederholte „körperliche" Verfolgung und Nachstellung,
- räumliche Annäherung, ggf mit ständiger demonstrativer Anwesenheit in der Nähe,
- Überwachen oder Beobachten,
- Telefonterror durch häufiges Anrufen (auch bloßes Anklingeln ohne Abheben oder Kommunikation, auch durch Hinterlassen von Mitteilungen),[26]
- Senden von Briefen, Faxen oder E-Mails.

44 Dazu gehören auch die Verfolgung durch „Fans" oder die Nachstellung durch zurückgewiesene Liebhaber. Die wiederholte Belästigung muss gegen den ausdrücklich erklärten Willen des Opfers erfolgen.

Hinweis: Zum Nachweis des erklärten Unwillens des Opfers im späteren gerichtlichen Verfahren ist es sinnvoll, ein **Unterlassungsverlangen** mit Zustellungsnachweis (Übergabe/Einwurfeinschreiben/Gerichtsvollzieherzustellung) an den Täter zu richten. Das ist entbehrlich, soweit sich aus der Art der Störung bereits der Belästigungscharakter ergibt.[27]

45 Kommt es zu **Sachbeschädigungen**, wie zB zum Zerstechen von Autoreifen, kann bereits auf das allgemeine Deliktsrecht infolge von Eigentumsverletzung zurückgegriffen werden.[28]

cc) Widerrechtlichkeit/Wahrnehmung berechtigter Interessen

46 Die Widerrechtlichkeit der Handlungen des Täters sowohl nach § 1 Abs. 1 GewSchG wie auch nach § 1 Abs. 2 GewSchG wird **vermutet**,[29] mit der Folge, dass der Täter diese Vermutung durch Darlegung und Nachweis eines Rechtfertigungsgrundes widerlegen muss. Damit wird auch erreicht, dass die Verteidigungsmaßnahmen des Opfers gegen einen gewalttätigen Angriff nicht ihrerseits zu einem Anspruch auf Schutzmaßnahmen nach diesem Gesetz führen. Daher ist keine Widerrechtlichkeit gegeben, wenn der Täter

---

[23] BT-Drucks. 14/5429, 29.
[24] AG Flensburg NJOZ 2005, 270.
[25] BT-Drucks. 14/5429, 28 f.
[26] Pechstaedt, Zivilrechtliche Abwehrmaßnahmen gegen Stalking, NJW 2007, 1233 ff mwN.
[27] Herberger/Martinek/Leis § 1 GewSchG Rn 19.
[28] BT-Drucks. 14/5429, 29.
[29] BeckOK BGB/Reinken § 1 GewSchG Rn 15, 37; OLG Brandenburg NJW-RR 2006, 220.

Vihar

III. Verfahrenseinleitung 10

in Wahrnehmung berechtigter Interessen gehandelt hat (§ 1 Abs. 1 S. 3, GewSchG iVm § 1 Abs. 2 S. 1 Nr. 2 b GewSchG). Gerade in familienrechtlichen Auseinandersetzungen muss es dem Täter möglich sein, seine Rechtspositionen zu wahren und durchzusetzen. So muss es ihm im Rahmen eines Unterhaltsrechtsstreits ermöglicht werden, Ermittlungen durch eigene Beobachtungen oder durch Dritte (zB Privatdetektive) vorzunehmen, um festzustellen, ob und in welchem Umfang der Ehegatte in einer unterhaltsrechtlich relevanten neuen Partnerschaft lebt; ein Vater muss telefonischen Kontakt zur Kindesmutter zur Abstimmung des Kindesumgangs aufnehmen können; einem Gläubiger muss es möglich sein, seinen Schuldner zu beobachten, um zwecks Durchsetzung seiner Forderungen herauszufinden, ob und wo dieser eine (neue) Arbeitsstelle hat.

Es hat aber in solchen Fällen stets eine genaue Güterabwägung stattzufinden. Weder genießt das Opfer absoluten Schutz, noch ist der Täter frei in der Wahl seiner Mittel. 47

dd) Vorsatz

Erfasst werden sowohl in § 1 Abs. 1 GewSchG als auch in § 1 Abs. 2 GewSchG nur die typischen Fälle vorsätzlicher Verletzungshandlungen. 48

Für die Gewalttaten nach Abs. 1 genügt **„Wissen und Wollen"** der Rechtsgüterverletzung.[30] Die verminderte, zB alkoholbedingte, Schuldunfähigkeit hat keinen Einfluss auf den natürlichen Vorsatz.[31] Bei lediglich fahrlässiger Begehung muss auf die Bestimmungen der §§ 823, 1004 BGB zurückgegriffen werden, da insoweit der Verschuldensmaßstab nach dem GewSchG enger ist. Im Übrigen eröffnet § 3 Abs. 2 GewSchG den Rückgriff auf weitergehende Ansprüche des Opfers, somit unter anderem auf den verschuldensunabhängigen Anspruch auf Unterlassung weiterer Verletzungen und unzumutbarer Belästigungen analog §§ 823, 1004 BGB oder Schmerzensgeld gem. § 847 BGB bei immateriellen Schäden. Das GewSchG ist insoweit nicht abschließend. 49

ee) Schuldfähigkeit

Der Täter muss schuldfähig sein. Zwar ist das keine ausdrückliche besondere Anspruchsvoraussetzung. Wer aber durch Drogen oder Alkohol einen die Schuldunfähigkeit verursachenden (die freie Selbstbestimmung ausschließenden) Zustand **vorübergehend** herbeigeführt und in diesem Zustand die Tat begangen hat, wird **nicht geschützt** (§ 1 Abs. 3 GewSchG). Hier ist der Schutz des Opfers vorrangig. Wer allerdings dauerhaft krank und deshalb schuldunfähig ist, wird seinerseits geschützt. 50

ff) Wiederholungsgefahr

Da Maßnahmen nach dem GewSchG präventiven Charakter haben – so heißt es in § 1 Abs. 1 S. 1 GewSchG: „... die zur Abwendung weiterer Verletzungen erforderlichen Maßnahmen ..." –, geht das Gesetz bei bereits begangenen Gewalttaten von der **Vermutung einer Wiederholung** weiterer Taten aus. Demgemäß hat der Täter diese gesetzliche Vermutung zu widerlegen, woran zum Schutz des Opfers hohe Anforderungen zu stellen sind.[32] Maßgebend dürfte die Nähe zwischen den Beteiligten sein. Bei häus- 51

---

30 BT-Drucks. 14/5429, 28.
31 BeckOK BGB/Reinken § 1 GewSchG Rn 18.
32 OLG Brandenburg NJW-RR 2006, 220; OLG Saarbrücken NJW-RR 2006, 747.

Vihar 451

licher Gewalt ist die Wiederholungsgefahr aufgrund des Zusammenlebens groß, bei außerhäuslicher Gewalt sicherlich geringer. Dann erfordert die Wiederholungsgefahr das Vorliegen weiterer Umstände, aus denen weitere Übergriffe zu befürchten sind, so zB bei einer „konfliktbelasteten Täter-Opfer-Beziehung".[33]

f) Sachvortrag gem. § 2 GewSchG

52 Die Vorschrift ist allgemeine **materiell-rechtliche Grundlage** für die Wohnungsüberlassung in den Fällen, in denen Gewalttaten im Rahmen eines auf Dauer angelegten gemeinsamen Haushaltes begangen werden.[34]

aa) Führen eines auf Dauer angelegten gemeinsamen Haushalts

53 Darunter ist nach allgemeiner Meinung eine **Lebensgemeinschaft** zu verstehen, die auf Dauer angelegt ist, keine weiteren Bindungen gleicher Art zulässt und sich durch innere Bindungen auszeichnet, die ein gegenseitiges Füreinandereinstehen begründen und die über eine reine Wohn- und Wirtschaftsgemeinschaft hinausgehen. Damit entspricht der Begriff den Kriterien der Rechtsprechung zur eheähnlichen Gemeinschaft, ohne dass es allerdings auf das Vorliegen geschlechtlicher Beziehungen zwischen den Partnern ankäme. Sowohl die hetero- oder homosexuelle Partnerschaft als auch das dauerhafte Zusammenleben älterer Menschen als Alternative zum Alters- oder Pflegeheim, die ihr gegenseitiges Füreinandereinstehen – zB durch gegenseitige Vollmachten – dokumentieren, können danach einen solchen Haushalt führen. Die Begriffsbestimmung ist der Mietrechtsreform[35] entnommen worden.[36] Nach anderer Ansicht ist diese Auslegung zu eng, denn Ziel sei es, das Opfer im sozialen Nahbereich möglichst umfassend durch Wohnungsüberlassung zu schützen. Daher sollen auch zB Wohngemeinschaften unter Studenten/Auszubildenden erfasst sein, sofern sie auf Dauer, dh zumindest auf eine bestimmte Zeit, angelegt seien.[37] Im allgemeinen Sinne dürften Eheleute, die innerhalb der Ehewohnung getrennt leben, regelmäßig keinen gemeinsamen Haushalt mehr führen.[38]

Sonderreglungen gelten im Übrigen

- gem. § 1361 b BGB für Eheleute, wenn sie getrennt leben oder ein Ehegatte die Trennung wünscht als „**lex specialis**",[39] jedoch nicht bei angestrebter bloßer räumlicher Distanzierung ohne Trennungsabsicht;
- gem. § 14 LPartG für eingetragene Lebenspartner entsprechend.

Gleichwohl können bei Vorliegen der jeweiligen Voraussetzungen die Regelungen aus § 1361 b BGB neben denjenigen des GewSchG Anwendung finden; es gilt für das Opfer das sog. Meistbegünstigungsprinzip.[40]

---

33 Herberger/Martinek/Leis § 1 GewSchG Rn 25 mwN.
34 BT-Drucks. 14/5429, 19 f.
35 BR-Drucks. 439/00, 92 f.
36 Palandt/Brudermüller § 2 GewSchG Rn 2; BeckOK BGB/Reinken § 2 GewSchG Rn 6; Schumacher, Das neue Gewaltschutzgesetz und seine Auswirkungen bei Mietverhältnissen, WuM 2002, 421 f.
37 Vgl hierzu Mönig, Die rechtlichen Schutzmöglichkeiten gegen häusliche Gewalt, IFF Info 2004, Nr. 27, 7, 10 f.
38 Palandt/Weidenkaff § 563 BGB Rn 11; Herberger/Martinek/Leis § 1 GewSchG Rn 9.
39 Herberger/Martinek/Leis § 1 GewSchG Rn 8.
40 Schumacher FamRZ 2002, 645, 653.

III. Verfahrenseinleitung **10**

Liegt ein nach den vorstehenden Ausführungen zu definierender Haushalt nicht vor, 54
kann § 2 GewSchG nicht angewendet werden; es hilft ein Rückgriff auf § 1 Abs. 1 S. 3
Nr. 3 GewSchG in Form des Betretensverbotes der (nicht gemeinsamen) Wohnung.
Hingegen ist es für die Frage des gemeinsamen Haushaltes unerheblich, wie die miet-
oder eigentumsrechtlichen Rechts- oder Nutzungsverhältnisse sind; wie sich aus § 2
Abs. 2 GewSchG ergibt, hat das Auswirkungen auf die Maßnahmenbefristungen.
Durch § 2 GewSchG wird nur das Nutzungsverhältnis zwischen den **Konfliktparteien**
geregelt.

Hinweis: Da die Wohnungszuweisung nur im Hinblick auf die Konfliktparteien gilt,
werden in der Wohnung lebende Dritte, zB Verwandte des Täters, davon nicht betroffen.

bb) Vollendete Tat nach § 1 Abs. 1 S. 1 GewSchG

Zur „Tat" in diesem Sinne s. Rn 34–37. Ist die vorsätzliche und **widerrechtliche Tat** 55
bereits vollendet, kommt es nur noch auf den gemeinsam geführten Haushalt an, um
eine Wohnungszuweisung zu erreichen. Daher ist zur Erleichterung auch hier an flankierende Maßnahmen wie Polizeieinsatz und Berücksichtigung des Einsatzberichtes zu
denken. Eine Interessenabwägung (unbillige Härte) findet nicht statt. Eine vorübergehende alkohol- oder sonstige rauschbedingte Schuldunfähigkeit ist aufgrund der Verweisung auf § 1 Abs. 3 GewSchG nicht hinderlich.

cc) Drohung mit einer Tat nach § 1 Abs. 2 S. 1 Nr. 1 GewSchG

Liegt „nur" eine Drohung mit einer Tat iSd der Vorschrift vor, muss die Wohnungs- 56
zuweisung gem. § 2 Abs. 6 S. 1 GewSchG, auch zusammen mit § 1 Abs. 3 GewSchG,
zur **Vermeidung einer unbilligen Härte** erforderlich sein. Hier sind Umstände vorzutragen, die es dem Gericht ermöglichen, die gebotene Interessenabwägung vornehmen
zu können. Die „unbillige Härte" ist wie in § 1361 b BGB auszulegen.[41] Es gibt insoweit
keine Legaldefinition. Daher ist einzelfallbezogen zu befinden. Das Zusammenleben
der Beteiligten darf nicht mehr verlangt werden können, weil angesichts der Konflikte
jegliche gegenseitige Achtung und damit die Grundlage der häuslichen Gemeinschaft
zerstört wurde. Dabei müssen die Spannungen über den mit der Trennungssituation
verbundenen typischen Umfang durch ein schwerwiegendes Verhalten eines Beteiligten
hinausgehen und eine tiefgreifende Störung der häuslichen Gemeinschaft erfahren haben.[42]

Vorrangig ist das **Kindeswohl**. Hier werden Kinder geschützt, die im Haushalt leben, 57
so zB Kinder aus einer früheren Ehe der in nichtehelicher Gemeinschaft mit dem Täter
lebenden Frau.[43] Für Kinder gilt bei gegen sie selbst erfolgten Übergriffen jeglicher Art
zunächst als unter elterlicher Sorge stehend der Schutz aus §§ 1666, 1666 a BGB. Jedoch kann aus § 2 Abs. 6 S. 3 GewSchG bei im Haushalt lebenden Kindern eine „unbillige Härte" gegeben sein, wenn deren Wohl durch die Bedrohungen ihrer Mutter
beeinträchtigt ist. Das Miterleben gewalttätiger Auseinandersetzungen zwischen Eltern

---

41 Palandt/Brudermüller § 2 GewSchG Rn 14.
42 BeckOK BGB/Neumann § 1361 b BGB Rn 7 mwN.
43 Garbe FamRB 2003, 92 f.

Vihar 453

oder nichtehelichen Partnern kann bei Kindern zu Traumatisierungen führen.⁴⁴ Das Vorbringen, durch die ständigen Reibereien der Eltern zeigten die Kinder bereits Verhaltensauffälligkeiten, dürfte insoweit aber nicht genügen für einen Eingriff nach § 2 GewSchG, wenn weder Gewalt noch Drohung ihnen gegenüber vorgetragen worden sind.⁴⁵

58 Grundsätzlich besteht ein zweigleisiger Schutz – aus §§ 1666, 1666 a BGB und aus §§ 1, 2 GewSchG.⁴⁶ Allerdings soll das GewSchG eher dem Schutz erwachsener Opfer vor gewalttätigen Erwachsenen dienen.⁴⁷

dd) Kein Ausschlussgrund nach § 2 Abs. 3 GewSchG

59 Der systematische Zusammenhang mit § 2 Abs. 1 GewSchG macht deutlich, dass diese abschließenden alternativen Tatbestände vom Täter vorzutragen und ggf zu beweisen sind.⁴⁸

- **Nr. 1**: Es besteht **keine Wiederholungsgefahr** oder wegen der Schwere der Tat ist ein weiteres Zusammenleben für das Opfer nicht zumutbar.

  Hinweis: Es empfiehlt sich auch für das Opfer, hierzu im Antrag bereits vorsorglich vorzutragen, wenn zB Übergriffe bereits in der Vergangenheit aufgetreten sind, aber aus Scham nicht verfolgt worden sind, oder besonders gravierend sind, wie schwere Körperverletzung, Vergewaltigung, versuchter Totschlag.⁴⁹ In Fällen der häuslichen Gewalt soll die Wiederholungsgefahr wegen des engen Zusammenlebens der Konfliktparteien naheliegend sein.⁵⁰ Das bloße Versprechen des Täters, keine weiteren Taten mehr begehen zu wollen, schließt die Wiederholungsgefahr regelmäßig nicht aus.⁵¹

- **Nr. 2**: Das Opfer muss innerhalb von drei Monaten nach der Tat vom Täter die Überlassung der Wohnung **schriftlich verlangt** haben, ansonsten wird der Anspruch verwirkt. Die Fristenregelung soll es dem Opfer ermöglichen, Zeit zur eigenen Entscheidungsfindung über die künftige Nutzung der Wohnung und die eigene Lebensgestaltung zu haben.⁵² Zum Zeitpunkt der Geltendmachung des Anspruchs muss das Opfer daher nicht gemeinsam mit dem Täter in der Wohnung leben: Dies ermöglicht es der zB ins Frauenhaus geflüchteten Frau wieder in die Wohnung zurückzukehren, während der Täter diese nun zu verlassen hat.⁵³

  Hinweis: Auch hier empfiehlt sich umgehendes Handeln des Opfers, weil die Gefahr eines länger andauernden Hauptsacheverfahrens besteht und der Täter zum ausgebliebenen Verlangen vortragen könnte. Auch könnte das Gericht bei längerem Abwarten die Eilbedürftigkeit in Zweifel ziehen.

---

44 Palandt/Brudermüller § 2 GewSchG Rn 15 mwN.
45 Brudermüller, Zuweisung der Mietwohnung bei Ehegatten, Lebenspartnern, Lebensgefährten, ZFE 2003, 164,172.
46 Palandt/Brudermüller § 3 GewSchG Rn 2.
47 Palandt/Brudermüller § 3 GewSchG Rn 1 mwN.
48 BT-Drucks. 14/5429, 31.
49 Palandt/Brudermüller § 2 GewSchG Rn 7.
50 Herberger/Martinek/Leis § 1 GewSchG Rn 12.
51 Herberger/Martinek/Leis § 1 GewSchG Rn 26.
52 BeckOK BGB/Reinken § 2 GewSchG Rn 10.
53 BT-Drucks. 14/5429, 31.

Das Opfer trägt die Darlegungs- und Beweislast für den Zugang der Erklärung.[54] Wird innerhalb der Frist die Wohnungszuweisung gerichtlich geltend gemacht, ist mit der Zustellung der einstweiligen Anordnung oder beglaubigten Abschrift des Hauptsacheantrags diesem Erfordernis Genüge getan.

Problematisch ist es, wenn der Täter unbekannten Aufenthalts ist und nach Ablauf von drei Monaten in die Wohnung zurückkehren will. Wegen der Schutzfunktion des Gesetzes kann der Fristablauf dem Opfer in diesem Fall nicht entgegengehalten werden.[55] Die Verletzte dürfte demnach jetzt noch (erstmals) die Wohnungszuweisung beantragen können.

- **Nr. 3:** Der Überlassung der Wohnung an das Opfer müssen besonders **schwerwiegende Belange des Täters entgegen stehen**. So kann eine Behinderung oder schwere Erkrankung des Täters ein Angewiesensein auf die Wohnung und damit die Unzumutbarkeit der Wegweisung begründen (zB wegen der behindertengerechten Gestaltung) oder es leben in der Wohnung minderjährige Kinder des Täters, für die das Opfer nicht sorgeberechtigt ist. Durch die flexible Formulierung „soweit" kann statt eines vollständigen Ausschlusses des Zuweisungsanspruchs auch eine teilweise Überlassung oder eine Befristung unabhängig von § 2 Abs. 2 GewSchG erfolgen.[56]

ee) Befristung

Je nach Art der wechselseitigen Rechtsverhältnisse der Beteiligten an der Wohnung ergibt sich eine unterschiedliche Folge bei der vom Gericht anzuordnenden Befristung der Wohnungszuweisung. Daher ist hierzu vom Opfer möglichst genau vorzutragen und auch vorsorglich zu belegen:

- Das Opfer ist allein (oder mit einem nicht am Verfahren beteiligten Dritten) schuldrechtlich oder dinglich (neben Grundstücks- u.a. auch Wohnungseigentum, Erbbaurecht, Dauerwohnrecht etc.) berechtigt: keine Befristung. Das führt letztlich zur endgültigen Zuweisung.

- Das Opfer ist gemeinsam mit dem Täter Eigentümer oder sonstiger dinglicher Berechtigter an dem Grundstück, auf dem sich die Wohnung befindet, oder gemeinsam mit dem Täter Mieter einer Wohnung (§ 2 Abs. 2 S. 1 GewSchG): Befristung ohne zeitliche Obergrenze.

  Hinweis: Wenn auch das Gesetz keine Obergrenze nennt, bedeutet das keine endlose Zuweisung. Anzuknüpfen ist vielmehr an die Rechtsverhältnisse bzgl der Wohnung und deren Beendigungsmöglichkeiten (zB Kündigung des Mietverhältnisses; Mietaufhebungsvertrag und Neuvertrag des Vermieters mit dem Opfer; Teilungsversteigerung bei gemeinsamem Eigentum). Die Kündigung eines Mietvertrages muss von beiden Mietern ausgesprochen werden.[57]

- Dem Täter steht allein oder gemeinsam mit einem Dritten das Eigentum an der Wohnung oder ein sonstiges dingliches Recht an dem Grundstück zu, auf dem sich

---

54 Palandt/Brudermüller § 2 GewSchG Rn 7.
55 BeckOK BGB/Reinken § 2 GewSchG Rn 10.
56 BT-Drucks. 14/5429, 31.
57 Palandt/Brudermüller § 2 GewSchG Rn 9.

die Wohnung befindet, oder er ist allein oder mit einem Dritten Mieter der Wohnung (§ 2 Abs. 2 S. 2 GewSchG): Befristung für maximal sechs Monate.

Hinweis: Es handelt sich um eine Höchstfrist, die vom Gericht nicht auszuschöpfen ist. Da auch hier ein Ermessensspielraum besteht, u.a. je nach dem, wie schnell Ersatzwohnraum beschafft werden kann, sollte hierzu im Antrag Gewicht auf die bisherigen Wohnumstände gelegt werden, wie bisherige Dauer der Wohnungsnutzung, Kündigungsfristen, Belange der Kinder bzgl Kindergarten, Schule,[58] Personen im Haushalt (ggf auch Haustiere), Einkommensverhältnisse, auch die örtliche Wohnungsmarktlage etc.

61 Die Frist kann einmalig um maximal **weitere sechs Monate verlängert werden**, wenn innerhalb der ersten Befristung kein angemessener Ersatzwohnraum zu zumutbaren Bedingungen vom Opfer gefunden wurde. Hierzu sind im Rahmen eines Verlängerungsantragsverfahrens die Bemühungen möglichst nachzuweisen. Der Anwalt muss sich also die Sache auf Wiedervorlagefrist legen.

62 Gleichwohl können einer Verlängerung noch überwiegende Belange des Täters entgegenstehen (zB schwere Erkrankung). Hierfür ist nun dieser darlegungs- und beweispflichtig.

ff) Beeinträchtigungs-/Vereitelungsverbot (§ 2 Abs. 4 GewSchG)

63 Regelmäßig sind flankierende Maßnahmen geboten, um dem Opfer auch im Außenverhältnis Schutz zu gewähren. Daher kann das Gericht auf Antrag des Opfers das Verbot an den Täter aussprechen, zB das nur mit ihm bestehende Mietverhältnis zu kündigen oder in sonstiger Weise zu beenden oder das ihm allein gehörende Grundstück zu verkaufen.[59] Solche Verbote haben die **Wirkung relativer Veräußerungsverbote isd §§ 135, 136 BGB**, Verstöße hiergegen sind im Verhältnis zum Opfer unwirksam.

64 Allerdings ist die verbotswidrige Kündigung des Täters gegenüber dem Vermieter wirksam. In diesem Fall wird dem Opfer eine **Räumungsfrist** gem. § 721 ZPO (nach § 721 Abs. 5 S. 1 ZPO bis zu einem Jahr) zuzubilligen sein, die ihm das Bleiberecht bis zum Ablauf der Zuweisungsfrist sichern dürfte.[60] Ist der Täter gemeinsam mit dem Opfer Mieter der Wohnung und aus dieser verwiesen worden, kann der Vermieter ihn weiterhin auf Mietzahlung in Anspruch nehmen.[61] Zahlt der Täter als Alleinmieter die Miete nicht mehr, ist der Vermieter trotz Zuweisungsanordnung berechtigt, das Mietverhältnis wegen Zahlungsverzuges zu kündigen. Der Täter-Mieter kann aber dem Vermieter die Wohnung wegen der berechtigten Nutzung durch das Opfer, die durch die Kündigung im Verhältnis Täter-Mieter und Opfer nicht berührt wird, nicht rechtzeitig zurückgeben. Er schuldet dem Vermieter dann Nutzungsentschädigung gem. § 551 Abs. 1 BGB.[62]

---

58 Schumacher WuM 2002, 421 ff.
59 Palandt/Brudermüller § 2 GewSchG Rn 12.
60 BT-Drucks. 14/5429, 42.
61 AG Ludwigsburg WuM 2004, 608 f.
62 BT-Drucks. 14/5429, 42.

Verbote müssen aber auch den Aspekt der Verhältnismäßigkeit beachten, soweit nämlich der Schutz des Opfers geboten ist. Eine Kündigung für die Zeit nach Ablauf der Befristung dürfte unschädlich sein.   65

Hinweis: Ein Rechtsschutzbedürfnis für derartige Verbote besteht nicht erst bei konkreten Anhaltspunkten.[63] Daher ist es sinnvoll, einen entsprechenden Antrag zusammen mit demjenigen auf Wohnungszuweisung zu stellen.

gg) Nutzungsvergütung

§ 2 Abs. 5 GewSchG eröffnet dem Täter das Recht, nach der Wohnungszuweisung an das Opfer von diesem eine **Nutzungsvergütung** zu verlangen, soweit das der Billigkeit entspricht. Die Regelung ist ebenfalls in § 1361 b Abs. 3 S. 2 BGB enthalten.   66

Eine solcher Vergütungsanspruch ist regelmäßig anzunehmen, wenn der Täter ein auf einem Rechtsgrund (Mietvertrag oder dingliche Berechtigung) basierendes (Mit)Benutzungsrecht an der Wohnung hat.[64]   67

Die Vergütung wird angesichts des Gesetzeswortlautes „Der Täter kann … verlangen …" nicht von Amts wegen bei der Zuweisung zu berücksichtigen sein (str.).[65] Das wird auch deutlich an der beim Hausrat in § 1361a Abs. 3 S. 2 BGB anders gestalteten Regelung, nach der das Gericht bei einer Entscheidung mangels Einigung die Zahlung der Vergütung für die Benutzung bestimmen kann. Hier wird kein Verlangen des anderen Ehegatten erwähnt. Die Höhe der Vergütung wird sich am Mietwert der Wohnung zu orientieren haben.[66] Hierzu kann auf den örtlich maßgebenden Mietspiegel als Kriterium der Obergrenze **ortsüblicher Miete** zurückgegriffen werden.[67]   68

Hinweis: Billigkeitserwägungen haben zu berücksichtigen, ob und in welchem Umfang der Zurückbleibende tatsächlich leistungsfähig ist oder ob er wegen der Betreuung eines Kindes daran gehindert ist, in ausreichendem Umfang einer Erwerbstätigkeit nachzugehen. Im Übrigen entfällt eine Vergütung insoweit, als sie bereits im Rahmen einer Unterhaltsberechnung berücksichtigt worden ist.[68]

g) Weitere Schutzanträge

Gem. § 3 Abs. 2 GewSchG bleiben Ansprüche nach anderen Vorschriften unberührt. Das sind insbesondere solche nach §§ 823, 1004 BGB. Die Anspruchsvoraussetzungen sind ähnlich denjenigen nach § 1 GewSchG, allerdings werden hier auch die Handlungsfreiheit und das allgemeine Persönlichkeitsrecht geschützt, und im Gegensatz zum GewSchG genügt auch eine lediglich fahrlässige Begehung der Rechtsgutverletzungen.   69

Ferner gibt § 1361 b BGB die Möglichkeit der **Wohnungszuweisung bei Eheleuten.** Auch hierfür gilt das FamFG (§ 200 Abs. 1 Nr. 1; vgl hierzu § 8 „Wohnungszuweisungen").

---

63 BT-Drucks. 14/5429, 41 f.
64 BT-Drucks. 14/5429, 31 f.
65 AnwK-BGB/Heinke § 2 GewSchG Rn 21, zit. bei Haußleiter/Schulz Kap. 4 Rn 57 ff; aA OLG Brandenburg NJW-RR 2004, 5.
66 Schumacher WuM 2002, 421 ff; Herberger/Martinek/Leis § 1 GewSchG Rn 23.
67 Palandt/Brudermüller § 1361 b BGB Rn 22.
68 Palandt/Brudermüller § 2 GewSchG Rn 13.

h) Kostenantrag

70 Über die Kostentragungspflicht in Familiensachen entscheidet das Gericht von Amts wegen (§ 81 Abs. 1 S. 3), daher ist ein **entsprechender Antrag nicht erforderlich**. Dabei soll aber der Beteiligte die Kosten tragen, der durch sein grobes Verschulden Veranlassung für das Verfahren gegeben hat (§ 81 Abs. 2 Nr. 1). Dies dürfte regelmäßig der Täter sein. Auch unter diesem Aspekt ist eine detaillierte Anspruchsbegründung in der Sache selbst geboten.

i) Vollstreckungsantrag

71 In Fällen großer Eilbedürftigkeit oder auch massiver Rechtsgüterverletzung ist es angeraten, einen Antrag auf Vollstreckung aus dem Beschluss vor dessen Zustellung zu stellen (§ 216). Das Gericht „soll" gem. § 215 im Rahmen seiner Entscheidung auch die zu dessen Durchführung erforderlichen Anordnungen treffen; die Vorschrift entspricht dem alten § 64 b Abs. 2 S. 4 FGG iVm dem bisherigem § 15 HausratsVO.[69]

72 Wie schon nach den Regelungen des im Rahmen der Einführung des FamFG aufgehobenen § 64 b FGG besteht die Möglichkeit, eine solche Anordnung vorzunehmen, um deren Durchsetzung auch schon vor Eintritt der Rechtskraft einzuleiten. Regelmäßig ist die Vollstreckung erst mit Rechtskraft der Entscheidung möglich. Diese setzt jedoch die vorherige Zustellung voraus, was uU problematisch sein könnte. Ferner löst durchaus häufig die Zustellung der Entscheidung eine Eskalation und weitere Gefährdung des Opfers aus. Insbesondere im Bereich der Gewalttaten besteht daher ein dringendes Bedürfnis für schnelle Maßnahmen.

73 Während ohne ausdrücklichen Vollstreckungsantrag nach § 214 Abs. 2 Hs 1 ein Antrag auf Erlass einer einstweiligen Anordnung bei einem Beschluss ohne Anhörung gleichzeitig als Auftrag zur Zustellung an den Gerichtsvollzieher nebst Vollstreckung gilt, hat das Opfer bei einem Hauptsacheverfahren später selbst die Vollstreckung durch Gerichtsvollzieherbeauftragung einzuleiten.

74 Auf entsprechendem Antrag darf die **Zustellung** nicht vor der Vollstreckung erfolgen (§ 214 Abs. 2 Hs 2). In diesem Fall tritt die für die Vollstreckung erforderliche Wirksamkeit des Beschlusses mit dessen Übergabe an die Geschäftsstelle zur Bekanntmachung ein (§ 216 Abs. 2 S. 2). Das ist auf der Entscheidung zu vermerken.

Hinweis: Der Tenor muss einen **vollstreckungsfähigen Inhalt** haben. Enthält er im Rahmen der Wohnungszuweisung nach § 2 GewSchG nur die Formulierung „wird zugewiesen", soll das keinen imperativen Charakter haben. Daher sollte auf jeden Fall ein Antrag mit den Formulierungen des § 885 Abs. 1 ZPO gestellt werden, wonach der Täter dem Opfer die Wohnung zu überlassen bzw zu räumen hat.[70] Dabei sind die zuzuweisenden Räume genau zu kennzeichnen, damit der Gerichtsvollzieher eine Identifizierung vornehmen kann. Hierbei nutzt dem Opfer eine leere Wohnung nichts, so dass sich die Räumungsvollstreckung nicht auf das Wohnungsinventar beziehen sollte.

---

69 BR-Drucks. 309/07, 562.
70 Kogel, Die Umsetzung des Gewaltschutzes in der anwaltlichen Praxis, FamRB 2004, 303 f.

III. Verfahrenseinleitung

Dem Gerichtsvollzieher obliegt zwar gem. § 885 Abs. 1 S. 2 ZPO von Amts wegen die 75
Ermittlung der neuen Anschrift des Täters oder des Bevollmächtigten zum Zwecke der
Zustellung; der Vertreter des Opfers sollte dies sicherheitshalber nachhalten.

j) Muster[71]
aa) Muster: Antrag gem. § 1 GewSchG (Gewaltabwehr)

Der Fall entspringt der häufigen Situation der Verfolgung der kindesbetreuenden Ehe- 76
frau durch den von ihr getrennt lebenden Ehemann. Der im konkreten Fall zu beantragende Maßnahmenkatalog sollte zur Vermeidung einer Antragszurückweisung nur die gegen die jeweiligen Übergriffe erforderlichen Maßnahmen behandeln.

An das Amtsgericht 77
– Familiengericht –

Antrag auf Erlass einer einstweiligen Anordnung

der Frau ...

– Antragstellerin –

Verfahrensbevollmächtigter: ...

gegen

Herrn ...

– Antragsgegner –

wegen Schutzanordnungen gem. § 1 GewSchG

Namens und kraft anliegender Vollmacht der von mir vertretenen Antragstellerin beantrage ich wegen der Dringlichkeit ohne vorherige Anhörung gegen den Antragsgegner den Erlass einer einstweiligen Anordnung folgenden Inhalts:

1. Dem Antragsgegner wird unter Androhung eines Ordnungsgeldes in Höhe von 5.000 EUR und für den Fall, dass dieses nicht beigetrieben werden kann, ersatzweise Ordnungshaft bis zu sechs Monaten für jeden Fall der Zuwiderhandlung aufgegeben, es für die Dauer von sechs Monaten zu unterlassen,
    a) die Wohnung der Antragstellerin in ... zu betreten und/oder sich in einem Umkreis von 200 Metern hierzu aufzuhalten;
    b) die Arbeitsstelle der Antragstellerin in ... aufzusuchen und/oder sich in einem Umkreis von 200 Metern hierzu aufzuhalten;
    c) die Kindertagesstätte in ... zu betreten und/oder sich in einem Umkreis von 200 Metern hierzu aufzuhalten;
    d) sich der Antragstellerin und/oder ihrem Kind im Übrigen auf eine Entfernung von weniger als 200 Metern zu nähern, sie anzusprechen, ihnen zu folgen oder ihnen hinterher zu rufen. Bei einem zufälligen Zusammentreffen ist der o.g. Abstand herzustellen;
    e) mit der Antragstellerin – auch mittels Fernkommunikationsmitteln – in jeglicher Hinsicht Verbindung aufzunehmen, wie insbesondere
        – sie anzurufen,
        – sie anzusprechen,
        – ihr Telefaxe zu übermitteln,
        – ihr Telegramme zu übermitteln,

---

71 Weitere Formulierungsbeispiele finden sich als Download beim Bundesministerium für Familie, Senioren, Frauen und Jugend unter www.bmfsfj.de.

Vihar

§ 10 Gewaltschutzsachen

- ihr E-Mails zu senden,
- ihr SMS zu senden,

f) ihr wiederholt nachzustellen und/oder sie entweder selbst oder durch Dritte zu beobachten/beobachten zu lassen;

2. die sofortige Wirksamkeit der einstweiligen Anordnung und Zulässigkeit ihrer Vollstreckung vor Zustellung an den Antragsgegner anzuordnen;
3. die vollstreckbare Ausfertigung dieses Beschlusses unter Vermittlung der Geschäftsstelle zum Zwecke der Vollstreckung an den zuständigen Gerichtsvollzieher weiterzuleiten.

Begründung:

Die Beteiligten sind getrennt lebende Eheleute. Aus der Ehe ist das am ... geborene Kind ... hervorgegangen.

Die Antragstellerin ist am ... aus der vom Antragsgegner noch bewohnten, im Passivrubrum angegebenen Ehewohnung mit dem Kind ausgezogen. Sie hat zunächst bei ihren Eltern Unterkunft gefunden und sodann eine neue Wohnung, wie im Aktivrubrum angegeben, bezogen.

Glaubhaftmachung: eidesstattliche Versicherung der Eheleute ... vom ....

Seit ihrem Auszug versucht der Antragsgegner, der sich mit der Trennung, die auf seinen Alkoholmissbrauch und Gewalttätigkeiten gegenüber der Antragstellerin zurückzuführen ist, der Antragstellerin nachzustellen, zunächst bei ihren Eltern und danach bei ihrer Wohnung. ... *(nähere Ausführungen)*

Er hat sie am ... geschlagen. ... *(nähere Ausführungen)*

Glaubhaftmachung: 1) anl. eidesstattliche Versicherung der...
    2) anl. Arztattest des Herrn Dr. ... vom ...

Die Antragstellerin hat aufgrund dieses Vorfalles auch noch am selben Tag Strafanzeige bei der Polizei gestellt.

Glaubhaftmachung: anl. Kopie der Anzeigenbestätigung des Polizeipräsidenten ... vom ...

Trotz der seit Monaten bestehenden räumlichen Trennung stellt der Antragsgegner der Antragstellerin auch an ihrer neuen Wohnung nach. ... *(nähere Ausführungen)*

Glaubhaftmachung: anl. eidesstattliche Versicherung der Frau ... (Wohnungsnachbarin) vom ...

Am ... sowie am ... erschien er angetrunken im Kindergarten ... und wollte seine Tochter abholen. Diese hat aber aufgrund seiner Gewaltausbrüche Angst vor ihm. Außerdem hatte er zuvor bereits die Antragstellerin dort abgepasst, als sie das Kind abholen wollte.

Der Antragsgegner hat die Antragstellerin bereits mehrfach auf der Straße abgepasst, weil er ihre Wohnung beobachtet und darauf achtet, wann sie das Haus verlässt, um Einkäufe zu tätigen oder mit der Bahn zur Arbeit als Verkäuferin zu fahren. Dann betrat er auch das Geschäft und versuchte, die Antragstellerin, zT auch mit der Drohung, sich umzubringen, in ein Gespräch zu verwickeln, so dass ihre Arbeitskolleginnen beschwichtigend auf ihn einreden und zum Verlassen des Geschäfts bewegen mussten.

Glaubhaftmachung: anl. eidesstattliche Versicherung der Frau ... (Arbeitskollegin) vom ...

Schließlich ruft der Antragsgegner nahezu täglich, insbesondere in den Nachtstunden ab 22.00 Uhr mehrfach die Antragstellerin an, versucht entweder auf sie einzureden oder bespricht den Anrufbeantworter oder legt einfach auf, sobald die Antragstellerin den Hörer abnimmt. ... *(nähere Ausführungen)*

Die Antragstellerin ist dazu übergegangen, die Anrufe zu notieren, denn sie wird durch sie ohnehin wach.

Glaubhaftmachung: anl. Telefonprotokoll

Die Antragstellerin hat dem Antragsgegner bereits mehrfach erklärt, sie wünsche mit ihm keinen Kontakt.

III. Verfahrenseinleitung

Auch ein Anwaltsschreiben vom ..., mit dem er unter Schilderung der o.g. Geschehnisse aufgefordert worden ist, jeglichen Kontakt mit der Antragstellerin zu unterlassen, ließ er unbeachtet.

Glaubhaftmachung: anl. Kopie des Übergabeeinschreibens mit Empfangsbestätigung

... *(nähere Ausführungen)*

Glaubhaftmachung für alles Vorstehende: anl. eidesstattliche Versicherung der Antragstellerin

Zum Schutz der Antragstellerin ist große Eile geboten, denn sie leidet bereits unter Schlaflosigkeit sowie ständigem Zittern bei Telefonanrufen oder Verlassen ihrer Wohnung. Daher ist eine Entscheidung ohne vorherige Anhörung des Antragsgegners und die Anordnung deren sofortiger Wirksamkeit geboten.

Die Befristung der Maßnahmen sollte angesichts des massiven Verhaltens des Antragsgegners sechs Monate nicht unterschreiten, die Beantragung einer Fristverlängerung bleibt vorbehalten.

Hinsichtlich des Gesuchs um Verfahrenskostenhilfe wird auf den mit gesondertem Schriftsatz vom heutigen Tage gestellten Antrag verwiesen.

(Rechtsanwalt)

bb) Muster: Antrag gem. § 2 GewSchG (Wohnungszuweisung)

Der Fall geht von einer nichtehelichen Lebensgemeinschaft der Beteiligten mit einem gemeinsamen Kind und einem von beiden geschlossenen Mietvertrag aus.

An das Amtsgericht
– Familiengericht –

Antrag auf Erlass einer einstweiligen Anordnung

der Frau ... *(evtl ohne Adressnennung)*
(evtl:) c/o Rechtsanwaltskanzlei ...

– Antragstellerin –

Verfahrensbevollmächtigter: ...

gegen

Herrn ...

– Antragsgegner –

wegen Wohnungszuweisung gem. § 2 GewSchG

Namens und kraft anliegender Vollmacht der von mir vertretenen Antragstellerin beantrage ich wegen der Dringlichkeit ohne vorherige Anhörung gegen den Antragsgegner den Erlass einer einstweiligen Anordnung folgenden Inhalts:

1. der Antragstellerin für die Dauer von sechs Monaten zusammen mit ihrem Kind ... die Wohnung in ..., ... *(Straße, Hausnr.)* im Erdgeschoss rechts, bestehend aus 1 Wohn-, 1 Schlaf-, 1 Kinderzimmer, Küche, Diele und Bad sowie 1 Kellerraum Nr. ... einschließlich der darin befindlichen beweglichen Sachen zur alleinigen Nutzung zuzuweisen;
2. dem Antragsgegner aufzugeben, die Wohnung gem. Ziff.1 – ausgenommen der sich darin befindlichen beweglichen Sachen – zu räumen und an die Antragstellerin herauszugeben;
3. der Antragstellerin zu gestatten, für die Dauer der alleinigen Nutzung der Wohnung gem. Ziff. 1 die Schlösser auszuwechseln;
4. dem Antragsgegner aufzugeben, alles zu unterlassen, was geeignet ist, die Ausübung des Nutzungsrechts der Antragstellerin zu erschweren oder zu vereiteln;
5. dem Antragsgegner zu untersagen, für die Dauer der alleinigen Nutzung der Wohnung gem. Ziff.1 diese zu betreten oder sich hierzu in einem Umkreis von 200 Metern aufzuhalten;

Vihar

§ 10 Gewaltschutzsachen

6. dem Antragsgegner für jeden Fall der Zuwiderhandlung ein Ordnungsgeld von bis zu 5.000 EUR und für den Fall, dass dieses nicht beigetrieben werden kann, ersatzweise Ordnungshaft von bis zu sechs Monaten anzudrohen;
7. die sofortige Wirksamkeit der einstweiligen Anordnung und Zulässigkeit ihrer Vollstreckung vor Zustellung an den Antragsgegner anzuordnen;
8. die vollstreckbare Ausfertigung dieses Beschlusses unter Vermittlung der Geschäftsstelle zum Zwecke der Vollstreckung an den zuständigen Gerichtsvollzieher weiterzuleiten.

Begründung:

Die Beteiligten leben seit ca. sechs Jahren in der im Antrag zu Ziff. 1 näher bezeichneten Wohnung zusammen.

Aus ihrer Beziehung ist das am ... geborene, jetzt sechsjährige Kind ... hervorgegangen. Die Wohnung hat der Antragsgegner allein angemietet. Sie hat bei ca. 60 qm Wohnfläche drei Zimmer (Wohn-, Schlaf- und Kinderzimmer), Küche, Diele und Bad und 1 Kellerraum. Die Antragstellerin geht einer stundenweisen geringfügigen Tätigkeit mit einem durchschnittlichen monatlichen Entgelt iHv 400 EUR nach. Der Antragsgegner ist seit ... Monaten arbeitslos und dazu übergegangen, die Antragstellerin grundlos, auch in Gegenwart des gemeinsamen Kindes, zu schlagen. ... (nähere Ausführungen)

Das eskalierte dann am ... *(zB zwei Wochen vor Antragstellung)* derart, dass die Antragstellerin nach einem Streit in der Küche vom Antragsgegner mit einem Messer und den Worten bedroht wurde, er werde sie umbringen. Die Drohung ist ernst zu nehmen. Mit Schlägen hat der Antragsgegner sie schon früher mehrfach bedroht, es ist auch schon zu handgreiflichen Übergriffen gekommen.

Die Antragstellerin flüchtete aufgrund der neuen Situation unter Mitnahme des Kindes aus der Wohnung in das Frauenhaus, um Weiterungen zu vermeiden. Sie hat Angst vor dem körperlich überlegenen Antragsgegner. Sie war wegen der besonderen Eile nicht in der Lage, persönliche Dinge, wie Kleidung, Papiere oder Schulsachen des Kindes etc., mitzunehmen.

Wegen des Kindes hat die Antragstellerin das Jugendamt eingeschaltet.

Bereits am ... ist der Antragsgegner anwaltlich mit Einwurfeinschreiben aufgefordert worden, die Wohnung bis zum ... zu verlassen und der Antragstellerin mit dem Kind zu überlassen.

Glaubhaftmachung: anl. Kopie des Schreibens nebst postalischem Zustellnachweis

Der Antragsgegner reagierte darauf, indem er die Eltern der Antragstellerin am ... anrief und sehr lautstark angab, er sei Wohnungsmieter und bestimme, wer in seine Wohnung kommen dürfe, die Antragstellerin jedenfalls nicht mehr, sie sei ja gegangen. Im Übrigen solle sie sich „bloß nicht mehr blicken lassen", er könne sich sonst vergessen.

Glaubhaftmachung: eidesstattliche Versicherung der Eheleute ... vom ...

Die Antragstellerin ist dringend auf die Wohnung für sich und das Kind angewiesen, bei ihren Eltern kann sie aufgrund der beengten räumlichen Verhältnisse nicht unterkommen. Sie hat keinerlei persönliche Dinge für sich oder das Kind zur Verfügung. Das Kind hat keine Schulsachen für die in unmittelbarer Nähe der Wohnung gelegene Grundschule ...

Dem Antragsgegner hingegen ist es grundsätzlich möglich, übergangsweise bei seinen Eltern ein Zimmer zu bewohnen.

Glaubhaftmachung für alles Vorstehende: anl. eidesstattliche Versicherung der Antragstellerin

Zum Schutz der Antragstellerin und des Kindes ist Eile geboten. Daher ist eine Entscheidung ohne vorherige Anhörung des Antragsgegners und die Anordnung deren sofortiger Wirksamkeit geboten. Zum Schutze der Antragstellerin wird derzeit davon Abstand genommen, ihre Anschrift mitzuteilen, insoweit mag die Kanzleianschrift des Unterzeichners Verwendung finden.

Die Befristung der Wohnungszuweisung ist geboten, da der Antragsgegner allein den Mietvertrag unterzeichnet hat. Angesichts seines massiven Verhaltens ist die Ausschöpfung der Höchstfrist der Zuweisung geboten. Ferner sind die weiteren Schutzanträge wegen der Rücksichtslosigkeit und Uneinsichtigkeit des Antragsgegners erforderlich. Es steht zu befürchten, dass er weiterhin versuchen wird, nach Zuweisung an die Antragstellerin in die Wohnung zu gelangen. Hinsichtlich des Gesuchs um Verfahrenskostenhilfe wird auf den mit gesondertem Schriftsatz vom heutigen Tage gestellten Antrag verwiesen. Der Eilantrag wird nicht von vorheriger VKH-Bewilligung abhängig gemacht.

(Rechtsanwalt)

Zum Verfahrenskostenhilfeantrag s. Rn 131.   80

IV. Verfahren

1. Beteiligte

Neben den betroffenen Personen (Täter und Opfer) ist unter den genannten Umständen   81
auch das Jugendamt auf Antrag oder von Amts wegen beteiligt.

2. Termin/Anhörung

a) Mündliche Verhandlung

Das Gericht kann eine Entscheidung, insbesondere eine einstweilige Anordnung, bei   82
dringendem Bedürfnis auch ohne mündliche Verhandlung treffen. Das ist in der Regel bei Taten nach § 1 GewSchG gegeben oder bei konkreten Anhaltspunkten (§ 214). Ansonsten kann das Gericht bei Sachdienlichkeit seine Entscheidung aufgrund eines **Erörterungstermins** mit den Beteiligten (§ 32) oder im schriftlichen Verfahren treffen. Zum Erörterungstermin kann das persönliche Erscheinen der Beteiligten nebst persönlicher Anhörung (§ 34) angeordnet werden. So soll insbesondere bei Verfahren, die Eingriffe in Persönlichkeitsrechte zum Gegenstand haben, wie es Gewaltschutzsachen regelmäßig sind, eine persönliche Anhörung in Betracht zu ziehen sein.[72] Hier soll das Gericht dann die notwendige Sachverhaltsaufklärung vornehmen, auf sachdienliche Anträge hinwirken und möglichst darin enthaltene Fehler beseitigen. Alle wesentlichen Vorgänge im Termin, Hinweise und Anhörungen sind durch einen Vermerk im Termin aktenkundig zu machen. Zu vermerken sind aber insbesondere auch die Beweisermittlungen außerhalb eines Termins.

Hinweis: Das Gericht kann sich nach wie vor der Unterstützung des Urkundsbeamten der Geschäftsstelle oder der Aufzeichnung auf Datenträger bedienen (§ 28 Abs. 4 FamFG iVm § 14 Abs. 2 FamFG und §§ 130a Abs. 1 u. 3, 298 ZPO).

In Wohnungszuweisungssachenverfahren nach § 2 GewSchG ist – soweit Kinder im Haushalt leben – das Jugendamt Verfahrensbeteiligter (§ 212) und damit bei allen Maßnahmen einzubeziehen. Insbesondere soll das Jugendamt angehört werden, ihm ist die Entscheidung mitzuteilen und es hat ein eigenes Beschwerderecht (§ 213 Abs. 2).

b) Beweiserhebung/Beweisaufnahme
aa) Amtsermittlung

Da der Amtsermittlungsgrundsatz herrscht, ist das Gericht nicht an das **Parteivorbrin-**   83
gen gebunden. So ist es denkbar, dass das Gericht bereits vor oder noch im Termin eigene Sachverhaltsaufklärungen oder Beweisermittlungen vornimmt, zB durch Tele-

---

[72] BT-Drucks. 16/6308, 192.

fonanrufe, Telefaxe uä und diese im Wege des sog. Freibeweises würdigt. Ergebnisse sind aktenkundig zu machen.

bb) Förmliche Beweisaufnahme

84 Beweisanträge sind möglich. Insbesondere können die Beteiligten die Durchführung einer förmlichen Beweisaufnahme beantragen. Das Gericht entscheidet hierüber nach pflichtgemäßem Ermessen.

85 Eine förmliche Beweisaufnahme nach den Bestimmungen der ZPO soll aber stattfinden, wenn das Gericht seine Entscheidung maßgeblich auf eine ausdrücklich bestrittene Tatsache stützen will (§ 30 Abs. 3). Dann ist bei weiter bestehender Streitigkeit einer Tatsache die **förmliche Beweisaufnahme mit dem Strengbeweis** geboten.[73] Im Bereich der häuslichen Gewaltschutzsachen stößt der Strengbeweis häufig an seine Grenzen, weil sich die Vorgänge oft unter Ausschluss der Öffentlichkeit ereignen. Gerade hier ist eine Entscheidungsfindung unter **Heranziehung des Freibeweises** nützlich.

86 Es gibt keine Beweisaufnahme, die nicht sofort stattfinden kann (§ 31 Abs. 2). Daher sind im Termin präsente Beweismittel insbesondere im Eilverfahren (Mitbringen von Zeugen, Dokumenten etc.) von großer Bedeutung. Soweit zur Sachaufklärung oder Wahrung des rechtlichen Gehörs notwendig, ist den Beteiligten Gelegenheit zu geben, zum Ergebnis einer förmlichen Beweisaufnahme Stellung zu nehmen.

V. Entscheidungsfindung

87 Maßgebend ist die freie Überzeugungsfindung (§ 286 ZPO, § 261 StPO) des Tatrichters aufgrund des gesamten Verfahrens- einschließlich Akteninhalts (auch ohne das Erfordernis einer mündlichen Erörterung), dh es genügt „ein für das praktische Leben brauchbarer Grad an Gewissheit"[74] inklusive Wahrung rechtlichen Gehörs.

VI. Entscheidung
1. Beschluss

88 Das Gericht soll im Gegensatz zur üblichen Vorgehensweise in Gewaltschutzsachen gem. § 36 Abs. 1 S. 2 nicht auf einen Vergleich der Beteiligten Parteien hinwirken. Ziel ist der Beschluss. Das wird mit der sich aus § 4 S. 1 GewSchG ergebenden fehlenden Strafbewehrung bei Verstößen gegen Vergleiche und der Notwendigkeit effektiver Durchsetzung der im GewSchG vorgesehenen Maßnahmen begründet.[75]

89 Das könnte aber der notwendigen Flexibilität gerade im Gewaltschutzbereich in der Praxis nicht förderlich sein. Häufig kommt es vor, dass sich ggf vor oder nach Erlass einer zwischenzeitlich angefochtenen einstweiligen Anordnung bereits Umstände geändert haben, der Täter bereits unrechtseinsichtig oder auch nur vernünftig geworden ist.

Hinweis: Solchen geänderten Umständen kann mit einer Antragsrücknahme Rechnung getragen werden.

---

73 Vgl Kroiß/Seiler § 2 Rn 65 ff.
74 BGH NJW 1993, 935.
75 BR-Drucks. 309/07, 425.

VI. Entscheidung

Sollte die Entscheidung zwar ergangen, aber noch nicht rechtskräftig sein, wird sie dadurch wirkungslos (§ 22 Abs. 2). Die Rücknahme bedarf aber in diesem Stadium der Zustimmung der übrigen Beteiligten (§ 22 Abs. 1 S. 2). 90

Es ist grundsätzlich sinnvoll, eine verbindliche, schriftlich gefasste, außergerichtliche Erklärung des Opfers, besser noch einen ergänzenden klarstellenden Beschluss, zu erwirken, um den strafrechtlichen Folgen eines Verstoßes gegen eine Anordnung nach § 1 Abs. 1 S. 1 GewSchG bei solchen Änderungen begegnen zu können. 91

Problematisch ist es, wenn zB Eheleute wieder zusammenziehen, ohne Gericht und Polizei hierüber zu informieren oder den Antrag zurück zu nehmen. Während § 238 Abs. 4 StGB die Strafverfolgung wegen des Nachstellens etc. grundsätzlich nur auf Antrag vorsieht, ist § 4 GewSchG ein Offizialdelikt. Nach Auffassung des Oberlandesgerichts Hamm besteht aber insoweit keine Strafbarkeit, wenn das Opfer den Schutz nicht mehr weiter in Anspruch nehmen will und damit einverstanden ist, dass der Täter wieder in die Wohnung kommen darf.[76] 92

Es erfolgt auch in Gewaltschutzsachen eine einheitliche Endentscheidung per Beschluss ohne Zwischen- oder Nebenentscheidung (§ 38). Ausnahme: Über den Antrag auf Verfahrenskostenhilfe kann auch vor der Endentscheidung entschieden werden, mit eigener Anfechtungsfrist. 93

2. Anzuordnende Maßnahmen

a) Nach § 1 GewSchG (Gewaltabwehr)

Die gesetzliche Auflistung gerichtlicher Schutzmaßnahmen ist nicht abschließend (§ 1 Abs. 1 S. 3: „Das Gericht kann insbesondere anordnen …"). 94

Der Anwalt hat daher schon im Antrag unter Berücksichtigung der einzelnen Vorgehensweisen des Täters auch seine Phantasie einzusetzen, um im konkreten Fall einen **möglichst umfangreichen Schutz** zu erreichen: 95

- Betretensverbot (§ 1 Abs. 1 S. 3 Nr. 1 GewSchG): häufig im Zusammenhang mit Wohnungszuweisung gem. § 2 GewSchG.
- Näherungsverbot (§ 1 Abs. 1 S. 3 Nr. 2 GewSchG): betroffen ist der Umkreis der Opferwohnung, wobei beim Abstand die örtlichen Wohn- und Lebensverhältnisse zu beachten sind (zB kann in Innenstädten mit dichter Besiedelung ein Abstand von 100 m–200 m unpraktikabel und unzumutbar sein).
- Aufenthaltsverbot (§ 1 Abs. 1 S. 3 Nr. 3 GewSchG): Verbot, sich an bestimmten Plätzen (Arbeitsplatz, Kindergarten, Gaststätte, Sportplatz etc.) aufzuhalten (nicht zwingend ist der Aufenthalt der verletzten Person an diesem Ort).[77]
- Kontaktverbot (§ 1 Abs. 1 S. 3 Nr. 4 GewSchG): alle Arten von Kontakten (herkömmlicher Art wie auch unter Einsatz moderner Kommunikationsmittel wie SMS, Chat etc.).

---

76 OLG Hamm Urt. v. 2.6.2004, 1 Ss 83/04, StV 2005, 502.
77 BT-Drucks. 14/7279, 4.

- Abstandsgebot (§ 1 Abs. 1 S. 3 Nr. 5 GewSchG): gemeint ist hier der Abstand beim zufälligen Zusammentreffen auf der Straße, sonstigen öffentlichen und privaten Plätzen, aber auch uU die Wohnung des neuen Partners oder der Person, die Unterschlupf gewährt (zu beachten sind aber Besonderheiten wie beim Näherungsverbot).

96 Ist die **aktuelle Anschrift des Täters** nicht bekannt, hindert das nicht die gerichtlich angeordneten Maßnahmen. Denn insbesondere die einstweilige Anordnung erlangt bei entsprechender Bestimmung durch das Gericht Wirksamkeit durch Übergabe an die Geschäftsstelle.

b) Nach § 2 GewSchG (Wohnungszuweisung)

97 Das Gericht weist dem Opfer die alleinige Nutzung der Wohnung oder des Hauses unter entweder vollständigem oder teilweisem Ausschluss des Täters zu, soweit das bei Drohungen der Billigkeit entspricht und keine Ausschlusstatbestände vorliegen. Über die Nutzungsvergütung hat das Gericht im Zusammenhang mit der Wohnungszuweisung auch dann nicht von Amts wegen zu entscheiden, soweit der Täter am Rechtsverhältnis über die Wohnung allein- oder mitbeteiligt ist.[78]

98 Im Einzelnen kann hierzu im Übrigen auf die Ausführungen zu Rn 52 ff verwiesen werden.

99 Da auf allgemeine Bewertungsgrundsätze wie den örtlichen Mietspiegel zurückgegriffen werden kann, genügen Erkenntnisse über die Wohnungsgröße und allgemeiner Zuschnitt und Ausstattung, die dem Opfer regelmäßig bekannt sind. Allerdings sind auch hier Billigkeitserwägungen anzustellen.

3. Befristung
a) Nach § 1 GewSchG

100 Maßnahmen nach § 1 GewSchG sollen durch das Gericht befristet werden (§ 1 Abs. 1 S. 2, Abs. 2 GewSchG), wobei die Frist – auch mehrfach – verlängerbar ist. Sie ist unter Beachtung der Verhältnismäßigkeit so zu bemessen, dass weiteren Verletzungshandlungen entgegengewirkt werden kann, so zB je nach Intensität und Häufigkeit der bisherigen Angriffe und Bedrohungen.[79] Die Befristung gilt sowohl im Hauptsache- als auch im einstweiligen Anordnungsverfahren.[80]

Hinweis: Auf jeden Fall sollte die Frist zumindest bis zur (rechtskräftigen) Entscheidung in der Hauptsache bemessen werden, im Übrigen nach den Umständen ausreichend genug, wenn die Einleitung einer Hauptsache nicht zu erwarten ist.

b) Nach § 2 GewSchG

Die Frage ob und – wenn ja – wie eine Befristung der Wohnungszuweisung zu erfolgen hat, hängt vom Rechtsverhältnis an der Wohnung ab. Hierzu ist auf die Ausführungen unter Rn 60 zu verweisen.

---

78 AA OLG Brandenburg NJW-RR 2004, 5; s.a. AnwK-BGB/Heinke § 2 GewSchG Rn 21; Haußleiter/Schulz Kap. 4 Rn 57 ff.
79 Palandt/Brudermüller § 1 GewSchG Rn 7.
80 OLG Naumburg Urt. v. 4.8.2004, 14 WF 152/04, BeckRS 2004, 12724 m.Anm. Völker, Juris-PR FamR 17/2005 (Anm. 6).

4. Kostenentscheidung

Für alle Familiensachen, damit auch für Gewaltschutzsachen gem. § 111 Nr. 6, sieht § 81 Abs. 1 S. 3 zwingend eine Kostenentscheidung vor. Das Gericht kann gem. § 81 über die Verfahrenskosten nach billigem Ermessen entscheiden, in diesem Zusammenhang über die Gerichtskosten und außergerichtlichen Kosten der Beteiligten. Dazu gehören die Anwaltskosten. Damit hat das Gericht im Gegensatz zum FGG die Möglichkeit, die Kosten je nach Ausgang des Verfahrens zu verteilen.[81] Gem. § 81 Abs. 1 S. 2 kann das Gericht auch von der Kostenerhebung Abstand nehmen, auch hier regelmäßig nach Verlauf und Ergebnis des Verfahrens. Gem. § 81 Abs. 2 kann das Gericht in besonders aufgelisteten Fällen einen Beteiligten allein mit den Kosten belasten. 101

Für Gewaltschutzsachen dürfte insbesondere § 81 Abs. 2 Nr. 1 von Bedeutung sein. Diese Bestimmung knüpft an den bisherigen § 13 a Abs. 1 S. 2 Alt. 2 FGG an. Bei Taten im Sinne des GewSchG wird der Antragsgegner ohne weiteres das gerichtliche Verfahren und die entsprechenden Schutzmaßnahmen verursacht haben. Die Schwere der Taten wird als „grobes Verschulden" anzusehen sein mit der Folge einer Kostentragungspflicht des jeweiligen Antragsgegners bei erwiesenen Taten nach § 1 GewSchG. 102

5. Rechtsbehelfsbelehrung

Grundsätzlich ist nunmehr eine Rechtsbehelfs-/-mittelbelehrung erforderlich, die das statthafte Rechtsmittel, das angerufene Gericht, Form und Frist beinhalten muss (§ 39). Die Belehrung hat auch über den nach einer Entscheidung ohne vorherige Anhörung möglichen – unbefristeten – Antrag auf mündliche Verhandlung zu erfolgen.[82] 103

Muster: Rechtsmittelbelehrung (für eine Beschwerde gegen eine einstweilige Anordnung nach Anhörung) 104

Gegen diese Entscheidung ist das Rechtsmittel der Beschwerde gegeben. Sie ist innerhalb von zwei Wochen nach Zustellung beim Amtsgericht ... in ... einzulegen, und zwar schriftlich oder zur Niederschrift der Geschäftsstelle. Die Beschwerde muss die Bezeichnung des angefochtenen Beschlusses sowie die Erklärung enthalten, dass Beschwerde gegen diesen Beschluss eingelegt wird. Sie ist vom Beschwerdeführer oder seinem Bevollmächtigten zu unterzeichnen.

6. Wirksamkeit

Die Endentscheidungen werden grundsätzlich wirksam mit Zustellung an die Beteiligten (§ 40 Abs. 1), diejenigen in Gewaltschutzsachen gem. § 216 Abs. 1 S. 1 erst mit Rechtskraft, damit also grundsätzlich mit Ablauf der Rechtsmittelfrist nach vorheriger Zustellung. Die Vorschrift des § 216 Abs. 1 S. 2 entspricht grundsätzlich dem alten § 64 b Abs. 2 S. 2 Hs 1 FGG. Im Gegensatz hierzu ist aber die neue Vorschrift als Soll-Vorschrift ausgestaltet, um die Effizienz der Durchsetzung zu steigern.[83] Das Gericht soll die sofortige Wirksamkeit anordnen. Die Wirksamkeit ist damit insoweit unabhängig von der formellen Rechtskraft, denn mit Übergabe der Entscheidung zur Bekanntgabe an die Geschäftsstelle tritt deren Wirksamkeit ein (§ 216 Abs. 2 S. 2 Hs 1), was auf der Entscheidung zu vermerken ist. 105

---

81 BR-Drucks. 309/07, 475.
82 Schürmann FamRB 2008, 375, 379.
83 BR-Drucks. 309/07, 562.

7. Muster

a) Muster: Entscheidung gem. § 1 GewSchG

106 **Beschluss**

In der Familiensache

... *(volles Rubrum)*

hat das Amtsgericht - Familiengericht - ... durch den Richter am Amtsgericht ... wegen der Dringlichkeit ohne vorherige Anhörung im Wege einstweiliger Anordnung am ... beschlossen:

1. Dem Antragsgegner wird vorläufig für die Dauer von sechs Monaten untersagt,

... *(s.o. Antragsschrift zu Ziff. 1 a–f, Rn 77)*

2. Die sofortige Wirksamkeit der Anordnung und die Vollstreckbarkeit vor Zustellung an den Antragsgegner wird angeordnet.

3. Die vollstreckbare Ausfertigung dieses Beschlusses unter Vermittlung der Geschäftsstelle zum Zwecke der Vollstreckung an den zuständigen Gerichtsvollzieher weiterzuleiten.

4. Die Übergabe an die Geschäftsstelle erfolgte am ...

5. Dem Antragsgegner wird für jeden Fall der Zuwiderhandlung gegen die unter Ziff. 1 genannten Verbote ein Ordnungsgeld von 5.000 EUR und für den Fall, dass dieses nicht beigetrieben werden kann, ersatzweise Ordnungshaft von einem Tag je 100 EUR, höchstens sechs Monate, angedroht.

6. Die Kosten des Verfahrens und die zur Durchführung des Verfahrens notwendigen Aufwendungen der Antragstellerin werden dem Antragsgegner auferlegt.

7. Der Antragstellerin wird für das Anordnungs- und Vollstreckungsverfahren Verfahrenskostenhilfe unter Beiordnung von Rechtsanwalt ... bewilligt.

Gründe:

Die einstweilige Anordnung wird gestützt auf § 1 Abs. 1, Abs. 2 GewSchG, §§ 823, 1004 BGB analog.

Die Antragstellerin hat glaubhaft gemacht, dass der Antragsgegner sie geschlagen und verletzt, sie in ihrer Wohnung bedrängt und ihr nachgestellt hat. ... *(nähere Ausführungen wie in der Antragsschrift)*

Zur Vermeidung weiterer Übergriffe sind die getroffenen Anordnungen erforderlich. Aufgrund der Übergriffe hat ein dringendes Bedürfnis nach sofortigem Tätigwerden auch ohne Anhörung des Antragsgegners bestanden. Angesichts der massiven Vorgehensweise ist zum Schutz der Antragstellerin die Vollstreckung vor Zustellung der Entscheidung geboten, darüber hinaus eine Befristung von zunächst sechs Monaten anzuordnen gewesen.

Die Kostenentscheidung folgt aus § 81 Abs. 2 FamFG. Der Antragsgegner hat durch sein grobes Verschulden Veranlassung für das Verfahren gegeben. Die Anordnung der sofortigen Wirksamkeit ergibt sich aus § 216 FamFG.

(Richter)

Rechtsbehelfsbelehrung:

... (s. Rn 103 f)

b) Muster: Entscheidung gem. § 2 GewSchG

107 **Beschluss**

In der Familiensache

... *(volles Rubrum, mit Besonderheit der Antragstelleranschrift)*

Weiterer Verfahrensbeteiligter: Jugendamt der Stadt ...

hat das Amtsgericht - Familiengericht - ... durch den Richter am Amtsgericht ... wegen der Dringlichkeit ohne vorherige Anhörung im Wege einstweiliger Anordnung am ... beschlossen:

1. Der Antragstellerin wird für die Dauer von sechs Monaten zusammen mit ihrem Kind... die Wohnung in ... *(Stadt)*, ... *(Straße)* ... *(Hausnr.)* im Erdgeschoss rechts, bestehend aus 1 Wohn-,

VI. Entscheidung

1 Schlaf-, 1 Kinderzimmer, Küche, Diele und Bad sowie 1 Kellerraum Nr. ... zur alleinigen Nutzung zugewiesen;

2. Dem Antragsgegner wird aufgegeben, die Wohnung gem. Ziff. 1 zu räumen und an die Antragstellerin herauszugeben.
3. Der Antragstellerin wird gestattet, für die Dauer der alleinigen Nutzung der Wohnung gem. Ziff. 1 die Türschlösser auszuwechseln.
4. Dem Antragsgegner wird aufgegeben, alles zu unterlassen, was geeignet ist, die Ausübung des Nutzungsrechts der Antragstellerin zu erschweren oder zu vereiteln.
5. Dem Antragsgegner wird untersagt, für die Dauer der alleinigen Nutzung der Wohnung gem. Ziff. 1 diese zu betreten oder sich hierzu in einem Umkreis von 200 Metern aufzuhalten.
6. Dem Antragsgegner wird für jeden Fall der Zuwiderhandlung ein Ordnungsgeld von bis zu 5.000 EUR und für den Fall, dass dieses nicht beigetrieben werden kann, ersatzweise Ordnungshaft von 100 EUR je 1 Tag, höchstens sechs Monate, angedroht.
7. Die sofortige Wirksamkeit der einstweiligen Anordnung und Zulässigkeit ihrer Vollstreckung vor Zustellung an den Antragsgegner wird angeordnet.
8. Die vollstreckbare Ausfertigung dieses Beschlusses wird unter Vermittlung der Geschäftsstelle zum Zwecke der Vollstreckung an den zuständigen Gerichtsvollzieher weitergeleitet.
9. Die Übergabe an die Geschäftsstelle erfolgte am ....
10. Das Jugendamt der Stadt ... ist nachträglich anzuhören.
11. Die Kosten des Verfahrens und die zur Durchführung des Verfahrens notwendigen Aufwendungen der Antragstellerin werden dem Antragsgegner auferlegt.
12. Der Antragstellerin wird Verfahrenskostenhilfe unter Beiordnung von Rechtsanwalt ... sowohl für das Verfahren als auch für die Vollstreckung bewilligt.

Gründe:

Die einstweilige Anordnung wird gestützt auf § 2 Abs. 1, Abs. 2 GewSchG.

Die Antragstellerin hat glaubhaft gemacht, dass der Antragsgegner sie mit einer Gewalttat iSd § 1 GewSchG bedroht hat. Sie ist daraufhin in das Frauenhaus geflüchtet. ... *(es folgen nähere Ausführungen wie in der Antragsschrift)*

Die Zuweisung der Wohnung ist erforderlich, auch wenn die Antragstellerin diese zunächst verlassen hatte, denn das geschah nicht freiwillig, sondern zur Vermeidung von Übergriffen gegen Körper und Gesundheit. Die Antragstellerin hat mit anwaltlichem Schreiben vom ... innerhalb der Frist des § 2 Abs. 3 Nr. 2 GewSchG die Wohnungsüberlassung beansprucht.

Aufgrund der Übergriffe besteht ein dringendes Bedürfnis nach sofortigem Tätigwerden auch ohne Anhörung des Antragsgegners.

Von einer Anhörung des Jugendamtes hat das Gericht wegen Gefahr in Verzug Abstand genommen. Die Übergriffe des Antragsgegners betrafen ausschließlich die Antragstellerin. Hinweise auf solche gegen das Kind haben sich nicht ergeben. Das Jugendamt soll aber ergänzend nachträglich angehört werden.

Angesichts der massiven Vorgehensweise gegen die Antragstellerin ist zu ihrem Schutz die Vollstreckung vor Zustellung der Entscheidung geboten. Aus denselben Gründen rechtfertigen sich auch die weiteren angeordneten umfassenden Schutzmaßnahmen.

Die Wohnungszuweisung ist zu befristen gewesen, da der Antragsgegner alleiniger Mieter ist. Dabei hat das Gericht die gesetzlich zulässige Höchstfrist aus § 2 Abs. 2 S. 2 GewSchG für die Zuweisung herangezogen. Die Frist erscheint angemessen, um zunächst Ruhe in die Beziehung der Beteiligten zueinander zu bringen und es ihnen zu ermöglichen, Überlegungen über die weitere Wohnungsnutzung anzustellen und ggf Ersatzwohnraum zu beschaffen.

Die Kostenentscheidung folgt aus § 81 Abs. 2 FamFG. Der Antragsgegner hat durch sein grobes Verschulden Veranlassung für das Verfahren gegeben. Die Anordnung der sofortigen Wirksamkeit ergibt sich aus § 216 FamFG.

(Richter)

Rechtsbehelfsbelehrung:

... *(s. Rn 104).*

VII. Rechtsmittel

108 Da es sich bei Gewaltschutzsachen um Familiensachen handelt, ist eine Abhilfemöglichkeit des Ausgangsgerichts aufgrund einer Anfechtung seiner Endentscheidung nicht möglich (§ 68 Abs. 1 S. 2).

1. Beschwerde

109 Sie ist binnen eines Monats (§ 63) als Hauptrechtsmittel gem. § 58 bei einem Beschwerdewert von mehr als 600 EUR in vermögensrechtlichen Angelegenheiten oder bei Beschwerdezulassung durch das Gericht erster Instanz (§ 61) vorgesehen.

Hinweis: Gegen einstweilige Anordnungen gilt eine Beschwerdefrist von zwei Wochen (§ 63 Abs. 2 Nr. 1).

110 Die Beschwerde soll gem. § 65 begründet werden (wie § 571 Abs. 1 ZPO). Das soll einerseits sicherstellen, dass die Beschwerde bei ausbleibender Begründung nicht als unzulässig verworfen wird, andererseits dient das der Verfahrensförderung[84] und der Erreichung des angestrebten Ziels, wie sich aus § 65 Abs. 3 (Möglichkeit neuer Tatsachen und Beweismittel) ergibt.

111 Da Gewaltschutzsachen weder zu Ehe- noch zu Familienstreitsachen gehören, gilt ebenso wenig die zweimonatige Begründungsfrist gem. § 117 (deckungsgleich im Übrigen mit § 520 ZPO) wie die Möglichkeit der Zurückweisung verspäteten Vorbringens in jenen Verfahren.

2. Sofortige Beschwerde

112 Sie ist binnen zwei Wochen in entsprechender Anwendung der §§ 567–572 ZPO einzulegen, allerdings nur in den vom FamFG genannten Fällen. Die Verfahrensvorschriften zum Gewaltschutz sehen in §§ 211–216 einen solchen Fall jedoch nicht vor. Daher beschränkt sich hier die Rechtsmittelmöglichkeit auf die einfache, aber fristengebundene Beschwerde. Hingegen sind Entscheidungen zur Verfahrenskostenhilfe gem. § 76 Abs. 2 mit sofortiger Beschwerde entsprechend §§ 567–572, 127 Abs. 2–4 ZPO anfechtbar, aber mit der besonderen Frist von einem Monat (§ 127 Abs. 2 S. 3 ZPO). Damit ist die vom Bundesgerichtshof[85] zu § 14 FGG geklärte Rechtsunsicherheit zur Beschwerdefrist nun auch ausdrücklich in diesem Sinne gesetzlich geregelt.[86]

3. Rechtsbeschwerde

113 Sie ist gem. § 71 binnen eines Monats unter denselben Voraussetzungen wie § 543 Abs. 2 ZPO zum Bundesgerichtshof zu erheben. Sie ist innerhalb derselben Frist zu begründen (§ 71 Abs. 2 S. 1).

---

84 BR-Drucks. 309/07, 454.
85 BGH NJW 2006, 2122 ff.
86 Borth FamRZ 2007, 1925, 1929 (zu § 79, der jedoch im verkündeten Gesetz entfallen ist).

4. Sprungrechtsbeschwerde

Sie ist gem. § 75 wie die Sprungrevision gem. § 566 ZPO binnen eines Monats einzulegen, wenn die Beteiligten einwilligen und das Rechtsbeschwerdegericht die Sprungrechtsbeschwerde zugelassen hat. 114

5. Gehörsrüge

Sie ist uU gem. § 44 innerhalb von zwei Wochen ab Kenntnis der Rechtsverletzung angebracht, wenn die Entscheidung unanfechtbar ist und eine entscheidungserhebliche Verletzung des rechtlichen Gehörs vorliegt. Die Vorschrift entspricht dem durch das Anhörungsrügegesetz vom 9.12.2004 eingefügten § 29 a FGG.[87] 115

6. Fristen

Fristen beginnen, soweit nichts anderes bestimmt ist, mit Bekanntgabe an den betreffenden Beteiligten (§§ 16, 63 Abs. 3). Das gilt auch in Gewaltschutzsachen. § 16 ist eine redaktionelle Neufassung des alten § 16 Abs. 2 S. 1, Abs. 3 FGG samt Vereinheitlichung mit anderen Verfahrensvorschriften.[88] 116

VIII. Kosten und Gebühren

1. Verfahrenswerte

Gem. § 49 Abs. 1 FamGKG beträgt der Verfahrenswert in Gewaltschutzsachen nach § 1 GewSchG in der **Hauptsache** 2.000 EUR, in solchen nach § 2 GewSchG 3.000 EUR. 117

Nach § 49 Abs. 2 FamGKG besteht bei besonderen Umständen des Einzelfalles die Möglichkeit, einen höheren oder niedrigeren Wert anzusetzen. Bei einstweiligen Anordnungen ist gem. § 41 FamGKG wegen der (vermeintlich) geringeren Bedeutung gegenüber der Hauptsache von der Hälfte des Hauptsachewertes auszugehen. Das bedeutet bei einem **Anordnungsverfahren** nach § 1 GewSchG einen Wert iHv 1.000 EUR, bei einem nach § 2 GewSchG einen solchen iHv 1.500 EUR. 118

Diese Werte erscheinen angesichts der häufig schwierigen Beweislage, der Hartnäckigkeit des Täterhandelns, der ebenso häufig unterschätzten psychischen wie auch physischen Leiden des schutzbedürftigen Opfers und der sich daraus ergebenden Notwendigkeit, dem Täter das Unrecht seiner Tat auch nachhaltig vor Augen zu führen, nicht ausreichend angemessen zu sein. Kann der Täter die Ordnungsmittel noch umgehen, indem er sich konform verhält, empfindet er die Kostentragungspflicht als eine Art Strafe für sein Verhalten. Sie ist damit auch eine Art der Abschreckung, je höher sie aufgrund der Streitwerte ausfällt. 119

Daher sollte in der Praxis durchaus von der Möglichkeit genauer Prüfung vorgenannter besonderer Umstände des Einzelfalles zur Werterhöhung Gebrauch gemacht werden. Allein schon ein Streitwert von 4.000 EUR führt bei einem Anwalt ggf bei Verfahrens- und Termingebühr nebst 20 % Post- und Telekommunikationsentgelten und 19 % Umsatzsteuer zu einem Kostenfaktor iHv 752,58 EUR. 120

---

[87] BR-Drucks. 309/07, 434.
[88] BR-Drucks. 309/07, 400 f.

10 § 10 Gewaltschutzsachen

121 Der (üblichen) Kosten-Abschreckung beim Opfer kann mit einem Verfahrenskostenhilfeantrag bei Vorliegen der Voraussetzungen begegnet werden.

2. Gerichtsgebühren

122 Die Gerichtsgebühren werden in der Hauptsache pauschal mit 2,0 nach KV FamGKG Nr. 1320 berechnet, wobei sich gem. KV FamGKG Nr. 1321 eine Ermäßigung auf 0,5 einstellen kann bei Verfahrensbeendigung insgesamt, insbesondere ohne Endentscheidung oder Antragsrücknahme vor Ablauf des Tages, an dem die Endentscheidung zur Geschäftsstelle gelangt oder die Endscheidungsformel durch Verlesen bekannt gemacht worden ist. Im einstweiligen Anordnungsverfahren gilt eine Gebühr nach KV FamGKG Nr. 1420 mit 1,5 und einer Ermäßigung auf 0,5 gem. KV FamGKG Nr. 1421 wie vor.

123 Als Besonderheit ist hervorzuheben, dass § 21 Abs. 1 S. 2 FamGKG für die erste Instanz den **Ausschluss der üblichen Antragstellerhaftung** (Zweitschuldnerhaftung) in Gewaltschutzsachen vorsieht. Damit soll insbesondere allen sich in einer persönlichen Notlage befindlichen Personen die Anrufung des Gerichts erleichtert werden.[89]

124 Für das Beschwerdeverfahren fällt gem. KV FamGKG Nr. 1322 eine Gebühr von 3,0 an, die sich unter bestimmten Voraussetzungen auf 1,0 (KV FamGKG Nr. 1324) bzw 0,5 (KV FamGKG Nr. 1323) reduziert. Für die Rechtsbeschwerde fällt gem. KV FamGKG Nr. 1325 sogar eine Gebühr von 4,0 mit Reduzierungsmöglichkeit auf 2,0 bzw 1,0 an.

125 Ein **Verfahrenskostenvorschuss** ist vom Antragsteller, dem keine Verfahrenskostenhilfe bewilligt worden ist, nicht zu zahlen. § 14 Abs. 3 FamGKG schließt derartiges für Antragsteller, die nach § 21 FamGKG keine Kosten schulden, aus. Dazu gehören auch Antragsteller in Gewaltschutzsachen erster Instanz.

3. Rechtsanwaltsgebühren

126 Im Haupt- und einstweiligen Anordnungsverfahren sind die Rechtsanwaltsgebühren nach VV RVG Nr. 3100 ff zu ermitteln, wobei das Anordnungsverfahren eine gesonderte Angelegenheit ist (wie schon nach altem Recht). Dh, es können für beide Verfahren jeweils sowohl die Verfahrens- als auch Terminsgebühr entstehen.

127 Eine Einigungsgebühr fällt ggf nicht mehr an und damit auch nicht mehr eine Entscheidung über den evtl nur einmaligen Anfall dieser Gebühr bei gleichzeitigem Haupt- und Anordnungsverfahren und einem beide Verfahren beendenden Vergleich: Gem. § 36 Abs. 1 S. 2 soll das Gericht nicht auf eine gütliche Einigung hinwirken.

4. Verfahrenskostenhilfe
a) Grundsätzliches

128 Unter Berücksichtigung der Besonderheiten gem. §§ 76–78 zur Verfahrenskostenhilfe gelten die Bestimmungen zur Prozesskostenhilfe der §§ 114 ff ZPO.

129 In Antragsverfahren ist Verfahrenskostenhilfe unter den Voraussetzungen des § 76 Abs. 1 zu bewilligen (deckungsgleich mit PKH gem. § 114 Abs. 1 S. 1 ZPO). In von

---

[89] BR-Drucks. 309/07, 680 f.

Vihar

VIII. Kosten und Gebühren 10

Amts wegen einzuleitenden Verfahren ist auf den Eingriffscharakter der anstehenden gerichtlichen Entscheidung abzustellen sowie darauf, ob die beabsichtigte Rechtsverfolgung oder Rechtsverteidigung nicht offensichtlich ohne Erfolgsaussicht ist (§ 76 Abs. 2). Die Beiordnung eines Anwalts gem. § 78 Abs. 1 ist wie in § 121 ZPO geregelt, dh in allen Angelegenheiten mit Anwaltszwang (§ 114 Abs. 1) ist die Anwaltsbeiordnung geboten. Das sind insbesondere die Ehesachen beim Familiengericht, Oberlandesgericht etc. nach § 112. Gewaltschutzsachen gehören nicht zu den Katalogen, da es sich dabei nicht um Familienstreitsachen handelt. Daher gilt gem. §§ 114 Abs. 2, 78 Abs. 2 hierfür grundsätzlich **kein Anwaltszwang**. Aufgrund des Amtsermittlungsgrundsatzes ist auch hier nicht das Prinzip der Waffengleichheit heranzuziehen, wenn auf der Gegenseite ein Anwalt tätig ist (Abweichung vom Grundsatz des § 121 Abs. 2 Alt. 2 ZPO).[90] Es ist daher ein sorgsamer und detailreicher Sachvortrag erforderlich, um das Gericht von der Notwendigkeit anwaltlicher Beiordnung zu überzeugen.

Hinweis: Bei Eilbedürftigkeit sollte der Anwalt vom Regelfall Abstand nehmen, vorab über den Antrag auf Verfahrenskostenhilfe entscheiden zu lassen. Das könnte zu Zweifeln eben an der Eilbedürftigkeit führen. Bei zeitgleicher Einleitung des Hauptsacheverfahrens sollten auch zwei gesonderte Verfahrenskostenhilfeanträge vorgelegt werden.

Zur Vereinfachung und Übersichtlichkeit sollten Sach- und Verfahrenskostenhilfeantrag in getrennten Schriftsätzen vorgelegt werden. Dabei kann im Verfahrenskostenhilfeantrag hinsichtlich des Vorbringens zur Erfolgsaussicht der Rechtsverfolgung/-verteidigung Bezug genommen werden auf den gesonderten Schriftsatz mit den Sachanträgen. Gesonderte Schriftsätze für Eil- und Hauptsacheantrag rechtfertigen sich im Hinblick auf deren Unabhängigkeit (auch hinsichtlich der Kosten) voneinander. Der Eilantrag sollte mit einem unbedingten Verfahrenskostenhilfeantrag verbunden und beschieden werden. Demgegenüber kann der Hauptsacheantrag regelmäßig unter der Bedingung gestellt werden, dass zuvor Verfahrenskostenhilfe bewilligt worden ist. Hierdurch können Verzögerungen vermieden werden.

b) Muster: Antrag auf Verfahrenskostenhilfe mit gesondertem Schriftsatz

An das Amtsgericht
- Familiengericht -
In der Familiensache
... *(volles Rubrum)*
wird beantragt, der Antragstellerin Verfahrenskostenhilfe unter Beiordnung des Unterzeichners für die Anträge lt. beigefügtem Schriftsatz vom heutigen Tage einschließlich der Vollstreckung aus dem Beschluss zu bewilligen.

Begründung:
Hinsichtlich der Erfolgsaussicht der Rechtsverfolgung wird Bezug genommen auf den gleichzeitig mit Schriftsatz vom heutigen Tage eingereichten Antrag auf Erlass einer einstweiligen Anordnung und das dortige Vorbringen.

---

90 BR-Drucks. 309/07, 472 f.

Vihar

Im Übrigen wird in der Anlage das Formular „Erklärung über die persönlichen und wirtschaftlichen Verhältnisse" mit weiteren Anlagen zur Akte gereicht.
(Rechtsanwalt)

IX. Vollstreckung

1. Voraussetzungen

132 Die allgemeinen Vollstreckungsvoraussetzungen müssen erfüllt sein. Dazu gehören neben dem Titel auch die Vollstreckungsklausel und die Zustellung;[91] insbesondere aber auch der Vollbeweis einer schuldhaften Verbotsverletzung.[92]

Hinweis: Vollstreckungstitel bedürfen dann nicht der Vollstreckungsklausel, wenn die Zwangsvollstreckung durch das Gericht erfolgt, das den Titel erlassen hat (§ 86 Abs. 3). Da aber regelmäßig im Parteibetrieb vollstreckt wird (zB § 214 Abs. 2: „Der Antrag auf Erlass der einstweiligen Anordnung gilt ... als Auftrag zur Vollstreckung; ..."), ist auch die Klausel erforderlich. Gem. § 53 Abs. 1 ist ferner eine Klausel bei einer einstweiligen Anordnung nur erforderlich, wenn die Vollstreckung gegen andere als im Beschluss bezeichnete Beteiligte erfolgen soll. Sofern es nach §§ 88 ff keiner Vollstreckungsklausel bedarf, bleibt es auch in Fällen des § 53 Abs. 1 dabei.[93] Da aber § 95 Abs. 1 die Anwendung der Vollstreckungsvorschriften der ZPO für den Fall vorsieht, dass in den Unterabschnitten 1 u. 2 zu Abschnitt 8 (Vollstreckung) nichts Abweichendes vorgesehen ist und insbesondere in den §§ 95, 96 keine ausdrückliche Regelung über die Vollstreckungsklausel enthalten ist, wird sie notwendig sein.

133 Die Vollstreckung ist auf Antrag vor der Zustellung der Entscheidung vorzunehmen (§ 214 Abs. 2 Hs 2). Sie erfolgt nach §§ 95, 96 in Verbindung mit den Bestimmungen der ZPO, hier insbesondere nach den §§ 883, 885–888, 890 und 891 ZPO.

2. Vollstreckung nach § 1 GewSchG

134 Untersagungsanordnungen nach § 1 Abs. 1 GewSchG werden nach § 96 Abs. 1 FamFG, § 890 ZPO vollstreckt; das allerdings nach vorheriger – mündlicher oder schriftlicher – Anhörung des Schuldners gem. § 891 S. 2 ZPO.[94] Die Ordnungsmaßnahmen sind zunächst anzudrohen, was mit der einstweiligen Anordnung erfolgen kann (§ 890 Abs. 2 ZPO).

135 Ist der Schuldner/Täter ein noch nicht 14 Jahre altes Kind, soll einem nach § 890 ZPO zu vollstreckenden Antrag das Rechtsschutzinteresse analog § 19 StGB fehlen.[95] Der Schuldner muss für sein gegen den Beschluss gerichtetes Verhalten schuldfähig sein und schuldhaft gehandelt haben.[96]

Gem. § 96 Abs. 1 kann das Opfer zur Beseitigung der Zuwiderhandlungen einen Gerichtsvollzieher und gem. § 758 Abs. 3 ZPO auch die Polizei hinzuziehen und insoweit einen gegen ein Näherungsverbot verstoßenden Täter aus dem geschützten Bereich

---

91 OLG Karlsruhe MDR 2007, 1453 f.
92 Herberger/Martinek/Leis § 1 GewSchG Rn 45 mwN.
93 Kemper, S. 77 Fn 124.
94 OLG Bremen NJW-RR 2007, 662.
95 LG Bonn FamRZ 2006, 1290.
96 Musielak/Lackmann § 890 ZPO Rn 5.

zwangsweise entfernen lassen. Aus § 96 Abs. 1 ergibt sich auch, dass der Titel durch eine einmal vorgenommene Vollstreckungsmaßnahme nicht verbraucht ist, sondern bei erneuten Verstößen ebenso erneut verwendet werden kann.

3. Vollstreckung nach § 2 GewSchG

Für die Zuweisungsvollstreckung gem. § 2 GewSchG sind die Bestimmungen der ZPO ergänzend heranzuziehen, hier insbesondere § 885 ZPO. Die Ersatzvornahmemöglichkeit nach § 95 Abs. 1 Nr. 3, Abs. 4 gibt dem Gericht in Gewaltschutz-/Wohnungszuweisungssachen umfassende effektive Möglichkeiten, wie eben die Räumung der Wohnung,[97] aber auch die Einschränkung, von der **Räumungsvollstreckung** bewegliche Sache wie die Einrichtungsgegenstände auszunehmen. § 95 Abs. 1 Nr. 2, Abs. 4 soll nach Giers die Herausgabevollstreckung im Rahmen der Wohnungszuweisung ermöglichen.[98] Insbesondere Zuweisungen per einstweiliger Anordnung ermöglichen gem. § 96 Abs. 2 FamFG iVm § 885 ZPO ohne Neuzustellung die mehrfache Besitzeinweisung: der Gerichtsvollzieher hat den Täter „aus dem Besitz zu setzen" und das Opfer „in den Besitz einzuweisen" (§ 885 Abs. 1 S. 1 ZPO).

136

Hinweis: Der Täter kann weitere Vollstreckungen bei Anordnungen aufgrund mündlicher Verhandlung verhindern, indem er ein **Abänderungsverfahren gem.** § 54 einleitet, weil neue Tatsachen aufgetreten sind (das Opfer lässt den Täter wieder in die Wohnung zurück). Denn das Gericht kann bei Anhängigkeit eines Abänderungsantrags die Vollstreckung aussetzen.[99] Die Nennung des § 53 in dem Verweis in § 55 sei ein Redaktionsversehen, wie sich aus der Verweisung auf § 620 e ZPO in der Gesetzesbegründung ergebe.[100]

4. Mitteilungspflichten

Das Gericht hat gem. § 216 a die Entscheidung nach §§ 1, 2 GewSchG den Polizeibehörden und anderen öffentlichen Stellen unverzüglich mitzuteilen, die mit der Durchführung der Anordnungen betroffen sind.

137

Damit wird dem in der Praxis bewährten sog. **Münchener Modell** Rechnung getragen, das zu einer effizienten Zusammenarbeit insbesondere zwischen Familiengericht, Polizei und Staatsanwaltschaft zum Schutze des Opfers geführt hat. Insbesondere kann die Polizei nach entsprechender Mitteilung bei neuen Verstößen des Täters diesen wegen einer Straftat gem. § 4 GewSchG festnehmen.

---

97 BR-Drucks. 309/07, 485.
98 Giers, Die Vollstreckung nach dem FamFG – Ausblick, FPR 2008, 441, 444.
99 So Schürmann FamRB 2008, 375, 381.
100 Schürmann FamRB 2008, 375, 381 mit Verweis auf seine Fn 42.

§ 11 Versorgungsausgleichssachen

Literatur: Borth, Versorgungsausgleich, 5. Aufl. 2009; Glockner/Hoenes/Weil, Der neue Versorgungsausgleich, 2009; Hauß/Eulering, Versorgungsausgleich und Verfahren in der Praxis, 2009; Holzwarth, Die Übergangsvorschriften nach dem Entwurf der Bundesregierung für ein Gesetz zur Strukturreform des Versorgungsausgleichs, FamRZ 2008, 2168; Kemper, Die Übergangsregeln des Referentenentwurfs zur Strukturreform des Versorgungsausgleichs, ZFE 2008, 164; ders., Die Übergangsregelungen des Gesetzes zur Strukturreform des Versorgungsausgleichs, FPR 2009, 227; ders., Versorgungsausgleich im Wandel, NJ 2009, 353; Norpoth, Der neue Versorgungsausgleich, FamRB 2009, 288; Schmid/Eulering, Der reformierte Versorgungsausgleich: Überblick, Hintergründe, FamRZ 2009, 1269; Ruland, Versorgungsausgleich, 2. Aufl. 2009; Triebs, Versorgungsausgleich aktuell, 2009; Schmid, Der neue Versorgungsausgleich: Reformbedarf, Gesetzgebungsverfahren, Leitlinien des neuen Rechts, FPR 2009, 196; Weil, Das Verfahren in Versorgungsausgleichssachen nach dem FamFG, FamRB 2009, 251; Wick, Der Versorgungsausgleich nach der Strukturreform, FuR 2009, 482; ders., Vereinbarungen über den Versorgungsausgleich - Regelungsbefugnisse der Ehegatten, FPR 2009, 219.

I. Einführung 1	1. Grundlagen 85
1. Übersicht über die Regelungen des Verfahrens in Versorgungsausgleichssachen 1	2. Die Beteiligten nach § 219 91
	a) Ehegatten 91
2. Der Versorgungsausgleich des bis zum 31.8.2009 geltenden Rechts 21	b) Versorgungsträger, bei denen auszugleichende Anrechte bestehen 92
3. Zwecke des Versorgungsausgleichs 30	c) Versorgungsträger, bei denen Anrechte begründet werden sollen 99
4. Verfassungsrechtliche Grundlagen des Versorgungsausgleichs 32	d) Erben und Hinterbliebene 102
	aa) Erben 103
5. Versorgungsausgleich in Fällen mit Auslandsberührung.. 35	bb) Hinterbliebene 106
6. Grundprinzipien des seit dem 1.9.2009 geltenden materiellen Rechts 43	3. Die Durchführung der Beteiligung im Verfahren 108
	V. Verfahrensgrundsätze im Versorgungsausgleichsverfahren 111
II. Der Begriff der Versorgungsausgleichssachen 48	1. Einordnung als einfache Familiensache 112
1. Grundlagen 48	2. Verbundprinzip 113
2. Übersicht über die Versorgungsausgleichssachen 52	a) Begründung und Inhalt des Verbundes 113
3. Ähnliche Verfahren, die keine Versorgungsausgleichssachen sind 60	b) Die Auflösung des Verbundes 118
III. Die Zuständigkeit in Versorgungsausgleichssachen 63	aa) Unmöglichkeit der Entscheidung vor Auflösung der Ehe 119
1. Internationale Zuständigkeit 66	bb) Verzögerung durch anhängigen Rechtsstreit über Bestand oder Höhe eines Versorgungsanrechts 120
a) Grundlagen 66	
b) Die Zuständigkeit nach § 102 69	
2. Sachliche und Geschäftsverteilungszuständigkeit 73	cc) Ablauf von drei Monaten nach Rechtshängigkeit des Scheidungsantrags 122
3. Örtliche Zuständigkeit 74	
IV. Die Beteiligten im Versorgungsausgleichsverfahren 85	

dd) Unzumutbare Härte bei außergewöhnlicher Verzögerung des Scheidungsausspruchs 124
3. Amtsermittlungsgrundsatz ... 127
VI. **Besonderheiten des Verfahrens in Versorgungsausgleichssachen** 129
1. Anwaltszwang und Vollmacht 130
   a) Anwaltszwang für Ehegatten 130
   b) Anwaltszwang für andere Beteiligte 134
   c) Vollmacht 136
2. Erstreckung der Verfahrenskostenhilfe in der Ehesache .. 137
3. Amtswegiges Verfahren ohne Antrag 141
4. Verfahrensrechtliche Auskunfts- und Mitwirkungspflichten 143
   a) Grundlagen 143
   b) Die zur Auskunft Verpflichteten 149
   aa) Eheleute 150
   bb) Versorgungsträger, soweit sie Beteiligte sein können 151
   cc) Hinterbliebene und Erben 152
   dd) Sonstige Personen und Stellen 154
   c) Die Erfüllung der Auskunftpflicht 155
   d) Die Mitwirkungsverpflichtung nach § 220 Abs. 3 160
   e) Die Durchsetzung der Auskunfts- und Mitwirkungspflicht 161
5. Anhörungen in Versorgungsausgleichssachen 162
6. Besondere verfahrensrechtliche Vorgaben der verschiedenen Ausgleichsformen 166
   a) Der externe Ausgleich von Versorgungsanrechten 167
   aa) Anwendungsbereich der besonderen Regeln über die externe Teilung 168
   bb) Die Ausübung der Wahlrechte bei der externen Teilung 169

cc) Nachweispflichten bei der externen Teilung 173
dd) Der Inhalt der Entscheidung 175
b) Besondere Vorschriften für den Ausgleich nach der Scheidung 176
c) Besondere Vorschriften für Abänderungsverfahren 179
d) Besondere Vorschriften für Anpassungsverfahren 180
7. Die Aussetzung von Verfahren 181
8. Der elektronische Rechtsverkehr (§ 229) 185
   a) Grundlage 185
   b) Die Teilnahme am Übermittlungsverfahren 186
   c) Die Anforderungen an das Übermittlungsverfahren .. 188
   d) Die Verpflichtung zur Nutzung des Übermittlungsverfahrens 193
   e) Elektronische Zustellungen an Versorgungsträger 197
9. Einstweiliger Rechtsschutz ... 201
VII. **Die Entscheidung in Versorgungsausgleichssachen** 202
1. Entscheidung durch Beschluss 203
2. Inhalte der Beschlüsse in Versorgungsausgleichssachen 206
   a) Der Ausgleich bei der Scheidung 207
   aa) Die interne Teilung von Anrechten 210
   (1) Fälle und materiellrechtliche Vorgaben 211
   (2) Zusatzanforderungen an Tenor und Begründung ... 217
   (3) Tenorierungsbeispiele 218
   bb) Die externe Teilung von Anrechten 226
   (1) Die Fälle der externen Teilung 227
   (2) Anforderungen an den Beschluss bei externer Teilung 232
   (3) Tenorierungsbeispiele 235
   cc) Die Feststellung des Ausschlusses des Versorgungsausgleichs 240

dd) Der Vorbehalt des schuldrechtlichen Ausgleichs nach der Scheidung 243
(1) Fälle 243
(2) Der Inhalt des Beschlusses 249
b) Der Ausgleich nach der Scheidung 254
aa) Fälle und materiell-rechtliche Besonderheiten 254
bb) Die Auswirkungen auf den Inhalt der Entscheidungen 258
(1) Schuldrechtliche Ausgleichszahlungen 259
(2) Abtretung von Versorgungsansprüchen 262
(3) Abfindung 265
3. Verkündung und Bekanntgabe von Entscheidungen 270
4. Das Wirksamwerden des Beschlusses 275
5. Kosten 277
VIII. Die Beendigung des Verfahrens in Versorgungsausgleichssachen durch Vereinbarung 281
1. Die Regelungsbefugnisse der Ehegatten 283
   a) Einbeziehung in die Regelung der Vermögensverhältnisse 284
   b) Vollständiger oder teilweiser Ausschluss des Versorgungsausgleichs 288
   c) Verweisung von Anrechten in den schuldrechtlichen Ausgleich 291
   d) Sonstige Regelungen 292
2. Formelle Anforderungen 293
3. Die gerichtliche Inhalts- und Ausübungskontrolle 296
   a) Inhaltskontrolle 298
   b) Ausübungskontrolle 301
   c) Überprüfung der Zustimmung zur Übertragung oder Begründung von Anrechten 302
4. Verfahrensfragen 306
IX. Die Anfechtung von Entscheidungen in Versorgungsausgleichssachen 308
1. Die Beschwerde 309
2. Die Rechtsbeschwerde 312

X. Die Abänderung von Entscheidungen und Vereinbarungen 314
1. Die Abänderung von Entscheidungen über den Ausgleich bei der Scheidung 319
   a) Die Prinzipien der Abänderung 320
   b) Voraussetzungen der Abänderung 321
   aa) Der Abänderung zugängliche Entscheidung 322
   (1) Abänderungsfähige Entscheidungen 323
   (2) Nicht abänderungsfähige Entscheidungen 325
   bb) Nachträgliche Änderung rechtlicher oder tatsächlicher Umstände 327
   cc) Wesentlichkeit der Änderung 330
   (1) Wesentlichkeit wegen Überschreitens bestimmter Wertgrenzen 331
   (2) Erfüllung einer Wartezeit 334
   dd) Wirkung der Abänderung zugunsten eines Ehegatten 335
   c) Das Abänderungsverfahren 336
   aa) Die Antragsberechtigung in Abänderungsverfahren 338
   bb) Der Zeitpunkt der Antragstellung 341
   cc) Entscheidung über Härtefälle 343
   dd) Der Wirkungszeitpunkt der Abänderung 346
   ee) Fortführung von Verfahren bei Tod des Antragstellers 347
   d) Das Maß der Abänderung 352
2. Die Abänderung von Vereinbarungen über den Versorgungsausgleich 354
3. Die Abänderung von Entscheidungen über den Ausgleich nach der Scheidung 355
4. Die Abänderung von Altentscheidungen 357
   a) Die Voraussetzungen der Abänderung 358

b) Das Verfahren der Abänderung 364	b) Anpassung wegen Invalidität oder besonderer
XI. Die Anpassung des Versorgungsausgleichs bei der Scheidung 368	Altersgrenze 380
1. Die anpassungsfähigen Anrechte 371	c) Anpassung wegen Todes 385
2. Die Anpassungsfälle 373	3. Besonderheiten des Verfahrens 389
a) Anpassung wegen Unterhalts 374	XII. Die Fortsetzung von nach dem VAÜG ausgesetzten Verfahren .. 393

I. Einführung

1. Übersicht über die Regelungen des Verfahrens in Versorgungsausgleichssachen

In den §§ 217 bis 229 enthält das FamFG die Regelungen für das Verfahren in Versorgungsausgleichssachen. Insoweit ist zu beachten, dass die ursprünglich im FamFG enthaltenen Vorschriften für das Verfahren in Versorgungsausgleichssachen nie in Kraft getreten sind, da zeitgleich mit dem FamFG das Gesetz zur Strukturreform des Versorgungsausgleichs (VAStrRefG) in Kraft getreten ist.[1] Durch diese Reform ist der Versorgungsausgleich materiellrechtlich völlig umgestaltet worden. Für die neuen materiellen Regeln passt das bisherige Verfahren nicht. Die Regelungen des Verfahrensrechts wurden deswegen entsprechend umgestaltet. **1**

Übergangsrechtlich ist daher zu beachten, dass die §§ 217 ff niemals anzuwenden sind, wenn für einen Fall das alte materielle Recht zur Anwendung kommt: Altes materielles Recht bedingt die Anwendung des alten Verfahrensrechts (also der §§ 621 ff ZPO bzw der §§ 53 b ff FGG). Die Übergangsregeln in §§ 48 ff VersAusglG und in Art. 111 FGRG entsprechen sich.[2] **2**

Die **Systematik des Aufbaus des Achten Abschnitts** des zweiten Buches des FamFG deckt sich mit derjenigen der anderen Abschnitte des zweiten Buches: In § 217 findet sich zunächst die Bestimmung der in den Anwendungsbereich des Abschnitts fallenden Verfahren,[3] es folgt eine Regelung über die örtliche Zuständigkeit (§ 218), die Beteiligten in Versorgungsausgleichssachen (§ 219) und dann die Regelungen über die verfahrensrechtlichen Besonderheiten des Verfahrens in Versorgungsausgleichssachen. **3**

Versorgungsausgleichssachen sind **Familiensachen** (§ 111 Nr. 7). Zu den Familienstreitsachen gehören sie nicht (vgl § 112). Deswegen richtet sich das Verfahren in Versorgungsausgleichssachen allein nach dem FamFG (arg. e § 113 Abs. 1). **4**

Der Versorgungsausgleich ist die einzige im **Zwangsverbund** stehende Familiensache. Eine Ehe darf daher grundsätzlich nicht geschieden werden, bevor nicht gleichzeitig über den Versorgungsausgleich entschieden werden kann. Ein Antrag ist für dieses Verfahren nicht erforderlich (§ 137 Abs. 2 S. 2, anders beim Versorgungsausgleich nach der Scheidung, § 223). Der Verbund kann allerdings durch Abtrennung der Versorgungsausgleichssache aufgelöst werden, wenn vor der Auflösung der Ehe eine Entscheidung nicht möglich ist (§ 140 Abs. 2 Nr. 1), wenn das Verfahren ausgesetzt ist, **5**

---

[1] BGBl. 2009 I 700.
[2] Umfassend zum Übergangsrecht vgl Holzwarth FamRZ 2008, 2168 ff; Kemper ZFE 2008, 164; ders. FPR 2009, 227; Triebs Rn 221 ff; Hauß/Eulering Rn 805 ff.
[3] Siehe dazu unten Rn 48 ff.

weil ein Rechtsstreit über den Bestand oder die Höhe eines Anrechts vor einem anderen Gericht anhängig ist (§ 140 Abs. 2 Nr. 3), seit der Rechtshängigkeit des Scheidungsantrags ein Zeitraum von drei Monaten verstrichen ist, beide Ehegatten die erforderlichen Mitwirkungshandlungen in der Versorgungsausgleichsfolgesache vorgenommen haben und beide übereinstimmend deren Abtrennung beantragen (§ 140 Abs. 2 Nr. 4) oder wenn sich der Scheidungsausspruch so außergewöhnlich verzögern würde, dass ein weiterer Aufschub unter Berücksichtigung der Bedeutung der Folgesache eine unzumutbare Härte darstellen würde und ein Ehegatte die Abtrennung beantragt (§ 140 Abs. 2 Nr. 5). Gegenüber dem bisherigen Rechtszustand bedeutet das eine erhebliche Relativierung des Verbundprinzips, weil die Dauer der Ermittlung der Anwartschaften bei den Versicherungsträgern die Dreimonatsfrist regelmäßig übersteigt, so dass in nahezu jedem Versorgungsausgleichsfall eine Abtrennung nach § 140 Abs. 2 Nr. 4 möglich sein wird, wenn beide Eheleute sie beantragen.

6   Die **internationale Zuständigkeit** für Versorgungsausgleichssachen ergibt sich aus § 102.[4] Danach sind die deutschen Gerichte zuständig, wenn der Antragsteller oder der Antragsgegner seinen gewöhnlichen Aufenthalt im Inland hat oder wenn über inländische Anrechte zu entscheiden ist oder wenn ein deutsches Gericht die Ehe zwischen dem Antragsteller und dem Antragsgegner geschieden hat. Ob ein Versorgungsausgleich stattzufinden hat, richtet sich nach Art. 17 Abs. 3 EGBGB.[5]

7   Die **sachliche Zuständigkeit** des FamG für Versorgungsausgleichssachen richtet sich nach § 23 b Abs. 1 GVG iVm § 111 Nr. 7.[6]

8   Die **örtliche Zuständigkeit** für Versorgungsausgleichssachen ergibt sich grundsätzlich aus § 218. Zu beachten ist aber die Zuständigkeitskonzentration beim Gericht der Ehesache, aus der regelmäßig die Zuständigkeit des Gerichts der Ehesache folgt, weil die Versorgungsausgleichssache im Zwangsverbund mit der Ehesache steht (§ 137).[7]

9   Die Bewilligung der **Verfahrenskostenhilfe** für die Scheidungssache erstreckt sich auf eine Versorgungsausgleichsfolgesache, sofern nicht eine Erstreckung ausdrücklich ausgeschlossen wird (§ 149).[8] Zu beachten ist, dass sie nur Verfahren über den Ausgleich bei der Scheidung betreffen kann (§§ 9 ff VersAusglG), nicht das Verfahren über den Wertausgleich nach der Scheidung (§§ 20 ff VersAusglG), weil diese Verfahren niemals im Zwangsverbund stehen und der Sinn des § 149 nur ist, die Partei im Zwangsverbund abzusichern.[9] Da die Wahrnehmung eigener Interessen in vom Gericht von Amts wegen eingeleiteten Verfahren grundsätzlich nicht mutwillig sein kann und weil dem Verfahren auch nicht ausgewichen werden kann, kommt der in § 149 gestattete Ausschluss der Erstreckung der Verfahrenskostenhilfe nur in absoluten Ausnahmefällen in Betracht, etwa wenn ein Versorgungsausgleich unzweifelhaft nicht stattfindet.

10 Während der Versorgungsausgleich bei der Scheidung (§§ 9 ff VersAusglG) auch **ohne Antrag** durchzuführen ist, weil diese Sache im Zwangsverbund steht (§ 137 Abs. 2

---

[4] Zu Einzelheiten siehe Rn 69 ff.
[5] Zu Einzelheiten vgl Rn 35 ff.
[6] Zu Einzelheiten vgl Rn 73.
[7] Zu Einzelheiten vgl Rn 74 ff.
[8] Zu Einzelheiten vgl Rn 137 ff.
[9] Vgl HK-ZPO/Kemper § 217 Rn 21; aA Zöller/Philippi, 27..Aufl., § 624 ZPO Rn 5 zum bisherigen Recht.

I. Einführung

S. 2),[10] wird der Wertausgleich nach der Scheidung (§§ 20–26 VersAusglG) nur auf Antrag durchgeführt (§ 223).[11]

In Versorgungsausgleichssachen **zu beteiligen** (§ 7 Abs. 2) sind die Ehegatten, die Versorgungsträger, bei denen ein auszugleichendes Anrecht besteht, die Versorgungsträger, bei denen ein Anrecht zum Zweck des Ausgleichs begründet werden soll, sowie gegebenenfalls die Hinterbliebenen und die Erben der Ehegatten (§ 219).[12]

Für den Versorgungsausgleich braucht der Anwalt der Ehesache **keine gesonderte Vollmacht**, weil sich die Vollmacht in Ehesachen auf die Folgesachen erstreckt (§ 114 Abs. 5 S. 2). Etwas anderes gilt aber dann, wenn die Versorgungsausgleichssache nicht in den Verbund fällt, vor allem wenn es sich um einen Wertausgleich nach der Scheidung (§§ 20 ff VersAusglG) handelt.[13]

Das Gericht soll die Versorgungsausgleichssache mit den Ehegatten in einem Termin erörtern (§ 221). Sie und Dritte, welche Auskünfte zu den Versorgungsanrechten geben können, trifft eine besondere **verfahrensrechtliche Auskunftspflicht** (§ 220).[14]

Das Verfahren ist **auszusetzen**, wenn ein Rechtsstreit über Bestand oder Höhe eines in den Versorgungsausgleich einzubeziehenden Anrechts anhängig ist (§ 221 Abs. 2).[15] Im Übrigen kann das Gericht das Verfahren aussetzen und einem oder beiden Ehegatten eine Frist zur Erhebung der Klage setzen, wenn ein sonstiger Streit über ein Anrecht besteht (§ 221 Abs. 3 S. 1). In diesem Fall hat das Gericht die Möglichkeit, das Vorbringen unberücksichtigt zu lassen, das mit der Klage hätte geltend gemacht werden können, wenn die Klage nicht oder nicht rechtzeitig erhoben wird (§ 221 Abs. 3 S. 2).[16]

Grundsätzlich wird der Versorgungsausgleich nach dem neuen Recht im Wege der **internen Teilung aller Anrechte** durchgeführt, dh es erfolgt ein „Hin- und Her-Ausgleich"[17] der einzelnen Anrechte, die in der Ehezeit erworben wurden. Einen allein Ausgleichspflichtigen gibt es nur noch dann, wenn nur ein Ehegatte während der Ehe Versorgungsanrechte erworben hat, wenn alle Versorgungsanrechte in demselben Ausgleichssystem bestehen, weil dann nur die Differenz ausgeglichen wird (§ 10 Abs. 2 S. 1 VersAusglG, Hauptfall: Ausgleich von beiderseitigen Anrechten in der gesetzlichen Rentenversicherung), oder wenn zwar Versorgungsanrechte bei verschiedenen Versorgungsträgern bestehen, diese aber Vereinbarungen über eine Verrechnung getroffen haben (§ 10 Abs. 2 S. 2 VersAusglG). In allen anderen Fällen (zB auch, wenn der eine Ehegatte nur Rentenanwartschaften wegen der Erziehung eines Kindes erworben hat) findet grundsätzlich ein Ausgleich in beiden Richtungen statt. Jedem Ehegatten wird die Hälfte der Anrechte des anderen in seinem Versorgungssystem übertragen.

Dieses Verfahren ist nicht bei allen Versorgungsanrechten gangbar. Für Ausnahmefälle sieht das VersAusglG deswegen einen **externen Ausgleich** durch die Begründung von

---

10 Zu Einzelheiten vgl Rn 113 ff.
11 Zu Einzelheiten vgl Rn 176 ff.
12 Zu Einzelheiten vgl Rn 85 ff.
13 Zu Einzelheiten vgl Rn 136.
14 Zu Einzelheiten vgl Rn 143 ff.
15 Zu Einzelheiten vgl Rn 181 ff.
16 Zu Einzelheiten vgl Rn 184.
17 Bergner FuR 2008, Beilage zu Heft 5, 1.

Anrechten bei einem anderen Versorgungsträger vor (§§ 14 ff VersAusglG). Für die Durchführung dieses Ausgleichs ist die Wahl des Zielsystems vorgesehen (§ 15 VersAusglG). Verfahrensrechtlich sind dabei die Fristen des § 222 zu beachten.[18]

17 Die **Entscheidung** in Versorgungsausgleichssachen erfolgt **durch Beschluss** (§ 119). Bei der internen Teilung teilt das Gericht die betroffenen Versorgungsanrechte jeweils hälftig auf.[19] Bei der externen Teilung setzt das Gericht in der Endentscheidung den Betrag fest, den der Versorgungsträger der ausgleichspflichtigen Person an den Versorgungsträger der ausgleichsberechtigten Person zu zahlen hat (§ 223).[20] Beim Ausgleich nach der Scheidung wird eine unterhaltsähnliche Ausgleichsrente festgelegt (§ 20 VersAusglG).[21]

18 Endentscheidungen, die den Versorgungsausgleich betreffen, werden **erst mit Rechtskraft wirksam** (§ 224 Abs. 1). Da die Entscheidungen über den Versorgungsausgleich bei der Scheidung (§§ 9 ff VersAusglG) aber regelmäßig im Verbund mit der Scheidungssache stehen, ist insofern auch § 148 zu beachten: In den Verbundfällen werden die Entscheidungen in Folgesachen nicht vor der Rechtskraft des Scheidungsausspruchs wirksam.[22]

19 Gegen Entscheidungen erster Instanz in Versorgungsausgleichssachen findet die **Beschwerde** statt (§ 58 Abs. 1), gegen Entscheidungen der zweiten Instanz die **Rechtsbeschwerde,** wenn sie das Beschwerdegericht sie in seinem Beschluss zugelassen hat (§ 70 Abs. 1). Der BGH ist an die Zulassung gebunden.

20 Für den **einstweiligen Rechtsschutz** gelten in Versorgungsausgleichssachen ausschließlich die §§ 49 ff (§ 119 Abs. 1), da es sich bei Versorgungsausgleichssachen niemals um Familienstreitsachen handelt.[23]

2. Der Versorgungsausgleich des bis zum 31.8.2009 geltenden Rechts

21 Den Versorgungsausgleich gibt es im deutschen Recht **seit dem 1.7.1977**; er wurde durch das Erste Eherechtsreformgesetz[24] eingeführt und hatte damals in keiner anderen Rechtsordnung eine Entsprechung. Mittlerweile hat dieses Rechtsinstitut aber Parallelen in anderen Rechtsordnungen gefunden.[25] So kennen nun auch das niederländische, das schweizerische, das britische und das japanische Recht einen Versorgungsausgleich, und auch in anderen Ländern kommt es heute bereits aufgrund der versorgungsrechtlichen Regelungen zu einer Teilhabe eines geschiedenen Ehegatten am Vorsorgevermögen des anderen.[26] In den neuen Bundesländern wurde der Versorgungsausgleich mit

---

18 Zu Einzelheiten vgl Rn 167 ff.
19 Zu Einzelheiten vgl Rn 210 ff.
20 Zu Einzelheiten vgl Rn 232 ff.
21 Zu Einzelheiten vgl Rn 258 ff.
22 Zu Einzelheiten vgl Rn 275 f.
23 Einstweiliger Rechtsschutz ist in Versorgungsausgleichssachen nur für Ausnahmefälle denkbar, weil es keine vorläufige Aufteilung von Rentenanrechten geben kann. Er kommt deswegen nur beim Ausgleich nach der Scheidung (§§ 20 ff. VersAusglG) vor; vgl Rn 201.
24 BGBl. 1976 I 1421.
25 Vgl die Aufstellung bei Klattenhoff FuR 2000, 49, 55 f.
26 Zur Frage des anwendbaren Rechts in Fällen mit Auslandsberührung vgl Rn 35 ff, zur internationalen Zuständigkeit deutscher Gerichte siehe Rn 44 ff, zur Frage der Einbeziehung ausländischer Versorgungsanrechte in den Versorgungsausgleich deutschen Rechts vgl Rn 41.

I. Einführung

Wirkung vom 1.1.1992 eingeführt.[27] Für Lebenspartner gibt es den Versorgungsausgleich seit dem 1.1.2005.[28]

Das bis zum 31.8.2009 geltende Recht grenzte den Versorgungsausgleich **streng leistungsbezogen** von anderen Ausgleichsinstrumentarien ab: In den Verssorgungsausgleich einbezogen wurden nur auf Rentenzahlungen gerichtete Versorgungsanrechte, während alle Anrechte, durch welche das Recht auf Einmalzahlungen begründet wurde, dem güterrechtlichen Ausgleich vorbehalten wurden. Das konnte in Fällen, in denen Mischsysteme bestanden oder in denen ein auf eine Rentenleistung gerichtete Anwartschaft bestand, welche durch die Ausübung von Optionen in eine Einmalleistung umgewandelt werden konnte (oder umgekehrt), zu erheblichen Abwicklungsschwierigkeiten und Manipulationsmöglichkeiten führen. In Extremfällen war es möglich, dass es deswegen weder zu einem Ausgleich des Anrechts im Versorgungsausgleich noch im güterrechtlichen Ausgleich kam. 22

Bislang wurde der Versorgungsausgleich in der Weise durchgeführt, dass im Rahmen einer **Gesamtbilanzierung** zum Eheende ausgerechnet wurde, welche Gesamtaltersversorgung jedem Ehegatten zugestanden hätte, wenn man nur die in der Ehezeit erworbenen Anrechte berücksichtige. Es wurde also für jeden Ehegatten ein hypothetischer Versorgungsfall (§ 1587 a BGB aF) ausgerechnet (der mit der wirklichen Versorgung im Rentenbezugsalter grundsätzlich nicht übereinstimmte, weil in die Berechnung der wahren Versorgung noch andere Zeiten eingingen). Diese Versorgungen wurden dann verglichen. Der Ehegatte mit der geringeren Versorgung hatte einen Anspruch gegen den anderen auf Übertragung oder Begründung von Versorgungsanrechten, bis die Bilanz der ehezeitbezogenen Versorgungen ausgeglichen war. Vollzogen wurde der Ausgleich im Regelfall in der gesetzlichen Rentenversicherung, weil die gesetzlichen Regeln den Gesamtausgleich nach Möglichkeit dorthin kanalisierten (vgl § 1587 b BGB, §§ 1, 3 b VAHRG aF). 23

Unausgesprochener **Grundgedanke** des bisherigen Rechts war, dass niemand **besser** gegen das Risiko „Alter" abgesichert sein kann als durch Anrechte auf **eine Rente in der gesetzlichen Rentenversicherung.** Diese Sichtweise erklärt sich in der historischen Perspektive aus den hohen jährlichen Anpassungsraten, welche die Renten in der gesetzlichen Rentenversicherung noch in den siebziger Jahren aufwiesen. Das bis zum 31.8.2009 geltende Recht kanalisierte deswegen den Ausgleich grundsätzlich in die gesetzliche Rentenversicherung hinein: Vom Fall der Realteilung (§ 1 Abs. 3 VAHRG aF) abgesehen, führte jeder Ausgleich zur Begründung von Anwartschaften in der gesetzlichen Rentenversicherung. Das hatte zum einen den Nachteil, dass gegebenenfalls Rentenanrechte mit besserer Rendite als in der gesetzlichen Rentenversicherung dem Ausgleichspflichtigen verblieben, während der Ausgleichsberechtigte mit Anrechten in der gesetzlichen Rentenversicherung abgefunden wurden, welche eine deutlich schlech- 24

---

27 Gesetz zur Überleitung des Versorgungsausgleichs auf das Beitrittsgebiet (VAÜG) vom 25.7.1991 als Teil des Gesetzes zur Herstellung der Rechtseinheit in der gesetzlichen Renten- und Unfallversicherung, BGBl. 1991 I 1606.
28 Eingeführt durch das Gesetz zur Überarbeitung des Lebenspartnerschaftsrechts vom 15.12.2004, BGBl. 2004 I 3396. Da in Bezug auf Lebenspartner beim Versorgungsausgleich heute keinerlei Besonderheiten mehr bestehen, wird im Folgenden auf sie auch nicht weiter gesondert eingegangen. Immer dann, wenn von „Eheleuten" die Rede ist, sind auch Lebenspartner gemeint.

tere Wertentwicklung aufweisen. Umgekehrt begrenzten die sozialversicherungsrechtlichen Regelungen den möglichen Ausgleich: Da niemand mehr als zwei Entgeltpunkte im Jahr in der gesetzlichen Rentenversicherung erwerben kann, wurde insofern auch der öffentlich-rechtliche Ausgleich gekappt, sobald zwei Entgeltpunkte erreicht waren (mit der Folge, dass der Rest schuldrechtlich ausgeglichen werden musste). Das führte in der Vergangenheit in vielen Fällen besser verdienender Ausgleichspflichtiger dazu, dass im Rahmen des öffentlich-rechtlichen Ausgleichs nur ein Teilausgleich vorgenommen werden konnte, so dass der Berechtigte im Übrigen auf den wesentlich schwächer ausgestalteten schuldrechtlichen Ausgleich verwiesen wurde.

25 Das bisherige System basierte auf dem **Vergleich von hypothetischen Rentenwerten**. Um diesen Vergleich vornehmen zu können, mussten Bewertungen und Prognosen vorgenommen werden. Das gesamte System war deswegen sehr störanfällig.[29] Das lag vor allem daran, dass unterschiedliche Arten von Versorgungen zunächst vergleichbar gemacht werden mussten, damit sie in die Gesamtbilanz eingestellt werden konnten. Bewerkstelligt wurde das bislang mit Hilfe der BarwertVO.[30] Diese stellte versicherungsmathematische Näherungswerte zur Verfügung, mit deren Hilfe die in ihrer Dynamik von dem System der gesetzlichen Rentenversicherung abweichenden Versorgungen bewertet wurden, um ihren Kapitalwert zum Ehezeitende zu ermitteln. Dieser Kapitalwert wurde dann hypothetisch als Beitrag in die gesetzliche Rentenversicherung eingezahlt und auf diese Weise eine gesetzliche Rente errechnet, welche der auszugleichenden anderen Versorgung entsprechen sollte. Allein, dass die BarwertVO in den vergangenen Jahren mehrfach geändert werden musste, zeigt aber, dass das System des Gesamtausgleichs unterschiedlichster Versorgungsarten bei weitem nicht die Prognosesicherheit bot, die es durch die komplizierten Zahlenwerte mit ihren vielen Nachkommastellen suggerierte.

26 Hinzu kam, dass **einige Anrechte nicht vergleichbar** gemacht werden konnten. Das betraf die Anrechte aus der ehemaligen DDR, weil diese Anrechte angleichungsdynamisch sind, während die Anrechte aus den alten Bundesländern das nicht sind. Für den Ausgleich in den Fällen, in denen Anrechte aus beiden Systemen zusammentrafen, musste deswegen auf eine Doppelbilanz zurückgegriffen werden. Das Ausgleichssystem wurde also insoweit teilweise schon selbst wieder aufgegeben, weil es für die genannten Fälle nicht zu handhaben war. Um die Abwicklungsprobleme zu minimieren, wurde vorgeschrieben, den Ausgleich in diesen Fällen bis zum Leistungsbezug oder bis zur Angleichung der Lebensverhältnisse in Deutschland auszusetzen. Dadurch existierten im Jahr 2009 viele tausend Fälle von ausgesetzten Versorgungsausgleichsverfahren. Das war ein mehr als unbefriedigender Zustand, wenn man den Ausgangspunkt des Verbundprinzips für das Scheidungsverfahren betrachtet, dass grundsätzlich keine Ehe geschieden werden soll, ohne dass zugleich über die wichtigsten im Zusammenhang stehenden Fragen entschieden wird (§ 623 ZPO aF, § 137).

---

29 Schmid/Eulering FamRZ 2009, 1269.
30 Letzte Fassung von 2004.

Das bisherige Versorgungsausgleichsrecht konnte auch erhebliche **steuerliche Nachtei-** 27
le mit sich bringen, weil es auf das seit einiger Zeit im Steuerrecht geltende Prinzip der
nachgelagerten Besteuerung von Renten nicht abgestimmt war.[31]

Schließlich stellte sich der Wertausgleich nahezu aller Anrechte über die gesetzliche 28
Rentenversicherung wegen der viel schlechteren Entwicklung der gesetzlichen Rentenversicherung als **Methode zur Verwirklichung von Ungerechtigkeiten** im Ausgleich
heraus. Die gegenüber den Annahmen des Gesetzgebers viel geringeren Steigerungen in
der gesetzlichen Rentenversicherung in den vergangenen Jahren führten dazu, dass oftmals der Ehegatte, der ausschließlich Anwartschaften in der gesetzlichen Rentenversicherung übertragen erhielt, erheblich schlechter gestellt war als der ausgleichspflichtige
Ehegatte, dem die Versorgungsanrechte in privaten Versorgungssystemen belassen
wurden, die sich mit deutlich besserer Rendite entwickelten als die Anrechte in der
gesetzlichen Rentenversicherung. Es bestand deswegen weitgehend Einigkeit darüber,
dass das bisherige Ausgleichssystem reformbedürftig war und auf Dauer in der bisherigen Form nicht beibehalten werden konnte.[32]

Der Versorgungsausgleich des bisherigen Rechts war wegen der gerade geschilderten 29
komplizierten Berechnungswege ein **reines Expertenrecht**, in dem sich der „schlichte"
Rechtsanwender kaum noch zurechtfand. Kaum ein Anwalt war in der Lage, die gerichtlichen Entscheidungen über den Versorgungsausgleich nachzuvollziehen und kritisch zu hinterfragen. Alle Beteiligten verließen sich mehr oder weniger auf die Auskünfte der Versorgungsträger und die Richtigkeit der Berechnungsprogramme. Dieser
Zustand wurde zunehmend als veränderungsbedürftig angesehen. Das zeigt die Dynamik, die schließlich zum Gesetz zur Strukturreform des Versorgungsausgleichs führte:
2004 wurde vom BMJ die Expertenkommission zur Strukturreform des Versorgungsausgleichs eingesetzt, die 2005 einen umfangreichen Abschlussbericht vorlegte. Das
BMJ erarbeitete daraufhin 2006 ein Eckpunktepapier und 2007 einen Diskussionsentwurf für ein Versorgungsausgleich-Reformgesetz. 2008 kam es dann zunächst zu einem
Referenten- und dann zu einem Regierungsentwurf. Diese wichen von dem Diskussionsentwurf nur noch in Einzelpunkten ab; die Weichen in Richtung auf ein neues Versorgungsausgleichsrecht waren gestellt. Nachdem die Sachverständigen sich im Rahmen der parlamentarischen Beratungen ebenfalls grundsätzlich positiv über das vorgesehene Recht geäußert hatten, kam es im Februar 2009 zur Verabschiedung des
VAStrRefG im Bundestag. Dabei wurden gegenüber dem ursprünglichen Entwurf zwar
im Detail zahlreiche Änderungen angebracht, die grundsätzliche Linie wurde aber beibehalten. Im Bundesrat fand sich keine Mehrheit für eine Anrufung des Vermittlungsausschusses.

3. Zwecke des Versorgungsausgleichs

Der Zweck des Versorgungsausgleichs ist ein doppelter: Zum einen gleicht sein Ge- 30
genstand demjenigen des Güterrechts: Es geht um die Frage, **wie das in der Zeit der Ehe**

---

31 Vgl dazu ausführlich Risthaus NWB Fach 3 S. 14831 (Heft 45/2007).
32 Das räumten auch die Kritiker des neuen Rechts ein; vgl Bergner Beilage zu FuR 5/2008, 1 ff; Rehme FamRZ 2008, 738. Diese waren allerdings der Auffassung, dass das bisherige System durch einige Randkorrekturen hätte „gerettet" werden können.

gemeinsam Erwirtschaftete aufgeteilt werden muss. Ebenso wie es der hinter dem Zugewinnausgleichsrecht stehende Gedanke ist, dass den Ehegatten ein Vermögenserwerb in der Ehe unabhängig vom konkreten Verursachungsbeitrag grundsätzlich hälftig zuzurechnen ist, steht hinter dem Versorgungsausgleich der Gedanke, dass die Eheleute unabhängig von ihrer Rollenverteilung in der Ehe gemeinsam dazu beigetragen haben, dass der eine oder andere Ehegatte Versorgungsanrechte für den Fall der Erwerbsunfähigkeit bzw des Alters erworben hat. Die in der Ehezeit erworbenen Versorgungsanrechte sind regelmäßig die wertvollsten Positionen, welche die Eheleute zu verteilen haben. Es liegt deswegen in ihrem ureigenen Interesse, dass diese Anrechte gerecht zwischen ihnen aufgeteilt werden. Merkwürdigerweise entsprach die bisherige Rechtspraxis der Bedeutung des Versorgungsausgleichs nicht. Der Ausgleich der Rentenanrechte wurde oft als lästiges Anhängsel des Scheidungsverfahrens angesehen, dem nur geringe Aufmerksamkeit geschenkt wurde.

31   Zum anderen hat der Versorgungsausgleich **Unterhaltsersatzfunktion.** Während nach dem früheren Scheidungsrecht die Versorgung des geschiedenen Ehegatten allein über das Unterhaltsrecht bewerkstelligt wurde, führt der Versorgungsausgleich zur Begründung einer eigenen sozialversicherungsrechtlichen Position des Ausgleichsberechtigten. Damit ist der große Nachteil des früheren Rechts entfallen, dass keine Altersversorgung bestand, wenn ein Unterhaltsanspruch (zB wegen Verschuldens an der Scheidung) ausschied. Durch den Versorgungsausgleich erhält der Berechtigte im Regelfall eigene Versorgungsanrechte gegen einen Versorgungsträger (im bisherigen System in aller Regel gegen die Deutsche Rentenversicherung), während im Gegenzug die Leistungen des Versorgungsträgers an den Ausgleichspflichtigen entsprechend gekürzt werden. Auch wenn ein Unterhaltsanspruch gegen den ehemaligen Ehegatten nicht besteht (was nach der Unterhaltsrechtsreform 2008 nicht selten der Fall sein wird), hat der Berechtigte damit mit Erreichen der Altersgrenze bzw der Erfüllung der Voraussetzungen eines anderen Leistungstatbestands einen eigenen Anspruch gegen den Versorgungsträger, der von seinem ehemaligen Partner unabhängig ist. Unterhaltsrechtlich wirken sich die Leistungen aus dem Versorgungssystem als Einkommen des Berechtigten aus und reduzieren in diesem Umfang einen etwaigen Unterhaltsanspruch gegen den früheren Partner (bei Gleichlauf von Ausgleichsberechtigung und Unterhaltsberechtigung) bzw führen zu Einkommen, das im Rahmen der Leistungsfähigkeitsermittlung auf Seiten des unterhaltspflichtigen Ausgleichsberechtigten zu berücksichtigen ist.

4. Verfassungsrechtliche Grundlagen des Versorgungsausgleichs

32   Der Versorgungsausgleich ist **im Grundsatz verfassungsmäßig.** Zwar hat das BVerfG in den Versorgungsausgleich an verschiedenen Stellen und teilweise auch wiederholt eingegriffen.[33] Der Ausgangspunkt des Verfassungsgerichts ist dabei jedoch die Position, dass die Aufteilung der in der Ehezeit erworbenen Versorgungsanrechte weder gegen Art. 14 Abs. 1 GG noch – soweit Versorgungsanrechte von Beamten betroffen sind – gegen Art. 33 Abs. 5 GG verstößt. Das BVerfG hat vielmehr angenommen, dass die Aufteilung von Versorgungsanrechten sowohl durch Art. 6 Abs. 1 GG als auch

---

33 Vgl die in den folgenden Randziffern zitierten Entscheidungen.

Art. 3 Abs. 3 GG gerechtfertigt sei, weil es sich bei der Ehe um eine auf Lebenszeit angelegte Gemeinschaft handele, zu deren Wesen eine für beide Partner gleiche Berechtigung gehöre, die auch nach dem Ende der Ehe in der Ausgestaltung von Unterhalt und Versorgung fortwirke.[34] Die Ehe sei insofern im Keim auch eine Versorgungsgemeinschaft und rechtfertige es daher, in die Eigentumsrechte eines Ehegatten einzugreifen, um die Versorgung auch des anderen sicherzustellen.[35] Aus dem Prinzip der gleichen Teilhabe rechtfertige sich der Versorgungsausgleich auch dann, wenn beide Ehegatten in der Ehezeit voll berufstätig gewesen seien.[36] Diese Wertung lässt sich auch auf den neuen Versorgungsausgleich ohne weiteres übertragen.

Gegen den Versorgungsausgleich sind nach seiner Einführung aber nicht nur grundsätzliche Bedenken in Bezug auf seine Verfassungsmäßigkeit geltend gemacht worden, sondern auch immer wieder einzelne Regelungen in Frage gestellt worden. Das betraf neben der Einbeziehung von Altehen (also Ehen, die vor dem Inkrafttreten des 1. Eherechtsreformgesetzes geschlossen worden waren) vor allem den **Ausgleich durch Beitragszahlung** (§ 1587 b Abs. 3 S. 1 BGB aF). Diese Ausgleichsform wurde 1983 in der bis dahin vorgeschriebenen Form für verfassungswidrig erklärt, weil sie zu einer unverhältnismäßigen Belastung des Verpflichteten führte.[37] Da die Beitragszahlungsanordnung die einzige öffentlich-rechtliche Ausgleichsform neben dem Splitting und dem Quasisplitting (§ 1587 b Abs. 1, 2 BGB aF) war, führte der Versorgungsausgleich in den Fällen, in denen der Ausgleich nicht allein durch diese beiden Ausgleichsformen erledigt werden konnte, zur Auferlegung von zum Teil exorbitant hohen Zahlungsverpflichtungen zu Lasten des Ausgleichsverpflichteten, der mit diesen Zahlungen Anrechte zu Gunsten des Ausgleichsberechtigten begründen musste. Zusammen mit den Zahlungspflichten aus dem güterrechtlichen Ausgleich und dem Unterhalt führte das nicht selten zur wirtschaftlichen Überforderung des Ausgleichspflichtigen. Als Reaktion auf diese Entscheidung des BVerfG führte der Gesetzgeber weitere Ausgleichsformen ein (vgl § 1 und § 3 b VAHRG aF) und beschränkte so den Ausgleich durch Beitragszahlungsanordnungen auf Ausnahmefälle.[38] Nach dem neuen Recht stellt sich diese Problematik nicht mehr, weil es keinen Ausgleich durch Beitragszahlungsverpflichtungen mehr gibt. Alle Anrechte werden nun intern (§§ 10 ff VersAusglG) oder extern (§§ 14 ff VersAusglG) ausgeglichen. Soweit bei der letztgenannten Ausgleichsform Zahlungen erforderlich werden, sind diese nicht von dem Ehegatten, sondern von dem betroffenen Versorgungsträger zu leisten. Dagegen können keine verfassungsrechtlichen Bedenken bestehen, weil diese Art des Ausgleichs immer nur mit der Zustimmung des betroffenen Versorgungsträgers durchgeführt werden kann.

Ebenfalls beanstandet hatte das BVerfG, dass im öffentlich-rechtlichen Ausgleich eine **Härteregelung** für die Fälle fehlte, in denen sich die dem Versorgungsausgleich zugrunde gelegten Umstände nachträglich änderten oder in denen der Ausgleichsberechtigte

---

34 Vgl BVerfG FamRZ 1980, 326, 333; 1993, 405, 406.
35 BVerfG FamRZ 1979, 477, 479.
36 BVerfG FamRZ 1988, 709.
37 BVerfG FamRZ 1983, 342.
38 Gesetz zur Regelung von Härten im Versorgungsausgleich (VAHRG) vom 21.2.1983, BGBl. 1983 I 105 und Gesetz über weitere Maßnahmen auf dem Gebiet des Versorgungsausgleichs (VAwMG) vom 8.12.1986, BGBl. 1986 I 2317.

nach dem Ausgleich starb, ohne aus den im Versorgungsausgleich erlangten Anrechten Leistungen erlangt zu haben.[39] In seiner ursprünglichen Fassung des Versorgungsausgleichsrechts waren in diesem Fall die übertragenen bzw weggenommenen Anrechte des Ausgleichspflichtigen endgültig verloren, auch wenn sie dem Ausgleichsberechtigten nicht mehr zugute kommen konnten. Diese Regelung hat das BVerfG für als mit Art. 14 GG nicht vereinbar angesehen. Der Gesetzgeber hat daraufhin mit den §§ 4 ff VAHRG und § 10 a VAHRG Anpassungsmöglichkeiten für den genannten vorzeitigen Todesfall des Ausgleichsberechtigten (§ 4 VAHRG), für eine bestehende Unterhaltspflicht (§ 5 VAHRG) und allgemein für die Änderung von berechnungsrelevanten Umständen und den Fall geschaffen, dass sich die Ausgangsentscheidung als falsch erwies (§ 10 a VAHRG). Das neue Versorgungsausgleichsrecht hat diese Möglichkeiten grundsätzlich übernommen und zum Teil noch ausgeweitet (§§ 32 ff VersAusglG). Insofern wurde auch den verfassungsrechtlichen Vorgaben des BVerfG Rechnung getragen. Allerdings weisen die neuen Regelungen in einem Punkt ein erhebliches Defizit auf, wo der Gesetzgeber genau die Problematik in das neue Recht hineingebracht hat, wegen der das BVerfG 1980 die Verfassungswidrigkeit des ursprünglichen Versorgungsausgleichs ohne Härteregelung beanstandet hatte, weil die Abänderungsmöglichkeiten auf die Regelalterssicherungssysteme begrenzt wurden (vgl § 32 VersAusglG). Damit ist die Anpassung des Ausgleichs von betrieblichen oder privaten Versorgungsanrechten etwa ausgeschlossen, selbst wenn der Ausgleichsberechtigte nach der Entscheidung über den Versorgungsausgleich stirbt, ohne nennenswerte Leistungen aus den erworbenen Anrechten in Anspruch genommen zu haben. In diesen Fällen sind also die übertragenen Anrechte für den Ausgleichspflichtigen endgültig verloren. Entsprechendes gilt für die Abänderung der Entscheidung bei der nachträglichen Veränderung von Umständen (vgl § 225 Abs. 1, der auf § 32 VersAusglG verweist). Diese Einschränkungen sind mit dem durch Art. 14 Abs. 1 GG vermittelten Schutz von Rentenanrechten nicht vereinbar, weil es kein legitimes Motiv sein kann, einem Versorgungsberechtigten Anrechte zu nehmen, ohne dass die Person, zu deren Gunsten die Wegnahme erfolgt, von dieser auch profitieren kann.[40]

5. Versorgungsausgleich in Fällen mit Auslandsberührung

35 Der Versorgungsausgleich ist ein Rechtsinstitut, das es **nur in wenigen Rechtsordnungen** gibt.[41] Die Regeln des Internationalen Privatrechts, welche darüber bestimmen, wann in Deutschland ein Versorgungsausgleich stattzufinden hat, tragen dem Rechnung, indem sie den Versorgungsausgleich nur dann anordnen, wenn mindestens das Recht eines der Ehegatten dieses Rechtsinstitut kennt. Darüber hinaus berücksichtigt das IPR die enge Verzahnung zwischen dem Versorgungsausgleich und der Scheidung, indem grundsätzlich ein Versorgungsausgleich der auch für die Scheidung maßgebenden Rechtsordnung unterworfen wird und außerdem nur dann durchgeführt wird, wenn deutsches Recht anzuwenden ist. Insoweit ist es durch das VAStrRefG zu einer Einschränkung gegenüber dem bisherigen Rechtszustand gekommen.

---

39 BVerfG FamRZ 1980, 326.
40 Kritisch auch Norpoth FamRB 2009, 288, 294; HK-BGB/Kemper, Anhang § 1587 BGB, § 32 VersAusglG Rn 3.
41 Siehe oben Rn 1.

I. Einführung

Der Versorgungsausgleich unterliegt **grundsätzlich** dem nach **Art. 17 Abs. 1 EGBGB** auf die Scheidung anzuwendenden Recht. Art. 17 Abs. 1 EGBGB verweist insoweit auf die Anknüpfungsleiter des Art. 17 Abs. 1 S. 1 EGBGB, also auf die Leiter: gemeinsame Staatsangehörigkeit, gemeinsamer gewöhnlicher Aufenthalt und sonstige engste Verbindung. Keine Anwendung findet dagegen die Regelung des Art. 17 Abs. 1 S. 2 EGBGB, nach der die Scheidung deutschem Recht unterliegt, wenn die Ehe hiernach nicht geschieden werden kann und der die Scheidung begehrende Ehegatte in diesem Zeitpunkt Deutscher ist oder dies bei der Eheschließung war. 36

Der **Gleichlauf zwischen Scheidungsstatut und Versorgungsausgleichsstatut** ist aber in zweifacher Hinsicht **eingeschränkt**. Zum einen gilt (auch gegenüber dem bis zum 31.8.2009 geltenden Rechtszustand) die Einschränkung, dass der Versorgungsausgleich nur durchzuführen ist, wenn auf den Versorgungsausgleich **deutsches Sachrecht** anzuwenden ist. Der Versorgungsausgleich findet deswegen nicht (mehr) statt, wenn ein ausländisches Sachrecht berufen ist, das aber auch einen Versorgungsausgleich kennt (etwa schweizerisches Recht). Die Einschränkung des Art. 17 Abs. 3 S. 1 EGBGB trägt der Schwierigkeit Rechnung, die sich aus der engen Verzahnung des zivilrechtlichen Instituts des Versorgungsausgleichs mit dem öffentlich-rechtlich ausgestalteten Sozialversicherungsrecht ergibt.[42] Wenn ein deutsches Gericht etwa niederländisches Recht auf den Versorgungsausgleich anzuwenden hätte, könnte es die bei einem niederländischen Sozialversicherungsträger erworbenen Anrechte nicht öffentlich-rechtlich ausgleichen, auch wenn das niederländische Recht dies vorsieht.[43] Umgekehrt könnte das niederländische Recht nicht einen öffentlich-rechtlichen Versorgungsausgleich für deutsche Anrechte anordnen; das deutsche Gericht könnte aber auf die Anrechte bei deutschen Rentenversicherungsträgern durchaus zugreifen. Es handelt sich um ein hoheitsrechtliches Problem. Auszugleichen wären die Anrechte nur schuldrechtlich (im Ausgleich nach der Scheidung, §§ 20 ff VersAusglG). Ob deutsches Sachrecht auf den Versorgungsausgleich anzuwenden ist, bestimmt sich nach denselben Regeln wie auch im unmittelbaren Anwendungsbereich des Art. 17 Abs. 1 EGBGB. Vor allem sind Rück- und Weiterverweisungen zu beachten. 37

Die zweite Einschränkung gegenüber dem Scheidungsstatut besteht darin, dass der Versorgungsausgleich nur dann durchgeführt wird, wenn das **Heimatrecht mindestens eines der Ehegatten den Versorgungsausgleich kennt.** 38

Art. 17 Abs. 3 S. 1 EGBGB darf nicht dazu führen, dass in Deutschland bestehende Versorgungsanrechte ohne jeden Ausgleich bleiben. Ist ein Versorgungsausgleich nach Art. 17 Abs. 3 S. 1 EGBGB nicht durchzuführen, kommt ein **Versorgungsausgleich nach deutschem Recht auf Antrag eines Ehegatten** ausnahmsweise doch noch nach Art. 17 Abs. 3 S. 2 EGBGB in Betracht. Durch die neue Formulierung der Vorschrift wurde der Anwendungsbereich dieser Regelung gegenüber dem des zuvor geltenden Rechts erweitert, denn er erfasst jetzt auch die Fälle, in denen nach dem bisher geltenden Recht der Versorgungsausgleich nach ausländischem Sachrecht stattfand (Art. 17 Abs. 3 S. 1 EGBGB) und damit der Weg für eine subsidiäre Anwendung deutschen Sachrechts nach 39

---
42 BT-Drucks. 16/10144, S. 114.
43 Staudinger/Mankowski Art. 17 EGBGB Rn 404 ff.

Art. 17 Abs. 3 S. 2 EGBGB versperrt war. Das ist eine notwendige Folge der Beschränkung der Durchführung des Versorgungsausgleichs auf die Fälle, in denen deutsches Sachrecht anzuwenden ist.

40 Auf **Antrag eines Ehegatten** findet der Versorgungsausgleich nach deutschem Recht statt, wenn der andere Ehegatte inländische Versorgungsanrechte erworben hat oder wenn die allgemeinen Ehewirkungen (vgl Art. 14 EGBGB) während eines Teils der Ehe einem Recht unterlagen, das den Versorgungsausgleich kennt (auch wenn es ein ausländisches, wie etwa das schweizerische Recht ist). Es kann deswegen vorkommen, dass nur einer der Ehegatten den Antrag stellen kann (wenn nur einer inländische Anrechte erworben hat und der andere nicht). In diesen Fällen gilt aber eine spezielle Billigkeitsklausel: Der Versorgungsausgleich findet nur statt, wenn seine Durchführung im Hinblick auf die beiderseitigen wirtschaftlichen Verhältnisse auch während der nicht in Deutschland verbrachten Ehezeit der Billigkeit nicht widerspricht.

41 Keine Frage des Internationalen Privatrechts ist es, **welche Versorgungsanrechte** im Einzelnen in den Versorgungsausgleich **einzubeziehen sind.** Der Versorgungsausgleich nach deutschem Sachrecht erstreckt sich grundsätzlich auf ausländische, überstaatliche und zwischenstaatliche Versorgungsrechte ebenso wie auf inländische (vgl § 2 Abs. 1 VersAusglG). Ausgenommen sind nur solche Anrechte, welche die Anforderungen des § 2 Abs. 2 VersAusglG nicht erfüllen, vor allem, weil sie nicht durch Arbeit oder Vermögen geschaffen oder aufrechterhalten worden sind (§ 2 Abs. 2 Nr. 1 VersAusglG). Das trifft etwa auf die steuerfinanzierten Altersversorgungen zu, die in einigen Staaten als sog. „Volksrenten" gezahlt werden (zB Dänemark und Australien, früher auch Schweden). Insofern handelt es sich aber allein um eine Frage des deutschen materiellen, nicht des deutschen Internationalen Privatrechts.

42 Zu beachten ist, dass nach dem seit dem 1.9.2009 geltenden Versorgungsausgleichsrecht ein öffentlich-rechtlicher Versorgungsausgleich bei der Scheidung in Bezug auf ausländische, zwischenstaatliche oder überstaatliche Versorgungen ausgeschlossen ist, weil diese Anrechte nicht ausgleichsreif sind (§ 19 Abs. 2 Nr. 4 VersAusglG). In diesen Fällen sollen auch die sonstigen Anrechte der Ehegatten bei der Scheidung nicht ausgeglichen werden, soweit dies für den anderen Ehegatten unbillig wäre. Alle genannten Anrechte sind aber schuldrechtlich im Ausgleich nach der Scheidung auszugleichen.

6. Grundprinzipien des seit dem 1.9.2009 geltenden materiellen Rechts

43 Das neue Versorgungsausgleichsrecht wurde **aus dem BGB ausgelagert.** In § 1587 BGB findet sich nur noch die Skizzierung des Prinzips des Versorgungsausgleichs, während im Übrigen auf die Regelungen des Versorgungsausgleichsgesetzes (VersAusglG), das den ersten Artikel des VAStrRefG bildet, verwiesen wird. Der Grund für diese Vorgehensweise liegt darin, dass an der Stelle im BGB, an der sich bislang das Versorgungsausgleichsrecht befand, nicht genügend Platz für die 54 Paragraphen des neuen Rechts gewesen wäre. Im Gegenzug werden das VAHRG, das VAÜG und die BarwertVO aufgehoben.

44 Auch systematisch ist das neue Recht **anders** ausgestaltet als das bisherige. Während bislang Bewertungsfragen den Anfang der Regelungen bildeten (vgl § 1587 a BGB aF),

weil ihnen im bisherigen System eine vor entscheidende Bedeutung zukam, beginnt das VersAusglG im ersten Teil mit den auszugleichenden Anrechten und dem Ausgleich und seinen Formen. Bewertungsfragen werden erst im zweiten Teil (§§ 39 ff VersAusglG) erörtert, der letzte Teil (§§ 48 ff VersAusglG) ist den Übergangsregeln gewidmet.

Der neue Versorgungsausgleich wird völlig anders durchgeführt werden als der bisherige. Das Konzept wechselt von demjenigen des ehezeitbezogenen Gesamtausgleichs zu einem **Hin-und-her-Ausgleich** der in der Ehe erworbenen Versorgungsanrechte: In Zukunft wird jedes einzelne Anrecht der Ehegatten auf eine Versorgung grundsätzlich intern, dh im Versorgungssystem des jeweils ausgleichspflichtigen Ehegatten, geteilt (§§ 10-13 VersAusglG).[44] Regelausgleichsform ist also die Realteilung aller Anrechte. Als Konsequenz gibt es nicht mehr nur einen Ausgleichspflichtigen und einen Ausgleichsberechtigten (wie bisher), sondern so viele Ausgleichspflichtige und Ausgleichsberechtigte wie Versorgungsanrechte bestehen. In einigen Sonderfällen sieht das neue Recht eine externe Teilung (die Begründung eines Anrechts bei einem anderen Versorgungsträger) vor (vgl §§ 16 ff VersAusglG). Als Notlösung wird der bisherige schuldrechtliche Ausgleich als Ausgleich nach der Scheidung beibehalten (§§ 20 ff VersAusglG).   45

Eine der wohl wichtigsten Veränderungen gegenüber dem bisherigen Rechtszustand ist die deutliche Stärkung der Fähigkeit der Eheleute, **Vereinbarungen** über den Versorgungsausgleich zu treffen. Nach dem bislang geltenden Recht waren Parteivereinbarungen über den Versorgungsausgleich enge Grenzen gezogen, die aus dem Bestreben des Gesetzgebers herrührten, einerseits einen unterlegenen Ehegatten vor einer aufgezwungenen Vereinbarung zu seinem Nachteil zu schützen und andererseits auf jeden Fall vertragliche Regelungen zu Lasten öffentlicher Kassen (der Sozialversicherungen und der Träger der Sozialkassen) zu vermeiden. So konnte einerseits jede Regelung über den Versorgungsausgleich, die vor oder während der Ehe getroffen wurde, dadurch wieder unwirksam gemacht werden, dass innerhalb eines Jahres nach ihrem Abschluss der Scheidungsantrag gestellt wurde (§ 1408 Abs. 2 S. 2 BGB aF), obwohl die Vereinbarung selbst auch einer Inhalts- und Ausübungskontrolle unterlag. Im Scheidungsverfahren getroffene Vereinbarungen über den Versorgungsausgleich bedurften zu ihrer Wirksamkeit der Genehmigung des Familiengerichts (§ 1587 o BGB). Diese engen Grenzen entsprechen nicht dem Prinzip der Eigenverantwortlichkeit, wie es der Gesetzgeber schon mit dem neuen Unterhaltsrecht verankert hat. Bereits durch die Stellung der Regelungen über die Vereinbarungen (§§ 6 ff VersAusglG, vor allen anderen Regelungen über Ausgleichsformen) macht er deswegen deutlich, dass er in Zukunft die Vereinbarungen über den Versorgungsausgleich nicht nur für zulässig, sondern sogar für wünschenswert hält.[45] Die genannten Beschränkungen von Vereinbarungen wurden deswegen aufgehoben.   46

---

44 Siehe zum Verfahren der internen Teilung unten 217 ff; zum materiellen Recht vgl HK-BGB/Kemper, Anhang § 1587 BGB, §§ 10–13 VersAusglG, jeweils Rn 1 ff; Ruland Rn 498 ff; Triebs Rn 77 ff; Glockner/Hoenes/Weil § 8 Rn 4 ff; Hauß/Eulering Rn 170 ff.
45 Schmid FPR 2009, 196, 200.

47 Mit der größeren Freiheit auf Seiten der beteiligten Eheleute korrespondiert, dass das neue Recht den Versorgungsträgern größere Freiheiten lässt, wie sie den Ausgleich ausgestalten. Das gilt schon bei der internen Teilung (vgl § 11 VersAusglG). Das neue Recht räumt den Versorgungsträgern aber außerdem in manchen Fällen Wahlrechte in Bezug auf die Art des Ausgleichs ein (vgl §§ 14, 17 VersAusglG). Sie können dann darüber entscheiden, ob wirklich intern ausgeglichen werden soll oder ob sie einen externen Ausgleich vorziehen. Schließlich können die Berechtigten in den Fällen des externen Ausgleichs auch die Zielversorgung wählen (§ 15 Abs. 1 VersAusglG, § 222).[46]

II. Der Begriff der Versorgungsausgleichssachen
1. Grundlagen

48 Der Begriff der Versorgungsausgleichssachen ergibt sich aus § 217. Danach sind Versorgungsausgleichssachen alle Verfahren, welche die Teilung von in der Ehezeit erworbenen Anrechten iSd § 2 VersAusglG zwischen geschiedenen Ehegatten betreffen. Für Lebenspartner enthält § 269 Abs. 1 Nr. 7 eine entsprechende Regelung; diese Verfahren sind Lebenspartnerschaftssachen.

49 Welche Verfahren die Teilung von in der Ehezeit erworbenen Anrechten im Sinne des § 2 VersAusglG zwischen geschiedenen Ehegatten betreffen, ist eine **Frage des materiellen Rechts**. Erfasst werden also alle Verfahren, welche sachlich Gegenstände betreffen, die in den Versorgungsausgleich einzubeziehen sind, und der Streit darum, ob es sich um einen dem Versorgungsausgleich zuzurechnenden Gegenstand handelt.

50 Auswirkungen hat insoweit vor allem der **erweiterte Anwendungsbereich** des Versorgungsausgleichs: Während bislang im Versorgungsausgleich nur auf Rentenzahlungen gerichtete Anrechte auszugleichen waren,[47] sieht § 2 Abs. 2 VersAusglG nun vor, dass ein Anrecht im Sinne des Betriebsrentengesetzes oder des Altersvorsorgeverträge-Zertifizierungsgesetzes unabhängig von der Leistungsform auszugleichen ist. Das betrifft vor allem die neuen Formen der Altersvorsorge, die nicht auf Rentenzahlungen gerichtet sind, aber eindeutig auf eine Absicherung im Alter abzielen (sog. Riester- und Rürup-Verträge einschließlich der sog. „Wohn-Riester"-Verträge). Verfahren über den Ausgleich dieser Anrechte sind deswegen künftig Versorgungsausgleichssachen und keine Güterrechtssachen mehr.

51 Versorgungsausgleichssachen können **nur zwischen Ehegatten** (bzw ihren Rechtsnachfolgern) geführt werden. Streitigkeiten mit anderen Personen sind selbst dann keine Versorgungsanwartschaften, wenn der Ausgang dieses Streits für den Versorgungsausgleich erhebliche Auswirkungen hat, zB, weil erst dann feststeht, ob ein auszugleichendes Anrecht besteht oder nicht besteht. Ein Verfahren, das nach dem Tod des ausgleichspflichtigen Ehegatten angestrengt wird, weil noch nicht ausgeglichene Anrechte bei einem Versorgungsträger bestehen, ist dagegen Versorgungsausgleichssache, gleichgültig, ob es sich um ein Verfahren mit dem betroffenen Versorgungsträger oder um ein Verfahren mit dem überlebenden Ehegatten des Ausgleichspflichtigen handelt (Fälle der §§ 25, 26 VersAusglG).

---

46 Siehe dazu im Einzelnen unten, Rn 169 ff.
47 HK-BGB/Kemper, 5. Aufl., § 1587 a BGB Rn 4 ff; Borth, 4. Aufl., Rn 30 ff.

2. Übersicht über die Versorgungsausgleichssachen

Zu den Versorgungsausgleichssachen gehören zunächst alle Verfahren über den Wertausgleich von Versorgungsanrechten selbst, vor allem also das Verfahren über den **Wertausgleich bei der Scheidung** (§§ 9 ff VersAusglG). Hierher gehört auch das Begehren festzustellen, dass wegen der Geringwertigkeit von Versorgungsanrechten (§ 18 VersAusglG) gänzlich oder wegen fehlender Ausgleichsreife (§ 19 VersAusglG) derzeit kein Versorgungsausgleich stattfindet. 52

Versorgungsausgleichssachen sind auch die Verfahren über den **Wertausgleich nach der Scheidung** (§§ 20 ff VersAusglG, bisherige Terminologie: schuldrechtlicher Versorgungsausgleich). Hierzu gehören auch Streitigkeiten um die Abtretung von Versorgungsansprüchen (§ 21 VersAusglG) und die Kapitalabfindung von solchen Ansprüchen (§§ 23 ff VersAusglG). Außerdem ist der Streit um Kapitalzahlungen aus einem noch nicht ausgeglichenen Anrecht nach § 22 VersAusglG Versorgungsausgleichssache. 53

Erfasst werden auch **nachträgliche Versorgungsausgleichsverfahren**, etwa in dem Fall, dass eine Ehe schon im Ausland geschieden wurde, ohne dass bei dieser Gelegenheit bereits der Versorgungsausgleich durchgeführt wurde.[48] 54

Alle Verfahren über **Auskunftsansprüche** in Bezug auf Versorgungsanrechte (§ 4 VersAusglG, § 220) sind ebenfalls Versorgungsausgleichssachen. 55

Versorgungsausgleichssachen sind auch Verfahren in Bezug auf die **Wirksamkeit von Vereinbarungen** über den Versorgungsausgleich, durch welche dieser modifiziert oder ausgeschlossen wird (vgl § 6 VersAusglG). Ist nämlich die Vereinbarung (ganz oder teilweise) unwirksam, dann ist ein Versorgungsausgleich durchzuführen, wenn die Ehe geschieden wird. 56

Wie bisher auch sind auch Verfahren in Bezug auf die Wirksamkeit von **Vergleichen** aus früheren Verfahren in Versorgungsausgleichssachen. Das gilt selbst dann, wenn sie abgeschlossen wurden, bevor der Versorgungsausgleich überhaupt eingeführt wurde, sie also aus der Zeit vor dem Inkrafttreten des 1. Eherechtsreformgesetzes im Jahr 1977 stammen. 57

Verfahren zur **Änderung von Entscheidungen** über den Versorgungsausgleich sind ebenfalls Versorgungsausgleichssachen. Das ergibt sich schon daraus, dass diese Verfahren nunmehr in den §§ 225, 226 geregelt sind. Bislang fand sich die Abänderungsmöglichkeit in § 10 a VAHRG. 58

Entsprechendes gilt für die Verfahren der **Anpassung nach Rechtskraft** (§§ 32 ff VersAusglG), soweit diese Verfahren in die Zuständigkeit des Familiengerichts fallen. Betroffen ist die Anpassung wegen Unterhaltszahlung (§ 34 VersAusglG), während für die Anpassung wegen Invalidität oder Todes der Versorgungsträger zuständig ist (§§ 36, 38 VersAusglG). 59

3. Ähnliche Verfahren, die keine Versorgungsausgleichssachen sind

Keine Versorgungsausgleichssachen sind **Streitigkeiten zwischen den Ehegatten und den Versorgungsträgern** um den Bestand von Versorgungsanrechten. Für diese Strei- 60

---

[48] AG Berlin-Charlottenburg FamRZ 1989, 514.

tigkeiten sind die Gerichte der jeweils einschlägigen Fachgerichtsbarkeit zuständig. Das können sowohl die Sozialgerichte (zB bei Streit um Anrechte aus der gesetzlichen Altersversorgung) als auch die Verwaltungsgerichte (zB bei Streit um Beamtenpensionen) als auch die allgemeinen Zivilgerichte (zB bei Streit um Anrechte aus Lebensversicherungen) als auch die Arbeitsgerichte (bei Streit um bestimmte betriebliche Altersversorgungen) sein.

61 Etwas **anderes** gilt aber für den **Streit zwischen einem Ehegatten und einem Versorgungsträger um eine Hinterbliebenenversorgung in den Fällen des Ausgleichs nach der Scheidung** (bisherige Terminologie: verlängerter schuldrechtlicher Versorgungsausgleich, § 25 VersAusglG). Dieser Streit ersetzt nur das Verfahren zwischen den Eheleuten zu Lebzeiten des Ausgleichspflichtigen. Es muss deswegen als Versorgungsausgleichssache behandelt werden. Entsprechendes gilt in den Fällen des § 26 VersAusglG, in denen der Streit mit dem überlebenden Ehegatten des Ausgleichspflichtigen geführt wird, weil ein ausländischer, zwischen- oder überstaatlicher Versorgungsträger betroffen ist.

62 Zu den Versorgungsausgleichssachen iSd FamFG gehören auch nicht die **Anpassung wegen Invalidität oder Todes** (§§ 35, 37 VersAusglG). In diesen Fällen handelt es sich nicht um ein gerichtliches Verfahren. Zuständig ist vielmehr der Versorgungsträger (§§ 36, 38 VersAusglG).

III. Die Zuständigkeit in Versorgungsausgleichssachen

63 Für die Zuständigkeit in Versorgungsausgleichssachen finden sich im FamFG in Bezug auf die internationale (§ 102) und die örtliche Zuständigkeit (§ 218). Die Regelung über die funktionelle Zuständigkeit der Familiengerichte bestimmt sich nach § 23 b Abs. 1 GVG iVm § 111.

64 Zu beachten ist jedoch, dass diese Zuständigkeiten **durch die Zuständigkeit für die Ehesache überlagert** werden, soweit die Versorgungsausgleichssache mit dieser (wie im Regelfall) in Verhandlungs- und Entscheidungsverbund steht (vgl § 137 Abs. 2 Nr. 1).

65 Ob das Gericht, bei dem der Antrag gestellt ist, zuständig ist, ist **von Amts wegen zu** prüfen.

1. Internationale Zuständigkeit
a) Grundlagen

66 Die Internationale Zuständigkeit deutscher Gerichte für Versorgungsausgleichssachen ist grundsätzlich in § 102 geregelt. Diese Vorschrift hatte im bisherigen Recht kein Vorbild. Früher hatte die Rechtsprechung auch außerhalb des Verbunds mit der Scheidungssache die Zuständigkeit der deutschen Gerichte für Versorgungsausgleichssachen aus § 606 a ZPO aF hergeleitet.[49] Das wurde als zu weitgehend erachtet, weil sich damit eine Zuständigkeit für ein vermögensrechtliches Verfahren allein aus der Staatsangehörigkeit der Ehegatten ergeben konnte (§ 606 a Abs. 1 Nr. 1 ZPO aF). Der Gesetzgeber hat sich deswegen dafür entschieden, eine Zuständigkeitsregelung zu treffen, die den

---

49 OLG Düsseldorf IPrax 1983, 129; OLG Frankfurt/M. FamRZ 1990, 747; OLG Hamm FamRZ 1994, 774.

unterhaltsähnlichen Charakter des Versorgungsausgleichs verstärkt berücksichtigt. Die gefundene Lösung knüpft an §§ 12, 13, 23 und 23a ZPO an.

Anwendungsbereich des § 102 Norm sind zunächst **isolierte Versorgungsausgleichsverfahren**, in denen Ansprüche auf Versorgungsausgleich nach der Durchführung einer Scheidung geltend gemacht werden. Das ergibt sich aus § 102 Nr. 3, wo auf ein zuvor durchgeführtes Scheidungsverfahren Bezug genommen wird. Derartige Verfahren kommen vor, wenn zuvor eine Scheidung im Ausland erfolgt ist oder wenn im Scheidungsverfahren aus sonstigen Gründen nicht über den Versorgungsausgleich entschieden werden konnte. Ebenso gehören Verfahren zur Abänderung von Entscheidungen und Vereinbarungen über den Versorgungsausgleich (vgl §§ 225–227). 67

Soweit der Versorgungsausgleich im Zusammenhang mit einer Scheidung geltend gemacht wird, steht er im **Verhandlungs- und Entscheidungsverbund** mit dieser (§ 137 Abs. 2 Nr. 1), so dass auch die Zuständigkeit für diese Sache sich nach der Zuständigkeit des Gerichts der Ehesache bestimmt (§ 98 Abs. 2, Gedanke des § 218 Nr. 1). Wird der Versorgungsausgleich im Zusammenhang mit einer Eheaufhebung geltend gemacht, gibt es zwar keinen Verhandlungs- und Entscheidungsverbund; die Überformung der Zuständigkeit für dieses Verfahren durch die Ehesache muss aber auch insoweit angenommen werden. Die Zuständigkeit richtet sich in diesen Fällen regelmäßig nach der EheGVVO (sog. Brüssel IIa VO).[50] 68

b) Die Zuständigkeit nach § 102

Nach § 102 sind die deutschen Gerichte zunächst international zuständig, wenn der **Antragsteller oder der Antragsgegner** seinen gewöhnlichen Aufenthalt im Inland hat (§ 102 Nr. 1). Es kommt also auch hier auf den Lebensmittelpunkt an, der sich im Regelfall durch einen mindestens sechsmonatigen Aufenthalt in Deutschland manifestiert,[51] und nicht mehr auf die Staatsangehörigkeit. Zu beachten ist, dass es auf den gewöhnlichen Aufenthalt im Moment der Antragstellung ankommt, nicht auf denjenigen zur Zeit der Scheidung. Das kann dazu führen, dass die deutschen Gerichte erst nachehelich für den Versorgungsausgleich zuständig werden, weil erst nach dem Ende der Ehe einer der ehemaligen Ehegatten seinen Lebensmittelpunkt nach Deutschland verlegt.[52] 69

Außerdem sind deutsche Gerichte für den Versorgungsausgleich immer zuständig, wenn über **inländische Anrechte** zu entscheiden ist (§ 102 Nr. 2). Inländisch sind Anrechte dann, wenn sie bei einem deutschen Versorgungsträger bestehen. Die Regelung korrespondiert mit den durch Art. 17 Abs. 3 EGBGB eröffneten Möglichkeiten zur Durchführung eines Versorgungsausgleichs nach deutschem Recht auch in den Fällen, in denen es sich bei beiden Ehegatten um Ausländer handelt, deren Heimatrecht einen Versorgungsausgleich nicht kennt, wenn in Deutschland Versorgungsanrechte erworben wurden. 70

Schließlich besteht eine Auffangzuständigkeit deutscher Gerichte, wenn ein **deutsches Gericht die Ehe zwischen Antragsteller und Antragsgegner geschieden** hat (§ 102 71

---

50 Vgl im Einzelnen die Erläuterungen von Dörner im HK-ZPO, 3. Aufl. 2009.
51 BGH FamRZ 1980, 30.
52 Horndasch/Viefhues/Kemper § 218 Rn 6.

§ 11 Versorgungsausgleichssachen

Nr. 3). Sinn der Regelung ist es, einem Antragsteller, der ebenso wie der Antragsgegner seinen gewöhnlichen Aufenthalt im Ausland hat, den Weg zu den deutschen Gerichten offen zu halten. Anderenfalls könnte es vorkommen, dass dann, wenn der Versorgungsausgleich im Scheidungsverfahren abgetrennt wurde, keine internationale Zuständigkeit für den isolierten Versorgungsausgleich mehr bestünde, der aber im Scheidungsverfahren hätte durchgeführt werden können. In Betracht kommt auch, dass infolge eines Aufenthaltswechsels nach der Scheidung keine andere Zuständigkeit für einen noch erforderlichen Ausgleich nach der Scheidung (§§ 20 ff VersAusglG) mehr zur Verfügung steht. Der Anknüpfungspunkt ist unwandelbar: Allein die Tatsache, dass ein deutsches Gericht die Scheidung durchgeführt hat, sichert auch die Zuständigkeit für das nachfolgende Versorgungsausgleichsverfahren. Das gilt auch dann, wenn das deutsche Gericht, das die Scheidung durchgeführt hatte, seine internationale Zuständigkeit zu Unrecht angenommen hatte; denn § 102 Nr. 3 stellt allein auf die Tatsache der Scheidung ab, nicht darauf, dass das deutsche Gericht eine Zuständigkeit für diese Entscheidung tatsächlich hatte.

72 Die internationale Zuständigkeit in Versorgungsausgleichssachen ist **keine ausschließliche** (§ 106).

2. Sachliche und Geschäftsverteilungszuständigkeit

73 Die Zuständigkeit der Amtsgerichte für die Familiensachen ergibt sich aus § 23 b GVG; dass die Versorgungsausgleichssachen in die Zuständigkeit der Familiengerichte fallende Verfahren sind, folgt aus § 111 Nr. 7. Damit hat sich weder durch das VAStrRefG noch durch das VersAusglG etwas am bisherigen Rechtszustand geändert.

3. Örtliche Zuständigkeit

74 Die örtliche Zuständigkeit für Versorgungsausgleichssachen folgt heute aus **§ 218**. Sie ergab sich früher aus § 621 Abs. 2 S. 1 ZPO aF und für die FGG-Verfahren aus § 45 FGG aF. An den dort genannten Grundsätzen hält das neue Recht im Wesentlichen fest: § 218 Nr. 1 gleicht § 621 Abs. 2 S. 1 ZPO aF, § 218 Nr. 2 entspricht § 45 Abs. 1 FGG aF. § 218 Nr. 3 ist allerdings gegenüber § 45 Abs. 2 S. 1 FGG aF modifiziert: Es kommt nicht mehr darauf an, wessen Recht voraussichtlich beeinträchtigt würde. Allein entscheidend ist der gewöhnliche Aufenthalt oder Sitz des Antragsgegners. § 218 Nr. 4 und 5 sind wiederum gegenüber dem bisherigen Recht unverändert. § 218 Nr. 4 entspricht § 45 Abs. 2 S. 2 FGG aF und § 218 Nr. 5 ist mit § 45 Abs. 4 FGG aF identisch.

75 Zu beachten ist – wie im früheren Recht auch – in den Versorgungsausgleichssachen, die den **Wertausgleich bei der Scheidung** betreffen (§§ 9 ff VersAusglG), die Zuständigkeitskonzentration beim Gericht der Ehesache, da die Versorgungsausgleichssachen regelmäßig im Zwangsverbund mit dieser stehen. In diesen Fällen richtet sich die Zuständigkeit für die Versorgungsausgleichssache nach der Zuständigkeit für die Ehesache (§ 218 Nr. 1).

76 Da es einen vorzeitigen Versorgungsausgleich nicht gibt, können **isolierte Versorgungsausgleichsverfahren** nur dann vorkommen, wenn bei der Scheidung nicht alle Anrechte ausgeglichen wurden. Das betrifft zum einen die Verfahren des Ausgleichs nach der

III. Die Zuständigkeit in Versorgungsausgleichssachen

Scheidung (§§ 20 ff VersAusglG). Zum anderen gehören hierher die Fälle der Auslandsscheidungen, in denen das ausländische Gericht gar nicht über den Versorgungsausgleich entschieden hat, weil es nicht in die Rechte der öffentlich-rechtlichen Versorgungsträger in Deutschland eingreifen konnte.

Die örtliche Zuständigkeit in Versorgungsausgleichssachen ist eine **ausschließliche Zuständigkeit**. 77

Die in § 218 genannten Zuständigkeiten bilden eine „Leiter" in der Weise, dass eine Zuständigkeit einer höheren Ziffer erst dann in Betracht kommt, wenn eine Zuständigkeit nach einer niedrigeren Ziffer nicht besteht. Danach ergibt sich die folgende Hierarchie der örtlichen Zuständigkeit: 78

Während der Anhängigkeit einer Ehesache (Begriff: § 121) ist für die Versorgungsausgleichssache das Gericht ausschließlich zuständig, bei dem die Ehesache im ersten Rechtszug anhängig ist oder war (§ 218 Nr. 1). Ein Antrag auf Verfahrenskostenhilfe reicht nicht.[53] Wird die Versorgungsausgleichssache erst anhängig, nachdem die erste Instanz der Ehesache schon beendet ist, ist immer noch das Gericht erster Instanz der Ehesache zuständig, auch wenn die Ehesache sich schon in der zweiten oder dritten Instanz befindet. Fälle dieser Art sind wegen des Verbundprinzips (§ 137) selten. Sie können insbesondere dann vorkommen, wenn bei Geltung eines ausländischen Sachrechts für den Versorgungsausgleich, das keinen derartigen Ausgleich kennt, erst ein Antrag erforderlich ist, um das Versorgungsausgleichsverfahren in Gang zu setzen (vgl Art. 17 Abs. 3 EGBGB).[54] 79

Eine Zuständigkeit nach § 218 Nr. 1 kommt erst dann **nicht mehr** in Betracht, wenn die **Anhängigkeit der Ehesache beendet ist**. Gemeint ist die Rechtskraft der Entscheidung darüber, weil ein Ende der Anhängigkeit durch Antragsrücknahme, Tod eines Ehegatten oder ähnliches schon dazu führt, dass ein Versorgungsausgleichsverfahren nicht durchgeführt werden kann, weil es keinen vorzeitigen Versorgungsausgleich gibt. 80

Ist keine Ehesache (mehr) anhängig, ist das Gericht für die Versorgungsausgleichssache örtlich zuständig, in dessen Bezirk die Ehegatten ihren **gemeinsamen gewöhnlichen Aufenthalt** haben oder zuletzt gehabt hatten, wenn ein Ehegatte dort weiterhin seinen gewöhnlichen Aufenthalt hat (§ 218 Nr. 2). Die Regelung entspricht im Wesentlichen dem bisherigen § 45 FGG, wurde nur moderner formuliert. Es kommt darauf an, wo die Ehegatten gemeinsam ihren Lebensmittelpunkt haben oder hatten.[55] Ein nur vorübergehender Aufenthalt reicht nicht. Im Regelfall ist eine Untergrenze von etwa sechs Monaten anzunehmen. Die Zuständigkeit kann nicht mehr nach § 218 Nr. 2 bestimmt werden, wenn keiner der Ehegatten mehr seinen gewöhnlichen Aufenthalt in dem Gerichtsbezirk hat, in dem sich die Ehegatten gemeinsam gewöhnlich aufgehalten haben. Ein gemeinsamer einfacher Aufenthalt eines der Ehegatten in diesem Bezirk ist nicht ausreichend. 81

Kommt die Anknüpfung an den gemeinsamen gewöhnlichen Aufenthalt der Ehegatten nicht in Betracht, richtet sich die örtliche Zuständigkeit nach dem **gewöhnlichen Auf-** 82

---

53 HK-Familienverfahrensrecht/Götsche § 218 Rn 5.
54 Siehe dazu oben, Rn 35 ff.
55 Prütting/Helms/Wagner § 218 Rn 10.

enthalt bzw Sitz[56] eines Antragsgegners (§ 218 Nr. 3). Die Regelung weicht von § 45 Abs. 2 S. 2 FGG aF ab, weil die Prognose entfällt, wessen Recht beeinträchtigt wird. Eine derartige Prognose ist nach dem neuen Versorgungsausgleichsrecht auch gar nicht möglich, weil im Regelfall beide Beteiligten des Verfahrens Versorgungsanrechte abgeben müssen, so dass auf beiden Seiten Beeinträchtigungen vorliegen werden. Anders als bei § 218 Nr. 3 kommt es nicht auf den gewöhnlichen Aufenthalt zum Zeitpunkt der Ehe an, sondern auf den aktuellen gewöhnlichen Aufenthalt zum Zeitpunkt der Antragstellung. Beantragen beide Seiten den Versorgungsausgleich, kommt es darauf an, welches Gericht mit der Versorgungsausgleichssache zuerst befasst wurde (§ 4). Wurden die Gerichte gleichzeitig mit der Versorgungsausgleichssache befasst, ist nach § 5 zu verfahren.

83 Hat der Antragsgegner keinen gewöhnlichen Aufenthalt in Deutschland, ist das Gericht örtlich zuständig, in dessen Bezirk ein **Antragsteller seinen gewöhnlichen Aufenthalt oder Sitz** hat (§ 218 Nr. 4).

84 Ist eine örtliche Zuständigkeit nach den genannten Regelungen nicht begründet, ist das FamG beim **AG Berlin Schöneberg** zuständig (§ 218 Nr. 5). Das sind die Fälle, in denen weder der Antragsteller noch der Antragsgegner ihren gewöhnlichen Aufenthalt in Deutschland haben. Betroffen können sowohl reine Auslandsaufenthalte als auch Fälle, in denen die Eheleute in Deutschland zwar keinen gewöhnlichen, wohl aber schlichten Aufenthalt haben.

IV. Die Beteiligten im Versorgungsausgleichsverfahren

1. Grundlagen

85 Wer **Mussbeteiligter** in einem Verfahren in Versorgungsausgleichssachen sein kann, ergibt sich grundsätzlich aus § 219. Die Vorschrift ergänzt § 7 Abs. 2 Nr. 2. Die Beteiligung weiterer Personen oder Stellen kann sich außerdem auch aus § 7 Abs. 2 Nr. 1 (eigene Rechtsbetroffenheit) ergeben.[57] Die bloße Verpflichtung, Auskünfte zu erteilen, wie sie Arbeitgeber, Finanzbehörden usw treffen kann (vgl § 220),[58] führt dagegen niemals zur Beteiligung in dem Verfahren in Versorgungsausgleichssachen (vgl § 7 Abs. 6).

86 Eine **Beteiligung als Antragsteller** (§ 7 Abs. 1) ist in Versorgungsausgleichssachen nur **ausnahmsweise** denkbar, weil es sich beim **Wertausgleich bei der Scheidung** grundsätzlich um ein von Amts wegen durchzuführendes Verfahren handelt, so dass eine Antragstellung iSd § 23 in diesen Verfahren grundsätzlich nicht erfolgen kann, sondern nur die Anregung eines Verfahrens iSd § 24, die aber nicht zu Beteiligteneigenschaft führt. Ein reines Antragsverfahren ist aber in Versorgungsausgleichssachen der Ausgleich bei der Scheidung in den Fällen mit Auslandsberührung, in denen das Heimatrecht beider Ehegatten einen Versorgungsausgleich nicht kennt oder in denen an sich ein Ausgleich nach ausländischem Recht stattfindet (vgl Art. 17 Abs. 3 EGBGB). In diesen Fällen kommt es nur dann zu einem Versorgungsausgleich (nach deutschem

---

56 Die Anknüpfung an den Sitz dient dazu, die gerichtliche Zuständigkeit in den Fällen zu klären, in denen eine juristische Person Antragsgegner im Versorgungsausgleichsverfahren ist. Das kann nur Versorgungsträger betreffen.
57 Hauß/Eulering Rn 748.
58 Siehe dazu Rn 143 ff.

IV. Die Beteiligten im Versorgungsausgleichsverfahren

Recht), wenn ein Ehegatte in der Ehezeit inländische Anrechte erworben hat[59] und der andere Ehegatte einen Antrag auf Durchführung des Versorgungsausgleichs stellt. Entsprechendes gilt in den Fällen einer kurzen Ehedauer von unter drei Jahren (§ 3 Abs. 3 VersAusglG). In diesem Fall findet ein Versorgungsausgleich ebenfalls nur auf Antrag statt. In diesen Fällen tritt die Beteiligung der Antragsteller schon wegen § 7 Abs. 1 zwingend ein. Soweit sich das mit § 219 deckt, hat § 219 nur klarstellende Bedeutung.

Ein echtes Antragsverfahren ist dagegen das Verfahren in Bezug auf den Wertausgleich nach der Scheidung, der frühere schuldrechtliche Versorgungsausgleich nach §§ 20 ff VersAusglG (vgl § 23 VersAusglG). Mit der Stellung des Antrags wird der Antragsteller daher Beteiligter des Verfahrens iSd § 7 Abs. 1. Eines Rückgriffs auf § 7 Abs. 2 iVm § 219 bedarf es daher nicht mehr. Im Regelfall würde die Anwendung dieser Norm aber zu gleichen Ergebnissen führen. **87**

Abänderungsverfahren in Bezug auf den Versorgungsausgleich kommen ebenfalls nur auf Antrag zustande (§§ 225 ff). Der Antragsteller ist also auch in diesen Fällen bereits Beteiligter iSd § 7 Abs. 1. **88**

Antragsverfahren sind schließlich auch die **Anpassungsverfahren** (§§ 33 ff VersAusglG). In den Verfahren der Anpassung wegen Unterhalts (§§ 33 f VersAusglG) ist deswegen der Antragsteller Beteiligter iSd § 7 Abs. 1. In den anderen Anpassungsverfahren kann es dagegen nicht zu einer Beteiligtenstellung iSd § 7 kommen, weil diese Verfahren keine familiengerichtlichen Verfahren sind, sondern solche, für welche die betroffenen Versorgungsträger zuständig sind. **89**

Kannbeteiligte (§ 7 Abs. 3) gibt es in Versorgungsausgleichssachen nicht. **90**

2. Die Beteiligten nach § 219

a) Ehegatten

Als in Versorgungsausgleichssachen zu beteiligende Personen nennt § 219 zunächst die **Ehegatten**. Zwischen ihnen findet das Ausgleichsverfahren im Regelfall statt. § 7 Abs. 1 greift insoweit nicht ein, da es sich bei den Versorgungsausgleichssachen regelmäßig um ein von Amts wegen durchzuführendes Verfahren handelt (§ 137 Abs. 2 S. 2).[60] Allerdings sind die Ehegatten schon Beteiligte nach § 7 Abs. 2 Nr. 1, weil durch den Versorgungsausgleich in ihre Rechtsstellung eingegriffen wird. § 219 hat insoweit aber jedenfalls klarstellenden Charakter. **91**

b) Versorgungsträger, bei denen auszugleichende Anrechte bestehen

Beteiligte sind weiter die Versorgungsträger, bei denen ein auszugleichendes Anrecht besteht (§ 219 Nr. 2). Die ursprüngliche Fassung des § 219 hatte noch ausschließlich den Versorgungsträger genannt, bei dem das sich vermindernde Anrecht besteht. Die neue Fassung des materiellen Versorgungsausgleichsrechts hat die Änderung nach sich gezogen: Der Regelfall ist nun, dass alle Anrechte, welche einer der Ehegatten bei einem Versorgungsträger hat, durch den Versorgungsausgleich in der Weise betroffen werden, **92**

---

[59] Gleichgestellt ist in den Fällen, in denen die Heimatrechte der Ehegatten den Versorgungsausgleich nicht kennen, der Fall, dass die allgemeinen Wirkungen der Ehe zeitweise einem Recht unterlegen haben, das einen Versorgungsausgleich kennt.
[60] Vgl Rn 86.

Kemper

dass sie zwischen den Ehegatten aufgeteilt werden (interner Ausgleich, §§ 9 ff VersAusglG).[61] Es ist deswegen konsequent, auch alle Versorgungsträger, bei denen Anrechte bestehen, in den Ausgleich einzubeziehen. In Zukunft wird beim Ausgleich grundsätzlich jedes Anrecht vermindert, wenn ein interner Ausgleich stattfindet. Wird ausnahmsweise extern ausgeglichen (§§ 14 ff VersAusglG), wird das Anrecht insoweit betroffen, als der Versorgungsträger mit dieser Art des Ausgleichs einverstanden sein und Leistungen an den Versorgungsträger erbringen muss, um die Anrechte für den Ausgleichsberechtigten bei dem anderen Versorgungsträger zu begründen (vgl § 15 VersAusglG). In allen genannten Fällen folgt die Beteiligung des Versorgungsträgers letztlich schon aus der eigenen Rechtsbetroffenheit der Versorgungsträger (§ 7 Abs. 2 Nr. 1).

93 Zu beachten ist, dass § 219 Nr. 2 **auch dann** erfüllt ist, wenn das Anrecht tatsächlich nicht geteilt wird, weil ein **externer Ausgleich** stattfindet (§§ 14 ff VersAusglG). Es kommt nicht darauf an, wie ein Anrecht auszugleichen ist, sondern allein darauf, dass es auszugleichen ist. Über die Art des Ausgleichs wird erst im Verfahren entschieden. Die Art des Ausgleichs kann deswegen nicht entscheidend dafür sein, welcher Versorgungsträger zu beteiligen ist. Insofern hat sich die Rechtslage gegenüber dem früheren Rechtszustand und der ursprünglichen Fassung des FamFG geändert.

94 Soweit dagegen in einem Verfahren von vornherein feststeht, dass zwar **Anrechte** bestehen, diese aber **in dem Verfahren nicht auszugleichen sind,** sind die Versorgungsträger, bei denen diese Anrechte bestehen, nicht am Verfahren zu beteiligen. § 219 Nr. 2 ist insofern klar; die Regelung spricht nur von auszugleichenden Anrechten.[62] Sobald also ein Anrecht eindeutig nicht auszugleichen ist, muss der Versorgungsträger nicht beteiligt werden. Das kommt am häufigsten vor, wenn der Versorgungsausgleich durch Vereinbarung ausgeschlossen ist oder wenn einzelne Anrechte durch eine Vereinbarung aus dem Versorgungsausgleich ausgenommen wurden (vgl § 6 VersAusglG). In Betracht kommt das aber auch, wenn die Anrechte im Ausland bestehen und deswegen nicht ausgleichsreif sind (vgl § 19 Abs. 2 Nr. 4 VersAusglG) oder wenn inländische Anrechte nicht ausgeglichen werden sollen, weil im Ausland nicht ausgleichsreife Anrechte bestehen (vgl § 19 Abs. 3 VersAusglG). Entsprechendes gilt für Versorgungsträger, bei denen anderen Anrechten bestehen, welche wegen mangelnder Ausgleichsreife aus dem Ausgleich bei der Scheidung ausscheiden (noch verfallbare Anrechte, abzuschmelzende Anrechte, Anrechte, deren Ausgleich für den Berechtigten unwirtschaftlich wäre, vgl § 19 Abs. 2 Nr. 1–3 VersAusglG). Ebenfalls nicht zu beteiligen sind Versorgungsträger, bei denen Anrechte bestehen, welche aus Härtegründen (§ 27 VersAusglG) nicht auszugleichen sind.

95 Problematisch erscheint, dass auch die Versorgungsträger, bei denen nur **geringwertige Anrechte** bestehen oder aber beiderseitige Anrechte mit einem nur **geringen Wertunterschied** (Fälle des § 18 VersAusglG), nicht am Verfahren in Versorgungsausgleichssachen beteiligt werden müssen. Ob ein Anrecht geringwertig ist oder ob die Differenz zwischen zwei Anrechten bei demselben Versorgungsträger geringwertig ist, wird sich

---

61 Zu Einzelheiten siehe Rn 210 ff.
62 Prütting/Helms/Wagner § 219 Rn 13. Im Ergebnis ebenso (wenn auch der Wortlaut des § 218 anders auslegend) HK-Familienverfahrensrecht/Götsche § 218 Rn 5.

meist erst im Laufe des Verfahrens herausstellen. Bis zu diesem Zeitpunkt müssen die betroffenen Versorgungsträger beteiligt werden

In vielen der gerade genannten Fälle ist der **Ausschluss des betroffenen Versorgungsträgers nur ein zeitweiliger;** denn ein Ausschluss im Verfahren über den Ausgleich bei der Scheidung (§§ 9 ff VersAusglG) besagt nichts über einen Ausschluss im Verfahren über den Ausgleich nach der Scheidung (§§ 20 ff VersAusglG). Im Regelfall werden gerade die Versorgungsträger, die im Verfahren über den Ausgleich bei der Scheidung nicht beteiligt wurden, in diesem nachgelagerten Verfahren über den Ausgleich nach der Scheidung beteiligt werden müssen. Das gilt vor allem in allen Fällen, in denen der Versorgungsausgleich bei der Scheidung über Anrechte wegen mangelnder Ausgleichsreife nicht stattgefunden hat (Fälle des § 19 VersAusglG). Etwas anderes gilt aber, wenn das Verfahren über den Ausgleich bei der Scheidung bereits endgültig ergeben hat, dass insoweit auch ein Ausgleich nach der Scheidung nicht stattfindet. Das betrifft die Fälle des § 6 VersAusglG (Ausschluss durch Vereinbarung), des § 18 VersAusglG (geringwertige Anrechte bzw geringer Wertunterschied) und des § 27 VersAusglG (Ausschluss des Versorgungsausgleichs wegen grober Unbilligkeit). 96

Nicht ausgeschlossen sind die **Versorgungsträger,** die nur deswegen nicht direkt von dem Ausgleich betroffen sind, weil sie mit anderen Versorgungsträgern eine **Verrechnungsvereinbarung getroffen haben** (vgl § 10 Abs. 2 S. 2 VersAusglG).[63] In diesen Fällen ist das bei den Versorgungsträgern bestehende Anrecht weiterhin ein auszugleichendes Anrecht; die Verrechnungsvereinbarung betrifft nur die Art des Ausgleichs. Dass das auch gilt, wenn die zu verrechnenden Anrechte bei demselben Versorgungsträger bestehen, versteht sich von selbst. Sonst könnte es zum Ausschluss wegen § 18 Abs. 2 VersAusglG nicht kommen. 97

Anwendbar ist § 219 Nr. 2 **auch in den Verfahren über den Ausgleich nach der Scheidung** (§§ 20 ff VersAusglG). Diese Verfahren finden zwar allein zwischen dem Ausgleichsberechtigten und dem Ausgleichspflichtigen statt – und zwar auch, soweit sie zu einer Abtretung von Ansprüchen gegen den Versorgungsträger führen (§ 21 VersAusglG). Der Versorgungsträger ist aber gleichwohl betroffen, weil in diesem Verfahren ein bei ihm bestehendes Anrecht ausgeglichen wird. Dass dies nur im Wege des schuldrechtlichen Ausgleichs nach der Scheidung erfolgt, betrifft nur die Art des Ausgleichs, nicht die Tatsache, dass das bei ihm bestehende Anrecht in diesem Verfahren ein „auszugleichendes Anrecht" ist. 98

c) Versorgungsträger, bei denen Anrechte begründet werden sollen

Beteiligte sind auch die Versorgungsträger, bei denen ein Anrecht zum Zweck des Ausgleichs begründet werden soll (§ 219 Nr. 3). Das sind die Versorgungsträger, bei denen Anrechte für die ausgleichsberechtigte Person im Wege der **externen Teilung** zu begründen sind (§§ 14 ff VersAusglG). Dabei versteht das Gesetz unter Begründung eines Anrechts auch den Ausbau eines Anrechts, also den Fall, dass beim externen Ausgleich ein schon bei diesem Versorgungsträger bestehendes Anrecht ausgebaut werden soll. In diesen Fällen ist der Versorgungsträger schon deswegen Beteiligter, weil bei ihm ein 99

---

[63] Vgl Prütting/Helms/Wagner § 219 Rn 15 f.

auszugleichendes Anrecht besteht (§ 219 Nr. 2). Er ist dann zusätzlich auch Beteiligter nach § 219 Nr. 3 sein, wenn im Wege des externen Ausgleichs bei ihm ein Anrecht begründet werden soll.[64] Das trifft sogar dann zu, wenn durch den externen Ausgleich letztlich nicht mehr Anrechte begründet werden als im Wege des internen Ausgleichs der zuvor bestehenden Anrechte weggenommen wurden. Es kommt nur darauf an, dass Anrechte begründet werden sollen, nicht aber, in welcher Höhe das geschehen soll.

100 Die Regelung ist eine **Ergänzung zu § 219 Nr. 2**. Soweit Anrechte zur internen Teilung anstehen, geht § 219 Nr. 2 vor, weil der interne Ausgleich ebenfalls vorrangig ist (vgl § 9 VersAusglG). Vorkommen können die Fälle des § 219 Nr. 3 nur im Ausgleichsverfahren bei der Scheidung. Nur in diesen Verfahren ist die Möglichkeit des externen Ausgleichs vorgesehen. In den Verfahren über den Ausgleich nach der Scheidung (§§ 20 ff) kann es zu einem externen Ausgleich nicht mehr kommen.

101 Der zu beteiligende **Versorgungsträger** ergibt sich grundsätzlich aus der **Wahl** des Ausgleichsberechtigten, denn dieser bestimmt darüber, bei welchem Versorgungsträger für ihn Anrechte begründet werden sollen (vgl § 15 Abs. 1 VersAusglG). Ist die Wahl unwirksam, weil die gewählte Versorgung keine angemessene Versorgung darstellt (§ 15 Abs. 2 VersAusglG), weil das Wahlrecht gar nicht oder nicht innerhalb der Ausschlussfrist des § 222 ausgeübt wird oder weil der externe Ausgleich zu steuerlichen Nachteilen beim Ausgleichspflichtigen führen würde und dieser deswegen dem Ausgleich nicht zugestimmt hat (§ 15 Abs. 3 VersAusglG), erfolgt der Ausgleich über die gesetzliche Rentenversicherung (§ 15 Abs. 5 S. 1 VersAusglG) bzw die Versorgungsausgleichskasse (bei Betriebsrenten, § 15 Abs. 5 S. 2 VersAusglG), so dass diese Versorgungsträger dann zu beteiligen sind. Gesetzlich bestimmt ist der zu beteiligende Versorgungsträger in den Fällen des externen Ausgleichs von Beamtenversorgungen, also von Versorgungen der Bundesländer und Kommunen, solange dort noch kein interner Ausgleich vorgesehen ist, von Versorgungen von Beamten auf Widerruf und von Soldaten und Soldatinnen auf Zeit (vgl § 16 VersAusglG). In diesen Fällen ist zwingend über die gesetzliche Rentenversicherung auszugleichen, so dass diese am Verfahren zu beteiligen ist.

d) Erben und Hinterbliebene

102 In Sonderfällen können auch Hinterbliebene oder Erben der Eheleute Beteiligte in Versorgungsausgleichssachen sein (§ 219 Nr. 4). Das ist sachlich nichts Neues. Diese Fälle gab es auch schon im bisherigen Recht. Ihre Zahl wird sich aber vermutlich in Zukunft erhöhen, da sich die Art des Ausgleichs von einem Gesamtausgleich hin zu einem Hin- und Her-Ausgleich verändert und außerdem zahlreiche bislang gesamtbilanzierend auszugleichende Anrechte dem schuldrechtlichen Ausgleich zugeschlagen werden (vor allem der Ausgleich ausländischer Anrechte).

aa) Erben

103 Der Erbe wird dann Beteiligter, wenn der Ausgleichspflichtige während des Verfahrens um den **Ausgleich bei der Scheidung** (§§ 9 ff VersAusglG), aber nach der Rechtskraft des Scheidungsausspruchs stirbt (vgl § 31 Abs. 1 S. 1 VersAusglG). Das Verfahren ist dann mit dem Erben fortzusetzen. Dieser erbt zwar die Versorgung nicht, da diese nicht

---

64 HK-Familienverfahrensrecht/Götsche § 218 Rn 6.

IV. Die Beteiligten im Versorgungsausgleichsverfahren

vererblich ist, sondern allenfalls eine Hinterbliebenenversorgung umfasst. Ohne Gegenpart ist aber das Verfahren nicht denkbar. Der Erbe rückt deswegen als Ersatz für den ausgleichspflichtigen Ehegatten in dessen verfahrensrechtliche Stellung ein. Stirbt dagegen ein ausschließlich Ausgleichsberechtigter, endet das Verfahren wegen Erledigung in der Hauptsache. Zu beachten ist aber, dass durch den neuen „Hin- und Her-Ausgleich" die Zahl der Fälle, in denen es ausschließlich ausgleichsberechtigte Beteiligte an einem Versorgungsausgleichsverfahren gibt, viel geringer geworden ist. Da jedes Anrecht einzeln auszugleichen ist, kann das nur dann vorkommen, wenn ein Ehegatte wirklich keinerlei Anrechte hat, die im Wege des Ausgleichs bei der Scheidung zu berücksichtigen sind.

Beim **Wertausgleich nach der Scheidung** sind nur noch einzelne Rechte auszugleichen, deren Einbeziehung in den Wertausgleich bei der Scheidung nicht möglich war (vgl § 20 Abs. 1 VersAusglG). Das Verfahren erledigt sich, wenn der Ausgleichsberechtigte stirbt. Eine Beteiligung seiner Erben kommt nicht in Betracht. Stirbt der Ausgleichspflichtige, endet das gegen diesen gerichtete Verfahren an sich, weil auch seine Versorgung endet. In Betracht kommt dann aber ein Verfahren gegen die Witwe oder den Witwer (die mit den Erben ja nicht identisch sein müssen) oder den Versorgungsträger (der ohnehin schon nach § 219 Nr. 2 beteiligt ist), wenn eine Teilhabe an der Hinterbliebenenversorgung des Verstorbenen in Betracht kommt. 104

In **Anpassungsverfahren** (§§ 32 ff VersAusglG) kommt eine Beteiligung von Erben in Betracht, wenn bereits zu Lebzeiten vom Ausgleichspflichtigen zu seinen Gunsten bestehender Anpassungsanspruch geltend gemacht wurde und er dann stirbt. Der Anpassungsanspruch ist vererblich und kann dann von den Erben weiter geltend gemacht werden (vgl §§ 34 Abs. 4, 36 Abs. 3, 38 Abs. 2 VersAusglG). 105

In **Abänderungsverfahren** (§§ 225 ff) gilt Entsprechendes (§ 226 Abs. 5 S. 3).

bb) Hinterbliebene

Die Witwe oder der Witwer ist Beteiligter bei der **Teilhabe an der Hinterbliebenenversorgung** (bisherige Terminologie: verlängerter schuldrechtlicher Versorgungsausgleich), wenn ein Anspruch auf Witwen- bzw Witwerversorgung gegen den Versorgungsträger (§ 25 VersAusglG) oder den beim Tod des Ausgleichspflichtigen gegen den mit diesem verheirateten Ehegatten (§ 26 VersAusglG) geltend gemacht wird. In diesen Fällen werden seine Interessen unmittelbar betroffen; er soll deswegen seine Rechtspositionen im Ausgleichsverfahren geltend machen können und ist deswegen in diesem Verfahren zu beteiligen. Die Beteiligung dieser Personen kommt also grundsätzlich nur in Verfahren des Ausgleichs nach der Scheidung in Betracht. 106

Die Beteiligung von Hinterbliebenen ist außerdem in den Fällen von **Abänderungen** von Ausgleichsentscheidungen möglich (§§ 225, 226). In diesen Fällen ist zu beachten, dass dann, wenn der Ehegatte, der den Abänderungsantrag gestellt hat, vor Rechtskraft der Endentscheidung stirbt, das Verfahren nur fortgesetzt wird, wenn ein antragsberechtigter Beteiligter innerhalb einer Frist von einem Monat dies durch Erklärung gegenüber dem Gericht verlangt (§ 226 Abs. 5 S. 1). Verlangt kein antragsberechtigter Beteiligter innerhalb der Frist die Fortsetzung des Verfahrens, gilt dieses als in der Hauptsache erledigt (§ 226 Abs. 5 S. 2). 107

Kemper

3. Die Durchführung der Beteiligung im Verfahren

108 Jede Person, die meint, beteiligt werden zu müssen, kann einen **Antrag auf Hinzuziehung** zum Verfahren stellen (§ 7 Abs. 5 S. 1). Über die Hinzuziehung entscheidet das Gericht dann durch Beschluss, wenn es sie ablehnt. Dieser Beschluss ist mit der sofortigen Beschwerde nach §§ 567 ff ZPO anfechtbar (§ 7 Abs. 5 S. 2). Hält das Gericht die Hinzuziehung für gerechtfertigt, zieht es die Beteiligten formlos zum Verfahren hinzu. Anfechtbar ist diese Entscheidung isoliert nicht.

109 Jede Person, die vom Gericht hätte beteiligt werden müssen, aber nicht beteiligt wurde, ist befugt, gegen die ohne seine Beteiligung ergangene Entscheidung **Rechtsmittel** einzulegen; denn schon im Fehlen der Beteiligung liegt ein Eingriff in die Rechte der zu beteiligenden Person (§ 59 Abs. 1).[65]

110 Alle Verfahrensbeteiligten haben Anspruch auf **rechtliches Gehör** (§ 34). Eine Entscheidung, welche die Rechte eines Beteiligten beeinträchtigt, darf nur auf der Grundlage solcher Tatsachen und Beweisergebnisse erlassen werden, zu denen sich dieser Beteiligte äußern konnte (§ 37 Abs. 2).

V. Verfahrensgrundsätze im Versorgungsausgleichsverfahren

111 Das Verfahren in Versorgungsausgleichssachen wird durch drei Grundprinzipien geprägt: Es handelt sich um eine einfache Familiensache (also nicht um eine Familienstreitsache iSd § 112), so dass das gesamte FamFG einschließlich des gesamten ersten Buches anzuwenden ist. Mit der Ehesache und anderen für den Fall der Scheidung geltend gemachten Familiensachen steht der Versorgungsausgleich in einem zwingenden Verhandlungs- und Entscheidungsverbund (§ 137 Abs. 2 Nr. 1), der allerdings unter wesentlich einfacheren Voraussetzungen aufgelöst werden kann als nach dem früheren Recht, und schließlich unterliegt das Verfahren in Versorgungsausgleichssachen dem Amtsermittlungsgrundsatz (§ 26), so dass die für die Entscheidung maßgebenden Tatsachen vom Gericht zu ermitteln sind.

1. Einordnung als einfache Familiensache

112 Die Versorgungsausgleichssachen gehören nicht zu den in § 112 genannten Familienstreitsachen, sondern sind einfache Familiensachen (auch als FG-Familiensachen bezeichnet). Das entspricht der Klassifizierung des früheren Rechts. Die Einordnung hat zur Folge, dass auf die Versorgungsausgleichssachen das FamFG in seiner Gesamtheit Anwendung findet, einschließlich aller Regelungen des Allgemeinen Teils, die in Ehesachen und Familienstreitsachen nicht gelten (vgl § 113 Abs. 1 S. 2). Lediglich soweit der Zusammenhang im Verhandlungs- und Entscheidungsverbund mit einer Ehesache das bedingt, werden die Regelungen des Allgemeinen Teils durch für die Ehesache geltende Regelungen überformt und verdrängt. Bei der alleinigen Anwendung des Allgemeinen Teils bleibt es dagegen in abgetrennten und isolierten Versorgungsausgleichsverfahren, soweit nicht ausnahmsweise in den §§ 217 ff Sonderregeln enthalten sind.

---

65 HK-Familienverfahrensrecht/Götsche § 218 Rn 8.

2. Verbundprinzip

a) Begründung und Inhalt des Verbundes

Der Versorgungsausgleich gehört zu den im Verbund mit der Scheidung zu verhandelnden und zu entscheidenden Folgesachen (§ 137 Abs. 2 Nr. 1), wenn der **Ausgleich im Zusammenhang mit der Scheidung** geklärt werden muss oder soll. Es kann dabei sich regelmäßig nur um den Ausgleich bei der Scheidung handeln, weil nur dieser bereits zwingend im Scheidungsverfahren durchzuführen ist (Verfahren nach §§ 6–19 VersAusglG). 113

Der **Ausgleich nach der Scheidung** (§§ 20–26 VersAusglG) findet dagegen erst nach dem Eintritt des Versorgungsfalles auf Seiten des Versorgungsberechtigten und dem Eintritt ähnlicher Voraussetzungen auf Seiten des Ausgleichsberechtigten statt (§ 20 VersAusglG). Er zeichnet sich gerade dadurch aus, dass der Versorgungsausgleich noch nicht bei der Scheidung durch die Teilung der Anwartschaft intern in demselben System oder extern in einem anderen Leistungssystem ein Ausgleich stattfinden kann. Es kann deswegen nur Ausnahmekonstellationen geben, in welchen schon bei einer Scheidung die Voraussetzungen für einen Ausgleich nach der Scheidung gegeben sein werden, so dass dieser Ausgleich im Verbund mit entschieden werden kann.[66] 114

Der Versorgungsausgleich bei der Scheidung nach §§ 6–19, 28 VersAusglG steht immer im **Zwangsverbund**; dh die Ehe darf grundsätzlich nicht geschieden werden, ohne dass gleichzeitig über den Versorgungsausgleich entschieden wird, selbst wenn kein dahin gehender Antrag der Eheleute gestellt wird (§ 137 Abs. 2 S. 2). Etwas anderes gilt nur dann, wenn der Versorgungsausgleich durch Ehevertrag wirksam ausgeschlossen wurde (§§ 6–8 VersAusglG). Zu beachten ist, dass es in Ausnahmefällen zu einem Zwangsverbund erst dann kommt, wenn ein Antrag auf Durchführung des Versorgungsausgleichs gestellt wurde. Das sind die Fälle des Art. 17 Abs. 3 S. 2 EGBGB und die Fälle des Ausgleichs, wenn die Ehe nur von kurzer Dauer (unter drei Jahre) war (§ 3 Abs. 3 VersAusglG). In diesen Fällen kommt das Verfahren zwar erst durch den Antrag zustande; wenn dieser aber gestellt wurde, fällt das Verfahren in den Verbund. 115

Ausnahmsweise kann es aber auch zu **nicht im Verbund stehenden Verfahren über den Ausgleich bei der Scheidung** kommen, nämlich, wenn der Versorgungsausgleich im Zusammenhang mit der Aufhebung einer Ehe erfolgt (§§ 1314 ff BGB), wenn zuvor eine Scheidung im Ausland ohne Regelung des Versorgungsausgleichs erfolgt ist oder wenn im Inland geschieden wurde, ohne dass es zu einem Versorgungsausgleichsverfahren gekommen ist (Hauptfall: fehlender Antrag nach Art. 17 Abs. 3 EGBGB). Der Ausgleich nach der Scheidung (§§ 20 ff VersAusglG)[67] ist regelmäßig ebenso ein nicht im Verbund stehendes Verfahren wie alle Verfahren über die Abänderung von Entscheidungen (§§ 225 f) wie die Verfahren in Bezug auf die Anpassung nach Rechtskraft (§§ 32 ff VersAusglG). 116

Die **Einbeziehung** des Versorgungsausgleichs in den Verbund **bedeutet** vor allem, dass die Versorgungsausgleichssache zusammen mit der Ehesache und den anderen Folgesachen zu verhandeln und zu entscheiden ist. Deswegen erstreckt sich auch die Ver- 117

---

66 HK-Familienverfahrensrecht/Götsche Vor §§ 217 ff Rn 5.
67 Vgl Rn 114.

fahrenskostenhilfe für die Ehesache auf die Versorgungsausgleichssache (§ 149). Das Verfahren in Versorgungsausgleichssachen unterliegt im Regelfall dem Anwaltszwang, soweit die Ehegatten betroffen sind (§ 114 Abs. 1).[68] Die Entscheidung in der Versorgungsausgleichssache wird nicht wirksam, bevor die Rechtskraft in der Scheidungssache eintritt (§ 148).

b) Die Auflösung des Verbundes

118 Gegenüber dem bisherigen Rechtszustand kann der Verbund wesentlich **leichter** aufgelöst werden:

aa) Unmöglichkeit der Entscheidung vor Auflösung der Ehe

119 Eine Abtrennung kommt bei Versorgungsausgleichssachen in Betracht, wenn vor der Auflösung der Ehe eine Entscheidung nicht möglich ist (140 Abs. 2 Nr. 1). Das kommt nur dann in Betracht, wenn die Entscheidung über den Versorgungsausgleich unmittelbar von dem Ausspruch über die Scheidung beeinflusst wird. Der Anwendungsbereich im Recht des Versorgungsausgleichs ist extrem gering; denn § 3 Abs. 1 VersAusglG stellt für die Berechnung des Versorgungsausgleichs materiell-rechtlich nicht auf den Zeitpunkt der Scheidung, sondern auf das Ende des Monats vor der Stellung des Scheidungsantrags ab.

bb) Verzögerung durch anhängigen Rechtsstreit über Bestand oder Höhe eines Versorgungsanrechts

120 Außerdem kann abgetrennt werden, wenn das **Verfahren ausgesetzt** ist, weil ein Rechtsstreit über den Bestand oder die Höhe eines Anrechts vor einem anderen Gericht anhängig ist (§ 140 Abs. 2 Nr. 2). Das sind die Verfahren, in denen durch die für diese Fragen zuständigen Gerichte geklärt werden soll, ob und in welchem Umfang Versorgungsanrechte bestehen. Obwohl das im Wortlaut der Vorschrift nicht zum Ausdruck kommt, gilt das aber nur dann, wenn das Abwarten der vorgreiflichen Entscheidung die Scheidung verzögern würde. Für ein Vorgehen nach § 140 Abs. 2 Nr. 2 ist daher kein Raum, wenn die Entscheidung des Sozial- oder Verwaltungsgerichts über den Bestand oder die Höhe der Renten- bzw Versorgungsanwartschaften in naher Zukunft zu erwarten ist.[69]

121 Der Rechtsstreit über den Bestand oder die Höhe der Anwartschaft muss auch bereits bei einem **anderen Gericht anhängig** sein. Es reicht nicht, dass das Verfahren nur vorläufig ausgesetzt und eine Frist für die Klageerhebung gesetzt ist.

cc) Ablauf von drei Monaten nach Rechtshängigkeit des Scheidungsantrags

122 Als neue generelle Abtrennungsmöglichkeit sieht § 140 Abs. 2 Nr. 4 vor, dass eine Versorgungsausgleichssache abgetrennt werden kann, wenn **seit der Rechtshängigkeit des Scheidungsantrags ein Zeitraum von drei Monaten verstrichen** ist, beide Ehegatten die erforderlichen Mitwirkungshandlungen in der Versorgungsausgleichsfolgesache vorgenommen haben und beide übereinstimmend deren Abtrennung beantragen. Damit wird der Versorgungsausgleich künftig nahezu immer abgetrennt werden können,

---

68 Vgl Rn 130 ff.
69 HK-ZPO/Kemper § 140 Rn 16.

V. Verfahrensgrundsätze im Versorgungsausgleichsverfahren

wenn die Verfahrensdauer nach dem neuen Recht vergleichbar lang wie bisher bleiben wird. Dafür spricht schon angesichts der vielen zu beteiligenden Versorgungsträger einiges.

Die Frist wird **von der Rechtshängigkeit des Scheidungsantrags an gerechnet**; auch das Rechtsmittelverfahren wird in die Ermittlung ihrer Dauer einbezogen.[70] Bei der Berechnung der Frist wird jedoch die Zeit vor dem Ablauf des Trennungsjahres außer Acht gelassen (§ 140 Abs. 4). Das war bislang für den Fall des § 628 S. 1 Nr. 4 ZPO aF streitig, ist aber vom Gesetzgeber nun durch § 137 Abs. 4 geklärt. Der Grund der Regelung liegt darin, dass vor Ablauf des Trennungsjahres der Scheidungsantrag unschlüssig ist und nicht zu einer Scheidung führen kann. Eine Verzögerung, die gerade erst zur Schlüssigkeit des Antrags führt, kann aber niemals als außergewöhnliche angesehen werden. Etwas anderes gilt nur dann, wenn die Voraussetzungen des § 1565 II BGB für eine vorzeitige Scheidung vor Ablauf des Trennungsjahrs vorliegen. In diesen Fällen bleibt es bei der Berechnung von der Rechtshängigkeit des Scheidungsantrags an.

123

dd) Unzumutbare Härte bei außergewöhnlicher Verzögerung des Scheidungsausspruchs

Eine Abtrennung des Versorgungsausgleichsverfahrens kommt schließlich auch in Betracht, wenn sich durch seine Erledigung der Scheidungsausspruch so **außergewöhnlich verzögern** würde, dass ein weiterer Aufschub unter Berücksichtigung der Bedeutung der Folgesache eine unzumutbare Härte darstellen würde und ein Ehegatte die Abtrennung beantragt (§ 140 Abs. 2 Nr. 5). Es handelt sich um eine Nachfolgeregelung zu § 628 S. 1 Nr. 4 ZPO aF. Die Norm soll die Härten korrigieren, die sich daraus ergeben, dass im Entscheidungsverbund zwangsläufig die langwierigste Sache die Dauer des Verfahrens auch in den Scheidungs- und den übrigen Folgesachen bestimmt. Die Voraussetzungen entsprechen im Wesentlichen dem bisherigen Recht, sind also relativ eng, weil eine außergewöhnliche Verzögerung bislang von der Rechtsprechung erst bejaht wurde, wenn eine mehr als zweijährige Verfahrensdauer überschritten war.[71] Die Frist wird von der Rechtshängigkeit des Scheidungsantrags an gerechnet; auch das Rechtsmittelverfahren wird in die Ermittlung ihrer Dauer einbezogen.[72] Bei der Berechnung der Frist wird jedoch die Zeit vor dem Ablauf des Trennungsjahres außer Acht gelassen (§ 140 Abs. 4).[73] Etwas anderes gilt nur dann, wenn die Voraussetzungen des § 1565 Abs. 2 BGB für eine vorzeitige Scheidung vor Ablauf des Trennungsjahrs vorliegen. In diesen Fällen bleibt es bei der Berechnung von der Rechtshängigkeit des Scheidungsantrags an.

124

Aus der außergewöhnlichen Dauer des Verfahrens muss für wenigstens einen der Ehegatten eine **unzumutbare Härte** erwachsen. Erforderlich ist daher, dass nach den Umständen des Einzelfalls das weitere Zuwarten auf die Entscheidung über die Scheidung und die übrigen Folgesachen für einen oder beide Ehegatten unerträglich wäre. Zur Entscheidung dieser Frage sind die Interessen des Ehegatten, der eine möglichst umge-

125

---

70 BGH FamRZ 1991, 1043, 1044; OLG Düsseldorf FamRZ 1980, 1050, 1051.
71 BGH FamRZ 1986, 898, 899; 1991, 687; 1991, 1616; 1991, 1043; 1991, 2491.
72 BGH FamRZ 1991, 1043, 1044; OLG Düsseldorf FamRZ 1980, 1050, 1051.
73 Siehe dazu die vorhergehende Rn.

hende Scheidung anstrebt, gegen die Interessen des anderen Ehegatten abzuwägen, der nicht geschieden werden will, bevor alle Folgesachen geregelt sind.[74] Für die Abtrennung können etwa sprechen: die Absicht des die Abtrennung begehrenden Ehegatten, wegen der langen Trennungsdauer nach der Scheidung möglichst schnell wieder zu heiraten, das hohe Alter des scheidungswilligen Ehegatten, sonstige Gründe für eine nur noch geringe Lebenserwartung eines Ehegatten[75] oder die Tatsache, dass die Verzögerung des Verfahrens auf ein Verhalten des anderen Ehegatten zurückzuführen ist.

126 Die Abtrennung erfolgt ausschließlich auf **Antrag**. Die bislang bestehende Abtrennungsmöglichkeit von Amts wegen wurde beseitigt. Die Zahl der Anwendungsfälle des § 140 Abs. 2 Nr. 5 wird sich wahrscheinlich gegenüber dem bisherigen Rechtszustand erheblich verringern, da der neue § 140 Abs. 2 Nr. 4 in allen Fällen, in denen sich die Ehegatten darin einig sind, den Versorgungsausgleich wegen Verzögerung des Verfahrens aus dem Verbund herauszunehmen, künftig wesentlich einfacher über diese Möglichkeit zu regeln sein werden. § 140 Abs. 2 Nr. 5 wird deswegen das Instrument für solche Fälle bleiben, in denen sich ein Ehegatte – aus was für Gründen auch immer – dem Ausscheiden des Versorgungsausgleichs aus dem Verhandlungs- und Entscheidungsverbund widersetzt.

3. Amtsermittlungsgrundsatz

127 In Versorgungsausgleichssachen gilt zusammen mit den anderen Regelungen des Allgemeinen Teils des FamFG der Amtsermittlungsgrundsatz (§ 26). Das Gericht kann **formlos oder im Wege förmlicher Beweisaufnahme** die für den Versorgungsausgleich erforderlichen Tatsachen ermitteln (vgl §§ 29, 30). Das praktisch wichtigste Hilfsinstrument dafür regelt § 220, der Mitwirkungspflichten der Beteiligten und Auskunftspflichten Dritter anordnet.

128 Zu beachten ist aber, dass die Amtsermittlungspflicht auch in Versorgungsausgleichssachen **keine uferlose** ist. Das Gericht darf sich darauf beschränken, die Ehezeitanteile, den Ausgleichswert und den korrespondierenden Kapitalwert zu ermitteln. Es darf sich dagegen auch in den Versorgungsausgleichssachen darauf verlassen, dass die Beteiligten alle für sie günstigen Umstände selbst vortragen werden.[76] Vor allem in Bezug auf das Vorliegen von Härtegründen (vgl § 27 VersAusglG) braucht das Gericht nicht von sich aus tätig zu werden, wenn die Eheleute keine Angaben zu derartigen Gründen machen.

VI. Besonderheiten des Verfahrens in Versorgungsausgleichssachen

129 Gegenüber dem im ersten Buch des FamFG vorgesehenen Verfahrensregeln enthalten die §§ 220 ff einige Besonderheiten, welche zum Teil durch die besonderen Anforderungen des Versorgungsausgleichs bedingt sind und sich zum Teil aus der engen Verbindung des Versorgungsausgleichsverfahrens mit dem Verfahren der Ehesache ergeben.

---

74 OLG Frankfurt/M. FamRZ 1986, 921, 922; OLG Hamm FamRZ 1992, 1086, 1087.
75 OLG Celle FamRZ 1979, 948; OLG Frankfurt/M. FamRZ 1980, 279, 280.
76 BGH FamRZ 1988, 709, 710; OLG Karlsruhe FamRZ 1992, 689; OLG Bamberg FamRZ 2001, 1222, 1223.

VI. Besonderheiten des Verfahrens in Versorgungsausgleichssachen

1. Anwaltszwang und Vollmacht

a) Anwaltszwang für Ehegatten

Für die Verfahren in Versorgungsausgleichssachen besteht **für die Ehegatten** grundsätzlich Anwaltszwang; denn nach § 114 Abs. 1 müssen sich die Ehegatten in Ehesachen und Folgesachen vor dem Familiengericht und dem OLG durch einen Rechtsanwalt vertreten lassen. Da der Versorgungsausgleich grundsätzlich im Zwangsverbund mit der Ehesache steht und damit auf jeden Fall eine Folgesache darstellt, wenn er im Zusammenhang mit der Scheidung durchgeführt wird, besteht damit für die Ehegatten in diesen Verfahren Anwaltszwang.[77] Das gilt auch dann, wenn das Verfahren in Versorgungsausgleichssachen abgetrennt wird (vgl § 140); denn auch nach der Abtrennung bleibt die Versorgungsausgleichssache Folgesache. Entsprechendes gilt, wenn nach einer Verbundentscheidung der ersten oder zweiten Instanz ein Rechtsmittel nur noch gegen die Entscheidung in der Versorgungsausgleichssache eingelegt wird.[78] 130

Der Anwaltszwang erstreckt sich grundsätzlich auf **alle Verfahrenshandlungen**, vor allem auch auf den Abschluss von Vereinbarungen über den Versorgungsausgleich vor dem Familiengericht, um auf diese Weise das Formerfordernis des § 7 VersAusglG zu erfüllen. Ist ein Ehegatte nicht anwaltlich vertreten, können die Eheleute eine derartige Vereinbarung deswegen nicht durch die Aufnahme in das gerichtliche Protokoll wirksam abschließen, sondern nur durch eine notarielle Beurkundung (vg. § 7 Abs. 3 VersAusglG). Eine anwaltliche Vertretung ist jedoch auch in diesen Fällen nicht erforderlich, soweit der Antrag nach § 3 Abs. 3 VersAusglG betroffen ist, soweit also ein Ehegatte den Antrag stellen will, den Versorgungsausgleich trotz einer Ehedauer von weniger als drei Jahren durchzuführen (§ 114 Abs. 4 Nr. 7). Auch die Ausübung der Wahlrechte in Bezug auf die Wahl der Zielversorgung bei der externen Teilung (§ 15 Abs. 1, 3 VersAusglG) unterliegt nicht dem Anwaltszwang, kann also von einem nicht vertretenen Ehegatten selbst ausgeübt werden (§ 114 Abs. 4 Nr. 7). 131

Umgekehrt bedeutet § 114 Abs. 1, dass für die Ehegatten das Verfahren in Versorgungsausgleichssachen dann **nicht** vom Anwaltszwang erfasst ist, wenn es sich bei dem Verfahren nicht mehr um eine Folgesache handelt, vor allem also in **isolierten Verfahren,** welche nach einer vorausgehenden Scheidung (Hauptfall: Auslandsscheidung) anhängig gemacht werden oder wenn es sich um ein Abänderungs- (§§ 225 ff) oder ein Anpassungsverfahren (§§ 33 ff VersAusglG) handelt. 132

Für das Verfahren vor dem **BGH** folgt der Anwaltszwang aus § 114 Abs. 2. In diesem Fall besteht der Anwaltszwang unabhängig von der Eigenschaft als Folgesache. Die Vertretung muss in diesen Fällen durch einen beim BGH zugelassenen Rechtsanwalt erfolgen. 133

b) Anwaltszwang für andere Beteiligte

Für **andere Beteiligte** als die Ehegatten (zB Erben, Hinterbliebene) besteht in Versorgungsausgleichssachen vor dem Familiengericht und dem Oberlandesgericht kein An- 134

---

[77] HK-Familienverfahrensrecht/Götsche Vor §§ 217 ff Rn 8.
[78] Vgl Rahm/Künkel/Wagner Handbuch des Familiengerichtsverfahrens, Versorgungsausgleich Rn 320.

waltszwang. Vor dem BGH müssen sich diese Beteiligten aber grundsätzlich durch einen beim BGH zugelassenen Rechtsanwalt vertreten lassen (§ 114 Abs. 2).

135 Für **Versorgungsträger** ist § 114 Abs. 3 zu beachten, soweit es sich bei ihnen um Behörden oder juristische Personen des öffentlichen Rechts oder einen der von ihnen zur Erfüllung ihrer öffentlichen Aufgaben gebildeten Zusammenschlüsse handelt. Die Genannten können sich durch eigene Beschäftigte oder Beschäftigte anderer Behörden oder juristischen Personen des öffentlichen Rechts einschließlich der von ihnen zur Erfüllung ihrer öffentlichen Aufgaben gebildeten Zusammenschlüsse vertreten lassen (§ 114 Abs. 3 S. 1). Besondere Anforderungen an die Qualifikation bestehen insoweit grundsätzlich nicht. Vor dem Bundesgerichtshof müssen die zur Vertretung berechtigten Personen jedoch die Befähigung zum Richteramt haben (§ 114 Abs. 3 S. 2). Bei Versorgungsträgern, die weder Behörden noch juristische Personen des öffentlichen Rechts sind (zB private Lebensversicherungen, Arbeitgeber bei betrieblichen Direktversorgungszusagen), gelten die in der vorhergehenden Rn genannten Grundsätze.

c) Vollmacht

136 Die Vollmacht für die Scheidungssache erstreckt sich auch auf die Folgesachen (§ 114 Abs. 5 S. 2). Soweit es sich bei der Versorgungsausgleichssache um eine Folgesache handelt,[79] gilt die für die Ehesache erteilte Vollmacht deswegen auch für die Versorgungsausgleichssache. In den übrigen Fällen muss eine gesonderte Vollmacht nach den allgemeinen Regeln erteilt werden.

2. Erstreckung der Verfahrenskostenhilfe in der Ehesache

137 § 149 bestimmt, dass sich die Bewilligung von Verfahrenskostenhilfe in der Ehesache auf die Versorgungsausgleichssache erstreckt. Die Regelung entspricht § 624 Abs. 2 ZPO aF. Sie trägt der **engen Verbindung zwischen der Scheidungssache und der Versorgungsausgleichssache** im Zwangsverbund Rechnung. Die Terminologie der Norm, die zunächst von Prozesskostenhilfe sprach, wurde durch das „Reparaturgesetz"[80] mittlerweile an die von § 113 Abs. 5 vorgegebene Begrifflichkeit angepasst.

138 Auch nach der Novellierung des Versorgungsausgleichs durch das Gesetz zur Strukturreform des Versorgungsausgleichs ist der **Umfang** der Erstreckung der Verfahrenskostenhilfe nicht anders geregelt als früher. Die Erstreckung kann sich nur auf den Wertausgleich bei der Scheidung (§§ 9 ff VersAusglG) beziehen, weil grundsätzlich nur dieses Verfahren in den Scheidungsverbund fällt. Der Wertausgleich nach der Scheidung (§§ 20 ff VersAusglG) kann nur ganz ausnahmsweise in den Verbund fallen, wenn der Berechtigte schon im Zeitpunkt der Scheidung die Voraussetzungen des § 20 VersAusglG erfüllt (Hauptfall: beide beteiligten Eheleute sind zum Zeitpunkt des Eheendes schon Rentner). In diesen Fällen ist dann auch § 149 anzuwenden.

139 Die Erstreckung greift aber **nie in Verfahren** ein, die **erst nach der Scheidung anhängig** gemacht werden (zB isolierte Verfahren in den Fällen des Art. 17 Abs. 3 EGBGB,

---

[79] Vgl Rn 130.
[80] Gesetz zur Modernisierung von Verfahren im anwaltlichen und notariellen Berufsrecht, zur Errichtung einer Schlichtungsstelle der Rechtsanwaltschaft sowie zur Änderung der Verwaltungsgerichtsordnung, der Finanzgerichtsordnung und kostenrechtlicher Vorschriften vom 30.7.2009, BGBl. I 2449.

Abänderungsverfahren, Anpassungsverfahren). Diese Sachen sind gerade keine Versorgungsausgleichsfolgesachen mehr.

§ 149 Hs 2 gestattet es, die Verfahren über den Versorgungsausgleich von der Bewilligung der Verfahrenskostenhilfe **auszunehmen**. Da die Wahrnehmung eigener Interessen in vom Gericht von Amts wegen eingeleiteten Verfahren aber grundsätzlich nicht mutwillig sein kann und ein Ehegatte diesem Verfahren auch nicht ausweichen kann, kommt das nur in absoluten Ausnahmefällen in Betracht, etwa wenn ein Versorgungsausgleich unzweifelhaft nicht stattfindet. 140

3. Amtswegiges Verfahren ohne Antrag

Für die im Verbund stehenden Verfahren über den **Versorgungsausgleich nach §§ 6– 19, 28 VersAusglG** ist grundsätzlich kein Antrag erforderlich (§ 137 Abs. 2 S. 1). In diesen Fällen liegt ein sog. Zwangsverbund vor; das Verfahren wird von Amts wegen geführt. Ausnahmen bestehen nur insoweit, als das materielle Recht einen Antrag auf Durchführung des Versorgungsausgleichs verlangt: Das sind die Fälle des Art. 17 Abs. 3 EGBGB (grundsätzliche Geltung eines ausländischen Scheidungsstatuts oder Heimatrechte beider Ehegatten, die einen Versorgungsausgleich nicht kennen bei Bestehen von inländischen Versorgungsanrechten)[81] und des § 3 Abs. 3 VersAusglG (kurze Ehedauer). Auch in diesen Fällen braucht der Antrag aber nicht den normalen Anforderungen an einen Verfahrensantrag zu genügen, muss vor allem nicht beziffert oder sonst konkretisiert zu sein. Es reicht: 141

... wird beantragt, den Versorgungsausgleich durchzuführen.

Für den (schuldrechtlichen) **Versorgungsausgleich nach der Scheidung** (§§ 20 ff VersAusglG), für ein Verfahren auf **Abänderung** einer Entscheidung (§§ 225 ff) und für ein Verfahren auf **Anpassung** einer Entscheidung wegen Unterhalts, Invalidität oder Todes einer Person (§§ 33 ff VersAusglG) ist immer ein Antrag erforderlich. Dieser braucht aber ebenfalls nicht beziffert zu sein. 142

4. Verfahrensrechtliche Auskunfts- und Mitwirkungspflichten

a) Grundlagen

§ 220 ergänzt die materielle Auskunftspflicht der Ehegatten, Erben und Hinterbliebenen sowie gegebenenfalls der **Versorgungsträger** um eine besondere, durch die Gerichte durchzusetzende verfahrensrechtliche Auskunftspflicht. Die Regelung dient der Beschleunigung des gerichtlichen Verfahrens. Sie geht auf die § 53 b Abs. 2 S. 2 FGG aF und § 11 Abs. 2 S. 1 VAHRG aF zurück, deren Gehalt sie strafft und vereinheitlicht. Durch das Gesetz zur Strukturreform des Versorgungsausgleichs wurde sie noch einmal umgestaltet, gestrafft (vor allem durch die Bezugnahme auf die Regelung der Beteiligten in § 219)[82] und an das neue Versorgungsausgleichsrecht angepasst. 143

Das **Verhältnis** des § 220 zu den **Ansprüchen nach § 4 VersAusglG** dürfte nicht anders zu beurteilen sein als bislang das Verhältnis von § 11 Abs. 2 VAHRG aF zu §§ 1587 e Abs. 1, 1587 k Abs. 1 BGB aF, §§ 3 a Abs. 8, 10 a Abs. 1 S. 1 VAHRG aF. In diesen 144

---

81 Siehe oben Rn 35 ff.
82 Vgl dazu aber Rn 151.

Fällen wurde zwar teilweise angenommen, dass regelmäßig das Rechtsschutzinteresse für eine Geltendmachung der anderen Auskunftsrechte fehlte, weil die Möglichkeit des Gerichts bestand, Auskünfte selbst von Amts wegen einzuholen, insoweit also eine einfachere und billigere Möglichkeit gegeben war, die Auskünfte zu erlangen.[83] Gleichwohl stand die hM schon nach bisherigem Recht auf einem anderen Standpunkt.[84] Auf jeden Fall besteht für die Geltendmachung des materiellen Auskunftsanspruchs ein Rechtsschutzinteresse, wenn erst ein Scheidungsverfahren oder wenn der Ausgleich nach der Scheidung vorbereitet werden soll.[85] Des Weiteren muss das Familiengericht die Beteiligten auf die Möglichkeit der materiellen Auskunftsansprüche hinweisen, wenn die ihm selbst zur Verfügung stehenden Möglichkeiten erschöpft sind (zB bei ausländischen Anwartschaften). Für die Geltendmachung des materiellen Auskunftsanspruchs im Verbund wird es dagegen regelmäßig an einem Rechtsschutzinteresse fehlen.[86]

145 Ob das Familiengericht seine Möglichkeiten zur Durchsetzung der verfahrensrechtlichen Auskunfts- und Mitwirkungspflicht nutzen muss, richtet sich nach den Umständen des Einzelfalls. Da aber der **Amtsermittlungsgrundsatz** herrscht (§ 26), muss das Gericht regelmäßig von seinen Möglichkeiten Gebrauch machen, wenn die Beteiligten nicht von sich aus die notwendigen Auskünfte beibringen und die erforderlichen Mitwirkungshandlungen vornehmen.

146 Die in § 220 genannten **Personen und Stellen sind verpflichtet**, die gerichtlichen Ersuchen und Anordnungen zu befolgen (§ 220 Abs. 5).

147 Der Anspruch ist **nicht von einer Zustimmung des** durch die Auskunft betroffenen **Ehegatten abhängig**. Ausgeschlossen ist er nur dann, wenn die erfragte Auskunft unter keinerlei Umständen für das Verfahren relevant sein kann. Das ist allenfalls dann anzunehmen, wenn die Scheidung offensichtlich ausgeschlossen ist.[87]

148 Die Auskunftspflichtigen werden durch ihre Verpflichtung **nicht zu Beteiligten** in der Versorgungsausgleichssache (§ 7 Abs. 6), wenn sie es nicht ohnehin schon sind.

b) Die zur Auskunft Verpflichteten

149 Der Kreis der Auskunftspflichtigen ergibt sich zunächst aus **§ 220 Abs. 1 iVm § 219**, denn die Regelung nimmt Bezug auf die Beteiligten im Versorgungsausgleichsverfahren: Das Gericht kann Auskünfte bei den Ehegatten, den Versorgungsträgern, bei denen auszugleichende Anrechte bestehen oder begründet werden sollen und bei Erben und Hinterbliebenen einholen.

aa) Eheleute

150 Die Auskunftspflicht der **Eheleute** knüpft an den materiellen Auskunftsanspruch aus § 4 VersAusglG an. Verfahrensrechtlich handelt es sich insofern um eine besondere

---

83 OLG Oldenburg NJWE-FER 1998, 283; OLG München FamRZ 1998, 244.
84 OLG Hamm FamRZ 2002, 103; OLG Nürnberg FamRZ 1995, 300.
85 HK-BGB/Kemper, Anhang § 1587 BGB, § 4 VersAusglG Rn 2.
86 Rahm/Künkel/Wagner Versorgungsausgleich, Rn 305.
87 Vgl OLG Düsseldorf FamRZ 1987, 618.

Ausprägung der Mitwirkungspflicht der Verfahrensbeteiligten (§ 27 Abs. 1), die wiederum in § 220 Abs. 3[88] nochmals konkretisiert wird.

bb) Versorgungsträger, soweit sie Beteiligte sein können

Auskunftspflichtig sind auch die **Versorgungsträger**. § 220 Abs. 1 nimmt insoweit Bezug auf die Beteiligtenstellung, die in § 219 Nr. 2 und 3 angeordnet wird. Diese Bezugnahme ist jedoch missverständlich, denn beteiligt am Verfahren werden nur diejenigen Versorgungsträger, welche durch die Einbeziehung der bei ihnen bestehenden oder zu begründenden Anrechte direkt durch den Versorgungsausgleich betroffen werden.[89] Nähme man eine Auskunftspflicht allein in diesen Fällen an, könnte die Regelung ihren Sinn nur begrenzt erfüllen, denn ihre Anwendung schiede etwa aus, wenn ein Anrecht nur geringwertig (§ 18 VersAusglG) oder nicht ausgleichsreif (§ 19 VersAusglG) ist. Ebenso wenig könnten Auskünfte von den Verssorgungsträgern verlangt werden, wenn die Ehegatten den Versorgungsausgleich ausgeschlossen haben oder (auf diese Anrechte beschränkt), wenn sie bestimmte Anrechte aus dem Versorgungsausgleich ausgenommen haben. Ob aber derartige Vereinbarungen einer Inhalts- und Ausübungskontrolle standhalten (vgl § 8 VersAusglG), wird regelmäßig davon abhängen, welche Anrechte auf beiden Seiten überhaupt bestehen. Die Regelung ist deswegen erweiternd dahin auszulegen, dass das Gericht alle Auskünfte verlangen kann, welche erforderlich sind, um die Versorgungsausgleichssache zu entscheiden und dass alle Versorgungsträger auskunftspflichtig sind, welche Beteiligte nach § 219 in dem Verfahren sein könnten, unabhängig davon, ob sie es im konkreten Fall tatsächlich sind.[90]

151

cc) Hinterbliebene und Erben

Gegen **Hinterbliebene** kann sich der Auskunftsanspruch nur dann richten, wenn nach dem Tod eines Ehegatten nach der Scheidung (eventuell auch nach dem Tod beider Ehegatten) das Versorgungsausgleichsverfahren noch fortgesetzt wird und Regelungen über den Versorgungsausgleich getroffen werden müssen (Fälle des § 26 VersAusglG).

152

Gegen **Erben** richtet sich das Verfahren, wenn nach dem Tod eines Ehegatten nach der Scheidung noch der Versorgungsausgleich geregelt werden muss. Zu beachten ist, dass das Verlangen nach einer Auskunft vom Erben nicht identisch ist mit der Verpflichtung des verstorbenen Ehegatten, Auskunft zu erteilen, da die Auskunftspflicht des Erben eine eigene, keine vom Erblasser abgeleitete.

153

dd) Sonstige Personen und Stellen

Auskunftspflichtig sind schließlich auch **alle anderen Personen und Stellen**, welche Auskünfte über Bestand und Höhe von Versorgungsanrechten geben können. Eine Begrenzung besteht insoweit nicht. Zu diesen zählen vor allem Arbeitgeber, die Bundesanstalt für Arbeit und die Verbindungsstellen der gesetzlichen Rentenversicherung, soweit der Bestand und die Höhe von ausländischen Versorgungsanrechten in Frage stehen. Die Regelung ist weit auszulegen. Es kommt nicht darauf an, dass das streitige

154

---

88 Vgl Rn 160 ff.
89 Siehe oben, Rn 92 ff.
90 Prütting/Helms/Wagner § 220 Rn 8.

Kemper

Anrecht tatsächlich besteht oder dass es sich um ein Recht handelt, dass tatsächlich in den Versorgungsausgleich einzubeziehen wäre. Die Auskunftspflicht besteht vielmehr gerade auch dann, wenn durch die Auskunft gerade erst geklärt werden soll, ob es sich um ein Anrecht handelt, welches in den Versorgungsausgleich einzubeziehen wäre oder um ein anderes Recht, das etwa in den Zugewinnausgleich einbezogen werden muss. Der in der Praxis insoweit am häufigsten vorkommende Fall wird auf Einmalzahlungen gerichtete Lebensversicherungen betreffen, die nur dann in den Versorgungsausgleich einzubeziehen sind, wenn sie der betrieblichen Altersversorgung dienen oder solche Verträge sind, die unter das Altersvorsorgeverträgezertifizierungsgesetz fallen (vgl § 2 Abs. 2 Nr. 3 VersAusglG).

c) Die Erfüllung der Auskunftspflicht

155 Für alle Auskunftspflichtigen ordnet § 220 Abs. 2 S. 1 an, dass die **Formulare** zu verwenden sind, die das Gericht übersendet. Ausgenommen sind nur automatisiert erstellte Auskünfte von Versorgungsträgern (§ 220 Abs. 2 S. 2). In diesen Fällen enthalten die automatisierten Erklärungen schon wegen des Automatisierungsvorganges die Auskünfte in einer Ordnung, welche derjenigen der gerichtlichen Formulare entspricht. Es wäre deswegen ein unnötiger Aufwand, von diesen Versorgungsträgern die Benutzung der gerichtlichen Formulare zu verlangen. Wird dagegen keine automatisiert erstellte Auskunft erteilt (zB durch einen Arbeitgeber bei einer betrieblichen Direktversorgungszusage), müssen die gerichtlichen Formulare verwendet werden.

156 Für die Versorgungsträger bestimmt sich die **Reichweite der Auskunftsverpflichtung** aus § 220 Abs. 4. Danach ist der Versorgungsträger verpflichtet, die nach § 5 VersAusglG benötigten Werte (Ehezeitanteil, Ausgleichswert und korrespondierenden Kapitalwert) einschließlich einer übersichtlichen und nachvollziehbaren Berechnung mitzuteilen. Das bedeutet vor allem, dass der Versorgungsträger dem Gericht die versicherungsmathematischen Grundlagen seiner Berechnung offen legen muss (das Berechnungsverfahren, den Zinssatz und die Sterbetafeln, welche seiner Berechnung zugrunde liegen).[91] Wie weit diese Verpflichtungen gehen, ist noch nicht ganz ausgelotet. Vor allem wird man von keinem Versorgungsträger verlangen können, dass er seine Geschäftsgeheimnisse offenbart. Bei Lebensversicherungen und betrieblichen Altersversorgungen sind aber auch immer die Verträge und Satzungen vorzulegen, ohne die eine Bewertung von Anrechten nicht möglich ist. Die Auskünfte müssen so detailliert sein, dass das Gericht (und die Anwälte der Beteiligten) in der Lage sind, die mitgeteilten Werte zu überprüfen.

157 Dem Gericht sind neben den genannten Werten außerdem **alle weiteren für den Versorgungsausgleich erforderlichen Daten** mitzuteilen. Das kann die Frage der Insolvenzsicherung eines Anrechts betreffen, aber vor allem auch das Bestehen von Verrechnungsvereinbarungen mit anderen Versorgungsträgern (vgl § 10 Abs. 2 S. 2 VersAusglG). Zweckmäßig (wenn auch in diesem Stadium noch nicht gefordert) ist auch die Mitteilung darüber, ob der Versorgungsträger von einem Recht, den externen Ausgleich zu verlangen (§§ 14 Abs. 2 Nr. 2, 17 VersAusglG), Gebrauch macht.

---

91 Prütting/Helms/Wagner § 220 Rn 15 f.

VI. Besonderheiten des Verfahrens in Versorgungsausgleichssachen 11

Das Gericht kann den Versorgungsträger von Amts wegen oder auf Antrag eines Beteiligten auffordern, die **Einzelheiten der Wertermittlung zu erläutern** (§ 220 Abs. 4 S. 2). Diese Erläuterung kann eine schriftliche sein, das Gericht kann aber auch die mündliche Erläuterung durch einen Mitarbeiter des Versorgungsträgers verlangen. Ob es diese Möglichkeit wählt, steht in seinem pflichtgemäßen Ermessen. Allerdings darf insoweit nicht die Amtsermittlungspflicht des Gerichts unberücksichtigt bleiben: Daraus folgt, dass die persönliche Erläuterung der Auskunft durch einen Vertreter des Versorgungsträgers im Regelfall wird angeordnet werden müssen, wenn das Gericht nur durch wiederholtes und vertieftes Nachfragen die für den Versorgungsausgleich erforderlichen Angaben zu ermitteln. 158

Die Auskunft des Versorgungsträgers ist kein Verwaltungsakt, sondern (bei öffentlich-rechtlichen Versorgungsträgern) nur eine **amtliche Auskunft** iSd § 29. 159

d) Die Mitwirkungsverpflichtung nach § 220 Abs. 3

Die Eheleute sind nicht nur dazu verpflichtet, die erforderlichen Auskünfte zu erteilen. Vielmehr kann es auch anordnen, dass die Ehegatten oder ihre Hinterbliebenen oder Erben gegenüber dem Versorgungsträger Mitwirkungshandlungen (zB Urkundenvorlage, Antragsstellungen) zu erbringen haben, die für die Feststellung der in den Versorgungsausgleich einzubeziehenden Anrechte erforderlich sind (§ 220 Abs. 3). Das versetzt das Gericht in die Lage, den Beteiligten aufzugeben, die für die Ermittlung der Ehezeitanteile erforderlich sind, ohne dass zunächst die Auskunft an das Gericht erteilt werden müsste, damit dieses dann die Auskünfte an den Versorgungsträger weiterleitet. Diese Mitwirkungspflicht kann genauso wie die Auskunftspflicht nach § 35 durchgesetzt werden, weil auch sie gegenüber dem Gericht (und nicht gegenüber dem Versorgungsträger) besteht. Voraussetzung für eine Vollstreckung der Mitwirkungspflicht ist aber, dass sie hinreichend präzise angeordnet ist. Das Gericht muss deswegen jeweils detailliert beschreiben, welche Handlung von den Beteiligten vorgenommen werden soll. Der Gesetzgeber hat deswegen auch bewusst darauf verzichtet, einen Katalog von möglichen Handlungsanweisungen aufzustellen (anders noch § 220 Abs. 2 S. 2 in seiner ursprünglichen Fassung). 160

e) Die Durchsetzung der Auskunfts- und Mitwirkungspflicht

In § 220 Abs. 5 wird angeordnet, dass eine Pflicht besteht, die gerichtlichen Ersuchen und Anordnungen zu befolgen. Durchgesetzt wird diese Verpflichtung nach § 35 Abs. 1 durch die Festsetzung eines Zwangsgeldes bis 25.000 EUR oder von Zwangshaft (wenn das Zwangsgeld nicht beigetrieben werden kann). Auf die Durchsetzungsmöglichkeit muss bei der Anordnung der Auskunft bzw Mitwirkungshandlung hingewiesen werden (§ 35 Abs. 2). 161

5. Anhörungen in Versorgungsausgleichssachen

§ 221 Abs. 1 nimmt die vorher in § 222 aF und im alten Recht in § 53 b Abs. 1 FGG aF enthaltene Regelung auf und bestimmt, dass das **Gericht die Versorgungsausgleichssache mit den Ehegatten in einem Termin erörtern soll**. Der Erörterung kommt nach der Reform des materiellen Versorgungsausgleichsrechts eine ganz erhebliche Bedeutung zu. Waren bislang die Aufteilungsregelungen mehr oder weniger zwingend, werden in 162

Zukunft in wesentlich größerem Umfang Vereinbarungen der Eheleute zulässig sein (vgl § 6 VersAuslG).[92] Bei der Erörterung kann das Gericht dann bei entsprechenden Anhaltspunkten auf die Möglichkeiten hinweisen, zweckmäßige Vereinbarungen zu schließen (vgl § 36 Abs. 1).[93] Außerdem werden die Spielräume für Ermessens- und Billigkeitsentscheidungen des Gerichts erweitert, etwa der Durchführung des Ausgleichs trotz geringer Werte (§ 18 Abs. 3 VersAuslG) oder der Härtefallprüfung (§ 27 VersAuslG). In diesen Fällen ist die Erörterung aller maßgeblichen Gesichtspunkte mit den Eheleuten angezeigt.

163 Gegenüber dem früheren Recht ist die Norm insofern enger, als die Erörterungspflicht **auf die Ehegatten beschränkt** ist. Das schließt es aber nicht aus, die Angelegenheit auch mit den anderen Beteiligten zu erörtern. Insofern besteht nur keine Pflicht zur Erörterung. Maßgebend ist insofern nur die Kann-Vorschrift des § 32 Abs. 1. In den meisten Fällen werden die Versorgungsträger auf eine Erörterung auch keinen Wert legen. In diesem Zusammenhang ist aber auch § 222 Abs. 4 zu beachten: Nach dieser Regelung ist der Versorgungsträger verpflichtet, die nach § 5 VersAuslG benötigten Werte einschließlich einer übersichtlichen und nachvollziehbaren Berechnung mitzuteilen. Das Gericht kann den Versorgungsträger dann von Amts wegen oder auf Antrag eines Beteiligten auffordern, die Einzelheiten der Wertermittlung zu erläutern (§ 222 Abs. 4 S. 2). Diese Regelung kann in den praktischen Konsequenzen durchaus auch zu Erörterungen mit den Versorgungsträgern führen. Jedoch handelt es sich insofern nicht um eine zwingende Erörterung, sondern um eine solche, welche in das Ermessen des Gerichts gestellt ist.

164 Weiter als die frühere Regelung ist § 221 Abs. 1, denn nun ist wegen der Stellung der Norm klar, dass das Erörterungsgebot sich **auf alle Verfahren des Versorgungsausgleichs bezieht,** gleichgültig, ob es sich um einen Ausgleich bei der Scheidung (§§ 9 ff VersAuslG) oder um einen Ausgleich nach der Scheidung (§§ 20 ff VersAuslG) handelt. Auch alle Nebenverfahren sind erfasst.

165 Wie bisher auch hat das Erörterungsgebot wirklich **eigenständige Bedeutung** nur in den Fällen, in denen die Versorgungsausgleichssache **nicht im Verbund** mit einer Ehesache steht, denn in diesen Fällen ergibt sich das Erfordernis einer mündlichen Verhandlung – und damit auch der Erörterung der Sach- und Rechtslage – schon aus § 137 Abs. 1. Relevant wird das Erörterungsgebot also bei selbständiger Durchführung eines Ausgleichsverfahrens bei der Scheidung (zB nach vorausgegangener Auslandsscheidung), nach Abtrennung eines Versorgungsausgleichsverfahrens (§ 140 Abs. 2) und in den Verfahren, die den Ausgleich nach der Scheidung (§§ 20 ff VersAuslG), die Abänderung von Versorgungsausgleichsentscheidungen (§§ 225 ff) oder die Anpassung von Versorgungsausgleichsentscheidungen (§§ 33 ff VersAuslG) betreffen, weil diese nicht im Verbund stehen.

---

92 Einzelheiten: Rn 281 ff.
93 HK-Familienverfahrensrecht/Götsche § 221 Rn 3; Prütting/Helms/Wagner § 221 Rn 4; Bergner NJW 2009, 1233, 1234.

6. Besondere verfahrensrechtliche Vorgaben der verschiedenen Ausgleichsformen

Besondere verfahrensrechtliche Vorgaben enthält das FamFG für den externen Ausgleich nach §§ 14 ff VersAusglG,[94] für den Ausgleich nach der Scheidung (§§ 20 ff VersAusglG) sowie für die Abänderungsverfahren (§§ 225 ff)[95] und Anpassungsverfahren (§§ 33 ff VersAusglG).[96] Für den internen Ausgleich als Regelform des Ausgleichs (§§ 10 ff VersAusglG) finden sich dagegen keine Besonderheiten.[97]

166

a) Der externe Ausgleich von Versorgungsanrechten

§ 222 enthält besondere verfahrensrechtliche Bestimmungen für den Fall des sog. externen Ausgleichs von Versorgungsanrechten, also der Begründung von Versorgungsanrechten für den Begünstigten in einem anderen Leistungssystem als dem System, dessen Versorgungsanwartschaften ausgeglichen werden sollen (§§ 14 ff VersAusglG). Zum einen werden Präzisierungen im Hinblick auf die Ausübung der Wahlrechte bei der externen Teilung vorgenommen (§ 222 Abs. 1) und dem Ausgleichsberechtigten Nachweispflichten in Bezug auf die Bereitschaft des Versorgungsträgers der Zielversorgung zur externen Teilung auferlegt (§ 222 Abs. 2) und zum anderen werden Regeln für den Inhalt des Entscheidungstenors aufgestellt (§ 222 Abs. 3).[98]

167

aa) Anwendungsbereich der besonderen Regeln über die externe Teilung

Anwendungsbereich des § 222 sind allein die Fälle, in denen es zu einer externen Teilung nach § 14 VersAusglG kommt, also auf Grund einer Vereinbarung zwischen der ausgleichsberechtigten Person und dem Versorgungsträger der ausgleichspflichtigen Person bzw auf Grund des Abfindungsverlangens des Versorgungsträgers der ausgleichspflichtigen Person. § 222 gilt dagegen nicht, wenn eine Beamtenversorgung über die gesetzliche Rentenversicherung nach § 16 VersAusglG ausgeglichen wird (vgl § 222 Abs. 4).[99] Insofern handelt es sich zwar strukturell ebenfalls um eine externe Teilung, doch hat das Gericht hier wie nach bisher geltendem Recht nur anzuordnen, dass zulasten des Anrechts der ausgleichspflichtigen Person bei der Beamtenversorgung für die ausgleichsberechtigte Person ein Anrecht bei der gesetzlichen Rentenversicherung begründet wird (vgl § 16 Abs. 3 VersAusglG). Die Lage entspricht nahezu vollständig dem Quasisplitting des bisherigen Rechts.

168

bb) Die Ausübung der Wahlrechte bei der externen Teilung

Das Familiengericht begründet ausnahmsweise für die ausgleichsberechtigte Person zulasten des Anrechts der ausgleichspflichtigen Person ein Anrecht in Höhe des Ausgleichswerts **bei einem anderen Versorgungsträger als demjenigen, bei dem das Anrecht der ausgleichspflichtigen Person besteht**. Diesen Vorgang definiert § 14 Abs. 1 VersAusglG als externe Teilung. Diese Teilung setzt voraus, dass die ausgleichsberechtigte Person und der Versorgungsträger der ausgleichspflichtigen Person eine externe

169

---

94 Siehe dazu Rn 226 ff.
95 Siehe dazu unten, Rn 314 ff.
96 Siehe dazu unten, Rn 368 ff.
97 Zum Inhalt der Entscheidungen vgl jedoch Rn 210 ff.
98 Zum Inhalt der Entscheidung siehe den besonderen Abschnitt über die Entscheidung in Versorgungsausgleichssachen, Rn 226 ff.
99 Prütting/Helms/Wagner § 222 Rn 4.

Teilung vereinbaren oder dass der Versorgungsträger der ausgleichspflichtigen Person eine externe Teilung verlangt und der Ausgleichswert am Ende der Ehezeit einen bestimmten Maximalwert nicht übersteigt (§ 14 Abs. 2 VersAusglG, beachte auch § 17 VersAusglG). Die **ausgleichsberechtigte Person kann bei der externen Teilung wählen**, ob ein für sie bestehendes Anrecht ausgebaut oder ein neues Anrecht begründet werden soll (§ 15 Abs. 1 VersAusglG). Anwaltszwang besteht für die Ausübung dieses Wahlrechts nicht (§ 114 Abs. 4 Nr. 7). Das Wahlrecht kann formfrei ausgeübt werden; § 7 VersAusglG gilt nicht.[100] § 222 enthält ergänzende Regelungen dafür, wie und wann diese, die externe Teilung betreffende Wahlrechte ausgeübt werden müssen.

170 Das **Gericht** kann für die Erklärungen, die die externe Teilung eines Anrechts nach § 14 VersAusglG herbeiführen sollen, **Fristen setzen** (§ 222 Abs. 1). In einem solchen Fall sind diese Erklärungen innerhalb der gesetzten Fristen abzugeben. Das betrifft auch die Wahl einer Zielversorgung iSd § 15 Abs. 1 VersAusglG durch die ausgleichsberechtigte Person. Die Befugnis zur Fristsetzung soll es dem Gericht (vom Regelfall des Verbundes ausgehend) ermöglichen, das Verfahren voranzutreiben und damit letztlich die Scheidung zu beschleunigen. Eine feste Frist hat der Gesetzgeber bewusst nicht vorgesehen, um die Flexibilität zu erhalten. Zu beachten ist, dass ein Versorgungsträger, der am elektronischen Übermittlungsverfahren teilnimmt, die Erklärungen nach § 222 auf diesem Wege übermitteln muss (§ 229 Abs. 3).[101]

171 In der Praxis werden die Versorgungsträger normalerweise **bereits zusammen mit der von ihnen übermittelten Auskunft** mitteilen, ob sie eine externe Teilung wünschen, sei es im Rahmen einer Vereinbarung mit der ausgleichsberechtigten Person nach § 14 Abs. 2 Nr. 1 VersAusglG, sei es auf Grund des einseitigen Optionsrechts nach § 14 Abs. 2 Nr. 2 VersAusglG. Wahrscheinlich wird deswegen in den Auskunftsersuchen des Gerichts an die Versorgungsträger bereits eine entsprechende Rubrik in den Formularen vorgesehen werden.[102] Auch die Eheleute können sich über eine gewünschte Zielversorgung bereits in der Auskunft über die vorhandenen Anrechte erklären.

172 Wird die vom Gericht gesetzte **Frist versäumt**, kommt die Wahrnehmung der Rechte nach § 14 Abs. 2 Nr. 1 oder Nr. 2 VersAusglG nicht mehr in Betracht. Es handelt sich um eine Ausschlussfrist.[103] Unterbleibt die Benennung einer Zielversorgung nach § 15 Abs. 1 VersAusglG, erfolgt der Ausgleich über die gesetzliche Rentenversicherung bzw über die Versorgungsausgleichskasse (§ 15 Abs. 3 VersAusglG). Regelungen über eine Wiedereinsetzung in den vorigen Stand bei Fristversäumnis sind nicht speziell vorgesehen, § 17 ist nicht direkt anwendbar, da es sich nicht um eine prozessuale, sondern um eine materiellrechtliche Ausschlussfrist handelt. Wahrscheinlich handelt es sich insoweit aber um ein Versehen des Gesetzgebers. In diesen Fällen sollte deswegen § 17 analog angewendet werden.[104] Insoweit ist aber die Frist des § 18 zu beachten: Die Wahl und der Nachweis der Aufnahmebereitschaft des Versorgungsträgers müssen innerhalb einer Frist von 14 Tagen erfolgen.

---

100 HK-BGB/Kemper, Anhang § 1587 BGB, § 14 VersAusglG Rn 12.
101 Vgl Rn 193 ff.
102 BT-Drucks. 16/10144, S. 95.
103 Prütting/Helms/Wagner § 222 Rn 10.
104 Hauß/Eulering Rn 771.

VI. Besonderheiten des Verfahrens in Versorgungsausgleichssachen

cc) Nachweispflichten bei der externen Teilung

Dem Ausgleichsberechtigten obliegt es nicht nur, das Wahlrecht in Bezug auf die Zielversorgung rechtzeitig auszuüben, sondern auch, dem Gericht rechtzeitig die **Bereitschaft des Versorgungsträgers der gewählten Zielversorgung** zur Begründung oder zum Ausbau eines Anrechts nachzuweisen. Der externe Ausgleich kann nur erfolgen, wenn der betroffene Zielversorgungsträger einverstanden ist (§ 14 Abs. 2 VersAusglG). Die Entscheidung kann deswegen zu seinen Lasten erst dann getroffen werden, wenn dem Gericht dieses Einverständnis nachgewiesen ist. 173

Der Nachweis ist **innerhalb der vom Gericht nach § 222 Abs. 1 gesetzten Frist** oder – falls eine Fristsetzung unterblieben ist – spätestens bis zur Entscheidung in der Versorgungsausgleichssache über den externen Ausgleich zu erbringen. Gefordert ist die Mitteilung aller Daten, die dafür erforderlich sind, damit das Gericht den Entscheidungstenor hinreichend bestimmt fassen kann. Dazu gehören etwa die genaue Firma des Versicherungsunternehmens sowie die Tarifbezeichnung und Policennummer eines bereits bestehenden Vorsorgevertrags, der ausgebaut werden soll. Von den Versorgungsträgern entwickelte Formschreiben reichen als Nachweis aus. 174

dd) Der Inhalt der Entscheidung

Besondere Regelungen für den Inhalt einer Entscheidung über den externen Ausgleich enthält § 222 Abs. 4. Auf diese wird im Zusammenhang mit der Erörterung des Inhalts aller Entscheidungen zum Versorgungsausgleich eingegangen. 175

b) Besondere Vorschriften für den Ausgleich nach der Scheidung

Eine besondere Regelung für das Verfahren in einer den Ausgleich nach der Scheidung betreffenden Versorgungsausgleichssache enthält § 223. Die Vorschrift ist die Nachfolgeregelung für die §§ 1587f, 1587i, 1587l BGB aF und § 3a Abs. 1 VAHRG aF. Aus diesen Vorschriften ergab sich schon bislang, dass der schuldrechtliche Versorgungsausgleich nur auf **Antrag** durchgeführt wurde. Dabei bleibt es auch in Zukunft für den Wertausgleich nach der Scheidung (§§ 20–26 VersAusglG), der funktionell an die Stelle des schuldrechtlichen Versorgungsausgleichs getreten ist. Zu beachten ist lediglich, dass dieser Antrag nun für jedes einzelne Anrecht gestellt werden muss, weil auch der Wertausgleich nach der Scheidung nun ein einzelrechtsbezogener Ausgleich ist, für den die Voraussetzungen für jedes einzelne Anrecht vorliegen müssen. Das kann bedeuten, dass zwar von der einen Seite schon ein Ausgleich nach der Scheidung verlangt werden kann, von der anderen aber noch nicht. 176

Der Antrag muss **klarstellen, auf welches Anrecht er sich bezieht**. Er braucht nicht beziffert zu sein,[105] eine Bezifferung bindet das Gericht auch nicht. Wichtig ist nur, dass er erkennen lässt, dass der schuldrechtliche Ausgleich in Bezug auf bestimmte Anrechte geregelt werden soll. Es reicht nicht, ganz allgemein die Durchführung des Versorgungsausgleichs oder ähnliches zu verlangen.[106] 177

Zum **Inhalt der Entscheidung** vgl den besonderen Abschnitt, der sich mit dem Inhalt aller Entscheidungen in Versorgungsausgleichssachen befasst. 178

---

105 OLG Hamm FamRZ 1990, 889.
106 OLG Düsseldorf FamRZ 1988, 410.

c) Besondere Vorschriften für Abänderungsverfahren

179 Zu den Besonderheiten in auf die Abänderung von bestehenden Entscheidungen in Versorgungsausgleichssachen gerichteten Verfahren (§§ 225 ff) vgl die Ausführungen in dem speziellen, diese Verfahren betreffenden Abschnitt.[107]

d) Besondere Vorschriften für Anpassungsverfahren

180 Zu den Besonderheiten in auf die Anpassung von bestehenden Entscheidungen in Versorgungsausgleichssachen an veränderte Umstände gerichteten Verfahren nach §§ 33 ff VersAusglG vgl die Ausführungen in dem speziellen, diese Verfahren betreffenden Abschnitt.[108]

7. Die Aussetzung von Verfahren

181 Die Aussetzung von Verfahren in Versorgungsausgleichssachen kommt zunächst nach den **allgemeinen Vorschriften** in Betracht, vor allem nach den §§ 21 und 136.[109] Die Aussetzungsmöglichkeit nach § 2 Abs. 1 S. 2 VAÜG aF besteht nicht mehr. Sie ist durch die neuen Ausgleichsmöglichkeiten überflüssig geworden.

182 Eine **besondere Aussetzungsmöglichkeit** für Versorgungsausgleichssachen enthält § 221 Abs. 2 und 3. Nach § 221 Abs. 2 hat das Gericht das Verfahren auszusetzen, wenn ein Rechtsstreit über Bestand oder Höhe eines in den Versorgungsausgleich einzubeziehenden Anrechts anhängig ist. Das soll verhindern, dass es zu abweichenden Entscheidungen in beiden Verfahren kommt. Bei welchem Gericht das in den Versorgungsausgleich einzubeziehende Anrecht streitbefangen sein muss, richtet sich nach der Rechtsnatur des Anrechts: es kann sich um ein Gericht der Sozialgerichtsbarkeit handeln (zB in Bezug auf Anrechte aus der gesetzlichen Rentenversicherung), um ein Verwaltungsgericht (zB in Bezug auf Beamtenversorgungen), um ein Arbeitsgericht (zB bei bestimmten betrieblichen Altersversorgungen) oder um ein Gericht der ordentlichen Gerichtsbarkeit (zB bei Lebensversicherungen).

183 Zu beachten ist aber, dass **nicht jeder Streit über ein Versorgungsanrecht in die Zuständigkeit eines dieser Fachgerichte** fällt: Soweit die Höhe eines Ehezeitanteils eines Anrechts im Streit ist, hat das seine Ursache gerade in der sozial-, beamten-, arbeitsrechtlichen oder versicherungsvertraglichen Rechtslage und muss deswegen zur Zuständigkeit des insoweit berufenen Fachgerichts führen, so dass die Aussetzungskonstellation des § 221 Abs. 2 gegeben ist. Wird dagegen nicht über die Höhe der in der Ehezeit erworbenen Anrechte gestritten, sondern vielmehr über die vom Versorgungsträger nach § 5 VersAusglG vorgenommene Bewertung des Ehezeitanteils, des Ausgleichswerts oder des korrespondierenden Kapitalwerts, darf das Familiengericht das Verfahren nicht aussetzen, um die Klärung dieser Fragen durch die Fachgerichte zu ermöglichen, sondern muss vielmehr selbst entscheiden. Das ergibt sich für den Ausgleichswert und den korrespondierenden Kapitalwert ausdrücklich aus § 5 Abs. 3 VersAusglG. Da die Bewertung der Anrechte eine insoweit vorgelagerte Frage ist, muss für diese das Gleiche gelten.

---

[107] Rn 314 ff.
[108] Rn 368 ff.
[109] Prütting/Helms/Wagner § 221 Rn 12; HK-Familienverfahrensrecht/Götsche § 221 Rn 14.

VI. Besonderheiten des Verfahrens in Versorgungsausgleichssachen 11

Ist das **Verfahren vor dem Fachgericht bereits anhängig**, muss das Familiengericht das 184
Verfahren in der Versorgungsausgleichssache aussetzen, wenn diese bei ihm anhängig
wird (§ 221 Abs. 2). Ist das Verfahren beim Fachgericht noch nicht anhängig, kann das
Familiengericht das Verfahren aussetzen und einem oder beiden Ehegatten eine Frist
zur Erhebung der Klage beim Fachgericht setzen (§ 221 Abs. 3 S. 1). Es handelt sich
also um eine Ermessensentscheidung.[110] Erfolgt die Klageerhebung innerhalb der Frist
(oder später, aber vor Abschluss des familiengerichtlichen Verfahrens), muss dann nach
§ 221 Abs. 2 ausgesetzt werden. Wird die Klage vor dem Fachgericht dagegen nicht
oder nicht rechtzeitig erhoben, kann das Gericht das Vorbringen unberücksichtigt lassen,
das mit der Klage hätte geltend gemacht werden können (§ 221 Abs. 3 S. 2). Die
Verpflichtung des Gerichts zur Amtsermittlung (§ 26) ist durch diese Sonderregelung
eingeschränkt. Ob das Gericht weitere Ermittlungen vornimmt, muss es nach pflichtgemäßem
Ermessen entscheiden.

8. Der elektronische Rechtsverkehr (§ 229)

a) Grundlage

Die Grundlage für den elektronischen Rechtsverkehr zwischen den Familiengerichten 185
und den Versorgungsträgern bildet der durch das VAStrRefG neu gefasste § 229. Die
Regelung geht auf einen Änderungsvorschlag zurück, den der Bundesrat unterbreitet
hatte.[111] Ihr Sinn ist es, die Kommunikation zwischen Gericht und Versorgungsträgern
zu vereinfachen und zu beschleunigen und vor allem auch Zustellungen zu vereinfachen.
Dafür besteht nach dem Inkrafttreten des neuen Versorgungsausgleichsrechts ein
besonderes Bedürfnis, weil das VAStrRefG vorsieht, dass grundsätzlich alle in der Ehe
erworbenen Versorgungsansprüche – einschließlich der betrieblichen und privaten
Vorsorge – einzeln geteilt werden. Die Anzahl der an einem Verfahren beteiligten Versorgungsträger
wird sich damit idR erheblich vergrößern. Das erhöht auch die Zahl
derjenigen, an die die Endentscheidung im Versorgungsausgleichsverfahren zugestellt
werden muss. § 229 schafft deswegen eine neue Art der vereinfachten Zustellung in
Versorgungsausgleichssachen.

b) Die Teilnahme am Übermittlungsverfahren

Die Regelung **gilt für Familiengerichte und Versorgungsträger**, die nach § 219 an einem 186
Verfahren in Versorgungsausgleichssachen beteiligt werden. Die Teilnahme an einem
elektronischen Übermittlungsverfahren wird durch die Regelung zunächst nur ermöglicht,
sie wird nicht zwingend vorgeschrieben. Hat sich aber ein Gericht oder ein Versorgungsträger
einmal für die Teilnahme an dem Übermittlungsverfahren entschieden,
dann soll dieses Verfahren auch genutzt werden (§ 229 Abs. 3).

Die Entscheidung für die Teilnahme am elektronischen Übermittlungsverfahren **bedarf** 187
keiner förmlichen Entscheidung. Sie erfolgt allein durch die faktische Ingebrauchnahme
des Systems.[112]

---

110 HK-Familienverfahrensrecht/Götsche § 221 Rn 12; Prütting/Helms/Wagner § 221 Rn 11.
111 BR-Drucks. 343/08 [B], S. 12.
112 BT-Drucks. 16/11903, S. 118.

c) Die Anforderungen an das Übermittlungsverfahren

188 Die Übermittlung braucht nicht von den Gerichten und Versorgungsträgern selbst vorgenommen zu werden. Es ist **zulässig, damit Dritte zu beauftragen** (§ 229 Abs. 1 S. 2). Das entspricht der Lage im allgemeinen Zustellungsrecht. Der Dritte ist dann beliehener Unternehmer. Er kann den hoheitlichen Akt der Zustellung bewirken und als Eingangsstelle für Übermittlungen an das Gericht dienen.

189 Für das Übermittlungsverfahren stellt § 229 Abs. 2 **Anforderungen** auf: Gefordert wird ein bundeseinheitlicher Standard, der die Authentizität und die Integrität der Daten gewährleistet. Bei der Nutzung allgemein zugänglicher Netze muss ein Verschlüsselungsverfahren angewendet werden, das die Vertraulichkeit der übermittelten Daten sicher stellt.

190 Zur Schaffung des bundeseinheitlichen Standards für die Datenübermittlung in Versorgungsausgleichssachen ist vorgesehen, den **Datenverkehr über das Elektronische Gerichts- und Verwaltungspostfach (EGVP)** vorzunehmen, durch das auch schon der Datenverkehr zwischen den Notaren und Handelsregistergerichten abgewickelt wird. Ob es dazu kommen wird, ist noch offen. Es ist aber andererseits auch nicht erforderlich, dass tatsächlich ein einheitliches System genutzt wird, wenn nur sicher gestellt ist, dass überall ein gleicher Standard verwendet wird. Die Einzelheiten sollen noch von der Bund-Länder-Kommission Elektronischer Rechtsverkehr im Benehmen mit den Versorgungsträgern geklärt werden.

191 Das System muss die **Authentizität und die Integrität der Daten** gewährleisten. Das versteht sich an sich im Hinblick auf andere Regelungen, welche eine entsprechende Art der Datenübermittlung vorsehen (vgl § 55a Abs. 1 VwGO) von selbst. Ein Übermittlungsweg, der nicht gewährleistet, dass genau die Daten übermittelt werden, welche abgeschickt werden, oder der nicht gewährleistet, dass die Daten unmanipuliert bleiben, ist für ein Verfahren, in dem es um die Aufteilung von wesentlichen Vermögenswerten geht, ungeeignet. Eine elektronische Signatur stellt regelmäßig die Authentizität der Daten sicher.

192 Dass die Daten bei der Benutzung eines allgemeinen Netzes **verschlüsselt** werden müssen, versteht sich angesichts der Sensibilität der betroffenen Daten und ihres hohen Maßes an Personenbezogenheit nahezu von selbst. Die Regelung in § 229 Abs. 2 Nr. 3 dient deswegen mehr der Klarstellung als dass sie etwas grundlegend Neues statuiert.

d) Die Verpflichtung zur Nutzung des Übermittlungsverfahrens

193 § 229 ordnet zwar **keine Verpflichtung zur Teilnahme** am elektronischen Übermittlungsverfahren an, schränkt aber das Ermessen in Bezug auf die Nutzung des Systems ein, wenn der grundsätzliche Wille zur Teilnahme bereits manifestiert wurde: Sobald das Verfahren technisch verfügbar ist, soll das Übermittlungsverfahren auch immer genutzt werden. Die Gesetz gewordene Fassung geht damit noch über den Ausgangsvorschlag des Bundesrates hinaus, der generell die Freiwilligkeit der Nutzung des Systems erhalten wollte.

194 Das Gericht soll also dem Versorgungsträger die **Auskunftsersuchen** nach § 220 auf elektronischem Wege übermitteln und so bekannt geben (§ 15 Abs. 1). Der Versor-

gungsträger soll dem Gericht umgekehrt Auskünfte nach § 220 und Erklärungen nach § 222 Abs. 1 ebenfalls im elektronischen Übermittlungsverfahren übermitteln.

Einer **Verordnung** nach § 14 Abs. 4 bedarf es für das Übermittlungsverfahren nach § 229 nicht. Das bestimmt § 229 Abs. 3 S. 2 ausdrücklich. Dem Gesetzgeber erschien ein informeller Rahmen für das Übermittlungsverfahren ausreichend, weil der Benutzerkreis allein aus den Familiengerichten und Versorgungsträgern besteht. Deswegen reicht es aus, wenn die technischen Details zwischen den Nutzern und dem Betreiber des Übermittlungsverfahrens einvernehmlich festgelegt werden.[113] 195

Werden trotz der bereits bestehenden Teilnahme am elektronischen Datenverkehr **Daten auf herkömmliche Weise übermittelt**, ist das zwar unzulässig, aber **nicht unwirksam**. Bei § 229 Abs. 3 handelt es sich um eine Sollvorschrift, nicht um eine Mussvorschrift. 196

e) Elektronische Zustellungen an Versorgungsträger

Die **Entscheidungen** des Gerichts in Versorgungsausgleichssachen sollen **dem Versorgungsträger im Übermittlungsverfahren zugestellt** werden (§ 229 Abs. 4). Entsprechend zur Lage beim Auskunftsersuchen ist das Ermessen der Geschäftsstelle, wie die Zustellung zu bewirken ist, eingeschränkt: Sofern das Gericht und der Versorgungsträger am elektronischen Übermittlungsverfahren teilnehmen, ist die Zustellung grundsätzlich nur noch auf diesem Wege zu bewirken. Die elektronische Übermittlung erfüllt dann auch das Zustellungsgebot des § 41 Abs. 1 S. 2. 197

Werden trotz der bereits bestehenden Teilnahme am elektronischen Datenverkehr Zustellungen auf **herkömmliche Art** vorgenommen, ist das zwar unzulässig, aber nicht unwirksam. Bei § 229 Abs. 4 handelt es sich um eine reine Ordnungsvorschrift.[114] 198

Der **Nachweis der Zustellung** einer Entscheidung an den Versorgungsträger auf elektronischem Wege wird durch § 229 Abs. 5 erleichtert. Dazu genügt die Übermittlung einer automatisch erzeugten Eingangsbestätigung an das Gericht (§ 229 Abs. 5 S. 1). Maßgeblich für den Zeitpunkt der Zustellung ist dann der in dieser Eingangsbestätigung genannte Zeitpunkt (§ 229 Abs. 5 S. 2). 199

Diese Art **geht über** die Möglichkeiten des **bislang geltenden Rechts hinaus**: § 15 Abs. 1 iVm § 174 Abs. 3 S. 2 ZPO lässt zwar ein elektronisches Empfangsbekenntnis zu. Dieses ist aber mit einer elektronischen Signatur zu versehen und muss von der Justiz manuell ausgewertet werden. Davon unterscheidet sich die Vorgehensweise nach § 229 Abs. 5 dadurch, dass die automatisiert erzeugte Eingangsbestätigung des elektronischen Postfachs des Versorgungsträgers als Zustellungsnachweis ausreicht. Eine weitergehende Prüfung braucht nicht stattzufinden. 200

9. Einstweiliger Rechtsschutz

Einstweilige Anordnungen in Versorgungsausgleichssachen sind nur in Verfahren denkbar, welche den Ausgleich nach der Scheidung (§§ 20 ff VersAusglG) betreffen. Der Ausgleich bei der Scheidung ist wegen der damit verbundenen Rechtsgestaltung 201

---

113 BT-Drucks. 16/11903, S. 120.
114 BT-Drucks. 16/11903, S. 120.

einer vorläufigen Regelung nicht zugänglich. In den Verfahren über den Ausgleich nach der Scheidung richten sich einstweilige Anordnungen allein nach §§ 49 ff Sonderregeln bestehen nicht. Die Entscheidungen sind nicht anfechtbar (§ 57).

VII. Die Entscheidung in Versorgungsausgleichssachen

202 Die Entscheidung in Versorgungsausgleichssachen wird durch Beschluss getroffen. Für dessen Inhalt finden sich in § 224 einige Vorgaben. Im Übrigen werden die Inhalte der Entscheidungen durch die Vorgaben des materiellen Rechts bestimmt.

1. Entscheidung durch Beschluss

203 Die Entscheidungen in Versorgungsausgleichssachen sind **Endentscheidungen**, dh solche, durch welche eine Instanz beendet wird. Sie werden deswegen durch Beschluss getroffen (§ 38 Abs. 1). Sofern es sich bei der Versorgungsausgleichssache um eine Verbundentscheidung handelt (vgl § 137), ist über den Versorgungsausgleich zugleich mit der Scheidung in einem einheitlichen Beschluss zu entscheiden (§ 142 Abs. 1).

204 Der Beschluss muss **begründet** werden (§ 224 Abs. 2). Das entspricht der bisher in § 53 b Abs. 3 FGG aF enthaltenen Regelung. Zu beachten ist, dass § 224 Abs. 2 in erster Linie erstinstanzliche Entscheidungen außerhalb des Verbunds betrifft, da sich die Begründungspflicht bei Verbundentscheidungen schon aus § 142 Abs. 1 iVm § 38 Abs. 3 S. 1 ergibt, und diejenige für Beschwerdeentscheidungen aus § 69 Abs. 2. Für die Rechtsbeschwerde geht § 74 Abs. 7 als lex specialis vor. Die Regelung hat also ihren Anwendungsbereich vor allem bei den Verfahren über einen Wertausgleich nach der Scheidung (§§ 20 ff VersAusglG), Abänderungs- und Anpassungsverfahren.

205 Das Begründungserfordernis ist **zwingend**. Eine § 38 Abs. 4 entsprechende Regelung, die es gestatten würde, von einer Begründung abzusehen (etwa, weil die Entscheidung dem Willen aller Beteiligten entspricht, § 38 Abs. 4 Nr. 3), gibt es im Anwendungsbereich des § 224 nicht.

2. Inhalte der Beschlüsse in Versorgungsausgleichssachen

206 Die Inhalte der Entscheidungen in Versorgungsausgleichssachen **richten sich in erster Linie nach den materiellrechtlichen Vorgaben für den Versorgungsausgleich.** Es ist deswegen zwischen dem Ausgleich bei der Scheidung (§§ 9 ff VersAusglG) mit seinen verschiedenen Ausgleichsformen und dem Ausgleich nach der Scheidung (§§ 20 ff VersAusglG) zu differenzieren.

a) Der Ausgleich bei der Scheidung

207 Beim Ausgleich bei der Scheidung sind hinsichtlich des Inhalts der Entscheidung vier Fälle zu unterscheiden: der Regelfall, dass die Ehezeitanteile intern geteilt werden (§§ 10–13 VersAusglG),[115] der Fall der externen Teilung von Versorgungsanrechten (§§ 14–17 VersAusglG),[116] der Fall, dass ein Versorgungsausgleich nicht stattfindet[117] und der Fall der Verweisung von Anrechten in den (schuldrechtlichen) Versor-

---

115 Rn 210 ff.
116 Rn 226 ff.
117 Rn 240 ff.

gungsausgleich nach der Scheidung (§§ 20 ff VersAusglG) wegen fehlender Ausgleichsreife von Anrechten (§ 19 VersAusglG).[118]

Nach der Umstellung des Versorgungsausgleichs von einer Gesamtsaldierung auf einen einzelanrechtsbezogenen Ausgleich wird der **Inhalt der Entscheidungen in Versorgungsausgleichssachen deutlich umfangreicher** werden als bisher. Das gilt vor allem für die Tenorierung: Im Tenor sind künftig grundsätzlich alle Anrechte der Eheleute einzeln zu benennen und ihre Teilung auszusprechen. Allein die in den Ausgleich nach der Scheidung verwiesenen Anrechte brauchen dort nicht benannt zu werden (sondern nur in den Gründen). Beim Ausschluss des Versorgungsausgleichs muss dieser im Tenor festgestellt werden (§ 224 Abs. 3). 208

In der Entscheidung müssen jeweils in Bezug auf jedes auszugleichende Anrecht erkennbar sein: die genaue Bezeichnung des Anrechts (nach Versorgungsträger und Identifikationsangaben in Bezug auf das Anrecht), die Bezeichnung der ausgleichsberechtigten und der ausgleichspflichtigen Person, das Ehezeitende (soweit bedeutsam für die Höhe des Ausgleichs),[119] der Ausgleichswert (in der Bezugsgröße des Versorgungsträgers), der zugrundegelegte korrespondierende Kapitalwert, gegebenenfalls eine genaue Bezeichnung der Versorgung des ausgleichsberechtigten Ehegatten, in den eine auszugleichende Versorgung eingezahlt werden soll (zB bei der Teilung von Anrechten in der gesetzlichen Rentenversicherung) und die Teilungsform, in der das Anrecht ausgeglichen wird.[120] Hinzu kommen gegebenenfalls noch weitere Angaben, welche von der Ausgleichsform abhängig sind. 209

aa) Die interne Teilung von Anrechten

Der gesetzliche Regelfall einer Teilung ist nach dem neuen Versorgungsausgleichsrecht die interne Teilung von Versorgungsanrechten, dh der Ausgleich in demselben Versorgungssystem durch Übertragung von Anrechten der ausgleichspflichtigen Person auf die ausgleichsberechtigte Person. 210

(1) Fälle und materiellrechtliche Vorgaben

Die interne Teilung von Versorgungsanrechten ist in §§ 10-13 VersAusglG geregelt. Das Familiengericht überträgt für die ausgleichsberechtigte Person zulasten des Anrechts der ausgleichspflichtigen Person ein Anrecht in Höhe des Ausgleichswerts (§ 1 Abs. 2 VersAusglG) bei dem Versorgungsträger, bei dem das Anrecht der ausgleichspflichtigen Person besteht (§ 10 Abs. 1 VersAusglG). Nach § 9 VersAusglG ist diese Realteilung der Anrechte die Regelausgleichsform. Ein Ausgleich durch externe Teilung kann nur in den in §§ 14–17 VersAusglG aufgezählten Fällen erfolgen. 211

Diese Form des Ausgleichs hat auch zur **Folge**, dass die **Stellung der Ehegatten als generell Ausgleichspflichtiger bzw Ausgleichsberechtigter wegfällt**. Vielmehr ist diese Rolle künftig auf jedes einzelne Versorgungsanrecht zu beziehen. Es gibt prinzipiell ebenso viele Ausgleichsberechtigte und -verpflichtete wie auszugleichende Anrechte. 212

---

118 Rn 243 ff.
119 Etwa bei der Teilung von Anrechten der Beamtenversorgung, solchen aus der Zusatzversorgung des öffentlichen Dienstes, bei berufsständischen Versorgungen, Lebensversicherungen und betrieblichen Altersversorgungen.
120 HK-Familienverfahrensrecht/Götsche § 224 Rn 9.

Das gilt selbst dann, wenn für beide Ehegatten Anrechte gleicher Art bei demselben Versorgungsträger auszugleichen sind. In diesen Fällen vollzieht sich dieser Ausgleich zwar nur in Höhe des Wertunterschieds nach Verrechnung (§ 10 Abs. 2 S. 1 VersAusglG). Den Wertausgleich nimmt aber erst der Versorgungsträger vor, so dass selbst in diesen Fällen das Familiengericht noch beide Anrechte ausgleicht. Das gilt ebenfalls, wenn verschiedene Versorgungsträger zuständig sind und Vereinbarungen zwischen ihnen eine Verrechnung vorsehen (§ 10 Abs. 2 S. 2 VersAusglG).

213 Die **Anforderungen** an die interne Teilung beschreibt § 11 VersAusglG. Nach dem Programmsatz des § 11 Abs. 1 S. 1 VersAusglG muss die interne Teilung die gleichwertige Teilhabe der Ehegatten an den in der Ehezeit erworbenen Anrechten sicherstellen. Dabei wird sofort deutlich, dass die Teilhabe an den Anrechten nicht identisch mit derjenigen sein muss, welche der andere Ehegatte hat; denn gleichwertig bedeutet nicht gleich. Zum Schutz des Ausgleichsberechtigten nennt § 11 Abs. 1 S. 2 VersAusglG nur Mindestanforderungen an die gleichwertige Teilhabe. Erforderlich ist, dass, wenn im Vergleich zum Anrecht der ausgleichspflichtigen Person für die ausgleichsberechtigte Person ein eigenständiges und entsprechend gesichertes Anrecht übertragen wird (§ 11 Abs. 1 S. 2 Nr. 1 VersAusglG), auf diese Weise ein Anrecht in Höhe des Ausgleichswerts mit vergleichbarer Wertentwicklung entsteht (§ 11 Abs. 1 S. 2 Nr. 2 VersAusglG) und dass dem Ausgleichsberechtigten der gleiche Risikoschutz gewährt wird wie dem Ausgleichspflichtigen (§ 11 Abs. 1 S. 2 Nr. 3 VersAusglG). Allerdings kann der Versorgungsträger den Risikoschutz auf eine Altersversorgung beschränken, wenn er für das nicht abgesicherte Risiko einen zusätzlichen Ausgleich bei der Altersversorgung schafft. Die Invaliditätsabsicherung kann also zB entfallen oder niedriger sein, wenn die Altersversorgung entsprechend verbessert ist. Schon diese Regelung zeigt, dass die Anrechte auf beiden Seiten nach dem Ausgleich keineswegs gleich sein müssen. Nur soweit keine Regelungen getroffen wurden, gelten für das Anrecht der ausgleichsberechtigten Person die Bestimmungen über das Anrecht der ausgleichspflichtigen Person entsprechend (§ 11 Abs. 2 VersAusglG).

214 Bei **Betriebsrenten** erlangt der Ausgleichsberechtigte die Stellung eines **ausgeschiedenen Arbeitnehmers** im Sinne des Betriebsrentengesetzes (§ 12 VersAusglG). Daraus folgt, dass das Anrecht an Leistungsanpassungen teilhat (§ 16 BetrAVG) und den Insolvenzschutz für Betriebsrenten (§ 7 ff BetrAVG) genießt. Außerdem kann der Berechtigte die Versorgung mit eigenen Beiträgen fortsetzen (§ 1 b Abs. 5 Nr. 1 BetrAVG).

215 Die **Kosten** der internen Teilung von Anrechten tragen die Ehegatten: Nach § 13 VersAusglG kann der Versorgungsträger die Kosten der internen Teilung mit den Versorgungsanrechten der Ehegatten jeweils hälftig verrechnen, soweit diese Kosten angemessen sind.

216 Durch die interne Teilung entsteht eine **eigenständige Rechtsposition** des Ausgleichsberechtigten gegenüber dem Versorgungsträger des Ausgleichspflichtigen. Das zeigt besonders die Regelung des § 12 VersAusglG sehr deutlich. Gleichzeitig wird das An-

VII. Die Entscheidung in Versorgungsausgleichssachen

recht des Ausgleichspflichtigen mit der Rechtskraft der Entscheidung über den Versorgungsausgleich entsprechend gekürzt.[121]

(2) Zusatzanforderungen an Tenor und Begründung

Zusätzlich zu den in Rn 209 angeführten Angaben müssen in der Entscheidung über eine interne Teilung von Versorgungsanrechten die **Rechtsgrundlagen für die Durchführung der internen Teilung** angegeben werden, soweit sich diese nicht unmittelbar aus dem Gesetz ergeben. 217

(3) Tenorierungsbeispiele

Ausgleich von Anrechten in der **gesetzlichen Rentenversicherung:** 218

Zu Lasten des Anrechts des Ehemannes bei der Deutschen Rentenversicherung Bund (Versicherungskonto Nr. ...) werden im Wege interner Teilung[122] ... Entgeltpunkte auf das Versicherungskonto der Ehefrau (Nr. ...) bei der Deutschen Rentenversicherung Bund übertragen.

Besteht das Konto noch nicht, lautet der Tenor: 219

Zu Lasten des Anrechts des Ehemannes bei der Deutschen Rentenversicherung Bund (Versicherungskonto Nr. ...) werden im Wege interner Teilung ... Entgeltpunkte auf das zu errichtende Versicherungskonto der Ehefrau bei der Deutschen Rentenversicherung Bund übertragen.

Ausgleich von Anrechten in der **Beamtenversorgung Bund:** 220

Zu Lasten des für den Ehemann (Personalnummer) bei ... (Träger der Versorgungslast) bestehenden Anrechts auf eine Versorgung wird für die Ehefrau im Wege interner Teilung ein Anspruch gegen ... (Träger der Versorgungslast) in Höhe von ... EUR, bezogen auf den ...[123] begründet.

Ausgleich von Anrechten auf **Zusatzversorgung für Beschäftigte des öffentlichen Dienstes:** 221

Zu Lasten des für den Ehemann bei ... (Träger der Zusatzversorgung) bestehenden Anrechts (Versorgungsnummer ...) wird im Wege interner Teilung der Ehefrau ein Anrecht in Höhe von ... Versorgungspunkten gegen ... (Träger der Zusatzversorgung), bezogen auf den ...,[124] nach Maßgabe der Satzung vom ... übertragen.

Ausgleich von Anrechten in der **Alterssicherung der Landwirte:** 222

Vom Versicherungskonto Nr. ... des Antragsgegners bei der landwirtschaftlichen Alterskasse ... werden im Wege interner Teilung ... Steigerungszahlen[125] auf das für die Antragstellerin zu errichtende Versicherungskonto bei der landwirtschaftlichen Alterskasse ... übertragen.

Ausgleich von Anrechten aus der **betrieblichen Altersversorgung:** 223

Bei unmittelbarer Versorgungszusage:

Zu Lasten des für den Ehemann (Personalnummer) bei ... (Bezeichnung des Arbeitgebers) bestehenden Anrechts auf betriebliche Altersversorgung wird im Wege interner Teilung der Ehefrau ein Anrecht in Höhe von ... (Betrag und Bezugsgröße), bezogen auf den ..., nach Maßgabe der Versorgungssatzung/Betriebsvereinbarung vom ... übertragen.

---

121 Konsequenterweise hat der Gesetzgeber deswegen auch das sog. „Rentnerprivileg" (§ 101 SGB VI, § 57 BeamtVG) abgeschafft.
122 Angabe der Ausgleichsart zur Klarstellung sinnvoll, wenn auch nicht erforderlich; vgl HK-Familienverfahrensrecht/Götsche § 224 Rn 9.
123 Angabe des Ehezeitendes wegen § 3 Abs. 1 BVersTG erforderlich.
124 Angabe des Ehezeitendes erforderlich, da die Satzungen der Versorgungsträger die Gutschrift von Bonuspunkten vorsehen, durch die Überschüsse gutgeschrieben werden. An diesen hat auch der Ehegatte teil.
125 Vgl § 47 ALG. Anzugeben mit vier Dezimalstellen.

Kemper

224 Bei mittelbarer Versorgungszusage:

> Zu Lasten des für den Ehemann (Personalnummer) als betriebliche Altersversorgung des ... (Bezeichnung des Arbeitgebers)[126] im Wege der Direktversicherung bei der ... (Bezeichnung der Versicherung) begründeten Anrechts (Vertragsnummer) wird im Wege interner Teilung der Ehefrau ein Anrecht in Höhe von ...(Betrag und Bezugsgröße), bezogen auf den ..., nach Maßgabe der Versorgungssatzung vom ... übertragen.

225 Ausgleich von Anrechten aus einer privaten **Lebensversicherung**:

> Zu Lasten der für den Ehemann bei der ... Versicherung (Versicherungsnummer ...) bestehenden Lebensversicherung wird der Ehefrau im Wege interner Teilung ... ein Anrecht in Höhe von ... EUR, bezogen auf den ..., nach Maßgabe der Versicherungsbedingungen vom ... übertragen.

bb) Die externe Teilung von Anrechten

226 Die externe Teilung von Anrechten ist der Ausgleich eines Anrechts durch die Begründung eines Anrechts bei einem anderen Versorgungsträger, etwa für eine auszugleichende berufsständische Versorgung die Begründung von Anrechten in der gesetzlichen Rentenversicherung (vgl § 14 VersAusglG). Dieser Ausgleich ist die **Ausnahmeform** des neuen Versorgungsausgleichs. Er findet nur in den gesetzlich vorgesehenen Fällen statt (vgl § 9 VersAusglG) sowie dann, wenn die Eheleute ihn vereinbart haben.

(1) Die Fälle der externen Teilung

227 Vorgesehen ist die externe Teilung grundsätzlich nur in **vier Fällen:**

228 Zum einen ist der externe Ausgleich zulässig, wenn der Ausgleichsberechtigte und der Versorgungsträger des Ausgleichspflichtigen eine externe Teilung **vereinbaren** (§ 14 Abs. 2 Nr. 1 VersAusglG).

229 Der zweite Fall des externen Ausgleichs liegt vor, wenn der **Versorgungsträger des Ausgleichspflichtigen eine externe Teilung verlangt** und der Ausgleichswert am Ende der Ehezeit bei einem Rentenbetrag als maßgeblicher Bezugsgröße höchstens zwei Prozent, in allen anderen Fällen als Kapitalwert höchstens 240 Prozent der monatlichen Bezugsgröße nach § 18 Abs. 1 SGB IV beträgt (§ 14 Abs. 2 Nr. 2 VersAusglG). Es handelt sich um ein einseitiges Gestaltungsrecht des Versorgungsträgers. Gemeint sind die Bagatellfälle, denn die genannten Grenzbeträge sind derzeit 50,40 EUR bzw als Kapitalwert 6.048 EUR. In diesen Fällen ist es wegen der Praktikabilität des Ausgleichs den Eheleuten zuzumuten, dass ggf vom Halbteilungsgrundsatz abgewichen wird. Allerdings modifiziert § 17 VersAusglG diese Grenze systemwidrig für Anrechte im Sinne des Betriebsrentengesetzes aus einer Direktzusage oder einer Unterstützungskasse. In diesen Fällen kann der Ausgleichswert als Kapitalwert am Ende der Ehezeit die Beitragsbemessungsgrenze nach §§ 159 f SGB VI erreichen. Das sind keine Bagatellfälle mehr, denn die Beitragsbemessungsgrenze West liegt im Jahr 2009 bei 64.800 EUR und die Beitragsbemessungsgrenze Ost bei 54.600 EUR. Es bleibt abzuwarten, in wie vielen Fällen die Versorgungsträger tatsächlich von dieser Möglichkeit Gebrauch machen werden. Unproblematisch sind die Fälle des § 17 VersAusglG wegen der möglichen Abweichung vom Halbteilungsgrundsatz nicht.

---

126 Angabe erforderlich wegen der subsidiären Ausfallhaftung des Arbeitgebers.

VII. Die Entscheidung in Versorgungsausgleichssachen 11

Der dritte Fall des externen Ausgleichs betrifft die **Beamtenversorgung** und ähnliche 230
Versorgungen: Solange der Träger einer Versorgung aus einem öffentlich-rechtlichen
Dienst- oder Amtsverhältnis **keine interne Teilung vorsieht**, ist ein dort bestehendes
Anrecht zu dessen Lasten durch Begründung eines Anrechts bei einem Träger der gesetzlichen Rentenversicherung auszugleichen (§ 16 Abs. 1 VersAusglG). Das Fehlen des internen Ausgleichs ist in diesen Fällen systemwidrig. Der Bundesgesetzgeber konnte aber die Einführung nicht zwingend vorschreiben, weil er damit in die Hoheitsrechte der Länder eingegriffen hätte. Es bleibt zu hoffen, dass das Problem der Beamtenversorgungen sich durch die Schaffung entsprechender interner Ausgleichsmöglichkeiten erledigen wird.

Der vierte Fall der externen Teilung bezieht sich auf die **Beamten auf Widerruf** und die 231
Soldaten auf Zeit. Ihre Versorgungsanrechte müssen immer durch Begründung eines
Anrechts in der gesetzlichen Rentenversicherung ausgeglichen werden. In diesen Fällen
ist noch offen, ob die ausgleichspflichtige Person in ein Dienstverhältnis auf Lebenszeit
wechselt, ob ihnen also die Versorgungsanwartschaften aus einer Beamten- oder Soldatenversorgung verbleiben. Endet das Dienstverhältnis durch Widerruf oder Zeitablauf, ist der Ausgleichspflichtige nachzuversichern (§ 8 Abs. 2 Nr. 1 SGB VI). Für Anrechte aus einem Beamtenverhältnis nach §§ 66, 67 BeamtVG ist die Regelung entsprechend anzuwenden.[127]

(2) Anforderungen an den Beschluss bei externer Teilung

Das Gericht muss in seiner Entscheidung den Betrag festsetzen, den der Versorgungs- 232
träger der ausgleichspflichtigen Person an den von der ausgleichsberechtigten Person
benannten anderen Versorgungsträger zu zahlen hat (§ 222 Abs. 3). Die externe Teilung führt zu einem Transfer des entsprechenden Vorsorgevermögens (weswegen der Versorgungsträger der ausgleichspflichtigen Person mit dem Abfluss der Finanzierungsmittel einverstanden sein muss, damit es zum externen Ausgleich kommen kann). Zweckmäßigerweise ist der Betrag im Tenor festzustellen.

Der vom Gericht festzusetzende Betrag **entspricht bei Kapitalwerten dem Ausgleichs-** 233
wert, bei anderen Bezugsgrößen (vor allem: Rentenbeträgen) dem korrespondierenden Kapitalwert des Ausgleichswerts.[128] Zahlt der Versorgungsträger der ausgleichspflichtigen Person nach Rechtskraft der Entscheidung nicht, kann der Versorgungsträger der Zielversorgung aus der gerichtlichen Entscheidung die Zwangsvollstreckung betreiben.[129]

Zusätzlich zu den in Rn 209 angeführten Angaben müssen in der Entscheidung über 234
eine interne Teilung von Versorgungsanrechten die **Rechtsgrundlagen für die Durchführung der externen Teilung** angegeben werden, soweit sich diese nicht unmittelbar aus dem Gesetz ergeben.

---

127 BT-Drucks. 16/10144, S. 60.
128 HK-Familienverfahrensrecht/Götsche § 222 Rn 17.
129 BT-Drucks. 16/10144, S. 96; HK-Familienverfahrensrecht/Götsche § 222 Rn 18.

(3) Tenorierungsbeispiele

235 Ausgleich von Anrechten in der **Beamtenverssorgung** in Bundesländern, die keinen internen Ausgleich vorsehen:

> Zu Lasten des für den Ehemann beim ... (Bezeichnung des Bundeslandes) bestehenden Anrechts auf Versorgung wird im Wege externer Teilung für die Ehefrau ein Anrecht in Höhe von ... EUR auf dem Versicherungskonto Nummer ... der Deutschen Rentenversicherung Bund, bezogen auf den ..., begründet. Der Ausgleichswert ist in Entgeltpunkte umzurechnen.

236 Ausgleich von Anrechten aus der **berufsständischen Altersversorgung:**

> Zu Lasten des für den Ehemann bei ... (Bezeichnung des Versorgungswerks und Mitgliedsnummer) bestehenden Anrechts auf Versorgung wird im Wege externer Teilung für die Ehefrau ein Anrecht in Höhe von ... Entgeltpunkten auf dem Versicherungskonto Nummer ... der Deutschen Rentenversicherung Bund, bezogen auf den ..., begründet. Das Versorgungswerk ... wird verpflichtet, einen Betrag von ... EUR an die Deutsche Rentenversicherung Bund zu zahlen.

237 Ausgleich von Anrechten einer **betrieblichen Altersversorgung:**

> Zu Lasten des für den Ehemann (Personalnummer) bei ... (Bezeichnung des Arbeitgebers) bestehenden Anrechts auf betriebliche Altersversorgung wird im Wege externer Teilung zugunsten der Ehefrau ein Anrecht in Höhe von ... EUR bei der ... (Bezeichnung der Zielversorgung) nach Maßgabe der Zusage/des Angebots vom ..., bezogen auf den ..., begründet. Der ... (Bezeichnung des Arbeitgebers) ... wird verpflichtet, einen Betrag von ... EUR an die ... (Bezeichnung der Zielversorgung) zu zahlen.

238 Ausgleich von Anrechten einer **betrieblichen Altersversorgung ohne Wahl einer Zielversorgung:**

> Zu Lasten des für den Ehemann (Personalnummer) bei ... (Bezeichnung des Arbeitgebers) bestehenden Anrechts auf betriebliche Altersversorgung wird im Wege externer Teilung zugunsten der Ehefrau ein Anrecht in Höhe von ... EUR bei der Versorgungsausgleichskasse, bezogen auf den ..., begründet. Der ... (Bezeichnung des Arbeitgebers) wird verpflichtet, einen Betrag von ... EUR an die Versorgungsausgleichskasse zu zahlen.

239 Ausgleich von Anrechten aus einer **privaten Lebensversicherung:**

> Zu Lasten des für den Ehemann bei ... (Bezeichnung der Versicherungsgesellschaft) bestehenden Anrechts (Vertragsnummer) wird im Wege externer Teilung zugunsten der Ehefrau ein Anrecht in Höhe von ... EUR bei der ... (Bezeichnung der Zielversorgung) nach Maßgabe der Zusage/des Angebots vom ..., bezogen auf den ..., begründet. Die ... (Versicherung des Ehemanns) wird verpflichtet, einen Betrag von ... EUR an die ... (Bezeichnung der Zielversorgung) zu zahlen.

cc) Die Feststellung des Ausschlusses des Versorgungsausgleichs

240 Soweit ein Wertausgleich bei der Scheidung nicht stattfindet, stellt das Gericht dies in der Beschlussformel fest (§ **224 Abs. 3**). Das Gesetz nennt an dieser Stelle ausdrücklich noch einmal die Fälle, in denen das in Betracht kommt, nämlich die Kurzzeitehen (§ 3 Abs. 3 VersAusglG), den vertraglichen Ausschluss des Versorgungsausgleichs (§ 6 VersAusglG), die Fälle geringwertiger Anrechte oder geringwertiger Unterschiede von Ehezeitanteilen (§ 18 VersAusglG) und die Fälle, in denen ein Versorgungsausgleich wegen Eingreifens der Härteklausel des § 27 VersAusglG nicht stattfindet.

241 Erforderlich ist die Klarstellung des Ausschlusses **im Tenor** der Entscheidung. Eine Aufnahme in die Gründe allein entspricht nicht den Anforderungen. Insoweit unterscheidet sich die Lage von derjenigen, dass Anrechte dem Ausgleich nach der Scheidung vorbehalten werden.

VII. Die Entscheidung in Versorgungsausgleichssachen   11

Beispiele für eine Tenorierung: 242

Ein Wertausgleich bei der Scheidung findet nicht statt.

Ein Wertausgleich bei der Scheidung findet in Bezug auf das Anrecht des Ehemannes bei ... nicht statt.

Im Übrigen findet ein Wertausgleich bei der Scheidung nicht statt.

dd) Der Vorbehalt des schuldrechtlichen Ausgleichs nach der Scheidung

(1) Fälle

Sind **Anrechte nicht ausgleichsreif,** kann ein Wertausgleich bei der Scheidung nicht erfolgen. Diese Fälle sind abschließend in § 19 VersAusglG aufgeführt. Betroffen sind insbesondere diejenigen Anrechte, bei denen ein Rechtsanspruch der ausgleichspflichtigen Person selbst auf eine Leistung noch nicht hinreichend verfestigt ist.   243

§ 19 Abs. 2 VersAusglG nennt **vier Fälle** solcher nicht ausgleichsreifen Anrechte: Hierzu zählen zunächst dem Grund oder der Höhe nach **nicht hinreichend verfestigte Anrechte,** insbesondere noch verfallbare Anrechte im Sinne des Betriebsrentengesetzes (§ 19 Abs. 2 Nr. 1 VersAusglG).[130]   244

Nicht ausgleichsreif ist ein Anrecht auch, soweit es auf eine **abzuschmelzende Leistung** gerichtet ist (§ 19 Abs. 2 Nr. 2 VersAusglG). Derartige Anrechte passen nicht in das System des Ausgleichs bei der Scheidung. Sie liegen vor, wenn Leistungen mit Leistungen aus anderen Anrechten verrechnet und (bei steigenden Leistungen aus den anderen Anrechten) dadurch abgebaut werden. Hierzu zählen etwa der nichtdynamische Teil der gesetzlichen Rente (§§ 307 b Abs. 6, 315 a, 319 a, 319 b SGB VI, § 4 Abs. 4 Anspruchs- und AnwartschaftsüberführungsG, § 4 Abs. 1 Zusatzversorgungssystem-GleichstellungsG) und Abflachungsbeträge von Anrechten aus der Beamtenversorgung.   245

Die Ausgleichsreife fehlt auch, soweit sein Ausgleich für die ausgleichsberechtigte Person **unwirtschaftlich** wäre (§ 19 Abs. 2 Nr. 3 VersAusglG). Die Regelung ist die Nachfolgeregelung zu § 1587 b Abs. 4 BGB aF, der den öffentlich-rechtlichen Ausgleich ausschloss, wenn sich die Teilung voraussichtlich nicht zu Gunsten des Ausgleichsberechtigten ausgewirkt hätte. Der andere Anwendungsfall ist derjenige eines Beamten auf Lebenszeit, der durch den Ausgleich Anwartschaften in der gesetzlichen Rentenversicherung erhalten würde, die allgemeine Wartezeit von 60 Monaten für den Bezug einer gesetzlichen Rente aber voraussichtlich nicht mehr erfüllen könnte.   246

Nicht ausgleichsreif ist ein Anrecht schließlich, wenn es bei einem **ausländischen, zwischenstaatlichen oder überstaatlichen Versorgungsträger** besteht (§ 19 Abs. 2 Nr. 4 VersAusglG). Der Ausschluss der ausländischen Anrechte ist systembedingt. Er berücksichtigt, dass ein ausländischer Versorgungsträger nicht durch deutsche Gerichte verpflichtet werden kann, die ausgleichsberechtigte Person in sein Versorgungssystem aufzunehmen oder das Anrecht extern auszugleichen.   247

In den Fällen, in denen ein Ehegatte nicht ausgleichsreife Anrechte nach § 19 Abs. 2 Nr. 4 erworben hat, findet ein **Wertausgleich bei der Scheidung auch in Bezug auf die**   248

---

130 Das entspricht der bisherigen Rechtslage (1587 a Abs. 2 Nr. 3 BGB aF), anders als früher ist aber nun keine Korrektur mehr möglich, wenn das Anrecht nachträglich unverfallbar wird; vgl HK-BGB/Kemper, Anhang § 1587 BGB, § 19 VersAusglG Rn 4.

Kemper

anderen – eigentlich ausgleichsreifen – **Anrechte beider Eheleute nicht statt**, soweit dies für den anderen Ehegatten unbillig wäre (§ 19 Abs. 3 VersAusglG). Die fehlende Ausgleichsreife eines oder mehrerer (ausländischer) Anrechte wirkt also als Ausgleichssperre, damit unbillige Ergebnisse für den anderen Ehegatten vermieden werden können. In Betracht kommt das vor allem dann, wenn ein Ehegatte in der Ehezeit im Ausland erhebliche Anwartschaften bei einem ausländischen Versorgungsträger erworben hat (die nach § 19 Abs. 2 Nr. 4 VersAusglG) nicht ausgleichsreif sind, der andere aber nur Anwartschaften in der (deutschen) gesetzlichen Rentenversicherung, die an sich ausgleichsreif wären. Es wäre unbillig, wenn dieser Ehegatte durch die Teilung des von ihm erworbenen Anrechts die Hälfte seiner ehezeitlichen Versorgung verlöre und gleichzeitig wegen seiner Teilhabe an den ausländischen Anrechten des anderen Ehegatten auf die schwächeren schuldrechtlichen Ausgleichsansprüche nach der Scheidung angewiesen wäre. Die Ausgleichssperre greift deswegen nicht ein, wenn es an der Unbilligkeit fehlt, vor allem wenn die ausländischen Anrechte nur einen geringen Ausgleichswert haben und gegenüber den sonst auszugleichenden Werten nicht wesentlich ins Gewicht fallen. Ob und wieweit es zur Anwendung des § 19 Abs. 3 VersAusglG kommt, ist eine konkret zu treffende Einzelfallentscheidung.

(2) Der Inhalt des Beschlusses

249 § 224 Abs. 4 verpflichtet das Gericht, diejenigen **Anrechte in der Begründung** der Endentscheidung ausdrücklich zu **benennen**, deren Ausgleich beim **Wertausgleich bei der Scheidung nicht möglich** ist. Sinn der Regelung ist es, die Eheleute daran zu erinnern, dass noch nicht ausgeglichene Anrechte vorhanden sind, und sie gleichzeitig darauf hinzuweisen, welche Anrechte dies sind.

250 Das Gesetz **verlangt** insoweit (anders als bei den Ausschlussfällen) **keine Benennung im Tenor der Entscheidung**. Gleichwohl ist eine Aufnahme eines Hinweises, dass noch auszugleichende Rechte bestehen, in den Tenor nicht ausgeschlossen und auch sinnvoll, um die Bedeutung der dem schuldrechtlichen Ausgleich vorbehaltenen Anrechte schon an dieser Stelle zu verdeutlichen.

251 **Beispiel** für den Hinweis im Tenor:

Im Übrigen bleiben Ausgleichsansprüche nach der Scheidung vorbehalten.

252 In der Begründung müssen die dem Ausgleich nach der Scheidung überlassenen Anrechte **so genau wie möglich** bezeichnet werden. Eine Pauschalangabe reicht nicht. Das Gericht ist also etwa bei ausländischen Anrechten keineswegs der Mühe enthoben, die Anrechte zu ermitteln.

253 Der Hinweis in der Begründung der Entscheidung ist **rein deklaratorisch**. Sein Fehlen wird deswegen auch ein Rechtsmittel nicht begründen können. Ebenso wenig führt das Fehlen dazu, dass nicht genannte Anrechte später in einem Ausgleichsverfahren nach der Scheidung nicht mehr ausgeglichen werden können.

b) Der Ausgleich nach der Scheidung
aa) Fälle und materiell-rechtliche Besonderheiten

254 Als dem Ausgleich bei der Scheidung **subsidiäre Ausgleichsform** sieht das VersAusglG den Ausgleich nach der Scheidung vor. Diese Art des Ausgleichs findet nur statt, soweit

ein Ausgleich bei der Scheidung wegen mangelnder Ausgleichsreife (§ 19 VersAusglG) nicht in Betracht kommt oder wenn die Ehegatten durch Vereinbarung Anrechte dem Ausgleich nach der Scheidung überlassen haben, die sonst im Ausgleich bei der Scheidung auszugleichen gewesen wären (vgl § 6 VersAusglG). Ist der Ausgleich bei der Scheidung dagegen wegen der Geringwertigkeitsklausel in § 18 VersAusglG ausgeschlossen, findet auch ein Ausgleich nach der Scheidung nicht statt.

Die **Ausgleichsvoraussetzungen müssen jeweils für jedes einzelne Anrecht erfüllt sein.** 255 Das kann bedeuten, dass zwar von der einen Seite schon ein Ausgleich nach der Scheidung verlangt werden kann, von der anderen aber noch nicht oder dass der Ausgleich nach der Scheidung nicht für alle Anrechte gleichzeitig geltend gemacht werden kann. Vor allem ist auch die Geringfügigkeitsgrenze des § 18 VersAusglG zu beachten (§ 20 Abs. 1 S. 3 VersAusglG).

Der Ausgleich nach der Scheidung **führt nur zu einem unterhaltsähnlichen Anspruch** 256 des Berechtigten gegen den Verpflichteten, dagegen nicht zu einer eigenständigen sozialversicherungsrechtlichen Stellung des Berechtigten. Die Strukturen des früheren schuldrechtlichen Ausgleichs sind im Wesentlichen beibehalten worden. Die Versorgung des ausgleichsberechtigten Ehegatten tritt in jedem Fall erst ein, wenn der Ausgleichspflichtige selbst seine Versorgung bezieht (§ 20 Abs. 1 S. 1 VersAusglG). Das setzt neben dem Erreichen der Altersgrenze vor allem voraus, dass der Ausgleichspflichtige selbst die nötigen Voraussetzungen für eine Altersversorgung erfüllt. Darauf hat der Ausgleichsberechtigte keinen Einfluss. Der schuldrechtliche Versorgungsausgleich erfolgt durch Teilung dessen, was der Ausgleichspflichtige als Versorgung empfängt. Der Ausgleichspflichtige muss dem Berechtigten in Höhe seiner Berechtigung durch Zahlung einer Rente Ausgleich leisten (§ 20 Abs. 1 S. 1 VersAusglG). Stirbt er, geht dem Ausgleichsberechtigten auch seine Versorgung verloren. Eine Durchbrechung erfährt dieser Grundsatz nur, wenn die Versorgung des Ausgleichspflichtigen so ausgestaltet ist, dass eine Hinterbliebenenversorgung auch im Fall der Scheidung stattfindet (vgl § 25 VersAusglG).

Um die Stellung des Ausgleichsberechtigten zu stärken, **hat der Gesetzgeber** (wie auch 257 im früheren Recht) die **Möglichkeit geschaffen**, den Ausgleich durch **Abtretung von Versorgungsansprüchen** zu verlangen (vgl § 21 VersAusglG) und die Abfindung von Ansprüchen zu fordern (vgl §§ 23 f VersAusglG).

bb) Die Auswirkungen auf den Inhalt der Entscheidungen

Den verschiedenen Arten des Ausgleichs nach der Scheidung entsprechen die in den 258 Beschlüssen dazu zu treffenden Anordnungen. Besondere Anforderungen bestehen insoweit nicht. Vor allem gelten die in §§ 222–224 angeordneten Besonderheiten nicht mehr; denn diese Vorschriften betreffen ausdrücklich nur den Ausgleich bei der Scheidung. Wegen der Ähnlichkeit der Entscheidungen mit solchen in Unterhaltssachen kann für die Tenorierung auf die Grundsätze über die Tenorierung von Unterhaltsentscheidungen zurückgegriffen werden.

§ 11 Versorgungsausgleichssachen

(1) Schuldrechtliche Ausgleichszahlungen

259 In Betracht kommt zunächst die Anordnung schuldrechtlicher Ausgleichszahlungen (§ 20 VersAusglG). Es handelt sich um einen reinen Zahlungsanspruch **in Form einer Rente**. Es ist deswegen auch beziffert zu tenorieren.[131] Die Höhe des Anspruchs richtet sich grundsätzlich nach dem Ausgleichswert des Anrechts. Anders als nach bislang geltendem Recht sind aber die hierauf entfallenden Sozialversicherungsbeiträge in Abzug zu bringen (§ 20 Abs. 1 S. 2 VersAusglG). Von Bedeutung ist dies vor allem in den Fällen, in denen nach § 248 SGB V pflichtversicherte Betriebsrentner auf ihre Betriebsrente den vollen Beitragssatz in der Krankenversicherung zu entrichten haben, während der ausgleichsberechtigte Ehegatte regelmäßig keiner weiteren Versicherungspflicht unterliegt. Das ist eine Änderung gegenüber der bisherigen Rechtslage.

260 Ausnahmsweise kommt auch die Anordnung der Zahlung eines **Einmalkapitalbetrages** in Betracht. § 22 VersAusglG ergänzt den Ausgleich nach § 20 und 21 VersAusglG für die Fälle, in denen das auszugleichende Anrecht nicht auf eine Renten-, sondern auf eine Kapitalzahlung gerichtet ist. In diesen Fällen kann nicht durch Zahlung einer Rente ausgeglichen werden, sondern der Ausgleichsberechtigte ist an der Kapitalleistung durch Zahlung des Ausgleichswerts zu leisten. Die Entscheidung spricht deswegen in diesem Fall die Verpflichtung zur einmaligen Zahlung eines bezifferten Betrages aus. Im Übrigen gelten die in §§ 20, 21 VersAusglG enthaltenen Grundsätze entsprechend.

261 Die Anordnung von schuldrechtlichen Ausgleichszahlungen **nach dem Tod des Ausgleichspflichtigen** gegen den Versorgungsträger, der eine Hinterbliebenenversorgung zugesagt hatte (§ 25 VersAusglG) bzw den Witwer oder die Witwe des Ausgleichspflichtigen (§ 26 VersAusglG). Verfahrensrechtlich bieten diese Ausgleichszahlungsansprüche keine Besonderheiten. Materiellrechtlich sind vor allem die Begrenzung auf den hypothetischen Hinterbliebenenversorgungsanspruch und die Anrechnungsregelung zu beachten (§ 25 Abs. 3, § 26 Abs. 2 VersAusglG).

(2) Abtretung von Versorgungsansprüchen

262 Als eine Sonderform des Versorgungsausgleichs nach der Scheidung sieht § 21 VersAusglG vor, dass der Berechtigte die Abtretung von Versorgungsansprüchen gegen den Versorgungsträger der auszugleichenden Versorgung verlangen kann. An dieser Form des Ausgleichs hat der Berechtigte ein Interesse, weil er dann selbst Inhaber der Forderung gegen den Versorgenden ist und nicht mehr durch die Insolvenz oder Manipulationen seitens seines ehemaligen Ehegatten beeinträchtigt werden kann. Dem Verpflichteten nützt diese Form des Ausgleichs, weil sie ihn von der monatlichen Zahlungspflicht entlastet.

263 Abgetreten werden können die Versorgungsansprüche **in Höhe der laufenden Ausgleichsrente, die im gleichen Zeitraum fällig geworden sind oder werden** (§ 21 Abs. 1 VersAusglG). Das bedeutet, dass die Zeiträume sich decken müssen; eine Abtretung künftiger Versorgungsansprüche für rückständige Ausgleichsrenten ist ausgeschlossen (§ 21 Abs. 2 VersAusglG). Für die Abtretung ist es unerheblich, ob diese Ansprüche nicht abgetreten werden können oder unpfändbar sind (§ 21 Abs. 3 VersAusglG). Das

---

131 Anders der Antrag, vgl Rn 177.

VII. Die Entscheidung in Versorgungsausgleichssachen

bedeutet nicht, dass die Versorgungsansprüche dadurch abtretbar und pfändbar werden; sie sind es nur im Verhältnis zum ausgleichsberechtigten Ehegatten.

Bei einem Streit um diese Form des Ausgleichs besteht die gerichtliche Entscheidung in der **Ersetzung der Abtretungserklärung**. Mit der Rechtskraft der Entscheidung gilt die Erklärung als abgegeben (§ 95 Abs. 1 Nr. 5, § 894 ZPO). 264

(3) Abfindung

§§ 23 f VersAusglG ermöglichen es dem Ausgleichsberechtigten, statt der Geldrente eine Abfindung des Ausgleichsanspruchs durch Zahlung eines Einmalkapitalbetrags zu verlangen (§ 25 VersAusglG). Diese Alternative soll dem Ausgleichsberechtigten die Möglichkeit verschaffen, sich eine von der Person des Ausgleichspflichtigen losgelöste Altersversorgung zu erkaufen. Die Abfindung kann verlangt werden, wenn sie dem Ausgleichspflichtigen zumutbar ist (§ 23 Abs. 2 VersAusglG). Das entspricht der Lage im Unterhaltsrecht (vgl § 1585 Abs. 2 BGB). 265

Der Anspruch auf Abfindung besteht nur, wenn diese **dem Ausgleichspflichtigen zumutbar** ist (§ 23 Abs. 2 VersAusglG).[132] An einer unbilligen Belastung des Ausgleichspflichtigen durch die Abfindung fehlt es, wenn er diese ohne Schwierigkeiten zahlen kann und ihm daraus keine schwerwiegenden Nachteile entstehen. Dagegen ist die Belastung mit der Abfindung unbillig, wenn der Ausgleichspflichtige nahezu sein gesamtes Vermögen dafür aufbringen müsste, um die Abfindung zu leisten oder wenn er Grundstücke aus altem Familienbesitz dafür opfern muss. 266

Für die **Höhe der Abfindung** ist der Zeitwert des Ausgleichswerts entscheidend. Bagatellausgleiche sind ausgeschlossen (§ 24 Abs. 1 S. 2 iVm § 18 VersAusglG). Es handelt sich um einen reinen Zahlungsausspruch, der entsprechend zu titulieren ist. 267

Inhaltlich ist der Anspruch und damit auch der **Ausspruch auf die Zahlung des Abfindungsbetrags an den Versorgungsträger der Zielversorgung gerichtet**, denn die Abfindung darf **nur zweckgebunden** für den Auf- oder Ausbau einer Versorgung verlangt werden. Sie steht also nicht zur freien Verfügung des Ausgleichsberechtigten. 268

Die weiteren Einzelheiten zur **Zielversorgung** ergeben sich aus dem Verweis in § 24 Abs. 2 VersAusglG auf § 15 VersAusglG. Das bedeutet vor allem, dass ein Anrecht bei der gesetzlichen Rentenversicherung zu begründen ist, wenn das Wahlrecht hinsichtlich der Zielversorgung nicht oder nicht wirksam ausgeübt worden ist. Insofern gelten auch die besonderen Anforderungen für den Inhalt von Entscheidungen über den externen Ausgleich[133] entsprechend. 269

3. Verkündung und Bekanntgabe von Entscheidungen

Der Beschluss in Versorgungsausgleichssachen ist **zu verkünden**. Allerdings gestattet es § 142 Abs. 3, bei der Verkündung auf die Beschlussformel Bezug zu nehmen. Das soll die Verkündung erleichtern. Das Gericht kann die Verlesung des Tenors also auf den Scheidungsausspruch beschränken. 270

---

132 Einzelheiten: HK-BGB/Kemper, Anhang § 1587 BGB, § 23 VersAusglG Rn 3.
133 Rn 232 ff.

§ 11 Versorgungsausgleichssachen

271 Ein Beschluss, der zugleich eine Entscheidung über die **Scheidung und den Versorgungsausgleich** enthält, muss den Ehegatten **förmlich zugestellt** werden (§ 113 Abs. 1 S. 2 iVm § 329 Abs. 2 S. 2 ZPO).

272 Enthält der Beschluss dagegen nur eine Entscheidung in einem **abgetrennten oder selbständigen** Versorgungsausgleichsverfahren, muss er den Beteiligten nur **nach § 15 Abs. 1 bekannt gegeben** werden. Dafür stehen zwei Wege zur Verfügung: Entweder kann das Familiengericht nach § 15 Abs. 2 S. 1 iVm §§ 166 ff ZPO förmlich an die Beteiligten zustellen oder es kann (einfach) die Bekanntgabe durch Aufgabe zur Post bewirken. Allerdings ist das Auswahlermessen des Gerichts eingeschränkt, wenn die bekannt zu gebende Entscheidung nicht dem erklärten Willen eines Beteiligten entspricht (§ 41 Abs. 1 S. 2). In diesem Fall muss an diesen Beteiligten in jedem Fall förmlich zugestellt werden (bei den anderen reicht dagegen die Bekanntgabe). Sinn der Regelung ist es, den Beginn der Rechtsmittelfrist genau festzulegen, weil in derartigen Fällen typischerweise mit einem Rechtsmittel zu rechnen ist.

273 Die Entscheidungen des Gerichts in Versorgungsausgleichssachen sollen dem **Versorgungsträger im Übermittlungsverfahren zugestellt** werden (§ 229 Abs. 4). Entsprechend zur Lage beim Auskunftsersuchen ist das Ermessen der Geschäftsstelle, wie die Zustellung zu bewirken ist, eingeschränkt: Sofern das Gericht und der Versorgungsträger am elektronischen Übermittlungsverfahren teilnehmen, ist die Zustellung grundsätzlich nur noch auf diesem Wege zu bewirken. Die elektronische Übermittlung erfüllt dann auch das Zustellungsgebot des § 41 Abs. 1 S 2. Werden trotz der bereits bestehenden Teilnahme am elektronischen Datenverkehr Zustellungen auf herkömmliche Art vorgenommen, ist das zwar unzulässig, aber nicht unwirksam. Bei § 229 Abs. 4 handelt es sich um eine reine Ordnungsvorschrift.[134]

274 Der **Nachweis der Zustellung** einer Entscheidung an den Versorgungsträger auf elektronischem Wege wird durch § 229 Abs. 5 erleichtert. Dazu genügt die Übermittlung einer automatisch erzeugten Eingangsbestätigung an das Gericht (§ 229 Abs. 5 S. 1). Maßgeblich für den Zeitpunkt der Zustellung ist dann der in dieser Eingangsbestätigung genannte Zeitpunkt (§ 229 Abs. 5 S. 2). Diese Art geht über die Möglichkeiten des bislang geltenden Rechts hinaus: § 15 Abs. 1 iVm § 174 Abs. 3 S. 2 ZPO lässt zwar ein elektronisches Empfangsbekenntnis zu. Dieses ist aber mit einer elektronischen Signatur zu versehen und muss von der Justiz manuell ausgewertet werden. Davon unterscheidet sich die Vorgehensweise nach § 229 Abs. 5 dadurch, dass die automatisiert erzeugte Eingangsbestätigung des elektronischen Postfachs des Versorgungsträgers als Zustellungsnachweis ausreicht. Eine weitergehende Prüfung braucht nicht stattzufinden.

4. Das Wirksamwerden des Beschlusses

275 Endentscheidungen, die den Versorgungsausgleich betreffen, werden erst **mit Rechtskraft** wirksam (§ 224 Abs. 1). Das stellt eine Abweichung von § 40 (Wirksamwerden mit Bekanntgabe dar), entspricht aber der Regelung des früheren Rechts (§ 53g Abs. 1 FGG aF).

---

134 BT-Drucks. 16/11903, S. 120.

Da die Entscheidungen über den Versorgungsausgleich bei der Scheidung (§§ 9 ff VersAusglG) aber regelmäßig im **Verbund** mit der Scheidungssache stehen, ist insofern auch § 148 zu beachten: In den Verbundfällen werden die Entscheidungen in Folgesachen **nicht vor der Rechtskraft des Scheidungsausspruchs** wirksam. Bei der Regel des § 224 Abs. 1 bleibt es deswegen nur dann, wenn die Scheidung schon vorab erfolgte, weil die Versorgungsausgleichssache aus dem Verbund gelöst wurde[135] oder es sich um eine Auslandsscheidung handelte, bei der gar nicht über den Versorgungsausgleich entschieden wurde.

5. Kosten

Soweit die Versorgungsausgleichssache im **Verbund** entschieden wurde, gilt nach § 150 Abs. 1 das Prinzip, dass die Kosten der Beteiligten gegeneinander aufzuheben sind. Von diesem Prinzip kann aus Billigkeitsgründen abgewichen werden (§ 150 Abs. 3).

Vom Verbund **abgetrennte Versorgungsausgleichssachen** bleiben Folgesachen, so dass für die Kostenentscheidung ebenfalls § 150 gilt.

In **selbständigen Versorgungsausgleichssachen** richtet sich die Kostenfolge nach § 81. Es kommt zwar ebenfalls grundsätzlich zu einer Kostenaufhebung; von dieser kann aber abgesehen werden, wenn einer der Ehegatten seine Mitwirkungspflichten verletzt und dadurch das Verfahren erheblich verzögert hat.

Der **Verfahrenswert** in Versorgungsausgleichssachen richtet sich nach § 50 FamGKG. Danach sind für jedes Anrecht im Wertausgleich bei der Scheidung 10 %, beim Wertausgleich nach der Scheidung 20 % des in den letzten drei Monaten erzielten Nettoeinkommens der Beteiligten anzusetzen, mindestens aber 1000 EUR. Zu dem Nettoeinkommen gehören nicht Sozialleistungen und Kindergeld. Das erzielte Einkommen ist aber im Übrigen nur um die Steuern und Sozialversicherungsbeiträge zu bereinigen. Sonstige Belastungen (zB aus Darlehensverbindlichkeiten) bleiben außer Betracht. Bei Unbilligkeit kann das Familiengericht einen anderen Verfahrenswert festsetzen (§ 50 Abs. 3 FamGKG).

VIII. Die Beendigung des Verfahrens in Versorgungsausgleichssachen durch Vereinbarung

Eine der wohl wichtigsten **Veränderungen gegenüber dem früheren Rechtszustand** ist die deutliche Stärkung der Fähigkeit der Eheleute, Vereinbarungen über den Versorgungsausgleich zu treffen. Nach dem bislang geltenden Recht waren Parteivereinbarungen über den Versorgungsausgleich enge Grenzen gezogen, die aus dem Bestreben des Gesetzgebers herrührten, einerseits einen unterlegenen Ehegatten vor einer aufgezwungenen Vereinbarung zu seinem Nachteil zu schützen und andererseits auf jeden Fall vertragliche Regelungen zu Lasten öffentlicher Kassen (der Sozialversicherungen und der Träger der Sozialkassen) zu vermeiden. So konnte einerseits jede Regelung über den Versorgungsausgleich, die vor oder während der Ehe getroffen wurde, dadurch wieder unwirksam gemacht werden, dass innerhalb eines Jahres nach ihrem Abschluss der Scheidungsantrag gestellt wurde (§ 1408 Abs. 2 S. 2 BGB aF), obwohl die Verein-

---

135 Siehe dazu oben Rn 118 ff.

barung selbst auch einer Inhalts- und Ausübungskontrolle unterlag. Im Scheidungsverfahren getroffene Vereinbarungen über den Versorgungsausgleich bedurften zu ihrer Wirksamkeit der Genehmigung des Familiengerichts (§ 1587 o BGB).

282 Diese engen Grenzen entsprechen nicht dem **Prinzip der Eigenverantwortlichkeit**, wie es der Gesetzgeber schon mit dem neuen Unterhaltsrecht verankert hat. Bereits durch die Stellung der Regelungen über die Vereinbarungen (§§ 6 ff VersAusglG, vor allen anderen Regelungen über Ausgleichsformen) macht er deswegen deutlich, dass er in Zukunft die Vereinbarungen über den Versorgungsausgleich nicht nur für zulässig, sondern sogar für wünschenswert hält.[136] Die genannten Beschränkungen von Vereinbarungen wurden deswegen aufgehoben.

1. Die Regelungsbefugnisse der Ehegatten

283 Die Regelungsbefugnisse der Ehegatten sind nach neuem Recht nahezu umfassend. § 6 Abs. 1 S. 1 VersAusglG stellt zunächst klar, dass die Ehegatten über den Versorgungsausgleich Vereinbarungen treffen können. In § 6 Abs. 1 S. 2 werden dann beispielhaft einige mögliche Vereinbarungen aufgezählt. Der Katalog ist nicht abschließend.

a) Einbeziehung in die Regelung der Vermögensverhältnisse

284 Die Ehegatten können den Versorgungsausgleich **ganz oder teilweise in die Regelung der ehelichen Vermögensverhältnisse** einbeziehen (§ 6 Abs. 1 S. 2 Nr. 1 VersAusglG). Mit dieser Bestimmung wird deutlich gemacht, dass der Versorgungsausgleich nicht zwangsläufig gesondert von den sonstigen Vermögensangelegenheiten zu regeln ist. Der Gesetzgeber hält es ausdrücklich für zulässig, im Rahmen einer notariellen Vereinbarung etwa die Stichtagswerte der Anrechte zugrunde zu legen und den Wertunterschied über andere Vermögenswerte zu kompensieren,[137] zB durch die Einzahlung von Beiträgen in die gesetzliche Rentenversicherung, durch die Finanzierung einer Privatrente aus dem in der Ehe erworbenen Sparguthaben oder durch die Überlassung von Immobilien für die Altersvorsorge.

285 Besondere Probleme bereitet in diesen Fällen die **Bewertung** von Anrechten. Untauglich wird regelmäßig der nach § 47 Abs. 2 VersAusglG bestimmte „Einkaufswert" der Versorgung sein. Um etwa mit den im Zugewinnausgleich verwendeten Rechengrößen Übereinstimmung zu erzielen, muss der nach § 47 Abs. 5 VersAusglG ermittelte Barwert der Versorgung eingestellt werden.[138] Außerdem ist zu beachten, dass es beim Versorgungsausgleich (anders als beim Zugewinnausgleich) um Bruttowerte geht. Die Werte für die Versorgungsanrechte müssen deswegen erst steuerlich bereinigt werden, um zu vergleichbaren Werten zu kommen.

286 Solche Vereinbarungen können vor allem dann **sinnvoll** sein, wenn einzelne Anrechte dem Wertausgleich bei der Scheidung entzogen sind (Hauptfall: im Ausland erworbene Versorgungen). Damit können die Eheleute in diesem Fall ihre Angelegenheiten ab-

---

136 Schmid FPR 2009, 196, 200.
137 BT-Drucks. 16/10144, 52.
138 Glockner/Hoenes/Weil § 9 Rn 11; Norpoth FamRB 2009, 288, 290.

schließend regeln und sind nicht auf Ausgleichsansprüche nach der Scheidung angewiesen.

Umgekehrt ist der Kompensationsausgleich aber auch **nicht ungefährlich**. Es besteht die Gefahr, dass ein Ehegatte sich mit weniger wertbeständigen Gegenständen abfinden lässt, die verloren sind, wenn sich das Risiko des Alters oder der Erwerbsunfähigkeit realisiert. Mit § 8 VersAusglG wird in diesen Fällen nur in Ausnahmefällen zu helfen sein. Außerdem setzt eine Regelung dieser Art eine vollständige Vermögensbilanz voraus, schon damit später beurteilt werden kann, ob sich gegenüber der ursprünglichen Planung der Eheleute Abweichungen ergeben haben, so dass die Annahme eines Durchsetzungshindernisses nach § 8 VersAusglG in Betracht kommt. 287

b) Vollständiger oder teilweiser Ausschluss des Versorgungsausgleichs

Die Eheleute können den Versorgungsausgleich **ganz oder teilweise ausschließen** (§ 6 Abs. 1 S. 2 Nr. 2 VersAusglG). Das kann etwa in Betracht kommen, wenn beide Ehegatten nach dem gewählten Ehemodell (vor allem bei einer Doppelverdienerehe) keinen Bedarf für einen Ausgleich der in der Ehe erworbenen Anrechte sehen.[139] Die Regelung macht vor allem auch sofort deutlich, dass nicht nur ein vollständiger, sondern auch ein teilweiser Ausschluss des Versorgungsausgleichs in Betracht kommt und geht damit deutlich über das bisherige Recht hinaus. Ein derartiger Teilausschluss kann etwa zeitabhängig sein (zB alle Anrechte bis zu einem von den Ehegatten bestimmten Stichtag), er kann ereignisabhängig sein (zB alle Anrechte bis zur Geburt eines gemeinsamen Kindes) oder er kann anrechtsbezogen sein (zB Ausschluss von Anrechten aus betrieblichen Versorgungen oder aus der Beamtenversorgung). Zwischen allen diesen Teilausschlüssen sind Mischformen denkbar. 288

Diese Gestaltungsmöglichkeiten dürfen **nur mit großer Vorsicht** gehandhabt werden. Wenn nur einzelne Anrechte aus dem Ausgleich ausgeschlossen werden, ändert sich das Gesamtgefüge der Versorgung und damit des Ausgleichs. Vor allem der verzichtende Ehegatte muss deswegen genau wissen, worauf er verzichtet und wie sich das auf seine Rente auswirkt. Das bedingt, dass die entsprechenden Werte vor dem Verzicht ausgerechnet und klargestellt werden. Umgekehrt erfordert gerade die Ausgestaltung des Ausgleichs als streng einzelanrechtsbezogener Ausgleich Korrekturen, wenn der gesetzlich vorgeschriebene Ausgleich zu Versorgungslücken bei einem der Ehegatten führt. Vorkommen kann das vor allem in Bezug auf die Erwerbsunfähigkeitsversorgung, wenn einem Ehegatten zugunsten eines schon gegen dieses Risiko ausreichend abgesicherten Ehegatten Anrechte in der gesetzlichen Rentenversicherung genommen werden.[140] 289

Zu beachten ist, dass **grundsätzlich nur ein Ausschluss des Ausgleichs** von Anrechten in Frage kommt, dh die Einschränkung des Ausgleichs im Vergleich zu der gesetzlich bestimmten Lage. Die Erweiterung des Versorgungsausgleichs, etwa die Vereinbarung, dass sämtliche Anrechte in der gesetzlichen Rentenversicherung übertragen werden sollen, verstößt dagegen gegen das Halbteilungsprinzip und ist prinzipiell nicht zulässig. 290

---

139 HK-BGB/Kemper, Anhang § 1587 BGB, § 6 VersAusglG Rn 6; Wick FPR 2009, 219, 222; Glockner/Hoenes/Weil § 9 Rn 12.
140 Vgl das Beispiel bei Glockner/Hoenes/Weil § 9 Rn 16.

Eine Ausnahme von diesem Prinzip bestimmt § 8 Abs. 2 VersAusglG, der anordnet, dass Anrechte (nur) übertragen oder begründet werden können, wenn die maßgeblichen Regelungen dies zulassen und die betroffenen Versorgungsträger zustimmen. In Betracht kommt das wegen der einschlägigen sozialrechtlichen Regelungen nur in Bezug auf private Anrechte.

c) Verweisung von Anrechten in den schuldrechtlichen Ausgleich

291 Die Eheleute können auch vollständig oder teilweise den Ausgleich bei der Scheidung ausschließen und den Ausgleich dem Ausgleich bei der Scheidung (§§ 20–24 VersAusglG) vorbehalten. Sinnvoll wird das aber nur in Ausnahmefällen sein, weil regelmäßig ein Interesse besteht, die Angelegenheiten abschließend schon bei der Scheidung zu regeln. Außerdem ist die Rechtsstellung des Ausgleichsberechtigten viel schwächer ist als beim Ausgleich bei der Scheidung, weil er grundsätzlich keine eigenständige Absicherung erhält, sondern nur einen unterhaltsähnlichen Anspruch gegen den Ausgleichspflichtigen.[141] In Betracht kommt eine derartige Vereinbarung vor allem dann, wenn bei der Scheidung bereits abzusehen ist, dass der Ausgleichsberechtigte (zB wegen einer schweren Erkrankung) die Leistungen aus dem Versorgungsausgleich nur kurz in Anspruch nehmen können wird.

d) Sonstige Regelungen

292 Die Eheleute können vertraglich auch andere als die genannten Punkte regeln (zB Härtegründe präzisieren), solange das nicht gegen zwingende gesetzliche Bestimmungen verstößt.

2. Formelle Anforderungen

293 Die formellen Voraussetzungen für eine Vereinbarung über den Versorgungsausgleich finden sich in **§ 7 VersAusglG**. Die Norm wurde in Anlehnung an das bisherige Recht gestaltet (vgl § 1587 o Abs. 2 aF).

294 Das Formerfordernis **gilt für alle Vereinbarungen** über den Versorgungsausgleich, die **vor Rechtskraft** der Entscheidung über den Wertausgleich bei der Scheidung geschlossen werden (§ 7 Abs. 1 VersAusglG). Wird die Vereinbarung später geschlossen (zB, um den Ausgleich nach der Scheidung zu regeln), unterliegt sie keinem Formerfordernis mehr. Das eröffnet gewisse Schutzlücken, entspricht aber der Rechtslage auch in anderen Rechtsbereichen (zB im Unterhaltsrecht, § 1585 c BGB).

295 Wie nach dem früheren Recht sind Verträge über den Versorgungsausgleich **notariell zu beurkunden**. Die notarielle Beurkundung wird durch die Aufnahme in einen gerichtlichen Vergleich ersetzt (§ 127 a BGB). Vereinbarungen über den Versorgungsausgleich können aber auch dann, wenn sie nicht den Charakter eines Vergleichs haben, in der in § 127 a BGB bestimmten Form geschlossen werden (§ 7 Abs. 2 VersAusglG). in diesem Fall müssen beide Eheleute anwaltlich vertreten sein. Wird die Vereinbarung im Rahmen eines Ehevertrags geschlossen, ist die strengere Formvorschrift des § 1410 BGB maßgeblich (§ 7 Abs. 3 VersAusglG). Es ist also eine notarielle Beurkundung in Anwesenheit beider Ehegatten erforderlich.

---

141 Siehe oben, Rn 254 ff.

VIII. Die Beendigung des Verfahrens durch Vereinbarung 11

3. Die gerichtliche Inhalts- und Ausübungskontrolle

Die gerichtliche Befugnis zur **Überprüfung von Vereinbarungen** der Eheleute über den 296
Versorgungsausgleich wurde durch die Reform **erheblich eingeschränkt**. § 6 Abs. 2
VersAusglG bestimmt ausdrücklich, dass das Gericht an die Vereinbarung der Eheleute
gebunden ist. In § 8 Abs. 1 VersAusglG wird das dahingehend eingeschränkt, dass eine
Vereinbarung über den Versorgungsausgleich einer Inhalts- und Ausübungskontrolle
standhalten muss. Das ist eine Selbstverständlichkeit. Die Regelung ist deswegen an
sich überflüssig.

Eine weitere Einschränkung für Vereinbarungen enthält § 8 Abs. 2 VersAusglG, der 297
bestimmt, dass Anrechte nur übertragen oder begründet werden können, wenn die
maßgeblichen Regelungen dies zulassen und die betroffenen **Versorgungsträger zustimmen**. Andernfalls handelte es sich um eine Vereinbarung zu Lasten Dritter.

a) Inhaltskontrolle

Das Familiengericht muss jede Vereinbarung über den Versorgungsausgleich daraufhin 298
überprüfen, ob der Vertrag nach den allgemeinen gesetzlichen Bestimmungen wirksam
ist (§ 138 Abs. 1 BGB) und ihm auch keine Durchsetzungshindernisse (§§ 313, 242
BGB) entgegenstehen. Maßstab dieser Überprüfung ist die neuere Rechtsprechung von
BVerfG[142] und BGH[143] zur Inhalts- und Ausübungskontrolle von Eheverträgen.

Unwirksam wegen Verstoßes gegen § 138 Abs. 1 BGB ist ein Ehevertrag, und damit 299
auch ein Vertrag über den Versorgungsausgleich, wenn er zu einer **evident einseitigen
Lastenverteilung** der Eheleute führt und ein Ehegatte bei dessen Abschluss in einer erheblich schwächeren Verhandlungsposition war. Dabei hat das Familiengericht in Betracht zu ziehen, inwieweit die vertraglichen Abreden unmittelbar in den Kernbereich
des Scheidungsfolgenrechts eingreifen.[144] Zu diesem gehört in erster Linie der Betreuungsunterhalt, dann der Krankheitsunterhalt und schließlich der Altersunterhalt, mit
dem der Versorgungsausgleich den Rang teilt. Vereinbarungen über den Versorgungsausgleich unterliegen damit einer deutlich großzügigeren Beurteilung als solche über
den Betreuungsunterhalt. In Betracht kommt die Annahme einer Sittenwidrigkeit etwa
dann, wenn ein Ehegatte den anderen bei bevorstehender Geburt eines Kindes und dem
damit verbundenen zumindest zeitweiligen Ausscheiden aus dem Berufsleben zu einem
Ehevertrag gedrängt wird, in dem auf den Versorgungsausgleich (und gegebenenfalls
noch auf weitere Rechte) ohne Kompensation verzichtet wird.[145]

Eine Vereinbarung über den Versorgungsausgleich kann außerdem unwirksam sein, 300
wenn sie voraussichtlich dazu führt, **individuelle Vorteile zum Nachteil der Grundsicherung** nach SGB XII zu erzielen (§ 138 Abs. 1 BGB).[146] Das Gericht muss prüfen, ob
eine Vereinbarung nach ihrem Gesamtcharakter geeignet ist, dass die Ehegatten bewusst oder unbewusst Verpflichtungen, die auf der Ehe beruhen, objektiv zulasten der
Sozialhilfe (im Alter: Grundsicherung nach § 41 SGB XII) regeln. Es kommt darauf an,
ob ein Ehegatte künftig auf die Grundsicherung im Alter oder bei Erwerbsminderung

---

142 BVerfG FamRZ 2001, 343.
143 BGH FamRZ 2004, 601.
144 BGH FamRZ 2004, 601.
145 Glockner/Hoenes/Weil § 9 Rn 38; vgl auch Deisenhofer FPR 2007, 124; Bergmann FF 2007, 16.
146 BGH FamRZ 1983, 137; FamRZ 2007, 197 zu Unterhaltsfällen.

Kemper 541

angewiesen ist, dies aber ohne die Vereinbarung nicht der Fall wäre. Es ist insoweit also eine Prognose erforderlich, die beim Versorgungsausgleich regelmäßig wegen der langen Zeit, die zwischen der Vereinbarung und dem Eintritt des Versorgungsfalles liegt, kaum getroffen werden kann. Auch wenn auf den Versorgungsausgleich verzichtet wird, kann nämlich oftmals ein Gesamt- oder Teilverzicht auf den Versorgungsausgleich durch die weitere Erwerbsbiografie kompensiert werden.

b) Ausübungskontrolle

301 Bei einem vereinbarten völligen oder teilweisen Ausschluss des Versorgungsausgleichs im Rahmen der Ausübungskontrolle am Maßstab des § 242 bzw § 313 BGB zu prüfen, ob infolge der Vereinbarung etwa ein Ehegatte auf Grund einvernehmlicher Änderung der gemeinsamen Lebensumstände über keine hinreichende Alterssicherung verfügt und dieses Ergebnis mit dem Gebot ehelicher Solidarität schlechthin unvereinbar erscheint.[147] Das kann etwa in Betracht kommen, wenn die Eheleute eine Vereinbarung über den Versorgungsausgleich in einem Stadium ihrer Ehe abgeschlossen haben, in dem sie beide erwerbstätig waren und keinen Kinderwunsch hatten, während dann doch Kinder geboren wurden, um deren Pflege und Erziehung sich ein Ehegatte unter Aufgabe seiner Erwerbstätigkeit dann kümmerte.

c) Überprüfung der Zustimmung zur Übertragung oder Begründung von Anrechten

302 Anrechte können im Rahmen einer Vereinbarung der Eheleute nur übertragen oder begründet werden, wenn die maßgeblichen **Versorgungsregelungen das zulassen und die betroffenen Versorgungsträger zustimmen** (§ 8 Abs. 2 VersAusglG). Die Regelung geht über den früheren Gesetzesstand deutlich hinaus. Gleichwohl hat sie nur klarstellenden Charakter. Entsprechende Bestimmungen fanden sich bislang schon in den jeweiligen Versorgungssystemen.

303 Über Anrechte in den **öffentlich-rechtlichen Sicherungssystemen** können die Eheleute nicht disponieren (vgl §§ 32, 46 Abs. 2 SGB I).

304 Die Regelung ist vor allem für hohe Ausgleichswerte aus **privaten Versorgungen** von Bedeutung: Hier können sich die Eheleute im Rahmen einer Gesamt-Vermögensauseinandersetzung unter Einbeziehung der beteiligten Versorgungsträger darüber einigen, zugunsten der ausgleichsberechtigten Person ein Anrecht in einer gewissen Höhe zu schaffen.

305 Die Zustimmung des Versorgungsträgers kann **noch bis zur Entscheidung** über die Versorgungsausgleichssache erteilt werden.

4. Verfahrensfragen

306 Haben die Eheleute eine wirksame Vereinbarung über den Versorgungsausgleich getroffen, stellt das Gericht nach § 224 Abs. 3 in der **Beschlussformel** fest, dass insoweit **kein Versorgungsausgleich** (durch das Familiengericht) stattfindet. Diese Entscheidung erwächst in Rechtskraft.

---

147 BGH FamRZ 2005, 185.

Kommt das Familiengericht bei seiner Prüfung zu dem Ergebnis, dass die **Vereinbarung unwirksam** ist, so **führt es den Wertausgleich** bei der Scheidung von Amts wegen bzw das Verfahren über Ausgleichsansprüche nach der Scheidung auf Antrag **durch**. Es muss dann in den Gründen darlegen, weshalb es die Unwirksamkeit der Vereinbarung annimmt. 307

IX. Die Anfechtung von Entscheidungen in Versorgungsausgleichssachen

In Versorgungsausgleichssachen finden **dieselben Rechtsmittel statt wie in allen anderen** Verfahren nach dem FamFG: die Beschwerde (§§ 58 ff) und die Rechtsbeschwerde (§§ 70 ff). Auch soweit über den Versorgungsausgleich im Verhandlungs- und Entscheidungsverbund entschieden worden ist (§§ 137 ff), kann die Entscheidung über den Versorgungsausgleich isoliert angefochten werden. Die Scheidung wird dann vor dem Versorgungsausgleich rechtskräftig. Der Versorgungsausgleich bleibt aber Folgesache. Werden die Scheidung, andere Folgesachen und die Entscheidung über den Versorgungsausgleich gemeinsam angefochten, stehen alle weiter anstehenden Verfahren weiterhin im Verbund. 308

1. Die Beschwerde

Gegen die Entscheidungen der ersten Instanz in Versorgungsausgleichssachen findet die Beschwerde statt (§ 58 Abs. 1). Diese umfasst auch alle nicht selbständig anfechtbaren Entscheidungen, die der Endentscheidung vorausgegangen sind (§ 58 Abs. 2). Zur Anfechtung der Ablehnung einer Hinzuziehung als Beteiligter vgl § 7 Abs. 5.[148] 309

Die in § 61 für Beschwerden angeordnete **Wertgrenze** von 600 EUR gilt in Versorgungsausgleichssachen nicht, soweit es um die Entscheidung über den Versorgungsausgleich selbst geht (§ 228). Die Grenze hat nur Bedeutung für die Anfechtung der Entscheidung über die Kosten. Der Sinn der Regelung liegt darin, dass eine Mindestbeschwer jedenfalls für Rechtsmittel der Rentenversicherungsträger nicht sachgerecht ist, weil die Versicherungsträger letztlich die Interessen der Versichertengemeinschaft wahrnehmen. Aus Gründen der Gleichbehandlung ist es dann geboten, die Ausnahme für alle Beteiligten in Versorgungsausgleichssachen gleichmäßig anzuwenden.[149] Außerdem lässt sich wegen der Ungewissheit des künftigen Versicherungsverlaufs regelmäßig zunächst noch nicht feststellen, ob sich die getroffene Entscheidung zum Nachteil für den Versorgungsträger auswirkt oder nicht. In vielen Fällen könnte deswegen gar nicht festgestellt werden, ob die Wertgrenze überschritten ist oder nicht. 310

Die Beschwerde ist **binnen eines Monats** (§ 63 Abs. 1) von der schriftlichen Bekanntgabe des Beschlusses an (§ 63 Abs. 3) gerechnet beim Ausgangsgericht einzulegen. Wird eine im Scheidungsverbund ergangene Entscheidung in einer anderen Folgesache angefochten, kommt eine verfahrensübergreifende Anfechtung der Entscheidung in der Versorgungsausgleichssache innerhalb eines Monats nach Zustellung der Rechtsmittelbegründung in Betracht (§ 145 Abs. 2). Anschlussbeschwerden können auch in Versorgungsausgleichssachen nach den allgemeinen Regeln eingelegt werden (§ 66). 311

---

148 Rn 108.
149 HK-ZPO/Kemper § 228 Rn 2.

2. Die Rechtsbeschwerde

312 Gegen die Entscheidung des Beschwerdegerichts kann Rechtsbeschwerde zum BGH eingelegt werden, **wenn das Beschwerdegericht** sie in seinem Beschluss **zugelassen** hat (§ 70). Eine Nichtzulassungsbeschwerde gibt es nicht. Der BGH ist an die Zulassung der Beschwerde gebunden. Er kann aber nach § 74a die Rechtsbeschwerde ohne mündliche Verhandlung zurückweisen, wenn die Voraussetzungen für die Zulassung nach seiner Ansicht nicht vorliegen und die Rechtsbeschwerde keine Aussicht auf Erfolg hat.

313 Auch für die Einlegung der Rechtsbeschwerde besteht eine **Monatsfrist** (§ 71). § 145 gilt. Im Übrigen sind Anschlussrechtsbeschwerden zulässig.

X. Die Abänderung von Entscheidungen und Vereinbarungen

314 Im **bisherigen Versorgungsausgleichsrecht** bestand in vielen Fällen das Bedürfnis danach, ergangene Entscheidungen nachträglich an veränderte Entwicklungen anzupassen oder aber Fehler in der Ausgangsentscheidung zu korrigieren. Ohne nachträgliche Korrektur hätte das Versorgungsausgleichsrecht einer gerechten Teilhabe nicht entsprochen.[150] Bedingt war dieses Bedürfnis durch die Anfälligkeit des bisherigen Systems wegen der Notwendigkeit von systemübergreifenden Umrechnungen von Versorgungsanrechten, um alle Anrechte der Eheleute in die Gesamtbilanz einstellen zu können und die Unsicherheiten, die sich aus den vielfältigen Prognosen ergaben, welche das bisherige Recht erforderte, um die ehezeitbezogene Versorgung der Eheleute auszurechnen.

315 Das Instrument für diese Abänderungen war **§ 10a VAHRG aF**. Diese Norm ermöglichte es, die Entscheidung über den öffentlich-rechtlichen Versorgungsausgleich abzuändern, wenn ein im Zeitpunkt des Erlasses der Abänderungsentscheidung ermittelter Wertunterschied von dem in der abzuändernden Entscheidung zugrunde gelegten Wertunterschied abwich (§ 10a Abs. 1 Nr. 1 VAHRG). Eine Abänderung kam außerdem in Betracht, wenn ein in der abzuändernden Entscheidung als verfallbar behandeltes Anrecht durch Begründung von Anrechten ausgeglichen werden kann, weil es unverfallbar war oder nachträglich unverfallbar geworden war (§ 10 Abs. 1 Nr. 2 VAHRG) und schließlich konnte eine Abänderung erfolgen, wenn ein von der abzuändernden Entscheidung dem schuldrechtlichen Versorgungsausgleich überlassenes Anrecht nun durch Begründung von Anrechten ausgeglichen werden konnte, weil die für das Anrecht maßgebende Regelung eine solche Begründung bereits vorgesehen hatte oder jetzt vorsah (§ 10 Abs. 1 Nr. 3 VAHRG).

316 **§ 10a VAHRG** führte zu einem **völlig neuen Versorgungsausgleich** auf der Grundlage der neuen Daten und Gegebenheiten. Es fand eine Totalrevision des Gesamtausgleichs statt. Im Bereich des Versorgungsausgleichs gab es damit bislang letztlich keine materielle Rechtskraft von Entscheidungen.

317 Das **neue Versorgungsausgleichsrecht** hat die **Notwendigkeit** von Abänderungen früherer Entscheidungen **deutlich reduziert**. Das liegt vor allem an dem neuen Ausgleichssystem der anrechtsbezogenen Teilung: Es muss nicht mehr ausgerechnet werden, was letztlich aus den aufzuteilenden Anrechten an Rente fließen wird, um diesen Betrag in

---

150 BVerfG FamRZ 1993, 161.

X. Die Abänderung von Entscheidungen und Vereinbarungen

eine Gesamtbilanz einzustellen, sondern jedes Anrecht wird einzeln für sich geteilt, so dass jeder Ehegatte an den Vor- und Nachteilen einer jeden von den Eheleuten während der Ehe erworbenen Versorgung beteiligt wird.[151] Die neue Lösung bürgt damit aus sich heraus (bezogen auf die weitere Entwicklung der Anrechte) für eine größere Gleichbehandlung und Gerechtigkeit als bisher. Die Abkehr vom System der Gesamtbilanzierung führt außerdem dazu, dass bei Änderungen nach der Entscheidung über den Versorgungsausgleich nicht mehr der gesamte durchgeführte Versorgungsausgleich aufgerollt werden muss, sondern dass es ausreicht, die Entscheidung des jeweils von der Änderung betroffenen Anrechts abzuändern. In Bezug auf die bei der Scheidung noch nicht ausgleichsreifen Anrechte (§ 19 VersAusglG)[152] wird nachträglich schuldrechtlich ausgeglichen (§§ 20 ff VersAusglG).[153]

Der Gesetzgeber hat deswegen die Abänderung von Entscheidungen über den Versorgungsausgleich **völlig neu gestaltet**, an andere Voraussetzungen gebunden als bisher (vgl vor allem § 32 VersAusglG) und systematisch neu geordnet. Die Regelungen finden sich jetzt in den §§ 225–227. Ergänzt werden diese Bestimmungen durch eine Sonderregelung für den Fall, dass eine unter der Geltung des früheren Versorgungsausgleichsrechts ergangene Entscheidung geändert werden soll. In diesem Fall sind nicht §§ 225 ff anzuwenden, sondern §§ 51 f VersAusglG, die allerdings wieder auf §§ 225 f verweisen. Dagegen richtet sich die Abänderung von Entscheidungen über den Ausgleich nach der Scheidung (§§ 20 ff VersAusglG) nach § 48 (§ 227 Abs. 1).

318

1. Die Abänderung von Entscheidungen über den Ausgleich bei der Scheidung

Die Nachfolgeregelungen zu § 10 a VAHRG für die Abänderung von Entscheidungen über den Ausgleich nach der Scheidung finden sich nun in den §§ 225 und 226. Dabei enthält § 225 die Voraussetzungen für die Abänderung und § 226 die Bestimmungen für das dabei einzuhaltende Verfahren. Diese Regelungen gelten für die Abänderung von Vereinbarungen über den Versorgungsausgleich entsprechend (§ 227). Für die Abänderung von unter der Geltung des früheren Versorgungsausgleichsrechts ergangenen Entscheidungen sind §§ 51 f VersAusglG einschlägig, welche aber auch wieder auf §§ 225 f verweisen. Im Übrigen gelten §§ 225 f auch für die Abänderung von Abänderungsentscheidungen.[154]

319

a) Die Prinzipien der Abänderung

Die Abänderung des neuen Rechts ist **keine „Totalrevision"** mehr. Eine solche widerspräche dem Ansatz des neuen Ausgleichssystems, das jedes Anrecht prinzipiell systemintern teilt. Die Korrektur im Abänderungsverfahren beschränkt sich deswegen nach dem neuen Recht auf das jeweils betroffene Anrecht. Korrekturen von Wertunterschieden, die sich im Versorgungsfall auf Grund einer unterschiedlichen Wertentwicklung der jeweiligen Versorgungssysteme ergeben, sind nicht mehr erforderlich,

320

---

151 Durchbrochen ist dieser Grundsatz aber schon wieder beim externen Ausgleich (§§ 14 ff VersAusglG), weil sich insoweit die Entwicklungen von Ausgangs- und Zielversorgung unterscheiden können. Allerdings hat in diesen Fällen der Ausgleichsberechtigte (von den Fällen des § 16 VersAusglG abgesehen) dem externen Ausgleich zugestimmt oder das auszugleichende Anrecht hat nur geringen Wert.
152 Rn 243 ff.
153 Rn 254 ff.
154 HK-Familienverfahrensrecht/Götsche § 225 Rn 4.

denn jeder Ehegatte nimmt bei der internen Teilung der Anrechte grundsätzlich an der Wertentwicklung (Dynamik) der nun auch ihm zugeordneten Anrechte im Versorgungssystem des anderen Ehegatten teil. Jeder Ehegatte hat Anrechte in denselben Versorgungssystemen. Also sind von Änderungen in einem Versorgungssystem immer beide Ehegatten gleichermaßen betroffen.

b) Voraussetzungen der Abänderung

321 Die Voraussetzungen der Abänderung haben sich gegenüber dem bis zum 31.8.2009 geltenden Rechtszustand **erheblich verändert**. § 225 verlangt nur noch, dass rechtliche oder tatsächliche Veränderungen nach dem Ende der Ehezeit auf den Ausgleichswert eines abänderungsfähigen Anrechts zurückwirken und zu einer wesentlichen Wertänderung führen. Gemeint ist der Wert des einzelnen Anrechts, nicht wie bisher der Gesamtsaldo.

aa) Der Abänderung zugängliche Entscheidung

322 Zunächst ist – anders als nach dem bisherigen Recht – zu klären, ob von dem Abänderungsbegehren überhaupt eine Entscheidung über ein **Anrecht betroffen ist, bei dem eine Abänderung in Betracht kommt**, denn das neue Recht differenziert zwischen den unterschiedlichen Anrechten der Altersversorgung und lässt nur die Anrechte aus den Regelalterssystemen für eine Abänderung zu (vgl § 32 VersAusglG).

(1) Abänderungsfähige Entscheidungen

323 § 225 Abs. 1 stellt klar, dass die Abänderung von Versorgungsausgleichsentscheidungen nur bei Anrechten aus denjenigen **Regelsicherungssystemen** zulässig ist, die in § 32 VersAusglG abschließend aufgezählt sind. Zu beachten ist allerdings, dass § 225 für die Abänderung von Entscheidungen über den Wertausgleich nach der Scheidung (§§ 20 ff VersAusglG) ohnehin nicht gilt; diese Entscheidungen sind nach § 48 zu ändern, sofern die Voraussetzungen dafür vorliegen (§ 227 Abs. 1).

324 Von § 225 **erfasst werden also** Entscheidungen des Wertausgleichs bei der Scheidung über Anrechte der gesetzlichen Rentenversicherung einschließlich der Höherversicherung (§ 32 Nr. 1 VersAusglG), Anrechte der Beamtenversorgung oder einer anderen Versorgung, die zur Versicherungsfreiheit nach § 5 Abs. 1 SGB VI führt (§ 32 Nr. 2 VersAusglG), Anrechte einer berufsständischen oder einer anderen Versorgung, die nach § 6 Abs. 1 Nr. 1 oder Nr. 2 SGB VI zur Befreiung von der Sozialversicherungspflicht führen kann (§ 32 Nr. 3 VersAusglG), Anrechte der Alterssicherung der Landwirte (§ 32 Nr. 4 VersAusglG) und die Anrechte aus den Versorgungssystemen der Abgeordneten und der Regierungsmitglieder im Bund und in den Ländern (§ 32 Nr. 5 VersAusglG).

(2) Nicht abänderungsfähige Entscheidungen

325 **Nicht** erfasst werden von der Abänderungsmöglichkeit dagegen die **ergänzenden Versorgungen der zweiten und dritten Säule**, vor allem also die betrieblichen Altersversorgungen, die Lebensversicherungen und sonstigen Sicherungsinstrumente, die der privaten Absicherung im Alter dienen sollen. Diese Anrechte hat der Gesetzgeber bewusst

X. Die Abänderung von Entscheidungen und Vereinbarungen

von der Abänderung ausgeschlossen. Diese Differenzierung folgt der Empfehlung der Kommission „Strukturreform des Versorgungsausgleichs".[155]

Der Ausschluss dieser Anrechte ist **systemgerecht**, weil sie auf der Grundlage ihres Kapitalwerts zum Ehezeitende ausgeglichen werden. Die Halbteilung ist deswegen allein zu diesem Stichtag zu wahren, ungeachtet der weiteren Entwicklung des in den Anrechten verkörperten Vorsorgevermögens. Entscheidend ist aber, dass bei der ergänzenden Vorsorge auch rechtstatsächlich kein Bedarf für nachträgliche Abänderungen besteht: Soweit die Anrechte kapitalgedeckt sind, beruht die Ermittlung des Ausgleichswerts auf der unmittelbaren Bewertung nach § 39 VersAusglG. Nachträgliche Änderungen des Ehezeitanteils, die auf den Ausgleichswert zurückwirken, sind hier nicht vorstellbar. Bei Anwartschaften aus der betrieblichen Altersversorgung, die der zeitratierlichen Bewertungsmethode folgen (§ 45 Abs. 2 S. 2 und 3 VersAusglG), können sich ebenfalls keine rückwirkenden Änderungen zum Vorteil der ausgleichspflichtigen Person ergeben, weil bei der Wertermittlung der Übertragungswert bzw die unverfallbare Anwartschaft am Ehezeitende maßgeblich ist. Ändert sich das Zeit-Zeit-Verhältnis, wirkt sich das allenfalls zum Vorteil der ausgleichsberechtigten Person aus. Der Ausgleich dieses Mehrbetrags erfolgt dann über Ausgleichsansprüche nach der Scheidung (also den §§ 20 ff VersAusglG), sofern dem nicht § 27 VersAusglG entgegensteht.[156]

326

bb) Nachträgliche Änderung rechtlicher oder tatsächlicher Umstände

Wichtigste Voraussetzung für die Abänderbarkeit einer Entscheidung über den Wertausgleich bei der Scheidung ist, dass sich **rechtliche oder tatsächliche Umstände geändert** haben, die für die Bewertung des Ausgleichswerts eines Anrechts maßgeblich sind. Als derartige Umstände kommen etwa in Betracht: Änderungen des Leistungsrechts (wie zB in der Vergangenheit die rückwirkende Zuerkennung von Kindererziehungszeiten) oder die Dienstunfähigkeit eines Beamten vor Erreichen der Regelaltersgrenze, die bei der zeitratierlich zu bewertenden Beamtenversorgung (§§ 40, 44 VersAusglG) zur Veränderung des Ehezeitanteils führen kann.

327

Diese Änderungen müssen **nach dem Ende der Ehezeit** eingetreten sein, also nach dem Ende des Monats, welcher der Rechtshängigkeit des Scheidungsantrags vorausging (vgl § 3 Abs. 1 VersAusglG). Sind sie vorher eingetreten, mussten sie bereits beim Ausgleich anlässlich der Scheidung berücksichtigt werden, Fehler hätten dann mit Rechtsmitteln gegen diese Entscheidung geltend gemacht werden müssen.

328

Die bisherigen **weiteren Abänderungsgründe** (§ 10a Abs. 1 Nr. 2 und 3 VAHRG aF) sind **entfallen**. Noch verfallbare betriebliche Anrechte sind nun allein schuldrechtlich (§§ 20 ff VersAusglG) auszugleichen (§§ 19 Abs. 1, 2 Nr. 1 VersAusglG). Die Fallgestaltungen des früheren § 10a Abs. 1 Nr. 3 VAHRG kommen im neuen Ausgleichssystem nicht mehr vor, da alle Anrechte, die teilungsreif sind, im Wertausgleich bei der Scheidung vollständig geteilt werden.

329

---

155 Kommission „Strukturreform des Versorgungsausgleichs" Abschlussbericht, S. 98 ff.
156 Bedenklicher ist, dass der Gesetzgeber in den gleichen Fällen auch die Anpassung nach der Scheidung ausgeschlossen hat (§§ 33 ff VersAusglG). Vgl dazu den folgenden Abschnitt, Rn 368 ff.

Kemper

cc) Wesentlichkeit der Änderung

330 Weitere Voraussetzung für die Abänderung ist, dass die sich aus den veränderten Umständen ergebende Wertänderung wesentlich sein muss. Dafür bestehen zwei Möglichkeiten: Zum einen definiert § 225 Abs. 3 eine Wertgrenze, und aus § 225 Abs. 4 folgt, dass jede Änderung wesentlich ist, wenn sie zur Erfüllung einer Wartezeit bei einem der Ehegatten führt.

(1) Wesentlichkeit wegen Überschreitens bestimmter Wertgrenzen

331 Die Wertänderung ist nach § 225 Abs. 3 wesentlich, wenn sie mindestens 5 % des bisherigen Ausgleichswerts des Anrechts beträgt und bei einem Rentenbetrag als maßgeblicher Bezugsgröße 1 %, in allen anderen Fällen als Kapitalwert 120 % der am Ende der Ehezeit maßgeblichen monatlichen Bezugsgröße nach § 18 Abs. 1 SGB IV übersteigt. Die Regelung orientiert sich an § 10a Abs. 2 S. 2 VAHRG aF und enthält wie dort eine relative und eine absolute Wesentlichkeitsgrenze:

332 Die **relative Wesentlichkeitsgrenze** wird allerdings nicht mehr – wie im bisherigen System des Einmalausgleichs – auf den Ausgleichsbetrag nach Saldierung bezogen, sondern auf den **Ausgleichswert des jeweiligen Anrechts.** Dies folgt aus der Systematik der Teilung aller Anrechte. Die Wertgrenze wurde von bislang 10 % (bezogen auf den Ausgleichsbetrag nach Saldierung) auf 5 % (bezogen auf den jeweiligen Ausgleichswert) gesenkt, um den Zugang zur Abänderung nicht über Gebühr zu beschränken.

333 Zugleich muss die Änderung jedoch wie im bisherigen Recht grundsätzlich (Ausnahme: § 225 Abs. 4) eine **absolute Wesentlichkeitsgrenze** übersteigen, um Bagatellverfahren zu vermeiden. Diese absolute Wertgrenze wird von 0,5 % auf 1 % der Bezugsgröße nach § 18 Abs. 1 SGB IV angehoben und entspricht damit der Geringfügigkeitsgrenze nach § 18 Abs. 4 VersAusglG. Sie beträgt zur Zeit (2009) 25,20 EUR als Rentenbetrag und 3.024 EUR als Kapitalbetrag.

(2) Erfüllung einer Wartezeit

334 Die Abänderung ist auch dann zulässig, **wenn durch sie** eine für die Versorgung der ausgleichsberechtigten Person maßgebende **Wartezeit erfüllt** wird (§ 225 Abs. 4). Die Regelung entspricht § 10a Abs. 2 Nr. 2 VAHRG aF. Sie sichert die Möglichkeit der Abänderung unabhängig von der Wesentlichkeitsgrenze, wenn sie zur Erfüllung einer rentenrechtlichen Wartezeit (zB nach §§ 50–52, 243b SGB VI) führt.

dd) Wirkung der Abänderung zugunsten eines Ehegatten

335 Die Abänderung muss sich zugunsten eines Ehegatten oder seiner Hinterbliebenen auswirken (§ 225 Abs. 5). Die Regelung entspricht dem bisherigen § 10a Abs. 2 Nr. 3 VAHRG aF und wurde nur sprachlich an die neue Terminologie angepasst. Allerdings ist zu beachten, dass die Regelung nun allein einzelanrechtsbezogen auszulegen ist (und nicht mehr in Bezug auf eine Gesamtbilanzierung).[157] Ausgeschlossen ist die Abänderung dann, wenn weder der eine noch der andere Ehegatte noch ihre Hinterbliebenen daraus einen Nutzen ziehen, sondern sich die Änderung allein zugunsten des Versorgungsträgers auswirken würde. Allerdings braucht der Nutzen kein sofortiger zu sein;

---

157 HK-Familienverfahrensrecht/Götsche § 225 Rn 33.

X. Die Abänderung von Entscheidungen und Vereinbarungen 11

es reicht, dass sich die Änderung erst im weiteren Verlauf positiv für einen der Ehegatten auswirkt.[158] Umgekehrt schadet es nicht, dass eine Abänderung, die zugunsten eines der Ehegatten oder seiner Hinterbliebenen wirkt, sich auch zugunsten eines Versorgungsträgers auswirkt.[159]

c) Das Abänderungsverfahren

Die prozessuale Fragen, welche die Durchführung der Abänderung betreffen, sind in § 226 geregelt: die Antragsberechtigung (§ 226 Abs. 1), den Zeitpunkt, von dem an eine Abänderung möglich ist (§ 226 Abs. 2), Härtefallentscheidungen (§ 226 Abs. 3), das Wirksamwerden der Abänderungsentscheidung (§ 226 Abs. 4) und die Fortsetzung des Verfahrens nach dem Tod des Ehegatten, der den Abänderungsantrag gestellt hat (§ 226 Abs. 5). 336

Die in § 226 enthaltenen Regelungen sind **Nachfolgeregelungen zu denjenigen in § 10 a VAHRG aF**. Sie stimmen mit ihren Vorgängerregelungen in vielen Punkten nicht überein, sondern weichen bewusst vom bisherigen Recht ab. Keine Nachfolgeregelung gibt es zu der Schutzvorschrift für den Versorgungsträger, die im früheren Recht in § 10 a Abs. 7 S. 2 VAHRG aF enthalten war. Aus systematischen Gründen finden sich die Bestimmungen zum Schutz des Versorgungsträgers in der Übergangszeit jetzt in § 30 VersAusglG. 337

aa) Die Antragsberechtigung in Abänderungsverfahren

Die Antragsberechtigung für Abänderungsverfahren ist in § 226 Abs. 1 übereinstimmend mit § 10 a Abs. 4 VAHRG aF geregelt: Antragsberechtigt sind die Ehegatten, ihre Hinterbliebenen und die von der Abänderung betroffenen Versorgungsträger. 338

Während die Antragsbefugnis der **Eheleute** als Hauptbetroffene der Versorgungsausgleichsentscheidung sich von selbst versteht, ist die Antragsbefugnis der **Hinterbliebenen** funktional auszulegen: Hinterbliebene sind solche Personen, die abgeleitete Ansprüche aus dem aufgrund des Versorgungsausgleichs veränderten Versicherungs- oder Versorgungsverhältnisses eines der Ehegatten gegen einen Versorgungsträger herleiten können. Das sind der überlebende Ehegatte und die (nicht notwendigerweise gemeinsamen) Kinder des verstorbenen Ehegatten. In Ausnahmefällen kann sogar ein früherer Ehegatte Hinterbliebener iS dieser Regelung sein.[160] Zu beachten ist, dass das Antragsrecht der Hinterbliebenen ein eigenständiges Recht ist und nicht nur ein von dem verstorbenen Ehegatten abgeleitetes: Selbst wenn also ein von dem Ehegatten eingeleitetes Verfahren nicht rechtzeitig aufgenommen wurde, besteht das Antragsrecht weiter.[161] Es ist dann nur in einem neuen Verfahren geltend zu machen. Außerdem ist das Antragsrecht nicht davon abhängig, dass schon dem verstorbenen Ehegatten ein solches zugestanden hatte. Der Hinterbliebene kann deswegen auch dann die Abänderung beantragen, wenn für einen Abänderungsantrag des Ehegatten die Voraussetzungen noch nicht vorgelegen hätten. 339

---

158 Erman/Wellenhofer § 10 a VAHRG Rn 17.
159 OLG Köln FamRZ 1990, 294.
160 Erman/Wellenhofer § 10 a VAHRG Rn 20; aA BGH FamRZ 1993, 173.
161 Vgl BGH FamRZ 1998, 1504.

340 Auch der **Versorgungsträger**, bei dem das von der Änderung betroffene Anrecht besteht, kann einen Abänderungsantrag stellen. Dieses Antragsrecht dient dazu, Manipulationen der Ehegatten zu Lasten der Versorgungsträger zu minimieren. In Bezug auf die Begründetheit ist aber zu beachten, dass eine Abänderung sich nicht nur zugunsten des Versorgungsträgers auswirken darf, sondern dass immer auch mindestens ein Ehegatte oder Hinterbliebener durch die Abänderung Vorteile erlangen muss (§ 225 Abs. 5).

bb) Der Zeitpunkt der Antragstellung

341 Der Zeitpunkt, von dem an ein Abänderungsantrag gestellt werden kann, ist in § 226 Abs. 2 geregelt. Bislang hatte § 10 a Abs. 5 VAHRG aF insoweit vorgesehen, dass ein Abänderungsantrag gestellt werden konnte, wenn der Antragsberechtigte das 55. Lebensjahr vollendet hatte oder wenn bereits Versorgungen gezahlt wurden, welche durch den vorausgehenden Versorgungsausgleich beeinflusst wurden. Von diesen Zeitpunkten wurde bei der Neufassung bewusst abgegangen. Die Gesetz gewordene Regelung greift den Vorschlag der Kommission „Strukturreform des Versorgungsausgleichs" auf, den frühestmöglichen Zeitpunkt für die Abänderung auf den Leistungsfall zu verschieben.[162] Das ermöglicht es, sämtliche bis zu diesem Zeitpunkt eintretenden Änderungen in einem einzigen Verfahren zu berücksichtigen und verstärkt so die Verfahrensökonomie. Damit ist zugleich gewährleistet, dass ein oder mehrere weitere Abänderungsverfahren in der Zeit zwischen der Vollendung des 55. Lebensjahres und dem Beginn des Leistungsbezugs unterbleibt.

342 Entscheidend für den Leistungsbeginn ist entweder der **erstmalige Leistungsbezug** eines Ehegatten aus dem Anrecht, dessen Ausgleichswert abgeändert werden soll, oder der Zeitpunkt, zu dem die Antrag stellende Person durch die Abänderung die Erfüllung der entsprechenden Leistungsvoraussetzungen erwarten kann. Zu denken ist insoweit zB an die Erfüllung der Wartezeit infolge der Erhöhung des Ausgleichsanspruchs und der daraus folgenden Wartezeitgutschrift gemäß § 52 SGB VI. Ebenso wie in § 50 Abs. 2 VersAusglG ist der Antrag sechs Monate vor dem zu erwartenden Leistungsbeginn zulässig (in Anlehnung an § 120 d Abs. 1 SGB VI).

cc) Entscheidung über Härtefälle

343 § 226 Abs. 3 ist die **Nachfolgeregelung zu** § 10 a Abs. 3 VAHRG aF. Sie verweist zur Entscheidung über Härtefälle im Abänderungsverfahren auf § 27 VersAusglG. Danach findet ein Versorgungsausgleich ausnahmsweise nicht statt, soweit er grob unbillig wäre. Das ist aber nur der Fall, wenn die gesamten Umstände des Einzelfalls es rechtfertigen, von der Halbteilung abzuweichen (§ 27 S. 2 VersAusglG).

344 Die Regelung ermöglicht es dem Gericht, die **Billigkeit der zu treffenden Abänderungsentscheidung zu prüfen** und so im Einzelfall von einer schematischen Abänderung abzusehen. Zu berücksichtigen sind dabei wie bisher die wirtschaftlichen Verhältnisse der Ehegatten, vor allem der nacheheliche Erwerb von Anrechten, die jeweilige Bedürftigkeit und die Gründe für die Veränderung des Ehezeitanteils und damit des Ausgleichswerts.

---

162 Kommission „Strukturreform des Versorgungsausgleichs" Abschlussbericht, S. 99.

Zu beachten ist aber, dass bei der Härtefallprüfung nur solche Umstände zu berück- 345
sichtigen sind, die **nachträglich** entstanden sind. Deshalb bleiben wie im bisherigen
Recht die bereits bei der Erstentscheidung vorliegenden, aber nicht geltend gemachten
bzw nicht berücksichtigten Umstände im Abänderungsverfahren außer Betracht.

dd) Der Wirkungszeitpunkt der Abänderung

§ 226 Abs. 4 ordnet an, dass die Abänderung von dem ersten Tag des Monats an wirkt, 346
der auf den Monat der Antragstellung folgt. Diese Regelung entspricht § 10 a Abs. 7
S. 1 VAHRG aF. Er wurde nur zur besseren Verständlichkeit neu formuliert. Wie nach
dem früher geltenden Recht wirkt also die Abänderungsentscheidung ab dem ersten
Tag des Monats, der auf den Monat der Antragstellung folgt. Der Wirkungszeitpunkt
entspricht damit zugleich den in § 34 Abs. 3, § 36 Abs. 3 und § 38 Abs. 2 VersAusglG
geregelten Wirkungszeitpunkten für die Anpassungsverfahren nach Rechtskraft.

ee) Fortführung von Verfahren bei Tod des Antragstellers

Stirbt der **Ehegatte, der den Abänderungsantrag gestellt hat,** vor Rechtskraft der End- 347
entscheidung, hat das Gericht die übrigen antragsberechtigten Beteiligten darauf hinzuweisen, dass das Verfahren nur fortgesetzt wird, wenn ein antragsberechtigter Beteiligter innerhalb einer Frist von einem Monat dies durch Erklärung gegenüber dem
Gericht verlangt (§ 226 Abs. 5 S. 1). Die Regelung war notwendig, weil ein Verweis auf
§ 31 VersAusglG insoweit nicht möglich war, da es im Abänderungsverfahren nicht
darauf ankommt, ob die ausgleichspflichtige oder die ausgleichsberechtigte Person
stirbt. Maßgeblich ist vielmehr, ob die den Antrag stellende Person oder der Antragsgegner bzw die Antragsgegnerin stirbt.

§ 226 Abs. 5 entspricht inhaltlich § 10 a Abs. 10 VAHRG aF, wurde jedoch an die Sys- 348
tematik des Gesetzes über das Verfahren in Familiensachen und in den Angelegenheiten
der freiwilligen Gerichtsbarkeit angepasst, das in verschiedenen Normen für den Fall
des Todes eines Beteiligten bestimmt, dass das Verfahren als erledigt gilt (§§ 131, 181,
208).

Die **Frist für das Fortsetzungsverlangen** eines antragsberechtigten Beteiligten beträgt 349
nur noch einen Monat. Die Verkürzung rechtfertigt der Gesetzgeber mit der Benachrichtigungspflicht des Gerichts.[163] Die Frist beginnt für einen Beteiligten daher erst zu
laufen, wenn ihm der gerichtliche Hinweis zugeht.

Verlangt kein antragsberechtigter Beteiligter innerhalb der Frist die **Fortsetzung** des 350
Verfahrens, gilt dieses als in der Hauptsache erledigt (§ 226 Abs. 5 S. 2).

Stirbt der andere (nicht antragstellende) **Ehegatte,** wird das Verfahren gegen dessen 351
Erben (als Prozessstandschafter) fortgesetzt. Diese Möglichkeit besteht, weil sich die
Änderung auch später noch auswirken kann.

d) Das Maß der Abänderung

Die Korrektur der Entscheidung über den Wertausgleich bei der Scheidung betrifft **nur** 352
das Anrecht, bei dem sich die nachträgliche Änderung der Umstände ausgewirkt hat.

---

163 BT-Drucks. 16/10144, S. 98.

Eine Totalrevision wie nach bisherigem Recht, bei der der Versorgungsausgleich insgesamt neu berechnet wurde, findet nicht mehr statt.

353 Das bedeutet jedoch nicht, dass die Versorgungsträger **Berechnungs- oder Buchungsfehler** und ähnliches auch im Abänderungsverfahren beibehalten müssen. Dies würde ihn nämlich dazu zwingen, objektiv falsche Konten fortzuführen und die fehlerhaften Daten für ein etwaiges Abänderungsverfahren vorzuhalten. Insoweit kann also wie nach bislang geltendem Recht im Rahmen der begrenzten Abänderung in Bezug auf das entsprechende Anrecht eine Fehlerkorrektur erfolgen. Diese Frage hat nichts mit den Voraussetzungen der Abänderung zu tun, sondern damit, welche Werte bei der Berechnung des Anrechts in die Rechnung einzustellen sind. Das gilt auch, soweit es um rechtliche Fehler bei der Behandlung des betroffenen Anrechts geht.[164]

2. Die Abänderung von Vereinbarungen über den Versorgungsausgleich

354 Sollen Vereinbarungen über den Versorgungsausgleich abgeändert werden, sind §§ 225 und 226 entsprechend anzuwenden. Entsprechendes galt gemäß § 230 Abs. 1 (Nachfolgeregelung zu § 10 a Abs. 9 VAHRG aF) auch schon nach der Ursprungsfassung des FamFG. Diese Regelung ist nun in § 227 nF aufgegangen.

3. Die Abänderung von Entscheidungen über den Ausgleich nach der Scheidung

355 Abänderbar sind nicht nur die Entscheidungen über den Versorgungsausgleich bei der Scheidung nach §§ 9 ff VersAusglG, sondern **auch die Entscheidungen über den Versorgungsausgleich nach der Scheidung**. Das ergibt sich aus dem Verweis des § 227 auf § 48 Abs. 1. Diese Norm gestattet die Abänderung oder Aufhebung aller Entscheidungen mit Dauerwirkung wegen nachträglich veränderter Tatsachen- oder Rechtsgrundlagen. Dazu zählen auch die vorgenannten Entscheidungen über Rentenzahlungen.

356 Von der Abänderungsmöglichkeit **erfasst werden** Entscheidungen über die schuldrechtliche Ausgleichsrente (§ 20 VersAusglG), deren Abtretung (§ 21 VersAusglG) und die Teilhabe an der Hinterbliebenenversorgung (§§ 25 und 26 VersAusglG). Anordnungen des Familiengerichts, die das Ruhen der Verpflichtung zur Beitragszahlung (§ 1587 d BGB aF) und die Einzahlung von Beiträgen für die ausgleichsberechtigte Person durch die ausgleichspflichtige Person (§ 3 b Abs. 1 Nr. 2 S. 2 VAHRG aF) betreffen, gibt es im neuen Teilungssystem nicht mehr.

4. Die Abänderung von Altentscheidungen

357 Bislang konnten Entscheidungen über den öffentlich-rechtlichen Versorgungsausgleich nach § 10 a VAHRG aF nachträglich korrigiert werden. Da sich durch das neue Recht für die Altfälle nichts an dieser Situation ändert, hat der Gesetzgeber in den §§ 51 f VersAusglG eine Nachfolgeregelung für § 10 a VAHRG aF für Entscheidungen vorgesehen, die unter der Geltung des bisherigen Rechts ergangen sind.[165] Von dieser unterscheidet sich § 51 VersAusglG allerdings wesentlich. Die bloße Übertragung dieser Änderungsmöglichkeit in das neue Recht hätte dazu geführt, dass auch weiterhin das alte

---

164 HK-Familienverfahrensrecht/Götsche § 225 Rn 36.
165 Für die nach dem seit 1.9.2009 geltenden Recht ergangenen Entscheidungen gelten allein §§ 225 ff. FamFG.

X. Die Abänderung von Entscheidungen und Vereinbarungen

Recht hätte angewendet werden müssen, weil die Korrektur sich systemkonform an die alte Entscheidung hätte anschließen müssen. Deswegen ordnet § 51 Abs. 1 VersAusglG an, dass die Entscheidung bei einer wesentlichen Wertänderung auf Antrag abgeändert wird, indem das Gericht die in den Ausgleich einbezogenen Anrechte nach den §§ 9–19 VersAusglG teilt. Liegen die Änderungsvoraussetzungen vor, wird also ein komplett neuer Versorgungsausgleich nach neuem Recht durchgeführt.

a) Die Voraussetzungen der Abänderung

In welchen Fällen eine wesentliche Wertänderung vorliegt, bestimmen grundsätzlich 358 § 51 Abs. 2 und 3 VersAusglG. Außerdem ist eine Abänderung nach § 51 Abs. 5 VersAusglG iVm § 225 Abs. 4 auch dann möglich, wenn durch sie eine Wartezeit erfüllt wird, die für die Versorgung der ausgleichsberechtigten Person maßgebend ist.

In Betracht kommen zunächst Wertänderungen des auszugleichenden Anrechts auf- 359 grund **rechtlicher oder tatsächlicher Veränderungen nach dem Ende der Ehezeit** (§ 51 Abs. 2 iVm § 225 Abs. 2). Insofern kommt es allein auf die Änderung des Ausgleichswerts eines Anrechts, weil alle Anrechte einzeln und gesondert ausgeglichen werden. Entscheidend ist dagegen nicht mehr, ob sich der gesamte Wertunterschied nach Saldierung der Ehezeitanteile geändert hat. Für die Höhe der Wertänderung verweist § 51 Abs. 2 VersAusglG auf die Wesentlichkeitsgrenze in § 225 Abs. 3. Erforderlich ist also eine Differenz von mindestens 5 % des bisherigen Ausgleichswerts des Anrechts und bei einem Rentenbetrag als maßgeblicher Bezugsgröße mindestens 1 % (2009 entsprechend 25,20 EUR), in allen anderen Fällen als Kapitalwert 120 % (2009 entsprechend 3024 EUR) der am Ende der Ehezeit maßgeblichen monatlichen Bezugsgröße nach § 18 Abs. 1 SGB IV.

§ 51 Abs. 3 VersAusglG gestattet darüber hinaus die Abänderung bei Wertverzerrun- 360 gen, die durch die Dynamisierung von nicht-volldynamischen Anrechten mit Hilfe der **Barwert-Verordnung** und die fiktive Einzahlung der sich daraus ergebenden Summe in die gesetzliche Rentenversicherung entstanden sind. Die tatsächlichen Wertsteigerungen in der gesetzlichen Rentenversicherung haben die dabei vorgenommene Abzinsung nicht kompensiert. Die Bewertungen sind also tendenziell falsch. Betroffen sind Anrechte der betrieblichen und privaten Altersversorgung (§ 1587a Abs. 2 Nr. 3 und 5 BGB aF) und sonstige Anrechte im Sinne von § 1587a Abs. 2 Nr. 4 BGB aF, vor allem aus berufsständischen Versorgungen. Ermittelt werden muss, ob der ursprünglich errechnete Wert des Ehezeitanteils der Versorgung von dem jetzt in den Saldo eingestellten und aktualisierten Wert abweicht. Zu vergleichen sind der zum Zeitpunkt der abzuändernden Entscheidung vom Versorgungsträger mitgeteilte bzw ermittelte Wert des Ehezeitanteils der auszugleichenden Versorgung und der Wert, der sich ergibt, wenn der damals mit der Barwert-Verordnung dynamisierte Wert des Ehezeitanteils durch den damaligen aktuellen Rentenwert dividiert und mit dem heutigen aktuellen Rentenwert multipliziert wird.

Beispiel eines zur Abänderung führenden Falles: Auf Seiten des Ehemanns wurde beim Versor- 361 gungsausgleich ein teildynamisches (Anwartschaftsphase statisch, Leistungsphase dynamisch) Anrecht auf eine Rente iHv 1670 DM in eine mit der gesetzlichen Rente vergleichbare (volldyna-

Kemper

mische) Rente von 439,40 DM umgerechnet.[166] Das Ehezeitende war 1990, der Mann war damals 44 Jahre alt. Daraus folgte ein Ausgleichsanspruch der Ehefrau in Höhe von 219,70 DM (entsprechend 112,16 EUR).

Für die Berechnung nach § 51 Abs. 3 VersAusglG ist der damals errechnete Wert der Rente in der gesetzlichen Rentenversicherung zu aktualisieren. Dieser beträgt 11,4457 EP x 27,20 (aktueller Rentenwert 2009/2010), also 311,32 EUR. Dieser Wert ist dann dem tatsächlichen Zahlbetrag (1670 DM = 852,55 EUR) gegenüberzustellen.[167]

362 **Wesentlich ist der Wertunterschied,** wenn der aktualisierte Wert von dem tatsächlichen Zahlbetrag um mindestens 2 % der bei Antragstellung maßgeblichen monatlichen Bezugsgröße nach § 18 Abs. 1 SGB IV abweicht (§ 51 Abs. 3 S. 3 VersAusglG). Das entspricht dem auch nach § 51 Abs. 2 VersAusglG maßgebenden Betrag. Der Betrag liegt zur Zeit bei 50,40 EUR.

Im Beispiel aus der vorausgehenden Rn beträgt der Unterschied zwischen der tatsächlich gezahlten (852,55 EUR) und dem dynamisierten aktualisierten Wert (311,32 EUR) 541,23 EUR. Das liegt erheblich über der Grenze von 50,40 EUR. Es findet daher ein neuer Versorgungsausgleich nach neuem Recht statt.[168]

363 **Ausgeschlossen** ist die Abänderung jedoch, wenn für das betroffene Anrecht nach einem Teilausgleich nach § 3 b Abs. 1 Nr. 1 VAHRG aF noch Ausgleichsansprüche nach der Scheidung nach den §§ 20–26 VersAusglG geltend gemacht werden können. In diesen Fällen wird der zum Teil ausgeglichene Betrag nach § 53 VersAusglG entsprechend seiner tatsächlichen Entwicklung in der gesetzlichen Rentenversicherung angerechnet.

Im Beispiel aus Rn 361 muss deswegen genau geprüft werden, wie der Ausgleich nach bisherigem Recht erfolgt ist; denn eine Abänderung bleibt zulässig, wenn ein schuldrechtlich auszugleichender Rest nach einem anderen Ausgleich nach dem BGB oder dem VAHRG verblieben ist.[169] Das gilt auch dann, wenn das Supersplitting nach § 3 b Abs. 1 Nr. 1 VAHRG aF zu einem vollständigen Ausgleich geführt hat; denn dann wäre eine Korrektur der Wertverzerrungen über den schuldrechtlichen Ausgleich nicht mehr möglich.[170]

b) Das Verfahren der Abänderung

364 Wie die Abänderung nach § 51 VersAusglG durchzuführen ist, ergibt sich aus § 52 VersAusglG. Die Norm verweist prinzipiell auf § 226.[171]

365 Der Versorgungsträger muss in den **Fällen des § 51 Abs. 2 VersAusglG** (Abänderung wegen Wertveränderungen)[172] dem Gericht auch den Ehezeitanteil des abzuändernden Anrechts als Rentenbetrag mitteilen. Dieser ist nach den veränderten rechtlichen bzw

---

166 Dynamisierung der Versorgung: 1.670,00 DM x 12 x 2,8 (Faktor der Tabelle 1 der BarwertVO (März 1990) bei Alter 44 Jahre) x 1,60 (60 %ige Erhöhung wegen Dynamik in der Leistungsphase) = 89.779,20 DM Barwert. 89.779,20 DM x 0,0001274876 (Umrechnungsfaktor für die hypothetische Einzahlung in die gesetzliche Rentenversicherung) = 11,4457 EP. 11,4457 EP x 38,39 DM (aktueller Rentenwert am Ehezeitende) = 439,40 DM.
167 Zur Wesentlichkeit der Abweichung siehe die nächste Rn.
168 Zu einem möglichen Ausschlussgrund vgl aber die folgende Rn.
169 BT-Drucks. 16/11903, S. 116.
170 Hauß/Eulering Rn 844.
171 Zu § 226 vgl den Abschnitt über das Abänderungsverfahren bei Neuentscheidungen, Rn 319 ff.
172 Rn 359.

tatsächlichen Bedingungen, aber zum Stichtag Ehezeitende zu ermitteln. Nachehezeitliche Bestandteile, Karrieresprünge etc. sind also nicht zu berücksichtigen.

In den **Fällen des § 51 Abs. 3 VersAusglG** (Wertverzerrungen durch Dynamisierung)[173] ist eine ergänzende Berechnung durch den Versorgungsträger dagegen nicht erforderlich, weil es in diesen Fällen nur auf den Vergleich des ursprünglichen mit dem aktualisierten Ehezeitanteil ankommt. 366

Beiträge, die zur Begründung von Anrechten zugunsten des Ausgleichsberechtigten gezahlt worden sind (zB Fälle des § 3 b Abs. 1 Nr. 2 VAHRG aF), sind an den Ausgleichsberechtigten **zurückzuerstatten**. Anders als bisher (vgl § 10 a Abs. 8 VAHRG aF) ergibt sich diese Folge jetzt unmittelbar aus dem Gesetz, so dass es keiner gerichtlichen Anordnung hierzu bedarf. 367

XI. Die Anpassung des Versorgungsausgleichs bei der Scheidung

Die Anpassung des Versorgungsausgleichs nach der Scheidung betrifft Fälle, in denen die **Rechtsfolgen der Entscheidung über den Wertausgleich bei der Scheidung** zeitweise oder endgültig beseitigt werden. Diese Sachverhalte waren bisher VAHRG geregelt (§§ 4 ff VAHRG aF). Die Bestimmungen sollen grundrechtswidrige Beeinträchtigungen des Ausgleichpflichtigen beseitigen, die daraus entstehen könnten, dass ein Ausgleichspflichtiger eine spürbare Kürzung seiner Rentenansprüche hinnehmen muss, ohne dass sich andererseits der Erwerb eines selbstständigen Versicherungsschutzes angemessen für den Ausgleichsberechtigten auswirkt. 368

Von der **Abänderung unterscheiden** sich die Fälle der Anpassung dadurch, dass es nicht um die Korrektur von Bewertungen oder der Einbeziehung von bestimmten Anrechten geht, sondern um die Korrektur von Gerechtigkeitsdefiziten. Die Anpassung kommt deswegen nur in den drei vom Gesetz ausdrücklich bestimmten Fällen in Betracht: wegen Unterhalts (§ 33 VersAusglG), wegen Invalidität (§ 35 VersAusglG) und wegen Todes (§ 37 VersAusglG). Mit der Abänderung hat die Anpassung nach neuem Recht die Beschränkung auf die Anrechte aus den Regelsicherungssystemen (§ 32 VersAusglG) und im Wesentlichen auch das Verfahren gemein. 369

Die **Voraussetzungen und Folgen** der Anpassung haben sich gegenüber dem früheren Rechtszustand zT **erheblich geändert**. Auch in Bezug auf Altentscheidungen sollte deswegen erneut geprüft werden, ob jetzt eine Anpassung in Betracht kommt, wenn diese bislang wegen der restriktiven Regelungen des bisherigen Rechts nicht möglich war. Das wird durch die Übergangsregelung des § 49 VersAusglG ermöglicht. Umgekehrt führt diese Übergangsnorm dazu, dass in den Altfällen, in denen schon eine Anpassung erfolgt war, deren Wirkungen bestehen bleiben. 370

1. Die anpassungsfähigen Anrechte

Die Anrechte, auf welche sich die Anpassung nach der Rechtskraft beziehen kann, sind in § 32 VersAusglG **abschließend** genannt. Es handelt sich ausschließlich um die (öf- 371

---

173 Rn 360.

fentlich-rechtlichen) Regelsicherungssysteme. Die Regelung ist als Ausnahmeregelung nicht analogiefähig.

372 **Ausgenommen** sind alle **Anrechte aus der ergänzenden Altersversorgung,** vor allem alle Anrechte der betrieblichen Altersversorgung. Das bedeutet etwa, dass eine betriebliche Altersversorgung für den Ausgleichpflichtigen endgültig verloren ist, auch wenn der Ausgleichsberechtigte vor Eintritt des Leistungsfalls stirbt, also selbst keinerlei Vorteile aus dem ihm übertragenen Anrecht ziehen kann. Das ist eine erhebliche Schlechterstellung des in Bezug auf diese Anrechte Ausgleichspflichtigen gegenüber dem bisherigen Recht. Es ist zweifelhaft, ob insoweit den Vorgaben des BVerfG[174] noch hinreichend Rechnung getragen ist.

2. Die Anpassungsfälle

373 Anpassungsfälle sind im neuen Recht die Anpassung wegen Unterhalts (§§ 33 f VersAusglG), wegen Invalidität der ausgleichspflichtigen Person oder einer für sie geltenden besonderen Altersgrenze (§§ 35 f VersAusglG) und die Anpassung wegen Todes (§§ 37 f VersAusglG).

a) Anpassung wegen Unterhalts

374 Die Voraussetzungen und Folgen einer Anpassung wegen Unterhalts finden sich in § 33 VersAusglG. Die Norm ist die Nachfolgeregelung zu § 5 VAHRG aF, unterscheidet sich aber in mehrfacher Hinsicht von dieser Regelung. Insbesondere die Bestimmung über die Höhe der möglichen Anpassung (§ 33 Abs. 3 VersAusglG) unterscheidet sich vom bisherigen Recht.

375 **Voraussetzung** der Anpassung ist zunächst, dass der Ausgleichspflichtige aus einem beim Versorgungsausgleich ausgeglichenen Anrecht bereits eine Versorgung bezieht, die um einen auf den Versorgungsausgleich zurückzuführenden Anteil gemindert ist. Außerdem darf der aus diesem Anrecht Ausgleichsberechtigte noch keine laufende Versorgung aus dem beim Versorgungsausgleich übertragenen Anrecht beziehen. Schließlich kommt es darauf an, ob der Ausgleichsberechtigte gegen den Ausgleichspflichtigen einen Unterhaltsanspruch besäße, wenn dessen Versorgung nicht wegen des Versorgungsausgleichs gekürzt worden wäre. Damit ist die Anpassung ausgeschlossen, wenn der Ausgleichspflichtige auch bei Aussetzung der Kürzung nicht leistungsfähig wäre.[175]

376 Die Anpassung ist **ausgeschlossen,** wenn die **Kürzung** am Ende der Ehezeit bei einem Rentenbetrag als maßgeblicher Bezugsgröße höchstens **2 Prozent,** in allen anderen Fällen als Kapitalwert höchstens **240 Prozent der monatlichen Bezugsgröße** nach § 18 Abs. 1 SGB IV nicht überstiegen hat (§ 33 Abs. 2 VersAusglG). Die Werte betragen zur Zeit (2009) 50,40 EUR (als Rentenbetrag) bzw 6048 EUR (als Kapitalwert).

377 In formeller Hinsicht ist ein **Antrag** (beim Familiengericht) erforderlich. Einzelheiten: § 34 VersAusglG.

378 **Folge** des § 33 VersAusglG ist die **Aussetzung der Kürzung des ausgeglichenen Anrechts.** Insoweit hat sich allerdings gegenüber dem früheren Recht eine deutliche Ver-

---

174 BVerfG FamRZ 1980, 326.
175 BT-Drucks. 16/10144, S. 72.

XI. Die Anpassung des Versorgungsausgleichs bei der Scheidung

änderung ergeben: Die Kürzung ist nicht mehr in voller Höhe (wie bisher), sondern nur noch in Höhe des Unterhaltsanspruchs auszusetzen (§ 33 Abs. 3 VersAusglG). Begrenzt wird die Aussetzung der Kürzung außerdem durch die Differenz der beiderseitigen Ausgleichswerte aus denjenigen Anrechten aus den Regelversorgungssystemen, aus denen die ausgleichspflichtige Person eine laufende Versorgung bezieht.

Bezieht der Ausgleichspflichtige **mehrere Versorgungen,** ist nach billigem Ermessen zu entscheiden, welche Kürzung ausgesetzt wird (§ 33 Abs. 4 VersAusglG). Auf diese Weise kann die Aussetzung im Einzelfall entweder bei mehreren Versorgungen anteilsmäßig erfolgen oder nur bei einer oder mehreren bestimmten Versorgungen. 379

b) Anpassung wegen Invalidität oder besonderer Altersgrenze

Die Anpassung wegen Invalidität oder besonderer Altersgrenze soll die Härten der Versorgungsausgleichsreform im Bereich der Invaliditätsrenten abmildern. Sie wurde durch das **VAStrRefG neu eingeführt** und ist in § 35 VersAusglG geregelt. 380

Voraussetzung der Anpassung ist, dass beim Ausgleichspflichtigen der Versorgungsfall wegen Invalidität oder Erreichens einer besonderen Altersgrenze eingetreten ist. Folge davon ist, dass er aus dem eigenen gekürzten Anrecht Leistungen erhält, die allerdings ebenfalls gekürzt sind. Der Ausgleichspflichtige darf aus einem anderen im Versorgungsausgleich erworbenen Anrecht keine Leistungen beziehen können, weil er die dort vorgesehene Regelaltersgrenze noch nicht erreicht hat oder aber dessen abweichende Voraussetzungen für eine Invaliditätsrente nicht erfüllt. 381

Die Anpassung ist **ausgeschlossen,** wenn die Kürzung am Ende der Ehezeit bei einem Rentenbetrag als maßgeblicher Bezugsgröße höchstens 2 Prozent, in allen anderen Fällen als Kapitalwert höchstens 240 Prozent der monatlichen Bezugsgröße nach § 18 Abs. 1 SGB IV nicht überstiegen hat (§ 35 Abs. 2 iVm § 33 Abs. 2 VersAusglG). Die Werte betragen zur Zeit (2009) 50,40 EUR (Rentenbetrag) bzw 6048 EUR (Kapitalwert). 382

In formeller Hinsicht ist ein **Antrag** (beim Versorgungsträger) erforderlich. Einzelheiten: § 36 VersAusglG. 383

Folge des § 35 VersAusglG ist die Aussetzung der Kürzung des ausgeglichenen Anrechts. Die Obergrenze dafür ist die Höhe der Ausgleichswerte aus denjenigen Anrechten im Sinne des § 32 VersAusglG, aus denen die ausgleichspflichtige Person keine Leistung bezieht (§ 35 Abs. 3 VersAusglG). Bezieht der Ausgleichspflichtige mehrere Versorgungen, erfolgt eine anteilsmäßige Aufteilung der Aussetzung der Kürzung (§ 35 Abs. 4 VersAusglG). 384

c) Anpassung wegen Todes

Die Anpassung wegen Todes des Ausgleichsberechtigten richtet sich nach § 37 VersAusglG. Die Norm ist die Nachfolgeregelung zu § 4 VAHRG aF. Vor allem die Bestimmung über die Höchstdauer der Inanspruchnahme von Leistungen (§ 37 Abs. 2 VersAusglG)[176] unterscheidet sich vom bisherigen Recht. 385

---

176 Siehe die folgende Rn.

386 **Voraussetzung** der Anpassung ist zunächst, dass der Ausgleichsberechtigte gestorben ist. Zu beachten ist, dass die Betrachtung jetzt streng anrechtsbezogen ist; es kommt also auf das jeweilige Einzelanrecht an, nicht mehr auf eine insgesamt bestehende Ausgleichsberechtigung. Der Ausgleichsberechtigte darf die Versorgung aus dem ausgeglichenen Anrecht nicht länger als 36 Monate bezogen haben (§ 37 Abs. 2 VersAusglG). Die Zeit wurde gegenüber dem bisherigen Rechtszustand um ein Drittel verlängert. Auf das Vorhandensein von sekundär leistungsberechtigten Hinterbliebenen kommt es nicht mehr an. Ist der Einsatzzeitpunkt der im Versorgungsausgleich übertragenen Versorgungen unterschiedlich, kommen insofern unterschiedliche Endzeitpunkte in Betracht.

387 In formeller Hinsicht ist ein **Antrag** (beim Versorgungsträger) erforderlich.

388 **Folge** der Anpassung ist zunächst, dass das Anrecht des Ausgleichspflichtigen nicht länger auf Grund des Versorgungsausgleichs gekürzt wird (§ 37 Abs. 1 S. 1 VersAusglG). Beiträge, die zur Abwendung der Kürzung (vgl § 187 SGB VI, § 58 BeamtVG) oder zur Begründung von Anrechten zugunsten des Ausgleichsberechtigten (vgl § 3 b Abs. 1 Nr. 2 VAHRG aF) gezahlt wurden, sind unter Anrechnung der gewährten Leistungen an die ausgleichspflichtige Person zurückzuzahlen (§ 37 Abs. 1 S. 2 VersAusglG). Alle Anrechte iSd § 32 VersAusglG, welche der Ausgleichspflichtige selbst vom Ausgleichsberechtigten erworben hat, erlöschen (§ 37 Abs. 3 VersAusglG), denn sonst stünde der Ausgleichspflichtige besser als er ohne Ausgleich gestanden hätte.

3. Besonderheiten des Verfahrens

389 Alle Anpassungsverfahren finden **nur auf Antrag** statt. Antragsberechtigt sind in den Unterhaltsfällen (§ 33 VersAusglG) die ausgleichspflichtige und die ausgleichsberechtigte Person (§ 34 Abs. 1 S. 1 VersAusglG). Die Abänderung einer Anpassung kann dann auch von dem Versorgungsträger verlangt werden (§ 34 Abs. 1 S. 2 VersAusglG). Die Anpassung wegen Invalidität oder einer besonderen Altersgrenze kann nur vom Ausgleichspflichtigen beantragt werden (§ 36 Abs. 2 VersAusglG). Entsprechendes gilt für die Anpassung wegen Todes (§ 38 Abs. 1 S. 2 VersAusglG).

390 **Zuständig** ist für die Anpassung wegen Unterhalts das Familiengericht (§ 34 Abs. 1 VersAusglG), in allen anderen Fällen ist die Zuständigkeit des Versorgungsträgers gegeben (§§ 36 Abs. 1, 38 Abs. 1 VersAusglG). Das gilt in den Unterhaltsfällen auch insoweit, als eine Anpassung wegen des Bezugs einer laufenden Versorgung aus einem Anrecht nach § 32 VersAusglG oder wegen Rentenbezugs, Wiederheirat oder Tod der ausgleichsberechtigten Person rückgängig zu machen ist (§ 34 Abs. 6 VersAusglG).

391 Die Anpassung wird **wirksam** ab dem ersten Tag des Monats, der auf den Monat der Antragstellung folgt (§§ 34 Abs. 3, 36 Abs. 2, 38 Abs. 2 VersAusglG). Die Abänderung wirkt also – abweichend vom bisherigen Recht – nur noch für die Zukunft.

392 Die **Anpassung unterliegt** in den Unterhalts- und in den Invaliditätsfällen ihrerseits wiederum **der Abänderung**, wenn sich die Umstände in Bezug auf die Unterhaltspflicht oder den Rentenbezug ändern. Um das abzusichern, muss der Ausgleichspflichtige den Versorgungsträger, bei dem die Kürzung ausgesetzt ist, unverzüglich über den Wegfall oder Änderungen seiner Unterhaltszahlungen, über den Bezug einer laufenden Versor-

gung aus einem Anrecht nach § 32 VersAusglG sowie über den Rentenbezug, die Wiederheirat oder den Tod der ausgleichsberechtigten Person unterrichten (§ 34 Abs. 5 VersAusglG). Diese Auskünfte ermöglichen es dem Versorgungsträger entweder einen Antrag auf Abänderung der Anpassung zu stellen (§ 34 Abs. 6 S. 2 VersAusglG: wenn sich Unterhaltszahlungen ändern) oder die Anpassung selbst abzuändern, wenn einer der anderen in § 34 Abs. 5 VersAusglG genannten Gründe vorliegt (§ 34 Abs. 6 S. 1 VersAusglG). Nach einer Anpassung wegen Invalidität oder einer abweichenden Altersgrenze muss der Ausgleichspflichtige den Versorgungsträger, bei dem die Kürzung ausgesetzt ist, unverzüglich darüber unterrichten, sobald er aus einem im Versorgungsausgleich erworbenen Anrecht eine Leistung beziehen kann (§ 36 Abs. 4 VersAusglG).

XII. Die Fortsetzung von nach dem VAÜG ausgesetzten Verfahren

§ 50 VersAusglG bestimmt, zu welchem Zeitpunkt die nach § 2 Abs. 1 S. 2 VAÜG ausgesetzten Versorgungsausgleichsverfahren wieder aufzunehmen sind. Nach bisherigem Recht waren die Versorgungsausgleichsverfahren bis zu einer Einkommensangleichung auszusetzen, wenn die Eheleute sowohl über West- als auch über Ostanrechte verfügten, weil in diesen Fällen eine Gesamtsaldierung nicht möglich war. Auf diese Weise ist es zu vielen tausend ruhenden Verfahren gekommen, in denen eine Entscheidung nicht erfolgen konnte. Nach neuem Recht spielt die Unterschiedlichkeit der Versorgungsanrechte keine Rolle für den Ausgleich mehr, weil alle Rechte grundsätzlich einzeln geteilt werden. Die ruhenden Verfahren können also einer Lösung zugeführt werden.

Für die Wiederaufnahme sieht § 50 VersAusglG **zwei Wege** vor, die Wiederaufnahme auf Antrag und die Wiederaufnahme von Amts wegen.

Nach § 2 Abs. 2 iVm § 2 Abs. 1 S. 1 Nr. 2 VAÜG war der Versorgungsausgleich vor der Einkommensangleichung auf Antrag eines Ehegatten, eines Hinterbliebenen oder eines betroffenen Versorgungsträgers wieder aufzunehmen, wenn aus einem im Versorgungsausgleich zu berücksichtigenden Anrecht aufgrund des Versorgungsausgleichs **Leistungen zu erbringen oder zu kürzen** gewesen wären. Dieser Fall der Wiederaufnahme auf Antrag wird nunmehr in § 51 Abs. 1 Nr. 1 VersAusglG geregelt. Anders als nach bisherigem Recht kann der Antrag bereits bis zu sechs Monate vor dem Zeitpunkt gestellt werden, in dem aufgrund des Versorgungsausgleichs voraussichtlich Leistungen zu erbringen oder zu kürzen wären (§ 51 Abs. 2 VersAusglG). Damit soll erreicht werden, dass das Wiederaufnahmeverfahren bereits vor Erreichen der Regelaltersgrenze eingeleitet und die gerichtliche Entscheidung über den Versorgungsausgleich unter Umständen schon bei der Festsetzung der Rente berücksichtigt werden kann.

§ 51 Abs. 1 Nr. 2 VersAusglG sieht außerdem eine Wiederaufnahme von Amts wegen spätestens **fünf Jahre** nach dem Inkrafttreten der Reform vor. Gegenüber dem ursprünglichen Regierungsentwurf ist die Frist im Gesetzgebungsverfahren aber abgeschwächt worden. Während zunächst eine zwingende Frist von fünf Jahren vorgesehen war, handelt es sich jetzt nur noch um eine Sollvorschrift. Das lässt den Gerichten genügend Spielraum, wenn die vielen Verfahren nicht innerhalb der ersten fünf Jahre wieder aufgegriffen werden können. Umgekehrt muss aber auch beachtet werden, dass eine Sollvorschrift keine unverbindliche Vorgabe darstellt, sondern die Aufforderung an die Gerichte, die Aufgabe innerhalb der gesetzten Frist zu erledigen. Nur wegen außergewöhnlicher Schwierigkeiten darf die Frist deswegen überschritten werden. Gleichwohl erscheint es vor allem für die neuen Bundesländer wegen der Vielzahl der dort betroffenen Verfahren zweifelhaft, ob die Gerichte tatsächlich in der Lage sein werden, die vom Gesetzgeber gesetzte Frist einzuhalten.

397 Nach § 48 Abs. 2 VersAusglG ist der Versorgungsausgleich nach der Wiederaufnahme des Verfahrens **nach neuem Recht zu entscheiden.**

§ 12 Unterhaltssachen

A. Hauptsacheverfahren und einstweilige Anordnung 1
I. Überblick 1
II. Verfahrensarten 10
  1. Definition der Unterhaltssachen 10
  2. Anzuwendende Verfahrensvorschriften 13
  3. Form der Entscheidung 16
  4. Leistungsantrag 17
  5. Dynamisierter Leistungsantrag 18
  6. Abänderungsverfahren (§§ 238, 239) 26
    a) Abänderung gerichtlicher Entscheidungen (§ 238)... 27
    aa) Endentscheidung in der Hauptsache (§ 238 Abs. 1 S. 1) 35
    bb) Wesentlichkeitsschwelle (§ 238 Abs. 1 S. 2) 37
    cc) Tatsachenpräklusion für den Antragsteller (§ 238 Abs. 2) 40
    dd) Zeitgrenze als Zulässigkeitsvoraussetzung (§ 238 Abs. 3) 42
    ee) Begründetheit des Antrags (§ 238 Abs. 4) 49
    b) Abänderung sonstiger Titel (§ 239) 54
    aa) Prozessvergleiche (§ 239 Abs. 1 S. 1) 56
    bb) Urkunden mit einseitigen Verpflichtungen 59
    cc) Zulässigkeitsvoraussetzungen (§ 239 Abs. 1 S. 2) 68
    dd) Materiell-rechtliche Grundlagen (§ 239 Abs. 2) 69
  7. Einstweilige Anordnung (§ 246) 70
  8. Unterhalt bei Vaterschaftsfestsetzung 84
    a) Einstweilige Anordnung vor der Geburt (§ 247 Abs. 1) 86
    b) Antragsberechtigung der Mutter (§ 247 Abs. 2) 87
    c) Einstweilige Anordnung bei Feststellung der Vaterschaft (§ 248) 90
    aa) Zulässigkeit der einstweiligen Anordnung (§ 248 Abs. 1) 90
    bb) Zuständigkeitsregelung (§ 248 Abs. 2) 92
    cc) Vaterschaftsvermutung (§ 248 Abs. 3) 93
    dd) Sicherheitsleistung (§ 248 Abs. 4) 94
    ee) Außerkrafttreten (§ 248 Abs. 5) 95
III. Verfahrenseinleitung 97
  1. Terminologie 97
  2. Örtliche Zuständigkeit 99
  3. Anwaltszwang 112
  4. Verfahrenskostenhilfe-Prüfungsverfahren 113
  5. Kostenvorschuss 114
  6. Verfahrenswerte 115
IV. Verfahren allgemein 120
  1. Verfahren zur Auskunft (§§ 235, 236) 122
  2. Auskunftspflicht der Beteiligten (§ 235) 128
    a) Anordnungen des Gerichts (§ 235 Abs. 1) 128
    aa) Aufforderung zur Auskunft (§ 235 Abs. 1 S. 1).. 131
    bb) Aufforderung zur schriftlichen Versicherung (§ 235 Abs. 1 S. 2; Kann-Vorschrift) 135
    cc) Fristsetzung (§ 235 Abs. 1 S. 3) 138
    dd) Hinweis auf die Rechtsfolgen (§ 235 Abs. 1 S. 4).... 139
    ee) Pflicht zum Auskunftsverlangen (§ 235 Abs. 2; Muss-Vorschrift) 142
    (1) Bestehende Auskunftspflicht 144
    (2) Ordnungsgemäße vorprozessuale Aufforderung zur Auskunft 150
    (3) Nichterfüllung innerhalb angemessener Frist 152
    (4) Gerichtliches Verfahren bei § 235 Abs. 1 154

b) Pflicht zur Mitteilung von Veränderungen (§ 235 Abs. 3) 158
c) Unanfechtbarkeit von Entscheidungen (§ 235 Abs. 4) 164
3. Auskunftspflicht Dritter (§ 236) 166
   a) Gerichtliche Befugnis, Auskünfte anzufordern (§ 236 Abs. 1) 168
   b) Pflichten des Gerichts (§ 236 Abs. 2) 176
   c) Information der Beteiligten (§ 236 Abs. 3) 177
   d) Aussage- bzw Zeugnisverweigerungsrechte (§ 236 Abs. 4) 178
   e) Anfechtbarkeit des Auskunftsverlangens (§ 236 Abs. 5) 180
V. Entscheidung 182
1. Beschluss 182
2. Entscheidung zur Hauptsache 187
3. Entscheidung der einstweiligen Anordnung 191
4. Kostenentscheidung 192
   a) Kostenverteilung gem. § 243 192
   b) Obsiegen und Unterliegen (§ 243 S. 2 Nr. 1) 195
      aa) Höhe der Forderung 196
      bb) Dauer der Zahlungspflicht 197
         (1) Anspruch aus § 1570 Abs. 1 S. 1 BGB (Basisunterhalt) 202
         (2) Anspruch aus § 1570 Abs. 1 S. 2, 3 BGB 206
   c) Versäumnisse bei der Auskunft (§ 243 S. 2 Nr. 2) ... 209
   d) Gerichtliches Auskunftsverlangen (§ 243 S. 2 Nr. 3) 212
   e) Sofortiges Anerkenntnis (§ 243 S. 2 Nr. 4) 213
      aa) Sofortiges Anerkenntnis .. 215
      bb) Keine Veranlassung zum gerichtlichen Verfahren ... 217
   f) Weitere Gesichtspunkte .. 223
VI. Vorläufige Vollstreckbarkeit 226
VII. Rechtsbehelfsbelehrung 227
VIII. Verkündung und Zustellung 228

IX. Rechtsmittel 230
X. Zwangsvollstreckung 233
XI. Einstellung der Zwangsvollstreckung 234
XII. Rückforderung überzahlten Unterhaltes 238
XIII. Ersatzansprüche wegen sachlich nicht gerechtfertigter einstweiliger Anordnung 243
B. Vereinfachtes Verfahren über den Unterhalt Minderjähriger 244
I. Überblick 244
   1. Rechtslage nach der Einführung des FamFG 244
   2. Bedeutung des vereinfachten Verfahrens 247
   3. Grundsätze und Aufbau des vereinfachten Verfahrens 249
   4. Mündlichkeit und fehlender Anwaltszwang (§ 257) 250
   5. Alternativen zum vereinfachten Verfahren 252
II. Verfahrenseinleitung 253
   1. Zuständigkeit 253
      a) Örtliche Zuständigkeit 253
      b) Funktionale Zuständigkeit 254
   2. Statthaftigkeit (§ 249) 255
   3. Antrag 259
      a) Antragsteller 259
      b) Form der Antragstellung 261
         aa) Mündlicher Antrag (§ 257) 261
         bb) Formularzwang (§ 259 Abs. 2) 262
      c) Zwingender Antragsinhalt (§ 250 Abs. 1) 263
         aa) Die Bezeichnung der Beteiligten, ihrer gesetzlichen Vertreter und der Verfahrensbevollmächtigten (§ 250 Abs. 1 Nr. 1) 264
         bb) Bezeichnung des Gerichts (§ 250 Abs. 1 Nr. 2) 265
         cc) Geburtsdatum des Kindes (§ 250 Abs. 1 Nr. 3) 266
         dd) Unterhaltszeiträume und Verzugseintritt (§ 250 Abs. 1 Nr. 4, 5) ... 267
         ee) Höhe des verlangten Unterhalts (§ 250 Abs. 1 Nr. 6) 268

§ 12 Unterhaltssachen

- ff) Kindergeld und andere zu berücksichtigende Leistungen (§ 250 Abs. 1 Nr. 7) 269
- gg) Erklärung über Eltern-Kind-Verhältnis und Getrenntleben vom Antragsgegner (§ 250 Abs. 1 Nr. 8, 9) 270
- hh) Höhe des Kindeseinkommens (§ 250 Abs. 1 Nr. 10) 271
- ii) Erklärung gem. § 250 Abs. 1 Nr. 11 und 12 272
- jj) Kein Ausschluss nach § 249 Abs. 2 (§ 250 Abs. 1 Nr. 13) 273
- d) Wirkungen der Antragstellung 274
- 4. Gebühren und Verfahrenskostenhilfe 275
- III. Weiteres Verfahren 276
  - 1. Zustellung des zulässigen Antrags an den Antragsgegner (§ 251) 276
    - a) Überblick 276
    - b) Hinweise an den Antragsgegner (§ 251 Abs. 1 S. 2) 277
      - aa) Umfang der begehrten Unterhaltsfestsetzung (§ 251 Abs. 1 S. 2 Nr. 1) .. 277
      - bb) Gegenstand der gerichtlichen Prüfung (§ 251 Abs. 1 S. 2 Nr. 2) .. 278
      - cc) Schaffung eines Vollstreckungstitels nach Fristablauf (§ 251 Abs. 1 S. 2 Nr. 3) 279
      - dd) Beschränkung der Einwendungsmöglichkeiten (§ 251 Abs. 1 S. 2 Nr. 4 und 5) 280
  - 2. Einwendungen des Antragsgegners (§ 252) 281
    - a) Überblick 281
    - b) Unbeschränkt zu berücksichtigende Einwendungen nach § 252 Abs. 1 282
      - aa) Einwendungen gegen die Zulässigkeit des vereinfachten Verfahrens 282
      - bb) Einwendungen gegen den Zeitpunkt des Zahlungsbeginns (§ 252 Abs. 1 S. 1 Nr. 2) .. 283
      - cc) Einwendungen gegen die Unterhaltshöhe (§ 252 Abs. 1 S. 1 Nr. 3) 284
      - dd) Einwand der fehlenden Veranlassung zur Antragstellung (§ 252 Abs. 1 S. 2) 285
    - c) Eingeschränkt zu berücksichtigende Einwendungen nach § 252 Abs. 2 286
      - aa) Überblick 286
      - bb) Gleichzeitige Abgabe einer Verpflichtungserklärung (§ 252 Abs. 2 S. 1) 287
      - cc) Erfüllungseinwand (§ 252 Abs. 2 S. 2) 288
      - dd) Einwand eingeschränkter oder fehlender Leistungsfähigkeit (§ 252 Abs. 2 S. 3) 289
    - d) Zeitliche Grenze des § 252 Abs. 3 290
  - 3. Mitteilung über Einwendungen (§ 254) 291
  - 4. Übergang in das streitige Verfahren (§ 255) 292
    - a) Antrag eines Beteiligten .. 293
      - aa) Vorherige Mitteilung nach § 254 293
      - bb) Anwaltszwang 294
      - cc) Antragsfolgen 295
      - dd) Eintritt der Rechtshängigkeit 298
    - b) Rücknahmefiktion 299
  - 5. Verfahrensverbindung (§ 250 Abs. 3) 300
- IV. Entscheidungsfindung 301
  - 1. Beschleunigungsgedanke und Hinweispflicht 301
  - 2. Prüfungsumfang 303
  - 3. Differenzierte Prüfung der Einwendungen nach § 252 ... 304
- V. Entscheidung 306
  - 1. Zurückweisung des (zu beanstandenden) Antrags nach § 250 Abs. 2 306
  - 2. Teilfestsetzungsbeschluss (§ 254 S. 2) 308
  - 3. Festsetzungsbeschluss (§ 253) 309

§ 12 Unterhaltssachen

a) Voraussetzungen des Beschlusses (§ 253 Abs. 1 S. 1) 310
b) Inhalt des Beschlusses (§ 253 Abs. 1 S. 2, 3, Abs. 2) 311
  aa) Allgemeine Anforderungen (§§ 38, 39) 311
  bb) Unterhaltshöhe 312
  cc) Kostenentscheidung 313
  dd) Einheitlichkeit von Titel und Kostenentscheidung 314
VI. Beschwerde (§ 256) 315
1. Beschwerde und Abänderungsverfahren 315
2. Zulässigkeit 317
3. Begrenzte Einwendungsmöglichkeiten 319
4. Beschwerde des Antragstellers 320

A. Hauptsacheverfahren und einstweilige Anordnung

Literatur: Borth, Unterhaltsrechtsänderungsgesetz, 2008; Klein, Das neue Unterhaltsrecht, 2008; Menne/Grundmann, Das neue Unterhaltsrecht, 2008; Peschel-Gutzeit, Unterhaltsrecht aktuell, 2008; Strohal/Viefhues, Das neue Unterhaltsrecht, 2008 (zitiert: Strohal/Viefhues/Bearbeiter); Viefhues/Mleczko, Das neue Unterhaltsrecht, 2008.

I. Überblick

1 Das FamFG tritt an mit dem Anspruch der Vereinfachung des zersplitterten Verfahrensrechts in den familiengerichtlichen Streitigkeiten. Die Vorschriften der §§ 231 ff regeln das Hauptsacheverfahren zum Unterhalt (die bisherige Unterhaltsklage) und die einstweilige Anordnung (§§ 246 ff).

2 In sämtlichen Verfahren der beiden Gruppen ergeht die Entscheidung in Form eines **Beschlusses** (§ 116 Abs. 1), gegen den unter bestimmten weiteren Voraussetzungen das einheitliche Rechtsmittel der **sofortigen Beschwerde** gegeben ist (§ 117 Abs. 1). Sämtliche gerichtlichen Entscheidungen sind mit einer **Rechtsbehelfsbelehrung** zu versehen (§ 39).

3 Es gibt keine Unterhaltsklage mehr und auch keine Prozesse, sondern lediglich noch **Verfahren** (§ 113 Abs. 5 Nr. 1), die mit einem **Antrag** eingeleitet werden (§ 113 Abs. 5 Nr. 2). An die Stelle des Klägers und des Beklagten treten **Antragsteller** und **Antragsgegner** (§ 113 Abs. 5 Nr. 3 und 4), die Bezeichnung der Prozessparteien wird durch den Begriff der **Beteiligten** ersetzt (§ 113 Abs. 5 Nr. 5).

4 Unverändert bleiben die Verpflichtungen zur Einzahlung eines **Gerichtskostenvorschusses** (§§ 9, 14 GKG).

5 Geregelt werden auch die verfahrensrechtliche **Auskunftspflicht** der Beteiligten und Dritter (§§ 235, 236).

6 Die Vorschriften der §§ 238–242 befassen sich mit dem Verfahren zur **Abänderung** von Unterhaltstiteln (der bisherigen Abänderungsklage), der dadurch ausgelösten verschärften Haftung hinsichtlich eventueller **Rückzahlungsansprüche** und der Einstellung der **Zwangsvollstreckung**.

7 Die Grundsätze der **Kostenentscheidung** bei Unterhaltsregelungen normiert § 243, Klarstellungen hinsichtlich der Volljährigkeit des Kindes trifft § 244 und zur Behandlung dynamischer Titel im Ausland § 245.

A. Hauptsacheverfahren und einstweilige Anordnung

§ 114 Abs. 1 führt den **Anwaltszwang** für isolierte Unterhaltsstreitsachen ein, der allerdings nicht für einstweilige Anordnungen und auch nicht für die Verfahrenskostenhilfe/Prozesskostenhilfe gilt. Ob auch im Bereich der Familienstreitsachen der Begriff der Verfahrenskostenhilfe gewählt werden sollte[1] oder ob es – da hier die ZPO unmittelbar gilt – weiterhin Prozesskostenhilfe heißen soll,[2] hat auf die Sache keine Auswirkung. Den Bewilligungsantrag können die Beteiligten selbst stellen und auch bei Ablehnung selbst sofortige Beschwerde einlegen.[3]

Die bisherigen Spezialregelungen der ZPO zum familiengerichtlichen Verfahren (§§ 606–661 ZPO) sind durch die Aufhebung des 6. Buches der ZPO entfallen.

II. Verfahrensarten

1. Definition der Unterhaltssachen

§ 231 führt die Bezeichnung Unterhaltssachen als Gesetzesbegriff ein. Das Gesetz definiert **zwei Gruppen von Unterhaltssachen:**

- Ansprüche auf Unterhalt (§ 231 Abs. 1; die „klassischen" Unterhaltsstreitigkeiten) und

- Ansprüche aus dem Bundeskindergeldgesetz und dem Einkommensteuergesetz (§ 231 Abs. 2).

Die klassischen Unterhaltsstreitigkeiten gehören zur Kategorie der Familienstreitsachen gem. § 112. Das Verfahren richtet sich auch weiterhin nach den Vorschriften der ZPO.

In der zweiten Gruppe sind wegen des engen Sachzusammenhangs die FG-Verfahren auf Bestimmung des Kindergeld-Bezugsberechtigten nach dem EStG und dem BKGG ebenfalls Unterhaltssachen.

2. Anzuwendende Verfahrensvorschriften

§ 113 Abs. 1 bestimmt für Unterhaltssachen, die als selbständiges Verfahren geführt werden, die entsprechende Anwendung der meisten Vorschriften der ZPO über das erstinstanzliche Erkenntnisverfahren. Speziell werden die folgenden Regelungen des FamFG für **nicht anwendbar** erklärt:

Buch 1 Allgemeiner Teil
Abschnitt 1 Allgemeine Vorschriften
§ 2 Örtliche Zuständigkeit
§ 3 Verweisung bei Unzuständigkeit
§ 4 Abgabe an ein anderes Gericht
§ 5 Gerichtliche Bestimmung der Zuständigkeit
§ 6 Ausschließung und Ablehnung der Gerichtspersonen
§ 7 Beteiligte
§ 8 Beteiligtenfähigkeit
§ 9 Verfahrensfähigkeit

---

[1] So wohl Schürmann, Die Verfahrenskostenhilfe nach dem FamFG, FamRB 2009, 59.
[2] So Zimmermann, Kostenentscheidung im FamFG, FamRZ 2009, 377, 378.
[3] Schürmann, Das FamFG-Verfahren in Unterhaltssachen, FuR 2009, 130, 132.

§ 12 Unterhaltssachen

§ 10 Bevollmächtigte
§ 11 Verfahrensvollmacht
§ 12 Beistand
§ 13 Akteneinsicht
§ 14 Elektronische Akte; elektronisches Dokument
§ 15 Bekanntgabe; formlose Mitteilung
§ 16 Fristen
§ 17 Wiedereinsetzung in den vorigen Stand
§ 18 Antrag auf Wiedereinsetzung
§ 19 Entscheidung über die Wiedereinsetzung
§ 20 Verfahrensverbindung und – trennung
§ 21 Aussetzung des Verfahrens
§ 22 Antragsrücknahme; Beendigungserklärung
§ 22a Mitteilungen an die Familien- und Betreuungsgerichte
Abschnitt 2 Verfahren im ersten Rechtszug
§ 23 Verfahrenseinleitender Antrag
§ 24 Anregung des Verfahrens
§ 25 Anträge und Erklärungen zur Niederschrift der Geschäftsstelle
§ 26 Ermittlung von Amts wegen
§ 27 Mitwirkung der Beteiligten
§ 28 Verfahrensleitung
§ 29 Beweiserhebung
§ 30 Förmliche Beweisaufnahme
§ 31 Glaubhaftmachung
§ 32 Termin
§ 33 Persönliches Erscheinen der Beteiligten
§ 34 Persönliche Anhörung
§ 35 Zwangsmittel
§ 36 Vergleich
§ 37 Grundlage der Entscheidung
Abschnitt 3 Beschluss
§ 40 Wirksamwerden
§ 41 Bekanntgabe des Beschlusses
§ 42 Berichtigung des Beschlusses
§ 43 Ergänzung des Beschlusses
§ 44 Abhilfe bei Verletzung des Anspruchs auf rechtliches Gehör
§ 45 Formelle Rechtskraft
§ 46 Rechtskraftzeugnis
§ 47 Wirksam bleibende Rechtsgeschäfte
§ 48 Abänderung und Wiederaufnahme
Abschnitt 6 Verfahrenskostenhilfe
§ 76 Voraussetzungen
§ 77 Bewilligung
§ 78 Beiordnung eines Rechtsanwalts
Abschnitt 7 Kosten

§ 80 Umfang der Kostenpflicht
§ 81 Grundsatz der Kostenpflicht
§ 82 Zeitpunkt der Kostenentscheidung
§ 83 Kostenpflicht bei Vergleich, Erledigung und Rücknahme
§ 84 Rechtsmittelkosten
§ 85 Kostenfestsetzung
Abschnitt 8 Vollstreckung
Unterabschnitt 1 Allgemeine Vorschriften
§ 86 Vollstreckungstitel
§ 87 Verfahren; Beschwerde
Unterabschnitt 2 Vollstreckung von Entscheidungen über die Herausgabe von Personen und die Regelung des Umgangs
§ 88 Grundsätze
§ 89 Ordnungsmittel
§ 90 Anwendung unmittelbaren Zwangs
§ 91 Richterlicher Durchsuchungsbeschluss
§ 92 Vollstreckungsverfahren
§ 93 Einstellung der Vollstreckung
§ 94 Eidesstattliche Versicherung
Unterabschnitt 3 Vollstreckung nach der Zivilprozessordnung
§ 95 Anwendung der Zivilprozessordnung
§ 96 Vollstreckung in Verfahren nach dem Gewaltschutzgesetz und in Ehewohnungssachen

Nach § 113 Abs. 2 gelten in **Familienstreitsachen** die Vorschriften der Zivilprozessordnung über den Urkunden- und Wechselprozess (§§ 592 ff ZPO) und über das Mahnverfahren (§§ 688 ff ZPO) entsprechend. Die Sondervorschrift über Terminsverlegungen in der Zeit zwischen 1.7. und 31.8. des Jahres (§ 227 Abs. 3 ZPO) gilt nach § 113 Abs. 3 nicht. 14

Der Aufbau des FamFG im Bereich der Unterhaltsverfahren ist zwar logisch, das Auffinden der einschlägigen Normen stellt sich aber trotzdem oft als recht mühselig dar. Denn speziell bei den Unterhaltsstreitsachen greifen mehrere Teile des Verfahrensrechts ineinander. Zu befürchten ist daher, dass in der praktischen Alltagsarbeit das Zusammenspiel mehrerer Ebenen zu Unsicherheiten bei der Rechtsanwendung führt und Unklarheiten begünstigt.[4] 15

3. Form der Entscheidung

In sämtlichen Verfahren der beiden Gruppen ergeht die Entscheidung in Form eines **Beschlusses** (§ 116 Abs. 1), gegen den unter bestimmten weiteren Voraussetzungen das einheitliche Rechtsmittel der **sofortigen Beschwerde** gegeben ist (§ 117 Abs. 1). 16

---

4 Rasch, Verfahren in Unterhaltssachen, FPR 2006, 426, 427; Schürmann FuR 2009, 130, 140.

Viefhues

4. Leistungsantrag

17 Abgesehen von den Änderungen in der Terminologie (Antrag statt Klage, Antragsteller statt Kläger usw) ändert sich durch das FamFG nichts. Erforderlich ist weiterhin ein ausreichend bestimmter Antrag (vgl § 253 ZPO).

5. Dynamisierter Leistungsantrag

18 Auch nach der Neufassung des § 1612a BGB durch das zum 1.1.2008 in Kraft getretene neue Unterhaltsrecht kann ein dynamischer Leistungsantrag gestellt werden.[5] Da der Mindestunterhalt sich bereits aus dem Gesetz ergibt, bestehen hinsichtlich der erforderlichen Bestimmtheit des Antrags keine Bedenken, wenn der Antrag auf Zahlung des **Mindestunterhaltes einer bestimmten Altersstufe** oder eines bestimmten Prozentsatzes für eine bestimmte Altersstufe gerichtet ist.

19 Der **Leistungsantrag** muss dabei den **genauen Zeitraum** enthalten, für den eine bestimmte Altersstufe gelten soll:

Der Antragsteller wird verpflichtet,
a) ab dem 1.9.2009 den jeweiligen Mindestunterhalt der Altersstufe 1
b) ab dem 1.5.2010 den jeweiligen Mindestunterhalt der Altersstufe 2
c) ab dem 1.5.2016 den jeweiligen Mindestunterhalt der Altersstufe 3
abzüglich des auf das Kind entfallenden hälftigen Kindergeldes von 82 EUR zu zahlen.

20 Auch der Antrag auf Zahlung von Unterhalt in Höhe eines **bestimmten Prozentsatzes des Mindestunterhaltes** ist zulässig:

Der Antragsteller wird verpflichtet,
a) ab dem 1.9.2009 115 % des jeweiligen Mindestunterhalts der Altersstufe 1
b) ab dem 1.5.2010 115 % des jeweiligen Mindestunterhalts der Altersstufe 2
c) ab dem 1.5.2016 115 % des jeweiligen Mindestunterhalts der Altersstufe 3
abzüglich des auf das Kind entfallenden hälftigen Kindergeldes von 82 EUR zu zahlen.

21 Im Antrag ist das **anzurechnende Kindergeld** mit aufzuführen.[6] Ob dies nur in Form eines festen Zahlbetrages

abzüglich von 82 EUR anteiligem Kindergeld

oder auch mit einer dynamischen Formulierung

abzüglich des jeweils geltenden hälftigen Kindergeldes für ein erstes Kind

zulässig ist, ist umstritten.

22 Empfohlen wird dabei, im Antrag auch die gesetzlichen Vorschriften mit aufzunehmen („… Mindestunterhalt gem. § 1612a BGB, § 36 Nr. 4 EGZPO …").[7]

---

5 Einzelheiten vgl Ehinger, Antragsfassung auf Zahlung von dynamisiertem Kindesunterhalt nach neuem Recht, FamRB 2007, 182, 183; Vossenkämper, Der Kindesunterhalt nach neuem Recht ab 1.1.2008, FamRZ 2008, 201, 207.
6 Vgl Peschel-Gutzeit Rn 236.
7 Strohal/Viefhues/Bißmaier § 1612a BGB Rn 20 f; Bißmaier, Entscheidungsanmerkung, FamRB 2008, 137; Menne, Das neue Unterhaltsrecht: Ausblick auf die Neuerungen aus der Sicht der Praxis – Der Mindestunterhalt, FamRB 2008, 145, 150.

Dabei ist es auch möglich, den **Unterhaltsrückstand** konkret zu beziffern und lediglich 23
den zukünftigen laufenden Unterhalt dynamisiert geltend zu machen.

Muss der Titel möglicherweise im **Ausland** vollstreckt werden, sollte vorher genau ge- 24
prüft werden, ob dann die einschlägigen Vorschriften des ausländischen Rechts eine
Vollstreckung derartiger Titel überhaupt zulassen. Wenn sich hieraus Probleme ergeben
könnten, sollte besser der sicherere Weg eines statischen Titels gewählt werden.

Ergeht der Titel im Wege der **Prozessstandschaft** gem. § 1629 BGB, sollte der Name 25
des Kindes im Tenor mit aufgenommen werden.

6. Abänderungsverfahren (§§ 238, 239)

Das Verfahren zur Abänderung von Titeln ist durch das FamFG präzisiert worden. Die 26
Grundstrukturen des bisherigen Rechts wurden beibehalten, allerdings sind in einigen
Details Änderungen erfolgt. Die Neuregelung basiert auf der **Grundstruktur des § 323
ZPO** in seiner bisherigen Fassung. Da jedoch für die Abänderung verschiedener Arten
von Unterhaltstiteln jeweils unterschiedliche Regeln gelten, nimmt das Gesetz jetzt eine
Aufteilung auf mehrere Vorschriften vor, um durch diese Entzerrung die Übersichtlichkeit insgesamt zu erhöhen. Das Gesetz unterscheidet jetzt deutlicher zwischen der
Abänderung von **gerichtlichen Titeln** (§ 238) und der Abänderung von **Vergleichen und
Urkunden** (§ 239).

a) Abänderung gerichtlicher Entscheidungen (§ 238)

Die gesetzliche Möglichkeit einer Abänderung von gerichtlichen Unterhaltsregelungen 27
ist die Folge der verfahrensrechtlichen Besonderheit solcher Regelungen. Im Prinzip
erwächst jede gerichtliche Entscheidung in **Rechtskraft** und soll daher aus Gründen der
Rechtssicherheit später nicht mehr angegriffen und geändert werden können. Unterhaltsregelungen wirken aber über einen langen – und in der Regel nicht ausdrücklich
begrenzten – **Zeitraum** fort, so dass die getroffene Entscheidung im Laufe der Zeit
durchaus „ungerecht" werden kann. Aus Gründen der materiellen Gerechtigkeit muss
es also unter bestimmten Voraussetzungen Möglichkeiten geben, die aus dem Verfahrensrecht abgeleitete Rechtskraftbindung aus Gründen der materiellen Gerechtigkeit
zu überwinden. Hierfür wurde die Abänderungsklage nach § 323 ZPO geschaffen, bei
der es sich ihrer Rechtsnatur nach um eine prozessuale **Gestaltungsklage** handelte. Diesen Regelungsbereich deckt jetzt § 238 ab.

Eine vergleichbare praktische Notwendigkeit der nachträglichen Abänderung besteht 28
auch für die Abänderung gerichtlicher **Unterhaltsvergleiche**, privater **Unterhaltsvereinbarungen** (zB in Form von notariellen **Eheverträgen** oder **Scheidungsfolgeregelungen**) oder auch bei einseitigen Verpflichtungserklärungen. Die Änderung dieser Titel
regelt § 239 (Rn 54 ff).

Solche Abänderungen von Unterhaltstiteln sind ein wichtiger Bereich alltäglicher an- 29
waltlicher und gerichtlicher Tätigkeit, da die Lebenssachverhalte sich vielfach anders
entwickeln, als dies in der ursprünglichen Entscheidung prognostiziert worden ist. Die
bisherige Abänderungsklage nach § 323 ZPO konnte erhoben werden, wenn im Fall
der Verurteilung zu künftig fällig werdenden wiederkehrenden Leistungen (vgl § 258
ZPO) eine wesentliche Veränderung derjenigen Verhältnisse eingetreten ist, die für

Viefhues

Grund oder Höhe der Unterhaltsrente von Bedeutung waren. Denn die Entscheidung über die Zahlung von Unterhalt beruhte für die in die Zukunft wirkende Regelung auf einer Prognose der künftigen Entwicklung. Zeigte sich später, dass die tatsächliche Entwicklung von dieser Prognose abweicht, so liegt eine veränderte Tatsachenlage vor. In diesen Fällen konnte mit Hilfe von § 323 ZPO unter Durchbrechung der Rechtskraft das Urteil den veränderten Urteilsgrundlagen angepasst werden.

30 § 238 ist die Spezialregelung für die **Abänderung gerichtlicher Entscheidungen in Unterhaltssachen.** Sie beruht auf § 323 ZPO, wobei die von der Rechtsprechung zu dieser Vorschrift ausgebildeten Kriterien übernommen werden, diese sich aber jetzt unmittelbar aus dem Gesetzeswortlaut ergeben. Die Reform ändert nun § 323 ZPO dahingehend, dass dort nur noch die Abänderung von Urteilen geregelt wird. Da gerichtliche Unterhaltsregelungen nach Inkrafttreten des FamFG nur noch in Form eines **Beschlusses** ergehen werden, ist § 323 ZPO hierfür nicht weiter anzuwenden. Die Vorschrift des § 324 ZPO (Nachforderungsklage bei einer Verurteilung zur Entrichtung einer Geldrente nach §§ 1569 bis 1586 b BGB) ist allerdings aufgrund eines gesetzgeberischen Versehens bisher nicht entsprechend angepasst worden.

31 § 323 ZPO bleibt anzuwenden für die Abänderung von Urteilen und anderen Titeln, die die Verpflichtung zu wiederkehrenden Leistungen **in anderen Rechtsgebieten** regeln.

32 Die Vorschrift des § 238 gilt grundsätzlich auch für **Unterhaltsurteile aus der Zeit vor Inkrafttreten des FamFG.** Die Übergangsvorschrift des Art. 111 S. 2 FGG-RG legt fest, dass auf Abänderungsverfahren nur dann die vor Inkrafttreten des Gesetzes geltenden Vorschriften Anwendung finden, wenn die **Abänderungsverfahren** bis zum Inkrafttreten des Gesetzes eingeleitet worden sind oder deren Einleitung bis zum Inkrafttreten des Gesetzes beantragt wurde. Maßgeblich ist also nicht der Zeitpunkt, zu dem der alte Titel entstanden ist, dessen Abänderung durchgesetzt werden soll, sondern die Einleitung des Abänderungsverfahrens.

33 Die Vorschrift des § 238 ist in vier Absätze gegliedert, wobei Abs. 1 und 3 die Zulässigkeit des Abänderungsantrags betreffen, während Abs. 2 die Tatsachenpräklusion für den Antragsteller und Abs. 4 die Begründetheit des Antrags regelt.

34 Zur Frage der Rückgewähransprüche bei überzahltem Unterhalt siehe § 241 und unten Rn 238.

aa) Endentscheidung in der Hauptsache (§ 238 Abs. 1 S. 1)

35 Erste Voraussetzung der Zulässigkeit einer Abänderungsklage ist, dass es sich bei der abzuändernden Entscheidung um eine in der Hauptsache ergangene **Endentscheidung** des Gerichts handelt, die eine Verpflichtung zu künftig fällig werdenden wiederkehrenden Leistungen enthält. Einer Abänderung zugänglich ist damit nur der an die Stelle eines Urteils tretende **Unterhaltsbeschluss** nach § 116 oder ein Urteil, das vor Inkrafttreten des Gesetzes ergangen ist (siehe Rn 32).

36 Entscheidungen in **einstweiligen Anordnungsverfahren** unterliegen somit nach wie vor nicht dem Abänderungsverfahren. Die Abänderung einstweiliger Anordnungen regelt die **Spezialnorm** des § 54 Abs. 1; auch besteht die Möglichkeit, durch eine abweichende

Entscheidung in der Hauptsache die einstweilige Anordnung außer Kraft zu setzen (§ 56).

bb) Wesentlichkeitsschwelle (§ 238 Abs. 1 S. 2)

§ 238 Abs. 1 S. 2 enthält die aus § 323 Abs. 1 ZPO bekannte **Wesentlichkeitsschwelle**. 37
Ein Abänderungsantrag ist nur zulässig ist, wenn der Antragsteller Tatsachen vorträgt, aus denen sich eine wesentliche Veränderung ergibt. Dabei können naturgemäß nur Tatsachen berücksichtigt werden, die nicht nach § 238 Abs. 2 ausgeschlossen sind.

Es wird jedoch ausdrücklich klargestellt, dass auch eine Veränderung der zugrunde 38
liegenden **rechtlichen Verhältnisse** ausreicht. Dies ist auch bei einer **Änderung der höchstrichterlichen Rechtsprechung** der Fall.

§ 238 Abs. 1 S. 2 behandelt das Wesentlichkeitskriterium nur unter dem Gesichtspunkt 39
der Zulässigkeit des Abänderungsantrags, für die Begründetheit wird es in Abs. 4 nochmals gesondert erwähnt.

cc) Tatsachenpräklusion für den Antragsteller (§ 238 Abs. 2)

Die aus § 323 Abs. 2 ZPO bekannte **Tatsachenpräklusion** für den Antragsteller ist in 40
§ 238 Abs. 2 geregelt. Der Antrag kann nur auf Gründe gestützt werden, die nach Schluss der Tatsachenverhandlung des vorausgegangenen Verfahrens entstanden sind und deren Geltendmachung durch Einspruch nicht möglich ist oder war. Mit der etwas veränderten Formulierung soll lediglich eine Präzisierung und Klarstellung erreicht werden.

Die im ursprünglichen Entwurf in Abs. 2 letzter Hs vorgesehene **Härteklausel**, nach der 41
ein Abänderungsantrag dann auf bereits präkludierte Tatsachen gestützt werden kann, wenn ihre Nichtberücksichtigung „insbesondere im Hinblick auf das Verhalten des Antragsgegners grob unbillig" wäre, ist nicht Gesetz geworden. Zur Frage einer Informationspflicht s. Rn 160.

dd) Zeitgrenze als Zulässigkeitsvoraussetzung (§ 238 Abs. 3)

Hinsichtlich der Zeitgrenze, bis zu der eine rückwirkende Abänderung möglich ist, 42
nimmt das Gesetz in § 238 Abs. 3 gegenüber § 323 Abs. 3 ZPO mehrere Veränderungen vor.

Die Abänderung ist nach § 238 Abs. 3 S. 1 zulässig für die Zeit ab Rechtshängigkeit des 43
Antrags. Damit wird ausdrücklich festgehalten, dass der Abänderungsantrag hinsichtlich des vor dem maßgeblichen Zeitpunkt liegenden Teils unzulässig ist. Maßgeblich ist die Zustellung des Antrags an den Gegner. Weder genügt die Einreichung oder der Zugang eines entsprechenden Verfahrenskostenhilfegesuchs[8] noch die bloße Einreichung des Abänderungsantrags bei Gericht. Der Zugang des Verfahrenskostenhilfegesuches an den Verfahrensgegner kann jedoch die Voraussetzungen des § 238 Abs. 3 Satz 2 erfüllen (siehe Rn 46).

Ist der Antrag auf **Herabsetzung des Unterhalts** gerichtet, ist er nach § 238 Abs. 3 S. 3 44
auch zulässig für die Zeit ab dem Ersten des auf ein entsprechendes Auskunfts- oder

---

[8] Vgl BGH NJW 1982, 1050 ff.

Verzichtsverlangen des Antragstellers folgenden Monats. Dies entspricht in der Sache § 323 Abs. 3 S. 2 ZPO. Anstelle des Verweises auf zahlreiche Gesetzesbestimmungen wird nunmehr eine zusammenfassende Formulierung gewählt.

45 Im Fall eines auf **Erhöhung des Unterhalts** gerichteten Antrags ist dieser – wie schon bisher – auch zulässig für die Zeit, für die nach den Vorschriften des bürgerlichen Rechts Unterhalt für die Vergangenheit verlangt werden kann. In Betracht kommen hierbei insbesondere § 1613 Abs. 1 BGB und die hierauf verweisenden sonstigen Vorschriften des materiellen Unterhaltsrechts. Dies bedeutet praktisch, dass der Unterhaltsberechtigte durch ein wirksames Auskunftsverlangen gem. § 1613 BGB eine Mehrforderung auch dann vom Zeitpunkt des Zugangs dieses Verlangens durchsetzen kann, wenn ein Titel über einen geringeren Betrag besteht. Die Zeitsperre des § 238 Abs. 2 wird dadurch außer Kraft gesetzt.

46 Dagegen bestand eine entsprechende, letztlich rückwirkende Regelung für ein **Herabsetzungsverlangen** des Unterhaltspflichtigen im Rahmen einer Abänderungsklage bislang nicht. Diese Ungleichbehandlung wird durch das neue Recht in § 238 Abs. 3 S. 3 beseitigt. Das auf eine Herabsetzung des Unterhalts gerichtete Verlangen des Schuldners unterliegt damit spiegelbildlich den Voraussetzungen, für die nach den Vorschriften des bürgerlichen Rechts Unterhalt für die Vergangenheit verlangt werden kann. Erforderlich sind somit entweder ein Auskunftsverlangen mit dem Ziel der Herabsetzung des Unterhalts gegenüber dem Unterhaltsgläubiger oder die Aufforderung an den Unterhaltsgläubiger, teilweise oder vollständig auf den titulierten Unterhalt zu verzichten (sog. negative Mahnung). Die Voraussetzungen des § 1613 BGB müssen gegeben sein, insbesondere muss ein entsprechendes Verlangen dem Unterhaltsgläubiger zugegangen sein.

47 Für eine mehr als ein Jahr vor Rechtshängigkeit liegende Zeit kann eine Herabsetzung nicht verlangt werden (§ 238 Abs. 3 S. 4). Diese Regelung lehnt sich an § 1585 b Abs. 3 BGB an.

48 Die verschärfte Haftung für den überzahlten Unterhalt in Bezug auf § 818 Abs. 4 BGB tritt gem. § 241 allerdings erst durch die Rechtshängigkeit eines auf Herabsetzung gerichteten Abänderungsantrags ein,[9] nicht schon mit dem vorprozessualen Herabsetzungsverlangen.

ee) Begründetheit des Antrags (§ 238 Abs. 4)

49 Der Abänderungsantrag ist nach § 238 Abs. 4 begründet, wenn eine **wesentliche Veränderung** der tatsächlichen oder rechtlichen Verhältnisse **tatsächlich vorliegt**.

50 Nicht jede geringfügige Änderung rechtfertigt die Durchbrechung der Rechtskraft. Eine **wesentliche Änderung** liegt immer dann vor, wenn sich Abweichungen in Höhe von mindestens 10 % ergeben. Dabei ist nicht auf die einzelne veränderte Tatsache abzustellen, maßgeblich ist vielmehr, dass der neue Unterhaltsanspruch um 10 % von dem titulierten Unterhaltsanspruch nach oben oder nach unten abweicht. Jedoch gibt es

---

9 Vgl BGH v. 30.7.2008, XII ZR 177/06, Rn 23, FamRZ 2008, 1911 m.Anm. Maurer FamRZ 2008, 1919 = FPR 2008, 566 m.Anm. Stelzer = NJW 2008, 3213 m.Anm. Mleczko = FuR 2008, 542 m.Anm. Soyka = FF 2008, 453 m.Anm. Born.

keine schematische Grenze, so dass gerade bei beengteren Einkommensverhältnissen auch geringere Abweichungen ausreichen können.[10] Verlangt zB das minderjährige Kind mit dem Abänderungsantrag lediglich den Unterhalt i.H.d. Existenzminimums, kann auch eine unter 10 % liegende Erhöhung einschneidend und mithin „wesentlich" sein.[11]

Zudem wird im Gesetz der Gesichtspunkt der Bindungswirkung, der bislang in der Formulierung „eine **entsprechende Abänderung**" des § 323 Abs. 1 ZPO enthalten ist, deutlicher zum Ausdruck gebracht. Eine Veränderung der Rechtslage ist damit nicht verbunden. 51

Der Titel ist folglich nur **entsprechend** abzuändern, so dass eine **Bindungswirkung** an unverändert gebliebene Umstände besteht. Es erfolgt mithin keine freie Neufestsetzung des Unterhaltes, sondern lediglich eine entsprechende Anpassung an die veränderten Verhältnisse unter Wahrung der Grundlagen des Unterhaltstitels.[12] 52

Diese Einschränkung bezieht sich aber nur auf die seinerzeit festgestellten und für die Unterhaltsfestlegung als bedeutend eingestuften **tatsächlichen Verhältnisse**. Dagegen kommt Richtlinien, Tabellen und Verteilungsschlüsseln sowie sonstigen Berechnungsmethoden keine Bindungswirkung zu, weil sie nur Hilfsmittel zur Ausfüllung unbestimmter Rechtbegriffe wie dem „angemessenen Unterhalt" und den „ehelichen Lebensverhältnissen" sind.[13] Das bedeutet konkret, dass auch im Rahmen eines Abänderungsverfahrens die **jeweils aktuelle Unterhaltstabelle** anzuwenden ist. 53

b) Abänderung sonstiger Titel (§ 239)

§ 239 regelt die Abänderbarkeit von **Vergleichen** und **vollstreckbaren Urkunden**, die eine Verpflichtung zu künftig fällig werdenden wiederkehrenden Leistungen enthalten. Die Vorschrift des § 239 bezieht sich auf **Titel in Unterhaltssachen** (zB Jugendamtsurkunden, §§ 59, 60 SGB VIII). Die gesetzliche Regelung entspricht der bisherigen Rechtslage. 54

Für die Abänderung von Urteilen und anderen Titeln, die die Verpflichtung zu wiederkehrenden Leistungen **in anderen Rechtsgebieten** regeln, gelten weiterhin die allgemeinen Vorschriften des § 323 Abs. 1, 2 und 3 ZPO (Urteile) und § 323 Abs. 4 und 5 ZPO (sonstige Titel). 55

aa) Prozessvergleiche (§ 239 Abs. 1 S. 1)

Abs. 1 S. 1 bestimmt, dass **Prozessvergleiche** nach § 794 Abs. 1 Nr. 1 ZPO ebenfalls der Abänderung unterliegen, sofern sie eine Verpflichtung zu künftig fällig werdenden wiederkehrenden Leistungen enthalten. Dies entspricht in der Sache dem bislang geltenden Recht (§ 323 Abs. 4 ZPO). 56

Die Vorschriften des § 323 Abs. 1, 2 und 3 ZPO fanden nach der Rechtsprechung des Bundesgerichtshofs[14] bei der Abänderung dieser Titel grundsätzlich keine Anwendung. 57

---

10 BGH FamRZ 1992, 539; OLG Stuttgart FamRZ 2000, 377; OLG Hamm FamRZ 2004, 1051.
11 OLG Hamm FamRZ 2004, 1885, 1886; OLG Hamm FamRZ 2004, 1051, 1052.
12 BGH FamRZ 1997, 281, 283.
13 BGH FamRZ 1994, 1100.
14 BGHZ 85, 64 = NJW 1983, 228 = FamRZ 1983, 22.

Grund dieser Differenzierung gegenüber einem Unterhaltsurteil war die fehlende Rechtskraft dieser Titel.

58 Daher unterliegt die Abänderbarkeit eines Vergleichs weder einer **Wesentlichkeitsgrenze** noch einer **zeitlichen Beschränkung.** Die Vertragspartner eines Vergleichs können die Kriterien der Abänderbarkeit autonom bestimmen. Auch eine rückwirkende Abänderung ist grundsätzlich verfahrensrechtlich möglich, ihr können jedoch materiellrechtliche Gründe speziell aus dem Inhalt der Vereinbarung entgegenstehen.

bb) Urkunden mit einseitigen Verpflichtungen

59 Bei Urkunden mit **einseitig erstellten Verpflichtungen** (Jugendamtsurkunden, notariell beurkundete einseitige Verpflichtungserklärungen) ist danach zu unterscheiden, ob Grundlage dieser Verpflichtung eine Vereinbarung der Beteiligten ist.

60 Liegt der Jugendamtsurkunde oder der einseitig erstellten notariellen Verpflichtung eine **Vereinbarung der Parteien** zugrunde, können diese sich davon nicht frei lösen, sondern sind im Rahmen der Abänderung ebenfalls auf die Grundsätze des **Wegfalls der Geschäftsgrundlage** (§ 313 BGB) zu verweisen.[15] Eine Bindung besteht mithin sowohl für ein Erhöhungsverlangen des Unterhaltsberechtigten als auch für ein Herabsetzungsbegehren des Unterhaltspflichtigen.

61 **Ohne eine solche Vereinbarung** ist weiter danach zu differenzieren, welcher Beteiligte eine Abänderung durchsetzen will.

62 Für den **Unterhaltspflichtigen,** der die Urkunde einseitig erstellt hat, besteht eine materiell-rechtliche Bindung. Er kann daher eine Herabsetzung des titulierten Unterhaltes nur bei geänderten Umständen durchsetzen. Denn wenn der Erstellung der Urkunde keine Parteivereinbarung zugrunde lag, hat sich der Unterhaltsverpflichtete jedenfalls durch einseitiges **Schuldanerkenntnis** materiell-rechtlich zur Zahlung verpflichtet.

63 Folglich ist der **Unterhaltsberechtigte,** der an der Errichtung der Urkunde nicht mitgewirkt und deren Inhalt auch nicht zugestimmt hat, materiell-rechtlich nicht daran gebunden und kann deshalb uneingeschränkt Abänderung auf der Grundlage der aktuellen Einkommens- und Vermögensverhältnisse verlangen.[16] In dieser Richtung kommt also der Urkunde **keine materiell-rechtliche Bindungswirkung** zu.[17] In materieller Hinsicht kann daher bei einem Abänderungsbegehren des Unterhaltsberechtigten ein aufgrund einseitigen Schuldanerkenntnisses errichteter Titel ohne Bindung frei an die zum jeweiligen Zeitpunkt bestehenden Verhältnisse angepasst werden.[18] Denn es besteht materiell jedenfalls **keine Bindung an die tatsächlichen Verhältnisse zum Zeitpunkt der Errichtung der Urkunde.** Diese sind nicht Geschäftsgrundlage einer Parteivereinbarung geworden, welche nur entsprechend an die neuen Verhältnisse anzupassen wäre. Vielmehr richten sich die Abänderung der Urkunde und die Bemessung des Unterhalts allein

---

15 BGH FamRZ 2003, 304, 306; BGH Urt. v. 3.12.2008, XII ZR 182/06, FamRZ 2009, 314.
16 BGH FamRZ 2004, 24; BGH v. 3.12.2008, XII ZR 182/06, FamRZ 2009, 314.
17 OLG Nürnberg FamRZ 2004, 1053; Thomas/Putzo/Reichold § 323 ZPO Rn 35 a.
18 BGH FamRZ 2004, 24; OLG Düsseldorf NJW-RR 2006, 946, 947; OLG Frankfurt/M. NJOZ 2006, 3147, 3148; OLG Naumburg OLGReport 2003, 541.

nach den **zum jeweiligen Zeitpunkt bestehenden Verhältnissen**.[19] Damit kommt es bei einem vom Berechtigten betriebenen Abänderungsverfahren einer einseitigen Unterwerfungserklärung folglich nicht auf die Änderung der Geschäftsgrundlage an, sondern allein auf die zur Zeit des Abänderungsverfahrens geltende aktuelle Rechtslage.

In der Praxis kommt es daher entscheidend darauf an, **wie die einseitig erstellte Urkunde zustande gekommen ist**. Eine Bindungswirkung ist zu bejahen, wenn der Unterhaltsberechtigte den Unterhaltspflichtigen aufgefordert hat, einen bestimmten Betrag zu zahlen und genau dieser Betrag auch tituliert worden ist. Hat der Unterhaltspflichtige dagegen einen geringeren Betrag tituliert und hat der Berechtigte – zB durch Aufforderung zur Auskunft über die Einkommens- und Vermögensverhältnisse – zuvor deutlich gemacht, dass er diesen Unterhaltsbetrag nicht für ausreichend ansieht, ist keine Bindungswirkung für den Berechtigten eingetreten. 64

Hat er dem Gläubiger die Urkunde übergeben oder übersandt, so kann darin in der Regel ein schlüssiger Vertragsschluss im Sinne eines Schuldversprechens oder **Schuldanerkenntnisses** gesehen werden, von welchem sich der Schuldner nur nach den Regeln des Wegfalls der Geschäftsgrundlage (§ 313 BGB) lösen kann.[20] Folglich muss dann der Antragsteller bei einem Antrag auf Abänderung Tatsachen vortragen und darlegen, dass sich die im Zeitpunkt der Schaffung der Urkunde bestehenden Umstände geändert haben.[21] Fehlt dies, ist der Abänderungsantrag bereits unzulässig. 65

Sind die **tatsächlichen Grundlagen** in der Urkunde nicht angegeben, genügt dies für sich betrachtet noch nicht, um von der Einseitigkeit der Errichtung der Urkunde ausgehen zu können. Das Vorliegen einer Parteivereinbarung ist nicht vom Inhalt der Urkunde abhängig und kann auch anderweitig festgestellt werden.[22] Um spätere Streitigkeiten zu vermeiden sollte daher vorsorglich **im Text der Urkunde** deutlich gemacht werden, dass diese einseitige Urkunde aufgrund einer Parteivereinbarung erstellt wird. 66

Soll mit der Urkunde nicht der gesamte Unterhalt, sondern nur ein Teilbetrag geregelt werden, ist dies wegen der anderweitigen Vermutungswirkung ebenfalls ausdrücklich klarzustellen.[23] 67

cc) Zulässigkeitsvoraussetzungen (§ 239 Abs. 1 S. 2)

S. 2 entspricht der Regelung des § 238 Abs. 1 S. 2. Auch bei der Abänderung eines Vergleichs oder einer vollstreckbaren Urkunde muss der Antragsteller bereits für die Zulässigkeit des Abänderungsverfahrens Tatsachen vortragen, die – ihre Richtigkeit unterstellt – die Abänderung des Titels tragen. Abweichend von § 238 Abs. 1 S. 2 bestimmen sich die Abänderungsvoraussetzungen jedoch nicht nach der Wesentlichkeitsschwelle, sondern allein nach dem materiellen Recht. Damit gilt in erster Linie, welche 68

---

19 BGH Urt. v. 3.12.2008, XII ZR 182/06, FamRZ 2009, 314; BGH FamRZ 2004, 24; OLG München FamRZ 2002, 1271; OLG Köln FamRZ 2001, 905; Graba, Zur Abänderung der Jugendamtsurkunde, FamRZ 2005, 678, 683; Eschenbruch/Klinkhammer/Klinkhammer Teil 5 Rn 370, aA wohl OLG Brandenburg FamRZ 2002, 676.
20 Graba FamRZ 2005, 678, 684.
21 Borth, Die Reform des Verfahrens in Familiensachen, FamRZ 2007, 1925, 1935; Rossmann ZFE 2008, 245, 249.
22 Götsche, Aktuelles zur Abänderungsklage, ZFE 2007, 207, 213; vgl auch BGH FamRZ 2004, 24.
23 Viefhues, Fehlerquellen im familiengerichtlichen Verfahren, 2008, Rn 1722 mwN.

Voraussetzungen die Parteien für eine Abänderung vereinbart haben. Bei Fehlen anderweitiger Parteivereinbarungen sind die Regeln über die Störung bzw den Wegfall der Geschäftsgrundlage (§ 313 BGB) anzuwenden. Maßgebend für Voraussetzung und Umfang ihrer Abänderung ist demnach allein der in der Urkunde zum Ausdruck gebrachte oder ihrer Ausstellung zugrunde liegende einvernehmliche Wille der Parteien.

dd) Materiell-rechtliche Grundlagen (§ 239 Abs. 2)

69 Abs. 2 verweist wegen der übrigen Voraussetzungen und wegen des Umfangs der Abänderung auf die Regelungen des bürgerlichen Rechts. Zu nennen sind hierbei in erster Linie die Störung bzw der Wegfall der Geschäftsgrundlage sowie die Grundsätze über das Schuldanerkenntnis.[24]

7. Einstweilige Anordnung (§ 246)

70 § 246 Abs. 1 enthält die Befugnis des Gerichts, durch einstweilige Anordnung die Verpflichtung zur Zahlung von **Unterhalt** oder zur Zahlung eines **Kostenvorschusses** für ein gerichtliches Verfahren (vgl etwa § 1360a Abs. 4 iVm § 1361 Abs. 4 S. 4 BGB) zu regeln.

71 § 246 enthält eine Sonderreglung zu den §§ 49 ff. Hieraus ergibt sich, dass das nach § 49 erforderliche dringende Bedürfnis für ein sofortiges Tätigwerden nicht verlangt wird. Voraussetzung ist aber wie bei § 620 ZPO ein Regelungsbedürfnis.[25] Für das Familiengericht besteht kein Handlungsermessen.[26]

72 Auf der Rechtsfolgenseite besteht die in § 49 vorgesehene Begrenzung auf vorläufige Maßnahmen nicht. Im Gegensatz zu § 49 handelt es sich hier um eine Leistungsverfügung. Durch eine einstweilige Anordnung kann **der volle laufende Unterhalt ohne zeitliche Begrenzung** zuerkannt werden, soweit die Voraussetzungen dafür glaubhaft gemacht worden sind.[27] Das Gericht ist aber gem. § 56 Abs. 1 S. 1 stets befugt, eine Befristung der Zahlungspflicht auszusprechen, nach deren Ablauf die einstweilige Anordnung dann automatisch außer Kraft tritt.[28] Es besteht aber umgekehrt auch keine Pflicht des Gerichts zu einer zeitlichen Befristung des Unterhaltes.[29]

73 **Unterhaltsrückstände** können aber – wie bisher – nicht im Wege der einstweiligen Anordnung geltend gemacht werden.[30]

74 Durch eine einstweilige Anordnung kann ein **Verfahrenskostenvorschussanspruch** (ehemals Prozesskostenvorschuss) angeordnet werden. § 246 tritt insbesondere an Stelle des früheren § 127a ZPO.

75 Der durch § 114 Abs. 1 neu eingeführte **Anwaltszwang** für isolierte Unterhaltsstreitsachen gilt nicht für einstweilige Anordnungen und auch nicht im Rahmen der Verfahrenskostenhilfe.

---

24 BGH FamRZ 2003, 304, 306.
25 OLG Stuttgart FamRZ 2000, 965; Borth FamRZ 2007, 1925.
26 Zöller/Phillipi § 620 ZPO Rn 4; Musielak/Borth § 620 ZPO Rn 5.
27 Vgl Zöller/Philippi § 620 ZPO Rn 59; Schwab/Maurer/Borth I Rn 878 mwN.
28 Götsche/Viefhues, Einstweilige Anordnungen nach dem FamFG, ZFE 2009, 124, 127.
29 Fölsch, § 3 Rn 170.
30 Schürmann FuR 2009, 130, 139; Götsche/Viefhues 2009, 124, 126.

A. Hauptsacheverfahren und einstweilige Anordnung 12

Im Gegensatz zum bisherigen Recht ist die Anhängigkeit einer Ehesache, eines isolierten 76
Unterhaltsverfahrens oder die Einreichung eines entsprechenden Antrags auf Bewilligung von Verfahrenskostenhilfe nicht Voraussetzung für das einstweilige Anordnungsverfahren. Der Verzicht auf ein Hauptsacheverfahren bei der einstweiligen Anordnung gehört zu den wesentlichen Neuerungen des FamFG.

Das Gericht entscheidet durch **Beschluss** (§§ 51 Abs. 2 S. 1, 38 Abs. 1). Eine Versäum- 77
nisentscheidung ist in allen Verfahren ausgeschlossen (§ 51 Abs. 2 S. 3). Das bedeutet aber nicht, dass der Antragsgegner durch Nichterscheinen in einem gerichtlich anberaumten Termin die Entscheidung verhindern kann. Das Gericht hat dann auf der Basis der vorliegenden Unterlagen in der Sache zu entscheiden und kann seine Entscheidung nicht allein auf die Säumnis des Antragsgegners stützen.[31]

Auch die Entscheidung über die einstweilige Anordnung stellt wegen des eigenständigen 78
Verfahrenscharakters nunmehr eine **Endentscheidung** dar, die eine **Kostenentscheidung** enthalten muss (§§ 51 Abs. 4, 82).[32] Die anderweitige Regelung des § 620 g ZPO entfällt.

Sind alle Beteiligten mit der einstweiligen Regelung zufrieden, ist ein Hauptsacheverfahren 79
in aller Regel überflüssig. Das Gesetz muss eine Durchführung eines Hauptsacheverfahrens nur in den Fällen sicherstellen, in denen derjenige, der durch die einstweilige Anordnung in seinen Rechten beeinträchtigt ist, dies wünscht, etwa um eine streitige Tatsache mit besseren Erkenntnismöglichkeiten und höherem richterlichen Überzeugungsgrad abschließend zu klären. Die Interessen des Unterhaltsschuldners werden durch die Möglichkeit zur Erzwingung eines Hauptsacheverfahrens nach § 52 Abs. 2 und durch den Antrag auf Aufhebung oder Änderung der Entscheidung nach § 54 gewahrt. Das Außerkrafttreten der einstweiligen Anordnung bestimmt sich nach § 56.

Die Entscheidung ergeht aufgrund mündlicher Verhandlung, wenn dies zur Aufklärung 80
des Sachverhalts oder für eine gütliche Beilegung des Verfahrens geboten erscheint (§ 246 Abs. 2). In einfach gelagerten oder besonders eilbedürftigen Fällen kann die Entscheidung auch **ohne mündliche Verhandlung** erfolgen.

Da dies allerdings das Risiko birgt, dass ein Antrag auf mündliche Verhandlung nach 81
§ 54 Abs. 2 gestellt werden wird und dann – nach einer weiteren Verzögerung – dennoch ein Termin stattfinden muss, wird das Gericht nur selten von einer mündlichen Verhandlung absehen.

Zudem betont die Vorschrift des § 246 Abs. 2 die Bedeutung der mündlichen Verhand- 82
lung im Verfahren der einstweiligen Anordnung in Unterhaltssachen und trägt damit dem Umstand Rechnung, dass das Ziel einer Verfahrensbeschleunigung in Unterhaltssachen nicht in der Weise im Vordergrund steht wie in anderen Bereichen des einstweiligen Rechtsschutzes. Da es gerade bei der Unterhaltsbemessung – ebenso bei der letztlich auch von der Leistungsfähigkeit abhängigen Festsetzung eines Kostenvorschusses – durchweg darum geht, einen unklaren Sachverhalt aufzuklären, dürfte eine

---

31 Zimmermann Rn 126; Götsche/Viefhues ZFE 2009, 124, 126.
32 Schürmann, Die einstweilige Anordnung nach dem FamFG, FamRB 2008, 375, 379; Zimmermann FamRZ 2009, 377, 379.

Entscheidung ohne mündliche Verhandlung, die sich allein auf schriftliche Unterlagen und die Glaubhaftmachung des Antragstellers stützt, im Regelfall ausgeschlossen sein. In der mündlichen Verhandlung können offen gebliebene Gesichtspunkte geklärt und die in Unterhaltssachen nicht selten vorkommenden Rechts- und Einschätzungsfragen erörtert werden. Die Verhandlungssituation erleichtert nach den Vorstellungen der Gesetzesbegründung zudem das Zustandekommen von Vereinbarungen.

83 Für die **anwaltliche Praxis** sollte daher sorgfältig geprüft werden, ob der Weg über das vermeintlich schnellere Verfahren der einstweiligen Anordnung gegangen werden soll, mit dem man zudem die Nachteile eines rein summarischen Verfahrens und einer nur vorläufigen Regelung in Kauf nimmt. Es besteht nicht nur das Risiko, dass aufgrund des nur summarischen Verfahrens eine unvorhergesehene Entscheidung ergeht. Selbst wenn die beantragte einstweilige Anordnung erlassen worden ist, hat der Gegner durch einen Antrag auf Erzwingung eines Hauptsacheverfahrens nach § 52 Abs. 2 und durch den Antrag auf Aufhebung oder Änderung der Entscheidung nach § 54 die Möglichkeit, das endgültige Ergebnis letztlich weiter in der Schwebe zu halten. Möglicherweise kommt der Antragsteller daher schneller zu einer – auch rechtsmittelfähigen – gerichtlichen Entscheidung, wenn sogleich das Antragsverfahren zur Hauptsache eingeleitet wird. Zudem bietet die einstweilige Anordnung nur einen Vollstreckungstitel als vorläufige Vollstreckungsmöglichkeit, bietet also - anders als ein rechtskräftiger Titel im Hauptsacheverfahren - keine endgültige Sicherheit. Denn dieser Titel kann auch rückwirkend aufgehoben werden, da anders als beim Hauptsachetitel keine Rückwirkungssperre durch die speziellen Regelungen des Abänderungsverfahrens (§§ 238 ff) besteht. Es gibt weiterhin keine bindende Tatsachenfeststellung. Daher besteht immer das Risiko einer späteren noch rückwirkenden Abänderung oder gar Aufhebung des im einstweiligen Anordnungsverfahrens erlangten Titels.

8. Unterhalt bei Vaterschaftsfestsetzung

84 Die Vorschrift des § 247 enthält den verfahrensrechtlichen Gehalt der bisherigen Norm des § 1615 o BGB. Sie enthält besondere Vorschriften für die Geltendmachung von Unterhalt für das **Kind** und die **Mutter vor der Geburt des Kindes**. Ziel des Gesetzes ist es, im Interesse der Mutter und des Kindes die Zahlung des Unterhalts in der besonderen Situation kurz vor und nach der Geburt in einem beschleunigten und möglichst einfach zu betreibenden Verfahren zunächst einmal sicherzustellen.

85 Die **einstweiligen Anordnungen zum Unterhalt bei Feststellung der Vaterschaft** sind in § 248 geregelt.

a) Einstweilige Anordnung vor der Geburt (§ 247 Abs. 1)

86 Die Vorschrift legt fest, dass der Kindesunterhalt für die ersten drei Lebensmonate sowie der Unterhaltsanspruch der Mutter nach § 1615 l BGB, der in seinem Tatbestand eine zeitliche Begrenzung enthält, auch vor der Geburt des Kindes geltend gemacht und zugesprochen werden können. Damit wird zugleich klargestellt, dass von dem in Anspruch genommenen Mann nicht eingewandt werden kann, das unterhaltsberechtigte Kind sei noch nicht geboren.

A. Hauptsacheverfahren und einstweilige Anordnung

b) Antragsberechtigung der Mutter (§ 247 Abs. 2)

Mit der Regelung des § 247 Abs. 2 S. 1, nach der Kindesunterhalt auch durch den Antrag der Mutter eingefordert werden kann, wird deren **Handlungsbefugnis** für das einstweilige Anordnungsverfahren auf den Zeitraum vor der Geburt des Kindes erstreckt. Andernfalls wäre für den vorliegenden Zeitraum ohne diese Regelung die Bestellung eines Pflegers erforderlich, da die elterliche Sorge erst mit der Geburt beginnt.

§ 247 Abs. 2 S. 2 ordnet an, dass die abstammungsrechtliche **Vaterschaftsvermutung** auch für die Unterhaltssache gilt. Dies ist dann relevant, wenn die Vaterschaft des in Anspruch genommenen Mannes nicht feststeht. Da vor Geburt des Kindes das in § 248 vorausgesetzte Vaterschaftsfeststellungsverfahren noch nicht in Betracht kommt, greift § 248 Abs. 3 nicht ein. Die entsprechende Geltung der Vermutung muss also ausdrücklich festgelegt werden.

Nach § 247 Abs. 2 S. 3 kann das Gericht anordnen, dass der Betrag zu einem bestimmten Zeitpunkt vor der Geburt des Kindes zu **hinterlegen** ist. Von dieser bereits im bisherigen § 1615 o Abs. 1, 2 BGB vorgesehenen Regelung sollte aber angesichts des Regelungszwecks nur ausnahmsweise Gebrauch gemacht werden. Die Anordnung der Zahlung ist mithin der Regelfall.

c) Einstweilige Anordnung bei Feststellung der Vaterschaft (§ 248)
aa) Zulässigkeit der einstweiligen Anordnung (§ 248 Abs. 1)

Abs. 1 ergänzt die allgemeine Regelung des § 246 für die einstweilige Anordnung durch die Einführung einer **zusätzlichen Zulässigkeitsvoraussetzung** für bestimmte Fälle von einstweiligen Anordnungen, die den Unterhalt betreffen. Wenn die Vaterschaft des im einstweiligen Anordnungsverfahren auf Unterhaltszahlung in Anspruch genommenen Mannes nicht bereits aufgrund anderer Vorschriften feststeht, ist die einstweilige Anordnung nur zulässig, wenn ein Verfahren auf Feststellung der Vaterschaft nach § 1600 d BGB anhängig ist. Der Grundsatz des § 1600 d Abs. 4 BGB, nach dem die Rechtswirkungen der Vaterschaft grundsätzlich erst von dem Zeitpunkt an geltend gemacht werden können, an dem diese rechtskräftig festgestellt ist, wird hier durchbrochen.

Die Regelung des Abs. 1 ändert nichts an der **Selbständigkeit beider Verfahren**. Anders als nach der Regelung des bisherigen Rechts in § 641 d ZPO ist das einstweilige Anordnungsverfahren nicht Teil des Verfahrens auf Feststellung der Vaterschaft.

bb) Zuständigkeitsregelung (§ 248 Abs. 2)

Abs. 2 enthält besondere Vorschriften **zur sachlichen und örtlichen Zuständigkeit**. Zuständig ist das Gericht, bei dem das Verfahren auf Feststellung der Vaterschaft anhängig ist. Während der Anhängigkeit beim Beschwerdegericht ist dieses zuständig. Aus verfahrensökonomischen Gründen ist diese Zusammenlegung der Zuständigkeiten sinnvoll.

cc) Vaterschaftsvermutung (§ 248 Abs. 3)

Da die Vaterschaftsvermutung ausdrücklich nur im Verfahren auf gerichtliche Feststellung der Vaterschaft – also im Abstammungsverfahren, nicht aber im einstweiligen

Anordnungsverfahren über den Unterhalt – anwendbar ist, muss die entsprechende Geltung des § 1600 d Abs. 2, 3 BGB angeordnet werden.

dd) Sicherheitsleistung (§ 248 Abs. 4)

94 Das Gericht kann auch die **Sicherheitsleistung** in Höhe eines bestimmten Betrages anordnen, so wie sie bisher in § 641 d Abs. 1 S. 2 ZPO vorgesehen ist.

ee) Außerkrafttreten (§ 248 Abs. 5)

95 Abs. 5 regelt das **Außerkrafttreten der einstweiligen Anordnung** und stellt eine Ergänzung der allgemeinen Vorschrift des § 56 dar. Mit der Regelung soll der Nachteil ausgeglichen werden, der dem Mann dadurch entsteht, dass er schon vor der Feststellung seiner Vaterschaft durch die einstweilige Anordnung auf die Leistung von Unterhalt in Anspruch genommen wird.

96 § 248 Abs. 5 S. 1 enthält zwei zusätzliche Fälle des Außerkrafttretens der einstweiligen Anordnung in Unterhaltssachen, die beide ihren Grund in der Koppelung der einstweiligen Anordnung an das Abstammungsverfahren haben. Das Vaterschaftsfeststellungsverfahren muss durch Klagerücknahme oder Abweisung des Antrags beendet worden sein.

III. Verfahrenseinleitung

1. Terminologie

97 Das Verfahren wird durch eine Antragsschrift eingeleitet. Zwar gelten weitgehend die Regelungen der ZPO, aber das FamFG schreibt in § 113 Abs. 5 eine bestimmte, von der bisherigen Vorgehensweise abweichende Terminologie vor:

98 Bei der Anwendung der Zivilprozessordnung tritt an die Stelle der Bezeichnung

- Prozess oder Rechtsstreit die Bezeichnung **Verfahren**,
- Klage die Bezeichnung **Antrag**,
- Kläger die Bezeichnung **Antragsteller**,
- Beklagter die Bezeichnung **Antragsgegner**,
- Partei die Bezeichnung **Beteiligter**.

2. Örtliche Zuständigkeit

99 Das bisherige Familienprozessrecht war gerade in Zuständigkeitsfragen zersplittert. Die zentrale Vorschrift des § 232 regelt jetzt die örtliche Zuständigkeit für Unterhaltssachen. Die Norm ersetzt damit die §§ 642, 35 a ZPO und den § 23 a ZPO und enthält zudem die Klärung strittiger Fragen zu § 642 ZPO.

100 § 232 Abs. 1 Nr. 1 enthält einen ausschließlichen Gerichtsstand für Unterhaltssachen, die die Unterhaltspflicht für ein **gemeinschaftliches Kind** der Ehegatten betreffen sowie für Unterhaltssachen, die die **durch die Ehe begründete Unterhaltspflicht** betreffen. Zuständig ist das Gericht der Ehesache. Die Vorschrift entspricht inhaltlich weitgehend dem bisherigen Recht.

Dagegen ist im Gegensatz zum bisherigen Recht die in § 621 Abs. 2 S. 1 Nr. 4 ZPO enthaltene Ausnahme für **vereinfachte Verfahren** „zur Abänderung von Unterhaltstiteln" geändert worden, die auf einem Redaktionsversehen beruhte. Die Zuständigkeit bezieht sich nunmehr auf das vereinfachte Verfahren über den Unterhalt Minderjähriger.

Die Vorschrift § 232 Abs. 1 Nr. 2 regelt die Zuständigkeit für Verfahren, die den Unterhalt eines **minderjährigen Kindes** betreffen, und sieht für Verfahren, die den Kindesunterhalt betreffen und hinsichtlich derer eine Zuständigkeit nach Nr. 1 nicht gegeben ist, wie bisher die Zuständigkeit des Gerichts vor, in dessen Bezirk das Kind oder der zuständige Elternteil seinen gewöhnlichen Aufenthalt hat. Im Unterschied zum bisherigen Recht (§ 642 Abs. 1 ZPO) gilt diese ausschließliche örtliche Zuständigkeit nach dem gewöhnlichen Aufenthalt nunmehr auch für **privilegierte volljährige Kinder**, die nach § 1603 Abs. 2 S. 2 BGB minderjährigen Kindern gleichgestellt sind.

Damit wird zwar ein bisher bestehender Meinungsstreit beseitigt. Auf der anderen Seite darf nicht übersehen werden, dass die Frage, ob ein volljähriges Kind in den Kreis der privilegierten Volljährigen einbezogen ist, im Einzelfall Probleme bereiten kann.[33] In diesen Fällen können sich materiell-rechtliche Auslegungsschwierigkeiten bereits auf die Zuständigkeit des Gerichts auswirken.

Bei der Bezeichnung des Elternteils soll zudem nicht mehr auf die gesetzliche Vertretung, sondern allgemein auf die Handlungsbefugnis in der Unterhaltsangelegenheit abgestellt werden. Auf diese Weise werden auch die Fälle der Prozessstandschaft nach § 1629 Abs. 3 S. 1 BGB mit umfasst.

§ 232 Abs. 2 regelt Fälle der Kollision von Zuständigkeitsvorschriften und ordnet den **Vorrang** der in Abs. 1 vorgesehenen ausschließlichen Zuständigkeit gegenüber anderen ausschließlichen Gerichtsständen an.

Eine derartige **Kollision mehrerer ausschließlicher Gerichtsstände** kann in Unterhaltssachen zB bei der Vollstreckungsgegenklage mit §§ 767 Abs. 1, 802 ZPO auftreten. Bisher ging die Rechtsprechung vom Vorrang des nach §§ 767 Abs. 1, 802 ZPO ausschließlich zuständigen Gerichts des ersten Rechtszugs aus.[34] Dies wurde damit begründet, dass das Gericht des Erstprozesses noch über eine Fallkenntnis verfügt. Das FamFG lässt dieses Argument aber nicht durchgreifen, sondern bejaht ein entscheidend höheres Gewicht der nach § 232 Abs. 1 Nr. 1 und Nr. 2 maßgeblichen Kriterien und der darauf gestützten ausschließlichen Zuständigkeit. Dies wird u.a. damit begründet, dass die Fallkenntnis des Gerichts des Vorprozesses nach Ablauf einer längeren Zeitspanne nicht mehr von ausschlaggebender Bedeutung sei. Maßgeblich sei zudem vorrangig der Inhalt der Akten, die ohne Schwierigkeiten beigezogen werden können, und nicht die persönliche Kenntnis des die Sache bearbeitenden Richters.

§ 232 Abs. 3 S. 1 verweist dann, wenn eine Zuständigkeit nach Abs. 1 nicht gegeben ist, auf die Vorschriften der Zivilprozessordnung zur örtlichen Zuständigkeit. Folglich tritt in diesem Fall nach den Vorschriften über den allgemeinen Gerichtsstand der ge-

---

[33] BGH FamRZ 2001, 1068; BGH NJW 2002, 2062; OLG Köln FamRZ 2003, 179; OLG Hamm FamRZ 2003, 1025; ausführlich Herberger/Martinek/Viefhues Juris-PK BGB § 1603 BGB Rn 482.
[34] BGH FamRZ 2001, 1706.

wöhnliche **Aufenthalt** an die Stelle des Wohnsitzes. Dabei werden dem Antragsteller bestimmte Wahlmöglichkeiten gegeben.

108 Inhaltlich entspricht Nr. 1 dem bisherigen § 642 Abs. 3 ZPO. § 232 Abs. 1 übernimmt damit die Wahlgerichtsstände des § 642 Abs. 3 ZPO, also die Verbindung des Unterhaltsantrages eines Elternteils wegen Ehegattenunterhaltes oder Unterhaltes aus § 1615 l BGB mit dem Unterhaltsantrag eines Kindes.

109 Nr. 2 betrifft den Fall, wonach ein Kind im Falle der **Barunterhaltspflicht beider Elternteile** (§ 1606 Abs. 3 S. 1 BGB) mit verschiedenen Gerichtsständen an einem Gerichtsstand seiner Wahl verklagen kann und entspricht inhaltlich dem bisherigen § 35 a ZPO. Das Gericht, das für den Antrag gegen einen Elternteil zuständig ist, ist damit auch für den Antrag gegen den anderen Elternteil zuständig, auch wenn dieser nicht im Gerichtsbezirk seinen allgemeinen Gerichtsstand hat. Diese Regelung ist notwendig, um bei anteiliger Haftung der beiden Eltern widerstreitende Entscheidungen verschiedener Gerichte zu vermeiden.

110 Nr. 3 bestimmt das Gericht als zuständig, bei dem der Antragsteller seinen gewöhnlichen Aufenthalt hat, wenn der Antragsgegner im Inland keinen Gerichtsstand hat. Die Regelung entspricht inhaltlich dem bisherigen § 23 a ZPO.

111 Ist eine Ehesache anhängig, ist das dortige Gericht ausschließlich zuständig für alle Familiensachen, die die gleiche Familie betreffen. Daher sind alle bei anderen Gerichten anhängigen Verfahren von Amts wegen an dieses Gericht abzugeben (§ 233).

3. Anwaltszwang

112 § 114 Abs. 1 führt den Anwaltszwang für isolierte Unterhaltsstreitsachen ein. Angesichts der weitreichenden Folgen von unterhaltsrechtlichen Regelungen, die häufig existenzielle Folgen nach sich ziehen sowie der zunehmenden Komplexität des materiellen Unterhaltsrechts wird dies allgemein als angemessen angesehen. Vom Anwaltszwang ausgenommen ist jedoch das Verfahren der einstweiligen Anordnung (§ 114 Abs. 4 Nr. 1) und der Verfahrenskostenhilfe (§ 114 Abs. 4 Nr. 5). Eine anwaltliche Vertretung ist außerdem nicht erforderlich, wenn ein minderjähriges Kind durch das Jugendamt als Beistand vertreten ist (§ 114 Abs. 4 Nr. 2). Ohne Anwalt kann zudem – so wie bisher – das vereinfachte Verfahren über den Unterhalt Minderjähriger geführt werden (§§ 249 ff).

4. Verfahrenskostenhilfe-Prüfungsverfahren

113 Von praktischer Bedeutung ist auch die über § 76 Abs. 1 anwendbare Regelung in § 117 Abs. 2 S. 2 ZPO, die dem Gericht im Verfahrenskostenhilfe-Prüfungsverfahren die Möglichkeit gibt, die Erklärung des Antragstellers über seine persönlichen und wirtschaftlichen Verhältnisse sowie entsprechende Belege auch ohne dessen Zustimmung dem Antragsgegner zugänglich zu machen. Voraussetzung ist, dass der Antragsgegner nach den Vorschriften des bürgerlichen Rechts einen Anspruch auf Auskunft über Einkünfte und Vermögen des Antragstellers hat. Dem Antragsteller ist vor der Übermittlung seiner Erklärung Gelegenheit zur Stellungnahme zu geben. Er ist über die Übermittlung zu unterrichten. Die Regelung dient nicht dazu, den anderen Beteiligten über die wirtschaftlichen Verhältnisse des Antragstellers zu informieren. Der Gesetzgeber erhofft sich stattdessen eine größere Richtigkeit der Angaben, wenn der andere Beteiligte falsche oder fehlende Angaben aufdeckt.[35]

5. Kostenvorschuss

In Unterhaltssachen ist weiterhin ein Kostenvorschuss zu leisten, bevor das Verfahren vom Gericht betrieben wird. Nach § 9 FamGKG wird die Verfahrensgebühr in selbständigen Familienstreitsachen mit der Einreichung der Antragsschrift oder mit der Abgabe der entsprechenden Erklärung zu Protokoll fällig. Die Antragsschrift soll erst nach Zahlung der Gebühr für das Verfahren im Allgemeinen zugestellt werden (§ 14 Abs. 1 S. 1 FamGKG). Wird der Antrag erweitert, soll vor Zahlung der Gebühr für das Verfahren im Allgemeinen keine gerichtliche Handlung vorgenommen werden; dies gilt auch in der Rechtsmittelinstanz (§ 14 Abs. 1 S. 2 FamGKG). 114

6. Verfahrenswerte

Die Wertvorschrift des § 51 FamGKG trifft die erforderliche Regelung für den Verfahrenswert. Dabei ist zu differenzieren zwischen 115

- den Familienstreitsachen, also den Ansprüchen auf Unterhalt (§ 231 Abs. 1; den „klassischen" Unterhaltsstreitigkeiten), und
- den Ansprüchen aus dem Bundeskindergeldgesetz und dem Einkommensteuergesetz (§ 231 Abs. 2).

Für die Familienstreitsachen, die wiederkehrende Leistungen – also **laufenden Unterhalt** – betreffen, bemisst sich der Verfahrenswert nach dem für die ersten zwölf Monate nach Einreichung des Antrags geforderten Betrag, höchstens jedoch nach dem Gesamtbetrag der geforderten Leistung. Die Einschränkung im letzten Halbsatz ist dann von Bedeutung, wenn nur für einen kürzeren Zeitraum ein befristeter Unterhalt gefordert wird. 116

Bei Unterhaltsansprüchen nach den §§ 1612a–1612c BGB ist dem Wert nach S. 1 der Monatsbetrag des zum Zeitpunkt der Einreichung des Klageantrags oder des Antrags geltenden Mindestunterhalts nach der zu diesem Zeitpunkt maßgebenden Altersstufe zugrunde zu legen (§ 51 Abs. 1 S. 2 FamGKG). 117

Unterhaltsrückstände, die bei Einreichung des Klageantrags bereits fällig waren, werden dem Wert hinzugerechnet. Der Einreichung des Klageantrags steht die Einreichung eines Antrags auf Bewilligung der Verfahrenskostenhilfe gleich, wenn der Klageantrag alsbald nach Mitteilung der Entscheidung über den Antrag oder über eine alsbald eingelegte Beschwerde eingereicht wird. S. 1 und 2 sind im vereinfachten Verfahren zur Festsetzung von Unterhalt Minderjähriger entsprechend anzuwenden (§ 51 Abs. 2 FamGKG). 118

Bei den Ansprüchen aus dem **Bundeskindergeldgesetz** und dem Einkommensteuergesetz (§ 231 Abs. 2) beträgt der Wert regelmäßig 300 EUR. Ist dieser Betrag nach den 119

---

35 Schürmann FamRB 2009, 58, 59 bezweifelt, dass dieses Ziel erreicht wird, und sieht für die Vorschrift nur ein Nischendasein.

besonderen Umständen des Einzelfalls unbillig, kann das Gericht einen höheren Wert festsetzen (§ 51 Abs. 3 FamGKG).

IV. Verfahren allgemein

120 Der Antrag muss – nachdem der **Kostenvorschuss** eingezahlt worden ist (vgl Rn 114) – dem Antragsgegner zugestellt werden; es gelten die **Einlassungsfristen** der ZPO. Die Entscheidung ergeht im Verfahren der Hauptsache immer aufgrund mündlicher Verhandlung; bei der einstweiligen Anordnung ist die mündliche Verhandlung nicht zwingend vorgeschrieben.

121 Ob das **persönliche Erscheinen** der Beteiligten zur mündlichen Verhandlung angeordnet werden muss, ergibt sich ebenfalls nach den Regeln der ZPO (§§ 273 Abs. 2 Nr. 3, 278 Abs. 3 ZPO).

1. Verfahren zur Auskunft (§§ 235, 236)

122 § 235 regelt die **verfahrensrechtliche Auskunftspflicht der Beteiligten**. Diese Möglichkeit bestand bereits nach früherem Recht gem. § 643 ZPO, stand aber im Ermessen des Gerichts und wurde praktisch nur sehr selten genutzt. Die entscheidende Neuerung des FamFG ist, dass das Gericht künftig unter bestimmten Voraussetzungen zur Einholung der für die Unterhaltsberechnung erforderlichen Auskünfte vom Gegner und ggf auch von Dritten verpflichtet ist. Der Gesetzgeber will das Unterhaltsverfahren im Interesse des Unterhaltsberechtigten und der öffentlichen Leistungsträger möglichst straffen. Mit dem Ausbau dieses verfahrensrechtlichen Instruments des Gerichts sollen insbesondere die zeitaufwendigen Stufenklagen in möglichst weitgehendem Umfang entbehrlich gemacht werden.

123 Daher kann das Gericht den **Antragsteller** und den **Antragsgegner** auffordern, Auskunft über ihre Einkünfte, ihr Vermögen und ihre persönlichen und wirtschaftlichen Verhältnisse zu erteilen, sowie über die Einkünfte bestimmte Belege vorzulegen, soweit dies für die Bemessung des Unterhalts von Bedeutung ist. Zusätzlich kann das Gericht von einem Beteiligten eine ausdrückliche eigenhändige Versicherung über die Richtigkeit der Auskunft verlangen. Außerdem wird der am Verfahren beteiligte Adressat eines gerichtlichen Auskunftsersuchens verpflichtet, das Gericht während des laufenden Verfahrens unaufgefordert über wesentliche Veränderungen derjenigen Umstände zu informieren, die Gegenstand einer solchen gerichtlichen Auflage waren.[36] Ein Antrag eines Beteiligten kann sogar eine Verpflichtung des Gerichts auslösen, sein Auskunftsrecht zu nutzen.

124 Die so teilweise dem Gericht auferlegte **Pflicht zur amtlichen Einholung von Auskünften** wird mit einem öffentlichen Interesse an einer sachlich richtigen Entscheidung in Unterhaltsangelegenheiten begründet, weil ungenügende Unterhaltszahlungen zu einem erhöhten Bedarf an öffentlichen Leistungen führen. Neben dem privaten Interesse des Unterhaltsgläubigers besteht folglich auch ein öffentliches Interesse an einer sachlich richtigen Entscheidung in Unterhaltsangelegenheiten.

---

36 Schürmann FuR 2009, 130, 134.

In den Sachverständigenanhörungen im Rahmen des Gesetzgebungsverfahrens ist kritisiert worden, dass die Ermittlungspflicht des Gerichts nicht zweckdienlich sei und die obligatorische Aufklärung durch das Familiengericht die Grenzen zwischen Beibringungsgrundsatz und Amtsermittlung verwische. Insbesondere passe dazu nicht, dass in Unterhaltsverfahren Anwaltszwang angeordnet werde. Die Ermittlungspflicht werde in der Praxis dazu führen, dass die angestrebte Beschleunigung ausbleibe und sogar in eine Verzögerung umschlage.

125

Jedoch ist die grundsätzliche Frage, ob mit dieser Regelung auch das Prinzip der Dispositionsmaxime in Familienstreitsachen verändert wird und in Unterhaltssachen künftig das Amtsermittlungsprinzip gilt, zu verneinen.[37] Da § 113 Abs. 1 zu Familienstreitsachen bestimmt, dass anstelle der §§ 2–37, 40–48 sowie 76–96 die allgemeinen Vorschriften der ZPO und die Vorschriften über das Verfahren vor den Landgerichten entsprechend anzuwenden sind, bleibt es daher in Familienstreitsachen bei dem allgemeinen Grundsatz der ZPO, nach dem das Familiengericht nicht von Amts wegen den maßgeblichen Sachverhalt zu ermitteln hat. Vielmehr obliegt es weiterhin den Parteien, die für sie günstigen Tatsachen selbst vorzutragen. Die §§ 235, 236 beziehen sich ihrem Zweck nach auf die Beschleunigung des Unterhaltsverfahrens in Bezug auf die Ermittlung der Einkommens- und Vermögensverhältnisse, während nach dem Amtsermittlungsgrundsatz die tatsächlichen Grundlagen sämtlicher Tatbestandselemente zu ermitteln sind. Es kann allerdings nicht verkannt werden, dass auch im Bereich des Zivilprozesses Elemente des Amtsermittlungsgrundsatzes immer stärker betont werden.

126

Die Neuregelung ändert aber nichts am **Bestimmtheitsgebot** hinsichtlich des zu stellenden Antrags. Daraus ergibt sich in der zukünftigen Praxis die Gefahr, dass der Antragsteller erst einmal aufgrund einer nur ungefähren Kenntnis der Einkommenssituation des Antragsgegners einen „vorläufigen" Unterhaltsbetrag errechnet und in seinem Antrag beziffert geltend macht. Erst nach Eingang der vom Gericht beschafften Unterlagen des Antragsgegners berechnet er dann seine Forderung endgültig und stellt einen geänderten – jetzt erhöhten – Antrag. Dies ist – schon wegen der Beachtung der verfahrensrechtlichen Fristen – mit Verzögerungen verbunden. Ist in dem Verfahren zudem noch Verfahrenskostenhilfe bewilligt worden, führt dies naturgemäß auch zu einem Antrag auf Erweiterung der Bewilligung – dies ist ebenfalls mit Mehraufwand und weiteren Verzögerungen verbunden. Die vom Gesetz angestrebte Verfahrensbeschleunigung[38] wird damit konterkariert und das zähe und wenig effektive Verfahren der Stufenklage in den normalen Fall eines Unterhaltsprozesses übertragen.

127

2. Auskunftspflicht der Beteiligten (§ 235)

a) Anordnungen des Gerichts (§ 235 Abs. 1)

Das Gesetz ermöglicht eine gerichtliche Anordnung an beide Verfahrensbeteiligte, eine Auskunft über ihre Einkünfte, ihr Vermögen und ihre persönlichen und wirtschaftlichen Verhältnisse zu erteilen sowie bestimmte Belege vorzulegen, soweit dies für die Bemessung des Unterhalts von Bedeutung ist.

128

---

37 Borth FamRZ 2007, 1925, 1935.
38 Vgl BT-Drucks. 16/6308, 571; Kroiß/Seiler § 3 Rn 395 ff.

129 Im Gesetzgebungsverfahren ist auch kritisiert worden, dass die gerichtliche Anordnung nicht mit Zwangsmitteln durchgesetzt werden kann (§ 235 Abs. 4). Die Möglichkeit des Gerichts, in diesen Fällen über § 236 eine direkte Auskunft von Dritten zu erlangen, ist hierfür kein vollwertiger Ersatz. Zum einen können sich hieraus wegen des recht umständlichen Verfahrens (Fristsetzung, notwendige Mitteilung von Anschriften, zögerliche und unvollständige Erledigung durch den Auskunftspflichtigen) weitere Verzögerungen ergeben. Vielfach ist es nur mit den nötigen Informationen des Auskunftspflichtigen möglich, überhaupt den Adressaten eines Auskunftsersuchens an Dritte gem. § 236 herauszufinden. Ist der Arbeitgeber zB nicht bekannt, geht die Befugnis des § 236 ins Leere.

130 Zudem hilft die Auskunftspflicht Dritter in den Fällen nicht weiter, in denen nur der Auskunftspflichtige selbst die gewünschten Informationen geben kann. Dies ist zB bei Selbständigen der Fall. Zwar können vom Finanzamt die Steuererklärung und der Steuerbescheid angefordert werden, nicht aber die Gewinn- und Verlustrechnung. Der Steuerberater, dessen sich der Selbständige regelmäßig bedient, ist nicht als auskunftsverpflichtete Person im Adressatenkreis des § 236 aufgeführt. In derartigen Fällen geht also letztlich die gerichtliche Ermittlung ins Leere und der Unterhaltsberechtigte muss dennoch ein Auskunftsverfahren einleiten, in dem dann der nach weiteren Verzögerungen erlangte Auskunftstitel mittels Zwangsgeld und ggf Zwangshaft vollstreckt werden kann.

aa) Aufforderung zur Auskunft (§ 235 Abs. 1 S. 1)

131 § 235 Abs. 1 S. 1 entspricht inhaltlich im Wesentlichen dem bisherigen § 643 Abs. 1 ZPO, weicht aber in der Formulierung ab. Dadurch wird klargestellt, dass das Gericht Auskunft und die Vorlage von Belegen in jedem Fall nur insoweit verlangen kann, als dies für die Bemessung des Unterhalts von Bedeutung ist. Ob und in welchem Umfang das Gericht von Amts wegen Auskünfte einholt, steht in seinem pflichtgemäßen Ermessen.

132 Die Vorschrift knüpft nicht an eine bestehende **materiell-rechtliche Auskunftspflicht** an. Insbesondere müssen nach dem Gesetzeswortlaut in Abs. 1 die Voraussetzungen des § 1605 BGB – insbesondere der Frist des § 1605 Abs. 2 BGB – nicht vorliegen, um dem Gericht eine solche verfahrensrechtliche Maßnahme zu erlauben.

133 Die zu erteilende **Auskunft** erfordert eine eigene und schriftlich verkörperte Erklärung des Schuldners, die jedoch nicht die gesetzliche Schriftform iSd § 126 BGB erfüllen muss und auch durch einen Boten – zB einen Rechtsanwalt – übermittelt werden darf.[39]

134 Die **Auflage** des Gerichts muss – schon im Hinblick auf die daran anknüpfenden Mitteilungspflichten aus § 235 Abs. 3 – möglichst **konkret bezeichnet** sein. Auch die vorzulegenden Belege müssen genau bezeichnet werden. Die Auflage bedarf keiner speziellen Form, sondern wird mit der dazugehörigen Fristsetzung gem. § 235 Abs. 1 S. 3 und den Belehrungen gem. § 235 Abs. 1 S. 4 durch sog. prozessleitende Verfügung ge-

---

[39] BGH Beschl. v. 28.11.2007, XII ZB 225/05, NJW 2008, 917; BGH NJW 2008, 917 m.Anm. Born = FamRZ 2008, 600.

troffen und den Beteiligten bekannt gegeben. Diese Auflage ist als Zwischenentscheidung für die Verfahrensbeteiligten nicht anfechtbar.

bb) Aufforderung zur schriftlichen Versicherung (§ 235 Abs. 1 S. 2; Kann-Vorschrift)

§ 235 Abs. 1 S. 2 gibt dem Gericht die Möglichkeit, von beiden Verfahrensbeteiligten eine schriftliche Versicherung anzufordern, dass sie die Auskunft wahrheitsgemäß und vollständig erteilt haben. Diese Versicherung muss durch den Beteiligten selbst abgegeben werden. Er kann sich hierzu nicht eines Vertreters, auch nicht eines Verfahrensbevollmächtigten, bedienen.[40] 135

Mit dieser Regelung schafft der Gesetzgeber ein neues Instrumentarium für das Gericht, das es im bisherigen Verfahrensrecht nicht gab. Erklärtes Ziel des Gesetzes ist es, in Unterhaltssachen zeitintensive Auskunftsverfahren – insbesondere durch uneffektive Stufenklagen – zu vermeiden. Dem Gericht wird daher ermöglicht, quasi die zweite Stufe einer Auskunftsklage – die eidesstattliche Versicherung – selbst zu betreiben. Als ausreichend sieht das Gesetz es an, wenn das Gericht zunächst eine schriftliche Versicherung verlangt, die aber wie die eidesstattliche Versicherung auch, vom Verfahrensbeteiligten selbst abgegeben werden muss. Unklar bleibt allerdings, ob nur die Versicherung bezogen auf die nach S. 1 abzugebende Auskunft verlangt werden kann oder ob eine solche Versicherung auf Verlangen des Gerichts auch für eine vorprozessual bereits erteilte Auskunft abgegeben werden muss.[41] 136

Kritisiert worden ist hier, dass die hier geforderte Versicherung – anders als die eidesstattliche Versicherung – **nicht selbständig strafbewehrt** ist. Es dürfte jedoch bei falschen Angaben ein (versuchter) **Prozessbetrug** gegeben sein. 137

cc) Fristsetzung (§ 235 Abs. 1 S. 3)

§ 235 Abs. 1 S. 3 schreibt vor, dass mit einer Anordnung nach S. 1 oder 2 eine **angemessene Frist** gesetzt werden soll. Die Fristsetzung ist insbesondere für die Rechtsfolgen des § 236 für den Fall der Nichterfüllung der Auflagen von Bedeutung. Das Gericht kann von der Fristsetzung in bestimmten Situationen ausnahmsweise absehen, so zB wenn der Beteiligte, an den sich die Auflage richtet, bestimmte Informationen oder Belege ohne eigenes Verschulden nicht kurzfristig erlangen kann. 138

dd) Hinweis auf die Rechtsfolgen (§ 235 Abs. 1 S. 4)

S. 4 enthält eine Verpflichtung des Gerichts, auf die Pflicht zur ungefragten Information nach Abs. 4 sowie auf die nach § 236 möglichen Folgen einer Nichterfüllung der gerichtlichen Auflagen hinzuweisen (s. dazu Rn 158). Diese Hinweispflicht ist wegen der geänderten Struktur der Vorschriften über die Auskunftspflicht gegenüber der bisherigen Regelung des § 643 Abs. 2 S. 2 ZPO etwas erweitert. 139

Konkret bedeutet dies, dass das Gericht in seiner Aufforderung zur Auskunft den Empfänger darauf hinweisen muss, dass bei nicht fristgerechter Erledigung der Aufforderung ein Auskunftsersuchen direkt an die in § 236 bezeichneten Dritten gerichtet werden kann. 140

---

40 Fölsch § 3 Rn 142; Schürmann FuR 2009, 130, 134.
41 Vgl Schürmann FuR 2009, 130, 134.

141 Da die Nichterteilung der Auskunft im Rahmen der Kostenentscheidung berücksichtigt werden kann (§ 243 S. 2 Nr. 3; s. dazu Rn 209), muss auch ein dahingehender Hinweis in der Belehrung enthalten sein.

ee) Pflicht zum Auskunftsverlangen (§ 235 Abs. 2; Muss-Vorschrift)

142 § 235 Abs. 2 bestimmt eine **Verpflichtung des Familiengerichts** zum Vorgehen nach § 235 Abs. 1, wenn ein Beteiligter dies beantragt und der andere Beteiligte einer Auskunftspflicht iSd §§ 1605, 1580 BGB nicht nachgekommen ist. Eine entsprechende Regelung existierte bislang nicht. Maßgebend für deren Aufnahme in das neue Gesetz ist das Bestreben, die zeitaufwendigen Stufenklagen möglichst weitgehend entbehrlich zu machen. Ob dieses Ziel erreicht werden wird, ist allerdings zweifelhaft.

143 Die – vom jeweiligen Antragsteller darzulegenden und ggf nachzuweisenden – **Voraussetzungen** für einen erfolgreichen Antrag nach § 235 Abs. 2 sind

- eine nach den Vorschriften des bürgerlichen Rechts bestehende Auskunftspflicht und

- eine vor Beginn des Verfahrens getätigte Aufforderung,

- der innerhalb angemessener Frist nicht nachgekommen worden ist.

(1) Bestehende Auskunftspflicht

144 Die Voraussetzungen der materiell-rechtlichen Auskunftspflichten sind von entscheidender Bedeutung. Der **Auskunftsanspruch** ergibt sich für den Kindesunterhalt aus § 1605 BGB und für den Ehegattenunterhalt aus § 1361 Abs. 4 S. 4 BGB (Trennungsunterhalt) bzw § 1580 BGB (Scheidungsunterhalt), jeweils iVm § 1605 BGB. Dieser Auskunftsanspruch muss bestehen und fällig sein.

145 Die Auskunft kann aber nur verlangt werden, soweit dies zur Feststellung des Bestehens oder der Höhe des Unterhaltsanspruches überhaupt erforderlich ist. Folglich müssen die materiell-rechtlichen Voraussetzungen des Unterhaltsanspruchs gegeben sein, die von den wirtschaftlichen Verhältnissen der Parteien unabhängig sind.[42]

146 Der Auskunftsanspruch scheidet daher generell dann aus, wenn eine Ausgleichsforderung des Auskunftsbegehrenden schon dem Grunde nach nicht gegeben sein kann[43] oder wenn feststeht, dass die Auskunft den Unterhaltsanspruch unter keinem Gesichtspunkt beeinflussen kann.[44] Liegt also zB ein wirksamer Unterhaltsverzicht vor, besteht auch keine Auskunftspflicht.[45] Dagegen steht der Verwirkungseinwand des § 1611 BGB dem Auskunftsanspruch nach § 1605 BGB regelmäßig nicht entgegen.[46] Entsprechendes gilt für § 1579 BGB. Denn die notwendige Beurteilung und Abwägung, ob der Unterhaltsanspruch verwirkt ist, lässt sich ohne Kenntnis der Einkünfte nicht vornehmen. Dies kann jedenfalls dann nicht sicher angenommen werden, wenn möglicherweise auch nur eine Herabsetzung des Unterhalts in Betracht kommt.[47]

---

[42] BGH NJW 1983, 279, 281.
[43] BGH FamRZ 1983, 157, 158; NJW 1985, 384, 385; NJW 1995, 1157, 1158; OLG Düsseldorf FamRZ 1998, 1191.
[44] BGH FamRZ 1994, 1169; FamRZ 1993, 1065.
[45] BGH FamRZ 1994, 1169; OLG Saarbrücken OLGReport 2002, 172.
[46] OLG Frankfurt/M. FamRZ 1993, 1241; OLG Hamm FuR 2006, 561.
[47] OLG Bamberg v. 21.7.2005, 2 UF 70/05, FuR 2005, 519.

Gegenüber einem Auskunftsanspruch kann auch **kein Zurückbehaltungsrecht** geltend gemacht werden.[48] Der Auskunftspflichtige kann die geschuldete Auskunft also insbesondere nicht mit dem Hinweis ablehnen, der Gegner habe seinerseits noch keine Auskunft erteilt. 147

In der Praxis ist vor allem die Frist des § 1605 Abs. 2 BGB zu beachten. Eine wiederholte Auskunft muss nach § 1605 Abs. 2 BGB vor Ablauf von zwei Jahren nur erteilt werden, wenn glaubhaft gemacht wird, dass der zur Auskunft verpflichtete später ein wesentlich höheres Einkommen oder weiteres Vermögen erworben hat. Die Frist beginnt mit der letzten mündlichen Verhandlung im Vorprozess oder einem abgeschlossenen Vergleich. 148

Zu beachten ist dabei, dass die Auskunftsaufforderung ihre **zeitliche Sperrwirkung** immer nur **personenbezogen** entfaltet. Ist also vor sechs Monaten lediglich bezogen auf den Unterhaltsanspruch des ersten Kindes Auskunft gefordert worden, so gilt die Zeitsperre nicht für das zweite Kind und auch nicht für den Ehegatten. Auch ist wegen der fehlenden Identität der Ansprüche die Auskunft bezüglich des Trennungsunterhalts von der Auskunft für den Geschiedenenunterhalt zu unterscheiden.[49] 149

(2) Ordnungsgemäße vorprozessuale Aufforderung zur Auskunft

Der jeweilige **Unterhaltsberechtigte** und der genaue **Unterhaltsanspruch**, für den die Auskunft verlangt wird, müssen im Auskunftsverlangen genau bezeichnet werden; auch muss der **Zeitraum** genau bestimmt werden, für den die Auskunft erteilt werden soll. Hierzu muss sowohl das Anfangsdatum als auch das Enddatum angegeben werden.[50] 150

Eine **vorprozessuale Aufforderung** zur Vorlage von Belegen verlangt das Gesetz nicht. Ebenso wenig ist erforderlich, dass sich der Zeitraum, für den gem. § 235 Abs. 1 Auskünfte verlangt werden sollen, mit denjenigen der vorprozessualen Aufforderung deckt. 151

(3) Nichterfüllung innerhalb angemessener Frist

Dieser gesamte verfahrensrechtliche Antrag und die sich anschließende Prüfung sind mit erheblichem **zusätzlichen Aufwand** für Anwalt und Gericht verbunden. Ob sich dieser Weg aus taktischen Gründen im konkreten Fall anbietet, sollte sorgfältig geprüft werden. Denn selbst wenn der Antrag Erfolg hat und das Gericht eine entsprechende Auflage macht, ist diese wegen § 235 Abs. 4 nicht vollstreckbar. Sinn macht dies eigentlich nur, wenn anschließend der Weg über § 236 beschritten werden kann, weil zB die Adressaten entsprechender Informationen bekannt sind. Ist dies aber nicht der Fall, ist der Weg über einen normalen Auskunftsantrag oder eine Stufenklage vorzuziehen, da dort die Auskunftsverpflichtung mit Zwangsmitteln auch durchgesetzt werden kann. 152

Wegen der unterschiedlichen rechtlichen Rahmenbedingungen wird man den Auskunftsberechtigten auch die **Wahlfreiheit** geben müssen, entweder den Weg über § 235 Abs. 2 über einen eigenständigen Auskunftsantrag oder einen Stufenklageantrag zu gehen. 153

---

48 Palandt/Diederichsen § 1605 BGB Rn 2; OLG Stuttgart FamRZ 1994, 273; OLG Brandenburg FamRZ 2002, 1270.
49 OLG Koblenz FamRZ 2005, 460.
50 OLG Saarbrücken v. 20.12.2001, 6 WF 37/01, ZFE 2002, 166–167.

(4) Gerichtliches Verfahren bei § 235 Abs. 1

154 Die entsprechenden Angaben des Antragstellers müssen zur Wahrung des **rechtlichen Gehörs** dem Gegner übersandt werden.

155 Zu befürchten ist in der Praxis, dass der Gegner dies als Einfallstor für weitere Verzögerungen nutzt,[51] indem zB der Zugang der Aufforderung bestritten oder die Angemessenheit der Frist gerügt wird oder sich gar ein umfangreicher und zeitraubender Disput über die Frage entwickelt, ob die Auskunft bereits vollständig und ausreichend erteilt worden sei.

156 Folgt das Gericht dem Antrag, ergeht an den Auskunftspflichtigen eine entsprechende – nicht anfechtbare – **Aufforderung gem. § 235 Abs. 1** (s.o. Rn 131).

157 Nicht geregelt ist die Vorgehensweise, wenn das Gericht die Voraussetzungen des § 235 Abs. 2 nicht als gegeben ansieht. Einer ausdrücklichen Entscheidung bedarf es hier nicht; allerdings wird man bei nachbesserungsfähigen Mängeln einen entsprechenden Hinweis erwarten können. Bereits aus ihrem Charakter als bloße Zwischenentscheidung ergibt sich auch hier, dass eine entsprechende Entscheidung des Gerichts – in welcher Form und mit welchem Ergebnis sie auch gefällt wird – nicht selbständig anfechtbar ist.

b) Pflicht zur Mitteilung von Veränderungen (§ 235 Abs. 3)

158 Eine ausdrückliche **Verpflichtung zu ungefragten Informationen** enthält das Gesetz bislang nicht. § 235 Abs. 3 kodifiziert die in der Rechtsprechung entwickelten Grundsätze zur Pflicht zur ungefragten Information über die Einkommensverhältnisse, wenn sich Umstände, die der begehrten Auskunft zugrunde liegen, **während des Verfahrens** verändert haben.

159 Diese Pflicht richtet sich an den **Adressaten einer Auflage** nach § 235 Abs. 1 und bezieht sich auf solche Umstände, die Gegenstand der Anordnung nach § 235 Abs. 1 sind. Hierauf hat das Familiengericht nach § 235 Abs. 1 S. 4 hinzuweisen.

160 Eine **generelle Informationspflicht** außerhalb eines laufenden Verfahrens ist dagegen im neuen Gesetz nicht enthalten. Das Fehlen einer weitergehenden verfahrensrechtlichen Verpflichtung ändert jedoch nichts an der prozessualen Wahrheitspflicht nach § 138 Abs. 1 ZPO.[52]

161 Jedoch gelten die **materiell-rechtlichen Informationspflichten.** Eine solche Pflicht zur ungefragten Information kann sich aus § 242 BGB nach Treu und Glauben in Sonderfällen ergeben.[53] Eine solche hat der Bundesgerichtshof in Ausnahmefällen vor allem aus vorangegangenem Tun bejaht.[54] Eine Offenbarungspflicht wird zB dann angenommen, wenn das Schweigen des Bedürftigen als in hohem Maße sittenwidrig anzusehen ist, weil der Pflichtige aufgrund des vorangegangenen Verhaltens des Bedürftigen oder

---

51 Siehe auch Schürmann FuR 2009, 130, 135.
52 Siehe hierzu auch BGH FamRZ 2000, 153 – Wahrheitspflicht nach § 138 Abs. 1 ZPO.
53 BGH Urt. v. 14.4.2008, XII ZR 107/06, FamRZ 2008, 1325 m.Anm. Borth = FPR 2008, 379 m.Anm. Schwolow = FuR 2008, 301 m.Anm. Soyka = NJW 2008, 2581 m.Anm. Born; ausführlich Hoppenz, Die unterhaltsrechtliche Pflicht zu ungefragter Information, FamRZ 1989, 337–343; Peschel-Gutzeit, Auskunftsanspruch pro und contra, FF 2003, 194–202; Büttner, Ungefragte Information - Nutzen und Grenzen eines Rechtsinstituts, FF 2008, 15–17.
54 BGH FamRZ 1986, 794, 796; FamRZ 1988, 270.

nach der Lebenserfahrung keine Veranlassung hatte, seinerseits eine Auskunft zu fordern.[55]

In der Praxis relevant sind dabei die folgenden Fälle: 162

- der **Wegfall unterhaltsbegründender Umstände**,
  - wie zB die Beendigung der Schulausbildung oder des Studiums bei einem unterhaltsberechtigten volljährigen Kind, oder
  - die Wiederherstellung der Erwerbsfähigkeit bei einem Ehegatten, der Unterhalt wegen Krankheit bezieht;
- die **Aufnahme** einer **Erwerbstätigkeit**,
  - zB die Aufnahme einer Ausbildung bei einem minderjährigen Kind verbunden mit dem Bezug einer Ausbildungsvergütung, oder
  - die Aufnahme einer Erwerbstätigkeit durch einen unterhaltsberechtigten Ehegatten;
- die **Ausweitung** der **beruflichen Tätigkeit** des Bedürftigen
  - zB die Ausweitung einer Erwerbstätigkeit bei einem unterhaltsberechtigten Ehegatten;
- das Verschweigen von **Nebeneinkünften**;[56]
- die **Wiederheirat** der früheren Ehegatten;
- das Verschweigen einer inzwischen bestehenden **Lebensgemeinschaft**.[57]

Eine Einschränkung dieser Rechtsprechung des Bundesgerichtshofs ist durch die neue gesetzliche Regelung nicht gewollt.[58] 163

c) Unanfechtbarkeit von Entscheidungen (§ 235 Abs. 4)

Bereits aus ihrem Charakter als bloße Zwischenentscheidung ergibt sich, dass die Entscheidungen des Gerichts nach dieser Vorschrift **nicht selbständig anfechtbar** sind. Die Beteiligten haben nur die Möglichkeit, die Rechtmäßigkeit einer Anordnung nach Abs. 1 inzident im Rechtsmittelzug überprüfen zu lassen. Dies entspricht der früheren Rechtslage zu § 643 ZPO. Die Vorschrift des § 253 Abs. 4 dient lediglich der Klarstellung. 164

Die gerichtliche Auflage ist **nicht mit Zwangsmitteln** durchsetzbar (zur Kritik s. Rn 129). 165

3. Auskunftspflicht Dritter (§ 236)

Das Gesetz geht grundsätzlich davon aus, dass die **Verfahrensbeteiligten** die erforderlichen Auskünfte erteilen. Genügen diese jedoch nicht ihren Verpflichtungen, wird das Gericht nach der Gesetzesbegründung nicht gezwungen, den umständlichen und zeitaufwendigen Weg einer zwangsweisen Durchsetzung der Auskunftsverpflichtung zu 166

---

55 BGH v. 25.11.1987, IVb ZR 96/86, NJW 1988, 1965–1967.
56 OLG Schleswig ZFE 2008, 154.
57 OLG Frankfurt/M. FuR 2002, 83.
58 Borth FamRZ 2007, 1925. 1935.

gehen.[59] Es hat stattdessen die Möglichkeit, seinerseits direkt Auskünfte bei Dritten einzuholen. Voraussetzung ist immer, dass die Auskunft für die Berechnung des Unterhaltes von Bedeutung ist. Die Vorschrift regelt die entsprechende verfahrensrechtliche Auskunftspflicht Dritter.

167 Die Einholung der Auskunft steht im **pflichtgemäßen Ermessen** des Gerichts. Allerdings gibt Abs. 2 der Vorschrift dem Prozessgegner ein Antragsrecht.

a) Gerichtliche Befugnis, Auskünfte anzufordern (§ 236 Abs. 1)

168 Abs. 1 enthält die gerichtliche Befugnis, bestimmte Auskünfte und Belege dann bei Dritten anzufordern, wenn ein Beteiligter innerhalb der hierfür gesetzten Frist einer nach § 235 Abs. 1 bestehenden **Verpflichtung nicht oder nicht vollständig nachgekommen** ist.

169 Im Ansatz entspricht diese Vorschrift dem bisherigen § 643 Abs. 2 S. 1 ZPO, weist jedoch einige Abweichungen auf.

170 Die Formulierung des einleitenden Satzteils ist teilweise an § 235 Abs. 1 S. 1 angeglichen. Davon abweichend werden jedoch das **Vermögen** und die persönlichen und wirtschaftlichen Verhältnisse nicht vom Auskunftsrecht des Gerichts gegenüber Dritten umfasst. Dadurch soll einmal der Umfang der Inanspruchnahme der an dem Verfahren nicht beteiligten Dritten begrenzt werden. Zudem soll – auch vor dem Hintergrund des Antragsrechts nach Abs. 2 – eine Ausforschung verhindert werden.

171 Die Auskunft richtet sich folglich allein auf die Höhe der **Einkünfte**. Erträge des Vermögens, wie etwa Zinsen, sind vom Begriff der Einkünfte umfasst. Der Bestand des Vermögens zu einem bestimmten Stichtag spielt dagegen für die Berechnung des Unterhalts nur eine untergeordnete Rolle und ist daher vom Auskunftsrecht des Gerichts nicht umfasst.

172 Die in Nr. 1–5 genannten Personen und Stellen entsprechen den im bisherigen § 643 Abs. 2 S. 1 Nr. 1 und 3 ZPO genannten Dritten. Im Einzelnen werden folgende mögliche Adressaten abschließend aufgeführt.

1. Arbeitgeber,

2. Sozialleistungsträger sowie die Künstlersozialkasse,

3. sonstige Personen oder Stellen, die Leistungen zur Versorgung im Alter und bei verminderter Erwerbsfähigkeit sowie Leistungen zur Entschädigung und zum Nachteilsausgleich zahlen,

4. Versicherungsunternehmen oder

5. Finanzämter.

173 Dabei wurde die bislang bestehende Beschränkung der Auskunftspflicht der **Finanzämter** auf Rechtsstreitigkeiten, die den Unterhaltsanspruch eines minderjährigen Kindes betreffen, aufgegeben. Denn in der Regel ist der Steuerpflichtige aufgrund materiellen Rechts gegenüber dem Gegner des Unterhaltsrechtsstreits zur Auskunftserteilung

---

59 Das Gesetz gibt dem Gericht aber auch nicht diese Möglichkeit, s. Rn 165.

über seine Einkünfte verpflichtet. Erteilt er diese Auskunft nicht, verhält er sich pflichtwidrig und ist daher nicht schutzwürdig.

Dagegen hat die Neuregelung die im bisherigen § 643 Abs. 2 S. 1 Nr. 2 ZPO genannte Auskunftsmöglichkeit gegenüber der Datenstelle der **Rentenversicherungsträger** mangels praktischem Bedürfnis aufgegeben.

Die Einholung der Auskünfte veranlasst das Gericht wie bei § 273 Abs. 2 ZPO durch **verfahrensleitende Verfügung**; eines förmlichen Beweisbeschlusses bedarf es nicht.

b) Pflichten des Gerichts (§ 236 Abs. 2)

Nach Abs. 2 ist das Gericht verpflichtet, die in Abs. 1 aufgeführten Auskünfte bei Dritten anzufordern, sofern die Voraussetzungen des Abs. 1 erfüllt sind und der andere Beteiligte des Unterhaltsverfahrens dies beantragt. Da es sich hierbei um eine Parallelregelung zu § 235 Abs. 2 handelt, kann auf Rn 142 verwiesen werden.

c) Information der Beteiligten (§ 236 Abs. 3)

Die Einholung von Auskünften und Belegen bei Dritten soll nicht ohne gleichzeitige Kenntniserlangung der Beteiligten erfolgen. Daher schreibt Abs. 3 vor, dass eine Anordnung nach Abs. 1 den **Beteiligten mitzuteilen** ist. Die Regelung dient der Information der Beteiligten; auch ein vergleichbarer Beweisbeschluss würde den Beteiligten übermittelt. Sie entspricht § 273 Abs. 4 S. 1 ZPO. Rein praktisch genügt es, den Beteiligten bzw deren Anwälten eine Durchschrift des Auskunftsersuchens zur Kenntnis zu geben.

d) Aussage- bzw Zeugnisverweigerungsrechte (§ 236 Abs. 4)

Abs. 4 entspricht dem bisherigen § 643 Abs. 3 ZPO. Damit wird klargestellt, dass insbesondere Aussage- bzw Zeugnisverweigerungsrechte einer Auskunftserteilung nicht entgegengehalten werden können. Für die Auskunftsperson gelten die Rechtsfolgen des § 390 ZPO (Auferlegung der Kosten, Festsetzung von Ordnungsgeld und ersatzweise Ordnungshaft im Falle der unberechtigten Weigerung).

Diese Vorschrift gilt nicht, falls es sich bei dem Adressaten einer Aufforderung zur Auskunft um eine Behörde handelt.

e) Anfechtbarkeit des Auskunftsverlangens (§ 236 Abs. 5)

Die Vorschrift des Abs. 5 regelt die **Anfechtbarkeit** der Entscheidung. Für die Beteiligten ist die Anfechtbarkeit ausgeschlossen, da es sich für diese um eine bloße verfahrensrechtliche Zwischenentscheidung handelt. Ihnen bleibt die Möglichkeit, die Rechtmäßigkeit einer solchen Anordnung inzident im Rechtsmittelzug überprüfen zu lassen.

Da eine solche Möglichkeit für **nicht am Verfahren beteiligte Dritte** nicht besteht, greift für sie der Ausschluss der Anfechtbarkeit nicht. Für sie ist die Beschwerde nach Maßgabe der §§ 58 ff eröffnet.

V. Entscheidung

1. Beschluss

Die Entscheidung ergeht in der Form des **Beschlusses** (§ 116 Abs. 1); ein Urteil ist in Unterhaltssachen nach dem FamFG nicht mehr möglich.

183 Der Beschluss enthält gem. § 38 Abs. 2:

- die Bezeichnung der **Beteiligten**, ihrer gesetzlichen Vertreter und der Bevollmächtigten;
- die Bezeichnung des **Gerichts** und die Namen der **Gerichtspersonen**, die bei der Entscheidung mitgewirkt haben;
- die Beschlussformel – also konkret den **Tenor** der gerichtlichen Entscheidung (s. dazu Rn 17 ff).

184 Im Regelfall muss der Beschluss **begründet** werden (§ 38 Abs. 3 S. 1). Die Begründung ist nur bei einer Entscheidung aufgrund eines Anerkenntnisses oder **Verzichts** oder als **Versäumnisentscheidung** entbehrlich; diese muss als solche bezeichnet werden (§ 38 Abs. 4 Nr. 1). Der Ausnahmefall des § 38 Abs. 4 Nr. 2, dass gleichgerichteten Anträgen der Beteiligten stattgegeben wird oder der Beschluss nicht dem erklärten Willen eines Beteiligten widerspricht, kann in Unterhaltssachen nicht eintreten.

185 Soll ein ohne Begründung hergestellter Beschluss im Ausland geltend gemacht werden, gelten die Vorschriften über die Vervollständigung von Versäumnis- und Anerkenntnisentscheidungen entsprechend (§ 38 Abs. 6).

186 Der Beschluss ist zu **unterschreiben**. Das **Datum der Übergabe** des Beschlusses an die Geschäftsstelle oder der **Bekanntgabe** durch Verlesen der Beschlussformel (Erlass) ist auf dem Beschluss zu vermerken (§ 38 Abs. 3 S. 2 und 3).

2. Entscheidung zur Hauptsache

187 Das Gericht ist an den **Antrag des Antragstellers** insoweit gebunden, als es nicht darüber hinausgehen darf (§ 308 ZPO). Es besteht aber keine Bindung an die Formulierung des Antrages. So kann das Gericht Unterhaltsrückstände auch dann in aufaddierter Form tenorieren, wenn der Antragsteller laufenden Unterhalt von einem bestimmten Zeitpunkt an eingeklagt hat, inzwischen aber seit diesem Zeitpunkt einige Zeit vergangen ist.

188 Das **prozessuale Bestimmtheitsgebot** ist zu beachten, damit der Titel später vollstreckungsfähig ist. Dabei ist ein sog. **dynamisierter Titel** grundsätzlich zulässig, sofern dies beantragt worden ist (s. Rn 18). Das Gericht ist auch nicht gehindert, bei einer dynamisierten Antragstellung in seiner Entscheidung den bis zur letzten mündlichen Verhandlung bereits aufgelaufenen Unterhaltsrückstand konkret zu beziffern und lediglich den zukünftigen laufenden Unterhalt dynamisiert geltend zu machen.

189 Muss der Titel möglicherweise im Ausland vollstreckt werden, sollte vorher genau geprüft werden, ob dann die einschlägigen Vorschriften des ausländischen Rechts eine Vollstreckung derartiger Titel überhaupt zulässt. Wenn sich hieraus Probleme ergeben könnten, sollte besser der sicherere Weg eines statischen Titels gegangen werden.

190 Ergeht der Titel im Wege der **Prozessstandschaft** gem. § 1629 BGB, sollte der Name des Kindes im Tenor mit aufgenommen werden.

A. Hauptsacheverfahren und einstweilige Anordnung 12

3. Entscheidung der einstweiligen Anordnung

Auf der Rechtsfolgenseite besteht die in § 49 vorgesehene Begrenzung auf vorläufige Maßnahmen nicht, vielmehr kann insbesondere auch die **Zahlung** angeordnet werden. Durch eine einstweilige Anordnung kann der volle laufende Unterhalt ohne zeitliche Begrenzung zuerkannt werden, soweit die Voraussetzungen dafür glaubhaft gemacht worden sind.[60] Das **Bestimmtheitserfordernis** gilt auch hier (s. oben Rn 17). 191

4. Kostenentscheidung

a) Kostenverteilung gem. § 243

In Unterhaltsstreitsachen verweist § 113 Abs. 1 zwar auf die Vorschriften der ZPO zu den Prozesskosten (§§ 91–107 ZPO), trifft aber für die Kostenentscheidung eine hiervon abweichende, eigene Regelung in § 243. Diese Norm enthält **Sonderregelungen** über die Kostenverteilung in Unterhaltssachen. Danach hat das Gericht in Unterhaltssachen künftig nach billigem Ermessen über die Kosten zu entscheiden. Die Kostenentscheidung in Unterhaltssachen wird durch diese Vorschrift flexibler und kann den Umständen des Einzelfalls Rechnung tragen. Es kommt nicht mehr allein auf das rechnerische Verhältnis zwischen Klageantrag und tituliertter Forderung an. Dies ist auch sachgerecht, weil bei der Streitwertermittlung in Unterhaltssachen dem Dauercharakter der Verpflichtung nur begrenzt Rechnung getragen werden kann. 192

Teilweise wird davon ausgegangen, dass mindestens alle der vier ausdrücklich genannten Kriterien im Beschluss zu berücksichtigen seien; hierdurch entstehe ein erhöhter Begründungsaufwand für das Gericht.[61] Das Gericht muss jedoch allenfalls auf die Gesichtspunkte tatsächlich eingehen, die im jeweiligen Fall konkret gegeben sind. Ist dies nicht der Fall, bedarf es keiner Erwähnung in der Beschlussbegründung. Im Übrigen wird man der Tatsache ins Auge sehen müssen, dass eine Ermessensentscheidung letztlich – gerade wegen des dadurch ausgeschöpften Spielraumes – nicht präzise begründet werden kann. 193

Die wesentlichen Eckpunkte der ZPO-Kostenvorschriften sind als zu berücksichtigende Gesichtspunkte unter § 243 S. 2 Nr. 1–4 aufgezählt. Die Aufzählung ist nicht abschließend. 194

b) Obsiegen und Unterliegen (§ 243 S. 2 Nr. 1)

Erstes Kriterium für die Kostenverteilung ist das Verhältnis von Obsiegen und Unterliegen der Beteiligten. 195

aa) Höhe der Forderung

Die Höhe des monatlich festgesetzten Unterhaltes im Verhältnis zur geltend gemachten Forderung ist ein konkret greifbares Kriterium zur Bewertung des gegenseitigen Obsiegens und Unterliegens. Das Gleiche gilt auch für konkret bezifferte Unterhaltsrückstände. 196

---

[60] Vgl Zöller/Philippi § 620 ZPO Rn 59 mwN; Schwab/Maurer/Borth I Rn 878 mwN.
[61] Zimmermann FamRZ 2009, 377, 378.

Viefhues 595

bb) Dauer der Zahlungspflicht

197 Aber auch die Dauer der Unterhaltsverpflichtung ist dabei zu berücksichtigen. Das Gesetz bezieht sich dabei auf die durch das neue Unterhaltsrecht erheblich ausgeweitete Möglichkeit, Unterhaltsansprüche geschiedener Ehegatten zu befristen (§ 1578 b BGB).[62]

198 Wenn demnach ein Ehegatte unbefristeten Unterhalt beantragt und in der gerichtlichen Entscheidung nur einen Anspruch für einen bestimmten Zeitraum zugesprochen bekommt, so kann sich dies auch auf die Kostenentscheidung auswirken. Allerdings bleibt es schwierig, die **konkrete Kostenquote** zu ermitteln. Die Schwierigkeit besteht darin, dass nicht präzise festgestellt werden kann, wie lange ein unbefristeter Unterhaltstitel tatsächlich wirkt. Daher ist es nicht möglich, eine strenge Quotelung im Verhältnis des Obsiegens (= des konkret zugesprochen Zeitraums) zum gestellten Antrag (= des unbefristet beantragten Zeitraumes) vorzunehmen. Das Gesetz gibt mit dem Billigkeitsansatz dem Gericht einen breiten Entscheidungsspielraum, denn es handelt sich hierbei ausdrücklich um eine Ermessensentscheidung.[63] Dabei kann nicht nur auf dieses zeitliche Verhältnis abgestellt werden, sondern es können auch andere Gesichtspunkte einbezogen werden. Dies kann aber nicht dazu führen, den Antragsteller, der mit einem Teil seines Anspruches unterlegen ist, völlig von Kosten freizustellen.

199 Wenn jedoch bereits ein befristeter Titel beantragt wird, das Gericht jedoch eine kürzere Frist festsetzt, bestehen ausreichend greifbare Anhaltspunkte für eine Quotelung. Hier kann gem. Nr. 1 auf das Obsiegen und Unterliegen abgestellt werden.

200 Für die anwaltliche Praxis macht diese neue gesetzliche Kostenregelung sehr deutlich, dass im Hinblick auf das **Kostenrisiko** bei der gerichtlichen Geltendmachung von nachehelichem Unterhalt sorgfältig geprüft werden muss, ob der Anspruch unbefristet oder von vorneherein nur befristet – wenn ja, ggf auf welchen Zeitraum – geltend gemacht werden soll. Auch ein **Regressrisiko** ist in diesem Zusammenhang nicht auszuschließen.[64]

201 **Materielle Grundlage** für die Befristung eines nachehelichen Unterhaltsanspruches ist § 1578 b BGB, der für alle Unterhaltsansprüche der § 1569 ff BGB gilt. Zudem stellt sich die Frage einer Befristung auch beim Betreuungsunterhalt gem. § 1570 BGB bereits im Rahmen der Anspruchsgrundlagen.[65] Denn der auf die Kindesbetreuung gestützte Unterhaltsanspruch trägt durch die Worte „solange und soweit" eine sog. **immanente Schranke** in sich. Es besteht in Rechtsprechung und Literatur im Rahmen des § 1570 BGB jedoch noch keine Einigkeit, ob ein auf diese Anspruchsgrundlage gestützter Unterhaltsanspruch nur befristet zugesprochen werden kann bzw muss. Dabei wird zwi-

---

62 BGH FamRZ 2008, 582, 586; BGH FPR 2009, 128 m.Anm. Kemper; BGH FamRZ 2006, 683; BGH FamRZ 2007, 793 m.Anm. Büttner FamRZ 2007 800; BGH FamRZ 2006, 1006 m.Anm. Born; BGH NJW 2007, 839, 841 = FamRZ 2007, 200 m.Anm. Büttner; Peschel-Gutzeit Rn 87; Herberger/Martinek/Clausius § 1578 b BGB Rn 22; Viefhues/Mleczko, Das neue Unterhaltsrecht, 2008, Rn 318 ff; Borth, Unterhaltsrechtsänderungsgesetz 2008 Rn 154; HK-FamR/Zischka § 1578 b Rn 1 ff.
63 Siehe AG Ratingen FF 2009, 85; AG Euskirchen ZKJ 2009, 39.
64 Vgl OLG Düsseldorf Urt. v. 18.9.2008, 24 U 157/07, NJW-RR 2009, 874,über die Anwaltshaftung bei fehlendem Sachvortrag zur Befristung des Ehegattenunterhaltes.
65 Vgl Weil, Zur Befristung des Basisunterhalts nach § 1570 Abs. 1 Satz 1 BGB, FamRB 2009, 51; ausführlich Viefhues/Mletzko, S. 335 ff.

schen einer Entscheidung auf der Grundlage des § 1570 Abs. 1 S. 1 BGB und des § 1570 Abs. 1 S. 2, 3 BGB unterschieden.

(1) Anspruch aus § 1570 Abs. 1 S. 1 BGB (Basisunterhalt)

Der Anspruch aus § 1570 Abs. 1 S. 1 BGB besteht für die **Zeit der Betreuung eines unter drei Jahren alten Kindes** und stützt sich damit allein auf das Alter des Kindes. Da eine Verlängerung der Unterhaltszeit über den Basisunterhalt hinaus nach § 1570 Abs. 1 S. 2 und 3 BGB sowie § 1570 Abs. 2 BGB nur unter zusätzlich zu wertenden Billigkeitsgesichtspunkten in Betracht kommt, muss sich die Entscheidung des Gerichts, wenn noch keine sichere Billigkeitsprognose zum Umfang eines Anspruchs für die Zeit nach der Vollendung des dritten Lebensjahres des Kindes möglich ist, auf das Zusprechen von Basisunterhalt beschränken. Zulässig ist dagegen nicht, ohne entsprechende Billigkeitsprognose nur die Voraussetzungen des Basisunterhalts zu prüfen und dennoch zeitlich unbeschränkten Betreuungsunterhalt zuzusprechen, um die Billigkeitsprüfung einem Abänderungsverfahren zu überlassen. Auf diese Weise würde Unterhalt über den Basisunterhalt hinaus ohne Prüfung der zusätzlichen Tatbestandsvoraussetzungen des § 1570 Abs. 1 S. 2 und 3 BGB bzw des § 1570 Abs. 2 BGB zugesprochen.[66]

202

Folglich kann regelmäßig noch kein über das dritte Lebensjahr des Kindes hinausgehender Ehegattenunterhalt zugesprochen werden, da für diesen Anschlusszeitraum die maßgeblichen Fakten noch nicht feststehen. Ein Unterhaltsanspruch kann aber nur gerichtlich festgesetzt werden, wenn die maßgeblichen Voraussetzungen konkret festgestellt werden können. Ändern sich für zukünftige Zeiträume die gesetzlichen Voraussetzungen, dann müssen diese Änderungen heute bereits ausreichend sicher vorhersehbar sein, um einen Anspruch begründen zu können. Wenn umgekehrt heute aber noch nicht abzusehen ist, ob zu diesem zukünftigen Zeitpunkt die erforderlichen gesetzlichen Voraussetzungen gegeben sind, kann ein Anspruch nicht vom Gericht zuerkannt werden. Die für die Zukunft faktisch bestehende Unsicherheit kann also nicht dazu führen, den Anspruch bereits heute für die Zukunft durchgehend zu bejahen und den Pflichtigen auf das spätere Abänderungsverfahren zu verweisen.

203

Denn die Voraussetzungen des § 1570 Abs. 1 S. 1 BGB und des § 1570 Abs. 1 S. 2, 3 BGB unterscheiden sich deutlich. Die **Darlegungs- und Beweislast** liegt beim betreuenden Elternteil. Nur wenn dieser bereits jetzt über den Zeitraum des § 1570 Abs. 1 S. 1 BGB hinausgehend seinen (zukünftigen auf § 1570 I S. 2, 3 BGB) Anspruch darlegen kann, ist demnach für einen unbefristeten Titel Raum.[67] Im Regelfall scheidet jedoch bei § 1570 Abs. 1 S. 1 BGB ein unbefristeter Titel aus.[68]

204

---

66 Wendl/Staudigl/Pauling Rn 63 a.
67 So auch Peschel-Gutzeit, Der neue Betreuungsunterhalt – Ende des Altersphasenmodells?, FPR 2008, 24, 27.
68 Sehr strittig. **Wie hier** Weil FamRB 2009, 51; Hauß, Der Betreuungsunterhalt im neuen Unterhaltsrecht, FamRB 2007, 367, 368; Schramm, Der Betreuungsunterhalt nach § 1570 BGB ab 1.1.2008, NJW-Spezial 2007, 596, 597; Peschel-Gutzeit FPR 2008, 24, 27; Schilling, Der Betreuungsunterhalt nach der Reform, FPR 2008, 27, 30; Wever, Unterhalt bei Betreuung nichtehelicher Kinder – der neu gestaltete § 1615 l BGB, FamRZ 2008, 553, 558; OLG Bremen v. 20.2.2008, 4 WF 175/07, OLGReport Bremen 2008, 1281; Maurer, Entscheidungsanmerkung, FamRZ 2008, 975; JurisPR-FamR 11/2008 Nr. 2, Anm. Kieninger; Schilling, § 1615 l nach der Reform, FF 2008, 279, 292; Erman/Graba § 1570 BGB Rn 5: jedenfalls dann, wenn der Anspruch lediglich mit dem Alter des Kindes begründet wird. **AA**: Büte, Brennpunkte im neuen Unterhaltsrecht, FuR 2008, 57; Borth, Unterhaltsrechtsänderungen 2008, Rn 83; Borth FamRZ 2008, 2, 10; Menne/Grundmann, Das neue Unterhaltsrecht, 2008, S. 54; ebenso die Leitlinien des OLG Köln und des OLG Frankfurt/M.; siehe auch Gerhardt, Die Unterhaltsreform zum 1.1.2008, FuR 2008, 62.

205 Wenn aber – so der Normalfall – nur ein befristeter Titel möglich ist, ist der Antragsteller hinsichtlich des geltend gemachten weitergehenden Anspruches unterlegen, so dass er mit anteiligen Kosten belastet werden muss.

(2) Anspruch aus § 1570 Abs. 1 S. 2, 3 BGB

206 Auch der Anspruch aus § 1570 Abs. 1 S. 2, 3 BGB enthält materiell-rechtlich eine **immanente Befristung**, denn er ist auf die Dauer der Betreuungsnotwendigkeit begrenzt[69] („solange und soweit").[70] Dennoch führt dies nicht automatisch zu einer Befristung des Unterhaltstitels.[71] Spätere Veränderungen der Situation sind vom Unterhaltspflichtigen im Wege des Abänderungsverfahrens durchzusetzen. Anders als beim Übergang von § 1570 Abs. 1 S. 1 BGB zu § 1570 Abs. 1 S. 2 BGB (s. dazu Rn 202) bleibt es hier für die Zukunft bei den gleichen rechtlichen Grundlagen des Anspruches. In der Zukunft ändert sich möglicherweise die Tatsachenlage. Die prozessuale Situation ist hier vergleichbar mit dem auf andere gesetzliche Grundlagen gestützten Ehegattenunterhaltsanspruch, der sich durch eine nachträgliche Erwerbstätigkeit des Berechtigten oder nur eine zB aufgrund einer abgeschlossenen Ausbildung verstärkten Erwerbsobliegenheit verringert.

207 Daher sind zukünftige Veränderungen in der Betreuungssituation – seien es Verbesserungen, seien es Verschlechterungen – und Veränderungen in der Entwicklung des Kindes[72] bei einem bestehenden Titel im Wege des Abänderungsverfahrens durchzusetzen. Besteht kein Titel und soll erstmalig Unterhalt durchgesetzt werden, geschieht dies durch Leistungsantrag. Zu beachten ist dabei allerdings, dass hier nach der Rechtsprechung des BGH[73] in erster Linie auf die objektive Betreuungssituation des Kindes als Richtschnur für eine Erwerbsobliegenheit des betreuenden Elternteils abzustellen ist, während die bisherigen Stellungnahmen in Literatur und Rechtsprechung in Anknüpfung an das dort vertretene modifizierte Altersphasenmodell allein mit der Unsicherheiten in der Entwicklung und Reife des Kindes begründet haben.[74]

208 Etwas anderes gilt lediglich dann, wenn aufgrund der jetzt gegebenen Umstände schon im Zeitpunkt der gerichtlichen Entscheidung sicher vorhergesehen werden kann, dass – und zu welchem Zeitpunkt – auch der Anspruch aus § 1570 Abs. 1 S. 2 BGB endet.[75]

c) Versäumnisse bei der Auskunft (§ 243 S. 2 Nr. 2)

209 Unabhängig vom Obsiegen und Unterliegen kann das Gericht in seiner Ermessensentscheidung über die Kosten auch berücksichtigen, ob ein Beteiligter vor Beginn des Verfahrens einer **Aufforderung des Gegners** zur Erteilung der Auskunft und Vorlage von Belegen über das Einkommen nicht oder nicht vollständig nachgekommen ist, soweit

---

69 Borth, Unterhaltsrechtsänderungsgesetz 2008, Rn 66 d.
70 Hauß FamRB 2007, 367, 370; Klein, Das neue Unterhaltsrecht, 2008, S. 61; zum Verhältnis dieser Befristung zu § 1578 b BGB siehe ausführlich Viefhues/Mleczko Rn 335.
71 Ebenso Borth, Unterhaltsrechtsänderungsgesetz, 2008, Rn 83; Wever FamRZ 2008, 553, 558; Menne FamRB 2008, 110, 117.
72 Erman/Graba § 1570 BGB Rn 9.
73 BGH Urteil vom 18.03.2009, XII ZR 74/08.
74 Vgl Ehinger, Eine erste Übersicht der Rechtsprechung zu §§ 1578 b und § 1570 BGB seit Inkrafttreten des UÄndG, FPR 2009, 105, 106 unter Hinweis auf Nr. 17.1 der Leitlinien des OLG Frankfurt/M.
75 Vgl OLG Köln FPR 2008, 455 m.Anm. Höhler-Heun.

eine Verpflichtung hierzu bestanden hat. Die Neuregelung schließt an die Vorschrift des § 93 d ZPO an.

Für diesen Aspekt der Kostenentscheidung ist also einmal das **Bestehen einer entsprechenden Auskunftspflicht** Voraussetzung. In diesem Zusammenhang kann auch die Frist des § 1605 Abs. 2 BGB erhebliche Bedeutung gewinnen. Zum anderen muss eine **ordnungsgemäße Aufforderung** zur Auskunft ergangen sein, deren Zugang ggf nachgewiesen werden muss. 210

Zwar ist die gerichtliche Kostenentscheidung von Amts wegen zu treffen. Dies bedeutet aber nicht, dass das Gericht von sich aus in diesem Zusammenhang Aufklärungsarbeit leisten muss. Vielmehr gilt auch hier der prozessuale Beibringungsgrundsatz. Ohne einen entsprechenden Sachvortrag hat das Gericht keine Veranlassung, sich mit dieser Frage zu befassen. Etwaige Unklarheiten gehen zulasten desjenigen, der über diese Vorschrift kostenrechtliche Vorteile erreichen will. 211

d) Gerichtliches Auskunftsverlangen (§ 243 S. 2 Nr. 3)

Auch eine nicht oder nicht vollständig erfüllte **gerichtliche Aufforderung** zur Auskunft nach § 235 Abs. 1 kann zu negativen Kostenfolgen führen. 212

e) Sofortiges Anerkenntnis (§ 243 S. 2 Nr. 4)

Voraussetzung ist ein sofortiges Anerkenntnis nach § 93 ZPO. Es muss also rechtzeitig erklärt werden und der Beklagte darf keine Veranlassung zur Einleitung des gerichtlichen Verfahrens gegeben haben. 213

In der familienrechtlichen Praxis bestehen hier bei freiwilligen Zahlungen des Unterhaltspflichtigen für beide Parteien besondere Risiken.[76] 214

aa) Sofortiges Anerkenntnis

Der Unterhaltspflichtige muss sofort anerkennen, darf also auf keinen Fall einen Abweisungsantrag stellen. Bei Verfahren mit frühem ersten Termin wurde bislang verlangt, dass das Anerkenntnis vorbehaltlos vor Verlesung der Sachanträge im frühen ersten Termin gem. §§ 272 Abs. 2, 275 ZPO erklärt wird.[77] Es wird aber zusätzlich gefordert, dass der Anspruch nicht zuvor bestritten worden ist, und zwar auch nicht in einem vorbereitenden Schriftsatz.[78] 215

„Sofort" iSv § 93 ZPO bedeutet demnach, dass der Anerkennende bei der ersten sich bietenden Möglichkeit ohne Vorbehalt gegenüber Gericht und Prozessgegner das Anerkenntnis erklärt. Dies ist nicht der Fall, wenn der Anerkennende das Vorbringen des Antragstellers bereits zuvor im Prozess, insb. in einem die mündliche Verhandlung vorbereitenden Schriftsatz bestritten bzw den Antrag auf Abweisung angekündigt hat.[79] Beim schriftlichen Vorverfahren kann der Antragsgegner den Anspruch innerhalb der Antragserwiderungsfrist jedenfalls dann „sofort" iSd § 93 ZPO anerkennen, wenn in 216

---

76 Vgl ausführlich Viefhues, Fehlerquellen im familiengerichtlichen Verfahren, 2007, Rn 1589 ff.
77 Zöller/Vollkommer § 93 ZPO Rn 4.
78 Musielak/Wols § 91 ZPO Rn 4; OLG Koblenz FamRZ 1988, 853.
79 OLG Brandenburg FamRZ 2002, 253; OLG Bremen FamRZ 1994, 1483.

der Verteidigungsanzeige kein auf eine Abweisung gerichteter Sachantrag enthalten ist.[80]

bb) Keine Veranlassung zum gerichtlichen Verfahren

217 Ist bislang immer freiwillig gezahlt worden und fehlt eine ordnungsgemäße Aufforderung zur Titulierung, so hat der Unterhaltspflichtige nicht zur Einleitung des gerichtlichen Verfahrens Veranlassung gegeben. Entsprechendes gilt, wenn er nachträglich einen Vollstreckungstitel vorlegt und das gerichtliche Verfahren für erledigt erklärt wird, da auch hier der Rechtsgedanke des § 93 ZPO anzuwenden ist.[81]

218 In Rechtsprechung und Literatur herrscht Einigkeit darüber, dass der Gläubiger grundsätzlich auch bei regelmäßiger und pünktlicher freiwilliger Zahlung des geforderten Unterhaltes in voller Höhe ein **Rechtsschutzbedürfnis auf Titulierung** (Titulierungsinteresse) des Unterhaltes hat.[82]

219 Für die Kostenentscheidung ist jedoch maßgeblich, ob dem gerichtlichen Verfahren eine ordnungsgemäße Aufforderung zur Titulierung vorausgegangen ist. Dabei muss hinsichtlich der Unterhaltsansprüche differenziert werden.

220 Beim **Kindesunterhalt** ist die Errichtung einer Jugendamtsurkunde nach § 59 Abs. 1 Nr. 3 SGB VIII möglich. Eine solches Anerkenntnis vor dem Jugendamts kann für Kinder bis zum Alter von 21 Jahren abgegeben werden und ist **kostenfrei** (§ 91 Abs. 7 SGB VIII). Diese Möglichkeit besteht nach § 59 Abs. 1 Nr. 4 SGB VIII auch für den Unterhaltsanspruch der nichtehelichen Mutter nach § 1615 l Abs. 1 BGB. Aber auch eine notarielle Urkunde ist, soweit Kindesunterhalt aufgenommen wird, nach § 55 a KostO iVm § 59 Abs. 1 SGB VIII kostenfrei.[83]

221 Zur außergerichtlichen Titulierung der **übrigen Unterhaltsansprüche** stehen die vollstreckbare Urkunde gem. § 794 Abs. 1 Nr. 5 ZPO und der vollstreckbare Anwaltsvergleich nach § 796 a ZPO zur Verfügung. Für die Ordnungsmäßigkeit der Aufforderung ist hier die Frage von Bedeutung, wer die **Kosten der Titulierung** zu übernehmen hat. Denn wenn nicht der Pflichtige als Unterhaltschuldner, sondern die Berechtigte diese Kosten übernehmen muss, dann liegt eine ordnungsgemäße Aufforderung nur dann vor, wenn darin auch die Bereitschaft zur Kostenübernahme durch den Unterhaltsberechtigten als Gläubiger enthalten ist. Ohne ordnungsgemäße vorprozessuale Aufforderung hat der Pflichtige aber keine Veranlassung zum Prozess gegeben und kann dann im gerichtlichen Verfahren noch ein sofortiges Anerkenntnis abgeben.[84]

---

80 BGH FamRZ 2006, 1189; OLG Karlsruhe FamRZ 2003, 942.
81 Zöller/Vollkommer § 91 a ZPO Rn 25.
82 BGH FamRZ 1998, 1165, 3116; OLG Nürnberg FPR 2002, 542; OLG Brandenburg FamRZ 2000, 1159; OLG Nürnberg FuR 1999, 343; OLG Schleswig OLGReport Schleswig 1996, 137; OLG Bremen OLGReport Bremen 1996, 106; OLG Hamm FamRZ 1992, 831; OLG Köln FamRZ 1986, 827; Eschenbruch/Klinkhammer/Klinkhammer Teil 5.1 Rn 78; Grün, Die Titulierung des freiwillig gezahlten Unterhaltes, FF 2003, 235; FA-FamR/Gerhardt Kap. 6 Rn 135; OLG Hamm ZFE 2006, 154; aA OLG Karlsruhe FamRZ 2003, 1763; AG Stuttgart FamRZ 1998, 1125.
83 OLG Hamm FamRZ 1996, 1562; Eschenbruch/Klinkhammer/Klinkhammer Teil 5.1 Rn 78.
84 OLG Stuttgart FamRZ 2001, 1381.

Nach hM besteht kein materiell-rechtlicher Anspruch des Unterhaltsberechtigten auf Kostenübernahme für eine solche Titulierung.[85] Die Konsequenz ist, dass der Berechtigte die **Übernahme der Kosten** bereits in der Aufforderung zusagen muss.[86] Fehlt dieses Kostenübernahmeangebot, so besteht ein Titulierungsinteresse nur dann, wenn Anhaltspunkte dafür bestehen, dass der bisher freiwillig gezahlte Betrag in Zukunft nicht mehr zuverlässig freiwillig bezahlt wird.[87] 222

f) Weitere Gesichtspunkte

Durch das Wort „insbesondere" wird klargestellt, dass die unter Nr. 1–4 aufgeführten Gesichtspunkte **nicht abschließend** sind, sondern auch noch weitere Überlegungen in die **Ermessensentscheidung** einbezogen werden können. 223

So kann zB in der Rechtsmittelinstanz auch der Rechtsgedanke des § 97 Abs. 2 ZPO in die Kostenentscheidung einfließen, nach dem bei Obsiegen aufgrund neuen Vorbringens die Kosten dem Obsiegenden auferlegt werden können. 224

Zu denken ist auch an die Kosten einer Beweisaufnahme, die ohne positives Ergebnis geblieben ist (vgl § 96 ZPO). 225

VI. Vorläufige Vollstreckbarkeit

Die Endentscheidung wird gem. § 120 Abs. 2 S. 1[88] erst mit ihrem Wirksamwerden vollstreckbar, also gem. § 116 Abs. 3 S. 1 mit Rechtskraft. Die Entscheidung soll jedoch in Unterhaltssachen für **sofort wirksam** erklärt werden (§ 116 Abs. 3 S. 3). Eines Ausspruches der Vollstreckbarkeit bedarf es demgegenüber nicht.[89] Die §§ 708 bis 713 ZPO sind nicht anwendbar.[90] Bei der Ermessensprüfung hat das Gericht auch die Belange des Schuldners zu berücksichtigen und gegenüber den Interessen des Gläubigers an sofortiger Zahlung abzuwägen.[91] Das Schutzinteresse des Schuldners bleibt also auch bei der Soll-Anordnung des § 116 Abs. 3 S. 2 nicht ohne Bedeutung. Nach den Gesetzesmaterialien soll auf die Anordnung der sofortigen Wirksamkeit verzichtet werden, wenn es um übergegangene Unterhaltsansprüche oder länger zurückliegende Unterhaltsrückstände geht.[92] Im Übrigen ist die sofortige Wirksamkeit mit der Folge der sofortigen Vollstreckbarkeit nach § 120 Abs. 2 S. 1 anzuordnen. Wenn dies geschehen ist, kann aus dem Beschluss sofort und ohne §§ 720, 720 a ZPO vergleichbare Einschränkungen vollstreckt werden. 226

---

85 Grün FF 2003, 235,236 mwN; OLG Saarbrücken v. 11.1.2008, 6 WF 121/07, NJW-RR 2008, 1244; JurisPR-FamR 13/2008, Anm. Simon = ZFE 2008, 235.
86 OLG Stuttgart FamRZ 2001, 1381; OLG Frankfurt/M. FamRZ 1998, 445; OLG Köln FamRZ 1997, 822; OLG Düsseldorf FamRZ 1994, 117; OLG Hamm FamRZ 1992, 831; KG FamRZ 1988, 518; OLG Bremen OLGReport Bremen 1996, 106; OLG Düsseldorf FamRZ 1988, 725; OLG Hamm FamRZ 1983, 679; einschränkend OLG Nürnberg FamRZ 1993, 1333; Kleffmann, Die Entwicklung des Unterhaltsprozessrechts im Jahre 2001, FUR 2002, 203; Luthin/Kamm Rn 7023; Eschenbruch/Klinkhammer/Klinkhammer Teil 5.1 Rn 78; FAKomm-FamR/Klein, 3. Auflage, Rn 371 Vor § 1360.
87 OLG Köln FamRZ 1997, 822; OLG Stuttgart FamRZ 2001, 1381, 1383; anders OLG Hamm ZFE 2006, 155.
88 Die Vorschrift entspricht § 62 Abs. 1 S. 1 ArbGG.
89 BT-Drucksache 16/6308, 226, Fölsch, Das neue FamFG in Familiensachen, § 6 Rn 40; Zimmermann, Das neue FamFG, Rn 277.
90 Rasch, Verfahren in Unterhaltssachen, FPR 2006, 441; Zimmermann, Das neue FamFG, Rn 277.
91 Fölsch, Das neue FamFG in Familiensachen, § 6 Rn 41.
92 Giers FamRB 2009, 87.

VII. Rechtsbehelfsbelehrung

227 Nach § 39 ist bei jedem Beschluss eine **Belehrung** über das **statthafte Rechtsmittel**, den Einspruch, den Widerspruch oder die Erinnerung sowie das zuständige Gericht, bei dem diese Rechtsbehelfe einzulegen sind, dessen Sitz (Ortsbezeichnung) und die einzuhaltende Form und Frist zu erforderlich.

VIII. Verkündung und Zustellung

228 Beschlüsse, die aufgrund einer mündlichen Verhandlung ergehen, müssen verkündet werden (§ 329 Abs. 1 S. 1 ZPO). Sonstige Beschlüsse müssen dann, wenn sie einen Vollstreckungstitel enthalten oder wenn sie mit der sofortigen Beschwerde anfechtbar sind, zugestellt werden (§ 329 Abs. 3 ZPO). Darüber hinaus reicht die **formlose Bekanntgabe** (§ 329 Abs. 2 ZPO). Denn auf die Unterhaltsverfahren sind die §§ 40–48 gem. § 113 nicht anzuwenden.

229 Für die Zustellung gilt ebenfalls die ZPO (§§ 166 ff ZPO).

IX. Rechtsmittel

230 Gegen die als Beschluss ergehenden Entscheidungen ist unter bestimmten weiteren Voraussetzungen das einheitliche Rechtsmittel der **sofortigen Beschwerde** gegeben (§ 117 Abs. 1).

231 Dieses Rechtsmittel ist **ausschließlich beim erstinstanzlichen Gericht** einzulegen (§ 64 Abs. 1). Es handelt sich um eine unverzichtbare Zulässigkeitsvoraussetzung, die nicht durch Einlegung des Rechtsmittels beim Beschwerdegericht umgangen werden kann. Geht eine Beschwerde beim Beschwerdegericht ein, wird dieses den Antrag zwar unverzüglich an das erstinstanzliche Gericht weiterleiten. Maßgeblich für die Einhaltung der Frist ist aber der Eingang beim erstinstanzlichen Gericht.

232 Auch die **Kostenentscheidung** ist isoliert anfechtbar, wenn der Beschwerdewert von 600 EUR erreicht ist oder die Beschwerde zugelassen wurde.[93]

X. Zwangsvollstreckung

233 Die Zwangsvollstreckung kann aufgrund eines rechtskräftigen Beschlusses oder bereits vor der Rechtskraft bei Anordnung der sofortigen Wirksamkeit (s. Rn 226) eingeleitet werden.

XI. Einstellung der Zwangsvollstreckung

234 Wegen der Gefahr eines durch die Vollstreckung entstehenden Schadens hat beim Leistungsantrag die **Einstellung der Vollstreckung** besondere Bedeutung. Wenn der Verpflichtete glaubhaft macht, dass die Vollstreckung ihm einen nicht zu ersetzenden Nachteil bringen würde, hat das Gericht auf seinen Antrag die Vollstreckung vor Ein-

---

[93] Zimmermann FamRZ 2009, 377, 382; Schürmann FuR 2009, 130, 137.

tritt der Rechtskraft in der Endentscheidung einzustellen oder zu beschränken, § 120 Abs. 2 S. 2. Dann kann erst nach Rechtskraft vollstreckt werden.[94]

Ist ein **Abänderungsantrag auf Herabsetzung** anhängig oder hierfür ein Antrag auf Bewilligung von Verfahrenskostenhilfe eingereicht, gilt § 769 ZPO gem. § 242 FamFG entsprechend. Der Beschluss ist nicht anfechtbar. Die Vorschrift setzt damit die bisherige überwiegende Rechtsprechung und hL in eine gesetzliche Regelung um.[95]

Voraussetzung ist nach § 242 S. 1 entweder die **Anhängigkeit** eines auf Herabsetzung gerichteten Abänderungsantrags oder die Einreichung eines entsprechenden **Antrags auf Bewilligung von Verfahrenskostenhilfe**. Die Zustellung des Antrags ist folglich keine Voraussetzung für die Zulässigkeit einer Vollstreckungseinstellung. **235**

Bei einem Antrag auf Einstellung der Zwangsvollstreckung aus gerichtlichen Entscheidungen sind jedoch auch die übrigen Voraussetzungen der begehrten Abänderung zu beachten, da die Einstellungsentscheidung nicht weiter gehen kann als die Entscheidung zur Hauptsache.[96] Kann aber in der Hauptsache selbst die Zahlungspflicht zeitlich erst ab förmlicher Zustellung des Abänderungsantrags herabgesetzt werden, gilt diese **Zeitsperre** folglich auch für den Einstellungsantrag. Da es bei der Einstellung der Zwangsvollstreckung immer um die Herabsetzung titulierten Unterhaltes geht, sind also folgende Regelungen zu beachten: **236**

- § 238 Abs. 3 S. 1: Abänderung grundsätzlich zulässig erst ab Rechtshängigkeit des Antrags.
- § 238 Abs. 3 S. 3: Abänderung ab dem Ersten des auf ein entsprechendes Auskunfts- oder Verzichtsverlangen des Antragstellers folgenden Monats.

§ 242 S. 2 bestimmt die **Unanfechtbarkeit** eines diesbezüglichen Beschlusses. **237**

XII. Rückforderung überzahlten Unterhaltes

Nach bisherigem Recht war die Rückforderung zuviel bezahlten Unterhaltes problematisch, auch wenn der zugrunde liegende Titel später mit Wirkung auf einen in der Vergangenheit liegenden Zeitpunkt aufgehoben worden war. Die Rückforderung von überzahltem Unterhalt[97] war regelmäßig nicht möglich, weil dem Anspruch aus § 812 BGB der **Wegfall der Bereicherung** entgegengehalten werden konnte.[98] Dieser Einwand des Wegfalls der Bereicherung war nur dann mit Sicherheit versperrt, wenn sich der Berechtigte in der sog. **verschärften Haftung** befand (§§ 818 Abs. 4, 819, 820 BGB). Die verschärfte Haftung erfordert die Kenntnis vom Fehlen des Rechtsgrunds der Unterhaltsleistung und der sich daraus ergebenden Folgen. Erforderlich ist positives Wissen, die bloße Kenntnis reicht nicht.[99] **238**

---

94 Zimmermann, Das neue FamFG, Rn 277.
95 Vgl HK-ZPO/Saenger § 323 ZPO Rn 53.
96 Vgl dazu Viefhues, Fehlerquellen im familiengerichtlichen Verfahren, 2008, Rn 1684.
97 Dazu ausführlich Schiebel NJW Spezial 2006, 33; Büte FuR 2006, 193–200.
98 BGH FamRZ 2008, 968; BGH FamRZ 1998, 951; NJW 2000, 740.
99 BGH NJW 1998, 2433.

239 Diese positive Kenntnis wurde nach ständiger Rechtsprechung des Bundesgerichtshofs nicht schon durch ein **Abänderungsverfahren gem.** § 323 ZPO ausgelöst[100] bzw weil die Unterhaltszahlungen nur aufgrund einer **einstweiligen Anordnung** erfolgt waren.[101] Ebenso wenig reicht ein **Antrag** auf einstweilige **Einstellung der Zwangsvollstreckung** aus, um die verschärfte Haftung auszulösen. Der Bundesgerichtshof hat vielmehr auf die Rechtshängigkeit einer zusätzlichen **Rückzahlungsklage** abgestellt, die auf den Bereicherungsanspruch gestützt wurde.[102] Nur diese Klage löste die verschärfte Haftung nach § 818 Abs. 4 BGB aus.

240 Zusätzlich wurde von einer **Beweiserleichterung zugunsten des Berechtigten** ausgegangen, wenn aus der Überzahlung keine besonderen Rücklagen oder Vermögensvorteile angeschafft wurden. Gerade bei unteren und mittleren Einkommen sprach die Lebenserfahrung dafür, dass das Erhaltene für eine Verbesserung des Lebensstandards ausgegeben wurde, ohne dass der Bereicherte einen besonderen Verwendungsnachweis erbringen musste.[103] Nur wenn der Unterhaltsgläubiger mit den Überzahlungen zwar seinen Lebensunterhalt finanziert hat, hierdurch aber gleichzeitig die Möglichkeit hatte, mit anderen Ersparnissen Vermögen zu bilden, zB ein Fahrzeug anzuschaffen oder Schulden zu tilgen, dann wurde er nicht als entreichert angesehen.[104] Voraussetzung ist, dass der überzahlte Unterhalt kausal für den anderen Vermögensvorteil war.[105]

241 In § 241 wird jetzt die **Rechtshängigkeit eines auf Herabsetzung gerichteten Abänderungsantrags** in Bezug auf § 818 Abs. 4 BGB mit der Rückforderungsklage gleichgestellt.

242 Die **praktische Konsequenz** dieser Regelung besteht also darin, dass der Unterhaltsgläubiger, der durch die gegen ihn gerichtete Abänderungsklage ausreichend vorgewarnt ist, den weiter gezahlten Unterhalt nicht mehr oder nicht in voller Höhe für den Unterhalt verwenden darf und sich darauf einrichten muss, das nach Rechtshängigkeit der Klage erhaltene Geld möglicherweise zurückzahlen zu müssen. Die Anordnung der verschärften Haftung mit Rechtshängigkeit des auf Herabsetzung gerichteten Abänderungsantrags ist daher sachlich gerechtfertigt. Allerdings besteht in der Praxis das Risiko, dass spätere – begründete – Rückzahlungsansprüche an der faktischen Mittellosigkeit des Rückzahlungspflichtigen scheitern.[106] Daher muss das Ziel des Unterhaltspflichtigen dahin gehen, die Einstellung der Zwangsvollstreckung gem. § 242 FamFG iVm § 769 ZPO zu erreichen.

XIII. Ersatzansprüche wegen sachlich nicht gerechtfertigter einstweiliger Anordnung

243 Ersatzansprüche wegen einer sachlich nicht gerechtfertigten einstweiligen Anordnung über Unterhalt gewährt das Gesetz nur im Sonderfall des § 248 Abs. 5 S. 2 im Falle der **einstweiligen Anordnung bei Feststellung der Vaterschaft.** Wird der Antrag auf Fest-

---

100 BGH NJW 1998, 2433; 1992, 2415.
101 BGH NJW 2000, 740.
102 BGH NJW 1998, 2433, 2434; BGHZ 93, 183; BGHZ 118, 383; BGH v. 30.7.2008, XII ZR 177/06, NJW 2008, 3213.
103 BGH NJW 1992, 2415; NJW 2000, 740.
104 OLG Köln NJW-RR 1998, 1701.
105 BGH NJW 1992, 2415.
106 Schürmann FuR 2009, 130, 134.

stellung der Vaterschaft zurückgenommen oder rechtskräftig zurückgewiesen und tritt dadurch die einstweilige Anordnung außer Kraft, hat derjenige, der die einstweilige Anordnung erwirkt hat, dem Mann den Schaden zu ersetzen, der ihm aus der Vollziehung der einstweiligen Anordnung entstanden ist.

B. Vereinfachtes Verfahren über den Unterhalt Minderjähriger

I. Überblick

1. Rechtslage nach der Einführung des FamFG

Die bisher in den §§ 645 ff ZPO verorteten Vorschriften zum vereinfachten Unterhaltsverfahren über den Unterhalt Minderjähriger sind inhaltlich **weitgehend unverändert** geblieben. Die Vorschriften der §§ 655, 656 ZPO zum besonderen Abänderungsverfahren sind allerdings nicht in das FamFG übernommen worden. Der Gesetzgeber hat ein Bedürfnis für diese komplexen Sondervorschriften verneint und hält es gegenüber den Unterhaltsverpflichteten für zumutbar, diese auf die Möglichkeit des **regulären Abänderungsverfahrens** der §§ 238 ff zu verweisen.[107] Die Regelung zum Verfahren über den Unterhalt bei Vaterschaftsfeststellung, bislang in § 653 ZPO, findet sich nun außerhalb dieses Unterabschnitts im § 237. 244

Nach den neuen Begriffsbestimmungen des FamFG handelt es sich bei den vereinfachten Unterhaltsverfahren nach §§ 249 ff gem. §§ 113 Abs. 1, 112 Nr. 1, 231 Abs. 1 um **Familienstreitsachen.** Daher gelten die Allgemeinen Vorschriften der ZPO und die Vorschriften der ZPO über das Verfahren vor den Landgerichten entsprechend; die §§ 2–37, 40–45, 46 Satz 1 und 2 sowie §§ 47 und 48 sowie 76–96 sind gem. § 113 Abs. 1 nicht anwendbar. Die redaktionellen Änderungen der Normen zum vereinfachten Unterhaltsverfahren beruhen im Wesentlichen auf einer Änderung der Begrifflichkeiten gegenüber dem Zivilprozess (vgl § 113 Abs. 5). 245

Die Vorschriften zum vereinfachten Unterhaltsverfahren waren erst mit Wirkung zum 1.7.1998 eingeführt und sind zwischenzeitlich mehrfach an die Bedürfnisse der Praxis angepasst worden. Zuvor hatte es noch eine Änderung der Bestimmungen im Rahmen der Reform des Unterhaltsrechts zum 1.1.2008 gegeben. Während bis zum 31.12.2007 der in diesem Verfahren festzusetzende Unterhalt noch auf das eineinhalbfache des Regelbetrages nach der Regelbetragsverordnung begrenzt wurde (§ 645 Abs. 1 ZPO aF), kann seit der Neufassung bis zu **120 % des Mindestunterhalts** nach § 1612a Abs. 1 BGB verlangt werden. Diese Änderung beruhte allerdings auf gesetzessystematischen Erwägungen. Eine Änderung der Unterhaltsbeträge ging damit kaum einher. So heißt es auch in der Begründung des Gesetzesentwurfs, dass die gewählte Größe, nämlich das 1,2-fache des Mindestunterhalts, gewährleisten soll, dass das vereinfachte Verfahren künftig in etwa in dem gleichen Umfang wie bisher eröffnet ist.[108] 246

2. Bedeutung des vereinfachten Verfahrens

Das in der **Zuständigkeit des Rechtspflegers** liegende Verfahren (s. nun § 25 Nr. 2 c) RPflG) soll nach dem Willen des Gesetzgebers ein schnelles und einfach ausgestaltetes 247

---

107 BT-Drucks. 16/6308, 261.
108 BT-Drucks. 16/1830, 35.

sein, in dem der Rechtspfleger allein – in einem einstufigen Verfahren – einen Unterhaltstitel schafft, der nach § 794 Abs. 1 Nr. 2 a ZPO vollstreckungsfähig ist. Der Rechtspfleger entscheidet über die Unterhaltsverpflichtung dem Grunde und der Höhe nach. Denn § 249 setzt mit dem 1,2-fachen des Mindestunterhalts nach § 1612 a Abs. 1 des Bürgerlichen Gesetzbuchs nur die Obergrenze fest. Diese nach unten gegebene Flexibilität ermöglicht es, eine gegebenenfalls unstreitig vorhandene geminderte Leistungsfähigkeit bei der Titulierung zu berücksichtigen.[109]

248 Unter anderem aufgrund der ursprünglich zu kompliziert gestalteten **Antragsformulare** (§ 259) fand das vereinfachte Unterhaltsverfahren zunächst fast ausschließlich bei den Jugendämtern Zuspruch (vgl § 250 Nr. 11). Mit dem 1.1.2002 wurden neue amtliche Vordrucke eingeführt. Außerdem sind einige vom Gesetzgeber ursprünglich nicht vorhergesehene Unklarheiten bereinigt worden. Gleichwohl fehlt es dem vereinfachten Unterhaltsverfahren immer noch an dem vom Gesetzgeber erhofften Zuspruch; so standen zB in Baden-Württemberg im Jahr 2006 9 431 selbständigen Verfahren zum Verwandtenunterhalt lediglich 2 495 vereinfachte Unterhaltsverfahren gegenüber; dem Wunsch des Bundesrates nach einem stärker dem Mahnverfahren angeglichenen Unterhaltsverfahren ist der Gesetzgeber aber letztlich nicht nachgekommen.[110] Nach der Auffassung des OLG Schleswig trägt das vereinfachte Verfahren seinen Namen zu Unrecht.[111]

3. Grundsätze und Aufbau des vereinfachten Verfahrens

249 Die gesetzliche Ausgestaltung des vereinfachten Unterhaltsverfahrens beruht – im Hinblick auf den Zweck, dem Minderjährigen schnell und unkompliziert zu einem Titel zu verhelfen – im Wesentlichen auf **drei Grundgedanken**. Dabei handelt es sich (1.) um die Realisierung von Effizienzgewinnen in der Bearbeitung durch eine strikte Formalisierung (vgl nur den Formalienkatalog des § 250 Abs. 1), (2.) um die Minimierung der Anforderungen an die Darlegungen des Anspruchstellers – von diesem werden im Wesentlichen Statusangaben und die Abgabe von Erklärungen verlangt, § 250 Abs. 1 – und (3.) die zeitliche und inhaltliche Beschränkung der formellen (§ 252 Abs. 1) und materiellen (§ 252 Abs. 2) Einwendungen des Unterhaltspflichtigen einschließlich einer Postulierung einer weitgehenden Offenbarungspflicht im Festsetzungsverfahren sowie eine weitere Beschränkung der Einwendungen im Beschwerdeverfahren (§ 256).

4. Mündlichkeit und fehlender Anwaltszwang (§ 257)

250 Eine Erleichterung für die mit den amtlichen Formularen weniger vertrauten Beteiligten bringt die Regelung des § 257 S. 2 mit sich. Danach können die Anträge und Erklärungen im vereinfachten Verfahren gegenüber dem Urkundsbeamten der Geschäftsstelle abgegeben werden, der dann die Angaben in die Formulare aufnimmt.

251 Die Vorschrift des § 257 zeigt, dass ein Anwaltszwang im vereinfachten Unterhaltsverfahren selbst – entgegen der gesetzlichen Regelung der §§ 114 Abs. 1, 112 Nr. 1,

---

109 Vgl van Els, Vereinfachtes Verfahren über den Unterhalt Minderjähriger, RPfleger 1999, 297, 298; BT-Drucks. 13/9596, 52.
110 Vgl BT-Drucks. 16/6308, 384.
111 OLG Schleswig MDR 2007, 736.

231 Abs. 1 – nicht besteht (vgl auch den Wortlaut des § 25 Abs. 1).[112] Der Umstand, dass das vereinfachte Unterhaltsverfahren in § 114 Abs. 4 keine Erwähnung gefunden hat, beruht offenbar darauf, dass der Gesetzgeber aufgrund dieser Vorschrift eine ausdrückliche Aufnahme des vereinfachten Verfahrens in den Katalog der Ausnahmen vom Anwaltszwang für entbehrlich erachtet hat.[113] Aus der Gesetzesbegründung ist im Übrigen ersichtlich, dass eine inhaltliche Änderung der Vorschriften nicht beabsichtigt war, soweit nicht die Vorschriften der §§ 653–656 ZPO aF betroffen sind.[114] Diese Ausnahme vom Anwaltszwang ist auch sachgerecht, da das für den Anwaltszwang in Unterhaltssachen angeführte wichtige Argument bzgl der weitgehend eingeschränkten Abänderbarkeit von Unterhaltstiteln[115] für das vereinfachte Verfahren im Hinblick auf die erweiterten Abänderungsmöglichkeiten nach § 240 so nicht gilt.

5. Alternativen zum vereinfachten Verfahren

Anstelle des vereinfachten Unterhaltsverfahrens steht dem Gläubiger immer auch der Weg der **Unterhaltsklage** offen (§ 231 Abs. 1). Insoweit gilt allerdings der **Anwaltszwang** nach § 114. Für Unterhaltsrückstände bietet sich auch das (ggf einfachere) Mahnverfahren an (§§ 113 Abs. 2, 112 Nr. 1, 231 Abs. 1, §§ 690 ff ZPO). 252

II. Verfahrenseinleitung

1. Zuständigkeit

a) Örtliche Zuständigkeit

Der Gläubiger hat seinen Antrag an das nach § 232 örtlich zuständige Gericht zu richten (vgl Rn 99). Insoweit ist allerdings die besondere Regelung des § 260 zu beachten. Nach dieser Vorschrift können die Landesregierungen aus Zweckmäßigkeitsgesichtspunkten die Zuständigkeiten für vereinfachte Unterhaltsverfahren auf bestimmte Amtsgerichte, die dann mit den technischen Voraussetzungen für eine **maschinelle Bearbeitung** (vgl § 258) ausgerüstet werden, konzentrieren. Die **Konzentrationsmöglichkeit** nach § 260 Abs. 1 gilt nur für das vereinfachte, nicht aber für das etwa folgende streitige Verfahren. Bei einer landesrechtlich bestimmten Konzentration der Zuständigkeiten nach § 260 Abs. 1 können die Anträge des Kindes gem. § 260 Abs. 2 jedoch weiterhin mit gleicher Wirkung bei dem Amtsgericht eingereicht werden, das zuständig wäre, wenn eine anderweitige Zuweisung nicht vorläge (§ 260 Abs. 2). Insoweit liegt eine Ausnahme zu der Bestimmung des über §§ 113 Abs. 1, 112 Nr. 1, 231 Abs. 1 anwendbaren § 129 a Abs. 2 S. 2 ZPO vor. Nach jener Vorschrift wäre auf den Eingang bei dem zuständigen Gericht abzustellen. Die Begünstigung des § 260 Abs. 2 gilt nach dem ausdrücklichen Wortlaut der Norm nur für das Kind, nicht für andere Beteiligte.[116] 253

---

112 BLAH/Hartmann § 250 FamFG, Rn 3.
113 Vgl BR-Drucks. 309/07, 496.
114 BT-Drucks. 16/6308, 261.
115 Vgl BT-Drucks. 16/6308, 412.
116 AA Zöller/Greger § 660 ZPO Rn 2.

b) Funktionale Zuständigkeit

254 Innerhalb des vereinfachten Verfahrens ist der **Rechtspfleger** gem. § 25 Nr. 2 c) RPflG funktional zuständig. Bei dem streitigen Verfahren, dessen Durchführung nach § 255 von den Beteiligten beantragt werden kann, handelt es sich um ein „normales" Unterhaltsverfahren in der Zuständigkeit des Richters.

2. Statthaftigkeit (§ 249)

255 Gegenstand des Verfahrens sind **Unterhaltsansprüche** eines minderjährigen Kindes, welches mit dem in Anspruch genommenen Elternteil nicht in einem Haushalt lebt (§ 249 Abs. 1). 120 % des Mindestunterhalts nach § 1612 a Abs. 1 BGB stellen die (dynamische) Obergrenze des Unterhaltsanspruchs in diesem Verfahren dar. Unterhalb dieser Grenze können auch (dynamische) geringere Prozentsätze vom Mindestunterhalt oder aber auch statische Zahlbeträge in Euro und Cent geltend gemacht werden.

256 Auch **Nebenforderungen** sind von der Geltendmachung im vereinfachten Verfahren nicht grundsätzlich ausgeschlossen.[117] So können Zinsen auf rückständigen Unterhalt in gesetzlicher Höhe ab dem Zeitpunkt der Zustellung des Festsetzungsantrages geltend gemacht werden; die Zuerkennung künftiger Verzugszinsen auf noch nicht fällige Unterhaltsraten kommt dagegen im vereinfachten Verfahren nicht in Betracht; die Festsetzung von anderen Nebenforderungen, wie etwa Mahnkosten, die einen Schuldnerverzug vor Zustellung des Feststellungsantrages voraussetzen, scheidet nach der Auffassung des Bundesgerichtshofs schon deswegen aus, weil der Rechtspfleger nicht zu prüfen hat, ob die Voraussetzungen des Schuldnerverzuges bereits vor Einleitung des vereinfachten Verfahrens vorgelegen haben.[118]

257 **Unstatthaft** ist das vereinfachte Verfahren gem. § 249 Abs. 2, wenn bereits eine gerichtliche Entscheidung über den Unterhaltsanspruch des Kindes (oder einen Teil desselben) ergangen ist oder bereits ein gerichtliches Verfahren anhängig ist. Das Gleiche gilt, wenn ein vollstreckungsfähiger Titel iSd §§ 704, 794 ff ZPO (zB eine Jugendamtsurkunde, §§ 59 Abs. 1 Nr. 3, 60 SGB VIII) vorliegt. Zweck des vereinfachten Verfahrens ist es, dem Kind zu einem schnellen ersten Unterhaltstitel zu verhelfen, nicht jedoch, zu prüfen, ob sich die für die Unterhaltsbemessung maßgeblichen Verhältnisse gegenüber dem Zeitpunkt der Erstfestsetzung geändert haben; hierfür eignet sich das schematisierte Verfahren nicht.[119] Ein nach § 250 abgewiesener Antrag steht einem neuen Antrag ebenso wenig entgegen[120] wie eine vorangegangene Auskunftsklage,[121] eine als unzulässig abgewiesene Unterhaltsklage oder ein anhängiges oder beendetes Unterhaltsverfahren im einstweiligen Rechtsschutz.[122] Maßgeblich für die Zulässigkeit des Antrags ist gem. § 249 Abs. 2 – so der ausdrückliche Wortlaut der Norm seit der mit Wirkung zum 1.1.2002 erfolgten Änderung des § 645 ZPO aF – der **Zeitpunkt der Zustellung** des Antrags oder einer Mitteilung über seinen Inhalt an den Antragsgegner.

---

117 BGH NJW 2008, 2710.
118 BGH NJW 2007, 2710, 2713.
119 OLG Karlsruhe FamRZ 2000, 1159.
120 BT-Drucks. 13/7338, 39.
121 Thomas/Putzo/Hüßtege § 645 ZPO Rn 3.
122 OLG München FamRZ 2000, 1580.

B. Vereinfachtes Verfahren über den Unterhalt Minderjähriger

So stehen beispielsweise kurz nach Antragstellung errichtete Jugendamtstitel der Statthaftigkeit des Antrags im vereinfachten Verfahren nicht entgegen.

Neben diesen besonderen Voraussetzungen sind im Rahmen der Zulässigkeitsprüfung auch die allgemeinen Verfahrensvoraussetzungen zu prüfen. 258

3. Antrag
a) Antragsteller

Hinsichtlich der **Prozessstandschaft** der Eltern für das unterhaltsberechtigte Kind gelten die für das Unterhaltsverfahren allgemein gültigen Grundsätze. Liegt die alleinige Personensorge bei dem Antragsgegner, ist der Unterhaltsfestsetzungsantrag gegen ihn unzulässig.[123] Streitig war, ob bzw in welchem Umfang auch das volljährige Kind im vereinfachten Verfahren antragsberechtigt ist. Die herrschende Meinung lässt es nunmehr genügen, wenn das Kind im Zeitpunkt der Antragstellung minderjährig gewesen ist und Unterhalt nur für die Zeit der Minderjährigkeit verlangt wird.[124] 259

Der Wortlaut des § 249 legt – so lässt es auch der Bundesgerichtshof in der o.g. Entscheidung anklingen – die Auslegung nahe, dass es allein darauf ankommen kann, dass der Antragsteller Unterhalt für die Zeit der Minderjährigkeit geltend macht, und sei es als im Zeitpunkt der Antragstellung schon Volljähriger.[125] In Fällen, in denen jedoch nur Unterhaltsrückstände geltend gemacht werden, kann es sich aber gegebenenfalls empfehlen, der Einfachheit halber auf das ebenfalls zulässige Mahnverfahren zurückzugreifen (§§ 113 Abs. 2, 112 Nr. 1, 231 Abs. 1 Nr. 1, §§ 690 ff ZPO). Daneben kann Unterhalt auch von sonstigen Personen, insb. auch von Behörden, geltend gemacht werden, auf die der Anspruch übergegangen ist (vgl § 250 Abs. 1 Nr. 11 und 12). Durch den Wortlaut der mit Wirkung zum 1.1.2002 in die ZPO eingefügten Regelung in § 250 Abs. 1 Nr. 11 ist klargestellt, dass es sich bei den Antragstellern im vereinfachten Verfahren auch um die Träger der Leistungen (Arbeitsagentur, Jugendamt, Sozialamt), die aus (nach UVG, SGB II, SGB VIII oder SGB XII) übergegangenen Rechten vorgehen, handeln darf. Für die Frage des Anspruchsübergangs kommt es nach der Auffassung des OLG Köln nicht darauf an, ob die Leistungen an oder für das Kind zu Recht gewährt worden sind; der sich hieraus ergebende Einwand betreffend die Aktivlegitimation stellt eine Einwendung isd § 252 Abs. 2 dar.[126] 260

b) Form der Antragstellung
aa) Mündlicher Antrag (§ 257)

In formeller Hinsicht gilt gem. § 257 die Erleichterung, dass der Antrag mündlich vor dem Urkundsbeamten der Geschäftsstelle abgegeben werden kann. Der Urkundsbeamte vermerkt in diesem Fall unter Angabe des Gerichts und des Datums, dass er den Antrag aufgenommen hat (§ 257 S. 3). Die Anträge und Erklärungen im vereinfachten Unterhaltsverfahren können vor dem Urkundsbeamten der Geschäftsstelle eines jeden Amtsgerichts abgegeben werden (§§ 113 Abs. 1, 112 Nr. 1, 231 I iVm § 129a Abs. 1 261

---

123 OLG Karlsruhe FamRZ 2001, 767.
124 BGH FamRZ 2006, 402 mwN; Zöller/Philippi § 646 ZPO Rn 11; van Els, Entwicklungen zum „vereinfachten Verfahren" seit 1999, Rechtspfleger 2003, 478; FA-FamR/Gerhardt Kap. 6 Rn 202a.
125 Georg, Das vereinfachte Verfahren über den Unterhalt Minderjähriger, Rechtspfleger 2004, 329, 331.
126 OLG Köln FamRZ 2006, 431, 432.

Grimm

ZPO). In dem Fall der Abgabe der Erklärung vor dem unzuständigen Gericht hat die Geschäftsstelle die Niederschrift unverzüglich an das Gericht zu übermitteln, an das der Antrag bzw die Erklärung gerichtet ist, § 129 a Abs. 2 S. 1 ZPO; dabei tritt die Wirkung der Verfahrenshandlung nach § 129 a Abs. 2 S. 2 ZPO erst mit dem dortigen Eingang der Niederschrift ein (Ausnahme: § 260 Abs. 2, vgl Rn 253).

bb) Formularzwang (§ 259 Abs. 2)

262 § 259 Abs. 2 bestimmt, dass Formulare zu verwenden sind, soweit der Gesetzgeber von der Ermächtigung zur Einführung von Formularen Gebrauch gemacht hat. Letzteres hat der Gesetzgeber mit der Einführung der Kindesunterhalt-Formularverordnung (KindUFV) vom 19.6.1998 getan. Der Formularzwang des § 259 Abs. 2 führt dazu, dass auch im Falle der mündlichen Antragstellung vor dem Urkundsbeamten der Geschäftsstelle von diesem Formulare zu verwenden sind (vgl § 257 S. 2). § 1 Abs. 2 KindUFV bestimmt Ausnahmen vom Formularzwang für die Fälle, in denen – etwa vom Träger der Sozialhilfe, des Sozialgeldes der öffentlichen Jugendhilfe – aus übergegangenem Recht Unterhalt verlangt wird. Da die Formulare die eigenhändige **Unterschrift** der jeweiligen Beteiligten vorsehen, sind sie grundsätzlich auch zu unterschreiben. Eine Unterschrift kann entbehrlich sein, wenn ein Formular als Anlage zu einem anwaltlichen Schriftsatz überreicht wird, da dann der Inhalt dem Erklärenden als dessen verantwortliche Erklärung zugeordnet werden kann.[127]

c) Zwingender Antragsinhalt (§ 250 Abs. 1)

263 Die in den Antrag aufzunehmenden Angaben sind durch den Katalog des § 250 Abs. 1 geregelt. Danach muss der Antrag die Folgenden Angaben enthalten:

aa) Die Bezeichnung der Beteiligten, ihrer gesetzlichen Vertreter und der Verfahrensbevollmächtigten (§ 250 Abs. 1 Nr. 1)

264 Im Hinblick auf die Bezeichnung der Beteiligten, gesetzlichen Vertreter und Verfahrensbevollmächtigten gelten grundsätzlich die gleichen Voraussetzungen wie bei einer Klage oder einem Mahnantrag.[128] Die Angaben müssen so bestimmt sein, dass das Gericht den begehrten vollstreckungsfähigen Titel erschaffen kann.

bb) Bezeichnung des Gerichts (§ 250 Abs. 1 Nr. 2)

265 Im Antrag ist das nach §§ 232, 260 zuständige Gericht zu bezeichnen. Bei einer Konzentration der Zuständigkeiten (§ 260 Abs. 1) können jedoch die Anträge eines Kindes nach § 260 Abs. 2 mit gleicher Wirkung bei dem Amtsgericht angebracht werden, das zuständig wäre, wenn eine anderweitige Zuweisung nicht vorläge (vgl Rn 253).

cc) Geburtsdatum des Kindes (§ 250 Abs. 1 Nr. 3)

266 Die Angabe des Geburtsdatums des Kindes ist zur Feststellung der jeweiligen Altersstufe nach § 1612 a BGB Abs. 1 S. 3 BGB erforderlich.

---

127 OLG Hamm FamRZ 2006, 211.
128 Vgl BLAH/Hartmann § 250 FamFG Rn 4.

dd) Unterhaltszeiträume und Verzugseintritt (§ 250 Abs. 1 Nr. 4, 5)

Die Angabe des Zeitpunktes, ab welchem Unterhalt verlangt wird, soll in dem (bisherigen) Formularfeld „beginnend ab" in Form der Benennung eines konkreten Datums erfolgen. Erfolgt dies nicht, ist davon auszugehen, dass der Antragsteller lediglich Unterhalt für die Zukunft verlangt, dh Unterhalt ab dem Zeitpunkt der Zustellung des Antrags an den Antragsgegner.[129] Soweit sich hieraus ergibt, dass rückständiger Unterhalt geltend gemacht wird, versichert der Unterzeichner gemäß dem (bisherigen) amtlichen Formularvordruck, dass die Voraussetzungen, unter denen Unterhalt für die Vergangenheit geltend gemacht wird, seither vorliegen. Die diesbezüglichen Voraussetzungen ergeben sich aus § 1613 Abs. 1 und Abs. 2 Nr. 2 BGB. Insofern ist gem. § 250 Abs. 1 Nr. 5 auch anzugeben, wann die Voraussetzungen des § 1613 Abs. 1 oder Abs. 2 Nr. 2 BGB eingetreten sind. D.h. es ist in der Regel anzugeben, zu welchem Zeitpunkt der Antragsgegner aufgefordert worden ist, zum Zwecke der Geltendmachung des Unterhaltsanspruchs, Auskunft über Einkünfte und Vermögen zu erteilen oder (durch Mahnung) in Verzug gekommen ist (§ 1613 Abs. 1 S. 1 BGB). Gem. § 1613 Abs. 1 S. 2 BGB ist ab dem ersten Tag des Monats, in den das Ereignis nach § 1613 Abs. 1 S. 1 BGB fällt, Unterhalt geschuldet, wenn der Anspruch zu diesem Zeitpunkt dem Grunde nach bestanden hat. Die vorgenannten Einschränkungen des § 1613 Abs. 1 BGB gelten in den (vergleichsweise seltenen) Fällen des § 1613 Abs. 2 Nr. 2 BGB nicht. Sonderbedarf nach § 1613 Abs. 2 Nr. 1 BGB ist nicht Gegenstand des vereinfachten Verfahrens.

ee) Höhe des verlangten Unterhalts (§ 250 Abs. 1 Nr. 6)

Der Antragsteller muss die Höhe des verlangten Unterhalts angeben. In den Grenzen des § 249 Abs. 1 S. 1 hat er die Wahl zwischen der Angabe eines fixen Zahlbetrages (Geldrente, § 1612 Abs. 1 S. 1 BGB) oder eines Prozentsatzes des jeweiligen Mindestunterhalts nach § 1612a BGB. Entsprechende Felder sieht auch das (bisherige) Formular nach der Anlage 1 zur KindUFV vor. Dem Vereinfachungszweck des Unterhaltsverfahrens nach §§ 249 ff entspricht jedoch allein die Angabe eines Prozentsatzes des jeweiligen Mindestunterhalts. Nur so werden die durch Inflation etc., üblicherweise erforderlichen zukünftigen Anpassungen der Zahlbeträge von Anfang an berücksichtigt, ohne dass jeweils ein Abänderungsverfahren eingeleitet werden muss.

ff) Kindergeld und andere zu berücksichtigende Leistungen (§ 250 Abs. 1 Nr. 7)

Die Angaben zum Kindergeld und den anderen zu berücksichtigenden Leistungen nach § 1612b oder § 1612c BGB sind zu machen, um dem Rechtspfleger die Prüfung zu ermöglichen, ob und in welchem Umfang diese Leistungen anzurechnen sind.

gg) Erklärung über Eltern-Kind-Verhältnis und Getrenntleben vom Antragsgegner (§ 250 Abs. 1 Nr. 8, 9)

Beide Erklärungen sind bereits in dem amtlichen Formular enthalten und somit zwingend abzugeben.

---

129 OLG Brandenburg FamRZ 2002, 1263, 1264.

hh) Höhe des Kindeseinkommens (§ 250 Abs. 1 Nr. 10)

271 Die Angabe des Bruttoeinkommens des Kindes soll es dem Antragsgegner ermöglichen, die Bedürftigkeit des Kindes zu überprüfen (§ 1602 Abs. 2 BGB). Sie soll in diesem Stadium des Verfahrens aber nicht dazu dienen, dass der Rechtspfleger schon eine dezidierte Berechnung aufstellen kann (vgl § 251 Abs. 1 S. 2 Nr. 2); außerdem soll sich der Antragsteller durch die Pflicht zur Angabe des eigenen Einkommens dessen Relevanz im Hinblick auf eine etwaige Bedarfs- bzw Anspruchsminderung bewusst werden.[130]

ii) Erklärung gem. § 250 Abs. 1 Nr. 11 und 12

272 Die nach Nr. 11 erforderliche Angabe darüber, ob der Anspruch aus eigenem, übergegangenem oder rückabgetretenem Recht geltend gemacht wird, soll, ebenso wie die im Gesetz bezeichnete Negativerklärung betreffend den Bezug von Sozialleistungen nach Nr. 12, Klarheit darüber verschaffen, ob der Antragsteller aktivlegitimiert ist.

jj) Kein Ausschluss nach § 249 Abs. 2 (§ 250 Abs. 1 Nr. 13)

273 Die Erklärung, dass die Festsetzung im vereinfachten Verfahren nicht nach § 249 Abs. 2 ausgeschlossen ist (vgl Rn 257), ist ebenfalls schon in dem zu unterzeichnenden amtlichen Vordruck enthalten.

d) Wirkungen der Antragstellung

274 § 251 Abs. 2 erklärt § 167 ZPO für entsprechend anwendbar. Hieraus folgt, dass die fristwahrende und verjährungsunterbrechende bzw -hemmende Wirkung der Zustellung bereits im Zeitpunkt der Anhängigkeit eintritt, wenn die Zustellung des Antrags demnächst, dh in nicht allzu erheblichem zeitlichen Abstand vom Fristablauf erfolgt.[131]

4. Gebühren und Verfahrenskostenhilfe

275 Für die Entscheidung im vereinfachten Verfahren fällt, unabhängig vom Inhalt derselben, eine Gerichtsgebühr aus Nr. 11 KV GKG an. Einen Gebührenvorschuss sieht § 12 GKG nicht vor. Wird seitens des bedürftigen Kindes ein Antrag auf Verfahrenskostenhilfe gestellt, so ist das Verfahrenskostenhilfe-Prüfverfahren grundsätzlich parallel zum vereinfachten Verfahren durchzuführen und nicht etwa vorzuschalten.[132] Die Beiordnung eines Rechtsanwalts ist – aufgrund der Kompliziertheit des Verfahrens für den rechtlichen Laien – grundsätzlich erforderlich.[133]

---

130 BT-Drucks. 14/7349, 25.
131 Vgl Zöller/Greger § 167 ZPO Rn 10.
132 FA-FamR/Gerhardt Kap. 6 Rn 202 b.
133 OLG Schleswig NJW-RR 2007, 774; differenzierend nach den Umständen des Einzelfalls aber noch OLG Dresden FamRZ 2001, 634.

III. Weiteres Verfahren

1. Zustellung des zulässigen Antrags an den Antragsgegner (§ 251)

a) Überblick

Wird der Antrag nicht wegen erkennbarer Unzulässigkeit nach § 250 Abs. 2 zurückgewiesen (vgl Rn 306), so ist er dem Antragsgegner mit den Hinweisen gem. § 251 Abs. 1 S. 2 zuzustellen. Zuständig ist der Rechtspfleger gem. § 25 Nr. 2 c) RPflG. Die Zustellung erfolgt nach §§ 113 Abs. 1, 112 Nr. 1, 231 iVm §§ 166–195 ZPO. Bei Auslandszustellungen gelten die §§ 183 ff ZPO; in diesen Fällen legt der Rechtspfleger die Länge der **Einwendungsfrist** fest, § 251 Abs. 1 S. 3. 276

b) Hinweise an den Antragsgegner (§ 251 Abs. 1 S. 2)
aa) Umfang der begehrten Unterhaltsfestsetzung (§ 251 Abs. 1 S. 2 Nr. 1)

Der Antragsgegner ist nach § 250 Abs. 1 S. 2 Nr. 1 von den Unterhaltsleistungen, die in einen Festsetzungsbeschluss nach § 253 nach dem zu diesem Zeitpunkt aktuellen Stand der Dinge festzusetzen wären, vollständig in Kenntnis zu setzen. 277

Nach § 251 Abs. 1 S. 2 Nr. 1 a) ist der Antragsgegner auf die nach dem Alter des Kindes zu berechnenden Zeiträume, für die die Mindestunterhaltsbeträge nach der ersten, zweiten und dritten Altersstufe festzusetzen sind, hinzuweisen. Die Zahlbeträge sind dabei der Höhe nach bekannt zu geben.[134] Nach § 251 Abs. 1 S. 2 Nr. 1 b) ist im Fall der Geltendmachung eines Anteils vom Mindestunterhalt nach § 1612 a BGB der betreffende Prozentsatz zu benennen. Daneben sind nach § 251 Abs. 1 S. 2 Nr. 1 c) die nach §§ 1612 b bzw 1612 c BGB zu berücksichtigenden Leistungen mitzuteilen. Insoweit hat der Gesetzgeber mit der Änderung zum 1.1.2002 durch die Streichung der ursprünglich im Gesetzestext vorhandenen Worte „mit dem anzurechnenden Betrag" klarstellen wollen, dass im Festsetzungsbeschluss die Anrechnung der kindbezogenen Leistungen, insbesondere des Kindergelds, auch dynamisch tenoriert werden kann.[135]

bb) Gegenstand der gerichtlichen Prüfung (§ 251 Abs. 1 S. 2 Nr. 2)

Gem. § 251 Abs. 1 S. 2 Nr. 2 ist darauf hinzuweisen, dass seitens des Gerichts nicht überprüft worden ist, ob der vom Antragsteller geltend gemachte Unterhalt das im Antrag angegebene Kindeseinkommen zutreffend berücksichtigt. Durch diesen Hinweis soll der Antragsgegner vor dem Missverständnis bewahrt werden, das Gericht habe den Unterhaltsanspruch bereits unter Berücksichtigung des unterhaltsrechtlich relevanten Kindeseinkommens geprüft. Es soll dann Sache des insoweit belehrten Antragsgegners sein, entsprechende Einwendungen zu erheben, da ohne diese eine antragsgemäße Festsetzung erfolgen soll.[136] 278

cc) Schaffung eines Vollstreckungstitels nach Fristablauf (§ 251 Abs. 1 S. 2 Nr. 3)

Der Antragsgegner muss nach § 251 Abs. 1 S. 2 Nr. 3 darauf hingewiesen werden, dass mit dem Festsetzungsbeschluss nach § 253 ein vollstreckungsfähiger Titel (§ 794 Abs. 1 Nr. 2 a ZPO) ergehen kann, wenn er nicht innerhalb der Frist von einem Monat 279

---

134 BT-Drucks. 13/7338, 39.
135 BT-Drucks. 14/7349, 25 f.
136 BT-Drucks. 14/7349, 26.

Einwendungen in der gesetzlich vorgeschriebenen Form erhebt. Bei einem im Ausland zuzustellenden Antrag bestimmt das Gericht gem. § 251 Abs. 1 S. 3 die Fristdauer nach seinem pflichtgemäßen Ermessen.

dd) Beschränkung der Einwendungsmöglichkeiten (§ 251 Abs. 1 S. 2 Nr. 4 und 5)

280 Die nach § 251 Abs. 1 S. 2 Nr. 4 und 5 zu erteilenden Hinweise beziehen sich auf die besonderen Regelungen im Hinblick auf die nach § 252 Abs. 1 privilegierten und die nach § 252 Abs. 2 mit besonderen Darlegungspflichten verbundenen Einwendungsmöglichkeiten des Antragsgegners (vgl Rn 281 ff) sowie den auch die Einwendungen des Antragsgegners betreffenden Formularbenutzungszwang nach § 259 Abs. 2.

2. Einwendungen des Antragsgegners (§ 252)

a) Überblick

281 Im Interesse der Verfahrensbeschleunigung – und damit zugunsten des Unterhaltsgläubigers – legt § 252 den Rahmen der Einwendungsmöglichkeiten des Antragsgegners fest. Dabei unterscheidet die Norm zwischen unbeschränkt zu berücksichtigenden Einwendungen formeller Art (§ 252 Abs. 1) und bedingt statthaften Einwendungen materieller Art (§ 252 Abs. 2); für alle Einwendungen gilt nach § 259 der Formularzwang mit der Erleichterung des § 257 (Ausfüllen durch den Urkundsbeamten). § 252 Abs. 3 setzt der Berücksichtigungsfähigkeit von Einwendungen eine zeitliche Grenze.

b) Unbeschränkt zu berücksichtigende Einwendungen nach § 252 Abs. 1

aa) Einwendungen gegen die Zulässigkeit des vereinfachten Verfahrens

282 Gem. § 252 Abs. 1 S. 1 Nr. 1 sind Einwendungen gegen die Zulässigkeit (bzw Statthaftigkeit) des vereinfachten Verfahrens (Rn 255 ff) uneingeschränkt zu berücksichtigen. Tatsachen, aus denen sich die Unzulässigkeit des Verfahrens ergibt, sind vom Rechtspfleger ja ohnehin zu beachten. Dem Antragsgegner wird mit dieser Norm lediglich die Möglichkeit eröffnet, Angaben des Antragstellers zu ergänzen oder richtig zu stellen, damit der Rechtspfleger die Unzulässigkeit des Antrags ggf erkennen kann. So ist der Einwand, nicht Vater des Antragstellers zu sein, ein formeller Einwand nach § 252 Abs. 1 S. 1 Nr. 1, da er die Zulässigkeit des Verfahrens nach §§ 249 Abs. 1 S. 1, 250 Abs. 1 S. 1 Nr. 8 betrifft.[137] Zur Behandlung der Einwendungen durch den Rechtspfleger und der Folgen für die Beteiligten s. Rn 301 ff.

bb) Einwendungen gegen den Zeitpunkt des Zahlungsbeginns (§ 252 Abs. 1 S. 1 Nr. 2)

283 Diese Einwendungen beziehen sich auf die vom Antragsteller nach § 250 Abs. 1 Nr. 4, 5 gemachten und dem Antragsgegner nach § 251 Abs. 1 S. 2 Nr. 1 mitgeteilten Angaben (Rn 267 und Rn 277 ff) und betreffen damit im Wesentlichen die Fälle, in denen Unterhalt für die Vergangenheit geltend gemacht wird. So kann der Schuldner etwa bestreiten, dass eine Aufforderung nach § 1613 Abs. 1 S. 1 BGB erfolgt ist (zur Frage der Behandlung der Einwendungen durch den Rechtspfleger und der Folgen für die Beteiligten s. Rn 301 ff). Einwendungen gegen eine etwaige Befristung der Zahlungsverpflichtung sind nicht erfasst.[138]

---

137 OLG Brandenburg FamRZ 2002, 545.
138 BGH NJW 2008, 2708.

B. Vereinfachtes Verfahren über den Unterhalt Minderjähriger

cc) Einwendungen gegen die Unterhaltshöhe (§ 252 Abs. 1 S. 1 Nr. 3)

Der Antragsgegner kann nach § 252 Abs. 1 S. 1 Nr. 3 verschiedene Einwendungen gegen die Berechnung der Unterhaltshöhe geltend machen. § 252 Abs. 1 S. 1 Nr. 3 a) betrifft Fehler bei der Zuordnung der Altersstufen zu den jeweiligen Unterhaltszeiträumen sowie bei der Berechnung des jeweiligen Mindestunterhalts, § 252 Abs. 1 S. 1 Nr. 3 b) sämtliche Fehler, die zu einer Festsetzung oberhalb der beantragten Summe geführt haben. Nach § 252 Abs. 1 S. 1 Nr. 3 c) können letztlich Fehler bei der Anrechnung von nach §§ 1612 b und 1612 c BGB zu berücksichtigen Leistungen eingewandt werden.   284

dd) Einwand der fehlenden Veranlassung zur Antragstellung (§ 252 Abs. 1 S. 2)

Verpflichtet sich der Antragsgegner sofort zur Erfüllung der Unterhaltsansprüche, so kann er gem. § 252 Abs. 1 S. 2 hinsichtlich der Verfahrenskosten geltend machen, keinen Anlass zur Stellung des Antrags gegeben zu haben (§ 243 Abs. 1, Abs. 2 Nr. 4, § 93 ZPO).   285

c) Eingeschränkt zu berücksichtigende Einwendungen nach § 252 Abs. 2
aa) Überblick

§ 252 Abs. 2 regelt, in welchem Umfang und unter welchen Voraussetzungen die nicht in § 252 Abs. 1 genannten Einwendungen vom Rechtspfleger zu berücksichtigen sind. Dabei handelt es sich im Wesentlichen um materiell-rechtliche Einwendungen. Dem Antragsgegner soll damit – in einem dem Beschleunigungsgedanken des vereinfachten Verfahrens zuträglichen Maße – die Möglichkeit verschafft werden, mit Einwendungen Gehör zu finden, ohne dass es zu einem streitigen Verfahren kommen muss.[139] Der Antragsteller hat dann die Möglichkeit, die Einwendungen zu akzeptieren und eine Festsetzung im Umfang der vom Antragsgegner abgegebenen Verpflichtungserklärung nach § 254 S. 2 zu beantragen. Der Rechtspfleger hat im vereinfachten Verfahren nicht über die Begründetheit der materiellen Einwendungen zu entscheiden.[140] Es ist grundsätzlich nur zu prüfen, ob die Einwendungen in der zulässigen Form erhoben sind oder nicht. Der Rechtspfleger hat den Antragsgegner im Rahmen seiner Hinweispflicht nach § 113 Abs. 1 iVm § 139 ZPO auf Fehler hinzuweisen, die etwa offenkundig auf einem Versehen beruhen.[141] Unbeachtet sollen Einwendungen bleiben, deren rechtliche Irrelevanz offenbar ist. Ist die Einwendung derart unsubstantiiert vorgebracht, dass ihre rechtliche Relevanz nicht beurteilt werden kann, so ist sie ebenfalls unbeachtlich.[142] Je nach dem Ergebnis der Prüfung der Beachtlichkeit folgt eine Mitteilung über Einwendungen nach § 254 oder ein Festsetzungsbeschluss nach § 253.   286

bb) Gleichzeitige Abgabe einer Verpflichtungserklärung (§ 252 Abs. 2 S. 1)

Nach § 252 Abs. 2 S. 1 kann der Antragsgegner die nicht unter § 252 Abs. 1 fallenden Einwendungen nur erheben, wenn er zugleich erklärt, in welchem Umfang er zur Unterhaltsleistung bereit ist, und sich insoweit zur Erfüllung des Unterhaltsanspruchs verpflichtet. Nach der Gesetzesbegründung soll der Antragsgegner auf diese Weise ange-   287

---

139 BT-Drucks. 13/7338, 40.
140 OLG Karlsruhe FamRZ 2006, 1548.
141 OLG Karlsruhe FamRZ 2006, 1548.
142 BT-Drucks. 13/7338, 40, 41.

halten werden, sich über die Berechtigung des Unterhaltsanspruchs – ggf unter Hinzuziehung rechtlichen Beistandes – Klarheit zu verschaffen.[143] Erklärt der Antragsgegner im amtlichen Vordruck, nur zur Zahlung eines bestimmten Betrages in der Lage zu sein, ist dies als Zahlungszusage zu verstehen.[144] Die Abgabe der Erklärung nach § 252 Abs. 2 S. 1 ist entbehrlich, wenn der Antragsgegner im Laufe des Verfahrens erklärt hat, zur Unterhaltszahlung überhaupt nicht fähig zu sein, und er dies durch vollständige Auskünfte über seine persönlichen und wirtschaftlichen Verhältnisse belegt hat.[145]

cc) Erfüllungseinwand (§ 252 Abs. 2 S. 2)

288 Den Erfüllungseinwand kann der Antragsgegner gem. § 252 Abs. 2 S. 2 nur dann erheben, wenn er zugleich erklärt, in welchem Umfang er geleistet hat; außerdem muss er eine Verpflichtungserklärung mit dem Inhalt abgeben, den darüber hinaus gehenden Unterhaltsrückstand zu begleichen. Hinsichtlich der eingewendeten Erfüllung hat der Antragsgegner konkret darzulegen, wann er welche Beträge geleistet hat.

dd) Einwand eingeschränkter oder fehlender Leistungsfähigkeit (§ 252 Abs. 2 S. 3)

289 Diesen Einwand muss der Antragsgegner unter Verwendung des amtlich eingeführten **Formulars** erheben, dh unter Erteilung von **Auskünften** über Einkünfte, Vermögen und die persönlichen und wirtschaftlichen Verhältnisse im Übrigen. Daneben muss er über seine Einkünfte **Belege** vorlegen. Die Belegpflicht bezieht sich dabei über den Wortlaut der Norm hinaus auch auf die von den Einkünften abzusetzenden Ausgaben, weil sich nur aus der Gegenüberstellung der Einnahmen und Ausgaben die Höhe der unterhaltsrechtlich relevanten Einkünfte feststellen lässt. Der Antragsgegner wird nicht durch den Hinweis auf ein eröffnetes Verbraucherinsolvenzverfahren von der Auskunfts- und Belegpflicht befreit.[146] Es ist grundsätzlich ausreichend, wenn der im Ausland lebende Antragsgegner die Belege nach Abs. 2 S. 3 in der jeweiligen Landessprache vorlegt;[147] der Rechtspfleger kann jedoch eine Übersetzung verlangen.[148]

d) Zeitliche Grenze des § 252 Abs. 3

290 Aus § 252 Abs. 3 ergibt sich, dass der Antragsgegner Einwendungen noch so lange geltend machen kann, wie der Festsetzungsbeschluss noch nicht verfügt ist. Dabei ist der Beschluss nicht schon mit Unterzeichnung sondern nach der hM erst dann als verfügt im Sinne der Vorschrift anzusehen, wenn er zur Zustellung an die Beteiligten aus dem inneren Geschäftsbetrieb des Gerichts herausgegeben ist;[149] die gegenteilige Auffassung ist abzulehnen; sie ist auch nicht verfahrensökonomisch, da ggf unnötige streitige Verfahren produziert werden. Ist der zeitliche Ablauf aber nicht mehr feststellbar, geht diese Ungewissheit zulasten des Antragsgegners, da er sich nicht an die zeitliche Grenze des § 251 Abs. 1 S. 2 Nr. 3 (Monatsfrist) bzw § 251 Abs. 1 S. 3 gehalten hat.[150]

---

143 BT-Drucks. 13/7338, 41.
144 OLG Naumburg FamRZ 2007, 1027.
145 OLG Hamm FamRZ 2006, 211; OLG Brandenburg FamRZ 2004, 1587.
146 OLG Koblenz FamRZ 2005, 514.
147 OLG München FamRZ 2005, 381.
148 Zöller/Philippi § 648 ZPO Rn 11 a.
149 OLG Hamm FamRZ 2006, 44 mwN zum diesbezüglichen Streitstand.
150 OLG Hamm FamRZ 2006, 44.

3. Mitteilung über Einwendungen (§ 254)

§ 254 bestimmt die weitere Verfahrensweise für den Rechtspfleger für den Fall, dass der Antragsgegner beachtliche Einwendungen erhoben hat. Der Rechtspfleger teilt dem Antragsteller gem. § 254 S. 1 mit, welche Einwendungen des Antragsgegners nach § 252 Abs. 1 S. 3 nicht zurückzuweisen oder nach § 252 Abs. 2 zulässig sind. Der Antragsteller erhält so rechtliches Gehör. Der Zugang der Mitteilung über Einwendungen setzt die **Sechsmonatsfrist des** § 255 Abs. 6 in Gang. Daher wird sie in der Praxis in der Regel zugestellt; sie kann aber formlos übersandt werden.[151] Der Antragsteller hat die Möglichkeit, den Erlass eines **Teilfestsetzungsbeschlusses** zu beantragen (vgl Rn 308).

291

4. Übergang in das streitige Verfahren (§ 255)

§ 255 regelt den Übergang vom vereinfachten Unterhaltsverfahren in die streitige Unterhaltssache, die nicht den formellen und inhaltlichen Beschränkungen des formalisierten Verfahrens nach §§ 249 ff unterliegt.

292

a) Antrag eines Beteiligten
aa) Vorherige Mitteilung nach § 254

Liegen beachtliche Einwendungen vor und ist eine Mitteilung nach § 254 erfolgt, können beide Beteiligten die Durchführung des streitigen Verfahrens beantragen (§ 254 Abs. 1 S. 1). Durch den Verweis auf die Voraussetzungen des § 254 soll verhindert werden, dass sich der Antragsgegner unter Umgehung der engen Voraussetzungen des § 252 ins streitige Verfahren flüchtet.[152]

293

bb) Anwaltszwang

Fraglich ist, ob die Antragstellung dem Anwendungsbereich des § 257 Abs. 1 unterfällt und der Antrag von den Beteiligten beim Urkundsbeamten der Geschäftsstelle gestellt werden kann. Dies wurde aufgrund der alten Rechtslage so gehandhabt[153] und wird auch auf der Grundlage der Vorschriften des FamFG wieder bejaht.[154] Im Hinblick auf den nun herrschenden Anwaltszwang im streitigen Unterhaltsverfahren (§§ 114 Abs. 1, 112 Abs. 1, 231 Abs. 1) und die Regelung des § 255 Abs. 2, wonach wie in Unterhaltssachen weiter zu verfahren ist und Einwendungen als Erwiderungen gelten, erscheint die Fortführung dieser Handhabung allerdings fragwürdig.

294

cc) Antragsfolgen

Gem. § 255 Abs. 2 S. 1 ist nach Eingang des Antrags wie nach dem Eingang eines Antrags in einer Unterhaltssache zu verfahren. Der Fortgang des Verfahrens richtet sich gem. §§ 113 Abs. 1, 231 Abs. 1 nach den allgemeinen Vorschriften der ZPO. Nach der hier vertretenen Auffassung ist der Antrag nach § 255 Abs. 1 S. 1 zuzustellen[155]. Zwar ist der die Klageschrift ersetzende Festsetzungsantrag bereits zugestellt; die nach § 252 erhobenen Einwendungen sollen aber als Klageerwiderung gelten (§ 255 Abs. 2 S. 1). Dem Antrag nach § 255 Abs. 1 dürfte daher im Hinblick auf § 114 Abs. 1 auch die

295

---

151 Vgl Zöller/Philippi § 650 ZPO Rn 6.
152 BT-Drucks. 14/7349, 26.
153 Musielak/Borth § 657 ZPO Rn 1.
154 BLAH/Hartmann § 255 FamFG Rn 3.
155 AA Zöller/Philippi § 651 ZPO Rn 2.

Grimm

Wirkung zukommen, dass sich der Rechtsanwalt die vom Antragsgegner (ggf ohne anwaltliche Vertretung nach § 252) erhobenen Einwendungen zu eigen macht.

296 Der Richter wird sodann in der Regel Termin zur mündlichen Verhandlung anberaumen, wenn er die Darlegungen der Beteiligten für erschöpfend bzw hinreichend substantiiert erachtet; hält er noch eine weitere schriftliche Aufbereitung des Sachstandes für erforderlich, wird er nach § 113 Abs. 1 iVm § 139 Abs. 1 die erforderlichen Hinweise erteilen[156] und nach § 236 Auskünfte einholen bzw sonstige vorbereitende Maßnahmen treffen, § 113 Abs. 1 iVm § 273 ZPO. Für ein schriftliches Vorverfahren ist im Hinblick auf § 255 Abs. 2 S. 2 kein Raum.

297 Der Antrag kann bis zur mündlichen Verhandlung zurückgenommen (§ 696 Abs. 4 ZPO entsprechend) und innerhalb der Frist des § 255 Abs. 6 erneut gestellt werden.[157]

dd) Eintritt der Rechtshängigkeit

298 Rechtshängigkeit tritt an sich mit dem Eingang des auf Durchführung des streitigen Verfahrens gerichteten Antrags ein;[158] nach § 255 Abs. 3 gilt der Rechtsstreit aber als mit Zustellung des Festsetzungsantrages rechtshängig geworden.

b) Rücknahmefiktion

299 Wird der Antrag nach § 255 Abs. 1 S. 1 nicht innerhalb von 6 Monaten nach Zugang der Mitteilung nach § 254 S. 1 gestellt, gilt der Festsetzungsantrag als zurückgenommen, soweit nicht ein Teilfestsetzungsbeschluss (§ 254 S. 2) ergangen ist oder eine Verpflichtungserklärung des Antragsgegners nach § 252 Abs. 2 S. 1 bzw 2 vorliegt. Nach Ablauf dieser recht langen Frist, die den Beteiligten Gelegenheit zu einer gütlichen Einigung geben soll, soll damit Rechtssicherheit geschaffen werden.[159] Die Rücknahmefiktion führt zu einer Beendigung des Rechtsstreits und ermöglicht eine einheitliche abschließende Kostenentscheidung nach Fristablauf (vgl Rn 313 f). Die in diesem Fall wiederum vom Rechtspfleger (§ 25 Nr. 2 c RPflG) zu treffende Kostenentscheidung ergeht nicht nach § 91 ZPO, sondern nach billigem Ermessen, § 243.

5. Verfahrensverbindung (§ 250 Abs. 3)

300 Nach § 250 Abs. 3 muss das Gericht die bei einem Gericht anhängigen vereinfachten Verfahren sämtlicher Kinder eines Antragsgegners zum Zwecke einer gleichzeitigen Entscheidung miteinander verbinden. Die Verbindung erfolgt im Beschlusswege und ist unanfechtbar. Die Vorschrift soll im Wesentlichen der Geringhaltung der Kosten dienen.[160]

IV. Entscheidungsfindung

1. Beschleunigungsgedanke und Hinweispflicht

301 Der Katalog in § 250 Abs. 1 und die in § 250 Abs. 2 bestimmte zwingende Zurückweisung des Antrags bei Nichtvorliegen aller Voraussetzungen sowie der Formularzwang

---

156 Vgl BT-Drucks. 13/7338, 42.
157 Zöller/Philippi § 651 ZPO Rn 2.
158 BLAH/Hartmann § 255 FamFG Rn 4.
159 BT-Drucks. 14/7349, 26.
160 BT-Drucks. 13/7338, 39.

B. Vereinfachtes Verfahren über den Unterhalt Minderjähriger 12

(§ 259 Abs. 2) und die Regelungen betreffend den Umgang mit Einwendungen (§ 252) sind wiederum Ausdruck der weitgehenden Formalisierung des Verfahrens. Die strenge Formalisierung soll sowohl eine beschleunigte, ggf auch maschinelle (§ 258), Bearbeitung ermöglichen, als auch ein hohes Maß an Rechtssicherheit bewirken.

Gleichwohl kann der Rechtspfleger vor der Beschlussfassung mündlich verhandeln, § 113 Abs. 1 iVm § 128 Abs. 4 ZPO. Sachdienlich dürfte eine solche Erörterung insbesondere dann sein, wenn der Rechtspfleger den Antragsgegner etwa auf behebbare Fehler betreffend die Form der Erhebung von Einwendungen hinweisen muss. Der Rechtspfleger hat den Antragsgegner im Rahmen seiner Hinweispflicht nach § 113 Abs. 1 iVm § 139 ZPO auf Fehler hinzuweisen, die etwa offenkundig auf einem Versehen beruhen.[161] In solchen Fällen wird das Verfahren durch die Anberaumung eines Termins ggf beschleunigt werden können. Eine mündliche Verhandlung findet in der dem Verfasser bekannten gerichtlichen Praxis allerdings so gut wie nie statt. 302

2. Prüfungsumfang

Der Rechtspfleger ist bei seiner Schlüssigkeitsprüfung – anders als der Entscheider im streitigen Unterhaltsverfahren – auch von wertenden Beurteilungen grundsätzlich freigestellt.[162] Er hat im vereinfachten Verfahren nicht über die tatsächliche Begründetheit der materiellen Einwendungen zu entscheiden.[163] Im vereinfachten Verfahren findet **keine Beweiserhebung** statt, da aufgrund des Beschleunigungsgedankens für eine erweiterte Sachprüfung kein Raum ist.[164] Es ist grundsätzlich nur zu prüfen, ob die Einwendungen in der zulässigen Form erhoben sind oder nicht. Unbeachtet sollen Einwendungen bleiben, deren rechtliche Irrelevanz offenbar ist. Ist die Einwendung derart unsubstanziiert vorgebracht, dass ihre rechtliche Relevanz nicht beurteilt werden kann, so ist sie ebenfalls unbeachtlich.[165] 303

3. Differenzierte Prüfung der Einwendungen nach § 252

§ 252 Abs. 1 S. 3 bestimmt, wie der Rechtspfleger mit den nach § 252 Abs. 1 zulässigen Einwendungen umzugehen hat. Dabei differenziert das Gesetz zwischen der Behandlung der Einwendungen nach § 252 Abs. 1 S. 1 Nr. 1 und 3 einerseits sowie nach § 252 Abs. 1 S. 1 Nr. 2 andererseits. Der Rechtspfleger weist Einwendungen nach § 252 Abs. 1 S. 1 Nr. 1 und 3 zurück, wenn sie nicht begründet sind. Dabei hat der Rechtspfleger nur zu prüfen, ob die Einwendungen nach dem Vorbringen des Antragsgegners begründet sind. Eine Beweisaufnahme oder erweiterte Sachprüfung findet dabei nicht statt (vgl Rn 303). 304

Wendet sich der Antragsgegner allerdings gegen den Zeitpunkt des Beginns der Unterhaltsverpflichtung, könnte es aufgrund des Umstandes, dass die Beweislast für den Zugang einer Mahnung beim Antragsteller liegt, häufig zu nachteiligen Entscheidungen zulasten des Antragstellers kommen. Auf der Grundlage des in § 252 Abs. 1 S. 3 aE 305

---

161 OLG Karlsruhe FamRZ 2006, 1548.
162 BGH NJW 2008, 2710, 2712.
163 OLG Karlsruhe FamRZ 2006, 1548.
164 BT-Drucks. 13/7338, 58; OLG München RPfleger 2001, 346.
165 BT-Drucks. 13/7338, 40, 41.

Grimm

ausdrücklich festgelegten Prüfungsmaßstabs („nicht begründet erscheint") reicht es hier aber aus, wenn der Rechtspfleger es für wahrscheinlich hält, dass der Antragsteller das Mahnschreiben rechtzeitig zur Post aufgegeben und der Antragsgegner es auch erhalten hat. Je nach dem Ergebnis der Prüfung der Beachtlichkeit der Einwendungen folgt eine Mitteilung über Einwendungen nach § 254 oder ein Festsetzungsbeschluss nach § 253.

V. Entscheidung

1. Zurückweisung des (zu beanstandenden) Antrags nach § 250 Abs. 2

306 § 250 Abs. 2 schreibt die zwingende Zurückweisung des Antrages für den Fall vor, dass der Antrag nicht den in § 250 Abs. 1 und § 249 genannten Voraussetzungen entspricht. D.h. der Rechtspfleger weist den Antrag insoweit zurück, wie die tatbestandlichen Voraussetzungen des § 249 Abs. 1 fehlen, der Antrag nach § 249 Abs. 2 unstatthaft ist oder einen Formmangel nach § 250 Abs. 1 aufweist. Vor einer Zurückweisung ist das Gericht jedoch nach § 250 Abs. 2 S. 2 verpflichtet, den Antragsteller anzuhören, um ihm so die Gelegenheit zu geben, behebbare Mängel binnen einer von ihm zu bestimmenden angemessenen Frist zu beheben oder den Antrag zurückzunehmen. Die Unanfechtbarkeit des Beschlusses nach § 250 Abs. 2 S. 3 dient dem Zweck der Vereinfachung des Verfahrens. Der Antragsteller ist in diesem Fall nicht durch § 249 Abs. 2 gehindert, einen neuen – verbesserten – Antrag einzureichen. Auch die Erinnerung nach § 11 Abs. 2 RPflG ist durch diese Vorschrift nicht ausgeschlossen. § 250 Abs. 2 S. 3 erfasst nach der hM auch nur den Fall einer Zurückweisung eines Antrags insgesamt; die Vorschrift steht der Statthaftigkeit der Beschwerde bei einer Teilzurückweisung nach § 250 Abs. 2 S. 1 also nicht grundsätzlich entgegen.[166]

307 Der zurückweisende Beschluss ist gem. § 38 Abs. 3 zu begründen und muss eine Kostenentscheidung enthalten; hinsichtlich der Kostenlast gilt § 243 (vgl Rn 192).

2. Teilfestsetzungsbeschluss (§ 254 S. 2)

308 Der Antragsteller hat nach § 254 S. 2 auch die Möglichkeit, den Erlass eines Teilfestsetzungsbeschlusses (§ 253) zu beantragen. Dieser ergeht dann in dem Umfang, wie sich der Antragsgegner zur Unterhaltszahlung verpflichtet hat, § 252 Abs. 2 S. 1, 2. Auf die Möglichkeit nach § 254 S. 2 ist der Antragsteller in der Mitteilung gem. § 254 S. 3 hinzuweisen. Inhaltlich und formell gelten für den Teilfestsetzungsbeschluss die gleichen Anforderungen wie für den Festsetzungsbeschluss (vgl Rn 309). Die über die im fakultativen Teilfestsetzungsbeschluss titulierten Ansprüche hinausgehenden Unterhaltsansprüche kann der Antragsteller in jedem Fall noch im streitigen Verfahren geltend machen. Es besteht für beide Beteiligte die Möglichkeit, gem. § 255 Abs. 1 S. 1 die Durchführung des streitigen Verfahrens zu beantragen (Rn 292 ff). Hierauf ist ebenfalls hinzuweisen, § 255 Abs. 1 S. 2.

---

166 BGH NJW 2008, 2710, 2711.

3. Festsetzungsbeschluss (§ 253)

Der Rechtspfleger (§ 25 Nr. 2 c) RPflG) setzt auf der Grundlage eines zulässigen Antrags nach dem Ablauf der Monatsfrist des § 251 Abs. 1 S. 2 Nr. 3 den Unterhalt mit einem Festsetzungsbeschluss nach § 253 fest, wenn keine oder lediglich unzulässige bzw zurückzuweisende Einwendungen erhoben worden sind.

a) Voraussetzungen des Beschlusses (§ 253 Abs. 1 S. 1)

Der Erlass des Festsetzungsbeschlusses erfolgt unter der Voraussetzung, dass innerhalb der Einwendungsfrist keine beachtlichen Einwendungen erhoben werden.

Die **Frist** des § 251 Abs. 1 S. 2 Nr. 3 (bzw § 251 Abs. 1 S. 3) bestimmt also den frühest möglichen Zeitpunkt der Beschlussfassung. Die zeitliche Grenze für die Frage der Beachtlichkeit der Einwendungen setzt aber § 252 Abs. 3. Die Beachtlichkeit der formellen und materiellen Einwendungen richtet sich im Übrigen nach § 252 Abs. 1 bzw § 252 Abs. 2 (vgl Rn 281 ff).

b) Inhalt des Beschlusses (§ 253 Abs. 1 S. 2, 3, Abs. 2)
aa) Allgemeine Anforderungen (§§ 38, 39)

Die allgemeinen Anforderungen an den Beschlussinhalt ergeben sich aus §§ 38 Abs. 1 S. 2 bis 6, 39. Der Beschluss ist nach § 38 Abs. 3 S. 1 auch zu begründen, dh aus dem Beschluss muss ersichtlich werden, warum erhobene Einwendungen nicht berücksichtigt worden sind. Es empfiehlt sich neben den nach § 38 Abs. 2 Nr. 1 erforderlichen Angaben zu den Beteiligten im Hinblick auf § 1612 a Abs. 1 S. 3 BGB auch das Geburtsdatum des Kindes in den Beschluss aufzunehmen. Nach § 38 Abs. 1 S. 2 muss der Beschluss, der gem. § 95 Abs. 1 Nr. 1 iVm § 794 Abs. 1 Nr. 2 a ZPO einen Vollstreckungstitel darstellt, den Ausspruch über die Zahlungsverpflichtung des Antragsgegners gegenüber dem Unterhaltsberechtigten unter Angabe des eindeutig bestimmbaren Inhalts dieser Pflicht enthalten.

bb) Unterhaltshöhe

Die Unterhaltshöhe ist in absoluten Zahlen oder in Prozentsätzen vom Mindestunterhalt nach § 1612 a BGB anzugeben (vgl Rn 268). Im Festsetzungsbeschluss kann die Anrechnung der kindbezogenen Leistungen, insbesondere des Kindergelds, ebenfalls dynamisch tenoriert werden.[167] Auch Verzugszinsen für rückständigen Unterhalt sind in den Tenor mit aufzunehmen.[168] Die Leistungszeiträume sind ebenfalls im Tenor anzugeben. Hat der Antragsteller lediglich die Festsetzung laufender Unterhaltszahlungen beantragt, so ist der Unterhalt ab dem ersten Tag des Monats, in dem die Zustellung des Antrags nach § 251 erfolgt ist, zuzusprechen (§ 1613 Abs. 1 BGB).

cc) Kostenentscheidung

Der Beschluss muss eine Kostenentscheidung beinhalten. Der Ausspruch über die Kosten enthält einerseits die Entscheidung über die Frage der **Kostenlast** (vgl § 256). Daneben legt § 253 Abs. 1 S. 3 ausdrücklich fest, dass auch schon eine **Festsetzung** der Kosten, die ohne Weiteres zu ermitteln sind, erfolgen muss. Ziel ist die Vermeidung

---

167 BT-Drucks. 14/7349, 25, 26.
168 Vgl BGH NJW 2008, 2710.

eines zusätzlichen Kostenfestsetzungsverfahrens,[169] welches allerdings im Falle aufwändigerer Ermittlungen gleichwohl durchzuführen ist.

dd) Einheitlichkeit von Titel und Kostenentscheidung

314 Soweit ein im streitigen Verfahren zu schaffender Unterhaltstitel Zeiträume betrifft, die von einem vorangegangenen **Teilfestsetzungsbeschluss** nach § 254 S. 2 berührt werden, soll der vorangegangene Beschluss insoweit aufgehoben werden; es soll dann gem. § 255 Abs. 4 – zur Erleichterung der Zwangsvollstreckung – ein **einheitlicher Titel** geschaffen werden.[170] Auch soll gem. § 255 Abs. 5 im streitigen Verfahren eine **einheitliche Kostenentscheidung** getroffen werden; die Kosten des vereinfachten Verfahrens sind dabei als Kosten des streitigen Verfahrens behandelt.

VI. Beschwerde (§ 256)

1. Beschwerde und Abänderungsverfahren

315 Der Festsetzungsbeschluss ist mit der Beschwerde nach § 256 anfechtbar. Auch im Rahmen der Beschwerde ist der Prüfungsumfang allerdings eingeschränkt. Ein besonderes Abänderungsverfahren sehen die §§ 249 ff im Gegensatz zu den §§ 645 ff ZPO aF nicht mehr vor (Rn 244). Es findet aber eine Abänderung nach den allgemeinen Vorschriften der §§ 238 ff statt. Dabei lässt § 240 Abs. 1 für Titel nach § 253 einen Abänderungsantrag auch ohne die Einschränkungen des § 238 zu (vgl § 240). Es sind die Fristen des § 253 Abs. 2 zu beachten.

316 Auf die Einwendungsmöglichkeiten im Beschwerdeverfahren und die Voraussetzungen des Abänderungsverfahrens ist der Antragsgegner im Beschluss gem. § 253 Abs. 2 in Gestalt einer **Rechtsbehelfsbelehrung** hinzuweisen. Es fällt eine Gerichtsgebühr nach Nr. 1122 KVGKG an. Hinsichtlich der Rechtsanwaltsgebühren ist Nr. 3200 VV einschlägig.

2. Zulässigkeit

317 Auch die Vorschrift zum Beschwerdeverfahren wurde lediglich redaktionell angepasst. Sie entspricht § 652 Abs. 2 ZPO aF; der Inhalt des vormaligen § 652 Abs. 1 ZPO war aufgrund der neuen Gesetzessystematik entbehrlich, da sich die Statthaftigkeit der Beschwerde nun aus dem § 58 Abs. 1 ergibt (vgl § 58). Auf das Beschwerdeverfahren sind also nun nicht mehr die Vorschriften der ZPO, sondern die allgemeinen Vorschriften über das Beschwerdeverfahren der §§ 58 ff anwendbar, da § 113 Abs. 1 S. 1 diese Normen in Familienstreitsachen nicht für unanwendbar erklärt und im Übrigen insoweit keine spezielleren Regelungen bestimmt sind. Die Beschwerdefrist beträgt daher gem. § 63 Abs. 1 nunmehr einen Monat nach Bekanntgabe bzw Zustellung. Die Beschwerde ist nach § 64 Abs. 1 bei dem Gericht einzulegen, dessen Beschluss angefochten wird. Wie § 257 zeigt, kann die Beschwerde auch mündlich vor dem Urkundsbeamten der Geschäftsstelle eingelegt werden;[171] Anwaltszwang besteht daher insoweit nicht (vgl Rn 250 f). Zu den Zulässigkeitsvoraussetzungen der Beschwerde im Übrigen wird auf

---

169 BT-Drucks. 13/7338, 41.
170 BT-Drucks. 13/7338, 42.
171 Thomas/Putzo/Hüßtege § 657 ZPO Rn 1.

§ 2 Rn 9 ff verwiesen. Beschwerdegericht ist nach wie vor das Oberlandesgericht (§ 119 Abs. 1 Nr. 1 a GVG).

Die Beschwerde ist gegen einen Festsetzungsbeschluss (§ 253) bzw Teilfestsetzungsbeschluss (§ 254 S. 2) statthaft. Der Beschwerdeführer muss durch den angefochtenen Beschluss beschwert sein, um ihn mit der Beschwerde anfechten zu können.[172] 318

3. Begrenzte Einwendungsmöglichkeiten

§ 256 enthält eine Begrenzung der Einwendungsmöglichkeiten des Beschwerdeführers. Sie gilt für den Antragsteller und den Antragsgegner.[173] Werden mit der Beschwerde andere als die in der Vorschrift genannten Einwendungen geltend gemacht, ist sie durch das Beschwerdegericht (insoweit) als unzulässig zu verwerfen. Sie kann sich nach § 256 S. 1 gegen die Unterhaltsfestsetzung, die Kostengrundentscheidung und die Kostenfestsetzung richten. Die Unterhaltsfestsetzung ist durch beide Beteiligte angreifbar mit dem Einwand der fehlerhaften Berechnung des Unterhalts (falsche Berücksichtigung der Mindestunterhaltssätze, Kindergeldsätze, Unterhaltszeiträume etc.), welche ggf auch auf einer Zugrundelegung eines falschen Geburtsdatums beruhen kann. Einwendungen nach § 252 Abs. 1 können auch erstmalig erhoben werden. Eine Bestimmung des Unterhaltsfestsetzungsbeschlusses, nach der die Festsetzung unter einer Bedingung bzw Befristung steht, stellt keinen zulässigen Einwand iSd Vorschrift dar.[174] Es ist auch die Einwendung des Antragsgegners statthaft, das Gericht habe eine Einwendung nach § 252 Abs. 2 zu Unrecht als unzulässig oder verspätet behandelt. Neue Einwendungen nach § 252 Abs. 2 können gem. § 256 S. 2 mit der Beschwerde nicht erhoben werden. Mit dieser Regelung soll der Beschleunigung gedient und verhindert werden, dass der Antragsgegner in die Versuchung gerät, die Auskunftspflicht im Festsetzungsverfahren zunächst zu umgehen.[175] 319

4. Beschwerde des Antragstellers

Auch für den Antragsteller kann bei einer Teilzurückweisung der Beschwerdeweg eröffnet sein,[176] obwohl der Wortlaut der Norm mit dem Verweis auf § 252 (Einwendungen des Antragsgegners) das Gegenteil nahe legt; die fehlende Anfechtbarkeit der Zurückweisung nach § 250 Abs. 2 S. 3 steht der Statthaftigkeit der Beschwerde bei Teilzurückweisungen nach der neueren Rechtsprechung des Bundesgerichtshofs nämlich jedenfalls dann nicht entgegen, wenn andernfalls bei einer Aufsplitterung der Kompetenzen die Gefahr widersprüchlicher Entscheidungen entsteht; soweit eine Statthaftigkeit der Beschwerde nämlich nicht gegeben ist, ist gegen Entscheidungen des Rechtspflegers (§ 25 Nr. 2 c RPflG) nach § 11 Abs. 2 S. 1 RPflG die befristete Erinnerung zulässig. Dieser kann der Rechtspfleger selbst abhelfen (§ 11 Abs. 2 S. 2 RPflG), bei Nichtabhilfe entscheidet der zuständige Familienrichter des Amtsgerichts (§ 11 Abs. 2 S. 3 RPflG). Im Falle der Teilzurückweisung eines Antrages bestünde daher ansonsten die Gefahr, dass der Familienrichter (auf die Erinnerung des Antragstellers) und das 320

---

172 Vgl BGH NJW 2008, 2710.
173 BGH NJW 2008, 2708 mwN.
174 BGH NJW 2008, 2708.
175 BT-Drucks. 14/7349, 27.
176 BGH NJW 2008, 2708.

Beschwerdegericht (auf die Beschwerde des Antragsgegners) zu widersprüchlichen Entscheidungen kämen.[177] § 256 ist aus diesem Grunde grundsätzlich dahin auszulegen, dass dem beschwerten Antragsteller ebenfalls das Rechtsmittel der Beschwerde zusteht.[178]

---

177 BGH NJW 2008, 2710.
178 Vgl OLG München FamRZ 2002, 547; Zöller/Philippi § 652 ZPO Rn 4.

§ 13 Güterrechtssachen

I. Einführung 1
II. Begriff der Güterrechtssachen 3
   1. Verfahren nach § 261 Abs. 1
      – Güterrechtsstreitsachen 3
   2. Verfahren nach § 261 Abs. 2
      – Güterrechtssachen der freiwilligen Gerichtsbarkeit 14
III. Güterrechtsverfahren der freiwilligen Gerichtsbarkeit 15
   1. Einleitung 15
   2. Verfahren nach §§ 1365 Abs. 2, 1369 Abs. 2 BGB und §§ 1426, 1430, 1452 BGB... 19
      a) Einleitung 19
      b) Antrag 20
      c) Zuständigkeit 22
      aa) Örtliche Zuständigkeit.... 22
      bb) Funktionelle Zuständigkeit 23
      d) Beteiligte 25
      e) Verfahrensfähigkeit 26
      f) Postulationsfähigkeit 27
      g) Ermittlung des maßgeblichen Sachverhalts 28
      h) Verfahrensleitung 29
      i) Endentscheidung 30
      aa) Entscheidungsoptionen ... 30
      bb) Wirksamkeit des Beschlusses 31
      cc) Kostenentscheidung 32
      j) Rechtsbehelfe 33
   3. Verfahren nach § 1382 BGB und § 1383 BGB 34
      a) Antrag 34
      b) Zuständigkeit 39
      aa) Örtliche Zuständigkeit.... 39
      bb) Funktionelle Zuständigkeit 40
      c) Beteiligte 41
      d) Verfahrensfähigkeit 43
      e) Postulationsfähigkeit 44
      f) Ermittlung des maßgeblichen Sachverhalts 45
      g) Verfahrensleitung 46
      h) Endentscheidung 53
      aa) Entscheidungsoptionen .. 53
      bb) Einheitliche Entscheidung im Zugewinnausgleichsverfahren 55
      cc) Wirksamkeit des Beschlusses 56
      dd) Kostenentscheidung 58
      i) Rechtsbehelfe, Abänderung und Wiederaufnahme 61
IV. Güterrechtsstreitverfahren 63
   1. Einleitung 63
   2. Antrag (§ 113 Abs. 5 Nr. 2 ZPO) 67
   3. Zuständigkeit 68
      a) Örtliche Zuständigkeit.... 68
      b) Funktionelle Zuständigkeit 69
      c) Beteiligte (§ 113 Abs. 5 Nr. 5) 70
      d) Verfahrensfähigkeit 71
      e) Postulationsfähigkeit 72
      f) Ermittlung des maßgeblichen Sachverhalts 73
      g) Verfahrensleitung 75
      h) Endentscheidung 76
      aa) Entscheidungsform 76
      bb) Wirksamkeit des Beschlusses 77
      cc) Kostenentscheidung 79
      i) Rechtsbehelfe 82
      j) Vollstreckung 84
      k) Einstweiliger Rechtsschutz 85
V. Verfahren mit internationalem Bezug 88
   1. Normative Grundlagen 88
   2. Güterrechtssachen im Verbund 90
   3. Güterrechtssachen ohne Verbund 91

I. Einführung

Güterrechtssachen (§ 261) gehören zur **Gruppe der Familiensachen** (§ 111 Nr. 9), auf 1
die die allgemeinen Vorschriften des Verfahrens in Familiensachen (§§ 111–120) Anwendung finden. § 112 Abs. 1 Nr. 2 differenziert zwischen den Güterrechtssachen nach § 261 Abs. 1, die als **Familienstreitsachen** eingeordnet werden, und den Güterrechtssachen, die in § 261 Abs. 2 genannt sind. Während für die Verfahren des § 261 Abs. 2

die allgemeinen Vorschriften des FamFG gelten, es sich also um **Verfahren der freiwilligen Gerichtsbarkeit** handelt,[1] finden für die Güterrechtssachen des § 261 Abs. 1 grundsätzlich die Normen der ZPO Anwendung (§ 113 Abs. 1). Für beide Verfahrensarten gelten die speziellen Verfahrensnormen der §§ 262–265.

2   Auf der in § 261 Abs. 1 und Abs. 2 vorgegebenen Differenzierung beruht die nachfolgende Darstellung. Zunächst werden die Begrifflichkeiten geklärt, um eine Zuordnung – auch zu anderen Familienrechtssachen – zu ermöglichen. Im Anschluss daran werden die Verfahrensabläufe einerseits für die Güterrechtsstreitsachen und andererseits für die Gütersachen der freiwilligen Gerichtsbarkeit dargestellt.

II. Begriff der Güterrechtssachen

1. Verfahren nach § 261 Abs. 1 – Güterrechtsstreitsachen

3   § 261 Abs. 1 bezieht sich auf **Ansprüche**, die sich aus §§ **1363** bis **1565** BGB ergeben, soweit sie nicht in § 261 Abs. 2 genannt sind. Keine „Ansprüche" aus dem Güterrecht sind **rechtsfürsorgende Verfahren** zum Schutz von Minderjährigen und Betreuten wie sie in §§ 1411 Abs. 1 S. 3, Abs. 2, 1491 Abs. 3, 1492 Abs. 3, 1493 Abs. 2 BGB geregelt sind. Die familien- und betreuungsgerichtlichen Genehmigungstatbestände beschränken die Befugnisse der gesetzlichen Vertreter. Sie sind deshalb als Familien- und Betreuungssachen einzuordnen.[2] Klargestellt ist, dass die **Beteiligung von Dritten** am Verfahren (beispielsweise §§ 1368, 1369 Abs. 3, 1390, 1428, 1455 Nr. 8 BGB) an dieser Einschätzung und damit an der Zuständigkeit des Familiengerichts nach den üblichen Regeln nichts ändert. Inhaltlich richtet sich § 261 Abs. 1 weitgehend an § 621 Abs. 1 Nr. 9 ZPO aF aus. Allerdings hat die Bestimmung viel von ihrer Bedeutung verloren, da die Familiengerichte nunmehr auch für solche Angelegenheiten zuständig sind und sie nach den Regeln des FamFG zu behandeln haben, §§ 266 ff (sonstige Familiensachen), die bisher eigenständig und (meist) in der Zuständigkeit der allgemeinen Zivilgerichte zu erledigen waren.

4   Für die güterrechtliche Zuordnung ist die **Anspruchsbegründung** des Antragstellers entscheidend,[3] also der von ihm vorgenommene Bezug zum Ehegüterrecht nach §§ 1363 bis 1563 BGB bzw nach den Vorschriften der §§ 39, 40 FGG (DDR) sowie nach ausländischem Güterrechtsstatut (s. Art. 15 EGBGB).[4] Einbezogen sind besondere Arten der sonst güterrechtlichen Vermögensauseinandersetzung bzw Streitigkeiten über die Aufteilung des Gesamtguts,[5] beispielsweise wenn die Forderung in einem Schuldschein verkörpert wird,[6] die Beteiligten über eine Ausgleichsrente streiten, die sie statt Zugewinn vereinbart haben,[7] oder Streit über die Zulässigkeit der **Teilungsversteigerung** eines gemeinschaftlichen Grundstücks besteht.[8] Erfasst sind zudem voll-

---

1 Gesetzentwurf der Bundesregierung, BR-Drucks. 309/07, 585.
2 Gesetzentwurf der Bundesregierung, BR-Drucks. 309/07, 585.
3 OLG Rostock FamRZ 2004, 650 (651) nach BGH FamRZ 1983, 156.
4 BGH NJW 1987, 2161 für die Morgengabe, bei der allerdings streitig ist, ob güterrechtlich oder unterhaltsrechtlich zu qualifizieren ist – letztlich wird entscheidend, für welchen Bereich sie nun tatsächlich „eingesetzt" wird.
5 BGH NJW-RR 1998, 1219.
6 OLG Karlsruhe FamRZ 1982, 286.
7 BGH NJW 1982, 941.
8 BGH FamRZ 1985, 902, 903.

II. Begriff der Güterrechtssachen

streckungsrechtliche Rechtsbehelfe. Das betrifft die **Drittwiderspruchsklage** nach § 771 ZPO, die auf die Verletzung von §§ 1365, 1368 BGB gestützt wird,[9] und die Vollstreckungsgegenklage gem. § 767 ZPO, die sich gegen einen bereits titulierten güterrechtlichen Anspruch richtet.

Güterrechtlich ist der Anspruch gegen den anderen Ehegatten auf **Nutzungsentschädigung** für eine in die **Gütergemeinschaft** gehörende Wohnung[10] geprägt, während sonst Auseinandersetzungen und Nutzungsentgelte in die Zuständigkeit der allgemeinen Zivilgerichte fallen. 5

Zu den Güterrechtssachen zählen zudem sog. **Annex-Forderungen**. Dazu gehören Auskunftsbegehren nach § 1379 BGB sowie andere, die güterrechtliche Auseinandersetzung vorbereitende Begehren, aber auch güterrechtlich geprägte Unterlassungsansprüche.[11] Weitere Annex-Forderungen sind ebenfalls güterrechtlich einzuordnen.[12] Auskunfts- und Wertermittlungsforderungen nach § 1379 Abs. 1 S. 1 und 2 BGB sowie der Anspruch auf Erstellung eines Verzeichnisses nach Abs. 1 S. 3, die nach § 1379 Abs. 2 BGB im Wege der Stufenklage nach § 254 ZPO auch im Verbund vor Eintritt der Rechtskraft des Scheidungsurteils geltend gemacht werden können, rechnen ebenfalls zu den güterrechtlichen Forderungen.[13] Ebenso ist der Anspruch auf Auskunftserteilung nach § 242 BGB bei illoyaler Vermögensverminderung nach § 1375 Abs. 2 BGB einzuordnen.[14] 6

Zu den güterrechtlichen Verfahren gehört des Weiteren der Antrag auf **vorzeitigen Zugewinnausgleich**, § 1388 BGB, der keine Verbundsache ist und nicht im Stufenverhältnis nach § 254 ZPO erhoben wird, weil erst mit Rechtskraft des Urteils der gesetzliche Güterstand beendet und danach das Betragsverfahren eingeleitet wird.[15] Teilklagen zum Zugewinn sind zulässig, wenn sich die Richtung des Ausgleichs nicht mehr verändern kann; sonst kann der Anspruchsteller in dieser Form nicht gegen den Partner vorgehen,[16] weil nicht sicher ist, welche Forderungen in welchem Verhältnis geltend gemacht werden können. 7

In § 261 Abs. 1 ist der Streit über den **Wegfall der Geschäftsgrundlage** einer während der Ehe getroffenen Auseinandersetzungsvereinbarung der Eheleute ebenso einzubeziehen wie Streitereien über die **Reichweite vertraglicher Absprachen** zwischen den Partnern, die sich mit ihren güterrechtlichen Rechtsverhältnissen oder wenigstens mit einzelnen Ausschnitten aus ihnen beschäftigen.[17] § 261 beschränkt sich jedenfalls wie schon § 621 Abs. 1 Nr. 9 ZPO nicht auf gesetzlich begründete Forderungen. Notwendig ist allerdings, dass der Anspruch, der geltend gemacht wird, selbst güterrechtlicher Art ist.[18] Unerheblich ist andererseits, dass auch andere Forderungen einbezogen sind, wenn die Zuordnung bestimmter Ansprüche zu einem der jeweiligen Regelungsbereiche 8

---

9   OLG Hamburg FamRZ 2000, 1290; OLG München FamRZ 2000, 365.
10 OLG Köln NJW-RR 1993, 904.
11 OLG Frankfurt/M. FamRZ 1986, 275.
12 Musielak/Borth § 621 ZPO Rn 84 mwN.
13 Musielak/Borth § 621 ZPO Rn 84.
14 BGH FamRZ 1982, 27.
15 Schon nach altem Recht konnten allerdings beide Teile miteinander verbunden werden.
16 BGH FamRZ 1989, 954; OLG Hamm FamRZ 2003, 1393; Musielak/Borth § 621 ZPO Rn 84.
17 BGH FamRZ 1984, 35.
18 OLG Hamm FamRZ 2001, 1002, 1003.

Jurgeleit

nicht eindeutig möglich ist.[19] Regeln die Ehegatten in einem Vertrag güterrechtliche **Ansprüche für einen Dritten**, ist auch dieser Anspruch familienrechtlicher Natur und damit als Güterrechtssache einzustufen.[20]

9   § 261 Abs. 1 ist **nicht anwendbar** bei Streitverfahren aus Vereinbarungen der Parteien, die nicht als Vereinbarungen für die Regelung[21] ihrer güterrechtlichen Verhältnisse nach § 1408 BGB angesehen werden können.[22] Doch steht den Eheleuten frei, ihre güterrechtlichen Beziehungen frei zu regeln; deshalb können sie auch festlegen, dass sie bei Beendigung des Güterstandes einzelne Gegenstände übertragen sollen bzw heraus verlangen können, so dass wiederum eine güterrechtliche Streitigkeit vorliegt.[23] **Schuldrechtliche oder sachrechtliche Rechtsgeschäfte** haben keinerlei güterrechtliche Bezüge. Keine Güterrechtssache ist der Streit um Fragen, die sich auf ein während der Ehe erworbenes gemeinsames, inzwischen aber versteigertes Grundstück beziehen.[24]

10 § 261 Abs. 1 ist ebenfalls nicht berufen, wenn die Parteien um die Verteilung von **Hochzeitsgeschenken** streiten oder um **persönlichen Schmuck**.[25] Die Auseinandersetzung unter **Miteigentümern** folgt, selbst wenn sie miteinander verheiratet sind und in Zugewinngemeinschaft leben, jeweils ihren eigenen Regeln.[26] **Missbräuchlicher Zugriff auf gemeinsame Konten** kann Ausgleichsansprüche auslösen; sie folgen dann aber den allgemeinen Bestimmungen und sind nicht güterrechtlich geprägt. **Schenkungswiderruf**, etwa wegen groben Undanks,[27] führt zur üblichen Abwicklung außerhalb des Güterrechts. **Gesellschaftsrechtliche Streitverfahren**[28] sind nicht in § 261 Abs. 1 einbezogen, sind aber inzwischen wie die anderen genannten Auseinandersetzungen (weitgehend) als sonstige Familiensachen anzusehen, §§ 266 ff, wenn die dort genannten Voraussetzungen im Einzelnen erfüllt sind.

11 Auseinandersetzungen zwischen den Ehegatten wegen **Schadenersatz** oder auf Herausgabe nach den Regeln der **ungerechtfertigten Bereicherung** wegen Verfügungen eines von ihnen über Hausratsgegenstände[29] bzw über Vermögenswerte des anderen[30] sind nicht als Güterrechtssachen anzusehen, selbst wenn die so entstehende Forderung möglicherweise zum Endvermögen eines von ihnen gehört und sich dadurch auf die Höhe des Zugewinns auswirken kann.[31]

12 Bei Verfahren zwischen **Ausländern** ist entscheidend, ob der geltend gemachte Anspruch güterrechtlich zu qualifizieren ist,[32] also etwa Forderungen auf Herausgabe ei-

---

19 BGH NJW 1980, 2529.
20 BGH NJW 1983, 928.
21 BGH FamRZ 1983, 365.
22 BGH NJW 1978, 1923; OLG Frankfurt/M. FamRZ 1996, 949 (festgelegter Vermögensausgleich trotz wirksam vereinbarter Gütertrennung).
23 Dazu BayObLG FamRZ 1983, 1248.
24 OLG München FamRZ 1982, 942, 943.
25 LG Tübingen NJW-RR 1992, 1095 (Türkei); OLG Frankfurt/M. FamRZ 1989, 75, 76; aM OLG Hamm NJW-RR 1992, 1220 (ebenfalls Türkei).
26 OLG Düsseldorf FamRZ 1999, 856.
27 LG Bonn FamRZ 1980, 359.
28 OLG Zweibrücken FamRZ 2001, 1011.
29 BGH NJW 1980, 2466.
30 OLG Brandenburg FamRZ 2007, 294; OLG Düsseldorf FamRZ 1999, 1504.
31 OLG Brandenburg FamRZ 1986, 477, anders bei Eingang in die Berechnung des Unterhalts OLG Köln NJW-RR 1996, 1348.
32 OLG Frankfurt/M. IPrax 1986, 240.

ner Aussteuer[33] oder einer Mitgift (zum Streit um die Verteilung von Hochzeitsgeschenken vgl schon Rn 4).

Dritte sind am Verfahren beteiligt, wenn sie nach § 113 Abs. 1 S. 2 FamFG iVm §§ 64 ff ZPO Hauptintervenient oder Streithelfer sind, wenn sie in einem Verfahren zwischen den Ehegatten Streitgenossen nach §§ 59 ff ZPO werden oder wenn einer allein in eine Streitsache mit einem Ehegatten verwickelt ist (§§ 1368, 1369 Abs. 3, 1390, 1428, 1455 Nr. 8 BGB).[34]

2. Verfahren nach § 261 Abs. 2 – Güterrechtssachen der freiwilligen Gerichtsbarkeit

§ 261 Abs. 2 benennt die Güterrechtssachen, die keine Streitsachen, sondern Verfahren der freiwilligen Gerichtsbarkeit sind. Dazu gehören:

- **§ 1365 Abs. 2 BGB:** Antrag auf Ersetzung der Zustimmung des anderen Ehegatten zu Verfügungen über das Vermögen im Ganzen oder einzelne Vermögensgegenstände, die das Vermögen im Wesentlichen ausmachen[35] (§ 1365 Abs. 1 BGB).

- **§ 1369 Abs. 2 BGB:** Antrag auf Ersetzung der Zustimmung des anderen Ehegatten zu Verfügungen über Haushaltsgegenstände, die dem verfügenden Ehegatten gehören (§ 1369 Abs. 1 BGB).

- **§ 1382 Abs. 1 BGB:** Antrag des Schuldners auf Stundung der Zugewinnausgleichsforderung (§ 1378 BGB).

- **§ 1382 Abs. 3 BGB:** Antrag des Gläubigers auf Leistung einer Sicherheit für die dem Schuldner gestundete Zugewinnausgleichsforderung.

- **§ 1383 BGB:** Antrag des Gläubigers auf Übertragung bestimmter Gegenstände aus dem Vermögen des Schuldners unter Anrechnung auf die Zugewinnausgleichsforderung (§ 1378 BGB).

- **§ 1426 BGB:** Antrag des das Gesamtgut verwaltenden Ehegatten auf Ersetzung der Zustimmung zu Verfügungen über das Gesamtgut im Ganzen (§ 1423 BGB) oder zu Verfügungen über Grundstücke, Schiffe oder Schiffbauwerke, die zum Gesamtgut gehören (§ 1424 BGB).

- **§ 1430 BGB:** Antrag des das Gesamtgut nicht verwaltenden Ehegatten auf Ersetzung der Zustimmung des verwaltenden Ehegatten zu Rechtsgeschäften, die der nicht verwaltende Ehegatte zur ordnungsgemäßen Besorgung seiner persönlichen Angelegenheiten vornehmen muss.

- **§ 1452 BGB:** Antrag auf Ersetzung der Zustimmung des anderen Ehegatten bei Meinungsverschiedenheiten über die Vornahme eines Rechtsgeschäfts im Rahmen der gemeinschaftlichen Verwaltung des Gesamtgutes (§ 1450 Abs. 1 S. 1 BGB).

---

33 Verneint OLG Köln FamRZ 1994, 1476.
34 Vgl dazu BGH FamRZ 1980, 551; BLAH/Hartmann § 261 Fn 8.
35 Palandt/Brudermüller § 1365 BGB Rn 4.

III. Güterrechtsverfahren der freiwilligen Gerichtsbarkeit

1. Einleitung

15 Für die Güterrechtsverfahren der freiwilligen Gerichtsbarkeit (s. Rn 14) gelten die Vorschriften des Allgemeinen Teils des FamFG, die durch die Regelungen des Verbundverfahrens (§§ 135–150), der §§ 262–265 sowie – in Teilbereichen – durch §§ 111–120 ergänzt werden. Damit sind **grundsätzlich drei** mögliche **Verfahrensarten** für Güterrechtssachen der freiwilligen Gerichtsbarkeit zu differenzieren:

- **Selbständige Güterrechtssachen** (keine Anhängigkeit eines Scheidungsverfahrens sowie Fortführung nach §§ 141, 142 Abs. 2);
- Güterrechtssachen als **Folgesachen im Verbund** (§§ 137 Abs. 1, Abs. 2 S. 1 Nr. 4, 146 Abs. 1);
- Güterrechtssachen als **Folgesachen ohne Verbund** (§§ 140, 137 Abs. 5 S. 1 Hs 1).

16 Diese **Unterscheidung** hat ihre Berechtigung aber **nur für** die sich aus §§ **1382, 1383 BGB** ergebenden Güterrechtssachen der freiwilligen Gerichtsbarkeit. Diese Verfahren waren bereits nach bisheriger Rechtslage den Familiengerichten zugewiesen und damit grundsätzlich Teil des Scheidungsverbundes. Daran hat sich durch das FamFG nichts geändert (§ 137 Abs. 2 S. 1 Nr. 4). Anders sind die Güterrechtssachen der freiwilligen Gerichtsbarkeit zu bewerten, die aus §§ 1365 Abs. 2, 1369 Abs. 2, 1426, 1430, 1452 BGB folgen. Diese Verfahren waren nach alter Rechtslage den Vormundschaftsgerichten zugewiesen[36] und nicht Teil eines Scheidungsverbundes. Nach § 137 Abs. 2 S. 1 Nr. 4 sind diese Verfahren ebenfalls nicht als Folgesachen innerhalb oder außerhalb eines Scheidungsverbundes einzuordnen, da in den Fällen der §§ 1365 Abs. 2, 1369 Abs. 2, 1426, 1430, 1452 BGB eine Entscheidung **nicht für den Fall der Scheidung** zu treffen ist. Alle Verfahren setzen vielmehr eine bestehende Ehe voraus, da die Güterstände mit der Auflösung der Ehe enden. Soweit Zustimmungsvorbehalte auch nach der Scheidung bestehen,[37] haben diese ebenfalls keinen Bezug zum Scheidungsverfahren.

17 Die Güterrechtssachen der freiwilligen Gerichtsbarkeit sind daher zu differenzieren nach Verfahren, die **ausschließlich selbständige Güterrechtssachen** darstellen (§§ 1365 Abs. 2, 1369 Abs. 2, 1426, 1430, 1452 BGB), und nach Verfahren, die als **Folgesachen** – mit oder ohne Verbund zur Scheidungssache – ggf einzuordnen sind (§§ 1382, 1383 BGB).

18 Nachfolgend werden die Besonderheiten der jeweilgen Güterrechtssachen unter vorstehender Unterscheidung herausgestellt. Im Übrigen wird auf die Ausführungen zum Allgemeinen Teil, zu den allgemeinen Vorschriften des Familienverfahrens und zum Verbundverfahren verwiesen.

---

36 BGH FamRZ 1982, 785.
37 BGH NJW 1987, 1380; OLG Celle NJW-RR 2001, 866; Palandt/Brudermüller § 1365 BGB Rn 19.

III. Güterrechtsverfahren der freiwilligen Gerichtsbarkeit

2. Verfahren nach §§ 1365 Abs. 2, 1369 Abs. 2 BGB und §§ 1426, 1430, 1452 BGB

a) Einleitung

Die Verfahren nach §§ 1365 Abs. 2, 1369 Abs. 2 BGB (Zugewinngemeinschaft) und nach §§ 1426, 1430, 1452 BGB (Gütergemeinschaft) betreffen trotz unterschiedlicher güterrechtlicher Zuordnung sämtlich die Ersetzung der erforderlichen Zustimmung des anderen Ehegatten zu einem Rechtsgeschäft, das der antragstellende Ehegatte beabsichtigt oder bereits abgeschlossen hat. Es ist deshalb gerechtfertigt, sie verfahrensrechtlich einheitlich darzustellen. Auf Unterschiede, die sich aus den differierenden materiell-rechtlichen Ansätzen ergeben können, wird jeweils hingewiesen.

b) Antrag

Antragsberechtigt ist ausschließlich der das Rechtsgeschäft abschließende Ehegatte, nicht der Vertragspartner als Dritter.[38]

Die **Begründung des Antrags** soll § 23 Abs. 1 entsprechen. Anzugeben sind insbesondere die Hintergründe, Wirkungen und wesentlichen Einzelheiten des abzuschließenden oder bereits abgeschlossenen Rechtsgeschäfts sowie der Grund der nicht erfolgten Zustimmung des anderen Ehegatten.

c) Zuständigkeit
aa) Örtliche Zuständigkeit

Für die Bestimmung des örtlich zuständigen Gerichts sind folgende Fallgruppen zu unterscheiden:

- Ist eine **Ehesache** (§ 121) **anhängig** (Eingang der Antragschrift bei Gericht), ist das Gericht, bei dem im ersten Rechtszug die Ehesache anhängig ist oder war, ausschließlich zuständig (§ 262 Abs. 1 S. 1). Damit wird das Verfahren aber **nicht** zu einer **Folgesache**, da eine Entscheidung nicht für den Fall der Scheidung zu treffen ist (s. Rn 16).

- Ist eine **Ehesache nicht anhängig**, bestimmt sich die örtliche Zuständigkeit nach der ZPO (§§ 12–34 ZPO) mit der Maßgabe, dass in den Vorschriften über den allgemeinen Gerichtsstand (§§ 12–19 a ZPO) an die Stelle des Wohnsitzes der gewöhnliche Aufenthalt tritt (§ 262 Abs. 2 ZPO). Der **gewöhnliche Aufenthalt** ist der Ort, an dem der Daseinsmittelpunkt, dh der Schwerpunkt familiärer und/oder beruflicher Beziehungen einer natürlichen Person liegt.[39] Der Aufenthalt muss auf eine längere Dauer angelegt sein. Besteht eine solche Absicht, die sich aus den Umständen ergeben kann (beispielsweise Umzug), wird der gewöhnliche Aufenthalt sofort begründet. Das Abwarten einer bestimmten Zeitspanne ist nicht erforderlich.[40]

- Ist ein Antrag nach §§ 1365 Abs. 2, 1369 Abs. 2 BGB oder §§ 1426, 1430, 1452 BGB anhängig (Eingang des Antrags bei Gericht, s. § 25) und **wird eine Ehesache rechtshängig** (§ 113 Abs. 1 S. 2 FamFG; §§ 261 Abs. 1, 253 Abs. 1 ZPO – Anhängigkeit reicht nicht), ist das Verfahren von Amts wegen an das Gericht der Ehesache abzugeben (§ 263 S. 1). Damit wird das Verfahren aber **nicht** zu einer **Folgesache**,

---

38 Palandt/Brudermüller § 1365 BGB Rn 25.
39 BGH NJW 1993, 2047, 2048.
40 HK-Familienverfahrensrecht/Völker/Clausius § 262 Rn 3.

Jurgeleit

da eine Entscheidung nicht für den Fall der Scheidung zu treffen ist (s. Rn 16, 22). Die Rechtsfolgen der Abgabe bestimmen sich in entsprechender Anwendung von § 281 Abs. 2, Abs. 3 S. 1 ZPO (§ 263 S. 2 FamFG). Die Abgabe des Verfahrens ist unanfechtbar (§ 281 Abs. 2 S. 1 ZPO) und für das Gericht, an das das Verfahren abgegeben wird, bindend (§ 281 Abs. 2 S. 4 ZPO). Die Kosten der Abgabe sind Teil der Kostenentscheidung des Gerichts der Ehesache (§ 281 Abs. 3 S. 1 ZPO).

- Ist oder wird ein Verfahren nach §§ 1368, 1369 Abs. 3, 1368, 1428 oder 1455 Nr. 8 BGB rechtshängig, das der mit einer Verfügung nicht einverstandene Ehegatte gegen den Geschäftspartner als Dritten führt, hat dies keinen Einfluss auf die örtliche Zuständigkeit. Jedes Gericht wird aber zu bedenken haben, ob eine **Aussetzung** des Verfahrens in Betracht kommt. Das für ein Verfahren nach §§ 1368, 1369 Abs. 3, 1428, 1455 Nr. 8 BGB zuständige Gericht hat dies unter Geltung von §§ 261 Abs. 1, 112 Nr. 2, 113 Abs. 1 S. 2 FamFG, § 148 ZPO zu prüfen. Das mit einem Antrag nach §§ 1365 Abs. 2, 1369 Abs. 2, 1426, 1430, 1452 BGB befasste Gericht hat § 21 Abs. 1 FamFG anzuwenden.

bb) Funktionelle Zuständigkeit

23 Für einen Antrag nach §§ 1365 Abs. 2, 1369 Abs. 2, 1426, 1430 BGB ist funktionell der **Richter** zuständig (s. §§ 3 Nr. 3 g, 25 Nr. 3 a RPflG).

24 Für einen Antrag nach § 1452 BGB ist funktionell der **Rechtspfleger** zuständig (s. §§ 3 Nr. 3 g, 25 Nr. 3 a RPflG).

d) Beteiligte

25 An einem Verfahren nach §§ 1365 Abs. 2, 1369 Abs. 2, 1426, 1430, 1452 BGB sind der **antragstellende Ehegatte** (§ 7 Abs. 1) sowie der **andere Ehegatte** (§ 7 Abs. 2 Nr. 1) beteiligt. Der **Geschäftspartner** ist als Dritter **nicht** beteiligt. Das Gesetz sieht seine Beteiligung nicht vor, so dass die Regelungen des § 7 Abs. 2 Nr. 2, Abs. 3 nicht anwendbar sind. Zudem scheidet § 7 Abs. 2 Nr. 1 aus, da der Geschäftspartner in seinen Rechten durch das Verfahren nicht unmittelbar betroffen wird. Sowohl die Ersetzung der Zustimmung als auch die Ablehnung des Antrags wirkt auf das schwebend unwirksame Rechtsgeschäft (§§ 1366 Abs. 1, 1369 Abs. 3, 1366 Abs. 1, 1427 Abs. 1, 1366 Abs. 1, 1453 Abs. 1, 1366 Abs. 1 BGB) und damit auf die Rechtsposition des Geschäftspartners nur mittelbar ein. Durch die Entscheidung des Gerichts wird der Vertrag weder wirksam noch endgültig unwirksam. Aus §§ 1366 Abs. 3 S. 1, 1369 Abs. 3, 1427 Abs. 1, 1453 Abs. 1 BGB folgt, dass die ersetzte Zustimmung Wirkungen nur entfaltet, wenn sie dem Geschäftspartner mitgeteilt wird. Und die Ablehnung der Ersetzung beinhaltet keine Genehmigungsverweigerung iSv §§ 1366 Abs. 4, 1369 Abs. 3, 1427 Abs. 1, 1453 Abs. 1 BGB. Sie hindert den anderen Ehegatten daher nicht, gleichwohl seine Zustimmung zu erklären. Der Geschäftspartner ist hinreichend durch die ihm in §§ 1366 Abs. 2 und 3, 1369 Abs. 3, 1427, 1453 BGB eingeräumten Möglichkeiten, den Schwebezustand zu beenden, geschützt.

e) Verfahrensfähigkeit

26 **Minderjährige Ehegatten** (s. § 1303 Abs. 2 BGB) sind nicht verfahrensfähig (§ 9 Abs. 1 Nr. 1). Die Eheschließung hat keinen Einfluss auf die Vermögenssorge (s. § 1633

BGB).[41] Für sie handeln die dazu nach bürgerlichem Recht berufenen Personen (§ 9 Abs. 2). Das sind die Eltern (§§ 1626 Abs. 1 S. 1, 1629 BGB), ein Elternteil (§§ 1626a Abs. 2, 1671 Abs. 2, 1678, 1680, 1681 BGB iVm § 1629 BGB), ein Vormund (§§ 1773, 1793 Abs. 1 S. 1 BGB) oder ein Ergänzungspfleger (§§ 1909, 1915 Abs. 1 S. 1, 1793 Abs. 1 S. 1 BGB)

f) Postulationsfähigkeit

Nach § 10 Abs. 1 können sich die Ehegatten in einem Verfahren nach §§ 1365 Abs. 2, 1369 Abs. 2, 1426, 1430, 1452 BGB vor dem Familiengericht und dem Oberlandesgericht grundsätzlich selbst vertreten. Anderes folgt nicht aus § 114 Abs. 1. Es handelt sich nicht um eine **Folgesache** in einem Scheidungsverfahren (s. Rn 16), eine Ehesache (§ 121) oder eine Familienstreitsache (§§ 112 Nr. 2, 261 Abs. 1). 27

g) Ermittlung des maßgeblichen Sachverhalts

Das Familiengericht hat den für die Beurteilung des Antrags nach §§ 1365 Abs. 2, 1369 Abs. 2, 1426, 1430, 1452 BGB maßgeblichen Sachverhalt **von Amts wegen zu ermitteln** (§ 26). Das Gericht muss insbesondere folgende Umstände feststellen: 28

- Sind die Beteiligten verheiratet? Haben die Beteiligten ihre güterrechtlichen Verhältnisse vertraglich geregelt?
- Für § 1365 Abs. 2 BGB: Will der Antragsteller über einen Gegenstand verfügen, der im Wesentlichen sein gesamtes Vermögen ausmacht?[42] Aus welchen Gegenständen besteht das Gesamtvermögen? Welchen Wert haben diese Gegenstände? Hat der Geschäftspartner positive Kenntnis der Umstände, aus denen sich ergibt, dass über das Vermögen im Wesentlichen verfügt wird?[43] Entspricht das Rechtsgeschäft den Grundsätzen einer ordnungsgemäßen Vermögensverwaltung? Das ist unter Bewertung und Abwägung aller Umstände am Familieninteresse auszurichten.[44] Wird die Zustimmung ohne ausreichenden Grund verweigert oder ist der andere Ehegatte an der Zustimmung verhindert und muss die Zustimmung sofort erfolgen?
- Für § 1369 Abs. 2 BGB: Will der Antragsteller über einen Haushaltsgegenstand verfügen, der ihm gehört? Wird die Zustimmung ohne ausreichenden Grund verweigert (umfassende Interessenabwägung) oder ist der andere Ehegatte an der Zustimmung verhindert und muss die Zustimmung sofort erfolgen?
- Für § 1426 BGB: Will der Antragsteller ein Grundstück übertragen oder über einen Gegenstand verfügen, der im Wesentlichen das Gesamtgut ausmacht? Hat der Geschäftspartner positive Kenntnis der Umstände, aus denen sich ergibt, dass über das Gesamtgut im Wesentlichen verfügt wird?[45] Entspricht das Rechtsgeschäft den Grundsätzen einer ordnungsgemäßen Vermögensverwaltung? Das ist unter Bewertung und Abwägung aller Umstände am Familieninteresse auszurichten.[46] Wird die

---

41 Palandt/Diederichsen § 1633 BGB Rn 2.
42 Palandt/Brudermüller § 1365 BGB Rn 4.
43 BGH NJW 1965, 909; Palandt/Brudermüller § 1365 BGB Rn 9.
44 Palandt/Brudermüller § 1365 BGB Rn 21.
45 Palandt/Brudermüller § 1423 BGB Rn 1.
46 Palandt/Brudermüller § 1426 BGB Rn 1.

Jurgeleit

Zustimmung ohne ausreichenden Grund verweigert oder ist der andere Ehegatte an der Zustimmung verhindert und muss die Zustimmung sofort erfolgen?
- **Für § 1430 BGB:** Muss der antragstellende Ehegatte das Rechtsgeschäft zur ordnungsgemäßen Besorgung einer persönlichen Angelegenheit vornehmen? Kann er das Rechtsgeschäft nur mit Zustimmung des anderen Ehegatten mit Wirkung für das Gesamtgut vornehmen? Verweigert der andere Ehegatte die Zustimmung ohne ausreichenden Grund?
- **Für § 1452 Abs. 1 BGB:** Ist zur ordnungsgemäßen Verwaltung des Gesamtguts, das von beiden Ehegatten verwaltet wird, die Vornahme eines Rechtsgeschäfts oder die Führung eines Rechtsstreits erforderlich? Verweigert der andere Ehegatte die Zustimmung ohne ausreichenden Grund?
- **Für § 1452 Abs. 2 BGB:** Muss der antragstellende Ehegatte das Rechtsgeschäft zur ordnungsgemäßen Besorgung einer persönlichen Angelegenheit vornehmen? Kann er das Rechtsgeschäft nur mit Zustimmung des anderen Ehegatten mit Wirkung für das Gesamtgut vornehmen? Verweigert der andere Ehegatte die Zustimmung ohne ausreichenden Grund?

h) Verfahrensleitung

29 Für die Verfahrensleitung (s. § 1 Rn 345 ff) gelten keine Besonderheiten. Die besonderen Regelungen für das Verbundverfahren (§§ 135–150) finden keine Anwendung (s. Rn 16).

i) Endentscheidung
aa) Entscheidungsoptionen

30 Für das Familiengericht bestehen folgende Entscheidungsoptionen:
- Dem Antrag nach §§ 1365 Abs. 2, 1369 Abs. 2 BGB oder § 1426 BGB kann nicht entsprochen werden, weil die Voraussetzungen des § 1365 Abs. 1 BGB, des § 1369 Abs. 1 BGB oder des § 1423 BGB nicht festgestellt werden können. In diesem Fall ist ein **Negativattest** zu erteilen.[47]
- Dem Antrag kann nicht entsprochen werden, weil die Voraussetzungen der §§ 1365 Abs. 2, 1369 Abs. 2, 1426, 1430 BGB oder des § 1452 BGB nicht festgestellt werden können. In diesem Fall ist der **Antrag zurückzuweisen**.
- Ist dem Antrag nach §§ 1365 Abs. 2, 1369 Abs. 2, 1426, 1430 BGB oder § 1452 BGB grundsätzlich stattzugeben, bedarf es aber im Familieninteresse der Beachtung von **Bedingungen oder Auflagen**, kann das Familiengericht entsprechendes tenorieren.[48]
- Liegen die Voraussetzungen der §§ 1365 Abs. 2, 1369 Abs. 2, 1426, 1430 BGB oder des § 1452 BGB ohne Einschränkung vor, ist die Zustimmung des anderen Ehegatten zu ersetzen.

---

47 Palandt/Brudermüller § 1365 BGB Rn 26.
48 Palandt/Brudermüller § 1365 BGB Rn 27.

bb) Wirksamkeit des Beschlusses

Nach § 40 Abs. 3 S. 1 wird der Beschluss, der die Zustimmung (ggf unter Bedingungen oder Auflagen) ersetzt, erst **mit Rechtskraft wirksam**. Bei Gefahr in Verzug kann die **sofortige Wirksamkeit** im Beschlusstenor ausgesprochen werden (§ 40 Abs. 3 S. 2). Der Beschluss wird dann mit Bekanntgabe an den Antragsteller wirksam (§ 40 Abs. 3 S. 3), aber unter Beachtung der Einschränkung der §§ 1366 Abs. 3 S. 3, 1369 Abs. 3, 1427 Abs. 1, 1453 Abs. 1 BGB. 31

cc) Kostenentscheidung

Da es sich bei dem Antrag nach §§ 1365 Abs. 2, 1369 Abs. 2, 1426, 1430, 1452 BGB um eine Familiensache (§ 111 Nr. 9) handelt, ist **über die Kosten stets zu entscheiden** (§ 81 Abs. 1 S. 3). Für die Kostenpflicht gelten die §§ 80–83 (s. § 1 Rn 414 ff). 32

j) Rechtsbehelfe

Gegen die Entscheidung über den Antrag nach §§ 1365 Abs. 2, 1369 Abs. 2, 1426, 1430, 1452 BGB besteht das Rechtsmittel der **Beschwerde** (§§ 58 ff FamFG, § 11 Abs. 1 RPflG). Die **Beschwerdeberechtigung** (§ 59) ist den Entscheidungsoptionen des Familiengerichts entsprechend zu bestimmen: 33

- Wird dem Antrag nach §§ 1365 Abs. 2, 1369 Abs. 2, 1426 BGB nicht entsprochen, weil die Voraussetzungen des § 1365 Abs. 1 BGB, des § 1369 Abs. 1 BGB oder des § 1423 BGB nicht festgestellt werden können und wird deshalb ein **Negativattest** erteilt, ist der andere Ehegatte beschwerdeberechtigt, da durch das Negativattest der Anschein der Rechtswirksamkeit des Rechtsgeschäfts begründet wird (§ 59 Abs. 1).[49] Der Antragsteller ist gem. § 59 Abs. 2 ebenfalls beschwerdeberechtigt, weil sein Antrag zurückgewiesen wurde.

- Wird der **Antrag zurückgewiesen**, weil die Voraussetzungen der §§ 1365 Abs. 2, 1369 Abs. 2, 1426, 1430 oder des § 1452 BGB nicht festgestellt werden können, ist der Antragsteller nach § 59 Abs. 2 beschwerdeberechtigt.

- Wird dem Antrag unter **Bedingungen oder Auflagen stattgegeben**, sind beide Ehegatten beschwerdeberechtigt (§ 59 Abs. 1 und 2).

- Wird dem **Antrag uneingeschränkt stattgegeben**, ist der andere Ehegatte beschwerdeberechtigt (§ 59 Abs. 1).

3. Verfahren nach § 1382 BGB und § 1383 BGB

a) Antrag

Antragsberechtigt ist im Fall des § 1382 Abs. 1 BGB der Zugewinnausgleichsschuldner und in den Fällen der §§ 1382 Abs. 3, 1383 Abs. 1 BGB der Zugewinnausgleichsgläubiger. 34

Die **Begründung des Antrags** soll § 23 Abs. 1 entsprechen. Anzugeben sind insbesondere die Tatsachen, die die Voraussetzungen einer Stundung (§ 1382 Abs. 1 BGB) oder einer Übertragung von Vermögensgegenständen (§ 1383 Abs. 1 BGB) begründen: 35

---

49 Palandt/Brudermüller § 1365 BGB Rn 26.

Jurgeleit

36 Für § 1382 Abs. 1 S. 1 BGB ist maßgeblich, dass die Gründe für die Stundung auf der gegenwärtigen wirtschaftlichen Lage des Schuldners beruhen, eine Verbesserung der Situation also zu erwarten ist. Ist das zu bejahen, bedarf es einer Abwägung mit den wirtschaftlichen Interessen (zB Existenzgründungsabsicht) und persönlichen Belangen des Gläubigers.[50]

37 Für § 1382 Abs. 1 S. 2 BGB ist die Verschlechterung der Lebensverhältnisse gemeinsamer Kinder wesentlich. In diesem Fall findet eine Abwägung mit Gläubigerinteressen nicht statt.[51]

38 Maßstab des § 1383 Abs. 1 BGB ist einerseits die grobe Unbilligkeit des Geldausgleichs für den Gläubiger und andererseits die Zumutbarkeit der Ersetzung beim Schuldner.[52] Der zu übertragende **Gegenstand** ist im Antrag zu **bezeichnen** (§ 1383 Abs. 2 BGB).

b) Zuständigkeit
aa) Örtliche Zuständigkeit

39 Für die Bestimmung des örtlich zuständigen Gerichts sind folgende Fallgruppen zu unterscheiden:

- Ist eine **Ehesache** (§ 121) **anhängig** (Eingang der Antragschrift bei Gericht), ist das Gericht, bei dem im ersten Rechtszug die Ehesache anhängig ist oder war, für einen Antrag nach § 1382 Abs. 1 BGB oder § 1383 Abs. 1 BGB ausschließlich zuständig (§ 262 Abs. 1 S. 1). Das Verfahren ist als Folgesache einzuordnen, wenn die Frist des § 137 Abs. 4 S. 1 gewahrt ist (s. Rn 16).

- Ist eine **Ehesache nicht anhängig**, bestimmt sich die örtliche Zuständigkeit nach der ZPO (§§ 12–34 ZPO) mit der Maßgabe, dass in den Vorschriften über den allgemeinen Gerichtsstand (§§ 12–19 a ZPO) an die Stelle des Wohnsitzes der gewöhnliche Aufenthalt tritt (§ 262 Abs. 2 ZPO). Der **gewöhnliche Aufenthalt** ist der Ort, an dem der Daseinsmittelpunkt, dh der Schwerpunkt familiärer und/oder beruflicher Beziehungen einer natürlichen Person, liegt.[53] Der Aufenthalt muss auf eine längere Dauer angelegt sein. Besteht eine solche Absicht, die sich aus den Umständen ergeben kann (beispielsweise Umzug), wird der gewöhnliche Aufenthalt sofort begründet. Das Abwarten einer bestimmten Zeitspanne ist nicht erforderlich.[54]

- Ist ein Antrag nach § 1382 Abs. 1 BGB oder § 1383 Abs. 1 BGB anhängig (Eingang des Antrags bei Gericht, s. § 25) und **wird eine Ehesache rechtshängig** (§ 113 Abs. 1 S. 2 FamFG, §§ 261 Abs. 1, 253 Abs. 1 ZPO – Anhängigkeit reicht nicht), ist das Verfahren von Amts wegen an das Gericht der Ehesache abzugeben (§ 263 S. 1). Die Rechtsfolgen der Abgabe bestimmen sich in entsprechender Anwendung von § 281 Abs. 2, Abs. 3 S. 1 ZPO (§ 263 S. 2). Die Abgabe des Verfahrens ist unanfechtbar (§ 281 Abs. 2 S. 1 ZPO) und für das Gericht, an das das Verfahren ab-

---

50 Palandt/Brudermüller § 1382 BGB Rn 2.
51 Palandt/Brudermüller § 1382 BGB Rn 3.
52 Palandt/Brudermüller § 1383 BGB Rn 4.
53 BGH NJW 1993, 2047, 2048.
54 HK-Familienverfahrensrecht/Völker/Clausius § 262 Rn 3.

gegeben wird, bindend (§ 281 Abs. 2 S. 4 ZPO). Die Kosten der Abgabe sind Teil der Kostenentscheidung des Gerichts der Ehesache (§ 281 Abs. 3 S. 1 ZPO).

- **Wird ein Verfahren auf Zugewinnausgleich anhängig,** kann ein Antrag nach § 1382 Abs. 1 BGB oder § 1383 Abs. 1 BGB nur in dem Zugewinnausgleichsverfahren gestellt werden (§§ 1382 Abs. 5, 1383 Abs. 3 BGB).

bb) Funktionelle Zuständigkeit

Für einen Antrag nach § 1382 Abs. 1 BGB oder § 1383 Abs. 1 BGB ist funktionell der **Rechtspfleger** zuständig, **soweit nicht** der Antrag im Rahmen eines anhängigen Zugewinnausgleichsverfahrens gestellt wird (§§ 3 Nr. 3 g, 25 Nr. 3 b RPflG). Ist der Antrag nach § 1382 Abs. 1 BGB oder § 1383 Abs. 1 BGB eine **im Verbund stehende Folgesache**, besteht ein enger Zusammenhang mit der vom Richter zu entscheidenden Scheidungssache, der eine einheitliche Entscheidung gebietet (§ 137 Abs. 1), so dass dem Richter das Verfahren zur Entscheidung vorzulegen ist (§ 5 Abs. 1 Nr. 2 RPflG). **40**

c) Beteiligte

An einem Verfahren nach § 1382 Abs. 1 BGB oder § 1383 Abs. 1 BGB sind der **antragstellende Ehegatte** (§ 7 Abs. 1) sowie der **andere Ehegatte** (§ 7 Abs. 2 Nr. 1) beteiligt. **41**

Im Fall des § 1382 Abs. 1 S. 2 BGB sind die **gemeinsamen Kinder,** deren Interessen es zu berücksichtigen gilt, **nicht** beteiligt. Das Gesetz sieht ihre Beteiligung nicht vor, so dass die Regelungen des § 7 Abs. 2 Nr. 2, Abs. 3 nicht anwendbar sind. Zudem scheidet § 7 Abs. 2 Nr. 1 aus, da die Kinder in ihren Rechten nicht unmittelbar betroffen werden. **42**

d) Verfahrensfähigkeit

Minderjährige Ehegatten (s. § 1303 Abs. 2 BGB) sind nicht verfahrensfähig (§ 9 Abs. 1 Nr. 1). Die Eheschließung hat keinen Einfluss auf die Vermögenssorge (s. § 1633 BGB).[55] Für sie handeln die dazu nach bürgerlichem Recht berufenen Personen (§ 9 Abs. 2). Das sind die Eltern (§§ 1626 Abs. 1 S. 1, 1629 BGB), ein Elternteil (§§ 1626 a Abs. 2, 1671 Abs. 2, 1678, 1680, 1681 BGB iVm § 1629 BGB), ein Vormund (§§ 1773, 1793 Abs. 1 S. 1 BGB) oder ein Ergänzungspfleger (§§ 1909, 1915 Abs. 1 S. 1, 1793 Abs. 1 S. 1 BGB). **43**

e) Postulationsfähigkeit

Nach § 10 Abs. 1 können sich die Ehegatten in einem Verfahren nach § 1382 Abs. 1 BGB oder § 1383 Abs. 1 BGB vor dem Familiengericht und dem Oberlandesgericht grundsätzlich selbst vertreten. Anderes gilt, wenn der Antrag nach § 1382 Abs. 1 BGB oder § 1383 Abs. 1 BGB als eine **Folgesache** in einem Scheidungsverfahren zu behandeln ist (§ 114 Abs. 1 2. Fall).[56] Für den Anwaltszwang ist unerheblich, ob die Güterrechtssache als Folgesache im Verbund steht (§ 137 Abs. 2 S. 1 Nr. 4) oder nach Abtrennung Folgesache außerhalb des Verbundes ist (§§ 140, 137 Abs. 5 S. 1).[57] Der An- **44**

---

[55] Palandt/Diederichsen § 1633 BGB Rn 2.
[56] Die weiteren Fälle des § 114 Abs. 1 finden keine Anwendung. Der Antrag nach § 1365 Abs. 2 BGB ist keine Ehesache (§ 121) und keine Familienstreitsache (§§ 112 Nr. 2, 261 Abs. 1).
[57] HK-Familienverfahrensrecht/Kemper § 137 Rn 53.

waltszwang gem. § 114 Abs. 1 2. Fall entfällt, sobald der Antrag nach § 1382 Abs. 1 BGB oder § 1383 Abs. 1 BGB als selbständige Familiensache nach Rücknahme oder Abweisung des Scheidungsantrags fortgeführt wird (§§ 141, 142 Abs. 2).

f) Ermittlung des maßgeblichen Sachverhalts

45 Das Familiengericht hat den für die Beurteilung des Antrags nach § 1382 Abs. 1 BGB oder § 1383 Abs. 1 BGB maßgeblichen Sachverhalt (s. dazu Rn 37, 38) **von Amts wegen zu ermitteln** (§ 26). Das gilt unabhängig davon, ob der Antrag als selbständige Güterrechtssache oder **Folgesache** zu behandeln ist. Der modifizierte Untersuchungsgrundsatz des Scheidungsverfahrens (§ 127) findet keine Anwendung.[58]

g) Verfahrensleitung

46 Für die Verfahrensleitung (s. § 1 Rn 345 ff) gelten grundsätzlich keine Besonderheiten. Zu beachten ist aber:

47 Ist der **Antrag im Rahmen eines Zugewinnausgleichsverfahrens** gestellt (§§ 1382 Abs. 5, 1383 Abs. 3 BGB), bedarf es einer einheitlichen Entscheidung (§ 265; s. dazu Rn 55).

48 Ist der Antrag nach § 1382 Abs. 1 BGB oder § 1383 Abs. 1 BGB als **im Verbund stehende Folgesache** zu bewerten (§ 137 Abs. 2 S. 1 Nr. 4), finden §§ 135–150 Anwendung. Folgende Besonderheiten sind herauszuheben:

49 § 135 gibt dem Familiengericht die Option, die Ehegatten zur Teilnahme an einem Informationsgespräch über Möglichkeiten **außergerichtlicher Streitbeilegung** zu verpflichten (§ 135 Abs. 1 S. 1) und eine außergerichtliche Streitbeilegung der Güterrechtssache vorzuschlagen (§ 135 Abs. 2).

50 Wird der **Scheidungsantrag zurückgenommen**, erstrecken sich die Rücknahmewirkungen auf den Antrag nach § 1382 Abs. 1 BGB oder § 1383 Abs. 1 BGB, wenn nicht ein Beteiligter vor Wirksamkeit der Rücknahme erklärt, die Folgesache – selbständig – fortführen zu wollen (§ 141).

51 Über den Antrag nach § 1365 Abs. 2 BGB oder § 1369 Abs. 2 BGB **ist mündlich zu verhandeln** (§ 137 Abs. 1 – Mündlichkeitsprinzip des sich an der ZPO ausrichtenden Scheidungsverfahrens, § 113).

52 Über den Antrag nach § 1382 Abs. 1 BGB oder § 1383 Abs. 1 BGB kann erst entschieden werden, wenn das **Scheidungsverfahren und alle im Verbund stehenden Folgesachen entscheidungsreif** sind (§ 137 Abs. 1).

h) Endentscheidung
aa) Entscheidungsoptionen

53 Wird dem Antrag auf **Stundung** (§ 1382 Abs. 1 BGB) **stattgegeben**, hat das Familiengericht in seine Entscheidung Folgendes einzubeziehen:

---

58 HK-Familienverfahrensrecht/Kemper § 137 Rn 57.

III. Güterrechtsverfahren der freiwilligen Gerichtsbarkeit

- Von **Amts wegen** ist eine **Verzinsung** der gestundeten Forderung nach billigem Ermessen anzuordnen (§ 1382 Abs. 2, 4 BGB).
- Auf **Antrag des Gläubigers** ist eine **Sicherheitsleistung** nach billigem Ermessen festzusetzen (§ 1382 Abs. 3, 4 BGB). Die Bewirkung der Sicherheit bestimmt sich nach den Regelungen der §§ 232–240 BGB.
- Auf **Antrag des Gläubigers** ist die **Verpflichtung des Schuldners zur Zahlung** der (unstreitigen) Ausgleichsforderung auszusprechen (§ 264 Abs. 2). Das gibt dem Gläubiger die Möglichkeit, einen Titel zu erhalten, der nach Ablauf der angeordneten Stundung vollstreckungsrechtlich umgesetzt werden kann.

Wird dem Antrag auf **Übertragung von Vermögensgegenständen** (§ 1383 Abs. 1 BGB) **54** stattgegeben, hat das Familiengericht den **Betrag** festzusetzen, der auf die Zugewinnausgleichsforderung **angerechnet** wird (§ 1383 Abs. 1 Hs 2 BGB).

bb) Einheitliche Entscheidung im Zugewinnausgleichsverfahren

Wird der Antrag nach § 1382 Abs. 1 BGB oder § 1383 Abs. 1 BGB in einem **Zuge- 55 winnausgleichsverfahren** gestellt (§§ 1382 Abs. 5, 1383 Abs. 3 BGB), ist über beide Verfahrensgegenstände eine **einheitliche Entscheidung** zu treffen (§ 265). Damit wird aus verfahrensökonomischen Gründen eine Güterrechtsstreitsache, die im Wesentlichen nach den Regelungen der ZPO zu behandeln ist (§§ 112 Nr. 2, 113 Abs. 1), verbunden mit einer Güterrechtssache der freiwilligen Gerichtsbarkeit.[59]

cc) Wirksamkeit des Beschlusses

Die Entscheidung des Familiengerichts wird mit seiner **formellen Rechtskraft** (§ 45) **56** wirksam (§ 264 Abs. 1 S. 1).

Ist der Antrag nach § 1382 Abs. 1 BGB oder § 1383 Abs. 1 BGB eine **im Verbund ste- 57 hende Folgesache** (§ 137 Abs. 2 S. 1 Nr. 4), tritt Wirksamkeit erst mit Rechtskraft des Scheidungsausspruchs ein (§ 148).

dd) Kostenentscheidung

Da es sich bei dem Antrag nach § 1382 Abs. 1 BGB oder § 1383 Abs. 1 BGB um eine **58** Familiensache (§ 111 Nr. 9) handelt, ist **über die Kosten stets zu entscheiden** (§ 81 Abs. 1 S. 3). Für die Kostenpflicht gelten grundsätzlich §§ 80–83.

Ist der Antrag eine **im Verbund stehende Folgesache**, ist § 150 Abs. 1–4 anzuwenden. **59**

Über § 150 Abs. 5 gilt Entsprechendes für **Folgesachen außerhalb des Verbundes** **60** (§§ 140, 137 Abs. 5 S. 1 Hs 1).

i) Rechtsbehelfe, Abänderung und Wiederaufnahme

Gegen die Entscheidung über den Antrag nach § 1382 Abs. 1 BGB oder § 1383 Abs. 1 **61** BGB besteht das Rechtsmittel der **Beschwerde** (§§ 58 ff FamFG, § 11 Abs. 1 RPflG).

Eine **Abänderung oder Wiederaufnahme** des Verfahrens nach § 48 ist ausgeschlossen **62** (§ 264 Abs. 1 S. 2). Für die **Stundung** (§ 1382 Abs. 1 BGB) findet allein die speziellere

---

[59] HK-Familienverfahrensrecht/Völker/Clausius § 265 Rn 1.

Regelung des § 1382 Abs. 6 BGB Anwendung.[60] § 1382 Abs. 6 BGB ist analog anzuwenden, wenn sich die Beteiligten vergleichsweise (§ 36 Abs. 1 S. 1) einigen.[61]

IV. Güterrechtsstreitverfahren

1. Einleitung

63 Für die Güterrechtsstreitverfahren (s. Rn 3 ff) gelten für das **Verfahren im ersten Rechtszug** grundsätzlich die Allgemeinen Vorschriften der ZPO und die Vorschriften der ZPO über das Verfahren vor den Landgerichten entsprechend (§ 113 Abs. 1 S. 2, aber mit teilweiser anderer Terminologie: § 113 Abs. 5). Die Regelungen der ZPO werden ergänzt durch die §§ 113–120, die Normen über das Verbundverfahren (§§ 135–150) und die Spezialregelungen der §§ 262–265. Für den **einstweiligen Rechtsschutz** finden §§ 49 ff zuzüglich § 945 ZPO (§ 119 Abs. 1) sowie die Regelungen in der ZPO über den Arrest (§§ 916–934 ZPO) Anwendung (§ 119 Abs. 2).

64 Für die **Rechtsbehelfe** gelten die Vorschriften der §§ 58–75 (§ 113 Abs. 1 S. 1), die durch § 117 ergänzt werden.

65 Auf dieser Grundlage sind **drei** mögliche **Verfahrensarten** für Güterrechtsstreitsachen zu differenzieren:

- **Selbständige Güterrechtssachen** (keine Anhängigkeit eines Scheidungsverfahrens sowie Fortführung nach §§ 141, 142 Abs. 2);
- Güterrechtssachen als **Folgesachen im Verbund** (§§ 137 Abs. 1, Abs. 2 S. 1 Nr. 4, 146 Abs. 1);
- Güterrechtssachen als **Folgesachen ohne Verbund** (§§ 140, 137 Abs. 5 S. 1 Hs 1).

66 Nachfolgend werden die Besonderheiten des Güterrechtsstreitverfahrens herausgestellt. Im Übrigen wird auf die Ausführungen zum Allgemeinen Teil, zu den allgemeinen Vorschriften des Familienverfahrens und zum Verbundverfahren verwiesen.

2. Antrag (§ 113 Abs. 5 Nr. 2 ZPO)

67 Der Antrag muss den Erfordernissen von § 253 Abs. 2–5 ZPO genügen (§ 113 Abs. 1 S. 2). § 23 Abs. 1 findet keine Anwendung.

3. Zuständigkeit

a) Örtliche Zuständigkeit

68 Für die Bestimmung des örtlich zuständigen Gerichts sind folgende Fallgruppen zu unterscheiden:

- Ist eine **Ehesache** (§ 121) **anhängig** (Eingang der Antragschrift bei Gericht), ist das Gericht, bei dem im ersten Rechtszug die Ehesache anhängig ist oder war, ausschließlich zuständig (§ 262 Abs. 1 S. 1). Diese ausschließliche Zuständigkeit **verdrängt andere ausschließliche Zuständigkeiten**, die sich aus § 802 ZPO iVm § 767 Abs. 1 ZPO oder § 771 Abs. 1 ZPO ergeben (§ 262 Abs. 1 S. 2; zur Einordnung von Verfahren nach §§ 767, 771 ZPO als Güterrechtsstreitsachen s. Rn 4).

---

60 HK-Familienverfahrensrecht/Völker/Clausius § 264 Rn 1.

IV. Güterrechtsstreitverfahren

Das Verfahren ist als Folgesache einzuordnen, wenn die Frist des § 137 Abs. 4 S. 1 gewahrt ist (s. Rn 16).

■ Ist eine **Ehesache nicht anhängig**, bestimmt sich die örtliche Zuständigkeit nach der ZPO (§§ 12–34 ZPO) mit der Maßgabe, dass in den Vorschriften über den allgemeinen Gerichtsstand (§§ 12–19 a ZPO) an die Stelle des Wohnsitzes der gewöhnliche Aufenthalt tritt (§ 262 Abs. 2 ZPO). Der **gewöhnliche Aufenthalt** ist der Ort, an dem der Daseinsmittelpunkt, dh der Schwerpunkt familiärer und/oder beruflicher Beziehungen einer natürlichen Person liegt.[62] Der Aufenthalt muss auf eine längere Dauer angelegt sein. Besteht eine solche Absicht, die sich aus den Umständen ergeben kann (beispielsweise Umzug), wird der gewöhnliche Aufenthalt sofort begründet. Das Abwarten einer bestimmten Zeitspanne ist nicht erforderlich.[63]

■ Ist eine Güterrechtsstreitsache anhängig (Eingang des Antrags bei Gericht) und **wird eine Ehesache rechtshängig** (§ 113 Abs. 1 S. 2 FamFG, §§ 261 Abs. 1, 253 Abs. 1 ZPO – Anhängigkeit reicht nicht), ist das Verfahren von Amts wegen an das Gericht der Ehesache abzugeben (§ 263 S. 1). Das Verfahren ist als **Folgesache** einzuordnen, wenn die Frist des § 137 Abs. 4 S. 1 gewahrt ist (s. Rn 16). Die Rechtsfolgen der Abgabe bestimmen sich in entsprechender Anwendung von § 281 Abs. 2, Abs. 3 S. 1 ZPO (§ 263 S. 2). Die Abgabe des Verfahrens ist unanfechtbar (§ 281 Abs. 2 S. 1 ZPO) und für das Gericht, an das das Verfahren abgegeben wird, bindend (§ 281 Abs. 2 S. 4 ZPO). Die Kosten der Abgabe sind Teil der Kostenentscheidung des Gerichts der Ehesache (§ 281 Abs. 3 S. 1 ZPO).

b) Funktionelle Zuständigkeit

Für die Güterrechtsstreitsachen ist funktionell der **Richter** zuständig (s. §§ 3 Nr. 3 g, 25 Nr. 3 RPflG).

c) Beteiligte (§ 113 Abs. 5 Nr. 5)

An den Güterrechtsstreitsachen sind der Antragsteller (§ 113 Abs. 5 Nr. 3) und der Antragsgegner (§ 113 Abs. 5 Nr. 4) beteiligt.

d) Verfahrensfähigkeit

Minderjährige Ehegatten (s. § 1303 Abs. 2 BGB) sind nicht verfahrensfähig (§ 113 Abs. 1 S. 2 FamFG, §§ 51 Abs. 1, 52 ZPO). Die Eheschließung hat keinen Einfluss auf die Vermögenssorge (s. § 1633 BGB).[64] Für sie handeln die dazu nach bürgerlichem Recht berufenen Personen (§ 113 Abs. 1 S. 2 FamFG; §§ 51 Abs. 1, 52 ZPO). Das sind die Eltern (§§ 1626 Abs. 1 S. 1, 1629 BGB), ein Elternteil (§§ 1626 a Abs. 2, 1671 Abs. 2, 1678, 1680, 1681 BGB iVm § 1629 BGB), ein Vormund (§§ 1773, 1793 Abs. 1 S. 1 BGB) oder ein Ergänzungspfleger (§§ 1909, 1915 Abs. 1 S. 1, 1793 Abs. 1 S. 1 BGB).

---

61 Palandt/Brudermüller § 1382 BGB Rn 7.
62 BGH NJW 1993, 2047, 2048.
63 HK-Familienverfahrensrecht/Völker/Clausius § 262 Rn 3.
64 Palandt/Diederichsen § 1633 BGB Rn 2.

Jurgeleit

e) Postulationsfähigkeit

72 Nach § 114 Abs. 1 müssen sich die Beteiligten eines Güterrechtsstreitverfahrens vor dem Familiengericht und dem Oberlandesgericht durch einen **Rechtsanwalt** vertreten lassen. Das gilt unabhängig davon, ob es sich um eine Folgesache (§ 137 Abs. 2 S. 1 Nr. 4) oder eine selbständige Streitsache handelt. Die für das Scheidungsverfahren erteilte **Vollmacht** erstreckt sich auch auf die Folgesachen (§ 114 Abs. 5 S. 2).

f) Ermittlung des maßgeblichen Sachverhalts

73 Für die Ermittlung des Sachverhalts gelten die Regelungen der ZPO über die Beibringung von Tatsachen und Beweismitteln sowie die Beweisaufnahme. Weder der Amtsermittlungsgrundsatz des § 26 noch die eingeschränkte Amtsermittlung in Ehesachen (§ 127) finden Anwendung.

74 Eine Besonderheit folgt allein aus § 115 für die **Zurückweisung von Angriffs- und Verteidigungsmitteln**. Diese Präklusionsvorschrift entspricht §§ 615, 621 d ZPO aF.[65]

g) Verfahrensleitung

75 Für die Verfahrensleitung gelten die Vorschriften der ZPO. Eine Besonderheit folgt allein aus § 113 Abs. 3. Danach ist § 227 Abs. 3 ZPO, der die **Verlegung von Terminen** im Zeitraum vom 1.7. bis 31.8. betrifft, nicht anwendbar.

h) Endentscheidung
aa) Entscheidungsform

76 Die Entscheidung in Güterrechtsstreitsachen erfolgt durch Beschluss (§ 116 Abs. 1). Für den Beschluss gelten §§ 38, 39 (§ 113 Abs. 1 S. 1).

bb) Wirksamkeit des Beschlusses

77 Der Beschluss wird mit seiner **formellen Rechtskraft** (§ 45) wirksam (§ 116 Abs. 3 S. 1). Das Gericht kann die sofortige Wirksamkeit des Beschlusses anordnen (§ 116 Abs. 3 S. 2). Von dieser Option wird das Gericht Gebrauch machen, wenn ohne eine vorläufige Vollstreckbarkeit der Antragsteller in der effektiven Wahrnehmung seiner Rechte gehindert würde und gegenläufige Interessen des Antragsgegners nicht überwiegen (Argument aus § 116 Abs. 3 S. 3).

78 Ist die Güterrechtsstreitsache eine **im Verbund stehende Folgesache** (§ 137 Abs. 2 S. 1 Nr. 4), tritt Wirksamkeit erst mit Rechtskraft des Scheidungsausspruchs ein (§ 148).

cc) Kostenentscheidung

79 Da es sich bei einer Güterrechtsstreitsache um eine Familiensache (§ 111 Nr. 9) handelt, ist **über die Kosten stets zu entscheiden** (§ 81 Abs. 1 S. 3). Für die Kostenpflicht gelten grundsätzlich §§ 80–83.

80 Ist der Antrag eine **im Verbund stehende Folgesache**, ist § 150 Abs. 1–4 anzuwenden.

81 Über § 150 Abs. 5 gilt Entsprechendes für **Folgesachen außerhalb des Verbundes** (§§ 140, 137 Abs. 5 S. 1 Hs 1).

---

[65] Gesetzentwurf der Bundesregierung, BR-Drucks. 309/07, 496.

IV. Güterrechtsstreitverfahren

i) Rechtsbehelfe

Gegen die Entscheidungen in Güterrechtsstreitverfahren besteht das Rechtsmittel der Beschwerde (§§ 58 ff). Diese Regelungen werden für die Güterrechtsstreitsachen ergänzt durch § 117. In Abweichung von § 65 besteht die Pflicht, einen bestimmten Sachantrag zu stellen und die Beschwerde zu begründen (§ 117 Abs. 1 S. 1). Die Frist zur Begründung beträgt zwei Monate und beginnt mit der schriftlichen Bekanntgabe des Beschlusses, spätestens aber fünf Monate nach Erlass des Beschlusses (§ 117 Abs. 1 S. 2). Gegen die Versäumung der Begründungspflicht kann Wiedereinsetzung in den vorigen Stand beantragt werden (§ 117 Abs. 5 FamFG, §§ 233, 234 ZPO).

Insoweit ist das Beschwerdeverfahren dem Berufungsverfahren (§ 520 Abs. 2 ZPO) entsprechend gestaltet.[66] Zudem finden über § 117 Abs. 2 FamFG die §§ 514, 524 Abs. 2 S. 2 und 3, 528, 528 Abs. 2, 539 ZPO Anwendung. Gleichwohl bestehen **wesentliche Unterschiede zum Berufungsverfahren**. Die grundsätzliche Bindung des Gerichts an erstinstanzliche Tatsachenfeststellungen (§ 529 ZPO), die Pflicht zur Zurückweisung verspäteten Vorbringens (§ 531 Abs. 2 ZPO), die Einschränkung der Anschlussberufung (§ 524 Abs. 2 ZPO) und der weitgehende Ausschluss von Klageänderung, Widerklage und Aufrechnung (§ 533 ZPO) findet keine Anwendung. Im Unterschied zum Zivilprozess ist das Beschwerdeverfahren in Güterrechtsstreitsachen als **volle Tatsacheninstanz** ausgestaltet. Damit soll dem Umstand Rechnung getragen werden, dass Familienstreitsachen typischer Weise keinen abgeschlossenen Lebenssachverhalt zum Gegenstand haben, sondern der Tatsachenvortrag häufig dem im Fluss befindlichen Geschehen anzupassen ist.[67]

j) Vollstreckung

Für die Vollstreckung in Güterrechtsstreitsachen gelten die Vorschriften der ZPO (§ 120 Abs. 1 FamFG).

k) Einstweiliger Rechtsschutz

Für den einstweiligen Rechtsschutz in Güterrechtsstreitsachen enthält § 119 folgende Regelungen:

Die Vorschriften der §§ 49 ff über die **einstweilige Anordnung** sind anzuwenden (§ 119 Abs. 1 S. 1). Daneben finden die Normen der ZPO über das einstweilige Verfügungsverfahren keine Anwendung.[68] Davon ausgenommen ist § 945 ZPO – Schadensersatzpflicht des Antragstellers, wenn die einstweilige Verfügung von Anfang an ungerechtfertigt war –, der entsprechend gilt (§ 119 Abs. 1 S. 2).

Zusätzlich ermöglicht § 119 Abs. 2 die Anordnung eines **Arrestes** in entsprechender Anwendung der §§ 916–934 ZPO und der §§ 943–945 ZPO. Damit ist sowohl die Anordnung eines persönlichen als auch dinglichen Arrestes eröffnet.[69]

---

66 Gesetzentwurf der Bundesregierung, BR-Drucks. 309/07, 498.
67 Gesetzentwurf der Bundesregierung, BR-Drucks. 309/07, 497.
68 Gesetzentwurf der Bundesregierung, BR-Drucks. 309/07, 500.
69 Gesetzentwurf der Bundesregierung, BR-Drucks. 309/07, 500.

V. Verfahren mit internationalem Bezug

1. Normative Grundlagen

88 Das Verfahren in Güterrechtssachen ist in **internationalen Abkommen** nicht geregelt. Die EUGVVO,[70] die EG-VO Ehesachen,[71] die Übereinkommen Lugano I[72] und Lugano II[73] gelten nicht für güterrechtliche Streitigkeiten, unabhängig davon, ob sie der freiwilligen oder streitigen Gerichtsbarkeit zuzurechnen sind (s. nur Art. 1 (2) a) EUGVVO und Art. 1 (1) EG-VO Ehesachen).[74] Statusverträge mit Staaten außerhalb der EU über das güterrechtliche Verfahren hat Deutschland bislang nicht ratifiziert.[75]

89 Die internationale Zuständigkeit in Güterrechtssachen bestimmt sich daher nach dem **autonomen Recht**, das in §§ 98 Abs. 2 und 105, die auch für Familienstreitsachen Anwendung finden (§ 113 Abs. 1 S. 1), geregelt ist. Diese Vorschriften unterscheiden nicht zwischen Güterrechtsstreitsachen und Güterrechtsverfahren der freiwilligen Gerichtsbarkeit. Sie können daher für alle Güterrechtssachen des § 261 **einheitlich angewandt** und nachfolgend dargestellt werden. Zu differenzieren ist allein danach, ob die Güterrechtssache im Verbund mit einer Scheidungssache steht oder isoliert zu behandeln ist.

2. Güterrechtssachen im Verbund

90 Sind Güterrechtssachen im Verbund stehende Folgesachen (§ 137 Abs. 2 S. 1 Nr. 4) und ist deshalb über Scheidung und Güterrechtsstreit einheitlich zu verhandeln und zu entscheiden (§ 137 Abs. 1), erstreckt sich die internationale Zuständigkeit deutscher Gerichte für das Scheidungsverfahren (§ 98 Abs. 1) auf die Güterrechtssache. Diese Zuständigkeitsregelung greift aber nur, wenn eine Folgesache im Verbund steht. Ist das nicht der Fall, muss für die isolierte Folgesache selbst eine internationale Zuständigkeit bestehen.[76]

3. Güterrechtssachen ohne Verbund

91 Die internationale Zuständigkeit deutscher Gerichte in isolierten Güterrechtssachen ist gegeben, wenn ein deutsches Gericht örtlich zuständig ist (§ 105 ZPO). Die internationale Zuständigkeit folgt der örtlichen Zuständigkeit (s. dazu § 1 Rn 47 ff). Eine ausschließliche Zuständigkeit ist damit aber nicht verbunden (§ 106 ZPO).

---

70 Verordnung (EG) Nr. 44/2001 v. 22.12.2000 des Rates über die Zuständigkeit und die Anerkennung und Vollstreckung von Entscheidungen in Zivil- und Handelssachen – Geltung in den Mitgliedstaaten außer Dänemark.
71 Verordnung (EG) Nr. 2201/2003 des Rates über die Zuständigkeit und die Anerkennung und Vollstreckung von Entscheidungen in Ehesachen und betreffend die elterliche Verantwortung – Geltung in den Mitgliedstaaten außer Dänemark.
72 V. 16.9.1988 zwischen der EG und Island, Norwegen, Schweiz – Parallelregelungen zum EUGVÜ.
73 V. 30.10.2007 zwischen der EG und Dänemark, Island, Norwegen, Schweiz – Parallelregelungen zur EUGVVO.
74 Andrae, Internationales Familienrecht, S. 121; Zöller/Geimer Anh. II Art. 1 Rn 7.
75 Zöller/Geimer § 606 a Rn 36.
76 HK-Familienverfahrensrecht/Kemper § 98 Rn 18.

§ 14 Sonstige Familiensachen

Literatur: Büte, Zuständigkeitsregelungen im Gesetz zur Reform des Verfahrens in Familiensachen und in Angelegenheiten der freiwilligen Gerichtsbarkeit (FamFG), FuR 2009, 121; Burger, Die sonstigen Familiensachen nach dem FamFG, FamRZ 2009, 1017; Heinemann, Auswirkungen des § 266 Abs. 1 FamFG auf Verfahren in Miet- und Wohnungseigentumssachen, MDR 2009, 1026; Hütter/Kodal, Die Grundlinien des Familienstreitverfahrens, insbesondere des Unterhaltsverfahrens, FamRZ 2009, 917.

I. Einführung	1	4. Die sonstigen Familiensachen nach § 266 Abs. 2	52
II. Der Begriff und die Feststellung der sonstigen Familiensachen	8	III. Die besonderen Verfahrensregeln für Verfahren in sonstigen Familiensachen	53
1. Grundlagen	9		
2. Die Bestimmung der sonstigen Familiensachen	13	1. Einordnung als Familienstreitsache bzw als einfache Familiensache	54
3. Die sonstigen Familiensachen nach § 266 Abs. 1	17	2. Die örtliche Zuständigkeit in sonstigen Familiensachen	56
a) Der Katalog des § 266 Abs. 1	18	a) Die ausschließliche Zuständigkeit bei Anhängigkeit einer Ehesache	58
aa) Ansprüche im Zusammenhang mit der Beendigung eines Verlöbnisses	19	b) Die Zuständigkeit bei fehlender Anhängigkeit einer Ehesache	60
bb) Aus der Ehe herrührende Ansprüche	25		
cc) Ansprüche im Zusammenhang mit Trennung, Scheidung oder Eheaufhebung	32	c) Die Wirkungen der nachträglichen Rechtshängigkeit einer Ehesache	61
dd) Aus dem Eltern-Kind-Verhältnis herrührende Ansprüche	42	3. Die Beteiligten in sonstigen Familiensachen	67
		4. Anwaltszwang	68
ee) Aus dem Umgangsrecht herrührende Ansprüche	45		
b) Ausnahmen wegen der größeren Sachnähe anderer Gerichte	46		

I. Einführung

Mit der Regelung über die Verfahren in sonstigen Familiensachen in § 266 hat der Gesetzgeber eine **neue Zuständigkeitsregelung** für familienrechtliche Verfahren zur Verfügung gestellt, die nicht unter die anderen Katalogtatbestände des FamFG zu fassen sind, die aber der Sache nach familienrechtliche Vorgänge betreffen und deswegen besser bei den Familiengerichten aufgehoben sind. Er hat deswegen die Zuständigkeit der Familiengerichte in Bereiche hinein erweitert, welche bislang nicht in deren Zuständigkeit, sondern in diejenige des Vormundschaftsgerichts (Fälle des § 266 Abs. 2) oder der Prozessabteilung der Amtsgerichte bzw der Landgerichte fielen (Fälle des § 266 Abs. 1). 1

Bei den Verfahren in sonstigen Familiensachen handelt es sich um eine **Gruppe von Auffangtatbeständen.** Das ergibt sich schon daraus, dass § 266 einen Nachrang zu anderen Katalogtatbeständen formuliert: Was also zB bereits Güterrechtssache nach § 261 ist, kann keine sonstige Familiensache nach § 266 mehr sein. Nicht entscheidend 2 ist, ob die Streitigkeit vermögensrechtlicher oder nichtvermögensrechtlicher Art ist. Auch nichtvermögensrechtliche Auseinandersetzungen (zB Streitigkeiten wegen privater Beleidigungen zwischen Ehegatten oder ein Verfahren wegen Herausgabe von privatem Bildmaterial oder eines Tagebuchs) können deswegen dem Familiengericht zuzuordnen sein.

3   Alle sonstigen Familiensachen mit Ausnahme der sonstigen Familiensachen nach § 266 Abs. 2 (Anträge nach § 1357 Abs. 2 BGB, Rn 52) sind **Familienstreitsachen**, unterliegen in ihrem Verfahren also im Wesentlichen der ZPO.

4   Verfahren in sonstigen Familiensachen fallen **niemals in den Verhandlungs- und Entscheidungsverbund**, denn sie werden im Katalog des § 137 nicht aufgeführt. Diese Entscheidung des Gesetzgebers ist nicht ganz nachvollziehbar, weil einige der in § 266 aufgeführten Verfahren sehr enge Berührungspunkte zu im Verbund stehenden Verfahren haben können, vor allem zu Güterrechtssachen (vgl § 266 Abs. 1 Nr. 2 und 3), zu den Kindschaftssachen (vor allem in Bezug auf Sorge- und Umgangsrecht, vgl § 266 Abs. 1 Nr. 5) und zu den Unterhaltssachen (vgl § 266 Abs. 1 Nr. 2 und 3).[1]

5   Die besonderen **Regelungen** über die sonstigen Familiensachen im FamFG **erschöpfen sich in zwei Bestimmungen über die örtliche Zuständigkeit** (§§ 267 f). Im Übrigen gelten für die Familienstreitsachen des § 266 Abs. 1 die Regelungen der ZPO, soweit es nicht um die internationale Zuständigkeit oder Anerkennung ausländischer Entscheidungen (§§ 97 ff), die Entscheidungsform (§§ 38 f) und die Rechtsmittel (§§ 59 ff) oder den einstweiligen Rechtsschutz geht (vgl § 113 Abs. 1 S. 2). Für die einfachen Familiensachen des § 266 Abs. 2 gelten ausschließlich die Regelungen des FamFG einschließlich seines gesamten Allgemeinen Teils.

6   Für **Lebenspartner** werden die Regelungen des § 266 in § 269 Abs. 2 und 3 für diejenigen Fälle aufgenommen, die auch bei Lebenspartnern vorkommen können (Fälle des § 266 Abs. 1 Nr. 1–3 und des § 266 Abs. 2) und in der Terminologie an die Terminologie des Lebenspartnerschaftsgesetzes angepasst. Die dort nicht aufgeführten Fälle des § 266 Abs. 1 Nr. 4 und 5 sind auch bei Lebenspartnern unmittelbar anwendbar, weil es sich um Fragen handelt, welche das Verhältnis zwischen Eltern und Kindern oder das Verhältnis zwischen Eltern betreffen. Soweit Lebenspartner gemeinsam Eltern sind, ergeben sich keine Unterschiede zu verschiedengeschlechtlichen Eltern, so dass alle für diese geltenden Rechtsvorschriften auch unmittelbar auf Lebenspartner anzuwenden sind.

7   Die neuen Regelungen über die Verfahren in sonstigen Familiensachen dürfen nicht darüber hinweg täuschen, dass es auch in Zukunft noch eine Reihe von **Abgrenzungsschwierigkeiten** geben wird. Diese werden zum einen die Abgrenzung der Verfahren in sonstigen Familiensachen von den anderen Familiensachen betreffen, zum anderen aber auch die Abgrenzung von den durch die Ausnahmen des § 266 Abs. 1 von der Einbeziehung in die Zuständigkeit der Familiengerichte ausgenommenen Bereiche. Außerdem ist fraglich, ob die Fassung der einzelnen Fälle immer eine hinreichend sichere Zuständigkeitsabgrenzung ermöglichen wird.

---

1 Kritisch insofern auch Prütting/Helms/Heiter § 266 Rn 6.

II. Der Begriff und die Feststellung der sonstigen Familiensachen

Der Begriff der sonstigen Familiensachen ist **in § 266 geregelt**. Es werden zwei Gruppen von sonstigen Familiensachen unterschieden: die Familienstreitsachen (§ 266 Abs. 1) und die einfachen Familiensachen (§ 266 Abs. 2), zu denen allein die Verfahren nach § 1357 Abs. 2 BGB gehören.   **8**

1. Grundlagen

Die **Regelungstechnik** des § 266 ist die, einen Katalog von Fallgruppen aufzustellen, die allerdings selbst teilweise generalklauselartig weit gefasst sind, und dann Ausschlussgründe für die Fälle zu normieren, in denen andere Gerichte als die Familiengerichte kompetenter für die Entscheidung von Streitigkeiten erscheinen, die auch den genannten Fallgruppen erfasst werden. Die Zuordnungskriterien orientieren sich dabei immer erst am materiellen Familienrecht. Auch die Reihenfolge der Fälle des § 266 Abs. 1 folgt letztlich der Systematik des materiellen Familienrechts.   **9**

Die Zuständigkeitszuweisungen nach § 266 haben **Lückenfüllungscharakter**. Sie sollen alle diejenigen Fälle erfassen, in denen es sich um ein sachlich den Familiengerichten zuzuordnendes Problem handelt, für das aber ausnahmsweise trotz der sonstigen Katalogtatbestände keine Zuständigkeit des Familiengerichts begründet ist. Das bedeutet, dass zwar eine familiengerichtsfreundliche großzügige Auslegung möglich und geboten ist, dass aber eine Ausdehnung der familiengerichtlichen Zuständigkeit auf Personenkreise, deren Streitigkeiten sonst nicht in die Zuständigkeit der Familiengerichte fällt, auch im Wege der Analogie nicht in Betracht kommt. Das gilt selbst dann, wenn die materiellrechtlichen Fragen, die im Streit stehen, solche sind, die sonst regelmäßig die Verfahrenseigenschaft nach § 266 bestimmen. Vor allem die Erweiterung der familiengerichtlichen Zuständigkeit in Bezug auf eheähnliche und lebenspartnerschaftsähnliche Lebensgemeinschaften kommt nicht in Betracht.[2] Das darf auch nicht dadurch umgangen werden, dass etwa vorschnell Verlöbnisse „konstruiert" werden, um auf diese Weise in den Anwendungsbereich des § 266 Abs. 1 Nr. 1 zu gelangen. Normale eheähnliche Gemeinschaften sind gerade keine Verlöbnisse, sondern eine bewusste Entscheidung gegen die Ehe. Etwas anderes kann erst dann gelten, wenn die Partner den Willen, heiraten zu wollen, nach außen deutlich gemacht haben.   **10**

Was **nicht unter den Katalog** eines der in § 266 genannten Tatbestände und auch nicht unter einen der Kataloge der in § 111 in Bezug genommenen Vorschriften fällt, ist keine Familiensache. Für derartige Streitigkeiten sind die Familiengerichte auch weiterhin nicht zuständig.   **11**

Die Einschlägigkeit eines Katalogtatbestandes allein reicht aber umgekehrt nicht aus, um die Zuständigkeit des Familiengerichts wegen einer sonstigen Familiensache zu begründen. Vielmehr sind **ausnahmsweise** diejenigen Streitigkeiten keine sonstigen Familiensachen, die zwar unter den Katalog des § 266 zu fassen sind, für die aber die **Zuständigkeit der Arbeitsgerichte** gegeben ist oder in denen das Verfahren eines der in § 348 Abs. 1 S. 2 Nr. 2 lit. a–k ZPO genannten Sachgebiete, das **Wohnungseigentums-**   **12**

---

[2] Prütting/Helms/Heiter § 266 Rn 12.

recht oder das **Erbrecht** betroffen ist. In diesen Fällen sind andere Gerichte als die Familiengerichte sachlich kompetenter.[3]

2. Die Bestimmung der sonstigen Familiensachen

13 Ob eine Sache Katalogsache nach § 266 und damit sonstige Familiensache ist, **bestimmt sich nach dem Verfahrensgegenstand**. Dieser wird nach den allgemeinen Grundsätzen bestimmt. Wenn § 266 von Ansprüchen spricht, sind damit prozessuale Ansprüche und nicht materiellrechtliche Anspruchsgrundlagen gemeint.[4] Maßgeblich für die Zuständigkeitsbestimmung ist der Sachvortrag des Antragstellers,[5] während es auf die vom Antragsgegner vorgebrachten Einwendungen nicht ankommt.[6] Sonstige Familiensachen sind damit solche Verfahren, in denen Vorschriften aus den in § 266 genannten Rechtsgebieten als Schwerpunkt für die Begründung des Begehrens des Antragstellers in Frage kommen. Das ist immer dann der Fall, wenn eine den Kataloggebieten zuzuordnende Norm als Anspruchsgrundlage für das Begehren des Klägers in Betracht kommt (zB Schadensersatzanspruch bei unberechtigter Auflösung des Verlöbnisses, § 1298 BGB). Darüber hinaus sind aber auch Verfahren, in denen das Begehren auf andere Anspruchsgrundlagen gestützt wird (zB §§ 313, 426, 670, 812 BGB), sonstige Familiensachen, wenn die zur Begründung des Anspruchs vorgetragenen Tatsachen zur schwerpunktmäßigen Zuordnung zu einem der genannten Sachgebiete führen, weil die allgemeine Anspruchsgrundlage in diesem Fall eine entsprechende familienrechtliche „Färbung" erhält (zB Rückabwicklung einer unbenannten Zuwendung).

14 Die **rechtliche Einordnung** durch die Beteiligten ist für die Einordnung als Familiensache ohne Bedeutung. Ebenso wenig ändert der Übergang des geltend gemachten Anspruchs auf Dritte etwas an seiner Einordnung als sonstige Familiensache.

15 Da es für die Zuständigkeitsbestimmung grundsätzlich nur auf den Streitgegenstand des Verfahrens ankommt, eine vom Antragsgegner zur Verteidigung vorgenommene Aufrechnung aber nicht rechtshängig wird und damit den Streitgegenstand des Verfahrens nicht beeinflusst, kann die **Aufrechnung** mit einer aus einer sonstigen Familiensache resultierenden Forderung nicht dazu führen, dass für einen Streit über eine Nichtfamiliensache das Familiengericht zuständig würde. Insofern hat sich an der bisherigen Rechtslage nichts geändert.[7] Umgekehrt gilt das Gleiche: Die Aufrechnung mit einer aus einem nicht als Familiensache einzuordnenden Vorgang führt nicht zur Unzuständigkeit des Familiengerichts für die Entscheidung über diese Aufrechnung. Es kann entweder selbst entscheiden oder nach § 148 ZPO verfahren.

16 Auf das **Stadium** oder die **Art des Verfahrens** kommt es nicht an. Auch Verfahren des einstweiligen Rechtsschutzes können Verfahren in sonstigen Familiensachen sein. Das Gleiche gilt für Vollstreckungsgegenanträge (§ 767 ZPO) oder Drittwiderspruchsanträge (§ 771 ZPO), wenn die geltend gemachten Rechte solche sind, die unter den Katalog des § 266 fallen.

---

3 Einzelheiten siehe Rn 46 ff.
4 Prütting/Helms/Heiter § 266 Rn 29.
5 BGH FamRZ 1981, 1047; 1984, 35; 1984, 518; OLG Köln FamRZ 1992, 832, 833 für die Abgrenzung zwischen Familien- und Nichtfamiliensachen im Allgemeinen.
6 BGH FamRZ 1980, 988 für die Abgrenzung zwischen Familien- und Nichtfamiliensachen im Allgemeinen.
7 BGH FamRZ 1989, 166; BayObLG FamRZ 1985, 1057.

II. Der Begriff und die Feststellung der sonstigen Familiensachen

3. Die sonstigen Familiensachen nach § 266 Abs. 1

Maßgebend für die Einordnung einer Streitigkeit als sonstige Familiensache ist zunächst, ob sie sich einem der im Katalog des § 266 Abs. 1 genannten Gegenstände zuordnen lässt. Auch wenn das der Fall ist, liegt aber keine sonstige Familiensache vor, wenn diese Streitigkeit einem anderen der in § 266 Abs. 1 genannten Gerichte zugewiesen ist.

a) Der Katalog des § 266 Abs. 1

Unter die sonstigen Familiensachen nach § 266 Abs. 1 fallen fünf verschiedene Fallgruppen:

aa) Ansprüche im Zusammenhang mit der Beendigung eines Verlöbnisses

Erfasst werden zunächst alle Ansprüche zwischen miteinander verlobten oder ehemals verlobten Personen im Zusammenhang mit der Beendigung des Verlöbnisses sowie in den Fällen der §§ 1298, 1299 BGB zwischen einem (ehemaligen) Verlobten und Dritten. Wie § 266 Abs. 1 Nr. 3 ist die Regelung sehr weit gefasst.

Beendigung des Verlöbnisses ist nicht unbedingt eine Beendigung durch einen (ungerechtfertigten) Rücktritt. In Betracht kommen auch Ansprüche im Zusammenhang mit einer einvernehmlichen Beendigung (zB wegen der Tragung der Hochzeitskosten) oder durch Tod (beachte dann aber den Ausschluss erbrechtlicher Streitigkeiten). Grundsätzlich kein Streit um die Beendigung des Verlöbnisses ist dagegen ein Verfahren, mit dem die Beteiligten das Bestehen eines Verlöbnisses festgestellt wissen wollen, etwa Begründungsprobleme klären wollen. Etwas anderes gilt nur dann, wenn die Beteiligten darum streiten, ob das Verlöbnis wieder aufgelöst worden ist und ob sich daraus Rechtsfolgen für den einen oder anderen ergeben.

Für den **Zusammenhang** mit der Beendigung des Verlöbnisses gilt die gleiche Auslegung wie bei § 266 Abs. 1 Nr. 3. Wie dort reicht ein sachlicher Zusammenhang mit der Beendigung des Verlöbnisses. Ein besonderer zeitlicher Zusammenhang ist nicht erforderlich.[8] Ein derartiger Zusammenhang besteht regelmäßig bei der Geltendmachung von Schadensersatzansprüchen nach §§ 1298, 1299 BGB oder beim Verlangen nach der Rücknahme der Geschenke, welche sich die Verlobten anlässlich der Verlobung gegenseitig gemacht haben.

An einem derartigen **Zusammenhang fehlt** es etwa, wenn die Verlobten einer Miteigentumsgemeinschaft angehören, die unabhängig vom Ende des Verlöbnisses aufgelöst wurde. Die Auflösung einer Erbengemeinschaft kann wegen des Ausschlusses von erbrechtlichen Verfahren schon deswegen nicht als sonstige Familiensache eingeordnet werden. Bei der Liquidation von BGB-Gesellschaften, an denen beide Verlobte beteiligt sind, kann aber durchaus ein Zusammenhang mit der Beendigung des Verlöbnisses bestehen, wenn die Gesellschaft gerade deswegen aufgelöst wird, weil die Beteiligten aus persönlichen Gründen nicht mehr zusammenwirken können.

Der Streit muss grundsätzlich **zwischen den Verlobten** geführt werden. Verfahren mit Dritten sind nur dann sonstige Familiensachen, wenn es sich um Streitigkeiten iSd

---

8 Vgl Rn 34.

§§ 1298, 1299 BGB handelt oder wenn ein Dritter Rechtsnachfolger eines Verlobten geworden ist. Keine sonstigen Familiensachen iSd § 266 Abs. 1 Nr. 1 sind deswegen etwa Streitigkeiten zwischen Dritten und den ehemaligen Verlobten um die Zurückgabe von Verlobungsgeschenken.[9]

24 Beteiligte an Verfahren nach § 266 Abs. 1 Nr. 1 können grundsätzlich nur die Verlobten bzw ehemaligen Verlobten oder ihre Rechtsnachfolger sein. Andere Dritte sind als Beteiligte nur für die Fälle der §§ 1298 und 1299 BGB genannt.

bb) Aus der Ehe herrührende Ansprüche

25 § 266 Abs. 1 Nr. 2 führt zur Zuständigkeit der Familiengerichte für Verfahren über alle aus der Ehe herrührenden Ansprüche, die nicht schon unter einen anderen Katalogtatbestand des § 111 fallen. Ohne diese Einschränkung wäre die Regelung uferlos.

26 Gemeint sind also allein die **allgemeine Ehewirkungen** betreffenden Verfahren. Erfasst werden vor allem Verfahren um solche Ansprüche, die aus § 1353 BGB hergeleitet werden müssen und die früher zum Teil Gegenstand der Eheherstellungsklage waren, die es nach dem neuen Recht nicht mehr gibt oder für die die allgemeinen Zivilabteilungen zuständig waren.

27 Hierher gehört vor allem der Streit um die **Mitwirkung an der Steuererklärung**[10] und ggf um aus der Weigerung folgende Schadensersatzansprüche.

28 Aus der Ehe herrührende Ansprüche betreffende Verfahren können auch solche um die Kooperation bei der **Abwicklung von Vertrags- oder Gemeinschaftsverhältnissen** sein, etwa der Fall, dass ein Ehegatte einer Teilungsversteigerung unter Bezugnahme auf den Schutz der ehelichen Lebensgemeinschaft und den daraus folgenden Rücksichtnahmepflichten widerspricht. Wird der Widerspruch dagegen auf § 1365 BGB gestützt, liegt eine güterrechtliche Streitigkeit vor, die unter §§ 261 ff fällt.

29 Von § 266 Abs. 1 Nr. 2 sind auch Verfahren wegen des **Eingriffs in den räumlich-gegenständlichen Bereich der Ehe** (§ 823 Abs. 1 BGB) erfasst, gleichgültig, ob ein Unterlassungs-, Beseitigungs- oder Schadensersatzanspruch geltend gemacht wird.

30 Schließlich sind alle auf **Herstellung der ehelichen Lebensgemeinschaft** gerichtete Verfahren, die früher mit der Eheherstellungsklage als Ehesache geltend gemacht werden mussten, sonstige Familiensachen iSd § 266 Abs. 1 Nr. 2. Das Gleiche gilt für Anträge, mit denen ein Recht zum Getrenntleben festgestellt werden soll (wichtig in einigen ausländischen Rechtsordnungen).[11] Es handelt sich aber nicht mehr um eine Ehesache, so dass derartige Verfahren nicht mehr mit anderen Ehesachen verbunden werden können, weil diese nur mit Ehesachen oder Verbundsachen verbunden werden können (§§ 126 Abs. 2, 137). Deswegen kommt etwa ein Scheidungsantrag mit dem Hilfsantrag festzustellen, dass ein Recht zum Getrenntleben besteht, nicht mehr in Betracht. Außerdem gilt für die jetzt § 266 Abs. 1 Nr. 2 zuzuordnenden Verfahren der Amtsermittlungsgrundsatz (§ 27) nicht mehr. Das Verfahren folgt vielmehr den allgemeinen zivilpro-

---

9 Keidel/Giers § 266 Rn 7.
10 Vgl Palandt/Brudermüller § 1353 BGB Rn 12 c.
11 Zöller/Lorenz § 266 Rn 14.

zessualen Regeln, da es sich auch bei diesem Verfahren um eine Familienstreitsache handelt (§ 113 Abs. 1 S. 2).

Wer **Beteiligter** an den Verfahren nach § 266 Abs. 1 Nr. 2 sein kann, richtet sich nach dem materiellen Recht. Eine Beschränkung der Verfahren auf Eheleute oder ihre Rechtsnachfolger besteht nicht. 31

cc) Ansprüche im Zusammenhang mit Trennung, Scheidung oder Eheaufhebung

Sonstige Familiensachen sind außerdem die Ansprüche zwischen miteinander verheirateten oder ehemals miteinander verheirateten Personen oder zwischen einer solchen und einem Elternteil im Zusammenhang mit Trennung oder Scheidung oder Aufhebung der Ehe (§ 266 Abs. 1 Nr. 3). Damit gehören nun auch alle die Abwicklungsinstrumente bei der Auflösung einer Ehe in die Zuständigkeit des Familiengerichts, für die bislang die Landgerichte bzw die Prozessabteilungen zuständig waren. 32

Voraussetzung für die Einordnung als sonstige Sache ist zunächst, dass eine **Trennung, Scheidung oder Aufhebung der Ehe** unmittelbar bevorsteht, gerade im Gange ist oder bereits stattgefunden hat.[12] 33

Nicht ganz klar ist, was unter dem Kriterium „**Zusammenhang mit der Trennung, Scheidung** bzw **der Aufhebung der Ehe**" zu verstehen ist. Nach den Gesetzesmaterialien sind insofern sowohl eine inhaltliche wie eine zeitliche Komponente zu berücksichtigen.[13] Die inhaltliche Komponente ist nachvollziehbar: Es muss sich um eine Streitigkeit wegen der Liquidation der Ehe handeln, also gerade um die Entflechtung der durch die Ehe entstandenen Lebensverhältnisse gehen. Gäbe es das Kriterium nicht, fiele nahezu jede Streitigkeit zwischen den Ehegatten unter § 266, auch wenn der Ehebezug minimal wäre (zB gesellschaftsrechtliche Streitigkeiten). Unklar ist aber, wieso es für die Zuständigkeit auf den zeitlichen Zusammenhang zwischen der Scheidung und der Geltendmachung der Ausgleichsansprüche ankommen soll: Solange ein Anspruch wegen der Auseinandersetzung der ehelichen Gemeinschaft noch nicht verjährt oder verwirkt ist, besteht auf jeden Fall noch ein zeitlicher Zusammenhang mit der Scheidung bzw Aufhebung der Ehe – und selbst danach kann dieser Zusammenhang nicht ohne Weiteres verneint werden. Die Zuständigkeit für solche Fragen darf deswegen nicht davon abhängig sein, ob die Trennung bereits durchgeführt oder ob das Ehescheidungs- oder Aufhebungsverfahren bereits abgeschlossen ist. Das führte zu völlig zufälligen Ergebnissen, wenn noch vereinzelte Folgesachen anhängig sind, lange nachdem die Scheidung schon ausgesprochen wurde.[14] Das Kriterium des Zusammenhangs muss deswegen entgegen der Intention des Gesetzgebers einschränkend auf den Sachzusammenhang begrenzt werden; der zeitliche Zusammenhang darf keine Rolle spielen.[15] 34

Zu den unter § 266 Abs. 1 Nr. 3 einzuordnenden Verfahren gehören vor allem die **Rückabwicklung von unbenannten Zuwendungen** und Schenkungen, der Ausgleich 35

---

12 Zu dem von einigen verlangten zeitlichen Zusammenhang mit einem solchen Ereignis vgl Rn 34.
13 BT-Drucks. 16/6308, 263; ebenso Prütting/Helms/Heiter § 266 Rn 47; Meyer-Seitz/Kröger/Heiter FamRZ 2005, 1430, 1437; Burger FamRZ 2009, 1017, 1019.
14 Darauf stellt Prütting/Helms/Heiter, § 266 Rn 50, ab.
15 Kemper FamRB 2009, 53, 56; Hk-ZPO/Kemper § 266 FamFG Rn 8; Keidel/Giers § 266 Rn 16; Zöller/Lorenz § 266 Rn 17; Wever FF 2008, 399, 401.

einer Ehegatten-Innengesellschaft, die **Auseinandersetzung von Miteigentum** inklusive des Streits um eine Nutzungsvergütung (§ 745 BGB) und der **Gesamtschuldnerausgleich** (§ 426 BGB).

36 Unter die Norm fallen aber auch **Vermögensauseinandersetzungen,** soweit sie nicht dem Güterrecht zuzuordnen sind, wie etwa die Aufteilung von Konten, und andere Geschäfte, welche der Abwicklung der ehelichen Lebensgemeinschaft dienen, wie die Übertragung des Schadensfreiheitsrabatts in der Kfz-Haftpflichtversicherung oder die Mitwirkung an der Beendigung des gemeinsamen Mietverhältnisses an Immobilien und Ähnliches.

37 Ebenfalls unter diese Zuständigkeitszuweisung kann die Geltendmachung **von Schadensersatz- oder Besitzschutzansprüchen** fallen. Insofern wird allerdings der Vorrang der anderen Zuständigkeitszuweisungen ohnehin schon in vielen Fällen wegen des Sachzusammenhangs (zB mit unterhaltsrechtlichen oder güterrechtlichen Streitigkeiten) oder wegen der Spezialität der sachrechtlichen Vorschriften (Wohnungszuweisung, Gewaltschutz) bestehen. Es bleiben aber etwa der Schadensersatzanspruch wegen des Unterschiebens eines fremden Kindes und derjenige wegen Vermögensschäden aufgrund von Schädigungshandlungen des anderen Ehegatten (zB bei der Vermögensanlage, Vermögensverschiebung, Überschreitung von Vollmachten).

38 Familiensache iSd § 266 Abs. 1 Nr. 3 kann auch ein Streit in Bezug auf die **Liquidierung einer BGB-Gesellschaft** sein, wenn diese darauf beruht, dass wegen der persönlichen Trennung auch die Gesellschaft aufgelöst werden muss. Für Handelsgesellschaften gilt das nicht; denn insoweit besteht die vorrangige Zuständigkeit nach § 348 Abs. 1 S. 2 ZPO.

39 Der Streit um einen Ausgleich von für den anderen Ehegatten übernommenen **Dienstleistungen** kann ebenfalls unter § 266 Abs. 1 Nr. 3 fallen. Insofern ist nur zu beachten, dass kein echtes Ehegattenarbeitsverhältnis bestehen darf;[16] denn dieses fällt in die vorrangige Zuständigkeit des Arbeitsgerichts.

40 Auch **Streitigkeiten mit Eltern** fallen nun als sonstige Familiensachen in die Zuständigkeit des Familiengerichts. So werden gerade Abwicklungsstreitigkeiten mit Schwiegereltern in die Hände des Familiengericht, das mit diesen nach den Grundsätzen des Wegfalls der Geschäftsgrundlage für unbenannte Zuwendungen zu behandelnden Fragen deutlich fachkundiger umgehen kann als die allgemeinen Zivilgerichte, die mit solchen Problemen nur selten befasst werden. Soweit auch unbenannte Zuwendungen anderer Personen anerkannt werden (zB Großeltern), ist die Norm entsprechend anzuwenden, um nicht zu sachlich nicht zu begründenden Unterschieden in der Gerichtszuständigkeit zu kommen.

41 **Beteiligte** an Verfahren nach § 266 Abs. 1 Nr. 3 können nur die Ehegatten und ihre Rechtsnachfolger sowie die in der Norm ausdrücklich genannten Eltern[17] sein.

---

16 Zöller/Lorenz § 266 Rn 18.
17 Beachte aber die vorhergehende Rn.

dd) Aus dem Eltern-Kind-Verhältnis herrührende Ansprüche

Sonstige Familiensachen sind auch **Verfahren in Bezug auf aus dem Eltern-Kind-Verhältnis herrührende Ansprüche** (§ 266 Abs. 1 Nr. 4). Dazu gehören zB Verfahren in Bezug auf die Verwaltung des Kindesvermögens. Zu denken ist vor allem an den Anspruch auf Herausgabe des Kindesvermögens (§ 1698 BGB) und auf Rechnungslegung (§ 1698 BGB) oder an Schadensersatzansprüche wegen einer fehlerhaften Verwaltung des Kindesvermögens (§ 1664 BGB).[18] 42

Der Anspruch muss **im Eltern-Kind-Verhältnis selbst seine Grundlage** haben, ein bloßer Zusammenhang hierzu genügt nicht.[19] Insofern kann eine sonstige Familiensache vorliegen, wenn ein Zusammenhang der Streitigkeit mit der Auflösung der Ehe oder eines Verlöbnisses besteht (§ 266 Abs. 1 Nr. 1 und 3). 43

Ob das Kind **minderjährig oder volljährig** ist, ist ohne Bedeutung. 44

ee) Aus dem Umgangsrecht herrührende Ansprüche

Auch Verfahren, die aus dem Umgangsrecht herrührende Ansprüche betreffen, sind sonstige Familiensachen (§ 266 Abs. 1 Nr. 5). Verfahren wegen des Umgangsrechts selbst gehören nicht hierher. Diese sind Kindschaftssachen und deswegen Familiensachen nach §§ 111 Nr. 3, 151. Gedacht ist an die Schadenersatzansprüche wegen Nichteinhalten der Umgangsregelung, für deren Geltendmachung bislang die allgemeinen Zivilgerichte zuständig waren.[20] Ob es noch andere Anwendungsfälle geben wird, lässt sich momentan nicht absehen.[21] 45

b) Ausnahmen wegen der größeren Sachnähe anderer Gerichte

Obwohl eine Sache an sich einem der Tatbestände des § 266 Abs. 1 zuzuordnen ist, handelt es sich trotzdem nicht um eine sonstige Familiensache, wenn sie einem der in § 266 Abs. 1 genannten Sachgebiete zuzuordnen sind, welche anderen Gerichten wegen deren größerer Sachnähe zugewiesen sind. 46

Ausgenommen sind zunächst die den **Arbeitsgerichten** zugewiesenen Angelegenheiten. Damit bleiben die aus Ehegattenarbeitsverhältnissen erwachsenden Ansprüche weiter den Arbeitsgerichten zur Klärung vorbehalten. Das ergibt sich systematisch schon bereits daraus, dass in den arbeitsgerichtlichen Streitigkeiten schon der Rechtsweg zu den ordentlichen Gerichten nicht eröffnet ist. 47

Ausgenommen sind **erbrechtliche Fragen** betreffende Verfahren. Die Auseinandersetzung einer Erbengemeinschaft kann deswegen nie zu den sonstigen Familiensachen iSd § 266 Abs. 1 gehören. 48

Keine sonstigen Familiensachen sind auch das **Wohneigentumsrecht** betreffende Verfahren. Deswegen wird der Streit um Rechte aus einer Benutzungsregelung in einer Eigentumswohnungsanlage regelmäßig nicht in die Zuständigkeit des Familiengerichts fallen. 49

---

18 HK-Familienverfahrensrecht/Volpp § 266 Rn 8.
19 Zöller/Lorenz § 266 Rn 17.
20 BGH NJW 2002, 2566 ff
21 Horndasch/Viefhues/Boden/Cremer § 266 Rn 26.

50 Ausgenommen aus dem Anwendungsbereich des § 266 sind darüber hinaus alle Verfahren, die einen der Gegenstände des § 348 Abs. 1 S. 2 Nr. 2 lit. a–k ZPO betreffen. Bei vielen dieser Gegenstände scheint der Bezug zu einer Ehe oder einer sonstigen Familiensache des § 266 ohnehin kaum möglich zu sein. Ist aber ausnahmsweise ein solcher Fall gegeben, dann ist das Landgericht für diese Verfahren das wesentlich kompetentere und sachnähere Gericht. Die betroffenen Verfahren sind: Streitigkeiten über Ansprüche aus Veröffentlichungen durch Druckerzeugnisse, Bild- und Tonträger jeder Art, insbesondere in Presse, Rundfunk, Film und Fernsehen (§ 348 Abs. 1 Nr. 2 a), Streitigkeiten aus Bank- und Finanzgeschäften (§ 348 Abs. 1 Nr. 2 b), Streitigkeiten aus Bau- und Architektenverträgen sowie aus Ingenieurverträgen, soweit sie im Zusammenhang mit Bauleistungen stehen (§ 348 Abs. 1 Nr. 2 c), Streitigkeiten aus der Berufstätigkeit der Rechtsanwälte, Patentanwälte, Notare, Steuerberater, Steuerbevollmächtigten, Wirtschaftsprüfer und vereidigten Buchprüfer (§ 348 Abs. 1 Nr. 2 d), Streitigkeiten über Ansprüche aus Heilbehandlungen (§ 348 Abs. 1 Nr. 2 e), Streitigkeiten aus Handelssachen im Sinne des § 95 GVG (§ 348 Abs. 1 Nr. 2 f), Streitigkeiten über Ansprüche aus Fracht-, Speditions- und Lagergeschäften (§ 348 Abs. 1 Nr. 2 g), Streitigkeiten aus Versicherungsvertragsverhältnissen (§ 348 Abs. 1 Nr. 2 h), Streitigkeiten aus den Bereichen des Urheber- und Verlagsrechts (§ 348 Abs. 1 Nr. 2 i), Streitigkeiten aus den Bereichen der Kommunikations- und Informationstechnologie (§ 348 Abs. 1 Nr. 2 j), und Streitigkeiten, die dem Landgericht ohne Rücksicht auf den Streitwert zugewiesen sind (§ 348 Abs. 1 Nr. 2 k).

51 Eine sonstige Familiensache liegt im Übrigen nicht vor, wenn sich der Streit unter einen **anderen Gegenstand der in § 111 genannten Verfahren** subsumieren lässt. Die Einordnung als sonstige Familiensache ist der Zuordnung zu allen anderen Familiensachen nachrangig.

4. Die sonstigen Familiensachen nach § 266 Abs. 2

52 Sonstige Familiensachen sind auch Verfahren über einen Antrag nach § 1357 Abs. 2 S. 1 BGB auf Aufhebung des Ausschlusses der Schlüsselgewalt (§ 266 Abs. 2). Insofern liegt aber keine Familienstreitsache, sondern eine einfache Familiensache vor, auf welche das FamFG insgesamt anzuwenden ist.

III. Die besonderen Verfahrensregeln für Verfahren in sonstigen Familiensachen

53 Besondere Verfahrensregeln stellt das FamFG für die sonstigen Familiensachen nur in § 267 und § 268 in Bezug auf die örtliche Zuständigkeit auf. Im Übrigen gelten für die meisten sonstigen Familiensachen die Regelungen für Familienstreitsachen, also im Wesentlichen die Regelungen der ZPO.

1. Einordnung als Familienstreitsache bzw als einfache Familiensache

54 Die Familiensachen des § 266 Abs. 1 sind sämtlich Familienstreitsachen (§ 112 Nr. 3). Für sie gelten deswegen die allgemeinen Vorschriften der ZPO über das Verfahren vor den Landgerichten entsprechend (§ 113 Abs. 1 S. 2). Ebenfalls anwendbar sind die Regelungen über den Urkunden- und Wechselprozess und das Mahnverfahren (§ 113 Abs. 2 FamFG). Zu beachten ist, dass auch bei der Anwendung der ZPO-Vorschriften

III. Die besonderen Verfahrensregeln für Verfahren in sonstigen Familiensachen

die Terminologie des FamFG zu Grunde zu legen ist. Umgekehrt bedeutet das, dass der Allgemeine Teil des FamFG auf diese Verfahren mit Ausnahme der §§ 38 f über die Entscheidungsform, die Regelungen über den einstweiligen Rechtsschutz (§§ 49 ff), die Rechtsmittel (§§ 58 ff) und die Regelungen über die Verfahren mit Auslandsbezug (§§ 97 ff) nicht anzuwenden ist. Vor allem gilt das Amtsermittlungsprinzip (§ 27) nicht.

Die Verfahren nach § 266 Abs. 2 sind einfache Familiensachen, auf die das FamFG in seiner Gesamtheit einschließlich des gesamten Allgemeinen Teils anzuwenden ist. 55

2. Die örtliche Zuständigkeit in sonstigen Familiensachen

Die örtliche Zuständigkeit für sonstige Familiensachen ergibt sich aus § 267. Dabei werden eine ausschließliche Zuständigkeit des Gerichts der Ehesache und eine nicht ausschließliche Zuständigkeit außerhalb der Anhängigkeit eines Ehesachenverfahrens unterschieden. § 268 ergänzt diese Regelung um eine Vorschrift, wie zu verfahren ist, wenn nachträglich eine Ehesache rechtshängig wird. 56

Die Zuständigkeitsvorschriften der §§ 267 f gelten **sowohl für die sonstigen Familiensachen nach § 266 Abs. 1 als auch für solche nach § 266 Abs. 2.** 57

a) Die ausschließliche Zuständigkeit bei Anhängigkeit einer Ehesache

§ 267 Abs. 1 ist eine **Parallelregelung zu §§ 152 Abs. 1, 201 Nr. 1, 218 Nr. 1, 231 Abs. 1 Nr. 1 und 262 Abs. 1.** Wie in den anderen Fällen soll die Norm zu einer Zuständigkeitskonzentration beim Gericht der Ehesache führen. Solange eine Ehesache anhängig ist, ist deswegen ausschließlich für sonstige Familiensachen das Gericht zuständig, bei dem die Ehesache in erster Instanz anhängig ist oder war (§ 267 Abs. 1 S. 1). 58

Diese ausschließliche Zuständigkeit **geht anderen ausschließlichen Gerichtsständen vor.** Hierbei ist vor allem an den Vollstreckungsgegenantrag zu denken (§§ 767 Abs. 1, 802 ZPO).[22] 59

b) Die Zuständigkeit bei fehlender Anhängigkeit einer Ehesache

Ist keine Ehesache (mehr) anhängig, richtet sich die **örtliche Zuständigkeit für sonstige Familiensachen nach der ZPO,** jedoch mit der Maßgabe, dass in den Vorschriften über den allgemeinen Gerichtsstand an die Stelle des Wohnsitzes der **gewöhnliche Aufenthalt** tritt (§ 267 Abs. 2). Es kommt damit auf den Daseinsmittelpunkt an, wie er sich typischerweise durch einen länger dauernden Aufenthalt manifestiert.[23] Ein Wohnsitz braucht an diesem Ort nicht zu bestehen. Die Anknüpfung an den gewöhnlichen Aufenthalt ist die modernere Tendenz im Familienverfahrensrecht. Sie entspricht der Lage bei der internationalen Zuständigkeit (vgl §§ 97 ff). Die Zuständigkeit ist nicht ausschließlich. 60

c) Die Wirkungen der nachträglichen Rechtshängigkeit einer Ehesache

Wird eine Ehesache rechtshängig, während eine sonstige Familiensache bei einem anderen Gericht im ersten Rechtszug anhängig ist, ist diese von Amts wegen an das Gericht der Ehesache abzugeben (§ 268 S. 1). Die Vorschrift entspricht dem bisherigen § 621 61

---

22 Horndasch/Viefhues/Boden/Cremer § 267 Rn 16.
23 BGH NJW 1993, 2047, 2048 f; vgl auch Horndasch/Viefhues/Boden/Cremer § 267 Rn 23.

Abs. 3 ZPO aF. Die dort früher gebündelt behandelte Frage wird nun aus systematischen Gründen für die einzelnen Familiensachen, vor allem diejenigen, die auch Folgesachen sein können (vgl § 137), an unterschiedlichen Stellen im FamFG jeweils in gleicher Weise geregelt (vgl etwa §§ 153, 202, 233, 263).

62 Voraussetzung der Abgabe ist, dass eine sonstige **Familiensache nach § 266** bei einem Familiengericht in erster Instanz **anhängig** ist, dh dass der Antrag dafür eingereicht ist. Die Stellung eines Verfahrenskostenhilfeantrags reicht noch nicht. Da aber der Zweck des Überleitungsgebots, die Entscheidung aller eine Familie betreffenden Familiensachen zur gemeinsamen Entscheidung bei einem Gericht zusammenzufassen, nur solange erreicht werden kann, wie noch keine die Instanz abschließende Entscheidung ergangen ist, ist die Überleitung nicht mehr möglich, wenn eine Entscheidung bereits verkündet oder zugestellt ist.[24] Sie wird nur dann wieder möglich, wenn die Sache von der Rechtsmittelinstanz in die erste Instanz zurückverwiesen wird; dh das Rechtsmittelgericht muss dann an das Gericht der Ehesache verweisen.[25]

63 Nach der Anhängigkeit der sonstigen Familiensache muss eine **Ehesache (§ 121) rechtshängig werden,** dh dem Antragsgegner zugestellt werden (§ 113 Abs. 1 S. 2, § 261 ZPO).

64 Zu beachten ist, dass schließlich eine Verweisung wegen der Bindungswirkung des § 281 Abs. 2 S. 4 ZPO **nicht erfolgen** kann, wenn das (spätere) Gericht der Ehesache die zunächst bei ihm anhängig gemachte sonstige Familiensache wegen örtlicher Unzuständigkeit an das nun überleitungswillige Gericht verwiesen bzw abgegeben hatte.

65 Die **Überleitung** des Verfahrens der sonstigen Familiensache wird **von Amts wegen** bewirkt. Der Verweisungs- bzw Abgabebeschluss ist unanfechtbar (§ 281 Abs. 2 S. 2). Er ist für das Gericht der Ehesache bindend (§ 268 S. 2, § 281 Abs. 2 S. 4 ZPO). Zu beachten ist jedoch, dass die Bindungswirkung nur soweit geht, wie der Regelungsgehalt des Überleitungsbeschlusses: Die Überleitung erfolgt zur Schaffung einer örtlichen Zuständigkeitskonzentration mit der Ehesache. Das Gericht der Ehesache ist daher nicht daran gehindert, die Sache an eine andere Abteilung des AG weiter zu verweisen, wenn es der Auffassung ist, bei der übergeleiteten Sache handele es sich nicht um eine Familiensache.[26] Ebenso ist das Gericht der Ehesache nicht an einer Weiterverweisung der Familiensache zusammen mit der Ehesache gehindert.

66 Die vor dem überleitenden Gericht entstandenen **Kosten** werden als Teil der Kosten des Verfahrens beim Gericht der Ehesache behandelt (§ 268 S. 2, § 281 Abs. 3 S. 1 ZPO). Die Kostenregelung des § 281 Abs. 3 S. 2 ZPO ist aber nicht entsprechend anwendbar, denn dem Antragsteller gegenüber kann kein Vorwurf erhoben werden: Zu der Zeit als er die sonstige Familiensache anhängig machte, war das von ihm gewählte Gericht noch zuständig.

---

[24] BGH NJW 1986, 2058; KG FamRZ 1979, 1062; OLG Stuttgart FamRZ 1978, 816 zu § 621 Abs. 3 aF
[25] BGH FamRZ 1980, 444.
[26] BGH FamRZ 1980, 557; BayObLG FamRZ 1980, 1034; 1981, 62.

III. Die besonderen Verfahrensregeln für Verfahren in sonstigen Familiensachen **14**

3. Die Beteiligten in sonstigen Familiensachen

Wer Beteiligter in den einzelnen sonstigen Familiensachen sein kann, ist bei den jeweiligen Katalogtatbeständen angegeben, soweit sich Schwierigkeiten ergeben können.   67

4. Anwaltszwang

In den Verfahren nach § 266 Abs. 1 besteht für alle Beteiligten Anwaltszwang (§ 114 Abs. 1, 2). Ausgenommen sind nur die Verfahren der einstweiligen Anordnung (§ 114 Abs. 4 Nr. 1), die Verfahrenskostenhilfeverfahren (§ 114 Abs. 4 Nr. 5), und die Fälle des § 78 Abs. 3 ZPO (§ 114 Abs. 4 Nr. 6).   68

In den Verfahren nach § 266 Abs. 2 besteht außer vor dem BGH kein Anwaltszwang (§ 10).   69

§ 15 Lebenspartnerschaftssachen

Literatur: Andrae/Heidrich, Zur Zukunft des förmlichen Anerkennungsverfahrens gemäß Art. 7 FamRÄndG nach der Großen Justizreform, FPR 2006, 222 ff; Meyer-Seitz/Kröger/Heiter, Auf dem Weg zu einem modernen Familienverfahrensrecht – die familienverfahrensrechtlichen Regelungen im Entwurf eines FamFG, FamRZ 2005, 1430 ff.

I. Überblick..........................	1	III. Anwendbare Vorschriften........	6
II. Definition der Lebenspartnerschaftssachen......................	4		

I. Überblick

1 Das Verfahren über **Lebenspartnerschaftssachen** ist lediglich in zwei Paragrafen des FamFG geregelt und zwar in § 269 und § 270. Das liegt daran, dass es keine eigenen Regelungen für Verfahren nach dem Lebenspartnerschaftsgesetz gibt, sondern die Vorschriften über die Ehe für **entsprechend anwendbar** erklärt werden.

2 Die Lebenspartnerschaften sind damit zwar weitgehend als Parallele zu den Ehesachen ausgestaltet,[1] andererseits bringt der Gesetzgeber durch die Gesetzessystematik zum Ausdruck, dass Lebenspartnerschaften etwas anderes sind als Ehen. Ansonsten hätten die beiden Rechtsinstitute auch nebeneinander behandelt werden können. Dadurch, dass sich der Gesetzgeber gesetzestechnisch für das Mittel der **Verweisung** entschieden hat, bringt er zum Ausdruck, dass es sich um zwei wesensverschiedene Rechtsinstitute handelt, auf die im Ergebnis aber im Wesentlichen die gleichen gesetzlichen Regelungen Anwendung finden.

3 In § 269 werden die verschiedenen Verfahren in Lebenspartnerschaftssachen genannt und in § 270 erfolgt die **Verweisung** auf die Ehe-, Scheidungs-, Kindschafts- und sonstigen Familiensachen.

II. Definition der Lebenspartnerschaftssachen

4 In § 269 Abs. 1 werden die Lebenspartnerschaftssachen – ergänzt durch die sonstigen Lebenspartnerschaftssachen in § 269 Abs. 2 – abschließend genannt. Es handelt sich um Verfahren, die die Aufhebung der Lebenspartnerschaft zum Gegenstand haben, die Feststellung des Bestehens oder Nichtbestehens einer Lebenspartnerschaft, die elterliche Sorge, das Umgangsrecht oder die Herausgabe in Bezug auf ein gemeinschaftliches Kind, die Annahme als Kind und die Ersetzung der Einwilligung zur Annahme als Kind, Wohnungszuweisungssachen und Hausratssachen jeweils nach dem Lebenspartnerschaftsgesetz, den Versorgungsausgleich, die gesetzliche Unterhaltspflicht für ein gemeinschaftliches minderjähriges Kind, die durch Lebenspartnerschaft begründete gesetzliche Unterhaltspflicht, Ansprüche aus dem lebenspartnerschaftlichen Güterrecht und Entscheidungen nach dem § 6 und dem § 7 des Lebenspartnerschaftsgesetzes.

5 Gegenüber der bisherigen Regelung in § 661 Abs. 1 ZPO sind jetzt auch ausdrücklich die elterliche Sorge, das Umgangsrecht, die Annahme als Kind und der Versorgungsausgleich als Verfahren erfasst, von denen Lebenspartnerinnen oder Lebenspartner be-

---

1 Meyer-Seitz/Kröger/Heier FamRZ 2005, 1430, 1435.

troffen sein können. Dies ist dem Umstand geschuldet, dass es auch Fälle gibt, in denen der eine oder der andere Lebenspartner ein **Kind** in die Partnerschaft einbringt.

III. Anwendbare Vorschriften

Lebenspartnerschaften sind nach deutschem Recht dem Institut der Ehe in wesentlichen Punkten gleichgestellt und weisen daher ähnlich weit reichende statusrechtliche Konsequenzen auf.[2] Das Verfahren in Lebenspartnerschaften entspricht wie bisher in § 661 Abs. 2 ZPO weitgehend dem der jeweils korrespondierenden Ehesache.[3] Entsprechend verweist § 270 FamFG auf die in **Ehe- und Familiensachen** anwendbaren Vorschriften. 6

§ 270 trennt zwischen den Lebenspartnerschaftssachen nach § 269 Abs. 1 Nr. 1 und 2 einerseits, bei denen auf das Verfahren der **Scheidung** bzw auf Feststellung des Bestehens oder Nichtbestehens einer Ehe Bezug genommen wird, und den übrigen Lebenspartnerschaftssachen nach § 269 Abs. 1 Nr. 3–11 andererseits. 7

Auf Letztere sind die in **Familiensachen** nach § 111 Nr. 2, 4, 5 und 7–9 jeweils geltenden Vorschriften entsprechend anzuwenden. Dies sind im Einzelnen die Kindschaftssachen (Nr. 2), die Adoptionssachen (Nr. 4), die Ehewohnungs- und Haushaltssachen (Nr. 5), die Versorgungsausgleichssachen (Nr. 7), die Unterhaltssachen (Nr. 8) und die Güterrechtssachen (Nr. 9). Ausgenommen von der Bezugnahme sind demnach nur die Abstammungssachen und die Gewaltschutzsachen. 8

§ 270 Abs. 2 verweist in **sonstigen** Lebenspartnerschaftssachen nach § 269 Abs. 2 und 3 auf die in sonstigen Familiensachen nach § 111 Nr. 10 geltenden Vorschriften, die entsprechend anzuwenden sind. 9

---

2 Andrae/Heidrich FPR 2006, 222, 224.
3 Meyer-Seitz/Kröger/Heier FamRZ 2005, 1430, 1435.

Teil 3:
Betreuungs- und Unterbringungssachen

§ 16 Betreuungssachen

I. Überblick 1	bb) Vermögensrechtliche
II. Zuständigkeit 2	Angelegenheiten 44
1. Örtliche Zuständigkeit 3	h) Auswahl des Betreuers 50
2. Funktionelle Zuständigkeit ... 9	aa) Vorschlag des Betroffe-
III. Verfahrensarten 10	nen 51
IV. Verfahrenseinleitung 11	bb) Vorschlag der Betreuungs-
V. Verfahren 12	behörde 53
1. Abgabeverfahren 13	cc) Eignung des Betreuers 54
2. Vorermittlungen 15	(1) Ausschluss vom Betreuer-
3. Das Verfahren zur Bestellung	amt 55
eines Verfahrenspflegers 16	(2) Persönliche Eignung des
4. Das Verfahren zur erstmali-	Betreuers 56
gen Bestellung eines Betreuers	(3) Fachliche Eignung des
im Regelverfahren 18	Betreuers 57
a) Zuständigkeit 18	(4) Vorrang der ehrenamtli-
b) Betreuungsbedürftigkeit .. 19	chen Betreuung und natür-
c) Betreuungsbedarf 20	licher Personen 59
aa) (Vorsorge-)Vollmacht iSd	i) Bereiterklärung des
§ 1896 Abs. 2 S. 2 Alt. 1	Betreuers 60
BGB 21	j) Persönliche Anhörung des
bb) Andere Hilfen iSd § 1896	Betroffenen 61
Abs. 2 S. 2 Alt. 2 BGB 22	aa) Vorbereitung und Durch-
d) Wille des Betroffenen 23	führung der persönlichen
e) Feststellungen des Betreu-	Anhörung 62
ungsgerichts 24	bb) Teilnahme Dritter an der
aa) Einholung eines Sachver-	Anhörung 63
ständigengutachtens 25	cc) Erneute Anhörung 64
(1) Beauftragung des Sachver-	dd) Anhörung im Wege der
ständigen 26	Rechtshilfe 65
(2) Verfahren vor dem Sach-	ee) Absehen von der persönli-
verständigen und Inhalt	chen Anhörung 66
des Gutachtens 27	k) Persönlicher Eindruck des
(3) Absehen von der Einho-	Betroffenen 67
lung eines Gutachtens 28	l) Anhörung sonstiger Betei-
(a) Kontrollbetreuer oder	ligter 68
Verzicht des Betroffenen .. 29	m) Dokumentationspflicht ... 69
(b) Gutachten des Medizini-	n) Bestellungsbeschluss 70
schen Dienstes der Kran-	o) Wirksamkeit des Beschlus-
kenkassen (MDK) 30	ses 72
bb) Weitere Gutachten/Sozial-	p) Anordnung der sofortigen
bericht 31	Wirksamkeit 73
f) Mangelnde Kooperation	q) Bekanntgabe des Beschlus-
des Betroffenen 32	ses 74
g) Ermittlung der Aufgaben-	r) Anfechtbarkeit des
kreise 33	Beschlusses 75
aa) Persönliche Angelegenhei-	
ten (Personensorge) 35	

660   Bučić

5. Die Bestellung eines Betreuers mittels einstweiliger Anordnung 76
   a) Voraussetzungen 77
   b) Gesteigerte Dringlichkeit 78
   c) Beschlussformel mit Befristung 79
6. Das Verfahren zur Erweiterung des Aufgabenkreises des Betreuers 80
   a) Wesentliche Erweiterung 81
   b) Beschluss zur Aufgabenkreiserweiterung 83
   c) Erweiterung des Aufgabenkreises mittels einstweiliger Anordnung 84
7. Das Verfahren zur Bestellung eines weiteren Betreuers im Regelverfahren 85
8. Das Verfahren zur Aufhebung der Betreuung und zur Ablehnung der Aufhebung der Betreuung 86
   a) Überprüfung von Amts wegen oder auf Anregung 87
   b) Anhörung und erstmalige Ablehnung der Aufhebung 88
   c) Beschluss zur Aufhebung 89
9. Das Verfahren zur Einschränkung des Aufgabenkreises des Betreuers und zur Ablehnung der Einschränkung des Aufgabenkreises des Betreuers 90
10. Das Verfahren zur Verlängerung der Betreuung 91
11. Das Verfahren zur Entlassung und Neubestellung des Betreuers 94
    a) Begriff der Entlassung 94
    b) Entlassungsgründe 95
    aa) Fehlende Eignung des Betreuers 96
    bb) Wichtiger Grund 97
    (1) Gestörtes Vertrauensverhältnis 98
    (2) Falschabrechnung 99
    (3) Pflichtverstoß des Betreuers 100
    cc) Verhältnismäßigkeit der Entlassung 101
    dd) Entlassung des Vereins- oder Behördenbetreuers auf Antrag des Vereins oder der Betreuungsbehörde 102
    ee) Fehlen erforderlicher Erlaubnisse des Beamten oder Religionsdieners 103
    ff) Entlassung auf Antrag des Betreuers 104
    gg) Entlassung des Berufsbetreuers bei Bestehen eines übernahmebereiten ehrenamtlichen Betreuers 105
    hh) Entlassung auf Antrag des Betreuten 106
    ii) Anhörung 107
    jj) Neubestellung 108
    c) Beschluss zur Betreuerentlassung 109
12. Die Entlassung des Betreuers im Wege der einstweiligen Anordnung 110
13. Das Verpflichtungsverfahren 113
14. Das Verfahren zur Anordnung eines Einwilligungsvorbehaltes 116
    a) Anordnung durch das Betreuungsgericht 116
    b) Voraussetzungen 117
    c) Abwehr einer Gefahr für die Person oder das Vermögen des Betreuten 118
    d) Gutachten 121
    e) Beschluss zur Anordnung des Einwilligungsvorbehalts 122
    f) Anordnung des Einwilligungsvorbehaltes mittels einstweiliger Anordnung 123
15. Das Verfahren zur Erweiterung des Kreises der einwilligungsbedürftigen Willenserklärungen 124
16. Die Einschränkung des Kreises der einwilligungsbedürftigen Willenserklärungen und die Aufhebung des Einwilligungsvorbehaltes 127

Bučić

17. Das Verfahren zur Genehmigung von Verfügungen und Rechtsgeschäften iSd § 299 S. 1 128
   a) Genehmigungspflichtige Rechtsgeschäfte 129
   b) Anhörung vor Genehmigung von Rechtsgeschäften 130
   c) Entscheidung über die Genehmigung 131
18. Das Verfahren zur Genehmigung von sonstigen Verfügungen und Rechtsgeschäften ... 132
19. Das Verfahren zur Genehmigung der Kündigung oder Aufhebung eines Mietverhältnisses über Wohnraum oder zum Abschluss eines Miet- oder Pachtvertrags oder eines länger als vier Jahre dauernden Vertrages iSd § 1907 Abs. 1, 3 BGB 134
   a) Kündigung/Aufhebung eines Mietverhältnisses ... 134
   b) Dauerschuldverhältnisse 137
20. Genehmigung der Einwilligung des Betreuers oder Bevollmächtigten in eine ärztliche Maßnahme (§ 1904 Abs. 1 BGB) 138
   a) Voraussetzungen der Genehmigung 139
   aa) Aufgabenkreis der Gesundheitssorge und Konfliktfall 140
   bb) Einwilligungsunfähigkeit des Betreuten 141
   cc) Frühere Einwilligung des Betreuten 142
   b) Sachverständigengutachten 143
   c) Persönliche Anhörung des Betreuten 144
   d) Beschluss 145
21. Genehmigung der Nichteinwilligung oder des Einwilligungswiderrufs des Betreuers oder des Bevollmächtigten in eine ärztliche Maßnahme (§ 1904 Abs. 2 BGB) 146
   a) Voraussetzungen 147
   b) Verfahren 148
   aa) Verfahrenspflegerbestellung und Anhörung 149
   bb) Patientenverfügung 150
   cc) Sachverständigengutachten 151
   c) Beschluss 152
22. Genehmigung der Einwilligung in eine Sterilisation 153
   a) Voraussetzungen 153
   b) Verfahrenssicherung 158
   aa) Bestellung eines Verfahrenspflegers und Sterilisationsbetreuers 159
   bb) Persönliche Anhörung.... 160
   cc) Mehrere Sachverständigengutachten 161
   c) Genehmigungsbeschluss ... 163
23. Vergütungsverfahren 164
   a) Überblick 164
   b) Die Vergütung des Berufsbetreuers 165
   aa) Das formelle Festsetzungsverfahren 166
   (1) Vergütungsantrag 167
   (2) Vergütungshöhe 168
   (3) Wirtschaftliche Verhältnisse 170
   (4) Anhörung des Betreuten .. 171
   (5) Pauschalierung der Vergütung 172
   (6) Sterilisationsbetreuer und Verhinderungsbetreuer ... 180
   (7) Festsetzungsentscheidung 183
   bb) Vereinfachtes Festsetzungsverfahren 184
   cc) Erinnerung 186
   c) Die Vergütung des Berufsverfahrenspflegers 187
   d) Vergütung und Aufwendungsersatz des ehrenamtlichen Betreuers und Verfahrenspflegers 188
   e) Regress gegen den Betreuten 190
24. Verfahren zur Festsetzung von Gerichtskosten 191
   a) Dauerbetreuung 192
   b) Kostenfestsetzung 193
25. Betreuungsgerichtliches Aufsichtsverfahren 194
26. Mitteilungsverfahren 197
   a) Mitteilung an Wählerverzeichnis 197

b) Aufenthaltsbestimmungsrecht 198
c) Mitteilung bei Gefährdung 199
d) Mitteilung von Straftaten und Ordnungswidrigkeiten 200
e) Mitteilung bei Unterbringung des Betreuten 201
VI. Vollstreckung betreuungsgerichtlicher Entscheidungen 202
1. Verfahren zur Erzwingung der persönlichen Anhörung des Betroffenen 202
2. Verfahren zur Erzwingung der Teilnahme des Betroffenen an der Untersuchung durch den Sachverständigen 204
   a) Vorführung 204
   b) Unterbringung zur Begutachtung 205
   c) Einsatz körperlicher Gewalt 206
   d) Beschluss 207
VII. Betreuungsgerichtliche Zuweisungssachen 208

I. Überblick

Für das Betreuungsverfahren gelten, soweit die §§ 271 ff keine Sonderregelungen enthalten, §§ 1–87, 97, 104. Unberührt bleibt die im württembergischen Rechtsgebiet bestehende Sonderzuständigkeit der Bezirksnotare.[1] Der bisherige Regelungsgehalt des Betreuungsverfahrensrechts bleibt grundsätzlich erhalten. Verfahrensleitende Zwischenentscheidungen, zB die Verfahrenseinleitung,[2] die Ablehnung der Einstellung des Verfahrens vor Abschluss der erforderlichen Ermittlungen,[3] grundsätzlich die Beauftragung des Sachverständigen[4] (§ 58 Abs. 1), sind nach wie vor, mit Ausnahme ausdrücklich normierter Fälle,[5] nicht isoliert anfechtbar, sondern nur mit der Endentscheidung überprüfbar (§ 58 Abs. 2). Die Beschwerde ist nunmehr generell befristet (§ 63). Die Rechtsbeschwerde gegen einen Beschluss mit dem ein Betreuer bestellt, eine bestehende Betreuung aufgehoben, ein Einwilligungsvorbehalt angeordnet oder aufgehoben wird, erfolgt nach §§ 119 Abs. 1 Nr. 1 b, 133 GVG zum Bundesgerichtshof und bedarf nach § 70 Abs. 3 S. 1 Nr. 1 keiner Zulassung. Im Betreuungsverfahren ist der Antragsteller stets Beteiligter (§ 7 Abs. 1). Die Regelungen des § 7 Abs. 2 und Abs. 3 werden durch § 274 ergänzt. Neben den Muss-Beteiligten iSd § 7 Abs. 2, die zwingend von Amts wegen als Beteiligte zum Verfahren hinzuzuziehen sind, sind der Betroffene und die in ihren Aufgabenkreisen betroffenen Betreuer (§ 1896 Abs. 1 S. 1 BGB) und Bevollmächtigten (§ 1896 Abs. 2 S. 2 BGB) obligatorisch zu beteiligen.

II. Zuständigkeit

§§ 2, 272 regeln die **örtliche**, die §§ 13, 23 a Abs. 2 Nr. 1 GVG die **sachliche** und §§ 3 Nr. 2 b, 15, 19 Abs. 1 Nr. 1 RPflG die **funktionelle** Zuständigkeit; ein Proberichter (§§ 8, 12 Abs. 1 DRiG) darf im ersten Jahr seiner Ernennung nicht mit Betreuungssachen befasst werden (§ 23 c Abs. 2 S. 2 GVG).

---

[1] BT-Drucks. 16/6308, 318.
[2] BayObLG FamRZ 2001, 707.
[3] OLG Franfurt/M. BtPrax 2008, 176.
[4] BayObLG FamRZ 2001, 707; BayObLG FamRZ 2000, 249; zur Ausnahme vgl Rn 26 und BGH NJW 2007, 3575; KG FamRZ 2002, 970.
[5] §§ 35 Abs. 5, 284 Abs. 3 S. 2.

Bučić   663

1. Örtliche Zuständigkeit

3 Örtlich zuständig ist das Gericht, bei dem das Betreuungsverfahren anhängig ist, wenn ein Betreuer bereits bestellt ist (§ 272 Abs. 1 Nr. 1). Maßgebend ist, ob der Beschluss, mit dem ein Betreuer bestellt worden ist, erlassen worden ist; auf die Wirksamkeit des Beschlusses kommt es nicht an.[6] Fehlt es an einem Beschluss, ist der **gewöhnliche Aufenthalt** des Betroffenen, als Ort, an dem er unabhängig von seinem Willen oder seiner ordnungsbehördlichen Meldung[7] seinen tatsächlichen, nicht notwendig ununterbrochen, anhaltenden Lebensmittelpunkt hat und sozial integriert ist,[8] maßgebend (§ 272 Abs. 1 Nr. 2). Nicht auf Dauer angelegte, auch längerfristige[9] Unterbrechungen des Aufenthalts infolge krankheits-,[10] urlaubs-,[11] studiums- oder strafhaftbedingter Abwesenheit, führen nur dann zur Aufhebung des Lebensmittelpunktes, wenn eine konkrete Rückkehr auszuschließen ist[12] oder der Betroffene keinen anderen Daseinsmittelpunkt hat.[13] Dauert die anderweitige Abwesenheit länger als ein Jahr, kann das Verfahren nach §§ 4, 273 abgegeben werden (vgl Rn 13 ff).

4 Das Betreuungsgericht ist für **Nichtdeutsche**, die ihren gewöhnlichen Aufenthalt **im Inland** haben (§ 104 Abs. 1 S. 1 Nr. 2), und bei Fehlen eines Inlandsaufenthalts auch dann zuständig, wenn die Fürsorge durch das deutsche Betreuungsgericht erforderlich ist (§ 104 Abs. 1 S. 2). Der Inhalt der betreuungsgerichtlichen Entscheidung richtet sich gem. Art. 24 Abs. 3 EGBGB nach deutschem Recht.

5 Ist ein dem deutschen Betreuungsverfahren vergleichbares Verfahren bereits **im Ausland** anhängig, kann das Betreuungsgericht nur von der Betreuerbestellung absehen, wenn der Betroffene durch das der Betreuung vergleichbare ausländische Rechtsinstitut auch im Inland **hinreichend geschützt** ist. Es gelten die allg. Vorschriften; das ausländische Recht ist von Amts wegen zu berücksichtigen. Das Auslandsgericht sollte vom hiesigen Verfahren in Kenntnis gesetzt werden. Die nach ausländischem Recht in anzuerkennender Weise (§ 108 Abs. 1) eingerichtete Vertretung kann entspr. § 1908 d BGB aufgehoben und ein Betreuer bestellt werden.

6 Hat der deutsche Betroffene **keinen gewöhnlichen Aufenthalt**, weil er etwa obdachlos ist, oder ist ein solcher nicht zu ermitteln, ist das Betreuungsgericht zuständig, in dessen Bezirk die erforderlich werdende Betreuungsmaßnahme **Wirkungen entfalten** soll (§ 272 Abs. 1 Nr. 3). Fehlt es auch hieran, ist für Betroffene, die zumindest auch die deutsche Staatsangehörigkeit besitzen,[14] das Amtsgericht Schöneberg zuständig (§ 272 Abs. 1 Nr. 4).

7 Für **Eilsachen**, also Maßregeln gem. §§ 1908 i Abs. 1 S. 1, 1846 BGB (vgl Rn 10) und einstweilige Anordnungen (§§ 300 f, vgl Rn 76 ff), ist gem. § 272 Abs. 2 S. 1 neben dem

---

6 Vgl OLG Karlsruhe FGPrax 2002, 115; OLG Brandenburg NJWE-FER 2000, 322.
7 OLG Karlsruhe BtPrax 1995, 184.
8 BGH FamRZ 2001, 412.
9 OLG Karlsruhe BtPrax 1996, 72.
10 OLG Karlsruhe FamRZ 1996, 1341.
11 Vgl LG Köln FamRZ 1995, 430 zum Aufenthalt auf Campingplatz.
12 BayObLG FamRZ 1997, 1363; OLG Stuttgart BtPrax 1997, 161; OLG Stuttgart FamRZ 1997, 438; BayObLG BtPrax 1996, 195; vgl auch BayObLG BtPrax 2003, 132 zur strafgerichtlich angeordneten Unterbringung.
13 OLG München BtPrax 2007, 29; BayObLG BtPrax 2003, 132.
14 HK-BetrR/Bučić § 65 FGG Rn 5.

II. Zuständigkeit **16**

an sich zuständigen Betreuungsgericht **subsidiär** auch das Betreuungsgericht zuständig, in dessen Bezirk das **Bedürfnis nach Fürsorge** hervortritt.[15] Der anordnende (Eil-)Betreuungsrichter hat im Regelfall das primär zuständige Gericht von den angeordneten Betreuungsmaßnahmen in Kenntnis zu setzen (§ 272 Abs. 2 S. 2, Kap XV/1 Abs. 1 Nr. 1–3 MiZi). Fällt das Fürsorgebedürfnis infolge Erlasses oder Ablehnung der Eilmaßnahme weg, entfällt auch die Eilzuständigkeit. Das Eilgericht übersendet dann die Betreuungsakte an das zuständige Betreuungsgericht.[16]

Sind **mehrere Betreuungsgerichte gleichrangig zuständig**, so ist gem. § 2 Abs. 1 die örtliche Zuständigkeit des Betreuungsgerichts **vorrangig**, welches zuerst in der Sache tätig geworden ist, also eine gerichtliche Verfügung erlassen oder außerhalb des Gerichts wirkende Ermittlungen durchgeführt hat. **8**

2. Funktionelle Zuständigkeit

Gem. § 3 Nr. 2 b RPflG ist grdsätzlich der **Rechtspfleger** zuständig, soweit keine dem Richter nach § 15 RPflG vorbehaltene Maßnahme betroffen ist, wobei der Landesgesetzgeber nach § 19 Abs. 1 S. 1 Nr. 1 RPflG von diesem Vorbehalt wiederum Ausnahmen zulassen und damit die Zuständigkeit des Rechtspflegers begründen kann.[17] Dem **Richter** sind ausdrücklich vorbehalten: die Bestellung eines Betreuers oder mehrerer Betreuer (§§ 1896 Abs. 1 S. 1, 1899 BGB), unabhängig davon, ob es sich dabei um einen besonderen (§ 1899 Abs. 2 BGB), weiteren, Nachfolge- (§ 1908 c BGB), Ergänzungs- oder Gegenbetreuer (§§ 1908 i Abs. 1 S. 1, 1792 BGB)[18] handelt, oder die Bestellung vorsorglich für einen Minderjährigen (§ 1908 a BGB) oder aufgrund dienstrechtlicher Vorschriften, etwa § 3 BDG, § 85 Abs. 2 Nr. 1 WDO, erfolgt, sowie dessen Entlassung (§ 1908 b Abs. 1, 2, 5 BGB), die Bestimmung seiner Aufgabenkreise, die Aufhebung, Verlängerung, Erweiterung oder Einschränkung der Betreuung (§ 1908 d BGB), die teilweise Entziehung der Vertretungsmacht (§§ 1908 i Abs. 1 S. 1, 1796 BGB),[19] die Entscheidung über die Auswahl des Vereinsbetreuers (§ 291), die nicht mit rückwirkender Kraft aufhebbare[20] Feststellung der berufsmäßigen Führung (§ 1836 Abs. 1 S. 2 BGB, § 1 VBVG),[21] die Anordnung und Aufhebung des Einwilligungsvorbehaltes (§§ 1903, 1908 d Abs. 4, Abs. 1 S. 1 BGB), die Erweiterung und Einschränkung des Kreises der einwilligungsbedürftigen Erklärungen (§§ 1908 d Abs. 4, Abs. 1 S. 2, Abs. 3 BGB), die Genehmigung der Einwilligung in eine ärztliche Maßnahme iSd § 1904 BGB, in den Abbruch einer lebensverlängernden oder lebenserhaltenden ärztlichen Behandlung oder Sterilisation (§ 1905 BGB), die Herausgabe des Betreuten oder die Regelung seines Umgangs (§§ 1908 i Abs. 1 S. 1, 1632 Abs. 1–3 BGB), die Entscheidung bei Meinungsverschiedenheiten zwischen Betreuern (§§ 1908 i Abs. 1 S. 1, **9**

---

15 OLG Hamm NJW-RR 2007, 157.
16 OLG Hamm NJW-RR 2007, 157; BayObLG BtPrax 2002, 270; BayObLG FamRZ 2000, 1442.
17 Eine Besonderheit gilt im württembergischen Rechtsgebiet. Dort wird die Funktion des Betreuungsgerichtes v. Bezirksnotaren übernommen. Diese sind gem. § 1 Abs. 2 LFGG BW zuständig, sofern keine dem Amtsgericht vorbehaltenen Aufgaben nach § 37 LFGG BW betroffen sind.
18 Vgl MK/Schwab § 1908 i BGB Rn 12.
19 Jürgens/Klüsener § 14 RPflG Rn 20; vgl auch BT-Drucks. 11/4528, 153, 211.
20 BayObLG BtPrax 2001, 124; BayObLG BtPrax 2000, 34.
21 BayObLG RPfleger 2001, 418.

1797 Abs. 1 S. 2, 1798 BGB).[22] Hingegen fallen gem. § 15 Nr. 3 RPflG die Bestellung und Entlassung des Kontrollbetreuers (auch Vollmachts- oder Überwachungsbetreuer genannt) nach § 1896 Abs. 3 BGB – auch wenn dies ein Gegenbetreuer ist[23] oder ein Fall des § 291 vorliegt – und der Statuswechsel des Betreuers[24] in die Zuständigkeit des Rechtspflegers. Hiervon ausgenommen ist gem. § 15 Nr. 5 RPflG die Bestellung eines Kontrollbetreuers für einen Angehörigen eines fremden Staates gem. Art. 24 Abs. 1 S. 2, Abs. 3 EGBGB.[25] Für Verfahrenshandlungen, auch die Zwangsgeldfestsetzung, ist derjenige gerichtliche Entscheider zuständig, in dessen Zuständigkeit die eigentliche Sachentscheidung fällt,[26] mit Ausnahme der Zwangshaft (§ 35 FamFG, arg. e § 4 Abs. 2 Nr. 2 RPflG), der Verhängung von Zwangsgeld nach §§ 35, 285 gegen den Besitzer einer Betreuungsverfügung (§ 1901 c BGB),[27] der Anordnung der Vorführung nach § 278 Abs. 5 und § 283 (§ 19 Abs. 1 S. 1 Nr. 1 RPflG) und der Entscheidung über die Abgabe und Übernahme des Verfahrens nach § 273,[28] die in die Richterzuständigkeit fallen. Hinsichtlich der Zuständigkeit bei Mitteilungen vgl Rn 197 ff.

III. Verfahrensarten

10 Neben **Genehmigungstatbeständen** bestehen zwei Grundformen betreuungsgerichtlicher Entscheidungen, die **Betreuerbestellung** und die Anordnung eines **Einwilligungsvorbehaltes**, verbunden mit den jeweiligen Aufhebungs- und Änderungsentscheidungen, die im Regelverfahren oder in bestimmten Fällen auch im einstweiligen Anordnungsverfahren erlassen werden können. Soweit der Erlass einer einstweiligen Anordnung nicht möglich ist, aber gleichwohl ein Bedürfnis nach dringlicher Entscheidung besteht, kann das Betreuungsgericht eine **einstweilige Maßregel** nach §§ 1908 i Abs. 1 S. 1, 1846 BGB erlassen, wenn ein (vorläufiger) Betreuer noch nicht bestellt oder an der Aufgabenerledigung verhindert ist.[29] Wegen der Gefahr, dass das Betreuungsgericht Entscheidungen trifft, die der noch zu bestellende oder verhinderte Betreuer nicht getroffen hätte,[30] hat das Betreuungsgericht nur in **absoluten und dringlichen Ausnahmefällen** von dieser Möglichkeit Gebrauch zu machen und darf keine vorgreiflichen Maßregeln treffen,[31] um die gebotene Beteiligung des Betreuers nicht zu umgehen.[32] Hauptanwendungsfall (vgl auch § 17 Rn 21) ist die Anordnung einer zivilrechtlichen Unterbringung in Eilfällen ohne gleichzeitige Betreuerbestellung, wobei das Betreuungsgericht spätestens am nächsten Werktag Maßnahmen einleiten muss, die sicher-

---

22 Jürgens/Klüsener § 14 RPflG Rn 22.
23 Vgl MK/Schwab § 1908 i BGB Rn 12.
24 OLG Hamm FamRZ 2001, 253.
25 HK-BetrR/Bučić § 65 FGG Rn 15.
26 BT-Drucks. 11/4528, 165.
27 So zum bisherigen § 69 e Abs. 1 FGG: Jürgens/Klüsener § 14 RPflG Rn 30.
28 OLG Zweibrücken FGPrax 2008, 210;; OLG Zweibrücken FGPrax 2005, 216; OLG München FGPrax 2008, 67; OLG Frankfurt/M. FGPrax 2007, 119; OLG Düsseldorf Rpfleger 1997, 426; BayObLG Rpfleger 1993, 395; BayObLG FamRZ 1993, 448 unter Aufgabe v. BayObLG Rpfleger 1992, 285; BayObLG BtPrax 1993, 28; aA OLG Düsseldorf Rpfleger 1994, 244; OLG Hamm BtPrax 1994, 36; OLG Köln FamRZ 2001, 939; wohl auch OLG Frankfurt/M. NJW 1993, 669.
29 BayObLG FamRZ 2000, 566.
30 Vgl LG Frankfurt/M. BtPrax 2001, 174.
31 OLG Schleswig BtPrax 2001, 211.
32 BayObLG FamRZ 2002, 419.

stellen, dass ein (vorläufiger) Betreuer binnen weniger Tage bestellt wird[33] und dieser Kenntnis von der Unterbringung erlangt.[34]

IV. Verfahrenseinleitung

Ein verfahrenseinleitender **Antrag** ist grundsätzlich nicht erforderlich[35] (Ausnahme: § 1896 Abs. 1 S. 3 BGB), da das Verfahren als Amtsverfahren mit einer umfassenden Amtsermittlungspflicht des Betreuungsgerichts ausgestaltet ist (§ 26). Gleichwohl hat der Betroffene die Möglichkeit, ein Tätigwerden des Betreuungsgerichts auf seinen höchstpersönlichen, Stellvertretung ausschließenden Antrag,[36] der ebenso wie dessen Rücknahme[37] analog § 133 BGB der Auslegung zugänglich ist,[38] zu erwirken. Das Betreuungsverfahren endet mit der Aufhebung der Betreuung oder mit dem Tod des Betreuten.

11

V. Verfahren

Eine bestimmte **Reihenfolge**, in der das Betreuungsgericht seine Ermittlungsmaßnahmen vornimmt, ist gesetzlich nicht vorgeschrieben, um eine effiziente und den Besonderheiten des jeweiligen Einzelfalles entsprechende Handhabung zu ermöglichen.[39] Den Umfang seiner Ermittlungen und ob es die erforderlichen Ermittlungen im Freibeweis- oder im Strengbeweisverfahren durchführt, bestimmt es nach pflichtgemäßem Ermessen. Das Strengbeweisverfahren ist dann durchzuführen, wenn der Sachverhalt im Wege des Freibeweises nicht hinreichend aufgeklärt werden kann, der Nachweis bestimmter streitiger oder widersprüchlich vorgetragener Tatsachen entscheidungserheblich ist (§ 30 Abs. 3) oder ansonsten das Recht der Beteiligten, an der Aufklärung des Sachverhalts mitzuwirken, nicht hinreichend gesichert wäre.[40] Die Pflicht zum Strengbeweis gem. § 30 Abs. 2 besteht in den Fällen der §§ 280, 321. Das Strengbeweisverfahren gilt hingegen nicht für die Feststellung des Vorliegens von Verfahrensvoraussetzungen.[41]

12

1. Abgabeverfahren

Nach §§ 4, 273 kann ein Betreuungsverfahren aus **wichtigem Grund** abgegeben werden. Funktionell zuständig für die Abgabeentscheidung ist der Richter[42] (vgl Rn 9). Ein wichtiger Grund liegt nicht nur, aber idR vor, wenn sich der gewöhnliche Aufenthalt des Betroffenen geändert hat oder ein anderweitiger Aufenthalt von mehr als einem Jahr begründet wurde (§ 273) – auch wenn die Änderung des gewöhnlichen Aufenthalts bereits längere Zeit zurückliegt[43] – und die Aufgaben des Betreuers im Wesentlichen

13

---

33 BayObLG FamRZ 2003, 1322; BayObLG FamRZ 2002, 1362; BayObLG FamRZ 2001, 576; BayObLG FamRZ 2001, 191; OLG Schleswig BtPrax 1992, 108.
34 BayObLG FamRZ 2003, 783.
35 BayObLG FamRZ 2003, 1871.
36 HK-BetrR/Jurgeleit § 1896 BGB Rn 7.
37 BayObLG FamRZ 2001, 1245.
38 BayObLG FamRZ 2003, 1871; OLG Hamm BtPrax 2001, 213.
39 OLG Frankfurt/M. BtPrax 2008, 176.
40 BayObLG NJW-RR 1996, 583; BayObLG NJW-RR 1988, 389.
41 BGH NJW 2000, 814.
42 OLG Frankfurt/M. FGPrax 2007, 119.
43 Vgl BayObLG FamRZ 2004, 736.

am neuen Aufenthaltsort des Betroffenen zu erfüllen sind,[44] weil diese am neuen Aufenthaltsort zweckmäßiger geführt werden können,[45] das Betreuungsgericht oder der Betreuer aufgrund der Ortsnähe den persönlichen Kontakt mit dem Betroffenen effektiver herstellen können,[46] geringere Verfahrenskosten entstehen[47] oder eine persönliche Anhörung nur durch das ortsnähere Übernahmegericht möglich ist.[48] Sind mehrere Betreuer für unterschiedliche Aufgabenkreise bestellt, kann nur das **gesamte** Verfahren abgegeben werden.[49]

14 Das **Abgabegericht** prüft unter vollständiger Aufklärung des Sachverhaltes,[50] ob ein wichtiger Grund vorliegt. Es hat grundsätzlich noch ausstehende Entscheidungen zu treffen;[51] so soll es den vorläufigen Betreuer verpflichten und seine Bestellungsurkunde aushändigen,[52] wenn das Übernahmegericht dies nicht ohnehin zweckmäßiger erledigen kann.[53] Bewilligungen nach § 1 Abs. 2 S. 1 VBVG, zumindest soweit abgeschlossene Quartalszeiträume nach § 9 S. 1 VBVG betroffen sind, soll das Abgabegericht,[54] noch offene Abrechnungen das Übernahmegericht,[55] erledigen.[56] Das Abgabegericht soll nach § 4 S. 2 die Beteiligten (vgl Rn 1, 68) vor der Abgabe anhören; schriftliche Anhörung genügt. Ist der Betroffene erkennbar äußerungsunfähig, kann von der Anhörung abgesehen werden; die Bestellung eines Verfahrenspflegers ist mangels Sachentscheidung nicht erforderlich.[57] Ein bestellter Verfahrenspfleger oder Betreuer, mit Ausnahme des Gegenbetreuers,[58] ist anzuhören;[59] im Eilfall kann hiervon abgesehen werden.[60] Das Abgabegericht prüft sodann, ob seitens des Übernahmegerichts Übernahmebereitschaft besteht, und trifft die nicht bindende[61] und bis zum Vollzug der Abgabe widerrufliche, auch stillschweigend durch Übermittlung der Akten zu treffende Abgabeentscheidung. Bejaht auch das **Übernahmegericht** den wichtigen Grund, trifft es eine, zumindest konkludente[62] und bis zum Vollzug der Abgabe widerrufliche,[63] Übernahmeentscheidung, die auch unter dem Vorbehalt weiterer Ermittlungen erklärt werden kann.[64] Der **Zustimmung** des Betreuers bedarf es nicht.[65] Können sich das Ab-

---

44 Vgl BayObLG BtPrax 2003, 132.
45 BayObLG FamRZ 1999, 1594; OLG Brandenburg FamRZ 1998, 109; BayObLG FamRZ 1997, 438 und 439; BayObLG FamRZ 1995, 753.
46 OLG Celle FamRZ 1995, 754; OLG Hamm Rpfleger 1994, 211; vgl OLG Brandenburg FamRZ 1998, 109.
47 OLG Köln FamRZ 2001, 1543.
48 Vgl OLG Brandenburg FamRZ 1998, 109; vgl OLG Zweibrücken Rpfleger 1992, 483: wichtiger Grund auch wegen des durch Änderung der örtlichen Zuständigkeit der Betreuungsbehörde bedingten Betreuerwechsels bei Behördenbetreuung.
49 BT-Drucks. 16/6308, 264.
50 OLG Karlsruhe BtPrax 1995, 184; KG BtPrax 1996, 107.
51 OLG München FGPrax 2008, 67; BayObLG BtPrax 2000, 223; BayObLG FamRZ 2000, 1299; BayObLG FamRZ 1996, 511.
52 OLG Frankfurt/M. FamRZ 2005, 237.
53 OLG München FGPrax 2008, 67; OLG Brandenburg BtPrax 2000, 92; BayObLG FamRZ 2000, 1299.
54 Vgl BayObLG FamRZ 1994, 1189.
55 OLG Naumburg FamRZ 2001, 769; LG Aachen BtPrax 2001, 88; OLG Karlsruhe FamRZ 1998, 1056.
56 Vgl OLG München FGPrax 2008, 67; OLG Köln FamRZ 2001, 1543.
57 BayObLG Rpfleger 1998, 285.
58 BayObLG FamRZ 1997, 438.
59 BayObLG BtPrax 2000, 223.
60 BT-Drucks. 16/6308, 176.
61 BT-Drucks. 16/6308, 175; anders noch zu § 65 a FGG: OLG Sachsen-Anhalt FamRZ 2008, 1658.
62 Vgl aber OLG Karlsruhe BtPrax 2002, 272.
63 BayObLG FamRZ 1999, 248.
64 BayObLG BtPrax 1998, 237.
65 BT-Drucks. 16/6308, 176.

gabe- und Übernahmegericht nicht einigen, so wird gem. § 5 Abs. 1 Nr. 5 das zuständige Gericht durch das übergeordnete gemeinsame Gericht mittels unanfechtbaren Beschlusses (§ 5 Abs. 3) bestimmt. Die Beteiligten können gegen die Abgabeentscheidung Beschwerde einlegen.[66]

2. Vorermittlungen

Bei **Unklarheiten** des Antrags des Betroffenen oder der Anregung Dritter sollte um weiteren Sachvortrag ersucht werden. Zudem sind Vorermittlungen angezeigt, bevor das für den Betroffenen belastende Betreuungsverfahren eingeleitet wird. Zuständig für die Vorermittlungen ist der jeweils für die Betreuungsmaßnahme berufene gerichtliche Funktionsträger (vgl Rn 9). Sofern zwingende Gründe iSd § 34 Abs. 2 Alt. 1 (vgl Rn 66) dem nicht entgegenstehen, ist der Betroffene formlos darüber zu unterrichten, dass ein Betreuungsverfahren anhängig ist und welchen Verlauf dieses voraussichtlich nehmen wird (§ 278 Abs. 2 S. 1), um dem Betroffenen das Verfahren verständlich zu machen und ihm die Möglichkeit zu geben, alle Gesichtspunkte, die für die beabsichtigte Entscheidung maßgeblich sein können, vorzutragen.[67] Gleiches gilt sinngemäß auch für die später anzuhörenden Beteiligten (vgl Rn 68), da sie, sofern sie dem Betreuungsgericht bekannt sind, von der Verfahrenseinleitung in Kenntnis zu setzen sind (§ 7 Abs. 4 S. 1). Ist das Verfahren zur Bestellung eines Betreuers oder der Erweiterung des Aufgabenkreises einer bestehenden Betreuung eingeleitet, sollte unter Angabe des Aktenzeichens des Betreuungsverfahrens ein automatisierter elektronischer oder schriftlicher, bei besonderer Dringlichkeit auch fernmündlicher, **Abruf** nach § 6 VRegV[68] des **zentralen Vorsorgeregisters** der **Bundesnotarkammer** erfolgen. Liegen Hinweise auf eine **Betreuungsverfügung** oder **(Vorsorge-)Vollmacht** vor, muss das Betreuungsgericht dem nach § 26 nachgehen[69] und nach § 1901c S. 3 BGB Vorlage entsprechender Abschriften der Schriftstücke verlangen. Es muss zudem prüfen, ob eine **gesetzliche Vertretung** für den Aufgabenbereich, für den die Bestellung eines Betreuers beantragt oder angeregt worden ist, überhaupt **zulässig** ist. Unzulässig ist die Vertretung in höchstpersönlichen Angelegenheiten (Organspende; Religionswechsel; Errichtung einer Patientenverfügung, § 1901a BGB, oder letztwilligen Verfügung, §§ 2064, 2274 BGB; Schließung der Ehe, § 1311 S. 1 BGB; Festlegung des Ehe- und Kindesnamens, §§ 1355, 1617f BGB; Einwilligung in die Adoption des Kindes, § 1750 Abs. 3 S. 1 BGB; Ausübung der elterlichen Sorge).[70]

3. Das Verfahren zur Bestellung eines Verfahrenspflegers

Der Verfahrenspfleger vertritt als Pfleger eigener Art die **objektiven Interessen** des Betroffenen und ist weder an Weisungen des Betreuungsgerichts noch des Betroffenen gebunden.[71] Er wird gem. § 274 Abs. 2 mit seiner Bestellung Beteiligter (vgl Rn 68).

---

66 BT-Drucks. 16/6308, 176.
67 BT-Drucks. 11/4528, 172.
68 Verordnung über das zentrale Vorsorgeregister; BR-Drucks. 22/05, abgedruckt mit der VRegGebS in: HK-BetrR/Jurgeleit Anhang 2 zu § 1896 BGB.
69 BayObLG BtPrax 2003, 184.
70 BayObLG BtPrax 2004, 239; AG Koblenz FamRZ 2005, 478.
71 BT-Drucks. 16/6308, 265; BT-Drucks. 11/4528, 171.

§ 16 Betreuungssachen

Zuständig zur Verfahrenspflegerbestellung ist der für die jeweilige Betreuungsmaßnahme zuständige Funktionsträger.

17 Er ist im Falle des § 297 Abs. 5 (Entscheidung über die Genehmigung der Einwilligung in eine Sterilisation nach § 1905 BGB) und des § 298 Abs. 3 (Entscheidung über die Genehmigung der Nichteinwilligung oder des Einwilligungswiderrufs nach 1904 Abs. 2 BGB) stets und nach § 276 Abs. 1 S. 1 dann zu bestellen, wenn dies **zur effektiven Wahrnehmung der Rechte des Betroffenen erforderlich** ist, etwa wenn der Betroffene nicht in der Lage ist, seinen Willen zu äußern,[72] nicht ansprechbar[73] ist oder nur vordergründig in der Lage ist, seine Rechte wahrzunehmen, seine Einwendungen aber nicht dem Gericht nahe bringen kann.[74] Soll von der persönlichen Anhörung des Betroffenen nach §§ 278 Abs. 4, 34 Abs. 2 abgesehen werden oder kommt die Bestellung eines Betreuers für alle Aufgabenbereiche – auch sofern sie Post- und Fernmeldeangelegenheiten (§ 1896 Abs. 4 BGB) und die Einwilligung in eine Sterilisation (§ 1905 BGB) nicht umfassen – in Betracht, ist im Regelfall die Bestellung erforderlich (§ 276 Abs. 1 S. 2). Von der Möglichkeit, wegen **offensichtlich fehlenden Interesses** des Betroffenen von der Bestellung abzusehen, sollte – wenn überhaupt – nur **äußerst zurückhaltend** und mit einer qualifizierten, nicht lediglich formelhaften Begründung (§ 276 Abs. 2 S. 2) Gebrauch gemacht werden. Ein Absehen wird dann möglich sein, wenn es zu der beabsichtigten Maßnahme keine Alternative, wie etwa bei einer zwingenden Betreuerentlassung, gibt und die Stellungnahme eines Verfahrenspflegers daher auf die Entscheidung keinen Einfluss hätte,[75] oder sich der Betroffene durch einen Rechtsanwalt oder einen anderen Verfahrensbevollmächtigten, den er unabhängig von seiner Geschäftsfähigkeit oder Fähigkeit, einen natürlichen Willen zu bilden (vgl Rn 23), wirksam bevollmächtigen kann (§ 275),[76] vertreten lässt (§§ 276 Abs. 4, 297 Abs. 5); bei Interessenkollision kann daneben gleichwohl ein Verfahrenspfleger bestellt werden.[77]

Das Betreuungsgericht kann sich bei der **Auswahl** nach § 8 BtBG der Hilfe der Betreuungsbehörde in Form des Vorschlags einer geeigneten Person bedienen. Vor der Auswahlentscheidung ist der Betroffene anzuhören; schriftliche Anhörung genügt. Die Auswahl erfolgt nach dem **Ermessen** des Gerichts.[78] Da der **Vorrang des Ehrenamtes** gilt (§ 276 Abs. 3), muss der Verfahrenspfleger keine bestimmte Qualifikation haben; es handelt sich auch nicht grundsätzlich um eine Rechtsanwaltstätigkeit.[79] Ist ein geeigneter Ehrenamtler nicht vorhanden, kann ein **Berufsverfahrenspfleger**, mit Rücksicht auf dessen Qualifikation und Fachkompetenz, bestellt werden. Jedenfalls ist der Verfahrenspfleger so zeitig zu bestellen, dass er im Verfahren die Rechte des Betroffenen auch tatsächlich umsetzen kann. Hierzu müssen ihm vor der Entscheidung die wesentlichen Ermittlungen mitgeteilt werden und er muss nach entsprechender Bearbeitungszeit hierzu Stellung nehmen können; dies gilt auch vor dem Erlass einer einstweiligen

---

72 BayObLG FamRZ 1997, 1358; OLG Oldenburg FamRZ 1996, 757.
73 BayObLG FamRZ 1993, 602.
74 BayObLG FamRZ 2003, 1044; OLG Zweibrücken FGPrax 1998, 57.
75 BayObLG FamRZ 2003, 786; offengelassen von KG Berlin NJW-RR 2009, 226; vgl OLG Brandenburg FamRZ 2007, 1688.
76 OLG Schleswig FGPrax 2007, 130.
77 KG FGPrax 2004, 117.
78 BT-Drucks. 11/4528, 171.
79 OLG Köln Rpfleger 1997, 65.

Anordnung (§ 300), es sei denn, es läge gesteigerte Dringlichkeit vor (§ 301 Abs. 1 S. 1). Die Bestellung erfolgt durch zu begründenden Beschluss. In diesem ist auch die Berufsmäßigkeit festzustellen (§§ 1908 i Abs. 1 S. 1, 1836 Abs. 1 S. 2 BGB, § 1 Abs. 1 VBVG). Die Bestellung endet, wenn sie aufgehoben wird, mit der Rechtskraft der Endentscheidung oder mit dem sonstigen Abschluss des Verfahrens, etwa dem Tod des Betroffenen. Daraus folgt, dass in einem anschließenden Beschwerdeverfahren der Verfahrenspfleger auch weiterhin bestellt bleibt.[80] Die Bestellung des Verfahrenspflegers ist nicht anfechtbar (§ 276 Abs. 6).

4. Das Verfahren zur erstmaligen Bestellung eines Betreuers im Regelverfahren

a) Zuständigkeit

Zuständig ist grundsätzlich der **Betreuungsrichter**; im Falle des Kontrollbetreuers (§ 1896 Abs. 3 BGB) der **Rechtspfleger** (§ 15 Nr. 3 RPflG).

b) Betreuungsbedürftigkeit

Voraussetzung ist zunächst das Vorliegen einer **Erkrankung oder Behinderung** iSd § 1896 Abs. 1 S. 1 BGB[81] und das hierdurch bedingte Unvermögen des volljährigen Betroffenen, seine Angelegenheiten zu regeln[82] (**Betreuungsbedürftigkeit**).[83] Beruht das Unvermögen auf einer anderen Ursache (Unlust, unangepasstes[84] oder resignatives Verhalten,[85] anderweitige soziale Probleme oder mangelnde Sprachkenntnis bei Ausländern),[86] verbietet sich die Bestellung eines Betreuers. Gleiches gilt, wenn auch Gesunde sich zur Besorgung ihrer Angelegenheiten der Hilfe Dritter (Rechtsanwalt, Notar, Steuerberater, Pflegedienst etc.) bedienten.[87]

---

80 BT-Drucks. 16/6308, 266.
81 Bei den Erkrankungen oder Behinderungen iSd § 1896 Abs. 1 S. 1 BGB ist zu unterscheiden. Bei der **psychischen Krankheit** wird zwischen nicht-organisch begründbaren – endogenen – Psychosen (paranoid-halluzinatorische, hebephrene oder katatone Schizophrenie, Depression, manisch-depressive Erkrankung, Manie, schizoaffektive Störung) und auf einer organischen Veränderung des Gehirns (etwa infolge einer Infektion oder Hirnhautentzündung oder eines epileptischen Anfalls, Hirntumors, Schädelhirntraumas, frühkindlichen Hirnschadens, aber auch Medikamenten-, Alkohol- oder Drogenmissbrauchs) beruhenden – exogenen – Psychose (Dämmerzustand, Delir, Korsakow-Syndrom, Amnesie, Halluzinose) sowie Persönlichkeitsstörungen, Psychopathien und Neurosen differenziert. Eine Suchtkrankheit (vgl Gerd Schmidt, Betreuung und Unterbringung bei Süchtigen, BtPrax 2001, 188), Alkoholismus (AG Garmisch-Partenkirchen FamRZ 2009, 148; AG Neuruppin FamRZ 2005, 2097; BayObLG FamRZ 2001, 1403; BayObLG NJWE-FER 1999, 238), Drogenabhängigkeit (AG Bad Iburg BtPrax 2004, 206 zur Polytoxikomanie; BayObLG FamRZ 1993, 208); übermäßiger Computerkonsum (LG Essen FamRZ 2008, 183) ist keine psychische Erkrankung, sondern allenfalls deren Auslöser (anders scheinbar BT-Drucks. 11/4528, 116). Gleiches gilt für die querulatorische Neigung, eine Vielzahl unsinniger oder keinen Erfolg versprechender Anträge bei Gericht und Behörden zu stellen (OLG Saarbrücken OLGReport 2005, 215). Eine **körperliche Behinderung**, die dann anzunehmen ist, wenn eine angeborene oder erworbene, teilweise oder gänzliche, zeitweise oder dauerhafte Beeinträchtigung körperlicher Funktionen, sei es durch Schädigung des Stütz- und Bewegungsapparates oder anderer Organsysteme des Körpers, vorliegt. Eine **geistige Behinderung** ist eine angeborene oder erworbene, messbare Intelligenzminderung unterschiedlichen Schweregrades (vgl ICD-10 (F 70–79); BayObLG FamRZ 1994, 318), während unter der seelischen Behinderung arg. e § 2 Abs. 1 S. 1 SGB IX eine lang anhaltende oder dauerhafte psychische Beeinträchtigung als Folge einer psychischen Krankheit (senile Demenz, nicht hingegen „Altersstarrsinn", BayObLG FamRZ 2002, 494) zu verstehen ist (BT-Drucks. 11/4528, 116).
82 BayObLG BtPrax 2002, 37.
83 OLG Zweibrücken FamRZ 2005, 748; OLG Zweibrücken BtPrax 2004, 155; BayObLG Rpfleger 2001, 234.
84 AG Neuruppin FamRZ 2006, 1629.
85 AG Neuruppin FamRZ 2007, 1842.
86 Jürgens/Jürgens § 1896 BGB Rn 11.
87 BT-Drucks. 11/4528, 117.

c) Betreuungsbedarf

20 Die Regelungsbedürftigkeit der Angelegenheiten des Betreuten (**Betreuungsbedarf**)[88] ist – da es sich bei Betreuungsmaßnahmen um Eingriffe in die Rechte des Betroffenen handelt[89] – nur bei Erforderlichkeit gegeben (§ 1896 Abs. 2 BGB). Erforderlichkeit fehlt, wenn eine Angelegenheit tatsächlich generell oder aktuell nicht der Regelung bedarf. Eine „Vorratsbetreuung", also die Anordnung einer Betreuung vor dem Hintergrund, dass ungewiss ist, ob Regelungsbedarf zukünftig entstehen wird, verbietet sich.[90] Steht hingegen die Notwendigkeit künftigen Regelungsbedarfs, etwa einer nervenärztlichen Behandlung im Falle eines Schubes bei einer schubförmig verlaufenden Krankheit, konkret fest und ist dann das Handeln des Betreuers erforderlich, kann ein Betreuer bestellt werden.[91]

aa) (Vorsorge-)Vollmacht iSd § 1896 Abs. 2 S. 2 Alt. 1 BGB

21 Das Vorliegen einer (**Vorsorge-**)**Vollmacht** für einen Aufgabenbereich schließt die Bestellung eines Betreuers hierfür grundsätzlich aus;[92] dies gilt dann nicht, wenn der Bevollmächtigte nicht willens[93] oder in der Lage ist, die Vollmacht zum Wohle des Betroffenen einzusetzen,[94] oder die Vollmacht unwirksam ist; beides ist von Amts wegen vollständig zu ermitteln.[95] Eine wirksame Vollmachtserteilung setzt – neben der Einhaltung etwaig bestehender Formerfordernisse[96] – ebenso wie ihr formloser, auch konkludent möglicher Widerruf, Geschäftsfähigkeit voraus.[97] Ein konkludenter Widerruf kann im Antrag des Betroffenen auf Bestellung eines Betreuers liegen. Hat der Betroffene die Vollmacht widerrufen, ist dieser Widerruf aber aufgrund seiner nunmehr bestehenden Geschäftsunfähigkeit unwirksam, kann die Bestellung eines Kontrollbetreuers nach § 1896 Abs. 3 BGB (vgl Rn 48) in Betracht kommen.[98] Besteht Unklarheit, ob im Zeitpunkt der Vollmachtserteilung Geschäftsfähigkeit vorlag, muss das Betreuungsgericht diesen Umstand mittels sachverständiger Hilfe[99] aufklären.[100] An der Wirk-

---

88 OLG Zweibrücken FamRZ 2005, 748.
89 Vgl BVerfG BtPrax 2009, 27.
90 OLG Schleswig BtPrax 2008, 131.
91 BayObLG FamRZ 2003, 1043; BayObLG BtPrax 1994, 209; BayObLG BtPrax 1993, 171; Fröschle, Praxisbuch Betreuungsrecht, S. 20, spricht in diesem Fall von einer in engen Grenzen zulässigen Vorratsbetreuung.
92 KG FamRZ 2006, 1481; kritisch: Dodegge, Der Schutz des freien Willens durch die Rechtsinstitute Betreuung, Vorsorgevollmacht, Betreuungs- und Patientenverfügung, FPR 2008, 591.
93 BayObLG FamRZ 2004, 1403.
94 OLG Schleswig FGPrax 2008, 158; KG NJW-RR 2007, 514; OLG Brandenburg NJW 2005, 1587.
95 OLG Celle OLGReport 2007, 260.
96 Formzwang für Vollmacht nur ausnahmsweise: schriftlich bei Einwilligung in eine ärztliche Maßnahme (§ 1904 Abs. 1, Abs. 2 S. 2 BGB), Unterbringung oder unterbringungsähnliche Maßnahme (§ 1906 Abs. 1, 4, 5 BGB); öffentlich oder durch Urkundsperson der Betreuungsbehörde (§ 6 Abs. 2 BtBG) erfolgte Beglaubigung bei Bevollmächtigung gegenüber Meldebehörde (§ 11 Abs. 7 MRRG), notarielle Beurkundung bei Erteilung einer unwiderruflichen Vollmacht zur Grundstückseigentumsübertragung oder zum Erwerb (§ 311 b Abs. 1 BGB) oder bei ähnlicher Bindung des Betroffenen (OLG Schleswig NJW-RR 2001, 733) oder zum Abschluss eines Verbraucherdarlehensvertrags (§ 492 Abs. 4 S. 1 BGB). Zur Auslegung einer Vorsorgevollmacht: OLG Frankfurt/M. FamRZ 2004, 1322. Das Muster einer Vorsorgevollmacht findet sich bei HK-BetrR/Jurgeleit Anhang 1 zu § 1896 BGB und auf den Internetseiten der Justizministerien (etwa unter: www.justiz.nrw.de/BS/formulare/betreuung_vormundschaft/voll-macht.pdf oder www.bmj.bund.de/files/-/3331/Vorsorgevollmacht_BR.pdf). Im Einzelnen Zimmermann, Vorsorgevollmacht, Betreuungsverfügung, Patientenverfügung, 2. Kapitel.
97 BayObLG BtPrax 2002, 214.
98 OLG Köln FGPrax 2005, 156.
99 OLG Schleswig BtPrax 2006, 191.
100 OLG Brandenburg FamRZ 2008, 303; vgl auch LG Neuruppin FamRZ 2007, 932.

samkeit einer Vollmacht besteht zu Zweifeln Anlass, wenn diese im Rahmen einer geschäftsmäßigen Besorgung erteilt worden ist, weil hierin ein Verstoß gegen das RDG liegen kann.[101] Die Vollmacht erlischt mit dem Tod des Bevollmächtigten, nicht mit dem Tod des Vollmachtgebers (§ 672 S. 1 BGB).[102] Ist ein Betreuer bestellt worden und stellt sich später heraus, dass eine wirksame Vollmacht erteilt wurde, kommt ein Widerruf der Vollmacht durch den Betreuer nur in Betracht, wenn ihm entweder dieser Aufgabenkreis ausdrücklich oder alle Angelegenheiten zugewiesen sind (vgl Rn 75).[103]

bb) Andere Hilfen iSd § 1896 Abs. 2 S. 2 Alt. 2 BGB

Andere Hilfen, mit denen die Angelegenheiten des Betroffenen ebenso gut wie durch einen Betreuer geregelt werden können, sind nur solche tatsächlicher oder sozialer, nicht rechtlicher Art durch Dritte (Familienangehörige, Freunde, Nachbarn), Wohlfahrtsverbände, den Sozialdienst der Krankenhäuser, die Altenhilfe, den sozialpsychiatrischen oder sozialen (ambulanten) Dienst oder Dienst der kommunalen Sozialarbeit.[104] Auch der Betroffene, der bereits in einem Krankenhaus nach § 63 StGB untergebracht ist, bedarf hinsichtlich der Sicherstellung der Behandlung keines Betreuers.[105] Ist hingegen rechtsgeschäftliches oder rechtsgeschäftsähnliches Handeln, wie etwa die Einwilligung in einen ärztlichen Eingriff erforderlich, wird bei Geschäfts- oder Einwilligungsunfähigkeit[106] die Bestellung erforderlich sein. Nicht erforderlich ist die Bestellung eines Betreuers für den Bereich der Sozialhilfeangelegenheiten (§ 18 SGB XII).[107] Soweit das Heim dem darin lebenden Betreuten anbietet, dass er über den über seinen an den Heimkosten hinausgehenden Restbetrag in Form eines Taschengeldes verfügen kann (§ 47 SGB I), bedarf es auch nicht der Bestellung für die „Taschengeldverwaltung". Kann der Betroffene wirksam Vollmachten erteilen, besteht ebenfalls kein Betreuungsbedarf.[108] Liegt die Bestellung des Betreuers vornehmlich im **Drittinteresse**, wenn zB für den geschäftsunfähigen und damit prozessunfähigen Beklagten ein Betreuer zum Zwecke der Ermöglichung des Klageverfahrens[109] oder für den geschäftsunfähigen Kündigungsempfänger die Wirksamkeit der Kündigung ermöglicht werden soll, ist ein Betreuer zu bestellen.[110]

d) Wille des Betroffenen

Eine Bestellung **gegen** den **freien Willen** des Betroffenen ist **unzulässig** (§ 1896 Abs. 1 a BGB). Ein freier Wille ist anzunehmen, wenn der Betroffene grundsätzlich die für und wider eine Betreuerbestellung sprechenden Gesichtspunkte erkennen und ge-

---

101 Noch zum RBerG: KG NJW-RR 2007, 1089; OLG Saarbrücken FamRZ 2003, 1044; vgl auch OLG Schleswig FGPrax 2006, 73.
102 Vgl OLG Hamm NJW-RR 2003, 800.
103 KG, Beschl. v. 3.2.2009, 1 W 530/07, 1 W 531/07; KG Beschl. v. 27.1.2009, 1 W 95/08; KG FGPrax 2007, 118; aA: OLG Brandenburg, Beschl. v. 8.12.2008, 11 Wx 77/08.
104 OLG Oldenburg FamRZ 2004, 1320.
105 OLG Schleswig FamRZ 2007, 2007.
106 BayObLG FPR 2003, 260.
107 LG Duisburg BtPrax 2004, 156; AG Duisburg-Hamborn BtPrax 2004, 79; vgl aber LG Köln FamRZ 1998, 919; OVG Münster FamRZ 2001, 312.
108 OLG München BtPrax 2005, 156; LG Kiel, Beschl. v. 22.7.2005, 3 T 307/05.
109 BayObLG FamRZ 1998, 922.
110 BayObLG BtPrax 1996, 106.

geneinander abwägen kann (**Einsichtsfähigkeit**),[111] wobei die Erkrankung oder Behinderung des Betroffenen zu berücksichtigen ist und daher keine überspannten Anforderungen an dessen Auffassungsgabe gestellt werden dürfen.[112] Dies setzt eine Erfassung der für die Betreuung maßgeblichen Umstände voraus, über die er seitens des Betreuungsgerichts spätestens im Rahmen der Anhörung adäquat aufzuklären ist.[113] Zudem muss der Betroffene in der **Lage** sein, nach der **gewonnenen Einsicht zu handeln**. Hiervon ist grundsätzlich auszugehen, es sei denn, dass bestimmende Einflüsse Dritter erkennbar sind.[114] Fehlt es mindestens an einer dieser beiden Voraussetzungen, liegt kein freier, sondern nur ein **natürlicher Wille** vor, der zwar gleichwohl beachtlich ist, aber der Betreuerbestellung nicht entgegensteht und nach dem Grundsatz der **Verhältnismäßigkeit** eingeschränkt werden darf.[115]

e) Feststellungen des Betreuungsgerichts

24 Das Betreuungsgericht hat die Betreuungsbedürftigkeit und den Betreuungsbedarf festzustellen. Auch bei erheblichen Kommunikationsschwierigkeiten muss es durch Einholung eines Gutachtens[116] prüfen, ob der einer Betreuung widersprechende Betroffene zur Bildung eines freien Willens in der Lage ist.[117]

aa) Einholung eines Sachverständigengutachtens

25 Hinsichtlich der Feststellung der Betreuungsbedürftigkeit hat das Betreuungsgericht grundsätzlich im Wege der förmlichen Beweisaufnahme (§ 30) auch dann ein Gutachten einzuholen (§ 280),[118] wenn eine als „Gutachten" deklarierte ärztliche Stellungnahme seitens Dritter vorgelegt wird.[119]

(1) Beauftragung des Sachverständigen

26 Sachverständiger soll ein **Arzt für Psychiatrie** oder zumindest ein in der Psychiatrie erfahrener Arzt[120] sein[121] (§ 280 Abs. 1 S. 2). Für die förmliche Beweisaufnahme gilt die ZPO entsprechend (§ 30 Abs. 1). Das Betreuungsgericht wählt den Sachverständigen nach seinem Ermessen aus (§ 404 Abs. 1 S. 1 ZPO).[122] Dieser ist zur Erstattung des Gutachtens verpflichtet (§ 407 ZPO); im Fall seiner Verweigerung, können – sofern er sich nicht auf ein Gutachtenverweigerungsrecht (§ 408 ZPO) berufen kann – Ordnungsmittel gegen ihn verhängt werden (§ 409 ZPO). Wichtig für die Beteiligten ist, dass der Sachverständige auch gem. §§ 406 Abs. 1 S. 1, 42 Abs. 1, 2 ZPO dann wegen

---

111 OLG Zweibrücken FamRZ 2006, 1710; vgl Dodegge, Der Schutz des freien Willens durch die Rechtsinstitute Betreuung, Vorsorgevollmacht, Betreuungs- und Patientenverfügung, FPR 2008, 591.
112 BT-Drucks. 15/2494, 28.
113 BT-Drucks. 15/2494, 28.
114 BT-Drucks. 15/2494, 28; OLG Zweibrücken FamRZ 2006, 1710.
115 BT-Drucks. 15/2494, 28.
116 OLG Schleswig FamRZ 2007, 1126.
117 OLG Köln FamRZ 2006, 889.
118 Vgl auch bei Widerspruch des Betroffenen: BT-Drucks. 15/2494, 28; OLG Brandenburg, Beschl. v. 16.1.2007, 11 Wx 66/06; OLG Köln FGPrax 2006, 117.
119 KG FGPrax 2006, 260; KG FamRZ 1995, 1379.
120 Vgl BayObLG FamRZ 2002, 494; BayObLG FamRZ 1997, 1565; BayObLG BtPrax 1993, 30.
121 Dies kann der Stationsarzt sein, wenn der Ober-/Facharzt für Psychiatrie dessen Feststellungen mitträgt; beim Assistenzarzt ist dessen Qualifikation in den Beschlussgründen darzutun, vgl OLG Zweibrücken OLGReport 2005, 437; BayObLG FamRZ 2002, 494; BayObLG FamRZ 1998, 1188; BayObLG BtPrax 1997, 123; BayObLG FamRZ 1997, 901; BayObLG BtPrax 1993, 30.
122 Vgl Salzgeber, Qualifikation von Sachverständigen, FPR 2008, 278.

Besorgnis der Befangenheit **abgelehnt** werden kann, wenn ein objektiver Grund vorliegt, der geeignet ist, Misstrauen gegen seine Unparteilichkeit zu rechtfertigen.[123] Das Betreuungsgericht kann den Sachverständigen auch mündlich beauftragen; in diesem Falle ist das Ergebnis nach § 29 Abs. 3 in Vermerkform festzuhalten,[124] was jedoch nur im Falle der Unaufschiebbarkeit der Betreuungsmaßnahme erwogen werden sollte. Die Anordnung der Begutachtung ist als verfahrensrechtliche Zwischenentscheidung grundsätzlich nicht,[125] sondern nur bei objektiv **willkürlicher** Anordnung anfechtbar.[126]

(2) Verfahren vor dem Sachverständigen und Inhalt des Gutachtens

Der Sachverständige hat den Betroffenen darauf hinzuweisen, dass er nicht der Schweigepflicht unterliegt. Er hat ihn **persönlich** und zeitnah vor der Absetzung des Gutachtens zu **untersuchen** oder, bei psychischen Erkrankungen, zu **befragen**[127] (§ 280 Abs. 2). Weigert sich der Betroffene, zur Untersuchung zu erscheinen, gilt Rn 204; das Gericht kann den Sachverständigen aber auch zum Anhörungstermin bestellen.[128] Eine Entscheidung nach Aktenlage, aufgrund telefonischer Befragung oder bloßer Inaugenscheinnahme des Betroffenen[129] genügt nicht. Der Sachverständige muss die Beweisfragen umfassend unter Darlegung der Anknüpfungstatsachen, Untersuchungen, angewandten Tests und Forschungsergebnisse beantworten. Er muss auch die Tatsachen darlegen, die auf eine unfreie Willensbildung (vgl Rn 23) schließen lassen.[130] Pauschal wertende Feststellungen reichen ebenso wenig[131] wie Feststellungen zu Beeinträchtigungen, deren Ausmaße noch im Bereich der Altersnorm liegen.[132] Beruhen die Feststellungen auf Angaben Dritter, ist dies kenntlich zu machen. Gleiches gilt, wenn er sich der Hilfe ärztlichen oder nichtärztlichen Hilfspersonals bedient hat.[133] Das Betreuungsgericht muss zu einer eigenen **kritischen Würdigung** des Gutachtens in der Lage sein.[134] Genügt das Gutachten diesen Anforderungen nicht[135] oder ist der Betroffene nicht zuvor untersucht worden, ist es zu ergänzen[136] oder, wenn die Feststellungen nunmehr Zweifel an der fachlichen Eignung des Sachverständigen begründen,[137] ein neues Gutachten einzuholen (§ 412 Abs. 1 ZPO); widerspricht dieses den ursprünglich getroffenen Feststellungen, kann die Einholung eines Obergutachtens angezeigt

---

123 Im Einzelnen: Völker, Die Ablehnung des Sachverständigen im ZPO-/FGG-/FamFG-Verfahren, FPR 2008, 287.
124 BT-Drucks. 16/6308, 189.
125 BayObLG FamRZ 2001, 707; BayObLG FamRZ 2000, 249.
126 BGH NJW 2007, 3575; KG FamRZ 2002, 970; vgl auch OLG Frankfurt/M. BtPrax 2008, 176.
127 BayObLG BtPrax 1999, 195; BayObLG FamRZ 1999, 1595; KG FamRZ 1995, 1379.
128 BT-Drucks. 16/6308, 267.
129 OLG Köln FamRZ 2001, 310; vgl auch OLG Köln OLGReport 2005, 271; OLG Köln FamRZ 1999, 873.
130 BT-Drucks. 15/2494, 28.
131 BT-Drucks. 15/2494, 28.
132 OLG Frankfurt/M. OLGReport 2005, 84.
133 OLG Brandenburg FamRZ 2001, 40; OLG Brandenburg BtPrax 2000, 224.
134 BayObLG BtPrax 2002, 121; BayObLG BtPrax 2001, 166; BayObLG FamRZ 2001, 1403; OLG Brandenburg FamRZ 2001, 38; BayObLG BtPrax 1994, 59.
135 BayObLG BtPrax 1994, 29.
136 OLG Köln OLGReport 2005, 680.
137 BayObLGZ 1986, 217.

sein,[138] wovon ggf abgesehen werden kann, wenn dies zu unverhältnismäßigen Belastungen des Betroffenen führte.[139]

(3) Absehen von der Einholung eines Gutachtens

28 Ausnahmsweise ist die Einholung eines Sachverständigengutachtens **entbehrlich**.

(a) Kontrollbetreuer oder Verzicht des Betroffenen

29 Nach § 281 Abs. 1 genügt die **Einholung eines ärztlichen Zeugnisses**, wenn lediglich ein **Kontrollbetreuer** (§ 1896 Abs. 3 BGB) bestellt werden soll oder der Betroffene einen **Antrag** iSd § 1896 Abs. 1 BGB gestellt hat, er auf die Begutachtung verzichtet und die Gutachteneinholung insbesondere im Hinblick auf den voraussichtlichen Umfang des Aufgabenkreises des Betreuers **unverhältnismäßig** wäre. Letzteres ist der Fall, wenn nur punktuelle Angelegenheiten, etwa Geltendmachung von Renten- oder Unterhaltsansprüchen, Antragstellung für die Gewährung tatsächlicher Hilfen (vgl Rn 22), vom Aufgabenkreis umfasst werden sollen. Gem. § 294 Abs. 2 ist die Begutachtung zwingend nachzuholen, wenn der Betreute einen Antrag auf Aufhebung der Betreuung oder Einschränkung des Aufgabenkreises der Betreuung stellt und dieser Antrag **erstmalig** abgelehnt werden soll. Im ärztlichen Zeugnis, welches sowohl seitens des Betreuungsgerichts eingeholt als auch seitens des Betroffenen oder Dritter, etwa des sozialpsychiatrischen Dienstes oder im Falle der Schweigepflichtentbindung auch vom Hausarzt oder Angehörigen,[140] vorgelegt werden kann, sind die entscheidungserheblichen Feststellungen (vgl Rn 27) und die Anknüpfungstatsachen verkürzt, aber **vollständig**[141] anzugeben. Die bloße Wiedergabe von Erklärungen Dritter, einer bloßen Vermutung oder Verdachtsdiagnose genügt nicht.[142] Der ausstellende Arzt muss kein Arzt für Psychiatrie oder Arzt mit Erfahrung auf dem Gebiet der Psychiatrie sein. Eine vorherige persönliche Untersuchung ist zwingend (§§ 281 Abs. 2, 280 Abs. 2, vgl Rn 29).

(b) Gutachten des Medizinischen Dienstes der Krankenkassen (MDK)

30 Liegt bereits ein **Gutachten des MDK** (§ 18 SGB XI) vor, kann von der Gutachteneinholung abgesehen werden. Da sich der Gesundheitszustand ändern kann, sollten ältere Gutachten eher bei irreversiblen Krankheitsbildern verwendet werden, als bei schubförmig verlaufenden oder Veränderungen unterliegenden Erkrankungen. Entsprechend § 293 Abs. 2 S. 1 Nr. 1 sollten im Regelfall betagte Gutachten, die älter als sechs Monate sind, keine Verwendung finden.[143] Sofern das Betreuungsgericht Kenntnis von einem solchen Gutachten erlangt, kann es dieses seitens der Pflegekasse unter zwingender Angabe des Zwecks (§ 282 Abs. 2 S. 2) anfordern. Diese leitet dem Betreuungsgericht das Gutachten im Original, als Abschrift oder als elektronische Datei zu (§ 94 Abs. 2 S. 2 SGB XI). Das Gutachten ist zur Akte zu nehmen, aber nicht als fester Aktenbestandteil. Hält das Betreuungsgericht das Gutachten für ungeeignet, eine Feststellung zur Betreuungsbedürftigkeit zu treffen, hat es das Originalgutachten zurückzusenden bzw die Abschrift oder Datei zu vernichten bzw zu löschen (§ 282 Abs. 2 S. 3). Ande-

---

138 BayObLG BtPrax 2002, 121.
139 LG München I FamRZ 2007, 2008.
140 BT-Drucks. 11/4528, 174.
141 BT-Drucks. 11/4528, 174; OLG Hamm FamRZ 2000, 495.
142 OLG Zweibrücken FamRZ 2003, 1126.
143 HK-BetrR/Bučić § 68 b FGG Rn 25.

renfalls hat es zwingend die Einwilligung des Betroffenen oder des Verfahrenspflegers, sofern dieser bereits bestellt ist, einzuholen (§ 282 Abs. 3 S. 1). Die Einwilligung des Betroffenen ist nur dann wirksam, wenn er in der Lage ist, die Bedeutung und die Folge der Verwertung dieses Gutachtens **intellektuell zu erfassen**. Ist der Betroffene einwilligungsunfähig oder bestehen Zweifel an seiner Einwilligungsfähigkeit ist ein Verfahrenspfleger zu bestellen; dessen Einwilligung ersetzt dann die fehlende oder unwirksame Einwilligung des Betroffenen.[144] Wird die Einwilligung verweigert oder ist sie unwirksam, ist das Gutachten zu vernichten bzw zu löschen (§ 282 Abs. 3 S. 2).

bb) Weitere Gutachten/Sozialbericht

Stellt das Betreuungsgericht fest, dass **weitere Gutachten erforderlich** sind, hat es diese einzuholen.[145] Kann es hingegen die weiteren Voraussetzungen für die Bestellung eines Betreuers im Freibeweisverfahren,[146] etwa durch die informelle persönliche, telefonische oder schriftliche Anhörung von Auskunftspersonen und Beteiligten oder durch Beiziehung von Akten oder auf der Grundlage des Sozialberichts der Betreuungsbehörde, nach fester Überzeugung selbst bestimmen, so kann es von weiteren Gutachten absehen.[147] Gem. § 8 S. 2 BtBG kann das Betreuungsgericht der Betreuungsbehörde einen konkreten Auftrag zur Sachverhaltsermittlung (**Sozialbericht**) stellen. Die Betreuungsbehörde ist – mit Ausnahme von greifbar sachfremden Aufträgen[148] – zur Sachverhaltsaufklärung und Berichterstattung verpflichtet. Wie sie den Sachverhalt ermittelt, bleibt ihr überlassen.[149] In der Praxis wird, nicht zuletzt aus verfahrensökonomischen Gesichtspunkten, der Sozialbericht gemeinsam mit der Beauftragung des Sachverständigen angefordert oder bei vermeintlich klarer Sachlage gar nicht eingeholt. Die Einschaltung der Betreuungsbehörde bereits in einem frühen Verfahrensstadium bietet jedoch den **Vorteil**, dass besonders im Umgang mit Betroffenen geschulte Mitarbeiter vor dem gerichtlichen Anhörungstermin die Angelegenheit mit dem Betroffenen besprechen und ihn gezielt auf das weitere Verfahren vorbereiten können. Zudem wird die Betreuungsbehörde aufgrund des bei ihr konzentrierten **sozialpädagogischen Wissens** und ihrer Verzahnung mit kommunalen Einrichtungen und ihrer Kontakte zu Betreuungsvereinen und karitativen Einrichtungen im besonderen Maße das Vorhandensein **alternativer** tatsächlicher Hilfen (vgl Rn 22) prüfen können. Auch die Einholung eines **Pflegegutachtens** hinsichtlich der Frage, ob der Betroffene gegebenenfalls mit Hilfe personeller oder sächlicher Hilfsmittel seine Aufgaben zu erledigen in der Lage ist, kann geboten sein.

31

---

144 BT-Drucks. 15/4874, 29.
145 BT-Drucks. 15/4874, 29.
146 BT-Drucks. 16/6308, 188.
147 BT-Drucks. 15/4874, 30.
148 LG Hamburg FamRZ 1997, 118.
149 Gemäß den Orientierungshilfen der Arbeitsgruppe der überörtlichen Betreuungsbehörden zum Anforderungsprofil der örtlichen Betreuungsbehörden der Bundesarbeitsgemeinschaft der überörtlichen Träger der Sozialhilfe gehört hierzu die umfängliche Ermittlung des Sachverhalts, die Gesprächsführung mit den Beteiligten (Betroffenen, Angehörigen, dem persönlichen Umfeld, Einrichtungen, Ärzten, Sozialen Diensten, Behörden etc.), die Erarbeitung einer Stellungnahme aus den Ermittlungsergebnissen sowie die Prüfung und der Vorschlag eines geeigneten Betreuers.

f) Mangelnde Kooperation des Betroffenen

32 Trotz bestehenden Betreuungsbedarfs ist eine Betreuung dann nicht einzurichten, wenn infolge der **mangelnden Kooperationsbereitschaft des Betroffenen** seine Angelegenheiten nicht sinnvoll geregelt werden können,[150] etwa wenn dieser sich konsequent durch Abwesenheit der Zusammenarbeit mit dem Betreuer entzieht. Bloße Schwierigkeiten im Umgang mit dem Betroffenen genügen indes nicht, da es auch die Aufgabe von (professionellen Berufs-)Betreuern ist, zunächst unwillige Betroffene durch Überzeugungsarbeit zur Zusammenarbeit zu bewegen.

g) Ermittlung der Aufgabenkreise

33 Besteht Betreuungsbedarf, hat das Betreuungsgericht **selbständig** zu ermitteln, für **welche Aufgabenkreise** ein Betreuer zu bestellen ist; es kann sich nicht etwa mit den Feststellungen des Sachverständigen zum Betreuungsbedarf begnügen.[151] Besteht lediglich für einen Teilbereich eines Aufgabenkreises, etwa im Rahmen der Vermögenssorge für die Verwaltung eines einzelnen Kontos oder für die Geltendmachung eines einzelnen Anspruchs oder im Rahmen der Gesundheitssorge etwa nur für die nervenärztliche Behandlung,[152] Regelungsbedarf, darf das Betreuungsgericht die Betreuung nicht für den gesamten Aufgabenbereich, sondern nur für die einzelne Angelegenheit[153] einrichten, da anderenfalls der **Erforderlichkeitsgrundsatz** missachtet würde.

34 Es lassen sich grob **zwei Bereiche,** nämlich die persönlichen und vermögensrechtlichen Angelegenheiten, ausmachen.[154]

aa) Persönliche Angelegenheiten (Personensorge)

35 Unter **Gesundheitssorge** fällt die umfassende medizinische Behandlung und Versorgung, gleichgültig, ob es sich um eine neurologische, psychiatrische, chirurgische oder haus- oder zahnärztliche Behandlung handelt. Auch der Abschluss entsprechender Behandlungsverträge und die Regelung der finanziellen Voraussetzungen oder die Einwilligung in die ärztliche Behandlung unterfällt diesem Aufgabenkreis. Ist der Betreute einwilligungsunfähig (vgl Rn 141), ist nicht der Betreute, sondern der einwilligende Betreuer, dem gegenüber die ärztliche Schweigepflicht nicht gilt, ärztlich aufzuklären.[155] Lässt sich eine ernsthafte körperliche Erkrankung des Betroffenen nicht feststellen, kann ein Betreuer für diesen Aufgabenbereich nicht bestellt werden.[156] Aufgabenbereich kann auch die Entscheidung über einen Schwangerschaftsabbruch nach § 218 a StGB[157] sein.

36 Unter den Behandlungsbegriff fällt zwar auch die **Sterilisation** iSd § 1905 BGB; dem Sterilisationsbetreuer ist aber ausschließlich der Aufgabenkreis „Entscheidung über die Einwilligung in eine Sterilisation" und kein weiterer Aufgabenbereich zuzuweisen (§ 1899 Abs. 2 BGB).

---

150 BayObLG FamRZ 2002, 703; BayObLGZ 1994, 209.
151 OLG München BtPrax 2006, 30.
152 BayObLG BtPrax 1995, 64.
153 BayObLG BtPrax 2001, 79.
154 MK/Schwab § 1896 BGB Rn 69.
155 MK/Schwab § 1896 BGB Rn 71.
156 BayObLG BtPrax 1995, 64.
157 Vgl OLG Frankfurt/M. FamRZ 2009, 368.

V. Verfahren

Die **Aufenthaltsbestimmung** umfasst die Befugnis, den Aufenthalt des Betreuten ohne 37
dessen Willen rechtsverbindlich auch für Dritte festzulegen. Soll der Betreuer auch über
eine Unterbringung isd § 1906 Abs. 1 BGB entscheiden, sollte ihm aus Klarstellungsgründen ausdrücklich neben der Aufenthaltsbestimmung auch die Entscheidung über
die (Zuführung zur) Unterbringung eingeräumt werden.[158]

Der Umgangsbestimmung unterfällt die **Regelung des Umgangs** des Betreuten 38
(§§ 1908 i Abs. 1 S. 1, 1632 Abs. 2 BGB), um ihn – etwa im Falle der Drogenabhängigkeit oder bei nachteilig sich auf seinen Gesundheitszustand auswirkenden Besuchen
– zu schützen.[159] Dies kann auch die „Regelung des persönlichen Umgangs des Betreuten mit Familienangehörigen" umfassen.[160]

Die **Wohnungsangelegenheiten** umfassen die Regelung aller mit dem Wohnbereich zu- 39
sammenhängenden Angelegenheiten, etwa Kündigung oder Auflösung des Wohnraummietverhältnisses des Betreuten, die Geltendmachung von Mängeln der Mietwohnung,
die Organisation der Renovierung oder Entrümpelung der Wohnung;[161] hingegen nicht
das Betreten der Wohnung gegen den freien Willen (vgl Rn 23) des Betreuten,[162] da
hierfür keine gesetzliche Grundlage besteht.

Unter die **Heimangelegenheiten** fallen die Auswahl des Heimes, der Abschluss, die Än- 40
derung und die Aufhebung des Heimvertrages, die Geltendmachung von Rechten gegenüber der Heimleitung und die Regelung der Kosten(übernahme).

Unter die **Vertretung vor Behörden und/oder Gerichten** fällt die generelle oder in ein- 41
zeln konkret zu benennenden Verfahren angeordnete Vertretung des Betreuten vor bestimmten Behörden oder Gerichten (vgl auch § 53 ZPO, § 62 Abs. 4 VwGO, § 71
Abs. 6 SGG, § 58 Abs. 2 S. 2 FGO). Auch kann die Vertretung nur für einzelne Verfahrenshandlungen, etwa Stellung eines Strafantrags oder eines Antrags auf Grundsicherung im Alter und bei Erwerbsminderung (§§ 41 ff SGB XII), in Betracht kommen,
wenn eine weitere Vertretung nicht erforderlich ist.[163]

Die Entscheidung über den **Fernmeldeverkehr des Betroffenen und die Entgegennahme,** 42
das Öffnen und das Anhalten der Post muss ausdrücklich angeordnet werden, da sie
von dem Aufgabenbereich „alle Angelegenheiten" nicht erfasst ist (§ 1896 Abs. 4
BGB).[164] Die Bestellung eines Betreuers für diesen Aufgabenbereich kommt angesichts
des Eingriffs in das verfassungsrechtlich geschützte Post- und Fernmeldegeheimnis nur
in Betracht, wenn der Betreuer ansonsten ihm übertragene Aufgaben nicht in der gebotenen Weise erfüllen könnte und hierdurch wesentliche Rechtsgüter des Betreuten
erheblich gefährdet oder beeinträchtigt würden,[165] etwa wenn der Betreute krankheits-

---

158 Vgl BayObLG FamRZ 2002, 348.
159 BayObLG FamRZ 2004, 1670.
160 BayObLG FamRZ 2004, 1670; BayObLG BtPrax 2003, 178.
161 BayObLG FamRZ 2002, 348.
162 OLG Schleswig FGPrax 2008, 70.
163 Zum Kirchenaustritt vgl Deinert, Kirchenaustritt und Betreuung, FamRZ 2006, 243; zur Vertretung im Zwangsvollstreckungsverfahren vgl Wesche, Der Betreute in der Zwangsvollstreckung, BtPrax 2006, 3; Wesche, Der Betreute in der Zwangsvollstreckung, Teil II, BtPrax 2006, 98.
164 BayObLG FamRZ 2002, 1225.
165 BayObLG FamRZ 2001, 871; BayObLG FamRZ 1997, 244; vgl auch Dodegge, Der Schutz des freien Willens durch die Rechtsinstitute Betreuung, Vorsorgevollmacht, Betreuungs- und Patientenverfügung, FPR 2008, 591.

bedingt wichtige Post nicht mehr als solche erkennt und nicht an den Betreuer weiterleitet, sondern vernichtet oder versteckt.

43 Unter die Entscheidung über **unterbringungsähnliche Maßnahmen** (§ 1906 Abs. 4 BGB) fallen die unter § 17 Rn 6 beschriebenen Maßnahmen.[166]

bb) **Vermögensrechtliche Angelegenheiten**

44 Zu den **vermögensrechtlichen Angelegenheiten** zählen:

45 Die **Vermögenssorge**, also die Regelung der vermögensrechtlichen Ansprüche des Betreuten gegen Dritte und der gegen ihn gerichteten Forderungen und die Verwaltung von Vermögenswerten. Ist Vermögen nicht vorhanden und werden keine Einkünfte erzielt, so wird im Regelfall Betreuungsbedarf dann vorliegen, wenn eine weitere Verschuldung verhindert oder eine bestehende reguliert werden soll.[167]

46 Die **Erbangelegenheiten**, also die Ausschlagung der Erbschaft und die Anfechtung der Ausschlagung, die Geltendmachung von Ansprüchen gegen Miterben, insbesondere die Durchführung der Auseinandersetzung der Erbengemeinschaft.

47 Die Bestellung eines Betreuers für **alle Angelegenheiten** (vgl aber Rn 42) kann zwar in Betracht kommen, wenn der Betroffene aufgrund seiner Krankheit oder Behinderung keine seiner Angelegenheiten selbst regeln kann. Da dies voraussetzt, dass der Betroffene nicht imstande ist, seinen Alltag wenigstens teilweise zu beherrschen und in sämtlichen Aufgabenbereichen Betreuungsbedarf besteht, ist die Einrichtung einer Betreuung für alle Angelegenheiten als **absoluter Ausnahmefall** anzusehen,[168] zumal ihm in jedem Lebensbereich die Selbstbestimmung entzogen würde und dies darüber hinaus den Verlust seines Wahlrechts zur Folge hätte (§ 13 Nr. 2 BWG).

48 Auch für die in die Zuständigkeit des Rechtspflegers fallende Bestellung eines **Kontrollbetreuers** (auch Vollmachts- oder Überwachungsbetreuer genannt) isd § 1896 Abs. 3 BGB bestehen Besonderheiten.[169] Zwar ist bei Bestehen einer wirksamen Vollmacht[170] für einen oder mehrere Aufgabenkreise ein Betreuungsbedarf zu verneinen. Allerdings kann die Bestellung eines Kontrollbetreuers angezeigt sein, wenn der Betroffene seine Rechte gegenüber dem Bevollmächtigten nicht selbst wirksam wahrnehmen kann und eine Überwachung des Bevollmächtigten erforderlich ist,[171] etwa dann, wenn der Bevollmächtigte aufgrund konkreter Umstände unredlich[172] oder ungeeignet erscheint,[173] schwierige (Rechts-)Geschäfte wahrzunehmen hat oder Hinweise für ein missbräuchliches Handeln[174] gegen die Interessen des Betroffenen gegeben sind.[175] Ob

---

166 Vgl zur Radiofrequenz-Identifikation (RFID): Kreicker, RFID-Technik in der Dementenversorgung - Herausforderungen für das Betreuungsrecht, NJW 2009, 890.
167 BayObLG FamRZ 2001, 935.
168 BayObLG FamRZ 2002, 1225; BayObLG NJW-RR 1997, 834.
169 Vgl Kurze, Die Kontrollbetreuung, NJW 2007, 2220.
170 Vgl OLG Schleswig Rpfleger 2003, 245.
171 OLG Köln OLGR Köln 2007, 410; OLG Schleswig FGPrax 2006, 73; OLG Köln FamRZ 2000, 909; BayObLG BtPrax 1999, 151.
172 LG München I FamRZ 2007, 2008.
173 OLG München NJW-RR 2007, 294.
174 OLG Zweibrücken FamRZ 2006, 1710; BayObLG FamRZ 2005, 1777; nach OLG München NJW-RR 2007, 294, soll das Betreuungsgericht an den Wunsch des Betroffenen, nur im Missbrauchsfall einzuschreiten, gebunden sein.
175 BayObLG FamRZ 2001, 1402; BayObLG FamRZ 2003, 1219.

ein bloßer Interessenkonflikt genügt[176] ist zweifelhaft, da auch entsprechende Interessengegensätze nicht gegen die Eignung eines Betreuers sprechen (vgl Rn 55).

Eine weitere Besonderheit besteht beim **Gegenbetreuer**. Ein Gegenbetreuer kann für jeden Aufgabenkreis bestellt werden, der eine Überwachung des Betreuers erfordert. Vorrangig jedoch wird er im Bereich der Vermögenssorge bestellt, insbesondere bei aufgrund der Zusammensetzung, der Art und des Umfangs des Vermögens, der Anzahl der zu verbuchenden Einnahmen und Ausgaben als umfangreich oder schwierig zu bezeichnenden Vermögensverwaltung,[177] wenn nicht ohnehin Mitbetreuung besteht (§§ 1908 i Abs. 1 S. 1, 1792 Abs. 2 BGB). Der Gegenbetreuer hat keine eigene Vertretungsbefugnis, sondern hat allein den Betreuer zu überwachen (§§ 1908 i Abs. 1 S. 1, 1799 BGB). Neben dem Betreuer kann für den Fall seiner rechtlichen (§§ 181, 1908 i Abs. 1 S. 1, 1796 BGB) oder tatsächlichen (Erkrankung, Urlaub) Verhinderung ein **Verhinderungsbetreuer** bestellt werden; zu weiteren Mitbetreuern vgl Rn 85.

49

h) Auswahl des Betreuers

Steht aufgrund der bisher durchgeführten Ermittlungen fest, dass keine Betreuungsbedürftigkeit oder kein Betreuungsbedarf besteht, ist das Verfahren formlos, durch Weglegen der Akte, oder durch Beschluss einzustellen.

50

Die **Beschlussformel** könnte lauten:

In ... (Rubrum) wird das Verfahren ohne Bestellung eines Betreuers eingestellt.

Steht hingegen fest, dass und für welche Aufgabenbereiche die Bestellung eines Betreuers erforderlich ist, hat das Betreuungsgericht einen geeigneten Betreuer auszuwählen (§ 1897 Abs. 1 BGB).

aa) Vorschlag des Betroffenen

Schlägt der Betroffene eine natürliche Person vor, so ist seinem absolut vorrangigen[178] **Vorschlag** zu entsprechen, wenn dies seinem Wohl nicht zuwiderläuft (§ 1897 Abs. 4 S. 1 BGB); ein Auswahlermessen besteht nicht;[179] unbeachtlich ist, ob eine andere Person den Aufgabenkreis besser erledigen könnte.[180] Es kommt auch nicht darauf an, ob der Betroffene den Vorschlag im laufenden Betreuungsverfahren erklärt oder bereits zuvor gemacht hat, wenn anzunehmen ist, dass er an einem früher – schriftlich oder mündlich – erklärten Vorschlag, für den Fall der Einrichtung einer Betreuung solle der Vorgeschlagene zum Betreuer bestellt werden (Betreuungsverfügung),[181] festhalten will (§ 1897 Abs. 4 S. 3 BGB).[182] Verklagt der Betroffene den in der Betreuungsverfügung Vorgeschlagenen, wird davon auszugehen sein, dass er erkennbar an seinem Vorschlag

51

---

[176] Dafür LG Kleve FamRZ 2008, 303; dagegen: OLG Stuttgart BWNotZ 2006, 167.
[177] BayObLG FamRZ 2004, 1992.
[178] OLG Köln OLGReport 2002, 174.
[179] BayObLG FamRZ 2004, 976; BayObLG BtPrax 2003, 270; BayObLG BtPrax 2002, 165; OLG Hamm FamRZ 2001, 254; OLG Zweibrücken FamRZ 2005, 832.
[180] BayObLG FamRZ 2004, 976; BayObLG BtPrax 2003, 270; BayObLG BtPrax 2002, 165; OLG Zweibrücken BtPrax 2005, 74.
[181] Ein Muster findet sich unter: www.bmj.bund.de/files/-/534/Betreuungsverfügung_BR.pdf.
[182] Existiert eine schriftliche Betreuungsverfügung, kann das Betreuungsgericht von dessen Besitzer die Herausgabe einer Abschrift verlangen (§ 1901 c S. 3 BGB) und im Weigerungsfalle die Herausgabe erzwingen.

nicht mehr festhalten will.[183] Schlägt der Betroffene abweichend von der Erklärung in der Betreuungsverfügung nunmehr eine andere natürliche Person vor, verliert die Betreuungsverfügung ihre Wirksamkeit.[184] Geschäftsfähigkeit des Betroffenen ist hinsichtlich des Vorschlags zwar nicht erforderlich,[185] wohl aber zumindest der natürliche Wille[186] (vgl Rn 23). Dieser wird regelmäßig zu verneinen sein, wenn der Betroffene unter dem beherrschenden Einfluss Dritter steht,[187] er trotz adäquater Aufklärung (vgl Rn 62) durch das Betreuungsgericht das Wesen der Betreuung nicht versteht,[188] einander widersprechende Vorschläge macht[189] oder diese ohne erkennbaren Grund ändert.[190] Ist der Betroffene selbst zur Bildung eines natürlichen Willens nicht in der Lage, sollte seinem Vorschlag gleichwohl nach Möglichkeit gefolgt werden, da eine vertrauensvolle Zusammenarbeit zwischen Betroffenem und Betreuer bei Missachtung des erklärten Willens des Betroffenen erschwert wäre.[191] An den Vorschlag des Betroffenen ist das Betreuungsgericht jedoch dann nicht gebunden, wenn der Betroffene einen Betreuungsverein oder die Betreuungsbehörde vorschlägt,[192] die vorgeschlagene Person gem. § 1897 Abs. 3 BGB nicht zum Betreuer bestellt werden darf[193] (vgl Rn 56), der Betroffene lediglich einen Berufsbetreuer vorschlägt, obwohl ein ehrenamtlicher Betreuer bereit steht[194] oder das Wohl des Betroffenen dem Vorschlag entgegensteht (§ 1897 Abs. 4 S. 1 BGB).[195]

52 Letzteres bedarf einer **umfassenden Abwägung** aller Umstände,[196] die deutlich gegen die vorgeschlagene Person sprechen muss.[197] Es muss daher die konkrete Gefahr bestehen, dass der Vorgeschlagene die Betreuung des Betroffenen nicht zu dessen Wohl führen kann oder will[198] und das **Wohl des Betroffenen erheblich gefährdet** ist;[199] bloße Vermutungen oder nicht objektivierbare Beschuldigungen Dritter genügen nicht.[200] Interessenkonflikte von geringerem Gewicht genügen ebenfalls nicht,[201] da sich diese insbesondere bei bestehenden verwandtschaftlichen und persönlichen Beziehungen selten ausschließen lassen. Ebenfalls stehen familiäre Spannungen der Befolgung des Vorschlags dann nicht entgegen, wenn diese zum vorgeschlagenen langjährigen Ehepartner[202] oder nur zwischen dem Vorgeschlagenen zu anderen Verwandten bestehen, ohne

---

183 BayObLG FamRZ 2004, 1750.
184 Zur Auslegung einer Betreuungsverfügung und Vorsorgevollmacht: OLG Frankfurt/M. FamRZ 2004, 1322.
185 BayObLG FamRZ 2004, 976; OLG Zweibrücken FamRZ 2005, 832; OLG Hamm FamRZ 2001, 254; OLG Köln OLGReport 2003, 150; OLG Düsseldorf FGPrax 1996, 184.
186 BayObLG BtPrax 2005, 35, 36; BayObLG FamRZ 2004, 976; BayObLG BtPrax 2002, 165; OLG Zweibrücken BtPrax 2005, 74.
187 BayObLG BtPrax 2004, 112; BayObLG BtPrax 2002, 165.
188 BayObLG OLGReport 2004, 251.
189 OLG Köln JMBl. 2005, 70.
190 BayObLG BtPrax 2005, 35; BayObLG BtPrax 2004, 111.
191 Vgl BayObLG BtPrax 2004, 112.
192 BayObLG FamRZ 1999, 52.
193 BayObLG FamRZ 1999, 51.
194 KG FGPrax 2006, 258.
195 BayObLG BtPrax 2002, 165.
196 BayObLG BtPrax 2000, 36.
197 BayObLG FamRZ 2004, 976; BayObLG FamRZ 2004, 734; OLG Zweibrücken FamRZ 2005, 832.
198 BayObLG FamRZ 2004, 734; BayObLG BtPrax 2002, 165; OLG Zweibrücken FamRZ 2005, 832.
199 OLG Zweibrücken BtPrax 1997, 164; BayObLG BtPrax 2002, 165.
200 BayObLG FamRZ 2004, 976; OLG Düsseldorf BtPrax 1995, 110.
201 BayObLG FamRZ 2004, 734; OLG Zweibrücken FamRZ 2005, 832; KG BtPrax 1995, 106.
202 OLG Köln OLGReport 2002, 174.

dass der Betroffene hierunter leidet[203] oder diese von anderen Verwandten provoziert worden sind[204] und die Regelung der Angelegenheiten des Betroffenen gleichwohl gewährleistet ist.[205] Gleiches gilt, wenn der Bereitschaftserklärung des Vorgeschlagenen, Wünsche des Betroffenen zu berücksichtigen, zu misstrauen ist und er die Kooperation mit einem weiteren Betreuer ablehnt,[206] da diesen Umständen mit den Mitteln der betreuungsgerichtlichen Aufsicht (vgl Rn 195) nach §§ 1908i Abs. 1 S. 1, 1837 Abs. 2 S. 1 BGB begegnet werden kann.[207] Hingegen ist der Vorgeschlagene nicht zum Betreuer zu bestellen, wenn er erhebliche Beträge dem Vermögen des Betroffenen zur Bezahlung eigener[208] oder übernommener[209] Verbindlichkeiten, zur Vornahme von Geldschenkungen in erheblicher Höhe an sich oder Dritte entnimmt und die konkrete Möglichkeit besteht, dass es zu weiteren Schenkungen in diesem Umfang kommen wird,[210] oder er den Betroffenen als Vermieter gegenüber seinen Eltern als Mieter vertreten müsste.[211]

bb) Vorschlag der Betreuungsbehörde

Schlägt der volljährige Betreute niemanden vor, ist bei der **Auswahl** des geeigneten Betreuers auf die verwandtschaftlichen und sonstigen persönlichen Bindungen des Betreuten, insbesondere auf die Bindungen zu seinen Kindern sowie auf die Gefahr von Interessenkonflikten, Rücksicht zu nehmen (§ 1897 Abs. 5 BGB). Ist in diesem Umfeld eine geeignete Person nicht erkennbar, so kann das Betreuungsgericht die Betreuungsbehörde zu einem entsprechenden Vorschlag auffordern (§ 8 S. 2 BtBG).[212] An einen Vorschlag der Betreuungsbehörde ist das Betreuungsgericht weder gebunden, noch kann die Bestellung eines (Berufs-)Betreuers von einer „Zulassung" durch die Betreuungsbehörde abhängig gemacht werden.[213] 53

cc) Eignung des Betreuers

Ist ein potentieller Betreuer ermittelt, ist zu prüfen, ob dieser kraft Gesetzes von der Vertretung ausgeschlossen ist, ob er **persönlich und fachlich geeignet** ist, die Angelegenheiten des Betroffenen zu regeln und trotz des ggf – stets zu berücksichtigenden[214] – Negativvorschlags des Betroffenen (§ 1897 Abs. 4 S. 2 BGB) die Bestellung angezeigt ist. 54

---

203 BayObLG BtPrax 2002, 165; OLG Köln FamRZ 2000, 188.
204 BayObLG FamRZ 2004, 976.
205 BayObLG FamRZ 2004, 976; BayObLG BtPrax 2002, 165.
206 BayObLG BtPrax 2003, 269.
207 BayObLG BtPrax 2003, 269; BayObLG FamRZ 1999, 51.
208 OLG Zweibrücken FamRZ 2005, 832.
209 OLG Zweibrücken FamRZ 2005, 832; vgl auch OLG Köln FamRZ 1999, 54.
210 BayObLG FamRZ 2004, 734 im konkreten Falle: 80.000 DM.
211 BayObLG BtPrax 2000, 260.
212 Will die Betreuungsbehörde erstmals einen Berufsbetreuer vorschlagen, der noch nicht in ihrem Bezirk tätig war, soll sie von ihm gem. § 1897 Abs. 7 S. 2 BGB die Vorlage eines Führungszeugnisses und einer Auskunft aus dem Schuldnerverzeichnis verlangen oder im Weigerungsfalle selbst einholen (§ 31 S. 1 BZRG, § 915 Abs. 3 S. 1 ZPO).
213 OLG Hamm NJW 2006, 3436 zum „Bochumer Modell".
214 BayObLG FamRZ 2002, 1362.

(1) Ausschluss vom Betreueramt

55 Von der gesetzlichen Vertretung des Betroffenen im rechtsgeschäftlichen Bereich ist die Person dann **ausgeschlossen**, wenn sie selbst, ihr Ehegatte, eingetragener Lebenspartner oder deren Verwandte in gerader Linie **an den Rechtsgeschäften beteiligt** sind (§§ 1908 i Abs. 1 S. 1, 1795 BGB); steht deren Interesse oder eines von der Person vertretenen Dritten in erheblichem Gegensatz zum Interesse des Betroffenen, so dass dessen Wohl erheblich gefährdet ist[215] (vgl Rn 52), ist diese Person für den Aufgabenbereich, in dem der Interessengegensatz besteht oder ernstlich droht, arg. e § 1897 Abs. 5 BGB, nicht zu bestellen. Das Betreuungsgericht muss diesen Interessengegensatz anhand konkreter Tatsachen feststellen. Bloße Vermutungen[216] oder lediglich theoretische Gefahren aufgrund der Stellung als Erbberechtigter,[217] Rechtsanwalt, der aussichtslose Prozesse führen könnte, um Gebührenansprüche zu begründen,[218] oder Nervenarzt für den Aufgabenbereich der Notfallbehandlung des Betroffenen in einer Klinik,[219] oder die Möglichkeit, dass der potentielle Betreuer im Interesse des Betroffenen gemeinsame Angehörige verklagen müsste,[220] genügen hierfür nicht. Hingegen genügen das Bestehen durchsetzbarer, nicht unerheblicher (Unterhalts-)Ansprüche des Betroffenen gegen den potentiellen Betreuer,[221] dessen persönliche Beziehungen zu Vertragspartnern des Betroffenen oder dessen schlechte wirtschaftliche Verhältnisse bei beabsichtigtem Abschluss eines Mietvertrages[222] oder Leihvertrages mit dem Betroffenen über Wohnraum[223] zur Annahme einer derartig gewichtigen **Interessenkollision**.[224]

(2) Persönliche Eignung des Betreuers

56 Die persönliche Eignung setzt voraus, dass die Person **geschäftsfähig** ist; beschränkte Geschäftsfähigkeit genügt trotz § 165 BGB im Regelfall nicht.[225] Religionsdiener und Beamte sind nach §§ 1908 i Abs. 1 S. 1, 1784 Abs. 1 BGB nur bei Vorliegen der **erforderlichen Erlaubnis** geeignet; eine ohne Erlaubnis erfolgte Bestellung ist gleichwohl wirksam. Ungeeignet ist ferner, wer zu einer Anstalt, einem Alten- oder Pflegeheim, einer Seniorenanlage, einer Klinik, einem heilpädagogischen Zentrum, einer Außenwohngruppe oder Einrichtung des betreuten Wohnens,[226] in der der Betreute wohnt (auch wenn er gegen oder ohne seinen Willen dort überwacht und festgehalten wird),[227] in einem **Abhängigkeitsverhältnis** oder einer anderen engen Beziehung steht, und zwar unabhängig davon, ob ein Interessengegensatz konkret besteht oder droht[228] (§ 1897 Abs. 3 BGB). In einem Abhängigkeitsverhältnis befindet sich eine Person, die durch einen Arbeits-, Dienst- oder vergleichbaren Vertrag an die Einrichtung auf Dauer, nicht nur zeitweise oder vereinzelt, etwa aufgrund eines Werkvertrages,

---

215 BayObLG FamRZ 2001, 935; OLG Zweibrücken BtPrax 1997, 164.
216 BayObLG FamRZ 2001, 935; OLG Köln OLGReport 2003, 150; OLG Düsseldorf BtPrax 1995, 110.
217 BayObLG FamRZ 1997, 1358, OLG Hamm FamRZ 1993, 988.
218 OLG Saarbrücken MDR 2004, 1121.
219 BayObLG FamRZ 2003, 1043.
220 OLG Köln OLGReport 2003, 150.
221 BayObLG FamRZ 2002, 1589; OLG Hamm FamRZ 1993, 988.
222 OLG Zweibrücken FGPrax 1998, 57.
223 OLG Köln NJWE-FER 1998, 201.
224 BayObLG FamRZ 2001, 1555.
225 HK-BetrR/Jurgeleit § 1897 BGB Rn 6.
226 LG Berlin FamRZ 2007, 931.
227 BGH FamRZ 2001, 149.
228 BayObLG FamRZ 2002, 702.

gebunden ist. Gleiches gilt grundsätzlich dann, wenn eine Beziehung zum Träger der Einrichtung besteht.[229] Bei gemeindlicher Trägerschaft sind Gemeindebedienstete nur dann ungeeignet, wenn sie zwar keine Beziehung zur Einrichtung, in der der Betroffene lebt, haben, aber gleichwohl in abhängiger Stellung zu einer unter gleicher Verwaltung und Dienstaufsicht stehenden Einrichtung stehen, da dann keine organisatorische, sondern nur eine räumliche Trennung gegeben ist.[230] Trotz Fehlens eines derartigen Abhängigkeitsverhältnisses ist die Eignung ferner dann zu verneinen, wenn der potentielle Betreuer im Falle einer Kollision zwischen den Interessen des Betroffenen und der Einrichtung nicht einzig das Wohl des Betroffenen im Auge haben wird,[231] also dann, wenn er ein besonderes Interesse am wirtschaftlichen Erfolg der Einrichtung hat, wie im Falle des Betreibers oder den Gesellschaftern der Betreibergesellschaft.[232] Die persönliche Eignung fehlt bei einem Berufsbetreuer der **strafrechtlich** isd § 32 BZRG, insbesondere den Aufgabenkreis der Vermögenssorge betreffend wegen Vermögensdelikten[233] verurteilt worden ist, die **eidesstattliche Versicherung** abgegeben hat oder gegen den ein Haftbefehl zu deren Erzwingung erlassen worden ist (§§ 807, 901 ZPO).

(3) Fachliche Eignung des Betreuers

Fachlich geeignet ist der potentielle Betreuer dann, wenn er zur rechtlichen Besorgung 57
der Angelegenheiten des Betroffenen nach Maßgabe des § 1901 BGB in der Lage ist. Mindestanforderungen an die fachliche Eignung bestehen grundsätzlich nicht. Nur im Verfahren über die Rücknahme oder den Widerruf der Bestellung eines Wirtschaftsprüfers soll ein Wirtschaftsprüfer (§ 20 Abs. 6 S. 2 WPO) bestellt werden; im Disziplinarverfahren gegen einen Soldaten ist ein Soldat (§ 85 Abs. 2 S. 2 WDO) zu bestellen. Sind für die Aufgabenwahrnehmung besondere (rechtliche, steuerrechtliche, kaufmännische, medizinische oder pflegerische) Kenntnisse erforderlich, muss der Betreuer diese nicht selbst besitzen, sondern nur zur Einschaltung eines entsprechenden Fachmanns bereit sein.

Weist der potentielle Betreuer physische oder psychische Defizite[234] auf oder kann er 58
aufgrund mangelnder Distanz oder Einsichtsfähigkeit in die Erforderlichkeit objektiv notwendiger Maßnahmen, etwa der Organisation der häuslichen Pflege,[235] die Angelegenheiten des Betroffenen nicht wahrnehmen, ist seine **fachliche Eignung zu verneinen**. Nicht ausreichend sind hingegen Bedenken, der potentielle Betreuer werde, etwa wegen seines Alters oder seiner intellektuellen Leistungsfähigkeit seinen Berichts- oder Rechnungslegungspflichten (§§ 1908i Abs. 1 S. 1, 1839 ff BGB) nicht oder unzureichend nachkommen oder kein Vermögensverzeichnis erstellen (§§ 1908i Abs. 1 S. 1, 1802 BGB),[236] da er sich hierbei nicht nur der Hilfe beliebiger Dritter, sondern auch der des Betreuungsgerichts (§§ 1908i Abs. 1 S. 1, 1837 Abs. 1 S. 2 BGB), des Betreu-

---

229 BayObLG FamRZ 2002, 702; BayObLGZ 1996, 250.
230 BayObLG BtPrax 1997, 36.
231 BayObLG FamRZ 1999, 50.
232 BayObLG FamRZ 2002, 702.
233 LG Koblenz BtPrax 1998, 38.
234 BayObLG FamRZ 2004, 977.
235 BayObLG FamRZ 2002, 768.
236 BayObLG FamRZ 2004, 977.

ungsvereins (§ 1908 f Abs. 1 Nr. 2 BGB) und der Betreuungsbehörde (§ 4 BtBG) bedienen kann.

(4) Vorrang der ehrenamtlichen Betreuung und natürlicher Personen

59 Ein Berufsbetreuer darf nur dann bestellt werden, wenn **kein ehrenamtlicher Betreuer** zur Führung der Betreuung vorhanden oder bereit ist (§ 1897 Abs. 6 S. 1 BGB). Findet sich keine geeignete natürliche Person,[237] so kann – subsidiär – ein anerkannter Betreuungsverein (§ 1908 f BGB) mit dessen vorheriger Zustimmung (§§ 1900 Abs. 1, 183 S. 1 BGB) bestellt werden. Lässt sich auch kein geeigneter Verein finden, kann die nach dem gewöhnlichen Aufenthalt des Betroffenen[238] örtlich zuständige Betreuungsbehörde[239] (§§ 3 Abs. 1 S. 1, 9 S. 2 BtBG) bestellt werden. Betreuungsverein und Betreuungsbehörde können zum Betreuer für jeden Aufgabenkreis bestellt werden, mit Ausnahme der Entscheidung über die Einwilligung in eine Sterilisation (§ 1900 Abs. 5 BGB). Der Verein oder die Behörde übertragen die Führung der Betreuung einzelnen Mitarbeitern (§ 1900 Abs. 2 S. 1, Abs. 4 S. 2 BGB), die sie unabhängig von den Voraussetzungen der §§ 1908 b, 1908 c BGB durch andere Mitarbeiter ersetzen können, wobei dem Vorschlag des Betroffenen hinsichtlich eines bestimmten Mitarbeiters zu entsprechen ist, wenn nicht organisatorische Gründe dem entgegenstehen. Der seitens des Vereins oder der Behörde bestimmte Mitarbeiter ist dem Betreuungsgericht gegenüber namhaft zu machen (§ 1900 Abs. 2 S. 3 BGB). Im Falle des Betreuungsvereins hat das Betreuungsgericht zu prüfen, ob der Vereinsmitarbeiter den Betroffenen in einem Heim des Vereins mitversorgt, da in diesem Falle der Mitarbeiter die Betreuung nach §§ 1908 i Abs. 1 S. 1, 1791 a Abs. 3 S. 1 BGB nicht führen darf. Findet sich im Nachhinein eine geeignete natürliche Person als Betreuer, so hat das Betreuungsgericht den Verein oder die Behörde zu entlassen (§ 1908 b Abs. 5 BGB) und die geeignete Person zum Betreuer zu bestellen.

i) Bereiterklärung des Betreuers

60 Der potentielle Betreuer muss sich zur Übernahme der Betreuung **bereit erklären** (§ 1898 Abs. 2 BGB), wofür genügt, wenn sich in dem eingeholten Sozialbericht (vgl Rn 31, 53) eine entsprechende Feststellung findet.

j) Persönliche Anhörung des Betroffenen

61 Das Betreuungsgericht hat den Betroffenen grundsätzlich **persönlich** anzuhören (§§ 34 Abs. 1 Nr. 2, 278 Abs. 1 S. 1) – eine schriftliche oder fernmündliche Anhörung des Betroffenen genügt ebenso wenig wie die Anhörung eines Verfahrensbevollmächtigten – und sich einen **persönlichen Eindruck** vom ihm zu verschaffen (§ 278 Abs. 1 S. 2).

aa) Vorbereitung und Durchführung der persönlichen Anhörung

62 Zur Gewährleistung der effektiven Ausübung seines **Anhörungsrechts** (Art. 103 Abs. 1 GG) hat das Betreuungsgericht dem Betroffenen und seinem Verfahrenspfleger oder Verfahrensbevollmächtigten vorab und rechtzeitig die schriftlichen **Ermittlungsergebnisse** (Sachverständigengutachten, eingeholte ärztliche Zeugnisse, Sozialbericht) grund-

---

237 Vgl BayObLG FamRZ 1999, 52; BayObLG BtPrax 1994, 171.
238 OLG Hamburg BtPrax 1994, 138.
239 BayObLG FamRZ 1994, 1203; BayObLG FamRZ 1993, 140.

sätzlich in vollem Umfang **zur Verfügung zu stellen**,[240] es sei denn, es liegt ein Fall des § 34 Abs. 2 vor[241] (vgl Rn 66), wonach eine Übermittlung an den Verfahrenspfleger oder Verfahrensbevollmächtigten genügt. Es hat mit dem Betroffenen – jeweils ausgerichtet an der Art und dem Grad seiner Erkrankung oder Behinderung – adäquat den Sinn der Betreuung, nach § 278 Abs. 2 S. 3 die voraussichtlichen Aufgabenkreise, die Person des Betreuers[242] und ggf eines noch zu bestellenden Verfahrenspflegers (sofern versäumt worden ist, diesen schon früher zu bestellen) sowie mögliche Interessenkonflikte,[243] die entsprechenden Wünsche des Betroffenen und die Ermittlungsergebnisse zu erörtern. Zudem hat es ihn über seine Rechte, eine ihm nahestehende Person der Anhörung herbeizuziehen (§ 170 Abs. 1 S. 3 GVG) oder anhören zu lassen (§ 279 Abs. 3), eine **Milieuanhörung** zu verlangen (§ 278 Abs. 1 S. 3 Alt. 1) und einen Verfahrensbevollmächtigten zu beauftragen, aufzuklären. Ist der Betroffene nicht schon zu Beginn des Verfahrens (vgl Rn 15) über den möglichen Verfahrensverlauf in Kenntnis gesetzt worden, hat dies nunmehr an dieser Stelle zu erfolgen. Kann der Betroffene noch wirksam eine Vorsorgevollmacht erteilen und ließe sich hierdurch die Betreuung vermeiden oder ließen sich zumindest die Aufgabenbereiche einschränken, hat das Betreuungsgericht auf diese Möglichkeit (vgl Rn 21) und die Registrierung (vgl Rn 15) hinzuweisen; eine umfangreiche Beratung oder gar die Erstellung der Vollmacht sollte aus Haftungsgründen nicht erfolgen.

bb) Teilnahme Dritter an der Anhörung

Die **Anhörung ist nicht öffentlich**; einer oder mehreren Vertrauenspersonen des Betroffenen ist die Teilnahme zu gestatten, während Dritten gegen den Willen des Betroffenen die Teilnahme an der Anhörung nicht gestattet werden kann (§ 170 Abs. 1 S. 2, 3 GVG). Weigert sich der Betroffene, an der Anhörung teilzunehmen, kann das Betreuungsgericht Zwangsmittel anordnen (vgl Rn 202). **63**

cc) Erneute Anhörung

Trifft das Betreuungsgericht nach Durchführung der Anhörung weitere entscheidungserhebliche Feststellungen, muss es den Betroffenen (§ 37 Abs. 2)[244] **erneut anhören** und ihn auf die neuen Feststellungen hinweisen.[245] Eine persönliche Anhörung wird zu erfolgen haben, wenn über die im ersten Anhörungstermin dargestellten Aufgabenkreise der Betreuer für weitere nicht unwesentliche Aufgabenkreise (vgl Rn 81) bestellt werden soll, der Betroffene sich mittels einer schriftlichen Äußerung nicht wird ausdrücken können[246] oder erstmalig weitere entscheidungserhebliche Umstände, etwa infolge der **64**

---

240 OLG München BtPrax 2005, 231; BayObLG BtPrax 1993, 208; vgl BayObLG FamRZ 1986, 1043: Unverwertbarkeit des Gutachtens im Verfahren nach § 1846 BGB, wenn Betroffener vorher keine Gelegenheit zur Stellungnahme hatte.
241 OLG Frankfurt/M. FGPrax 2003, 221; OLG Düsseldorf BtPrax 1996, 188.
242 KG BtPrax 1995, 106.
243 KG FGPrax 1995, 110.
244 OLG Brandenburg FamRZ 2001, 936.
245 BVerfG NJW-RR 2002, 69; BayObLG FamRZ 2001, 50.
246 BT-Drucks. 16/6308, 192.

erstmaligen Einholung eines Gutachtens (auch in zweiter Instanz),[247] ermittelt worden sind oder die Sachlage sich wesentlich geändert hat.[248]

dd) Anhörung im Wege der Rechtshilfe

65   Die Anhörung kann nach § 278 Abs. 3 auch im Wege der **Rechtshilfe** erfolgen, wenn offensichtlich ist, dass der Betreuungsrichter oder Rechtspfleger die ermittelten Umstände auch ohne den eigenen Eindruck von dem Betroffenen zu würdigen in der Lage ist.[249] Das ersuchte Betreuungsgericht kann die Gewährung der Rechtshilfe nur bei Rechtsmissbräuchlichkeit[250] oder allgemeiner Unzulässigkeit der Rechtshilfe[251] verweigern: Einen Streit zwischen dem ersuchten und ersuchenden Gericht entscheidet nach § 159 Abs. 1 GVG das übergeordnete Oberlandesgericht.[252]

ee) Absehen von der persönlichen Anhörung

66   **Ausnahmsweise** kann eine Anhörung dann **unterbleiben**, wenn entweder nach ärztlichem, auf einer vorherigen Untersuchung des Betroffenen beruhenden Gutachten[253] (vgl Rn 27) – ein ärztliches Attest (vgl Rn 29) genügt nicht – zu befürchten ist, dass mit der Anhörung erhebliche Nachteile für die Gesundheit des Betroffenen (Herzversagen, Dekompensation), die auch nicht durch alternative Maßnahmen, wie Wahl eines anderen Anhörungsortes, Hinzuziehung von Vertrauenspersonen, Medikation, beseitigt werden können, zu erwarten sind (§§ 34 Abs. 2 Alt. 1, 278 Abs. 4) oder der Betroffene aufgrund des persönlichen Eindrucks des Betreuungsgerichts nicht in der Lage ist, seinen Willen verbal, durch Gesten oder Laute, mit Hilfe eines (Gebärden-)Dolmetschers oder schriftlich zu äußern (§ 34 Abs. 2 Alt. 2).[254] Besteht die Gesundheitsgefahr oder die Äußerungsunfähigkeit nur zeitweise, ist die Anhörung nachzuholen. Hat das Betreuungsgericht von der Anhörung ganz abgesehen, hat es dies in den Entscheidungsgründen nachprüfbar zu begründen.[255]

k) Persönlicher Eindruck des Betroffenen

67   Zudem hat sich das Betreuungsgericht einen **persönlichen Eindruck** vom Betroffenen durch **Inaugenscheinnahme** zu verschaffen; dies soll in der üblichen Umgebung des Betroffenen geschehen (**Milieuanhörung**), wenn der Betroffene es verlangt oder durch Inaugenscheinnahme des üblichen Umfelds weitere Erkenntnisse von der Persönlichkeit des Betroffenen, seinen Fähigkeiten zur selbständigen Lebensführung und seinem sozialen Umfeld gewonnen werden können und der Betroffene nicht widerspricht (§ 278 Abs. 1 S. 3). Ein Widerspruch des Betroffenen ist in jedem Fall beachtlich und hindert die Inaugenscheinnahme. Anders als im Falle der persönlichen Anhörung kann die Einholung des persönlichen Eindrucks nicht unterbleiben. Allenfalls dann, wenn nach

---

247 OLG Frankfurt/M. FamRZ 2008, 1477.
248 BayObLG BtPrax 2004, 197.
249 BT-Drucks. 11/4528, 172; OLG Hamm NJW-RR 1997, 70; OLG Hamm BtPrax 1996, 190; OLG Frankfurt/ M. FamRZ 1993, 1221.
250 OLG Schleswig BtPrax 1995, 145.
251 OLG Köln FamRZ 2004, 818; OLG Frankfurt/M. FamRZ 2004, 137; OLG Frankfurt/M. BtPrax 1993, 138.
252 Vgl BayObLG FamRZ 1993, 450.
253 HK-BetrR/Bučić § 68 FGG Rn 19.
254 BT-Drucks. 16/6308, 192.
255 OLG Hamm OLGReport 1999, 378.

ärztlichem Gutachten eine erhebliche Gesundheitsgefahr zu befürchten ist, kann entsprechend §§ 34 Abs. 2 Alt. 1, 278 Abs. 4 hiervon abgesehen werden.[256]

l) Anhörung sonstiger Beteiligter

Vor der Betreuerbestellung hat das Betreuungsgericht den bereits bestellten Verfahrenspfleger (§§ 279 Abs. 1, 274 Abs. 2), im Interesse des Betroffenen bereits beteiligte Angehörige (Eltern, Großeltern, Abkömmlinge, Geschwister, Pflegeeltern (vgl Rn 75), den nicht dauernd getrennt lebenden Ehegatten (§ 1310 Abs. 1 BGB) oder Lebenspartner (§ 1 Abs. 1 S. 1 LPartG) oder bereits beteiligte Personen seines Vertrauens (§§ 279 Abs. 1, 274 Abs. 4 Nr. 1), eine noch nicht beteiligte Person seines Vertrauens nur dann, sofern deren Aufenthalt bekannt und ihre Anhörung innerhalb weniger Wochen durchführbar ist (§ 279 Abs. 3), und auf Verlangen des Betroffenen oder zum Zwecke der Sachaufklärung die Betreuungsbehörde (§ 279 Abs. 2) **anzuhören**. Soll für einen Siebzehnjährigen ein Betreuer bestellt werden, sind der gesetzliche Vertreter, bei geteilter elterlicher Sorge nach §§ 1671, 1672 BGB beide gesetzliche Vertreter, zwingend anzuhören (§ 279 Abs. 4). Der potentielle Betreuer ist als Beteiligter iSd § 7 Abs. 2 Nr. 1 anzuhören. Die Anhörung kann mündlich, fernmündlich, schriftlich, mit oder ohne Verwendung formularmäßiger Schreiben erfolgen;[257] bei schriftlicher Anhörung muss eine genügende **Äußerungsfrist** von in der Regel zwei Wochen gewährt werden.

68

m) Dokumentationspflicht

Die Durchführung der persönlichen Anhörung des Betroffenen, die Einholung des persönlichen Eindrucks und die Anhörung Dritter sind in einem Protokoll oder Aktenvermerk ihrem wesentlichen Inhalt nach derart zu **dokumentieren**, dass eine inhaltliche Überprüfung in der Rechtsmittelinstanz möglich ist.

69

n) Bestellungsbeschluss

Der Betreuer wird durch zu **begründenden** (§ 38 Abs. 3 S. 1, Abs. 5 Nr. 3) und seitens des gerichtlichen Entscheiders[258] zu unterzeichnenden (§ 38 Abs. 3 S. 2) **Beschluss** (§ 38 Abs. 1 S. 1) bestellt. Das Rubrum enthält die Kennzeichnung als Betreuungssache, die Bezeichnung des erkennenden Gerichts (§ 38 Abs. 2 Nr. 2), die **Beschlussformel** (§ 38 Abs. 2 Nr. 3), die Bezeichnung des Entscheidungstages, des Betroffenen, nach Vor- und Nachnamen, Geburtsdatum und Geburtsort, vollständiger Anschrift des gewöhnlichen Aufenthalts und ggf Anschrift eines kurzfristigen anderweitigen Aufenthalts, des Betreuers nach Vor- und Nachnamen, Anschrift und ggf Geburtsdatum und -ort, wenn ansonsten Verwechslungen möglich sind (§ 38 Abs. 2 Nr. 1). Des Weiteren enthält der Beschluss die hinreichend **bestimmte** Bezeichnung der Aufgabenkreise (§ 286 Abs. 1 Nr. 1) und den **Überprüfungszeitpunkt** (§ 286 Abs. 3); wird ein Sterilisationsbetreuer iSd § 1899 Abs. 3 BGB bestellt, ist die Überprüfungsfrist kurz zu bemessen,[259] da der Grund seiner Bestellung mit Durchführung der Sterilisation endet. Wird ausnahmsweise[260] für alle Angelegenheiten ein Betreuer bestellt, umfasst dies

70

---

256 HK-BetrR/Bučić § 68 FGG Rn 23.
257 Vgl KG FGPrax 1995, 110.
258 Vgl BT-Drucks. 16/6308, 195.
259 LG Berlin BtPrax 1993, 34.
260 BayObLG BtPrax 2002, 216; BayObLG FamRZ 1998, 452; BayObLG BtPrax 1997, 72.

nach § 1896 Abs. 4 BGB nur dann die Entscheidung über den Post- oder Telefonverkehr, wenn dies zusätzlich ausdrücklich angegeben wird. Bei Bestellung eines Vereins-,[261] Behörden- oder Berufsbetreuers ist die zusätzlich **konstitutiv** wirkende Bezeichnung[262] (§ 286 Abs. 1 Nr. 2–4) und die Nennung des Vereins oder der Behörde erforderlich. **Berufsmäßigkeit** liegt in der Regel vor, wenn der Betreuer mehr als 10 Betreuungen führt (§ 1 Abs. 1 VBVG). Dabei ist nicht erforderlich, dass der Betreuer im Beschlusszeitpunkt schon zehn Betreuungen führt. Erforderlich, aber auch ausreichend ist, dass zu erwarten ist, dass in absehbarer Zeit auch der „Berufsanfänger" ein derartige Anzahl an Betreuungen führen wird. Welcher Prognosezeitraum zugrunde zu legen ist, bemisst sich danach, in welchem Zeitraum im Bezirk des Betreuungsgerichts voraussichtlich die notwendige Anzahl von Betreuungen von dem einzelnen Betreuer im Regelfall erreicht werden kann. Auf die Stundenzahl (§ 1 Abs. 1 VBVG) kommt es angesichts der Pauschalierung des VBVG (vgl Rn 172 f) nicht an. Von einer berufsmäßigen Führung ist daneben auszugehen, wenn ein Rechtsanwalt gerade im Hinblick auf seine berufliche Qualifikation bestellt wird.[263] Die Bezeichnung der berufsmäßigen Führung kann auch nachträglich ergänzt werden.[264]

71 Fehlt der Aufgabenkreis oder ist der Betroffene oder Betreuer nicht individualisierbar, ist der Beschluss nichtig; bei bloßer **Unvollständigkeit** hingegen wirksam und ergänzbar. Fehlt die Angabe des Überprüfungszeitpunktes, kann das Betreuungsgericht die Überprüfungsfrist nachträglich durch Beschluss bestimmen, ansonsten gilt die Höchstfrist von sieben Jahren. Am Ende des Beschlusses ist die Rechtsmittelbelehrung anzugeben (§ 39, vgl § 17 Rn 86). Fehlt diese oder ist sie unrichtig, werden Rechtsmittelfristen nicht in Gang gesetzt.[265]

Die **Beschlussformel** könnte lauten:

In dem Betreuungsverfahren für den ... (Bezeichnung des Betroffenen) wird ... (genaue Bezeichnung des Betreuers/des Vereins/der Behörde) als Mitarbeiter des Vereins/der Behörde zum Betreuer/Berufsbetreuer/Vereinsbetreuer/Behördenbetreuer bestellt. Zum Aufgabenkreis wird bestimmt ... (Bezeichnung wie Aufgabenkreise Rn 35 ff).

Die **Begründung** muss sich mit den entscheidungserheblichen Tatsachen, Ermittlungsmaßnahmen, Beweismitteln und etwaigen Einwendungen des Betroffenen auseinandersetzen. Zu begründen ist im Einzelnen: die Betreuungsbedürftigkeit (vgl Rn 19), der Betreuungsbedarf (vgl Rn 20 f), bei Bestellung eines Betreuers gegen den Willen des Betroffenen (§ 1896 Abs. 1 a BGB) die mangelnde freie Willensbildung des Betroffenen,[266] die Betreuerauswahl, bei Bestellung eines Vereins oder Behörde die Entscheidung, warum keine natürliche Person,[267] bei Berufsbetreuung, warum kein ehrenamtlicher Betreuer bestellt wurde. Will das Betreuungsgericht vom Inhalt eingeholter Gutachten abweichen, hat es dies eingehend in den Gründen seiner Sachentscheidung zu begründen.[268] Formelhafte oder nur den Gesetzeswortlaut wiederholende Formulie-

---

261 KG Berlin Rpfleger 2006, 398.
262 LG Koblenz FamRZ 2001, 303.
263 OLG Hamm NJW 2006, 3436.
264 OLG Sachsen-Anhalt FamRZ 2009, 370; OLG Hamm BtPrax 2008, 136.
265 BayObLG FamRZ 2000, 493; BayObLG NJW-RR 1986, 1502.
266 OLG München BtPrax 2005, 231.
267 BayObLG FamRZ 1999, 1303; BayObLG FamRZ 1994, 1203; BayObLG FamRZ 1993, 140.
268 BayObLG BtPrax 1994, 59.

rungen genügen dem Begründungserfordernis nicht. Fehlt eine ausreichende Begründung, werden etwaige Rechtsmittelfristen nicht in Gang gesetzt.

o) Wirksamkeit des Beschlusses
Der Beschluss wird mit der **Bekanntgabe** an den Betreuer wirksam (§ 288 Abs. 1);[269] die Bekanntgabe an den Betreuten genügt nicht.[270] Die Bekanntgabe kann bei Anwesenden gem. § 41 Abs. 2 S. 1 durch Verlesen der Beschlussformel, ggf unter Vermittlung eines (Gebärden-)Dolmetschers erfolgen. Die Bekanntgabe ist in der Akte zu vermerken (§ 41 Abs. 2 S. 2); die Begründung ist nachzuholen und der vollständig abgesetzte schriftliche Beschluss zusätzlich bekannt zu geben (§ 41 Abs. 2 S. 3, 4).

p) Anordnung der sofortigen Wirksamkeit
Ausnahmsweise kann das Betreuungsgericht nach pflichtgemäßem Ermessen von Amts wegen die **sofortige Wirksamkeit** (zeitgleich mit Beschlusserlass oder bis zu seiner ansonsten eintretenden Wirksamkeit auch nachträglich) anordnen, wenn eine Bekanntgabe an den Betreuer tatsächlich nicht möglich ist, weil dieser verreist, unbekannt verzogen oder aus sonstigen Gründen nicht erreichbar ist, oder wenn Gefahr im Verzug besteht, mithin der Aufschub der Wirksamkeit der Sachentscheidung eine **Gefährdung der Interessen des Betroffenen** erwarten lässt. Bloße Schwierigkeiten bei der Bekanntgabe genügen nicht.[271] Der Beschluss wird entweder mit dessen und der Bekanntmachung der Anordnung der sofortigen Wirksamkeit gegenüber dem Betroffenen oder seinem Verfahrenspfleger (§ 287 Abs. 2 S. 2 Nr. 1) oder Verfahrensbevollmächtigten oder mit Übergabe beider Entscheidungen an die Geschäftsstelle mit der Anweisung, die Bekanntmachung zu bewirken, wirksam (§ 287 Abs. 2 S. 2 Nr. 2). Im letzteren Fall muss der Beschluss vollständig abgesetzt, unterschrieben und aus dem Bereich des Richters oder Rechtspflegers in den Geschäftsstellenbereich durch Aushändigung an den Geschäftsstellenbeamten oder – etwa nach Dienstschluss oder im Rahmen des Eildienstes an dienstfreien Tagen – durch Niederlegung übergegangen sein. In beiden Fällen ist der Zeitpunkt der sofortigen Wirksamkeit auf dem Beschluss zu vermerken (§ 287 Abs. 2 S. 3).

q) Bekanntgabe des Beschlusses
Der Beschluss ist der Betreuungsbehörde (§ 288 Abs. 2 FamFG, Kap. XV/2 MiZi) und nach §§ 40 Abs. 1, 41 Abs. 1 dem Betroffenen **bekannt zu machen**. Von der Bekanntgabe der Beschlussgründe an ihn kann abgesehen werden, wenn nach einem ärztlichen Zeugnis (vgl Rn 29) eine Gefahr für die Gesundheit des Betroffenen durch die Bekanntgabe der Gründe konkret dargelegt ist (§ 288 Abs. 1),[272] etwa weil ansonsten negative physische oder psychische Reaktionen hervorgerufen würden, die über das Maß dessen hinausgehen, was mit der Kenntnisnahme von nachteiligen gerichtlichen Entscheidungen allgemein verbunden ist, und diese Gefahr nicht durch andere Maßnahmen (Bekanntmachung im Beisein Dritter, andere Weise der Bekanntmachung)[273] beseitigt oder

---
269 Vgl BT-Drucks. 16/6308, 269.
270 BT-Drucks. 11/4528, 175.
271 BT-Drucks. 11/4528, 175.
272 OLG Frankfurt/M. FGPrax 2003, 221.
273 BayObLG FamRZ 2000, 250.

erheblich reduziert werden kann.[274] Die Nichtbekanntmachungsentscheidung ist zu begründen und ihrerseits nach § 40 Abs. 1 bekannt zu machen. Ist ausnahmsweise für „alle Angelegenheiten" ein Betreuer bestellt worden, besteht eine Mitteilungspflicht (vgl Rn 197).

r) Anfechtbarkeit des Beschlusses

75 Der Beschluss ist mit der **Beschwerde** anfechtbar (vgl § 2 Rn 27 ff). **Beschwerdeberechtigt** sind neben dem Betreuten (§ 59 Abs. 1), welcher im Falle seiner Unterbringung die Beschwerde auch beim Amtsgericht des Unterbringungsbezirks einlegen kann (§ 305), die Betreuungsbehörde (§ 303 Abs. 1 Nr. 1, vgl § 2 Rn 29), der Verfahrenspfleger (§ 303 Abs. 3), der Betreuer oder der Vorsorgebevollmächtigte nur soweit, als ihr Aufgabenkreis betroffen ist (§ 303 Abs. 4); sind mehrere Betreuer oder Vorsorgebevollmächtigte[275] vorhanden, so kann jeder von ihnen für den Betroffenen selbständig Beschwerde einlegen. Bestimmten Angehörigen (§ 303 Abs. 2 Nr. 1) kann eine Beschwerdebefugnis zustehen. Dies sind: der nicht dauernd getrennt lebende Ehegatte (§ 1310 Abs. 1 BGB) oder Lebenspartner (§ 1 Abs. 1 S. 1 LPartG), Verwandte in gerader Linie (§ 1589 S. 1 BGB: Eltern, (Ur)Großeltern, Kinder, (Ur)Enkel), Geschwister und Pflegeeltern, also Personen, die durch ein auf längere Dauer angelegtes Pflegeverhältnis mit häuslicher Gemeinschaft wie Eltern und Kind mit dem Betroffenen verbunden sind (§ 16 Abs. 5 S. 1 Nr. 8 SGB X, §§ 33, 38, 44 SGB VIII). Diese und eine Vertrauensperson des Betroffenen (§ 303 Abs. 2 Nr. 2) sind allerdings nur unter zwei Voraussetzungen beschwerdebefugt. Es muss sich um eine von Amts wegen eingerichtete Betreuung handeln; ein eigener **Antrag** des Betroffenen **schließt** die Beschwerdebefugnis mithin aus.[276] Zudem müssen sie entweder in eigenen Rechten betroffen sein (§ 59 Abs. 1) oder sie waren bereits in erster Instanz nach den §§ 7 Abs. 3, 274 Abs. 4 am Verfahren beteiligt (§ 303 Abs. 2), womit altruistische Beschwerden solcher Angehöriger ausgeschlossen sind, die am Verfahren erster Instanz kein Interesse gezeigt haben.[277] Der Vertreter der Staatskasse (vgl § 2 Rn 32, 41) hat kein eigenes Beschwerderecht, wenn erstmalig ein Berufsbetreuer unter Verletzung des § 1897 Abs. 6 S. 1 BGB bestellt wird[278], ansonsten steht ihm nach Maßgabe des § 304 Abs. 1 S. 1 ein Beschwerderecht zu. Auch der (Vorsorge-)Bevollmächtigte hat kein eigenes Beschwerderecht, wenn ein Betreuer mit dem Aufgabenkreis des Widerrufs der Vollmacht bestellt worden ist und der Betreuer die erteilte Vollmacht widerruft.[279]

5. Die Bestellung eines Betreuers mittels einstweiliger Anordnung

76 §§ 300, 301 regeln die einstweilige Anordnung und die einstweilige Anordnung bei gesteigerter Dringlichkeit. Die zeitliche Dauer des Regelverfahrens (vgl Rn 18 ff) kann dazu führen, dass ein dringendes und akutes Regelungsbedürfnis nicht zeitnah befrie-

---

274 OLG Frankfurt/M. FGPrax 2003, 221.
275 Vgl BR-Drucks. 309/2/07, 78.
276 OLG Hamm FamRZ 2002, 194.
277 BT-Drucks. 16/6308, 271.
278 OLG Schleswig FGPrax 1999, 110, 111.
279 KG, Beschl v. 3.2.2009, 1 W 530/07, 1 W 531/07; BayObLG FGPrax 2003, 171; OLG Zweibrücken FGPrax 2002, 260.

digt werden kann.[280] Das Betreuungsgericht kann dann von zeitintensiven Ermittlungsmaßnahmen absehen. Die Pflicht zur **sorgfältigen Tatsachenermittlung**[281] besteht aber nach wie vor. Das Verfahren zum Erlass einer einstweiligen Anordnung ist auch bei Anhängigkeit der Hauptsache ein selbständiges Verfahren (§ 51 Abs. 3 S. 1).[282] Der durch eine einstweilige Anordnung beschwerte Betroffene kann nach § 52 Abs. 1 jedoch die Durchführung eines Hauptsacheverfahrens erzwingen, wenn das Gericht dieses nicht bereits von Amts wegen einleitet.

a) Voraussetzungen

Voraussetzung für den Erlass einer einstweiligen Anordnung ist, dass aufgrund bekannter oder festgestellter Tatsachen[283] eine **hohe Wahrscheinlichkeit** dafür besteht, dass im Regelverfahren ein Betreuer bestellt würde (vgl Rn 19 ff) und dass die Nichtbestellung (§ 300 Abs. 1 S. 1 Nr. 1) zu erheblichen Nachteilen für die Interessen des Betroffenen führe. Die Glaubhaftmachung hinsichtlich beider Voraussetzungen genügt, auch bei Bestreiten des Betroffenen; voller Beweis ist nicht erforderlich. Die Einholung eines ärztlichen Zeugnisses (vgl Rn 29) über seine Betreuungsbedürftigkeit und deren Dauer ist zwingend (§ 300 Abs. 1 S. 1 Nr. 2). Soll die Betreuerbestellung gegen den Willen des Betroffenen erfolgen, muss das ärztliche Zeugnis erkennen lassen, wieso der Betroffene nicht in der Lage ist, seinen **Willen frei** zu bilden (vgl Rn 23).[284] Zu den weiteren Voraussetzungen vgl Rn 29. Weiterhin muss ein Verfahrenspfleger bestellt und ihm Gelegenheit zur Stellungnahme gegeben werden, wenn seine Bestellung nach § 276 erforderlich ist (§ 300 Abs. 1 S. 1 Nr. 3). Vor der einstweiligen Anordnung muss der Betroffene **persönlich** angehört (vgl Rn 61 ff) werden (§ 300 Abs. 1 S. 1 Nr. 4), wobei eine Anhörung des Betroffenen – ohne Einschränkungen (vgl Rn 65) – im Wege der Rechtshilfe erfolgen (§ 300 Abs. 1 S. 2) oder bei Vorliegen der Voraussetzungen des § 34 Abs. 2 (vgl Rn 66) unterbleiben kann.

77

b) Gesteigerte Dringlichkeit

Gesteigerte Dringlichkeit liegt bei **Gefahr im Verzug** vor, also wenn bei Durchführung der persönlichen Anhörung des Betroffenen und Anhörung des Verfahrenspflegers erhebliche Nachteile für die Interessen des Betroffenen unmittelbar drohen. Dann kann von der Anhörung abgesehen werden (§ 301 Abs. 1 S. 1); diese ist ohne schuldhaftes Zögern nachzuholen (§ 301 Abs. 1 S. 2). Wegen der besonderen Dringlichkeit besteht zudem keine Bindung an einen positiven (vgl Rn 51 f) oder negativen (vgl Rn 54) Vorschlag des Betroffenen zur Person des Betreuers. Auch kann der Betreuer ohne Rücksicht auf verwandtschaftliche und sonstige persönliche Bindungen (vgl Rn 54) oder der Gefahr von Interessenkonflikten (vgl Rn 55) bestellt werden.

78

c) Beschlussformel mit Befristung

Die einstweilige Anordnung tritt – sofern keine kürzere Frist bestimmt wird – nach sechs Monaten außer Kraft (§ 302 S. 1 BGB); für die Fristberechnung gelten § 16

79

---

280 Vgl OLG Schleswig OLGReport 2005, 471.
281 BVerfG NJW 1998, 1774.
282 Vgl van Els, Verhältnis von Hauptverfahren zum Eilverfahren, FPR 2008, 406.
283 BayObLG FamRZ 1999, 1611.
284 BayObLG FamRZ 1999, 1611.

Abs. 2 FamFG, § 222 Abs. 1 ZPO, §§ 187 Abs. 1, 188 Abs. 2 BGB. Sie kann bis zu einer Gesamtdauer von insgesamt einem Jahr durch weitere einstweilige Anordnungen, also mehrfach, unter der Voraussetzung verlängert werden, dass nach schriftlicher oder mündlicher Anhörung eines Sachverständigen (vgl Rn 26) die Verlängerung erforderlich ist. Obwohl § 302 S. 2 nicht auf § 280 Abs. 2 verweist, ist doch zu fordern, dass der Sachverständige den Betreuten persönlich untersucht oder befragt haben muss.[285] Zum Beschlussinhalt vgl Rn 70.

Die **Beschlussformel** könnte lauten:

In dem Betreuungsverfahren für ... (genaue Bezeichnung des Betroffenen) wird durch einstweilige Anordnung (ggf wegen Gefahr im Verzug ohne vorherige Anhörung des Betroffenen/und des Pflegers für das Verfahren) für den Betroffenen ... (genaue Bezeichnung des Betreuers/des Vereins/der Behörde) als Mitarbeiter des Vereins/der Behörde zum vorläufigen Betreuer/Berufsbetreuer/Vereinsbetreuer/Behördenbetreuer bis zum ... (genaues Datum) bestellt. Zum Aufgabenkreis wird bestimmt ... (genaue Bezeichnung wie Aufgabenkreise Rn 35 ff).

Zu Mitteilungspflichten vgl Rn 198. Gegen die Entscheidung ist die **Beschwerde** möglich (vgl § 2 Rn 37). Zu beachten ist die Beschwerdefrist von zwei Wochen (§ 63 Abs. 2 Nr. 1). Zum Kreis der Beschwerdeberechtigten vgl Rn 75. Auch wenn die vorläufige Betreuung durch Zeitablauf endet, bleibt die mit dem Ziel der Feststellung der Rechtswidrigkeit der vorläufigen Betreuerbestellung eingelegte Beschwerde zulässig.[286]

6. Das Verfahren zur Erweiterung des Aufgabenkreises des Betreuers

80 Bei Erforderlichkeit kann der Aufgabenkreis erweitert werden (§ 1908 d Abs. 3 BGB). Will das Betreuungsgericht von der Erweiterung absehen, richtet sich die Erforderlichkeit der Einholung eines Gutachtens und der Anhörung des Betroffenen nach § 26, da mit der **Ablehnung** der Erweiterung gerade ein Eingriff in das Selbstbestimmungsrecht des Betroffenen vermieden wird. Der ablehnende Beschluss ist zu begründen (§ 38 Abs. 3 S. 1, Abs. 5 Nr. 3) und wird mit Bekanntgabe an den Betreuer wirksam (§ 287 Abs. 1); ein praktisches Bedürfnis für die Anordnung der sofortigen Wirksamkeit der Ablehnung (vgl Rn 77) wird nicht bestehen; eine einstweilige Anordnung hinsichtlich der Ablehnungsentscheidung ist nicht möglich.

a) Wesentliche Erweiterung

81 Das Regelverfahren ist grundsätzlich ebenso wie **bei erstmaliger Betreuerbestellung** (vgl Rn 18 ff) durchzuführen (§ 293 Abs. 1). Von der persönlichen Anhörung nach § 278 Abs. 1 S. 1 (vgl Rn 61 ff) und der Einholung eines Gutachtens nach § 280 (vgl Rn 25 ff) oder ärztlichen Zeugnisses nach § 281 (vgl Rn 29) kann das Betreuungsgericht dann absehen, wenn diese Verfahrenshandlungen **nicht länger als sechs Monate** zurückliegen (§ 293 Abs. 2 S. 1 Nr. 1) oder die beabsichtigte Erweiterung **nicht wesentlich** ist (§ 293 Abs. 2 S. 2 Nr. 2). Will das Betreuungsgericht wegen zeitlicher **Aktualität der Ermittlungsmaßnahmen** (§ 293 Abs. 2 S. 1 Nr. 1) von deren erneuter Vornahme absehen, wird es zu prüfen haben, ob sich die durch die Verfahrenshandlungen ermittelten Umstände auch innerhalb von sechs Monaten geändert haben könnten. Ist davon auszugehen, dass sich wesentliche Umstände geändert haben, wird die erneute Vornahme der Ver-

---
285 HK-BetrR/Bučić § 69 f FGG Rn 17.
286 BVerfG NJW 2002, 206.

V. Verfahren 16

fahrenshandlungen nach § 26 geboten sein. Eine **unwesentliche Erweiterung** ist gegeben, wenn der weitere Aufgabenkreis entweder zur Erledigung der bereits bestimmten Aufgaben notwendig oder derart eng mit diesen verknüpft ist, dass die Erweiterung in der erstmaligen Anordnung angelegt war. Gleiches gilt, wenn der Aufgabenkreis um die Geltendmachung einzelner Rechte des Betreuten gegenüber Dritten, wie etwa dem Renten-,[287] Kranken- oder Pflegeversicherungsträger, oder um die Aufgabe der Kontrolle eines Bevollmächtigen (arg. e § 1896 Abs. 3 BGB) erweitert werden soll. Hingegen wird eine wesentliche Erweiterung dann vorliegen, wenn der Aufgabenkreis erstmals ganz oder teilweise um die **Personensorge**[288], etwa Gesundheitsfürsorge, Aufenthaltsbestimmung (vgl §§ 1626 Abs. 1 S. 2, 1631 Abs. 1 BGB), Aufsicht über den Betreuten (vgl §§ 1626 Abs. 1 S. 2, 1631 Abs. 1 BGB), Entscheidung über die Herausgabe des Betreuten und dessen Umgang[289] (vgl §§ 1626 Abs. 1 S. 2, 1632 BGB), Entscheidung über Ehe- und Kindschaftssachen, Vaterschaftsanerkennung oder Geltendmachung von Unterhaltsansprüchen,[290] die **gesamte Vermögenssorge**[291] oder nach § 293 Abs. 2 S. 2 die **Fernmelde- und Postangelegenheiten** (§ 1896 Abs. 4 BGB), die Entscheidung über Einwilligungen in eine risikoreiche oder endgültige **ärztliche Maßnahme** (§ 1904 BGB), **Sterilisation** (§ 1905 BGB), in den Abbruch lebensverlängernder oder **lebenserhaltender** ärztlicher Behandlungsmaßnahmen oder die Entscheidung über die **Unterbringung** oder unterbringungsähnliche Maßnahmen (§ 1906 BGB) erweitert werden soll.

In beiden Fällen ist dem Betreuten und einem ggf bestellten Verfahrenspfleger Gelegenheit zur Äußerung zu geben (§ 34 Abs. 1 Nr. 1). Der Betreute kann persönlich angehört werden. Weigert sich der Betroffene, an der Anhörung teilzunehmen, kann das Gericht Zwangsmittel nach §§ 293 Abs. 1, 278 Abs. 5 verhängen (vgl Rn 202). 82

b) Beschluss zur Aufgabenkreiserweiterung

Der Beschluss bedarf der **Begründung** (§ 38 Abs. 3 S. 1, Abs. 5 Nr. 3) und wird mit Bekanntgabe an den Betreuer wirksam (§ 287 Abs. 1); die sofortige Wirksamkeit kann nach Maßgabe des § 278 Abs. 2 angeordnet werden (vgl Rn 73). 83

Die **Beschlussformel** könnte lauten:

In ... (Rubrum, vgl Rn 70) wird der Aufgabenkreis des Betreuers um den Aufgabenkreis ... (genaue Bezeichnung) erweitert.

Gegen die Entscheidung ist die **Beschwerde** möglich (vgl § 2 Rn 11 ff). Zum Kreis der Beschwerdeberechtigten vgl Rn 75. Wird der Aufgabenkreis auf „alle" Angelegenheiten erweitert, hat eine Mitteilung an die zuständige Gemeindebehörde zu erfolgen (vgl Rn 197).

c) Erweiterung des Aufgabenkreises mittels einstweiliger Anordnung

Eine Erweiterung des Aufgabenkreises des Betreuers kann im Wege einer einstweiligen Anordnung unter den Voraussetzungen der §§ 300, 301 (vgl Rn 77 ff) angeordnet wer- 84

---

287 LG Berlin FamRZ 2002, 345.
288 Vgl Harm, Die Personensorge im Betreuungsrecht, BtPrax 2005, 98.
289 BayObLG BtPrax 2003, 38; vgl auch BayObLG BtPrax 2003, 178.
290 OLG Zweibrücken FamRZ 2000, 1324.
291 Jürgens/Mertens § 69 i FGG Rn 3.

Bučić

den, da die Erweiterung des Aufgabenkreises den Regeln der erstmaligen Anordnung folgt. Zu beachten ist die Beschwerdefrist von zwei Wochen (§ 63 Abs. 2 Nr. 2; vgl § 2 Rn 37).

7. Das Verfahren zur Bestellung eines weiteren Betreuers im Regelverfahren

85 Bei der Bestellung eines weiteren Betreuers iSd § 1899 Abs. 1 BGB ist zu differenzieren. Soll ein neuer Betreuer derart bestellt werden, dass ihm ein Teil des Aufgabenkreises des bisherigen Betreuers übertragen werden soll, so handelt es sich hinsichtlich des bisherigen Betreuers um eine **Teilentlassung** iSd § 296 Abs. 1 (vgl Rn 94) und bei der Bestellung des neuen Betreuers um eine solche nach § 296 Abs. 2 (vgl Rn 108). Soll der neue Betreuer hingegen ausschließlich neue Aufgabenkreise übernehmen, ist hiermit eine Erweiterung des Aufgabenkreises der Betreuung verbunden. Das Betreuungsgericht wird daher zum einen die Eignung des neuen Betreuers (vgl Rn 54 ff) und die Erforderlichkeit der Erweiterung des Aufgabenkreises der Betreuung (§ 293 Abs. 3, vgl Rn 80 ff) in den dafür vorgesehenen Verfahren zu prüfen haben. Soll neben dem bisherigen Betreuer für dieselben Aufgabenkreise ein weiterer **(Mit-)Betreuer** bestellt werden, so ist zu beachten, dass mehrere **Berufs**betreuer nur dann bestellt werden können, wenn zusätzlich ein Sterilisationsbetreuer (vgl Rn 36), ein Gegenbetreuer (vgl Rn 49) oder Verhinderungsbetreuer bestellt wird (§ 1899 Abs. 1 S. 3 BGB); zur Entlassung bisher bestellter Mitbetreuer vgl Rn 100. Zuständig ist grundsätzlich der Betreuungsrichter; im Falle des Kontrollbetreuers der Rechtspfleger (§ 15 Nr. 3 RPflG). Das Regelverfahren richtet sich grundsätzlich nach Rn 80 ff, zusätzlich ist sicherzustellen, dass der Betreute im Rahmen seiner – ggf persönlichen (vgl Rn 81) – Anhörung auch zur Person des neuen Betreuers angehört wird. Ist mit der Bestellung des neuen Betreuers eine Teilentlassung des bisherigen Betreuers verbunden, kann eine einstweilige Anordnung unter den Voraussetzungen der Rn 110 ff ergehen. Liegt eine Erweiterung des Aufgabenkreises vor, kann ebenfalls eine einstweilige Anordnung ergehen (vgl Rn 84).

8. Das Verfahren zur Aufhebung der Betreuung und zur Ablehnung der Aufhebung der Betreuung

86 Mit der Aufhebung der Betreuung wird der zuvor durch die Betreuerbestellung bedingte Eingriff in das Selbstbestimmungsrecht des Betroffenen wieder rückgängig gemacht. Dementsprechend sieht das Verfahrensrecht für diese Entscheidung konsequenterweise geringe Verfahrensanforderungen vor.

a) Überprüfung von Amts wegen oder auf Anregung

87 Das Betreuungsgericht hat spätestens nach **sieben Jahren** (§§ 294 Abs. 3, 295 Abs. 2) oder bei begründetem Anlass, wie etwa einer entsprechenden Anregung des Betreuers, des Betreuten oder Dritter, von Amts wegen zu prüfen, ob die Voraussetzungen für die Einrichtung der Betreuung iSd § 1896 BGB nach wie vor vorliegen. Ist dies nicht (mehr) der Fall, etwa weil sich der Gesundheitszustand des Betroffenen verbessert hat oder das Betreuungsgericht feststellt, dass die Voraussetzungen von Anfang an nicht vorgelegen haben,[292] hat es die Betreuung aufzuheben (§ 1908 d Abs. 1 S. 1 BGB). Gleiches gilt

---

292 BayObLG FamRZ 1995, 1519; vgl LG Rostock FamRZ 2004, 485.

dann zwingend, wenn der Betreuer auf Antrag des lediglich körperlich behinderten Betreuten (§ 1896 Abs. 1 S. 3 BGB) bestellt worden ist und dieser den Antrag auf Aufhebung der Betreuung stellt. Leidet der Betreute hingegen nicht nur an einer körperlichen Behinderung, ist auf seinen Antrag, dessen Wirksamkeit Geschäftsfähigkeit nicht voraussetzt (§ 1908 d Abs. 2 S. 2 BGB), die Betreuung aufzuheben, es sei denn, dass auch ohnehin eine Amtsbetreuung eingerichtet werden muss (§ 1908 d Abs. 2 S. 1 BGB). Zuständig für die Entscheidung ist grundsätzlich der Betreuungsrichter; ist hingegen eine Kontrollbetreuung nach § 1896 Abs. 3 BGB betroffen, ist der Rechtspfleger zuständig (§ 15 Nr. 3 RPflG).

b) Anhörung und erstmalige Ablehnung der Aufhebung

Das Betreuungsgericht hat nach §§ 294 Abs. 1, 279 einen bereits bestellten Verfahrenspfleger (§§ 279 Abs. 1, 274 Abs. 2), bestimmte Angehörige (§§ 279 Abs. 1, 274 Abs. 4 Nr. 1), ggf eine Vertrauensperson und ggf die Betreuungsbehörde (§ 279 Abs. 2) **anzuhören** (vgl Rn 68). Eine Anhörung des Betreuten kann nach § 26 erfolgen. Eine persönliche Anhörung nach § 34 Abs. 1 Nr. 1 ist nicht erforderlich, da mit der Aufhebung ein Rechtseingriff gerade beseitigt wird. Weigert sich der Betroffene im gleichwohl angesetzten Termin zu seiner persönlichen Anhörung zu erscheinen, gilt Rn 203. Ob weitere Gutachten einzuholen sind, bestimmt das Betreuungsgericht nach § 26. Nur dann, wenn die Einholung eines Gutachtens zuvor nach § 281 Abs. 1 Nr. 1 unterblieben ist (vgl Rn 29), der Betroffene einen Antrag auf Aufhebung der Betreuung stellt und das Betreuungsgericht diesen Antrag wegen bestehender Betreuungsbedürftigkeit und bestehenden Betreuungsbedarfs ablehnen will, muss die ursprünglich unterbliebene Gutachteneinholung nachgeholt werden (§ 294 Abs. 2). Für weitere Aufhebungsanträge richtet sich die Erforderlichkeit der Gutachteneinholung, wie das sonstige Verfahren, nach § 26.[293]

88

c) Beschluss zur Aufhebung

Der Beschluss ist zu **begründen** (§ 38 Abs. 3 S. 1, Abs. 5 Nr. 3) und mit einer Rechtsmittelbelehrung (vgl § 17 Rn 86) zu versehen. Er wird mit der Bekanntgabe an den Betreuer wirksam (§ 287 Abs. 1); die sofortige Wirksamkeit kann nach Maßgabe des § 287 Abs. 2 angeordnet werden (vgl Rn 73); hierfür wird jedoch kaum ein praktisches Bedürfnis bestehen.

89

Die **Beschlussformel** könnte lauten:

In ... (Rubrum) wird die Betreuung aufgehoben.

Gegen die Aufhebungsentscheidung ist die Beschwerde möglich (vgl § 2 Rn 11 ff). Zum Kreis der Beschwerdeberechtigten vgl Rn 75. Der Erlass einer einstweiligen Anordnung ist nicht möglich.

9. Das Verfahren zur Einschränkung des Aufgabenkreises des Betreuers und zur Ablehnung der Einschränkung des Aufgabenkreises des Betreuers

Sind Angelegenheiten des Betreuten wegen **tatsächlicher Erledigung** nicht mehr regelungsbedürftig oder kann er diese wieder **selbst wahrnehmen**, ist der Aufgabenkreis des

90

---

293 BayObLG FamRZ 1998, 323.

Betreuers um diese Angelegenheiten einzuschränken. Dies gilt ebenfalls dann, wenn die Betreuung auf Antrag des lediglich körperlich behinderten Betreuten (§ 1896 Abs. 1 S. 3 BGB) eingerichtet worden ist und dieser den Antrag stellt, den Aufgabenkreis einzuschränken. Auf entsprechenden, Geschäftsfähigkeit nicht voraussetzenden (§ 1908 d Abs. 2 S. 2 BGB), Antrag eines nicht nur an einer körperlichen Behinderung leidenden Betreuten ist der Aufgabenkreis ebenfalls zu beschränken, es sei denn, dass ohnehin eine **Amtsbetreuung** im selben Umfang eingerichtet werden muss (§ 1908 d Abs. 2 S. 1 BGB). Hinsichtlich der Zuständigkeit gilt Rn 87 und des Verfahrens gilt Rn 88. Der Beschluss ist zu begründen (§ 38 Abs. 3 S. 1, Abs. 5 Nr. 3) und mit einer Rechtsbehelfsbelehrung zu versehen (§ 39) und wird mit Bekanntgabe an den Betreuer wirksam (§ 287 Abs. 1); hinsichtlich der sofortigen Wirksamkeit gilt Rn 89 entsprechend.

Die **Beschlussformel** könnte lauten:

In ... (Rubrum) wird der Aufgabenkreis des Betreuers auf ... (genau zu bezeichnende Angelegenheiten) eingeschränkt.

Gegen die Entscheidung ist die Beschwerde möglich (vgl § 2 Rn 11 ff). Zum Kreis der Beschwerdeberechtigten vgl Rn 75. Der Erlass einer einstweiligen Anordnung ist nicht möglich.

10. Das Verfahren zur Verlängerung der Betreuung

91 In seltenen Fällen kann die Bestellung des Betreuers **befristet** werden, so dass die Betreuung automatisch mit Fristablauf endet; eine Verlängerung nach § 295 Abs. 1 ist dann nicht möglich.[294] Der Regelfall ist jedoch die unbefristete Bestellung eines Betreuers. Diese ist nach § 295 Abs. 2 spätestens nach sieben Jahren zu überprüfen. Zuständig für die Entscheidung ist grundsätzlich der **Betreuungsrichter**; bei der Kontrollbetreuung der Rechtspfleger (§ 15 Nr. 3 RPflG).

92 Nach § 295 Abs. 1 S. 1 gelten für die Verlängerung der Betreuerbestellung grundsätzlich die **Vorschriften über die erstmalige Anordnung entsprechend**[295] (vgl Rn 61 ff). Allerdings bestehen nach § 295 Abs. 1 S. 2 Verfahrenserleichterungen. Von der erneuten Einholung eines **Gutachtens** kann **abgesehen** werden, wenn das Betreuungsgericht aufgrund der zwingend durchzuführenden persönlichen Anhörung des Betreuten (vgl Rn 61 ff; weigert sich der Betroffene im angesetzten Termin zu seiner persönlichen Anhörung zu erscheinen, gilt Rn 202) und einem zwingend einzuholenden **ärztlichen Zeugnis** keine Zweifel am weiteren Vorliegen der Betreuungsbedürftigkeit (vgl Rn 19) und des Betreuungsbedarfs (vgl Rn 20 ff) hegt. Das ärztliche Zeugnis muss entsprechend § 280 Abs. 2 auf einer vorhergehenden Untersuchung und Befragung des Betreuten beruhen;[296] widerspricht der Betreute der Verlängerung, muss das Zeugnis sich zur Einsichtsunfähigkeit des Betreuten (vgl Rn 23) äußern und entsprechende Anknüpfungstatsachen enthalten, anderenfalls muss ein Gutachten nach § 280 eingeholt wer-

---

294 OLG Hamm FamRZ 2001, 254 zur Betreuerbestellung; BayObLG BtPrax 2000, 91 zum Einwilligungsvorbehalt.
295 OLG Frankfurt/M. OLGReport 2006, 882; BayObLG FamRZ 1999, 873.
296 OLG Hamm FamRZ 2000, 494.

den.[297] Gleiches gilt, wenn das Betreuungsgericht ernsthaft für möglich hält, dass sich der Gesundheitszustand des Betroffenen erheblich verändert hat.[298]

Kommt das Gericht zu dem Ergebnis, dass die Betreuung verlängert werden muss, so hat es dies durch zu begründenden und mit einer Rechtsmittelbelehrung (§ 39, vgl § 17 Rn 86) zu versehenden **Beschluss** auszusprechen. 93

Die **Beschlussformel** könnte lauten:

In ... (Rubrum) wird die bisherige Betreuung verlängert. Das Gericht wird spätestens zum ... (genaues Datum) über die Aufhebung oder weitere Verlängerung der Betreuung entscheiden.

Der Beschluss wird mit **Bekanntgabe** an den Betreuer **wirksam** (§ 287 Abs. 1). Ein Bedürfnis für die Anordnung der sofortigen Wirksamkeit (vgl Rn 73) wird nicht bestehen, da die Betreuung ohnehin nicht mit Ablauf der Überprüfungsfrist endet, sondern darüber hinaus fortbesteht. Aus dem gleichen Grunde ist eine Verlängerung im Wege einer einstweiligen Anordnung (§§ 300 f) nicht möglich. Eine erneute Verpflichtung und Unterrichtung des ehrenamtlichen Betreuers (§ 289 FGG) erfolgen nicht. Eine neue Urkunde (§ 290) ist nicht auszuhändigen. Ist das Betreuungsgericht aufgrund der durchgeführten Ermittlungen davon überzeugt, dass die Voraussetzungen für die Betreuerbestellung nicht mehr, nicht mehr in dem bisherigen Umfang oder über den bisherigen Umfang hinaus vorliegen, wird es ersterenfalls die Betreuung aufheben (vgl Rn 86 ff), im zweiten Falle den Aufgabenkreis einschränken (vgl Rn 90) und letzterenfalls erweitern (vgl Rn 80 ff). Gegen die verlängernde Entscheidung ist die Beschwerde möglich (vgl § 2 Rn 11 ff). Zum Kreis der Beschwerdeberechtigten vgl Rn 75.

11. Das Verfahren zur Entlassung und Neubestellung des Betreuers

a) Begriff der Entlassung

Eine Entlassung ist nicht nur dann gegeben, wenn der Betreuer **insgesamt** von der Führung der Betreuung entbunden wird, sondern auch dann, wenn für einen ihm zugewiesenen Aufgabenkreis ausschließlich ein weiterer Betreuer bestellt wird (**Teilentlassung**).[299] Zuständig für die Entscheidung ist grundsätzlich der **Betreuungsrichter**; bei Kontrollbetreuung der Rechtspfleger (§ 15 Nr. 3 RPflG). 94

b) Entlassungsgründe

Bei den einzelnen Entlassungsgründen ist zu differenzieren. 95

aa) Fehlende Eignung des Betreuers

Eine Entlassung durch den zuständigen Betreuungsrichter (§ 15 Nr. 1 RPflG) – im Falle des Kontrollbetreuers durch den Rechtspfleger (§ 15 Nr. 3 RPflG) – ist **zwingend**, wenn die erforderliche **Eignung** des Betreuers (vgl Rn 56 f) im Hinblick auf seinen konkreten Aufgabenkreis nicht mehr gewährleistet ist oder sogar von Anfang an nicht gewährleistet war und damit eine etwaige **Gefährdung des Wohls des Betreuten** bedingt ist.[300] Ein Betreuer kann daher für den Aufgabenkreis der Vermögenssorge völlig un- 96

---

297 Vgl BayObLG BtPrax 2004, 148.
298 BayObLG FamRZ 2003, 1968.
299 BayObLG BtPrax 2002, 271; OLG Zweibrücken FGPrax 1998, 57.
300 BayObLG BtPrax 2002, 218.

geeignet, für den Bereich der Gesundheitssorge hingegen in höchstem Maße geeignet sein. Ausreichend aber erforderlich ist, dass **konkreter Anlass** besteht, der ihn als ungeeignet erscheinen lässt,[301] etwa wenn er abwesenheits-,[302] alters- oder gebrechensbedingt tatsächlich nicht mehr in der Lage ist, die Betreuung zu führen, nicht mehr gewährleisten kann, dass erforderliche Behandlungen oder Rehabilitationsmaßnahmen des Betreuten durchgeführt[303] oder die Akten ordnungsgemäß geführt werden, so dass es zu strafrechtlich relevanten Abrechnungsfehlern zum Nachteil des Betreuten kommt,[304] oder er aufgrund der Zunahme des Umfangs und der Intensität der Betreuung schlicht überfordert[305] oder als Berufsbetreuer bereits mit anderen Betreuungen überlastet ist, was sich an der mitgeteilten Anzahl der geführten Betreuungen (§ 1897 Abs. 8 BGB) indiziell ableiten lässt. Seine persönliche Eignung ist zu bezweifeln, wenn er den Aufgabenkreis der Vermögenssorge ausfüllt, aber nunmehr in Vermögensverfall geraten ist,[306] er wegen überhöhter Abrechnungen seiner Leistungen in einer Vielzahl von Fällen und über einen langen Zeitraum hinweg rechtskräftig verurteilt worden ist,[307] konkrete Anhaltspunkte dafür vorliegen, dass er dem Betreuten Geldmittel nicht in voller Höhe auskehrt (auch wenn die genauen Umstände nicht vollständig aufgeklärt werden),[308] er erhebliche Schenkungen an sich selbst oder Dritte aus dem Vermögen des Betreuten vornimmt[309] (vgl Rn 52) oder entgegen fachärztlicher Stellungnahme und ohne betreuungsgerichtliche Genehmigung gegenüber einer Unterbringungseinrichtung die Unterbringung des Betreuten „verfügt"[310] (zu weiteren Einzelfällen des Fehlens der Eignung vgl Rn 55 ff). Andererseits ist eine Entlassung dann nicht angezeigt, wenn der Betreuer verwandtschaftlich oder in sonstiger Weise persönlich mit dem Betreuten verbunden ist, der Betreute sich die weitere Fortführung der Betreuung durch den Betreuer wünscht und lediglich geringfügige Gefahren für Vermögenswerte des Betreuten bestehen.[311] Unabhängig vom Vorliegen einer Interessenkollision ist der Betreuer zwingend zu entlassen, wenn er nunmehr zu einer Einrichtung iSd § 1897 Abs. 3 BGB in einem Abhängigkeitsverhältnis oder einer anderen engen Beziehung steht (vgl Rn 56).[312]

bb) Wichtiger Grund

97 Eine Entlassung durch den Betreuungsrichter (§ 15 Nr. 1 RPflG) – im Falle des Kontrollbetreuers durch den Rechtspfleger (§ 15 Nr. 3 RPflG) – ist ferner zwingend, wenn ein **wichtiger Grund** vorliegt, was im Wege der durch Tatsachen gestützten vollständigen Abwägung der Interessen der Beteiligten festzustellen ist. Im Vordergrund steht

---

301 BayObLG FamRZ 2004, 977; BayObLG FamRZ 2003, 786.
302 BayObLG FamRZ 1996, 1105; BayObLG FamRZ 1996, 509.
303 BayObLG 1997, 1360.
304 BayObLG FamRZ 2005, 931.
305 BayObLG FamRZ 1996, 1105.
306 BT-Drucks. 11/4528, 153.
307 OLG Köln FamRZ 2007, 765.
308 BayObLG FamRZ 2004, 977.
309 BayObLG FamRZ 2004, 734. .
310 BayObLG FamRZ 2005, 750.
311 BayObLG Rpfleger 1994, 110.
312 BayObLG NJW-RR 2001, 1514.

dabei das Wohl des Betreuten.³¹³ Dabei zeigt schon der Gesetzeswortlaut, dass die Interessenabwägung ein deutliches Ergebnis haben muss.³¹⁴

(1) Gestörtes Vertrauensverhältnis

Allein **verwandtschaftliche oder persönliche Bindungen** des Betreuers zum Betreuten stehen seiner Entlassung nicht im Wege, sind aber bei der Abwägung zu berücksichtigen.³¹⁵ Bloße **Spannungen** zwischen Betreuer und Betreutem reichen für sich isoliert betrachtet nicht aus, um eine Entlassung zu rechtfertigen³¹⁶ (vgl Rn 52). Auch genügt eine ablehnende Haltung des Betreuten dann nicht, wenn der Betreuer durch regelmäßige und engmaschige Kontaktpflege dokumentiert, dass er in der Lage ist, auf den Betreuten positiv einzuwirken und seine gesundheitliche und soziale Situation zu bessern.³¹⁷ Erst dann, wenn diese Spannungen ein derartiges Maß erreicht haben, dass das **Vertrauensverhältnis** zwischen ihnen **zerstört** ist³¹⁸ oder jegliches Vertrauen in den Betreuer verloren ist,³¹⁹ ist eine Entlassung geboten.

98

(2) Falschabrechnung

Ein wichtiger Grund ist in der Regel³²⁰ dann anzunehmen, wenn der Betreuer vorsätzlich gegenüber der Staatskasse **falsch abgerechnet** hat (§ 1908 b Abs. 1 S. 2 BGB), fahrlässige Falschabrechnung genügt nicht. Rechnet er zum Nachteil des bemittelten Betreuten vorsätzlich oder grob fahrlässig³²¹ – leichte Fahrlässigkeit genügt nicht – falsch ab und schädigt damit dessen Vermögen, so liegt auch hierin ein wichtiger Grund.

99

(3) Pflichtverstoß des Betreuers

Ein wichtiger Grund ist auch gegeben, wenn es dem **Wohl** des Betreuten **mehr als unerheblich schadete**, wenn der (nach wie vor geeignete) Betreuer nicht entlassen wird,³²² etwa weil die Gefahr erheblicher konkreter Interessenkonflikte besteht, ein naher Verwandter, der bisher die Betreuung nicht übernehmen konnte, oder eine erheblich geeignetere Person als der bisherige Betreuer nunmehr zur Verfügung steht,³²³ wenn im Falle der Bestellung mehrerer (Mit-)Betreuer die Voraussetzungen des § 1899 Abs. 1 S. 1 BGB entweder von Anfang an nicht vorgelegen haben, später weggefallen sind³²⁴ oder diese vor Inkrafttreten des 2. BtÄnG vorgelegen haben, aber nunmehr § 1899 Abs. 1 S. 3 BGB grundsätzlich widerstreiten.³²⁵ Ein wichtiger Grund liegt insbesondere dann vor, wenn der Betreuer ihm obliegende **Pflichten** (vgl Rn 195) ob-

100

---

313 BayObLG BtPrax 1995, 65.
314 BayObLG FamRZ 1994, 323.
315 BayObLG EzFamR aktuell 1999, 395.
316 BayObLG BtPrax 1994, 136.
317 BayObLG BtPrax 2002, 130.
318 BayObLG BtPrax 2003, 183.
319 BayObLG BtPrax 2004, 240.
320 BT-Drucks. 15/2494, 30.
321 LG Leipzig FamRZ 1999, 1614.
322 BayObLG FamRZ 1996, 1105; BayObLG FamRZ 1994, 1353.
323 BT-Drucks. 11/4528, 153; BayObLG FamRZ 1996, 509.
324 OLG Schleswig BtPrax 2002, 271.
325 OLG Hamm FGPrax 2007, 81; OLG München FGPrax 2006, 117.

jektiv nicht wahrnimmt oder diese missachtet;[326] auf ein subjektives Verschulden kommt es nicht an.[327]

cc) Verhältnismäßigkeit der Entlassung

101 Ist der Betreuer ungeeignet oder liegt ein sonstiger wichtiger Entlassungsgrund vor, so muss der zuständige Betreuungsrichter (§ 15 Nr. 1 RPflG), im Falle des Kontrollbetreuers der Rechtspfleger (§ 15 Nr. 3 RPflG), zunächst den entsprechend § 1897 Abs. 4 BGB beachtlichen Willen des (auch geschäftsunfähigen) Betreuten ergründen. Denn läuft die Entlassung dem Willen des Betroffenen zuwider, wird durch die beabsichtigte Entlassung auch in das Selbstbestimmungsrecht des Betreuten eingegriffen. Umgekehrt genügt allein der Wunsch des Betreuten nach der Entlassung des Betreuers für eine Entlassung nicht, da damit gerade in konfliktträchtigen Betreuungen der Betreute die Führung der Betreuung durch permanente Entlassungsanregungen leer laufen ließe. Gleiches gilt sinngemäß arg. e. § 1897 Abs. 2 BGB, wenn der Betreuer die Betreuung schlicht nicht mehr führen will.[328] Sodann hat es zu prüfen, ob die Entlassung **verhältnismäßig** ist. Eine Entlassung wird zunächst nur dann verhältnismäßig sein, wenn das Wohl des Betreuten bei einer fortbestehenden Betreuerbestellung entweder nicht oder erheblich schlechter gewahrt ist als bei einem Betreuerwechsel.[329] Da die Entlassung **ultima ratio** ist, muss das Betreuungsgericht prüfen, ob nicht mittels minder

---

326 KG NJW-RR 2009, 226; BayObLG FamRZ 2004, 977. Ein derartiger Pflichtenverstoß wird anzunehmen sein, wenn er ohne nachvollziehbare Gründe die Wünsche des Betreuten missachtet (§ 1903 Abs. 3 BGB), gegen die Vorschriften über die Art und Weise der Anlage des Vermögens derart verstößt, dass die Gefahr einer Vermischung der Vermögen und des Zugriffs des Betreuers besteht (OLG Rostock FamRZ 2005, 1588), wiederholt über einen längeren Zeitraum seiner Berichts- oder Rechnungslegungspflicht (BayObLG FamRZ 2004, 977; BayObLG FamRZ 1996, 509) nicht nachkommen will oder kann (OLG Schleswig FamRZ 2006, 577), die Jahresberichte mehrfach hintereinander verspätet einreicht (OLG Schleswig FamRZ 2006, 577; BayObLG BtPrax 2002, 218: zweimaliger Verstoß genüge angesichts der bislang mehr als zehn Jahre beanstandungsfrei geführten Betreuung nicht), kein ordnungsgemäßes Vermögensverzeichnis (BayObLG FamRZ 2000, 514) einreicht und damit wegen der fehlenden Kontrolle durch das Betreuungsgericht nicht mehr gewährleistet, dass das Vermögen des Betreuten ordnungsgemäß verwaltet wird (BayObLG FamRZ 2004, 977), eine Kooperation mit dem Betreuungsgericht ablehnt (OLG Schleswig FamRZ 2006, 577), sich weigert, die Aufgaben des Betreuten zu erledigen, den ihm zugewiesenen Aufgabenkreis nur unzulänglich (BayObLG FamRZ 2004, 977; BayObLG FamRZ 2003, 786; LG Essen NJW-FER 2000, 258) und unter Gefährdung der Interessen des Betreuten bewältigen kann (BayObLG FamRZ 2005, 931; BayObLG FamRZ 2004, 977; BayObLG FamRZ 2003, 786; BayObLG FamRZ 1997, 1360), etwa der Betreuten, mit dem er im selben Haus wohnt, nicht vor tätlichen Übergriffen seines Ehegatten schützt (BayObLG BtPrax 2000, 123), den nötigen Einsatz vermissen lässt (BayObLG FamRZ 2005, 931; BayObLG FamRZ 2004, 977; BayObLG FamRZ 2003, 786; BayObLG FamRZ 1997, 1360; BayObLG FamRZ 1996, 509), oder untätig bleibt (BayObLG FamRZ 1996, 509), Möglichkeiten ungenutzt lässt, die Krankheit oder Behinderung des Betreuten zu beseitigen, zu bessern sowie ihre Verschlimmerung zu verhüten (BayObLG FamRZ 2004, 977), bei bekannten Verwahrlosungstendenzen des Betreuten und trotz der Gefahr der Vermüllung der Wohnung weder den Betroffenen zur Beseitigung des Mülls bewegt noch andere Stellen um Hilfe bittet (BayObLG FamRZ 2004, 977), grundlos Konflikte im sozialen Umfeld des Betreuten schürt, so dass dessen Wohl beeinträchtigt wird, etwa mit dem Pflegedienst derart in Streit gerät, dass weitere Pflegeleistungen nicht mehr erbracht werden (BayObLG EzFamR aktuell 1999, 395), vorsätzlich oder mehrfach gegen Genehmigungsvorbehalte verstößt, was allerdings dann nicht gilt, wenn er lebenserhaltende ärztliche Maßnahmen gegenüber dem Betreuten unter Berufung auf dessen mutmaßlichen Willen ablehnt, der behandelnde Arzt die weitere Behandlung nicht für medizinisch indiziert hält und deshalb nicht „anbietet" und der Betreuer die Einholung einer Genehmigung des Betreuungsgerichts unterlässt (OLG München FamRZ 2007, 1128) oder der Sterilisationsbetreuer die Voraussetzungen für eine Sterilisation als nicht erfüllt ansieht und er es deshalb ablehnt, einen Sterilisationsantrag zu stellen (LG Hildesheim BtPrax 1997, 121), da in beiden Fällen das Betreuungsgericht mit einer gleichwohl beschlossenen Entlassung in den rechtmäßig ausgeübten Verantwortungsbereich des Betreuers eingriffe (LG Hildesheim BtPrax 1997, 121).
327 OLG Frankfurt/M. Beschl. v. 9.7.2003, 20 W 114/03.
328 BayObLG Rpfleger 2001, 546.
329 BayObLG BtPrax 2004, 240.

schwerer Mittel der betreuungsgerichtlichen Aufsicht und Weisung (§§ 1908 i Abs. 1 S. 1, 1837 BGB, vgl Rn 194 ff) eine etwaige Gefährdung des Wohls des Betreuten beseitigt werden kann.[330] Bei minder gravierenden Pflichtverletzungen (etwa Nichteinreichen der Berichte, Vermögensübersichten, Nichtbeachten der Vorschriften zur Vermögensanlage, Nichteinholen erforderlicher Genehmigungen) wird das Betreuungsgericht den Betreuten zur Befolgung seiner Pflichten auffordern und Zwangsgeld verhängen.[331] Erst wenn auch diese Mittel versagen oder keinen ernstlichen Erfolg versprechen, ist die Entlassung auszusprechen.

dd) Entlassung des Vereins- oder Behördenbetreuers auf Antrag des Vereins oder der Betreuungsbehörde

Der zuständige Rechtspfleger (§§ 3 Nr. 2 b, 15 Nr. 1 RPflG) muss den Vereins- oder Behördenbetreuer grundsätzlich dann entlassen, wenn im Falle des Vereinsbetreuers sein Verein oder im Falle des Behördenbetreuers die Betreuungsbehörde dessen **Entlassung beantragt** (§ 1908 b Abs. 4 S. 1, 3 BGB). Er hat dann jedoch zu prüfen, ob die Entlassung zum Wohl des Betroffenen erforderlich ist. Ist dies nicht der Fall und beruht der Antrag des Vereins bzw der Behörde allein auf internen Gründen (Arbeitslastverteilung, Neustrukturierung), kann er nach seinem pflichtgemäßen Ermessen stattdessen mit Einverständnis des Betreuers aussprechen, dass dieser die Betreuung künftig als Privatperson weiterführt (§ 1908 b Abs. 4 S. 2, 3 BGB). Eine Weiterführung als Berufsbetreuer kommt nur in Betracht, wenn ansonsten kein geeigneter ehrenamtlicher Betreuer zur Verfügung steht (vgl Rn 59). 102

Die **Beschlussformel** könnte lauten:

In dem Betreuungsverfahren für den ... (Bezeichnung des Betreuten) führt der bisher als Mitarbeiter des Vereins ... (Bezeichnung des Vereins)/der Behörde ...(Bezeichnung der Behörde) tätige Mitarbeiter ... (Bezeichnung des Vereins-/Behördenbetreuers) die Betreuung künftig als Privatperson.

Erfährt das Betreuungsgericht aufgrund eigener Ermittlungen, durch die zur entsprechenden Mitteilung verpflichteten Vereine und Behörden (§ 1900 Abs. 3 BGB) oder durch Anregung eines Beteiligten, dass bei einer Vereins- oder Behördenbetreuung eine geeignete natürliche Person (auch ein Vereins- oder Behördenbetreuer) die Betreuung führen kann, so hat es den Verein bzw die Behörde zu entlassen (§ 1908 b Abs. 5 BGB) und die natürliche Person zu bestellen; zuständig ist der Betreuungsrichter (§ 15 Nr. 1 RPflG).

ee) Fehlen erforderlicher Erlaubnisse des Beamten oder Religionsdieners

Ist der Betreuer Beamter oder Religionsdiener und fehlt die erforderliche Erlaubnis oder wird ihm das Führen der Betreuung untersagt (vgl Rn 55), so ist er ebenfalls zu entlassen (§§ 1908 i Abs. 1 S. 1, 1888 BGB); zuständig ist der Rechtspfleger.[332] 103

---

330 BayObLG FamRZ 2005, 931; BayObLG FamRZ 2003, 403.
331 BayObLG BtPrax 2004, 270; BtPrax 2002, 218.
332 Jürgens/Klüsener § 14 RPflG Rn 34.

ff) Entlassung auf Antrag des Betreuers

104 Der zuständige Betreuungsrichter (§ 15 Nr. 1 RPflG), im Falle des Kontrollbetreuers der Rechtspfleger (§ 15 Nr. 3 RPflG), **soll** den Betreuer entlassen, wenn dieser seine Entlassung **beantragt** und ihm aufgrund neu eingetretener Umstände, die in seiner oder der Person des Betreuten liegen[333] oder von außen einwirken,[334] die weitere Führung der Betreuung **nicht mehr zumutbar** (§ 1908 b Abs. 2 BGB) ist, da es nicht im Sinne des Betreuten sein kann, wenn ein zur Betreuung unwilliger, mit der Betreuungsführung unzumutbar belasteter Betreuer die Betreuung weiterführt. Ob Unzumutbarkeit vorliegt, ist seitens des Betreuungsgerichts im Wege einer **umfassenden Interessenabwägung** zwischen dem Interesse des Betreuers an seiner Entlassung und des Betreuten, diesen Betreuer zu behalten, zu ermitteln.[335] Dabei kann die Unzumutbarkeit nur auf nach der Betreuerbestellung eintretende Gründe gestützt werden. Unzumutbarkeit wird für den Betreuer etwa dann vorliegen, wenn sich seine berufliche Belastung erhöht hat, sein Gesundheitszustand oder der naher, von ihm zu pflegender Angehöriger sich verschlechtert hat, er aufgrund seines fortschreitenden Alters nicht mehr die Betreuung belastungsfrei ausüben kann, er allgemein der mit der Führung der Betreuung einhergehenden psychischen Belastung nicht mehr gewachsen ist, er sich vom Betreuten stark entfremdet hat[336] oder ihn erhebliche Konflikte mit dem Betreuten über das mit einer Betreuungsführung verbundene Maß an Unverträglichkeiten hinaus beeinträchtigen. Auch objektive Gesichtspunkte, wie eine schlechtere Erreichbarkeit des Betreuten aufgrund eines Wohnsitzwechsels oder Verschlechterung der Mobilität oder der Verkehrsanbindungen, können die Unzumutbarkeit begründen.[337] Bei einem Vereins- oder Behördenbetreuer wird Unzumutbarkeit im Regelfall dann vorliegen, wenn er die Betreuung in dieser Funktion angenommen hat, aber das Anstellungs- bzw. Dienstverhältnis zum Verein oder der Behörde endet. Gleiches gilt für den Vereinsbetreuer, der lediglich Ersatzbetreuer ist, wenn der Hauptbetreuer den Verein verlässt und aus dem Betreueramt entlassen wird.[338] Für den Berufsbetreuer kann in krassen Ausnahmefällen die weitere Führung unzumutbar werden, wenn er aufgrund durch das 2. BtÄndG veränderter Vergütungsgrundsätze seine wirtschaftliche Situation überdenken muss.[339] Hingegen kann er sich nicht darauf berufen, dass die Führung einer einzelnen Betreuung einen Aufwand erfordert, der über die pauschalierte Vergütung nicht adäquat abgedeckt sei.[340]

gg) Entlassung des Berufsbetreuers bei Bestehen eines übernahmebereiten ehrenamtlichen Betreuers

105 Der zuständige Betreuungsrichter (§ 15 Nr. 1 RPflG), im Falle des Kontrollbetreuers der Rechtspfleger (§ 15 Nr. 3 RPflG), soll den Berufsbetreuer im Regelfall dann entlassen, wenn die Betreuung nunmehr durch eine oder mehrere geeignete (vgl Rn 55 ff)

---

333 Vgl für den Fall einer sich zwischen Betreuer und Betreuten anbahnenden Liebesbeziehung: Wüstenberg, Die Verletzung des sexuellen Selbstbestimmungsrechts des Betreuten, BtPrax 2006, 12.
334 BayObLG FamRZ 2002, 767.
335 BayObLG Rpfleger BtPrax 2001, 206.
336 BT-Drucks. 11/4528, 153.
337 BT-Drucks. 11/4528, 153.
338 BayObLG FamRZ 2002, 767.
339 BayObLG FamRZ 2002, 195; differenzierend: HK-BetrR/Deusing § 1908 b BGB Rn 101.
340 Vgl OLG Schleswig BtPrax 1997, 241.

ehrenamtliche Person(en) geführt werden kann (§ 1908 b Abs. 1 S. 3 BGB), es sei denn, der Verbleib des Berufsbetreuers wäre gerechtfertigt, weil etwa besondere Vertrauensbeziehungen, deren Abbruch das Wohl des Betroffenen in besonderem Maße beeinträchtigte, bestehen.[341] Allein das Bestehen einer starken persönlichen Beziehung steht der Entlassung im Falle des mittellosen Betreuten nicht entgegen,[342] da der Wechsel von der berufsmäßig zur ehrenamtlich geführten Betreuung auch der Schonung der Staatskasse dient;[343] ist der Betreute hingegen bemittelt, wird diese Beziehung der Entlassung entgegenstehen.[344] Gleiches gilt sinngemäß, wenn der Betreuer als Berufsbetreuer bestellt worden ist, aber entgegen der Prognose (vgl Rn 70) dieser die Voraussetzungen der Berufsmäßigkeit im Nachhinein nicht erfüllt hat; dann ist er als Berufsbetreuer zu entlassen und als ehrenamtlicher Betreuer zu bestellen.[345]

hh) Entlassung auf Antrag des Betreuten

Der zuständige Rechtspfleger (§§ 3 Nr. 2 b, 15 Nr. 1 RPflG) kann den Betreuer ferner dann entlassen, wenn der **Betreute**, unabhängig von seiner Geschäftsfähigkeit, dies **beantragt** und **gleichzeitig** eine geeignete, zur Übernahme der Betreuung bereite natürliche Person als Betreuer **vorschlägt** (§ 1908 b Abs. 3 BGB). Einen wichtigen Grund muss der Betreute hierfür nicht benennen; allerdings muss sein Wechselwunsch auf einer ernsthaften, vom Einfluss Dritter unabhängigen und auf Dauer angelegten eigenständigen Willensbildung beruhen.[346] Die Person des neuen Betreuers muss der Betreute konkret benennen. Die zur Übernahme der Betreuung bereite Person muss geeignet (vgl Rn 54 ff) sein; dabei muss der neue Betreuer nicht die gleiche Qualifikation wie der bisherige Betreuer aufweisen, wie sich aus § 1908 b Abs. 1 S. 3 BGB ergibt. Ein Betreuerwechsel ist dann zu versagen, wenn er dem Wohl des Betroffenen zuwiderläuft.[347] Ist absehbar, dass der bisherige Betreuer die Angelegenheiten des Betreuten deutlich besser wahrnehmen kann, etwa weil er in bereits anhängige Verfahren eingearbeitet ist,[348] wird die Entlassung zu versagen sein. Allein die abstrakte Befürchtung, der neue Betreuer könnte seine Betreuerstellung missbrauchen, genügt indes nicht,[349] um dem Wunsch des Betreuten nicht zu entsprechen.

106

ii) Anhörung

Der jeweils für die Entlassung zuständige Funktionsträger (Richter/Rechtspfleger) hat vor der beabsichtigten Entlassung oder Teilentlassung[350] (vgl Rn 94) dem Betreuer, dem Betreuten und dem etwaig bestellten Verfahrenspfleger **Gelegenheit zur Äußerung** zu geben.[351] Gem. § 296 Abs. 1 hat das Betreuungsgericht den zu entlassenden Betreuer und den Betreuten **persönlich anzuhören**, wenn der **Betreute** der Entlassung ausdrück-

107

---

341 LG Duisburg BtPrax 2000, 43.
342 So aber: LG Saarbrücken BtPrax 2000, 266.
343 OLG Thüringen FGPrax 2000, 239.
344 OLG Thüringen FGPrax 2000, 239.
345 OLG Frankfurt/M. BtPrax 2004, 244; BayObLG NJW-RR 2001, 580.
346 BayObLG BtPrax 2005, 35; BtPrax 2004, 111; 2003, 270.
347 BayObLG FamRZ 2004, 736; LG Flensburg Beschl. v. 27.5.2002, 5 T 32/02; LG Münster BtPrax 2002, 272.
348 BayObLG BtPrax 2003, 183.
349 BayObLG FamRZ 2004, 736; BayObLG FamRZ 1994, 323.
350 Vgl OLG Zweibrücken FGPrax 1998, 57.
351 Vgl BayObLG BtPrax 1993, 171.

lich oder konkludent **widerspricht**.[352] Nur unter den Voraussetzungen des § 34 Abs. 2 kann von der persönlichen Anhörung abgesehen werden (vgl Rn 66); dem Betreuten ist dann aber ein Verfahrenspfleger zu bestellen,[353] es sei denn, dass die Entlassung wegen begangener Pflichtwidrigkeiten des Betreuers gem. § 1908 b Abs. 1 S. 1 BGB ohnehin zwingend ist und sich auch im Fall einer Anhörung hieran nichts änderte.[354] Weigert sich der Betroffene im Termin zu seiner persönlichen Anhörung zu erscheinen, gilt Rn 203. Die Anhörung kann in jedem Fall durch den ersuchten Richter/Rechtspfleger erfolgen.[355] Vor der (zwingenden) Bestellung des neuen Betreuers (§ 1908 c BGB) hat das Betreuungsgericht den Betreuten ebenfalls persönlich anzuhören; es sei denn, er hat sein Einverständnis mit dem Betreuerwechsel schriftlich oder mündlich erklärt; ein Schweigen genügt nicht.[356] Bei schriftlichen Einverständniserklärungen muss das Betreuungsgericht zur Überzeugung gelangen, dass der Betreute diese unbeeinflusst von Dritten verfasst hat. Deutet bereits das Schriftbild auf derartige Einflussnahmen hin, etwa weil dieses den Anschein erweckt, dass die Hand des Betreuten geführt worden ist, ist eine persönliche Anhörung angezeigt.[357] Zudem sind die in § 279 Genannten unter den dortigen Voraussetzungen (vgl Rn 68) anzuhören.

jj) Neubestellung

108 Ist aus Sicht des jeweils für die Entlassung zuständigen Funktionsträgers (Richters/Rechtspflegers) die Betreuung nach wie vor erforderlich, so hat er mit der Entlassung des bisherigen Betreuers zwingend einen neuen geeigneten Betreuer zu bestellen (§ 1903 c BGB). Zweckmäßigerweise wird er daher nicht nur prüfen, ob die Voraussetzungen für die Entlassung des bisherigen Betreuers vorliegen, sondern auch, ob ein neuer geeigneter Betreuer vorhanden ist. Kommt er hingegen zu dem Ermittlungsergebnis, dass keine Betreuungsbedürftigkeit oder kein Betreuungsbedarf mehr besteht, wird die Betreuung aufzuheben sein (zum Verfahren Rn 86 ff). Zuständig für die Aufhebung ist – mit Ausnahme der Kontrollbetreuung (§ 15 Nr. 3 RPflG) – der Richter.

c) Beschluss zur Betreuerentlassung

109 Der Beschluss ist zu begründen (§ 38 Abs. 3 S. 1, Abs. 5 Nr. 3) und mit einer Rechtsmittelbelehrung zu versehen (§ 39). Er wird mit Bekanntgabe an den Betreuer wirksam (§ 287 Abs. 1). Die sofortige Wirksamkeit kann angeordnet werden (vgl Rn 73).

Die **Beschlussformel** könnte lauten:

In ... (Rubrum) wird der bisherige Betreuer ... (genaue Bezeichnung des Betreuers/des Vereins/der Behörde) entlassen und statt seiner ... (genaue Bezeichnung des Betreuers/des Vereins/der Behörde) als Mitarbeiter des Vereins/der Behörde zum neuen Betreuer/Berufsbetreuer/Vereinsbetreuer/Behördenbetreuer bestellt. Das Gericht wird spätestens bis zum ... (genaues Datum) über eine Aufhebung oder Verlängerung der Betreuung entscheiden.

---

352 BayObLG FamRZ 2001, 935; BayObLG Rpfleger 1993, 491.
353 OLG Zweibrücken FGPrax 1998, 57; BayObLG BtPrax 1997, 37; BayObLG Rpfleger 1993, 491.
354 BayObLG FamRZ 2003, 786; offengelassen von KG Berlin NJW-RR 2009, 226; vgl OLG Brandenburg FamRZ 2007, 1688.
355 BayObLG Rpfleger 1994, 110.
356 HK-BetrR/Bučić § 69 i FGG Rn 38.
357 HK-BetrR/Bučić § 69 i FGG Rn 38.

V. Verfahren **16**

Gegen die Entscheidung ist die Beschwerde möglich (vgl § 2 Rn 11 ff); der Vertreter der Staatskasse hat ein Beschwerderecht, wenn die Entlassung des Betreuers wegen Abrechnungsunehrlichkeit (Rn 99) oder trotz Bestehens eines geeigneten ehrenamtlichen Betreuers (Rn 105) abgelehnt wird (§ 304).

12. Die Entlassung des Betreuers im Wege der einstweiligen Anordnung

Die vollständige oder teilweise Entlassung eines, auch nur vorläufigen, Betreuers ist im Wege einer einstweiligen Anordnung nach § 300 Abs. 2 durch den zuständigen Funktionsträger dann möglich, wenn eine erhebliche Wahrscheinlichkeit für das Vorliegen der Voraussetzungen seiner Entlassung vorliegt (vgl Rn 95 ff) und erhebliche Nachteile für die Interessen des Betroffenen durch den Aufschub der Maßnahme gegeben sind, etwa wenn der bisherige Betreuer eine Maßnahme ankündigt, vorbereitet oder fortzusetzen beabsichtigt, die mit einer Gefahr für den Betroffenen verbunden ist, die auch durch rechtzeitige Aufsichtsmaßnahmen (§§ 1908 i Abs. 1 S. 1, 1837 Abs. 2 S. 1 BGB) nicht verhindert werden kann.[358] Voller Beweis ist nicht erforderlich; Glaubhaftmachung genügt. 110

Dem Betreuten, dem Betreuer und einem bestellten Verfahrenspfleger ist **Gelegenheit zur Äußerung** zu geben, sofern dadurch das Ziel, die Gefahr für Rechte oder Rechtsgüter des Betroffenen abzuwenden, nicht vereitelt wird. 111

Der Beschluss ist zu **begründen** (§ 38 Abs. 3 S. 1, Abs. 5 Nr. 3) und mit einer **Rechtsmittelbelehrung** zu versehen (§ 39, vgl § 17 Rn 86). Zu beachten ist die **Beschwerdefrist** von zwei Wochen (§ 63 Abs. 2 Nr. 2, vgl § 2 Rn 37). 112

Die **Beschlussformel** könnte lauten:

In ... (Rubrum) wird durch einstweilige Anordnung der bisherige Betreuer ... (genaue Bezeichnung) entlassen und statt seiner ... (genaue Bezeichnung des Betreuers/des Vereins/der Behörde) als Mitarbeiter des Vereins/der Behörde zum vorläufigen Betreuer/Berufsbetreuer/Vereinsbetreuer/Behördenbetreuer bis zum ... (genaues Datum) bestellt.

13. Das Verpflichtungsverfahren

Wird ein **unerfahrener ehrenamtlicher Betreuer** bestellt, so ist er durch den **Rechtspfleger** (§§ 3 Nr. 2 b, 15 RPflG), ggf im Wege der Rechtshilfe, persönlich[359] zu verpflichten und über seine Aufgaben zu unterrichten (§ 289). Die Verpflichtung kann nicht durch ein Formschreiben oder durch ein telefonisches Gespräch ersetzt werden.[360] Der Rechtspfleger hat ihn über das Wesen der Betreuung und die Reichweite der konkreten Aufgabenkreise, ggf das Bestehen einer Sammelversicherung,[361] seine wesentlichen Rechte und Pflichten (vgl Rn 195), bestehende Befreiungen (§§ 1908 i Abs. 1 S. 1, 1857 a BGB) und auf die Möglichkeit, die Hilfe der zuständigen Behörde (§ 4 BtBG), der Betreuungsvereine (§ 1908 f Abs. 1 Nr. 2 BGB) und des Betreuungsgerichts 113

---

358 BT-Drucks. 11/4528, 178.
359 KG BtPrax 1995, 36.
360 KG Rpfleger 1995, 68; Jürgens/Mertens § 69 b FGG Rn 1.
361 Vgl zur Garantenstellung des Betreuers: OLG Celle NJW 2008, 1012; Bienwald, Zur Garantenpflicht eines Betreuers zur Verhinderung von Straftaten des Betreuten, FamRZ 2008, 1028, sowie zur Haftung des Betreuers unter dem Gesichtspunkt der Aufsichtspflicht: Bernau/Rau/Zschieschack, Die Übernahme einer Betreuung – ein straf- und zivilrechtliches Haftungsrisiko, NJW 2008, 3756; vgl auch Tachau, Die strafrechtliche Garantenstellung des Betreuers, BtPrax 2008, 195.

(§§ 1908i Abs. 1 S. 1, 1837 Abs. 1 BGB) in Anspruch zu nehmen, zu informieren. Der Verpflichtung eines Vereinsbetreuers, Behördenbetreuers, des Betreuungsvereins, der Betreuungsbehörde, des Berufsbetreuers und des erfahrenen ehrenamtlichen Betreuers, der mehr als eine Betreuung führt oder in den letzten zwei Jahren vor seiner erneuten Bestellung geführt hat, bedarf es nicht (§ 289 Abs. 1 S. 2).

114 Der Rechtspfleger kann nach seinem pflichtgemäßen Ermessen **in geeigneten Fällen**, also regelmäßig dann, wenn mit dem Betreuten eine verständige Kommunikation möglich ist und nicht gänzlich unbedeutende Aufgaben vom Betreuer zu erledigen sind, ein **persönliches Einführungsgespräch** mit dem Betreuten und dem Betreuer führen. Dieses kann mit der Verpflichtung (Rn 113) verbunden werden. Hierbei sollte er mit den Anwesenden bestehende oder zu erwartende Schwierigkeiten im Rahmen der Betreuungsführung besprechen.[362] Gegen seinen Willen kann der Betreute nicht zur Teilnahme an dem Einführungsgespräch gezwungen werden; der Betreuer ist hingegen zur Teilnahme verpflichtet.[363]

115 Jeder Betreuer erhält eine **Bestellungsurkunde**. Der Inhalt ergibt sich aus § 290 Abs. 1 S. 2 Nr. 1–3; ist die Bestellung zeitlich befristet, ist das Ende der Betreuerbestellung in der Urkunde zu vermerken.

14. Das Verfahren zur Anordnung eines Einwilligungsvorbehaltes
a) Anordnung durch das Betreuungsgericht

116 Das Betreuungsgericht kann einen Einwilligungsvorbehalt anordnen, wenn dies zur Abwendung einer **erheblichen Gefahr** für die Person oder das Vermögen des Betreuten erforderlich ist (§ 1903 BGB). Die Folge ist, dass der Betreute zu einer Willenserklärung, die den Aufgabenkreis des Betreuers betrifft, dessen Einwilligung bedarf. Zuständig ist der Betreuungsrichter (§ 15 Nr. 4 RPflG).

b) Voraussetzungen

117 Voraussetzung ist zunächst, dass ein **Betreuer bereits bestellt** worden ist oder zugleich mit der Anordnung des Einwilligungsvorbehaltes bestellt wird,[364] da der Einwilligungsvorbehalt **streng akzessorisch** ist[365] und sich nur auf einen Aufgabenkreis, für den ein Betreuer bereits bestellt ist, beziehen kann. Ein Einwilligungsvorbehalt kommt bei einem lediglich körperlich behinderten Betreuten nicht in Betracht, da dieser mit seiner Antragsrücknahme ohnehin der Betreuerbestellung und damit der Anordnung des Einwilligungsvorbehaltes die Grundlage entziehen könnte. Eine Anordnung gegen den freien Willen des Betreuten (vgl Rn 23) darf ebenfalls nicht erfolgen.[366] Ein Einwilligungsvorbehalt kann nur hinsichtlich **Willenserklärungen** des Betreuten angeordnet werden. Schädigt er sich möglicherweise durch reales Handeln, kommt eine Anordnung nicht infrage. Ausgeschlossen ist die Anordnung auch bei **höchstpersönlichen** Willenserklärungen des Betreuten, also der Einwilligung in eine ärztliche Maßnahme (§ 1904

---

362 BT-Drucks. 11/4528, 176; Formella, Das Einführungsgespräch, BtPrax 1995, 198; Lantzerath, Zu Formella: Das Einführungsgespräch, BtPrax 1996, 66.
363 HK-BetrR/Bučić § 69b FGG Rn 9.
364 BT-Drucks. 11/4528, 138.
365 BayObLG FamRZ 2004, 1814.
366 OLG Zweibrücken FamRZ 2004, 1897; BayObLG BtPrax 1997, 160.

BGB)³⁶⁷ und nach § 1903 Abs. 2 BGB bei Erklärungen zur Eingehung der Ehe, zur Begründung der Lebenspartnerschaft, Verfügungen von Todes wegen, und bestimmten Willenserklärungen, zu denen ein beschränkt Geschäftsfähiger keiner Zustimmung des gesetzlichen Vertreters bedarf; dies sind im familienrechtlichen Bereich: die Zustimmung zu Verfügungen des anderen Ehegatten bei fortgesetzter Gütergemeinschaft (§ 1516 Abs. 2 S. 2 BGB), persönliche Anfechtung der Vaterschaft (§ 1600 a Abs. 2 S. 2 BGB), Einwilligung in die Adoption (§ 1750 Abs. 3 S. 2 BGB), konkludente Erklärung, dass Annahmeverhältnis aufrechtzuerhalten (§ 1760 Abs. 3 S. 2, Abs. 5 S. 2 BGB), Antrag auf Aufhebung der Adoption (§ 1762 Abs. 1 S. 4 BGB); im erbrechtlichen Bereich: Anfechtung (§ 2282 Abs. 1 S. 2 BGB), Aufhebung (§ 2290 Abs. 2 S. 2 BGB) und Rücktritt vom Erbvertrag (§ 2296 Abs. 1 S. 2) und Erbverzicht (§ 2347 Abs. 2 S. 1 BGB).

c) Abwehr einer Gefahr für die Person oder das Vermögen des Betreuten

Die Anordnung des Einwilligungsvorbehaltes ist **zwingend erforderlich**, um eine **erhebliche Gefahr für die Person oder das Vermögen** des Betreuten abzuwehren.³⁶⁸ Dabei muss diese Gefahr aufgrund konkreter Umstände seitens des Betreuungsgerichts ermittelt werden; bloße pauschale Befürchtungen genügen nicht.³⁶⁹ Eine derartige Gefahr für die Person wird dann anzunehmen sein, wenn der Betreute sich durch die Mietvertragskündigung in die Obdachlosigkeit begeben muss, er Geschäfte tätigt, die ihn derart psychisch belasten, dass dieser Belastung fast Krankheitswert zukommt, oder verhindert werden soll, dass der alkoholkranke Betreute sich durch den Kauf und Konsum alkoholischer Getränke in beträchtlichem Maße gesundheitlich selbst schädigt.³⁷⁰

Eine **Gefahr für das Vermögen** ist gegeben, wenn der Betreute Vermögenswerte verschleudert oder erhebliche wirtschaftliche Verpflichtungen ohne nennenswerte oder überhaupt keine Gegenleistung abschließt und dadurch seine wirtschaftliche Existenzgrundlage gefährdet³⁷¹ oder weitere Schulden anhäuft.³⁷² Unerhebliche Vermögensnachteile oder der Abschluss schlicht objektiv unsinniger, aber die wirtschaftliche Grundlage des Betreuten nicht infrage stellender Rechtsgeschäfte rechtfertigen hingegen keinen Einwilligungsvorbehalt, da dieser nicht dazu dient, den Betreuten zu wirtschaftlich „sinnvollem" Verhalten anzuleiten, zumal die Sinnhaftigkeit wirtschaftlicher Verträge ohnehin ein schillernder Begriff ist. Die Gefahr muss auch **konkret** sein. Nimmt der Betreute überhaupt nicht mehr am Rechtsverkehr teil oder sind die potentiellen Vertragspartner über den Zustand des Betreuten im Bilde und verweigern deswegen den Vertragsschluss mit ihm,³⁷³ besteht keine Gefahr. Ein Einwilligungsvorbehalt kann nicht im Drittinteresse und erst recht nicht, um dem Betreuer die Arbeit zu erleichtern, angeordnet werden.

---

367 Klüsener/Rausch, Praktische Probleme bei der Umsetzung des neuen Betreuungsrechts, NJW 1993, 617.
368 Vgl OLG Zweibrücken FamRZ 2006, 1710; vgl Dodegge, Selbstbestimmung trotz Einwilligungsvorbehalt, FuR 2008, 381.
369 OLG Zweibrücken NJWE-FER 1999, 154.
370 BT-Drucks. 11/4528, 139.
371 BayObLG BtPrax 2000, 123.
372 BayObLG BtPrax 1997, 160.
373 OLG Zweibrücken NJWE-FER 1999, 154.

120 Die Anordnung muss **verhältnismäßig** sein und sich auf das unbedingt erforderliche Maß beschränken. Hat der Betreute etwa mehrere Konten und ist zu gewährleisten, dass das Konto, von dem die monatlichen Mieten abgebucht werden, Deckung aufweisen muss, um eine vermieterseitige Kündigung wegen Zahlungsverzuges zu verhindern, genügt die Anordnung des Einwilligungsvorbehaltes nur für dieses eine Konto. Im Übrigen geht auch das Gesetz davon aus, dass ein Einwilligungsvorbehalt für eng begrenzte Angelegenheiten, etwa der Beantragung der Änderung des Familiennamens (vgl § 2 Abs. 1 S. 2 NamÄndG), den Abschluss eines Ehevertrages (§ 1411 Abs. 1 S. 2 BGB) oder der Vereinbarung zwischen einem Vater und seinem nichtehelichen Kind hinsichtlich ihres erbrechtlichen Verhältnisses (§ 10 a NEhelG), eingerichtet werden kann.

d) Gutachten

121 Das Verfahren zur Anordnung des Einwilligungsvorbehaltes ist an die Bestellung eines Betreuers angelehnt. Das Betreuungsgericht hat **zwingend** ein Gutachten iSd § 280 Abs. 1 S. 1 dazu einzuholen, ob zu befürchten ist, dass der Betroffene sich oder sein Vermögen durch die Abgabe von Willenserklärungen erheblich gefährdet.[374] Die Gutachteneinholung ist zwingend und kann nicht durch ein Gutachten des MDK oder bei Verzicht des Betroffenen durch ein ärztliches Zeugnis ersetzt werden. Hinsichtlich der Qualifikation des Sachverständigen vgl Rn 26, hinsichtlich der Anforderungen an die Untersuchung vgl Rn 27. Weigert sich der Betreute, vor dem Sachverständigen zu erscheinen, kann er vorgeführt werden (vgl Rn 204). Der Betreute (vgl Rn 61 ff) und bestimmte Dritte (vgl Rn 68) sind **anzuhören**, was zu dokumentieren ist (vgl Rn 69).

e) Beschluss zur Anordnung des Einwilligungsvorbehalts

122 Der Anordnungsbeschluss ist zu **begründen** (§ 38 Abs. 3 S. 1, Abs. 5 Nr. 3) und mit einer **Rechtsmittelbelehrung** zu versehen (§ 39, vgl § 17 Rn 86). Der Kreis der einwilligungsbedürftigen Willenserklärungen ist hinreichend bestimmt zu fassen (§ 286 Abs. 2).[375]

Die **Beschlussformel** könnte lauten:

In dem Betreuungsverfahren für den ... (genaue Bezeichnung des Betroffenen) wird angeordnet, dass der Betreute zu Willenserklärungen, die den Aufgabenkreis ... (genaue Bezeichnung) betreffen, der Einwilligung des Betreuers bedarf. Das Gericht wird spätestens bis zum ... (genaues Datum) über eine Aufhebung oder Verlängerung des Einwilligungsvorbehaltes beschließen.

Fehlt die **Angabe der einwilligungsbedürftigen Willenserklärung**, bleibt eine im selben Beschluss angeordnete Betreuung gleichwohl, allerdings ohne Einwilligungsvorbehalt, wirksam. Hinsichtlich der Bekanntgabe vgl Rn 72, 74 und der Anordnung der sofortigen Wirksamkeit vgl Rn 73. Zur Mitteilungspflicht vgl Rn 198. Gegen die Entscheidung ist die Beschwerde möglich (vgl § 2 Rn 11 ff). Zum Kreis der Beschwerdeberechtigten vgl Rn 75.

---

[374] BayObLG FamRZ 1995, 116; vgl BayObLG BtPrax 1995, 143.
[375] Vgl BayObLG BtPrax 1993, 64.

f) Anordnung des Einwilligungsvorbehaltes mittels einstweiliger Anordnung

Die Anordnung des Einwilligungsvorbehaltes kann auch im Wege einer einstweiligen Anordnung erfolgen (§§ 300 Abs. 1, 301 Abs. 1). Voraussetzung ist, dass die konkrete Gefahr besteht, dass ohne Einwilligungsvorbehalt das Vermögen der Betreuten gefährdet ist, weil etwa vermögensrechtliche Transaktionen zum Nachteil des Betroffenen vorgenommen werden;[376] zu den weiteren Voraussetzungen vgl Rn 77 f.

15. Das Verfahren zur Erweiterung des Kreises der einwilligungsbedürftigen Willenserklärungen

Soll der Kreis der einwilligungsbedürftigen Willenserklärungen erweitert werden, so ist das Verfahren wie bei erstmaliger Anordnung durchzuführen (§ 293 Abs. 1). Es bestehen jedoch Verfahrenserleichterungen nach § 293 Abs. 2 (vgl Rn 81). Eine wesentliche Erweiterung des Kreises der einwilligungsbedürftigen Willenserklärungen wird immer dann vorliegen, wenn gemessen an der konkreten wirtschaftlichen Lage des Betreuten die Erweiterung zu einer so erheblichen Einschränkung führt, dass er zumindest für einen abgrenzbaren Ausschnitt der Lebenswirklichkeit wirtschaftlich handlungsunfähig wird.[377] Der Beschluss ist zu begründen (§ 38 Abs. 3 S. 1, Abs. 5 Nr. 3) und mit einer Rechtsmittelbelehrung zu versehen (§ 39, vgl § 17 Rn 86).

Die Beschlussformel könnte lauten:

In ... (Rubrum) bedarf der Betreute auch zu Willenserklärungen, die den Aufgabenkreis ... (genaue Bezeichnung) betreffen, der Einwilligung des Betreuers (Einwilligungsvorbehalt).

Gegen die Entscheidung ist die Beschwerde möglich (vgl § 2 Rn 11 ff). Zum Kreis der Beschwerdeberechtigten vgl Rn 75. Die Erweiterung kann auch mittels einstweiliger Anordnung unter den Voraussetzungen der §§ 300 Abs. 1, 301 Abs. 1 erfolgen (vgl Rn 123); zu beachten ist dann die Beschwerdefrist von zwei Wochen (§ 63 Abs. 2 Nr. 2, vgl § 2 Rn 37).

16. Die Einschränkung des Kreises der einwilligungsbedürftigen Willenserklärungen und die Aufhebung des Einwilligungsvorbehaltes

Ergibt sich, dass die Voraussetzungen für die Anordnung des Einwilligungsvorbehaltes oder für einen Teil der Willenserklärungen des Betreuten nicht (mehr) vorliegen (vgl Rn 117), ist der Einwilligungsvorbehalt aufzuheben oder der Kreis der einwilligungsbedürftigen Willenserklärungen um diese Willenserklärungen einzuschränken. Das Verfahren folgt den Regeln wie bei der Aufhebung der Betreuung (vgl Rn 86 ff) und Einschränkung des Aufgabenkreises der Betreuung (vgl Rn 90). Der Beschluss ist zu begründen (§ 38 Abs. 3 S. 1, Abs. 5 Nr. 3) und mit einer Rechtsmittelbelehrung zu versehen (§ 39, vgl § 17 Rn 86).

Die Beschlussformel bei Aufhebung könnte lauten:

In ... (Rubrum) wird der Einwilligungsvorbehalt aufgehoben.

---

376 BayObLG FamRZ 2004, 1814.
377 HK-BetrR/Bučić § 69 i FGG Rn 15.

Die **Beschlussformel bei Einschränkung** könnte lauten:

In ... (Rubrum) wird der Kreis der einwilligungsbedürftigen Willenserklärungen derart eingeschränkt, dass der Betreute nur zu Willenserklärungen, die den ... (genau zu bezeichnenden Aufgabenkreis) betreffen, der Einwilligung des Betreuers bedarf (Einwilligungsvorbehalt).

Gegen die Entscheidung ist die **Beschwerde** möglich (vgl § 2 Rn 11 ff). Zum Kreis der Beschwerdeberechtigten vgl Rn 75. Der Erlass einer einstweiligen Anordnung ist nicht möglich, da die Einschränkung und Aufhebung nicht in § 300 genannt sind.

17. Das Verfahren zur Genehmigung von Verfügungen und Rechtsgeschäften iSd § 299 S. 1

128 Über die Verweisungsnorm des § 1908 i Abs. 1 BGB finden Genehmigungstatbestände aus dem Vormundschaftsrecht auch für Verfügungen und Rechtsgeschäfte, die der Betreuer für den Betreuten trifft, Anwendung. Unerheblich ist, ob der Betreuer das Rechtsgeschäft selbst oder durch einen Bevollmächtigten vornimmt oder des unter Einwilligungsvorbehalt (vgl Rn 116 ff) stehenden Betreuten genehmigt. Der geschäftsfähige Betreute kann den Betreuer nicht dahingehend bevollmächtigen, genehmigungspflichtige Geschäfte ohne gerichtliche Genehmigung vorzunehmen und damit den Genehmigungsvorbehalt **unterlaufen**.[378] Soll das Betreuungsgericht die Genehmigung eines Rechtsgeschäfts erteilen, so wird die Genehmigung erst **mit Rechtskraft des Beschlusses wirksam** (§ 40 Abs. 2). Schließt der Betreuer ohne Genehmigung einen Vertrag ab, ist dieser **schwebend unwirksam;** seine Wirksamkeit hängt von der nachträglichen Genehmigung ab (§§ 1908 i Abs. 1 S. 1, 1829 Abs. 1 S. 1 BGB). Wirksam wird die nachträglich erteilte Genehmigung mit der Mitteilung an den Vertragspartner (§§ 1908 i Abs. 1 S. 1, 1829 Abs. 1 S. 2 BGB). Ein einseitiges Rechtsgeschäft ist ohne die erforderliche Genehmigung nichtig (§§ 1908 i Abs. 1 S. 1, 1831 S. 1 BGB). Zuständig zur Erteilung der Genehmigung ist der Rechtspfleger (§ 3 Nr. 2 b RPflG).

a) Genehmigungspflichtige Rechtsgeschäfte

129 Es müssen die Voraussetzungen für die Erteilung der Genehmigung iSd §§ 1908 i Abs. 1 S. 1, 1821, 1822 Nr. 1–4 und 6–13, 1823, 1825 BGB vorliegen. Genehmigungspflichtig ist

- die **Übertragung**, Aufhebung, Belastung oder Inhaltsänderung eines Rechts (Verfügung) über oder an einem Grundstück, also Grundstückseigentum, Dienstbarkeiten, Nießbräuche, Vorkaufsrechte, Wohnungseigentum und Reallasten, nicht aber Hypotheken, Grundschulden und Rentenschulden (§ 1821 Abs. 2 BGB), mithin bei Grundstücken die Auflassung (§§ 873, 925 BGB), die Begründung von Wohnungseigentum (§ 2 WEG), die Bestellung von Grundpfandrechten, die Verfügung über diese und die Bewilligung einer Auflassungsvormerkung oder die Verpflichtung zu einer vorgenannten Verfügung (§ 1821 Abs. 1 Nr. 4 BGB);

- die Verfügung über grundstücksbezogene Forderungen, etwa die Abtretung eines Auflassungsanspruchs, die Aufhebung eines Grundstückskaufvertrages oder die Löschung einer Auflassungsvormerkung;

---

378 OLG Köln FamRZ 20000, 1525 zu §§ 1821, 1822 BGB.

- die Verfügung über ein eingetragenes Schiff und Schiffsbauwerk (§ 1821 Abs. 1 Nr. 1–3 BGB);
- ein **Rechtsgeschäft**, mit dem der Betreute zu einer **Verfügung über sein Vermögen im Ganzen**, nicht lediglich über einen einzelnen Gegenstand, auch wenn dieser wertmäßig das gesamte Vermögen darstellt, oder über eine angefallene Erbschaft (Erbschaftsverkauf, §§ 2371 ff BGB, Erbauseinandersetzungsvertrag, Nießbrauchbestellung am Erbe, § 1089 BGB) verpflichtet wird (§ 1822 Nr. 1 BGB);
- die **Ausschlagung einer Erbschaft** (§§ 1942 ff BGB) oder eines Vermächtnisses (§ 2180 BGB), der Verzicht auf den Pflichtteil (§§ 2346 f BGB), die Anfechtung der Annahme der Erbschaft (§ 1957 Abs. 1 BGB) und der Erbteilungsvertrag (§ 1822 Nr. 2 BGB);
- der **schuldrechtliche Vertrag** zur Veräußerung oder zum entgeltlichen Erwerb von Erwerbsgeschäften, also berufsmäßig ausgeübte und auf selbständigen Erwerb ausgerichtete Tätigkeiten, sowie ein hierauf gerichteter Gesellschaftsvertrag (§ 1822 Nr. 3 BGB), und in der Regel die Aufnahme oder Auflösung eines derartigen Erwerbsgeschäftes (§ 1823 BGB);
- ein **Pachtvertrag** (§ 581 BGB) über einen land- und forstwirtschaftlichen Betrieb, einen Handwerksbetrieb oder ein sonstiges Gewerbe (§ 1822 Nr. 4 BGB);
- ein **Ausbildungs-, Dienst- und Arbeitsvertrag**, mit dem der Betreute als Arbeitnehmer für mehr als ein Jahr gebunden wird (§ 1822 Nr. 6 und 7 BGB);
- ein **Kreditvertrag**, die Ausstellung einer Inhaberschuldverschreibung (§§ 793 ff BGB) oder eines Wechsels iSd § 1 WG (§ 1822 Nr. 8 und 9 BGB);
- die **Bürgschaft**, Schuldübernahme, die Bestellung von Sicherheiten am Vermögen des Betreuten, um Verbindlichkeiten Dritter abzusichern (§ 1822 Nr. 10 BGB), sowie die Aufgabe von Sicherheiten für eigene Forderungen (§ 1822 Abs. 1 Nr. 13 BGB);
- die **Erteilung einer Prokura** (§ 1822 Nr. 11 BGB);
- der **Abschluss eines Vergleichs** (§ 779 BGB), Anwaltsvergleichs (§ 1044 b ZPO) oder Prozessvergleichs, wenn der streitige Betrag 3.000 EUR übersteigt und nicht auf einem gerichtlichen Vergleichsvorschlag beruht (§ 1822 Nr. 12 BGB).

b) Anhörung vor Genehmigung von Rechtsgeschäften

Vor der Genehmigungserteilung soll der Rechtspfleger den Betreuten in der Regel persönlich, ggf im Wege der Rechtshilfe, **anhören** (§ 299 S. 1).[379] Weigert sich der Betroffene, zu seiner persönlichen Anhörung zu erscheinen, gilt Rn 203. Kann der Betroffene offensichtlich nichts zur Sachaufklärung oder Entscheidungsfindung beitragen, kann von der persönlichen Anhörung abgesehen werden.[380] Die persönliche Anhörung kann zudem nach § 34 Abs. 2 unterbleiben[381] (vgl Rn 66), wobei dann jedoch Gelegenheit zur Äußerung zu geben ist. Ist der Betreute äußerungsunfähig, ist ein Verfahrenspfleger

---

379 OLG Karlsruhe Rpfleger 1994, 203.
380 Differenzierend: Jürgens/Mertens § 69 d FGG Rn 4.
381 KG Berlin FamRZ 1996, 1362.

(vgl Rn 17) zu bestellen.[382] Ist ein **Gegenbetreuer** bestellt, so ist dieser vor Erteilung der Genehmigung schriftlich oder mündlich **anzuhören** (§§ 1908 i Abs. 1 S. 1, 1826 BGB). Ob der Rechtspfleger weitere Personen anhört, richtet sich danach, ob die weitere Aufklärung durch die Anhörung Dritter nach § 26 geboten ist.[383] Nach § 26 ist der Rechtspfleger gehalten, weitere Ermittlungen anzustellen, insbesondere etwa ein Verkehrswertgutachten zu einem Grundstück oder ein Gutachten zum Wert eines Nachlasses einzuholen, wenn die Wirtschaftlichkeit des zu genehmigenden Rechtsgeschäfts oder der Ausschlagung einer Erbschaft zu beurteilen ist.

c) Entscheidung über die Genehmigung

131 Der Rechtspfleger entscheidet nach pflichtgemäßem **Ermessen**, ob er die Genehmigung oder in den Fällen des § 1822 Nr. 8–10 BGB eine allgemeine Ermächtigung (§ 1825 BGB) erteilt. Dabei hat er in erster Linie auf das **Interesse des Betreuten** abzustellen[384] und seine Entscheidung über die Genehmigung vorrangig an den Wünschen des Betreuten auszurichten, soweit dies dessen Wohl nicht zuwiderläuft und es dem Betreuer zuzumuten ist. Daraus folgt, dass vorrangig die Wirtschaftlichkeit der Verfügung zu berücksichtigen ist, da eine Verschleuderung eines Vermögenswerts nicht dem Wohle des Betreuten dient. Nicht ausgeschlossen ist aber auch, Belange der Allgemeinheit zu berücksichtigen, so etwa, wenn die Ausschlagung einer werthaltigen Erbschaft zur (Fortführung der) Sozialhilfebedürftigkeit des Betreuten führte.[385] Der Rechtspfleger entscheidet durch Beschluss und erklärt die Genehmigung gegenüber dem Betreuer (§ 1828 BGB). Gegen die Entscheidung ist die Beschwerde möglich (vgl § 2 Rn 11 ff). Der Betreuer kann gegen eine erteilte Genehmigung keine Beschwerde einlegen, da er von dieser keinen Gebrauch machen muss. Nur wenn damit eine Auflage verbunden ist, besteht eine Beschwerdemöglichkeit.[386] Der Beschluss ist zu begründen (§ 38 Abs. 3 S. 1, Abs. 5 Nr. 3) und mit einer **Rechtsmittelbelehrung** zu versehen (§ 39, vgl § 17 Rn 86). Zu beachten ist die **Beschwerdefrist von zwei Wochen** (§ 63 Abs. 2 Nr. 2, vgl § 2 Rn 38).

18. Das Verfahren zur Genehmigung von sonstigen Verfügungen und Rechtsgeschäften

132 Außerhalb des § 299 (vgl Rn 128) durch den zuständigen Rechtspfleger zu genehmigende Verfügungen oder Realakte des Betreuers sind über die Verweisungsnorm des § 1908 i Abs. 1 S. 1 BGB: Geldanlagen nach §§ 1806, 1807 BGB (§ 1810 BGB), andere Geldanlageformen (§ 1811 BGB), Verfügungen über Forderungen und Wertpapiere bei fehlender Genehmigung des Gegenbetreuers (§ 1812 BGB), Herausgabe hinterlegter Papiere (§ 1814 BGB), Verfügung über Inhaberpapiere (§ 1815 BGB), hinterlegte und umgeschriebene Papiere und Buchforderungen (§§ 1819 f BGB) und Überlassung von Gegenständen an den Betreuten (§ 1824 BGB). Ferner bedürfen der Genehmigung der

---

382 OLG Zweibrücken FGPrax 1998, 57; BayObLG Rpfleger 1993, 491; einschränkend: Heinemann, Die Reform der freiwilligen Gerichtsbarkeit durch das FamFG und ihre Auswirkungen auf die notarielle Praxis, DNotZ 2009, 6, 22.
383 OLG Saarbrücken FamRZ 2001, 651.
384 BayObLG FamRZ 1998, 455, 456; BGH NJW 1996, 2829.
385 Vgl OLG Stuttgart BtPrax 2001, 255.
386 LG München I FamRZ 2001, 1396.

Ehevertrag des beschränkt geschäftsfähigen oder geschäftsunfähigen Betreuten, sofern ein Einwilligungsvorbehalt besteht (§ 1411 Abs. 1 S. 3, Abs. 2 S. 2 BGB), die Ablehnung der fortgesetzten Gütergemeinschaft (§ 1484 Abs. 2 S. 3 BGB), der Verzicht auf den Anteil an dem Gesamtgut eines betreuten Abkömmlings (§ 1491 Abs. 3 S. 2 BGB), die Wiederverheiratung oder Begründung einer Lebenspartnerschaft des überlebenden Ehegatten (§ 1493 Abs. 2 S. 2, S. 3 BGB), die Anerkennung und Zustimmung bei fehlender oder beschränkter Geschäftsfähigkeit (§ 1596 Abs. 1 S. 3 BGB), die Aufhebung des Erbvertrages (§ 2290 Abs. 3 S. 2 BGB) und der Erbverzicht (§ 2347 Abs. 1 S. 2, Abs. 2 S. 2 BGB).

Der Rechtspfleger hat den **Betreuten** und, sofern ein **Mit-** oder **Gegenbetreuer** 133 (§§ 1908 i Abs. 1 S. 1, 1826 BGB) vorhanden ist, auch diesen **anzuhören**.[387] Ob er andere Personen anhört, beurteilt sich nach § 26. Er prüft nicht die Zweckmäßigkeit der zu genehmigenden Handlung, sondern nur, ob diese dem **Wohl** des Betreuten **zuwiderläuft**. Im Fall der Geldanlage (§ 1810 BGB) hat er die Sicherheit der Anlage und deren Wirtschaftlichkeit zu prüfen.

19. Das Verfahren zur Genehmigung der Kündigung oder Aufhebung eines Mietverhältnisses über Wohnraum oder zum Abschluss eines Miet- oder Pachtvertrags oder eines länger als vier Jahre dauernden Vertrages iSd § 1907 Abs. 1, 3 BGB

a) Kündigung/Aufhebung eines Mietverhältnisses

Bei der Wohnungskündigung oder Aufhebung eines Mietverhältnisses über Wohnraum 134 ist unerheblich, ob der Betreute den Mietvertrag selbst oder durch den Betreuer geschlossen hat,[388] er als Angehöriger (§ 563 BGB) oder Erbe (§ 564 BGB) in das Mietverhältnis eingetreten ist, er in der Wohnung lebt oder sich das Mietobjekt etwa in einem Pflegeheim befindet. Entscheidend ist nur, dass der Betreute **selbst in den Räumlichkeiten zu wohnen beabsichtigt** (hatte). Hinsichtlich der Aufhebung ist gleichgültig, in welcher Form dies erfolgt.[389] Zuständig zur Erteilung der Genehmigung ist der Rechtspfleger (§ 3 Nr. 2 b RPflG).

Der Rechtspfleger hat den Betreuten **zwingend persönlich anzuhören** (§ 299 S. 2). Wei- 135 gert sich der Betroffene, zu seiner persönlichen Anhörung zu erscheinen, gilt Rn 203. Die persönliche Anhörung kann nur im Ausnahmefall des § 34 Abs. 2 (vgl Rn 66) unterbleiben. Zudem ist – nicht nur im Falle des Absehens von der persönlichen Anhörung – ein Verfahrenspfleger nach § 276 Abs. 1 S. 1 BGB zu bestellen.[390] Damit das Betreuungsgericht überhaupt feststellen kann, ob der Betreute gefahrlos in seiner Wohnung verbleiben kann, ist im Regelfall die Einholung eines ärztlichen Gutachtens oder eines **Pflegegutachtens** zur Feststellung des Ausschlusses einer Rückkehr in die Wohnung erforderlich.[391]

---

387 BVerfG FamRZ 2000, 733.
388 BT-Drucks. 11/4528, 150.
389 BT-Drucks. 11/4528, 150.
390 LG Stendal Beschl. v. 18.12.2006, 25 T 211/06.
391 OLG Frankfurt/M. FamRZ 2006, 1875.

§ 16 Betreuungssachen

136   Das Betreuungsgericht muss prüfen, ob der weitere Verbleib des Betreuten in der Wohnung seinem **Wohl** widerspräche. Stellt es dies fest, hat es die Genehmigung zu erteilen. Die **Beschlussformel** könnte lauten:

> In ... (Rubrum) wird dem Betreuer ... (Name, Anschrift) die betreuungsgerichtliche Genehmigung zur Kündigung des Mietverhältnisses für die Wohnung des Betroffenen im Hause ... (genaue Anschrift) erteilt, § 1907 Abs. 1 S. 1 BGB. Die Genehmigung wird erst mit Rechtskraft des Beschlusses wirksam.

Der Beschluss ist zu begründen (§ 38 Abs. 3 S. 1, Abs. 5 Nr. 3) und mit einer **Rechtsmittelbelehrung** zu versehen (§ 39, vgl § 17 Rn 86); zu beachten ist die **Beschwerdefrist von zwei Wochen** (§ 63 Abs. 2 Nr. 2, vgl § 2 Rn 38).

b) Dauerschuldverhältnisse

137   Genehmigungspflichtig sind Verträge über die Vermietung von Wohnraum. Der Genehmigung bedürfen weiterhin alle auf mehr als vier Jahre abgeschlossenen Dauerschuldverhältnisse, etwa **Heimverträge, Lebensversicherungsverträge, Rentensparverträge** usw. Auch hier hat der zuständige Rechtspfleger (§ 3 Nr. 2 b RPflG) zu prüfen, ob der Vertragsabschluss dem Wohl und Wunsch des Betreuten entspricht. Der Rechtspfleger hat den Betreuten persönlich anzuhören (§ 299 S. 2). Ausnahmsweise kann er unter den Voraussetzungen des § 34 Abs. 2 hiervon absehen (vgl Rn 66); dann ist aber zwingend ein Verfahrenspfleger zu bestellen. Im Übrigen vgl Rn 136; zu beachten ist aber die **Beschwerdefrist von zwei Wochen** (§ 63 Abs. 2 Nr. 2, vgl § 2 Rn 38).

20. Genehmigung der Einwilligung des Betreuers oder Bevollmächtigten in eine ärztliche Maßnahme (§ 1904 Abs. 1 BGB)

138   Mit der Neuregelung des § 1904 Abs. 2 BGB ist die Weigerung des Betreuers oder Bevollmächtigten, eine Einwilligung zu erteilen, dann genehmigungsfähig, wenn die Gefahr besteht, dass infolge des Unterbleibens der ärztlichen Maßnahme der Betroffene einen schweren gesundheitlichen Schaden erleidet oder gar stirbt. Verweigert der Betreuer zu Unrecht die Einwilligung, kann das Betreuungsgericht den Betreuer nach §§ 1908 i Abs. 1 S. 1, 1837 Abs. 2, 3 BGB durch Aufsichtsmaßnahmen zur Erteilung der Einwilligung (vgl Rn 194 f) bewegen oder einen Kontrollbetreuer für den Bevollmächtigten bestellen (vgl Rn 48). Unter den **strengen Voraussetzungen der §§ 1908 i Abs. 1 S. 1, 1846 BGB** kann das Betreuungsgericht die Einwilligung **selbst erteilen** (vgl Rn 10). Ebenfalls nicht genehmigungsfähig ist die „stationäre Zwangsmedikation", da das Betreuungsrecht außerhalb des § 1906 Abs. 1 Nr. 2 BGB (vgl § 17 Rn 4) hierfür keine Grundlage bereithält.[392]

a) Voraussetzungen der Genehmigung

139   Eine Einwilligung des Betreuers in eine ärztliche Maßnahme iSd § 1904 BGB darf der hierfür zuständige Betreuungsrichter (§ 15 Nr. 4 RPflG) nur unter den folgenden Voraussetzungen genehmigen:

---

[392] BGH BtPrax 2008, 115; OLG Celle BtPrax 2005, 235; vgl auch AG Frankfurt/M. FamRZ 2003, 476; Dodegge, Zwangsbehandlung und Betreuungsrecht, NJW 2006, 1627.

V. Verfahren

aa) Aufgabenkreis der Gesundheitssorge und Konfliktfall

Dem Betreuer ist der **Aufgabenkreis** der Gesundheitssorge ganz allgemein oder konkret der Aufgabenkreis der Einwilligung in die vorzunehmende Heilbehandlungsmaßnahme zugewiesen.[393] Beim Bevollmächtigten muss die entsprechende Vollmacht schriftlich erteilt sein und Heilbehandlungsmaßnahmen ausdrücklich umfassen (§ 1904 Abs. 5 S. 2 BGB). Fehlt diese Aufgabenzuweisung, muss der Aufgabenbereich des Betreuers nach § 293 – ggf im Wege einer einstweiligen Anordnung nach § 300 – zuvor erweitert (vgl Rn 80 ff) oder im Falle der unzureichenden Vollmacht ein Betreuer für diesen Ausgabenkreis bestellt werden. Ferner muss, wie sich im Umkehrschluss aus § 1904 Abs. 4 BGB ergibt, der sog. **Konfliktfall** vorliegen. Haben Arzt und Betreuer bzw Bevollmächtigter, nachdem sie ggf nahe Angehörige (Ehegatte, Lebenspartner, Eltern, Kinder, Geschwister) und Vertrauenspersonen (Freunde, Nachbarn, Pflegekräfte) des Betroffenen nach § 1901 b Abs. 2 BGB angehört haben, keinen Zweifel daran, dass die Entscheidung über die Einwilligung dem Willen des Betreuten entspricht, ist die Einwilligung des Betreuers bzw Bevollmächtigten selbst dann nicht genehmigungsbedürftig, wenn dem Betreuungsgericht Hinweise vorliegen, dass Arzt und Betreuer in missbräuchlicher Weise zusammenwirken.[394] Das Betreuungsgericht kann aber gegen den Betreuer Aufsichtsmaßnahmen ergreifen (vgl Rn 194).

140

bb) Einwilligungsunfähigkeit des Betreuten

Der Betreute ist **einwilligungsunfähig**.[395] Maßstab zur Beurteilung der Einwilligungsfähigkeit ist die „natürliche" Einsichts- und Steuerungsfähigkeit. Einwilligungsfähig ist, wer Grund, Bedeutung, Dringlichkeit, Risiken und Heilungschancen der Heilbehandlungsmaßnahme erfassen und sich selbstbestimmt für oder gegen die Erteilung der Einwilligung entscheiden kann,[396] also in der Lage ist, Bedeutung, Tragweite und auch die Risiken der Maßnahme zu erfassen und seinen Willen hiernach zu bestimmen.[397]

141

cc) Frühere Einwilligung des Betreuten

Hat der Betreute seine Einwilligung in eine ärztliche Maßnahme im Zustand der Einwilligungsfähigkeit erteilt und wird er dann im Verlauf der Behandlung einwilligungsunfähig, bleibt die **einmal erteilte Einwilligung** wirksam. Die wirksam erteilte Einwilligung kann jedoch widerrufen werden (vgl 146). Besondere Beachtung verdient die **Patientenverfügung** isd § 1901 a Abs. 1 BGB,[398] mit der der Betreute für den Fall späterer Einwilligungsunfähigkeit bestimmt, für welche Heilbehandlungsmaßnahmen eine Einwilligung antizipiert erteilt wird. Liegt eine verbindliche **Patientenverfügung** vor, so ist für eine eigene, erst recht hiervon abweichende Einwilligung des Betreuers kein Raum.[399]

142

---

393 Vgl BayObLG NJWE-FER 1999, 238.
394 BT-Drucks. 16/8442, S. 19.
395 OLG Zweibrücken NJW 2000, 2750; OLG Hamm NJWE-FER 1997, 178; LG Berlin FamRZ 1993, 597; BayObLG FamRZ 1990, 1154.
396 BayObLG FamRZ 1990, 1154.
397 BT-Drucks. 16/8442, S. 13.
398 Textbausteine und weitere Informationen zur Patientenverfügung finden sich unter: www.bmj.de/Service/Publikationen.
399 BT-Drucks. 16/8442, S. 14; vgl BGH FGPrax 2003, 161.

Bučić

b) Sachverständigengutachten

143 Zweckmäßigerweise wird der Betreuungsrichter, nach Feststellung des Konfliktfalls, das Verfahren mit der Gutachteneinholung (§ 298 Abs. 4 S. 1) fortführen und die erforderlichen Anhörungen durchführen. Er hat ein **Gutachten** dazu einzuholen, ob die ärztliche Maßnahme unter Zugrundelegung fachärztlicher Standards medizinisch **indiziert** ist, ob und welche **Risiken** (Tod des Betreuten, dauerhafter Schaden) mit dem Eingriff verbunden sind, welche **Vorteile** dieser Eingriff und welche Nachteile oder Risiken das Unterlassen oder Hinausschieben des Eingriffs für den Betreuten hätte[400] und ob der Betreute einwilligungsfähig ist.[401] Ist der ärztliche Sachverständige nicht zur Beurteilung der Einwilligungsfähigkeit in der Lage, ist ggf das ergänzende Gutachten eines Neurologen oder Sonderpädagogen einzuholen.[402] Eine vorherige Begutachtung des Betroffenen durch den Sachverständigen ist – anders als bei der Betreuerbestellung oder der Einrichtung eines Einwilligungsvorbehaltes nach § 280 Abs. 2 – zwar nach § 298 Abs. 4 nicht vorgesehen. Allerdings ist ein Gutachten, welchem keine persönliche Untersuchung des Betroffenen zugrunde liegt, im Aussagewert eingeschränkt. Der Betreuungsrichter sollte im Gutachtenauftrag die Untersuchung des Betroffenen anordnen. Weigert sich der Betroffene, zur Untersuchung zu erscheinen, so kann eine Vorführung mangels Verweises auf § 283 nicht erfolgen. Das persönliche Erscheinen des Betroffenen kann jedoch angeordnet und der Sachverständige dem Anhörungstermin hinzugezogen werden. Weigert sich der Betroffene, an diesem Anhörungstermin teilzunehmen, gilt Rn 203. Eine Unterbringung des Betroffenen vergleichbar § 284 ist in § 33 nicht vorgesehen und damit nicht möglich. Eine bestimmte **formale Qualifikation** muss der Sachverständige nicht besitzen, da eine dem § 280 Abs. 1 S. 2 (vgl Rn 26) vergleichbare Regelung fehlt. Er muss jedoch jedenfalls in der Fachrichtung, der die beabsichtigte ärztliche Maßnahme unterfällt, nachweisbare Fachkunde besitzen. Der Sachverständige darf in der Regel nicht derjenige Arzt sein, der die Maßnahme durchführen soll (§ 298 Abs. 4 S. 2). Von dieser Regel kann ausnahmsweise nur dann abgewichen werden, wenn in angemessener Zeit kein gleich qualifizierter Arzt[403] erreichbar ist. Zum Inhalt des Gutachtens vgl Rn 27.

c) Persönliche Anhörung des Betreuten

144 Der Betreuungsrichter hat den Betreuten gem. § 298 Abs. 1 S. 1 **persönlich anzuhören**. Weigert dieser sich, zu seiner persönlichen Anhörung zu erscheinen, gilt Rn 203. Von der Anhörung kann nach § 34 Abs. 2 (vgl Rn 66) abgesehen werden. Das Gericht soll die sonstigen Beteiligten anhören (§ 298 Abs. 1 S. 2, vgl Rn 68). Auf Verlangen des Betreuten hat es eine diesem nahestehende Person anzuhören, wenn dies ohne erhebliche Verzögerung möglich ist (§ 298 Abs. 1 S. 3, vgl Rn 68).

d) Beschluss

145 Der Beschluss ist zu **begründen** (§ 38 Abs. 3 S. 1, Abs. 5 Nr. 3) und mit einer **Rechtsmittelbelehrung** (§ 39, vgl § 17 Rn 86) zu versehen.

---

400 Wolter-Henseler, Gefährliche medizinische Maßnahmen?, BtPrax 1995, 168.
401 BT-Drucks. 11/4528, 176; Jürgens/Marschner § 1904 BGB Rn 4.
402 Vgl BT-Drucks. 11/4528, 176.
403 Vgl Vennemann/Linnhoff, Die Problematik des § 1904 BGB – Genehmigung von Heilbehandlungen – anhand eines Falles, BtPrax 1993, 89.

V. Verfahren **16**

Die **Beschlussformel** könnte lauten:

In ... (Rubrum) wird die Einwilligung des Betreuers/des Bevollmächtigten ... (Name, Anschrift) in die ... (genaue Bezeichnung der beabsichtigten ärztlichen Maßnahme) genehmigt.

Zur Beschwerdemöglichkeit vgl Rn 75 und § 2 Rn 11 ff.

21. Genehmigung der Nichteinwilligung oder des Einwilligungswiderrufs des Betreuers oder des Bevollmächtigten in eine ärztliche Maßnahme (§ 1904 Abs. 2 BGB)

Mit der Neufassung des § 1904 Abs. 2 BGB (BGBl. I 2009, 2286) ist nunmehr ein Genehmigungserfordernis für die Nichteinwilligung und den Einwilligungswiderruf eingeführt worden.[404]   146

a) Voraussetzungen

Der nach § 15 Nr. 4 RPflG zuständige Betreuungsrichter darf die Genehmigung nur unter den folgenden **Voraussetzungen** erteilen: 147

Durch die Unterlassung der ärztlichen Maßnahme besteht die Gefahr, dass der Betroffene einen länger dauernden oder schweren gesundheitlichen Schaden erleidet oder gar stirbt. Nicht mehr erforderlich ist, dass die Krankheit einen irreversiblen und tödlichen Verlauf angenommen hat.[405] Der Arzt muss die medizinisch indizierte **Weiterbehandlung konkret anbieten**, ansonsten besteht mangels entsprechender Weiterbehandlungsmöglichkeit ohnehin **kein Raum für eine Genehmigung**;[406] ist allerdings bereits die Diagnose zweifelhaft, muss der Betreuungsrichter einschreiten und ggf lebensverlängernde Maßnahmen durchsetzen.[407] Bietet der Arzt eine medizinisch indizierte Weiterbehandlung an und lehnt der Betreuer oder der Bevollmächtigte die weitere Behandlung ab, liegt der erforderliche Konfliktfall vor.[408] Herrscht zwischen Betreuer bzw Bevollmächtigten und dem behandelnden Arzt, nachdem sie ggf nahe Angehörige und Vertrauenspersonen des Betroffenen (§ 1901 b Abs. 2 BGB, vgl Rn 140) angehört haben, Einvernehmen, dass die ärztliche Maßnahme nicht dem in einer wirksamen Patientenverfügung geäußerten Willen (§ 1901 a Abs. 1 BGB) oder mutmaßlichen Willen (§ 1901 a Abs. 2 BGB) des Betroffenen entspricht, und soll deswegen einvernehmlich von der ärztlichen Maßnahme abgesehen werden, besteht nach § 1904 Abs. 4 BGB keine Genehmigungspflicht.

b) Verfahren

Für das Verfahren gilt § 298 Abs. 2 bis 4.   148

---

404 Vgl zur bisherigen Rechtslage: BGH FGPrax 2003, 161; BGH NJW 2005, 2385.
405 Die bisherige Rechtsprechung, vgl. OLG Karlsruhe FGPrax 2004, 228; enger: LG Bielefeld MedR 2006, 648: unmittelbare Todesnähe erforderlich, ist durch die Neufassung des § 1904 Abs. 2 BGB überholt.
406 BGH NJW 2005, 2385; OLG München NJW 2007, 3506; Müller, Zum Abbruch lebensverlängernder oder -erhaltender Maßnahmen durch den Betreuer, DNotZ 2007, 627.
407 OLG München NJW 2007, 3506.
408 Vgl Dodegge, Die Entwicklung des Betreuungsrechts bis Anfang Juni 2008, NJW 2008, 2689, zu Fußnote 86, und Brauer, Zur vormundschaftsgerichtlichen Genehmigung für den Abbruch der künstlichen Ernährung, BtPrax 2009, 45.

§ 16 Betreuungssachen

aa) Verfahrenspflegerbestellung und Anhörung

149 Der Richter hat nach § 298 Abs. 3 zwingend einen **Verfahrenspfleger** (vgl Rn 16 ff) zu bestellen[409] und den Betroffenen – sofern tatsächlich möglich (vgl Rn 66) – entsprechend § 298 Abs. 1 **persönlich** anzuhören. Weigert sich der Betroffene, am Termin zu seiner persönlichen Anhörung teilzunehmen, gilt Rn 203 mit der Maßgabe, dass von einer Vorführung nur als allerletztes Mittel Gebrauch gemacht werden kann. Ist von einer persönlichen Anhörung nach § 34 Abs. 2 (vgl Rn 66) abzusehen, so muss der Richter sich gleichwohl entsprechend § 278 Abs. 1 S. 2 einen persönlichen Eindruck vom Betroffenen verschaffen.

bb) Patientenverfügung

150 Der Richter muss ermitteln, ob der Betreuer bzw Bevollmächtigte entscheidungszuständig ist (vgl Rn 140), eine **wirksame Patientenverfügung** iSd § 1901a Abs. 1 BGB (vgl Rn 142) vorliegt und der Betroffene an dem in seiner Patientenverfügung geäußerten Willen festhält oder ihn widerrufen hat. Hilfsweise ist der individuell-mutmaßliche Wille des Betreuten anhand seiner früheren mündlichen oder schriftlichen Äußerungen [410] unter Berücksichtigung seiner ethischen oder religiösen Überzeugung und persönlichen Wertvorstellungen zu erforschen (§ 1901a Abs. 2 BGB).[411] Der Betreuungsrichter soll in jedem Fall, also sowohl bei Vorliegen einer wirksamen Patientenverfügung, als auch bei deren Fehlen, die sonstigen Beteiligten (vgl Rn 68) anhören, § 298 Abs. 2. Stellt der Betreuungsrichter fest, dass die Entscheidung des Betreuers bzw Bevollmächtigten dem Willen des Betroffenen entspricht, hat er die Genehmigung zu erteilen. Kann ein entsprechend mutmaßlicher Wille des Betreuten nicht ermittelt werden, ist dem Schutz des Lebens Vorrang einzuräumen und die Genehmigung zu verweigern.[412]

cc) Sachverständigengutachten

151 Nach § 298 Abs. 4 hat der Betreuungsrichter das Gutachten eines Sachverständigen einzuholen (vgl Rn 143). Das Gutachten muss sich dazu verhalten, ob der Betroffene **einwilligungsunfähig** ist,[413] ob die ärztlicherseits angebotene Behandlungsmaßnahme unter Zugrundelegung fachärztlicher Standards iSd § 1904 Abs. 2 BGB **medizinisch indiziert** ist und welche **Erfolgsaussichten** (Lebensverlängerung oder Lebenserhaltung), Risiken und **Nebenwirkungen** - etwa andauernde, nicht mehr linderungsfähige Schmerzen oder länger dauernde oder schwere gesundheitliche Folgen - die Untersuchungs- oder Behandlungsmaßnahme hat.

c) Beschluss

152 Beschlussinhalt und Beschlussformel wie Rn 145. Zur Beschwerdemöglichkeit vgl Rn 75 und § 2 Rn 11 ff. Besonders wichtig ist, dass die ärztliche Maßnahme eindeutig

---

409 Vgl OLG Karlsruhe FGPrax 2004, 228.
410 Gegebenenfalls unter Auslegung einer unwirksamen oder nicht eindeutigen Patientenverfügung, vgl AG Siegen PflR 2008, 183; vgl Hoffmann, Auslegung von Patientenverfügungen, BtPrax 2009, 7; Lange, Zur Auslegung des Inhalts einer Patientenverfügung, NotBZ 2008, 357.
411 LG Waldshut-Tiengen NJW 2006, 2270; OLG Karlsruhe FGPrax 2004, 228; vgl auch LG Hamburg FamRZ 2006, 145 zur Änderung der Einschätzung des mutmaßlichen Willens.
412 BT-Drucks 16/8442, S. 16; vgl auch OLG München NJW 2007, 3506.
413 Vgl BT-Drucks. 16/8442, S. 13.

bestimmt ist; so ist etwa die Formulierung „Abbruch der lebenserhaltenden Ernährung" zu unbestimmt.[414] Die Genehmigung wird nach 287 Abs. 3 FamFG erst mit der Bekanntgabe an den Betreuer bzw Bevollmächtigten **und** den zwingend zu bestellenden Verfahrenspfleger wirksam.

22. Genehmigung der Einwilligung in eine Sterilisation

a) Voraussetzungen

Eine Einwilligung des Betreuers in eine Sterilisation des Betreuten iSd § 1905 BGB darf 153
das Betreuungsgericht – zuständig ist der Richter (§ 15 Nr. 4 RPflG) – nur unter den folgenden Voraussetzungen genehmigen:

- Der die Genehmigung begehrende Betreuer ist ausdrücklich und ausschließlich für 154
die Angelegenheit „Einwilligung in die Sterilisation" bestellt worden (§ 1899 Abs. 2 BGB, vgl Rn 36). Zum Sterilisationsbetreuer kann nicht die Betreuungsbehörde oder ein Betreuungsverein bestellt werden (§ 1900 Abs. 5 BGB), wohl aber ein Behörden- oder Vereinsbetreuer.

- Der Betreute ist einwilligungsunfähig und wird **auf Dauer einwilligungsunfähig** sein 155
(§ 1905 Abs. 1 S. 1 Nr. 2 BGB). Ist der Betreute einwilligungsfähig, verbietet sich die Genehmigung. Bei männlichen Betreuten kann allenfalls unter qualifizierten Voraussetzungen eine Genehmigung nach § 6 KastrG in Betracht kommen.

- Der Betreute widerspricht der beabsichtigten Sterilisation nicht (§ 1905 Abs. 1 S. 1 156
Nr. 1 BGB); auf die Einwilligungsfähigkeit des Betreuten kommt es selbstverständlich nicht an, da dann ohnehin eine Genehmigungserteilung nicht möglich wäre. Daher ist **jeder Widerspruch** des Betreuten, auch nach der Erteilung der Genehmigung, buchstäblich bis **zur letzten Sekunde** vor dem Eingriff beachtlich.

- Es muss festgestellt werden, dass es ohne die Sterilisation zu einer Schwangerschaft, 157
die **nicht durch andere zumutbare Mittel verhindert** werden könnte, käme, die eine Gefahr für das Leben oder die Gefahr einer schwerwiegenden Beeinträchtigung des körperlichen oder seelischen Gesundheitszustands des Betreuten befürchten lässt, die nicht auf andere zumutbarere Weise als durch die Sterilisation abgewendet werden könnte (§ 1905 Abs. 1 S. 1 Nr. 3–5 BGB).

b) Verfahrenssicherung

Das Verfahren zur Genehmigung der Einwilligung in eine Sterilisation enthält die 158
stärksten Verfahrenssicherungen.

aa) Bestellung eines Verfahrenspflegers und Sterilisationsbetreuers

Dem Betreuten ist – sofern kein Ausnahmefall des § 276 Abs. 4 vorliegt – ein **Verfahrenspfleger** (§ 297 Abs. 5) und des Weiteren der besondere Sterilisationsbetreuer iSd 159
§ 1899 Abs. 2 BGB (vgl Rn 36) zu bestellen.

---

414 OLG Düsseldorf FamRZ 2008, 1283.

bb) Persönliche Anhörung

160 Der Betreute ist zwingend **persönlich anzuhören** und über den Verfahrensgang zu unterrichten. Von der Anhörung kann nur nach Maßgabe des § 34 Abs. 2 (vgl Rn 66) abgesehen werden. Bei Weigerung des Betreuten, an der Anhörung teilzunehmen, kann dessen Vorführung erfolgen (vgl Rn 203); jedoch wird der Richter zu ermitteln haben, ob der Betreute durch Fernbleiben von der Anhörung seinen Widerspruch gegen die beabsichtigte Sterilisation kundtun will. Der Richter muss sich zudem zwingend einen persönlichen Eindruck vom Betreuten (vgl Rn 67) verschaffen. Die Betreuungsbehörde ist nach § 297 Abs. 2 anzuhören, wenn es der Betroffene verlangt oder es der Sachaufklärung dient (vgl Rn 68). Gem. § 297 Abs. 3 sind die sonstigen Beteiligten stets und eine Vertrauensperson dann anzuhören, wenn der Betreute dies verlangt und deren Anhörung ohne erhebliche Verzögerung möglich ist (vgl Rn 68). Die Anhörungen und die Einnahme des persönlichen Eindrucks muss der erkennende Richter selbst vornehmen; Rechtshilfe ist unzulässig (§ 297 Abs. 4).

cc) Mehrere Sachverständigengutachten

161 Der Betreuungsrichter hat **mindestens zwei Gutachten** einzuholen.[415] Diese müssen Feststellungen zur dauerhaften Einwilligungsunfähigkeit des Betreuten und Feststellungen in mehrfacher Hinsicht enthalten. In **medizinischer** Hinsicht sind mögliche Behandlungsalternativen, insbesondere solche mit Refertilisationsmöglichkeit (§ 1905 Abs. 2 S. 3 BGB) und mögliche schwangerschaftsbedingte Gefahren für das Leben, den Körper oder die Gesundheit des Betreuten, sowie die in Rn 157 dargestellten Umstände darzustellen. Aus **sexualpädagogischer** Sicht sind ggf bestehende therapeutische Maßnahmen,[416] die den Betreuten befähigen, eine Schwangerschaft auf andere Art verhüten zu können,[417] darzulegen. Aus **psychologischer** Sicht ist das Bestehen möglicher innerer Zwangssituationen und deren Dauer[418] und mögliche Beeinträchtigungen des psychisch-seelischen Gesundheitszustandes durch eine Schwangerschaft auch unter Berücksichtigung der Folgen, die durch eine erforderlich werdende Trennung vom Kind bedingt würden, festzustellen. In **sozialer Hinsicht** sind die familiäre, finanzielle, Wohn-, Ausbildungs- und allgemeine Lebenssituation, die Sexualkontakte des Betreuten konkret wahrscheinlich erscheinen lässt, sowie bestehende soziale Alternativen zu untersuchen. Aus **pädagogischer Sicht** sind die innere Perspektive und Lebensreife des Betreuten und die daraus folgende konkrete Wahrscheinlichkeit einer Schwangerschaft darzutun.

162 Hinsichtlich der Qualifikation der Sachverständigen gilt Rn 143 entsprechend. Die Sachverständigen dürfen **keinesfalls personengleich** sein. Die Sachverständigen haben den Betreuten vor der Begutachtung zwingend persönlich zu hören und zu untersuchen. Bei Weigerung des Betreuten vor dem Sachverständigen zu erscheinen, gilt Rn 143 entsprechend; allerdings kann in einer Weigerung, vor dem Sachverständigen zu erscheinen, ein konkludenter Widerspruch gesehen werden (vgl Rn 160).

---

415 Vgl OLG Hamm FamRZ 2001, 314.
416 Vgl Pohlmann, Sexuelle Aufklärung geistig behinderter Menschen, BtPrax 1995, 171.
417 OLG Hamm FamRZ 2001, 314; OLG Hamm BtPrax 2000, 168.
418 Jürgens/Mertens § 69 d FGG Rn 9.

V. Verfahren **16**

c) Genehmigungsbeschluss

Der Beschluss ist zu **begründen** (§ 38 Abs. 3 S. 1, Abs. 5 Nr. 3) und mit einer **Rechts-** 163
mittelbelehrung (§ 39, vgl § 17 Rn 86) zu versehen. Zur Beschlussformel vgl Rn 145.
Der Genehmigungsbeschluss ist dem Betreuten mit den Beschlussgründen ausnahmslos
und der ggf vorher angehörten zuständigen Behörde bekannt zu geben (§ 297 Abs. 8).
Abweichend von § 40 wird die Genehmigung **erst wirksam** mit der Bekanntgabe an den
Sterilisationsbetreuer und den Verfahrenspfleger bzw den Verfahrensbevollmächtigten
des Betreuten (§ 297 Abs. 7). Zur Beschwerdemöglichkeit vgl Rn § 2 Rn 11 ff.

23. Vergütungsverfahren

a) Überblick

Der **Berufsbetreuer** hat Anspruch auf pauschalierte Vergütung gegen den Betreuten, bei 164
dessen Mittellosigkeit gegen die Staatskasse, (§§ 1908 i Abs. 1 S. 1; 1836 Abs. 1 S. 2, 3
BGB, § 1 Abs. 2 S. 2 VBVG); dies gilt nicht für den berufsmäßigen Sterilisations- und
Verhinderungsbetreuer (vgl Rn 180), da diese nur für ein punktuelles Geschäft tätig
werden und eine Stundenvergütung nach § 3 VBVG erhalten (§ 6 VBVG). Ist der Berufsbetreuer Rechtsanwalt oder Steuerberater und ist er anwaltlich oder steuerberatend
tätig geworden, dann erhält er neben der Vergütung nach dem VBVG Gebühren, wenn
der Betreute seinerseits einen Rechtsanwalt (dann nach RVG; allerdings bei mittellosen
Betreuten nur nach geringeren Gebühren nach §§ 49, 50 RVG)[419] oder Steuerberater
(dann nach StBGebV) mit der Wahrnehmung einer konkreten Angelegenheit beauftragt
hätte (§§ 1908 i Abs. 1 S. 1, 1835 Abs. 3, 1836 Abs. 1 S. 2 BGB, § 4 Abs. 2 S. 2 VBVG).
Ist der Berufsbetreuer wegen seiner besonderen Sprachkenntnisse bestellt worden, kann
er für seine Dolmetschertätigkeit nicht zusätzlich abrechnen, da dies eine typische Be-
treuertätigkeit ist; anders nur, wenn er außerhalb seines Betreueramtes dolmetscht.[420]
Der **Berufsverfahrenspfleger** erhält seine Vergütung nach Stunden (§ 277 Abs. 2 S. 2
FamFG, § 3 Abs. 1 und 2 VBVG) stets aus der Staatskasse (§ 277 Abs. 5 S. 1). Der
ehrenamtliche Betreuer (§§ 1908 i Abs. 1 S. 1, 1835 Abs. 1 BGB) und ehrenamtliche
Verfahrenspfleger (§ 277 Abs. 1 S. 1 FamFG, § 1835 Abs. 1, 2 BGB) erhalten Aufwendungsersatz und der ehrenamtliche Betreuer nur im Ausnahmefall eine Vergütung
(§ 1836 Abs. 2 BGB).

b) Die Vergütung des Berufsbetreuers

Der **Berufsbetreuer** darf – vom Ausnahmefall des § 1835 Abs. 3 BGB abgesehen – die 165
ihm zustehende Vergütung beim bemittelten Betreuen nicht ohne Weiteres dessen Vermögen entnehmen; er oder der Betreute müssen beim Betreuungsgericht einen Antrag
auf Festsetzung stellen. Maßgebend ist dabei die Feststellung seiner Berufsmäßigkeit
(vgl Rn 70), aus der zwingend der Vergütungsanspruch (§ 1 Abs. 2 VBVG) auch dann
folgt, wenn die Feststellung irrtümlich oder zu Unrecht erfolgte. Auch wenn das Betreuungsgericht später die Berufsmäßigkeit infrage stellen sollte, hat dies für die bis
dahin berufsmäßig geführte Betreuung vergütungsrechtlich keine Relevanz. Das Verfahren richtet sich nach §§ 292, 168. Der Berufsbetreuer eines mittellosen Betreuten

---

419 OLG Köln NJW-RR 2003, 712; OLG Frankfurt/M. Rpfleger 2001, 491; aA: BayObLG BtPrax 2003, 273;
     OLG Schleswig BtPrax 2003, 273; offengelassen durch BGH NJW 2007, 844.
420 OLG Köln FamRZ 2008, 921.

Bučić 723

kann die zu bewilligende Vergütung aus der Staatskasse verlangen (§§ 1908 i Abs. 1 S. 1, 1836 Abs. 1 S. 1 und 2, 1836 d BGB, § 1 Abs. 2 S. 2 VBVG). §§ 292, 168 sehen zwei unterschiedliche **Vergütungsverfahren** vor. Das formelle Festsetzungsverfahren und die vereinfachte Auszahlung.

aa) Das formelle Festsetzungsverfahren

166 Eine **förmliche Festsetzung** findet nur im formellen Festsetzungsverfahren nach §§ 292, 168 Abs. 1 S. 1–3, Abs. 2, 4 statt. Zuständig ist der Rechtspfleger (§ 3 Abs. 1 Nr. 2 b RPflG) des für das Betreuungsverfahren zuständigen Gerichts (vgl Rn 3).

(1) Vergütungsantrag

167 Die Festsetzung erfolgt **auf Antrag** des Betreuers oder Gegenbetreuers oder des Betreuten oder wenn das Gericht sie für angemessen hält, etwa dann, wenn es die Entscheidung des Kostenbeamten im vereinfachten Verfahren (vgl Rn 184) für unrichtig hält oder der Bezirksrevisor die Festsetzung anregt. Bestehen für die Antragstellung **Formulare** der Landesjustizverwaltungen, sind diese zwingend zu nutzen, anderenfalls liegt keine ordnungsgemäße Geltendmachung vor (§ 292 Abs. 2 S. 3). Der Rechtspfleger ermittelt die für die Festsetzung erforderlichen Umstände zwar nach § 26 von Amts wegen.[421] Der Antragsteller ist jedoch verpflichtet, die für die Festsetzung maßgeblichen Umstände (Qualifikation, Ausbildung, persönliche und wirtschaftliche Verhältnisse unter Einschluss etwaiger Unterhaltsansprüche[422] des Betreuten) so nachvollziehbar darzutun, dass diese auf Richtigkeit und Plausibilität überprüft werden können und überdies ein möglicher Regress gegen den (mittellosen) Betreuten geprüft werden kann.[423]

(2) Vergütungshöhe

168 Die **Vergütungshöhe** ist angesichts der Pauschalierung und der sich aus der Betreuungsakte aufgrund der Beschlüsse ersehenden Daten des Beginns der Betreuung feststellbar. Die **Ausschlussfrist** des § 2 VBVG ist von Amts wegen zu berücksichtigen. Der Vergütungsanspruch erlischt, wenn nicht binnen 15 Monaten nach seiner Entstehung die Festsetzung beantragt wird. Wichtig ist dabei, dass im Antrag all diejenigen Tatsachen mitgeteilt werden, die einen höheren Vergütungsanspruch begründen. Werden diese nicht mitgeteilt, ist der Anspruch nicht geltend gemacht,[424] so dass ein höherer Anspruch erlischt. Unerheblich ist, ob der Berufsbetreuer dabei zutreffend die Festsetzung aus dem Vermögen des Betreuten oder der Staatskasse beantragt.[425] Nach § 9 S. 1 VBVG entsteht der Anspruch jeweils nach Ablauf von drei Monaten, beginnend mit der Einrichtung der Betreuung;[426] die Frist beginnt frühestens mit dem Ablauf des einzelnen Betreuungsmonats;[427] allerdings erst nach Ablauf von drei Monaten, da erstmals zu diesem Zeitpunkt der Anspruch auf Betreuervergütung geltend gemacht werden

---

421 BayObLGZ 1990, 130; OLG Düsseldorf Rpfleger 1995, 253.
422 LG Kleve BtPrax 1999, 201.
423 OLG Frankfurt/M. BtPrax 2001, 261; OLG Frankfurt/M. FGPrax 2001, 243.
424 OLG Hamm, Beschl. v. 22.1.2009, 15 Wx 269/08.
425 LG Saarbrücken BtPrax 2009, 42.
426 MK/Wagenitz § 2 VBVG Rn 2; BGH FamRZ 2008, 1611.
427 BGH BtPrax 2008, 207; Zimmermann, Zur Frage des Beginns der Ausschlussfrist des § 1836 Abs. 1 S. 2 und S. 3 BGB iVm. § 2 VBVG für den Vergütungsanspruch des Berufsbetreuers, FamRZ 2008, 1613.

kann.[428] Der Rechtspfleger kann diese Frist von Amts wegen oder auf Antrag auf bis zu zwei Monate verkürzen (§ 2 S. 2 VBVG, § 1835 Abs. 1 a S. 1 BGB) oder um mindestens zwei weitere Monate verlängern (§ 2 S. 2 VBVG, § 1835 Abs. 1 a S. 3 BGB), wobei er auf die Folgen der Fristversäumung hinzuweisen hat. Eine Wiedereinsetzung in die Ausschlussfrist ist nicht möglich.[429] Der Rechtspfleger muss den Betreuer nicht auf den ansonsten drohenden Fristablauf hinweisen.[430]

Einwendungen hinsichtlich mangelhafter Betreuungsführung[431] und materiell-rechtliche Einwendungen (wie Stundung, Erlass, Aufrechnung, Zurückbehaltungsrecht) sind nicht zu berücksichtigen; diese sind vor dem Zivilgericht zu klären,[432] da eine umfangreiche Beweisaufnahme im Festsetzungsverfahren unzweckmäßig ist.[433] Eine mangelhafte Amtsführung wird aber zu weiteren Ermittlungen und ggf zum Einschreiten im Wege der Aufsicht Grund geben (vgl Rn 194 f). Nur wenn feststeht, dass der Betreuer strafrechtlich zum Nachteil des Betreuten gehandelt hat (Untreue oder Unterschlagung), kann dies zur Verweigerung der Vergütung führen.[434] 169

(3) Wirtschaftliche Verhältnisse

Hinsichtlich der **wirtschaftlichen Verhältnisse** des Betreuten kann der Rechtspfleger die **Glaubhaftmachung** der gemachten Angaben verlangen (§ 168 Abs. 2 S. 2, § 118 Abs. 2 S. 1, 2 ZPO). 170

(4) Anhörung des Betreuten

Soll dem Betreuer gestattet werden, seine Vergütung aus dem Vermögen des Betreuten zu entnehmen oder hat der bemittelte Betreute die Vergütung zu zahlen, so ist der Betreute bzw im Falle seines Todes sein Erbe vor der Festsetzung **anzuhören** (§ 168 Abs. 4 S. 1 und 2); schriftliche Anhörung genügt, wenn der Betreute hierzu in der Lage ist;[435] anderenfalls hat eine persönliche Anhörung zu erfolgen. Ein Verfahrenspfleger ist bei Äußerungsunfähigkeit des Betreuten zu bestellen.[436] Einer Anhörung des mittellosen Betreuten bedarf es nur, wenn ein Regress (vgl Rn 190) infrage kommt. 171

(5) Pauschalierung der Vergütung

Der Rechtspfleger setzt die Vergütungshöhe fest. Ist die Höhe zweifelhaft oder bedarf es der Klärung einer Rechtsfrage, kann er auch vorab über den Anspruchsgrund oder die vorgreifliche Rechtsfrage entscheiden (§§ 303, 304 ZPO analog).[437] Die Vergütung 172

---

428 KG BtPrax 2009, 37; OLG Köln, Beschl. v. 8.12.2008, 16 Wx 218/08; OLG Dresden FamRZ 2008, 1285. Als Beispiel: Wurde die Betreuung am 9.1.2009 eingerichtet, so beginnt das erste Abrechnungsquartal gem. §§ 9 S. 1, 5 Abs. 4 VBVG, § 187 Abs. 1 BGB am 10.1.2009, um 0:00 Uhr, und endet nach § 188 Abs. 2 BGB am 9.4.2009, um 24:00 Uhr. Die Ausschlussfrist beginnt mithin gem. § 187 Abs. 1 Alt. 1 BGB am 10.4.2009, um 0:00 Uhr, und endet nach § 188 Abs. 2 BGB 15 Monate später, am 9.7.2011, um 24:00 Uhr.
429 BayObLG FGPrax 2004, 77; Staudinger/Beiwald § 1835 BGB Rn 50.
430 OLG Dresden FamRZ 2004, 137.
431 BayObLG FamRZ 1999, 1591; BayObLG NJW 1988, 1919.
432 KG NJW-RR 2007, 1598; BayObLG FamRZ 1999, 1591; BayObLG FamRZ 1994, 779; BayObLGZ 1997, 213.
433 BayObLG FamRZ 1994, 779.
434 BayObLG FamRZ 1994, 779.
435 BayObLG FamRZ 1999, 1185.
436 BayObLG FamRZ 2004, 1231.
437 BayObLG FamRZ 1996, 250.

des Berufsbetreuers, auch des Gegenbetreuers[438] – mit Ausnahme des Sterilisations-, Verhinderungs- (§ 6 VBVG) und des Behördenbetreuers (§ 8 VBVG, § 1836 Abs. 2 BGB) – richtet sich nach dem **pauschalierten Vergütungssystem**. Weitere **Ausnahmen** kennt dieses Vergütungssystem nicht, so dass § 3 Abs. 3 VBVG auch nicht entsprechend auf besonders aufwändige Betreuungen Anwendung findet.[439] Eine Kürzung dieses Pauschalstundensatzes kommt auch bei Umsatzsteuerfreiheit des Berufsbetreuers nicht in Betracht.[440] Die Stundensätze können auch nicht durch Vereinbarung zwischen Betreuer und Betreuten erhöht werden.

173 Nach dem **Pauschalierungssystem** (§ 5 VBVG) erhält der Betreuer eine an seiner Qualifikation (§ 4 VBVG) ausgerichtete Vergütung nach **Zeitpauschalen**. Die anzusetzenden Stunden differenzieren nach Dauer der Betreuung, Aufenthalt und Mittellosigkeit des Betreuten. Die ansatzfähigen Stunden betragen schematisch betrachtet:

Dauer der Betreuung	bemittelter Betreuer – Aufenthalt		mittelloser Betreuer – Aufenthalt	
	im Heim	nicht im Heim	im Heim	nicht im Heim
1.–3. Monat	5,5 h/Monat	8,5 h/Monat	4,5 h/Monat	7 h/Monat
4.–6. Monat	4,5 h/Monat	7 h/Monat	3,5 h/Monat	5,5 h/Monat
7.–12. Monat	4 h/Monat	6 h/Monat	3 h/Monat	5 h/Monat
Ab dem 2. Jahr	2,5 h/Monat	4,5 h/Monat	2 h/Monat	3,5 h/Monat

174 Maßgebend ist die **tatsächliche, ununterbrochene Dauer der Betreuung**, unabhängig davon, ob diese rechtswidrig eingerichtet oder aufrechterhalten[441] worden ist. Sie beginnt mit der erstmaligen Betreuerbestellung und endet mit der Entlassung des Betreuers, der Aufhebung der Betreuung oder dem Tod des Betreuten. Ein Wechsel des Betreuers hat auf die Dauer der Betreuung keinen Einfluss. Tätigkeiten außerhalb dieses Zeitraums, wie etwa Teilnahme an einer Anhörung als potentieller Betreuer oder die Fertigung der Vermögensübersicht oder des Schlussberichtes[442] nach Betreuungsende werden nicht berücksichtigt und sind auch ansonsten nicht vergütungsfähig. Der Gegenbetreuer hat nach dem Ende der Betreuung noch dringende Geschäfte abzuwickeln (§§ 1908i Abs. 1 S. 1, 1895, 1893 Abs. 1, 1698b BGB) und über die Führung seiner Gegenbetreuung und der Vermögensverwaltung des Betreuers Auskunft zu erteilen (§§ 1908i Abs. 1 S. 1, 1891 Abs. 2 BGB). Im Falle des Todes des Betreuten kann ein Anspruch wegen Notgeschäftsführung gegen dessen Erben bestehen (§§ 683, 670 BGB).[443] Eine Ausnahme besteht ferner dann, wenn der Berufsbetreuer die Betreuung

---

438 OLG Köln FGPrax 2007, 123; OLG Schleswig FGPrax 2006, 166, kritisch: Bienwald, Vergütung berufsmäßiger Gegenbetreuer, FamRZ 2007, 938.
439 OLG München OLGReport 2008, 372; OLG München FGPrax 2007, 25; OLG Schleswig FGPrax 2006, 120.
440 OLG Stuttgart FGPrax 2007, 131; OLG München FamRZ 2006, 1152.
441 BayObLG NJW-RR 1998, 435.
442 OLG Köln FGPrax 2006, 163.
443 Vgl OLG Köln FGPrax 2006, 163. Vgl im Übrigen zur „Bestellungsvakanz": OLG Braunschweig FamRZ 2006, 290; LG Koblenz FamRZ 2005, 1928; LG Koblenz FamRZ 2005, 2017 verneinen einen Vergütungsanspruch. LG Cottbus FamRZ 2004, 401 lässt einen Anspruch über die Grundsätze der Geschäftsführung ohne Auftrag zu.

an einen ehrenamtlichen Betreuer **weitergibt**, weil dann noch der gesamte Abrechnungsmonat, in den der Wechsel fällt, sowie der Folgemonat anzusetzen sind (Übergangsvergütung, § 5 Abs. 5 S. 1 VBVG);[444] dies gilt auch dann, wenn zum Zwecke der Einführung in seine Aufgaben der ehrenamtliche Betreuer neben dem Berufsbetreuer bestellt war (§ 5 Abs. 5 S. 2 VBVG).

Die **Berechnung** richtet sich gem. § 5 Abs. 3 VBVG entspr. §§ 187 Abs. 1, 188 Abs. 2 BGB. Der anzusetzende Monat beginnt damit ausnahmslos am Tag nach der **erstmaligen Bestellung** eines Betreuers,[445] um 0:00 Uhr, und endet im folgenden Kalendermonat an dem Tag, der durch seine Zahl dem Anfangstag entspricht, um 24:00 Uhr. Auch bei der Bestimmung der Vergütung des Gegenbetreuers ist nicht auf dessen erstmalige Bestellung, sondern auf die erstmalige Bestellung des zu überwachenden Betreuers abzustellen.[446] Ob eine erstmalige Bestellung des Betreuers in diesem Sinne vorliegt, wenn die Betreuung aufgehoben und unmittelbar danach erneut ein – ggf derselbe – Betreuer bestellt wird, ist im Einzelfall festzustellen.[447] Ändern sich **vergütungsrelevante Umstände** im laufenden Abrechnungsmonat etwa dadurch, dass ein Wechsel unterschiedlich qualifizierter Betreuer stattfindet, der Betreute seinen Aufenthaltsort ändert oder der Betreuer entlassen wird, so ist der Stundenansatz zeitanteilig nach Tagen nach Maßgabe der §§ 187 Abs. 1 und 188 Abs. 1 BGB zu berechnen und ggf auf volle Zehntel aufzurunden (§ 5 Abs. 4 S. 2, 3 VBVG). Ob dies auch für den Fall gilt, dass sich die **wirtschaftlichen Verhältnisse** des **Betreuten** ändern, ist streitig.[448]

Heime iSd § 5 Abs. 3 S. 2 VBVG sind **Einrichtungen**, die dem Zweck dienen, Volljährige aufzunehmen, ihnen Wohnraum zu überlassen sowie tatsächliche Betreuung und Verpflegung zur Verfügung zu stellen oder vorzuhalten, und die in ihrem Bestand von Wechsel und Zahl der Bewohner unabhängig sind und entgeltlich betrieben werden; dies kann beim betreuten Wohnen (Altenwohngruppe),[449] der Aufnahme in eine Pflegefamilie[450] und in ein Hospiz[451] der Fall sein. Bei Aufnahme in eine Strafhaftanstalt oder ein Krankenhaus allenfalls dann, wenn der Betreute über keinen weiteren Lebens-

---

444 Nach OLG Hamm FamRZ 2008, 92 soll die Übergangsvergütung auch dann anfallen, wenn ohne Wechsel in der Person des Betreuers ein Wechsel von einer berufsmäßig zu einer ehrenamtlich geführten Betreuung stattfindet; kritisch: Bienwald, Zur Frage des Entstehens der Übergangsvergütung nach § 5 Absatz 5 VBVG bei Wechsel von einer berufsmäßigen zu einer ehrenamtlichen Betreuung ohne Wechsel der Person des Betreuers, FamRZ 2008, 93.
445 OLG Stuttgart FGPrax 2007, 131; OLG Hamm FGPrax 2006, 209; OLG Schleswig FGPrax 2006, 120; OLG Köln FamRZ 2006, 1876.
446 OLG Köln FGPrax 2007, 123.
447 OLG München FGPrax 2006, 213; LG Koblenz FamRZ 2007, 677: keine Erstbestellung bei sechs Monaten zwischen Aufhebung und Neubestellung. OLG Zweibrücken FGPrax 2006, 121: Erstbestellung bei neun Monaten und Personenverschiedenheit des Betreuers.
448 OLG Schleswig FGPrax 2005, 161; BayObLG NJOZ 2002, 1269: maßgebend sind die wirtschaftlichen Verhältnisse im Zeitpunkt der Entscheidung; aA: OLG Frankfurt/M. BtPrax 2008, 176; OLG Hamburg FGPrax 2008, 154; OLG Brandenburg BtPrax 2007, 267: maßgeblich sind die jeweiligen Vermögens- und Einkommensverhältnisse des Betroffenen während der Abrechnungszeitraumes.
449 OLG Stuttgart NJW-RR 2007, 1594; aA: OLG Brandenburg, Beschl. v. 3.2.2009, 11 Wx 71/08, 11 Wx 72/08; vgl auch LG Dortmund FamRZ 2006, 1788; vgl aber OLG Dresden FamRZ 2007, 499, nur wenn Versorgungsgarantie übernommen wird.
450 OLG Oldenburg FamRZ 2006, 1710; aA: OLG Stuttgart FamRZ 2008, 444; LG Kassel, Beschl. v. 23.2.2009, 3 T 738/08.
451 OLG Köln FGPrax 2007, 84.

mittelpunkt verfügt.[452] Keine Einrichtungen sind private Wohngemeinschaften, da sie keinen Träger haben, (psychiatrische) Krankenhäuser[453] und Untersuchungshaftanstalten, weil kein gewöhnlicher Aufenthalt in diesen begründet wird.[454]

177 Ob der Betreute **mittellos oder bemittelt** ist, bestimmt sich nach §§ 1836 c, 1836 d BGB, §§ 82, 85 Abs. 1, 86, 87, 90 SGB XII unter Berücksichtung seines einzusetzenden Einkommens und Vermögens. Vom maßgeblichen **Einkommen** (§ 82 Abs. 1 SGB XII), wozu Leistungen nach dem SGB XII, BVG, BEG nicht zählen, sind Einkommenssteuern, Pflichtbeiträge zur Sozialversicherung einschließlich der Beiträge zur Arbeitsförderung, Beiträge zu öffentlichen oder privaten Versicherungen oder ähnlichen Einrichtungen, soweit diese Beiträge gesetzlich vorgeschrieben oder nach Grund und Höhe angemessen sind, sowie geförderte Altersvorsorgebeiträge, Werbungskosten und das Arbeitsförderungsgeld abzusetzen (§ 82 Abs. 2 SGB XII). Erhält der Betreute Hilfe zum Lebensunterhalt, ist ferner ein Betrag in Höhe von 30 % des Einkommens abzusetzen, höchstens jedoch 50 % des Eckregelsatzes; ist der Betreute in einer Werkstatt für behinderte Menschen beschäftigt, ist von dem Entgelt ein Achtel des Eckregelsatzes zuzüglich 25 % des diesen Betrag übersteigenden Entgelts abzusetzen (§ 82 Abs. 3 SBG XII). Das Einkommen des nicht getrennt lebenden Ehe- oder Lebenspartners wird berücksichtigt (§ 85 SGB XII). Unterschreitet das festgestellte Einkommen die Einkommensgrenze des § 85 SGB XII, ist der Betreute mittellos. Die maßgebliche Einkommensgrenze ergibt sich aus der Addition des Grundbetrages in Höhe des zweifachen Eckregelsatzes, den angemessenen Kosten der Unterkunft und des Familienzuschlages in Höhe des auf volle Euro aufgerundeten Betrages von 70 % des Eckregelsatzes für den nicht getrennt lebenden Ehegatten oder Lebenspartner und für jede Person, die von dem Betreuten oder seinem nicht getrennt lebenden Ehegatten oder Lebenspartner überwiegend unterhalten wird. Überschreitet das maßgebliche Einkommen die Einkommensgrenze, so ist dieses einzusetzen, sofern dies unter Berücksichtigung der Art des Bedarfs, der Art oder Schwere der Behinderung oder der Pflegebedürftigkeit, der Dauer und Höhe der erforderlichen Aufwendungen sowie besonderer Belastungen des Betreuten und seiner unterhaltsberechtigten Angehörigen in angemessenem Umfang zumutbar ist; ist der Betreute schwerstpflegebedürftig (§ 64 Abs. 3 SGB XII) oder blind (§ 72 SGB XII), ist ein Einsatz des Einkommens über der Einkommensgrenze in Höhe von mindestens 60 % nicht zumutbar (§ 87 SGB XII). Das **einzusetzende Vermögen** bestimmt sich nach § 1836 c Nr. 2 BGB, § 90 SGB XII; nicht zu berücksichtigen sind Verbindlichkeiten. Nicht einzusetzen ist das Schonvermögen in Höhe von 2.600 EUR (§ 90 Abs. 2 SBG XII; § 1 Abs. 1 Nr. 1 a der Verordnung zur Durchführung des § 90 Abs. 2 Nr. 7 SGB XII) und das hierüber hinausgehende Vermögen, wenn dies eine **unzumutbare Härte** für den Betreuten darstellte (§ 90 Abs. 3 SBG XII), etwa dann, wenn gezahltes Schmerzensgeld,[455] der Rückkaufswert einer Sterbe-[456] oder Lebensversicherung, die

---

452 OLG Hamm FGPrax 2007, 80; OLG München FamRZ 2006, 1562; zur Obdachlosigkeit: Schneider, Die Pauschalvergütung des Betreuers nach dem seit dem 1.7.2005 geltenden Recht unter Berücksichtigung der Vermögens- und Einkommensverhältnisse des Betreuten, RpflStud 2007, 65.
453 OLG Köln FGPrax 2007, 83.
454 OLG München FamRZ 2007, 1913.
455 OLG Frankfurt/M. FamRZ 2008, 2152.
456 OLG Zweibrücken FGPrax 2006, 21: 3.000 EUR sind als angemessener Betrag nicht zu berücksichtigen.

aus Leistungen einer Härtebeihilfe[457] bedient wurde, oder für Beerdigungskosten[458] oder zum Ausgleich rückständiger Heimkosten[459] ersparte Beträge eingesetzt werden müssten. Zudem darf der Verwertung des Vermögens kein rechtliches oder tatsächliches Hindernis (Suizidgefahr des Betreuten)[460] entgegenstehen, sie darf nicht wirtschaftlich unvertretbar (Vermögensverschleuderung) und sie muss in angemessener Zeit durchführbar sein.[461]

Der ermittelte ansatzfähige pauschale Stundenansatz ist mit dem für den **Betreuer geltenden Stundensatz** des § 4 Abs. 1 VBVG, der sowohl die Umsatzsteuer als auch den Aufwendungsersatz des Berufsbetreuers einschließt (§ 4 Abs. 1 S. 1 VBVG),[462] zu multiplizieren. Der Stundensatz richtet sich nach der Qualifikation. Der Basisstundensatz beträgt **27 EUR** (§ 4 Abs. 1 S. 1 VBVG) und setzt keine besondere Qualifikation voraus. **178**

Bei Vorliegen für die Betreuungsführung nutzbarer **besonderer Kenntnisse**, etwa sozialarbeiterischer, rechtlicher, wirtschaftlicher, pflegerischer, psychologischer oder psychiatrischer Art,[463] die durch eine abgeschlossene staatlich geregelte oder anerkannte Lehre, eine vergleichbare abgeschlossene Ausbildung oder nach dreijähriger Berufserfahrung durch eine Nachqualifikation nach § 11 VBVG erworben worden sind, erhöht sich der Stundensatz auf **33,50 EUR** (§ 4 Abs. 1 S. 2 Nr. 1 VBVG).[464] Allgemeine Lebenserfahrung oder lediglich durch Fortbildung, etwa durch die Teilnahme an Fortbildungsmaßnahmen einer Sparkasse,[465] gewonnene Kenntnisse genügen nicht.[466] Sind die Kenntnisse für die Führung der Betreuung allgemein nutzbar, also geeignet, die Betreuungsführung zu erleichtern,[467] wird vermutet, dass diese Kenntnisse auch für die konkrete Betreuungsführung nutzbar sind (§§ 4 Abs. 3 S. 1, 3 Abs. 2 S. 1 VBVG), was wiederum dann nicht gilt, wenn das Betreuungsgericht aus besonderen **179**

---

457 OLG Köln BtPrax 2005, 237: für in der Zeit des Nationalsozialismus rechtswidrig vorgenommene Zwangssterilisierung im Rahmen des Allgemeinen Kriegsfolgengesetzes gezahlte Härtebeihilfe.
458 LG Koblenz NJW-RR 2006, 724: Sparguthaben von 2.300 EUR ist nicht unangemessen und damit nicht zu berücksichtigen. Vgl OLG München, Beschl. v. 27.1.2009, 33 Wx 197/08: Härte, wenn durch die Berücksichtigung des Vermögens die Aufrechterhaltung einer angemessenen Alterssicherung wesentlich erschwert würde. Vgl LG Aachen, Beschl. v. 9.2.2009, 3 T 454/08: Härte bei Berücksichtigung der durch fehlerhafte Bearbeitung der Sozialbehörde verursachten Nachzahlung von Grundsicherungsleistungen nach dem SGB XII.
459 OLG Schleswig FGPrax 2005, 161.
460 LG Koblenz BtPrax 2005, 239.
461 OLG Frankfurt/M. RdLH 2008, 176; OLG München FamRZ 2007, 1189; BayObLG FamRZ 2002, 416.
462 Dies führt nach § 12 Abs. 2 Nr. 8 a UStG zu einer gesetzgeberisch gewollten Privilegierung der gemeinnützig anerkannten Betreuungsvereine, da sie lediglich 7 % statt wie die übrigen freiberuflichen Berufsbetreuer 19 % Umsatzsteuer zahlen.
463 BayObLG FamRZ 2000, 844, 845.
464 Besondere durch eine Ausbildung erlangte Kenntnisse haben: Arzthelfer (OLG Dresden FamRZ 2000, 551), Bankkaufmann (LG Koblenz FamRZ 2001, 1490), Handwerksmeister (LG Koblenz FamRZ 2001, 303), Heilerziehungspfleger (LG Zwickau, FamRZ 2004, 220), Kinderkrankenpfleger (OLG Dresden FamRZ 2000, 552), Zahnarzthelferin (LG Stendal FamRZ 2006, 1229); hingegen nicht: Altenpfleger (OLG Dresden BtPrax 2000, 260), Bauspar- und Finanzfachfrau beim Berufsbildungswerk (OLG München FGPrax 2008, 25), Bauzeichner (LG Hamburg FamRZ 2002, 1064), Hauswirtschaftsgehilfe (LG Koblenz FamRZ 2001, 1031), Mechaniker (BayObLG BtPrax 2001, 656), Optiker (BayObLG FamRZ 2000, 124) und Zahntechniker (LG Nürnberg-Fürth Rpfleger 2000, 215). Besondere durch eine vergleichbare abgeschlossene Ausbildung erlangte Kenntnisse haben: Beamter des mittleren nicht-technischen Dienstes der Bundesbahn (BayObLG FamRZ 2001, 304), staatlich anerkannter Erzieher (OLG Braunschweig BtPrax 2005, 130), hingegen nicht: Bürokauffrau mit einjähriger Fortbildung (OLG Dresden FamRZ 2000, 551), Jurastudent mit nicht abgeschlossenem Jurastudium (BayObLG FamRZ 2000, 1306).
465 BayObLG FamRZ 2000, 1306.
466 BayObLG BtPrax 2005, 75.
467 OLG Köln FamRZ 2000, 1303; BGH FamRZ 2003, 1653.

Gründen bei der Bestellung des Betreuers etwas anderes bestimmt hat (§§ 4 Abs. 3 S. 1, 3 Abs. 2 S. 2 VBVG). Notwendig ist nicht, dass die Kenntnisse im konkreten Fall erforderlich sind, um die Betreuung zu führen. Sind die nutzbaren Kenntnisse durch eine abgeschlossene Ausbildung an einer inländischen Hochschule (nicht Fachschule[468] oder Fachakademie)[469] oder an einer ausländischen Hochschule, deren Studiengang dem inländischen vergleichbar ist,[470] eine vergleichbare abgeschlossene Ausbildung oder durch entsprechende Nachqualifikation erworben worden, erhöht sich der Stundensatz auf **44 EUR**.[471]

(6) Sterilisationsbetreuer und Verhinderungsbetreuer

180 Für den Sonderfall des **Sterilisationsbetreuers** und des **Verhinderungsbetreuers** im Falle **rechtlicher Verhinderung** gilt das Pauschalierungssystem nicht (§ 6 VBVG). Die Höhe der Vergütung (ohne Umsatzsteuer und Auslagen) bemisst sich nach § 3 VBVG. Sie erhalten – abhängig von ihrer Qualifikation (vgl Rn 178 f) – für jede für die Führung der Betreuung objektiv erforderliche Stunde netto **19,50 EUR**, **25 EUR** oder **33,50 EUR**. Der Basisstundensatz von 19,50 EUR setzt keine besondere Qualifikation, eine Erhöhung auf 25 EUR setzt hingegen „besondere", durch eine abgeschlossene Lehre oder durch eine vergleichbare abgeschlossene Ausbildung erworbene Kenntnisse, die für die Führung der Betreuung allgemein nutzbar sind, und eine Erhöhung auf 33,50 EUR setzen Kenntnisse, die durch eine abgeschlossene Ausbildung an einer Hochschule oder durch eine vergleichbare abgeschlossene Ausbildung erworben sind (vgl Rn 179), voraus.

181 Anders als die sonstigen Berufsbetreuer können sie **Vorschuss auf ihre Aufwendungen** beanspruchen und erhalten neben der Vergütung noch **Aufwendungsersatz**. Dies sind objektiv erforderliche Kosten für (Gebärden-)Dolmetscher, Fahrten nach Maßga-

---

468 BayObLG BtPrax 2000, 223.
469 BayObLG BtPrax 2000, 91.
470 BayObLG FamRZ 2004, 1232.
471 Dies ist zu bejahen bei: abgeschlossenem Master of arts-Studium (KG FGPrax 2008, 60), Diplomingenieur für Landbau (OLG Schleswig NJWE-FER 2000, 233), Diplomökonomen (OLG Zweibrücken BtPrax 2000, 89), Diplompolitologen (LG Hamburg FamRZ 2000, 1309), Diplomsozialarbeiter (OLG Hamm, Beschl. v. 22.01.2009, 15 Wx 269/08); Heilpädagogen (OLG Zweibrücken Rpfleger 2004, 488), Lehrer (BayObLG FamRZ 2001, 306; OLG Hamm BtPrax 2002, 42), Lehrer für die deutsche und englische Sprache – Studium in Kasachstan (OLG Frankfurt/M. FamRZ 2008, 1659), staatlich anerkannten Sondererzieherin (OLG Frankfurt/M. Beschl. v. 11.12.2006, 20 W 365/06), Steuerberater (Zimmermann, Die Vergütung des Steuerberaters als Betreuer, DStR 2007, 1322), Veterinär (LG Kassel FamRZ 2002, 988), durch ein Studium erworbene Kenntnisse der Psychologie und Pädagogik (BayObLG FamRZ 2004, 1232). Zu verneinen ist dies bei: einem Agraringenieur in der Fachrichtung Landtechnik (LG Stendal Beschl. v. 20.8.2008, 25 T 134/08) oder Pflanzenproduktion (OLG Naumburg FGPrax 2008, 27), Diplombauingenieur (OLG Jena BtPrax 2000, 170), Diplomgeografen (BayObLG BtPrax 2000, 81), Diplom-Staatswissenschaftler der ehemaligen DDR (LG Nürnberg-Fürth FamRZ 2004, 138), Erzieher an der Fachschule für Sozialpädagogik (OLG Karlsruhe OLGReport 2007, 167; LG Heilbronn FamRZ 2007, 766), Gesundheits- und Sozial-Ökonom (VWA) (OLG Frankfurt/M. FamRZ 2009, 457: berufsbegleitendes Studium von vier Semestern an einer Verwaltungs- und Wirtschaftsakademie), Informatiker (LG Essen FamRZ 2005, 134), Maschinenbauingenieur (OLG Rostock OLGReport 2008, 464; BayObLG BtPrax 2001, 85). Besondere, durch eine der Hochschulausbildung vergleichbare abgeschlossene Ausbildung, die eine Mindeststudienzeit von drei Jahren (BayObLG BtPrax 2000, 1309) umfasst und mit einem Abschluss endet (BayObLG BtPrax 2000, 32; OLG Hamm BtPrax 2002, 125), vermittelte Kenntnisse haben: Diplom-Verwaltungswirt (LG Kiel BtPrax 2002, 174), Heilpädagoge (OLG Frankfurt/M. BtPrax 2002, 272; OLG Zweibrücken FamRZ 2004, 1323), hingegen nicht: Alten- und Krankenpfleger (BayObLG BtPrax 2000, 223), Betriebswirt (OLG Schleswig BtPrax 2000, 172), ein Bürovorstehern in fortgebildete Rechtsanwalts- und Notargehilfin (OLG Hamm FamRZ 2000, 125), Ingenieurpädagoge (OLG Frankfurt/M. BtPrax 2002, 169) und Handwerksmeister (OLG Köln FamRZ 2000, 1303).

be des § 5 JVEG (0,30 EUR Fahrtkosten für jeden gefahrenen Kilometer zuzüglich der anlässlich der Reise anfallenden baren Auslagen, etwa Parkgebühren, und bei öffentlichen Verkehrsmitteln die tatsächlich entstandenen Auslagen bis zu den Kosten der ersten Wagenklasse der Bahn einschließlich Platzreservierung und notwendiger Gepäckbeförderung), Hilfskräfte, sofern eine Übertragung von Aufgaben zulässig ist, Kopien (wohl 0,15 EUR pro Kopie zzgl Umsatzsteuer),[472] Porto[473] und Kosten für erforderliche Übernachtungen,[474] hingegen nicht – auch nicht anteilig[475] – Allgemeinkosten (Miete, Personal, Strom, Büromaterial, Computeranlage, grundsätzlich nicht Mobiltelefon,[476] Fachliteratur uä),[477] Kosten für Fortbildung uä,[478] Versicherungskosten, Kosten für den Lebensunterhalt[479] oder die tatsächliche Pflege[480] des Betreuten oder in Ausübung des Betreueramtes erlittene Schäden, da Letztere schon begrifflich keine Aufwendungen sind.

Der Betreuer hat die von ihm aufgewandte Zeit **abzurechnen und nachzuweisen**. Vergütungsfähig ist nur die **objektiv erforderliche Zeit**. Ist ein Verhinderungsbetreuer im Falle der tatsächlichen Verhinderung des Betreuers tätig geworden, so ist abweichend hiervon seine Vergütung und sein Aufwendungsersatz nach §§ 4, 5 VBVG (vgl Rn 173 ff) zu bewilligen und nach Tagen der Verhinderung und seiner Tätigkeit zu teilen; der Stundenansatz des Hauptbetreuers vermindert sich um diesen Zeitraum entsprechend. Für den Verhinderungsbetreuer ist nicht der Stundenansatz des Hauptbetreuers, sondern sein eigener, an seiner Ausbildung zu messender Stundensatz maßgeblich. 182

(7) Festsetzungsentscheidung

Ist über einen Festsetzungsantrag rechtskräftig entschieden, kann eine Änderung der Festsetzung nur dann in Betracht kommen, wenn ein Vergütungsantrag des Betreuers auf Festsetzung gegen die Staatskasse mit der Begründung, der Betreute sei bemittelt, abgelehnt wird und sich erst nach dieser Entscheidung herausstellt, dass der Betreute mittellos war oder inzwischen mittellos geworden ist, da ansonsten der Betreuer keine Entschädigung erhielte,[481] was verfassungsrechtlich unzulässig wäre.[482] Der Berufsbetreuer wird – sofern er sich nicht sicher ist, ob der Betreute bemittelt ist – eine Vergütung aus der Staatskasse und **hilfsweise** einen Antrag auf Festsetzung der Vergütung gegen den Betreuten stellen.[483] 183

bb) Vereinfachtes Festsetzungsverfahren

Das **vereinfachte Festsetzungsverfahren** isd §§ 292, 168 Abs. 1 S. 4, welches dann betrieben werden kann, wenn der Betreute mittellos ist und sich daher sein Vergütungsanspruch gegen die Staatskasse richtet, ist für den Betreuer angesichts seiner Einfachheit 184

---

472 BayObLG NJW-FER 2001, 292; OLG Zweibrücken FamRZ 2001, 864; OLG Dresden Rpfleger 2001, 492.
473 OLG Düsseldorf FPR 2002, 93.
474 BayObLG FamRZ 2004, 565.
475 OLG Schleswig BtPrax 2002, 221; OLG Brandenburg FÜR 2002, 106.
476 LG Koblenz FamRZ 1998, 1533; LG Frankenthal JurBüro 1998, 39.
477 OLG Zweibrücken FamRZ 2003, 477.
478 OLG Frankfurt/M. BtPrax 2004, 117.
479 BayObLG Rpfleger 2003, 246.
480 LG Koblenz Rpfleger 2004, 488.
481 BayObLG FamRZ 2004, 305.
482 Vgl BVerfG NJW 1980, 2179.
483 OLG Hamm FamRZ 2004, 1324.

und Schnelligkeit vorzugswürdig. Nachteilig ist, dass ohne förmliches Festsetzungsverfahren überzahlte Beträge **zurückgefordert** werden können.[484] Es gelten die Vorschriften des JVEG (§ 168 Abs. 1 S. 4). Wenn der Betreuer zunächst einen (formlosen) Antrag im vereinfachten Verfahren, dann aber einen Festsetzungsantrag nach § 168 Abs. 1 S. 1 stellt, der als Spezialvorschrift § 4 JVEG verdrängt, wird die Anweisung des Auszahlungsbetrages durch den Kostenbeamten wirkungslos.[485] In dem formellen Festsetzungsverfahren ist der Rechtspfleger nicht an die ggf bereits getroffene Entscheidung gebunden.[486]

185 Zuständig für die Festsetzung der Vergütung ist der Kostenbeamte (Urkundsbeamter der Geschäftsstelle).[487] Das vereinfachte Verwaltungsverfahren beginnt auf (formlosen) Antrag; bestehende Vordrucke sind allerdings zu nutzen (vgl Rn 167). Der Antrag muss alle erforderlichen Angaben enthalten, die den Kostenbeamten in der Lage versetzen, die Anspruchshöhe richtig zu ermitteln.[488] Der Kostenbeamte prüft, in welcher Höhe die Vergütung anzusetzen ist; bei Zweifelsfragen kann der Kostenbeamte den Stundensatz der Entschädigung durch den Betreuungsrichter festlegen lassen oder eine Stellungnahme von diesem einholen; der Betreuungsrichter ist zur Äußerung verpflichtet.[489] Besteht Streit zwischen Kostenbeamtem und Betreuer hinsichtlich der berechtigten Höhe der Vergütung, so ist ggf ein unstreitiger Teilbetrag vorab festzusetzen und zur Auszahlung zu bringen.

cc) Erinnerung

186 Gegen die Entscheidung des Rechtspflegers ist die **Beschwerde** nur dann eröffnet, wenn der Beschwerdewert 600 EUR übersteigt (§ 61 Abs. 1) oder er wegen grundsätzlicher Bedeutung der Sache, zur Rechtsfortbildung oder Sicherung einer einheitlichen Rechtsprechung die Beschwerde zulässt (§ 61 Abs. 3 S. 1). Ist der Beschwerdewert nicht erreicht und erfolgt keine Zulassung, so ist gegen die Entscheidung des Rechtspflegers **befristete Erinnerung** nach § 11 Abs. 2 RPflG möglich.[490] Sie ist binnen zwei Wochen ab Bekanntgabe der Entscheidung einzulegen. Hilft der Rechtspfleger der Erinnerung ab, kann der nunmehr durch diese Entscheidung Beschwerte seinerseits die befristete Erinnerung einlegen. Hilft der Rechtspfleger nicht ab, legt er die Sache dem Richter vor; dieser entscheidet endgültig und unanfechtbar oder lässt seinerseits gegen seine Entscheidung die Beschwerde zu.[491] Ein eigenes Beschwerderecht gegen die Entscheidung des Rechtspflegers hat auch die Staatskasse, wenn eine Vergütung aus der Staatskasse festgesetzt wird (§ 304 Abs. 1 S. 1); in diesem Falle ist der Betreute nicht beschwerdebefugt.[492]

---

484 LG Braunschweig FamRZ 2008, 1117.
485 BGH NJW 1969, 556.
486 Vgl BGH NJW 1969, 556.
487 BGH NJW 1969, 556; vgl OLG München NJW-RR 1997, 768.
488 OLG Hamm, Beschl. v. 22.1.2009, 15 Wx 269/08.
489 OLG München NJW-RR 1997, 768.
490 Vgl BT-Drucks. 16/6308, 203.
491 BayObLG NJW-RR 2001, 798.
492 BayObLG FamRZ 2004, 138.

V. Verfahren **16**

c) **Die Vergütung des Berufsverfahrenspflegers**

Vergütung und Auslagenersatz des Berufsverfahrenspflegers werden auf seinen Antrag 187 ausschließlich aus der Staatskasse gewährt (§ 277 Abs. 5 S. 1); die Vordruckpflicht des § 292 Abs. 2 gilt nicht. Zuständig ist der Rechtspfleger. Um eine Vergütung zu erhalten, muss bei seiner Bestellung die Berufsmäßigkeit festgestellt worden sein (vgl Rn 70). Die Höhe der Vergütung (ohne Umsatzsteuer und Auslagen) bemisst sich – anders als beim Berufsbetreuer – nach § 277 Abs. 2 S. 2 FamFG, § 3 VBVG (vgl Rn 180). Daneben erhält der Berufsverfahrenspfleger Ersatz seiner Auslagen (§ 277 Abs. 2 S. 1, Abs. 1 S. 1 FamFG, § 1835 Abs. 1 und 2 BGB, vgl Rn 181), allerdings ohne Versicherungskosten (§ 1835 Abs. 2 S. 2 BGB). Ist ein Mitarbeiter der **Betreuungsbehörde** bestellt worden, bestehen **keine Ansprüche** auf Aufwendungsersatz oder Vergütung (§ 277 Abs. 4 S. 3). Beim Vereinsverfahrenspfleger stehen Aufwendungsersatz und Vergütung dem **Verein** zu (§ 277 Abs. 4 S. 2 FamFG, § 7 Abs. 3 VBVG); der Anspruch auf Aufwendungsersatz umfasst allgemeine Verwaltungskosten (§ 277 Abs. 4 S. 2 FamFG, § 1835 Abs. 5 S. 2 BGB). Der Berufsverfahrenspfleger hat die von ihm aufgewandte Zeit darzulegen; im Übrigen gilt Rn 182 sinngemäß. Es besteht die Möglichkeit, auf Antrag des Berufsverfahrenspflegers oder von Amts wegen Aufwendungsersatz und Vergütung unter der Voraussetzung, dass die für die Führung der Verfahrenspflegschaft erforderliche Zeit (Aktenstudium, Teilnahme an Anhörungen) vorhersehbar und ihre Ausschöpfung durch den Verfahrenspfleger gewährleistet ist, durch Festsetzung eines festen Betrages zu **pauschalieren** (§ 277 Abs. 3). Die voraussichtlich erforderliche Zeit ist mit dem Stundensatz des § 3 VBVG zuzüglich einer Aufwandspauschale von 3 EUR zu multiplizieren. In diesem Falle muss er seine aufgewandte Zeit nicht darlegen (§ 277 Abs. 3 S. 3). Für die Geltendmachung gilt generell die 15-monatige Ausschlussfrist des § 1835 Abs. 1 S. 3 BGB, die durch das Gericht gem. § 1835 Abs. 1 a BGB auch dann verlängert oder verkürzt werden kann, wenn eine Pauschale (vgl Rn 168) gewährt wird. Das Verfahren richtet sich nach dem Vergütungsverfahren des Betreuers (§§ 277 Abs. 5 S. 2, 168 Abs. 1; vgl Rn. 166 ff, 184).

d) **Vergütung und Aufwendungsersatz des ehrenamtlichen Betreuers und Verfahrenspflegers**

Aus **besonderen Gründen** kann dem ehrenamtlichen Betreuer eine angemessene **Ver-** 188 **gütung** bewilligt werden, soweit dies Umfang oder Schwierigkeit der Betreuungstätigkeit rechtfertigen und der Betreute nicht mittellos ist (§§ 1908 i Abs. 1 S. 1, 1836 Abs. 2 BGB), mithin besondere Umstände vorliegen, die deutliche Unterschiede zu einer üblicherweise ehrenamtlich geführten Betreuung aufweisen und die unentgeltliche Führung deshalb ausnahmsweise nicht zumutbar ist. Derartige Umstände können in der Bedeutung der wahrzunehmenden Angelegenheit, etwa Umfang, Art und Zusammensetzung eines zu verwaltenden Vermögens, die Anforderungen, die ihre sachgerechte Erledigung objektiv erfordert, und dem sich hieraus ergebenden Grad der Verantwortung begründet sein. Bei der Bestimmung der Höhe kann sich der Rechtspfleger an den Stundensätzen des § 3 VBVG, als „Kontroll- und Höchstwert"[493] orientieren, wobei in Ausnahmefällen auch eine höhere Vergütung angesetzt werden kann.[494] Sowohl die

---

493 BayObLG FamRZ 2004, 1138.
494 OLG Köln JMBl. 2009, 49; OLG Karlsruhe NJW-RR 2007, 108.

Bewilligung dem Grunde nach als auch deren Bemessung der Höhe nach sind in das pflichtgemäße Ermessen des Rechtspflegers gestellt.[495]

189 Der ehrenamtliche Betreuer erhält aber jedenfalls nach seiner Wahl entweder Aufwendungsersatz für seine **konkret nachzuweisenden Aufwendungen** (vgl Rn 181), einschließlich der Kosten für eine Haftpflichtversicherung, sofern nicht die Landesjustizverwaltungen entsprechende Sammelversicherungsverträge abgeschlossen haben, oder eine **pauschale** Aufwandsentschädigung in Höhe von 323 EUR (§§ 1908 i Abs. 1 S. 1; 1835 a BGB; § 22 S. 1 JVEG). Bei Mittellosigkeit des Betreuten erhält er den Aufwendungsersatz aus der Staatskasse. Ist der Betreute bemittelt, kann er Ersatz seiner Aufwendungen vom Betreuten verlangen; ist dem Betreuer (auch) die Vermögenssorge übertragen, kann er ohne Antragstellung entweder seine konkreten Aufwendungen mit Einzelnachweis unmittelbar nach deren Entstehen oder im Falle der Wahl der Pauschale nach Ablauf des Betreuungsjahres unmittelbar dem Vermögen des Betreuten entnehmen. Die betreuungsgerichtliche Überprüfung dieser Entnahme erfolgt dann im Rahmen der Rechnungslegung oder Berichterstattung.

e) Regress gegen den Betreuten

190 Zahlt die Staatskasse die Vergütung des Betreuers, so gehen dessen Ansprüche gegen den Betreuten auf diese über (§§ 1908 i Abs. 1 S. 1; 1836 e Abs. 1 S. 1 BGB). Zuständig für die Entscheidung über einen **Rückgriff** ist der Rechtspfleger. Der Betreute ist vor der Entscheidung über den Regress anzuhören (§ 168 Abs. 4 S. 1); ggf ist ihm nach Maßgabe des § 276 Abs. 1 ein Verfahrenspfleger zu bestellen. Ist der Betreute verstorben, so richtet sich der Anspruch der Staatskasse gegen den Erben, der zuvor anzuhören ist (§ 168 Abs. 4 S. 2). Zu beachten ist, dass der Erbe nur mit dem Wert des zur Zeit des Erbfalls vorhandenen Nachlasses unter entsprechender Anwendung der Haftungsgrenzen des § 102 Abs. 3 und 4 SGB XII haftet. Dies gilt auch dann, wenn der Erbe nach dem Tod des Betreuten unmittelbar auf die noch nicht festgesetzte Betreuervergütung und Auslagenersatz in Anspruch genommen werden soll.[496] Der Erbe ist verpflichtet, über den Bestand des Nachlasses Auskunft zu erteilen und auf Verlangen ein Nachlassverzeichnis vorzulegen und dessen Vollständigkeit an Eides Statt zu versichern (§ 168 Abs. 3 S. 2 und 3). Gem. § 168 Abs. 3 setzt der Rechtspfleger Höhe und Zeitpunkt der Zahlungen an die Staatskasse fest. Die Entscheidung über den Regress soll zugleich mit der Entscheidung über den Anspruch des Betreuers erfolgen (§ 168 Abs. 1 S. 2), sie kann jedoch aus Gründen der Zweckmäßigkeit auch zu einem späteren Zeitpunkt erfolgen (§ 168 Abs. 1 S. 3), etwa dann, wenn der zunächst mittellose Betreute zu einem späteren Zeitpunkt über einzusetzendes Einkommen oder Vermögen (vgl Rn 177) verfügt. Ändern sich nach der Entscheidung die wirtschaftlichen Verhältnisse des Betreuten, kann der Rechtspfleger nach pflichtgemäßem Ermessen seine Entscheidung bis zum Ablauf der Zehn-Jahres-Frist des § 1836 e Abs. 1 S. 2 BGB ändern (§ 168 Abs. 2 S. 2 FamFG, § 120 Abs. 4 ZPO). Die Vollstreckung des festgesetzten Betrages gegen den Betreuten oder seine(n) Erben erfolgt nach § 1 Abs. 1 Nr. 4 b JBeitrO im Wege der Einziehung.

---

495 BT-Drucks. 15/4874, 32.
496 OLG Frankfurt/M. NJW 2004, 373; OLG Düsseldorf FGPrax 2002, 219.

24. Verfahren zur Festsetzung von Gerichtskosten

Der Betroffene muss – abhängig von seinen Vermögensverhältnissen – die Gerichtskosten an die Staatskasse zahlen, da er nach § 2 Nr. 2 KostO von der Maßnahme betroffen ist, es sei denn, dass das Betreuungsgericht die Kosten bereits anderweitig einem Dritten auferlegt hat. Zu den Gerichtskosten zählen nach § 80 S. 1 Gebühren und Auslagen und die notwendigen Aufwendungen der Beteiligten; die Bestellung und die Aufhebung der Bestellung des Verfahrenspflegers sind gerichtskostenfrei (§ 93a Abs. 1 S. 2 KostO). Sofern nicht Verfahrenskostenhilfe (vgl § 3 Rn 13 ff) gewährt worden ist, muss der Betreute auch die Kosten seines Rechtsanwaltes tragen. 191

a) Dauerbetreuung

Bei der Dauerbetreuung werden Gebühren nur erhoben, wenn das **Reinvermögen** des Betroffenen nach Abzug der Verbindlichkeiten und ohne Anrechnung des unter § 90 Abs. 2 Nr. 8 SGB XII fallenden Vermögenswertes (selbstgenutztes angemessenes Hausgrundstück)[497] den Freibetrag von 25.000 EUR überschreitet; hierbei bleibt das Einkommen außer Betracht (§ 92 Abs. 1 S. 1 KostO). Anzusetzen sind für eine Betreuung mit dem Aufgabenbereich der Vermögenssorge jeweils 5 EUR für jede angefangenen 5.000 EUR, um die das anrechenbare Vermögen den Freibetrag übersteigt, mindestens jedoch 50 EUR[498] (§ 92 Abs. 1 S. 2 KostO). Ist nur ein Teil des Vermögens betroffen, etwa wenn der Aufgabenkreis auf nur bestimmte Vermögensangelegenheiten beschränkt ist, ist auch nur dieser Teil zu berücksichtigen (§ 92 Abs. 1 S. 3 KostO). Ist vom Aufgabenbereich der Betreuung nicht das Vermögen unmittelbar umfasst, etwa wenn im Rahmen des Aufenthaltsbestimmungsrechts nur ein Heimvertrag abzuschließen ist,[499] beträgt die Gebühr 200 EUR; wäre die Gebühr im Falle der Vermögenssorge geringer, ist die geringere Gebühr anzusetzen (§ 92 Abs. 1 S. 4 KostO).[500] Die Gebühr wird erstmals bei Anordnung der Betreuung und später jeweils am 1.1. eines jeden Jahres fällig (§ 92 Abs. 1 S. 6 KostO). Für das Jahr der Einleitung der Betreuungsmaßnahme und das Folgejahr wird nach § 92 Abs. 1 S. 4 KostO nur eine Gebühr, ansonsten für jedes Kalenderjahr jeweils eine Gebühr erhoben. Nur bei Überschreitung des Freibetrages von 25.000 EUR sind gerichtliche Auslagen iSd §§ 136 ff KostO (Schreibauslagen, die Fahrtkosten des Betreuungsgerichts, Auslagen und Vergütung des Verfahrenspflegers, nach JVEG gezahlte Honorare an Sachverständige, Ärzte und Dolmetscher) vom Betreuten zu erstatten. Wird eine der in § 96 KostO genannten Betreuungsmaßnahmen abgelehnt oder auch in der Beschwerdeinstanz aufgehoben, besteht Auslagenfreiheit für den Betreuten. 192

b) Kostenfestsetzung

Regelmäßig kann das Betreuungsgericht nach seinem Ermessen die notwendigen Auslagen des Betroffenen (Reisekosten, regelmäßig auch die Anwaltskosten) der Staatskasse ganz oder teilweise auferlegen, wenn in erster oder zweiter Instanz eine Betreuungsmaßnahme abgelehnt, als von Anfang an unzulässig oder unbegründet aufgeho- 193

---

497 Vgl BayObLG BtPrax 1995, 217; BayObLG FamRZ 1996, 245.
498 Vgl BT-Drucks. 16/3038, 53.
499 Vgl BVerfG NJW 2006, 2246; BT-Drucks. 16/3038, 53.
500 BT-Drucks. 16/3038, 16.

ben[501] oder eingeschränkt[502] wird oder das Verfahren ohne Entscheidung durch Erledigung,[503] also durch ein Ereignis, welches eine derartige Veränderung der Sach- und Rechtslage herbeiführt, dass eine Sachentscheidung nicht mehr ergehen kann,[504] oder Tod[505] des Betroffenen, beendet wird (§ 307). Eine entsprechende Anordnung unterbleibt, wenn eine Betreuungsmaßnahme wegen des Verhaltens des Betroffenen, etwa weil er auf eine bestehende Vollmacht nicht hingewiesen oder die Maßnahme selbst beantragt hat, angeordnet und später aufgehoben wird.

25. Betreuungsgerichtliches Aufsichtsverfahren

194 Der Rechtspfleger übt die Aufsicht über die **gesamte Tätigkeit** des Betreuers und Gegenbetreuers (§§ 1908 i Abs. 1 S. 1, 1837 Abs. 2 S. 1 BGB) von Amts wegen aus (§ 26). Bei pflichtwidrigem Verhalten des Betreuers muss er einschreiten; ein Ermessen besteht nicht. Bleibt er untätig und führt dies zu einem Schaden des Betreuten, kann dies einen Anspruch nach § 839 BGB, Art. 34 GG gegen den Staat begründen.

195 **Pflichtwidrigkeit** liegt bei einer Betreuungsführung vor, die dem Wohl des Betreuten zuwiderläuft. Der Betreuer ist zur selbständigen und eigenverantwortlichen[506] Besorgung der Angelegenheiten des Betreuten **zu dessen Wohl** verpflichtet (§ 1901 Abs. 2 S. 1 BGB), wobei er in allen Lebensbereichen dessen Wünschen zu entsprechen hat, soweit dies dessen Wohl nicht zuwiderläuft und dem Betreuer zuzumuten ist (§ 1901 Abs. 3 S. 1 BGB). Aufgrund dieser Eigenverantwortlichkeit steht ihm ein Gestaltungsspielraum zu, wie er seine Aufgaben wahrnimmt. Die Aufsicht des Betreuungsgerichts beschränkt sich daher darauf, nur bei Pflichtwidrigkeiten einzuschreiten,[507] nicht aber schon dann, wenn das Betreuungsgericht ein anderes Handeln des Betreuers für zweckmäßig hält.[508]

---

501 OLG Zweibrücken FamRZ 2003, 1126.
502 OLG Düsseldorf FamRZ 2000, 248.
503 BayObLG FamRZ 2003, 783.
504 OLG München BtPrax 2006, 151.
505 BayObLG NJW-RR 2002, 514; vgl BayObLG FamRZ 2001, 1645.
506 BayObLG NJW 1999, 3205.
507 BayObLG FamRZ 2000, 565.
508 Daher wird ein pflichtwidriges Verhalten dann anzunehmen sein, wenn der Betreuer zumutbare Wünsche des Betreuten nicht erfüllt, die Betreuung primär an Interessen Dritter ausgestaltet, etwa den Betreuten trotz vorhandenen Vermögens zur Sparsamkeit zwingt, um potentielle Erben das Vermögen zu erhalten, oder er einem mittellosen Betreuten zum Zwecke der Schuldenregulierung eine sparsame Lebensweise aufdrängt, obwohl Gläubiger wegen Unterschreitens der Pfändungsfreigrenzen ohnehin nicht vollstrecken könnten, keinen persönlichen Kontakt zum Betreuten pflegt, wichtige Angelegenheiten mit dem Betreuten nicht bespricht, soziale Kontakte des Betreuten ohne erkennbaren Grund einschränkt (BayObLG FamRZ 1991, 1481), den Aufenthaltsort des Betreuten aus sachwidrigen Erwägungen (Umverlegung in anderes Heim, um Besuchsmöglichkeiten zu erleichtern) bestimmt (OLG Schleswig FamRZ 1996, 1368), seinen Aufgabenkreis überschreitet (BayObLG FamRZ 1991, 1481), die Mitteilung von Umständen, die eine Änderung der bisherigen Betreuungsanordnung (Aufhebung, Einschränkung oder Erweiterung der Betreuung oder Bestellung eines weiteren Betreuers oder Anordnung eines Einwilligungsvorbehalts) erfordern (§ 1901 Abs. 5 BGB, OLG München FamRZ 2008, 89), an das Betreuungsgericht unterlässt, eine drohende Wohnungskündigung (§ 1907 Abs. 2 BGB) dem Betreuungsgericht nicht mitteilt, Änderungen des Aufenthalts des Betreuten dem Betreuungsgericht nicht mitteilt, die Mitteilung über Zahl und Umfang der von ihm berufsmäßig geführten Betreuungen (§ 1897 Abs. 8 BGB) unterlässt, nicht den jährlichen Bericht über die persönlichen Verhältnisse des Betreuten (§§ 1908 i Abs. 1 S. 1, 1840 Abs. 1 BGB) einreicht, das Vermögensverzeichnis (§§ 1908 i Abs. 1 S. 1, 1802 Abs. 1 S. 1, Abs. 2, 3 BGB) nicht einreicht, keine Rechnung legt (§§ 1908 i Abs. 1 S. 1, 1840 f BGB), im Falle der Beendigung der Betreuung keine abschließende Rechnungslegung übermittelt (§§ 1908 i Abs. 1 S. 1, 1890, 1892 BGB), keine Auskünfte erteilt (§ 1908 i Abs. 1 S. 1, § 1839 BGB), gegen seine Pflicht zur Geldanlage (§§ 1908 i Abs. 1 S. 1, 1806 ff BGB) verstößt, Wertpapiere nicht hinterlegt

V. Verfahren

Das Betreuungsgericht hat bei der **Auswahl des geeigneten Aufsichtsmittels** den Grundsatz der Verhältnismäßigkeit zu beachten. Die Bandbreite geeigneter Maßnahmen ist vielfältig. Sie reicht von Einzelweisungen, etwa dergestalt, dass der Betreute aus der Heim- in die häusliche Pflege gegeben werden soll,[509] bis zur Entlassung des Betreuten bei gravierenden Pflichtverletzungen (vgl Rn 100). Der Betreuer und der Betreute sind zu einer beabsichtigten Maßnahme anzuhören. Mit der Weisung sollte der Hinweis auf die Verhängung von Zwangsgeld verbunden werden (§ 35 Abs. 2). Kommt der Betreuer der Weisung nicht nach, kann das Betreuungsgericht Zwangsgeld gegen ihn als Beugemaßnahme festsetzen. Kommt der Betreuer der Weisung nach, ist die Zwangsgeldfestsetzung aufzuheben. Zwangsgeld kann hingegen dann nicht festgesetzt werden, wenn der Betreuer ein Betreuungsverein, die Betreuungsbehörde (§§ 1908 i Abs. 1 S. 1, 1837 Abs. 3 S. 2 BGB) oder ein Behördenbetreuer (§ 1908 g Abs. 1 BGB) ist. Aufsichtsmaßnahmen kann der Betreuer mit der Beschwerde angreifen. 196

26. Mitteilungsverfahren

a) Mitteilung an Wählerverzeichnis

Ist für einen Deutschen iSd Art. 116 GG oder einen Unionsbürger für „alle Angelegenheiten" ein Betreuer dauerhaft (also nicht im Wege einstweiliger Anordnung nur vorläufig) bestellt, der Aufgabenkreis hierauf dauerhaft erweitert worden oder umgekehrt eine derartige Betreuung aufgehoben oder beschränkt worden, so hat der hierfür zuständige Betreuungsrichter (Kap XV/4 Abs. 3, Kap XV/5 Abs. 2 MiZi), der für die Führung des **Wählerverzeichnisses** nach §§ 14 ff BWO zuständigen **Gemeindebehörde** eine abgekürzte Ausfertigung der Entscheidung, also nicht die Beschlussgründe (Kap Allg/5 Abs. 2 Nr. 1 MiZi), mitzuteilen (§ 309 Abs. 1 S. 1, 2, 3). Dies gilt auch dann, wenn der Aufgabenkreis die Post- und Fernmeldeangelegenheiten iSd § 1896 Abs. 4 BGB (vgl Rn 42) und die Entscheidung über die Sterilisation (§ 1905 BGB) nicht erfasst. Dabei kommt es nicht darauf an, ob der Betreuer ausdrücklich für „alle" Angelegenheiten oder nur für konkret benannte Aufgabenkreise (vgl Rn 35 ff, 46) bestellt wird und letzterenfalls in der Beschlussformel festlegt ist, dass sich damit die Betreuung auf alle Angelegenheiten des Betreuten erstreckt.[510] Eine Unterrichtung des Betroffenen oder des Betreuers ist nicht erforderlich. 197

b) Aufenthaltsbestimmungsrecht

Wird das **Aufenthaltsbestimmungsrecht** – auch nur vorläufig mittels einstweiliger Anordnung – einem Einwilligungsvorbehalt unterworfen, wieder aufgehoben oder findet bei bestehendem Einwilligungsvorbehalt ein Betreuerwechsel statt, so hat der hierfür zuständige Betreuungsrichter (Kap XV/5 Abs. 2 MiZi) nach Rechtskraft der Entscheidung eine abgekürzte Ausfertigung der zuständigen **Meldebehörde** zukommen zu lassen 198

(§§ 1908 i Abs. 1 S. 1, 1814 BGB), ohne erforderliche Genehmigung (vgl Rn 129 ff) ein genehmigungspflichtiges Rechtsgeschäft (§§ 1908 i Abs. 1 S. 1, 1814 ff, 1819 ff BGB) vornimmt oder gegen seine Pflicht zur Erstellung einer Betreuungsplanung im Rahmen einer berufsmäßig geführten Betreuung (§ 1901 Abs. 4 S. 2, 3 BGB) verstößt.
509 BGH BtPrax 1996, 28.
510 BT-Drucks. 13/4709, 50; LG Zweibrücken BtPrax 1999, 244; aA BayObLG FamRZ 1997, 388: deklaratorische Feststellung unzulässig.

(§ 309 Abs. 2 S. 2). Eine Unterrichtung des Betroffenen oder des Betreuers ist nicht erforderlich.

c) Mitteilung bei Gefährdung

199 Eine zwingende Mitteilungspflicht des zuständigen Betreuungsrichters (Kap. XV/3 Abs. 2 MiZi) besteht – auch vor Verfahrensabschluss (§ 308 Abs. 2) – bei allen betreuungsrechtlichen Entscheidungen, wenn damit eine **Gefahr** für das Wohl des **Betroffenen oder Dritte** abgewehrt werden soll (§ 308 Abs. 1), wenn etwa ohne die Mitteilung eine festgestellte Schuldunfähigkeit des Betreuten in einem gegen ihn geführten Strafverfahren unberücksichtigt bliebe[511] oder die erhebliche Wahrscheinlichkeit – die vage Möglichkeit genügt nicht – besteht, dass er durch seine weitere Berufsausübung[512] oder Gewalttätigkeiten Dritte (insbesondere wenn er Inhaber eines Führer-, Waffen- oder Jagdscheins ist)[513] schädigen wird.[514] Mitteilungsempfänger kann nur ein anderes Gericht, eine Behörde oder sonstige öffentliche Stelle sein. Der Mitteilungsempfänger, Inhalt, Art und Weise der Mitteilung sind in der Betreuungsakte zu vermerken (§ 308 Abs. 3 FamFG; Kap Allg/4 S. 2 MiZi). Der Betreute, sein Betreuer ein ggf bestellter Verfahrenspfleger sind, zugleich mit der Veranlassung der Mitteilung, über deren Inhalt und Adressaten zu unterrichten (§ 308 Abs. 3 S. 1); anstelle des Betreuten kann auch nur sein Verfahrensbevollmächtigter unterrichtet werden. Eine Unterrichtung des Betroffenen kann unterbleiben, wenn die Gefahr besteht, dass durch die Unterrichtung die Abwendung der Gefahr vereitelt oder erschwert würde, von dieser nach ärztlichem Zeugnis erhebliche Nachteile für die Gesundheit des Betroffenen drohen (vgl Rn 66) oder der Betroffene nach dem unmittelbaren Eindruck des Betreuungsgerichts offensichtlich unterrichtungsunfähig ist (§ 308 Abs. 3 S. 2). Die Unterrichtung ist jedoch nachzuholen, wenn die vorgenannten Gründe nachträglich wegfallen (§ 308 Abs. 3 S. 3). Fallen die Gründe für die Mitteilung weg oder stellt sich heraus, dass diese gar nicht vorgelegen haben, so hat das Gericht dem Mitteilungsempfänger hiervon ebenfalls Mitteilung zu machen.

d) Mitteilung von Straftaten und Ordnungswidrigkeiten

200 Der Betreuungsrichter (Kap XV/7 Abs. 2 MiZi) kann nach seinem pflichtgemäßen Ermessen eigene Entscheidungen oder Erkenntnisse über den Betroffenen zum Zwecke der Verfolgung von **Straftaten und Ordnungswidrigkeiten** an die Staatsanwaltschaft (§ 152 StPO) oder Verwaltungsbehörde (§§ 35 f OWiG) weiterleiten (§ 311). Bei der dabei vorzunehmenden Abwägung hat er die Interessen des Betroffenen, etwa eine Gefährdung seiner Gesundheit oder sozialen Eingliederung, und das öffentliche Strafverfolgungsinteresse unter Beachtung des Verhältnismäßigkeitsgrundsatzes gegeneinander abzuwägen. Der Betreute, sein Betreuer und ein ggf bestellter Verfahrenspfleger sind zugleich mit der Veranlassung der Mitteilung zu unterrichten. Hiervon kann nach Maßgabe des § 308 Abs. 3 abgesehen werden (vgl Rn 199). Der Mitteilungsempfänger,

---

511 BT-Drucks. 11/4528, 182.
512 BT-Drucks. 11/4528, 182.
513 BT-Drucks. 11/4528, 182.
514 BT-Drucks. 11/4528, 182.

Inhalt, Art und Weise der Mitteilung sind in der Betreuungsakte zu vermerken (§ 311 S. 2).

e) Mitteilung bei Unterbringung des Betreuten

Ist der Betreute auch nur kurzfristig **untergebracht**, so ist über die Bestellung eines Betreuers, die sich auf die Aufenthaltsbestimmung des Betroffenen erstreckt oder erweitert wird, die Aufhebung einer solchen Betreuung und über jeden Wechsel in der Person des Betreuers der Leiter der Unterbringungseinrichtung[515] durch Mitteilung des Entscheidungstenors zu unterrichten (§ 310). Zuständig ist der Betreuungsrichter, wenn ein anderes Gericht für die Unterbringungsmaßnahme zuständig ist (Kap XV/6 Abs. 3 MiZi), sonst der Urkundsbeamte der Geschäftsstelle (Kap Allg/3 Abs. 2 MiZi). Einer Unterrichtung des Betreuten und des Betreuers bedarf es nicht. 201

VI. Vollstreckung betreuungsgerichtlicher Entscheidungen

1. Verfahren zur Erzwingung der persönlichen Anhörung des Betroffenen

Weigert sich der Betroffene, an seiner **persönlichen Anhörung** nach §§ 278 Abs. 1, 293 Abs. 1, 295 Abs. 1 teilzunehmen, kann der Betreuungsrichter (arg. e. § 19 Abs. 1 S. 1 Nr. 1 RPflG) dessen Vorführung durch die Betreuungsbehörde anordnen (§ 278 Abs. 5, zu den Kosten vgl Rn 207), wenn keine anderen milderen Mittel vorhanden sind, etwa Einschaltung von bekannten Vertrauenspersonen oder Dritten, und die Vorführung angedroht wird.[516] Die als Verfahrensentscheidung **unanfechtbare** Vorführungsanordnung[517] ist zu begründen. 202

Weigert sich der Betreute, an seiner persönlichen Anhörung in anderen vorgesehenen Fällen (§§ 296, 297 Abs. 1, 298 Abs. 1, 299) oder an einer nicht zwingend vorgesehenen, aber vom Betreuungsgericht für erforderlich gehaltenen persönlichen Anhörung teilzunehmen, so kann zunächst sein **persönliches Erscheinen** nach § 33 Abs. 1 S. 1 zu einem Termin **angeordnet** und der Betreute hierzu geladen werden (§ 33 Abs. 2). Zeichnet sich ab, dass der Betreuer der Ladung nicht nachkommen wird, soll die Zustellung der Ladung angeordnet werden. Erscheint der Betreute zum Anhörungstermin nicht, so kann das Betreuungsgericht nach § 33 Abs. 3 vorgehen und Zwangsgeld, auch wiederholt, gegen ihn festsetzen. Bleibt er im darauf anzuberaumenden Anhörungstermin erneut aus, so kann das Gericht seine Vorführung – aus Gründen der Schonung des Betreuten entspr. § 278 Abs. 5 – durch die Betreuungsbehörde anordnen. Entschuldigt der Betreute sein Ausbleiben nachträglich und hinreichend glaubhaft, so hat das Gericht seine Zwangsanordnungen aufzuheben (§ 33 Abs. 3 S. 3). 203

2. Verfahren zur Erzwingung der Teilnahme des Betroffenen an der Untersuchung durch den Sachverständigen

a) Vorführung

Weigert sich der Betroffene, zur Untersuchung bzw Befragung durch den Sachverständigen zu erscheinen, kann seine **Vorführung** (§ 283) und Unterbringung zur Begutach- 204

---

515 Vgl auch BT-Drucks. 11/4528, 184.
516 BayObLG FamRZ 1997, 1568.
517 Vgl BR-Drucks. 309/2/07, 76.

Bučić

tung (§ 284) angeordnet werden. Zuständig ist der Betreuungsrichter (für Vorführung: arg. e. § 19 Abs. 1 S. 1 Nr. 1 RPflG und für Unterbringung: Art. 104 Abs. 2 S. 1 GG; § 4 Abs. 2 Nr. 2 RPflG). Erforderlich ist, dass der Betroffene den Untersuchungstermin schuldhaft versäumt, ein Absehen von der Begutachtung nicht nach §§ 281, 282 (vgl Rn 29 f) möglich ist, der Betroffene zu einer freiwilligen Teilnahme nicht etwa dadurch bewegt werden kann, dass eine Vertrauensperson, der Hausarzt oder eine dem Betroffenen nahestehende Person bei der Untersuchung zugegen ist und der Betroffene im Regelfall persönlich angehört worden ist (§ 283 Abs. 1 S. 2).

b) Unterbringung zur Begutachtung

205 Genügt auch die Vorführungsanordnung nicht, um die Erstellung eines Gutachtens zu ermöglichen, kann der Betreuungsrichter die Unterbringung zur Begutachtung für höchstens **sechs Wochen** anordnen (§ 284 Abs. 2 S. 1). Voraussetzung ist, dass nach Anhörung eines entspr. § 321 Abs. 1 S. 4 qualifizierten Sachverständigen (vgl § 17 Rn 45) feststeht, dass und wie lange eine Unterbringung zur Gutachtenerstellung erforderlich ist, nach § 276 Abs. 1 ein Verfahrenspfleger bestellt und dieser und der Betroffene sowohl zur Unterbringung als auch zum Ergebnis der Anhörung des Sachverständigen persönlich angehört werden (§ 284 Abs. 1 S. 2). Weigert sich der Betroffene, an der persönlichen Anhörung teilzunehmen, kann er entspr. § 278 Abs. 5 vorgeführt werden. Die Unterbringung darf für höchstens sechs Wochen angeordnet werden. Reicht dieser Zeitraum nicht aus, so kann die Unterbringung ggf durch mehrere Anordnungen bis auf insgesamt drei Monate verlängert werden (§ 284 Abs. 2 S. 2). Der Betroffene ist vorher anzuhören; persönliche Anhörung ist nicht erforderlich.[518] Die Anordnung der Unterbringung rechtfertigt nicht die zwangsweise Zuführung des Betroffenen zur Unterbringung; er kann aber nach § 283 vorgeführt werden (vgl Rn 204).

c) Einsatz körperlicher Gewalt

206 Die Durchführung der Vorführung oder Unterbringung gegen den Willen des Betroffenen ist ohne den **Einsatz unmittelbaren Zwangs** schwerlich denkbar, so dass die nach §§ 1, 3 BtBG zuständige Betreuungsbehörde zum Einsatz einfacher körperlicher Gewalt – allerdings nur durch den Betreuungsrichter[519] – ermächtigt werden kann; diese kann als **ultima ratio** die Hilfe der Polizei in Anspruch nehmen (§§ 283 Abs. 2, 284 Abs. 3).[520] Nach §§ 283 Abs. 3, 284 Abs. 3 kann der Betreuungsrichter ausdrücklich anordnen, dass die Wohnung des Betroffenen zum Zwecke seiner Vorführung oder Unterbringung auch gegen dessen Willen betreten werden kann.

d) Beschluss

207 Die zu begründende Vorführanordnung wird gem. § 40 Abs. 1 mit der Bekanntgabe an den Betroffenen wirksam.[521] Die Vorführanordnung ist keine Endentscheidung und damit nicht anfechtbar;[522] die **Unterbringungsanordnung** (§ 284 Abs. 3) kann hingegen mit der **sofortigen Beschwerde** entspr. §§ 567 ff ZPO angefochten werden und ist daher

---

518 Jürgens/Mertens § 68 b FGG Rn 15.
519 BT-Drucks. 16/6308, 268.
520 BT-Drucks. 16/6308, 268.
521 BT-Drucks. 16/6308, 269.
522 BR-Drucks. 309/2/07, 76.

mit einer Rechtsbehelfsbelehrung zu versehen (§ 39). Die Kosten der Vorführung zählen zu den gerichtlichen Auslagen nach § 137 Nr. 11 b, 14 KostO, da die Betreuungsbehörde die Vorführung zwar selbständig und ohne Bindung an Weisungen des Betreuungsgerichts,[523] allerdings nicht als eigene Aufgabe wahrnimmt.[524]

VII. Betreuungsgerichtliche Zuweisungssachen

Besonderheiten bestehen für die betreuungsgerichtlichen Zuweisungssachen nach § 340. Für die örtliche Zuständigkeit gilt § 272 (§ 341, vgl Rn 3 ff). Nach § 340 Nr. 1 sind Zuweisungssachen Pflegschaften nach den §§ 1911, 1914, 1913 BGB, § 17 SachenRBerG, soweit nicht positiv feststeht, dass der Beteiligte minderjährig oder noch nicht geboren ist, da dann das Familiengericht zuständig ist (§ 151 Nr. 5), und nach § 340 Nr. 2 die Bestellung eines Vertreters nach § 16 VwVfG, den entsprechenden inhaltsgleichen Regelungen der Länder, § 15 SGB X, § 81 AO, § 207 BauGB und 119 FlurbG. Die Verfahrensvorschriften des FamFG gelten auch für die Bestellung eines Verteters nach § 16 Abs. 1 Nr. 4 VwVfG, § 15 Abs. 1 Nr. 4 SGB X und § 81 Abs. 1 Nr. 4 AO mit folgenden Besonderheiten: Der Vertreter kann nur auf Antrag der Behörde bestellt werden. Die Behörde ist ihm zur Zahlung einer angemessenen Vergütung und zur Erstattung seiner baren Auslagen (Fahrtkosten, Schreibauslagen, Porto- und Telekommunikationskosten) verpflichtet. Da die §§ 1835 ff BGB gerade nicht gelten, richtet sich die Vergütungshöhe nach Umfang, Dauer und Schwierigkeit des Verfahrens und wird sich an den Regelungen des RVG, JVEG oder der StBGebV zu orientieren haben. Örtlich zuständig ist das Betreuungsgericht, in dessen Bezirk der Beteiligte seinen gewöhnlichen Aufenthalt hat, ansonsten das Betreuungsgericht, in dessen Bezirk die antragstellende Behörde ihren Sitz hat. Gemäß § 340 Nr. 3 sind weitere dem Betreuungsgericht zugewiesene Sachen die Änderung des Familiennamens (§ 2 NamÄndG), der Antrag auf Einleitung des Aufgebotsverfahren zum Zwecke der Todeserklärung (§ 16 Abs. 3 VerschG), die Genehmigung nach § 6 KastrG (vgl § 15 Nr. 8 RPflG) und eine Vereinbarung zwischen Vater und Kind bei Bestehen eines Einwilligungsvorbehaltes (§ 10 a Abs. 2 S. 2 NEhelG).

---

523 Walther, Vor- und Zurückführungen in Betreuungs- und Unterbringungsverfahren, RuP 2007, 167.
524 OLG Köln JMBl NW 2005, 20; aA: LG Koblenz FamRZ 2004, 566; LG Freiburg, Beschl. v. 14.10.2002, 4 T 212/02; LG Limburg BtPrax 1998, 116, da die Vorführung eigene Aufgabe der Betreuungsbehörde ist und kein Fall der Amtshilfe vorliegt.

§ 17 Unterbringungssachen

Literatur: Bauer/Klie/Rink, Heidelberger Kommentar Betreuungs- und Unterbringungsrecht, Loseblatt, Stand: September 2008 (zitiert: HK-BUR/Bearbeiter); Bienwald/Sonnenfeld/Hoffmann, Betreuungsrecht, Kommentar, 4. Aufl. 2005 (zitiert: Bienwald/Bearbeiter); Damrau/Zimmermann, Betreuungsrecht, 3. Aufl. 2001; Dodegge/Roth, Systematischer Praxiskommentar Betreuungsrecht, 2005 (zitiert: Bt-Komm/Bearbeiter); Firsching/Dodegge, Familienrecht, 2. Halbband, Vormundschafts- und Betreuungsrecht, 6. Aufl. 1999; Fröschle (Hrsg.), Praxiskommentar Betreuungs- und Unterbringungsverfahren, 2007 (zitiert: Fröschle/Bearbeiter); Knittel, Betreuungsgesetz (BtG), Loseblatt, Stand: August 2008; Knittel, Auf dem Weg zur FGG-Reform, Kritische Betrachtungen zur geplanten Beschränkung der Rechtsmittel in Betreuungs- und Unterbringungssachen, BtPrax 2008, 99 ff; Probst, Betreuungs- und Unterbringungsverfahren, 2005; Marschner/Volckart, Freiheitsentziehung und Unterbringung, 4. Aufl. 2001; Vormundschaftsgerichtstag e.V., Stellungnahme zum FGG-Reformgesetz – FGG-RG, BtPrax 2008, 167–169 und unter www.vgt-ev.de.

I. Überblick 1	IV. Durchführung des gerichtlichen
II. Anwendungsbereich 2	Verfahrens in der ersten Instanz .. 21
1. Zivilrechtliche Unterbringungen 3	1. Einleitung des Verfahrens 21
a) Unterbringung durch einen Betreuer oder Bevollmächtigten 3	a) Zivilrechtliche Unterbringungssachen 21
b) Unterbringungsähnliche Maßnahmen 6	b) Unterbringungssachen nach Landesrecht 22
c) Gerichtliches Verfahren .. 7	2. Amtsermittlungsgrundsatz ... 23
2. Öffentlich-rechtliche Unterbringungen 8	3. Beteiligte 24
a) Landesrechtliche Regelungen 9	a) Muss-Beteiligte 25
b) Verfahrensrechtliche Regelungen 11	b) Beteiligung der Behörde .. 26
3. Unterbringung Minderjähriger 12	c) Kann-Beteiligte 27
III. Zuständigkeit der Gerichte 13	d) Landesrecht 29
1. Sachliche Zuständigkeit 13	e) Folge der Beteiligung 30
2. Örtliche Zuständigkeit 14	4. Anhörungen 31
a) Zivilrechtliche Unterbringungssachen 14	a) Persönliche Anhörung des Betroffenen 32
b) Öffentlich-rechtliche Unterbringungssachen 15	aa) Gesetzliche Vorgaben 32
c) Unterrichtung des anderen Gerichts 16	bb) Durchführung der persönlichen Anhörung 35
3. Verweisung und Abgabe der Unterbringungssache 17	cc) Vermerk über die Anhörung 39
a) Verweisung 17	dd) Absehen von einer persönlichen Anhörung 41
b) Abgabe 18	ee) Folgen der fehlerhaft unterlassenen Anhörung 42
aa) Abgabe bei zivilrechtlichen Unterbringungsmaßnahmen 18	b) Anhörung der sonstigen Beteiligten und der zuständigen Behörde 43
bb) Abgabe bei der Unterbringung nach Landesgesetzen 19	5. Einholung eines Sachverständigengutachtens 44
4. Funktionelle Zuständigkeit ... 20	a) Förmliche Beweisaufnahme 45
	b) Muster für einen gerichtlichen Gutachtenauftrag ... 47
	c) Inhaltliche Anforderungen an das Gutachten 48

d) Erörterung des Gutachtens 49	VI. Wirksamwerden von Beschlüssen 87
e) Folgen eines nicht ausreichenden Gutachtens 50	1. Bekanntgabe an den Beteiligten/Rechtskraft 87
f) Vorführung zur Untersuchung 51	2. Anordnung sofortiger Wirksamkeit 88
aa) Voraussetzungen 51	3. Absehen von einer Bekanntgabe der Beschlussgründe an
bb) Verfahren 52	den Betroffenen 89
cc) Anfechtbarkeit 53	4. Bekanntgabe an den Leiter der
dd) Gewaltanwendung 54	Einrichtung 90
ee) Betreten der Wohnung 55	VII. Zuführung zur Unterbringung ... 91
g) Unterbringung zur Begutachtung 56	1. Unterstützung des Betreuers oder des Bevollmächtigten 92
aa) Voraussetzungen 57	2. Gewaltanwendung 93
bb) Dauer der Unterbringung 58	3. Betreten der Wohnung 94
cc) Vorführung 59	VIII. Vollzugsangelegenheiten 96
dd) Rechtsmittel 60	1. Anwendungsbereich 97
h) Entbehrlichkeit der Einholung eines Gutachtens – ärztliches Zeugnis 61	2. Maßnahmen 98
	3. Antragstellung 99
i) Entschädigung des Sachverständigen 64	4. Entscheidung des Betreuungsgerichtes 100
6. Bestellung eines Verfahrenspflegers 65	a) Zuständigkeit 100
a) Bedeutung der Regelung .. 66	b) Prüfung des Gerichtes 101
b) Stellung und Aufgaben des Verfahrenspflegers 67	c) Verfahren 102
	5. Aussetzung des Vollzuges 103
c) Notwendigkeit der Bestellung 68	a) Anwendungsbereich 104
	b) Voraussetzungen 105
d) Unterbleiben der Bestellung 69	c) Auflagen 106
	d) Dauer der Aussetzung 107
e) Begründung des Gerichts bei unterbliebener Verfahrenspflegerbestellung 70	e) Widerruf der Aussetzung 108
	f) Verfahren 109
f) Auswahl des Pflegers 71	g) Rechtsmittel 110
g) Zeitpunkt und Dauer der Bestellung 72	IX. Dauer der Unterbringung 111
	1. Verlängerung der Genehmigung oder Anordnung 112
h) Unanfechtbarkeit 73	2. Aufhebung der Unterbringungsmaßnahme 113
i) Kosten 74	
j) Vergütung und Aufwendungsersatz 75	X. Befristete Beschwerde 114
V. Entscheidung des Gerichts 76	1. Einlegung der Beschwerde 116
1. Entscheidungsgrundlage und -maßstab 76	a) Zuständiges Gericht 117
	b) Frist 118
2. Entscheidung durch Beschluss 77	c) Form 119
	d) Beschwerdeberechtigung 120
3. Inhalt des Beschlusses 78	2. Gang des Beschwerdeverfahrens 126
4. Begründung des Beschlusses 82	a) Abhilfeprüfung 126
a) Rechtliche Grundlage 82	b) Prüfung des Beschwerdegerichts hinsichtlich der Zulässigkeit der Beschwerde 127
b) Inhalt der Begründung 84	
c) Unterschrift/Datum der Übergabe 85	
d) Rechtsmittelbelehrung.... 86	c) Durchführung des Beschwerdeverfahrens 128

Diekmann 743

§ 17 Unterbringungssachen

aa) Tatsacheninstanz 128
(1) Grundsätze 128
(2) Absehen von Verfahrenshandlungen 129
(3) Rückgriff auf erstinstanzliche Gutachten und Zeugnisse 131
bb) Übertragung auf den Einzelrichter/Tätigkeit eines beauftragten Richters 132
3. Beschwerdeentscheidung 134
   a) Eigene Entscheidung/ Zurückverweisung 134
   b) Begründung 135
4. Statthaftigkeit der Beschwerde nach Erledigung der Hauptsache 136
   a) Voraussetzungen 137
   b) Regelbeispiele 138
   c) Gerichtliche Entscheidung 139
XI. Rechtsbeschwerdeverfahren vor dem Bundesgerichtshof 140
1. Statthaftigkeit der Rechtsbeschwerde 140
2. Frist zur Einlegung der Rechtsbeschwerde 141
3. Form 142
4. Frist zur Begründung 143
5. Inhalt der Begründung 144
6. Gründe der Rechtsbeschwerde 145
7. Entscheidung über die Rechtsbeschwerde 146
XII. Einstweilige Anordnungen und Maßregeln 151
1. Örtlich zuständiges Gericht .. 152
2. Einstweilige Anordnungen ... 153
   a) Voraussetzungen einer „gewöhnlichen einstweiligen Anordnung" 153

b) Voraussetzungen einer „eiligen einstweiligen Anordnung" 158
3. Dauer der einstweiligen Anordnung 159
4. Einstweilige Maßregeln 160
5. Entscheidung durch Beschluss 161
6. Änderung 162
   a) Antrags- und Amtsverfahren 162
   b) Zuständiges Gericht 163
   c) Fehlende Abänderungsmöglichkeit 164
7. Rechtsmittel 165
8. Hauptsacheverfahren 166
   a) Einleitung des Hauptsacheverfahrens 167
   aa) Antragsverfahren 167
   bb) Amtsverfahren 168
   b) Verwertung von Erkenntnissen aus dem Verfahren der einstweiligen Anordnung 170
XIII. Mitteilungen und Benachrichtigungen in Unterbringungsverfahren 171
1. Mitteilungen 171
   a) Mitteilung von Entscheidungen 171
   b) Mitteilungen zur Strafverfolgung 173
   c) Leiter der Einrichtung 174
2. Benachrichtigung eines Angehörigen 175
XIV. Verfahrenskostenhilfe 176
XV. Kosten und Auslagen 177
1. Unterbringungssachen nach § 312 Nr. 1 und 2 177
2. Unterbringungsmaßnahme nach § 312 Nr. 3 178

I. Überblick

1   Das Verfahren in Unterbringungssachen ist in Buch 3 Abschnitt 2 (§§ 312 ff) des FamFG geregelt. Die Regelungen treten an die Stelle der bisherigen Verfahrensvorschriften (§§ 70 ff FGG).

In den Vorschriften wird im Wesentlichen definiert, welche Unterbringungssachen umfasst sind (§ 312). Des Weiteren wird die örtliche Zuständigkeit der Gerichte bestimmt (§ 313). Es wird festgelegt, wer Beteiligter des gerichtlichen Verfahrens ist (§ 315), wann für einen Betroffenen ein Verfahrenspfleger zu bestellen ist (§ 317), welche Anforderungen ein vom Gericht einzuholendes Sachverständigengutachten erfüllen muss

(§ 321), welchen Inhalt gerichtliche Beschlüsse haben und wie diese wirksam werden (§ 323 ff). Zudem wird eine Regelung hinsichtlich der Zuführung der Unterbringung getroffen (§ 326), Vollzugsangelegenheiten werden angesprochen (§ 327 f) und die Dauer der Unterbringung und deren Aufhebung werden geregelt (§ 329 f). Außerdem werden die Voraussetzungen für den Erlass einer einstweiligen Anordnung bestimmt (§§ 331). Das Kapitel beinhaltet den Allgemeinen Teil (Buch 1), ergänzende Vorschriften über die Beschwerde (§ 335 f) und zu den Kosten in Unterbringungssachen (§ 337).

Der Aufbau der §§ 70 ff FGG ist nicht beibehalten worden. Das ergibt sich jedenfalls teilweise aus einer Anpassung der Vorschriften an den Allgemeinen Teil. Die dortigen Neuregelungen bedingen in Unterbringungssachen erhebliche Änderungen im Rechtsmittelverfahren und bei den einstweiligen Anordnungen.

II. Anwendungsbereich

Unterbringungssachen sind nach § 312[1] Verfahren, die **zivil- und öffentlich-rechtliche** **Unterbringungsmaßnahmen** bei volljährigen Personen beinhalten.

1. Zivilrechtliche Unterbringungen

a) Unterbringung durch einen Betreuer oder Bevollmächtigten

Es handelt sich zum einen um Verfahren, die die Genehmigung einer freiheitsentziehenden Unterbringung eines Betreuten (§ 1906 Abs. 1–3 BGB) oder einer Person, die einen Dritten zu ihrer freiheitsentziehenden Unterbringung bevollmächtigt hat (§ 1906 Abs. 5 BGB), betreffen.

Nach § 1896 Abs. 1 S. 1 BGB bestellt das Betreuungsgericht,[2] wenn ein Volljähriger aufgrund einer psychischen Krankheit oder einer körperlichen, geistigen oder seelischen Behinderung seine Angelegenheiten ganz oder teilweise nicht besorgen kann, auf seinen Antrag oder von Amts wegen für ihn einen Betreuer. Die Betreuung darf nur für Aufgabenkreise angeordnet werden, in denen sie erforderlich ist (§ 1896 Abs. 2 S. 1 BGB). Der Betreuer vertritt den Betroffenen in seinem Aufgabenkreis gerichtlich und außergerichtlich (§ 1902 BGB).

Es kann erforderlich werden, dass ein Betreuer mit entsprechendem Aufgabenkreis eine Entscheidung dahingehend treffen muss, dass der Betreute untergebracht werden muss. Eine **freiheitsentziehende Unterbringung** liegt vor, wenn der Betreute gegen seinen Willen oder im Zustand der Willenlosigkeit in einem räumlich begrenzten Bereich eines geschlossenen Krankenhauses oder einer anderen geschlossenen Einrichtung festgehalten, sein Aufenthalt ständig überwacht und die Kontaktaufnahme mit Personen außerhalb des Bereichs eingeschränkt wird.[3]

Eine Unterbringung ist nur mit **Genehmigung des Betreuungsgerichts** zulässig (§ 1906 Abs. 2 S. 1 BGB). In § 1906 Abs. 1 BGB sind die materiell-rechtlichen Voraussetzungen

---

1 Die Vorschrift entspricht § 70 Abs. 1 Nr. 1, 2 und 3 FGG.
2 S. die Neuregelung in § 23 c Abs. 1 GVG – bislang das Vormundschaftsgericht.
3 Vgl BGH FamRZ 2001, 149 f.

geregelt, nach denen der Betreuer eine Entscheidung hinsichtlich einer Unterbringung treffen darf und das Gericht eine Genehmigung erteilen kann.[4]

Danach ist eine Unterbringung eines Betreuten durch den Betreuer, die mit Freiheitsentziehung verbunden ist, nur zulässig, solange sie **zum Wohl des Betreuten erforderlich** ist, weil

- aufgrund einer psychischen Krankheit oder geistigen oder seelischen Behinderung des Betreuten die Gefahr besteht, dass er sich selbst tötet oder erheblichen gesundheitlichen Schaden zufügt (Nr. 1), oder

- eine Untersuchung des Gesundheitszustands, eine Heilbehandlung oder ein ärztlicher Eingriff notwendig ist, die ohne die Unterbringung des Betreuten nicht durchgeführt werden kann und der Betreute aufgrund einer psychischen Krankheit oder geistigen oder seelischen Behinderung die Notwendigkeit der Unterbringung nicht erkennen oder nicht nach dieser Einsicht handeln kann (Nr. 2).[5]

5 Eine Betreuung ist u.a. dann nicht erforderlich, soweit die Angelegenheiten des Volljährigen durch einen Bevollmächtigten ebenso gut wie durch einen Betreuer besorgt werden können (§ 1896 Abs. 2 S. 2 BGB). Eine **Unterbringung durch einen Bevollmächtigten** kommt nur in Betracht, wenn eine schriftlich erteilte Vollmacht die in § 1906 Abs. 1 BGB genannten Maßnahmen umfasst und die o.g. materiell-rechtlichen Voraussetzungen, die in § 1906 Abs. 1 Nr. 1 bzw Nr. 2 BGB geregelt sind, vorliegen (§ 1906 Abs. 5 BGB).

b) Unterbringungsähnliche Maßnahmen

6 Unterbringungssachen sind nach § 312 Nr. 2 auch solche Verfahren, die die Genehmigung einer **freiheitsentziehenden Maßnahme nach § 1906 Abs. 4 BGB** betreffen. Gemeint sind damit Entscheidungen eines Betreuers oder eines dahingehend ausdrücklich schriftlich Bevollmächtigten, wonach dem Betroffenen, der sich in einer Anstalt, einem Heim oder einer sonstigen Einrichtung aufhält, ohne untergebracht zu sein, durch mechanische Vorrichtungen, Medikamente oder auf sonstige Weise über einen längeren Zeitraum oder regelmäßig die Freiheit entzogen werden soll. Denkbar sind zB Fixierungen oder das Anbringen von Bettgittern.

Die **materiell-rechtlichen Voraussetzungen**, unter denen entsprechende Entscheidungen zulässig sind, sind in § 1906 Abs. 1 BGB geregelt (§ 1906 Abs. 4 und 5 BGB).

c) Gerichtliches Verfahren

7 In den §§ 312 ff ist das gerichtliche Verfahren bei den vorgenannten Unterbringungen bzw bei unterbringungsähnlichen Maßnahmen geregelt.

---

4 Hinsichtlich einer Regelung durch das Gericht s. § 1846 BGB iVm § 334 FamFG.
5 Das Gericht darf eine Unterbringung nicht genehmigen, wenn die Freiheitsentziehung als solche nicht notwendig ist und die Genehmigung letztlich nur eine Rechtsgrundlage abgeben soll, den Betroffenen in einer offenen Abteilung der Einrichtung einer erforderlichen – auch zwangsweisen Behandlung mit Medikamenten zu unterziehen, BGH BtPrax 2008, 115 ff, m.Anm. Brosey BtPrax 2008, 108 ff.

2. Öffentlich-rechtliche Unterbringungen

Nach § 312 Nr. 3 umfassen die Regelungen auch eine freiheitsentziehende Unterbringung eines Volljährigen nach den **Landesgesetzen über die Unterbringung psychisch Kranker.**

a) Landesrechtliche Regelungen

Sämtliche Bundesländer haben entsprechende Regelungen erlassen. Es handelt sich um folgende Gesetze:

Baden-Württemberg: Gesetz über die Unterbringung psychisch Kranker (Unterbringungsgesetz – UBG) idF vom 2.12.1991 (GBl., 794), geändert durch Gesetz zur Neuorganisation der Psychiatrischen Landeskrankenhäuser vom 3.7.1995 (GBl., 510) und Art. 1 ÄndG vom 7.3.2006 (GBl., 52).

Bayern: Gesetz über die Unterbringung psychisch Kranker und deren Betreuung (Unterbringungsgesetz – UnterbrG) vom 20.4.1982 idF vom 5.4.1992 (GVBl., 60, ber. 851), geändert durch Art. 15 Zweites Verwaltungsreformgesetz vom 28.5.2000 (GVBl., 136).

Berlin: Gesetz für psychisch Kranke (PsychKG) vom 8.3.1985 (GVBl., 586); geändert durch Gesetz vom 17.3.1994 (GVBl., 86).

Brandenburg: Gesetz über Hilfen und Schutzmaßnahmen sowie über den Vollzug gerichtlich angeordneter Unterbringung für psychisch Kranke (Brandenburgisches Psychisch-Kranken-Gesetz – Bbg PsychKG) vom 8.2.1996 (GVBl. I, 86), geändert durch Art. 1 des Gesetzes zur Änderung PsychKG vom 6.12.2001 (GVBl. I, 242) sowie durch Gesetze vom 24.5.2004 (GVBl. I, 186) und vom 29.6.2004 (GVBl. I, 342).

Bremen: Gesetz über Hilfen und Schutzmaßnahmen bei psychischen Krankheiten und zur Änderung anderer Gesetze vom 19.12.2000 (GBl., 471).

Hamburg: Hamburgisches Gesetz über Hilfen und Schutzmaßnahmen bei psychischen Krankheiten (HmbPsychKG) vom 27.9.1995 (GVBl., 235).

Hessen: Gesetz über die Entziehung der Freiheit geisteskranker, geistesschwacher, rauschgift- oder alkoholsüchtiger Personen vom 19.5.1952, u.a. geändert durch Gesetze vom 5.2.1992 (GVBl. I, 66) und 15.7.1997 (GVBl. I, 217).

Mecklenburg-Vorpommern: Gesetz über Hilfen und Schutzmaßnahmen für psychisch Kranke (PsychKG) i. d. Bekanntmachung vom 13.4.2000 (GVOBl., 182/GSW M-V Gl. Nr. 2127-2), geändert durch Gesetze vom 17.12.2003 (GVOBl. 2004, 2) und 20.12.2004 (GVBl., 546).

Niedersachsen: Niedersächsisches Gesetz über Hilfen und Schutzmaßnahmen für psychisch Kranke (NPsychKG) vom 16.6.1997 (GVBl., 272), geändert durch Gesetze vom 5.11.2004 (GVBl., 404) und 25.1.2007 (GVBl., 50).

Nordrhein-Westfalen: Gesetz über Hilfen und Schutzmaßnahmen bei psychischen Krankheiten (PsychKG) vom 17.12.1999 (GV NRW, 662/SGV NRW 2128).

Rheinland-Pfalz: Landesgesetz für psychisch kranke Personen (PsychKG) vom 17.11.1995 (GVBl., 473); geändert durch Gesetze vom 6.2.2001 (GVBl., 29) und vom 5.4.2005 (GVBl., 95).

Diekmann

Saarland: Gesetz Nr. 1301 über die Unterbringung psychisch Kranker (Unterbringungsgesetz – UBG) vom 11.11.1992 (ABl., 1271), geändert durch Gesetze vom 27.11.1996 (ABl., 1313), 13.7.2005 (ABl., 1290), 15.2.2006 (ABl., 474), 21.11.2007 (ABl., 2393).

Sachsen: Sächsisches Gesetz über die Hilfen und die Unterbringung bei psychischen Krankheiten (SächsPsychKG) idF der Bekanntmachung vom 10.10.2007 (GVBl., 422).

Sachsen-Anhalt: Gesetz über Hilfen für psychisch Kranke und Schutzmaßnahmen des Landes Sachsen-Anhalt (PsychKG LSA) vom 30.1.1992 (GVBl., 88, ber. in GVBl., 432), geändert durch Gesetze vom 19.3.2002 (GVBl., 130), 18.11.2005 (GVBl., 698), 10.8.2007 (GVBl., 306) und vom 14.2.2008 (GVBl., 58).

Schleswig-Holstein: Gesetz zur Hilfe und Unterbringung psychisch kranker Menschen (Psychisch-Kranken-Gesetz – PsychKG) vom 14.1.2000 (GVOBl. Schl.-H, 106, ber. 206), geändert durch Gesetz vom 3.1.2005 (GVOBl., 21, 23).

Thüringen: Thüringer Gesetz zur Hilfe und Unterbringung psychisch Kranker (Thür PsychKG) vom 2.2.1994 (GVBl., 81).

10   Die vorgenannten Gesetze regeln die **materiell-rechtlichen** Voraussetzungen für die Zulässigkeit einer Freiheitsentziehung.[6] So können zB nach § 8 Abs. 1 S. 1 PsychKG Berlin Psychisch Kranke gegen oder ohne ihren Willen nur untergebracht werden, wenn und solange sie durch ihr krankheitsbedingtes Verhalten ihr Leben, ernsthaft ihre Gesundheit oder besonders bedeutende Rechtsgüter anderer in erheblichem Maße gefährden und diese Gefahr nicht anders abgewendet werden kann. Die fehlende Bereitschaft, sich behandeln zu lassen, rechtfertigt für sich allein keine Unterbringung (§ 8 Abs. 1 S. 2 PsychKG Berlin).

b) Verfahrensrechtliche Regelungen

11   Hinsichtlich der verfahrensrechtlichen Regelungen ist wie folgt zu differenzieren: Die Einleitung des Unterbringungsverfahrens richtet sich nach Landesrecht. Dort ist bestimmt, welche Behörden o.ä. tätig werden müssen.[7] Hingegen wird in §§ 312 ff FamFG **das gerichtliche Verfahren** bei der Unterbringung aufgrund der Landesgesetze geregelt. Landesrechtliche Verfahrensvorschriften, die auch das gerichtliche Verfahren betrafen, sind außer Kraft getreten (vgl Art. 31 GG).[8]

3. Unterbringung Minderjähriger

12   **Gesonderte Regelungen** gelten hinsichtlich der Unterbringung Minderjähriger. Während bislang für die zivilrechtliche Unterbringung § 70 Abs. 1 S. 2 Nr. 1 a FGG maßgeblich war, und für die Unterbringung nach Landesrecht § 70 Abs. 1 S. 2 Nr. 3 FGG galt, wird die Unterbringung nun im Abschnitt über die Kindschaftssachen geregelt (s. § 151 Nr. 6 und 7). Nach § 167 Abs. 1 S. 1 finden die o.g. Vorschriften entsprechende Anwendung.

---

6 Vgl OLG Frankfurt/M. BtPrax 1992, 70, 71.
7 Vgl BayObLGZ 1992, 208 ff.
8 S. zu den Ausnahmen: KKW/Kayser § 70 FGG Rn 9; teilweise aA Jürgens/Mertens § 70 FGG Rn 9.

III. Zuständigkeit der Gerichte

1. Sachliche Zuständigkeit

Sachlich zuständig für Unterbringungssachen sind nach § 23 a Abs. 1 Nr. 2, Abs. 2 **13**
Nr. 1 GVG die **Amtsgerichte**. Bei ihnen werden Abteilungen für Unterbringungssachen (Betreuungsgerichte) gebildet (§ 23 c Abs. 1 GVG). Die Betreuungsgerichte werden mit Betreuungsrichtern besetzt. Ein Richter auf Probe darf im ersten Jahr nach seiner Ernennung Geschäfte des Betreuungsrichters nicht wahrnehmen (§ 23 c Abs. 2 FamFG).

2. Örtliche Zuständigkeit

a) Zivilrechtliche Unterbringungssachen

Ausschließlich örtlich zuständig für zivilrechtliche Unterbringungssachen ist nach **14**
§ 313 Abs. 1 in dieser Reihenfolge:

- das Gericht, bei dem ein Verfahren zur Bestellung eines Betreuers **eingeleitet** oder das Betreuungsverfahren **anhängig** ist,
- das Gericht, in dessen Bezirk der Betroffene seinen **gewöhnlichen Aufenthalt** hat,
- das Gericht, in dessen Bezirk das **Bedürfnis** für die Unterbringungsmaßnahme hervortritt,
- das Amtsgericht Schöneberg in Berlin, wenn der Betroffene Deutscher ist.[9]

Unter dem gewöhnlichen Aufenthaltsort versteht man den Ort, an dem ein Betroffener seinen Daseinsmittelpunkt,[10] also den tatsächlichen Mittelpunkt seiner Lebensführung, hat.[11] Ein fester Wohnsitz wird nicht vorausgesetzt.[12] Entscheidend ist, dass es sich um einen dauerhaften Aufenthalt handelt. Dabei genügt es, wenn der Aufenthalt von unbestimmter Dauer ist, also noch nicht gesagt werden kann, wann er enden wird.[13]

b) Öffentlich-rechtliche Unterbringungssachen

Ausschließlich örtlich zuständig ist das Gericht, in dessen Bezirk das **Bedürfnis** für die **15**
Unterbringungsmaßnahme hervortritt. Befindet sich der Betroffene hingegen bereits in einer Einrichtung zur freiheitsentziehenden Unterbringung, ist nur das Gericht zuständig, in dessen Bezirk die Einrichtung liegt (§ 313 Abs. 3).

c) Unterrichtung des anderen Gerichts

Wenn für die Unterbringungssache ein anderes Gericht örtlich zuständig ist als dasjenige, bei dem ein die Unterbringung erfassendes Verfahren zur Bestellung eines Betreuers eingeleitet ist, teilt dieses Gericht dem für die Unterbringungssache zuständigen Gericht die Aufhebung der Betreuung, den Wegfall des Aufgabenbereiches Unterbringung und einen Wechsel in der Person des Betreuers mit. Das für die Unterbringungsmaßnahme zuständige Gericht unterrichtet das andere Gericht über die Unterbringungsmaßnahme, ihre Änderung, Verlängerung und Aufhebung (§ 313 Abs. 4). **16**

---

9 Zur Zuständigkeit bei einstweiligen Regelungen s. § 50.
10 BayObLG BtPrax 2003, 132.
11 Vgl BGH NJW-RR 1995, 507.
12 Vgl OLG Köln FGPrax 2006, 162 f.
13 Fröschle/Fröschle § 65 FGG Rn 14 (s. auch Rn 15–17 zu weiteren Einzelheiten bei Untersuchungs- und Strafhaft); Bienwald/Bienwald § 65 FGG Rn 16–22; Bt-Komm/Roth Teil A Rn 114–115.

3. Verweisung und Abgabe der Unterbringungssache
a) Verweisung

17 Wenn das Gericht örtlich oder sachlich **unzuständig** ist, hat es sich, sofern das zuständige Gericht bestimmt werden kann, durch Beschluss für unzuständig zu erklären und die Sache an das zuständige Gericht zu verweisen (§ 3 Abs. 1; vgl § 17a Abs. 2 S. 2 GVG). Ein solcher Beschluss ist nicht anfechtbar (§ 3 Abs. 3 S. 1). Der Beschluss ist für das als zuständig bezeichnete Gericht **bindend** (§ 3 Abs. 3 S. 2).

Wegen der weiteren Einzelheiten zur Verweisung wird auf die Darstellung zum Allgemeinen Teil verwiesen. Dies gilt auch, soweit zwischen zwei Gerichten Streit über die Zuständigkeit besteht und zB aus diesem Grund eine Zuständigkeitsbestimmung durch das nächsthöhere Gericht in Betracht kommt (§ 5).

b) Abgabe
aa) Abgabe bei zivilrechtlichen Unterbringungsmaßnahmen

18 Von der bindenden Verweisung bei Unzuständigkeit ist die **nicht bindende Abgabe** des Verfahrens bei bestehender Zuständigkeit des Gerichts zu unterscheiden (vgl § 4). In Unterbringungssachen gilt die Sonderregelung des § 314. Danach kann das Gericht die Unterbringungssache isoliert (formlos) abgeben, wenn der Betroffene sich im Bezirk des anderen Gerichts aufhält und die Unterbringungsmaßnahme dort vollzogen werden soll, sofern sich dieses Gericht zur Übernahme des Verfahrens bereit erklärt hat (vgl § 70 Abs. 3 S. 1 Hs 1 FGG). Nach der amtlichen Begründung entspricht § 314 dem bisherigen Regelungsinhalt des § 70 Abs. 3 S. 1 Hs 1 FGG.[14] Das bedeutet, dass sich die Regelung auf **zivilrechtliche Unterbringungen** bezieht.

Zu berücksichtigen ist, dass die Beteiligten vor der Abgabe angehört werden sollen (§ 4 S. 2). Angesichts der „Sollvorschrift" besteht für das Gericht die Möglichkeit, in besonders eiligen Fällen oder in solchen, in denen eine Anhörung nur mit einem zu einer Verfahrensverzögerung führenden Zeitaufwand möglich ist, von der Anhörung abzusehen.[15]

bb) Abgabe bei der Unterbringung nach Landesgesetzen

19 Für die Unterbringungen nach Landesgesetzen galt bislang § 70 Abs. 5 FGG. Eine Abgabe des Verfahrens war danach nicht vorgesehen.[16] Sie könnte aufgrund des eindeutigen Wortlauts der Regelung nunmehr auf § 314 gestützt werden.

4. Funktionelle Zuständigkeit

20 Entscheidungen in Unterbringungssachen sind durch den **Richter** zu treffen (Art. 104 Abs. 2 S. 1 GG).

---

14 BR-Drucks. 309/07, 612; BT-Drucks. 16/6308, 271.
15 BR-Drucks. 309/07, 384, 385; BT-Drucks. 16/6308.
16 Vgl BayObLG FamRZ 2001, 778; Fröschle/Fröschle § 70 FGG Rn 28; aA SchuSo/Sonnenfeld § 70 FGG Rn 29; Bt-Komm/Dodegge Teil G Rn 83.

IV. Durchführung des gerichtlichen Verfahrens in der ersten Instanz

1. Einleitung des Verfahrens

a) Zivilrechtliche Unterbringungssachen

Unterbringungsverfahren nach Zivilrecht (§ 312 Nr. 1 und 2) werden dadurch eingeleitet, dass der Betreuer oder Bevollmächtigte um eine gerichtliche Genehmigung nachsucht. Eines förmlichen Antrages bedarf es dazu nicht.[17] Das entsprechende Verfahren wird, wenngleich dies nicht unumstritten ist, als **Amtsverfahren** (s. § 24) betrachtet.[18] 21

b) Unterbringungssachen nach Landesrecht

Bei Unterbringungssachen nach Landesrecht ist in der Regel ein Antrag der zuständigen Behörde erforderlich[19] (vgl § 23). Es handelt sich dementsprechend um **Antragsverfahren**. 22

Nach § 23 Abs. 1 S. 2 soll ein verfahrensleitender Antrag begründet werden. In dem Antrag sollen die zur Begründung dienenden Tatsachen und Beweismittel angegeben sowie die Personen benannt werden, die als Beteiligte in Betracht kommen. Urkunden, auf die Bezug genommen wird, sollen in Urschrift oder Abschrift beigefügt werden. Der Antrag soll von dem Antragsteller oder seinem Bevollmächtigten unterschrieben werden (§ 23 Abs. 1 S. 2 und 3). In Unterbringungsverfahren ist folglich insbesondere anzugeben, aufgrund welcher genauen Geschehnisse seitens der antragstellenden Behörde von einer Eigen- oder Fremdgefährdung des Betroffenen ausgegangen wird.

Das Gericht soll sodann den Antrag an die übrigen Beteiligten übermitteln (§ 23 Abs. 2).

2. Amtsermittlungsgrundsatz

Auch in Unterbringungsverfahren gilt der Amtsermittlungsgrundsatz. Das Gericht hat von Amts wegen die zur Feststellung der entscheidungserheblichen Tatsachen erforderlichen **Ermittlungen** durchzuführen (§ 26). Es wird insoweit auf die Ausführungen in § 1 Rn 249 ff verwiesen. 23

3. Beteiligte

Wenn das Betreuungsgericht in einem Unterbringungsverfahren über eine Genehmigungserteilung zu befinden oder eine Anordnung zu treffen hat, stellt sich die Frage, wen es wie zu beteiligen hat. 24

Bislang fehlte es an einer allgemeinen Definition, wer im Verfahren der freiwilligen Gerichtsbarkeit zu beteiligen ist. Ziel des Gesetzgebers war es, „eine Lösung zu finden, die die Mitwirkungsfunktionen der Beteiligten bei größtmöglicher Einheitlichkeit des Beteiligtenbegriffs in Anlehnung an andere Verfahrensordnungen – insbesondere an die ZPO – stärker als bisher von materiell-rechtlichen Elementen trennt und deutlicher an das formelle Recht anlehnt".[20] Wer grundsätzlich zu beteiligen ist, ist zunächst in § 7

---

17 BayObLG FamRZ 1994, 1416.
18 BayObLG FamRZ 1994, 1416; KKW/Kayser Vor §§ 70–70n Rn 6; teilweise aA Bienwald/Bienwald Vor §§ 70 ff FGG Rn 9.
19 Vgl Marschner/Volckart Kap. D Vor §§ 70 ff FGG Rn 6; Bassenge/Roth § 70 FGG Rn 5; Fröschle/Fröschle § 70 FGG Rn 8 (auch zu den Ausnahmen in Hamburg und Hessen); KKW/Kayser Vor §§ 70 FGG Rn 7; zu Eilmaßnahmen s. aber BayObLG FamRZ 1992, 1221, 1222; OLG Frankfurt/M. R&P 1992, 96.
20 BR-Drucks. 309/07, 389; BT-Drucks. 16/6308, 178.

geregelt. Es wird insoweit auf die entsprechende Darstellung des Allgemeinen Teils in § 1 Rn 83 ff verwiesen.

§ 315 regelt sodann für Unterbringungssachen, wer zu beteiligen ist und wer beteiligt werden kann. Die Vorschrift knüpft an § 7 an.[21]

a) Muss-Beteiligte

25   Zu beteiligen sind nach § 315 Abs. 1:

- **der Betroffene**, der ohne Rücksicht auf seine Geschäftsfähigkeit verfahrensfähig ist (§ 316),
- **der Betreuer**,
- **der Bevollmächtigte** iSd § 1896 Abs. 2 S. des Bürgerlichen Gesetzbuchs.

Bei den Betreuern und Bevollmächtigten ist die Beteiligung nicht auf Fälle begrenzt, in denen ihr Aufgabenkreis (zB die Aufenthaltsbestimmung) durch das Verfahren betroffen ist.[22] Sie sind als gesetzliche bzw gewillkürte Vertreter durch eine Unterbringungsmaßnahme stets in ihrer Tätigkeit beschränkt, unabhängig davon, welchen Aufgabenkreis sie haben.[23] Schließlich wird der **Verfahrenspfleger** durch seine Bestellung als Beteiligter zum Verfahren hinzugezogen (§ 315 Abs. 2). Hinsichtlich des Verfahrenspflegers wird auf die gesonderte Darstellung (§ 16 Rn 16 ff) verwiesen.

b) Beteiligung der Behörde

26   Die **zuständige Behörde** ist auf ihren Antrag als Beteiligte hinzuzuziehen (§ 315 Abs. 3; vgl § 70 d Abs. 1 Nr. 6 FGG). Zuständige Behörde ist bei den Unterbringungen nach Landesgesetzen die in diesen Gesetzen genannte Behörde, die zumeist bereits den Antrag stellt (s. § 7 Abs. 1).[24] Bei den zivilrechtlichen Unterbringungsmaßnahmen ist die örtlich zuständige Betreuungsbehörde (§ 3 Abs. 1 BtBG) gemeint.[25]

Die Behörde ist zum Verfahren hinzuziehen, wenn sie das begehrt. In diesem Fall ist die Hinzuziehung obligatorisch.[26] Sie ist durch das Gericht von dem Unterbringungsverfahren zu benachrichtigen und über das Antragsrecht zu belehren (§ 7 Abs. 4). Nach dem Willen des Gesetzgebers sollen durch das Antragserfordernis unnötige Beteiligungen und dadurch bedingte Zustellungen, Anhörungen und sonstige Verfahrenshandlungen vermieden werden.[27]

Seitens des Gerichtes ist allerdings zu beachten, dass es ungeachtet einer Beteiligung auf Antrag im Rahmen der Amtsermittlungspflicht nach § 26 im Einzelfall erforderlich sein kann, die zuständige Behörde anzuhören.[28]

---

21 BR-Drucks. 309/07, 389; BT-Drucks. 16/6308, 178.
22 BR-Drucks. 309/07, 613; BT-Drucks. 16/6308, 273 – anders in Betreuungssachen nach § 274 Abs. 1 Nr. 2.
23 BR-Drucks. 309/07, 613; BT-Drucks. 16/6308, 273.
24 S. zB für Berlin: §§ 11, 14 PsychKG.
25 S. BT-Drucks. 11/4528, 200.
26 BR-Drucks. 309/07, 594; BT-Drucks. 16/6308, 265.
27 BR-Drucks. 309/07, 594; BT-Drucks. 16/6308, 265.
28 BR-Drucks. 309/07, 594; BT-Drucks. 16/6308, 265; s.a. § 8 S. 2 BtBG.

IV. Durchführung des gerichtlichen Verfahrens in der ersten Instanz

c) Kann-Beteiligte

Im Interesse des Betroffenen können nach § 315 Abs. 4 iVm § 7 Abs. 3 folgende Personen beteiligt werden: 27

- dessen **Ehegatte** oder **Lebenspartner**, wenn die Ehegatten oder Lebenspartner nicht dauernd getrennt leben, sowie dessen **Eltern** und **Kinder**, wenn der Betroffene bei diesen lebt oder bei Einleitung des Verfahrens gelebt hat, sowie die **Pflegeeltern**,
- eine von dem Betroffenen benannte **Person seines Vertrauens**,
- der **Leiter der Einrichtung**, in der der Betroffene lebt.

Es handelt sich bei den „Kann-Beteiligten" um Personen, die nicht oder nicht zwingend in ihren Rechten betroffen werden, deren Hinzuziehung jedoch geboten sein kann, zB weil sie als Angehörige ein schützenswertes ideelles Interesse haben.[29]

Durch die Regelung, dass Angehörige des Betroffenen in seinem Interesse hinzugezogen werden können, soll vermieden werden, dass Verwandte ohne ein Betroffensein in eigenen Rechten auch dann Einfluss auf das Verfahren nehmen können, wenn dies den Interessen des Betroffenen zuwiderläuft. Das Interesse des Betroffenen ist aus seiner Sicht zu beurteilen.[30] In den Kreis der Angehörigen einbezogen worden (vgl § 70 d Abs. 1 Nr. 1. 1 a und 2 FGG) sind die Pflegeltern.

Hinsichtlich des Leiters der Einrichtung, in der der Betroffene lebt, ist anzumerken, dass damit der Leiter der Einrichtung, in sich der Betroffene üblicherweise aufhält, nicht jedoch der Leiter der Unterbringungsabteilung gemeint ist.[31]

Die vorgenannten Personen sind durch das Gericht zunächst von der Einleitung des Unterbringungsverfahrens zu benachrichtigen, soweit sie bekannt sind (§ 7 Abs. 4). 28

Wird ein Antrag auf Hinzuziehung gestellt, muss das Gericht dem nicht entsprechen. Es entscheidet in diesem Fall durch Beschluss (§ 7 Abs. 3 S. 2). Der Beschluss kann mit der **sofortigen Beschwerde** angegriffen werden. Die Regelungen der §§ 567–572 der ZPO gelten entsprechend (§ 7 Abs. 3 S. 3). Die Beschwerdefrist beträgt zwei Wochen. Für die zweite Instanz ist auch die originäre Einzelrichterzuständigkeit zu berücksichtigen.[32]

Für das erstinstanzliche Gericht ist zudem nicht außer Acht zu lassen, dass eine Hinzuziehung der genannten Personen wegen der Betroffenheit eigener Rechte unberührt bleibt.[33] Das Gericht hat folglich eine Prüfung vorzunehmen, ob aus diesem Grund eine Beteiligung erfolgen muss.

d) Landesrecht

Das Landesrecht kann vorsehen, dass weitere Personen und Stellen beteiligt werden können (§ 315 Abs. 4 S. 2). 29

---

29 BR-Drucks. 309/07, 594; BT-Drucks. 16/6308, 265.
30 BR-Drucks. 309/07, 594, 595; BT-Drucks. 16/6308, 266.
31 BR-Drucks. 309/07, 613; BT-Drucks. 16/6308, 273.
32 § 568 ZPO – BR-Drucks. 309/07, 393.
33 BR-Drucks. 309/07, 613; BT-Drucks. 16/6308, 273.

§ 17 Unterbringungssachen

e) Folge der Beteiligung

30 Wer Beteiligter kraft Gesetzes oder durch Hinzuziehung ist, kann aktiv am Verfahren mitwirken. So steht ihm zB das **Akteneinsichtsrecht** nach § 13 Abs. 1^{34} zu. Beteiligte sollen zudem bei der Ermittlung des Sachverhalts **mitwirken** (§ 27 Abs. 1). Sie haben ihre Erklärungen über tatsächliche Umstände vollständig und der Wahrheit gemäß abzugeben (§ 27 Abs. 2).

4. Anhörungen

31 In Unterbringungsverfahren wird zwischen der Anhörung des Betroffenen und derjenigen der sonstigen Beteiligten und der zuständigen Behörde unterschieden.

a) Persönliche Anhörung des Betroffenen
aa) Gesetzliche Vorgaben

32 Nach § 34 Abs. 1 Nr. 1 und 2 hat das Gericht einen Beteiligten **persönlich anzuhören**, wenn dies zur Gewährleistung rechtlichen Gehörs des Beteiligten erforderlich oder im FamFG vorgeschrieben ist. In Unterbringungsverfahren ist diese Pflicht des Gerichtes ausdrücklich normiert. Nach § 319 Abs. 1 S. 1 hat das Betreuungsgericht den **Betroffenen** vor einer Unterbringungsmaßnahme persönlich anzuhören und sich einen persönlichen Eindruck^{35} von ihm zu verschaffen.

33 Die persönliche Anhörung beinhaltet **eine der wichtigsten Verfahrensgarantien**.^{36} Sie dient neben der Wahrung des rechtlichen Gehörs (Art. 103 Abs. 1 GG) der Sachaufklärung (§ 26). Der Richter soll ein „klares und umfassendes Bild von der Persönlichkeit des" Betroffenen bekommen und seiner Pflicht genügen, „den ärztlichen Gutachten richterliche Kontrolle entgegenzusetzen."^{37} Im Hinblick auf die Bedeutung des Freiheitsgrundrechtes soll die Anhörung nicht durch einen ersuchten Richter erfolgen (§ 319 Abs. 4). Allerdings darf ein Rechtshilfeersuchen mit dem Anliegen, den Betroffenen vor der Anordnung einer (vorläufigen) Unterbringung persönlich anzuhören, durch das ersuchte Gericht grundsätzlich nicht abgelehnt werden.^{38}

34 Das Gericht kann den Betroffenen durch die zuständige Behörde **vorführen** lassen, wenn er sich weigert, an entsprechenden Verfahrenshandlungen mitzuwirken (§ 319 Abs. 5 FamFG; s. § 70c Abs. 5 FGG iVm § 68 Abs. 3 FGG). Eine Vorführung ist nur dann zulässig, wenn keine anderen Möglichkeiten bestehen, den Betroffenen zur Teilnahme an der Anhörung zu bewegen.^{39} Die Vorführung ist vorher anzudrohen.^{40} Die Anordnung der Vorführung ist als Zwischenentscheidung nicht anfechtbar.

bb) Durchführung der persönlichen Anhörung

35 Den persönlichen Eindruck verschafft sich das Gericht, soweit dies erforderlich ist, in der **üblichen Umgebung** des Betroffenen (§ 319 Abs. 1). Das Gericht hat dabei nach

---

34 Vgl OLG Köln BtPrax 2008, 177 f.
35 In § 70 c FGG wurde nicht auf den persönlichen, sondern den unmittelbaren Eindruck abgestellt.
36 HK-BUR/Bauer § 70 c FGG Rn 14.
37 BVerfG NJW 1990, 2309–2310.
38 BayObLG OLGReport München 2004, 255, 256.
39 HK-BetrR/Bučić § 68 FGG Rn 23; s. im Übrigen § 34 Abs. 3 FamFG.
40 BayObLG FamRZ 1997, 1568; s. zu den weiteren Einzelheiten der gerichtlichen Entscheidung: HK-BetrR/ Bučić § 68 FGG Rn 24–27.

IV. Durchführung des gerichtlichen Verfahrens in der ersten Instanz

pflichtgemäßem Ermessen zu entscheiden, wo der Betroffene angehört werden soll.[41] Es ist in jedem Einzelfall[42] zu erwägen, welche Erkenntnisse sich ggf aus dem üblichen Umfeld (zB aus dem Zustand einer Wohnung) für die entscheidungserhebliche Frage, ob eine Unterbringungs- bzw unterbringungsähnliche Maßnahme zu treffen ist, gewinnen lassen. Ein Widerspruchsrecht dahingehend, dass der Betroffene sich gegen eine Anhörung in der üblichen Umgebung wenden könnte, ist – anders als in Betreuungssachen (§ 278 Abs. 1) – nicht vorgesehen.[43]

Eine Anhörung soll **nicht im Wege der Rechtshilfe** erfolgen (§ 319 Abs. 4).[44] Die Unterbringungsmaßnahme stellt einen besonders schwerwiegenden Eingriff in die Rechte des Betroffenen dar.[45] **36**

Nach § 170 Abs. 1 S. 1 GVG sind Anhörungen **nicht öffentlich**. Das Gericht kann die Öffentlichkeit zulassen, jedoch nicht gegen den Willen eines Beteiligten. In Unterbringungssachen ist auf Verlangen des Betroffenen einer Person seines Vertrauens die Anwesenheit zu gestatten (§ 170 Abs. 1 S. 2 GVG). **37**

Die **Ausgestaltung** der Anhörung ist in diesem vorgegebenen rechtlichen Rahmen vom **Einzelfall** abhängig.[46] Maßgeblich ist, dass der Richter eine hinreichende Grundlage für seine Entscheidung erhält.[47] Im Gesetz heißt es lediglich, dass das Gericht den Betroffenen über den möglichen Verlauf des Verfahrens unterrichtet (§ 319 Abs. 2).[48] **38**

Im Unterbringungsverfahren sind folgende Aspekte für die Anhörung wichtig:

- Klärung der Vorgänge, die zum Verfahren geführt haben;
- Besprechung des Sachverständigengutachtens, das rechtzeitig vor der Anhörung zu übersenden ist;[49]
- Klärung, ob Angehörige oder Vertrauenspersonen vorhanden sind;
- Klärung, ob der Betroffene anwaltlich vertreten ist oder einen anderen Bevollmächtigten hat;
- Klärung, ob ein Verfahrenspfleger zu bestellen ist;
- Gewinnung des unmittelbaren Eindrucks von dem Betroffenen (äußere Erscheinung? Mimik? Gestik? Verständigung möglich? Orientierung? Gedankengang? etc.) und ggf von der Umgebung.[50]

---

41 Vgl HK-BUR/Bauer § 70 c FGG Rn 36 a/b; Bt-Komm/Dodegge G 130, 588; KKW/Kayser § 70 c FGG Rn 4; Damrau/Zimmermann § 70 c FGG Rn 13; aA Marschner/Volckart Kap. D § 70 c FGG Rn 4.
42 Vgl BT-Drucks. 11/4528, 219.
43 Fröschle/Locher § 70 c FGG Rn 3; Bt-Komm/Dodegge Teil G Rn 130; Damrau/Zimmermann § 70 c FGG Rn 13; aA Jürgens/Marschner § 70 c FGG Rn 10; HK-BUR/Bauer § 70 c FGG Rn 36 b; Bienwald/Bienwald § 70 c FGG Rn 2.
44 S. zu etwaigen Ausnahmen aber: BayObLG NJOZ 2004, 2918; Damrau/Zimmermann § 70 c FGG Rn 4; Bt-Komm/Dodegge Teil G Rn 133; Fröschle/Locher § 70 c FGG Rn 6–8.
45 BT-Drucks. 11/6949, 91.
46 Vgl einen etwaigen „Ablaufplan" HK-BUR/Bauer § 70 c FGG Rn 26; Damrau/Zimmermann § 70 c FGG Rn 14/15; Bt-Komm/Dodegge Teil G Rn 131, 132; Fröschle/Locher § 70 c FGG Rn 4; Jürgens/Marschner § 70 c FGG Rn 4.
47 Ausführlich Marschner/Volckart Teil D § 70 c Rn 11.
48 Vgl dazu SchuSo/Sonnenfeld § 70 c FGG Rn 29.
49 Vgl BayObLG BtPrax 1993, 208 f; s. bislang § 70 c. 5 FGG iVm § 68 Abs. 5 FGG.
50 Vgl Bt-Komm/Dodegge Teil G Rn 131, 132, 589; Jürgens/Marschner § 70 c FGG Rn 4.

Diekmann

cc) Vermerk über die Anhörung

39 Das Gericht hat über die persönliche Anhörung einen **Vermerk** zu fertigen (§ 28 Abs. 4 S. 1). In den Vermerk sind die **wesentlichen Vorgänge der persönlichen Anhörung** aufzunehmen.

Mindestvoraussetzungen über die Form und den Inhalt des Vermerks sind im FamFG nicht vorgesehen. Eine Übernahme der Bestimmungen über das Protokoll im Zivilprozess ist nicht erfolgt, um die Flexibilität des FamFG-Verfahrens zu erhalten.[51]

Welche Anforderungen an einen Vermerk zu stellen sind, lässt sich anhand seiner Funktion erklären. Der Vermerk soll zum einen dazu dienen, die Beteiligten über die Ergebnisse einer Anhörung zu informieren, so dass sie ihr weiteres Verhalten im Verfahren darauf einstellen können. Er soll die Ausübung des Äußerungsrechts nach § 37 Abs. 2 erleichtern oder überhaupt ermöglichen, indem in Kenntnis gesetzt wird, von welchen wesentlichen Ergebnissen der Anhörung das Gericht ausgeht.[52]

Zudem erleichtert der Vermerk dem Beschwerdegericht die Entscheidung nach § 68 Abs. 3 S. 2, ob eine Wiederholung der Anhörung erforderlich ist.[53]

40 Die Ausgestaltung des Vermerks liegt im Ermessen des Gerichts, wobei es sich, je nach den Erfordernissen des Einzelfalles, sowohl um eine stichwortartige Zusammenfassung des Verlaufs einer Anhörung als auch um einen ausführlichen Vermerk im Sinne des Protokolls handeln kann.[54]

Maßgeblich ist, dass als wesentliche Vorgänge einer Anhörung neben anwesenden Personen, Ort und Zeit der Anhörung solche **Umstände** anzusehen sind, die **unmittelbare Entscheidungserheblichkeit** besitzen. Wenn in einer Anhörung Tatsachen bekundet werden, auf die das Gericht seine Entscheidung stützen möchte, ist eine Aufnahme im Hinblick auf § 37 Abs. 2 geboten. Etwaige Hinweise sind zu dokumentieren (§ 37 Abs. 3). Bei einer Anhörung in einer Unterbringungssache sind insbesondere die äußeren Umstände, die persönliche Verfassung des Betroffenen, der Zustand der Umgebung und der Eindruck, den das Gericht gewonnen hat, aktenkundig zu machen, da dies für die Entscheidung im Regelfall von wesentlicher Bedeutung ist.[55] Gerade die Aufnahme des unmittelbaren Eindrucks ist für die Gerichte wichtig, da dieser nur dann bei einem etwaigen Zuständigkeitswechsel von einem späteren Richter verwertet werden kann.[56] Bei längerfristigen Unterbringungen kann zudem auch anhand des unmittelbaren Eindrucks beurteilt werden, wie sich der gesundheitliche Zustand des Betroffenen ggf verändert hat.

dd) Absehen von einer persönlichen Anhörung

41 Eine Anhörung kann unter **zwei Voraussetzungen** unterbleiben. Zum einen ist dies möglich, wenn der Beteiligte offensichtlich **nicht in der Lage ist, seinen Willen kund-**

---

51 BR-Drucks. 309/07, 411; BT-Drucks. 16/6308, 187.
52 BR-Drucks. 309/07, 411; BT-Drucks. 16/6308, 188.
53 BR-Drucks. 309/07, 412; BT-Drucks. 16/6308, 187.
54 BR-Drucks. 309/07, 412; BT-Drucks. 16/6308, 187.
55 Vgl BR-Drucks. 309/07, 412; BT-Drucks. 16/6308, 188; Damrau/Zimmermann § 70 c FGG Rn 11; Bienwald/Bienwald § 70 FGG Rn 8; Bt-Komm/Dodegge Teil G Rn 139; Jürgens/Marschner § 70 c FGG Rn 6.
56 BayObLG 1982, 388; Damrau/Zimmermann § 70 c FGG Rn 11.

IV. Durchführung des gerichtlichen Verfahrens in der ersten Instanz

zutun (§ 34 Abs. 2 Alt. 2). Die bisher einschlägige Vorschrift lautete dahingehend, dass von einer persönlichen Anhörung abgesehen werden könne, wenn der Betroffene nach dem unmittelbaren Eindruck des Gerichts offensichtlich nicht in der Lage ist, seinen Willen kundzutun (§ 68 Abs. 2 Nr. 2 FGG). In der Begründung des FamFG ist ausgeführt, dass – wie bislang – von der Anhörung nur abgesehen werden könne, wenn die Unfähigkeit zur Willensäußerung aufgrund des persönlichen Eindrucks, den sich das Gericht verschaffen müsse, feststehe.[57]

Von der Anhörung kann auch dann abgesehen werden, wenn durch die Anhörung **erhebliche Nachteile** für die Gesundheit des Betroffenen zu besorgen sind. In diesem Fall darf das Gericht die Entscheidung, von der Anhörung abzusehen, nur auf der Grundlage eines im förmlichen Beweisverfahren eingeholten Gutachtens treffen (§§ 319 Abs. 3, 34 Abs. 2).[58] Erhebliche Gründe im vorstehenden Sinne liegen nur vor, wenn dem Betroffenen schwerwiegende, insbesondere irreversible oder lebensgefährliche gesundheitliche Schäden drohen.[59]

Nicht im Gesetz erwähnt ist die Möglichkeit des Absehens von der Anhörung, wenn die Anregung oder der Antrag bereits (aus anderen Gründen) unzulässig ist bzw das Gericht keine Genehmigung erteilen oder Anordnung treffen will.[60]

ee) Folgen der fehlerhaft unterlassenen Anhörung

Liegen die Voraussetzungen nicht vor, unter denen von einer Anhörung abgesehen werden kann, handelt es sich um einen **Verfahrensfehler**. Zum einen wird der Anspruch auf Gewährung rechtlichen Gehörs (Art. 103 Abs. 1 GG) verletzt. Dieser Verstoß könnte zwar durch nachträgliche Anhörung geheilt werden,[61] es liegt aber zudem ein Verstoß gegen das Grundrecht der persönlich Freiheit vor (Art. 2 Abs. 2 S. 2 GG iVm Art. 104 Abs. 1 S. 1 GG). „Verstößt der Richter gegen das Gebot vorheriger mündlicher Anhörung, so drückt dieses Unterlassen der gleichwohl angeordneten Unterbringung den Makel rechtswidriger Freiheitsentziehung auf, der durch Nachholung der Maßnahme rückwirkend nicht mehr zu tilgen ist."[62]

b) Anhörung der sonstigen Beteiligten und der zuständigen Behörde

Nach § 320 S. 1 hat das Gericht die sonstigen Beteiligten, also diejenigen, die kraft Gesetzes oder durch Hinzuziehung Beteiligte sind, anzuhören. Dieses Erfordernis folgt bereits aus Art. 103 GG. § 320 S. 1 knüpft an den bisherigen § 70 d FGG an. Es ist keine persönliche Anhörung erforderlich, ausreichend ist die **Einräumung einer Gelegenheit zur Äußerung**.

Soweit die zuständige Behörde nicht bereits als Beteiligte anzuhören ist, soll sie gem. § 320 S. 2 angehört werden. Eine entsprechende Anhörung ist nach hiesiger Ansicht vorzunehmen, wenn sie zum Zwecke der Sachverhaltsaufklärung erforderlich ist.[63]

---

57 BR-Drucks. 309/07, 422, 598; BT-Drucks. 16/6308, 192, 267.
58 Bislang § 70 S. 5 FGG iVm § 68 Abs. 2 FGG entsprechend.
59 Vgl OLG Karlsruhe FamRZ 1999, 670, 672; s. ausführlich zur Problematik Marschner/Volckart Kap. D § 70 c Rn 7.
60 Vgl Bt-Komm/Dodegge Teil G Rn 135.
61 BVerfGE 5, 22, 24.
62 BVerfGE 58, 208; SchuSo/Sonnenfeld § 70 c FGG Rn 32.
63 Vgl BayObLGZ 1998, 82–85.

5. Einholung eines Sachverständigengutachtens

44 Nach § 29 Abs. 1 erhebt das Gericht die erforderlichen Beweise in geeigneter Form. Es ist hierbei an das Vorbringen der Beteiligten nicht gebunden. Aus dem bislang geltenden Recht wird damit der **Grundsatz des Freibeweises** übernommen. Das Gericht entscheidet nach pflichtgemäßem Ermessen, ob es die entscheidungserheblichen Tatsachen durch eine förmliche Beweisaufnahme entsprechend der Zivilprozessordnung feststellt (§ 30 Abs. 1). Allerdings hat eine förmliche Beweisaufnahme stattzufinden, wenn es gesetzlich vorgesehen ist (§ 30 Abs. 1). Eine solche Regelung enthält § 321 für Unterbringungsverfahren.

a) Förmliche Beweisaufnahme

45 Vor einer Unterbringungsmaßnahme hat eine förmliche Beweisaufnahme durch Einholung eines Gutachtens über die Notwendigkeit der Maßnahme stattzufinden (zu den Ausnahmen s. Rn 61 ff). Der Sachverständige hat den Betroffenen vor der Erstattung des Gutachtens persönlich zu untersuchen oder zu befragen. Das Gutachten soll sich auf die voraussichtliche Dauer der Unterbringung erstrecken. Der Sachverständige soll **Arzt für Psychiatrie** sein, also über eine abgeschlossene Facharztausbildung verfügen;[64] er muss (jedenfalls) Arzt mit Erfahrung[65] auf dem Gebiet der Psychiatrie sein (§ 321 Abs. 1).[66]

46 Die Vorschriften der Zivilprozessordnung über den Beweis durch Sachverständige gelten entsprechend.[67] Das bedeutet:

- Der Sachverständige ist vom Gericht auszuwählen (§§ 30 Abs. 1, 321 Abs. 1 S. 1 FamFG, § 404 Abs. 1 S. 1 ZPO).[68]

- Der Sachverständige ist frei auszuwählen, ohne Beschränkung auf bisher tätig gewesene Ärzte (§ 404 Abs. 1 S. 1 ZPO).

- Dem Betroffenen ist die Person des Sachverständigen vor der Begutachtung bekannt zu machen, da nach § 406 ZPO entsprechend eine Ablehnung des Sachverständigen in Betracht kommt.[69]

- Der gerichtliche Gutachtenauftrag hat die vom Sachverständigen zu beantwortenden Fragen zu umreißen.[70]

- Dem Betroffenen muss vor der Begutachtung der Zweck derselben eröffnet werden.[71]

---

64 Jürgens/Marschner § 70 e FGG Rn 2; zu den Einzelheiten Bt-Komm/Dodegge Teil G Rn 146 ff.
65 S. zur Problematik der Qualifikation BayOBLG BtPrax 1993, 30, 31; BtPrax 2002, 38; KG FamRZ 1995, 1379; OLG Zweibrücken OLGReport 2005, 437; Bienwald/Bienwald § 70 e FGG Rn 6–9; Bt-Komm/Dodegge Teil G Rn 147; Fröschle/Locher § 70 e FGG Rn 2; SchuSo/Sonnenfeld § 70 e FGG Rn 4; KKW/Kayser § 70 e FGG Rn 4; Knittel § 70 e FGG Rn 2 ff.
66 § 312 FamFG entspricht zum Teil § 70 e Abs. 1 S. 1 und 2 FGG. Neben dem Erfordernis der Durchführung der förmlichen Beweisaufnahme ist neu geregelt, dass sich das Gutachten auch auf die voraussichtliche Dauer der Unterbringung beziehen soll.
67 § 321 FamFG ist § 280 FamFG nachgebildet (Erfordernis der Einholung eines Sachverständigengutachtens vor der Bestellung eines Betreuers).
68 Vgl KG FamRZ 2007, 81 ff; OLG Stuttgart FamRZ 1993, 1365.
69 KG FamRZ 2007, 1043; FamRZ 2008, 813, 815.
70 KG FamRZ 1995, 1379, 1381.
71 KG FamRZ 2007, 1043.

IV. Durchführung des gerichtlichen Verfahrens in der ersten Instanz 17

- Sofern der behandelnde Arzt zum Gutachter bestellt wurde, ist diesem eine Schweigepflichtentbindungserklärung zu erteilen. Nach Ansicht des Kammergerichtes kann ein Gutachten, das von einem behandelnden Arzt erstellt worden ist, dem der Betroffene keine Schweigepflichtentbindungserklärung erteilt hat, nicht verwertet werden.[72]

b) Muster für einen gerichtlichen Gutachtenauftrag

Nach §§ 321, 30 Abs. 1 FamFG, § 402 ZPO sind Sachverständigengutachten zwar 47 grundsätzlich mündlich zu erstatten, allerdings erweist sich diese Form der Erstellung schon im Hinblick auf die Überprüfbarkeit für die Beteiligten regelmäßig als nicht ausreichend. Es ist daher geboten, eine **schriftliche Begutachtung anzuordnen**.[73]

Ein entsprechender **Beschluss** könnte lauten:[74]

Beschluss

Geschäftsnummer: ...

In dem Unterbringungsverfahren betreffend ...

hat das Amtsgericht ..., Abt. ..., durch den Richter am Amtsgericht ... am ... beschlossen:

I. Es soll durch Einholung eines schriftlichen psychiatrischen Sachverständigengutachtens Beweis erhoben werden zu der Frage, ob eine Unterbringung des Betroffenen erforderlich ist.

II. Dem Sachverständigen wird aufgegeben, das Gutachten anhand folgenden Fragenkatalogs zu erstellen:

1. Leidet der Betroffene an einer psychischen Krankheit oder geistigen oder seelischen Behinderung, gegebenenfalls an welcher?

2. a) Besteht aufgrund der gem. Ziffer 1 ggf festgestellten Krankheit oder Behinderung die Gefahr, dass der Betroffene sich selbst tötet oder erheblichen gesundheitlichen Schaden zufügt? Welcher etwaige Schaden könnte eintreten?

2. b) Kann diese Gefahr nur durch die Unterbringung des Betroffenen oder auf andere Weise abgewendet werden?

3. a) Ist eine Untersuchung des Gesundheitszustandes, eine Heilbehandlung oder ein ärztlicher Eingriff erforderlich? Hierbei ist die Art der erforderlichen Behandlung oder des ärztlichen Eingriffs näher darzulegen und zu erörtern, ob hierdurch eine – ggf näher darzustellende – Besserung des Gesundheitszustandes erreicht, jedenfalls aber eine weitere Verschlechterung der Gesundheit des Betroffenen abgewendet werden kann.

3. b) Kann die Untersuchung, die Heilbehandlung oder der ärztliche Eingriff ohne die Unterbringung des Betroffenen nicht durchgeführt werden?

3. c) Kann der Betroffene trotz der nach Ziffer 1. ggf festgestellten Erkrankung oder Behinderung die Notwendigkeit der Unterbringung erkennen und ggf nach dieser Einsicht handeln?

4. Wie lange ist eine Unterbringung des Betroffenen gem. Ziff. 2. oder 3. zu seinem Wohl voraussichtlich erforderlich?

5. Können dem Betroffenen das Gutachten und die Gründe des gerichtlichen Beschlusses ohne erhebliche Nachteile für seine Gesundheit im Wortlaut bekannt gegeben werden? Sofern entsprechende Nachteile drohen, um welche handelt es sich dabei?

---

[72] KG FamRZ 2007, 1043; vgl SchuSo/Sonnenfeld § 70 e FGG Rn 6 (auch zu den Folgen der krankheitsbedingt fehlenden Möglichkeit des Betroffenen, die Schweigepflichtsentbindungserklärung zu erteilen); s.a. auch Marschner/Volckart Teil D § 70 e FGG Rn 11–16.
[73] Vgl BVerGE 62, 392–397.
[74] Vgl Fröschle/Locher § 70 e FGG Rn 6; HK-BUR/Rink § 70 e FGG Rn 8.

6. Kann der Betroffene ohne erhebliche Nachteile für seine Gesundheit persönlich angehört werden? Sofern entsprechende Nachteile drohen, um welche handelt es sich dabei?

III. Zum Sachverständigen wird bestellt: ...
Der ärztliche Sachverständige wird darauf hingewiesen, dass das Gutachten von einem Arzt für Psychiatrie erstellt werden muss. Es ist deshalb anzugeben, ob der Sachverständige Facharzt ist bzw wie lange er auf dem Gebiet der Psychiatrie tätig ist.

IV. Angesichts der Eilbedürftigkeit wird um Einreichung des Gutachtens bis zum ... gebeten.

(Unterschrift)

Hinweis: Der Beschluss, der sich darauf beschränkt, einen Sachverständigen mit der Erstellung eines medizinischen Gutachtens über die Betreuungsbedürftigkeit des Betroffenen zu beauftragen, den Betroffenen aber nicht verpflichtet, sich zum Zwecke der Begutachtung untersuchen zu lassen, ist nicht anfechtbar.[75]

c) Inhaltliche Anforderungen an das Gutachten

48 Aus dem Gutachten muss sich regelmäßig ergeben, dass die Feststellungen des das Gutachten erstattenden Arztes auf einer **persönlichen Untersuchung des Betroffenen** beruhen, die möglichst kurze Zeit zurückliegt.[76]

Ein Sachverständiger vermittelt dem Richter Fachwissen zur Beurteilung von Tatsachen.[77] Die Ausführungen des Sachverständigen müssen so gehalten sein, dass sie eine verantwortliche richterliche Prüfung auf ihre wissenschaftliche Fundierung, Logik und Schlüssigkeit zulassen.[78] Ärztliche Bescheinigungen oder Stellungnahmen, die ohne nachprüfbare Begründung lediglich eine Krankheitsdiagnose wiedergeben, sind nicht ausreichend.[79]

Das Gutachten muss so gehalten sein, dass der Sachverständige den **Untersuchungsbefund**, aus dem er seine Diagnose ableitet, im Einzelnen mitteilt und die **Folgerungen** aus den einzelnen Befundtatsachen auf die Diagnose oder die ihm sonst gestellte Beweisfrage **nachvollziehbar** darstellt.[80]

d) Erörterung des Gutachtens

49 Nach Ansicht des Gesetzgebers erfordert eine entsprechende Anwendung der Zivilprozessordnung keine schematische Übertragung aller Beweisregeln und -grundsätze. Es verbleibe Spielraum im Einzelfall. Als Beispiel wird ausgeführt, dass die im Zivilprozess übliche mündliche Erörterung des Sachverständigengutachtens auf das Betreuungs- (bzw Unterbringungsverfahren) nicht ohne Weiteres übertragbar sei.[81]

Aus § 30 Abs. 4 folgt allerdings, dass den Beteiligten Gelegenheit zu geben ist, zum Ergebnis einer förmlichen Beweisaufnahme Stellung zu nehmen, soweit dies zur Aufklärung des Sachverhalts oder zur Gewährung rechtlichen Gehörs erforderlich ist. Für den Betroffenen bedeutet dies: das **Sachverständigengutachten** muss ihm jedenfalls

---

75 BGH FamRZ 2008, 774 ff.
76 KG FamRZ 1995, 1379, 1380; OLG Brandenburg FamRZ 2001, 40; OLG Köln FamRZ 2001, 310.
77 BGH NJW 1993, 1796.
78 KG FamRZ 1995, 1379, 1380 (für Gutachten bei einer Betreuerbestellung).
79 KG FamRZ 1995, 1379, 1380.
80 KG FamRZ 2007, 1043.
81 BR-Drucks. 309/07, 600; BT-Drucks. 16/6308, 268.

rechtzeitig übersandt werden. Sofern von einer Übersendung abgesehen werden muss,[82] ist es erforderlich, einen Verfahrenspfleger zu bestellen.[83]

e) Folgen eines nicht ausreichenden Gutachtens

Hat das Gericht ein für die Entscheidung über die Unterbringungsmaßnahme ausreichendes Gutachten nicht eingeholt, und beantragt der Betroffene im Beschwerdeverfahren nach seiner Entlassung, die Rechtswidrigkeit der Maßnahme festzustellen, kann der Verfahrensfehler nicht mehr geheilt werden.[84] 50

f) Vorführung zur Untersuchung
aa) Voraussetzungen

Nach § 322 Hs 1, § 283 (vgl § 70 e Abs. 2 FGG) entsprechend, kann das Gericht anordnen, dass der Betroffene zur Vorbereitung eines Gutachtens untersucht und durch die zuständige Behörde zu einer Untersuchung vorgeführt wird (§ 283 Abs. 1 S. 1). Dies gilt zB, wenn der Betroffene nicht freiwillig zum Untersuchungstermin beim Sachverständigen erscheint oder diesen nicht in die Wohnung lässt.[85] Die Anordnung setzt voraus, dass eine andere Möglichkeit, die Begutachtung durchzuführen, nicht besteht.[86] 51

bb) Verfahren

Der Betroffene soll vorher persönlich angehört werden (§ 283 Abs. 1 S. 3). Denkbar ist aber auch, dass andere Feststellungen, die die Annahme der Betreuungsbedürftigkeit des Betroffenen rechtfertigen könnten, getroffen worden sind.[87] 52

cc) Anfechtbarkeit

Die Anordnung ist nach hier vertretener Ansicht **nicht anfechtbar**. Eine entsprechende ausdrückliche Normierung fehlt allerdings in der veröffentlichten Fassung des Gesetzes.[88] In § 283 Abs. 1 S. 2 entsprechend der BR-Drucks. 617/08[89] war eine ausdrückliche Normierung vorgesehen. 53

Für die Auffassung, dass die Anordnung unanfechtbar ist, spricht bereits, dass die bisherige Regelung nach § 70 e Abs. 2 FGG iVm § 68 b Abs. 3 S. 2 FGG nicht geändert werden sollte.[90]

dd) Gewaltanwendung

Nach § 283 Abs. 2 darf die zuständige Behörde, die die Vorführung vornimmt, Gewalt nur anwenden, wenn das Gericht dies aufgrund einer ausdrücklichen Entscheidung 54

---

82 Vgl § 70 e FGG iVm § 68 Abs. 5 FGG.
83 S. SchuSo/Sonnenfeld § 70 e FGG Rn 11 mwN.
84 KG FamRZ 2007, 1043.
85 Fröschle/Fröschle § 68 b FGG Rn 26.
86 BT-Drucks. 11/ 4528, 175; Bt-Komm/Roth Teil A Rn 158; KKW/Kayser § 68 b FGG Rn 13.
87 Vgl BGHZ 171, 326 ff.
88 BGBl. I 2008, 2637.
89 BR-Drucks. 617/08, 54.
90 S. BR-Drucks. 309/07, 600; BT-Drucks. 16/6308, 268; s. zur früheren Rechtslage: Beschränkung der Rechtsmittel in Nebenverfahren SchuSo/Sonnenfeld § 68 b FGG Rn 50 und zu der bis auf wenige Ausnahmen nicht zulässigen Anfechtbarkeit von Nebenentscheidungen nach dem FamFG BR-Drucks. 309/07, 447, 448, BT-Drucks. 16/6308, 203, 204 und Kemper, S. 13.

Diekmann

angeordnet hat. Die zuständige Behörde ist befugt, erforderlichenfalls die Unterstützung der polizeilichen Vollzugsorgane nachzusuchen. Es handelt sich um eine Neuregelung, wobei durch § 283 Abs. 2 S. 1 sichergestellt werden soll, dass die Anwendung von Gewalt in jedem Fall einer Entscheidung des Gerichts bedarf.[91]

ee) Betreten der Wohnung

55 Die Wohnung des Betroffenen darf ohne dessen Einwilligung nur betreten werden, wenn das Gericht dies aufgrund einer ausdrücklichen Entscheidung **angeordnet** hat (§ 283 S. 1). Bei **Gefahr im Verzug** gilt dies nicht (§ 283 S. 2).[92]

g) Unterbringung zur Begutachtung

56 Das Gericht kann nach Anhörung eines Sachverständigen auch anordnen, dass der Betroffene auf bestimmte Dauer untergebracht und beobachtet wird, soweit dies zur Vorbereitung des Gutachtens erforderlich ist (§ 284 Abs. 1 S. 1).

aa) Voraussetzungen

57 In manchen Fällen kann ein Sachverständigengutachten nur erstattet werden, wenn der Betroffene zuvor über einen längeren Zeitraum beobachtet worden ist. Eine Unterbringung zu diesem Zweck ist nur unter strikter Beachtung des **Verhältnismäßigkeitsgrundsatzes** zulässig.[93] Die Unterbringung zur Beobachtung kommt nur in Betracht, wenn sich alle anderen Möglichkeiten (zB die Vorführung zu einem Untersuchungstermin) als nicht hinreichend erwiesen haben[94] oder sie sich mit an Sicherheit grenzender Wahrscheinlichkeit als nicht ausreichend erweisen werden.[95] Weitere Voraussetzungen sind:

- Es müssen konkrete Anhaltspunkte für eine Unterbringungsbedürftigkeit gegeben sein.[96] Der Betroffene ist vorher persönlich anzuhören (§ 284 Abs. 1 S. 2). Es ist ggf nach § 317 Abs. 1 ein Verfahrenspfleger zu bestellen.

- Ein Sachverständiger muss zuvor zur Notwendigkeit und Dauer der Unterbringung Stellung genommen haben (§ 284 Abs. 1 S. 1). Zur Qualifikation des Sachverständigen, der nicht mit dem Gutachter, der das Sachverständigengutachten zur Erforderlichkeit der Unterbringung zB im Rahmen des § 1906 BGB erstellt, identisch sein muss,[97] äußert sich das Gesetz nicht. Nach hiesiger Auffassung soll der Sachverständige Arzt für Psychiatrie oder Arzt mit Erfahrung auf dem Gebiet der Psychiatrie sein (§ 280 Abs. 1 S. 1).[98]

bb) Dauer der Unterbringung

58 Die Unterbringung darf die Dauer von **sechs Wochen** nicht überschreiten. Reicht dieser Zeitraum nicht aus, um die erforderlichen Erkenntnisse für das Gutachten zu erlangen,

---

91 BR-Drucks. 306/07, 600; BT-Drucks. 16/6303, 268. Die Neuregelung entspricht § 326 Abs. 2 (Zuführung zur Unterbringung).
92 Eine solche Regelung war in § 283 nach der BR-Drucks. 309/07, 127 nicht vorgesehen.
93 BayObLG FGPrax 2004, 250.
94 Vgl BayObLG FGPrax 2004, 250.
95 Fröschle/Locher § 68 b FGG; Bienwald/Bienwald § 68 b FGG Rn 81.
96 Vgl BayObLG FGPrax 1004, 250.
97 Bienwald/Bienwald § 68 b FGG Rn 81; Damrau/Zimmermann § 68 b FGG Rn 30.
98 Vgl HK-BUR/Rink § 68 b FGG Rn 82.

kann die Unterbringung bis zu einer Gesamtdauer von drei Monaten verlängert werden (§ 284 Abs. 2 S. 2).[99]

cc) Vorführung

Nach § 284 Abs. 3 gilt § 283 entsprechend. Muss der Betroffene vorgeführt werden, ist folglich eine **richterliche Anordnung** erforderlich. Gewalt darf die zuständige Behörde ebenfalls nur anwenden, wenn dies durch gerichtliche Entscheidung angeordnet worden ist. Dann ist die Behörde als ultima ratio befugt, die Unterstützung der polizeilichen Vollzugsorgane nachzusuchen. **59**

dd) Rechtsmittel

Die Entscheidung über die Vorführung unterliegt keinem Rechtsmittel (s.o. Rn 53). **60**

Die bislang umstrittene Frage, ob die Entscheidung über die Unterbringung zur Beobachtung mit der einfachen oder der sofortigen Beschwerde angefochten werden kann,[100] ist nunmehr gesetzlich geregelt. Es findet die sofortige Beschwerde nach den §§ 567–572 ZPO Anwendung. Es gilt also eine zweiwöchige Anfechtungsfrist. Für die Beschwerdegerichte ist zu beachten, dass eine originäre Einzelrichterzuständigkeit begründet ist.[101]

h) Entbehrlichkeit der Einholung eines Gutachtens – ärztliches Zeugnis

Nach § 321 Abs. 2 genügt für eine Maßnahme nach § 312 Nr. 2 ein ärztliches Zeugnis. Gemeint sind **unterbringungsähnliche Maßnahmen**. **61**

Von einem Gutachten unterscheidet sich das ärztliche Zeugnis dadurch, dass es sich in **verkürzter Form** zu den entscheidungserheblichen Gesichtspunkten verhält.[102] Das ärztliche Zeugnis muss auf einer zeitnahen persönlichen Untersuchung des Arztes beruhen.[103] Es darf sich – entgegen dem Wortlaut des Gesetzes – angesichts der Bedeutung des Eingriffs nicht auf den gesundheitlichen Zustand des Betroffenen beschränken. Es muss vielmehr Angaben zur Erforderlichkeit der Unterbringung,[104] zu den ohne Behandlung drohenden Nachteilen[105] und zur Fähigkeit der freien Willensbestimmung bzw zu deren Ausschluss enthalten.[106] Der das Zeugnis ausstellende Arzt muss über die notwendige Sachkunde verfügen. Nach hier vertretener Ansicht muss er jedenfalls im Regelfall Arzt für Psychiatrie bzw Arzt mit Erfahrung auf dem Gebiet der Psychiatrie sein.[107] **62**

---

99 Die Vorschrift entspricht § 68 b Abs. 4 S. 1–4 FGG.
100 Vgl dazu Fröschle/Locher § 70 e FGG Rn 9 mwN.
101 Im Gegensatz zu den übrigen Unterbringungssachen.
102 LG Hildesheim BtPrax 1993, 210; Fröschle/Locher § 70 e FGG Rn 7; HK-BUR/Rink § 70 e FGG Rn 22; SchuSo/Sonnenfeld § 70 e FGG Rn 17.
103 OLG Köln FGPrax 2006, 232; ähnlich KKW/Kayser § 70 e FGG Rn 7.
104 Fröschle/Locher § 70 h FGG Rn 4 mwN; aA Bassenge/Roth § 70 h FGG Rn 5.
105 OLG Köln FGPrax 2006, 232.
106 Vgl BayObLG BtPrax 2003, 268.
107 Vgl OLG Zweibrücken BtPrax 2003, 80; BtMan 2006, 10; HK-BetrR/Bučić § 70 h FGG Rn 4; KKW/Kayser § 70 e FGG Rn 7; aA Bassenge/Roth § 70 h FGG Rn 5; diff. Bt-Komm/Dodegge Teil G Rn 149.

63 Das ärztliche Zeugnis unterscheidet sich von dem Sachverständigengutachten auch dadurch, dass das Zeugnis von einem der Beteiligten beigebracht werden kann.[108] Ob es vom Gericht selbst angefordert werden kann, ist streitig.[109]

i) Entschädigung des Sachverständigen

64 Holt das Gericht in Unterbringungssachen ein Gutachten ein, ist der Sachverständige gem. § 9 Abs. 1 S. 1 und 2 JVEG nach der Honorargruppe M 3 (derzeit 85 EUR) zu entschädigen. Nach hier vertretener Ansicht gilt dies auch in Verfahren, die die Genehmigung unterbringungsähnlicher Maßnahmen betreffen. Maßgeblich ist dabei, ob das Gericht das Gutachten einholt oder ein ärztliches Zeugnis für ausreichend erachtet.

6. Bestellung eines Verfahrenspflegers

65 Das Gericht hat dem Betroffen einen Verfahrenspfleger zu bestellen, wenn dies zur Wahrnehmung der Interessen der Betroffenen erforderlich ist (§ 317 Abs. 1 S. 1 FamFG; vgl § 70 b Abs. 1 S. FGG).

a) Bedeutung der Regelung

66 Unterbringungsverfahren betreffen Menschen, denen zur Abwendung einer Selbstschädigung oder zum Schutz anderer die persönliche Freiheit entzogen werden muss. Die **Freiheit** ist ein durch Art. 2 Abs. 2 S. 2 GG geschütztes Grundrecht. Es muss angesichts des mit den Unterbringungsmaßnahmen verbundenen Eingriffs verfahrensrechtlich gewährleistet sein, dass die Betroffenen das Verfahren als handelndes Verfahrenssubjekt betreiben können. Sie dürfen nicht zum bloßen Objekt des gerichtlichen oder des Handelns anderer Beteiligter werden.[110] Kann der Betroffene **seine Interessen** im Verfahren **nicht wahrnehmen**, ist ein Verfahrenspfleger zu bestellen.

b) Stellung und Aufgaben des Verfahrenspflegers

67 Ein Verfahrenspfleger ist ein Pfleger eigener Art.[111] Die Bestellung berührt die Verfahrensfähigkeit des Betroffenen nicht. Der Pfleger ist nicht an Weisungen des Betroffenen gebunden und unterliegt nicht der Aufsicht durch das Betreuungsgerichts.[112]

Durch die Bestellung des Verfahrenspflegers soll gewährleistet werden, dass der Betroffene fachkundig beraten und vertreten wird.[113] Der Pfleger wird durch seine Bestellung Beteiligter des Verfahrens. Er hat damit ein Recht auf Teilnahme an der Anhörung des Betroffenen, ihm steht ein Akteneinsichtsrecht zu, er kann zu den Beweismitteln, insbesondere zum Sachverständigengutachten, Stellung nehmen[114] etc.

---

108 Fröschle/Locher § 70 e FGG Rn 8.
109 Bejahend: Bassenge/Roth § 68 b FGG Rn 13; HK-BUR/Rink § 68 b FGG Rn 60, aA Bienwald/Bienwald § 68 b FGG Rn 23; Bt-Komm/Roth Teil A Rn 157.
110 Vgl Fröschle/Fröschle § 70 b FGG Rn 1.
111 BT-Drucks. 11/4528, 171.
112 Vgl HK-BetrR/Meier § 67 FGG Rn 2.
113 BT-Drucks. 11/4528, 93.
114 Bt-Komm/Dodegge Teil G Rn 107.

IV. Durchführung des gerichtlichen Verfahrens in der ersten Instanz 17

c) Notwendigkeit der Bestellung

Voraussetzung für die Bestellung eines Verfahrenspflegers ist, dass sie zur Wahrnehmung der Interessen des Betroffenen **erforderlich** ist. Angesichts der Bedeutung des Freiheitsgrundrechts ist die Bestellung nur dann nicht notwendig, wenn   68

- der Betroffene seine Interessen ausreichend selbst wahrnehmen kann oder
- sie von einem Bevollmächtigten ausreichend wahrgenommen werden[115] oder
- das Gericht die Genehmigung oder Anordnung einer Unterbringungsmaßnahme ablehnen möchte.[116]

Die Bestellung ist zwingend erforderlich, wenn von einer Anhörung des Betroffenen nach §§ 34 Abs. 2, 319 Abs. 3 abgesehen werden soll (§ 317 Abs. 1 S. 2 FamFG; vgl § 70 b Abs. 1 S. 2 FGG).

Kann der Betroffene persönlich angehört werden, muss das Gericht feststellen, ob der Betroffene sich selbst hinreichend vertreten kann. Neben der Schwere des Krankheitsbildes wird es dabei auf den unmittelbaren Eindruck bei der Anhörung ankommen. Ein nicht zu unterschätzender Faktor ist die Wirkung der Medikation.[117]

Selbst wenn das Gericht zu der Einschätzung gelangt, dass der Betroffene sich grundsätzlich selbst vertreten könnte, ist zur Wahrung des rechtlichen Gehörs (Art. 103 GG) die Bestellung eines Verfahrenspflegers erforderlich, wenn

- dem Betroffenen das Sachverständigengutachten nicht zur Kenntnis gegeben werden kann[118] oder
- die Gründe der Beschlussfassung des Gerichts nicht bekannt gegeben werden können (§ 325 Abs. 1).[119]

d) Unterbleiben der Bestellung

Die Bestellung soll unterbleiben oder aufgehoben werden, wenn der Betroffene von einem Rechtsanwalt oder einem anderen geeigneten Verfahrensbevollmächtigten vertreten wird (§ 317 Abs. 4 FamFG; vgl § 70 b Abs. 3 FGG).   69

e) Begründung des Gerichts bei unterbliebener Verfahrenspflegerbestellung

Sieht das Gericht von der Bestellung eines Verfahrenspflegers ab, ist dies in der Entscheidung, durch die eine Unterbringungsmaßnahme genehmigt oder angeordnet wird, zu begründen (§ 317 Abs. 2 FamFG; vgl 70 b Abs. 2 FGG). Dies gilt auch für die Beschwerdeinstanz.   70

f) Auswahl des Pflegers

Wie in Betreuungsverfahren ist nach der Neuregelung durch das FamFG (nun) auch in Unterbringungssachen vorgesehen, dass ehrenamtliche Verfahrenspfleger vorrangig zu bestellen sind (§ 317 Abs. 3).[120] Zur Qualifikation des Pflegers äußert sich das Gesetz   71

---

115 Vgl Fröschle/Fröschle § 70 b FGG Rn 5.
116 Bt-Komm/Dodegge Teil G Rn 104; BayObLG FamRZ 1996, 1375.
117 HK-BUR/Bauer § 70 b FGG Rn 44 ff.
118 OLG Schleswig BtMan 2006, 206; s.a. KG BtPrax 2008, 42, 43.
119 Fröschle/Fröschle § 70 b FGG Rn 9.
120 Eine entsprechende Regelung war hinsichtlich des Unterbringungsverfahrens im FGG nicht vorhanden.

Diekmann   765

nicht. Es kann daher jede Person bestellt werden, die zur Wahrnehmung der Interessen des Betroffenen im gerichtlichen Verfahren geeignet ist.

g) Zeitpunkt und Dauer der Bestellung

72 Eine gesetzliche Regelung, wann ein Verfahrenspfleger zu bestellen ist, ist nicht vorgesehen. Wenn die Interessen des Betroffenen hinreichend wahrgenommen werden sollen, ist der Verfahrenspfleger **möglichst frühzeitig** zu bestellen.[121]

Die Verfahrenspflegschaft endet

- durch Aufhebung,
- mit der Rechtskraft der Endentscheidung oder
- mit dem sonstigen Abschluss des gerichtlichen Verfahrens (Beispiel: Rücknahme des Antrags auf Anordnung der Unterbringung, § 317 Abs. 3 FamFG, § 70 b Abs. 4 FGG).

h) Unanfechtbarkeit

73 Die Bestellung eines Verfahrenspflegers, deren Aufhebung sowie die Ablehnung einer derartigen Maßnahme sind nicht selbständig anfechtbar (§ 317 Abs. 5).[122]

i) Kosten

74 Nach § 317 Abs. 7 sind dem Verfahrenspfleger keine Kosten aufzuerlegen.

j) Vergütung und Aufwendungsersatz

75 Nach § 318 gilt für die Vergütung und den Aufwendungsersatz des Verfahrenspflegers § 277 entsprechend. Es wird insoweit auf die Ausführungen zu § 16 Rn 187 f verwiesen.

V. Entscheidung des Gerichts

1. Entscheidungsgrundlage und -maßstab

76 Das Gericht entscheidet nach seiner freien, aus dem gesamten Inhalt des Verfahrens gewonnenen Überzeugung (§ 37 Abs. 1).

Das FamFG kennt im Gegensatz zum Straf- oder Zivilprozess keinen Mündlichkeitsgrundsatz. Es ist demnach der **gesamte Akteninhalt** ohne dessen etwaige mündliche Erörterung in einem Termin Grundlage der Entscheidung.[123] Entscheidungsmaßstab ist die **freie Überzeugung** (s. § 286 ZPO). Es reicht insoweit ein „für das praktische Leben brauchbarer Grad an Gewissheit"[124] aus.

Das Gericht darf eine Entscheidung, die die Rechte eines Beteiligten beeinträchtigt, nur auf Tatsachen stützen, zu denen dieser Beteiligte sich äußern konnte (§ 37 Abs. 2).

Im FamFG-Verfahren gibt es keine generelle Verpflichtung zur Übersendung schriftlicher Erklärungen und Beweisergebnisse an die Beteiligten.[125] Allerdings muss die Gewährung des rechtlichen Gehörs (Art. 103 GG) gesichert sein. Um das Verfahren fle-

---

121 Bt-Komm/Dodegge Teil G Rn 108; vgl OLG Hamm FamRZ 2002, 494.
122 S. bei der Bestellung BGH FamRZ 2003, 1275 ff.
123 BR-Drucks. 309/07, 426; BT-Drucks. 16/6308, 194.
124 BGH NJW 1993, 935.
125 BR-Drucks. 309/07, 427; BT-Drucks. 16/6308, 194.

xibel zu gestalten, wird an die Rechtsbeeinträchtigung angeknüpft.[126] Das bedeutet: Wenn ein Beteiligter in seiner Rechtsstellung negativ betroffen wird, muss eine **Äußerungsmöglichkeit** gewährleistet werden.[127] Nicht geregelt ist allerdings, wie dies zu geschehen hat.

In Betracht kommt die Übersendung von Anhörungsvermerken oder schriftlichen Äußerungen Beteiligter – verbunden mit der Einräumung der Gewährung einer Stellungnahmemöglichkeit. In der amtlichen Begründung zum FamFG ist ausgeführt, dass im Einzelfall von einer Übersendung von Beweisdokumenten abgesehen werden kann, wenn schwerwiegende Interessen eines Beteiligten entgegenstehen (vgl auch § 13). Es könne sich zB um Gutachten über den Betroffenen in Unterbringungssachen handeln. Es müsse auch in diesen Fällen allerdings dem Anspruch eines Beteiligten auf rechtliches Gehör Genüge getan werden, soweit die Entscheidung in seine Rechte eingreife. Das Gericht müsse im Einzelfall versuchen, in möglichst grundrechtsschonender Weise einen Ausgleich sich widerstreitender Interessen herbeizuführen. Denkbar sei es, dass das Gericht dem Beteiligten, dessen Rechte beeinträchtigt werden, lediglich den wesentlichen Inhalt eines Beweisergebnisses mitteile.[128]

2. Entscheidung durch Beschluss

Das Betreuungsgericht entscheidet durch Beschluss, soweit durch die Entscheidung der Verfahrensgegenstand ganz oder teilweise erledigt wird (Endentscheidung, § 38 Abs. 1 S. 1). Dies ist der Fall, wenn zB eine Unterbringung genehmigt, angeordnet oder abgelehnt wird.

3. Inhalt des Beschlusses

Der Beschluss enthält nach der Regelung des § 38 Abs. 2 Nr. 1–3

- die Bezeichnung der Beteiligten, ihrer gesetzlichen Vertreter und ihrer Bevollmächtigten; die Bezeichnung des Gerichts und die Namen der Gerichtspersonen, die bei der Entscheidung mitgewirkt haben (Richter/Richterin, der beim Amtsgericht tätig geworden ist), und
- die **Beschlussformel**.

Die Beschlussformel ist einem Urteilstenor vergleichbar. Nach § 323 sind im Fall der Genehmigung oder Anordnung einer Unterbringungsmaßnahme die Unterbringungsmaßnahme[129] näher zu bezeichnen und der Zeitpunkt anzugeben, zu dem die Unterbringungsmaßnahme endet. Diese ist kalendermäßig anzugeben.[130]

---

126 BR-Drucks. 309/07, 427; BT-Drucks. 16/6308, 194.
127 BR-Drucks. 309/07, 427; BT-Drucks. 16/6308, 194.
128 BR-Drucks. 309/07, 428; BT-Drucks. 16/6308, 194.
129 Zur Angabe der Medikation vgl BGH NJW 2006, 1277, 1281 (obiter dictum); aA OLG Karlsruhe FGPrax 2007, 263, 265; nach hiesiger Ansicht Teil der Begründung der Entscheidung.
130 KKW/Kayser § 70 f FGG Rn 4.

Diekmann

Beschlussformeln können zB lauten:

79 Beschlussformel für die Genehmigung der Unterbringung
... wird die Unterbringung des Betroffenen in einer geschlossenen Einrichtung eines psychiatrischen Krankenhauses[131] längstens bis zum ... betreuungsgerichtlich genehmigt.
Die Entscheidung ist sofort wirksam.[132]

80 Beschlussformel für die Anordnung der Unterbringung
... wird die Unterbringung des Betroffenen in einer geschlossenen Einrichtung eines psychiatrischen Krankenhauses längstens bis zum ... betreuungsgerichtlich angeordnet.
Die Entscheidung ist sofort wirksam.

81 Beschlussformel für die Genehmigung unterbringungsähnlicher Maßnahmen
... wird die zeitweise ... regelmäßige ... Freiheitsentziehung durch Anbringen von Bettgittern ... bis längstens ... betreuungsgerichtlich genehmigt.
Die Entscheidung ist sofort wirksam.

4. Begründung des Beschlusses
a) Rechtliche Grundlage

82 Nach § 38 Abs. 3 S. 1 sind Beschlüsse zu begründen. Gem. § 38 Abs. 4 bedarf es einer Begründung unter bestimmten Voraussetzungen nicht, zB, wenn der Beschluss in Gegenwart aller Beteiligten mündlich bekannt gegeben wurde und alle Beteiligten auf Rechtsmittel verzichtet haben.

Davon sieht § 38 Abs. 5 „Rückausnahmen" vor. Die Möglichkeit, von einer Begründung abzusehen, ist beispielsweise in **Betreuungssachen** nicht gegeben (§ 38 Abs. 5 Nr. 3). Entsprechende Entscheidungen sind also stets zu begründen. Nach Ansicht des Gesetzgebers müssen den Betroffenen hier die Gründe für die Anordnung der Betreuung, deren Ablehnung oder sonstige Endentscheidung des Gerichts auch nachträglich zur Verfügung stehen.[133]

83 Für **Unterbringungssachen** fehlt eine entsprechende ausdrückliche Regelung.[134] Nach hier vertretener Ansicht ist eine Begründung des Beschlusses allerdings geboten.

Dass von der bisher maßgeblichen Begründungspflicht (§ 70 f Abs. 2 FGG) nicht abgewichen werden sollte, ergibt sich bereits aus einem Umkehrschluss aus § 325 Abs. 1. Denn dort ist geregelt, wann von der **Bekanntgabe der Gründe** eines Beschlusses an den Betroffenen abgesehen werden kann.

Zudem ist ein Beschluss im Beschwerdeverfahren zu begründen (§ 69 Abs. 2).

Im Übrigen ergibt sich die Notwendigkeit der Begründung aus folgenden Erwägungen: Zunächst ist die Begründung aus rechtsstaatlichen Gesichtspunkten erforderlich.[135] Dafür spricht die Bedeutung des Freiheitsgrundrechtes (vgl Art. 104 Abs. 3 S. 1 GG).

---

131 Die Auswahl obliegt dem Antragsteller bzw Vertreter des Betroffenen, Marschner/Volckart Kap. D § 70 f Rn 3.
132 Vgl Firsching/Dodegge, Rn 507 ff.
133 BR-Drucks. 309/07, 430; BT-Drucks. 16/6308, 195.
134 BGBl. I 2008, 2599.
135 KKW/Kayser § 70 g FGG Rn 8; zu den Folgen unterlassener Begründung s. Fröschle/Fröschle § 68 FGG Rn 28 ff.

Angesichts dessen ist nicht erklärlich, weshalb in Betreuungssachen auf eine Begründung nicht verzichtet werden können soll, in Unterbringungssachen hingegen schon. Zudem ist zu berücksichtigen, dass in Unterbringungsverfahren nicht selten Anträge auf Feststellung der Rechtswidrigkeit der Unterbringungsmaßnahme gestellt werden. Schließlich spricht auch die Regelung des § 317 Abs. 2 – wonach das Gericht in einer Entscheidung, durch die eine Unterbringungsmaßnahme genehmigt oder angeordnet wird, zu begründen hat, warum kein Verfahrenspfleger bestellt wird – dafür, dass von der Notwendigkeit einer Begründung auszugehen ist.

b) Inhalt der Begründung

Die Beteiligten sollen durch die Begründung eines Beschlusses die Möglichkeit erhalten, die **Erwägungen des Gerichts**, die zu der Entscheidung geführt haben, nachzuvollziehen. Dabei ist wie bislang auch nach dem FamFG ein zwingender Aufbau nicht vorgesehen. Üblicherweise wird in einem ersten Teil (I) der Verfahrensablauf mit den entscheidungserheblichen Vorgängen und etwaigen Anträgen dargestellt. Im zweiten Teil (II) wird anhand der einschlägigen Normen (zB § 1906 Abs. 1 BGB) die Entscheidung rechtlich begründet. 84

c) Unterschrift/Datum der Übergabe

Der Beschluss ist vom Richter zu unterschreiben. 85

Das Datum der Übergabe des Beschlusses an die Geschäftsstelle oder der Bekanntgabe durch Verlesen der Beschlussformel (Erlass) ist auf dem Beschluss zu vermerken (§ 38 Abs. 3).

d) Rechtsmittelbelehrung

Der Beschluss hat eine Belehrung über das statthafte Rechtsmittel sowie das Gericht, bei dem der Rechtsbehelf einzulegen ist, dessen Sitz und die einzuhaltende Form und Frist zu enthalten (§ 39 FamFG; vgl § 70 f Abs. 1 Nr. 4 FGG). 86

Die Entscheidung muss aus rechtsstaatlichen Gründen eine Rechtsmittelbelehrung enthalten.[136] Sie muss für den juristischen Laien, insbesondere den Betroffenen, verständlich sein.[137] Fehlt die Rechtsmittelbelehrung oder war sie fehlerhaft, ist die Entscheidung zwar wirksam, die Rechtsmittelfrist beginnt aber nicht zu laufen.[138]

Eine **Rechtsmittelbelehrung** könnte lauten:[139]

Gegen diese Entscheidung ist das Rechtsmittel der Beschwerde zulässig. Sie binnen einer Frist von einem Monat bei dem Amtsgericht ... *(das die Entscheidung getroffen hat)* oder dem Amtsgericht ... *(Ort der Unterbringung, § 336)* einzulegen. Die Frist beginnt mit der Zustellung der Entscheidung. Die Beschwerde ist durch Einreichung einer Beschwerdeschrift oder Niederschrift der Geschäftsstelle einzulegen. Die Beschwerde muss die Bezeichnung des angefochtenen Beschlusses sowie die Erklärung enthalten, dass Beschwerde gegen diesen Beschluss eingelegt wird. Sie ist von dem Beschwerdeführer oder seinem Bevollmächtigten zu unterzeichnen (vgl § 63 Abs. 1 iVm § 64 Abs. 2).

---

136 BT-Drucks. 11/4528, 145 zu § 69 FGG; SchuSo/Sonnenfeld § 70 f FGG Rn 12.
137 Vgl SchuSo/Sonnenfeld § 70 f FGG Rn 12.
138 Vgl BayObLG FamRZ 2000, 493; Bienwald/Bienwald § 70 f FGG Rn 23; Knittel § 70 f FGG Rn 14; SchuSo/Sonnenfeld § 70 f FGG Rn 20.
139 Vgl Firsching/Dodegge Rn 507.

VI. Wirksamwerden von Beschlüssen

1. Bekanntgabe an den Beteiligten/Rechtskraft

87 Grundsätzlich werden Beschlüsse mit der **Bekanntgabe** an den Beteiligten, für den sie ihrem wesentlichen Inhalt nach bestimmt sind, wirksam (§ 40 Abs. 1 FamFG; vgl § 16 FGG). Auf die Ausführungen im allgemeinen Teil zur Bekanntgabe (§ 41) wird insoweit verwiesen.

Dies gilt aber nicht für Beschlüsse über die Genehmigung oder die Anordnung einer **Unterbringungsmaßnahme**. Diese werden mit Rechtskraft wirksam (§ 324 Abs. 1 FamFG; vgl § 70 g Abs. 3 FGG).

2. Anordnung sofortiger Wirksamkeit

88 Das Gericht kann die sofortige Wirksamkeit des Beschlusses anordnen (vgl § 53 Abs. 2). Die Entscheidung hat das Gericht nach pflichtgemäßem Ermessen zu treffen. Es muss jedenfalls ein Eilbedürfnis im Interesse des Betroffenen gegeben sein.[140] Die Anordnung kann zu jeder Zeit vor Eingang der Akten beim Beschwerdegericht erfolgen.[141]

Wird die sofortige Wirksamkeit angeordnet, wird der Beschluss wirksam, wenn er und die Anordnung seiner sofortigen Wirksamkeit

- dem Betroffenen, dem Verfahrenspfleger, dem Betreuer oder dem Bevollmächtigten iSd § 1896 Abs. 2 S. 2 BGB bekannt gegeben,
- einem Dritten zum Zweck des Vollzugs des Beschlusses mitgeteilt oder
- der Geschäftsstelle des Gerichts zum Zweck der Bekanntgabe übergeben werden.

Der Zeitpunkt der sofortigen Wirksamkeit ist auf dem Beschluss zu vermerken.

3. Absehen von einer Bekanntgabe der Beschlussgründe an den Betroffenen

89 Von der Bekanntgabe der Gründe eines Beschlusses an den Betroffenen kann abgesehen werden, wenn dies nach ärztlichem Zeugnis erforderlich ist, um erhebliche Nachteile für seine Gesundheit zu vermeiden (§ 325 Abs. 1).

Die Nichtbekanntmachung kommt nur als „letztes Mittel" in Betracht. Das Gericht muss prüfen, ob eine Gesundheitsgefahr nicht zB durch die mündliche Bekanntmachung in Anwesenheit von Vertrauenspersonen abgewendet werden kann.[142] Wenn die **Gesundheitsgefahr** höher ist als der Eingriff in die Verfahrensrechte des Betroffenen durch die Nichtbekanntmachung der Gründe, ist dieser zulässig.[143] Es genügt für die Annahme eines erheblichen Grundes nicht, wenn befürchtet wird, dass der Betroffene beispielsweise kein Vertrauen in den Sozialpsychiatrischen Dienst haben könnte.[144]

---

140 Fröschle/Locher § 70 g FGG Rn 8; Bienwald/Bienwald § 70 g FGG Rn 23; Bt-Komm/Dodegge Teil G Rn 168; Damrau/Zimmermann § 70 g Rn 14; HK-BUR/Hoffmann § 70 g FGG Rn 29; SchuSo/Sonnenfeld § 70 g FGG Rn 16; KKW/Kayser § 70 g FGG Rn 11; Knittel § 70 g FGG Rn 13 (teilweise hinsichtlich der Eilbedürftigkeit divergierend).
141 Fröschle/Locher § 70 g FGG Rn 8; ggf stillschweigend BayOBLG BtPrax 2002, 39.
142 Fröschle/Locher § 70 g FGG Rn 7; HK-BUR/Hoffmann § 70 g FGG Rn 7; SchuSo/Sonnenfeld § 70 g FGG Rn 6.
143 BayObLG FamRZ 2000, 250.
144 Fröschle/Locher § 70 g FGG Rn 7.

4. Bekanntgabe an den Leiter der Einrichtung

Der Beschluss, durch den eine Unterbringungsmaßnahme genehmigt oder angeordnet wird, ist auch dem Leiter der Einrichtung, in der der Betroffene untergebracht werden soll, bekannt zu geben. Eine Bekanntgabe der Entscheidung, durch die eine Unterbringungsmaßnahme genehmigt, angeordnet oder aufgehoben wird, hat zudem an die zuständige Behörde zu erfolgen (§ 325 Abs. 2). 90

VII. Zuführung zur Unterbringung

Der Vollzug der öffentlich-rechtlichen Unterbringung obliegt der (nach Landesrecht) zuständigen Behörde. Hingegen ist die Unterbringung durch einen Betreuer oder Bevollmächtigten deren Angelegenheit.[145] 91

1. Unterstützung des Betreuers oder des Bevollmächtigten

Die zuständige Behörde hat allerdings den Betreuer oder den Bevollmächtigten[146] iSd § 1896 Abs. 2 S. 2 BGB auf deren Wunsch bei der Zuführung zur Unterbringung nach § 312 Nr. 1 zu **unterstützen** (§ 326 Abs. 1). Die Vertreter sollen demnach eine Anlaufstelle erhalten, an die sie sich mit dem Wunsch um Unterstützung wenden können.[147] 92

2. Gewaltanwendung

Gewalt darf die zuständige Behörde nur anwenden, wenn das Gericht dies aufgrund einer ausdrücklichen Entscheidung **angeordnet** hat. Die zuständige Behörde ist befugt, erforderlichenfalls die Unterstützung der polizeilichen Vollzugsorgane nachzusuchen (§ 326 Abs. 2 FamFG; vgl § 70 g Abs. 5 S. 2 und 3 FGG). 93

Es entsprach hinsichtlich der früheren wortgleichen Regelung weit verbreiteter Ansicht, dass es sich bei der Anordnung regelmäßig um ein selbständiges Verfahren handelte, für das die Vorschriften über das Unterbringungsverfahren nicht galten.[148] Die Anordnung konnte allerdings zugleich mit der Unterbringungsgenehmigung erfolgen.[149]

Materiell-rechtlich setzt die Anordnung voraus, dass die Erforderlichkeit der Anwendung von Gewalt konkret festgestellt wird und der Verhältnismäßigkeitsgrundsatz im engeren Sinn gewahrt ist.[150]

Nach der früheren Rechtslage wurde davon ausgegangen, dass die Anordnung mit der einfachen Beschwerde nach § 19 FGG angreifbar war.[151] Die Anfechtbarkeit nach dem FamFG ist davon abhängig, ob es sich um eine Zwischen- (bzw. Neben-) oder eine Endentscheidung handelt.[152] Für eine Beschwerdemöglichkeit spricht, dass nicht er-

---

145 Bienwald/Bienwald § 70 g FGG Rn 33.
146 Bislang fehlte eine entsprechende Regelung für den Bevollmächtigten, s. § 70 g Abs. 5 FGG.
147 Vgl BT-Drucks. 11/4528, 185.
148 Fröschle/Locher § 70 g FGG Rn 21.
149 Fröschle/Locher § 70 g FGG Rn 21; Bt-Komm/Dodegge Teil G Rn 173; HK-BUR/Hoffmann § 70 g FGG Rn 42.
150 Fröschle/Locher § 70 g FGG Rn 20; SchuSo/Sonnenfeld § 70 g FGG Rn 35; Knittel § 70 g FGG Rn 21; Bassenge/Roth § 70 g FGG Rn 13; Bienwald/Bienwald § 70 g FGG Rn 42 (beschwerdefähig).
151 Fröschle/Locher § 70 g FGG Rn 21.
152 Vgl zur Anwendbarkeit von § 33 Abs. 2 FGG: ablehnend OLG Celle FamRZ 1994, 1129; bejahend BayObLG FamRZ 1984, 1259; zur Gesamtproblematik SchuSo/von König § 33 FGG Rn 57 mwN.

sichtlich ist, dass durch die Neuregelungen eine Verringerung des Rechtsschutzes erfolgen sollte.

3. Betreten der Wohnung

94 Nach § 326 Abs. 3 S. 1 darf die Wohnung des Betroffenen ohne dessen Einwilligung nur betreten werden, wenn das Gericht dies aufgrund einer ausdrücklichen Entscheidung angeordnet hat. Bei Gefahr im Verzug findet die Regelung keine Anwendung (§ 326 Abs. 3 S. 2 FamFG).[153]

95 Die gerichtliche **Beschlussformel** könnte lauten:

Wenn die zuständige Behörde bei der Zuführung zur Unterbringung mitwirkt, darf sie Gewalt anwenden. Sie ist befugt, erforderlichenfalls die Unterstützung der polizeilichen Vollzugsorgane nachzusuchen. Die zuständige Behörde darf zudem zum Zwecke der Zuführung zur Unterbringung die Wohnung des/der ... betreten.[154]

VIII. Vollzugsangelegenheiten

96 Nach § 327 Abs. 1 S. 1 kann ein Betroffener gegen eine Maßnahme zur Regelung einzelner Angelegenheiten im Vollzug der Unterbringung nach § 312 Nr. 3 eine Entscheidung des Gerichts beantragen (vgl § 70 Abs. 1 FGG).

1. Anwendungsbereich

97 Gemeint sind nur einzelne Maßnahmen im **Vollzug** der öffentlich-rechtlichen Unterbringung. Die Vorschrift orientiert sich an §§ 23 ff EGGVG und §§ 109 ff StVollzG. Sie konkretisiert die Rechtsweggarantie (Art. 19 Abs. 4 GG).[155]

Für **zivilrechtliche Unterbringungen** fehlt eine entsprechende Regelung, weil die Maßnahmen vom Betreuer oder Bevollmächtigten bzw in den Fällen des § 1846 BGB vom Gericht zu verantworten sind.[156] Im Verhältnis Betroffener gegenüber Betreuer oder Betreuer gegenüber einer Einrichtung können insoweit zivilrechtliche Ansprüche in Betracht kommen.[157]

2. Maßnahmen

98 Es fallen darunter alle **rechtlichen und tatsächlichen Einflussmaßnahmen** seitens der Einrichtung, die Auswirkungen auf die Lebensverhältnisse der Betroffenen haben (zB Regelung des Besuchs, Zimmerkontrolle, Behandlungsfragen).[158]

3. Antragstellung

99 Gegen die Maßnahmen kann der Betroffene einen formfreien und nicht fristgebundenen Antrag auf gerichtliche Entscheidung stellen. Der Antrag kann auch von einem Dritten,

---

153 Es handelt sich um eine Neuregelung, vgl zur Problematik der früheren Rechtslage Fröschle/Locher § 70 g FGG Rn 22 mwN.
154 Zu den Kosten der Maßnahme s. Fröschle/Locher § 70 g FGG Rn 24.
155 Jürgens/Marschner § 70 Abs. 1 FGG Rn 1.
156 S. zu Zwangsmaßnahmen, die nicht vom Betreuer o.ä. veranlasst worden sind: OLG München R&P 1987, 112.
157 HK-BUR/Hoffmann § 70 Abs. 1 FGG Rn 7.
158 Vgl Damrau/Zimmermann § 70 Abs. 1 FGG Rn 4/5.

der zwar nicht untergebracht, von der Maßnahme aber in seinen Rechten betroffen ist, gestellt werden.[159]

Es kommen mehrere Antragsarten in Betracht:

- der Anfechtungsantrag, mit dem sich der Betroffene gegen einen ihn belastenden Vollzugsakt wendet,
- der Feststellungsantrag bei schlicht hoheitlichem Handeln oder bei Erledigung eines belastenden Verwaltungsaktes,
- der vorbeugende Unterlassungsantrag,
- der Verpflichtungsantrag (§ 327 Abs. 1).

Der Antrag ist nur zulässig, wenn der Betroffene geltend macht, durch die Maßnahme, ihre Ablehnung oder Unterlassung in seinen Rechten verletzt zu sein (§ 327 Abs. 2). Dies soll die Mitwirkungspflichten der Beteiligten konkretisieren.[160]

4. Entscheidung des Betreuungsgerichtes

a) Zuständigkeit

Die örtliche Zuständigkeit ist nicht ausdrücklich geregelt. Dies entspricht der bisherigen Rechtslage. Zuständig ist nach hiesiger Ansicht das Gericht, das die Unterbringung angeordnet hat.[161] Wie sich aus der Regelung des § 314 ergibt, kann das Gericht die Unterbringungssache abgeben, wenn sich der Betroffene im Bezirk des anderen Gerichts aufhält und die Unterbringungsmaßnahme dort vollzogen werden soll, sofern sich dieses Gericht zur Übernahme des Verfahrens bereit erklärt hat. 100

b) Prüfung des Gerichtes

Das Betreuungsgericht hat über die Zulässigkeit und Begründetheit des Antrags zu entscheiden. Ob ein Antrag begründet ist, richtet sich nach den gesetzlichen Regelungen des Vollzugs der Unterbringung in den Landesgesetzen. Wenn sich aus diesen keine gesetzliche Grundlage für einen Eingriff in die Rechte des Betroffenen ergibt, der über die Freiheitsentziehung an sich hinausgeht, ist die Maßnahme rechtswidrig.[162] Besteht hingegen eine solche Grundlage, ist zu prüfen, ob die Vorschriften zutreffend angewandt worden sind. Soweit den Einrichtungen ein Ermessen eingeräumt worden ist, ist zu klären, ob dieses fehlerfrei ausgeübt worden ist.[163] 101

c) Verfahren

Der Betroffene ist in dem Verfahren Antragsteller, die Einrichtung Antragsgegnerin. Das Verfahren richtet sich nach den Regelungen des FamFG. Das Gericht hat nach § 26 zu entscheiden, welche Ermittlungen es für erforderlich hält (zB eine persönliche Anhörung des Betroffenen). 102

---

159 Zur Begründung: Damrau/Zimmermann § 70 Abs. 1 FGG Rn 13; aA Bassenge/Roth § 70 Abs. 1 FGG Rn 6.
160 BT-Drucks. 309/07, 617; BT-Drucks. 16/6308, 275.
161 HK-BUR/Hoffmann § 70 Abs. 1 FGG Rn 19; Jürgens/Marschner § 70 Abs. 1 FGG Rn 3; KKW/Kayser § 70 Abs. 1 FGG Rn 5; aA Bassenge/Bassenge § 70 Abs. 1 FGG Rn 5; Damrau/Zimmermann § 70 Abs. 1 FGG Rn 22; SchuSo/Sonnenfeld § 70 Abs. 1 FGG Rn 11.
162 Zu den Kosten: Damrau/Zimmermann § 70 Abs. 1 FGG Rn 24.
163 S. Jürgens/Marschner § 70 Abs. 1 FGG Rn 4.

Der Antrag hat keine aufschiebende Wirkung. Das Gericht kann die aufschiebende Wirkung anordnen (§ 327 Abs. 3). Welche Entscheidung das Gericht bei einer von ihm festgestellten Rechtswidrigkeit der Maßnahme zu treffen hat, richtet sich nach der Antragstellung (Aufhebung, Feststellung etc.). Der Beschluss ist nicht anfechtbar (§ 327 Abs. 4).

5. Aussetzung des Vollzuges

103 Das Gericht kann die Vollziehung einer Unterbringung nach § 312 Nr. 3 aussetzen (§ 328 Abs. 1 S. 1 FamFG; vgl § 70 k FGG).

a) Anwendungsbereich

104 In § 328 ist die Aussetzung der Vollziehung einer **öffentlich-rechtlichen Unterbringungsmaßnahme** (nicht aber des Unterbringungsverfahrens) geregelt. Die Regelung findet keine Anwendung auf zivilrechtliche Unterbringungsmaßnahmen.[164] Der **Betreuer oder Bevollmächtigte** hat zivilrechtliche Maßnahmen selbst zu beenden, wenn er der Auffassung ist, dass die Unterbringungsvoraussetzungen nicht mehr vorliegen (vgl § 1906 Abs. 3 BGB). Sofern der Vertreter der Ansicht ist, dass eine probeweise Entlassung versucht werden sollte, obwohl die Unterbringungsvoraussetzungen vorliegen, trägt er die Verantwortung.[165] Eine Unterbringungsgenehmigung wäre – außer im Fall des eigenmächtigen Entweichens des untergebrachten Betroffenen – aufzuheben.[166]

b) Voraussetzungen

105 Eine Aussetzung der Vollziehung kommt in Betracht, wenn eine Entlassung des Betroffenen möglich erscheint, obwohl zum Zeitpunkt der Aussetzung die Unterbringungsvoraussetzungen noch vorliegen. Es ist eine **Prognoseentscheidung** zu treffen. Die an die Entscheidung zu stellenden Anforderungen sind geringer als bei einer „endgültigen" Entlassungsentscheidung.[167] Die Aussetzung der Vollziehung kann gleichzeitig mit der Anordnung der Unterbringung erfolgen.[168]

c) Auflagen

106 Die Aussetzung der Vollziehung kann mit Auflagen[169] (Beispiel: regelmäßiger Arztbesuch)[170] verbunden sein (§ 328 Abs. 1 S. 2).

d) Dauer der Aussetzung

107 Die Aussetzung soll sechs Monate nicht überschreiten; sie kann bis zu einem Jahr verlängert werden (§ 328 Abs. 1 S. 3).

---

164 OLG Hamm Rpfleger 2000, 14–15.
165 HK-BUR/Hoffmann § 70 k FGG Rn 3.
166 Jürgens/Marschner § 70 k FGG Rn 1.
167 Jürgens/Marschner § 70 k FGG Rn 2; zur Abgrenzung zur probeweisen Entlassung Fröschle/Locher § 70 k FGG Rn 3.
168 Mit ausführlicher Begründung: Jürgens/Marschner § 70 k FGG Rn 1; HK-BUR/Hoffmann § 70 k FGG Rn 6; Bassenge/Roth § 70 k FGG Rn 2; aA KKW/Kayser § 70 k FGG Rn 2; Damrau/Zimmermann § 70 k FGG Rn 3; s.a. OLG Frankfurt/M. R&P 1992, 152.
169 S. dazu Marschner/Volckart Kap. D § 70 k FGG Rn 7 ff.
170 Vgl Bt-Komm/Dodegge Teil G Rn 258.

e) Widerruf der Aussetzung

Das Gericht kann die Aussetzung widerrufen, wenn der Betroffene eine Auflage nicht   108
erfüllt oder sein Zustand dies erfordert (§ 328 Abs. 2). Entscheidend ist, dass sich die
ursprüngliche Prognose, wonach eine Entlassung in Betracht kommt, als nicht zutreffend erwiesen hat. Selbst wenn der Betroffene gegen Auflagen verstößt, rechtfertigt dies
den Widerruf der Aussetzung nur, wenn die **Unterbringungsvoraussetzungen** vorliegen.
Die Regelung ist keine Strafvorschrift, sondern an den zugrunde liegenden Zweck der
Gefahrenabwehr gebunden.[171]

f) Verfahren

Besondere Verfahrensregelungen enthält das Gesetz nicht (vgl bislang § 70 k Abs. 3   109
FGG). Nach der Gesetzesbegründung sind diese im Hinblick auf den weiter gefassten
Begriff der Unterbringungssachen gem. § 312 sowie die Regelung zum Beteiligtenbegriff nach § 315 entbehrlich.[172] Das bedeutet: Es gelten die Grundsätze, die im Allgemeinen Teil des FamFG geregelt sind sowie Regelungen gem. §§ 315 ff. Das Gericht
(funktionell der Richter) hat demnach den Betroffenen regelmäßig persönlich anzuhören, es kann sich das Erfordernis der Einholung eines Sachverständigengutachtens ergeben etc.[173]

g) Rechtsmittel

Die Entscheidung, durch die das Aussetzen der Vollziehung widerrufen wird, und die-   110
jenige, in der ein Widerruf des Aussetzens der Vollziehung abgelehnt wird, ist, wenn
man sie als Endentscheidung ansieht, mit der Beschwerde gemäß § 58 Abs. 1 angreifbar.[174] Soweit man sie insbesondere im Hinblick auf § 327 Abs. 4 als Nebenentscheidung erachtet, wozu die Verfasserin nicht tendiert, ist sie mangels ausdrücklicher Regelung **nicht anfechtbar**.[175]

IX. Dauer der Unterbringung

Die Unterbringung endet spätestens mit Ablauf eines Jahres, bei offensichtlich langer   111
Unterbringungsbedürftigkeit spätestens mit Ablauf von zwei Jahren, wenn sie nicht
vorher verlängert wird (§ 329 Abs. 1 FamFG;[176] vgl § 70 i FGG).

1. Verlängerung der Genehmigung oder Anordnung

Für die Verlängerung der Genehmigung oder Anordnung einer Unterbringungsmaß-   112
nahme gelten die **Vorschriften über die erstmalige Anordnung oder Genehmigung** ent-

---

171 Jürgens/Marschner § 70 k FGG Rn 4; s.a. BayObLGZ 1993, 368 ff.
172 BR-Drucks. 309/07, 618; BT-Drucks. 16/6308, 275.
173 Vgl wegen weiterer Einzelheiten: Bassenge/Bassenge § 70 k FGG Rn 4; Bienwald/Bienwald § 70 k FGG Rn 8/11; HK-BUR/Hoffmann § 70 k FGG Rn 12; Bt-Komm/Dodegge Teil G Rn 261; SchuSo/Sonnenfeld § 70 k FGG Rn 6/7; Jürgens/Marschner § 70 Abs. 1 FGG Rn 5; KKW/Kayser § 70 k FGG Rn 5.
174 S. zur früheren Anfechtung: Bienwald/Bienwald § 70 k FGG Rn 12; HK-BUR/Hoffmann § 70 k FGG Rn 14; KKW/Kayser § 70 k FGG Rn 5 (einf. Beschwerde); aA Damrau/Zimmermann § 70 k FGG Rn 25 (grundsätzlich unanfechtbar).
175 Vgl Kemper S. 13.
176 Nach Ansicht des OLG München FGPrax 2007, 43, 45, stellt der vom Sachverständigen angegebene Zeitraum einen Maßstab dar, den das Gericht nicht überschreiten darf. Die Frist müsse vom Zeitpunkt der Gutachtenerstellung an berechnet werden.

sprechend.[177] Bei Unterbringungen mit einer Gesamtdauer von mehr als vier Jahren soll das Gericht keinen Sachverständigen bestellen, der den Betroffenen bisher behandelt oder begutachtet hat oder in der Einrichtung tätig ist, in der der Betroffene untergebracht ist (§ 329 Abs. 2).

2. Aufhebung der Unterbringungsmaßnahme

113 Die Genehmigung oder Anordnung der Unterbringungsmaßnahme ist aufzuheben, wenn ihre **Voraussetzungen wegfallen** (vgl § 48 Abs. 1). Vor der Aufhebung einer Unterbringungsmaßnahme nach § 312 Nr. 3 soll das Gericht die zuständige Behörde anhören, es sei denn, dass dies zu einer nicht nur geringen Verzögerung des Verfahrens führen würde (§ 331).

X. Befristete Beschwerde

114 Das Beschwerderecht hat durch das FGG-Reformgesetz erhebliche Änderungen erfahren. Dabei sind die wesentlichen Neuerungen bereits im Allgemeinen Teil des FamFG (§§ 58 ff) geregelt. Die §§ 312 ff stellen lediglich ergänzende Regelungen dar.

Mit dem FGG-Reformgesetz soll vorrangig ein einheitliches Verfahrensrecht in Familiensachen geschaffen werden. Folglich wird grundsätzlich der dort eingeführte Instanzenzug „Amtsgericht – Oberlandesgericht (Kammergericht) – ggf Bundesgerichtshof" übernommen.

115 Dies gilt hingegen in Unterbringungssachen nicht. Nach § 72 Abs. 1 S. 2 GVG sind die **Landgerichte die Beschwerdegerichte** in den von den Betreuungsgerichten entschiedenen Sachen, also auch bei Unterbringungssachen. Die Regelung wird mit der geringeren räumlichen Entfernung des Landgerichts vom Untergebrachten begründet.[178]

Gegen die **Entscheidungen des Landgerichtes** als Beschwerdegericht ist unter näher geregelten Vorraussetzungen in Unterbringungssachen die **Rechtsbeschwerde** zum Bundesgerichtshof (§ 133 GVG) gegeben.

Der Instanzenzug lautet demnach: **Amtsgericht – Landgericht – Bundesgerichtshof**.

1. Einlegung der Beschwerde

116 Nach § 58 Abs. 1 findet gegen die im ersten Rechtszug ergangenen Endentscheidungen, also zB gegen einen Beschluss über die Genehmigung einer Unterbringung, die Beschwerde statt.

a) Zuständiges Gericht

117 Die Beschwerde ist bei dem Gericht einzulegen, dessen Beschluss angefochten wird (§ 64 Abs. 1), also beim Amtsgericht, das die Maßnahme getroffen hat. In **Unterbringungssachen** kann der Betroffene seine Beschwerde auch bei dem Amtsgericht einlegen, in dessen Bezirk er untergebracht ist (§ 336).[179] Die bisher bestehende Möglichkeit, die

---

177 Zur Unterbringungshöchstdauer bei Unterbrechung s. OLG München FamRZ 2008, 1117 (LS).
178 BT-Drucks. 16/6308, 319 zu Nr. 12. Zur Sprungrechtsbeschwerde (§ 75) s. die Ausführungen zu den Rechtsmitteln (§ 2 Rn 108 ff).
179 Die Regelung entspricht den bisherigen §§ 70 m Abs. 3, 69 g Abs. 3 FGG.

X. Befristete Beschwerde

Beschwerde auch bei dem Beschwerdegericht einzulegen (vgl § 21 Abs. 1 FGG), besteht hingegen nicht mehr.

b) Frist
Die Beschwerde ist binnen einer Frist von **einem Monat** einzulegen. Bislang galt eine 118
Frist von zwei Wochen (§ 70 m Abs. 1 FGG iVm § 22 Abs. 1 S. 2 FGG). Die Monatsfrist beginnt mit der schriftlichen Bekanntgabe des Beschlusses, spätestens mit Ablauf von fünf Monaten nach Erlass des Beschlusses (§ 63 Abs. 3).

c) Form
Die Beschwerde wird durch **Einreichung einer Beschwerdeschrift oder zur Niederschrift** 119
der Geschäftsstelle eingelegt (§ 64 Abs. 2 S. 1 FamFG; vgl § 21 Abs. 2 S. 1 FGG).

Die Neuregelung enthält erstmals **Anforderungen an die Form** der Beschwerde. Sie muss die Bezeichnung des angefochtenen Beschlusses sowie die Erklärung enthalten, dass Beschwerde gegen diesen Beschluss eingelegt wird. Sie ist von dem Beschwerdeführer oder seinem Bevollmächtigten zu unterzeichnen (§ 64 Abs. 2 S. 2). Nach Auffassung des Gesetzgebers erscheint dieser Mindestinhalt zumutbar, zumal jeder Beteiligte nach § 39 im Rahmen der Rechtsbehelfsbelehrung auf die Anforderungen hingewiesen wird.[180]

Folge der Einlegung einer nicht den Formvorschriften entsprechenden Beschwerde ist deren **Verwerfung als unzulässig** (§ 68 Abs. 2). In Unterbringungssachen ist zu berücksichtigen, dass die Betroffenen an einer psychischen Krankheit oder geistigen oder seelischen Behinderung leiden. Hier ist es besonders wichtig, dass die Gerichte die Rechtsmittelbelehrung hinreichend verständlich formulieren.

d) Beschwerdeberechtigung
Nach § 59 Abs. 1 steht die Beschwerde demjenigen zu, der in *seinen* Rechten beein- 120
trächtigt ist. Erforderlich ist insoweit, dass die angefochtene Entscheidung eine materielle Beschwer begründet. Es ist ausreichend, wenn es sich um einen **unmittelbaren, nachteiligen Eingriff in ein Recht** (zB durch eine Schlechterstellung) handelt.[181]

Die Regelung in § 59 Abs. 1 wird durch § 335[182] ergänzt. 121

Nach § 335 Abs. 1 steht das Recht der Beschwerde **im Interesse des Betroffenen**
- dessen Ehegatten oder Lebenspartner, wenn die Ehegatten oder Lebenspartner nicht dauernd getrennt leben, sowie dessen Eltern und Kindern, wenn der Betroffene bei diesen lebt oder bei Einleitung des Verfahrens gelebt hat, den Pflegeeltern,
- einer von dem Betroffenen benannten Person seines Vertrauens sowie
- dem Leiter der Einrichtung, in der der Betroffene lebt,

zu, wenn sie im ersten Rechtszug beteiligt sind. Diese Personen sind gleichlautend mit denen, die in der ersten Instanz nach § 315 Abs. 4 am Verfahren beteiligt werden können.

---

180 BR-Drucks. 309/07, 454; BT-Drucks. 16/6308, 206.
181 KKW/Kahl § 20 FGG Rn 12 mwN.
182 Die Regelung tritt an die Stelle von § 70 m Abs. 2 FGG.

Diekmann

§ 17 Unterbringungssachen

122 Legen Angehörige eine Beschwerde gegen eine Entscheidung in Unterbringungssachen ein, ist seitens des Gerichts zunächst zu prüfen, ob sie das Rechtsmittel unter Berufung darauf, in eigenen Rechten verletzt zu sein, einlegen, oder ob die Einlegung im Interesse des Betroffenen erfolgt. Dies ist aus Sicht der Betroffenen zu beurteilen.[183] Ist dies zu bejahen, ist zu klären, ob es sich bei dem Beschwerdeführer um einen privilegierten Verwandten nach § 335 Abs. 1 Nr. 1 handelt und ob eine Beteiligung im ersten Rechtszug stattgefunden hat.

123 Nach § 335 Abs. 2 steht zudem dem **Verfahrenspfleger** das Recht der Beschwerde zu. Ein Verfahrenspfleger ist zu bestellen, wenn dies zur Wahrnehmung der Interessen des Betroffenen erforderlich ist (§ 317 Abs. 1). Um den Interessen des Betroffenen Geltung verschaffen zu können, ist der **Verfahrenspfleger** nach § 335 Abs. 2 beschwerdeberechtigt. Er kann allerdings auch als Beteiligter in eigenen Rechten verletzt sein, so dass er ein eigenes Beschwerderecht gem. § 59 Abs. 1 haben kann.[184]

124 Der **Betreuer** kann gegen eine Entscheidung, die seinen Aufgabenkreis betrifft, auch im Namen des Betroffenen Beschwerde einlegen (§ 335 Abs. 4). Die Beschwerdebefugnis des Betreuers im Namen des Betreuten folgt bereits aus seiner umfassenden Vertretungsbefugnis nach § 1902 BGB.[185] Sofern mehrere Betreuer gemeinschaftlich betreuen (vgl § 1899 Abs. 3 BGB), steht den Betreuern keine selbständige Beschwerberechtigung zu, § 303 Abs. 4 S. 2 findet keine Anwendung.[186]

125 Das Recht der Beschwerde steht schließlich der zuständigen **Behörde** zu (§ 335 FamFG; vgl § 70 m Abs. 2 FGG iVm § 70 d Abs. 1 Nr. 6 FGG).

2. Gang des Beschwerdeverfahrens

a) Abhilfeprüfung

126 Wenn das Gericht, dessen Beschluss angefochten wird, die Beschwerde für **begründet** erachtet, hat es ihr abzuhelfen (§ 68 Abs. 1 S. 1 Hs 1). Das bislang geltende Recht sah zwar in § 18 Abs. 1 FGG eine generelle Abänderungsbefugnis vor, dies galt aber nach § 18 Abs. 2 FGG nicht für Verfügungen, die der sofortigen Beschwerde unterlagen – wie zB Entscheidungen, durch die eine Unterbringung angeordnet oder genehmigt wird. Die Neuregelung knüpft an § 572 Abs. 1 S. 1 Hs 1 ZPO an. Es wird eine generelle Abhilfebefugnis eingeführt. Nach dem Willen des Gesetzgebers wird dem Gericht der ersten Instanz die Gelegenheit eingeräumt, seine Entscheidung nochmals zu überprüfen, und sie ggf zurückzunehmen oder zu korrigieren.[187]

Wenn das Ausgangsgericht die Beschwerde nicht für begründet hält, hat es das Rechtsmittel **unverzüglich dem Beschwerdegericht vorzulegen** (§ 68 Abs. 1 S. 1 Hs 1 FamFG; vgl § 572 Abs. 1 S. 1 Hs 2 ZPO).

---

183 BR-Drucks. 309/07, 595; BT-Drucks. 16/6308, 265.
184 BR-Drucks. 309/07, 609; BT-Drucks. 16/6308, 272.
185 BT-Drucks. 309/07, 609; BT-Drucks. 16/6308, 272.
186 BR-Drucks. 309/07, 620; BT-Drucks. 16/6308, 276.
187 BR-Drucks. 309/07, 456; BT-Drucks. 16/6308, 207.

b) Prüfung des Beschwerdegerichts hinsichtlich der Zulässigkeit der Beschwerde

Das Beschwerdegericht hat zunächst zu prüfen, ob die Beschwerde an sich statthaft und in der gesetzlichen Form und Frist eingelegt ist (§ 68 Abs. 2 S. 1). Wenn die Prüfung ergibt, dass es an einem dieser Erfordernisse mangelt, ist die Beschwerde als **unzulässig** zu verwerfen (§ 68 Abs. 2 S. 2). 127

c) Durchführung des Beschwerdeverfahrens
aa) Tatsacheninstanz
(1) Grundsätze

Das Beschwerdeverfahren bestimmt sich im Übrigen **nach den Vorschriften** über das Verfahren **im ersten Rechtszug** (§ 68 Abs. 3 S. 1).[188] Die Verfahrenshandlungen, die in der ersten Instanz vorzunehmen sind – wie zB die Einholung eines Sachverständigengutachtens, die persönliche Anhörung des Betroffenen oder die Bestellung eines Verfahrenspflegers – sind folglich auch durch das Beschwerdegericht durchzuführen. 128

(2) Absehen von Verfahrenshandlungen

Allerdings kann die zweite Instanz von der Durchführung einzelner Verfahrenshandlungen absehen, wenn diese bereits im ersten Rechtszug vorgenommen wurden und von einer erneuten Vornahme **keine zusätzlichen Erkenntnisse** zu erwarten sind (§ 68 Abs. 3 S. 2). Die Regelung, die § 69 g Abs. 5 S. 3 FGG entspricht, hat Bedeutung insbesondere für die Frage, ob es der nochmaligen Durchführung einer Anhörung bedarf. 129

Wann die Voraussetzungen für ein Absehen insbesondere von der erneuten persönlichen Anhörung vorliegen, ist in den Einzelheiten streitig. Die Schwere des mit der Unterbringungsmaßnahme verbundenen Eingriffs gebietet grundsätzlich die erneute Anhörung.[189] Es bedarf insbesondere dann, wenn die Entscheidung vom persönlichen Eindruck des Betroffenen abhängig ist, der wiederholenden Anhörung durch das Beschwerdegericht.[190] Von einer weiteren Anhörung kann allenfalls dann abgesehen werden, wenn das Beschwerdegericht den erstinstanzlich gewonnenen und den (im Vermerk) niedergelegten Eindruck nachvollziehen kann, der Eindruck für die Entscheidung nicht maßgeblich ist,[191] keine neuen Erkenntnisse zu erwarten sind und das Beschwerdegericht zu keiner abweichenden Entscheidung gelangen will.[192] 130

(3) Rückgriff auf erstinstanzliche Gutachten und Zeugnisse

Bislang war in § 69 g Abs. 4 S. 4 FGG vorgesehen, dass das Beschwerdegericht seine Entscheidung auf im ersten Rechtszug eingeholte Gutachten oder vorgelegte ärztliche Zeugnisse stützen kann. Aus dem Fehlen einer solchen Regelung im FamFG lässt sich allerdings nach hier vertretener Ansicht nicht schließen, dass in der zweiten Instanz stets ein neues Gutachten einzuholen ist; vielmehr ist dies nur dann erforderlich, wenn erst- 131

---

188 S. bislang § 70 Abs. 3 FGG iVm § 69 g Abs. 5 FGG.
189 OLG Hamm BtPrax 2001, 212; BayObLG BtPrax 2003, 175 f; FamRZ 2003, 1854 ff.
190 OLG Frankfurt/M. BtPrax 1997, 73.
191 BayObLG FamRZ 2001, 365.
192 OLG Frankfurt/M. BtPrax 1997, 73; Bt-Komm/Dodegge Teil G Rn 236; vgl Bassenge/Roth § 69 g FGG Rn 26; Bienwald/Sonnenfeld § 69 g FGG Rn 77; Damrau/Zimmermann § 69 g FGG Rn 50–51; Fröschle/Guckes § 69 g FGG Rn 24; HK-BUR/Bauer § 69 g FGG Rn 120.

instanzlich keine förmliche Beweisaufnahme stattgefunden hat oder das Gutachten nicht hinreichend bzw nicht verwertbar ist.[193]

bb) Übertragung auf den Einzelrichter/Tätigkeit eines beauftragten Richters

132 Das Beschwerdegericht kann die Beschwerde durch Beschluss einem seiner Mitglieder zur Entscheidung als Einzelrichter übertragen;[194] § 526 ZPO gilt mit der Maßgabe entsprechend, dass eine Übertragung auf einen Richter auf Probe ausgeschlossen ist.

133 Nach § 69g Abs. 5 S. 2 FGG durften Verfahrenshandlungen nach § 68 Abs. 1 S. 1 FGG nur dann durch einen **beauftragten Richter** vorgenommen werden, wenn von vornherein anzunehmen war, dass das Beschwerdegericht das Ergebnis der gerichtlichen Ermittlungen auch ohne eigenen Eindruck von dem Betroffenen zu würdigen vermag. Eine entsprechende Vorschrift gibt es nicht mehr. Nach § 30 Abs. 1 FamFG iVm § 355 Abs. 1 S. 2 ZPO kann allerdings die Beweisaufnahme auf einen beauftragten Richter übertragen werden.[195]

3. Beschwerdeentscheidung
a) Eigene Entscheidung/Zurückverweisung

134 Das Beschwerdegericht hat **in der Sache selbst** zu entscheiden (§ 69 Abs. 1 S. 1). Es darf die Sache unter Aufhebung des angefochtenen Beschlusses nur dann an das Gericht des ersten Rechtszuges **zurückverweisen**, wenn folgende Voraussetzungen erfüllt sind:

- das Gericht des ersten Rechtszuges hat in der Sache noch nicht entschieden, oder
- das Verfahren leidet an einem wesentlichen Mangel und zur Entscheidung wäre eine umfangreiche oder aufwändige Beweiserhebung notwendig und ein Beteiligter beantragt die Zurückverweisung (§ 69 Abs. 1 S. 3).[196]

In Unterbringungssachen bedeutet dies, dass eine Zurückverweisung ausschließlich dann in Betracht kommt, wenn das Gericht nur über die Zulässigkeit eines Antrages befunden hat, also keine Entscheidung in der Sache selbst erfolgt ist. Zudem kann eine Zurückverweisung erfolgen, wenn das Verfahren an einem wesentlichen Mangel leidet (Beispiel: fehlende förmliche Beweisaufnahme bei der Einholung eines Sachverständigengutachtens) und eine umfangreiche oder aufwändige Beweiserhebung notwendig wäre.[197] Darunter versteht man etwa die Vernehmung einer Vielzahl von Zeugen oder die Beweisaufnahme an einem weit entfernt liegenden Ort. Die bloße Vernehmung eines Zeugen oder eines Sachverständigen soll regelmäßig kein Zurückverweisungsgrund sein.[198] Selbst wenn die genannten Voraussetzungen vorliegen, kommt eine Zurückverweisung nur dann in Betracht, wenn ein Beteiligter sie beantragt (vgl § 538 Abs. 2 S. 1 aE ZPO). Sind die Beteiligten trotz des Vorliegens eines Zurückweisungsgrundes

---

193 Vgl Knittel BtPrax 2008, 99, 100.
194 Vgl BGH NJW-RR 2008, 1241 ff.
195 BR-Drucks. 309/07, 371; BT-Drucks. 16/6308, 170.
196 S. zur bislang bestehenden Möglichkeit der Zurückverweisung KKW/Kahl § 19 FGG Rn 113.
197 Die Regelung entspricht § 538 Abs. 2 Nr. 1 ZPO.
198 BR-Drucks. 309/07, 459; BT-Drucks. 16/6308, 208.

mit einer Entscheidung des Beschwerdegerichts in der Sache einverstanden, so ist das Beschwerdegericht aus Gründen der Verfahrensbeschleunigung hieran gebunden.[199] Wenn das Verfahren zurückverwiesen worden ist, hat das Gericht des ersten Rechtszuges die rechtliche Beurteilung, die das Beschwerdegericht der Aufhebung zugrunde gelegt hat, auch seiner Entscheidung zugrunde zu legen (§ 69 Abs. 1 S. 4).

b) Begründung

Der Beschluss des Beschwerdegerichts ist zu begründen (§ 69 Abs. 2).[200] Auf die Ausführungen zur Begründung des Beschlusses (Rn 82 ff) wird verwiesen. **135**

4. Statthaftigkeit der Beschwerde nach Erledigung der Hauptsache

Nach § 62 Abs. 1 spricht das Beschwerdegericht, wenn sich die angefochtene Entscheidung in der **Hauptsache erledigt** hat, auf Antrag aus, dass die Entscheidung des ersten Rechtszuges den Beschwerdeführer in seinen Rechten verletzt hat. Gemeint sind damit Fälle, bei denen sich die Hauptsache zwischenzeitlich nach dem Erlass der erstinstanzlichen Entscheidung erledigt hat.[201] **136**

Nach bisherigem Recht war eine entsprechende Anfechtungsmöglichkeit nicht gesetzlich geregelt. Allerdings ging die verfassungsgerichtliche Rechtsprechung davon aus, dass im Einzelfall trotz der Erledigung des ursprünglichen Rechtsschutzzieles ein Bedürfnis nach einer gerichtlichen Entscheidung fortbestehen kann, nämlich dann, wenn das Interesse des Betroffenen an der Feststellung der Rechtslage besonders geschützt ist.[202]

a) Voraussetzungen

Im Regelfall ist ein Rechtsschutzinteresse des Beteiligten nach Erledigung des Verfahrensgegenstandes nicht mehr gegeben.[203] Nach § 62 Abs. 1 ist Voraussetzung für eine Überprüfungsmöglichkeit, dass der Beteiligte ein **berechtigtes Interesse** an dieser Feststellung hat. Die Überprüfung durch das Gericht setzt neben dem berechtigten Interesse voraus, dass der Beschwerdeführer einen entsprechenden Antrag stellt. Wenn diese Voraussetzungen nicht gegeben sind, ist das Verfahren nach den allgemeinen Regeln nach Erledigung in der Hauptsache abzuschließen.[204] **137**

b) Regelbeispiele

Nach § 62 Abs. 2 ist ein **berechtigtes Interesse** in der Regel gegeben, wenn **138**

- schwerwiegende Grundrechtseingriffe vorliegen oder
- eine Wiederholung konkret zu erwarten ist.

---

199 BR-Drucks. 309/07, 459; BT-Drucks. 16/6308, 208.
200 IdF der BR-Drucks. 617/08, anders noch idF BR-Drucks. 309/07.
201 BR-Drucks. 309/07, 451; BT-Drucks. 16/6308, 205.
202 BVerfGE 104, 220, 232 f; BR-Drucks. 309/07, 451; BT-Drucks. 16/6308, 205.
203 BR-Drucks. 309/07, 452; BT-Drucks. 16/6308, 205.
204 BR-Drucks. 309/07, 452; BT-Drucks. 16/6308, 205.

In der Regelung werden die Fälle aufgegriffen, in denen nach der Rechtsprechung ein Feststellungsinteresse typischerweise zu bejahen ist.[205] Für die Unterbringungsverfahren ist insbesondere der erste Fall einschlägig. Maßgeblich ist dabei, dass sich die Belastung durch die Maßnahme regelmäßig auf eine kurze Zeitspanne beschränkt, so dass der Beschwerdeführer eine Entscheidung des für die Überprüfung der Entscheidung zuständigen Gerichts vor Erledigung der Hauptsache regelmäßig kaum erlangen kann.[206]

c) Gerichtliche Entscheidung

139 Gelangt das Gericht zu der Auffassung, dass die Maßnahme rechtswidrig war, spricht es dies in einem (feststellenden) Beschluss aus.

XI. Rechtsbeschwerdeverfahren vor dem Bundesgerichtshof

1. Statthaftigkeit der Rechtsbeschwerde

140 Nach § 70 Abs. 1 ist die Rechtsbeschwerde eines Beteiligten grundsätzlich dann statthaft, wenn sie das Beschwerdegericht im ersten Rechtszug in dem Beschluss zugelassen hat. Diese Regelung findet in Unterbringungssachen keine Anwendung. Denn nach § 70 Abs. 3 Nr. 2 ist die Rechtsbeschwerde gegen den Beschluss des Beschwerdegerichts **in Unterbringungssachen ohne Zulassung** statthaft. Die Statthaftigkeit ist nicht an weitere Voraussetzungen dahingehend geknüpft, dass die Rechtssache grundsätzliche Bedeutung hat oder die Fortbildung des Rechts oder die Sicherung einer einheitlichen Rechtsprechung eine Entscheidung des Rechtsbeschwerdegerichts erfordern.[207]

2. Frist zur Einlegung der Rechtsbeschwerde

141 Die Rechtsbeschwerde ist binnen einer Frist von **einem Monat** nach der schriftlichen Bekanntgabe des Beschlusses bei dem Rechtsbeschwerdegericht, dem Bundesgerichtshof, einzulegen (§ 71 Abs. 1 S. 1).[208]

3. Form

142 Es ist gem. § 71 Abs. 1 S. 1 eine **Beschwerdeschrift** einzureichen. Dies kann wirksam nur durch einen **beim Bundesgerichtshof** zugelassenen **Rechtsanwalt** geschehen (§ 10 Abs. 4 S. 1).[209]

---

205 BR-Drucks. 309/07, 452; BT-Drucks. 16/6308, 205; vgl OLG Hamm FGPrax 2006, 230, 231; OLG Zweibrücken FGPrax 2006, 235 f.
206 BR-Drucks. 309/07, 452; BT-Drucks. 16/6308, 205.
207 So noch idF der BR-Drucks. 309/07, ohne diese Einschränkung nun: BR-Drucks. 617/08, 22; vgl Kroiß/Seiler § 4 Rn 57. Zur Sprungrechtsbeschwerde (§ 75) s. die Ausführungen zu den Rechtsmitteln (§ 2 Rn 108 ff).
208 Vgl § 575 Abs. 1 S. 1 ZPO. Bislang war gegen Entscheidungen der zweiten Instanz die weitere sofortige Beschwerde zulässig, s. §§ 27 ff FGG.
209 BGH Rpfleger 2002, 368, 369; dies gilt nicht für das Verfahren über die Verfahrenskostenhilfe, s. § 10 Abs. 4 S. 1; zu Behörden: § 10 Abs. 4 S. 2.

Die Rechtsbeschwerdeschrift muss enthalten:
- die Bezeichnung des Beschlusses, gegen den die Rechtsbeschwerde gerichtet wird, und
- die Erklärung, dass gegen diesen Beschluss Rechtsbeschwerde eingelegt werde (§ 71 Abs. 1 S. 2; vgl § 575 Abs. 1 S. 2 ZPO).

Die Rechtsbeschwerdeschrift ist zu unterschreiben (§ 71 Abs. 1 S. 3).

4. Frist zur Begründung

Während bei der Einlegung einer weiteren Beschwerde gem. § 29 FGG keine Begründung verlangt wurde, besteht nunmehr eine **Begründungspflicht**. Die Rechtsbeschwerde ist, sofern die Beschwerdeschrift nicht bereits eine Begründung enthält, binnen einer Frist von **einem Monat** zu begründen (§ 71 Abs. 2 S. 1). Die Frist beginnt mit der schriftlichen Bekanntgabe des angefochtenen Beschlusses (§ 71 Abs. 2 S. 2). 143

Sollte die Frist im Einzelfall zur Begründung nicht ausreichen, kann sie zunächst um bis zu zwei Monate **verlängert** werden; erfolgt die Übersendung der Verfahrensakten durch das Beschwerdegericht nicht zügig, kann eine Verlängerung um bis zu zwei Monate nach Übersendung der Akte erfolgen (§ 71 Abs. 2 S. 3 FamFG iVm § 551 Abs. 2 S. 5 ZPO entsprechend).[210]

5. Inhalt der Begründung

Die Begründung der Rechtsbeschwerde muss enthalten: 144
- die Erklärung, inwieweit der Beschluss angefochten und dessen Aufhebung beantragt werde,
- die Angabe der Rechtsbeschwerdegründe, und zwar
  – die bestimmte Bezeichnung der Umstände, aus denen sich die Rechtsverletzung ergibt;
  – soweit die Rechtsbeschwerde darauf gestützt wird, dass das Gesetz in Bezug auf das Verfahren verletzt sei, die Bezeichnung der Tatsachen, die den Mangel ergeben (vgl § 551 Abs. 3 ZPO).

6. Gründe der Rechtsbeschwerde

Die Rechtsbeschwerde kann nur darauf gestützt werden, dass die angefochtene Entscheidung auf einer **Verletzung von Bundesrecht oder Landesrecht** beruht (§ 72 Abs. 1 S. 1). Das Recht ist verletzt, wenn eine Rechtsnorm nicht oder nicht richtig angewendet worden ist (§ 72 Abs. 1 S. 2). 145

Die Rechtsbeschwerdeinstanz ist demnach als **reine Rechtskontrollinstanz** ausgestattet. Es kann ausschließlich geltend gemacht werden, dass die angefochtene Entscheidung auf der Verletzung formellen oder materiellen Rechts beruht. Das Vorbringen neuer Tatsachen und Beweise ist dagegen regelmäßig ausgeschlossen.[211]

---

[210] Zur weiteren Verlängerungsmöglichkeit s. § 71 Abs. 2 S. 3 FamFG iVm § 551 Abs. 2 S. 6 ZPO entsprechend.
[211] Zöller/Heßler § 576 ZPO Rn 1.

Diekmann

§ 17 Unterbringungssachen

Für die Unterbringungssachen nach § 312 Nr. 3, also für die Verfahren, die die freiheitsentziehende Unterbringung eines Volljährigen nach den Landesgesetzen über die Unterbringung psychisch Kranker betreffen, ist bedeutsam, dass die Verletzung von Landesrecht geprüft werden kann.[212] Es soll insoweit die einheitliche Rechtsanwendung gewährleistet werden.[213]

7. Entscheidung über die Rechtsbeschwerde

146 Das Rechtsbeschwerdegericht hat in Unterbringungsverfahren zu prüfen,
- ob die Rechtsbeschwerde an sich statthaft ist,
- ob sie in der gesetzlichen Form und Frist eingelegt und begründet ist (§ 74 Abs. 1 S. 1 FamFG; vgl § 577 Abs. 1 ZPO).

Liegt eines dieser Erfordernisse nicht vor, ist die Rechtsbeschwerde als unzulässig zu verwerfen (§ 74 Abs. 1 S. 2 FamFG; vgl § 27 Abs. 1 S. 1 FGG).

Wenn die Prüfung durch das Gericht zwar eine Rechtsverletzung ergibt, stellt sich die Entscheidung aber aus anderen Gründen als richtig dar, ist die Rechtsbeschwerde zurückzuweisen (vgl § 27 Abs. 1 S. 2 FGG, § 577 Abs. 3 ZPO).

147 Der Prüfung des Beschwerdegerichts unterliegen nur die von den Beteiligten gestellten Anträge (§ 74 Abs. 3 S. 1). Dadurch soll den Beteiligten ermöglicht werden, den Verfahrensgegenstand auf einen abtrennbaren Teil der Beschwerdeentscheidung zu begrenzen.[214] Das Gericht ist allerdings an die geltend gemachten Rechtsbeschwerdegründe nicht gebunden (§ 74 Abs. 3 S. 2). Es kann die Entscheidung des Beschwerdegerichts aus anderen als den geltend gemachten Gründen aufheben.[215]

148 Auf Verfahrensmängel, die nicht von Amts wegen zu berücksichtigen sind, darf die angefochtene Entscheidung nur geprüft werden, wenn die Mängel gerügt worden sind (§ 74 Abs. 3 S. 3). Die Entscheidung muss grundsätzlich nicht begründet werden, wenn das Rechtsbeschwerdegericht Rügen von Verfahrensmängeln nicht für durchgreifend hält (§ 74 Abs. 3 S. 4 FamFG iVm § 564 ZPO entsprechend).[216]

149 Auf das weitere Verfahren sind, soweit nicht aus den Besonderheiten der Rechtsprüfungskontrolle und der entsprechenden Regelungen etwas Abweichendes gilt, die im ersten Rechtszug geltenden Vorschriften entsprechend anzuwenden (§ 74 Abs. 5).

150 Ist die Rechtsbeschwerde begründet, ist der angefochtene Beschluss aufzuheben (§ 74 Abs. 5).

Das Rechtsbeschwerdegericht entscheidet in der Sache selbst, wenn diese zur **Endentscheidung** reif ist (§ 74 Abs. 6 S. 1 FamFG; vgl § 277 Abs. 5 ZPO). **Andernfalls verweist** es die Sache unter Aufhebung des angefochtenen Beschlusses und des Verfahrens zur anderweitigen Behandlung und Entscheidung an das Beschwerdegericht oder ggf an das Gericht des ersten Rechtszuges zurück (§ 74 Abs. 6 FamFG; vgl § 577 Abs. 4 ZPO).

---

212 Vgl BGH MDR 2004, 587; Zöller/Heßler § 576 ZPO Rn 3.
213 BR-Drucks. 309/07, 463, 464; BT-Drucks. 16/6308, 211 auch zu verfassungsrechtlichen Fragen.
214 BR-Drucks. 309/07, 465; BT-Drucks. 16/6308, 211.
215 BR-Drucks. 309/07, 465; BT-Drucks. 16/6308, 211.
216 Zu den Ausnahmen s. §§ 564 S. 2, 547 ZPO.

XII. Einstweilige Anordnungen und Maßregeln

Letzteres kommt in Betracht, wenn zB das Landgericht bei richtiger Rechtsanwendung die Sache an das erstinstanzliche Gericht hätte zurückverweisen müssen.[217] Wegen der weiteren Einzelheiten des Verfahrens der Rechtsbeschwerde wird auf die Ausführungen in § 2 Rn 81 ff verwiesen.

XII. Einstweilige Anordnungen und Maßregeln

Gem. § 49 Abs. 1 kann das Gericht durch einstweilige Anordnung eine vorläufige Maßnahme treffen, soweit dies nach den für das Rechtsverhältnis maßgebenden Vorschriften gerechtfertigt ist. **151**

Hinsichtlich der Unterbringungssachen sind insoweit §§ 331 ff maßgeblich. Nach den bislang geltenden Regelungen unterschied man zwei Arten von einstweiligen Anordnungen:

- die sog. **gewöhnliche einstweilige Anordnung** (§§ 70 Abs. 1 S.1 und 2, 69 Abs. 1 S. 1 Nr. 1 FGG), welche als Anordnungsgrund verlangte, dass mit einem Aufschub der Maßnahme Gefahr verbunden war, und

- eine sog. **eilige einstweilige Anordnung**, die bei Vorliegen von Gefahr im Verzug unter erleichterten Voraussetzungen erlassen werden konnte (§§ 70 Abs. 1 S. 1 und 2, 69 Abs. 1 S. 3 FGG).

Diese Unterscheidung bleibt erhalten. Wesentliche Änderungen ergeben sich allerdings aufgrund der neuen allgemeinen Vorschriften.

1. Örtlich zuständiges Gericht

Für einstweilige Anordnungen oder einstweilige Maßregeln ist neben dem Gericht der Hauptsache auch jenes zuständig, in dessen Bezirk das Bedürfnis für die Unterbringungsmaßnahme bekannt wird. In den Fällen einer einstweiligen Anordnung oder einstweiligen Maßregel soll es dem Gericht, das zuständig ist, weil bei ihm ein Verfahren zur Bestellung eines Betreuers eingeleitet oder das Betreuungsverfahren anhängig ist oder dessen Zuständigkeit begründet ist, weil in dessen Bezirk der Betroffene seinen gewöhnlichen Aufenthalt hat, davon Mitteilung machen (§ 313 Abs. 2). **152**

2. Einstweilige Anordnungen

a) Voraussetzungen einer „gewöhnlichen einstweiligen Anordnung"

Nach § 331 kann das Gericht durch einstweilige Anordnung eine vorläufige Unterbringungsmaßnahme anordnen oder genehmigen, wenn **153**

- **dringende Gründe** für die Annahme bestehen, dass die Voraussetzungen für die Genehmigung oder Anordnung einer Unterbringungsmaßnahme gegeben sind und ein dringendes Bedürfnis für ein sofortiges Tätigwerden besteht,

- ein **ärztliches Zeugnis** über den Zustand des Betroffenen vorliegt,

- im Fall des § 317 ein **Verfahrenspfleger** bestellt und angehört worden ist und

- der **Betroffene** persönlich **angehört** worden ist.

---

217 BR-Drucks. 309/07, 466; BT-Drucks. 16/6308, 211.

Diekmann

Eine Anhörung des Betroffenen im Wege der Rechtshilfe ist abweichend von § 319 Abs. 4 zulässig.

154 Dringende Gründe im obigen Sinn liegen vor, wenn eine **hohe Wahrscheinlichkeit** für die Genehmigung oder Anordnung einer Unterbringungsmaßnahme besteht.[218] Ein **dringendes Bedürfnis** für ein sofortiges Tätigwerden besteht dann, wenn ein **Zuwarten** bis zur Entscheidung in einer etwaigen Hauptsache nicht ohne Eintritt **erheblicher Nachteile** möglich wäre.[219] Es müssen konkrete Tatsachen dafür gegeben sein, dass mit dem Aufschub der Unterbringung bis zur endgültigen Entscheidung **Gefahr** für den Betroffenen verbunden wäre.[220] Angesichts der Schwere des mit der Unterbringung verbundenen Freiheitseingriffs muss den drohenden Nachteilen erhebliches Gewicht zukommen.[221]

155 Das **ärztliche Zeugnis** (s. zur Differenzierung zwischen Sachverständigengutachten und Zeugnis Rn 61 ff) muss auf einer zeitnahen persönlichen Untersuchung des Arztes beruhen.[222] Es darf sich – entgegen dem Wortlaut des Gesetzes – angesichts der Bedeutung des Eingriffs nicht auf den gesundheitlichen Zustand des Betroffenen beschränken. Es muss vielmehr Angaben zur Erforderlichkeit der Unterbringung,[223] zu den ohne Behandlung drohenden Nachteilen[224] und zur Fähigkeit der freien Willensbestimmung bzw zu deren Ausschluss enthalten.[225] Der das Zeugnis ausstellende Arzt muss über die notwendige Sachkunde verfügen. Nach hier vertretener Ansicht muss er jedenfalls im **Regelfall Arzt für Psychiatrie bzw Arzt mit Erfahrung auf dem Gebiet der Psychiatrie** sein.[226]

156 Schließlich muss der Betroffene persönlich **angehört** worden sein. Wenn erhebliche Nachteile für die Gesundheit des Betroffenen zu besorgen sind, kann von einer Anhörung abgesehen werden (§ 319 Abs. 3). Grundsätzlich kann von der Anhörung nur aufgrund eines ärztlichen Gutachtens abgesehen werden. Angesichts dessen, dass die Einholung eines Sachverständigengutachtens in den Fällen der einstweiligen Anordnung nicht erforderlich ist, ist es nach hier vertretener Ansicht ausreichend, wenn sich aus dem ärztlichen Zeugnis ergibt, welche gesundheitlichen Nachteile drohen.

157 Hinsichtlich weiterer, zum Verfahren hinzugezogener Beteiligter ergibt sich die Notwendigkeit der Gewährung rechtlichen Gehörs nach den allgemeinen Regelungen.[227]

b) Voraussetzungen einer „eiligen einstweiligen Anordnung"

158 Bei **Gefahr im Verzug** kann das Gericht eine einstweilige Anordnung nach § 331 bereits vor der Anhörung des Betroffenen sowie vor der Anhörung und Bestellung des Ver-

---

218 BayObLG NJW-RR 2001, 654–656.
219 BR-Drucks. 309/07, 438.
220 BayObLG NJW-RR 2001, 654; Fröschle/Locher § 70 h FGG Rn 3; Bt-Komm/Dodegge Teil G Rn 183.
221 Fröschle/Locher § 70 h FGG Rn 3; Knittel § 70 h FGG Rn 4; Damrau/Zimmermann § 70 h FGG Rn 4.
222 OLG Köln FGPrax 2006, 232.
223 Fröschle/Locher § 70 h FGG Rn 4 mwN.
224 OLG Köln FGPrax 2006, 232.
225 Vgl BayObLG BtPrax 2003, 268.
226 Vgl OLG Zweibrücken BtPrax 2003, 80; BtMan 2006, 10; Fröschle/Locher § 70 h FGG Rn 4; HK-BetrR/Bucic § 70 h FGG Rn 4; SchuSo/Sonnenfeld § 70 h FGG Rn 12; KKW/Kayser § 70 h FGG Rn 10; ähnlich Jürgens/Marschner § 70 h FGG Rn 5; aA Bassenge/Roth § 70 h FGG Rn 5; diff. Bt-Komm/Dodegge Teil G Rn 185.
227 BR-Drucks. 309/07, 618; BT-Drucks. 16/6308, 275.

fahrenspflegers erlassen. Diese Verfahrenshandlungen sind unverzüglich[228] nachzuholen (§ 332 FamFG; vgl § 70 h Abs. 1 S. 1 und 2 FGG iVm § 69 f Abs. 1 S. 4 FGG). Gefahr im Verzug liegt vor, wenn ein Aufschub der Maßnahme eine Gefährdung der Interessen des Betroffenen erwarten lässt.[229]

3. Dauer der einstweiligen Anordnung

Die einstweilige Anordnung darf nach § 333 S. 1 die Dauer von **sechs Wochen** nicht überschreiten. Reicht dieser Zeitraum nicht aus, kann sie nach Anhörung eines Sachverständigen durch eine weitere einstweilige Anordnung verlängert werden. Die mehrfache Verlängerung ist unter den Voraussetzungen der Sätze 1 und 2 zulässig. Sie darf die Gesamtdauer von drei Monaten nicht überschreiten (§ 333 S. 2). Eine Unterbringung zur Vorbereitung eines Gutachtens nach § 322 ist in diese Gesamtdauer einzubeziehen (§ 333 S. 3). 159

4. Einstweilige Maßregeln

Die §§ 332 und 333 gelten entsprechend, wenn nach § 1846 BGB eine Unterbringungsmaßnahme getroffen werden soll. 160

Gemeint sind damit Fälle, in denen eine **Unterbringungsmaßnahme** durch das **Gericht** getroffen wird, wenn ein Betreuer noch nicht bestellt oder an der Erfüllung seiner Pflichten verhindert ist.

Hinweis: Nach der Rechtsprechung des Bundesgerichtshofs ist es grundsätzlich zulässig, in Eilfällen eine zivilrechtliche Unterbringungsmaßnahme zu treffen, ohne dass damit zugleich schon ein Betreuer bestellt werden muss. Das Gericht ist in einem solchen Fall aber verpflichtet, gleichzeitig mit der Unterbringung durch geeignete Maßnahmen sicherzustellen, dass dem Betroffenen unverzüglich ein Betreuer, jedenfalls im Wege der einstweiligen Anordnung, zur Seite gestellt wird. Unterlässt das Gericht solche Maßnahmen, ist die Unterbringung unzulässig.[230] Diese Voraussetzungen haben sich nach hier vertretener Ansicht trotz der Neuregelungen auf dem Gebiet der einstweiligen Anordnungen nicht geändert.

5. Entscheidung durch Beschluss

Das Gericht entscheidet durch Beschluss (§ 38 Abs. 1 S. 1). Es wird insoweit auf die Ausführungen zum Allgemeinen Teil verwiesen. 161

6. Änderung

a) Antrags- und Amtsverfahren

Das Gericht kann die Entscheidung in der einstweiligen Anordnungssache aufheben oder ändern (§ 49 Abs. 1 S. 1). Dies kommt in Betracht, wenn die Voraussetzungen für die Maßnahme nicht mehr gegeben sind oder sie sich verändert haben. 162

---

228 S. dazu BVerfGE 58, 208; KG BtPrax 2008, 38 ff.
229 Vgl BT-Drucks. 11/4528, 175.
230 Vgl BGH FamRZ 2002, 744, 746.

Dabei ist zu berücksichtigen, dass die Aufhebung oder Änderung nur auf **Antrag** erfolgt, wenn ein entsprechendes Hauptsacheverfahren nur auf Antrag eingeleitet werden kann (§ 49 Abs. 1 S. 2). Wegen der Differenzierung zwischen Amts- und Antragsverfahren in Unterbringungssachen wird auf Rn 21 f verwiesen.

Eine Änderung bzw Aufhebung von Amts wegen kann auch erfolgen, wenn die gerichtliche Entscheidung ohne vorherige Durchführung einer nach dem Gesetz notwendigen Anhörung erlassen wurde (§ 54 Abs. 1 S. 3).

b) Zuständiges Gericht

163 Zuständig ist das Gericht, das die einstweilige Anordnung erlassen hat (§ 54 Abs. 3 S. 1). Wenn es die Sache an ein anderes Gericht abgegeben hat, ist dieses zuständig (§ 54 Abs. 3 S. 2).

c) Fehlende Abänderungsmöglichkeit

164 Wenn eine einstweilige Anordnungssache beim Beschwerdegericht anhängig ist, ist die Aufhebung oder Änderung der angefochtenen Entscheidung durch das erstinstanzliche Gericht unzulässig (§ 49 Abs. 4).

7. Rechtsmittel

165 Gegen eine einstweilige Anordnung in Unterbringungssachen ist die **Beschwerde** statthaft (§ 58 Abs. 1).[231] Diese ist binnen einer Frist von **zwei Wochen** einzulegen (§ 63 Abs. 2 Nr. 1).[232] Die Frist beginnt mit der schriftlichen Bekanntgabe des Beschlusses an die Beteiligten (§ 63 Abs. 3 S. 1).

8. Hauptsacheverfahren

166 Der wesentliche Unterschied zwischen den **einstweiligen Anordnungen** nach dem FGG und dem FamFG liegt darin, dass das Verfahren der einstweiligen Anordnung nicht mehr Teil der Hauptsache, sondern ein **selbständiges Verfahren** ist (§ 51 Abs. 1 S. 1). Die verfahrensmäßige Trennung von Hauptsache und einstweiliger Anordnung entspricht der Situation bei Arrest und einstweiliger Verfügung der ZPO.[233] Die Neukonzeption soll das Institut der einstweiligen Anordnung stärken.[234]

a) Einleitung des Hauptsacheverfahrens
aa) Antragsverfahren

167 Wenn das Gericht eine einstweilige Anordnung erlassen hat, steht den Beteiligten in Antragsverfahren die Einleitung des Hauptsacheverfahrens frei.

In entsprechenden Verfahren hat das Gericht auf Antrag anzuordnen, dass der Beteiligte, der die einstweilige Anordnung erwirkt hat, binnen einer zu bestimmenden Frist einen Antrag auf Einleitung des Hauptsacheverfahrens stellt. Die Frist darf drei Monate nicht überschreiten. Wird dieser Anordnung nicht Folge geleistet, ist die einstweilige Anordnung aufzuheben (§ 52 Abs. 2).

---

231 Die Ausnahmen nach § 57 gelten nur für Familiensachen, vgl BR-Drucks. 309/07.
232 Text wie BGBl. I 2008, 2603.
233 BR-Drucks. 309/07, 437; BT-Drucks. 16/6308, 199.
234 BR-Drucks. 309/07, 438; BT-Drucks. 16/6308, 199; vgl Kemper S. 71.

Bei den Unterbringungen nach Landesrecht wird diese Neuregelung von den antragstellenden Behörden zu beachten sein.

bb) Amtsverfahren

In Amtsverfahren (zivilrechtliche Unterbringungsmaßnahmen) hat das Gericht die Pflicht zu überprüfen, ob die Einleitung eines Hauptsacheverfahrens von Amts wegen erforderlich ist.[235]

Es dürfte zu erwarten sein, dass diese Regelung erhebliche Auswirkungen auf die Praxis hat. Gerade angesichts dessen, dass das Vorliegen der Voraussetzungen für eine Unterbringungsmaßnahme wegen der Bedeutung des Eingriffs in das Freiheitsgrundrecht besonders sorgfältiger Prüfung bedarf, ist zu bedenken, ob zukünftig tatsächlich in großem Umfang auf die Durchführung des Hauptsacheverfahrens verzichtet werden kann, oder ob die Regelungen der einstweiligen Anordnung nicht nur für kurzfristige, in ihren Auswirkungen absehbare Krisensituationen in Betracht kommen.

Zudem hat das Gericht auch in Amtsverfahren auf Antrag eines Beteiligten das Hauptsacheverfahren einzuleiten (§ 52 Abs. 1 S. 1). Über dieses Antragsrecht ist zu belehren (§ 39). Das Gericht kann mit der einstweiligen Anordnung eine Frist bestimmen, vor deren Ablauf der Antrag unzulässig ist (§ 52 Abs. 1 S. 2). Die Frist darf drei Monate nicht überschreiten (§ 52 Abs. 1 S. 3).

b) Verwertung von Erkenntnissen aus dem Verfahren der einstweiligen Anordnung

Nach § 51 Abs. 3 S. 2 kann das Gericht von einzelnen Verfahrenshandlungen im Hauptsacheverfahren absehen, wenn diese bereits im Verfahren der einstweiligen Anordnung vorgenommen wurden und von der erneuten Vornahme keine zusätzlichen Erkenntnisse zu erwarten sind. Wegen der weiteren Einzelheiten wird auf die Ausführungen zum Allgemeinen Teil, § 1 Rn 458 ff, verwiesen.

XIII. Mitteilungen und Benachrichtigungen in Unterbringungsverfahren

1. Mitteilungen

a) Mitteilung von Entscheidungen

Für Mitteilungen von Entscheidungen gelten die §§ 308 und 311 entsprechend (§ 338 S. 1).

Das bedeutet:

Entscheidungen teilt das Gericht anderen **Gerichten, Behörden oder sonstigen öffentlichen** Stellen mit, soweit dies unter Beachtung berechtigter Interessen des Betroffenen erforderlich ist, um eine erhebliche Gefahr für das Wohl des Betroffenen, für Dritte oder für die öffentliche Sicherheit abzuwenden (§ 308 Abs. 1 FamFG; vgl § 69k Abs. 1 FGG).

Ergeben sich im Verlauf eines gerichtlichen Verfahrens Erkenntnisse, die eine entsprechende Mitteilung erfordern, hat diese unverzüglich zu erfolgen (§ 308 Abs. 2 FamFG; vgl § 69k Abs. 2 FGG).

---

235 BR-Drucks. 309/07, 438; BT-Drucks. 16/6308, 199.

Das Gericht unterrichtet zugleich mit der Mitteilung den Betroffenen, seinen Verfahrenspfleger und seinen Betreuer über Inhalt und Empfänger der Mitteilung (§ 308 Abs. 3 S. 1 FamFG; vgl § 69 k Abs. 3 FGG). Diese Unterrichtung kann nur in den im Gesetz geregelten Fällen (§ 308 Abs. 3 S. 2) unterbleiben; ggf muss sie nachgeholt werden (§ 308 Abs. 3 S. 3 FamFG; vgl § 69 k Abs. 3 S. 2 und 3 FGG).

172 Der Inhalt der Mitteilung, die Art und Weise ihrer Übermittlung, ihr Empfänger, die Unterrichtung des Betroffenen oder im Fall ihres Unterbleibens deren Gründe sowie die Unterrichtung des Verfahrenspflegers und des Betreuers sind aktenkundig zu machen (§ 308 Abs. 4 FamFG; vgl § 69 k Abs. 4 FGG).

b) Mitteilungen zur Strafverfolgung

173 Das Gericht darf außer in den vom Gesetz genannten Fällen und in denjenigen, die in § 16 EGGVG und § 70 S. 2 und 3 JGG genannt sind, Entscheidungen oder Erkenntnisse aus Verfahren, aus denen die Person des Betroffenen erkennbar ist, von Amts wegen nur zur **Verfolgung von Straftaten oder Ordnungswidrigkeiten** anderen Gerichten oder Behörden mitteilen, soweit nicht schutzwürdige Interessen des Betroffenen an dem Ausschluss der Übermittlung überwiegen (§ 311 S. 1 FamFG; vgl § 69 n FGG).

Wegen der weiteren Voraussetzungen und der Durchführung der Übermittlungen wird auf die Ausführungen in § 16 Rn 197 ff verwiesen.

c) Leiter der Einrichtung

174 Die Aufhebung einer Unterbringungsmaßnahme nach § 330 S. 1 und die Aussetzung der Unterbringung nach § 328 Abs. 1 S. 1 sind dem Leiter der Einrichtung, in der der Betroffene lebt, mitzuteilen (§ 338).

2. Benachrichtigung eines Angehörigen

175 Von der Anordnung der Genehmigung der Unterbringung und deren Verlängerung hat das Gericht einen Angehörigen des Betroffenen oder eine Person seines Vertrauens unverzüglich zu benachrichtigen (§ 339).

Die Benachrichtigungspflicht ist bereits in Art. 104 Abs. 4 GG vorgesehen. Wenn ein Angehöriger oder eine Person des Vertrauens am Verfahren beteiligt werden, ist der Benachrichtigungspflicht entsprochen worden.[236]

XIV. Verfahrenskostenhilfe

176 Es wird insoweit auf die Ausführungen in § 3 verwiesen.

XV. Kosten und Auslagen

1. Unterbringungssachen nach § 312 Nr. 1 und 2

177 In Unterbringungssachen kann das Gericht die Auslagen des Betroffenen, soweit sie zur zweckentsprechenden Rechtsverfolgung notwendig waren, ganz oder teilweise der Staatskasse auferlegen, wenn eine (zivilrechtliche) Unterbringungsmaßnahme nach § 312 Nr. 1 und 2 abgelehnt, als ungerechtfertigt aufgehoben, eingeschränkt oder das

---

[236] BR-Drucks. 309/07, 620; BT-Drucks. 16/6308, 276.

Verfahren ohne Entscheidung über eine Maßnahme beendet wird (§ 337 Abs. 1 FamFG; vgl § 13 a Abs. 2 S. 1 FGG).[237] Die Entscheidung ist in das pflichtgemäße Ermessen des Gerichts gestellt.[238]

Wenn eine Unterbringungsmaßnahme abgelehnt wird, ist der Grund der Ablehnung (Unzulässigkeit/Unbegründetheit) unerheblich.[239] Als „ungerechtfertigt aufgehoben" bedeutet: die Maßnahme hätte von Anfang an nicht ergehen dürfen.[240] Bei einer Aufhebung wegen einer Besserung des Gesundheitszustandes und einer damit verbundenen etwaigen Verkürzung der Unterbringungsmaßnahme scheidet eine Kostenerstattung aus.[241] Eine Beendigung ohne Entscheidung des Gerichts kommt in Betracht, wenn sich die Hauptsache erledigt oder der Betroffene freiwillig in der Klinik bleibt.[242]

Einem **Dritten** können Kosten des Verfahrens nur auferlegt werden, soweit die Tätigkeit des Gerichts durch ihn veranlasst wurde und ihn ein grobes Verschulden trifft (§ 81 Abs. 4 FamFG; vgl § 13 a Abs. 2 S. 2 FGG).[243]

2. Unterbringungsmaßnahme nach § 312 Nr. 3

Wird ein Antrag auf eine Unterbringungsmaßnahme nach den Landesgesetzen über die Unterbringung psychisch Kranker nach § 312 Nr. 3 abgelehnt oder zurückgenommen, und hat das Verfahren ergeben, dass für die zuständige Verwaltungsbehörde ein **begründeter Anlass, den Unterbringungsantrag zu stellen, nicht vorgelegen** hat, hat das Gericht die Auslagen des Betroffenen der Körperschaft aufzuerlegen, der die Verwaltungsbehörde angehört (§ 337 Abs. 2 FamFG; vgl § 13 a Abs. 2 S. 3 FGG). **178**

Die Regelung betrifft nur den Fall, dass der Antrag abgelehnt oder zurückgenommen wurde. Ist das der Fall, ist hinsichtlich der Auferlegung von Kosten maßgeblich, ob die antragstellende Behörde einen begründeten Anlass dafür hatte. Dabei genügt nicht „irgendein" Anlass.[244] Es kommt auf den Sachverhalt an, der zur Zeit der Antragstellung für die Behörde feststellbar war. Unbegründet war der Anlass zB dann, wenn bei hinreichenden Erkundigungen über die Sach- und Rechtslage der Antrag nicht gestellt worden wäre.[245] **179**

Sofern die genannten Voraussetzungen vorliegen, hat das Gericht eine entsprechende Auferlegung der Kosten vorzunehmen. Ein Ermessen ist dem Gericht nicht eingeräumt. **180**

---

237 Zur Kostentragungspflicht bei fehlerhaftem gerichtlichen Verfahren s. OLG München FamRZ 2008, 917, 918.
238 KKW/Zimmermann § 13 a FGG Rn 51 d.
239 KKW/Zimmermann § 13 a FGG Rn 51 b.
240 Vgl BayObLG FamRZ 2000, 1523; SchuSo/von König § 13 a FGG Rn 33; KKW/Zimmermann § 13 a FGG Rn 51 b.
241 Vgl BayObLG FamRZ 2000, 1523; SchuSo/von König § 13 a FGG Rn 33; KKW/Zimmermann § 13 a FGG Rn 51 b.
242 KKW/Zimmermann § 13 a FGG Rn 51 b.
243 LG Berlin BtPrax 2008, 275 (LS).
244 KKW/Zimmermann § 13 a FGG Rn 51 m.
245 SchuSo/von König § 13 a FGG Rn 35 und 36 – dort ausführlich mwN zur umstrittenen Frage, ob bei einer Rücknahme des Antrags noch gerichtliche Ermittlungen erforderlich sind; KKW/Zimmermann § 13 a FGG Rn 51 m.

Diekmann

§ 17 Unterbringungssachen

181 Wenn der Antrag nicht abgelehnt oder zurückgenommen wird (zB bei einer Erledigung der Hauptsache), scheidet die Anwendung des § 337 Abs. 2 aus. Es wäre dann zu prüfen, ob die Voraussetzungen nach § 81 vorliegen.[246]

---

[246] Vgl zu § 13 a Abs. 1 FGG KG FamRZ 1993, 84.

Teil 4: Sonstige Verfahren

§ 18 Nachlass- und Teilungssachen

Literatur: Firsching/Graf, Nachlassrecht, Handbuch, 9. Aufl. 2008; Hausmann/Hohloch, Handbuch des Erbrechts, 2008; Münch, Rechtsprechungsübersicht Erbrecht, FamRZ 2008, 1042 ff; Tanck (Hrsg.), Erbrecht, 2007 (zitiert: Tanck/Bearbeiter).

I. Überblick 1	d) Benachrichtigungs-
II. Verfahrensarten 7	pflicht 48
III. Zuständigkeit und Instanzen-	e) Eröffnungsvermerk 49
zug 11	f) Mitteilung an das
IV. Rechtsmittel in Nachlass- und	Geburtsstandesamt bei
Teilungssachen, Instanzenzug 24	gemeinschaftlichem Testa-
V. Einzelne Nachlassverfahren 25	ment 50
1. Verwahrung von Verfügun-	g) Weitere Mitteilungen des
gen von Todes wegen 25	Nachlassgerichts 52
a) Örtliche und sachliche	h) Einsichtsrecht 56
Zuständigkeit 28	i) Erbenermittlung 59
b) Einleitung eines Verfah-	j) Kosten 60
rens 31	3. Nachlasssicherung und Nach-
c) Anordnung der Besonde-	lasspfleger 61
ren Amtlichen Verwah-	a) Sicherung des Nachlas-
rung 32	ses 62
d) Testamentsverzeich-	b) Nachlasspfleger 69
nisse 33	c) Prozesspfleger 76
e) Verlegung der Verwah-	d) Rechtsmittel 80
rung 35	e) Gebühren 81
f) Rücknahme der Verfü-	4. Erbenermittlung und Feststel-
gung von Todes wegen aus	lung des Fiskus als Erbe 82
der besonderen amtlichen	5. Erbscheinsverfahren vor dem
Verwahrung 36	Nachlassgericht 89
g) Verwahrung eines gemein-	a) Zuständigkeit 90
schaftlichen Testaments	b) Antragsberechtigung 93
nach dem Tod des Erstver-	c) Form des Antrags, Rück-
sterbenden 39	nahme 96
h) Gebühren 40	d) Inhalt des Antrags 98
2. Testamentseröffnung 41	aa) Bestimmtheitsgebot 98
a) Zuständigkeit und Einlei-	bb) Fälle mit Auslandsbezug .. 100
tung des Verfahrens bei	cc) Mitwirkungspflichten des
besonderer amtlicher Ver-	Antragstellers 102
wahrung der Verfügung	dd) Gemeinschaftlicher Erb-
von Todes wegen 43	schein 109
b) Zuständigkeit und Einlei-	e) Beteiligte, Benachrichti-
tung des Verfahrens in	gungspflicht 111
anderen Fällen; Zwang zur	f) Verfahren 114
Ablieferung von Testa-	g) Entscheidung des Nach-
menten 44	lassgerichts durch
c) Eröffnung von Testament	Beschluss 125
oder Erbvertrag 46	h) Erteilung des Erbscheins .. 143

Dieker

i) Ausfertigung des Erbscheins 146
j) Kosten 148
6. Einziehung und Kraftloserklärung des Erbscheins 152
　a) Verfahrenseinleitung 152
　b) Zuständigkeit 156
　c) Beteiligte 157
　d) Verfahren 158
　e) Entscheidung über die Einziehung 163
　f) Wirksamwerden, Vollzug 168
　g) Beschwerdeberechtigung 170
　h) Kosten 174
7. Zeugnis über Fortsetzung der Gütergemeinschaft 175
8. Überweisungszeugnisse (§§ 36, 37 GBO, §§ 42, 74 SchiffsRegO) 184
9. Ernennung und Entlassung des Testamentsvollstreckers; sonstige Verfahren im Zusammenhang mit der Testamentsvollstreckung 190
　a) Ernennung durch das Nachlassgericht (§ 2200 BGB) 191
　b) Fristsetzung zur Bestimmung des Testamentsvollstreckers durch Dritten (§ 2198 Abs. 2 BGB) 199
　c) Fristsetzung zur Erklärung über die Annahme oder Ablehnung des Amtes (§ 2202 Abs. 3 BGB) 209
　d) Außerkraftsetzen einer Anordnung des Erblassers gegenüber dem Testamentsvollstrecker (§ 2216 Abs. 2 S. 2 BGB) 219
　e) Streitentscheidung bei mehreren Testamentsvollstreckern (§ 2224 Abs. 1 S. 1 BGB) 229
　f) Entlassung des Testamentsvollstreckers (§ 2227 BGB) 239
　g) Kosten 247
10. Testamentsvollstreckerzeugnis 248
11. Fristbestimmungen bei Vermächtnis und Auflage (§§ 2151, 2153, 2154, 2155, 2192, 2193 BGB) 276
12. Pflichtteilsstundung 286
13. Inventarerrichtung und Nachlassverwaltung 297
　a) Allgemeines 297
　b) Inventarerrichtung 299
　　aa) Inventarfrist 302
　　bb) Inventarerrichtung 314
　　cc) Eidesstattliche Versicherung 319
　c) Nachlassverwaltung 324
　　aa) Antrag 325
　　bb) Zuständigkeit und Prüfung des Nachlassgerichts 330
　　cc) Entscheidung über den Antrag 332
　　dd) Rechtsmittel 334
　　ee) Nachlassverwalter 337
　　d) Kosten 342
VI. Teilungssachen 345
1. Auseinandersetzung eines Nachlasses 346
2. Auseinandersetzung einer Gütergemeinschaft 369
3. Kosten 373

I. Überblick

1 Das Buch 4 des FamFG behandelt die Nachlass- und Teilungssachen. Wie bereits zu Zeiten des FGG ist auch weiterhin das Verfahrensrecht in Nachlasssachen nicht vollständig in der Verfahrensordnung, sondern zu einem ganz erheblichen Teil im **5. Buch des BGB** geregelt, das FamFG enthält lediglich ergänzende Vorschriften. Hintergrund ist, dass die Überführung aller Verfahrensvorschriften des 5. Buches des BGB dessen vollständige Überarbeitung erfordert hätte, da im BGB die materiell-rechtlichen und verfahrensrechtlichen Normen zum Erbrecht eng miteinander verwoben sind. Daher hat sich der Gesetzgeber darauf beschränkt, einige einfach aus dem 5. Buch des BGB herauszulösende verfahrensrechtliche Vorschriften in das FamFG zu überführen; dies betrifft vor allem einige Vorschriften zur **Eröffnung von Verfügungen von Todes wegen** (bisher: §§ 2260–2262, 2263 a, 2264, 2273, 2300 Abs. 1, 2300 a BGB aF; neu: §§ 344 Abs. 6, 348–351 FamFG).

Daneben wurden die nachlassrechtlichen Bestimmungen des FGG überarbeitet und an die neue Systematik des FamFG angepasst, beispielsweise waren einige besondere Vorschriften des FGG zu Rechtsmitteln, Vollstreckung und Akteneinsicht aufgrund des Allgemeinen Teils des FamFG nicht mehr erforderlich.[1] Änderungen ergeben sich aus der Definition des **Beteiligtenbegriffs** in § 7 und dessen Ergänzung in § 345 für Nachlassverfahren, die nur auf Antrag eingeleitet werden. Auch im Übrigen ergeben sich aus den Neuregelungen des Allgemeinen Teils Änderungen (beispielsweise, dass alle Beschlüsse mit einer **Rechtsmittelbelehrung** zu versehen sind). 2

Gesetzlich gefasst wurde, wie es in weiten Teilen Deutschlands, aber nicht in allen Ländern bereits nach altem Recht üblich war, dass der Erteilung eines Erbscheins ein **Beschluss** vorherzugehen hat, der aber in unstreitigen Verfahren nicht bekanntzugeben ist. Das bisherige, durch Richterrecht entwickelte Vorbescheidsverfahren wird durch die Vorgabe in § 352 Abs. 2 ersetzt, in streitigen Verfahren den Beschluss bekanntzugeben und zugleich die Erteilung des Erbscheins bis zur Rechtskraft des Beschlusses auszusetzen. 3

Außerdem wird mit dem FGG-RG die sog. **Gleichlauftheorie** aufgegeben,[2] wonach deutsche Gerichte für Nachlasssachen nur bei Anwendung deutschen Sachrechts zuständig waren. Auch in Nachlasssachen wird nunmehr die internationale Zuständigkeit aus der örtlichen Zuständigkeit abgeleitet; für den Erben eines ausländischen Erblassers mit Wohnsitz in Deutschland wird die Beantragung und Erteilung eines unbeschränkten Erbscheins ermöglicht, ohne dass es für die Zulässigkeit darauf ankommt, ob deutsches oder ausländisches materielles Erbrecht anwendbar ist. 4

In den verfahrensrechtlichen Vorschriften zu den **Teilungssachen** haben sich dagegen durch das FGG-RG nur geringfügige Änderungen ergeben. Die Vorschriften der §§ 86–99 FGG wurden – überwiegend inhaltlich unverändert – in das FamFG überführt, soweit sie nicht aufgrund des Allgemeinen Teils des FamFG entbehrlich waren. 5

Eine erhebliche Veränderung erfährt das nachlassgerichtliche Verfahren durch die **Änderung des Instanzenzuges** im GVG. Das Nachlassgericht verbleibt bei den Amtsgerichten (mit Ausnahmen in einigen Regionen wegen landesrechtlicher Sonderzuständigkeiten aufgrund der §§ 486 ff), Beschwerdegerichte sind jedoch nicht mehr die Landgerichte, sondern die Oberlandesgerichte. Rechtsbeschwerdeinstanz ist der Bundesgerichtshof. 6

II. Verfahrensarten

Zu den **Nachlasssachen** gehören nach der gesetzlichen Definition in § 342 Abs. 1 FamFG Verfahren, die 7

---

1 BT-Drucks. 16/6308, 170; vgl zB §§ 77 Abs. 1 und 2, 78, 83 FGG.
2 Vgl hierzu BT-Drucks. 16/6308, 221 f.

Dieker

a) die besondere amtliche Verwahrung von Verfügungen von Todes wegen (§ 342 Abs. 1 Nr. 1),

b) die Sicherung des Nachlasses einschließlich der Nachlasspflegschaften (§ 342 Abs. 1 Nr. 2),

c) die Eröffnung von Verfügungen von Todes wegen (§ 342 Abs. 1 Nr. 3),

d) die Erbenermittlung (§ 342 Abs. 1 Nr. 4), sofern das Landesrecht dies vorsieht,

e) die Entgegennahme von Erklärungen, die kraft Gesetzes gegenüber dem Nachlassgericht abzugeben sind (§ 342 Abs. 1 Nr. 5),

f) die Erteilung und Einziehung von Erbscheinen, Testamentsvollstreckerzeugnissen und sonstigen gegenüber dem Nachlassgericht zu erteilenden Zeugnisse (§ 342 Abs. 1 Nr. 6),

g) die Testamentsvollstreckung (§ 342 Abs. 1 Nr. 7),

h) die Nachlassverwaltung (§ 342 Abs. 1 Nr. 8) sowie

i) sonstige den Nachlassgerichten gesetzlich zugewiesene Aufgaben (§ 342 Abs. 1 Nr. 9)

betreffen.

8   Dagegen gehören aber nicht zwingend alle Verfahren, die die rechtlichen Folgen von Todesfällen betreffen, zu den nach dem Buch 4 des FamFG zu behandelnden Nachlassverfahren, da ein Teil dieser Verfahren weder in § 342 Abs. 1 Nr. 1–8 genannt wird, noch dem Nachlassgericht zugewiesen ist. Zu nennen sind hier insbesondere die **Nachlassinsolvenzverfahren**, die den Insolvenzgerichten zugewiesen sind und deren Verfahren sich nach den §§ 315 ff InsO richten, sowie diejenigen Erbscheinverfahren in den Ländern Hamburg, Niedersachsen, Nordrhein-Westfalen und Schleswig-Holstein, in denen der Nachlass land- oder forstwirtschaftlichen Grundbesitz umfasst, da die Verfahren nach der in diesen Ländern geltenden **Höfeordnung** dem Gesetz über das Verfahren in Landwirtschaftssachen (LwVG) unterstellt und den Landwirtschaftsgerichten zugewiesen sind.[3] Nicht beabsichtigt hat der Gesetzgeber zudem, den **Aufgabenbereich des Nachlassgerichts** im Bereich der Testamentsvollstreckung über die Verfahren, die schon bisher dem Nachlassgericht zugewiesen waren, zu erweitern. Es verbleibt daher trotz des Wortlauts des § 342 Abs. 1 Nr. 7 dabei, dass zur Entscheidung über Streitigkeiten zwischen den Erben und dem Testamentsvollstrecker – beispielsweise über die Höhe der Vergütung[4] oder über die Beendigung der Testamentsvollstreckung[5] – die Zivilgerichte zuständig sind.

9   Die dem Nachlassgericht übertragenen Angelegenheiten, die sich auf die rechtlichen Folgen von Todesfällen beziehen, unterscheiden sich erheblich voneinander. Allgemein können die Angelegenheiten des Nachlassgerichts danach differenziert werden, ob es sich um Verrichtungen von Amts wegen, Antragsverfahren oder die Entgegennahme

---

3 Vgl §§ 1 und 11 HöfeVfO, § 18 HöfeO, § 1 Nr. 5 LwVG.
4 Firsching/Graf Rn 4.423.
5 BGHZ 174, 346; BayObLGZ 1988, 42.

II. Verfahrensarten 18

von Erklärungen handelt.[6] Teilweise finden Verfahren sowohl auf Antrag als auch von Amts wegen statt.

- Zu den von **Amts wegen zu verrichtenden Aufgaben** des Nachlassgerichts gehören 10 neben den bei Rn 7 unter Buchst. b),[7] c) und d) genannten Aufgaben bei Untätigkeit der Erben und des Testamentsvollstreckers notfalls die Beantragung der Anerkennung einer Stiftung von Todes wegen (§ 83 BGB), das Feststellungsverfahren zum Erbrecht des Fiskus (§ 1964 Abs. 1 BGB), die Ernennung des Testamentsvollstreckers auf Ersuchen des Erblassers (§ 2200 BGB), die Veranlassung der Ablieferung von Testamenten (§ 2259 Abs. 2 S. 2 BGB), die Einziehung und Kraftloserklärung von Erbscheinen und Testamentsvollstreckerzeugnissen (§§ 2361, 1507, 2368 Abs. 3 BGB) sowie Mitteilungspflichten (Mitteilungen über die Ausschlagung der Erbschaft nach § 1953 Abs. 3 S. 1 BGB und über die Anfechtung von Annahme- oder Ausschlagungserklärungen nach § 1957 Abs. 2 S. 1 BGB an bestimmte Beteiligte, Mitteilungen nach § 83 GBO an das Grundbuchamt, wenn zu dem Nachlass Grundbesitz gehört, Mitteilungen über die Verwahrung von Verfügungen von Todes wegen nach § 347, Mitteilungen über den erbrechtlichen Erwerb von verzeichnungspflichtigem Vermögen durch ein Kind an das Familiengericht gem. § 356 Abs. 1).

- Zu den auf **Antrag zu verrichtenden Aufgaben** gehören neben der amtlichen Verwahrung von letztwilligen Verfügungen (Rn 7 Buchst. a), § 346) und der Erteilung von Erbscheinen, Testamentsvollstreckerzeugnissen sowie Zeugnissen nach § 1507 BGB sowie nach den §§ 36, 37 GBO und §§ 42, 74 SchiffsRegO[8] (Rn 7 Buchst. f), §§ 2353, 2368 Abs. 1 BGB) auch die Bestellung eines Nachlasspflegers auf Antrag eines Gläubigers zum Zwecke der gerichtlichen Geltendmachung von Ansprüchen (§ 1961 BGB), die Anordnung der Nachlassverwaltung (Rn 7 Buchst. h), § 1981 BGB), die Bestimmung einer Inventarfrist (§ 1994 Abs. 1 BGB und § 1996 Abs. 1 BGB) nebst Abnahme der eidesstattlichen Versicherung (§ 2006 Abs. 1 BGB), Verfahren im Zusammenhang mit der Testamentsvollstreckung (Rn 7 Buchst. g), §§ 2198 Abs. 2, 2202 Abs. 3 S. 1, 2216 Abs. 2 S. 1, 2224 Abs. 1 S. 2, 2227 Abs. 1 BGB) und die Entscheidung über einen Stundungsantrag bezüglich eines unstreitigen Pflichtteilsanspruchs (§ 2331 a Abs. 2 BGB).

- Zu den **entgegenzunehmenden Erklärungen** (Rn 7 Buchst. e), an die jeweils rechtsgestaltende Folgen geknüpft sind, gehören die Erklärung über die Ausschlagung der Erbschaft (§ 1945 Abs. 1 BGB), die Anfechtung dieser Erklärung oder einer Erklärung zur Annahme der Erbschaft (§ 1955 BGB), die Erklärungen im Zusammenhang mit der fortgesetzten Gütergemeinschaft nach dem Tod eines Ehegatten (Ablehnung des Ehegatten: § 1484 Abs. 2 BGB, Verzicht eines Abkömmlings: § 1491 Abs. 1 BGB, Aufhebung: § 1492 Abs. 2 S. 1 BGB), die Entgegennahme eines Nachlassinventars (§ 1993 BGB) und die Berufung auf ein vorhandenes Nachlassinventar (§ 2004 BGB), die Anfechtungserklärungen zu einem Testament (§ 2081 BGB) oder

---

6 Vgl zu dieser Dreiteilung: KKW/Winkler Vor § 72 FGG Rn 2 ff.
7 Die Bestellung eines Nachlasspflegers erfolgt allerdings in den Fällen des § 1961 BGB abweichend vom Regelfall des § 1960 BGB auf Antrag.
8 Bei denen es sich aber zum Teil nicht um Nachlasssachen, sondern Teilungssachen handelt.

zu einem Erbvertrag im Fall der Anfechtung durch den Erblasser nach dem Tode des Vertragspartners (§ 2281 Abs. 2 BGB), die Erklärung zur Beseitigung der Bindung an ein gemeinschaftliches Testament nach DDR-Recht nach dem Tod eines Ehegatten (§ 392 Abs. 4 ZGB iVm Art. 235 § 2 Abs. 2 EGBGB), die Annahme- und Ablehnungserklärungen zum Amt des Testamentsvollstreckers (§ 2202 Abs. 2 S. 1 BGB) sowie zur Kündigung dieses Amtes (§ 2226 BGB), die Anzeige des Eintritts der Nacherbschaft (§ 2146 BGB) sowie die Anzeige eines Erbschaftkaufs (§ 2384 Abs. 1 BGB).

- Zu den **Teilungssachen** gehören nach der gesetzlichen Definition des § 342 Abs. 2 Nr. 1 die Aufgaben der Gerichte, die diese nach dem Buch 4 des FamFG bei der Auseinandersetzung eines Nachlasses und des Gesamtgutes einer ehelichen, lebenspartnerschaftlichen oder fortgesetzten Gütergemeinschaft zu erledigen haben. Hinzu kommen Verfahren, die Zeugnisse über die Auseinandersetzung des Gesamtgutes einer ehelichen, lebenspartnerschaftlichen oder fortgesetzten Gütergemeinschaft nach den §§ 36, 37 GBO und §§ 42, 74 SchiffsRegO betreffen (§ 342 Abs. 2 Nr. 2).

III. Zuständigkeit und Instanzenzug

11 In Nachlasssachen richtet sich die **internationale Zuständigkeit** aufgrund des FGG-RG abweichend von der früheren Rechtslage allein nach der örtlichen Zuständigkeit, § 105. Dies bedeutet, dass die internationale Zuständigkeit besteht, sofern die örtliche Zuständigkeit eines deutschen Nachlassgerichts feststellbar ist.

12 Die örtliche Zuständigkeit für die besondere amtliche Verwahrung von Testamenten und Erbverträgen, für die Sicherung des Nachlasses, für die Testamentseröffnung und für die Auseinandersetzungsverfahren richtet sich nach § 344 (s. im Kapitel zu dem jeweiligen Verfahren).

13 Im Übrigen bestimmt sich die **örtliche Zuständigkeit** in Nachlass- und Teilungssachen nach § 343 Abs. 1. Danach ist im Regelfall dasjenige Gericht örtlich zuständig, in dessen Bezirk der Erblasser zur Zeit des Erbfalls einen **Wohnsitz** hatte. Dabei ist unabhängig von der polizeilichen Meldung beim Einwohnermeldeamt auf den tatsächlichen Wohnsitz abzustellen. Der Begriff des Wohnens richtet sich nach §§ 7 ff BGB; ein Wohnsitz besteht danach immer nur an einem Ort, der Mittel- oder Schwerpunkt der gesamten Lebensverhältnisse ist.[9] Wenn der Erblasser im Krankenhaus stirbt, ist seine Wohnung als Schwerpunkt seiner Lebensverhältnisse anzusehen, sofern diese nicht aufgelöst worden ist.[10] Hatte der Erblasser mehrere Wohnsitze in Deutschland, so ist von den für die Wohnsitze zuständigen Nachlassgerichten gem. § 2 Abs. 1 dasjenige zuständig, welches zuerst mit der Angelegenheit befasst war.

14 Hatte der Erblasser zur Zeit des Erbfalls keinen Wohnsitz in Deutschland, bestimmt sich die Zuständigkeit subsidiär nach seinem regelmäßig aus der Sterbeurkunde ersichtlichen Aufenthaltsort zum Zeitpunkt des Todes.

---

9 BGH MDR 1962, 380 f.
10 OLG Düsseldorf Rpfleger 1995, 245, vgl auch KKW/Winkler § 73 FGG Rn 6 a.

III. Zuständigkeit und Instanzenzug

Wenn der Erblasser zum Zeitpunkt seines Todes **weder Wohnsitz noch Aufenthalt in** 15
Deutschland hatte, ist zu differenzieren:

a) Wenn er über **keine deutsche Staatsangehörigkeit** verfügte, ist gem. § 343 Abs. 3 jedes Gericht zuständig, in dessen Bezirk sich – zum Zeitpunkt der Befassung des Gerichts[11] – Nachlassgegenstände befinden. Bei Inhaber- und Orderpapieren, die mit Blankoindossament versehen sind, ist nicht auf den Ort des Papiers, sondern auf den Sitz des Ausstellers bzw Wohnsitz des Schuldners abzustellen.[12] Bei beweglichen Gegenständen und Rechten, die in bestimmte Register einzutragen sind, wird das Amtsgericht zuständig sein, in dessen Bezirk die das Register führende Behörde ihren Sitz hat (zB Urheberrechte, Markenrechte, Schiffe).[13] Bei Grundstücken dürfte aufgrund des Wortlauts des § 343 Abs. 3 auf die Lage des Grundstücks und nicht den Sitz des für dieses zuständigen Grundbuchamtes abzustellen sein.[14] Bei Ansprüchen gegen Behörden ist der Sitz der Behörde ausschlaggebend; bei anderen Ansprüchen das Amtsgericht, welches für eine geltend zu machende Klage zuständig wäre, da sich danach auch die Beurteilung richtet, ob sich der Anspruch überhaupt in Deutschland befindet (§ 2369 Abs. 2 BGB). Wenn die örtliche Zuständigkeit mehrerer Nachlassgerichte begründet ist, weil sich an mehreren Orten Nachlassgegenstände befinden, so ist das Gericht zuständig, welches als erstes mit der Angelegenheit befasst war, § 2 Abs. 1. Aufgrund der Änderung des § 2369 BGB ist die dadurch begründete Zuständigkeit umfassend, dh das Nachlassgericht ist berechtigt, bei entsprechendem Antrag einen uneingeschränkten Erbschein zu erteilen.

b) Wenn der Erblasser dagegen über die **deutsche Staatsangehörigkeit** verfügte, ist wie nach bisherigem Recht das Amtsgericht Schöneberg in Berlin zuständig. Dieses kann die Sache jedoch gem. § 343 Abs. 2 bei Vorliegen eines wichtigen Grundes durch einen Beschluss verweisen, der nach § 3 Abs. 3 unanfechtbar und für das andere Gericht bindend ist. Ein wichtiger Grund kann beispielsweise darin liegen, dass sich der Nachlass überwiegend oder insgesamt im Bezirk eines bestimmten Nachlassgerichts befindet, oder darin, dass dort sämtliche Beteiligten ihren Wohnsitz haben. Eine vorherige Verweisung nach § 3 Abs. 1 steht einer erneuten Verweisung durch das Amtsgericht Schöneberg nicht entgegen, da die Ausübung des Verweisungsrechts nach § 343 Abs. 2 durch die Bindung an den ersten Verweisungsbeschluss nach § 3 Abs. 3 nicht eingeschränkt wird.[15]

Soweit nach früherem Recht die Unanfechtbarkeit und die Bindung des anderen Gerichts an einen Verweisungsbeschluss des Amtsgerichts Schöneberg dann nicht bestanden haben soll, wenn das Amtsgericht Schöneberg zu Unrecht von seiner ei-

---

11 BayObLG NJW-RR 1991, 588.
12 BGHZ 5, 35 ff, KKW/Winkler § 73 FGG Rn 38.
13 Vgl KKW/Winkler § 73 FGG Rn 39.
14 AA zu § 73 Abs. 3 FGG: KKW/Winkler § 73 FGG Rn 39.
15 Ein typischer Ablauf: Ein Erbscheinsantrag geht bei dem Amtsgericht Dresden ein; der einzige inländische Nachlassgegenstand des im Ausland verstorbenen deutschen Erblassers ohne Wohnsitz in Deutschland ist ein Grundstück in Dresden. Das nach § 343 unzuständige Amtsgericht – Nachlassgericht – Dresden verweist das Verfahren gem. § 3 Abs. 1 an das gem. § 343 zuständige Amtsgericht Schöneberg. Dieses verweist anschließend das Verfahren nach § 343 Abs. 2 S. 2 aus wichtigem Grund – der Nachlass liegt ausschließlich in Dresden – zurück an das Amtsgericht Dresden, welches dadurch zuständig wird.

Dieker

genen Zuständigkeit ausgegangen ist,[16] ist hieran für die neue Rechtslage in § 3 Abs. 3 meines Erachtens nicht festzuhalten. Der Gesetzgeber hat sich zugunsten der Beschleunigung der Verfahren ausdrücklich gegen die Anfechtbarkeit auch fehlerhaft ergangener Verweisungsbeschlüsse entschieden,[17] was zu respektieren ist. Soweit der Gesetzgeber allerdings von einer fehlenden Bindung in Fällen von Willkür ausgegangen[18] ist, steht den betroffenen Beteiligten aufgrund der Aufgabe des Rechtsinstituts der außerordentlichen Beschwerde bei greifbarer Gesetzeswidrigkeit allenfalls die Gegenvorstellung als Rechtsbehelf zur Verfügung (§ 2 Rn 132 ff). In Fällen von Willkür sowie in Fällen, in denen das rechtliche Gehör nicht gewahrt wurde oder nicht der gesetzliche Richter entschieden hat, ist aber das Gericht, an das die Verweisung erfolgt ist, nicht an die Verweisung gebunden.[19]

16 Bei einem **Zuständigkeitswechsel** – beispielsweise dem Wechsel einer die Zuständigkeit nach § 343 begründenden Gemeinde in den Bezirk eines anderen Nachlassgerichts des nach § 43 zuständigen Ortes – bleibt eine einmal begründete Zuständigkeit gem. § 2 Abs. 2 bis zur Erledigung aller derjenigen nachlassgerichtlichen Angelegenheiten bestehen, die sich inhaltlich als eine Angelegenheit darstellen (perpetuatio fori).[20] Dies ist nach allgemeiner Ansicht insbesondere auch im Verhältnis zwischen der Erteilung des Erbscheins und seiner Einziehung der Fall, so dass stets das Gericht für die Einziehung des Erbscheins zuständig ist, welches ihn erteilt hatte.[21] Abweichendes gilt jedoch, wenn der Erblasser vor dem 3.10.1990 gestorben ist und entweder ein westdeutsches Nachlassgericht trotz Wohnsitzes in der damaligen DDR oder aber ein staatliches Notariat der DDR trotz Wohnsitz des Erblassers in Westdeutschland tätig geworden ist. In diesen Fällen richtet sich die weitere Zuständigkeit – auch diejenige für die Einziehung eines vor dem Stichtag erteilten Erbscheins – allein nach § 343.[22]

17 Streitig bleibt allerdings, ob bei einem Zuständigkeitswechsel aus anderen Gründen (zB im Rahmen einer Neuordnung von Gerichtsbezirken) nach dem Tod des Erblassers auch dann, wenn noch kein Nachlassverfahren beim ursprünglich zuständigen Nachlassgericht anhängig war, für neu eingeleitete Verfahren auf die Zuständigkeit zum Zeitpunkt des Todes oder auf diejenige zum Zeitpunkt der Anhängigkeit bei Gericht abzustellen ist. Für Letzteres spricht, dass in gerichtlichen Verfahren die Zuständigkeit stets zum Zeitpunkt der Einleitung des gerichtlichen Verfahrens zu beurteilen ist;[23] für die vor allem mit praktischen Erwägungen begründete Ansicht des OLG Dresden[24] (stets Zuständigkeit des zum Zeitpunkt des Todes zuständigen Gerichts) fehlt es an einer gesetzlichen Grundlage.[25]

---

16 Vgl zu dem entsprechenden § 73 Abs. 2 FGG: BayObLG FamRZ 1992, 464; KKW/Winkler § 73 FGG Rn 35 mwN.
17 BT-Drucks. 16/6308, 175.
18 BT-Drucks. 16/6308, 175.
19 BGH Beschl. v. 27.5.2008, X ARZ 45/08, NJW-RR 2008, 1309 mwN.
20 KKW/Winkler § 73 FGG Rn 51.
21 Palandt/Edenhofer § 2361 BGB Rn 7 mwN.
22 Vgl KG FGPrax 2000, 120 mwN; fraglich ist jedoch, ob dieser bewährten Rechtsprechung die Neuregelung des § 2 Abs. 2 entgegensteht.
23 Vgl BayObLG Rpfleger 2001, 135.
24 OLG Dresden Rpfleger 2001, 352.
25 Vgl auch OLG Celle OLGReport 2002, 112.

III. Zuständigkeit und Instanzenzug 18

Das Verfahren zur Bestimmung des zuständigen Gerichts bei **Streit oder Ungewissheit** richtet sich nach § 5. 18

Die **sachliche Zuständigkeit** des Amtsgerichts für die Nachlass- und Teilungssachen ergibt sich aus § 23 a Abs. 1 Nr. 2 iVm Abs. 2 Nr. 2 GVG. Besonderheiten bestehen allerdings, soweit in einzelnen Ländern auf Grundlage des Art. 147 EGBGB und der §§ 486 und 487 FamFG durch landesrechtliche Vorschriften für einzelne Verrichtungen (Auseinandersetzung der Gütergemeinschaft, Nachlassauseinandersetzung, Nachlasssicherung) andere Behörden oder Notare als zuständige Stellen bestimmt sind. Bis auf Sachsen und Sachsen-Anhalt haben alle Länder in unterschiedlichem Umfang derartige Vorschriften erlassen.[26] In Baden-Württemberg ist das Nachlassgericht sogar insgesamt den Notariaten übertragen.[27] 19

In Hamburg, Niedersachsen, Nordrhein-Westfalen und Schleswig-Holstein ist zudem im Anwendungsbereich der dort geltenden **Höfeordnung** nicht das Nachlassgericht, sondern das Landwirtschaftsgericht für die Erteilung und Einziehung eines Erbscheins und eines Hoffolgezeugnisses zuständig, wenn zum Nachlass ein in der ehemaligen britischen Zone belegener Hof im Sinne der Höfeordnung gehört, § 1 Nr. 5 HöfeO iVm §§ 1 und 11 HöfeVfO und § 18 LwVG (vgl Rn 91).[28] Auch nach der Höfeordnung des Landes Rheinland-Pfalz ist für bestimmte erbrechtliche Angelegenheiten das Landwirtschaftsgericht zuständig. 20

Funktional ist am Amtsgericht für die Nachlass- und Teilungssachen gem. § 3 Nr. 2 c RPflG grundsätzlich[29] der **Rechtspfleger** zuständig. Nach § 16 RPflG ist jedoch eine Reihe von Geschäften den Richtern vorbehalten. Hinsichtlich eines Teils dieser dem Richter vorbehaltenen Angelegenheiten sind jedoch wiederum gem. § 19 RPflG die Landesregierungen ermächtigt, durch Verordnung den Richtervorbehalt für ihr jeweiliges Land aufzuheben. 21

Gem. § 16 RPflG bleiben dem **Richter** vorbehalten: 22

- diejenigen Angelegenheiten des Nachlassgerichts, die bei Nachlasspflegschaften und Nachlassverwaltungen anfallen und dabei den in Kindschaftssachen nach § 14 RPflG dem Richter vorbehaltenen Geschäften entsprechen (§ 16 Abs. 1 Nr. 1 RPflG). Dies betrifft insbesondere die Entscheidungen über Meinungsverschiedenheiten zwischen mehreren Nachlasspflegern und Nachlassverwaltern nach § 1798 BGB iVm §§ 1962 und 1975 BGB (§ 14 Abs. 1 Nr. 5 RPflG)[30] sowie die Anordnung einer Nachlasspflegschaft oder Nachlassverwaltung hinsichtlich des Nachlasses eines Angehörigen eines ausländischen Staates (§ 14 Abs. 1 Nr. 4 RPflG);
- die Ernennung von Testamentsvollstreckern nach § 2200 BGB (§ 16 Abs. 1 Nr. 2 RPflG);

---

26 Vgl Übersicht bei SchuSo/Müller-Lukoschek § 72 FGG Rn 6.
27 § 1 BaWüLFGG.
28 Zu Einzelheiten sowie insbesondere auch zu Abgrenzungsfragen SchuSo/Müller-Lukoschek § 72 FGG Rn 7–14.
29 Wegen der Besonderheiten in Baden-Württemberg siehe § 35 RPflG.
30 KKW/Winkler § 72 FGG Rn 14.

- die Entscheidung über Anträge von Testamentsvollstreckern nach § 2216 Abs. 2 S. 2 BGB, mit denen eine durch letztwillige Verfügung getroffene Anordnung eines Erblassers außer Kraft gesetzt werden soll (§ 16 Abs. 1 Nr. 3 RPflG);
- die Entscheidungen nach § 2224 BGB über Meinungsverschiedenheiten zwischen mehreren Testamentsvollstreckern (§ 16 Abs. 1 Nr. 4 RPflG);
- die Entlassung eines Testamentsvollstreckers aus wichtigem Grund (§ 16 Abs. 1 Nr. 5 RPflG);
- die Erteilung von Erbscheinen und Zeugnissen nach den §§ 36, 37 GBO und §§ 42, 74 SchiffsRegO, sofern eine Verfügung von Todes wegen vorliegt (§ 16 Abs. 1 Nr. 6 Hs 1 RPflG). Sofern trotz des Vorliegens einer Verfügung von Todes wegen der Erbschein oder das Zeugnis nach gesetzlicher Erbfolge zu erteilen ist, kann der Richter die Angelegenheit dem Rechtspfleger übertragen, sofern nicht ausländisches Recht anzuwenden ist (§ 16 Abs. 2 RPflG); dies betrifft insbesondere Fälle, in denen die Verfügung von Todes wegen unwirksam ist oder keine Erbeinsetzung beinhaltet;
- die Erteilung von Erbscheinen und Zeugnissen nach den §§ 36, 37 GBO und §§ 42, 74 SchiffsRegO, wenn die Anwendung ausländischen Rechts in Betracht kommt (§ 16 Abs. 1 Nr. 6 Hs 2 RPflG);
- die Erteilung von Testamentsvollstreckerzeugnissen (§ 16 Abs. 1 Nr. 6 Hs 3 RPflG);
- die Einziehung von Erbscheinen und Zeugnissen nach den §§ 36, 37 GBO und §§ 42, 74 SchiffsRegO, sofern sie vom Richter erteilt wurden oder sofern sie aufgrund einer Verfügung von Todes wegen einzuziehen sind (§ 16 Nr. 7 Hs 1 RPflG);
- die Einziehung von Testamentsvollstreckerzeugnissen und Zeugnissen über die Fortsetzung einer Gütergemeinschaft nach § 1507 BGB (§ 16 Nr. 7 Hs 2 RPflG).

23 Auch soweit die Erteilung von Zeugnissen oder Erbscheinen dem Richter vorbehalten ist, ist der Rechtspfleger in den zugehörigen Verfahren für die Entgegennahme von Erklärungen und Beurkundungen (beispielsweise die Abnahme der eidesstattlichen Versicherung nach § 2356 Abs. 2 BGB, Beurkundungen über die Ausschlagung einer Erbschaft) nach § 3 Nr. 1 f RPflG zuständig. Das eigentliche Verfahren ist jedoch vom Richter durchzuführen. Insbesondere obliegen ihm alle Verfahrensteile, für die es im Rahmen der Entscheidung auf einen unmittelbaren persönlichen Eindruck ankommt, also insbesondere alle **Beweiserhebungen** nach den §§ 29 und 30 sowie die **persönliche Anhörung** nach § 34 Abs. 1.[31]

IV. Rechtsmittel in Nachlass- und Teilungssachen, Instanzenzug

24 Für die **Beschwerdeverfahren** sind gem. § 119 Abs. 1 GVG die **Oberlandesgerichte** zuständig, für die **Rechtsbeschwerdeverfahren** der **Bundesgerichtshof** (§ 133 GVG). Die Rechtsbeschwerde ist nur zulässig, wenn sie von dem Beschwerdegericht gem. § 70 zugelassen wurde; der Bundesgerichtshof ist an die Zulassung gebunden. Für das Beschwerde- und Rechtsbeschwerdeverfahren gelten die allgemeinen Vorschriften der §§ 58 ff, soweit nicht vereinzelt für bestimmte nachlassgerichtliche Angelegenheiten

---

31 Vgl KKW/Winkler § 72 FGG Rn 11 ff.

Sondervorschriften in den §§ 352 Abs. 3 (Beschränkung im Erbscheinsverfahren), 353 Abs. 2 (Beschränkung im Verfahren zur Einziehung des Erbscheins) und 3 (Unanfechtbarkeit der Kraftloserklärung), 354 (entsprechende Anwendung der vorgenannten Vorschriften auf andere Zeugnisse), 355 Abs. 1 (Rechtsmittel gegen eine Frist nach § 2198 Abs. 2 BGB), 2 (Beschwerdefrist bei Streit zwischen Testamentsvollstreckern) und 3 (Beschwerdeberechtigte bei Streit zwischen Testamentsvollstreckern und bei Entscheidungen nach § 2216 Abs. 2 BGB), 359 Abs. 2 (Beschwerdeberechtigte bei Anordnung der Nachlassverwaltung), 360 (Beginn der Beschwerdefrist bei Bestimmung einer Inventarfrist), 372 (Rechtsmittel bei Entscheidung über Wiedereinsetzung in Teilungssachen) bestehen.

V. Einzelne Nachlassverfahren

1. Verwahrung von Verfügungen von Todes wegen

Ein Teil der Vorschriften zur Verwahrung von Testamenten und Erbverträgen wurde bereits mit dem Personenstandsrechtsreformgesetz vom 19.2.2007[32] aus den §§ 2258 a, 2258 b und 2300 BGB aF in die §§ 73, 82 a und 82 b FGG überführt; diese sind nun in den §§ 343 Abs. 1–3, 346 und 347 FamFG geregelt. Weitere Vorschriften zur besonderen amtlichen Verwahrung finden sich trotz zumindest zum Teil verfahrensrechtlichen Charakters weiterhin in den §§ 2248, 2256, 2272, 2277 und 2300 BGB.

Die besondere amtliche Verwahrung von Testamenten und Erbverträgen bezweckt die **Sicherung** der Verfügungen von Todes wegen und schützt sie zugleich vor Veränderungen. Zugleich stellt sie sicher, dass das Testament nach dem Todesfall auch aufgefunden und eröffnet wird. Daneben dient sie der **Geheimhaltung** des Inhalts der Urkunde.[33]

Die besondere amtliche Verwahrung ist bei allen Testamentsformen und bei Erbverträgen möglich.

a) Örtliche und sachliche Zuständigkeit

Zuständig für besondere amtliche Verwahrung sind die **Amtsgerichte**, und zwar, da die amtliche Verwahrung nunmehr in § 342 Abs. 1 Nr. 1 als Nachlasssache definiert ist, als **Nachlassgerichte**.[34] Lediglich in Baden-Württemberg sind die Notariate aufgrund landesrechtlicher Sonderbestimmung an Stelle der Amtsgerichte zuständig.[35] Erbverträge können bis zum Eintritt des Erbfalls gem. § 34 Abs. 3 BeurkG vom Notar verwahrt werden, wenn die Vertragsschließenden die besondere amtliche Verwahrung nach § 34 Abs. 2 BeurkG ausgeschlossen haben.

---

32 BGBl. I, 122.
33 Vgl Palandt/Edenhofer § 2257 a BGB Rn 1.
34 Vgl SchuSo/Müller-Lukoschek Vor §§ 72 ff FGG Rn 7 und 10 dazu, dass es sich bei der besonderen amtlichen Verwahrung nach früherem Recht nicht um eine nachlassgerichtliche Angelegenheit handelte.
35 Vgl Palandt/Edenhofer § 2258 a BGB Rn 2 mwN.

Dieker

29 **Örtlich zuständig** für die besondere amtliche Verwahrung ist:
- bei eigenhändigen Testamenten nach § 2247 BGB jedes Nachlassgericht, § 344 Abs. 1 Nr. 3;
- bei öffentlichen Testamenten nach § 2232 BGB und Erbverträgen dasjenige Nachlassgericht, in dessen Bezirk der beurkundende Notar seinen Amtssitz iSd § 10 Abs. 1 BNotO hat, § 344 Abs. 1 Nr. 1 und Abs. 3;
- bei von Konsularbeamten aufgenommenen Testamenten und Erbverträgen das Amtsgericht Schöneberg, § 11 Abs. 2 KonsG;
- bei Nottestamenten vor dem Bürgermeister nach § 2249 BGB das Nachlassgericht, zu dessen Bezirk die Gemeinde gehört, § 344 Abs. 1 Nr. 2.

30 Der Erblasser kann jederzeit die Verwahrung bei einem anderen Gericht verlangen, und zwar auch dann, wenn dieses nach den oben angegebenen Vorschriften nicht zuständig ist (§ 344 Abs. 1 S. 2).

b) Einleitung eines Verfahrens

31 Die Einleitung eines Verfahrens zur Testamentsverwahrung erfolgt auf formlosen **Antrag**. Im Falle eines eigenhändigen Testaments erfolgt das Verwahrungsverlangen gem. § 2248 BGB durch den Erblasser; in den Fällen des notariellen Testaments und Erbvertrags gem. § 34 BeurkG durch den Notar, im Fall des Konsulartestaments durch den Konsularbeamten gem. § 11 KonsG und im Fall des Bürgermeistertestaments durch den Bürgermeister, § 2249 Abs. 1 S. 4 BGB iVm § 34 BeurkG. Gemeinschaftliche Testamente können nur von beiden Erblassern gemeinsam in die besondere amtliche Verwahrung gegeben werden;[36] nach § 346 Abs. 3 sind beiden Testierenden Hinterlegungsscheine auszuhändigen. Wenn sich das gemeinschaftliche Testament bislang nicht in der besonderen amtlichen Verwahrung befunden hat, kann der überlebende Teil nach dem Ableben seines Ehegatten oder Lebenspartners beantragen, es nunmehr in die besondere amtliche Verwahrung aufzunehmen; andernfalls bleibt es bei der Nachlassakte zu dem ersten Sterbefall.[37]

c) Anordnung der Besonderen Amtlichen Verwahrung

32 Die amtliche Verwahrung wird gem. § 346 Abs. 1 iVm § 3 Nr. 2 c vom Rechtspfleger durch schriftliche Verfügung (§ 27 Abs. 5 AktO) angeordnet. Anschließend wird die Verfügung von Todes wegen von dem Rechtspfleger gemeinsam mit dem Urkundsbeamten der Geschäftsstelle (Vieraugenprinzip, § 346 Abs. 1 und 2) in einem feuerfesten (§ 27 Abs. 4 S. AktO) Schrank oder Tresor verschlossen. Eigenhändige Testamente, deren besondere amtliche Verwahrung vom Erblasser verlangt wird, sind dabei mit dem Amtssiegel zu verschließen und mit einer das Testament näher bezeichnenden Aufschrift zu versehen (§ 27 Abs. 3 AktO). Gleichfalls gemeinsam wird die amtliche Verwahrung des Testaments in das bei jedem Nachlassgericht zu führende besondere Verwahrungsbuch eingetragen. Dem Erblasser – bei einem gemeinschaftlichen Testament beiden Erblassern – ist gem. § 346 Abs. 3 ein Hinterlegungsschein zu erteilen, für den

---

36 Vgl Staudinger/Baumann § 2258 b BGB Rn 23.
37 Vgl BT-Drucks. 16/6308, 280.

im Zuge der FGG-Reform das Vieraugenprinzip abgeschafft wurde; auch eines Dienstsiegels bedarf er nicht mehr.[38] Im Falle eines Erbvertrages ist gem. § 2277 BGB jedem der Vertragschließenden ein Hinterlegungsschein zu erteilen. Der Hinterlegungsschein besteht aus einer wörtlichen Abschrift der Eintragung in das Verwahrungsbuch (§ 27 Abs. 6 AktO) und enthält daher die laufende Verwahrnummer des Amtsgerichts, das Aktenzeichen, das Datum der Annahme der Verfügung von Todes wegen, die Angaben zur Person des Testierenden sowie dazu, ob es sich um ein notarielles oder eigenhändiges Testament, ein gemeinschaftliches Testament oder einen Erbvertrag handelt. Auch das Datum der Errichtung der letztwilligen Verfügung sowie bei notariellen Urkunden Name und Sitz des Notars sowie dessen Urkundennummer sind in das Verwahrungsbuch einzutragen und im Hinterlegungsschein wiederzugeben. Bei Nottestamenten soll der Hinterlegungsschein auch die beschränkte Gültigkeitsdauer nach § 2252 BGB enthalten (§ 27 Abs. 6 S. 1 AktO). Soweit die Verfügung von Todes wegen vom Notar, Konsularbeamten oder Bürgermeister übergeben wird (§ 34 Abs. 1 S. 4 BeurkG, § 2249 Abs. 1 BGB), wird diesen der Empfang bescheinigt (vgl § 27 Abs. 6 S. 3 AktO).

d) Testamentsverzeichnisse

Über jede in besondere amtliche Verwahrung genommene Verfügung von Todes wegen unterrichtet das Nachlassgericht gem. § 347 Abs. 1 schriftlich das für den Geburtsort des Erblassers zuständige Standesamt oder – wenn der Erblasser nicht in Deutschland geboren wurde – das Amtsgericht Schöneberg. Die Standesämter führen **Testamentsverzeichnisse** nach Maßgabe der aufgrund des § 347 Abs. 4 erlassenen Verordnungen über die in amtlicher Verwahrung befindlichen Verfügungen von Todes wegen und unterrichten im Fall des Todes des Erblassers – von dem das Standesamt des Geburtsortes durch das Standesamt des Todesortes Nachricht erhält – das Amtsgericht, von dem sie die Mitteilung über die besondere amtliche Verwahrung einer Verfügung von Todes wegen erhalten haben. Auf diese Weise ist sichergestellt, dass das Nachlassgericht Kenntnis vom Sterbefall erhält und die Testamentseröffnung veranlasst. Art und Umfang der Mitteilungen sowie der Testamentsverzeichnisse sind – im Wesentlichen bundeseinheitlich – in Verordnungen der Länder nach § 347 Abs. 4–6 geregelt. Es gibt allerdings Bestrebungen, dieses Benachrichtigungssystem in einigen Jahren durch ein elektronisch geführtes zentrales Testamentsregister zu ersetzen. 33

Bei Erbverträgen, die nicht in besondere amtliche Verwahrung gegeben worden sind, sondern sich aufgrund einer Erklärung des Erblassers nach § 34 BeurkG in notarieller Verwahrung befinden, hat die Mitteilung an das Geburtsstandesamt bzw das Amtsgericht Schöneberg gem. § 347 Abs. 3 der Notar oder in den Fällen des § 11 KonsG der Konsularbeamte vorzunehmen. 34

e) Verlegung der Verwahrung

Auf jederzeit mögliches Verlangen des Erblassers nach § 343 Abs. 1 S. 2 kann die besondere amtliche Verwahrung zu einem anderen Amtsgericht **verlegt** werden. Die Versendung erfolgt in diesen Fällen unmittelbar zwischen den Gerichten. Das nunmehr 35

---

38 BT-Drucks. 16/9733, 384; BT-Drucks. 16/6308, 390 und 421.

zuständige Amtsgericht nimmt das Testament in seine Verwahrung auf und erteilt dem Erblasser einen neuen Hinterlegungsschein. Der alte Hinterlegungsschein soll zugleich zurückgegeben werden (vgl hierzu § 27 Abs. 7 AktO).

f) Rücknahme der Verfügung von Todes wegen aus der besonderen amtlichen Verwahrung

36 Der Erblasser kann jederzeit die **Rückgabe** des Testaments aus der besonderen amtlichen Verwahrung verlangen, § 2256 Abs. 2 BGB. Ein gemeinschaftliches Testament kann gem. § 2272 BGB allerdings nur von beiden Erblassern gemeinsam zurückgenommen werden. Auch bei einem Erbvertrag kann die Rücknahme aus der besonderen amtlichen Verwahrung nur von allen Vertragschließenden verlangt werden.

37 Die **Herausgabe** aus der besonderen amtlichen Verwahrung ist durch den Rechtspfleger anzuordnen und unter Beachtung des Vieraugenprinzips vom Rechtspfleger gemeinsam mit dem Urkundsbeamten durchzuführen, § 346 Abs. 1. Die Herausgabe ist im Verwahrungsbuch einzutragen. Der Hinterlegungsschein ist zurückzuverlangen (§ 27 Abs. 6 S. 4 AktO), allerdings kann die Herausgabe der Verfügung von Todes wegen nicht verweigert werden, wenn der Hinterlegungsschein beispielsweise verloren gegangen ist und nicht zurückgegeben werden kann.[39]

38 Hinsichtlich der **Wirkung** der Rücknahme ist wie bei anderen Testamenten zu unterscheiden, ob es sich um ein eigenhändiges Testament oder um ein vor einem Notar erstelltes handelt:[40] Bei öffentlichen Testamenten und Nottestamenten stellt die Rücknahme des Testaments einen Widerruf dar (§ 2256 BGB), bei privatschriftlichen nicht. Daher ist zu differenzieren:

- Ein **eigenhändiges Testament** ist nach § 2247 BGB gem. § 2256 Abs. 2 und 3 BGB nur an den Erblasser persönlich zurückzugeben. In diesem Fall hat die Rückgabe keine Auswirkung auf die Wirksamkeit des Testaments, § 2256 Abs. 3 BGB.

- Auch ein **vor einem Notar** errichtetes Testament oder das **Nottestament** vor dem Bürgermeister ist auf sein Verlangen nur an den Erblasser persönlich herauszugeben. Die Rücknahme dieser Testamente aus der amtlichen Verwahrung bewirkt, dass sie gem. § 2256 Abs. 1 BGB als **widerrufen** gelten. Gleiches gilt wegen § 10 Abs. 2 KonsG für Konsulartestamente.[41] Daher ist der Erblasser von dem Nachlassgericht über diese Folge der Rücknahme des Testaments zu belehren (§ 2256 Abs. 1 S. 2 BGB). Der Rechtspfleger erstellt eine Niederschrift über die Rückgabe des Testaments, in die er einen Vermerk über die Belehrung des Erblassers nach Maßgabe des § 27 Abs. 9 AktO aufnimmt.[42] Auf der Testamentsurkunde selbst ist vor der Aushändigung an den Erblasser ein zu unterzeichnender Vermerk folgenden Wortlauts aufzubringen: „Dieses Testament gilt durch die am ... erfolgte Rückgabe aus der amtlichen Verwahrung als widerrufen (§§ 2256, 2272 BGB)."

Gemeinschaftliche Testamente dürfen gem. § 2272 BGB nur an beide Erblasser gemeinsam herausgegeben werden, die persönlich und gleichzeitig beim Nachlassgericht

---

39 AA Palandt/Edenhofer § 2256 BGB Rn 4.
40 Vgl hierzu MK/Musielak § 2271 BGB Rn 2.
41 Vgl Palandt/Edenhofer § 2256 BGB Rn 3.
42 Danach hat der Vermerk wie folgt zu lauten: „Der Erblasser ist darüber belehrt worden, dass das Testament durch die Rückgabe als widerrufen gilt. Ein entsprechender Vermerk ist auf dem Testament gemacht worden."

erscheinen müssen.⁴³ Nach dem Tod eines Ehegatten ist die Rücknahme nicht mehr möglich; ein entsprechendes Ersuchen ist abzulehnen.⁴⁴

Auch bei **Erbverträgen** ist zu differenzieren: Ein Erbvertrag, der (zusätzlich) Rechtsgeschäfte zwischen Lebenden enthält, ist nicht an die Vertragschließenden herauszugeben, sondern auf Verlangen der Vertragschließenden an denjenigen Notar zu übergeben, von dem die Urkunde stammt und der sie in seine gewöhnliche Verwahrung nimmt.⁴⁵ Auf die Wirksamkeit des Erbvertrages hat die Entnahme aus der besonderen amtlichen Verwahrung in diesem Fall keinen Einfluss; dies gilt sogar dann, wenn die Rückgabe eines Erbvertrages mit (zusätzlichen) Rechtsgeschäften unter Lebenden fehlerhaft nicht an den Notar, sondern an die Vertragschließenden erfolgt.⁴⁶

Dagegen kann ein Erbvertrag, der **nur** Verfügungen von Todes wegen enthält, aus der besonderen amtlichen Verwahrung (wie auch aus der notariellen Verwahrung) gem. § 2300 Abs. 2 S. 1 BGB zurückgenommen werden. Nach dem Tod eines Vertragschließenden ist die Rücknahme nicht mehr möglich (§ 2300 Abs. 2 S. 2 BGB iVm § 2290 Abs. 1 S. 2 BGB). Die Zurücknahme kann nur an die Vertragschließenden gemeinsam erfolgen; der Erblasser muss persönlich erscheinen (§ 2300 Abs. 2 S. 2 BGB iVm § 2290 Abs. 2 BGB). In diesem Fall bewirkt die Rücknahme des Erbvertrages aus der amtlichen Verwahrung, dass die im Erbvertrag enthaltenen Verfügungen von Todes wegen unwirksam werden. Hierüber sind die Zurücknehmenden zu belehren und es ist ein entsprechender Vermerk auf der Urkunde aufzubringen.

g) Verwahrung eines gemeinschaftlichen Testaments nach dem Tod des Erstversterbenden

Ansonsten dauert die besondere amtliche Verwahrung an, bis das Testament eröffnet wird (siehe Rn 41 ff). Ein **gemeinschaftliches Testament** wird – sofern es nicht lediglich auf den ersten Todesfall bezogene Verfügungen enthält – nach der Eröffnung wegen des ersten Todesfalls erneut in amtliche Verwahrung genommen, § 349 Abs. 2 S. 2. Zuständig ist seit Geltung des FamFG stets das für den Nachlass des Erstverstorbenen zuständige Nachlassgericht, wenn nicht der überlebende Ehegatte oder Lebenspartner die Verwahrung bei einem anderen Nachlassgericht verlangt. Bereits vor dem 1.9.2009 aufgrund der streitigen alten Rechtslage nach dem ersten Todesfall bei einem anderen Nachlassgericht verwahrte Testamente müssen allerdings nicht abgegeben werden (vgl hierzu Rn 50). Sofern es sich bei dem für den Nachlass des Erstverstorbenen zuständigen Gericht um ein anderes Gericht handelt als dasjenige, welches das Testament zuvor in der besonderen amtlichen Verwahrung hatte, ist das Verfahren der Inverwahrungsnahme nach § 346 erneut durchzuführen.⁴⁷ Für Erbverträge, die Verfügungen für einen zweiten Todesfall enthalten, gelten die Regelungen zu den gemeinschaftlichen Testamenten entsprechend.

---

43 Palandt/Edenhofer § 2272 BGB Rn 1.
44 Palandt/Edenhofer § 2272 BGB Rn 2.
45 Palandt/Edenhofer § 2300 BGB Rn 3 und § 2258 b Rn 2.
46 Palandt/Edenhofer § 2300 BGB Rn 3.
47 BT-Drucks. 16/6308, 278.

h) Gebühren

40 Für die amtliche Verwahrung einer Verfügung von Todes wegen wird gem. § 101 KostO ein Viertel der vollen Gebühr erhoben. Für die Gebührenberechnung ist gem. § 46 Abs. 4 iVm § 103 Abs. 1 KostO der Wert des nach Abzug der Verbindlichkeiten verbleibenden reinen Vermögens zugrunde zu legen.

2. Testamentseröffnung

41 Die Verfahrensvorschriften zur Eröffnung von Verfügungen von Todes wegen wurden durch das FGG-RG aus den §§ 2260–2262, 2263 a, 2273, 2300 und 2300 a BGB aF in den §§ 348–351 FamFG zusammengeführt. Auf Vorschlag des Bundesrates wurde hierbei die **Eröffnungsfrist für Erbverträge** von 50 auf **30 Jahre** verkürzt. Außerdem wurde hinsichtlich der eigentlichen Eröffnung die Rechtslage der Praxis insofern angepasst, als dass es nunmehr auch im Gesetz als Regelfall vorgesehen ist, die Beteiligten nicht zu einem Eröffnungstermin zu laden, sondern sie im Anschluss an die Eröffnung zu unterrichten.

42 Das Verfahren zur Eröffnung einer Verfügung von Todes wegen wird stets **von Amts wegen** eingeleitet. Sogar eine Anordnung des Erblassers, sein Testament nicht alsbald nach seinem Tod zu eröffnen, ist gem. § 2263 BGB nichtig.

a) Zuständigkeit und Einleitung des Verfahrens bei besonderer amtlicher Verwahrung der Verfügung von Todes wegen

43 Anlass für die Eröffnung einer in der besonderen amtlichen Verwahrung befindlichen Verfügung von Todes wegen ist entweder, dass das Nachlassgericht vom Tod des Verfügenden – oder bei gemeinschaftlichen Testamenten und Erbverträgen vom Tod eines der Testierenden – Kenntnis erlangt (§ 348 Abs. 1 S. 1), oder der Umstand, dass das Nachlassgericht nach Ablauf der dreißigjährigen Frist des § 351 auch nach Nachforschungen nicht feststellen kann, dass der Erblasser noch lebt. Zuständig ist gem. § 344 Abs. 6 in diesen Fällen stets das Nachlassgericht, in dessen besonderer amtlicher Verwahrung sich das Testament oder der Erbvertrag befindet, auch wenn für die übrigen Nachlassverfahren bezüglich des Testierenden gem. § 343 ein anderes Gericht zuständig ist.

b) Zuständigkeit und Einleitung des Verfahrens in anderen Fällen; Zwang zur Ablieferung von Testamenten

44 Verfügungen von Todes wegen, die sich nicht in der besonderen amtlichen Verwahrung befinden, sind gem. § 2259 BGB bei dem nach § 343 zuständigen Nachlassgericht abzuliefern, sobald der Besitzer Kenntnis vom Tod des Erblassers erhält. Dies gilt über § 2259 Abs. 2 BGB auch für Erbverträge, die ein Notar gem. § 34 Abs. 2 BeurkG nicht in besondere amtliche Verwahrung gegeben hat, sondern selbst verwahrt. Abzuliefern ist stets das Original des Schriftstücks. Abzuliefern sind alle Schriftstücke, die sich als letztwillige Verfügung darstellen. Da allein das Nachlassgericht über die Wirksamkeit zu entscheiden hat, besteht die Ablieferungspflicht auch, wenn derjenige, der das Testament im Besitz hat, es für unwirksam hält.[48] Die Ablieferungspflicht besteht ohne

---

[48] Vgl Palandt/Edenhofer § 2259 BGB Rn 2 mwN.

Rücksicht auf die formelle Gültigkeit und auch dann, wenn zweifelhaft ist, ob das Schriftstück als erbrechtliche Anordnung gemeint war.[49]

Erhält das Nachlassgericht nach dem Tod einer Person Kenntnis davon, dass jemand eine Verfügung von Todes wegen in seinem Besitz hat, ordnet es durch Beschluss nach § 358 die Ablieferung des Testaments an. Es handelt sich bei diesem Beschluss um eine Zwischenentscheidung[50] im Verfahren der Testamentseröffnung, die als solche nicht anfechtbar ist (vgl § 2 Rn 15 ff). Die Vollstreckung der Anordnung erfolgt nach § 35. Das Gericht kann zur Durchsetzung der Anordnung durch Beschluss ein Zwangsgeld und – bei Uneinbringlichkeit des Zwangsgelds – Zwangshaft anordnen. Das Gericht kann auch durch Beschluss anordnen, dass die Herausgabe im Wege der Vollstreckung durch den Gerichtsvollzieher nach § 883 ZPO durchgesetzt wird; auch die §§ 886 und 887 ZPO finden Anwendung. Sofern der Gerichtsvollzieher das Testament nicht auffindet, hat die Person, die den Besitz des Testaments bestreitet, gem. § 35 Abs. 4 FamFG iVm § 883 Abs. 2 ZPO an Eides statt zu versichern, dass sie das Testament nicht besitze und auch nicht wisse, wo es sich befinde.[51] Die Beschlüsse über die Zwangsmaßnahmen sind gem. § 35 Abs. 5 anfechtbar. 45

c) Eröffnung von Testament oder Erbvertrag

Die eigentliche Eröffnung des Testaments oder Erbvertrags erfolgt im Regelfall als „stille" Eröffnung ohne Ladung und Anwesenheit der Beteiligten durch den Rechtspfleger. Dies wurde bereits bislang in der gerichtlichen Praxis so gehandhabt, obwohl der Verzicht auf die Anwesenheit der Beteiligten in § 2260 Abs. 1 BGB aF lediglich als Ausnahme vorgesehen war. Diese Art der Eröffnung hat sich als zweckdienlich erwiesen, da die Beteiligten schnell und zuverlässig durch Übersendung einer Kopie des eröffneten Testaments unterrichtet werden.[52] Nunmehr sieht § 348 deshalb auch die stille Eröffnung als Regelfall vor; erst nach der Eröffnung wird der Inhalt der Verfügung von Todes wegen den Beteiligten schriftlich bekannt gegeben, soweit sie betroffen sind. Der Rechtspfleger hat aber weiterhin die Möglichkeit, nach § 348 Abs. 2 einen Eröffnungstermin zu bestimmen, die gesetzlichen Erben und die Beteiligten zu laden und den Inhalt mündlich bekannt zu geben. Wählt er diesen Weg, müssen nur die nicht in dem Termin Anwesenden schriftlich von dem sie betreffenden Inhalt der Verfügung von Todes wegen benachrichtigt werden. In jedem Fall ist über die Eröffnung eine Niederschrift gem. § 347 Abs. 1 S. 2 anzufertigen. Zum Inhalt der Niederschrift bestehen, abgesehen von der in § 347 Abs. 1 S. 3 vorgeschriebenen Angabe, ob der Umschlag des Testaments, wenn ein solcher vorhanden war, unversehrt ist, keine gesetzlichen Bestimmungen. Es empfiehlt sich jedoch, alle Auffälligkeiten am Testament in der Niederschrift festzuhalten. 46

In den Fällen, in denen die Eröffnung durch das verwahrende Nachlassgericht nach § 344 Abs. 6 erfolgt, ist dieses – anders als nach früherem Recht – auch für die **Benachrichtigung der Beteiligten** zuständig. Nach früherem Recht wurde die Verwahrung des Testaments nicht als nachlassgerichtliches Verfahren angesehen, so dass auch die 47

---

49 BayObLG MDR 1984, 233.
50 BT-Drucks. 16/6308, 282.
51 BT-Drucks. 16/6308, 282.
52 Vgl BT-Drucks. 16/6308, 279; Palandt/Edenhofer § 2260 BGB Rn 4.

Eröffnung des Testaments nach § 2261 BGB aF durch das Amtsgericht und nicht durch das Nachlassgericht erfolgte. Hieraus wurde abgeleitet, dass die Benachrichtigung erst nach Abgabe an das zuständige Nachlassgericht gem. § 2262 BGB aF von diesem zu veranlassen war.[53] Für diese Auffassung gibt es nach der FGG-Reform keine Grundlage mehr. Bei der Testamentsverwahrung handelt es sich gem. § 342 Abs. 1 Nr. 1 um eine – dem Nachlassgericht obliegende – Nachlasssache, so dass die Verwahrung stets beim Nachlassgericht erfolgt. Die Normen zur Testamentseröffnung sind als nachlassgerichtliches Verfahren (§ 342 Abs. 1 Nr. 3) ausgestaltet, welches in den Fällen der Verwahrung des Testaments ausdrücklich dem verwahrenden Nachlassgericht zugewiesen ist. Dann aber kann das verwahrende Nachlassgericht das eröffnete Testament erst an das nach § 343 für die weiteren nachlassgerichtlichen Angelegenheiten zuständige Nachlassgericht abgeben, wenn das Verfahren der Testamentseröffnung vollständig abgeschlossen ist.

d) Benachrichtigungspflicht

48 Die Benachrichtigungspflicht besteht unabhängig davon, ob das Testament gültig ist, so dass – wenn mehrere Testamente aufgefunden werden – sämtliche zu eröffnen und den Beteiligten bekannt zu geben sind.[54] Zweck dieser Mitteilungspflicht ist es, Personen, deren Rechtslage durch die von dem Erblasser in der Verfügung von Todes wegen getroffene Bestimmung unmittelbar beeinflusst wird, von dem sie betreffenden Inhalt Kenntnis zu geben, um sie in den Stand zu setzen, das zur Wahrnehmung ihrer Interessen Zweckdienliche zu veranlassen.[55] Eine Verletzung der Benachrichtigungspflicht kann Amtshaftungsansprüche auslösen.[56] Da es sich bei der Testamentseröffnung um ein Amtsverfahren handelt, für das keine Sonderbestimmungen zu den Beteiligten in § 345 enthalten sind, richtet sich die Frage der Beteiligung nach § 7. Im Ergebnis bedeutet dies keine Änderung zur früheren Rechtslage. Es sind alle diejenigen zu benachrichtigen, deren Rechtsstellung berührt sein kann. Daher sind – und zwar unabhängig davon, ob das Testament später widerrufen wurde oder aus anderen Gründen keine Wirksamkeit erlangt – neben den gesetzlichen Erben alle Personen zu benachrichtigen, die durch das Testament als Erben oder Vermächtnisnehmer bedacht werden oder bei denen eine Zuwendung, die ein früheres Testament vorgesehen hat, widerrufen wird. Ebenfalls zu benachrichtigen sind zum Testamentsvollstrecker bestimmte Personen sowie der Begünstigte einer Auflage. Nicht bekannt zugeben sind bei gemeinschaftlichen Testamenten und Erbverträgen die Verfügungen des überlebenden Ehegatten oder Lebenspartners bzw Vertragspartners, sofern sie sich von den Verfügungen des Erblassers trennen lassen, § 349 Abs. 1. Allerdings ist zu beachten, dass im Falle eines Erbvertrags die Erben des Erstversterbenden als dessen Rechtsnachfolger nach § 51 Abs. 1 BeurkG eine Abschrift des Erbvertrages vom Notar verlangen können, wenn dieses nicht bei Beurkundung von den ursprünglichen Vertragsparteien nach § 51 Abs. 2 BeurkG eingeschränkt worden ist.[57] Wie auch nach früherem Recht muss das Nachlassgericht die

---

53 Vgl OLG Hamm FGPrax 2006, 1460.
54 LG Köln Rpfleger 1992, 436.
55 BGHZ 117, 287.
56 BGHZ 117, 287.
57 OLG Karlsruhe FamRZ 2007, 2012; vgl auch Münch, Rechtsprechungsübersicht Erbrecht, FamRZ 2008, 1042.

zu benachrichtigenden Beteiligten ermitteln.[58] Denn anders als § 7 Abs. 4 engt § 348 Abs. 3 die Benachrichtigungspflicht nicht auf diejenigen Beteiligten ein, die dem Nachlassgericht bekannt sind. Wenn im Testament als Vermächtnisnehmer oder Erben bestimmte Personen vom Nachlassgericht nicht ermittelt werden können, kommt die Bestellung eines Pflegers für einen unbekannten Beteiligten nach § 1913 BGB in Betracht.[59]

e) Eröffnungsvermerk

Nach der Eröffnung wird auf das Original des Testaments ein **Eröffnungsvermerk** gesetzt. Sofern sich das Testament in der besonderen amtlichen Verwahrung befunden hatte und deshalb nach § 344 Abs. 6 von dem verwahrenden Gericht eröffnet wurde, wird es nunmehr mit einer beglaubigten Abschrift des Eröffnungsprotokolls an das nach § 343 zuständige Gericht versandt; eine beglaubigte Abschrift des Testaments verbleibt bei dem eröffnenden Gericht, § 350. Über den Wortlaut des § 350 hinaus sind auch die Unterlagen über die Bekanntgabe des Inhalts des Testaments an die Beteiligten dem für die weiteren Nachlassverfahren zuständigen Gericht zu übersenden, damit dieses in die Lage versetzt wird, beispielsweise beim Eingang einer Ausschlagungserklärung zu prüfen, ob diese innerhalb der gesetzlichen Frist erfolgt ist.

49

f) Mitteilung an das Geburtsstandesamt bei gemeinschaftlichem Testament

Wird ein nicht in besonderer amtlicher Verwahrung befindliches **gemeinschaftliches Testament** nach dem Tod eines der Ehegatten oder Lebenspartner eröffnet, erfolgt eine **Mitteilung an das Geburtsstandesamt**[60] des überlebenden Ehegatten oder Lebenspartners, wenn das gemeinschaftliche Testament Verfügungen enthält, die sich auf den zweiten Todesfall beziehen, § 347 Abs. 2. Hierdurch wird gewährleistet, dass bei Eintritt des zweiten Sterbefalls das zuständige Nachlassgericht auch dann Kenntnis von der Existenz des gemeinschaftlichen Testaments erlangen wird, wenn das nach dem ersten Sterbefall eröffnete Testament nicht in die besondere amtliche Verwahrung gegeben wird, sondern bei der Nachlassakte zum ersten Sterbefall verbleibt. Sofern sich das eröffnete Testament in der besonderen amtlichen Verwahrung befunden hat, wird es nach der Eröffnung zum ersten Todesfall wieder verschlossen und erneut in die besondere amtliche Verwahrung verbracht, § 349 Abs. 2. Dies gilt nicht, sofern das Testament nur Verfügungen enthält, die sich ausschließlich auf den ersten Todesfall beziehen, § 349 Abs. 3. Wenn nicht der überlebende Ehegatte oder Lebenspartner die Verwahrung bei einem anderen Nachlassgericht verlangt, ist das für den Nachlass des Erstversterbenden zuständige Nachlassgericht auch für die erneute amtliche Verwahrung zuständig, § 344 Abs. 2. Diese Frage war nach altem Recht streitig, da § 2273 BGB aF keine Zuständigkeitsbestimmung enthielt,[61] und wurde von dem Gesetzgeber im Zuge der FGG-Reform zugunsten des für den ersten Todesfall zuständigen Nachlassgerichts entschieden; hierdurch soll die mit der Rücksendung des Testaments nach der Eröffnung verbundene Verlustgefahr begrenzt und dem Umstand Rechnung getra-

50

---

58 BayObLGZ 1979, 340; vgl auch Palandt/Edenhofer § 2262 BGB Rn 2.
59 Vgl Staudinger/Baumann § 2262 BGB Rn 5 und 12.
60 Bei im Ausland geborenen Personen: Amtsgericht Schöneberg.
61 Vgl zum Meinungsstand nach altem Recht Palandt/Edenhofer § 2273 BGB aF Rn 5 und OLG Celle OLGReport 2002, 233.

gen werden, dass dieses Gericht im Regelfall einen engeren Bezug zum familiären Umfeld auch des Zweitversterbenden aufweisen wird.[62] Das FGG-RG enthält keine spezielle Übergangsregelung dazu, wie mit den verwahrten Testamenten zu verfahren ist, die nach dem ersten Todesfall eröffnet wurden und bei Inkrafttreten des FamFG am 1.9.2009 bei dem nicht für den Nachlass des Erstversterbenden zuständigen Gericht verwahrt werden. Damit verbleiben die Testamente bis zu ihrer Eröffnung an ihrem Verwahrungsort, da Art. 111 S. 1 FGG-RG vorsieht, dass für anhängige Verfahren das bisher geltende Recht weiter anzuwenden ist; hierzu gehört auch das bereits eingeleitete Verfahren der Testamentsverwahrung.

51 Diese Vorschriften gelten entsprechend, wenn ein **Erbvertrag** Verfügungen für den Tod mehrerer Personen enthält, §§ 343 Abs. 3, 347 Abs. 3, 349 Abs. 4.

g) Weitere Mitteilungen des Nachlassgerichts

52 Das Nachlassgericht unterrichtet nach der Eröffnung gem. § 34 ErbStG iVm § 7 Abs. 1 ErbStDV sowie Ziff. XVII/2 Abs. 2 Nr. 1 MiZi das für die Erbschaftsteuer zuständige **Finanzamt** über das eröffnete Testament durch Versendung einer beglaubigten Abschrift und unter Beigabe einer beglaubigten Abschrift des Eröffnungsprotokolls sowie Angabe der Daten zum Erblasser sowie der Anschriften der Beteiligten.[63]

53 Außerdem unterrichtet das Nachlassgericht das zuständige **Grundbuchamt** über den Erbfall unter Angabe des eröffneten Testaments, wenn es Kenntnis davon hat, dass zum Nachlass ein Grundstück oder ein grundstücksgleiches Recht gehört (§ 83 S. 2 GBO). Zugleich weist es die Erben darauf hin, dass das Grundbuch unrichtig geworden ist und dass nach § 60 Abs. 4 KostO keine Gebühren für die Eintragung der Erben im Grundbuch erhoben werden, sofern der Eintragungsantrag innerhalb von zwei Jahren nach dem Erbfall beim Grundbuchamt eingereicht wird.

54 Hat das Nachlassgericht Kenntnis davon, dass der Erblasser Inhaber eines Handelsgeschäftes, Gesellschafter einer Personenhandelsgesellschaft, Mitglied einer Partnerschaft oder einer Genossenschaft gewesen ist, so unterrichtet es gem. § 379 das jeweils zuständige **Registergericht**; die Einzelheiten der Datenübermittlung ergeben sich aus Ziff. XVII/4 MiZi.

55 Hat das Nachlassgericht zudem Kenntnis davon, dass ein **minderjähriges Kind** von Todes wegen ein Vermögen von mindestens 15.000 EUR erwirbt, so unterrichtet es gem. § 356 Abs. 1 FamFG iVm § 1640 BGB unter Übersendung einer beglaubigten Abschrift des Eröffnungsprotokolls das Familiengericht, wenn nicht der Erblasser durch letztwillige Verfügung die Eltern des Kindes von der Inventarisierung befreit hat (§ 1640 Abs. 2 Nr. 2 BGB). Die Einzelheiten der Übermittlung richten sich nach Ziff. XVII/5 MiZi.

h) Einsichtsrecht

56 Das Nachlassgericht gewährt gem. § 357 Abs. 1 demjenigen, der ein rechtliches Interesse hierzu glaubhaft macht, **Einsicht** in die eröffnete Verfügung von Todes wegen. Die Vorschrift ist enger als § 13 Abs. 2, die für Dritte lediglich ein berechtigtes Interesse

---

62 BT-Drucks. 16/6308, 278.
63 Es ist das Muster 5 der Erbschaftssteuerdurchführungsverordnung zu verwenden, Ziff. XVII/2 Abs. 4 MiZi.

verlangt und der sie als Spezialvorschrift vorgeht. Im Übrigen bleibt § 13 aber anwendbar.[64] Ein rechtliches Interesse eines am Verfahren nicht Beteiligten ist gegeben, wenn glaubhaft gemacht wird, dass die Kenntnis des Testaments zur Verfolgung von Rechten oder zur Abwehr von Ansprüchen erforderlich ist. Einsichtsberechtigt sind demnach Gläubiger und Schuldner des Erblassers. Die Mittel der Glaubhaftmachung ergeben sich aus § 31.

Daneben haben die Beteiligten ein Einsichtsrecht aus § 13 Abs. 1, wenn nicht schwerwiegende Interessen eines Beteiligten oder eines Dritten entgegenstehen, was hinsichtlich eröffneter Verfügungen von Todes wegen vor allem bei gemeinschaftlichen Testamenten und Erbverträgen vor dem zweiten Todesfall häufig in Betracht kommt. Die Einsichtsrechte nach § 13 und § 357 Abs. 1 sind in diesen Fällen beschränkt auf die bereits eröffnete Verfügung von Todes wegen; soweit ein gemeinschaftliches Testament nach dem ersten Sterbefall nur teilweise eröffnet ist, beschränkt sich auch hier das Einsichtsrecht auf den eröffneten Teil.[65] Dies kann allerdings nur dann berücksichtigt werden, wenn die testamentarischen Verfügungen so formuliert worden sind, dass in sie isoliert Einsicht genommen werden kann.[66] 57

Die Berechtigten können das Einsichtsrecht in der Geschäftsstelle des Nachlassgerichtes ausüben, § 13 Abs. 1. Rechtsanwälten, Notaren und Behörden kann das Gericht zwar grundsätzlich nach § 13 Abs. 4 die Akten übersenden; bei eröffneten Testamenten wird das Nachlassgericht aber stets gem. § 13 Abs. 4 S. 2 von einer Übersendung absehen, da ein Verlust des Originals der eröffneten Verfügung von Todes wegen zu kaum lösbaren Problemen führen würde, wenn später Zweifel an der Echtheit auftreten. Die Berechtigten können sich – bei Bedarf auch beglaubigte – Ausfertigungen, Auszüge und Abschriften erteilen lassen, § 13 Abs. 4. 58

i) Erbenermittlung

Nur in Bayern nach § 37 BayAGGVG und in Baden-Württemberg nach § 41 Abs. 1 des baden-württembergischen Landesgesetzes über die freiwillige Gerichtsbarkeit (LFGG) schließt sich an die Testamentseröffnung – oder, wenn kein Testament vorhanden ist, an die Mitteilung eines Sterbefalls – von Amts wegen die **Ermittlung der Erben** an. Dies soll aber nur geschehen, wenn erhebliches Vermögen oder Grundbesitz vorhanden ist (Bayern) oder von der Erbenermittlung bei unverhältnismäßigem Aufwand oder geringfügigem Nachlasswert abgesehen werden kann (Baden-Württemberg). Die bayerischen und baden-württembergischen Gerichte bzw Notariate sind berechtigt, im Wege der Rechtshilfe Nachlassgerichte auch der anderen Länder, die keine Erbenermittlung vorsehen, ebenso in Anspruch zu nehmen[67] wie im Wege der Amtshilfe Behörden anderer Länder.[68] 59

---

64 Vgl BT-Drucks. 16/6308, 282.
65 Vgl Palandt/Edenhofer, § 2264 BGB Rn 2.
66 Vgl Münch, 1042, 1049.
67 BayObLGZ 1979, 340 mwN.
68 Vgl zu Auskunftspflichten der Standesämter OLG Braunschweig NJW-RR 1990, 268.

Dieker

j) Kosten

60 Für die Eröffnung einer Verfügung von Todes wegen fällt eine halbe Gebühr an, § 102 KostO. Für die **Gebührenberechnung** ist gem. § 46 Abs. 4 iVm § 103 Abs. 1 KostO der Wert des nach Abzug der Verbindlichkeiten verbleibenden reinen Vermögens oder der Wert des entsprechenden Bruchteils des reinen Vermögens zugrunde zu legen, wobei Vermächtnisse, Pflichtteilsrechte und Auflagen nicht abgezogen werden. Werden mehrere Verfügungen von Todes wegen desselben Erblassers bei demselben Gericht gleichzeitig eröffnet, so ist nur eine Gebühr nach dem zusammengerechneten Wert zu erheben. Die Gebühr wird gem. § 103 Abs. 3 KostO stets bei dem nach § 343 zuständigen Gericht erhoben, auch wenn die Eröffnung gem. § 344 Abs. 6 bei einem anderen Gericht erfolgt ist. Kostenschuldner sind gem. § 6 KostO die Erben.

3. Nachlasssicherung und Nachlasspfleger

61 Der Gesetzgeber hat davon abgesehen, im Zuge der Einführung des FamFG auch die **verfahrensrechtlichen Vorschriften zur Nachlasssicherung und Nachlasspflegschaft** vom BGB in die Verfahrensordnung zu überführen. Dies ist im Hinblick auf die durch die FGG-Reform an für sich angestrebte und in anderen Bereichen auch verwirklichte systematischere und anwenderfreundlichere Trennung zwischen materiell-rechtlichen Regelungen in den Fachgesetzen und verfahrensrechtlichen Bestimmungen im FamFG zu bedauern. Es wäre zu begrüßen, wenn der Gesetzgeber in einem weiteren Schritt hier noch nachbessern würde. Derzeit beschränkt sich das FamFG aber darauf, in § 342 Abs. 2 die Nachlasssicherung als Nachlasssache zu definieren und damit § 75 S. 2 Hs 1 FGG zu ersetzen. Die Zuständigkeit des Nachlassgerichts wird weiterhin systemwidrig in § 1962 BGB bestimmt und nur die Bestimmung zur Sonderzuständigkeit für Sicherungsmaßnahmen des § 74 Abs. 1 FGG findet sich in § 344 Abs. 4 wieder. Den Regelungsgehalt des § 75 S. 1 FGG enthält nunmehr § 340 Nr. 1.

a) Sicherung des Nachlasses

62 Soweit ein Erfordernis besteht, ist das Nachlassgericht gem. § 1960 Abs. 1 S. 1 BGB **von Amts wegen** verpflichtet, für die Sicherung des Nachlasses zu sorgen. Grundsätzlich ist es allerdings Sache des Erben als Gesamtrechtsnachfolger des Erblassers, die zum Nachlass gehörenden Angelegenheiten zu erledigen. Daher kommen staatliche Eingriffe der Gerichte zur Nachlasssicherung jedenfalls von Amts wegen dann nicht in Betracht, wenn keine Zweifel an der Identität des Erben sowie dessen Annahme der Erbschaft bestehen. Außerdem muss ein Fürsorgebedürfnis bestehen. Im Falle einer Erbengemeinschaft ist für jeden Erbteil gesondert zu prüfen, ob die Voraussetzungen des § 1960 BGB vorliegen.[69]

63 Allerdings können die Länder die Sicherungspflicht des Nachlassgerichts nach Art. 140 EGBGB erweitern. Von dieser Möglichkeit haben Bayern (Art. 36 f BayAGGVG) und Baden-Württemberg (§ 40 BWLFGG) in geringem Umfang Gebrauch gemacht. Zudem gibt es in einigen Ländern Sondervorschriften zur Sicherung amtlicher Gegenstände nach dem Tod eines Landesbediensteten.

---

69 OLG Düsseldorf ZEV 1995, 111.

Zuständig für die Sicherung des Nachlasses ist neben dem gem. § 343 zuständigen 64
Nachlassgericht jedes Gericht, in dessen Bezirk das Bedürfnis für die Sicherung auftritt,
§ 344 Abs. 4. Letzteres gilt auch für die Bestellung eines Nachlasspflegers von Amts
wegen nach § 1960 BGB, nicht aber für die Bestellung eines Nachlasspflegers auf Antrag eines Gläubigers nach § 1961 BGB, da die Bestellung des Pflegers in diesem Fall
weniger der Sicherung des Nachlasses, wie es § 344 Abs. 4 voraussetzt, als vielmehr der
Ermöglichung der Geltendmachung von Ansprüchen zugunsten des Gläubigers
dient.[70] Sofern ein Gericht nach § 344 Abs. 4 eine Sicherungsmaßnahme anordnet, hat
es das nach § 343 zuständige Gericht gem. § 356 Abs. 2 zu unterrichten.

Funktional ist im Nachlassgericht der Rechtspfleger zuständig; lediglich für Entschei- 65
dungen über Meinungsverschiedenheiten zwischen mehreren Nachlasspflegern nach
§ 1798 BGB iVm §§ 1962 und 1975 BGB sowie für die Anordnung einer Nachlasspflegschaft hinsichtlich des Nachlasses eines Angehörigen eines ausländischen Staates
ist der Richter zuständig (s. Rn 22).

Daneben können im Ausland **Konsularbeamte** nach § 9 Abs. 2 und 3 KonsularG Si- 66
cherungsmaßnahmen (Siegel anlegen, Nachlassverzeichnis aufnehmen, bewegliche Gegenstände verwahren und veräußern, Zahlungen von Schuldnern entgegennehmen,
festgestellte Forderungen mit Mitteln des Nachlasses begleichen) für die in ihrem Konsularbezirk befindlichen Nachlässe von deutschen Staatsangehörigen ergreifen, wenn
Erben oder Verfügungsberechtigte nicht ermittelt werden können und ein Fürsorgebedürfnis besteht. Nachlassgegenstände oder der Erlös aus deren Veräußerung werden an
das deutsche Nachlassgericht weitergeleitet.

Schließlich können die Länder nach Art. 47 EGBGB auch andere Stellen als die Nach- 67
lassgerichte mit einzelnen Aufgaben der Nachlasssicherung beauftragen. Hiervon haben neben Bayern[71] und Baden-Württemberg[72] auch einige weitere Länder, vor allem
durch Übertragung von Aufgaben auf die Gemeinden, Gebrauch gemacht.

Das Gericht bestimmt die **Sicherungsmaßnahmen** nach freiem Ermessen, wobei es sich 68
allerdings stets von den vermögensrechtlichen Interessen des endgültigen Erben leiten
lassen muss.[73] Es kommen daher neben den in § 1960 BGB genannten Maßnahmen
(Bestellung eines Nachlasspflegers, Anordnung von Hinterlegungen, Erstellung eines
Nachlassverzeichnisses, Anlegen von Siegeln) beispielsweise auch noch die Anordnung
der Veräußerung verderblicher Waren,[74] die Sperrung von Konten[75] oder sogar die
Anordnung, einen erteilten Erbschein zu hinterlegen, in Betracht.[76] Zu diesen Maßnahmen ist das Nachlassgericht selbst berechtigt, solange kein Nachlasspfleger bestellt
oder wenn dieser verhindert ist. Werden im Rahmen einer solchen Maßnahme amtliche
Akten oder sonstige Sachen, deren Herausgabe von einer Behörde verlangt werden

---

70 Vgl SchuSo/Müller-Lukoschek § 74 FGG Rn 4; aA OLG Frankfurt/M. FamRZ 1994, 179.
71 Art. 36 BayAGVG: Zuständigkeit der Gemeinde zur Anlegung von Siegeln in dringenden Fällen oder nach
   Übertragung durch das Amtsgericht sowie Zuständigkeit der Notare für die Aufnahme der Nachlassverzeichnisse und der Aufnahmen und Abnahme von Siegeln.
72 § 40 BWLFGG: Zuständigkeit der Gemeinde.
73 Palandt/Edenhofer § 1960 BGB Rn 8.
74 Palandt/Edenhofer § 1960 BGB Rn 8.
75 KG Rpfleger 1982, 184.
76 OLG Stuttgart NJW 1975, 880.

kann, gefunden, ist diese gem. Ziff. XVII/3 Abs. 2 MiZi zu unterrichten. Das Nachlassgericht ist aber nicht berechtigt, selbst die prozessuale Rechtsverteidigung des Nachlasses zu übernehmen; wenn insoweit Maßnahmen erforderlich werden, muss es einen Nachlasspfleger bestellen.[77]

b) Nachlasspfleger

69 Im wichtigsten und häufigsten Fall der Nachlasssicherung bestellt das Nachlassgericht einen Nachlasspfleger für denjenigen, der Erbe wird. Es handelt sich um eine **Personenpflegschaft**, auch wenn sich die Tätigkeit des Nachlasspflegers regelmäßig auf die Vermögensverwaltung und die Erbenermittlung konzentriert. Die Verfahrensvorschriften für die Pflegerbestellung richten sich dabei gem. § 340 Nr. 1 als betreuungsgerichtliche Zuweisungssache nach den Vorschriften des 3. Buchs des FamFG, die auch für alle übrigen Pflegerbestellungen gelten.[78] Dennoch ist gem. § 1962 BGB das Nachlassgericht zuständig.

70 Das Gericht bestimmt den (oder auch gem. §§ 1915, 1797 BGB mehrere) Nachlasspfleger nach pflichtgemäßem Ermessen, wobei als **Auswahlkriterium** auf die Eignung abzustellen ist. Die Ausschlussgründe der §§ 1780, 1781 und 1784 BGB sind zu beachten. Grundsätzlich ist jeder deutsche Staatsangehörige zur Übernahme der Nachlasspflegschaft verpflichtet, sofern er sich nicht auf einen der Ablehnungsgründe des § 1786 BGB berufen kann.

71 Häufig ist es erforderlich, einen **berufsmäßigen Nachlasspfleger** zu bestellen, da in den Fällen von unbekannten Erben meist Erfahrungen und Kenntnisse auf dem Gebiet der Erbenermittlung erforderlich sind. Grundsätzlich erfolgt die Nachlasspflegschaft unentgeltlich (§ 1915 Abs. 1 S. 1 BGB iVm § 1836 Abs. 1 S. 1 BGB), lediglich Aufwendungsersatz wird nach den §§ 1835 und 1835 a BGB geleistet. Wird – wie meist – ein berufsmäßiger Nachlasspfleger ausgewählt, ist dies in dem Beschluss zur Bestellung gem. § 1836 Abs. 1 S. 2 BGB zu vermerken. Die Höhe der **Vergütung** richtet sich in diesen Fällen nach § 1915 Abs. 1 S. 2 BGB, wenn der Nachlass nicht mittellos oder überschuldet ist. Abzustellen ist dann auf die nutzbaren Fachkenntnisse sowie auf den Umfang und die Schwierigkeit der Pflegschaft. Die Festsetzung der Höhe der Vergütung steht im pflichtgemäßen Ermessen des Gerichts.[79] Im Einzelfall kann § 3 VBVG als Maßstab herangezogen werden.[80] Bei mittellosem Nachlass erhält der Nachlasspfleger seine Vergütung aus der Staatskasse (§§ 1915 Abs. 1 S. 1, 1836 Abs. 1 S. 3 BGB, § 1 Abs. 2 VBVG. Im Vergütungsfestsetzungsverfahren nach § 168 Abs. 4 hat das Gericht den Zeitaufwand des Nachlasspflegers zu überprüfen und den Erben anzuhören.[81] Bei Zwischenfestsetzungen vor der Schlussabrechnung hat das Gericht für den unbekannten Erben einen Verfahrenspfleger zu bestellen. Bei mittellosem Nachlass ist die Staatskasse gem. § 274 Abs. 4 Nr. 2 Kann-Beteiligter und daher nach § 7 Abs. 3 und 4 zu unterrichten.

---

77 BGH Beschl. v. 18.2.2009, IX ZB 29/09.
78 BT-Drucks. 16/308, 283 (zu § 362).
79 OLG Zweibrücken Rpfleger 2008, 137.
80 OLG Dresden Rpfleger 2007, 548.
81 Palandt/Edenhofer § 1960 BGB Rn 25.

V. Einzelne Nachlassverfahren 18

Der **Bestellungsbeschluss** legt den **Wirkungskreis** des Nachlasspflegers nach dem jeweiligen Bedürfnis fest. Ist nur ein Teil der Erben unbekannt, so ist die Nachlasspflegschaft auf diese Erbteile zu begrenzen. Die Nachlasspflegschaft kann auf die Besorgung einzelner – und dann im Beschluss genau zu umreißender – Angelegenheiten beschränkt werden. Dies ist insbesondere immer dann sinnvoll, wenn zu erwarten ist, dass die Identität der Erben zeitnah feststehen wird und nur einzelne Angelegenheiten eilig zu regeln sind. Wenn dagegen die Erben gänzlich unbekannt sind und absehbar eine Erbenermittlung erforderlich ist, wird das Nachlassgericht dem Nachlasspfleger stets auch den Wirkungskreis „Erbenermittlung" zuweisen und den Aufgabenkreis auch im Übrigen weit ziehen. Über die Bestallung erhält der Nachlasspfleger eine **Bestallungsurkunde** nach § 1791 BGB, die ihm als Nachweis seiner Vertretungsmacht dient. 72

Sowohl über die Bestellung als auch über die Aufhebung einer Nachlasspflegschaft **unterrichtet** das Nachlassgericht gem. § 34 ErbStG iVm § 7 Abs. 1 ErbStDV sowie Ziff. XVII/2 Nr. 5 MiZi das zuständige **Finanzamt**. 73

Die Hauptaufgaben des Nachlasspflegers sind die Sicherung und der Erhalt des Nachlasses[82] und – wenn ihm diese Aufgabe übertragen ist – die Erbenermittlung. Der Nachlasspfleger unterliegt der **Aufsicht** des Nachlassgerichtes. Allerdings ist der Nachlasspfleger in der Beurteilung, auf welche Weise er seine **Aufgaben** am zweckmäßigsten erfüllt, weitgehend frei. Soweit er nicht zu bestimmten Rechtsgeschäften (vgl beispielsweise §§ 1819–1822 BGB) der Genehmigung des auch insoweit nach § 1862 BGB zuständigen Nachlassgerichtes bedarf, ist Letzteres nicht berechtigt, dem Nachlasspfleger in Ermessensfragen Vorgaben zu machen. Bei Anordnung einer Nachlasspflegschaft obliegt es dem Nachlassgericht, im Rahmen seiner Beratungs- und Aufsichtspflicht nach § 1837 BGB den Pfleger in seiner Amtsführung zu unterstützen und gegebenenfalls auf eine sachgemäße Erledigung der zu besorgenden Angelegenheit hinzuweisen. Handelt der Nachlasspfleger pflichtwidrig, so ist dagegen durch geeignete Gebote oder Verbote vorzugehen.[83] Wenn der Nachlasspfleger durch pflichtwidriges Verhalten die Interessen der unbekannten Erben gefährdet, kann er nach vorheriger Anhörung nach § 1886 BGB durch Beschluss entlassen werden. Dies ist allerdings stets erst die äußerste Maßnahme, wenn weniger einschneidende Maßnahmen nicht ausreichen.[84] 74

Ansonsten wird die **Nachlasspflegschaft** durch aufhebenden Beschluss gem. § 1919 BGB **beendet**, wenn der Grund für die Anordnung entfallen ist. Das ist insbesondere dann der Fall, wenn der Erbe nicht mehr unbekannt iSd § 1960 BGB ist. Gewissheit über die Person der Erben ist nicht erforderlich, sondern es genügt eine hohe Wahrscheinlichkeit, dass eine bestimmte Person Erbe geworden ist; das Vorliegen eines Erbscheins ist nicht nötig.[85] Sofern eine Schlussrechnung des Nachlasspflegers vorliegt, sollte sie vor Aufhebung der Nachlasspflegschaft vom Nachlassgericht geprüft werden.[86] 75

---

[82] BGH NJW 1983, 226.
[83] BayObLGZ 1983, 59.
[84] BayObLGZ 1983, 59.
[85] OLG München NJW-RR 2006, 80.
[86] Vgl Palandt/Edenhofer § 1960 BGB Rn 20.

Dieker

c) Prozesspfleger

76 Besonderheiten bestehen bei der Bestellung eines Nachlasspflegers auf Antrag eines Nachlassgläubigers gem. § 1961 BGB, dem sog. Prozesspfleger. Dieser ist erforderlich, wenn ein Gläubiger Ansprüche gegen einen Erben gerichtlich geltend machen will, dies aber wegen § 1958 BGB – Ausschluss der gerichtlichen Geltendmachung eines Anspruchs gegen den Erben vor Annahme der Erbschaft – nicht kann.

77 Voraussetzung ist ein – gem. § 25 schriftlich oder zu Protokoll der Geschäftsstelle einzureichender – **Antrag** eines Gläubigers auf Bestellung eines Prozesspflegers. Antragsberechtigt ist, wer die Absicht vorträgt, einen Anspruch gegen den Nachlass gerichtlich geltend machen zu wollen. Dabei genügt es in Bezug auf die Antragsberechtigung, dass der Antragsteller sich einen nicht offensichtlich unbegründeten Anspruch zuschreibt und glaubhaft macht, diesen ernsthaft, notfalls gerichtlich, geltend machen zu wollen.[87] Glaubhaftmachung des Anspruchs ist nicht erforderlich.[88]

78 Weitere Voraussetzung ist – wie in den Fällen der Bestellung eines Nachlasspflegers von Amts wegen nach § 1960 BGB –, dass der **Erbe unbekannt** oder **ungewiss** ist, ob die **Erbschaft angenommen** wurde. Im Fall des § 1961 BGB kommt hinzu, dass hieraus ein **Rechtsschutzbedürfnis** des Gläubigers resultieren muss. Dabei ist die besondere Situation eines dem Erben fernstehenden Gläubigers zu berücksichtigen, dem regelmäßig umfangreiche Nachforschungen zur Beschaffung der erforderlichen Unterlagen zum Nachweis der Passivlegitimation des Erben nicht zugemutet werden können.[89] Steht dagegen mit hoher Wahrscheinlichkeit fest, wer Erbe ist, kommt die Anordnung einer Nachlasspflegschaft auch dann nicht in Betracht, wenn ein Erbschein bisher nicht erteilt worden ist und diesbezügliche gerichtliche Auseinandersetzungen anhängig sind.[90] Kein Rechtsschutzbedürfnis besteht, wenn ein Testamentsvollstrecker bestellt ist, dem auch die Verwaltung des Nachlasses obliegt, da der Gläubiger gegen diesen gem. § 2212 BGB Klage erheben kann. Keine Voraussetzung für die Bestellung des Prozesspflegers ist ein Sicherungsbedürfnis im Interesse des Nachlasses.

79 Wenn diese Voraussetzungen vorliegen, bestellt das Nachlassgericht einen Nachlasspfleger zumindest mit dem Wirkungskreis der Vertretung des unbekannten Erben im Prozess (**Prozesspfleger**). Das Nachlassgericht kann jedoch nach freiem Ermessen davon absehen, den Wirkungskreis dergestalt zu beschränken, und dem Nachlasspfleger weitere Wirkungskreise zuweisen.

d) Rechtsmittel

80 Für die Rechtsmittel gelten die allgemeinen Vorschriften. Soweit die Entscheidungen des Rechtspflegers nach den allgemeinen Vorschriften – beispielsweise wegen Nichterreichen des Beschwerdewertes des § 61 Abs. 1 – nicht anfechtbar wären, steht die **Rechtspflegererinnerung** nach § 11 Abs. 2 S. 1 RPflG offen. Gegenüber dem bisherigen Recht dürfte der Umstand, dass § 57 Abs. 1 Nr. 3 FGG keine Entsprechung im FamFG gefunden hat, zu einer erheblichen **Einschränkung des Kreises der beschwerdeberech-**

---

87 KG OLG-NL 1999, 33.
88 Palandt/Edenhofer § 1961 BGB Rn 3.
89 KG OLG-NL 1999, 33 mwN.
90 KG OLG-NL 1999, 33 mwN.

V. Einzelne Nachlassverfahren 18

tigten Beteiligten führen. Denn nach § 57 Abs. 1 Nr. 3 FGG genügte ein „berechtigtes Interesse" für eine Beschwerdeberechtigung gegen die Anordnung oder Aufhebung einer Pflegschaft. Der Begriff des berechtigten Interesses ist weiter[91] als derjenige der Beeinträchtigung in eigenen Rechten, die § 59 Abs. 1 verlangt. Dies dürfte dazu führen, dass einigen Personengruppen, die nach dem FGG noch beschwerdeberechtigt waren,[92] künftig kein Beschwerderecht mehr zusteht. Dies betrifft insbesondere die Miterben, denen bislang ein über ein rein wirtschaftliches Interesse hinausgehendes rechtliches Interesse an der Bestellung/Abbestellung eines Nachlasspflegers für den unbekannten Miterben iSd § 57 Abs. 1 Nr. 3 FGG zugebilligt wurde,[93] und die Erbprätenden, bei denen eine Verbesserung der Rechtsstellung durch die Bestellung eines Nachlasspflegers für ausreichend erachtet wurde.[94] Künftig wird es für die Beschwerdeberechtigung dieser Personengruppen darauf ankommen, ob mit der Bestellung, Ablehnung der Bestellung oder Abberufung des Nachlasspflegers für den unbekannten (Mit-)Erben im Einzelfall eine über ein rechtliches Interesse hinausgehende subjektive **Beeinträchtigung eigener Rechte** verbunden ist.

e) Gebühren

Für Sicherungsmaßnahmen durch das Nachlassgericht und die Bestellung eines Nachlasspflegers fällt eine volle Gebühr an (§ 104 Abs. 1 KostO bzw § 106 Abs. 1 KostO). Im Falle einer Siegelung oder Aufnahme eines Vermögensverzeichnisses wird die Gebühr nach § 52 KostO gesondert erhoben. Die Gebühr für die Sicherung wird bei späterer Bestellung eines Nachlasspflegers auf die Gebühr nach § 106 KostO angerechnet. Für die Gebühren und Auslagen haftet der Erbe, § 6 KostO. Im Fall des § 1961 BGB fällt nur dann zulasten des antragstellenden Gläubigers eine ¼-Gebühr an, wenn der Antrag zurückgewiesen oder zurückgenommen wird; der Gegenstandswert richtet sich in diesem Fall nach dem Geschäftswert der Forderung, sofern nicht der Wert des Nachlasses geringer ist (§ 106 Abs. 3 KostO). 81

4. Erbenermittlung und Feststellung des Fiskus als Erbe

Das Bundesrecht sieht nicht vor, dass nach Mitteilung eines Sterbefalls das Nachlassgericht alsbald eine Erbenermittlung betreibt. Lediglich das bayerische (Art. 37 BayAGGVG) und baden-württembergische (§ 42 Abs. 1 BWLFGG) Landesrecht erlegt den Nachlassgerichten – in Baden-Württemberg den Notariaten – die Ermittlung des Erben von Amts wegen auf. Auch in diesen Ländern hat die Erbenermittlung nur vorbereitenden Charakter; von der auf die amtliche Ermittlung folgenden Feststellung des Nachlassgerichts geht keine Rechtsvermutung wie bei einem Erbschein aus.[95] 82

Das Nachlassgericht ist jedoch auch ohne eine landesrechtliche Regelung zur **Erbenermittlung** in einigen Fällen verpflichtet, von Amts wegen Erben oder gesetzliche Erben zu ermitteln. Zum einen ergibt sich diese Verpflichtung regelmäßig, wenn ein Testament 83

---

91 Vgl KKW/Engelhardt § 57 FGG Rn 9; BayObLG FamRZ 1998, 839.
92 Vgl zur früheren Rechtslage mit vielen Beispielen aus der Rechtsprechung: KKW/Engelhardt § 57 FGG Rn 9–10, 13–19; KKW/Kahl § 20 FGG Rn 80 f; ferner SchuSo/Müller-Lukoschek § 57 FGG Rn 7 und SchuSo/Briesemeister § 20 FGG Rn 70.
93 Vgl KG Beschluss v. 29.7.2008, 1 W 423/07, FamRZ 2008, 2219.
94 OLG Karlsruhe Rpfleger 2003, 585.
95 BayObLGZ 1989, 8.

Dieker

oder ein Erbvertrag vorliegt. Denn dann muss das Nachlassgericht die Beteiligten – also auch die testamentarischen Erben, die (durch das Testament ausgeschlossenen) gesetzlichen Erben und die Vermächtnisnehmer - von dem sie betreffenden Inhalt der Verfügung nach § 348 Abs. 3 unterrichten (s. hierzu Rn 48). Auch die Anhörungs- und Benachrichtigungspflichten gegenüber den als Beteiligte in Nachlasssachen in Betracht kommenden Personen führen zu Ermittlungspflichten des Nachlassgerichts, die allerdings durch § 7 Abs. 4 gegenüber dem früheren Recht etwas gemildert worden sind: Die Benachrichtigungspflicht gegenüber den Kann- und Muss-Beteiligten ist auf diejenigen Personen beschränkt worden, die dem Nachlassgericht bekannt sind; Namen und Anschrift unbekannter Rechtsinhaber muss das Nachlassgericht nach § 7 nicht mehr ermitteln.[96] Es ist aber auch im Rahmen des § 7 dazu gehalten, zumindest einfache Wege der Erlangung notwendiger Informationen zu nutzen, also die anderen Beteiligten im Rahmen derer Mitwirkungspflicht zu Auskünften nach § 27 aufzufordern oder dann, wenn eine Person unter der bekannten Adresse nicht zu erreichen ist, beim Einwohnermeldeamt nachzufragen oder auch die Möglichkeiten des Telefonbuches zu nutzen.[97]

84   Zudem ergibt sich die Pflicht zur Erbenermittlung nach einem gewissen Zeitablauf aus den §§ 1964 f BGB. Danach muss das Nachlassgericht das Verfahren zur **Feststellung des Fiskus als gesetzlichem Erben** einleiten, wenn innerhalb einer im Einzelfall den Umständen entsprechenden Zeit ein Erbe nicht festgestellt werden kann. Dies setzt vorherige Bemühungen des Nachlassgerichts voraus, den oder die Erben zu ermitteln. Sowohl der Umfang der Ermittlungen als auch die Dauer der Frist des § 1964 Abs. 1 BGB liegen im pflichtgemäßen Ermessen des Nachlassgerichts.[98] Die Pflicht zur Ermittlung besteht auch dann, wenn der Nachlass überschuldet ist.[99]

85   Bleiben die Ermittlungen erfolglos, bestimmt das Nachlassgericht durch Beschluss, **öffentlich zur Anmeldung der Erbrechte** binnen einer zu bestimmenden Anmeldungsfrist **aufzufordern**; hiervon kann nur abgesehen werden, wenn die Kosten der öffentlichen Aufforderung gegenüber dem Wert des Nachlasses unverhältnismäßig wären (§ 1965 Abs. 1 S. 2 BGB). Die Form der Aufforderung und die Dauer der Anmeldungsfrist richten sich gem. § 1965 Abs. 1 S. 1 BGB nach den Vorschriften für das Aufgebotsverfahren, also nach den §§ 435–437. Wenn gem. § 1965 Abs. 2 S. 1 BGB binnen drei Monaten nach Ablauf der Anmeldungsfrist nicht entweder gegenüber dem Nachlassgericht nachgewiesen wird, dass ein Erbrecht besteht, oder Klage gegen den Fiskus erhoben wurde, hat das Nachlassgericht durch **Beschluss** festzustellen, dass ein anderer Erbe als der Fiskus nicht vorhanden ist.

86   Ein **Beschwerderecht** gegen diesen Beschluss steht dem Fiskus, dessen Erbrecht festgestellt wird, sowie jedem Erbprätenden[100] – einschließlich des Bundesfiskus, wenn Lan-

---

96   BT-Drucks. 16/6308, 179.
97   BT-Drucks. 16/6308, 179.
98   Palandt/Edenhofer § 1964 BGB Rn 1.
99   Herberger/Martinek/Wildemann § 1964 BGB Rn 4 mwN.
100 BayObLG FamRZ 1986, 728; aA zum Teil SchuSo/Briesemeister § 20 FGG Rn 69: kein Beschwerderecht für denjenigen, der nicht fristgerecht angemeldet habe; gegen diese Ansicht spricht jedoch, dass durch die fehlende Anmeldung das Erbrecht nicht verloren geht, sondern nur im Verfahren nach § 1960 f BGB unberücksichtigt bleibt und daher durch den feststellenden Beschluss eines anders lautenden Erben die subjektiven Rechte des tatsächlichen Erben beeinträchtigt werden.

desfiskus festgestellt wird und umgekehrt[101] – zu. Daneben oder nach Ablauf der Beschwerdefrist haben die Erbprätenden die Möglichkeit, eine Abänderung des Beschlusses nach § 48 Abs. 1 S. 1 beim Nachlassgericht anzuregen, oder auch einen Erbschein zu beantragen. Da der Beschluss nach § 1964 Abs. 2 BGB lediglich eine widerlegbare Vermutung für das Erbrecht des Fiskus begründet, steht er anderen Feststellungen im Erbscheinsverfahren nicht entgegen.[102] Er genügt auch nicht als Nachweis der Erbfolge für das Grundbuchverfahren nach § 35 GBO,[103] bildet aber gem. § 1966 BGB die Grundlage für Nachlassgläubiger, Ansprüche gegen den Fiskus als gesetzlichem Erben geltend zu machen.

Gegen einen Beschluss, mit dem die Feststellung abgelehnt wird, sind neben dem Fiskus auch Nachlassgläubiger beschwerdeberechtigt, die Forderungen gegen den Fiskus geltend machen wollen.[104]

Für das Verfahren zur Feststellung des Erbrechts des Fiskus wird eine volle **Gebühr** erhoben (§ 110 Abs. 1 KostO iVm § 107 Abs. 1 KostO). Die Gebühr entsteht mit dem Beschluss zur Aufforderung zur Anmeldung der Erbrechte nach § 1965 BGB unabhängig vom Ausgang des Verfahrens.[105] Hinzu kommen die Auslagen für die öffentliche Bekanntmachung nach § 137 Nr. 4 KostO. Kostenschuldner ist ausschließlich der Fiskus, dem das Verfahren zugute kommt.[106] Wird anschließend ein Erbschein zugunsten des Fiskus erteilt, fällt keine zusätzliche Gebühr an (§ 110 Abs. 2 KostO).

5. Erbscheinsverfahren vor dem Nachlassgericht[107]

Das Erbscheinsverfahren hat durch das FGG-RG eine wesentliche **Veränderung** erfahren, indem das von der Rechtsprechung[108] zur Abwehr von mit der Erteilung eines falschen Erbscheins verbundenen Schäden entwickelte Rechtsinstitut des beschwerdefähigen **Vorbescheids** durch eine gesetzliche Regelung in § 352 Abs. 2 abgelöst wird, die den gleichen Schutz ermöglicht. Auch ist jetzt stets vor Erteilung eines Erbscheins ein Beschluss über den Antrag auf Erteilung eines Erbscheins zu erlassen, was nach altem Recht zwar weit verbreitet war, aber nicht in allen Regionen Deutschlands so gehandhabt wurde.[109] Weitreichende Änderungen ergeben sich daraus, dass die sog. „Gleichlauftheorie" zur internationalen Zuständigkeit deutscher Nachlassgerichte aufgegeben wurde und nunmehr für ausländische Erblasser mit Wohnsitz in Deutschland neben der weiterhin möglichen Erteilung eines gegenständlich beschränkten Erbscheins auch die Beantragung und Erteilung eines unbeschränkten Fremdenrechtserbscheins ermöglicht wird. Im Übrigen ergeben sich kaum Änderungen für das Erbscheinsverfahren, insbesondere sind die meisten verfahrensrechtlichen Regelungen nicht in das FamFG überführt worden, sondern weiterhin im BGB verblieben.

---

101 KKW/Kahl § 20 FGG Rn 72 mwN.
102 Palandt/Edenhofer § 1964 BGB Rn 3 mwN.
103 BayObLG MDR 1987, 762.
104 Palandt/Edenhofer § 1964 BGB Rn 2; SchuSo/Briesemeister § 20 FGG Rn 69.
105 KG FamRZ 2007, 969.
106 KG FamRZ 2007, 969.
107 Das Erbscheinsverfahren vor den Landwirtschaftsgerichten richtet sich nach dem LwVG und nicht nach dem FamFG; aus diesem Grund wird es in diesem Handbuch zum FamFG nicht dargestellt.
108 Vgl BGHZ 20, 255.
109 Vgl hierzu KKW/Schmidt § 16 FGG Rn 2.

a) Zuständigkeit

90 Im Erbscheinsverfahren gilt die allgemeine Zuständigkeitsregelung des § 343 (s. Rn 13 ff).

91 Besonderheiten ergeben sich allerdings aus der Geltung der **Höfeordnung** in Hamburg, Niedersachsen, Nordrhein-Westfalen und Schleswig-Holstein. Dort sind nach Auffassung des Bundesgerichtshofs die Landwirtschaftsgerichte dann, wenn zu dem Nachlass ein in der früheren britischen Besatzungszone gelegener Hof im Sinne der Höfeordnung gehört, nicht nur für die Erteilung eines auf die Hoferbfolge beschränkten Erbscheins nach § 18 HöfeO zuständig, sondern auch für die Erteilung von Erbscheinen über den gesamten Nachlass und sogar für die Erteilung eines auf das hoffreie Vermögen beschränkten Erbscheins zuständig.[110] An dieser Rechtslage dürfte sich durch das FGG-RG nichts geändert haben, da § 18 HöfeO – auf den der Bundesgerichtshof in der genannten Entscheidung maßgeblich abgestellt hat – durch die Reform ebenso unberührt geblieben ist wie die vom Bundesgerichtshof problematisierte Situation, die entsteht, wenn man eine Doppelzuständigkeit von Nachlassgericht und Landwirtschaftsgericht über den gleichen Nachlass annehmen würde.[111]

92 Funktional zuständig ist im Nachlassgericht grundsätzlich zunächst der **Rechtspfleger** nach § 3 Nr. 2 c RPflG. Es besteht jedoch ein **Richtervorbehalt** nach § 16 Abs. 1 Nr. 6 RPflG für alle Verfahren, in denen eine Verfügung von Todes wegen vorliegt oder die Anwendung ausländischen Rechts in Betracht kommt. Der Richter kann jedoch dann, wenn der Erbschein dennoch nach gesetzlicher Erbfolge zu erteilen ist – beispielsweise weil das Testament unwirksam ist oder weil der testamentarisch bestimmte Erbe die Erbschaft ausgeschlagen hat – die Erteilung des Erbscheins auf den Rechtspfleger nach § 16 Abs. 2 übertragen; dies gilt allerdings nicht, wenn die Anwendung ausländischen Rechts in Betracht kommt. Die Landesregierungen haben die Möglichkeit, nach § 19 Abs. 1 Nr. 5 RPflG den Richtervorbehalt nach § 16 Abs. 1 Nr. 6 RPflG aufzuheben, so dass dann für die Erteilung des Erbscheins stets zunächst der Rechtspfleger zuständig ist; in streitigen Verfahren hat er das Verfahren jedoch an den Richter abzugeben (§ 19 Abs. 2 RPflG). Ein entgegen der Zuständigkeit des Rechtspflegers vom Richter erteilter Erbschein ist wirksam, § 8 Abs. 1 RPflG. Der Erbschein ist auch wirksam, wenn nur der formale Akt der Übertragung nach § 16 Abs. 2 RPflG unterblieben ist, aber dessen Voraussetzungen vorlagen (§ 8 Abs. 2 RPflG).[112] Auch wenn eine Übertragung nach § 16 Abs. 2 RPflG zu Unrecht erfolgt ist, berührt dies die Wirksamkeit des vom Rechtspfleger erteilten Erbscheins gem. § 8 Abs. 2 RPflG nicht. In allen anderen Fällen ist dagegen ein Erbschein, der entgegen § 16 RPflG vom Rechtspfleger erteilt wurde, einzuziehen, auch wenn er inhaltlich die Erbfolge richtig wiedergibt.[113] Allerdings soll der fälschlich vom Rechtspfleger erteilte Erbschein nur rechtswidrig, aber entgegen dem Wortlaut des § 8 Abs. 4 RPflG nicht nichtig sein.[114] Hierfür spricht, dass andernfalls

---

110 BGHZ 104, 363; vgl hierzu und zu den Besonderheiten in Rheinland-Pfalz auch SchuSo/Müller-Lukoschek § 72 FGG Rn 7 ff.
111 BGHZ 104, 363.
112 BayObLG Rpfleger 1997, 370.
113 KG Rpfleger 2004, 423.
114 Vgl MK/Mayer § 2353 BGB Rn 57 mit vielen weiteren Nachweisen.

der durch Erbschein bezweckte Schutz des gutgläubigen Erwerbs nach § 2366 BGB unterlaufen würde.

b) Antragsberechtigung

Der Erbschein (§ 2353 BGB) wird nur auf Antrag erteilt. **Antragsberechtigt** ist jeder, der behauptet, Erbe des Erblassers zu sein. So ist jeder Erbe oder Miterbe (§ 2357 Abs. 1 S. 2 BGB) berechtigt, Anträge auf Erteilung eines Erbscheins zu stellen; dies soll über den Wortlaut des § 2357 BGB hinaus auch für einen Antrag eines Miterben auf Erteilung eines Teilerbscheins für den Erbteil eines anderen Miterben gelten.[115] Auch der Fiskus ist nach Feststellung seines Erbrechts gem. § 1964 BGB als Erbe antragsberechtigt. Des Weiteren sind antragsberechtigt: der Vorerbe bis zum und der Nacherbe ab dem Nacherbfall,[116] der Testamentsvollstrecker,[117] der Nachlassverwalter, der Nachlassinsolvenzverwalter, der Erbeserbe[118] und der Erbteilserwerber,[119] der Abwesenheitspfleger[120] einschließlich des nach § 364 für das Auseinandersetzungsverfahren bestellten Pflegers,[121] der Gläubiger eines Erben sowie der Nachlassgläubiger, wenn der Erbschein für die Zwangsvollstreckung benötigt wird, gem. § 792 und § 896 ZPO. Für den Betrieb einer Zwangsversteigerung zum Zwecke der Aufhebung einer Erbengemeinschaft kann der Antragsteller des Zwangsversteigerungsverfahrens einen Erbschein hinsichtlich der Erbfolge eines verstorbenen Miterben beantragen.[122] Der Erbschaftskäufer eines Miterbenanteils gem. § 2371 BGB ist erst nach Übertragung des Erbteils gem. § 2033 BGB zur Antragstellung berechtigt.[123]

93

Nicht antragsberechtigt sind dagegen der Nacherbe vor Eintritt des Nacherbfalls,[124] der Nachlasspfleger, der Nachlassgläubiger oder Gläubiger des Erben – außer bei Vorliegen eines Titels in den Fällen der §§ 792, 896 ZPO – und der von der Erbfolge ausgeschlossene gesetzliche Erbe.

94

Der Antragsteller hat seine Antragsberechtigung zu belegen. Dies gilt nicht für denjenigen, der seine eigene Erbenstellung behauptet, da dies im Erbscheinsverfahren von Amts wegen geprüft wird. Alle Übrigen müssen nachweisen, dass sie über eine Rechtsstellung verfügen, die sie zur Antragstellung berechtigt.

95

c) Form des Antrags, Rücknahme

Während der Antrag nach früherem Recht formfrei beim Nachlassgericht zu stellen war, richtet sich die gesetzliche Form nunmehr nach § 25. Danach kann der Antrag künftig **schriftlich oder zur Niederschrift vor der Geschäftsstelle** eines jeden Amtsgerichts abgegeben werden. Er soll nach § 23 Abs. 1 unterschrieben werden. Der Antrag kann bis zur Rechtskraft der Entscheidung des Nachlassgerichts nach Maßgabe des § 22 zurückgenommen werden.

96

---

115 Palandt/Edenhofer Vor § 2353 BGB Rn 2; SchuSo/Müller-Lukoschek § 84 FGG Rn 4.
116 BGH MDR 1980, 660; SchuSo/Müller-Lukoschek § 84 FGG Rn 4.
117 OLG Hamm NJW-RR 1993, 461 mwN.
118 Palandt/Edenhofer § 2356 BGB Rn 13.
119 Palandt/Edenhofer § 2033 BGB Rn 7.
120 Palandt/Edenhofer § 2353 BGB Rn 13; KG JR 1967, 26.
121 SchuSo/Müller-Lukoschek § 84 FGG Rn 4.
122 BayObLGZ 1994, 158 mwN.
123 Vgl SchuSo/Müller-Lukoschek § 84 FGG Rn 4 mwN, str.
124 BayObLG FamRZ 2004, 1407.

97 Jedoch ist auch weiterhin fast immer die Abgabe der eidesstattlichen Versicherung nach § 2356 Abs. 2 BGB vor einem Notar oder dem Rechtspfleger eines Amtsgerichts erforderlich. Daher wird der **Antrag** auch künftig zumeist **mit der Abgabe der eidesstattlichen Versicherung verbunden** und daher vom Notar oder Rechtspfleger zu Protokoll genommen sowie nach Unterschrift des Antragstellers dem nach § 343 zuständigen Nachlassgericht zugeleitet werden. Für den Antragsteller vorteilhaft ist aus Kostengründen meist die Aufnahme des Antrags und die Abgabe der eidesstattlichen Versicherung beim Gericht, da dort – anders als beim Notar – keine Mehrwertsteuer auf die zu entrichtenden Gebühren anfällt.

d) Inhalt des Antrags
aa) Bestimmtheitsgebot

98 Der Inhalt des Antrages muss **bestimmt** sein. Dies bedeutet, dass nicht dem Gericht überlassen werden kann, eine allgemeine Formulierung des Erbscheinantrags („Erbschein für den gesetzlichen Erben", „Erbschein nach der Erbfolge aus dem Testament vom...") der Rechtslage entsprechend auszulegen. Vielmehr muss der Antrag konkret bezeichnen, welche Person aus welchem Berufungsgrund Erbe geworden ist. Die Größe der Erbquoten ist gem. § 2357 Abs. 2 BGB anzugeben.[125] Der Antrag muss auch angeben, ob das Erbrecht aufgrund gesetzlicher Erbfolge oder aufgrund einer Verfügung von Todes wegen festgestellt werden soll.[126] Zudem ist im Antrag anzugeben, ob ein Testamentsvollstreckungsvermerk, ein Vermerk über die Anordnung der Nacherbfolge und der Ersatznacherbenfolge sowie ein Vermerk über die Befreiung des Vorerben nach § 2136 BGB aufzunehmen ist. Möglich ist es, einen Hauptantrag und einen oder mehrere in eine Rangfolge gebrachte **Hilfsanträge** zu stellen.

99 Der Erbe kann – wenn beispielsweise die Erbfolge hinsichtlich eines Miterbenanteils unklar ist – auch einen **Teilerbschein** oder einen **Gruppenerbschein** als Zusammenfassung mehrerer Teilerbscheine beantragen; auch ein **Sammelerbschein**, der die Erbfolge nach mehreren Erbfolgen darstellt, ist möglich, wenn für alle dasselbe Nachlassgericht zuständig ist.[127]

bb) Fälle mit Auslandsbezug

100 Aufgegeben wurde im Zuge der FGG-Reform im Fall der Anwendung von ausländischem materiellen Erbrecht die gesetzliche Begrenzung auf gegenständlich beschränkte Erbscheine für den im Inland befindlichen Nachlass. Auch für **Erblasser ohne deutsche Staatsangehörigkeit** besteht künftig unabhängig vom Erbstatut die Zuständigkeit eines deutschen Nachlassgerichts; es kann **ein unbeschränkter Erbschein** beantragt werden. Dies gilt auch für Erbfälle, die vor Inkrafttreten des FamFG eingetreten sind, da die Übergangsvorschrift des Art. 111 FGG-RG allein auf den Zeitpunkt der Einleitung des Verfahrens abstellt. Dies bedeutet jedoch nicht, dass es künftig unzulässig wäre, einen auf den inländischen Nachlass beschränkten Erbschein zu beantragen. Vielmehr wurde ein derartiger Antrag durch die Neufassung des § 2369 Abs. 1 BGB nunmehr für alle Erbfälle als Alternative zum Vollerbschein eröffnet, sofern sich ein Teil des Nachlasses

---

125 OLG Frankfurt/M. Rpfleger 1998, 342.
126 BayObLG NJW-RR 1996, 1160; OLG Frankfurt/M. MDR 1978, 228.
127 Tanck/Uricher § 6 Rn 18.

im Ausland befindet. Es ist mithin möglich, auch für einen Erblasser mit deutscher Staatsangehörigkeit einen **auf das im Inland belegene Vermögen beschränkten Erbschein** zu beantragen. Damit möchte der Gesetzgeber in den Fällen der Nachlassspaltung die Erteilung des Erbscheins beschleunigen.[128]

Diese Regelung dürfte sich künftig wegen der Aufgabe der Gleichlauftheorie als **wichtiges Hilfsmittel** erweisen. Die Rechtsprechung verlangte wegen der Gleichlauftheorie, dass in den Fällen der Nachlassspaltung stets im Erbschein anzugeben ist, auf welches im Ausland befindliche Vermögen sich der Erbschein nicht erstreckt.[129] Dies machte es bei strenger Lesart erforderlich, stets zu ermitteln, ob im Ausland zum Nachlass gehörende Gegenstände vorhanden sind, um gegebenenfalls auch das ausländische Recht zu ermitteln, obwohl dies ohne große praktische Bedeutung blieb, da der Erbschein – jedenfalls bislang – nur in Deutschland unmittelbare Wirkung entfaltet.[130] Da sich dies aber im Hinblick auf die Bestrebungen der Europäischen Union zum Ausbau der wechselseitigen Anerkennung von gerichtlichen Entscheidungen zwischen den Mitgliedstaaten ändern kann, war es sinnvoll, im Zuge der FGG-Reform einerseits die Zuständigkeit des deutschen Nachlassgerichts für alle Erbscheinverfahren zu öffnen, bei denen der Erblasser über die deutsche Staatsangehörigkeit verfügte, zum Zeitpunkt des Erbfalls entweder seinen Wohnsitz oder Aufenthalt in Deutschland hatte oder Nachlassgegenstände in Deutschland vorhanden sind. Ebenso sinnvoll ist es aber auch, in § 2369 Abs. 1 BGB nF einen Weg zu eröffnen, der es ermöglicht, die Prüfung ausländischen Rechts zu übergehen, wenn für dessen Angabe im Erbschein kein praktisches Bedürfnis besteht. Das Nachlassgericht wird daher über § 28 Abs. 2 auf **sachdienliche Antragsgestaltung** hinwirken.

cc) Mitwirkungspflichten des Antragstellers

Auch wenn im Erbscheinsverfahren Amtsermittlungspflicht besteht, so werden dem Antragsteller doch mehr Mitwirkungspflichten auferlegt, als in den meisten anderen Verfahren mit Amtsermittlungspflicht. Insbesondere hat der Antragsteller den **Nachweispflichten** der §§ 2354–2356 BGB nachzukommen.

Danach muss **jeder Antragsteller**

a) die Zeit des Todes des Erblassers angeben (§§ 2354 Abs. 1 Nr. 1; 2355 letzter Hs BGB) und durch öffentliche Urkunden belegen (§ 2356 Abs. 1 BGB); insoweit kommen neben der Sterbeurkunde auch Todeserklärungsbeschlüsse und Todeszeitfeststellungsbeschlüsse nach dem Verschollenengesetz in Betracht.

b) angeben, ob ein Rechtsstreit über das von ihm geltend gemachte Erbrecht anhängig ist (§§ 2354 Abs. 1 Nr. 5, 2355 letzter Hs BGB) und die Richtigkeit dieser Angabe vor dem Nachlassgericht oder einem Notar an Eides statt versichern (§ 2356 Abs. 2 S. 1 BGB). Dies umfasst wegen § 1933 BGB auch die Angabe, ob zum Zeitpunkt des Todes des Erblassers eine Ehesache anhängig war.[131]

---

128 BT-Drucks. 16/6308, 349.
129 Vgl BayObLGZ 1996, 165 mit vielen weiteren Nachweisen.
130 Vgl zur Kritik an dieser Rechtsprechung Palandt/Edenhofer § 2353 BGB Rn 8 mwN.
131 OLG Braunschweig DNotZ 1991, 550.

104 Zusätzlich muss derjenige, der einen Erbschein auf Grundlage **gesetzlicher Erbfolge** beantragt,

c) angeben, in welchem Verhältnis er zum Erblasser steht; hiermit ist die Angabe des Verwandtschaftsverhältnisses beziehungsweise die Angabe, Ehepartner oder Lebenspartner des Erblassers zu sein, gemeint. Auch die Richtigkeit dieser Angabe ist vor dem Nachlassgericht oder einem Notar an Eides statt zu versichern (§ 2356 Abs. 2 S. 1 BGB).

d) angeben, ob und welche Personen vorhanden sind oder waren, durch die er von der Erbfolge ausgeschlossen ist oder durch die sein Erbteil gemindert würde (§ 2354 Abs. 1 Nr. 3 BGB). Danach sind alle Personen anzugeben, die dem Antragsteller in der Erbfolge vorgehen oder gleichrangig sind, und zwar auch dann, wenn sie bereits vor dem Erbfall verstorben sind. Gleichfalls sind auch Personen anzugeben, die in einem Testament zum Erben bestimmt worden sind, und zwar unabhängig von dem Grund, weshalb die testamentarische Bestimmung nicht zum Zuge kommt (§ 2354 Abs. 2 BGB). Die Richtigkeit dieser Angabe ist vor dem Nachlassgericht oder einem Notar an Eides statt zu versichern (§ 2356 Abs. 2 S. 1 BGB). Wenn nach diesen Vorschriften eine Person anzugeben ist, die in der Erbfolge weggefallen ist, hat der Antragsteller auch die Art und Weise des Wegfalls anzugeben; hiernach ist beispielsweise anzugeben, ob Geschwister des Antragstellers vorverstorben sind oder ob ein testamentarischer Erbe die Erbschaft ausgeschlagen hat. Diese Angabe ist durch Urkunden zu belegen (§ 2356 Abs. 1 S. 1 BGB). Als Urkunden kommen hinsichtlich vorverstorbener Personen in erster Linie Sterbeurkunden in Betracht; im Hinblick auf den Wegfall von Personen sind die Ausschlagungserklärungen als Urkunden geeignet, die sich zumeist bereits in der Akte des Nachlassgerichts befinden. Des Weiteren kommen als Urkunden Erbverzichtserklärungen, Scheidungsurkunden und Urteile über die Erbunwürdigkeit in Betracht.[132]

e) angeben, ob und welche Verfügungen von Todes wegen vorhanden sind (§ 2354 Abs. 1 Nr. 4 BGB); diese Angabe ist wiederum vor dem Nachlassgericht oder einem Notar an Eides statt zu versichern (§ 2354 Abs. 2 S. 1 BGB). Dabei sind alle Verfügungen anzugeben, und zwar unabhängig von ihrer formalen Gültigkeit; es gelten insoweit die gleichen Kriterien, die auch zur Ablieferungspflicht des Testaments nach 2259 BGB bestehen (vgl Rn 44 f). Auch die Richtigkeit dieser Angaben ist vor dem Nachlassgericht oder einem Notar an Eides statt zu versichern (§ 2356 Abs. 2 S. 1 BGB).

105 Derjenige Antragsteller, der sich auf eine **testamentarische Erbeinsetzung** beruft, hat zu den oben unter a) und b) genannten Angaben

f) anzugeben, aufgrund welcher Verfügung von Todes wegen er sein Erbrecht geltend macht (§ 2355 BGB); diese Urkunde ist – sofern sie sich noch nicht bei der Nachlassakte befindet – vorzulegen (§ 2356 BGB).

---

132 Vgl Palandt/Edenhofer § 2356 BGB Rn 8.

g) ob und gegebenenfalls welche weiteren Verfügungen von Todes wegen vorhanden sind (§ 2355 BGB). Auch die Richtigkeit dieser Angabe ist vor dem Nachlassgericht oder einem Notar an Eides statt zu versichern (§ 2356 Abs. 2 S. 1 BGB).

Wenn der Antragsteller diesen **Nachweispflichten** ohne triftigen Grund nicht nachkommt, ist das Nachlassgericht befugt, den Erbscheinsantrag zurückzuweisen, ohne zuvor eigene Ermittlungen anstellen zu müssen.[133] Nur dann, wenn die vorzulegenden Urkunden nicht oder nur mit unverhältnismäßigen Schwierigkeiten beschafft werden können, genügt nach § 2356 Abs. 1 S. 2 BGB die Angabe anderer Beweismittel. In diesem Fall müssen die anderen Beweismittel allerdings ähnlich klare und hinreichend verlässliche Folgerungen ermöglichen wie öffentliche Urkunden.[134]

Hinsichtlich der Abgabe der erforderlichen **eidesstattlichen Versicherungen** liegt es im pflichtgemäßen Ermessen[135] des Nachlassgerichts, ob es diese nach § 2356 Abs. 2 S. 2 BGB erlässt. Wenn nicht besondere Umstände vorliegen, kommt der **Erlass** in der Praxis allenfalls dann in Betracht, wenn bereits in einem vorangegangenen Verfahren die erforderlichen Nachweise geführt wurden (beispielsweise kann im Fall eines Erbscheinsantrags nach Eintritt des Nacherbfalls dem Nacherben die eidesstattliche Versicherung erlassen werden, soweit die erforderlichen Nachweise schon im Erbscheinsverfahren zur Erteilung des Erbscheins für den Vorerben erbracht wurden). Im Übrigen kommt ein Erlass in Betracht, wenn die Abgabe der eidesstattlichen Versicherung mit unzumutbaren Erschwernissen für den Antragsteller verbunden ist und sich zugleich nur ein geringer zusätzlicher Erkenntnisgewinn von der Abgabe der eidesstattlichen Versicherung erwarten lässt.[136] Dabei muss aber berücksichtigt werden, dass die Abgabe der eidesstattlichen Versicherung dazu dient, den Antragsteller zur Wahrheit anzuhalten.

Kann der Antragsteller aufgrund unverhältnismäßiger Schwierigkeiten die erforderlichen urkundlichen Nachweise nicht erbringen, kann das Nachlassgericht gem. § 2358 Abs. 2 BGB – als letztes Mittel[137] – eine **öffentliche Aufforderung zur Anmeldung** der der anderen Personen zustehenden Erbrechte erlassen. Dies kommt insbesondere dann in Betracht, wenn der Antragsteller nachvollziehbar darzulegen vermag, weshalb er keine Kenntnis über das Vorhandensein weiterer erbberechtigter Personen haben kann und weshalb seine Bemühungen um einen urkundlichen Nachweis fruchtlos geblieben sind.[138] Der Ablauf der Anmeldefrist, die sich wie die Art der Bekanntmachung nach den §§ 435–437 richtet, bewirkt allerdings keinen materiell-rechtlichen Ausschluss eines Erben, der sein Erbrecht nicht anmeldet, sondern nur, dass dieses in dem konkreten Erbscheinsverfahren nicht berücksichtigt wird.[139] Wenn allerdings ein als möglicher Miterbe in Betracht kommender Verwandter bekannt ist, aber ungewiss ist, ob er vorverstorben ist, ist vorrangig ein Todeserklärungsverfahren durchzuführen.[140]

---

133 OLG Frankfurt/M. Rpfleger 1996, 511; OLG Schleswig FamRZ 2001, 583.
134 KG FamRZ 1995, 837 mwN.
135 OLG Schleswig FamRZ 2001, 583.
136 OLG München Rpfleger 2006, 125.
137 Palandt/Edenhofer § 2358 BGB Rn 9; OLG Hamm OLGReport 1998, 399; LG Berlin Rpfleger 2006, 473.
138 Vgl hierzu den Sachverhalt bei LG Berlin Rpfleger 1994, 255.
139 Vgl Palandt/Edenhofer § 2358 BGB Rn 9.
140 LG Berlin Rpfleger 2006, 473; OLG Hamm OLGReport 1998, 399.

dd) Gemeinschaftlicher Erbschein

109 Wird – wie in der Praxis im Falle von Erbengemeinschaften zumeist – ein **gemeinschaftlicher Erbschein** nach § 2357 Abs. 1 BGB beantragt, ist es nicht erforderlich, dass alle Erben als Antragsteller auftreten. Der gemeinschaftliche Erbschein kann auch von jedem der Erben allein beantragt werden. Die Miterben sind allerdings einander gem. § 2038 Abs. 1 BGB zur Mitwirkung verpflichtet.[141] In dem Antrag auf Erteilung eines gemeinschaftlichen Erbscheins sind alle Erben und ihre jeweiligen Erbteile anzugeben. Der Antrag muss die Angabe enthalten, dass alle genannten Erben die Erbschaft angenommen haben. Auch die Richtigkeit dieser Angaben zu dem Erbrecht der Miterben ist von dem Antragsteller durch Urkunden und durch Abgabe der eidesstattlichen Versicherung zu belegen (§ 2357 Abs. 3 BGB). Die Versicherung an Eides statt muss nicht in jedem Fall von allen Miterben abgegeben werden; es kann zur Tatsachenfeststellung des Nachlassgerichts ausreichen, wenn einer der Erben die eidesstattliche Versicherung zu den erforderlichen Angaben abgibt, § 2357 Abs. 4 BGB. In diesem Fall kann das Nachlassgericht die Abgabe der eidesstattlichen Versicherung nur von demjenigen Miterben verlangen, der Antragsteller ist.

110 **Unzulässig** ist die Erteilung eines gemeinschaftlichen Erbscheins, solange noch **unbestimmt** ist, wer Erbe geworden ist, also beispielsweise in den Fällen der erwarteten Geburt eines (Mit-)Erben oder wenn Verfahren zur Feststellung der Vaterschaft, zur Adoption oder zur Anerkennung der Rechtsfähigkeit einer als Erben vorgesehenen Stiftung noch anhängig sind.[142] Allerdings soll dann, wenn die Identität aller Erben feststeht, aber die Höhe der einzelnen Quoten noch nicht festgestellt werden kann, ausnahmsweise die Erteilung eines „**vorläufigen Erbscheins**" möglich sein, der einen Hinweis auf die noch zu errechnenden Erbquoten enthält.[143] Zutreffend ist, dass weder den Erben noch Dritten durch die Erteilung eines solchen Erbscheins ein Schaden entstehen kann. Für die Zulässigkeit eines Antrags auf einen vorläufigen Erbschein wird man aber im Hinblick auf den entstehenden Aufwand ein besonderes Rechtsschutzbedürfnis verlangen müssen, der ein Zuwarten bis zur Klärung der Erbquoten für die Erben als nicht zumutbar erscheinen lässt. Denn nach einer späteren Klärung der Erbquoten ist der vorläufige Erbschein einzuziehen und durch den endgültigen Erbschein zu ersetzen.

e) Beteiligte, Benachrichtigungspflicht

111 § 345 Abs. 1 enthält eine Spezialregelung für die Beteiligten von Erbscheinsverfahren, die von der allgemeinen Regelung des § 7 Abs. 2 abweicht. Während § 345 Abs. 1 S. 1 – inhaltlich § 7 Abs. 1 entsprechend – den **Antragsteller** als Beteiligten bestimmt, sieht § 345 Abs. 1 S. 2 folgende Personen als „**Kann**"-Beteiligte vor:

a) die gesetzlichen Erben; aufgrund des eindeutigen Wortlauts gehören hierzu auch diejenigen gesetzlichen Erben, die die Erbschaft bereits aus jedem Rechtsgrund ausgeschlagen haben;[144]

---

141 Palandt/Edenhofer § 2357 BGB Rn 2.
142 Palandt/Edenhofer § 2357 BGB Rn 1.
143 OLG Schleswig SchlHA 1978, 37; vgl hierzu auch Palandt/Edenhofer § 2357 BGB Rn 3.
144 Anders noch bei früherer Rechtslage: vgl Palandt/Edenhofer § 2360 BGB Rn 2.

b) die nach dem Inhalt einer Verfügung von Todes wegen als Erben in Betracht kommenden Personen;

c) die Prozessgegner des Antragstellers im über das Erbrecht vor dem Zivilgericht anhängigen Rechtsstreit;

d) diejenigen, die im Falle der Unwirksamkeit einer Verfügung von Todes wegen Erben sein würden; hierzu zählen neben den schon von Ziffer a) erfassten gesetzlichen Erben vor allem auch diejenigen, die in einem früheren Testament als Erben bedacht wurden;

e) alle weiteren, deren Recht am Nachlass durch das Erbscheinsverfahren unmittelbar betroffen ist; hierzu gehören insbesondere Testamentsvollstrecker und Nacherben, deren Rechtsstellung gemäß § 2363 Abs. 1 Satz 1 bzw § 2364 Abs. 1 BGB im Erbschein auszuweisen ist.

Sämtliche in § 345 Abs. 1 S. 2 genannten Personengruppen sind lediglich „**Kann-Beteiligte**", obwohl sie in ihren Rechten unmittelbar betroffen sind. Hiermit wird gegenüber der im Erbscheinsverfahren nicht anwendbaren Vorschrift des § 7 Abs. 2 eine größere Flexibilität erreicht, da es im Ermessen des Nachlassgerichts steht, ob sie von Amts wegen im jeweiligen Einzelfall zu dem Verfahren hinzugezogen werden.[145] Sie haben allerdings ein Antragsrecht, zu dem Verfahren hinzugezogen zu werden; bei Ausübung des Antragsrechts muss das Nachlassgericht sie hinziehen (§ 345 Abs. 1 S. 3). Sie sind gem. § 7 Abs. 4 von der Einleitung des Verfahrens zu informieren und **über ihr Antragsrecht zu belehren**.[146] Die Art und Weise der Information steht im Ermessen des Nachlassgerichts; das danach zu übersendende Schreiben könnte lauten: 112

Sehr geehrter Herr ...,

Frau ... hat einen Antrag auf Erteilung eines Erbscheins gestellt, der sie aufgrund testamentarischer Erbfolge als Alleinerbin nach der am ... in ... verstorbenen Frau ... ausweisen soll. Sie sind gem. § 345 Abs. 1 S. 2 Nr. 1 und S. 3 FamFG[147] berechtigt, als Sohn[148] von Frau ... zu beantragen, zu diesem Verfahren hinzugezogen zu werden. Sie können den Antrag auf Beteiligung am Verfahren schriftlich an die oben genannte Adresse senden oder zur Niederschrift bei der Geschäftsstelle eines jeden Amtsgerichts stellen.[149] Bitte geben Sie dabei das oben genannte Aktenzeichen des Nachlassgerichts ... an.

Die **Benachrichtigungspflicht** beschränkt sich auf die dem Nachlassgericht bekannten Kann-Beteiligten nach § 345 Abs. 1 S. 2 iVm § 7 Abs. 4. Die Namen und Anschriften unbekannter Rechteinhaber muss das Gericht nicht ermitteln;[150] allerdings kann eine Pflicht zu einfachen Nachforschungen und zu Nachfragen bei dem Antragsteller bestehen.[151] Das Antragsrecht auf Beteiligung steht den in § 345 Abs. 1 S. 2 genannten Per- 113

---

145 BT-Drucks. 16/6308, 278.
146 BT-Drucks. 16/9733, 345 und 384.
147 § 7 Abs. 4 schreibt die Angabe der Rechtsgrundlage und des Grundes für das Antragsrecht nach § 345 Abs. 1 nicht vor. Es dürfte regelmäßig dennoch sinnvoll sein, den Grund für die Information über das eingeleitete Verfahren und über das Antragsrecht zu benennen, um Irritationen zu vermeiden.
148 § 7 Abs. 4 schreibt die Angabe des Grundes für das Antragsrecht nach § 345 Abs. 1 nicht vor. Es dürfte regelmäßig dennoch sinnvoll sein, den Grund für die Information über das eingeleitete Verfahren und über das Antragsrecht zu benennen, um Irritationen zu vermeiden.
149 § 25 Abs. 1 und 2.
150 BT-Drucks. 16/6308, 279 zu § 345 Abs. 5 des Regierungsentwurfs, der im späteren Gesetzgebungsverlauf mit § 7 Abs. 4 zusammengeführt worden ist.
151 BT-Drucks. 16/6308, 279.

sonen aber auch dann zu, wenn das Nachlassgericht sie von der Einleitung des Verfahrens nicht unterrichtet hat, weil es beispielsweise keine Kenntnis von der Stellung der Person als gesetzlichem Erben hatte. Wird der Antrag auf Beteiligung abgelehnt, steht dem Antragsteller gegen diesen Beschluss das Recht zur sofortigen Beschwerde in entsprechender Anwendung der §§ 567–572 ZPO zu (§ 7 Abs. 5 S. 2).

f) Verfahren

114 Das Nachlassgericht hat von Amts wegen gem. § 2358 BGB zu ermitteln, ob der beantragte Erbschein der Rechtslage entspricht. Der Antragsteller muss die Nachweise nach den §§ 2354 ff BGB erbringen (vgl Rn 103 ff). Den Antragsteller treffen ansonsten zudem die **Mitwirkungspflichten** nach § 27, so dass er bei der Aufklärung des Sachverhaltes mithelfen muss und sich zu allen tatsächlichen Umständen – jedenfalls nach Aufforderung durch das Nachlassgericht[152] – umfassend zu erklären hat. Es besteht jedoch darüber hinaus keine Pflicht des Antragstellers, über die Angaben und Nachweise der §§ 2354 ff BGB hinaus Ermittlungen anzustellen oder zusätzliche Urkunden zu beschaffen.[153]

115 Dem Nachlassgericht stehen alle **Beweismittel** zur Verfügung; es gelten die allgemeinen Vorschriften der §§ 26 ff. Allerdings beschränkt sich die Beweiserhebung des Nachlassgerichts auf den gestellten Antrag; dh dass der Antrag abzulehnen und das Verfahren zu beenden ist, sobald feststeht, dass der beantragte Erbschein nicht zu erteilen ist; es besteht keine Pflicht, den tatsächlichen Erben zu ermitteln.

116 Vor der Erteilung des Erbscheins hat das Nachlassgericht Folgendes zu **ermitteln**:
- die Staatsangehörigkeit des Erblassers, bei ausländischen Staatsangehörigen auch das maßgebliche anzuwendende Recht;
- den Todeszeitpunkt des Erblassers;
- bei verheirateten Erblassern den Güterstand;
- die Wirksamkeit etwaiger Ausschlagungserklärungen sowie der Anfechtung der Ausschlagung;
- Existenz, Echtheit, Wirksamkeit und Inhalt von Verfügungen von Todes wegen einschließlich der Bindung des Erblassers an die Verfügungen eines vorangegangenen gemeinschaftlichen Testaments;
- Testierfähigkeit des Erblassers zum Zeitpunkt der Erstellung der Verfügung von Todes wegen;
- Durchgreifen einer Testamentsanfechtung;
- bei gesetzlicher Erbfolge: sämtliche gesetzliche Erben einschließlich des Vorhandenseins nichtehelicher Kinder und der Wirksamkeit einer Adoption.[154]

---

152 Vgl zu früheren Rechtslage nach FGG: KG Rpfleger 2005, 667.
153 Vgl KG Rpfleger 2005, 667 zu Mitwirkungs- und sonstigen Pflichten bei der Ermittlung von Beteiligten (gesetzlichen Erben) zum Zweck der Anhörung nach § 2360 BGB aF; die Entscheidung dürfte auf die beabsichtigte Information nach § 345 Abs. 1 Nr. 1 iVm § 7 Abs. 4 ohne Weiteres zu übertragen sein.
154 Vgl Palandt/Edenhofer § 2358 BGB Rn 3 mwN.

Allerdings sind zu einigen Fragestellungen nur dann vertiefte Ermittlungen erforderlich, 117
wenn hierzu Anlass besteht. So sind insbesondere nicht in jedem Verfahren Ermittlungen zur Testierfähigkeit geboten, sondern nur dann, wenn konkrete Umstände Anlass bieten, dieser Frage nachzugehen (beispielsweise substantiiert dargelegte Zweifel eines Beteiligten oder Auffälligkeiten im Schriftbild). Bei der **Testamentsauslegung** sind die Auslegungsregeln des fünften Buchs des BGB zu beachten.[155] Sofern das Nachlassgericht Kenntnis davon erlangt, dass im Ausland Nachlassgegenstände vorhanden sind, hat es zu prüfen, ob insoweit **Nachlassspaltung** eingetreten ist, da dies – nach entsprechender Berücksichtigung im Erbscheinsantrag – im Erbschein auszuweisen ist;[156] meines Erachtens besteht jedoch nur bei konkreten Anhaltspunkten eine Pflicht des Nachlassgerichts, aktiv danach zu forschen, ob im Ausland belegenes Vermögen zum Nachlass gehört.

Ein **rechtskräftiges Feststellungsurteil** bindet das Nachlassgericht in dem Umfang, wie 118
die Rechtskraft des Urteils **Bindungswirkung** für die Beteiligten entfaltet. Dies bedeutet, dass das Nachlassgericht nur dann in vollem Umfang an ein Feststellungsurteil zur Erbfolge gebunden ist, wenn alle Kann-Beteiligten des § 345 Partei des Rechtsstreits vor dem Zivilgericht waren. Außerdem kann einer Partei des Zivilrechtsstreits, die nach den Feststellungen des Urteils nicht Erbe ist, kein Erbschein erteilt werden, da sie nach § 2362 Abs. 1 BGB auf Verlangen zur sofortigen Herausgabe des Erbscheins an das Nachlassgericht verpflichtet wäre. Dagegen entfalten die Feststellungen des Urteils keine Wirkung hinsichtlich solcher Beteiligter, die nicht Partei des Rechtsstreits waren. Das Nachlassgericht kann im Falle eines anhängigen Zivilrechtsstreits über das Erbrecht das Erbscheinsverfahren nach § 21 **aussetzen**.[157]

Fraglich ist der umgekehrte Fall. Vor der FGG-Reform wurde überwiegend davon ausgegangen, dass die Entscheidung im Erbscheinsverfahren (künftig immer durch Beschluss) deshalb **keine Bindungswirkung gegenüber dem Zivilgericht** entfaltet, da ihm keine Rechtskraft erwächst.[158] Auch wenn sich dieses Ergebnis nach Einführung der Rechtskraft auch von Beschlüssen über die Erteilung von Erbscheinen nicht mehr in dieser Weise begründen lässt, so ändert dies nichts an der fehlenden Bindung des Prozessgerichts an die Entscheidung im Erbscheinsverfahren. Denn die FGG-Reform hat § 2361 BGB unberührt gelassen, so dass das Nachlassgericht den erteilten Erbschein weiterhin – und trotz seiner Rechtskraft – von Amts wegen einzuziehen hat, wenn er unrichtig ist. Da der Bestand des Erbscheins aufgrund dieser Vorschrift weiterhin in höherem Maße ungewiss ist als andere rechtskräftige gerichtliche Entscheidungen, spricht Vieles dafür, die bisherige Rechtsprechung des Bundesgerichtshofs[159] auch unter dem FamFG fortzuführen. 119

---

155 §§ 2066–2073, 2084–2086 BGB; bei Nacherbfolge § 2137 BGB, bei gemeinschaftlichem Testament §§ 2269, 2270 BGB.
156 Vgl BayObLG NJW-RR 1997, 201 allerdings zum früheren Recht, nach dem keine internationale Zuständigkeit des deutschen Nachlassgerichts für den im Ausland belegenen und nach ausländischem Recht vererbten Nachlassteil bestand.
157 Vgl zur früheren Rechtslage BayObLG FamRZ 1999, 334.
158 Vgl Palandt/Edenhofer Vor § 2353 BGB Rn 5.
159 Vgl BayObLG FamRZ 1999, 334.

Dieker

120 Das Verfahren ist – wie in den Verfahren der freiwilligen Gerichtsbarkeit stets – **nicht öffentlich**, sofern nicht das Gericht die Öffentlichkeit zulässt, ohne dass ein Beteiligter widerspricht.[160] Den Beteiligten ist stets die Teilnahme an dem Termin zu gestatten.

121 Bei der **Vernehmung von Zeugen** ist zu beachten, dass häufig gerade denjenigen Zeugen, die im Erbscheinsverfahren oft besonders geeignet sind, zur Aufklärung des Sachverhaltes beizutragen, ein **Zeugnisverweigerungsrecht** zusteht. Das Zeugnisverweigerungsrecht eines Notars oder Rechtsanwalts, der an der Testamentserrichtung mitgewirkt hat, besteht ebenso wie die **Schweigepflicht** des behandelnden Arztes grundsätzlich über den Tod des Erblassers hinaus fort. Soweit eine aufklärungsbedürftige Tatsache allein dem vermögensrechtlichen Bereich zuzuordnen ist, geht zwar das Recht zur Entbindung von der Schweigepflicht auf den Erben über,[161] so dass den Erbprätenden im Erbscheinsverfahren eine Entbindung von der Schweigepflicht möglich ist. Geht es dagegen um höchstpersönliche Geheimnisse – wie beispielsweise um Erkenntnisse des behandelnden Arztes über die Testierfähigkeit des Erblassers – so können auch die Angehörigen und Erben den Geheimnisträger nicht von der Schweigepflicht befreien; eine Entbindung von der Schweigepflicht ist posthum nicht mehr möglich.[162] Mit dem Tod des Patienten wird der Arzt als ein zur Verschwiegenheit verpflichteter Treuhänder betrachtet.[163] Es ist zu differenzieren: Wenn bereits der Erblasser ausdrücklich oder konkludent eine Befreiung von der Schweigepflicht nach dem Todesfall erklärt hat, ist diese zu beachten.[164] Lässt sich eine Befreiung nicht feststellen, muss der Arzt vom mutmaßlichen Willen des Erblassers ausgehen; dabei ist zu berücksichtigen, dass auch die richtige Beantwortung der Frage, ob ein Testament im Zustand der Testierfähigkeit errichtet wurde, regelmäßig im mutmaßlichen Interesse des Erblassers liegt, und zwar unabhängig davon, ob Testierfähigkeit vorlag oder nicht.[165] Kommt der Arzt bei der ihm auf diese Weise auferlegten Prüfung zu dem Schluss, dass dennoch keine Befreiung von der Schweigepflicht vorliegt und verweigert er deshalb die Beantwortung einzelner Fragen bei der Vernehmung durch das Nachlassgericht, hat er deutlich zu machen, dass er den mutmaßlichen Willen des Erblassers gewissenhaft geprüft hat, und darzulegen, auf welche Belange des Verstorbenen sich seine Weigerung stützt.[166]

122 Lässt sich nach Ausschöpfung aller Ermittlungsmöglichkeiten eine Tatsache nicht sicher feststellen, ergibt sich aus der aus dem materiellen Recht abgeleiteten **Feststellungslast**, welchem Beteiligten die Unaufklärbarkeit zugute kommt. Danach trägt die Feststellungslast für die das Erbrecht begründenden Tatsachen derjenige, der das Erbrecht in Anspruch nimmt, während für die das Erbrecht vernichtenden Tatsachen derjenige die Feststellungslast trägt, dem diese Tatsachen zugute kämen.[167] Daher trägt beispielsweise die Feststellungslast dann, wenn nicht festgestellt werden kann, ob es sich bei einem Schriftstück um ein Testament des Erblassers handelt, derjenige, der aus

---

160 § 170 Abs. 1 GVG.
161 Vgl hierzu BGH NJW 1983, 2627; BayObLGZ 1986, 332; wohl zweifelnd OLG Naumburg VersR 2005, 817.
162 OLG Naumburg VersR 2005, 817.
163 OLG Naumburg VersR 2005, 817 mwN.
164 BGHZ 91, 392.
165 BGHZ 91, 392.
166 BGHZ 91, 392.
167 KG FamRZ 1991, 486.

diesem Schriftstück Rechte herleitet.¹⁶⁸ Umgekehrt trägt derjenige die Feststellungslast, der sich auf Tatsachen beruft, die das festgestellte Erbrecht vernichten würden, also beispielsweise auf Testierunfähigkeit, Ausschlagung etc.¹⁶⁹

Ein **Vergleich** nach § 36 über die Erbenstellung ist im Erbscheinsverfahren nicht möglich, da die Beteiligten nicht über das Erbrecht verfügen können (§ 36 Abs. 1 S. 1 Hs 2); vielmehr wird die Erbenstellung allein durch Gesetz oder Verfügung von Todes wegen begründet.¹⁷⁰ Allerdings können sich die Beteiligten auch im Erbscheinsverfahren mit bindender Wirkung über die Ausübung von Verfahrensrechten sowie die Ausübung von das Erbrecht beeinflussenden Gestaltungsrechten (Ausschlagung der Erbschaft, Anfechtung des Testaments) einigen.¹⁷¹ **123**

Der Abschluss eines – den Formvorschriften des § 2385 BGB unterliegenden – **Auslegungsvertrags** über Gültigkeit und Inhalt eines Testaments ist möglich. Er hat aber lediglich eine schuldrechtliche Pflicht zur Folge, die Beteiligten so zu stellen, als sei die vereinbarte Auslegung zutreffend.¹⁷² Eine unmittelbare dingliche Wirkung kommt der Vereinbarung aber nicht zu, so dass sie im Erbscheinsverfahren keine Wirkung entfaltet und das Nachlassgericht nicht von seiner Amtsermittlungspflicht entbindet.¹⁷³ Allerdings können die Beteiligten eine Bindung des Nachlassgerichts an ihre Vereinbarung herbeiführen, indem sie in einem zivilprozessualen Rechtsstreit über das Erbrecht, an dem alle Beteiligten als Partei beteiligt sind, durch ein Anerkenntnis ein Feststellungsurteil herbeiführen, welches das Nachlassgericht bindet (vgl Rn 118).¹⁷⁴ **124**

g) Entscheidung des Nachlassgerichts durch Beschluss

Bereits nach **früherer Rechtslage** wurde zu Recht verlangt, dass der Erteilung des Erbscheins eine Entscheidung des Nachlassgerichts vorauszugehen habe; die Erteilung des Erbscheins stellte lediglich die Vollziehung dieser Entscheidung – die regional unterschiedlich teilweise als Verfügung,¹⁷⁵ teilweise als Beschluss¹⁷⁶ ergangen ist – dar.¹⁷⁷ In unstreitigen und unproblematischen Verfahren war der Beschluss nicht zu begründen, sondern beschränkte sich auf die Entscheidung, dass der beantragte Erbschein erteilt wird; er wurde den Beteiligten auch nicht bekannt gegeben, sondern nur zur Akte genommen. Ablehnende Entscheidungen waren dagegen bekannt zu geben und zu begründen. **125**

Im Wege der richterlichen Rechtsfortbildung hatte sich für streitige Verfahren der sog. **Vorbescheid** entwickelt. Dieser beinhaltete eine mit der Beschwerde angreifbare Zwischenverfügung mit der Ankündigung, dass das Nachlassgericht einen Erbschein mit einem bestimmten Inhalt erteilen werde, wenn nicht binnen einer bestimmten Frist Beschwerde eingelegt werde. Zulässig war der Vorbescheid nur ausnahmsweise, wenn **126**

---

168 Vgl KG FamRZ 1991, 486.
169 Vgl Palandt/Edenhofer § 2358 BGB Rn 7.
170 KG FamRZ 2004, 836.
171 BayObLGZ 1997, 217; KG FamRZ 2004, 836; beim Verzicht ist allerdings § 67 zu beachten.
172 BGH FamRZ 1986, 462.
173 KG FamRZ 2004, 836.
174 Vgl Palandt/Edenhofer § 2358 BGB Rn 8.
175 So beispielsweise auch SchuSo/Müller-Lukoschek § 84 FGG Rn 15.
176 So beispielsweise auch Palandt/Edenhofer § 2353 BGB Rn 21.
177 SchuSo/Müller-Lukoschek § 84 FGG Rn 15.

neben der Entscheidungsreife eines Erbscheinsantrags ein besonderes Rechtsschutzinteresse vorlag, welches es rechtfertige, anstelle der gebotenen Entscheidung den Erbschein lediglich anzukündigen. Damit wurde verhindert, dass durch die Erteilung eines falschen Erbscheins unbehebbare Schäden für den wahren Erben entstehen. Die Voraussetzungen für den Erlass eines Vorbescheids lagen zumeist dann vor, wenn bei zweifelhafter Rechtslage mehrere sich widersprechende Erbscheinsanträge gestellt wurden.[178]

127 Durch die FGG-Reform wurde das **Vorbescheidsverfahren abgeschafft**,[179] zugleich aber das mit dem Vorbescheidsverfahren verbundene Ziel, das In-Umlauf-Bringen eines falschen Erbscheins dadurch zu vermeiden, dass in schwierigen Rechtslagen vor dessen Erteilung erst der Rechtszug durchlaufen werden soll, beibehalten:

128 Gem. § 352 Abs. 1 S. 1 ergeht die Entscheidung über den Erbscheinsantrag stets durch **Beschluss**. Um zu vermeiden, dass sich durch Inkrafttreten des FamFG die Verfahrensdauer in den Erbscheinsverfahren verlängert und eine Mehrbelastung der Nachlassgerichte verursacht wird, bestimmen § 352 Abs. 1 S. 2 und 3, dass dieser Be**schluss nicht bekannt gegeben** werden muss und abweichend von § 40 **mit Erlass wirksam** wird. Hierdurch wird erreicht, dass die Nachlassgerichte das bislang übliche Verfahren beibehalten können. Zudem wird durch den Verzicht auf die Bekanntgabe vermieden, dass im Rechtsverkehr der Erbschein mit dem Beschluss über den Erbscheinsantrag verwechselt wird; vorsorglich sollte zudem im Tenor des Beschlusses die Wiedergabe des Inhalts des Erbscheins vermieden werden.[180] In unstreitigen Verfahren – also der ganz überwiegenden Mehrheit aller Erbscheinsverfahren – kann zudem auf eine Begründung gem. § 38 Abs. 4 Nr. 2 verzichtet werden. In den meisten Erbscheinsverfahren beschränkt sich der Beschluss mithin auf einen **Tenor** mit dem Wortlaut:

Dem Antrag des Beteiligten zu 1 vom ... auf Erteilung eines Erbschein wird stattgegeben.

129 Möglich ist im Hinblick auf den Wortlaut des § 362 Abs. 1 auch die Formulierung:

Es wird festgestellt, dass die Voraussetzungen für die Erteilung eines Erbscheins, wie ihn die Beteiligte zu 2 am ... beantragt hat, vorliegen.

130 Wenn jedoch der Inhalt des Beschlusses dem erklärten Willen eines Beteiligten widerspricht, so ist der Beschluss gem. § 38 Abs. 3 S. 1 zu begründen mit einer Rechtsmittelbelehrung zu versehen und den Beteiligten bekanntzugeben, § 352 Abs. 2 S. 1. In diesem Fall hat das Gericht zudem die **sofortige Wirksamkeit** des Beschlusses **auszusetzen** und die **Erteilung des Erbscheins** bis zur Rechtskraft des Beschlusses **zurückzustellen**. Hierdurch wird erreicht, dass der unterlegene Beteiligte die Möglichkeit hat, Rechtsmittel gegen den Beschluss einzulegen und diesen durch die höhere(n) Instanz(en) überprüfen zu lassen, bevor der Erbschein erteilt wird.[181] Das Aussetzen der Wirksamkeit sowie das Zurückstellen der Erteilung des Erbscheins ist leider als zwingendes Recht ohne Ermessensspielraum für das Nachlassgericht ausgestaltet. Zu Recht hatte der Bundesrat

---

178 Vgl zum Vorbescheid mit vielen weiteren Einzelheiten: KKW/Kahl § 19 FGG Rn 15 a.
179 AA Firsching/Graf Rn 4259: Der Vorbescheid sei weiterhin zulässig, wenn die Voraussetzungen zum Aussetzen der sofortigen Wirksamkeit nicht vorliegen. Meines Erachtens ist diese Ansicht mit der Intention des Gesetzgebers, das Vorbescheidsverfahren abzuschaffen, nicht in Einklang zu bringen.
180 BT-Drucks. 16/6308, 281.
181 BT-Drucks. 16/6308, 281.

im Gesetzgebungsverfahren darauf hingewiesen, dass es Fälle gibt, in denen die Entscheidung des Gerichts nicht mit dem erklärten Willen eines Beteiligten übereinstimmt, die Sach- und Rechtslage aber gleichwohl eindeutig ist.[182] Es wäre daher sinnvoll gewesen, dem Nachlassgericht Ermessen einzuräumen, ob es die sofortige Wirksamkeit aussetzt. Vor allem ist auch die Gegenäußerung der Bundesregierung zur Stellungnahme des Bundesrates, der der Deutsche Bundestag leider gefolgt ist, unzutreffend, wonach schon nach alter Praxis in streitigen Verfahren stets eine Verzögerung des Verfahrens erfolgt sei.[183] Die Nachlassgerichte haben in der Vergangenheit durchaus ihren Ermessensspielraum genutzt und auch in streitigen Verfahren von dem Erlass eines Vorbescheids abgesehen, wenn die Rechtslage eindeutig war. Es steht zu befürchten, dass künftig die Erteilung des Erbscheins auch in eindeutigen Fällen durch querulatorische Rechtsmittel verzögert werden kann.

§ 352 FamFG enthält keine Bestimmung, in welcher Weise die sofortige Wirksamkeit auszusetzen ist. Es liegt jedoch nahe, die Aussetzung im Tenor des Beschlusses anzuordnen; allerdings dürfte es unschädlich sein, wenn die Anordnung der Aussetzung lediglich in den Gründen des Beschlusses erfolgt. Eine Beschwerde allein gegen die Aussetzung der sofortigen Vollziehbarkeit ist unzulässig, da es sich insoweit um eine unanfechtbare Nebenentscheidung handelt (§ 58). **131**

Gegen den Beschluss über den Erbscheinsantrag steht nach Maßgabe der allgemeinen Vorschriften jedem ein **Beschwerderecht** zu, dessen Rechte wegen des öffentlichen Glaubens des Erbscheins beeinträchtigt werden.[184] Dies gilt unabhängig davon, ob die betroffene Person im ersten Rechtszug Beteiligter war.[185] **132**

Gegen einen Beschluss, mit dem der Antrag auf Erteilung des Erbscheins **abgelehnt** wurde, steht zunächst stets dem Antragsteller ein Rechtsmittel zu. Haben mehrere Miterben gemeinsam einen gemeinschaftlichen Erbschein beantragt, steht das Beschwerderecht jedem der Miterben zu.[186] Trotz des Wortlauts des § 59 Abs. 2 steht das **Beschwerderecht** nach der Rechtsprechung des Bundesgerichtshofs jedoch auch noch denjenigen zu, die den gleichen Erbscheinsantrag hätten stellen können (Vgl § 2 Rn 28).[187] Aus diesem Grund können Miterben auch dann eine Beschwerde einlegen, wenn ein anderer Miterbe oder der Testamentsvollstrecker den Erbscheinsantrag gestellt hatte; aus gleichem Grund hat auch der Testamentsvollstrecker ein Beschwerderecht gegen einen abgelehnten Erbscheinsantrag.[188] Nach dem Tod des Antragstellers geht das Beschwerderecht auf seinen Rechtsnachfolger über.[189] **133**

Gegen einen Beschluss, mit dem die Voraussetzungen für die Erteilung des Erbscheins festgestellt werden, ist jeder **beschwerdebefugt**, der durch die Erteilung des Erbscheins in seinen Rechten beeinträchtigt wird (§ 59 Abs. 1). Durch den Inhalt eines Erbscheins **134**

---

182 BT-Drucks. 16/6308, 391.
183 BT-Drucks. 16/6308, 421.
184 BT-Drucks. 16/6308, 281.
185 BT-Drucks. 16/9733, 359.
186 SchuSo/Müller-Lukoschek § 84 FGG Rn 26.
187 BGHZ 30, 220; BGHZ 120, 396; den Gesetzesmaterialien kann kein Hinweis entnommen werden, dass der Gesetzgeber dieser Entwicklung in der Rechtsprechung durch die wörtliche Übernahme des § 20 Abs. 2 FGG in § 59 Abs. 2 FamFG habe entgegentreten wollen.
188 Vgl KKW/Winkler § 84 FGG Rn 10.
189 Vgl SchuSo/Briesemeister § 20 FGG Rn 59.

ist jeder beeinträchtigt, dessen eigenes Erbrecht in dem Erbschein unrichtig ausgewiesen ist.[190] Durch einen fehlenden Nacherbenvermerk ist der Nacherbe beeinträchtigt; durch einen fehlenden Testamentsvollstreckervermerk der Testamentsvollstrecker. Der Testamentsvollstrecker soll auch dann zur Einlegung der Beschwerde gegen den Erbschein berechtigt sein, wenn er diesen nicht beantragt hatte und sich seine Einwände nicht auf einen fehlenden Testamentsvollstreckervermerk richten;[191] hierfür spricht neben dem Umstand, dass sich aus dem Pflichtenverhältnis des Testamentsvollstreckers gegenüber dem Erben (§§ 2218 f BGB) eine unmittelbare Rechtsbetroffenheit durch den Erbschein ableiten lässt, auch der prozessökonomische Gesichtspunkt, dass der Testamentsvollstrecker ansonsten über die Stellung einen eigenen, anderslautenden Erbscheinsantrages ohne Weiteres die Überprüfung auch durch das Beschwerdegericht erzwingen könnte. Dieser Gesichtspunkt, der auch beim Beschwerderecht des nicht antragstellenden Miterben gegen die Ablehnung des Antrags zum Tragen kommt (vgl § 2 Rn 28), spricht dafür, jedem, der ein Antragsrecht für die Stellung eines anderslautenden Erbscheinsantrags hat, ein Beschwerderecht gegen den der Erteilung eines Erbscheins vorausgehenden Beschluss zuzuerkennen. Außerdem ist derjenige gegen den Beschluss beschwerdeberechtigt, der der Ansicht ist, nicht Erbe zu sein, wenn der beantragte Erbschein ihn als Erben ausweisen soll.[192] Im Übrigen ist zumeist auf den Einzelfall abzustellen.[193] Nicht beschwerdeberechtigt sind im Regelfall die Nachlassgläubiger einschließlich der Pflichtteilsberechtigten und Vermächtnisnehmer.

135 Begründet ist die Beschwerde nicht nur, wenn der durch den Beschluss vorbereitete Erbschein die materielle Rechtslage unzutreffend wiedergeben würde, sondern auch dann – vgl den Wortlaut des § 352 Abs. 1 –, wenn die **formalen Voraussetzungen** für die Erteilung des Erbscheins nicht vorliegen; also wenn zum Beispiel kein entsprechender Erbscheinsantrag gestellt wurde.

136 § 352 Abs. 3 bestimmt, dass dann, wenn der Erbschein bereits erteilt wurde, die Beschwerde gegen den Beschluss nur noch zulässig ist, soweit die Einziehung des bereits erteilten Erbscheins beantragt wird. Dies entspricht der alten Rechtslage und berücksichtigt, dass die Rechtsscheinwirkungen des erteilten Erbscheins rückwirkend nicht beseitigt werden können.

137 Die Vorschrift wird allerdings nur einen sehr geringen Anwendungsbereich haben: Wenn der Beschluss dem erklärten Willen eines Beteiligten widersprochen hatte, ist für seine Anwendung kein Raum, da das Nachlassgericht bei korrekter Verfahrensweise bis zur Rechtskraft des Beschlusses keinen Erbschein erteilen darf. Nach Rechtskraft ist die Beschwerde unzulässig. Damit verbleiben folgende **Anwendungsfälle**:

a) wenn das Nachlassgericht verfahrensfehlerhaft verfrüht einen Erbschein herausgegeben hat;

b) wenn ein Rechtsmittel von einer beschwerten Person eingelegt wird, die – weil sie unbekannt war – nicht über ihr Antragsrecht auf Beteiligung informiert wurde;

---

190 BayObLG NJW-RR 2005, 1245; 1992, 1205; vgl auch SchuSo/Briesemeister § 20 FGG Rn 62.
191 Palandt/Edenhofer §2353 BGB Rn 28; SchuSo/Briesemeister § 20 FGG Rn 61.
192 BGHZ 30, 263.
193 Vgl Beispiele bei SchuSo/Briesemeister § 20 FGG Rn 62.

V. Einzelne Nachlassverfahren **18**

c) wenn sich im Verfahren kein Beteiligter gegen die Erteilung des Erbscheins gewandt hat, der Beschluss deshalb nach § 352 Abs. 1 S. 1 nicht bekanntgegeben und der Erbschein herausgegeben wurde und dann gleichwohl ein Rechtsmittel eingelegt wird.

Fraglich ist vor allem im unter c) geschilderten Sachverhalt, wann die Rechtsmittelfrist zu laufen beginnt. Nach § 63 Abs. 3 S. 1 beginnt die Rechtsmittelfrist jeweils mit der schriftlichen Bekanntgabe des Beschlusses an den Beteiligten. Wenn jedoch das Nachlassgericht nach § 352 Abs. 1 S. 1 verfährt, wird der Beschluss jedoch den Beteiligten nicht bekannt gegeben. Auch ein Fall des § 63 Abs. 3 S. 2 liegt nicht vor, da die dort genannte Fünfmonatsfrist nur dann gilt, wenn eine Bekanntgabe an den Beteiligten nicht möglich ist.[194] Weil aber nach dem Willen des Gesetzgebers diese Auffangfrist ausdrücklich nicht in den Fällen gelten soll, in denen ein Beteiligter die Möglichkeit hatte, dem Verfahren als Beteiligter beizutreten, davon aber abgesehen hat,[195] spricht vieles dafür, dass auch dann, wenn jemand trotz Anhörung seinen entgegenstehenden Willen nicht zum Ausdruck gebracht und dadurch das Verfahren nach § 352 Abs. 1 veranlasst hat, die Beschwerdefrist von einem Monat mit Erlass des Beschlusses (zur Gerichtsakte) zu laufen beginnt. **138**

Hierdurch werden die Rechte der durch den Beschluss zur Erteilung des Erbscheins beschwerten Personen nicht über Gebühr belastet. Sie tragen zwar das Risiko, welches von der Rechtsscheinwirkung des erteilten Erbscheins ausgeht. Da der Erbschein jedoch nicht in materielle Rechtskraft erwachsen kann, besteht für jeden Erbprätenden weiterhin die Möglichkeit, auch nach Ablauf der Rechtsmittelfrist einen eigenen Erbscheinsantrag – verbunden mit dem Antrag auf Einziehung des erteilten Erbscheins – zu stellen.[196] **139**

§ 352 Abs. 3 hat jedoch noch eine weitere Bedeutung: Durch ihn wird klargestellt, dass nach Erteilung des Erbscheins dieser nur noch durch **Einziehung** nach § 2361 BGB beseitigt werden kann. Damit ist nach Erteilung des Erbscheins auch kein Raum mehr für ein Abänderungsverfahren nach § 48 Abs. 1. Zwar entfaltet der Beschluss über die Erteilung des Erbscheins wegen der Wirkungen des zu erteilenden Erbscheins Dauerwirkung, so dass nach dem Wortlaut des § 48 Abs. 1 S. 1 bei wesentlicher Änderung der zugrunde liegenden Sach- und Rechtslage eine Aufhebung der Entscheidung möglich wäre. Jedoch war bereits zu § 18 FGG allgemein anerkannt, dass eine Abänderung der Verfügung zum Erlass des Erbscheins nach Erteilung des Erbscheins nicht mehr möglich ist, sondern nur das Verfahren zur Einziehung des Erbscheins eröffnet ist.[197] **140**

Wenn eine Beschwerde gegen einen Beschluss des Nachlassgerichtes, mit dem der Erlass eines Erbscheins mit dem beantragten Inhalt abgelehnt wurde, Erfolg hat, ändert das Beschwerdegericht (oder das Rechtsbeschwerdegericht) den angefochtenen Beschluss ab und stellt fest, dass die zur Erteilung des Erbscheins erforderlichen Tatsachen vorliegen (§ 352 Abs. 1). Auch wenn die Erteilung des eigentlichen Erbscheins weiterhin in die Zuständigkeit des Nachlassgerichtes fällt und von dem Beschwerdegericht oder **141**

---

194 BT-Drucks. 16/9733, 359 f.
195 BT-Drucks. 16/9733, 359 f.
196 Vgl BT-Drucks. 16/6308, 281.
197 KKW/Schmidt § 18 FGG Rn 45; SchuSo/Briesemeister § 18 FGG Rn 13.

Dieker

dem Rechtsbeschwerdegericht nicht selbst ausgestellt werden darf, bedarf es meines Erachtens der nach früherem Recht[198] nötigen ausdrücklichen Anweisung an das Nachlassgericht, den Erbschein zu erteilen, nicht mehr. Denn es ist eine Selbstverständlichkeit, dass das Nachlassgericht dann, wenn der Beschluss über die Voraussetzungen der Erteilung des Erbscheins wirksam geworden ist, diesen zu erteilen hat, ohne dass es hierfür einer Anweisung durch ein im Instanzenzug übergeordnetes Gerichts bedarf.

142 Trifft das Beschwerdegericht in Abänderung der nachlassgerichtlichen Entscheidung die Feststellung, dass die Voraussetzungen zur Erteilung des Erbscheins vorliegen, so hat es nach § 352 Abs. 2 dann, wenn dies dem erklärten Willen eines Beteiligten widerspricht und wenn es zugleich die Rechtsbeschwerde zulässt, die sofortige Wirksamkeit seines Beschlusses auszusetzen, um die Durchführung eines **Rechtsbeschwerdeverfahrens** vor Erteilung des Erbscheins zu ermöglichen. Das Nachlassgericht darf den Erbschein erst nach der Rechtskraft des Beschlusses des Beschwerdegerichts (oder des Rechtsbeschwerdegerichts) erteilen.

h) Erteilung des Erbscheins

143 Das Nachlassgericht erteilt den eigentlichen Erbschein entweder – wenn keine Aussetzung der sofortigen Vollziehbarkeit angeordnet wurde – zugleich mit Erlass des Beschlusses nach § 352; ansonsten nach Rechtskraft dieses Beschlusses. Der **Inhalt des Erbscheins** bestimmt sich allein nach den §§ 2353 ff BGB. Insbesondere hat der Erbschein zu enthalten:

- den Namen und den Todestag des Erblassers;
- die/den Erben mit Angabe des Geburtsdatums;
- den Erbanteil des Erben: bei Teilerbschein nur den genauen Erbteil des Miterben; bei gemeinschaftlichem Erbteil die Erbquoten aller Erben;
- im Falle der Nacherbfolge gem. § 2363 BGB: die Angabe im Erbschein für den Vorerben, dass Nacherbfolge angeordnet ist, unter welchen Voraussetzungen (zB Wiederverheiratungsklausel) sie eintritt und wer (soweit möglich: Name, Geburtsdatum) Nacherbe ist; ggf mit Angabe jeglicher Befreiungen für den Vorerben nach § 2136 BGB; auch Ersatznacherben oder die Bestellung eines Testamentsvollstreckers für den Nacherben sind anzugeben.[199] Nach Eintritt der Nacherbfolge ist dem Nacherben ein Erbschein zu erteilen, in dem der Zeitpunkt des Eintritts der Nacherbfolge anzugeben ist;[200]
- weit verbreitet ist, die Angabe des Berufungsgrundes aufzunehmen („aufgrund gesetzlicher Erbfolge"; „aufgrund gewillkürter Erbfolge"); im Regelfall ist dies jedoch nicht erforderlich und kann auch zu überflüssigen Problemen bei unrichtiger Angabe des Berufungsgrundes bei ansonsten richtigem Erbschein führen;[201]
- im Falle der Ernennung eines Testamentsvollstreckers durch den Erblasser: die Angabe, dass Testamentsvollstreckung angeordnet ist (§ 2364 Abs. 1 BGB); diese An-

---

198 Vgl SchuSo/Müller-Lukoschek § 84 FGG Rn 36; KKW/Winkler § 84 FGG Rn 24.
199 Palandt/Edenhofer § 2363 BGB Rn 4 und 5.
200 BayObLG FamRZ 1998, 1332.
201 Vgl hierzu MK/Mayer § 2353 BGB Rn 25.

gabe muss auch erfolgen, sofern der Testamentsvollstrecker noch nicht ernannt ist.[202] Sie darf nicht mehr aufgenommen werden, wenn der Testamentsvollstrecker die Ernennung abgelehnt hat und das Testament keinen Ersatz vorsieht oder wenn bereits vor Erlass des Beschlusses die Testamentsvollstreckung weggefallen ist.[203] Der Name des Testamentsvollstreckers ist nicht aufzunehmen. Im Regelfall genügt die Angabe: „Testamentsvollstreckung ist angeordnet." Wenn die Testamentsvollstreckung allerdings auf einen Nachlassgegenstand beschränkt ist, ist dies im Erbschein zu vermerken.[204] Die Prüfung, ob Testamentsvollstreckung angeordnet wurde, erfolgt im Erbscheinsverfahren unabhängig davon, ob bereits ein Testamentsvollstrecker sein Amt angetreten hat.[205]

- bei einem beschränkten Geltungsbereich des Erbscheins ist dies zu vermerken: so bei einem Erbschein über das hoffreie Vermögen, aber auch bei einem Erbschein nach § 2369 BGB, wenn – nunmehr nicht mehr gesetzlich vorgegeben, sondern auf (freiwilligen) Antrag des Erblassers – ein Erbschein nur über das im Inland belegene Vermögen erteilt wird;
- bei Anwendung von ausländischem Recht ist dieses anzugeben; zugleich ist bei Nachlassspaltung – sofern nicht nur ein beschränkter Erbschein nach § 2369 BGB beantragt wird – jeder Nachlassteil zu beschreiben und für ihn die Erbfolge unter Angabe des angewendeten Rechts anzugeben; dies gilt auch dann, wenn die Anwendung unterschiedlichen Rechts im Ergebnis folgenlos bleibt, zB:

> Unter Beschränkung auf den in Polen belegenen unbeweglichen Nachlass wird in Anwendung polnischen Rechts bezeugt, dass ... (der Erblasser) in gewillkürter Erbfolge von Herrn X beerbt worden ist. Im Übrigen ist ... (der Erblasser) in Anwendung deutschen Rechts aufgrund gewillkürter Erbfolge von Herrn X beerbt worden.

Die Form des an den Antragsteller ausgehändigten Erbscheins unterscheidet sich regional. Zum Teil werden Ausfertigungen ausgereicht; zum Teil wird dem Antragsteller ein Original übergeben.[206] Benötigt der Antragsteller den Erbschein lediglich für ein behördliches Verfahren, insbesondere für eine Berichtigung des Grundbuchamtes, so wird die Ausfertigung nicht dem Antragsteller ausgehändigt, sondern gem. § 107a KostO unmittelbar der Behörde oder dem Grundbuchamt zur Verwahrung bei deren Akten übersandt. Hierdurch ist es möglich, dem Antragsteller die Gebührenvergünstigungen des § 107 Abs. 3 und Abs. 4 KostO zugute kommen zu lassen. Nimmt der Antragsteller jedoch zu einem späteren Zeitpunkt zum Nachweis seiner Erbenstellung für andere Zwecke auf diesen Erbschein Bezug, hat er die ersparten Gebühren nachzuentrichten. In diesem Fall unterrichtet das Nachlassgericht auch den Notar, der die eidesstattliche Versicherung aufgenommen hat.

144

Über die Erteilung eines Erbscheins hat das Nachlassgericht gem. § 34 ErbStG iVm § 7 Abs. 1 ErbStDVO und Ziff. XVII/2 Abs. 1 Nr. 2 MiZi das für die Erbschaftsteuer zuständige Finanzamt zu unterrichten; die Unterrichtung kann unterbleiben, wenn an-

145

---

202 Palandt/Edenhofer § 2364 BGB Rn 1.
203 Vgl OLG Hamm MDR 1983, 318, s.a. Palandt/Edenhofer § 2364 BGB Rn 1.
204 BayObLG NJW-RR 2005, 1245.
205 Vgl OLG München OLGReport 2009, 205.
206 Vgl SchuSo/Müller-Lukoschek § 84 FGG Rn 16.

zunehmen ist, dass der Wert des Nachlasses 5.200 EUR[207] nicht übersteigt, oder seit dem Erbfall mehr als zehn Jahre vergangen sind.

i) Ausfertigung des Erbscheins

146 Gem. § 357 Abs. 2 kann jeder, der ein rechtliches Interesse glaubhaft macht, eine **Ausfertigung** des Zeugnisses verlangen. Die Vorschrift, die aus § 85 Abs. 1 FGG übernommen worden ist, soll nach der Gesetzesbegründung als lex specialis § 13 Abs. 3[208] – der die Erteilung von Abschriften und die Akteneinsicht regelt – verdrängen. Dies dürfte im Hinblick auf die unterschiedlichen Regelungsbereiche der Vorschriften nicht zutreffen.[209] Das rechtliche Interesse nach § 357 Abs. 2 S. 1 muss sich gerade auf die Erteilung einer Ausfertigung beziehen. Es muss glaubhaft gemacht werden, weshalb eine – ggf auch beglaubigte – **Abschrift** nach § 13 Abs. 3 nicht den Interessen genügt. Die Erteilung einer jeden Ausfertigung zieht später erheblichen Aufwand nach sich, da alle Ausfertigungen des Erbscheins im Falle der Einziehung des Erbscheins eingezogen oder für kraftlos erklärt werden müssen. Für viele Personengruppen, die ein rechtliches Interesse daran haben zu erfahren, ob ein Erbschein erteilt ist, genügt oft die Erteilung einer beglaubigten Abschrift nach § 13 Abs. 3.[210]

147 Dagegen hat jeder Dritte – auch Nichtbeteiligte – ein Recht auf **Akteneinsicht**, wenn er ein berechtigtes Interesse glaubhaft macht und schutzwürdige Interessen eines Beteiligten oder Dritten nicht entgegenstehen (§ 13 Abs. 2). Es kann zwar geboten sein, einzelne Aktenbestandteile zum Schutz der Privatsphäre des Erblassers oder der Beteiligten von der Akteneinsicht auszuschließen; die Akteneinsicht in den Erbschein ist regelmäßig aber jedem zu gewähren, der ein berechtigtes Interesse daran hat.

j) Kosten

148 Die **Kosten** im Erbscheinsverfahren bestimmen sich nach § 107 KostO. Danach fällt für die Erteilung des Erbscheins eine volle Gebühr an. Eine weitere volle Gebühr fällt gem. § 107 Abs. 1 S. 2 KostO iVm § 49 KostO für die Abgabe der eidesstattlichen Versicherung an; wird Letztere beim Notar statt beim Nachlassgericht abgegeben, fällt zusätzlich Mehrwertsteuer an. Die Beurkundung des (nicht beurkundungspflichtigen) Antrags auf Erteilung eines Erbscheins ist auch beim Notar gebührenfrei, wenn sie zugleich mit der Abgabe der eidesstattlichen Versicherung erfolgt, § 49 Abs. 3 KostO.

149 Der **Geschäftswert** für beide Gebühren bestimmt sich nach dem reinen Wert des Nachlasses nach Anzug der Verbindlichkeiten (§ 107 Abs. 2 S. 1 KostO), bei einem Teilerbschein kommt nur der Wert des Erbteils zum Ansatz und bei einem gegenständlich beschränkten Erbschein nach § 2369 BGB bleiben die vom Erbschein nicht erfassten Teile des Nachlasses außer Betracht (§ 107 Abs. 2 KostO).

150 Wird dem Nachlassgericht glaubhaft gemacht, dass der Erbschein nur für Verfügungen über Grundstücke oder zur Berichtigung des Grundbuchs benötigt wird, so wird nur der Wert der Grundstücke (abzüglich der Belastungen) in Ansatz gebracht. Gehören

---

207 Hausrat ist bis zu einem Wert von 5.200 EUR nicht anzurechnen.
208 BT-Drucks. 16/6308, 282.
209 Vgl zB zum Nebeneinander der Rechte auf Erteilung einer Ausfertigung einerseits und Akteneinsicht/Abschrift andererseits im früheren Recht KKW/Winkler § 85 FGG Rn 2 ff.
210 Vgl SchuSo/Müller-Lukoschek § 85 FGG Rn 6 ff.

zum Nachlass Grundstücke, die bei verschiedenen Grundbuchämtern eingetragen sind, kann dies auf die bei einem Grundbuchamt geführten Grundstücke begrenzt werden (§ 107 Abs. 3). Entsprechendes gilt für eingetragene Schiffe, Schiffsbauwerke und Ähnliches nach der SchiffregO. Die Differenz zur Gebühr für den gesamten Nachlass ist jedoch nachzuentrichten, wenn der Antragsteller später zum Nachweis seines Erbrechts auf diesen Erbschein verweist, oder von diesem in anderer Weise Gebrauch macht (§ 107a KostO). Auch die weiteren Ausfertigungen nach § 357 Abs. 2 können diese Nachzahlungspflicht auslösen; in allen anderen Fällen ist für sie (nur) die Dokumentenpauschale nach § 136 KostO zu entrichten.[211]

Wird der Antrag auf Erteilung eines Erbscheins **zurückgewiesen**, entsteht als Gerichtsgebühr eine halbe Gebühr, mindestens jedoch 35 EUR, § 130 Abs. 1 KostO. Wird der Antrag vor der Entscheidung **zurückgenommen**, fällt nur eine 1/4-Gebühr, mindestens jedoch 20 EUR an. 151

6. Einziehung und Kraftloserklärung des Erbscheins
a) Verfahrenseinleitung

Der Erbschein ist von Amts wegen (§ 2364 Abs. 3 BGB) vom Nachlassgericht einzuziehen, wenn er **unrichtig** ist. Eine **Berichtigung** nach § 42 wegen Schreib- oder Rechenfehlern ist nur hinsichtlich des Beschlusses zur Erteilung des Erbscheins nach § 352 möglich, grundsätzlich aber nicht im Erbschein selbst;[212] eine Ausnahme soll nur für überflüssige Teile des Erbscheins bestehen, die den sachlichen Inhalt des Erbscheins nicht berühren und am öffentlichen Glauben nicht teilnehmen.[213] 152

Da es sich bei der **Erbscheinseinziehung** um ein **Amtsverfahren** handelt, beinhalten Anträge auf Einziehung wie nach bisherigem Recht lediglich eine **Anregung** iSd § 24 Abs. 1. Kommt die Prüfung des Nachlassgerichts zu dem Ergebnis, dass kein Verfahren auf Einziehung des Erbscheins einzuleiten ist, so hat es nach § 24 Abs. 2 den Anregenden darüber zu informieren, wenn ein rechtliches Interesse an der Unterrichtung ersichtlich ist. Dies ist regelmäßig dann der Fall, wenn der Anregende zu den in § 345 Abs. 1 genannten Personengruppen gehört, also jemand ist, der im Erbscheinsverfahren als Kann-Beteiligter von der Einleitung eines Erbscheinsverfahrens hinsichtlich des gleichen Nachlasses zu benachrichtigen wäre. Da es sich auch bei der Entscheidung, auf eine Anregung hin kein Verfahren zur Einziehung des Erbscheins einzuleiten, um eine den Verfahrensgegenstand erledigende Entscheidung handelt, erfolgt diese durch zu begründenden Beschluss nach § 38 Abs. 1. 153

Eine **Anregung** auf Einziehung des Erbscheins liegt stets – auch ohne ausdrückliche Erklärung – dann vor, wenn ein neuer **Erbscheinsantrag** gestellt wird, der inhaltlich mit einem bereits erteilten Erbschein nicht vereinbar ist. Auch der Eingang einer Testamentsanfechtung oder der Anfechtung einer Testamentsvollstreckerbestellung hat die Pflicht des Nachlassgerichts zur Folge, zu prüfen, ob ein Verfahren zur Einziehung eines bereits erteilten Erbscheins veranlasst ist.[214] 154

---

211 Vgl SchuSo/Müller-Lukoschek § 85 FGG Rn 14.
212 Palandt/Edenhofer § 2361 BGB Rn 5; KKW/Winkler § 84 FGG Rn 13; OLG Hamm Rpfleger 1983, 71.
213 BayObLG FamRZ 1989, 1348.
214 OLG Köln FamRZ 1993, 1124.

155 Das Nachlassgericht hat den Erbschein stets einzuziehen, wenn es dessen Unrichtigkeit feststellt. Aus diesem Grund steht es der Durchführung eines erneuten Verfahrens auch nicht entgegen, wenn das Nachlassgericht – möglicherweise sogar aufgrund einer Anregung des gleichen Beteiligten und ohne jegliche Änderung der Sachlage – bereits formell rechtskräftig eine Einziehung des Erbscheins abgelehnt hat; es würde dem Sinn des § 2361 BGB widersprechen, die Einziehung eines später als unrichtig erkannten Erbscheins daran scheitern zu lassen, dass dessen Einziehung in einem früheren Verfahren einmal – selbst wenn letztinstanzlich bestätigt – abgelehnt worden war.[215] Die Einziehung erfordert keinen Nachweis, dass der Erbschein falsch ist; es genügt vielmehr, dass das Nachlassgericht nicht mehr feststellen kann, dass die Voraussetzungen zur Erteilung des Erbscheins gegeben sind; hierfür genügt es, wenn die Überzeugung des Gerichts an der Richtigkeit des Erbscheins über einen bloßen Zweifel hinaus erschüttert ist.[216]

b) Zuständigkeit

156 Zuständig ist stets das Nachlassgericht, welches den Erbschein erteilt hat. Dies ergibt sich nicht nur aus § 373, sondern auch aus § 2 Abs. 2, da das Verfahren zur Einziehung des Erbscheins in engem Zusammenhang mit dem vorangegangenen Erbscheinserteilungsverfahren steht, auch wenn dieses bereits lange Zeit zurückliegt (vgl Rn 16 zur Ausnahme bei Erbscheinen, die vor 1990 in der DDR oder in der BRD erlassen worden sind).[217]

c) Beteiligte

157 Das Buch 4 des FamFG enthält keine ausdrückliche Bestimmung zu den **Beteiligten** des Einziehungsverfahrens. Da es sich bei dem Verfahren zur Einziehung des Erbscheins jedoch um einen Annex zu dem Verfahren zur Erteilung des Erbscheins handelt, sollte meines Erachtens § 345 Abs. 1 entsprechend angewendet werden. Danach ist Muss-Beteiligter derjenige, der den Erbschein beantragt hat. Kann-Beteiligte sind die in § 345 Abs. 1 S. 2 Nr. 1–4 genannten Personengruppen. Weiterer Kann-Beteiligter nach § 345 Abs. 1 S. 2 Nr. 5 wird regelmäßig derjenige sein, der die Einziehung des Erbscheins angeregt hat, wenn er sich zugleich auf ein eigenes Erbrecht beruft. Diejenigen Personen, die eine Ausfertigung des Erbscheins nach § 357 Abs. 2 S. 1 erhalten haben, werden von dem Nachlassgericht auch ohne Antrag nach § 345 Abs. 1 S. 3 vom Nachlassgericht stets beizuziehen sein, da sie bei einer Einziehung unmittelbar zur Rückgabe der Ausfertigung aufzufordern sind; insoweit dürfte sich das Ermessen des Nachlassgerichts auf Null reduzieren.

d) Verfahren

158 Das Verfahren entspricht weitgehend demjenigen zur Erteilung des Erbscheins. Das Nachlassgericht muss den Sachverhalt **von Amts wegen umfassend aufklären**, um abschließend zu prüfen, ob der erteilte Erbschein der tatsächlichen Rechtslage entspricht. Dürfte der Erbschein nach dem Ergebnis der Ermittlungen in der erteilten Form nicht mehr erteilt werden, so ist er einzuziehen. Unerheblich ist, ob der Erbschein ursprünglich richtig war, aber aufgrund veränderter Umstände unrichtig geworden ist (Tod des

---

215 BayObLG FamRZ 2004, 313.
216 BayObLGZ 1982, 474.
217 Palandt/Edenhofer § 2361 BGB Rn 7; BayObLG Rpfleger 1981, 112; OLG Frankfurt/M. Rpfleger 1981, 21.

V. Einzelne Nachlassverfahren 18

Vorerben, Fortfall der Testamentsvollstreckung, Testamentsanfechtung etc.),[218] ob neue Erkenntnisse zur ursprünglichen Rechtslage erzielt worden sind (beispielsweise Fund eines weiteren Testaments) oder ob der ursprüngliche Erbschein schlicht fehlerhaft war.

Fraglich ist, ob die bisherige Rechtsprechung, dass auch inhaltlich richtige Erbscheine einzuziehen sind, wenn im Verfahren zur Erteilung des Erbscheins schwerwiegende **Verfahrensfehler** aufgetreten sind (Erteilung durch international[219] oder örtlich[220] unzuständiges Gericht; Entscheidung durch Rechtspfleger statt Richter, es sei denn, das Verfahren hätte dem Rechtspfleger übertragen werden können;[221] Erteilung ohne Erbscheinsantrag, wenn nicht nachträglich genehmigt),[222] nach dem FGG-RG noch eine Grundlage hat. Meines Erachtens sollte die Prüfung, ob ein Verfahrensfehler zur Einziehung des Erbscheins führt, auch wenn dieser die Rechtslage korrekt wiedergibt, jedenfalls bei Erbscheinen, die nach Inkrafttreten des FamFG bewilligt worden sind, enger am Wortlaut des § 2361 BGB geführt werden: Nachdem der Beschluss über die Erteilung des Erbscheins **formell rechtskräftig** geworden ist, kann nur entscheidend sein, ob der Erbschein inhaltlich richtig ist. Dabei kommt es ebenso wenig darauf an, ob im Ursprungsverfahren ein entsprechender Erbscheinsantrag gestellt worden ist, wie darauf, ob er von dem örtlich zuständigen Nachlassgericht erlassen worden ist. Auch der Zweck des Erbscheins bedingt keine andere Betrachtungsweise: Durch einen inhaltlich richtigen Erbschein wird der Rechtsverkehr nicht gefährdet. 159

Anders sind die Fälle zu beurteilen, in denen ein Rechtspfleger den Erbschein erteilt hat, ohne dass die Voraussetzungen für seine Zuständigkeit vorlagen, da dann nach § 8 RPflG die Entscheidung des Rechtspflegers unwirksam ist (vgl Rn 23, 93). 160

Bloße **Zweifel an der Richtigkeit des Erbscheins** rechtfertigen die Einziehung nicht;[223] der Sachverhalt muss vollständig aufgeklärt werden. Ist eine vollständige Aufklärung nicht möglich, entscheidet wie im Verfahren zur Erteilung des Erbscheins die **Feststellungslast**. 161

Das Gericht kann eine **einstweilige Anordnung** nach § 49 mit dem Inhalt erlassen, den Erbschein und die erteilten Ausfertigungen zur Gerichtsakte zu reichen.[224] Insbesondere wenn möglich erscheint, dass der Erbschein eine falsche Person als Erben ausweist, kann ein dringendes Bedürfnis iSd § 49 Abs. 1 dafür bestehen zu verhindern, dass der Inhaber des Erbscheins mit dessen Hilfe Verfügungen über den Nachlass vornimmt, die wegen der Wirkungen des Erbscheins unumkehrbar sind. Eine vorläufige Anordnung, den Erbschein zur Verwahrung zur Gerichtsakte zu reichen, bewirkt nicht die Einziehung des Erbscheins und kann auch nicht den gleichen Schutz bieten wie eine Einziehung.[225] Sie ist aber geeignet, die von einem falschen Erbschein ausgehenden Gefahren 162

---

218 Vgl weitere Beispiele bei SchuSo/Müller-Lukoschek § 84 FGG Rn 19.
219 Vgl OLG Zweibrücken NJW-RR 2002, 154.
220 BayObLG Rpfleger 1981, 112.
221 KG NJW-RR 20004, 801.
222 BayObLG NJW-RR 2001, 950.
223 SchuSo/Müller-Lukoschek § 84 FGG Rn 23; Palandt/Edenhofer § 2361 BGB Rn 8; vgl auch Staudinger/Reimann § 2361 BGB Rn 27: „in dubio pro Erbschein".
224 Vgl bereits zum früheren Recht BayObLG FamRZ 1994, 377 und FamRZ 1993, 116; OLGZ Köln 1990, 303; Palandt/Edenhofer § 2361 BGB Rn 9; KKW/Sternal § 24 FGG Rn 17.
225 Vgl BayObLG FamRZ 1994, 377.

Dieker

für die Dauer der weiteren Ermittlungen bis zur endgültigen Entscheidung zu begrenzen.

e) Entscheidung über die Einziehung

163 Für die **Entscheidung** über die Einziehung gelten die allgemeinen Vorschriften. Sie ergeht durch einen – im Regelfall zu begründenden – Beschluss, mit dem entweder entschieden wird, den Erbschein nicht einzuziehen (§ 38 Abs. 1 S. 1) oder aber die Einziehung anzuordnen. Der Beschluss bedarf einer Rechtsmittelbelehrung.

164 Wenn die Einziehung angeordnet wird, ist es regelmäßig sinnvoll, dass das Nachlassgericht in dem Beschluss zugleich gegenüber den jeweiligen Inhabern der Ausfertigungen des Erbscheins anordnet, den Beschluss binnen einer festzusetzenden (kurzen) **Frist** beim Nachlassgericht abzuliefern.[226] Einer Vollstreckungsklausel bedarf der Beschluss nicht, da eine gegebenenfalls erforderliche **Vollstreckung** durch das Nachlassgericht erfolgt (§ 86 Abs. 3). Soweit nach früherem Recht zumeist auch die Androhung von Zwangsmitteln nach § 33 FGG im Einziehungsbeschluss erfolgt ist, bedarf es einer solchen Androhung nicht mehr, da § 95 Abs. 1 Nr. 3 und Abs. 4 ZPO durch Verweis unter anderem auf die §§ 883 und 888 ZPO die sofortige Vollstreckung nach Zustellung (§ 87 Abs. 2) des Beschlusses ohne vorherige Androhungen ermöglicht.

165 Gem. § 353 Abs. 1 hat das Gericht auch über die Kosten des Verfahrens zu entscheiden. Hierdurch wird sichergestellt, dass das Gericht im Verfahren über die Einziehung des Erbscheins eine **Kostenentscheidung** erlässt. Hintergrund ist, dass der Gesetzgeber die bei unterbliebener Kostenentscheidung eintretende gesetzliche Kostenfolge des § 2 Nr. 2 KostO in den Verfahren zur Einziehung des Erbscheins für viele Fälle als unpassend empfindet.[227] Denn nach dieser Vorschrift ist Kostenschuldner derjenige, in dessen Interesse das gerichtliche Geschäft vorgenommen wurde; dies ist bei der Einziehung des unrichtigen Erbscheins der wahre Erbe. Nicht selten liegen der Einziehung jedoch Sachverhalte zugrunde, die es geboten erscheinen lassen, die Kosten nach § 81 einem anderen Beteiligten aufzuerlegen oder – bei fehlerhafter Behandlung des gerichtlichen Verfahrens bei Erlass des nunmehr eingezogenen Erbscheins – die Nichterhebung der Kosten nach § 16 Abs. 1 KostO anzuordnen. In der Regel erfolgt die Kostenentscheidung im Einziehungsbeschluss. In den Fällen, in denen bereits feststeht, dass der Erbschein falsch ist und eingezogen werden muss, soll die Einziehungsentscheidung jedoch nicht nur aus dem Grund verzögert werden, dass noch nicht feststeht, wem die Kosten aufzuerlegen sind;[228] in derartigen Situationen ist die Kostenentscheidung in einem gesonderten Beschluss nachzuholen.

166 Wenn bereits ein entscheidungsreifer Antrag zur Erteilung eines neuen Erbscheins vorliegt, kann die Endentscheidung in diesem Verfahren mit dem Beschluss über die Einziehung des Erbscheins **verbunden** werden. Außerdem kann der Beschluss über die Einziehung des Erbscheins mit dem Beschluss über dessen Kraftloserklärung verbunden werden.

---

226 Vgl Palandt/Edenhofer § 2361 BGB Rn 8.
227 BT-Drucks. 16/6308, 633.
228 Vgl Stellungnahme des Bundesrates BT-Drucks. 16/6308, 391.

Sowohl der Beschluss, mit dem der Erbschein eingezogen wird, als auch der Beschluss, 167
mit dem entschieden wird, den Erbschein nicht einzuziehen, sind den Beteiligten **bekannt zu geben**. Im letztgenannten Fall ist – sofern daran ein berechtigtes Interesse
besteht – auch derjenige zu unterrichten, der das Verfahren angeregt hat, selbst wenn
dieser kein Beteiligter ist (vgl § 24 Abs. 2).

f) Wirksamwerden, Vollzug
Die Einziehung des Erbscheins setzt sich aus zwei Verfahrensschritten zusammen, näm- 168
lich zum einen dem **Wirksamwerden des Beschlusses über die Einziehung** sowie zum
anderen der tatsächlichen **Durchführung der Einziehung**.[229] Der Beschluss über die
Einziehung wird gem. § 40 Abs. 1 mit der Bekanntgabe an den oder die Beteiligte(n),
für den er dem wesentlichen Inhalt nach bestimmt ist, wirksam; dabei handelt es sich
insbesondere um die Empfänger der Urschrift oder der Ausfertigungen des Erbscheins.
Durchgeführt ist die Einziehung erst dann, wenn sich auch die Urschrift und alle erteilten Ausfertigungen bei der Nachlassakte befinden; dann wird der Erbschein gem.
§ 2361 Abs. 1 S. 2 BGB kraftlos.[230] Ersetzt werden kann die körperliche Einziehung der
Ausfertigungen und der Urschrift des Erbscheins zur Nachlassakte durch die **Kraftloserklärung**. Eine Kraftloserklärung des Erbscheins durch Beschluss nach § 2361 Abs. 2
BGB ist geboten, wenn mindestens eine der erteilten Ausfertigungen des Erbscheins
nicht sofort zu erlangen ist. Sofern die Aussichtslosigkeit der Erlangung feststeht, kann
auch ohne vorherigen Versuch das Verfahren zur Kraftloserklärung eingeleitet werden.[231] Der Beschluss über die Kraftloserklärung kann daher bereits mit dem Beschluss
über die Einziehung verbunden werden. Der Beschluss über die Kraftloserklärung ist
gem. § 2361 Abs. 2 BGB nach den Vorschriften über die öffentliche Zustellung
(§§ 185–188 ZPO) bekannt zu machen; nach einem Monat wird die Kraftloserklärung
wirksam.

Die **Kraftloserklärung** wie die Einziehung bewirken das **Erlöschen des Gutglaubens-** 169
schutzes, der von der Vermutung der Richtigkeit des Erbscheins (§ 2365 BGB) ausgeht.[232] Die Bekanntmachung des Beschlusses über die Kraftloserklärung an die Beteiligten bewirkt jedoch bereits vor Ablauf der Frist des § 2361 Abs. 2 S. 3 BGB, dass diese
sich nicht mehr auf den öffentlichen Glauben des Erbscheins berufen können (§§ 2024
S. 2, 2366, 2367 BGB).[233]

g) Beschwerdeberechtigung
Beschwerdeberechtigt gegen einen die **Einziehung des Erbscheins ablehnenden Be-** 170
schluss ist jeder, der in seinen Rechten beeinträchtigt ist (§ 59 Abs. 1). Dies ist jeder,
der geltend macht, selbst Erbe zu sein oder andere Rechte inne zu haben, die im Erbschein nicht oder falsch ausgewiesen seien. Auch jeder, der im Erbschein als Erbe oder
Vorerbe genannt ist, ist wegen der sich aus der Erbenstellung ergebenden Pflichten beschwert, wenn er der Ansicht ist, tatsächlich nicht oder nicht in der angegebenen Weise

---

229 BayObLG NJW-RR 2001, 950.
230 Vgl Palandt/Edenhofer § 2361 BGB Rn 9.
231 Vgl SchuSo/Müller-Kukoschek § 84 FGG Rn 24; Palandt/Edenhofer § 2361 BGB Rn 11.
232 Vgl Palandt/Edenhofer § 2366 BGB Rn 8.
233 SchuSo/Müller-Lukoschek § 84 FGG Rn 25.

Dieker

Erbe geworden zu sein;[234] das gleiche Recht steht auch dem Rechtsnachfolger des Erben zu.[235] Auch kann die Beschwer des Erbscheinserben darin liegen, dass der Erbschein einen Testamentsvollstreckervermerk[236] oder einen Vermerk auf angeordnete Nacherbfolge enthält. Der Umstand, dass der Erbschein ursprünglich von ihm selbst beantragt worden ist, steht dem Beschwerderecht nicht entgegen.[237]

171 Gegen einen **Beschluss**, mit dem die **Einziehung** eines Erbscheins **angeordnet** wird, steht jedem ein Beschwerderecht zu, der auch zur Beantragung dieses Erbscheins berechtigt ist.[238]

172 Sobald die Einziehung vollzogen ist oder der Erbschein für kraftlos erklärt wurde, ist die Beschwerde gegen die Einziehung nur noch mit dem Ziel möglich, dass ein gleichlautender neuer Erbschein erteilt werde; das Beschwerdegericht hat eine Beschwerde als dahingehenden Antrag auszulegen (§ 353 Abs. 2). Das „Wiederinkraftsetzen" eines Erbscheins, dessen Einziehung bereits vollzogen ist oder der für kraftlos erklärt wurde, ist nicht möglich.

173 Der Beschluss über die **Kraftloserklärung** eines Erbscheins ist nach dessen **öffentlicher Bekanntmachung** nach §§ 186 Abs. 2, 187 ZPO **nicht mehr anfechtbar** (§ 353 Abs. 3).

h) Kosten

174 Für die Einziehung des Erbscheins wird eine halbe Gebühr erhoben (§ 108 S. 1 KostO). Der zugrunde zu legende Geschäftswert richtet sich nach dem Wert des Nachlasses zum Zeitpunkt der Erbschaft (§ 108 S. 2 KostO iVm § 107 Abs. 2 KostO).[239] Wird in demselben Verfahren ein neuer Erbschein erteilt, fällt für die Einziehung oder Kraftloserklärung keine Gebühr an (§ 108 S. 3 KostO). Wenn der Einziehung des Erbscheins die Kraftloserklärung folgt, wird die 0,5-Gebühr nur einmal ausgelöst.[240] Da es sich bei dem Einziehungsverfahren um ein Amtsverfahren handelt, fallen dann, wenn der Erbschein im Verfahren nicht eingezogen wird, keine Gebühren – auch nicht nach § 130 KostO – an.[241] Wer Kostenschuldner ist, ergibt sich aus dem Beschluss über die Einziehung (§ 353 Abs. 1; vgl Rn 165).

7. Zeugnis über Fortsetzung der Gütergemeinschaft

175 Auch nach der FGG-Reform gelten für das Zeugnis über die Fortsetzung der Gütergemeinschaft die Vorschriften über den Erbschein entsprechend (§ 1507 S. 2 BGB, § 354 FamFG). Dies gilt auch für die Frage, wer Beteiligter sein kann (§ 345 Abs. 2). Es gelten daher die Ausführungen oben unter Rn 89 ff und Rn 152 ff, soweit sich nicht aus den Besonderheiten der Fortgesetzten Gütergemeinschaft Besonderheiten ergeben. Es werden den im Folgenden nur die **Abweichungen zum Erbscheinverfahren** hervorgehoben:

---

234 Vgl BGHZ 30, 263.
235 BayObLG FamRZ 2003, 153.
236 BayObLG FamRZ 2003, 153.
237 BayObLG FamRZ 2006, 147; BayObLG FamRZ 2003, 153; vgl auch SchuSo/Müller-Lukoschek § 84 FGG Rn 33 mwN zum früheren Recht.
238 BGHZ 30, 220; BayObLG FamRZ 2001, 1736.
239 Hartmann § 108 KostO Rn 7 mwN.
240 Hartmann § 108 KostO Rn 6.
241 Hartmann § 108 KostO Rn 1.

V. Einzelne Nachlassverfahren 18

Zuständig ist das Nachlassgericht, welches für die Nachlasssachen hinsichtlich des verstorbenen Ehegatten zuständig ist. Funktionell zuständig ist der Rechtspfleger; es besteht kein Richtervorbehalt. 176

Antragsberechtigt ist nach § 1507 S. 1 BGB während des Bestehens der fortgesetzten Erbengemeinschaft nur der überlebende Ehegatte sowie in den Fällen der §§ 792, 896 ZPO der Gläubiger. Nach Beendigung ist dagegen jeder am Gesamtgut Beteiligte antragsberechtigt.[242] Der Antrag hat sich stets auf die Erteilung eines gemeinschaftlichen Zeugnisses zu richten.[243] 177

Im Rahmen der entsprechenden Anwendung der §§ 2354 ff BGB sind **vom Antragsteller nachzuweisen:** 178

- die Zeit des Todes des verstorbenen Ehegatten;
- die gemeinschaftlichen Kinder mit dem überlebenden Ehegatten (als Beteiligte am Gesamtgut);
- weitere Kinder des verstorbenen Ehegatten (§ 1483 Abs. 2 BGB);
- sämtliche weggefallenen Kinder (§ 2354 Abs. 2 BGB);
- die Ehe (§ 2354 Abs. 1 Nr. 2 BGB);
- der Ehevertrag mit Vereinbarung[244] zur Fortsetzung der Gütergemeinschaft (§§ 1384 Abs. 1 S. 1, 2355 BGB);
- die Erklärung über weitere Erbverträge, Eheverträge, Testamente (§ 2355 BGB);
- die Erklärung, ob ein Rechtsstreit über die Fortsetzung der Gütergemeinschaft anhängig ist (§§ 1495, 2354 Abs. 1 Nr. 5 BGB);
- die Erklärung, dass keine Ablehnung der fortgesetzten Gütergemeinschaft erfolgt ist (§§ 1484, 2354 Abs. 2 BGB).

Das **Zeugnis** weist (nur) aus, dass die fortgesetzte Gütergemeinschaft eingetreten ist, nicht aber deren Fortbestehen.[245] Es enthält Angaben zu Name, Wohnort und Todestag des verstorbenen Ehegatten sowie die Angabe, dass die Gütergemeinschaft von dem – namentlich zu benennenden – Ehegatten mit den gemeinsamen Abkömmlingen fortgesetzt wird, wobei sinnvoll – wenngleich nicht gesetzlich vorgeschrieben[246] – ist, auch diese namentlich aufzuführen. Wenn einseitige Abkömmlinge vorhanden sind, muss dies wegen § 1483 Abs. 2 BGB ausgewiesen werden und zudem die Angabe des Bruchteils des früheren Gesamtgutes erfolgen, welches nunmehr Gesamtgut der fortgesetzten Gütergemeinschaft ist.[247] Obwohl das Zeugnis nur den Eintritt der fortgesetzten Gütergemeinschaft belegt, sind später eingetretene Änderungen bei Erteilung des Zeugnisses zu berücksichtigen und zum Schutz des Rechtsverkehrs in das Zeugnis aufzunehmen. 179

---

242 Palandt/Brudermüller § 1507 BGB Rn 3.
243 Firsching/Graf Rn 4.362.
244 Zur abweichenden Rechtslage, wenn die Ehegatten bereits vor dem 1.7.1958 im Güterstand der allgemeinen Gütergemeinschaft oder der Fahrnisgemeinschaft lebten, vgl Firsching/Graf Rn 4.357.
245 Palandt/Brudermüller § 1507 BGB Rn 5; Firsching/Graf Rn 4.362.
246 Palandt/Brudermüller § 1507 BGB Rn 4.
247 Palandt/Brudermüller § 1507 BGB Rn 4.

Dieker 847

180 Sofern der **Ehevertrag vor dem 1.7.**1958 abgeschlossen wurde, soll – da bis dahin die Fortsetzung der Gütergemeinschaft der gesetzliche Regelfall war – auch die Beantragung und die Erteilung eines „negativen" Zeugnisses über die Nichtfortsetzung der Gütergemeinschaft zulässig sein. Für später geschlossene Eheverträge dürfte es jedoch nicht nur an einer gesetzlichen Grundlage, sondern auch an einem entsprechenden Bedürfnis fehlen.[248]

181 Obwohl der Verweis des § 1507 BGB auf die Vorschriften über den Erbschein den § 2361 BGB nicht ausnimmt, soll nach ganz überwiegender Ansicht das Zeugnis – anders als der Erbschein – bei **Änderung der Verhältnisse nicht einzuziehen** sein, da sich der Rechtsschein nur auf den ursprünglichen Eintritt der Fortsetzung der Gütergemeinschaft bezieht. Wenn das Zeugnis jedoch einen **falschen Inhalt** ausweist, ist es einzuziehen und ggf auch für kraftlos zu erklären.

182 Über die Erteilung des Zeugnisses hat das Nachlassgericht gem. § 34 ErbStG iVm § 7 Abs. 1 ErbStDVO und Ziff. XVII/2 Abs. 1 Nr. 4 MiZi das für die Erbschaftsteuer zuständige Finanzamt zu unterrichten; die Unterrichtung kann unterbleiben, wenn anzunehmen ist, dass der Wert des Nachlasses 5.200 EUR[249] nicht übersteigt, oder seit dem Erbfall mehr als zehn Jahre vergangen sind.

183 Auch für das Zeugnis über die Fortsetzung der Gütergemeinschaft fällt **eine volle Gebühr** an (§ 109 Abs. 1 Nr. 1 S. 1 iVm § 107 Abs. 1 KostO); für dessen Einziehung oder Kraftloserklärung eine halbe Gebühr. Geschäftswert entspricht der Hälfte des Wertes des Gesamtguts der fortgesetzten Gütergemeinschaft.

8. Überweisungszeugnisse (§§ 36, 37 GBO, §§ 42, 74 SchiffsRegO)

184 Auch für die **Überweisungszeugnisse** nach den §§ 36, 37 GBO und §§ 42, 74 SchiffsRegO gelten die Vorschriften über das Erbscheinsverfahren weiterhin entsprechend (§ 354).

185 Durch diese Zeugnisse kann auf kostengünstige Weise eine Eintragung im Grundbuch, im Schiffsregister und im Schiffsbauregister erreicht werden, da nach § 111 Abs. 1 Nr. 1 KostO für diese Zeugnisse lediglich die Mindestgebühr nach § 33 KostO in Höhe von 10 EUR neben der Gebühr nach § 49 KostO erhoben wird. Das Überweisungszeugnis zieht gegenüber dem **Grundbuchamt**, dem **Schiffsregister** und dem **Schiffsbauregister** die **Vermutung der Richtigkeit** nach sich.

186 Voraussetzung ist stets, dass einer der **Erben** oder der Berechtigten an einer **fortgesetzten Gütergemeinschaft** im Zuge der Auseinandersetzung Rechtsnachfolger für das eingetragene Recht am Grundstück, Schiff oder Schiffsbauwerk geworden ist.

187 Die Verteilung der **funktionellen Zuständigkeit** zwischen Richter und Rechtspfleger entspricht derjenigen des Erbscheinserteilungsverfahrens. **Zu prüfen** sind sowohl die Erbfolge bzw der Eintritt der Fortgesetzten Gütergemeinschaft als auch die Wirksamkeit der Erklärungen zur Rechtsänderung, die zudem die Form des § 29 GBO bzw des § 42 SchiffsRegO einhalten müssen. Die Form ist gewahrt, wenn ein Gericht im Rah-

---

[248] Vgl hierzu aber auch Firsching/Graf Rn 4.362 Fn 516 und Palandt/Brudermüller § 1507 BGB Rn 4.
[249] Hausrat ist bis zu einem Wert von 5.200 EUR nicht anzurechnen.

men eines Auseinandersetzungsverfahrens die Erklärungen nach § 366 beurkundet hat. Zu beachten ist, dass der gerichtliche Beschluss über die Bestätigung der Auseinandersetzungsvereinbarung nach § 371 Abs. 1 erst mit Rechtskraft wirksam wird.

Der **Inhalt der Zeugnisse** hat die Rechtsnachfolge nach dem Erblasser anzugeben, also bei Erbengemeinschaft die Erben zu benennen und bei der fortgesetzten Gütergemeinschaft den überlebenden Ehegatten sowie die gemeinschaftlichen Abkömmlinge. Zudem hat es auszuweisen, welchem der Erben – im Falle der fortgesetzten Gütergemeinschaft welchem der Beteiligten – welches konkret zu bezeichnende Recht aufgelassen oder übertragen wurde, und dass die Eintragung dieses Rechts bewilligt wurde.[250]

188

Auch das Verfahren über die **Einziehung** und **Kraftloserklärung** des Zeugnisses entspricht denjenigen des Erbscheins (§ 354). Eine Einziehung oder Kraftloserklärung hat jedoch keine unmittelbare Beseitigung einer etwa schon erfolgten Eintragung im Grundbuch oder Register zur Folge, kann aber Anlass zu Amtsermittlungen des Grundbuchamtes bzw des Schiffs(bau)registers nach § 94 GBO bzw § 33 SchiffsRegO sein.

189

9. Ernennung und Entlassung des Testamentsvollstreckers; sonstige Verfahren im Zusammenhang mit der Testamentsvollstreckung

Die **Testamentsvollstreckung** kann nur aufgrund einer **Verfügung von Todes wegen** erfolgen. Dabei kann der Erblasser nicht nur die Auswahl des Testamentsvollstreckers in der Verfügung von Todes wegen selbst vornehmen (§ 2197 BGB), sondern die Bestimmung auch einem Dritten (§ 2198 BGB) oder dem Nachlassgericht übertragen (§ 2200 BGB).

190

a) Ernennung durch das Nachlassgericht (§ 2200 BGB)

Wenn der Erblasser in dem Testament das **Nachlassgericht** ersucht hat, einen Testamentsvollstrecker **zu bestimmen**, führt dieses – durch den nach § 16 Abs. 1 Nr. 2 RPflG[251] zuständigen Richter – von Amts wegen ein entsprechendes **Verfahren** durch. Dabei genügt es, dass sich ein solches Ersuchen durch Auslegung des Testaments feststellen lässt. Ein solches stillschweigendes Ersuchen kommt insbesondere in Betracht, wenn der Erblasser zwar ersichtlich eine Testamentsvollstreckung will, aber in dem Testament keine Angaben zur Person des Testamentsvollstreckers enthalten sind. Auch wenn verfügt ist, dass der – beispielsweise noch minderjährige – Erbe für einen bestimmten Zeitraum den Nachlass nicht verwalten soll. Wenn dagegen die vom Erblasser als Testamentsvollstrecker vorgesehene Person[252] wegfällt, ist stets zu prüfen, ob das Testament in seiner Gesamtheit den Willen des Erblassers erkennen lässt, die Testamentsvollstreckung auch für diesen Fall anzuordnen oder fortdauern zu lassen.[253] Hierfür ist zu ermitteln, welche Gründe den Erblasser zur Anordnung der Testamentsvollstreckung veranlasst haben.[254]

191

---

250 Vgl hierzu mit Beispielen: Firsching/Graf Rn 4.383 ff.
251 Sofern dieser Richtervorbehalt nicht durch Landesrecht nach § 19 RPflG aufgehoben ist.
252 Oder der Dritte, der nach § 2198 BGB den Testamentsvollstrecker bestimmen soll.
253 OLG Zweibrücken Rpfleger 2006, 409; BayObLG NJW-RR 2003, 224; OLG München OLGReport 2009, 205.
254 Vgl ausführlich Palandt/Edenhofer § 2200 BGB Rn 2 f sowie MK/Zimmermann § 2200 BGB Rn 4.

192 Muss-**Beteiligter** an diesem Verfahren ist gem. § 345 Abs. 3 S. 1 nur der Testamentsvollstrecker. Eventuell bestimmte weitere Testamentsvollstrecker sowie die Erben sind als Kann-Beteiligte von der Einleitung des Verfahrens sowie ihrem Recht, die Hinzuziehung zu beantragen, zu unterrichten (§ 7 Abs. 4); auf ihren Antrag müssen sie hinzugezogen werden (§ 345 Abs. 3 S. 3).

193 Das Nachlassgericht **prüft** zunächst, ob ein wirksames Ernennungsersuchen des Erblassers vorliegt[255] und ob gesetzliche Gründe der Ernennung eines Nachfolgers im Rahmen der Dauerzwangsvollstreckung entgegenstehen; so ist die Bestellung eines (Ersatz-)Testamentsvollstreckers wegen § 2210 S. 1 BGB nicht mehr zulässig, wenn seit dem Tod des Erblassers 30 Jahre vergangen sind.[256] Die Bestellung kann trotz der testamentarischen Anordnung des Erblassers abzulehnen sein, wenn die für den Testamentsvollstrecker vorgesehenen Aufgaben bereits abgeschlossen sind. Wenn die Bestellung eines Testamentsvollstreckers möglich ist, entscheidet das Nachlassgericht nach Anhörung der Beteiligten nach pflichtgemäßem Ermessen, ob es einen Testamentsvollstrecker bestimmt. Im Rahmen der Ermessensentscheidung kann das Nachlassgericht auch dann von einer Bestellung absehen, wenn es zu der Überzeugung gelangt, dass der Erblasser in der konkret vorliegenden Situation die Bestellung eines Testamentsvollstreckers nicht mehr gewollt hätte oder diese nicht mehr zweckmäßig erscheint.[257]

194 Sofern ein Testamentsvollstrecker zu bestellen ist, hat das Nachlassgericht etwaige **Vorgaben des Erblassers zur Person des Testamentsvollstreckers** zu beachten. An Vereinbarungen oder Vorschläge der Erben ist es nicht gebunden; allerdings kann es einen Verstoß gegen das Recht auf rechtliches Gehör darstellen, wenn das Gericht die Vorschläge der Beteiligten zur Person des Testamentsvollstreckers nicht ernsthaft in Erwägung zieht. Im Übrigen darf die ausgewählte Person für die Aufgabe des Testamentsvollstreckers nicht ungeeignet sein.[258]

195 Das Nachlassgericht **entscheidet** – auch wenn die Ernennung eines Testamentsvollstreckers abgelehnt wird[259] – durch mit Rechtsmittelbelehrung zu versehenden **Beschluss**, der den Beteiligten bekannt zu geben ist. Nach § 40 Abs. 1 wird er mit der Bekanntgabe an den ausgewählten Testamentsvollstrecker wirksam. Dessen Amt beginnt jedoch erst, sobald dieser es durch Erklärung gegenüber dem Nachlassgericht annimmt (§ 2202 BGB). Lehnt er das Amt ab, hat das Nachlassgericht eine neue Auswahl vorzunehmen,[260] selbst wenn der – nunmehr ins Leere gehende – Beschluss über dessen Ernennung mittlerweile rechtskräftig geworden ist.

196 Fehlt es an einer der Voraussetzungen zur Ernennung, ist der Beschluss rechtswidrig, aber nicht nichtig. Soweit zum bisherigen Recht die Auffassung vertreten wurde, bei Fehlen einer Anordnung des Erblassers zur Testamentsvollstreckung oder bei Erledigung aller Aufgaben zum Zeitpunkt der Bestellung des Testamentsvollstreckers sei der

---

255 Vgl MK/Zimmermann § 2200 BGB Rn 5.
256 BGHZ 174, 346.
257 BayObLGZ 2003, 306; MK/Zimmermann § 2200 BGB Rn 5.
258 SchuSo/Müller-Lukoschek § 81 FGG Rn 2; Palandt/Edenhofer § 2200 BGB Rn 5.
259 Auch hierbei handelt es sich um eine Endentscheidung iSd § 38 Abs. 1.
260 Palandt/Edenhofer § 2200 BGB Rn 4.

Beschluss „gegenstandslos",[261] fehlt es jedenfalls jetzt an einer rechtlichen Grundlage im FamFG für die Annahme einer Nichtigkeit des Beschlusses.

Für die **Beschwerde** gegen den Beschluss gelten die allgemeinen Vorschriften. Beschwerdeberechtigt gegen einen Beschluss, mit dem der Testamentsvollstrecker ernannt wird, ist der Erbe, über dessen Erbanteil die Testamentsvollstreckung angeordnet wurde. Beschwerdeberechtigt ist auch ein Dritter, der vom Erblasser in dem Testament zum Testamentsvollstrecker[262] ernannt wurde, sowie ein Dritter, dem die Auswahl des Testamentsvollstreckers nach § 2198 Abs. 1 BGB vom Erblasser überlassen wurde, gegen die Ernennung eines anderen Testamentsvollstreckers.[263] Darüber hinaus dürfte ein Mit-Vollstrecker, dessen Verfügungsgewalt durch die Bestellung des weiteren Testamentsvollstreckers berührt wird, gleichfalls beschwerdeberechtigt sein. Nicht beschwerdeberechtigt ist der ausgewählte Testamentsvollstrecker: Er hat kein Rechtsschutzbedürfnis, da er durch Ablehnung des Amtes nach § 2202 BGB auf einfachere Weise sein Ziel erreichen kann; er ist jedoch gegen einen Beschluss des Beschwerdegerichts, mit dem der Beschluss über seine Bestellung aufgehoben wird, zur Rechtsbeschwerde berechtigt, sofern diese zugelassen ist.

Weitere Personen – insbesondere Pflichtteilsberechtigte und weitere **Nachlassgläubiger**[264] – sind meines Erachtens gegen einen Beschluss, mit dem der Testamentsvollstrecker bestellt wird, **nicht beschwerdeberechtigt**, da sie durch die Bestellung nicht unmittelbar in ihren Rechten iSd § 59 Abs. 1 beeinträchtigt werden:[265] Weder die Bestellung eines Testamentsvollstreckers als solche noch die konkrete Auswahl der Person des Testamentsvollstreckers betreffen unmittelbar die Rechtspositionen des Nachlassgläubigers. Dementsprechend auch ein Miterbe, dessen Erbanteil nicht mit der Testamentsvollstreckung beschwert ist, nicht gegen die Auswahl der Person des Testamentsvollstreckers über einen anderen Erbanteil beschwerdeberechtigt.[266] Anders liegt die Situation dann, wenn das Nachlassgericht durch Beschluss die Ernennung eines Testamentsvollstreckers ablehnt. Die Nachlassgläubiger benötigen dann, wenn der Nachlass der Testamentsvollstreckung unterliegt, einen Titel gegen den Testamentsvollstrecker, um in den Nachlass vollstrecken zu können, so dass die Verweigerung des Nachlassgerichts, einen Testamentsvollstrecker zu bestellen, ihre Rechte unmittelbar berühren kann.[267]

---

261 Vgl MK/Zimmermann § 2200 BGB Rn 13 und SchuSo/Müller-Lukoschek § 2200 BGB Rn 4.
262 Vgl zum Fall der Beschwerdeberechtigung eines aufschiebend bedingten Ersatztestamentsvollstreckers, wenn durch die Bestellung eines anderen Ersatztestamentsvollstreckers der Eintritt der Bedingung hinausgeschoben wird, OLG München OLGReport 2009, 202.
263 Vgl SchuSo/Müller-Lukoschek § 81 FGG Rn 6; aA KKW/Kahl § 20 FGG Rn 85 unter Hinweis auf KG JFG 20, 151.
264 Zum „gewöhnlichen" Nachlassgläubiger vgl OLG Düsseldorf FGPrax 2004, 813; offengelassen von BayObLG FamRZ 2002, 641.
265 AA zum bisherigen Recht, bei dem allerdings auch abweichend von § 345 Abs. 3 weitere Personenkreise als Beteiligte angesehen wurden: MK/Zimmermann § 2199 Rn 12 und § 2200 BGB Rn 14; Staudinger/Reimann § 2200 BGB Rn 16; SchuSo/Müller-Lukoschek § 81 FGG Rn 5; KKW/Kahl § 20 FGG Rn 84; offen: Palandt/Edenhofer § 2200 BGB Rn 6 mwN aus der Rechtsprechung.
266 OLG Hamm FamRZ 2008, 1379.
267 AA OLG Düsseldorf FGPrax 2004, 813: Der Nachlassgläubiger könne nach Ablehnung der Bestellung durch das Nachlassgericht unmittelbar gegen die Erben geltend machen; zweifelnd: BayObLG FamRZ 2002, 641 für den Fall, dass der Nachlassgläubiger noch nicht über einen Titel verfügt.

b) Fristsetzung zur Bestimmung des Testamentsvollstreckers durch Dritten (§ 2198 Abs. 2 BGB)

199 Der Erblasser kann durch **testamentarische Verfügung** bestimmen, dass ein **Dritter die Person des Testamentsvollstreckers** bestimmt, § 2198 Abs. 1 S. 1 BGB. Das Bestimmungsrecht ist zunächst grundsätzlich unbefristet, wenn nicht der Erblasser testamentarisch eine Frist angeordnet hat.[268] Das Bestimmungsrecht kann nur durch **öffentlich beglaubigte Erklärung gegenüber dem Nachlassgericht** ausgeübt werden; auf eine unzureichende Form einer Erklärung hat das Nachlassgericht gem. § 28 Abs. 3 hinzuweisen.[269]

200 Gem. § 2198 Abs. 2 BGB können die „Beteiligten" beim Nachlassgericht beantragen, dem Dritten, der das Bestimmungsrecht innehat, eine **Frist zu dessen Ausübung zu setzen**. Es handelt sich um ein **Antragsverfahren**; sofern das Nachlassgericht ohne Antrag die Frist setzt, wird durch eine so gesetzte Frist die gesetzliche Folge des Verlustes des Bestimmungsrechts nicht ausgelöst.[270] Der Antrag kann bis zur Rechtskraft der Entscheidung des Nachlassgerichts nach Maßgabe des § 22 zurückgenommen werden. In diesem Fall wird die bereits erfolgte Fristsetzung wirkungslos; dies kann auf Antrag durch unanfechtbaren Beschluss festgestellt werden (§ 22 Abs. 2 S. 2).

201 **Zuständig** ist das nach § 343 für den Nachlass des Erblassers zuständige Nachlassgericht; funktionell ist der Rechtspfleger zuständig; ein Richtervorbehalt besteht nicht.

202 Bisher war weitgehend unstreitig, dass der Kreis der **antragsberechtigten Beteiligten** iSd § 2198 Abs. 2 BGB (wie auch des entsprechenden § 2202 Abs. 3 BGB) weit zu fassen war. Insbesondere sollten nicht nur die Erben insoweit antragsberechtigt sein, sondern jeder, der ein rechtliches Interesse an der Klarstellung der Person des Testamentsvollstreckers hat; hierzu wurden die Pflichtteilsberechtigten, Vermächtnisnehmer sowie sonstige Nachlassgläubiger, Nacherben und Auflageberechtigten gerechnet.[271] Hieran hat sich durch die FGG-Reform nichts geändert. Im Zuge der FGG-Reform ist zwar nach dem Wortlaut des § 345 Abs. 3 der Kreis der Beteiligten „im Verfahren zur Ernennung des Testamentsvollstreckers" auf die Erben und Testamentsvollstrecker beschränkt worden. Da allerdings den Gesetzesmaterialien keine Hinweise darauf zu entnehmen sind, dass beabsichtigt gewesen wäre, auch in den Verfahren zur Fristbestimmung nach den §§ 2198 und 2202 BGB den Kreis der antragsberechtigten Personen gegenüber der bisher geltenden Rechtslage einzuschränken, kann davon ausgegangen werden, dass für diese Verfahren nicht § 345 Abs. 3, sondern § 345 Abs. 4 S. 1 Nr. 3 (Bestimmung erbrechtlicher Fristen) ausschließlich anwendbar ist. Beteiligte sind demnach als Muss-Beteiligte der zur Bestimmung des Testamentsvollstreckers berufene Dritte (§ 345 Abs. 4 S. 1 Nr. 3) und der Antragsteller (§ 7 Abs. 1) und als Kann-Beteiligte insbesondere die Erben. Andere Personengruppen – insbesondere weitere gleichfalls antragsberechtigte Nachlassgläubiger – sind keine Kann-Beteiligten iSd § 345 Abs. 4 S. 3, da ihre Rechte durch die Fristsetzung nicht unmittelbar berührt werden.

---

268 Vgl MK/Zimmermann § 2198 BGB Rn 10.
269 Vgl auch zur Form bei der Bestimmung durch den Amtsträger MK/Zimmermann, 4. Aufl., § 2198 BGB Rn 7.
270 Vgl SchuSo/Müller-Lukoschek § 81 FGG Rn 7.
271 Vgl Palandt/Edenhofer § 2198 BGB Rn 3; MK/Zimmermann § 2198 BGB Rn 12 mwN.

V. Einzelne Nachlassverfahren

Nach Eingang des schriftlichen oder zur Niederschrift der Geschäftsstelle erklärten **203**
Antrags (§ 25 Abs. 1), der begründet werden soll (§ 23 Abs. 1), hat das Nachlassgericht die übrigen Beteiligten von der Einleitung des Verfahrens (§ 7 Abs. 4) – sinnvollerweise durch Übermittlung des Antrags nach § 23 Abs. 2 – von der Verfahrenseinleitung zu unterrichten und über ihr Antragsrecht auf Beteiligung zu belehren. Kann-Beteiligte, die die Beteiligung beantragen, sind hinzuzuziehen (§ 345 Abs. 4 S. 3).

Das Nachlassgericht prüft, ob die Voraussetzungen zur Fristbestimmung vorliegen; **204**
insbesondere, ob der Dritte wirksam zur Bestimmung des Testamentsvollstreckers bestimmt worden ist und ob er es bereits ausgeübt hat.

Die **Fristbestimmung** erfolgt durch **verfahrensbeendigenden Beschluss**. Der Beschluss **205**
enthält die Angabe der – nach Ermessen des Nachlassgerichts bestimmten – Frist, binnen derer der in dem Beschluss zu bezeichnende bestimmungsberechtigte Dritte die Person des Testamentsvollstreckers zu bestimmen hat. Der Beschluss ist mit einer Rechtsmittelbelehrung zu versehen. Gesetzlich nicht vorgeschrieben, aber dennoch aus Fürsorgegesichtspunkten geboten ist es, den Dritten zudem sowohl auf die gesetzlichen Folgen bei Verstreichenlassen der Frist als auch auf das Formbedürfnis der Bestimmungserklärung hinzuweisen. Der Beschluss ist den Beteiligten bekannt zu geben (§ 15 Abs. 1). Hat ein Beteiligter – insbesondere der Dritte, dem eine Frist bestimmt wird – zu erkennen gegeben, dass der Beschluss seinem Willen nicht entspricht, ist er zuzustellen (§ 41 Abs. 1 S. 2). Wirksam wird der Beschluss gem. § 40 Abs. 1 mit Bekanntgabe an den bestimmungsberechtigten Dritten.

Gegen den Beschluss, mit dem eine Frist gesetzt wird, ist – obwohl es sich um eine **206**
Endentscheidung iSd § 58 Abs. 1 handelt[272] – ausnahmsweise nicht die Beschwerde gem. § 58 ff, sondern gem. § 355 Abs. 1 die **sofortige Beschwerde** in entsprechender Anwendung der §§ 567–572 ZPO gegeben, da der Gesetzgeber die bisher in § 80 FGG enthaltene kürzere Beschwerdefrist von zwei Wochen beibehalten wollte.[273] Demnach ist die Beschwerde binnen einer Notfrist von zwei Wochen entweder beim Nachlassgericht oder beim Oberlandesgericht (§ 569 Abs. 1 ZPO analog) einzulegen; das Nachlassgericht hat zu entscheiden, ob es der sofortigen Beschwerde abhilft (§ 572 Abs. 1 ZPO). Die sofortige Beschwerde ist nur zulässig, wenn der Beschwerdeführer durch die angefochtene Entscheidung beschwert ist. Gegen die Fristsetzung ist der bestimmungsberechtigte Dritte beschwerdeberechtigt, gegen die festgesetzte Dauer der Frist auch der Antragsteller.

Wenn das **Gericht eine Fristsetzung durch Beschluss** ablehnt, ist dagegen das allgemeine **207**
Rechtsmittel der **Beschwerde** nach § 58 ff gegeben. In diesem Fall ist nur der Antragsteller beschwerdeberechtigt (§ 59 Abs. 2).[274]

---

272 AA BT-Drucks. 16/6308, 282, der annimmt, dass es sich bei der Fristsetzung um eine Zwischenentscheidung in einem einheitlichen Verfahren nach § 2198 BGB handele; dies verkennt, dass die Tätigkeit des Nachlassgerichts mit dem fristsetzenden Beschluss abgeschlossen ist; eine Überwachung, ob innerhalb der gesetzten Frist eine Bestimmung erfolgt, ist gesetzlich nicht vorgesehen und auch nicht geboten; es findet keine weitere Entscheidung statt.
273 BT-Drucks. 16/6308, 282.
274 Vgl SchuSo/Müller-Lukoschek § 80 FGG Rn 11; KKW/Winkler § 80 FGG Rn 11.

Dieker

208 Mit der Rechtskraft des Beschlusses ist das Verfahren des Nachlassgerichts beendet. Der Beschluss über die Fristsetzung hat **keinen vollstreckungsfähigen Inhalt**, da der Dritte nicht verpflichtet ist, das Bestimmungsrecht auszuüben. Das **Bestimmungsrecht erlischt**, wenn der Dritte es nicht innerhalb der gesetzten Frist ausübt. Ob das Bestimmungsrecht erloschen ist oder ob es wirksam ausgeübt wurde, wird vom Nachlassgericht nicht durch gesonderten Beschluss festgestellt, sondern allenfalls im Rahmen eines Antrags auf Erteilung eines Testamentsvollstreckerzeugnisses inzident geprüft.[275]

c) Fristsetzung zur Erklärung über die Annahme oder Ablehnung des Amtes (§ 2202 Abs. 3 BGB)

209 Das **Amt eines ernannten Testamentsvollstreckers** beginnt erst, wenn und sobald dieser erklärt, das Amt anzunehmen. Solange der Ernannte keine Erklärung über die Annahme oder Ablehnung des Amtes abgegeben hat, bleibt ungewiss, ob das Amt des Testamentsvollstreckers von ihm tatsächlich übernommen wird. Die Abgabe der Erklärung erfolgt in den Formen des § 25 Abs. 1 (schriftlich oder zur Niederschrift der Geschäftsstelle). Das Gesetz sieht keine Frist für die Erklärung vor.

210 Gem. § 2202 Abs. 3 BGB können die „Beteiligten" beim Nachlassgericht **beantragen, dem ernannten Testamentsvollstrecker eine Frist zur Erklärung zu setzen**, ob er das Amt des Testamentsvollstreckers annimmt oder ablehnt. Es handelt sich um ein Antragsverfahren; sofern das Nachlassgericht ohne Antrag die Frist setzt, werden durch eine so gesetzte Frist die gesetzlichen Folgen des fruchtlosen Verstreichens der Frist des § 2202 Abs. 3 S. 2 BGB (Schweigen gilt als Ablehnung des Amtes) nicht ausgelöst. Der Antrag kann bis zur Rechtskraft der Entscheidung des Nachlassgerichts nach Maßgabe des § 22 zurückgenommen werden; in diesem Fall wird die bereits erfolgte Fristsetzung wirkungslos; dies kann auf Antrag durch unanfechtbaren Beschluss festgestellt werden (§ 22 Abs. 2 S. 2).

211 **Zuständig** ist das nach § 343 für den Nachlass des Erblassers zuständige Nachlassgericht; funktionell ist der Rechtspfleger zuständig; ein Richtervorbehalt besteht nicht.

212 Wie bisher ist der Kreis der **antragsberechtigten Beteiligten** iSd § 2202 Abs. 3 BGB (wie auch des entsprechenden § 2198 Abs. 2 BGB) weit zu fassen. Insbesondere sind nicht nur die Erben antragsberechtigt, sondern jeder, der ein rechtliches Interesse an der Klärung hat. Hierzu werden die Pflichtteilsberechtigten, Vermächtnisnehmer sowie sonstige Nachlassgläubiger (vgl § 748 ZPO), Nacherben, Auflageberechtigten gerechnet (vgl Rn 202).[276]

213 Nach Eingang des schriftlichen oder zur Niederschrift der Geschäftsstelle erklärten Antrags (§ 25 Abs. 1), der begründet werden soll (§ 23 Abs. 1), hat das Nachlassgericht die übrigen Beteiligten von der Einleitung des Verfahrens (§ 7 Abs. 4) – sinnvollerweise durch Übermittlung des Antrags nach § 23 Abs. 2 – von der Verfahrenseinleitung zu unterrichten und über ihr Antragsrecht auf Beteiligung zu belehren. Kann-Beteiligte, die die Beteiligung beantragen, sind hinzuzuziehen (§ 345 Abs. 4 S. 3).

---

275 Vgl Staudinger/Reimann § 2198 BGB Rn 28.
276 Vgl Palandt/Edenhofer § 2198 BGB Rn 3 und § 2202 BGB Rn 3; MK/Zimmermann § 2202 BGB Rn 10 und § 2198 BGB Rn 12 mwN.

Das Nachlassgericht prüft, ob die Voraussetzungen zur Fristbestimmung vorliegen; 214
insbesondere, ob eine wirksame Bestimmung zum Testamentsvollstrecker vorliegt und
ob der Benannte das Amt bereits angenommen oder abgelehnt hat.

Die **Fristbestimmung** erfolgt durch verfahrensbeendigenden **Beschluss**. Der Beschluss 215
enthält die Angabe der – nach Ermessen des Nachlassgerichts bestimmten – Frist, binnen derer sich der Ernannte über die Annahme oder Ablehnung des Amtes zu erklären
hat. Der Beschluss ist mit einer Rechtsmittelbelehrung zu versehen. Gesetzlich nicht
vorgeschrieben, aber dennoch aus Fürsorgegesichtspunkten geboten ist es, den Ernannten auf die gesetzlichen Folgen bei Verstreichenlassen der Frist hinzuweisen. Der Beschluss ist den Beteiligten bekannt zu geben ist (§ 15 Abs. 1). Hat ein Beteiligter – insbesondere der Ernannte, dem eine Frist bestimmt wird – zu erkennen gegeben, dass der
Beschluss seinem Willen nicht entspricht, ist er zuzustellen (§ 41 Abs. 1 S. 2). Wirksam
wird der Beschluss gem. § 40 Abs. 1 mit Bekanntgabe an den Ernannten.

Gegen den Beschluss, mit dem eine Frist gesetzt wird, ist – obwohl es sich um eine 216
Endentscheidung iSd § 58 Abs. 1 handelt[277] – ausnahmsweise nicht die Beschwerde
gem. § 58 ff, sondern gem. § 355 Abs. 1 die **sofortige Beschwerde** in entsprechender
Anwendung der §§ 567–572 ZPO gegeben, da der Gesetzgeber die bisher in § 80 FGG
enthaltene kürzere Beschwerdefrist von zwei Wochen beibehalten wollte.[278] Demnach
ist die Beschwerde binnen einer Notfrist von zwei Wochen entweder beim Nachlassgericht oder beim Oberlandesgericht (§ 569 Abs. 1 ZPO analog) einzulegen; das Nachlassgericht hat zu entscheiden, ob es der sofortigen Beschwerde abhilft (§ 572 Abs. 1
ZPO). Die Beschwerde ist nur zulässig, wenn der Beschwerdeführer durch die angefochtene Entscheidung beschwert ist. Gegen die Fristsetzung ist der bestimmungsberechtigte Dritte beschwerdeberechtigt, gegen die festgesetzte Dauer der Frist auch der
Antragsteller.

Wenn das Gericht eine **Fristsetzung durch Beschluss ablehnt**, ist dagegen das allgemeine 217
Rechtsmittel der **Beschwerde** nach §§ 58 ff gegeben. In diesem Fall ist nur der Antragsteller beschwerdeberechtigt (§ 59 Abs. 2).[279]

Mit der Rechtskraft des Beschlusses ist das Verfahren des Nachlassgerichts beendet. 218
Der Beschluss über die Fristsetzung hat keinen vollstreckungsfähigen Inhalt, da der
Testamentsvollstrecker nicht verpflichtet ist, sich zu erklären. Wenn jedoch innerhalb
der Frist keine Erklärung beim Nachlassgericht eingeht, gilt das Amt gem. § 2203
Abs. 3 BGB als abgelehnt.

**d) Außerkraftsetzen einer Anordnung des Erblassers gegenüber dem
Testamentsvollstrecker (§ 2216 Abs. 2 S. 2 BGB)**

Der **Testamentsvollstrecker hat Anordnungen**, die der Erblasser durch letztwillige Ver- 219
fügung getroffen hat, **zu befolgen** (§ 2216 Abs. 2 S. 1 BGB). Dies betrifft auch Verwal-

---

277 AA BT-Drucks. 16/6308, 282, der annimmt, dass es sich bei der Fristsetzung um eine Zwischenentscheidung in einem einheitlichen Verfahren nach § 2198 BGB handele; dies verkennt, dass die Tätigkeit des Nachlassgerichts mit dem fristsetzenden Beschluss abgeschlossen ist; eine Überwachung, ob innerhalb der gesetzten Frist eine Bestimmung erfolgt, ist gesetzlich nicht vorgesehen und auch nicht geboten; es findet keine weitere Entscheidung statt.
278 BT-Drucks. 16/6308, 282.
279 Vgl SchuSo/Müller-Lukoschek § 80 FGG Rn 11; KKW/Winkler § 80 FGG Rn 11.

Dieker

tungsanordnungen. Insbesondere im Rahmen von Dauertestamentsvollstreckungen kann es sich aber aufgrund durch Zeitablauf geänderter tatsächlicher Verhältnisse ergeben, dass die Befolgung der Verwaltungsanordnungen nicht mehr einer ordnungsgemäßen Verwaltung des Nachlasses entspricht oder sogar den Nachlass gefährdet. Im letztgenannten Fall eröffnet § 2216 Abs. 2 S. 1 BGB die Möglichkeit, die den Nachlass gefährdende Anordnung des Erblassers vom Nachlassgericht **außer Kraft setzen** zu lassen.

220 **Zuständig** ist das örtlich gem. § 343 BGB für den Nachlass des Erblassers zuständige Nachlassgericht. Zuständig ist gem. § 16 Abs. 1 Nr. 3 RPflG der **Richter**; auch durch Landesrecht kann der Richtervorbehalt nicht aufgehoben werden.

221 Es handelt sich um ein **Antragsverfahren**. Antragsberechtigt ist der Testamentsvollstrecker – für den sogar eine Pflicht zur Antragstellung bestehen kann[280] – sowie alle am Nachlass Beteiligten, die an der Art der Verwaltung ein rechtliches Interesse haben.[281] Hierzu gehören neben den Erben auch Vermächtnisnehmer und Auflagenbegünstigte, da die Gefährdung des Nachlasses ihre eigene Rechtsposition unmittelbar gefährdet.[282] Dagegen sind Nachlassgläubiger nicht antragsberechtigt.[283] Mehrere gemeinsam das Amt führende Testamentsvollstrecker sind auch einzeln antragsberechtigt; dies ergibt sich bereits aus der ihnen separat zugewiesenen Beschwerdeberechtigung in § 355 Abs. 3.[284] Der Antrag kann bis zur Rechtskraft der Entscheidung des Nachlassgerichts nach Maßgabe des § 22 zurückgenommen werden.

222 Nach Eingang des schriftlichen oder zur Niederschrift der Geschäftsstelle erklärten **Antrags** (§ 25 Abs. 1), der begründet werden soll (§ 23 Abs. 1), hat das Nachlassgericht die übrigen Beteiligten von der Einleitung des Verfahrens sinnvollerweise durch Übermittlung des Antrags nach § 23 Abs. 2 zu unterrichten. Das Buch 4 des FamFG enthält zu diesem Verfahren (ausnahmsweise) keine Vorschrift darüber, wer **Beteiligter** ist, so dass dies ausschließlich nach § 7 zu beurteilen ist. Dabei dürfte es sich bei dem Testamentsvollstrecker, den Erben sowie denjenigen Personen, die durch die infrage stehende Anordnung begünstigt werden, um Muss-Beteiligte iSd § 7 Abs. 2 handeln.[285]

223 Sodann prüft das Gericht das Vorliegen einer Gefährdung der Substanz des Nachlasses.[286]

224 Streitig ist, ob eine Aufhebung der Anordnung noch möglich ist, wenn sich der Testamentsvollstrecker bereits darüber hinweg gesetzt hat.[287]

---

280 MK/Zimmermann § 2216 BGB Rn 22.
281 MK/Zimmermann § 2216 BGB Rn 23.
282 MK/Zimmermann, 4. Aufl., § 2216 BGB Rn 23; Palandt/Edenhofer § 2216 BGB Rn 6.
283 BGHZ 35, 296; MK/Zimmermann, 4. Aufl., § 2216 BGB Rn 23; Palandt/Edenhofer § 2216 BGB Rn 6.
284 AA Firsching/Graf Rn 4.478; MK/Zimmermann § 2216 BGB Rn 23; Staudinger/Reimann § 2116 BGB Rn 34.
285 Vgl BT-Drucks. 16/6308, 279, wo diese aber als auf Antrag hinzuzuziehende Kann-Beteiligte nach § 343 Abs. 4 behandelt werden. Dies ist vom Ergebnis sachgerechter als die Anwendung des § 7 Abs. 2 lässt sich aber mit dem Wortlaut des § 345 Abs. 4, der eine abschließende Aufzählung enthält, nicht in Einklang bringen.
286 Wie hier: Palandt/Edenhofer, 67. Aufl., § 2216 BGB Rn 5; aA beispielsweise Firsching/Graf Rn 4.478 und MK/Zimmermann § 2216 BGB Rn 18 mwN: auch eine Gefährdung des Zwecks der Testamentsvollstreckung oder der wirtschaftlichen Interessen der Nachlassbeteiligten genüge.
287 Vgl zum Meinungsstand: MK/Zimmermann § 2216 BGB Rn 19.

Das Nachlassgericht entscheidet durch einen das Verfahren beendenden **Beschluss**. 225
Darin darf die Testamentsvollstreckung als solche ebenso wenig ausgehoben werden
wie andere Verfügungen des Erblassers, die keine Verwaltungsanordnungen sind.[288]
Die Verwaltungsanordnung kann nur ganz oder teilweise aufgehoben werden, nicht
aber durch eine andere ersetzt werden.[289]

Der Beschluss ist zu **begründen**, sofern nicht die Voraussetzungen des § 38 Abs. 4 226
Nr. 2 vorliegen, mit einer **Rechtsmittelbelehrung** zu versehen und den Beteiligten **bekannt zu geben** (§ 15 Abs. 1). Hat ein Beteiligter zu erkennen gegeben, dass der Beschluss seinem Willen nicht entspricht, ist er zuzustellen (§ 41 Abs. 1 S. 2).

Nach dem Wortlaut des § 40 Abs. 1 wird der Beschluss mit Bekanntgabe an den Testamentsvollstrecker **wirksam**, da es sich bei der Außerkraftsetzung nicht um eine Genehmigung iSd § 40 Abs. 2 handelt. Allerdings kann dies im Einzelfall dazu führen, dass 227
ein **effektiver Rechtsschutz nicht** mehr **gegeben** ist, wenn das Wirksamwerden der Aufhebung einer Anordnung beispielsweise dazu führt, dass der Testamentsvollstrecker
einen Nachlassgegenstand veräußert. Die Entscheidung des Bundesverfassungsgerichts
vom 18.1.2000[290] steht diesem Ergebnis jedoch nicht entgegen, da die erstinstanzliche
Entscheidung nach § 2216 BGB stets vom Richter und nicht vom Rechtspfleger getroffen wird.

Das **Beschwerdeverfahren** richtet sich nach den allgemeinen Vorschriften. § 355 228
Abs. 3 enthält eine (überflüssige) Klarstellung, dass von mehreren Testamentsvollstreckern jedem ein eigenständiges Beschwerderecht zusteht. Beschwerdeberechtigt ist jeder, dessen Recht durch den Beschluss des Nachlassgerichts unmittelbar beeinträchtigt
ist.[291] Die Rechtsbeschwerde ist zulässig, wenn sie vom Oberlandesgericht zugelassen
wird.

e) Streitentscheidung bei mehreren Testamentsvollstreckern (§ 2224 Abs. 1 S. 1 BGB)

Bei gemeinschaftlicher Ausübung des Amtes des Testamentsvollstreckers (§ 2224 229
Abs. 1 Hs 1 BGB) kann es zu **Meinungsverschiedenheiten zwischen den Testamentsvollstreckern** kommen. § 2224 Abs. 1 BGB eröffnet die Möglichkeit, eine **Entscheidung
des Nachlassgerichts** herbeizuführen.

Zuständig ist das nach § 343 für den Nachlass des Erblassers zuständige Nachlassge- 230
richt; funktionell zuständig ist gem. § 16 Abs. 1 Nr. 4 RPflG der **Richter**, eine Übertragung durch Landesrecht auf den Rechtspfleger nach § 19 RPflG ist nicht möglich.

Das Verfahren wird nur durch Antrag eingeleitet. **Antragsberechtigt** sind ausschließlich 231
die Testamentsvollstrecker, da es ihrer Entscheidung überlassen bleiben muss, ob sie
weitere Einigungsversuche zur Beilegung der Meinungsverschiedenheit unternehmen
oder das Nachlassgericht zur Entscheidung anrufen.[292] Die gemeinsam das Amt füh-

---

288 MK/Zimmermann § 2216 BGB Rn 19.
289 SchuSo/Müller-Lukoschek § 82 FGG Rn 4.
290 BVerfGE 101, 397.
291 Auch nach bisherigem Recht zu weitgehend: BayObLGZ 1982, 459: jedem am Fortbestand der Verwaltungsanordnung rechtlich Interessierten.
292 SchuSo/Müller-Lukoschek § 82 FGG Rn 6; aA Palandt/Edenhofer § 2224 Rn 4; MK/Zimmermann § 2224 BGB Rn 14, die jedem Erben, Pflichtteilsberechtigten und Vermächtnisnehmer stets ein Antragsrecht zubilligen.

renden Testamentsvollstrecker sind einzeln antragsberechtigt; dies ergibt sich bereits aus der ihnen separat zugewiesenen Beschwerdeberechtigung in § 355 Abs. 3.²⁹³ Der Antrag kann bis zur Rechtskraft der Entscheidung des Nachlassgerichts nach Maßgabe des § 22 zurückgenommen werden.

232 Nach Eingang des schriftlichen oder zur Niederschrift der Geschäftsstelle erklärten **Antrags** (§ 25 Abs. 1), der begründet werden soll (§ 23 Abs. 1), hat das Nachlassgericht die übrigen Beteiligten von der Einleitung des Verfahrens sinnvollerweise durch Übermittlung des Antrags nach § 23 Abs. 2 zu unterrichten. Das Buch 4 des FamFG enthält zu diesem Verfahren (ausnahmsweise) keine Vorschrift darüber, wer Beteiligter ist, so dass dies ausschließlich nach § 7 zu beurteilen ist. Beteiligte sind danach alle weiteren Testamentsvollstrecker, die neben dem Antragsteller den Nachlass verwalten. Daneben dürften auch die Erben sowie diejenigen Personen, die durch die infrage stehende Meinungsverschiedenheit unmittelbar in ihren Rechten berührt sind, als Muss-Beteiligte iSd § 7 Abs. 2 zu behandeln sein.²⁹⁴

233 Sodann prüft das Gericht, ob der Antrag zulässig ist. Der Erblasser kann die Anrufung des Nachlassgerichts ausschließen. Der Antrag ist daher unzulässig, wenn der Erblasser selbst abweichende Regeln zur Beilegung von Meinungsverschiedenheiten geschaffen hat (zB Mehrheitsentscheidung, Anrufung eines Dritten als Streitentscheider, Anordnung eines Verbots der Anrufung des Nachlassgerichts).²⁹⁵

234 Zudem muss es sich um einen Streit handeln, der die ordnungs- und zweckmäßige Verwaltung des Nachlasses betrifft; dagegen soll nach der Rechtsprechung des Bundesgerichtshofs das **Prozessgericht** zuständig sein, wenn reine Rechtsfragen im Vordergrund stehen.²⁹⁶ Die schwierige und bislang strittige **Abgrenzung**²⁹⁷ könnte durch die Fassung des § 342 Nr. 7 (Nachlassverfahren sind Verfahren, die die Testamentsvollstreckung betreffen) zugunsten einer erweiterten Zuständigkeit des **Nachlassgerichts** beigelegt werden.

235 Das Nachlassgericht hat – wenn es zur Entscheidung berufen ist – nur die Möglichkeit, einem von einem der Kontrahenten vorgeschlagenen **Antrag stattzugeben oder** ihn **abzulehnen**; es ist nicht berechtigt, eine eigene, anderslautende Vorgabe zur Verwaltung des Nachlasses zu erstellen.²⁹⁸ Das Gericht hat aber gem. § 28 Abs. 2 darauf hinzuwirken, dass sachdienliche Anträge gestellt werden. Im Fall der Billigung eines Antrags hat das Nachlassgericht in der Regel auszusprechen, dass der unterlegene Testamentsvollstrecker einer bestimmten Verfahrensweise zuzustimmen hat; durch die Entscheidung wird die Zustimmung dieses Testamentsvollstreckers ersetzt. Dies wurde bereits zum

---

293 MK/Zimmermann § 2224 BGB Rn 13.
294 Vgl aber BT-Drucks. 16/6308, 279, die die weiteren Testamentsvollstrecker den auf Antrag hinzuzuziehenden Kann-Beteiligten nach § 343 Abs. 4 zuordnet und die Beteiligung weiterer Personen verneint.
295 Vgl MK/Zimmermann § 2224 BGB Rn 1.
296 BGHZ 20, 264; aA für die inzidente Prüfung von rechtlichen Vorfragen Staudinger/Reimann § 2224 BGB Rn 22.
297 Vgl hierzu MK/Zimmermann § 2224 Rn 10–12 mit vielen Beispielen und SchuSo/Müller-Lukoschek § 82 FGG Rn 6.
298 Staudinger/Reimann § 2224 BGB Rn 26; MK/Zimmermann § 2224 BGB Rn 14.

früheren Recht vertreten;[299] nunmehr ergibt sich dies aus dem Verweis des § 355 Abs. 2 auf § 40 Abs. 3.

Der **Beschluss** ist zu begründen, sofern nicht die Voraussetzungen des § 38 Abs. 4 Nr. 2 vorliegen, mit einer Rechtsmittelbelehrung zu versehen und den Beteiligten bekannt zu geben (§ 15 Abs. 1). Dem unterlegenen Testamentsvollstrecker ist er stets zuzustellen (§ 41 Abs. 1 S. 2). 236

Wirksam wird der Beschluss gem. § 355 Abs. 2 iVm § 40 Abs. 3 S. 1 erst mit der **Rechtskraft** des Beschlusses. Das Gericht kann jedoch bei **Gefahr im Verzug** die sofortige Wirksamkeit anordnen (§ 40 Abs. 3 S. 2); in diesem Fall wird der Beschluss mit Zustellung an den unterlegenen Testamentsvollstrecker wirksam (§ 40 Abs. 3 S. 3). 237

Das **Beschwerdeverfahren** richtet sich nach den allgemeinen Vorschriften; § 355 Abs. 3 enthält eine überflüssige Klarstellung, dass jedem Testamentsvollstrecker ein eigenständiges Beschwerderecht zusteht. Weitere Beteiligte sind nur dann beschwerdeberechtigt, wenn sie durch die Entscheidung des Nachlassgerichts in eigenen Rechten beschwert werden. Die Rechtsbeschwerde ist zulässig, wenn sie vom Oberlandesgericht zugelassen wird. 238

f) Entlassung des Testamentsvollstreckers (§ 2227 BGB)

Das Nachlassgericht ist weder verpflichtet noch berechtigt, die Amtsausübung durch den Testamentsvollstrecker von Amts wegen zu überwachen; auch der Erblasser kann dies nicht wirksam anordnen.[300] Das Nachlassgericht kann jedoch auf Antrag den Testamentsvollstrecker **entlassen**, wenn hierzu ein **wichtiger Grund** vorliegt. **Zuständig** ist das gem. § 343 zuständige Nachlassgericht; funktionell zuständig ist der **Richter** gem. § 16 Abs. 1 Nr. 5 RPflG. Eine Übertragung auf den Rechtspfleger durch Landesrecht ist nur möglich, soweit der Testamentsvollstrecker nach § 2200 BGB vom Nachlassgericht ernannt worden ist (§ 19 Abs. 1 Nr. 4 RPflG). Nach Aufgabe der sog. Gleichlauftheorie im Zuge der FGG-Reform sind auch deutsche Nachlassgerichte zur Entlassung eines nach ausländischem Recht bestellten Testamentsvollstreckers zuständig, wenn die örtliche Zuständigkeit des § 343 gegeben ist.[301] 239

Antragsberechtigt ist jeder, dessen Rechte durch die Testamentsvollstreckung unmittelbar betroffen sind. Hierzu gehören neben den Mitvollstreckern Erben und Erbeserben,[302] allerdings nur, wenn auch der Erbteil des Betroffenen der Testamentsvollstreckung unterliegt.[303] Antragsberechtigt sind auch die Vermächtnisnehmer, sofern sie ihr Vermächtnis noch nicht vollständig erhalten haben, weil ihnen der Testamentsvollstrecker noch nach § 2219 Abs. 1 BGB verantwortlich ist.[304] Auch Erben, die die Erbschaft veräußert haben (wegen ihrer fortdauernden Haftung für alte Verbindlichkeiten), und Erbschaftserwerber (wegen ihrer Haftung nach § 2382 BGB) sind antragsberechtigt. 240

---

299 MK/Zimmermann § 2224 BGB Rn 14; SchuSo/Müller-Lukoschek § 82 FGG Rn 9; aA Palandt/Edenhofer § 2224 BGB Rn 4.
300 Vgl Palandt/Edenhofer Vor § 2197 BGB Rn 4.
301 Vgl zur bisherigen Rechtslage beispielsweise BayObLG NJW-RR 2005, 594.
302 Palandt/Edenhofer § 2207 BGB Rn 7.
303 OLG München Rpfleger 2006, 18; aA offenbar – ohne dies zu thematisieren – OLG Celle OLGReport 2005, 112.
304 Vgl MK/Zimmermann § 2227 BGB Rn 5.

Nachlassgläubiger sind grundsätzlich nicht antragsberechtigt.[305] Soweit die Rechtsprechung überwiegend dem Pfichtteilsberechtigten – obwohl er wie andere Nachlassgläubiger auch keine direkten Ansprüche gegen den Testamentsvollstrecker hat – ein Antragsrecht zubilligt,[306] überzeugt diese hervorgehobene und meist aus der Entstehung des Pflichtteilsrechts abgeleitete Sonderbehandlung nicht. Eine Rechtsgrundlage für die Besserstellung des Pflichtteilsberechtigten gegenüber anderen Nachlassgläubigern ist nicht ersichtlich; auch hat der Pflichtteilsberechtigte als Nachlassgläubiger die Möglichkeit, Nachlassverwaltung nach § 1981 BGB zu beantragen. Nicht antragsberechtigt ist der Testamentsvollstrecker selbst: Da er das Amt gem. § 2226 BGB niederlegen kann, fehlt ihm das Rechtsschutzbedürfnis.[307]

241 Der **Antrag** ist schriftlich zu stellen oder zur Niederschrift der Geschäftsstelle (§ 25 Abs. 1) zu erklären und soll begründet werden (§ 23 Abs. 1). Er kann schon gestellt werden, bevor der ernannte Testamentsvollstrecker das Amt gem. § 2202 Abs. 1 BGB angenommen hat, um zu verhindern, dass es zum Amtsantritt kommt, obwohl ein Entlassungsgrund vorliegt.[308] Der Antrag kann bis zur Rechtskraft der Entscheidung des Nachlassgerichts nach Maßgabe des § 22 zurückgenommen werden. In diesem Fall wird die bereits erfolgte Entlassung wirkungslos; dies kann auf Antrag durch unanfechtbaren Beschluss festgestellt werden, § 22 Abs. 2 S. 2.

242 Nach Eingang des Antrags hat das Nachlassgericht die übrigen **Beteiligten** von der Einleitung des Verfahrens sinnvollerweise durch Übermittlung des Antrags nach § 23 Abs. 2 zu unterrichten. Muss-Beteiligter am Verfahren ist gem. § 345 Abs. 4 S. 1 Nr. 2 der Testamentsvollstrecker, dessen Entlassung angestrebt wird. Kann-Beteiligte sind sämtliche Personen, die auch zur Antragstellung berechtigt sind, da ihre Rechte unmittelbar berührt werden (§ 345 Abs. 4 S. 2); auf ihren Antrag sind sie hinzuzuziehen.

243 Die **Ermittlung**, ob ein Entlassungsgrund vorliegt, erfolgt gem. § 26 von Amts wegen. Das Nachlassgericht hat zunächst zu prüfen, ob eine wirksame Ernennung zum Testamentsvollstrecker vorliegt oder ob das Amt bereits erloschen ist.[309] Tritt ein Erlöschen des Amtes durch Aufgabenerledigung während des Verfahrens nach § 2227 BGB ein, handelt es sich um einen Fall der Erledigung der Hauptsache.[310] Sofern sich die Testamentsvollstreckung nach ausländischem Recht richtet, ist zudem zu prüfen, ob dieses eine Entlassung des Testamentsvollstreckers durch ein Gericht oder eine Behörde vorsieht, ansonsten ist der Antrag abzulehnen.[311] Das Nachlassgericht hat festzustellen, ob ein Entlassungsgrund iSd § 2227 BGB vorliegt; es ist dabei nicht auf die in der Antragsbegründung vorgebrachten Sachverhalte beschränkt, sondern hat umfassend zu ermitteln.[312] Alle Beteiligten einschließlich des Testamentsvollstreckers haben bei der Ermittlung des Sachverhalts mitzuwirken (§ 27 Abs. 1). Ein wichtiger Grund zur Ent-

---

305 BGHZ 35, 296.
306 Vgl zB KG FamRZ 2005, 1595; wie hier aA Muscheler, Die Entlassung des Testamentsvollstreckers, AcP 1997, 226; Muscheler, Der Pflichtteilsberechtigte als Beteiligter im Sinne des § 2227 BGB, ZErb 2009, 54.
307 Staudinger/Reimann § 2227 BGB Rn 25.
308 MK/Zimmermann § 2227 BGB Rn 3; SchuSo/Müller-Lukoschek § 81 FGG Rn 10, bstr.
309 OLG München FamRZ 2008, 190; OLG Hamm ZErb 2008, 203; BayObLGZ 1988, 42; MK/Zimmermann § 2227 BGB Rn 13.
310 OLG München FamRZ 2008, 190.
311 Vgl BayObLGZ 65, 377.
312 BayObLGZ 1988, 42; Palandt/Edenhofer § 2227 BGB Rn 9; MK/Zimmermann § 2227 BGB Rn 11.

lassung kann nicht nur in den beiden in § 2227 BGB exemplarisch genannten Fällen der groben Pflichtverletzung oder Unfähigkeit zur ordnungsgemäßen Geschäftsführung liegen, sondern auch – verschuldensunabhängig – in anderen Gründen. So kann ein wichtiger Grund auch dann vorliegen, wenn der Testamentsvollstrecker durch sein Verhalten begründeten Anlass zu der Annahme gibt, dass ein längeres Verbleiben im Amt der Ausübung des letzten Willens des Erblassers hinderlich sei oder dass sich hieraus eine erhebliche Gefährdung der Interessen der am Nachlass Beteiligten ergeben könne.[313] Auch ein auf Tatsachen beruhendes Misstrauen eines Beteiligten kann, wenn der Testamentsvollstrecker hierzu Anlass gegeben hat, ebenso seine Entlassung begründen wie ein erheblicher Interessengegensatz zwischen ihm und den Erben.[314] Das Nachlassgericht hat stets auch nach pflichtgemäßen Ermessen zu prüfen, ob der Testamentsvollstrecker trotz Vorliegen eines wichtigen Grundes iSd § 2227 BGB im Amt zu belassen ist, weil hierfür andere (überwiegende) Gründe sprechen.[315] Wenn das Nachlassgericht beabsichtigt, den Testamentsvollstrecker zu entlassen und diesem vom Erblasser das Recht eingeräumt worden ist, seinen Nachfolger zu benennen, hat das Nachlassgericht dem Testamentsvollstrecker vor der Entlassung Gelegenheit zu geben, von dem Benennungsrecht Gebrauch zu machen, weil es nur von dem im Amt befindlichen Testamentsvollstrecker ausgeübt werden kann.[316]

244 Das Nachlassgericht entscheidet durch das Verfahren beendenden **Beschluss**. Darin darf die Testamentsvollstreckung als solche nicht aufgehoben werden,[317] sondern es kann lediglich bei Vorliegen eines wichtigen Grundes der Testamentsvollstrecker entlassen oder aber der Antrag abgewiesen werden. Eine bedingte oder befristete Entlassung ist nicht zulässig.[318] Der Beschluss ist zu begründen und mit einer Rechtsmittelbelehrung zu versehen. Er ist den Beteiligten bekannt zu geben. Der Beschluss, mit dem der Testamentsvollstrecker entlassen wird, wird mit Bekanntgabe an diesen gem. § 40 Abs. 1 wirksam.

245 Das **Beschwerdeverfahren** richtet sich nach den allgemeinen Vorschriften der §§ 58 ff. Gegen die Zurückweisung des Antrags ist nur der Antragsteller beschwerdeberechtigt (§ 59 Abs. 2). Gegen einen Beschluss, mit dem der Testamentsvollstrecker entlassen wird, ist neben dem betroffenen Testamentsvollstrecker jeder beschwerdeberechtigt, der durch diese Entscheidung in seinen eigenen Rechten beschwert wird. Soweit das Oberlandesgericht Karlsruhe[319] die Auffassung vertreten hat, dass das Beschwerdegericht die Entlassung nicht selbst vornehmen könne, sondern das Nachlassgericht in der Beschwerdeentscheidung zur Entlassung anzuweisen habe, steht dies jedenfalls nach Geltung des FamFG nicht im Einklang mit § 69 Abs. 1 S. 1; es hat vielmehr selbst abschließend die Endentscheidung zu treffen. Die Rechtsbeschwerde ist zulässig, wenn sie vom Oberlandesgericht zugelassen wird. Wenn die Entscheidungen der Vorinstanzen nicht erkennen lassen, ob sie ihr Ermessen darüber ausgeübt haben, den Testaments-

---

313 OLG München ZErb 2008, 285.
314 OLG München ZErb 2008, 285.
315 OLG Karlsruhe OLGReport 2005, 78; OLG München ZErb 2008, 285; OLG Hamm Rpfleger 2007, 324.
316 OLG Hamm Rpfleger 2007, 324; OLG München ZErb 2008, 285.
317 Staudinger/Reimann § 2227 BGB Rn 37; MK/Zimmermann § 2227 BGB Rn 11.
318 Staudinger/Reimann § 2227 BGB Rn 33; BayObLG, Beschl. vom 17.10.2001, 1Z BR 132/00.
319 OLG Karlsruhe OLGReport 2005, 78; so auch Palandt/Edenhofer § 2227 BGB Rn 9.

Dieker

vollstrecker trotz Vorliegens eines wichtigen Entlassungsgrundes wegen überwiegender anderer Gründe nicht zu entlassen, kann das Rechtsbeschwerdegericht diese Ermessensentscheidung im Rechtsbeschwerdeverfahren selbst nachholen.[320]

246 Sofern die Entlassung rechtskräftig wird, hat das Nachlassgericht stets zu prüfen, ob Anlass besteht, von Amts wegen ein Verfahren zur Bestellung eines **neuen Testamentsvollstreckers** nach § 2200 BGB einzuleiten, sofern nicht bereits der Erblasser einen Ersatzvollstrecker vorgesehen hat. Dies gilt insbesondere dann, wenn die Auslegung des Testaments ergibt, dass es dem Erblasser unabhängig von der Person des Vollstreckers auf eine dauerhafte Verwaltungsvollstreckung ankam.[321] Die Auslegung des Testaments kann auch ergeben, dass das dem entlassenen Testamentsvollstrecker testamentarisch zugewiesene Recht auf Benennung eines Nachfolgers für den Fall der Entlassung wegen Verfehlungen nicht gelten soll.[322]

g) Kosten

247 Für die Ernennung (§ 2200 BGB) und Entlassung des Testamentsvollstreckers (§ 2227 KostO) fällt eine halbe Gebühr an (§ 113 KostO), wenn diese nicht im Zusammenhang mit einem anderen gebührenpflichtigen Geschäft erfolgt ist (§ 115 KostO). Auch die Aufhebung einer Verwaltungsanordnung nach § 2216 BGB oder die Entscheidung über eine Meinungsverschiedenheit ziehen gem. § 113 KostO eine halbe Gebühr nach sich. Der Geschäftswert bestimmt sich nach § 30 Abs. 2 KostO. Kostenschuldner sind jeweils die Antragsteller nach § 2 KostO, sofern nicht das Nachlassgericht in der Endentscheidung die Kosten ganz oder teilweise einem anderen Beteiligten auferlegt, §§ 81, 82.

10. Testamentsvollstreckerzeugnis

248 Das Verfahren über die Erteilung von Testamentsvollstreckerzeugnissen hat durch das FGG-RG vor allem dadurch eine Änderung erfahren, dass – wie im Erbscheinsverfahren – der früher in streitigen Verfahren mögliche Vorbescheid abgeschafft worden ist. Nunmehr hat der Erteilung des eigentlichen Zeugnisses stets ein Beschluss über das Vorliegen der Voraussetzungen der Erteilung vorauszugehen, dessen sofortige Wirksamkeit auszusetzen ist, wenn er dem erklärten Willen eines Beteiligten widerspricht.

249 Für die Erteilung des Testamentsvollstreckerzeugnisses ist stets das Nachlassgericht **zuständig**; eine Zuständigkeit des Landwirtschaftsgerichts besteht auch dann nicht, wenn zum Nachlass ein Hof gehört, der im Geltungsbereich der Höfeordnung liegt.[323] Die örtliche Zuständigkeit richtet sich nach § 343 (s. Rn 13 ff). Funktionell ist der Richter zuständig (§ 16 Nr. 6 RPflG), sofern nicht die für das Nachlassgericht zuständige Landesregierung von der Ermächtigung des § 19 Abs. 1 Nr. 5 RPflG Gebrauch gemacht und das Verfahren dem Rechtspfleger übertragen hat.

250 **Beteiligter** des Verfahrens über die Erteilung des Testamentsvollstreckerzeugnis ist gem. § 345 Abs. 3 S. 1 der Testamentsvollstrecker. Daneben kann das Gericht nur die Erben und den oder die Mitvollstrecker als Beteiligte beiziehen; auf deren Antrag sind sie

---

320 Vgl zum insoweit allerdings anderen Verfahrensrecht im Rahmen der weiteren Beschwerde nach FGG: OLG München ZErb 2008, 285.
321 Vgl OLG München ZErb 2008, 285.
322 OLG München ZErb 2008, 285.
323 BGHZ 58, 105.

V. Einzelne Nachlassverfahren 18

beizuziehen. Die Aufzählung des § 345 Abs. 3 ist abschließend. Neben den genannten Personen kommt als Beteiligter nur noch ein Nachlassgläubiger in Betracht, wenn dieser über §§ 792, 896 ZPO die Erteilung eines Testamentsvollstreckerzeugnis beantragt.[324]

Wie bisher wird das Testamentsvollstreckerzeugnis gem. § 2368 Abs. 1 S. 1 BGB nur auf **Antrag** erteilt. Der Antrag kann bis zur Rechtskraft der Entscheidung des Nachlassgerichts nach Maßgabe des § 22 zurückgenommen werden. **251**

Antragsberechtigt ist der Testamentsvollstrecker sowie in den Fällen der §§ 792, 896 ZPO der Nachlassgläubiger.[325] Der Erbe ist nicht antragsberechtigt;[326] dies war bereits nach bisherigem Recht streitig,[327] die FG-Reform hat insoweit keine Änderung mit sich gebracht. Allerdings überzeugt es nicht, dem Erben deshalb ein Antragsrecht zuzubilligen, um ihm eine Klärung zu ermöglichen, wer zum Testamentsvollstrecker mit welchen Befugnissen berufen ist: Das Verfahren zur Erteilung eines Testamentsvollstreckerzeugnisses dient primär nicht der Klärung der Rechtslage – hierzu ist im Streitfall ein streitiges Zivilverfahren zu führen – sondern dazu, dem Testamentsvollstrecker einen Nachweis seiner Rechtsstellung zu verschaffen, von dem die Vermutungswirkung des § 2365 BGB ausgeht. **252**

Während der **Antrag** nach früherem Recht formfrei beim Nachlassgericht zu stellen war, richtet sich die gesetzliche **Form** nunmehr nach § 25. Danach kann der Antrag künftig schriftlich gestellt oder zur Niederschrift vor der Geschäftsstelle eines jeden Amtsgerichts abgegeben werden. Er soll nach § 23 Abs. 1 unterschrieben werden. Da jedoch auch weiterhin fast immer die Abgabe der eidesstattlichen Versicherung gem. § 2368 Abs. 3 BGB iVm § 2356 Abs. 2 BGB vor einem Notar oder dem Rechtspfleger eines Amtsgerichts erforderlich ist, wird der Antrag auch künftig zumeist mit der Abgabe der eidesstattlichen Versicherung verbunden werden. Er wird daher in der Praxis zumeist vom Notar oder Rechtspfleger zu Protokoll genommen und nach Unterschrift der Antragsteller dem nach § 343 FamFG zuständigen Nachlassgericht zugeleitet werden. **253**

Der Antrag auf Erteilung des Testamentsvollstreckerzeugnisses muss – wie der Erbscheinsantrag – so **bestimmt** sein, dass das Nachlassgericht über diesen ohne Änderungen oder Erweiterungen entscheiden kann;[328] das Nachlassgericht ist an den Antrag gebunden. Nach § 28 Abs. 2 hat das Nachlassgericht jedoch durch geeignete Hinweise auf eine sachgerechte Antragstellung hinzuwirken; auch die Stellung von **Hilfsanträgen** ist zulässig und bei schwieriger Rechtslage sinnvoll. **254**

Der Antrag muss alle Beschränkungen des Testamentsvollstreckers in der Verwaltung des Nachlasses enthalten. Aus § 2368 Abs. 1 S. 2 BGB wird abgeleitet, dass in das Zeugnis – und damit auch in den Antrag – **alle vom Erblasser angeordneten Abweichungen von den** in den §§ 2203–2206 BGB genannten gesetzlichen **Regelbefugnissen** aufzunehmen sind, soweit sie im rechtsgeschäftlichen Verkehr mit Dritten Bedeu- **255**

---

324 BT-Drucks. 16/6308, 278.
325 MK/Mayer § 2368 BGB Rn 7.
326 BayObLG FamRZ 1995, 124; OLG Hamm NJW 1974, 505; Staudinger/Schilken (2004) § 2368 BGB.
327 MK/Mayer § 2368 BGB Rn 6 mwN.
328 Vgl Staudinger/Schilken (2004) § 2368 BGB Rn 7; MK/Mayer § 2368 BGB Rn 4.

Dieker

tung erlangen können.[329] Insbesondere ist stets anzugeben, wenn es sich bei der Vollstreckung um eine Verwaltungs- oder um eine Dauervollstreckung handelt oder wenn der Testamentsvollstrecker nach § 2207 Abs. 1 S. 1 BGB unbeschränkt Verbindlichkeiten eingehen kann.[330] Umgekehrt sollten aber auch keine Ergänzungen vorgenommen werden, wenn eine Auseinandersetzungsvollstreckung nach dem gesetzlichen Regeltypus angeordnet ist, da diese zu Missverständnissen führen können.[331]

256 Wegen der entsprechenden Anwendung der §§ 2354 ff BGB iVm § 2368 Abs. 3 BGB hat der Antragsteller anzugeben:

a) die Zeit des Todes des Erblassers,

b) die Verfügung des Erblassers, aus der er seine Benennung und ggf auch seine Ernennung als Testamentsvollstrecker hervorgeht,

c) in den Fällen der §§ 2198 bis 2200 BGB die Bestimmung durch Dritte oder durch das Nachlassgericht,

d) ob und welche (weiteren) Verfügungen von Todes wegen vorliegen,

e) ob ein Rechtsstreit über seine Ernennung anhängig ist,

f) ob eine Person weggefallen ist, durch die er von seinem Amt ausgeschlossen oder in seiner Rechtsstellung gemindert würde,[332]

g) ggf in welcher Weise die unter f) genannte Person weggefallen ist,

h) die Annahme des Amtes (die aber auch konkludent in dem Antrag liegen kann).[333]

257 Die Angaben in Rn 256 zu a) bis c) und f) sind durch **Urkunden** gem. § 2356 Abs. 1 S. 2 BGB zu belegen, die übrigen Angaben durch die Abgabe der **eidesstattlichen Versicherung**. Soweit das Nachlassgericht die Urkunden bereits im Rahmen eines Erbscheinsverfahrens erhalten hat, ist eine Bezugnahme auf diese statt einer erneuten Vorlage möglich.[334]

258 Wenn **mehrere Testamentsvollstrecker** bestellt sind, können sowohl Teilzeugnisse über das Recht eines einzelnen Testamentsvollstreckers oder die Rechte mehrerer Testamentsvollstrecker beantragt werden als auch ein gemeinschaftliches Zeugnis über die Rechte aller Testamentsvollstrecker. Im Antrag ist zu berücksichtigen, dass jedes Teilzeugnis einen Hinweis auf die Mitvollstrecker enthalten muss, wenn nicht der Antragsteller nach außen zu völlig selbständigem Handeln berechtigt ist.[335]

259 Der Antrag hat sich stets auf die Erteilung eines Zeugnisses über das **positive Bestehen einer Testamentsvollstreckung** zu richten und setzt auch stets das Bestehen der Testamentsvollstreckung voraus. Ein Antrag auf ein Zeugnis über den Wegfall oder das Nichtbestehen einer Testamentsvollstreckung ist mangels gesetzlicher Grundlage eben-

---

329 OLG Hamm FamRZ 2005, 70; Palandt/Edenhofer, § 2368 BGB Rn 3.
330 Staudinger/Schilken (2004) § 2368 BGB Rn 21.
331 Vgl OLG Hamm FamRZ 2005, 70.
332 Vgl MK/Mayer § 2368 BGB Rn 8.
333 Vgl Staudinger/Schilken (2004) § 2368 BGB Rn 3.
334 MK/Mayer § 2368 BGB Rn 8.
335 Vgl MK/Mayer § 2368 BGB Rn 25.

so unzulässig wie ein Antrag auf Erteilung eines Zeugnisses nach Beendigung oder Wegfall der Testamentsvollstreckung.[336]

Schließlich kann auch ein **Testamentsvollstreckerzeugnis nach ausländischem Recht** 260 beantragt werden, sofern die Zuständigkeit eines deutschen Nachlassgerichts nach § 343 gegeben ist. Durch die Aufgabe der sog. Gleichlauftheorie im Zuge der FG-Reform sind die Möglichkeiten für die Erteilung eines Testamentsvollstreckerzeugnisses nach ausländischem Recht erweitert worden; insbesondere ist dieses grundsätzlich nicht mehr gegenständlich auf das inländische Nachlassvermögen beschränkt. Meines Erachtens ist es aber zulässig, analog § 2369 BGB im Antrag das Testamentsvollstreckerzeugnis auf die im Inland befindlichen Gegenstände zu beschränken. Hierdurch kann das Verfahren erheblich vereinfacht werden, wenn in Fällen der Nachlassspaltung das Testamentsvollstreckerzeugnis nur für inländische Nachlassgegenstände benötigt wird.. Die Erteilung eines Testamentsvollstreckerzeugnisses auf Grundlage ausländischen Rechts setzt aber – insoweit wie bisher – weiterhin voraus, dass die Testamentsvollstreckung nach ausländischem Recht der Testamentsvollstreckung nach deutschem Recht zumindest weitgehend entspricht.[337]

Das Nachlassgericht unterrichtet gem. § 7 Abs. 5 die Kann-Beteiligten – also die Erben 261 und ggf die Mitvollstrecker – von der Einleitung des Verfahrens und belehrt sie über ihr Antragsrecht auf Beiziehung nach § 345 Abs. 3 S. 3. Es kann sie auch ohne Antrag als Beteiligte beiziehen; dies kommt aufgrund der Vorgabe des § 2368 Abs. 2 BGB insbesondere dann in Betracht, wenn die Ernennung des Testamentsvollstreckers nicht in einer dem Nachlassgericht vorliegenden öffentlichen Urkunde erfolgt ist.

Das Nachlassgericht prüft im Wege der **Amtsermittlung**, ob die Voraussetzungen zur 262 Erteilung des Zeugnisses vorliegen; es gelten – insbesondere im Hinblick auf die Pflicht zur Beibringung der Nachweise nach § 2356 BGB und die materielle Feststellungslast – die gleichen Vorgaben wie im Erbscheinsverfahren (vgl Rn 114 ff und 122). Zu prüfen ist neben der Zuständigkeit, der Antragsbefugnis und der Vollständigkeit der Nachweise insbesondere die Wirksamkeit der Verfügung, mit der die Testamentsvollstreckung angeordnet wurde. Die Wirksamkeit der Ernennung durch Dritte oder das Nachlassgericht ist ebenso festzustellen wie die Annahme des Amtes durch den Testamentsvollstrecker.

Schließlich ist auch zu prüfen, ob die **Testamentsvollstreckung** bereits **gegenstandslos** 263 geworden oder das Amt aus anderem Grund **erloschen** ist,[338] da dann kein Zeugnis mehr zu erteilen ist.

Wie für das Erbscheinsverfahren wurde auch das Verfahren über die **Erteilung des Tes-** 264 **tamentsvollstreckerzeugnisses** auf eine Weise neu gefasst, die den früher bei streitiger

---

336 Bestr.; wie hier: Staudinger/Schilken (2004) § 2386 BGB Rn 14; MK/Mayer § 2368 BGB Rn 56 und 58, beide mit Nachweisen zur Gegenmeinung; jedoch halten beide insbesondere unter Hinweis auf BayObLZ 1990, 51 ein Zeugnis über das bereits erloschene Amt ein Hinweis auf das Erlöschen für zulässig, obwohl hierfür weder eine gesetzliche Grundlage noch ein Rechtsschutzbedürfnis ersichtlich ist: Der Nachweis über das Erlöschen kann auch durch einen Erbschein ohne Testamentsvollstreckervermerk geführt werden.
337 Vgl Staudinger/Schilken (2004) § 2368 BGB Rn 39; MK/Mayer, § 2368 BGB Rn 27; dort sind auch Rechtsprechungshinweise zur Vergleichbarkeit von schweizer, österreichischen, ungarischen, kroatischen und angelsächsischen Formen der Testamentsvollstreckung zu finden.
338 MK/Mayer § 2368 BGB Rn 12.

Sachlage zulässigen Vorbescheid entbehrlich macht. Gem. § 354 sind die Vorschriften des FamFG über die Erbscheinsanträge entsprechend anzuwenden (vgl Rn 128 ff). Dementsprechend hat das Nachlassgericht durch **Beschluss** entweder den Antrag als unzulässig oder als unbegründet zurückzuweisen oder gleichfalls durch Beschluss festzustellen, dass es die Voraussetzungen zur Erteilung des Zeugnisses für gegeben erachtet. Während der ablehnende Beschluss stets zu begründen, mit Rechtsmittelbelehrung zu versehen und bekanntzugeben ist, bedarf es einer Bekanntgabe einer stattgebenden Entscheidung im Regelfall gem. § 352 nicht. Da der Beschluss in diesem Fall sofort wirksam wird, kann dem Antragsteller unmittelbar das Zeugnis erteilt werden. Lediglich dann, wenn der Beschluss dem Willen eines Beteiligten widerspricht, hat das Nachlassgericht ihn – mit einer Begründung und Rechtsmittelbelehrung versehen – bekannt zu geben und zugleich die sofortige Wirksamkeit der Entscheidung bis zur Rechtskraft auszusetzen (§ 352 Abs. 2). In diesem Fall empfiehlt sich stets die Zustellung nach §§ 166 ff ZPO iVm § 15 Abs. 2 S. 1 Alt. 1 FamFG.

265 Das zu erteilende **Zeugnis** bezeichnet den Erblasser und dessen Todestag und gibt an, wer zum Testamentsvollstrecker über dessen Nachlass ernannt worden ist. Sämtliche Beschränkungen und Abweichungen von dem gesetzlichen Regeltypus der Testamentsvollstreckung in den §§ 2203–2206 BGB sind anzugeben; zudem ist – wenn es sich um ein Teilzeugnis handelt – anzugeben, dass Mitvollstreckung angeordnet ist. Es ist nicht anzugeben, wer Erbe ist. Im Falle eines Testamentsvollstreckerzeugnisses nach ausländischem Recht ist das angewandte ausländische Erbstatut anzugeben; bei einer Beschränkung auf den inländischen Nachlass nach § 2369 BGB analog auch diese Beschränkung. Zudem sollten entweder die dem Testamentsvollstrecker nach ausländischem Recht zustehenden Befugnisse genau angegeben[339] oder zumindest ein Hinweis aufgenommen werden, dass sich die Befugnisse des Testamentsvollstreckers nach dem Recht des anzugebenden ausländischen Staates richten.

266 Gem. § 357 Abs. 2 kann jeder, der ein rechtliches Interesse glaubhaft macht, eine **Ausfertigung des Zeugnis**ses verlangen. Die Vorschrift, die aus § 85 Abs. 1 FGG übernommen worden ist, soll nach der Gesetzesbegründung als lex specialis § 13 Abs. 3,[340] der die Erteilung von Abschriften und die Akteneinsicht regelt, verdrängen. Dies dürfte im Hinblick auf die unterschiedlichen Regelungsbereiche der Vorschriften nicht zutreffen:[341] Das rechtliche Interesse nach § 357 Abs. 2 S. 1 muss sich gerade auf die Erteilung einer Ausfertigung beziehen. Daher muss glaubhaft gemacht werden, weshalb eine beglaubigte Abschrift nach § 13 Abs. 3 nicht den Interessen genügt. Die Erteilung einer jeden Ausfertigung zieht später erheblichen Aufwand nach sich, da die Ausfertigung des Zeugnisses nach Beendigung des Amtes zur Akte zurückverlangt oder mit einem Hinweis auf die Beendigung des Amtes versehen werden muss, so dass ein strenger Maßstab an das Interesse an einer Ausfertigung anzulegen ist. Für viele Personengruppen, die ein rechtliches Interesse daran haben zu erfahren, ob jemand zum Testaments-

---

339 MK/Mayer § 2368 BGB Rn 28.
340 BT-Drucks. 16/6308, Rn 282.
341 Vgl zB zum Nebeneinander der Rechte auf Erteilung einer Ausfertigung einerseits und Akteneinsicht/Abschrift andererseits im früheren Recht KKW/Winkler § 85 FGG Rn 2 ff.

V. Einzelne Nachlassverfahren 18

vollstrecker bestellt worden ist, genügt oft die Erteilung einer beglaubigten Abschrift nach § 13 Abs. 3.[342]

Dagegen hat jeder Dritte – auch Nichtbeteiligte – ein Recht auf **Akteneinsicht**, wenn er ein berechtigtes Interesse glaubhaft macht und schutzwürdige Interessen eines Beteiligten oder Dritten nicht entgegenstehen (§ 13 Abs. 2). Danach kann es zwar geboten sein, einzelne Aktenbestandteile zum Schutz der Privatsphäre des Erblassers oder der Beteiligten von der Akteneinsicht auszuschließen; die Akteneinsicht in das Zeugnis wird dagegen regelmäßig jedem zu gewähren sein, der ein berechtigtes Interesse daran hat. 267

Über die Erteilung des Zeugnisses hat das Nachlassgericht gem. § 34 ErbStG iVm § 7 Abs. 1 ErbStDVO und Ziff. XVII/2 Abs. 1 Nr. 3 MiZi das für die Erbschaftsteuer zuständige Finanzamt zu unterrichten; die Unterrichtung kann unterbleiben, wenn anzunehmen ist, dass der Wert des Nachlasses 5.200 EUR[343] nicht übersteigt, oder seit dem Erbfall mehr als zehn Jahre vergangen sind. 268

Bei **Beendigung des Amtes** wird das Zeugnis – insoweit anders als der Erbschein – kraft Gesetzes (§ 2368 Abs. 3 BGB) **kraftlos**. Unabhängig davon, ob ein Dritter von der Beendigung des Amtes Kenntnis hatte, kann er sich in diesem Fall nicht auf die Vermutung und den öffentlichen Glauben der §§ 2365 ff BGB berufen. Für ein förmliches Einziehungs- und/oder Kraftloserklärungsverfahren besteht in diesem Fall weder ein Bedürfnis noch eine gesetzliche Grundlage. Um jedoch zu vermeiden, dass mit dem von dem Zeugnis ausgehenden Rechtsschein Missbrauch betrieben wird, hat das Nachlassgericht nach herrschender Meinung aus Gründen der Rechtssicherheit das Zeugnis zur Akte zurückzufordern.[344] Wenn dies gewünscht wird, kann auf die Rücknahme verzichtet werden, wenn stattdessen auf dem Zeugnis ein Vermerk über die Beendigung des Amtes aufgebracht wird.[345] 269

Ist das **Zeugnis** dagegen aus einem anderen Grund als der Beendigung der Testamentsvollstreckung **unrichtig**, ist es nicht kraft Gesetzes kraftlos. Die Vorschriften über die Einziehung und Kraftloserklärung des Erbscheins sind dann entsprechend anzuwenden; das – von Amts wegen durchzuführende – Verfahren richtet sich nach § 2361 BGB (vgl Rn 152 ff). Die Einziehung erfordert keinen Nachweis, dass das Zeugnis falsch ist; es genügt vielmehr, dass das Nachlassgericht nicht mehr feststellen kann, dass die Voraussetzungen zur Erteilung des Zeugnisses (noch) gegeben sind. Dies ist der Fall, wenn die Überzeugung des Gerichts an dessen Richtigkeit über einen bloßen Zweifel hinaus erschüttert ist.[346] Das Gericht kann für die Dauer des Einziehungsverfahrens eine einstweilige Anordnung nach § 49 mit dem Inhalt erlassen, das Zeugnis und etwa erteilte Ausfertigungen zur Gerichtsakte zu reichen (s. Rn 162), um zu verhindern, dass von einem möglicherweise Nichtberechtigten mit dem Zeugnis Verfügungen über den Nachlass vorgenommen werden, die wegen § 2365 BGB unumkehrbar sind. Eine vorläufige Anordnung, den Erbschein zur Verwahrung zur Gerichtsakte zu reichen, be- 270

---

342 Vgl SchuSo/Müller-Lukoschek § 85 FGG Rn 6 ff.
343 Hausrat ist bis zu einem Wert von 5.200 EUR nicht anzurechnen.
344 Vgl Staudinger/Schilken (2004) § 2368 BGB Rn 24; MK/Mayer § 2368 BGB Rn 148.
345 Staudinger/Schilken (2004) § 2368 BGB Rn 24 mwN.
346 BayObLGZ 1982, 474 zur identischen Rechtslage beim Erbschein; vgl auch Staudinger/Schilken (2004) § 2368 BGB Rn 16.

Dieker

wirkt nicht die Einziehung des Zeugnisses; sie kann auch nicht den gleichen Schutz bieten wie eine Einziehung.[347] Sie ist aber geeignet, die von einem falschen Zeugnis ausgehenden Gefahren für die Dauer der weiteren Ermittlungen bis zur endgültigen Entscheidung zu begrenzen.

271 Für die **Entscheidung über die Einziehung** gelten die allgemeinen Vorschriften. Sie ergeht durch einen – im Regelfall zu begründenden – Beschluss, mit dem entweder entschieden wird, das Zeugnis nicht einzuziehen (§ 38 Abs. 1 S. 1), oder mit dem die Einziehung angeordnet wird. Wenn die Einziehung angeordnet wird, ist es regelmäßig sinnvoll, dass das Nachlassgericht in dem Beschluss zugleich gegenüber den jeweiligen Inhabern der Ausfertigungen des Zeugnisses anordnet, den Beschluss binnen einer festzusetzenden (kurzen) Frist beim Nachlassgericht abzuliefern.[348] Einer Vollstreckungsklausel bedarf der Beschluss nicht, da eine gegebenenfalls erforderliche **Vollstreckung** durch das Nachlassgericht erfolgt (§ 86 Abs. 3). Soweit nach früherem Recht zumeist auch die Androhung von Zwangsmitteln nach § 33 FGG im Einziehungsbeschluss erfolgt ist, bedarf es einer solchen Androhung nicht mehr, da § 95 Abs. 1 Nr. 3 und Abs. 4 ZPO durch Verweis unter anderem auf die §§ 883 und 888 ZPO die sofortige Vollstreckung nach Zustellung (§ 87 Abs. 2) des Beschlusses ohne vorherige Androhungen ermöglicht.

272 Das Nachlassgericht kann das **Zeugnis** unter den gleichen Voraussetzungen wie bei einem unrichtigen Erbschein durch Beschluss für **kraftlos erklären** (vgl Rn 168 f).

273 Gem. § 353 Abs. 1 S. 1 iVm § 354 hat das Gericht in Verfahren über die Einziehung und über die Kraftloserklärung stets auch über die Kosten des Verfahrens zu entscheiden. Die **Kostenentscheidung** soll möglichst in dem Beschluss über die Entscheidung in der Hauptsache ergehen; wenn dies nicht möglich ist – zum Beispiel, wenn nur die Entscheidung über die Einziehung, nicht aber diejenige über die Kosten entscheidungsreif ist –, muss die Kostenentscheidung in einem separaten Beschluss folgen (§ 354 iVm § 353 Abs. 1 S. 2).[349]

274 Gegen den Beschluss, mit dem der Antrag auf Erteilung des Zeugnisses abgelehnt wird oder mit dem das Vorliegen der Voraussetzungen zur Erteilung des Zeugnisses festgestellt wird, steht nach Maßgabe der allgemeinen Vorschriften jedem ein **Beschwerderecht** zu, dessen Rechte wegen des öffentlichen Glaubens des Zeugnisses beeinträchtigt werden. Dies gilt unabhängig davon, ob die betroffene Person im ersten Rechtszug Beteiligter war. Gegen den Beschluss, mit dem das Vorliegen der Voraussetzungen zur Erteilung des Zeugnisses festgestellt wird, sind der Testamentsvollstrecker – beispielsweise bei Abweichung von seinem Antrag – sowie die Erben beschwerdeberechtigt. Gegen einen Beschluss, mit dem der Antrag auf Erteilung eines Zeugnisses abgelehnt wurde, steht nur dem Antragsteller ein Rechtsmittel zu, nicht aber dem Erben.[350] Gleiches gilt für die Anfechtung eines Beschlusses über die Einziehung des Zeugnisses.[351] Sobald das Zeugnis erteilt ist, ist die Beschwerde nur noch mit dem Ziel zulässig, das

---

347 Vgl zum Erbschein BayObLG FamRZ 1994, 377.
348 Vgl Palandt/Edenhofer § 2361 BGB Rn 8.
349 Vgl auch BT-Drucks. 16/9733, 385.
350 BayObLG FamRZ 1995, 124.
351 BayObLG FamRZ 1995, 124; Staudinger/Schilken (2004) § 2368 BGB Rn 31.

Zeugnis einzuziehen (§ 352 Abs. 3 iVm § 354). Nach erfolgter Einziehung des Testamentsvollstreckerzeugnisses ist die Beschwerde nur noch mit dem Ziel der Neuerteilung eines gleichlautenden Zeugnisses zulässig (§ 353 Abs. 2 iVm § 354). Ein Beschluss über die Kraftloserklärung ist nach öffentlicher Bekanntmachung nicht mehr anfechtbar (§ 353 Abs. 3 iVm § 354). Im Übrigen gelten für das Beschwerde- und Rechtsbeschwerdeverfahren die allgemeinen Vorschriften (vgl § 2).

Für die Erteilung des ersten Zeugnisses über die Ernennung eines Testamentsvollstreckers über einen Nachlass entsteht gem. § 109 Abs. 1 Nr. 2 S. 1 KostO iVm § 107 Abs. 1 KostO eine volle **Gebühr**. Für weitere Zeugnisse über den gleichen Nachlass fällt jeweils eine Viertel-Gebühr an. Für die Einziehung oder Kraftloserklärung des Zeugnisses fällt eine halbe Gebühr an (§ 109 Abs. 1 Nr. 2 KostO iVm § 108 KostO). Als Geschäftswert sind regelmäßig 3.000 EUR anzunehmen; er kann aber auch höher oder niedriger angesetzt werden, wenn Anhaltspunkte hierfür vorliegen (§ 109 Abs. 1 Nr. 2 S. 2 KostO iVm § 30 KostO). 275

11. Fristbestimmungen bei Vermächtnis und Auflage (§§ 2151, 2153, 2154, 2155, 2192, 2193 BGB)

Die §§ 2151 Abs. 3 S. 2, 2153 Abs. 2 S. 2, 2154 Abs. 2 S. 2, 2155 Abs. 2, 2192, 2193 Abs. 3 S. 3 BGB eröffnen durch Verweisungen auf § 2151 Abs. 3 S. 2 BGB die Möglichkeit, durch nachlassgerichtliche Fristbestimmungen die Ausübung von **nachlassrechtlichen Gestaltungsrechten** zu erzwingen, um unklare Situationen zu bereinigen. Der fruchtlose Ablauf der Frist hat jeweils materiell-rechtliche Folgen. Die „Beteiligten" können beim Nachlassgericht beantragen, demjenigen, dem ein Wahlrecht zugewiesen ist, eine **Frist zur Ausübung des Wahl- oder Bestimmungsrechts** durch Erklärung gegenüber dem Nachlassgericht zu setzen. 276

Es handelt sich um **Antragsverfahren**; sofern das Nachlassgericht ohne Antrag die Frist setzt, werden durch eine so gesetzte Frist die gesetzlichen Folgen des fruchtlosen Verstreichens der Frist nicht ausgelöst. **Zuständig** ist das nach § 343 für den Nachlass des Erblassers zuständige Nachlassgericht; funktionell ist der Rechtspfleger zuständig; ein Richtervorbehalt besteht nicht. 277

Der Kreis der zur Antragstellung Berechtigten ergibt sich aus den jeweiligen Vorschriften des BGB. Der **Antragsteller** ist wie derjenige, dem gegenüber die Frist festgesetzt werden soll, Muss-**Beteiligter** (§ 7 Abs. 1 bzw § 345 Abs. 4 S. 1 Nr. 3); Kann-Beteiligte sind diejenigen, die in ihren Rechten unmittelbar betroffen sind (§ 345 Abs. 4 S. 2): 278

a) Im Fall des § 2151 Abs. 3 S. 2 BGB hat der Erblasser einem Dritten oder dem Erben das **Wahlrecht** überlassen, **wer von mehreren bestimmbaren Personen ein Vermächtnis** erhalten soll. Wird das Wahlrecht innerhalb der vom Nachlassgericht gesetzten Frist nicht ausgeübt, sind sämtliche Bedachten Gesamtgläubiger. Antragsteller können (nur) der Beschwerte sein, wenn er nicht selbst das Bestimmungsrecht hat, sowie die Angehörigen des begünstigten Personenkreises.[352] Kann-Beteiligte sind die anderen Angehörigen des begünstigten Personenkreises sowie der Be-

---

352 MK/Schlichting § 2151 BGB Rn 13.

schwerte (wenn er nicht bereits Antragsteller ist) und wohl auch – sofern vorhanden – der Testamentsvollstrecker.

b) Im Fall des § 2153 BGB hat der Erblasser **die Verteilung eines Vermächtnisgegenstandes** an mehrere Personen einem Dritten oder dem Beschwerten überlassen. Hier bewirkt der fruchtlose Fristablauf, dass die Bedachten zu gleichen Teilen berechtigt sind. Antragsteller können (nur) der Beschwerte sein, wenn er nicht selbst das Bestimmungsrecht hat, sowie die Angehörigen des begünstigten Personenkreises. Kann-Beteiligte sind die anderen Angehörigen des begünstigten Personenkreises sowie der Beschwerte (wenn er nicht bereits Antragsteller ist) und – sofern vorhanden – der Testamentsvollstrecker.

c) Im Fall des § 2154 BGB (bei Vermächtnis) und des § 2192 BGB iVm § 2154 BGB (Auflage) hat der Erblasser ein **Wahlvermächtnis** bzw eine **Wahlauflage** angeordnet. Der fruchtlose Fristablauf gegenüber dem Dritten, dem das Wahlrecht zusteht, bewirkt, dass das Wahlrecht auf den Beschwerten übergeht. Antragsteller können hier nur der Beschwerte und der Bedachte sein. Der jeweils andere ist Kann-Beteiligter.

d) Im Fall des § 2155 Abs. 2 BGB (bei Vermächtnis) und § 2192 BGB iVm § 2154 BGB (Auflage) hat der Erblasser die **konkrete Bestimmung eines Gegenstandes** aus einer Gattung als Vermächtnis bzw als Auflage dem Bedachten oder einem Dritten übertragen. Hier bewirkt der Fristablauf, dass das Bestimmungsrecht auf den Beschwerten übergeht.[353] Antragsberechtigt ist der Beschwerte sowie – wenn einem Dritten das Wahlrecht zusteht – der Bedachte. Beschwerter und Bedachter sind dann, wenn sie nicht Antragssteller oder Fristempfänger sind, Kann-Beteiligte.

e) Im Fall des § 2193 BGB hat der Erblasser einem Dritten das **Wahlrecht** überlassen, **wer der Begünstigte einer Leistung** sein soll. Wird das Wahlrecht innerhalb der vom Nachlassgericht gesetzten Frist nicht ausgeübt, geht das Bestimmungsrecht auf den Beschwerten über. Nach § 2193 Abs. 3 S. 3 BGB sollen die „Beteiligten" im Sinne dieser Vorschrift der Beschwerte und diejenigen sein, die die Vollziehung der Auflage verlangen können (§ 2154 BGB). Hieraus wird zu folgern sein, dass Antragsteller (nur) der Beschwerte, die (Mit-)Erben sowie diejenigen sein können, die vom Wegfall des mit der Auflage Beschwerten unmittelbar profitieren; zudem auch – bei öffentlichen Interesse – die nach Landesrecht bestimmte zuständige Behörde nach § 2154 S. 2 BGB.[354] Diejenigen dieser Personengruppen, die nicht Antragsteller sind, sind Kann-Beteiligte. Die noch zu bestimmenden Auflagenbegünstigten sind weder antragsberechtigt noch Kann-Beteiligte.

279 Nach Eingang des schriftlichen oder zur Niederschrift der Geschäftsstelle erklärten **Antrags** (§ 25 Abs. 1), der begründet werden soll (§ 23 Abs. 1), hat das Nachlassgericht die übrigen Beteiligten von der Einleitung des Verfahrens (§ 7 Abs. 4) – sinnvollerweise durch Übermittlung des Antrags nach § 23 Abs. 2 – zu unterrichten und über ihr Antragsrecht auf Beteiligung zu belehren. Kann-Beteiligte, die die Beteiligung beantragen, sind hinzuzuziehen (§ 345 Abs. 4 S. 3).

---

353 MK/Schlichting § 2155 BGB Rn 7.
354 Vgl MK/Schlichting § 2193 BGB Rn 5.

V. Einzelne Nachlassverfahren

Der Antrag kann bis zur Rechtskraft der Entscheidung des Nachlassgerichts nach Maßgabe des § 22 **zurückgenommen** werden. In diesem Fall wird die bereits erfolgte Fristsetzung wirkungslos; dies kann auf Antrag durch unanfechtbaren Beschluss festgestellt werden (§ 22 Abs. 2 S. 2). 280

Das Nachlassgericht prüft, ob die Voraussetzungen zur Fristbestimmung vorliegen. Insbesondere hat es zu prüfen, ob eine **wirksame testamentarische Anordnung** vorliegt, die die Ausübung eines der oben genannten Wahl- oder Bestimmungsrechte erfordert.[355] Zu prüfen ist auch, ob das Wahl- bzw Bestimmungsrecht bereits ausgeübt wurde. 281

Die Fristbestimmung erfolgt durch verfahrensbeendigenden **Beschluss**. Der zu begründende Beschluss enthält die Angabe der – nach Ermessen des Nachlassgerichts bestimmten – Frist, binnen derer derjenige, an den die Frist gerichtet ist, die Erklärung abgeben kann. Der Beschluss ist mit einer Rechtsmittelbelehrung zu versehen. Gesetzlich nicht vorgeschrieben, aber dennoch aus Fürsorgegesichtspunkten geboten ist es, den Adressaten der Fristbestimmung auf die **gesetzlichen Folgen** bei Verstreichenlassen der Frist hinzuweisen. Der Beschluss ist den Beteiligten bekannt zu geben (§ 15 Abs. 1). Hat ein Beteiligter – insbesondere derjenige, dem eine Frist bestimmt wird – zu erkennen gegeben, dass der Beschluss seinem Willen nicht entspricht, ist er **zuzustellen** (§ 41 Abs. 1 S. 2). **Wirksam** wird der Beschluss gem. § 40 Abs. 1 mit Bekanntgabe an den Ernannten. 282

Gegen den Beschluss, mit dem eine Frist gesetzt wird, ist wie gegen einen Beschluss, mit dem die Fristsetzung abgelehnt wird, das allgemeine Rechtsmittel der **Beschwerde** nach § 58 ff gegeben. Der Gesetzgeber hielt eine Verkürzung der Beschwerdefrist wie in den ansonsten ähnlichen Verfahren nach § 2198 BGB und § 2202 BGB nicht für erforderlich.[356] Gegen die Fristsetzung ist der bestimmungsberechtigte Dritte oder Beschwerte beschwerdeberechtigt, gegen die festgesetzte Dauer der Frist auch der Antragsteller. Wenn das Gericht eine Fristsetzung durch Beschluss ablehnt, ist nur der Antragsteller beschwerdeberechtigt (§ 59 Abs. 2).[357] 283

Mit der **Rechtskraft** des Beschlusses ist das Verfahren des Nachlassgerichts beendet. 284

Gem. § 114 Nr. 2 KostO entsteht durch die Fristsetzungsverfahren eine halbe **Gebühr**. 285

12. Pflichtteilsstundung

Der **Anspruch eines Pflichtteilsberechtigten** auf den Pflichtteil entsteht gem. § 2317 BGB mit dem Erbfall und ist **sofort fällig**. Um eine übermäßige Belastung von gleichfalls pflichtteilsberechtigten Erben zu vermeiden, eröffnet § 2231 a BGB ein nachlassgerichtliches Verfahren zur Stundung des Pflichtteilsanspruchs. 286

Zuständig ist das gem. § 343 für den Nachlass des Erblassers zuständige Nachlassgericht; funktionell ist der Rechtspfleger zuständig. 287

---

355 AA zu § 2153 BGB iVm § 2151 BGB: OLG Stuttgart FGPrax 1996, 115: keine Prüfung der Wirksamkeit des Testaments und Auslegung seines Inhalts.
356 BT-Drucks. 16/6308, 282.
357 Vgl SchuSo/Müller-Lukoschek § 80 FGG Rn 11; KKW/Winkler § 80 FGG Rn 11.

288 **Antragsberechtigt** ist jeder **Erbe**. Wenn der Erbfall allerdings vor dem 1.1.2010 eingetreten ist, ist nur derjenige Erbe oder Miterbe antragsberechtigt, der auch **selbst pflichtteilsberechtigt** wäre. Für ab dem 1.1.2010 eingetretene Erbfälle ist es für die Antragsberechtigung unerheblich, ob der Erbe selbst pflichtteilsberechtigt ist.[358] Der Testamentsvollstrecker ist nicht antragsberechtigt, da der Pflichtteilsanspruch gem. § 2213 Abs. 2 BGB nur gegen den Erben geltend gemacht werden kann.[359] Antragsberechtigt sind jedoch der Nachlassverwalter, der Nachlassinsolvenzverwalter und der Nachlasspfleger, wenn der Erbe zu den Pflichtteilsberechtigten gehört.[360]

289 Das Verfahren vor dem Nachlassgericht ist nur hinsichtlich einer **zeitlichen Stundung** eröffnet; ein Verfahren über das **Bestehen** und die **Höhe des Anspruchs** findet vor dem Nachlassgericht nicht statt; hierfür ist das **Prozessgericht** zuständig. Während der Dauer eines anhängigen Rechtsstreits über den Pflichtteil ist das Prozessgericht auch für den Stundungsantrag zuständig (§ 2331 a Abs. 2 S. 2 BGB iVm § 1382 Abs. 5 BGB). Wenn während eines Stundungsverfahrens ein streitiges Verfahren eingeleitet wird, wird der Stundungsantrag vor dem Nachlassgericht **unzulässig**.[361] Nach Abschluss des streitigen Verfahrens kann der Stundungsantrag vor dem Nachlassgericht nur gestellt werden, wenn die Gründe für den Antrag nachträglich entstanden sind.[362]

290 Bei dem Stundungsverfahren handelt es sich um ein **Antragsverfahren**. Sollen die Ansprüche mehrerer Pflichtteilsberechtigter gestundet werden, ist jeweils ein eigener Antrag einzureichen und ein selbständiges Verfahren durchzuführen. Der Antrag ist schriftlich oder zur Niederschrift der Geschäftsstelle zu erklären (§ 25 Abs. 1) und soll begründet werden (§ 23 Abs. 1). Der Antrag kann bis zur Rechtskraft der Entscheidung des Nachlassgerichts nach Maßgabe des § 22 zurückgenommen werden.

291 Das Nachlassgericht hat die übrigen Beteiligten von der Einleitung des Verfahrens (§ 7 Abs. 4) – sinnvollerweise durch Übermittlung des Antrags nach § 23 Abs. 2 – zu unterrichten und über ihr Antragsrecht auf Beteiligung zu belehren. Das Buch 4 des FamFG enthält zu diesem Verfahren (ausnahmsweise) keine Vorschrift darüber, wer **Beteiligter** ist, so dass dies ausschließlich nach § 7 zu beurteilen ist. Dabei dürfte es sich bei dem Pflichtteilsberechtigten, dessen Anspruch gestundet werden soll, um den einzigen weiteren Muss-Beteiligten iSd § 7 Abs. 2 handeln.[363]

292 Für das Verfahren gelten die Vorschriften über das Verfahren nach den §§ 1382, 1383 BGB entsprechend. Von **Amts wegen** zu prüfen ist, ob eine **unbillige Härte** für den Antragsteller vorliegt, wobei sich diese aus der **Art der Nachlassgegenstände** und nicht aus der Zahlungspflicht als solcher ableiten lassen muss.[364] Da die Vorschrift Ausnahmecharakter hat, sind hohe Anforderungen anzulegen. Außerdem müssen die Interessen des Pflichtteilsberechtigten angemessen berücksichtigt werden; hierbei sind beste-

---

358 S. Art. 229 § 21 Abs. 4 EGBGB.
359 Palandt/Edenhofer § 2331 a BGB Rn 1.
360 SchuSo/Müller-Lukoschek § 83 a FGG Rn 8.
361 OLG Karlsruhe FamRZ 2004, 661.
362 MK/Lange § 2331 a BGB Rn 8.
363 Vgl aber BT-Drucks. 16/6308, 279; die Begründung des Gesetzentwurfs legt nahe, dass hier alle unmittelbar Betroffenen als auf Antrag hinzuzuziehende Kann-Beteiligte nach § 343 Abs. 4 behandelt werden sollen. Dies lässt sich aber mit dem Wortlaut des § 345 Abs. 4, der eine abschließende Aufzählung enthält, nicht in Einklang bringen.
364 Vgl MK/Lange § 2331 a BGB Rn 5.

hende **Einkommens- und Vermögensverhältnisse wie Zahlungspflichten** zu berücksichtigen. Die Beteiligten sind zur Mitwirkung an der Sachverhaltsaufklärung nach § 27 Abs. 1 verpflichtet. Für die Dauer des Verfahrens kann das Gericht auf Antrag (§ 51 Abs. 1) eine einstweilige Anordnung nach § 49 die Zwangsvollstreckung erlassen.[365]

In der **Endentscheidung** kann das Nachlassgericht den Antrag ablehnen oder den Pflichtteilsanspruch ganz oder teilweise stunden; auch die Anordnung von Ratenzahlungen ist möglich.[366] Bei einer Stundung ist vom Nachlassgericht eine **Verzinsung** anzuordnen (§ 2331 a Abs. 2 S. 2 BGB iVm § 1382 Abs. 2 BGB). Die Höhe der Zinsen setzt es nach billigem Ermessen fest, es ist dabei nicht an den gesetzlichen Zinssatz gebunden[367] (§ 2331 a Abs. 2 S. 2 BGB iVm § 1382 Abs. 4 BGB). Auf **Antrag des Pflichtteilsberechtigten** kann das Nachlassgericht auch eine **Sicherheitsleistung** anordnen (§ 2331 a Abs. 2 S. 2 BGB iVm § 1382 Abs. 3 BGB). Wenn eine Stundung angeordnet wird, kann das Nachlassgericht zudem auf Antrag des Pflichtteilsberechtigten gem. §§ 362, 264 Abs. 2 die Verpflichtung des Antragstellers zur Zahlung in dem Beschluss titulieren. 293

Der Beschluss ist zu **begründen** und mit einer **Rechtsmittelbelehrung** zu versehen. Er ist den Beteiligten bekannt zu geben. **Wirksam** wird der Beschluss gem. §§ 362, 264 Abs. 1 S. 1 erst mit Rechtskraft. Das Nachlassgericht kann die (rechtskräftige) Entscheidung bei wesentlicher Veränderung der Verhältnisse auf Antrag abändern oder aufheben (§ 2331 a Abs. 2 S. 2 BGB iVm § 1382 Abs. 6 BGB). Es findet daher gem. §§ 362, 264 Abs. 1 S. 1 kein Abänderungs- oder Wiederaufnahmeverfahren nach § 48 statt. 294

Gegen die Endentscheidung ist die **Beschwerde** gegeben. Die Rechtsbeschwerde ist zulässig, wenn sie vom Oberlandesgericht zugelassen wird. 295

Für das Verfahren der Pflichtteilsstundung entsteht eine volle **Gebühr** (§ 106 a KostO). Der **Geschäftswert** ist nach § 30 KostO zu bestimmen. 296

13. Inventarerrichtung und Nachlassverwaltung

a) Allgemeines

Der Erbe haftet gem. § 1967 Abs. 1 BGB **für die Nachlassverbindlichkeiten**.[368] Er hat jedoch die Möglichkeit, auch noch nach der Annahme der Erbschaft die Haftung auf den Nachlass zu **beschränken**. Hierzu gehören einerseits die Fälle, in denen der Erbe ohne vorheriges amtliches Verfahren einredeweise seine Haftung gegenüber einzelnen Gläubigern (§ 1974 BGB: **Verschwiegenheitseinrede** nach Ablauf von fünf Jahren) oder gegenüber Gruppen von Nachlassgläubigern (§ 1992 BGB: Einrede der **Nachlassüberschwerung** gegenüber Vermächtnisnehmern und Auflagebegünstigten) auf den noch vorhandenen Überschuss aus dem Nachlass beschränken kann. Andererseits kann der Erbe gem. §§ 1973 und 1975 BGB durch das **Aufgebotsverfahren** nach den §§ 454 ff (vgl hierzu § 22 Aufgebotssachen), durch die Anordnung der **Nachlassverwaltung** oder 297

---

365 Vgl auch zum früheren Recht MK/Lange § 2331 a BGB Rn 9.
366 MK/Lange § 2331 a BGB Rn 7 und 10.
367 BayObLGZ 1980, 421.
368 Vgl zum Begriff der Nachlassverbindlichkeiten die Darstellung bei MK/Siegmann § 1967 BGB Rn 5 ff.

durch das **Nachlassinsolvenzverfahren**[369] eine Beschränkung der Haftung gegenüber einem Teil der Gläubiger (Aufgebotsverfahren) oder allen Gläubigern (Nachlassverwaltung und Nachlassinsolvenzverfahren) herbeiführen. Die Wirkung der Haftungsbeschränkung tritt gem. § 1990 BGB auch ein, wenn die Anordnung der Nachlassverwaltung oder die Eröffnung des Nachlassinsolvenzverfahrens deshalb unterbleibt, weil die Kosten dieser Verfahren von den Aktiva des Nachlasses nicht gedeckt sind.[370]

298 Der Erbe verliert jedoch diese Möglichkeiten der **Haftungsbeschränkung** gegenüber allen Gläubigern, wenn er eine vom Nachlassgericht gem. § 1994 Abs. 1 S. 2 BGB gesetzte **Frist zur Errichtung eines Inventars** verstreichen lässt, die zur Aufnahme des Inventars gem. § 2003 Abs. 2 BGB **erforderliche Auskunft verweigert** oder vorsätzlich **verzögert** oder vorsätzlich ein **unrichtiges Inventar** bewirkt (§ 2005 BGB). Gegenüber einzelnen Gläubigern verliert er seine Möglichkeiten zur Haftungsbeschränkung, wenn er die von diesem verlangte **eidesstattliche Versicherung** zum Inventar verweigert (§ 2006 BGB).

b) Inventarerrichtung

299 Die Errichtung eines Inventars beinhaltet, dass der Erbe ein **vollständiges Verzeichnis der bei Eintritt des Erbfalls vorhandenen Nachlassgegenstände und Nachlassverbindlichkeiten** beim Nachlassgericht einreicht. Die Aufnahme des Inventars erfolgt entweder durch den Erben unter Hinzuziehung eines Notars oder einer nach Landesrecht[371] zuständigen Behörde oder auf Antrag durch das Nachlassgericht, das hierzu gleichfalls einen Notar oder die nach Landesrecht[372] zuständige Behörde hinzuziehen kann und in einigen Ländern[373] sogar muss.

300 Die Inventarerrichtung kann zum einen freiwillig auf Veranlassung des Erben erfolgen, der dadurch erreicht, dass ihm gegenüber keine Inventarfrist mehr gesetzt werden kann, und dem dadurch zudem die Vermutungswirkung des § 2009 BGB zur Vollständigkeit des Inventars zugute kommt.[374] Die **freiwillige Inventarerrichtung** ist an keine Frist gebunden.

301 Zum anderen erfolgt die Inventarerrichtung nach **Fristsetzung durch das Nachlassgericht** auf Antrag eines Nachlassgläubigers:

aa) Inventarfrist

302 Die Setzung der **Inventarfrist** gem. § 1994 Abs. 1 S. 1 erfolgt ausschließlich auf Antrag. **Zuständig** ist das gem. § 343 für den Nachlass des Erblassers zuständige Nachlassgericht; funktionell ist gem. § 3 Nr. 2 c RPflG der Rechtspfleger zuständig. **Antragsberechtigt** sind nur die Nachlassgläubiger. Ein Miterbe, der zugleich Nachlassgläubiger ist, ist nicht antragsberechtigt, da es ihm an einem Rechtsschutzbedürfnis fehlt. Zum einen kann er selbst das Inventar auch ohne Fristsetzung errichten, zum anderen ent-

---

369 Dieses Verfahren ist kein Verfahren der Freiwilligen Gerichtsbarkeit; es richtet sich nicht nach dem FamFG, sondern nach den §§ 315 ff InsO; zuständig ist daher nicht das Nachlassgericht, sondern das Insolvenzgericht.
370 Vgl hierzu umfassend MK/Siegmann § 1990 BGB Rn 2 ff.
371 Vgl hierzu die Angaben zu den Ländern bei SchuSo/Müller-Lukoschek § 77 FGG Rn 15.
372 Vgl hierzu die Angaben zu den Ländern bei SchuSo/Müller-Lukoschek § 77 FGG Rn 17.
373 Vgl hierzu die Angaben zu den Ländern bei SchuSo/Müller-Lukoschek § 77 FGG Rn 16.
374 Firsching/Graf Rn 4.712.

faltet eine aufgrund der Fristversäumnis eingetretene unbeschränkte Haftung eines Miterben ihm gegenüber gem. § 2063 Abs. 2 BGB keine Wirkung.[375]

Der **Antrag** ist gem. § 25 schriftlich oder zur Niederschrift beim Nachlassgericht zu stellen und soll gem. § 23 begründet werden. Der Antragsteller muss mit den Mitteln des § 31 Abs. 1 glaubhaft machen, dass er **Inhaber einer Forderung gegen den Nachlass** ist, § 1994 Abs. 2 S. 1 BGB. Auf eine unzureichende **Glaubhaftmachung** und diesbezügliche Formfehler hat das Nachlassgericht gem. § 28 Abs. 1 und 2 hinzuweisen. 303

Muss-Beteiligte sind der (Mit-)Erbe, dem gegenüber die Frist gesetzt werden soll, sowie, dann, wenn der Erbe in Gütergemeinschaft lebt, die Erbschaft zum Gesamtgut gehört und der andere Ehegatte/Lebenspartner an der Verwaltung beteiligt ist, auch der Ehegatte/Lebenspartner (§ 345 Abs. 4 Nr. 4 FamFG iVm § 2008 Abs. 1 S. 1 BGB). **Kann-Beteiligte** sind weitere Nachlassgläubiger, da der Ablauf der Inventarfrist auch ihre Rechtsstellung unmittelbar berührt. 304

Die **Verfahrenseinleitung** ist den Muss- und den Kann-Beteiligten gem. § 7 Abs. 4 bekannt zu geben, den Kann-Beteiligten – also den weiteren Nachlassgläubigern – jedoch nur, wenn sie dem Gericht bekannt sind. Die Kann-Beteiligten sind über ihr Antragsrecht auf Hinzuziehung zu belehren; den Muss-Beteiligten ist gem. § 23 Abs. 2 eine Abschrift des Antrags zu übermitteln. Jeder, gegen den die Inventarfrist gesetzt wird, erhält Gelegenheit zur Stellungnahme. 305

Das **Nachlassgericht** prüft, ob die Antragsberechtigung des Nachlassgläubigers glaubhaft gemacht ist.[376] Ferner prüft es von Amts wegen die Erbenstellung desjenigen, gegen den die Frist festgesetzt werden soll.[377] Allerdings ist es nicht erforderlich, dass der Erbe die Erbschaft bereits angenommen hat; eine Fristsetzung vor Annahme bewirkt lediglich, dass die Frist zur Errichtung des Inventars erst mit der Annahme beginnt (§ 1995 Abs. 2 BGB). Eine zeitliche Begrenzung besteht für den Antrag nicht – anders als beispielsweise die Frist von zwei Jahren nach Annahme der Erbschaft für einen Antrag auf Eröffnung des Nachlassinsolvenzverfahrens gem. § 319 InsO. 306

Schließlich hat das Nachlassgericht auch zu prüfen, ob Gründe vorliegen, die die **Inventarfrist ausschließen**. Dies ist insbesondere dann der Fall, wenn 307
- ein Nachlassverwalter bestellt ist (§ 2000 S. 2 BGB);
- ein Nachlassinsolvenzverfahren eröffnet ist oder durch Verteilung der Masse oder Insolvenzplan beendet wurde (§ 2000 S. 2 und 3 BGB);

---

375 Vgl auch KG FamRZ 1980, 505; str.: wie hier: SchuSo/Müller-Lukoschek § 77 FGG Rn 2; Palandt/Edenhofer § 1994 BGB Rn 3; Firsching/Graf Rn 4.715; aA: MK/Siegmann § 1994 BGB Rn 2 mwN zum Streitstand.
376 Eine unzutreffende Beurteilung ist jedoch für die Wirkung der Inventarfrist gem. § 1994 Abs. 2 S. 1 BGB unerheblich.
377 MK/Siegmann § 1994 Rn 3; Palandt/Edenhofer § 1994 BGB Rn 3; aA (Aufklärung nur bei Streit oder Zweifeln): SchuSo/Müller-Lukoschek § 77 FGG Rn 2.

- ein den Vorschriften über das Inventar entsprechendes Verzeichnis bereits errichtet wurde, welches dem Erben zugute kommt,[378] sofern nicht ein Fall des § 2005 Abs. 2 BGB vorliegt;
- bereits aufgrund des Antrags eines anderen Gläubigers eine Inventarfrist gesetzt wurde.

308 Zudem **darf** eine **Inventarfrist nicht** gegenüber dem Fiskus als gesetzlichem Erben (§ 2011 BGB) sowie gegenüber dem Nachlasspfleger (§ 2012 Abs. 1 BGB), dem Nachlassverwalter (§ 2012 Abs. 2 BGB) sowie dem Testamentsvollstrecker[379] und dem Nachlassinsolvenzverwalter[380] gesetzt werden.

309 Die Fristsetzung erfolgt durch **Beschluss**, der mit Bekanntmachung (nach § 1995 Abs. 1 S. 2 BGB durch förmliche **Zustellung**) an denjenigen Erben, dem die Frist gesetzt wird, gem. § 40 Abs. 1 wirksam wird. Die Inventarfrist wird im Beschluss regelmäßig nicht nach Datum, sondern nach Monaten oder Wochen bestimmt. Sie hat mindestens einen Monat und höchstens drei Monate zu betragen (§ 1995 Abs. 1 S. 1 BGB). Der Beschluss ist gem. § 38 im Regelfall zu begründen und gem. § 39 mit einer Rechtsmittelbelehrung zu versehen. Auch wenn dies durch § 39 nicht ausdrücklich vorgegeben ist, sollte die Rechtsmittelbelehrung zusätzlich Ausführungen über die Folgen der Versäumnis der Inventarfrist enthalten.[381]

310 Für das **Beschwerdeverfahren** gegen den Beschluss mit der Fristsetzung zur Inventarerrichtung gelten die allgemeinen Vorschriften (vgl § 2 Beschwerdeverfahren); beschwerdeberechtigt sind die Erben und alle Nachlassgläubiger. Abweichend von § 63 beginnt die **Beschwerdefrist** jedoch für alle Nachlassgläubiger mit der Bekanntgabe des Beschlusses an denjenigen Nachlassgläubiger zu laufen, der die Fristsetzung beantragt hatte (§ 360 Abs. 1). Bei Ablehnung des Antrags auf Setzung einer Frist zur Inventarerrichtung ist nur der antragstellende Gläubiger beschwerdeberechtigt.

311 Die **Frist zur Inventarerrichtung beginnt** für jeden Erben mit der Zustellung; wenn die Erbschaft bei Zustellung noch nicht angenommen war, jedoch erst mit der Annahme (§ 1995 Abs. 2 BGB). Auf Antrag des Erben – der vor Fristablauf eingegangen sein muss – kann das Nachlassgericht gem. § 1995 Abs. 3 BGB die Frist durch Beschluss nach Ermessen **verlängern**. Für diesen Beschluss gilt die Höchstfrist des § 1995 Abs. 1 BGB nicht. War der Erbe ohne Verschulden an der Errichtung des Inventars verhindert oder verhindert, rechtzeitig einen Antrag auf Fristverlängerung zu stellen, kann er binnen zwei Wochen nach Wegfall der Behinderung beantragen, dass ihm eine **neue Inventarfrist** gesetzt wird. Über diese Anträge ist erst nach Anhörung (zumindest) des Gläubigers zu entscheiden, der die erste Inventarfrist beantragt hatte. Ein Beschluss, mit dem über die Anträge auf Verlängerung der Inventarfrist oder Setzung einer neuen Frist entschieden wird, ist mit Beschwerde anfechtbar. Bei Ablehnung des Beschlusses ist nur der Erbe anfechtungsberechtigt. Bei Stattgabe beginnt die Beschwerdefrist für alle

---

378 MK/Siegmann § 1994 BGB Rn 5; Firsching/Graf Rn 4.715.
379 MK-Siegmann § 1994 BGB Rn 5; Firsching/Graf Rn 4.715; allerdings kann während der Testamentsvollstreckung dem Erben eine Inventarfrist gesetzt werden, vgl SchuSo/Müller-Lukoschek § 77 FGG Rn 4.
380 MK/Siegmann § 1994 BGB Rn 5.
381 Vgl Beispiel für Hinweis auf Folgen der Fristversäumnis (noch ohne die eigentliche Rechtsmittelbelehrung) bei Firsching/Graf Rn 4.718.

V. Einzelne Nachlassverfahren

Nachlassgläubiger mit Bekanntgabe an denjenigen Nachlassgläubiger, der die ursprüngliche Inventarfrist beantragt hatte (§ 360 Abs. 2).

Wenn der Erbe, gegen den die Inventarfrist gesetzt wird, minderjährig ist oder unter Vormundschaft steht, benachrichtigt das Nachlassgericht das Familiengericht (§ 1999 S. 1 BGB, Ziff. XVII/6 MiZi). Sofern die Nachlassangelegenheit in den Aufgabenkreis eines Betreuers des Erben fällt, ist das Betreuungsgericht zu unterrichten (§ 1999 S. 2 BGB). 312

Die **Inventarfrist wird unwirksam**, wenn während ihrer Dauer eine **Nachlassverwaltung** angeordnet wird oder das **Nachlassinsolvenzverfahren** eröffnet wird (§ 2000 BGB). 313

bb) Inventarerrichtung

Das zu errichtende Inventar muss alle beim Eintritt des Erbfalls vorhandenen Nachlassgegenstände und die vollständigen Nachlassverbindlichkeiten umfassen (§ 2001 Abs. 1 BGB). Zu den Nachlassgegenständen ist eine Beschreibung und ihr Wert (gleichfalls zum Zeitpunkt des Erbfalls) anzugeben. Der Erbe kann das Inventar entweder selbst errichten, beim Nachlassgericht die Errichtung des Inventars beantragen oder auf ein schon vorhandenes Inventar Bezug nehmen: 314

Nach § 2002 BGB kann der **Erbe das Inventar selbst aufnehmen**. Er muss jedoch zur wirksamen Inventarerrichtung entweder einen Notar (§ 20 BNotO, § 61 BeurkG) oder eine nach Landesrecht zuständige Behörde[382] hinzuziehen, der das Inventar neben dem Erben zu unterschreiben hat. Die sachliche Richtigkeit der Angaben des Erben werden in diesem Fall vom Notar oder der zuständigen Behörde nicht geprüft. Die Frist ist nur bei rechtzeitiger Einreichung des Inventars beim Nachlassgericht gewahrt. 315

Für den Erben der sicherere Weg ist es, gem. § 2003 Abs. 1 BGB beim Nachlassgericht die Aufnahme eines amtlichen Nachlassinventars zu beantragen. Durch die rechtzeitige Stellung dieses Antrags wird die Inventarfrist gem. § 2003 Abs. 1 S. 2 BGB gewahrt. In diesem Fall errichtet das Nachlassgericht das Inventar entweder selbst[383] oder beauftragt hiermit einen Notar (§ 2003 Abs. 1 S. 1 Alt. 4 BGB) oder eine nach Landesrecht zuständige Behörde oder einen Beamten.[384] Das Inventar wird in diesem Fall vom Notar bzw der staatlichen Stelle errichtet. Der Erbe ist zur Auskunft und Mitwirkung verpflichtet; wenn er diese verweigert oder absichtlich verzögert, haftet er für die Nachlassverbindlichkeiten gem. § 2000 Abs. 1 S. 2 BGB unbeschränkt. 316

Schließlich besteht nach § 2004 BGB die Möglichkeit, das Inventar durch Bezugnahme auf ein bereits beim Nachlassgericht vorhandenes Inventar zu errichten, wenn dieses den Anforderungen der §§ 2002, 2003 BGB entspricht. 317

Das Nachlassgericht prüft nicht die Richtigkeit des Inventars, sondern beschränkt sich auf die Entgegennahme, wofür eine halbe Gebühr gem. § 114 Nr. 1 KostO entsteht, für die der Erbe Kostenschuldner ist (§ 6 KostO). Der Erbe ist allerdings nicht verpflichtet, 318

---

382 Vgl hierzu die Übersicht bei SchuSo/Müller-Lukoschek § 77 FGG Rn 15.
383 Dies ist allerdings in einigen Ländern landesrechtlich gem. § 486 iVm Art. 148 EGBGB ausgeschlossen; vgl hierzu die Übersicht bei SchuSo/Müller-Lukoschek § 77 FGG Rn 16.
384 Vgl hierzu die Übersicht bei SchuSo/Müller-Lukoschek § 77 FGG Rn 17.

Dieker

ein Inventar zu errichten. Unterlässt er es, finden keine Zwangsmaßnahmen statt; es tritt allerdings seine persönliche Haftung für die Nachlassverbindlichkeiten nach § 1994 Abs. 1 S. 2 BGB ein.

cc) Eidesstattliche Versicherung

319 Auf Verlangen eines **Nachlassgläubigers** hat der Erbe, der ein Inventar errichtet hat, zu Protokoll des Nachlassgerichts eidesstattlich zu versichern, dass er nach bestem Wissen die Nachlassgegenstände vollständig abgegeben hat (§ 2006 BGB). **Antragsberechtigt** ist jeder Nachlassgläubiger, unabhängig davon, ob der Erbe das Inventar freiwillig errichtet hat oder es auf Antrag eines anderen Nachlassgläubigers errichtet wurde; außerdem ist der Erbe selbst antragsberechtigt (§ 361). Der Antrag, der schriftlich oder zur Niederschrift nach § 25 Abs. 1 einzureichen ist, beschränkt sich darauf, vom **Nachlassgericht** eine **Terminbestimmung** zur Abgabe der eidesstattlichen Versicherung zu verlangen. Wenn der Antrag von einem Gläubiger gestellt wird, hat dieser seine Forderung glaubhaft zu machen.[385]

320 Nach Antragseingang **prüft das Nachlassgericht** die Voraussetzungen für die Terminbestimmung, also ob ein Verlangen der eidesstattlichen Versicherung vorliegt, ob der Antragsgegner Erbe ist und ob ein Inventar iSd §§ 2001 ff BGB vorliegt. Wurde bereits die eidesstattliche Versicherung abgegeben, ist zudem zu prüfen, ob Grund zur Annahme besteht, dass dem Erben seit der Abgabe dieser eidesstattlichen Versicherung weitere Nachlassgegenstände bekannt geworden sind (§ 2006 Abs. 4 BGB).[386] Während der Dauer eines Nachlassinsolvenzverfahrens oder einer Nachlassverwaltung ist der Antrag unzulässig (§ 2000 S. 2 BGB).

321 Wird der **Antrag** auf Terminbestimmung oder auf Abnahme der eidesstattlichen Versicherung wegen Fehlens einer der Voraussetzungen durch Beschluss (§ 38 Abs. 1 S. 1) **zurückgewiesen**, kann der Antragsteller hiergegen **Beschwerde** einlegen, da es sich dabei eine Endentscheidung iSd § 58 Abs. 1 handelt. Wird dagegen ein **Termin bestimmt**, ist hiergegen **kein Rechtsmittel** gegeben.[387]

322 Zum Termin sind sowohl der Erbe als auch der antragstellende Gläubiger zu laden. Die Ladung sollte gegenüber dem Antragsgegner förmlich nach § 15 Abs. 2 S. 1 Alt. 1 zugestellt werden, damit die Voraussetzungen für den Eintritt der unbeschränkten Haftung nach § 2006 Abs. 3 BGB in einem späteren Zivilverfahren urkundlich nachgewiesen werden können,[388] zumal im Falle des Ausbleibens des Antragsgegners im Verfahren vor dem Nachlassgericht kein feststellender Beschluss des Nachlassgerichts über den Eintritt der unbeschränkten Haftung erfolgt.[389] Das Gericht der freiwilligen Gerichtsbarkeit hat lediglich das Verfahren bis zur Abgabe der eidesstattlichen Versicherung zu betreiben und gegebenenfalls diese Versicherung in der erforderlichen Form entgegenzunehmen sowie Erklärungen der Beteiligten zu protokollieren. Es ist demgegenüber allein Sache des Prozessgerichts, darüber zu entscheiden, ob die Vorausset-

---

385 MK/Siegmann § 2006 BGB Rn 2.
386 Vgl Firsching/Graf Rn 4.752.
387 MK/Siegmann § 2006 BGB Rn 4 mwN.
388 Vgl SchuSo/Müller-Lukoschek § 79 FGG Rn 5.
389 Vgl OLG Hamm Rpfleger 1995, 161.

zungen für den Eintritt der unbeschränkten Erbenhaftung eingetreten sind. Eine Sachentscheidung des Nachlassgerichts ist gesetzlich nicht vorgesehen und kann dementsprechend auch nicht getroffen werden.[390] Erscheint der Erbe nicht, wird dies lediglich in einem Protokoll oder Vermerk nach § 28 Abs. 4 festgehalten; das Verfahren ist damit abgeschlossen. Ist das Nichterscheinen des Erben in dem Termin allerdings genügend entschuldigt, lädt ihn das Nachlassgericht auf Antrag des Nachlassgläubigers (§ 2006 Abs. 3 S. 2 BGB) zu einem neuen Termin. Jedenfalls die Entscheidung des Nachlassgerichts, die Entschuldigung des Erben als ausreichend anzusehen und zu einem neuen Termin zu laden, ist für das Prozessgericht bindend.[391]

Der Erbe hat Gelegenheit, das Inventar vor der Abgabe der eidesstattlichen Versicherung zu **vervollständigen** (§ 2006 Abs. 2 BGB). Die Abnahme der eidesstattlichen Versicherung vor dem Rechtspfleger erfolgt nach § 361 S. 4 FamFG iVm §§ 478–480 und 483 ZPO nach Belehrung über die Bedeutung des Eides; die Eidesformel richtet sich nach § 2006 Abs. 1 BGB. Nach § 28 Abs. 4 ist ein Vermerk zu fertigen; sinnvoll ist hier ein förmliches Protokoll. **323**

c) Nachlassverwaltung

Die **Haftung** des oder der Erben **beschränkt** sich auf den Nachlass, wenn eine **Nachlassverwaltung** nach § 1975 BGB von dem gem. § 343 zuständigen Nachlassgericht angeordnet wurde. Die Nachlassverwaltung stellt – wie sich aus dem Wortlaut des § 1975 BGB ergibt – eine besondere Form der Nachlasspflegschaft dar. Sie bezweckt die vollständige Befriedigung aller Nachlassgläubiger und bietet sich für den Erben vor allem dann an, wenn die Vermögensverhältnisse des Nachlasses unklar sind.[392] Der Nachlassverwalter wird – anders als der Nachlasspfleger – jedoch nicht Vertreter des Erben, sondern handelt – nicht unähnlich dem Insolvenzverwalter – als amtlich bestelltes Organ als Verwalter des vom sonstigen Vermögen des Erben abgesonderten Nachlasses.[393] Da die Nachlassverwaltung die vollständige Befriedung aller Gläubiger bezweckt, hat der Nachlassverwalter die Pflicht, das Nachlassinsolvenzverfahren zu beantragen, sofern er feststellt, dass der Nachlass überschuldet ist (§ 1985 Abs. 2 S. 2 BGB iVm § 1980 BGB). **324**

aa) Antrag

Die Anordnung der Nachlassverwaltung erfolgt nur auf **Eigenantrag** oder auf **Antrag eines Nachlassgläubigers**. Der Antrag ist schriftlich oder zu Protokoll der Geschäftsstelle einzureichen (§ 25) und soll begründet werden. **325**

Antragsberechtigt für den **Eigenantrag** sind der Alleinerbe (§ 1981 Abs. 1 BGB), der verwaltende Testamentsvollstrecker,[394] der Erbschaftskäufer[395] und in dem Fall, dass der Nachlass zum Gesamtgut einer Gütergemeinschaft gehört, auch der Ehegatte des Erben.[396] Miterben können den Antrag gem. § 2062 BGB nur gemeinschaftlich stellen; **326**

---

390 OLG Hamm Rpfleger 1995, 161.
391 Streitig, wie hier MK/Siegmann § 2600 Rn 6 mwN auch zur Gegenmeinung.
392 Hausmann/Hohloch, S. 1517.
393 Vgl Firsching/Graf Rn 4.785; Palandt/Edenhofer § 1975 BGB Rn 2.
394 Palandt/Edenhofer § 1981 BGB Rn 2.
395 Palandt/Edenhofer § 2383 BGB Rn 1.
396 Firsching/Graf Rn 4.788.

der Antrag ist nach der Teilung nicht mehr möglich. Nacherben können erst nach Eintritt des Nacherbenfalls die Nachlassverwaltung beantragen.[397] Der Nachlasspfleger ist nicht antragsberechtigt, da weder die Gläubigerbefriedigung noch die Haftungsbefreiung des Erben zu seinen Aufgaben gehört.[398] Der Erbe ist auch im Falle der Testamentsvollstreckung[399] oder eines vorangegangenen Verkaufs der Erbschaft zur Antragstellung berechtigt.[400]

327 Im Falle des Eigenantrags hat der Antragsteller seine Antragsbefugnis – im Regelfall seine Erbenstellung – darzulegen, ein Nachweis ist aufgrund der auch hier geltenden Amtsermittlungspflicht des Nachlassgerichts gem. § 26 nicht erforderlich.[401] Der Antrag ist bereits vor Annahme der Erbschaft und dann zeitlich unbefristet möglich; weder eine Überschuldung noch eine Vermischung des Nachlassvermögens mit dem Vermögen des Erben stehen ihm entgegen.[402] Das Antragsrecht erlischt jedoch, sobald der Erbe allen Gläubigern gegenüber unbeschränkt haftet (§ 2013 Abs. 1 S. 1 BGB). Wegen des Erfordernisses gemeinsamer Antragstellung von Miterben nach § 2062 BGB ist ein Antrag auf Nachlassverwaltung auch nicht mehr möglich, wenn nur einer der Miterben allgemein unbeschränkt für die Nachlassverbindlichkeiten haftet. Es empfiehlt sich im Antrag die Darlegung eines Grundes für die beantragte Nachlassverwaltung, da ein fehlendes Rechtsschutzbedürfnis zur Unzulässigkeit des Antrags führen kann.[403]

328 Nach § 1981 Abs. 2 BGB ist zudem jeder **Nachlassgläubiger**[404] antragsberechtigt. Dessen Antragsrecht besteht jedoch nur für einen **Zeitraum von zwei Jahren nach der Annahme der Erbschaft**; bei Miterben beginnt die Frist mit der Annahme durch den letzten Erben.[405] Der antragstellende Nachlassgläubiger hat im schriftlich oder zu Protokoll der Geschäftsstelle nach § 25 einzureichenden Antrag seine Forderung unter Angabe von Beweismitteln darzulegen (§ 23 Abs. 1 und § 27), um dem Nachlassgericht die – von Amts wegen durchzuführende – Prüfung seiner Antragsberechtigung zu ermöglichen.[406] Das nachlassgerichtliche Verfahren ist allerdings bei Einwendungen des Erben gegen die Forderung weder vorgesehen noch dafür geeignet, eine eingehende Aufklärung des Sachverhalts und die Beantwortung nicht einfacher Rechtsfragen zu der dem Zivilprozess vorbehaltenen Frage durchzuführen, ob die Forderung überhaupt und in welcher Höhe sie wahrscheinlich besteht. Das Nachlassgericht ist daher auch ohne umfassende Prüfung zur Zurückweisung eines streitigen Antrags berechtigt, wenn es ihn nicht als hinreichend glaubhaft gemacht ansieht.[407]

329 Zudem hat der Gläubiger eine **Gefährdung** der Befriedigung seines Anspruchs darzulegen; die Gefährdung kann sich sowohl aus der Vermögenslage des Erben als auch aus dessen Verhalten ergeben.

---

397 Firsching/Graf Rn 4.788.
398 MK/Siegmann § 1981 BGB Rn 4.
399 SchuSo/Müller-Lukoschek § 76 FGG Rn 3.
400 MK/Siegmann § 1981 BGB Rn 2.
401 Firsching/Graf Rn 4.787; aA: Palandt/Edenhofer § 1981 BGB Rn 2: Nachweis durch Erbschein oder Vorlage eines Testaments.
402 Firsching/Graf Rn 4.787.
403 Palandt/Edenhofer § 1981 BGB Rn 2.
404 Auch Miterbengläubiger, Vermächtnisnehmer, Pflichtteilsberechtigte etc.
405 Firsching/Graf Rn 4.789.
406 Palandt/Edenhofer § 1981 BGB Rn 3.
407 KG NJW-RR 2005, 378; aA SchuSo/Müller-Lukoschek § 76 FGG Rn 9.

bb) Zuständigkeit und Prüfung des Nachlassgerichts

Funktional zuständig ist der Rechtspfleger (§ 3 Nr. 2 c RPflG). Sofern der Erblasser **330** keine deutsche Staatsangehörigkeit hatte, ist jedoch gem. § 16 Abs. 1 Nr. 1 RPflG iVm § 14 Abs. 1 Nr. 8 RPflG der Richter zuständig;[408] insoweit kann der Richtervorbehalt jedoch nach § 19 Abs. 1 Nr. 1 RPflG durch Landesrecht aufgehoben werden.

Das Nachlassgericht prüft – mit den oben geschilderten Einschränkungen – die An- **331** tragsbefugnis des Antragstellers. Eine Verpflichtung, ohne konkreten Anlass zu prüfen, ob der Erbe bereits allgemein unbeschränkt haftet, besteht trotz des § 2013 Abs. 1 BGB nicht.[409] Wenn sich jedoch im Falle eines Eigenantrags des Erben aus dem vom Nachlassgericht geführten Erbrechtsregister ergibt, dass dem Erben eine bereits abgelaufene Inventarfrist gesetzt wurde, muss es prüfen, ob dies zur unbeschränkten Haftung des Erben nach § 1994 S. 2 BGB geführt hat.[410] Das Nachlassgericht muss – erforderlichenfalls auch durch Einholung eines Sachverständigengutachtens – feststellen, ob eine die Kosten der Nachlassverwaltung deckende Masse vorhanden ist oder die Kosten durch Vorschuss eines ausreichenden Geldbetrages von einem Beteiligten gedeckt werden.[411] Überschuldung ist weder Voraussetzung für die Bestellung eines Nachlassverwalters, noch ist sie Anlass, diese unter Verweis auf das Nachlassinsolvenzverfahren zu verweigern.[412] Nur im Falle eines Antrags eines Nachlassgläubigers ist zusätzlich zu prüfen, ob Grund zu der Annahme besteht, dass die Befriedigung aller Nachlassgläubiger aus dem Nachlass durch das Verhalten oder die Vermögenslage des Erben gefährdet wird.

cc) Entscheidung über den Antrag

Die Entscheidung über den Antrag ergeht durch zu begründenden **Beschluss**, der mit **332** einer Rechtsmittelbelehrung zu versehen ist. Sofern Nachlassverwaltung angeordnet wird, ist in dem Beschluss der Nachlassverwalter zu bestimmen. Dessen Auswahl erfolgt nach pflichtgemäßem Ermessen, wobei vor allem auf die Eignung und die Zielsetzung der Nachlassverwaltung (vollständige Befriedigung aller Gläubiger bei Wahrung der Interessen des Erben) abzustellen ist. Eine Pflicht zur Übernahme der Verwaltung besteht nicht (§§ 1981 Abs. 3, 1785 BGB), so dass vor der Bestellung die vom Nachlassgericht als Verwalter vorgesehene Person zu ihrer Bereitschaft zur Übernahme zu befragen ist.

Wenn Grundbesitz zum Nachlass gehört, ist die Anordnung der Nachlassverwaltung **333** im **Grundbuch** zum Schutz vor gutgläubigem Erwerb zu vermerken; hierzu hat das Nachlassgericht den Nachlassverwalter anzuhalten.[413] Zudem ist sie nach § 1983 BGB durch **Veröffentlichung** bekannt zu machen, was jedoch keine Wirksamkeitsvoraussetzung ist.[414] **Wirksam** wird der Beschluss mit Bekanntgabe an den Erben oder – wenn diesem die Verwaltung des Nachlasses obliegt – dem Testamentsvollstrecker (§ 40

---

408 Streitig, wie hier: Firsching/Graf Rn 4.803; aA SchuSo/Müller-Lukoschek § 72 FGG Rn 27, § 76 FGG Rn 5 mwN zum Streit.
409 MK/Siegmann § 1981 BGB Rn 7.
410 MK/Siegmann § 1981 BGB Rn 7.
411 MK/Siegmann § 1982 BGB Rn 1 mwN.
412 SchuSo/Müller-Lukoschek § 76 FGG Rn 5.
413 Firsching/Graf Rn 4.811.
414 Palandt/Edenhofer § 1982 BGB Rn 1.

Dieker

Abs. 1).[415] Sowohl über die Bestellung als auch über die Aufhebung einer Nachlassverwaltung sowie jede Änderung in der Person des Nachlassverwalters unterrichtet das Nachlassgericht gem. § 34 ErbStG iVm § 7 Abs. 1 ErbStDV sowie Ziff. XVII/2 Nr. 5 und 7 MiZi das zuständige Finanzamt.

dd) Rechtsmittel

334 Sofern durch den Beschluss dem **Eigenantrag** des Erben auf Anordnung der Nachlassverwaltung stattgegeben wird, ist dieser gem. § 359 Abs. 1 **unanfechtbar**. Da die Vorschrift unverändert aus § 76 Abs. 1 FGG übernommen wurde, bestehen keine Bedenken, weiterhin eine Beschwerdemöglichkeit trotz des Wortlauts der Norm für zulässig zu erachten, wenn der Erbe (unerkannt) gem. § 2013 BGB nicht antragsberechtigt war oder wenn der Antrag nicht von allen Miterben gestellt worden war.[416]

335 Gegen alle **anderen Endentscheidungen** im Verfahren über die Anordnung der Nachlassverwaltung ist binnen eines Monats die **Beschwerde** nach § 58 statthaft.

336 Gegen die Entscheidung, auf Antrag eines Nachlassgläubigers die Nachlassverwaltung anzuordnen, beschränkt § 359 allerdings das Beschwerderecht auf jeden Erben und den verwaltenden Testamentsvollstrecker.

ee) Nachlassverwalter

337 Da auf die Nachlassverwaltung über § 1915 BGB die für die Vormundschaft geltenden Vorschriften anzuwenden sind, ist der Nachlassverwalter vom Nachlassgericht zu verpflichten. Er unterliegt der **Aufsicht** des Nachlassgerichts und bedarf für die in den §§ 1821 f, 1828–1831 BGB benannten Rechtsgeschäfte stets der Genehmigung durch das Nachlassgericht.[417] Dem Nachlassgericht obliegt auch die **Rechnungsprüfung** nach § 1843 BGB. Die Vergütung des Nachlassverwalters wird auf bezifferten Antrag durch Beschluss des Nachlassgerichts festgesetzt (§ 1987 BGB), das Verfahren hierzu richtet sich nach § 168. Der Nachlassverwalter ist nach seiner Bestellung in allen die Nachlassverwaltung betreffenden Verfahren Beteiligter (§ 345 Abs. 4 Nr. 1).

338 Bei **Überschuldung des Nachlasses** muss der Nachlassverwalter gem. § 1985 Abs. 2 S. 2 BGB iVm § 1980 BGB unverzüglich die Nachlassinsolvenz beantragen; mit Eröffnung des Nachlassinsolvenzverfahrens endet die Nachlassverwaltung kraft Gesetz, ohne dass es eines Aufhebungsbeschlusses bedarf (§ 1988 Abs. 1 BGB).

339 Bei der Anordnung der Nachlassverwaltung handelt es sich um eine **Endentscheidung mit Dauerwirkung**, so dass nach § 48 Abs. 1 grundsätzlich die **Aufhebung oder Abänderung** der Entscheidung auf Antrag durch das Nachlassgericht bei nachträglicher Änderung der Sach- und Rechtslage durch Beschluss möglich ist. § 1988 Abs. 2 BGB und § 1919 BGB beschränken die Aufhebung der Nachlassverwaltung jedoch auf die Fälle der Zweckerreichung (durch Begleichung aller Nachlassverbindlichkeiten) und fehlen-

---

415 MK/Siegmann § 1981 BGB Rn 8; Palandt/Edenhofer § 1981 BGB Rn 4; aA SchuSo/Müller-Lukochek § 76 FGG Rn 11 mit beachtlichen Argumenten: Wirksamwerden mit Zustellung an den Nachlassverwalter, da Adressat derjenige sei, dem Rechtsmacht verliehen wird.
416 MK/Siegmann § 1981 BGB Rn 7.
417 Vgl Palandt/Edenhofer § 1985 BGB Rn 2; vgl hierzu wie auch zu dem Verfahren bei Entlassung wegen Interessengefährdung nach § 1886 BGB den entsprechenden Abschnitt zum betreuungsgerichtlichen und familiengerichtlichen Verfahren.

der Deckung der Verfahrenskosten. Im Rahmen des Beschlusses nach § 48 Abs. 1 sollte allerdings auch Berücksichtigung finden, wenn alle Gläubiger und Erben mit der Aufhebung der Nachlasspflegschaft einverstanden sind.[418] Soweit früher die Aufhebung auch allein aus dem Grund für zulässig erachtet wurde, dass die Anordnung rechtswidrig erfolgte – beispielsweise beim Fehlen eines Antrags –, so steht dem nun nach neuem Recht der Ablauf aller Rechtsmittelfristen und die Rechtskraft des Anordnungsbeschlusses entgegen.

Anders als nach früherem Recht[419] setzt § 48 Abs. 1 S. 2 stets einen Antrag auf Aufhebung der Nachlassverwaltung voraus, da auch die Anordnung der Nachlassverwaltung nur auf Antrag erfolgt und weder aus § 1988 BGB noch aus § 1919 BGB abgeleitet werden kann, dass das Vorliegen von Aufhebungsgründen von Amts wegen zu prüfen wäre. 340

Der Beschluss über die **Aufhebung der Nachlassverwaltung** ist nach den allgemeinen Vorschriften von jedem, der durch die Entscheidung beschwert ist, **anfechtbar**. Die Zurückweisung eines Antrags auf Aufhebung kann nur von dem Antragsteller mit der Beschwerde angefochten werden (§ 59 Abs. 2 FamFG iVm § 48 Abs. 1 S. 2 FamFG und § 1981 BGB). 341

d) Kosten

Für die **Bestimmung der Inventarfrist** wird eine halbe Gebühr nach § 114 Nr. 1 KostO erhoben. Die Kosten des Verfahrens zur Abnahme der eidesstattlichen Versicherung über das Inventar nach § 2006 BGB richten sich nach § 124 KostO. Wenn ein **Termin** durchgeführt wurde, entsteht – unabhängig davon, ob die eidesstattliche Versicherung abgegeben wurde, eine volle Gebühr (§ 124 Abs. 1 KostO). Wird der Antrag auf Abnahme der eidesstattlichen Versicherung zurückgewiesen, entsteht nur eine halbe Gebühr, die mindestens jedoch 35 EUR beträgt. Wird der Antrag vor dem Termin zurückgenommen, entsteht nur eine viertel Gebühr, die mindestens jedoch 20 EUR beträgt. Gebührenschuldner ist in beiden Fällen nach § 2 KostO grundsätzlich der Antragsteller. Anders als nach dem früheren § 13a FGG[420] kann das Nachlassgericht jedoch durch gesonderte Entscheidung nach § 81 die Kosten einem anderen Beteiligten auferlegen. 342

Für die **Aufnahme des Inventars** durch den Notar gem. § 2002 BGB oder eine staatliche Stelle nach § 2003 BGB fällt eine halbe Gebühr an; bei längerer Dauer erhöht sich die Gebühr (§ 52 Abs. 1 KostO). Für die **Entgegennahme des Inventars** durch das Nachlassgericht fällt gleichfalls gem. §§ 114 KostO eine halbe Gebühr an. 343

Für eine **Nachlassverwaltung** wird eine volle Gerichtsgebühr erhoben (§ 106 Abs. 1 KostO). Maßgebend ist der Wert des verwalteten Nachlassvermögens. Kostenschuldner ist der Nachlass (§ 6 KostO). Wird ein Antrag auf Anordnung zurückgewiesen oder zurückgenommen, fällt nur eine viertel Gebühr an, die vom Antragsteller erhoben wird; der Wert bestimmt sich in diesen Fällen bei Gläubigeranträgen nach der Höhe der Forderung, wenn nicht der Wert der Nachlassmasse niedriger ist (§ 106 Abs. 3 KostO). 344

---

418 Vgl Palandt/Edenhofer § 198 BGB Rn 4.
419 Zur Aufhebung auch von Amts wegen im FGG: Firsching/Graf Rn 4.835.
420 Vgl hierzu MK/Siegmann § 2006 BGB Rn 7.

Dieker

VI. Teilungssachen

345 Die verfahrensrechtlichen Vorschriften für die **Teilungsverfahren** der §§ 86–99 FGG wurden im Wesentlichen unverändert in das FamFG übernommen. Der Gesetzgeber hat lediglich eine behutsame Anpassung an den Allgemeinen Teil des FamFG vorgenommen.

1. Auseinandersetzung eines Nachlasses

346 Die Auseinandersetzung und die Abwicklung eines Nachlasses ist grundsätzlich Sache der Miterben oder des Testamentsvollstreckers. Wurde jedoch keine Testamentsvollstreckung angeordnet und können sich die Miterben nicht auf einen – grundsätzlich formfreien – Auseinandersetzungsvertrag[421] einigen, obwohl der Nachlass teilungsreif ist, so steht dem oder den teilungswilligen Miterben neben einer Erbteilungsklage vor dem Zivilgericht auch die Möglichkeit offen, das Nachlassgericht um amtliche Vermittlung der Auseinandersetzung nach den §§ 363–372 zu ersuchen. Durch die Vermittlung soll eine einvernehmliche Teilung des Nachlasses herbeigeführt werden; Entscheidungsbefugnis hat das Nachlassgericht in diesem Verfahren nicht.

347 Die Verfahrenseinleitung bei der Auseinandersetzung eines Nachlasses erfolgt nur auf **Antrag eines Miterben** auf Vermittlung der Auseinandersetzung nach § 363. Von der Ermächtigung des § 487 Abs. 1 Nr. 1, landesgesetzlich ein von Amts wegen durchzuführendes Teilungsverfahren vorzusehen, hat derzeit kein Land Gebrauch gemacht.

348 **Zuständig** ist das für den Nachlass des Erblassers nach § 343 zuständige Nachlassgericht; dies gilt auch dann, wenn zu dem Nachlass ein landwirtschaftlicher Betrieb oder ein Hof im Sinne der Höfeordnung gehört.[422] Funktional ist gem. § 3 Nr. 2 c RPflG der Rechtspfleger zuständig. In Baden-Württemberg ist das Notariat zuständig. In Bayern, Hessen und Niedersachsen besteht – bei im Einzelnen unterschiedlicher Ausgestaltung – die Zuständigkeit des Notars neben derjenigen des Nachlassgerichts (§ 487 Abs. 1 Nr. 3 iVm den jeweiligen Landesgesetzen).[423]

349 **Antragsberechtigt** sind: jeder Miterbe, der Erwerber eines Erbteils sowie derjenige, dem ein Nießbrauch oder ein Pfandrecht an einem Erbteil zusteht. In der Insolvenz eines Miterben steht dessen Antragsrecht dem Insolvenzverwalter zu.[424] Nach dem Tod eines Miterben steht das Antragsrecht jedem seiner (Mit-)Erben ohne Beteiligung der Übrigen sowie dem für den Nachlass des Miterben bestellten Testamentsvollstrecker, Nachlasspfleger, Nachlassverwalter oder Nachlassinsolvenzverwalter zu.[425]

350 Gem. § 25 Abs. 1 ist der Antrag schriftlich oder zu Protokoll der Geschäftsstelle zu erklären; als verfahrenseinleitender **Antrag** soll er gem. § 23 Abs. 1 begründet werden. In dem Antrag sollen – neben den Angaben zur Person des Erblassers – die Beteiligten und die Teilungsmasse bezeichnet werden (§ 364). Weder die vollständige Angabe der Be-

---

421 Vgl hierzu Palandt/Edenhofer § 2042 BGB Rn 16 ff.
422 KKW/Winkler § 86 FGG Rn 23 f.
423 Vgl Überblick bei Firsching/Graf Rn 4.892.
424 SchuSo/Müller-Lukoschek § 86 FGG Rn 29.
425 SchuSo/Müller-Lukoschek § 86 FGG Rn 32.

teiligten noch ein detailliertes Nachlassverzeichnis sind jedoch Zulässigkeitsvoraussetzung für den Antrag.[426]

Unzulässig ist der Antrag, wenn ein zur Auseinandersetzung berechtigter Testamentsvollstrecker vorhanden ist (§ 364 Abs. 1),[427] solange die Erbteile nach § 2043 BGB noch unbestimmt sind und während der Dauer von Nachlassverwaltung und Nachlassinsolvenzverfahren, da die Miterben dann über die Nachlassgegenstände nicht verfügungsberechtigt sind.[428] Wenn die Erbengemeinschaft bereits aufgehoben ist, ist ein Auseinandersetzungsverfahren nicht mehr möglich.[429] Unzulässig ist der Antrag auch, wenn schon bei Einleitung des Verfahrens Rechtsfragen – einschließlich der Frage, wer (Mit-)erbe ist – streitig sind, da sich aus § 370 ergibt, dass dann das Vermittlungsverfahren ohnehin auszusetzen wäre.[430] Gleiches gilt, wenn bei Antragseingang bereits eine Auseinandersetzungsklage vor einem Zivilgericht anhängig ist.[431] Auch ein Ausschluss der Auseinandersetzung durch den Erblasser nach § 2044 BGB steht der Zulässigkeit des Verfahrens entgegen.[432] Dagegen steht ein anhängiges Zuweisungsverfahren über einen landwirtschaftlichen Betrieb vor dem zuständigen Landwirtschaftsgericht nach §§ 13–17 GrstVG einem Vermittlungsverfahren nach den §§ 363 ff FamFG nicht entgegen; vielmehr ist das Zuweisungsverfahren bis zum Abschluss des nachlassgerichtlichen Verfahrens auszusetzen.[433]

351

Beteiligte sind gem. § 7 Abs. 2 neben dem Antragsteller die Miterben oder deren Rechtsnachfolger, sofern sie nicht bereits zuvor durch eine Teilauseinandersetzung aus der Erbengemeinschaft ausgeschieden sind. Zudem sind Beteiligte diejenigen, denen ein Nießbrauchs- oder Pfandrecht an einem Erbteil zusteht[434] sowie der Nacherbe, sofern Verfügungen über Nachlassgegenstände getroffen werden sollen, die ohne seine Beteiligung ihm gegenüber unwirksam wären.[435] Wenn ein Miterbe in Gütergemeinschaft lebt, ist – sofern der Erbteil zum Gesamtgut gehört – auch der Ehegatte Beteiligter. Gleiches gilt, wenn der Erbteil das gesamte Vermögen eines Miterben iSd § 1365 BGB darstellt.[436]

352

Das Nachlassgericht kann nach § 364 einen **Pfleger** bestellen, sofern für einen der Beteiligten die Voraussetzungen der Abwesenheitspflegschaft nach § 1911 BGB vorliegen. Die Bestellung erfolgt in diesem Fall nur für das Auseinandersetzungsverfahren und liegt im Ermessen des Nachlassgerichts; alternativ kann es auch beim Betreuungsgericht die Bestellung eines Pflegers anregen.[437]

353

---

426 Vgl Firsching/Graf Rn 4.909; KKW/Winkler § 87 FGG Rn 2.
427 Entsprechendes gilt, wenn ein – hierzu bereiter – Dritter nach § 2048 S. 2 BGB die Auseinandersetzung vornehmen soll; nicht aber, wenn in den Fällen des § 2048 S. 3 BGB Einigkeit der Erben über die Unbilligkeit der Anordnungen des Dritten besteht; vgl KKW/Winkler § 86 FGG Rn 35.
428 Vgl SchuSo/Müller-Lukoschek § 86 FGG Rn 17.
429 KKW/Winkler § 86 FGG Rn 30.
430 OLG Düsseldorf FGPrax 2002, 231.
431 Firsching/Graf Rn 4.902.
432 Palandt/Edenhofer § 2044 BGB Rn 2.
433 KKW/Winkler § 86 FGG Rn 22.
434 Firsching/Graf Rn 4.908.
435 Beispielsweise nach § 2113 BGB, wenn zum Nachlass ein Grundstück gehört und der Vorerbe nicht nach den §§ 2136 f BGB befreit ist.
436 Vgl SchuSo/Müller-Lukoschek § 86 FGG Rn 43.
437 Vgl hierzu und allgemein zur Abwesenheitspflegschaft im Auseinandersetzungsverfahren ausführlich KKW/Winkler § 88 FGG Rn 3 ff.

§ 18 Nachlass- und Teilungssachen

354 Das **Auseinandersetzungsverfahren** des Nachlassgerichts richtet sich nach den §§ 365–367, 369 und 370.

355 Nach Antragseingang prüft das Nachlassgericht die Antragsvoraussetzungen. Ein **unzulässiger Antrag** wird durch Beschluss als unzulässig zurückgewiesen; er ist als Endentscheidung für den Antragsteller gem. § 59 Abs. 2 nach den allgemeinen Vorschriften anfechtbar.

356 Wenn der Antrag zulässig ist, lädt das Nachlassgericht den Antragsteller und die übrigen Beteiligten zu einem **Verhandlungstermin**. Geladen wird in der Regel zur Verhandlung über die Auseinandersetzung; das Nachlassgericht kann aber zunächst auch nur zu einer Verhandlung über vorbereitende Maßnahmen nach § 366 laden. Die Ladung durch öffentliche Zustellung an einen Beteiligten ist nach § 365 Abs. 1 S. 2 unzulässig. Im Übrigen richtet sich die Form der Ladung nach § 13; demnach ist auch die Bekanntgabe durch Aufgabe des Schreibens zur Post zulässig. Wenn Unterlagen für die Auseinandersetzung vorhanden sind, muss die Ladung einen Hinweis darauf enthalten, dass diese in der Geschäftsstelle eingesehen werden können. Mit der Ladung soll das Nachlassgericht den übrigen Beteiligten den Antrag übermitteln, § 23 Abs. 2.[438] Zudem weist es darauf hin, dass über die Auseinandersetzung auch verhandelt wird, wenn der Geladene nicht erscheint, und dass auch zu Fortsetzungsterminen keine erneute Ladung erfolgen muss, § 365 Abs. 2 S. 1. Zwischen Ladung und Termin muss eine angemessene Frist liegen (§ 32 Abs. 2), die im Regelfall zwei Wochen nicht unterschreiten sollte.

357 Nach bisherigem Recht wurde die Beschwerde gegen die Einleitung des Verfahrens[439] bzw die Ladung[440] für zulässig erachtet, wenn sie darauf gestützt wurde, dass der Antragsteller nicht antragsberechtigt sei. Wegen der strikten Beschränkung des § 58 Abs. 1 auf Endentscheidungen ist in einem solchen Fall die Beschwerde gegen die Terminsbestimmung jedoch nicht mehr zulässig, da diese keine Endentscheidung darstellt.

358 Wie im bisherigen Recht sind **zwei Verfahrensabschnitte** zu unterscheiden, was wegen der sprachlichen Neufassung[441] des § 366 Abs. 1 S. 1 leider weniger deutlich zum Ausdruck kommt als in den §§ 91, 93 FGG: Zwar können die Beteiligten bereits in einem ersten Termin die endgültige Auseinandersetzung nach § 368 durchführen; je nach Lage des konkreten Sachverhalts können sie sich jedoch auch zunächst nur über vorbereitende Maßnahmen, wie beispielsweise die Einholung von Gutachten, den Verkauf (und die Art des Verkaufs) einzelner Nachlassgegenstände, die Schätzung des Werts einzelner Nachlassgegenstände etc.,[442] verständigen.

359 Der **mündliche Widerspruch** eines der Beteiligten im Termin hindert das Zustandekommen einer Vereinbarung; ob wegen des dem Widerspruch zugrunde liegenden Streits die Beteiligten gem. § 370 auf den Rechtsweg zu verweisen sind und das Teilungsverfahren auszusetzen ist, hängt ebenso von den Umständen des Einzelfalls ab wie

---

[438] Anders als nach § 89 S. 1 FGG ist dies nicht mehr Wirksamkeitsvoraussetzung für die Ladung.
[439] KKW/Winkler § 86 FGG Rn 69.
[440] Firsching/Graf Rn 4.922.
[441] Eine inhaltliche Änderung hat der Gesetzgeber durch die Umformulierung nicht beabsichtigt, vgl BT-Drucks. 16/6308, 283.
[442] Vgl weitere Beispiele bei Firsching/Graf Rn 4.924.

die Frage, ob dennoch über einzelne Teilfragen eine Verständigung erzielt werden kann.[443]

Verständigen sich die im Termin erschienenen Beteiligten über **vorbereitende Maßnahmen** (oder schlägt der einzige erschienene Beteiligte solche vor), so wird die **Vereinbarung** vom Nachlassgericht **protokolliert**.   360

Des Weiteren ist zu unterscheiden: 361

Sind alle Beteiligten zum Termin erschienen oder haben alle nicht erschienenen Beteiligten ihre Zustimmung (nachträglich) in der nach § 366 Abs. 2 S. 2 vorgeschriebenen Form[444] erteilt, **bestätigt das Nachlassgericht** zudem die Vereinbarung über vorbereitende Maßnahmen (§ 366 Abs. 2 S. 1). Die Prüfung des Nachlassgerichts beschränkt sich dabei neben der Feststellung der formalen Voraussetzungen allein auf Verstöße gegen Verbotsgesetze oder gegen die guten Sitten (§ 242 BGB) sowie darauf, ob ein Beteiligter für seine Erklärung der Genehmigung des Familien- oder Betreuungsgerichts bedarf.[445] Im letztgenannten Fall ist dann, wenn in Deutschland kein Pfleger, Betreuer oder Vormund vorhanden ist, das Nachlassgericht an Stelle des Betreuungs- oder Familiengerichts für das Genehmigungsverfahren zuständig (§ 368 Abs. 3). Da es sich bei der Bestätigung gem. § 371 Abs. 2 um einen Vollstreckungstitel handelt, ist er – auch wenn das Auseinandersetzungsverfahren durch die vorbereitenden Maßnahmen noch nicht beendet wird – wie eine Endentscheidung zu behandeln. Er ergeht daher in der Form eines Beschlusses mit Bezeichnung der Beteiligten und Rechtsmittelbelehrung (§§ 38 Abs. 1 und 2, 39); sofern nicht die Voraussetzungen des § 38 Abs. 4 vorliegen, ist er zu begründen. Gegen den Bestätigungsbeschluss steht die **Beschwerde** nach §§ 58 ff offen; sie kann allerdings nur darauf gestützt werden, dass die Verfahrensvorschriften nicht beachtet wurden (§ 372 Abs. 2). Beschwerdeberechtigt sind neben den Verfahrensbeteiligten diejenigen, die durch den Inhalt des Beschlusses beschwert werden, auch wenn sie nicht am Verfahren beteiligt wurden.[446] Eine inhaltliche Prüfung der Vereinbarung auf Zweckmäßigkeit erfolgt auch im Beschwerdeverfahren nicht.   362

Waren nicht alle Beteiligten zum Termin erschienen, prüft das Gericht, ob die fehlenden Beteiligten ordnungsgemäß geladen waren. Ist dies der Fall, wird ihnen der Inhalt des sie betreffenden Teils des Protokolls bekannt gegeben; dabei werden sie darauf hingewiesen, dass die Urkunde in der Geschäftsstelle des Nachlassgerichts eingesehen werden kann und sie eine Abschrift der Urkunde fordern können. Ferner muss die Bekanntgabe den **Hinweis** enthalten, dass von ihrem **Einverständnis** ausgegangen wird, wenn sie nicht binnen einer vom Nachlassgericht in der Mitteilung festzusetzenden **Frist** die Anberaumung eines neuen Termins beantragen oder wenn sie in dem auf diesen Antrag festgesetzten neuen Termin nicht erscheinen (§ 366 Abs. 2). Die Fristsetzung muss mit einer Rechtsmittelbelehrung versehen sein, da sie mittels der **sofortigen Beschwerde** gem. §§ 567–572 ZPO iVm § 372 Abs. 1 FamFG anfechtbar ist.   363

---

443 Vgl KKW/Winkler § 91 FGG Rn 11.
444 Durch öffentlich beglaubigte Urkunde oder zu Protokoll des zuständigen Rechtspflegers (nicht Geschäftsstelle).
445 Vgl KKW/Winkler § 91 FGG Rn 36; Firsching/Graf Rn 4.941: Eine Zweckmäßigkeitsprüfung findet nicht statt.
446 Vgl KKW/Winkler § 96 FGG Rn 10 ff.

364 Geht **nachträglich eine Zustimmung** aller nicht erschienenen Beteiligten in der Form des § 366 Abs. 2 S. 2 ein, folgt das oben unter Rn 362 geschilderte Bestätigungsverfahren der Vereinbarung über vorbereitende Maßnahmen. **Beantragt** einer der nicht erschienenen Beteiligten innerhalb der vom Nachlassgericht gesetzten Frist einen neuen Verhandlungstermin, lädt das Nachlassgericht die Beteiligten zu einem neuen Termin. Äußern sich die nicht erschienenen Beteiligten nicht oder bleiben sie auch dem neuen Termin fern, bestätigt das Nachlassgericht gem. § 366 Abs. 4 die Vereinbarung auch ohne die Zustimmung der nicht erschienen Beteiligten durch Beschluss.

365 War ein nicht erschienener Beteiligter an der Einhaltung der Frist zur Beantragung eines neuen Termins oder an der Wahrnehmung des neuen Termins **ohne** sein **Verschulden** verhindert, kann er binnen zwei Wochen nach Wegfall des Hindernisgrundes **Wiedereinsetzung in den vorigen Stand** beantragen (§ 367 iVm §§ 17, 18 Abs. 1). Die Gründe der Säumnis und das fehlende Verschulden sind glaubhaft zu machen, im Falle der Versäumung des Antrags auf einen neuen Termin, ist dieser nachzuholen (§ 367 iVm § 18 Abs. 2 und 3). Nach Ablauf eines Jahres ist die Wiedereinsetzung nicht mehr möglich (§ 367 iVm § 18 Abs. 4). Das Nachlassgericht entscheidet über den Wiedereinsetzungsantrag durch zu begründenden Beschluss (§ 367 iVm § 19). Der Beschluss bedarf einer Rechtsmittelbelehrung, da er – abweichend von den allgemeinen Vorschriften – gem. § 372 Abs. 1 stets anfechtbar ist.

366 Sind die vorbereitenden Maßnahmen abgeschossen oder waren solche nicht erforderlich, erstellt das Nachlassgericht einen **Auseinandersetzungsplan** (§ 368 Abs. 1 S. 1). In einem Termin, zu dem in der oben (Rn 356) geschilderten Form geladen wird, haben sich die Beteiligten zu erklären, ob sie dem Plan zustimmen. Widerspricht einer der Beteiligten im Termin und kommt auch keine Einigung über einen abgeänderten Plan zustande, setzt das Nachlassgericht das Verfahren aus und verweist die Beteiligten auf das streitige Verfahren (§ 370). Sind alle Beteiligten erschienen und einigen sie sich auf den Auseinandersetzungsplan, so beurkundet das Gericht die Einigung und bestätigt – bei Vorliegen der formalen Voraussetzungen – durch Beschluss die Auseinandersetzung. Das Nachlassgericht prüft lediglich die formalen Voraussetzungen und inwieweit eine betreuungs- oder familiengerichtliche Genehmigung erforderlich ist. Die Bestätigung ist aber abzulehnen, wenn die Vereinbarung gegen die guten Sitten oder Verbotsgesetze verstößt. Im Übrigen entspricht gem. § 368 Abs. 2 das weitere Verfahren bei **Ausbleiben eines Beteiligten im Termin** demjenigen über die Vereinbarung vorbereitender Maßnahmen (vgl Rn 362–365). Gleiches gilt für die **Rechtsmittel**.[447]

367 Das Nachlassgericht unterrichtet das zuständige Finanzamt über die erfolgreiche Auseinandersetzung.[448]

368 Sowohl der Bestätigungsbeschluss über eine Einigung über vorbereitende Maßnahmen als auch der Bestätigungsbeschluss über eine Auseinandersetzung wird abweichend von § 40 Abs. 1 erst mit Rechtskraft **wirksam** (§ 371 Abs. 1). Die **Vollstreckung** richtet sich nach den §§ 86, 87 und 95 FamFG sowie den §§ 795 und 797 ZPO.[449]

---

[447] Insbesondere ist auch hier trotz des undeutlichen Wortlauts des § 372 Abs. 1 gegen die Fristbestimmung das Rechtsmittel der sofortigen Beschwerde nach den §§ 567–572 ZPO gegeben, vgl BT-Drucks. 16/6308, 284.
[448] Ziff. XVII/2 Abs. 1 Nr. 6 MiZi.
[449] Vgl BT-Drucks. 16/6308, 392.

2. Auseinandersetzung einer Gütergemeinschaft

Gegenstand eines **Auseinandersetzungsverfahrens** bei einer Gütergemeinschaft nach den §§ 1471 ff BGB ist stets die Teilung des Gesamtguts nach **Beendigung der Gütergemeinschaft** (durch Auflösung der Ehe oder Lebenspartnerschaft, durch Rechtskraft eines Aufhebungsurteils durch Ehevertrag oder bei Tod eines Ehegatten/Lebenspartners, wenn keine Fortsetzung der Gütergemeinschaft vereinbart war) sowie bei **Beendigung der fortgesetzten Gütergemeinschaft** (durch Aufhebung durch den überlebenden Ehegatten/Lebenspartner, durch Rechtskraft eines Aufhebungsurteils, durch Tod oder Wiederverheiratung des überlebenden Ehegatten/Lebenspartners sowie Wegfall aller Abkömmlinge).[450]

369

Zuständig ist das Amtsgericht (§ 23 a Abs. 2 Nr. 2 GVG); funktional ist dort der Rechtspfleger zuständig. In einigen Ländern ist durch Landesrecht gem. § 487 Abs. 1 Nr. 3 die Zuständigkeit den Notaren übertragen.[451]

370

Die örtliche Zuständigkeit für das Auseinandersetzungsverfahren richtet sich nur dann, wenn ein Anteil an dem Gesamtgut zu einem Nachlass gehört, über §§ 344 Abs. 5, 343 nach dem letzten Wohnsitz des Erblassers; ansonsten über § 344 Abs. 5, 122 nach den Zuständigkeitsbestimmungen für das Verfahren in Ehesachen.

371

Das **Verfahren entspricht** gem. § 373 Abs. 1 demjenigen der **Auseinandersetzung eines Nachlasses**.

372

3. Kosten

Wird eine Auseinandersetzung des Nachlasses oder des Gesamtgutes bestätigt, fallen gem. § 116 Abs. 1 KostO vier Gerichtsgebühren an. Der Wert bestimmt sich nach dem Wert des Nachlasses bzw des Gesamtgutes. Wird der Antrag auf Auseinandersetzung zurückgenommen oder die Auseinandersetzung angelehnt, fällt nur eine halbe Gebühr an. Gebührenschuldner sind diejenigen, die an dem auseinandergesetzten Nachlass oder Gesamtgut beteiligt sind (§ 116 Abs. 6 KostO).

373

---

450 Vgl KKW/Winkler § 99 FGG Rn 1–3.
451 Vgl Überblick bei KKW/Winkler § 193 FGG Rn 3 ff.

§ 19 Registersachen und unternehmensrechtliche Verfahren

Literatur: Baumbach/Hueck, GmbHG, 18. Aufl. 2006; Ebenroth/Boujong/Joost/Strohn, HGB, 2. Aufl. 2008; Krafka, Die gesellschafts- und registerrechtliche Bedeutung des geplanten FamFG, FGPrax 2007, 51; Krafka/Willer, Registerrecht, 7. Aufl. 2007; Kroiß/Everts/Poller, GmbH-Registerrecht, 2009; Roth/Altmeppen, GmbHG, 5. Aufl. 2005.

I. Überblick	1
1. Allgemeines	1
2. Änderungen durch das FamFG	3
3. Verfahrensarten	4
4. Zuständigkeit	5
a) Sachliche Zuständigkeit	5
b) Örtliche Zuständigkeit	6
c) Funktionelle Zuständigkeit	7
II. Eintragungsverfahren	9
1. Eintragungen auf Antrag	9
a) Verfahrenseinleitung	9
b) Entscheidungsfindung	12
c) Entscheidung	16
d) Rechtsmittel	23
e) Weitere Hinweise	26
2. Eintragungsverfahren von Amts wegen	27
a) Überblick	27
b) Verfahrenseinleitung	30
c) Entscheidungsfindung	31
d) Entscheidung	33
e) Rechtsmittel	36
f) Weitere Hinweise	37
III. Amtslöschungsverfahren	39
1. Überblick	39
2. Verfahrenseinleitung	40
3. Entscheidungsfindung	41
4. Entscheidung	42
5. Rechtsmittel	44
6. Besonderheiten einzelner Verfahren	45
a) Amtslöschung wegen Vermögenslosigkeit	45
b) Amtslöschung von unzulässigen Eintragungen	50
c) Amtslöschung von nichtigen Gesellschaften und Genossenschaften	54
d) Amtslöschung von nichtigen Beschlüssen	56
IV. Ordnungs- und Zwangsgeldverfahren	58
1. Zwangsgeldverfahren	59
a) Verfahrenseinleitung	60
b) Verfahren/Entscheidung	61
c) Rechtsmittel	69
2. Ordnungsgeldverfahren	72
a) Überblick	72
b) Verfahrenseinleitung	74
c) Verfahren/Entscheidung	75
d) Rechtsmittel	76
V. Weitere Verfahren in Registersachen	77
1. Einsicht	78
2. Bescheinigungen nach § 386	81
3. Entgegennahme von Unterlagen	82
4. Auflösung wegen Mangels der Satzung	84
5. Auflösung einer Genossenschaft	88
VI. Weitere Verfahren in Vereinssachen	90
1. Schließung des Registerblattes	91
2. Bestellung eines Notvorstands	93
3. Ermächtigung zur Einberufung einer Mitgliederversammlung	96
4. Entziehung der Rechtsfähigkeit	97
VII. Unternehmensrechtliche Verfahren nach § 375	99
1. Überblick	99
2. Bestellung und Abberufung von vertretungsberechtigten Personen u.a.	101
3. Vergütungsfestsetzung	122
4. Ermächtigung zur Einberufung von Versammlungen	126
5. Bestimmung über die Aufbewahrung von Büchern	127
6. Anordnung über Mitteilung der Bilanz	130
7. Befreiung von der Abschlussprüfung	131
8. Entscheidung bei Meinungsverschiedenheiten zwischen Gründern und Prüfern	132
9. Kraftloserklärung von Aktien	133

I. Überblick

1. Allgemeines

Zu den Registersachen zählen sämtliche Verfahren, die im Zusammengang mit den von den Registergerichten geführten Registern notwendig sind. Dies sind das Handels-, Genossenschafts-, Partnerschafts-, Vereins- und das Güterrechtsregister (§ 374). 1

Schiffsregistersachen zählen dagegen nicht zu den Registersachen im Sinne des FamFG. Insoweit ergibt sich das Vorgehen aus der Schiffsregisterverordnung[1] und der VO zur Durchführung der Schiffsregisterverordnung.[2] Lediglich hinsichtlich der in § 375 Nr. 2 genannten Verfahren, die zu den unternehmensrechtlichen Verfahren gehören, findet das FamFG direkt Anwendung. 2

2. Änderungen durch das FamFG[3]

Gravierende Änderungen haben sich in diesem Bereich durch die Einführung des FamFG für die registerrechtliche Praxis nicht ergeben, denn die Regelungen des FGG sind zum Großteil übernommen worden. Lediglich die **Systematik** hat sich geändert, da nun sämtliche Paragraphen direkt auf alle Registerverfahren anzuwenden sind. Die Verweisungsvorschriften (zB § 157 FGG) sind entfallen. 3

Geringfügige rechtliche Änderungen haben sich nur bei den **Zwangsgeldverfahren** (vgl Rn 59 ff) und den **Löschungsverfahren** von Amts wegen (vgl Rn 40 ff) ergeben. Bei diesen steht nun den berufsständischen Organen ein eigenes Antragsrecht zu, über das durch anfechtbaren Beschluss zu entscheiden ist. Bei Zwangs- und Ordnungsgeldverfahren ist bei Einspruch die Durchführung eines Termins zur Erörterung der Sache nicht mehr zwingend vorgeschrieben.

Eine Vereinfachung ergibt sich im Bereich der **Rechtsmittel**, da nunmehr einheitlich die befristete Beschwerde statthaft ist und nicht mehr hinsichtlich der verschiedenen Register und auch Arten von Entscheidungen unterschieden werden muss. Des Weiteren ergibt sich zudem die durch die Rechtsprechung entwickelte und somit bereits bisher gegebene **Anfechtbarkeit von Zwischenverfügungen** nunmehr direkt aus dem Gesetz (§ 382 Abs. 4 S. 2).

Eine weitere Neuerung ist, dass die bisher in § 145 FGG genannten Verfahren nunmehr unter dem Oberbegriff „**unternehmensrechtliche Verfahren**" geführt werden. Zusätzlich aufgenommen wurden weitere Verfahren, die bereits bisher den Registergerichten zugeordnet sind, ohne Registersachen zu sein (insb. § 387 Nr. 6, 7).

3. Verfahrensarten

Das häufigste Verfahren stellt das Eintragungsverfahren dar. Daneben ist das Registergericht zuständig für die Entgegennahme von Unterlagen und einige weitere Angelegenheiten. Um die Richtigkeit der geführten Register zu wahren, gibt es schließlich noch Zwangsgeld- und Amtslöschungsverfahren. In engem Zusammenhang mit den 4

---

[1] Schiffsregisterverordnung idF der Bekanntmachung v. 26.4.1994 (BGBl. I, 1133), zuletzt geänd. durch Artikel 92 der VO v. 31.10.2006 (BGBl. I, 2407).
[2] VO zur Durchführung der Schiffsregisterverordnung idF der Bekanntmachung v. 30.11.1994 (BGBl. I, 3631), zuletzt geänd. durch Artikel 367 der VO v. 31.10.2006 (BGBl. I, 2407).
[3] Im Einzelnen: Kroiß/Seiler § 7 Rn 1 ff; Kemper, S. 299 ff.

§ 19 Registersachen und unternehmensrechtliche Verfahren

Registersachen stehen darüber hinaus die unternehmensrechtlichen Verfahren, die als Aufgaben der freiwilligen Gerichtsbarkeit in der Praxis deswegen häufig auch dem Registergericht zugewiesen sind.

4. Zuständigkeit
a) Sachliche Zuständigkeit

5   Für die Führung des Handels- und des Genossenschaftsregisters ist sachlich das Amtsgericht am Sitz des Landgerichts zuständig, §§ 23 a GVG, 376 Abs. 1 FamFG, 1 HRV. Durch Rechtsverordnung der Landesregierung kann dies auch abweichend bestimmt werden (§ 376 Abs. 2). Ebenso kann nach dieser Vorschrift die Zuständigkeit in Partnerschaftsregistersachen durch Rechtsverordnung geändert werden. Für diese besteht mangels einer abweichenden Regelung die Zuständigkeit jedes Amtsgerichts.

In Vereins- und Güterrechtsregistersachen ist grundsätzlich ebenfalls jedes Amtsgericht für seinen Bezirk zuständig. Eine Möglichkeit abweichender Regelung ergibt sich aus § 55 Abs. 2 BGB für das Vereinsregister und § 1558 Abs. 2 BGB für das Güterrechtsregister.

b) Örtliche Zuständigkeit

6   Die örtliche Zuständigkeit ergibt sich aus den jeweiligen Einzelvorschriften über die betreffende Angelegenheit wie zB die Anmeldepflicht. Grundsätzlich ist jeweils das für den Sitz der Gesellschaft zuständige Gericht bzw dasjenige, bei dem eine Eintragung ins Register vorliegt, zuständig, § 377 Abs. 1.

In Güterrechtsregistersachen richtet sie sich nach dem gewöhnlichen Aufenthalt der Ehegatten (§ 377 Abs. 3). Zu beachten ist hier, dass die Eintragungen auch bei mehreren Gerichten zu beantragen sein können.

§ 2 Abs. 1 findet in Registersachen keine Anwendung, da es hier jeweils nur eine Zuständigkeitsregelung gibt, § 377 Abs. 4.

c) Funktionelle Zuständigkeit

7   Funktionell liegt in Vereins- und Güterrechtssachen eine Vollübertragung auf den **Rechtspfleger** vor, § 3 Nr. 1 a und e RPflG. Hinsichtlich der Partnerschafts- und Handelssachen, die das Handels-, Genossenschafts- und Schiffsregister umfassen, gibt es eine Vorbehaltsübertragung, § 3 Nr. 2 d RPflG.

Die **Richtervorbehalte** ergeben sich aus § 17 RPflG. Danach sind dem Richter insbesondere die konstitutiven Eintragungen bei Kapitalgesellschaften und die diese betreffenden Amtslöschungsverfahren vorbehalten. Der weitergehende Richtervorbehalt betrifft die unternehmensrechtlichen Verfahren (vgl Rn 99 ff).

Allerdings sieht § 19 RPflG die Möglichkeit vor, dass die Richtervorbehalte nach § 17 Nr. 1 u. 2 b RPflG durch Landesverordnung aufgehoben werden können, wovon einige Länder bereits Gebrauch gemacht haben.

8   In Handelsregistersachen ist für die Erledigung der Einsicht, die Eintragung der Insolvenzvermerke und der inländischen Geschäftsanschrift, die Erteilung von Abschriften und Ausdrucken und die Erteilung von Bescheinigungen nach § 9 Abs. 5 HGB die Ge-

schäftsstelle bzw der **Urkundsbeamte der Geschäftsstelle** des mittleren Justizdienstes zuständig (§§ 10, 29 HRV). Gleiches gilt in Partnerschaftsregistersachen (§ 1 PRV) und Genossenschaftsregistersachen (§ 1 GenRegV).

In Vereinsregistersachen ergibt sich im Gegensatz dazu die Zuständigkeit des Urkundsbeamten der Geschäftsstelle nur bei der Einsicht und der Fertigung von Abschriften (§§ 16, 17, 32 VRV). Hinsichtlich der Insolvenzvermerke und der Erteilungen von Bescheinigungen nach § 386 ergibt sich eine Zuständigkeit des Urkundsbeamten nicht. Hierfür ist daher der Rechtspfleger zuständig (§§ 3 Nr. 1 a RPflG, 1 Abs. 3 VRV).

Soweit der Urkundsbeamte der Geschäftsstelle eine Entscheidung getroffen hat, entscheidet über ein von diesem nicht entsprochenem Änderungsverlangen der Richter bzw Rechtspfleger. Erst gegen deren Entscheidung ist das nach den allgemeinen Vorschriften zulässige Rechtsmittel gegeben (§ 29 Abs. 2 HRV).

II. Eintragungsverfahren

1. Eintragungen auf Antrag

a) Verfahrenseinleitung

Am Anfang eines Eintragungsverfahrens steht grds. der Antrag. In wenigen Ausnahmefällen ist ein solcher entbehrlich. Dies ist dann der Fall, wenn aufgrund gesetzlicher Vorschriften eine Anmeldung entbehrlich ist (vgl Rn 27 ff). Auch soweit diese Vorschriften nicht greifen, ist eine ausdrückliche Antragstellung entbehrlich, wenn eine Registeranmeldung eingereicht wird, da der Antrag dann konkludent in der Anmeldung liegt.

Im Regelfall wird der **Eintragungsantrag** durch den Notar als Vertreter gestellt. Hierzu gilt dieser gem. § 378 Abs. 2 als ermächtigt, wenn er eine zur Eintragung erforderliche Erklärung beurkundet oder beglaubigt hat. Diese Regelung entspricht in etwa dem § 15 GBO im Grundbuchverfahren (vgl § 23 Rn 217 ff). Damit eine Erklärung zur Eintragung erforderlich ist, muss sie auch zum jeweiligen Register einzureichen sein. Damit reicht es für die Fiktion bei Kapitalgesellschaften aus, wenn der Notar den Gesellschaftsvertrag beurkundet hat, weil dieser zum Handelsregister einzureichen ist (zB § 8 Abs. 1 Nr. 1 GmbHG). Bei einer Personengesellschaft ist dies dagegen nicht genügend, da insoweit eine Vorlage von Verträgen nicht vorgesehen ist.

In Güterrechtsregistersachen gilt bei einem Antrag auf Eintragung einer güterrechtlichen Vereinbarung nur der Notar als zur Stellung des Eintragungsantrags als bevollmächtigt, der den materiell-rechtlichen Eintragungsantrag der Eheleute beurkundet oder beglaubigt hat.[4]

Von dem Recht zur Antragstellung ist zudem das Recht zur Vornahme der Anmeldung zu unterscheiden. Dieses ergibt sich aus § 378 Abs. 2 nicht. Soweit der Notar daher eine Anmeldung als Vertreter vornimmt, gibt es keine gesetzliche Fiktion für das Bestehen einer Vollmacht.

---

4 OLG Celle v. 26.4.1999, 9 W 44/99, NdsRpfl 1999, 340–341 und OLG Köln v. 10.1.1983, 2 Wx 47/82, MDR 1983, 490.

Soweit ein Notarantrag gem. § 378 Abs. 2 vorliegt, gilt dieser – soweit sich nicht ein anderes ergibt – für alle zur Anmeldung Berechtigten als gestellt. Anträge, die der Notar gestellt hat, kann er auch zurücknehmen.

Allein durch die Einreichung der Registeranmeldung durch den Notar kann noch nicht von einem Notarantrag ausgegangen werden, auch wenn in den Verfahren, die gem. § 12 HGB der elektronischen Einreichung unterliegen, Anmeldungen nur durch den Notar vorgelegt werden können. Eine Handlung allein stellt noch keine Erklärung dar. Der Notar muss dies daher ausdrücklich erklären, wenn er für die Beteiligten den Vollzug beantragt. Andernfalls erfolgt die Vorlage nur als Bote. Er kann dennoch für die Beteiligten Erklärungen abgeben, da bei einem Notar die Vorlage einer schriftlichen Vollmacht im Regelfall nicht verlangt werden muss, soweit nicht ausnahmsweise Zweifel daran bestehen.

b) Entscheidungsfindung

12   Nach dem Eingang eines Antrags prüft der zuständige Rechtspfleger/Richter die Vollzugsfähigkeit der Anmeldung. Zu prüfen sind hierbei alle formellen und materiellen Voraussetzungen[5] entsprechend den jeweiligen gesellschaftsrechtlichen Vorschriften. Die Prüfung erfolgt zunächst ausschließlich mit den eingereichten Unterlagen und den darin enthaltenen Erklärungen. Von deren Richtigkeit ist im Regelfall auszugehen. Lediglich soweit sich daraus die einzutragenden Tatsachen nicht schlüssig ergeben oder begründete Zweifel an deren Richtigkeit bestehen, sind weitere Amtsermittlungen anzustellen.[6] Eine Beteiligung oder Anhörung Dritter findet also im grds. nicht statt.

13   Allerdings hat das Gericht im Rahmen des § 380 die Möglichkeit, **berufsständische Organe** am Verfahren zu beteiligen. Wer zu den berufsständischen Organen zählt, ergibt sich aus dieser Vorschrift. Die Möglichkeit der Anhörung besteht in zweifelhaften Fällen, in denen dies zur Vornahme einer Eintragung bzw Vermeidung einer unrichtigen Eintragung erforderlich ist. Daraus ergibt sich, dass die Anhörung keinesfalls immer erfolgen soll. Die Beurteilung, wann ein zweifelhafter Fall gegeben ist, obliegt dem zuständigen Bearbeiter. Nur wenn dieser an dem Vorliegen von Eintragungsvoraussetzungen zweifelt, hört er das jeweils zugehörige berufsständische Organ an. In Genossenschaftsregistersachen ist die Anhörung nur bezüglich der Zulässigkeit des Firmengebrauchs möglich (§ 380 Abs. 3). In Vereinssachen ergibt sich hinsichtlich der Wirtschaftlichkeit eines Vereins die Anhörungsmöglichkeit der Industrie- und Handelskammer, der für die Verleihung der Rechtsfähigkeit an wirtschaftliche Vereine zuständigen Behörde und anderer geeigneter Stellen (§ 9 Abs. 2 VRV).

Eine **Pflicht zur Anhörung** besteht lediglich, wenn die berufsständischen Organe ihre Beteiligung beantragen. Eine Möglichkeit zur Ablehnung dieses Antrags ist nicht gegeben. Die Stellungnahme der Organe des Handelsstandes (§ 380 Abs. 1 Nr. 1, zB Industrie- und Handelskammer) soll dabei elektronisch eingeholt und übermittelt werden (§ 23 S. 2 HRV). Das Registergericht ist bei seiner Entscheidung aber nicht an die von den berufsständischen Organen mitgeteilte Meinung gebunden.[7]

---

5 Bumiller/Winkler § 127 FGG Rn 3.
6 OLG Karlsruhe v. 17.7.2001, 14 Wx 62/00, OLGReport Karlsruhe 2002, 234–236.
7 Bumiller/Winkler § 126 FGG Rn 11.

Neben den berufsständischen Organen sind hinsichtlich des Handels- und Partnerschaftsregisters auch die Finanzbehörden den Gerichten zur Auskunft verpflichtet, wenn dies der Vermeidung unrichtiger Eintragungen bzw der Berichtigung dient (§ 379 Abs. 2).

Dem Registergericht anderweitig bekannt gewordene und die Eintragung hindernde Tatschen dürfen nur dann einer Entscheidung zugrunde gelegt werden, wenn diese zuvor mit den Beteiligten erörtert worden sind.[8]

Eine **Aussetzung des Verfahrens** kommt in Registersachen bei Vorliegen der Voraussetzungen des § 21 Abs. 1 (vgl § 1 Rn 143) auch in Betracht, wenn ein Rechtsstreit noch nicht anhängig ist. In diesem Fall hat das Gericht einem der Beteiligten eine Frist zur Erhebung der Klage zu bestimmen (§ 381). Bei einem ergebnislosen Ablauf der Frist, ist das Verfahren von Amts wegen fortzusetzen.[9] Ein Zwang zur Klageerhebung kann durch das Registergericht nicht ausgeübt werden.[10] 14

Eine Besonderheit im Verfahrensablauf ergibt sich bei **Sitzverlegungen in einen anderen Gerichtsbezirk** aus der Zuständigkeitsänderung. Vom Verfahrensablauf hat das Gericht des alten Sitzes zunächst die ordnungsgemäße Anmeldung, insb. die formelle Richtigkeit,[11] zu prüfen und danach unverzüglich die Sitzverlegung dem Gericht des neuen Sitzes mitzuteilen (§§ 13h HGB, 6 VRV). Dieses hat nur noch die ordnungsgemäße Verlegung und die Beachtung des Grundsatzes der Firmenunterscheidbarkeit (§§ 13 Abs. 3, 30 HGB, § 57 Abs. 2 BGB) zu prüfen. Dabei ist das Gericht des neuen Sitzes hinsichtlich der Prüfung der Eintragungsvoraussetzungen nicht an die Entscheidung des Gerichts des alten Sitzes gebunden. Es kann die Übernahme des Verfahrens jedoch nicht ablehnen, weil es formell strengere Anforderungen stellt als das bisherige Gericht.[12] Hat das Gericht des neuen Sitzes Bedenken gegen die Eintragung, die nicht die im Rahmen der Sitzverlegung zu prüfenden Voraussetzungen betreffen, muss es die Eintragung trotzdem vornehmen.[13] Ggf kann es danach zB durch Einleitung eines Amtslöschungsverfahrens (vgl Rn 39 ff) oder eines Zwangsgeldverfahrens (vgl Rn 59 ff) einschreiten, wenn die entsprechenden Voraussetzungen gegeben sind. 15

In Vereinssachen ist bei Vorliegen weiterer Anmeldungen § 6 Abs. 2 VRV zu beachten. Danach ist für diese Eintragungen das Gericht des neuen Sitzes zuständig. In den anderen Registersachen fehlt eine solche Regelung, so dass das Gericht des alten Sitzes diese vornehmen kann, soweit ein Teilvollzug möglich ist. Ob es diese selbst erledigt, entscheidet das Registergericht im pflichtgemäßen Ermessen.[14]

c) Entscheidung

Die Entscheidung über einen Antrag hat unverzüglich nach Eingang der Anmeldung bei Gericht zu erfolgen. Soweit alle Voraussetzungen zur Eintragung vorliegen, wird 16

---

8 OLG Karlsruhe v. 17.7.2001, 14 Wx 62/00, OLGReport Karlsruhe 2002, 234–236.
9 BayObLG v. 29.5.1998, 3Z BR 137/98, MDR 1998, 1116–1117.
10 BayObLG v. 19.10.1995, 3Z BR 268/95, GmbHR 1996, 441–443.
11 OLG Köln v. 22.7.2004, 2 Wx 23/04, Rpfleger 2005, 30.
12 OLG Frankfurt/M. v. 11.2.2008, 20 W 25/08, Rpfleger 2008, 425.
13 BayObLG v. 24.1.1978, BReg 3 Z 163/76, Rpfleger 1978, 144–145.
14 KG Berlin v. 22.10.1996, 1 AR 30/96, NJW-RR 1997, 868, 869 und AG Memmingen v. 16.11.2006, HRB 1597, Rpfleger 2007, 268.

Edenharter

dem Antrag stattgegeben. Dies erfolgt durch die **Eintragung** in das jeweilige Register (§§ 382 Abs. 1, 27 VRV). Ein Beschluss ist insoweit nicht erforderlich (§ 38 Abs. 1 S. 2). Soweit ein Register noch nicht maschinell geführt wird und der für die Eintragung zuständige Richter oder Rechtspfleger die Eintragung nicht selbst vornimmt, erfolgt die Eintragung aufgrund einer Eintragungsverfügung (§§ 27 Abs. 2 HRV, 1 PRV, 1 GenRegV, 9 VRV). Die Eintragungsverfügung hat dann den genauen Wortlaut und Ort (Spalte des Registers) der Eintragung anzugeben.

17 Der **Inhalt** der Eintragung und der genaue Ort der Eintragung bestimmt sich hierbei nach der jeweiligen Registerverordnung (§§ 40, 43 HRV, 26 GenRegV, 5 PRV, 3 VRV)[15] und § 382 Abs. 2, der vorsieht, dass der Tag der Eintragung angegeben wird. Abkürzungen oder der Verweis auf gesetzliche Vorschriften sind bei der Fassung des Eintragungsvermerks zu unterlassen (§ 12 HRV). Beispielsweise ist es nicht zulässig, die Befreiung von den Beschränkungen des § 181 BGB wörtlich genauso einzutragen. Es ist vielmehr der genaue Wortlaut anzugeben (zB mit der Befugnis, Rechtsgeschäfte mit sich im eigenen Namen oder als Vertreter eines Dritten abzuschließen).

18 Zu beachten ist, dass der **Teilvollzug** einer Anmeldung grundsätzlich nicht zulässig ist, dh, soweit kein Ausnahmefall gegeben ist, nur in der Gesamtheit vollzogen werden darf.[16] Auch wenn nur einem Teil Eintragungshindernisse entgegenstehen, ist – wie unter Rn 22 geschildert – zu verfahren.

Teilvollzug ist ausnahmsweise zulässig, wenn dieser ausdrücklich beantragt ist oder sich aus dem Inhalt zweifelsfrei ergibt, dass ein Teil auch ohne den anderen vollzogen werden darf. Teilvollzug kann auch nachträglich beantragt werden, soweit die Anmeldung noch nicht zurückgewiesen wurde.

Bei Umwandlungen ist zusätzlich noch die Reihenfolge der Eintragung, die sich aus den jeweiligen Vorschriften des Umwandlungsrechts ergeben (§§ 19, 122 l, 130, 137 UmwG), zu beachten.

19 **Mitteilung** über die Eintragung erhalten die Verfahrensbeteiligten (§ 383 Abs. 1). In der Praxis erfolgt dies durch die Übersendung einer Eintragungsmitteilung, aus der sich der im Register eingetragene Inhalt ergibt, und die entweder vom Urkundsbeamten der Geschäftsstelle zu unterschreiben (§ 36 HRV) oder, wenn es maschinell erstellt wurde, mit dem Vermerk „Dieses Schreiben ist maschinell erstellt und auch ohne Unterschrift wirksam" (§ 38 a Abs. 1 HRV) zu versehen ist.

Soweit die berufsständischen Organe angehört wurden, sind auch sie über die gerichtliche Entscheidung zu informieren (§ 380 Abs. 2). Der Industrie- und Handelskammer, bei handwerklichen Unternehmen der Handwerkskammer und bei land- und forstwirtschaftlichen Unternehmen der Landwirtschaftskammer sind sämtliche Eintragungen zudem gem. § 37 HRV bekannt zu machen. In Partnerschaftsregistersachen sind der zuständigen Berufskammer für einen in der Partnerschaft ausgeübten Beruf sämtliche Eintragungen mitzuteilen (§ 6 PRV).

---

15 Für GmbH: Kroiß/Everts/Poller, GmbH-Registerrecht, S. 45 Rn 29.
16 Bumiller/Winkler § 127 FGG Rn 6.

Mitteilungen an das Finanzamt haben zu erfolgen, wenn die Eintragung zu einer Veränderung im Grundeigentum führen kann oder die Übertragung von Gesellschaftsanteilen beinhaltet (§ 18 GrEStG).

In Vereinssachen ist zugleich die Verwaltungsbehörde von der erfolgten Eintragung in Kenntnis zu setzen, wenn es sich um die Neueintragung oder Eintragung einer Satzungsänderung eines Ausländervereins oder der organisatorischen Einrichtung eines solchen nach §§ 14, 15 Vereinsgesetz handelt (§ 400). Bei einer Neueintragung oder Eintragung einer Satzungsänderung sind zudem die Originalsatzung bzw. das Originalprotokoll mit einer Bescheinigung über die Eintragung versehen, dem Verein zurückzugeben (§§ 66 Abs. 2 S. 1, 71 Abs. 2 BGB). Die Abschrift ist zu beglaubigen und zur Akte zu nehmen.

Bei einer Sitzverlegung in einen anderen Gerichtsbezirk ist des Weiteren das Gericht des alten Sitzes zu benachrichtigen (§§ 13 h HGB, 6 Abs. 1 VRV). Dieses nimmt die Eintragung bei sich erst danach vor.

In Handels-, Partnerschafts- und Genossenschaftsregistersachen ist die Eintragung ihrem gesamten Inhalt nach zudem unverzüglich im elektronischen Informations- und Kommunikationssystem zu veröffentlichen (§§ 10 HGB, 7 PRV, 156 GenG, 4 GenRegV), soweit das Gesetz keine Ausnahme vorschreibt (zB § 162 Abs. 2 HGB hinsichtlich Kommanditisten). Bei der **Bekanntmachung** anzugeben sind über den Eintragungstext hinaus auch der Gegenstand und die Lage der Geschäftsräume, soweit sich diese nicht bereits ergeben (§ 24 HRV).

Eine Bekanntmachung durch Veröffentlichung im Amtsblatt des Gerichts erfolgt nur in Vereinsregistersachen im Falle der Neueintragung eines Vereins (§ 66 Abs. 1 BGB). Diese hat unverzüglich zu erfolgen und soll Name, Sitz und Registernummer angeben. Zwingend zu veröffentlichen ist das Gericht und der Tag der Eintragung (§ 14 VRV). Einer Veröffentlichung des gesamten Eintragungstextes bedarf es hier nicht.

Liegen die Voraussetzungen der Eintragung nicht vor, hängt die Entscheidung von der Art des Vollzugshindernisses ab. Ist dieses nicht behebbar, ist die Anmeldung zurückzuweisen. Eine Zwischenverfügung (vgl Rn 22) darf das Registergericht in diesem Fall nicht erlassen.[17] Die **Zurückweisung** erfolgt mittels Beschluss (§ 382 Abs. 3). Die Ablehnung der Eintragung einer eintragungspflichtigen Tatsache ist nur dann zulässig, wenn entweder formale Mängel entgegenstehen oder gegen die Wirksamkeit und Rechtsbeständigkeit der angemeldeten Rechtsverhältnisse oder gegen die rechtliche Zulässigkeit der Eintragung begründete Bedenken bestehen.[18] Der Zurückweisungsbeschluss ist den Beteiligten zuzustellen (§ 15).

Liegt dagegen ein behebbares Vollzugshindernis vor oder ist die Anmeldung unvollständig, ergeht zunächst eine **Zwischenverfügung**, die dem Antragsteller aufgibt, das aufgezeigte Hindernis binnen einer Frist zu beseitigen (§§ 382 Abs. 4 FamFG, 25 Abs. 1 HRV, 1 GenRegV, 1 PRV). Die genaue Frist wird hierbei durch das Gericht bestimmt, da § 382 Abs. 4 S. 1 lediglich eine angemessene Frist vorschreibt. Angemes-

---

17 BayObLG v. 11.10.1999, 3Z BR 222/99, GmbH-Stpr 2000, 288.
18 BayObLG v. 7.3.2001, 3Z BR 68/01.

sen ist die Frist dann, wenn sie dem Antragsteller ermöglicht, die aufgezeigten Vollzugshindernisse auch fristgemäß zu beheben. Wird das Hindernis innerhalb der gesetzten Frist behoben, erfolgt der Vollzug der Anmeldung, andernfalls die Zurückweisung oder bei Vorliegen der Voraussetzungen die Einleitung eines Zwangsgeldverfahrens (vgl Rn 59 ff).

d) Rechtsmittel

23 Gegen den Vollzug der Eintragung ist ein Rechtsmittel nicht gegeben, da diese gem. § 383 Abs. 3 nicht anfechtbar ist. Soweit jemand gegen die Eintragung vorgehen möchte, kann allenfalls ein Amtslöschungsverfahren gem. § 395 angeregt werden (vgl Rn 39 ff, 50).

Gegen eine den Eintragungsantrag ablehnende Entscheidung findet die **Beschwerde** nach den allgemeinen Vorschriften statt (vgl § 2). Zu beachten ist, dass in den Fällen einer elektronischen Einreichung nach § 12 HGB die gespeicherten Dokumente für das Beschwerdegericht auszudrucken und diese bis zur Rechtskraft der Beschwerdeentscheidung aufzubewahren sind (§ 9 Abs. 6 HRV).

Ebenfalls mit der Beschwerde anfechtbar ist gem. § 382 Abs. 4 eine nach dieser Vorschrift ergangene Zwischenverfügung. Wurde nach Eingang der Anmeldung durch das Gericht zur Vornahme einer weiteren Anmeldung aufgefordert, liegt grundsätzlich keine Zwischenverfügung vor, da die Vornahme einer Eintragung nicht von der Vornahme weiterer Anmeldungen abhängig gemacht werden darf. Gegen eine solche Verfügung ist ein Rechtsmittel nur gegeben, wenn diese mit einer Zwangsgeldandrohung verbunden war[19] (vgl Rn 61).

24 **Beschwerdeberechtigt** sind als Beteiligte nicht nur die die Anmeldung vornehmenden Personen, sondern auch die Gesellschaft.[20] Das Beschwerderecht steht auch den berufsständischen Organen zu, soweit sie im Rahmen der Entscheidungsfindung angehört wurden (§ 380 Abs. 4).

25 Zuständig zur Entscheidung über die Beschwerde ist das übergeordnete Landgericht. In Handelsregistersachen ist – sofern eine solche gebildet wurde – die Kammer für Handelssachen zuständig (§§ 94 ff GVG), ansonsten und in Vereinssachen die Zivilkammer. Gegen die Entscheidung des Beschwerdegerichts ist bei Vorliegen der Voraussetzungen des § 70 die Rechtsbeschwerde nach den allgemeinen Vorschriften gegeben (vgl § 2 Rn 81 ff).

Beim Vollzug einer nach einem Beschwerdeverfahren vorzunehmenden Eintragung ist zu beachten, dass als Inhalt auch das entscheidende Gericht mit Datum und Aktenzeichen anzugeben ist. Erfolgt die Eintragung aufgrund einer rechtskräftigen oder vollstreckbaren Entscheidung des Prozessgerichts, ist diese im Eintragungsvermerk mit Gericht, Datum und Aktenzeichen anzugeben (§§ 18 HRV, 10 Abs. 4 VRV).

---

19 BayObLG v. 7.3.2001, 3Z BR 68/01.
20 BGH v. 24.10.1988, II ZB 7/88.

e) Weitere Hinweise

Die **Kosten der Eintragung** richten sich für das Handels-, Genossenschafts- und Partnerschaftsregister nach §§ 79, 79 a KostO iVm der Handelsregistergebührenverordnung. Für Eintragungen in das Vereinsregister fallen Gebühren nach § 70 KostO an. 26

2. Eintragungsverfahren von Amts wegen
a) Überblick

Eintragungen von Amts wegen erfolgen nur in den im Gesetz ausdrücklich vorgesehenen Fällen. Von den Eintragungen von Amts wegen zu unterscheiden sind die Amtslöschungsverfahren. Bei diesen werden im Gegensatz zu den Eintragungsverfahren von Amts wegen keine neuen Tatsachen in das Register eingetragen, sondern bereits eingetragene Tatsachen bei Vorliegen der gesetzlichen Voraussetzungen gelöscht (vgl Rn 39 ff). 27

Daneben gibt es noch die Möglichkeit der **Berichtigung** von Eintragungen nach den jeweiligen Registerverordnungen (§§ 17 HRV, 1 PRV, 1, 24 GenRegV, 12 VRV). Diese ist allerdings nur hinsichtlich von Schreibfehlern und ähnlichen offensichtlichen Unrichtigkeiten möglich. Sie erfolgt auf Anordnung desjenigen, der für die Eintragung zuständig ist. Diese Berichtigungen sind entsprechend kenntlich zu machen (§ 17 Abs. 1 S. 2 HRV) bzw es ist ein entsprechender Vermerk anzubringen (in Vereinssachen in Spalte 5 b, § 12 Abs. 2 S. 2 VRV). Eine Benachrichtigung der Genossenschaft bedarf es vor Vornahme der Berichtigung nicht (§ 24 GenRegV). Nach der Berichtigung sind die Beteiligten zu benachrichtigen. Eine öffentliche Bekanntmachung kann unterbleiben, wenn ein offensichtlich unwesentlicher Punkt betroffen ist. 28

Die Fälle, in denen eine Eintragung von Amts wegen vorgenommen werden kann, ergeben sich hierbei jeweils aus den materiellen Vorschriften und im Gegensatz zu den Amtslöschungsverfahren nicht aus dem FamFG. Dies enthält insoweit allenfalls Vorschriften zum Verfahrensablauf. 29

Folgende Tatsachen sind von Amts wegen in das jeweilige Register einzutragen:
- Vermerke im Zusammenhang mit dem Insolvenzverfahren (§§ 32 HGB, 2 Abs. 2 PartGG, 102 GenG, 21 Abs. 2 GenRegV, 75 BGB),
- Auflösung durch Eröffnung oder Ablehnung des Insolvenzverfahrens und der Grund der Auflösung (§§ 143 Abs. 1 S. 2, 3, 161 Abs. 2 HGB, 9 Abs. 1 PartGG, 263 AktG, 65 Abs. 1 GmbHG, § 20 Abs. 1 Nr. 2 c GenRegV),
- Auflösung durch die Feststellung des Mangels der Satzung (§§ 65 Abs. 1 GmbHG, 263 AktG),
- Auflösung der Genossenschaft gem. §§ 80, 81 GenG (§§ 82 Abs. 1 GenG, 20 Abs. 1 Nr. 2 a, b GenRegV),
- Erlöschen der Firma oder des Namens (§§ 31 Abs. 2 HGB, 2 Abs. 2 PartGG, 155 UmwG),

- Bestellung oder Abberufung von vertretungsberechtigten Personen durch das Gericht (§§ 34 Abs. 4, 148 Abs. 2, 161 Abs. 2 HGB, 266, 289 AktG, 67 Abs. 4 GmbHG, 84 Abs. 2 GenG, 20 Abs. 2 S. 2 GenRegV, 67 Abs. 2, 76 Abs. 3 BGB),
- Tag der Wirksamkeit der Umwandlung (§§ 19 Abs. 2, 122 l Abs. 2, 130 Abs. 2, 137 Abs. 3 UmwG).

Die Eintragungen von Amts wegen können in zwei Gruppen unterteilt werden. Zum einen in die Eintragungen, die stets von Amts wegen erfolgen; darunter fallen beispielsweise Insolvenzvermerke nach § 32 HGB. Zum anderen in die Eintragungen, für die grundsätzlich eine Anmeldepflicht besteht und die aufgrund zusätzlicher gesetzlicher Regelung bei Vorliegen bestimmter Voraussetzungen auch von Amts wegen eingetragen werden können. Ein Beispiel hierfür ist die Eintragung des Erlöschens der Firma nach § 32 HGB.

b) Verfahrenseinleitung

30 Das Verfahren beginnt dadurch, dass das zuständige Gericht von der einzutragenden Tatsache Kenntnis erlangt. Zur Aussetzung des Verfahrens vgl Rn 14.

Bei den Eintragungen im Zusammenhang mit den Insolvenzverfahren erfolgt dies im Regelfall durch die Mitteilung des Insolvenzgerichts gem. §§ 23 Abs. 2, 31, 200 Abs. 2 S. 2, 215 Abs. 1 S. 2, 258 Abs. 3 S. 3 InsO.

Sofern Vorstände bestellt wurden, schließt sich das Eintragungsverfahren von Amts wegen an den gerichtlichen Bestellungsbeschluss an. Die Eintragung ist daher nach Erlass des Beschlusses von Richter bzw Rechtspfleger zu verfügen, soweit er sie nicht bereits selbst vornimmt.

c) Entscheidungsfindung

31 Im Rahmen der Entscheidungsfindung ist zu prüfen, ob die bekannt gewordenen Tatsachen, die Vornahme der Eintragung von Amts wegen rechtfertigen. Dabei sind die weiteren Voraussetzungen, an die die Amtseintragung ggf gebunden ist, zu prüfen.

Reichen diese bekannten Tatsachen nicht aus, sind von Amts wegen weitere Ermittlungen anzustellen, bis ein Vorliegen der eintragungspflichtigen Tatsache ausgeschlossen werden kann.

Als Hilfe kann beispielsweise in zweifelhaften Fällen die Anhörung der berufsständischen Organe erfolgen (vgl Rn 13).

32 **Besondere Verfahrensvorschriften** beinhaltet § 393 nur hinsichtlich der Eintragung des Erlöschens der Firma bzw des Namens gem. §§ 31 Abs. 2 HGB, 2 Abs. 2 PartGG (§ 393 Abs. 6). Bevor diese Tatsache eingetragen wird, hat das Gericht den Inhaber von der beabsichtigten Löschung zu informieren und ihm eine angemessene Frist zur Erhebung eines Widerspruches zu setzen. Sollte der Inhaber, sein Rechtsnachfolger oder deren Aufenthalt nicht bekannt sein, kann die Benachrichtigung und Fristsetzung ersatzweise durch Bekanntmachung gem. § 10 HGB erfolgen. Da die Fristlänge im Ermessen des Gerichts steht, kann diese auf begründeten Antrag auch verlängert werden. Begründet ist der Antrag dann, wenn Anhaltspunkte vorgetragen werden, dass ein die Amtseintragung hindernder Sachverhalt glaubhaft gemacht werden soll.

d) Entscheidung

Die Entscheidung erfolgt dadurch, dass die Tatsache in das Register eingetragen wird. Für den Inhalt ist neben der allgemeinen Vorschriften für Eintragungen (vgl Rn 17) noch zu beachten, dass die gesetzliche Grundlage der Eintragung sowie der Vermerk „von Amts wegen eingetragen" anzugeben ist (§§ 19 Abs. 2 HRV, 10 Abs. 4 VRV). Bei der Eintragung von Insolvenzvermerken nach §§ 32 HGB, 75 BGB gilt dies nicht. **33**

Erfolgt die Eintragung aufgrund einer rechtskräftigen oder vollstreckbaren Entscheidung des Prozessgerichts, ist diese im Eintragungsvermerk mit Gericht, Datum und Aktenzeichen anzugeben (§§ 18 HRV, 10 Abs. 4 VRV).

Bzgl. Vollzug, Wirksamkeit und Bekanntgabe der Eintragung gelten wegen § 384 Abs. 1 FamFG die für Eintragungen auf Antrag geltenden Vorschriften (vgl Rn 16 ff).

Anwendung findet grundsätzlich auch § 10 HGB, allerdings sind daneben §§ 32 Abs. 2 HGB, 102 Abs. 2 GenG zu beachten. Danach unterbleibt bei Insolvenzvermerken eine **Veröffentlichung** der Eintragung. Zu beachten ist allerdings, dass diese Vorschriften lediglich die darin genannten Tatsachen umfassen. Soweit gleichzeitig aufgrund anderer Grundlagen noch weitere Eintragungen von Amts wegen vorgenommen werden, sind diese gem. § 10 HGB bekannt zu machen. Beispielsweise ist bei der Eintragung der Eröffnung oder Ablehnung eines Insolvenzverfahrens auch die Auflösung der Gesellschaft von Amts wegen einzutragen (vgl Rn 29). Diese ist somit bekanntzumachen. **34**

Lediglich soweit gegen eine gem. § 393 angekündigte Löschung **Widerspruch** eingelegt wurde, ist dieser durch anfechtbaren Beschluss zurückzuweisen (§ 393 Abs. 3). In diesem Fall darf die Eintragung erst nach Rechtskraft dieses Beschlusses erfolgen (§ 393 V). Bei einem Unterlassen einer Eintragung ist eine Entscheidung durch Beschluss nur im Falle des § 393, also dann erforderlich, wenn einem Antrag der berufsständischen Organe nicht entsprochen wird. In anderen Fällen bedarf es einer förmlichen Entscheidung nicht. **35**

e) Rechtsmittel

Gegen eine erfolgte Eintragung von Amts wegen ist ein Rechtsmittel nicht gegeben, § 384 Abs. 1 iVm § 383 Abs. 3. Die Eintragung wird mit ihrem Vollzug wirksam (§ 384 Abs. 1 iVm § 382 Abs. 1 S. 2). **36**

Soweit durch Beschluss entschieden wurde, ist dieser als Endentscheidung mit der **Beschwerde** anfechtbar, § 58 (vgl § 2 Rn 11 ff). Gegen die Entscheidung des Beschwerdegerichts ist bei Vorliegen der Voraussetzungen des § 70 die Rechtsbeschwerde nach den allgemeinen Vorschriften gegeben (vgl § 2 Rn 81 ff).

f) Weitere Hinweise

Darüber hinaus ist bei Eintragungen von Amts wegen § 384 Abs. 2 zu beachten. Soweit durch die Amtseintragung andere im Registerblatt eingetragene Tatsachen unrichtig werden, ist dies in geeigneter Weise kenntlich zu machen. Fraglich ist hier, was darunter zu verstehen ist. Nach der Gesetzesbegründung, die den wortgleichen § 144 c FGG eingeführt hat, soll lediglich auf die Unrichtigkeit hingewiesen werden. Das Gericht wird durch diese Regelung nicht verpflichtet, die derzeitige Rechtslage zu ermitteln. **37**

Edenharter

Relevant ist diese Vorschrift vor allem bei der Eintragung der Auflösung einer Gesellschaft im Zusammenhang mit einem Insolvenzverfahren. Durch die Auflösung der Gesellschaft wird diese nunmehr durch Liquidatoren vertreten (§§ 149, 161 Abs. 2 HGB, 269 AktG, 88 GenG, 70 GmbHG, 48 Abs. 2 iVm 26 Abs. 2 BGB), während im Register als vertretungsberechtigte Personen noch persönlich haftende Gesellschafter, Geschäftsführer oder Vorstände eingetragen sind.

Es ist deshalb umstritten, ob diese aufgrund § 384 Abs. 2 als geborene Liquidatoren einzutragen sind. Dies ist jedoch abzulehnen, da sich aus dem Wortlaut des Gesetzes lediglich ergibt, dass die Unrichtigkeit in geeigneter Weise kenntlich zu machen ist, während eine Berichtung der falsch gewordenen Tatsache nicht vorgesehen ist.[21] Zudem kann eine mutmaßliche Berichtigung zu einer Falscheintragung führen, da nicht geprüft werden kann, ob nicht andere Liquidatoren bestellt wurden.

38   Die **Kosten** richten sich in Handels-, Partnerschafts- und Genossenschaftsregistersachen nach der HRegGebV, in Vereinssachen nach der KostO. Bei Insolvenzeintragungen fallen gem. § 87 Nr. 1 KostO keine Gebühren an. Veröffentlichungsauslagen sind grundsätzlich zu erheben. Eine Erhebung kann uU nach § 10 KostVfg unterbleiben.

III. Amtslöschungsverfahren
1. Überblick

39   Neben den Eintragungsverfahren führen auch die Amtslöschungsverfahren zu einer Änderung des jeweiligen Registers. Bei Amtslöschungsverfahren werden bei Vorlage der entsprechenden Voraussetzungen bereits im Register erfolgte Eintragungen wieder gelöscht. Dabei kann sich diese Löschung auf einzelne Tatsachen (vgl Rn 50 f, 56 f) oder den gesamten Registereintrag (vgl Rn 45 f, 54 f) beziehen.

Die Fälle, in denen eine Amtslöschung möglich ist, ergeben sich hierbei direkt aus den Vorschriften des FamFG, die somit nicht nur das Verfahren, sondern auch die Voraussetzungen regeln.

Von Amts wegen gelöscht werden können demnach vermögenslose Gesellschaften und Genossenschaften (§ 394), unzulässige Eintragungen (§ 395), nichtige Gesellschaften und Genossenschaften (§ 397) und nichtige Beschlüsse (§ 398).

2. Verfahrenseinleitung

40   Eingeleitet werden diese Verfahren dadurch, dass das Registergericht von Umständen, die eine Amtslöschung rechtfertigen, Kenntnis erlangt. Dies kann beispielsweise durch eine **Anregung** erfolgen, wenn ein Dritter dem Gericht relevante Tatsachen mitteilt. Auch ein unzulässiges Rechtsmittel gegen eine erfolgte Eintragung, ist als Anregung für ein Amtslöschungsverfahren aufzufassen. Darüberhinaus haben die Gerichte, Staatsanwaltschaften, Polizei-, Gemeindebehörden und Notare dem Registergericht mitzuteilen, wenn ein Register unrichtig ist.

---

21   AA Krafka/Willer Rn 404 ff.

III. Amtslöschungsverfahren

Die Verfahren nach §§ 394 und 395 sind auch auf **Antrag** der berufsständischen Organe durchzuführen. Für das Amtslöschungsverfahren wegen Vermögenslosigkeit ist außerdem die Finanzbehörde antragsberechtigt (§ 394 Abs. 1).

3. Entscheidungsfindung

Im Rahmen der Amtslöschungsverfahren ist jeweils das Vorliegen der gesetzlichen Voraussetzungen zu prüfen (näher zu den einzelnen Verfahren vgl 45 ff; zur Aussetzung des Verfahrens vgl Rn 14). **41**

4. Entscheidung

Liegen die erforderlichen Voraussetzungen vor, erfolgt die Entscheidung durch den Vollzug der Löschung im jeweiligen Register. Als Inhalt der Eintragung ist hier der Vermerk „von Amts wegen gelöscht" anzugeben (§ 11 Abs. 3 VRV, § 19 Abs. 1 HRV). **42**

Eine Entscheidung durch **Beschluss** ist nur dann erforderlich, wenn ein Antrag auf Durchführung des Amtslöschungsverfahrens vorlag und diesem nicht entsprochen wird oder gegen die angekündigte Löschung Widerspruch erhoben wurde (§§ 393 Abs. 3, 394 Abs. 3, 395 Abs. 3). Wird ein Widerspruch zurückgewiesen, sind dem Beteiligten, der Widerspruch erhoben hatte, außer bei Unbilligkeit zugleich die Kosten des Widerspruchsverfahrens aufzuerlegen.

Soweit **Widerspruch** erhoben wurde, darf der Vollzug der Löschung im Register erst erfolgen, wenn der den Widerspruch zurückweisende Beschluss rechtskräftig geworden ist (§ 393 Abs. 5). **43**

Einer förmlichen Entscheidung bedarf es dagegen nicht, wenn einer Anregung auf Amtslöschung nicht gefolgt wird. In diesem Fall ist der Anregende bei einem berechtigten Interesse seinerseits zu benachrichtigen (§ 24 Abs. 2).

Die **Kosten** für Löschungsverfahren regelt § 88 KostO.

5. Rechtsmittel

Gegen eine ohne vorherigen Beschluss erfolgte Löschung gibt es wie gegen alle anderen Eintragungen in ein Register kein Rechtsmittel (vgl Rn 23 ff). **44**

Gegen einen ablehnenden oder widerspruchzurückweisenden Beschluss ist das Rechtsmittel der **Beschwerde** gegeben (§ 393 Abs. 3 S. 2). Gegen die Entscheidung des Beschwerdegerichts ist bei Vorliegen der Voraussetzungen des § 70 die Rechtsbeschwerde nach den allgemeinen Vorschriften gegeben (vgl § 2 Rn 81 ff).

6. Besonderheiten einzelner Verfahren

a) Amtslöschung wegen Vermögenslosigkeit

Die **Gesellschaftsformen**, die wegen Vermögenslosigkeit gelöscht werden können, sind Aktiengesellschaften, Kommanditgesellschaften auf Aktien, Gesellschaften mit beschränkter Haftung und Genossenschaften. Die Löschung einer offenen Handelsgesellschaft oder einer Kommanditgesellschaft wegen Vermögenslosigkeit ist nur dann möglich, wenn keiner ihrer persönlich haftenden Gesellschafter eine natürliche Person ist **45** und die Voraussetzungen für die Amtslöschung auch bei den persönlich haftenden Gesellschaftern vorliegen.

Das schließt – wie in § 394 Abs. 4 S. 3 nochmals klargestellt wird – die Löschung aus, wenn an einer OHG oder KG eine andere Personengesellschaft als persönlich haftender Gesellschafter beteiligt ist, bei der ein persönlich haftender Gesellschafter eine natürliche Person ist.

46 Die Löschung gem. § 394 von Amts wegen oder auf Antrag der berufsständischen Organe oder der Finanzbehörde ist jeweils möglich, soweit die Gesellschaft bzw Genossenschaft kein Vermögen mehr besitzt. Darüber muss das Registergericht gesicherte Erkenntnisse haben, auch wenn sich eine Gesellschaft bereits in Liquidation befunden hat.[22] Zu beurteilen ist die Vermögenslosigkeit aus der Sicht eines vernünftig denkenden Kaufmanns.[23] Ein möglich erscheinender, späterer Vermögenserwerb schließt das Amtslöschungsverfahren wegen Vermögenslosigkeit nicht aus.[24] Ausreichend zur Verhinderung des Verfahrens ist dagegen eine von der Gesellschaft konkret behauptete und verfolgte Forderung, soweit diese nicht offensichtlich nicht vorhanden oder uneinbringlich ist.[25]

Ein Amtslöschungsverfahren wegen Vermögenslosigkeit ist auch durchzuführen, wenn ein **Insolvenzverfahren** durchgeführt wurde und keine Anhaltspunkte für vorhandenes Vermögen vorliegen. In diesem Fall ist also nicht wie im Regelfall Vermögen zu unterstellen, so dass Anhaltspunkte für die Vermögenslosigkeit vorliegen müssen, sondern von der Vermögenslosigkeit auszugehen, falls nichts anderes bekannt wird. In anderen Fällen besteht eine Pflicht zur Durchführung einer Löschung trotz Vermögenslosigkeit nicht, wenn diese nach Lage der Verhältnisse nicht angezeigt erscheint.[26]

Sobald dem Gericht eine Löschung rechtfertigende Umstände bekannt werden, hat es die gesetzlichen Vertreter der Gesellschaft oder Genossenschaft von der beabsichtigten Löschung in Kenntnis zu setzen. Zugleich ist diesen eine angemessene Frist zur Geltendmachung eines Widerspruchs zu setzen. Angemessen ist die Frist, wenn es möglich ist, binnen ihr Widerspruch zu erheben und das Vorhandensein von Vermögen nachzuweisen. Einer Angabe der Umstände, aus denen das Registergericht die Vermögenslosigkeit schließt, bedarf es in dem Schreiben nicht.[27] Ein Ermessen, ob ein Amtslöschungsverfahren eingeleitet wird oder nicht, steht dem Gericht nicht zu. Bei Vorliegen der Voraussetzungen ist dies zwingend.[28]

47 **Muster: Anhörungsschreiben**
Sehr geehrter Herr ...,
als Vorstand der ... AG wird Ihnen hiermit mitgeteilt, dass beabsichtigt ist, die Gesellschaft gem. § 393 FamFG wegen Vermögenslosigkeit im Handelsregister zu löschen.

---

22 OLG Düsseldorf v. 5.4.2006, I-3 Wx 222/05, NJW-RR 2006, 903–904 und OLG Karlsruhe v. 10.8.1999, 14 Wx 24/99, NJW-RR 2000, 630–631.
23 OLG Frankfurt/M. v. 1.3.1999, 20 W 81/99, OLGReport Frankfurt/M. 1999, 219 und LG Bremen v. 22.12.2003, 13 T 31/03.
24 LG Bremen v. 22.12.2003, 13 T 31/03.
25 KG Berlin v. 6.3.2007, 1 W 285/06, GmbHR 2007, 659–660.
26 OLG Karlsruhe v. 10.8.1999, 14 Wx 24/99, NJW-RR 2000, 630–631.
27 KG Berlin v. 4.4.2006, 1 W 272/05, NJW-RR 2006, 904–906 = Rpfleger 2006, 474–475.
28 Bumiller/Winkler § 141a FGG Rn 10.

Soweit noch Vermögen vorhanden ist, ist dies binnen einer Frist von acht Wochen durch die Erhebung eines Widerspruchs gegen diese Löschungsankündigung geltend zu machen. Der Widerspruch soll begründet und vorhandenes Vermögen glaubhaft gemacht werden. Dies kann zB durch Vorlage von aktuellen Bilanzen, Kontoauszügen oder Ähnlichem erfolgen.

Unterschrift

Registergericht

In welcher **Form** diese Bekanntmachung zu erfolgen hat, ist in der speziellen Verfahrensvorschrift jetzt nicht mehr ausdrücklich geregelt. § 141a FGG aF sah vor, dass die Bekanntmachung durch die nach der ZPO geltenden Vorschriften für die Zustellung von Amts wegen zu erfolgen hat. Nunmehr gilt hier § 15, so dass eine Zustellung nicht zwingend erforderlich ist, da eine Aufgabe zur Post im Inland genügt. 48

Soweit keine gesetzlichen Vertreter vorhanden sind oder deren Person oder inländischer Aufenthalt unbekannt ist, besteht eine Pflicht zur Bekanntmachung nicht. Allerdings kann angeordnet werden, dass in diesen Fällen die Bekanntmachung und Fristbestimmung durch **Veröffentlichung** im elektronischen Informations- und Kommunikationssystem gem. § 10 HGB erfolgt. Auch wenn hierzu keine Verpflichtung besteht, sollte dies zur Vermeidung unrichtiger Eintragungen trotzdem erfolgen. Ebenso sollten dem Gericht bekannte gesetzliche Vertreter auch dann über die beabsichtigte Löschung informiert werden, wenn deren ausländischer Aufenthalt bekannt ist, auch wenn das Gesetz eine Benachrichtigung in diesem Fall nicht vorsieht.

Darüber hinaus ist gem. § 394 Abs. 2 S. 3 bei Gesellschaften auch eine **Anhörung** der berufsständischen Organe und bei Genossenschaften die des Prüfungsverbandes vorgeschrieben.

Für den weiteren Verfahrensablauf gilt dann § 393 Abs. 3–5 entsprechend (vgl Rn 42 ff). Eine Besonderheit zum **Widerspruchsverfahren** ergibt sich hier lediglich aus § 394 Abs. 2 S. 2 Hs 2, da der Widerspruch durch jeden erhoben werden kann, der an der Unterlassung der Löschung ein berechtigtes Interesse hat. 49

Zur Prüfung der Zulässigkeit des Widerspruchs ist es daher erforderlich, dass sich aus der Widerspruchserhebung ergibt, warum der Widersprechende ein Interesse daran hat, dass die Löschung nicht erfolgt.

Aber auch durch einen unzulässigen Widerspruch kann das Gericht Kenntnis über evtl noch vorhandenes Vermögen erlangen, welches die Löschung hindern würde. Es muss in diesem Fall gegebenenfalls weitere Amtsermittlungen vornehmen, um sicherzustellen, dass die Voraussetzungen für eine Löschung wegen Vermögenslosigkeit tatsächlich vorliegen. Eine Pflicht zur Löschung ergibt sich allein aus der Löschungsankündigung nämlich nicht.

b) Amtslöschung von unzulässigen Eintragungen

Die Amtslöschung von unzulässigen Eintragungen gem. § 395 gilt für sämtliche in § 374 genannten Register und ist damit nicht auf bestimmte Gesellschaftsformen beschränkt. Sie ist möglich, wenn eine bereits erfolgte Eintragung wegen des Mangels einer wesentlichen Voraussetzung unzulässig war. Damit wird nicht nur verlangt, dass nicht alle Voraussetzungen vorlagen, sondern auch, dass es sich bei der fehlenden Vo- 50

Edenharter

raussetzung um eine wesentliche handelt. Eintragung im Sinne dieser Vorschrift ist dabei auch eine Löschung. Den zugrundeliegenden Sachverhalt hat das Registergericht von Amts wegen zu ermitteln. Diese Amtsermittlungen müssen eine zweifels- und bedenkenfreie Sach- und Rechtslage ergeben, damit eine Löschung vorgenommen werden darf.[29]

Möglich ist die Löschung nunmehr auch, wenn die Eintragung nachträglich unzulässig geworden ist. Dies soll vor allem die Amtslöschung von Zweigniederlassungen ausländischer Gesellschaften, die im Ausland bereits gelöscht sind, möglich machen. Von der Einführung einer speziellen Vorschrift wurde insoweit abgesehen.[30]

51 Nicht unter § 395 fallen **deklaratorische Eintragungen**, die sachlich richtig im Register wiedergegeben, aber aufgrund eines mangelbehafteten Eintragungsverfahrens eingetragen sind, wie beispielsweise wenn eine nicht formgerechte Anmeldung vorgelegen hat.[31] Konstitutive Eintragungen dagegen können auch gelöscht werden, wenn nur ein Verfahrensfehler vorliegt.

52 Vom Verfahrensgang her sind gem. § 374 Abs. 2 die Beteiligten von der beabsichtigten Löschung unter Setzung einer angemessenen Frist zu informieren. **Beteiligte** sind im Regelfall die Gesellschafter oder vertretungsberechtigten Personen. Die Verweisung auf § 394 Abs. 2 stellt klar, dass die direkte Benachrichtigung der Beteiligten nur zu erfolgen hat, soweit solche vorhanden sind und ihr inländischer Aufenthalt bekannt ist. Andernfalls besteht die Möglichkeit der Bekanntmachung gem. § 10 HGB.

Für die Entscheidung gelten die Vorschriften des § 393 Abs. 3 entsprechend (vgl Rn 42 ff). Zu beachten ist hierbei, dass eine Amtslöschung nicht nur bei einem begründeten Widerspruch nicht erfolgen darf, sondern, dass auch die Beseitigung des Mangels innerhalb der gesetzten Frist, die Löschung hindert.

53 Eine besondere Regelung enthält insoweit nur § 395 Abs. 1 S. 2, der neben den Registerverordnungen nochmals ausdrücklich bestimmt, dass die Löschung durch die Eintragung eines Vermerks erfolgt.

c) Amtslöschung von nichtigen Gesellschaften und Genossenschaften

54 § 397 regelt, dass eine Aktiengesellschaft, Kommanditgesellschaft auf Aktien, GmbH oder Genossenschaft im Register als nichtig gelöscht werden kann, wenn die jeweiligen materiellen Voraussetzungen zur Erhebungen einer Klage auf Nichtigerklärung bzw einer Nichtigkeitsklage vorliegen. Die Löschung einer nichtigen Gesellschaft bzw Genossenschaft erfolgt nach § 395 (vgl Rn 50 ff). Die Aufzählung der **Nichtigkeitsgründe** in den jeweiligen Vorschriften (§§ 275, 276 AktG, 75, 76 GmbHG, 94, 95 GenG) ist dabei abschließend. Aufgrund anderer Mängel kann eine Amtslöschung wegen Nichtigkeit, unabhängig davon, wie schwer die Mängel sind, nicht erfolgen.[32] § 397 ist gegenüber § 395 Spezialvorschrift, so dass diese in den hierunter fallenden Fällen nicht daneben angewendet werden darf. Die Einleitung des Löschungsverfahrens wegen

---

29 OLG Zweibrücken v. 18.9.2003, 3 W 151/03, NJW-RR 2004, 34–36.
30 BT-Drucks. 16/6308, 422.
31 OLG Zweibrücken v. 8.5.2006, 3 W 197/05, Rpfleger 2006, 658–659 und OLG Düsseldorf v. 14.12.1998, 3 Wx 483/98, NJW-RR 1999, 1052–1053.
32 OLG Frankfurt/M. v. 4.12.2001, 20 W 31/01, NJW-RR 2002, 605–606.

Nichtigkeit steht im Gegensatz zur Auflösung wegen eines Mangels der Satzung (vgl Rn 84 ff) im pflichtgemäßen Ermessen des Gerichts.[33]

Bei Genossenschaften ist in der Verfügung, welche die Amtslöschung ankündigt, zugleich darauf hinzuweisen, dass der Mangel bis zur Löschung durch Beschluss (in Genossenschaftssachen: der Generalversammlung) geheilt werden kann (§§ 45 Abs. 1 HRV, 22 Abs. 1 GenRegV).

Beim Inhalt der Eintragung ist die Gesellschaft/Genossenschaft im **Löschungsvermerk** als nichtig zu bezeichnen. Dies gilt auch, soweit die Nichtigkeit eingetragen wird, weil ein rechtskräftiges Urteil vorliegt (§§ 45 Abs. 2 HRV, 22 Abs. 2 GenRegV). 55

d) Amtslöschung von nichtigen Beschlüssen

Das Verfahren nach § 398 ist für die gleichen Gesellschaftsformen wie die Amtslöschung nach § 397 möglich (vgl Rn 54 ff). Gelöscht werden können Beschlüsse der General- bzw Haupt- oder Gesellschafterversammlung, die trotz Nichtigkeit in das Register eingetragen sind. Die Nichtigkeit muss sich hierbei aus einem Beschlussinhalt, der gegen zwingende gesetzliche Vorschriften verstößt, ergeben. Bei einem fehlerhaften Zustandekommen eines Beschlusses ist eine Löschung dagegen nicht möglich.[34] Anfechtbarkeit eines Beschlusses reicht also als Löschungsgrund nicht aus. Zur Löschung ist aber darüber hinaus noch erforderlich, dass die Beseitigung des Beschlusses im öffentlichen Interesse erforderlich erscheint. Dies kann beispielsweise das Interesse der Gesellschaftsgläubiger sein.[35] 56

Der Inhalt des Löschungsvermerkes muss den Beschluss dabei als nichtig bezeichnen (§ 23 GenRegV). Gleiches gilt, soweit die Nichtigkeit aufgrund eines rechtskräftigen Urteils eingetragen wird (§ 44 HRV). 57

IV. Ordnungs- und Zwangsgeldverfahren

Die Verfahrensvorschriften zu den Zwangs- und Ordnungsgeldverfahren enthalten die §§ 388 bis 392. Funktionell ist für diese nach § 3 Nr. 2 d RPflG der Rechtspfleger zuständig, unabhängig davon, ob eine Anmeldung erzwungen werden soll, die dem Richtervorbehalt des § 17 RPflG unterliegt oder nicht. 58

1. Zwangsgeldverfahren

Ein Zwangsgeldverfahren ist in Registersachen in den in § 388 genannten Fällen vorgesehen. Es dient zur Erzwingung von Anmeldungen gem. § 14 HGB[36] bzw § 78 Abs. 2 BGB oder Beachtung von weiteren Vorschriften wie den Vorschriften über die Mindestangaben auf Geschäftsbriefen (zB §§ 37a Abs. 4, 125a Abs. 2 HGB, 79 Abs. 1 iVm 35a, 71 Abs. 5 GmbHG, 160 iVm 25 a GenG) oder der Erteilung von Abschriften von Verschmelzungsverträgen bzw deren Entwürfen (§ 316 Abs. 1 UmwG). Über § 160 GenG gelten die Vorschriften auch für Zwangsgeldverfahren bei Genossenschaften und über § 16 VAG für den Versicherungsverein auf Gegenseitigkeit. 59

---

33 Bumiller/Winkler Vor §§ 144, 144 a, 144 b FGG Rn 10.
34 OLG Köln v. 12.12.2001, 12 Wx 62/01, NZG 2003, 75–77.
35 Keidel/Willer, Registerrecht, Rn 460.
36 Zu den einzelnen Anmeldungen vgl Aufstellung bei Bumiller/Winkler § 132 FGG Rn 8.

In anderen als den in den materiellen Vorschriften genannten Fällen darf ein Zwangsgeldverfahren nicht eingeleitet werden. Zum Zwangsgeldverfahren nach § 14 HGB ist hier insbesondere zu beachten, dass einige Vorschriften (zB §§ 79 Abs. 2 GmbHG, 407 Abs. 2 AktG, 316 Abs. 2 UmwG) ein solches ausdrücklich für nicht zulässig erklären.

a) Verfahrenseinleitung

60 Ein Zwangsgeldverfahren ist einzuleiten, wenn das Registergericht von einem Sachverhalt, das sein Einschreiten rechtfertigt, **glaubhafte Kenntnis** erhält. Ob ein Sachverhalt glaubhaft ist, hat das Gericht nach seinem verständigen Ermessen zu beurteilen. Damit dies gegeben ist, ist eine volle Gewissheit nicht erforderlich.[37] Ob die Tatsachen wirklich vorliegen, kann dann im Zwangsgeldverfahren geklärt werden. Wenn die Kenntnis zweifelhaft ist, muss das Gericht vor der Durchführung des Zwangsgeldverfahrens von Amts wegen weitere Anhaltspunkte ermitteln.

Diese Kenntnis kann zB aus einer Mitteilung einer in § 379 Abs. 1 genannten Behörde stammen, da diese dem Registergericht mitzuteilen haben, wenn ihnen eine unterlassene Anmeldung bekannt wird.

b) Verfahren/Entscheidung

61 Das Verfahren selbst beginnt damit, dass das Gericht nach Kenntniserlangung dem verpflichteten Beteiligten ein Zwangsgeld androht, wenn er nicht binnen einer vom Gericht zu bestimmenden Frist seiner Verpflichtung nachkommt oder seine Unterlassung durch Einspruch gegen die **Androhung** rechtfertigt.

Der gesetzliche Rahmen des Zwangsgeldes beträgt gem. Art. 6 Abs. 1 EGStGB 5 bis 1.000 EUR, soweit nicht die einzelne Vorschrift Abweichendes regelt, wie beispielsweise § 14 HGB die Höhe die Zwangsgeldes auf 5.000 EUR begrenzt.

Eine bestimmte Frist ist hierfür nicht vorgeschrieben. Diese muss jedoch angemessen sein. Welche Frist angemessen ist, hängt von dem Umfang der Verpflichtung ab, die zu erfüllen ist, da die Frist so bemessen sein muss, dass die Erfüllung der Verpflichtung möglich ist.[38]

62 **Muster: Zwangsgeldanordnung**

Verfügung

des Amtsgerichts ... vom ...

in dem Zwangsgeldverfahren gegen den Vorstand der ... AG, Herrn ...

Unter Androhung eines Zwangsgeldes von 1.000 EUR wird dem Beteiligten als Vorstand der ... AG aufgegeben, binnen einer Frist von vier Wochen die Liste der Aufsichtsratsmitglieder gem. § 107 AktG in elektronischer Form beim Registergericht einzureichen oder die Unterlassung durch Einspruch gegen diese Verfügung zu rechtfertigen.

Unterschrift

Amtsgericht

Diese Zwangsgeldandrohung ist dem Beteiligten zuzustellen, da sie die gesetzte Frist in Lauf setzt.

---

[37] BayObLG v. 4.4.1978, 1 Z 15/78.
[38] Bumiller/Winkler § 132 FGG Rn 26.

Die **Zwangsgeldfestsetzung** erfolgt, wenn binnen der bestimmten Frist weder die Verpflichtung erfüllt noch Einspruch erhoben wird. Die Festsetzung erfolgt durch Beschluss, in welchem dem Beteiligten zugleich die Verfahrenskosten aufzuerlegen sind (§ 389). Darüber hinaus ist dem Beteiligten ein weiteres Zwangsgeld entsprechend § 388 anzudrohen. 63

Muster: Zwangsgeldfestsetzung 64
Beschluss
des Amtsgerichts ...
In dem Zwangsgeldverfahren gegen den Vorstand der ... AG, Herrn ...
Gegen den Beteiligten wird ein Zwangsgeld in Höhe von 1.000 EUR festgesetzt.
Der Beteiligte trägt die Kosten des Verfahrens.
Verfügung: Unter Androhung eines weiteren Zwangsgeldes von 2.000 EUR wird dem Beteiligten als Vorstand der ... AG aufgegeben, binnen einer Frist von vier Wochen die Liste der Aufsichtsratsmitglieder gem. § 107 AktG in elektronischer Form beim Registergericht einzureichen oder die Unterlassung durch Einspruch gegen diese Verfügung zu rechtfertigen.
Gründe:
Mit Verfügung vom 5.1.2009, dem Beteiligen zugestellt am 9.1.2009, wurde diesem aufgrund der erfolgten Änderungen im Aufsichtsrat der ... AG als Vorstand aufgegeben, die Liste der Aufsichtsratsmitglieder beim Registergericht einzureichen (§ 107 AktG), da dieser Verpflichtung bislang nicht nachgekommen war. Innerhalb der gesetzten Frist wurde die Verfügung vom 5.1.2009 weder erfüllt, noch Einspruch dagegen eingelegt. Das Zwangsgeld war daher festzusetzen und ein weiteres Zwangsgeld anzudrohen (§§ 389 Abs. 1, 388 FamFG). Die Kostentragung ergibt sich aus § 389 Abs. 2 FamFG.
Unterschrift
Amtsgericht

Dies wird so lange wiederholt, bis entweder die Verpflichtung vollständig erfüllt oder Einspruch erhoben wird. Rechtskräftig festgesetzte Zwangsgelder sind vom Gericht selbst nach den Vorschriften der EBAO zu vollstrecken, bis die Verpflichtung erfüllt wird. Wird die Verpflichtung erfüllt, wird ein angedrohtes Zwangsgeld nicht mehr festgesetzt, da durch die Erfüllung das Zwangsgeldverfahren beendet ist. Ein bereits rechtskräftiger Beschluss ist wegen veränderter Umstände aufzuheben (§ 48 Abs. 1 S. 1).[39] 65

Wird gegen die Zwangsgeldandrohung **Einspruch** erhoben, richtet sich das weitere Verfahren nach § 390. Dabei sind verschiedene Fälle zu unterscheiden. 66

Zunächst ist es denkbar, dass Einspruch nicht fristgerecht erhoben wurde. Dann ist so zu verfahren, wie wenn kein Einspruch erhoben wurde, und das Zwangsgeld festzusetzen (§ 389 Abs. 1). Eine Entscheidung über den Einspruch ist daneben nicht erforderlich. In den Gründen des Festsetzungsbeschlusses ist dann jedoch darauf hinzuweisen, dass der Einspruch nicht rechtzeitig erhoben wurde.

Soweit der Einspruch fristgerecht erhoben wurde, kommt es für das weitere Verfahren auf die Begründetheit an. Ergibt sich der Einspruch ohne Weiteres als begründet, ist die Zwangsgeldandrohung sofort aufzuheben (§ 390 Abs. 3). Andernfalls soll das Gericht 67

---

39 BayObLG v. 6.2.1979, BReg 1 Z 142/78, GmbHR 1980, 30–31.

einen **Termin** zur Erörterung der Sache bestimmen. Eine Pflicht zur Terminierung besteht nach § 390 Abs. 1 gegenüber des bisherigen § 134 Abs. 1 FGG nicht mehr. Es steht damit im Ermessen des Gerichts, ob es einen Termin ansetzt oder nicht. Wird ein Termin nicht angesetzt oder erscheint der Beteiligte zu einem angesetzten Termin nicht, ist eine Sachentscheidung zu treffen.

Diese besteht im Falle eines für unbegründet erachteten Einspruchs in einem Beschluss, der den Einspruch verwirft. In diesem **Beschluss** ist im Regelfall zudem das angedrohte Zwangsgeld festzusetzen. Lediglich soweit besondere Umstände dies rechtfertigen, kann von einer Festsetzung abgesehen werden oder ein geringeres Zwangsgeld festgesetzt werden, als angedroht wurde (§ 390 Abs. 4). Wenn es sich um den Einspruch gegen eine wiederholte Verfügung handelt, können auch bereits früher festgesetzte Zwangsgelder aufgehoben oder diese in geringerer Höhe festgesetzt werden.

Darüber hinaus ist in dem Beschluss ein weiteres Zwangsgeld entsprechend § 388 (vgl Rn 62) anzudrohen. Die gesetzte Frist beginnt hier allerdings erst mit der Rechtskraft des Verwerfungsbeschlusses zu laufen.

Daneben ist auch noch § 389 Abs. 2 zu beachten. Dem Beteiligten sind daher auch hier die **Kosten** des Verfahrens aufzuerlegen. Die Gebühr richtet sich hierbei nach § 119 KostO und beträgt nunmehr unabhängig von der Höhe des Zwangsgeldes 100 EUR.

68 **Muster: Einspruchsverwerfung**

Beschluss

des Amtsgerichts ... vom ...

In dem Zwangsgeldverfahren gegen den Vorstand der ... AG, Herrn ...

1. Der Einspruch gegen die Zwangsgeldandrohung vom 5.1.2009 wird zurückgewiesen.
2. Gegen den Beteiligten wird ein Zwangsgeld in Höhe von 1.000 EUR festgesetzt.
3. Verfügung: Unter Androhung eines weiteren Zwangsgeldes von 2.000 EUR wird dem Beteiligten als Vorstand der ... AG aufgegeben, binnen einer Frist von vier Wochen die Liste der Aufsichtsratsmitglieder gem. § 107 AktG in elektronischer Form beim Registergericht einzureichen oder die Unterlassung durch Einspruch gegen diese Verfügung zu rechtfertigen.
4. Der Beteiligte trägt die Kosten des Verfahrens.

Gründe:

Der Einspruch gegen die Zwangsgeldandrohung vom 5.1.2009 wurde fristgerecht eingelegt. Dieser ist jedoch unbegründet, da ....

Der Einspruch war daher zurückzuweisen und das angedrohte Zwangsgeld festzusetzen (§ 390 Abs. 4 S. 1 FamFG). Zugleich war ein weiteres Zwangsgeld anzudrohen (§§ 390 Abs. 5 S. 1, 388 FamFG). Die Kostentragung ergibt sich aus § 389 Abs. 2 FamFG.

Unterschrift

Amtsgericht

c) Rechtsmittel

69 Gegen den Beschluss, mit dem ein Zwangsgeld festgesetzt oder ein Einspruch verworfen wurde, ist das Rechtsmittel der **Beschwerde** gegeben (§ 391 Abs. 1).

Soweit es sich um die Beschwerde gegen eine Zwangsgeldfestsetzung nach § 389 handelt, kann mit der Beschwerde nicht geltend gemacht werden, dass die Zwangsgeldandrohung nicht gerechtfertigt war, § 391 Abs. 2. Diese Prüfung kann im Beschwerdeverfahren daher nur dann erfolgen, wenn bereits ein Einspruch erhoben war. Ist dies nicht der Fall, kann die Beschwerde nur darauf gestützt werden, dass das vorangegangene Verfahren fehlerhaft war.[40]

Als Verfahrensfehler kann beispielsweise eine Unangemessenheit der gesetzten Frist oder der Höhe des Zwangsgeldes geltend gemacht werden. Ebenfalls aufzuheben ist der Zwangsgeldbeschluss, wenn in der Zwangsgeldandrohung nicht auf die Einspruchsmöglichkeit hingewiesen wurde.[41]

Beschwerdeberechtigt ist neben den Gesellschaftern/Geschäftsführern oder sonst vertretungsberechtigten Personen, gegen die sich das Zwangsgeldverfahren richtet, auch die Gesellschaft.[42] 70

Gegen die Entscheidung des Beschwerdegerichts ist bei Vorliegen der Voraussetzungen 71
des § 70 die Rechtsbeschwerde nach den allgemeinen Vorschriften gegeben (vgl § 2 Rn 81 ff).

2. Ordnungsgeldverfahren

a) Überblick

Ein Ordnungsgeldverfahren ist seit dem EHUG nur noch in den Fällen des unbefugten 72
Firmen- bzw Namensgebrauchs gem. §§ 37 Abs. 4 HGB, 2 Abs. 2 PartGG vorgesehen. Das Verfahren hierzu regelt in beiden Fällen § 392.

Bezüglich der **Offenlegung von Jahresabschlüssen** ist für die Durchführung der Ord- 73
nungsgeldverfahren nunmehr das Bundesamt für Justiz zuständig, die Vorschriften des FamFG über das Zwangsgeldverfahren finden überwiegend Anwendung (§ 335 HGB). Für Altverfahren, die Jahresabschlüsse betreffen, deren Geschäftsjahr vor dem 1.1.2006 begonnen hat, sind weiter die Registergerichte zuständig. Ordnungsgeldverfahren sind insoweit weiterhin nach den bis zum 31.12.2006 geltenden Vorschriften durchzuführen.[43]

b) Verfahrenseinleitung

Ein Firmenmissbrauchsverfahren gem. § 37 Abs. 4 HGB ist immer dann einzuleiten, 74
wenn das Registergericht von einem unbefugten Firmengebrauch Kenntnis erlangt, unabhängig davon, ob es sich um eine eingetragene Firma handelt oder nicht.[44]

c) Verfahren/Entscheidung

Der Verfahrensablauf entspricht grds. dem eines Zwangsgeldverfahrens, § 392 Abs. 1 75
(vgl Rn 59 ff). Im Gegensatz dazu ist dem Beteiligten hier unter Androhung eines Ordnungsgeldes aufzugeben, den Gebrauch der Firma zu unterlassen oder den Gebrauch durch Einspruch binnen der gesetzten Frist zu rechtfertigen.

---

40 BayObLG v. 12.7.2001, 3Z BR 207/01.
41 OLG Hamm v. 24.4.1986, 15 W 172/86, Rpfleger 1986, 390–391.
42 BayObLG v. 10.3.1978, BReg 3 Z 39/77, BayObLGZ 1978, 54–62.
43 OLG München v. 18.2.2008, 31 Wx 87/07, Rpfleger 2008, 313 und OLG Köln vom 22.3.2007, 88 T 3/07.
44 Kroiß/Everts/Poller S. 283 Rn 18.

Die Festsetzung des Ordnungsgeldes erfolgt hier entweder soweit kein Einspruch erhoben wurde oder bei der Verwerfung eines Einspruchs dann, wenn der Beteiligte im bereits bekanntgemachten, verwerfenden Beschluss zuwider gehandelt hat.

d) Rechtsmittel

76 Es gilt § 391 entsprechend (vgl Rn 69).

V. Weitere Verfahren in Registersachen

77 Neben den Verfahren, die in irgendeiner Weise zur Eintragung in ein Register führen, sind die Registergerichte noch für weitere Aufgaben zuständig.

1. Einsicht

78 Hinsichtlich der Registereinsicht und der eingereichten Dokumente verweist § 385 auf die besonderen Registervorschriften und die zugehörigen Verordnungen. Insoweit ist die im allgemeinen Teil über die Akteneinsicht enthaltene Regelung nicht anwendbar (§ 13).

In **Handelsregistersachen** sind für die Einsicht §§ 9 HGB, 10 HRV maßgebend. Danach ist jedem die Einsicht in das Register und die hierzu eingereichten Schriftstücke ohne besondere Voraussetzungen gestattet. Diese Dokumente werden im Regelfall in einem gesonderten Aktenband, dem Sonderband, aufbewahrt, der aufgrund von § 12 HGB auch nur in elektronischer Form vorhanden sein kann. Die Möglichkeit zur gesonderten Aufbewahrung ergibt sich hierbei aus der jeweiligen Registerverordnung (§§ 7 bis 9 HRV). Die weiteren Unterlagen, die nicht unter § 9 HGB fallen, sind Bestandteil des Hauptbands der Registerakte. Die Einsicht in diesen regelt sich mangels abweichender Regelung nach den allgemeinen Verfahrensvorschriften (§ 13; vgl § 1 Rn 215 ff).

Dasselbe wie in Handelsregistersachen gilt hinsichtlich der Einsicht für **Genossenschaftsregistersachen** (§§ 156 Abs. 1 GenG, 1 GenRegV) und **Partnerschaftsregistersachen** (§§ 5 Abs. 2 PartGG, 1 PRV).

79 In Vereinssachen ist die Einsicht in § 79 BGB geregelt. Danach ist die Einsicht in das Register und die zu diesem eingereichten Schriftstücke, die in einem gesonderten Teil der Akte aufbewahrt werden können (§ 7 Abs. 1 S. 2 VRV), jedem gestattet. Sie kann auf der Geschäftsstelle des Registergerichts während der Dienstzeit erfolgen (§§ 16, 31 VRV). Daraus ergibt sich, dass die Registerakten im Regelfall zur Einsicht nicht versandt werden. Einsicht in die restliche Vereinsregisterakte ist nur inländischen Behörden, Notaren oder denjenigen, die ein berechtigtes Interesse glaubhaft machen, gestattet.

80 Die Einsicht in das **Güterrechtsregister** ist gem. § 1563 BGB jedem gestattet. Auf Verlangen ist eine Abschrift der Eintragung zu erteilen. Für die Einsicht der Güterrechtsregisterakten fehlt eine spezielle Regelung, so dass sich diese nach den allgemeinen Vorschriften richtet (vgl § 1 Rn 215 ff).

Nicht der Akteneinsicht unterliegen Auskünfte der Steuerbehörden.[45]
Die Einsicht in sämtliche Register ist gebührenfrei (§ 90 KostO).

2. Bescheinigungen nach § 386

Nach § 386 ist das Registergericht auch für die Erteilung von Bescheinigungen hinsichtlich der Register zuständig. Inhalt dieser Bescheinigungen kann sein, dass bzgl eines Gegenstands einer Eintragung weitere Eintragungen erfolgt sind oder eine bestimmte Eintragung nicht erfolgt ist. 81

Der Antrag ist formlos möglich. Zuständig für die Erteilung ist entweder der Urkundsbeamte der Geschäftsstelle oder der Rechtspfleger (vgl Rn 8). Die Kosten richten sich nach § 89 Abs. 2 KostO.

3. Entgegennahme von Unterlagen

Soweit das Registergericht für die Entgegennahme von Unterlagen zuständig ist (zB § 40 Abs. 1 GmbHG: Gesellschafterliste,[46] § 59 Abs. 1 GenG: Prüfungsbescheinigung, §§ 106 AktG, 52 Abs. 2 S. 2 GmbHG: Liste der Aufsichtsratsmitglieder, § 130 Abs. 5 AktG: Protokoll der Hauptversammlung, § 89 S. 3 GenG: Bekanntmachungsnachweis der Eröffnungsbilanz durch die Liquidatoren, § 42 AktG: Mitteilung über alleinigen Aktionär, §§ 61, 111, 122 d UmwG: Verschmelzungsvertrag/-plan bzw sein Entwurf), beginnt das Verfahren durch die Einreichung der Unterlagen. Das **Gericht prüft** die Vollständigkeit bzw den vorgeschriebenen Inhalt. Wenn insoweit Mängel festgestellt werden, sind die zur Einreichung Verpflichteten zur gesetzmäßigen Einreichung anzuhalten und zwar, wenn dies erforderlich wird, durch Einleitung eines Zwangsgeldverfahrens gem. § 14 HGB (vgl Rn 59 ff). 82

Im Fall der Einreichung einer Liste der Aufsichtsratsmitglieder oder eines Verschmelzungsvertrages hat das Registergericht zudem gem. § 10 HGB (vgl Rn 20) einen Hinweis darauf bekanntzumachen, dass diese Unterlagen bei ihm eingereicht wurden.

Die **Gebühren** für die Entgegennahme richten sich nach Teil 5 der Handelsregistergebührenverordnung. Kostenschuldner ist nach § 79 Abs. 2 KostO das zur Einreichung verpflichtete Unternehmen. 83

4. Auflösung wegen Mangels der Satzung

Ein Verfahren zur Auflösung wegen eines Mangels der Satzung nach § 399 ist hinsichtlich von Aktiengesellschaften, Kommanditgesellschaften auf Aktien und Gesellschaften mit beschränkter Haftung möglich. Einzuleiten ist dies, wenn das Registergericht erfährt, dass die Satzung bzw der Gesellschaftsvertrag einer solchen Gesellschaft nach den jeweiligen materiellen Vorschriften wesentliche Bestimmungen nicht enthält oder die enthaltenen Bestimmungen nichtig sind. Das Verfahren ist von Amts wegen durchzuführen, kann aber auch durch die berufsständischen Organe beantragt werden. 84

Die Gesellschaft ist dann mit **Fristsetzung** aufzufordern, eine mangelbeseitigende Satzungsänderung zum Handelsregister anzumelden oder die Unterlassung mit Wider- 85

---

45 Bumiller/Winkler § 125 a FGG Rn 4.
46 Kroiß/Everts/Poller S. 59 Rn 85 ff.

spruch gegen die Verfügung zu rechtfertigen. Diese Verfügung muss zugleich den Hinweis enthalten, dass ansonsten der Mangel der Satzung nach § 399 Abs. 2 festzustellen sei, was zur Auflösung der Gesellschaft führe.
Die Folge der Auflösung ergibt sich hierbei aus §§ 262 Abs. 1 Nr. 5, 289 Abs. 2 Nr. 2 AktG bzw § 60 Abs. 1 Nr. 6 GmbHG und ist von Amts wegen in das Handelsregister einzutragen (§§ 263 S. 2 AktG, 65 GmbHG; vgl Rn 29).

86 Soweit fristgerecht kein **Widerspruch** erhoben wird oder ein Widerspruch zurückgewiesen wurde, ist durch Beschluss der Mangel der Satzung festzustellen. Die Zurückweisung eines Widerspruchs, mit der der Gesellschaft außer bei Unbilligkeit die Kosten des Widerspruchsverfahrens (vgl § 88 Abs. 2 KostO) aufzuerlegen sind, kann auch im selben Beschluss wie die Feststellung erfolgen (§ 399 Abs. 2, Abs. 3).

87 Gegen diese Beschlüsse ist, wie auch gegen die Zurückweisung eines Antrags der berufsständischen Organe, das Rechtsmittel der **Beschwerde** gegeben. Gegen die Entscheidung des Beschwerdegerichts ist bei Vorliegen der Voraussetzungen des § 70 die Rechtsbeschwerde nach den allgemeinen Vorschriften gegeben (vgl § 2 Rn 81 ff).

Analoge Anwendung findet § 399, wenn der Mangel durch eine erfolgte und in der Satzung nicht wirksam erfolgte Änderungen des Sitzes einer GmbH entstanden ist.[47]

5. Auflösung einer Genossenschaft

88 In Genossenschaftsregistersachen obliegt dem Registergericht zudem der Ausspruch der Auflösung der Genossenschaft in den Fällen der §§ 54a Abs. 2 und 80 Abs. 1 GenG. Das Verfahren zur Auflösung wegen der **fehlenden Mitgliedschaft** in einem **Prüfungsverband** wird durch die Mitteilung des Prüfungsverbands, dass die Genossenschaft aus ihm ausgeschieden, eingeleitet (§ 54a Abs. 1 S. 1 GenG). Nach Eingang dieser Mitteilung hat das Registergericht der Genossenschaft eine Frist zu setzen, binnen derer es die Mitgliedschaft bei einem Verband zu erwerben und dies dem Gericht nachzuweisen hat. Folgt dem die Genossenschaft innerhalb der Frist nicht, hat das Registergericht durch Beschluss die Auflösung der Genossenschaft auszusprechen. Zuvor ist der Vorstand der Genossenschaft anzuhören. Die Genossenschaft ist aufgelöst, sobald der Beschluss rechtskräftig ist. Anfechtbar ist die Entscheidung des Registergerichts binnen einer mit der vorzunehmenden Zustellung beginnenden Frist von zwei Wochen (§§ 54a Abs. 2 S. 2, 80 Abs. 2 GenG iVm § 569 Abs. 1 S. 1 ZPO) mit der sofortige Beschwerde nach der Zivilprozessordnung. Mit dem Verfahren kann eine Bestellung nach § 64b GenG (vgl Rn 116) zusammentreffen.

89 Das Verfahren zur Auflösung wegen einer **Mitgliederzahl** von weniger als drei kann auf Antrag oder von Amts wegen eingeleitet werden. Grundsätzlich hat der Vorstand die Auflösung zu beantragen, wenn die Mitgliederzahl entsprechend herabsinkt. Geschieht dies allerdings innerhalb von sechs Monaten nach dem Herabsinken nicht, kann das Gericht, wenn es davon Kenntnis erlangt, die Auflösung auch von Amts wegen aussprechen. In diesem Fall ist zuvor der Vorstand anzuhören. Mit Rechtskraft des Beschlusses ist die Genossenschaft aufgelöst. Dies ist von Amts wegen in das Genossen-

---

47 BGH v. 2.6.2008, II ZB 1/06, NJW 2008, 2914.

schaftsregister einzutragen (vgl Rn 29). Als Rechtsmittel ist die sofortige Beschwerde nach der Zivilprozessordnung gegeben.

VI. Weitere Verfahren in Vereinssachen

Neben den Vereinsregistersachen gibt es im Zusammenhang mit Vereinen noch weitere Verfahren, in denen eine Entscheidung des Gerichts möglich ist. Die materiell-rechtlichen Grundlagen hierzu finden sich im BGB und sind teilweise auch auf nicht eingetragene, rechtsfähige Vereine und in der VRV anzuwenden. 90

1. Schließung des Registerblattes

Nach § 4 VRV ist es bei Vorliegen der Voraussetzungen möglich, ein Registerblatt zu schließen, ohne dass dies einer Amtslöschung eines Vereins gleich zu setzen ist. Die Schließung ist vorzunehmen, wenn das Gericht glaubhafte Kenntnis von der Voraussetzung hat. Im Fall des § 4 Nr. 1, 2. Alt und Nr. 2 VRV ergibt sich dies zweifelsfrei, weil entweder die Eintragung des Erlöschens durch bestandskräftiges Verbot oder die Eintragung der Beendigung der Liquidation, der Fortführung als nichtrechtsfähiger Verein bzw des Verzichts auf die Rechtsfähigkeit Voraussetzung ist und sich somit direkt aus dem Register ergibt. 91

Ebenfalls problemlos ist die Schließung aufgrund von § 4 S. 4 VRV, da sich das Datum der Eintragung der Auflösung und evtl weitere Eintragungen direkt aus dem Register ergeben und es darüber hinaus ausreicht, wenn eine Anfrage unbeantwortet geblieben ist. Eine Amtsermittlung ist daher allenfalls erforderlich, wenn das Registerblatt geschlossen werden soll, weil der Verein wegen des Wegfalls sämtlicher Mitglieder erloschen ist.

Wenn sich nachträglich eine zu Unrecht erfolgte Schließung ergibt, ist diese wieder rückgängig zu machen. Ein Rechtsmittel ist gegen die Schließung daher nicht gegeben. Ein Verfahren nach § 395 ist zur Aufhebung der Schließung nicht erforderlich. 92

2. Bestellung eines Notvorstands

Nach § 29 BGB ist das vereinsregisterführende Amtsgericht (Rechtspfleger, § 3 Nr. 1 a RPflG), in dessen Bezirk der Sitz des Vereins liegt, in dringenden Fällen zur Bestellung von fehlenden Vorstandsmitgliedern zuständig. Anzuwenden ist diese Vorschrift auch beim Fehlen von Liquidatoren (§ 48 Abs. 1 S. 2 BGB). 93

Eingeleitet wird das Verfahren auf **Antrag** eines Beteiligten. Beteiligter ist hier jeder, der ein rechtliches Interesse an der Bestellung hat.[48] Die materiellen Voraussetzungen (Fehlen eines Vorstands und Dringlichkeit) sind vom Antragsteller glaubhaft zu machen. Die Auswahl der Person obliegt dem Gericht, so dass der Antrag nicht zwingend eine Person vorzuschlagen braucht. Das Gericht kann jedoch den Antrag ablehnen, wenn keine geeignete Person ermittelt wird.[49] 94

Die **Entscheidung** ergeht gemäß § 38 durch Beschluss und ist mit der Beschwerde anfechtbar.

---

48 MK/Reuter § 29 BGB Rn 13.
49 Palandt/Heinrichs § 29 BGB Rn 5.

95 Entsprechende Anwendung findet diese Vorschrift auf die Bestellung von Notgeschäftsführern[50], Notvorständen und Notliquidatoren für juristische Personen. Das Antrags- und damit auch Beschwerderecht ist dabei im Gegensatz zu den Bestellungen im Rahmen eines unternehmensrechtlichen Verfahrens (vgl Rn 99 ff) nicht auf einen bestimmten Personenkreis beschränkt, so dass gegen die Ablehnung der Bestellung eines Notgeschäftsführers auch die Gläubiger der Gesellschaft beschwerdeberechtigt sind.[51]

3. Ermächtigung zur Einberufung einer Mitgliederversammlung

96 Gemäß § 37 Abs. 2 BGB kann das Gericht ermächtigen eine Mitgliederversammlung einzuberufen. Eingeleitet wird das Verfahren durch einen Antrag der minderheitlichen Mitglieder, die zuvor vom Vorstand bereits erfolglos die Einberufung verlangt haben. Antragsgegner ist nicht der Vorstand, sondern der Verein.[52] Diesem steht somit auch das Beschwerderecht gegen eine Entscheidung zu.

Im Antrag ist anzugeben, aus welchen Gründen die Mitgliederversammlung einberufen werden soll, da das Gericht zu prüfen hat, ob diese Gründe die Einberufung rechtfertigen.

Sobald die Mitgliederversammlung durchgeführt wurde, sind Rechtsmittel gegen die gerichtliche Entscheidung unzulässig.[53]

4. Entziehung der Rechtsfähigkeit

97 Die Entziehung der Rechtsfähigkeit ist aufgrund von zwei verschiedenen Grundlagen möglich. § 43 BGB setzt voraus, dass der Verein durch einen gesetzwidrigen Beschluss der Mitgliederversammlung und ein gesetzwidriges Verhalten des Vorstand das Gemeinwohl gefährdet oder dass ein seinem Zweck nach nicht wirtschaftlicher Verein einen wirtschaftlichen Zweck verfolgt. Die Zuständigkeit für dieses Verfahren richtet sich nach § 44 BGB und liegt nicht beim Gericht.[54]

Einem eingetragenen Verein kann die Rechtsfähigkeit aber auch gem. § 73 BGB entzogen werden, wenn seine Mitgliederzahl weniger als drei beträgt. Das Verfahren beginnt entweder durch einen Antrag des Vereinsvorstands oder von Amts wegen, wenn das Registergericht anderweitig Kenntnis von der unter die Grenze gesunkenen Mitgliederzahl erhält. Eine Prüfung der Mitgliederzahl ermöglicht § 72 BGB, nachdem vom Vorstand eine Bescheinigung über die Zahl der Vereinsmitglieder einzureichen ist, wenn das Gericht dies verlangt. Funktionell ist gem. § 3 Nr. 1 a RPflG der Rechtspfleger zuständig.

Soweit das Gericht anderweitig Kenntnis erlangt, ist die Rechtsfähigkeit jedoch erst dann von Amts wegen zu entziehen, wenn der Vorstand dies nicht innerhalb von drei Monaten nach Herabsinken der Mitgliederzahl unter drei beantragt hat. Vor der Entziehung ist der Vorstand anzuhören.

---

50 Kroiß/Everts/Poller S. 118 Rn 302 ff.
51 OLG Hamm v. 4.12.1995, 15 W 399/95, GmbHR 1996, 210–211 = NJW-RR 1996, 996–997.
52 BayObLG v. 23.7.1986, BReg 3 Z 62/86, Rpfleger 1986, 437.
53 Bumiller/Winkler § 160 FGG Rn 4.
54 Palandt/Heinrichs § 44 BGB Rn 3.

Wenn kein Vorstand vorhanden ist, kann in diesem Fall ausnahmsweise von Amts wegen gem. § 29 BGB ein Notvorstand bestellt werden (vgl Rn 93 ff).[55]
Die Entziehung der Rechtsfähigkeit erfolgt durch Beschluss, der erst mit der Rechtskraft wirksam wird, § 401 BGB.

VII. Unternehmensrechtliche Verfahren nach § 375
1. Überblick

Die sachliche **Zuständigkeit** für die unternehmensrechtlichen Verfahren liegt mit Ausnahme des Verfahrens nach § 375 Nr. 2 auch bei dem Amtsgericht am Sitz des Landgerichts, wobei dies durch Rechtsverordnung abweichend geregelt werden kann. Das Amtsgericht ist hierbei nicht als Registergericht zuständig, da es sich nicht um Registersachen handelt, sondern als Gericht der freiwilligen Gerichtsbarkeit.

Nach dem Sitz richtet sich in der Regel die örtliche Zuständigkeit (§ 377), funktionell fällt die Mehrzahl der Verfahren unter den Richtervorbehalt des § 17 Nr. 2 RPflG.

An unternehmensrechtlichen Verfahren sind zu unterscheiden:

- Bestellung und Abberufung von vertretungsberechtigten Personen u.a.,
- Ermächtigung zur Einberufung von Versammlungen,
- Bestimmung über die Aufbewahrung von Büchern,
- Vergütungsfestsetzung,
- Anordnung über Mitteilung der Bilanz,
- Befreiung von der Abschlussprüfung,
- Entscheidung bei Meinungsverschiedenheiten zwischen Gründern und Prüfern,
- Kraftloserklärung von Aktien.

Einzig gemeinsame Verfahrensvorschrift für die unternehmensrechtlichen Verfahren ist § 402. Dieser regelt lediglich, dass Beschlüsse nach § 375 mit der Beschwerde anfechtbar sind. Nicht anfechtbar sind lediglich Entscheidungen gem. § 375 Nr. 2. Im Übrigen sind daher die materiell-rechtlichen Vorschriften zu beachten. Soweit diese keine Regelungen zum Verfahren treffen, gelten daneben die allgemeinen Vorschriften. Ob ein Verfahren auf Antrag oder von Amts wegen (ggf nach Anregung) durchzuführen ist, muss sich folglich aus den jeweiligen Vorschriften ergeben. Eine Ausnahme stellt das Verfahren über die Dispache dar. Dieses ist in den §§ 403 bis 409 geregelt.

2. Bestellung und Abberufung von vertretungsberechtigten Personen u.a.

Nach § 375 können fehlende vertretungsberechtigte Personen, Aufsichtsratsmitglieder und dergleichen auf **Antrag** vom Gericht bei Vorliegen der jeweils genannten Voraussetzungen bestellt und teilweise auch abberufen werden. Eingeleitet werden diese Verfahren durch den Antrag eines Beteiligten, der die Tatsachen enthält, welche die Bestellung oder Abberufung rechtfertigt. Einen Vorschlag über die zu bestellende Person braucht ein entsprechender Antrag hierbei nicht zwingend zu enthalten. Allerdings

---

[55] BayObLG NJW-RR 1989, 765.

kann das Registergericht die Bestellung dann auch bei Vorliegen aller Voraussetzungen ablehnen, wenn eine zur Übernahme geeignete und bereite Person weder vom Antragsteller vorgeschlagen noch durch das Gericht unter Mitwirkung der berufsständischen Organe gefunden werden konnte.[56] Reichen die Angaben im Antrag nicht aus, hat das Gericht im Rahmen der Entscheidungsfindung durch Amtsermittlung die entscheidungserheblichen Fragen zu klären. Hierbei können auch die berufsständischen Organe beteiligt werden, obwohl deren Mitwirkung bei unternehmensrechtlichen Verfahren nicht ausdrücklich vorgesehen ist.

102 Die **Entscheidung** des Gerichts ergeht durch Beschluss. Dieser ist mit der Beschwerde anfechtbar und die Beschwerdeentscheidung nach den allgemeinen Vorschriften mit der Rechtsbeschwerde.

Einem unternehmensrechtlichen Verfahren zur Bestellung oder Abberufung kann ein Verfahren zur Eintragung von Amts wegen folgen, wenn die bestellten oder abberufenen Personen von Amts wegen in das Register einzutragen sind (vgl Rn 29).

103 Im Einzelnen gehören folgende Bestellungs-/Abberufungsverfahren zu den unternehmensrechtlichen:

104 ■ Bei offenen Handelsgesellschaften und Kommanditgesellschaften gem. § 375 Nr. 1 und Partnerschaftsgesellschaften gem. § 375 Nr. 15:
- Ernennung und Abberufung von Liquidatoren (§§ 146 Abs. 2, 147, 161 Abs. 2 HGB, § 10 PartGG):

    Antragsberechtigt sind hier alle Beteiligten. Im Regelfall sind dies die Gesellschafter und ihre Rechtsnachfolger (§ 146 Abs. 2 S. 2 HGB). Im Falle des § 135 HGB ist zudem der kündigende Privatgläubiger Beteiligter. Am Verfahren zu beteiligen sind die unter § 146 Abs. 1 HGB fallenden Personen[57] und ggf die dritte Person, die ernannt oder abberufen werden soll, da es sich hierbei nicht zwingend um einen Gesellschafter handeln muss.

105 ■ Bei Aktiengesellschaften gem. § 375 Nr. 2:
- Bestellung von **Gründungsprüfern** (§ 33 Abs. 3 AktG):

    Diese setzt einen Antrag der Gründer voraus. Das Gericht muss hier zusätzlich prüfen, ob die zu bestellende Person hierzu nach den Vorschriften des AktG auch geeignet ist.

106 ■ Bestellung von **Vorstandsmitgliedern** (§ 85 Abs. 1 AktG):

    Jeder, der durch das Fehlen des Vorstandsmitglieds in seinen Rechten verletzt werden könnte, ist zur Antragstellung berechtigt. Am Verfahren zu beteiligen ist der Aufsichtsrat als grundsätzlich für die Bestellung zuständiges Organ (§ 84 Abs. 1 S. 1 AktG) und die zu bestellende Person (zum Vergütungsanspruch vgl Rn 122 ff).

---

56 OLG Frankfurt/M. v. 27.7.2005, 20 W 280/05, GmbHR 2006, 204–205.
57 Baumbach/Hopt § 146 HGB Rn 8.

VII. Unternehmensrechtliche Verfahren nach § 375

- Abberufung von **Aufsichtsratsmitgliedern** (§ 103 Abs. 3, 5 AktG): 107

  Der Antrag kann durch den Aufsichtsrat, wobei die einfache Mehrheit bei dem 108
  Beschluss darüber ausreicht, und – soweit das Aufsichtsratsmitglied aufgrund
  der Satzung entsandt wurde – durch die Aktionäre mit der erforderlichen Mehrheit des § 103 Abs. 3 S. 3 AktG gestellt werden. Anwendung findet die Vorschrift auch für die Abberufung eines Ersatzmitgliedes.

  Beteiligter am Verfahren ist neben dem Antragsteller das abzuberufende Mitglied. 109

- Bestellung von **Aufsichtsratsmitgliedern** (§ 104 AktG): 110

  Antragsberechtigt sind im Falle des § 104 Abs. 1 S. 1 und im Falle des § 104 Abs. 2 S. 1 oder 2 AktG der Vorstand, jedes Aufsichtsratsmitglied und jeder Aktionär. Soweit dem Aufsichtsrat auch Arbeitnehmer anzugehören haben, sind daneben auch die in § 104 Abs. 1 S. 3 AktG Genannten antragsberechtigt. Bei der Auswahl der Person hat das Gericht § 104 Abs. 3, Abs. 4 AktG zu beachten (zum Vergütungsanspruch der bestellten Personen vgl Rn 122 ff).

- Bestellung von **Abwicklern** (§ 265 Abs. 3 AktG): 111

  Antragsberechtigt ist der Aufsichtsrat oder Aktionäre, deren Anteile zusammen 20 % des Grundkapitals oder 500.000 EUR erreichen, wenn sie zudem seit mind. drei Monaten Aktieninhaber sind (zum Vergütungsanspruch vgl Rn 122 ff)

- Bestellung von **Nachtragsabwicklern** (§ 273 Abs. 4 AktG): 112

  Im Gegensatz zur Bestellung von Abwicklern sind hier alle Beteiligten, also jeder, der durch ein Unterbleiben der Bestellung in seinen Rechten verletzt wird (zB Gläubiger), antragsberechtigt.

- Bestellung von **besonderen Vertretern** zur Geltendmachung von Ersatzansprüchen 113
  (§ 147 Abs. 2 AktG):

  Antragsberechtigt sind Aktionäre, deren Anteile zusammen 10 % des Grundkapitals oder den Betrag von 1.000.000 EUR erreichen. Das Gericht hat im Rahmen des Bestellungsverfahrens die Ansprüche, zu deren Geltendmachung der besondere Vertreter bestellt werden soll, nicht zu prüfen, da nur ein Grund für die Bestellung vorliegen muss.[58] Kostenschulder für die Gerichtskosten ist im Falle einer Bestellung die Gesellschaft, nicht die Antragsteller (zum Vergütungsanspruch vgl Rn 122 ff).

- Bei Gesellschaften mit beschränkter Haftung gem. § 375 Nr. 6: 114
  - Bestellung und Abberufung von **Liquidatoren** (§ 66 Abs. 2 und 3 GmbHG):

    Für beide Verfahren kann der Antrag nur durch Gesellschafter, deren Geschäftsanteile zusammen mind. 10 % des Stammkapitals ausmachen, gestellt werden. Sind die Voraussetzungen nicht erfüllt, kommt die gerichtliche Bestellung eines Liquidators allenfalls analog § 29 BGB in Betracht[59] (vgl Rn 95).

---

58 OLG Frankfurt/M. v. 9.10.2003, 20 W 487/02, Rpfleger 2004, 166.
59 Palandt/Heinrichs § 29 BGB Rn 1.

§ 19 Registersachen und unternehmensrechtliche Verfahren

Fehlende Geschäftsführer können ebenfalls nur nach dieser Vorschrift gerichtlich bestellt werden.

115 ■ Bestellung von **Nachtragsliquidatoren** (§ 66 Abs. 5 GmbHG):

Im Gegensatz zur Bestellung von Liquidatoren sind hier alle Beteiligten, also jeder, der durch ein Unterbleiben der Bestellung in seinen Rechten verletzt wird (zB Gläubiger), antragsberechtigt.

116 ■ Bei Genossenschaften gem. § 375 Nr. 7:

– Bestellung eines **Prüfungsverbands** (§ 64 b GenG) 54 a GenG:

Diese Bestellung ist möglich, wenn eine bereits eingetragene Genossenschaft keinem Prüfungsverband angehört. Auf eine noch nicht im Genossenschaftsregister eingetragene Genossenschaft findet diese Vorschrift keine Anwendung.[60] Von der fehlenden Mitgliedschaft erlangt das Gericht zB durch die Mitteilung gem. § 54 a GenG (vgl Rn 88) Kenntnis. Bei der Auswahl des Verbandes, der als Beteiligter (§ 7 Abs. 2) anzuhören ist, soll das Gericht die fachliche Eigenart und den Sitz der Genossenschaft berücksichtigen (§ 64 b S. 2 GenG).

117 ■ Ernennung und Abberufung von **Liquidatoren** (§ 83 Abs. 3 und 4 GenG):

Antragsberechtigt sind der Aufsichtsrat oder 10 % der Mitglieder. Die Bestellung von Vorständen durch das Gericht ist bei einer Genossenschaft nur durch entsprechende Anwendung des § 29 BGB[61] (vgl Rn 95) möglich.

118 ■ Ernennung von **Nachtragsliquidatoren** (§ 83 V GenG):

Für die gerichtliche Ernennung von Liquidatoren nach Auflösung durch Löschung wegen Vermögenslosigkeit (vgl Rn 45 ff) sind – anders als bei der Ernennung von Liquidatoren nach anderweitiger Auflösung – alle Beteiligten, also jeder, der durch ein Unterbleiben der Bestellung in seinen Rechten verletzt wird (zB Gläubiger), antragsberechtigt.

119 ■ Im Zusammenhang mit weiteren Gesetzen:

– Bestellung von **Abschlussprüfern** (§ 375 Nr. 1 HGB iVm § 318 Abs. 3 und 4 HGB):

Die Bestellung ist hinsichtlich aller Kapital- und Personengesellschaften, deren Jahresabschluss durch einen Abschlussprüfer zu prüfen ist, möglich. Antragsberechtigt sind bei der Bestellung eines anderen Prüfers nach § 318 Abs. 3 HGB jeweils der gesetzliche Vertreter, der Aufsichtsrat, Gesellschafter, wobei dieses Antragsrecht bei Aktiengesellschaften und Kommanditgesellschaften noch von weiteren Voraussetzungen abhängt, und die Aufsichtsbehörde, soweit die Gesellschaft der staatlichen Aufsicht unterliegt. Der Antrag kann nur innerhalb der Frist des § 318 Abs. 3 S. 2 HGB gestellt werden.

---

60 BayObLG v. 28.6.1990, BReg 3 Z 62/90, NJW-RR 1990, 1446–1449.
61 Palandt/Heinrichs § 29 BGB Rn 1.

Im Rahmen einer Bestellung eines fehlenden Abschlussprüfers nach § 318 Abs. 4 HGB sind die gesetzlichen Vertreter, der Aufsichtsrat und jeder Gesellschafter antragsberechtigt. Das Rechtsmittel der Beschwerde ist nur gegen die Ablehnung der Bestellung gegeben. Die Bestellung selbst ist in diesem Fall unanfechtbar.

- Bestellung von Prüfern im Zusammenhang mit Rechnungslegungspflichten (§ 375 Nr. 9 FamFG iVm §§ 2 Abs. 3, 12 Abs. 3 PublG)
- Bestellung von Treuhändern (§ 375 Nr. 11 FamFG iVm §§ 2 c Abs. 2 S. 4–7, 45 a Abs. 2 S. 1, 3, 4, 6 KWG, § 375 Nr. 13 iVm §§ 104 Abs. 2 S. 6–9, 104 u Abs. 2 S. 1–6 Versicherungsaufsichtsgesetz, § 375 Nr. 14 iVm § 6 Abs. 4 S. 4–7 BörsenG)
- Bestellung von Sachwaltern (§ 375 Nr. 11 FamFG iVm § 22 o KWG, § 375 Nr. 12 iVm §§ 2 Abs. 4, 30 Abs. 2 S. 1, Abs. 5 S. 1 Pfandbriefgesetz)
- Bestellung von Abwicklern (§ 375 Nr. 11 FamFG iVm § 38 Abs. 2 S. 2 KWG)
- Bestellung und Abberufung von geschäftsführenden und vertretungsberechtigten Personen (§ 375 Nr. 11 FamFG iVm § 46 a Abs. 2 S. 1, Abs. 4, 5 KWG)
- Bestellung von **besonderen Vertretern** zur Geltendmachung von Schadensersatzansprüchen (§ 375 Nr. 5 FamFG iVm §§ 26 Abs. 1 und 4, 206 S. 2, 3 UmwG):

Zuständig hierfür ist das Gericht am Sitz des übertragenden Rechtsträgers (§ 26 Abs. 1 UmwG bzw am Sitz des neuen Rechtsträgers (§ 206 S. 2 UmwG). Antragsberechtigt sind jeder Anteilsinhaber und jeder Gläubiger. Bei § 26 UmwG ist der Gläubiger dies nur, wenn er vom übernehmenden Rechtsträger keine Befriedigung erlangen kann (zum Vergütungsanspruch des Bestellten vgl Rn 122).

Nicht zu den unternehmensrechtlichen Verfahren gehört die Bestellung von Verschmelzungsprüfern (§ 10 UmwG). Für diese ist das Landgericht zuständig. Das Verfahren richtet sich nach dem FamFG, soweit nicht § 10 UmwG etwas Abweichendes regelt.

3. Vergütungsfestsetzung

Soweit das Gericht zur Bestellung zuständig ist (vgl Rn 101 ff), obliegt ihm in einigen dieser Verfahren auch die Festsetzung der Vergütung. Soweit das Gericht einen **Abschlussprüfer** nach § 318 Abs. 3 oder Abs. 4 HGB bestellt hat, hat dieser Anspruch auf Ersatz seiner angemessenen Auslagen und eine Vergütung für die Tätigkeit. Da der Abschlussprüfer darüber mit der Gesellschaft im Regelfall keine Vereinbarung geschlossen hat, regelt § 318 V HGB diesen Anspruch. Die Festsetzung der von der Gesellschaft zu erstattenden Auslagen und der Vergütung erfolgt auf Antrag des Abschlussprüfers durch das Gericht im Rahmen eines unternehmensrechtlichen Verfahrens (§ 375 Nr. 1). Am Verfahren ist daneben die Gesellschaft beteiligt, da sich der Anspruch gegen sie richtet. Das Gericht prüft die Angemessenheit der geltend gemachten baren Auslagen und die Höhe der geltend gemachten Vergütung und setzt diese, soweit sie gerechtfertigt sind, durch Beschluss fest. Dieser ist mit der Beschwerde anfechtbar. Die Rechtsbeschwerde gegen die landgerichtliche Entscheidung ist ausgeschlossen. Aus der rechtskräftigen Entscheidung kann nach den Vorschriften der ZPO vollstreckt werden.

123 Gleiches gilt für **Gründungsprüfer**, die gem. § 33 Abs. 3 S. 2 AktG stets durch das Gericht bestellt werden. Auch ihre Auslagen und Vergütung wird durch das Gericht festgesetzt (§§ 375 Nr. 3 FamFG, 35 Abs. 3 AktG). Genau wie die Auslagen und Vergütung eines gerichtlich bestellten **Aufsichtsratsmitglieds**, soweit diesem nach § 104 Abs. 6 S. 1 AktG entsprechende Ansprüche zustehen (§§ 375 Nr. 3 FamFG, 104 Abs. 6 S. 2–4 AktG).

124 Des Weiteren ist das Gericht für die Festsetzung der Vergütung eines **besonderen Vertreters** für die Geltendmachung von Ersatzansprüchen zuständig (§§ 375 Nr. 3 FamFG, 147 Abs. 2 AktG). Ebenso festgesetzt werden auch die Auslagen und Vergütungen eines besonderen Vertreters nach §§ 26 oder 206 UmwG (§§ 375 Nr. 3 FamFG, 26 Abs. 4, 206 S. 3 UmwG). Bei diesen hat das Gericht darüber hinaus nach freiem Ermessen noch festzulegen, in welchem Umfang die Auslagen und Vergütung durch die beteiligten Anteilsinhaber oder Gläubiger zu erstatten sind. In diesem Fall sind am Verfahren daher nicht die Gesellschaft, sondern die entsprechenden Anteilsinhaber und Gläubiger beteiligt.

125 Soweit für eine Aktiengesellschaft ein Vorstandsmitglied oder (Nachtrags-)Abwickler bestellt wurde, findet eine Auslagen- und Vergütungsfestsetzung durch das Gericht nur dann statt, wenn sich die Gesellschaft und die bestellte Person nicht einigen können (§§ 375 Nr. 3 FamFG, 85 Abs. 3 S. 2, 265 Abs. 4 S. 2, 273 Abs. 4 S. 2 AktG). Im Übrigen unterscheidet sich das Verfahren von den anderen Festsetzungen nicht.

4. Ermächtigung zur Einberufung von Versammlungen

126 Wie in Vereinsregistersachen (vgl Rn 96), ermächtigt das Gericht auch bei Unternehmen aufgrund von Minderheitenrechten auf Antrag zur Einberufung von Versammlungen. Als unternehmensrechtliches Verfahren vorgesehen ist dies bei Aktiengesellschaften zur Einberufung der **Hauptversammlung** (§ 375 Nr. 3 FamFG iVm § 122 Abs. 3 AktG) und bei Genossenschaften zur Einberufung der **Generalversammlung** (§ 375 Nr. 7 FamFG iVm § 45 Abs. 3 GenG). Im Grundsatz entspricht das Verfahren dem für Vereine. Bei einer Aktiengesellschaft kann das Gericht zusätzlich noch den Vorsitzenden der Versammlung bestimmen.

Darüber hinaus kann durch das Minderheitenrecht bei einer Aktiengesellschaft und Genossenschaft auch verlangt werden, dass Gegenstände zur Beschlussfassung bekannt gemacht bzw angekündigt werden. Wird diesem Verlangen vom Vorstand nicht Folge geleistet, kann das Gericht auf Antrag auch hier eine Ermächtigung durch Beschluss aussprechen.

Gegen die Entscheidung des Gerichts ist in beiden Fällen die Beschwerde statthaft (§§ 402 Abs. 1 und 3 FamFG, 122 Abs. 3 S. 4 AktG).

5. Bestimmung über die Aufbewahrung von Büchern

127 Nach der Auflösung und ggf Liquidation einer Gesellschaft sind die Bücher und Schriften weiter zu verwahren. Bei offenen Handelsgesellschaften, Kommanditgesellschaften

und Partnerschaftsgesellschaften erfolgt die Verwahrung durch einen Gesellschafter bzw Partner oder einen Dritten. Können sich die Gesellschafter bzw Partner nicht auf eine Person verständigen, kann die Bestimmung durch das Gericht erfolgen (§§ 157 Abs. 2 S. 2, 161 Abs. 2 HGB, 10 PartGG, 375 Nr. 1, 15 FamFG).

Bei Gesellschaften mit beschränkter Haftung erfolgt die Aufbewahrung ebenfalls bei einem Gesellschafter oder Dritten. Ein Bestimmung durch das Gericht erfolgt hier, soweit der Gesellschaftsvertrag keine Bestimmung hierüber trifft und auch kein Gesellschafterbeschluss darüber vorliegt (§§ 74 Abs. 2 S. 2 GmbHG, 375 Nr. 6 FamFG). Bei Genossenschaften erfolgt die Aufbewahrung bei einem ehemaligen Mitglied oder Dritten. Eine gerichtliche Bestimmung erfolgt, wenn die Satzung oder ein Beschluss der Generalversammlung dies nicht regeln (§§ 93 S. 2 GenG, 375 Nr. 7 FamFG). **128**

Bei Aktiengesellschaften sieht das Gesetz dagegen keine Personen, bei denen die Aufbewahrung regelmäßig erfolgt oder Bestimmungsmöglichkeit der Satzung, des Aufsichtsrats oder der Hauptversammlung vor. Das Gericht hat daher in jedem Fall den Ort der Aufbewahrung zu bestimmen (§§ 273 Abs. 2 AktG, 375 Nr. 3 FamFG). **129**

Eine Pflicht zur Verwahrung der Bücher und Schriften wird durch die Bestimmung des Gerichts aber in keinem Fall begründet.[62]

Neben der Bestimmung über die Aufbewahrung entscheidet das Gericht auch über die Einsicht in diese Unterlagen (§§ 273 Abs. 2 AktG, 74 Abs. 2 GmbHG, 93 GenG).

6. Anordnung über Mitteilung der Bilanz

Bei den Personengesellschaften verbleibt als unternehmensrechtliches Verfahren nach § 375 Nr. 1 die Anordnung der Mitteilung der Bilanz an den Kommanditisten oder stillen Gesellschafter bei Vorliegen eines wichtigen Grundes (§§ 166 Abs. 2, 233 Abs. 3 HGB).[63] **130**

Das Verfahren wird durch den Antrag eines Kommanditisten oder stillen Gesellschafters eingeleitet und richtet sich gegen den oder die geschäftsführenden Gesellschafter. Das Gericht prüft das Vorliegen der Voraussetzungen, wobei hier der Amtsermittlungsgrundsatz des § 26 gilt. Liegen die Voraussetzungen vor, hat es durch Beschluss die Vorlage anzuordnen, wobei darin genau zu bezeichnen ist, welche Bilanzen, Jahresabschlüsse, Bücher und Papiere genau vorzulegen sind.

Gegen die Entscheidung des Gerichts ist das Rechtsmittel der Beschwerde gegeben (§ 402 Abs. 1).

7. Befreiung von der Abschlussprüfung

Bei Kapitalgesellschaften ist das Gericht zur Entscheidung über die Befreiung von der Abschlussprüfung gem. §§ 270 AktG, 71 GmbHG zuständig (§ 375 Nrn. 3, 6). Nach der Auflösung einer AG/GmbH haben die Liquidatoren/Abwickler weiter zum Ende eines jeden Jahres einen Jahresabschluss aufzustellen. Dieser muss grundsätzlich gem. § 316 HGB von einem Abschlussprüfer geprüft werden, da die Prüfungspflicht auch im **131**

---

62 OLG Stuttgart v. 3.1.1984, 8 W 477/83, GmbHR 1984, 240–241.
63 Baumbach/Hopt § 166 HGB Rn 9.

Liquidationsstadium gilt.[64] Ausnahmsweise kann hiervon eine Befreiung ausgesprochen werden, wenn die Verhältnisse der Gesellschaft so überschaubar sind, dass eine solche im Interesse der Gesellschafter/Aktionäre und Gläubiger nicht erforderlich erscheint. Die Entscheidung hierüber trifft das Gericht durch Beschluss, wenn ein Antrag auf Befreiung gestellt wurde. Der Beschluss ist mit der Beschwerde anfechtbar (§§ 402 Abs. 1 und 3 FamFG, 270 Abs. 3 S. 2 AktG, 71 Abs. 3 S. 2 GmbHG).

8. Entscheidung bei Meinungsverschiedenheiten zwischen Gründern und Prüfern

132 Des Weiteren entscheidet das Gericht bei Aktiengesellschaften über Meinungsverschiedenheiten zwischen Gründern und Prüfern (§§ 375 Nr. 3 FamFG, 35 Abs. 2 AktG), soweit diese den Umfang der Aufklärungen und Nachweise betreffen, die von den Gründern zu gewähren sind. Das Verfahren wird auf Antrag des Prüfers oder der Gründer eingeleitet. Das Gericht entscheidet durch Beschluss, der mit der Beschwerde anfechtbar ist. Die Rechtsbeschwerde ist ausgeschlossen. Die Zwangsvollstreckung findet nach den Vorschriften der ZPO (§§ 883 ff ZPO) statt.

Nicht zu den unternehmensrechtlichen Verfahren gehört die Entscheidung über Meinungsverschiedenheiten zwischen einer Kapitalgesellschaft und dem Abschlussprüfer (§ 324 HGB). Hierfür ist das Landgericht zuständig. Für das Verfahren finden jedoch die Vorschriften des FamFG entsprechende Anwendung.

9. Kraftloserklärung von Aktien

133 Schließlich entscheidet das Gericht im Rahmen eines unternehmensrechtlichen Verfahrens noch über die Kraftloserklärung von Aktien durch die Aktiengesellschaft (§ 375 Nr. 3). Dazu hat die Gesellschaft die Genehmigung des Gerichts zu beantragen, wenn es beabsichtigt, gem. § 73 Abs. 1 S. 1 AktG Aktienurkunden für kraftlos zu erklären. Das Gericht hat das Vorliegen der Voraussetzungen für die Kraftloserklärung zu prüfen und bei deren Vorliegen diese durch Beschluss zu genehmigen. In diesem Fall ist der Beschluss nicht anfechtbar. Wird die Genehmigung versagt, findet gegen die Entscheidung des Gerichts die Beschwerde statt. Nach Erteilung der Genehmigung hat das Gericht noch zu überwachen, dass die Gesellschaft die Aushändigung oder Hinterlegung der neuen Aktien diesem anzeigt (§ 73 Abs. 3 S. 2 AktG).

---

64 Baumbach/Hopt § 316 HGB Rn 1.

§ 20 Verfahren in weiteren Angelegenheiten der freiwilligen Gerichtsbarkeit

I. Überblick 1	7. Kosten 41
II. Eidesstattliche Versicherung (§ 410 Nr. 1) 4	IV. Bestellung eines Verwahrers (§ 410 Nr. 3) 42
1. Anwendungsfälle 4	1. Anwendungsbereich 42
a) § 259 BGB 5	2. Verfahrenseinleitung 44
b) § 260 BGB 8	3. Verfahren 45
c) § 2028 BGB 11	4. Entscheidungsfindung 47
d) § 2057 BGB 14	a) Bestellung des Verwahrers 47
2. Verfahrenseinleitung 16	
3. Verfahren 18	b) Vergütung und Auslagenersatz 48
4. Entscheidungsfindung 22	
5. Entscheidung 24	5. Entscheidung 49
6. Rechtsmittel 25	6. Rechtsmittel 51
7. Kosten 26	7. Kosten 52
III. Feststellung des Zustandes oder Wertes einer Sache durch einen Sachverständigen (§ 410 Nr. 2) .. 30	V. Pfandverkauf (§ 410 Nr. 4) 53
	1. Anwendungsbereich 53
1. Anwendungsfälle 30	2. Verfahrenseinleitung 56
2. Verfahrenseinleitung 32	3. Verfahren 57
3. Verfahren 33	4. Entscheidungsfindung 59
4. Entscheidungsfindung 37	5. Entscheidung 62
5. Entscheidung 38	6. Rechtsmittel 64
6. Rechtsmittel 39	7. Kosten 66

I. Überblick

Buch 6 des FamFG übernimmt im Wesentlichen die bisher im 9. Abschnitt des FGG enthaltenen weiteren Verfahren der freiwilligen Gerichtsbarkeit, nämlich: **1**

- das Verfahren zur freiwilligen Abgabe einer **eidesstattlichen Versicherung** (§ 410 Nr. 1),

- das Verfahren zur **Feststellung** des Zustandes oder Wertes einer Sache durch einen **Sachverständigen** (§ 410 Nr. 2),

- das Verfahren zur Bestellung eines **Verwahrers** (§ 410 Nr. 3) sowie

- das Verfahren über die gerichtliche Anordnung einer Abweichung von den gesetzlichen Vorschriften über den **Pfandverkauf** (§ 410 Nr. 4).

Geändert wurde der **systematische Aufbau**: Während in den §§ 163–166 FGG jedes Verfahren in einem eigenen Paragraphen geregelt war, definiert nunmehr § 410 in den Nr. 1–4 zunächst den jeweiligen Anwendungsbereich der Verfahren, während § 411 in den Absätzen 1–4 jeweils die entsprechende örtliche Zuständigkeit und § 412 die jeweiligen Verfahrensbeteiligten regelt. § 413 übernimmt die bisher in § 163 FGG durch Verweisung auf § 79 FGG getroffene Regelung des Verfahrensablaufs bei Abgabe der eidesstattlichen Versicherung (§ 410 Nr. 1). § 414 entspricht der bisher in § 164 Abs. 2 FGG enthaltenen Regelung über die Unanfechtbarkeit einer stattgebenden Entscheidung nach § 410 Nr. 2. **2**

3 Inhaltlich finden sich im Vergleich zur bisherigen Rechtslage nur punktuelle Veränderungen: Im Verfahren zur Bestellung eines Verwahrers kann das Gericht neben der Vergütung zukünftig auch die Erstattung der Aufwendungen des Verwahrers festsetzen. Diese Möglichkeit sah § 165 FGG nicht vor mit der Konsequenz, dass über den Aufwendungsersatz nach § 693 BGB im Streitfalle das Prozessgericht zu entscheiden hatte.[1] Durch die Einbeziehung der Aufwendungen in das Verfahren wird nunmehr eine umfassende Klärung aller aus der Tätigkeit des Verwahrers herrührenden Erstattungsansprüche möglich.[2] Für das Verfahren zur freiwilligen Abgabe einer eidesstattlichen Versicherung übernimmt § 411 Nr. 1 die bisher in den §§ 261 Abs. 1, 2028 Abs. 3, 2057 S. 3 BGB enthaltene Regelung der örtlichen Zuständigkeit, um im Interesse der Anwenderfreundlichkeit alle verfahrensrechtlichen Regelungen im FamFG zusammenzuführen.[3] Entsprechend der Systematik des Allgemeinen Teils benennt § 412 nunmehr ausdrücklich die jeweiligen Verfahrensbeteiligten. Inhaltlich entsprechen die getroffenen Regelungen der bisher geltenden Rechtslage. Dies gilt auch für die Frage des rechtlichen Gehörs: Zwar sahen die §§ 164 Abs. 3, 165 Abs. 3, 166 Abs. 2 FGG lediglich vor, dass die Beteiligten „soweit tunlich" zu hören seien. Mit Rücksicht auf Art. 103 Abs. 1 GG entsprach es jedoch auch bisher schon einhelliger Auffassung, dass die Beteiligten einen Anspruch auf rechtliches Gehör haben.[4]

II. Eidesstattliche Versicherung (§ 410 Nr. 1)

1. Anwendungsfälle

4 Das materielle Recht sieht in den §§ 259, 260, 2028 und 2057 BGB vor, dass der Verpflichtete unter bestimmten Voraussetzungen die Richtigkeit seiner Angaben (Auskunft, Rechnungslegung oder Bestandsverzeichnis) auf Verlangen des Berechtigten zu Protokoll an Eides Statt zu versichern hat. § 410 Nr. 1 ergänzt diese Vorschriften in verfahrensrechtlicher Hinsicht und stellt dem **Verpflichteten** eine Behörde zur Verfügung, vor der er dem Verlangen des Berechtigten freiwillig ohne Rechtsstreit nachkommen kann.[5]

a) § 259 BGB

5 § 259 BGB regelt lediglich die Art der Rechnungslegung über eine mit Einnahmen oder Ausgaben verbundene Verwaltung, nicht das Bestehen der Rechnungslegungspflicht selbst. Die von § 259 BGB vorausgesetzte Rechenschaftspflicht kann sich zunächst aus **Einzelvorschriften** des bürgerlichen oder des Handelsrechts ergeben, insbesondere aus:[6]

- § 666 BGB für den Beauftragten,
- § 675 BGB für den Geschäftsführer kraft Dienst- oder Werkvertrag,
- §§ 681 S. 2, 687 Abs. 2 BGB für den Geschäftsführer ohne Auftrag,

---

1 SchuSo/Baronin v. König § 165 FGG Rn 4; Bassenge/Roth/Bassenge § 165 FGG Rn 3; Bumiller/Winkler § 165 FGG Rn 3.
2 BT-Drucks. 16/6308, 289 f.
3 BT-Drucks. 16/6308, 290.
4 Vgl nur KKW/Winkler § 164 FGG Rn 8, § 165 FGG Rn 10 und § 166 FGG Rn 7; BT-Drucks. 16/6308, 290.
5 BayObLGZ 1953, 135, 140.
6 Vgl hierzu ferner den Überblick bei MK/Krüger § 259 BGB Rn 4 ff; Staudinger/Bittner § 259 BGB Rn 5 f.

II. Eidesstattliche Versicherung (§ 410 Nr. 1) 20

- § 713 BGB für den geschäftsführenden Gesellschafter,
- § 740 BGB für den Gesellschafter gegenüber dem ausgeschiedenen Mitgesellschafter,
- § 1698 BGB für die Eltern gegenüber dem neuen Inhaber der Vermögenssorge,
- §§ 1890, 1908 i, 1915 BGB für den Vormund, Betreuer oder Pfleger,[7] gegenüber dem Mündel, Betreuten bzw dessen Rechtsnachfolger,
- § 1978 BGB für den Erben gegenüber dem Nachlassgläubiger,
- §§ 2127, 2130 Abs. 2 BGB für den Vorerben gegenüber dem Nacherben,
- § 2218 BGB für den Testamentsvollstrecker gegenüber den Erben,
- § 2314 BGB für den Erben gegenüber dem Pflichtteilsberechtigten,
- § 87 c HGB für den Provisionsverpflichteten gegenüber dem Handelsvertreter,
- § 384 Abs. 2 HGB für den Kommissionär gegenüber dem Kommittenten,
- § 154 ZVG für den Zwangsverwalter gegenüber Gläubigern und Schuldnern,
- § 28 Abs. 3 und Abs. 4 WEG für den Verwalter gegenüber den Wohnungseigentümern,
- § 8 Abs. 1 MaBV für den Gewerbetreibenden gegenüber dem Auftraggeber.

Aus den zahlreichen gesetzlichen Bestimmungen, insb. aus den §§ 666, 681, 687 Abs. 2 BGB ist weiter auf der Grundlage von § 242 BGB ein **allgemeiner Grundsatz** der Rechenschaftslegungspflicht entwickelt worden, wonach rechenschaftspflichtig ist, wer fremde Angelegenheiten oder jedenfalls solche Angelegenheiten besorgt, die zugleich eigene und fremde sind.[8] Allerdings gilt dies nur dann, wenn innerhalb bestehender vertraglicher oder anderer Sonderrechtsbeziehungen der hieraus Berechtigte in entschuldbarer Weise über das Bestehen und den Umfang seines Rechtes im Ungewissen ist, der Verpflichtete dagegen die Kenntnis der Tatsachen besitzt und sie unschwer offenbaren kann, auf die der Berechtigte zur Geltendmachung seines Rechtes angewiesen ist.[9] § 259 BGB greift schließlich auch bei einem **vertraglich** begründeten Anspruch auf Rechnungslegung.[10] 6

Die **eidesstattliche Versicherung** hat den Inhalt, dass der Schuldner nach bestem Wissen die Einnahmen (und Ausgaben)[11] so vollständig angegeben hat, als er dazu im Stande sei (§ 259 Abs. 2 BGB).[12] 7

b) § 260 BGB

Die Vorschrift begründet in ihrer 1. Alternative eine Nebenpflicht zur Vorlegung eines Bestandsverzeichnisses für jeden, der aus anderem Rechtsgrund (Gesetz oder Rechtsgeschäft) verpflichtet ist, einen Inbegriff von Gegenständen herauszugeben. In ihrer 2. Alternative regelt sie die Art und Weise der Auskunftserteilung, wenn jemand aus an- 8

---

7 Nicht hingegen aus § 1840 BGB, MK/Krüger § 259 BGB Rn 4 (str.).
8 MK/Krüger § 259 BGB Rn 6; Staudinger/Bittner § 259 BGB Rn 9.
9 BGHZ 10, 385; MK/Krüger § 259 BGB Rn 6; Staudinger/Bittner § 259 BGB Rn 10.
10 MK/Krüger § 259 BGB Rn 5; Staudinger/Bittner § 259 BGB Rn 7.
11 Im Falle des Testamentsvollstreckers, SchuSo/Baronin v. König § 163 FGG Rn 4.
12 SchuSo/Baronin v. König § 163 FGG Rn 4.

Locher 927

derem Rechtsgrund über den Bestand eines solchen Inbegriffs Auskunft zu erteilen hat. **Inbegriff** ist jede Mehrheit von Vermögensgegenständen – Sachen wie Rechte oder Forderungen –, die durch ein einheitliches Rechtsverhältnis zusammengefasst werden und bei denen der Berechtigte von sich aus nicht in der Lage ist, die einzelnen Vermögensgegenstände zu bezeichnen.[13] Hierunter fallen beispielsweise:[14]

- Sachgesamtheiten ieS (zB Bibliothek, Warenlager, Inventar, Hausrat, Viehbestand),
- Sondervermögen wie ein Nachlass,
- andere Zusammenfassungen von Rechten und Sachen wie ein Unternehmen, eine Praxis, ein Kundenstamm oder ein Goodwill,
- die dem Agenten gegen den Geschäftsherrn zustehende Gesamtheit der Vermittlungsgebühren,
- die Gesamtheit der unter Eigentumsvorbehalt gelieferten Waren,
- das Gesamtgut nach Aufhebung der Gütergemeinschaft,
- die Nutzungen einer dem Eigentümer herauszugebenden Sache.

9   Eine **Verpflichtung zur Herausgabe** eines solchen Inbegriffs kann nach den §§ 985 und 812 BGB bestehen, ferner beispielsweise nach den §§ 1478, 1698, 1890, 2018, 2130 Abs. 1, 2218, 2362, 2374 BGB, 143 InsO, 11 AnfG.[15] Eine **Auskunftspflicht** über den Bestand eines Inbegriffs von Gegenständen kommt insbesondere bei der **Verwaltung fremden Vermögens** als Minus zur Pflicht zur Rechenschaftslegung in Betracht (zB bei den §§ 666, 675, 681, 687 BGB), aber auch als reine Auskunftspflicht (zB §§ 1435 S. 2, 1799 Abs. 2, 2027, 2127 BGB). Eine Auskunftspflicht kann ferner im Zusammenhang mit Ausgleichs- und Abfindungsansprüchen bestehen, zB bei § 1379 BGB. Weiterhin kann sich auch bei § 260 BGB die Auskunftspflicht aus § 242 BGB ergeben[16] (dazu Rn 6). Schließlich kann die Pflicht zur Auskunftserteilung durch **vertragliche Vereinbarung** begründet sein.[17]

10 Die **eidesstattliche Versicherung** bezieht sich im Falle des § 260 BGB auf die Vollständigkeit des Bestandsverzeichnisses: Der Verpflichtete muss an Eides Statt versichern, dass er nach bestem Wissen den Bestand so vollständig angegeben hat, wie er dazu im Stande sei (§ 260 Abs. 2 BGB).[18]

c) § 2028 BGB

11 Nach § 2028 BGB zur Auskunft **verpflichtet** ist, wer zum Zeitpunkt des Todes des Erblassers mit ihm in **häuslicher Gemeinschaft** gelebt hat, wobei der Begriff der häuslichen Gemeinschaft in der Praxis weit ausgelegt wird: Auskunftspflichtig ist derjenige, bei dem nach den räumlichen und persönlichen Verhältnissen, die zwischen ihm und dem Erblasser bestanden haben, eine Kenntnis iSd § 2028 BGB zu vermuten ist.[19] Eine

---

13 RGZ 90, 139; MK/Krüger § 260 BGB Rn 5; Bamberger/Roth/Unberath § 260 BGB Rn 5.
14 Vgl MK/Krüger § 260 BGB Rn 5; Staudinger/Bittner § 260 BGB Rn 4.
15 Vgl dazu näher MK/Krüger § 260 BGB Rn 6; Staudinger/Bittner § 260 BGB Rn 7 f.
16 MK/Krüger § 260 BGB Rn 12; Staudinger/Bittner § 260 BGB Rn 19; Bamberger/Roth/Unberath § 260 BGB Rn 9 ff.
17 MK/Krüger § 260 BGB Rn 11; Staudinger/Bittner § 260 BGB Rn 17.
18 SchuSo/Baronin v. König § 163 FGG Rn 4.
19 BGH LM § 2028 BGB Nr. 1; Staudinger/Gursky § 2028 BGB Rn 5.

II. Eidesstattliche Versicherung (§ 410 Nr. 1)   20

zufällige oder nur ganz vorübergehende Anwesenheit im Sterbehaus zum Zeitpunkt des Erbfalls genügt hingegen nicht. Die häusliche Gemeinschaft wird nicht dadurch aufgehoben, dass der Erblasser kurz vor seinem Tod in ein Krankenhaus überführt wird.[20] **Auskunftsberechtigt** sind der (Mit-)Erbe, der Nacherbe nach Eintritt der Nacherbfolge, ferner die zur Verwaltung des Nachlasses berufenen Personen (Nachlasspfleger, Nachlassverwalter, der zur Verwaltung berechtigte Testamentsvollstrecker und der Nachlassinsolvenzverwalter), ebenso ein Gläubiger, der einen Erbteil gepfändet hat.[21]

Die Auskunft nach § 2028 BGB beschränkt sich darauf,   12

- welche erbschaftlichen Geschäfte (§ 1959 Abs. 1 BGB) der Hausgenosse geführt hat und
- was ihm über den Verbleib der Erbschaftsgegenstände bekannt ist.

Die **eidesstattliche Versicherung** bezieht sich auf die Vollständigkeit der gemachten   13
Angaben. Der Verpflichtete hat nach § 2028 Abs. 2 BGB zu versichern, dass er seine Angaben nach bestem Wissen so vollständig gemacht habe, wie er dazu im Stande sei. Die Auskunftspflicht nach § 2028 BGB umfasst nicht die Vorlage eines Bestandsverzeichnisses.[22] Dementsprechend muss sich die eidesstattliche Versicherung auch nicht auf die Vollständigkeit des Bestandes beziehen.[23]

d) § 2057 BGB
Nach § 2057 BGB sind **Miterben** untereinander über eventuelle Zuwendungen nach   14
§§ 2050–2053 BGB auskunftspflichtig. Die Auskunftspflicht trifft auch einen von der Erbfolge ausgeschlossenen Abkömmling, der den Pflichtteil erhält.[24] Auskunftsberechtigt ist

- jeder **Miterbe**, soweit er zum Kreis der nach den §§ 2250 ff BGB ausgleichsberechtigten Personen gehört,[25]
- der **pflichtteilsberechtigte Nichterbe** (§ 2316 Abs. 1 BGB),[26]
- der mit der Auseinandersetzung betraute **Testamentsvollstrecker**, da die Erfüllung seiner Aufgaben die Berücksichtigung etwaiger Vorempfänge erfordert,[27]
- der **Nachlassverwalter** und **Nachlassinsolvenzverwalter** beim Vorliegen eines besonderen Interesses zur Klarstellung eines Erbteilwertes, um darauf lastende Verbindlichkeiten erfüllen zu können.[28]

---

20 Staudinger/Gursky § 2028 BGB Rn 5.
21 Staudinger/Gursky § 2028 BGB Rn 3; SchuSo/Baronin v. König § 163 FGG Rn 16; KKW/Winkler § 163 FGG Rn 6.
22 Palandt/Edenhofer § 2028 BGB Rn 2; MK/Helms § 2028 BGB Rn 4.
23 MK/Helms § 2028 BGB Rn 7.
24 OLG Nürnberg NJW 1957 1482; Palandt/Edenhofer § 2057 BGB Rn 1; Staudinger/Werner § 2057 BGB Rn 4.
25 MK/Heldrich § 2057 BGB Rn 4; Staudinger/Werner § 2057 BGB Rn 3
26 OLG Zweibrücken FamRZ 1987, 1197; Staudinger/Werner § 2057 BGB Rn 3; Palandt/Edenhofer § 2057 BGB Rn 1.
27 Staudinger/Werner § 2057 BGB Rn 3; SchuSo/Baronin v. König § 163 FGG Rn 16; einschränkend KKW/Winkler § 163 FGG Rn 6: nur soweit ihm die Entrichtung von Vermächtnissen oder Auflagen obliegt, die einem ausgleichsberechtigten Miterben auferlegt wurden.
28 MK/Heldrich § 2057 BGB Rn 4; KKW/Winkler § 163 FGG Rn 6.

Locher

15 Gegenstand der Auskunft sind alle Zuwendungen, die möglicherweise unter die Ausgleichspflicht nach den §§ 2050–2053 BGB fallen können.[29] Die Auskunft ist insbesondere über Art und Menge des Vorempfangs, alle wertbildenden Faktoren, den Zuwendungszeitpunkt sowie einschlägige Erblasseranordnungen zu erteilen.[30] Die Form der Auskunft ist im Gesetz nicht näher geregelt. Ein Bestandsverzeichnis ist vorzulegen, wenn die Zuwendung einen Inbegriff von Gegenständen umfasst hat.[31] Die nach §§ 2057, 260 BGB abzugebende **eidesstattliche Versicherung** bezieht sich darauf, dass der Verpflichtete die Angaben zu den Zuwendungen nach bestem Wissen so vollständig abgegeben hat, wie er dazu im Stande sei.[32]

2. Verfahrenseinleitung

16 Das Verfahren wird durch einen **Antrag** eingeleitet. Die **Antragsberechtigung** steht sowohl dem **Berechtigten** als auch dem **Verpflichteten** des jeweiligen materiell-rechtlichen Anspruchs auf Rechnungslegung, Vorlegung eines Bestandsverzeichnisses oder Auskunftserteilung zu (§ 413 S. 1). Der eingehende Antrag ist von der Geschäftsstelle nicht als M-Sache in das Vollstreckungsregister, sondern ins Urkundsregister einzutragen (vgl zB § 25 Abs. 3 AktO NW).[33]

17 Hinweis: Nach §§ 2 Nr. 1, 8 Abs. 1 KostO hat der **Antragsteller** grundsätzlich einen **Vorschuss** auf die Kosten zu leisten, die gem. § 124 Abs. 1 KostO in Höhe einer vollen Gebühr für die Abnahme der eidesstattlichen Versicherung anfallen. Nach § 261 Abs. 2 BGB hat hingegen im Verhältnis der Beteiligten zueinander der Gläubiger die Kosten zu tragen hat. Für den **Schuldner** folgt hieraus, dass er keine Veranlassung zur Klageerhebung iSd § 93 ZPO gibt, wenn er sich auf Aufforderung des Gläubigers zur Abgabe der eidesstattlichen Versicherung bereit erklärt, selbst aber im Hinblick auf die Vorschusspflicht keine Terminsbestimmung nach § 413 veranlasst. Dies ist vielmehr Sache des Gläubigers.[34]

3. Verfahren

18 **Sachlich zuständig** für die freiwillige Abgabe der eidesstattlichen Versicherung ist das Amtsgericht als Gericht der freiwilligen Gerichtsbarkeit (§ 23 a Abs. 1 Nr. 2, Abs. 2 Nr. 5 GVG). Die **örtliche Zuständigkeit** richtet sich nunmehr nach § 411 Nr. 1, der inhaltlich die bisher in § 261 Abs. 1 BGB aF enthaltene Regelung übernimmt: Örtlich zuständig ist zum einen das Amtsgericht des Erfüllungsortes der Hauptverpflichtung (Auskunftserteilung, Rechnungslegung). **Der Verpflichtete** hat aber zum anderen zusätzlich die Möglichkeit, die eidesstattliche Versicherung vor dem für seinen Wohnsitz bzw Aufenthaltsort zuständigen Amtsgericht abzugeben, sofern dieser sich im Inland befindet. Ist der Antrag zunächst beim Amtsgericht des Erfüllungsortes gestellt und übt der Verpflichtete dann sein Wahlrecht aus, so ist das Verfahren an das gewählte Gericht

---

29 MK/Heldrich § 2057 BGB Rn 6; Staudinger/Werner § 2057 BGB Rn 5; SchuSo/Baronin v. König § 163 FGG Rn 10.
30 MK/Heldrich § 2057 BGB Rn 6; Staudinger/Werner § 2057 BGB Rn 6.
31 Staudinger/Werner § 2057 BGB Rn 8; SchuSo/Baronin v. König § 163 FGG Rn 11.
32 Staudinger/Werner § 2057 BGB Rn 12; SchuSo/Baronin v. König § 163 FGG Rn 11.
33 Meyer-Stolte, Anm. zu LG Bochum, Beschl. v. 24.2.1994, 7 T 1113/93, Rpfleger 1994, 451.
34 OLG Nürnberg FamRZ 1986, 87; SchuSo/Baronin v. König § 163 FGG Rn 16.

II. Eidesstattliche Versicherung (§ 410 Nr. 1)   20

abzugeben.[35] Die Abnahme der eidesstattlichen Versicherung nach § 410 Nr. 1 gehört zu den vollständig auf den **Rechtspfleger** übertragenen Geschäften (§ 3 Nr. 1 b RPflG).

Am Verfahren hat das Gericht nach § 412 Nr. 1 sowohl den Verpflichteten als auch   19
den Berechtigten zu beteiligen. Beide sind zum Termin zu laden. Für die Ladung gilt § 15. Nach § 413 S. 2 hat das Gericht das **persönliche Erscheinen** nur hinsichtlich des Verpflichteten anzuordnen. Die Anwesenheit des **Gläubigers** im Termin ist nicht erforderlich.[36] Erscheint der **Verpflichtete** trotz ordnungsgemäßer Ladung nicht oder verweigert er die Abgabe, so bleibt dem Berechtigten nur der Klageweg. Das Gericht kann im Verfahren nach § 410 Nr. 1 weder das Erscheinen des Verpflichteten nach § 33 Abs. 3 noch die Abgabe der eidesstattlichen Versicherung erzwingen.[37]

Für die Abnahme der eidesstattlichen Versicherung im Termin finden nach § 413 S. 2   20
die §§ 478–480, 483 ZPO entsprechende Anwendung. Der Verpflichtete hat die eidesstattliche Versicherung grundsätzlich **höchstpersönlich** abzugeben (§ 478 ZPO).[38] Ist allerdings die Rechnungslegung, Auskunftserteilung oder Verzeichniserstellung durch den **gesetzlichen Vertreter** des Verpflichteten vorzunehmen, so hat dieser auch die eidesstattliche Versicherung abzugeben.[39] Der Rechtspfleger hat den Verpflichteten nach § 480 ZPO zu belehren.

Zur **Formel** der eidesstattlichen Versicherung siehe zunächst oben Rn 7, 10, 13   21
und 15. Nach § 261 Abs. 1 BGB kann das Gericht eine Anpassung der eidesstattlichen Versicherung beschließen, etwa um zwischenzeitlich eingetretenen tatsächlichen Veränderungen Rechnung zu tragen.[40]

4. Entscheidungsfindung

Der Rechtspfleger hat zu entscheiden, ob er dem Antrag auf Anberaumung des Termins   22
zur Abgabe der eidesstattlichen Versicherung stattgibt oder ihn zurückweist. Hierbei hat er folgende Punkte zu prüfen:

a) Der Antrag ist nur so lange statthaft, wie die eidesstattliche Versicherung nicht vor   23
dem Vollstreckungsgericht zu leisten ist (§ 410 Nr. 1). Letzteres ist dann der Fall, wenn der Verpflichtete durch **vollstreckbares Urteil** zur Abgabe der eidesstattlichen Versicherung verpflichtet ist (§ 889 ZPO).[41] Allein die Klageerhebung steht der freiwilligen Abgabe der eidesstattlichen Versicherung nicht entgegen.[42] Auch nach erfolgter Verurteilung kann das Verfahren nach § 410 Nr. 1 allerdings dann durchgeführt werden, wenn Berechtigter und Verpflichteter sich hierauf einigen.[43]

---

35 SchuSo/Baronin v. König § 163 FGG Rn 14.
36 SchuSo/Baronin v. König § 163 FGG Rn 19; KKW/Winkler § 163 FGG Rn 6.
37 Bassenge/Roth/Bassenge § 163 FGG Rn 5; SchuSo/Baronin v. König § 163 FGG Rn 18.
38 SchuSo/Baronin v. König § 163 FGG Rn 20; KKW/Winkler § 163 FGG Rn 6.
39 KKW/Winkler § 163 FGG Rn 6.
40 Dazu näher MK/Krüger § 261 BGB Rn 4; Staudinger/Bittner § 261 BGB Rn 4.
41 BayObLGZ 1953, 135, 140; LG Bochum Rpfleger 1994, 451; KKW/Winkler § 163 FGG Rn 3; SchuSo/Baronin v. König § 163 FGG Rn 17; Bassenge/Roth/Bassenge § 163 FGG Rn 1.
42 BayObLGZ 1953, 135; SchuSo/Baronin v. König § 163 FGG Rn 17; Bumiller/Winkler § 163 FGG Rn 6.
43 OLG Düsseldorf MDR 1960, 590; KKW/Winkler § 163 FGG Rn 2; SchuSo/Baronin v. König § 163 FGG Rn 17; Bassenge/Roth/Bassenge § 163 FGG Rn 1.

b) Ohne **Verlangen** oder Einverständnis des **Gläubigers** (vgl §§ 259 Abs. 2, 260 Abs. 2 BGB: „auf Verlangen") darf die eidesstattliche Versicherung nicht abgenommen werden.[44] Stellt der Schuldner den Antrag, so hat er daher das Verlangen des Gläubigers darzulegen.[45] Das erforderliche Verlangen ist insbesondere in der entsprechenden Klageerhebung zu sehen.[46] Unerheblich ist es in diesem Fall, wenn der Gläubiger der Durchführung des Verfahrens nach § 410 Nr. 1 widerspricht.[47]

c) Die Unterlagen, auf die sich die eidesstattliche Versicherung bezieht, also die abgelegte Rechnung, das aufgenommene Verzeichnis oder die erteilte Auskunft, müssen vorliegen.[48]

d) Es muss nach dem Vorbringen des Antragstellers ein gesetzlich zugelassener Fall für die Abgabe der eidesstattlichen Versicherung vorliegen.[49] Hingegen hat das Gericht nicht zu prüfen, ob im Einzelfall die behauptete Pflicht zur Abgabe der eidesstattlichen Versicherung besteht, auch eine Glaubhaftmachung ist nicht erforderlich.[50] Das Gericht hat die eidesstattliche Versicherung auch abzunehmen, wenn es eine Verpflichtung des Schuldners nicht für gegeben hält oder dieser in einem parallel anhängigen Klageverfahren seine Verpflichtung zur Abgabe bestreitet.[51]

5. Entscheidung

24 Liegen die Voraussetzungen für eine Abnahme der eidesstattlichen Versicherung nicht vor, so weist der Rechtspfleger den Antrag durch Beschluss (§ 38) zurück. Ansonsten erfolgt die Terminsbestimmung und im Termin, soweit der Verpflichtete erscheint, die Abnahme der eidesstattlichen Versicherung. Eine Entscheidung über die Verpflichtung des Schuldners zur Abgabe der eidesstattlichen Versicherung hat das Gericht nicht zu treffen.[52]

6. Rechtsmittel

25 Der **Antragsteller** kann gegen die Zurückweisung des Antrags auf Terminsbestimmung bzw die Ablehnung der Abnahme der eidesstattlichen Versicherung Beschwerde erheben (§§ 58, 59 Abs. 2).[53] Anders als nach bisheriger Rechtslage[54] kann der **Gläubiger** die Terminsbestimmung nicht mit der Begründung anfechten, er habe die Abgabe der eidesstattlichen Versicherung nicht verlangt, da es sich um keine Endentscheidung nach § 58, sondern um eine verfahrensleitende Anordnung handelt und das Gesetz ein Rechtsmittel (sofortige Beschwerde nach § 567 ZPO) nicht vorsieht. Auch im Übrigen

---

44 BayObLGZ 1953, 135, 137; SchuSo/Baronin v. König, § 163 FGG Rn 18; KKW/Winkler § 163 FGG Rn 2.
45 BayObLGZ 1953, 135, 137; SchuSo/Baronin v. König § 163 FGG Rn18.
46 BayObLGZ 1953, 135, 141.
47 BayObLGZ 1953, 135, 141.
48 KKW/Winkler § 163 FGG Rn 6; SchuSo/Baronin v. König § 163 FGG Rn 20; Bassenge/Roth/Bassenge § 163 FGG Rn 4.
49 BayObLGZ 53, 135/139; SchuSo/Baronin v. König § 163 FGG Rn 18; Bassenge/Roth/Bassenge § 163 FGG Rn 5.
50 BayObLGZ 1953, 135, 136; SchuSo/Baronin v. König § 163 FGG Rn 18; Bassenge/Roth/Bassenge § 163 FGG Rn 4; Meyer-Stolte Rpfleger 1994, 451, 452.
51 BayObLGZ 1953, 135, 141.
52 KG Rpfleger 1970, 243; LG Bochum Rpfleger 1994, 451.
53 BayObLGZ 1953, 135; OLG Hamm Rpfleger 1995, 161; SchuSo/Baronin v. König § 163 FGG Rn 21; Bassenge/Roth/Bassenge § 163 FGG Rn 6.
54 Dazu BayObLGZ 1953, 135, 140.

ist eine Beschwerde gegen die Terminsbestimmung, eine Terminsverlegung oder die Ladung ausgeschlossen.[55]

7. Kosten

Kostenschuldner im Verfahren nach § 410 Nr. 1 KostO ist der jeweilige Antragsteller (§ 2 Nr. 1 KostO). Nach § 124 Abs. 1 KostO wird für die **Verhandlung** im Termin zur Abnahme der eidesstattlichen Versicherung grundsätzlich die volle Gebühr erhoben, und zwar auch dann, wenn die Abnahme der eidesstattlichen Versicherung letztlich unterbleibt.[56] Die Gebühr gilt die gesamte Tätigkeit des Gerichts im Verfahren ab.[57] Erledigt sich das Verfahren allerdings vor Eintritt in die Verhandlung infolge Zurücknahme des Antrags oder in anderer Weise, so ermäßigt sich die Gebühr entsprechend den Vorschriften des § 130 KostO. Die Verhandlung beginnt mit der Einführung in den Sach- und Streitstand oder einer sonstigen Erörterung der Zulässigkeit und/oder Begründetheit des Antrags oder der Antragstellung im Termin.[58] Hingegen stellen der Aufruf der Sache oder die Feststellung der Erschienenen noch keinen Eintritt in die Verhandlung dar.[59]

26

Im Verhältnis der Beteiligten zueinander hat allerdings der Gläubiger die Kosten, die unmittelbar und notwendigerweise durch die Abgabe der eidesstattlichen Versicherung entstehen, zu tragen (§ 261 Abs. 2 BGB).[60] Nach bisheriger Rechtslage hatte das Gericht jedoch nicht die Möglichkeit, nach § 13 a Abs. 1 S. 1 FGG über die Erstattung der Auslagen zu entscheiden.[61] Einen etwaigen Erstattungsanspruch musste der Schuldner daher gesondert im Prozesswege einklagen.

27

Nichts anderes gilt nach §§ 80 ff: Wie aus § 82 abzuleiten ist, setzt eine Entscheidung des Gerichts über die Kosten nach wie vor voraus, dass in der Angelegenheit überhaupt eine **Endentscheidung** ergehen und dadurch die Angelegenheit in dem einen oder dem anderen Sinne geregelt werden kann.[62] Dies ist aber in einem Verfahren nach § 410 Nr. 1 gerade nicht der Fall. Der Rechtspfleger hat in diesem Verfahren nicht über die Verpflichtung des Verpflichteten zur Leistung der eidesstattlichen Versicherung zu entscheiden. Er hat diese nur abzunehmen, wenn der Verpflichtete sie freiwillig leistet.

28

Der **Gegenstandswert** bemisst sich nach § 30 KostO nach dem Interesse des Antragstellers an der Bekräftigung durch die eidesstattliche Versicherung.[63] Er beläuft sich in der Regel auf einen Bruchteil des Wertes der Hauptsache.[64]

29

---

55 OLG Hamm Rpfleger 1995, 161; KKW/Winkler § 163 FGG Rn 9; SchuSo/Baronin v. König § 163 FGG Rn 21.
56 Korintenberg/Lappe § 124 KostO Rn 5.
57 Hartmann § 124 KostO Rn 13.
58 Hartmann § 124 KostO Rn 13; SchuSo/Baronin v. König § 163 FGG Rn 22.
59 Korintenberg/Lappe § 124 KostO Rn 4; Hartmann § 124 KostO Rn 13.
60 MK/Krüger § 261 BGB Rn 7.
61 KG Rpfleger 1970, 243; LG Bochum Rpfleger 1994, 451; SchuSo/Baronin v. König § 163 FGG Rn 23; KKW/Winkler § 163 FGG Rn 8.
62 Vgl KG Rpfleger 1970, 243.
63 Korintenberg/Lappe § 124 KostO Rn 7.
64 Hartmann § 124 KostO Rn 17; Korintenberg/Lappe § 124 KostO Rn 7; SchuSo/Baronin v. König § 163 FGG Rn 22.

III. Feststellung des Zustandes oder Wertes einer Sache durch einen Sachverständigen (§ 410 Nr. 2)

1. Anwendungsfälle

30 § 410 Nr. 2 ist nur anwendbar, wenn eine Vorschrift des materiellen Bundesrechts ausdrücklich die Heranziehung eines Sachverständigen gestattet.[65] Gegenstand der Feststellung muss der Zustand oder Wert einer **Sache** sein. § 410 Nr. 2 findet keine Anwendung, wenn es um die Schätzung eines Vermögensinbegriffs geht, zu dem auch Forderungen gehören.[66] **Anwendungsfälle** sind zB:

- §§ 1034, 1067 Abs. 1 S. 2, 1075 Abs. 2 Hs 2 BGB: Feststellung des Zustandes oder Wertes von Sachen beim **Nießbrauch** auf Verlangen des Nießbrauchers, Eigentümers bzw Bestellers;
- § 1377 Abs. 2 S. 3 BGB: Feststellung des Wertes der Vermögensgegenstände des Anfangsvermögens beim **Zugewinnausgleich** auf Verlangen eines der Ehegatten;
- § 2122 BGB: Feststellung des Zustandes der zur **Vorerbschaft** gehörenden Sachen auf Verlangen des Vor- oder Nacherben;
- §§ 610, 611 Abs. 2 HGB: Feststellung des Zustandes oder der Menge von **Schiffsfrachtgütern**.

Nicht anwendbar ist § 410 Nr. 2 hingegen in den Fällen der §§ 738 BGB, 1477 Abs. 2, 1502 Abs. 1 BGB.[67] Auch durch Vereinbarung der Beteiligten kann eine gerichtliche Zuständigkeit nach § 410 Nr. 2 für die Ernennung von Sachverständigen nicht begründet werden.[68]

31 Das Verfahren nach § 410 Nr. 2 darf nicht mit dem **selbständigen Beweisverfahren** nach §§ 485 ff ZPO verwechselt werden. Ein ähnliches **Sachverständigenverfahren** enthalten §§ 84 Abs. 2, 189 VVG für den Fall, dass nach dem **Versicherungsvertrag** einzelne Voraussetzungen des Anspruchs aus der Versicherung oder die Höhe des Schadens durch Sachverständige festgestellt und zugleich die Sachverständigen nach den vertraglichen Regelungen durch das Gericht zu ernennen sind.[69] Auch im Falle des § 84 Abs. 2 VVG ist die funktionelle Zuständigkeit des Rechtspflegers begründet.[70] Die Tätigkeit des Gerichts beschränkt sich allerdings auf die Bestellung des Sachverständigen, eine Vernehmung oder Beeidigung erfolgt nicht.[71]

2. Verfahrenseinleitung

32 Das Verfahren wird nur auf **Antrag** eingeleitet. Antragsberechtigt ist derjenige, der nach den jeweiligen materiell-rechtlichen Vorschriften die Feststellung durch den Sachverständigen verlangen kann.[72]

---

65 SchuSo/Baronin v. König § 164 FGG Rn 1; Bassenge/Roth/Bassenge § 164 FGG Rn 1; KKW/Winkler § 164 FGG Rn 1.
66 KKW/Winkler § 164 FGG Rn 1; Bassenge/Roth/Bassenge § 164 FGG Rn 1.
67 SchuSo/Baronin v. König § 164 FGG Rn 1; KKW/Winkler § 164 FGG Rn 1; Bumiller/Winkler § 164 FGG Rn 1.
68 RGZ 94, 172; KKW/Winkler § 164 FGG Rn 1; SchuSo/Baronin v. König § 164 FGG Rn 4.
69 Näher hierzu SchuSo/Baronin v. König § 164 FGG Rn 10 ff.
70 KKW/Winkler § 164 FGG Rn 11; SchuSo/Baronin v. König § 164 FGG Rn 13.
71 SchuSo/Baronin v. König § 164 FGG Rn 12.
72 Bassenge/Roth/Bassenge § 164 FGG Rn 2.

III. Feststellung des Zustandes oder Wertes einer Sache durch einen Sachverständigen

3. Verfahren

Sachlich zuständig ist das Amtsgericht als Gericht der freiwilligen Gerichtsbarkeit (§ 23 a Abs. 1 Nr. 2, Abs. 2 Nr. 5 GVG). **Funktionell zuständig** ist grundsätzlich der **Rechtspfleger** (§ 3 Nr. 1 b RPflG). Für die Beeidigung des Sachverständigen greift aber der Richtervorbehalt (§ 4 Abs. 2 Nr. 1 RPflG). 33

Örtlich zuständig ist zunächst das Amtsgericht, in dessen Bezirk sich die Sache befindet (§ 411 Abs. 2 S. 1). Ist die Sache (Grundstück) im Bezirk mehrerer Gerichte belegen, so gilt § 2 Abs. 1: Zuständig ist das Gericht, welches als erstes mit der Sache befasst ist. Nach § 2 Abs. 2 bleibt die einmal begründete Zuständigkeit bestehen, auch wenn nachträglich eine Ortsveränderung hinsichtlich der Sache eintritt.[73] Die am materiellen Rechtsverhältnis **Beteiligten** können durch **ausdrückliche**, sonst aber an keine Form gebundene **Vereinbarung** die Zuständigkeit eines anderen Gerichts begründen. Dies ist etwa dann zweckmäßig, wenn die Begutachtung hinsichtlich mehrerer Sachen notwendig ist, die sich in unterschiedlichen Gerichtsbezirken befinden, da sonst jedes Gericht nur für die in seinem Bezirk belegene Sache zuständig wäre.[74] 34

Beteiligte im verfahrensrechtlichen Sinne sind nach § 412 Nr. 2 neben dem Antragsteller 35

- derjenige, der zum Sachverständigen ernannt werden soll sowie
- derjenige, der außer dem Antragsteller am materiellen Rechtsverhältnis beteiligt ist, aus dem sich der Feststellungsanspruch ergibt.

Den weiteren Beteiligten ist **rechtliches Gehör** zu geben (Art. 103 Abs. 1 GG), eine persönliche Anhörung wird aber nur ausnahmsweise geboten sein.[75]

Das Verfahren zur Ernennung, Vernehmung und Beeidigung des Sachverständigen stellt in der Sache eine **förmliche Beweisaufnahme** dar, so dass nach § 30 Abs. 1 die §§ 402–413, 478 ff ZPO entsprechende Anwendung finden: 36

- Die Beteiligten können unter den Voraussetzungen des § 406 ZPO den ernannten Sachverständigen wegen **Befangenheit ablehnen**.
- Der Sachverständige ist grundsätzlich **mündlich zu vernehmen** (§§ 402, 396 ZPO). Über die Vernehmung des Sachverständigen ist ein Protokoll aufzunehmen (§ 159 Abs. 1, 160 Abs. 3 Nr. 4 ZPO).[76] Nach § 411 ZPO kann der Rechtspfleger aber auch die **schriftliche Begutachtung** anordnen.[77]
- Die **Beeidigung** des Sachverständigen steht nach §§ 402, 391 ZPO im Ermessen des Gerichts. Der Verzicht auf die Beeidigung gehört noch zu den nach §§ 3 Abs. 1 Nr. 2 b, 4 Abs. 1 RPflG übertragenen Geschäften. Hält der Rechtspfleger die Beeidigung für geboten, so hat er die Sache dem Richter vorzulegen (§ 4 Abs. 2 Nr. 1

---

73 KKW/Winkler § 164 FGG Rn 4; SchuSo/Baronin v. König § 164 FGG Rn 5.
74 SchuSo/Baronin v. König § 164 FGG Rn 5.
75 KKW/Winkler § 164 FGG Rn 8
76 KKW/Winkler § 164 FGG Rn 8; SchuSo/Baronin v. König § 164 FGG Rn 7; Bumiller/Winkler § 164 FGG Rn 5.
77 SchuSo/Baronin v. König § 164 FGG Rn 7.

RPflG). Dieser befindet ohne Bindung an die Auffassung des Rechtspflegers über die Zulässigkeit und Notwendigkeit der Beeidigung.[78]

- Für die **Entschädigung** des Sachverständigen gilt nach § 413 ZPO das JVEG.

4. Entscheidungsfindung

37 Der Rechtspfleger hat zu prüfen, ob ein gesetzlich vorgesehener Fall der Bestellung des Sachverständigen durch das Gericht vorliegt. Die **Auswahl** des oder der hinzuzuziehenden Sachverständigen liegt in seinem pflichtgemäßen Ermessen (§ 404 Abs. 1–3 ZPO). Aufgrund des auch für das Verfahren nach § 410 Nr. 2 geltenden Amtsermittlungsgrundsatzes (§ 26) findet § 404 Abs. 4 ZPO keine Anwendung.[79]

5. Entscheidung

38 Hält der Rechtspfleger den Antrag für zulässig, bestellt er den Sachverständigen und trifft die weiteren verfahrensleitenden Entscheidungen über die Art und Weise der Gutachtenerstattung. Die von dem Sachverständigen hinsichtlich des Zustandes oder Wertes der Sache getroffenen Feststellungen haben für einen nachfolgenden Prozess nur den Charakter eines Gutachtens, jedoch keine die Beteiligten bindende Wirkung.[80] Im Verfahren nach § 410 Nr. 2 wird nicht über das Bestehen des materiell-rechtlichen Anspruchs auf Duldung der Feststellung durch den Sachverständigen entschieden. Weigert sich der Verpflichtete, die Feststellung zuzulassen, etwa das Betreten des Grundstücks durch den Sachverständigen zu gestatten, so ist ein gegen ihn gerichteter Titel notwendig, der nach § 890 ZPO vollstreckt wird.[81]

6. Rechtsmittel

39 Entspricht das Gericht dem gestellten Antrag, so ist diese Entscheidung nach § 414 nicht anfechtbar. Dies bedeutet, dass die **Beschwerde** nach § 58 ausgeschlossen ist. Nach § 11 Abs. 2 RPflG findet daher die **Erinnerung** statt. Diese ist innerhalb der Frist des § 63 einzulegen. Der Rechtspfleger kann der Erinnerung abhelfen, ansonsten legt er die Sache dem nach § 28 RPflG zuständigen Richter vor. Dessen Entscheidung ist wiederum nach § 414 unanfechtbar. Gegen die **Ablehnung** des Antrags ist der Antragsteller nach den allgemeinen Vorschriften beschwerdeberechtigt.

40 § 414 gilt nicht für die nach den Vorschriften der ZPO im Beweisverfahren statthaften Rechtsmittel, etwa die sofortige Beschwerde gegen eine das Ablehnungsgesuch verwerfende Entscheidung.[82]

7. Kosten

41 Nach § 120 Nr. 1 KostO wird für die Ernennung und Beeidigung des Sachverständigen die volle Gebühr erhoben. Ernennung und Beeidigung stellen eine einheitliche Maßnahme im kostenrechtlichen Sinne dar, auch wenn sie zu unterschiedlichen Zeitpunkten

---

[78] Bassenge/Roth/Roth § 4 RPflG Rn 16.
[79] Bassenge/Roth/Bassenge § 15 FGG Rn 25; KKW/Schmidt § 15 FGG Rn 43.
[80] SchuSo/Baronin v. König § 164 FGG Rn 7; KKW/Winkler § 164 FGG Rn 9; MK/Pohlmann § 1034 BGB Rn 7.
[81] MK/Pohlmann § 1034 BGB Rn 6.
[82] KKW/Winkler § 164 FGG Rn 10; SchuSo/Baronin v. König § 164 FGG Rn 9.

stattfinden.[83] Wird der Sachverständige vernommen, so fällt zusätzlich eine volle Gebühr nach § 49 Abs. 1 KostO an. Der Geschäftswert bestimmt sich jeweils nach § 30 Abs. 1, Abs. 2 KostO. Kostenschuldner ist nach § 2 Nr. 1 KostO der Antragsteller. Vom Kostenschuldner ist als Auslage nach § 137 Abs. 1 Nr. 5 KostO auch die an den Sachverständigen zu zahlende Entschädigung nach dem JVEG zu tragen.

IV. Bestellung eines Verwahrers (§ 410 Nr. 3)

1. Anwendungsbereich

Ein Antrag nach § 410 Nr. 3 auf Bestellung eines Verwahrers ist in folgenden Fällen möglich: 42

- Ablieferung der geschuldeten Sache durch den Schuldner auf Verlangen eines Mitgläubigers bei Unteilbarkeit der Leistung (§ 432 Abs. 1 S. 2 BGB);
- Ablieferung des Pfandes durch den Pfandgläubiger auf Verlangen des Verpfänders bei fortgesetzten Rechtsverletzungen des Pfandgläubigers (§ 1217 Abs. 1 BGB);
- Ablieferung der geschuldeten Sache durch den Schuldner bei Verpfändung des Leistungsanspruches auf Verlangen des Gläubigers oder des Pfandgläubigers (§ 1281 BGB);
- Ablieferung einer zum Nachlass gehörenden Sache durch den Besitzer auf Verlangen eines der Miterben (§ 2039 S. 2 BGB).

In allen Fällen ist nach den materiell-rechtlichen Vorschriften jeweils weitere Voraussetzung der Ablieferungspflicht, dass sich die Sache **nicht** zur **Hinterlegung** eignet. Nach §§ 372 BGB, 5 HintO sind hinterlegungsfähig: Geld, Wertpapiere, sonstige Urkunden und Kostbarkeiten. Letztere sind bewegliche Sachen, deren Wert im Vergleich zu ihrem Umfang und ihrem Gewicht besonders hoch ist und die leicht aufzubewahren und unverderblich sind,[84] zB Gold- und Silbersachen, Edelsteine, Kunstwerke, wertvolle Briefmarkensammlungen und Bücher. 43

2. Verfahrenseinleitung

Das Verfahren zur Bestellung des Verwahrers wird auf Antrag desjenigen eingeleitet, der nach materiellem Recht die Ablieferung an den Verwahrer verlangen kann. Soweit es nach erfolgter Bestellung um die Festsetzung der Vergütung und des Aufwendungsersatzes geht, kann der Antrag sowohl vom Verwahrer als auch vom Zahlungspflichtigen gestellt werden.[85] 44

3. Verfahren

Sachlich zuständig ist das Amtsgericht als Gericht der freiwilligen Gerichtsbarkeit (§ 23a Abs. 1 Nr. 2, Abs. 2 Nr. 5 GVG). **Funktionell** zuständig ist der **Rechtspfleger** (§ 3 Nr. 1 b RPflG). **Örtlich** zuständig ist das Gericht, in dessen Bezirk sich die zu verwahrende Sache befindet (§ 411 Abs. 3). Maßgebend ist insoweit der Zeitpunkt des Eingangs des Antrages. Nach § 2 Abs. 2 bleibt die einmal begründete Zuständigkeit 45

---

83 Hartmann § 120 KostO Rn 1.
84 Palandt/Grüneberg § 372 BGB Rn 3; MK/Wenzel § 372 BGB Rn 3.
85 KKW/Winkler § 165 FGG Rn 9; SchuSo/Baronin v. König § 165 FGG Rn 5.

bestehen, auch wenn nachträglich eine Ortsveränderung hinsichtlich der Sache eintritt. Die Begründung eines anderen Gerichtsstands durch Vereinbarung der Beteiligten ist nicht möglich, da es an einer § 411 Abs. 2 S. 2 entsprechenden Regelung fehlt.

46 Am Verfahren zur **Bestellung des Verwahrers** hat das Gericht außer dem Antragsteller als weitere Beteiligte in den Fällen der §§ 432, 1281 und 2039 BGB die jeweiligen Mitberechtigten (Mitgläubiger, Gläubiger/Pfandgläubiger oder Miterben), im Fall des § 1217 BGB den Pfandgläubiger sowie in allen Fällen den in Aussicht genommenen Verwahrer hinzuzuziehen. Soweit Gegenstand des Verfahrens die **Festsetzung** der **Vergütung** und der **Aufwendungsersatz** des Verwahrers ist, sind nur der Verwahrer und der Gläubiger des jeweiligen Anspruches auf Verwahrung als Zahlungspflichtige Beteiligte. Den Beteiligten ist rechtliches Gehör zu geben (Art. 103 Abs. 1 GG), eine persönliche Anhörung (§ 34) wird aber nur ausnahmsweise geboten sein.

4. Entscheidungsfindung

a) Bestellung des Verwahrers

47 Das Gericht hat lediglich zu prüfen, ob die Bestellung eines Verwahrers gesetzlich zulässig ist.[86] Hierfür genügt es, dass nicht von vorneherein ausgeschlossen werden kann, dass ein Anspruch auf Ablieferung an den Verwahrer nach den §§ 432, 1217, 1281 oder 2039 BGB besteht.[87] Im Rahmen des Verfahrens nach § 410 Nr. 3 hat das Gericht nicht zu klären, ob der Anspruch zu Recht geltend gemacht wird. Hinsichtlich der Auswahl der Person des Verwahrers enthält das Gesetz keinerlei Vorgaben, sie steht daher im pflichtgemäßen Ermessen des Gerichts.

b) Vergütung und Auslagenersatz

48 Hat das Gericht einen Verwahrer bestellt, so hat es auf Antrag in der Folge auch über die Vergütung und den Aufwendungsersatz des Verwahrers zu entscheiden. Die Beteiligten können diese Punkte jedoch auch durch Vereinbarung regeln.[88] Das Gericht setzt die Höhe der Vergütung nach pflichtgemäßem Ermessen unter Berücksichtigung der Umstände des Einzelfalles fest, wobei es auf eine Taxe oder die Üblichkeit Rücksicht zu nehmen hat.[89]

5. Entscheidung

49 Das Gericht bestellt den Verwahrer durch Beschluss nach § 38. Die Bestellung wird wirksam mit Bekanntgabe der Entscheidung (§ 40 Abs. 1).[90] Der Ablieferungsanspruch an den Verwahrer ist nicht Gegenstand des Verfahrens nach § 410 Nr. 3. Das Gericht kann auch die Herausgabe an den Verwahrer nicht nach § 95 Abs. 1 Nr. 2 erzwingen. Liefert der Verpflichtete die Sache nicht freiwillig ab, so muss der Berechtigte auf Ablieferung an den Verwahrer klagen.[91]

---

86 OLG Nürnberg FGPrax 1999, 40; SchuSo/Baronin v. König § 165 FGG Rn 3; KKW/Winkler § 165 FGG Rn 6.
87 OLG Nürnberg FGPrax 1999, 40.
88 KKW/BWinkler § 165 FGG Rn 7; Bassenge/Roth/Bassenge § 165 FGG Rn 3; MK/Damrau § 1217 BGB Rn 2; im Streitfalle entscheidet dann das Prozessgericht.
89 SchuSo/Baronin v. König § 165 FGG Rn 4; KKW/Winkler § 165 FGG Rn 7.
90 AA Bassenge/Roth/Bassenge § 165 FGG Rn 2: Der Verwahrer erlangt das Amt erst mit der Annahme.
91 Bassenge/Roth/Bassenge § 165 FGG Rn 2; KKW/Winkler § 165 FGG Rn 8; SchuSo/Baronin v. König § 165 FGG Rn 3.

Auch Vergütung und Aufwendungsersatz werden durch Beschluss festgesetzt. Die Festsetzung ist kein Vollstreckungstitel,[92] sie bindet aber das Prozessgericht, was die Höhe der Ansprüche angeht.[93]   50

6. Rechtsmittel

Es finden die allgemeinen Vorschriften Anwendung. Der Antragsteller ist gegen die Ablehnung seines Antrags auf Bestellung eines Verwahrers beschwerdebefugt (§ 59 Abs. 2), die zum Verwahrer bestellte Person[94] gegen den stattgebenden Beschluss. Gegen die Festsetzung von Vergütung und Aufwendungsersatz ist der Zahlungspflichtige beschwerdeberechtigt. Der Verwahrer ist beschwerdeberechtigt, wenn Vergütung und Aufwendungsersatz nicht in der von ihm beanspruchten Höhe bewilligt werden.[95]   51

7. Kosten

Nach § 120 Nr. 2 KostO stellen die Bestellung des Verwahrers und die Entscheidung über die Vergütung gebührenrechtlich eine einheitliche Maßnahme dar, für die die volle Gebühr erhoben wird. Für die Berechnung der Gebühr ist der Wert des zu verwahrenden Gegenstandes maßgebend.[96]   52

V. Pfandverkauf (§ 410 Nr. 4)

1. Anwendungsbereich

Entspricht eine von den Vorschriften der §§ 1235–1240 BGB **abweichende Art des Pfandverkaufs** nach billigem Ermessen den Interessen der Beteiligten, können sich diese aber nicht einigen, so hat nach § 1246 Abs. 2 BGB das Gericht über die Art des Pfandverkaufs zu entscheiden. Bei diesem Verfahren handelt es sich nach § 410 Nr. 4 um eine Angelegenheit der freiwilligen Gerichtsbarkeit. § 410 Nr. 4 greift nicht nur bei der Verwertung eines durch Rechtsgeschäft begründeten Pfandes an einer beweglichen Sache, sondern auch in den Fällen, in denen die Vorschrift des § 1246 BGB aufgrund weiterer materiell-rechtlicher Vorschriften entsprechende Anwendung finden. Dies sind zunächst die Fälle, in denen ein **gesetzliches Pfandrecht** an einer beweglichen Sache begründet ist (§ 1257 BGB), also beispielsweise das Pfandrecht bei Hinterlegung (§ 233 BGB), des Vermieters (§ 562 BGB), des Pächters (§ 583 BGB), des Verpächters (§ 592 BGB), des Werkunternehmers (§ 647 BGB), des Spediteurs (§ 410 HGB), des Lagerhalters (§ 421 HGB) oder des Frachtführers (§ 440 HGB).   53

§ 1246 BGB findet keine Anwendung auf die Verwertung einer beweglichen Sache durch den Insolvenzverwalter nach **§ 166 Abs. 1 InsO**,[97] da diesem schon durch Gesetz das Recht zum freihändigen Verkauf eingeräumt ist. Andererseits bleibt, soweit § 166 Abs. 1 InsO nicht greift, nach § 173 Abs. 1 InsO das Recht des Pfandgläubigers zur Verwertung durch die Eröffnung des Insolvenzverfahrens über das Vermögen des Ei-   54

---

[92] Ausnahme nach Landesrecht: Art. 6 Abs. 1 Nr. 3 NdsFGG.
[93] SchuSo/Baronin v. König § 165 FGG Rn 4; Bassenge/Roth/Bassenge § 165 FGG Rn 3; KKW/Winkler § 165 FGG Rn 7.
[94] AA insoweit Bassenge/Roth/Bassenge § 165 FGG Rn 2.
[95] KKW/Winkler § 165 FGG Rn 11.
[96] Korintenberg/Lappe § 120 KostO Rn 2.
[97] AA SchuSo/Baronin v. König § 166 FGG Rn 1; KKW/Winkler § 166 FGG Rn 2.

gentümers der Pfandsache unberührt und § 1246 BGB daher anwendbar. Jedoch tritt der **Insolvenzverwalter** als Beteiligter an die Stelle des Eigentümers.[98] Einer Entscheidung nach § 410 Nr. 4 steht nicht entgegen, dass das Insolvenzgericht nach § 173 Abs. 2 S. 1 InsO dem Pfandgläubiger eine Frist zur Verwertung gesetzt hat.[99] Denn erst mit Fristablauf geht das Verwertungsrecht nach § 173 Abs. 2 S. 2 InsO auf den Insolvenzverwalter über.

55 Weitere Anwendungsfälle sind

- der Verkauf eines gemeinschaftlichen Gegenstandes zur **Aufhebung** der **Gemeinschaft** (§§ 753, 755, 756 BGB),
- der Verkauf eines zum Nachlass gehörenden Gegenstandes zum Zwecke der **Auseinandersetzung** der **Erbengemeinschaft** (§ 2042 Abs. 2 BGB),
- der Verkauf eines Gegenstandes des kaufmännischen Zurückbehaltungsrechts (§ 371 HGB) und
- der Verkauf des Kommissionsgutes zur Befriedigung des Kommissionärs (§ 398 HGB).

2. Verfahrenseinleitung

56 Es handelt sich um ein Antragsverfahren. **Antragsberechtigt** sind im Falle des Pfandverkaufs der Eigentümer der Sache, der Pfandgläubiger sowie Dritte, denen an der Sache ein dingliches Recht zusteht, das durch die Veräußerung gem. § 1242 Abs. 2 BGB erlöschen würde.[100] Nicht antragsberechtigt sind der Verpfänder als solcher (beachte aber § 1248 BGB) und der persönliche Schuldner der durch das Pfandrecht gesicherten Forderung.[101] Bei der Aufhebung der Gemeinschaft sind die Teilhaber antragsberechtigt, bei der Auseinandersetzung der Erbengemeinschaft die Miterben. Auch in diesen Fällen sind ferner Dritte antragsberechtigt, deren Rechte durch eine Veräußerung der Sache erlöschen würden.

3. Verfahren

57 **Sachlich** zuständig ist das Amtsgericht als Gericht der freiwilligen Gerichtsbarkeit (§ 23 a Abs. 1 Nr. 2, Abs. 2 Nr. 5 GVG). Der Anspruch aus § 1246 Abs. 1 BGB kann nicht im Prozesswege verfolgt werden. **Funktionell** zuständig ist der **Rechtspfleger** (§ 3 Nr. 1 b RPflG). **Örtlich** zuständig ist das Gericht, in dessen Bezirk sich die (Pfand-)Sache zum Zeitpunkt der Antragstellung befindet (§ 411 Abs. 4). Nach § 2 Abs. 2 bleibt die einmal begründete Zuständigkeit bestehen, auch wenn nachträglich eine Ortsveränderung hinsichtlich der Sache eintritt. Die Begründung eines anderen Gerichtsstands durch Vereinbarung der Beteiligten ist nicht möglich, da es an einer § 411 Abs. 2 S. 2 entsprechenden Regelung fehlt.

---

[98] MK/Damrau § 1246 BGB Rn 2; Staudinger/Wiegand § 1246 BGB Rn 7.
[99] Ebenso wohl Bumiller/Winkler § 166 FGG Rn 2.
[100] KKW/Winkler § 166 FGG Rn 7; SchuSo/Baronin v. König § 166 FGG Rn 3; Staudinger/Wiegand § 1246 BGB Rn 3.
[101] SchuSo/Baronin v. König § 166 FGG Rn 3; Staudinger/Wiegand § 1246 BGB Rn 3.

V. Pfandverkauf (§ 410 Nr. 4)

§ 412 Nr. 4 regelt den Kreis der vom Gericht als **Beteiligte** hinzuzuziehenden Personen. Der Wortlaut der Vorschrift ist allerdings zu eng gefasst, da er nicht berücksichtigt, dass die Vorschriften über den Pfandverkauf auch in Fällen Anwendung finden, in denen weder ein vertragliches noch ein gesetzliches Pfandrecht besteht. In den Fällen der §§ 753, 755, 756 BGB sind daher nach § 7 Abs. 2 Nr. 1 die Teilhaber der Gemeinschaft, im Fall des § 2042 Abs. 2 BGB die Miterben als Beteiligte hinzuzuziehen sowie Dritte, deren Rechte durch eine Veräußerung der Sache erlöschen würden. Sämtlichen Beteiligten ist **rechtliches Gehör** zu gewähren (Art. 103 Abs. 1 GG), wobei eine persönliche Anhörung (§ 34) im Regelfall nicht geboten sein wird.

4. Entscheidungsfindung

Das Gericht hat zunächst als negative Voraussetzung zu prüfen, ob es an einer wirksamen Einigung nach § 1246 Abs. 1 BGB fehlt.[102] Die Vorfrage, ob überhaupt ein Recht zum Pfandverkauf besteht, hat das Gericht nicht zu klären.[103] Besteht insoweit Streit, kann eine Anordnung nach § 410 Nr. 4 nicht ergehen. Das Gericht hat den Antrag abzulehnen.[104] Ist bereits ein entsprechendes Verfahren vor dem Prozessgericht anhängig, kommt auch eine Aussetzung des Verfahrens der freiwilligen Gerichtsbarkeit (§ 21) in Betracht.[105]

Maßstab der vom Gericht zu treffenden Entscheidung über die Art des Verkaufes ist, dass diese nach billigem Ermessen den Interessen der Beteiligten entspricht. Das ist der Fall, wenn die abweichende Art des Verkaufs den anerkennenswerten Interessen mindestens eines Beteiligten entspricht und die Interessen der anderen Beteiligten nicht entgegen stehen.[106] Es ist allerdings nicht Aufgabe des Gerichts, bei Unzweckmäßigkeit der gesetzlichen Art des Pfandverkaufs den Beteiligten abweichende Vorschläge zu machen.[107] Soweit der Antragsteller nicht bereits mit seinem Antrag dazu vorgetragen hat, wie der Pfandverkauf vorgenommen werden soll, wird das Gericht den Beteiligten daher zunächst aufgeben (§§ 27, 28), entsprechende Vorschläge zu unterbreiten. An diese Vorschläge ist das Gericht allerdings nicht gebunden.[108] Es hat den Sachverhalt, insbesondere die Zweckmäßigkeit der in Betracht kommenden alternativen Verwertungsarten von Amts wegen aufzuklären (§ 26). Es kann auch Sachverständige hören, etwa zur Frage des Wertes der Sache.[109]

Die Anordnung einer von den §§ 1235, 1237 S. 1 und 1240 BGB abweichenden Art des Pfandverkaufs kann wegen § 1245 Abs. 2 BGB erst nach Eintritt der **Verkaufsberechtigung** (§ 1228 Abs. 2 BGB) ergehen,[110] setzt also grundsätzlich die Fälligkeit der

---

102 KKW/Winkler § 166 FGG Rn 5; Bassenge/Roth/Bassenge § 166 FGG Rn 2; SchuSo/Baronin v. König § 166 FGG Rn 4.
103 KKW/Winkler § 166 FGG Rn 5; SchuSo/Baronin v. König § 166 FGG Rn 4; MK/Damrau § 1246 BGB Rn 5.
104 KKW/Winkler § 166 FGG Rn 5, Bassenge/Roth/Bassenge § 166 FGG Rn 2.
105 Herberger/Martinek/Metzger § 166 FGG Rn 4.
106 BayObLG Rpfleger 1983, 393; MK/Damrau § 1246 BGB Rn 3; Staudinger/Wiegand § 1246 BGB Rn 2.
107 SchuSo/Baronin v. König § 166 FGG Rn 3.
108 SchuSo/Baronin v. König § 166 FGG Rn 3.
109 BayObLG Rpfleger 1983, 393; SchuSo/Baronin v. König § 166 FGG Rn 3.
110 SchuSo/Baronin v. König § 166 FGG Rn 4; Staudinger/Wiegand § 1246 BGB Rn 5; MK/Damrau § 1246 BGB Rn 5.

gesicherten Forderung voraus. Eine Entscheidung nach § 410 Nr. 4 ist schließlich nicht mehr möglich, wenn der Pfandverkauf bereits erfolgt ist.[111]

5. Entscheidung

62 Das Gericht bestimmt durch Beschluss die Art des Pfandverkaufs. Der Beschluss hat **rechtsgestaltende** Wirkung[112] und bedarf daher keiner Vollstreckung. Allerdings sind die Beteiligten nicht gehindert, auch noch nach der gerichtlichen Anordnung eine von dieser abweichende Art des Pfandverkaufs zu vereinbaren.[113] Eine Verpflichtung des Pfandgläubigers zur Verwertung des Pfandes ergibt sich aus der Anordnung ebenfalls nicht.

63 Der Beschluss wird mit Bekanntgabe wirksam (§ 40 Abs. 1). § 40 Abs. 2 ist nicht anwendbar, da die Entscheidung nicht die Genehmigung eines Rechtsgeschäfts ausspricht. Auch § 40 Abs. 3 greift nicht: Zum einen ersetzt die Entscheidung nicht eine Ermächtigung oder Zustimmung eines Beteiligten, sondern die Einigung der Beteiligten nach § 1246 Abs. 1 BGB insgesamt. Zum anderen dürfte der Anwendungsbereich des § 40 Abs. 3 nach der Gesetzgebungsgeschichte auf Entscheidungen in Vormundschafts-, Betreuungs- und Familiensachen beschränkt sein.[114]

6. Rechtsmittel

64 Für die Anfechtung der Entscheidung gelten die allgemeinen Bestimmungen. Gegen die **Ablehnung** des Antrags ist der Antragsteller beschwerdeberechtigt (§ 59 Abs. 2), gegen die **stattgebende Entscheidung** jeder Beteiligte.[115] Macht der Pfandgläubiger von der Befugnis zum abweichenden Pfandverkauf Gebrauch, bevor über die Beschwerde eines anderen Beteiligten entschieden ist, so greift § 47: Der Verkauf bleibt wirksam, auch wenn die Anordnung auf die Beschwerde hin aufgehoben wird.[116] Die Beschwerde wird damit jedoch nicht gegenstandslos, auch wenn sie ihr ursprüngliches Rechtsschutzziel, nämlich den abweichenden Pfandverkauf zu verhindern, nicht mehr erreichen kann.[117] Die Aufhebung bleibt für das Verhältnis der Beteiligten zueinander, insbesondere eine eventuelle Schadensersatzverpflichtung des Pfandgläubigers, von Bedeutung.

65 **Hinweis:** Um den Verkauf und damit den Eintritt der Wirkung des § 47 vor einer Entscheidung über die Beschwerde zu verhindern, sollte der **Beschwerdeführer** mit der Beschwerdeeinlegung die **Aussetzung** der **Vollziehung** der angefochtenen Entscheidung durch das Beschwerdegericht nach § 64 Abs. 3 beantragen.[118]

---

111 OLG Köln OLGReport 1995, 290; SchuSo/Baronin v. König § 166 FGG Rn 4; MK/Damrau § 1246 BGB Rn 7.
112 Staudinger/Wiegand § 1246 BGB Rn 5.
113 Staudinger/Wiegand § 1246 BGB Rn 5; Herberger/Martinek/Metzger §1246 BGB Rn 6.
114 Vgl BT-Drucks. 16/6308, 196: Abs. 3 entspricht inhaltlich dem bisherigen § 53 FGG.
115 SchuSo/Baronin v. König § 166 FGG Rn 6; Bassenge/Roth/Bassenge § 166 FGG Rn 3.
116 KKW/Winkler § 166 FGG Rn 8; SchuSo/Baronin v. König § 166 FGG Rn 5; Bumiller/Winkler § 166 FGG Rn 5.
117 AA: KKW/Winkler § 166 FGG Rn 8; Bassenge/Roth/Bassenge § 166 FGG Rn 3; SchuSo/Baronin v. König § 166 FGG Rn 6: Die Beschwerde wird gegenstandslos und damit unzulässig.
118 KKW/Winkler § 166 FGG Rn 8; SchuSo/Baronin v. König § 166 FGG Rn 6.

7. Kosten

Trifft das Gericht keine anderweitige Anordnung hinsichtlich der Kostentragung nach § 81, so ist Kostenschuldner der **Gerichtskosten** nach § 2 Nr. 1 KostO der Antragsteller. Nach § 120 Nr. 3 KostO wird für die Anordnung des Gerichts über den Verkauf die volle Gebühr erhoben. Der Gegenstandswert (§ 30 Abs. 1 KostO) richtet sich nach dem Wert der zu veräußernden Sache bzw nach dem Wert des Pfandrechts, falls dieser geringer ist.[119] Hinsichtlich der **außergerichtlichen Kosten** entspricht es regelmäßig der Billigkeit, soweit keine besonderen Umständen vorliegen, dass jeder Beteiligte die ihm erwachsenen Kosten selbst trägt.[120] Für die Kosten, die der Pfandgläubiger zur Rechtsverfolgung und zum Pfandverkauf aufwendet, haftet nach § 1210 Abs. 2 BGB das Pfand.

66

---

119 Korintenberg/Lappe § 120 KostO Rn 2.
120 BayObLG Rpfleger 1983, 393

§ 21 Freiheitsentziehungssachen

Literatur: Bales/Baumann/Schnitzler, Infektionsschutzgesetz, Kommentar und Vorschriftensammlung, 2001; Bauer/Klie/Rink, Heidelberger Kommentar Betreuungs- und Unterbringungsrecht, Loseblatt, Stand: September 2008 (zitiert: HK-BUR/Bearbeiter); Calliess/Müller-Dietz, Strafvollzugsgesetz, 2008; Dodegge/Roth, Systematischer Praxiskommentar Betreuungsrecht, 2. Aufl. 2005 (zitiert: Bt-Komm/Bearbeiter); Firsching(verst.)/Dodegge, Familienrecht, 2. Halbband, Vormundschafts- und Betreuungsrecht, 6. Aufl. 1999; Fröschle (Hrsg.), Praxiskommentar Betreuungs- und Unterbringungsverfahren, 2007 (zitiert: Fröschle/Bearbeiter); Gusy, Freiheitsentziehung und Grundgesetz, NJW 1992, 457 ff; Hailbronner, Ausländerrecht, Loseblatt, Stand: Dezember 2008; Hofmann/Hoffmann (Hrsg.), Ausländerrecht, Handkommentar, 2008 (zitiert: HK-AuslR/Bearbeiter); Jürgens (Hrsg.), Betreuungsrecht, 3. Aufl. 2005; Lisken/Denninger, Handbuch des Polizeirechts, 4. Aufl. 2007 (zitiert: Lisken/Denninger/Bearbeiter); Marschner/Volckart, Freiheitsentziehung und Unterbringung, 4. Aufl. 2001; Melchior, Abschiebungshaft, Kommentar, im Internet unter http://www.abschiebungshaft.de; Renner, Ausländerrrecht, Kommentar, 8. Aufl. 2005.

I. Überblick 1	b) Begründung des Antrags 20
II. Anwendungsbereich 2	aa) Allgemeine Kriterien 20
1. Aufgrund von Bundesrecht angeordnete Freiheitsentziehung 2	bb) Aufenthaltsrecht 21
a) Umfasste Verfahren 3	cc) Infektionsschutz 22
b) Nicht umfasste Verfahren 4	c) Aufgabe des Gerichts 23
2. Verweisungen nach Landesrecht 5	2. Amtsermittlungsgrundsatz ... 24
3. Vorliegen einer Freiheitsentziehung 6	3. Beteiligte 25
	a) Muss-Beteiligte 26
a) Definition 6	b) Kann-Beteiligte 27
b) Einsperren und Einschließen 7	4. Anhörungen 28
	a) Persönliche Anhörung des Betroffenen 29
c) Freiheitsentziehung/Freiheitsbeschränkung 8	aa) Gesetzliche Vorgaben 29
4. Konkurrenzen 9	bb) Funktion 30
5. Verfahrensrechtliche Regelungen 10	cc) Durchführung der persönlichen Anhörung 31
III. Zuständigkeit der Gerichte 11	(1) Allgemeine Hinweise 31
1. Sachliche Zuständigkeit 11	(2) Besonderheit in Abschiebungshaftverfahren 32
2. Örtliche Zuständigkeit 12	dd) Vermerk über die Anhörung 33
a) Grundsätze 12	
b) Eilmaßnahmen 13	ee) Nichterscheinen des Betroffenen 34
c) Verfahren der nachträglichen Rechtswidrigkeitsfeststellung 14	ff) Absehen von einer persönlichen Anhörung 35
3. Verweisung und Abgabe der Freiheitsentziehungssache 15	gg) Unbekannter Aufenthalt des Betroffenen 36
a) Verweisung 15	hh) Folgen fehlhaft unterlassener Anhörung 37
b) Abgabe 16	b) Anhörung der sonstigen Beteiligten 38
4. Funktionelle Zuständigkeit ... 17	c) Freiheitsentziehung in einem abgeschlossenen Teil eines Krankenhauses – Infektionsschutzgesetz 39
IV. Durchführung des gerichtlichen Verfahrens in der ersten Instanz .. 18	
1. Antrag 18	
a) Zuständige Behörde 19	

5. Bestellung eines Verfahrenspflegers	40
a) Bedeutung der Regelung	41
b) Stellung und Aufgaben des Verfahrenspflegers	42
c) Zwingende Notwendigkeit der Bestellung	43
d) Unterbleiben der Bestellung	44
e) Auswahl des Pflegers	45
f) Zeitpunkt und Dauer der Bestellung	46
g) Unanfechtbarkeit	47
h) Kosten	48
i) Vergütung und Aufwendungsersatz	49
6. Entscheidung des Gerichts	50
a) Entscheidungsgrundlage und -maßstab	50
b) Entscheidung durch Beschluss	51
c) Inhalt des Beschlusses	52
d) Begründung des Beschlusses	53
aa) Rechtliche Grundlage	53
bb) Inhalt der Begründung	54
cc) Unterschrift/Datum der Übergabe	55
dd) Rechtsmittelbelehrung	56
7. Wirksamwerden von Beschlüssen	57
a) Bekanntgabe an den Beteiligten	57
b) Anordnung der sofortigen Wirksamkeit	58
c) Absehen von einer Bekanntgabe der Gründe eines Beschlusses an den Betroffenen	59
V. Vollzugsangelegenheiten	60
1. Vollzug des Beschlusses	60
2. Besonderheiten bei Amtshilfe	61
3. Aussetzung des Vollzuges	62
a) Voraussetzungen	63
b) Verfahren	64
c) Auflagen	65
d) Widerruf der Aussetzung	66
4. Rechtsmittel	67
VI. Dauer der Freiheitsentziehung	68
1. Grundsätze	68
2. Länge der Frist	69
3. Sonderproblem: Überhaft	70
4. Fehlende Anordnung einer Verlängerung	71
5. Verlängerung der Freiheitsentziehung	72
6. Aufhebung des Beschlusses	73
a) Aufhebung von Amts wegen	73
b) Aufhebung auf Antrag	74
VII. Verwaltungsgewahrsam	75
1. Regelungsinhalt	76
2. Funktion der Vorschrift	77
a) Grundsätzliche Anmerkungen	77
b) Anmerkungen zu Abschiebungshaftverfahren	78
aa) Frühere Rechtsprechung	78
bb) Neuregelung in § 62 Abs. 4 AufenthG	79
cc) Rechtsprechungshinweise zum Anwendungsbereich der Regelung	80
3. Unverzügliche Herbeiführung einer richterlichen Entscheidung	81
4. Fehlen einer gerichtlichen Entscheidung	82
5. Anfechtung der Maßnahme der Verwaltungsbehörde	83
VIII. Beschwerdeverfahren	84
1. Instanzenzug bei Freiheitsentziehungssachen	85
2. Beschwerde gegen erstinstanzliche Entscheidungen	86
a) Einlegung der Beschwerde	86
aa) Zuständiges Gericht	87
bb) Frist	88
cc) Form	89
dd) Beschwerdeberechtigung	90
b) Gang des Beschwerdeverfahrens	91
aa) Abhilfeprüfung	91
bb) Prüfung des Beschwerdegerichts/Durchführung des Beschwerdeverfahrens	92
c) Beschwerdeentscheidung	93
d) Begründung	94
e) Statthaftigkeit der Beschwerde nach Erledigung der Hauptsache	95
aa) Voraussetzungen	96
bb) Regelbeispiele	97

cc) Gerichtliche Entscheidung 98	a) Zuständiges Gericht 113
3. Rechtsbeschwerdeverfahren vor dem Bundesgerichtshof .. 99	b) Fehlende Abänderungsmöglichkeit 114
a) Statthaftigkeit der Rechtsbeschwerde 99	7. Rechtsmittel 115
b) Frist zur Einlegung der Rechtsbeschwerde 100	8. Hauptsacheverfahren 116
c) Form 101	a) Einleitung des Hauptsacheverfahrens 117
d) Frist zur Begründung 102	b) Verwertung von Erkenntnissen aus dem Verfahren der einstweiligen Anordnung 118
e) Inhalt der Begründung 103	
f) Gründe der Rechtsbeschwerde 104	X. Verfahrenskostenhilfe 119
g) Entscheidung über die Rechtsbeschwerde 105	XI. Mitteilungen und Benachrichtigungen in Unterbringungsverfahren 120
IX. Einstweilige Anordnungen 106	1. Mitteilungen 120
1. Örtlich zuständiges Gericht .. 107	a) Mitteilung von Entscheidungen 120
2. Voraussetzungen einer „gewöhnlichen einstweiligen Anordnung" 108	b) Mitteilungen zur Strafverfolgung 121
3. Voraussetzungen einer „eiligen einstweiligen Anordnung" 109	c) Leiter der Einrichtung 122
	2. Benachrichtigung eines Angehörigen 123
4. Dauer der einstweiligen Anordnung 110	XII. Kosten und Auslagen 124
5. Entscheidung durch Beschluss 111	1. Auslagen 124
6. Änderung 112	2. Gerichtskosten/Kostenschuldner 125

I. Überblick

1 Das Verfahren in Freiheitsentziehungssachen ist in Buch 7 (§§ 415 ff) des FamFG geregelt. Die Normierungen treten an die Stelle der bisherigen Verfahrensvorschriften (§§ 1 ff des Gesetzes über das gerichtliche Verfahren bei Freiheitsentziehungssachen – **FEVG**).

Es wird im Wesentlichen geregelt, welche Freiheitsentziehungssachen erfasst sind (§ 415). Des Weiteren wird die örtliche Zuständigkeit der Gerichte festgelegt (§ 416) und es werden Antragserfordernisse bestimmt (§ 417). Definiert wird, wer Beteiligter des gerichtlichen Verfahrens ist (§ 418), wann für einen Betroffenen ein Verfahrenspfleger zu bestellen ist (§ 419), auf welche Art der Betroffene anzuhören ist, wann von einer Anhörung abgesehen werden kann (§ 420), welchen Inhalt gerichtliche Beschlüsse haben und wie diese wirksam werden (§§ 421 ff). Zudem werden Regelungen zur Dauer der Unterbringung (§ 425 f), zu einstweiligen Anordnungen (§ 427), zur Mitteilung von Entscheidungen (§ 431 f) und zum Auslagenersatz (§ 430) getroffen.

Der Aufbau der §§ 1 ff FEVG ist nicht beibehalten worden. Das ergibt sich jedenfalls teilweise aus einer Anpassung der Vorschriften an den Allgemeinen Teil (Buch 1). Die Neuregelungen im Allgemeinen Teil bedingen in Freiheitsentziehungssachen erhebliche Änderungen im **Rechtsmittelverfahren** und hinsichtlich der Regelungen, die im Wege **einstweiliger Anordnungen** getroffen werden können.

II. Anwendungsbereich

1. Aufgrund von Bundesrecht angeordnete Freiheitsentziehung

Freiheitsentziehungssachen sind nach § 415 Abs. 1 (vgl § 1 FEVG) Verfahren, die die aufgrund von Bundesrecht angeordnete Freiheitsentziehung betreffen, soweit das Verfahren bundesrechtlich nicht abweichend geregelt ist.

a) Umfasste Verfahren

Der Anwendungsbereich der §§ 415 ff betrifft insbesondere die

- Abschiebungs-, Zurückweisungs- und Zurückschiebungshaft (§ 62 AufenthG[1] bzw §§ 15 Abs. 5, 57 Abs. 3 iVm § 62 AufenthG),
- die Inhaftnahme nach § 59 Abs. 2 iVm § 89 Abs. 2 AsylVfG sowie
- die Freiheitsentziehung nach § 30 IfSG.[2]

In diesen Bereichen fallen Freiheitsentziehungen aufgrund von Ermächtigungen in §§ 23 Abs. 3 S. 4, 25 Abs. 3, 39 Abs. 1 und 2, 43 Abs. 5 BPolG[3] sowie Ingewahrsamnahmen nach § 21 Abs. 7 des BKAG[4] und durch das Zollkriminalamt nach § 23 Abs. 1 S. 2 Nr. 8 ZdFdG[5] an.[6]

b) Nicht umfasste Verfahren

Bei einer **abweichenden Regelung** des Verfahrens sind die §§ 415 ff nicht anwendbar.[7] Dazu gehören:

- die freiheitsentziehenden Verfahren der zivilrechtlichen und öffentlichen **Unterbringung** (zB die Genehmigung der zivilrechtlichen Unterbringung durch den Betreuer oder Bevollmächtigten nach § 312 Nr. 1 bzw die Unterbringung psychisch Kranker nach § 312 Nr. 3),
- die Freiheitsentziehung im Rahmen der **Strafrechtspflege** (zB Untersuchungshaft, Freiheitsstrafe, Jugendstrafe) sowie
- zivilrechtliche Haftmaßnahmen (zB Ordnungshaft).[8]

---

1 Gesetz über den Aufenthalt, die Erwerbstätigkeit und die Integration von Ausländern im Bundesgebiet idF der Bekanntmachung vom 25.2.2008, zuletzt geändert durch Gesetz zur Ergänzung des Rechts zur Anfechtung der Vaterschaft vom 13.3.2008 (BGBl. I, 313).
2 Gesetz zur Verhütung und Bekämpfung von Infektionskrankheiten beim Menschen (Infektionsschutzgesetz) vom 20.7.2000, zuletzt geändert durch Gesetz zur Änderung des Bundesversorgungsgesetzes und anderer Vorschriften des Sozialen Entschädigungsrechts vom 13.12.2007 (BGBl. I, 2904).
3 Gesetz über die Bundespolizei (Bundespolizeigesetz) vom 19.10.2008, zuletzt geändert durch Gesetz vom 26.2.2008 (BGBl. I, 215).
4 Gesetz über das Bundeskriminalamt und die Zusammenarbeit des Bundes und der Länder in kriminalpolizeilichen Angelegenheiten vom 7.7.1997, zuletzt geändert durch Gesetz vom 21.12.2007 (BGBl. I, 3198).
5 Gesetz über das Zollkriminalamt und die Zollfahndungsämter (Zollfahndungsdienstgesetz) vom 16.8.2002, zuletzt geändert durch Zweites Gesetz zur Änderung des Finanzverwaltungsgesetzes und anderer Gesetze vom 13.12.2007 (BGBl. I, 2897).
6 BR-Drucks. 309/07, 656; BT-Drucks. 16/6308, 291.
7 BR-Drucks. 309/07, 655; BT-Drucks. 16/6308, 290.
8 BR-Drucks. 309/07, 655; BT-Drucks. 16/6308, 290.

2. Verweisungen nach Landesrecht

5 Die §§ 415 ff sind auch anwendbar, wenn auf sie in **landesrechtlichen Vorschriften ausdrücklich verwiesen** wird.[9] Entsprechende Regelungen sind in den meisten Polizeigesetzen der Länder enthalten (zB in § 31 Abs. 3 S. 2 ASOG Bln).[10]

3. Vorliegen einer Freiheitsentziehung

a) Definition

6 Eine Freiheitsentziehung liegt vor, wenn einer Person **gegen ihren Willen oder im Zustand der Willenlosigkeit** insbesondere in einer abgeschlossenen Einrichtung, wie einem Gewahrsamsraum oder einem abgeschlossenen Teil eines Krankenhauses, die Freiheit entzogen wird (§ 415 Abs. 2; vgl § 2 FEVG; vgl auch § 17 Rn 4. Der Oberbegriff „abgeschlossene Einrichtung" tritt an die Stelle der bisherigen Aufzählung in § 2 Abs. 1 FEVG,[11] wobei Änderungen in der Anwendung nicht beabsichtigt sein sollen.[12] Zur Klarstellung werden im Gesetzestext zwei typische „abgeschlossene Einrichtungen" angeführt,[13] nämlich der Gewahrsamsraum und der abgeschlossene Teil eines Krankenhauses.

In der Legaldefinition wird auf den Begriff der „Unterbringung" verzichtet, um den systematischen Unterschied zu den Unterbringungssachen nach §§ 312 ff hervorzuheben.[14]

b) Einsperren und Einschließen

7 Nach der Rechtsprechung wird Freiheitsentziehung definiert als **allseitiger Ausschluss der körperlichen Bewegungsfreiheit**.[15] Maßgeblich ist dabei das Einsperren bzw Einschließen einer Person. Nicht entscheidend ist hingegen, ob die Tür verschlossen ist oder vor ihr eine Wache sitzt, die Sanktionen für den Fall des Entweichens androht.[16]

c) Freiheitsentziehung/Freiheitsbeschränkung

8 Von einer Freiheitsentziehung (Art. 104 Abs. 2 GG) ist die Freiheitsbeschränkung (Art. 104 Abs. 1 GG) abzugrenzen. Eine Freiheitsbeschränkung liegt vor, wenn jemand durch die öffentliche Gewalt **gegen seinen Willen** daran gehindert wird, einen Ort aufzusuchen oder sich dort aufzuhalten, der ihm an sich zugänglich ist.[17] Beispiele sind: Platzverweisung und Meldeauflage.[18]

Freiheitsbeschränkung und -entziehung unterschieden sich durch die **Intensität** der Beeinträchtigung der Freiheit.[19] Nicht als Freiheitsentziehung zu werten sollen „sehr kurzfristige, von vornherein als vorübergehend angesehene polizeiliche Maßnahmen

---

9   BR-Drucks. 309/07, 656; BT-Drucks. 16/6308, 291.
10 Allgemeines Gesetz zum Schutz der öffentlichen Sicherheit und Ordnung in Berlin vom 14.4.1992. § 31 Abs. 3 S. 2 ASOG enthält einen Verweis auf die bisherigen Regelungen des FEVG.
11 Dort hieß es: Justizvollzugsanstalt, Haftraum, abgeschlossene Verwahranstalt, abgeschlossene Anstalt der Fürsorge, abgeschlossene Krankenanstalt oder abgeschlossener Teil einer Krankenanstalt.
12 BR-Drucks. 309/07, 656; BT-Drucks. 16/6308, 290.
13 BR-Drucks. 309/07, 656; BT-Drucks. 16/6308, 290.
14 BR-Drucks. 309/07, 655; BT-Drucks. 16/6308, 290.
15 BGH NJW 1982, 753.
16 Gusy NJW 1992, 457, 459.
17 BVerfGE 105, 239, 248.
18 Lisken/Denninger/Rachor Kap. F Rn 553.
19 BGH NJW 1982, 753.

des unmittelbaren Zwangs, die zu einer Freiheitsbeschränkung führen",[20] sein. Auf der anderen Seite können „längerfristige, über mehrere Stunden dauernde Ingewahrsamnahmen außerhalb einer Einrichtung, die von der Intensität her einem Einschließen in einem abgeschlossenen Raum gleichkommen", „unter Umständen ebenfalls eine Freiheitsentziehung darstellen."[21]

Beispiel: Die Durchführung der Abschiebung als solche und der damit verbundene unmittelbare Zwang stellen keine Freiheitsentziehung dar.[22] Allerdings handelt es sich um eine Freiheitsentziehung, wenn sich der Abschiebungsvorgang über viele Stunden erstreckt und der Betroffene zwischenzeitlich in einem Haftraum untergebracht werden muss.[23]

4. Konkurrenzen

Wenn mehrere mögliche Gründe für eine Freiheitsentziehung in Betracht kommen, ist die Maßnahme vorrangig, welche der „von dem Betroffenen ausgehenden Gefahr in erster Linie begegnet."[24] Allerdings müssen die jeweiligen Verfahrensvoraussetzungen gegeben sein.[25]

9

5. Verfahrensrechtliche Regelungen

In §§ 415 ff ist das **gerichtliche Verfahren** bei einer Freiheitsentziehungssache aufgrund von Bundesrecht geregelt.

10

III. Zuständigkeit der Gerichte

1. Sachliche Zuständigkeit [26]

Sachlich zuständig sind gem. § 23 a Abs. 2 Nr. 6 GVG die **Amtsgerichte**.

11

2. Örtliche Zuständigkeit

a) Grundsätze

Zuständig ist das Gericht, in dessen Bezirk die Person, der die Freiheit entzogen werden soll, ihren **gewöhnlichen Aufenthalt** (also tatsächlichen Lebensmittelpunkt)[27] hat, sonst das Gericht, in dessen Bezirk das **Bedürfnis** für die Freiheitsentziehung entsteht (§ 416 S. 1; vgl § 4 FEVG).

12

Befindet sich die Person bereits in Verwahrung einer abgeschlossenen Einrichtung, ist das Gericht zuständig, in dessen Bezirk die **Einrichtung** liegt (§ 416 S. 2). Dabei soll aus Gründen der Zweckmäßigkeit der Gerichtsstand nach § 416 S. 2 in der Regel vorrangig gegenüber den Gerichtsständen nach § 416 S. 1 sein.[28]

---

20 BR-Drucks. 309/07, 655; BT-Drucks. 16/6308, 290.
21 BR-Drucks. 309/07, 655, 656; BT-Drucks. 16/6308, 290; vgl BVerfG NVwZ 2006, 579 ff.
22 BVerwG NJW 1982, 537.
23 BVerwG NJW 1982, 536.
24 Marschner/Volckart Kap. F § 2 Rn 4.
25 Vgl BayObLG NJW 1963, 2373.
26 Zur Abgrenzung der Zuständigkeit des Verwaltungsgerichts in Fällen der Abschiebungshaft vgl VG Berlin InfAuslR 1999, 80 f; OVG Saarland InfAuslR 2001, 172 ff.
27 Marschner/Volckart Kap. F § 4 Rn 2.
28 BR-Drucks. 309/07, 656; BT-Drucks. 16/6308, 291; vgl OLG Hamm FGPrax 2006, 183, 184; s. aber OLG Düsseldorf FGPrax 1998, 200.

b) Eilmaßnahmen

13 Bei Eilmaßnahmen gilt die Regelung des § 50 Abs. 2.[29]

c) Verfahren der nachträglichen Rechtswidrigkeitsfeststellung

14 Die Regelung in § 416 betrifft auch die Fälle der nachträglichen Rechtswidrigkeitsfeststellung.[30]

3. Verweisung und Abgabe der Freiheitsentziehungssache

a) Verweisung

15 Wenn das Gericht örtlich oder sachlich unzuständig ist, hat es sich, sofern das zuständige Gericht bestimmt werden kann, durch **Beschluss** für unzuständig zu erklären und die Sache an das zuständige Gericht zu verweisen (§ 3 Abs. 1). Ein solcher Beschluss ist nicht anfechtbar (§ 3 Abs. 3 S. 1). Der Beschluss ist für das als zuständig bezeichnete Gericht **bindend** (§ 3 Abs. 3 S. 2).

Dies gilt auch, soweit zwischen zwei Gerichten Streit über die Zuständigkeit besteht und zB aus diesem Grunde eine entsprechende Bestimmung durch das nächsthöhere Gericht in Betracht kommt (§ 5).

Wegen der weiteren Einzelheiten zur Verweisung wird auf die Darstellung zum Allgemeinen Teil (§ 1) verwiesen.

b) Abgabe

16 Von der bindenden Verweisung bei Unzuständigkeit ist die nicht bindende Abgabe des Verfahrens bei bestehender Zuständigkeit des Gerichts[31] zu unterscheiden. Sie richtet sich nach § 4. Auf die entsprechenden Ausführungen im Allgemeinen Teil (§ 1) wird verwiesen.

4. Funktionelle Zuständigkeit

17 Entscheidungen in Unterbringungssachen sind durch den **Richter** zu treffen (Art. 104 Abs. 2 S. 1 GG).[32]

IV. Durchführung des gerichtlichen Verfahrens in der ersten Instanz

1. Antrag

18 Nach § 417 Abs. 1 darf das Gericht die Freiheitsentziehung nur auf Antrag der zuständigen Verwaltungsbehörde anordnen. Die Anordnung durch das Gericht hat der Freiheitsentziehung vorauszugehen.[33]

---

29 BR-Drucks. 309/07, 656; BT-Drucks. 16/6308, 291; vgl bislang § 4 Abs. 2 FEVG. Zum bisherigen § 4 Abs. 3 FEVG (Verordnungsermächtigung für die Landesregierungen) s. nunmehr Art. 22 Nr. 10 FGG-RG.
30 BR-Drucks. 309/07, 656; BT-Drucks. 16/6308, 291.
31 S. zur fortbestehenden Zuständigkeit Pfälz. OLG Zweibrücken FGPrax 2000, 212, 213 (BSeuchG).
32 S. zur Erreichbarkeit des Richters BVerfGE 103, 142, 155; BVerfG NJW 2004, 1442; 2007, 1444.
33 BR-Drucks. 309/07, 657 – davon sieht nur § 428 eine Ausnahme vor.

IV. Durchführung des gerichtlichen Verfahrens in der ersten Instanz

a) Zuständige Behörde

Für die Antragstellung sind folgende Behörden zuständig:

- bei Verfahren nach dem Infektionsschutzgesetz die nach Landesrecht für zuständig erklärte Verwaltungsbehörde (§ 54 IfSG),[34]
- in Verfahren der Abschiebungshaft die Ausländerbehörde sowie die
- Polizeien der Länder (§ 71 Abs. 1 und 5 AufenthG).

b) Begründung des Antrags
aa) Allgemeine Kriterien

Nach § 417 Abs. 2 S. 1 ist der Antrag zu begründen.[35] Die Begründung hat neben den Mindestanforderungen nach § 23 folgende Tatsachen zu enthalten:

- die **Identität** des Betroffenen,
- den gewöhnlichen **Aufenthalt** des Betroffenen,
- die **Erforderlichkeit** der Freiheitsentziehung,
- die notwendige **Dauer** der Freiheitsentziehung.

bb) Aufenthaltsrecht

In Verfahren der Abschiebungs-, Zurückschiebungs- und Zurückweisungshaft hat der Antrag auch die Verlassenspflicht des Betroffenen sowie die Voraussetzungen und die Durchführbarkeit der Abschiebung, Zurückschiebung und Zurückweisung zu beinhalten (§ 417 Abs. 2 S. 3).[36] Die Behörde soll in Verfahren der Abschiebungshaft mit der Antragstellung die Akte des Betroffenen vorlegen (§ 417 Abs. 3).[37]

Hinweis: Im Fall der Minderjährigkeit des Ausländers ist die Verwaltungsbehörde verpflichtet, alle Möglichkeiten zu prüfen, die auf mildere und weniger einschneidende Weise die beabsichtigte Abschiebung sichern können. Dass mildere Mittel von der Verwaltung geprüft wurden und warum sie im Einzelfall nicht in Betracht kommen, ist bereits im Haftantrag ausführlich darzustellen.[38]

cc) Infektionsschutz

Bei Verfahren, die die Freiheitsentziehung in einem abgeschlossenen Teil eines Krankenhauses betreffen, soll die Verwaltungsbehörde, die den Antrag auf Freiheitsentziehung gestellt hat, ihrem Antrag ein ärztliches Gutachten beifügen (§ 420 Abs. 4 S. 2; vgl § 5 Abs. 4 FEVG).

Fehlt dem Antrag das Gutachten oder ist es mangelhaft, liegt kein ordnungsgemäßer Antrag vor. Kann dieser nicht „nachgebessert" werden, erfolgt dessen Verwerfung als unzulässig.[39]

---

34 S. wegen der Einzelheiten Bales/Baumann/Schnitzler § 54 IfSchG (amtliche Begründung).
35 S. zur Schriftlichkeit des Haftbefehls nach dem FEVG BVerfG InfAuslR 2008, 308 ff.
36 Zum Erfordernis der Übersetzung des Haftantrages s. OLG Franfurt/M. InfAuslR 1998, 114 ff; zum fehlenden Erfordernis eines weiteren Antrags beim Übergang von der Vorbereitungshaft zur Sicherungshaft innerhalb angeordneter Haftdauer BGHZ 175, 375; s. aber OLG München InfAuslR 2008, 171 ff bei bereits abgelaufener Frist.
37 S. zur Beiziehung der Ausländerakten BVerfG InfAuslR 2008, 358, 360.
38 KG OLGReport 2006, 115 mwN.
39 Marschner/Volkart Kap. F § 6 FEVG Rn 10.

c) Aufgabe des Gerichts

23 Das Gericht soll den Antrag den übrigen Beteiligten gem. § 23 Abs. 2 **übermitteln** und hat dessen Zulässigkeit zu **prüfen**.[40] Das Vorliegen eines zulässigen Antrags ist in jeder Lage des Verfahrens zu prüfen. In Abschiebungshaftsachen gehört zur Zulässigkeit des Haftantrages auch die örtliche Zuständigkeit der Ausländerbehörde.[41]

2. Amtsermittlungsgrundsatz

24 Auch in Freiheitsentziehungssachen gilt der Amtsermittlungsgrundsatz. Das Gericht hat von Amts wegen die zur Feststellung der entscheidungserheblichen Tatsachen erforderlichen Ermittlungen durchzuführen (§ 26).

3. Beteiligte

25 Wenn das Gericht in einem Freiheitsentziehungsverfahren eine Anordnung zu treffen hat, stellt sich die Frage, wen es wie zu beteiligen hat. Bislang fehlte es an einer allgemeinen Definition, wer im Verfahren der freiwilligen Gerichtsbarkeit zu beteiligen ist. Ziel des Gesetzgebers war es, „eine Lösung zu finden, die die Mitwirkungsfunktionen der Beteiligten bei größtmöglicher Einheitlichkeit des Beteiligtenbegriffs in Anlehnung an andere Verfahrensordnungen – insbesondere die ZPO – stärker als bisher von materiell-rechtlichen Elementen trennt und deutlicher an das formelle Recht anlehnt".[42] Wer grundsätzlich zu beteiligen ist, ist zunächst in § 7 geregelt. Es wird insoweit auf die entsprechende Darstellung im ersten Kapitel verwiesen.

In § 418 wird sodann für Freiheitsentziehungssachen geregelt, wer zu beteiligen ist und wer beteiligt werden kann. Die Vorschrift knüpft an § 7 und § 315 an.[43]

a) Muss-Beteiligte

26 Nach § 418 Abs. 1 sind zu beteiligen:

- die Person, der die Freiheit entzogen werden soll (**Betroffener**), und
- die **Verwaltungsbehörde**, die den Antrag auf Freiheitsentziehung gestellt hat.

Der **Verfahrenpfleger** wird durch seine Bestellung als Beteiligter zum Verfahren hinzugezogen (§ 418 Abs. 2).

b) Kann-Beteiligte

27 Im Interesse des Betroffenen können beteiligt werden (§ 418 Abs. 3):

- dessen **Ehegatte** (vgl § 5 Abs. 3 S. FEVG) oder **Lebenspartner**, wenn die Ehegatten oder Lebenspartner nicht dauernd getrennt leben, sowie
- dessen **Eltern und Kinder**, wenn der Betroffene bei diesen lebt oder bei der Einleitung des Verfahrens gelebt hat,

---

[40] Vgl Renner § 62 AufenthG Rn 25.
[41] BayObLG FGPrax 1997, 117; KG FGPrax 1998, 157; OLG Frankfurt/M. Beschl. vom 13.11.1998 – 20 W 442/98 (auch zur Amtshilfe); KG InfAuslR 2007, 17 ff. Die örtliche Zuständigkeit ergibt sich aus landesrechtlichen Regelungen. Zur fehlenden Zuständigkeitsbegründung nach § 40 Abs. 1 AsylVfG s. KG FGPrax 1998, 242 ff; zur Antragstellung durch eine örtlich unzuständige Ausländerbehörde aufgrund Amtshilfeersuchens der zuständigen Behörde OLG Karlsruhe FGPrax 2008, 228, 229.
[42] BR-Drucks. 309/07, 389; BT-Drucks. 16/6308, 178.
[43] BR-Drucks. 309/07, 657; BT-Drucks. 16/6308, 291.

- die **Pflegeeltern** sowie
- eine von ihm benannte **Person seines Vertrauens.**

4. Anhörungen

Auch in Freiheitsentziehungssachen wird zwischen der persönlichen Anhörung des Betroffenen und der Anhörung der sonstigen Beteiligten unterschieden. **28**

a) Persönliche Anhörung des Betroffenen
aa) Gesetzliche Vorgaben

Nach § 34 Abs. 1 Nr. 1 und 2 hat das Gericht einen Beteiligten persönlich anzuhören, **29** wenn dies zur Gewährleistung rechtlichen Gehörs des Beteiligten erforderlich ist oder im FamFG vorgeschrieben ist. In Freiheitsentziehungsverfahren ist diese Pflicht des Gerichtes ausdrücklich normiert. Nach § 420 Abs. 1 S. 1 hat das Gericht den Betroffenen vor der Anordnung der Freiheitsentziehung persönlich anzuhören (vgl § 5 Abs. 1 FEVG).

bb) Funktion

Die persönliche Anhörung beinhaltet eine der wichtigsten Verfahrensgarantien.[44] Sie **30** dient neben der Wahrung des **rechtlichen Gehörs** (Art. 103 Abs. 1 GG) der **Sachaufklärung** (§ 26).[45] Der erkennende Richter soll sich von dem Betroffenen einen unmittelbaren Eindruck verschaffen.[46]

cc) Durchführung der persönlichen Anhörung
(1) Allgemeine Hinweise

Nach § 170 GVG sind Anhörungen nicht öffentlich. Das Gericht kann die Öffentlichkeit zulassen, jedoch nicht gegen den Willen eines Beteiligten. **31**

Die Ausgestaltung der Anhörung ist in diesem vorgegebenen rechtlichen Rahmen vom Einzelfall abhängig. Maßgeblich ist, dass der Richter eine hinreichende Entscheidungsgrundlage erhält.

Bei Freiheitsentziehungsverfahren sind dabei folgende **Aspekte** für die **Anhörung** wichtig:

- Klärung der Vorgänge, die zum Verfahren geführt haben und ggf eine Freiheitsentziehung erforderlich machen;
- Klärung, ob Angehörige oder Vertrauenspersonen vorhanden sind;
- Klärung, ob der Betroffene anwaltlich vertreten ist oder einen anderen Bevollmächtigten hat;
- Klärung, ob ein Verfahrenspfleger zu bestellen ist.

---

44 Vgl HK-BUR/Bauer § 70c FGG Rn 14.
45 Vgl BVerfG InfAuslR 1996, 198 für Abschiebungshaftverfahren; BVerfGE 83, 24 bei Anordnung des polizeilichen Gewahrsams.
46 OLG Frankfurt/M. InfAuslR 1985, 8.

(2) Besonderheit in Abschiebungshaftverfahren

32 Insbesondere in Abschiebungshaftverfahren ist zu beachten, dass dann, wenn sich bei der Anhörung des Betroffenen ergibt, dass er einen **Dolmetscher** benötigt (siehe § 185 Abs. 1 S. 1 GVG),[47] für den Fall der Anordnung von Abschiebungshaft die Anhörung in dessen Beisein unverzüglich nachzuholen ist.[48]

dd) Vermerk über die Anhörung

33 Das Gericht hat über die persönliche Anhörung einen Vermerk zu fertigen, § 28 Abs. 4 S. 1. In den Vermerk sind die wesentlichen Vorgänge der persönlichen Anhörung aufzunehmen.

Mindestvoraussetzungen der Form und des Inhalts des Vermerks sind im FamFG nicht vorgesehen. Eine Übernahme der Bestimmungen über das Protokoll im Zivilprozess ist nicht erfolgt, um die Flexibilität des FamFG-Verfahrens zu erhalten.[49]

Welche Anforderungen an einen Vermerk zu stellen sind, lässt sich anhand seiner **Funktion** erklären. Er soll die Ausübung des Äußerungsrechts der Beteiligten nach § 37 Abs. 2 erleichtern oder überhaupt ermöglichen, indem sie in Kenntnis gesetzt werden, von welchen **wesentlichen Ergebnissen** der Anhörung das Gericht ausgeht.[50]

Zudem erleichtert der Vermerk dem Beschwerdegericht die Entscheidung gem. § 68 Abs. 3 S. 2, ob eine **Wiederholung der Anhörung** erforderlich ist.[51]

Die Ausgestaltung des Vermerks liegt im Ermessen des Gerichts, wobei es sich – je nach den Erfordernissen des Einzelfalles – sowohl um eine stichwortartige Zusammenfassung des Verlaufs einer Anhörung als auch um einen ausführlichen Vermerk im Sinne des Protokolls handeln können soll.[52]

Entscheidend ist, dass als wesentliche Vorgänge einer Anhörung neben den anwesenden Personen sowie dem Ort und der Zeit der Anhörung solche Umstände aufzunehmen sind, die unmittelbare Entscheidungserheblichkeit besitzen. Wenn in einer Anhörung Tatsachen bekundet werden, auf die das Gericht seine Entscheidung stützen möchte, ist eine Aufnahme im Hinblick auf § 37 Abs. 2 geboten. Etwaige Hinweise sind zu dokumentieren (§ 37 Abs. 3).

ee) Nichterscheinen des Betroffenen

34 Erscheint der Betroffene zu dem Anhörungstermin nicht, kann abweichend von § 33 Abs. 3 seine sofortige **Vorführung** angeordnet werden (§ 420 Abs. 1 S. 2). Das Gericht entscheidet hierüber durch einen nicht anfechtbaren Beschluss (§ 420 Abs. 1 S. 3).

---

47 BVerfG FGPrax 2007, 39.
48 KG InfAuslR 2008, 169, 170; zu den Auslagen, die dem Verfahrensbevollmächtigten zwecks Beziehung eines Dolmetschers für ein Gespräch mit dem Betroffenen entstehen, s. KG Beschl. v. 25.11.2005, 25 W 69/05, bei Melchior, Abschiebungshaft.
49 BR-Drucks. 309/07, 411; BT-Drucks. 16/6308, 187.
50 BR-Drucks. 309/07, 411; BT-Drucks. 16/6308, 187.
51 BR-Drucks. 309/07, 412; BT-Drucks. 16/6308, 187.
52 BR-Drucks. 309/07, 412; BT-Drucks. 16/6308, 187.

IV. Durchführung des gerichtlichen Verfahrens in der ersten Instanz

ff) Absehen von einer persönlichen Anhörung

Eine Anhörung kann nur unter zwei Voraussetzungen unterbleiben: Wenn 35
- nach ärztlichem Gutachten hiervon erhebliche Nachteile für seine Gesundheit zu besorgen sind oder
- er an einer übertragbaren Krankheit im Sinne des Infektionsschutzgesetzes leidet (§ 420 Abs. 2; vgl § 5 Abs. 2 S. 1 FEVG).

Das Gericht hat über das Absehen von der Anhörung nach pflichtgemäßem Ermessen zu entscheiden.[53]

Hinweis: Soweit dem Gericht hinreichende Möglichkeiten zum Schutz der eigenen Gesundheit zur Verfügung stehen, kann von einer persönlichen Anhörung auch bei einem Betroffenen, der an einer übertragbaren Krankheit leidet, nicht abgesehen werden.[54] Muss dies aber erfolgen, ist ein Verfahrenspfleger zu bestellen (§ 419 Abs. 1 S. 2).

gg) Unbekannter Aufenthalt des Betroffenen

Die Anhörung kann **nicht unterlassen** werden, wenn der Aufenthalt des Betroffenen 36 unbekannt ist. Sie ist sofort nach der Festnahme des Betroffenen nachzuholen.[55]

hh) Folgen fehlerhaft unterlassener Anhörung

Liegen die Voraussetzungen nicht vor, unter denen von einer Anhörung abgesehen 37 werden kann, handelt es sich um einen **Verfahrensfehler**. Zum einen wird der Anspruch auf Gewährung rechtlichen Gehörs (Art. 103 Abs. 1 GG) verletzt. Dieser Verstoß kann zwar regelmäßig durch eine nachträgliche Anhörung geheilt werden,[56] zum anderen liegt aber auch ein Verstoß gegen das Grundrecht der persönlichen Freiheit vor (Art. 2 Abs. 2 S. 2 GG iVm Art. 104 Abs. 1 S. 1 GG). „Verstößt der Richter gegen das Gebot vorheriger mündlicher Anhörung, so drückt dieses Unterlassen der gleichwohl angeordneten Unterbringung den **Makel rechtswidriger Freiheitsentziehung** auf, der durch Nachholung der Maßnahme rückwirkend nicht mehr zu tilgen ist."[57]

Dies gilt auch, wenn die Bestellung eines Dolmetschers fehlerhaft unterblieben ist.[58]

b) Anhörung der sonstigen Beteiligten

Nach § 420 Abs. 3 S. 1 hat das Gericht die sonstigen Beteiligten anzuhören. Dieses Erfordernis folgt bereits aus Art. 103 GG. Es ist keine persönliche Anhörung erforderlich, sondern die Einräumung einer Gelegenheit zur Äußerung. Die Anhörung kann unterbleiben, wenn sie nicht ohne erhebliche Verzögerung oder nicht ohne unverhältnismäßige Kosten möglich ist (§ 420 Abs. 3 S. 2; vgl § 5 Abs. 3 S. 4 FEVG). 38

---

53 BR-Drucks. 309/07, 659; BT-Drucks. 16/6308, 420.
54 Vgl BR-Drucks. 309/07, 659; BT-Drucks. 16/6308, 420.
55 Marschner/Volckart Kap. F § 5 FEVG Rn 3.
56 BVerfGE 5, 22, 24.
57 BVerfGE 58, 208; BayOBLG v. 25.10.2001, 3 Z BR 342/01 und 347/01, juris Rn 17; KG 25. ZS Beschl. v. 27.8.2004, 25 W 50/03; OLG Celle InfAuslR 2008, 136 ff; SchuSo/Sonnenfeld § 70 c FGG Rn 32.
58 KG InfAuslR 2008, 169, 171; s. aber zur Anhörung ohne den bestellten Rechtsanwalt OLG Düsseldorf InfAuslR 2008, 39 ff.

c) Freiheitsentziehung in einem abgeschlossenen Teil eines Krankenhauses – Infektionsschutzgesetz

39 Die Freiheitsentziehung in einem abgeschlossenen Teil eines Krankenhauses darf nur nach Anhörung eines ärztlichen Sachverständigen angeordnet werden (§ 420 Abs. 4 S. 1). Gemeint sind Freiheitsentziehungen nach dem Infektionsschutzgesetz. Das Gutachten ist von dem ärztlichen Sachverständigen nach einer Untersuchung des Betroffenen schriftlich zu erstellen oder in dem Termin mündlich zu erstatten. Zu beachten ist, dass das dem Antrag beizufügende behördliche Gutachten nicht das vom Gericht einzuholende ärztliche Sachverständigengutachten ersetzt.[59]

Zu den grundsätzlichen Kriterien eines Sachverständigengutachtens wird auf § 17 Rn 45 ff verwiesen.

5. Bestellung eines Verfahrenspflegers

40 Das Gericht hat dem Betroffenen einen Verfahrenspfleger zu bestellen, wenn dies zur **Wahrnehmung der Interessen der Betroffenen** erforderlich ist (§ 419 Abs. 1 S. 1; vgl § 5 Abs. 2 S. 2 FEVG).

a) Bedeutung der Regelung

41 Wegen der Schwere des mit der Freiheitsentziehung verbundenen Grundrechtseingriffs ist ein Verfahrenspfleger immer dann zu bestellen, wenn der Betroffene seine Verfahrensrechte nicht sachgerecht wahrnehmen kann.[60]

Dabei ist allerdings zu beachten, dass sich die Notwendigkeit der Bestellung in Freiheitsentziehungssachen anders darstellt als etwa in Unterbringungsverfahren. Denn die Betroffenen leiden in Freiheitsentziehungssachen regelmäßig nicht an einer psychischen Erkrankung oder geistigen bzw seelischen Behinderung. Dementsprechend wird in der Gesetzesbegründung nach hiesiger Ansicht zutreffend darauf hingewiesen, dass es sich eher um Ausnahmefälle handelt, in denen die Bestellung eines Verfahrenspflegers in Freiheitsentziehungssachen erforderlich sein wird.[61]

b) Stellung und Aufgaben des Verfahrenspflegers

42 Es wird insoweit auf die Ausführungen § 17 Rn 67 verwiesen.

c) Zwingende Notwendigkeit der Bestellung

43 Die Bestellung ist zwingend erforderlich, wenn von einer Anhörung des Betroffenen abgesehen werden soll, § 419 Abs. 1 S. 2.

d) Unterbleiben der Bestellung

44 Die Bestellung soll unterbleiben oder aufgehoben werden, wenn die Interessen des Betroffenen von einem Rechtsanwalt oder einem anderen geeigneten Verfahrensbevollmächtigten vertreten werden (§ 419 Abs. 2; vgl § 70 b Abs. 3).

---

59 Vgl Marschner/Volckart Kap. F § 6 FEVG Rn 10.
60 BR-Drucks. 309/07, 658; BT-Drucks. 16/6308, 291.
61 BR-Drucks. 309/07, 658; BT-Drucks. 16/6308, 292; dementsprechend bedarf es auch keiner Begründung in der richterlichen Anordnung, warum eine Bestellung unterblieben ist.

IV. Durchführung des gerichtlichen Verfahrens in der ersten Instanz

e) Auswahl des Pflegers
Zur Qualifikation des Pflegers äußert sich das Gesetz nicht. Es kann daher jede Person bestellt werden, die zur Wahrnehmung der Interessen des Betroffenen im gerichtlichen Verfahren geeignet ist.

45

f) Zeitpunkt und Dauer der Bestellung
Eine gesetzliche Regelung, wann ein Verfahrenspfleger zu bestellen ist, ist nicht vorgesehen. Wenn die Interessen des Betroffenen hinreichend wahrgenommen werden sollen, ist der Verfahrenspfleger **möglichst frühzeitig** zu bestellen.[62]

46

Die Bestellung **endet**,

- durch Aufhebung,
- mit Rechtskraft des Beschlusses über die Freiheitsentziehung oder
- mit dem sonstigen Abschluss des gerichtlichen Verfahrens, zB bei Rücknahme des Antrags auf Anordnung der Freiheitsentziehung (§ 419 Abs. 3; vgl § 70 b Abs. 4 FGG).

g) Unanfechtbarkeit
Die Bestellung eines Verfahrenspflegers oder deren Aufhebung sowie die Ablehnung einer derartigen Maßnahme sind nicht selbständig anfechtbar (§ 419 Abs. 4).[63]

47

h) Kosten
Nach § 419 Abs. 5 S. 1 sind dem Verfahrenspfleger keine Kosten aufzuerlegen.

48

i) Vergütung und Aufwendungsersatz
Gem. § 419 Abs. 5 S. 1 gilt für die Vergütung und den Aufwendungsersatz des Verfahrenspflegers § 277 entsprechend. Es wird insoweit auf die Ausführungen in § 16 Rn 187 f verwiesen.

49

6. Entscheidung des Gerichts

a) Entscheidungsgrundlage und -maßstab
Das Gericht entscheidet nach seiner freien, aus dem gesamten Inhalt des Verfahrens gewonnenen Überzeugung (§ 37 Abs. 1).

50

b) Entscheidung durch Beschluss
Das Gericht entscheidet durch Beschluss, soweit durch die Entscheidung der Verfahrensgegenstand ganz oder teilweise erledigt wird (**Endentscheidung**; § 38 Abs. 1 S. 1). Dies ist der Fall, wenn eine Anordnung getroffen oder abgelehnt wird.

51

---

62 Vgl Bt-Komm/Dodegge Teil G 108, 582.
63 S. bei der Bestellung BGH FamRZ 2003, 1275 ff.

c) Inhalt des Beschlusses

52 Der Beschluss enthält nach der Reglung des § 38 Abs. 2 Nr. 1–3

- die **Bezeichnung der Beteiligten**, ihrer gesetzlichen Vertreter und ihrer Bevollmächtigten;
- die Bezeichnung des **Gerichts** und die Namen der **Gerichtspersonen**, die bei der Entscheidung mitgewirkt haben (Richter/Richterin, der/die beim Amtsgericht tätig geworden ist) und
- die **Beschlussformel**.

Die Beschlussformel ist einem Urteilstenor vergleichbar. Nach § 421 enthält sie zur Anordnung einer Freiheitsentziehung auch

- die nähere Bezeichnung der Freiheitsentziehung sowie
- den Zeitpunkt, zu dem die Freiheitsentziehung endet.

Die **Beschlussformel** könnte lauten:[64]

... wird Abschiebungshaft bis zum ... angeordnet. Die Entscheidung ist sofort wirksam.

d) Begründung des Beschlusses
aa) Rechtliche Grundlage

53 Nach § 38 Abs. 3 S. 1 ist der Beschluss zu begründen.

Hier ist Folgendes für das Gericht zu beachten: Nach § 38 Abs. 4 bedarf es einer Begründung unter bestimmten Voraussetzungen nicht, zB wenn der Beschluss in Gegenwart aller Beteiligten mündlich bekannt gegeben wurde und alle Beteiligten auf Rechtsmittel verzichtet haben. Davon sieht § 38 Abs. 5 „**Rückausnahmen**" vor. Die Möglichkeit, von einer Begründung abzusehen, ist beispielsweise in Betreuungssachen nicht gegeben (§ 38 Abs. 5 Nr. 3), mit der Folge, dass entsprechende Entscheidungen stets zu begründen sind. Nach Ansicht des Gesetzgebers müssen den Betroffenen hier die Gründe für die Anordnung der Betreuung, der Ablehnung oder sonstigen Endentscheidung des Gerichts auch nachträglich zur Verfügung stehen.[65]

Für Freiheitsentziehungssachen fehlt eine entsprechende Regelung. Nach hier vertretener Auffassung ist eine **Begründung des Beschlusses** allerdings geboten. Zunächst ist die Begründung aus rechtsstaatlichen Gesichtspunkten erforderlich.[66] Die Bedeutung des Freiheitsgrundrechtes erfordert eine entsprechende Begründung (vgl Art. 104 Abs. 3 S. 1 GG). Es ist angesichts dessen nicht erklärlich, weshalb in Betreuungssachen auf eine Begründung nicht verzichtet werden kann, in Freiheitsentziehungssachen hingegen schon.

bb) Inhalt der Begründung

54 Die Beteiligten sollen durch die Begründung eines Beschlusses die Möglichkeit erhalten, die **Erwägungen des Gerichts**, die zu der Entscheidung geführt haben, nachzuvollziehen. Dabei ist wie bislang auch nach dem FamFG ein zwingender Aufbau nicht vorgesehen.

---

64 Vgl Firsching/Dodegge Rn 573.
65 BR-Drucks. 309/07, 430; BT-Drucks. 16/6308, 195.
66 Vgl KKW/Kayser § 70 g FGG Rn 8; zu den Folgen unterlassener Begründung s. Fröschle/Fröschle § 68 FGG Rn 28 ff.

Üblicherweise wird in einem ersten Teil (I) der Verfahrensablauf mit den entscheidungserheblichen Vorgängen und etwaigen Anträgen dargestellt. Im zweiten Teil (II) wird anhand der einschlägigen Normen die Entscheidung rechtlich begründet.

cc) Unterschrift/Datum der Übergabe

Der Beschluss ist vom Richter zu unterschreiben. **55**

Das Datum der Übergabe des Beschlusses an die Geschäftsstelle oder der Bekanntgabe durch Verlesen der Beschlussformel (Erlass) ist auf dem Beschluss zu vermerken (§ 38 Abs. 3).

dd) Rechtsmittelbelehrung

Der Beschluss hat eine Belehrung über das statthafte Rechtsmittel sowie das Gericht, **56** bei dem die (befristete) Beschwerde einzulegen ist, dessen Sitz und die einzuhaltende Form und Frist zu enthalten (§ 39).

7. Wirksamwerden von Beschlüssen

a) Bekanntgabe an den Beteiligten

Grundsätzlich werden Beschlüsse mit der Bekanntgabe an den Beteiligten, für den sie **57** ihrem wesentlichen Inhalt nach bestimmt sind, wirksam (§ 40 Abs. 1). Eine ausdrückliche Regelung, wem gegenüber Beschlüsse in Freiheitsentziehungssachen bekannt zu machen sind, ist entbehrlich,[67] weil sich dies nunmehr aus den allgemeinen Vorschriften ergibt.

Auf die entsprechenden Ausführungen in § 1 wird verwiesen.

b) Anordnung der sofortigen Wirksamkeit

Beschlüsse über die Anordnung einer Freiheitsentziehung werden allerdings nicht mit **58** der Bekanntmachung, sondern mit **Rechtskraft** wirksam (§ 422 Abs. 1; vgl § 8 Abs. 1 FEVG).

Das Gericht kann aber die **sofortige Wirksamkeit** des Beschlusses anordnen (§ 53 Abs. 2; s. auch § 8 Abs. 1 S. 2 Hs 1 FEVG). In diesem Fall wird der Beschluss wirksam, wenn er und die Anordnung seiner sofortigen Wirksamkeit

- dem Betroffenen, der zuständigen Verwaltungsbehörde oder dem Verfahrenspfleger bekannt gegeben oder
- der Geschäftsstelle des Gerichts zum Zweck der Bekanntgabe übergeben werden.

Der Zeitpunkt der sofortigen Wirksamkeit ist auf dem Beschluss zu vermerken, § 422 Abs. 2.

Durch die Anordnung der sofortigen Wirksamkeit kann die für die Vollstreckung der Haft zuständige Verwaltungsbehörde die Vollziehung auch vor der Rechtskraft des Beschlusses durchführen. Bei einer Freiheitsentziehungssache nach dem Infektionsschutzgesetz kommt die im Ermessen des Gerichts liegende Anordnung zB dann in Be-

---

67 Vgl zur früheren Regelung: § 6 Abs. 2 FEVG.

tracht, wenn die Freiheitsentziehung wegen der von dem Betroffenen ausgehenden Gefahren **dringend geboten ist**.[68]

Die Anordnung ist regelmäßig zu begründen.[69]

c) Absehen von einer Bekanntgabe der Gründe eines Beschlusses an den Betroffenen

59 Von der Bekanntgabe der Gründe eines Beschlusses an den Betroffenen kann abgesehen werden, wenn dies nach dem ärztlichen Zeugnis erforderlich ist, um erhebliche Nachteile für seine Gesundheit zu vermeiden (§ 423). Es wird insoweit wegen der Einzelheiten auf § 17 Rn 89 verwiesen.

V. Vollzugsangelegenheiten

1. Vollzug des Beschlusses

60 Der Beschluss, durch den eine Freiheitsentziehung angeordnet wird, wird von der zuständigen Verwaltungsbehörde und nicht durch das Gericht vollzogen (§ 422).

2. Besonderheiten bei Amtshilfe

61 Werden Zurückweisungshaft (§ 15 AufenthaltsG) oder Abschiebungshaft (§ 62 AufenthG) im Wege der Amtshilfe in Justizvollzugsangelegenheiten vollzogen, gelten die §§ 171, 173–175 und 178 Abs. 3 StVollzG entsprechend. D.h. es gelten die Vorschriften über den Vollzug der Freiheitsstrafe entsprechend, zB hinsichtlich der Benutzung von Kleidung, bezüglich des Einkaufs oder der fehlenden Arbeitsverpflichtung.

Die Vorschriften finden aber nur Anwendung, soweit nicht Eigenart und Zweck der Haft entgegenstehen oder in den der Vorschrift des § 171 StVollzG nachfolgenden Regelungen etwas anderes bestimmt ist. Der Vorbehalt soll dem Umstand Rechnung tragen, dass Regelungen des Strafvollzugsgesetzes über die Behandlung und Eingliederung eines Gefangenen auf den Vollzug der Haft wegen des Grundes der Anordnung und des Zweckes keinesfalls ausnahmslos angewendet werden können.[70]

3. Aussetzung des Vollzuges

62 Das Gericht kann die Vollziehung der Freiheitsentziehung aussetzen (§ 424 Abs. 1 S. 1).[71]

a) Voraussetzungen

63 Eine Aussetzung der Vollziehung kommt in Betracht, wenn eine Entlassung des Betroffenen möglich erscheint, obwohl zum Zeitpunkt der Aussetzung die Voraussetzungen für eine Freiheitsentziehung noch vorliegen. Für Aussetzungen **bis zu einer Woche** bedarf es keiner Entscheidung des Gerichts (§ 424 Abs. 1 S. 3). Vielmehr hat darüber die zuständige **Verwaltungsbehörde** zu entscheiden.[72]

---

68 BR-Drucks. 309/07, 660; BT-Drucks. 16/6308, 293.
69 KG InfAuslR 1985, 9.
70 Calliess/Müller-Dietz § 171 StVollzG Rn 2, s.a. Rn 1 und 3 wegen der weiteren Einzelheiten; kritisch Marschner/Volckart § 2 FEVG Rn 4 ff.
71 Vgl § 10 Abs. 3 FEVG – die Möglichkeit der Beurlaubung fällt nunmehr unter die Aussetzung der Vollziehung – BR-Drucks. 309/07, 661; BT-Drucks. 16/6308, 293; s. aber Saarl. OLG Beschl. v. 11.5.2006, 5 W 68/05.
72 BR-Drucks. 309/07; BT-Drucks. 16/6308, 293.

In den anderen Fällen ist vom Gericht eine **Prognoseentscheidung** zu treffen. Die an die Entscheidung zu stellenden Anforderungen sind geringer als bei einer „endgültigen" Entlassungsentscheidung.[73]

b) Verfahren

Das Gericht hat die Verwaltungsbehörde und den Leiter der Einrichtung vorher anzuhören (§ 424 Abs. 1 S. 2).[74] Die Anhörungsverpflichtung ist zwingend. **64**

c) Auflagen

Die Aussetzung kann mit Auflagen[75] versehen werden (§ 424 Abs. 1 S. 4). **65**

d) Widerruf der Aussetzung

Das Gericht kann die Aussetzung widerrufen, wenn der Betroffene eine Auflage nicht **66** erfüllt oder sein Zustand dies erfordert (§ 424 Abs. 2). Entscheidend ist, dass sich die ursprüngliche Prognose, wonach eine Entlassung in Betracht kommt, als nicht zutreffend erwiesen hat.[76] Selbst wenn der Betroffene gegen Auflagen verstößt, rechtfertigt dies den Widerruf der Aussetzung nur, wenn die Voraussetzungen der Freiheitsentziehung vorliegen.

4. Rechtsmittel

Die Entscheidung, durch die das Aussetzen der Vollziehung widerrufen wird, und diejenige, in der ein Widerruf des Aussetzens der Vollziehung abgelehnt wird, sind, wenn man sie als Endentscheidungen ansieht, mit der Beschwerde gem. § 58 Abs. 1 angreifbar.[77] Soweit man sie als Nebenentscheidung erachtet,[78] sind sie mangels ausdrücklicher Regelung nicht anfechtbar.[79] **67**

VI. Dauer der Freiheitsentziehung

1. Grundsätze

In dem Beschluss, durch den eine Freiheitsentziehung angeordnet wird, ist eine Frist für **68** die Freiheitsentziehung bis zur Höchstdauer eines Jahres zu bestimmen, soweit nicht in einem anderen Gesetz eine kürzere Höchstdauer der Freiheitsentziehung bestimmt ist (§ 425 Abs. 1).[80] Die Frist ist **kalendermäßig festzulegen**. Die bloße Festlegung „ab Ergreifung" ist mangels Bestimmtheit unzulässig.[81]

---

73 Jürgens/Marschner § 70k FGG Rn 2.
74 Vgl § 10 Abs. 3 FEVG „Sollvorschrift".
75 S. dazu § 328 Abs. 1 S. 2.
76 Vgl zu § 10 Abs. 3 S. 3 Hs 2 FEVG, wonach die Beurlaubung jederzeit widerruflich war: BVerfG StV 1994, 147.
77 S. zur früheren Anfechtung: Bienwald/Bienwald § 70k FGG Rn 12; HK-BUR/Hoffmann § 70k FGG Rn 14; KKW/Kayser § 70k Rn 5 (einf. Beschwerde); aA Damrau/Zimmermann § 70k FGG Rn 25 (grundsätzlich unanfechtbar).
78 So BayObLG NVwZ 1998, Beilage 52.
79 Vgl Kemper, S. 13.
80 Zur Abhängigkeit vom Haftantrag s. OLG Frankfurt/M. Beschl. v. 11.3.2003, 20 W 91/03 – unter http://www.hefam.de.
81 KG FGPrax 1997, 74.

2. Länge der Frist

69 Die Frist hat sich an der entsprechenden Ermächtigungsgrundlage zu orientieren.[82]

Beispiel: Nach § 62 Abs. 2 S. 1 Nr. 5 AufenthG ist ein Ausländer zur Sicherung der Abschiebung auf richterliche Anordnung zB dann in Haft zu nehmen, wenn der begründete Verdacht besteht, dass er sich der Abschiebung entziehen will. Die Sicherungshaft ist unzulässig, wenn feststeht, dass aus Gründen, die der Ausländer nicht zu vertreten hat, die Abschiebung nicht innerhalb der nächsten drei Monate durchgeführt werden kann (§ 62 Abs. 2 S. 4 AufenthG). Die Sicherungshaft kann für maximal sechs Monate angeordnet werden. Sie kann in Fällen, in denen der Ausländer seine Abschiebung verhindert, um höchstens zwölf Monate verlängert werden (§ 62 Abs. 3 S. 1 und S. 2 AufenthG).

Bei § 425 Abs. 1 handelt es sich um eine Auffangregelung. Die Jahresfrist ist eine Höchstfrist.[83]

3. Sonderproblem: Überhaft

70 In Abschiebungshaft tritt häufiger das Problem der sog. Überhaft auf. Dass Abschiebungs-Überhaft im Anschluss an eine laufende Untersuchungshaft zulässig ist, entspricht der herrschenden Ansicht.[84]

Die Anordnung der Abschiebungshaft nach einer Strafhaft ist allerdings unverhältnismäßig, wenn die Ausländerbehörde die Rückreisepapiere bei der gebotenen Beschleunigung hätte erlangen können und die Abschiebung aus der Strafhaft möglich gewesen wäre.[85]

Überhaft im Anschluss an eine möglicherweise zu erwartende Strafhaft ist nicht zulässig.[86]

4. Fehlende Anordnung einer Verlängerung

71 Wird nicht innerhalb der Frist die Verlängerung der Freiheitsentziehung durch richterlichen Beschluss angeordnet, ist der Betroffene freizulassen (§ 425 Abs. 2 S. 1). Die zuständige Behörde oder die Einrichtung, in der sich der Betroffene befindet, handeln bei einer Freilassung auf eigene Verantwortung.[87] Dem Gericht ist die Freilassung mitzuteilen (§ 425 Abs. 2).

Hinweis: Zu beachten ist, dass das Gericht nur **auf Antrag** über die Verlängerung der Freiheitsentziehung entscheidet und nicht – wie bislang – von Amts wegen.[88]

5. Verlängerung der Freiheitsentziehung

72 Für die Verlängerung der Anordnung der Freiheitsentziehungsmaßnahme gelten die Vorschriften über die erstmalige Anordnung entsprechend (vgl § 12 FEVG). Es wird insoweit auf die vorstehenden Ausführungen verwiesen.

---

82 Vgl BR-Drucks. 309/07, 661; BT-Drucks. 16/6308, 293.
83 BR-Drucks. 309/07, 661; BT-Drucks. 16/6308, 293.
84 Vgl zB BayObLGZ 1998, 137, 139; OLG Karlsruhe FGPrax 1999, 79, 80.
85 OLG Karlsruhe InfAuslR 1998, 463 f; s. aber BayObLG InfAuslR 2001, 345, 346; zur Frage der Anrechnung einer Auslieferungshaft BayObLGR 2003, 350.
86 OLG Hamm v. 15.2.2001, 19 W 22 /01.
87 BR-Drucks. 309/07, 661; BT-Drucks. 16/6308, 293.
88 BR-Drucks. 309/07, 662; BT-Drucks. 16/6308, 293.

6. Aufhebung des Beschlusses
a) Aufhebung von Amts wegen

Der Beschluss, durch den eine Freiheitsentziehung angeordnet wird, ist vor Ablauf der (nach § 425 Abs. 1) festgesetzten Frist von Amts wegen aufzuheben, wenn der Grund für die Freiheitsentziehung weggefallen ist (§ 426 Abs. 1 S. 1; vgl § 10 Abs. 1 FEVG). Vor der Aufhebung hat das Gericht die zuständige Verwaltungsbehörde anzuhören (§ 426 Abs. 1 S. 2). Es handelt sich um eine **zwingende** Anhörungsverpflichtung.[89] 73

b) Aufhebung auf Antrag[90]

Die Beteiligten können die Aufhebung der Freiheitsentziehung beantragen (§ 426 Abs. 2 S. 1; § 10 Abs. 1 FEVG). Das Gericht entscheidet über den Antrag durch Beschluss (§ 426 Abs. 2 S. 2). 74

Ungeachtet eines Antrags eines Beteiligten hat das Gericht weiterhin die Aufhebung der Freiheitsentziehung von Amts wegen zu prüfen, wenn dafür Anhalt besteht.[91]

VII. Verwaltungsgewahrsam

Bei jeder **Verwaltungsmaßnahme**, die eine Freiheitsentziehung darstellt und nicht auf richterlicher Anordnung beruht, hat die zuständige Verwaltungsbehörde die richterliche Entscheidung unverzüglich herbeizuführen (§ 428 Abs. 1 S. 1; vgl § 13 FEVG). 75

1. Regelungsinhalt

In § 428 Abs. 1 S. 1 werden die Pflicht zur **unverzüglichen Nachholung** der richterlichen Entscheidung im Fall der vorläufigen behördlichen Freiheitsentziehung sowie die **nachträgliche gerichtliche Kontrolle** der Freiheitsentziehung durch eine Behörde geregelt.[92] 76

2. Funktion der Vorschrift
a) Grundsätzliche Anmerkungen

Es handelt sich um eine Verfahrensvorschrift. § 428 Abs. 1 S. 1 stellt aber **keine Rechtsgrundlage für den Eingriff in das Freiheitsgrundrecht** iSv Art. 104 Abs. 1 GG dar. Vielmehr muss sich die gesetzliche Grundlage auch für eine nicht auf einer richterlichen Anordnung beruhenden Freiheitsentziehung aus dem materiellen Freiheitsentziehungsrecht ergeben.[93] 77

b) Anmerkungen zu Abschiebungshaftverfahren
aa) Frühere Rechtsprechung

Es entsprach in Abschiebungshaftfällen der ständigen Rechtsprechung, dass aus § 62 Abs. 2 und 3 AufenthG keine Befugnis der Ausländerbehörden abgeleitet werden könne, einen Ausländer zur Sicherung der Abschiebung selbst vorläufig in Gewahrsam zu 78

---

89 BR-Drucks. 309/07, 662; BT-Drucks. 16/6308, 293.
90 Zu § 10 Abs. 1 FVG s. KG Beschl. v. 8.2.2006, 25 W 6/06, zit. nach Melchior, Abschiebungshaft.
91 BR-Drucks. 309/07, 662; BT-Drucks. 16/6308, 293.
92 Marschner/Volckart Kap. F § 13 FEVG Rn 1.
93 Marschner/Volckart Kap. F § 13 FEVG Rn 1.

nehmen.⁹⁴ Eine vorherige richterliche Anordnung wurde auch für notwendig erachtet, wenn die Freiheitsentziehung im Zusammenhang mit der unmittelbaren Durchführung der Abschiebung stand und nur kurzfristig erforderlich war. Die Ausländerbehörden waren nicht ermächtigt, einen Ausländer zur Vorführung vor den Abschiebungshaftrichter festzunehmen oder einen festgenommenen Ausländer dem Abschiebungshaftrichter vorzuführen.⁹⁵

Allerdings konnte die Polizei befugt sein, einen Ausländer wegen des Verdachts einer Straftat bzw zur Abwendung einer im Einzelfall bevorstehenden Gefahr zum Zwecke der Indentitätsfeststellung durch erkennungsdienstliche Maßnahmen festzuhalten und zur Dienststelle zu verbringen.⁹⁶

bb) Neuregelung in § 62 Abs. 4 AufenthG

79 Nun ist in § 62 Abs. 4 AufenthG geregelt, dass die für den Haftantrag zuständige Behörde einen Ausländer ohne vorherige Anordnung festhalten und vorläufig in Gewahrsam nehmen kann, wenn

1. der dringende Verdacht für die Voraussetzungen nach Abs. 2 S. 1 (Anordnung von Sicherungshaft) besteht,

2. die richterliche Entscheidung über die Anordnung der Sicherungshaft nicht vorher eingeholt werden kann und

3. der begründete Verdacht vorliegt, dass sich der Ausländer der Anordnung der Sicherungshaft entziehen will.

Die Regelung stellt die ausdrückliche gesetzliche Grundlage für die vorläufige **Festnahme** eines Ausländers nach § 62 AufenthG dar.⁹⁷ Voraussetzung ist, dass alle drei in § 62 Abs. 4 AufenthG genannten Voraussetzungen kumulativ gegeben sind.⁹⁸

cc) Rechtsprechungshinweise zum Anwendungsbereich der Regelung

80 Auf § 62 Abs. 4 AufenhG kann eine Festnahme aufgrund eines unwirksamen richterlichen Haftbeschlusses nicht erfolgen.⁹⁹ Nur weil der betroffene Ausländer unbekannten Aufenthalts ist, liegen die Voraussetzungen für eine vorläufige Ingewahrsamnahme nicht vor.¹⁰⁰

3. Unverzügliche Herbeiführung einer richterlichen Entscheidung

81 Eine unverzügliche Herbeiführung der richterlichen Entscheidung erfolgt nur, wenn dies **ohne jede vermeidbare Säumnis** geschieht.¹⁰¹

---

94 Vgl OLG Celle InfAuslR 2004, 129; HansOLG InfAuslR 2003, 288; OLG Frankfurt/M. InfAuslR 1997, 313; BayObLGZ 1996, 180; KG InfAuslR 1997, 24.
95 BVerfGE 105, 239 ff; vgl BGH NJW 1993, 3069; HansOLG InfAuslR 2003, 288; OLG Frankfurt/M. InfAuslR 1997, 313.
96 SchlHOLG InfAuslR 2003, 292.
97 OLG Celle InfAuslR 2008, 311.
98 Hailbronner § 62 AufenthG Rn 69, Rn 70 ff zu den weiteren Einzelheiten; vgl auch HK-AuslR/Keßler § 62 AufenthG Rn 45 ff.
99 BVerfG InfAusR 2008, 308 ff; OLG Braunschweig NdsRpfl 2008, 282 f.
100 OLG Celle InfAuslR 2008, 311, entgegen Pfälz. OLG Zweibrücken InfAuslR 2008, 313; OLG Oldenburg NdsRpfl 2008, 252.
101 Marschner/Volckart Kap. F § 13 FEVG Rn 4.

4. Fehlen einer gerichtlichen Entscheidung

Ist die Freiheitsentziehung nicht bis zum Ablauf des ihr folgenden Tages durch richterliche Entscheidung angeordnet, ist der Betroffene freizulassen (§ 428 Abs. 1 S. 2 FamFG, Art. 104 Abs. 2 S. 3 GG). **82**

5. Anfechtung der Maßnahme der Verwaltungsbehörde

Wird eine Maßnahme der Verwaltungsbehörde nach § 428 Abs. 1 S. 1 angefochten, ist hierüber **im gerichtlichen Verfahren** nach den Vorschriften des FamFG zu entscheiden (§ 428 Abs. 2). **83**

Die Regelung ermöglicht die gerichtliche Kontrolle der behördlichen Freiheitsentziehung insbesondere in den Fällen, in denen es zu keiner gerichtlichen Anordnung der Freiheitsentziehung gekommen ist, weil sich die Angelegenheit zB durch eine Entlassung des Betroffenen erledigt hat.[102]

VIII. Beschwerdeverfahren

Das Beschwerderecht hat durch das FGG-Reformgesetz erhebliche Änderungen erfahren. Dabei sind die wesentlichen Neuerungen bereits im Allgemeinen Teil des FamFG (§§ 58 ff) geregelt. Die Regelung des § 429 beinhaltet nur Ergänzungen. **84**

1. Instanzenzug bei Freiheitsentziehungssachen

Mit dem FGG-Reformgesetz soll vorrangig ein einheitliches Verfahrensrecht in Familiensachen geschaffen werden. Folglich wird grundsätzlich der dort eingeführte Instanzenzug Amtsgericht – Oberlandesgericht (Kammergericht) – ggf Bundesgerichtshof übernommen. **85**

Dies gilt hingegen bei Freiheitsentziehungssachen nicht. Nach § 72 Abs. 1 S. 2 GVG sind die Landgerichte die Beschwerdegerichte in Freiheitsentziehungssachen. Gegen die Entscheidungen des Landgerichtes als Beschwerdegericht ist unter näher geregelten Vorraussetzungen in Freiheitsentziehungssachen die Rechtsbeschwerde zum Bundesgerichtshof (§ 133 GVG) gegeben (zur Sprungrechtsbeschwerde vgl. § 2 Rn 108 ff). Der Instanzenzug bei Freiheitsentziehungssachen lautet demnach: **Amtsgericht – Landgericht – ggf Bundesgerichtshof**.

2. Beschwerde gegen erstinstanzliche Entscheidungen

a) Einlegung der Beschwerde

Nach § 58 Abs. 1 findet die Beschwerde gegen die im ersten Rechtszug ergangenen Entscheidungen statt, also zB gegen einen die Freiheitsentziehung anordnenden Beschluss. **86**

aa) Zuständiges Gericht

Die Beschwerde ist bei dem Gericht einzulegen, dessen Beschluss angefochten wird (§ 64 Abs. 1), also bei dem Amtsgericht, das die Maßnahme getroffen hat. In Freiheitsentziehungssachen kann der Betroffene, wenn er sich bereits in einer abgeschlossenen **87**

---

[102] Marschner/Volckart Kap. F § 13 FEVG Rn 4.

Einrichtung befindet, die Beschwerde auch bei dem Amtsgericht einlegen, in dessen Bezirk die Einrichtung liegt (§ 429 Abs. 4; vgl § 7 Abs. 4 FEVG). Die bisher bestehende Möglichkeit, die Beschwerde auch bei dem Beschwerdegericht einzulegen, besteht hingegen nicht mehr.

bb) Frist

88 Die Beschwerde ist binnen einer Frist von **einem Monat** einzulegen (§ 63 Abs. 1). Bislang galt eine Frist von zwei Wochen (§ 70 m Abs. 1 FGG iVm § 22 Abs. 1 S. 2 FGG). Die Monatsfrist beginnt mit der schriftlichen Bekanntgabe des Beschlusses, spätestens mit Ablauf von fünf Monaten nach Erlass des Beschlusses (§ 63 Abs. 3).

cc) Form

89 Die Beschwerde wird durch Einreichung einer Beschwerdeschrift oder zur Niederschrift der Geschäftsstelle eingelegt (§ 64 Abs. 2 S. 1; vgl § 21 Abs. 2 S. 1 FGG). Es wird insoweit auf die Ausführungen in § 2 Rn 49 verwiesen.

dd) Beschwerdeberechtigung

90 Nach § 59 Abs. 1 steht die Beschwerde demjenigen zu, der in *seinen* Rechten beeinträchtigt ist. Erforderlich ist insoweit, dass die angefochtene Entscheidung eine materielle Beschwer begründet. Es ist ausreichend, wenn es sich um einen **unmittelbaren, nachteiligen Eingriff in ein Recht** (zB durch eine Schlechterstellung) handelt.[103]

Die Regelung des § 59 Abs. 1 wird durch § 429 ergänzt.

Das Recht der Beschwerde steht der zuständigen[104] **Behörde** zu (§ 429 Abs. 1).

Im Interesse des Betroffenen steht das Recht der Beschwerde

- dessen **Ehegatten oder Lebenspartner,** wenn diese nicht dauernd vom Betroffenen getrennt leben, sowie **dessen Eltern und Kindern,** wenn der Betroffene bei diesen lebt oder bei Einleitung des Verfahrens gelebt hat, den **Pflegeeltern** sowie
- einer von ihm benannten **Person seines Vertrauens**

zu, wenn sie im ersten Rechtszug beteiligt worden sind (§ 429 Abs. 2).

Die Beteiligung in erster Instanz ist Voraussetzung des Beschwerderechts.[105] Nach § 429 Abs. 3 steht zudem dem **Verfahrenspfleger** das Recht der Beschwerde zu.

b) Gang des Beschwerdeverfahrens
aa) Abhilfeprüfung

91 Wenn das Gericht, dessen Beschluss angefochten wird, die Beschwerde für begründet erachtet, hat es ihr abzuhelfen, § 68 Abs. 1 S. 1 Hs 1. Es wird wegen der Einzelheiten auf § 2 Rn 54 verwiesen.

---

103 KKW/Kahl § 20 FGG Rn 12 mwN.
104 Vgl zur Beschwerdeberechtigung anderer Behörden BayObLGZ 1998, 224 ff; SchlesHOLG FGPrax 1997, 236 f.
105 BR-Drucks. 309/07, 663; BT-Drucks. 16/6308, 294.

bb) Prüfung des Beschwerdegerichts/Durchführung des Beschwerdeverfahrens[106]
Es wird auf die Ausführungen in § 2 Rn 54 f verwiesen. 92

c) Beschwerdeentscheidung
Das Beschwerdegericht hat in der Sache selbst zu entscheiden (§ 69 Abs. 1 S. 1). 93
Es darf die Sache unter Aufhebung des angefochtenen Beschlusses nur dann an das Gericht des ersten Rechtszuges zurückverweisen, wenn folgende Voraussetzungen erfüllt sind:

- das Gericht des ersten Rechtszuges hat in der Sache noch nicht entschieden oder
- das Verfahren leidet an einem wesentlichen Mangel und zur Entscheidung wäre eine umfangreiche oder aufwändige Beweiserhebung notwendig und ein Beteiligter beantragt die Zurückverweisung (§ 69 Abs. 1 S. 3).

Wegen der Einzelheiten wird auf § 2 Rn 75 verwiesen.

d) Begründung
Der Beschluss des Beschwerdegerichts ist zu begründen (§ 69 Abs. 2).[107] 94

e) Statthaftigkeit der Beschwerde nach Erledigung der Hauptsache
Nach § 62 Abs. 1 spricht das Beschwerdegericht, wenn sich die angefochtene Entscheidung in der Hauptsache erledigt hat, auf Antrag aus, dass die Entscheidung des ersten Rechtszuges den Beschwerdeführer in seinen Rechten verletzt hat. Gemeint sind damit Fälle, bei denen sich die Hauptsache zwischenzeitlich nach dem Erlass der erstinstanzlichen Entscheidung erledigt hat.[108] 95

Nach bisherigem Recht war eine entsprechende Anfechtungsmöglichkeit nicht gesetzlich geregelt. Allerdings ging die verfassungsgerichtliche Rechtsprechung davon aus, dass im Einzelfall trotz der Erledigung des ursprünglichen Rechtsschutzzieles ein Bedürfnis nach einer gerichtlichen Entscheidung fortbestehen kann, nämlich dann, wenn das Interesse des Betroffenen an der Feststellung der Rechtslage besonders geschützt ist.[109]

aa) Voraussetzungen
Im Regelfall ist ein Rechtsschutzinteresse des Beteiligten nach Erledigung des Verfahrensgegenstandes nicht mehr gegeben.[110] Nach § 62 Abs. 1 ist Voraussetzung für eine Überprüfungsmöglichkeit, dass der Beteiligte ein **berechtigtes Interesse** an dieser Feststellung hat. Die Überprüfung durch das Gericht setzt neben dem berechtigten Interesse voraus, dass der Beschwerdeführer einen entsprechenden Antrag stellt. Wenn diese Voraussetzungen nicht gegeben sind, ist das Verfahren nach den allgemeinen Regeln nach Erledigung in der Hauptsache abzuschließen.[111] 96

---

106 Zu der Problematik der Voraussetzungen eines Absehens von der Anhörung insbesondere in Abschiebungshaftverfahren s. die zahlreichen Rechtsprechungsnachweise bei Melchior, Stichwort: Anhörungspflicht im Beschwerdeverfahren; OLG Düsseldorf InfAuslR 2008, 39 ff; OLG München InfAuslR 2008, 87 ff.
107 IdF der BR-Drucks. 617/08, anders noch idF BR-Drucks. 309/07.
108 BR-Drucks. 309/07, 451; BT-Drucks. 16/6308, 205.
109 BVerfGE 104, 220, 232 f; BR-Drucks. 309/07, 451; BT-Drucks. 16/6308, 205.
110 BR-Drucks. 309/07, 452; BT-Drucks. 16/6308, 205.
111 BR-Drucks. 309/07, 452; BT-Drucks. 16/6308, 205.

bb) Regelbeispiele

97 Nach § 62 Abs. 2 besteht ein berechtigtes Interesse in der Regel, wenn
- **schwerwiegende Grundrechtseingriffe** vorliegen oder
- eine **Wiederholung konkret zu erwarten** ist.

Es werden die Fälle aufgegriffen, in denen nach der Rechtsprechung ein Feststellungsinteresse typischerweise zu bejahen ist.[112] Für die Freiheitsentziehungsverfahren ist insbesondere der erste Fall einschlägig. Maßgeblich ist dabei, dass sich die Belastung durch die Maßnahme regelmäßig auf eine kurze Zeitspanne beschränkt, so dass der Beschwerdeführer eine Entscheidung des für die Überprüfung des angefochtenen Beschlusses zuständigen Gerichts vor Erledigung der Hauptsache regelmäßig kaum erlangen kann.[113] Ein Rechtsschutzinteresse an einer Fortsetzungsfeststellung ist allerdings zu verneinen, wenn eine Haftanordnung nicht vollzogen worden ist.[114]

cc) Gerichtliche Entscheidung

98 Gelangt das Gericht zu der Auffassung, dass die Maßnahme rechtswidrig war, spricht es dies in einem (feststellenden) Beschluss aus.[115]

3. Rechtsbeschwerdeverfahren vor dem Bundesgerichtshof

a) Statthaftigkeit der Rechtsbeschwerde

99 Nach § 70 Abs. 1 ist die Rechtsbeschwerde eines Beteiligten statthaft, wenn sie das Beschwerdegericht im ersten Rechtszug in dem Beschluss zugelassen hat. Diese Regelung findet in Freiheitsentziehungssachen keine Anwendung. Denn nach § 70 Abs. 3 Nr. 3 ist die Rechtsbeschwerde gegen den Beschluss des Beschwerdegerichtes in diesen Verfahren **ohne Zulassung** statthaft.

b) Frist zur Einlegung der Rechtsbeschwerde

100 Die Rechtsbeschwerde ist binnen einer Frist von **einem Monat** nach der schriftlichen Bekanntgabe des Beschlusses bei dem Rechtsbeschwerdegericht, dem Bundesgerichtshof, einzulegen (§ 71 Abs. 1 S. 1).

c) Form

101 Es ist gem. § 71 Abs. 1 S. 1 eine **Beschwerdeschrift** einzureichen. Dies kann wirksam nur durch einen beim Bundesgerichtshof zugelassenen Rechtsanwalt geschehen (§ 10 Abs. 4 S. 1).[116] Wegen der Einzelheiten wird auf die Ausführungen in § 2 Rn 89 ff verwiesen.

---

112 BR-Drucks. 309/07, 452; BT-Drucks. 16/6308, 205.
113 BR-Drucks. 309/07, 452; BT-Drucks. 16/6308, 205; BVerfG NJW 1998, 2432 f; grundlegend für Abschiebungshaftsachen BVerfGE 104, 220 ff; BVerfG AuAS 2002, 200 f; zur umfassenden Fortsetzungsfeststellung BVerfGK 2, 303 ff; weitere Rechtsprechungsnachweise bei Melchior, Stichwort: Fortsetzungsfeststellungsantrag.
114 BayObLGZ 2004, 233 f.
115 Zum Richterprivileg BGHZ 155, 306 ff; zu Bindungswirkungen von Entscheidungen im Fortsetzungsfeststellungsverfahren s. BGH NJW 2003, 3693 ff; zu Schadensersatz nach EMRK BGH MDR 2006, 1284 ff.
116 BGH Rpfleger 2002, 368, 369.; dies gilt nicht für das Verfahren über die Verfahrenskostenhilfe, s. § 10 Abs. 4 S. 1; zu Behörden: § 10 Abs. 4 S. 2.

d) Frist zur Begründung

Während bei der Einlegung einer weiteren Beschwerde gem. § 29 FGG keine Begründung verlangt wurde, besteht nunmehr eine Begründungspflicht. Die Rechtsbeschwerde ist, sofern die Beschwerdeschrift nicht bereits eine Begründung enthält, binnen einer Frist von einem Monat zu begründen (§ 71 Abs. 2 S. 1). Die Frist beginnt mit der schriftlichen Bekanntgabe des angefochtenen Beschlusses (§ 71 Abs. 2 S. 2).

Sollte die Frist im Einzelfall zur Begründung nicht ausreichen, kann sie zunächst um bis zu zwei Monate verlängert werden; erfolgt die Übersendung der Verfahrensakten durch das Beschwerdegericht nicht zügig, kann eine Verlängerung um bis zu zwei Monate nach Übersendung der Akte erfolgen (§ 71 Abs. 2 S. 3 FamFG iVm § 551 Abs. 2 S. 5 ZPO entsprechend).

e) Inhalt der Begründung

Die Begründung der Rechtsbeschwerde muss enthalten:
1. Die Erklärung, inwieweit der Beschluss angefochten und dessen Aufhebung beantragt werde.
2. Die Angabe der Rechtsbeschwerdegründe, und zwar
   a) die bestimmte Bezeichnung der Umstände, aus denen sich die Rechtsverletzung ergibt;
   b) soweit die Rechtsbeschwerde darauf gestützt wird, dass das Gesetz in Bezug auf das Verfahren verletzt sei, die Bezeichnung der Tatsachen, die den Mangel ergeben (vgl § 551 Abs. 3 ZPO).

f) Gründe der Rechtsbeschwerde

Die Rechtsbeschwerde kann nur darauf gestützt werden, dass die angefochtene Entscheidung auf einer **Verletzung von Bundesrecht oder Landesrecht** beruht (§ 72 Abs. 1 S. 1). Das Recht ist verletzt, wenn eine Rechtsnorm nicht oder nicht richtig angewendet worden ist (§ 72 Abs. 1 S. 2). Die Rechtsbeschwerdeinstanz ist demnach als **reine Rechtskontrollinstanz** ausgestattet. Es kann ausschließlich geltend gemacht werden, dass die angefochtene Entscheidung auf der Verletzung formellen oder materiellen Rechts beruht. Das Vorbringen neuer Tatsachen und Beweise ist dagegen regelmäßig ausgeschlossen.

g) Entscheidung über die Rechtsbeschwerde

Das Rechtsbeschwerdegericht hat in Freiheitsentziehungssachen zu prüfen, ob
- die Rechtsbeschwerde an sich statthaft ist,
- sie in der gesetzlichen Form und Frist eingelegt und begründet ist (§ 74 Abs. 1 S. 1).

Liegt eines dieser Erfordernisse nicht vor, ist die Rechtsbeschwerde als unzulässig zu verwerfen (§ 74 Abs. 1 S. 2; vgl § 27 Abs. 1 S. 2 FGG).

Wenn die Prüfung durch das Gericht eine Rechtsverletzung ergibt, sich die Entscheidung aber aus anderen Gründen als richtig darstellt, ist die Rechtsbeschwerde zurückzuweisen (vgl § 27 Abs. 1 S. 2 FGG). Wegen der weiteren Einzelheiten wird auf § 2 Rn 104 verwiesen.

IX. Einstweilige Anordnungen

106 Gem. § 49 Abs. 1 kann das Gericht durch einstweilige Anordnung eine vorläufige Maßnahme treffen, soweit dies nach den für das Rechtsverhältnis maßgebenden Vorschriften gerechtfertigt ist.

Hinsichtlich der Freiheitsentziehungssachen ist insoweit § 427 maßgeblich. Nach den bislang maßgeblichen Regelungen unterschied man zwei Arten von einstweiligen Anordnungen: zum einen die sog. gewöhnliche einstweilige Anordnung (§ 11 Abs. 2 S. 1 FEVG), welche als Anordnungsgrund verlangte, dass mit einem Aufschub der Maßnahme Gefahr verbunden war; zum anderen konnte eine sog. eilige einstweilige Anordnung bei Vorliegen von Gefahr im Verzug unter erleichterten Voraussetzungen erlassen werden (§ 11 Abs. 2 S. 2 FEVG). Diese Unterscheidung bleibt erhalten. Wesentliche Änderungen ergeben sich allerdings aufgrund der neuen allgemeinen Vorschriften.

1. Örtlich zuständiges Gericht

107 Für einstweilige Anordnungen oder einstweilige Maßregeln ist neben dem Gericht der Hauptsache auch jenes zuständig, in dessen Bezirk das **Bedürfnis** für die **Freiheitsentziehung** bekannt wird oder sich die Person **befindet**, auf die sich die einstweilige Anordnung bezieht (§ 50 Abs. 2).

2. Voraussetzungen einer „gewöhnlichen einstweiligen Anordnung"

108 Nach § 427 Abs. 1 kann das Gericht durch einstweilige Anordnung eine vorläufige Freiheitsentziehung anordnen, wenn

- dringende Gründe für die Annahme bestehen, dass die Voraussetzungen für die Anordnung einer Freiheitsentziehung gegeben sind und
- ein dringendes Bedürfnis für ein sofortiges Tätigwerden besteht (§ 427 Abs. 1 S. 1).

Dringende Gründe im obigen Sinn liegen vor, wenn eine **hohe Wahrscheinlichkeit** für die Anordnung einer Freiheitsentziehung besteht.[117] Ein dringendes Bedürfnis für ein sofortiges Tätigwerden besteht dann, wenn ein **Zuwarten** bis zur Entscheidung in einer etwaigen Hauptsache nicht ohne Eintritt erheblicher Nachteile möglich wäre.[118]

Schließlich muss der Betroffene persönlich angehört worden sein. Zudem muss bei Vorliegen der gesetzlichen Voraussetzungen ein Verfahrenspfleger bestellt worden sein. Hinsichtlich weiterer, zum Verfahren hinzugezogener Beteiligter ergibt sich die Notwendigkeit der Gewährung rechtlichen Gehörs nach den allgemeinen Regelungen.[119]

3. Voraussetzungen einer „eiligen einstweiligen Anordnung"

109 Bei Gefahr im Verzug kann das Gericht eine einstweilige Anordnung nach § 427 Abs. 2 bereits vor der Anhörung des Betroffenen sowie vor der Anhörung und Bestellung des Verfahrenspflegers erlassen. Diese Verfahrenshandlungen sind unverzüg-

---

[117] BayObLG NJW-RR 2001, 654 ff.
[118] BR-Drucks. 309/07, 438; BT-Drucks. 16/6308, 199.
[119] BR-Drucks. 309/07, 618; BT-Drucks. 16/6308, 275.

lich[120] nachzuholen (§ 427 Abs. 2 Hs 2). **Gefahr im Verzug** liegt vor, wenn ein Aufschub der Maßnahme eine Gefährdung der Interessen des Betroffenen erwarten lässt.[121]

4. Dauer der einstweiligen Anordnung

Die einstweilige Anordnung darf nach § 427 S. 2 die Dauer von sechs Wochen nicht überschreiten. 110

5. Entscheidung durch Beschluss

Das Gericht entscheidet durch Beschluss (§ 38 Abs. 1 S. 1). Es wird insoweit auf die Ausführungen in § 1 verwiesen. 111

6. Änderung

Das Gericht kann die Entscheidung in der einstweiligen Anordnungssache aufheben oder ändern (§ 49 Abs. 1 S. 1). Dies kommt in Betracht, wenn die Voraussetzungen für die Maßnahme nicht mehr gegeben sind oder sich verändert haben. 112

Dabei ist zu berücksichtigen, dass die Aufhebung oder Änderung nur auf **Antrag** erfolgt, wenn ein entsprechendes Hauptsacheverfahren nur auf Antrag eingeleitet werden kann (§ 49 Abs. 1 S. 2). Bei den Freiheitsentziehungssachen handelt es sich um Antragsverfahren.

a) Zuständiges Gericht

Zuständig ist das Gericht, das die einstweilige Anordnung erlassen hat (§ 54 Abs. 3 S. 1). Wenn es die Sache an ein anderes Gericht abgegeben hat, ist dieses zuständig (§ 54 Abs. 3 S. 2). 113

b) Fehlende Abänderungsmöglichkeit

Wenn eine einstweilige Anordnungssache beim Beschwerdegericht anhängig ist, ist die Aufhebung oder Änderung der angefochtenen Entscheidung durch das erstinstanzliche Gericht unzulässig (§ 49 Abs. 4). 114

7. Rechtsmittel

Gegen eine einstweilige Anordnung bei Unterbringungssachen ist die **Beschwerde** statthaft (§ 58 Abs. 1).[122] Diese ist binnen einer Frist von **zwei Wochen** einzulegen (§ 63 Abs. 2 Nr. 1).[123] Die Frist beginnt mit der schriftlichen Bekanntgabe des Beschlusses an die Beteiligten (§ 63 Abs. 3 S. 1). 115

8. Hauptsacheverfahren

Der wesentliche Unterschied im Vergleich zu den einstweiligen Anordnungen nach dem FGG liegt darin, dass das Verfahren der einstweiligen Anordnung nicht mehr Teil der Hauptsache, sondern ein **selbständiges Verfahren** ist (§ 51 Abs. 1 S. 1). Die verfahrensmäßige Trennung von Hauptsache und einstweiliger Anordnung entspricht der Situa- 116

---

120 S. dazu BVerfGE 58, 208; OLG Schleswig BtPrax 1994, 62 ff.
121 Vgl BT-Drucks. 11/4528, 175.
122 Die Ausnahmen nach § 57 gelten nur für Familiensachen, vgl BR-Drucks. 309/07, 447; BT-Drucks. 16/6308, 203.
123 Text der Vorschrift wie BGBl. I 2008, 2603.

Diekmann

tion bei Arrest und einstweiliger Verfügung der ZPO.[124] Die Neukonzeption soll das Institut der einstweiligen Anordnung stärken.

a) Einleitung des Hauptsacheverfahrens

117 Wenn das Gericht eine einstweilige Anordnung erlassen hat, steht den Beteiligten in **Antragsverfahren** die Einleitung des Hauptsacheverfahrens frei.

Das Gericht hat auf Antrag anzuordnen, dass der Beteiligte, der die einstweilige Anordnung erwirkt hat, binnen einer zu bestimmenden Frist einen Antrag auf Einleitung des Hauptsacheverfahrens stellt. Die Frist darf drei Monate nicht überschreiten. Wird dieser Anordnung nicht Folge geleistet, ist die einstweilige Anordnung aufzuheben (§ 52 Abs. 2).

b) Verwertung von Erkenntnissen aus dem Verfahren der einstweiligen Anordnung

118 Nach § 51 Abs. 3 S. 2 kann das Gericht von einzelnen Verfahrenshandlungen im Hauptsacheverfahren absehen, wenn diese bereits im Verfahren der einstweiligen Anordnung vorgenommen wurden und von der erneuten Vornahme keine zusätzlichen Erkenntnisse zu erwarten sind.

Wegen der weiteren Einzelheiten wird auf die Ausführungen zum Allgemeinen Teil (§ 1) verwiesen.

X. Verfahrenskostenhilfe

119 Es wird insoweit auf die Ausführungen in § 3 verwiesen.

XI. Mitteilungen und Benachrichtigungen in Unterbringungsverfahren

1. Mitteilungen

a) Mitteilung von Entscheidungen

120 Für Mitteilungen von Entscheidungen gelten die §§ 308 und 311 entsprechend. An die Stelle des Betreuers tritt die Verwaltungsbehörde (§ 430 S. 1).

Das bedeutet: Entscheidungen teilt das Gericht anderen **Gerichten, Behörden oder sonstigen öffentlichen Stellen** mit, soweit dies unter Beachtung berechtigter Interessen des Betroffenen erforderlich ist, um eine erhebliche Gefahr für das Wohl des Betroffenen, für Dritte oder für die öffentliche Sicherheit abzuwenden (§ 308 Abs. 1; vgl § 69 k Abs. 1 FGG).

Ergeben sich im Verlauf eines gerichtlichen Verfahrens Erkenntnisse, die eine entsprechende Mitteilung erfordern, hat die Mitteilung unverzüglich zu erfolgen (§ 308 Abs. 2; vgl § 69 k Abs. 2 FGG).

Das Gericht **unterrichtet** zugleich mit der Mitteilung den **Betroffenen, seinen Verfahrenspfleger und die Verwaltungsbehörde** über Inhalt und Empfänger der Mitteilung (§ 308 Abs. 3 S. 1; vgl § 69 k Abs. 3 FGG). Diese Unterrichtung kann nur in den im Gesetz geregelten Fällen (§ 308 Abs. 3 S. 2) unterbleiben; ggf muss sie nachgeholt werden (§ 308 Abs. 3 S. 3; vgl § 69 k Abs. 3 S. 2 und 3 FGG).

---

124 BR-Drucks. 309/07, 437; BT-Drucks. 16/6308, 199.

Der Inhalt der Mitteilung, die Art und Weise ihrer Übermittlung, ihr Empfänger, die Unterrichtung des Betroffenen (im Fall ihres Unterbleibens die entsprechenden Gründe) sowie des Verfahrenspflegers und der Verwaltungsbehörde sind aktenkundig zu machen (§ 308 Abs. 4; vgl § 69 k Abs. 4 FGG).

b) Mitteilungen zur Strafverfolgung
Das Gericht darf außer in den vom Gesetz genannten Fällen und in denjenigen, die in § 16 EGGVG und § 70 S. 2 und 3 JGG genannt sind, Entscheidungen oder Erkenntnisse aus dem Verfahren, aus denen die Person des Betroffenen erkennbar ist, von Amts wegen nur zur **Verfolgung von Straftaten oder Ordnungswidrigkeiten** anderen Gerichten oder Behörden mitteilen, soweit nicht schutzwürdige Interessen des Betroffenen an dem Ausschluss der Übermittlung überwiegen (§ 311 S. 1; vgl § 69 n FGG). 121

c) Leiter der Einrichtung
Die Aufhebung einer Freiheitsentziehungsmaßnahme nach § 426 S. 1 und die Aussetzung der Vollziehung nach § 424 Abs. 1 S. 1 sind dem Leiter der abgeschlossenen Einrichtung, in der sich der Betroffene befindet, mitzuteilen (§ 431 S. 2). 122

2. Benachrichtigung eines Angehörigen
Von der Anordnung der Freiheitsentziehung und deren Verlängerung hat das Gericht einen Angehörigen des Betroffenen oder eine Person seines Vertrauens unverzüglich zu benachrichtigen (§ 432). 123

Die Benachrichtigungspflicht ist bereits in Art. 104 Abs. 4 GG vorgesehen. Wenn ein Angehöriger oder eine Person des Vertrauens am Verfahren beteiligt wird, ist der Benachrichtigungspflicht entsprochen worden.[125]

XII. Kosten und Auslagen

1. Auslagen
Wird ein Antrag der Verwaltungsbehörde auf Freiheitsentziehung abgelehnt oder zurückgenommen und hat das Verfahren ergeben, dass ein begründeter Anlass, den Antrag zu stellen, nicht vorlag, hat das Gericht die Auslagen des Betroffenen, soweit sie zur zweckentsprechenden Rechtsverfolgung notwendig waren, der Körperschaft aufzuerlegen, der die Verwaltungsbehörde angehört (§ 430; vgl § 16 FEVG). Dabei genügt nicht „irgendein" Anlass.[126] Es kommt auf den Sachverhalt an, der zur Zeit der Antragstellung für die Behörde feststellbar war. Unbegründet war der Anlass zB dann, wenn bei hinreichenden Erkundigungen über die Sach- und Rechtslage der Antrag nicht gestellt worden wäre.[127] Dabei muss die Behörde auf den Sachverhalt abstellen, der für sie unter Ausnutzung aller ihr nach den Umständen des Einzelfalles zumutbaren Erkenntnisquellen zu ermitteln ist..[128] 124

---

[125] BR-Drucks. 309/07, 620; BT-Drucks. 16/6308, 276.
[126] KKW/Zimmermann § 13 a FGG Rn 51 m.
[127] KKW/Zimmermann § 13 a FGG Rn 51 m.
[128] KG InfAuslR 2000, 230, 232; s. wegen der weiteren Einzelheiten und weitergehender Rechtsprechungsnachweise Melchior, Abschiebungshaft, Stichwort: Kosten.

Diekmann

Sofern die genannten Voraussetzungen vorliegen, hat das Gericht eine entsprechende Auferlegung der Kosten vorzunehmen. Ein Ermessen ist dem Gericht nicht eingeräumt.

Die Regelung soll auch angewendet werden, wenn die Behörde ihren Antrag in der Rechtsmittelinstanz zurücknimmt und das Verfahren sich dadurch in der Hauptsache erledigt.[129]

Für den Fall der Erledigung der Hauptsache gelten im Übrigen die Regelungen in §§ 83 Abs. 2, 81.[130]

2. Gerichtskosten/Kostenschuldner

125 Die Kostenvorschrift des bisherigen § 14 FEVG (betreffend die Gerichtskosten) sowie die Regelung über die Kostenschuldnerschaft im bisherigen § 15 FEVG wurden in die KostO übernommen (Art. 47 Abs. 2 Nr. 27 FGG-RG).

---

129 BR-Drucks. 309/07; BT-Drucks. 16/6308, 294.
130 BR-Drucks. 309/07, 664.

§ 22 Aufgebotssachen

Literatur: Blunk/Winkler, Zur Wirkung von Ausschlussurteilen nach § 1017 ZPO, BKR 2008, 288; Harder, Die gerichtliche Zuständigkeit für das Nachlassgläubigeraufgebot gemäß § 1970 ff BGB, ZEV 2002, 90; Klinger/Ruby, Das Aufgebot der Nachlassgläubiger – eine unbekannte Haftungsfalle!, NJW-Spezial 2005, 61; Lessing, Das Aufgebotsverfahren, RpflStud 2004, 97; Saenger, Grundstückserwerb nach dem Aufgebotsverfahren, MDR 2001, 134 ff; Stöber, Zwangsversteigerungsgesetz, 18. Aufl. 2005; Thalmair, Aufgebotsverfahren und Landesrecht: Zur Kraftloserklärung von Sparbüchern, Rpfleger 2002, 191.

I. Überblick 1	9. Aufgebot der Schiffsgläubiger 22
1. Geschichtliche Entwicklung .. 2	10. Aufgebot zur Kraftloserklärung von Urkunden 23
2. Änderungen durch das FamFG 4	11. Aufgebot der zur Befriedigung aus dem Zwangsversteigerungserlös Berechtigten 28
II. Verfahrensarten 6	III. Verfahrenseinleitung 30
1. Aufgebot des Grundstückseigentümers 7	1. Sachliche Zuständigkeit 30
2. Aufgebot des Schiffseigentümers 9	2. Örtliche Zuständigkeit 31
3. Aufgebot des Grundpfandrechtsgläubigers 10	3. Antrag 37
4. Aufgebot des Hypotheken-, Grundschuld- oder Rentenschuldbriefs 13	4. Antragsberechtigung 39
	IV. Verfahren 43
5. Aufgebot des Schiffshypothekengläubigers 14	1. Öffentliche Bekanntmachung 43
6. Aufgebot von Vormerkung, Vorkaufsrecht und Reallast .. 15	2. Aufgebotsfrist 45
7. Aufgebot der Nachlassgläubiger 17	3. Öffentliche Zustellung 47
	V. Entscheidungsfindung 48
8. Aufgebot der Gesamtgutsgläubiger 21	VI. Entscheidung 50
	VII. Rechtsmittel 53
	VIII. Weitere Hinweise 55

I. Überblick

In seinem Kern ist das Aufgebotsverfahren ein **nichtstreitiges Amtsverfahren**, das zu den Verfahren der **freiwilligen Gerichtsbarkeit** gehört. Die Parteien bestimmen nicht über den Verfahrensgegenstand; über materiell-rechtliche Ansprüche wird nicht entschieden. Aus diesem Grunde wurden die Vorschriften über das Aufgebotsverfahren im Zuge der Reform der freiwilligen Gerichtsbarkeit aus der Zivilprozessordnung herausgelöst und in das FamFG übernommen. 1

1. Geschichtliche Entwicklung

Die Zivilprozessordnung konnte mit ihrem Inkrafttreten am 30.1.1877[1] für das Gebiet des Deutschen Reiches noch kein **einheitliches Aufgebotsverfahren** schaffen, da in den einzelnen deutschen Landesteilen zu unterschiedliche Regelungen in diesem Bereich bestanden. Diese zeichneten sich durch eine starke Verzahnung zwischen dem materi- 2

---

[1] RGBl. 1877, 83.

ellen und dem Prozessrecht aus und waren sowohl im Zivilprozessverfahren als auch im Verfahren der freiwilligen Gerichtsbarkeit niedergelegt.[2]

3 Aus diesem Grunde wurden in der Zivilprozessordnung nur eine **Rahmenregelung** mit allgemeinen Vorschriften für das gerichtliche Aufgebotsverfahren sowie spezielle Vorschriften zur Kraftloserklärung von Urkunden geschaffen. Mit Verabschiedung des BGB 1896 und des FGG 1898 konnte das Aufgebotsverfahren dann **vereinheitlicht** werden. Die materiell-rechtlichen Regelungen wurden in das BGB übernommen, die Verfahrensregelungen verblieben in der ZPO. Sie wurden dort um weitere spezielle Bestimmungen für einzelne Verfahrensarten ergänzt. Dass der Gesetzgeber die prozessualen Regelungen für das Aufgebotsverfahren in der ZPO beließ, beruhte offenbar auf Gewohnheit und war keine bewusste Charakterisierung des Aufgebotsverfahrens als Materie der streitigen Gerichtsbarkeit.[3] Die heute noch bestehenden landesrechtlichen Vorbehalte zur Verfahrensgestaltung zeugen aber weiterhin von den verschiedenen Ursprüngen des Aufgebotsverfahrens.

2. Änderungen durch das FamFG

4 Der bisherige **Regelungsgehalt** des Aufgebotsverfahrens (§§ 946–1024 ZPO) und seine Verknüpfung mit dem materiellen Recht werden mit der Aufnahme in das FamFG weitgehend beibehalten. Der **Verfahrensablauf** wird aber durch die Umgestaltung in ein Verfahren der freiwilligen Gerichtsbarkeit erheblich **gestrafft**. Nunmehr ist nur noch ein einziger Antrag erforderlich, da der Aufgebotstermin, der in der gerichtlichen Praxis nicht angenommen wurde, durch ein Anmeldeverfahren ersetzt wird, welches bereits im Rahmen anderer Aufgebotsverfahren im Bereich der freiwilligen Gerichtsbarkeit bekannt ist (etwa nach §§ 19 ff VerschG, §§ 120 ff GBO). Nach § 32 Abs. 1 S. 1 bleibt es dem Gericht jedoch unbenommen, jederzeit einen mündlichen Termin zur Erörterung der Angelegenheit mit den Verfahrensbeteiligten anzuberaumen. Ferner wird – wie im gesamten Bereich des FamFG – das Urteilsverfahren durch das Beschlussverfahren ersetzt.

5 Die **Rechtsmittelvorschriften** werden ebenso einheitlich für das gesamte FamFG ausgestaltet. Daher entfällt die bislang in § 957 ZPO geregelte Anfechtungsklage. Der Ausschließungsbeschluss kann nunmehr mit der **Beschwerde** nach §§ 58 ff angefochten werden. Da der Ausschließungsbeschluss nach § 468 öffentlich zuzustellen ist, wird die Rechtsmittelfrist nach Eintritt der Zustellungsfiktion in Gang gesetzt. Durch die Befristung der Beschwerde (§ 63 Abs. 1) ergibt sich bereits nach kurzer Zeit Rechtssicherheit. Das Aufgebotsverfahren ist ein Verfahren gegen einen Unbekannten. Daher besteht für den Rechteinhaber die Möglichkeit, die **Wiedereinsetzung** in die Rechtsmittelfristen zu beantragen. Soweit gravierende Verfahrensfehler vorliegen, kann er die **Wiederaufnahme** des Verfahrens erwirken. Deren Fristen werden gegenüber denen im allgemeinen Teil des FamFG niedergelegten Fristen deutlich verlängert.

---

2 Hahn, Begründung des Entwurfs einer Civilprozessordnung, Materialien, 1881, S. 479 f.
3 So Harder, Die gerichtliche Zuständigkeit für das Nachlassgläubigeraufgebot gemäß § 1970 ff BGB, ZEV 2002, 90, 91.

II. Verfahrensarten

Das Aufgebotsverfahren findet seine Anwendung für viele Rechtsbereiche. Insofern sind die Verfahrensvorschriften in einen allgemeinen Teil (§§ 433–442) und spezielle Vorschriften für die einzelnen Verfahrensarten (§§ 443–483) aufgegliedert.

1. Aufgebot des Grundstückseigentümers

Nach § 927 Abs. 1 BGB, § 442 FamFG kann der Eigentümer eines Grundstücks im Wege des Aufgebotsverfahrens von seinem Recht am Grundstück ausgeschlossen werden, wenn es der Antragsteller **30 Jahre lang im Eigenbesitz** hatte. Das Verfahren dazu ist **zweiaktig**. Durch den Aufgebotsbeschluss wird das Grundstück zunächst herrenlos. Dem Besitzer und Antragsteller im Aufgebotsverfahren obliegt es sodann, das Eigentum durch die Eintragung in das Grundbuch zu erlangen.[4]

Die **Fristberechnung** der 30 Jahre erfolgt nach § 443 FamFG iVm §§ 927 Abs. 1 S. 2, 943 BGB gemeinsam für den Besitzer und seine Rechtsvorgänger. Macht der Eigentümer innerhalb des Aufgebotsverfahrens sein Recht am Grundstück geltend, ist nach § 440 entweder sein Recht im Ausschließungsbeschluss vorzubehalten oder das Aufgebotsverfahren bis zur endgültigen Klärung der Eigentumsverhältnisse auszusetzen. Soweit ein Dritter, etwa ein Rechtsnachfolger des im Grundbuch als Eigentümer Eingetragenen, das Recht an dem Grundstück beansprucht, reicht es aus, wenn dieser vor Erlass des Ausschließungsbeschlusses einen Eintragungsantrag oder nach § 899 BGB einen Antrag auf Eintragung eines Widerspruchs gestellt hat.[5]

2. Aufgebot des Schiffseigentümers

Für das Aufgebotsverfahren des Eigentümers eines eingetragenen Schiffes oder Schiffsbauwerks nach § 6 des Gesetzes über Rechte an eingetragenen Schiffen und Schiffsbauwerken (**SchiffsRG**) gelten nach § 446 die Vorschriften über das Aufgebot des Eigentümers von Grundstücken (§§ 442–445) entsprechend.

3. Aufgebot des Grundpfandrechtsgläubigers

Das Aufgebot des Grundpfandrechtsgläubigers richtet sich nach §§ 447–451. Durch das Aufgebotsverfahren wird der Gläubiger aber nur mit seinem **dinglichen Recht** und nicht mit seiner Forderung ausgeschlossen. Die Ausschließung richtet sich gegen jedermann, der Rechte an dem Grundpfandrecht geltend machen könnte. Dies können auch Rechte sein, die wie ein Pfandrecht oder Nießbrauch das Grundpfandrecht belasten. Über § 1192 BGB gilt das Aufgebotsverfahren nicht nur für die **Hypothek**, sondern auch für die **Grundschuld**. Die Betroffenen müssen ihre Rechte im Verfahren anmelden, damit sie im Ausschließungsbeschluss nach § 440 vorbehalten werden.[6]

Mit **Rechtskraft** des Ausschließungsbeschlusses erwirbt derjenige, der zu diesem Zeitpunkt Eigentümer ist, das Grundpfandrecht kraft Gesetzes, ohne dass es einer Eintra-

---

4 Zu den Einzelheiten dieses zweiaktigen Verfahrens siehe Saenger, Grundstückserwerb nach dem Aufgebotsverfahren, MDR 2001, 134 ff; Lessing, Das Aufgebotsverfahren, RpflStud 2004, 97, 101.
5 Zöller/Geimer § 981 ZPO Rn 1.
6 Zöller/Geimer § 982 ZPO Rn 1.

gung im Grundbuch bedarf.[7] Da die Forderung bestehen bleibt, geht die Hypothek als Grundschuld auf den Eigentümer über und es tritt eine **Trennung** zwischen dinglichem Recht und Forderung ein.[8] Ein gegen die Hypothek im Grundbuch eingetragener Widerspruch ist im Aufgebotsverfahren **unbeachtlich**. Er wird mit dem gesetzlichen Erwerb der Hypothek durch den Eigentümer gegenstandslos.[9]

12   Soweit ein Ausschließungsbeschluss iSd § 440 nur mit einem **Vorbehalt** ergeht, treten die Wirkungen der §§ 1170, 1171 BGB noch nicht ein. Hierfür wäre ein Ausschluss des potentiellen Gläubigers erforderlich. Insofern muss der Eigentümer erst den Vorbehalt beseitigen, ggf im Wege eines Zivilprozesses, um die Wirkungen des § 1170 BGB für sich in Anspruch zu nehmen.

4. Aufgebot des Hypotheken-, Grundschuld- oder Rentenschuldbriefs

13   Soweit ein Hypothekenbrief abhanden gekommen oder vernichtet worden ist, kann er nach § 1162 BGB im Wege des Aufgebotsverfahrens für kraftlos erklärt werden. Gleiches gilt über § 1192 Abs. 1 BGB für Grundschuld- und Rentenschuldbriefe. Die allgemeinen Regeln des Aufgebotsverfahrens nach §§ 433–441, 466–479, 486 sind auf dieses Verfahren anwendbar. Durch den Ausschließungsbeschluss wird der Brief kraftlos und kann keinen gutgläubigen Erwerb mehr vermitteln. Antragsberechtigt ist der im Grundbuch eingetragene Gläubiger, der nach § 1155 BGB durch Abtretungserklärungen Ausgewiesene oder der Rechtsnachfolger des Gläubigers.[10]

5. Aufgebot des Schiffshypothekengläubigers

14   Für das Aufgebotsverfahren zur Ausschließung eines Schiffshypothekengläubigers (§§ 66, 67 SchiffsRG) gelten gem. § 452 Abs. 1 S. 1 die §§ 448–451 entsprechend.

6. Aufgebot von Vormerkung, Vorkaufsrecht und Reallast

15   Dieses Aufgebotsverfahren steht dem **Eigentümer** zu, um Rechte aus einer Vormerkung, einem Vorkaufsrecht oder einer Reallast ausschließen zu können. In allen Fällen des § 453 ist die Zulässigkeit des Verfahrens davon abhängig, dass der Auszuschließende unbekannt ist und die in § 1170 BGB bestimmten Voraussetzungen vorliegen. Mit Rechtskraft des Aufgebotsbeschlusses erlischt das betroffene Recht.[11]

16   Nach § 453 Abs. 2 ist auch derjenige **antragsberechtigt**, der aufgrund eines im Range gleich- oder nachstehenden Rechts aus einem Grundstück oder einem Schiff oder Schiffsbauwerk Befriedigung verlangen kann, wenn er für seinen Anspruch einen vollstreckbaren Schuldtitel besitzt. Das Aufgebot ist dem betroffenen Eigentümer von Amts wegen mitzuteilen.

---

7   Lessing RpflStud 2004, 97, 101.
8   Zöller/Geimer § 982 ZPO Rn 2.
9   Zöller/Geimer § 982 ZPO Rn 2.
10 Palandt/Bassenge § 1162 BGB Rn 2.
11 AA MK-ZPO/Eickmann § 988 ZPO Rn 6, der davon ausgeht, dass bei einer Reallast eine Eigentümerreallast entstünde.

7. Aufgebot der Nachlassgläubiger

Das Aufgebot des Nachlassgläubigers richtet sich nach §§ 454–463. Durch dieses kann sich der Erbe, auch der Vor- oder Nacherbe (§ 461), über die Notwendigkeit einer **Haftungsbeschränkung** unterrichten (§§ 1970–1974 BGB). Nach Durchführung des Aufgebotsverfahrens kann der Erbe gem. § 1973 BGB die Befriedigung eines ausgeschlossenen Nachlassgläubigers insoweit verweigern, als dass der Nachlass durch die nicht ausgeschlossenen Gläubiger erschöpft wird (**Erschöpfungseinrede**). Dies trifft sowohl bekannte als auch unbekannte Gläubiger. Außerdem kann sich der Erbe durch das Aufgebotsverfahren vor einem Rückgriff der Nachlassgläubiger gem. § 1980 Abs. 2 BGB schützen. Letztlich verwandelt es die Gesamthaftung der Erben nach § 2060 Nr. 1 BGB in eine **Kopfteilhaftung**.[12]

17

Nach § 458 Abs. 1 ist im Aufgebot den Nachlassgläubigern anzudrohen, dass sie nur noch aus dem **Überschuss** der Erbschaft befriedigen können. Dieser Rechtsnachteil betrifft alle Gläubiger, die sich nicht melden, auch wenn sie bekannt sind oder ihre Ansprüche zwar gegenüber dem Nachlassgericht, aber nicht im Aufgebotsverfahren angemeldet haben.[13]

18

Die **Aufgebotsfrist** der Nachlassgläubiger beträgt mindestens sechs Wochen (§ 437), höchstens sechs Monate (§ 458 Abs. 2).

19

Die Eröffnung eines **Nachlassinsolvenzverfahrens** nach § 1975 BGB beschränkt die Haftung der Erben auf die Nachlassverbindlichkeiten. Da die Durchführung eines Aufgebotsverfahrens insoweit unnötig ist, bestimmt § 457, dass ein Aufgebot nicht zu erlassen ist. Nach § 457 Abs. 2 endet das Aufgebotsverfahren automatisch; einen diesen Umstand feststellenden Beschluss bedarf es iSd § 22 Abs. 3 nicht mehr. Wird das Insolvenzverfahren eingestellt, ist das Aufgebotsverfahren wieder zulässig. Auf Antrag ist ein Aufgebot neu zu erlassen. Zulässig bleibt das Aufgebotsverfahren auch, wenn nach § 1975 BGB nur eine **Nachlassverwaltung** angeordnet worden ist.

20

8. Aufgebot der Gesamtgutsgläubiger

Nach §§ 1489 Abs. 2, 1970 BGB iVm § 464 FamFG ist es möglich, den unbekannten Gesamtgutsgläubiger im Falle der **fortgesetzten Gütergemeinschaft** mit dem Aufgebotsverfahren auszuschließen.

21

9. Aufgebot der Schiffsgläubiger

Nach § 110 des Binnenschifffahrtsgesetzes ist bei **Veräußerung** eines Schiffes außerhalb des Zwangsvollstreckungsverfahrens der Erwerber berechtigt, zu beantragen, gem. § 465 die unbekannten Schiffsgläubiger mit ihren Pfandrechten im Wege des Aufgebotsverfahrens auszuschließen.

22

---

12 Klinger/Ruby, Das Aufgebot der Nachlassgläubiger – eine unbekannte Haftungsfalle!, NJW-Spezial 2005, 61, weisen darauf hin, dass das Aufgebot der Nachlassgläubiger in der nachlassrechtlichen Praxis weitgehend keine Anwendung findet. Zur Erhebung der Aufgebotseinrede nach § 2015 BGB sei aber die Durchführung des Aufgebotsverfahrens erforderlich. Durch den Hinweis auf die Möglichkeit des Aufgebotsverfahrens könne sich der Anwalt vor möglichen Regressansprüchen der Erben schützen, soweit noch nachträglich eine Nachlassforderung das Erbe belaste.
13 Zöller/Geimer § 995 ZPO Rn 1.

10. Aufgebot zur Kraftloserklärung von Urkunden

23 Die Vorschriften über das Aufgebot zur Kraftloserklärung von Urkunden gelten nur für die **gerichtliche** Kraftloserklärung. Diese Kraftloserklärung muss ausdrücklich durch Bundes- oder Landesgesetz zugelassen sein, wie dies zB bei Inhaberschuldverschreibungen (§ 799 BGB), Namenspapieren mit Inhaberklausel (§ 808 Abs. 2 BGB), Aktien und Zwischenscheinen (§ 72 AktG), Wechseln (Art. 90 WG), Schecks (Art. 59 ScheckG), kaufmännischen Orderpapieren (§§ 363, 365 HGB), Hypotheken-, Grundschuld- und Rentenschuldbriefen (§§ 1162, 1192, 1199 BGB), aber auch bei Sparbüchern[14] der Fall ist. Über § 484 können aufgrund **landesgesetzlicher Regelungen** abweichende Regelungen getroffen werden. Dies erfolgt insbesondere für Sparkassenbücher,[15] Pfandscheine, Versicherungsscheine oder Depotscheine.[16]

24 Von den Vorschriften des Aufgebotsverfahrens werden nicht erfasst: die Kraftloserklärung einer Urkunde mittels öffentlicher Bekanntmachung (§§ 176 BGB, 84 AktG) und die Kraftloserklärung einer gerichtlichen Urkunde aufgrund inhaltlicher Unrichtigkeit (zB § 2361 Abs. 2; § 2368 Abs. 3 BGB). Gesetzlich **ausgeschlossen** ist das Aufgebotsverfahren zudem bei Zins-, Renten- und Gewinnanteilsscheinen sowie die auf Sicht zahlbaren unverzinslichen Schuldverschreibungen (§ 799 Abs. 1 S. 2 BGB).

25 **Antragsberechtigt** ist bei Inhaberpapieren der bisherige Inhaber (§ 467 Abs. 1), bei sonstigen Urkunden derjenige, der das Recht aus der Urkunde geltend machen kann (§ 467 Abs. 2). Neben den allgemeinen Erfordernissen zum Inhalt des Aufgebots (§ 434 Abs. 2) muss der Antragsteller bei dem Aufgebot zur Kraftloserklärung von Urkunden eine **Abschrift** der Urkunde beifügen oder zumindest alles angeben, was zu ihrer Erkennbarkeit erforderlich ist. Ferner muss der Inhaber den Verlust der Urkunde und seine Berechtigung zum Aufgebotsverfahren glaubhaft machen, sowie eine **eidesstattliche Versicherung** über die Wahrheit seiner Angaben anbieten (§ 468). Sondervorschriften zur ergänzenden Bekanntmachung (§ 470) und zu Wertpapieren und Zinsscheinen (§§ 471–472) sind zu beachten. Die **Aufgebotsfrist** beträgt höchstens ein Jahr (§ 476). Die Mindestfrist richtet sich nach § 437 und beträgt sechs Wochen. Soweit sich ein Inhaber von Rechten meldet, hat das Gericht gem. § 477 den Antragsteller hiervon zu unterrichten und ihm Gelegenheit zur Stellungnahme zu geben.

26 Der Aufgebotsbeschluss verleiht dem Antragsteller keine materiell-rechtliche Rechtsposition.[17] Soweit er das Recht des Vorlegenden nicht anerkennt, hat das Gericht nach § 440 vorzugehen und das Verfahren auszusetzen oder den Aufgebotsbeschluss nur unter Vorbehalt auszusprechen. Der Streit über das tatsächliche Bestehen des Rechts müsste dann in einem **Zivilprozessverfahren** geklärt werden.

27 Soweit sich kein Rechteinhaber meldet, erklärt das Gericht im **Ausschließungsbeschluss** die Urkunde für kraftlos (§ 478 Abs. 1). Mit diesem Beschluss kann der An-

---

14 Diese gelten als Namenspapiere mit Inhaberklausel iSv § 808 Abs. 1 BGB; vgl Thalmair, Aufgebotsverfahren und Landesrecht: Zur Kraftloserklärung von Sparbüchern, Rpfleger 2002, 191; Lessing RpflStud 2004, 97, 98.
15 Einzelne Sparkassengesetze der Länder verleihen den Instituten das Recht, die betroffenen Sparbücher selbst für kraftlos zu erklären. Ausführungen hierzu macht Thalmair Rpfleger 2002, 191, 192. Dieser weist auf S. 193 auf den Sonderfall der Postsparbücher hin.
16 Zöller/Geimer § 1003 ZPO Rn 1.
17 Blunk/Winkler, Zur Wirkung von Ausschlussurteilen nach § 1017 ZPO, BKR 2008, 288, 290.

tragsteller gegenüber dem aus der Urkunde Verpflichteten die Rechte aus der Urkunde geltend machen (§ 479 Abs. 1). Bei allen Inhaberpapieren hat das Gericht nach der Kraftloserklärung eine **Zahlsperre** zu erlassen (§§ 480–482).

11. Aufgebot der zur Befriedigung aus dem Zwangsversteigerungserlös Berechtigten

Im Zwangsversteigerungsverfahren kann das Gericht einen Beteiligten nach § 138 Abs. 1 ZVG ermächtigen, das Aufgebotsverfahren zum Zwecke der **Ausschließung** des unbekannten Berechtigten von der Befriedigung aus dem zugeteilten Betrag zu beantragen. Das Verfahren richtet sich im Wesentlichen nach § 140 ZVG. Danach ist das **Vollstreckungsgericht** zuständig. Der Antragsteller hat die infrage kommenden Berechtigten anzugeben und diese aufzufordern, ihre Rechte anzumelden, sowie die Aufforderung zuzustellen. Soweit § 140 ZVG keine Regelungen trifft, finden die allgemeinen Vorschriften nach §§ 433–441 Anwendung.[18]

28

Das Aufgebotsverfahren wird nicht durch die Gebühren des Zwangsversteigerungsverfahrens mit abgegolten. Die **Kosten** werden nach § 128 d KostO gesondert berechnet. Der Antragsteller kann diese aber nach § 140 Abs. 6 ZVG ersetzt verlangen.[19]

29

III. Verfahrenseinleitung

1. Sachliche Zuständigkeit

Für das Aufgebotsverfahren sind die **Amtsgerichte** nach § 23 a Abs. 1 Nr. 2, Abs. 2 Nr. 7 GVG sachlich zuständig. Sämtliche Richtervorbehalte sind durch die Neuregelung im FamFG entfallen. Nach § 3 Nr. 1 c) RPflG obliegt daher ausschließlich dem **Rechtspfleger** die Verfahrensführung.

30

2. Örtliche Zuständigkeit

Bei einem Aufgebot des **Grundstückseigentümers** ist nach § 442 dasjenige Gericht örtlich zuständig, in dessen Bezirk das Grundstück belegen ist. Gleiches gilt für den **Grundrechtspflandgläubiger** nach § 447 Abs. 2. Soweit das Grundstück in mehreren Gerichtsbezirken liegt, ergeht eine gerichtliche Bestimmung der örtlichen Zuständigkeit nach § 5 Nr. 2.

31

Bei dem **Schiffshypothekengläubiger** ist nach § 452 Abs. 2 das Gericht örtlich zuständig, bei dem das Register für das Schiff oder Schiffsbauwerk geführt wird. Für das Aufgebot des **Schiffsgläubigers** ist gem. § 465 Abs. 2 das Gericht örtlich zuständig, in dessen Bezirk sich der Heimathafen oder der Heimatort des Schiffes befindet.

32

Beim Aufgebot des **Nachlassgläubigers** ist nach § 454 Abs. 2 das für den Nachlass zuständige **Nachlassgericht** örtlich zuständig.[20] Das Nachlassgericht ist iSd § 343 Abs. 1 in der Regel das Gericht, in dessen Bezirk der Erblasser zum Zeitpunkt des Erbfalls seinen Wohnsitz oder Aufenthalt hatte. Soweit die Aufgaben des Nachlassgerichts einer

33

---

18 Stöber, Zwangsversteigerungsgesetz, 18. Aufl. 2005 , § 140 ZVG Rn 2.2.
19 Stöber § 140 ZVG Rn 2.9.
20 Zu der alten Zuständigkeitsregelung in § 990 ZPO wurde teilweise die Ansicht vertreten, das Zivil- und nicht das Nachlassgericht sei für die Durchführung des Aufgebots des Nachlassgläubigers zuständig (Harder, ZEV 2002, 90, 93). Durch die Einordnung des Aufgebotsverfahrens in den Bereich der freiwilligen Gerichtsbarkeit dürfte sich diese Ansicht überlebt haben.

anderen Behörde als dem Amtsgericht übertragen worden sind, liegt die örtliche Zuständigkeit bei dem Amtsgericht, in dessen Bezirk die Nachlassbehörde ihren Sitz hat.

34 Beim Aufgebot zur **Kraftloserklärung von Urkunden** ist nach § 466 Abs. 1 S. 1 dasjenige Gericht örtlich zuständig, in dessen Bezirk der in der Urkunde bezeichnete **Erfüllungsort** liegt. Die Bestimmung des Erfüllungsortes richtet sich nach § 269 BGB, wobei eine ausdrückliche Bezeichnung nicht notwendig, sondern ggf durch Auslegung zu ermitteln ist. Soweit mehrere Erfüllungsorte benannt sind, können auch mehrere Gerichtsstände in Betracht kommen. Wenn der Erfüllungsort nicht feststellbar ist, bezieht sich die örtliche Zuständigkeit auf das Gericht, bei dem der **Aussteller** der Urkunde seinen **allgemeinen Gerichtsstand** hat (§ 466 Abs. 1 S. 2 Hs 1). Soweit dieser nicht mehr ermittelbar ist, ist dasjenige Gericht örtlich zuständig, bei dem der Aussteller zur Zeit der Ausstellung seinen allgemeinen Gerichtsstand hatte (§ 466 Abs. 1 S. 2 Hs 2).

35 Wenn ein anderes als das örtlich zuständige Gericht das Aufgebot erlassen hat, ist dieser Umstand nach § 466 Abs. 3 zumindest durch Aushang an der örtlichen Gerichtstafel des zuständigen Gerichts oder durch Einstellung in dessen Informationssystem bekannt zu machen. Anderenfalls liegt ein Verfahrensfehler vor, der zu einer Wiederaufnahme führen kann. Für Rechte an Grundstücken, die in Urkunden verbrieft sind, verbleibt es nach § 466 Abs. 2 bei der allgemeinen Regelung des § 442.

36 Durch § 23 d GVG werden die **Landesregierungen** ermächtigt, mittels Rechtsverordnung einem Amtsgericht für die **Bezirke** mehrerer Amtsgerichte die Angelegenheiten der freiwilligen Gerichtsbarkeit zuzuweisen. Ob und inwieweit dies für das Aufgebotsverfahren geschehen wird, bleibt abzuwarten.

3. Antrag

37 Das Aufgebotsverfahren wird nach § 434 Abs. 1 ausschließlich durch einen Antrag eingeleitet (**Antragsverfahren**). Dieser muss die Bezeichnung des Antragstellers, den Anmeldezeitpunkt und die Bezeichnung der Rechtsnachteile enthalten, die eintreten, wenn eine Anmeldung unterbleibt (§ 434 Abs. 2). **Anwaltszwang** besteht nicht, da iSd § 25 Abs. 1 der Antrag schriftlich oder zur Niederschrift der Geschäftsstelle gestellt werden kann. Die allgemeinen **Prozessvoraussetzungen**, wie zB Prozessfähigkeit oder ggf Vollmacht, müssen vorliegen und werden vom Gericht von Amts wegen geprüft.

38 Soweit der Antragsteller den Antrag wieder zurücknimmt, wird das Verfahren auf dessen Kosten eingestellt. Eine **Einstellung** ist bis zum Erlass des Aufgebotsbeschlusses iSd § 439 Abs. 1 möglich.

4. Antragsberechtigung

39 Bei dem Aufgebot des **Gründstückeigentümers** ist nach § 443 derjenige antragsberechtigt, der das Grundstück in **Eigenbesitz** hat.

40 Beim Aufgebot des Gläubigers von **Grundpfandrechten** oder des auf sonstige Weise dinglich Berechtigten ist gem. § 448 Abs. 1 zunächst der **Eigentümer** des belasteten Grundstücks antragsberechtigt. Soweit nach § 1170 BGB unbekannte Gläubiger ausgeschlossen werden sollen, können neben dem Eigentümer des Grundstücks nach § 448 Abs. 2 auch gleich- oder nachrangige **Gläubiger** antragsberechtigt sein. Gleiches gilt für

eine Gesamthypothek, Gesamtgrundschuld oder Gesamtrentenschuld, soweit der Berechtigte für seinen Anspruch einen vollstreckbaren Titel erlangt hat. Wenn nicht der Eigentümer der Beantragende ist, ist ihm das Aufgebot nach § 450 Abs. 5 von Amts wegen mitzuteilen.

Bei dem Aufgebot des **Nachlassgläubigers** ist zunächst jeder **Erbe** antragsberechtigt, wenn er nicht isd § 455 Abs. 1 für die Nachlassverbindlichkeiten **unbeschränkt** haftet. Denn das Aufgebotsverfahren soll dem Erben eine umfassende Kenntnis über sämtliche Nachlassverbindlichkeiten verschaffen, um ihm eine Entscheidung, die beschränkte Haftung gerichtlich geltend zu machen, zu ermöglichen. Ein solches Aufgebotsverfahren wäre per se sinnlos, wenn der Erbe seine Haftung grundsätzlich nicht beschränken könnte, wie dies zum Beispiel in §§ 1994 Abs. 1 S. 2, 2005 Abs. 1 BGB bezüglich des Inventars der Fall ist. Als Ausnahme gilt lediglich § 460 Abs. 2 bei einer Mehrheit von Erben. Diese sind auch antragsberechtigt, wenn sie unbeschränkt haften. 41

Die **Vor- oder Nacherben** sind ebenfalls antragsberechtigt, genauso wie nach § 455 Abs. 2 Nachlasspfleger, Nachlassverwalter oder Testamentsvollstrecker, wenn ihnen die **Verwaltung** des Nachlasses zusteht. 42

IV. Verfahren
1. Öffentliche Bekanntmachung

In der Regel erfolgt die öffentliche Bekanntmachung des Aufgebots nach § 435 Abs. 1 durch Veröffentlichung im **elektronischen Bundesanzeiger** und durch Aushang an der **Gerichtstafel**. Diese kann durch die Bekanntmachung im **Internet** ersetzt werden, soweit im Gericht ein öffentlicher Internetzugang besteht. 43

Nach § 435 Abs. 2 kann das Gericht anordnen, das Aufgebot zusätzlich noch auf andere Weise, zum Beispiel in der **Tagespresse**, zu veröffentlichen. Aufgrund der immer weiter fortschreitenden Internetnutzung und der in der Regel fehlenden Beachtung der Veröffentlichung in der Tagespresse wird eine Ermessensentscheidung des Gerichts, zusätzliche Veröffentlichungswege zu wählen und damit das Verfahren mit weiteren Kosten zu belasten, nur noch in seltenen Fällen sachgerecht sein. 44

2. Aufgebotsfrist

Die Aufgebotsfrist beträgt nach § 437 mindestens sechs Wochen. Der **Fristbeginn** berechnet sich nach der erstmaligen Veröffentlichung des Aufgebots. **Fristende** ist der im Aufgebot benannte letztmögliche Anmeldezeitpunkt. 45

Bei **Nachlassgläubigern** soll die Aufgebotsfrist nach § 458 Abs. 2 höchstens sechs Monate betragen. Beim Aufgebot zur Kraftloserklärung von **Urkunden** beträgt diese nach § 476 höchstens ein Jahr. Die bisherige Mindestfrist von sechs Monaten entfällt, so dass es nunmehr im Ermessen des Gerichts steht, auch hier die Mindestfrist von sechs Wochen zu bestimmen, ohne auf landesrechtliche Sondervorschriften (vgl § 17 a Nds. AG BGB) zurückgreifen zu müssen. 46

3. Öffentliche Zustellung

47 Da das Aufgebotsverfahren gegen einen unbekannten Rechteinhaber geführt wird, ist der Ausschließungsbeschluss nach § 441 öffentlich zuzustellen. Die öffentliche Zustellung richtet sich nach §§ 186, 187, 188 ZPO. Dies harmoniert mit § 15 Abs. 2, der ebenfalls auf die einschlägigen Normen der ZPO für die Zustellung verweist. Mit Eintritt der Zustellungsfiktion nach § 188 ZPO beginnt die **Rechtsmittelfrist** von einem Monat zu laufen. In der Folge wird der Ausschließungsbeschluss regelmäßig etwa zwei Monate nach seinem Erlass rechtskräftig.

V. Entscheidungsfindung

48 Ist nach § 434 Abs. 2 S. 1 der Antrag zulässig, wird das Aufgebot erlassen. Da der Termin zum **Erlass** des Aufgebots weggefallen ist, ist nunmehr einzig der **Antrag** auf Durchführung des Aufgebotsverfahrens ausreichend. Eines weiteren Antrags bedarf es nicht mehr.

49 Im Sinne des § 439 Abs. 1 entscheidet das Gericht im pflichtgemäßen Ermessen, ob es nähere **Ermittlungen** nach § 26 durchführt. Dies kann im Wege der förmlichen Beweisaufnahme, wie durch die Einvernahme von Zeugen oder Sachverständigen, geschehen. Das Gericht hat iSd § 30 stets zu prüfen, ob eine förmliche Beweisaufnahme erforderlich ist, oder ob ein Freibeweis genügt. § 439 Abs. 1 stellt hierbei ausdrücklich klar, dass zur Glaubhaftmachung auch die **eidesstattliche Versicherung** des Antragstellers ausreicht. Damit soll die Beweisaufnahme jedoch anders als im Verfahren über eine einstweilige Verfügung ausdrücklich nicht auf präsente Beweismittel beschränkt werden.[21]

VI. Entscheidung

50 Die Entscheidung ergeht als **Aufgebotsbeschluss** (§ 439 Abs. 1). Dieser hat rechtsgestaltende Wirkung. In der Beschlussformel wird in der Regel die unbeschränkte **Ausschlusserklärung** ausgesprochen. Nach § 439 Abs. 2 wird die Entscheidung erst mit Rechtskraft **wirksam**. Danach sind alle Rechteinhaber ausgeschlossen, die im gerichtlichen Verfahren ihre Rechte nicht angemeldet haben bzw nicht durchsetzen konnten. Soweit ein Recht angemeldet wurde, kann iSd § 440 eine Ausschlusserklärung unter **Vorbehalt** ergehen. Ein rechtzeitig angemeldeter Vorbehalt ist dabei ohne sachliche Prüfung in den Aufgebotsbeschluss mit aufzunehmen. Es steht aber im Ermessen des Gerichts, das Verfahren so lange **auszusetzen**, bis über das Bestehen des Rechts entschieden wurde.

51 Ein solcher Vorbehalt bewirkt, dass die Rechte aus dem Aufgebotsbeschluss gegen den Vorbehaltenden zunächst nicht durchsetzbar sind. Ob das dem Vorbehalt zugrunde liegende Recht tatsächlich besteht, ist nicht innerhalb des Aufgebotsverfahrens, sondern in einem gesondert durchzuführenden **Zivilprozess** zu klären. Dort kann der sich ein Recht Vorbehaltende sich nicht auf Verfahrensfehler im Aufgebotsverfahren berufen oder gar geltend machen, die Voraussetzungen für den Aufgebotsbeschluss hätten nicht vorgelegen.[22]

---

21 Zöller/Geimer § 952 ZPO Rn 2.
22 BGH MDR 1980, 569.

Soweit im Zivilprozess festgestellt wird, dass dem Vorbehalt das behauptete Recht nicht zugrunde lag, wird entweder das Verfahren wieder aufgenommen und ein vorbehaltsloser Aufgebotsbeschluss erlassen. Soweit bereits ein Aufgebotsbeschluss unter Vorbehalt erlassen wurde, ist dieser als **vorbehaltlos** zu behandeln.[23] Eines erneuten Beschlusses bedarf es nicht (Umkehrschluss aus § 440). 52

VII. Rechtsmittel

Durch die Neuregelung des Aufgebotsverfahrens sind die Rechtmittelmöglichkeiten verbessert worden. Der Rechtsbehelf der **Beschwerde** nach den allgemeinen Regeln (§§ 58 ff) wird nun generell eröffnet. Nach § 439 Abs. 3 findet die **Wertgrenze** des § 61 Abs. 1 auf das Aufgebotsverfahren keine Anwendung. Dies ist vor dem Hintergrund des Art. 19 Abs. 4 GG nachvollziehbar und sinnvoll, da die Ausschlussentscheidung mit ihrer rechtsvernichtenden Wirkung weit reichende Konsequenzen für den Betroffenen hat.[24] 53

Insgesamt bleibt zu berücksichtigen, dass sich das Aufgebotsverfahren regelmäßig gegen einen Unbekannten richtet. In den seltensten Fällen wird der unbekannt Berechtigte innerhalb der nach § 63 einmonatigen Beschwerdefrist von der ihn belastenden Entscheidung Kenntnis erlangen, um so von seinem Anfechtungsrecht Gebrauch machen zu können. Von daher reicht es nicht aus, lediglich den Weg der Beschwerde gegen den Aufgebotsbeschluss zu eröffnen, um den Erfordernissen des Art. 19 Abs. 4 GG zu genügen. Folgerichtig ist ein Antrag auf **Wiedereinsetzung** des Verfahrens zulässig. Die Frist über die Wiedereinsetzung wird abweichend zu § 18 Abs. 3 von einem Jahr auf **fünf Jahre** verlängert. Diese Verlängerung erfolgt aufgrund der Interessenabwägung zwischen demjenigen, der erst mit erheblichem Zeitablauf von der Ausschließung seiner Rechte Kenntnis erlangt hat, und dem Berechtigten mit seinem Bedürfnis nach Rechtssicherheit und Rechtsklarheit.[25] Die Vorschriften über die **Wiederaufnahme** finden nach § 439 Abs. 4 S. 2 mit der Maßgabe Anwendung, dass die Fristen des allgemeinen Teils von fünf auf **zehn Jahre** ebenfalls erheblich verlängert worden sind. 54

VIII. Weitere Hinweise

Landesgesetzliche Regelungen sind nach § 484 möglich. Dabei kann der Landesgesetzgeber gem. § 490 bei nach Landesrecht zu erlassenden Aufgeboten die Vorschriften des FamFG abändern oder sogar vollkommen aufheben.[26] Gleiches gilt nach § 491 für landesrechtliche Zuständigkeitsvorschriften für die Kraftloserklärung von **Inhaberschuldverschreibungen**. 55

Durch die Überführung des Aufgebotsverfahrens von der ZPO in das FamFG ist es auch erforderlich, die **Gerichtskosten** nach der Kostenordnung zu berechnen. Nach § 128 d KostO wird an Gerichtskosten für das Aufgebotsverfahren einschließlich eines Verfahrens betreffend der Zahlungssperre vor sofortiger Einleitung des Aufgebotsverfahrens 56

---

23 So bereits in RGZ 67, 95, 100.
24 Vgl Gesetzesbegründung, BR-Drucks. 309/07, 667.
25 Vgl Gesetzesbegründung, BR-Drucks. 309/07, 667.
26 Ausführungen zum Aufgebotsverfahren und Landesrecht in Bezug auf Sparbücher nach Thalmair Rpfleger 2002, 191 ff

das **Doppelte** der vollen Gebühr erhoben. Damit ist das bisherige Gebührenniveau erhalten geblieben. Außerdem ist klargestellt, dass für die Beantragung einer Zahlungssperre keine gesonderte Gebühr fällig wird.[27] Nach § 3324 VV-RVG beträgt die Gebühr für den **Rechtsanwalt** im Aufgebotsverfahren 1,0. Bei vorzeitiger Beendigung reduziert sie sich auf 0,5.

---

27 Vgl Gesetzesbegründung, BR-Drucks. 309/07, 772.

§ 23 Grundbuchsachen

Literatur: Balser/Bögner/Ludwig, Vollstreckung im Grundbuch, 10. Aufl. 1994; Bauer/von Oefele (Hrsg.), GBO, Kommentar, 2. Aufl. 2006; Brox/Walker, Zwangsvollstreckungsrecht, 8. Aufl. 2008; Demharter, GBO, Kommentar, 26. Aufl. 2008; Hintzen, Pfändung und Vollstreckung im Grundbuch, 3. Aufl. 2008; Holzer, Die Richtigstellung des Grundbuchs, 2005; Holzer/Kramer, Grundbuchrecht, 2. Aufl. 2004; Hügel/Holzer, GBO, Kommentar, 2007; Krohn, Die Pfandrechte an registrierten Schiffen, 2004; Kuntze/Ertl/Herrmann/Eickmann, GBO, Kommentar, 6. Aufl. 2006 (zitiert: KEHE/Bearbeiter); Meikel, GBO, Kommentar, 10. Aufl. 2009 (zitiert: Meikel/Bearbeiter); Prause, Das Recht des Schiffskredits, 3. Aufl. 1979; Schöner/Stöber, Grundbuchrecht, 13. Aufl. 2008.

I. Überblick 1	(6) Abteilung III 54
1. Einleitung 1	(7) Die Grundakten 55
2. Grundbuchverfahren – Verortung und rechtliche Grundlagen 9	dd) Inhalt 56
	ee) Funktionen 59
a) Grundstücksrecht 9	ff) Buchungszwang und Buchungsfreiheit 61
aa) Immobiliarsachenrecht ... 9	
bb) Immobiliarverfahrensrecht 10	gg) Besondere Grundbücher .. 65
	hh) Verzeichnisse des Grundbuchamtes 68
(1) Grundbuchverfahrensrecht 10	
	ii) Grundbuch und Liegenschaftskataster 69
(2) Immobiliarvollstreckungsrecht 12	
	c) Die Grundbucheintragung als Tatbestand 71
b) Grundbuchverfahrensrecht 13	
	aa) Materiell-rechtlicher Typenzwang und eintragungsfähige Grundbucheintragungen 71
c) Grundbuchsachen als Teil der freiwilligen Gerichtsbarkeit 21	
	bb) Konstitutivfunktion 74
d) Änderung des Grundbuchverfahrensrechts durch das FamFG 24	cc) Richtigkeitsvermutung 78
	dd) Öffentlicher Glaube (Schutzwirkung) 79
3. Das Koordinatensystem des Grundbuchverfahrens 28	
	ee) Verhältnis und Reihenfolge von Einigung und Eintragung 82
a) Der Grundstücksbegriff .. 28	
aa) Grundstück im Rechtssinn 28	
	ff) Grundbucheintragung und Rangverhältnis 84
bb) Verhältnis vom Grundstück und Flurstück 30	
	gg) Die Eintragung gemeinschaftlicher Rechte 91
b) Das Grundbuchsystem ... 35	
aa) Einrichtung 35	hh) Die Eintragung einer Gesamtbelastung 93
bb) Arten 40	
(1) Grundbuch in Papierform 40	ii) Die Umdeutung von Grundbucheintragungen .. 94
(2) Maschinell geführtes Grundbuch 41	d) Grundbuchunrichtigkeit und öffentlicher Glaube .. 96
cc) Aufbau 45	aa) Begriff der Unrichtigkeit .. 96
(1) Das Grundbuchblatt als Grundbuch 45	bb) Ursachen 97
	cc) Folgen 99
(2) Aufschrift 49	e) Das Grundbuch als beschränktes öffentliches Register 101
(3) Bestandsverzeichnis 50	
(4) Abteilung I 51	
(5) Abteilung II 52	

§ 23 Grundbuchsachen

- f) Besondere Koordinatenpunkte des Grundbuchverfahrens 102
  - aa) Das Grundbuchamt und seine Organe 102
  - bb) Örtliche Zuständigkeit 105
  - cc) Die Beteiligten des Grundbuchverfahrens 106
  - dd) Die Grundbucheintragung als Verfahrenshandlung .. 109
    - (1) Arten 109
    - (2) Vornahme 111
    - (3) Bezugnahme auf die Eintragungsbewilligung 112
  - ee) Die zehn Strukturprinzipien des Grundbuchverfahrens 114
    - (1) Eintragungsgrundsatz 114
    - (2) Publizitätsgrundsatz 115
    - (3) Antragsgrundsatz 116
    - (4) Spezialitätsgrundsatz oder Bestimmtheitsgrundsatz .. 117
    - (5) Prioritätsgrundsatz 118
    - (6) Das formelle Konsensprinzip 119
    - (7) Das materielle Konsensprinzip 120
    - (8) Der Grundsatz der Beweismittelbeschränkung 121
    - (9) Der Grundsatz der Voreintragung 123
    - (10) Legalitätsprinzip 125
  - g) Behördliche Genehmigungen, Zeugnisse und Bescheinigungen im Grundbuchverfahren 126
- 4. Die Kosten im Grundbuchverfahren 132
  - a) Rechtsgrundlagen 132
  - b) Grundsätze der Kostenfestsetzung im Grundbuchverfahren 133
  - c) Kostenberechnungsbeispiele 136
- II. Verfahrensarten 137
  1. Das Antragsverfahren 137
     - a) Das Antragsverfahren als Hauptverfahren in Grundbuchsachen 137
     - b) Das Eintragungsverfahren 140
     - c) Das Berichtigungsverfahren 141
     - d) Die Eintragung auf Ersuchen einer Behörde (§ 38 GBO) 153
  2. Das Amtsverfahren 157
     - a) Das Amtsverfahren als Ausnahme vom Antragsverfahren 157
     - b) Arten des Amtsverfahrens 159
       - aa) Selbständige Amtsverfahren 162
         - (1) Amtswiderspruch gem. § 53 Abs. 1 S. 1 GBO 162
         - (2) Amtslöschung gem. § 53 Abs. 1 S. 2 GBO 163
         - (3) Zwangsberichtigungsverfahren gem. §§ 82 ff GBO 164
         - (4) Löschung gegenstandsloser Rechte gem. §§ 84 ff GBO 165
         - (5) Rangbereinigungsverfahren gem. §§ 90 ff GBO 168
         - (6) Anlegung eines Grundbuchblattes 171
         - (7) Weitere selbständige Amtsverfahren 172
         - (8) Sonderfall: Amtslöschungen bei Umdeutung 173
       - bb) Annexamtsverfahren 174
         - (1) Widerspruch oder Vormerkung gem. § 18 Abs. 2 GBO 174
         - (2) Nacherbenvermerk gem. § 51 GBO 176
         - (3) Testamentsvollstreckervermerk gem. § 52 GBO .. 178
       - cc) Exkurs: Sonstige Richtigstellungen 180
  3. Das Verfahren der Grundbucheinsichtnahme 181
     - a) Grundbucheinsicht und formelles Publizitätsprinzip 181
     - b) Schranken der Publizität 183
     - c) Einsicht in das EDV-Grundbuch 185
     - d) Das automatisierte Grundbuchabrufverfahren 186
- III. Verfahrenseinleitung 188
  1. Das Antragsverfahren 188
     - a) Rechtsnatur des Antrags .. 188

§ 23 Grundbuchsachen

aa) Rechtsnatur 188
bb) Reiner Antrag 189
cc) Gemischte Anträge 190
b) Antragsberechtigung 192
aa) Berechtigter 192
bb) Verzicht auf Antragsberechtigung/Verwirkung ... 196
cc) Verfahrens- oder Beteiligtenfähigkeit 198
dd) Grundbuchfähigkeit 199
ee) Vertretung 200
(1) Gesetzliche Vertretung 201
(2) Rechtsgeschäftliche Vertretung 204
c) Inhalt des Antrages 207
aa) Eintragungsinhalt 207
bb) Eintragungsantrag und Eintragungsbewilligung ... 209
cc) Weiterer Inhalt des Antrags 210
dd) Antrag unter Vorbehalt, § 16 GBO 211
d) Form des Antrages 213
e) Materiell-rechtliche Bedeutung der Antragstellung 215
f) Antragstellung durch den Notar 216
g) Die Eintragungsbewilligung 222
h) Die Einigung 225
i) Unrichtigkeitsnachweis ... 227
j) Der Nachweis der Erbfolge, § 35 GBO 228
k) Besonderheiten zum Voreintragungsgrundsatz 231
l) Die Eigentümerzustimmung, § 27 GBO 232
m) Bezeichnung des Grundstücks und der Geldbeträge 233
n) Rangbestimmung 235
o) Angabe des Gemeinschaftsverhältnisses 236
p) Behördliche Genehmigungen, Zeugnisse und Bescheinigungen 237
2. Eintragung auf Ersuchen einer Behörde 238
3. Das Amtsverfahren 242
a) Selbständiges Tätigwerden von Amts wegen 242

b) Verfahrenseinleitung von Amts wegen als Annexhandlung 243
c) Anregung eines Amtsverfahrens 244
4. Das Verfahren der Einsichtnahme 246
a) Antrag 246
b) Darlegung des „berechtigten Interesses" 247
c) Sonderregelungen 248
5. Verfahrensbeendigende Handlungen 249
a) Rücknahme des Antrags .. 249
aa) Berechtigung 249
bb) Umfang 250
cc) Zeitpunkt, Wirkung 251
dd) Form, Begründung 252
ee) Verzicht auf Rücknahme 253
b) Zurücknahme des Ersuchens 254
c) Rücknahme der Anregung 255
6. Muster für das Antragsverfahren 256
a) Antrag bei Eintragung im Bestandsverzeichnis (Begründung von Wohnungseigentum nach § 8 WEG) 256
b) Antrag auf eine Eintragung in Abteilung I (kurzer Kaufvertrag mit Auflassung eines landwirtschaftlichen Grundstücks) 257
c) Antrag auf eine Eintragung in Abteilung II (Bestellung eines Nießbrauchs) 258
d) Antrag auf eine Eintragung in Abteilung III (Löschung einer Grundschuld) 259
IV. Verfahren 260
1. Das Antragsverfahren 260
a) Verfahrensablauf 260
aa) Der Antragseingang 260
bb) Das Prüfungsverfahren ... 262
cc) Die Eintragungsverfügung 265
b) Verfahrensgrundsätze 266
aa) Antragsgrundsatz 266
bb) Bewilligungsgrundsatz 267

Eckert 989

cc) Beweisgrundsatz 268
dd) Bestimmtheitsgrundsatz .. 269
ee) Prioritätsgrundsatz 270
ff) Anhörung 271
c) Allgemeine Verfahrensvoraussetzungen 272
aa) Örtliche Zuständigkeit 272
bb) Sachliche Zuständigkeit .. 273
cc) Funktionelle Zuständigkeit 274
2. Verfahrensgrundsätze im Amtsverfahren 275
a) Zuständigkeit 275
b) Ablauf 276
c) Behandlung von „Anträgen" 277
d) Der Ermittlungsgrundsatz 279
e) Beweismittel 281
f) Anhörung 282
3. Verfahren der Einsichtnahme 283
a) Zuständigkeit 283
b) Anhörung 284
V. Entscheidungsfindung 285
1. Antragsverfahren 285
a) Gewinnung der Entscheidungsgrundlagen 285
b) Prüfung des Antrags 287
c) Prüfungskompetenz 289
d) Die Behandlung fehlerhafter Anträge 291
e) Feststellungslast 292
2. Amtsverfahren 293
a) Gewinnung der Entscheidungsgrundlagen 293
b) Prüfungsumfang 294
c) Feststellungslast 295
3. Prüfungsumfang beim Verfahren der Einsichtnahme 296
VI. Entscheidung 297
1. Entscheidungen in einem Antragsverfahren 297
a) Die Eintragung 297
b) Die Zurückweisung 299
c) Zwischenverfügung 300
2. Entscheidungen im Amtsverfahren 305
3. Entscheidungen im Verfahren der Einsichtnahme 308
4. Sonstige Entscheidungen 310
5. Zwischenentscheidungen im Grundbuchverfahren 311

VII. Rechtsmittel und Rechtsbehelfe im Grundbuchverfahren 318
1. Überblick 318
2. Ordentliche Rechtsbehelfe im Grundbuchverfahren 322
a) Der Rechtsmittelzug im Grundbuchverfahren 322
aa) Die Beschwerde 322
bb) Die Rechtsbeschwerde 325
b) Auswirkungen der Besonderheiten des Grundbuchverfahrens für die Rechtsmittelmöglichkeiten 328
aa) Beschwerdefähige Entscheidungen 328
bb) Beschränkung der Beschwerde 329
c) Das Beschwerdeverfahren 331
aa) Beschwerdeberechtigung 331
bb) Form, Inhalt 333
cc) Frist 336
dd) Zuständigkeit 337
ee) Wirkung 339
ff) Abhilfeverfahren 340
gg) Entscheidung 342
hh) Einstweilige Anordnung .. 348
ii) Kosten 350
d) Das Rechtsbeschwerdeverfahren 352
aa) Statthaftigkeit 352
bb) Frist und Form 354
cc) Zuständigkeit 356
dd) Entscheidung 357
e) Die fristgebundene Grundbuchbeschwerde ... 360
f) Die Beschwerde gegen die Anlegung eines Grundbuchblatts 361
3. Befristete Rechtspflegererinnerung 363
4. Außerordentliche Rechtsbehelfe 365
a) Gegenvorstellung 365
b) Dienstaufsichtsbeschwerde 366
c) Widerspruch 367
d) Außerordentliche Beschwerde, Anhörungsrüge 369
5. Sonstige Möglichkeiten bei unrichtiger Eintragung 371

a) Berichtigung unter Mitwirkung des Buchberechtigten 371
b) Unrichtigkeitsnachweis mittels öffentlicher Urkunden 372
c) Fassungsbeschwerde 373
6. Rechtsbehelfe gegen Entscheidungen des Urkundsbeamten 374
7. Rechtsbehelfe in Grundbuchkostensachen 375
VIII. Zwangsvollstreckung 379
1. Zwangsvollstreckung im Grundbuchverfahren 379
2. Zwangsvollstreckung und Grundbuch (Immobiliarvollstreckung) 381
IX. Weitere Hinweise 387
1. Besonderheiten im Beitrittsgebiet 387
2. Besonderheiten bei sog. Alten Rechten 389
3. Besonderheiten aufgrund des Landesrechts 394
4. Weitere grundbuchähnliche Register 396
   a) Schiffsregister 397
   b) Luftfahrzeugregister 401
5. Besonderer Hinweis: Ausländische Urkunden im deutschen Grundbuchverfahren .. 405
6. Besonderer Hinweis: Unschädlichkeitszeugnis 408
7. Besonderer Hinweis: Auflassung bei rechtskräftigem Urteil 410
8. Besonderer Hinweis: Auflassung und gerichtlicher Vergleich 413

I. Überblick

1. Einleitung

Grund und Boden sind nicht beliebig vermehrbar. Das Grundeigentum ist ein wesentliches Element der Vermögensbildung – nicht nur in Deutschland, sondern weltweit. Trotz der aktuellen Immobilienkrise in den USA hat sich in der bisherigen Wirtschaftsgeschichte das Grundeigentum als besonders wertbeständig erwiesen und gilt deshalb seit alters her als äußerst sichere Vermögensanlage. Das Grundeigentum genießt daher eine besondere Wertschätzung und hat Bedeutung nicht nur für die Vermögensbildung, sondern auch für den Realkredit. Einer Rechtsordnung muss es daran gelegen sein, die Rechtsverhältnisse des jeweiligen Grundstücks eindeutig und klar zu regeln. Anders als bei beweglichen Sachen kann jedoch nicht ohne Weiteres der Besitz das Eigentum nach außen bezeugen, weswegen die Publizität der Rechtsverhältnisse des jeweiligen Grundstücks anders gewährleistet werden muss. Waren schon im Altertum in Griechenland öffentliche Protokolle über die Begründung dinglicher Rechte an Immobilien bekannt, so verschwand im römischen Rechtsleben das **Publizitätssystem**, da der rechtsgeschäftliche Verkehr mit Mobilien und Immobilien im Wesentlichen nach gleichen Grundsätzen beurteilt wurde.[1]

Im deutschen Recht stand jedoch seit jeher im Gegensatz zum römischen Recht der Grundstücksverkehr unter dem Prinzip der Publizität. Das deutsche Recht strebte daher schon immer – zunächst unter Hinzuziehung einer bestimmten Anzahl von Zeugen – zur **Öffentlichkeit und Sicherheit der Rechtsverhältnisse** sowie der Rechtsveränderungen an Grundstücken. So entstanden im Laufe der Zeit verschiedene Formen der Nachweise für Rechtsverhältnisse und Rechtsveränderungen an Immobilien. Wesentliche

---

1 Deshalb erscheint es heute als ein großer Mangel des im Übrigen sonst so fein ausdifferenzierten römischen Rechts, dass dieses Recht nicht zwischen beweglichen und unbeweglichen Sachen unterschied.

Grundlagen und Formen waren dabei öffentliche Urkunden, öffentliche Bücher und Register.

3 **Grundbücher** im heutigen Sinn (jedoch mit verschiedenen Systemen) entstanden dabei für größere Gebiete in Deutschland erst im 19. Jahrhundert. Nachdem dann durch das Bürgerliche Gesetzbuch zum 1.1.1900 ein einheitliches deutsches Recht im materiellen Sinne eingeführt wurde, war es notwendig, auch die im BGB vorgesehene Einrichtung eines Grundbuchs auf alle Bundesstaaten des Reiches durch die Grundbuchordnung von 1897 auszudehnen.[2]

4 Die **Grundbuchordnung von 1897** war jedoch noch nicht mit dem Ziel einer umfassenden Vereinheitlichung des Grundbuchverfahrensrechts erlassen. Zunächst wurden einheitliche Bestimmungen zur Sicherung der formellen Grundlagen des Immobiliarsachenrechts des BGB erlassen. Es entstand daher zunächst ein reichseinheitlicher verfahrensrechtlicher Rahmen. Das formelle Grundbuchrecht war also auch nach Erlass der GBO von 1897 im Deutschen Reich relativ heterogen.

5 Diese Zersplitterung wurde mit der **Grundbuchreform von 1935** weitgehend beseitigt. Das Grundbuchwesen wurde damals vereinheitlicht durch die Verordnung zur Änderung des Verfahrens in Grundbuchsachen vom 5.8.1935. Die GBO von 1935 ist dann in der Folgezeit in der Bundesrepublik Deutschland durch zahlreiche Detailbestimmungen weitergeführt worden.

6 Nachdem das **Grundbuchrecht in der DDR** eine gesonderte Entwicklung genommen hatte, insbesondere durch die grundlegende Neugestaltung des Zivilrechts im Zivilgesetzbuch von 1975, erfolgte am 3.10.1990 auch eine Wiedervereinigung des Grundbuchrechts durch Einführung der Grundbuchordnung mit AVO und GBV in den neuen Bundesländern. Allerdings bedurfte es zur Wiedervereinigung des Grundbuchrechts auch überleitender Maßnahmen (vgl Rn 387).

7 1993 erfolgten im Sinne einer Grundbuchrechtsreform umfassende Änderungen des Grundbuchrechts durch das Gesetz über die Vereinfachung und Beschleunigung registerrechtlicher und anderer Verfahren (RegVBG) vom 20.12.1993.[3] Die grundlegende Bearbeitung der GBO erfolgte hier insbesondere im Hinblick auf die Einrichtung eines EDV-Grundbuchs als erstem Schritt hin zu einem **papierlosen Grundbuch**. Auch nach der Reform von 1993 wurden grundbuchverfahrensrechtliche Bestimmungen in vielen Gesetzen immer wieder geändert.

8 Gleichwohl kann das heutige Grundbuchrecht als im Kern äußerst **beständiges Rechtsgebiet** angesehen werden, so dass sich im Grundbuchrecht auch die besondere Stabilität von Grundeigentum widerspiegelt.

---

2 GBO vom 24.3.1897, RGBl. I 1897, 139; im Übrigen geben die Motive zum BGB einen umfassenden, interessanten Überblick über das Liegenschaftsrecht und die Grundstücksregister in den einzelnen deutschen Ländern bei Einführung des Grundbuchs durch das BGB.
3 BGBl. I 1993, 2182.

2. Grundbuchverfahren – Verortung und rechtliche Grundlagen
a) Grundstücksrecht
aa) Immobiliarsachenrecht

Im Grundstücksrecht sind materielles und formelles Recht eng miteinander verflochten. Ausgangspunkt ist dabei zunächst das materielle Grundstücksrecht, das sog. Immobiliarsachenrecht. Dieses enthält Regeln, die das Entstehen, den Inhalt, die Übertragung und das Erlöschen von Rechten bestimmen. Das Immobiliarsachenrecht des BGB setzt dabei die Institution des Grundbuchs voraus, es ist jedoch nicht nur im BGB geregelt, sondern auch in weiteren Gesetzen, wie dem Erbbaurechtsgesetz und dem Wohnungseigentumsgesetz. 9

bb) Immobiliarverfahrensrecht
(1) Grundbuchverfahrensrecht

Das Immobiliarverfahrensrecht muss dagegen noch einmal eingeteilt werden in das Grundbuchverfahrensrecht und das Immobiliarvollstreckungsrecht. 10

Das **Grundbuchverfahrensrecht** regelt als formelles Sachenrecht die Einrichtung der Grundbücher, die Voraussetzungen der Eintragungen und das Eintragungsverfahren. Das Grundbuchverfahrensrecht ist dabei die verfahrensrechtliche Ergänzung zum materiellen Liegenschaftsrecht. 11

(2) Immobiliarvollstreckungsrecht

Verfahrensrecht mit dem Regelungsgegenstand Grundstück ist jedoch auch das Immobiliarvollstreckungsrecht, welches sich mit den verfahrensrechtlichen Besonderheiten der Vollstreckung in das unbewegliche Vermögen widmet. Gem. § 869 ZPO werden nämlich die Zwangsversteigerung und die Zwangsverwaltung durch ein besonderes Gesetz geregelt. Dies erfolgt durch das **Gesetz über die Zwangsversteigerung und die Zwangsverwaltung (ZVG)**. Das ZVG regelt somit das Immobiliarvollstreckungsrecht als besonderes Verfahrensrecht für Immobilien und komplettiert somit die ZPO. Während also die Grundbuchordnung besonderes Verfahrensrecht zur Ergänzung des materiellen Liegenschaftsrechtes regelt, regelt das ZVG besonderes Verfahrensrecht betreffend die Vollstreckung in Immobilien, so dass das Immobiliarverfahrensrecht sich aus den zwei Säulen Grundbuchverfahrensrecht und Immobiliarvollstreckungsrecht zusammensetzt, wobei in beiden Säulen die Besonderheiten, die im modernen Rechtsverkehr an den Umgang mit Grundstücken gestellt werden, deutlich werden. 12

b) Grundbuchverfahrensrecht

Vom Immobiliarverfahrensrecht ist jedoch hier bezüglich der Grundbuchsachen nur das eigentliche Grundbuchverfahrensrecht von Interesse. Das Immobiliarvollstreckungsrecht als solches gilt über § 869 ZPO als in der ZPO enthalten, ist daher Teil der ZPO und somit der streitigen Gerichtsbarkeit zuzuordnen. 13

Das Grundbuchverfahrensrecht ist im Wesentlichen durch **Bundesrecht** geregelt. 14

15 Formelles Grundbuchrecht ist insbesondere in folgenden bundesrechtlichen Rechtsquellen enthalten:

- Grundbuchordnung (GBO) mit Verordnung zur Durchführung der GBO (GBV),
- Verordnung über die Anlegung und Führung der Wohnungs- und Teileigentumsgrundbücher (WGV),
- das Grundbuchmaßnahmengesetz (GBMaßnG),
- das Rechtspflegergesetz (RPflG),
- das Beurkundungsgesetz (BeurkG),
- die Kostenordnung (KostO),
- und schließlich auch (aber nur bedingt) das Gesetz über das Verfahren in Familiensachen und Angelegenheiten der freiwilligen Gerichtsbarkeit (FamFG).

16 Das **europäische Recht** hat daneben für die Grundbuchpraxis eine geringe Bedeutung. Bedeutung kann das europäische Recht für die Grundbuchpraxis nur insoweit haben, als es unmittelbar in den Mitgliedstaaten wirkt.[4]

17 Das **Landesrecht** enthält in geringem Maße noch materielles Grundstücksrecht insoweit, als es aufgrund der Gesetzgebungsvorbehalte des EGBGB erlassen worden ist, wozu dann auch der Landesgesetzgeber ergänzendes Grundbuchverfahrensrecht regeln kann, § 136 GBO. Grundbuchverfahrensrecht enthalten auch die Geschäftsanweisungen der Landesjustizministerien. Zu erwähnen ist hier weiterhin auch das baden-württembergische LFGG, welches weit reichende Ausnahmen von dem in den anderen Ländern geltenden Grundbuchrecht enthält.[5]

18 Für das Grundbuchverfahrensrecht nicht unbedeutend ist schließlich auch **ungeschriebenes Recht**. Dies überrascht zunächst im Hinblick auf die doch sehr hohe gesetzliche Regelungsdichte. Gleichwohl ist das Grundbuchrecht in nicht unerheblichem Maß auch ungeschriebenes Recht. Da die Vorschriften der Grundbuchordnung aufgrund ihrer äußerst kurzen Ausformung für die Grundbuchpraxis ausfüllungsbedürftig gewesen waren, entwickelte sich im Laufe der Jahre durch die Kommentarliteratur und die Rechtsprechung ungeschriebenes Recht zur Ausfüllung des Gesetzesrechts.

19 Zu beachten ist dabei auch, dass der Grundsatz, dass das Immobiliarsachenrecht im BGB und das Grundbuchverfahrensrecht in der GBO zu finden ist, Ausnahmen erfährt. So sind Verfahrensvorschriften auch enthalten in § 1115 BGB, in den §§ 14–17 ErbbauRG und in den §§ 7, 9 Abs. 1, 32 WEG. Umgekehrt sind die Vorschriften der §§ 3 Abs. 1 S. 2 und 49 GBO dem materiellen Recht zuzurechnen.

20 Trotz der rechtlichen Selbständigkeit beider Rechtsgebiete, also des Immobiliarsachenrechts und des Grundbuchverfahrensrechts, ergänzen sich beide zur Herbeiführung der jeweiligen dinglichen Rechtsänderung. Es hat sich ein sehr fein abgestimmtes System zwischen materiell-rechtlichen und formellen Vorschriften entwickelt, wobei das

---

4 Eine solche unmittelbare Wirkung kann sich zB aus den Beihilfevorschriften aus Art. 93 Abs. 3 EG sowohl für einen schuldrechtlichen Kaufvertrag wie auch die Auflassung ergeben, vgl hierzu Eckert, EG-Beihilferecht und Grundstückskaufvertrag, NotBZ 2005, 345.
5 Z. B. die Grundbuchführung durch Notare, die Kommunalgrundbücher, die Wahrnehmung von Aufgaben des Urkundsbeamten der Geschäftsstelle durch einen Kommunalbeamten, den sog. Ratsschreiber.

I. Überblick

Grundbuchverfahrensrecht dem Immobiliarsachenrecht untergeordnet ist. Das Grundbuchverfahrensrecht hat also letztlich vor allem **dienende Funktion**, nämlich ein Verfahren bereit zu stellen, um das materielle Grundstücksrecht zu verwirklichen. Die Verfahrensbestimmung als Hilfsmittel zu dieser Rechtsverwirklichung und der Rechtsverwahrung soll dabei so wenig wie möglich dazu führen, dass das materielle Recht an Verfahrensfragen scheitert. Das Grundbuchverfahrensrecht ist daher der Diener des Immobiliarsachenrechts und muss stets an dieser rein dienenden Funktion gemessen werden. Grundbuchverfahrensrecht als solches hat keinen eigenen Zweck, sondern erlangt Zweck nur durch das materielle Liegenschaftsrecht.

c) Grundbuchsachen als Teil der freiwilligen Gerichtsbarkeit

Das Grundbuchverfahrensrecht wurde stets als Teil der freiwilligen Gerichtsbarkeit angesehen, auch wenn es aufgrund seiner Besonderheiten von Anfang an in einer eigenen Verfahrensordnung, nämlich der Grundbuchordnung, geregelt wurde.

Da die Grundbuchsachen mit der Grundbuchordnung eine **eigenständige Verfahrensordnung** erhalten hatten und diese von den Besonderheiten des Grundbuchverfahrens geprägt wurde, ist zu berücksichtigen, dass stets zu prüfen ist, inwieweit Vorschriften der freiwilligen Gerichtsbarkeit, also jetzt insbesondere diejenigen des FamFG, aufgrund der Sonderstellung des Grundbuchverfahrens Anwendung finden können.[6]

Grundbuchsachen sind daher zwar Teil der sog. freiwilligen Gerichtsbarkeit, aber ein besonders eigenständiger Teil der freiwilligen Gerichtsbarkeit, was sich in der Grundbuchordnung als eigener Verfahrensordnung manifestiert.

d) Änderung des Grundbuchverfahrensrechts durch das FamFG

Im Gesetzgebungsverfahren des FamFG hat das Grundbuchverfahrensrecht eine unbedeutende Nebenrolle gespielt. Durch das FamFG sollte zwar ein monolithisches Gesetz zur Regelung von Familiensachen und in Angelegenheiten der freiwilligen Gerichtsbarkeit entstehen. Eingedenk der Besonderheiten des Grundbuchverfahrens hatte jedoch der Gesetzgeber richtigerweise nicht den Ehrgeiz, auch das Grundbuchverfahren als Teil des FamFG in dieses zu integrieren. Vielmehr wird auch weiterhin die Grundbuchordnung für das Grundbuchverfahren als **eigenständige Verfahrensordnung neben dem FamFG** bestehen bleiben.

Die Grundbuchordnung als Kernstück des Grundbuchverfahrens hat daher durch das Gesetz zur Reform des Verfahrens in Familiensachen und in Angelegenheiten der freiwilligen Gerichtsbarkeit (FGG-Reformgesetz – FGG-RG) in dessen Art. 36 vor allem redaktionelle Änderungen im Hinblick auf die Einführung des FamFG erfahren.

Eine wesentliche inhaltliche Änderung hat jedoch auch das Grundbuchverfahren durch das FGG-Reformgesetz erfahren. Weil man nämlich das Grundbuchverfahren auch als Teil der freiwilligen Gerichtsbarkeit ansah, war die gesetzgeberische Intension, den Rechtsmittelzug im Grundbuchverfahren dem neuen **Rechtsmittelzug** nach dem FamFG anzugleichen.

---

6 Auch nach Erlass des FGG-RG ist also unklar, welche Vorschriften des FamFG im Grundbuchverfahren angewendet werden können.

27 Entgegen der Anregung des Bundesrates, den Rechtmittelzug in Grundbuchsachen aus sachlichen Erwägungen bei der bisherigen Regelung zu belassen, sah es der Bundesgesetzgeber als sinnvoll an, bei der grundlegenden Neugestaltung des Rechtsmittelzuges in FGG-Sachen einen einheitlichen Rechtszug mit einer möglichst weitgehenden Konzentration des Beschwerdeverfahrens bei den Oberlandesgerichten einzuführen und hierbei die Grundbuchsachen nicht auszunehmen.[7] Durch **Art. 36 Nr. 6 und 10 FGG-RG** wurden daher die §§ 72 und 81 Abs. 1 GBO dahingehend geändert, dass als Beschwerdegericht in Grundbuchsachen gemäß der allgemeinen Vorgaben künftig anstelle des Landgerichts das Oberlandesgericht für Beschwerdesachen zuständig ist. Durch Art. 36 Nr. 8 und 9 FGG-RG wurde zudem die Rechtsbeschwerde auch in Grundbuchsachen eingeführt.

3. Das Koordinatensystem des Grundbuchverfahrens
a) Der Grundstücksbegriff
aa) Grundstück im Rechtssinn

28 Zentraler Begriff und zentraler Gegenstand des Grundbuchverfahrens ist das **Grundstück**. Allerdings benutzt das Gesetz den Begriff des Grundstücks als buchungstechnische Einheit ohne eine genauere Definition für den Grundstücksbegriff zu geben, § 2 Abs. 2 GBO. Ein Grundstück in der Natur, also ein Grundstück im tatsächlichen Sinne, ist ein „räumlich abgegrenzter Teil der Erdoberfläche".[8] Für das Grundstück im Rechtssinne gibt dann weder die GBO noch das BGB eine Begriffsbestimmung. Die Vorschrift zur Buchung der Grundstücke lässt jedoch den Rückschluss zu, dass man als **Grundstück im Rechtssinn** einen räumlich abgegrenzten Teil der Erdoberfläche zu verstehen hat, wenn er im Grundbuch als rechtliche Einheit an einer besonderen Stelle eingetragen ist.[9]

29 Ein Grundstück im Rechtssinne ist somit „jeder gegen andere Teile räumlich abgegrenzter Teil der Erdoberfläche, der auf einem besonderen Grundbuchblatte für sich allein oder auf einem gemeinschaftlichen Grundbuchblatt unter einer besonderen Nummer im Verzeichnisse der Grundstücke [jetzt Bestandsverzeichnis] gebucht ist".[10]

bb) Verhältnis vom Grundstück und Flurstück

30 Das Grundbuchsystem in Deutschland setzt eine genau vermessene und kartographisch erfasste Erdoberfläche voraus. Umgesetzt wird dieses amtliche Vermessungssystem durch das **Liegenschaftskataster**, dessen Einrichtung die Grundbuchordnung in § 2 Abs. 2 GBO als amtliches Verzeichnis voraussetzt. Auch das Liegenschaftskataster als amtliches Verzeichnis muss mit einer Buchungseinheit operieren, damit die im Katasterkartenwerk dargestellten und in den Katasterbüchern beschriebenen Liegenschaften vor Ort aufgefunden werden können. Da jedoch das Grundbuch auf das Liegenschafts-

---

7 Vgl BR-Drucks. 309/07, 91, und die Gegenäußerung der Bundesregierung hierzu, BT-Drucks. 16/6308, 425.
8 So schon RG v. 15.2.1908, RGZ 68, 24, 25.
9 Ein Grundstück ist dann an einer besonderen Stelle im Grundbuch eingetragen, wenn das Grundstück gem. § 3 Abs. 1 GBO einzeln auf einem Grundbuchblatt oder gem. § 4 Abs. 1 GBO auf einem gemeinschaftlichen Grundbuchblatt unter einer besonderen Nummer gem. § 6 Abs. 1 GBV vorgetragen ist.
10 So schon RG v. 12.3.1914, RGZ 84, 265, 270; vgl im Übrigen statt vieler Demharter, 26. Aufl. 2008, § 2 GBO Rn 15.

kataster zurückgeführt wird, muss die Buchungseinheit des Liegenschaftskatasters eine andere sein, als die des Grundbuchrechts. Man nennt diese Buchungseinheit **Flurstück** oder auch Katasterparzelle. Dabei ist das Flurstück ein Teil der Erdoberfläche, der von einer in sich zurücklaufenden Linie umschlossen und in der Flurkarte unter einer besonderen Nummer aufgeführt wird.[11]

Ein Grundstück im Rechtssinn und ein Flurstück sind daher nicht notwendig identisch. Ein Grundstück im Rechtssinn kann daher aus mehreren Flurstücken bestehen, während umgekehrt ein Flurstück nicht mehrere Grundstücke im Rechtssinne umfassen kann.[12] **31**

Eine immer geringer werdende Rolle spielt das sog. **Zuflurstück**.[13] § 2 Abs. 3 S. 2 Hs 2 GBO ermöglicht sie auch weiterhin. Unter einem Zuflurstück ist daher ein im rein vermessungstechnischen Sinn verselbständigter Teil eines Flurstücks zu verstehen, der von einem Flurstück abgetrennt und mit einem anderen Flurstück sodann verschmolzen werden soll. Er erhält keine Eigenständigkeit, weswegen er auch weder durch eine eigene Flurnummer noch durch eine besondere Darstellung in der Flurkarte ausgewiesen wird. Das Zuflurstück ist somit ein Flurstück ohne selbständige Flurstücksnummer für die Zeit des Flächenübergangs mit einer auf das aufzunehmende Flurstück hindeutenden (Bestimmungsnummer) und die Herkunft (aus dem Stammgrundstück) ausweisenden vereinfachten Grundstücksbezeichnung, zB „zu 3 (aus 7)". In das Grundbuch kann ein Zuflurstück als selbständiges Grundstück daher zwar nicht eingetragen werden. Im Hinblick auf die §§ 890, 903 BGB ist es jedoch für die Eintragung der Grundstücksveränderung in das Grundbuch ein rechtlich selbständiges Grundstück. Es können auch mehrere Zuflurstücke mit einem Grundstück vereinigt oder einem Grundstück als Bestandteil zugeschrieben werden. Ein neues Grundstück im Rechtssinn kann auch dergestalt entstehen, dass es ausschließlich aus Zuflurstücken zusammengesetzt wird. **32**

Vermessen werden also nicht die Grundstücke im Rechtssinne, sondern die Flurstücke, weswegen ein Flurstück zwingend die maximal gleichgroße oder eine kleinere Buchungseinheit ist und das Flurstück dann, wenn ein Grundstück aus einem Flurstück besteht, auch Idealgrundstück genannt wird. Eine kleinere Buchungseinheit ist ein Flurstück dann, wenn ein Grundstück im Rechtssinn aus mehreren Flurstücken besteht, auch zusammengesetztes oder vereinigtes Grundstück genannt. **33**

Bedeutung hat dieses Zusammenspiel zwischen Flurstück und Grundstück auch für den Umfang des **öffentlichen Glaubens** des Grundbuchs iSv § 892 Abs. 1 BGB. Da das Grundbuch auf das Liegenschaftskataster zurückgeführt wird und nicht umgekehrt, wird die aus dem Kataster übernommene Begrenzung des Flurstücks, also die Katastergrenze, auch zur Grenze des Grundstücks. Die Zurückführung auf das Liegen- **34**

---

11 Vgl auch Demharter § 2 GBO Rn 17.
12 Allerdings können ein Anliegerweg, ein Anliegergraben und ein Anliegerwasserlauf uU ein Flurstück bilden und trotzdem kein selbständiges Grundstück im Rechtssinne sein. In diesem Fall enthält ein Flurstück ausnahmsweise Teilflächen aus mehreren Grundstücken im Rechtssinne und die jeweils angrenzenden Grundstücke im Rechtssinne enthalten jeweils einen Flurstücksteil, vgl hierzu Demharter § 2 GBO Rn 18 mwN.
13 Bei Bodenveränderungen von nur geringer und vorübergehender Bedeutung wurden von den Vermessungsämtern die Bestandverzeichnisse und Liegenschaftskataster mit Zuflurstücken vereinfacht dargestellt. Diese Zuflurstückbehandlung wird jedoch mittlerweile aufgrund neuer Verfahrensweisen nicht mehr angewandt, sondern durch die Zerlegung von Flurstücken ersetzt, die auch in das Grundbuch eingetragen werden. Grundstücksveränderungen mit Zuflurstücken sind vielfach in Grundbüchern eingetragen.

schaftskataster hat deshalb die Konsequenz, dass die Grundstücksgrenze den Gutglaubensvorschriften unterliegt. Deshalb schreibt § 28 S. 1 GBO auch bei der Bezeichnung des Grundstücks im Eintragungsantrag bzw der Eintragungsbewilligung vor, dass das Verhältnis zwischen Grundstück und Flurstück zu beachten ist. Das Grundstück ist daher nach Gemarkung, Kartenblatt (Flur) und Flurstück (Katasterparzelle) zu bezeichnen, während andere Bezeichnungen in der Regel nicht genügen, also zB die bloße Bezeichnung nach Straße und Hausnummer.

Hinweis: Bei Grundstücksübertragungen, insbesondere bei Grundstückskaufverträgen, sollte schon bei einem geringsten Zweifel ein **amtlicher Lageplan** als Auszug aus dem Katasterkartenwerk hinzugezogen werden, um Klarheit über Lage und Grenze des jeweiligen Grundstücks zu erhalten. Digitale Flurkarten können heutzutage in der Regel von jedem Notar über das Internet heruntergeladen werden. Nicht selten besteht der von den Beteiligten in der Natur eingesehene Vertragsgegenstand aus mehreren Flurstücken, die teilweise auch mehrere Grundstücke im Rechtssinne bilden. Ist dann ein anderes Flurstück als Grundstück im Rechtssinne auf einem anderen Grundbuchblatt gebucht, so kann dies bei der Übertragung im Rahmen eines Kaufvertrags schnell übersehen werden, weil dieses auch der Notar bei der Grundbuchrecherche nicht auffindet. Hier hilft die parallele Arbeit mit dem amtlichen Lageplan.

b) Das Grundbuchsystem
aa) Einrichtung

35 Das Grundbuch als Sammlung von grundstücksbezogenen Daten sollte sinnvollerweise – wenn auch verfassungsrechtlich wohl nicht unbedingt zwingend – einer **staatlichen Stelle** übertragen werden. Es ist auch im eigenen Interesse des Staates, mit dem Grundbuch eine zuverlässige Grundlage des privaten Grundstücksverkehrs zu gewährleisten. Wenn der Gesetzgeber dem Grundbuch hinsichtlich der Rechtsverhältnisse, die in diesem zum Ausdruck kommen, materielle Publizität verleiht, so muss er dies letztlich einer staatlichen Stelle zur Ausführung übertragen. Das Grundbuchverfahren ist dann zwar nicht im Hinblick auf Art. 92 GG von Verfassung wegen gerichtsverfahrensförmig auszugestalten, weil das Grundbuchverfahren kein Bereich der Rechtsprechung darstellt.[14]

36 Nach herkömmlichem Verständnis ist jedoch auch das Grundbuchverfahren eine **Aufgabe der freiwilligen Gerichtsbarkeit** und damit Teil der umfassend zu verstehenden Rechtspflege. Da im Grundbuchverfahren insbesondere auch Rechtsfragen zu klären sind, war und ist es sinnvoll, es weiterhin als Teil der freiwilligen Gerichtsbarkeit anzusehen und als Teil einer umfassend zu verstehenden Rechtspflege zu behandeln, wenn auch nicht der Richtervorbehalt des Art. 92 GG eingreift.[15]

37 Die Grundbücher wurden und werden daher von den **Amtsgerichten** als Grundbuchämter geführt, § 1 Abs. 1 S. 1 GBO. Das Grundbuchamt führt dabei die Bezeichnung

---

14 Vgl zB BayObLG v. 23.1.1992 BayObLZ 1992, 13, 15.
15 Die teilweise angedachte Verlagerung der Grundbuchsachen auf Verwaltungsbehörden erscheint daher weiterhin nicht sinnvoll, auch wenn die Zusammenlegung von Grundbuch und Kataster in anderer Hinsicht vielleicht Vorteile haben könnte. Die Möglichkeit, auf beide Verzeichnisse online zugreifen zu können, lässt diese Vorteile jedoch erheblich schrumpfen.

I. Überblick

des Amtsgerichts, dessen Teil es ist, und zwar ohne oder mit dem Zusatz „Grundbuchamt". Eine Ausnahme vom Grundsatz des Amtsgerichts als Grundbuchamt findet sich jedoch in Baden-Württemberg. Dort sind die staatlichen Grundbuchämter für die Führung der Grundbücher zuständig, vgl § 1 Abs. 1 S. 3 und § 143 Abs. 1 GBO sowie § 1 Abs. 1 und 3 LFGG. Das Grundbuchamt führt dabei die Bezeichnung der Gemeinde, in der es errichtet ist. Bei den Grundbuchämtern wurde dann das jeweilige Grundbuch eingerichtet.

Grundlage für die Einrichtung und Führung der Grundbücher ist die Grundbuchverfügung, deren Ermächtigungsnorm § 1 Abs. 4 GBO darstellt. Die **Grundbuchverfügung** (GBV) ist eine Rechtsverordnung, die aufgrund dieser Ermächtigungsgrundlage vom Bundesministerium der Justiz mit Zustimmung des Bundesrats zu erlassen ist. Sie trifft nähere Vorschriften zur Einrichtung und Führung des Grundbuchs. 38

Gem. § 2 Abs. 1 GBO sind dabei Grundbücher für Bezirke einzurichten. **Grundbuchbezirke** sind dabei die Gemeindebezirke, § 1 Abs. 1 S. 1 GBV. Mehrere zu einem Verwaltungsbezirk zusammengefasste Gemeinden bilden dabei einen Grundbuchbezirk, § 1 Abs. 1 S. 2 GBV. Durch Anordnung der Justizverwaltung kann ein Gemeindebezirk in mehrere Grundbuchbezirke geteilt werden, § 1 Abs. 1 S. 3 GBV.[16] 39

bb) Arten
(1) Grundbuch in Papierform
Bei seiner Einführung war das Grundbuch im wahrsten Sinne des Wortes ein Buch in Papierform. Den technischen Gegebenheiten früherer Zeiten entsprechend wurden die Grundbücher dabei **in festen Bänden** geführt. Eine Führung des Grundbuchs in Bänden mit herausnehmbaren Einlegebögen oder Einzelheften mit herausnehmbaren Einlegebögen (sog. **Loseblattgrundbuch**) wurde erst 1961 mit der Änderung des § 2 GBV ermöglicht. 40

(2) Maschinell geführtes Grundbuch
Zwischenzeitlich ist auch das Loseblattgrundbuch technisch überholt. In allen Ländern der Bundesrepublik Deutschland wird nach den Maßgaben der §§ 61 ff GBV ein maschinell geführtes Grundbuch angelegt oder ist diese Anlegung bereits fertiggestellt. Das Grundbuch in maschineller Form, auch **EDV-Grundbuch** genannt, wird dabei als automatisierte Datei geführt. Die Rechtsgrundlage zur Einführung des maschinell geführten Grundbuchs gibt § 126 GBO. Die §§ 127–134 GBO sowie die §§ 61–93 GBV regeln dabei die Besonderheiten, die die maschinelle Führung des Grundbuchs bedingen. 41

Bei der **maschinellen Grundbuchführung** sind dabei insbesondere Regelungen über die besonderen technischen Anforderungen der Grundbuchführung und über den Zeitpunkt, an dem eine Eintragung wirksam wird, notwendig. Veranlasst werden Eintragungen in das maschinell geführte Grundbuch von der für die Führung des Grundbuchs zuständigen Person, §§ 130 S. 1 Hs 2, 44 Abs. 1 S. 2 Hs 1 GBO, § 44 Abs. 1 S. 1 GBV. 42

---

[16] Zu beachten ist jedoch, dass landesrechtliche Vorschriften über eine andere Einteilung der Grundbuchbezirke gem. § 95 Hs 1 GBV in Kraft geblieben sind. Auf dieser Grundlage bilden zB in Bayern die sog. Gemarkungen (früher: Steuergemeinden) die Grundbuchbezirke.

Jede Eintragung soll dabei den Tag angeben, an dem sie mit Speicherung wirksam geworden ist, § 129 Abs. 2 S. 1 GBO.[17]

43 Weiterhin ist insbesondere zu beachten, dass bei Führung des Grundbuchs in maschineller Form keine Abschriften aus einem Buch erfolgen können, sondern lediglich **Ausdrucke** aus der automatisierten Kartei. Demgemäß tritt an die Stelle der Abschrift der Ausdruck und an die Stelle der beglaubigten Abschrift der Amtliche Ausdruck, wobei die Ausdrucke nicht unterschrieben werden. Der Amtliche Ausdruck wird als solcher bezeichnet und mit dem Dienstsiegel oder Dienststempel versehen. Er steht einer beglaubigten Abschrift gleich, § 131 GBO.[18]

44 Auch die **Einsicht** in das maschinell geführte Grundbuch erfolgt den technischen Gegebenheiten entsprechend durch Wiedergabe des betreffenden Grundbuchblattes auf einem Bildschirm, § 79 Abs. 1 S. 1 GBV, wobei die Einsicht auch bei einem anderen als demjenigen Grundbuchamt genommen werden kann, das das jeweilige Grundbuch führt, § 132 S. 1 GBO. Zudem ist bei dem maschinell geführten Grundbuch nun ein automatisierter Abruf von Daten möglich, § 131 GBO, §§ 80–85 GBV.[19]

cc) Aufbau
(1) Das Grundbuchblatt als Grundbuch

45 Als Grundbuch im Sinne des materiellen Liegenschaftsrechts gilt für ein Grundstück das Blatt, auf dem das Grundstück eingetragen ist. Grundbuch im Sinne des BGB ist daher das **Grundbuchblatt**. Buchungen der Grundstücke im Grundbuch erfolgen daher auf Grundbuchblättern. Um materiell wirksam zu werden, müssen also die Rechtsänderungen der in § 873 BGB aufgeführten Art auf dem Grundbuchblatt eingetragen werden. Die Grundbuchordnung verwendet daher den Begriff des Grundbuchblattes in § 3 Abs. 1 GBO im übertragenen Sinne und definiert zugleich dieses Grundbuchblatt als Grundbuch iSd BGB, § 3 Abs. 1 S. 2 GBO. Dabei werden sämtliche Grundbuchblätter desselben Grundbuchbezirks mit fortlaufenden Nummern geführt, § 3 GBV.[20]

46 Die Grundbuchordnung hat sich bezüglich der Systematisierung der Grundstücke eines Bezirks für das Prinzip des **Realfoliums** entschieden. Dies bedeutet, dass jedes Grundbuchblatt in der Regel nur für ein Grundstück bestimmt ist. Das Gegenstück hierzu bildet das sog. **Personalfolium**. Hier wird das Grundbuchblatt für den Berechtigten, also den Eigentümer, eingerichtet. Bei diesem Eigentümer sind dann auf dessen Blatt alle ihm gehörenden Grundstücke des betreffenden Bezirks einzutragen.[21] Die Grundbuchordnung hat also das Realfolium zum Prinzip erhoben, so dass folgerichtig zunächst das Grundstück und erst dann der Eigentümer vorgetragen werden. Im Gegensatz dazu erfolgt beim Personalfolium die Zusammenschreibung unter dem Namen des

---

17 § 129 Abs. 2 S. 2 GBO regelt dabei die Ausnahme für die nach § 127 Abs. 1 Nr. 1 GBO maschinell aus dem Liegenschaftskataster zu übernehmenden Angaben.
18 Gleichwohl wird vielfach in der Praxis auch für den Amtlichen Ausdruck weiterhin oft die Bezeichnung „beglaubigte Abschrift" quasi synonym weiterbenutzt.
19 Dieser automatisierte Abruf von Daten ist in der notariellen Praxis das übliche Verfahren für die Grundbucheinsicht, so dass ein Notar in der Regel alle Grundbücher des Bundeslandes, in dem er seinen Amtssitz hat, sofort mit Hilfe des automatisierten Abrufes einsehen kann.
20 Eine Nummerierung nach Grundbuchbänden erfolgt beim maschinell geführten Grundbuch nicht, § 63 S. 2 GBV.
21 Vertreter des Personalfoliums ist insbesondere das württembergische Grundbuch.

Eigentümers. Die Buchungen nehmen ihren Ausgang vom Eigentümer, nicht vom Grundstück.[22]

Die Grundbuchordnung hat jedoch dann in § 4 GBO zwar nicht grundsätzlich das Personalfolium als Ausnahme zugelassen, aber durch das gemeinschaftliche Grundbuchblatt eine starke Annäherung an das Prinzip des Personalfoliums ermöglicht. Mit gewissen Einschränkungen ist gem. § 4 GBO die gemeinsame Eintragung mehrerer Grundstücke desselben Eigentümers auf einem **gemeinsamen Grundbuchblatt** zugelassen. Diese Zusammenschreibung ist in der Praxis der Grundbuchämter sehr üblich, wobei die einzelnen Buchungen nach wie vor vom Grundstück und nicht der Person des Eigentümers ausgehen. Da durch § 4 GBO nur zugelassen wird, dass für mehrere Grundstücke ein gemeinsames Blatt angelegt und geführt wird, wird am Realfolium im Grundsatz festgehalten.[23] 47

Jedes Grundbuchblatt besteht dabei aus der Aufschrift, dem Bestandsverzeichnis und drei Abteilungen, § 4 GBV. 48

(2) Aufschrift

Gem. § 5 GBV sind in der **Aufschrift** das Amtsgericht, der Grundbuchbezirk und die Nummer des Bandes und des Blattes anzugeben. 49

(3) Bestandsverzeichnis

In das Bestandsverzeichnis sind Grundstücke, subjektiv-dingliche Rechte zugunsten des Grundstücks (§ 9 GBO) und in gewissen Fällen Miteigentumsanteile an Grundstücken (§ 3 Abs. 3 GBO) einzutragen, § 6 GBV. 50

(4) Abteilung I

Die erste Abteilung dient der Eintragung des Eigentümers. 51

(5) Abteilung II

Die zweite Abteilung dient zunächst zur Eintragung aller Belastungen des Grundstücks oder eines Anteils am Grundstück, jedoch mit Ausnahme von Hypotheken, Grundschulden und Rentenschulden (einschließlich der sich auf diese Belastungen beziehenden Vormerkungen und Widersprüche). Darüber hinaus dient die zweite Abteilung jedoch auch der Eintragung der Beschränkungen des Verfügungsrechts des Eigentümers sowie der Eintragung der das Eigentum betreffenden Vormerkungen und Widersprüche. Schließlich werden in Abteilung II die im Enteignungsverfahren, im Verfahren zur Klarstellung der Rangverhältnisse (§§ 90–115 GBO) und in ähnlichen Fällen vorgesehenen, auf diese Verfahren hinweisenden Grundbuchvermerke eingetragen. 52

---

22 Beim Personalfolium sind daher in Abteilung I alle Grundstücke aufgeführt, die dem Eigentümer (im Bereich eines Grundbuchamtes) gehören, so dass im Unterschied zum Realfolium Bestandsverzeichnis und Abteilung I vertauscht sind.
23 Die in § 4 GBO aufgestellte Ausnahme vom Grundsatz des § 3 GBO macht vor allem in ländlichen Gegenden mit sehr vielem Grundbesitz Sinn, da dort das Verfahren gem. § 3 GBO die Arbeit des Grundbuchamtes und die Verfügungen des Eigentümers über seinen Grundbesitz deutlich erschweren würde. Dies hat schon bei der Grundbucheinsicht auch kostenrechtliche Vorteile, da Kosten nur für die Einsicht in ein Grundbuchblatt und nicht in viele einzelne Grundbuchblätter anfallen. Allerdings darf man sich in der Praxis nicht darauf verlassen, dass bei einer erfolgten Zusammenschreibung vom Grundbuchamt auch tatsächlich alle Grundstücke des Eigentümers analog des Personalfoliums gem. § 4 GBO auf einem gemeinschaftlichen Grundbuchblatt zusammengeschrieben sind.

53 Insoweit hat die Abteilung II einen gewissen Auffangcharakter, was Eintragungen betrifft. Den Aufbau der zweiten Abteilung regelt § 10 GBV.

(6) Abteilung III

54 Die dritte Abteilung dient der Eintragung der Grundpfandrechte und der diese betreffenden Neben- bzw Zusatzeintragungen. Hier sind also Hypotheken, Grundschulden und Rentenschulden einzutragen. Die sich auf diese Rechte beziehenden Vormerkungen und Widersprüche sind ebenfalls in Abteilung III einzutragen. Den Aufbau der Abteilung III regelt § 11 GBV.

(7) Die Grundakten

55 Teil des Grundbuchs bzw des Grundbuchblatts sind auch die sog. **Grundakten**. Für jedes Grundbuchblatt werden Grundakten geführt, zu denen die nach § 10 GBO vom Grundbuchamt aufzubewahrenden Urkunden genommen werden, § 24 GBV. Es handelt sich dabei um Urkunden, auf die sich eine Eintragung gründet oder auf die sie Bezug nimmt, so dass die Grundakten gegenüber den anderen Verzeichnissen des Grundbuchamtes im Hinblick auf die gem. § 874 BGB mögliche Bezugnahme auf die Eintragungsbewilligung eine besondere Bedeutung haben. Ausgehend von § 24 GBV sind Anlegung und Führung der Grundakten in der Aktenordnung und in landesrechtlichen Geschäftsordnungen geregelt. Die Grundakten werden daher aus den Schriften zu dem einzelnen Grundbuchblatt gebildet. Neben den Urkunden, auf die sich eine Eintragung gründet oder Bezug nimmt, befindet sich in den Grundakten das sog. Handblatt, welches eine wörtliche Wiedergabe des gesamten Inhalts des Grundbuchblattes enthält, § 24 Abs. 4 GBV.

dd) Inhalt

56 Das Grundbuch enthält sowohl tatsächliche als auch rechtliche Eintragungen.

57 Eintragungen **tatsächlicher** Art enthält das Bestandsverzeichnis; hier erfolgen Eintragungen über Größe, Lage, Wirtschaftsart und Bebauung der Grundstücke. Diese Eigenschaftsangaben werden durch Vollzug der Fortführungsnachweise des Vermessungs- oder Katasteramtes aus dem Liegenschaftskataster in das Grundbuch übernommen und unterliegen nicht dem öffentlichen Glauben des § 892 BGB.[24]

58 Das Grundbuch enthält sodann Eintragungen **rechtlicher** Art dergestalt, dass das Grundbuch Auskunft gibt über sämtliche an den einzelnen Grundstücken bestehenden privatrechtlichen Rechte, über den Eigentümer und die Belastungen.

ee) Funktionen

59 Durch das Grundbuch soll der sachenrechtliche **Publizitätsgrundsatz** verwirklicht und zweifelsfrei Auskunft über die privatrechtlichen Verhältnisse eines Grundstücks gegeben werden. Aufgabe des Grundbuchs ist also nicht als Register Auskunft über alle Grundstücksbelastungen, also auch diejenigen öffentlich-rechtlicher Art, zu geben.

---

[24] Der öffentliche Glaube erfasst die Bestandsangaben nur insoweit, als dass durch diese das Grundstück als durch Grenzen festgelegte bestimmte Grundstücksfläche ausgewiesen und Gegenstand des eingetragenen Rechts ist, vgl Palandt/Bassenge § 892 BGB Rn 12.

I. Überblick

Ausgehend von seinen Aufgaben hat dabei das Grundbuch letztlich folgende Funktionen: 60

- Konstitutivwirkung,[25]
- Vermutungswirkung,[26]
- Gutglaubenswirkung,[27]
- Schutzwirkung.[28]

ff) Buchungszwang und Buchungsfreiheit

Für Grundstücke besteht, wie sich aus § 3 Abs. 1 S. 1 GBO ergibt, grundsätzlich eine **Buchungspflicht**. Das Grundbuchblatt ist daher grundsätzlich von Amts wegen anzulegen. Wurde die Anlegung des Grundbuchblattes für ein Grundstück unterlassen, so ist diese gem. §§ 116 ff GBO nachzuholen. Es besteht also grundsätzlich Buchungszwang, um die Rechte an allen Grundstücken flächendeckend zu sichern. 61

§ 3 Abs. 2 GBO nimmt jedoch vom Buchungszwang solche Grundstücke aus, die nicht dazu bestimmt sind, am Grundstücksverkehr teilzunehmen. Für solche Grundstücke besteht keine zwingende Notwendigkeit, ein Grundbuch zu führen. Daher sind bestimmte Kategorien von Grundstücken vom Buchungszwang befreit. **Buchungsfreiheit** besteht für Grundstücke des Bundes, der Länder, der Gemeinden und anderer Kommunalverbände sowie für die Kirche, für Klöster und Schulen. Weiterhin sind auch Wasserläufe, öffentliche Wege sowie die zur öffentlichen Eisenbahn gehörenden Grundstücke nicht zwingend zu buchen. 62

§ 3 Abs. 3 GBO sieht daher vor, dass diese Grundstücke auf Antrag des Eigentümers aus dem Grundbuch auszubuchen sind. Umgekehrt können solche Grundstücke auf Antrag des Eigentümers oder eines Berechtigten auch auf einem Grundbuchblatt gebucht werden, § 3 Abs. 2 GBO.[29] 63

Für Anliegerwasserläufe, Anliegerwege und Anliegergräben ist zu beachten, dass im Liegenschaftskataster regelmäßig ohne Rücksicht auf die Eigentumsgrenzen Flurstücke gebildet sind. Da an diesen Flurstücken für **Anliegerwege**, -gräben und -wasserläufe kein einheitliches Eigentumsverhältnis besteht, können sie nicht in das Grundbuch ein- 64

---

25 Da die Eintragung Bestandteil des Verfügungsgeschäftes ist, hat sie konstitutive Wirkung. Die Konstitutivwirkung des Grundbuchs fehlt daher lediglich bei Rechtsänderungen kraft Gesetzes, zB der Erbfolge.
26 Gem. § 891 Abs. 1 BGB wird vermutet, dass der im Grundbuch Eingetragene auch der wahre Berechtigte ist. § 891 Abs. 2 BGB stellt zudem die Vermutung auf, dass ein gelöschtes Recht nicht mehr besteht.
27 § 892 BGB fingiert, dass der Inhalt des Grundbuchs richtig und vollständig ist. Diese Gutglaubenswirkung wird in § 893 BGB dahingehend erweitert, dass sich die Fiktionswirkungen auch auf Verfügungen, die nicht zu einem Rechtserwerb führen, zB Rangänderung, und auf Leistungen an den im Grundbuch eingetragenen dinglich Berechtigten erstreckt.
28 Das Grundbuch entfaltet zudem Schutzwirkungen dahingehend, dass der redliche Erwerber ausgehend von den §§ 892, 893 BGB davor geschützt wird, dass ihm der wahre, jedoch nicht eingetragene Eigentümer das erworbene Eigentum wieder entziehen kann. Gerade diese Schutzwirkung ist für einen effektiven Grundstücksverkehr und ein Vertrauen in die Institution des Grundbuchs besonders bedeutsam. Sie korrespondiert daher mit der verfahrensrechtlichen Pflicht, die Möglichkeit der Veranlassung von Eintragungen durch Nichtberechtigte (erinnert sei hier an das vor allem im angelsächsischen Rechtsraum anzutreffende Phänomen der identity fraud) zu minimieren, was insbesondere durch die Vorschrift des § 29 GBO erreicht werden soll.
29 Soll ein solches Grundstück jedoch übertragen werden, so finden grundsätzlich die §§ 873, 925 BGB Anwendung, so dass für den Übertragungsakt dann ein Grundbuchblatt angelegt werden muss. Eine erleichterte Übertragung von nichtbuchungspflichtigen Grundstücken durch Einigung und öffentliche Beurkundung der Erklärung beider Teile erhält teilweise das Landesrecht, für Bayern zB Art. 55 Abs. 1 BayAGBGB.

getragen werden. Bei Flurstücken, über die der Weg oder Graben führt, wurde daher jedenfalls in einem bayerischen Grundbuch folgender Vermerk angebracht: „Hierzu die zum Weg Flst. Nr. ... gezogene Teilfläche". In manchen Ländern bringen die Grundbuchämter bei den Uferflurstücken Hinweise auf die Zugehörigkeit von Teilflächen aus Anliegerwasserläufen an (zB „Anteil am Gewässer Flst. ...").[30]

gg) Besondere Grundbücher

65 Neben dem eigentlichen Grundbuch wird bei der Eintragung eines Erbbaurechtes in das Grundbuch zugleich von Amts wegen ein besonderes Grundbuchblatt angelegt, § 14 Abs. 1 S. 1 ErbbauRG. Dieses besondere Grundbuchblatt ist das sog. **Erbbaugrundbuch**. Dieses Erbbaugrundbuch ist für das Erbbaurecht das Grundbuch iSd BGB, § 14 Abs. 3 ErbbauRG.

66 Wird ein Grundstück in Wohnungs- und Teileigentum aufgeteilt, so wird für jeden Miteigentumsanteil von Amts wegen ein besonderes Grundbuchblatt angelegt, § 7 Abs. 1 S. 1 WEG. Dieses wird geführt und in der Aufschrift auch bezeichnet als **Wohnungsgrundbuch** oder Teileigentumsgrundbuch. Wird ein Erbbaurecht in Wohnungs- oder Teilerbbaurecht aufgeteilt (§ 30 Abs. 1 WEG, § 8 WGV), wird das Grundbuchblatt als Wohnungs- oder Teilerbbaugrundbuch bezeichnet. Das Grundbuchblatt des Grundstückes wird von Amts wegen geschlossen, § 7 Abs. 1 S. 3 WEG, sollten nicht auch von der Abschreibung nicht betroffene weitere Grundstücke eingetragen sein.

67 In der Grundbuchpraxis nahezu bedeutungslos sind das **Berggrundbuch**, in das auf Ersuchen der Bergbehörde das Bergwerkseigentum als grundstücksgleiches Recht einzutragen ist,[31] sowie das **Eisenbahngrundbuch**;[32] eine besondere Form des Grundbuchs stellt auch das **Fischereigrundbuch** in Bayern dar.[33]

hh) Verzeichnisse des Grundbuchamtes

68 Die Grundbuchämter dürfen auch ein Verzeichnis der Eigentümer, ein Verzeichnis der Grundstücke und – jedoch nur mit Genehmigung der Landesjustizverwaltung – weitere für die Führung des Grundbuchs erforderliche Verzeichnisse[34] einrichten, § 12 a Abs. 1 S. 1 GBO. Diese Verzeichnisse sind lediglich Hilfsmittel zur Führung des Grundbuchs. Dabei dürfen diese Verzeichnisse auch dann maschinell geführt werden, wenn das Grundbuch selbst noch in Papierform geführt wird. Für das maschinelle Grundbuch ordnet § 126 Abs. 2 GBO die maschinelle Verzeichnisführung auch bezüglich spezifisch für das maschinell geführte Grundbuchamt nützliche Hilfsdateien an. Praktische Bedeutung hat dabei vor allem die **Markentabelle**.[35]

---

30 Zur rechtlichen Behandlung des sog. Anliegerweges Demharter § 3 GBO Rn 5. Fragen ergeben sich hier insbesondere bzgl der Mitübertragung und der Mitbeleihung.
31 Das für ein Bergwerkseigentum angelegte Grundbuchblatt ist also das Berggrundbuch.
32 Die Einrichtung von besonderen Grundbüchern für Bahneinheiten richtet sich gem. Art. 112 EGBGB, § 136 GBO nach Landesrecht.
33 Vgl hierzu § 6 der Verordnung über die grundbuchmäßige Behandlung von Bergwerkseigentum und von Fischereirechten, BayRS 315-11-J. 1982 wurden in bayerischen Grundbüchern immerhin noch über 9.000 Blätter für Fischereirechte gezählt. Ein Fischereigrundbuch kann jedoch nur für selbständige Fischereirechte eingetragen werden.
34 Z.B. ein Verzeichnis der Vormerkungsberechtigten.
35 Dies ist ein Hilfsverzeichnis, das blattbezogen Auskunft über Eintragungsanträge gibt, die dem Grundbuchamt vorliegen und noch in Bearbeitung sind. Bedeutung hat diese Markentabelle vor allem für die sog. notarielle Rangbescheinigung.

ii) Grundbuch und Liegenschaftskataster

§ 2 Abs. 2 GBO stellt den Zusammenhang zwischen dem Grundbuch als Register der rechtlichen Verhältnisse und dem Liegenschaftskataster als dem Register der tatsächlichen Verhältnisse eines Grundstückes her.[36] Durch diesen Zusammenhang ist es insbesondere ermöglicht, die Grundstücke auch in der Natur unproblematisch aufzufinden. Logische Folge ist daher, dass im Bestandsverzeichnis eines Grundbuchblattes, auf dem ein Grundstück gebucht ist, die Bezeichnung des Liegenschaftskatasters übernommen wird. **69**

Das **Liegenschaftskataster** ist als amtliches Grundstücksverzeichnis anstelle des Reichskatasters getreten und wird von dem jeweiligen Land eingerichtet. Das Liegenschaftskataster besteht dabei aus einem beschreibenden und einem darstellenden Teil. Der beschreibende Teil umfasst das automatisierte Liegenschaftsbuch, während der darstellende Teil das Katasterkartenwerk bildet. Die buchungstechnische Einheit des Katasters ist die Katasterparzelle, das sog. Flurstück (vgl Rn 30). Das Flurstück ist das Grundstück im katastertechnischen Sinne. Um die Auffindung der Grundstücke in der Örtlichkeit zu gewährleisten, hat das Grundbuchamt das Bestandsverzeichnis des Grundbuchs mit dem amtlichen Verzeichnis übereinstimmend zu halten.[37] **70**

c) Die Grundbucheintragung als Tatbestand
aa) Materiell-rechtlicher Typenzwang und eintragungsfähige Grundbucheintragungen

Eintragung im Sinne der Grundbuchordnung ist zum einen die **Tätigkeit** des Eintragens bzw Löschens[38] sowie der **Zustand** des Eingetragenseins eines Rechts. Das Grundbuch hat dabei eine **dienende Funktion**. Durch das Grundbuch und sein Verfahren soll das materielle Recht verwirklicht werden. Dies bedeutet im Umkehrschluss, dass im Grundbuch auch nicht jede Eintragung rechtsschöpferisch möglich ist, sondern dass die Grundbucheintragungen vom materiell-rechtlichen Typenzwang vorbestimmt werden. Möglich sind daher im Grundbuch nur solche Eintragungen, die das materielle Liegenschaftsrecht vorsieht. **71**

Eintragungsfähig sind damit alle dinglichen Rechte, Vormerkungen, Widersprüche, Verfügungsbeschränkungen und sonstige Vermerke, deren Eintragung entweder im Gesetz ausdrücklich vorgeschrieben oder zugelassen ist. Was im Einzelnen eingetragen werden darf, bestimmt überwiegend das materielle Liegenschaftsrecht, aber auch andere Gesetze und Rechtsgebiete, zB auch das Verfahrensrecht (Zwangsversteigerungsvermerk) oder das öffentliche Recht (Sanierungsvermerk, Umlegungsvermerk etc.). **72**

Dabei ist zu beachten, dass im Sachenrecht anders als im Schuldrecht keine inhaltliche Vertragsfreiheit besteht, sondern dass die dinglichen Rechte im Gesetz erschöpfend be- **73**

---

36 Vom Grundsatz, dass das Liegenschaftskataster das amtliche Verzeichnis im Sinne von § 2 Abs. 2 GBO ist, gibt es Ausnahmen. Die wichtigste Ausnahme ist in § 81 Abs. 1 FlurbG geregelt. Dieser ordnet an, dass bis zur Berichtigung des Liegenschaftskatasters der Flurbereinigungsplan als amtliches Verzeichnis der Grundstücke dient.
37 Zuständig für die Anordnung der Eintragungen, die zur Erhaltung der Übereinstimmung zwischen Grundstücksverzeichnis und Grundbuch dienen, ist der Urkundsbeamte der Geschäftsstelle. In den Fällen, in denen es jedoch nicht nur um die Veränderungen der geometrischen Form des Grundstücks geht, sondern bei denen zugleich Rechtsänderungen vorliegen, ist der Rechtspfleger zuständig.
38 Das „Löschen" ist dabei die Eintragung eines Löschungsvermerks mit Durchstreichung/Unterstreichung der zu löschenden Eintragung (sog. Rötung).

stimmt sind. Diese dinglichen Rechte haben einen gesetzlich gebotenen Mindestinhalt und grenzen sich daher in ihren Merkmalen von anderen dinglichen Rechten ab. Daneben lässt das Gesetz nur in einem abgesteckten Rahmen wenige dingliche oder verdinglichte Vereinbarungen sowie Verfügungsbeschränkungen zu. Im Immobiliarsachenrecht kann daher richtigerweise von einem **numerus clausus** ausgegangen werden. Neben den dinglichen Rechten sind dann Vormerkungen sowie Widersprüche und Verfügungsbeschränkungen eintragungsfähig.

bb) Konstitutivfunktion

74 Das materielle Liegenschaftsrecht knüpft an die Eintragungen im Grundbuch dergestalt an, dass die Grundbucheintragung ein **Tatbestandsmerkmal** des dinglichen Rechtsgeschäftes ist, §§ 873 Abs. 1, 875 Abs. 1, 877 BGB. So werden materielles und Verfahrensrecht verzahnt.

75 Materiell-rechtlich vollendet die (formell-rechtliche wirksame) Eintragung den materiell-rechtlichen Tatbestand von Verfügungen über ein Grundstück. Deswegen ist die Eintragung im Grundbuch ein konstitutives Tatbestandsmerkmal.

76 Aus materiellen Gesichtspunkten heraus ist es jedoch so, dass nicht bei jeder Rechtsänderung eine Eintragung Konstitutivwirkung haben kann. Bei Rechtsänderungen kraft Gesetz fehlt daher die Konstitutivwirkung der Eintragung, die Eintragung ist vielmehr lediglich eine Berichtigung. Dies ist insbesondere der Fall bei Erbfolge und bei Zwangsversteigerung.[39]

77 Mit der erfolgten Grundbucheintragung ist das durch den Antrag eingeleitete bzw. von Amts wegen aufgenommene Verfahren beendet. Hinsichtlich der Rechtskraftfähigkeit der Grundbucheintragung ist dabei zwischen der formalen Bestandskraft, der formellen Rechtskraft und der materiellen Rechtskraft zu unterscheiden. Einer materiellen Rechtskraft ist dabei die Grundbucheintragung nicht zugängig, da sie keinen Streit zwischen den Parteien entscheidet. Zudem gibt es kein Verbot der erneuten Entscheidung über die Sache selbst. Eine formelle Rechtskraft liegt für Grundbucheintragungen dann vor, wenn das Rechtsbeschwerdegericht entschieden hat, da formelle Rechtskraft lediglich bedeutet, dass eine gerichtliche Entscheidung nicht mehr mit ordentlichen Rechtsmitteln anfechtbar ist. Formale Bestandskraft bedeutet dagegen, dass die Eintragung als solche einen dinglichen Rechtszustand schafft, und zwar völlig unabhängig von Parteivereinbarungen oder sonstigen Voraussetzungen. Im heutigen Grundbuchrecht treffen wir auf eine solche formale Bestandskraft nur in Bezug auf den Rang.[40]

cc) Richtigkeitsvermutung

78 Es besteht zwar keine Vermutung der Vollständigkeit des Grundbuchs. Gem. § 891 Abs. 1 BGB wird jedoch vermutet, dass der Eingetragene auch der wahre Berechtigte ist. Zudem wird gem. § 891 Abs. 2 BGB bezüglich eines gelöschten Rechts vermutet, dass es nicht besteht. Daran muss sich auch das Grundbuchamt halten. Die Grund-

---

39 Vgl hierzu Steuer, Die Grundbucheintragung als Voraussetzung der Rechtsänderung, Rpfleger 1988, 513.
40 Dies ist der Fall, wenn ein Recht durch die Eintragung entstanden ist, jedoch mit einem gegen eine Bestimmung nach § 879 Abs. 2 BGB entstandenen Rang.

bucheintragung schafft daher die Basis der **gesetzlichen Vermutung** des § 891 BGB, vergleichbar dem Besitz bei Mobilien.

dd) Öffentlicher Glaube (Schutzwirkung)

Eintragungen bewirken Rechtsänderungen nur, wenn alle materiell-rechtlichen Voraussetzungen vorliegen. Die Grundbucheintragung begründet also ausdrücklich keine formale Bestandskraft für das eingetragene Recht. Allerdings löst die Grundbucheintragung Rechtsscheinswirkungen aus, die die §§ 891–893 BGB regeln. 79

Über die Schaffung der gesetzlichen Vermutung des § 891 BGB hinaus ist dabei die Grundbucheintragung auch die Grundlage für den Schutz des Rechtsverkehrs durch den **öffentlichen Glauben des Grundbuchs**. 80

§ 892 BGB fingiert daher den Inhalt des Grundbuchs als richtig und vollständig. § 893 BGB erweitert dann diese Fiktionswirkungen auf Verfügungen, die nicht zu einem Rechtserwerb führen (zB Rangänderungen) und auf Leistungen an einen im Grundbuch eingetragenen dinglichen Berechtigten. Somit ist ein redlicher Erwerber aufgrund der unwiderleglichen Fiktion der Richtigkeit und Vollständigkeit des Grundbuchinhalts gem. §§ 892, 893 BGB davor geschützt, dass ihm der wahre, aber nicht eingetragene Eigentümer seine erworbene Rechtsposition streitig machen kann. Diese dem einzelnen Erwerber zugestandene Schutzwirkung des Grundbuchs ist ein wesentliches Kriterium für einen reibungslosen Grundstücksverkehr und das Vertrauen der rechtsuchenden Bevölkerung in die Institution des Grundbuchs. 81

ee) Verhältnis und Reihenfolge von Einigung und Eintragung

Eine Verfügung über ein Grundstück bzw über ein Grundstücksrecht ist gem. § 873 BGB durch Einigung und Eintragung möglich. § 873 BGB gibt jedoch für diesen Doppeltatbestand keine **zeitliche Reihenfolge** vor. Einigung und Eintragung müssen zwar inhaltlich übereinstimmen und zeitlich zusammentreffen; ihre zeitliche Reihenfolge ist jedoch unerheblich.[41] 82

Bei einer nachfolgenden Eintragung müssen zwar die Einigung und die Verfügungsberechtigung bei Eintragung noch bestehen. Bei einer nachfolgenden Einigung ist jedoch eine erneute Eintragung nicht notwendig, und zwar auch dann nicht, wenn die Einigung zwar ein neues Grundgeschäft ist, inhaltlich aber die gleiche Rechtsänderung wie eine bereits erfolgte Eintragung, die zunächst wegen Unwirksamkeit der ihr zugrunde liegenden Einigung zu keiner Rechtsänderung geführt hat, betrifft. Es bedarf gegebenenfalls der bloßen Berichtigung der Eintragungsgrundlage. Die Einigung wirkt dann zwar nicht zurück, für den Rang ist jedoch die Eintragung maßgeblich. 83

ff) Grundbucheintragung und Rangverhältnis

Grundsätzlich können Grundstücke mit beliebig vielen und beliebig hohen Belastungen eingetragen werden. Materiell-rechtliche Bedeutung hat hier der Rang einmal bei der Ausübung dieser Rechte (**Ausübungsrang**). 84

---

41 BGH v. 26.11.1999, NJW 2000, 805.

85 Die Bedeutung des **Rangverhältnisses** unter mehreren Rechten äußert sich jedoch besonders in der Zwangsversteigerung, und zwar hier bei der Feststellung des geringsten Gebots und bei der Befriedigung aus dem Versteigerungserlös.

86 Der **Rang** eines Rechtes hat daher eine eigene wirtschaftliche Bedeutung, da die Sicherheit des Berechtigten umso höher ist, je besser der Rang einer Belastung ist. Dabei gehört der Rang auch zum Inhalt des Rechts im weiteren Sinn. Insoweit hat auch hier die Grundbucheintragung eine Tatbestandswirkung, da durch die Grundbucheintragung der Rang festgelegt wird. Dabei ist zu beachten, dass die Eintragung im Grundbuch, die den Rang herstellt, formale Bestandskraft genießt. Dies bedeutet, dass eine nachträgliche Eintragung zur Korrektur eines vermeintlich unrichtigen Ranges dem Grundbuchamt nicht gestattet ist.

87 Materiell-rechtlich bestimmt sich das Rangverhältnis von Rechten in derselben Abteilung nach der Reihenfolge der Eintragung, § 879 Abs. 1 S. 1 BGB. Bei der Eintragung von Rechten in verschiedenen Abteilungen entscheidet die Angabe des Eintragungstages, also die zeitliche Reihenfolge, § 879 Abs. 1 S. 2 BGB. § 879 Abs. 3 BGB ermöglicht es dabei den Parteien, eine von den gesetzlichen Regelungen abweichende Rangbestimmung zu treffen.

88 Die verfahrensrechtliche Komplementärvorschrift zu § 879 BGB ist für das Grundbuchverfahren dann § 45 GBO.

89 § 45 GBO enthält den Grundsatz, dass der früher beantragten Eintragung der bessere Rang gebührt, so dass der ihr zukommende Rang den nach materiellem Recht erforderlichen grundbuchmäßigen Ausdruck findet. Dabei ist Teil der **formalen Bestandskraft** des Tatbestandes einer Grundbucheintragung, dass diese auch bei einem Verstoß gegen die §§ 17, 45 GBO wirksam ist.

90 Werden mehrere Anträge zur Eintragung in einer Abteilung des Grundbuches gleichzeitig gestellt, so ist im Grundbuch zu vermerken, dass die Eintragungen gleichen Rang haben, sog. **Gleichrangvermerk** gem. § 45 Abs. 1 Hs 2 GBO. Werden mehrere Eintragungen in verschiedenen Abteilungen nicht gleichzeitig beantragt, aber unter Angabe desselben Tages bewirkt, so ist durch einen Rangvermerk das Rangverhältnis zum Ausdruck zu bringen, § 45 Abs. 2 GBO.

gg) Die Eintragung gemeinschaftlicher Rechte

91 Das Grundbuch soll klar und sicher über Rechte und deren Inhaber Auskunft geben. Zum Tatbestand einer Grundbucheintragung für mehrere Berechtigte gehört daher auch, dass bei der Eintragung gemeinschaftlicher Rechte die Eintragung nur in der Weise erfolgen kann, dass entweder die Anteile der Berechtigung in Bruchteilen angegeben werden oder das für die Gemeinschaft maßgebende Rechtsverhältnis in der Eintragung bezeichnet wird, § 47 GBO. Diese Vorschrift dient daher insgesamt der Bestimmtheit, der Klarheit und der Sicherheit im Grundbuchverkehr und soll zugleich die Verfügungsbefugnis der einzelnen Mitberechtigten über das eingetragene Recht kennzeichnen.

92 § 47 GBO ist dabei jedoch nur eine Ordnungsvorschrift. Dies bedeutet, dass auch dann, wenn eine Angabe des **Gemeinschaftsverhältnisses** fehlt, die Wirksamkeit der erfolgten

Eintragung nicht berührt wird, das Grundbuch jedoch unvollständig und damit unrichtig ist, so dass eine Grundbuchberichtigung notwendig wird.

hh) Die Eintragung einer Gesamtbelastung

Mit einem dinglichen Recht können auch mehrere Grundstücke belastet werden. Der Rechtsicherheit im Grundbuch dienlich ist daher, dass bei einem Einblick in das Grundbuch sofort ersichtlich wird, ob dieses Recht nur an dem einen oder auch an anderen Grundstücken lastet. Zum Tatbestand einer Grundbucheintragung gehört daher auch, dass eine Gesamtbelastung auf den Blättern aller Belastungsgegenstände – von Amts wegen – zu vermerken ist, § 48 GBO. Dabei ist auch § 48 GBO lediglich eine Ordnungsvorschrift, was bedeutet, dass eine unterbliebene deklaratorisch wirkende Eintragung des **Mithaftvermerks** nichts an der materiell-rechtlichen Entstehung der Gesamtbelastung ändert. Da das Grundbuch jedoch inhaltlich unvollständig und unrichtig ist, ist der Vermerk von Amts wegen auf allen Grundbuchblättern des belasteten Grundstückes nachzuholen. 93

ii) Die Umdeutung von Grundbucheintragungen

Das Grundbuchverfahren ist ein stark formalisiertes Verfahren, wobei die Formalisierung insbesondere der Rechtssicherheit im Grundstücksverkehr dienen soll. Von daher lehnt eine Mindermeinung von vornherein die Umdeutung von Grundbucheintragungen aus Rechtssicherheitsgründen ab. Die überwiegende Ansicht nimmt dagegen an, dass auch Grundbucherklärungen – also nicht die Eintragung als solche, sondern die zugrunde liegende Eintragungsbewilligung – einer eingeschränkten Umdeutung zugänglich sind, wobei eine solche Umdeutung ins Auge zu fassen nicht Aufgabe des Grundbuchamtes ist.[42] 94

Für die **Umdeutung** von Grundbucherklärungen gilt dabei **§ 140 BGB analog**. Allerdings ist dann die Umdeutung nicht dergestalt möglich, dass ein bloßer Umdeutungsvermerk im Grundbuch eingetragen wird. Folge der Umdeutung ist vielmehr, dass die unwirksame Eintragung nach § 53 Abs. 1 S. 2 GBO gelöscht wird und der alte Eintragungsantrag, der mangels wirksamer Eintragung dann noch unerledigt ist, durch eine neue wirksame Eintragung erledigt wird. Der Nachteil ist jedoch, dass die neue Eintragung gegenüber zwischenzeitlichen Eintragungen nicht zurückwirkt. 95

d) Grundbuchunrichtigkeit und öffentlicher Glaube
aa) Begriff der Unrichtigkeit

Für die Grundbuchunrichtigkeit gilt der Unrichtigkeitsbegriff des § 894 BGB. Danach ist das Grundbuch dann unrichtig, wenn der Inhalt des Grundbuchs mit der **wirklichen Rechtslage** nicht im Einklang steht, und zwar in Ansehung eines Rechtes an dem Grundstück, eines Rechtes an einem solchen Rechte oder in Ansehung einer Verfügungsbeschränkung der in § 892 Abs. 1 BGB bezeichneten Art. Unrichtigkeit kann somit vorliegen, wenn ein solches Recht (außerhalb des Grundbuchs) besteht, aber nicht eingetragen ist, oder wenn ein solches Recht zwar eingetragen ist, aber nicht mit dem seinem Wesen und seiner Bedeutung entsprechenden Inhalt. Weiterhin kann das Ei- 96

---

[42] Vgl zB Staudinger/Roth § 140 BGB Rn 10; Demharter § 19 GBO Rn 30; Meikel/Böhringer Einl G Rn 132 ff.

gentum mit einem dinglichen Recht im Grundbuch belastet sein. Das belastete Recht ist aber tatsächlich nicht entstanden oder besteht nicht mehr. Auch eine bestehende **Verfügungsbeschränkung** kann bei dem Recht, welches sie beschränkt, nicht eingetragen sein bzw umgekehrt noch dort eingetragen sein, obwohl die Verfügungsbeschränkung tatsächlich nicht entstanden ist oder aufgehoben wurde.

bb) Ursachen

97 Bei den Ursachen ist zeitlich zwischen ursprünglicher und nachträglicher Unrichtigkeit zu unterscheiden. Wenn schon die Eintragung bei ihrer Vornahme nicht mit der tatsächlichen Rechtslage übereinstimmte, war das Grundbuch bereits **ursprünglich** unrichtig. Umgekehrt kann der ursprünglich richtige Grundbuchinhalt durch eine rechtliche Veränderung außerhalb des Grundbuchs unrichtig werden, so dass das Grundbuch **nachträglich** unrichtig wird.

98 Hauptgrund für die ursprüngliche Unrichtigkeit ist dabei die Nichtübereinstimmung von Einigung und Grundbuchinhalt. Hauptgründe für die nachträgliche Unrichtigkeit sind einmal der Rechtsübergang außerhalb des Grundbuchs, zB durch Erbfolge, und das Erlöschen außerhalb des Grundbuchs.

cc) Folgen

99 Folge der Grundbuchunrichtigkeit ist zunächst, dass ein Berichtigungsverfahren durchzuführen wäre. § 894 BGB regelt hier den materiell-rechtlichen **Berichtigungsanspruch**.

100 Weitere für einen funktionierenden Grundstücksverkehr unabdingbare Folge ist jedoch, dass auch bei einer unrichtigen Grundbucheintragung diese öffentlichen Glauben dergestalt genießt, dass die Richtigkeit der Eintragung fingiert wird. Dabei ist jedoch zu beachten, dass unwirksame Eintragungen oder Löschungen keine Grundbucheintragung im Rechtssinne darstellen, so dass unwirksame Eintragungen oder Löschungen keine materiell-rechtlichen Wirkungen und somit auch keine Wirkungen nach §§ 891 ff BGB haben.[43]

e) Das Grundbuch als beschränktes öffentliches Register

101 Das Grundbuch dient als Spiegel der privaten dinglichen Rechte an Grundstücken. Über diese Rechtsverhältnisse soll das Grundbuch möglichst erschöpfend und zuverlässig Auskunft geben. Allerdings sind nicht sämtliche Rechtsverhältnisse des Grundstücks im Grundbuch eingetragen, so dass das Grundbuch letztlich nur ein **beschränktes öffentliches Register** ist. Sämtliche öffentlich-rechtlichen Verhältnisse bezüglich des Grundstücks, zB Baulasten, sind grundsätzlich nicht im Grundbuch eingetragen und auch nicht eintragungsfähig, vgl § 54 GBO.[44] Ausgehend von der Tatsache, dass öffentliche Lasten kraft Gesetzes ohne Grundbucheintragung entstehen, hat § 54 GBO

---

43 Unwirksame Eintragungen müssen an einem schwerwiegenden Mangel leiden. Unwirksame Eintragungen sind zB Einträge ohne wirksamen Eintragungsakt, Löschungen, die auf andere als in § 46 GBO vorgeschriebene Weise erfolgen, sowie inhaltlich unzulässige Eintragungen. Zu beachten ist in diesem Zusammenhang, dass Eintragungen im falschen Grundbuchblatt mangels Offensichtlichkeit nur dann unwirksam sind, wenn aus der Eintragung selbst klar wird, dass sich die Eintragung auf ein anderes Grundbuchblatt bezieht.

44 In Bayern gibt es keine Baulasten, sondern es werden an deren Stelle Dienstbarkeiten nach dem BGB bestellt (für den jeweiligen Eigentümer und den Freistaat Bayern). Diese ersetzen die Baulasten und werden als BGB-Dienstbarkeiten in das Grundbuch eingetragen.

zwar den Vorteil, dass unerhebliche Grundbuchvermerke und damit einhergehend eine Überfrachtung des Grundbuchs vermieden werden. Daraus folgt jedoch der Nachteil, dass das Grundbuch keine Aussagen über die öffentlich-rechtliche Rechtssituation des Grundstückes trifft. Insoweit ist also die Wahrungs- und Schutzfunktion des Grundbuchs lückenhaft ausgeprägt.

f) Besondere Koordinatenpunkte des Grundbuchverfahrens
aa) Das Grundbuchamt und seine Organe

Grundsätzlich werden die Grundbücher von den Amtsgerichten als Grundbuchämter geführt, § 1 Abs. 1 S. 1 GBO. Somit sind die Amtsgerichte für das Grundbuchverfahren erster Instanz zuständig. Das **Grundbuchamt** führt dabei die Bezeichnung des Amtsgerichts, zu dem es gehört, und zwar ohne oder mit dem Zusatz „Grundbuchamt".[45]

102

Die Grundbuchordnung verwendet dann einen neutralen Begriff bezüglich der innerhalb des Amtsgerichts zuständigen Funktionsträger, nämlich „für die Führung des Grundbuchs zuständige Personen". Grundsätzlich zuständig ist dabei der **Rechtspfleger**, dem im vollen Umfang Grundbuchsachen übertragen wurden (§ 3 Nr. 1 lit. h RPflG). Ein Richtervorbehalt besteht nicht. Der Richter am Amtsgericht wird daher nur noch selten und vereinzelt als Grundbuchrichter tätig.[46]

103

Weitere Funktionsträger, denen Aufgaben in Grundbuchsachen übertragen wurden, sind der **Urkundsbeamte der Geschäftsstelle** sowie die Beamten der Geschäftsstelle sowie ermächtigte Justizangestellte.[47]

104

bb) Örtliche Zuständigkeit

§ 1 Abs. 1 S. 2 GBO regelt die örtliche Zuständigkeit dergestalt, dass das Grundbuchamt für alle in seinem Bezirk liegenden Grundstücke zuständig ist, unabhängig davon, wo der Eigentümer seinen Wohnsitz hat. **Grundbuchamtsbezirk** ist daher der Amtsgerichtsbezirk. Liegt ein Grundstück im Bezirk mehrerer Grundbuchämter, so ordnet § 1 Abs. 2 GBO eine Bestimmung des zuständigen Grundbuchamtes an. Gem. § 1 Abs. 3 GBO besteht zudem eine Ermächtigung für die Landesregierungen (mit der Möglichkeit der Delegation auf die Landesjustizverwaltungen) zur Anordnung von Zuständigkeitskonzentrationen. Gem. § 2 Abs. 3 FamFG sind die Handlungen eines örtlich unzuständigen Grundbuchamtes jedoch nicht unwirksam.

105

cc) Die Beteiligten des Grundbuchverfahrens

Das Grundbuchrecht selbst stellt keine eigenen Regelungen für die Verfahrensbeteiligung auf, so dass auf die allgemeinen Grundsätze der freiwilligen Gerichtsbarkeit zu-

106

---

45 Eine Ausnahme besteht für Baden-Württemberg; dort sind die staatlichen Grundbuchämter für die Führung der Grundbücher zuständig; Näheres hierzu Schöner/Stöber, Grundbuchrecht, Rn 43.
46 In Baden-Württemberg sind Grundbuchbeamte die Notare für die in ihrem Notariatsbezirk gehörenden Grundbuchämter, wobei auch im badischen Rechtsgebiet für die den Notariaten zugewiesenen Rechtspfleger zu Grundbuchbeamten bestellt werden können, § 29 Abs. 1 S. 2 LFGG.
47 Der Urkundsbeamte der Geschäftsstelle ist insbesondere zuständig zur Gestattung der Einsicht in das Grundbuch oder die Grundakten, § 12 c Abs. 1 GBO, sowie beim Grundbuch in Papierform für die Ausführung der Eintragungsverfügungen. Bei den anderen Bediensteten ist insbesondere wichtig, dass ein zuständiger Beamter oder Angestellter der Geschäftsstelle zuständig ist für die Entgegennahme von Anträgen oder das Ersuchen auf Eintragung sowie für Beurkundung des Eingangszeitpunktes, § 13 Abs. 3 GBO.

rückgegriffen werden muss, die jedoch zugleich mit den Besonderheiten des Grundbuchverfahrens in Einklang zu bringen sind.

107 Dies bedeutet, dass im streng einseitigen Antragsverfahren nur derjenige **formell** beteiligt ist, der Antragsteller ist.

108 **Materiell** Berechtigter eines grundbuchrechtlichen Verfahrens ist dann jeder, dessen Rechtsstellung durch die Entscheidung des Grundbuchamtes beeinträchtigt werden kann. Wer nach diesem Grundsatz materiell Berechtigter ist, muss dabei grundsätzlich auch formell am Verfahren beteiligt werden.[48] Dies bedeutet auch umgekehrt, dass derjenige, der nicht materiell beteiligt ist, auch nur ausnahmsweise aufgrund einer besonderen gesetzlichen Regelung formell am Verfahren zu beteiligen ist. Wer Beteiligter eines Verfahrens ist, hat das Grundbuchamt dabei auch im Antragsverfahren von Amts wegen festzustellen.[49] Die Stellung als Beteiligter eines Grundbuchverfahrens hat dabei insbesondere Bedeutung für die Frage, ob ihm rechtliches Gehör zu bewähren ist und ob ihm die Entscheidung bekannt zu machen ist.

dd) Die Grundbucheintragung als Verfahrenshandlung

(1) Arten

109 Die Grundbucheintragung ist nicht nur ein Tatbestand (das Eingetragensein), sondern auch eine Verfahrenshandlung (das Eintragen).

110 Hinsichtlich der Arten sind zunächst von ihrem Inhalt her bei Eintragungen **konstitutive** Eintragungen, **deklaratorische** Eintragungen und **sichernde** Eintragungen zu unterscheiden. Diese Unterscheidung gilt dabei sowohl im Antrags- wie im Amtsverfahren. Weiter ist bezüglich der Eintragungen zu unterscheiden zwischen Eintragungen im engeren Sinne und Löschungen.

(2) Vornahme

111 Die Vornahme der Eintragung (Eintragung im engeren Sinne bzw Löschung) ist ein Rechtspflegeakt. Dabei verlangt der Zweck des Grundbuches klare und eindeutige Eintragungen, um sicherzustellen, dass für jedermann Art, Inhalt und Umfang des eingetragenen Rechts erkennbar sind. Die Fassung bzw Formulierung des Eintragungsvermerks ist dabei bei den einzelnen Eintragungen unterschiedlich, muss jedoch überall vom Wortlaut knapp und klar gehalten werden. Der notwendige **Eintragungsinhalt** ergibt sich dabei aus dem materiellen Recht. Allerdings erhält das Grundbuchverfahrensrecht weitere Vorschriften über Fassung und äußere Form der Eintragung. Darüber hinaus erhält die GBV Bestimmungen über die Einteilung des Grundbuchblattes und damit auch über die Stelle der Eintragung im Grundbuch (§§ 4–12 GBV) sowie über die Eintragungen selbst (§§ 13–21 GBV).[50]

---

48 Im Verfahren der Berichtigung des Grundbuchs aufgrund Unrichtigkeitsnachweis gem. § 22 GBO ist zudem auch derjenige heranzuziehen, dessen grundbuchmäßiges Recht durch die berichtigende Eintragung beeinträchtigt werden kann.
49 Vgl BayObLG v. 25.7.1996 Rpfleger 1997, 15, 16.
50 Es handelt sich dabei in der Regel um Ordnungsvorschriften. Die Wichtigsten sind § 28 S. 2 GBO (Bezeichnung der Geldbeträge), § 45 Abs. 1 und 2 GBO mit § 129 Abs. 2 GBO (Tagesangabe, Unterschrift als Wirksamkeitserfordernis und Bezugnahme) sowie die §§ 45–52 GBO. Beim EDV-Grundbuch ist anstelle der handschriftlichen Unterschrift eine elektronische Unterschrift zu verwenden. Diese ist hier jedoch keine Wirksamkeitsvoraussetzung (§ 129 Abs. 1 S. 1, § 130 Abs. 1 GBO).

(3) Bezugnahme auf die Eintragungsbewilligung

Eintragungen im Grundbuch sind vor allem auch **knapp** zu halten, um das Grundbuch nicht zu überfrachten. Würde jedes Recht vollständig im Grundbuch eingetragen werden, so wäre das Grundbuch schnell überfüllt. Um dies zu vermeiden, erlaubt daher das Gesetz die Bezugnahme auf die Eintragungsbewilligung.[51]

Das Grundbuchverfahren ordnet nunmehr in § 44 Abs. 2 GBO an, dass von den Bezugnahmemöglichkeiten, die das materielle Liegenschaftsrecht eröffnet, weitestgehend Gebrauch zu machen ist. **Bezugnahmemöglichkeiten** sehen die §§ 874, 885 Abs. 2, 1115 Abs. 1 Hs 2 und Abs. 2 BGB, § 14 Abs. 1 ErbbauRG, §§ 7 Abs. 3, 32 Abs. 2 S. 1 WEG vor. Beim Eintragen eines Rechtes ist daher im Eintragungsvermerk die Bezugnahme auf die konkrete Eintragungsbewilligung mit aufzunehmen.[52]

ee) Die zehn Strukturprinzipien des Grundbuchverfahrens

(1) Eintragungsgrundsatz

Der Eintragungsgrundsatz dient der **Verlautbarmachung** dinglicher Rechte. Er ist im materiellen Recht verankert durch die dort angeordnete Konstitutivfunktion der Eintragung, während das Verfahrensrecht das Eintragen und deren formelle Voraussetzungen regelt. Ziel und in der Regel verfahrensbeendend ist im Grundbuchverfahren daher die formell wirksame Eintragung, die das materielle Recht voraussetzt.

(2) Publizitätsgrundsatz

Das Grundbuch und damit das Grundbuchverfahren dienen der **Sichtbarmachung** der rechtlichen Verhältnisse eines Grundstücks. Für den Inhaber eines Rechts nimmt daher das Grundbuch die Beweislast ab und schützt den Rechtsverkehr durch den öffentlichen Glauben. Die formelle Publizität des Grundbuches regelt das Grundbuchverfahren dergestalt, dass grundsätzlich jedem, der ein berechtigtes Interesse hat, die Einsicht in das Grundbuch und die in Bezug genommenen Urkunden gestattet ist, § 12 GBO.

(3) Antragsgrundsatz

Das Grundbuch dient dem Grundstücksverkehr und damit der Verwirklichung der Privatautonomie. Im Grundbuchverfahren bedeutet dies, dass grundsätzlich das **Antragsverfahren** gilt, so dass der Antragsteller durch seinen Antrag erst das Verfahren in Gang setzt und durch seinen Antrag auch Art und Umfang der Eintragung bestimmt. Das Amtsverfahren soll in Grundbuchsachen daher nur dort in Gang gesetzt werden, wo das öffentliche Interesse bezüglich der Richtigkeit und Vollständigkeit des Grundbuches die Interessen Privater überwiegt.

(4) Spezialitätsgrundsatz oder Bestimmtheitsgrundsatz

Das materielle Liegenschaftsrecht und das diesem dienende Grundbuchverfahrensrecht ist vom Bestimmtheitsgrundsatz geprägt, wonach Gegenstand, Inhalt und Inhaber dinglicher Rechte bestimmt und für Dritte genau feststellbar sein müssen. Komplementär zum materiell-rechtlichen Grundsatz der **Bestimmtheit der dinglichen Rechte**

---

51 Dies bedeutet, dass sich der Inhalt des Grundbuchs iSd §§ 891 ff BGB zusammensetzt aus dem Eintragungsvermerk und der dort zulässigerweise in Bezug genommenen Eintragungsbewilligung.
52 Bei der Bezugnahme auf eine Notarurkunde sind dabei der Name des Notars und die jeweilige Nummer der Urkundenrolle zu vermerken.

besteht daher im Grundbuchverfahren der Grundsatz, dass seitens des Grundbuchamtes nur klare und eindeutige Eintragungsgrundlagen verwendet werden dürfen.

(5) Prioritätsgrundsatz

118 Das Rangverhältnis von Rechten an einem Grundstück bestimmt sich materiell-rechtlich nach dem auf dem Prioritätsgrundsatz beruhenden § 879 BGB. Diesen Prioritätsgrundsatz nimmt das Grundbuchverfahren auf und bestimmt die Reihenfolge der Eintragungen in den §§ 17 und 45 GBO. § 17 GBO regelt dabei die Reihenfolge des Eintragens, also die Reihenfolge der Entscheidungen über die Eintragungsanträge. § 45 GBO regelt dann die Reihenfolge der Eintragungen, wobei gegebenenfalls ein Rangvermerk mit einzutragen ist.

(6) Das formelle Konsensprinzip

119 Während das materielle Recht in § 873 BGB die Einigung, also einen dinglichen Vertrag, als Tatbestand der dinglichen Rechtsänderung verlangt, ist im Grundbuchverfahren die einseitige **Bewilligung** des verlierenden Teils erforderlich, aber auch ausreichend, § 19 GBO. Dieser Grundsatz der Bewilligung, auch formelles Konsensprinzip genannt, geht von der Erwartung aus, dass ein Betroffener eine nachteilige Eintragung nur bewilligt, wenn er sich mit dem Begünstigten über die Rechtsänderung geeinigt hat oder einigen wird. Das formelle Konsensprinzip erleichtert und beschleunigt das Grundbuchverfahren für die Beteiligten und auch für das Grundbuchamt. Zudem werden hierdurch die Kosten niedrig gehalten, weil der gewinnende Teil zwar materiellrechtlich, aber nicht verfahrensrechtlich (dort vor dem Notar) mitwirken muss.

(7) Das materielle Konsensprinzip

120 Vom formellen Konsensprinzip macht jedoch das Grundbuchverfahren dort eine Ausnahme, wo das Interesse an der Richtigkeit des Grundbuchs den Vorrang vor einer erleichterten und beschleunigten Verfahrensdurchführung haben muss, so dass das Gesetz in diesen Fällen verlangt, dass auch die Einigung nachzuweisen ist, das sog. materielle Konsensprinzip. § 20 GBO ordnet daher an, dass die Bewilligung in bestimmten Fällen nicht genügt, nämlich bei der Übertragung des Eigentums an einem Grundstück, bei der Bestellung, Inhaltsänderung und Übertragung eines Erbbaurechts und bei der Einräumung und Aufhebung von Wohnungseigentum.[53]

(8) Der Grundsatz der Beweismittelbeschränkung

121 Eine solitäre Stellung nimmt das Grundbuchverfahren im Bereich der freiwilligen Gerichtsbarkeit hinsichtlich seines **Beweismittelrechtes** ein. Es gelten im Antragsverfahren als Regelverfahren gerade nicht die §§ 29, 30 und 31 FamFG. Vielmehr gilt der Grundsatz der Beweismittelbeschränkung, niedergelegt in § 29 GBO, der die Mittel für den Nachweis der Eintragungsvoraussetzungen auf die strenge Form des **Urkundenbeweises** beschränkt. Abgesehen von der Regelung des § 35 Abs. 3 GBO sind daher alle der

---

53 Allerdings ist bei Letzterem umstritten, ob über § 4 Abs. 2 S. 1 WEG nicht nur nach materiellem Recht die für die Auflassung vorgeschriebene Form einzuhalten ist, sondern diese auch dem Grundbuchamt nach § 20 GBO nachzuweisen ist.

in den §§ 29 ff FamFG zugelassenen sonstigen Beweismittel, insbesondere auch eine eidesstattliche Versicherung, im Grundbuchverfahren ausgeschlossen.[54]

Dieser **Grundsatz der Beweismittelbeschränkung** ist nur in ganz wenigen Ausnahmefällen durchbrochen durch gesetzliche Vermutungen (§ 15 GBO, § 24 Abs. 3 BNotO), Sondervorschriften[55] und nicht zuletzt durch die Verwertung von allgemeinen Erfahrungssätzen im Wege der freien Beweiswürdigung.[56]

(9) Der Grundsatz der Voreintragung

Um alle Entwicklungsschritte bezüglich der Rechtsverhältnisse an einem Grundstück klar und verständlich wiederzugeben, ordnet § 39 GBO vom Grundsatz her an, dass der von einer Eintragung Betroffene als Berechtigter voreingetragen ist. Hierbei handelt es sich um eine rein verfahrensrechtliche **Ordnungsvorschrift**, deren Missachtung ohne materiell-rechtliche Folgen ist.

§ 39 GBO dient dabei nicht nur der besseren Verständlichkeit, sondern erfüllt auch eine Warn- und Schutzfunktion. Der Grundsatz der Voreintragungen hat Ausnahmen in § 39 Abs. 2 GBO, wonach bei Eintragung eines Briefgrundpfandrechtes der Briefbesitz des Gläubigers dessen Voreintragung gleichsteht. Wichtigste Ausnahmevorschrift ist § 40 GBO. Zur **Erleichterung des Grundbuchverkehrs** wie auch zur Kosteneinsparung kann die Voreintragung eines Erben dann unterbleiben, wenn das betroffene Recht vom Erben bzw Berechtigten aufgehoben oder an eine andere Person übertragen wird, so dass hier in der Praxis der Erbe sozusagen übersprungen werden kann.[57]

(10) Legalitätsprinzip

Ein ungeschriebener, gleichwohl äußerst wichtiger Verfahrensgrundsatz des Grundbuchrechtes ist das sog. Legalitätsprinzip (auch **Grundsatz der Sachprüfung** genannt). Das Legalitätsprinzip ist Ausdruck des Gebots der Rechts- und Gesetzmäßigkeit staatlichen Handels und bedeutet im Grundbuchverfahren konkret, dass das Grundbuchamt die Pflicht hat, über die Richtigkeit des Grundbuches zu wachen, und nicht dabei mitwirken darf, dass das Grundbuch durch eine Eintragung unrichtig wird. Daher hat das Grundbuchamt sowohl im Antrags- als auch im Amtsverfahren die Gesetzmäßigkeit jeder Eintragung zu prüfen. Das Grundbuchamt soll also die materiell-rechtliche Richtigkeit des Grundbuches wahren. Gleichwohl darf dieser Legalitätsgrundsatz nicht dazu führen, dass das Grundbuchamt über diese Hintertür nunmehr den Bewilligungsgrundsatz aushebelt. Das Grundbuchamt soll daher zwar nicht sehenden Auges zulassen, dass das Grundbuch unrichtig wird, eine in jedem Verfahren durchzuführende spezielle Prüfung ist jedoch auch durch das Legalitätsprinzip gerade nicht vorgeschrieben. Es

---

54 Während im Antragsverfahren daher grundsätzlich nur der Urkundsbeweis nach § 29 GBO statthaft ist, werden im Amtsverfahren die Beweise durch das Grundbuchamt erhoben. Hier kann vom Grundbuchamt neben dem Strengbeweisverfahren auch das Freibeweisverfahren (nach pflichtgemäßem Ermessen) zugelassen werden.
55 Vgl hierzu Demharter § 129 GBO Rn 18 ff.
56 Vgl hierzu Demharter § 29 GBO Rn 63 ff.
57 Weitere Ausnahmen finden sich in § 927 Abs. 2 BGB und § 928 Abs. 2 S. 2 BGB. Zudem ist die sog. Kettenauflassung kein Problem des § 39 GBO, da der Dritte das Eigentum unmittelbar vom bisherigen Eigentümer erhält, so dass der Zwischenerwerber nicht voreingetragen sein muss. Auch im Verfahren zur Eintragung des Zwangsversteigerungsvermerks wird vom GBA nicht geprüft, ob der Vollstreckungsschuldner eingetragener Eigentümer ist.

genügt, wenn das Grundbuchamt den vorgeschriebenen Prüfungspflichten Genüge tut. Nur wenn sich dem Grundbuchamt die materiell-rechtliche Unwirksamkeit geradezu aufdrängt, kann es über das Legalitätsprinzip gleichwohl die Eintragung ablehnen.

g) Behördliche Genehmigungen, Zeugnisse und Bescheinigungen im Grundbuchverfahren

126 In bestimmten Fällen sind sowohl das schuldrechtliche als auch das dingliche Rechtsgeschäft genehmigungsbedürftig, so dass auch die Eintragung in das Grundbuch erst erfolgen kann, wenn die jeweilige Genehmigung vorliegt. In einigen Fällen knüpft der Genehmigungstatbestand bereits an das Handeln einer bestimmten Person selbst an, betrifft also die Vertretungsbefugnis zum Abschluss der dinglichen Einigung und die Bewilligungsbefugnis. Dies ist der Fall bei den kirchenaufsichtlichen Genehmigungen[58] sowie bei den familiengerichtlichen bzw. betreuungsgerichtlichen Genehmigungen. Die andere Fallgruppe sind solche Fälle, in denen Verfügungen aus Gründen des öffentlichen Interesses nur mit behördlicher Genehmigung erfolgen können. Hier handelt es sich dann um sog. absolute **Verfügungsbeschränkungen** für den Grundstücksverkehr durch das öffentliche Recht.

127 Das Grundbuchamt hat dabei die **Genehmigungsbedürftigkeit** selbst zu prüfen. Bejaht das Grundbuchamt die Genehmigungspflicht oder erhält es nach der Prüfung der Sach- und Rechtslage eine Genehmigungspflicht nicht für völlig ausgeschlossen, so hat es den Nachweis der Genehmigung oder ein Negativzeugnis der Genehmigungsbehörde zu verlangen. Verneint das Grundbuchamt die Genehmigungspflicht, hat es die Eintragung vorzunehmen, wenn alle übrigen Voraussetzungen vorliegen.

128 Bedarf ein Rechtsgeschäft der öffentlich-rechtlichen Genehmigung, ist es bis zu deren Erteilung schwebend unwirksam. Wenn die Genehmigung erteilt wird, ist das Rechtsgeschäft rückwirkend wirksam; wird die Genehmigung versagt, wird es endgültig unwirksam.[59]

129 Die wichtigsten **öffentlich-rechtlichen Beschränkungen** im Grundstücksverkehr sind:

- § 2 Abs. 1 GrdstVG: Veräußerung eines land- oder forstwirtschaftlich genutzten Grundstücks,
- § 51 Abs. 1 BauGB: Verkehrsbeschränkungen im Umlegungsgebiet,
- § 144 BauGB: Verkehrsbeschränkung im Sanierungsgebiet,
- § 22 BauGB: Verkehrsbeschränkung in Fremdenverkehrsgebieten.

---

58 Seeger, Vertretung und Genehmigungserfordernisse bei Rechtsgeschäften kirchlicher Vermögensträger in Bayern – Teil I: Evangelisch-Lutherische Kirche, MittBayNot 2003, 361; Eckert/Heckel, Vertretung und Genehmigungserfordernisse bei Rechtsgeschäften kirchlicher Vermögensträger in Bayern – Teil II: Römisch-Katholische Kirche, MittBayNot 2006, 471.

59 Probleme bereiten die Fälle, in denen die öffentlich-rechtliche Genehmigung als privatrechtsgestaltender Verwaltungsakt mit einer Bedingung als sog. Nebenbestimmung versehen wird. Wird die Genehmigung unter einer aufschiebenden Bedingung erteilt, muss im Grundbuchverfahren der Eintritt dieser Bedingung in Form des § 29 GBO nachgewiesen werden. Wird die Genehmigung gar in einer auflösenden Bedingung erteilt, so ist zu beachten, dass sie bei solchen Rechtsgeschäften, die von keiner auflösenden Bedingung abhängig gemacht werden können, zB die Auflassung, die Bestellung eines Erbbrechts sowie die Begründung von Wohnungseigentum, keine geeignete Grundlage für die Eintragung im Grundbuch darstellt. Bei auflösend bedingt zulässigen Rechtsgeschäften ist zwar die Grundbucheintragung zulässig, aber aus ihr muss sich die auflösende Bedingung ergeben.

Zudem gibt es im Grundbuchverfahren noch Verfügungsbeschränkungen bzw Geneh- 130
migungserfordernisse nach **landesrechtlichen** Vorschriften. Der wichtigste Fall ist hier
das in nahezu allen Gemeindeordnungen enthaltene Gebot der Grundstücksveräuße-
rung nur zum vollen Wert, welches ein Verbotsgesetz iSd § 134 BGB darstellt und dessen Einhaltung daher vom Grundbuchamt zu prüfen ist. Hier genügt in der Grundbuchpraxis jedoch in der Regel eine entsprechende Versicherung des Gemeindevertre-
ters oder eine Bescheinigung der Rechtsaufsichtsbehörde, dass dieses Gebot beachtet
ist.

Ein weiterer Fall, bei dem im Grundbuchverfahren zwar keine Genehmigung, aber eine 131
Bescheinigung vorzulegen ist, ist § 22 Abs. 1 GrEStG, wonach eine Eintragung eines
Eigentümers erst erfolgen kann, wenn eine Unbedenklichkeitsbescheinigung durch das
zuständige Finanzamt vorgelegt wird. Die **Unbedenklichkeitsbescheinigung** ist keine
materiell-rechtliche Voraussetzung der dinglichen Rechtsänderung, das Grundbuch
wird also nicht unrichtig, sollte diese fehlen. § 22 GrEStG bewirkt jedoch eine verfahrensrechtliche Sperre. Weiterhin zu nennen ist hier das **Negativzeugnis** bezüglich des
gemeindlichen Vorkaufsrechts gem. § 28 Abs. 1 S. 3 BauGB.

4. Die Kosten im Grundbuchverfahren

a) Rechtsgrundlagen

Im Grundbuchverfahren ist nicht das Gerichtskostengesetz, sondern ausschließlich die 132
Kostenordnung anwendbar. Dabei regeln die §§ 60–78 KostO die Gebühren für die
Geschäfte des Grundbuchamtes, und zwar auch, wenn nach Landesrecht andere Stellen
als die Amtsgerichte seine Aufgaben wahrnehmen (§ 159 Abs. 2 KostO). Weiterhin gilt
der Unterabschnitt der §§ 60–78 KostO auch dann, wenn das Grundbuchamt als Vollstreckungsorgan tätig wird (§ 867 ZPO). Ergänzend sind zu diesem zweiten Unterabschnitt, der grundsätzlich sämtliche Grundbuchgeschäfte erfasst, noch der sechste Unterabschnitt der Kostenordnung, zB § 119 KostO bei einem Zwangsgeldverfahren nach
§ 82 GBO, und der siebte Unterabschnitt der KostO, zB die §§ 130, 131 KostO bei der
Zurückweisung und Zurücknahme von Anträgen sowie bei Beschwerden, heranzuziehen.

b) Grundsätze der Kostenfestsetzung im Grundbuchverfahren

Die Kosten im Grundbuchverfahren setzen sich zusammen aus den Gebühren für die 133
jeweilige Eintragung des Grundbuchamtes und die dabei entstandenen Auslagen.

Den **Gebührentatbestand** der §§ 60 ff KostO bildet die Eintragung (Eintragungs- bzw 134
Löschungsvermerk). Der Gebührentatbestand ist dabei erfüllt mit der Wirksamkeit der
Eintragung. Die Pflicht zur Tragung der Gerichtskosten sowie die Person des Kosten-
schuldners gegenüber der Staatskasse ergibt sich sodann sowohl im Verfahren vor dem
Grundbuchamt (§§ 1–6, 60 ff KostO) als auch im Beschwerdeverfahren (§§ 1–6, 131
KostO) unmittelbar aus dem Gesetz.

Wichtigster Grundsatz der Kosten im Grundbuchverfahren ist die sog. **Geschäftswert-** 135
gebühr. Gem. § 18 Abs. 1 KostO werden die Kosten nach dem Geschäftswert berechnet. Zunächst werden daher eine Geschäftswertfestsetzung und sodann eine Kostenfestsetzung durchgeführt. Zuständig für die Geschäftswertfestsetzung ist der Kosten-

beamte, der den Geschäftswert anhand der Vorgaben der Kostenordnung zu ermitteln und festzusetzen hat. Auf der Grundlage des festgesetzten Geschäftswertes werden sodann vom Kostenbeamten die Kosten berechnet (**Kostenansatz**), wobei sich die Höhe der Gebühren aus den §§ 32 ff KostO mit Tabelle ergibt.

Einige Eintragungen sind von Gesetzes wegen **gebührenfrei**, § 69 KostO. In diesen Fällen sind Eintragungen und Löschungen also gebührenfrei, Auslagen jedoch zu erheben.[60]

c) Kostenberechnungsbeispiele

- **Eintragung im Bestandsverzeichnis**

  Begründung von Wohnungseigentum nach § 8 WEG bei Grundstückswert (mit fertigem Gebäude) von 100.000 EUR: Geschäftswert nach §§ 21 Abs. 2, 19 Abs. 2 KostO: 50.000 EUR; hieraus 5/10-Gebühr nach §§ 76 Abs. 1 S. 1, 32 KostO: 66 EUR.

- **Eintragung in Abteilung I**

  Eigentumsübertragung aufgrund Kaufvertrag/Überlassung bei einem Kaufpreis/Grundstückswert von 100.000 EUR: Geschäftswert nach §§ 19, 20 KostO: 100.000 EUR; hieraus 10/10-Gebühr nach §§ 60 Abs. 1, 32 KostO: 207 EUR.

- **Eintragung in Abteilung II**

  Eintragung eines lebenslangen Nießbrauchs für einen 30-jährigen Mann an einem Grundstück mit einem gemeinen Wert von 100.000 EUR: Geschäftswert nach § 24 Abs. 2, Abs. 5 KostO: 80.000 EUR; hieraus 10/10-Gebühr nach §§ 62 Abs. 1, 32 KostO: 177 EUR.

- **Eintragung in Abteilung III**

  Eintragung bzw Löschung einer Buchgrundschuld zu 100.000 EUR: Geschäftswert nach § 23 Abs. 2 KostO: 100.000 EUR; hieraus für Eintragung 10/10-Gebühr nach §§ 62 Abs. 1, 32 KostO: 207 EUR, für die Löschung 5/10-Gebühr nach §§ 68 Hs 1, 62 Abs. 1, 32 KostO: 103,50 EUR.

- **Einsichtnahme** bzw **Abschriften und Ausdrucke**

  Die Einsichtnahme in das Grundbuch nach § 12 GBO ist gebührenfrei, § 74 KostO. Eine unbeglaubigte Abschrift bzw ein Ausdruck lösen eine Gebühr von 10 EUR aus, § 73 Abs. 1 Nr. 1 bzw Abs. 2 Nr. 1 KostO. Für eine beglaubigte Abschrift bzw einen amtlichen Ausdruck werden eine Gebühr von 18 EUR erhoben, § 73 Abs. 1 Nr. 2 bzw Abs. 2 Nr. 2 KostO.

---

60 Eine weitere wichtige Ausnahme ist § 64 SGB X, wonach Geschäfte oder Verhandlungen, die aus Anlass der Beantragung, Erbringung oder Erstattung einer Sozialleistung nötig werden, kostenfrei, insbesondere auch gerichtskostenfrei, sind. Hier dürfen also weder Gebühren noch Auslagen erhoben werden. Praktische Bedeutung hat dies im Grundbuchverfahren für Hypotheken- oder Grundschuldbestellungen zur Absicherung von Leistungen nach dem SGB II bzw dem SGB XII.

II. Verfahrensarten

1. Das Antragsverfahren

a) Das Antragsverfahren als Hauptverfahren in Grundbuchsachen

Das Verfahren in Grundbuchsachen ist ein Verfahren der freiwilligen Gerichtsbarkeit und kennt daher auch wie die freiwillige Gerichtsbarkeit zwei Verfahrensarten, nämlich das Antragsverfahren und das Amtsverfahren. Während in den anderen Bereichen der freiwilligen Gerichtsbarkeit jedoch in der Regel ein Verfahren von Amts wegen eingeleitet wird, ist das reguläre Grundbuchverfahren als Antragsverfahren ausgestaltet. Eintragungen im Grundbuch erfolgen in der Regel nur auf Antrag, § 13 GBO. Der Erwerb, Verlust und die Sicherung dinglicher Rechte liegt nämlich im Belieben der Beteiligten, so dass niemandem gegen seinen Willen ein Recht aufgezwungen werden soll. Es gilt also im Grundbuchverfahren grundsätzlich die **Privatautonomie**, dessen verfahrensrechtliches Gegenstück der Antragsgrundsatz ist. Die Grundbuchordnung überlässt daher grundsätzlich die Wahrung der Interessen an der Richtigkeit und Vollständigkeit des Grundbuchs den Beteiligten selbst, indem es eine Eintragung in das Grundbuch grundsätzlich nur aufgrund der bloßen Bewilligung des verlierenden Teils und eines Antrages zulässt. Das Grundbuchamt darf daher nicht ohne oder gegen den Willen der Beteiligten tätig werden, nicht über den Antrag hinausgehen und nicht hinter ihm zurück bleiben. Es hat daher über jeden Antrag zu entscheiden, entweder durch Eintragung oder Löschung, Antragszurückweisung oder vorläufig durch Zwischenverfügung.

Zudem kann bei mehreren Anträgen gem. **§ 16 Abs. 2 GBO** der Antragsteller bestimmen, dass der eine Antrag nicht ohne den anderen erledigt werden darf. Flankierend hierzu bestimmt § 17 GBO, welcher Antrag zuerst erledigt werden muss.

Im Antragsverfahren hat der Antragsteller ein Recht darauf, dass das Grundbuchamt die Eintragung vornimmt, sobald alle Eintragungsvoraussetzungen vorliegen. Das Antragsverfahren als Kernstück des Grundbuchverfahrens und die damit einhergehende **Pflicht des Grundbuchamtes**, die Eintragung vorzunehmen, wenn die Eintragungsvoraussetzungen gegeben sind, sind die Konsequenz daraus, dass die materiell-rechtlichen Wirkungen nicht ohne Mitwirkung des Grundbuchamtes herbeigeführt werden können.

b) Das Eintragungsverfahren

Ziel des Antragsverfahrens ist eine Eintragung durch das Grundbuchamt im Grundbuch. Bei diesen Eintragungen kann zwischen rechtsändernden Eintragungen und berichtigenden Eintragungen unterschieden werden. Das Eintragungsverfahren im engeren Sinn zielt dabei auf rechtsändernde Eintragungen und wird vom formellen Konsensprinzip bestimmt, nachdem eine Eintragung nur erfolgt, wenn derjenige sie bewilligt, dessen Recht von ihr betroffen wird. Eintragungen, hierzu zählen auch Löschungen, erfolgen daher im Eintragungsverfahren nur aufgrund einer Bewilligung. Das **formelle Konsensprinzip** ist daher das **Kernstück** des Eintragungsverfahrens.

c) Das Berichtigungsverfahren

Für Eintragungen und Löschungen, die aufgrund der Unrichtigkeit des Grundbuchs vorgenommen werden sollen, steht jedoch das Berichtigungsverfahren zur Verfügung.

Es handelt sich ebenfalls um ein Antragsverfahren, das jedoch gegenüber dem normalen Eintragungsverfahren einige Besonderheiten und Ausnahmen aufweist.

142 So sieht § 22 GBO für den Fall der Grundbuchberichtigung eine Ausnahme von § 19 GBO vor. Zur Erleichterung des Grundbuchverkehrs genügt der Nachweis der Unrichtigkeit, so dass Eintragungen zur Berichtigung sowohl aufgrund einer Berichtigungsbewilligung als auch aufgrund eines **Unrichtigkeitsnachweises** erfolgen können.

143 § 22 GBO setzt dabei eine Unrichtigkeit des Grundbuchs iSd § 894 BGB voraus. Unrichtigkeit ist danach also gegeben, wenn der Inhalt des Grundbuchs hinsichtlich eines Rechts an einem Grundstück, eines Rechts an einem solchen Recht oder einer Verfügungsbeschränkung der in § 892 Abs. 1 BGB bezeichneten Art mit der wirklichen Rechtslage nicht im Einklang steht.[61]

144 Der Unrichtigkeitsnachweis ist dabei nicht ein Minus zur Eintragungsbewilligung. Vielmehr handelt es sich bei Berichtigungsbewilligung und Unrichtigkeitsnachweis um zwei wesensverschiedene Möglichkeiten der Verfahrensbegründung im Berichtigungsverfahren. Der Unrichtigkeitsnachweis ist als Beweisersatzmittel für die Berichtigungsbewilligung anzusehen.[62]

145 Im Berichtigungsverfahren ist dann zu unterscheiden zwischen ursprünglicher und nachträglicher Unrichtigkeit bzw teilweiser Unrichtigkeit einer Eintragung, weil hiervon jeweils die Art des Unrichtigkeitsnachweises abhängt.

146 § 22 Abs. 1 S. 2 GBO stellt zudem klar, dass auch Verfügungsbeschränkungen dem Berichtigungsverfahren unterliegen. Weiterhin soll das Verfahren nach § 22 Abs. 1 GBO nach der Rechtsprechung auch auf den sog. Rechtshängigkeitsvermerk anwendbar sein.[63]

147 Von der Berichtigung im Berichtigungsverfahren zu unterscheiden ist die sog. **Richtigstellung** oder Klarstellung des Grundbuchs. Diese erfasst alle im Grundbuch verlautbarten Tatsachen sowie die Fassung materiell-rechtlicher Eintragungen, die nicht den Gutglaubensvorschriften als solche unterliegen. Das einschlägige Verfahren für derartige Richtigstellungen ist gesetzlich nicht geregelt.[64] Umstritten ist, ob die Eintragung des sog. Wirksamkeitsvermerks dem Berichtigungsverfahren oder dem Verfahren der Richtigstellung unterliegt.[65]

148 Über die Berichtigungsbewilligung bzw den Unrichtigkeitsnachweis hinaus verlangt dann § 22 Abs. 2 GBO bei der Berichtigung des Grundbuchs durch Eintragung eines Eigentümers oder eines Erbbauberechtigten, dass auch die **Zustimmung** des Eigentümers oder des Erbbauberechtigten erfolgt, was insbesondere mit den aus der Eintragung folgenden öffentlich-rechtlichen Pflichten des Eigentümers bzw Erbbauberechtigten zusammenhängt.

---

61 Vgl Demharter § 22 GBO Rn 4.
62 Vgl Hügel/Holzer § 22 GBO Rn 19.
63 Vgl hierzu Hügel/Holzer § 22 GBO Rn 34.
64 Näheres hierzu Holzer, Die Richtigstellung des Grundbuchs, 2005.
65 Umstritten ist, ob der Wirksamkeitsvermerk, mit dem die relative Unwirksamkeit des § 883 Abs. 2 BGB eines vom Erwerber aufgrund Vollmacht des Veräußerers bestellten Grundpfandrechts gegenüber der Vormerkung des Erwerbers festgestellt wird, eine dem Rang zugehörige Eintragung ist oder ob es sich nur um einen deklaratorischen Vermerk handelt, vgl hierzu mit Nachweisen Hügel/Holzer, GBO, § 22 Rn 35 f.

II. Verfahrensarten

Über die Zustimmung des Eigentümers bzw Erbbauberechtigten hinaus ist zudem im Berichtigungsverfahren zu beachten, dass die §§ 23–26 GBO zur Regel des § 22 Abs. 1 GBO ein komplexes Regel-Ausnahme-Verhältnis hinsichtlich der Verfahrensbegründung im Berichtigungsverfahren aufstellen. 149

Die §§ 23, 24 GBO gehen über § 22 Abs. 1 GBO insoweit hinaus, als sie bezüglich der Löschung eines Rechtes, bei dem Rückstände möglich sind, die Löschung des gesamten Rechtes zulassen, wenn nur das Erlöschen des Stammrechtes nachgewiesen ist.[66] 150

§ 25 GBO ist ein spezieller Fall für die Löschung von Vormerkungen oder Widersprüchen, die aufgrund einer einstweiligen Verfügung eingetragen wurden. Nach dieser Regelung genügt anstelle der Bewilligung des Berechtigten die Vorlage der vollstreckbaren Entscheidung, mit der die einstweilige Verfügung aufgehoben wurde. 151

§ 26 GBO regelt einen **vereinfachten Unrichtigkeitsnachweis** bezüglich der Abtretung und Belastung von Grundpfandrechten, weil es hier anstelle der Eintragungsbewilligung genügt, wenn die Abtretungserklärung des bisherigen Gläubigers vorgelegt wird. Die materiell-rechtliche Abtretungs- oder Belastungserklärung des Verfügenden ersetzt daher als verfahrensrechtliche Begründung im Berichtigungsverfahren die Berichtigungsbewilligung. 152

d) Die Eintragung auf Ersuchen einer Behörde (§ 38 GBO)

Auf Ersuchen einer dazu ermächtigten Behörde erfolgt die Grundbucheintragung in den gesetzlich vorgesehenen Fällen, § 38 GBO. 153

Die Besonderheit ist hier, dass sowohl das Antragsprinzip als auch das formelle und materielle Konsensprinzip sowie die Zustimmung nach § 27 S. 1 GBO im Eintragungsverfahren als auch die Vorgaben im Berichtigungsverfahren nach § 22 GBO durch die **Ersuchungsbefugnis** der Behörde ersetzt sind. Das Behördenersuchen ersetzt also als Eintragungsgrundlage den sonst erforderlichen Eintragungsantrag, die Eintragungsbewilligung, den Unrichtigkeitsnachweis sowie etwa weitere zur Eintragung erforderliche Erklärungen Dritter. Andere allgemeine Eintragungsvoraussetzungen müssen jedoch auch hier gegeben sein. 154

Somit hat das behördliche Ersuchen sowohl eine verfahrenseinleitende als auch eine **verfahrensbegründende** Komponente und bewirkt zudem negativ, dass – soweit die Behörde um eine Grundbucheintragung ersucht – das Antragsrecht der Beteiligten grundsätzlich ausgeschlossen ist.[67] 155

Damit ist das Verfahren nach § 38 GBO eine spezielle Art des Antragsverfahrens, bei dem entscheidend ist, dass die Behörde nach den gesetzlichen Vorschriften (Bundesrecht oder Landesrecht) befugt ist, das Grundbuchamt um die konkrete Eintragung zu ersuchen.[68] Im Rahmen des § 38 GBO ist zudem zu beachten, dass es keinen einheitlichen 156

---

66 Der häufigste Fall ist das Löschen eines Wohnungsrechtes aufgrund Nachweis durch Sterbeurkunde des Berechtigten. Hier beweist die Vorlage der Sterbeurkunde eine Teilunrichtigkeit, weil das Stammrecht erloschen ist, aber im Hinblick auf das gesamte Recht möglicherweise noch Rückstände bestehen können.
67 Nach der Rechtsprechung besteht insoweit nur eine Ausnahme im Fall des § 941 ZPO. Eine weitere Ausnahme stellt dann § 32 Abs. 2 S. 2, Abs. 3 S. 2 InsO dar.
68 Sowohl bundesrechtliche als auch landesrechtliche Vorschriften können also die Befugnis nach § 38 GBO begründen. Einen Überblick hierzu findet sich bei Demharter § 38 GBO Rn 5 ff (Bundesrecht), Rn 28 ff (Landesrecht).

Behördenbegriff gibt. Entscheidend ist daher, ob die Rechtsnorm die jeweilige Stelle zu einem Eintragungsersuchen befugt, damit eine Behörde iSd § 38 GBO vorliegt.[69]

2. Das Amtsverfahren

a) Das Amtsverfahren als Ausnahme vom Antragsverfahren

157 Das Grundbuchverfahren wird vom Antragsgrundsatz beherrscht, so dass hier – anders in anderen Verfahren der freiwilligen Gerichtsbarkeit – das Grundbuchamt nur **ausnahmsweise** von Amts wegen tätig wird. Die Einleitung eines Grundbuchverfahrens erfolgt deshalb nur dann von Amts wegen, wenn das durch eine besondere Bestimmung angeordnet ist. Falls ein Amtsverfahren beim Vorliegen bestimmter Voraussetzungen vorgeschrieben ist, muss das Grundbuchamt von Amts wegen tätig werden, wenn es auf irgendeine Weise vom Vorhandensein einer der Voraussetzungen Kenntnis erlangt. In diesen Fällen muss es dann ohne Antrag und gegebenenfalls gegen den Willen der Beteiligten tätig werden, weil aufgrund des öffentlichen Interesses an der Richtigkeit und Vollständigkeit des Grundbuches das Gesetz dies anordnet und dabei das öffentliche Interesse über die privaten Interessen stellt.

158 Einem Antrag kommt in einem Amtsverfahren daher nur die Bedeutung einer **Anregung** zu. Erhält das Grundbuchamt eine solche Anregung oder auf andere Weise Kenntnis von dem Vorhandensein einer Voraussetzung eines Amtsverfahrens, so hat das Grundbuchamt zu prüfen, ob eine Eintragungsverfügung zu treffen ist. Es hat daher Ermittlungen von Amts wegen anzustellen; § 26 FamFG gilt hier entsprechend.

b) Arten des Amtsverfahrens

159 Innerhalb des Amtsverfahrens ist zwischen zwei Arten zu unterscheiden. Zum einen gibt es **selbständige Amtsverfahren**, in denen das Grundbuchamt tätig wird, auch wenn kein Antrag vorliegt. Hier muss also das Grundbuchamt unabhängig vom Vorliegen eines Antrages selbständig tätig werden, um zur **Verwirklichung des öffentlichen Interesses** an der Richtigkeit und Vollständigkeit des Grundbuches die Eintragung in das Grundbuch zu prüfen und gegebenenfalls vorzunehmen.

160 Daneben gibt es Amtsverfahren, die nur dann einzuleiten und abzuschließen sind, wenn ein Antragsverfahren durch den Antrag eines Beteiligten eingeleitet wurde. Hier ist das Amtsverfahren daher lediglich ein **Annex** zu einem eingeleiteten Antragsverfahren.

161 In der Praxis kommen dabei die verschiedenen Amtsverfahren nicht in gleicher Häufigkeit vor. Nachfolgend sollen daher die wichtigsten selbständigen Amtsverfahren bzw. Annexamtsverfahren kurz dargestellt werden:

---

[69] Grundsätzlich ist nur das Ersuchen einer deutschen Behörde zu befolgen. Die Befugnis einer Auslandsbehörde, das Grundbuchamt zu ersuchen, kann nur durch eine Ermächtigung seitens der Bundesrepublik Deutschland in einem Staatsvertrag begründet werden. Etwas anderes dürfte jedoch wohl für ein zuständiges Organ der EU dann gelten, wenn es nach seinen europarechtlichen Befugnissen auf die Verlautbarung eines grundstücksrelevanten Vorgangs im Grundbuchverfahren hinwirken kann, so dass das deutsche Grundbuchamt auch von einer Behörde der EU um die Eintragung in das Grundbuch ersucht werden kann, vgl hierzu Bauer/von Oefele/Bauer § 38 GBO Rn 15.

aa) Selbständige Amtsverfahren
(1) Amtswiderspruch gem. § 53 Abs. 1 S. 1 GBO

Aufgrund der materiell-rechtlichen Vorgaben führt allein die Eintragung oder Löschung eines Rechts nicht grundsätzlich zu dessen Entstehen bzw Erlöschen. Erfolgt eine Eintragung, ohne dass ein Grund für diese vorlag, wird daher das Grundbuch **unrichtig**, weil trotz der Eintragung das Recht nicht entstanden ist bzw trotz der Löschung das Recht noch außerbuchlich besteht. Dies ermöglicht einen gutgläubigen Erwerb bzw Wegerwerb, bei dem auf der Rechtscheinsbasis der Grundbucheintragung das Recht dann durch den gutgläubigen Erwerb tatsächlich erworben bzw erloschen ist. Dies kann dazu führen, dass aufgrund eines Fehlers des Grundbuchamtes bei der Eintragung möglicherweise Schadenersatz vom Staat verlangt werden könnte. Um diese Gefahr eines Regresses gegen den Staat abzuwenden, sieht § 53 Abs. 1 S. 1 GBO die Eintragung eines Widerspruchs von Amts wegen vor. Zweck ist also hier allein die Verhinderung von Schadenersatzansprüchen gegen das jeweilige Land wegen eines Rechtsverlustes. Daraus folgt auch, dass die Eintragung eines Amtswiderspruches gem. § 53 Abs. 1 S. 1 GBO nur die Fälle erfasst, in denen sich an die Eintragung bzw Löschung ein guter Glauben anschließen kann.

162

(2) Amtslöschung gem. § 53 Abs. 1 S. 2 GBO

Die fehlerhafte Eintragung oder Löschung eines Rechtes kann vom Grundbuchamt nicht ohne Weiteres rückgängig gemacht werden, da eventuell in eine Rechtsposition eingegriffen würde, weswegen hier nur der Amtswiderspruch einzutragen ist. Bei unzulässigen Eintragungen, die unwirksam sind und auch nicht unter dem öffentlichen Glauben stehen, ist dies anders. Eintragungen, die **inhaltlich unzulässig** sind, können daher gelöscht werden, damit das Grundbuch nicht unklar wird. § 53 Abs. 1 S. 2 GBO sieht die Amtslöschung für inhaltlich unzulässige Eintragungen vor. Inhaltlich unzulässige Eintragungen sind Eintragungen, die es so nach geltender Rechtslage nicht geben kann.[70]

163

(3) Zwangsberichtigungsverfahren gem. §§ 82 ff GBO

Es kommt nicht selten vor, dass das Grundbuch in Abteilung I durch einen Rechtsübergang außerhalb des Grundbuchs unrichtig geworden ist. Hauptsächlich geschieht dies aufgrund Erbfolge. Da auch ein erhebliches öffentliches Interesse an der Richtigkeit der Eigentümereintragung besteht, gestatten die §§ 82–83 GBO dem Grundbuchamt bei Rechtsübergängen außerhalb des Grundbuchs den materiell-rechtlich richtigen Eigentümer zur Herbeiführung der Grundbuchberichtigung anzuhalten oder diese notfalls auch von Amts wegen vorzunehmen. Im Normalfall ist daher das Grundbuchzwangsberichtigungsverfahren ein **erzwungenes Antragsverfahren**, bei dem die allgemeinen Grundsätze des Antragsverfahrens gem. §§ 13, 22 GBO für den materiell-rechtlich richtigen Eigentümer gelten. Ausnahmsweise ermöglicht jedoch § 82 a GBO dem Grundbuchamt auch die Amtsberichtigung in einem selbständigen Amtsverfahren ohne Antrag.

164

---

70 Das sind zum einen Eintragungen, die ein nicht eintragungsfähiges Recht verlautbaren. Zum anderen sind dies Eintragungen, die ein eintragungsfähiges Recht verlautbaren, jedoch ohne den gesetzlich gebotenen oder mit gesetzlich nicht erlaubtem Inhalt.

(4) Löschung gegenstandsloser Rechte gem. §§ 84 ff GBO

165 Die Grundbuchordnung gibt in §§ 84 ff GBO dem Grundbuchamt die Möglichkeit, gegenstandslose Eintragungen in einem Amtsverfahren zu löschen. Zweck ist hierbei, das Grundbuch von bedeutungslos gewordenen Eintragungen freizuhalten, weil solche Eintragungen den Grundbuchverkehr erschweren können. Da es nicht Aufgabe dieses Verfahrens ist, einen Streit der Beteiligten über das Nichtbestehen eines eingetragenen Rechts zu entscheiden, kommt eine Löschung hier nur dann in Betracht, wenn die **Gegenstandslosigkeit** des eingetragenen Rechts außer Zweifel steht. Anders als in § 82 GBO ist dieses Verfahren auch ein reines selbständiges Amtsverfahren, bei dem kein Zwang gegen den Inhaber des zu löschenden Rechts besteht, einen Antrag zu stellen oder gar die Unterlagen zu beschaffen. Gegenstandslose Eintragungen kann daher das Grundbuchamt von Amts wegen löschen, auch wenn deren Löschung von den Beteiligten nicht beantragt wird.[71]

166 Für eine Amtslöschung kommt hier nur die Eintragung über ein Recht in Betracht. Gem. § 84 Abs. 3 GBO ist der Begriff „Recht" jedoch im weitesten Sinne zu verstehen, so dass jede Eintragung in Abteilung II und III des Grundbuchs als gegenstandslos gelöscht werden kann, während dagegen eine Eigentümereintragung in Abteilung I niemals gegenstandslos sein kann.

167 Dabei kann eine Eintragung entweder aus **Rechtsgründen** (§ 84 Abs. 2 lit. a GBO) oder aus **tatsächlichen Gründen** (§ 84 Abs. 2 lit. b GBO) als gegenstandslos gelöscht werden. Eine Gegenstandslosigkeit aus Rechtsgründen liegt vor, wenn das eingetragene Recht nicht besteht oder seine Entstehung ausgeschlossen ist. Eine Gegenstandslosigkeit aus tatsächlichen Gründen liegt vor, wenn das Recht aus tatsächlichen Gründen dauerhaft nicht ausgeübt werden kann.[72] Im Amtsverfahren der Löschung gegenstandsloser Rechte ist vom Grundbuchamt dabei die Verfahrensvoraussetzung des § 87 GBO zu beachten.

(5) Rangbereinigungsverfahren gem. §§ 90 ff GBO

168 Ziel des Grundbuchrechts ist auch, das Grundbuch übersichtlich und klar zu halten. Allein durch das Antragsverfahren ist dies nicht möglich, aber auch das Amtsverfahren der Löschung gegenstandsloser Eintragungen reicht hierfür nicht aus. Daher geben die §§ 90–115 GBO weitere ergänzende Vorschriften, die der **Klarstellung der Rangverhältnisse** dienen.

169 Die Einleitung eines Verfahrens zur Klarstellung eines Rangverhältnisses setzt dabei zwei Dinge voraus. Zum einen müssen unklare oder unübersichtliche Rangverhältnisse vorliegen. Zum anderen muss ein besonderer Anlass für die Beseitigung der unklaren oder unübersichtlichen Rangverhältnisse bestehen. Dies ist insbesondere die anstehende Umschreibung eines unübersichtlichen Grundbuchblattes. Liegen diese Voraussetzungen vor, kann das Rangbereinigungsverfahren sowohl von Amts wegen als auch auf Antrag eingeleitet werden. Insofern ist das Rangbereinigungsverfahren ein **Zwitterver-**

---

[71] Das Verfahren ist jedoch bei den Grundbuchämtern in der Praxis nicht gerade beliebt, weswegen auch eine Anregung in einem solchen Verfahren in der Regel nicht aufgenommen wird.

[72] Letzteres kann zwei Ursachen haben. Entweder hat sich das Grundstück so verändert, dass die Ausübung eines eingetragenen Rechts unmöglich ist, oder die Person des Berechtigten ist nicht mehr feststellbar.

fahren, weil hier bei Vorliegen der Voraussetzungen der Antrag nicht nur die Bedeutung einer Anregung hat, sondern das Verfahren einleiten kann; dies – anders als im normalen Antragsverfahren – jedoch nur, wenn die zwei genannten Voraussetzungen vorliegen.

Trotz Antrages entscheidet das Grundbuchamt über die Einleitung des Verfahrens zudem nach freiem Ermessen, wobei die Entscheidung unanfechtbar ist, § 91 Abs. 1 GBO. Daher ist trotz dieser Zwitterstellung das Rangbereinigungsverfahren eher ein Amtsverfahren als ein Antragsverfahren. 170

(6) Anlegung eines Grundbuchblattes

Das Anlegungsverfahren gem. der §§ 116 ff GBO ist ebenfalls ein Amtsverfahren. Gegenstand dieses Verfahrens ist die Anlegung von Grundbuchblättern für solche Grundstücke, die bei der erstmaligen Anlegung des Grundbuches kein Blatt erhalten haben. Die praktische Bedeutung der Vorschriften ist jedoch gering, weil die meisten Grundstücke im Grundbuch gebucht sind.[73] 171

(7) Weitere selbständige Amtsverfahren

Weitere in der Praxis weniger bedeutende Amtsverfahren finden sich sowohl in der Grundbuchordnung als auch außerhalb der Grundbuchordnung, und zwar auch im **öffentlichen Recht**, zB § 54 Abs. 1 S. 2 BauGB (Umlegungsvermerk) und § 143 Abs. 2 S. 2 BauGB (Sanierungsvermerk).[74] 172

(8) Sonderfall: Amtslöschungen bei Umdeutung

Wie oben dargestellt, kann unter Umständen auch ein Eintragungsantrag umgedeutet werden, was jedoch dazu führt, dass die unwirksame Eintragung von Amts wegen zu löschen ist und das ursprüngliche Antragsverfahren wieder aufzunehmen ist, auf dessen Grundlage dann über die Umdeutung eine neue Eintragung erfolgt. 173

bb) Annexamtsverfahren
(1) Widerspruch oder Vormerkung gem. § 18 Abs. 2 GBO

Wie oben dargestellt, beherrscht der Prioritätsgrundsatz, niedergelegt in § 17 GBO, das Grundbuchverfahren. Würde der Prioritätsgrundsatz streng durchgeführt werden, so würde dies bei einem Antragsverfahren, bei dem der Eintragung ein (beseitigbares) Hindernis entgegensteht, zur **faktischen Grundbuchsperre** führen. Liegt nämlich ein behebbares Hindernis vor, bezüglich dessen Beseitigung das Grundbuchamt eine Zwischenverfügung erlässt, so würde der gestellte Antrag in der Zwischenzeit in der Schwebe bleiben und weitere Eintragungen verhindern. Wird daher vor Erledigung des Antrags eine weitere Eintragung beantragt, durch die dasselbe Recht betroffen wird, so wird der erste Antrag durch Eintragen eines **Schutzvermerks** gesichert, um diesen grundbuchmäßig zunächst zu erledigen und so den Weg für den zweiten Antrag frei zu machen. 174

---

[73] Eine gewisse praktische Bedeutung besteht für das Anlegungsverfahren noch für grundstücksgleiche Rechte nach den Bestimmungen des Landesrechts, wenn das Landesrecht auf die §§ 116 ff GBO verweist.
[74] Eine Übersicht über diese Amtsverfahren findet sich bei Holzer/Kramer, Grundbuchrecht, S. 211 f.

175 Das Verfahren gem. § 18 Abs. 2 GBO ist daher ein Annexamtsverfahren zum durch den zweiten Antrag eingeleiteten Antragsverfahren und führt dazu, dass ein Schutzvermerk eingetragen wird, und zwar in Form der Vormerkung, wenn der frühere Antrag eine rechtsändernde Eintragung zum Gegenstand hat, und in Form eines Widerspruches, wenn der erste Antrag eine Grundbuchberichtigung beinhaltete. Die grundbuchliche Funktion des Schutzvermerkes durch dieses Annexamtsverfahren ist die Sicherung des Vorrangs des früheren Antrags. Dies bedeutet, dass der spätere Antrag letztlich auch in der Schwebe bleibt, bis eine endgültige Entscheidung über den früher gestellten, durch Schutzvermerk gesicherten Antrag erfolgt ist. Die Eintragung des späteren Antrags erfolgt daher unter dem Vorbehalt, der sich aus dem Schutzvermerk ergibt.

(2) Nacherbenvermerk gem. § 51 GBO

176 Stirbt der eingetragene Eigentümer oder Inhaber eines dinglichen Rechts, so kann der Erbe im Berichtigungsverfahren seine Eintragung beantragen. In Durchbrechung des Antragsgrundsatzes schreibt dabei § 51 GBO vor, dass bei Eintragung eines Vorerben das Recht des Nacherben von Amts wegen eingetragen werden muss. Das Verfahren ist also ein Annexamtsverfahren zum Berichtigungsantragsverfahren, welches der Vorerbe durch seinen Antrag einleitet.

177 Einzutragen ist dabei das Recht des Nacherben und, sollte der Vorerbe befreit sein, die Befreiung. Dabei ist jedoch das Nacherbenrecht als solches nicht eintragungsfähig. Da jedoch die Nacherbeneinsetzung eine **Verfügungsbeschränkung** des Vorerben bedeutet, ist es erforderlich, dass Anwartschaftsrecht des Nacherben gegen die Wirkung des öffentlichen Glaubens zu sichern. Diese Sicherung wird durch die Amtseintragung besonders wirksam gestaltet.

(3) Testamentsvollstreckervermerk gem. § 52 GBO

178 Für den Fall der Anordnung von Testamentsvollstreckung sieht § 52 GBO vor, dass mit Eintragung des Erben auch die Anordnung der Testamentsvollstreckung von Amts wegen einzutragen ist. Die Eintragung des Testamentsvollstreckervermerks ist daher ein Annexamtsverfahren zum Berichtigungsverfahren, welches auf Antrag des Erben eingeleitet wird.

179 Durch dieses Annexamtsverfahren wird die Testamentsvollstreckung hinsichtlich der Grundstücke effektiv ausgestaltet, so dass ein gutgläubiger Erwerb trotz fehlender Verfügungsbefugnis des Erben ausgeschaltet wird. Die Notwendigkeit dieses Annexamtsverfahrens ergibt sich also aus der Rechtsnatur der **Testamentsvollstreckung**, die zwar die Verfügungsbefugnis des Erben hinsichtlich der Nachlassgegenstände beseitigt, aber den gutgläubigen Erwerb zugunsten Dritter gestattet, § 2211 Abs. 2 BGB.

cc) Exkurs: Sonstige Richtigstellungen

180 Wie oben dargestellt, erfassen sowohl das Berichtigungsverfahren als Antragsverfahren wie auch die Amtsverfahren nur Eintragungen, die dem öffentlichen Glauben des Grundbuchs unterliegen. Es kann jedoch Eintragungen geben, bei denen dies gerade nicht der Fall ist und eine materielle Unrichtigkeit ausgeschlossen ist. Deren Korrektur ist bis auf wenige Sondervorschriften gesetzlich nicht geregelt. Für diese Korrektur hat sich als Begriff „Richtigstellung" bzw „Klarstellung" eingebürgert. Es handelt sich um

Korrekturen des Bestandsverzeichnisses, um die Änderung der Bezeichnung des Berechtigten oder um die Präzisierung unklarer Grundbucheintragungen.[75] Da hier keine Unrichtigkeit vorliegt, sind solche unzutreffenden Angaben nicht im Antragsverfahren nach § 22 Abs. 1 GBO zu beseitigen, sondern von Amts wegen.[76]

3. Das Verfahren der Grundbucheinsichtnahme

a) Grundbucheinsicht und formelles Publizitätsprinzip

Das deutsche Grundstücksrecht verleiht der Eintragung weit reichende materiell-rechtliche Publizitätswirkungen, weil die Eintragung ein konstitutives Element für den Erwerb von Rechten an Grundstücken ist. Sinn macht dies im Hinblick auf die §§ 891, 892 BGB jedoch nur dann, wenn auch die formelle Publizität des Grundbuchs verfahrensrechtlich sichergestellt ist. Den Grundsatz der **formellen Publizität** des Grundbuchs enthält § 12 GBO, wonach die Einsicht des Grundbuchs sowie die Einsicht in die erledigten oder unerledigten Urkunden jedem gestattet ist, der ein berechtigtes Interesse darlegt. 181

§ 12 GBO regelt die im Hinblick auf den öffentlichen Glauben des Grundbuchs erforderliche Offenlegung seines Inhalts, gleichzeitig aber auch die für das Verfahren der Einsichtnahme entscheidende Hürde, nämlich das „**berechtigte Interesse**". Die Grundbucheinsicht ist daher ein eigenständiges Verfahren des Grundbuchrechts, bei dem über die Gewährung der Einsicht und über die Erteilung von Abschriften zu entscheiden ist. 182

b) Schranken der Publizität

Zunächst regelt § 12 GBO den Umfang der Einsicht. Der Einsicht unterliegen das Grundbuch sowie die Urkunden, auf die gem. § 874 BGB Bezug genommen worden ist, und die noch nicht erledigten Eintragungsanträge. Dies bedeutet zB, dass bereits **geschlossene Grundbuchblätter** grundsätzlich nicht der Einsicht unterliegen, weil sie nicht mehr das Grundbuch iSv § 12 GBO darstellen. 183

Eine weitere Schranke der Publizität ergibt sich daraus, dass das Gesetz das Bestehen und die Darlegung eines berechtigten Interesses verlangt. Dieser **Filter** im Verfahren der Grundbucheinsichtnahme ist letztlich ein Ausfluss des Grundrechts auf informationelle Selbstbestimmung der im Grundbuch als Eigentümer bzw dinglich Berechtigte Eingetragenen. Der Begriff des berechtigten Interesses ist dabei weiter als der des rechtlichen Interesses. Das berechtigte Interesse umfasst also auch wirtschaftliche Interessen. Andererseits ist der Begriff enger als der des bloßen Interesses. Daher genügt nicht jedes beliebige Interesse, sondern es muss ein bei vollständiger Würdigung der Sachlage als gerechtfertigt anzuerkennendes Interesse sein. Nach der wohl herrschenden Meinung ist dabei ausreichend, dass sachliche Gründe vorgetragen werden, welche die Verfolgung unbefugter Zwecke oder bloßer Neugier ausgeschlossen erscheinen lassen. Nach 184

---

75 Vgl hierzu näher Hügel/Holzer § 22 GBO Rn 92 ff; KEHE/Dümig § 22 Rn 9 ff.
76 Eine Richtigstellung von Angaben rein tatsächlicher Art ist im Bestandsverzeichnis zB die Änderung des Straßennamens. Die Richtigstellung der Bezeichnung des Berechtigten ist zB eine reine Namensberichtigung, die sich aufgrund Heirat, Scheidung oder Adoption ergibt. Eine Richtigstellung einer ungenauen oder undeutlichen Fassung des Eintragungsvermerks durch Klarstellungsvermerk ist zB die Korrektur offenbarer Schreibfehler.

anderer Ansicht ist ein berechtigtes Interesse nur dann zu bejahen, wenn durch die Einsicht ein rechtlich erhebliches Handeln ermöglicht werden soll.[77]

c) Einsicht in das EDV-Grundbuch

185   Das maschinell geführte Grundbuch (EDV-Grundbuch) kann nach § 132 GBO in demselben Umfang eingesehen werden wie das herkömmliche Grundbuch, wobei hier die Einsichtnahme am Bildschirm stattfindet. Zudem kann gem. § 132 GBO die Einsicht in das maschinell geführte Grundbuch auch bei einem anderen als dem Grundbuchamt vorgenommen werden, das das Grundbuch führt. In diesem Fall entscheidet das Einsicht gewährende Grundbuchamt über die Zulässigkeit der Einsicht.

d) Das automatisierte Grundbuchabrufverfahren

186   Das maschinell geführte Grundbuch eröffnet zudem die Möglichkeit, die Einsichtnahme von den Räumlichkeiten des Grundbuchamtes abzukoppeln und eine Einsichtnahme auch in den Räumlichkeiten des Abrufers durch einen Onlinezugriff im Rahmen des **automatisierten Abrufverfahrens** zu ermöglichen. Da hier eine Einzelfallkontrolle im Vorhinein nicht mehr erfolgt, muss das automatisierte Grundbuchabrufverfahren spezifische Sicherheitsmechanismen bereithalten, um eine schrankenlose Grundbucheinsicht ohne jegliches berechtigtes Interesse zu verhindern. Ein erster Sicherungsmechanismus besteht darin, dass zwischen uneingeschränkt und eingeschränkt Abrufberechtigten unterschieden wird. Zu den uneingeschränkt Abrufberechtigten gehören gem. § 133 Abs. 2 S. 2 GBO insbesondere Gerichte, Behören und Notare. Im Unterschied zu den uneingeschränkten Abrufberechtigten müssen die eingeschränkt Zugriffsberechtigten bei jedem Einzelabruf eine Darlegungserklärung über die Art des von ihnen beanspruchten berechtigten Interesses abgeben.

187   Zwei weitere Sicherungsmechanismen bestehen darin, dass die Zulassung des Online-Abrufverfahrens grundsätzlich an die Erteilung einer entsprechenden Genehmigung geknüpft ist, § 133 Abs. 2 S. 1 GBO, und der Online-Abruf protokolliert wird, so dass eine spätere Auswertung im Hinblick auf die Beachtung der §§ 12, 12 a, 12 b GBO möglich ist.

III. Verfahrenseinleitung

1. Das Antragsverfahren

a) Rechtsnatur des Antrags
aa) Rechtsnatur

188   Eintragungen im Grundbuch erfolgen grundsätzlich nur auf Antrag, § 13 GBO. Der Antrag ist dabei das Begehren an das Grundbuchamt, eine Eintragung oder eine andere Handlung vorzunehmen. Durch den Antrag wird die Tätigkeit des Grundbuchamtes ausgelöst. Als solcher ist der Antrag nach heute wohl einhelliger Ansicht eine **reine Verfahrenshandlung** für die Erwirkung einer Entscheidung des Grundbuchamtes.[78] Für die Wirksamkeit des Antrages gelten allgemeine Verfahrensgrundsätze und mangels anderer Vorschriften in GBO, FamFG und ZPO die Vorschriften des BGB entspre-

---

77 Vgl hierzu Demharter § 12 GBO Rn 7 ff.
78 Vgl statt vieler Demharter § 13 GBO Rn 7.

chend, so dass daher auch § 130 BGB entsprechend anzuwenden ist. Allerdings ist auch im Antragsverfahren der Antrag kein Erfordernis der Rechtsänderung, so dass eine solche, falls alle sonstigen Voraussetzungen gegeben sind, durch die Eintragung auch dann herbeigeführt wird, wenn dem Antragsteller die Antragsberechtigung gefehlt oder überhaupt kein Antrag vorgelegen hat.[79]

bb) Reiner Antrag

Eintragungsanträge im Antragsverfahren können reine oder gemischte Anträge sein. Reine Anträge sind solche, welche ausschließlich das angestrebte Ziel und den Umfang der Eintragung bezeichnen: zum einen diejenigen, in welchen eine Eintragungsbewilligung oder eine sonstige Erklärung nicht erforderlich ist, zB bei Anträgen auf Anlage eines Grundbuchblattes für ein buchungsfreies Grundstück, auf Vermerk subjektivdinglicher Rechte beim herrschenden Grundstück oder auf Berichtigung des Grundbuchs wegen nachgewiesener Unrichtigkeit; zum anderen diejenigen, in welchen die zur Eintragung erforderlichen Erklärungen entweder in gesonderter Urkunde oder von einem anderen Beteiligten abgegeben worden sind, zB der Antrag auf Eintragung einer Vormerkung, wenn der Verkäufer eine solche nur bewilligt hat.

cc) Gemischte Anträge

Gemischte Anträge liegen vor, wenn durch den Antrag nicht nur die Eintragungstätigkeit des Grundbuchamtes veranlasst werden soll, sondern zugleich durch den Antrag eine zur Eintragung erforderliche Erklärung ersetzt wird. Das sind diejenigen Fälle, in denen eine Eintragungsbewilligung oder eine **Zustimmungserklärung** in die Form des Antrags gekleidet ist oder der Antrag sonst eine zur Eintragung erforderliche Erklärung enthält. Das sind zB der Antrag des Eigentümers auf Löschung einer Hypothek, sofern er sich auf eine Bewilligung des Gläubigers gründet, sowie der Antrag auf Vereinigung, Zuschreibung oder Teilung von Grundstücken.

Die Unterscheidung ist deshalb wichtig, weil der gemischte Antrag der Form des § 29 Abs. 1 S. 1 GBO bedarf, während der reine Antrag aufgrund § 30 GBO nicht dieser Formvorschrift unterliegt, sondern lediglich, wie sich aus § 13 Abs. 2 S. 1 GBO ergibt, in einem Schriftstück niedergelegt sein muss.

b) Antragsberechtigung
aa) Berechtigter

Unter Antragsberechtigung ist das Recht zu verstehen, ein Eintragungsverfahren nach dem zweiten Abschnitt der Grundbuchordnung in Gang zu bringen. Es handelt sich um ein rein **prozessuales Recht**, welches sich aus der unmittelbaren Nähe der Beteiligten zu der beantragten Eintragung ergibt. Dies bedeutet, dass rein wirtschaftliche Vor- oder Nachteile genauso wenig eine Antragsberechtigung begründen wie ein nur vorliegendes Interesse rechtlicher oder wirtschaftlicher Art.

Antragsberechtigt ist daher nur der **unmittelbar** Beteiligte. Dies ist einmal der verlierende Teil, der als Betroffener passiv beteiligt ist, weil seine Rechtsstellung durch die Eintragung einen Verlust erleidet. Zum anderen ist dies der gewinnende Teil, der als

---

[79] Vgl hierzu Demharter § 13 GBO Rn 8 mwN.

Begünstigter aktiv beteiligt ist, weil seine Rechtsstellung einen Gewinn erfährt. Jeder von ihnen ist unmittelbar beteiligt und daher antragsberechtigt. Sofern auf einer Seite mehrere Berechtigte vorhanden sind, ist jeder von ihnen antragsberechtigt.

194 Mit der Antragsberechtigung ist grundsätzlich dann auch das **Rechtsschutzbedürfnis** gegeben.

195 **Mittelbar Beteiligte** sind auch dann nicht antragsberechtigt, wenn sie eine Eintragung nach § 19 GBO zu bewilligen haben. Ausnahmen enthalten hier die §§ 9 Abs. 1 S. 2, 14 GBO sowie § 8 Abs. 2 GBMaßnG. Praktische Bedeutung hat hier § 14 GBO, der die in § 13 Abs. 1 S. 2 GBO geregelte Antragsberechtigung erweitert, indem er einem nur mittelbar Beteiligten unter bestimmten Voraussetzungen die Befugnis zur Stellung eines Berichtigungsantrages verleiht. Die Durchsetzbarkeit eines vollstreckbaren Titels gegen einen noch einzutragenden Berechtigten würde nämlich ansonsten an § 39 Abs. 1 GBO scheitern.

bb) Verzicht auf Antragsberechtigung/Verwirkung

196 Die Antragsberechtigung kann weder ausgeschlossen noch eingeschränkt noch erweitert oder auf Dritte als Recht übertragen werden. Beteiligte können zwar schuldrechtliche Verpflichtungen begründen, abweichendes Verfahrensrecht wird dadurch jedoch nicht geschaffen. Ein – auch gegenüber dem Grundbuchamt – erklärter **Verzicht** auf das Antragsrecht ist **unbeachtlich**. Ein Verzicht des Antragsberechtigten auf Ausübung in eigener Person ist auch nicht in der Weise möglich, dass nur der Notar für ihn einen wirksamen Antrag stellen kann. Verfahrensrechtlich unbeachtlich ist daher sowohl ein ausdrücklicher Verzicht auf die Ausübung der Antragstellung wie eine sog. verdrängende Vollmacht für den Notar, dass nur dieser allein Eintragungsanträge für die Beteiligten stellen oder zurücknehmen kann.

197 Genauso wenig wie auf die Antragsberechtigung verzichtet werden kann, kann das Antragsrecht auch nicht durch Zeitablauf **verwirkt** werden. Der Eintragungsantrag kann daher auch eine Eintragungsbewilligung zur Grundlage haben, die vor Jahrzehnten wirksam geworden ist. Dies kommt gerade bei der Löschung eingetragener Grundpfandrechte in der Praxis auch häufig vor. Eine Verwirkung ist daher grundsätzlich ausgeschlossen.[80]

cc) Verfahrens- oder Beteiligtenfähigkeit

198 Die Ausübung der Antragsberechtigung durch den Antragsbefugten setzt Verfahrensfähigkeit voraus. Verfahrenshandlungen kann somit ein Beteiligter selbst oder ein von ihm bestellten Vertreter nur dann vornehmen, wenn er verfahrensfähig ist, wobei zu den grundbuchrechtlichen Verfahrenshandlungen alle auf das Grundbuchverfahren bezogene Erklärungen von Beteiligten gehören, wozu neben der Bewilligung einer Eintragung oder der Einlegung einer Beschwerde insbesondere auch die Stellung eines Eintragungsantrags gehört. Da die Grundbuchordnung keine Vorschriften über die Ver-

---

80 Vgl Demharter § 13 GBO Rn 56.

fahrensfähigkeit eines Beteiligten enthält, werden hier die §§ 104 ff BGB über die Geschäftsfähigkeit herangezogen.[81]

dd) Grundbuchfähigkeit

Eine Einschränkung erhält die allgemeine Verfahrensfähigkeit im Grundbuchverfahren durch die sog. Grundbuchfähigkeit. Wer nicht grundbuchfähig ist, kann auch keinen Antrag im Grundbuchverfahren stellen. Dabei wird die Grundbuchfähigkeit **verfahrensbezogen** verstanden und von der materiell-rechtlichen Erwerbsfähigkeit getrennt. So ist zwar eine Behörde verfahrensfähig und grundbuchfähig, andererseits kann eine materiell-rechtlich erwerbsfähige Institution nicht grundbuchfähig sein. Dies wurde zB für die **Gesellschaft bürgerlichen Rechts** angenommen, die der Bundesgerichtshof jedoch nunmehr auch als grundbuchfähig ansieht.[82]

199

ee) Vertretung

Verfahrensunfähige Personen sowie verfahrensfähige Vereinigungen und Behörden müssen, verfahrensfähige Personen können sich bei der Antragstellung vertreten lassen. Es ist daher zu unterscheiden zwischen gesetzlicher und gewillkürter Vertretung.

200

(1) Gesetzliche Vertretung

Verfahrensunfähige müssen sich bei der Antragstellung gesetzlich vertreten lassen, wenn sie nicht vor Eintritt der **Verfahrensunfähigkeit** bereits eine wirksame und noch fortbestehende grundbuchtaugliche Vollmacht erteilt hatten, also insbesondere die in der Praxis immer häufiger vorkommende General- und Vorsorgevollmacht.[83]

201

Verfahrensfähige Vereinigungen und Behörden handeln durch ihre **gesetzlichen Vertreter**, Vorstände oder besonders Beauftragte, § 9 Abs. 3 FamFG.

202

Der gesetzliche Vertreter, dessen Vertretungsmacht nicht unmittelbar auf dem Gesetz beruht, wie zB bei den Eltern, muss seine **Vertretungsmacht** nachweisen. Dieser **Nachweis** erfolgt entweder durch notarielle Vertretungsbescheinigung, Vorlage der Bestellungsurkunde oder Vorlage eines Handels- oder Vereinsregisterauszuges. Nicht selten kommt im Grundbuchverfahren auch vor, dass die übergeordnete Aufsichtsbehörde die Vertretung in einer Urkunde gem. § 29 Abs. 3 GBO bescheinigt.[84]

203

(2) Rechtsgeschäftliche Vertretung

Eine rechtsgeschäftlich verliehene Vertretungsmacht, also die Vollmacht, kommt in Betracht, wenn eine grundsätzlich verfahrensfähige Person einen Antrag nicht selbst stellen will. Eine entsprechende Vollmacht ist dem Grundbuchamt vorzulegen. Handelt es sich um einen reinen Antrag, bedarf die **Vollmacht** keiner besonderen **Form**, § 30 GBO. Handelt es sich um einen gemischten Antrag, bedarf die Vollmacht – wie für die Bewilligung – der Form des § 29 GBO.

204

---

81 Vgl hierzu Demharter § 1 GBO Rn 32. Für die Verfahrensfähigkeit dürfte zukünftig allerdings wohl § 9 FamFG im Grundbuchverfahren entsprechend herangezogen werden.
82 BGH Beschl. v. 4.12.2008, NJW 2009, 594. Ein ähnliches Problem stellt(e) sich bei nicht eingetragenen Vereinen, Vorgesellschaften, Wohnungseigentümergemeinschaften sowie altrechtlichen Personenverbindungen.
83 Die Vollmacht muss dabei jedoch dem Formerfordernis des § 29 GBO genügen.
84 Z. B. bei Stiftungen, kirchlichen Rechtsträgern oder juristischen Personen des öffentlichen Rechts, vgl hierzu Demharter § 19 GBO Rn 74. Andernfalls wäre ein Nachweis der Vertretungsmacht in Form des § 29 GBO nur schwer möglich.

205 Zu beachten ist hier zudem, dass das Grundbuchverfahrensrecht nach hM im Hinblick auf seine enge Verzahnung mit dem materiellen Recht und dem Beurkundungsrecht auch bei der Vertretung im Grundbuchverfahren einen **Sonderweg** geht. Es sind hier, obwohl Verfahren der Freiwilligen Gerichtsbarkeit, nämlich nicht die verfahrensrechtlichen Vertretungsvorschriften der §§ 10 f FamFG und auch nicht etwa die Vorschriften der §§ 79 ff ZPO entsprechend anzuwenden, sondern die allgemeinen materiellen Vorschriften über die rechtsgeschäftliche Vertretung. Dass die GBO den Vorschriften der allgemeinen Vertretungsregeln des materiellen Rechts auch für Verfahrenserklärungen (zB Bewilligungen) und Anträge folgen möchte und dann insoweit als lex specialis die allgemeinen Vorschriften des FamFG sperrt, zeigen zB die §§ 15, 30 und 31 S. 1 GBO. Für das Beurkundungsrecht zeigt dies zudem § 17 Abs. 2 a BeurkG als lex specialis. Dies gilt jedenfalls für das Antragsverfahren (Eintragungsverfahren und Berichtigungsverfahren).[85]

206 **Muster: Urkundsvollmacht (für Notar und dessen Angestellte)**
Der Notar sowie seine Angestellten A, B und C werden jeder allein bevollmächtigt, zugleich im Namen aller Beteiligten zu dieser Urkunde Erklärungen abzugeben und entgegenzunehmen, Rechtshandlungen vorzunehmen sowie Anträge zu stellen, zu ändern oder zurückzunehmen, soweit dies zum Vollzug des Vertrages oder in ihm enthaltener Erklärungen erforderlich oder zweckdienlich ist.

c) Inhalt des Antrages
aa) Eintragungsinhalt

207 Der Antrag im Grundbuchverfahren begehrt die Eintragung im Grundbuch. Von daher ist der Inhalt des Eintragungsantrages in der Gestalt zu fassen, dass er gesetzlichen Vorschriften nicht widerspricht. Hierzu gehört insbesondere das Vorliegen eines eintragungsfähigen Rechts. Über die **Eintragungsfähigkeit** enthält die Grundbuchordnung lediglich die Vorschrift des § 54 GBO. Im Übrigen ist die Eintragungsfähigkeit eine Frage des materiellen Rechts. Aber auch das BGB enthält hierüber keine allgemeine Bestimmung. Grundsätzlich dürfen nur solche Eintragungen vorgenommen werden, die durch eine Rechtsnorm vorgeschrieben oder zugelassen sind, wobei die Zulassung auch stillschweigend sein kann. Zu prüfen ist hier immer, ob das materielle Recht an die Eintragung eine rechtliche Wirkung knüpft.

208 Der Eintragung fähig sind daher grundsätzlich **dingliche Rechte** in Form von Rechten an Grundstücken und Rechten an Grundstücksrechten, Vormerkungen und Widersprüche, Verfügungsbeschränkungen und bestimmte tatsächliche Angaben sowie der

---

85 Dies folgt letztlich auch aus der dem Grundbuchrecht eigenen dienenden Funktion des Grundbuchverfahrensrechts gegenüber dem materiellen Recht, da andernfalls über die verfahrensrechtlichen Einschränkungen der Vertretungsmöglichkeiten das nach dem materiellen Recht für die Vertretung Zulässige durch das dienende Verfahrensrecht eingeschränkt werden würde. Die insoweit durch § 13 Abs. 2 FGG bzw. § 10 Abs. 2 FamFG aufgekommenen Auslegungszweifel wurden für das Grundbuchverfahren durch einen neuen (leider wieder etwas unglücklich formulierten) Abs. 1 in § 15 GBO beseitigt, der durch Art. 9 Abs. 4 des Gesetzes zur Modernisierung von Verfahren im anwaltlichen und notariellen Berufsrecht, BGBl. 2009 I, 2449 (2472), eingefügt wurde.

Klarstellungsvermerk und der Wirksamkeitsvermerk. Hieran hat sich die Fassung des Inhalts des Antrags zu orientieren.[86]

bb) Eintragungsantrag und Eintragungsbewilligung

Eintragungsantrag und Eintragungsbewilligung haben sich grundsätzlich inhaltlich zu decken, so dass ein Antrag weder über die Bewilligung hinausgehen noch hinter ihr zurückbleiben darf. Sollte dies nicht der Fall sein, wäre zu prüfen, ob ein **Teilvollzug** möglich und gestattet ist, soweit sich Antrag und Bewilligung decken. 209

cc) Weiterer Inhalt des Antrags

Weiterhin muss im Antrag das Eintragungsbegehren im Interesse der Sicherheit des Grundbuchverkehrs **eindeutig** erkennbar sein, ohne dass der Begriff „Antrag" ausdrücklich verwendet werden muss. Zudem darf der Antrag nicht nur vorsorglich oder hilfsweise gestellt werden. Der Antrag muss schließlich die Person des Antragstellers oder des Vertreters erkennen lassen, damit die Antragsberechtigung geprüft werden kann. 210

dd) Antrag unter Vorbehalt, § 16 GBO

Gem. § 16 Abs. 1 GBO sind Eintragungsanträge unter Vorbehalt grundsätzlich unzulässig. Unter **Vorbehalt** steht ein Antrag im Sinne dieser Vorschrift dann, wenn der Eintragungsantrag von einem nicht zu den gesetzmäßigen Voraussetzungen gehörenden Umstand abhängig gemacht wird oder wenn es zweifelhaft ist, ob die Eintragung überhaupt gewollt ist. 211

Dagegen stellt § 16 Abs. 2 GBO eine Ausnahme dar, um die Abwicklung solcher Verträge zu erleichtern, bei denen die **Eintragungen Zug um Zug** erfolgen sollen. Nach § 16 Abs. 2 GBO kann bestimmt werden, dass keine der Eintragungen ohne die andere vorgenommen werden darf oder dass von zwei Eintragungen zwar eine nicht ohne die andere, wohl aber die andere ohne die eine erfolgen darf. Der Vorbehalt nach § 16 Abs. 2 GBO kann dabei auch stillschweigend sowie durch jeden der Antragsteller erfolgen.[87] 212

d) Form des Antrages

Nach § 13 Abs. 1 S. 1 GBO kann der Antrag (als reiner Antrag) grundsätzlich formlos gestellt werden. Wie sich aus § 13 Abs. 2 S. 1 GBO ergibt, muss jedoch der Antrag in einem Schriftstück niedergelegt werden. Der Antrag braucht weder Orts- noch Zeitangabe zu enthalten. Er muss nicht eigenhändig unterzeichnet sein. Er muss jedoch die Person des Antragstellers erkennen lassen, zB auch durch einen Faksimile-Stempel oder eine mechanisch hergestellte Unterschrift. Die Verwendung einer **elektronischen Form** ist derzeit jedoch ausgeschlossen. 213

Der gemischte Antrag bedarf stets der Form des § 29 Abs. 1 S. 1 GBO. 214

---

86 Hier kommt die dienende Funktion des Grundbuchrechts gegenüber dem materiellen Recht besonders zum Ausdruck. Einen ausführlichen Katalog eintragungsfähiger Rechte findet sich zB bei Demharter Anh. zu § 13 GBO Rn 20 ff.
87 Die stillschweigende Anordnung gem. § 16 Abs. 2 GBO dürfte in der Praxis sogar die häufigste Form sein, zB in Übergabeverträgen die Umschreibung des Eigentums auf den Übernehmer nur bei gleichzeitiger Eintragung der vorbehaltenen Rechte für den Übergeber.

e) Materiell-rechtliche Bedeutung der Antragstellung

215 Der Eingang des Antrags beim Grundbuchamt ist maßgebend für die Wirkung von **Verfügungsbeschränkungen**. Insofern hat der Antrag auch materiell-rechtliche Wirkungen. Bedeutung erhält hier § 878 BGB. Nach dieser Vorschrift hindern Verfügungsbeschränkungen die Vollendung des Rechtserwerbs dann nicht, wenn sie nach Stellung des Antrags erfolgten und die von dem Berechtigten gem. §§ 873, 877 BGB abgegebene Erklärung vorher bindend geworden ist. Voraussetzung ist hier allerdings ein wirksamer Antrag, der nicht vorliegt, wenn er nur von dem Berechtigten iSd § 878 BGB gestellt worden ist.[88] Eine weitere materiell-rechtliche Wirkung hat der Zeitpunkt des Eintragungseingangs zudem für den guten Glauben iSd § 892 BGB.

f) Antragstellung durch den Notar

216 Das Grundbuchverfahren kennt grundsätzlich keine Einschränkung der **Postulationsfähigkeit**, so dass grundsätzlich jeder berechtigt ist, seine Grundbuchangelegenheiten selbst oder mittels eines Vertreters zu betreiben. Allerdings wird in der Praxis der Grundbuchverkehr ganz überwiegend von den Notaren abgewickelt, denen – determiniert durch § 29 GBO – eine zentrale Rolle in Grundbuchsachen zukommt.

217 Soweit ein **Notar** tätig wird, ist der Grundbuchvollzug der vom Notar beurkundeten oder beglaubigten Erklärungen Teil seiner gesetzlichen Zuständigkeit auf dem Gebiet der vorsorgenden Rechtspflege. Für das Grundbuchverfahren gibt daher § 15 GBO dem Notar eine – wenn auch widerlegbare – **Vermutung der Bevollmächtigung** durch die Beteiligten. Die praktische Bedeutung des § 15 GBO ist an sich gering, weil die betreuende Vollzugstätigkeit des Notars meist über den Anwendungsbereich des § 15 GBO hinausgeht, weswegen dem Notar bereits in den Urkunden regelmäßig eine rechtsgeschäftliche Vollzugsvollmacht erteilt wird. § 15 GBO ist gleichwohl nicht überflüssig, weil sich an einen gem. § 15 GBO gestellten Antrag weitere Vermutungen knüpfen, die für eine rechtsgeschäftliche Verfahrensvollmacht nicht gelten. Daher werden in der Praxis die Anträge durch den Notar in der Regel „gemäß § 15 GBO" gestellt.

218 Hat der Notar den Eintragungsantrag gestellt, so hat dies ein Zweifaches zur Folge. Die auf den Antrag ergehende Entscheidung ist zum einen dem Notar bekannt zu machen, und zwar ausschließlich ihm, so dass eine **Bekanntmachung** an den Antragsteller sogar unwirksam wäre. Zum Anderen kann der Notar gegen die auf den Eintragungsantrag ergangene Entscheidung für einen Antragsberechtigten Beschwerde einlegen, ohne eine Vollmacht vorlegen zu müssen.

219 § 15 GBO gilt dabei nur für den **deutschen Notar**, der im konkreten Fall für einen der Beteiligten tätig wird, und zwar nur dann, wenn er die zur Eintragung erforderliche Erklärung entweder beurkundet oder beglaubigt hat. Dabei kann der Notar dann im Namen jedes Antragsberechtigten tätig werden.

---

[88] § 878 BGB ist kraft ausdrücklicher Verweisung auch in den Fällen der §§ 880 Abs. 2, 1109 Abs. 2, 1116 Abs. 2, 1132 Abs. 2, 1154 Abs. 3, 1168 Abs. 2, 1180 Abs. 2 und 1196 Abs. 2 BGB anzuwenden. Eine entsprechende Anwendung findet zudem statt beim Eigentumsverzicht nach § 928 BGB und – praktisch besonders bedeutsam – bei der Bewilligung einer Vormerkung, so dass hier der Schutz für den Erwerber weit vor den eigentlichen Rechtserwerb vorgelagert werden kann.

Trotz des § 15 GBO kann der Notar auch lediglich als **Bote** auftreten. Der Notar muss daher deutlich machen, dass er von der Ermächtigung des § 15 GBO Gebrauch machen möchte oder nicht.

In der Praxis kommt es zudem oft vor, dass bereits in den vom Notar vorgelegten Urkunden selbst Anträge enthalten sind, der Notar jedoch dann im Rahmen des § 15 GBO hinter den Anträgen der Urkunde zurückbleibt, zB nicht sofort alle Anträge aus der Urkunde stellt. Hier ist es jedoch so, dass grundsätzlich ausschlaggebend ist, welchen Antrag (und gegebenenfalls wie weit) der Notar gem. § 15 GBO stellt, so dass das Grundbuchamt hier einen eventuell weitergehenden Antrag der Beteiligten in der Urkunde aufgrund der Einschränkung durch den Notar nicht zu beachten hat.[89]

g) Die Eintragungsbewilligung

Wie oben dargestellt, ist das Grundbuchverfahren vom **formellen Konsensprinzip** geprägt, wonach zur Eintragung die Bewilligung des verlierenden Teils genügt. Für die Verfahrenseinleitung im Antragsverfahren bedeutet dies, dass, sofern kein Berichtigungsverfahren aufgrund Unrichtigkeitsnachweises vorliegt, eine Eintragungsbewilligung als inhaltliche Grundlage des Eintragungsantrages vorgelegt werden muss. Einerseits entbindet daher § 19 GBO vom Nachweis der Einigung und etwaiger materiellrechtlich erforderlicher Erklärungen, andererseits müssen sich Eintragungsantrag und Bewilligung inhaltlich decken.

Die Bewilligung ist daher eine zum Eintragungsantrag hinzutretende notwendige einseitige **Einverständniserklärung** des verlierenden Teils mit der beantragten rechtsändernden Eintragung, deren Rechtsnatur umstritten ist.[90] Die Bewilligung ist nach überwiegender Ansicht die lediglich formelle Voraussetzung und Rechtfertigung der beantragten Grundbucheintragung. Sie ist zu unterscheiden zum einen vom schuldrechtlichen Grundgeschäft wie auch von den materiell-rechtlichen Erklärungen hinsichtlich der beantragten Rechtsänderung.

Zu beachten ist jedoch bei der Bewilligung die Bewilligungsberechtigung und die **Bewilligungsbefugnis**, wobei die Bewilligungsbefugnis häufig in den Fällen beschränkt ist, in denen auch die materiell-rechtliche Verfügungsbefugnis beschränkt ist, diese zB von der Zustimmung Dritter abhängt. Eine Beschränkung der Bewilligungsbefugnis besteht daher dort, wo nach dem materiellen Recht eine familiengerichtliche oder betreuungsgerichtliche Genehmigung erforderlich ist.

h) Die Einigung

Da nicht jeder Rechtserwerb nur mit Vorteilen verbunden ist, ordnet das Grundbuchverfahren in den Fällen, in denen mit dem Rechtserwerb Nachteile entstehen können, an, dass auch der gewinnende Teil verfahrensrechtlich mitwirken muss. Nachteile können entstehen beim Erwerb von Eigentum an einem Grundstück oder dem Erwerb eines Erbbaurechts. Daher besteht die Spezialvorschrift des § 20 GBO, wonach dem Grundbuchamt auch die **materiell-rechtliche Einigung** nachzuweisen ist.

---

89 Vgl hierzu instruktiv Klawikowski, Anträge im Grundbuchverfahren, Rpfleger 2005, 13, 14.
90 Vgl zur Rechtsnatur der Eintragungsbewilligung Demharter § 19 GBO Rn 12 ff.

226 Dies bedeutet aber nicht, dass neben dem Nachweis der Einigung eine Eintragungsbewilligung nicht mehr notwendig wäre.[91] Im Antragsverfahren sind daher sowohl die Bewilligung als auch die Einigung nachzuweisen. Die Auflassung ersetzt also nicht die Bewilligung und beinhaltet sie auch nicht per se.[92]

i) Unrichtigkeitsnachweis

227 Im Berichtigungsverfahren aufgrund Unrichtigkeitsnachweises ersetzt, wie oben dargestellt, der Unrichtigkeitsnachweis die Eintragungsbewilligung. Im Rahmen der Verfahrenseinleitung ist daher ein den Antrag inhaltlich deckender **Unrichtigkeitsnachweis in Form des § 29 GBO** vorzulegen. Mit dem Antrag ist also der Unrichtigkeitsnachweis inhaltlich verbunden, wobei hier an den Unrichtigkeitsnachweis strenge Anforderungen zu stellen sind, da die Berichtigungsmöglichkeit gem. § 22 GBO gerade die Mitwirkung des hiervon Betroffenen entbehrlich macht. Der Beweis der Unrichtigkeit ist daher erst erbracht, wenn eine Verletzung der Rechte des Betroffenen ausgeschlossen erscheint. Eine Glaubhaftmachung genügt hier also gerade nicht.

j) Der Nachweis der Erbfolge, § 35 GBO

228 In der Praxis kommt es oft vor, dass eine Rechtsänderung vom Erben des eingetragenen Eigentümers oder Berechtigten bewilligt wird. Zusätzlich zu dieser Bewilligung durch den Erben bedarf es dann auch im Rahmen der Verfahrenseinleitung des Nachweises der Erbfolge.

229 Hier ordnet § 35 GBO grundsätzlich an, dass der Nachweis der Erbfolge durch einen **Erbschein** geführt werden kann. Hiervon macht jedoch § 35 Abs. 1 S. 2 GBO eine wichtige Ausnahme, wonach dann, wenn die Erbfolge auf einer Verfügung von Todes wegen beruht, die in einer öffentlichen Urkunde enthalten ist, es genügt, wenn anstelle des Erbscheins die Verfügung und die Niederschrift über die Eröffnung der Verfügung vorgelegt wird. Ein **notarielles Testament** oder ein Erbvertrag nebst Eröffnungsniederschrift macht somit im Grundbuchverfahren einen Erbschein überflüssig (und spart damit erhebliche Kosten). Gleiches gilt dann für das Zeugnis über die fortgesetzte Gütergemeinschaft sowie für den Nachweis der Verfügungsberechtigung des Testamentsvollstreckers.

230 Von diesen Grundsätzen des Nachweises der Erbfolge bestehen dann noch einige in der Praxis jedoch weniger bedeutsame Ausnahmen, wovon eine in § 35 Abs. 3 GBO bei Eintragungen mit geringem Wert geregelt ist.[93]

k) Besonderheiten zum Voreintragungsgrundsatz

231 Wie oben dargestellt, enthält § 40 GBO eine wichtige Ausnahme zum **Voreintragungsgrundsatz** des § 39 GBO, so dass an die Stelle der Voreintragung der Erbennachweis gem. § 35 GBO tritt. § 40 GBO ist jedoch keine zwingende Ausnahme von § 39 Abs. 1 GBO und verbietet daher nicht, die Voreintragung herbeizuführen. Bei der

---

91 Allerdings ist durch Auslegung zu prüfen, ob die materiell-rechtliche Einigung auch die verfahrensrechtliche Eintragungsbewilligung enthält, was jedoch oft bewusst nicht der Fall ist. § 20 GBO hat also gegenüber § 19 GBO eine eigenständige Bedeutung, so dass das materielle Konsensprinzip neben das formelle Konsensprinzip tritt, dieses jedoch nicht ersetzt.
92 Vgl Bauer/von Oefele/Kössinger § 20 GBO Rn 15; str.
93 Weitere Ausnahmen finden sich bei Demharter § 35 GBO Rn 5 ff.

Verfahrenseinleitung ist daher stets zu prüfen, ob eine Voreintragung nicht trotz der Möglichkeit des § 40 GBO und der damit verbundenen kostenrechtlichen Vorteile gleichwohl herbeizuführen ist. Insbesondere beim Kauf eines Grundstücks von einem Erben wird in der notariellen Praxis oftmals die Voreintragung des Erben veranlasst sein, weil der Gutglaubensschutz des § 892 BGB weitergehend ist als derjenige gem. § 2366 BGB.

l) Die Eigentümerzustimmung, § 27 GBO

§ 27 GBO macht die Löschung einer Hypothek, Grundschuld oder Rentenschuld von der Zustimmung des Eigentümers abhängig, sofern nicht die Löschung aufgrund nachgewiesener Unrichtigkeit vorgenommen werden soll. Für die Verfahrenseinleitung bedeutsam ist daher, dass eine **rechtsändernde Löschung** eines Grundpfandrechtes nicht ohne Mitwirkung des Eigentümers möglich ist, so dass eine verfahrensrechtliche Zustimmung des Eigentümers, die von dessen materiell-rechtlicher Zustimmung nach § 1138 BGB zu unterscheiden ist, im Antragsverfahren in der Form des § 29 GBO vorzulegen ist. Dies bewirkt in der Praxis, dass ein Grundpfandrechtsgläubiger nicht ohne Mitwirkung des Eigentümers die Löschung seines Rechtes beantragen kann.

232

m) Bezeichnung des Grundstücks und der Geldbeträge

§ 28 GBO erhält für die Verfahrenseinleitung beim Antragsverfahren weitere verfahrensrechtliche Vorgaben. So ordnet **§ 28 GBO** an, dass die Eintragungsbewilligung oder der Eintragungsantrag, wenn eine Eintragungsbewilligung nicht erforderlich ist, das Grundstück übereinstimmend mit dem Grundbuch zu bezeichnen hat, um die Eintragung beim richtigen Grundstück sicherzustellen. Dabei kann das Grundstück auf zweifache Weise bezeichnet werden, entweder übereinstimmend mit dem Grundbuch, wobei hier die Angabe von Gemarkung, Flur und Flurstück regelmäßig genügt, oder durch Hinweis auf das Grundbuchblatt.

233

Weiterhin sind bei allen in das Grundbuch einzutragenden **Geldbeträgen** gem. § 28 S. 2 GBO diese in inländischer Währung anzugeben, wobei seit der Anfügung des Hs 2 der Eintragung eines Grundpfandrechtes in ausländischer Währung dann kein Hindernis entgegen steht, wenn es sich um eine Währung handelt, die durch Rechtsverordnung des Bundesministeriums der Justiz zugelassen wurde.

234

n) Rangbestimmung

§ 45 Abs. 3 GBO ermöglicht zudem im Rahmen der Verfahrenseinleitung eine verfahrensrechtliche Rangbestimmung, die entweder in der Eintragungsbewilligung oder dem Eintragungsantrag enthalten sein kann. Eine abweichende **verfahrensrechtliche Rangbestimmung** können die Antragsteller treffen, so dass im Antragsverfahren hierdurch von der gesetzlichen Rangbestimmung abgewichen werden kann. Ist die Rangbestimmung im Antrag getroffen, bedarf dieser der Form des § 29 GBO.

235

o) Angabe des Gemeinschaftsverhältnisses

Wenn ein einzutragendes Recht mehreren gemeinschaftlich zusteht, so kann die Verfügungsbefugnis des einzelnen Berechtigten je nach der in Betracht kommenden Gemeinschaft verschieden sein. § 47 GBO ordnet daher für die Eintragung gemeinschaftlicher Rechte an, dass das für die Gemeinschaft maßgebende **Rechtsverhältnis** bezeich-

236

net wird. § 47 GBO gilt dabei unmittelbar zwar nur für die Eintragung, setzt aber voraus, dass die nötigen Angaben in den Eintragungsunterlagen enthalten sind und bestimmt demnach mittelbar auch ihren Inhalt. Bei der Verfahrenseinleitung eines Antragsverfahrens ist daher peinlich genau darauf zu achten, dass das Gemeinschaftsverhältnis regelmäßig in der Eintragungsbewilligung angegeben wird.[94]

p) Behördliche Genehmigungen, Zeugnisse und Bescheinigungen

237 Bei der Verfahrenseinleitung im Antragsverfahren ist dann schließlich noch zu beachten, welche behördlichen Genehmigungen (zB nach dem Grundstücksverkehrsgesetz bzw eine sanierungsrechtliche oder eine kirchenaufsichtliche Genehmigung), Zeugnisse (zB Negativzeugnis gem. § 28 Abs. 1 S. 3 BauGB) oder Bescheinigungen (zB grunderwerbsteuerliche **Unbedenklichkeitsbescheinigung**) mit dem Antrag in grundbuchfähiger Form (§ 29 Abs. 3 GBO) vorzulegen sind. Diese holt ebenfalls nicht das Grundbuchamt ein.

2. Eintragung auf Ersuchen einer Behörde

238 Wie oben dargestellt, ist die Eintragung auf Ersuchen einer dazu ermächtigten Behörde eine spezielle Art des Antragsverfahrens. Besonderheiten ergeben sich jedoch im Verfahren nach § 38 GBO daraus, dass sowohl das Antragsprinzip, das formelle und materielle Konsensprinzip als auch die Eigentümerzustimmung bzw beim Berichtigungsverfahren der Unrichtigkeitsnachweis durch die sog. Ersuchensbefugnis der Behörde ersetzt sind.

239 Das **behördliche Ersuchen** hat dabei sowohl eine **verfahrenseinleitende** als auch eine verfahrensbegründende Erklärung zum Inhalt. Insbesondere erfolgt jedoch die Verfahrenseinleitung anstelle eines Antrags durch das behördliche Ersuchen. Neben den Besonderheiten gelten dann die anderen Grundsätze und Ausführungen zum Antragsverfahren entsprechend.

240 Zu beachten ist umgekehrt, dass dann, wenn eine Behörde um die Eintragung ersuchen darf, Anträge der Beteiligten grundsätzlich ausgeschlossen sind; insoweit sind also das Antragsverfahren und die Verfahrenseinleitung durch einen Antrag eines Beteiligten ausgeschlossen.

241 Das Ersuchen als verfahrenseinleitende Handlung muss dann jedoch auch den Erfordernissen der §§ 13, 19, 20 bzw 22 GBO entsprechen, weil es diese ersetzt. Das Ersuchen einer Behörde darf also auch nicht darauf gerichtet sein, eine unzulässige Eintragung vorzunehmen.

---

[94] An der Vorschrift des § 47 GBO entfacht(e) sich der Streit, ob eine Gesellschaft bürgerlichen Rechts selbst grundbuchfähig ist oder ob hier weiterhin die einzelnen Gesellschafter in Gesellschaft bürgerlichen Rechts einzutragen sind. Diesen Streit hat nunmehr der Bundesgerichtshof dahingehend entschieden, dass eine Gesellschaft bürgerlichen Rechts selbst unter ihrer Bezeichnung im Grundbuch eingetragen werden kann und muss, vgl BGH v. 4.12.2008, NJW 2009, 594. Für das Grundbuchverfahren entstehen nunmehr neue Fragen und größere Probleme.

3. Das Amtsverfahren
a) Selbständiges Tätigwerden von Amts wegen

Die Einleitung eines Grundbuchverfahrens erfolgt allein von Amts wegen, wenn das durch besondere Bestimmung angeordnet ist. Wenn ein selbständiges Amtsverfahren beim Vorliegen bestimmter Voraussetzungen vorgeschrieben ist, hat das Grundbuchamt dann **von Amts wegen tätig** zu werden, sobald es auf irgendeine Weise vom Vorhandensein der Voraussetzungen Kenntnis erlangt. Es muss in diesen Fällen ohne Antrag und gegebenenfalls sogar gegen den Willen der Beteiligten tätig werden. 242

b) Verfahrenseinleitung von Amts wegen als Annexhandlung

In den Annexamtsverfahren erfolgt die Verfahrenseinleitung letztlich durch den Antrag eines Beteiligten eines Antragsverfahrens, bei dem dann das Grundbuchamt als **Annex** das zusätzlich angeordnete Amtsverfahren einzuleiten hat. Das Annexamtsverfahren wird also eingeleitet und zusammen durchgeführt mit einem Antragsverfahren. 243

c) Anregung eines Amtsverfahrens

Beim Annexamtsverfahren setzt der Antrag die Ursache dafür, dass auch ein Amtsverfahren durchzuführen ist; dieses ist nämlich hier ein bloßer Annex zu einem Antragsverfahren. 244

Beim selbständigen Amtsverfahren kommt einem Antrag, ein Amtsverfahren einzuleiten, nur die Bedeutung einer Anregung zu, die Tätigkeit vorzunehmen. Gleiches gilt für die Mitteilung bzw. das „Ersuchen" einer Behörde. Auf diese **Anregung** hin hat das Grundbuchamt zu prüfen, ob eine Eintragungsverfügung zu treffen ist oder ob Ermittlungen anzustellen sind. Im Grundbuchverfahren stellt also beim Amtsverfahren der „Antrag" lediglich eine Anregung dar. In § 86 GBO wird ein Beteiligter, der die Einleitung eines Löschungsverfahrens anregt, gleichwohl wie ein Beteiligter behandelt. Beim Rangbereinigungsverfahren gem. § 90 ff GBO ist bei Vorliegen der Voraussetzungen sowohl eine Verfahrenseinleitung von Amts wegen als auch auf Antrag alternativ möglich. Hier kommt dem Antrag also eine besondere Bedeutung ähnlich wie im Antragsverfahren zu, so dass es sich nicht nur um eine Anregung handelt. 245

4. Das Verfahren der Einsichtnahme
a) Antrag

Der Antrag auf Gewährung der Rechte auf Einsicht, Erteilung von Abschriften oder Erteilung einer Auskunft bezüglich des Grundbuchs kann **formlos** gestellt werden, bedarf also insbesondere nicht der Form des § 29 GBO. Auch § 28 GBO ist nicht anwendbar. Das Verfahren der Einsichtnahme wird also durch einen Antrag auf Gewährung der Einsicht eingeleitet. Der Antrag muss dabei individualisierbar sein, es genügt unter Umständen aber schon die Angabe der Person des Eigentümers, wenn sich das Interesse auf alle Grundbücher dieser Person bezieht. 246

b) Darlegung des „berechtigten Interesses"

Die Verfahrenseinleitung beim Verfahren der Einsichtnahme erfordert neben dem formlosen Antrag auch die Darlegung des berechtigten Interesses. Darlegen bedeutet dabei das Vorbringen von Tatsachen in der Weise, dass das Grundbuchamt von der 247

Verfolgung berechtigter Interessen überzeugt ist.[95] Es bedarf also hier gerade **keiner Glaubhaftmachung** entsprechend § 31 FamFG.

c) Sonderregelungen

248 Neben den Besonderheiten, die sich aus der Natur des automatisierten Grundbuchabrufverfahrens (wie unter Rn 41 dargestellt) ergeben, ist neben der Einsichtnahme gem. § 12 GBO auch eine **Grundbucheinsicht im Verwaltungswege** möglich. Diese enthält § 35 GeschbehAV (bzw die entsprechenden landesgesetzlichen Regelungen). Voraussetzung dafür ist, dass ein unterstützungswürdiger Zweck vorliegt. Dies sind insbesondere wissenschaftliche oder historische Interessen. Der Einsicht im Verwaltungswege kommt allerdings angesichts der Weite, die nach der hM dem Einsichtsrecht nach § 12 GBO zugebilligt wird, nur eine geringe Bedeutung zu.

5. Verfahrensbeendigende Handlungen

a) Rücknahme des Antrags

aa) Berechtigung

249 Die Rücknahme des Antrags ist die verfahrensrechtliche Erklärung, dass die beantragte Eintragung ganz oder zum Teil nicht erfolgen soll. Jeder Antragsteller kann daher seinen Antrag zurücknehmen, auch wenn er durch den Notar gestellt wurde. Hier sind jedoch hinsichtlich der Berechtigung in der Praxis wichtige Differenzierungen vorzunehmen. Nimmt ein Notar einen von ihm aufgrund der Ermächtigung des § 15 GBO gestellten Antrag zurück, so braucht er die **Rücknahmeerklärung** nach § 24 Abs. 3 BNotO nur mit seiner Unterschrift und seinem Amtssiegel zu versehen. Einen von den Beteiligten selbst gestellten Antrag kann der Notar dagegen nur aufgrund besonderer Vollmacht zurücknehmen. Dabei ist jedoch zu berücksichtigen, dass dann, wenn der Notar den Antrag gem. § 15 GBO gestellt hat, umstritten ist, ob ein in der Urkunde enthaltener Antrag eines Beteiligten auch als ein von dem Beteiligten selbst gestellter Antrag anzusehen ist.[96]

bb) Umfang

250 Möglich ist eine vollständige Rücknahme, aber auch die Rücknahme eines von mehreren gestellten Anträgen sowie eine teilweise Rücknahme. Eine solche teilweise Zurücknahme liegt bei jeder inhaltlichen Änderung, insbesondere bei einer Einschränkung des gestellten Antrages, vor.

cc) Zeitpunkt, Wirkung

251 Die Zurücknahme des Antrags ist bis zur **Vollendung der Eintragung** zulässig.[97] Mit der wirksam erfolgten Rücknahme ist der Antrag erledigt, kann jedoch jederzeit neu gestellt werden.

---

95 Vgl hierzu Demharter § 12 GBO Rn 13.
96 Vgl zu diesem Problem Demharter § 31 GBO Rn 9. In der Praxis ist dieses Problem insoweit entschärft, dass in der Urkunde in der Regel eine Vollzugsvollmacht für den Notar enthalten ist, die ihn auch zur Rücknahme eines von den Beteiligten gestellten Antrags ermächtigt.
97 § 22 FamFG kann hier aufgrund der Besonderheiten des Grundbuchverfahrens nur hinsichtlich § 22 Abs. 1 S. 1 FamFG, im Übrigen aber nicht entsprechend herangezogen werden.

dd) Form, Begründung

Grundsätzlich kann die Zurücknahme durch den Beteiligten nur in der **Form** des § 29 GBO erfolgen, ausgenommen ist der Antrag auf Berichtigung. § 31 GBO unterwirft nämlich Erklärungen, durch die ein Eintragungsantrag zurückgenommen oder die Vollmacht zur Erstellung eines solchen widerrufen wird, aus Gründen der **Rechtssicherheit** der Form des § 29 GBO. Eine Angabe von Gründen ist für die Rücknahme dabei nicht erforderlich. **252**

ee) Verzicht auf Rücknahme

Der Antrag und damit auch die Zurücknahme des Antrags sind rein verfahrensrechtliche Handlungen. Da die Beteiligten keine das Verfahrensrecht ändernde vertragliche Bestimmung treffen können, gibt es auch **keinen unwiderruflichen Eintragungsantrag**. Ein Verzicht auf die Antragsrücknahme ist daher verfahrensrechtlich ohne Wirkung, so dass das Grundbuchamt einen Verzicht auf die Antragsrücknahme nicht zu beachten hat. Ein solcher Verzicht hat daher allenfalls schuldrechtliche, aber keine verfahrensrechtliche Wirkung. Jeder der Beteiligten kann sich daher im Antragsverfahren vor einer solchen Zurücknahme des Antrags nur dadurch schützen, dass er selbst einen Antrag stellt, so dass eine eventuelle Zurücknahme des anderen Beteiligten keine verfahrensbeendigende Wirkung hat, weil noch ein weiterer Antrag mit dem identischen Inhalt vorliegt, was zB bei der Bestellung von Grundschulden regelmäßig der Fall ist, da auch hier ein Gläubigerantrag (Bank) gestellt wird. **253**

b) Zurücknahme des Ersuchens

Im Verfahren nach § 38 GBO kann die ersuchende Behörde gleichfalls jederzeit ihr Ersuchen zurücknehmen. Das Ersuchen kann daher – wie jeder andere Antrag auch – in der Form der §§ 31, 29 Abs. 3 GBO zurückgenommen werden. Auch hier bedarf es keiner Begründung für die Rücknahme. **254**

c) Rücknahme der Anregung

Da im selbständigen Amtsverfahren ein „Antrag" nur die Bedeutung einer Anregung hat, kann die Zurücknahme einer Anregung gleichfalls keine verfahrensbeendigende Wirkung haben. Beim Annexamtsverfahren entfällt jedoch dessen Durchführung, wenn der Antrag hinsichtlich des Antragsverfahrens, dessen Annex das Amtsverfahren wäre, rechtzeitig zurückgenommen wird. **255**

6. Muster für das Antragsverfahren

a) Antrag bei Eintragung im Bestandsverzeichnis (Begründung von Wohnungseigentum nach § 8 WEG)

URNr. ... **256**
vom ...

Begründung von Wohnungseigentum
Teilungserklärung

Am ... ist vor mir, Notar ..., Notar in A-Stadt, in den Amtsräumen ... anwesend:
Herr A, ... (Personalien und Identitätsfeststellung)
Über den Grundbuchinhalt habe ich mich unterrichtet.

§ 23 Grundbuchsachen

Auf Antrag beurkunde ich Folgendes:

I. Im Grundbuch des Amtsgerichts ... von ..., Blatt ..., ist Herr A als Alleineigentümer folgenden lastenfreien Grundbesitzes der Gemarkung ... eingetragen:

Flst. ...

II. Der Grundstückseigentümer bildet an dem genannten Grundbesitz durch Teilung im eigenen Besitz gemäß § 8 des Wohnungseigentumsgesetzes Sondereigentum wie folgt:
1. Miteigentumsanteil von ..., verbunden mit dem Sondereigentum an allen Räumen im Aufteilungsplan bezeichnet mit Nr. ...;
2. Miteigentumsanteil von ..., verbunden mit dem Sondereigentum an allen Räumen im Aufteilungsplan bezeichnet mit Nr. ....

Alle übrigen Räume und Gebäudeteile sind gemeinschaftliches Eigentum.

Aufteilungsplan mit Abgeschlossenheitsbescheinigung der Baubehörde vom ... Az ... liegen vor und sind der Urkunde beigefügt.

Die Beteiligten haben ihn durchgesehen. Auf den Aufteilungsplan wird verwiesen.

III. In Erläuterung, Ergänzung und Abweichung der Vorschriften des Wohnungseigentumsgesetzes wird Folgendes zum Gegenstand und Inhalt des Sondereigentums bestimmt:

§ 1 Sondereigentum

Zum Sondereigentum jeden Wohnungseigentums gehören insbesondere:
1. Die Versorgungs- und Entsorgungsleitungen für Wasser, Strom und Gas von der Abzweigung der Hauptleitung an.
2. Innerhalb der Wohnungen, Keller und Garagen
   a) die Beleuchtungskörper und Lichtschalter,
   b) der Fußbodenbelag, der Deckenputz, der Verputz oder die Verkleidung der Wände, auch wenn diese gemeinschaftliches Eigentum sind,
   c) die Heizungskörper und die Rohre der Sammelheizung von der Hauptleitung an,
   d) die Tischlerarbeiten sowie die Türen, bei Doppelfenstern die Innenfenster, Rollläden, soweit vorhanden,
   e) die nichttragenden Zwischenwände,
   f) die Wasch- und Spülbecken, Badewannen, WC, Zapfhähne und Ausgüsse.

§ 2 Sondernutzung

Es wird folgendes Sondernutzungsrecht vereinbart: ...

§ 3 Zustimmung zur Veräußerung

Jeder Wohnungseigentümer bedarf der Zustimmung des anderen Wohnungseigentümers zur Veräußerung seiner Wohnung, außer im Falle der Veräußerung an den Ehegatten, Verwandte in gerader Linie und Verwandte zweiten Grades in der Seitenlinie und außer im Falle der Veräußerung im Wege der Zwangsvollstreckung oder durch den Insolvenzverwalter.

Die Zustimmung darf nur aus wichtigem Grund versagt werden.

§ 4 Bestimmungszweck

Die Wohnungen dürfen nur für Wohnzwecke benutzt werden. Jede Änderung dieses Bestimmungszwecks bedarf der einstimmigen Vereinbarung aller Wohnungseigentümer.

Dies gilt auch für eine Nutzung als Büro, Praxis oder Ähnliches.

§ 5 Versicherungen

Für das Gebäude sind eine Brandversicherung, soweit möglich zum gleitenden Neuwert, sowie Versicherungen für Sturm- und Wasserschäden abzuschließen, außerdem eine ausreichende Versicherung gegen Haus- und Grundbesitzerhaftpflicht.

Eckert

§ 6 Instandhaltung

Für die Instandhaltung des Sondereigentums und der den Sondernutzungsrechten unterliegenden Grundstücksteile kommen die jeweiligen Eigentümer alleine auf. Dies gilt auch für Wohnungsabschlusstüren zum Treppenhaus, etwaige Außentüren oder -tore von allein genutzten Nebengebäuden, zB Garagen, und die Außenseiten und das Glas aller Fenster, soweit sie nicht zu gemeinschaftlichen Räumen oder Gebäudeteilen gehören.

Die Farbgebung für den Außenanstrich des Gebäudes und aller Gebäudeteile wird von der Wohnungseigentümerversammlung beschlossen.

§ 7 Kosten

Die Betriebs- und Verbrauchskosten (zB Wasser, Abwasser, Strom, Heizung, Müll) trägt jeder Wohnungseigentümer allein, soweit solche Kosten durch Messeinrichtungen oder auf andere Weise einwandfrei getrennt festgestellt werden können.

Bei der Berechnung der Heizkosten sind die Bestimmungen der Heizkostenverordnung zu beachten.

Alle übrigen Kosten, insbesondere für gemeinsame Instandhaltung und Instandsetzung sowie die Versicherungsprämien nach § 5, tragen die Wohnungseigentümer im Verhältnis ihrer Miteigentumsanteile.

§ 8 Rücklage

Die Wohnungseigentümer sind zur Ansammlung einer gemeinschaftlichen Instandhaltungsrückstellung verpflichtet.

Alljährlich sind angemessene Beträge, deren Höhe die Eigentümerversammlung bestimmt, auf ein Gemeinschaftskonto einzuzahlen. Über das Konto ist der Verwalter verfügungsberechtigt, falls ein solcher nicht bestellt ist, die Gemeinschaft der Wohnungseigentümer.

Die Rücklage wird Eigentum der Gemeinschaft.

§ 9 Verwalter

Jeder Wohnungseigentümer kann jederzeit die Bestellung eines Verwalters verlangen.

Ein Verwalter wird aber zunächst nicht bestellt, die Verwaltung erfolgt gemeinsam.

§ 10 Eigentümerversammlung

Mindestens einmal im Jahr findet eine Versammlung der Wohnungseigentümer statt. Abgestimmt wird nicht nach Köpfen, sondern nach der Anzahl der Wohnungen. Mehrere Eigentümer einer Wohnung können nur einheitlich oder gar nicht abstimmen.

Über die Versammlung ist ein Protokoll zu führen, das von allen Wohnungseigentümern zu unterzeichnen ist. Wenn ein Verwalter bestellt ist, beruft er die Versammlung ein, leitet sie und führt das Protokoll.

IV. Es wird **bewilligt und beantragt**, die Aufteilung in Sondereigentum sowie die Regelungen gem. Abschnitt III. als Inhalt des Sondereigentums im Grundbuch einzutragen.

Der Notar wird ermächtigt, zum Eintrag im Grundbuch ihm noch erforderlich erscheinende materiell- wie verfahrensrechtliche Erklärungen abzugeben und entgegenzunehmen.

V. Die Kosten dieser Urkunde und ihres Vollzuges trägt der Eigentümer.

Von dieser Urkunde erhalten mit Plänen:

Ausfertigung: das Grundbuchamt,

einfache Abschrift: der Eigentümer.

b) **Antrag auf eine Eintragung in Abteilung I**
   (kurzer Kaufvertrag mit Auflassung eines landwirtschaftlichen Grundstücks)

   Kaufvertrag

   URNr. ...

§ 23 Grundbuchsachen

vom ...

Am ... sind vor mir, Notar ..., Notar in A-Stadt, in den Amtsräumen ... gleichzeitig anwesend:

A, ... (Personalien und Identitätsfeststellung)

B, ... (Personalien und Identitätsfeststellung)

Die Anwesenden weisen sich aus durch ...

Über den Grundbuchinhalt habe ich mich unterrichtet.

Auf Antrag beurkunde ich Folgendes:

I. A, Veräußerer, verkauft den im Grundbuch des Amtsgerichts ... von ... Blatt ... unbelastet eingetragenen Grundbesitz der Gemarkung Flst. ... an B, Erwerber, zum Alleineigentum.

II. Der Kaufpreis beträgt ... EUR (in Worten ... Euro)

(Alternative 1:) und ist bereits bezahlt.

(Alternative 2:) und ist fällig.

(Alternative 3:) und ist bis zum ... zu zahlen.

(Bei Alternative 2 und 3:) Der Erwerber unterwirft sich wegen des Kaufpreises der sofortigen Zwangsvollstreckung. Klausel kann jederzeit ohne weitere Nachweise erteilt werden.

(Bei Alternative 2 und 3:) Eine Vorlagesperre wie eine Absicherung durch Vormerkung wird nach Hinweis des Notars von den Beteiligten ausdrücklich nicht gewünscht.

III. Der Grundbesitz wird veräußert ohne Haftung für Sachmängel, außer bei Vorsatz oder Arglist, aber frei von Rechten Dritter, mit Ausnahme von altrechtlichen Dienstbarkeiten.

Ein Pachtverhältnis besteht nach Erklärung, in das der Erwerber eintritt, im Innenverhältnis ab Besitzübergang.

Besitz, Nutzungen, Haftung und Gefahr, sowie alle Lasten gehen über ab sofort/mit vollständiger Kaufpreiszahlung.

IV. Die Beteiligten sind über den vereinbarten Eigentumsübergang einig (**Auflassung**). Sie **bewilligen und beantragen**, diesen – ohne vorherige Vormerkung – in das Grundbuch einzutragen.

Der Notar und jeder seiner Angestellten sind je einzeln bevollmächtigt, zugleich im Namen aller Beteiligten, zu dieser Urkunde Erklärungen abzugeben und entgegenzunehmen, Rechtshandlungen vorzunehmen und Anträge zu stellen und zurückzunehmen.

Der Veräußerer versichert, nicht über sein wesentliches Vermögen zu verfügen.

Der Vertrag bedarf der Genehmigung nach dem Grundstücksverkehrsgesetz, die hiermit beantragt wird und die der Notar einholen soll.

Der Notar soll das Vorkaufsrechtszeugnis der zuständigen Gemeinde erholen.

V. Die Kosten dieser Urkunde – mit Ausnahme von Lastenfreistellungskosten – sowie des Vollzugs und etwa anfallende Grunderwerbsteuer trägt der Erwerber.

(Beglaubigte) Abschriften erhalten:

– das Finanzamt (Grunderwerbsteuerstelle),

– der Gutachterausschuss,

– die Beteiligten,

– das Landratsamt (Grundstücksverkehrsgesetz).

Ausfertigung erhält: das Grundbuchamt.

VI. Der Notar hat insbesondere hingewiesen,

– auf die Notwendigkeit der Beurkundung aller Vereinbarungen,

– auf den Zeitpunkt des Eigentumsüberganges und die Voraussetzungen dafür, hier insbesondere auf das gemeindliche Negativzeugnis und die Unbedenklichkeitsbescheinigung,

- auf das Risiko von Vorleistungen und Sicherungsmöglichkeiten,
- auf die Haftung für Kosten, etwaige Steuern und rückständige Lasten.

c) Antrag auf eine Eintragung in Abteilung II (Bestellung eines Nießbrauchs)[98]

URNr. ...   258

vom ...

Nießbrauch

Ich, ..., bewillige[99] und beantrage[100] als Alleineigentümer[101] zugunsten von A und B als Gesamtgläubiger (§ 428 BGB)[102] am nachgenannten Belastungsgegenstand die Eintragung eines Nießbrauchs

mit nachstehendem Inhalt an erster Rangstelle.[103] Mit eingetragen soll werden, dass zur Löschung der Nachweis des Todes der Berechtigten genügen soll.[104]

Die Kosten trägt der Eigentümer.

Grundbuchstelle, Belastungsgegenstand:[105]

Grundbuch des Amtsgerichts ... von ... Blatt ... Flst. ...

Inhalt:

A und B erhalten als Gesamtgläubiger den lebenslangen unentgeltlichen Nießbrauch am genannten Belastungsgegenstand.

(Alternative 1:) Für den Nießbrauch gelten die gesetzlichen Bestimmungen.

(Alternative 2:) Für den Nießbrauch gelten die gesetzlichen Bestimmungen, mit folgender Abweichung: In Abweichung von den gesetzlichen Bestimmungen hat der Nießbraucher für sämtliche Ausbesserungen und Erneuerungen auf eigene Kosten zu sorgen, auch insoweit, als sie die gewöhnliche Unterhaltung der Sache überschreiten. Weiter hat der Nießbraucher auch sämtliche auf der nießbrauchsbelasteten Sache ruhenden öffentlichen Lasten einschließlich der außerordentlichen Lasten, die als auf den Stammwert der Sache gelegt anzusehen sind, zu tragen, ebenso sämtliche privatrechtlichen Lasten, die zurzeit der Bestellung des Nießbrauchs auf der Sache ruhen.

... (Ort, Datum, Unterschrift)

... (Notarieller Beglaubigungsvermerk)[106]

d) Antrag auf eine Eintragung in Abteilung III (Löschung einer Grundschuld)

URNr. ...   259

vom ...

Löschung

Die Löschung des nachbezeichneten Rechtes samt allen Nebeneinträgen an allen Stellen im Grundbuch wird **bewilligt**,[107] jedoch ausdrücklich nicht beantragt.

Die Kosten trägt der Eigentümer.

Auf Bekanntmachung der Löschung wird nicht verzichtet.

---

98 Nur Bewilligung ohne schuldrechtliches Grundgeschäft und bei formloser dinglicher Einigung, also nur mit dem für das Grundbuchverfahren Notwendigen (formelles Konsensprinzip).
99 § 19 GBO.
100 § 13 GBO.
101 § 39 GBO.
102 § 47 GBO.
103 § 45 Abs. 3 GBO.
104 § 23 GBO, sog. Löschungserleichterungsklausel.
105 § 28 GBO.
106 § 29 GBO.
107 § 19 GBO.

Grundbuch[108] des Amtsgerichts ... von ... Blatt ... Flst. ....
Eigentümer: N.
Zu löschendes Recht:[109] Grundschuld ohne Brief zu ... EUR für A (Abt. III lfd. Nr. 1)
... (Ort, Datum, Unterschrift A)
... (Notarieller Beglaubigungsvermerk)[110]
Ich stimme als Eigentümer obiger Löschung zu[111] und **beantrage**[112] deren Vollzug im Grundbuch.
... (Ort, Datum, Unterschrift N)
... (Notarieller Beglaubigungsvermerk)[113]

IV. Verfahren
1. Das Antragsverfahren
a) Verfahrensablauf
aa) Der Antragseingang

260   Der verfahrenseinleitende Antrag ist beim Grundbuchamt eingegangen, wenn er einer zur Entgegennahme zuständigen Person vorgelegt ist, also in deren Besitz kommt, § 13 Abs. 2 S. 2 GBO. Entscheidend ist also allein dieser Zeitpunkt. Der **Zeitpunkt**, zu dem der Antrag an das Amtsgericht gelangt, ist als solcher also noch nicht entscheidend. Die zuständige Person hat sodann die Sendung zu öffnen, von dem Inhalt der Urkunde Kenntnis zu nehmen und den Eingangsvermerk anzubringen. Dieser Eingangsvermerk hat deswegen eine besondere Bedeutung, weil der Zeitpunkt, zu dem der Antrag beim Grundbuchamt eingeht, im Hinblick auf die §§ 17, 45 GBO von erheblicher Bedeutung ist. Er ist daher auf dem Antrag zu vermerken, § 13 Abs. 2 S. 1 GBO. Der Eingangsvermerk ist auf jedes Schriftstück zu setzen, das einen Antrag enthält. Der Zeitpunkt des Eingangs ist dabei so genau wie möglich, also nach Tag, Stunde, Minute, anzugeben.

261   Mit dem Anbringen des Eintragungsvermerks nach Antragseingang ist damit der erste Teil des Grundbuchverfahrens abgeschlossen.

bb) Das Prüfungsverfahren

262   Aufgrund der Bindung des Grundbuchamts an Recht und Gesetz hat das Grundbuchamt einerseits die Einhaltung der Normen des Grundbuchverfahrens zu überwachen, aber auch die entscheidenden materiell-rechtlichen Fragen zu prüfen. Dabei ergibt sich der **Mindestumfang** der Prüfung aus dem Antrag und den vorgelegten Eintragungsunterlagen.

263   Im Prüfungsverfahren ist der **Umfang der Prüfung** nicht durch die Beteiligten begrenzbar. Der Antragsteller bestimmt zwar durch seinen Antrag die Richtung der Prüfung. Das Grundbuchamt hat jedoch alle ihm zur Verfügung stehenden Informationen zu nutzen, um das Vorliegen der Eintragungsvoraussetzungen festzustellen.

---

108 § 28 GBO.
109 §§ 41, 42 GBO greift mangels Brief nicht Platz.
110 § 29 GBO für Bewilligung.
111 § 27 GBO.
112 § 13 GBO.
113 § 29 GBO hinsichtlich der Eigentümerzustimmung.

Alle Eintragungsvoraussetzungen müssen dann bis zur Vornahme der Eintragung vorliegen. Es stellt jedoch die Regel dar, dass bei einem einmal erfolgten Eintritt die Voraussetzungen weiter vorliegen. 264

cc) Die Eintragungsverfügung

Das Grundbuchverfahren mündet schließlich in die der Eintragung vorgeschalteten Eintragungsverfügung. Diese ist die verfahrensmäßige Form, in der die Eintragung in das Grundbuch angeordnet wird. Der eigentliche **Eintragungsvorgang** ist dann ein Ausführungsakt dieser Anordnung. Nach § 44 Abs. 1 S. 2 Hs 1 GBO ist eine Eintragungsverfügung für eine Eintragung grundsätzlich erforderlich. Bei dem maschinell geführten Grundbuch bedarf es gem. § 130 S. 1 Hs 2, S. 2 GBO jedoch einer besonderen Eintragungsverfügung nicht, wenn die Eintragung von der für die Führung des Grundbuchs zuständigen Person veranlasst worden ist. 265

b) Verfahrensgrundsätze
aa) Antragsgrundsatz

Im Antragsverfahren als dem Regelverfahren in Grundbuchsachen wird die **Privatautonomie** durch das Antragserfordernis verwirklicht. Das Grundbuchamt darf ohne Antrag weder eine Eintragung, Löschung oder Berichtigung vornehmen, noch kann es mehr oder etwas anderes eintragen, als vom Antragsteller beantragt worden ist. Das Grundbuchamt darf also vom gestellten Antrag nicht abweichen, wobei es an Vorschläge des Antragstellers hinsichtlich der Fassung der Eintragung nicht gebunden ist. 266

bb) Bewilligungsgrundsatz

Das Antragsverfahren wird zudem dadurch standardisiert und hinsichtlich der Prüfung für das Grundbuchamt erleichtert, dass abweichend vom materiellen Grundstücksrecht nicht der Einigungsgrundsatz, sondern der Bewilligungsgrundsatz gilt, wonach für die Eintragung die einseitige verfahrensrechtliche Eintragungsbewilligung des von der Eintragung Betroffenen genügt. Diese Regelung **erleichtert** und **beschleunigt** das Antragsverfahren für die Beteiligten wie auch für das Grundbuchamt. 267

cc) Beweisgrundsatz

Das Antragsverfahren in Grundbuchsachen ist hinsichtlich der Beweisgrundsätze eine Insel im Bereich der freiwilligen Gerichtsbarkeit. Der Antragsteller hat sämtliche zur Eintragung erforderlichen Unterlagen vorzulegen. Eine Beweisaufnahme findet nicht statt. Dies gilt selbst für die Grundbuchberichtigung. Weil der Zweck des Grundbuchs **beweissichere Eintragungsunterlagen** erfordert, ist im Antragsverfahren grundsätzlich nur der Urkundsbeweis nach § 29 GBO statthaft. Nur unter bestimmten Voraussetzungen ist diese Beweismittelbeschränkung durchbrochen, und zwar durch gesetzliche Vermutungen, Sondervorschriften und – in sehr engen Grenzen – durch freie Beweiswürdigung unter Verwertung von Erfahrungssätzen. Zudem erhält die Grundbuchordnung in den §§ 32–37 GBO **Beweisregeln** und Beweiserleichterungen. Die notwendigen Beweise haben die Beteiligten dem Grundbuchamt vorzulegen. 268

dd) Bestimmtheitsgrundsatz

269 Der dem materiellen Grundstücksrecht zugehörende Grundsatz der Bestimmtheit der dinglichen Rechte erfährt im Grundbuchverfahren beim Antragsverfahren insoweit Umsetzung, dass das Grundbuchamt nur klare und eindeutige Antragsunterlagen verwenden darf. Im Antragsverfahren sind daher nur **inhaltlich bestimmte Eintragungsunterlagen** vorzulegen.

ee) Prioritätsgrundsatz

270 Auch die materiell-rechtliche Bedeutung der Reihenfolge von Eintragungen erfährt in Grundbuchsachen beim Antragsverfahren dergestalt eine Umsetzung, dass das Grundbuchamt im Antragsverfahren die Vorschriften der §§ 17 und 45 GBO zu beachten hat.[114] Wegen diesem, oben bereits unter Rn 118 dargestellten Grundsatz, kommt dem **Antragseingang** und dessen Vermerk im Antragsverfahren in Grundbuchsachen eine besondere Stellung zu.

ff) Anhörung

271 Im **streng einseitigen Antragsverfahren** erhält rechtliches Gehör nur der Antragsteller. Für die übrigen Beteiligten ist das rechtliche Gehör dadurch gewährt, dass sie als Betroffene die Eintragung gem. § 19 GBO zu bewilligen haben. Diese Grundsätze gelten für den Fall, dass dem Antrag stattgegeben wird, wie auch für den Fall der Zurückweisung und dem Erlass einer Zwischenverfügung.

c) Allgemeine Verfahrensvoraussetzungen
aa) Örtliche Zuständigkeit

272 § 1 Abs. 1 S. 2 GBO bestimmt dasjenige Grundbuchamt als örtlich zuständig, in dessen Bezirk das vom Antrag betroffene Grundstück liegt. § 1 Abs. 3 GBO ermöglicht den Landesregierungen eine **Zuständigkeitskonzentration** bei einem Amtsgericht für mehrere Bezirke. Liegt ein Grundstück im Bereich mehrerer Grundbuchämter, ist gem. § 1 Abs. 2 GBO iVm § 5 FamFG die Zuständigkeit durch das nächsthöhere gemeinsame Gericht zu bestimmen. Liegt eine örtliche Unzuständigkeit vor, ist die Handlung des Grundbuchamtes gleichwohl nicht unwirksam; § 2 Abs. 3 FamFG ist für dieses (eher) theoretische Problem entsprechend heranzuziehen.

bb) Sachliche Zuständigkeit

273 Wie oben dargestellt, sind die Grundbuchämter für die Führung des Grundbuches zuständig, § 1 Abs. 1 S. 1 GBO. Dies sind, mit der oben dargestellten Ausnahme für Baden-Württemberg, die Amtsgerichte.[115]

---

114 § 17 GBO regelt, wie dargestellt, die Entscheidungsreihenfolge des Grundbuchamtes über Eintragungsanträge, § 45 GBO die Eintragungsreihenfolge entsprechend dem Eingangszeitpunkt des Antrags.
115 Umstritten ist, welche Rechtsfolge daran zu knüpfen ist, wenn eine andere Behörde als ein Amtsgericht eine grundbuchamtliche Tätigkeit ausübt. Während eine Meinung von der Nichtigkeit ausgeht, nimmt die Gegenansicht die Gültigkeit, aber Anfechtbarkeit an. Die Nichtigkeit soll sich nach der einen Meinung mittelbar aus den §§ 7, 32 FGG (jetzt §§ 2 Abs. 3, 47 FamFG) ergeben. Der Streit soll hier nicht weiter erörtert werden, da er angesichts des maschinell geführten Grundbuchs wenig praktische Bedeutung hat.

IV. Verfahren

cc) Funktionelle Zuständigkeit

Von den oben dargestellten Organen des Grundbuchamtes kommt im Antragsverfahren hinsichtlich der funktionellen Zuständigkeit zwei Organen Bedeutung zu. Dies ist zunächst der sog. **Präsentatsbeamte**, der für die Entgegennahme von Eintragungsanträgen und Eintragungsersuchen sowie für die Beurkundung des Zeitpunkts des Eingangs zuständig ist. Besondere Bedeutung kommt auch und gerade im Antragsverfahren dem **Rechtspfleger** zu, da hier gem. § 3 Nr. 1 lit. h RPflG der Rechtspfleger im Wege der **Vollübertragung** die Grundbuchsachen übertragen bekommen hat. Der Rechtspfleger kann auch als die mit der Führung des Grundbuches über das betroffene Grundstück beauftragte Person den Eintragungsantrag entgegennehmen und den Eintragungsvermerk anbringen. Beim maschinell geführten Grundbuch nimmt zudem der Rechtspfleger selbst die Eintragung vor, § 130 S. 1 Hs 2 GBO. Andernfalls veranlasst die Eintragung der Urkundsbeamte der Geschäftsstelle. 274

2. Verfahrensgrundsätze im Amtsverfahren

a) Zuständigkeit

Hinsichtlich der Zuständigkeiten gilt das oben (Rn 272 ff) zum Antragsverfahren Dargestellte. Auch im Amtsverfahren hat der zuständige Rechtspfleger zunächst zu überprüfen, ob nach § 1 GBO die örtliche und sachliche Zuständigkeit gegeben ist. 275

b) Ablauf

Da das Grundbuchamt die Pflicht hat, das Grundbuch zu führen, hat es dort, wo das Gesetz das öffentliche Interesse an der Richtigkeit und Vollständigkeit des Grundbuchs über die privaten Interessen stellt, ohne Antrag und gegebenenfalls sogar gegen den Willen der Beteiligten von Amts wegen tätig zu werden, wenn Anhaltspunkte vorliegen, die die **Einleitung** und Durchführung eines Amtsverfahrens rechtfertigen. 276

c) Behandlung von „Anträgen"

Ein Amtsverfahren kann zwar durch Anträge eingeleitet werden, diese Anträge stellen aber **bloße Verfahrensanregungen** dar (vgl Rn 245). Auf diese Anregungen hin hat das Grundbuchamt zu prüfen, ob eine Eintragungsverfügung zu treffen ist oder ob zumindest Ermittlungen anzustellen sind. 277

Auch in Grundbuchsachen dürfte unter der Geltung des FamFG nunmehr mangels Regelung in der GBO § 24 FamFG für Anregungen eines Amtsverfahrens entsprechend gelten. Entsprechend § 24 Abs. 2 FamFG hätte dann das Grundbuchamt denjenigen, der die Einleitung eines Amtsverfahrens anregt, darüber zu unterrichten, dass es der Anregung nicht folgt, wenn ein berechtigtes Interesse an der Unterrichtung besteht. 278

d) Der Ermittlungsgrundsatz

In den verschiedenen Amtsverfahren des Grundbuchrechts ist das Verfahren am Legalitätsprinzip orientiert. Weil hier das formelle Konsensprinzip gerade nicht gilt, ist das Grundbuchamt berechtigt, aber auch verpflichtet, die Rechtslage in materieller und formeller Hinsicht umfassend zu klären und die dazu notwendigen Entscheidungsgrundlagen zu ermitteln. 279

280 Im Amtsverfahren besteht daher, soweit der Vortrag der Beteiligten und der Sachverhalt dazu Anlass gibt, eine Aufklärungs- und Ermittlungspflicht seitens des Grundbuchamtes. § 26 FamFG gilt hier entsprechend.

e) Beweismittel

281 Während das Antragsverfahren in Grundbuchsachen hinsichtlich der Beweismittel wegen § 29 GBO eine Sonderrolle im Bereich der freiwilligen Gerichtsbarkeit innehat, gelten für das Amtsverfahren in Grundbuchsachen nach einhelliger Auffassung die Grundsätze der Beweiserhebung der freiwilligen Gerichtsbarkeit entsprechend. Dies bedeutet, dass grundsätzlich eine **förmliche Beweisaufnahme** durchzuführen ist. Allerdings ordnet der Amtsermittlungsgrundsatz auch hier den **Strengbeweis** nicht zwingend an, sondern das Grundbuchamt kann vielmehr nach seinem pflichtgemäßen Ermessen auch im Wege des **Freibeweises** formlose Ermittlungen anstellen. Damit dürften hier die §§ 29, 30 FamFG entsprechend anzuwenden sein.

f) Anhörung

282 Während im formalisierten Antragsverfahren rechtliches Gehör nur dem Antragsteller zu gewähren ist, weil die übrigen Beteiligten **rechtliches Gehör** bereits dadurch erhalten, dass sie die Eintragung nach § 19 GBO zu bewilligen haben, ist im Amtsverfahren das rechtliche Gehör allen Beteiligten zu gewähren, deren Rechtsstellung durch die Tätigkeit des Grundbuchamtes beeinträchtigt wird oder werden kann.[116] Auch im Amtsverfahren in Grundbuchsachen ist dabei anerkannt, dass bei Eilbedürftigkeit oder der Gefahr der Rechtsvereitelung das rechtliche Gehör erst nachträglich gewährt werden kann.[117]

3. Verfahren der Einsichtnahme

a) Zuständigkeit

283 Über den Antrag auf Gewährung der Rechte auf Einsicht, Erteilung von Abschriften oder Erteilung einer Auskunft entscheidet der **Urkundsbeamte** gemäß § 12 c Abs. 1 GBO. Diese Zuständigkeit des Urkundsbeamten besteht grundsätzlich auch beim maschinell geführten Grundbuch.

b) Anhörung

284 Nach der herrschenden Meinung ist dabei dem Eigentümer vor der Gestattung der Grundbucheinsicht **kein rechtliches Gehör** zu gewähren.[118] Ein Anhörungsrecht des Eigentümers oder sonstiger eingetragener dinglicher Berechtigter ist daher in der Grundbuchordnung nicht vorgesehen und nach herrschender Meinung auch verfassungsrechtlich nicht geboten. Es ist allein Aufgabe des Grundbuchamtes, die Eignung und Erforderlichkeit der Einsichtnahme zu überprüfen.

---

[116] Dies gilt vor allem für die selbständigen Amtsverfahren; die Annexamtsverfahren folgen in der Regel eher den Grundsätzen des Antragsverfahrens.

[117] Vgl Demharter § 1 GBO Rn 50. Es ist dabei eine verfassungsrechtliche Randnotiz, dass nach Ansicht des Bundesverfassungsgerichts im Verfahren vor dem Rechtspfleger, also praktisch in allen Grundbuchverfahren, sich die Pflicht zur Gewährung des rechtlichen Gehörs nicht aus Art. 103 Abs. 1 GG, sondern aus dem rechtsstaatlichen Grundsatz eines fairen Verfahrens gem. Art. 2 Abs. 1, Art. 20 Abs. 3 GG ergibt, vgl hierzu Demharter § 1 GBO Rn 48 mwN.

[118] Vgl hierzu Demharter § 12 GBO Rn 23; differenzierend Meikel/Böttcher § 2 GBO Rn 81.

V. Entscheidungsfindung

1. Antragsverfahren

a) Gewinnung der Entscheidungsgrundlagen

Wie oben bereits dargestellt, findet § 26 FamFG im Antragsverfahren in Grundbuchsachen keine Anwendung. Das Grundbuchamt ist weder berechtigt noch verpflichtet, von Amts wegen Ermittlungen anzustellen und Beweise zu erheben. Die Beschaffung der für die Prüfung der Eintragungsvoraussetzungen erforderlichen Tatsachen und Unterlagen ist nicht Aufgabe des Grundbuchamtes, sondern der Beteiligten. Das Grundbuchamt prüft nur das wirkliche Vorliegen der Eintragungsvoraussetzungen und bestimmt hierdurch zwar mittelbar, welche Tatsachen des Nachweises bedürftig sind; es ist jedoch dadurch weder an ein übereinstimmendes Vorbringen der Beteiligten gebunden, noch hat es die Unterlagen selbst zu beschaffen. 285

Damit folgt aus dem in § 29 GBO vorgeschriebenen besonderen Nachweis der Eintragungsvoraussetzungen auch die Geltung des **Beibringungsgrundsatzes** im Antragsverfahren. Im Antragsverfahren in Grundbuchsachen wird daher auch vom grundbuchrechtlichen Beibringungsgrundsatz gesprochen. Die **Beweisführungslast** der Eintragungsvoraussetzungen liegt damit beim Antragsteller. 286

b) Prüfung des Antrags

Prüfungspflicht und Prüfungsrecht des Grundbuchamtes unterstehen dem Antragsgrundsatzes des Grundbuchverfahrensrechts, so dass das Grundbuchamt gegen den oder ohne den Willen der Beteiligten nicht tätig werden kann. Es hat über jeden Antrag zu entscheiden und dabei weder über den Antrag hinauszugehen noch hinter dem Antrag zurückzubleiben. Die Prüfung umfasst dabei sowohl die Prüfung der verfahrensrechtlichen Voraussetzungen als auch der materiell-rechtlichen Voraussetzungen der Eintragung, wobei hier dann der Umfang der Prüfung nicht durch die Beteiligten begrenzt werden kann. 287

Im Eintragungsverfahren hat sich die Prüfung des Grundbuchamtes grundsätzlich auf folgende Punkte zu erstrecken: 288

- Zuständigkeit
- Eintragungsfähigkeit
- Eintragungsantrag (Antragsberechtigung und Antragsbefugnis, Identität, Rechtsfähigkeit und Geschäftsfähigkeit des Antragstellers und gegebenenfalls dessen Vertreters, Vertretungsmacht des Vertreters, Inhalt des Antrags, Form des Antrags)
- Eintragungsbewilligung (Bewilligungsberechtigung und Bewilligungsbefugnis, Identität, Rechtsfähigkeit und Geschäftsfähigkeit des Bewilligenden und gegebenenfalls dessen Vertreters, Vertretungsmacht des Vertreters, Inhalt der Bewilligung, Form der Bewilligung, Erwerbsfähigkeit des Erwerbers, dessen Rechts- und Geschäftsfähigkeit dann nur im Fall des § 20 GBO zu prüfen ist)
- Voreintragung des Betroffenen
- Vorlegung des Briefs (Gem. §§ 41, 42 GBO ist bei Briefrechten bei einer Eintragung auch der jeweilige Brief vorzulegen. Die Vorlegung des Briefs ist zum Nachweis der

Verfügungsberechtigung notwendig. Bei einem Briefrecht ist der Eintragungsgrundsatz durchbrochen. Da gem. § 1154 BGB die Übertragung eines Briefrechts zur Wirksamkeit der Briefübergabe bedarf, bedarf es daher auch in jedem Fall der Vorlegung des Briefs, um die Verfügungsberechtigung des Gläubigers nachzuweisen)[119]

c) Prüfungskompetenz

289 Mit dem Antrag gibt der Antragsteller die Richtung der Prüfung durch das Grundbuchamt vor. Über den **Legalitätsgrundsatz** ist das Grundbuchamt dann auch verpflichtet, das Grundbuch mit der wirklichen Rechtslage in Einklang zu bringen. Dies bedeutet, dass das Grundbuchamt nicht bewusst dabei mitwirken darf, das Grundbuch unrichtig zu machen. Wenn dem Grundbuchamt eine Unrichtigkeit bekannt ist, so darf es keine Eintragung vornehmen.

290 Allerdings ist der Legalitätsgrundsatz (vgl Rn 125) eine Ausnahme vom formellen Konsensprinzip, so dass das Grundbuchamt hier nur in einem engen Rahmen eine Prüfung vornehmen kann. Im Widerstreit von formellem Konsensprinzip und Legalitätsgrundsatz bedeutet dies im Grundbuchverfahren, dass das Grundbuchamt nur dann einen Eintragungsantrag zurückweisen darf, wenn ihm die **Tatsachen bekannt** sind, aus denen sich ergibt, dass durch die Eintragung das Grundbuch durch die bewilligte Eintragung unrichtig würde. Hier genügen also gerade **nicht bloße Zweifel**. Weiterhin muss das Grundbuchamt auch dann eine Eintragung vornehmen, wenn die Eintragung zwar im Widerspruch zum materiellen Recht steht, aber das Grundbuch durch die Eintragung nicht unrichtig wird.[120]

d) Die Behandlung fehlerhafter Anträge

291 Bei Vorliegen von mit Mängeln behafteten Anträgen ist zu differenzieren. Wenn schon überhaupt kein Antrag vorliegt oder der Antrag mangelhaft ist, zB die Eintragungsberechtigung fehlt, führt der Mangel zur sofortigen **Zurückweisung**. Liegt ein Eintragungsantrag vor, dessen Vollzug ein Hindernis entgegensteht, welches zu beseitigen ist, so hat das Grundbuchamt nach § 18 GBO zu verfahren und eine **Zwischenverfügung** zu erlassen.

e) Feststellungslast

292 Die **Feststellungslast** hinsichtlich der gem. § 29 GBO nachzuweisenden Umstände liegt im Antragsverfahren in Grundbuchsachen beim Antragsteller.

2. Amtsverfahren

a) Gewinnung der Entscheidungsgrundlagen

293 Wie oben dargestellt, sind hinsichtlich der Entscheidungsgrundlagen das Antragsverfahren und das Amtsverfahren in Grundbuchsachen gänzlich unterschiedlich. Im Amtsverfahren hat das Grundbuchamt selbst Ermittlungen anzustellen, um die Entschei-

---

[119] In der Praxis kommt es leider nicht selten vor, dass bei Briefrechten der Eigentümer den ihm vom Gläubiger bereits zugesandten Brief nicht mehr auffindet. In diesem Fall muss aufgrund eines Ausschlussurteils die Erteilung eines neuen Briefes beantragt werden, § 41 Abs. 2 S. 1 GBO. Soll, was am häufigsten vorkommt, in diesen Fällen nur noch eine Löschung vorgenommen werden, genügt die Vorlegung des Ausschlussurteils, § 42 Abs. 2 S. 2 GBO. Dies ist mit hohen Kosten verbunden.
[120] Vgl hierzu Demharter Anhang zu § 13 GBO Rn 41.

dungsgrundlagen zu gewinnen. Es gilt der **Amtsermittlungsgrundsatz** entsprechend § 26 FamFG.

b) Prüfungsumfang
Wie oben dargestellt (Rn 281), hat das Grundbuchamt im Amtsverfahren entsprechend 294 §§ 29, 30 FamFG eine **Beweiserhebung** durchzuführen und pflichtgemäß zu entscheiden, ob es das Strengbeweisverfahren oder das Freibeweisverfahren wählt. Hier hat das Grundbuchamt in den verschiedenen Amtsverfahren jeweils zu prüfen, ob diejenigen Tatsachen und Umstände vorliegen, die im jeweiligen Amtsverfahren dazu führen, dass eine Eintragung vorzunehmen ist.

c) Feststellungslast
Im Amtsverfahren in Grundbuchsachen trägt das Grundbuchamt letztlich die Feststel- 295 lungslast. Dies bedeutet, dass das Grundbuchamt dann, wenn es nach Beendigung der Beweisaufnahme nicht davon überzeugt ist, dass die nach dem Gesetz erforderlichen Tatsachen feststehen (sog. **non liquet**), eine Entscheidung über eine Eintragung nicht anordnen kann.

3. Prüfungsumfang beim Verfahren der Einsichtnahme
§ 12 Abs. 1 S. 1 GBO verlangt, dass der Antragsteller dem Grundbuchamt gegenüber 296 ein berechtigtes Interesse darlegt. Es sind dem Grundbuchamt **nachvollziehbare Tatsachen** so vorzulegen, dass ihm die Überzeugung von der Berechtigung des geltend gemachten Interesses verschafft werden kann. Darlegen bedeutet hier zwar mehr als eine bloße Behauptung, aber auch weniger als die Glaubhaftmachung iSv § 31 FamFG. Das Grundbuchamt muss dabei zur Überzeugung gelangen, dass der Antragsteller ein verständiges, durch die Sachlage gerechtfertigtes Interesse verfolgt. Mehr hat in diesem Verfahren das Grundbuchamt zur Entscheidungsfindung nicht zu überprüfen.

VI. Entscheidung

1. Entscheidungen in einem Antragsverfahren

a) Die Eintragung
Das Antragsverfahren – wie auch das Verfahren gem. § 38 GBO – hat das Ziel, eine 297 Eintragung (Eintragung im engeren Sinne bzw Löschung) herbeizuführen. Das Grundbuchamt hat daher dann, wenn es die erforderliche, oben dargestellte Prüfung abgeschlossen hat und als Ergebnis feststeht, dass der Eintragung kein Hindernis entgegensteht, die Eintragung zu verfügen, § 44 Abs. 1 S. 2 GBO. Diese **Eintragungsverfügung** ist grundsätzlich notwendig, wobei die eigentliche Eintragung nur noch der Vollzug dieser Verfügung ist. Beim maschinell geführten Grundbuch erfolgt die Eintragung durch den Rechtspfleger selbst unmittelbar am **Bildschirm**, § 130 S. 1 Hs 2 GBO. Beim Grundbuch in Papierform schreibt § 44 Abs. 1 S. 1 GBO vor, dass bei jeder Eintragung der Tag angegeben werden soll, an dem sie erfolgt ist. Beim maschinell geführten Grundbuch schreibt § 129 Abs. 2 GBO vor, dass grundsätzlich der Tag anzugeben ist, an dem die Eintragung wirksam geworden ist. An die Stelle der Unterschrift beim Grundbuch in Papierform tritt bei dem maschinell geführten Grundbuch die elektro-

nische Unterschrift (elektronische Signatur). Nähere Regelungen hierzu enthält § 75 GBV.

298 Wird einem Antrag stattgegeben, erübrigt sich im Grundbuchverfahren auch eine **Begründung** der Entscheidung. An die Stelle der begründeten schriftlichen Entscheidung tritt die Eintragungsmitteilung. § 55 GBO tritt hier an die Stelle von § 15 FamFG.[121]

b) Die Zurückweisung

299 Wenn dem Eintragungsantrag – bzw dem behördlichen Ersuchen im Verfahren nach § 38 GBO – nicht behebbare Eintragungshindernisse oder mindestens nur schwer behebbare Eintragungshindernisse entgegenstehen, so hat das Grundbuchamt den Eintragungsantrag bzw das behördliche Ersuchen durch **Beschluss** zurückzuweisen. Die Entscheidung wird dann erst mit Bekanntmachung an den Antragsteller oder die ersuchende Behörde wirksam, § 15 FamFG. Bekanntzumachen ist dabei der Beschluss jedoch im Antragsverfahren nur dem Antragsteller bzw dem Notar, sollte dieser den Antrag gestellt haben.[122] Damit ist der Antrag auch iSd § 17 GBO erledigt, so dass später beantragte Eintragungen vorgenommen werden können. Die Anwartschaft auf den Rang und die materiellen Wirkungen des Antrags gehen verloren.[123]

c) Zwischenverfügung

300 Die Zwischenverfügung ist ein **spezifisches Institut des Grundbuchverfahrensrechts**, welches im Zusammenhang mit der Rang wahrenden Wirkung des Eintragungsantrages zu sehen ist. Nach § 18 Abs. 1 GBO hat das Grundbuchamt eine Zwischenverfügung zu erlassen, wenn einem Eintragungsantrag ein Hindernis entgegensteht, welches durch den Antragsteller **behebbar** ist. Wenn die Prüfung des Grundbuchamtes ergibt, dass zwischen dem gesetzlichen Prüfungsumfang und den Eintragungsunterlagen eine Divergenz besteht, die jedoch behebbar ist, so hat es den Antrag nicht zurückzuweisen, sondern eine Zwischenverfügung zu erlassen.

301 Typische behebbare Eintragungshindernisse sind dabei:

- Antragsmangel, zB fehlender Nachweis der Verfahrensvollmacht;
- Mangel der Eintragungsbewilligung, zB Form des § 29 GBO, oder klarzustellender Bewilligungsinhalt;
- Mangel einer sonstigen Eintragungsunterlage, zB fehlende Verwalterzustimmung gem. § 12 WEG, fehlende Zustimmung eines dinglich Berechtigten, Fehlen einer behördlichen Genehmigung oder Fehlen der grunderwerbsteuerlichen Unbedenklichkeitsbescheinigung;
- Verfahrensrechtlicher Mangel, zB fehlende Voreintragung gem. § 39 GBO;

---

121 § 55 GBO spricht auch weiterhin von „Entscheidungen". § 38 Abs. 1 S. 1 FamFG findet somit in Grundbuchsachen keine Anwendung.
122 Fraglich ist, ob hier zukünftig § 39 FamFG hinsichtlich einer Rechtsmittelbelehrung entsprechend heranzuziehen ist. Die Besonderheiten des Grundbuchverfahrens verbieten jedenfalls keine Rechtsmittelbelehrung.
123 Dabei ist jedoch zu beachten, dass die Zurückweisung weder in formelle noch in materielle Rechtskraft erwächst. Ein neuer selbständiger Antrag ist daher jederzeit zulässig, über den dann ohne Bindung an das frühere Verfahren zu entscheiden ist, vgl hierzu Demharter § 18 GBO Rn 18.

- Mangel des zugrunde liegenden Rechtsgeschäfts, außerhalb des Anwendungsbereichs des § 20 GBO jedoch nur dort, wo Mangel positiv bekannt ist (Legalitätsgrundsatz);
- Anforderung eines noch nicht gezahlten Gerichtskostenvorschusses.[124]

Das Grundbuchamt hat dabei nach **pflichtgemäßem Ermessen** darüber zu entscheiden, ob es den Antrag zurückweist oder eine Zwischenverfügung erlässt.[125]   302

Die Zwischenverfügung hat dabei einige formale Anforderungen: 303

- Das Grundbuchamt hat grundsätzlich dem Antragsteller sämtliche Eintragungshindernisse auf einmal zu bezeichnen und dabei alle zur Beseitigung der Hindernisse geeigneten Mittel anzugeben.
- Zur Beseitigung der Hindernisse ist zudem eine genau bestimmte und der Lage des Einzelfalls angemessene Frist zu setzen.
- Die Zwischenverfügung ist schließlich zu unterschreiben und dem Antragsteller – und nur diesem – bekannt zu machen, § 15 FamFG.

Der Erlass der Zwischenverfügung ist dabei gem. § 69 Abs. 3 KostO **kostenfrei**.   304

2. Entscheidungen im Amtsverfahren

Für den Fall, dass das Amtsverfahren durch eine Eintragung abgeschlossen wird, wird   305
die Entscheidung, wie jede Eintragung auch, durch Eintragung im Grundbuch wirksam, § 44 Abs. 1 bzw § 129 GBO. Erfolgt im Amtsverfahren keine Eintragung, wird die Entscheidung erst mit der **Bekanntgabe** wirksam.[126] Grundsätzlich hat dabei das Grundbuchamt auch im Amtsverfahren seine Entscheidungen schriftlich abzusetzen und zu begründen.

Im Verfahren der Amtslöschung und bei einigen Entscheidungen im Rangklarstellungs-   306
verfahren beginnt mit der Bekanntmachung eine **Frist** zu laufen, weswegen hier § 15 Abs. 1 FamFG zu beachten ist.

Im Verfahren der Löschung nach §§ 84, 87 lit. c GBO ist zudem vom Gesetz eine   307
Rechtsmittelbelehrung vorgeschrieben, da hier ausnahmsweise der Feststellungsbeschluss mit der befristeten Beschwerde anzufechten ist, § 89 GBO.[127]

3. Entscheidungen im Verfahren der Einsichtnahme

Das Recht auf Grundbucheinsicht und der Erteilung von Abschriften ist ein selbstän-   308
diger Anspruch des Grundbuchverfahrens. Besondere Formen für die Entscheidung

---

124 Ist in einem Grundbuch eine Zwangssicherungshypothek eingetragen, werden Anträge des Eigentümers in der Grundbuchpraxis regelmäßig erst nach Bezahlung eines Gerichtskostenvorschusses bearbeitet.
125 Manchmal gibt es in Grundbuchsachen auch eine „Flucht in die Zwischenverfügung", um zu einem Zeitpunkt eine Rang wahrende Wirkung zu erhalten, zu dem noch nicht alle Eintragungsvoraussetzungen vorgelegt werden können – jedoch mit dem Risiko, anstelle einer Zwischenverfügung eine Zurückweisung zu erhalten.
126 Hier wurde in der grundbuchrechtlichen Literatur bisher immer § 16 FGG zitiert. Es bleibt abzuwarten, welche Bedeutung hier § 15 FamFG im Grundbuchverfahren erlangt.
127 Zudem stellt sich die Frage, inwieweit in den verschiedenen Amtsverfahren allgemein § 39 FamFG entsprechend heranzuziehen ist, zu dem jetzt § 89 GBO eine Sondervorschrift darstellt.

Eckert   1055

schreibt das Grundbuchverfahren nicht vor. In der Regel wird bei einer **Einsicht vor Ort** die Entscheidung **mündlich** ergehen.

309 Bei der Verweigerung der Einsicht, aber auch in zweifelhaften Fällen, erscheint die Schriftform angeraten. Der zuständige Grundbuchbeamte entscheidet dabei nach **freiem Ermessen**, ob eine ausreichende Darlegung erfolgt ist oder ob er die Beibringung weiterer Belege bzgl des berechtigten Interesses verlangt. Unter Umständen kann hier auch die Glaubhaftmachung verlangt werden.

4. Sonstige Entscheidungen

310 Neben den Entscheidungen über Eintragung, Zurückweisung und Zwischenverfügung im Antragsverfahren spielen sonstige Entscheidungen des Grundbuchamtes keine große Rolle. Zu erwähnen sind jedoch insbesondere die **Feststellungsbeschlüsse** nach §§ 87, 108 GBO.

5. Zwischenentscheidungen im Grundbuchverfahren

311 § 18 GBO regelt eine spezifische Form der Zwischenentscheidung im Eintragungsverfahren, nämlich die grundbuchrechtliche Zwischenverfügung.

312 Daneben kommen im Grundbuchverfahren theoretisch jedoch auch weitere Zwischenentscheidungsmöglichkeiten in Betracht, zB die formlose Beanstandung, auch Hinweisungsverfügung genannt, die Verfahrensaussetzung, der Vorbescheid und eine Aufklärungsverfügung analog § 139 ZPO.

313 Eine **Hinweisverfügung** ist eine informelle Verfahrensanordnung, mit welcher das Grundbuchamt abweichend von den Regelungen des § 18 GBO Bedenken gegen die Vollzugsfähigkeit eines Eintragungsantrages darstellt. Hinweisverfügungen sind in der Praxis gar nicht selten verbreitet. Obwohl sie eigentlich dem Wortlaut des § 18 GBO nicht entsprechen, werden solche Hinweisverfügungen wohl überwiegend für zulässig erachtet.[128]

314 Umgekehrt ergibt sich aus § 18 Abs. 1 S. 1 GBO im Hinblick auf das Prioritätsprinzip und das damit verbundene Beschleunigungsgebot, dass **Verfahrensaussetzungen** oder die Anordnung der **Verfahrensruhe** im Grundbuchverfahren grundsätzlich unzulässig sind.[129]

315 Im Verfahren der freiwilligen Gerichtsbarkeit ist der **Vorbescheid** eingeschränkt zum Schutz gegen irreversible Fakten gestattet und besonders im Erbscheinsverfahren verbreitet. Nach fast einhelliger Auffassung ist im Grundbuchverfahren ein solcher Sachverhalt nicht anzutreffen, so dass im Hinblick auf das besondere Beschleunigungsgebot des § 18 Abs. 1 S. 1 GBO im Grundbuchverfahren ein Vorbescheid nicht zugelassen ist.[130]

---

[128] Vgl zB Schöner/Stöber, Grundbuchrecht, Rn 445; aber äußerst strittig, vgl zB KEHE/Herrmann § 18 GBO Rn 47 ff.

[129] Natürlich kann nicht geleugnet werden, dass eine Zwischenverfügung mit einer besonders langen Behebungsfrist einer Verfahrensaussetzung nahe kommen kann.

[130] Vgl Demharter § 18 GBO Rn 1; differenzierend KEHE/Herrmann § 18 GBO Rn 48.

VII. Rechtsmittel und Rechtsbehelfe im Grundbuchverfahren

Hinweisverfügungen gem. § 139 ZPO sind im Grundbuchverfahren nur dort möglich, wo das Grundbuchamt als Vollstreckungsorgan tätig wird und es sich um einen dem Vollstreckungsrecht angehörenden Hinweis handelt.[131] Dies ist bei der Eintragung einer Zwangssicherungshypothek der Fall.[132] **316**

Als Zwischenentscheidungen im Grundbuchverfahren kommen daher nur der spezifisch grundbuchverfahrensrechtlichen Zwischenverfügung und der informellen Hinweisverfügung Bedeutung zu. **317**

VII. Rechtsmittel und Rechtsbehelfe im Grundbuchverfahren

1. Überblick

Das Beschwerdeverfahren in Grundbuchsachen ist im vierten Abschnitt der Grundbuchordnung, den §§ 71–81 GBO, geregelt. Der Gesetzgeber hat es in Art. 36 FGG-RG dabei belassen, dass das Beschwerdeverfahren in Grundbuchsachen **spezifisch in der Grundbuchordnung** geregelt bleibt und somit grundsätzlich nicht auf das allgemeine Beschwerdeverfahren gem. §§ 58 ff FamFG zurückzugreifen ist. Dies ist richtig und auf die Besonderheiten des Grundbuchverfahrens zurückzuführen, die aber den Gesetzgeber nicht davon abgehalten haben, den **Rechtsmittelzug in Grundbuchsachen** dem allgemeinen Rechtsmittelzug des FamFG anzupassen.[133] **318**

Es bleibt also dabei, dass das Beschwerdeverfahren in Grundbuchsachen in den §§ 71 ff GBO geregelt ist. Bisher sah man diese Regelung als erschöpfend an, so dass außer den allgemeinen Regelungen des FGG früher die allgemeinen Regelungen der FGG-Beschwerde gerade nicht herangezogen worden sind. Unter der Geltung des FamFG dürften daher auf die Grundbuchbeschwerde weiterhin die allgemeinen Regelungen, nunmehr also die §§ 1–22 a FamFG anzuwenden sein. **319**

Im Unklaren hat der Gesetzgeber jedoch den Anwender insoweit gelassen, ob auch bestimmte allgemeine Verfahrensvorschriften der §§ 58 ff FamFG im Grundbuchbeschwerdeverfahren anzuwenden sind. So stellt sich insbesondere die Frage, ob der Gesetzgeber es bewusst oder unbewusst dabei belassen hat, dass im Grundbuchverfahren § 68 Abs. 4 FamFG, also die Möglichkeit der **Einzelrichterübertragung**, nicht anzuwenden ist.[134] Dies bedeutet nunmehr in der Praxis, dass über eine Entscheidung des **320**

---

131 Für grundbuchverfahrensrechtliche Mängel ist dagegen eine Zwischenverfügung zu erlassen.
132 Zu beachten ist jedoch, dass der Antrag Rangwirkung erst von dem Zeitpunkt an hat, in dem er frei von Vollstreckungsmängeln ist.
133 Kritisch hierzu der Bundesrat, für den die Besonderheiten des Grundbuchverfahrens die Einheitlichkeit des Rechtsmittelzuges im Verfahren der freiwilligen Gerichtsbarkeit überwog, vgl hierzu BR-Drucks. 309/07, 91.
134 Nach der bisherigen Rechtslage wurde einhellig eine Einzelrichterübertragung als nicht zulässig angesehen, weil § 81 GBO anders als § 30 Abs. 1 S. 3 FGG iVm § 526 ZPO eine Einzelrichterübertragung nicht vorsieht. Auch jetzt sieht § 81 GBO – anders als § 68 Abs. 4 FamFG – eine solche Einzelrichterübertragung nicht vor. Eine analoge Anwendung verbietet sich schon den Respekt vor Art. 101 Abs. 1 S. 2 GG, da für die Grundbuchbeschwerde ein Parlamentsgesetz die Einzelrichterübertragung nicht vorsieht.

Rechtspflegers in Grundbuchsachen immer ein vollbesetzter Zivilsenat eines Oberlandesgerichtes zu entscheiden hat.[135]

321 Auch in Grundbuchsachen ist der Rechtsmittelzug so ausgestaltet, dass gegen Entscheidungen die Beschwerde und gegen die Beschwerde Rechtsbeschwerde eingelegt werden kann. Die **Sprungrechtsbeschwerde** gem. § 75 FamFG ist allerdings im Grundbuchverfahren nicht vorgesehen.

2. Ordentliche Rechtsbehelfe im Grundbuchverfahren
a) Der Rechtsmittelzug im Grundbuchverfahren
aa) Die Beschwerde

322 Gem. § 71 Abs. 1 GBO ist gegen Entscheidungen des Grundbuchamts das Rechtsmittel der Beschwerde statthaft.

323 Im Hinblick auf die Vollübertragung von Grundbuchsachen auf den Rechtspfleger ist hier allerdings § 11 RPflG gedanklich vorzuschalten. Seit der am 1.10.1998 in Kraft getretenen Änderung des § 11 RPflG ist jedoch bei einer Entscheidung des Rechtspflegers nicht mehr die sog. **Durchgriffserinnerung**, sondern unmittelbar dasselbe Rechtsmittel einzulegen, das gegen eine Entscheidung des Richters statthaft wäre.

324 Die Beschwerde ist somit das Rechtsmittel, mit dem die Entscheidung des Gerichts in Grundbuchsachen an das nächsthöhere Gericht gebracht wird.

bb) Die Rechtsbeschwerde

325 § 78 GBO nF sieht nun vor, dass gegen einen Beschluss des Beschwerdegerichts die Rechtsbeschwerde statthaft ist, wenn sie das Beschwerdegericht in dem Beschluss zugelassen hat.

326 § 78 GBO übernimmt damit die Regelung des § 70 FamFG. Für die Rechtsbeschwerde sieht dann § 78 Abs. 3 GBO vor, dass die §§ 71–74 FamFG entsprechend anzuwenden sind.

327 Nach § 78 Abs. 3 GBO findet auch im Grundbuchverfahren § 73 FamFG Anwendung, der eine **Anschlussrechtsbeschwerde** regelt. Eine praktische Bedeutung dürfte diese jedoch im Grundbuchverfahren nicht erlangen.

b) Auswirkungen der Besonderheiten des Grundbuchverfahrens für die Rechtsmittelmöglichkeiten
aa) Beschwerdefähige Entscheidungen

328 Beschwerdefähige Entscheidungen des Grundbuchamtes sind alle Sachentscheidungen. Sachentscheidungen sind die Zurückweisung eines Antrags, die Zwischenverfügung oder sonstige Entscheidungen des Grundbuchamtes, die sachliche Entschließungen ent-

---

135 Es ist schon ein etwas großer Sprung vom Grundbuchrechtspfleger zum voll besetzten OLG-Zivilsenat. Aus den Gesetzesmaterialien ergibt sich nicht, ob der Gesetzgeber bewusst oder unbewusst diesen Sprung in Grundbuchsachen haben wollte. Unabhängig hiervon hätte der Gesetzgeber in Grundbuchsachen überlegen können, ob nicht über eine Änderung des § 75 GBO bzw des § 11 RPflG eine Regelung eingeführt werden könnte, dass über eine Entscheidung des Rechtspflegers in Grundbuchsachen der Grundbuchrichter die Abhilfeentscheidung trifft, um zu verhindern, dass über eine Rechtspflegerentscheidung sofort ein vollbesetzter Zivilsenat eines Oberlandesgerichtes entscheidet.

halten.¹³⁶ Dabei ist es unerheblich, ob diese Entscheidung in Form eines Beschlusses ergangen ist. Maßnahmen des inneren Geschäftsbetriebs und verfahrensleitende Anordnungen des Grundbuchamtes sind jedoch keine Entscheidungen iSd § 71 Abs. 1 GBO.

bb) Beschränkung der Beschwerde

Eine Sachentscheidung des Grundbuchamtes isd § 71 Abs. 1 GBO ist jedoch insbesondere auch die Eintragung in Form einer Eintragung im engeren Sinne bzw einer Löschung im Grundbuch. Hier kommt jedoch im Beschwerdeverfahren eine Besonderheit des Grundbuchrechts zum Tragen, die dazu führt, dass § 71 Abs. 2 S. 1 GBO eine Beschwerde gegen eine Eintragung für **unzulässig** anordnet und § 71 Abs. 2 S. 2 GBO nur eine beschränkte Beschwerde dergestalt zulässt, dass das Rechtsschutzziel nur die Anweisung an das Grundbuchamt sein kann, nach § 53 GBO einen Widerspruch einzutragen oder eine Löschung vorzunehmen. 329

Ziel der Beschwerde kann also hier nur die Eintragung eines Amtswiderspruchs gem. § 53 Abs. 1 S. 1 GBO oder eine Amtslöschung eines inhaltlich unzulässigen Rechts gem. § 53 Abs. 1 S. 2 GBO sein. Zu beachten ist dabei, dass eine Eintragung iSd § 71 Abs. 2 GBO nach einhelliger Auffassung nur eine solche Eintragung ist, die unter dem Schutz des öffentlichen Glaubens des Grundbuchs steht. Sinn des § 71 Abs. 2 GBO ist nämlich, dass derjenige, der im Vertrauen auf die Richtigkeit des Grundbuchs ein Recht an einem Grundstück oder einem eingetragenen Recht erworben hat, geschützt ist und daher nicht von Amts wegen durch eine Berichtigung oder Löschung in die Rechtsstellung eines gutgläubigen Erwerbers eingegriffen werden soll.¹³⁷ 330

c) Das Beschwerdeverfahren
aa) Beschwerdeberechtigung

Eine ausdrückliche Bestimmung über die Beschwerdeberechtigung enthält die Grundbuchordnung nicht. Regelmäßig ist jeder beschwerdeberechtigt, dessen Rechtstellung durch die Entscheidung des Grundbuchamtes unmittelbar oder mittelbar beeinträchtigt wäre, falls diese in dem vom Beschwerdeführer behaupteten Sinn unrichtig wäre.¹³⁸ Es bedarf dabei jedoch einer **Rechtsbeeinträchtigung**, die Beeinträchtigung nur wirtschaftlicher oder sonstiger nicht rechtlicher Interessen genügt nicht. 331

Einen **Beschwerdewert** sieht das Grundbuchbeschwerderecht nicht vor. § 61 FamFG findet keine Anwendung. 332

bb) Form, Inhalt

§ 73 Abs. 2 S. 1 GBO stellt zwei zulässige Formen für die Beschwerdeeinlegung zur Verfügung: die Einreichung einer **Beschwerdeschrift** und die Erklärung zur Niederschrift der Geschäftsstelle. Eine nähere Bestimmung über die Form der Beschwerde- 333

---

136 Sonstige mit der Beschwerde anfechtbare Entscheidungen sind zB Entscheidungen betreffend die Herstellung, Aushändigung, Einforderung oder Unbrauchbarmachung eines Grundpfandrechtbriefes.
137 In der Praxis wird bei der Einlegung des Rechtsmittels der Beschwerde häufig der Beschränkung durch § 71 Abs. 2 GBO nicht Rechnung getragen; hier ist jedoch in der Regel die Rechtsmittelerklärung dahingehend auszulegen, dass der Beschwerdeführer das Rechtsmittel mit dem gem. § 71 Abs. 2 S. 2 GBO zulässigen Inhalt einlegen möchte.
138 Vgl Demharter § 71 GBO Rn 58.

schrift enthält die Vorschrift nicht. Sie verlangt lediglich eine schriftliche Erklärung, die die Person des Beschwerdeführers und seinen Willen einer sachlichen Überprüfung der Entscheidung hinreichend deutlich erkennen lässt. Die Beschwerdeschrift ist jedoch vom Beschwerdeführer oder seinem Bevollmächtigten entsprechend § 64 Abs. 2 S. 3 FamFG zu unterzeichnen. Die Übermittlung der Beschwerdeschrift per Telefax genügt dabei.[139] § 73 Abs. 2 S. 2 GBO lässt nunmehr auch die Übermittlung der Beschwerdeschrift als elektronisches Dokument nach Maßgabe des § 14 FamFG zu.

334 § 74 GBO stellt zum möglichen **Inhalt** einer Beschwerdebegründung klar, dass auch neue Tatsachen und Beweise in der Beschwerde angeführt werden können. Eine Begründung einer Beschwerde ist zwar nicht erforderlich.[140] Das Vorbringen neuer Tatsachen und Beweise ist jedoch ohne Einschränkung zulässig und kann zur Folge haben, dass eine ursprünglich richtige Entscheidung vom Grundbuchamt im Rahmen einer Abhilfeentscheidung oder vom Beschwerdegericht aufgehoben werden muss. Dies dient letztlich der Beschleunigung und Vereinfachung des Grundbuchverfahrens.

335 Im Hinblick auf den Inhalt ist es dann auch nicht erforderlich, dass ein bestimmter **Antrag** gestellt ist, jedoch muss die angefochtene Entscheidung eindeutig bezeichnet sein, um einen Irrtum bezüglich der Frage auszuschließen, welche Entscheidung angefochten wird.

cc) Frist

336 Die Beschwerde in Grundbuchsachen ist **nicht befristet**. Es entspricht der dabei nahezu einhelligen Auffassung, dass das Recht zur Einlegung der unbefristeten Beschwerde in Grundbuchsachen nicht verwirkt werden kann. Da im Hinblick auf die Besonderheiten des Grundbuchverfahrens, wie oben bereits dargestellt, auch das Antragsrecht nicht verwirkt werden kann, ist es nur folgerichtig, dass auch das Beschwerderecht nicht verwirkt werden kann.

dd) Zuständigkeit

337 Die sachliche und örtliche Zuständigkeit regelt § 72 GBO. Nach dieser Vorschrift entscheidet das **Oberlandesgericht**, in dessen Bezirk das Grundbuchamt seinen Sitz hat, über die Beschwerde.

338 Gem. § 81 Abs. 1 GBO entscheidet dabei ein **Zivilsenat** über die Beschwerde; die Möglichkeit der Einzelrichterübertragung besteht nicht.

ee) Wirkung

339 Die Beschwerde in Grundbuchsachen hat **keine aufschiebende Wirkung** und ist also nicht mit einem Suspensiveffekt ausgestattet. Von diesem Grundsatz sieht § 76 Abs. 3 GBO nur eine Ausnahme für den Fall vor, dass sich die Beschwerde gegen eine Zwangsgeldfestsetzung richtet.[141]

---

[139] Vgl Demharter § 73 GBO Rn 8, der bisher die Unterschrift mangels Regelung in § 73 GBO wie in § 21 FGG nur für zweckmäßig hielt.
[140] Auch § 65 Abs. 1 FamFG ist hinsichtlich der Begründung nur eine Sollvorschrift.
[141] Für das Grundbuchverfahren wesentlich ist also, dass die Beschwerde gerade keine Grundbuchsperre bewirkt. Durch die Zurückweisung eines Eintragungsantrages ist dieser also iSd § 17 GBO erledigt, so dass eine Ranganwartschaft erlischt.

ff) Abhilfeverfahren

§ 75 GBO sieht eine Abhilfe durch das Grundbuchamt vor.[142] **340**

Diese **Abhilfeentscheidung** des Grundbuchamtes trifft dabei funktionell ebenfalls der Rechtspfleger, nicht der Richter. Für eine andere Auffassung lässt § 11 RPflG in seiner derzeitigen Fassung keinen Raum. Der Richter hat deshalb eine Abhilfeentscheidung nur noch dann zu treffen, wenn die angefochtene Entscheidung von ihm selbst erlassen worden ist. **341**

gg) Entscheidung

Das Beschwerdeverfahren ist in der GBO nicht näher geregelt. Wie oben (Rn 319 f) dargestellt, bleibt unklar, inwieweit die Verfahrensvorschriften des FamFG für das Beschwerdeverfahren anzuwenden sind bzw die Vorschriften der § 71 ff GBO abschließend sind. **342**

Das Beschwerdegericht hat die Zulässigkeit und Begründetheit der Beschwerde zu prüfen. § 77 GBO ordnet dann an, dass die Entscheidung des Beschwerdegerichts mit Gründen zu versehen und dem Beschwerdeführer mitzuteilen ist. Die **Begründung** muss dabei sowohl den Sachverhalt als auch die wesentlichen rechtlichen Erwägungen enthalten. **343**

Eine unzulässige Beschwerde ist zu verwerfen, eine unbegründete Beschwerde zurückzuweisen. Das Beschwerdegericht kann eine unrichtige Entscheidung aufheben. Ob es in der Sache selbst entscheiden kann, kommt zum einen auf den Antrag an, zum anderen auf den Beschwerdegegenstand. Bei Anfechtung einer Zwischenverfügung kann das Beschwerdegericht nicht in der Sache selbst entscheiden. In der Sache selbst entscheiden kann das Beschwerdegericht jedoch bei einer zu Unrecht ergangen Zurückweisung eines Antrags oder bei einer zu Recht erfolgten Anfechtung einer Eintragung (mit den dargestellten Beschränkungen). **344**

Hinsichtlich der **Kosten** bedarf es eines Kostenausspruchs durch das Beschwerdegericht nur dann, wenn sich die Kostenfolge nicht schon eindeutig aus der Entscheidung ergibt. In der Regel ergibt sich die Kostenfolge direkt aus der Kostenordnung. **345**

Eine **Rechtsmittelbelehrung** sieht die Grundbuchordnung weiterhin nicht vor. § 69 Abs. 3 FamFG iVm § 39 FamFG ist wohl nicht analog, aber zumindest von seinem Rechtsgedanken her anwendbar, gerade weil die Rechtsbeschwerde nunmehr anders als die frühere weitere Beschwerde in Grundbuchsachen fristgebunden ist, § 78 Abs. 3 GBO iVm § 71 Abs. 1 FamFG.[143] Allerdings gab es schon bisher in der grundbuchrechtlichen Literatur die Ansicht, dass die Regelung des § 89 Abs. 2 GBO zur Rechtsmittelbelehrung zumindest dann verallgemeinernd als Muss-Vorschrift zu lesen ist, wenn der Beschwerdeführer nicht anwaltlich oder notariell vertreten war.[144] **346**

---

142 Wie nunmehr entsprechend auch § 68 Abs. 1 S. 1 FamFG.
143 Vgl Demharter § 1 GBO Rn 53, der auf die verfassungsrechtliche Notwendigkeit der Rechtsmittelbelehrung bei einem befristeten Rechtsmittel hinweist; Meikel/Streck Vor § 71 GBO Rn 8 wendet nunmehr § 39 FamFG an.
144 Vgl Hügel/Kramer § 77 GBO Rn 53.

347 Hinsichtlich der **Mitteilung** gem. § 77 GBO dürfte zukünftig § 15 FamFG heranzuziehen sein. Schon bisher war es in der grundbuchrechtlichen Literatur zudem einhellige Meinung, dass die Mitteilung an alle Verfahrensbeteiligte, nicht nur an den Beschwerdeführer zu erfolgen hat.[145]

hh) Einstweilige Anordnung

348 § 76 GBO gibt dem Beschwerdegericht die Befugnis, vor der Entscheidung über die Beschwerde eine einstweilige Anordnung zu erlassen. Hierdurch sollen mögliche Nachteile für den Beschwerdeführer aus dem fehlenden Suspensiveffekt der Beschwerde verhindert werden. Maßnahmen der einstweiligen Anordnung sind die Eintragung einer **Vormerkung** oder eines **Widerspruchs** durch das Grundbuchamt oder die Aussetzung der Vollziehung der angefochtenen Entscheidung.

349 Der Erlass einer einstweiligen Anordnung steht im **Ermessen** des Beschwerdegerichts, welches jedoch von Amts wegen zu klären hat, ob die Voraussetzungen einer einstweiligen Anordnung vorliegen. Eine einstweilige Anordnung muss daher nicht beantragt werden, wobei sich eine Anregung natürlich empfiehlt. Die Entscheidung ist dabei vom Zivilsenat, nicht bloß von dessen Vorsitzenden zu treffen. Voraussetzung der einzelnen Anordnung ist dann, dass eine zulässige Grundbuchbeschwerde nicht offenbar unbegründet ist.

ii) Kosten

350 Sowohl die Eintragungen, die aufgrund einer einstweiligen Anordnung durch das Beschwerdegericht vorgenommen werden, als auch die anschließende Löschung, sind nach § 69 Abs. 2 KostO gebührenfrei.

351 Für die Verwerfung oder Zurückweisung der Beschwerde wird die Hälfte der vollen Gebühr erhoben, § 131 Abs. 1 S. 1 Nr. 1 KostO. Wenn die Beschwerde Erfolg hat, werden Gebühren und Auslagen nicht erhoben, § 131 Abs. 1 S. 2, Abs. 5 KostO.

d) Das Rechtsbeschwerdeverfahren
aa) Statthaftigkeit

352 § 78 GBO überträgt, wie dargestellt (Rn 325), die Neuerung der Rechtsbeschwerde nach §§ 70–75 FamFG im Grundsatz auch auf das Grundbuchverfahren.

353 Gem. § 78 Abs. 1 GBO ist die Beschwerde statthaft, wenn sie zugelassen wurde. In § 78 Abs. 2 GBO wird dabei geregelt, dass die Rechtsbeschwerde zuzulassen ist, wenn die Rechtssache grundsätzliche Bedeutung hat oder die Fortbildung des Rechts oder die Sicherung einer einheitlichen Rechtsprechung eine Entscheidung des Rechtsbeschwerdegerichts erfordert. Die **Zulassungsgründe** entsprechen § 70 Abs. 2 FamFG; allerdings ist nach § 78 Abs. 2 S. 2 GBO das Rechtsbeschwerdegericht an die Zulassung nicht

---

145 Vgl Demharter § 77 GBO Rn 41.

gebunden, während nach § 70 Abs. 2 S. 2 FamFG das Rechtsbeschwerdegericht an die Zulassung gebunden ist.[146]

bb) Frist und Form

Die Rechtsbeschwerde ist gem. § 78 Abs. 3 GBO iVm § 71 Abs. 1 FamFG binnen einer Frist von einem Monat nach der schriftlichen Bekanntgabe des Beschlusses durch Einreichen einer Beschwerdeschrift bei dem Rechtsbeschwerdegericht einzulegen.[147]   354

§ 71 Abs. 3 FamFG stellt dabei Anforderungen an den **Inhalt** der Begründung der Rechtsbeschwerde auf. § 72 FamFG bestimmt dann, dass die Rechtsbeschwerde nur darauf gestützt werden kann, dass die angefochtene Entscheidung auf einer Verletzung von Bundesrecht oder Landesrecht beruht.   355

cc) Zuständigkeit

Über die Rechtsbeschwerde entscheidet der **Bundesgerichtshof**, § 133 GVG nF.   356

dd) Entscheidung

Das Rechtsbeschwerdegericht hat zu prüfen, ob die Rechtsbeschwerde zulässig und begründet ist. Der Bundesgerichtshof ist in Grundbuchsachen allerdings an die Zulassung nicht gebunden. Er hat daher auch zu prüfen, ob die Voraussetzungen für die Zulassung nach § 78 Abs. 2 S. 1 GBO vorliegen.   357

Der Prüfung unterliegen dann nur die von den Beteiligten gestellten Anträge. An die geltend gemachten **Rechtsbeschwerdegründe** ist das Rechtsbeschwerdegericht jedoch nicht gebunden, § 74 Abs. 3 S. 1 FamFG. Ergibt die Begründung des angefochtenen Beschlusses zwar eine Rechtsverletzung, ist die Entscheidung aber aus anderen Gründen richtig, ist die Rechtsbeschwerde zurückzuweisen, § 74 Abs. 2 FamFG. Wenn die Rechtsbeschwerde begründet ist, ist der angefochtene Beschluss aufzuheben, § 74 Abs. 5 FamFG. Wenn die Sache zur Endentscheidung reif ist, kann das Rechtsbeschwerdegericht in der Sache selbst entscheiden, anderenfalls verweist es die Sache unter Aufhebung des angefochtenen Beschlusses zur anderweitigen Behandlung der Entscheidung an das Beschwerdegericht zurück.   358

§ 74 a FamFG sieht zudem einen **Zurückweisungsbeschluss** vor. Diese Vorschrift wurde erst sehr spät im Gesetzgebungsverfahren durch den Rechtsausschuss eingefügt. Da § 78 Abs. 3 GBO allerdings auf § 74 a FamFG nicht verweist, findet er im Grundbuchverfahren bei der Rechtsbeschwerde jedoch keine Anwendung.[148]   359

---

146 Die Änderung des § 70 Abs. 2 S. 2 FamFG erfolgte erst in der Beschlussempfehlung des Rechtsausschusses, der jedoch dann wohl übersehen hat, dass § 78 Abs. 2 S. 2 GBO entsprechend anzupassen gewesen wäre, so dass er die unveränderte Annahme des Art. 36 FGG-RG, der die Änderungen der Grundbuchordnung beinhaltet, empfahl. Dies wird nunmehr korrigiert durch Art. 8 Nr. 4 a des Gesetzes zur Modernisierung von Verfahren im anwaltlichen und notariellen Berufsrecht, BGBl. 2009 I, 2449, so dass also auch in Grundbuchsachen das Rechtsbeschwerdegericht gebunden ist.

147 Zu beachten ist dabei, dass sich die Beteiligten vor dem Bundesgerichtshof durch einen beim Bundesgerichtshof zugelassenen Rechtsanwalt vertreten lassen müssen, § 10 Abs. 4 S. 1 FamFG.

148 Dies wurde korrigiert durch Art. 8 Nr. 4 b des Gesetzes zur Modernisierung von Verfahren im anwaltlichen und notariellen Berufsrecht, BGBl. 2009 I, 2449, so dass nun auch auf § 74 a FamFG verwiesen wird.

e) Die fristgebundene Grundbuchbeschwerde

360 § 89 GBO lässt gegen den Feststellungsbeschluss bezüglich der Löschung gegenstandsloser Rechte nur die **befristete Beschwerde** zu, um das Verfahren zu beschleunigen und den Feststellungsbeschluss in formelle Rechtskraft erwachsen lassen zu können. Deswegen schreibt § 89 Abs. 2 GBO auch eine Rechtsmittelbelehrung vor. Es handelt sich dabei um eine Grundbuchbeschwerde, welche an eine Frist gebunden ist, für die jedoch im Übrigen die §§ 71 ff GBO gelten.

f) Die Beschwerde gegen die Anlegung eines Grundbuchblatts

361 Wird ein Grundbuchblatt angelegt, so untersteht der Inhalt des angelegten Blattes bereits dem öffentlichen Glauben des Grundbuchs. Da die Anlegung keine Eintragung iSd § 71 Abs. 2 GBO darstellt, wäre daher gegen die Anlegung nach § 71 Abs. 1 GBO an sich eine Beschwerde zulässig. Daher bestimmt die Vorschrift des § 125 S. 1 GBO ausdrücklich, dass die Beschwerde gegen die Anlegung unzulässig ist. Entsprechend § 71 Abs. 2 S. 2 GBO lässt jedoch § 125 S. 2 GBO zu, dass das Grundbuchamt im Beschwerdewege angewiesen werden kann, unter den Voraussetzungen des § 53 GBO einen Widerspruch einzutragen oder eine Löschung vorzunehmen.

362 Die Ablehnung einer Anregung, ein Grundbuchblatt anzulegen, ist jedoch durch die unbeschränkte Beschwerde anfechtbar.

3. Befristete Rechtspflegererinnerung

363 § 11 Abs. 2 S. 1 RPflG eröffnet die Möglichkeit einer sofortigen Erinnerung gegen die Entscheidung des Rechtspflegers, wenn nach den allgemeinen verfahrensrechtlichen Vorschriften ein Rechtsmittel eigentlich nicht gegeben ist.

364 Große praktische Bedeutung hat diese Vorschrift für das Grundbuchverfahren jedoch nicht. Allerdings sind in einigen wenigen ausdrücklich geregelten Fällen Entscheidungen des Grundbuchamtes unanfechtbar. Ein solcher **Ausschluss der Anfechtbarkeit** ist in den §§ 85 Abs. 2, 91 Abs. 1, 105 Abs. 2 Hs 1 und 109 GBO zu finden. Wenn hier also der Rechtspfleger entschieden hat, ist eine sofortige Erinnerung nach § 11 Abs. 2 RPflG möglich.[149]

4. Außerordentliche Rechtsbehelfe

a) Gegenvorstellung

365 Eine Gegenvorstellung ist darauf gerichtet, eine ergangene Entscheidung durch **dieselbe Instanz** zu überprüfen. Sie käme im Grundbuchverfahren allerdings nur in dem Umfang in Betracht, in dem das Grundbuchamt überhaupt seine Entscheidung abändern darf. Eine Gegenvorstellung kann jedoch auch die Anregungen enthalten, eine offenbare Unrichtigkeit der Entscheidung entsprechend § 42 FamFG zu berichtigen.

---

[149] Für § 85 GBO wird dies jedoch mangels Rechtsbeeinträchtigung teilweise bestritten, vgl Demharter § 85 GBO Rn 6. § 11 Abs. 3 S. 1 RPflG steht in diesen Fällen einer Erinnerung nicht entgegen. Bedeutung hat diese Vorschrift jedoch insoweit, als bei einer Beschränkung der Beschwerde durch § 71 Abs. 2 GBO diese Beschränkung nicht durch eine Erinnerung dergestalt umgangen werden kann, dass, soweit die Beschränkung reicht, doch eine Erinnerung statthaft wäre.

VII. Rechtsmittel und Rechtsbehelfe im Grundbuchverfahren 23

b) Dienstaufsichtsbeschwerde
Die Dienstaufsichtsbeschwerde ist eine formlose Anregung eines **Dienstvorgesetzten**, das dienstliche Verhalten des Grundbuchbeamten zu überprüfen. Sie entstammt dem Justizverwaltungsrecht und berücksichtigt, dass gegen reine Justizverwaltungsakte keine Beschwerde stattfindet. Ein reiner Justizverwaltungsakt wäre zB die Verzögerung der Bearbeitung einer Sache. 366

c) Widerspruch
Hinsichtlich des speziellen Rechtsbehelfs des Widerspruchs ist im Grundbuchverfahren zu differenzieren. Zum einen sieht § 87 GBO einen Widerspruch vor, der formfrei und begründungslos eingelegt werden kann und der bei Einhaltung der bestimmten Frist dazu führt, dass nur noch aufgrund eines rechtskräftigen Feststellungsbeschlusses eine Löschung vorgenommen werden kann. Hier handelt es sich nicht um einen Rechtsbehelf, sondern um die Mitwirkung eines Beteiligten im Rahmen eines Amtsverfahrens zur Löschung gegenstandsloser Rechte. 367

Hingegen sieht § 104 GBO den Widerspruch als speziellen Rechtsbehelf im **Rangbereinigungsverfahren** vor. Nach § 104 GBO ist der Widerspruch fristgebunden und muss schriftlich oder durch Erklärung zur Niederschrift des Urkundsbeamten der Geschäftsstelle eingelegt werden. 368

d) Außerordentliche Beschwerde, Anhörungsrüge
Zeitweilig wurde der Rechtsbehelf einer außerordentlichen Beschwerde wegen greifbarer Gesetzwidrigkeit in Ausnahmefällen gewährt. Dieser außerordentliche Rechtsbehelf ist jedoch in FGG-Sachen wohl mittlerweile ausgeschlossen.[150] 369

Zudem ist über § 81 Abs. 3 GBO § 44 FamFG entsprechend anzuwenden, so dass auch in Grundbuchsachen eine **Anhörungsrüge** möglich ist. Der Anwendungsbereich in Grundbuchsachen ist jedoch minimal. 370

5. Sonstige Möglichkeiten bei unrichtiger Eintragung
a) Berichtigung unter Mitwirkung des Buchberechtigten
Sollte jemand zu Unrecht als Berechtigter im Grundbuch eingetragen werden und dies daher nicht der Rechtslage entsprechen, so verbleiben dem hierdurch Belasteten die Möglichkeiten, vom Buchberechtigten eine freiwillige Berichtigungsbewilligung zur Löschung einzuholen oder gegen diesen aufgrund des Berichtigungsanspruchs aus § 894 BGB Klage zu erheben. 371

b) Unrichtigkeitsnachweis mittels öffentlicher Urkunden
Problematisch und nicht vollkommen widerspruchsfrei ist die Verknüpfung zwischen § 22 Abs. 1 GBO und § 71 Abs. 2 GBO. Wird nämlich die Berichtigung des Grundbuchs beantragt, so wendet sich der Antragsteller gegen eine bestehende Eintragung oder Löschung. Wird dieser Berichtigungsantrag zurückgewiesen, kann der Antragsteller hiergegen jedoch ohne die Beschränkung des § 71 Abs. 2 GBO Beschwerde einlegen. Die Rechtsprechung sieht in einer solchen Vorgehensweise eine unzulässige Umgehung des 372

---

150 Vgl hierzu BayObLG v. 4.12.2002, FGPrax 2003, 25, 26 (im Hinblick auf den damals neu geschaffenen § 321 a ZPO); Meikel/Streck Vor § 71 GBO Rn 5.

§ 71 Abs. 2 GBO. Um den Konflikt zu lösen, ist die Beschwerde gegen die Zurückweisung eines Berichtigungsantrags unbeschränkt zulässig, wenn eine nicht unter § 71 Abs. 2 GBO fallende Eintragung betroffen ist, wenn eine unter § 71 Abs. 2 GBO fallende Eintragung nicht aufgrund Unrichtigkeitsnachweis, sondern aufgrund der Bewilligung sämtlicher Betroffener zur Berichtigung beantragt wird, oder wenn eine unter § 71 Abs. 2 GBO fallende Eintragung erst nachträglich unrichtig geworden ist und diese nachträgliche Unrichtigkeit nachgewiesen wird. Bei dem Berichtigungsantrag mittels Unrichtigkeitsnachweis wegen einer **ursprünglich unrichtigen Eintragung** ist bei einer Ablehnung jedoch auch für diese Beschwerde § 71 Abs. 2 GBO zu beachten, so dass diese Beschwerde nur entsprechend § 71 Abs. 2 S. 2 GBO beschränkt zulässig ist.

c) Fassungsbeschwerde

373 Die Fassungsbeschwerde betrifft den speziellen Fall, dass hinsichtlich einer Eintragung nicht eine Berichtigung, sondern nur eine **Klarstellung der Fassung** beantragt wird. Wird vom Grundbuchamt die Eintragung eines Klarstellungsvermerkes abgelehnt, kann dies mit der unbeschränkten Beschwerde verlangt werden. Es greift hier § 71 Abs. 1 GBO Platz.

6. Rechtsbehelfe gegen Entscheidungen des Urkundsbeamten

374 Hat der Urkundsbeamte der Geschäftsstelle entschieden, zB bezüglich des Antrags auf Einsicht in das Grundbuch, so ist nach § 12 c Abs. 4 GBO zunächst der Rechtsbehelf der Erinnerung gegeben, über den der **Grundbuchrichter** und nicht der Rechtspfleger zu entscheiden hat, § 4 Abs. 2 Nr. 3 RPflG. Erst gegen die Entscheidung des Grundbuchrichters findet dann die Beschwerde statt.

7. Rechtsbehelfe in Grundbuchkostensachen

375 Das System der Rechtsbehelfe in Grundbuchkostensachen ist komplex geregelt. Die wichtigsten Rechtsbehelfe sind nachstehend kurz dargestellt.[151]

376 Gegen die Festsetzung des Geschäftswerts durch den Kostenbeamten (Rechtspfleger) ist gem. § 14 Abs. 3 KostO, § 11 Abs. 1 RPflG die Beschwerde statthaft (sog. **Geschäftswertbeschwerde**).

377 Gegen den **Kostenansatz** des Kostenbeamten ist die Erinnerung nach § 14 Abs. 2 KostO statthaft, über die ein Rechtspfleger entscheidet, wobei derjenige ausgeschlossen ist, der als Kostenbeamter tätig geworden ist.[152] Erst gegen diese Entscheidung nach § 14 Abs. 2 KostO ist die Beschwerde nach § 14 Abs. 3 S. 1 KostO statthaft; es handelt sich jedoch um die Beschwerde nach §§ 567 Abs. 2 und 4, 568 Abs. 1, 569–575 ZPO, nicht um eine Beschwerde nach § 71 GBO.

378 Um eine Beschwerde nach §§ 71 ff GBO handelt es sich jedoch, wenn durch Zwischenverfügung die Erledigung des Antrags gem. § 8 Abs. 2 KostO von der Zahlung eines **Kostenvorschusses** abhängig gemacht wird.

---

151 Eine Übersicht findet sich bei Demharter § 71 GBO Rn 80 ff.
152 Vgl Demharter § 71 GBO Rn 80.

VIII. Zwangsvollstreckung
1. Zwangsvollstreckung im Grundbuchverfahren

Das Grundbuchverfahren ist ein Verfahren der freiwilligen Gerichtsbarkeit, welches der Rechtsvorsorge dient, und zwar grundsätzlich auf Basis der Freiwilligkeit, was sich bereits daran zeigt, dass das Antragsverfahren die Regel ist. Dies bedeutet im Hinblick auf die Zwangsvollstreckung in Grundbuchsachen, dass die Entscheidungen des Grundbuchamtes von ihrer Natur her schon nicht auf Zwangsvollstreckung ausgerichtet sind. Die Zwangsvollsteckung spielt daher im Grundbuchverfahren keine Rolle. Eintragungen im Grundbuch bedürfen keiner Zwangsvollstreckung. 379

Allerdings kann es auch im Grundbuchverfahren selbst notwendig werden, dass das öffentliche Interesse eine Zwangsausübung gegenüber einem Beteiligten notwendig macht. Dies wird nicht im Antragsverfahren der Fall sein, kann aber in allen Amtsverfahren möglich sein. Vor allem kommt eine solche Zwangsausübung im Zwangsberichtigungsverfahren des § 82 GBO in Betracht. So kann es auch im Grundbuchverfahren in seltenen Ausnahmen vorkommen, dass die Erfüllung der auferlegten Verpflichtung, wie zB derjenigen nach § 82 GBO, nach § 35 FamFG zu erzwingen ist. In Betracht kommt hier wohl nur die Festsetzung von **Zwangsgeld**. Die Vollstreckung des festgesetzten Zwangsgeldes erfolgt dann nach § 1 Abs. 1 Nr. 3, Abs. 2 JBeitrO. 380

2. Zwangsvollstreckung und Grundbuch (Immobiliarvollstreckung)

Während also die Zwangsvollstreckung im Grundbuchverfahren selbst keine Bedeutung hat, kann das Grundbuchverfahren umgekehrt für die Zwangsvollstreckung von Bedeutung sein, und zwar im Bereich der Immobiliarvollstreckung.[153] 381

Wo eine Vollstreckung im Grundbuch erforderlich ist, treffen Zwangsvollstreckungsrecht und Grundbuchrecht zusammen, wobei auch hier die Tätigkeit des Grundbuchamtes dem Grundbuchverfahrensrecht unterliegt. Im Rahmen der Zwangsvollstreckung wird daher immer auch zugleich ein Grundbuchverfahren durchgeführt. Dabei hat das Grundbuchamt, wenn keine Sondervorschriften Platz greifen, sämtliche oben dargestellte Grundsätze und Vorschriften des Grundbuchverfahrensrechts zu beachten, so dass auch hier eine Zwangsvollstreckung am Grundbuchverfahrensrecht scheitern kann. 382

Ein Verfahren nach § 38 GBO findet zB statt, wenn das Vollstreckungsgericht gem. § 19 ZVG um die Eintragung eines Zwangsversteigerungsvermerks (oder über § 146 ZVG eines Zwangsverwaltungsvermerks) ersucht. Das Grundbuchamt ist hier daher kein Vollstreckungsorgan. Auch hier hat das Grundbuchamt die Zulässigkeit des Ersuchens nach § 38 GBO, den Inhalt (§ 28 GBO, § 19 Abs. 1 ZVG) und die Form des § 29 Abs. 3 GBO zu prüfen. Auch ist die Entscheidungsreihenfolge nach § 17 GBO zu beachten. Dieser gilt nämlich gerade auch für die Eintragung des Zwangsversteigerungsvermerks. 383

---

[153] Die Immobiliarvollstreckung kann hier nicht näher dargestellt werden. Einen Überblick gibt Hintzen, Handbuch der Immobiliarvollstreckung, 3. Aufl. 1999. Einen guten Überblick mit Formularen geben Balser/Bögner/Ludwig, Vollstreckung im Grundbuch, 10. Aufl. 1994, und Hintzen, Pfändung und Vollstreckung im Grundbuch, 3. Aufl. 2008. Ein allgemeiner Überblick auch zu den verschiedenen Arten der Immobiliarvollstreckung findet sich bei Brox/Walker, Zwangsvollstreckungsrecht, 8. Aufl. 2008.

384 Ein Antragsverfahren stellt dann zB die Eintragung einer Sicherungshypothek im Wege der Zwangsvollstreckung (Zwangssicherungshypothek) dar. Die Eintragung der Zwangssicherungshypothek ist Vollstreckungsmaßregel, die durch ein Grundbuchgeschäft vollzogen wird. Das Grundbuchamt hat hier die Eintragung als **Vollstreckungsorgan** vorzunehmen, wobei es jedoch sowohl die vollstreckungsrechtlichen Voraussetzungen der ZPO als auch die grundbuchrechtlichen Voraussetzung der GBO selbständig zu prüfen hat. Hinsichtlich der grundbuchrechtlichen Eintragungsgrundsätze ist daher § 13 GBO auf den Vollstreckungsantrag des § 867 Abs. 1 GBO anzuwenden. Weiterhin ist die Voreintragung des betroffenen Schuldners gem. § 39 GBO sowie bei mehreren Gläubigern die Angabe des Gemeinschaftsverhältnisses gem. 47 GBO zu prüfen. Auch grundbuchverfahrensrechtliche Besonderheiten, wie zB die Zustimmung bei einem Belastungsverbot hinsichtlich eines Erbbaurechts, sind zu beachten. Die vollstreckungsrechtlichen Voraussetzungen müssen zudem dem Grundbuchamt in der Form des § 29 GBO nachgewiesen werden.[154]

385 Ein Berichtigungsverfahren ist zB dann durchzuführen, wenn der Gläubiger einen Erbanteil pfändet und zum Nachlass ein Grundstück gehört. Die **Pfändung** ist nämlich eine Änderung der Verfügungsbefugnis des Schuldners und kann daher im Grundbuch zum Schutz vor gutgläubigem Erwerb eingetragen werden. Hier handelt es sich lediglich um eine Grundbuchberichtigung, wozu der Gläubiger ein Antragsrecht nach § 13 Abs. 1 GBO hat. Zum Nachweis ist dem Grundbuchamt der zugestellte Pfändungsbeschluss in Form des § 29 GBO vorzulegen. Auch hier ist der Voreintragungsgrundsatz nach § 39 GBO zu beachten.

386 Die Beispiele zeigen, dass das Grundbuchverfahren, obwohl ein Verfahren der freiwilligen Gerichtsbarkeit, im Rahmen der Immobiliarvollstreckung von Bedeutung ist und dass auch im Rahmen der Zwangsvollstreckung Grundbuchverfahrensrecht zu beachten ist.

IX. Weitere Hinweise
1. Besonderheiten im Beitrittsgebiet

387 Auf dem Gebiet der ehemaligen DDR bestanden sowohl im materiellen Liegenschaftsrecht als auch im Grundbuchverfahrensrecht erhebliche Unterschiede gegenüber dem Recht der Bundesrepublik Deutschland. Es bedurfte daher einer Regelung der Überleitung des Sachenrechts wie des Verfahrensrechts im Beitrittsgebiet. Die grundsätzliche Systematik der Überleitung allgemein war dabei in den Art. 8 und 9 des Einigungsvertrages niedergelegt. Die Sonderregelungen zum materiellen Liegenschaftsrecht wurden dann im Wesentlichen in den Art. 231 und 233 EGBGB aufgenommen, während § 144 GBO die zuvor im Einigungsvertrag festgelegten Sonderregelungen über den teilweisen Fortbestand des formellen Grundstücksrechts der ehemaligen DDR in die GBO aufnahm.

---

[154] Hinsichtlich der Voreintragung ist dabei zu beachten, dass bei einem vollstreckbaren Titel gegen den Erblasser gem. § 40 Abs. 1 GBO eine Voreintragung nicht notwendig ist und im Übrigen der Gläubiger aufgrund des vollstreckbaren Titels die Voreintragung gem. § 14 GBO beantragen kann, wozu ihm im Hinblick auf § 22 GBO § 792 ZPO einen Urkundserteilungsanspruch gibt.

Allerdings wurden die mit der Überleitung verbundenen Probleme erst im Laufe der Zeit in der Rechtspraxis gesehen. Dies führte zu zahlreichen Gesetzen und Regelungen, die das Recht der DDR dem Recht der Bundesrepublik angleichen sollte.[155] Die Bedeutung dieser Sonderregelungen schwindet jedoch mit dem größer werdenden Zeitabstand zur Wiedervereinigung.[156] **388**

2. Besonderheiten bei sog. Alten Rechten

Die vor seinem Inkrafttreten bestehenden privaten Rechte an einem Grundstück ließ das BGB grundsätzlich unberührt. Derartige Rechte, auch Alte Rechte oder **Altrechte** genannt, sind gar nicht so selten und auch heute noch von Bedeutung, insbesondere bei Nutzungsrechten wie Grunddienstbarkeiten. **389**

Steht ein solches Recht inmitten, ist zu prüfen, welche bundesrechtlichen Regelungen, ersatzweise welche landesrechtlichen Regelungen hierzu getroffen wurden. Gegebenenfalls ist dann auf das vor 1900 geltende Recht zurückzugreifen. Bundesrechtlich sind im EGBGB in den Art. 180–197 EGBGB Überleitungsvorschriften geregelt. **390**

Wenn ein solches Recht bei Anlegung des Grundbuchs bestand und (zB aufgrund Art. 184 EGBGB) weiterhin besteht, aber nicht eingetragen ist, so gibt hier das Grundbuch ausnahmsweise nicht einen Gesamtüberblick über sämtliche privatrechtliche Belastungen eines Grundstücks. **391**

Allerdings können Bestehen, Inhalt und Rang der Altrechte auch durch die Vorschriften über den **öffentlichen Glauben des Grundbuchs** beeinflusst werden, so dass ein Grundstück unbelastet durch ein Altrecht erworben werden kann, wenn das Recht nicht im Grundbuch eingetragen wurde und dem Erwerber nicht bekannt war. Daher kann der Berechtigte eines Altrechts die Eintragung im Wege der Grundbuchberichtigung gem. § 22 GBO erreichen, wobei für die Eintragung dieses Altrechts die allgemeinen Vorschriften der Grundbuchordnung (§§ 13, 22, 29 GBO) maßgebend sind. **392**

Zudem bedürfen Grunddienstbarkeiten zur Erhaltung gegen den öffentlichen Glauben des Grundbuchs nicht der Eintragung, Art. 187 Abs. 1 S. 1 EGBGB, wenn nicht das Landesrecht anderes bestimmt hat, Art. 187 Abs. 2 EGBGB. Ein **gutgläubiger lastenfreier Erwerb** des Grundstücks ist insoweit dann nicht möglich. Art. 187 Abs. 1 S. 2 EGBGB räumt jedoch dem Berechtigten die Möglichkeit ein, die Dienstbarkeit im Grundbuch eintragen zu lassen, um Beweisschwierigkeiten bezüglich des Bestehens auszuschließen. Auch bei dieser Eintragung handelt es sich um eine Berichtigung des Grundbuchs. **393**

3. Besonderheiten aufgrund des Landesrechts

Während man noch bei Einführung des BGB und der GBO die Regelungen vieler Einzelfragen des formellen Grundbuchrechts dem Landesgesetzgeber überließ, hat das Landesrecht seit der Vereinheitlichung des Grundbuchrechts im Jahre 1935 keine große Bedeutung mehr für das Grundbuchverfahren. Allerdings ließ das EGBGB in bestimm- **394**

---

155 Ein Überblick zum Grundstücksrecht und zu den Besonderheiten des Grundbuchverfahrens im Beitrittsgebiet findet sich zB bei Schöner/Stöber, Grundbuchrecht, 13. Aufl. 2004, 6. Teil, und Meikel/Böhringer Einl K.
156 Deswegen ist in der 14. Aufl. von Schöner/Stöber, Grundbuchrecht, der 6. Teil mit dem Grundstücksverkehr im Beitrittsgebiet auch nicht mehr enthalten.

ten Bereichen landesgesetzliche Bestimmungen unberührt (zB Bergrecht und Fischereirecht). Hier konnten die Länder auch eigenständige grundbuchrechtliche Regelungen treffen.

395 So regelt Art. 40 AGGVG zB für Bayern die grundbuchrechtliche Behandlung des Bergwerkeigentums sowie der grundstücksgleichen Rechte nach Landesrecht. Weiterhin hat zB Bayern für die grundbuchmäßige Behandlung selbständiger Fischereirechte im Fischereigesetz (Art. 14 BayFischG) eigenständige grundbuchverfahrensrechtliche Regelungen getroffen, was über den **Vorbehalt in § 136 GBO** möglich ist. Die Landesgesetzgebung kann daher in durch das EGBGB vorbehaltenen Rechtsgebieten auch von Vorschriften der GBO abweichen. Soweit dieser Vorbehalt reicht, bleiben bestehende landesrechtliche grundbuchverfahrensrechtliche Vorschriften in Geltung und können neue landesgesetzliche grundbuchverfahrensrechtliche Vorschriften erlassen werden. Bedeutung hat letztlich der Vorbehalt vor allem für grundstücksgleiche Rechte des Landesrechts.

4. Weitere grundbuchähnliche Register

396 Weitere grundbuchähnliche Register sind das **Schiffsregister** und das **Luftfahrzeugregister**, die gleichfalls der Freiwilligen Gerichtsbarkeit zuzuordnen sind, deren Aufbau demjenigen des Grundbuchs (nur) ähnelt und deren Verfahren dem Grundbuchverfahren – mutatis mutandis – nachgebildet wurden. Beide Register sind jedoch anders als das Grundbuch **öffentliche Register**, § 8 Abs. 1 SchiffRegO, § 85 Abs. 1 LuftfzRG.

a) Schiffsregister

397 Der Schiffskredit tritt heutzutage als Realkredit in Erscheinung, nämlich als ein auf eingetragenen See- und Binnenschiffen gesicherter Hypothekarkredit. Bis zur Einführung des Schiffsrechtegesetzes (SchiffRG) und der Schiffsregisterordnung (SchiffRegO) wurden alle Schiffe rechtlich als bewegliche Sachen behandelt. Nunmehr sind eingetragene Schiffe den Grundsätzen des Grundstücksrechts unterworfen, wobei sich die **Schiffsregisterordnung** zum Schiffsrechtegesetz so verhält wie die Grundbuchordnung zum BGB. Das formelle Schiffssachenrecht ist somit in der Schiffsregisterordnung (mit Durchführungsverordnung) geregelt.

398 Die Schiffsregister werden, getrennt in Seeschiffsregister, Binnenschiffsregister und Schiffsbauregister, von den Amtsgerichten geführt.[157] Die privatrechtliche Funktion des Schiffsregisters besteht dabei in der Dokumentation und Offenlegung des Eigentums, der Pfandrechte und des Nießbrauchs an Schiffen entsprechend dem Grundbuch.[158]

399 In den Grundzügen folgt dabei die Schiffsregisterordnung hinsichtlich des Verfahrens auch der Systematik der Grundbuchordnung.[159] Dies bedeutet:

---

[157] Dabei werden durch die Landesregierungen die Register führenden Amtsgerichte und die Registerbezirke bestimmt, § 1 Abs. 2 SchiffRegO.
[158] Näheres hierzu kann der Kommentierung des SchiffRG im Staudinger sowie Prause, Das Recht des Schiffskredits, 3. Aufl. 1979, und Krohn, Die Pfandrechte an registrierten Schiffen, 1. Aufl. 2004, entnommen werden.
[159] Allerdings erfolgt die Eintragung eines Schiffes und damit die Anlegung eines Blattes nur aufgrund einer Anmeldung, §§ 9 ff SchiffRegO.

- Antragsverfahren als Regelverfahren, § 23 SchiffRegO;
- Prioritätsgrundsatz, § 27 SchiffRegO;
- Formelles Konsensprinzip, § 29 SchiffRegO;
- Beweismittelbeschränkung, § 37 SchiffRegO.

Die SchiffRegO wurde durch **Art. 39 FGG-RG** entsprechend den Regelungen zur GBO geändert, insbesondere wurde auch hier der Rechtsmittelzug in Schiffsregistersachen dem des FamFG angeglichen. 400

b) Luftfahrzeugregister

Weiterhin besteht auch bei Luftfahrzeugen ein **Registerpfandrecht**, um einen Realkredit in Form des Hypothekarkredits zu ermöglichen. Das materielle und das formelle Recht zum Registerpfandrecht an Luftfahrzeugen ist im Gesetz über Rechte an Luftfahrzeugen (LuftfzRG) geregelt. 401

Das LuftfzRG verweist gesetzestechnisch auf in vielen Gesetzen enthaltene materiell-rechtliche, verfahrensrechtliche und vollstreckungsrechtliche Vorschriften, die eingetragene Schiffe und Schiffsbauwerke zum Gegenstand haben, so dass diese Vorschriften auch auf eingetragene Luftfahrzeuge und das Registerpfandrecht an diesen anzuwenden ist. 402

Im LuftfzRG selbst ist daher das Registerverfahren im siebten Abschnitt (§§ 78–97 LuftfzRG) nur rudimentär geregelt.[160] Neben den dort ausdrücklich geregelten Besonderheiten wird dann nämlich (mit Ausnahmen) für das Verfahren in § 86 Abs. 1 LuftfzRG auf die Verfahrensvorschriften der SchiffsRegO verwiesen. 403

Für den **Rechtsmittelzug in Luftfahrzeugregistersachen** verweist § 95 LuftfzRG auf den sechsten Abschnitt der SchiffsRegO. Über diese Verweisung wurde mittelbar auch der Rechtsmittelzug in Luftfahrzeugregistersachen durch das FamFG geändert. 404

5. Besonderer Hinweis: Ausländische Urkunden im deutschen Grundbuchverfahren

Wird über ein in Deutschland liegendes Grundstück ein Grundstückskaufvertrag abgeschlossen, so ist zunächst zu beachten, dass für das Verpflichtungsgeschäft Art. 11 Abs. 4 EGBGB Anwendung findet. Die Auflassung nach § 925 BGB als dingliches Rechtsgeschäft ist hingegen nach ganz herrschender Meinung gem. Art. 11 Abs. 5 EGBGB nur nach **Geschäftsrecht** möglich. Sie kann daher nur vor einem **deutschen Notar** erklärt werden.[161] 405

Im Übrigen ist bei der Verwendung einer Urkunde, die von einer ausländischen öffentlichen Behörde und einer ausländischen Urkundsperson, zB einem ausländischen Notar, ausgestellt wurde, zB eine Vollmacht oder eine Löschungsbewilligung, **§ 29 GBO** zu beachten. Deshalb kann und wird das Grundbuchamt zum Nachweis der Echtheit der Urkunde eine **Legalisation** verlangen. Dort, wo durch das Haager Übereinkommen vom 5.10.1961 eine Befreiung ausländischer Urkunden von der Legalisation geregelt 406

---

[160] Daneben besteht eine Durchführungsverordnung, die LuftRegV.
[161] Vgl statt Vieler Palandt/Bassenge § 925 BGB Rn 2.

ist, reicht zum Nachweis der Echtheit der öffentlichen Urkunde die sog. **Apostille** aus.[162]

407 In den Fällen, in denen in der Praxis eine Apostille nicht ausreicht oder auch die Erteilung einer Apostille zu zeitaufwendig ist, ist daher immer zu prüfen, ob in dem jeweiligen Land nicht durch eine deutsche **konsularische Beglaubigung** schneller eine Urkunde erstellt werden kann, die den Anforderungen des § 29 GBO entspricht.

6. Besonderer Hinweis: Unschädlichkeitszeugnis

408 Bei Veräußerungen geringer Teilflächen, an denen eine Grundstücksbelastung besteht, die im Rahmen der Veräußerung gelöscht werden soll, stehen oft der durch das Grundbuchverfahrensrecht notwendige Aufwand zur Freigabe der Teilfläche und die mögliche Beeinträchtigung des Rechts des eingetragenen Berechtigten in keinem Verhältnis.[163] Hier sieht vor allem aus **verfahrensökonomischen** Gründen Art. 120 EGBGB iVm den jeweiligen entsprechenden landesrechtlichen Bestimmungen[164] die Erteilung eines sog. Unschädlichkeitszeugnisses vor. Dieses Zeugnis ersetzt die materiell-rechtlich erforderliche Zustimmung und die verfahrensrechtliche Bewilligung des dinglich Berechtigten. An dieses Zeugnis ist das Grundbuchamt gebunden.[165]

409 Für die Praxis bedeutsam ist hier, dass nach teilweise vertretener Ansicht das **Unschädlichkeitszeugnis** nicht mehr ausreicht, wenn das Eigentum (mit der Belastung) bereits auf den Erwerber umgeschrieben wurde und damit der Wechsel im Eigentum schon erfolgte. Hier ist daher die jeweilige Rechtslage im jeweiligen Bundesland zu prüfen. Der sicherste Weg ist, zuerst das Unschädlichkeitszeugnis einzuholen und erst dann das Eigentum umzuschreiben.[166]

7. Besonderer Hinweis: Auflassung bei rechtskräftigem Urteil

410 Wird ein Beklagter in einem rechtskräftigen Urteil zur Auflassung eines Grundstücks und zur Bewilligung der Eintragung der Rechtsänderung verurteilt, so wird die Bewilligung des Betroffenen durch die rechtskräftige Verurteilung zur Abgabe einer Willenserklärung gem. § 894 Abs. 1 S. 1 ZPO ersetzt. Ebenso wird die Auflassungserklärung des Veräußerers ersetzt. Allerdings muss dann der andere Vertragspartner seine Auflassungserklärung noch vor der zuständigen Stelle, also in der Regel vor einem Notar, abgeben.

411 Hier ist nach nicht unbestrittener Ansicht die Vorlage einer Ausfertigung des Urteils bei der **Auflassung durch den anderen Vertragsteil** (Kläger) notwendig. Dies ist zumindest der sicherste Weg. Zudem ist bei einer Verurteilung des Veräußerers **Zug um Zug** gegen

---

162 Ein Überblick über Legalisation und Apostille sowie ein Verzeichnis über die Länder, für die eine Apostille ausreicht, finden sich auf der Homepage des Deutschen Notarinstituts (www.dnoti.de) unter Arbeitshilfen und dort unter IPR und ausländisches Recht; vgl hierzu auch Meikel/Hertel Einl L, zu den international-privatrechtlichen Bezügen im Grundbuchrecht allgemein und besonders zu der Verwendung ausländischer öffentlicher Urkunden (hierzu Rn 275 ff).
163 ZB bei der Freigabe einer Teilfläche mit einem Quadratmeter von einem Wohnrecht, dessen Berechtigter aber geschäftsunfähig ist oder die Mitwirkung verweigert, anlässlich der Straßengrundabtretung; vgl hierzu den Einzelheiten Staudinger/J. Mayer Art. 120 EGBGB Rn 4 ff.
164 Z. B. in Bayern das Gesetz, das Unschädlichkeitsgesetz betreffend (UnschZG).
165 Vgl hierzu Demharter § 19 GBO Rn 11.
166 Vgl Staudinger/J. Mayer Art. 120 EGBGB Rn 46 (zum geltenden Recht in Bayern nach der Rechtsprechung des BayObLG).

eine Leistung die Auflassungserklärung des Veräußerers erst mit Erteilung einer **vollstreckbaren Ausfertigung** als abgegeben anzusehen. Daher muss bei der Auflassung durch den anderen Vertragspartner vor einer zuständigen Stelle, also in der Regel vor einem Notar, bereits die vollstreckbare Ausfertigung erteilt sein. Zudem müssen Urteil und Rechtskraftvermerk zum grundbuchrechtlichen Nachweis, dass diese Voraussetzungen vorliegen, bei der Auflassung vorgelegt und dem Grundbuchamt eingereicht werden.

Bei einer Verurteilung des Veräußerers zur Auflassung einer **Grundstücksteilfläche** ist zudem zu beachten, dass die Erklärung des Veräußerers gem. §§ 19, 20 GBO auch der grundbuchverfahrensrechtlichen Vorschrift des § 28 GBO entsprechen müssen. Selbst wenn also das Urteil die materiellen Voraussetzungen einer wirksamen Auflassung erfüllt, ist es verfahrensrechtlich so lange nicht verwendbar, bis ein Fortführungsnachweis für diese Teilfläche vorliegt, auf den Bezug genommen werden kann. **412**

8. Besonderer Hinweis: Auflassung und gerichtlicher Vergleich

Die Praxis zeigt, dass nicht selten in gerichtlichen Vergleichen das materielle Grundstücksrecht wie auch das Grundbuchverfahrensrecht zu wenig beachtet werden. So werden in den gerichtlichen Vergleichen zwar oft schuldrechtlich alle Details des Vergleichs abgehandelt, aber es fehlen im Vergleich die für das Vollzugsgeschäft notwendigen Erklärungen, zB die Auflassung und die Bewilligung, obwohl der gerichtliche Vergleich die von § 29 GBO geforderte Form erfüllen würde (§§ 127 a, 925 Abs. 1 S. 3 BGB). Es ist daher bei einem gerichtlichen Vergleich von vornherein darauf zu achten, dass auch das dingliche Vollzugsgeschäft vereinbart wird und zudem die grundbuchverfahrensrechtlichen Vorschriften eingehalten werden. **413**

Weiter ist zu beachten, dass zwar gem. § 925 Abs. 1 S. 3 BGB eine Auflassung auch in einem **gerichtlichen Vergleich** erklärt werden kann, dass aber nach hM ein **Prozessvergleich gem. § 278 Abs. 4 ZPO** nicht als Vergleich iSd § 925 Abs. 1 S. 3 BGB angesehen wird.[167] Ein Vergleich nach § 278 Abs. 4 ZPO ersetzt daher nicht § 925 BGB, weswegen in diesem Fall noch eine Auflassung nachzuholen ist. **414**

§§ 127 a BGB, 925 Abs. 1 S.3 BGB sind jedoch auf den nunmehr ausdrücklich in § 36 FamFG geregelten Vergleich in Verfahren der Freiwilligen Gerichtsbarkeit anzuwenden,[168] jedoch wiederum nicht auf den Vergleich gem. § 36 Abs. 3 FamFG iVm § 278 Abs. 4 ZPO.[169] **415**

---

167 Dies ergibt sich aus dem Sinn des § 925 Abs. 1 S. 1 BGB („gleichzeitige Anwesenheit") und mittelbar aus § 127 a BGB, da bei § 278 Abs. 4 ZPO kein Protokoll errichtet wird, sondern das Zustandekommen und der Inhalt des Vergleichs vom Gericht durch Beschluss festgestellt wird. Von daher dürfte auch der bestrittenen Ansicht zu folgen sein, nach der ein Vergleich nach § 278 Abs. 4 ZPO auch nicht die Form des § 127 a BGB erfüllt, aA Thomas/Putzo § 278 ZPO Rn 17: § 127 a BGB ja, § 925 Abs. 1 S. 1 BGB nein.
168 Vgl hierzu zur bisherigen Rechtslage für Vergleiche in FGG-Verfahren Staudinger/Hertel § 127 a BGB Rn 6.
169 Für die meisten in Betracht kommenden Verfahren nach dem FamFG, in denen in der Praxis auch ein Vergleich mit Regelungen zu einem Grundstück geschlossen werden könnte, den Familienstreitsachen iSv § 112 FamFG, ist jedoch § 36 FamFG gar nicht anzuwenden, § 113 Abs. 1 S. 1 FamFG, so dass hier der Vergleich nach den Vorschriften der ZPO geschlossen wird, § 113 Abs. 1 S. 2 FamFG.

§ 24 Notarbeschwerdesachen

Literatur: Armbrüster/Preuß/Renner, Beurkundungsgesetz und Dienstordnung für Notarinnen und Notare, 5. Aufl. 2008; Arndt/Lerch/Sandkühler, Bundesnotarordnung: BNotO, Kommentar, 6. Aufl. 2008 (zitiert: Arndt/Lerch/Sandkühler/Bearbeiter); Brambring/Jerschke (Hrsg.), Beck'sches Notar-Handbuch, 4. Aufl. 2006; Bohrer, Das Berufsrecht der Notare, 1991; Eylmann/Vaasen (Hrsg.), Bundesnotarordnung, Beurkundungsgesetz: BNotO und BeurkG, Kommentar, 2. Aufl. 2004 (zitiert: Eylmann/Vaasen/Bearbeiter); Müller-Magdeburg, Rechtsschutz gegen notarielles Handeln, 2005; Schippel/Bracker (Hrsg.), Bundesnotarordnung: BNotO, Kommentar, 8. Aufl. 2006 (zitiert: Schippel/Bracker/Bearbeiter); Vossius, Sachenrechtsbereinigungsgesetz (SachenRBerg), Kommentar, 2. Aufl. 1996; Winkler, Beurkundungsgesetz: BeurkG, Kommentar, 16. Aufl. 2008.

I. Überblick 1	b) Abschließende Entscheidung 45
1. Stellung des Notars in der freiwilligen Gerichtsbarkeit 1	6. Rechtsmittel 54
a) Der Notar als Träger eines öffentlichen Amtes 1	a) Statthaftigkeit und zuständiges Gericht 54
b) Aufgaben des Notars 5	b) Verfahren 56
aa) Beurkundungs- und Beglaubigungszuständigkeit 6	c) Entscheidung 61
	III. Beschwerde nach § 54 BeurkG.. 66
	1. Verfahrensgegenstand 66
bb) Weitere Aufgaben 8	2. Verfahrenseinleitung 70
2. Überblick über die Rechtsbehelfe gegen notarielles Handeln und Verfahrensarten 11	a) Beschwerdegericht 71
	b) Beschwerdeberechtigung 72
a) Rechtsbehelfe 12	c) Beschwerdeeinlegung 73
b) Verfahrensarten 16	3. Verfahren und Entscheidungsfindung 74
aa) Verfahren nach FamFG ... 17	4. Entscheidung 77
bb) Verfahren nach ZPO 18	a) Einstweilige Maßnahmen 77
cc) Verfahren nach VwGO ... 21	
dd) Verfahren nach den Landesdisziplinargesetzen 22	b) Abschließende Entscheidung 78
II. Beschwerde nach § 15 Abs. 2 BNotO 23	5. Rechtsmittel 82
1. Funktion 24	6. Anhörungsrüge nach § 54 Abs. 2 S. 1 BeurkG iVm § 44 FamFG? 86
2. Verfahrensgegenstand 25	
3. Verfahrenseinleitung 31	IV. Einwendungen gegen die Kostenberechnung nach § 156 KostO ... 87
a) Beschwerdegericht 31	1. Funktion 87
b) Beschwerdeberechtigung 32	2. Antrag auf Entscheidung des Landgerichts 90
c) Beschwerdeeinlegung 33	a) Verfahrensgegenstand 90
aa) Frist 33	b) Verfahrenseinleitung 95
bb) Form 37	aa) Zuständiges Gericht 95
4. Verfahren und Entscheidungsfindung 39	bb) Antragsberechtigung 98
a) Beteiligte gem. § 7 39	cc) Antragstellung 101
b) Stellung des Notars 40	(1) Unmittelbare Antragstellung beim zuständigen Landgericht nach § 156 Abs. 1 S. 1 KostO .. 102
c) Verfahrensgrundsätze 42	
aa) Grundsatz der Amtsermittlung 42	
bb) Rechtliches Gehör 43	(a) Frist 102
5. Entscheidung 44	
a) Einstweilige Maßnahmen 44	(b) Form 104

… I. Überblick 24

(2) Beanstandung gegenüber dem Notar, § 156 Abs. 1 S. 3 KostO .. 106
(3) Anweisung der Dienstaufsichtsbehörde 109
c) Verfahrensgrundsätze und Entscheidungsfindung 114
aa) Beteiligte und rechtliches Gehör 114
bb) Grundsatz der Amtsermittlung 118
cc) Schriftliches Verfahren versus mündliche Verhandlung 119
dd) Einstweilige Anordnung .. 120
ee) Vergleich nach § 36? 124
d) Entscheidung 126
3. Rechtsmittel 130
a) Beschwerde 130
aa) Statthaftigkeit 130
bb) Beschwerdeberechtigung 131
cc) Verfahren 132
(1) Frist 132
(2) Form 133
(3) Abhilfe und Verfahrensgang 136
(4) Einstweilige Anordnung .. 138
dd) Entscheidung 139
b) Rechtsbeschwerde 143
aa) Statthaftigkeit 143
bb) Verfahren 145
cc) Einstweilige Anordnung .. 150
dd) Entscheidung 151
4. Anhörungsrüge nach § 157a KostO 155
V. Beschwerde nach § 78 c BNotO 156
1. Funktion 156
2. Verfahrensgegenstand 160
3. Verfahrenseinleitung 161
a) Beschwerdegericht 161
b) Beschwerdeberechtigung 162
c) Beschwerdeeinlegung 163
aa) Frist 163
bb) Form 164
4. Verfahren und Entscheidungsfindung 167
5. Entscheidung und Rechtsmittel 168

I. Überblick

1. Stellung des Notars in der freiwilligen Gerichtsbarkeit

a) Der Notar als Träger eines öffentlichen Amtes

Das Notariatsrecht ist grundlegend durch die **Bundesnotarordnung** (BNotO) geregelt. Sie enthält in erster Linie die Regelung der Notariatsverfassung und das Berufsrecht der Notare, aber auch einzelne verfahrensrechtliche Bestimmungen. § 1 BNotO legt die Stellung des Notars innerhalb der Rechtspflege fest. Hiernach werden als unabhängige Träger eines öffentlichen Amtes für die Beurkundung von Rechtsvorgängen und andere Aufgaben auf dem Gebiete der vorsorgenden Rechtspflege in den Ländern Notare bestellt. Als **Organ der vorsorgenden Rechtspflege** stellt das Notariat damit als Teilbereich der freiwilligen Gerichtsbarkeit eine eigenständige staatliche Rechtspflegeeinrichtung dar.[1] Im Gegensatz zu den Angehörigen anderer rechts- und wirtschaftsberatender Berufe nimmt der Notar im gesamten Spektrum seiner beruflichen Tätigkeit staatliche Aufgaben wahr, „also Zuständigkeiten, die nach der geltenden Rechtsordnung hoheitlich ausgestaltet sein müssen".[2]

1

Die **Unabhängigkeit**, die § 1 BNotO dem Notar garantiert, ist eine notwendige Folge des im Grundgesetz verankerten Grundsatzes der Rechtsstaatlichkeit. Sie muss gewährleistet sein, um dem Notar die Verwirklichung des Rechts in der vorsorgenden Rechtspflege in vollem Umfang zu ermöglichen. Der richterlichen Unabhängigkeit we-

2

---

1 Vgl dazu BVerfGE 17, 371/381 = DNotZ 1964, 424 ff; Starke in: Beck'sches Notar-Handbuch, S. 1467 Rn 3.
2 BVerfGE 73, 280 = DNotZ 1987, 121; BVerfGE 98, 49 = DNotZ 1998, 754.

sensnah, soll der Notar in seiner rechtlichen Entscheidung frei und allein dem Gesetz unterworfen sein.

3 Neben der Unabhängigkeit kommt der Pflicht des Notars zur **Unparteilichkeit** nach §§ 13 Abs. 1, 14 Abs. 1 BNotO unter den statusbildenden Normen der Bundesnotarordnung eine besondere Bedeutung zu.[3] Die Pflicht zur Unparteilichkeit resultiert aus der Stellung des Notars als Hoheitsträger. Rechtmäßiges hoheitliches Handeln ist in einer rechtsstaatlichen Ordnung als parteiisches Verhalten nicht vorstellbar. Gleichzeitig grenzt sie den Notar vom Rechtsanwalt ab, dessen gesetzliche Aufgabenzuweisung nach § 3 Abs. 1 BRAO insbesondere die parteiliche Interessenwahrnehmung vorsieht, und unterscheidet ihn zugleich von allen anderen rechts- und wirtschaftsberatenden Berufen. Die Pflicht zur notariellen Unabhängigkeit verlangt ein Verhalten, das über passive Neutralität und die Vermeidung einseitiger Parteinahme bei widerstreitenden Interessen hinausgeht. Vor dem Hintergrund seines Schutzauftrages nach § 17 Abs. 1 S. 2 BeurkG hat der Notar auch insoweit über den Interessen der Beteiligten zu stehen, als er hilft, einen gerechten Ausgleich ihrer gegensätzlichen Bestrebungen zu finden.[4]

4 Das **Rechtsverhältnis** zwischen dem Notar und den Beteiligten ist in allen Auswirkungen öffentlich-rechtlicher Art.[5] Ausprägungen dieser rechtlichen Einordnung sind insbesondere die Pflicht des Notars zur Amtsausübung nach § 15 Abs. 1 BNotO, die Amtshaftung des Notars nach § 19 BNotO sowie die Pflicht des Notars nach § 17 Abs. 1 BNotO, für seine Tätigkeit die gesetzlich vorgeschriebenen Gebühren zu erheben.

b) Aufgaben des Notars

5 Aufbauend auf der allgemeinen Aufgabenzuweisung in § 1 BNotO sind die Aufgaben des Notars im Einzelnen in den §§ 22–24 BNotO geregelt. Die gesetzliche Aufgabenzuweisung lässt sich in diesem Rahmen einerseits in die **Urkundstätigkeit** nach § 20–22 BNotO[6] und andererseits in die **Betreuungstätigkeit** nach §§ 23, 24 BNotO unterteilen. Daneben wird teilweise noch eine dritte Gruppe der spezialgesetzlichen Zuständigkeiten, wie insbesondere die Erteilung von Vollstreckungsklauseln nach § 52 BeurkG, § 797 Abs. 2 ZPO, gebildet.[7]

aa) Beurkundungs- und Beglaubigungszuständigkeit

6 **Hauptaufgabe** des Notars ist die Urkundstätigkeit. Hiervon umfasst wird die Beurkundung von Rechtsgeschäften einschließlich Verfügungen von Todes wegen, die Beurkundung tatsächlicher Vorgänge und die Beglaubigung von Unterschriften und Handzeichen.

---

[3] Die Bundesnotarkammer hatte im Rahmen der Berufsrechtsnovelle 1998 vorgeschlagen, zur Beschreibung der Stellung des Notars in § 1 BNotO neben der Unabhängigkeit auch das Merkmal der Unparteilichkeit zu stellen, vgl hierzu Eylmann/Vaasen/Frenz § 1 BNotO Rn 3; Die Rechtsprechung nennt zu Recht die „Unabhängigkeit und Unparteilichkeit" immer als gemeinsame, das Notaramt prägende Merkmale, BVerfG ZNotP 1998, 295 ff, 298.
[4] Grundlegend hierzu Bohrer, Das Berufsrecht der Notare, 1991, Rn 97.
[5] Winkler, BeurkG, Einl. Rn 31.
[6] Vgl auch die Legaldefinition in § 10a Abs. 2 BNotO.
[7] Eylmann/Vaasen/Hertel § 24 BNotO Rn 3.

Das Beurkundungsverfahren ist ein **Verfahren der freiwilligen Gerichtsbarkeit**.[8] Das Ersuchen um die Vornahme einer notariellen Amtshandlung ist damit kein Angebot auf Abschluss eines privatrechtlichen Vertrages, sondern ein verfahrensrechtlicher Antrag auf Vornahme einer Amtshandlung.[9] Die notarielle Beurkundung ist bei formaler Betrachtung ebenso wie andere Verfahren der freiwilligen Gerichtsbarkeit auf die Errichtung einer öffentlichen Urkunde gerichtet. In diesem Rahmen trifft der Notar seine verfahrensleitenden Verfügungen. Gem. § 17 BeurkG trifft den Notar in diesem Verfahren insbesondere eine Ermittlungspflicht hinsichtlich des Willens der Beteiligten, eine Aufklärungspflicht hinsichtlich des unterbreiteten Sachverhalts, eine Belehrungspflicht hinsichtlich der rechtlichen Tragweite und eine Formulierungspflicht hinsichtlich des Inhalts der öffentlichen Urkunde.[10]

bb) Weitere Aufgaben

Auch die **Betreuungstätigkeit** ist Amtstätigkeit, die dem Notar als unabhängigem Organ der vorsorgenden Rechtspflege obliegt. Die Betreuungstätigkeit des Notars umfasst sowohl die notarielle Verwahrung nach § 23 BNotO als auch die sonstige notarielle Rechtsbetreuung nach § 24 BNotO.

§ 24 Abs. 1 BNotO zählt die Anfertigung von Entwürfen und die selbständige Beratung der Beteiligten beispielhaft auf. Darüber hinaus können hier die Erstellung notarieller Bestätigungen, die Vollzugstätigkeit, die Mediation sowie Treuhandtätigkeiten außerhalb der notariellen Verwahrung genannt werden. Eine erschöpfende Aufzählung der Einzelaufgaben im Rahmen der vorsorgenden Rechtspflege ist nicht möglich. Unter der Zielvorgabe der Streitverhütung und Streitschlichtung ist die Betreuungstätigkeit des Notars insofern gegenstandsoffen konzipiert.[11]

Nicht unter § 24 BNotO fallen **Nebentätigkeiten** des Notars, wie beispielsweise die Tätigkeit als Testamentsvollstrecker, Insolvenzverwalter, Schiedsrichter oder wissenschaftliche Tätigkeiten.[12] Unabhängig davon, ob diese Tätigkeiten nach § 8 BNotO genehmigungsbedürftig oder genehmigungsfrei sind, stellen sie keine Amtstätigkeiten des Notars dar.

2. Überblick über die Rechtsbehelfe gegen notarielles Handeln und Verfahrensarten

Die Rechtsbehelfe im Notarrecht sind vielgestaltig. Dies ergibt sich zum einen daraus, dass der Notar unterschiedliche Amtstätigkeiten vornimmt und die den Beteiligten zustehenden Rechtsbehelfe an die jeweilige Art der Amtstätigkeit anknüpfen, und zum anderen daraus, dass der Notar das ihm verliehene Amt freiberuflich ausübt[13] und ihm gegen Akte der Landesjustizverwaltung selbst Rechtsbehelfe zustehen. Die verschiede-

---

8 Eylmann/Vaasen/Eylmann Einl. BeurkG Rn 5; Armbrüster/Preuss/Renner Einl. Rn 29; ausführlich zu dem prozessualen Verständnis der Beurkundung und den einzelnen Verfahrensstadien: Bohrer Rn 33 ff.
9 Bohrer Rn 25 ff; Winkler, BeurkG, Einl. Rn 28.
10 Winkler, BeurkG, Einl. Rn 29.
11 Schippel/Bracker/Bracker § 1 BNotO Rn 6 f; Eylmann/Vaasen/Frenz § 1 BNotO Rn 11 – zu den immer breiteren Raum einnehmenden Aufgaben des Notars im elektronischen Rechtsverkehr vgl Schippel/Bracker/Püls Anh. zu § 24 BNotO.
12 Schippel/Bracker/Reithmann § 24 BNotO Rn 12; Eylmann/Vaasen/Hertel § 24 BNotO Rn 7.
13 Ausnahmen in §§ 114, 115 BNotO im Bundesland Baden-Württemberg.

nen Rechtsbehelfe und jeweils anwendbaren Verfahrensordnungen ergeben sich somit aus der **jeweiligen Amtshandlung** des Notars.

a) Rechtsbehelfe

12 Der in der Praxis relevanteste Fall ist die **Beschwerde** nach § 15 Abs. 2 BNotO, die im Falle der Verweigerung der Urkunds- oder sonstigen Tätigkeit des Notars statthaft ist. Die Beschwerde gem. § 15 Abs. 2 BNotO stellt die Grundnorm des Rechtsschutzes gegen notarielle Amtstätigkeiten dar.[14] Diese Einordnung hat auch der Bundesgerichtshof betont, indem er ausführt, dass „Streitigkeiten, welche die Vornahme von Amtshandlungen des Notars betreffen, allein dem Verfahren nach § 15 BNotO zugewiesen worden sind".[15] Ihr kommt im Bereich des Notarrechts die gleiche Bedeutung zu wie der Beschwerde nach §§ 58 ff im Rahmen des gerichtlichen FamFG-Verfahrens.

13 Für bestimmte notarielle Amtstätigkeiten gehen der Beschwerde nach § 15 Abs. 2 BNotO allerdings **spezielle Rechtsbehelfe** vor. So ist die Beschwerde nach § 54 Abs. 1 BeurkG gegeben, wenn der Notar die Erteilung einer Vollstreckungsklausel ablehnt, er sich weigert, die Urschrift einer Urkunde nach § 45 BeurkG herauszugeben, die Urschrift einer Niederschrift nach § 46 BeurkG zu ersetzen oder nach § 51 BeurkG eine Ausfertigung, eine beglaubigte oder einfache Abschrift zu erteilen oder Einsicht in die Urschrift zu gewähren. Über den Wortlaut des § 54 BeurkG hinaus ist die Beschwerde auch einschlägig, wenn die Erteilung einer weiteren vollstreckbaren Ausfertigung abgelehnt wird.[16]

14 **Einwendungen gegen die notarielle Kostenberechnung** (§ 154 KostO), einschließlich solcher gegen die Verzinsungspflicht (§ 154 a KostO), die Zahlungspflicht und gegen die Erteilung der Vollstreckungsklausel für die Kostenberechnung des Notars sind im Wege der Beschwerde nach § 156 KostO geltend zu machen.

15 Schließlich ist im Rahmen eines **notariellen Vermittlungsverfahrens** nach §§ 87 ff SachenRBerG bis zum Abschluss des Vermittlungsverfahrens eine Beschwerde nach § 15 BNotO ausgeschlossen und lediglich die Beschwerde nach § 58 zulässig. Als Begründung für diese Auffassung wird die durch das Vermittlungsverfahren bezweckte Entlastung der Gerichte angeführt.[17]

b) Verfahrensarten

16 Da sich dieses Kapitel mit den Notarbeschwerdesachen im Bereich der freiwilligen Gerichtsbarkeit befasst, werden vorliegend die unterschiedlichen Rechtsbehelfe in einem ersten Schritt durch die für sie jeweils geltende Verfahrensordnung voneinander abgegrenzt.

---

14 So plakativ: Hertel, in: Festschrift 200 Jahre Notarkammer Pfalz, 2003, S. 167 ff, 172; Eylmann/Vaasen/Limmer § 54 BeurkG Rn 1.
15 BGHZ 76, 9, 13 ff.
16 BayObLG DNotZ 2000, 370 f.
17 OLG Brandenburg VIZ 2003, 351; Hertel, in: FS 200 Jahre Notarkammer Pfalz, S. 167 ff, 170 f; Vossius, SachenRBerG, 2. Aufl. 1996, § 89 Rn 64, 50.

aa) Verfahren nach FamFG

Kraft ausdrücklicher gesetzlicher Anordnung gelten für die Beschwerde nach § 15 BNotO gemäß dessen Abs. 2 S. 3, für die Beschwerde nach § 54 BeurkG nach dessen Abs. 2 S. 1, für die Kostenbeschwerde nach § 156 KostO nach dessen Abs. 5 S. 3 und für die Beschwerde nach § 78 c BNotO nach dessen S. 4 die Vorschriften des **FamFG**. Für verwaltungsrechtliche Notarsachen gilt nunmehr gem. § 111 BNotO nF[18] – wie bisher gem. § 111 BNotO Abs. 4 S. 2 BNotO aF iVm §§ 40 Abs. 4, 42 Abs. 6 S. 2 BRAO – die Zuständigkeit der ordentlichen Gerichte. Zuständig ist im ersten Rechtszug das Oberlandesgericht, im zweiten der Bundesgerichtshof. Anzuwenden sind gem. § 111 b BNotO nF die Vorschriften der VwGO.

17

Dementsprechend haben die Verwaltungsbehörden, wie die Landesjustizverwaltung, die Notarkammern, die Notarkasse und die Ländernotarkasse § 39 FamFG zu beachten und ihre Verwaltungsakte mit einer Rechtsbehelfsbelehrung zu versehen.[19]

bb) Verfahren nach ZPO

Von der Beschwerde nach § 54 BeurkG abzugrenzen sind die Klagen und Beschwerden im Klauselerteilungsverfahren der **Zivilprozessordnung**, mit denen die Vollstreckbarkeitserklärungen angegriffen werden. Zu den vorgenannten Verfahren zählen als Rechtsbehelf des Gläubigers die Klage auf Erteilung der Vollstreckungsklausel nach § 731 ZPO und als Rechtsbehelfe des Schuldners die Klauselerinnerung nach § 732 ZPO und die Klage wegen Unzulässigkeit der Vollstreckungsklausel nach § 768 ZPO.[20] Bei den vorgenannten Verfahren handelt es sich im Gegensatz zu dem Verfahren nach § 54 BeurkG um Verfahren nach der ZPO.

18

Gleiches gilt für eine gegen einen Notar zu erhebende **Amtshaftungsklage** gem. § 19 Abs. 1 BNotO. Für Haftpflichtklagen gegen einen Notar ist nach § 19 Abs. 3 BNotO der Zivilrechtsweg nach der ZPO gegeben.[21] Darüber hinaus entscheidet über vermögensrechtliche Streitigkeiten zwischen der Notarkammer und dem Notariatsverwalter, welche die Vergütung, die Abrechnung oder die Haftung für Amtspflichtverletzungen betreffen, gem. § 62 BNotO ausschließlich das Landgericht im Verfahren nach der ZPO.

19

Einwendungen von Kammermitgliedern gegen die **Vollstreckung rückständiger Beiträge** durch eine Notarkammer sind gem. § 73 Abs. 2 BNotO nach den Vorschriften der ZPO geltend zu machen.[22] Anderes gilt indes für Einwendungen gegen den Anspruch

20

---

18 In der Fassung des Gesetzes zur Modernisierung von Verfahren im anwaltlichen und notariellen Berufsrecht, zur Errichtung einer Schlichtungsstelle der Rechtsanwaltschaft sowie zur Änderung sonstiger Vorschriften vom 30.7.2009, BGBl. I 2009, S. 2449 ff, S. 2464
19 § 111 b Abs. 1 BNotO nF verweist auf § 58 Abs. 2 VwGO – unabhängig von der Rechtsgrundlage haben die Verwaltungsbehörden damit grundsätzlich ihre Verwaltungsakte mit einer Rechtsbehelfsbelehrung zu versehen, auch wenn der vorbezeichnete Regierungsentwurf mit dem FamFG am 1.9.2009 in Kraft tritt; nach derzeit geltender Rechtslage ist eine Rechtsbehelfsbelehrung mit dem Argument der Sachkunde der Beteiligten nicht erforderlich, vgl BGH DNotZ 1965, 243, Heinemann DNotZ 2009, 6 ff, 39.
20 Ausführlich zu den Verfahren: Müller-Magdeburg, Rechtsschutz gegen notarielles Handeln, 2005, S. 163 ff Rn 553 ff.
21 Schippel/Bracker/Schramm § 19 BNotO Rn 165.
22 Schippel/Bracker/Kanzleiter § 73 BNotO Rn 21 ff.

selbst. Die vollstreckbare Zahlungsaufforderung der Notarkammer stellt einen Verwaltungsakt dar, der nach § 111 BNotO angefochten werden kann.[23]

cc) Verfahren nach VwGO

21 Der Rechtsbehelf nach § 111 BNotO stellt gegenüber der **VwGO** eine Sonderregelung dar, welche die Anwendung der VwGO bisher grundsätzlich ausgeschlossen hat.[24] Eine Sonderregelung zu § 111 BNotO beinhaltet indes § 113 Abs. 7 BNotO. Danach sind auf die dort angeführten, gegen die Kasse gerichteten Ansprüche der Notare und ihrer Hinterbliebenen, der Notariatsbeamten und ihrer Hinterbliebenen und auf die Versorgungsansprüche der Assessoren und ihrer Hinterbliebenen die für die Beamtenbezüge geltenden verfahrensrechtlichen Vorschriften anzuwenden. Diese Ansprüche können deshalb nur nach den Vorschriften der VwGO gerichtlich verfolgt werden.[25] Gleiches regelt nunmehr der Regierungsentwurf eines Gesetzes zur Modernisierung von Verfahren im anwaltlichen und notariellen Berufsrecht für das gerichtliche Verfahren in Notarsachen nach § 111 BNotO.[26]

dd) Verfahren nach den Landesdisziplinargesetzen

22 Von den vorgenannten Verfahren sind schließlich die gegen einen Notar durchgeführten **Disziplinarverfahren** auf der Grundlage der §§ 95 ff BNotO nebst den dem Notar in diesen Verfahren zustehenden Rechtsbehelfen abzugrenzen.[27] Gem. § 96 BNotO sind diesbezüglich die für Landesjustizbeamte geltenden Disziplinarvorschriften entsprechend anzuwenden.

II. Beschwerde nach § 15 Abs. 2 BNotO

23 Gem. § 15 Abs. 2 S.1 BNotO findet gegen die Verweigerung der Urkunds- oder sonstigen Tätigkeit des Notars die Beschwerde statt. Ausweislich des § 15 Abs. 2 S. 3 BNotO in der ab 1.9.2009 gültigen Fassung gelten für das Verfahren die Vorschriften des FamFG.

1. Funktion

24 § 15 Abs. 2 BNotO regelt den Rechtsschutz wegen einer Amtsverweigerung eines Notars abschließend und schließt damit grundsätzlich andere Klagemöglichkeiten aus.[28] Unzulässig sind damit sowohl die Erhebung einer verwaltungsrechtlichen Klage[29] als auch einer Klage vor den ordentlichen Gerichten der streitigen Zivilgerichtsbarkeit im Hinblick auf die Vornahme einer notariellen Amtshandlung.[30] Gleiches gilt insbesondere für in der Praxis nicht selten irrtümlich eingelegte Anträge auf einstweilige Verfügung nach § 935 ZPO zur Vornahme oder Unterlassung einer notariellen Amtshandlung vor

---

23 BGH DNotZ 1971, 757.
24 Schippel/Bracker/Lemke § 111 Rn 14.
25 Schippel/Bracker/Bracker § 113 Rn 28.
26 BR-Drucks. 700/08.
27 Hierzu eingehend: Müller-Magdeburg, S. 335 ff Rn 1113.
28 Hertel, in: FS 200 Jahre Notarkammer Pfalz, S. 167 ff, 168.
29 BGH NJW 1998, 231 und 2134.
30 BGH NJW 1998, 2134; Haug, Zur Beschwerde nach § 15 Abs. 1 S. 2 und 3 BNotO im Verhältnis zum Prätendenten-Rechtsstreit zwischen den von der Amtsverweigerung betroffenen Beteiligten und zum Haftpflichtprozess, DNotZ 1992, 18 ff, 20.

den Gerichten der streitigen Gerichtsbarkeit.[31] Geschieht dies dennoch, so ist die Streitigkeit entsprechend § 17a Abs. 2 S. 1 GVG an das gem. § 15 Abs. 2 S. 2 BNotO zuständige Gericht der Freiwilligen Gerichtsbarkeit zu verweisen.

2. Verfahrensgegenstand

Nach dem früher geltenden Wortlaut des § 15 Abs. 2 S. 1 BNotO war die Beschwerde nur bei der Verweigerung einer **Urkundstätigkeit** isv § 10a BNotO, nicht aber bei der Verweigerung einer sonstigen Amtstätigkeit gegeben. Anknüpfend an die Rechtsprechung, die in analoger Anwendung der Vorschrift auch in den Fällen der sonstigen Amtstätigkeit das Rechtsmittel der Beschwerde zuließ,[32] wurde der Wortlaut durch die Berufsrechtsnovelle 1998[33] diesbezüglich erweitert.

Beschwerdefähig ist damit in erster Linie der Bescheid eines Notars, mit welchem er ein Ansuchen auf Vornahme einer Amtstätigkeit ablehnt. Ein ablehnender Bescheid des Notars ist indes nicht zwingend erforderlich. Beschwerdefähig ist auch die bloße **Untätigkeit** des Notars.[34] Die Rechtsweggarantie des Art. 19 Abs. 4 GG gebietet es nach der Rechtsprechung, dass auch die grundlose, fortwährende Untätigkeit eines Notars – etwa bei dem Vollzug der von ihm aufgenommenen Urkunde im Beschwerdewege – nach § 15 Abs. 2 BNotO anfechtbar ist.

Darüber hinaus werden von § 15 Abs. 2 BNotO auch Beschwerden erfasst, durch die dem Notar eine bestimmte Amtstätigkeit untersagt werden soll.[35] Beschwerdefähig ist damit auch die bevorstehende Vornahme einer notariellen Amtstätigkeit. Diese Auffassung ist unter dem Gesichtspunkt des effektiven Rechtschutzes und des durch den Bundesgerichtshof betonten umfassenden Charakters der Notarbeschwerde nach § 15 Abs. 2 BNotO überzeugend, zumal der Wortlaut des § 15 Abs. 2 BNotO jedenfalls nicht ausschließt, auch die Vornahme einer anderen als die amtspflichtgemäß vorzunehmenden Amtstätigkeit als „Verweigerung" der pflichtgemäßen Amtstätigkeit zu verstehen.

Hingegen soll eine bereits vorgenommene und damit **beendete notarielle Amtstätigkeit** nicht mehr beschwerdefähig sein.[36] Dem ist im Grundsatz zuzustimmen. So wäre die Einlegung einer Beschwerde nach § 15 Abs. 2 BNotO gegen die erfolgte Auszahlung von Geldern von dem Notaranderkonto durch den Notar bereits unzulässig, da die Auszahlung nicht mehr rückgängig gemacht werden kann.[37] Bei Vollzugstätigkeiten des Notars gegenüber öffentlichen Registern ist hingegen mit Hertel[38] wie folgt zu differenzieren:

1. Im Falle der Einlegung einer Beschwerde gegen von dem Register noch unerledigte Anträge des Notars bildet das Unterlassen der Rücknahme des Antrags durch den No-

---

31 OLG Düsseldorf DNotZ 1983, 703.
32 Grundlegend BGHZ 76, 9 ff; OLG Hamm MittBayNot 1999, 89 f.
33 Drittes Gesetz zur Änderung der Bundesnotarordnung und anderer Gesetze, BGBl. I 1998, 2585.
34 OLG Düsseldorf DNotZ 1998, 747 ff: Der Schadenersatzanspruch nach § 19 BNotO und die staatliche Dienstaufsicht allein bieten hiernach keinen ausreichenden Rechtsschutz.
35 LG Frankfurt/M. DNotZ 1998, 236 m.Anm. Meißner; Müller-Magdeburg, S. 21 f Rn 73 ff; Hertel, in: FS 200 Jahre Notarkammer Pfalz, S. 167 ff, 174; Haug DNotZ 1992, 18 ff, 22 – nunmehr allgM; aA früher LG Frankfurt/M. NJW 1990, 2139.
36 So obiter dictum: OLG Hamm DNotZ 1996, 703 ff, 706.
37 BGH DNotZ 1991, 682 f.
38 Hertel, in: FS 200 Jahre Notarkammer Pfalz, S. 167 ff, 177 f.

tar den Beschwerdegegenstand. Die Einlegung einer entsprechenden Beschwerde wäre damit zulässig – es wäre dann eine Frage der Begründetheit der Beschwerde, inwieweit der Notar tatsächlich zu einer Rücknahme des Antrags verpflichtet ist.

2. Bereits unzulässig wäre die Einlegung einer Beschwerde jedoch in dem Zeitpunkt, in welchem der von dem Notar gestellte Antrag durch Vollzug der beantragten Eintragung erledigt wird.

29 Insbesondere in den vorgenannten Fällen kann es zweckmäßig sein, dass der Notar den Beteiligten eine beabsichtigte Entscheidung in einem sog. **notariellen Vorbescheid** ankündigt. Voraussetzung für das Vorliegen eines notariellen Vorbescheids ist, dass sich die Ankündigung des Notars nicht in einer lediglich unverbindlichen Mitteilung einer Rechtsansicht erschöpft.[39] Die Rechtsprechung und – ihr folgend – die Literatur lässt die Beschwerde nach § 15 Abs. 2 BNotO auch gegen eine solche Ankündigung der Vornahme oder des Unterlassens einer notariellen Amtshandlung zu.[40] Durch den Gesetzgeber wurde das Institut des notariellen Vorbescheids durch die BNotO-Novelle 1998 in § 54c Abs. 5 BeurkG anerkannt. Ausweislich der Gesetzesbegründung stellt § 54c Abs. 5 BeurkG „ausdrücklich klar, dass die Entscheidung des Notars über die Beachtlichkeit oder Unbeachtlichkeit des Widerrufs im Wege der Beschwerde nach § 15 Abs. 2 BNotO überprüft werden kann".[41] Grund für die Anerkennung eines notariellen Vorbescheids und der Zulassung einer diesbezüglichen Beschwerde nach § 15 Abs. 2 BNotO ist die Gewährleistung eines effektiven Rechtsschutzes der Beteiligten.[42] Mangels anderweitiger Rechtsschutzmöglichkeit wären die Beteiligten andernfalls auf die Geltendmachung von Amtshaftungsansprüchen gegen den Notar verwiesen. Der notarielle Vorbescheid hat damit zum einen den Zweck, für die Beteiligten nicht mehr zu beseitigende Folgen zu vermeiden, und zum anderen aber auch, die unparteiische Stellung des Notars zu behaupten.[43] Die Vorschrift des § 58 Abs. 1 sieht allerdings nunmehr ausdrücklich vor, dass die Beschwerde nur gegen die im ersten Rechtszug ergangenen Endentscheidungen stattfindet, sofern durch Gesetz nichts anderes bestimmt ist. Damit wäre der Erlass eines notariellen Vorbescheides wohl nicht mehr zulässig. Ausweislich der Begründung des Regierungsentwurfs zum FamFG bleibt die Möglichkeit des Notars, einen beschwerdefähigen Vorbescheid zu erlassen, durch die Reform des Verfahrens jedoch ausdrücklich unberührt.[44] Aus dem verfassungsrechtlichen Gesichtspunkt eines effektiven Rechtsschutzes und aus Gründen der Verfahrens-

---

[39] Hertel, in: FS 200 Jahre Notarkammer Pfalz, S. 167 ff, 188 f.
[40] BayObLG MittBayNot 1995, 331 und DNotZ 2000, 372; OLG Frankfurt/M. DNotZ 1992, 61; OLG Schleswig DNotZ 1993, 67; OLG Jena FGPrax 2001, 32; aus der Literatur: Brambring, Kaufpreiszahlung über Notaranderkonto, DNotZ 1990, 615 ff, 647; Haug DNotZ 1992, 18 ff, 22; Reithmann, Der Vorbescheid im Beurkundungs- und Treuhandverfahren des Notars, ZNotP 2005, 57 ff.
[41] BT-Drucks. 13/4184, 39 – zum notariellen Vorbescheid ausführlich: Hertel, in: FS 200 Jahre Notarkammer Pfalz, S. 167 ff – das FamFG regelt nunmehr auch ausdrücklich das Vorbescheidsverfahren vor der Erteilung einer vormundschaftsgerichtlichen Genehmigung nach Maßgabe der Entscheidung des BVerfG v. 18.1.2000, 1 BvR 321/96, NJW 2000, 1709.
[42] OLG Zweibrücken OLGReport 2001, 283 = MittBayNot 2001, 228.
[43] Hierauf verweist insbesondere Schippel/Bracker/Reithmann § 15 BNotO Rn 23.
[44] BT-Drucks. 16/6308, 324.

ökonomie sind der Erlass und die Beschwerdefähigkeit eines notariellen Vorbescheids weiterhin anzuerkennen.[45]

Hinweis: Bei schuldhafter Nichteinlegung einer Beschwerde gegen einen notariellen Vorbescheid entfällt nach der Rechtsprechung und der ihr folgenden Literatur wegen § 839 Abs. 3 BGB jegliche Amtshaftung des Notars.[46] Die Nichteinlegung ist hierbei jedenfalls dann schuldhaft, wenn der Notar die Beteiligten ausdrücklich auf die Beschwerdemöglichkeit hingewiesen hat und diese nicht innerhalb der Monatsfrist nach § 15 Abs. 2 S. 3 BNotO iVm § 63 Abs. 1 FamFG Beschwerde eingelegt haben (vgl hierzu Rn 33 ff).[47]

Hingegen können Amtstätigkeiten des Notars, die eine Beurkundung lediglich vorbereiten oder fördern, dh sog. **verfahrensleitende Maßnahmen**, nicht zum Gegenstand einer Beschwerde nach § 15 Abs. 2 BNotO gemacht werden.[48] Dies gilt beispielsweise für die Terminsvergabe oder ein Begehren auf Auskunftserteilung über Umstände, unter denen eine abgeschlossene Beurkundung zustande gekommen ist. Diese Einordnung entspricht der Regelung des § 58, nach welcher nur Endentscheidungen der Amts- und Landgerichte beschwerdefähig sind, nicht aber Zwischenentscheidungen.[49]

3. Verfahrenseinleitung
a) Beschwerdegericht
Für die Einlegung der Beschwerde zuständiges Beschwerdegericht ist nach § 15 Abs. 2 S. 2 BNotO das **Landgericht**, in dessen Bezirk der Notar seinen Amtssitz hat. Funktional zuständig ist hier die nach dem Geschäftsverteilungsplan zuständige Zivilkammer.

b) Beschwerdeberechtigung
Die Beschwerde ist nur zulässig, wenn der Beschwerdeführer beschwerdeberechtigt ist. Gem. § 15 Abs. 2 S. 3 BNotO iVm § 59 Abs. 1 FamFG besteht eine **Beschwerdeberechtigung**, wenn der Beschwerdeführer geltend machen kann, durch die Amtstätigkeit des Notars in seinen Rechten beeinträchtigt zu sein. Da der Notar in aller Regel nur auf Antrag tätig wird, ist grundsätzlich nur der Antragsteller nach § 59 Abs. 2 beschwerdeberechtigt, dessen Antrag der Notar ganz oder teilweise abgelehnt hat.

c) Beschwerdeeinlegung
aa) Frist
Nach bisheriger Rechtslage war die Beschwerde nach § 15 Abs. 2 BNotO an keine **Frist** gebunden. § 15 Abs. 2 S. 3 BNotO iVm § 63 Abs. 1 FamFG sieht anders als die Regelung des § 19 FGG nunmehr vor, dass die Beschwerde, soweit gesetzlich keine andere Frist bestimmt ist, binnen einer Frist von einem Monat einzulegen ist. Die Frist beginnt

---

45 Heinemann DNotZ 2009, 6 ff, 38: Das Beschwerdeverfahren gegen einen notariellen Vorbescheid richtet sich wegen des engen Sachzusammenhangs weiterhin nach § 15 Abs. 2 S. 1 BNotO und nicht nach §§ 567–572 ZPO.
46 OLG Düsseldorf DNotZ 1987, 562; OLG München DNotZ 1992, 394.
47 Hertel, in: FS 200 Jahre Notarkammer Pfalz, S. 167 ff, 194 f mwN – an der bisher vertretenen Auffassung, dass im Rahmen eines notariellen Vorbescheids eine Fristsetzung für die Beschwerdeeinlegung von in der Regel zwei Wochen ausreichend ist, kann nach dem Inkrafttreten des FamFG aufgrund der Einführung einer Beschwerdefrist in § 63 Abs. 1 nicht mehr festgehalten werden.
48 OLG Hamm MittBayNot 1999, 89 f; Schippel/Bracker/Reithmann § 15 BNotO Rn 81.
49 Hertel, in: FS 200 Jahre Notarkammer Pfalz, S. 167 ff, 176 f.

nach § 63 Abs. 3 S. 1 mit der schriftlichen Bekanntgabe des Beschlusses an die Beteiligten.

34 Diese – dem gerichtlichen Verfahren entsprechende – Fristenregelung wirft in der notariellen Praxis allerdings Fragen auf: Teilweise wird die Auffassung vertreten, dass die entsprechenden Vorschriften nicht auf die notarielle Amtstätigkeit und insbesondere nicht auf das Beurkundungsverfahren, welches im BeurkG geregelt ist, passen. Der Notar erlasse gerade keinen Beschluss iSd § 38, so dass auch keine Rechtsbehelfsbelehrung gem. § 39 zu erteilen sei.[50] Auch die Bekanntgabevorschrift des § 15, die erst die Wirksamkeit eines Beschlusses gem. § 38 auslöst, soll auf notarielle Entscheidungen nicht anwendbar sein.[51]

35 Soweit der Notar die Vornahme einer Amtshandlung ablehnt, ist es vor dem Hintergrund der Regelung des § 63 Abs. 1 indes nur sinnvoll, dass er diese Entscheidung den Beteiligten durch Erlass und Bekanntgabe eines Beschlusses mitteilt.[52] Der Beschluss sollte mit einer Rechtsbehelfsbelehrung iSd § 39 versehen sein, die den statthaften Rechtsbehelf der Beschwerde, den Umstand, dass diese bei dem Notar selbst einzulegen ist, sowie die einzuhaltenden Form- und Fristbestimmungen (§§ 63, 64) zutreffend bezeichnet. Für die **Bekanntgabe** des Beschlusses genügt nach § 63 Abs. 3 S. 1 iVm § 15 Abs. 1 und 2 die einfache postalische Übermittlung. Einer förmlichen Zustellung nach § 41 Abs. 1 S. 2 bedarf es nicht, da diese nur für gerichtliche Endentscheidungen gilt. In der Praxis sollte der Notar gleichwohl für einen Nachweis des Zugangs des Beschlusses bei den Beteiligten im eigenen Interesse Sorge tragen.

36 Erlässt der Notar keinen Beschluss, so beginnt die Beschwerdefrist überhaupt nicht zu laufen. Dies wird zum Beispiel in den Fällen relevant, in denen eine Unterlassung des Notars ohne ausdrückliche Verweigerung, zB im Vollzugsbereich, von einem Beteiligten angegriffen wird, so dass eine anknüpfungsfähige Entscheidung fehlt. Kann die schriftliche Bekanntgabe an einen Beteiligten nicht bewirkt werden, beginnt die Frist nach § 63 Abs. 3 S. 2 spätestens mit Ablauf von fünf Monaten nach Erlass des Beschlusses. Fehlt die Rechtsbehelfsbelehrung oder ist sie fehlerhaft, beginnt die Beschwerdefrist zwar zu laufen, dem Beschwerdeführer ist jedoch auf Antrag Wiedereinsetzung in den vorigen Stand zu gewähren, da die unverschuldete Versäumung der Beschwerdefrist nach § 17 Abs. 2 vermutet wird.

bb) Form

37 Nach § 15 Abs. 2 S. 3 BNotO iVm § 64 Abs. 1 FamFG kann die Beschwerde nur noch bei dem Notar eingelegt werden. § 21 Abs. 1 FGG, nach welchem die Beschwerde entweder bei dem Notar oder bei dem zuständigen Landgericht eingelegt werden konnte, gilt nicht mehr. Die Einlegung erfolgt nach § 64 Abs. 2 S. 1 durch Einreichung einer **Beschwerdeschrift** oder zur Niederschrift des Notars. Die Beschwerde muss nach § 64 Abs. 2 S. 2 die Bezeichnung des angefochtenen Beschlusses sowie die Erklärung ent-

---

50 Armbrüster/Preuß/Renner/Preuß § 54 BeurkG Rn 15.
51 Maaß, Der Entwurf für ein „Gesetz zur Reform des Verfahrens in Familiensachen und in den Angelegenheiten der freiwilligen Gerichtsbarkeit" – ein gelungener Versuch einer umfassenden Verfahrensreform?, ZNotP 2006, 282, 287.
52 So auch: Heinemann DNotZ 2009, 6 ff, 36 f.

halten, dass Beschwerde gegen diesen Beschluss eingelegt wird. Sie ist nach § 64 Abs. 2 S. 3 von dem Beschwerdeführer oder seinem Bevollmächtigten zu unterzeichnen. Die Einlegung mittels Computer- oder Telefax ist entsprechend § 130 Nr. 6 ZPO zulässig. Als elektronisches Dokument kann die Beschwerde nur unter Beachtung des § 14 Abs. 2 FamFG iVm § 130 a ZPO, also durch Beifügung einer qualifizierten elektronischen Signatur, eingelegt werden.

Darüber hinaus soll die Beschwerde nach § 65 Abs. 1 begründet werden, was der Verfahrensförderung dient. Sie kann nach § 65 Abs. 3 auf neue Tatsachen und Beweismittel gestützt werden. Das Gericht kann dem Beschwerdeführer nach § 65 Abs. 2 eine Frist zur **Begründung** der Beschwerde einräumen. Die fehlende Begründung der Beschwerde führt indes nicht zu ihrer Unzulässigkeit.[53] Der Beschwerdeführer läuft jedoch Gefahr, dass die Beschwerde als unbegründet zurückgewiesen wird. **38**

4. Verfahren und Entscheidungsfindung

a) Beteiligte gem. § 7

Neben dem **Antragsteller** bzw Beschwerdeführer ist gem. § 7 Abs. 2 zu beteiligen, wer durch die Entscheidung des Gerichts in seinen Rechten unmittelbar betroffen ist beziehungsweise auf wessen Rechtsstellung die Entscheidung des Gerichts unmittelbar einwirkt. Hat es das Gericht unterlassen, eine Person an dem Verfahren zu beteiligen, deren Rechte durch den Ausgang des Verfahrens berührt werden können, so ist die Entscheidung dann aufzuheben, wenn sie auf dem Fehler beruht.[54] **39**

b) Stellung des Notars

Der **Notar** ist in dem Beschwerdeverfahren weder beschwerdeberechtigt noch Beschwerdegegner. Er ist nicht Beteiligter, sondern erste Instanz im Sinne des FamFG-Verfahrens. Dem Notar können damit in dem Beschwerdeverfahren auch keine Kosten auferlegt werden.[55] **40**

Aufgrund seiner Stellung als erste Instanz im Sinne des FamFG-Verfahrens wird der Notar in dem Beschwerdeverfahren nicht gehört. Der Notar kann der Beschwerde, die nur bei ihm einzulegen ist, jedoch abhelfen. Dies hat zu erfolgen, wenn er die Beschwerde für begründet hält, § 68 Abs. 1 S. 1 Hs 1. Hilft der Notar der Beschwerde nicht ab, hat er diese dem Landgericht zur Entscheidung vorzulegen, § 68 Abs. 1 S. 1 Hs 2. Der Streitpunkt, inwieweit das Landgericht dem Notar eine Beschwerde zur Wahrnehmung seiner **Abhilfemöglichkeit** vorzulegen hat, die unmittelbar bei dem Landgericht eingelegt wurde, hat sich mit der Neuregelung in § 64 Abs. 1 gegenüber der Regelung des § 21 Abs. 1 FGG erledigt.[56] **41**

---

53 Kroiß/Seiler § 4 Rn 29.
54 Müller-Magdeburg, S. 34 Rn 124.
55 BayObLG DNotZ 1997, 74; OLG Frankfurt/M. ZNotP 1999, 83; Schippel/Bracker/Reithmann § 15 BNotO Rn 78.
56 Dafür: Hertel, in: FS 200 Jahre Notarkammer Pfalz, S. 167 ff, 190 f; aA (zur alten Rechtslage) Arndt/Lerch/Sandkühler/Sandkühler § 15 BNotO Rn 101.

c) Verfahrensgrundsätze
aa) Grundsatz der Amtsermittlung

42 Gem. § 15 Abs. 2 S. 3 BNotO iVm §§ 68 Abs. 3, 26 FamFG hat das Gericht **von Amts wegen** die zur Feststellung der Tatsachen erforderlichen Ermittlungen zu veranlassen und die geeignet erscheinenden Beweise aufzunehmen. Im Gegensatz zu dem Verfahren nach der Zivilprozessordnung ist das Gericht daher bei der Feststellung der erforderlichen Entscheidungsgrundlagen weder an das tatsächliche Vorbringen der Beteiligten und deren Beweisanträge gebunden, noch überhaupt darauf angewiesen. Das erkennende Gericht hat so nach pflichtgemäßem Ermessen insbesondere die Möglichkeit, Auskunft von dem Notar, gegen dessen Entscheidung die Beschwerde erhoben wurde, zu verlangen und die Nebenakten des Notars anzufordern.[57]

bb) Rechtliches Gehör

43 Gem. Art. 103 Abs. 1 GG hat das Gericht allen Beteiligten **rechtliches Gehör** zu verleihen. Die Art der Anhörung steht im pflichtgemäßen Ermessen des Gerichts. Nach § 15 Abs. 2 S. 3 BNotO iVm §§ 68 Abs. 3, 32 FamFG hat das Landgericht die Möglichkeit, die Sache mit den Beteiligten in einem Termin zu erörtern. Gem. § 15 Abs. 2 S. 3 BNotO iVm §§ 68 Abs. 3 Unterabsatz 2 FamFG kann das Landgericht jedoch von der Durchführung eines Termins, einer mündlichen Verhandlung oder einzelner Verfahrenshandlungen absehen, wenn diese bereits durch den Notar vorgenommen wurden und von einer erneuten Vornahme keine zusätzlichen Erkenntnisse zu erwarten sind. Daher erfolgt die Gewährung rechtlichen Gehörs im Beschwerdeverfahren in Notarsachen regelmäßig durch Gelegenheit zur schriftlichen Stellungnahme, ohne dass es dazu zwingend einer mündlichen Erörterung bedürfte.[58]

5. Entscheidung
a) Einstweilige Maßnahmen

44 Die Einlegung einer Beschwerde hat grundsätzlich keine aufschiebende Wirkung. Das Beschwerdegericht kann indes vor der abschließenden Entscheidung nach § 15 Abs. 2 S. 3 BNotO iVm §§ 64 Abs. 3 FamFG eine **einstweilige Anordnung** erlassen, dass die Vollziehung des angefochtenen Beschlusses auszusetzen ist.[59] Das Gericht entscheidet darüber nach pflichtgemäßem Ermessen. Die Anordnung oder Ablehnung einer einstweiligen Maßnahme ist unanfechtbar, sofern sie nicht an einer greifbaren Gesetzeswidrigkeit leidet.[60]

b) Abschließende Entscheidung

45 Das Beschwerdegericht prüft, ob die Beschwerde zulässig und begründet ist.

46 Im Rahmen der **Zulässigkeit** hat das Beschwerdegericht nach § 15 Abs. 2 S. 3 BNotO iVm § 68 Abs. 2 S. 1 FamFG zu prüfen, ob die Beschwerde an sich statthaft und in der gesetzlichen Form und Frist eingelegt ist.

---

57 Müller-Magdeburg, S. 29 f Rn 104 ff.
58 BayObLG MittRhNotK 1998, 331 f; Müller-Magdeburg, S. 31 Rn 109.
59 Zur Rechtslage nach § 24 FGG: Eylmann/Vaasen/Frenz § 15 BNotO Rn 49; Arndt/Lerch/Sandkühler/Sandkühler § 15 BNotO Rn 117.
60 Zur Rechtslage nach § 24 FGG: OLG Frankfurt/M. FGPrax 1997, 200.

II. Beschwerde nach § 15 Abs. 2 BNotO

Die Beschwerde ist **begründet**, wenn die Ablehnung oder Unterlassung der Amtstätigkeit beziehungsweise – im Falle eines Vorbescheids – der angekündigten Amtstätigkeit den Beschwerdeführer in seinem Recht auf Urkundsgewährung nach § 15 Abs. 1 BNotO oder auf pflichtgemäße Abwicklung einer übernommenen Verwahrungs- oder Betreuungstätigkeit verletzt.[61] 47

Handelt es sich jedoch um die Beschwerde gegen die Unterlassung der Rücknahme eines Antrages bei öffentlichen Registern, kann die Beschwerde nur im Falle des noch nicht durch das Register erfolgten Vollzugs begründet sein. Im Falle des Vollzugs durch das Register wäre die Beschwerde nach der hier vertretenen Auffassung bereits unzulässig[62] (vgl Rn 88). 48

Bei seiner **Prüfung** tritt das Beschwerdegericht in vollem Umfang an die Stelle des Notars und hat daher die gesamte Sach- und Rechtslage im Zeitpunkt seiner Entscheidung zu berücksichtigen.[63] Der Gegenansicht, die eine nur eingeschränkte Überprüfbarkeit dahingehend annimmt, dass die Entscheidung des Notars vertretbar und nicht rechtsmissbräuchlich sein darf, kann nicht gefolgt werden.[64] Für die Annahme eines nur beschränkt überprüfbaren Beurteilungsspielraums sprechen weder der Wortlaut noch der Sinn und Zweck der Beschwerde nach § 15 Abs. 2 BNotO. Es handelt sich weder um eine Dienstaufsichtsbeschwerde noch um ein Haftpflichtverfahren, in dessen Rahmen eine Amtspflichtverletzung des Notars festgestellt wird, sondern um ein Rechtsmittel, bei dem der Notar die Stellung einer ersten Instanz hat. 49

Ausgehend von dieser Sach- und Rechtslage hat das Gericht in seiner abschließenden **Entscheidung** die Beschwerde entweder als unzulässig zu verwerfen, § 15 Abs. 2 S. 3 BNotO iVm § 68 Abs. 2 S. 2 FamFG, beziehungsweise als unbegründet zurückzuweisen oder im Falle der Begründetheit den Notar anzuweisen, die durch den Beschwerdeführer begehrte Amtshandlung vorzunehmen oder zu unterlassen. Dies gilt zum Beispiel für die Anordnung einer Auszahlung im Anderkontenverfahren. Soll der Notar hingegen angewiesen werden, eine Beurkundung vorzunehmen, kann das Beschwerdegericht den Notar lediglich anweisen, das Beurkundungsverfahren einzuleiten und nach dem Gesetz durchzuführen, nicht aber den Inhalt der Urkunde festlegen.[65] 50

Der Notar ist an die Beurteilung der Sach- und Rechtslage gebunden, soweit sie der Entscheidung des Beschwerdegerichts unmittelbar zugrunde liegt. Eine **Bindungswirkung** besteht jedoch nicht, wenn sich die Sach- oder Rechtslage nach Ergehen des Beschlusses des Beschwerdegerichts geändert hat. 51

Die **Anweisung** des Beschwerdegerichts hat für den Notar darüber hinaus die Folge, dass er für sein Handeln oder Unterlassen, soweit dieses der verbindlichen Anweisung entspricht, haftungs- und disziplinarrechtlich nicht zur Verantwortung gezogen werden kann. Er ist in diesem Fall frei von einem Schadensrisiko und einer Regressgefahr.[66] 52

---

61 Müller-Magdeburg, S. 74 ff Rn 252 ff; Eylmann/Vaasen/Frenz § 15 BNotO Rn 43.
62 So auch Eylmann/Vaasen/Frenz § 15 BNotO Rn 43; aA Arndt/Lerch/Sandkühler/Sandkühler § 15 BNotO Rn 111; Bohrer Rn 204.
63 Eylmann/Vaasen/Frenz § 15 BNotO Rn 45; Arndt/Lerch/Sandkühler/Sandkühler § 15 BNotO Rn 113.
64 So aber Schippel/Bracker/Reithmann § 15 BNotO Rn 91 mit Verweis auf BGH DNotZ 1970, 444 ff, 446.
65 Schippel/Bracker/Reithmann § 15 BNotO Rn 93; Arndt/Lerch/Sandkühler/Sandkühler § 15 BNotO Rn 118.
66 OLG Hamm DNotZ 1952, 444; OLG Frankfurt/M. DNotZ 1967, 584 ff, 587; KG DNotZ 1971, 494 ff, 496; Arndt/Lerch/Sandkühler/Sandkühler § 15 BNotO Rn 120 mwN; Winkler § 54 BeurkG Rn 14.

53 Gem. § 131 Abs. 3 KostO ist das Beschwerdeverfahren grundsätzlich gerichtsgebührenfrei. Lediglich für die Verwerfung oder Zurückweisung der Beschwerde fällt gem. § 131 Abs. 1 S. 1 Nr. 1 KostO eine volle **Gebühr** sowie für die Rücknahme der Beschwerde gem. § 131 Abs. 1 S. 1 Nr. 2 KostO die Hälfte der vollen Gebühr an; betrifft die Zurücknahme nur einen Teil des Beschwerdegegenstandes, so ist die Gebühr nur insoweit zu erheben, als sich die Beschwerdegebühr erhöht haben würde, wenn die Entscheidung auf den zurückgenommenen Teil erstreckt worden wäre. Zusammengefasst sind damit diejenigen Beschwerden, die erfolgreich sind, aber auch diejenigen Beschwerden, die einfach nicht weiterbetrieben werden, sei es, weil sie sich erledigt haben oder weil die Beteiligten ihr Interesse verloren haben, gerichtsgebührenfrei.[67]

6. Rechtsmittel

a) Statthaftigkeit und zuständiges Gericht

54 Gegen die Entscheidung des Landgerichts als Beschwerdegericht ist für die Beteiligten nach § 15 Abs. 2 S. 3 BNotO iVm §§ 70 ff FamFG die **Rechtsbeschwerde** eröffnet. Diese löst somit ab dem 1.9.2009 die bisher eröffnete weitere Beschwerde gem. § 27 FGG ab.

55 Nach § 15 Abs. 2 S. 3 BNotO iVm § 70 Abs. 1 FamFG ist die Rechtsbeschwerde **statthaft**, wenn sie das Landgericht in seinem Beschluss zugelassen hat. Nach § 70 Abs. 2 S. 1 ist die Rechtsbeschwerde zuzulassen, wenn die Rechtssache grundsätzliche Bedeutung hat oder die Fortbildung des Rechts oder die Sicherung einer einheitlichen Rechtsprechung eine Entscheidung des Rechtsbeschwerdegerichts erfordert. Zuständiges Beschwerdegericht ist das Oberlandesgericht. Gem. § 70 Abs. 2 S. 2 ist das Oberlandesgericht an die Zulassung gebunden (zur Problematik des Zurückweisungsbeschlusses gem. § 74 a FamFG siehe Rn 64).

b) Verfahren

56 Die Rechtsbeschwerde ist binnen einer **Frist** von einem Monat nach der schriftlichen Bekanntgabe des Beschlusses des Landgerichts durch Einreichen einer Beschwerdeschrift bei dem zuständigen Oberlandesgericht einzulegen, § 15 Abs. 2 S. 3 BNotO iVm § 71 Abs. 1 FamFG.

57 Die **Rechtsbeschwerdeschrift** muss nach § 71 Abs. 1 S. 2 die Bezeichnung des Beschlusses, gegen den die Rechtsbeschwerde gerichtet wird, und die Erklärung enthalten, dass gegen diesen Beschluss Rechtsbeschwerde eingelegt wird. Sie ist zu unterschreiben. Mit der Rechtsbeschwerdeschrift soll eine Ausfertigung oder beglaubigte Abschrift des angefochtenen Beschlusses vorgelegt werden. Die Rechtsbeschwerde ist, sofern die Beschwerdeschrift keine Begründung enthält, binnen einer Frist von einem Monat zu begründen. Die Frist beginnt mit der schriftlichen Bekanntgabe des angefochtenen Beschlusses, § 71 Abs. 2 S. 2 FamFG iVm § 551 Abs. 2 S. 5 und 6 ZPO.

58 Die **Begründung** der Rechtsbeschwerde muss nach § 71 Abs. 3 die Erklärung enthalten, inwieweit der Beschluss angefochten und dessen Aufhebung beantragt wird sowie die Angabe der Rechtsbeschwerdegründe. Letztere sind die bestimmte Bezeichnung der Umstände, aus denen sich die Rechtsverletzung ergibt, und – soweit die Rechtsbe-

---

67 Müller-Magdeburg, S. 115 Rn 396.

schwerde darauf gestützt wird, dass das Gesetz in Bezug auf das Verfahren verletzt sei –, die Bezeichnung der Tatsachen, die den Mangel ergeben.

§ 72 bestimmt, auf welche Gründe die Rechtsbeschwerde gestützt werden kann. Hiernach kann ausschließlich geltend gemacht werden, dass die angefochtene Entscheidung auf der Verletzung formellen oder materiellen Rechts beruht. Das Vorbringen neuer Tatsachen und Beweise ist dagegen regelmäßig ausgeschlossen. 59

Da der **Notar** selbst nicht Verfahrensbeteiligter sondern erste Instanz ist, ist er nicht berechtigt, gegen die Anweisung des Landgerichts Rechtsbeschwerde einzulegen. Dem Notar wird jedoch dann eine Beschwerdeberechtigung zuerkannt, wenn in seine persönlichen Belange eingegriffen wird.[68] Das ist beispielsweise der Fall, wenn dem Notar die Verfahrenskosten auferlegt wurden, obwohl er an dem Verfahren nicht beteiligt war.[69] 60

c) Entscheidung

In seiner abschließenden Entscheidung hat das Oberlandesgericht die Rechtsbeschwerde entweder als unzulässig zu verwerfen, als unbegründet zurückzuweisen oder im Falle der Begründetheit der Rechtsbeschwerde stattzugeben und den Notar zur Vornahme beziehungsweise Unterlassung einer Amtshandlung anzuweisen. 61

Das Oberlandesgericht als Beschwerdegericht hat nach § 74 Abs. 1 S. 1 zu prüfen, ob die Rechtsbeschwerde an sich statthaft ist und ob sie in der erforderlichen Form und Frist gem. § 71 eingelegt und begründet ist. An die Zulassung ist das Oberlandesgericht gem. § 70 Abs. 2 S. 2 gebunden. Mangelt es an einem dieser Erfordernisse, ist die Rechtsbeschwerde nach § 74 Abs. 1 S. 2 als **unzulässig zu verwerfen**. 62

Ergibt die Begründung des angefochtenen Beschlusses zwar eine Rechtsverletzung, stellt sich die Entscheidung aber aus anderen Gründen als richtig dar, ist die Rechtsbeschwerde nach § 74 Abs. 2 **zurückzuweisen**. 63

Gem. § 74 a kann das Rechtsbeschwerdegericht die Rechtsbeschwerde einstimmig zurückweisen, wenn es davon überzeugt ist, dass die Voraussetzungen der Zulassung nicht vorliegen und die Rechtsbeschwerde keine Aussicht auf Erfolg hat. Damit ist das Oberlandesgericht zwar zunächst an die Zulassung gebunden, kann jedoch aufgrund vereinfachter Prüfung auch ohne mündliche Verhandlung die Beschwerde durch Beschluss zurückweisen. Voraussetzung hierbei ist jedoch eine Begründetheitsprüfung nach Aktenlage.[70] 64

Der **Prüfung** des Oberlandesgerichts unterliegen nach § 74 Abs. 3 S. 1 nur die von den Beteiligten gestellten Anträge. Das Oberlandesgericht ist indes nach § 74 Abs. 3 S. 2 an die geltend gemachten Rechtsbeschwerdegründe nicht gebunden. Es entscheidet in der Sache selbst, wenn diese zur Endentscheidung reif ist. Andernfalls verweist es die Sache nach § 74 Abs. 6 S. 2 unter Aufhebung des angefochtenen Beschlusses und des Verfah- 65

---

68 BVerfG DNotZ 1992, 56 ff – in dem betreffenden Fall wurde das Verfahren nach § 15 BNotO gegen einen aus dem Notaramt ausgeschiedenen Notar betrieben.
69 OLG Düsseldorf DNotZ 1991, 557.
70 So Heßler zu § 552 a ZPO, dem § 74 a FamFG nachgebildet ist: Zöller/Heßler § 552 a ZPO Rn 3.

rens zur anderweitigen Behandlung und Entscheidung an das Landgericht, oder, wenn dies aus besonderen Gründen geboten erscheint, an den Notar zurück.

III. Beschwerde nach § 54 BeurkG
1. Verfahrensgegenstand

66 Nach dem Gesetzeswortlaut ist das Rechtsmittel der Beschwerde nach § 54 Abs. 1 BeurkG gegen die Ablehnung der Erteilung der Vollstreckungsklausel oder einer Amtshandlung nach den §§ 45, 46, 51 BeurkG sowie gegen die Ersetzung einer Urschrift gegeben. Die Beschwerde nach § 54 Abs. 1 BeurkG erfasst damit die Fälle, in denen der Notar die Erteilung einer Vollstreckungsklausel ablehnt, sich weigert, die Urschrift einer Urkunde nach § 45 BeurkG herauszugeben, die Urschrift einer Niederschrift nach § 46 BeurkG zu ersetzen oder nach § 51 BeurkG eine Ausfertigung, eine beglaubigte oder einfache Abschrift zu erteilen oder Einsicht in die Urschrift zu gewähren. Über den Wortlaut des § 54 BeurkG hinaus ist die Beschwerde auch einschlägig, wenn die Erteilung einer weiteren vollstreckbaren Ausfertigung abgelehnt wird.[71] Die Untätigkeit des Notars steht hierbei der ausdrücklichen oder konkludenten Verweigerung der betreffenden Amtstätigkeit des Notars gleich.[72] § 54 BeurkG regelt damit die Anfechtung von Entscheidungen eines Notars, die nach dem Abschluss einer Beurkundung getroffen werden.

67 Der **sachliche Anwendungsbereich** des Rechtsmittels ist auf die vorgenannten Fälle beschränkt. So findet gegen die Entschließung des Notars, den Antrag eines Urkundsbeteiligten auf Berichtigung einer notariellen Urkunde aus sachlichen Gründen abzulehnen, kein Rechtsmittel statt.[73] Als Begründung werden hier die Vorschriften der §§ 164, 319 ZPO herangezogen, in denen nach allgemeiner Meinung ein allgemeiner Rechtsgedanke seinen Niederschlag gefunden hat, der auch auf dem Gebiet der freiwilligen Gerichtsbarkeit Gültigkeit hat. Ebensowenig ist die Beschwerde nach § 54 BeurkG einschlägig, wenn ein Ausfertigungsberechtigter die Bestimmung weiterer Ausfertigungsberechtigter nach § 51 Abs. 2 BeurkG widerrufen hat und die Beachtlichkeit dieses Widerrufs im Streit steht. In diesem Fall statthaft ist vielmehr die Beschwerde nach § 15 Abs. 2 BNotO, in welcher die richtige Ausführung dieser Betreuungstätigkeit geklärt werden kann.[74]

68 Die Beschwerde nach § 54 BeurkG gibt lediglich dem **Gläubiger** die Möglichkeit, seinen Anspruch auf Erteilung einer vollstreckbaren Ausfertigung durchzusetzen. Wendet der **Schuldner** sich gegen die Erteilung einer vollstreckbaren Ausfertigung, handelt es sich um ein Verfahren der streitigen Gerichtsbarkeit.[75] Gleiches gilt für die bloße Ankündigung der Erteilung einer vollstreckbaren Ausfertigung durch den Notar.[76] Der

---

71 BayObLG DNotZ 2000, 370 f.
72 Müller-Magdeburg, S. 130 Rn 448.
73 OLG Köln FGPrax 2007, 97; OLG Frankfurt/M. DNotZ 1997, 79.
74 OLG Düsseldorf DNotZ 1999, 356 ff m.Anm. Reithmann.
75 OLG Frankfurt/M. DNotZ 1982, 320 f.
76 OLG Köln DNotZ 2007, 218, 220; OLG München FGPrax 2008, 174, 175; LG Freiburg RNotZ 2008, 368, 370 f m.Anm. Heggen; Müller-Magdeburg, S. 132 Rn 455 f: Der Schuldner ist nach der gesetzlichen Systematik darauf verwiesen, Einwendungen erst nach Erteilung der vollstreckbaren Ausfertigung an den Gläubiger mit den Rechtsbehelfen des Klauselerteilungsverfahrens oder der Vollstreckungsgegenklage geltend zu machen.

Schuldner besitzt hier den Rechtsbehelf der Klauselerinnerung nach §§ 797 Abs. 3, 795, 732 ZPO. Der Schuldner ist auch in den Fällen auf die Klauselerinnerung oder die Vollstreckungsgegenklage verwiesen, in denen der Notar durch das Landgericht zur Erteilung der vollstreckbaren Ausfertigung angewiesen wurde und der Schuldner vorträgt, dass ihm in diesem Verfahren kein rechtliches Gehör gewährt worden sei.[77] Erhebt der Schuldner dennoch die Beschwerde nach § 54 BeurkG, so ist diese als unzulässig zu verwerfen, eine Rechtswegverweisung in entsprechender Anwendung des § 17a GVG käme nur auf Antrag in Betracht.[78]

Die Beschwerde nach § 54 BeurkG gilt nicht nur für die Urkundstätigkeit der Notare, sondern auch für die **Urkundstätigkeit anderer Stellen**, und hier insbesondere der Gerichte, die nach § 1 Abs. 2 BeurkG neben dem Notar für Beurkundungen zuständig sind.[79] 69

2. Verfahrenseinleitung

Das Beschwerdeverfahren nach § 54 BeurkG gleicht in seiner Ausgestaltung weitgehend dem Beschwerdeverfahren nach § 15 Abs. 2 BNotO. Es handelt sich wie bei § 15 Abs. 2 S. 2 BNotO auch um ein Beschwerdeverfahren der freiwilligen Gerichtsbarkeit. 70

a) Beschwerdegericht

Für die Entscheidung über die Beschwerde ist nach § 54 Abs. 2 S. 2 BeurkG eine Zivilkammer des **Landgerichts** zuständig, in dessen Bezirk der Notar seinen Amtssitz unterhält, gegen den sich die Beschwerde richtet. Ein in unzulässiger Weise vor den Gerichten der streitigen Zivilgerichtsbarkeit erhobener Rechtsschutzantrag kann in entsprechender Anwendung des § 17a GVG in den Rechtsweg der freiwilligen Gerichtsbarkeit verwiesen werden.[80] 71

b) Beschwerdeberechtigung

Die Beschwerdeberechtigung richtet sich nach § 54 Abs. 2 S. 1 BeurkG iVm § 59 FamFG. Eine Beschwerdeberechtigung liegt vor, wenn der Beschwerdeführer geltend machen kann, durch die Amtstätigkeit des Notars in seinen Rechten beeinträchtigt zu sein. Da der Notar im Anwendungsbereich des § 54 Abs. 1 BeurkG nur auf Antrag tätig wird, ist grundsätzlich nur der Antragsteller nach § 59 Abs. 2 FamFG beschwerdeberechtigt, dessen Antrag der Notar ganz oder teilweise abgelehnt hat. Beschwerdeberechtigt ist diesbezüglich auch der Rechtsnachfolger eines Urkundsbeteiligten, dem der Notar die Erteilung einer (vollstreckbaren) Ausfertigung verweigert.[81] 72

c) Beschwerdeeinlegung

Im Hinblick auf die einzuhaltende **Frist** als auch auf die **Form** der Beschwerdeeinlegung kann auf die gleichermaßen geltenden Ausführungen zur Beschwerde nach § 15 Abs. 2 BNotO verwiesen werden (Rn 33 ff). 73

---

77 OLG Hamm NJW-RR 1999, 861.
78 Müller-Magdeburg, S. 133 Rn 458 f.
79 Umstritten ist der Anwendungsbereich für die Urkundstätigkeit der Jugendämter – vgl zum Streitstand: Armbrüster/Preuss/Renner § 54 BeurkG Rn 7.
80 OLG Hamm NJW-RR 2000, 1022.
81 Müller-Magdeburg, S. 137 Rn 475.

3. Verfahren und Entscheidungsfindung

74 Das Landgericht entscheidet gem. § 54 Abs. 2 S. 1 BeurkG iVm §§ 58 ff FamFG in dem Verfahren der freiwilligen Gerichtsbarkeit. Neben dem **Beschwerdeführer** ist jeder zu beteiligen, der durch die Entscheidung des Gerichts in seinen Rechten betroffen sein könnte beziehungsweise auf wessen Rechtsstellung die Entscheidung des Gerichts unmittelbar einwirkt. Hat es das Gericht unterlassen, eine Person an dem Verfahren zu beteiligen, deren Rechte durch den Ausgang des Verfahrens berührt werden können, so ist die Entscheidung dann aufzuheben, wenn sie auf dem Fehler beruht.[82]

75 Der **Notar** ist in dem Beschwerdeverfahren weder beschwerdeberechtigt noch Beschwerdegegner. Er ist nicht Beteiligter, sondern Vorinstanz.[83] Aufgrund seiner Stellung als erste Instanz wird der Notar in dem Beschwerdeverfahren nicht gehört. Der Notar kann der Beschwerde, die nur bei ihm einzulegen ist, jedoch abhelfen. Dies hat zu erfolgen, wenn er die Beschwerde für begründet hält, § 68 Abs. 1 S. 1 Hs 1. Hilft der Notar der Beschwerde nicht ab, hat er diese dem Landgericht zur Entscheidung vorzulegen, § 68 Abs. 1 S. 1 Hs 2. Der Streitpunkt, inwieweit das Landgericht dem Notar eine Beschwerde zur Wahrnehmung seiner Abhilfemöglichkeit vorzulegen hat, die unmittelbar bei dem Landgericht eingelegt wurde, hat sich mit der Neuregelung in § 64 Abs. 1 FamFG gegenüber der Regelung des § 21 Abs. 1 FGG erledigt.[84]

76 Wie auch in dem Beschwerdeverfahren nach § 15 Abs. 2 BNotO gilt in dem Verfahren nach § 54 BeurkG gem. § 68 Abs. 3 FamFG iVm § 26 FamFG der **Grundsatz der Amtsermittlung** sowie der **Grundsatz der Gewährung rechtlichen Gehörs** nach Art. 103 Abs. 1 GG. Das erkennende Landgericht ist daher bei der Feststellung der erforderlichen Entscheidungsgrundlagen weder an das tatsächliche Vorbringen der Beteiligten und deren Beweisanträge gebunden, noch überhaupt darauf angewiesen. Das erkennende Gericht hat so nach pflichtgemäßem Ermessen insbesondere die Möglichkeit, Auskunft von dem Notar, gegen dessen Entscheidung die Beschwerde eingelegt wurde, zu verlangen und die Nebenakten des Notars anzufordern.[85] Im Übrigen kann auf die Ausführungen zu § 15 Abs. 2 BNotO verwiesen werden, die auch in dem Verfahren nach § 54 BeurkG gleichermaßen gelten (Rn 42 f).

4. Entscheidung
a) Einstweilige Maßnahmen

77 Die Einlegung einer Beschwerde nach § 54 BeurkG hat – wie auch die Beschwerde nach § 15 Abs. 2 BNotO – grundsätzlich keine aufschiebende Wirkung. Das Beschwerdegericht kann indes vor der abschließenden Entscheidung nach § 54 Abs. 2 S. 1 BeurkG iVm §§ 64 Abs. 3 FamFG eine **einstweilige Anordnung** erlassen, dass die Vollziehung des angefochtenen Beschlusses auszusetzen ist. Diese Möglichkeit dürfte bei den Verfahrensgegenständen des § 54 BeurkG kaum praktisch relevant werden, da der betreffende Notar hier gerade die Vornahme einer Amtstätigkeit verweigert.

---

[82] Müller-Magdeburg, S. 34 Rn 124.
[83] Armbrüster/Preuss/Renner § 54 BeurkG Rn 9 mwN.
[84] Zur Beschwerde nach § 15 Abs. 2 BNotO: Hertel, in: FS 200 Jahre Notarkammer Pfalz, S. 167 ff, 190 f; aA Arndt/Lerch/Sandkühler/Sandkühler § 15 BNotO Rn 101.
[85] Müller-Magdeburg, S. 138 f Rn 479.

b) Abschließende Entscheidung

Das Beschwerdegericht prüft, ob die Beschwerde zulässig und begründet ist. Bei seiner Prüfung tritt das Beschwerdegericht in vollem Umfang an die Stelle des Notars und hat daher die gesamte Sach- und Rechtslage im Zeitpunkt seiner Entscheidung zu berücksichtigen.[86] 78

Ist die Beschwerde unzulässig, wird sie verworfen. Ist sie zulässig, aber unbegründet, so wird sie zurückgewiesen. Ist die Beschwerde zulässig und begründet, wird der Notar abhängig von dem Verfahrensgegenstand angewiesen, die Urschrift nach § 45 BeurkG auszuhändigen, die Urschrift nach § 46 BeurkG zu ersetzen, die Vollstreckungsklausel nach § 52 BeurkG zu erteilen, die (einfache) Ausfertigung nach § 51 BeurkG zu erteilen, eine einfache oder beglaubigte Abschrift der Urkunde nach § 51 Abs. 3 BeurkG zu erteilen, die Einsichtnahme in die Urkunde nach § 51 Abs. 3 BeurkG zu gewähren oder eine weitere vollstreckbare Ausfertigung zu erteilen. 79

Auch hier ist Folge einer solchen Anweisung für den Notar, dass er haftungs- und disziplinarrechtlich für die Umsetzung der Entscheidung des Gerichts nicht zur Verantwortung gezogen werden kann. Er ist daher auch in diesem Fall frei von einem Schadensrisiko und einer Regressgefahr (s.o. zur Beschwerde nach § 15 Abs. 2 BNotO Rn 52). 80

Sowohl im Hinblick auf die Grundlagen der Entscheidungsfindung als auch im Hinblick auf die **Kosten** kann auf die Ausführungen zum Beschwerdeverfahren nach § 15 Abs. 2 BNotO verwiesen werden. Eine Kostenentscheidung zulasten des Notars scheidet auch in dem Beschwerdeverfahren nach § 54 BeurkG aus, da dieser in dem Verfahren die erste Instanz darstellt und damit an dem Beschwerdeverfahren nicht beteiligt ist. 81

5. Rechtsmittel

Gegen die Entscheidung des Beschwerdegerichts ist für die Beteiligten nach § 54 Abs. 2 S. 1 BeurkG iVm §§ 70 ff FamFG die **Rechtsbeschwerde** eröffnet, die die weitere Beschwerde des § 27 FGG ab 1.9.2009 ersetzt. 82

Gegenstand der Rechtsbeschwerde ist nur der Verfahrensgegenstand, über den das Landgericht im erkennenden Teil der Beschwerdeentscheidung zu befinden hatte. Änderungen des Begehrens in der Instanz der Rechtsbeschwerde gegenüber der Beschwerde oder gegenüber dem Antrag an den Notar machen diese unzulässig.[87] 83

Gegen die Anweisung durch das Beschwerdegericht an den Notar, eine vollstreckbare Ausfertigung oder weitere vollstreckbare Ausfertigungen zu erteilen, kann der **Schuldner** ebensowenig wie gegen die direkte Erteilung der vollstreckbaren Ausfertigung durch den Notar ohne gerichtliche Anweisung die Rechtsbeschwerde einlegen. Der Schuldner ist auch hier auf die allgemeinen Rechtsbehelfe in der Zwangsvollstreckung angewiesen.[88] 84

---

86 Winkler § 54 BeurkG Rn 7; Müller-Magdeburg, S. 139 f Rn 485.
87 Zur weiteren Beschwerde nach FGG: Müller-Magdeburg, S. 159 Rn 541.
88 Armbrüster/Preuss/Renner § 54 BeurkG Rn 11; Winkler § 54 BeurkG Rn 15.

85 Im Hinblick auf die Statthaftigkeit, das Verfahren und die Entscheidung gelten die Ausführungen zur Rechtsbeschwerde nach § 15 Abs. 2 S. 3 BNotO iVm §§ 70 ff FamFG im Übrigen entsprechend (Rn 54 ff).

6. Anhörungsrüge nach § 54 Abs. 2 S. 1 BeurkG iVm § 44 FamFG?

86 Das Verfahren zur Erteilung einer vollstreckbaren Ausfertigung beziehungsweise der Umschreibung einer Vollstreckungsklausel nach §§ 52, 54 BeurkG iVm §§ 724 ff ZPO fällt grundsätzlich aufgrund der Regelungen in § 730 ZPO und § 797 Abs. 2 und 3 ZPO in den Anwendungsbereich der Anhörungsrüge nach § 44 FamFG. Da in diesen Verfahren jedoch bereits effektiver Rechtsschutz über die besonderen Rechtsbehelfe im Zwangsvollstreckungsrecht nach §§ 797 Abs. 3 und Abs. 5, 798 und 732 Abs. 2 ZPO gewährleistet ist, ist ein Bedürfnis für eine Anhörungsrüge nach § 44 FamFG nicht zu erkennen.[89]

IV. Einwendungen gegen die Kostenberechnung nach § 156 KostO

1. Funktion

87 Durch die Amtstätigkeit der Notare entstehen Kosten, die sich – wie die Kosten der Gerichte auch – nach dem Gesetz über die Kosten in den Angelegenheiten der freiwilligen Gerichtsbarkeit (KostO) richten. Der **Gebührenanspruch** des Notars ist im Rahmen seiner hoheitsrechtlichen Tätigkeit ein öffentlich-rechtlicher.[90] Er entsteht dadurch, dass der Notar auf das öffentlich-rechtliche Ansuchen hin den Gebühren- oder Auslagentatbestand der Kostenordnung erfüllt.

88 Die Beschwerde gegen die Kostenberechnung des Notars wurde bisher als Rechtsbehelf eigener Art eingestuft.[91] Gem. § 156 Abs. 5 S. 3 KostO sind auf das **Verfahren** nunmehr die Vorschriften des FamFG anzuwenden. Nach der vorhergehenden Fassung des § 156 Abs. 4 S. 4 KostO waren auf die Beschwerde seit dem 1.1.2002 die Vorschriften des Gesetzes über die Angelegenheiten der freiwilligen Gerichtsbarkeit anzuwenden. Die frühere Verweisung auf die Zivilprozessordnung in Bezug auf die Zulässigkeit der Beschwerde und das Verfahren selbst wurde damit aufgehoben. Dies bedeutete aber schon vor dem 1.1.2002 nicht, dass das Verfahren in allen Punkten der Zivilprozessordnung unterstellt war.[92] Anerkannt ist und war, dass das aus einer Angelegenheit der freiwilligen Gerichtsbarkeit sich ergebende Kostenverfahren ebenfalls eine Angelegenheit der freiwilligen Gerichtsbarkeit darstellt. Die Notarkostenbeschwerde nach § 156 KostO ist daher nur eine Ableitung der allgemeinen Beschwerde in den Angelegenheiten der freiwilligen Gerichtsbarkeit. Der ordentliche Rechtsweg ist für Ansprüche nach der KostO damit ausgeschlossen.[93]

---

[89] Winkler § 54 BeurkG Rn 10 zu § 29 a Abs. 1 FGG (ohne inhaltliche Änderung in § 44 Abs. 1 FamFG übernommen).
[90] Korintenberg/Bengel/Tiedke Vor §§ 154–157 KostO Rn 1.
[91] BayObLG MittBayNot 2004, 378, 379.
[92] Vgl hierzu Korintenberg/Bengel/Tiedke § 156 KostO Rn 47; KG DNotZ 1963, 346.
[93] Korintenberg/Bengel/Tiedke § 156 KostO Rn 2: Einwendungen gegen den Kostenanspruch des ausgeschiedenen Notars oder von Rechtsnachfolgern eines verstorbenen Notars können damit nur in dem Verfahren nach § 156 KostO verfolgt werden.

IV. Einwendungen gegen die Kostenberechnung nach § 156 KostO 24

Der **Instanzenzug** ist nach der Neufassung des § 156 KostO nunmehr wie folgt aufgeteilt:[94]

- Auf Antrag des Beschwerdeführers entscheidet das **Landgericht** im ersten Rechtszug. Gem. § 156 Abs. 5 S. 3 KostO iVm §§ 23 ff FamFG gelten diesbezüglich neben den Vorschriften der KostO die Vorschriften des FamFG über das Verfahren im ersten Rechtszug.

- Gegen die Entscheidung des Landgerichts findet nach § 156 Abs. 3 KostO ohne Rücksicht auf den Wert des Beschwerdegegenstands die Beschwerde vor dem **Oberlandesgericht** statt. Diesbezüglich gelten nach § 156 Abs. 5 S. 3 iVm §§ 58 ff FamFG neben den Vorschriften der KostO die Vorschriften des FamFG über die Beschwerde.

- Gegen die Entscheidung des Oberlandesgerichts findet gem. § 156 Abs. 4 KostO die Rechtsbeschwerde vor dem **Bundesgerichtshof** statt. Diesbezüglich gelten nach § 156 Abs. 5 S. 3 iVm §§ 70 ff FamFG neben den Vorschriften der KostO die Vorschriften des FamFG über die Rechtsbeschwerde.

89

2. Antrag auf Entscheidung des Landgerichts
a) Verfahrensgegenstand

Der Antrag auf Entscheidung des Landgerichts ist nach dem Wortlaut des § 156 Abs. 1 S. 1 KostO nur statthaft, soweit der Antragsteller Einwendungen gegen die Kostenberechnung (§ 154 KostO), einschließlich solcher gegen die Verzinsungspflicht (§ 154 a KostO), die Zahlungspflicht und gegen die Erteilung der Vollstreckungsklausel erhebt.

90

Die Einwendungen des Antragstellers gegen die **Kostenberechnung** können sich sowohl auf die Anwendung des materiellen Kostenrechts, wie zB die zutreffende Ermittlung des Geschäftswertes oder des Gebührensatzes, als auch auf Formmängel der Kostenberechnung beziehen. Die herrschende Meinung versteht unter dem Begriff der Einwendung auch die Aufrechnung mit Gegenforderungen des Antragstellers, die auf einer Amtstätigkeit des Notars beruhen, aber nicht aus derjenigen Amtstätigkeit herrühren müssen, die den Gegenstand der Kostenberechnung bildet.[95] Den Hauptanwendungsfall bildet in diesem Zusammenhang die Aufrechnung mit Schadensersatzansprüchen aufgrund Amtspflichtverletzung nach § 19 BNotO. Durchaus fraglich ist jedoch, inwieweit dieser Auffassung auch gefolgt werden kann, wenn der Kostenschuldner mit einer bestrittenen oder nicht rechtskräftig festgestellten Forderung aufrechnet, die sonst in einem Verfahren geltend zu machen wäre, in welchem nicht die Verfahrensgrundsätze der freiwilligen Gerichtsbarkeit gelten. Hier würde der Antragsteller insbesondere durch den Amtsermittlungsgrundsatz nach § 26 FamFG und die Gerichtsgebührenfreiheit nach § 156 Abs. 5 S. 1 KostO ungerechtfertigt bevorzugt und der sonst geltende Anwaltszwang unterlaufen.[96] Das Beschwerdegericht hat daher nach hier vertretener

91

---

[94] Kritisch hierzu: Heinemann DNotZ 2009, 6 ff, 41 f, der von einer „absurden Rechtsschutzvielfalt" spricht und darauf verweist, dass eine notarielle Kostenberechnung in Höhe von 11,90 EUR zukünftig der Prüfung durch sieben Volljuristen auf Kosten der Staatskasse unterzogen werden kann.
[95] OLG Düsseldorf DNotZ 1976, 251; Korintenberg/Bengel/Tiedke § 156 KostO Rn 25 f.
[96] Dahingehend auch LG Halle NotBZ 2003, 316 m.Anm. Lappe.

Auffassung nicht über einen solchen Aufrechungsanspruch zu entscheiden und auch das Verfahren allenfalls dann auszusetzen, wenn ein Amtshaftungsanspruch in Bezug auf diejenige Angelegenheit vor einem Zivilgericht anhängig ist, welche auch Gegenstand der Kostenberechnung des Notars ist.

92 Einwendungen des Antragstellers gegen die **Verzinsungspflicht** können sich auf die Verzinsung insgesamt, den Zinsbeginn oder den anzuwendenden Zinssatz und etwaige Formmängel bezüglich der die Zinsen ausweisenden vollstreckbaren Ausfertigung der Kostenberechnung des Notars beziehen.

93 Einwendungen des Antragstellers gegen die **Zahlungspflicht** betreffen die Schuldner- oder Mitschuldnerschaft des Antragstellers nach §§ 2 und 3 KostO.

94 Einwendungen des Antragstellers gegen die **Erteilung der Vollstreckungsklausel** sind ebenfalls ausschließlich in dem Verfahren nach § 156 Abs. 1 S. 1 KostO zu erheben. Dies betrifft in erster Linie Einwendungen iSd §§ 732 und 768 ZPO. Darüber hinaus werden auch alle Einwendungen iSd § 767 ZPO, die sich gegen den titulierten Anspruch selbst richten, von § 156 KostO erfasst. Die Erhebung einer Vollstreckungsgegenklage wäre mithin unzulässig.[97] Der Vorrang des § 156 KostO gilt jedoch nicht für Einwendungen nach § 766 ZPO, die sich im Falle der Kostenbeitreibung nach § 155 KostO gegen die Art und Weise der Zwangsvollstreckung richten; diese sind gegenüber dem Vollstreckungsgericht geltend zu machen.[98]

b) Verfahrenseinleitung
aa) Zuständiges Gericht

95 Sachlich und örtlich für den Antrag auf gerichtliche Entscheidung zuständig ist nach § 156 Abs. 1 S. 1 KostO das **Landgericht**, in dessen Bezirk der Notar seinen Amtssitz hat. Ändert sich der Amtssitz des Notars, ist der Bezirk maßgeblich, in dem der Notar bei Fälligkeit der Kostenberechnung seinen Amtssitz hatte.[99] Ein Amtssitzwechsel im Verlauf des Verfahrens oder das Ausscheiden des Notars aus dem Amt hat auf die örtliche Zuständigkeit keinen Einfluss.[100]

96 Innerhalb des Landgerichts funktionell zuständig ist die **Zivilkammer**, sofern nicht eine eigene Kostenkammer eingerichtet ist. Die Kammer muss des Weiteren vorschriftsmäßig besetzt sein. Das ist dann nicht der Fall, wenn im Falle einer Weisungsbeschwerde nach § 156 Abs. 7 KostO an der Entscheidung der Landgerichtspräsident selbst, sein Vertreter in dem Amt als Organ der Landesjustizverwaltung und Aufsichtsbehörde über die Notare oder ein von dem Landgerichtspräsidenten zu Aufgaben der Notaraufsicht herangezogener Richter, der den Weisungen des Landgerichtspräsidenten unterliegt, mitwirkt. Eine solche Besetzung widerspräche dem Grundsatz der Gewaltenteilung nach Art. 20 Abs. 2 GG und dem Grundsatz des unabhängigen Richters nach Art. 97 Abs. 2 GG.[101]

---

97 OLG Düsseldorf NJW-RR 2002, 1512.
98 Korintenberg/Bengel/Tiedke § 156 KostO Rn 30.
99 Müller-Magdeburg, S. 208 Rn 713.
100 Bengel/Tiedke, Die Kostenrechtsprechung 2002 und 2003, DNotZ 2004, 258 ff, 288.
101 OLG Brandenburg NotBZ 2000, 128; Müller-Magdeburg, S. 209 Rn 716 mwN.

IV. Einwendungen gegen die Kostenberechnung nach § 156 KostO

Wurde das unzuständige Gericht angerufen, hat es entsprechend § 17 a Abs. 2 S. 1 GVG die Sache an das zuständige Gericht abzugeben.[102] **97**

bb) Antragsberechtigung

Die Antragsberechtigung bestimmt sich nach § 156 Abs. 5 S. 3 KostO iVm § 23 Abs. 1 FamFG. Nach allgemeinen Grundsätzen antragsberechtigt ist hiernach derjenige, der durch die Kostenberechnung in seinen Rechten beeinträchtigt ist. Das ist grundsätzlich der **Adressat der Kostenberechnung**, und zwar unabhängig davon, ob er als Kostenschuldner anzusehen ist. **98**

Umstritten ist, ob auch ein durch die Kostenberechnung noch nicht in Anspruch genommener **weiterer Kostenschuldner** Antrag auf gerichtliche Entscheidung erheben kann. Dies wird teilweise mit der Begründung angenommen, dass zahlungspflichtig auch derjenige ist, der von dem Notar noch nicht in Anspruch genommen wurde.[103] Nach anderer Auffassung liegt eine Antragsberechtigung mangels Rechtsbeeinträchtigung nicht vor, da der Notar seine Gebühren nur aufgrund einer von ihm unterschriebenen und dem Zahlungspflichtigen mitgeteilten Kostenberechnung einfordern kann und der Gebührenschuldner vorher trotz entsprechender Fälligkeit zu einer Bezahlung nicht verpflichtet ist.[104] Letztere Auffassung überzeugt. Das kostenrechtliche Sonderverhältnis zwischen Notar und Zahlungspflichtigem wird erst durch die Übermittlung der Kostenberechnung an ihn konkretisiert und damit justiziabel. Darüber hinaus kann etwa in Ermäßigungsfällen die Kostenschuld der jeweiligen Beteiligten unterschiedlich hoch ausfallen, so dass die Zulassung eines Antrags auf gerichtliche Entscheidung vor Inanspruchnahme eine Kostenberechnung zum Verfahrensgegenstand machen würde, die der Notar dem Zahlungspflichtigen in dieser Form gar nicht übermittelt hätte. **99**

Dritten, die weder Adressat der Kostenberechnung noch Kostenschuldner sind, steht mangels Rechtsbeeinträchtigung keine Antragsberechtigung zu.[105] Gleiches gilt für den Notar selbst, da er die Kostenberechnung bis zur Rechtskraft einer gerichtlichen Entscheidung jederzeit abändern kann.[106] **100**

cc) Antragstellung

Der Antragsteller hat die Möglichkeit, entweder einen Antrag auf gerichtliche Entscheidung unmittelbar bei dem zur Entscheidung nach § 156 Abs. 1 S. 1 KostO zuständigen Landgericht oder eine formlose Beanstandung gem. § 156 Abs. 1 S. 3 KostO bei dem Notar einzulegen. **101**

---

102 BGH ZNotP 2004, 238 f.
103 BayObLG MittBayNot 1985, 48; Müller-Magdeburg, S. 219 Rn 746; Korintenberg/Bengel/Tiedke § 156 KostO Rn 13.
104 LG Hannover NdsRpfl 2002, 19; Lappe NJW 1983, 1467, 1472.
105 BayObLG DNotZ 1972, 243; Korintenberg/Bengel/Tiedke § 156 KostO Rn 13, der darauf hinweist, dass, wenn ein Dritter dem Kostenschuldner gegenüber die Kosten des Notars übernommen hat, der regelmäßig das Einverständnis des Kostenschuldners zugrunde liegt, das Beanstandungsrecht im Namen des Kostenschuldners ausgeübt wird.
106 Müller-Magdeburg, S. 221 Rn 755.

§ 24 Notarbeschwerdesachen

(1) Unmittelbare Antragstellung beim zuständigen Landgericht nach § 156 Abs. 1 S. 1 KostO
(a) Frist

102 Nach bisheriger Rechtslage war die Kostenbeschwerde an keine sich aus allgemeinen Verfahrensregelungen ergebende **Frist** gebunden.[107] § 156 Abs. 5 S. 3 KostO verweist im Hinblick auf das Verfahren nunmehr auf die Vorschriften des FamFG. § 63 Abs. 1 FamFG sieht anders als die Regelung des § 19 FGG nunmehr vor, dass eine Beschwerde, soweit gesetzlich keine andere Frist bestimmt ist, binnen einer Frist von einem Monat einzulegen ist. Diese Regelung gilt jedoch nur für das sich an die Entscheidung des Landgerichts im ersten Rechtszug gegebenenfalls anschließende Beschwerdeverfahren vor dem Oberlandesgericht. Der Antrag auf gerichtliche Entscheidung nach § 156 Abs. 1 S.1 KostO iVm §§ 23 ff FamFG ist daher nach wie vor an keine sich aus allgemeinen Verfahrensregelungen ergebende Frist gebunden.

103 § 156 Abs. 2 S. 1 KostO sieht indes vor, dass nach Ablauf des Kalenderjahrs, das auf das Jahr folgt, in dem die vollstreckbare Ausfertigung der Kostenberechnung zugestellt ist, neue Anträge nach Abs. 1 nicht mehr gestellt werden können. Bei dieser Frist handelt es sich um eine dem Institut der Verjährung nahestehende **Ausschlussfrist**, nach deren Ablauf Präklusion eintritt.[108] Der frühere Wortlaut der Vorschrift sprach von „neuen Beschwerden". Dies wurde dahingehend ausgelegt, dass nicht nur weitere Beschwerden, sondern schon die Erstbeschwerde nach Ablauf der Frist ausgeschlossen war.[109] Die jetzt gewählte Formulierung „neue Anträge" dürfte in gleicher Weise zu verstehen sein. Die Befristung gilt jedoch nur für solche Einwendungen, die im Zeitpunkt der Zustellung der vollstreckbaren Kostenberechnung bestehen, unabhängig davon, ob sie dem Beschwerdeführer bekannt sind oder nicht. Insoweit kommt es auf die Entstehung der für die Einwendung maßgeblichen tatsächlichen Lage und nicht auf deren Geltendmachung an.[110] Später entstandene Einwendungen wie Zahlung, Aufrechnung oder Verjährung können gem. § 156 Abs. 2 S. 2 KostO weiterhin – und zwar unbefristet – geltend gemacht werden.[111]

(b) Form

104 Die Beschwerde unterliegt nicht dem Anwaltszwang. Sie kann schriftlich oder zur Niederschrift der Geschäftsstelle des Landgerichts eingelegt werden, § 25 Abs. 1. Eine von der Geschäftsstelle des Amtsgerichts entgegengenommene Beschwerde ist dem Landgericht zuzuleiten, § 25 Abs. 2. Für die Frist nach § 156 Abs. 2 S. 1 KostO ist der Zeitpunkt des Eingangs beim Landgericht maßgebend, 25 Abs. 3. Hier kann allerdings eine Wiedereinsetzung in Betracht kommen, sofern das Amtsgericht die Beschwerde aus unzureichenden Gründen nicht weiterleitet.[112]

105 Aus dem Antrag auf gerichtliche Entscheidung nach § 23 muss hervorgehen, welche Einwendungen der Beschwerdeführer erhebt.[113] Allgemeine Beanstandungen reichen

---

107 Müller-Magdeburg, S. 226 Rn 769.
108 OLG Frankfurt/M. JurBüro 1998, 209; Müller-Magdeburg, S. 227 Rn 774 mwN.
109 Müller-Magdeburg, S. 227 Rn 773 mwN.
110 OLG Düsseldorf FGPrax 2001, 89.
111 Korintenberg/Bengel/Tiedke § 156 KostO Rn 15; aA Müller-Magdeburg, S. 229 Rn 780.
112 Korintenberg/Bengel/Tiedke § 156 KostO Rn 20.
113 Korintenberg/Bengel/Tiedke § 156 KostO Rn 21.

IV. Einwendungen gegen die Kostenberechnung nach § 156 KostO   **24**

nicht, der Antragsteller ist gehalten, solche Einwendungen zu konkretisieren.[114] Konkrete Anträge muss der Antragsschriftsatz hingegen nicht enthalten, da das erkennende Gericht im Verfahren der freiwilligen Gerichtsbarkeit nicht an die Anträge gebunden ist.

(2) Beanstandung gegenüber dem Notar, § 156 Abs. 1 S. 3 KostO

Gem. § 156 Abs. 1 S. 3 KostO kann der Kostenschuldner seine Einwendungen gegen die Kostenberechnung auch formlos bei dem Notar vorbringen. Dabei handelt es sich um einen **Rechtsbehelf eigener Art**, der unter der Schwelle des § 156 Abs. 1 S. 1 KostO bleibt.[115]   **106**

Der Notar hat drei Möglichkeiten, auf die Beanstandung zu reagieren:[116]   **107**

1. Er kann seine Kostenberechnung entsprechend berichtigen und damit der Beanstandung abhelfen.
2. Er kann die Beanstandung dem Landgericht nach § 156 Abs. 1 S. 3 KostO zur Entscheidung vorlegen. Tut er dies, handelt es sich um eine Weiterleitung der Beanstandung des Kostenschuldners. Bereits der Wortlaut der Vorschrift „kann" zeigt, dass eine entsprechende Pflicht des Notars zur Vorlage nicht besteht. Mit der Vorlage geht die formlose Beanstandung in einen Antrag an das Landgericht nach § 156 Abs. 1 S. 1 KostO iVm §§ 23 ff FamFG über.
3. Er kann schließlich den Kostenschuldner auf den Weg des förmlichen Antrags an das Landgericht nach § 156 Abs. 1 S. 1 KostO verweisen.

Der Notar darf jedoch in keinem Falle untätig bleiben, um den Ablauf der Ausschlussfrist des § 156 Abs. 2 S. 1 KostO abzuwarten.[117]   **108**

(3) Anweisung der Dienstaufsichtsbehörde

Die dem Notar vorgesetzte Dienstaufsichtsbehörde hat selbst nicht die Befugnis, die Kostenberechnung des Notars zu ändern. Sie kann indes nach § 156 Abs. 7 S. 1 KostO den Notar in jedem Fall anweisen, die Entscheidung des Landgerichts herbeizuführen, Beschwerde oder Rechtsbeschwerde zu erheben. Zweck des § 156 Abs. 7 S. 1 KostO ist die Erhebung der gesetzmäßigen Kosten.[118] Aus diesem Grunde können die hierauf ergehenden gerichtlichen Entscheidungen nach § 156 Abs. 7 S. 2 KostO auch auf eine Erhöhung der Kostenberechnung lauten.   **109**

Der Verfahrensgegenstand der Entscheidung des Landgerichts beziehungsweise der Beschwerde oder Rechtsbeschwerde wird durch die **Anweisungsverfügung** bestimmt und begrenzt.[119] Nur die in der Anweisungsverfügung genannten Beanstandungen bilden den Gegenstand der Überprüfung. Die Anweisung kann den Kostenansatz selbst betreffen oder auch eine unrichtige Sachbehandlung beanstanden. Einwendungen der vorgesetzten Dienstbehörde, die auf dem materiellen Recht beruhen, wie zum Beispiel   **110**

---

114 OLG Düsseldorf DNotZ 1972, 121.
115 KG KGReport 2001, 326 f.
116 Korintenberg/Bengel/Tiedke § 156 KostO Rn 33.
117 Wudy, Reaktionsmöglichkeiten des Notars im Kostenbeschwerdeverfahren nach § 156 KostO, NotBZ 2006, 69.
118 BVerfG NotBZ 2005, 401.
119 BayObLG MittBayNot 1984, 100 f.

die Verjährung, Stundung oder Aufrechnung mit Schadenersatzansprüchen wegen Amtspflichtverletzung des Notars, sind nicht zulässig und allein dem Kostenschuldner vorbehalten.[120]

111 Die **Ausschlussfrist** des § 156 Abs. 2 S. 1 KostO bindet nur den Kostenschuldner, nicht dagegen die vorgesetzte Dienstbehörde. Diese ist durch den Fristablauf nicht gehindert, den Notar anzuweisen, die Entscheidung des Landgerichts über eine streitige Kostenberechnung herbeizuführen.[121] § 156 Abs. 2 S. 1 KostO verweist lediglich auf die Beschwerde nach § 156 Abs. 1 KostO, nicht hingegen auf die Weisungsbeschwerde nach § 156 Abs. 7 KostO, da die Weisungsbeschwerde nicht auf einen individuellen Rechtsschutz, sondern auf die Wahrung der Rechtsordnung zielt.

112 Der **Notar** ist schließlich aufgrund seiner sachlichen Unabhängigkeit nicht gehalten, den Standpunkt der Dienstaufsicht zu vertreten. Diese wird in dem Verfahren gehört und kann ihren Standpunkt selbst vertreten. Gebühren und Auslagen können von dem Notar nach § 156 Abs. 7 S. 3 KostO nicht erhoben werden. Außergerichtliche Kosten anderer Beteiligter, die der Notar in diesen Verfahren zu tragen hätte, sind nach § 156 Abs. 7 S. 4 KostO der Landeskasse aufzuerlegen.

113 Ist der Notar aus seinem Amt ausgeschieden, so können er oder seine Erben nicht nach § 156 Abs. 7 KostO angewiesen werden. Die Anweisung hat vielmehr an die Stelle zu gehen, die die Akten des ausgeschiedenen Notars verwahrt.[122]

c) Verfahrensgrundsätze und Entscheidungsfindung
aa) Beteiligte und rechtliches Gehör

114 Nach § 156 Abs. 1 S. 2 KostO soll das Gericht vor der Entscheidung die Beteiligten und die vorgesetzte Dienstbehörde des Notars hören. Entgegen dem Wortlaut ist die Vorschrift keine reine Ordnungsvorschrift, sondern eine Muss-Vorschrift.[123]

115 Zu den **Beteiligten** gehören außer dem Notar der den Antrag stellende Kostenschuldner, aber auch alle sonstigen Kostenschuldner nach §§ 2 und 3 KostO. Die vorgesetzte Dienstbehörde ist unabhängig davon zu hören, ob sie selbst nach § 156 Abs. 7 KostO die Anrufung des Landgerichts angewiesen hat, da es dem Notar, wie bereits dargestellt, frei steht, einen gegenüber der Anweisung abweichenden Standpunkt gegenüber dem Gericht zu vertreten.[124]

116 Nach gefestigter Rechtsprechung ist darüber hinaus vor dem Ergehen einer Entscheidung des Landgerichts die **Stellungnahme der Notarkasse bzw der Ländernotarkasse** einzuholen.[125]

117 Eine Verletzung des Anspruchs auf rechtliches Gehör begründet die Aufhebung einer Entscheidung und gegebenenfalls die Zurückverweisung des Verfahrens dann, wenn die Entscheidung auf dieser Verletzung beruht.[126]

---

120 Korintenberg/Bengel/Tiedke § 156 KostO Rn 44.
121 Müller-Magdeburg, S. 228 Rn 778.
122 Korintenberg/Bengel/Tiedke § 156 KostO Rn 45.
123 OLG Hamm DNotZ 1971, 562; Korintenberg/Bengel/Tiedke § 156 KostO Rn 51.
124 OLG Hamm DNotZ 1971, 562.
125 BayObLG MittBayNot 2004, 144; OLG Brandenburg NotBZ 2000, 128 ff; OLG Thüringen NotBZ 2001, 70 f; OLG Rostock NotBZ 2003, 38; aA Müller-Magdeburg, S. 239 Rn 810.
126 OLG Zweibrücken JurBüro 2001, 105; Müller-Magdeburg, S. 242 Rn 819.

bb) Grundsatz der Amtsermittlung

Wie in den übrigen Verfahren der freiwilligen Gerichtsbarkeit hat das Landgericht den Sachverhalt von Amts wegen aufzuklären. Dies ergibt sich aus § 156 Abs. 5 S. 3 KostO iVm § 26 FamFG. Der **Grundsatz der Amtsermittlung** beschränkt sich jedoch auf den Streitgegenstand des Antrags auf gerichtliche Entscheidung. Dementsprechend wird das Landgericht verpflichtet, diejenigen Beweise nach § 156 Abs. 5 S. 3 KostO iVm §§ 29 ff FamFG zu erheben, zu denen nach dem Sachverhalt und dem Vorbringen der Beteiligten bei sorgfältiger Überlegung Anlass besteht.[127] Diesbezüglich trifft die Verfahrensbeteiligten nach § 156 Abs. 5 S. 3 KostO iVm § 27 FamFG eine Darlegungs- und Förderungslast. Zu Art und Umfang der Amtsermittlung kann auf die Ausführungen zu den Beschwerden nach § 15 Abs. 2 BNotO und § 54 BeurkG verwiesen werden (Rn 42).

118

cc) Schriftliches Verfahren versus mündliche Verhandlung

Über den Antrag auf gerichtliche Entscheidung wird in aller Regel ohne **mündliche Verhandlung** entschieden, da meistens Rechtsfragen und selten Tatfragen streitig sind. Das Landgericht kann indes nach § 156 Abs. 5 S. 3 KostO iVm § 32 FamFG die Sache mit den Beteiligten in einem Termin erörtern, das persönliche Erscheinen eines Beteiligten nach § 33 anordnen und hat einen Beteiligten unter den Voraussetzungen des § 34 persönlich anzuhören. Eine mündliche Verhandlung ist anzuraten, wenn andere Beweismittel als der Urkundsbeweis, wie insbesondere der Zeugenbeweis, heranzuziehen sind. In der Praxis wird dies besonders relevant, wenn das Entstehen einer Entwurfgebühr infrage steht und der in Anspruch Genommene bestreitet, einen entsprechenden Auftrag erteilt zu haben.

119

dd) Einstweilige Anordnung

Sowohl der Antrag auf Entscheidung des Landgerichts als auch die Einlegung der Beschwerde und der Rechtsbeschwerde haben nach § 156 Abs. 5 S. 1 KostO keine **aufschiebende Wirkung**. Der Vorsitzende der für die Entscheidung zuständigen Kammer beim Landgericht bzw des zuständigen Senats beim Oberlandesgericht kann jedoch nach § 156 Abs. 5 S. 2 KostO auf Antrag oder von Amts wegen die aufschiebende Wirkung ganz oder teilweise anordnen. Nach der Systematik der Vorschrift hat damit die Anordnung der aufschiebenden Wirkung nur im Ausnahmefall zu erfolgen. Eine Anordnung ist damit von vornherein nicht veranlasst, wenn eine vollstreckbare Ausfertigung der Kostenberechnung durch den Notar nicht erteilt wurde. Wurde bereits eine vollstreckbare Ausfertigung erteilt, ist sowohl von Amts wegen als auch auf Antrag die aufschiebende Wirkung nur nach summarischer Prüfung der Erfolgsaussichten sowie der Risiken für die Beteiligten anzuordnen. Im Hinblick auf das hier relevante Risiko einer Zahlungsunfähigkeit ist eine solche unter Berücksichtigung des § 50 Abs. 1 Nr. 6 und 8 BNotO im Hinblick auf den Notar in aller Regel zu verneinen. Darüber hinaus ist auch das Risiko der Zahlungsunfähigkeit des Antragstellers zu gewichten, welche zur Folge hätte, dass durch die Anordnung der aufschiebenden Wirkung die Befriedi-

120

---

127 OLG Hamm OLGReport 2004, 105; Denk, Die Ermittlungspflicht des Beschwerdegerichts und die Beweisaufnahme in Notarkostensachen, NotBZ 2004, 185 f.

gung des Notars vereitelt werden könnte, wenn der Antragsteller im Verlaufe des Verfahrens vermögenslos werden würde.

121 In der Praxis wird das Gericht vor Anordnung der aufschiebenden Wirkung den Notar um eine schriftliche Stellungnahme bitten, etwaige Vollstreckungshandlungen bis zur Entscheidung in der Sache zu unterlassen. Kommt der Notar der Bitte nach, würde einem Antrag auf einstweilige Anordnung das Rechtsschutzbedürfnis fehlen, dieser wäre damit als derzeit unbegründet zurückzuweisen.

122 Der Tenor bezüglich der aufschiebenden Wirkung könnte wie folgt lauten:

Der Antrag des Beschwerdeführers auf Anordnung der aufschiebenden Wirkung der gegen die Kostenberechnung des Beschwerdegegners vom ... zur Kostenregisternummer KR ... eingelegten Kostenbeschwerde wird zurückgewiesen.

Oder:

Die aufschiebende Wirkung der gegen die Kostenberechnung des Notars ... vom ... zur Kostenregisternummer KR ... eingelegten Kostenbeschwerde wird angeordnet.

ee) Vergleich nach § 36?

124 Gem. § 156 Abs. 5 S. 3 KostO iVm § 36 Abs. 1 S. 1 FamFG können die Beteiligten einen **Vergleich** schließen, soweit sie über den Gegenstand des Verfahrens verfügen können. § 17 Abs. 1 S. 1 BNotO verpflichtet indes den Notar, die gesetzlich vorgeschriebenen Kosten zu erheben. Nach § 140 S. 2 KostO sind damit Vereinbarungen über die Höhe der Kosten unwirksam. Hiernach kann durch den Notar nicht über den Gegenstand des Verfahrens verfügt werden, das Verfahren wäre mithin nach § 36 Abs. 1 S. 1 einem Vergleich nicht zugänglich.

125 Unabhängig von dieser Gesetzeslage wird durch die Rechtsprechung ein „Prozessvergleich" dann nicht als Verstoß gegen § 140 S. 2 KostO angesehen, wenn er unter qualifizierter Mitwirkung des Gerichts und unter nachvollziehbarer Anwendung der Vorschriften der Kostenordnung zustande gekommen ist.[128] Ist nach diesen Kriterien eine bloße Protokollierung einer Einigung der Beteiligten durch das Gericht nicht möglich,[129] kann man dementsprechend auch nicht von einem Vergleich iSd § 36 sprechen. Es handelt sich vielmehr um einen Vorschlag des Gerichts, dass der Notar im Abhilfewege die Kostenberechnung abändert und der Antrag des Antragstellers auf gerichtliche Entscheidung zurückgenommen wird.

d) Entscheidung

126 Das Landgericht entscheidet nach § 156 Abs. 5 S. 3 KostO iVm § 38 FamFG durch **Beschluss**. Im Falle der Unzulässigkeit des Antrags erfolgt Verwerfung, bei Unbegründetheit Zurückweisung. Auf einen begründeten Antrag auf gerichtliche Entscheidung hin wird die Kostenberechnung des Notars abgeändert oder insgesamt aufgehoben.

127 Im Rahmen der Begründetheit hat das Landgericht zunächst zu prüfen, ob die Kostenberechnung formell rechtmäßig nach § 154 Abs. 1 und 2 KostO ergangen ist. **Prüfungsmaßstab** insbesondere des Zitiergebots ist die Nachvollziehbarkeit der Kostenbe-

---

[128] BGH DNotZ 1988, 448 f.
[129] Vgl hierzu Wudy NotBZ 2006, 69 ff, 73 f.

rechnung für den Kostenschuldner.[130] Genügt die Kostenberechnung den formalen Anforderungen nach Auffassung des Gerichts nicht, hat es dem Notar Gelegenheit zur Nachbesserung zu geben. Materiell-rechtlich sind von dem Gericht sodann alle Einwendungen zu prüfen, die der Antragsteller erhoben hat. In der Sache darf die gerichtliche Entscheidung nicht zu einer Steigerung der Kostenlast des Antragstellers führen.[131] Eine Ausnahme von dem Verbot der sog. reformatio in peius besteht jedoch im Hinblick auf die Weisungsbeschwerde nach § 156 Abs. 7 KostO. Darüber hinaus beschränkt sich das Verbot auf den mit der Kostenberechnung durch den Notar insgesamt verfolgten Zahlungsbetrag.[132]

Das Landgericht muss das aufgrund der Änderung errechenbare Ergebnis selbst festsetzen, bei Änderung des Geschäftswertes mithin die Gebühr nach dem richtigen Wert berechnen.[133] Ist die Kostenschuld erloschen oder sind Einwendungen gegen die Inanspruchnahme begründet, wird die Zwangsvollstreckung für unzulässig erklärt.[134] Wurde die Kostenberechnung bereits bezahlt, so ist auf Rückzahlung der zuviel erhobenen Kosten zu erkennen, soweit der Antrag des Kostenschuldners reicht, § 157 Abs. 2 KostO. Das Verfahren vor dem Landgericht ist nach § 156 Abs. 6 S. 1 KostO gebührenfrei. Der Umfang der Kostenpflicht im Übrigen bestimmt sich nach § 156 Abs. 5 S. 3 KostO iVm §§ 80 ff FamFG.

Der Tenor für eine Entscheidung über die Kostenberechnung könnte wie folgt lauten:[135]

1. Auf Antrag des Antragstellers hin wird die Kostenberechnung des Notars … vom … aufgehoben.
2. Der Notar hat die gerichtlichen Auslagen und die außergerichtlichen Auslagen des Antragstellers zu tragen.
3. Die Zwangsvollstreckung aus der Kostenberechnung des Notars wird für unzulässig erklärt.
4. Der Beschwerdewert wird auf … festgesetzt.

3. Rechtsmittel

a) Beschwerde

aa) Statthaftigkeit

Gegen die Entscheidung des Landgerichts findet nach § 156 Abs. 3 KostO ohne Rücksicht auf den Wert des Beschwerdegegenstands die Beschwerde vor dem Oberlandesgericht statt. Die Begrenzung des Beschwerdewertes nach § 61 gilt damit im Rahmen der Notarkostenbeschwerde über § 156 Abs. 5 S. 3 KostO nicht.

bb) Beschwerdeberechtigung

Die Beschwerdeberechtigung bestimmt sich nach § 156 Abs. 5 S. 3 KostO iVm § 59 Abs. 1 FamFG. Die Beschwerde steht hiernach demjenigen zu, der durch den Beschluss des Landgerichts in seinen Rechten beeinträchtigt ist. § 59 Abs. 2 beschränkt die Be-

---

[130] OLG München NotBZ 2006, 181; OLG Hamm MittBayNot 2005, 173.
[131] Vgl zum sog. Verbot der reformatio in peius: Müller-Magdeburg, S. 246 Rn 834 ff.
[132] BGH RNotZ 2006, 299 ff.
[133] Korintenberg/Bengel/Tiedke § 156 KostO Rn 65.
[134] Korintenberg/Bengel/Tiedke § 156 KostO Rn 62.
[135] Nach Müller-Magdeburg, S. 260 Rn 877 ff.

schwerdeberechtigung gegen einen zurückgewiesenen Antrag auf den **Antragsteller**. Abhängig vom Inhalt des Beschlusses können allerdings beschwerdeberechtigt sowohl der Antragsteller als auch alle weiteren Kostenschuldner sowie der Notar sein (im Falle eines stattgebenden bzw teilweise stattgebenden Beschlusses). Die vorgesetzte Dienstbehörde kann den Notar nach § 156 Abs. 7 KostO auch anweisen, Beschwerde zu erheben.

cc) Verfahren

(1) Frist

132 Nach bisheriger Rechtslage war die Kostenbeschwerde an keine sich aus allgemeinen Verfahrensregelungen ergebende **Frist** gebunden.[136] Ausweislich der Begründung des Regierungsentwurfs soll das für den Bereich der Notarkostenbeschwerde geschaffene Rechtsmittelsystem auf dasjenige des FamFG umgestellt werden. § 156 Abs. 5 S. 3 KostO verweist daher auch im Hinblick auf das Beschwerdeverfahren nunmehr auf die Vorschriften des FamFG. § 63 Abs. 1 sieht – anders als die Regelung des § 19 FGG – nunmehr vor, dass die Beschwerde, soweit gesetzlich keine andere Frist bestimmt ist, binnen einer Frist von einem Monat einzulegen ist. Die Frist beginnt nach § 63 Abs. 3 S. 1 mit der schriftlichen Bekanntgabe des Beschlusses des Landgerichts an die Beteiligten. Kann die schriftliche Bekanntgabe an einen Beteiligten nicht bewirkt werden, beginnt die Frist nach § 63 Abs. 3 spätestens mit Ablauf von fünf Monaten nach Erlass des Beschlusses.

(2) Form

133 Die Beschwerde unterliegt nicht dem Anwaltszwang. Sie kann **schriftlich oder zur Niederschrift** der Geschäftsstelle des Landgerichts eingelegt werden, § 64 Abs. 1 und 2. Eine von der Geschäftsstelle des Amtsgerichts entgegengenommene Beschwerde ist dem Landgericht zuzuleiten; sowohl für die Frist nach § 63 Abs. 1 als auch für diejenige nach § 156 Abs. 2 S. 1 KostO ist der Zeitpunkt des Eingangs beim Landgericht maßgebend. Hier kann allerdings eine Wiedereinsetzung in Betracht kommen, sofern das Amtsgericht die Beschwerde aus unzureichenden Gründen nicht weiterleitet.[137]

134 Nach § 64 Abs. 2 S. 2 muss die Beschwerde die Bezeichnung des angefochtenen Beschlusses sowie die Erklärung enthalten, dass Beschwerde gegen diesen Beschluss eingelegt wird. Sie ist nach § 64 Abs. 2 S. 3 von dem Beschwerdeführer oder seinem Bevollmächtigten zu unterzeichnen.

135 Nach § 65 Abs. 1 soll die Beschwerde begründet werden. Die **Begründungspflicht** dient der Verfahrensförderung. Das Gericht kann dem Beschwerdeführer nach § 65 Abs. 2 eine Frist zur Begründung der Beschwerde einräumen. Die fehlende Begründung der Beschwerde führt zwar nicht zu deren Unzulässigkeit; der Beschwerdeführer läuft aber Gefahr, dass die Beschwerde als unbegründet zurückgewiesen wird.[138]

---

136 Müller-Magdeburg, 226 Rn 769.
137 Korintenberg/Bengel/Tiedke § 156 KostO Rn 20.
138 Kroiß/Seiler § 4 Rn 29.

IV. Einwendungen gegen die Kostenberechnung nach § 156 KostO 24

(3) Abhilfe und Verfahrensgang

Hält das Landgericht die Beschwerde für begründet, hat es ihr nach § 156 Abs. 5 S. 3 KostO iVm § 68 Abs. 1 S. 1 Hs 1 abzuhelfen. Andernfalls hat das Landgericht die Beschwerde unverzüglich dem Oberlandesgericht vorzulegen, § 68 Abs. 1 S. 1 Hs 2. **136**

Das Beschwerdeverfahren bestimmt sich im Übrigen gem. § 68 Abs. 3 nach den Vorschriften über das Verfahren im ersten Rechtszug, so dass auf die Ausführungen hierzu verwiesen werden kann (Rn 114 ff). **137**

(4) Einstweilige Anordnung

Die Einlegung der Beschwerde hat nach § 156 Abs. 5 S. 1 KostO keine aufschiebende Wirkung. Der Vorsitzende der zur Entscheidung berufenen Kammer des Oberlandesgerichts kann jedoch nach § 156 Abs. 5 S. 2 KostO auf Antrag oder von Amts wegen die aufschiebende Wirkung ganz oder teilweise anordnen. Wegen der Einzelheiten wird auf die Ausführungen über das Verfahren im ersten Rechtszug verwiesen (Rn 120 ff). **138**

dd) Entscheidung

Nach § 156 Abs. 5 S. 3 KostO iVm § 65 Abs. 3 FamFG kann die Beschwerde auf neue Beweismittel und Tatsachen gestützt werden. Die Beschwerdeinstanz ist damit eine vollwertige **Tatsacheninstanz**. Im Rahmen der Notarkostenbeschwerde ist allerdings auch im Beschwerdeverfahren die Ausschlussfrist des § 156 Abs. 2 S. 1 KostO zu beachten. **139**

Das Oberlandesgericht hat nach § 68 Abs. 2 S. 1 zu prüfen, ob die Beschwerde an sich statthaft und ob sie in der gesetzlichen Form und Frist eingelegt ist. Mangelt es an einem dieser Erfordernisse, ist die Beschwerde nach § 68 Abs. 2 S. 2 als unzulässig zu verwerfen. **140**

Das Oberlandesgericht hat gem. § 69 Abs. 1 S. 1 in der Sache selbst zu entscheiden. Eine Zurückverweisung an das Landgericht ist nur unter den engen Voraussetzungen des § 69 Abs. 1 S. 2 und 3 möglich. **141**

Im Falle der Unbegründetheit der Beschwerde erfolgt eine Zurückweisung. Auf eine begründete Beschwerde hin wird der Beschluss des Landgerichts abgeändert oder insgesamt aufgehoben. Nach § 156 Abs. 6 S. 2 KostO bestimmen sich die Kosten für die Beschwerde nach den §§ 131, 136–139 KostO. Nach § 156 Abs. 6 S. 3 KostO können die gerichtlichen Auslagen einer für begründet befundenen Beschwerde ganz oder teilweise dem Gegner des Beschwerdeführers auferlegt werden. **142**

b) Rechtsbeschwerde
aa) Statthaftigkeit

Gegen die Entscheidung des Oberlandesgerichts findet gem. § 156 Abs. 4 KostO die Rechtsbeschwerde vor dem Bundesgerichtshof statt. Nach § 156 Abs. 5 S. 3 KostO iVm § 70 Abs. 1 ist die Rechtsbeschwerde statthaft, wenn sie das Oberlandesgericht in seinem Beschluss zugelassen hat. Nach § 70 Abs. 2 S. 1 ist die Rechtsbeschwerde zuzulassen, wenn die Rechtssache grundsätzliche Bedeutung hat oder die Fortbildung des Rechts oder die Sicherung einer einheitlichen Rechtsprechung eine Entscheidung des Rechtsbeschwerdegerichts erfordert. Nach § 70 Abs. 2 S. 2 ist der Bundesgerichtshof **143** an die Zulassung gebunden (zur Problematik des Zurückweisungsbeschlusses gem. § 74a s.u. Rn 153).

144 Nach der Begründung des Regierungsentwurfs soll hierdurch eine weitere Harmonisierung des Rechtsmittelrechts der freiwilligen Gerichtsbarkeit und des Kostenrechts nach dem Vorbild der durch das Gesetz zur Reform des Zivilprozesses vom 27.7.2001 eingeführten §§ 574 ff ZPO erreicht werden. Der Bundesgerichtshof wird durch die Einführung der Rechtsbeschwerde auch in Notarkostensachen in die Lage versetzt, seiner Aufgabe als Gericht zur Entscheidung von Grundsatzfragen und zur Herstellung von Rechtseinheit effektiver nachzukommen.

bb) Verfahren

145 Die Rechtsbeschwerde ist binnen einer **Frist** von einem Monat nach der schriftlichen Bekanntgabe des Beschlusses des Oberlandesgerichts durch Einreichen einer Beschwerdeschrift bei dem Bundesgerichtshof einzulegen, § 156 Abs. 5 S. 3 KostO iVm § 71 Abs. 1 FamFG.

146 Die **Rechtsbeschwerdeschrift** muss nach § 71 Abs. 1 S. 2 die Bezeichnung des Beschlusses, gegen den die Rechtsbeschwerde gerichtet wird, und die Erklärung enthalten, dass gegen diesen Beschluss Rechtsbeschwerde eingelegt wird. Sie ist zu unterschreiben. Mit der Rechtsbeschwerdeschrift soll eine Ausfertigung oder beglaubigte Abschrift des angefochtenen Beschlusses vorgelegt werden. Die Rechtsbeschwerde ist, sofern die Beschwerdeschrift keine Begründung enthält, binnen einer Frist von einem Monat zu begründen. Die Frist beginnt mit der schriftlichen Bekanntgabe des angefochtenen Beschlusses, § 71 Abs. 2 S. 2 FamFG iVm § 551 Abs. 2 S. 5 und 6 ZPO.

147 Die **Begründung** der Rechtsbeschwerde muss nach § 71 Abs. 3 die Erklärung enthalten, inwieweit der Beschluss angefochten und dessen Aufhebung beantragt wird sowie die Angabe der Rechtsbeschwerdegründe, und zwar die bestimmte Bezeichnung der Umstände, aus denen sich die Rechtsverletzung ergibt, und – soweit die Rechtsbeschwerde darauf gestützt wird, dass das Gesetz in Bezug auf das Verfahren verletzt sei – die Bezeichnung der Tatsachen, die den Mangel ergeben.

148 § 72 bestimmt, auf welche Gründe die Rechtsbeschwerde gestützt werden kann. Hiernach kann ausschließlich geltend gemacht werden, dass die angefochtene Entscheidung auf der Verletzung formellen oder materiellen Rechts beruht. Das Vorbringen neuer Tatsachen und Beweise ist dagegen regelmäßig ausgeschlossen.

149 Vor dem Bundesgerichtshof müssen sich die Beteiligten nach § 156 Abs. 5 S. 3 iVm § 10 Abs. 4 S. 1 durch einen beim Bundesgerichtshof zugelassenen **Rechtsanwalt** vertreten lassen. Dies gilt jedoch für den Notar nach § 156 Abs. 4 S. 2 KostO nicht, da dieser hinreichende eigene Sachkunde besitzt.

cc) Einstweilige Anordnung

150 Die Einlegung der Rechtsbeschwerde hat nach § 156 Abs. 5 S. 1 KostO keine aufschiebende Wirkung. Der Vorsitzende des zur Entscheidung berufenen Senats des Bundesgerichtshofs kann jedoch nach § 156 Abs. 5 S. 2 KostO auf Antrag oder von Amts wegen die aufschiebende Wirkung ganz oder teilweise anordnen. Wegen der Einzelheiten

wird auf die Ausführungen über das Verfahren im ersten Rechtszug verwiesen (Rn 120 ff).

dd) Entscheidung

Das Beschwerdegericht hat nach § 74 Abs. 1 S. 1 zu prüfen, ob die Rechtsbeschwerde an sich statthaft ist und ob sie in der erforderlichen Form und Frist eingelegt und begründet ist. Mangelt es an einem dieser Erfordernisse, ist die Rechtsbeschwerde nach § 74 Abs. 1 S. 2 als unzulässig zu verwerfen. 151

Ergibt die Begründung des angefochtenen Beschlusses zwar eine Rechtsverletzung, stellt sich die Entscheidung aber aus anderen Gründen als richtig dar, ist die Rechtsbeschwerde nach § 74 Abs. 2 zurückzuweisen. 152

Gem. § 74 a kann das Rechtsbeschwerdegericht die Rechtsbeschwerde einstimmig zurückweisen, wenn es davon überzeugt ist, dass die Voraussetzungen der Zulassung nicht vorliegen und die Rechtsbeschwerde keine Aussicht auf Erfolg hat. Damit ist der Bundesgerichtshof zwar zunächst an die Zulassung gebunden, kann jedoch aufgrund vereinfachter Prüfung auch ohne mündliche Verhandlung die Beschwerde durch Beschluss zurückweisen. Voraussetzung hierbei ist jedoch eine Begründetheitsprüfung nach Aktenlage.[139] 153

Der Prüfung des Bundesgerichtshofs unterliegen nach § 74 Abs. 3 S. 1 nur die von den Beteiligten gestellten Anträge. Der Bundesgerichtshof ist indes nach § 74 Abs. 3 S. 2 an die geltend gemachten Rechtsbeschwerdegründe nicht gebunden. Er entscheidet in der Sache selbst, wenn diese zur Endentscheidung reif ist. Andernfalls verweist er die Sache nach § 74 Abs. 6 S. 2 unter Aufhebung des angefochtenen Beschlusses und des Verfahrens zur anderweitigen Behandlung und Entscheidung an das Oberlandesgericht, oder, wenn dies aus besonderen Gründen geboten erscheint, an das Landgericht zurück. Nach § 156 Abs. 6 S. 2 KostO bestimmen sich die Kosten für die Rechtsbeschwerde nach den §§ 131, 136–139 KostO. 154

4. Anhörungsrüge nach § 157 a KostO

Ist der Rechtsweg erschöpft, kann das Verfahren auf entsprechende Rüge, dass das Gericht den Anspruch des beschwerten Beteiligten auf rechtliches Gehör in entscheidungserheblicher Weise verletzt hat, nach § 157 a KostO fortgesetzt werden. Die Anhörungsrüge nach § 157 a KostO geht damit der Rüge nach § 156 Abs. 5 S. 3 iVm § 44 vor. 155

V. Beschwerde nach § 78 c BNotO

1. Funktion

Das Rechtsmittel der Beschwerde nach § 78 c BNotO ist zusammen mit den weiteren Vorschriften der §§ 78 a und 78 b BNotO betreffend die Einführung eines Zentralen Vorsorgeregisters mit Gesetz vom 23.4.2004 in die Bundesnotarordnung eingefügt worden und am 31.7.2004 in Kraft getreten.[140] Die Führung eines automatisierten Re- 156

---

139 So Heßler zu § 552 a ZPO, dem § 74 a FamFG nachgebildet ist: Zöller/Heßler § 552 a ZPO Rn 3.
140 BGBl. I, 598.

gisters über Vorsorgevollmachten ist mit dem Inkrafttreten der vorgenannten Rechtsvorschriften zu einer gesetzlichen Pflichtaufgabe der Bundesnotarkammer geworden. Die Eintragungen in das **Zentrale Vorsorgeregister** dienen hierbei gem. § 78 a Abs. 2 BNotO allein der Information der Vormundschaftsgerichte, da bei Vorliegen einer Vorsorgevollmacht die Anordnung einer Betreuung nach § 1896 Abs. 2 S. 2 BGB nicht erforderlich ist. Das Register dient damit der Vermeidung überflüssiger Betreuungen.[141]

157 Die Bestimmungen der Bundesnotarordnung werden gem. § 78 a Abs. 3 BNotO ergänzt durch die Verordnung über das Zentrale Vorsorgeregister (Vorsorgeregister-Verordnung – VRegV) vom 21.2.2005,[142] welche das Registerverfahren eigenständig regelt, sowie die von der Bundesnotarkammer gem. § 78 b Abs. 2 BNotO erlassene Satzung über die Gebühren in Angelegenheiten des Zentralen Vorsorgeregisters (Vorsorgeregister-Gebührensatzung – VRegGebS).[143]

158 Die das Register führende **Bundesnotarkammer** wird in § 78 a Abs. 1 S. 3 BNotO als „Registerbehörde" bezeichnet. Das Register stellt danach eine eigene Abteilung, eine eigene „Behörde" im Geschäftsbereich der Bundesnotarkammer dar, für die ein getrennter Haushalt zu führen ist.[144]

159 Nach der bisherigen Rechtslage handelt es sich bei der Beschwerde nach § 78 c BNotO um unbefristete einfache Beschwerde nach § 19 FGG. Ausweislich der amtlichen Begründung liegt der Grund hierfür darin, dass das Interesse der Betroffenen und des Vormundschaftsgerichts an einem möglichst richtigen und vollständigen Registerinhalt höher zu bewerten ist als das Interesse an einem alsbaldigen formellen Verfahrensabschluss.[145] Durch den allgemeinen Verweis in § 78 c S. 4 BNotO auf die Vorschriften des FamFG wird die einfache Beschwerde nunmehr durch die befristete Beschwerde nach § 63 ersetzt. Das Rechtsmittel nach § 111 BNotO ist damit nicht eröffnet.

2. Verfahrensgegenstand

160 Den Verfahrensgegenstand der Beschwerde nach § 78 c S. 1 BNotO bilden **Entscheidungen der Bundesnotarkammer** im Rahmen der Registerführung. Als Entscheidungen der Bundesnotarkammer in diesem Sinne kommen insbesondere der Erlass eines Kostenbescheides oder die Verweigerung einer Eintragung in Betracht.

3. Verfahrenseinleitung

a) Beschwerdegericht

161 Zuständiges Beschwerdegericht ist nach § 78 c S. 3 BNotO das Landgericht am Sitz der Bundesnotarkammer, mithin gem. § 76 Abs. 2 BNotO iVm § 1 der Satzung der Bundesnotarkammer das **Landgericht Berlin**.[146]

---

141 Vgl die Gesetzesbegründung, BT-Drucks. 15/2253, 19.
142 BGBl. I, 318, vgl zum Registerverfahren im Einzelnen Schippel/Bracker/Görk § 78 a BNotO Rn 28 ff.
143 Satzung vom 2.2.2005 (DNotZ 2005, 81), geändert durch Satzung vom 2.12.2005 (DNotZ 2006, 2).
144 Schippel/Bracker/Görk § 78 a BNotO Rn 9.
145 BT-Drucks. 15/2253, 19.
146 DNotZ 2002, 562 – am 26.4.2002 hat die 84. Vertreterversammlung der Bundesnotarkammer durch Änderung von § 1 der Satzung die Verlegung des Sitzes von Köln nach Berlin beschlossen.

b) Beschwerdeberechtigung

Nach § 78 c S. 4 BNotO iVm § 59 Abs. 1 FamFG ist derjenige beschwerdeberechtigt, dessen Recht durch die Entscheidung der Bundesnotarkammer beeinträchtigt ist. Da das Eintragungsverfahren nach § 2 VRegV ein Antragsverfahren ist, ist nach § 59 Abs. 2 nur der antragsberechtigte **Antragsteller** beschwerdeberechtigt, wenn die Entscheidung der Bundesnotarkammer hinter dem gestellten Antrag zurückbleibt. Dritte sind grundsätzlich nicht beschwerdeberechtigt.[147] Aus diesem Grunde besitzen Personen oder Einrichtungen, die nach § 4 VRegV Anträge für Vollmachtgeber zur Eintragung in das Zentrale Vorsorgeregister einreichen, keine eigene Beschwerdeberechtigung. Sie benötigen damit zur Vertretung im Beschwerdeverfahren eine entsprechende Vollmacht.

162

c) Beschwerdeeinlegung
aa) Frist

Nach bisheriger Rechtslage war die Beschwerde nach § 78 c BNotO an keine **Frist** gebunden. § 78 c S. 4 BNotO iVm § 63 Abs. 1 FamFG sieht anders als die Regelung des § 19 FGG nunmehr vor, dass die Beschwerde, soweit gesetzlich keine andere Frist bestimmt ist, binnen einer Frist von einem Monat einzulegen ist. Die Frist beginnt nach § 63 Abs. 3 S. 1 mit der schriftlichen Bekanntgabe der Entscheidung der Bundesnotarkammer an die Beteiligten. Nach § 39 hat die Bundesnotarkammer ihre Entscheidungen mit einer Rechtsbehelfsbelehrung zu versehen. Kann die schriftliche Bekanntgabe an einen Beteiligten nicht bewirkt werden, beginnt die Frist nach § 63 Abs. 3 spätestens mit Ablauf von fünf Monaten nach Erlass der Entscheidung der Bundesnotarkammer.

163

bb) Form

Nach § 78 c S. 2 BNotO ist die Beschwerde nicht bei dem Beschwerdegericht, sondern ausschließlich bei der Bundesnotarkammer einzulegen. Durch diese Regelung soll es der Bundesnotarkammer ermöglicht werden, das ihr nach § 78 c S. 3 BNotO zustehende Abhilferecht auszuüben, um eine unnötige Belastung des Beschwerdegerichts zu vermeiden.[148] Erst wenn die Bundesnotarkammer der Beschwerde nicht abhilft, legt sie diese dem Landgericht zur Entscheidung vor. Diese Regelung gilt nunmehr auch nach § 64 Abs. 1 und weicht von dem im Beschwerdeverfahren der freiwilligen Gerichtsbarkeit bisher nach § 21 Abs. 1 FGG geltenden Grundsatz ab, dass die Beschwerde sowohl bei der Ausgangsinstanz als auch dem Beschwerdegericht eingelegt werden kann.[149]

164

Die **Einlegung** der Beschwerde erfolgt nach § 64 Abs. 2 S. 1 durch Einreichung einer Beschwerdeschrift oder durch Erklärung zu Protokoll der Bundesnotarkammer. Die Beschwerde muss nach § 64 Abs. 2 S. 2 die Bezeichnung des angefochtenen Beschlusses sowie die Erklärung enthalten, dass Beschwerde gegen diesen Beschluss eingelegt wird. Sie ist nach § 64 Abs. 2 S. 3 von dem Beschwerdeführer oder seinem Bevollmächtigten zu unterzeichnen.

165

---

147 Arndt/Lerch/Sandkühler/Sandkühler § 78 c BNotO Rn 5.
148 BT-Drucks. 15/2253, 19.
149 Vgl § 21 Abs. 1 FGG, § 15 Abs. 2 BNotO.

166 Darüber hinaus soll die Beschwerde nach § 65 Abs. 1 begründet werden. Sie kann nach § 65 Abs. 3 auf neue Tatsachen und Beweismittel gestützt werden. Die **Begründungspflicht** dient der Verfahrensförderung. Das Gericht kann dem Beschwerdeführer nach § 65 Abs. 2 eine Frist zur Begründung der Beschwerde einräumen. Die fehlende Begründung der Beschwerde führt indes nicht zu ihrer Unzulässigkeit.[150] Der Beschwerdeführer läuft jedoch Gefahr, dass die Beschwerde als unbegründet zurückgewiesen wird.

4. Verfahren und Entscheidungsfindung

167 Das Beschwerdegericht überprüft die Richtigkeit der von der Bundesnotarkammer getroffenen Entscheidung in tatsächlicher und rechtlicher Hinsicht. Für das Verfahren gelten sowohl der Grundsatz der Amtsermittlung nach § 78 c S. 4 BNotO iVm §§ 68 Abs. 3, 26 FamFG als auch der Grundsatz des rechtlichen Gehörs (vgl hierzu Rn 42 und Rn 43).

5. Entscheidung und Rechtsmittel

168 Im Hinblick auf die Entscheidung des Beschwerdegerichts gelten die Ausführungen zur Beschwerde nach § 15 Abs. 2 BNotO entprechend (Rn 45).

169 In der bis zum 1.9.2009 geltenden Fassung sah § 78 c Abs. 3 BNotO noch ausdrücklich vor, dass ein weiterer Rechtsbehelf gegen die Entscheidung des Landgerichts nicht gegeben ist. Diese Regelung wird mit Wirkung zum vorgenannten Zeitpunkt aufgehoben. Damit ist nach § 70 Abs. 1 die an die Stelle der weiteren Beschwerde tretende Rechtsbeschwerde eines Beteiligten statthaft, wenn sie das Beschwerdegericht in seinem Beschluss zugelassen hat. Zur Rechtsbeschwerde gelten im Übrigen die Ausführungen zu § 15 Abs. 2 BNotO entsprechend (Rn 54 ff).

---

150 Kroiß/Seiler § 4 Rn 29.

Stichwortverzeichnis

Fette Zahlen beziehen sich auf die Kapitel, magere auf die Randnummern.

Abänderung
– Beschluss **2** 161 ff
– Entscheidungen in internationalen Kindschaftssachen **5** 137, 205 ff

Abänderungsverfahren
– Gewaltschutzsachen **10** 136
– Güterrechtssachen **13** 62
– Verfahren in Haushaltssachen **9** 42
– Versorgungsausgleichssachen **11** 88, 105, 107, 314 ff, 364 ff; *siehe auch* Abänderung von Entscheidungen über den Versorgungsausgleich

Abänderungsverfahren nach § 238 **12** 26 ff
– Abänderung Unterhaltsbeschluss **12** 35
– Änderung höchstrichterliche Rechtsprechung **12** 38
– Begründetheit **12** 49 ff
– bei Herabsetzungsverlangen **12** 46
– einstweiliges Anordnungsverfahren **12** 36
– Endentscheidung **12** 35
– Erhöhung des Unterhalts **12** 45
– Gestaltungsklage **12** 27
– Herabsetzung Unterhalt **12** 44 ff
– materielle Gerechtigkeit **12** 27
– Spezialregelung **12** 30
– Tatsachenpräklusion **12** 40 f
– überzahlter Unterhalt **12** 48
– Unterhaltsurteile vor Geltung des FamFG **12** 32
– wesentliche Änderung **12** 49 f
– Wesentlichkeitsschwelle **12** 37 ff
– Zeitgrenze **12** 42 ff
– § 1613 BGB **12** 45
– § 323 ZPO **12** 26, 30 f

Abänderungsverfahren nach § 239 **12** 54 ff
– Bindungswirkung **12** 64
– einseitige Verpflichtungen **12** 59 ff
– jeweiliger Zeitpunkt **12** 63
– keine Wesentlichkeitsgrenze **12** 58
– keine zeitliche Beschränkung **12** 58
– Materiell-rechtliche Grundlagen **12** 69
– Schuldanerkenntnis **12** 62, 65
– sonstige Titel **12** 54 ff
– Unterhaltsberechtigter **12** 63
– Unterhaltspflichtiger **12** 62
– Unterhaltsvereinbarung **12** 60 ff, 66
– Unterhaltsvergleich **12** 56 ff
– Wegfall der Geschäftsgrundlage **12** 65, 68 f
– Wille der Parteien **12** 68
– Zulässigkeit **12** 68

Abänderung von Entscheidungen über den Versorgungsausgleich **11** 314 ff, 319 ff
– Altentscheidungen **11** 357 f
– Anrechte aus Regelsicherungssystemen **11** 323

– Barwert-Verordnung **11** 360
– Beispiele **11** 361
– Berechnungs- oder Buchungsfehler **11** 353
– Erfüllung einer Wartezeit **11** 358
– ergänzende Versorgungen **11** 325 f
– Härtefälle **11** 343 ff
– Hinterbliebene **11** 339
– nach der Scheidung **11** 355 ff
– Prinzipien **11** 320
– Rückerstattung **11** 367
– Tod des Antragstellers **11** 347 f
– Vereinbarungen, Abänderung **11** 314 ff, 354
– Verfahren **11** 88, 336 ff, 364 ff
– Versorgungsträger **11** 340
– Voraussetzungen **11** 321
– Wesentlichkeit **11** 330 ff, 358 ff
– Zeitpunkt **11** 341 ff
– § 10a VAHRG **11** 315 ff

Abberufung vertretungsberechtigter Personen
– unternehmensrechtliche Verfahren **19** 101 ff; *siehe auch* Bestellungs- und Abberufungsverfahren

Abbruch lebensverlängernder oder -erhaltender Maßnahmen **16** 146 ff

Abfindung
– Ausgleichsanspruch **11** 265 ff
– Versorgungsansprüche **11** 257

Abgabe des Verfahrens **1** 51, 55 ff
– Anhörung **1** 60
– Bereitschaft zur Übernahme **1** 59
– Bindungswirkung **1** 55
– wichtiger Grund **1** 57 f

Abhängigkeit Eil-/Hauptsacheverfahren *siehe* Unabhängigkeit Eil-/Hauptsacheverfahren

Abhilfeverfahren Grundbuchamt **23** 340

Abschlussprüfer **19** 119 f, 122

Abstammungssachen **4** 107, **6** 1 ff
– Anhörung **6** 79 ff
– Antrag **6** 28 ff
– Begriff **6** 13 ff
– Beteiligte **6** 54 ff
– Beweisaufnahme **6** 94 ff
– Erklärungen **6** 106 ff
– Erörterungstermin **6** 79 ff
– Inhalt der Entscheidung **6** 114 ff
– internationale Zuständigkeit **6** 41 ff
– Jugendamt **6** 60 ff, 63 ff
– Kosten **6** 121 ff
– örtliche Zuständigkeit **6** 49 ff
– Probeentnahme **6** 97 ff
– Tod eines Beteiligten **6** 111 ff
– Verbindung **6** 100 ff
– Wirksamwerden der Entscheidung **6** 127 ff

Stichwortverzeichnis

Abtrennung
- Ehe- und Scheidungssachen   4 112 ff
- Familiensachen   4 23
- Versorgungsausgleich   11 119

Abtretung
- Versorgungsansprüche   11 262 ff

Abwickler   19 111, 120, 125

Abzuschmelzende Leistung   11 245

Adoption   7 1 ff
- Adoptionsbeschluss   7 71 ff
- Adoptionsvermittlungsstelle   7 61
- Akteneinsicht   1 236, 7 78
- Änderungen durch das FamFG   7 4
- Anerkennung Auslandsadoption   7 96 ff
- Angabe gesetzlicher Vorschriften   7 65 f
- Anhörung   7 52 ff
- Annahme als Kind   7 6 ff
- Annahme Minderjähriger   7 7 ff
- Antrag   7 33 ff
- Anwendung ausländischen Rechts bei Inlandsadoption   7 87
- Auffangzuständigkeit   7 32
- Aufhebung   7 21 ff
- Aufhebungsverfahren   7 35
- Ausforschungsverbot   7 77 ff
- Auslagen   7 85
- Auslandsbezug   7 86 ff; *siehe auch* Adoption mit Auslandsbezug
- Befreiung vom Eheverbot   7 29
- Beschluss   7 63 ff
- Beschwerdeberechtigung   7 81
- Beschwerdefrist   7 81
- Beteiligte   7 36 ff
- Blankoadoption   7 49
- Eheverbot   7 27
- Eintritt Vormundschaft   7 62
- Einwilligung   7 44 ff, 67
- Ergänzungspfleger   7 14
- Ersetzung der Einwilligung   7 12 ff
- familiengerichtliche Genehmigung   7 47
- Findelkind   7 37
- formelle Voraussetzungen   7 43 ff
- Gerichtskosten   7 84 ff
- Geschichte   7 1 ff
- Haager Übereinkommen   7 2
- Inkognitoadoption   7 37, 49
- internationale Zuständigkeit   7 32
- iternationale Zuständigkeit   7 92 ff
- Jugendamt   7 16
- Jugendamt Beschwerderecht   7 57
- Jugendamt Zuständigkeit   7 58
- Kosten   7 70 ff
- Landesjugendamt Beschwerderecht   7 60
- materielle Voraussetzungen   7 42
- Mitteilungspflichten   7 76
- Namensführung   7 68 ff
- örtliche Zuständigkeit   7 31
- Rechtsmittel   7 80 ff
- Rückübertragung elterliche Sorge   7 27
- sachliche Zuständigkeit   7 30
- Staatsangehörigkeit   7 83
- Statistik   7 3
- Stiefkindadoption   7 9
- Tenor Adoptionsausspruch   7 64
- Unanfechtbarkeit   7 80 ff
- Unterlagen   7 34
- Verbindungsverbot   7 79
- Verfahrensarten   7 5 ff
- Verfahrensbeistand   7 41
- Verletzung rechtliches Gehör   7 26
- Verwandtenadoption   7 8
- Volljährigenadoption   7 10 f
- Widerruf Einwilligung   7 46
- Wirkung Aufhebung   7 28

Adoption mit Auslandsbezug   7 86 ff
- Anerkennung und Wirksamkeit   7 96 ff
- Inlandsadoption mit Anwendung ausländischen Rechts   7 87
- internationale Zuständigkeit   7 92 ff
- Neuerungen durch das FamFG   7 91
- schwache Adoption   7 88, 99
- Volladoption   7 88, 99
- Zuständigkeit   7 92 ff

Adoptionswirkungsgesetz   7 32 ff, 82 f

Akteneinsicht   1 215 ff
- Abschriften   1 241
- Adoption   1 236, 7 78
- Ausfertigungen   1 241
- Auszüge   1 241
- Beteiligte   1 223 ff
- Durchführung   1 239 f
- Entscheidung   1 242 ff
- Ermessen   1 237 f
- Grundbuchsachen   1 220
- Nachlasssachen   1 218 f
- Nichtbeteiligte   1 237 ff
- Personenstandssachen   1 222
- Rechtsmittel   1 245 ff
- Registersachen   1 221
- schutzwürdige Interessen   1 233 ff
- Sonderregelungen   1 218 ff, 232

Allgemeine Ehewirkungen   14 26

Altrechte an Grundstücken   23 389 ff

Amtliche Verwahrung   *siehe* Testamentsverwahrung

Amtsermittlungsgrundsatz   1 249 ff; *siehe auch* Sachverhaltsermittlung
- Abstammungssachen   6 88 ff
- Beschwerde nach § 15 Abs. 2 BNotO   24 42
- Erbscheinsverfahren   18 114 ff
- Familiensachen   4 20
- Gewaltschutzsachen   10 31, 83
- Verfahren in Haushaltssachen   9 30
- Versorgungsausgleichssachen   11 127 f, 145
- Wohnungszuweisung   8 37, 42, 87, 91

Amtsgericht Schöneberg   7 32

Amtslöschungsverfahren   19 39, 23 163
- Anhörung   19 52

1112

Stichwortverzeichnis

- Bekanntmachung Anhörung 19 48
- deklaratorische Eintragungen 19 51
- Entscheidung 19 42
- Inhalt der Eintragung 19 53, 55, 57
- Muster Anhörungsschreiben 19 47
- nichtige Beschlüsse 19 56
- nichtige Gesellschaften/Genossenschaften 19 54
- Rechtsmittel 19 44
- unzulässige Eintragung 19 50
- Verfahren 19 49
- Verfahrenseinleitung 19 40
- Vermögenslosigkeit 19 45
- Widerspruch 19 43

Amtsverfahren 1 17 ff
- Anregungsbefugnis 1 18
- Unterrichtung 1 19 ff

Amtsverschwiegenheit 1 293 ff

Amtswiderspruch 23 162

Anerkennung ausländischer Entscheidungen 5 190 ff

Anfechtung der Vaterschaft siehe Abstammungssachen

Angriffs- und Verteidigungsmittel
- Familiensachen 4 38 ff

Anhängigkeit
- Kindschaftssachen 5 37
- Versorgungsausgleichssachen 11 79 ff

Anhörung 1 291 f, 300 ff, 8 88, 23 282
- Abgabe 1 60
- Absehen bei gesteigerter Dringlichkeit 16 78
- Abstammungssachen 6 79 ff
- Amtslöschungsverfahren 19 52
- bei Entlassung des Betreuers mittels einstweiliger Anordnung 16 111
- Besonderheiten bei Abschiebungshaftverfahren 21 32
- des Betroffenen in Freiheitsentziehungssachen 21 28 ff
- des Betroffenen in Unterbringungssachen 17 31 ff
- des Gegners bei Verfahrenskostenhilfe 3 61 ff
- einstweilige Anordnung 1 468
- Familiensachen 4 27
- Gewaltschutzsachen 10 23, 82
- Hinzuziehung von Beteiligten 1 108
- Jugendamt 8 11, 29, 88 ff
- Kind, Eltern 5 68 ff
- Nichterscheinen des Betroffenen 21 33
- rechtliches Gehör 1 355 ff
- Sachverhaltsaufklärung 1 291 ff, 300 f
- Verfahrensablauf 1 302 ff
- Versorgungsausgleichssachen 11 162 ff
- Verweisung bei örtlicher Unzuständigkeit 1 53
- Verweisung bei sachlicher Unzuständigkeit 1 42 f

- vor Entlassung des Betreuers 16 107

Anhörung des Betreuten
- Anhörung bei Aufgabenkreiserweiterung 16 82
- Genehmigung von Verfügungen und Rechtsgeschäften des Betreuers 16 133
- persönliche Anhörung bei Betreuerbestellung 16 61 ff
- persönliche Anhörung bei Genehmigung Abbruch lebensverlängernder Maßnahme 16 149
- persönliche Anhörung bei Genehmigung Einwilligung in ärztliche Maßnahme 16 144
- persönliche Anhörung bei Sterilisation 16 160
- Wohnungskündigung 16 135

Anhörungsrüge 23 369
- Beschwerde nach § 54 BeurkG 24 86
- Notarkostenbeschwerde 24 155

Annahme Minderjähriger 7 6 ff; siehe auch Adoption

Anordnung
- Familiensachen 4 51

Anordnungsanspruch 1 461

Anordnungsgrund 1 461

Anpassung Versorgungsausgleich 11 368 ff
- Abänderung 11 392
- Altentscheidungen 11 370
- Antrag 11 389
- besondere Altersgrenze 11 380 ff
- betriebliche Altersversorgung 11 372
- ergänzende Altersversorgung 11 372
- Invalidität 11 380 ff
- Verfahren 11 89, 105
- wegen Todes 11 385 ff
- wegen Unterhalts 11 374 ff
- Zuständigkeit 11 390

Anrechte
- Ausgleichsreife 11 243 ff
- Bewertung 11 285
- öffentlich-rechtliche Sicherungssysteme 11 303

Anschlussrechtsmittel 2 68 ff, 102 f
- Ehe- und Scheidungssachen 4 125 f
- Rechtsmittelverzicht 2 26

Antrag 1 4 ff, 8 9, 35
- Abstammungssachen 6 28 ff
- Adoption 7 33 ff
- Antragsberechtigung siehe dort
- Antragsvorbehalt 23 211
- Begründung 1 13 ff, 261 ff, 8 37, 13 21 ff, 35
- Beteiligte 1 93
- Ehe- und Scheidungssachen 4 93 ff
- Erbscheinsverfahren 18 96 ff
- Form 1 6 ff
- Formular Vereinfachtes Verfahren über den Unterhalt Minderjähriger 12 248
- Gewaltschutzsachen 10 27

1113

Stichwortverzeichnis

- Güterrechtssachen   13 20 f, 34 ff, 67
- Inhalt   1 13 ff, 261 ff
- nach § 1361b BGB - Muster   8 83
- nach § 1568a BGB - Muster   8 84
- Niederschrift   1 11 f
- Notarkostenbeschwerde   24 101 ff
- Rücknahme   10 89 f, 368 ff
- sachgerecht   8 43
- schriftlich   1 7 ff
- Verfahren   10 29
- Verfahrenskostenhilfe   3 55 ff

Antrag des Betroffenen
- ärztliches Zeugnis   16 29
- erstmalige Ablehnung der Aufhebung der Betreuung   16 87
- Höchstpersönlichkeit   16 11
- Verfahrenserleichterungen   16 29

Antragsberechtigung   1 16
- Erbscheinsverfahren   18 93 ff
- Güterrechtssachen   13 20, 34
- Notarkostenbeschwerde   24 98 ff

Anwaltsvergütung
- Verfahren in Haushaltssachen   9 51
- Verfahrenskostenhilfe   3 96 ff

Anwaltszwang
- Ehe- und Scheidungssachen   4 69
- Ehewohnungssachen   8 4, 37, 130
- einstweilige Anordnung (§ 246)   12 75
- Gewaltschutzsachen   10 28, 129
- sonstige Familiensachen   14 68
- Unterhaltssachen   12 8, 112, 250
- Verfahren in Haushaltssachen   9 28
- Verfahrenskostenhilfe   3 38 f
- Versorgungsausgleichssachen   11 130 ff

Anweisung der Dienstaufsicht
- Notarkostenbeschwerde   24 109 ff

Anwesenheitsrecht Verfahrensbeistand   5 69

Apostille   23 406

Arrest
- (keine) Rechtsbeschwerde   2 86
- Familiensachen   4 52 ff

Aufbewahrung von Unternehmensbüchern   19 127

Aufenthalt
- Aufenthaltsbestimmung (Kindschaftssachen)   5 29
- Aufenthaltsort   5 25
- Ehe- und Scheidungssachen   4 72
- Gewaltschutzsachen   10 26

Aufgabenkreis des Betreuers   16 33
- alle Angelegenheiten   16 47
- Anhörung des Betreuten   16 82
- Antrag auf Grundsicherung   16 41
- Aufenthaltsbestimmung   16 37
- Betreuungsbedarf   16 44
- Einschränkung   16 90
- Erbangelegenheiten   16 46
- Erweiterung   16 80 ff

- Geltendmachung von Rentenansprüchen   16 29
- Geltendmachung von Unterhaltsansprüchen   16 29
- Heimangelegenheiten   16 40
- Kostenübernahme   16 40
- Personensorge   16 33
- persönliche Angelegenheiten   16 35
- Sterilisation   *siehe* Sterilisationsbetreuer
- Unterbringung   16 37
- Unterbringung nach § 63 StGB   16 22
- unterbringungsähnliche Maßnahmen   16 43
- Vermögenssorge   16 44 f
- Vertretung   16 41
- Wohnungsangelegenheiten   16 39

Aufgebot   22 1 ff
- Änderungen im Verfahren durch das FamFG   22 4 f
- Antrag   22 37 f
- Antragsberechtigung   22 39 ff
- Antragsberechtigung: Grundpfandrechte   22 40
- Antragsberechtigung: Grundstückseigentümer   22 39
- Antragsberechtigung: Nachlassgläubiger   22 41
- Aufgebotsbeschluss   22 50
- Aufgebotsfrist   *siehe dort*
- Aussetzung   22 52
- Bekanntmachung   22 43 f
- Beschwerde   22 53 f
- des Grundstückeigentümers   22 7 f
- Ermittlungen   22 49
- Fristberechnung   22 8
- Gerichtskosten   22 56
- Gesamtgutsgläubiger   22 21
- Geschichte   22 2
- Grundpfandrechtsgläubiger   22 10 ff
- Grundschuldbrief   22 13
- Hypothekenbrief   22 13
- Inhaberpapiere   22 25 f
- landesgesetzliche Regelungen   22 36, 55 f
- Nachlassgläubiger   22 17 ff
- Nachlassinsolvenzverfahren   22 20
- örtliche Zuständigkeit   22 31 ff
- Reallast   22 15 f
- Rentenschuldbrief   22 13
- Rücknahme Antrag   22 38
- sachliche Zuständigkeit   22 30
- Schiffseigentümer   22 9
- Schiffsgläubiger   22 22
- Schiffshypothekengläubiger   22 14
- Urkunden   22 23 ff
- Vorbehalt   22 51 ff
- Vorkaufsrecht   22 15 f
- Vormerkung   22 15 f
- Wiederaufnahme   22 54
- Wiedereinsetzung   22 54
- Zustellung   22 47
- Zwangsversteigerung   22 28 ff

Stichwortverzeichnis

Aufgebotsfrist
- Kraftloserklärung von Urkunden 22 45 f
- Nachlassgläubiger 22 19, 45 f

Aufhebung der Adoption 7 21 ff, 28, 35

Aufhebung der Betreuung
- Anhörung 16 88
- Beschluss 16 89
- Verfahren 16 86
- Verfahrenserleichterungen 16 86

Auflassung
- materielles Konsensprinzip 23 120
- Urteil 23 410 ff
- Vergleich 23 413 ff

Auflösung wegen Mangels der Satzung 19 84 ff

Aufsichtsratsmitglieder 19 107, 110, 123

Auseinandersetzung
- der fortgesetzten Gütergemeinschaft 18 369 ff
- der Gütergemeinschaft 18 369 ff
- des Nachlasses 18 346 ff
- Familiensachen 4 26

Ausforschungsverbot 7 77 ff

Ausgleich nach Scheidung 11 254 ff
- Abfindung 11 265 ff
- Abtretung 11 262 ff
- extern *siehe* Externe Teilung
- Fälle 11 254
- Geringfügigkeitsgrenze 11 255
- intern *siehe* Interne Teilung
- subsidiär 11 254
- unterhaltsähnlicher Anspruch 11 256

Ausgleichszahlung 8 76 f, 9 15

Auskunftspflicht
- Hausgenosse des Erblassers 20 11
- Haushaltsgegenstände 9 16
- Miterben 20 14
- Unterhaltssachen 12 122 ff
- Zuwendungen des Erblassers 20 15

Auskunftspflicht (§ 220) 11 143 ff
- Dritter 11 127
- Eheleute 11 150
- Hinterbliebene und Erben 11 152 f
- sonstige Personen 11 154
- Versorgungsträger 11 151, 155 ff

Auskunftspflicht Beteiligter (§ 235) 12 128 ff
- Anordnungen des Gerichts 12 128 ff
- Aufforderung zur Auskunft 12 131 ff, 150 f
- Aufforderung zur schriftlichen Versicherung 12 135 ff
- Fristsetzung 12 138
- Nichterfüllung innerhalb Frist 12 152 f
- Pflicht zur Auskunft 12 142 ff
- Rechtsfolgenhinweis 12 139 ff
- Unanfechtbarkeit von Entscheidungen 12 164 ff
- Veränderungen 12 158 ff

Auskunftspflicht Dritter (§ 236) 12 166 ff
- Anfechtbarkeit des Auskunftsverlangens 12 180 f
- Anforderung Auskünfte 12 168 ff
- Aussage-/Zeugnisverweigerungsrecht 12 178 f
- Information der Beteiligten 12 177
- Pflichten des Gerichts 12 176

Auslagen
- Adoption 7 85
- Verwahrer 20 48

Ausländer
- Beteiligtenfähigkeit 1 115
- Verfahrensfähigkeit 1 123

Ausländisches Recht 1 278

Auslandsadoption 7 86 f; *siehe auch* Adoption mit Auslandsbezug

Auslandsbezug
- Adoptionssachen 7 86 ff; *siehe* Adoption mit Auslandsbezug
- Ehesachen 4 132 ff; *siehe* Ehesachen mit Auslandsbezug
- Kindschaftssachen 5 117 ff; *siehe* Internationale Kindschaftssachen
- Verfahrenskostenhilfe 3 31 f
- Versorgungsausgleich 11 35 ff, 76

Auslegungsvertrag (Erbscheinsverfahren) 18 126

Ausschließungsbeschluss (Urkunde) 22 27

Ausschlussgrund
- Ehewohnung 8 58 ff
- Gewaltschutzsachen 10 59

Außergerichtliche Streitbeilegung
- Güterrechtssachen 13 49

Aussetzung
- Aussetzung der Vollziehung beim Pfandverkauf 20 65
- Ehe- und Scheidungssachen 4 101 ff
- Versorgungsausgleichsverfahren 11 181 ff
- § 2 VAÜG 11 393 ff

Auswahl des Betreuers *siehe* Betreuerauswahl

Barwert-VO 11 25, 43, 360

Beamtenversorgung 11 101
- Abänderung 11 324
- Ausschluss Versorgungsausgleich 11 288
- Aussetzung von Verfahren 11 182
- externe Teilung 11 230
- interne Teilung 11 220

Begründung
- Adoptionsbeschluss 7 71
- Beschwerde nach § 78 c BNotO 24 166
- Familiensachen 4 43
- Gewaltschutzsachen 10 28

Behörde 1 103, 120, 139
- Beschwerdebefugnis 2 32 f
- beteiligt 1 103
- Beteiligtenfähigkeit 1 120

1115

Stichwortverzeichnis

- Verfahrensfähigkeit 1 139
- **Beibringungsgrundsatz in Grundbuchsachen** 23 286
- **Beiordnung** 3 36 ff
  - Ehe- und Scheidungssachen 4 110
- **Beistand** 1 203 ff
  - Begriff 1 206 ff
  - Wirkung 1 214
  - zugelassene Personen 1 209 f
  - Zurückweisung 1 211 ff
- **Bekanntgabe**
  - Adoptionsbeschluss 7 72
  - Beginn der Beschwerdefrist 2 42 ff
  - Beschluss 1 401 ff
- **Belästigung, unzumutbare** 10 43 f
- **Belastung, unerträgliche** 8 23, 50, 70
- **Beratung**
  - Familiensachen 4 28
  - Kindschaftssachen 5 39
- **Beratungshilfe** 3 11 f
- **Berichtigung**
  - Adoptionsbeschluss 7 75
  - Beschluss 1 413
  - Register 19 28
- **Berichtspflicht** 16 58
- **Berufsbetreuer, Vergütung** 16 165 ff; siehe auch Vergütung des Betreuers
- **Beschleunigungsgebot**
  - Familiensachen 4 6
  - Kindschaftssachen 5 1, 31 ff
- **Beschluss** 1 381 ff
  - Auslandsvollstreckung 1 390
  - Begründung 1 389 ff
  - Bekanntgabe 1 401 ff
  - Berichtigung 1 413
  - Datum des Erlasses 1 394
  - Ergänzung 1 413
  - Inhalt 1 383 ff
  - Kostenentscheidung 1 414 ff; siehe auch dort
  - Rechtsbehelfsbelehrung 1 395 ff, 469
  - Rubrum 1 384
  - Tenor 1 385 ff
  - Unterschrift 1 393
  - Versorgungsausgleichssachen 11 270 ff
  - Vollstreckbarkeit 1 386
  - Wirksamwerden 1 398 ff; siehe auch dort
- **Beschwerde** 2 3 f, 9 ff, 23 322 ff
  - (keine) außerordentliche 2 132
  - Abhilfe 2 54 ff
  - Abstammungssachen 6 133 ff
  - Anschlussrechtsbeschwerde siehe Anschlussrechtsmittel
  - Anwaltszwang 2 50
  - Aufgebot 22 53 f
  - Begründung 2 52 f
  - Beschwerdebefugnis 2 31 f
- Beschwerdeberechtigung 2 27 ff; siehe auch dort
- Beschwerdebeschränkung 23 329 f
- Beschwerdeentscheidung 2 72 ff
- Beschwerdewert 2 19 ff
- Erbscheinsverfahren 18 132 ff
- Erledigung der Hauptsache 2 22
- Form, Inhalt 2 46 ff
- Freiheitsentziehungssachen 21 84 ff, 99 ff
- Frist 2 34 ff, 7 81
- Kosten 2 76 ff, 77 ff
- mündliche Verhandlung 2 64 f
- nach § 15 Abs. 2 BNotO 24 32 ff
- nach § 54 BeurkG 24 66 ff
- nach § 78 c BNotO 24 156 ff
- Präklusion 2 63
- Rechtsmittelverzicht 2 23 ff
- Rücknahme 2 66
- Unterbringungssachen 17 116 ff, 140 ff
- Unterhaltssachen 12 230 ff
- Vereinfachtes Verfahren über den Unterhalt Minderjähriger 12 315 ff; siehe auch dort
- Verfahren 2 59 ff
- Verfahren in Haushaltssachen 9 38
- Versäumnisbeschluss 2 12
- Versorgungsausgleichssachen 11 19, 309 ff
- Zulassung 2 20 f
- Zurückverweisung 2 75 f
- **Beschwerdeberechtigung** 2 27 ff
  - Adoption 7 81
  - Beschwerde nach § 15 Abs.2 BNotO 24 32
  - Beschwerde nach § 54 BeurkG 24 72
  - Beschwerde nach § 78 c BNotO 24 162
  - Eintragungsverfahren 19 24
- **Beschwerdegericht**
  - Beschwerde nach § 15 Abs. 2 BNotO 24 31
  - Beschwerde nach § 54 BeurkG 24 71
  - Beschwerde nach § 78 c BNotO 24 161
  - Besetzung 2 62
  - Notarkostenbeschwerde 24 95 ff
- **Besitzeinweisung** 10 136; siehe auch Vollstreckung
- **Besitzschutz** 14 37
- **Besondere Vertreter**
  - Unternehmensrechtliche Verfahren 19 113, 121, 124
  - Verwaltungsverfahren 16 208
- **Bestandsverzeichnis** 20 8 ff
- **Bestellung**
  - Betreuer siehe Verfahren zur Betreuerbestellung
  - Verfahrenspfleger 5 55 ff
  - vertretungsberechtigter Personen im unternehmensrechtlichen Verfahren 19 101 ff; siehe auch Bestellungs- und Abberufungsverfahren
  - Verwahrer 20 47
- **Bestellungs- und Abberufungsverfahren**
  - Abschlussprüfer 19 119

Stichwortverzeichnis

- Abwickler 19 111 f
- AG 19 105 ff
- Aufsichtsratsmitglieder 19 107, 110
- besondere Vertreter 19 113
- Genossenschaften 19 116 ff
- GmbH 19 114
- KG 19 104
- OHG 19 104
- Partnerschaftsgesellschaft 19 104

Beteiligte 1 83 ff, 223
- Abstammungssachen 6 54 ff
- Adoption 7 36 ff
- Akteneinsicht 1 223
- altes Recht 1 84 ff
- Anhörung Adoption 7 52 ff
- Annahmeverfahren 7 37
- Antrag 1 102 ff
- Antragsteller 1 93
- Aufhebungsverfahren 7 39
- Befreiung vom Eheverbot 7 40
- Behörden 1 103
- Belehrung 1 105, 111
- Beschwerde nach § 15 Abs. 2 BNotO 24 39
- Beschwerde nach § 54 BeurkG 24 74
- Beteiligtenfähigkeit 1 114 ff; *siehe auch dort*
- Beteiligungspflicht in Ehe- und Scheidungssachen 4 82
- Betreuungssachen 1 107
- eidesstattliche Versicherung 20 19
- Erbscheinsverfahren 18 111 ff
- Ermessen 1 108, 110
- Ersetzungsverfahren 7 38
- Freiheitsentziehungssachen 1 107
- Grundbuchsachen 1 101
- Güterrechtssachen 13 25, 41 f, 70
- Jugendamt 8 11, 29, 88 ff, 10 8
- Kannbeteiligte 1 106 ff; *siehe auch dort*
- kraft Anhörungsrecht/Auskunftspflicht 1 91, 103
- Mussbeteiligte 1 94 ff; *siehe auch dort*
- Nachlasssachen 1 97, 104, 109
- Notarkostenbeschwerde 24 114 ff
- Pfandverkauf 20 58
- Tod 6 111 ff
- Überblick neues Recht 1 89 ff
- unmittelbare Betroffenheit 1 94 ff
- Unterbringungssachen 1 107
- Unterrichtung 1 105, 111
- Verfahren in weiteren FG-Angelegenheiten 20 3
- Versorgungsausgleichssachen 11 85 ff, 90 ff
- von Amts wegen 1 98 ff
- Vorabentscheidung 1 112 f

Beteiligtenfähigkeit 1 114 ff
- Ausländer 1 115
- ausländische juristische Personen 1 116
- ausländische Vereinigungen 1 119
- Behörden 1 120

- Einrichtungen 1 118
- juristische Personen 1 116 f
- natürliche Personen 1 115
- Personengruppen 1 118
- Staatenlose 1 115
- Vereinigungen 1 118

Beteiligtenöffentlichkeit im Erbscheinsverfahren 18 120

Betretensverbot 8 61

Betreuer
- Abgabe eidesstattliche Versicherung 16 56
- Aufgabenkreis des Betreuers 16 33 ff; *siehe auch dort*
- Aufhebung der Betreuung 16 86; *siehe auch dort*
- Aufsichtsmittel 16 196
- Auswahl 16 50
- Befristung der Betreuung 16 91
- Bekanntgabe 16 72
- Berufsbetreuer 16 105
- Beschwerdebefugnis 16 75
- Bestellung 16 18; *siehe auch* Verfahren zur Betreuerbestellung
- Bestellung gegen den freien Willen des Betroffenen 16 77
- Bestellung im Wege einstweiliger Anordnung 16 76
- Bestellungsbeschluss 16 70
- Bestellungsurkunde 16 115
- Betreuungsgerichtliche Aufsicht 16 194
- Eignung 16 54 ff
- Einwilligung in ärztliche Maßnahme 16 140 ff
- Entlassung 16 101 ff; *siehe auch dort*
- Erlaubnis 16 103
- Gefährdung des Wohls des Betreuten 16 101
- Gegenbetreuer 16 85
- Genehmigung der Einwilligung in ärztliche Maßnahme 16 138 f
- Genehmigung von Verfügungen 16 132
- Haftbefehl 16 56
- Interessengegensatz 16 55
- Interessenkonflikt 16 52
- mangelnde Kooperation mit Betreutem 16 32
- Neubestellung bei vorheriger Entlassung 16 108
- Personensorge 16 33
- persönliche Eignung 16 56
- pflichtwidriges Verhalten 16 195
- Rechnungslegung 16 58
- Stellung als Erbberechtigter 16 55
- Sterilisationsbetreuer *siehe dort*
- Vergütung 16 164 ff; *siehe auch* Vergütung des Betreuers
- Verhinderungsbetreuer 16 85
- Verlängerung der Betreuung 16 91 f
- Vermögensangelegenheiten 16 33
- Vermögenssorge *siehe dort*

1117

Stichwortverzeichnis

- Vorschlag des Betroffenen   16 51
- zivilrechtliche Unterbringungen   17 3
- Zuführung zur Unterbringung   17 92

Betreuerauswahl
- Bereiterklärung des Betreuers   16 60
- Bestellung eines Betreuers   16 50
- Betreuungsverfügung   16 51
- Eignung des Betreuers   16 54 ff
- persönliche Beziehungen   16 52 f
- verwandtschaftliche Beziehungen   16 53
- Vorschlag der Betreuungsbehörde   16 53
- Wohl des Betroffenen   16 51, 52
- Zulassung durch Betreuungsbehörde   16 53

Betreuungsbedarf
- Amtsermittlung des Betreuungsgerichts   16 24
- Verfahren zur Betreuerbestellung   16 19

Betreuungsbedürftigkeit
- Gutachten   16 25
- Sachverständiger   16 25
- Strengbeweis   16 25
- Verfahren zur Betreuerbestellung   16 19

Betreuungsbehörde
- Anhörung bei Sterilisation   16 160
- Betreuer   16 59
- Betreuerauswahl   16 53
- Bochumer Modell   16 53
- örtliche Zuständigkeit   16 59
- Sozialbericht   16 31
- Vorschlag Verfahrenspfleger   16 17

Betreuungssachen   1 107
- Beteiligte   1 107
- Verfahrensfähigkeit   1 129
- Zuständigkeit   16 4, 9

Betreuungsverein, Antrag auf Entlassung   16 102

Betreuungsverfahren   16 1 ff
- Abfrage des zentralen Vorsorgeregisters   16 15
- Abgabe des Verfahrens   16 13
- Amtsermittlung   16 12
- Freibeweis   16 12
- gewöhnlicher Aufenthalt   16 13
- höchstpersönliche Angelegenheiten   16 15
- Rechtsbeschwerde   2 82
- Regelverfahren   16 18
- Strengbeweis   16 12
- Unterrichtung des Betroffenen   16 15
- unzulässige Betreuung   16 15
- Verfahrensarten   16 10
- Verfahrenseinleitung   16 11
- Verfahrenspfleger   16 16
- Verfahrensvollmacht   16 17
- Verfahren zur Bestellung eines Betreuers   16 18
- zweckmäßige Aufgabenwahrnehmung   16 13

Betreuungsverfügung   16 51

Betriebsrente
- externe Teilung   11 229
- fehlende Ausgleichsreife   11 244
- interne Teilung   11 214
- schuldrechtliche Ausgleichszahlungen   11 259

Beurkundungsverfahren   24 7

Bevollmächtigte   1 163 ff
- Beschäftigte   1 169 ff
- Mängel der Vollmacht   1 177 f
- ohne Vertretungsmacht   1 199 ff
- Postulationsfähigkeit   1 163 ff; *siehe auch dort*
- Rechtsanwälte   1 166 f
- Unentgeltlichkeit   1 172 f
- Verfahrensvollmacht   1 183 ff; *siehe auch dort*
- Verfahren vor dem BGH   1 182
- Verschulden   1 195
- Zulassung   1 168 ff
- Zurückweisung   1 179 f

Bewegungsfreiheit   10 1, 36

Beweise   10 83
- Anzeige   8 24
- Beweisermittlung   8 91
- Beweislast   1 344
- Beweislastumkehr   8 58
- Beweiswürdigung   1 254, 340
- Dokumente, Urkunden   8 24 f
- förmliche Beweisaufnahme   8 92, 10 83 ff
- Freibeweis   8 91 f, 10 83, 85
- polizeiliches Einsatzprotokoll   8 24
- Strengbeweis   8 91 f, 10 85
- Tatsachenfeststellung   1 340 f
- vorweggenommene Beweiswürdigung   1 254
- Zeugen   8 24

Bewertung von Anrechten   11 285

Bewilligungsgrundsatz   23 267

Bezugspersonen   5 62

Bilanz   19 130

Blankoadoption   7 49

Brüssel IIa-VO
- Ehesachen mit Auslandsbezug   4 142 ff
- Internationale Kindschaftssachen   5 129 ff

Brüssel II-VO
- Ehesachen mit Auslandsbezug   4 133 ff

Bundesnotarordnung   24 1

Cochemer Modell
- Ehe- und Scheidungssachen   4 80
- Kindschaftssachen   5 42

Darlegungs- und Beweislast
- Gewaltschutzsachen   10 32
- Unterhaltssachen   12 204
- Wohungszuweisung   8 42, 56

Dauerwirkung von Beschlüssen   2 161 ff

Stichwortverzeichnis

Dauerwohnrecht   8 52, 68
Dienstaufsichtsbeschwerde   23 366
Dienst- und Werkswohnung   8 73
Dolmetscher   1 313 f, 335, 367
Doppelverdienerehe   11 288
Drohung   8 50, 53, 10 19, 38, 56
Durchsetzung gerichtlicher Anordnungen
  1 433 ff
– Ersatzvornahme   1 442
– funktionelle Zuständigkeit   1 445
– Herausgabe   1 442
– Kosten   1 444
– psychiatrische Untersuchung   1 443
– Rechtsbehelfe   1 446
– verfahrensleitende Anordnungen   1 435 ff
– Vollstreckung   1 447 ff; *siehe auch dort*
– Zwangsgeld   1 440
– Zwangshaft   1 441
Dynamisierter Leistungsantrag (Unterhaltssachen)   12 18 ff
Dynamisierter Titel (Unterhaltssachen)
  12 188

Ehe, räumlich gegenständlicher Bereich   14 29
Ehebedingte Zuwendung   14 35
Eheberatung   4 102
Eherechtsreformgesetz   4 66
Ehesachen   4 66 ff
Ehesachen mit Auslandsbezug   4 132 ff
– allgemeine Ehesachen   4 133
– allgemeine Zuständigkeit   4 142 ff
– Amtsermittlungsgrundsatz   4 141 ff
– Anerkennung ausländischer Entscheidungen
  4 160 ff
– Anwendungsbereich der Brüssel IIa-VO
  4 161 ff
– außerhalb des Anwendungsbereichs der
  Brüssel IIa-VO   4 168 ff
– besondere Zuständigkeit   4 150 f
– Brüssel IIa-VO   4 142 ff
– Brüssel II-VO   4 133 ff
– internationale Entscheidungszuständigkeit
  4 137 ff
– Neuerungen durch das FamFG   4 136
– Restzuständigkeit   4 152 ff
– Zuständigkeitskonflikte   4 158 f
Ehestörungsklage   8 4
Ehe- und Familienstreitsachen
– Beschwerdebegründung   2 53
– Beschwerdeverfahren   2 66
Ehe- und Scheidungssachen   4 66 ff
– Abstammungssachen   4 107
– Abtrennung   4 112 ff
– Anschlussrechtsmittel   4 125 f
– Antragsschrift   4 93 ff
– Anwaltszwang   4 69
– Aufenthalt   4 72
– Aussetzung   4 101 ff
– Beiordnung   4 110
– Beteiligungspflicht   4 82
– Cochemer Modell   4 80
– Familienbuch   4 84
– FG-Sachen   4 130
– Folgesache   4 103 ff
– häusliche Gewalt   4 77
– Informationsgespräch   4 98
– Kosten   4 89 f
– Mediation   4 79, 97
– Präklusion   4 86
– Privatheit   4 68
– Rangfolge   4 71
– Rechtsmittel   4 123 ff
– Rechtszug   4 74
– Rücknahme   4 118 ff
– Säumnis   4 70, 86 ff
– Scheidungsverbund   4 91
– Umgangskontakte   4 78
– Unterhalt   4 106
– Verfahrensfähigkeit   4 76
– Verfahrenskostenhilfe   4 129 ff
– Verwaltungsbehörde   4 82 ff
– Verzögerung   4 115
– Vormundschaftsgericht   4 15, 76
– Wertausgleich   4 105
– Zerrüttungsvermutung   4 92
– Zuständigkeit   4 71 ff
Eheverbot   7 29
– Adoption   7 27
Ehewohnungssachen   8 1 ff
– Abgrenzung   8 19
– Antrag   8 31 ff
– Ehewohnung   8 45
– Eigentumsverhältnisse   8 68 ff
– einstweilige Anordnung   8 14, 30
– Gewaltschutzsachen   10 69
– Gewalttat   8 54 ff
– HausratsVO   8 64 ff
– Kosten   8 102, 118
– Mietverhältnis   8 72 ff, 98 f
– Nutzungsvergütung   8 62
– Personenkreis   8 22
– Rechtsmittel   8 111
– Rechtsmittelbelehrung   8 105
– Überlassung nach § 1568a BGB   8 98, 110
– unbillige Härte   8 49
– Verfahren   8 19 ff, 85 ff
– Verfahrenskostenhilfe   8 129 ff
– Verhältnis Haupt-/Eilverfahren   8 39
– Vollstreckung   8 79 ff, 133 ff
– Wiederholungsgefahr   8 58
– Wohnungszuweisung Muster   8 83 ff
– Zuständigkeit   8 31
– Zuweisung nach § 1361b BGB   8 44, 97, 109
– § 1361b BGB - Muster   8 83
– § 1568a BGB   8 64 ff
– § 1568a BGB - Muster   8 84 ff

1119

Stichwortverzeichnis

Ehrenamtlicher Betreuer
- Aufwendungsersatz 16 188 f
- Entlassung 16 105

Eidesstattliche Versicherung
- Anwendungsfälle 20 4
- Beteiligte 20 19
- Kindschaftssachen 5 106
- Kosten 20 26
- Kostentragung 20 27
- Rechtsmittel 20 25
- Unterlagen 20 22
- Verfahrenswert 20 29
- Verlangen des Gläubigers 20 22
- Vorschusspflicht 20 17

Eigentümerzustimmung 23 232

Eigentumsübertragung 8 69 ff

Eilbedürftigkeit 8 79

Eilverfahren *siehe* Einstweilige Anordnung; *siehe* Unabhängigkeit Eil-/Hauptsacheverfahren

Einberufung von Versammlungen 19 126

Einigung 8 65
- Haushaltsgegenstände 9 21

Einkommen
- Einkommensverhältnisse 8 51
- Verfahrenskostenhilfe 3 21 f

Einrichtungen 1 118, 138
- Beteiligtenfähigkeit 1 118
- Verfahrensfähigkeit 1 138

Einrichtungsgegenstände *siehe* Vollstreckung

Einstweilige Anordnung 1 458 ff
- (keine) Rechtsbeschwerde 2 86
- Änderung 1 479 ff
- Anhörung 1 468
- Anordnungsanspruch 1 461
- Anordnungsgrund 1 461
- Antrag 1 463
- Aufhebung 1 479 ff
- Außerkrafttreten 1 484 ff
- Aussetzung 1 465
- Aussetzung der Vollstreckung 1 473
- Befristung 16 79
- Beschlussformel 16 79
- Beschränkung der Vollstreckung 1 473
- Beschwerde 2 17
- Beschwerdefrist 2 37, 16 79
- Beschwerde nach § 15 Abs. 2 BNotO 24 44
- Beschwerde nach § 54 BeurkG 24 77
- Bestellung eines Betreuers mittels einstweiliger Anordnung 16 76
- Eilbedürftigkeit 8 41
- Einwilligungsvorbehalt 16 123
- Erweiterung des Aufgabenkreises des Betreuers 16 84
- Familiensachen 4 52 ff
- Freiheitsentziehungssachen 21 106 ff
- gesteigerte Dringlichkeit 16 78
- Gewaltschutzsachen 1 472

- Glaubhaftmachung 1 461
- Güterrechtssachen 13 63, 85 ff
- Hauptsacheverfahren 1 459
- Kindschaftssachen 5 3
- mündliche Verhandlung 1 466
- Notarkostenbeschwerde 24 120 ff
- ohne Anhörung 8 30
- Rechtsbehelfsbelehrung 1 469
- Sachverhaltsermittlung 1 465
- Säumnisentscheidung 1 467
- Trennungsgrundsatz 1 459
- Unterbringungssachen 17 151 ff
- Unterhaltssachen 12 191
- Verfahren 1 462 ff
- Verfahren in Haushaltssachen 9 43
- Verlängerung 16 79
- Versorgungsausgleichssachen 11 20, 201
- Vollstreckungsklausel 1 471
- Vollstreckungsverfahren 1 470
- Voraussetzungen 12 77
- vor Geburt 12 86; *siehe auch* Unterhalt bei Vaterschaftsfeststellung
- Zuständigkeit 1 464

Einstweilige Anordnung (§ 246) 12 70 ff
- Anwaltszwang 12 75
- Endentscheidung 12 78 f
- Kostenentscheidung 12 78
- Kostenvorschuss 12 70
- Leistungsverfügung 12 72
- mündliche Verhandlung 12 80 ff
- Unterhaltsrückstände 12 73
- Verfahrenskostenvorschuss 12 74
- Verzicht auf Hauptsacheverfahren 12 76
- voller laufender Unterhalt 12 72

Einstweilige Anordnungen in Freiheitsentziehungssachen 21 106 ff
- Änderung 21 112
- Dauer 21 110
- Hauptsacheverfahren 21 117 f

Einstweilige Anordnungen und Maßregeln in Unterbringungssachen 17 151 ff
- Änderung 17 162
- Dauer 17 159
- Hauptsacheverfahren 17 166 ff
- Rechtsmittel 17 165
- Voraussetzungen der „gewöhnlichen einstweiligen Anordnung" 17 153
- Voraussetzungen einer „eiligen einstweiligen Anordnung" 17 158

Einstweilige Verfügung
- Gewaltschutzsachen 10 29

Eintragungsverfahren
- Aussetzung 19 14
- Bekanntmachung Veröffentlichung 19 20
- berufsständische Organe 19 13
- Beschwerdeberechtigung 19 24
- Eintragungsmitteilung 19 19
- Entscheidung 19 16
- Inhalt der Eintragung 19 17
- Kosten 19 26

Stichwortverzeichnis

- Notarantrag 19 10
- Prüfungsumfang 19 12
- Rechtsmittel 19 23
- Rechtsmittelzuständigkeit 19 25
- Sitzverlegung 19 15
- Teilvollzug 19 18
- Verfahrenseinleitung 19 9
- Zurückweisung 19 21
- Zwischenverfügung 19 22

Eintragung von Amts wegen 19 27 ff
- Bekanntmachung, Veröffentlichung 19 34
- Einzelfälle 19 29
- Entscheidung 19 33
- Entscheidungsfindung 19 31
- Erlöschen der Firma 19 32
- Kosten 19 38
- Rechtsmittel 19 36
- Verfahrenseinleitung 19 30
- Widerspruch 19 35

Einvernehmliche Beendigung 1 368, 372 f

Einwendungen Antragsgegner (§ 252) 12 281 ff
- Auskunfts- und Belegpflicht 12 289
- Erfüllungseinwand 12 288
- fehlende Veranlassung 12 285
- Leistungsfähigkeit 12 289
- Mitteilung über Einwendungen 12 291
- Prüfungsumfang 12 304 f
- Sechsmonatsfrist 12 291
- Unterhaltshöhe 12 284
- Verpflichtungserklärung 12 287
- zeitliche Grenze 12 290
- Zeitpunkt Zahlungsbeginn 12 283
- Zulässigkeit 12 282 ff

Einwilligung in ärztliche Maßnahme 16 81, 143

Einwilligung in die Adoption 7 45 ff

Einwilligung in eine genetische Abstammungsuntersuchung *siehe* Abstammungssachen

Einwilligungsvorbehalt
- Abschluss Ehevertrag 16 120
- Änderung Familienname 16 120
- Drittinteresse 16 119
- Einschränkung 16 127
- einstweilige Anordnung 16 123
- Erweiterung 16 124
- Verfahren 16 116 ff, 121
- Vermögensgefahr 16 119

Einzelrichter 4 49

Eltern-Kind-Verhältnis *siehe* Abstammungssachen

Endentscheidung 1 381 ff; *siehe auch* Beschluss
- Beschwerde 2 11
- Güterrechtssachen 13 30, 53 f, 76
- Unanfechtbarkeit 2 14

Entfernungsverbot 9 27

Entlassung des Betreuers
- Anhörung 16 101
- Anhörung bei einstweiliger Anordnung 16 111
- Anhörung vor Entlassung 16 107
- Antrag auf Entlassung des Betreuungsvereins 16 102
- Aufsichtsmittel 16 101
- Beschluss 16 109
- Beschluss bei einstweiliger Anordnung 16 112
- Beschlussformel 16 102
- ehrenamtlicher Betreuer 16 105
- Eigenantrag auf Entlassung 16 104
- Entlassung des Vereinsbetreuers auf Antrag des Vereins 16 102
- Entlassungsgründe 16 95
- Falschabrechnung 16 99
- Interessenkonflikte 16 98
- Neubestellung bei vorheriger Entlassung 16 108
- Pflichtenverstoß 16 100
- Statuswechsel 16 102
- Verfahren 16 94
- wichtiger Grund 16 97
- zwingende Entlassung 16 96

Entscheidung
- Akteneinsicht 1 242 ff
- Bekanntgabe 5 90
- Kindschaftssachen 5 89 ff
- nach § 1361b BGB – Muster 8 109
- nach § 1568 a BGB – Muster 8 110
- Notarbeschwerdesachen 24 45 ff, 78 ff, 168
- Notarkostenbeschwerde 24 126 ff
- Versorgungsausgleichssachen 11 17 ff, 203 ff

Erbenermittlung 18 59, 82

Erbenhaftung 18 297 ff

Erbnachweis 23 228

Erbschein
- Ausfertigung 18 146
- Einziehung 18 152 ff
- gegenständlich begrenzter 18 100 f
- gemeinschaftlicher 18 109 f
- Kraftloserklärung 18 168 f
- Rechtspfleger 1 69, 82
- Verfahren des Nachlassgerichts 18 114 ff; *siehe auch* Erbscheinsverfahren

Erbscheinsverfahren 18 89 ff
- Akteneinsicht 18 147
- Amtsermittlung 18 114 ff
- Antrag 18 96 ff
- Antragsberechtigung 18 93 ff
- Auslegungsvertrag 18 126
- Beschluss 18 125 ff
- Beschwerde 18 132 ff
- Beteiligte 18 111 ff
- Beteiligtenöffentlichkeit 18 120
- Feststellungslast 18 122

1121

Stichwortverzeichnis

- Inhalt des Erbscheins 18 143 ff
- Kosten 18 148 ff
- Nachweispflichten 18 103 ff
- Richtervorbehalt 18 92
- Vergleich 18 123 f
- Vorbescheid 18 126 ff
- Wirksamkeit 18 128 ff
- Zivilrechtsstreit über das Erbrecht 18 118 f
- Zurückstellen der Erteilung des Erbscheins 18 128 ff
- Zuständigkeit 18 90 f

Erbvertrag 18 46 ff

Ergänzungsbeschluss 7 75

Ergänzungspfleger 7 14

Erhöhung des Unterhalts nach § 238 12 45

Ermessensentscheidung 8 66, 102, 104
- Kindschaftssachen 5 56

Ermittlungsgrundsatz 23 279 f

Erörterungstermin in Kindschaftssachen 5 46 ff

Ersatzvornahme 1 442

Ersatzwohnraum 8 66

Ersetzung der Einwilligung
- Adoption 7 12 ff

Ersetzungsverfahren
- Beteiligte 7 38

Erziehungsversagen 5 12

Externe Teilung 11 93, 99, 226 ff
- Antrag 11 176 f
- Anwendungsbereich 11 168
- Beamtenversorgung 11 230
- Beschluss 11 232 ff
- Fälle 11 227 ff
- Fristen 11 170 ff
- Nachweispflichten 11 173 f
- Tenorierungsbeispiele 11 235 ff
- Vereinbarung 11 228
- Versorgungsanrechte 11 166 ff
- Wahlrechte 11 169

Fallpauschale 5 64

Familienbuch 4 84

Familiengericht 4 2, 10

Familiensachen 4 1 ff, 8 4
- Abkopplung 4 23
- Amtsermittlungsgrundsatz 4 20
- Angriffs- und Verteidigungsmittel 4 38 ff
- Anhörung 4 27
- Anhörungspflicht 4 25
- Anordnung 4 51
- Anwenderfreundlichkeit 4 17
- Arrest 4 52 ff
- Aufklärung 4 18
- Auseinandersetzungen 4 26
- Befristung 4 44
- Begründung 4 43
- Beratung 4 28
- Beschleunigung 4 6

- Beschluss 4 22, 31
- Ehesache 8 4, 32, 10 5
- Einstweilige Anordnung 4 52 ff
- Einzelrichter 4 49
- Erkenntnisverfahren 4 60
- FamFG 4 1
- Familienstreitsache 8 4, 10 5
- Frist 4 42
- Geldforderungen 4 65
- Gerichtsbarkeit 4 12
- Gliederung 4 11
- Hauptsacheprozess 4 54
- Instanzenzug 4 14
- Neukodifizierung 4 3
- Ordnungshaft 4 61
- Parteien 4 23 ff
- Prüfpflichten 4 19
- Rechtsanwälte 4 23 ff
- Rechtsfortbildung 4 52
- Rechtsmittel 4 39 ff
- Rechtsmittelverfahren 4 46
- Regelungsgeflecht 4 30
- Scheidung light 4 35
- Trennungsjahr 4 34
- Trennungszeit 4 32
- Übergangsphase 4 41
- Umgangspfleger 4 8 f
- unmittelbarer Zwang 4 64
- Verbund 4 29
- Vereinfachung 4 37
- Verfahrensgrundsätze 4 16
- Verfahrenskostenhilfe 3 6 ff, 4 24
- Verfahrensrecht 4 12 ff
- Versorgungsausgleichssachen 11 4
- Verspätung 4 38
- Vollstreckung 4 57 ff
- ZPO 4 30 ff
- ZPO-Sachen 4 5
- Zurückweisung 4 47
- Zuständigkeit 4 15 ff
- Zwangsvollstreckungshandlungen 4 58

Familienstreitsachen 4 4, 13

Festsetzungsbeschluss
- Vereinfachtes Verfahren über den Unterhalt Minderjähriger 12 309

Festsetzungsentscheidung
- Rechtskraft 16 183 f

Feststellung des Fiskus als Erbe 18 84 ff

Feststellung des Zustands oder Wertes einer Sache
- Kosten 20 41
- Rechtsmittel 20 39 f
- Verfahren 20 33 ff

Findelkind 7 37

Folgesache 4 103 ff

Formulare
- vereinfachtes Verfahren über den Unterhalt Minderjähriger 12 262
- Versorgungsausgleichssachen 11 155

Stichwortverzeichnis

Freibeweis 1 269 ff, 23 281
- Amtsverschwiegenheit 1 293 ff
- Anhörung zur Sachverhaltsaufklärung 1 291 f, 300 ff
- ausländisches Recht 1 278
- Dokumentation 1 316
- Durchführung 1 290 ff
- Ermessen 1 286 ff
- Verfahrensfehler 1 289
- Verfahrensvoraussetzungen 1 277
- Verwertbarkeit 1 316 ff
- Zeugnisverweigerung 1 293 ff

Freiheitsberaubung 10 18

Freiheitsentziehungssachen 1 107, 21 1 ff
- Antrag 21 18
- Aufenthaltsrecht 21 21
- aufgrund von Bundesrecht angeordnete Freiheitsentziehung 21 2
- Aufhebung des Beschlusses 21 73
- Beschwerde 21 84 ff
- Beteiligte 1 107, 21 25 ff
- Dauer 21 68
- Definition Freiheitsentziehung 21 6 ff
- einstweilige Anordnung 21 106 ff
- Entscheidung durch Beschluss 21 51 ff
- Infektionsschutzrecht 21 22, 39
- Inhalt des Beschlusses 21 52
- Kann-Beteiligte 21 26
- Kosten und Auslagen 21 124 f
- Mitteilungen und Benachrichtigungen 21 120
- Muss-Beteiligte 21 27
- örtliche Zuständigkeit 21 12
- Rechtsbeschwerdeverfahren 2 82, 21 99 ff
- Rechtsmittelbelehrung 21 56
- sachliche Zuständigkeit 21 11
- Verfahrenskostenhilfe 21 119
- Verlängerung der Freiheitsentziehung 21 72
- Verwaltungsgewahrsam 21 75 ff
- Vollzugsangelegenheiten 21 60 ff
- Zuständigkeit der Gerichte 21 11 f

Freiheitsentziehungsverfahren
- Rechtsbeschwerde 2 82

Frist
- Befristung der Zuweisung 8 19, 70, 75
- Beschwerde nach § 15 Abs. 2 BNotO 24 33 ff
- Beschwerde nach § 78 c BNotO 24 163
- externer Ausgleich 11 170 ff
- Familiensachen 4 42
- Gewaltschutzsachen 10 59 f, 100
- Notarkostenbeschwerde 24 102 f

Fristbestimmung durch Nachlassgericht
- bei Vermächtnis und Auflagen 18 276 ff
- zur Annahme des Amtes als Testamentsvollstrecker 18 209 ff
- zur Bestimmung des Testamentsvollstreckers durch Dritte 18 199 ff

Funktionelle Zuständigkeit 1 67 ff, 445
- Gültigkeit von Maßnahmen 1 77 ff
- Güterrechtssachen 13 23 f, 40, 69

Gebühren 10
- Beschwerde nach § 15 Abs. 2 BNotO 24 53
- Gericht 10 122 ff
- Rechtsanwalt 8 128, 10 126 ff
- Vereinfachtes Verfahren über den Unterhalt Minderjähriger 12 275

Gefahr in Verzug (Gewaltschutzsachen) 10 23

Gegenstandswert
- eidesstattliche Versicherung 20 29

Gegenvorstellung 2 133 ff, 23 365

Geheimhaltung 10 28

Gehörsrüge 2 102 ff

Geldforderungen (Familiensachen) 4 65

Gemeinschaft
- Abwicklung 14 28

Gemeinschaftsleben 8 67

Genehmigung als Verfahrenshandlung 1 161

Genehmigung der Einwilligung in ärztliche Maßnahme 16 138 ff

Genehmigung der Einwilligung in eine Sterilisation 16 153 ff
- alternative Mittel 16 157
- Beschluss 16 163
- Verfahrenssicherungen 16 158
- Wirksamkeit 16 163

Genehmigung für ein Rechtsgeschäft
- (keine) Abänderung 2 165
- (keine) Gehörsrüge 2 119
- (keine) Wiederaufnahme 2 150
- Beschwerdefrist 2 38

Genehmigung in Abbruch lebensverlängernder oder -erhaltender Maßnahmen 16 146 ff

Genehmigungspflichtige Rechtsgeschäfte 16 129

Genehmigung von Rechtsgeschäften des Betreuers
- Beschwerde 16 131
- Ermittlungspflicht 16 130
- Verfahren 16 128 ff

Genossenschaft 19 116
- Auflösung 19 88
- Genossenschaftsregister 19 1

Gerichtliche Bestimmung der Zuständigkeit 1 61 ff
- Anfechtbarkeit 1 66
- negativer Kompetenzkonflikt 1 62
- positiver Kompetenzkonflikt 1 62
- rechtliche Verhinderung 1 62
- tatsächliche Verhinderung 1 62
- Ungewissheit 1 62
- wichtiger Grund 1 62
- Zuständigkeit 1 63

Stichwortverzeichnis

Gerichtskosten
- Adoption 7 84 ff
- Aufgebot 22 56
- Auslagen 16 191
- Dauerbetreuung 16 192
- Gebühren 16 191 f
- Kostenfestsetzung 16 193
- Verfahren in Haushaltssachen 9 51
- Verfahrenskostenhilfe 3 95
- Vermögenssorge 16 192

Gerichtsvollzieher 8 80 ff, 135, 10 25

Geringwertige Anrechte 11 95

Gesamtausgleich VA 11 45

Gesamtbilanzierung 11 23

Gesamtgutsgläubiger
- Aufgebot 22 21

Geschäftsgebühr, Anrechnung Verfahrenskostenhilfe 3 98

Gesellschaft
- Abwicklung 14 38

Gesetz zur Strukturreform des Versorgungsausgleichs 11 1, 29

Geständnis 1 252

Gesundheitssorge
- Einwilligungsunfähigkeit des Betroffenen 16 35
- medizinische Behandlung 16 35

Gesundheitsverletzung 10 18, 34

Gewalt
- absolute Rechtsgüter 10 1, 18, 38
- Belästigung 10 1, 43 f
- Bewegungsfreiheit 10 1, 36
- Exzesse 8 29
- Stalking 10 1, 43 f
- Tötung 10 1

Gewaltschutzsachen 1 472, 8 14, 18, 39, 80, 95, 10 1 ff
- Beschluss 10 88
- Beweise *siehe dort*
- Glaubhaftmachung *siehe dort*
- Kostenentscheidung 10 101 f
- Rechtsmittel 10 108 ff; *siehe auch dort*
- Schutzmaßnahmen *siehe dort*
- Verfahrenskostenhilfe *siehe dort*
- Verhandlung, mündliche 10 24 f, 82
- Vollstreckung *siehe dort*
- Wohnung *siehe dort*
- Zuständigkeit *siehe dort*

Gewalttat 8 54

Gewöhnlicher Aufenthalt
- internationale Kindschaftssachen 5 129 ff
- Unterhaltssachen 12 107, 110
- Versorgungsausgleichssachen 11 81 ff

Glaubhaftmachung 1 461
- Anzeige 10 20
- Arztattest 10 20
- eidesstattliche Versicherung 8 24, 10 20

- Einsatzprotokoll 10 20
- E-Mail 10 20
- SMS 8 24, 10 20
- Zeugen 8 29, 41, 92, 10 20

Gleichlauftheorie *siehe* Nachlasssachen

GmbH 19 114

Grundbuch 23 35 ff
- Abteilung 23 51 ff
- Aufschrift 23 49
- beschränktes öffentliches Register 23 101
- Bestandsverzeichnis 23 50
- Buchungszwang 23 61
- Erbbaugrundbuch 23 65
- gegenstandslose Rechte 23 165 ff
- Grundakten 23 55
- Grundbuchblatt 23 46
- Grundbuchfähigkeit 23 199
- Grundbuchkosten 23 132 ff, 375 ff
- Grundbuchunrichtigkeit 23 96
- maschinell geführtes Grundbuch 23 41 ff
- öffentlicher Glaube 23 79
- Publizitätsgrundsatz 23 59
- Realfolium 23 46
- Richtigstellung 23 180
- Wohnungsgrundbuch 23 65

Grundbuchamt
- Organe 23 102 ff
- Zuständigkeit 23 105 ff

Grundbucheinsichtnahme 8 25, 23 181
- Abrufverfahren 23 186
- berechtigtes Interesse 23 183, 247

Grundbucheintragung
- gemeinschaftliche Rechte 23 91 f
- Gesamtbelastung 23 93
- Konstitutivfunktion 23 74 ff
- öffentlicher Glaube 23 79 ff, 96 ff
- Rangverhältnis 23 84 ff
- Richtigkeitsvermutung 23 78
- Umdeutung 23 94 f
- Verfahrenshandlung 23 109 ff

Grundbuchordnung 23 15
- Rechtsmittelzug 23 26

Grundbuchsachen 1 101, 220
- Akteneinsicht 1 220
- Beschwerdefrist 2 40
- Beteiligte 1 101

Grundbuchverfahren
- Amtslöschung 23 163
- Amtsverfahren 23 157 ff
- Annexamtsverfahren 23 174 ff
- Anregung 23 244 f
- Antrag 23 188 ff
- Antragsgrundsatz 23 116
- Antragsrücknahme 23 249 ff
- Antragsverfahren 23 137 ff
- ausländische Urkunde 23 405 ff
- außerordentliche Rechtsbehelfe 23 365 ff
- Behördenersuchen 23 153 ff, 238 ff
- Berichtigungsverfahren 23 141 ff

Stichwortverzeichnis

- Bestimmtheitsgrundsatz 23 117
- Beteiligte 23 106 ff
- Beweismittelbeschränkung 23 121
- einstweilige Anordnung 23 348 f
- Eintragungsbewilligung 23 222 ff
- Eintragungsgrundsatz 23 114
- Eintragungsverfügung 23 265
- Feststellungslast 23 292, 295
- formelles Konsensprinzip 23 119
- Kosten *siehe* Grundbuch
- Legalitätsprinzip 23 125
- materielles Konsensprinzip 23 120
- Notar 23 216 ff
- ordentliche Rechtsmittel 23 322 ff
- Prioritätsgrundsatz 23 118
- Rangbereinigungsverfahren 23 168 f
- Rechtsmittelzug 23 318 ff
- Verfahrensgrundsätze 23 266 ff
- Vertretung 23 200 ff
- Voreintragung 23 123 f
- Zwangsberichtigungsverfahren 23 164
- Zwangsvollstreckung 23 379
- Zwischenentscheidung 23 311 ff

Grundschuldbrief 22 13

Grundstück
- Begriff 23 28 f
- Flurstück 23 30
- Zuflurstück 23 32

Gründungsprüfer 19 123

Gütergemeinschaft
- Auseinandersetzung 18 369 ff
- Überweisungszeugnis 18 184 ff
- Zeugnis über fortgesetzte 18 175 ff

Güterrechtsregister 19 1

Güterrechtssachen 13 1 ff
- Abänderung 13 62
- Annex-Forderungen 13 6
- Antrag 13 20 f, 34 ff, 67; *siehe auch dort*
- Ausländer 13 10, 12
- außergerichtliche Streitbeilegung 13 49
- Begriff 13 3 ff
- Beteiligte 13 25, 41 f, 70
- Dritte 13 3, 4, 8, 13
- Drittwiderspruchsklage 13 4
- Ehesache 13 22, 68
- einheitliche Entscheidung 13 47, 55
- einstweiliger Rechtsschutz 13 63, 85 ff
- Endentscheidung 13 53, 76
- Familienstreitsache 13 1
- Folgesache 13
- freiwillige Gerichtsbarkeit 13 1, 14, 15 ff
- funktionelle Zuständigkeit 13 23 f, 40, 69
- Geschäftspartner 13 25
- Gesellschaftsrecht 13 10
- Gütergemeinschaft 13 5
- Güterrechtsstreitsache 13 3 ff, 63 ff
- Hochzeitsgeschenk 13 10
- internationales Verfahren 13 88 ff
- Kostenentscheidung 13 32, 58 ff, 79 ff
- minderjährige Ehegatten 13 25, 43, 71
- Miteigentum 13 10
- mündliche Verhandlung 13 51
- Nutzungsentschädigung 13 5
- örtliche Zuständigkeit 13 22, 39, 68
- Postulationsfähigkeit 13 27, 44, 72
- Rechtsbehelfe 13 33, 61, 64, 82 f
- Sachverhaltsermittlung 13 28, 45, 73 f
- Schadensersatz 13 11
- Schenkungswiderruf 13 10
- Schmuck 13 10
- selbständige Güterrechtssache 13
- Teilungsversteigerung 13 4
- ungerechtfertigte Bereicherung 13 11
- Verbund 13
- Verfahrensfähigkeit 13 26, 43, 71
- Verfahrensleitung 13 46, 75
- Vollstreckung 13 84
- Vollstreckungsgegenklage 13 4
- vorzeitiger Zugewinnausgleich 13 7
- Wegfall der Geschäftsgrundlage 13 8
- Wiederaufnahme 13 62
- Wirksamkeit des Beschlusses 13 31, 56 f, 77 f

Haager Übereinkommen 5 147 ff, 7 2, 92 ff

Halbteilungsgrundsatz 11 229, 290

Handelsregister 19 1

Härte, unbillige 8 19, 28, 43, 49 f, 10 56

Härteregelung
- Abänderungsverfahren 11 336, 343
- Ausschluss des Versorgungsausgleichs 11 240
- Versorgungsausgleich 11 34
- Verzögerung des Scheidungsausspruchs 11 124 ff

Haushalt 8 19, 10 23, 53

Haushaltsgegenstand
- Begriff 9 3
- Eigentumsverhältnisse 9 6

Haushaltssachen 9 1 ff
- Abänderungsverfahren 9 42
- Abgrenzung Güterrecht 9 6
- Alleineigentum eines Ehegatten 9 7
- Amtsermittlungsgrundsatz 9 30
- Anwaltszwang 9 28
- Ausgleichszahlungsanspruch 9 15
- Auskunftsanspruch 9 16
- Beschluss 9 35
- Beschwerdeverfahren 9 38
- dingliche Surrogation § 1370 BGB 9 7
- Durchführungsanordnungen 9 26
- Einigung 9 21
- einstweilige Anordnung 9 43
- endgültige Verteilung nach Scheidung 9 14
- Entfernungsverbot 9 27
- Entscheidung 9 35
- Gebrauchsüberlassungsanspruch 9 11
- gerichtlicher Vergleich 9 34
- Gerichtskosten und Anwaltsgebühren 9 51
- Gerichtskostenvorschuss 9 20

1125

Stichwortverzeichnis

- Getrenntleben der Ehegatten 9 9
- Herausgabeanspruch bei Getrenntleben 9 10
- Kosten 9 50
- Kostengrundentscheidung 9 50
- Legaldefinition 9 2
- Miteigentumsvermutung 9 7
- Miteigentum und vorläufige Verteilung 9 12
- Mitwirkungspflicht der Beteiligten 9 31
- mündliche Verhandlung 9 33
- Muster Antrag Teilung der Haushaltsgegenstände bei Getrenntleben 9 24
- Muster Vereinbarung 9 22
- Nutzungsvergütung bei vorläufiger Verteilung 9 13
- persönliche Gegenstände 9 4
- Pkw 9 5
- Präklusion 9 32
- Rechtsbeschwerde 9 41
- Rechtskraft 9 36
- Rechtsmittel 9 38
- Rückschaffungspflicht 9 17
- Scheidungsverbund 9 29
- Tod eines Ehegatten 9 37
- Überlassungs- und Übereignungsanspruch 9 14
- Veräußerungsverbot 9 27
- verbotene Eigenmacht 9 17
- Verfahrensantrag 9 23
- Verfahrenswert 9 49
- Zuständigkeit 9 18
- Zwangsgeldandrohung 9 27
- Zwangsvollstreckung 9 48

Hauskredit 8 70
Häusliche Gewalt
- Ehe- und Scheidungssachen 4 77
- Gewaltschutz 10 1 ff

HausratsVO 8 1 ff
Heilung bei Verfahrenshandlungen 1 161
Herabsetzung Unterhalt 12 44 ff
Herstellung der ehelichen Lebensgemeinschaft 14 30
Hinterbliebene
- Versorgungsausgleichssachen 11 102 ff, 152 f, 338 ff

Hinterlegung 20 43
Hin- und Her-Ausgleich 11 15, 45, 103
Hypothetischer Rentenwert 11 25
Immobiliarsachenrecht 23 9
Immobiliarvollstreckung 23 10, 381 ff
Informationsgespräch in Ehe- und Scheidungssachen 4 98
Inkognitoadoption 7 37, 49
Inländische Anrechte 11 70
Insolvenzverwalter 20 54
Instanzenzug 2 2, 6, 9 f, 4 14

Internationale Kindschaftssachen 5 117 ff
- Abänderung ausländischer Entscheidungen 5 205 ff
- Abänderung von Umgangsentscheidungen 5 137
- Amtsermittlungsgrundsatz 5 182
- Änderungen durch das FamFG 5 122 ff
- Anerkennung ausländischer Entscheidungen 5 190 ff
- Annexzuständigkeit 5 155
- Anträge 5 175 f
- Brüssel IIa-VO 5 129 ff
- einstweilige Maßnahmen 5 158
- elterliche Verantwortung 5 118 ff
- Gewaltanwendung gegen das Kind 5 214
- gewöhnlicher Aufenthalt 5 134
- HKÜ 5 152
- internationale Entscheidungszuständigkeit 5 127 ff
- Kindesentziehungsfälle 5 171 ff
- KSÜ 5 151
- MSA 5 149
- Prinzip der zeitlichen Priorität 5 159
- Rechtsmittel 5 183 ff
- Sorgerecht 5 117
- Verfahrensarten 5 124 ff
- Vollstreckung ausländischer Entscheidungen 5 208 ff
- Vollstreckung inländischer Entscheidungen 5 185 ff
- Vollstreckungserleichterung 5 209 ff
- widerrechtliches Verbringen der Kinder 5 138
- Wohnsitzgericht 5 170
- zentrale Behörden 5 171 ff
- Zuständigkeitskonflikte 5 159
- Zuständigkeitskonzentration 5 162

Internationale Zuständigkeit
- Abstammungssachen 6 41 ff
- Adoption 7 32, 92
- Ehesachen mit Auslandsbezug 4 137 ff
- Güterrechtssachen 13 88 ff
- Inlandsadoptionen mit Auslandsbezug 7 92 ff
- internationale Kindschaftssachen 5 127 ff
- Versorgungsausgleich 11 6, 66 ff

Interne Teilung 11 210 ff
- Betriebsrenten 11 214
- Fälle 11 211 ff
- Kosten 11 215
- Tenorierungsbeispiele 11 218 ff

Inventar 18 299 ff
- eidesstattliche Versicherung 18 319 ff
- Inventarfrist *siehe dort*
- Kosten 18 343

Inventarerrichtung 18 314 ff
Inventarfrist 18 302 ff
- Antrag 18 302 f
- Beschluss 18 309
- Beschwerde 18 310

Stichwortverzeichnis

- Beteiligte 18 304 f
- Kosten 18 342
- neue 18 311
- Verlängerung der 18 311
- Zulässigkeit 18 306 ff

Isolierte Versorgungsausgleichsverfahren 11 67, 76

Jahresabschluss 19 130
- Ordnungsgeldverfahren 19 73

Jugendamt
- Adoption 7 16
- Adoption Beschwerderecht 7 57
- Adoption Zuständigkeit 7 58
- Anhörung 10 18, 82
- Anhörung Adoption 7 56 ff
- Anhörung in Abstammungssachen 6 83 ff
- Anhörungspflicht 5 78
- Beistandschaft 6 60 ff
- Beschwerderecht 8 86
- Beteiligtenstellung 6 66 ff
- Beteiligung in Abstammungssachen 6 60 ff
- Beteiligungsantrag 5 79
- Einschaltung 8 29, 86 ff
- Mitwirkung 5 76 ff
- Nachholung der Anhörung 10 23
- Sachaufklärung 5 77

Jugendamtsurkunde
- Unterhaltssachen 12 220

Juristische Personen 1 116 f, 136 f
- Beteiligtenfähigkeit 1 116 f
- Verfahrensfähigkeit 1 136 f

Kannbeteiligte 1 106 ff
- Belehrung 1 111
- Betreuungssachen 1 107
- Ermessen 1 108, 110
- Freiheitsentziehungssachen 1 107
- Nachlasssachen 1 109
- Unterbringungssachen 1 107
- Unterrichtung 1 111
- Vorabentscheidung 1 112 f

KG 19 104

Kinder
- Befundberichte 8 25
- im Haushalt 8 23, 86 ff
- Lebenspartnerschaftssachen 15 5
- Zeugnisse 8 25

Kindergeld
- Unterhaltssachen 12 21, 119
- Vereinfachtes Verfahren über den Unterhalt Minderjähriger 12 269

Kindesentziehungsfälle 5 171 ff
Kindeswohl 5 30 ff, 8 19, 49 f, 66, 71, 10 457
Kindeswohlgefährdung 5 20 f, 38, 63
Kindschaftssachen 5 1 ff
- international 5 117 ff; *siehe auch* Internationale Kindschaftssachen
- Kommunikationsprobleme 5 65

- Loyalitätskonflikte 5 35
- Pflegepersonen 5 5, 74 f
- Rückübertragung elterliche Sorge 7 27
- Sachaufklärung 5 68
- Standesamt 5 114 ff
- Streitschlichtung 5 96
- Überprüfungspflicht 5 16
- Vollstreckung 5 99 ff
- Wohlverhaltenspflicht 5 18
- Wohnungsdurchsuchung 5 102

Kontaktverbot 8 61
Körperverletzung 10 18
Kosten
- Abstammungssachen 6 121 ff
- Adoption 7 70 ff, 84 f
- Antrag 8 78, 10 70
- Beschwerdeverfahren 2 76 ff
- Ehe- und Scheidungssachen 4 89 f
- eidesstattliche Versicherung 20 26
- einstweilige Anordnung (§ 246) 12 78
- Eintragungsverfahren 19 26
- Erbscheinsverfahren 18 148 ff
- Freiheitsentziehungssachen 21 124 f
- Güterrechtssachen 13 32, 58 ff, 79 f
- im Verbund mit der Scheidung 8 122
- Kostenentscheidung 8 102
- Kostenerhebung 8 78
- Pfandverkauf 20 66
- Unterbringungssachen 17 177 f
- Unterhaltssachen 12 192 f
- vereinfachtes Verfahren über den Unterhalt Minderjähriger 12 313 f
- Verfahren in Haushaltssachen 9 50
- Verfahrenskostenhilfe *siehe dort*
- Versorgungsausgleichssachen 11 277 ff
- Verwahrer 20 52
- Vorschuss 10 125
- Wohnungszuweisung 8 118 ff
- Zwangsgeldverfahren 19 67
- Zweitschuldnerhaftung 10 123

Kostenentscheidung 1 414 ff
- Absehen von Kostenerhebung 1 431
- Dritte 1 428 ff
- Entscheidungsmöglichkeiten 1 417
- Ermessen 1 420, 427
- grobes Verschulden 1 421 ff
- Kindschaftssachen 1 425 f
- Kostenbegriff 1 415 f
- Kostenfestsetzung 1 432

Kraftloserklärung von Aktien 19 133
Krankheit iSd § 1896 BGB 16 19

Ladung 1 304 ff, 325 ff, 362
Landesjugendamt 7 59 f, 60
Lebenspartnerschaftssachen 15 1 ff
- Definition 15 4 f
- Kind 15 5
- Scheidung 15 7
- Verweisung 15 2 f

1127

Leistungsantrag (Unterhaltssachen) 12 17 ff
Liegenschaftskataster 23 30, 70
Liquidator 19 104, 117
Luftfahrzeugregister 23 401 ff

Mediation
- Ehe- und Scheidungssachen 4 79, 97
- Verfahrenskostenhilfe 3 14

Meinungsverschiedenheiten im unternehmensrechtlichen Verfahren 19 132
Meistbegünstigungsprinzip 10 53
Mietverhältnis 8 72

Minderjährige
- Beschwerdebefugnis 2 31
- Minderjährigenadoption 7 22 ff
- Verfahrensfähigkeit 1 124 ff, 125 ff, 131

Mindestunterhalt 12 18 ff
Misshandlung 10 18
Mitteilungen in Betreuungssachen 16 197 ff
Mitteilungen und Benachrichtigungen in Freiheitsentziehungssachen 21 120 ff
- Angehörige 21 123
- Mitteilungen von Entscheidungen 21 120
- Mitteilungen zur Strafverfolgung 21 121

Mitteilungen und Benachrichtigungen in Unterbringungssachen 17 171 ff
- Leiter der Einrichtung 17 174
- Mitteilungen von Entscheidungen 17 171
- Mitteilungen zur Strafverfolgung 17 173

Mitteilungspflichten
- Adoption 7 76
- Gewaltschutzsachen 10 137

Mitwirkungspflichten VA 11 143 ff
Münchener Modell 10 137

Mündliche Verhandlung
- einstweilige Anordnung 1 466
- Gewaltschutzsachen 10 24 f, 82
- Notarkostenbeschwerde 24 119
- Unterhaltssachen 1 466

Mussbeteiligte 1 94 ff
- Antrag 1 102
- Behörden 1 103
- Belehrung 1 105
- Grundbuchsaschen 1 101
- Nachlasssachen 1 97, 104
- unmittelbare Betroffenheit 1 94 ff
- Unterrichtung 1 105
- Versorgungsausgleichssachen 11 85
- von Amts wegen 1 98
- Vorabentscheidung 1 112 f

Nacherbenvermerk 23 176
Nachlassgericht 18 9

Nachlassgläubiger
- Aufgebot 22 17 ff
- Aufgebotsfrist 22 19, 45 f

Nachlassinsolvenzverfahren
- Aufgebot 22 20

Nachlasspfleger 18 69 ff
- Aufsicht 18 74
- Auswahl 18 70
- Beendigung 18 74 f
- Bestellung 18 72
- Kosten 18 81
- Prozesspfleger 18 76 ff
- Rechtsmittel 18 80
- Vergütung 18 71

Nachlasssachen 1 97, 104, 109, 218 f, 18 1 ff
- Akteneinsicht 1 218 f
- Begriff 18 7 ff
- Beteiligte 1 97, 104, 109
- funktionelle Zuständigkeit 1 69, 82
- Gleichlauftheorie 18 4
- Instanzenzug 18 24
- Zuständigkeit 18 11 ff

Nachlasssicherung 18 62 ff
- Sicherungsmaßnahmen 18 68
- Zuständigkeit 18 64 ff

Nachlassverwaltung 18 324 ff
- Antrag des Gläubigers 18 328 f
- Beschluss 18 332 f
- Eigenantrag 18 325 ff
- Kosten 18 344
- Nachlassverwalter 18 337 ff
- Rechtsmittel 18 334 ff
- Verfahren des Nachlassgerichts 18 330 f

Nachtragsabwickler 19 112, 125
Nachtragsliquidator 19 115, 118
Nachweispflichten im Erbscheinsverfahren 18 103 ff
Näherungsverbot 8 61
Namensführung 7 68 ff
Nebenentscheidung siehe Zwischen- und Nebenentscheidungen
Negativzeugnis 23 237
Nichtigkeitsantrag 2 147; siehe auch Wiederaufnahmeverfahren

Notar 24 1 ff
- Amtshaftungsklage 24 19
- Amtspflichten 24 7
- Aufgaben 24 5 ff
- beendete Amtstätigkeit 24 28
- Beglaubigung 24 6
- Beschwerde nach § 15 Abs. 2 BNotO 24 23 ff
- Beschwerde nach § 54 BeurkG 24 23 ff
- Beschwerde nach § 78 c BNotO 24 156 ff
- Betreuungstätigkeit 24 8 f
- Beurkundung 24 6
- Gebührenanspruch 24 87
- Klauselerinnerung 24 68, 94
- Kostenberechnung 24 91
- Nebentätigkeit 24 10
- Notarkostenbeschwerde siehe dort

Stichwortverzeichnis

- Rechtsbehelfe gegen notarielles Handeln 24 11 ff
- Rechtsbehelfe nach FamFG 24 17
- Rechtsbehelfe nach Landesdisziplinargesetzen 24 22
- Rechtsbehelfe nach VwGO 24 21
- Rechtsbehelfe nach ZPO 24 18
- Rechtsbehelfsbelehrung 24 34 f
- Unabhängigkeit 24 2
- Unparteilichkeit 24 3
- Untätigkeit 24 26
- Urkundsberichtigung 24 67
- Urkundstätigkeit 24 6 f
- Verfahrensarten 24 16 ff
- verfahrensleitende Maßnahmen 24 30
- vollstreckbare Ausfertigung 24 68
- Vollstreckungsgegenklage 24 68, 94
- weitere vollstreckbare Ausfertigung 24 66

Notarieller Vorbescheid 24 29

Notarielle Verwahrung 24 8

Notarkostenbeschwerde
- Anhörungsrüge 24 155
- Antragsberechtigung 24 98 ff
- Antragstellung 24 101 ff
- Anweisung der Dienstaufsicht 24 109 ff
- Ausschlussfrist 24 103
- Beanstandung gegenüber Notar 24 106 ff
- Beschwerdegericht 24 95 ff
- Beteiligte 24 114 ff
- einstweilige Anordnung 24 120 ff
- Entscheidung im ersten Rechtszug 24 126 ff
- Form 24 104 f
- Frist 24 102 f
- Funktion 24 87 f
- Grundsatz der Amtsermittlung 24 118
- Instanzenzug 24 89
- mündliche Verhandlung 24 119
- Präklusion 24 103
- Rechtsbeschwerde 24 143 ff
- Rechtsbeschwerdeschrift 24 146
- Rechtsmittel 24 130 f
- Verfahrenseinleitung 24 95 ff
- Verfahrensgegenstand 24 90 ff
- Vergleich 24 124 f

Notgeschäftsführer 19 95

Notliquidator 19 95

Notwendige Vertretung 1 166 f, 182

Nutzungsvergütung 8 62, 10 66 ff

Offenkundige Tatsachen 1 255

Öffentlichkeit 1 274, 311 f, 321, 331 f, 363 f
- Beschwerdeverfahren 2 67

Öffentlich-rechtliche Unterbringungen 17 8 ff

OHG 19 104

Ordnungsgeld/-haft
- Familiensachen 4 61
- Gewaltschutzsachen 10 325
- Kindschaftssachen 5 100

Ordnungsgeldverfahren 19 72 ff
- Festsetzung 19 75
- Jahresabschlüsse 19 73
- Rechtsmittel 19 76
- Verfahrenseinleitung 19 74

Ordnungsmittel

Örtliche Zuständigkeit 1 47 ff
- Abstammungssachen 6 49 ff
- Güterrechtssachen 13 22, 39, 68
- sonstige Familiensachen 14 56

Ostanrechte 11 393

Partnerschaftsgesellschaft 19 104

Partnerschaftsregister 19 1

Patientenverfügung
- Geltung 16 142
- Genehmigung der Einwilligung in Abbruch lebensverlängernder Maßnahme 16 150

Personalfolium 23 46

Personengruppen 1 118, 138
- Beteiligtenfähigkeit 1 118
- Verfahrensfähigkeit 1 138

Personenkreis 8 22, 10
- Beziehung 10 17
- Hausgemeinschaft 10 17
- Lebensgemeinschaft 10 17

Personensorge 16 81

Personenstandssachen, Akteneinsicht 1 222

Persönliche Anhörung 1 300 ff, 10 82

Pfandverkauf 20 54
- abweichende Art 20 53
- Aussetzung der Vollziehung 20 65
- Beteiligte 20 58
- Insolvenzverwalter 20 54
- Kosten 20 66
- Verfahren 20 57

Pflichtteilsstundung 18 286 ff

Pkw 9 5

Platzverweisung 10 21

Polizeiliche Maßnahmen 8 26 f
- Gewaltschutzsachen 10 21

Postulationsfähigkeit 1 163 ff
- Beschäftigte 1 169 ff
- Bevollmächtigte ohne Vertretungsmacht 1 199 ff
- Güterrechtssachen 13 27, 44, 72
- Mängel der Vollmacht 1 177 f
- notwendige Vertretung 1 166 f
- Rechtsanwälte 1 166 f
- Unentgeltlichkeit 1 172 ff
- Verfahrensvollmacht 1 183 ff; siehe auch dort
- Verfahren vor dem BGH 1 182
- zugelassene Bevollmächtigte 1 168 ff
- Zurückweisung des Bevollmächtigten 1 179 ff

1129

Stichwortverzeichnis

Präklusion
- Abänderungsverfahren Unterhalt   12 40 f
- Ehe- und Scheidungssachen   4 86
- Hausratsverfahren   9 32
- Notarkostenbeschwerde   24 103

Privilegierte volljährige Kinder   12 102 f

Probeentnahme   6 97 ff

Prozesskostenhilfe   *siehe* Verfahrenskostenhilfe

Prozesspfleger   1 145, 150, 151 ff, 155 f, 158 ff; *siehe auch* Nachlasspfleger

Prozessstandschaft   12 25, 104, 190

Prozessvergleich   12 56

Rangbestimmung   23 235

Rangfolge
- Ehe- und Scheidungssachen   4 71

Realfolium   23 46

Reallast
- Aufgebot   22 15 f

Rechnungslegungspflicht   20 5 ff

Rechtsbehelfsbelehrung   8 105 ff
- Gewaltschutzsachen   10 103 f
- Notar   24 34 f
- Unterhaltssachen   12 227 f
- Verfahrenskostenhilfe   3 76

Rechtsbeschwerde   2 3 f, 81 ff, 23 325 ff
- Anschlussrechtsbeschwerde   2 102 f
- Anträge   2 92
- Anwaltszwang   2 87 f
- Begründung   2 91 ff
- Begründungsfrist   2 91
- Beschwerde nach § 15 Abs. 2 BNotO   24 54 ff
- Entscheidung   2 104 ff
- Form   2 90
- Frist   2 89
- Güterrechtssachen   13 33, 61, 64, 82 f
- mündliche Verhandlung   2 98, 104
- Nichtzulassungsbeschwerde   2 83
- Notarkostenbeschwerde   24 143 ff
- Öffentlichkeit   2 101
- Sprungrechtsbeschwerde   2 108 ff
- Verfahren   2 96 ff
- Verfahrenskostenhilfe   3 82 ff
- Zulassung   2 82 ff
- Zurückverweisung   2 104 ff
- Zurückweisung durch einstimmigen Beschluss   2 98 f

Rechtshilfe
- Anhörung bei einstweiliger Anordnung   16 77
- Verweigerung der Rechtshilfe   16 65

Rechtsmittel   2 1 ff, 4 46, 8 111 ff
- Abstammungssachen   6 133 ff
- Adoption   7 80 ff
- Akteneinsicht   1 245 ff
- Amtslöschungsverfahren   19 44

- Beschwerde   8 112, 10 108
- Beschwerde nach § 15 Abs. 2 BNotO   24 54 ff
- Beschwerde nach § 54 BeurkG   24 82 ff
- Beschwerde nach § 78 c BNotO   24 169
- Ehe- und Scheidungssachen   4 123 ff
- eidesstattliche Versicherung   20 25
- Eintragungsverfahren   19 23
- Familiensachen   4 39 ff
- Freiheitsentziehungssachen   21 99 ff
- Fristen   8 117, 10 116
- Gehörsrüge   8 116, 10 115
- Hausratsverfahren   9 38
- internationale Kindschaftssachen   5 183 ff
- Notarkostenbeschwerde   24 130 ff
- Ordnungsgeldverfahren   19 76
- Rechtsbeschwerde   *siehe dort*
- Sprungrechtsbeschwerde   8 115
- Unterbringungssachen   17 140 ff
- Unterhaltssachen   12 230 ff
- Verfahrenskostenhilfe   3 78 ff
- Versorgungsausgleichssachen   11 19, 312 f
- Zwangsgeldverfahren   19 69

Rechtsmittelverzicht   2 23 ff

Rechtspfleger
- funktionelle Zuständigkeit   1 67 ff
- Gültigkeit von Maßnahmen   1 77 ff
- Richtervorlage   1 69, 82

Rechtspflegererinnerung   2 18, 23 363
- Nichtzulassungsbeschwerde   2 20

Rechtsweg   1 25 ff

Regelungsbedarf
- Verfahren zur Bestellung eines Betreuers   16 20
- Vorratsbetreuung   16 20

Registersachen   19 1 ff
- Akteneinsicht   1 221
- Änderungen   19 3
- Bescheinigung   19 81
- Genossenschaftsregister   19 1
- Güterrechtsregister   19 1
- Handelsregister   19 1
- Partnerschaftsregister   19 1
- Rechtsmittel   2 12
- Registereinsicht Akteneinsicht   19 78
- Schiffsregister   19 2
- Unterlagen   19 82
- Vereinsregister   19 1
- Verfahrensarten   19 4
- weitere Verfahren   19 77
- Zuständigkeit   19 5 ff

Rentenwert, hypothetischer   11 25

Restitutionsantrag   2 147; *siehe auch* Wiederaufnahmeverfahren

Riester-Rente   11 50

Rückforderung überzahlten Unterhalts   12 238 ff
- Abänderungsverfahren § 323 ZPO   12 239

1130

Stichwortverzeichnis

- Beweiserleichterung zugunsten des Berechtigten 12 240
- Rechtshängigkeit Abänderungsantrag 12 241 f
- verschärfte Haftung 12 238
- Wegfall der Bereicherung 12 238

Rückkehrabsicht 8 60
Rückkehrverbot 10 21
Rücknahme
- Ehe- und Scheidungssachen 4 118 ff

Rückübertragung elterliche Sorge
- Adoption 7 27

Rückwirkung
- Verfahrenskostenhilfe 3 70

Rürüp-Rente 11 50
Sachbeschädigung 10 45
Sachliche Zuständigkeit 1 37 ff
Sachverhaltsermittlung 1 249 ff
- Amtsermittlung 1 249
- Antragsbegründung 1 261 f
- Beweislast 1 344
- Einbeziehung der Beteiligten 1 260 ff
- einfache und zügige Erledigung 1 257
- einstweilige Anordnung 1 479 ff
- Ermessen 1 254
- Freibeweis 1 269 ff; *siehe auch dort*
- Geständnis 1 252
- Güterrechtssachen 13 28, 45, 73 f
- Inhalt 1 251 ff, 265 ff
- Mitwirkungspflichten der Beteiligten 1 263 ff
- objektive Wahrheit 1 249
- offenkundige Tatsachen 1 255
- private Kenntnisse des Gerichts 1 256
- Schweigen 1 252
- Strengbeweis 1 269 ff, 276 ff; *siehe auch dort*
- Tatsachenfeststellung 1 340 ff
- Umfang 1 251 ff, 265 ff
- unstreitiger Vortrag 1 252
- Urkundenvorlage 1 263
- Vorführung 1 266
- vorweggenommene Beweiswürdigung 1 254
- Wahrheitspflicht 1 263
- Zwangsgeld 1 267 ff
- Zwangshaft 1 267 ff

Sachverständigengutachten
- Betreuungssachen 16 27 f
- Erörterung 17 49
- Genehmigung der Einwilligung in Sterilisation 16 161
- inhaltliche Anforderungen in Unterbringungssachen 17 48
- in Unterbringungssachen 17 44 ff
- Kindschaftssachen 5 86 ff
- Wert einer Sache 20 30 ff

Sachverständiger
- Ablehnung 5 84 f, 16 26
- Beweisaufnahme 5 83
- Feststellung des Zustands oder Wertes einer Sache 20 30
- Gutachtenverweigerungsrecht 16 26
- Kindschaftssachen 5 80 ff
- Qualifikation 16 26
- Qualifikation bei Sterilisation 16 162
- Stationsarzt 16 27

Säumnis
- Beschwerdeverfahren 2 66
- Ehe- und Scheidungssachen 4 70, 86 ff

Scheidung 8 2, 17, 48, 60, 64
- Lebenspartnerschaftssachen 15 7
- light 4 35
- Rechtskraft 8 64
- Scheidungssachen 4 66 ff
- Scheidungsverbund 4 91

Schiffsregister 19 2, 23 397 ff
Schlüsselgewalt 14 52
Schuldanerkenntnis
Schuldanerkenntnis, Abänderungsverfahren nach § 239 12 62, 65
Schuldfähigkeit 10 50, 56
Schuldrechtliche Ausgleichszahlungen 11 259 ff
Schuldrechtlicher Versorgungsausgleich *siehe* Ausgleich nach Scheidung
Schutzanträge 8 63, 10 69, 77, 79
Schutzbedürfnis 10 28
Schutzmaßnahmen 10 28
- Abstandsgebot 10 95
- Aufenthaltsverbot 10 95
- Betretensverbot 10 95
- Kindschaftssachen 5 15
- Kontaktverbot 10 95
- Näherungsverbot 10 95

Schwache Adoption 7 88, 99
Schweigen 1 252
Selbständigkeit Eil-/Hauptsacheverfahren *siehe* Unabhängigkeit Eil-/Hauptsacheverfahren
Sitzungspolizei 1 315, 335, 367
Sofortige Beschwerde
- Gewaltschutzmaßnahme 10 112
- Verfahrenskostenhilfe 3 81
- Wohnungszuweisung 8 109

Sonstige Familiensachen 14 1 ff
- Anwaltszwang 14 68
- Begriff 14 8
- Beteiligte 14 67
- Einordnung 14 54
- örtliche Zuständigkeit 14 56

Sorgerecht
- internationale Kindschaftssachen 5 117
- Kindschaftssachen 5 1 ff
- Sorgeberechtigter 10 17

1131

Stichwortverzeichnis

Sprungrechtsbeschwerde 2 108 ff
Staatenlose 1 115, 123
- Beteiligtenfähigkeit 1 115
- Verfahrensfähigkeit 1 123

Staatsangehörigkeit (Adoption) 7 83
Stalking 10 1, 43 f
Sterilisation
- Aufgabenkreis des Betreuers 16 36
- besonderer Betreuer 16 36; siehe auch Sterilisationsbetreuer
- Einwilligung 16 81

Sterilisationsbetreuer 16 85, 159
- Aufwendungsersatz 16 181 f
- ausdrückliche Aufgabenkreisbestimmung 16 154
- Vergütung 16 180

Steuererklärung, Mitwirkung 14 27
Stiefkindadoption 7 9
Strengbeweis 1 269 ff, 276 ff, 23 281
- ausländisches Recht 1 278
- Bedeutung der Sache 1 288
- Dokumentation 1 336 f
- Durchführung 1 319 ff
- Ermessen 1 286 ff
- Sonderregelungen 1 279 f
- Stellungnahmerecht 1 338
- streitige Tatsachen 1 281 ff
- Urkundenvorlage durch Dritte 1 287
- Verwertbarkeit 1 338 f

Strukturreform Versorgungsausgleich 11 1, 29
Teilfestsetzungsbeschluss, vereinfachtes Unterhaltsverfahren 12 308, 314
Teilungssachen 18 345 ff
- Auseinandersetzung der Gütergemeinschaft 18 369 ff
- Auseinandersetzung Nachlass 18 346 ff
- Begriff 18 10
- Kosten 18 373

Terminsanberaumung 1 303, 323 f, 361
Terminverlegungsanträge 5 33
Testament siehe Verfügung von Todes wegen
Testamentseröffnung 18 41 ff
- Gebühren 18 60
- Zuständigkeit 18 43 ff

Testamentsverwahrung 18 25 ff
- Gebühren 18 40
- Rücknahme 18 36 ff
- Verfahren 18 31 ff
- Zuständigkeit 18 28 ff

Testamentsverzeichnis 18 33 f
Testamentsvollstrecker 18 190 ff
- (keine) Aufsicht durch Nachlassgericht 18 239
- Außerkraftsetzen einer Anordnung des Erblassers 18 219 ff

- Bestimmung durch das Nachlassgericht 18 191 ff
- Entlassung 18 239 ff
- Ernennungsverfahren 18 190 ff
- Fristsetzung zur Annahme des Amtes 18 209 ff
- Fristsetzung zur Bestimmung durch Dritte 18 199 ff
- mehrere, Streitentscheidung 18 229 ff
- Testamentsvollstreckervermerk 23 178

Testamentsvollstreckerzeugnis 18 248 ff
- Beendigung des Amtes 18 269
- Einziehung 18 270 f
- Kosten 18 275
- Kostenentscheidung bei Einziehung 18 273
- Kraftloserklärung 18 272
- Vorbescheid 18 264

Titel 1 451
Tod eines Beteiligten 6 111 ff
Trennung
- Absicht 8 23, 48
- Trennungsjahr 4 34
- Trennungszeit 4 32
- Verlangen 8 19

Treuhänder 19 120
Übergangsrecht (VA) 11 2
Überprüfungsfrist, siebenjährig 16 87
Überweisungszeugnis siehe Zeugnis
Umbaukosten 8 71
Umgangspfleger 5 18 ff
- Familiensachen 4 8 f
- Kindschaftssachen 5 7

Umgangsrecht 14 45
- Familienangehörige 16 38
- internationale Kindschaftssachen 5 118
- Umgangskontakte 4 78
- Umgangsregelung 5 50

Umgangsverfahren 5 40
Umgestaltung Mietverhältnis 8 94, 96
Umzug 8 67
Unabhängigkeit Eil-/Hauptsacheverfahren 1 459 f, 4 53 ff, 8 39, 9 43, 10 29, 12 70 ff, 566 ff, 16 76 ff, 17 166
Unanfechtbarkeit
- Adoption 7 80 ff

Unbedenklichkeitsbescheinigung 23 237
Unbenannte Zuwendung 14 35
Unmittelbarer Zwang
- Familiensachen 4 64
- Kindschaftssachen 5 101

Unmittelbarkeitsgrundsatz 1 274, 341
- Rechtspflegerwechsel 1 341
- Richterwechsel 1 341
- Strengbeweis 1 274

Unrichtigkeitsnachweis 23 227

Stichwortverzeichnis

Unschädlichkeitszeugnis 23 408 f
Untätigkeitsbeschwerde 2 137 ff
Unterbringung Minderjähriger 17 12
- Minderjähriger 5 108 ff

Unterbringung nach § 63 StGB
- Aufgabenkreis des Betreuers 16 22
- Betreuungsbedarf 16 22
- Einwilligungsfähigkeit 16 22
- Erforderlichkeit 16 22

Unterbringungsähnliche Maßnahmen
- Aufgabenkreis des Betreuers 16 43

Unterbringungssachen 1 107, 17 1 ff
- Anhörung 17 31 ff
- ärztliches Zeugnis 17 61
- Aufhebung der Unterbringungsmaßnahme 17 113
- Beschwerde 17 114 ff
- Beteiligte 1 107
- Betreten der Wohnung 17 55
- Dauer der Unterbringung 17 111
- Einleitung des Verfahrens 17 21
- einstweilige Anordnungen und Maßregeln 17 151 ff
- Entscheidung durch Beschluss 17 77
- Gewaltanwendung 17 54
- Inhalt des Beschlusses 17 78
- Kann-Beteiligte 17 27
- Kosten und Auslagen 17 177
- landesrechtliche Regelungen 17 9
- Mitteilungen und Benachrichtigungen 17 171
- Muss-Beteiligte 17 25
- örtliche Zuständigkeit des Gerichts 17 14
- persönliche Anhörung des Betroffenen 17 32 ff
- Rechtsbeschwerdeverfahren 2 82, 17 140 ff
- Rechtsmittelbelehrung 17 86
- sachliche Zuständigkeit des Gerichts 17 13
- Sachverständigengutachten 17 44
- Unterbringung von Minderjährigen 5 108 ff, 17 12
- Unterbringung zur Begutachtung 17 56 ff
- Verfahrenskostenhilfe 17 176
- Verfahrenspflegerbestellung 17 65 ff
- Verlängerung der Genehmigung 17 112
- Vollzugsangelegenheiten 17 96 ff
- Vorführung zur Untersuchung 17 51 ff
- Wirksamwerden 17 87 ff

Unterhalt 4 106, 12 1 ff
- Unterhaltsersatzfunktion (VA) 11 31

Unterhalt bei Vaterschaftsfestsetzung 12 84 ff
- Antragsberechtigung Mutter 12 87
- einstweilige Anordnung bei Feststellung der Vaterschaft 12 90 ff
- einstweilige Anordnung vor Geburt 12 86
- Ersatzansprüche 12 283
- Vaterschaftsvermutung 12 88, 93
- Verfahren auf Feststellung der Vaterschaft 12 90 ff

Unterhaltshöhe im vereinfachten Unterhaltsverfahren 12 312

Unterhaltssachen 12 1 ff
- Abänderungsantrag auf Herabsetzung 12 234 ff
- Abänderungsverfahren nach § 238 12 26 ff; siehe auch dort
- Abänderungsverfahren nach § 239 12 54 ff; siehe auch dort
- Änderungen durch FamFG 12 1 ff
- Antrag auf Bewilligung Verfahrenskostenhilfe 12 235
- Anwaltszwang 12 8, 112
- Anwendbarkeit FamFG 12 13
- Auskunft 12 122 ff
- Auskunftspflicht Beteiligter 12 128 ff; siehe auch dort
- Auskunftspflicht Dritter 12 166 ff; siehe auch dort
- befristeter Titel 12 205
- Beschluss 12 16
- Beschwerde 12 230 ff
- Betreuungsnotwendigkeit 12 206 ff
- Billigkeitsprognose 12 202 f
- Bindung an Antrag 12 187
- Bundeskindergeldgesetz 12 119
- Darlegungs- und Beweislast 12 204
- Dauer Zahlungspflicht 12 197 ff
- Definition 12 10 ff
- dynamisierter Leistungsantrag 12 18 ff
- dynamisierter Titel 12 188
- Einlassungsfristen der ZPO 12 120
- Einstellung der Zwangsvollstreckung 12 234 ff
- einstweilige Anordnung 12 191
- einstweilige Anordnung (§ 246) 12 70 ff; siehe auch dort
- Elternteile mit verschiedenen Gerichtsständen 12 109
- Entscheidung 12 182 ff
- Ermessensentscheidung 12 193
- Ersatzansprüche 12 243
- Feststellung Vaterschaft 12 243
- gerichtliches Auskunftsverlangen 12 212
- gewöhnlicher Aufenthalt 12 107, 110
- Höhe des Unterhalts 12 196
- immanente Befristung 12 206
- Jugendamtsurkunde 12 220
- keine Veranlassung 12 217 ff
- Kindergeld 12 21
- Kindesunterhalt 12 102
- konkrete Kostenquote 12 198
- Kosten 12 192 ff
- Kostenübernahmeangebot 12 222
- Kostenverteilung gem. § 243 12 192
- Kostenvorschuss 12 114
- laufender Unterhalt 12 116
- Leistungsantrag 12 17 ff
- Mindestunterhalt einer bestimmten Altersstufe 12 18 ff
- Mitteilung der Erklärung 12 113

1133

Stichwortverzeichnis

- Obsiegen und Unterliegen   12 195
- ordnungsgemäße Aufforderung   12 210
- örtliche Zuständigkeit   12 99 ff
- persönliches Erscheinen   12 121
- privilegierte volljährige Kinder   12 102 f
- Prozessstandschaft   12 25, 104, 190
- prozessuales Bestimmtheitsgebot   12 188
- Rechtsbehelfsbelehrung   12 227 f
- Rechtsmittel   12 230 ff
- Rückforderung überzahlten Unterhalts   12 238 ff; *siehe auch dort*
- sofortige Anerkenntnis   12 213 f
- sofortige Beschwerde   12 230 ff
- Sonderregelungen   12 192
- Terminologie   12 98
- Titulierungsinteresse   12 218
- übrige Unterhaltsansprüche   12 221
- unter 3 Jahre altes Kindes   12 202
- Unterhalt bei Vaterschaftsfestsetzung   12 84 ff; *siehe auch dort*
- Unterhaltsrückstand   12 23, 118
- vereinfachtes Verfahren über den Unterhalt Minderjähriger   12 244 ff; *siehe auch dort*
- Verfahrenseinleitung   12 97 ff
- Verfahrenskostenhilfe   12 113
- Verfahrenswert   12 115 ff
- Verkündung und Zustellung   12 228 f
- Versäumnisse bei Auskunft   12 209
- Vollstreckung im Ausland   12 24, 189
- vorläufige Vollstreckbarkeit   12 226 ff
- Wahlmöglichkeit des Kindes   12 109
- Zeitsperre   12 236
- Zuständigkeitskollision   12 106
- Zwangsvollstreckung   12 233
- § 1570 Abs. 1 S. 1 BGB   12 202 ff
- § 1570 Abs. 1 S. 2 BGB   12 206 ff

Unterhaltsvereinbarung
- Abänderungsverfahren nach § 239   12 60 ff; *siehe auch dort*

Unterhaltsvergleich
- Abänderungsverfahren nach § 239   12 56 ff; *siehe auch dort*

Unternehmensrechtliche Verfahren   19 99 ff
- Abberufung vertretungsberechtigter Personen   19 101 ff; *siehe auch* Bestellungs- und Abberufungsverfahren
- Abschlussprüfer   19 119 f
- Abwickler   19 120, 125
- Aufbewahrung von Büchern   19 127 f
- Befreiung von Abschlussprüfung   19 131
- besondere Vertreter   19 121
- Bestellung vertretungsberechtigter Personen   19 101 ff; *siehe auch* Bestellungs- und Abberufungsverfahren
- Einberufung von Versammlungen   19 126
- Einzelfälle   19 100, 103
- Entscheidung   19 102
- Gründungsprüfer   19 105
- Jahresabschluss   19 130
- Kraftloserklärung von Aktien   19 133

- Liquidator   19 104, 117
- Meinungsverschiedenheiten   19 132
- Mitteilung der Bilanz   19 130
- Nachtragsabwickler   19 112, 125
- Nachtragsliquidator   19 115, 118
- Prüfer   19 120
- Sachwalter   19 120
- Treuhänder   19 120
- Vergütungsfestsetzung   19 122 ff; *siehe auch dort*
- Vorstandsmitglieder   19 106

Unzumutbare Härte (VA)   11 125

VAHRG   11 315 ff

Vaterschaft
- Anfechtung   *siehe* Abstammungssachen
- Feststellung   *siehe* Abstammungssachen

Vaterschaftsfestsetzung   12 84 ff; *siehe auch* Unterhalt bei Vaterschaftsfestsetzung

Vaterschaftsvermutung   12 88, 93

Veräußerungsverbot
- relatives   8 61
- Verfahren in Haushaltssachen   9 28

Verbindungsverbot
- Adoption   7 79

Verbotene Eigenmacht
- Haushaltsgegenstände   9 17

Verbund
- Familiensachen   4 29
- Verfahren in Haushaltssachen   9 29
- Versorgungsausgleichssachen   11 68, 113 ff, 276
- Wohnungszuweisung   8 17

Vereinbarung über Versorgungsausgleich   11 46, 281 ff
- Abänderung   11 314 ff, 354
- Beendigung des Verfahrens   11 281 ff
- Form   11 293 ff
- gerichtliche Überprüfung   11 296 f
- Grundsicherung   11 300
- Inhaltskontrolle   11 298 ff
- Lastenverteilung   11 299
- Unwirksamkeit   11 307
- Verfahrensfragen   11 306 f

Vereinfachtes Verfahren über den Unterhalt Minderjähriger   12 244 ff
- Anspruchsübergang   12 260
- Antrag   12 259 f
- Antragsformulare   12 248
- Antragsteller   12 259 f
- Ausschluss   12 273
- Bedeutung   12 247 f
- Beschluss Inhalt   12 311 ff
- Beschwerde   12 315 ff
- Beschwerde des Antragstellers   12 320
- Beschwerde und Abänderungsverfahren   12 315 ff
- Beteiligte   12 264

Stichwortverzeichnis

- Einheitlichkeit Titel und Kostenentscheidung 12 314
- Einwendungen 12 281 ff; *siehe auch* Einwendungen Antragsgegner (§ 252)
- Einwendungsmöglichkeiten Beschwerdeführer 12 319
- Entscheidung 12 306 ff
- Entscheidungsfindung 12 301 ff
- Erklärung 12 270
- FamFG 12 244 ff
- Festsetzungsbeschluss 12 309
- Form 12 261
- Formularzwang 12 262
- funktionale Zuständigkeit 12 254
- Gebühren 12 275
- Geburtsdatum des Kindes 12 266
- Gericht 12 265
- Grundsätze 12 249
- Höhe des verlangten Unterhalts 12 268
- Höhe Kindeseinkommens 12 271
- kein Anwaltszwang 12 250
- Kindergeld 12 269
- Kostenentscheidung 12 313 f
- Mitteilung über Einwendungen 12 291 ff
- mündlicher Antrag 12 261
- Mündlichkeit 12 250
- Nebenforderung 12 256
- örtliche Zuständigkeit 12 253
- Prozessstandschaft 12 259
- Statthaftigkeit 12 255 ff
- streitiges Verfahren § 255 12 292 ff
- Teilfestsetzungsbeschluss 12 308, 314
- Unterhaltshöhe 12 312
- Unterhaltszeiträume und Verzugseintritt 12 267
- Verfahrensbindung 12 300
- Verfahrenskostenhilfe 12 275
- volljähriges Kind 12 259
- Wirkungen 12 274
- Zurückweisung 12 306 f
- Zuständigkeit 12 253 f
- Zustellung 12 276 ff
- zwingender Antragsinhalt 12 263

Vereinigungen 1 138
- ausländische 1 119, 138
- Beteiligtenfähigkeit 1 118
- Verfahrensfähigkeit 1 138

Vereinsbetreuer
- Entlassung auf Antrag des Vereins 16 102

Vereinsregister 19 1

Vereinssachen 19 90 ff
- Aufhebung der Schließung des Registerblattes 19 92
- Einberufung Mitgliederversammlung 19 96
- Entziehung Rechtsfähigkeit 19 97
- Notvorstand 19 93
- Schließung des Registerblattes 19 91
- Vorstandsbestellung 19 93

Verfahren im ersten Rechtszug 1 3 ff
- Antrag 1 6 ff; *siehe auch dort*
- Verfahrenseinleitung 1 4 ff; *siehe auch dort*
- Verfahren von Amts wegen 1 17 ff
- Zuständigkeit 1 23 ff; *siehe auch dort*

Verfahren in Versorgungsausgleichssachen 11 1 ff

Verfahren in weiteren Angelegenheiten der freiwilligen Gerichtsbarkeit 20 1 ff
- Bestellung eines Verwahrers 20 42 ff
- eidesstattliche Versicherung 20 4 ff
- Feststellung des Zustandes oder Wertes einer Sache durch einen Sachverständigen 20 30 ff
- Pfandverkauf 20 53 ff

Verfahrensarten
- Adoption 7 5 ff
- einstweilige Anordnung 8 14, 10 14
- Hauptsache 10 15
- Hauptsacheverfahren 8 15

Verfahrensbeistand
- Abstammungssachen 6 66 ff
- Adoption 7 41
- Kindschaftssachen 5 49 ff

Verfahrenseinleitung 1 4 ff, 10 16
- Amtsverfahren 1 17 ff; *siehe auch dort*
- Antrag 1 4 ff; *siehe auch dort*
- Beschwerde nach § 15 Abs. 2 BNotO 24 31 ff
- Beschwerde nach § 54 BeurkG 24 70 ff
- Notarkostenbeschwerde 24 95 ff

Verfahrensfähigkeit 1 121 ff
- Arbeitsverhältnis 1 126
- Ausländer 1 123
- Begriff 1
- Behörden 1 139
- Betreuungssachen 1 129
- Dienstverhältnis 1 126
- Ehe- und Scheidungssachen 4 76
- Einrichtungen 1 138
- Erwerbsgeschäft 1 125
- Genehmigung 1 161
- Geschäftsfähigkeit 1 123
- Geschäftsunfähige 1 129
- Güterrechtssachen 13 26, 43, 71
- Heilung 1 161
- juristische Personen 1 136 f
- Minderjährige 1 124 ff, 127, 131
- natürliche Personen 1 122 ff, 130 ff
- Personengruppen 1 138
- Prozesspfleger 1 145, 150, 151 ff, 155 f, 158 ff
- Prüfung von Amts wegen 1 140 ff
- Sachentscheidungsvoraussetzung 1 161 f
- Staatenlose 1 123
- Vereinigungen 1 138
- Verschulden des Vertreters 1 133 f
- Vertretung 1 130 ff, 135 ff; *siehe auch dort*
- Volljährige 1 132

1135

Stichwortverzeichnis

Verfahrensgrundsätze
- Beschwerde nach § 15 Abs. 2 BNotO 24 42 ff
- Familiensachen 4 16
- Versorgungsausgleichssachen 11 111 ff

Verfahrenshäufung
- Abstammungssachen 6 100 ff

Verfahrenskostenhilfe 3 1 ff, 10 28, 128 ff
- Anfechtung 3 78 ff
- Anhörung des Gegners 3 61 ff
- Anrechnung Geschäftsgebühr 3 98
- Antrag 3 55 ff, 8 129 ff, 10 29, 80
- Antrag Muster 3 59, 10 131
- Anwaltsvergütung 3 96 ff
- Anwaltszwang 3 38 f
- Auslandsbezug 3 31 f
- Ausschluss Kostenerstattung 3 101
- bedingte Antragserhebung 3 68
- Bedürftigkeit 3 20 ff
- Beiordnung 3 36 ff
- Beitreibungsrecht des Rechtsanwalts 3 35
- Beschluss 3 73 ff
- Beschlussmuster 3 77
- Beschwerdefrist 2 35
- Beteiligter 3 13
- Bewilligung 3 69 ff
- Bezirksansässigkeit 3 47 ff
- Bindungswirkung des Beiordnungsbeschlusses 3 54
- Ehe- und Scheidungssachen 4 129 ff
- Einkommen 3 21 f
- Entscheidungsreife 3 71
- Erfolgsaussichten 3 16 ff
- FamFG-Vorschriften 3 3 ff
- Familiensachen 3 6 ff, 4 24
- Formular 3 57
- Gerichtskosten 3 95
- Grundlagen 3 1 f
- juristische Person 3 30
- Kindschaftssachen 5 59
- Kosten 3 95 ff
- Kostenerstattung 3 34, 101
- Mediation 3 14
- Mehrkostenverbot 3 47 ff
- Mutwilligkeit 3 19
- nachträgliche Änderung 3 87 ff
- nachträgliche Aufhebung 3 93 f
- Partei kraft Amtes 3 30
- Prozesskostenhilfebegrenzungsgesetz 3 9 f
- Prüfungsumfang in der Rechtsmittelinstanz 3 72
- Rechtsbehelfsbelehrung 3 76
- Rechtsbeschwerde 3 82 ff
- Rechtsmittel 3 78 ff
- Rechtsverfolgung 3 14 f
- Rückwirkung 3 70
- Schwierigkeit der Sach- und Rechtslage 3 40 ff
- sofortige Beschwerde 3 81
- und PKH 8 129
- Unterhaltssachen 12 113
- vereinfachtes Verfahren über den Unterhalt Minderjähriger 12 275
- Verfahrensgang 3 65 ff
- Verfahrenskostenvorschuss 12 74
- Vermögen 3 23 ff
- Versorgungsausgleichssachen 11 137 ff
- Waffengleichheit 3 46
- Wirksamkeit 3 70
- Wirkungen 3 33
- Zuleitung des VKH-Formulars an Gegner 3 63
- Zuständigkeit 3 60

Verfahrensleitende Anordnungen 1 345 ff, 435 ff

Verfahrensleitung 1 345 ff
- Anhörung zur Gewährung rechtlichen Gehörs 1 355 ff
- Antragsrücknahme 1 368 ff
- Antragsverfahren 1 347
- einvernehmliche Beendigung 1 368, 372 f
- Feststellung der Beteiligten 1 351
- Güterrechtssachen 13 29, 46 ff, 51, 75
- Hinweispflicht 1 351
- Sachverhaltsermittlung 1 352 ff; siehe auch dort
- Stoffsammlung 1 350 ff
- Verfahren von Amts wegen 1 348
- Vergleich 1 368, 374 ff
- Zwangsmittel 1 352 ff

Verfahrenspfleger
- Anhörung 16 77
- Anhörung bei Erweiterung des Aufgabenkreises 16 82
- Äußerungsunfähigkeit des Betroffenen 16 17
- Beschwerdebefugnis 16 75
- Bestellung 16 77
- Bestellung bei Genehmigung Abbruch lebensverlängernder Maßnahme 16 149
- Bestellung bei Sterilisation 16 159
- Bestellung im Vergütungsverfahren 16 171
- Bestellung neben Verfahrensbevollmächtigten 16 17
- einstweilige Anordnung 16 77
- Sterilisation 16 17
- Vergütung 16 187
- Vergütungspauschalierung 5 57
- Vertreter der objektiven Interessen des Betroffenen 16 16
- Vorschlag der Betreuungsbehörde 16 17
- Weisungsfreiheit 16 16

Verfahrenspflegerbestellung in Freiheitsentziehungssachen 21 40 ff
- Notwendigkeit der Bestellung 21 43
- Unanfechtbarkeit 21 47
- Vergütung und Aufwendungsersatz 21 48

Verfahrenspflegerbestellung in Unterbringungssachen 17 65 ff
- Notwendigkeit der Bestellung 17 68

Stichwortverzeichnis

- Unanfechtbarkeit **17** 73
- Vergütung und Aufwendungsersatz **17** 75

Verfahrensverzögerungen **5** 30

Verfahrensvollmacht **1** 183 ff
- Beachtlichkeit **1** 186
- Beschränkung **1** 191 ff
- Entstehung **1** 184 ff
- Erlöschen **1** 197
- Fortbestand **1** 198
- Prüfung **1** 187
- Umfang **1** 188 ff

Verfahrensweg **1** 33 ff

Verfahrenswert **8** 118 ff
- Gewaltschutzsachen **10** 117 ff
- Unterhaltssachen **12** 115 ff
- Verfahren in Haushaltssachen **9** 49

Verfahren zur Betreuerbestellung
- Anhörung Eltern/Dritter **16** 68
- Beschluss **16** 70 ff
- Bestellung gegen den freien Willen des Betroffenen **16** 77
- Bestellungsbeschluss **16** 70
- Bestellungsurkunde **16** 115
- Betreuerauswahl **16** 50; *siehe auch dort*
- Betreuungsbedarf **16** 19
- Betreuungsbedürftigkeit **16** 19
- Dokumentationspflicht **16** 69
- einstweilige Anordnung **16** 76
- Mitteilung über Verfahrensverlauf **16** 62
- Neubestellung bei vorheriger Entlassung **16** 108
- neue Ermittlungsergebnisse **16** 64
- persönliche Anhörung bei Betreuerbestellung **16** 61 ff
- persönlicher Eindruck **16** 67
- Regelungsbedarf **16** 20
- Unvermögen zur Regelung eigener Angelegenheiten **16** 19
- Vollmacht **16** 21
- Voraussetzungen **16** 19
- Vorratsbetreuung **16** 20

Verfassungsbeschwerde **2** 141 ff, **23** 373

Verfügung von Todes wegen **18**
- Einsicht **18** 56 ff
- Erbvertrag **18** 46 ff
- Eröffnung **18** 41 ff
- Verwahrung **18** 25 ff

Vergewaltigung **8** 59

Vergleich **1** 368, 374 ff, **8** 95
- Erbscheinsverfahren **18** 123 f
- Hausratsverfahren **9** 34
- Kindschaftssachen **5** 97 ff
- Notarkostenbeschwerde **24** 124 f

Vergütung des Betreuers
- Erinnerung **16** 186
- Höhe des Stundensatzes **16** 178 f
- Pauschalierung **16** 172 ff
- Regress gegen den Betreuten **16** 190
- Vergütungsverfahren **16** 164 ff

- wirtschaftliche Verhältnisse des Betreuten **16** 177

Vergütung des Verwahrers **20** 48

Vergütungsfestsetzung **19** 122 ff
- Abschlussprüfer **19** 122
- Abwickler **19** 125
- Aufsichtsratsmitglied **19** 123
- besonderer Vertreter **19** 124
- Gründungsprüfer **19** 123
- Nachtragsabwickler **19** 125
- Vorstandsmitglied **19** 125

Verhinderungsbetreuer
- Aufwendungsersatz **16** 181 f
- Vergütung **16** 180

Verlöbnis
- Beendigung **14** 19

Vermerk über die Anhörung in Freiheitsentziehungssachen **21** 33

Vermerk über die Anhörung in Unterbringungssachen **17** 39

Vermieter **8** 65, 72 ff, 83 f
- Sicherungsinteresse **8** 100

Vermittlungstermin in Kindschaftssachen **5** 93

Vermögen **3** 23 ff

Vermögenssorge
- Ansprüche des Betreuten **16** 44 f
- Aufgabenkreis des Betreuers **16** 45
- Betreuungsbedarf **16** 44 f
- Gegenbetreuer **16** 49
- Schuldenregulierung **16** 44 f
- Überwachung des Betreuers **16** 49
- umfangreiche Vermögensverwaltung **16** 49
- Verbindlichkeiten des Betreuten **16** 44 f
- Verwaltung von Vermögenswerten **16** 44 f
- wesentliche Erweiterung **16** 81

Vermögensverzeichnis **16** 58

Verrechnungsvereinbarung mit Versorgungsträger **11** 97

Versäumnisbeschluss **2** 12

Verschulden **1** 133, 195, **8** 57
- Bevollmächtigter **1** 195
- Vertreter **1** 133 f

Versorgungsausgleich bei Scheidung
- Ausschluss **11** 240 ff
- externe Teilung **11** 226 ff; *siehe auch dort*
- Fälle **11** 211
- interne Teilung **11** 210 ff; *siehe auch dort*
- neue Bundesländer **11** 393 ff
- Tenorierungsbeispiele **11** 218 ff
- Vorbehalt nach Scheidung **11** 243 ff

Versorgungsausgleichssachen **11** 1 ff
- Abänderungen von Entscheidungen **11** 319 ff; *siehe auch* Abänderung von Entscheidungen über den Versorgungsausgleich
- Abänderung von Altentscheidungen **11** 357 ff

1137

Stichwortverzeichnis

- Abänderung von Entscheidungen nach Scheidung 11 355 f
- Abänderung von Vereinbarungen 11 354
- ähnliche Verfahren 11 60 ff
- Anfechtung von Entscheidungen 11 308 ff
- Anpassung 11 368 ff; *siehe auch* Anpassung Versorgungsausgleich
- ausgesetzte Verfahren 11 393 ff
- Auslandsberührung 11 35 ff
- Ausschluss 11 288 ff
- Beendigung des Verfahrens 11 281 ff
- Begriff 11 48 ff
- Besonderheiten des Verfahrens 11 129
- Beteiligte 11 85
- Beteiligte nach § 219 11 91
- bis 31.8.2009 geltendes Recht 11 21 ff
- Einbeziehung in Regelung der ehelichen Vermögensverhältnisse 11 284 ff
- Entscheidung 11 202
- Erweiterung 11 290
- externe Teilung *siehe dort*
- Grundlagen 11 48 ff
- Grundprinzipien 11 43 ff
- internationale Zuständigkeit 11 66 ff
- interne Teilung *siehe dort*
- örtliche Zuständigkeit 11 74 ff
- sachliche Zuständigkeit 11 73
- Systematik 11 3
- Teilausschluss 11 288
- Übersicht 11 1 ff
- Verfahrensgrundsätze 11 111
- Verfassungsrecht 11 32 ff
- Zuständigkeit 11 63 ff
- Zweck 11 30 f

Versorgungsträger 11 47, 92 ff
- Zustimmung 11 305

Vertreter 1 133 f, 196

Vertretung 1 130 ff, 135 ff
- Behörden 1 139
- Einrichtungen 1 138
- juristische Personen 1 136 f
- Minderjährige 1 131
- natürliche Personen 1 130 ff
- Personengruppen 1 138
- Vereinigungen 1 138
- Verfahrensfähigkeit 1 121 ff; *siehe auch dort*
- Verschulden des Vertreters 1 133 f
- Volljährige 1 132
- Wissenszurechnung 1 196

Verwahrer
- Aufwendungsersatz 20 3
- Auslagenersatz 20 48
- Bestellung 20 47
- Bestellungsverfahren 20 45
- Verfahrenskosten 20 52
- Vergütung 20 48

Verwahrung, besondere amtliche *siehe* Testamentsverwahrung

Verwaltungsgericht
- aufschiebende Wirkung 8 27
- Gefahrenprognose 8 27
- Interessenabwägung 8 27
- summarische Prüfung 10 22
- Widerspruch 8 27, 10 22
- Wiederherstellung der aufschiebenden Wirkung 10 22

Verwaltungsgewahrsam 21 75 ff
- Abschiebungshaftverfahren 21 78 ff
- Anfechtung der Maßnahme 21 83
- Herbeiführung einer richterlichen Entscheidung 21 81 f

Verwandtenadoption 7 8

Verweisung 1 29 ff, 36, 42, 46, 53 ff
- Anfechtbarkeit 1 45, 53
- Anhörung 1 42 f, 53
- Beschwerde 1 30
- Bindung 1 29, 45, 53, 55
- Kosten 1 32, 46, 53
- Lebenspartnerschaftssachen 15 2 f
- örtliche Unzuständigkeit 1 53 f
- sachliche Unzuständigkeit 1 42
- und Abgabe bei Freiheitsentziehungssachen 21 15 ff
- und Abgabe bei Unterbringungssachen 17 17 ff
- Unzulässigkeit des Rechtswegs 1 29 ff
- Unzulässigkeit des Verfahrenswegs 1 36
- Wahlrecht 1 44

Volladoption 7 88, 99

Volljährigenadoption 7 10 f
- Aufhebung 7 25
- Einwilligung Ehegatte 7 51
- Wirkungen 7 11

Vollmacht
- andere Hilfen 16 22
- ärztliche Maßnahme 16 140
- Beschwerdebefugnis des Bevollmächtigten 16 75
- Betreuungsbedarf 16 22
- Erforderlichkeit 16 22
- Erteilung der Vollmacht 16 21
- Missbrauch der Vollmacht 16 48
- Ungeeignetheit des Bevollmächtigten 16 48
- Verfahrensvollmacht 1 183 ff; *siehe auch dort*
- Versorgungsausgleichssachen 11 12, 136
- Vorsorgevollmacht 16 21
- Widerruf der Vollmacht 16 21

Vollstreckung 1 386, 447 ff, 8 79, 133
- Antrag 8 79, 10 71 ff
- Besitzeinweisung 8 134, 10 136
- Einleitung 1 450
- Einrichtungsgegenstände 8 134, 10 136
- einstweilige Anordnung 1 470
- Familiensachen 4 57 ff
- Gerichtsvollzieher 10 73
- Güterrechtssachen 13 84

1138

Stichwortverzeichnis

- Inhalt 8 81, 10 74
- Kindschaftssachen 5 99 ff
- Kosten 1 455
- ohne ausdrücklichen Auftrag 10 73
- Räumung 8 81, 10 74, 136
- Rechtsbehelfe 1 456
- Titel 1 451
- vollstreckungsfähiger Tenor 10 74
- Vollstreckungsklausel 1 452 f, 471 f, 8 133
- Voraussetzungen 10 132
- vor Zustellung 10 71
- Wohnungsräumung 8 134
- Zustellung 1 454

Vollstreckung ausländischer Entscheidungen 5 208 ff

Vollstreckung betreuungsgerichtlicher Entscheidungen 16 202 ff

Vollstreckung inländischer Entscheidungen 5 185 ff

Vollstreckung von Unterhaltssachen im Ausland 12 24, 189

Vollzugsangelegenheiten in Freiheitsentziehungssachen 21 60 ff
- Aussetzung des Vollzuges 21 62 ff
- Widerruf der Aussetzung 21 66

Vollzugsangelegenheiten in Unterbringungssachen 17 96 ff
- Anwendungsbereich 17 97
- Aussetzung des Vollzuges 17 103
- Entscheidung des Gerichts 17 100 ff
- Rechtsmittel 17 110
- Widerruf der Aussetzung 17 108

Vorabentscheidung
- Beteiligte 1 112 f

Vorbescheid 18 126 ff; *siehe auch* Erbscheinsverfahren

Voreintragungsgrundsatz 23 231

Vorläufige Vollstreckbarkeit in Unterhaltssachen 12 226 ff

Vormundschaftsgericht
- Ehe- und Scheidungssachen 4 15, 76

Vorratsbetreuung 16 20

Vorsorgevollmacht
- Anhörung 16 62
- Beschwerdebefugnis des Vorsorgebevollmächtigten 16 75
- Erlöschen 16 21
- Hinweis auf Registrierung 16 62

Vorstandsmitglieder 19 106, 125

Wahlrecht (VA) 11 169
Wegfall der Bereicherung 12 238
Wegfall der Geschäftsgrundlage 12 65, 68 f
Wertausgleich 4 105
Wesentlichkeitsschwelle 12 37 ff
Westanrechte 11 393
Widerrechtliches Verbringen der Kinder 5 138

Widerruf
- der Vollmacht 16 21
- der Vorsorgevollmacht 16 21
- durch den Betreuer 16 21
- Einwilligung Adoption 7 46

Widerspruch
- Amtslöschungsverfahren 19 43
- Auslegung des Fernbleibens des Betreuten als Widerspruch bei Sterilisation 16 160
- bei Einwilligung in Sterilisation 16 156

Wiederaufnahmeverfahren 2 144 ff, 8 60
- Abstammungssachen 6 137 ff
- Güterrechtssachen 13 62
- Nichtigkeitsantrag 2 147
- Restitutionsantrag 2 147
- Versorgungsausgleichsverfahren 11 396

Wiederholungsgefahr 8 23, 58, 10 51, 59

Wirksamkeit 8 13, 108
- Abstammungssachen 6 127
- Adoptionsbeschluss 7 73
- Erbscheinsverfahren 18 128 ff
- Gewaltschutzsachen 10 105 ff
- Güterrechtssachen 13 31, 56 f, 77 f
- Muster 10 106 f
- sofortige 8 79, 108, 16 73

Wirksamwerden des Beschlusses 1 398 ff
- Bekanntgabe 1 398, 401 f
- formelle Rechtskraft 1 399
- Genehmigung eines Rechtsgeschäfts 1 405 f
- Zustimmung zu einem Rechtsgeschäft 1 401 ff

Wohlverhaltensauflagen 8 61
Wohlverhaltenspflicht 5 18
Wohnrecht 8 52
- Bestellung 8 68 f
- dingliches 8 52, 68

Wohnung 8 1 ff; *siehe auch* Ehewohnungssachen
- Dienst- oder Werkswohnung 8 73
- Eigentum 8 52, 68 ff, 98
- Eindringen 10 18, 40
- Gemeinschaft 10 53
- Genehmigung der Wohnungskündigung 16 136
- Genossenschaft 8 72
- Geschäftsräume 10 41
- gewerblich/beruflich genutzte 8 47
- isoliertes Verfahren 8 33
- Kaution 8 100
- Kündigung 8 65
- Kündigungsfristen 8 72
- Miete 8 72 ff
- Mietspiegel 8 62, 76, 10 68, 99
- Mietverhältnis 8 72 ff, 98 f, 10 60
- Nebenräume 8 2, 45
- Räumungsfrist 10 60 f
- Rechtsverhältnis 8 25, 52, 68 ff, 87, 100
- Schlüssel 10 21

1139

Stichwortverzeichnis

- Teilzuweisung 8 51
- Überlassung 10 64, 67 ff, 72
- Überlassungsverlangen 8 19
- Versuch des Eindringens 10 42
- Wochenendhaus 8 46
- Wohnungsdurchsuchung 5 102
- Wohnungseinrichtung 8 81
- Zuweisung 8 1 ff, 64, 10 54, 59
- Zuweisung zur Nutzung 8 97
- Zweitwohnung 8 46

Wohnungsdienstbarkeit 8 69

Wohnungszuweisung 8 1 ff

Wohnvorteil 8 62

Zentrale Adoptionsstelle 7 59

Zentrales Vorsorgeregister 24 156

Zerrüttungsvermutung 4 92

Zeugnis
- fortgesetzte Gütergemeinschaft 18 175 ff
- Testamentsvollstrecker 18 248 ff
- Überweisungszeugnis 18 184 ff

Zeugnisverweigerung 1 293 ff

Zielversorgung 11 170 ff, 237 ff, 268 f

Zivilrechtliche Unterbringungen
- Unterbringung durch den Betreuer 17 3
- Unterbringung durch den Bevollmächtigten 17 3
- unterbringungsähnliche Maßnahmen 17 6

Zuführung zur Unterbringung 17 91
- Gewaltanwendung 17 93
- Unterstützung des Betreuers oder Bevollmächtigten 17 92

Zurechnung 1 133, 195, 196
- Verschulden des Bevollmächtigten 1 195
- Verschulden des Vertreters 1 133 f
- Wissen 1 196

Zuständigkeit 1 23 ff
- Abgabe des Verfahrens 1 51, 55 ff; *siehe auch dort*
- Adoption 7 30, 31
- Amtsgericht 1 38
- Ehesache 8 32 ff
- Ehe- und Scheidungssachen 4 71 ff
- einstweilige Anordnung 1 464
- Erbscheinsverfahren 18 90 f
- Familiengericht 10 6
- Familiensachen 4 15 ff
- funktionelle Zuständigkeit 1 67 ff, 445, 8 7, 10 6, 26; *siehe auch dort*
- Gegenüberstellung alt - neu 10 6 ff
- gerichtliche Bestimmung 1 61 ff; *siehe auch dort*
- internationale *siehe* Internationale Zuständigkeit
- Kindschaftssachen 5 23 ff
- Landgericht 1 39
- Nachlasssachen 18 11 ff

- örtliche Zuständigkeit 1 47 ff, 8 8, 34, 10 7, 26, 16 2 ff; *siehe auch dort*
- sachliche Zuständigkeit 1 37 ff, 16 2
- vereinfachtes Verfahren über den Unterhalt Minderjähriger 12 253 f
- Verfahren in Haushaltssachen 9 18
- Verfahrenskostenhilfe 3 60
- Versorgungsausgleichssachen 11 6 ff, 73 ff
- Verweisung 1 29 ff, 36, 42, 46, 53 ff; *siehe auch dort*
- Zivilgericht 10 6
- Zulässigkeit des Rechtswegs 1 25 ff
- Zulässigkeit des Verfahrenswegs 1 33 ff

Zuständigkeit in Registersachen
- funktionell 19 7
- örtlich 19 6
- sachlich 19 5
- Urkundsbeamter 19 8

Zuständigkeitskollision
- Ehesachen mit Auslandsbezug 4 158 f
- Unterhaltssachen 12 106

Zuständigkeitskonzentration
- Adoptionssachen mit Auslandsbezug 7 95
- internationale Kindschaftssachen 5 162
- Kindschaftssachen 5 23, 27

Zustellung
- Gewaltschutzsachen 10 25, 74
- Unterhaltssachen 12 228 f
- vereinfachtes Verfahren über den Unterhalt Minderjähriger 12 276 ff
- Vollstreckung in Ehewohnungssachen 8 79 f, 133

Zwangsgeldverfahren 19 58 ff
- Begründetheit 19 67
- Beschwerdeberechtigung 19 70
- Einspruch 19 66
- Höhe des Zwangsgeldes 19 61
- Kosten 19 67
- Muster Einspruchsverwerfung 19 68
- Muster Zwangsgeldandrohung 19 62
- Muster Zwangsgeldfestsetzung 19 64
- Rechtsmittel 19 69
- Termin 19 67
- Verfahrenseinleitung 19 60
- Vollstreckung Aufhebung 19 65
- Zulässigkeit 19 59
- Zwangsgeldfestsetzung 19 63

Zwangsverbund 11 5, 115

Zwangsversteigerung 22 28 f

Zwangsvollstreckung
- Familiensachen 4 58
- Unterhaltssachen 12 233 ff
- Verfahren in Haushaltssachen 9 48

Zwischen- und Nebenentscheidungen
- Anfechtung Verfahrenskostenhilfe 3 78 ff
- Beschwerdeform 2 48
- Beschwerdefrist 2 39 f
- Rechtsmittel 2 15 ff
- Zwischenverfügung 23 300